Schwartmann

Praxishandbuch Medien-, IT- und Urheberrecht

Praxishandbuch
Medien-, IT- und Urheberrecht

Herausgegeben von

Prof. Dr. Rolf Schwartmann

Bearbeitet von

Ina Depprich, Rechtsanwältin, Chefsyndika
Prof. Dr. Bernd Eckardt, Wirtschaftsmediator
Dr. Dieter Frey, LL.M. (Brügge), Rechtsanwalt
Klaus Gennen, Rechtsanwalt, Fachanwalt für Informationstechnologierecht
und für Arbeitsrecht
Dr. Stefan Hertwig, Rechtsanwalt, Fachanwalt für Verwaltungsrecht
und für Bau- und Architektenrecht
Viktor Janik, Rechtsanwalt, Head of Regulatory Affairs
Tobias Keber, Rechtsanwalt
Dr. Stephan Korehnke, Rechtsanwalt, Head of Regulatory Affairs
Dr. Thomas Köstlin, Kaufmännischer Geschäftsführer
Dr. Katja Kuck, Rechtsanwältin
Jasmin Kundan, Regierungsdirektorin
Jens Kunzmann, Rechtsanwalt
Dr. Christoph J. Müller, Rechtsanwalt, Fachanwalt für Arbeitsrecht
Ulrich Nelskamp, Rechtsanwalt,
Fachanwalt für Bau- und Architektenrecht, Köln
Dr. Anne Obert, Rechtsanwältin, Director Legal
Prof. Dr. Christian Russ, Rechtsanwalt
Dr. Simone Sanftenberg, Rechtsanwältin, Landessenderdirektorin
Dr. Tobias Schmid, Rechtsanwalt
Michael Schmittmann, Rechtsanwalt
Anne Schreiner, Rechtsanwältin
Dr. Matthias Schulenberg, LL.M. (Wisconsin-Madison), Rechtsanwalt, Chefsyndikus
Prof. Dr. Rolf Schwartmann, Leiter der Kölner Forschungsstelle für Medienrecht
Dr. Hans C. F. Waldhausen, Rechtsanwalt

CFM

C. F. Müller Verlag · Heidelberg

Bibliografische Information der Deutschen Nationalbibliothek

Die Deutsche Nationalbibliothek verzeichnet diese Publikation
in der Deutschen Nationalbibliografie; detaillierte bibliografische Daten
sind im Internet über <http://dnb.d-nb.de> abrufbar.

ISBN 978-3-8114-3521-6

© 2008 C.F. Müller, Verlagsgruppe Hüthig Jehle Rehm GmbH,
Heidelberg/München/Landsberg/Berlin

www.huethig-jehle-rehm.de
Satz: Strassner ComputerSatz, Leimen
Druck: Freiburger Grafische Betriebe, Freiburg i.Br.
Printed in Germany

Vorwort

Wie sehr Medienrecht, Informationstechnikrecht und Urheberrecht miteinander verklammert sind, mag folgendes Beispiel verdeutlichen.

Ein Unternehmen, das eine Internetpräsenz mit bewegten Bildern plant, ist zunächst mit dem öffentlich-rechtlichen und dem zivilen Medienrecht konfrontiert. Da Inhalte an die Allgemeinheit gerichtet werden, ist grundsätzlich das Rundfunkrecht zu beachten. Es ist vom Recht der Telemedien und vom Telekommunikationsrecht abzugrenzen. Allein das Rundfunkrecht hat spezielle Vorgaben zu beachten, die sowohl ex ante (Zulassung) als auch ex post (z.B. Werbe- und Jugendschutzvorschriften) greifen. Tangiert ist bei zusätzlichen Textdarstellungen auch das Presserecht. Hinzu kommen z.B. Fragen hinsichtlich der Verbreitungstechnik und der Regulierung des speziellen Verbreitungswegs, des Wettbewerbs- und Datenschutzrechts. Bei der für den Netzauftritt zu erwerbenden und zu pflegenden Hard- und Software müssen Lösungen im Bereich des Informationstechnikrechts gefunden werden. Soll das Netz als Vertriebsweg genutzt werden, ist das Recht des elektronischen Geschäftsverkehrs (E-Commerce) zu beachten. Das Urheberrecht, dessen Spezialbereiche wie das Verlagsrecht und das Musikrecht sowie benachbarte Gebiete, etwa das Wettbewerbsrecht und das Markenrecht, erweitern das Anforderungsprofil. Dieses ergibt sich in allen der genannten Gebiete nicht allein aus dem nationalen Recht, sondern zunehmend auch aus dem internationalen, insbesondere dem europäischen Recht.

Vorliegendes Handbuch soll dem Praktiker dabei helfen, eine Schneise durch das Dickicht der sich stellenden Probleme zu schlagen. Sein Umfang trägt dem Facettenreichtum Rechnung, den obiges Beispiel nur in Ansätzen verdeutlichen kann. Alle Fragen werden in der Regel nicht miteinander verwoben auftreten. Aber auch bei der Lösung von Einzelproblemen ist der Blick für das Gesamtsystem unverzichtbar. Zusätzlich werden Spezialgebiete des Medien-, IT- und Urheberrechts behandelt. Etwa Arbeitsrecht und Medien, Sport und Medienrecht, Beihilfe- und Vergaberecht im Medien- und IT-Bereich, das Recht der deutschen und europäischen Kulturförderung und das Film- und Fernsehvertragsrecht. Die umfassende Abhandlung erfolgt zum einen aus Gründen der Vollständigkeit und zum anderen, um die Anforderungen der Curricula der Fachanwaltschaften für Urheber- und Medienrecht und für Informationstechnologierecht in einem Handbuch vollständig abbilden zu können.

Das Buch ist von Praktikern für Praktiker geschrieben. Die Autorinnen und Autoren sind in erster Linie Rechtsanwälte und in den von ihnen bearbeiteten Bereichen ausgewiesene Experten. Ihre berufliche Herkunft ist so inhomogen wie das Medienrecht selbst, weil sie die Facetten der Mediengattungen und der Medienbranche (öffentlich-rechtlicher Rundfunk, privater Rundfunk, Printunternehmen, Kabelnetzbetreiber, Telekommunikationsunternehmen, Bundeskartellamt, Produktionsfirmen und beratende Anwaltschaft) spiegelt.

Im Rundfunkrecht konnte das **Gebührenurteil** des Bundesverfassungsgerichts aus dem September 2007 und noch kurz vor Drucklegung eine Vorstellung und erste kurze Bewertung des Entwurfs für den **10. Rundfunkänderungsstaatsvertrag** erfolgen. Er liegt seit Ende Oktober 2007 in einer abschließenden Fassung vor und enthält insbesondere die sog. **„Plattformregulierung"**. Zudem hat die **Richtlinie für audiovisuelle Mediendienste** Berücksichtigung finden können, welche Ende 2007 die EG-Fernsehrichtlinie ersetzen wird. Beim IT-Recht konnte im Vergaberecht das Muster zum **EVB-IT-Systemvertrag** von August 2007 und im Strafrecht das 41. Strafrechtsänderungsgesetz zur Bekämpfung der **Computerkriminalität** ebenfalls aus dem August 2007 berücksichtigt werden. Das „Zweite Gesetz zur Regelung des Urheberrechts in der Informationsgesellschaft" (**sog. „Zweiter Korb"**), das im September 2007 verabschiedet wurde und am 1. Januar 2008 in Kraft treten wird, hat Eingang in die urheberrechtlichen Beiträge gefunden.

Über Anregungen und Kritik an medienrecht@fh-koeln.de freuen wir uns.

Köln, im November 2007   *Rolf Schwartmann*

Bearbeiterverzeichnis

1. Teil. Medienrecht

Perspektiven der Medienentwicklung	Dr. Simone Sanftenberg Rechtsanwältin, Landessenderdirektorin des SWR Rheinland-Pfalz, SWR, Mainz

Rundfunkrecht

1. und 2. Abschnitt:	*Prof. Dr. Rolf Schwartmann* Leiter der Kölner Forschungsstelle für Medienrecht an der Wirtschaftswissenschaften Fakultät der Fachhochschule Köln
3. Abschnitt:	*Dr. Tobias Schmid* Rechtsanwalt, Bereichsleiter Medienpolitik, RTL Television GmbH, Köln, Lehrbeauftragter an der Kölner Forschungsstelle für Medienrecht, Fachhochschule Köln
4. Abschnitt:	*Dr. Anne Obert* Rechtsanwältin, Director Legal, arena Sport Rechte und Marketing GmbH, Köln
5. Abschnitt:	*Viktor Janik* Rechtsanwalt, Head of Regulatory Affairs, Unitymedia Group, Köln, Lehrbeauftragter an der Johannes Gutenberg-Universität, Mainz
6. Abschnitt:	*Michael Schmittmann* Rechtsanwalt, Heuking Kühn Lüer Wojtek, Düsseldorf

Presserecht

7. Abschnitt:	*Dr. Matthias Schulenberg, LL.M. (Wisconsin-Madison)* Rechtsanwalt, Chefsyndikus, Verlagsgruppe M. DuMont Schauberg, Köln

Telekommunikationsrecht

8. Abschnitt:	*Dr. Stephan Korehnke* Rechtsanwalt, Head of Regulatory Affairs, Vodafone D2 GmbH, Düsseldorf

Sondergebiete des Medienrechts

9. Abschnitt:	*Jasmin Kundan* Regierungsdirektorin, Bundeskartellamt, Bonn
10. Abschnitt:	*Dr. Dieter Frey, LL.M. (Brügge)* Rechtsanwalt, FREY Rechtsanwälte, Köln
11. Abschnitt:	*Dr. Christoph J. Müller* Rechtsanwalt, Fachanwalt für Arbeitsrecht, GÖRG Partnerschaft von Rechtsanwälten, Köln
12. Abschnitt:	*Dr. Thomas Köstlin* Kaufmännischer Geschäftsführer, Kulturveranstaltungen des Bundes in Berlin GmbH – KBB, Berlin

2. Teil. Informationstechnikrecht

13. und 14. Abschnitt:
Klaus Gennen
Rechtsanwalt, Fachanwalt für Informationstechnologierecht und für Arbeitsrecht, Köln, LLR LegerlotzLaschet Rechtsanwälte, Köln, Lehrbeauftragter an der Kölner Forschungsstelle für Medienrecht, Fachhochschule Köln

15. Abschnitt:
Dr. Stefan Hertwig/Ulrich Nelskamp
Rechtsanwalt, Fachanwalt für Verwaltungsrecht und für Bau- und Architektenrecht und Rechtsanwalt, Fachanwalt für Bau- und Architektenrrecht, beide Cornelius Bartenbach Haesemann & Partner, Köln

16. und 17. Abschnitt:
Tobias Keber
Rechtsanwalt, Mainz, Lehrbeauftragter an der Universität Koblenz-Landau und der Technischen Universität Braunschweig

3. Teil. Urheberrecht und benachbarte Rechtsgebiete

18. Abschnitt:
Dr. Katja Kuck
Rechtsanwältin, GÖRG Partnerschaft von Rechtsanwälten, Köln

19. Abschnitt:
Prof. Dr. Christian Russ
Rechtsanwalt, Fuhrmann Wallenfels Binder, Wiesbaden

20. Abschnitt:
Klaus Gennen/Anne Schreiner
Rechtsanwalt, Fachanwalt für Informationstechnologierecht und für Arbeitsrecht, Köln, Lehrbeauftragter an der Kölner Forschungsstelle für Medienrecht, Fachhochschule Köln und Rechtsanwältin, beide LLR LegerlotzLaschet Rechtsanwälte, Köln

21. Abschnitt:
Jens Kunzmann
Rechtsanwalt, Cornelius Bartenbach Haesemann & Partner, Köln

22. Abschnitt:
Prof. Dr. Bernd Eckardt
Wirtschaftsmediator, Richter am LG a.D., Fakultät für Wirtschaftswissenschaften der Fachhochschule Köln

23. Abschnitt:
Ina Depprich
Rechtsanwältin, Chefsyndika, Leiterin Legal & Business Affairs, Endemol Deutschland GmbH, Köln

24. Abschnitt:
Dr. Hans C. F. Waldhausen
Rechtsanwalt, Esch & Kramer, Düsseldorf

Zitierhinweis

Bearbeiter in Schwartmann, Praxishandbuch Medienrecht, 13. Abschn. Rn. 5

Inhaltsübersicht

1. Teil
Medienrecht

Rundfunkrecht

Presserecht

Telekommunikationsrecht

Sondergebiete des Medienrechts

2. Teil
Informationstechnikrecht

3. Teil
Urheberrecht und benachbarte Rechtsgebiete

Inhaltsverzeichnis

1. Teil

Medienrecht

Suchbegriff: Mitte im globalen Dorf   3

Rundfunkrecht

1. Abschnitt
Rahmenbedingungen der Rundfunkregulierung

2. Abschnitt
Rundfunkrecht I – Rundfunkrechtliche Grundlagen und
öffentlich-rechtlicher Rundfunk

3. Abschnitt

Rundfunkrecht II – Privater Rundfunk

4. Abschnitt

Recht der Rundfunkwerbung

5. Abschnitt

Rundfunktechnik und Infrastrukturregulierung

6. Abschnitt

Telemedien

Presserecht

7. Abschnitt

Presserecht, insbesondere Recht der Wort- und Bildberichterstattung

Telekommunikationsrecht

8. Abschnitt

Telekommunikationsrecht

Sondergebiete des Medienrechts

9. Abschnitt
Kartellrecht und Medien

10. Abschnitt
Medienrecht und Sport

11. Abschnitt
Arbeitsrecht und Medien

12. Abschnitt
Recht der deutschen und europäischen Kulturförderung

2. Teil

Informationstechnikrecht

13. Abschnitt
IT-Vertragsrecht

14. Abschnitt

Grundlagen des elektronischen Geschäftsverkehrs, Internetrecht

15. Abschnitt

Vergaberecht und Vertragsrecht des öffentlichen Auftraggebers

16. Abschnitt

Datenschutzrecht

17. Abschnitt
IT-Strafrecht

3. Teil
Urheberrecht und benachbarte Rechtsgebiete

18. Abschnitt
Urheberrecht und Leistungsschutzrechte

19. Abschnitt

Urheberrecht und Verlagsrecht

20. Abschnitt
Urheberrecht und Software

21. Abschnitt

IT-Immaterialgüterrecht, Kennzeichen- und Domainrecht

23. Abschnitt
Film- und Fernsehvertragsrecht

24. Abschnitt
Musikrecht

Abkürzungsverzeichnis

a.A.	anderer Ansicht
a.a.O.	am angegebenen Ort
Abb.	Abbildung
abgedr.	abgedruckt
ABl	Amtsblatt
abl.	ablehnend
ABlEG	Amtsblatt der EG
ABlEU	Amtsblatt der EU
Abs.	Absatz
Abschn.	Abschnitt
abw.	abweichend
a.E.	am Ende
a.F.	alte Fassung
AfP	Zeitschrift für Medien- und Kommunikationsrecht
AG	Aktiengesellschaft, Amtsgericht, Ausführungsgesetz
Alt.	Alternative
a.M.	anderer Meinung
amtl.	amtlich
Anh.	Anhang
Anm.	Anmerkung
AöR	Archiv des öffentlichen Rechts
Art.	Artikel
Aufl.	Auflage
ausf.	ausführlich
AVR	Archiv des Völkerrechts
AV-RiLi	Richtlinie über audiovisuelle Mediendienste
Az.	Aktenzeichen
BAG	Bundesarbeitsgericht
BAGE	Entscheidungen des Bundesarbeitsgerichts
BAnz	Bundesanzeiger
BayObLG	Bayerisches Oberstes Landesgericht
BB	Der Betriebs-Berater
Bd.	Band
Bearb.	Bearbeiter
BEEG	Bundeselterngeld- und Elternzeitgesetz
Begr.	Begründung
Bek.	Bekanntmachung
Beschl.	Beschluss
betr.	betreffend
BetrVG	Betriebsverfassungsgesetz
BFH	Bundesfinanzhof
BFHE	Entscheidungen des Bundesfinanzhofs
BGB	Bürgerliches Gesetzbuch
BGBl	Bundesgesetzblatt
BGH	Bundesgerichtshof
BGHZ	Entscheidungen des Bundesgerichtshofs in Zivilsachen
BKartA	Bundeskartellamt
BR-Drucks.	Bundesratsdrucksache

Bsp.	Beispiel
bspw.	beispielsweise
BStBl	Bundessteuerblatt
BT-Drucks.	Bundestagsdrucksache
BuchPrG	Buchpreisbindungsgesetz
Buchst.	Buchstabe
BVerfG	Bundesverfassungsgericht
BVerfGE	Entscheidungen des Bundesverfassungsgerichts
bzgl.	bezüglich
bzw.	beziehungsweise
ca.	circa
CR	Computer und Recht
DB	Der Betrieb
ders.	derselbe
d.h.	das heißt
dies.	dieselbe/n
DKK	Däubler/Kittner/Klebe, BetrVG - Betriebsverfassungsgesetz, 10. Aufl. 2006
DLM	Direktorenkonferenz der Landesmedienanstalten
DNotZ	Deutsche Notarzeitschrift
DÖV	Die Öffentliche Verwaltung
DZWIR	Deutsche Zeitschrift für Wirtschaftsrecht
EG	Europäische Gemeinschaften, Einführungsgesetz
EGV	Vertrag zur Gründung der Europäischen Gemeinschaften
Einf.	Einführung
Einl.	Einleitung
entspr.	entsprechend
ErfK	Erfurter Kommentar
erg.	ergänzend
etc.	et cetera
EU	Europäische Union
EuG	Europäisches Gericht 1. Instanz
EuGH	Europäischer Gerichtshof
EuGH Slg.	Sammlung der Rechtsprechung des EuGH
EuGRZ	Europäische Grundrechte-Zeitschrift
evtl.	eventuell
EzA	Entscheidungssammlung zum Arbeitsrecht
f.	folgende
ff.	fortfolgende
FFG	Filmförderungsgesetz
Fn.	Fußnote
FS	Festschrift
GbR	Gesellschaft bürgerlichen Rechts
gem.	gemäß
GEMA	Gesellschaft für musikalische Aufführungs- und mechanische Vervielfältigungsrechte
GG	Grundgesetz
ggf.	gegebenenfalls
GmbH	Gesellschaft mit beschränkter Haftung
grds.	grundsätzlich
GRUR	Gewerblicher Rechtsschutz und Urheberrecht

GSDZ	Gemeinsame Stelle Digitaler Zugang
GWB	Gesetz gegen Wettbewerbsbeschränkungen
h.A.	herrschende Ansicht
Hdb.	Handbuch
Hk-TzBfG	Boecken/Joussen, Teilzeit- und Befristungsgesetz, 2007
h.L.	herrschende Lehre
h.M.	herrschende Meinung
Hrsg.	Herausgeber
HS	Halbsatz
HSWG	Hess/Schlochauer/Worzalla/Glock, Kommentar zum Betriebsverfassungsgesetz, 6. Aufl. 2003
HWK	Henssler/Willemsen/Kalb, Arbeitsrechtskommentar, 2. Aufl. 2006
i.d.F.	in der Fassung
i.d.R.	in der Regel
i.S.d.	im Sinne der/des
i.S.v.	im Sinne von
ITRB	Der IT-Rechts-Berater
i.Ü.	im Übrigen
i.V.m.	in Verbindung mit
JArbSchG	Jugendarbeitsschutzgesetz
JMStV	Jugendmedienschutz-Staatsvertrag
JR	Juristische Rundschau
Justiz	Die Justiz
JZ	Juristenzeitung
Kap.	Kapitel
KG	Kammergericht, Kommanditgesellschaft
Komm.	Kommentar, Kommentierung
K&R	Kommunikation und Recht
KSVG	Künstlersozialversicherungsgesetz
LG	Landgericht
LMK	Landeszentrale für Medien und Kommunikation
Lit.	Literatur
MDR	Monatsschrift für Deutsches Recht
MDStV	Mediendienste-Staatsvertrag
m.H.a.	mit Hinweis auf
m.N.	mit Nachweisen
MK	Münchner Kommentar
MMR	Multimedia und Recht
m.w.N.	mit weiteren Nachweisen
n.F.	neue Fassung
NJOZ	Neue Juristische Online Zeitschrift
NJW	Neue Juristische Wochenschrift
NJW-RR	NJW Rechtsprechungsreport Zivilrecht
Nr.	Nummer
NZA	Neue Zeitschrift für Arbeitsrecht
o.Ä.	oder Ähnliche/s
o.g.	oben genannt/e

OHG	offene Handelsgesellschaft
OLG	Oberlandesgericht
o.V.	ohne Verfasser
Prot.	Protokoll
RÄStV	Rundfunkänderungsstaatsvertrag
RegE	Regierungsentwurf
RFinStV	Fundfunkfinanzierungsstaatsvertrag
RG	Reichsgericht
RGBl	Reichsgesetzblatt
RGebStV	Rundfunkgebührenstaatsvertrag
Rn.	Randnummer
Rpfleger	Der Deutsche Rechtspfleger
Rspr.	Rechtsprechung
RStV	Rundfunkstaatsvertrag
S., s.	Satz, Seite, siehe
sog.	so genannte
s.o.	siehe oben
SpuRt	Zeitschrift für Sport und Recht
s.u.	siehe unten
str.	streitig
stRspr.	ständige Rechtsprechung
Tab.	Tabelle
TDG	Teledienstegesetz
TKG	Telekommunikationsgesetz
TMG	Telemediengesetz
TzBfG	Gesetz über Teilzeitarbeit und befristete Arbeitsverträge
u.Ä.	und Ähnliche/s
u.a.	unter anderem, und andere
UFITA	Archiv für Urheber- und Medienrecht
unstr.	unstreitig
UrhG	Urheberrechtsgesetz
UrhWG	Urheberrechtswahrnehmungsgesetz
usw.	und so weiter
u.U.	unter Umständen
v.	von, vom
VerlG	Gesetz über das Verlagsrecht
VerwArch	Verwaltungsarchiv
vgl.	vergleiche
Vorb.	Vorbemerkung
VO	Verordnung
VV	Verwaltungsvorschrift
z.B.	zum Beispiel
ZG	Zeitschrift für Gesetzgebung
Ziff.	Ziffer
zit.	zitiert
ZRP	Zeitschrift für Rechtspolitik
z.T.	zum Teil

ZUM	Zeitschrift für Urheber- und Medienrecht
zust.	zustimmend
zutr.	zutreffend
ZWeR	Zeitschrift für Wettbewerbsrecht
zz.	zurzeit

1. Teil

Medienrecht

Suchbegriff: Mitte im globalen Dorf

Suchbegriff: Mitte im globalen Dorf

Ein selten eingegebenes Schlagwort, zumal in einem medienrechtlichen Praxishandbuch. Unpopulär in Zeiten, in denen Streamings oder themenbezogene Klicks in Suchmaschinen modisch in den Vordergrund rücken, wenn man sich mal eben kurz informieren will ... Aber ein klassisches Praxishandbuch, das sich die mediale Welt in all ihrer Unübersichtlichkeit Stück für Stück vornimmt, kann eben am Ende doch mehr als www. **1**

Gleichwohl gibt es kaum einen komplizierteren, oder sagen wir: heikleren Zeitpunkt, sich mit den Medien auseinander zu setzen, als den des digitalen Umbruchs: Keiner weiß, wie „es" kommen wird – gleichzeitig ist das die Chance, durch rechtliche Einordnung Sachverhalte in diesen kniffeligen Zeiten zu systematisieren und dadurch Entwicklungen nicht sich selbst zu überlassen, sondern die neue mediale Epoche, deren Verlauf völlig offen ist, kompetent zu begleiten, ihr voran zu gehen, in Teilen aber auch wenigstens zügig hinterher zu laufen, nachzubessern, zu bewerten und regulieren. **2**

Neue Epoche? „Seitdem Goethe seine Anwesenheit bei der Kanonade von Valmy dazu benützt hat, den Beginn einer neuen Epoche der Weltgeschichte zu deklarieren, hat diese Übung Schule gemacht. Unentwegt brechen neue Epochen auf allen Gebieten des Lebens an ... Auch Leute, die nicht Goethe sind, pflegen auf diese Weise Epoche zu machen. Fast könnte man sagen: Keine Woche ohne neue Epoche." So der Medienwissenschaftler Harry Pross bereits vor 35 Jahren in der Auseinandersetzung mit den Massenmedien. Heute reden viele von einer **3**

Suchbegriff: Medienrevolution

Von Zynikern als digitaler Tsunami bezeichnet – manchmal findet man von Inhabern der Fürsorgepflicht für Regulierung und Entwicklungsrichtungen die Relativierung hin zu einer abgeschwächten Form: der medialen Evolution. **4**

Ganz praktisch verbirgt sich dahinter die Verschmelzung und Vermischung von Apparaten, Wegen, Netzen, Medien. Das klingt eher technisch als revolutionär. Einige Folgen des ineinander verwobenen Nebeneinanders der Verbreitungswege bzw. ihr Zusammenwachsen lassen aber schon einschneidende Wirkungen erkennen: Klar ist, dass die neuen Plattformen an Einfluss und Gravitation gewinnen, indem sie eigene Rechte erobern. Daneben wird das Publikum je nach finanzieller Schwerpunktsetzung die Teilhabe und Intensität verschiedener Kommunikationsformen bestimmen. Und schließlich wird die finanzielle Potenz bei der Verschmelzung von Inhalte- und Plattformanbietern die digitale Zukunft – die Medien(r)evolution – beeinflussen, diktieren.

Die digitale Technik wird das, was bisher als Ausnahme in erster Linie beim herkömmlichen Pay-TV zu finden war, zur Regel machen: das Schnüren von Paketen, die nachfragegerecht abgepackt und stets am Markt orientiert den Nutzer zu einem konkret definierbaren Abnehmer machen. Die banal-einfachen Zeiten der Rundfunkteilnehmer sind vorbei, in denen es darum ging, Radio oder Fernseher anzuschalten, dann Programm zu hören oder zu sehen, sich bei zwei interessanten Angeboten für eines zu entscheiden und beim anderen auf Wiederholung zu warten ... **5**

6　„Revolution" also verbunden mit dem Verschwimmen und Wegfallen der Trennung herkömmlicher Medien – visuelle Zusatzdienste für das Radio als ein Beispiel kleinster Crossmedialität?

7　„Revolution" also verbunden mit der Frage, was das noch mit Rundfunk zu tun hat – mit öffentlich-rechtlichem oder privatem im dualen System? Verbunden mit der Frage, wie ein Rundfunkbegriff zu definieren ist, der sich plötzlich über Crossmedialität und Konvergenz herleiten lassen müsste, der sich um die ursprünglich technischen Voraussetzungen für die Veranstaltung von Rundfunk nicht mehr schert?

8　„Revolution" also verbunden mit der Feststellung, dass Begriffsbestimmungen im Rundfunk- und Medienbereich insgesamt mit „alten" Wortpaaren nicht mehr möglich sind, wenn man sich vergegenwärtigt, dass auf uns zukommende Überschneidungen und Verflechtungen von Parallelwelten samt Globalisierung die Empfangs- und Nutzungsverhältnisse immer komplizierter werden lassen. Bestes Beispiel bleibt die durchschlagende Wirkung, die bereits die Übernahme der Bundesligarechte durch die Kabel-Tochter Arena TV hatte. Der Verkauf der Live-Übertragungsrechte an Arena für 220 Mio. Euro für die Erstverwertung der Bundesliga im Pay-TV und der Rechteerwerb der Telekom mit 50 Mio. Euro für die Internet-Nutzungsrechte gibt in mehrfacher Hinsicht einen ersten Überblick über den gegenwärtigen Umbruch der Medienlandschaft. Quasi über Nacht war ein neuer Bezahlfernsehsender auf dem Markt – obendrein kommt ein Telekommunikationskonzern, der als riesiger Dienstleister für uns alle bereits über ein gigantisches Netz an Infrastruktur verfügt, selbst und unmittelbar als Inhalteanbieter und Konkurrent aufs Spielfeld – und gleichzeitig wird die oft zitierte Medienrevolution dadurch konkret, dass der Kampf um das Publikum mit „IP-TV" als neuer Verbreitungstechnik plötzlich einen Namen hat.

9　…Sieht aus wie Fernsehen, funktioniert aber wie das Internet: IP-TV, die Fahne in der Hand des Revolutionsführers? Juristisch noch nicht abschließend geklärt, wunderbar als Schlagwort zu gebrauchen, für Video-On-Demand über das World Wide Web ebenso wie für das Verbreiten von Fernsehsignalen in geschlossenen Netzen. Der Begriff, abgeleitet vom Internet-Protokoll, meint diejenige Technologie, die Programme per digitalem Datennetz überträgt – über Internet oder über die herkömmlichen Wege des Kabels und der Satellitentechnik. Es kann sich um lineares Fernsehen handeln, aber eben auch um nicht lineares in Form von On-Demand-Angeboten.

10　Der Zuschauer als Programmdirektor! Ja, das ist eine Medienrevolution, die jedenfalls theoretisch zu beschreiben und praktisch möglich ist. Offen ist noch ihre Durchsetzungskraft; da sie aber den Vorteil der unbegrenzten Möglichkeiten hat, weil Kapazitätsengpässe wegfallen, liegt es nah, sich als Programmveranstalter von Anfang an in die Entwicklung einzuklinken, um wahrnehmbar zu bleiben und auffindbar zu sein in der digitalen Welt. In der digitalen Welt, die von neuen Parametern ausgeht: Der Transport des Signals ist billig; die Zeit der Übermittlung ist Null; die Datenmenge ist unermesslich; die Preise verfallen; die Verschlüsselung treibt auf der Nutzerseite die Preise hoch. Die Mediennutzung strebt gen Individualisierung, die Erzeugung von Inhalten ebenfalls, Kommunikation wird letztlich konterkariert und paradoxerweise zu einem individuellen Vorgang.

11　Ist es aber überhaupt die Rundfunkwelt, über die wir nachdenken; ist es eine Diskussion, die den Rundfunkbegriff noch einschließt? Die Abgrenzung zwischen Individual- und Massenkommunikation wird schwieriger, die Abgrenzung zu Mediendiensten kompliziert, die Suche nach Regelungen, die technologieunabhängig funktionieren, eingeleitet.

Die öffentlich-rechtlichen Rundfunkanstalten müssen ihre Chancen, die die neue Technologie **12** bietet, nutzen und können nicht warten, bis Eindeutigkeit darüber offen liegt, was rechtlich erlaubt, politisch gewünscht und gesellschaftlich notwendig ist: Neue Verbreitungswege mit öffentlich-rechtlichen Programmen zu belegen, ist eine der Chancen. Mit diesen neuen Verbreitungswegen jüngere Zielgruppen zu gewinnen, eine zweite. Die Zuschauer und Hörer können plötzlich Inhalte herstellen und verbreiten, können Interessensgemeinschaften bilden. Mit On-Demand-Angeboten und mittels eines Rückkanals können Zielgruppen sehr viel konkreter identifiziert und dann erreicht werden. Der Veränderung der Technik (siehe Revolution) wird also auch die Veränderung des Publikums (siehe Evolution) folgen.

Damit einher geht die mögliche Zersplitterung des sorgsam zusammengestellten Gesamtprogramm- **13** angebots! Ja, das ist eine Medienrevolution, wenn öffentlich-rechtliche Inhalte aus der Linearität des Vollprogramms herausgelöst, dann segmentiert und selektiert, dann nach Themen und Kategorien neu sortiert und zusammengestellt werden. Damit werden generationsübergreifende Massenprogramme in Frage gestellt, die mit ihrer öffentlich-rechtlichen Funktion auch für den Zusammenhalt der demokratischen Gesellschaft stehen. Nun ist sie aber da, die neue Technik. Nun ist es aber da, das Rundfunkverfassungsrecht. Es ist wie die berühmte Frage nach

Suchbegriff: | Huhn oder Ei? |

Von Juristen, Politikern, Machern häufig verwendetes Synonym für die vielschichtige Frage, **14** ob sich gesetzliche Regelungen den Lebenswirklichkeiten anpassen müssen oder die Lebenswirklichkeit sich im Hinblick auf die Regelungsinteressen der Norm hin zu verändern hat …

Jedes neue Regelungsgebiet und Gesetzgebungsverfahren kennt diese Problematik, die Abs- **15** traktheit der Norm mit der Konkretheit der Sachverhalte optimal zu verbinden. Dem Medienrecht mit seinen grundrechtlich anspruchsvollen und für die demokratische Ordnung essentiellen Basiswerten, mit den unbekannten, ungeahnten Entwicklungen und Möglichkeiten der digitalen Technik, die allenfalls eine dynamische Lebenswirklichkeit schafft, die ihrer Regelungsnotwendikeit immer voraus sein wird, rechtlich haltbare, nachhaltige Leitplanken und Rahmenbedingungen für die Ausprägung der einzelnen Rechtsbereiche vorzugeben, gehört sicher zu den größten Herausforderungen des legislativen Kunsthandwerks: Ein Recht ist bereits von innen heraus ohne normative Kraft, wenn es schon beim Entstehen die Machtverhältnisse wiedergibt. Gleichzeitig hat aber ein Regelungspaket dann keine wirkliche Aussicht auf Wirkung und Einwirkung, wenn es nicht auf die konkreten, sich verändernden Grundlagen und Eckpunkte der Realisierung von Freiheit eingestellt ist.

So kommt man der Sache dann auch sicher in der Praxis näher – seit dem ersten Rundfunkurteil **16** des Bundesverfassungsgerichts sind die Grundsätze der Rundfunkfreiheit festgeschrieben. Und seit dem ersten Rundfunkurteil haben sich die technische Landschaft, die Möglichkeiten durch Onlineangebote, die Angebotsformen, die Fragen nach der Konvergenz, hat sich die Lebenswirklichkeit konsequent verändert und weiterentwickelt. Recht und die Rechtsprechung haben sich dem immer angepasst bzw. wurden immer angepasst. Und so wird es auch in Bezug auf die digitale Revolution sein, die sicher innerhalb der prognostizierten 5-Jahresfrist Fakten schafft im Hinblick auf Fragen nach Leitmedien, dem Abrücken vom linearen Fernsehen und der Deutlichkeit und Durchsetzungskraft einzelner digitaler Möglichkeiten. Der Anpassungsbedarf an die verschiedenen Regelungsebenen der einzelnen Rechtsgebiete wird wohl im Zuge der technischen Entwicklungen und deren Geschwindigkeiten hoch und aufgrund ständiger Richtungswechsel für die Gesetzgebung kompliziert werden; klar ist aber umgekehrt, dass das Huhn das Ei legt und also kein Anlass besteht, die Zielbestimmung der Rundfunkfreiheit neu zu hinterfragen. Denn die unveränderbaren Grundlagen unserer Verfassungsordnung, wie die demokratische Herrschaft und das Persönlichkeitsrecht, stehen nicht aufgrund digitaler Verbreitungstechnik in Frage – auch wenn es Beteiligte gibt, die leise lächelnd ihr Laptop schließen, sich souverän in ihrer eigenen Medienwirklichkeit bewegen, sich über die Jetzt-Zeit des 21. Jahrhunderts definieren und die genannten verfassungsprägenden Werte eher eingeordnet sehen in den oberen Bücherreihen im

Suchbegriff: | Antiquariat |

17   Überliefertes Wissen, das – gesammelt – uns lehren soll, „dass Medienrevolutionen nicht immer alles das, was vorher gewesen ist, was vorher existiert hat, über Bord geworfen haben.

18   Auch nach Gutenberg hat man noch weiter mit der Hand geschrieben, auch nach der Erfindung des Fernsehens hat man noch Bücher gelesen, auch nach der Erfindung des Computers gibt es im Büro noch Papier. Medienrevolutionen verlaufen im kulturgeschichtlichen Sinne eher nach dem Modell des Palimpsets; man überschreibt also immer wieder Dinge; die älteren Schichten bleiben erhalten. Wir können das auch im Bild des Sediments fassen: Es kommen immer wieder neue Sedimentschichten hinzu, das Lesen ist erhalten geblieben und wird uns erhalten bleiben, das Radio ist durch das Fernsehen nicht zerstört worden, und so wird auch das Fernsehen nicht zerstört werden, und so wird auch das Fernsehen seinen Platz in einer Welt der neuen und vervielfältigten, dezentrierten Medien behalten." So formuliert es der Geschichtswissenschaftler Paul Nolte und führt uns zurück zu den Verfassungswerten und der Gewissheit, dass sie – wann immer – in die Gegenwart der jeweiligen Neuzeit gehören und vor allem passen.

19   Zeitlos also bleibt das Grundrecht der eigenständigen funktionsbezogenen Rundfunkfreiheit, die sich auf Vermittlung publizistischer Inhalte, Qualitäten und Werte bezieht und damit mehr ist als eine mit technischen Zusätzen versehene Ausprägung der Meinungsfreiheit. Und diese ihr zugesprochene Funktion und ihr Auftrag sind gesellschaftlich so relevant, dass sie grundgesetzlich festgeschrieben, dementsprechend tagesaktuell und nicht als antiquiert einzuordnen sind. Die Rundfunkfreiheit erfüllt eine gesellschaftliche Funktion und ist im Interesse der Nutzer umzusetzen, wird also vom Zweck hinter der verfassungsrechtlichen Garantie hergeleitet: Freie, individuelle und öffentliche Meinungsbildung ist die Definition des Bundesverfassungsgerichts – für den Einzelnen zugesprochen als Voraussetzung zur Persönlichkeitsentfaltung, für die Gesellschaft unabdingbar als Fundament demokratischen Zusammenlebens. So besteht der Beitrag der Rundfunkanstalten im Rahmen der Erfüllung des Kulturauftrages insbesondere darin, den Mitgliedern der Gesellschaft eine Basis zur demokratischen Beteiligung zu schaffen, ihr das verantwortliche Mitgestalten von Gemeinschaftsanliegen zu ermöglichen und einen Kommunikationsraum entstehen zu lassen. Umgekehrt: Medien genießen ihre Freiheit, eben weil sie Programm abliefern und indem sie die ihnen zugewiesene Funktion erfüllen. Daraus ergibt sich die Notwendigkeit der Qualität, die für die umfassende Meinungsbildung erforderlich, unabdingbar ist; es ergibt sich das Gebot der Vielfalt als Zauberwort, das den Rundfunk im Hinblick auf das „Ob" seiner Funktionserfüllung bindet – das „Wie" aber mit der uns bekannten publizistischen Freiheit versieht. Und schon sind wir wieder bei der Regelungsnotwendigkeit, die insbesondere in der digitalen Neuzeit brennt. Der Staat nämlich hat aufgrund seiner Garantenpflicht für die Erfüllung der Ziele grundgesetzlicher Vorgaben die Pflicht, durch Regelungen, auch und gerade in unklaren technischen und medialen Entwicklungsszenarien, zu gewährleisten, dass die demokratische Gesellschaft von ihren Leitmedien umfassend versorgt wird. Da die Versorgung nicht der Willkür der unterschiedlichen Verantwortlichen obliegen kann, gibt es die Definition der programmlichen Anforderungen in Form der

Suchbegriff: | Grundversorgung |

Von Kritikern gerne in Verbindung gebracht mit Mindestversorgung, Restversorgung, sogar **20**
Minimalversorgung.

Diese Position beruht auf dem Missverständnis, dass Grundversorgung eine Funktion erfüllt, **21**
die bei den Rezipienten ansetzt: Was der Markt im Wettbewerb nicht anbietet, wird als Rest
verschnürt und als Paket dem Begriff der Grundversorgung untergeschoben. Gemeint aber ist
das Gegenteil – gemeint ist die Angebotsseite als Garant dafür, jedenfalls die Alternative für
Programme und Sendungen zu bieten, die gerade nicht ausschließlich den Gesetzen des Marktes folgen, Sensationen zeigen, Spaßgesellschaften befriedigen, Massenware anbieten. Natürlich ist die Beibehaltung des öffentlich-rechtlichen Systems dafür Bedingung und Notwendigkeit. Aber der Grundversorgungsbegriff beschränkt sich nicht auf die Angebote föderaler Vielfalt, Kultur und Bildung – andernfalls wäre die Nischenversorgung am Ende ja doch die Konsequenz –, sondern meint eben die Einbettung in ein attraktives Gesamtprogramm, in dem
Sport, Spiel, Begeisterung, Empörung, Unterhaltung und Massenattraktivität im besten Sinne
eine wichtige Rolle spielen, um der Bevölkerung ein insgesamt attraktives Angebot zu
machen.

„Redlichkeit und Stil lässt sich nicht erzwingen, jedoch institutionell abstützen" fasst Paul **22**
Kirchhoff die Begrifflichkeit der dynamischen Grundversorgung für den öffentlich-rechtlichen
Rundfunk so großartig zusammen. Dahinter verbergen sich Werte wie die organisatorische und
institutionelle Trennung der Rundfunkanstalten von Staat und Wirtschaft, die Garantie der inneren Unabhängigkeit durch Gebührenfinanzierung, ein eben bereits angesprochenes attraktives, medialen Erwartungen gerecht werdendes Vollangebot, das die Allgemeinheit erreichen
kann, die Wahrnehmung der Kompetenz des Problematisierens und des Anbietens von Lösungen, gleichzeitig die Gewissheit, dass Probleme nicht marginalisiert, sondern eingeordnet und
sachlich gewichtet werden, dass Inhalte – so einfältig es klingen mag – „richtig" vermittelt
werden.

Und doch, das ist es nicht allein … Grundversorgung als Begrifflichkeit ist vom Bundesverfas- **23**
sungsgericht untrennbar mit dem Begriff der Dynamik verbunden. So gilt auch für den Rundfunk, was Arthur J. Sulzberger, Herausgeber der New York Times für seine Zeitung gesagt hat:
„Wir folgen unseren Lesern, wohin sie uns auch führen. Wenn sie uns gedruckt wollen, werden
wir gedruckt da sein. Wenn sie uns im Netz wollen, werden wir im Netz sein. Wenn sie uns auf
Handys oder zum Runterladen wollen, damit sie uns hören können, dann müssen wir auch dort
sein." Das bedeutet auch für den Rundfunk, die Dynamik ernst und als Aufforderung zu nehmen, Inhalte intelligent und mehrfach zu verwerten, die Digitalisierung mit ihren Verbreitungswegen dafür zu nutzen. Die Flut von Angeboten, Plattformen und Programmpaketen schmälert
den „Grund" für den Grundversorgungsauftrag keineswegs, was man ja als erste oberflächliche
Schlussfolgerung vermuten könnte; sie führt im Gegenteil zu einer erhöhten Relevanz und Unabdingbarkeit für die Sicherung der gesellschaftlichen Funktion und damit zu der Feststellung

Suchbegriff: | „Grund" – nie gab es mehr! |

Vereinfachte Umschreibung für die Notwendigkeit der Bestands- und Entwicklungsgarantie **24**
für öffentlich-rechliche Medien im digitalen Zeitalter: Eine Garantie, die nur dann durchset-
zungsfähig und schlagkräftig für die Praxis sein kann, wenn Grundversorgung auch und gerade
heißt, am Reigen der technischen Angebotsformen, wie Podcasting oder Handy-TV, teilhaben
zu können; wenn die Zuschauer und Zuhörer – die Nutzer – Qualitätsprogramme auf allen relevanten Wegen finden können.

25 Der Ausgangspunkt für die Auffindbarkeit hat sich grundsätzlich verändert: Das Bundesverfassungsgericht hat gefordert, dass der Empfang für alle sicher gestellt sein muss, was im Zeichen der Digitalisierung zu einer jedenfalls problematischen Forderung erwächst – denn ob „für alle" auch heißen muss „auf allen Verbreitungswegen", ist nicht selbstverständlich schlusszufolgern … Jedenfalls muss der öffentlich-rechtliche Rundfunk auf den relevanten Verbreitungswegen präsent sein – und leicht auffindbar: „Grund" genug also, die Angebotsmasse aller Plattformen und Contentanbieter nicht gegen die Aufrechterhaltung und Stärkung der Grundversorgung innerhalb des dualen medialen Systems aufwiegen zu können.

26 Wenn Information, Werbung, willkürlicher Service und interessengeleitetes Marketing nicht mehr klar unterscheidbar sind, wird es im Gegenteil dringend und wichtig, dass der öffentlich-rechtliche Rundfunk – so die deutliche Forderung des ARD-Vorsitzenden Fritz Raff – seine Rolle überall dort wahrnimmt, wo Inhalte an den Nutzer herangetragen werden. Geht man dieser Argumentation nach und fragt also weiter nach dem guten Grund für die gute Grundversorgung, kommt man immer wieder von verschiedenen Seiten zu dem Ergebnis, dass die Beschränkung nicht auf die herkömmliche Technik beschränkt bleiben kann und darf – wie nicht nur die Bundesverfassungsrichter bereits 1991 antizipiert haben, sondern die digitale Wirklichkeit beweist: Durch den Grundversorgungsauftrag bekommt somit auch die Bestands- und Entwicklungsgarantie verfassungsrechtlichen Rang – und schließt das Recht auf Teilhabe an den neuen Techniken ein. Bis heute bleiben Kritiker des dualen Systems seit dem „Urknall" und der „Erfindung" des Privatfernsehens bei der These, dass diese rechtlichen Argumente nicht haltbar sind, weil die Angebotsfülle insgesamt einen Ausgleich zwischen schlechten und guten Programmen gewährleistet, der dem Nutzer ermöglicht, die gute Mitte auch zu finden. Nun ist es mit Blick auf die erwähnte Angebotsflut im Hinblick auf das Stichwort der Vielfaltssicherung aber gerade andersherum gedacht: Als demokratischer Wert ist „Vielfalt" von den möglicherweise existierenden weltweiten Gesamtangeboten unabhängig und führt vielmehr statt zur Aufhebung ihrer Notwendigkeit zu dem Befund

Suchbegriff: „Versorgung" – nie war sie wichtiger!

27 Fordernde Feststellung, die den Unkenrufen einer vermeintlich gebührenfinanzierten „Überversorgung" entgegentritt und die Relevanz des für die Gesellschaft bereit gestellten Angebots, verpackt in die Funktionsformel der Grund"Versorgung", klarstellt. Damit einher geht das Gebot der

Suchbegriff: Vielfaltssicherung

28 Wichtige verfassungsgerichtliche Vorgabe für die Veranstaltung von Rundfunk, die sicherstellt, dass ein möglichst hohes Maß an gleichgewichtiger Vielfalt die programmlichen Inhalte durchzieht und vorherrschende Meinungsmacht und damit einhergehende Konzentration medialer Einflussnahme verhindert wird.

29 Ein Garant für Vielfalt ist, in Übereinstimmung mit der in die Hände der Länder gelegten Regelungshoheit, der Föderalismus – für Vielfalt in der Veranstaltung von Rundfunkprogrammen, für Vielfalt in der Ausprägung und Entwicklung von Kultur, schließlich für Vielfalt im Hinblick auf den konkreten Kulturauftrag der Rundfunkanstalten. Das föderale Prinzip und die darin eingegliederten Landesrundfunkanstalten wirken damit allein durch ihre Struktur einer Monokultur entgegen. Begeisterung für diesen Gedanken finden Verfechter des Föderalismus und dessen wertvolle Eigenschaften bereits in Goethes *Dichtung und Wahrheit*, wo dieser von den Möserischen Standpunkten schwärmt, wonach „gerade die Menge kleiner Staaten höchst erwünscht zur Ausbreitung der Kultur im Einzelnen erscheint. Je nach den Bedürfnissen wel-

che aus der Lage und Beschaffenheit der verschiedensten Provinzen hervorgehen … Bei dieser Gelegenheit kam manches aufs Tapet, was den Unterschied der Staaten … betraf, und wie sowohl die Naturprodukte als die Sitten, Gesetze und Gewohnheiten sich von den frühesten Zeiten her anders gebildet und, nach der Regierungsform und der Religion, bald auf die eine bald auf die andere Weise gelenkt hatten … Durch diese Ableitungen läßt sich deren Verknüpfung mit den Nachbarn und mit dem Ganzen aufs Beste kennenlernen, und sowohl Gegenwart als Zukunft beurteilen." Hier schließt sich dann der Kreis von kultureller Vielfalt im und durch Föderalismus hin zum Auftrag der Landesrundfunkanstalten, die diese Attribute pflegen, fördern, herstellen und gewährleisten, indem sie gesellschaftliche Entwicklungen und Entfaltungen in ihren Programmen hörbar und sichtbar machen. Kultur wird dabei lebendig durch Vielfalt in der Berichterstattung, im Meinungsaustausch und der Auseinandersetzung mit Inhalten – eben „durch Verknüpfung mit den Nachbarn und mit dem Ganzen". Landesrundfunkanstalten also als Kulturbeauftragte im Sinne der föderalen Vielfaltssicherung? Das hat wesentliche Auswirkungen auf für die Verantwortlichen von

Suchbegriff: | **Landesprogramm** |

Teil innerhalb des ARD-Verbundes und der föderalen Struktur – untrennbar mit der Aufgabe   **30**
verbunden, Programm dadurch vielfältig zu gestalten, dass es durch seine Regionalität unterscheidbar und in seinen einzelnen Angeboten und Programmanteilen immer der Monokultur entgegen wirkt.

Freilich darf das nicht dazu führen, ein Programm zusammenzustellen, das sich ausschließlich   **31**
mit sogenannten hochkulturellen Werten und kulturellen Produkten, mit Kulturgütern und Bildungswerten beschäftigt. Vielmehr erschließen sich Kennzeichnung und Ausformung des Kulturauftrags des öffentlich-rechtlichen Rundfunks umfassend erst und nur anhand einer normativen Betrachtungsweise, die Kultur als Werterhaltung, als moralische Instanz definiert und hier insbesondere Anforderungen an das gesamte Programm stellt. Er umfasst Information ebenso wie Unterhaltungssendungen, Sport ebenso wie Feste und Feiern, Quiz ebenso wie Talk.

Ein so weitgefasster Kulturbegriff darf dabei nicht seine Konturen verlieren; wenn nämlich alles Kultur ist, ist auch nichts mehr „richtig" Kultur. Dieser Gefahr kann nur entgegengetreten   **32**
werden, indem die Veranstalter ihre Programme immer wieder an den Parametern ihrer Funktion messen: den föderalen Elementen, den landesspezifischen und regionalen Programmangeboten des öffentlich-rechtlichen Rundfunks, die ihn unterscheidbar, einzigartig, zu einem essentiellen kulturellen Gut machen. So gehört es insbesondere zur Aufgabe der Landesrundfunkanstalten, neben der internationalen und nationalen auch die regional geprägte Perspektive wahrnehmbar zu machen und als Ausgleich und Gegenpol zur an Wucht und Tempo immer noch zunehmenden Globalisierung zur Geltung zu bringen. Nur wer die Menschen in ihren Lebensräumen wahrnimmt und ernst nimmt, kann die Urteilskraft und Entscheidungsfähigkeit des Einzelnen in der schnelllebigen Informationsgesellschaft unterstützen, stärken und gewährleisten.

Landesprogramm, so der Rückschluss, als Förderer, Initiator und Reflex von Landeskultur in   **33**
ihrer regionalen Ausprägung, als Programm der Nähe – im Zeitalter digitalisierter Umgangssprache auch zu umschreiben mit der Begrifflichkeit

Suchbegriff: | „Elektronisches Lagerfeuer" |

34 Wortschöpfung als Antwort auf die Frage, was in den von Technik bestimmten Kommunikationsweisen, in denen sich die mediale Welt nicht mehr in Kontinente trennen lässt, überhaupt „Nähe" und „Regionalität" sein kann.

35 Die Individualisierung, die sich im Kontext von Massenmedien etwa in der Zunahme von Verspartung zeigt und der damit einhergehenden Aufspaltung des Publikums, die deutlich wird durch Pay-per-View oder Pay-per-Channel, die verstärkt wird durch die Adressierung an den einzelnen Nutzer und an ein anonymes Publikum, braucht als Gegenpol die Wärme der Nähe, der Information und der Unterhaltung aus dem „Bekannten". Immer wieder beschäftigt die Macher von Landesprogrammen die Frage nach den Spezifika ihres Landes; danach, wie sich der deskriptive Begriff der Regionalität in Programm umsetzen lässt. Kriterien dafür sind zunächst die Begriffe der kognitiven, emotionalen und räumlichen Nähe, die jeweils in die Frage münden, ob das Angebot den Zuschauer in seinem Lebensraum berührt, ihn in seiner Lebenswirklichkeit erreicht. So wird eine Reportage nicht allein dadurch zu einer regionalen Reportage, weil sie im Land spielt; oder dadurch, dass ihr Protagonist aus dem Land kommt. Entscheidend ist stets, dass es gelingt, einen unverwechselbar besonderen regionalen Blickwinkel für das Dargestellte, für das Thema, die Geschichte, die Information, die Unterhaltung einzunehmen. Nur gehaltvolle Landeskenntnis, nur die Kunst, ein Thema zu einem regionalen Thema zu machen, nur die Sensibilität, das für den Zuschauer innerhalb seines Lebensraumes Besondere zu durchdringen und herauszustellen, machen das Programm aus dem Land zu einem Programm für das Land.

36 Unter dem Strich setzt sich Landesprogramm aus den für die einzelnen Regionen relevanten Inhalten zusammen – die Abbildung von Lebensräumen lässt sich nicht definieren durch geographische oder politische Landesgrenzen; Landeskultur lebt nicht in regionalen Abschnitten, die nach objektiven formalen Kriterien in Zuständigkeitsbereiche für Berichterstattung einteilbar sind. Landesprogramm muss vielmehr ansetzen am subjektiv empfundenen Begriff der

Suchbegriff: | Heimat |

37 Codewort, um emotionaler und räumlicher Nähe in ihrer Vielschichtigkeit nachzuspüren, sie gebündelt zu finden, Landeskultur abzubilden und entsprechend lebendiges Landesprogramm zu produzieren.

38 Heimat stammt aus einer Zeit, als das Leben noch einen eindeutigen Mittelpunkt hatte, der dieses Leben prägte, definierte und auch lenkte. Heimat war Geburtsort, dort baute man sein Haus, pflanzte seinen Baum und blieb meist über Generationen um diese Mitte beheimatet. Besonders eindringlich lässt sich die Bedeutung dessen, was die Heimat ursprünglich ausmachte, beschreiben, wenn man weiß, dass in der althochdeutschen Sprache deren Gegenteil durch das Wort Elend, abgeleitet von „elilenti", ausgedrückt wurde. Dieses „Elend" umfasste die Bedeutung alles Fremden – das oft schon im nächsten Dorf anfing, wo Dialekt, Brauchtum und Menschen kaum noch bekannt waren und auch keine Rolle für die eigene Mitte spielten.

39 Inzwischen scheint die Welt Kopf zu stehen; in der Heimat ist man quer über den Globus mal eben schnell per Mail, schickt per Handy Fotos aus der Gegenwart, fliegt hin und her, verabredet sich mit seinen Nachbarn kurzfristig in anderen Ländern und hat das Fremde scheinbar übergangslos in die Mitte des jeweiligen Tages an den jeweiligen Ort des Geschehens integriert. Fremde und Heimat sind nicht mehr so klar auseinander zu halten. Die Adresse als Heimat? Der schnell erreichbare Supermarkt, die Postkarte von der Ferieninsel, die Tankstelle um die Ecke? Weil das nicht reicht, ist in unserem schnelllebigen Jahrhundert die Sehnsucht nach

der wärmenden Assoziation des Heimatbegriffs wieder ausgeprägt vorhanden; in der Weite der Welt suchen viele wieder stärker nach der Mitte, die die Heimat auszeichnet. Die Nähe soll Schutz geben vor der globalisierten Gesellschaft, die sich so schlecht fassen und anfassen lässt. Das Bedürfnis nach einem abstrakten Schutzraum ist vielen Lebenssituationen immanent; ein Schutzraum, der Heimat vermittelt, wenn der Mensch aus dem Flugzeug steigt, in dem ihm eben noch die Welt zu Füßen lag.

Inzwischen – nachdem der Heimatbegriff viele Umwege hinter sich gelassen und nicht nur als Ausdruck des positiven Heimatgefühls gebraucht, sondern gleichermaßen für politische Zwecke missbraucht wurde – ist die gesellschaftliche Entwicklung wieder eher bei den romantischen Werten und Sehnsüchten angekommen, bei dem Versuch, Heimat zu definieren. Die Menschen suchen Heimat gegen Sinn- und Werteverlust, gegen die Beschleunigung in Grenzenlosigkeit, als emotionale Nahwelt … Und dabei finden die Programmmacher die wesentliche Grundlage für die Erfüllung ihrer Aufgaben, insbesondere ihren Beitrag zur Umsetzung des Kulturauftrags zu leisten. **40**

Vermieden werden muss in jedem Fall, dass sich die „User" letztlich ausschließlich ihre eigene Heimat in Internet-Communities schaffen – was nicht unproblematisch ist, wenn man sich erinnert, dass Basis aller Unternehmung doch nach wie vor auch die Wertevermittlung für die Funktionsfähigkeit einer demokratischen Gesellschaft bleiben soll. In Zeiten, in denen Medienkonsum kaum noch orts- und zeitgebunden ist, und somit niemand mehr … etwas … zu Ende …, sondern auch zu anderer Zeit …, an anderem Ort … oder gar keinen Inhalt mehr zu sich nimmt …, sondern nur noch interessen- und spartengeleiteten **41**

Suchbegriff: Content

Inzwischen eingedeutschte Farce, die die Unterscheidbarkeit von qualitativen Inhalten und „Sonstigem" aufhebt. **42**

Medienschaffende tendieren zunehmend dazu, so viel Content wie möglich zu generieren und differenzieren im Sprachgebrauch kaum noch zwischen hochwertigen Informationsangeboten, ausrecherchierten Dokumentationen und Reportagen, attraktiver Unterhaltung, inhaltsreichen Wellenprofilen im Hörfunk und ausgefeilten, sauber ausgewählten Podcast-Angeboten auf der einen Seite und Klingeltönen, TrashVideos, Spielmassen und auf Kommerz ausgerichteten Kicks und Links auf der anderen Seite. Dieser – schwarz-weiß gemalten – Gefahr muss man mit deutlicher sprachlicher Trennung entgegen treten, da sie die Konturlosigkeit von Inhalten unterstützt. Für Redakteure und Nutzer ist diese Begrifflichkeit gleichermaßen problematisch, weil in der digitalen Welt auch weiterhin die Werte von Qualitätsangeboten einerseits und von Plattformbetreibern angepriesenen Massenprodukten andererseits unterscheidbar bleiben müssen. Sogenannte Auftragskommunikation, PR-lastige Slots, redaktionell ausgearbeitete Geschäftsmodelle und ins Netz gestellter Amateurmix sollten nicht gleichberechtigt subsumiert werden können unter das, was Journalisten sorgfältig erarbeiten, um es in den Dienst ihres medialen Auftrags zu stellen. So spricht die Branche auch zu Recht von der „Content-Falle", die dann zuschlägt, wenn die zentralen journalistischen Werte, die in Verbindung mit Qualität und Vielfalt stehen, nicht mehr zuverlässig einzuordnen und wiederzufinden sind, wenn aller Inhalt zum Content wird. Um das nicht weiter zu provozieren, liegt eine weitere Herausforderung innerhalb der digitalen Entwicklung in der Deutlichkeit, mit der wir journalistisches Arbeiten verbinden mit der Hervorhebung von **43**

Suchbegriff: Inhalt

44 Einzig relevantes Wort, das für das steht, was Journalisten erarbeiten!

45 Content und Inhalt sind dann nicht ein und dasselbe, wenn es um journalistische publizistische Inhalte geht. Natürlich gibt es hervorragende Downloads von privaten Plattformbetreibern, spannende Spiele und guten Content im Netz – aber relevant bleibt eben doch die Abgrenzung zum eher von öffentlich-rechtlichen Qualitätskriterien geprägten Inhalt in den neuen medialen Formen. Unübersichtlichkeit führt per se leicht zur Resignation oder der Nutzung des Einfachsten. Deshalb braucht es Kriterien, die qualitative Inhalte leicht auffindbar machen und zum Bleiben anregen: Wesentlich sind dabei sicher Eigenschaften wie kurzgetaktete, schnell erfassbare Angebote mit größerer Emotionalität und Personalisierung, gepaart mit Orientierung und Glaubwürdigkeit. All das muss so verpackt werden, dass es erkennbar und immer leicht wiederzufinden ist – und dass es auch und gerade anhand seiner Qualität erkennbar ist… Freilich eine große Herausforderung für die Journalisten im digitalen Zeitalter; und gleichzeitig der eindeutige Hinweis auf die Veränderung des Arbeitsalltags und der Anpassung der Tätigkeiten an

Suchbegriff: Dynamische Berufsbilder

46 Abschied von den eher statischen klassischen Berufsbildern hin zu einer Anpassung an die Herausforderungen, kurze und lange Stücke kreativ zu verpacken, sie für die verschiedensten Medien aufzubereiten, mindestens mitzudenken, immer wieder multimediale Innovationen dann zu setzen, wenn sich scheinbar ein Baustein gerade etabliert hat, um der Unruhe der Entwicklung stand zu halten.

47 In den vergangenen Jahren sind die Anforderungen an Autoren, Redakteure und Produzenten enorm gewachsen, weil sie Programme bereits vor dem Entstehen möglichst so denken müssen, dass es einer Mehrfachverwertung zugute kommt. Magazinserien so denken, dass sie auch zu einem Halbstünder tauglich verarbeitet werden können. Auskopplungen aus Portraits als kurzen Magazinbeitrag verwendungsfähig machen. Grenzüberschreitend kooperieren und auf diese Weise Lebensräume großzügig bedienen. Bimediale Projekte stärken, um Infrastruktur doppelt zu nutzen. Koordination, Koproduktion und Kooperation im Programm …

48 Hinzu kommt nun noch eine weitere handwerkliche Herausforderung, die das Umsetzen in multimedial verwertbares Material ermöglichen soll, bis hin zu einem Kommunikationsberuf, der auch den intensiven Kontakt mit dem Publikum meint. Inhalte müssen so aufbereitet werden, dass aus den Leitmedien auch Häppchen für die neuen Angebotsformen entstehen: kleine Portraits, Wallpapers für Handys, Nachrichten zum Runterladen, Wetter bei Bedarf, attraktiv umgesetzt und damit abgesetzt von dem, was für Hörfunk und Fernsehen produziert wird. Die Dynamik der künftigen Berufsbilder besteht darin, dass völlig unsicher ist, welche der Angebotsformen sich durchsetzen; und dennoch muss sich der Einzelne in verschiedenen „Fremd"sprachen souverän bewegen, also die diversen Verbreitungssprachen mit Inhalten jeweils passgenau bedienen. Dazu muss der Journalist die Nutzervorlieben für die einzelnen Medien suchen, kennenlernen und in seine Arbeit einbinden, muss flexibel sein, denn die medialen Verbreitungsformen und -wege werden noch höhere Geschwindigkeiten erfordern. Flexibel in der Präsentation, ohne die hochwertige Qualität von Inhalten zu vernachlässigen. Technisches Know-how also verbunden mit redaktioneller Klasse – recherchieren, texten, filmen, schneiden, vertonen … Und bei alledem soll und muss sich dieser Journalist, der im Arbeitsalltag dieser immensen Dynamik unterliegt, immer noch seinen Gestaltungsauftrag bewusst machen? Soll bedenken, welche Wirkung er mit Bild und Ton auslöst? Wie unmittelbar sein Wirken Folgen auslöst, Sichtweisen beeinflusst, Vorgänge öffentlich macht und Akzente setzt, indem er manches schlicht weglässt, indem er charakterisiert, resümiert? Dabei soll er sich täglich mit Wittgenstein noch fragen – während er gerade einen Fernsehbeitrag netztauglich bastelt und abruffähig bearbeitet – ob die Sprache Kleid oder Verkleidung der Gedanken und der Wirklichkeit sei, soll sich fragen, ob die Tonlage stimmt, Gelassenheit oder Distanz „richtig" gesetzt sind, ob der Cut für das Podcast-Angebot mit der neu gewählten Musik zusammen passt, mit der man auch jüngeres Publikum erreichen will, ob an der richtigen Stelle kommentiert oder an der falschen Stelle Nähe vermittelt wurde? Kann es tatsächlich sein, dass die Dynamik der Berufsbilder im Journalismus letztlich heißt

Suchbegriff: | Einer für alles? |

Problematische Frage, die stellvertretend für viele Entwicklungen der digitalen Medienzukunft, die mit ungewisser Perspektive ausgestattet sind, deutlich mit Jein! zu beantworten ist. **49**

Letztlich kann die Antwort nur in der Feststellung liegen, dass die Berufsbilder sich im Bereich **50** der Kommunikationslandschaft selbstverständlich insgesamt verändern werden und die technische Verpackung eine wesentliche Komponente dieser Entwicklung sein wird. Gleichzeitig setzt das Berufsbild des Journalisten weiterhin bei einer subjektiven Sicht auf die Arbeitsweise an: Jeder wird bestimmte Stärken haben und nicht zum gern zitierten „multimedialen Alleskönner" mutieren – dürfen. Es bleibt bei spezifischen Qualifikationen und Professionalitäten, die die einzelnen Medien verlangen. Bimediale und trimediale Redaktionen gibt es zwar, sie haben auch Erfolg und lernen die Instrumente jenseits ihres Herkunftsmediums schrittweise einzusetzen; dennoch wird der Journalist seine Stärke im Einsatz für ein bestimmtes Medium behalten oder finden: Der Generalist, der gleichzeitig ein anspruchsvolles Feature dreht und ein Hörfunkstück macht und fürs Internet einen begleitenden Artikel verfasst und die Grafiken dazu fertigt, samt von der Produktion mitgebrachter Fotos, die er ins Netz stellt, den kann es sicher geben. Aber er ist nicht der, der uns als Berufsbild letztlich voran und nach vorn bringt. Recherche ist und bleibt eine auch streng medienbezogene Aufgabe, die das Medium als wichtigen Orientierungspunkt benötigt und nutzt. Allein die Arbeitsschritte zur Erstellung eines Beitrags für die Landesnachrichten oder das Landesmagazin unterscheiden sich fundamental schon durch den zwangsläufig grundsätzlich anderen Ansatz und Auftrag, beispielsweise im Hinblick auf reine Information einerseits, auf Hintergründe, Geschichten und Entwicklungen in ausführlicherer Erzählweise andererseits…

Multimediales Arbeiten wird kommen, sicher. Verzetteln zulasten der Qualität hingegen muss **51** vermieden werden. Die Redaktionen haben hier aber bereits selbst ihre Wege und Antworten gefunden: Im Aktuellen alle Medien gleichzeitig zu bedienen, bleibt im Sinne „Einer für Alles" unlösbar. Synergetisch zu arbeiten hingegen ist längst Pflicht und in weniger aktuellen Formaten auch Alltag. Damit wird deutlich, dass der Schlüsselbegriff das vernetzte Denken und Arbeiten beim Planen und Produzieren von Themen ist, dass Vernetzung im thematischen und organisatorischen Sinne die Bedienform für das multimediale Arbeiten darstellt, dass Redakteure andere Verteilwege bei ihrer Arbeit mitdenken, ohne den einzelnen Autor als All-Inclusive-Händler zulasten der Qualität zu beauftragen.

Was heißt das konkret für die Redaktion? Es muss dort Kollegen geben, die die Inhalte optimal **52** erstellen, die kreativ recherchieren, produzieren und umsetzen – und es muss Kollegen geben, die diese Inhalte optimal auf den Weg bringen, die neu verpacken, konfektionieren, umgestalten und die Verteilwege und Plattformen damit füllen: Nur so kann Qualität in Inhalt und Verpackung – beides journalistische Handwerke – gewährleistet und gehalten, spezifische Professionalität gesichert und Multimedialität individuell für die Verteilsprachen erreicht werden.

Große Unsicherheit wirft diese Arbeitsverteilung bereits jetzt auf hinsichtlich der Zuständigkeiten, konkret in Bezug auf die Frage der Zuordnung von

Suchbegriff: | Programmverantwortung |

53 Normalerweise demjenigen übertragene Pflicht, der seinen Kopf in redaktioneller Hinsicht dafür hinhält, was an Programm raus geht.

54 Wie aber ist es nun, wenn, wie beschrieben, Inhalte aufbereitet oder für andere Verteilwege, Verbreitungssprachen verarbeitet, konfektioniert werden? Gibt es bald so etwas wie eine technische Programmverantwortung? Undenkbar! Müssen doch Verantwortung und Programm in einer Hand liegen. Kann es andererseits nur eine technische Verantwortung sein, allein aufgrund des Arguments, dass es sich „nur" um eine andere technische Sprache, einen anderen Ausspielweg, eine andere Verpackung handelt? Ebenfalls schwierig, da ja tatsächlich auch neues Programm entsteht. Die Trennung zwischen Verwertung von Vorhandenem und der Schöpfung neuen Programms wird hier die entscheidende Eigenschaft für die Beantwortung bisher ungeklärter Fragen sein. Die Qualifizierung als „Verwertung von Vorhandenem" geht ja zunächst noch davon aus, dass Fernsehen und Hörfunk die Kernmedien sind – und alle weiteren medialen Ausspielwege Nutzungs- oder Wiederholungsformen darstellen. So, wie zunächst das Internet rein programmbegleitende Aufgaben aus den Hörfunk- und Fernsehredaktionen heraus erfüllt hat, inzwischen aber längst zu einem unverzichtbaren Standbein in der Flotte der Programme geworden ist – nach wie vor überwiegend programmbegleitend zwar, aber eben mit eigenen Redaktionen, eigenen Initiativen, Innovationen, Gewichtungen und also auch Verantwortung – so muss für die mediale Verantwortungszukunft der neuen Ausspielwege allem voran die Frage der Leitmedien geklärt werden, aus der sich dann weitere Verantwortungen ableiten lassen. Ob die Verpackung und Übersetzung technisch verantwortet werden soll, ob diese Leistung nicht per se bereits eine redaktionell eigenständige ist, oder ob sich eigene neue Programmsäulen herausbilden sollen, die gleichberechtigt oder gar unabhängig neben den herkömmlichen Medien und Programmen stehen, sich teilweise deren Inhalte bedienen und daraus eigene und eigenverantwortete neu schöpfen.

55 Das sind die ganz praktischen Fragen, mit denen sich Rundfunkunternehmen derzeit auseinandersetzen, wobei immer noch die rechtliche Schranke zu durchbrechen ist, die die Ausdifferenzierung der Entwicklungsgarantie vornehmen muss, um zu beschreiben, ob die neuen Ausspielformen überhaupt als eigenes Programm bewertet und also mit eigener Verantwortung versehen werden können. Spannende Fragen mit hohem Konfliktpotential, das allerdings überhaupt erst mit Relevanz ausgestattet und ein Äquivalent in der rechtspolitischen Diskussion finden wird, wenn nicht alle Anstrengungen im Sande verlaufen, weil es keine Verbindlichkeit dahingehend gibt, dass qualitativ wertvolle Inhalte einen Platz finden, der ihnen gewährleistet, auch vorzukommen, dass es also verbindliche Regelungen gibt für die fundamentale Forderung des

Suchbegriff: | Must Carry |

56 Ein Muss!, wenn künftig unterbunden werden soll, dass Kabel- oder Satellitengesellschaften oder Handy-Hersteller, Besitzer von Telefonnetzen, Plattformbetreiber und sämtliche Eigner von Endgeräten entscheiden, wer was zu welchem Preis hören, sehen, nutzen darf: Must Carry also als Regelungs-Muss auch für die digitale Welt.

57 Verbunden damit sind Befürchtungen, dass der Bund – mangels Regelungen – über die Telekom Programmanbieter wird, dass die Satellitenbetreiber auch öffentlich-rechtliches Programm nur gegen weitere Gelder anbieten, dass öffentlich-rechtliche Programme bei der Nut-

zung digitaler Verbreitungswege oder beim Zugang zu Plattformen zunächst taktische und finanzielle Kämpfe zu bestehen haben. Zu Ende gedacht: Aus dem Wettbewerb der Sender wird der Wettbewerb der Plattformen. Gewinnen wird wohl das Internet, weil es den besten Zugang zum Kunden hat. Die Show geht also weiter und zeigt als Gewinner zunächst den, der Inhalte und Rechte hat, dann den, der Endkunden identifizieren und adressieren kann – Broadcaster letztlich nur noch in der Rolle des Produzenten und Anbieters von Inhalten? … Nein: Die Gebührenfinanzierung der öffentlich-rechtlichen Angebote muss dazu führen, dass diese frei empfangbar und leicht auffindbar sind und bleiben – ebenso wie andere vielfaltsichernde Programme auch –, andernfalls müsste der Kampf zwischen Rundfunk als Kulturfaktor gegenüber der Einordnung als Wirtschaftsgut auch an dieser Stelle erneut losbrechen, da die Interessen der Allgemeinheit nicht zugunsten rein kommerziellen Gewinns eingeschränkt werden dürfen.

Bezugspunkt ist und bleibt auch hier wieder die Grundversorgung und die Rolle als Medium und Faktor freier Meinungsbildung – und zwar allüberall dort, wo Inhalte an Nutzer herangetragen werden. Ein legitimes Ziel, das seine Berechtigung auch konkret aus dem 6. Rundfunkurteil des Bundesverfassungsgerichts herleiten kann, in dem bereits 1991 festgehalten ist, dass der öffentlich-rechtliche Rundfunk gerade nicht auf die herkömmliche Technik beschränkt werden darf, vielmehr auch die Nutzung neuer Übertragungswege von der Grundversorgung mit umfasst wird. Damit schließt sich der Bogen zum Schlagwort der Must Carry-Forderung, weil so die Bestands- und Entwicklungsgarantie verfassungsrechtlichen Rang erreicht und andernfalls die Erfüllung des Grundversorgungsauftrags ins Leere läuft. Dies bestätigt auch das Urteil vom 11.9.2007 dahingehend, dass die seinerzeit aufgestellten Anforderungen zur Sicherung der Rundfunkfreiheit durch die Entwicklung der Kommunikationstechnologie und Medienmärkte nicht überholt sind. **58**

Wie sonst kann eine Grundversorgung gewährleistet werden, wenn die Angebote „Teilhabende" erreichen und „Ausgeschlossene" nicht, wenn die Landschaft der Angebote eine Situation des „digital divide" schafft, wenn die Unübersichtlichkeit und Ungleichheit der Inhalte, die an die Nutzer herangetragen werden, kein Wertesystem mehr vermitteln können, wenn Individualisierung und die Summe dieser Vorlieben zum Ausgangspunkt der Versorgung würden, wenn die Marktinteressen öffentlich-rechtliche Angebote deshalb nach hinten drängen, weil das Wohl der Gesellschaft kein kommerziell relevanter Wert ist? Die Digitalisierung, das wird bei jedem Wert, den man an den Möglichkeiten dieses neuen Zeitalters prüft, zunehmend deutlich, macht Regelungen wichtiger und notwendiger denn je. Insbesondere erübrigen sich Begrifflichkeiten, eingeübte Streitkulturen, beispielsweise um Online-Angebote als „Dritte Säule", denn am Ende steht technische Formatgleichheit; die Medieninhalte überschreiten die Mediengrenzen, das klassische Säulendenken kommt an sein Ende, Multimedialität bricht Definitionsmuster auf, die nur noch als theoretischer Unterbau funktionieren, die aber ein praktikables Gegenstück in Form neuer Regelungen erfordern. Werte und Grundsätze bleiben, aber wie sollen sie in der Praxis angewendet werden? Sichtbar wird dies, wenn man die digitalisierte Medienlandschaft einpassen will in verfassungsrelevante Konstruktionen, wie beispielsweise ein **59**

Suchbegriff: | Duales System |

⇨ **Error**

Suche erneut starten?

Suchbegriff: | Duales System |

60   Als die Medienpolitik noch ausschließlich damit beschäftigt war, den Argumentationskampf privater und öffentlich-rechtlicher Rundfunkveranstalter in den Mittelpunkt ihrer Symposien zu stellen, war dieser Begriff aus der verfassungsgerichtlichen Rechtsprechung der meist zitierte Streitgegenstand, wenn es um unser Rundfunksystem ging.

61   …Unser Rundfunksystem? Ja, wir kommen immer wieder an denselben Punkt: Gibt es das noch, unser Rundfunksystem – oder ist es nicht längst ein Mediensystem, auf das Begrifflichkeiten wie „duales System" so gar nicht mehr passen? Natürlich braucht es Begriffe der Grundversorgung und Vielfaltssicherung weiterhin, aber sie müssen völlig neu eingepasst werden in völlig neue Rahmenbedingungen. Private Veranstalter, die sich im digitalen Markt behaupten und ihre Einnahmequellen mit unzähligen Konkurrenten teilen müssen, sind in dieser Gefechtslage gezwungen, neue Geschäftsmodelle zu suchen und Geschäftsfelder zu erschließen, sodass die Frage immer lauter wird, ob sie in diesem noch intensiver kommerziell orientierten Angebotsumfeld überhaupt noch Bestandteil eines dualen Systems sein können. Das Monopol ist gefallen! Jeder kann alles publizieren! Das führt doch nun in der Argumentation zwangsläufig dazu, dass es nicht mehr die Gegenüberstellung kommerzieller Rundfunkanbieter und öffentlich-rechtlicher Anstalten gibt, die in einem dualen System qualitative Vielfalt sichern müssen, sondern dass einerseits schlicht jeder weltweit mediale Angebote aller Art herstellen, nutzen, verbreiten und weiterverarbeiten kann, dass auf der anderen Seite der öffentlich-rechtliche Rundfunk für sich steht – dass seine Aufgabe für sich steht, dass er eine Quelle von vielen, aber eine mit frischem Wasser ist. Dabei kann er sicher eines nicht: als Gegengewicht zu „Allem" Pluralität und Ausgewogenheit herstellen. Aber als Wert an sich, als Informations- und Orientierungsquelle für die Gesellschaft hat er nach wie vor den Auftrag der Grundversorgung und damit das entscheidende Alleinstellungsmerkmal. Wie heißt es doch so schön: Die Öffentlich-Rechtlichen sollen im weltweiten Angebot eine „Glaubwürdigkeitsinsel" bilden. Ein Bild aus einem modernen Märchen? Wohl eher genau die richtige Reaktion auf die nicht mehr fassbaren Medieninhalte. Aber allein eine Insel im Meer bleibt für den Nutzer, der in unendlich vielen Farben die Oberfläche sieht, unerkannt. Um gefunden zu werden, müssen Leuchttürme drauf. Marken im Programmangebot, Relevanz der Themen, Bezüge auch für die jüngere Generation, Regionalität als Inhalt, der nirgends sonst angeboten wird. Die Leuchttürme müssen blinken, ihnen dürfen von Plattformbetreibern und Bouquetanbietern nicht die Birnen rausgeschraubt werden, damit sie am Ende doch unauffindbar bleiben. So banal in Bilder gepackt, so groß die

Suchbegriff: | **Multimediale Herausforderung** |

62   Umschreibung dafür, im neuen medialen Umfeld Inhalte besser, intelligenter und mehrfach verwerten zu müssen, die Sehnsucht nach Orientierung, das Bedürfnis nach gehaltvollen Sendungen, intelligenter Unterhaltung, spritzigen Comedies, nach nachdenklicher Einordnung des Weltgeschehens, Diskussionsforen, nach ausgewogenen Interviews verbunden mit klaren Meinungen, nach dem Interesse an verlässlichen Nachrichten zu befriedigen.

Inhalte, für die die öffentlich-rechtlichen Angebote stehen, worum sich die Anstalten traditio- **63**
nell bemühen, werden auch in Zukunft gefragt sein – nur eben deutlich orientiert an der Nachfrage spezifischer Zielgruppen. Damit einher geht die Herausforderung, durchzusetzen, dass
Programmzahlbeschränkungen in der Folge keinen Bestand mehr haben können, da allein
Spartenkanäle neben Vollprogrammen die Spezifika der jeweiligen Zielgruppen befriedigen
und den notwendigen Mehrwert nutzbar machen können. Die multimediale Herausforderung
im digitalen Zeitalter also als Chance für Nutzer und Macher, als Plattform für kommerzielle
Interessen und Garant für den Bestand des öffentlich-rechtlichen Rundfunks mit seinem medialen Gesamtangebot.

Über den Webplayer lassen sich Zusatzinformationen zum gerade laufenden Musiktitel im Ra- **64**
dio abrufen, Biographien, Chartplätze, Bandfotos, weiterführende Links, das Plattencover. Hö-
rerreaktionen kommen per Mail direkt ins Studio, dazu ein gesprochener Kommentar der Hörer
– sendefertig. Konzertbesucher, die ihre Veranstaltung nicht nur im Radio nachhören, sondern
auch über Videostreams nachsehen können. Die Herausforderung: „klickende und lesende Zu-
hörschauer" in vielfacher Weise erreichen durch intelligent verpackte Angebote, deren Macher
die einzelne Grundform auspacken, umpacken, neu nutzen – eben multimedial, crossmedial
verwerten. Die Alternative, die Geschäftspolitik der privaten Konkurrenz zu kopieren und sich
an Großportalen zu beteiligen oder eines aufzukaufen, ist für die Öffentlich-Rechtlichen keine
Option – aber die Leistung, den gesellschaftlichen Diskurs zu optimieren und wesentlicher
Faktor für die Meinungsbildung zu sein, wird in einer Weise möglich, wie sie in den klassischen Einweg-Kommunikationsformen ausgeschlossen war. Dabei wird Markenbildung und
Markenstärkung eine wesentliche Rolle spielen. Das Angebot muss als solches gut sein und für
den einen Gesprächswert, für den anderen Kult werden.

„Das Angebot muss gut sein." Aha. Eine Forderung, so banal, dass man sie nie in Frage stellen **65**
würde – aber wir müssen dennoch alte Fragen in neuer Form stellen! Die Herausforderung
wird sein, sich auf den Kern der öffentlichen Interessen zu konzentrieren. Diese medial zu
schützen, wird im Mittelpunkt stehen. Dabei werden detaillierte Regelungen des bestehenden
Medienrechts nicht zum Erfolg verhelfen, vielmehr wird der Ruf laut nach Technologieneutralität im neuen Regelungskontext. Gemeint ist, die Auswirkungen auf die öffentliche Meinungsbildung als relevanten Faktor in den Mittelpunkt medienrechtlicher Anstrengungen zu rücken,
nicht die Frage der Technik, die genutzt wird – also keine Differenzierung danach, über welches Netz Inhalte und Content verbreitet werden, sondern danach, welche Rolle diese Inhalte
für die Bedeutung der öffentlichen Meinungsbildung spielen. Eine solche Forderung lässt sich
anhand eines einfachen Beispiels konkretisieren, nämlich anhand der Tatsache, dass bald sogenannte digitale Basispakete zum Ausgangspunkt aller Angebote werden. Diese werden ihrerseits entscheidend sein für die Lenkung der öffentlichen Meinungsbildung wie für den Zugang von Veranstaltern zu ihrem Publikum. Der Ansatz einer technologieneutralen Regelung
muss vorsehen, für die verschiedenen Ausspielwege eine Mindestanforderung an die Programmvielfalt zu stellen.

„Ausspielwege"? Die wichtigste Frage der künftigen digitalen Entwicklung, der digitalen Re- **66**
volution ist noch offen: Welche Angebote finden die Akzeptanz der Nutzer – und für was sind
sie bereit, wieviel zu bezahlen? Das jedenfalls muss auf den folgenden Seiten des Handbuchs
offen bleiben: Für die Gewohnheiten, Entwicklungen und Vorlieben des Publikums der Zukunft gibt es – bei aller Praxisorientierung der Aufsätze – keine Möglichkeit einer rechtlichen
Einordnung. Wir werden abwarten müssen …

Rundfunkrecht

1. Abschnitt
Rahmenbedingungen der Rundfunkregulierung

Literatur: *Benda* Schieflage, epd medien 59/2007, 29; *Bullinger* Von presseferner zu pressenaher Rundfunkfreiheit, JZ 2006, 1137; *Eumann* Guter Rat, epd-medien 8/2007, 8; *Hoffmann-Riem* Wir stehen am Beginn eines europäisierten Verwaltungsrechts, ZRP 2007, 101; *Holznagel* Digitalisierung der Medien – Regulatorische Handlungsoptionen. Gutachten im Anhang zum Zweiten Bericht des Medienrates 2006, Hrsg. LFM, Düsseldorf; *Meyer-Lucht* Konsenszonen und Dissensräume, Funkkorrespondenz 43-44/2007, 3; *Otto* Handlungsbedarf, Funkkorrespondenz 9/2006, 17; *Schneider*Silberstreifen am Horizont, Funkkorrespondenz 45/2006, 11; *Schütz* Kommunikationsrecht, 2005; *Schwartmann* in Böge/Doetz/Dörr/Schwartmann, Wieviel Macht verträgt die Vielfalt, 2007, S. 9; *Stadelmeier* Dringend erforderlich, Funkkorrespondenz 45/2006, 3; *Telecoms and Media* An overview of regulation in 52 jurisdictions worldwide, 2007.

I. Wirtschaftliche Anforderungen an die Rundfunkregulierung

1   Die Medien befinden sich in einer Phase des Umbruchs von der analogen zur digitalen Verbreitung von Inhalten. Digitalisierung ermöglicht technische Konvergenz. Diese führt dazu, dass sich Verbreitungswege und Rezeptionsmöglichkeiten vervielfachen. Unterschiedliche Inhalte werden auf unterschiedlichen Verbreitungswegen auf unterschiedliche Endgeräte übertragen. Bewegte Bilder mit Darbietungscharakter können heute nicht mehr nur allein von Rundfunkveranstaltern, sondern über „You Tube"[1] oder „MyVideo"[2] als „user generated content" von jedermann verbreitet werden. Es treten auch neue gewerbliche Anbieter von Rundfunkinhalten auf den Plan. Verlage[3] und Unternehmen[4] machen „Internetfernsehen", ein Infrastrukturanbieter wie die Deutsche Telekom bietet über T-Home „Fernsehen in einer neuen Dimension"[5] an.[6] Die durch die Digitalisierung ermöglichte Konvergenz der Medieninhalte bedingt eine zunehmende Verschmelzung von Rundfunk- und Wirtschaftsrecht.[7] Aktuelle Probleme wie die Vermarktung der Fußballbundesligarechte, die Zusammenarbeit von Netzbetreibern bei DVB-T und DVB-H oder die Verschlüsselung von über Satellit empfangbaren Programmen beschäftigen schon heute nicht nur den Rundfunkgesetzgeber und die Landesmedienanstalten, sondern werden insbesondere kartellrechtlich gelöst.[8]

---

1 www.youtube.com/.
2 wap.myvideo.de/op/myvideo/de/ct/.
3 http://ocs.zgk2.de/mdsocs/mod_movies_archiv/kategorie/glashaus/ocs_ausgabe/ksta/index.php.
4 www.mercedes-benz.tv/.
5 So der Werbeslogan des Unternehmens.
6 Zu beachten ist indes, dass der Telekom als Unternehmen, das zu ca. 15 % im Eigentum der Bundesrepublik Deutschland steht, jedenfalls die Veranstaltung von Rundfunk aufgrund der „Staatsferne" des Rundfunks untersagt ist. Ca. 17 % sind in der Hand der KfW und ca. 68 % in Streubesitz. Vgl. http://www.telekom3.de/dtag/cms/content/dt/de/8822 (Stand Juli 2006). S. dazu 2. Abschn. Rn. 73.
7 Zu diesem Spannungsverhältnis *Schwartmann* in Böge/Doetz/Dörr/Schwartmann, S. 9 ff.
8 Dazu 9. Abschn. Rn. 7 ff.

Diese Übergangsphase eröffnet neue wirtschaftliche Möglichkeiten insbesondere bei der Ver- **2**
marktung von Rundfunkangeboten.[9] Die typische Kette der Wertschöpfung verläuft von der
Herstellung eines Inhaltes oder Programms über den Verkauf der Rechte hieran an unterschiedliche Inhalteanbieter. Dies können klassische Rundfunkveranstalter sein, aber auch Anbieter
von Telemedien oder sog. Paketierer von Inhalten. Letztere sind etwa Infrastrukturanbieter
oder Anbieter von Vermarktungsplattformen (Plattformbetreiber). Weiter verläuft die Kette
über das Zurverfügungstellen von technischen Dienstleistungen für die Verbreitung der Inhalte. Dies geschieht z.B. durch Kabel- und Satellitennetzbetreiber aber insbesondere – nach
dem Ausbau von ADSL/VDSL – auch durch die Betreiber des herkömmlichen Telefonnetzes.

Die Digitalisierung verlangt in diesem Zusammenhang weitere spezielle Dienstleistungen zur **3**
Umwandlung analoger in digitale Signale, also die Überführung in eine transportable digitale
Sendeform[10] (Multiplexing). Die mittels der effektiven Frequenzausnutzung durch die Digitalisierung herbeigeführte Programmvielfalt erfordert Systeme der Rezipientenführung die weit
mehr leisten müssen als eine Programmzeitung. Gedacht ist neben Suchmaschinen im Internet
an Navigatoren, also elektronische Programmführer für das Fernsehen. Sie sollen dieses mehr
und mehr zu einem personalisierten Medium machen. Neue Programme werden vielfach nur
gegen Entgelt empfangbar sein, was Conditional Access-Systeme zur Zugangsberechtigung
erforderlich macht. Zudem wird es nötig sein, verschlüsselte, digitalisierte Datenpakete über
Decoder (Set-Top-Boxen) für die analogen Endgeräte empfangbar zu machen.[11] Im weiteren
Verlauf der Kette steht der von den technischen Entwicklungen bestimmte Endgerätemarkt.
Der Zugriff auf Konsumenten durch Marketingmaßnahmen, wie kundenbezogene Dienstleistungen, die der mit der Digitalisierung im Online-Bereich verbundene Zugriff auf Konsumen-
tendaten in erheblichem Umfang ermöglichen wird (personalisierte Direktwerbung), schließen
die Kette.[12]

II. Überblick über das System der Rundfunkregulierung

Diese medienwirtschaftliche Entwicklung nimmt keine Rücksicht auf hergebrachte rechtliche **4**
Einordnungen und zwingt die Medienregulierung zum Handeln. Es fällt hierbei schwer, die
Fülle der sich stellenden Probleme konkret zu ermessen. Angesichts dessen ist es eine außergewöhnliche Herausforderung, die tatsächlichen Entwicklungen einer konsistenten Regulierung zuzuführen. Diese muss nicht nur der Janusköpfigkeit der Medien als Kultur- und Wirtschaftsgut auf der einen und dem Bedürfnis der Medienunternehmer nach Planungssicherheit
auf der anderen Seite gerecht werden. Sie muss zudem teilweise gegenläufigen rechtlichen Anforderungen insbesondere aus dem deutschen Recht auf der einen und dem europäischen Recht
auf der anderen Seite berücksichtigen.

Um das System der Rundfunkregulierung zu verstehen, ist es sinnvoll, einen Überblick über **5**
das aktuelle System der Rundfunkregulierung zu haben. Ein Anbieter von Rundfunkinhalten
muss allein nach deutschem Recht eine Reihe von Regulierungshürden überwinden, um sein
„Produkt" dem Rezipienten auf einem der zahlreichen geeigneten Empfangsgeräte (Fernseher,

---

9 *Holznagel* Digitalisierung der Medien – Regulatorische Handlungsoptionen. Gutachten im Anhang
   zum Zweiten Bericht des Medienrates 2006, S. 349, 353 ff.
10 Dazu 5. Abschn. Rn. 5 ff.
11 Dazu *5.* Abschn. Rn. 45 ff.
12 Voraussetzung für einen Zugriff auf den Kunden durch das Erstellen von Nutzerprofilen nach IP-
   Transaktionen ist freilich interaktives Fernsehen.

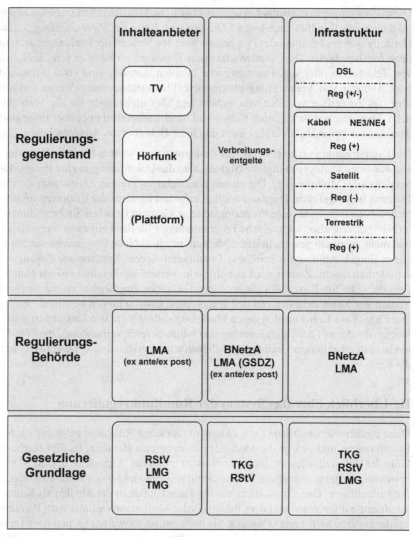

Radio, Handy, Desk- oder Laptop etc.) anbieten zu können.[13] Da die inhaltliche Seite des Rundfunks im föderalen System des Grundgesetzes der Kulturhoheit der Länder unterfällt und die Frage des technischen Zugangs zur Infrastruktur als Recht der Wirtschaft in den Hoheitsbereich des Bundes fällt,[14] ist die Verbreitung von Rundfunkinhalten in Deutschland nicht nur intensiv sondern in vielen Fällen auch doppelt reguliert.[15] Die komplexe Umsetzung des nationalen Medienrechts in die Regulierungsvorgaben und -körper soll obenstehende Übersicht veranschaulichen.[16]

---

13 Einen internationalen Überblick verschafft T*elecoms and Media* – An overview of regulation in 52 jurisdictions worldwide, 2007. Siehe zu der schwierigen Frage, was im konkreten Fall Rundfunk ist, 2. Abschn. Rn. 36 ff.
14 Dazu 2. Abschn. Rn. 34.
15 Dazu auch 5. Abschn. Rn. 14 ff.
16 Einzelheiten finden sich im 5. Abschn. Rn. 14 ff.

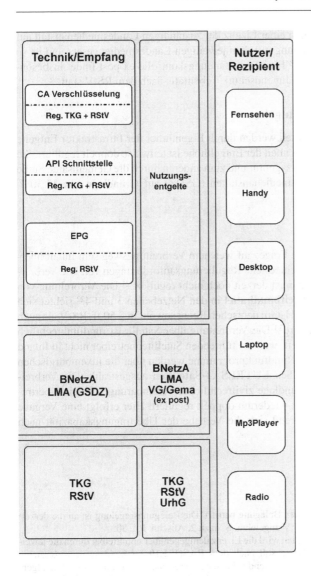

1. Regulierung der Inhalte

Bereits das Anbieten von Inhalten durch einen (privaten) Rundfunkveranstalter[17] ist im Unter- **6**
schied zur Verbreitung von Presseerzeugnissen erlaubnispflichtig. Wer privaten Rundfunk ver-

---

17 Nach § 2 Nr. 11 des Entwurfs für den **10. Rundfunkänderungsstaatsvertrag (RÄStV-E10)** (Stand
31.10.2007) ist „**Rundfunkveranstalter**, wer ein Rundfunkprogramm unter eigener inhaltlicher Verantwortung anbietet." Dieser Entwurf sieht auch eine inhaltliche Regulierung für Plattformbetreiber
vor. Gem. § 2 Nr. 10 ist „Anbieter einer Plattform, wer **auf digitalen Übertragungskapazitäten oder
digitalen Datenströmen Rundfunk und vergleichbare Telemedien auch** von Dritten mit dem Ziel
zusammenfasst, diese **Angebote als Gesamtangebot** zugänglich zu machen oder wer über die Auswahl für die Zusammenfassung entscheidet, **Plattformanbieter** ist nicht, wer Rundfunk oder vergleichbare Telemedien ausschließlich vermarktet". Zudem ist im 5. Abschn. eine **Plattformregulierung**

anstalten möchte, bedarf grundsätzlich einer Lizenz der zuständigen Landesmedienanstalt auf Grundlage von § 20 RStV in Verbindung mit dem jeweiligen Landesmediengesetz und ist so einer ex ante Kontrolle unterworfen.[18] Eine Beanstandungskontrolle ex post findet insbesondere in den Bereichen Werbung[19] und Jugendschutz[20] ebenfalls nach dem RStV statt.

2. Regulierung von Verbreitungsentgelten

7   Für die Verbreitung von Medieninhalten werden durch Eigentümer der Infrastruktur Entgelte erhoben. Die Kontrolle der Angemessenheit der Entgelthöhe ist teilweise doppelt reguliert. Sie erfolgt zum einen durch die Bundesnetzagentur und zum anderen durch die Gemeinsame Stelle für den digitalen Zugang der Landesmedienanstalten (GSDZ) auf Grundlage von §§ 30 ff. TKG bzw. § 53 RStV.

3. Regulierung der Infrastruktur

8   Stellt sich ein Medienunternehmer die Frage, auf welchem Verbreitungsweg sein Inhalt übertragen werden soll, so findet er unterschiedliche Regulierungsanforderungen vor. Die Verbreitung von Inhalten über **DSL**-Leitungen ist derzeit noch nicht reguliert.[21] Die Verbreitung von Inhalten über das (herkömmliche) **Breitbandkabel** in den Netzebenen 3 und 4[22] richtet sich nach Art. 31 UniversaldiensteRiLi und ist im deutschen Recht sowohl in § 50 ff. RStV als auch im TKG und urheberrechtlich reguliert.[23] Die Verbreitung über Satellit ist rundfunkrechtlich demgegenüber so gut wie nicht reguliert, weil die führenden Satellitenbetreiber nicht in Inland ansässig sind. Die meisten deutschen Rundfunkprogramme werden über die luxemburgischen **ASTRA-Satelliten** und die französischen **EUTELSAT-Satelliten** ausgestrahlt. Die Verbreitung auf diesem Wege erfolgt auf Grundlage zivilrechtlicher Vereinbarungen.[24] Die Übertragung über terrestrische Sendenetze ist wiederum doppelt reguliert. Hier erfolgt eine Vergabe der Frequenzen nach § 61 TKG während sich die Vergabe der Übertragungskapazität nach §§ 52, 52a RStV richtet.

---

18 vorgesehen, die insbesondere auch deren Belegung betrifft. Die Belegungsregelung ist an die derzeitige 1/3 Belegungsregelung in § 52 RStV angelehnt. S. dazu 2. Abschn. Rn. 80.

18 Öffentlich-rechtlichen Rundfunkanstalten wird die Lizenz demgegenüber unmittelbar durch die jeweilige Landesregierung zugewiesen. Diese soll nach dem **RÄStV-E10** für bundesweit verbreiteten Rundfunk nicht mehr, wie in § 20 RStV geltender Fassung vorgesehen, nach Landesrecht erfolgen. Dies hängt mit der geplanten Schaffung der Kommission für Zulassung und Aufsicht (**ZAK**) zusammen, die für die Aufsicht über bundesweit veranstalteten Rundfunk und den Plattformbetrieb zuständig sein soll. Vgl. dazu und zur ZAK 2. Abschn. Rn. 80; 3. Abschn. Rn. 25.

19 Dazu 4. Abschn. Rn. 21 ff.

20 Dazu 3. Abschn. Rn. 51 ff.

21 Im Zuge des **RÄStV-E10** ist im neu zu fassenden 5. Abschn. unter den Stichworten Plattformen und Übertragungskapazitäten eine inhaltliche Regulierung für „Rundfunk und vergleichbare Telemedien (Telemedien, die an die Allgemeinheit gerichtet sind)" vorgesehen, die auch den Verbreitungsweg über **DSL-Kabel** (IP-TV) betrifft. Zusätzlich ist eine Regulierung für **drahtlose Übertragungskapazitäten** (DVB-H) vorgesehen. Dazu 2. Abschn. Rn. 80; 5. Abschn. Rn. 42 ff.

22 Dazu 5. Abschn. Rn. 25.

23 Dazu 5. Abschn. Rn. 28 ff.

24 Dazu *Schütz* Kommunikationsrecht, Rn. 427 ff. Die der deutschen Hoheitsgewalt unterliegenden **DFS-Kopernikus-Satelliten** konnten sich wegen ihrer geringen Sendeleistung nicht am Markt behaupten. Zu Einzelheiten der rundfunkrechtlichen Rahmenbedingungen 5. Abschn. Rn. 23.

Schwartmann

4. Regulierung der Empfangstechnik

Die nächste Regulierungsstufe betrifft die Empfangstechnik. Unter dem Stichwort Conditional   **9**
Access werden Zugangsberechtigungssysteme für Pay-TV-Angebote erfasst, die sowohl hinsichtlich der Infrastruktur in § 50 TKG als auch bezüglich der Inhalteseite gem. § 53 RStV geregelt sind. Sog. API (Application Programming Interface)-Schnittstellen kommen. Sie haben eine Vermittlungsfunktion zwischen Inhalt und Betriebssoftware der Empfangsgeräte und damit eine Schlüsselrolle für den Zugang zu Medieninhalten. Aus diesem Grund finden sich hier neben den Regelungen von technischen Zugangsfragen in § 48 TKG auch rundfunkrechtliche Bestimmungen in § 53 RStV. Eine wichtige Rolle für den Zugang zum Rezipienten spielen zudem sog. Electronic Programme Guides (EPG), also elektronische Programmführer. In Zeiten zunehmender Kapazitäten im Bereich der Frequenzen bei gleichbleibender Aufnahmekapazität des Rezipienten ist es wichtig, einen Platz bei der Programmbelegung einzunehmen, der einen schnellen Programmzugriff erlaubt. Diese Belegung entscheidet über die Wahrnehmung des Programms in der Öffentlichkeit und damit über dessen Akzeptanz in der Werbewirtschaft. Daher ist ein Streit über die Art und Weise einer diskriminierungsfreien Programmzuweisung entbrannt, der auf Grundlage von § 53 Abs. 1, S. 2 Nr. 3 RStV von der Gemeinsamen Stelle Digitaler Zugang auf Grundlage von § 13 der Satzung über die Zugangsfreiheit zu digitalen Diensten gemäß § 53 RStV überwacht wird.[25]

5. Regulierung von Nutzungsentgelten

Auf der letzten Regulierungsstufe geht es um die Regulierung der Nutzungsentgelte, seien es   **10**
GEZ-Gebühren, Abonnemententgelte für Pay-TV-Angebote oder Anschlussentgelte. Diese werden aufgrund ihrer technischen und inhaltlichen Seite auf Grundlage von TKG und RStV durch Bundesnetzagentur und Landesmedienanstalten kontrolliert. Hinzu kommt auf dieser Ebene die Erhebung der Nutzungsentgelte durch Verwertungsgesellschaften.[26]

III. Ansätze zur Deregulierung

Angesichts der wirtschaftlichen Möglichkeiten und des vielschichtigen Regulierungszustan-   **11**
des drängt sich die Frage nach Ansätzen für eine Deregulierung auf. Die hier vertretenen Positionen reichen von völliger Deregulierung, die den Rundfunk wie die Presse dem freien Spiel der Kräfte in den Grenzen des Wettbewerbs- und Kartellrechts überlassen möchten, bis zu einem Ausbau des vorhandenen Regulierungssystems, das etwa „Internetfernsehangebote"[27] einem speziellen rundfunkrechtlichen Regime unterstellen wollen.[28] Aus Sicht der am Kulturträger Rundfunk orientierten Medienverfassung fällt es schwer, den Rundfunk nur dem wirtschaftsrechtlich kontrollierten freien Spiel der Kräfte zu überlassen. Dem Gestaltungsspielraum des Rundfunkunternehmers, der immer auch Träger eines publizistischen Gutes ist, ist insofern eine verfassungsrechtliche Bürde auferlegt. Mit deren Wegfall – bei Einführung einer rein wettbewerbsrechtlichen Kontrolle – umgekehrt aber auch die verfassungsrechtlichen Privilegien für den Rundfunk entfallen müssten.

---

25 Sie hat ein am 20.6.2007 ein Eckpunkte-Papier für Navigatoren zusammengestellt;. vgl. www.alm.de/fileadmin/forschungsprojekte/GSDZ/Eckpunkte_GSDZ_Navigation_2.7.2007.pdf. Hierzu insgesamt 5. Abschn. Rn. 45 ff.
26 Dazu 18. Abschn. Rn. 169 ff.
27 Vgl. etwa www.spiegel.de oder www.ksta.de/php/tv/aktuell.php.
28 Dazu 6. Abschn. Rn. 35 f.

12   Dennoch ist angesichts der mehrfach festzustellenden und verfassungsrechtlich grundsätzlich unzulässigen[29] Doppelregulierung die an Medienpolitik und Gesetzgeber gerichtete Frage nach einer Deregulierung wichtig. Dabei ist zu berücksichtigen, dass Regulierung im liberalen Verfassungsstaat auch im Rundfunkrecht kein Selbstzweck ist, sondern dem „freiheitssichernden Regulativ" des Verhältnismäßigkeitsgrundsatzes unterworfen ist.[30] Zu beantworten ist dabei insbesondere, wodurch die besondere ex ante Kontrolle im Rundfunk, im Gegensatz zur Presse nach einem bevorstehenden Wegfall der Frequenzknappheit noch gerechtfertigt ist. Der Bedarf für diese besondere Regulierung könnte entfallen, da Vielfaltssicherung wie bei der Presse aus sich heraus ent- und bestehen könnte.[31]

13   Das vom Bundesverfassungsgericht entwickelte Modell des Dualen Rundfunksystems geht zum einen von der technisch bedingten Frequenzknappheit und zum anderen von der Überlegung aus, dass das bewegte Bild wegen seiner Suggestivkraft und den damit verbundenen medialen Gefahren der Manipulation einer stärkeren Kontrolle bedarf.[32] Ob das herkömmliche Rundfunksystem den hier bestehenden Besonderheiten gerecht wird oder als überzogen gelten muss, kann heute nur mit Blick auf die technischen Möglichkeiten des Fernsehens von Morgen beantwortet werden. Hier ist insbesondere der zu erwartende anwachsende Verbreitungsgrad des IP-TV über DSL-Netze in Erwägung zu ziehen. Jedenfalls stehen unter technischen Gesichtspunkten langfristig betrachtet einer Ablösung der traditionellen Verbreitungswege über Terrestrik, Kabel und Satellit und das herkömmliche DSL-Kabel keine Hinderungsgründe entgegen.

14   Die Frage nach Deregulierung wird von Medienunternehmen, die nicht im klassischen Sinne Rundfunkveranstalter sind, aber mit den einfachen und weitreichenden Möglichkeiten des Internet bewegte Bilder verbreiten können[33] oder die aufgrund ihrer vertikalen Integration (Technik und Inhalt in einer Hand) die Möglichkeit zum Verbreiten von Inhalten besitzen, mit Nachdruck gestellt.[34] Insgesamt ist es nachvollziehbar, wenn von Medienunternehmen und Rundfunkanstalten[35] aber auch von Vertretern der Medienpolitik[36] und Aufsichtsorganen[37] Rufe nach einer Neuordnung des Medienrechts laut werden.

15   So fordern Rundfunkunternehmen eine widerspruchsfreie und **konsistente Medienregulierung**, da nur diese Rechts- und Planungssicherheit schaffe.[38] Diese kann auf der Grundlage des geltenden Systems insbesondere durch Maßnahmen der Verfahrensvereinfachung herbeigeführt werden. Die im Rahmen des 10. Rundfunkänderungsstaatsvertrages im Zusammenhang mit der Neuordnung der Medienaufsicht anstehende Einführung einer Kommission für Zulassung und Aufsicht (ZAK)[39] neben der neu strukturierten Kommission zur Ermittlung der Kon-

---

29 *BVerfGE* 36, 193, 202 f.; 61, 149, 204; 67, 299, 321.

30 So *Di Fabio* zitiert nach FAZ v. 22.9.2007, S. 14.

31 Vgl. dazu jetzt freilich BVerfG www.bundesverfassungsgericht.de/entscheidungen/rs20070911_1bvr 227005.html, Ziff. 115.

32 www.bundesverfassungsgericht.de/entscheidungen/rs20070911_1bvr227005.html, Ziff. 115 f.

33 Z.B. Printverlage, aber auch Wirtschaftsunternehmen (Mercedes TV etc.).

34 Vgl. auch *Bullinger* JZ 2006, 1137, 1138 ff.; *Meyer-Lucht* Rundfunkkorrespondenz 43-44/2007, 3 ff.; *ders.* epd medien 83/2007, 29 ff.

35 „Die ARD in der digitalen Medienwelt" Strategiepapier, verabschiedet in der ARD-Arbeitssitzung am 18.6.2007, abgedr. in epd medien 53/2007, 20 ff.

36 *Eumann* epd medien 8/2007, 8 ff.; *Otto* Funkkorrespondenz 9/2006, 17 ff.; *Stadelmeier* Funkkorrespondenz 45/2006, 3 ff.

37 *Schneider* Funkkorrespondenz 45/2006, 11; *Benda* epd medien, 2007/59, 29, 31.

38 Dazu *Schmid* Brüssel wartet schon, F.A.Z. v. 6.8.2007, S. 36.

39 Dazu 2. Abschn. Rn. 80, 3. Abschn. Rn. 25.

zentration im Medienbereich (KEK)[40] geht in diese Richtung. Sie stellt aber keine Ländermedienanstalt dar, die bei entsprechender Ausgestaltung wohl verfassungsrechtlich zulässig wäre[41] und von Teilen der Medienpolitik in jüngerer Zeit erneut gefordert wird.[42] Freilich wird von Seiten der Landesmedienanstalten bereits die ZAK als Einrichtung beschrieben, die Landesmedienanstalten zu Vollzugsbehörden degradiert, sofern überlokale und überregionale Aufgaben betroffen sind.[43] Zugleich wird die grds. Frage aufgeworfen, ob der Föderalismus noch in der Lage ist, vor den Anforderungen der Verfassung im Spannungsfeld von Meinungs- und Rundfunkfreiheit auf der einen Seite und den Anforderungen von Digitalisierung, Privatisierung der Verbreitungswege und den Möglichkeiten des Internet auf der anderen Seite, zu bestehen.[44]

1. Regulierungsziele und Regulierungsinstrumente

Dass die vorhandenen Regeln zu kurz greifen und der Gesetzgeber prüfen muss, wie hierauf zu reagieren ist, wird nicht bestritten. Es bestehen grob zwei Möglichkeiten. Entweder wird auf die Regulierung eines Bereiches ganz verzichtet, oder es erfolgt eine durchgängige Regulierung, bei der die Eingriffsgrenzen über De Minimis-Regeln oder Ausnahmevorschriften gelockert werden können.[45] Jeder dieser Schritte will aber wohl abgewogen sein und muss der Wahrheit Rechnung tragen, dass eine zeitlose Gewährleistung von Medienfreiheiten bei technischer Schnelllebigkeit Züge eines Dilemmas aufweist.　**16**

Insgesamt erscheint es wichtig, sich bei der Regulierung auf Eckpunkte zu konzentrieren. Zu den wichtigsten **Zielen der Medienpolitik und -regulierung** zählt die Wahrung der von Art. 5 GG verfassungsrechtlich vorgegebenen Aufgaben der Verhinderung vorherrschender Meinungsmacht, die Abwehr staatlicher Einflüsse auf den Rundfunk und die Förderung von Vielfalt und Kreativität.[46] Sie muss aber auch die Medien und insbesondere den Rundfunk als Faktor von Wertschöpfung anerkennen. In dieser Eigenschaft greift der Schutz der unternehmerischen Freiheiten der Art. 12 und 14 GG sowie das Recht auf Gleichbehandlung. Medienregulierung muss daneben auch soziale, kulturelle und pädagogische Ziele beachten.　**17**

Auf dem Boden des derzeitigen Systems kann der Gesetzgeber bei der Infrastruktur und beim Inhalt regulierend ansetzen. Dazu stehen ihm als **Regulierungsinstrumente** Ge- und Verbote, wie die im Rundfunkrecht durch das Lizensierungserfordernis vorgeschriebene ex ante Kontrolle, oder Möglichkeiten einer ex post ansetzenden Beanstandungskontrolle zur Verfügung. Letztere reichen von Sperrverfügungen über Ordnungsverfügungen bis zu den Mitteln des Strafrechts.[47] Daneben spielt in der Medienregulierung, namentlich im Jugendschutz, zunehmend die Co-Regulierung oder Regulierte Selbstregulierung eine Rolle.[48]　**18**

40　Dazu 2. Abschn. Rn. 80. Zur KEK in der herkömmlichen Form: *Westphal*, Föderale Privatrundfunkaufsicht im demokratischen Verfassungsstaat. 2007.
41　Dazu *Sporn* Die Ländermedienanstalt, 2001.
42　Leitantrag der SPD zu den Anforderungen an eine neue Medienpolitik, epd medien, 68/2007, 19 ff.
43　*Benda* epd medien, 2007/59, 29, 30.
44　*Benda* epd medien, 2007/59, 29, 30.
45　Für diesen letzten Weg sehen die Landesmediengesetze sog. Experimentierklauseln und Bereichsausnahmen vor. Vgl. § 16 LMedienG BW; § 67a HPRG; § 11 Thür LMG: § 30 LMG NRW; § 47 BremLMG; § 49 HabMedienG; Art. 30 BayMG; § 20 MG S.-A.; § 43 RunffunkG M.-V.; § 52 LMG Rh.-P.; § 26 SächsPRG; § 34 NMedienG; § 74 LRG S.-H.; § 68 Saarl. MG; § 46 MStV Berlin-Brandenburg.
46　Ähnlich *Benda* epd medien 2007/59, 29.
47　Dazu 17. Abschn. Rn. 19 ff.
48　Dazu *Hoffmann-Riem* ZRP 2007, 101 ff.

2. Regulierungskriterien

19 Als **Regulierungskriterien** kommen die Sicherung der Meinungsvielfalt, die Einhaltung des Diskriminierungsverbots, die Beachtung der Vorgaben der Wettbewerbsfreiheit und die Technologieneutralität in Betracht. Zudem sollte Regulierung konsistent und widerspruchsfrei erfolgen. Im Rahmen der **Vielfaltssicherung** kann es darum gehen, Strukturen einer vertikalen Integration (Technik und Inhalt in einer Hand) zu verhindern und durch must-carry-Regeln Sender zu privilegieren, die einen besonders hohen Beitrag zur Sicherung der Meinungsvielfalt und Grundversorgung leisten, um diesen Refinanzierungsmöglichkeiten für die Produktion kulturell hochwertiger Programme zu eröffnen. Vor dem Hintergrund der vertikalen Integration müssen unter Berücksichtigung des **Diskriminierungsverbots** zudem Lösungen für den chancengleichen Zugang von Veranstaltern zu Plattformen gefunden werden. Zur Wahrung der Wettbewerbsfreiheit muss es zu den Regulierungskriterien zählen, Medienunternehmen Freiheiten bei der wirtschaftlichen Betätigung etwa – in den wohlauszutarierenden Grenzen des Kartell- und Medienkonzentrationsrechts – durch Expansion zu sichern und ihnen die Freiheit zur Auswahl ihrer Rezipienten zu überlassen. Ferner sind der **Infrastrukturwettbewerb** und die **Technologieneutralität** zu beachten.[49] Unter Berücksichtigung der Technologieneutralität ist es problematisch, die Zulassungspflicht zum Rundfunk an einen Verbreitungsweg zu binden. Sie gebietet eine neutrale Regulierung der Empfangstechnik, gerade in den Bereichen Application Programming Interface und Conditional Access. Die Rechtssicherheit verlangt nach einer Abschaffung von Doppelregulierung in RStV (Inhalt) und TKG (Technik), die im Föderalismus aufgrund der unterschiedlichen Zuständigkeiten von Bund und Ländern indes angelegt ist.[50]

---

49 Auch diesbezüglich kommen Anstöße aus dem Europäischen Recht. So hielt die Kommission Beihilfen Italiens für technologieneutrale Digitaldecoder für mit dem Gemeinsamen Markt vereinbar, weil sie technologieneutral gewährt wurden, um den Übergang zum digitalen Fernsehen zu fördeRn. (Pressemitteilung der Kommission vom 24.1.2007, IP/07/273). Im Jahr 2005 erging eine Entscheidung gegen die Bundesrepublik Deutschland zur Förderung des digitalen terrestrischen Fernsehen (DVB-T) in Berlin Brandenburg. Die privaten Rundfunkveranstaltern für die Nutzung des DVB-T gewährten Zuschüsse verstießen nach der Entscheidung der Kommission gegen Art. 87 Abs. 1 EG waren zurückzuzahlen (Pressemitteilung der Kommission vom 9.11.2005, IP/05/1394). Dieser technologieneutrale Ansatz wird im RÄStV-E10 für die Plattformregulierung aufgegriffen. Dazu 2. Abschn. Rn. 80.
50 Zu den Grenzen der Leistungsfähigkeit des Föderalismus in diesem Zusammenhang *Benda* epd medien, 2007/59, 29, 31.

2. Abschnitt

Rundfunkrecht I
Rundfunkrechtliche Grundlagen und
öffentlich-rechtlicher Rundfunk

Literatur: *Anschlag* Karlsruher Klassiker, Rundfunkurteil: Verfassungsrichter zeigen Politikern erneut ihre Grenzen auf, Funkkorrespondenz 37-38/2007, 3; *Beater* Medienrecht, 2007; *Brenner* Zur Gewährleistung des Funktionsauftrags durch den öffentlich-rechtlichen Rundfunk, 2002, 240.; *Bullinger* Von presseferner zu pressenaher Rundfunkfreiheit, JZ 2006, 1137; *Degenhart*, Rundfunkrecht in der Entwicklung, K&R 2007, 1; *ders.* Duale Rundfunkordnung im Wandel, AfP-Sonderheft 2007, 24; *ders.* in Dolzer u.a. (Hrsg.), Kommentar zum Bonner Grundgesetz, Bd. 2 Art. 5; *Dörr* Vielfaltsicherung im bundesweiten Fernsehen, AfP-Sonderheft 2007, 33; *ders.* Ohne Ende?, Funkkorrespondenz 19/2006, 13; *Dörr/Sänger* „Medium und Faktor", epd medien 79/2007, 30; *Dörr/Sänger/Dörr/Schwartmann* Medienrecht, 2006; *Dörr/Kreile/Cole* Handbuch Medienrecht, 2007; *Eberle* Neue Verbreitungswege, neue Angebote die Sicht des öffentlich-rechtlichen Rundfunks, ZUM 2006, 439; *Eberle/Rudolf/Wasserburg* Mainzer Rechtshandbuch der Neuen Medien, 2003; *Engelage* Regionalzeitung 2.0, epd medien, 32/2007, 7; *Engels/Jürgens/Fritzsche* Die Entwicklung des Telemedienrechts im Jahr 2006, K&R 2007, 57; *Fechner* Medienrecht, 8. Aufl. 2007; *Flatau* Neue Verbreitungsformen für Fernsehen und ihre rechtliche Einordnung: IPTV aus technischer Sicht, ZUM 2007, 1; *Gersdof* Der Rundfunkbegriff – Vom technologieorientierten zum technologieneutralen Begriffsverständnis, Schriftenreihe LPR Hessen, Bd. 24, 2007; *ders.* Rundfunkrecht, 2003; *Grewenig* Rechtsprobleme im Zusammenhang mit der Überarbeitung des Rechtsrahmens für die elektronische Kommunikation (TK-Review) durch die Europäische Kommission – aus Sicht des privaten Rundfunks, ZUM 2007, 96; *Gounalakis* Regulierung von Presse, Rundfunk und elektronischen Diensten in der künftigen Medienordnung, ZUM 2003, 180; *Grimm* Rundfunkfreiheit als Rundum-Freiheit, epd medien 2007/41, 5; *Hartstein/Ring/Kreile/Dörr/Stettner* Rundfunkstaatsvertrag, Loseblatt; *Held* Öffentlich-rechtlicher Rundfunk und neue Dienste, 2006; *Grimm/Schulz* in Hahn/Vesting (Hrsg.), Beck´scher Kommentar zum Rundfunkrecht, 2003.; *Herrmann/Lausen* Rundfunkrecht, 2. Aufl. 2004; *Hesse* Rundfunkrecht, 2003; *Hoeren* Das Telemediengesetz, NJW 2007, 801; *Holtz-Bacha* Von der Fernseh- zur Mediendiensterichtlinie, Media Perspektiven 2/2007, 113; *Holznagel* Digitalisierung der Medien – Regulatorische Handlungsoptionen. Gutachten im Anhang zum Zweiten Bericht des Medienrates 2006, 349; *Hoffmann-Riem* Fast nichts wird so bleiben wie bisher. Anmerkungen zum Rundfunk in der Online-Welt, Funkkorrespondenz 28-29/2007, 3; *ders.* Der Rundfunkbegriff in der Differenzierung kommunikativer Dienste, AfP 1996, 9; *Huber* Medienkonzentrationskontrolle als Herausforderung an das Verwaltungsrecht, Die Verwaltung 2007, 1; *Janik* Der deutsche Rundfunkbegriff im Spiegel technischer Entwicklungen, AfP 2000, 7; *ders.* Rundfunkregulierung auch im Internet?, K&R 2001, 572; *KEK* Crossmediale Verflechtungen als Herausforderung für die Konzentrationskontrolle, 2007; *Lerche* Aspekte des Schutzbereichs der Rundfunkfreiheit, AfP-Sonderheft 2007, 52; *Lilienthal* Wunschzettel, epd medien 34-35/2007, 3; *ders.* Richter ratlos. Das Karlsruher Gebührenurteil weist Leerstellen auf, epd medien 73/2007, 3; *ders.* Editorial „Funktionsnotwendig" epd medien 74/2007, 2; *Michel* Rundfunk und Internet, ZUM 1998, 350; *Müller-Terpitz* Öffentlich-rechtlicher Rundfunk und neue Medien – Möglichkeiten und Grenzen einer dritten Programmsäule im Erscheinen, noch nicht veröffentlicht; *Noske* Ist das duale System reformbedürftig?, ZRP 2007, 64; *Otto* Handlungsbedarf, Funkkorrespondenz 9/2006, 17; *Renck-Laufke* Das Spannungsverhältnis zwischen Landesmedienanstalten und KEK am Beispiel des Springerkonzerns, ZUM 2006, 907; *Ricker* Die Nutzung des Internets als dritte Säule des öffentlich-rechtlichen Rundfunks, ZUM 2001, 28; *Rippert* Rechtsbeziehungen in der virtuellen Welt, ZUM 2007, 272; *Schmitz* Übersicht über die Neuregelungen des TMG und des RStV; K&R 2007, 135; *Schiwy/*

Schütz/Dörr Lexikon des Medienrechts, 2006; *Schüller* Die Auftragsdefinition für den öffentlich-rechtlichen Rundfunk nach dem 7. und 8. Rundfunkänderungsstaatsvertrag, 2007; *Schütz* Kommunikationsrecht, 2005; *Schwartmann* in Böge/Doetz/Dörr/Schwartmann, Wieviel Macht verträgt die Vielfalt, 2007, S. 9; *Stadelmaier* Dringend erforderlich – Die Reform der Medienaufsicht in Deutschland, Funkkorrespondenz 45/2006, 3; *Telecoms and Media*, An overview of regulation in 52 jurisdictions worldwide, 2007; *Truppe* Die Richtlinie über Audiovisuelle Dienstleistungen, medien und recht 2007, 3; *Westphal* Föderale Privatrundfunkaufsicht im demokratischen Verfassungsstaat, 2007; *Wille* Rechtsprobleme im Zusammenhang mit der Überarbeitung des Rechtsrahmens für die elektronische Kommunikation (TK-Review) durch die Europäische Kommission – aus Sicht des öffentlich-rechtlichen Rundfunks, ZUM 2007, 89; *Zirpins* Internet, mon amour, epd medien, 12/ 2007, 3.

I. Rundfunk im internationalen Recht[*]

1   Das deutsche Rundfunk- und Medienrecht ist in eine offene Verfassungsordnung eingebettet und insofern europarechtlich geprägt. Schon das deutsche Medienrecht ist streng und nach Mediengattung unterschiedlich reguliert. Mit der internationalen und europäischen Regulierungsebene treten weitere Ebenen hinzu. Derselbe Lebenssachverhalt ist allein auf europäischer Ebene nicht nur doppelt sondern oft auch unterschiedlich reguliert. So sind Telemedien zugleich Dienste der Informationsgesellschaft und Telekommunikationsdienste. Sie unterfallen sowohl der E-Commerce-Richtlinie als auch der Telekommunikationsrahmenrichtlinie. Die hierdurch entstehenden Inkonsistenzen stellen für Medien- und namentlich für Rundfunkunternehmen spürbare Planungsunsicherheiten dar.[1]

2   Dass die Europäische Gemeinschaft zur Regelung des Medien- und damit auch des Rundfunkbereichs überhaupt zuständig ist, liegt an der Doppelnatur der Medien, die zugleich **Kultur- und Wirtschaftsgut** sind. In ihrer Eigenschaft als **Kulturgut** versorgen sie die Bevölkerung mit Informationen und dienen der Bildung, Beratung und Unterhaltung. Ihnen wohnt ein erhebliches Manipulationspotential inne, das nach staatlicher Kontrolle verlangt. Zugleich darf sich der Staat der Medien aber nicht für die Verfolgung eigener Zwecke bemächtigen. Hier gilt der Grundsatz der Staatsferne oder Staatsfreiheit.[2] Zugleich sind Medieninhalte aber **Wirtschaftsgüter** an deren freier Verbreitung und Vermarktung Medienunternehmer ein berechtigtes und existentielles Interesse haben.

1. Rundfunk im Völkerrecht

3   Rundfunkrechtliche Regeln des Völkerrechts basieren auf der Tatsache, dass Funkwellen und Datenströme Staatsgrenzen ignorieren.

1.1 Allgemeines universelles Völkerrecht

4   Zu den Grundsätzen des **universellen Völkerrechts** im Hinblick auf die Massenkommunikation zählen das Prinzip des **free flow of information** (ungehinderte Weiterverbreitung von Informationen), der Grundsatz des **prior consent** (vorheriges Einverständnis des Emfpangsstaates für die dortige Verbreitung von Medien), die im Hinblick auf das Territorialitätsprinzip bestehende Frage nach der **Ätherfreiheit** der Staaten und das Recht auf **„Jamming"** (Stören des

---

[*]   Herrn Rechtsanwalt Philip Kempermann, LL. M., danke ich für die Unterstützung bei der Einarbeitung der Änderungen zum Entwurf des 10. Rundfunkänderungsstaatsvertrags, die kurz vor Drucklegung erfolgen konnte.
[1]   Dazu *Schmid*, Brüssel wartet schon, F.A.Z. v. 6.8.2007, S. 36.
[2]   S. dazu unten Rn. 72.

Empfangs grenzüberschreitender Informationen).[3] Diese Grundsätze haben ihren Niederschlag im Völkervertragsrecht gefunden. Dies betrifft insbesondere die in Art. 19 Abs. 2 des Internationalen Pakts über bürgerliche und politische Rechte (IPBR) und in Art. 19 der Allgemeinen Erklärung der Menschenrechte (AEMR)[4] genannte **Meinungsfreiheit**. Art. 19 Abs. 2 IPBR verbrieft das Recht zur freien Meinungsäußerung sowie das Recht, ohne Rücksicht auf Staatsgrenzen Informationen und Gedankengut jeder Art in Wort, Schrift oder Druck, durch Kunstwerke oder andere Mittel eigener Wahl zu beschaffen, zu empfangen und weiterzugeben völkerrechtlich verbindlich. Schranken dieses Rechts finden sich in Art. 19 Abs. 3 IPBR, wo die Achtung der Rechte und des Rufs anderer (lit. a) sowie des Schutzes der nationalen Sicherheit, der öffentlichen Ordnung, der Volksgesundheit und der öffentlichen Sittlichkeit (lit. b) erwähnt ist.[5] Das Wechselspiel von Informationsfreiheit und deren Grenzen[6] findet sich in Art. 33 (free flow of information) und 34 (prior consent-Prinzip zur Einschränkung) der Konstitution der Internationalen Fernmeldeunion (ITU-Verfassung).

1.2 Wirtschaftsvölkerrecht

Medienrechtliche Bezüge weist insbesondere auch das **Wirtschaftsvölkerrecht** auf. Die im   **5** deutschen und europäischen Recht geläufige Differenzierung zwischen Rundfunkrecht und dem Recht anderer Mediengattungen (Presse, Film aber auch Telekommunikation) ist hierauf nur sehr bedingt übertragbar. Es gibt keine rundfunkspezifischen Abkommen. Vielmehr werden diesbezügliche Fragen in Abkommen zu den jeweiligen Wirtschaftssektoren tangiert. Hier ist vor allem das Post- und Fernmeldewesen sowie der Telekommunikationssektor zu nennen. Sie dienen dazu, die **Aufteilung** von **Funkfrequenzen** und die Verlegung von Kabelleitungen in der Tiefsee international abzustimmen.

Die Konstitution der Internationalen Fernmeldeunion (ITU-Satzung) von 1992, die Konven-   **6** tion der Internationalen Fernmeldeunion und die Internationale Fernmeldesatellitenorganisation Intelsat, INMARSAT und EUTELSAT sowie die Declaration on electronic commerce und die Uniform Rules on Electronic Trade spielen hier eine wichtige Rolle.[7] Unter dem Dach der ITU trat im Mai/Juni 2006 die **Regional Radiocommunication Conference 2006 (RRC 06)** zusammen. Ihr Ziel war die Festlegung der Frequenznutzung für den digitalen terrestrischen Rundfunk. Konkret ging es um den Frequenzbereich für die Umstellung auf den digitalen Rundfunk[8] für DAB/DMB und DVB-T/DVB-H,[9] für den ein regionaler Frequenzplan („Genf 06" oder „GE06-Abkommen") erarbeitet wurde, der am 17.6.2007 in Kraft getreten ist. Das

---

3 Dazu *Heer-Reißmann* in Dörr/Kreile/Cole, Handbuch Medienrecht, B. I. 1.
4 Letztere ist allerdings lediglich eine unverbindliche Empfehlung der UN-Generalversammlung und das dort beschriebene Recht, Nachrichten und Gedanken durch jedes Ausdrucksmittel und unabhängig von Grenzen einzuholen, zu empfangen und zu verbreiten kein geltendes Völkerrecht.
5 Dazu *Heer-Reißmann* in Dörr/Kreile/Cole, Handbuch Medienrecht, B. I. 1. b).
6 Vgl. *Heer-Reißmann* in Dörr/Kreile/Cole, Handbuch Medienrecht, B. I. 1. c).
7 Zur Vergabe von Internetdomainnamen durch DENIC und ICANN s. 14. Abschn. Rn. 220. Die zuvor auf mehrere Einrichtungen verteilte Administration der technischen Nutzbarkeit des Internets sowie der Vergabe der sog. Top Level Domains im World Wide Web wurde 1998 durch Gründung der **Internet Corporation for Assigned Names and Numbers (ICANN)** vereinheitlicht. Bei Streit über die Zuordnung einer Domain kann nach den Regeln der ICANN ein Streitschlichtungsverfahren auf Grundlage der einheitlichen Richtlinie zur Lösung von Streitigkeiten über Domainnamen (**Uniform Domain Dispute Resolution Policy, UDRP**), sowie entspr. Verfahrensregeln (**Rules for Uniform Domain Name Dispute Resolution Policy**) durchgeführt werden. Nationale Domainstreitigkeiten werden hier nur dann erfasst, wenn die nationale Vergabestelle sich den ICANN unterwirft, was für die DENIC nicht zutrifft.
8 VHF 174 – 230 MHz und UHF 470-862 MHz.
9 Die Digitalisierung im UKW-Band (87,6 – 108 MHz) wurde nicht verhandelt.

Abkommen bestimmt die Nutzungsrechte der beteiligten Staaten für Frequenzen in einem bestimmten Gebiet und nach einem festgelegten Modus (räumliche und spektrale Entkoppelung). Betroffen sind Europa und Afrika, die arabischen Staaten, die Staaten der ehemaligen Sowjetunion, Afghanistan und die Türkei. Die Vereinbarung erfasst damit die USA, Süd-Ost Asien und Australien nicht. Nach dem Ergebnis der RRC 06 laufen die analogen Rundfunkdienste in den genannten Frequenzbereichen seit Mai 2006 aus, wobei in den Staaten unterschiedliche Übergangsfristen für die Umstellung auf die digitale Technik vorgesehen sind. Die Bundesrepublik Deutschland verfügt über sieben flächendeckende DVB-T-Netze (Layer).[10] Sie umfassen Multiplexe für bis zu vier Fernsehprogramme. Weiterhin stehen Deutschland regional unterschiedlich strukturiert drei DAB/DMB-Layer[11] zu, über die Multiplexe mit acht DAB-Hörfunkangeboten bzw. vier DMB-Fernsehprogrammen verbreitet werden können.

7   Der sog. Digitale Switch-Over birgt wegen der effizienten Nutzung des knappen Verbreitungsweges Kabel ein erhebliches wirtschaftliches Potential. Er schafft eine deutliche Erweiterung der Möglichkeiten drahtloser Signalverbreitung im Hinblick auf den mobilen Empfang von Daten in den Bereichen Video-, Internet- und Multimedia. Die neue Technik soll es dem Rezipienten ermöglichen, Anwendungen, Dienste und Informationen, etwa über Handy-TV (DVB-H), standortunabhängig und jederzeit zu empfangen. Wirtschaftlich relevant werden die Änderungen also nicht zuletzt für die an die digitale Technik anzupassenden Endgerätehersteller. Es geht jetzt europaweit um die Zuweisung der Nutzungsrechte an der „Digitalen Dividende", also den neu gewonnenen Übertragungskapazitäten, bei denen neben Rundfunkveranstaltern auch Telekommunikationsunternehmen zum Zuge kommen sollen. Auch in der Bundesrepublik Deutschland werden die DVB-H-Lizenzen und -Frequenzen auf der Grundlage von RRC 06 ausgeschrieben.

1.3 Recht der WTO

8   Die **Welthandelsorganisation** (WTO) nimmt nicht spezifisch den Rundfunk, wohl aber in zunehmendem Maß die Medien in ihrer Eigenschaft als audiovisuelle Güter in Bezug.[12] Dies gilt für das den Warenhandel betreffende General Agreement on Tariffs and Trade (**GATT**) und das Übereinkommen über technische Schranken des Warenhandels genauso, wie für das Dienstleistungsabkommen General Agreement on Trade in Services (GATS). Bei der Abgrenzung zwischen GATT und GATS ist in bestimmten Fällen fraglich, ob elektronische Leistungen als Waren oder Dienstleistungen einzustufen sind.[13] Relevanz für den Medienbereich haben zudem das Protokoll und das Referenzpapier über **Basiskommunikation** und das Abkommen zu Trade-Related Aspects of Intellectual Property Rights (**TRIPS**) über den Handel mit geistigem Eigentum. Letzteres spielt mit weiteren Abkommen zum Schutz des geistigen Eigentums außerhalb der WTO eine wichtige Rolle.[14]

---

10 Eines davon befindet sich im VHF-Band III in K 6 bis K 10. Die Übrigen liegen im UHF-Band IV / V in K 21 bis K 60.

11 VHF-Band III.

12 Dazu *Fink* in Schiwy/Schütz/Dörr, Medienhandelsrecht, *Heer-Reißmann* in Dörr/Kreile/Cole, Handbuch Medienrecht, B. I. 3.

13 Für Film und Fernsehen *Hahn* ZaöRV Band 56 (1996), 315, 326 ff.

14 Vgl. dazu die Berner Übereinkommen zum Schutz von Werken der Literatur und Kunst, das Internationale Abkommen über den Schutz ausübender Künstler, der Hersteller von Tonträgern und der Sendeunternehmen, der WIPO Vertrag über Darbietungen und Tonträger (WPPT), der WIPO Urheberrechtsvertrag, und der WIPO Copyright Treaty (WCT). Dazu 18. Abschn. Rn. 288 ff.

Entsteht auf zwischenstaatlicher Ebene in diesem Bereich Streit, so richtet sich dessen Schlichtung sofern das Medienrecht dort geregelt ist nach den WIPO Arbitration Rules, der Uniform Dispute Resolution Policy (UDRP), den Grundsätzen der Internet Corporation for Assigned Names and Numbers (ICANN), und nach dem Streitbeilegungsabkommen der WTO, dem Dispute Settlement Understanding (DSU).   **9**

1.3 Recht des Europarates

Im Rundfunkbereich spielt das Medienrecht des Europarats eine wichtige Rolle. Gegenstand   **10** der Rechtsgebung des Europarats sind insbesondere die Massenmedien. Diese internationale Organisation verfügt über einen weit über die Grenzen der Europäischen Union hinausgehenden Einfluss, da ihm insbesondere nahezu alle mittel- und osteuropäischen Staaten angehören, einschließlich der Türkei und Russland. In diesem Bereich ist auf das **„Europäische Übereinkommen über das grenzüberschreitende Fernsehen"** von 1989 in der Fassung von 2002 als grundlegende Konvention hinzuweisen. Wichtig sind auch zu einzelnen medienrelevanten Themen verabschiedete spezielle Übereinkommen. Zu nennen sind das seit 2004 in Kraft befindliche **Übereinkommen über Computerkriminalität** (Cyber-Crime-Convention)[15] und das seit 1967 geltende „Europäische Übereinkommen zur Verhütung von Rundfunksendungen, die von Sendestellen außerhalb des staatlichen Hoheitsgebiets gesendet werden" (**Rundfunk-piraterie-Übereinkommen**). Hier sind auch das noch nicht in Kraft getretene „Übereinkommen über Information und rechtliche Zusammenarbeit im Bereich der Dienste der Informationsgesellschaft" von 2001 und das „Übereinkommen über den rechtlichen Schutz von zugangskontrollierten Diensten und von Zugangskontrolldiensten" zu erwähnen, das seit 2003 in Kraft ist.[16]

Insbesondere der **Europäischen Konvention zum Schutze der Menschenrechte und**   **11** **Grundfreiheiten** (EMRK), namentlich der von Art. 10 EMRK gewährleisteten Meinungs- und Informationsfreiheit und den in diesem Bereich ergangenen Entscheidungen des Europäischen Gerichtshofs für Menschenrechte kommt für das Medienrecht eine wichtige Bedeutung zu.[17] Art. 10 EMRK ist zum einen für die Mitgliedstaaten eine verbindliche und im innerstaatlichen Recht zu berücksichtigende Vorgabe.[18] Zum anderen entfaltet die Bestimmung aber auch im Rahmen der Gemeinschaftsgrundrechte der Europäischen Union Wirkung,[19] da Art. 10 EMRK Vorbild für Art. 11 EU-Grundrechtscharta war.

Eine Verletzung von **Art. 10 EMRK** kann durch den **Europäischen Gerichtshof für Men-**   **12** **schenrechte** (EGMR), auf Beschwerde von jedermann, der möglicherweise durch einen Vertragsstaat in seinen Menschenrechten verletzt wird, im Wege einer Individualbeschwerde überprüft werden. Der EGMR vertritt ein dezidiertes Verständnis der Kommunikations- und Medienfreiheit im Sinne von Pluralismusgarantie, das sich nicht nur in Entscheidungen zum Fernsehen niedergeschlagen hat, sondern die Bedeutung der Meinungs- und Pressefreiheit insgesamt betrifft und diese als „watchdog of democracy" begreift. Wegen der Bedeutung der EMRK und der Rechtsprechung des EGMR in der Rundfunkordnung des europäischen Rechtskreises sind die hier getroffenen Entscheidungen[20] zu Art. 10 EMRK von besonderer Bedeutung für die europäische Rundfunkordnung.

---

15 Von der Bundesrepublik Deutschland am 23.11.2001 unterzeichnet aber noch nicht ratifiziert.
16 Bislang fehlt es aber an einer Unterzeichnung durch die EG und die Bundesrepublik Deutschland.
17 Dazu *Heer-Reißmann* in Dörr/Kreile/Cole, Handbuch Medienrecht, B. I. 2.
18 *Schwartmann* AVR 43 (2005), 129, 131 f.
19 Zur Wirkung *Schwartmann* AVR 43 (2005), 129, 132 f.; dazu insgesamt *Grabenwarter* § 23 Rn. 1 ff.
20 Zur jüngeren Entwicklung *Dörr/Zorn* NJW 2005, 3114, 3117 f.

13   Insbesondere in seinem Verständnis der Rundfunkfreiheit weicht der EGMR in Teilen nicht nur von dem des EuGH sondern auch von dem des Bundesverfassungsgerichts ab. In der Entscheidung zum österreichischen Rundfunk erachtete der EGMR etwa anders als der EuGH in der zuvor ergangenen ERT-Entscheidung ein öffentlich-rechtliches Fernsehmonopol als grds. mit dem Gemeinschaftsrecht vereinbar. Auch stimmt die Rechtsprechung des EGMR nicht immer mit der des Bundesverfassungsgerichts überein. Letzteres hat bislang offen gelassen, ob der Gesetzgeber dazu verpflichtet ist, privaten Rundfunk zuzulassen.[21] In Groppera[22] aus dem Jahr 1990 entnahm der EGMR etwa aus Art. 10 Abs. 1 EMRK die Freiheit zur Veranstaltung von privatem Rundfunk. In Autronic[23] leitete das Straßburger Gericht aus Art. 10 Abs. 1 S. 1 und 2 EMRK die Empfangsfreiheit ab. Hierbei wird das Recht Empfangseinrichtungen zu betreiben geschützt, um unmittelbar von einem Telekommunikationssatelliten Programme empfangen zu können.[24] 1993 erklärte der EGMR in Lentia/Österreich ein öffentlich-rechtliches Monopol für mit Art. 10 Abs. 2 EMRK unvereinbar.[25]

2. Rundfunk im Gemeinschaftsrecht

14   Die europarechtlichen Grundlagen und Bezüge des Rundfunkrechts sind vielschichtig und finden sich im Primär- sowie im Sekundärrecht von EU und EG.[26]

2.1 Primärrecht

15   Der **EU-Vertrag** nimmt in **Art. 6 Abs. 2** die Grundrechte der Europäischen Menschenrechtskonvention (EMRK) in Bezug und bekennt sich damit zu der in **Art. 10 Abs. 1 EMRK** gewährleisteten Meinungs- und Informationsfreiheit, die auch die nicht ausdrücklich genannte Rundfunkfreiheit erfasst.[27] Nach der Rechtsprechung des EuGH stellt die EMRK eine sog. Rechtserkenntnisquelle für die Ausgestaltung der Gemeinschaftsgrundrechte dar.[28] Über die Bezugnahme in Art. 6 Abs. 2 EUV finden Meinungsfreiheit, Rundfunk-, Presse- und Informationsfreiheit des Art. 10 EMRK Eingang in das Gemeinschaftsrecht.

16   Die Freiheit der Meinungsäußerung und Informationsfreiheit in Art. 11 Abs. 1 der bislang nicht geltenden **EU-Grundrechtecharta** ist hieran angelehnt. Allerdings wird in Art. 11 Abs. 2 EU-Grundrechtecharta darüber hinaus ausdrücklich die **Freiheit der Medien** und deren Pluralität gewährleistet. Offen ist aber, ob hiermit eine dienende Medienfreiheit i.S.d. Rechtsprechung des Bundesverfassungsgerichts oder einer Medienunternehmerfreiheit gemeint ist.[29]

17   Medien lassen sich als Dienstleistung (z.B. Rundfunksendung) oder Ware (z.B. Buch, Tonträger) verstehen. Aus diesem Grund spielen bei grenzüberschreitenden Sachverhalten primärrechtlich auch die **Grundfreiheiten** der Art. 39 ff. EG, insbesondere die Dienstleistungs- und Warenverkehrsfreiheit eine wichtige Rolle. Wenn es um die Wahl des Unternehmenssitzes

---

21 Vgl. mit einer Andeutung in diese Richtung *BVerfGE* 97, 298 - Extra Radio.
22 *EuGRZ* 1990, 255.
23 *EuGRZ* 1990, 201.
24 Zu den Einschränkungen *Dörr/Schwartmann* Rn. 495.
25 *Lentia/Österreich* Ser. A 276, 6 ff.; Zu Einzelheiten *Dörr/Schwartmann* Rn. 496.
26 Einen Überblick auch über die aktuelle Entwicklung in Europa geben *Dörr/Zorn* NJW 2005, 3114 ff.
27 *Heer-Reißmann* in Dörr/Kreile/Cole, Handbuch Medienrecht, B. I. 2. b. aa).
28 *Schwartmann* AVR 43/2005, 129, 131 ff.
29 Dazu *Dörr* in Dörr/Kreile/Cole, Handbuch Medienrecht, B. II. 2. a).

geht, ist zudem die Niederlassungsfreiheit von erheblicher Bedeutung. Die Grundfreiheiten sind zugunsten der EU-Bürger unmittelbar anwendbar und statten diese mit subjektiven Rechten gegenüber dem jeweiligen Mitgliedstaat aus.

Dies ist für den Handel mit Tonträgern, Filmen und sonstigen Erzeugnissen, die Waren im **18**
Sinne der **Warenverkehrsfreiheit** nach Art. 28 ff. EGV sind wichtig, wenn sie bei der Ausstrahlung von Fernsehsendungen benutzt werden. Auch Zeitungen und Zeitschriften sind insoweit Waren. Sie unterfallen der Warenverkehrsfreiheit wie der Handel mit Sende- und Empfangsgeräten im Zusammenhang mit Telekommunikation zeigt.

Die **Dienstleistungsfreiheit** der Art. 49 ff. EGV regelt Hörfunk- und Fernsehproduktionen ge- **19**
nauso wie eine Vielzahl neuer Mediendienste, weil die hier erbrachten Leistungen nicht körperlich und damit keine Waren sind. Zumindest für den freien Austausch von Fernsehsendungen versucht die EG durch eine Harmonisierung der rechtlichen Regelungen Hindernisse zu beseitigen, um Fernsehen als entgeltliche Dienstleistung zu fördern. Im Gegensatz zu Stimmen im deutschen Schrifttum[30] war für den **EuGH**, das Ausstrahlen von Fernsehsendungen bereits früh als **Dienstleistung** zu qualifizieren. Damit stand die Gemeinschaftskompetenz für den Bereich Rundfunk 1974 mit dem Fall Sacchi fest[31] und wurde 1980 in Debauve auf die Übertragung des Kabelfernsehens erstreckt.[32] 1988 erweiterte der EuGH die Kompetenz Dienstleistungsfreiheit auf den Fall, dass ein in einem Mitgliedstaat ansässiger Betreiber von Kabelnetzen Fernsehprogramme verbreitet, die von Sendern in anderen Mitgliedstaaten angeboten werden und Werbemitteilungen enthalten.[33] Die Aufrechterhaltung eines pluralistischen Rundfunkwesens kann als ein im Allgemeininteresse liegendes Ziel Einschränkungen der Dienstleistungsfreiheit rechtfertigen.[34] Seit der Entscheidung ERT[35] von 1991 ist Fernsehtätigkeit für den EuGH grds. von den Gemeinschaftsverträgen erfasst. Wenn es den Begrenzungen des gemeinschaftsrechtlichen Wettbewerbsrechts entspricht, verstößt ein Fernsehmonopol für ihn danach weder gegen den Grundsatz des freien Warenverkehrs noch gegen sonstiges Gemeinschaftsrecht.

Die **Kompetenz** der Gemeinschaft im Rundfunkbereich reicht relativ weit. Eine **Begrenzung** **20**
enthält **Art. 151 Abs. 2 EGV**. Für den zum Kultursektor zählenden audiovisuellen Bereich ist die Gemeinschaftskompetenz wegen Art. 151 Abs. 5 EG auf Fördermaßnahmen beschränkt. Rechts- und Verwaltungsvorschriften können also aufgrund dieser Bestimmung nicht harmonisiert werden.[36] Das den EGV in Hinblick auf die Begrenzung der Rundfunkfinanzierung vor dem Hintergrund der Beihilfeproblematik klarstellende **Protokoll über den öffentlich-rechtlichen Rundfunk** weist den Mitgliedstaaten für diesen Bereich die primäre Zuständigkeit zu.[37] Der EuGH erkennt primärrechtlich gezogene Grenzen für eine Betätigung der Gemeinschaft im Rundfunkrecht an.[38] Die Gemeinschaftskompetenz ist zudem durch die Kompetenzausübungsschranke des Grundsatzes der **Gemeinschaftstreue** in Art. 10 EG beschränkt, der die

---

30 Dazu *Dörr* in Dörr/Kreile/Cole, Handbuch Medienrecht, B. II. 2. a).
31 *EuGH* Slg. 1974, 409, 428 ff.; dazu *Schütz/Bruha/König* Casebook Europarecht, Rn. 716 ff.
32 *EuGH* Slg. 1980, 833; bestätigt in *EuGH* Slg. 1980, 881 – Coditel I.
33 *EuGH* Slg. 1988, 2085 – Kabelregeling; vgl. zum Dienstleistungscharakter von Fernsehsendungen auch *EUGH* Slg. 1991, I-4007 – Stichting Collective Gouda; *EuGH* Slg. 1991, I-4115 – Kommission/Niederlande und *EuGH* Slg. I-4115; auch *EuGH* Slg. 1994, I-3257 – TV 10 SA.
34 *EuGH* Slg. 1991, I-4007 – Stichting Collectieve Gouda; *EuGH* Slg. 1991, I-4115 – Kommission gegen Niederlande.
35 *EuGH* Slg. 1991, I-2925.
36 Dazu *Dörr* in Dörr/Kreile/Cole, Handbuch Medienrecht, B. II. 2. d).
37 Dazu *Dörr/Schwartmann* Rn. 448.
38 Dazu *Dörr* in Dörr/Kreile/Cole, Handbuch Medienrecht, B. II. 2. e).

EG hier zur Rücksichtnahme auf die Verfassungen der Mitgliedstaaten verpflichtet. Im Rundfunkbereich dürfen also keine gemeinschaftlichen Rechtsetzungsakte erfolgen, die einem Mitgliedstaat eine Rundfunkordnung im Widerspruch zu elementaren nationalen Verfassungsprinzipien zumuten.[39]

2.2 Sekundärrecht

21 Das Primärrecht wird durch eine Reihe medienrechtlicher Regelungen im **EG-Sekundärrecht** ergänzt.

2.2.1 Audiovisueller Bereich

22 Diese betreffen vor allem den audiovisuellen Bereich,[40] der von 1989 bis 2007 (Änderung 1997) durch die Richtlinie 89/552/EWG des Rates zur Koordinierung bestimmter Rechts- und Verwaltungsvorschriften der Mitgliedstaaten über die Ausübung der Fernsehtätigkeit, kurz **EG-Fernsehrichtlinie,** bestimmt wurde. Sie regelt auf dem Boden der Sacchi-Entscheidung des EuGH den freien Verkehr von Fernsehdiensten in der EG. Die Richtlinie erfasst grenzüberschreitende und inländische Fernsehsendungen, nicht jedoch Hörfunkprogramme. Sie basiert auf den Grundregeln des **Sendestaatsprinzips** und des Grundsatzes der **freien Weiterverbreitung**. Nach dem in Art. 2 FernsehRiLi niedergelegten Sendestaatsprinzip kontrolliert (allein) der Sendestaat den Inhalt eines Programms. Sendestaat ist dabei der Mitgliedstaat, in dem sich die Hauptniederlassung des Fernsehveranstalters mit dem Schwerpunkt der redaktionellen Entscheidungen befindet. Ergänzend zum Sendestaatsprinzip findet sich in § 2a Abs. 1 FernsehRiLi der Grundsatz der freien Weiterverbreitung. Dessen vorübergehende Beschränkung kommt unter den Voraussetzungen des § 2a Abs. 1 FernsehRiLi allein bei schwerwiegenden Verstößen gegen die FernsehRiLi in Betracht. Solche Gründe sind etwa bei Gefährdungen des Jugendschutzes und Anstachelungen zu Hass gegeben.

23 Hauptregelungsgegenstände der FernsehRiLi sind **Werbebeschränkungen** (Kap. IV, Art. 10 ff. FernsehRiLi), **Jugendschutzregelungen** (Kap. V, Art. 22 ff. FernsehRiLi) und ein **Gegendarstellungsrecht** (Kap. VI, Art. 23 ff. FernsehRiLi). Werbeverbote und -beschränkungen gelten für bestimmte Produkte, insbesondere etwa Tabakerzeugnisse, Arzneimittel und Alkohol. Zur Förderung europäischer Programme müssen die Mitgliedstaaten in bestimmtem Umfang europäische Werke ausstrahlen. Diese **Quotenregelung** bewegt sich aber lediglich „im Rahmen des praktisch Durchführbaren" (Art. 4 ff. FernsehRiLi). In Bezug auf die EG-Fernsehrichtlinie erkennt der EuGH das Recht der Mitgliedstaaten an, Fernsehveranstalter unter ihrer Rechtshoheit gemäß Art. 3 Abs. 1 EG-Fernsehrichtlinie – insofern inländerdiskriminierend – weitergehenderen Werbebestimmungen als in der Richtlinie niedergelegt, zu unterwerfen.[41] Der EuGH erkennt aber in der Gewährleistung des Pluralismus im Rundfunkwesen ein im Allgemeininteresse liegendes Ziel an, durch das Einschränkungen der Dienstleistungsfreiheit gerechtfertigt werden können.[42]

24 Die Fernsehrichtlinie wurde 2007 von der **„Richtlinie über audiovisuelle Mediendienste"** **(AV-RiLi)** abgelöst.[43] Die Mitgliedstaaten müssen nun binnen **zwei Jahren** ihr geltendes

---

39 In der Bundesrepublik Deutschland Art. 5 Abs. 1 und Art. 20 GG; dazu *Dörr/Schwartmann* Rn. 454.

40 Zur Entwicklung insgesamt *Holtz-Bacha* Media Perspektiven 2007, 113, 133 ff.; zur aktuellen Entwicklung *Dörr/Zorn* NJW 2005, 3114 ff.

41 *EuGH* Slg. 1995, I-179; vgl. zum Britischen Broadcasting Act *EuGH* Slg. 1996, I-4025 und zum Belgischen Fernsehrecht *EuGH* Slg. 1996, I-4115; dazu insgesamt *Dörr/Schwartmann* Rn. 473 ff.

42 *EuGH* Slg. 1996, I-4115 Ziff. 55 – Kommission./.Belgien.

43 Text auf dem Stand v. 28.9.2007 abrufbar unter www.hieronymi.de/PDF%20Dokumente/RAT_Com men%20Position_1%20DE.pdf. Nach der 2. Lesung zu diesem sog. „vorverhandelten Gemeinsamen

Recht an die neue Rechtslage anpassen. Die AV-RiLi hat den Anwendungsbereich der Fernsehrichtlinie im Hinblick auf die Anforderungen der Konvergenz der Medien und der Digitalisierung erweitert und sie erfasst alle „audiovisuellen" Mediendienste. Sie gibt den Rechtsrahmen für die Verbreitung digitalisierter Kommunikationsinhalte auf unterschiedlichen Übertragungswegen auf Endgeräte jeder Art vor.

Unter audiovisuellen Mediendiensten werden Angebote verstanden, die über elektronische **25** Kommunikationsnetze verbreitet werden, wenn Programme zur Information, Unterhaltung oder Bildung der allgemeinen Öffentlichkeit den **Hauptzweck** darstellen. Unter diesen Begriff fallen also auch von öffentlich-rechtlichen Unternehmen erbrachte Dienstleistungen, **nicht** jedoch Angebote der **elektronischen Presse**. Im Grundsatz wird nach **linearen** audiovisuellen Mediendiensten (Fernsehsendungen) und **nicht-linearen** audiovisuellen Mediendiensten (Abrufdiensten) differenziert. Die Unterscheidung knüpft nicht an eine bestimmte Übertragungstechnik an und markiert aufgrund ihrer **Technologieneutralität**[44] die Abkehr von der sektorspezifischen Regulierung, indem sie auf die redaktionelle Verantwortung für die Inhaltsauswahl und deren Organisation abstellt.[45] Lineare Dienste enthalten, wie das herkömmliche Fernsehen, nach ihrem Hauptzweck ein festes Programmschema, das durch den Nutzer nicht geändert werden kann. Nicht-lineare Dienste können interaktiv beeinflusst und auf Abruf empfangen werden, so dass Inhalt und Zeitpunkt der Sendung vom Rezipienten beeinflusst werden können. Die Richtlinie[46] sieht für die Dienste eine abgestufte Regelungsdichte vor. Während für nicht-lineare Dienste nur Grundregeln gelten, sind lineare Dienste durch die übrigen Vorschriften der Richtlinie weiterreichend reguliert. Für **alle Dienste** gilt zunächst das Sendestaatsprinzip. Auch die AV-RiLi stellt also sicher, dass die betroffenen Medieninhalte im Grundsatz nicht je nach Mitgliedsstaat unterschiedlichen Kontrollen unterliegen. Ebenso gelten Vorgaben für **Jugendschutz** und die Wahrung der **Menschenwürde** und die **Co-Regulierung** von Selbstkontrolleinrichtungen und Behörden. Umfassend gelten auch Regelungen für die **kommerzielle Kommunikation** durch Werbung, Direktmarketing, Sponsoring, Verkaufsförderung und Öffentlichkeitsarbeit. Hier gelten Kennzeichnungspflichten und Verbote für besondere Erscheinungsformen. Im Rahmen der neuen Richtlinie ist auch entgeltliches **Productplacement** unter bestimmten Voraussetzungen in Kinofilmen, Fernsehfilmen, Fernsehserien, Sportprogrammen und Sendungen der der leichten Unterhaltung zulässig, nicht jedoch in Kinderprogrammen. Zudem ist eine Produktplatzierung etwa von Tabakwaren und rezeptpflichtigen Medikamente unzulässig. Ferner ist ein **Hinweis** durch ein Signal zu fest vorgesehenen Zeitabständen erforderlich, um die Trennung vom Programm zu gewährleisten. Für **lineare Dienste** gelten weitergehende Regelungen. Fernsehfilme, Kinospielfilme, Kinderprogramme und Nachrichtensendungen dürfen alle 30 Minuten einmal für **Werbung** und/oder Teleshopping unterbrochen werden. Werbeunterbrechungen dürfen maximal 15% der täglichen Sendezeit und höchstens 20% einer Stunde betragen. Der Zeitpunkt der Unterbrechung ist freigestellt. Einzelspots sind nur in Ausnahmefällen (Sportprogramme) zulässig. Zudem ist ein nachrichtenmäßiges **Kurzberichterstattungsrecht** vorgesehen, das alle Mitgliedstaaten durchsetzen müssen. Nicht unter die AV-Richtlinie fallen audiovisuelle Dienste, die keine Medien-

---

Standpunkt" am 29.11.2007 soll die Richtlinie für audiovisuelle Mediendienste Ende 2007 im ABlEU veröffentlicht werden. Die Umsetzung in nationales Recht muss innerhalb von zwei Jahren, in diesem Fall also bis Ende 2009 erfolgt sein. Dazu *Dörr* in Dörr/Kreile/Cole, Handbuch Medienrecht B. II. 2. b); *Stender-Vorwachs/Theißen* ZUM 2007, 613 ff.

44 Dazu *Gersdorf* Der Rundfunkbegriff, S. 32 ff.
45 Dazu *Holtz-Bacha* Media Perspektiven 2007, 113 ff.
46 Dazu *Holtz-Bacha* Media Perspektiven 2007, 113 ff.; *Truppe* medien und recht 2007, 3 ff.

dienste sind, etwa Computerspiele.[47] Sie erfasst zudem weder „nicht-wirtschaftliche Tätigkeiten" wie private Webseiten und E-Mail noch **elektronische** Ausgaben von **Printprodukten**. Gerade letzteres muss schon vor deren Verabschiedung als Geburtsfehler der AV-RL bewertet werden. Hier wird deutlich, dass sie keinesfalls auch nur einen vorläufigen Endpunkt markiert. Schon heute wirft die tatsächliche Unterscheidbarkeit eines Onlineauftrittes mit Print-Herkunft („Spiegel-Online") von einem entsprechenden Auftritt eines Rundfunkunternehmens („wdr.de" oder „rtl.de") erhebliche Schwierigkeiten auf.[48]

26   Medienunternehmen werden durch europäisches Primärrecht nicht nur rundfunkrechtlich, sondern in wachsendem Maß auch **wettbewerbsrechtlich** gesteuert. Art. 2 EG begreift die Wettbewerbsfreiheit als wesentliche Grundlage des Gemeinschaftsrechts. Es erfordert einen hohen Grad an Wettbewerbsfähigkeit und verlangt nach einem System zur Stärkung des Wettbewerbs innerhalb des Binnenmarktes, das vor Verfälschungen schützt. Diesem Schutz privatwirtschaftlichen Verhaltens dienen das **Kartellverbot** des Art. 81 Abs. 1 EG und das Verbot des **Missbrauchs einer marktbeherrschenden Stellung** gem. Art. 82 EG. Gegen die Mitgliedstaaten ist das Verbot unzulässiger **Beihilfen**[49] gerichtet, die über Art. 87 EG kontrolliert werden.[50] Sekundärrechtlich werden diese Vorschriften durch die Kartell- und Fusionskontrollverordnungen[51] ergänzt, denen angesichts zahlreicher transnationaler Fusionen eine große Bedeutung für Rundfunkunternehmen zukommt. Für den Schutz des Wettbewerbs vor unternehmerischen Absprachen ist insbesondere die Europäische Kommission zuständig. Vor diesem Hintergrund ist auch die Frage nach einer europaweiten Konzentrationskontrolle im Rundfunksektor zu sehen. Nach der Fusionskontrollverordnung (VO (EG) Nr. 139/2004) besteht eine Kontrollbefugnis der Kommission nur bei gemeinschaftsweiter Bedeutung eines geplanten Zusammenschlusses. Fehlt es daran, sind die nationalen Wettbewerbsbehörden zuständig.[52] Im audiovisuellen Bereich kommt der Fusionskontrollverordnung Bedeutung bei der Kontrolle von Unternehmenszusammenschlüssen zu. Die Mitgliedstaaten werden darin ermächtigt, weitergehende Regelungen zum Schutz der Meinungsvielfalt zu treffen. Das Verbot unzulässiger **Beihilfen** nach Art. 87 EGV ist namentlich in Mitgliedstaaten mit einem dualen Rundfunksystem wie der Bundesrepublik Deutschland oder Großbritannien für den öffentlich-rechtlichen Rundfunk relevant. Vor dem Hintergund des Art. 86 Abs. 2 EG wird die Frage kontrovers diskutiert, ob die Gebührenfinanzierung des öffentlich-rechtlichen Rundfunks als gemeinschaftswidrige Beihilfe einzuordnen ist.[53]

2.2.2 Benachbarte Regelungsbereiche

27   In enger **Nachbarschaft** zum Rundfunkrecht existieren im europäischen Sekundärrecht vor allem Regelwerke für das Urheber- Telekommunikations- und IT-Recht, die an dieser Stelle zumindest erwähnt seien. Im Bereich des **Urheberrechts**[54] wurde 1993 unabhängig vom Trägermedium die Richtlinie 93/83/EWG zur **Koordinierung bestimmter urheber- und leistungsschutzrechtlicher Vorschriften betreffend Satellitenrundfunk und Kabelweiterverbreitung** verabschiedet. Sie regelt die öffentliche Wiedergabe urheberrechtlich geschützter Werke

---

47   Dazu *Hieronimy* promedia 2007, 4 ff.
48   Kritisch auch *Holtz-Bacha* Media Perspektiven 2007, 113 ff.; s.u. Rn. 41.
49   Dazu unten Rn. 121 ff. und 9. Abschn. Rn. 52.
50   Dazu 9. Abschn. Rn. 52.
51   Dazu 9. Abschn. Rn. 42 ff.
52   *Streinz* Europarecht, Rn. 1006.
53   Dazu unten Rn. 121; *Dörr/Zorn* NJW 2005, 3114, 3115 f.
54   Dazu 18. Abschn. Rn. 178 ff.

über Satellit und determiniert die Ausübung des Kabelweiterverbreitungsrechts in den Mitgliedstaaten. Unter Anwendung des Sendestaatsprinzips darf eine Sendung – wenn für diese Urheber- und Leistungsschutzrechte eines Mitgliedsstaats erworben wurden – ohne zusätzlichen Rechterwerb nach den jeweiligen nationalen Urheberrechten auch über Satellit in die anderen Mitgliedstaaten ausgestrahlt werden. Über diesen Rahmen hinaus ist die Ausgestaltung von Urheber- und Leistungsschutzrechten weiterhin Sache der Mitgliedstaaten. Die Richtlinie 2001/29/EG zur Harmonisierung bestimmter Aspekte des Urheberrechts und der verwandten Schutzrechte in der Informationsgesellschaft (**Multimedia-Richtlinie**) setzt zudem den 1996 im Rahmen der WIPO geschlossenen Urheberrechtsvertrag (WIPO Copyright Treaty, WCT) und den Vertrag über Darbietungen und Tonträger (WIPO Performances and Phonograms Treaty, WPPT) in das EG-Recht um, die einer unberechtigten Verbreitung im Internet entgegenwirken sollen. Die Richtlinie zur Durchsetzung der Rechte am geistigen Eigentum (**Enforcement Richtlinie**) dient dazu, den Schutz des geistigen Eigentums in der europäischen Union zu verstärken und zu harmonisieren. In weiteren urheberrechtlichen Richtlinien ist die Vereinheitlichung der Schutzdauer im Urheberrecht sowie das Vermiet- und Verleihrecht geregelt.[55]

Die europäische Liberalisierung des **Telekommunikationssektors**[56] begann mit einer Richtlinie über die erste Phase der gegenseitigen Anerkennung der Allgemeinzulassungen von Telekommunikations-Endgeräten und wurde 1990 durch die Diensterichtlinie ergänzt. Danach wurden die Mitgliedstaaten verpflichtet, das Monopol der Fernmeldeorganisationen auch für die Telekommunikationsdienste abzuschaffen. Ergänzend wurde die Richtlinie über den offenen Netzzugang erlassen. Mit der Richtlinie zur Liberalisierung des Sprachtelefondienstes und der Infrastruktur erfolgte 1996 ein weiterer Schritt in Richtung Liberalisierung der Kabelfernsehnetze und Satellitenkommunikation, der allen Netzbetreibern gestattet Multimediadienste wie z.B. TV-Shopping, Online-Dienste usw. anzubieten. Seit 1999 ordnet die RL 1999/64/EG eine rechtliche Trennung von Kabelfernsehnetzen und Telefonkabelnetzen an. Diese Liberalisierungsschritte im Bereich der Telekommunikation werden in Deutschland durch das neue Telekommunikationsgesetz (TKG) und die dazu ergangenen Verordnungen umgesetzt.[57] Im Jahr 2000 schlug die Europäische Kommission einen **neuen Rechtsrahmen** betreffend elektronische Kommunikationsnetze und -dienste vor.[58] Dessen Ziel ist es, die technologische Entwicklung, vor allem die Konvergenz verschiedener Kommunikationsmittel und Übertragungswege, zu berücksichtigen. Der neue Rechtsrahmen soll die gesamte technische Kommunikationsinfrastruktur und die zugehörigen Dienste für alle Netze (fest oder mobil), das heißt für Kommunikationsnetze, Satellitennetze, Kabelfernsehnetze und terrestrische Rundfunknetze sowie für Einrichtungen zur Kontrolle des Zugangs zu Diensten Anwenderprogramm-Schnittstellen, API) regeln. Er soll auch auf Kommunikationsdienste anwendbar sein, die sich auf diese Netze stützen. Nicht geregelt werden inhaltliche Angebote, wie Rundfunkdienste oder Dienste der Informationsgesellschaft, die über die Kommunikationsinfrastruktur verbreitet werden. Zugangsregelungen werden unabhängig davon getroffen, in welchem Netz der Zugang erfolgt. Die sektorspezifische Regulierung soll technologieneutral ausgestaltet werden, um Betreiber verschiedener Infrastrukturen einem einheitlichen Rechtsrahmen zu unterwerfen. Die neuen Richtlinien sind auf eine Vereinfachung und Deregulierung der bisherigen Rechtslage gerichtet. Dementsprechend wurden die vorher bestehenden 20 Regelungswerke auf sechs redu-

28

---

55 Dazu 18. Abschn. Rn. 151 ff.
56 Dazu 8. Abschn. Rn. 10 ff.
57 Dazu 8. Abschn. Rn. 43 ff.
58 Dazu *Dörr/Zorn* NJW 2005, 3114, 3115.

ziert.[59] Im Zuge der Revision des EU-Rechtsrahmens für elektronische Kommunikationsnetze und -dienste (**TK-Review**) beabsichtigt die Kommission einen **marktorientierten Ansatz** durchzusetzen, der für den digitalen Sektor die hergebrachte Rundfunkordnung ablösen soll. Im genannten Bereich sollen die für Hörfunk und Fernsehen vorgesehenen digitalen erdgebundenen Frequenzbereiche deutlich eingeschränkt werden. Zugleich sollen mehr Kapazitäten für mobile Dienste vorgesehen werden. Zudem soll ein Handel mit Frequenzen zugelassen und nicht mehr zwischen kommerziellen und kulturell bedeutsamen Diensten unterschieden werden.[60]

29 Im **IT-Recht** schuf die EG durch die E-Commerce-Richtlinie[61] (Richtlinie 2000/31/EG) einen einheitlichen Rahmen für den Geschäftsverkehr im Internet. Erfasst sind „Dienste der Informationsgesellschaft". Dazu zählt jede in der Regel gegen Entgelt elektronisch im Fernabsatz und auf individuellen Abruf eines Empfängers erbrachte Dienstleistung. Ausgenommen sind TV-Dienstleistungen und -Sendungen sowie nicht kommerzielle Dienste zwischen Nutzern (z.B. E-Mail). Die Richtlinie legt für die übrigen Dienste die Anwendung des Rechts des Mitgliedstaats, in dem der Anbieter seine Niederlassung hat, fest und regelt den Schutz vor Spam-Nachrichten und die Provider-Haftung. Die Richtlinie 98/84/EG über den rechtlichen Schutz von zugangskontrollierten Diensten und von Zugangskontrolldiensten (Zugangskontrolldiensterichtlinie) bezweckt die Verhinderung der missbräuchlichen Nutzung von ausschließlich entgeltlich empfangbaren Diensten wie Pay-TV.

II. Rundfunk im Deutschen Recht

30 Die mit der Wirkung des Rundfunks zusammenhängende besondere Bedeutung dieses Mediums für Staat und Gesellschaft mit ihren positiven und negativen Aspekten macht seit jeher eine besondere Regulierung erforderlich, die entscheidend durch bundesverfassungsgerichtliche Vorgaben determiniert ist. In diesem Abschnitt geht es allein um die inhaltlichen Aspekte der Rundfunkfreiheit in ihren Grundlagen insbesondere in Bezug auf den **öffentlich-rechtli-**

---

59 An die Stelle der alten Vorschriften sind 2002 eine Rahmenrichtlinie und bereichsspezifische Richtlinien über Zugang zu und Zusammenschaltung von Kommunikationsinfrastrukturen, Genehmigungen, Universaldienste sowie Daten- und Persönlichkeitsschutz getreten. Im Einzelnen wurden die Richtlinie 2002/19/EG über den Zugang zu elektronischen Kommunikationsnetzen und zugehörigen Einrichtungen sowie deren Zusammenschaltung (Zugangsrichtlinie), die Richtlinie 2002/20/EG über die Genehmigung elektronischer Kommunikationsnetze und -dienste (Genehmigungsrichtlinie), die Richtlinie 2002/21/EG über einen gemeinsamen Rechtsrahmen für elektronische Kommunikationsnetze und -dienste (Rahmenrichtlinie), die Richtlinie 2002/22/EG über den Universaldienst und Nutzerrechte bei elektronischen Kommunikationsnetzen und -diensten (Universaldienstrichtlinie), die Entscheidung Nr. 676/2002/EG über einen Rechtsrahmen für die Funkfrequenzpolitik in der Europäischen Gemeinschaft (Frequenzentscheidung), die Richtlinie 2002/58/EG über die Verarbeitung personenbezogener Daten und den Schutz der Privatsphäre in der elektronischen Kommunikation (Datenschutzrichtlinie für elektronische Kommunikation) und die Richtlinie 2002/77/EG der Kommission über den Wettbewerb auf den Märkten für elektronische Kommunikationsnetze und -dienste (Wettbewerbsrichtlinie) erlassen. Trotz dieser Angleichung ist eine vollständige Verschmelzung von Netz- und Inhalteregulierung bislang unterblieben. Zur aktuellen Diskussion 8. Abschn. Rn. 15 *Wille* ZUM 2007, 89 ff. aus Sicht des öffentlich-rechtlichen Rundfunks und *Grewenig* ZUM 2007, 96 ff. aus Sicht des privaten Rundfunks.
60 Dazu auch *Kaftsack* Streit um die digitale Dividende, FAZ v. 23.10.2007, S. 24.
61 Dazu 14. Abschn. Rn. 17.

Schwartmann

chen Rundfunk. Die Regulierung des **privaten Rundfunks**[62] und der Rundfunkverbreitungswege sowie der **Verbreitungstechnik**[63] werden ebenso an anderer Stelle behandelt, wie das Recht der Finanzierung des privaten Rundfunks.[64]

1. Entwicklung des Rundfunkrechts

Bevor das Rundfunkrecht genauer beleuchtet wird, ist für dessen Verständnis ein Blick auf dessen **historische Entwicklung** unerlässlich. Bereits die Weimar Republik kannte seit 1923 einen „Allgemeinen Öffentlichen Rundfunk". Dieser war aber in die Weimarer Reichsverfassung nicht vorgesehen, sondern wurde durch ministerielle Verordnungen geregelt, die dem Interessenausgleich zwischen Reichsregierung, Ländern und privaten Veranstaltern dienten. 1926 fasste man alle damaligen Sendeunternehmen in einer Reichsrundfunkgesellschaft zusammen, bevor der Rundfunk 1932 im Staat aufging und private Beteiligungen, nämlich die Reichsrundfunkgesellschaft und die regionalen Radiounternehmen in das ausschließliche Eigentum von Reich (hier lag der Hauptteil) und Ländern übergingen. Ab 1932 existierte damit ein zentralistischer staatlicher Rundfunk. Er war gebührenfinanziert, wobei die Rundfunkgebühren bereits zur Zeit der Rundfunkgesellschaft von der Reichspost eingezogen wurden. Auf dieser Basis konnten die nationalsozialistischen Machthaber 1933 unter Federführung des Ministeriums für „Volksaufklärung und Propaganda" den Reichsrundfunk zu Propagandazwecken nutzen.

Da sich Staatsnähe und Zentralismus als Konstruktionsfehler des Weimarer Rundfunks erwiesen hatten, setzten Briten und US-Amerikaner nach dem Krieg in ihren Besatzungszonen bewusst für West- und nunmehr Gesamtdeutschland auf ein gegenläufiges Modell mit einer starken föderalen Komponente, die Anliegen der US-Amerikaner war. Die öffentlich-rechtliche Natur der Landesrundfunkanstalten war demgegenüber eine Anforderung der Briten an das Rundfunksystem des Nachkriegsdeutschland. Einigkeit bestand über die Schaffung eines demokratischen Rundfunks, der weder dem Staat, noch den Parteien noch einzelnen gesellschaftlichen Gruppen, z.B. Kapitalgebern, verpflichtet sein sollte, sondern nur der Allgemeinheit und dieser auch gehören sollte. Anders als bei der Presse organisierte man den Rundfunk nicht privatwirtschaftlich sondern entschied sich für das Modell einer öffentlich-rechtlichen Anstalt. Zur Vermeidung staatlicher Kontrolle wurden binnenplurale Aufsichtsgremien geschaffen und mit Benannten der relevanten gesellschaftlichen Gruppen besetzt.[65] Auf diese Weise sollten Staatsfreiheit, Föderalismus und Pluralität zur Gewährleistung umfassender und ausgewogener Information der Bürger Fundament des deutschen Rundfunks werden.

Bereits früh erkannte auch die junge Bundesrepublik Deutschland die Bedeutung des Rundfunks im Staat und es begann schon 1947/48 eine Kontroverse über die Rundfunkverfassung. Als zu Beginn der 50er Jahre das Fernsehen an Bedeutung gewann, verschärfte sie sich. Die damalige Bundesregierung legte 1953 einen Entwurf des Bundesrundfunkgesetzes vor, der den gesamten Fernsehbetrieb und die Kurz- und Langwellensender sowie die Rundfunk- und Fernsehforschung in einer Institution unter Aufsicht der Bundesregierung vereinen sollte. Diese Konstruktion ähnelte dem Modell der Weimarer Republik. Als diese Pläne vor 1950 entstanden, wurde auf der anderen Seite eine Zusammenarbeit der neu errichteten Landesrundfunkanstalten in den drei Westzonen erwogen. So wurde am 9./10.6.1950 die Arbeitsgemeinschaft der öffentlich-rechtlichen Rundfunkanstalten der Bundesrepublik Deutschland (ARD) gegrün-

31

32

33

---

62 Dazu 3. Abschn.
63 Dazu 5. Abschn.
64 Dazu 4. Abschn.
65 S. dazu unten Rn. 93 ff.

det. Sie verstand sich als Element des kooperativen Föderalismus. In deren Satzung – die zunächst die alleinige Rechtsgrundlage der ARD war – ist unter anderem die Mitgliedschaft in der Arbeitsgemeinschaft geregelt. Ihr gehörten neun Landesrundfunkanstalten und die Deutsche Welle als einzig verbliebene Rundfunkanstalt des Bundesrechts an. Nach Gründung der ARD im Jahre 1950 und der Einführung eines gemeinsamen Fernsehprogramms zum 1.1.1954 gründete Bundeskanzler Konrad Adenauer 1960 die Deutschland-Fernsehen GmbH. Diese sollte als im staatlichen Eigentum stehende private Gesellschaft ein zweites Fernsehprogramm veranstalten. Der Bund musste als alleiniger Inhaber alle Gesellschaftsanteile übernehmen, weil kein Land Gesellschafter der GmbH werden wollte. Dieses Vorgehen erklärte das Bundesverfassungsgericht in seinem ersten Fernsehurteil[66] für verfassungswidrig und legte den Grundstein für die deutsche Rundfunkordnung.[67]

2. Rundfunk im Grundgesetz

2.1 Rundfunkfreiheit

34 Verfassungsrechtlich ist die Freiheit der Berichterstattung durch Rundfunk in Art. 5 Abs. 1 S. 2 GG geregelt.[68] Art. 5 Abs. 1 GG kennt neben der Rundfunkfreiheit vier weitere Ausprägungen der Medienfreiheiten nämlich die **Meinungsfreiheit**,[69] die **Informationsfreiheit**,[70] die **Pressefreiheit** und die **Filmfreiheit**. Die Pressefreiheit[71] schützt alle zur Verbreitung geeigneten Druckerzeugnisse, wobei es für den Begriff des Druckerzeugnisses allein auf das gedruckte Wort und nicht auf das zu bedruckende Material ankommt.[72] Die Filmfreiheit[73] schützt die Berichterstattung durch den Film als chemisch-optischen oder digitalen Tonträger, der durch Vorführung verbreitet wird.[74] Im Gegensatz zu Letzterer schützt die Rundfunkfreiheit die elektromagnetische Verbreitung von Informationen.[75]

---

66 *BVerfGE* 12, 205 ff.

67 Zur Entwicklung des Rundfunkrechts bis in die Gegenwart auch *Dörr*/Schwartmann Rn. 164 ff.; *Gersdorf* Grundzüge des Rundfunkrechts Rn. 1-59.

68 Der Schwerpunkt der **Gesetzgebungskompetenz** im Medienrecht liegt insgesamt bei den LändeRn. Dies gilt auch für den Rundfunk, der nach Art. 30, 70 GG in die Verantwortlichkeit der **Länder** fällt. Daher finden sich in den Landesrundfunk- bzw. Landesmediengesetzen, den Staatsverträgen der Länder für den Rundfunk, im Jugendmedienschutz-Staatsvertrag wichtige Vorschriften. Der Bund hat gem. Art. 71, 73 GG die **ausschließliche** Gesetzgebungskompetenz für den Auslandsrundfunk im Rahmen der Deutschen Welle (Art. 73 Nr. 1 GG). Zudem liegt hier nach Art. 71 i.V.m. 73 Nr. 1, Art. 87 GG die und Verwaltungskompetenz für diesen Bereich. Hiervon sind die **Deutsche Welle** und der **Deutschlandfunk** erfasst. Dazu näher *Dörr/Schwartmann* Medienrecht, Rn. 49 ff. Art. 72, 74 GG weisen dem Bund in Art. 74 Abs. 1 Nr. 1 GG die **konkurrierende Zuständigkeit** für Zeugnisverweigerungsrechte und Beschlagnahmeverbote (§ 53 Abs. 1 S. 1 Nr. 5, S. 2, 3, Abs. 2 S. 2, 3 StPO, § 383 Abs. 1 Nr. 5, Abs. 3 ZPO und § 97 Abs. 5 StPO) zu. Hinsichtlich der Chancengleichheit für politische Parteien, die sich auf die Verteilung Sendezeit für Wahlwerbung auswirkt, ist Art. 21 Abs. 3 GG i.V.m. § 5 PartG einschlägig. Auch die für das Rundfunkrecht relevanten Bereiche Jugendschutz (Art. 74 Abs. 1 Nr. 1 GG) sowie Wirtschaftsrecht und Kartellrecht (Art. 74 Abs. 1 Nr. 11 und 16 GG) sind Gegenstand der konkurrierenden Zuständigkeit des Bundes.

69 S. u. Rn. 45 ff.

70 S. u. Rn. 45.

71 Zur Freiheit der Wort- und Bildberichterstattung 7. Abschn. Rn. 1 ff.

72 Dazu *Bethge* in Sachs Art. 5 Rn. 68.

73 Dazu *Dörr/Schwartmann* Rn. 243 ff.

74 *Bethge* in Sachs Art. 5 Rn. 116, 118.

75 *Bethge* in Sachs Art. 5 Rn. 90a.

Wegen der Doppelnatur des Rundfunks als Kultur- und Wirtschaftsgut steht die Rundfunkfrei- **35**
heit innerhalb des Grundgesetzes in einem **Spannungsverhältnis** zu anderen Grundrechten.[76]
Für die Medienwirtschaft ist das Verhältnis zu den Wirtschaftsgrundrechten der **Berufs- und
Eigentumsfreiheit** besonders bedeutsam.[77] Hier kommt die große wirtschaftliche Bedeutung
des Rundfunks zum Tragen. Allein die Werbeeinnahmen im Rundfunkbereich betrugen 2006
ca. 3,5 Mrd. Euro, von denen auf den öffentlich-rechtlichen Rundfunk etwa 0,3 Mrd. entfielen.
Diesem Betrag standen knapp 7,3 Mrd. Euro Gebühreneinnahmen des öffentlich-rechtlichen
Rundfunks für die Erfüllung des Grundversorgungsauftrages gegenüber. Das Spannungsverhältnis zur Berufs- und Eigentumsfreiheit haben für das Rundfunkrecht der Fall der aus kartell-
[78] aber auch aus rundfunkkonzentrationsrechtlichen Gründen[79] gescheiterten Fusion von Pro-
Sieben.Sat1 und Axel Springer[80] und die kartellrechtlich untersagte Beteiligung des Rundfunkveranstalters arena (unity media) an einer gemeinsamen Sendung der Fußballbundesliga
durch Premiere[81] deutlich vor Augen geführt.[82] Diese Beispiele zeigen, dass sowohl das Kartellrecht als auch die von Art. 5 Abs. 1 GG aufgeladenen vielfaltssichernden Regelungen der
§§ 25 ff. RStV in der Anwendung durch die Kommission zur Ermittlung der Konzentration im
Medienbereich (KEK), die unternehmerischen Freiheiten der Berufs- und Eigentumsfreiheit
aus Art. 12 und 14 GG nennenswert beeinträchtigen können. Bezüglich des Vertriebs und/oder
Inhalts seiner Medienangebote unterliegt die freie unternehmerische Betätigung Schranken,
die zu Verboten zum Erwerb anderer Medienunternehmen führen können. Dieses Ergebnis ist
aus unternehmerischer Sicht oft unverständlich und schwer hinnehmbar. Es liegt aber im An-
satz rundfunkrechtlich nahe, zumal die konzentrationsrechtliche Sicherung das wirtschaftliche
Fortkommen eines Unternehmens nicht im Auge hat.[83] Es geht allein um die Sicherung von
Meinungsvielfalt in einem funktionsfähigen Wettbewerb der Rundfunkveranstalter, damit die
Möglichkeit einer unabhängigen Meinungsbildung erhalten bleibt.[84]

---

76 Auch andere Grundrechte können für die Medien in einzelnen Bereichen von Bedeutung sein. Neben
    der Rundfunk- und Pressefreiheit ist hier das Grundrecht des Art. 13 GG im Hinblick auf das Fernmel-
    degeheimnis nach Art. 10 Abs. 1 GG zu beachten; dazu *Dörr/Schwartmann* Rn. 99. Das BVerfG hat
    jüngst in der Cicero-Entscheidung das Grundrecht der Pressefreiheit im Hinblick auf Art. 13 GG ge-
    stärkt. Es ging um die Durchsuchung von Redaktionsräumen eines Magazins, in dem ein Journalist
    einen irakischen Terroristen unter Verwendung von Zitaten aus vertraulichen Akten des Bundeskrimi-
    nalamtes portraitiert hatte, weswegen dem Chefredakteur und dem Autor des Artikels Beihilfe zum
    Geheimnisverrat vorgeworfen wurde. Dieser Fall knüpft an die Entscheidung in der Spiegel-Affäre im
    Jahr 1962 an, in deren Rahmen es zu einer Verhaftung des damaligen Herausgebers Rudolf Augstein
    kam. *BVerfG* AfP 2007 100 – C, Cicero; dazu 7. Abschn. Rn. 7 *Schulenberg*.
77 Dazu auch 3. Abschn. Rn. 3.
78 Dazu 9. Abschn. Rn. 27.
79 Dazu *Dörr* in Böge/Doetz/Dörr/Schwartmann, S. 21 ff.
80 Vgl. WuW BKartA DE-V 1163; KEK v. 10.1.2000, Az 293-1 bis -5, abrufbar unter www.kek-on-
    line.de.
81 So zunächst die Pläne von unity media; dazu *Parm Sandhu* epd-medien 57/2007, 18 ff.; dazu
    9. Abschn. Rn. 33.
82 Zu diesem Spannungsverhältnis *Schwartmann* in Böge/Doetz/Dörr/Schwartmann, S. 9 ff.
83 Dazu eingehend *Dörr* in Böge/Doetz/Dörr/Schwartmann, S. 21, 22 ff. *ders.* in Eberle u.a., Kap. III
    Rn. 111.
84 Dazu auch 3. Abschn. Rn. 25.

2.2 Rundfunkbegriff

36 Der Rundfunk und namentlich das Leitmedium Fernsehen[85] nimmt aufgrund seiner „Breitenwirkung, Aktualität und Suggestivkraft"[86] nach wie vor eine Sonderstellung in der Medienrechtsordnung ein.[87] Dem durchschnittlichen Rezipienten sind auch in Zeiten immer weiter Platz greifender multimedialer Techniken keine Informations- und Unterhaltungsmedien so nah wie Fernsehen und Radio, die ihn bis in intime Refugien begleiten.

2.2.1 Der klassische Rundfunkbegriff

37 Der Begriff des Rundfunks wird in der **Verfassung** nicht definiert sondern vorausgesetzt,[88] wobei auch das Bundesverfassungsgericht nicht mit einer Bestimmung des sich aus seiner Sicht wandelnden[89] Begriffs aufwartet.[90] Dieser ist unter Berücksichtigung der Bedeutung des Rundfunks für die Demokratie **entwicklungsoffen**, also weit und dynamisch auszulegen, damit er neue technische Möglichkeiten und Verbreitungsformen erfassen kann, die seiner Funktion dienen.[91]

38 Nach der engeren[92] **einfachgesetzlichen**, Art. 5 Abs. 1 S. 2 GG konkretisierenden Definition des § 2 Abs. 1 RStV ist Rundfunk „die für die Allgemeinheit bestimmte Veranstaltung und Verbreitung von Darbietungen aller Art in Wort, in Ton und in Bild unter Benutzung elektromagnetischer Schwingungen ohne Verbindungsleitung oder längs oder mittels eines Leiters." Der **Rundfunkbegriff** ist also **dreigliedrig**. Er setzt den Empfang[93] eines an die **Allgemeinheit** gerichteten Angebots voraus. Dieses muss mittels **Funktechnik** („unter Benutzung elektromagnetischer Schwingungen ohne Verbindungsleitung oder längs oder mittels eines Leiters") verbreitet werden. Drittens ist eine **Darbietung** in Wort, Ton oder Bild erforderlich (§ 2 RStV).[94]

2.2.2 Rundfunkbegriff und Neue Medien

39 Die Neuen Medien[95] und neuen Dienste, stellen den Rundfunkbegriff vor besondere Probleme.[96] Diese hängen mit der Vermehrung der Verbreitungswege und den neuen Erscheinungsformen von Medieninhalten zusammen. Rundfunk wird heute hauptsächlich über **Breitbandkabel** (55,5 %) und **Satellit** (39,9 %) verbreitet. Die **Terrestrik** spielt eine geringe Rolle

---

85 *BVerGE* 97, 228, 257.
86 *BVerfGE* 90, 60.
87 Dazu jüngst www.bundesverfassungsgericht.de/entscheidungen/rs20070911_1bvr227005.html, Ziff. 116.
88 *Dörr* VerwArch 2001, 149, 151.
89 *BVerfGE* 73, 118, 154 f.; 74, 297, 350.
90 *BVerfGE* 74, 297, 350.
91 Dazu *BVerfGE*, 73, 118, 121; vgl. auch *Hoffmann-Riem* AfP 1996, 9, 10; *Janik* AfP 2000, 7; *Schüller-Keber* in Dörr/Kreile/Cole, Handbuch Medienrecht, B, III. 3. b) bb); s. dazu auch unten im Zusammenhang mit den Aktivitäten der öffentlich-rechtlichen Rundfunkanstalten in den neuen Medien Rn. 103 ff.
92 *BVerfGE* 73, 118, 154.
93 Vgl. dazu *Gersdorf* Der Rundfunkbegriff, S. 154. Die Gleichzeitigkeit des Empfangs stellt für ihn indes keine Voraussetzung des Rundfunkbegriffs dar, a.a.O. S. 155 f.
94 Zur Abgrenzung zu Telemedien 6. Abschn. Rn. 16; zur Telekommunikation 8. Abschn. Rn. 79 ff.
95 Einen Überblick über die neuen Medien gibt *Eberle* in Eberle/Rudolf/Wasserburg, Kapitel I, Rn. 1 ff.
96 Dazu noch unten Rn. 103 ff.

Schwartmann

(4,6%).[97] Technisch möglich, aber praktisch noch nicht sehr relevant ist die Verbreitung per IP-Protokoll über **DSL-Leitungen** im Internet.[98] Derzeit werden deutschlandweit etwa 500 Programme, die meisten freilich ohne nennenswerte Meinungsrelevanz, verbreitet. Es ist eine Frage der Zeit, bis letztere Verbreitungsform technisch durch das sog. **VDSL-Netz** weiteren Schub erhält und sich neben den bisherigen Verbreitungswegen etablieren wird. Das Internet ermöglicht über die klassischen Mediengattungen hinweg individuelle Zugriffe auf mannigfache Angebote. Man erwartet, dass dieses Medium die Nutzergewohnheiten weg von linearen – also ohne Einflussnahme des Rezipienten – hin zu nicht linearen Diensten verändern wird. Sog. „Timeshift-TV" soll es dem Nutzer ermöglichen, in einer nicht linearen Angebotsstruktur die Reihenfolge des Empfangs selbst zu bestimmen; virtuelle auf einem Server installierte, sog. Videorecorder network-based Personal Video Recorders („nPVR") können traditionelle Endgeräte langfristig überflüssig machen.

2.2.2.1 Strukturprobleme des Rundfunkbegriffs. Unbestritten erfasst der Rundfunkbegriff Hörfunk und Fernsehen.[99] Es drängt sich aber die Frage auf, ob auch neue Erscheinungsformen unter diesen Begriff zu subsumieren sind. Praktisch wird hierdurch der Programmbereich des klassischen Rundfunks erweitert. Es entstehen Spartenprogramme, unterschiedliche Formen von Pay-TV und insbesondere neue Angebotsformen vor allem bei Online-Diensten zum Abruf. Dieser im Zusammenhang mit der Digitalisierung auch medienpolitisch breit diskutierte Prozess[100] wird mit dem Einstieg der Telekommunikations- und Kabelnetzbetreiber in den traditionell dem Rundfunk vorbehaltenen Markt verbunden,[101] deren rundfunkrechtliche Regulierung als Plattformanbieter mit dem **10. Rundfunkänderungsstaatsvertrag** beginnen soll, der am 1.9.2008 in Kraft treten soll.[102] Die Realisierung dieses Prozesses setzt freilich technisch noch die Umstellung der Verbreitungstechnik auf leistungsfähigere Standards (VDSL/ADSL) voraus.

In der **Übergangsphase** von der analogen zur digitalen Verbreitung von Medieninhalten greift **40** der beschriebene Rundfunkbegriff aufgrund der neuen Verbreitungsmöglichkeiten und der neuen Rezeptionsmöglichkeiten zu kurz.[103] Insgesamt wird nach einer Neuordnung des Medienrechts gerufen,[104] während in der Praxis **Fakten** geschaffen werden, ohne einen Regulierungsrahmen abzuwarten. Das Internet ist bereits heute Verbreitungsweg für die elektronisch abrufbare Presse. Sie kann entweder als andere Form des Printblattes mit demselben Inhalt digital verfügbar sein oder aber auch als eigenständiger Auftritt mit selbständiger Redaktion als

---

97 *Grewenig* ZUM 2007, 100, Fn. 21, Stand 1.1.2006, Quelle AGF/GfK. Von der Übertragungstechnik sind die Übertragungswege- und –systeme zu unterscheiden. Dazu 5. Abschn. Rn. 14; vgl. auch *Ernst* in Schiwy/Schütz/Dörr, Übertragungssysteme, S. 532 f.
98 Dazu *Flatau* ZUM 2007, 1 ff.
99 *BVerfGE* 12, 205, 226; 31, 314, 325.
100 Vgl. etwa Schneider „Besorgt euch eine Lizenz!", TAZ v. 3.4.2007.
101 Dazu 5. Abschn. Rn. 3; vgl. auch *Holznagel* S. 353 ff. www.lfm-nrw.de/downloads/medienrat_bericht2006_2.pdf.
102 Dazu unten Rn. 78.
103 So jüngst *Bullinger* JZ 2006, 1137, 1140; vgl. auch *Janik* AfP 2000, 7, 16.
104 Der Vorsitzende der Rundfunkkommission der Länder Kurt Beck untergliederte die aus seiner Sicht anstehende „Runderneuerung" des Rundfunkrechts Anfang 2007 in die Themenblöcke Neustrukturierung der Rundfunkgebühr, Sicherung mitgliedstaatlicher Regelungsbefugnisse im europäischen TK-Recht, die Umsetzung von Maßnahmen im EU-Beihilfeverfahren in Bezug auf den öffentlich-rechtlichen Rundfunk sowie die bundesweite Zuweisung von Übertragungskapazitäten und die Reform der Medienaufsicht. (Vgl. *Beck* Runderneuerung, Funkkorrespondenz 7/2007, 28 ff.) Diese Neuordnung fordern auch *Stadelmaier* Funkkorrespondenz 45/2006, 3 ff. und *Otto* Funkkorrespondenz 9/2006, 17 ff. Vgl. auch den Leitantrag der SPD zu den Anforderungen an eine neue Medienordnung, epd-medien 68/2007.

neue mediale Mischform auftreten („Spiegel-Online", „SZ-Online"). Zudem experimentieren etwa Print- und Telekommunikationsunternehmen als neue Anbieter – freilich auch ohne den genauen (künftigen) Regulierungsrahmen zu kennen – mit Formaten, deren Einordnung als Rundfunk oder Telemedien heftig umstritten ist.[105]

41   Besondere **Einordnungsprobleme** werfen Erscheinungsformen auf, die Elemente unterschiedlicher Mediengattungen in sich vereinen. So bereitet es zwar keine Probleme, eine Tageszeitung, deren Inhalt wie in Papierform in das Internet gestellt wird, ungeachtet ihrer fehlenden Körperlichkeit aufgrund ihrer Herkunft,[106] ihres Charakters und ihrer Wirkung der Pressefreiheit zu unterstellen. Schwieriger ist die Einordnung eines Online-Angebots, das inhaltlich eigenständig ist, wie der Online-Auftritt einer **Zeitung** oder Zeitschrift im Vergleich zur gedruckten Fassung des entsprechenden Magazins mit eigener Redaktion und unter Verwendung von Bewegtbildern. Diese Online-Auftritte lösen sich bewusst vom Herkunftsmedium ab, weisen Bewegtbildern eine wesentliche Rolle zu und ordnen sich bisweilen begrifflich selbst als Rundfunk ein.[107] Was die Inhalte betrifft, unterscheidet sich dieses Fernsehen inhaltlich häufig nicht von der Ausstrahlung einer Fernsehsendung. Freilich wird es (bislang) nicht linear ausgestrahlt sondern auf Abruf bereit gehalten. Zudem weist es aufgrund seines geringen Rezipientenkreises nicht die für den Rundfunk typische Reichweite und Meinungsrelevanz auf.

42   **Weitere Fragen** werfen die Möglichkeiten des **WEB 2.0**, also der aktiven Nutzung des Internet durch die Rezipienten auf.[108] Ob ein Blogger als Rundfunkveranstalter oder Journalist einzuordnen ist, welche Rolle etwa Angebote wie von Youtube, My Video etc. – spielen, wenn – etwa unter der jeweiligen Adresse oder in einem ohne Sicherungsmaßnahmen aufzusuchenden virtuellen Kino in „Second Life"[109] – jugendgefährdende oder anderweitig verbotene Inhalte verbreitet würden, ist nicht geklärt. Ähnliche Fragen sind für die Aktivitäten von **Telekommunikationsunternehmen** zu stellen. Ein Beispiel ist das über VDSL verbreitete Paket „Fernsehen in einer neuen Dimension" von T-Home. Hier werden Streaming- und On-Demand-Inhalte angeboten und damit lineare und nicht-lineare Angebote gemischt und mit erheblichem Werbeaufwand platziert.

2.2.2.2 Onlinedienste als Rundfunk. Digitalisierung ermöglicht technische Konvergenz in deren Rahmen sich die Verbreitungswege und der Rezeptionsmöglichkeiten vervielfachen. Verschiedene Inhalte werden über verschiedene Verbreitungswege auf unterschiedliche Endgeräte übertragen. Die Besonderheit des Internet besteht darin, dass sowohl die Verbreitung individueller Kommunikationsinhalte an die Allgemeinheit ermöglicht wird als auch „massenkommunikative Inhalte mit der Tendenz zur Individualisierung"[110] verbreitet werden. Es führt zu Konvergenz, also – einfach ausgedrückt –zum verschmelzen von Individual- und Massenkommunikation. Die Verfassung schützt in Art. 5 Abs. 1 GG nach ihrer traditionellen Lesart Massenkommunikation durch Rundfunk, Presse und Film. Das durch die Konvergenz bedingte Verschmelzen beider Formen stellt Art. 5 Abs. 1 S. 2 GG sowie den einfachgesetzlichen Rundfunkbegriff vor ein Strukturproblem. Wie berechtigt in diesem Zusammenhang die Forderun-

---

105 Dazu 1. Abschn. Rn. 35 f.; vgl. dazu insgesamt *Zirpins* epd medien 12/2007, 3 ff.

106 *Schüller-Keber* in Dörr/Kreile/Cole, Handbuch Medienrecht, B, III. 3. d).

107 Vgl. etwa das Kölner Stadt-Anzeiger-TV unter http://ocs.zgk2.de/mdsocs/mod_movies_archiv/kategorie/rheinblick/ocs_ausgabe/ksta/index.php.

108 Dazu *Engelage,* epd medien 32/2007, 7 ff; vgl. zu Rechtsbeziehungen in der virtuellen Welt, *Rippert* ZUM 2007, 272 ff.

109 http://secondlife.com/.

110 BK/*Degenhart* Art. 5 Abs. 1 und 2 GG, Rn. 668.

gen nach einer Neuordnung des Medienrechts[111] und der Regelung der sich de lege ferenda stellenden Probleme des Rundfunkrechts[112] auch sein mögen, ist dies nicht der Ort, an dem ein **neuer Rundfunkbegriff** entwickelt werden könnte.[113]

Es soll indes de lege lata die Frage beantwortet werden, ob es sich bei oben genannten Erschei- **43** nungsformen um Rundfunk oder um sog. Telemedien handelt, die lediglich anzeigepflichtig sind. Diese Einordnung ist in der Praxis bedeutsam, wenn es um die Online-Angebote von Nichtrundfunkveranstaltern geht. Handelt es sich bei diesen Erscheinungsformen um Rundfunk mit der Konsequenz, dass das rundfunkrechtliche Regime mit Lizenzerfordernis und rundfunkrechtlichen Werberegeln und Jugendschutzvorgaben gilt oder kann die Verbreitung dieser Inhalte über das Internet gar nicht oder speziell reguliert erfolgen?[114]

2.2.2.2.1 Verfassungsrechtliche Einordnung. Verfassungsrechtlich unterfallen Abrufdienste nach herrschender Meinung[115] dem weiten verfassungsrechtlichen Rundfunkbegriff. Es werden Text-, Ton- oder Bilddateien mittels elektromagnetischer Schwingungen verbreitet. Eine nicht näher begrenzte Anzahl von Personen kann diese Dateien abrufen. Es fehlt an einer Möglichkeit auf den dargebotenen Inhalt Einfluss zu nehmen. Der Nutzer rezipiert eine redaktionell aufbereitete, planmäßige Darbietung mit publizistischer Relevanz. Dieses weite Verständnis des Rundfunkbegriffs eröffnet einen breiten Anwendungsbereich der Rundfunkfreiheit aus Art. 5 Abs. 1 S. 2 GG und entspricht damit dem Postulat des Bundesverfassungsgerichts nach Offenheit für Neuerungen.[116]

2.2.2.2.2 Einfachgesetzliche Einordnung. Der einfache Gesetzgeber kann einzelne Bereiche innerhalb des weiten verfassungsrechtlichen Rundfunkbegriffs abweichend enger regeln. Dies kann geschehen, um Erscheinungsformen, die zwar den verfassungsrechtlichen Schutz des weiten Rundfunkbegriffs genießen, aber z.B. nicht meinungsrelevant sind, weniger streng zu regulieren. § 1 Abs. 1 TMG und § 2 Abs. 1 S. 3 RStV definieren ein **Telemedium** dementsprechend in Abgrenzung zum Rundfunk faustformelartig und gleich lautend als einen elektronischen Informations- und Kommunikationsdienst, der weder Telekommunikation noch Rundfunk ist. Beim Rundfunk reduzieren sich die Möglichkeiten des Rezipienten auf Ein- oder Ausschalten eines Angebots. Auf den Zeitpunkt des Empfangs kann er keinen Einfluss nehmen. Dies ist indes bei redaktionell gestalteten Online-Angeboten möglich. Hier werden Text-, Ton- und Bilddarbietungen auf einer Datenbank zum Abruf bereitgehalten, damit der Nutzer sie zu

---

111 *Eumann* epd medien 8/2007, 8 ff.; *Otto* Funkkorrespondenz 9/2006, 17 ff.; *Stadelmeier* Funkkorrespondenz 45/2006, 3 ff.; *Schneider* Funkkorrespondenz 45/2006, 11.
112 S.u. Rn. 104 ff.
113 Vgl. dazu jüngst *Gersdof* Der Rundfunkbegriff, S. 79 ff.; *Bullinger* JZ 2006, 1137, 1141 f.; *Grimm* epd medien 41/2006, 5 ff.; *Degenhart* K&R 2007, 1, 3; auch *Janik* AfP 2000, 7, 10 ff.; *ders.* K&R 2001, 572 ff.
114 Dazu *Schneider*: „Regulierung von IP-TV: Es ist ein Irrtum, dass man im Netz keine Lizenz braucht": www.lfm-nrw.de/funkfenster/medien_allgemein/medienregulierung/netzwerklizenz.php3. Auch *Schneider* „Besorgt euch eine Lizenz!", TAZ v.3.4.2007; vgl. dazu 6. Abschn. Rn. 10 ff., insbesondere 35 f.
115 S. dazu (m.w.N.): *Bethge* in Sachs, Rn. 90a f.; *Held* S. 17-20; *Michel* ZUM 1998, 350 ff.; *Schulze-Fielitz* in H. Dreier, Grundgesetz, Bd. I, 2. Aufl. 2004, Art. 5 I, II Rn. 100; *Starck* in vM/K/S, Art. 5 GG Rn. 163; a.A. unter Berufung auf eine individualkommunikativen Charakter des Internet *Degenhart* in Dolzer u.a.Art. 5 GG Rn. 698; *Ricker* ZUM 2001, 28, 30; weitere Nachweise bei *Held* S. 17 Fn. 30.
116 *BVerfGE*, 73, 118, 121; vgl. auch www.bundesverfassungsgericht.de/entscheidungen/rs20070911_1bvr227005.html, Ziff. 123.

einem selbst bestimmten Zeitpunkt abrufen kann. Bei diesen Abrufdiensten handelt es sich, da sie nicht im oben genannten Sinne an die Allgemeinheit gerichtet sind, nicht um Rundfunk i.S.d. Rundfunkstaatsvertrags,[117] sondern um Telemedien.

2.2.2.2.3 Standpunkt der DLM. Der Abgrenzung von Rundfunk und Mediendiensten (heute Telemedien) dient auch das **Dritte Strukturpapier zur Unterscheidung von Rundfunk und Mediendiensten** der Direktorenkonferenz der Landesmedienanstalten (DLM). Es stammt vom 6.11.2003 und setzt beim einfachgesetzlich ausgeformten Rundfunkbegriff und dessen Abgrenzung zu Mediendiensten an. Das Papier geht davon aus, dass eine abschließende, bestimmte Dienste einbeziehende bzw. ausklammernde Definition des Rundfunkbegriffs auf Grund der sich permanent ändernden tatsächlichen Bedingungen nicht möglich ist. Daher müsse der Rundfunkbegriff anhand einer Reihe offener, bewertender Kriterien unter Berücksichtigung der Bedeutung des Rundfunks für die individuelle und öffentliche Meinungsbildung (Breitenwirkung, Aktualität, Suggestivkraft) definiert werden. Dabei legt die DLM ein technologieneutrales Verständnis des Rundfunkbegriffs, ungeachtet der Art des Verbreitungsweges zugrunde. Rundfunktypische Kriterien sind demnach die Wirkungsintensität der verbreiteten Inhalte als solche und ein hohes Maß an redaktioneller Gestaltung der Inhalte. Letztere zeichnet sich durch eine planvolle und zeitlich geordnete Zusammenstellung einzelner, aufeinander folgender Sendungen aus. Typisch ist zudem eine realitätsnahe Präsentation der Inhalte, eine große Reichweite und gleichzeitige Rezeptionsmöglichkeit sowie eine geringe Interaktivität bei der Rezeption bei einfacher Bedienbarkeit des Empfangsgeräts.[118]

44 Das dritte **Strukturpapier** wird derzeit **überarbeitet**.[119] Neben einer Anpassung an den 9. Rundfunkänderungsstaatsvertrag und das TMG „sollte das Papier deutlich machen, dass Rundfunkangebote, die im Internet übertragen bzw. im Internetprotokoll in anderen Übertragungswegen verbreitet werden, grundsätzlich Rundfunk sind." Allerdings soll die Art der technischen Verbreitung bzw. die Zahl der gleichzeitigen Zugriffe oder der Sendeumfang zu Ausnahmen führen. Es soll eine Geringfügigkeitsregelung entwickelt werden. Auch soll die Übertragung im Internet nicht zwingend dazu führen, dass ein bundesweit verbreitetes Angebot vorliegt.[120] Die von der Direktorenkonferenz der Landesmedienanstalten (DLM) beauftragte Gemeinsame Stelle Programm und Medienkompetenz (**GSPWM**) der DLM und die KEK wollen zur Abgrenzung auf die Zahl der zeitgleich möglichen Zugriffe abstellen. „Wir definieren als Rundfunk im Internet nur Angebote mit einem genügend hohen Verbreitungsgrad. Wir sagen momentan: Web-TV-Angebote, die 500 zeitgleiche Zugriffe ermöglichen, überschreiten diese Grenze", so deren Vorsitzender.[121]

2.3 Meinungsfreiheit

45 In Art. 5 Abs. 1 S. 1 GG ist vor der Klammer der medienbezogenen Grundrechte die individuelle **Meinungsfreiheit** im Sinne eines subjektiven Rechts erwähnt. Sie wird als unmittelbarster „Ausdruck der menschlichen Persönlichkeit in der Gesellschaft" und „in (einem) gewißen Sinn (als) die Grundlage jeder Freiheit überhaupt"[122] verstanden. Der Meinungsfreiheit kommt also

---

117 Unter Geltung des außer Kraft getretenen § 2 Abs. 2 Nr. 4 MDStV handelte es bei diesen Abrufdiensten um Teledienste. Zwischenzeitlich wurden Tele- und Mediendienste durch den 9. RFÄndStV zum Begriff Telemedium vereint.
118 Drittes Strukturpapier zur Unterscheidung von Rundfunk und Mediendiensten , S. 8 f.
119 www.alm.de/fileadmin/forschungsprojekte/GSPWM/Beschluss__IP-TV.pdf.
120 www.alm.de/fileadmin/forschungsprojekte/GSPWM/Beschluss__IP-TV.pdf.
121 www.lfm-nrw.de/funkfenster/medien_allgemein/medienregulierung/netzwerklizenz.php3; vgl. auch *Schneider* „Besorgt euch eine Lizenz!" TAZ v. 3.4.2007; KEK, PM 16/07 v. 16.11.2007.
122 *BVerfGE* 7, 198, 208 – Lüth.

Schwartmann

eine **grundlegende Funktion** im Rahmen der Rundfunkfreiheit zu.[123] Sie liegt allen Kommunikationsfreiheiten zugrunde und steht gem. Art. 19 Abs. 3 GG neben natürlichen Personen auch juristischen Personen zu, weil die Ausübung der Meinungsfreiheit für Medienunternehmen als juristische Personen des Privatrechts nicht nur elementar ist; die Meinungsfreiheit ist aufgrund ihrer Natur auch auf Unternehmen zugeschnitten.[124] Pendant der Meinungsfreiheit ist die **Informationsfreiheit** aus allgemein zugänglichen Quellen. Allgemein zugänglich sind Informationsquellen, die technisch dazu geeignet und dazu bestimmt sind, nicht einem Einzelnen, sondern der Allgemeinheit Informationen zu verschaffen.[125] Eine Informationsquelle kann auch ein Ereignis selbst sein, so dass es also nicht auf die technische Weiterverbreitung ankommt. Geschützt ist auch die Unterrichtung aus Quellen im Ausland, wobei sich der Grundrechtsträger im Inland befinden muss.[126]

2.3.1 Schutzbereich

Von ihrem Schutzbereich her erfasst die Meinungsfreiheit Meinungsbildung und Meinungsäußerung. Auf den Wert einer Meinung kommt es nicht an.[127] In diesem Zusammenhang stellen sich in der Praxis Probleme bei der Abgrenzung zwischen Werturteilen und Tatsachenbehauptungen.[128] Die Meinungsfreiheit erfasst das Äußern und Verbreiten von **Werturteilen**. Dies sind stellungnehmende, dafürhaltende, meinende Äußerungen, ohne Berücksichtigung von Wert, Richtigkeit oder Vernünftigkeit,[129] die auch scharf und überspitzt sein können.[130] **Tatsachenbehauptungen** – mit Ausnahme bewusst unwahrer Behauptungen – werden von der Meinungsäußerungsfreiheit nur dann geschützt, wenn sie Voraussetzung für die Bildung von Meinungen sind.[131] **46**

Ob eine Tatsachenbehauptung oder ein Werturteil vorliegt, richtet sich im konkreten Fall danach, ob die Aussage einem Wahrheitsbeweis zugeführt werden kann.[132] Da beide Äußerungsformen oft miteinander verbunden werden und erst gemeinsam den Sinn einer Äußerung ausmachen, ist die beschriebene Abgrenzung zwischen Tatsachenbehauptungen und Werturteilen in der Praxis schwierig. Für die Zuordnung hilft es, dass der Begriff der Meinung weit verstanden wird.[133] **47**

Von der Meinungs- und Informationsfreiheit ist nicht nur das Recht erfasst, eine Meinung zu äußern und zu verbreiten und sich zu informieren (positive Meinungsfreiheit) sondern im Rah- **48**

---

123 *Dörr/Schwartmann* Rn. 60 ff.
124 Ob sich ein Presseunternehmen für einzelne wertende Äußerungen, also Meinungen nur auf die Pressefreiheit oder zugleich auf die allgemeine Meinungsfreiheit berufen kann, ist umstritten. Nach der Rspr. des BVerfG sind die in einem Presserzeugnis enthaltenen Äußerungen bereits durch die allgemeine Meinungsfreiheit gedeckt. *BVerfGE* 85, 1, 11, 12 f.; 97, 391, 400; 113, 63, 75.
125 *Bethge* in Sachs Art. 5 Rn. 55.
126 Nach der Parabolantennen-Entscheidung des *BVerfG* NJW 1994, 1147 muss der Empfang in Deutschland möglich sein.
127 *Fechner* Medienrecht, Rn. 108. Dazu insgesamt bezogen auf die Wort- und Bildberichterstattung in der Presse 7. Abschn. Rn. 12 ff.
128 Dazu *Rühl* AfP 2000, 17 ff. vgl. zur engeren Betrachtung des EGMR bei der Bildberichterstattung in der sog. „**Caroline-Entscheidung**" 7. Abschn. Rn. 135 ff.
129 *BVerfGE* 33, 1, 14; 61, 1, 7.
130 *Dörr/Schwartmann* Rn. 65 mit Beispielen.
131 *BVerfGE* 90, 1, 14 f. – Kriegsschuld; 99, 185, 187 – Helnwein.
132 *BVerfGE* 90, 241, 247 – Auschwitzlüge.
133 *BVerfGE,* 85, 1, 15 f. – Bayer; 90, 1, 15 – Kriegsschuld.

men der sog. **negativen Meinungsfreiheit** auch das Recht, eine Meinung nicht äußern zu müssen.[134] Geschützt ist schließlich das Kommunikationsgeheimnis.[135]

2.3.2 Schranken

49 Alle Informationsgrundrechte des Art. 5 Abs. 1 GG und damit auch die Meinungsfreiheit unterliegen der Trias der in Art. 5 Abs. 2 GG genannten **Schranken**: Allgemeine Gesetze, Jugendschutz, Recht der persönlichen Ehre.[136]

50 Nach der sog. Kombinationstheorie[137] spricht man von einem **allgemeinen Gesetz**, wenn sich eine die Meinungsfreiheit einschränkende Vorschrift nicht gegen die geäußerte Meinung als solche richtet (Sonderrechtslehre),[138] sondern dem Schutz eines anderen Rechtsguts dient. Dieses muss im konkreten Fall gegenüber der Meinungsfreiheit Vorrang genießen (Abwägungslehre). Die konkrete Abwägung ist im Rahmen einer Verhältnismäßigkeitsprüfung vorzunehmen. Kommt es etwa im Rahmen einer medialen Äußerung zu einer Beleidigung, so ist der Straftatbestand des § 185 StGB ein allgemeines Gesetz, da sich sein Schutz nicht gegen bestimmte Meinungen und auch nicht gegen eine Meinung als solche richtet. Der Beleidigungstatbestand dient vielmehr abstrakt der Wahrung der Ehre des von der Meinungsäußerung Betroffenen, die im Einzelfall schwerer wiegen kann als die Meinungsfreiheit.[139]

51 Auf Schrankenebene treffen häufig Rundfunkfreiheit und allgemeines Persönlichkeitsrecht aufeinander, das sich etwa im allgemeinen Gesetz des § 22 KUG konkretisiert. Diese Norm regelt das Recht am eigenen Bild.[140] „Bildnisse dürfen (danach) nur mit Einwilligung des Abgebildeten verbreitet oder öffentlich zur Schau gestellt werden." (…) Nach der Ausnahmeregelung des § 23 Abs. 1 KUG dürfen ohne die nach § 22 KUG erforderliche Einwilligung Bildnisse aus dem Bereich der Zeitgeschichte verbreitet und zur Schau gestellt werden. Die Befugnis erstreckt sich nach Abs. 2 „jedoch nicht auf eine Verbreitung und Schaustellung, durch die ein berechtigtes Interesse des Abgebildeten oder, falls dieser verstorben ist, seiner Angehörigen verletzt wird." Grds. überwiegt hierbei das über die Rundfunkfreiheit geschützte Informationsinteresse der Bürger an einer aktuellen Berichterstattung gegenüber dem Persönlichkeitsschutz.[141]

52 Eine weitere Schranke der Kommunikationsgrundrechte ist der **Schutz der Jugend**. Dieser ist insbesondere im Jugendschutzgesetz (JuSchG), im Staatsvertrag über den Schutz der Menschenwürde und den Jugendschutz in Rundfunk und Telemedien (Jugendmedienschutzstaats-

---

134 *BVerfGE* 95, 173, 182 – Tabakwerbung.
135 Dazu *Dörr/Schwartmann* Rn. 73.
136 Allgemeine Gesetze sind sowohl solche im formellen als auch solche im materiellen Sinne; *BVerfGE* 72, 183, 186.
137 *BVerfGE* 7 198, 208 – Lüth; 97, 125, 146.
138 In neueren Entscheidungen finden sich aber auch Ansätze, die nur noch auf die Sonderrechtslehre abstellen *BVerfGE* 111, 147, 155. *BVerfG* AfP 2007, 110 – Cicero.
139 Dazu *Dörr/Schwartmann* Rn. 77.
140 Dazu eingehend 7. Abschn. Rn.107 ff.
141 Allerdings muss bei einer nicht mehr tagesaktuellen Sendung im Hinblick auf den Persönlichkeitsschutz aus Art. 2 Abs. 1 GG i.V.m. der Menschenwürde nach Art. 1 Abs. 1 GG neu abgewogen werden. Das Persönlichkeitsrecht des inzwischen verurteilten und inhaftierten Täters kann insbesondere dann überwiegen, wenn durch die Berichterstattung die Resozialisierung – hier insbesondere in Form der Entscheidung über die Aussetzung der Strafe zur Bewährung – gefährdet ist. *BVerfGE* 35, 202, 231 f.; *dazu Dörr/Schwartmann* Rn. 92.

vertrag, JMStV) verankert.[142] Das Recht der persönlichen Ehre[143] wird einfachgesetzlich etwa durch das zivilrechtliche Deliktsrecht (§§ 823 ff. BGB) und von den Beleidigungsdelikten der §§ 185 StGB geschützt.[144]

Auch Grundrechte, die mit den Kommunikationsfreiheiten kollidieren, können diese beschränken. Diese Schranken sind dann unabhängig von Art. 5 Abs. 2 GG unmittelbar aus der Verfassung zu entnehmen.[145] Besonders eingeschränkt wird Art. 5 Abs. 1 GG durch Art. 17a Abs. 1 GG im Hinblick auf Meinungsäußerungen im Wehr- und Ersatzdienst[146] sowie im Rahmen von Art. 18 GG (Grundrechtsverwirkung).[147]   **53**

2.3.3 Schranken-Schranken

Wenn der Staat Grundrechte einschränkt, unterliegt er dabei seinerseits Grenzen, den sog. **Schranken-Schranken**.[148] Zu diesen zählt für die Rechte aus Art. 5 Abs. 1 GG die sog. Wechselwirkungslehre, bei der eine Wechselwirkung zwischen Art. 5 Abs. 1 GG und dem hinter der Schranke stehenden Rechtsgut erzeugt wird, die im Rahmen der Abwägung überprüft wird.[149] Sie ist Maßstab für die Abwägung bei Meinungsäußerungen.[150] Hier gilt die Faustformel: „Im Zweifel für die freie Rede". Kommt der Meinungsfreiheit und dem entgegenstehenden Rechtsgut gleiches Gewicht zu, setzt sich die Meinungsfreiheit durch.[151] Eine besondere Schranken-Schranke für 5 Abs. 1 und 2 GG stellt das (Vor)Zensurverbot des Art. 5 Abs. 1 S. 3 GG dar. Es ist auf alle Grundrechte des Art. 5 Abs. 1 GG mit Ausnahme der Informationsfreiheit[152] anwendbar.[153]   **54**

2.4 Träger der Rundfunkfreiheit

Träger der Rundfunkfreiheit können gem. Art. 19 Abs. 3 GG neben privaten Rundfunkveranstaltern auch öffentlich-rechtliche Rundfunkanstalten sein.[154] Beiden ist das Grundrecht ausdrücklich zugeordnet.[155] Die Grundrechtsträgerschaft erstreckt sich auch auf mit der Rundfunkfreiheit unmittelbar verbundene Grundrechte.[156] Sie können also hier ausnahmsweise mittels Verfassungsbeschwerde gegen Grundrechtsverletzungen vorgehen. Der Schutz der **öffentlich-rechtlichen Rundfunkanstalten** erstreckt sich auch auf das die Ausübung der Rundfunkfreiheit unterstützende Grundrecht des Art. 10 GG.[157] Umgekehrt gewährleistet die Rundfunkfreiheit des Art. 5 Abs. 1 S. 2 GG im Ergebnis auch die **private Rundfunkveran-**   **55**

---

142 S. dazu unten 3. Abschn. Rn. 51 ff.
143 Dazu 7. Abschn. Rn. 53 ff.
144 *BVerfGE* 33, 1, 17.
145 *BVerfGE* 111, 147, 157 f.; dazu *Pieroth/Schlink* Staatsrecht II – Grundrechte Rn. 599a.
146 *Pieroth/Schlink* Rn. 602.
147 S. auch *Pieroth/Schlink* Staatsrecht II – Grundrechte Rn. 603.
148 Zu diesem Begriff *Pieroth/Schlink* Staatsrecht II – Grundrechte Rn. 274 ff.
149 Dazu *Dörr/Schwartmann* Rn. 83.
150 *BVerfGE* 7, 198, 208 f. – Lüth.
151 *BVerfGE* 7, 198, 212.
152 So *BVerfGE* 27, 88, 102.
153 *Pieroth/Schlink* Staatsrecht II – Grundrechte Rn. 604.
154 *BVerfGE* 21, 362, 373; 31, 314, 322.
155 *BVerfGE* 59, 238, 254; 31, 314, 322; 74, 297, 318; 78, 101, 102; 87, 181, 194.
156 So für Art. 10 GG *BVerfGE* 107, 299, 310 f.
157 *BVerfG* 107, 299, 309 f.

stalterfreiheit[158] und zwar wegen der „Vorwirkungen der Programmfreiheit" auch schon während der Beantragung einer Lizenz.[159]

2.5 Schutzbereich und Schranken der Rundfunkfreiheit

56 Der Schutzbereich der Rundfunkfreiheit erfasst ein breites Spektrum. Geschützt sind die Beschaffung einer Information und deren Verbreitung, wobei auch die medienspezifischen technischen Vorkehrungen etwa zur Übertragung von Informationen erfasst sind.[160] Informationen und Meinungen können durch Nachrichten und politische Kommentare, aber auch etwa durch Fernsehspiele oder Musiksendungen transportiert werden.[161] Geschützt sind neben der Auswahl des Stoffes auch Art und Weise seiner Darstellung und Sendeform. Das Bundesverfassungsgericht berücksichtigt seit der Lebach-Entscheidung[162] die **Suggestivwirkung** und **Reichweite** des Fernsehens gegenüber den anderen Medien Presse, Hörfunk und Film.[163] Die Schranken der Rundfunkfreiheit ergeben sich aus der oben für die Meinungsfreiheit beschriebenen Schrankentrias des Art. 5 Abs. 2 GG.[164]

2.6 Rundfunkrechtsprechung des Bundesverfassungsgerichts

57 Die **Rundfunkfreiheit** des Art. 5 Abs. 1 S. 2 GG kann nur zusammen mit der Rundfunkrechtsprechung des **Bundesverfassungsgerichts** betrachtet werden. Aus dem knappen Wortlaut der Verfassung hat das Gericht differenzierte und weitgehende Anforderungen an die deutsche Rundfunkordnung abgeleitet, um eine demokratische und vielfältige Rundfunklandschaft zu fördern und damit einen der Demokratie dienenden Beitrag zum Rundfunkrecht zu leisten. Hier finden sich die Grundlagen des dualen Rundfunksystems, Vorgaben für die Grundversorgung, solche für den privaten Rundfunk und die Programmgrundsätze. Zudem wurden die Bestands- und Entwicklungsgarantie für den öffentlich-rechtlichen Rundfunk und Vorgaben für das Rundfunkgebührenfestsetzungsverfahren etabliert.[165]

58 1961 setzte sich das Bundesverfassungsgericht im **1. Rundfunkurteil**[166] mit der Abgrenzung von Verwaltungs- und Gesetzgebungskompetenzen zwischen Bund und Ländern auseinander. Es formulierte in diesem Zusammenhang Anforderungen an die Rundfunkorganisation zur Sicherung der Meinungsvielfalt und wies den Weg zum rechtlichen Umgang mit der Frequenzknappheit. Im Ergebnis erhielten die Länder die Kompetenz für den Rundfunk. Zudem wurde die Staatsfreiheit des Rundfunks gefordert,[167] wonach der Staat weder in öffentlich-rechtlicher noch in privater Form Rundfunk betreiben darf.

---

158 *BVerfGE* 57, 295, 319.

159 *BVerfGE* 97, 298 – extra radio. Auch der EGMR geht seit der Entscheidung Lentia Informationsgesellschaft – s. dazu oben Rn. 13 – davon aus, dass jedenfalls Art.10 EMRK die private Rundfunkveranstalterfreiheit garantiert.

160 *BVerfGE* 91, 125, 134 f.; *Pieroth/Schlink* Staatsrecht II – Grundrechte Rn. 574.

161 BVerfGE 35, 202, 222; *Pieroth/Schlink* Staatsrecht II – Grundrechte Rn. 574.

162 *BVerfGE* 35, 202 ff.

163 Vgl. pointiert jetzt auch www.bundesverfassungsgericht.de/entscheidungen/rs20070911_1bvr2270 05. html Ziff. 116 .

164 S.o. Rn. 49 ff.

165 Vgl. den Überblick in *Dörr/Schwartmann* Rn. 141 ff. und die Zusammenstellung bei *Fechner* Rn. 856 ff.

166 *BVerfGE* 12, 205 ff.

167 Dazu unten Rn. 72.

Schwartmann

Im **2. Rundfunkurteil**[168] wurde anlässlich der Entscheidung über die Frage nach der Umsatz- **59**
steuerpflichtigkeit der Rundfunkgebühr die öffentliche Aufgabe der Rundfunkanstalten definiert und diese wurden weder den gewerblichen noch den freien Unternehmen zugeordnet. Im
Ergebnis sind öffentlich-rechtlichen Rundfunkanstalten eine Art staatsfreie grundrechtsge-
schützte Einrichtung des öffentlichen Rechts.[169]

In der **3. Rundfunkentscheidung**[170] zur Konzession der Freien Rundfunk-AG (FRAG) ent- **60**
schied das Gericht 1981 über die Zulässigkeit des privaten Rundfunks und wies der „Dualen
Rundfunkordnung" den Weg. Privatrundfunk ist rechtlich nur auf gesetzlicher Grundlage zulässig. Im dualen System können privater und öffentlich-rechtlicher Rundfunk nebeneinander
bestehen. Es müssen aber rechtliche Vorgaben für den privaten Rundfunk gewahrt werden, die
insbesondere der Sicherung des Pluralismusgebots dienen. Nach dem FRAG-Urteil wurden die
ersten Landesmediengesetze erlassen.

Es schloss sich 1986 mit dem sog. Niedersachsen-Urteil[171] das **4. Rundfunkurteil** an. Hier **61**
ging es um Regeln im Niedersächsischen Landesmediengesetz für private Rundfunkveranstalter vor allem im Hinblick auf die Vielfalts- und Pluralitätssicherung. Aufgrund der Werbefinanzierung legte das Gericht geringere programmliche Anforderungen an private Rundfunkveranstalter fest. Allerdings wurde dem öffentlich-rechtlichen Rundfunk die Grundversorgung
auferlegt bzw. zugestanden. Dieser ist nur gewährleistet, wenn der öffentlich-rechtliche Rundfunk seine Aufgabe einer umfassenden Information der Bevölkerung in vollem Umfang erfüllt.
Daher ist es hinzunehmen, dass an die privaten Veranstalter geringere Anforderungen gestellt
werden. Hierin liegt eine Fortentwicklung gegenüber dem 3. Rundfunkurteil. In Reaktion auf
dieses Urteil vereinbarten die Länder den „Staatsvertrag zur Neuordnung des Rundfunkwesens" – kurz Rundfunkstaatsvertrag, der am 1.12.1987 in Kraft trat.[172]

1987 erging die **5. Rundfunkentscheidung**[173] über das Landesmediengesetz Baden-Württem- **62**
berg. Der damals noch existierende SDR wollte als öffentlich-rechtliche Rundfunkanstalt den
Ausschluss von Spartenprogrammen und Online-Diensten nicht dulden. Dies nahm das Bundesverfassungsgericht zum Anlass, den Begriff der Grundversorgung zu konkretisieren, den es
nicht als Minimalversorgung sondern als Abbildung der gesamten Bandbreite der programmlichen Gestaltungsformen begreift. Die Grundversorgung erfordert es, die Bürger umfassend
zu informieren und alle Typen von Rundfunksendungen technisch für alle erreichbar anzubieten. Das Angebot muss verfahrensrechtlich gesichert sein, Ausgewogenheit und Vielfalt gewährleisten und alle Strömungen der Gesellschaft widerspiegeln. Zudem muss der öffentlich-
rechtliche Rundfunk auch außerhalb der Grundversorgung an neuen Techniken und Programmformen teilhaben können, was sich aus dem Recht zur Mitwirkung am publizistischen
Wettbewerb ergebe. Zudem spiele eine Rolle, dass neue Programmformen oder Techniken
künftig zum Bestandteil der Grundversorgung werden könnten. Es widerspricht damit dem
Grundgesetz, den öffentlich-rechtlichen Rundfunk von Sparten-, Regional- und Lokalpro-
grammen sowie von Ton- und Bewegtbilddiensten auszuschließen, auch wenn sich das Gericht
über die Zugehörigkeit dieser Angebote zur Grundversorgung nicht äußert. In der 5. Rundfunkentscheidung wurden schließlich Werbeverbote im öffentlich-rechtlichen Regional- und
Lokalfunk zugelassen.

---

168 *BVerfGE* 41, 314 ff.
169 *Dörr/Schwartmann* Rn. 143.
170 *BVerfGE* 57, 295 ff.
171 *BVerfGE* 73, 118 ff.
172 Dazu unten Rn. 78 ff.
173 *BVerfGE* 74, 297.

63   Die Verfassungsmäßigkeit des WDR-Gesetzes war Gegenstand des WDR-Urteils von 1991, das als **6. Rundfunkurteil**[174] bezeichnet wird. Erneut ging es um eine dynamische Interpretation des Grundversorgungsauftrages, nun in Form der Bestands- und Entwicklungsgarantie des öffentlich-rechtlichen Rundfunks, an der das Gericht festhielt. Zusätzlich waren die Mischfinanzierung, die Durchführung sog. **neuer Dienste** und Aktivitäten der Rundfunkanstalten in Randbereichen ihres hergebrachten Handlungsfeldes Thema. Aus der Rundfunkfreiheit fließt für das Gericht konkret ein Recht, in begrenztem Umfang Druckwerke herauszugeben, wenn diese vorwiegend programmbezogenen Inhalt haben. Allerdings sah das Gericht vorerst keine Notwendigkeit, den Grundversorgungsauftrag auf die neuen Dienste zu erstrecken. Diese Aussage steht freilich unter dem Vorbehalt, dass diese Kommunikationsdienste „künftig Funktionen des herkömmlichen Rundfunks übernehmen".[175] Weitere Inhalte dieser Entscheidung waren Programmanforderungen für den privaten Rundfunk und die Zusammenarbeit von öffentlich-rechtlichen und privaten Veranstaltern.

64   Als **7. Rundfunkentscheidung**[176] ist die sog. Hessen 3-Entscheidung aus dem Jahr 1992 zu nennen. Hier ging es für den öffentlich-rechtlichen Rundfunk um einen aus der Rundfunkfreiheit abgeleiteten Anspruch auf funktionsgerechte Finanzierung. Dieser besteht, umfasst aber nur das zur Aufgabenerfüllung Erforderliche. Für den HR bedeutete dies ein Verbot, im 3. Fernsehprogramm Werbung zu senden, das solange mit der Rundfunkfreiheit vereinbar ist, als die Finanzierung der Anstalt auch ohne diese zusätzlichen Einnahmen gesichert ist. Dies konnte der HR nicht darlegen.

65   Zum „Kabelgroschen" erging 1994 das **8. Rundfunkurteil**[177] und es betrifft damit abermals die Gebührenfinanzierung des öffentlich-rechtlichen Rundfunks. Das Gericht beanstandete das zu beurteilende Verfahren der Gebührenfestsetzung vor dem Hintergrund der Staatsfreiheit und gab für die Gebührenfestsetzung eine verfahrensrechtliche Lösung auf drei Stufen vor.[178]

66   In seiner Entscheidung vom 11.9.2007, die möglicherweise als **9. Rundfunkurteil** hier einzureihen ist, befasste sich das Bundesverfassungsgericht erneut mit der Rundfunkfinanzierung.[179] Der Sache nach ging es um die Kürzung des seitens der KEF ermittelten Gebührenaufkommens in den für die Jahre 2005 bis 2008 durch den Gesetzgeber des 8. Rundfunkänderungsstaatsvertrages. Das Gericht erklärte die konkret vorgenommene Kürzung mangels hinreichender Begründung für verfassungswidrig. Aufgrund des Letztentscheidungsrechts des Gesetzgebers ist eine verfassungsrechtlich gerechtfertigte Kürzung aber im Grundsatz zulässig. Zugleich stärkte das Gericht die Rolle des öffentlich-rechtlichen Rundfunks sowohl gegenüber dem Gesetzgeber als auch im dualen Rundfunksystem. Nach der Auffassung des Gerichts verlieren private Rundfunkveranstalter aufgrund der mit der Werbefinanzierung aus dessen Sicht verbundenen vielfaltsverengenden Faktoren ihre Funktion als Gegengewicht im dualen System. Den öffentlich-rechtlichen Rundfunkanstalten wurde die Teilhabe an neuen Entwicklungen eröffnet und das Internet als weiterer Verbreitungsweg zur Erfüllung des Funktionsauftrages aufgezeigt.[180]

---

174 *BVerfGE* 83, 238.
175   BVerfGE 83, 238, 302 f. unter Verweis auf BVerfGE 74, 297, 353.
176 *BVerfGE* 87, 181.
177 *BVerfGE* 90, 60.
178 S. unten Rn. 132 ff.
179 S. dazu unten Rn. 103 ff.; 132 ff.
180 Zu dieser Entscheidung etwa *Anschlag* Karlsruher Klassiker, Funkkorrespondenz 37/2007, 3 ff.; *Schwarzkopf* Orientierungshilfe, Funkkorrespondenz 42/2007, 3 ff.; *Lilienthal* Funktionsnotwendig, epd medien 74/2007, 2; *Schulz* Wichtiger denn je, epd medien 77/2007, 6 f.; *Hahn* Gutes Urteil, schlechte Presse!, MMR 2007, 613 f.

Schwartmann

Freilich hat das Bundesverfassungsgericht im Laufe der Jahre neben diesen zentralen Aussa-   **67**
gen **weitere** wichtige rundfunkrechtliche **Entscheidungen** gefällt. Die „schlechthin konstitu-
ierende Bedeutung" der Rundfunkfreiheit für die freie demokratische Grundordnung wurde in
der Lebachentscheidung von 1973[181] hervorgehoben. Die Entscheidung zur EG-Fernsehrichtlinie von 1995[182] betrifft die Kompetenzverteilung zwischen der Europäischen Gemeinschaft,
Bund und Ländern. Um Fragen der Zusammensetzung der Rundfunkräte und die Rolle des
Staates bei deren Besetzung ging es ebenfalls 1995.[183] 1998 wurde zum Kurzberichterstattungsrecht[184] bei Sportveranstaltungen entschieden und im selben Jahr ging es in Extra-Radio
1998[185] um die Grundrechtsträgerschaft bei der Rundfunkfreiheit und Rundfunkunternehmer-
freiheit insgesamt. Ebenfalls 1998 war die wirtschaftliche Reichweite der Rundfunkfreiheit
(Merchandising) Gegenstand der Entscheidung Guldenberg.[186] Die Radio Bremen–Entscheidung befasste sich 1999[187] mit dem Recht des Gesetzgebers in die Organisationsstruktur der
Rundfunkanstalten unter Wahrung der Programmfreiheit einzugreifen und in der Cicero-Ent-
scheidung stärkte das Gericht 2007 die Pressefreiheit gegenüber staatlichen Durchsuchungs-
rechten.[188] In der Esra-Entscheidung aus dem Jahr 2007 geht es um das Verhältnis der Kunstfreiheit zum allgemeinen Persönlichkeitsrecht im Hinblick auf die Intimsphäre.[189]

2.7 Institutionelle Garantien

Der Staat spielt bei der Schaffung von Medienangeboten im Rahmen des **institutionellen Me-**   **68**
dienrechts eine besondere Rolle. Art. 5 Abs. 1 GG gewährt neben den geschilderten individuellen Rechten auch die sich auf Massenmedien beziehenden Freiheiten, deren rechtlichen Rahmen er durch konkrete Regelungen auszugestalten hat, wenn die Verankerung im Grundgesetz
alleine für ein Funktionieren aus Gründen des Demokratiegebots nicht ausreicht. Der Grund
hierfür liegt in der „schlechthin konstituierenden" Bedeutung,[190] vor allem von Fernsehen, Radio und Presse für die freie Meinungsbildung[191] und die Demokratie[192] insgesamt. Die institutionelle Medienfreiheit sichert neben der auf die freie Presse und auf einen funktionierenden
Rundfunk bezogenen Einrichtungsgarantie auch den Anspruch für die an Massenmedien Mitwirkenden zur Berufung auf die Kommunikationsfreiheit.[193] Die Anspruchsberechtigten des
institutionellen Medienrechts unterliegen keinen anderen Schranken als den im individuellen
Medienrecht geltenden. Gesichert wird die institutionelle Medienfreiheit durch interne Kon-
trollmechanismen, wie die programmlichen Vorgaben in § 41 RStV oder die standesrechtli-
chen Sorgfaltspflichten der Presse, deren Überwachung durch den Deutschen Presserat erfolgt.[194]

---

181 *BVerfGE* 35, 202 ff.
182 *BVerfGE* 92, 203.
183 *BVerfG* NVwZ 1996, 781.
184 *BVerfGE* 97, 228.
185 *BVerfGE* 97, 298.
186 *BVerfG* NJW 1999, 709 f.
187 *BVerfG* NVwZ RR 1999, 376 ff.
188 *BVerfG* AfP 2007, 110.
189 www.bundesverfassungsgericht.de/entscheidungen/rs20070613_1bvr178305.html – Esra.
190 *BVerfGE* 20, 56, 97 f.; 35, 202, 221 f.
191 *BVerfG* 57, 295, 319 f. – 3. Rundfunkurteil.
192 *BVerfGE* 7, 198, 208 – Lüth; 90, 27, 31 f. – Parabolantenne.
193 Dazu *Dörr/Schwartmann* Rn.86 ff.
194 Dazu *Löffler/Ricker* Presserecht, 39. Kap. Rn. 6 ff.

2.8 Dienende und ausgestaltungsbedürftige Rundfunkfreiheit

69   Nach der Rechtsprechung des BVerfG ist die Rundfunkfreiheit durch strukturelle Besonderheiten gekennzeichnet. Sie dient der freien, individuellen und öffentlichen Meinungsbildung und stellt insofern für das BVerfG in erster Linie ein drittnütziges Freiheitsrecht dar. Zugleich ist sie ausgestaltungsbedürftige Grundvoraussetzung für eine funktionsfähige Demokratie.[195] Insoweit unterscheidet sich die Rundfunkfreiheit von anderen Grundrechten. Diese gewähren regelmäßig Freiheiten zur Selbstverwirklichung des Einzelnen und schützen subjektiv-rechtliche, individuelle Interessen.

70   Die Rundfunkfreiheit wird insofern vom BVerfG auch als sog. **dienende Freiheit**[196] verstanden. Als solche ist sie dadurch gekennzeichnet, dass sie Befugnisse im Interesse Dritter vor dem Zwang und der Intervention des Staates schützt.[197] Sie dient, wenn man so will der freien, individuellen und öffentlichen Meinungsbildung und zwar in einem umfassenden Sinne, der nicht bloß auf Berichterstattung oder Vermittlung politischer Meinungen reduziert ist. Die Funktion des Art. 5 Abs. 1 Satz 2 GG beschränkt sich danach aufgrund dieser besonderen Eigenschaft nicht in der Abwehr staatlicher Einflussnahmen sondern erfordert es, eine positive Ordnung zu schaffen, in der die Meinungsvielfalt gewährleistet wird. Zudem muss sichergestellt werden, dass der Rundfunk nicht dem Staat oder gesellschaftlichen Gruppen ausgeliefert wird. Mit dieser Rechtsprechung vertritt das Bundesverfassungsgericht einen vermittelnden Ansatz zwischen den widerstreitenden Positionen, die die Rundfunkfreiheit teils als rein subjektiv[198] und teils als rein objektiv begreifen.[199] Die subjektive Betrachtung stellt im Wesentlichen auf den abwehrrechtlichen Charakter[200] des Rundfunkveranstalters gegen Eingriffe in die Programmautonomie ab, während die objektivrechtliche Sichtweise insbesondere den staatlichen Schutzauftrag für den Rundfunk, mit den Stichworten institutionelle Garantien des Rundfunks und Finanzgewährleistungsanspruch des öffentlich-rechtlichen Rundfunks in den Vordergrund stellt.

71   Für das Bundesverfassungsgericht ist die Rundfunkfreiheit in ihren subjektiven und objektiven Komponenten **ausgestaltungsbedürftig** und darf nicht dem freien Spiel der Kräfte überlassen werden. Es muss mit der Informationsfreiheit des Bürgers die Ausgewogenheit und Vielfältigkeit des Gesamtangebotes des Rundfunks gewährleistet werden. Hier kommt es insbesondere auf Ausgewogenheit, Neutralität und Tendenzfreiheit[201] an. Die inländischen Programme müssen in ihrer Gesamtheit der bestehenden Meinungsvielfalt Rechnung tragen und ihr im Wesentlichen entsprechen. Zudem sind Vorkehrungen dagegen zu treffen, dass der Rundfunk einzelnen gesellschaftlichen Gruppen ausgeliefert wird. Alle in Betracht kommenden Kräfte müssen im Gesamtprogramm zu Wort kommen können.[202] Diese Ausgestaltungspflicht ist „nicht durch den Wegfall der durch die Knappheit von Sendefrequenzen bedingten Sondersituation entbehrlich geworden".[203] „Dies hat sich im Grundsatz durch die technologischen Neuerungen

---

195 www.bundesverfassungsgericht.de/entscheidungen/rs20070911_1bvr227005.html Zif. 115.
196 *BVerfGE* 57, 295, 319 – FRAG; 83, 238, 295; 87, 181, 197 – WDR; dazu *Dörr/Schiedermair* Die Deutsche Welle, S. 33 f.; dazu auch *Beater* Rn. 226 ff.
197 Dazu *Dörr/Schwartmann* Rn. 170; *Dörr/Sänger* epd medien 79/2007, 29, 30.
198 *Kull* AfP 1987, 365.
199 *Fuhr* ZUM 1987, 145, 146; *Wieland* Die Freiheit des Rundfunks, S. 94 ff.
200 Dazu auch *Beater* Rn. 222 ff.
201 *BVerfGE* 73, 118, 152 ff. – Niedersachsen.
202 *Dörr/Schwartmann* Rn. 171 f.
203 *BVerfGE* 57, 295,322; www.bundesverfassungsgericht.de/entscheidungen/rs20070911_1bvr2270 05.html, Zif. 115.

Schwartmann

der letzten Jahre und die dadurch ermöglichte Vermehrung der Übertragungskapazitäten sowie die Entwicklung der Medienmärkte nicht geändert."[204]

Am Konzept der Ausgestaltungsbedürftigkeit durch den Gesetzgeber wird Kritik geübt, weil sie die abwehrrechtliche Funktion der Grundrechte aushöhle. Im Rahmen der Ausgestaltung des Rundfunkrechts könnten auf diese Weise die Anforderungen der Verfassung an Grundrechtseingriffe umgangen werden.[205] Wegen der unklaren verfassungsrechtlichen Anforderungen an Ausgestaltungsgesetze, ist diese Kritik nicht von der Hand zu weisen.[206]

2.9 Staatsfreiheit

Die Rundfunkfreiheit kennt als ihre drei zentralen Strukturprinzipien die **Staatsfreiheit** oder Staatsferne, das Pluralismusgebot und die Programmfreiheit. Der Rundfunk kann seine verfassungsrechtlich zugewiesene Aufgabe nur erfüllen, wenn er Freiheit gegenüber dem Staat genießt, mit anderen Worten staatsfrei ist. Von zentraler Bedeutung ist dabei die Erkenntnis, dass die Begriffe „öffentlich-rechtlich" und „staatlich" nicht gleichzusetzen sind.[207] Eine Vermittlung zwischen Staat und Bürger in einem freien, individuellen und vielfaltsorientierten Meinungsbildungsprozess ist nur sinnvoll, wenn der Vermittlungsprozess sich frei und ungesteuert vollziehen kann.[208] Hier muss der Staat vor allem von der publizistischen Funktion des Rundfunks ausgeschlossen sein, indem ihm eine Einmischung in die Programmgestaltung und in sonstige rundfunkspezifische Belange versagt ist. Ziel ist es, eine Beeinträchtigung, Instrumentalisierung oder gar Beherrschung zu verhindern.[209]

72

Aus diesem Grund darf der **Staat nicht** als **Rundfunkveranstalter** fungieren[210] und keinen bestimmenden Einfluss auf das Programm nehmen.[211] Den Kontrollgremien des Rundfunks können aber – zur Durchführung einer genau umrissenen Rechtsaufsicht – Vertreter öffentlich-rechtlicher Rundfunkanstalten[212] und Landesmedienanstalten[213] sowie Benannte des Staates, auch aus Parlamenten, angehören.[214] Es muss aber sichergestellt sein, dass der Staat über diese Gremien keinen inhaltlichen Einfluss auf die Rundfunkveranstaltung nimmt.[215] Das Bundesverfassungsgericht wird in absehbarer Zeit im Rahmen eines Normenkontrollantrages der SPD-Bundestagsfraktion gegen die Novellierung des hessischen Privatrundfunkgesetzes (HPRG) über die **Beteiligung politischer Parteien an privaten Rundfunksendern** entscheiden. Nach dem in Streit stehenden § 6 Abs. 2 Nr. 4 HPRG darf politischen Parteien – auch bei Treuhandverhältnissen- vor dem Hintergrund der Staatsfreiheit keine Zulassung erteilt werden. Konkret geht es um den Sender FFH. An diesem war die Deutsche Druckerei und Verlagsge-

73

---

204 www.bundesverfassungsgericht.de/entscheidungen/rs20070911_1bvr227005.html, Ziff. 115.
205 Vgl. statt vieler *Hain* Rundfunkfreiheit und Rundfunkordnung, S. 118 ff.; *ders.* JZ 2005, 939 ff. und *Fink* DÖV 1992, 805 ff.; *Pestalozza* NJW 1991, 2158 ff.; *Degenhart* AfP-Sonderheft 2007, 24, 27 ff.; jüngst auch *Klein* FAZ v. 19.7.2007, S. 7; vgl. mit einer Zusammenstellung der ablehnenden Stimmen *Schüller* S. 80 ff., mit der Gegenauffassung etwa *Ruck* AöR 117 (1992), 542 ff.; *Ladeur/ Gostomzyk* JuS 2002, 1145 ff.; *Hoffmann-Riem* Kommunikationsfreiheiten, S. 35.
206 Differenziernd *Schüller-Keber* in Dörr/Kreile/Cole, Handbuch Medienrecht, B, III. 3. b) dd).
207 *Bethge* Rundfunkfreiheit und öffentlich-rechtlicher Organisationsvorbehalt, S. 70.
208 Zur Parallele mit der Staatsfreiheit politischer Parteien *Schwartmann* Verfassungsfragen der Allgemeinfinanzierung politischer Parteien, S. 30 f.
209 *BVerfGE* 90, 60, 88; dazu *Gersdorf* Grundzüge des Rundfunkrechts, Rn. 142.
210 *BVerfGE* 12, 205, 263; 83, 238, 330.
211 *BVerfGE* 73, 118, 165; 83, 238, 330.
212 *BVerfGE* 12, 205, 263; 73, 118, 165; 83, 238, 336.
213 *BVerfGE* 73, 118, 165.
214 Vgl. zu diesem Problem unten Rn. 100 ff.
215 *BVerfGE* 73, 118, 165; 83, 238, 330.

sellschaft (DDVG) – die fast ausschließlich im Eigentum des jeweiligen Schatzmeisters der SPD steht, der den Anteil treuhänderisch für den Parteivorstand der SPD hält - aufgrund verschiedener Unterbeteiligungen mittelbar mit 2,3444 % beteiligt. Aufgrund der Geringfügigkeit bestreiten die Antragsteller die Gefahr einer Beherrschung und berufen sich zudem auf Art. 14 Abs. 1 GG. Das Bundesverfassungsgericht hat sich in einer mündlichen Verhandlung vom 19.9.2007 mit der Frage der Parteien als Träger der Rundfunkfreiheit und deren Beteiligung am Privatrundfunk befasst. Zudem wurden die **Staatsfreiheit** des Rundfunks und die Zulässigkeit eines absoluten Beteiligungsverbots sowie die Begrenzbarkeit der Beteiligungsmöglichkeiten von Parteien erörtert.[216] Der Grundsatz der Staatsfreiheit hat etwa auch dann praktische Relevanz, wenn ein Medienunternehmen mit staatlicher Beteiligung wie die Deutsche Telekom entweder selbst Rundfunk veranstalten oder mit Rundfunkveranstaltern kooperieren möchte.

74 Die Ausgestaltungsregelungen unter Berücksichtigung der Rundfunkfreiheit müssen sowohl im privaten als auch im öffentlich-rechtlichen Bereich den Erfordernissen der Meinungsvielfalt und der Ausgewogenheit insgesamt gerecht werden,[217] also dem **Pluralismusgebot** entsprechen. Dies umfasst gerade auch im privaten Rundfunk die Sicherung der Vielfalt bei privaten Veranstaltern durch die Länder als Rundfunkgesetzgeber.[218] Auch hier gilt der verpflichtende Verfassungsauftrag zur Schaffung einer positiven Ordnung. Diese Pflicht bedeutet keine Einschränkungen der Rundfunkfreiheit sondern deren Gestaltung, wobei der Gesetzgeber einen breiten Spielraum hat[219] und sich zwischen dem binnenpluralen und dem außenpluralen Modell oder für eine Mischform[220] entscheiden kann. Das Bundesverfassungsgericht geht von einer Kombination aus Binnen- und Außenpluralismus aus, bei der die Ausgewogenheit der Meinungen im Innenbereich durch Rundfunkräte der Veranstalter gewährleistet wird.[221] In diesen sollen alle gesellschaftlich relevanten Gruppen vertreten sein. Für die Wahrung des Außenpluralismus wird durch ein ausgewogenes, der Meinungsvielfalt entsprechendes Angebot inländischer Programme gesorgt.[222] Nach dem den **öffentlich-rechtlichen Rundfunk** prägenden **binnenpluralen Modell** müssen alle maßgeblichen gesellschaftlichen Gruppen[223] im Binnenbereich des Rundfunkveranstalters vertreten und mit bestimmten Einwirkungsmöglichkeiten ausgestattet sein.[224] Im **privaten Rundfunk** hat sich ein **außenplurales Modell** durchgesetzt, bei dem der einzelne Veranstalter zwar kein in sich ausgewogenes Programm anbieten muss, aber zu „sachgemäßer, umfassender und wahrheitsgemäßer Information und einem Mindestmaß an gegenseitiger Achtung verpflichtet" ist.[225] Gleichwohl finden sich in den Landesmediengesetzen hohe Anforderungen an die Vielfalt namentlich privat veranstalteter Vollprogramme.[226]

---

216 S. dazu die Pressemitteilung des BVerfG, verfügbar unter http://www.bundesverfassungsgericht.de/ pressemitteilungen/bvg07-083.html; dazu auch SZ v. 20.9.2007.

217 *BVerfGE* 57, 295, 320, 323; dazu *Dörr* ZWeR 2004, 159, 164.

218 *BVerfGE* 57, 295, 324; 83, 238, 296 f.; dazu *Dörr* ZWeR 2004, 159, 164.

219 *BVerfGE* 57, 295, 321, 325; BK/*Degenhart* Art. 5 Abs. 1 und 2 GG Rn. 638.

220 BK-/*Degenhart* Art. 5 Abs. 1 und 2 GG Rn. 638.

221 *BVerfGE* 12, 205, 261; 31, 314, 326.

222 *BVerfGE* 57, 295, 323; 73, 118, 153.

223 BK/*Degenhart* Art. 5 Abs. 1 und 2 GG Rn. 769 ff. Zu damit verbundenen Problemen unten Rn. 92 ff.

224 BK/*Degenhart* Art. 5 Abs. 1 und 2 GG Rn. 638.

225 *BVerfGE* 57, 295, 326.

226 Vgl. etwa die Anforderungen in § 31 LMG NW.

Schwartmann

Eine wesentliche Bedeutung der Rundfunkfreiheit liegt in der mit ihr verbundenen **Pro-** **75** **grammfreiheit**, die den Kernbereich der Tätigkeiten des Rundfunkveranstalters umfasst und die Entscheidung der Rundfunkanstalten über die Inhalte und Formen des Programms einschließlich „Anzahl und Umfang der erforderlichen Programme"[227] einschließt.[228] Sie ist also als Verbot staatlicher und jeder sonstigen fremden Einflussnahme auf Auswahl, Inhalt und Ausgestaltung der Programme zu verstehen. Nach der Rechtsprechung des Bundesverfassungsgerichts sind allerdings gesetzliche Programmbegrenzungen weder von vornherein unzulässig noch ist jede Programmentscheidung einer Rundfunkanstalt finanziell zu honorieren.[229] Insbesondere ist es den Rundfunkanstalten verwehrt, den „Programmumfang und den damit mittelbar verbundenen Geldbedarf (vgl. *BVerfGE* 87, 181,201) über den Rahmen des Funktionsnotwendigen hinaus auszuweiten".[230]

3. Rundfunk im einfachen Recht

3.1 Rundfunkstaatsverträge

Das Rundfunkrecht kennt mit den Staatsverträgen[231] eine besondere Rechtsquelle. Diese **76** schließen die Bundesländer als originäre Hoheitsträger miteinander[232] und können damit länderübergreifend einheitliches Recht für den Rundfunk schaffen, was der Bund aus kompetenziellen Gründen hinsichtlich der inhaltlichen Seite nicht darf.[233] Diese Praxis der Länder besteht seit 1987 und normiert ausgehend von der Rechtsprechung des Bundesverfassungsgerichts die Grundlagen der dualen Rundfunkordnung als Nebeneinander von privatem und öffentlich-rechtlichem Rundfunk.

Im Zentrum steht der **Staatsvertrag für Rundfunk und Telemedien** (RStV). Daneben gibt es **77** den **ARD-Staatsvertrag**, den **ZDF-Staatsvertrag** und den Staatsvertrag über die Körperschaft des Öffentlichen Rechts „**Deutschlandradio**". Der ARD-Staatsvertrag verpflichtet die in der Arbeitsgemeinschaft der öffentlich-rechtlichen Rundfunkanstalten (ARD) zusammengeschlossenen Landesrundfunkanstalten insbesondere zur gemeinsamen Gestaltung eines Fernsehvollprogramms (§ 1 ARD-Staatsvertrag). Der ZDF–Staatsvertrag regelt in § 2 die entsprechende Verpflichtung für das Zweite Deutsche Fernsehen (ZDF). Insbesondere der ZDF-Staatsvertrag enthält detaillierte Regelungen etwa zur Binnenstruktur der Anstalt. Zusätzlich gelten in allen Bundesländern Rundfunk-, bzw. Mediengesetze.

---

227 *BVerfGE* 87, 181,2 01; 90, 60,91 f.
228 www.bundesverfassungsgericht.de/entscheidungen/rs20070911_1bvr227005.html, Ziff. 124.
229 *BVerfGE* 90, 60 ,92.
230 www.bundesverfassungsgericht.de/entscheidungen/rs20070911_1bvr227005.html, Ziff. 124.
231 Obwohl nicht dem Rundfunkrecht zuzuordnen, haben neben dem RStV insbesondere das Telekommunikationsrecht (8. Abschn.), das Kartellrecht (9. Abschn.) und das Recht der Telemedien (6. Abschn.) enge Berührungspunkte zum Rundfunkrecht. Für diese Gebiete kommt indes dem Bund die Gesetzgebungskompetenz zu.
232 Bei Staatsverträgen handelt es sich von der **Rechtsnatur** her nach *Maurer* Staatsrecht I § 10 Rn. 62, der auf Art. 32 Abs. 3 GG als Bestätigung hinweist, um einen eigenen Typ des „Zwischen-Länder-Rechts" zu begründen. Diese staatliche Handlungsform des föderativen Vertragsrechts der Bundesrepublik Deutschland ist mangels Beteiligung des Bundes nicht Bundesrecht, mangels Beschränkung auf ein Bundesland handelt es sich aber auch nicht um typisches Landesrecht. Da kein Vertragsschluss zwischen den Ländern als Völkerrechtssubjekten sondern als Gliedern des Bundesstaates vorliegt handelt es sich auch nicht um Völkerrecht. Dazu *Dörr/Schwartmann* Rn. 152.
233 So *Maurer* Staatsrecht I § 10 Rn. 66.

78   Der **Staatsvertrag für Rundfunk und Telemedien** (Rundfunkstaatsvertrag) als Teil des Staatsvertrages über den Rundfunk im vereinten Deutschland.[234] Er enthält in seinen §§ 1 – 9 RStV allgemeine Vorschriften. Hier ist zunächst der Begriff des Rundfunks selbst (§ 2 Abs. 1 RStV) einfachgesetzlich definiert. § 2 Abs. 2 RStV enthält **Begriffsbestimmungen** im Zusammenhang mit Programmen, namentlich des Vollprogramms (Nr. 1), des Spartenprogramms (Nr. 2), des Satellitenfensterprogramms (Nr. 3), des Regionalfensterprogramms (Nr. 4) und des Programmbouquets (Nr. 9). Definitionen von Werbung (Nr. 5), Schleichwerbung (Nr. 6) und Sponsoring (Nr. 7 in Verbindung mit § 8 RStV) finden sich dort genauso, wie eine solche des Teleshopping (Nr. 8). Der RÄStV-E10 nimmt zwei weitere Begriffsbestimmungen vor. Nach dessen § 2 Nr. 10 ist „**Anbieter einer Plattform**, wer auf digitalen Übertragungskapazitäten oder digitalen Datenströmen Rundfunk und vergleichbare Telemedien auch von Dritten mit dem Ziel zusammenfasst, diese Angebote als Gesamtangebot zugänglich zu machen oder wer über die Auswahl für die Zusammenfassung entscheidet, Plattformanbieter ist nicht, wer Rundfunk oder vergleichbare Telemedien ausschließlich vermarktet". Nach § 2 Nr. 11 ist „**Rundfunkveranstalter**, wer ein Rundfunkprogramm unter eigener inhaltlicher Verantwortung anbietet." Seit dem 9. Rundfunkänderungsstaatsvertrag ist auch der inhaltliche Bereich der Telemedien Gegenstand des RStV und dieser Begriff in § 2 Abs. 1 S. 3 RStV definiert.[235] Der RStV enthält in den allgemeinen Vorschriften zudem Normierungen übergreifender Fragen, wie die Übertragung von Großereignissen (§ 4 RStV) und das Kurzberichterstattungsrecht (§ 5 RStV). Der RÄStV-E10 lässt im neu einzuführenden § 8a Gewinnspielsendungen und **Gewinnspiele** zu, wenn sie transparent und nicht irreführend sind sowie dem Jugendschutz Rechnung tragen. Zudem schreibt die Norm Aufklärung über Teilnahmekosten – maximal 0,50 Euro – vor. § 8a gilt nach § 58 Abs. 4 RÄStV-E10 entspr. für in dem Rundfunk vergleichbaren Telemedien. § 9a des RÄStV-E10 erklärt die Regelungen des EG-Verbraucherschutzdurchsetzungsgesetzes für anwendbar.

79   Der 2. Abschn. des RStV (§§ 11 – 19 RStV) ist dem **öffentlich-rechtlichen Rundfunk**[236] gewidmet. § 11 RStV umschreibt zunächst dessen Auftrag. In der Generalklausel des § 11 Abs. 1 RStV werden die durch das Bundesverfassungsgericht diesbezüglich geprägten Kernbegriffe umgesetzt.[237] Abs. 2 von § 11 befasst sich mit den inhaltlichen Vorgaben für den Programmauftrag des öffentlich-rechtlichen Rundfunks.[238] Abs. 3 schreibt dem öffentlich-rechtlichen Rundfunk Objektivität und Unparteilichkeit, Wahrung der Meinungsvielfalt und Ausgewogenheit bei Angeboten und Programmen[239] vor und Abs. 4 verpflichtet zur Ausgestaltung des Programmauftrags und zur Evaluation.[240] §§ 12 – 17 RStV befassen sich mit der Finanzierung des öffentlichen-rechtlichen Rundfunks einschließlich Werbung und Sponsoring.[241] Eine Beschreibung der zu veranstaltenden Programme enthält § 19 RStV.[242]

---

234   Vertrag vom 31.8.1991. I.d.F. des 9. Rundfunkänderungsstaatsvertrages ist er am 1.3.2007 in Kraft getreten. Der Entwurf des **10. RÄStV** lag unmittelbar vor Drucklegung auf dem Stand vom 31.10.2007 vor. In dieser Fassung wurde er am 17./18./19.10.2007 auf der Jahreskonferenz der Ministerpräsidenten akzeptiert. Er soll im Dezember 2008 unterzeichnet werden und zum **1.9.2008** in Kraft treten; dazu Funkkorrespondenz 43-44/2007, 12 f.

235   S. dazu unten Rn. 81.

236   S. dazu unten Rn. 86 ff.

237   *Hartstein/Ring/Kreile/Dörr/Stettner* Rundfunkstaatsvertrag, § 11 Rn. 6. Dazu unten 1.2 Rn. 99 ff.

238   Im Einzelnen *Hartstein/Ring/Kreile/Dörr/Stettner* Rundfunkstaatsvertrag, § 11 Rn. 11 ff.

239   Zu diesen Verpflichtungen *Hartstein/Ring/Kreile/Dörr/Stettner* Rundfunkstaatsvertrag, § 11 Rn. 17 ff.

240   Dazu *Hartstein/Ring/Kreile/Dörr/Stettner* Rundfunkstaatsvertrag, § 11 Rn. 27 ff.

241   Dazu unten Rn. 137.

242   In § 19a des RÄStV-E10 ist eine Erweiterung dieser Regelung im Hinblick auf die **Digitalisierung** vorgesehen. Dazu noch unten Rn. 102.

Im dritten Abschnitt behandelt der RStV in sechs Unterabschnitten den **privaten Rund-** **80**
funk.[243] Normiert sind Zulassungsfragen und verfahrensrechtliche Belange (§§ 20 – 24 RStV).
Im **RÄStV-E10** ist in den §§ 20 und 20a eine Änderung vorgesehen. Es wird zwischen landes-
und **bundesweit verbreitetem Rundfunk** differenziert. Für ersteren werden nicht mehr die
Landesmedienanstalten sondern nach § 36 Abs. 2 Nr. 1 des RÄStV-E10 die **ZAK** zuständig
sein. Die Sicherung der Meinungsvielfalt ist in §§ 25 – 34 RStV,[244] die zur Änderung anstehende Organisation der Medienaufsicht und die Finanzierung besonderer Aufgaben in §§ 35 –
40 RStV, Programmgrundsätze und das Einräumen von Sendezeit an Dritte in §§ 41 f. RStV,
die Finanzierung des privaten Rundfunks, Werbung und Teleshopping in §§ 43 – 46a RStV sowie Datenschutz in § 47 RStV geregelt. Die **Umstrukturierung der Aufsicht** ist ein wichtiges
Thema des **RÄStV-E10**. Nach § 35 Abs. 1 RÄStV-E10 sind zur Aufsicht über den privaten
Rundfunk mit den in § 36 festgelegten Aufgaben vier Einrichtungen berufen. Die Kommission
für Zulassung und Aufsicht (**ZAK**), die Gremienvorsitzendenkonferenz (**GVK**), die Kommission zu Ermittlung der Konzentration im Medienbereich (**KEK**) und die Kommission für Jugendmedienschutz (**KJM**). Sie fungieren dabei als Organe der jeweils zuständigen Landesmedienanstalt. Die KEK soll nach der Neufassung aus **sechs Sachverständigen** des Rundfunk-
und des Wirtschaftsrechts **und sechs** gesetzlichen Vertretern der **Landesmedienanstalten** bestehen. Der KEK-Vorsitzende und dessen Stellvertreter sind aus der Gruppe der Sachverständigen zu wählen. Die KEK soll ihre Beschlüsse mit der Mehrheit der gesetzlichen Mitglieder
fassen. Bei Stimmengleichheit soll die **Stimme des Vorsitzenden** und bei dessen Verhinderung die Stimme des stellvertretenden Vorsitzenden entscheiden. Die derzeit bestehende Konferenz der Direktoren der Landesmedienanstalten soll es nicht mehr geben. Da die Vertreter der
Landesmedienanstalten Aufnahme in der KEK finden, ist sie entbehrlich. Die **Bedeutung** der
Neuregelung für das **Kräfteverhältnis** zwischen KEK und den Landesmedienanstalten wird
unterschiedlich gesehen. In der Abschaffung der KDLM kann man eine Stärkung der KEK er-
blicken, weil es die KDLM als deren „Aufsichtsorgan" nicht mehr gibt. Im Nachgang zum
Springer/Pro7Sat1-Fall, bei der eine Aufhebung der gegen den Zusammenschluss getroffene
KEK-Entscheidung mit einer 2/3-Mehrheitsentscheidung der KDLM im Raum stand, wurde
von Seiten der KEK die Berücksichtigung von Standortinteressen durch die KDLM in den
Raum gestellt und im Nachgang zu dieser Entscheidung wurde vom damaligen Vorsitzenden
der KEK die Abschaffung der KDLM gefordert.[245] Man kann die Reform aber auch als Schwächung der KEK begreifen, die durch die Mitgliedschaft der Vertreter der Landesmedienanstalten in ihrer Funktion als unabhängiges Sachverständigengremium geschwächt, quasi „unter-
wandert", wird. Im vierten Abschnitt des RStV finden sich Bestimmungen zu Revision und
Ordnungswidrigkeiten (§§ 48, 49 RStV) und der durch den 10. RÄStV ebenfalls zu ändernde
fünfte Abschnitt enthält Regelungen zu **Übertragungskapazitäten** (§§ 50 – 53a RStV).[246] Mit
dem **RÄStV-E10** wird in dessen fünften Abschnitt unter den Stichworten **Plattformen und**
Übertragungskapazitäten eine die Meinungsvielfalt über inhaltliche und technische Vorgaben sichernde Regulierung für „Rundfunk und vergleichbare Telemedien (Telemedien, die an
die Allgemeinheit gerichtet sind)" erfolgen. In den **§§ 50 bis 51b des RÄStV-E10** werden wie
gehabt zunächst generelle Grundsätze für die Zuordnung, Zuweisung und Nutzung von Übertragungskapazitäten festgelegt (§ 50 RÄStV-E10) und für die Zuordnung und Zuweisung der
digitalen terrestrischen Übertragungskapazitäten Kriterien festgeschrieben (§§ 51, 51 RÄStV-
E10). Interessant ist § 51b RÄStV-E10, der im Kern Teile der Regelungen des jetzigen § 52

---

243 Dazu 3. Abschn. Rn. 15 ff.
244 S. dazu 3. Abschn. Rn. 46 ff.
245 So *Dörr* in Böge/Doetz/Dörr/Schwartmann, S. 36.
246 Dazu 3. Abschn. Rn. 39 ff., 5. Abschn. Rn. 29 ff.

RStV enthält, allerdings mit wichtigen Änderungen. So heißt es in Abs. 1 nicht mehr, dass die **Weiterverbreitung** von bundesweit empfangbaren Fernsehprogrammen mit europäischer Zulassung zu gestatten ist, sondern sie ist nun **per se zulässig**, also nicht mehr von einem Gestattungsakt abhängig. Im Umkehrschluss aus Abs. 2 ergibt sich sogar, dass die Weiterverbreitung solcher Fernsehprogramme nicht einmal der Weiterverbreitungsanzeige bedürfen. Der neue Abs. 2 verlangt dann für die Weiterverbreitung anderer als in Abs. 1 genannter Fernsehprogramme eine Anzeige bei der zuständigen Landesmedienanstalt, die auch durch einen Plattformbetreiber erfolgen kann. Eines eigenen Zulassungsaktes in Deutschland bedarf es nicht mehr. Es reicht aus, dass die Zulassung oder ein vergleichbares Dokument vorgelegt wird, wobei diese nach dem Wortlaut auch von außerhalb der Gemeinschaft und außerhalb der Vertragsstaaten des europäischen Fernsehübereinkommens stammen kann. Allerdings muss das Fernsehprogramm den Anforderungen des 3 RStV und des JMStV entsprechen. Auch ist erforderlich, dass im Ursprungsland nicht nur eine Zulassung oder ein ähnlicher Akt vorliegt, sondern auch, dass der Veranstalter zur Veranstaltung von Rundfunk befugt ist. Insgesamt machen § 51b Abs. 1, 2 RÄStV-E10 die Weiterverbreitung von fremdsprachigen Fernsehprogrammen deutlich einfacher und trägt dem Gedanken des „Fernsehen ohne Grenzen" Rechnung. Gerade für Plattformanbieter sollte dies eine weitere Ausdifferenzierung ihrer Angebote und den Abschluss entsprechender Verträge mit Programmanbietern vereinfachen.

In den §§ 52 bis 52f RÄStV-E10 erfolgt die **eigentliche Plattformregulierung**. Ihr sachlicher Anwendungsbereich bezieht sich gem. § 52 Abs. 1 S. 1 RÄStV-E10 auf Plattformen auf allen technischen Übertragungskapazitäten, also Satellit, Terrestrik, Breitbandkabel und auch IPTV.[247] Davon erfasst sind grundsätzlich auch Anbieter softwaregestützter Plattformen im Internet, die IPTV ohne eine garantierte Bandbreite anbieten, wie etwa Joost (soweit man deren Inhalte als Rundfunk qualifizieren will[248]) oder Zattoo. Diese werden jedoch nur erfasst, wenn sie eine marktbeherrschende Stellung innehaben, da § 52 Abs. 1 S. 2 Nr. 1 RÄStV-E10 andere Plattformen in offenen Netzen wie dem Internet, denen eine solche Stellung nicht zukommt, von der Anwendung der §§ 52 ff. RÄStV-E10 ausschließt. Das gleiche gilt für kleine Satelliten- und Terrestrik-Plattformen (Nr. 4) sowie unabhängige NE4-Kabelnetzbetreiber mit weniger als 10 000 Empfangshaushalten (Nr. 3). Der **Betrieb** einer Plattform ist **zulassungsfrei**, § 52 Abs. 3 RÄStV-E10, ist aber an die Erfüllung der Kriterien von § 20a Abs. 1, 2 RÄStV-E10 durch den Anbieter gebunden und erfordert eine Anzeige mindestens einen Monat vor Inbetriebnahme der Plattform. Zusammen mit §§ 20a Abs. 1, 2 und 52f RÄStV-E10 ergibt sich also eine Erlaubnis mit Verbotsvorbehalt für das Anbieten einer Plattform. § 52a RÄStV-E10 regelt bestimmte inhaltliche Anforderungen an Plattformen und legt in Abs. 2 insbesondere fest, dass Plattformanbieter für fremde Inhalte nicht verantwortlich sind, jedoch Verfügungen der Aufsichtsbehörden gegen Inhalte Dritter umzusetzen haben. Sie können zudem dann in Anspruch genommen werden, wenn Maßnahmen gegen die Dritte nicht durchführbar sind. Solche Fälle sind vor allem im Bereich der Weiterverbreitung internationaler Angebote denkbar, bei denen im Ausgangsstaat andere rechtliche Grundbedingungen gelten und/oder die dortigen Aufsichtsbehörden nicht einschreiten. § 52 Abs. 3 RÄStV-E10 enthält eine Regelung, dass ein Plattformanbieter die Inhalte eines Rundfunkveranstalters nicht ohne dessen Zustimmung verändern und/oder anders als von diesem vorgegeben vermarkten darf. Damit wird nun eine Regelung Gesetzesrecht, die ohnehin bereits Gegenstand der meisten Contentlieferungsverträge war.

---

247 Vgl. zu Letzterem 5. Abschn. Rn. 37 ff.
248 Dazu 6. Abschn. Rn. 35 ff.

Für die **Belegung** von Plattformen privater Anbieter sieht § **52b** eine so genannte **1/3 Regelung** vor, nach der innerhalb der technischen Kapazität gewisse **Must-Carry**-Regelungen erfüllt werden müssen.[249] Ausnahmen von den Regelungen werden gemacht, wenn die Inhalte, die der Must-Carry-Pflicht unterliegen, entweder auf einem gleichartigen Empfangsgerät und mit demselben Endgerät unmittelbar und ohne zusätzlichen Aufwand empfangen werden können, § 52b Abs. 3 Nr. 1 RÄStV-E10, oder bei DVB-T und -H Plattformen im Rahmen von §§ 51, 51a RÄStV-E10 bereits berücksichtigt wurden, § 52b Abs. 3 Nr. 2 RÄStV-E10. Gerade Nr. 1 wird wohl keine praktische Relevanz entfalten, denn eine parallele Ausstrahlung, die ohne zusätzlichen Aufwand auf demselben Empfangsgerät zu empfangen ist, ist schwer denkbar. Lediglich im Rahmen der Satelliten- und/oder IPTV-Verbreitung wäre eine solche Möglichkeit überhaupt denkbar, wird aber wegen möglicher Grundverschlüsselung und eventuellen Kosten sowie proprietärer Systeme so gut wie nie ohne zusätzlichen Aufwand in Form von Smartcards oder auch zusätzlichen Kosten, die ebenfalls einen zusätzlichen Aufwand darstellen dürften, möglich sein. Eine parallele Übertragung auf einem anderen Empfangsweg erfüllt nicht die Voraussetzung der Nr. 1. § 52b Abs. 4 RÄStV-E10 überlässt die Belegungsentscheidung grundsätzlich dem Plattformanbieter. Nur wenn dieser die Anforderungen nicht erfüllt, kann die zuständige Landesmedienanstalt tätig werden. Dies gibt den Plattformanbietern mehr Handlungsfreiheit als vor allem die alten Must-Carry-Regimes im analogen Kabel. Jedoch ist dabei zu beachten, dass Programme, die dem Plattformanbieter zuzurechnen sind oder an denen er Exklusivrechte hält, bei der Vielfaltsauswahl nicht in Betracht kommen können, § 52b Abs. 4 S. 2 RÄStV-E10. Dies könnte für Angebote wie Premiere Star oder entavio von SES Astra relevant werden, wenn diese Exklusivinhalte aufnehmen. Sie müssen dann zusätzlich gleichartige nicht-exklusive Inhalte verbreiten, die ihnen nicht zuzurechnen sind, um den Vielfaltanforderungen gerecht zu werden.

§ **52c RÄStV-E10** erweitert die bekannte Regelung um einen Abs. 1 Nr. 4, der vor allem den Herstellern digitaler Empfangsgeräte zugute kommt. Gegenüber diesen können nunmehr **keine diskriminierenden Maßnahmen** ergriffen werden indem Plattformanbieter beispielsweise Lizenzierungen für digitale Empfangsgeräte aussprechen, die dafür sorgen, dass lediglich ein Verschlüsselungssystem in der so genannten Set-Top-Box fest verbaut („embedded") wird.[250] Damit wird einer Monopolisierung des Marktes für Verschlüsselungssysteme ein Riegel vorgeschoben und somit Entwicklungen vorgebeugt, in der die Endverbraucher letztlich über die Hardware an einzelne Plattformanbieter fest gebunden werden. Dies stellte eine erhebliche Gefahr für die Meinungsvielfalt und den Wettbewerb der Plattformanbieter dar, die nunmehr gelindert ist. Im Übrigen finden sich im V. Abschnitt RÄStV-E10 Regelungen zu **Entgelten**, die diskriminierungsfrei sein müssen (§ **52d**), und zur **Aufsicht** über die Plattformanbieter (§§ 52e, f).

Vor den Schlussbestimmungen in Abschn. VII. sind in §§ 62 ff. im seit 1.3.2007 geltenden Abschn. VI. des RStV in §§ 54 – 61 Regelungen über **Telemedien**[251] enthalten. Aus kompetenziellen Gründen regelt der RStV auch an dieser Stelle nur die inhaltlichen Anforderungen an Telemedien, die der Rundfunkhoheit der Länder zuzuordnen sind. Für die wirtschaftsbezogenen rechtlichen Anforderungen steht dem Bund die Kompetenz für Wirtschaft und Telekommunikation zu. Sie sind im **Telemediengesetz**[252] des Bundes geregelt, das zeitgleich mit dem Neunten Änderungsvertrag zum RStV in Kraft getreten ist. Mit dem Abschnitt über die Tele-

81

---

249 Zur Ausgestaltung und Kritik, vgl. *Schütz* MMR 9/2007, X.

250 Vgl. hierzu auch *Schütz* Kommunikationsrecht, 2005, Rn 493.

251 Dazu 6. Abschn. Rn. 93 ff.; vgl auch *Schmitz* K&R 2007, 135 ff.; zur Entwicklung des Telemedienrechts im Jahr 2006 *Engels/Fritzsche* K&R 2007, 57 ff.

252 Dazu *Hoeren* NJW 2007, 801 ff.; 6. Abschn. Rn. 37 ff.

medien im RStV ist die bis dahin geltende Differenzierung zwischen Mediendiensten (an die Allgemeinheit gerichtet aber mangels Darbietung nicht Rundfunk) und Telediensten (nicht an die Allgemeinheit gerichtet), die eine Parallelgesetzgebung mit Abgrenzungsschwierigkeiten erfordert hatte,[253] aufgehoben. Beide Dienste sind nun zu Telemedien zusammengefasst. Nach der neuen Rechtslage ist klargestellt, dass unter dem Oberbegriff der elektronischen Informations- und Kommunikationsdienste (IUK-Dienste) nun zwischen telekommunikationsgestützten Diensten nach § 3 Nr. 24 TKG, Telekommunikationsdiensten gemäß § 3 Nr. 25 TKG, Rundfunk – definiert in § 2 Abs. 1 S. 1 RStV – und Telemedien gem. § 2 Abs. 1 S. 3 RStV zu unterscheiden ist. Im Rahmen der **Negativabgrenzung** des § 2 Abs. 1 S. 3 RStV sind solche Dienste Telemedien, die weder Telekommunikationsdienst noch telekomunikationsgestützter Dienst noch Rundfunk sind. Nicht zu den Telemedien sondern zum **Rundfunk** zählen ausweislich der Begründung zum Neunten Rundfunkänderungsstaatsvertrag[254] der herkömmliche Rundfunk, aber auch Live-Streams[255] und Web-Casting.[256] **Telekommunikationsgestützte Dienste** sind weder Abruf- noch Verteildienste sondern eine Form der Individualkommunikation und deshalb nicht Telemedien.[257] **Telekommunikationsdienste**, bei denen es ausschließlich zu einer Signalübertragung über Telekommunikationsnetze kommt, sind demgegenüber nach dem TKG zu beurteilen und keine Telemedien. Anders verhält es sich, wenn Telekommunikationsdienste nicht nur Signale über Telekommunikationsleitungen übertragen sondern zugleich auch inhaltliche Dienstleistungen enthalten, etwa einen Internetzugang oder eine E-Mail-Übertragung ermöglichen. Es handelt es sich dann grundsätzlich um Telemedien,[258] da hier – anders etwa bei der Internettelefonie – eine besondere Dienstleistung zur Verfügung gestellt wird.[259]

82 Die Einordnung als Telemedien ist wichtig, da diese nach § 54 RStV grds. **zulassungs- und anmeldefrei**[260] sind. Allerdings bestehen für solche Telemedien, die zu gewerblichen Zwecken eingerichtet werden, Informationspflichten nach § 55 RStV. § 56 RStV enthält Bestimmungen über die Gegendarstellung und § 58 RStV schreibt eine Trennung von Werbung und Inhalt vor. Für die Aufsicht über die Telemedien sowohl im Hinblick auf den RStV als auch für den Bereich des Telemediengesetzes sind die Länder zuständig[261]

3.2 Weiteres Landesrecht, insbesondere Rundfunk-/Mediengesetze

83 Neben den Rundfunkstaatsverträgen existieren in den Ländern Landesrundfunk- bzw. Landesmediengesetze. Diese enthalten Vorschriften zur Zulassung zu Rundfunkveranstaltungen durch die zuständige Landesanstalt,[262] Regelungen über Übertragungskapazitäten, Programmanforderungen, Vorschriften zum Schutz der Mediennutzer sowie zu lokalem Hörfunk und Bürgermedien. Zudem ist dort namentlich die Aufsicht über den privaten Rundfunk durch die Landesmedienanstalten sowie deren Organisation geregelt.[263]

---

253 Vgl. dazu *Dörr/Schwartmann* Rn. 274 ff.
254 Z.B. LT-Drucks. Rheinland-Pfalz, 15/432, 18.
255 Neben und zeitgleich zu einer Rundfundübertragung erfolgende Ausstrahlung eines Rundfunkprogramms über das Internet.
256 Alleinige Übertragung eines Rundfunkprogramms im Internet.
257 So die Begr. zum 9. RÄStV LT-Drucks. Rheinland-Pfalz, 15/432, 18.
258 So die Begr. zum 9. RÄStV LT-Drucks. Rheinland-Pfalz, 15/432, 18.
259 So die Begr. zum 9. RÄStV LT-Drucks. Rheinland-Pfalz, 15/432, 18.
260 Dazu eingehend *6.* Abschn. Rn. 53 f.
261 Vgl. die Begr. zum 9. RÄStV LT-Drucks. Rheinland-Pfalz, 15/432, 24; dazu eingehend 6. Abschn. Rn. 55 ff.
262 Dazu 3. Abschn. Rn. 36 ff.
263 S. dazu 3. Abschn. Rn. 16 ff., 46 ff.

In einigen Ländern (z.B. Saarland und Rheinland-Pfalz) wurden die Landespresse- und Landesrundfunkgesetze unter neue, üblicherweise als Landesmediengesetz bezeichnete Dächer zusammengeführt und durch übergreifende Regelungen ergänzt. Die sog. Mehrländeranstalten MDR, NDR, SWR und RBB[264] haben ihre Rechtsgrundlage in Staatsverträgen der Länder. Letztere tragen die Anstalten jeweils gemeinsam, also im Fall des SWR Baden-Württemberg und Rheinland-Pfalz, auf Grundlage eines Staatsvertrages. Demgegenüber beruhen die Einländeranstalten wie WDR und BR auf Landesgesetzen, z.B. dem WDR-Gesetz. **84**

Zudem existiert eine Vielzahl von **Satzungen und Richtlinien der Landesmedienanstalten**, die auf Grundlage der jeweiligen gesetzlichen Regelungen erlassen wurden[265] und Landesgesetze über die Landesrundfunkanstalten. **85**

III. Die Regulierung des öffentlich-rechtlichen Rundfunks

Das vom Bundesverfassungsgericht[266] entwickelte duale Rundfunksystem besteht aus den beiden Säulen des öffentlich-rechtlichen Rundfunks auf der einen Seite und des privaten Rundfunks, bestehend aus privaten Rundfunkveranstaltern und den Landesmedienanstalten auf der anderen Seite. Vorliegender Beitrag behandelt allein die öffentlich-rechtliche Seite,[267] während das **Recht des privaten Rundfunks** eigenen Beiträgen vorbehalten ist.[268] Die Vorgaben für die Regulierung des öffentlich-rechtlichen Rundfunks sind im 2. Abschn. des RStV in **§§ 11–19 RStV** umgesetzt. Wie für den privaten Rundfunk[269] existieren auch für den öffentlich-rechtlichen Rundfunk im dualen System[270] eine Reihe regulierender Vorschriften. Sie betreffen neben **Organisation und Aufsicht** über die öffentlich-rechtlichen Anstalten auch das regulative Umfeld, nämlich den **Programmauftrag** (§§ 11 und 19 RStV) und die **Finanzierung** des öffentlich-rechtlichen Rundfunks (§§ 12 – 18 RStV). **86**

1. Die öffentlich-rechtlichen Rundfunkanstalten

In der Bundesrepublik Deutschland gibt es die in der ARD zusammengeschlossenen Landesrundfunkanstalten, das ZDF, die Bundesrundfunkanstalt Deutsche Welle und das Deutschlandradio. Letzteres ist rechtlich nicht als Anstalt des öffentlichen Rechts[271] sondern als Körperschaft organisiert. **87**

Der „Arbeitsgemeinschaft der öffentlich-rechtlichen Rundfunkanstalten der Bundesrepublik Deutschland" (**ARD**) gehören die neun selbstständigen Landesrundfunkanstalten BR, HR, MDR, NDR, RB, RBB, SR, SWR, WDR sowie die für den Auslandsrundfunk verantwortliche Deutsche Welle (DW) an. Die ARD veranstaltet gemeinsam das Vollprogramm „Das Erste". **88**

---

264 Mit Wirkung vom 1.5.2003 ist die Fusion von ORB und SFB entstanden.

265 Welchen Umfang das Rundfunkrecht angenommen hat, macht etwa die Sammlung zum Medienrecht von *Ring* deutlich.

266 Dazu *Dörr* in Dörr/Kreile/Cole, Handbuch Medienrecht, E. 2. b).

267 Dazu insgesamt auch *Hesse* Rundfunkrecht, Rn. 116 ff.; *Gersdorf* Grundzüge des Rundfunkrechts, Rn. 133 ff.

268 Dazu 3. und 4. Abschn.; *s.* auch *Hesse* Rundfunkrecht, Rn. 211 ff.; *Gersdorf* Grundzüge des Rundfunkrechts, Rn. 161 ff.

269 Vgl. zur Regulierung des privaten Rundfunks 3. Abschn. Rn. 15 ff.

270 Vgl. etwa *Noske* ZRP 2007, 64 ff. mit einem Bericht über die Bitburger Gespräche 2007 unter dem Titel „Das Duale System in Deutschland – Ein Auslaufmodell?".

271 Angesichts dessen ist es irreführend und falsch, wenn die Anstalten bei Außenauftritten als „Unternehmen" firmieren; vgl. etwa www.unternehmen.zdf.de/index.php?id=6; www.dw-world.de/dw/ 0,,2995,00.html; http://www.wdr.de/unternehmen/.

Zudem finden sich innerhalb der ARD unselbständige Gemeinschaftseinrichtungen, z.B. die Nachrichtenzentrale ARD-aktuell, das ARD Play-Out-Center und das ARD-Hauptstadtstudio in Berlin. Zudem betreibt die ARD das digitale Programmbouquet von ARD Digital mit 18 Fernsehprogrammen, allen Radioprogrammen der Landesrundfunkanstalten und zahlreichen interaktiven Diensten. Empfangen werden zusätzlich zum „Ersten" drei ausschließlich digital verbreitete Programme, nämlich EinsPlus, EinsExtra und EinsFestival. Bei der Produktion von Fernsehsendungen und Programmen arbeiten die jeweiligen Anstalten über Gremien und Kommissionen zusammen. Für besondere Bereiche hat die ARD Tochtergesellschaften gegründet. So etwa für Filmproduktionen (Degeto Film), Archivierungsaufgaben (Deutsches Rundfunkarchiv), die Entwicklung von Rundfunktechnik (Institut für Rundfunktechnik) und die Vermarktung von Werbezeiten (ARD-Werbung Sales & Services, AS&S sowie die ARD-Werbung Sales & Services-Radio, AS&S Radio).

89 Das „Zweite Deutsche Fernsehen" (**ZDF**) ist ein von den Ländern gemeinsam getragene Rundfunkanstalt, welche das gleichnamige Vollprogramm veranstaltet (§ 1 f. ZDF-StV)

ARD und ZDF tragen das Deutschlandradio und produzieren gemeinsam das Satellitenprogramm 3sat sowie die Spartenkanäle PHOENIX, Kinderkanal und German TV. Gemeinsam mit dem französischen Sender ARTE France produzieren sie das Kulturprogramm ARTE. Weiterhin betreiben ARD und ZDF gemeinsam die Zentrale Fortbildung von Programm-Mitarbeitern (ZFP) und organisieren den Einzug der Rundfunkgebühren über die GEZ.[272]

90 Die **Deutsche Welle** veranstaltet „Auslandsrundfunk". Sie richtet sich an Menschen im Ausland und hat ein umfassendes Bild Deutschlands zu vermitteln sowie einen Beitrag zur Verbreitung der deutschen Sprache zu leisten. Dabei hat sie „deutsche und andere Sichtweisen zu wesentlichen Themen" aufzugreifen und „das Verständnis und den Austausch der Kulturen und Völker zu fördern". Entsprechend ihres Auftrages ist sie eine Rundfunkanstalt nach Bundesrecht und nicht gebührenfinanziert. Ihre Standbeine sind das DW-RADIO, DW-TV und DW-WORLD.DE. Zudem betreibt sie im Rahmen der DW-AKADEMIE Fortbildungszentren für Rundfunkfachkräfte aus Entwicklungsländern.[273]

2. Organisation und Aufsicht

91 Der Gesetzgeber ist verfassungsrechtlich zur organisatorischen Ausgestaltung der Rundfunkfreiheit aufgerufen. Diese Ausgestaltung dient der Sicherung der Staatsfreiheit bzw. Staatsferne des Rundfunks. Nach Art. 5 Abs. 1 S. 2 GG darf der Staat den öffentlich-rechtlichen Rundfunk nicht beherrschen oder dominieren.[274] Auch mittelbarer staatlicher Einfluss durch einzelne gesellschaftliche Gruppen ist zu verhindern. Vielmehr ist sicher zu stellen, dass alle gesellschaftlichen Gruppen Berücksichtigung und Gehör finden.[275] Die Organisation des öffentlich-rechtlichen Rundfunks ist bei Einländeranstalten durch die Rundfunk- bzw. Mediengesetze der Länder und bei den Mehrländeranstalten durch entsprechende Staatsverträge vorgegeben. Die Organisationsstruktur verläuft dabei weitgehend parallel und soll hier am Beispiel des ZDF veranschaulicht werden.

---

272 S. dazu unten Rn. 120.
273 Dazu *Niepalla* in Schiwy/Schütz/Dörr, Auslandsrundfunk.
274 *BVerfGE* 31, 314, 327 und 329; 83, 238 334.
275 Vgl. *BVerfGE* 57, 295, 320, 325; 83, 238, 332 f.

2.1 Rundfunkrat (Fernsehrat)

Der Rundfunkrat – oder beim ZDF Fernsehrat – ist die Interessenvertretung der Allgemeinheit **92** im System des öffentlich-rechtlichen Rundfunks und das höchste Organ der Anstalt.[276] Er stellt etwa die Richtlinien für die Anstalt auf, berät den Intendanten (§ 20 Abs. 1 ZDF-StV) und genehmigt den Haushaltsplan (§ 20 Abs. 3 ZDF-StV).

Die **Zusammensetzung** der jeweiligen Rundfunkräte ist ein schwieriges und ungelöstes[277] **93** **Problem**, bei dessen Lösung auch die Rechtsprechung des Bundesverfassungsgericht nur in Ansätzen hilft. Es besteht darin, dass die Rundfunkräte als Kontrollgremien durch Interessenvertreter gesellschaftlicher Gruppen besetzt sind. Diese dürfen nicht ihre spezifischen Interessen vertreten, sondern müssen die **Staatsfreiheit** im Rundfunk gewährleisten.[278] Die Tatsache, dass ein Amtsträger in der Funktion als Rundfunkratsmitglied ausgerechnet im für den Staat so wichtigen Bereich des Rundfunks nicht durch die Brille des Amtes sehen soll, steht für ein strukturelles Problem.[279] Die aktuelle Besetzung des ZDF-Fernsehrates (§ 21 ZDF-StV), dem ein MdB vorsitzt, macht dieses deutlich, wenn man allein auf die dort im September 2007 vertretenen Amtsträger aus Ländern, Bund und Parteien schaut. Für die Länder gehören dem Gremium neben einer Reihe von Staatssekretären der Bundesminister der Verteidigung und sechs Landesminister an. Für den Bund sind die Bundesministerin für wirtschaftliche Zusammenarbeit und Entwicklung, ein Staatssekretär und die Bundesministerin der Justiz vertreten. Zudem finden sich für die Parteien ein Bundesvorsitzender, drei Generalsekretäre sowie der in Medienfragen federführende Staatssekretär im Fernsehrat. Freilich sind zudem Vertreter gesellschaftlicher Gruppen im Fernsehrat vertreten, die kein politisches Mandat ausüben. Das geschilderte Problem wird aber durch die Berücksichtigung aller gesellschaftlich relevanten Gruppen im Ergebnis nicht behoben, da die Verwobenheit der Mitglieder mit dem Staat auf diese Weise nur verteilt wird.

Probleme bereitet ferner eine vor dem **Gleichheitssatz** gerechte **Besetzung der Gremien**. **94** Nach der Rechtsprechung des Bundesverfassungsgerichts engt der Gleichheitssatz „nicht die von Art. 5 Abs. 1 S. 2 GG gelassene Freiheit der Wahl eines bestimmten Kontrollsystems ein." Der Gleichbehandlungsgrundsatz verlangt „aber, dass der Gesetzgeber das von ihm gewählte Kriterium gleichmäßig anwendet und nicht den sachlichen Grund verlässt." „Art. 3 Abs. 1 GG (ist) dann verletzt (…), wenn eine Gruppe von Normadressaten im Vergleich zu anderen Normadressaten anders behandelt wird, obwohl zwischen beiden Gruppen keine Unterschiede von solcher Art und solchem Gewicht bestehen, dass sie die ungleiche Behandlung rechtfertigen können."[280]

Die **Kontrolle** der Rundfunkräte befasst sich in der **Praxis** etwa mit möglichen Verstößen gegen **95** **Werbevorschriften**, z.B. im Hinblick auf die Melde- oder Genehmigungspflicht beim Abschluss von Werbeverträgen durch prominente Moderatoren öffentlich-rechtlicher Anstalten[281]

---

276 *Dörr* in Dörr/Kreile/Cole, Handbuch Medienrecht, E. 2. b); vgl. auch *Jarren* epd medien 60/2007, 6 ff.

277 So *Dörr* in Dörr/Kreile/Cole, Handbuch Medienrecht, E. 2. b).

278 *BVerfGE* 83, 238 ff., 296, 332 f.

279 Zu Problemen der Besetzung *Wendt* in von Münch/Kunig (Hrsg.), Grundgesetz-Kommentar, Band 1, Art. 5, Rn. 52.

280 *BVerfG* NVwZ 1999, 175; vgl. auch *BVerfGE* 83, 238, 336 f. Konkret ging es um eine Beschwerde des Zentralrats Deutscher Sinti und Roma Zentralrat, die unter Berufung auf die Berücksichtigung des Zentralrates der Juden in Deutschland ein subjektives Recht auf Berücksichtigung geltend gemacht hatten.

281 www.ksta.de/html/artikel/1147237687628.shtml – Kerner.

oder den Ausstieg aus der Übertragung der **Tour de France** in Folge von Dopingfällen.[282] Freilich führt dieser Kontrollmechanismus nicht immer zur Aufdeckung von Missständen. So ist es bezeichnend, dass etwa der sog. Schleichwerbungsskandal um die ARD-Serie Marienhof nicht durch das Kontrollgremium sondern durch journalistische Nachforschungen aufgedeckt wurde.[283] In dieser Serie wurden über Jahre Werbeaussagen und Botschaften für Firmen und Interessenverbände versteckt. Die ARD-Produktionsfirma Bavaria Film hatte es zwei Münchener Privatfirmen gestattet, Schleichwerbung für die Serie zu akquirieren. Anschließend wurden PR-Botschaften und Markenzeichen gegen Bezahlung in der Fernsehserie untergebracht und teilweise in Drehbuchdialoge geschrieben.[284]

2.2 Verwaltungsrat

96 Der Verwaltungsrat schließt nach § 23 Abs. 1 ZDF-StV den Dienstvertrag mit dem Intendanten. Seine Aufgabe ist es, diesen insbesondere im Hinblick auf den Haushaltsplan zu überwachen (§ 23 Abs. 1 ZDF-StV). Seine Mitglieder dürfen nicht zugleich dem Fernsehrat angehören (§ 24 Abs. 2 ZDF-StV) . Die Zusammensetzung regelt § 24 Abs. 1 ZDF-StV. Die Mitglieder werden teils gemeinsam von den Ministerpräsidenten der Länder berufen und teils vom Fernsehrat gewählt. Letztere dürfen weder einer Regierung noch einer gesetzgebenden Körperschaft angehören. Vorsitzender des ZDF-Verwaltungsrates ist im September 2007 der rheinland-pfälzische Ministerpräsident und SPD-Vorsitzende und sein Stellvertreter der hessische Ministerpräsident . Als Vertreter der Länder sind weitere Mitglieder der Ministerpräsident des Saarlandes, der Ministerpräsident von Brandenburg sowie der Ministerpräsident Bayerns. Für den Bund gehört dem Gremium der Staatsminister für Kultur und Medien an.

2.3 Intendant

97 Der vom Fernsehrat zu wählende Intendant ist rechtlich und im Hinblick auf das Programm für die Anstalt veranwortlich und vertritt diese (§ 27 ZDF-StV). Die Berufung von Programm-, Verwaltungsdirektor und Chefredakteur kann nur im Einvernehmen mit dem Verwaltungsrat erfolgen. § 28 ZDF-StV zählt Rechtsgeschäfte auf, die der Zustimmung des Verwaltungsrates bedürfen. Dem Intendanten stehen dazu in der Regel[285] Direktoren für die Bereiche Fernsehen, Hörfunk, Produktion und Technik, Verwaltung und rechtliche Belange zur Seite.[286]

2.4 Prozessuale Fragen

98 Es kann sein, dass der Rundfunkrat eine Programmentscheidung gegen den Intendanten durchsetzen will oder umgekehrt, dass der Intendant sich gegen die Beanstandung einer Programmentscheidung durch den Rundfunkrat wehren möchte. In solchen Organsstreitigkeiten mit anstaltsinterner Kontrolle können die Organe der Anstalt auf die allgemeine Leistungsklage zurückgreifen. Die Rechte des Intendanten ergeben sich aus dessen Verantwortung für die Programmgestaltung,[287] die er als Träger eigener Rechte wahrnimmt.[288] Der Rundfunk-, bzw.

---

282 http://tour.ard.de/tdf/aktuell/kw29/raff_struve_20070720.htm.
283 epd medien 42/2005.
284 www.epd.de/medien/medien_index_35380.html.
285 Zu Ausnahmen bei Radio Bremen *Dörr* in Dörr/Kreile/Cole, Handbuch Medienrecht, E. 2. b).
286 So z.B. im Falle des WDR.
287 Vgl. etwa § 25 Abs. 1 S. 1 SWR-StV.
288 *VG Hamburg* DVBl 1980, 491; s. auch *Herrmann/Lausen* Rundfunkrecht, § 11 Rn. 45, 68 f.

Fernsehrat hat demgegenüber eigenverantwortlich[289] das Recht, die Einhaltung der Programmgrundsätze zu überwachen.[290]

3. Programmauftrag

Der Programmauftrag des öffentlich-rechtlichen Rundfunks ist in den §§ 11 und 19 RStV einfachgesetzlich konkretisiert.[291] Jedenfalls seit Gründung des privaten Rundfunks ist er Anlass für Meinungsverschiedenheiten über seinen Umfang. **99**

3.1 Klassischer Programmauftrag

Nach § 11 Abs. 1 RStV hat der öffentlich-rechtliche Rundfunk „durch die Herstellung und Verbreitung von Hörfunk- und Fernsehprogrammen als Medium und Faktor des Prozesses freier individueller und öffentlicher Meinungsbildung zu wirken." Im dualen System tritt die in **§ 11 Abs. 2 RStV** niedergelegte und dynamisch interpretierte Aufgabe der **Grundversorgung**[292] hinzu. Hier besteht nach § 11 Abs. 2 und 3 RStV für den öffentlich-rechtlichen Rundfunk die Pflicht, im Interesse von Informationsfreiheit und Demokratie, ein vielfältiges, umfassendes und ausgewogenes mediales Angebot zu sichern.[293] Um dieser Aufgabe nachkommen zu können, sieht § 12 RStV einen Finanzgewährleistungsanspruch des öffentlich-rechtlichen Rundfunks vor. Die Gebührenfinanzierung verpflichtet ihn, ein umfassendes Programm anzubieten, das die Bereiche Information, Bildung, Beratung und Unterhaltung zu beinhalten hat. Es muss die gesamte Bandbreite des gesellschaftlichen Lebens und der kulturellen Vielfalt widerspiegeln, sich an jeden richten und technisch für jeden erreichbar sein. **100**

Im dualen System bedingen Funktionsfähigkeit und Aufgabenerfüllung der öffentlich-rechtlichen Rundfunkanstalten die Freiräume der privaten Veranstalter. Der umfassende Programmauftrag der öffentlich-rechtlichen Veranstalter rechtfertigt die geringeren Programmanforderungen an nicht gebührenfinanzierte private Veranstalter, die lediglich ein Mindestmaß an inhaltlicher Ausgewogenheit, Sachlichkeit und gegenseitiger Achtung bieten müssen. Grund hierfür ist, dass sie aufgrund ihrer Werbefinanzierung, zielgerichtet besonders kapitalkräftige Zielgruppen bedienen können müssen und dabei nur bedingt auf Breite, Ausgewogenheit und Vielfalt achten können.[294] Diese geringeren Anforderungen können aber wiederum nur akzeptiert werden, wenn der öffentlich-rechtliche Rundfunk die Maßgaben des Rundfunkstaatsvertrages für seinen Programmauftrag erfüllt.[295] Betrachtet man indes die Anforderungen in den **101**

---

289 Dazu *Puttfarcken* FS Ule, 1980, S. 63, 65 f.
290 Vgl. etwa § 20 Abs. 1 S. 2 ZDF-StV. Zur Frage der inhaltlichen Voraussetzungen einer solchen Vorabweisung *Gersdorf* Grundzüge des Rundfunkrechts, Rn. 336.
291 Dazu *Schüller* S. 96 ff.
292 *BVerfGE* 73, 118 ff. – 4. Rundfunkurteil; 74, 297 ff.; – 5. Rundfunkurteil; 83, 238 ff.; – 6. Rundfunkurteil.
293 Zur Finanzierung des öffentlich-rechtlichen Rundfunks unten Rn. 115 ff.
294 *BVerfGE* 73, 118 ff. – 4. Rundfunkurteil.
295 Freilich wird von privaten Veranstaltern beklagt, dass die Interpretation des Auftrags des öffentlich-rechtlichen Rundfunks, die Grenzen des dualen Systems zu deren Lasten verschiebt, weil der öffentlich-rechtliche Rundfunk gebührenfinanziert Felder besetzt, die bis dahin den privaten Unternehmen besetzt waren. So führte der lange nach der Gründung des privat finanzierten Kinderkanals SuperRTL gegründete öffentlich-rechtliche Kinderkanal KIKA zu einer Veränderung der Rahmenbedingungen für den privaten Rundfunk. Auch wenn sich die Frage nach der Angemessenheit des Einkaufs besonders quotenwirksamer Inhalte (z.B. Fußball) unter Vernachlässigung weniger populärer Inhalte (z.B. Leichtathletik) und deren Vereinbarkeit mit dem auf Vielfalt angelegten Programmauftrag sich bisweilen stellt, wird man dieses Vorgehen des öffentlich-rechtlichen Rundfunks

Bundesländern[296] an Programmauftrag und Programmgrundsätze an private Vollprogramme, so dürfte jedenfalls in der Praxis die Abweichung weit weniger deutlich sein.

102 Eine Eingrenzung des Auftrags des öffentlich-rechtlichen Rundfunks ergibt sich aus der Aufzählung der zur Auftragserfüllung gebotenen **Rundfunkprogramme** in § 19 RStV. Hierin finden sich neben den dritten Programmen der ARD und den nationalen Programmen von ARD und ZDF (§ 19 Abs. 1 RStV), auch die Grundlagen für Spartenprogramme wie 3sat und Phoenix sowie die Beteiligungsmöglichkeiten am europäischen Fernsehkanal Arte (§ 19 Abs. 2 RStV). Darüber hinaus eröffnet § 19 Abs. 4 RStV der ARD und dem ZDF die Option zur Weiterentwicklung ihrer Programme, in dem ihnen eingeräumt wird, bis zu drei weitere Fernsehprogramme mit den Schwerpunkten Kultur, Bildung und Information zu veranstalten. § 19 Abs. 5 RStV wiederum grenzt die Zahl der insgesamt möglichen digitalen Kanäle von ARD und ZDF ein. Darüber hinaus regelt der § 19 Abs. 6 RStV, inwieweit bestehende Programme durch neue Programme ausgetauscht werden können. Der **RÄStV-E10** sieht eine Ausdehnung der Verbreitungswege für den öffentlich-rechtlichen Rundfunk und eine Einstellung analoger Empfangstechnik bei Sicherstellung anderer Übertragungswege vor. Nach § 19a können die öffentlich-rechtlichen Rundfunkveranstalter „ihrem gesetzlichen Auftrag durch Nutzung aller Übertragungswege nachkommen". Zudem ist das Recht niedergelegt, „die analoge terrestrische Versorgung schrittweise einzustellen, um Zug um Zug den Ausbau und die Zuweisung digitaler terrestrischer Übertragungskapazitäten zu ermöglichen. Die analoge terrestrische Fernsehversorgung kann auch dann eingestellt werden, wenn der Empfang der Programme über einen anderen Übertragungsweg gewährleistet ist."

3.2 Programmauftrag und Neue Medien

103 Durch das Internet verlagert sich das Konkurrenzverhältnis über die Grenzen des dualen Rundfunksystems hinweg. Es entsteht angesichts von Online-Aktivitäten der öffentlich-rechtlichen Rundfunkanstalten zunehmend ein Nebeneinander von Bewegtbildangeboten privater Anbieter von Online-Angeboten, die nicht Rundfunkveranstalter sind.[297] In diesem Zusammenhang wird die Auslegung des Programmauftrags durch die öffentlich-rechtlichen Rundfunkanstalten und namentlich die **Digitalisierungsstrategie** der ARD[298] heftig kritisiert.[299] Strategisch geht es dabei um die Funktion und Position des öffentlich-rechtlichen Rundfunks beim Übergang der dualen Rundfunk- in eine duale und digitale Medienordnung.[300]

3.2.1 Online-Aktivitäten

104 Weil die Verbreitungswege für den Rundfunk durch das Nebeneinander der herkömmlichen Verbreitung und des Internet sich künftig zu einem Netz entwickeln werden, betreiben die öffentlich-rechtlichen Rundfunkanstalten eine Reihe von Aktivitäten im Online-Bereich. Bis dato haben sie sich zwar im Rahmen einer **Selbstbindungserklärung** auf Grundlage von § 3

---

solange nicht beanstanden können, wie es dem Programmauftrag entspricht. Das Feld des Kinderfernsehens zu besetzen, erscheint vor diesem Hintergrund rechtlich nicht problematisch.
297 So etwa § 31 LMG NRW.
297 Vgl. etwa http://ocs.zgk2.de/mdsocs/mod_movies_archiv/kategorie/rheinblick/ocs_ausgabe/ksta/index.php. oder www.mercedes-benz.tv/.
298 „Die ARD in der digitalen Medienwelt" Strategiepapier, verabschiedet in der ARD-Arbeitssitzung am 18. 6. 2007, abgedr. in epd medien 53/2007, 3 ff.
299 Vgl. etwa *de Posch* epd medien 67/2007, 27 ff.
300 Vgl. auch *Eberle* ZUM 2006, 439 ff.

Abs. 1 S. 4 RFinStV dazu verpflichtet, ihre Ausgaben für das Online-Angebot auf 0,75% ihres Gesamtaufwandes zu beschränken.[301] Sie verfolgen indes in jüngerer Zeit eine offensive Digitalisierungsstrategie.

ARD Online steht für ein Online-Angebot mit den Webseiten von ARD.de, DasErste.de und tagesschau.de, das unter dem Dachportal ARD.de durch eine gemeinsame Navigationsleiste verbunden ist. Spezielle Seiten sind sport.ARD.de und boerse.ARD.de. Das ARD Online Angebot wird von fünf Redaktionen mit klar abgegrenzten Themenbereichen betreut.[302] Die Intendanten der ARD einigten sich im Juli 2007 auf ein Strategiepapier („**Digitalisierungsstrategie**") für verschiedene digitale Vertriebswege.[303] Die Inhalte betreffen etwa HDTV, Handy-TV, Audio- und Videoportale und digitale Zusatzangebote im Hörfunk. Bei der Verbreitung von Inhalten über die neuen Verbreitungskanäle soll die „Tagesschau" eine besondere Rolle spielen. Den Beginn macht eine stündlich aktualisierte 100-Sekunden-Fassung der Fernsehnachrichten, die jederzeit auf geeigneten Handys abrufbar ist. Zur Strategie gehört ein weiterer Ausbau des Internetangebots mit Schwerpunkt auf aktuellen Sendungen und Informationsformaten. Zudem ist eine Erweiterung der drei Digitalkanäle geplant. 2010 soll der Einstieg in HDTV-Übertragungen[304] folgen. Die Finanzierung des Mehraufwandes soll über eine Gebührenerhöhung erfolgen. Die Rundfunkgebühr wird für den ARD-Vorsitzenden in der digitalen Medienwelt zu „einer Art Content-Flatrate für Qualitätsinhalte."[305]

105

Das ZDF betreibt die **ZDFmediathek**.[306] Sie kann über PC, Fernseher oder geeignete mobile Endgeräte genutzt werden. Im ZDFhandy-TV ist das ZDF-Hauptprogramm auf geeigneten mobilen Geräten, insbesondere Handys zu sehen. Das ZDF sieht gerade hier großes Zukunftspotential. Über diese Mediathek können Videos in TV-Qualität, auf Abruf oder live – nach der Sendung im Hauptprogramm oder schon vor der linearen Verbreitung gezeigt werden. Es gibt insbesondere einen Sieben-Tage-Rückblick für zahlreiche Sendungen, Live-Streams und interaktive Anwendungen.[307] Die ARD plant ein vergleichbares Angebot.

106

Künftig sollen also verstärkt für das Internet produzierte Inhalte verbreitet werden, wie internetbezogene Informations- und Ratgeberangebote für jüngere Internet-Nutzer. Hiermit soll der Tatsache Rechnung getragen werden, dass klassische Rundfunkprogramme an Akzeptanz verlieren, während die des Internet spiegelbildlich wächst.[308] Der Blick auf die Netzauftritte der

107

---

301 15. KEF Bericht, Bd. 1, S. 119, Ziff. 270. Diese Begrenzung bezeichnet *Hoffmann-Riem* als anachronistisch, Funkkorrespondenz 28-29/2007, 3, 5, und fordert die Abkehr von dieser Absprache.
302 Vgl. www.ard.de/intern/ardonline/-/id=8124/15g83ku/index.html.
303 „Die ARD in der digitalen Medienwelt" Strategiepapier, verabschiedet in der ARD-Arbeitssitzung am 18.6.2007, abgedr. in epd medien 53/2007, 3 ff.
304 Dazu 5. Abschn. Rn. 9, 12 f.
305 „Die ARD in der digitalen Medienwelt" Strategiepapier, verabschiedet in der ARD-Arbeitssitzung am 18.6.2007, epdmedien 53/2007, 3. Bereits im Jahr 2000 hatte der damalige Intendant des WDR einen sehr deutlichen strategischen Standpunkt bezogen und den Ausbau des Internet neben Fernsehen und Hörfunk zu einer „dritten Programmsäule" des öfrentlich-rechtlichen Rundfunks ausgerufen. Darin lag eine klare Abkehr von der bloßen Programmbegleitung des Rundfunks und die Schaffung eines eigenen Programms mit online-spezifischen Angeboten und Formaten die für Internet-Nutzer. Der Rundfunkauftrag – so die damalige Sichtweise – müsse zu einem umfassenden Kommunikationsauftrag fortgeschrieben werden, aus dem ein Anspruch auf gleichberechtigte Teilhabe an allen relevanten Programmplattformen der „digitalen Welt" erwachse. Vgl. *Pleitgen* Wer die Zukunft verstehen will, sollte in die Vergangenheit schauen, Rede in der öffentlichen Sitzung des Rundfunkrats des WDR am 28.6.2000.
306 www.zdf.de/ZDFmediathek/startseite.
307 Vgl. www.unternehmen.zdf.de/index.php?id=285#c427.
308 *Müller-Terpitz* S. 3; *Held* Öffentlich-rechtlicher Rundfunk und neue Dienste, 2006, S. 29; *Ricker* ZUM 2001, 28, 32.

Rundfunkanstalten zeigt dementsprechend ein facettenreiches Bild. Neben Informationen über den zeitlichen Ablauf der Fernseh- und Hörfunkprogramme und die Organisations- und Personalstruktur der Rundfunkanstalten finden sich zahlreiche ergänzende und vertiefende Hintergrundinformationen zu bereits gesendeten Beiträgen sowie Live-Streamings und Podcasts von Beiträgen. Allerdings geht das Angebot auch über programmbegleitendes und -wiederholendes hinaus. Das ZDF bietet unter „heute-Nachrichten" eine Reihe redaktionell gestalteter Beiträge an, die im Hauptprogramm nicht gesendet werden und von Online-Redakteuren erstellt werden. Es wird die Möglichkeit zum „Chat" mit Prominenten oder zu „Onlinespielen" geboten.[309] Über „Shops", etwa den WDR-Shop[310] oder den SWR-Shop,[311] wird eine breite Produktpalette vertrieben.[312] Neben Waren, bei denen ein Programmbezug erkennbar ist (z.B. Merchandisingartikel zur Sendung mit der Maus), finden sich auch solche – etwa Tonträger oder Bücher – deren Bezug zur öffentlich-rechtlichen Sendetätigkeit nicht ersichtlich ist. Diese „Shops" werden zwar – wie sich aus dem Impressum der jeweiligen Seite entnehmen lässt – nicht unmittelbar von den Anstalten betrieben.[313] Sie sind aber von den Seiten der Anstalten verlinkt und werden für den Rezipienten bei nicht näherem Hinsehen als Angebot der Sender wahrgenommen. Bisweilen wurde der der Programmbezug umgekehrt, indem im Fernsehen für ein Internetformat geworben wurde.[314]

3.2.2 Programmauftrag für Onlinedienste

108 Es zeigt sich also, dass es sich bei den Online-Aktivitäten der Rundfunkanstalten nicht um die Nutzung des Internet als weiterer Verbreitungsweg für das klassische Hörfunk- und Fernsehangebot (IP-TV, Webcasting) im Rahmen von § 19 RStV handelt, sondern vielmehr um eine verstärkte und in vielen Fällen gebührenfinanzierte Nutzung des Internet. Diese erfolgt zur Verbreitung von teilweise vom Rundfunk gelösten Angeboten unter Nutzung der besonderen Möglichkeiten des Internet.[315] Es stellt sich hier die Frage nach der rechtlichen Zulässigkeit dieser Aktivitäten im Hinblick auf eine gebührenfinanzierte Benachteiligung von Privatunternehmen innerhalb und außerhalb des Dualen Systems.

3.2.2.1 Europarechtliche Einordnung. Im Rahmen der Überprüfung der Gebührenfinanzierung des öffentlich-rechtlichen Rundfunks anhand der wettbewerbs- und beihilferechtlichen Bestimmungen des EG-Vertrags haben die Europäische Kommission und die Bundesregierung im April 2007 eine Einigung erzielt. Private Wettbewerber hatten insbesondere die Aktivitäten des öffentlich-rechtlichen Rundfunks in den neuen Medien beklagt. Das Verfahren wurde unter verschiedenen Auflagen eingestellt. Es ist nun erforderlich, den öffentlich-rechtlichen Auftrag in Bezug auf die Online-Dienste weiter zu konkretisieren.[316] Die Dienste sollen von rein kommerziellen Tätigkeiten klar getrennt werden und die öffentlich-rechtlichen Rundfunkanstalten künftig von den Bundesländern mit der Erbringung neuer Mediendienste förmlich beauftragt werden. Mit dieser Konkretisierung ist im Rahmen des 11. oder 12. Rundfunkänderungsstaats-

---

309 So etwa bei der Sendung mit der Maus und Kika.
310 www.wdrshop.de/.
311 www.swr-shop.de/.
312 www.wdrshop.de/.
313 Der WDR-Shop wird von der wdr media group Licensing GmbH und der SWR-Shop von der SWR Media Services GmbH, Geschäftsbereich Merchandising betrieben.
314 So in der ZDF-"Web-Soap" „Etage Zwo", die ab November 2000 für einige Monate parallel im linearen Fernsehen und im Netz ausgestrahlt wurde. Dazu *Brenner* S. 207, 209.
315 Dazu *Müller-Terpitz* S. 1 ff.
316 Europäische Kommission: „Staatliche Beihilfe E 3/2005 – Die Finanzierung der öffentlich-rechtlichen Rundfunkanstalten in Deutschland", der Brüsseler Bescheid vom 24.4.2007 zur Einstellung des Prüfverfahrens gegen Deutschland bzw. ARD und ZDF in epd medien 39/2007, 3 ff.

Schwartmann

vertrages zu rechnen. Ob in der Aussage der Kommission eine Absicherung digitaler Handlungsspielräume in der digitalen Welt gesehen werden kann und Online-Angebote und digitale Fernsehprogramme für die Kommission nun zum Auftrag des öffentlich-rechtlichen Rundfunks zählen, ist indes nicht sicher. Die Aussage der Kommission geht lediglich dahin, dass Online-Angebote der Rundfunkanstalten beihilferechtlich korrekt ausgestaltet werden können. Ob dies tatsächlich der Fall ist, muss das nationale Recht beantworten.[317]

3.2.2.2 Verfassungsrechtliche Einordnung. Unabhängig von der generellen verfassungsrechtlichen Einordnung der Abrufdienste als Rundfunk[318] stellt sich die Frage, ob Aktivitäten in diesem Bereich den öffentlich-rechtlichen Rundfunkanstalten offen stehen. Für das Bundesverfassungsgericht dient der Rundfunk einer umfassenden, freien und individuellen öffentlichen Meinungsbildung. Dem öffentlich-rechtlichen Rundfunk kommt hier die Funktion des Grundversorgers zu. Dieser Grundversorgungsauftrag korreliert mit einer Bestands- und Entwicklungsgarantie des öffentlich-rechtlichen Rundfunks. Teilweise wird das umfassende Online-Engagement des öffentlich-rechtlichen Rundfunks auf diese Entwicklungsgarantie gestützt. Sicherung von Vielfalt und kommunikativer Chancengerechtigkeit im Online-Bereich setze die Gestattung eines multimedialen Angebots über die Programmbegleitung hinaus, voraus. Dürfe der öffentlich-rechtliche Rundfunk nicht in diesem umfassenden Sinne an neuen, medienübergreifenden Entwicklungen teilhaben, bestünde die Gefahr, dass die Rezipienten anderenfalls das Interesse auch an den klassischen Angeboten des öffentlich-rechtlichen Rundfunks verlören, so dass eine diesbezügliche Restriktion mit einer Annexfunktion der Online-Dienste zu verfassungsrechtlichen Bendenken führe.[319] Ob dieser Ansatz aber im Hinblick auf den für das Bundesverfassungsgericht zentralen Gedanken der **Vielfaltssicherung** übertragbar ist, muss bezweifelt werden.

Die Ausgestaltung der Rundfunkordnung zur Sicherung der Meinungsvielfalt ist nach dessen **109** Ansicht Aufgabe des Gesetzgebers. Diese ist „nicht durch den Wegfall der durch die Knappheit von Sendefrequenzen bedingten Sondersituation entbehrlich geworden (…) Dies hat sich im Grundsatz durch die technologischen Neuerungen der letzten Jahre und die dadurch ermöglichte Vermehrung der Übertragungskapazitäten sowie die Entwicklung der Medienmärkte nicht geändert."[320] Anlass der gesetzlichen Ausgestaltungspflicht der Rundfunkordnung ist zum einen die hohe Suggestivkraft des Fernsehens.[321] Zum anderen erkennt das Bundesverfassungsgericht durch die Werbefinanzierung die Erhöhung von Vielfaltsdefiziten.[322] Schließlich werden im Konzentrationsdruck und des Eingreifens vertikal integrierter Unternehmen (Inhalt und Technik in einer Hand) in den Medienmarkt vielfaltverengende Faktoren gesehen.[323]

Bezogen auf neue technische Entwicklungen hat das Bundesverfassungsgericht in seiner Entscheidung **110** vom 11.9.2007 folgendes ausgeführt: „Um der Bestands- und Entwicklungsgarantie für den öffentlichrechtlichen Rundfunk (…) gerecht zu werden und die Erfüllung seines Funktionsauftrags zu ermöglichen, muss der Gesetzgeber vorsorgen, dass die dafür erforderlichen technischen, organisatorischen, personellen und finanziellen Vorbedingungen bestehen (…).

---

317 So *Müller-Terpitz* S. 8 ff.
318 S.o. Rn. 42 f.
319 Vgl. i.d.S. etwa *Gounalakis* ZUM 2003, 180, 188; *Held* S. 21; *Michel* ZUM 1998, 350, 356 f.
320 *BVerfG* www.bundesverfassungsgericht.de/entscheidungen/rs20070911_1bvr227005.html, Ziff. 115.
321 *BVerfG* www.bundesverfassungsgericht.de/entscheidungen/rs20070911_1bvr227005.html, Ziff. 116.
322 *BVerfG* www.bundesverfassungsgericht.de/entscheidungen/rs20070911_1bvr227005.html, Ziff. 117.
323 *BVerfG* www.bundesverfassungsgericht.de/entscheidungen/rs20070911_1bvr227005.html, Ziff. 118.

Dem entspricht die Garantie funktionsgerechter Finanzierung. Die Mittelausstattung muss nach Art und Umfang den jeweiligen Aufgaben des öffentlichrechtlichen Rundfunks gerecht werden (…).[324]

111   Im Hinblick auf die **neuen Medien** weist das Gericht darauf hin, dass die Wirkungsmöglichkeiten des Rundfunks „zusätzliches Gewicht dadurch (gewönnen), dass die neuen Technologien eine Vergrößerung und Ausdifferenzierung des Angebots und der Verbreitungsformen und -wege gebracht sowie neuartige programmbezogene Dienstleistungen ermöglicht haben".[325] Zudem müsse „das Programmangebot auch für neue Inhalte, Formate und Genres sowie für neue Verbreitungsformen offen bleiben (…), der Auftrag also dynamisch an die Funktion des Rundfunks gebunden (sein) (…)". Daher dürfe „der öffentlichrechtliche Rundfunk nicht auf den gegenwärtigen Entwicklungsstand in programmlicher, finanzieller und technischer Hinsicht beschränkt werden".[326]

112   Die öffentlich-rechtlichen Rundfunkanstalten genießen zwar weitgehende Freiheiten in der Entscheidung über die zur Erfüllung ihres Funktionsauftrags. Es ist ihnen aber untersagt, „ihren Programmumfang über den Rahmen des Funktionsnotwendigen hinaus auszuweiten."[327] Die dynamische Entwicklung des Auftrags ist auch in Zeiten der Digitalisierung untrennbar mit dem Erfordernis der Vielfaltssicherung in einer Sondersituation verbunden, vor deren Hintergrund die Entwicklungsgarantie zu sehen ist. Sie wird im dualen Rundfunksystem durch Mängel an Reichweite, programmlicher Vielfalt und programmlicher Breite des privaten Rundfunks gerechtfertigt.[328] Dies hat sich – wie das Bundesverfassungsgericht 2007 ausdrücklich betont – „im Grundsatz durch die technologischen Neuerungen der letzten Jahre und die dadurch ermöglichte Vermehrung der Übertragungskapazitäten sowie die Entwicklung der Medienmärkte nicht geändert."[329] Die Verfassung gebietet Vielfaltssicherung im dualen Rundfunksystem auf der anderen Seite aber nur, „solange die privaten Veranstalter den klassischen Rundfunkauftrag (…) nicht in vollem Umfang erfüllen."[330] In der 6. Rundfunkentscheidung wurde die Bedeutung der Neuen Dienste für die Meinungsbildung als vergleichsweise gering eingestuft und der Grundversorgungsauftrag ausdrücklich vorerst nicht auf diesen Bereich erstreckt. Wenn neue Kommunikationsdienste „künftig Funktionen des herkömmlichen Rundfunks übern(ä)hmen", könne indes anderes gelten.[331]

113   Auch die Offenheit des Programmangebots für neue Inhalte, Formate und Genres sowie für neue Verbreitungsformen ist dynamisch an die Funktion des Rundfunks gebunden. Für die Erfüllung des Funktionsauftrages des öffentlich-rechtlichen Rundfunks und die Vielfaltssicherung kommt es aber nicht darauf an, die duale Rundfunkordnung auf neue Bereiche zu erstrecken, sondern im Rahmen des dualen Systems eine freie, umfassende und vielfältige Bericht-

---

324   *BVerfG* bundesverfassungsgericht.de/entscheidungen/rs20070911_1bvr227005.html Ziff. 123.
325   *BVerfG* www.bundesverfassungsgericht.de/entscheidungen/rs20070911_1bvr227005.html Ziff. 116.
326   *BVerfG* www.bundesverfassungsgericht.de/entscheidungen/rs20070911_1bvr227005.html Ziff. 123.
       Die hierdurch ausgesprochene Stärkung des öffentlich-rechtlichen Rundfunks greift offenbar der
       Entwurf eines Antrags von CDU/CSU und SPD zur Neuordnung der Medienpolitik auf und geht
       etwa im Hinblick auf dessen Entwicklungsmöglichkeit im Online-Bereich weiter; dazu *Hieber* FAZ
       v. 25.10.2007, S. 39.
327   *BVerfG* www.bundesverfassungsgericht.de/entscheidungen/rs20070911_1bvr227005.html Ziff. 125.
       In diese Richtung auch *Lilienthal* epd medien 74/2007, 2.
328   *Müller-Terpitz* S. 12.
329   *BVerfG* www.bundesverfassungsgericht.de/entscheidungen/rs20070911_1bvr227005.html Ziff. 115.
330   *BVerfGE* 83, 238, 299.
331   *BVerfGE* 83, 238, 302 f. unter Berufung auf *BVerfGE* 74, 297, 353. Dazu *Müller-Terpitz* S. 12 f.

erstattung zu gewährleisten.[332] Es stellt sich also auf der Basis der jüngsten Rechtsprechung des Bundesverfassungsgerichts die **Frage**, ob das die Ausdehnung des Grundversorgungsauftrages rechtfertigende **Vielfaltsdefizit im Bereich der neuen Dienste** zu beklagen ist. In diesem Fall geböte die Verfassung aus Vielfaltsgesichtspunkten die Erstreckung des Funktionsauftrages über die vom Bundesverfassungsgericht 2007 erneut gezogenen Grenzen der „programmbezogenen Dienstleistungen"[333] hinaus.[334]

An einem Vielfaltsdefizit wird man angesichts der nahezu grenzenlosen Vielfalt durch den öffentlich-rechtlichen Rundfunk frei verfügbarer Online-Angebote für jeden Geschmack, erhebliche Zweifel anmelden müssen. Angesichts der Kleinteiligkeit der einzelnen Angebote und des geringeren Rezipientenkreises haben Online-Angebote keine dem Fernsehen vergleichbare Suggestivkraft und Breitenwirkung und damit nicht die Meinungsrelevanz des Rundfunks.[335] Das hohe qualitative Niveau der Angebote lässt die Funktion des öffentlich-rechtlichen Rundfunks als Netzanbieter von „Glaubwürdigkeitsinseln" entbehrlich erscheinen. Online-Dienste sind wesentlich kostengünstiger als klassische Rundfunkprogramme, lassen sich genau auf Zielgruppen zuschneiden und sind für die Werbewirtschaft gerade im Hinblick auf jüngere Zielgruppen attraktiv.[336] All dies vermag zwar das Interesse des öffentlich-rechtlichen Rundfunks an vermehrtem Online-Engagement zu erklären, nicht jedoch verfassungsrechtlich zu rechtfertigen. Da Online-Angebote in vielen Fällen frei verfügbar sind, gebieten auch sozialstaatliche Gründe keine gesteigerte Betätigung des öffentlich-rechtlichen Rundfunks in diesem Bereich, zumal diese Gebührenerhöhungen voraus setzen würden. Der Einsatz dieser Mittel etwa – wie im **Digitalisierungskonzept** vorgesehen – zur Gründung eigener Nachrichten- und Informationskanäle,[337] würde zu einer Verzerrung des Wettbewerbs mit privaten Anbietern etwa aus dem Printbereich führen und insofern verfassungs- und gemeinschaftsrechtlich problematisch sein.[338]

3.2.2.3 Einfachgesetzliche Einordnung. Obwohl der Programmauftrag des öffentlich-rechtlichen Rundfunks in **§ 11 RStV** festgelegt ist, gibt diese Norm keine klare Auskunft über dessen Umfang. Nach § 11 Abs. 2 hat der öffentlich-rechtliche Rundfunk in seinen Programmen

114

---

332 *BVerfGE* 83, 238, 296. Aus diesem Grund ist die pauschale Aussage des Rheinland-pfälzischen Ministerpräsidenten *Beck* missverständlich, wonach die Entwicklungsgarantie des öffentlich-rechtlichen Rundfunks durch diese Entscheidung formuliert sei. SZ v. 12.9.2007, S. 2;. kritisch insoweit auch *Müller*, FAZ v. 12.9.2007, S. 2.; *Grimberg* TAZ v. 12.9.2007, S. 2.

333 *BVerfG* www.bundesverfassungsgericht.de/entscheidungen/rs20070911_1bvr227005.html Ziff. 116. Vgl. auch § 11 Abs. 1 S. 2 RStV. Warum sich allerdings durch die Onlinemöglichkeiten die Suggestivkraft des Rundfunks für das Bundesverfassungsgericht erhöhen sollen, ist unklar. Die Suggestivkraft wird durch hinzutreten weiterer Verbreitungswege und neuer programmbezogener Möglichkeiten weder erhöht noch gemindert. Missverständlich insoweit *BVerfG* www.bundesverfassungs gericht.de/entscheidungen/rs2007 Ziff. 116.

334 So zu Recht *Müller-Terpitz* S. 13.

335 *Dörr* weist darauf hin, dass eine Änderung des Nutzerverhaltens hin zu einer größeren Meinungsrelevanz eine Erweiterung des Funktionsauftrages rechtfertigen könnte: *Dörr* in Dörr/Kreile/Cole, Handbuch Medienrecht, B. II. 2. b) bb) 2.

336 *Müller-Terpitz* S. 15.

337 „Die ARD in der digitalen Medienwelt" Strategiepapier, verabschiedet in der ARD-Arbeitssitzung am 18.6.2007, epd medien 53/2007, 11.

338 Auf Grenzen bei den digitalen Aktivitäten wird nunmehr auch von Seiten der Medienpolitik hingewiesen. Vgl. Meldung in epd medien 92/2007: Stadelmaier warnt Öffentlich-rechtliche vor „Irrtum". Es geht „im Bereich Online für die Öffentlich-rechtlichen nicht um einen Markt, auch wenn manche das glauben, sondern er hat den besonderen Auftrag unabhängig von Verbreitungswegen als Medium und Faktor zu wirken. Er muss im Prinzip alles machen können, aber er muss nicht alles machen." *Eumann* Berliner Zeitung v. 15.11.2007.

der Information, Bildung, Beratung und Unterhaltung zu dienen. Die Norm weist zudem auf den Auftrag zur Darbietung von Beiträgen über Kultur und des umfassenden Überblicks über das internationale, europäische, nationale und regionale Geschehen in allen wesentlichen Lebensbereichen hin. Ergänzend ergibt sich aus § 11 Abs. 1 RStV, dass dieser Auftrag nicht nur durch die Herstellung und Verbreitung von Hörfunk- und Fernsehprogrammen erfüllt werden soll, sondern darüber hinaus auch programmbegleitende Druckwerke und Telemedien angeboten werden dürfen. Anders ausgedrückt sind Online-Dienste (Telemedien) nach § 11 Abs. 1 S. 2 RStV rundfunkrechtlich auch einfachgesetzlich nur zulässig, wenn sie programmbegleitend und **programmbezogen** sind. Sie müssen also im Hinblick auf das Hauptprogramm eine unterstützende Funktion haben und thematisch, inhaltlich und strukturell auf die programmlichen Hauptaufgaben des Veranstalters ausgerichtet sein.[339]

3.2.2.4 Bewertung der Erscheinungsformen. Trotz der Öffnung seiner Rechtsprechung im Hinblick auf neue Entwicklungen hat das Bundesverfassungsgericht die Grenze des Programmbezuges in seiner Entscheidung vom 11.9.2007 bestätigt.[340] Es bleibt also, eine Bewertung der vorzufindenden Aktivitäten vorzunehmen. Die geschilderten Möglichkeiten im Rahmen einer Mediathek weisen insofern Programmbezug auf, als sie der Vermittlung archivierter Inhalte dienen.[341] Mehr Bedenken begegnet demgegenüber die Gründung eigener Nachrichten- und Informationskanäle für bestimmte Zielgruppen. Auch die Vertiefung von Inhalten etwa durch interaktive Spiele zur Medienerziehung von Kindern dürften insofern noch programmbegleitend sein, als sie das Internet für interaktive Funktionen nutzen, die der Medienerziehung und der Ausbildung von Medienkompetenz dienen, was das linear ausgestrahlte Fernsehen nicht ermöglicht.[342] Die Grenze des Programmbezuges dürfte indes bei Merchandisingangeboten[343] jedenfalls dann überschritten sein, wenn diese sich auf Produkte beziehen, die keinen Bezug zum Programm aufweisen. Online-Angebote dürfen also nicht ohne konkreten Bezug zum eigentlichen Rundfunkprogramm Informationen, Kommunikationsmöglichkeiten etwa durch „Chats", Spiel- oder Einkaufsmöglichkeiten bieten. Überschritten wird sie insbesondere auch dann, wenn die Online-Angebote, seien es Nachrichten-, Wirtschaftsdienste oder Unterhaltungsformate über eigens dafür arbeitenden Redaktionen allein für das Internet produzieren und bereit stellen. In diese Kategorie fällt auch das die Vermittlung von Kommunikationsangeboten im Netz ohne Bezug zu Programmen.[344]

---

339 Mit einem deutlichen „Ja" zum Programmbezug bei Online-Aktivitäten in Abgrenzung zum Modell der „dritten Säule" ihres Vorgängers Pleitgen auch WDR-Intendantin *Piel* epd medien, 81/2007, 6, 10. Das Internet soll Hörfunk- und Fernsehinhalte spiegeln. „Für mich bleibt es dabei: Das Internet ist für mich ein zusätzliches, programmbegleitendes Angebot." Drei von fünf medienpolitischen Sprechern der Parteien in Regierung und Opposition teilen diesen Standpunkt. Dazu das Ergebnis einer Befragung von *Meyer-Lucht* Funkkorrespondenz 43-44/2007, 3, 4.

340 *BVerfG* www.bundesverfassungsgericht.de/entscheidungen/rs20070911_1bvr227005.html Ziff. 116. Vgl. auch § 11 Abs. 1 S. 2 RStV.

341 *Held/Schulz* in Hahn/Vesting, Beck´scher Kommentar zum Rundfunkrecht, § 12 Anh. II Rn. 78.

342 Vgl. etwa das Angebot unter www.wdrmaus.de/spielen/mausspiele/index.phtml.

343 Vgl. etwa das Angebot unter hwww.wdrshop.de/.

344 *Müller-Terpitz* S. 6; *Brenner* S. 240. Diesen Befund scheint auch der ARD-Vorsitzende zu teilen, der im Januar 2007 die Sprengung „einfachrechtlicher Ketten" des Rundfunks in diesem Bereich forderte. „Grundversorgung" – Bröckelt das Fundament des öffentlich-rechtlichen Rundfunks? – Rede auf den Bitburger Gesprächen am 11.1.2007. Wörtlich hieß es: „In dieser digitalen Welt sind Programmzahlbegrenzungen und Höchstgrenzen für unsere Online-Angebote anachronistisch." Dazu auch *Degenhart* AfP-Sonderheft 2007, 24, 30. Etwas weitergehend nicht im Ansatz, aber in konkreten Punkten die Meinung des Berichterstatters der Rundfunkentscheidung von 2007, geäußert anlässlich eines Vortrages des Hans-Bredow-Institus am 28.6.2007. Zwar gebe es **keinen Auftrag** der öffentlich-rechtlichen Rundfunkanstalten **„zur ungebremsten Expansion im Internet".** Er

4. Finanzierung des öffentlich-rechtlichen Rundfunks

Während private Rundfunkunternehmen sich gemäß § 43 RStV im Wesentlichen über Werbung im Sinne des § 2 Abs. 2 Nr. 5 RStV (auch Teleshopping, sonstige Einnahmen, Entgelte der Teilnehmer sowie eigene Mittel) finanzieren,[345] ist dies bei den öffentlich-rechtlichen Rundfunkanstalten wegen der in § 13 RStV vorrangig vorgesehenen Gebührenfinanzierung nur in vergleichsweise engen Grenzen der Fall.[346] Die Gebühreneinnahmen betrugen 2006 insgesamt 7,29 Milliarden €.[347] Mit dem Recht der Finanzierung des privaten Rundfunks befasst sich in diesem Handbuch ein eigener Beitrag.[348]

115

4.1 Gebührenfinanzierung des öffentlich-rechtlichen Rundfunks

Zur Finanzierung des öffentlich-rechtlichen Rundfunks hat das Bundesverfassungsgericht jüngst entschieden. „Zur Gewährleistung der Rundfunkfreiheit in der dualen Rundfunkordnung gehört (für das Gericht) die Sicherung der Funktionsfähigkeit des öffentlichrechtlichen Rundfunks unter Einschluss seiner bedarfsgerechten Finanzierung".[349] Diese wird in einem Zusammenspiel des Staatsvertrages für Rundfunk und Telemedien (RStV) mit dem Rundfunkgebührenstaatsvertrag (RGebStV) und dem Rundfunkfinanzierungsstaatsvertrag (RFinStV) geregelt und soll vorwiegend aus Gebühren erfolgen (§ 13 Abs. 1 S. 1 2 HS. RStV).[350]

116

4.1.1 Die Rundfunkgebühr

Nach § 2 Abs. 2 Rundfunkgebührenstaatsvertrag (RGebStV) ist die Rundfunkgebühr eine Leistung, die jeder Rundfunkteilnehmer erbringen muss. Das Bundesverfassungsgericht stellt für die Pflicht zu ihrer Zahlung ausschließlich auf das Bereithalten eines Empfangsgerätes ab.[351] Es ist also unbeachtlich, ob das Gerät auch seinem Zweck entsprechend genutzt wird.

117

---

merkte aber an, dass das die Nutzung des Internet Anlass und Chancen für innovative Angebote der öffentlich-rechtlichen Rundfunkanstalten böte. Konkret sprach *Hoffmann-Riem* Annexdienste, also der Begleitung von Rundfunkprogrammen durch ergänzende Kommunikationsangebote, vom variabel gestalteten Abruf einzelner „traditioneller" Rundfunkprogramme, etwa in Gestalt von Online-Plattformen (wie der ZDF-Mediathek) und „vor allem aber auch durch Erstellung speziell für das Internet geeigneter und darauf abgestimmter Angebote". Zudem müssten die mit IPTV gekoppelten Möglichkeiten (z.B. Interaktivität) nutzbar sein. Die Selbstverpflichtung der Anstalten nur 0,75 % des Etats für Online-Aktivitäten auszugeben, bezeichnete er als anachronistisch. *Hoffmann-Riem* Funkkorrespondenz 28-29/2007, 3, 4.

345 Zu neuen Einnahmequellen der privaten Rundfunkveranstalter *Roether* epd medien 66/2007, 3 ff.

346 RTL Group und ProSiebenSat.1 Media AG erzielten 2007 Werbeeinnahmen in Höhe von je etwa 1,7 Mrd. €. Die ARD-Anstalten und und das ZDF nahmen gemeinsam etwa 295,5 Mio. Euro ein. Vgl. *KEK* Crossmediale Verflechtungen als Herausforderung für die Konzentrationskontrolle, S. 360 Tabelle II.

347 ARD und ZDF 5,224 Mrd. Euro, Deutschlandradio 182 Mio. Euro, Landesmedienanstalten 138 Mio. Euro. Im Oktober 2007 haben die Ministerpräsidenten der Länder aber beschlossen, **bis 2013** ein **neues Gebührenmodell** zu entwickeln. Dies soll Gegenstand des **11. RÄStV** werden. Eine Steuerfinanzierung (unzulässig vor dem Hintergrund der Staatsferne) und eine Kopfpauschale stehen nicht mehr in Rede. Geprüft werden eine Abgabe pro Haushalt und eine Fortentwicklung des bisherigen GEZ-Modells. Letzteres könnte darin bestehen, dass zwar noch auf Empfangsgeräte abgestellt würde, aber künftig nur eine Gebühr pro Haushalt einschließlich aller mobilen Geräte und Autoradios erhoben würde; dazu epd medien 83/2007, 11.

348 Dazu 4. Abschn.

349 www.bundesverfassungsgericht.de/entscheidungen/rs20070911_1bvr227005.html. , Zif. 114.

350 *BVerfGE* 90, 60, 90 f. (3. Leitsatz), www.bundesverfassungsgericht.de/entscheidungen/rs20070911_1bvr227005.html, Ziff. 127.

351 *BVerfGE* 87, 181, 201. Zuletzt BVerfG v. 11.9.2007, www.bundesverfassungsgericht.de/entscheidungen/rs20070911_1bvr227005.htm, Ziff. 127.

Die Gebühr spaltet sich nach § 2 Abs. 1 RGebStV, in eine **Grund-**[352] und eine **Fernsehgebühr**[353] auf, deren Höhe in § 8 RStFinV festgehalten ist. Die Voraussetzungen, unter denen sie anfällt, regeln die §§ 3 – 6 RGebStV, wobei § 3 die Anzeigepflicht für das Bereithalten eines Endgerätes normiert. § 8 RGebStV enthält einen Ordnungswidrigkeitentatbestand für Verstöße gegen die Anzeigepflicht und das Nichtzahlen der Gebühr.

118   Mit dem achten Rundfunkänderungsstaatsvertrag ist für die Gebührenfinanzierung eine weitere Neuerung eingetreten, die seit dem 1.1.2007 greift. Für „**neuartige Rundfunkempfangsgeräte** (insbesondere Rechner, die Rundfunkprogramme ausschließlich über das Internet wiedergeben können)" die „im nicht ausschließlich privaten Bereich" zum Empfang bereitgehalten werden, ist unter bestimmten Umständen eine Gebühr zu entrichten. Dies nämlich dann, wenn sie nicht „ein und demselben Grundstück oder zusammenhängenden Grundstücken zuzuordnen sind" und nicht „andere Rundfunkempfangsgeräte dort zum Empfang bereit gehalten werden." (§ 5 Abs. 3 S. 1 RGebStV). Weil es Computer als Desktop oder als mobile Notebooks aber auch internetfähige Handys ermöglichen, über das Internet Fernsehen zu empfangen, besteht unter den beschriebenen Voraussetzungen seit Ablauf des 31.12.2006 (§ 11 Abs. 2 RGebStV) aufgrund der bloßen Empfangsmöglichkeit[354] die Pflicht, diese anzumelden und Gebühren zu zahlen. Betroffen sind etwa Ladenlokale und Betriebsstätten. Allerdings beschränkt sich diese Pflicht nach einer Kompromisslösung der Länder auf die Grundgebühr in Höhe von derzeit 5,52 € (§ 8 Nr. 1 RFinStV).

119   Von dem den Rundfunkanstalten zustehenden Gesamtgebührenaufkommen stehen den Landesmedienanstalten gem. § 10 RFinStV knapp 2% zur Verfügung. Dies rechtfertigt sich dogmatisch daraus, dass im dualen Rundfunksystem auch private Veranstalter nicht dem freien Wettbewerb überlassen werden dürfen und deshalb unter die öffentlich-rechtliche Aufsicht der Landesmedienanstalten gestellt werden.[355] Gebührengläubiger sind dementsprechend nach § 7 RGebStV neben den Landesrundfunkanstalten und dem ZDF die Landesmedienanstalten.

120   Die Rundfunkgebühren werden von der Gebühreneinzugszentrale (GEZ), einer öffentlich-rechtlichen, nicht rechtsfähigen Gemeinschaftseinrichtung der öffentlichrechtlichen Landesrundfunkanstalten der ARD, des ZDF und des Deutschlandradio eingezogen.

4.1.2 Rundfunkgebühren in der Einschätzung der Europäischen Kommission

121   Die Einordnung von Rundfunkgebühren als europäische Beihilfen spielt für die Finanzierung des öffentlich-rechtlichen Rundfunks eine wichtige Rolle. Beihilfen sind staatliche Maßnahmen, die bestimmten Unternehmen wirtschaftliche Vorteile gewähren, so dass der Wettbewerb und der Handel im Binnenmarkt verfälscht werden. Es muss staatlich oder aus staatlichen Mitteln ein finanzieller Vorteil gewährt werden, der zu einer Begünstigung führt aufgrund derer eine Wettbewerbsverfälschung und eine Beeinträchtigung des zwischenstaatlichen Handels eintreten.[356] Ob eine Beihilfe vorliegt, ist zweistufig zu prüfen. Nach der Annahme einer staatlichen Finanzzuführung auf der ersten Stufe ist auf der zweiten Stufe zu untersuchen, ob die Zuwendung unter Berücksichtigung der Ausnahmetatbestände mit dem gemeinsamen Markt vereinbar ist.[357] Als solche **Ausnahme** kommt im Falle der Rundfunkgebühr zum einen

---

352   Derzeit 5,52 Euro.
353   Derzeit 11,51 Euro.
354   Für verpackte Empfangsgeräte in Supermärkten gilt diese Pflicht indes nicht, *OVG Münster* Az. 19 A 377/06, Az. 19 A 378/06, Az. 19 A 379/06; vgl. F.A.Z. v. 5.3.2007, S. 38.
355   *Dörr* in Dörr/Kreile/Cole, Handbuch Medienrecht, E. III. c).
356   Dazu eingehend *Cremer* in Callies/Ruffert, Art. 87 EG Rn. 7 ff.
357   *Koenig/Kühling* in Streinz, EUV/EGV, Art. 87 EG Rn. 5.

Art. 87 Abs. 3 lit. d) EG in Betracht. Danach können Beihilfen zur **Förderung der Kultur** und der Erhaltung des kulturellen Erbes als mit dem Gemeinsamen Markt vereinbar angesehen werden. Dies gilt aber nur, soweit sie die Handels- und Wettbewerbsbedingungen in der Gemeinschaft nicht in einem Maß beeinträchtigen, das dem gemeinsamen Interesse zuwiderläuft. Eine weitere Ausnahme, die für den öffentlich-rechtlichen Rundfunk in Betracht kommt, enthält Art. 86 Abs. 2 EG für Unternehmen, die mit Dienstleistungen von **allgemeinem wirtschaftlichem Interesse** betraut sind.[358]

Zwischen der Europäischen Kommission, die nach Art. 88 EG für die Kontrolle von Verstößen gegen das Beihilferecht zuständig ist, und der Bundesrepublik Deutschland besteht Streit darüber, ob Rundfunkgebühren als staatliche Beihilfen einzuordnen sind.[359] Die Kommission hat in einer Entscheidung vom 24.4.2007 ihren Standpunkt bekräftigt, wonach es sich bei der deutschen Finanzierungsgarantie und der Gebührenfinanzierung auch in der bestehenden Form[360] tatbestandlich um staatliche Beihilfen[361] handelt. Das im April 2007 nach einer Vereinbarung zur Erfüllung von Auflagen eingestellte Verfahren wurde aufgrund einer Beschwerde des Verbandes Privater Rundfunk und Telemedien (VPRT) gegen die Bundesrepublik Deutschland im Jahr 2005 eingeleitet.[362] Der Verband kritisierte die mangelnde Transparenz bei der Verteilung der Gebühren, die Aktivitäten der öffentlich-rechtlichen Rundfunkanstalten in den neuen Medien sowie deren Aktivitäten beim Handel mit Sportübertragungsrechten. **122**

Die Bundesrepublik Deutschland stand demgegenüber zumindest bis zum Abschluss des zur Verfahrenseinstellung führenden Kompromisses aus dem April 2007 auf dem Standpunkt, dass bei Rundfunkgebühren schon tatbestandlich nicht von Beihilfen auszugehen ist. Diesen Standpunkt stützte sie auf Entscheidungen des EuGH, die zwar nicht zum Rundfunkbereich ergangen sind, sich aber nach Auffassung der Bundesregierung hierauf übertragen lassen. So verneinte der EuGH in der Entscheidung Ferring/Acoss[363] das Vorliegen einer Beihilfe auf Tatbestandsebene im Hinblick auf den wirtschaftlichen Vorteil bei einem mit einer gemeinwirtschaftlichen Aufgabe betrauten Unternehmen, wenn die Kosten von Aufgabenerfüllung und Vergünstigung sich decken. In der Entscheidung Altmark Trans[364] stellte der EuGH vier Kriterien für das Vorliegen einer Beihilfe bei Unternehmen mit gemeinwirtschaftlicher Aufgabe auf, die bei der Gebührenfinanzierung gegen das Vorliegen eines wirtschaftlichen Vorteils sprechen. Da die Rundfunkgebühren nach dem oben geschilderten Verfahren staatsfrei und mit Hilfe der KEF festgesetzt werden, kann der Standpunkt der Bundesregierung auch auf die Entscheidung Preußen Elektra[365] gestützt werden. Hier geht es um das Merkmal der (fehlenden) Staatlichkeit. Für den EuGH liegt Staatlichkeit vor, wenn der Staat eine irgendwie geartete Kontrolle über Mittel inne hat. Dies ist der Fall wenn diese unmittelbar aus dem Haushalt stammen oder wenn sie mittelbar über öffentliche oder private Einrichtungen ausgezahlt werden, die staatlich benannt oder errichtet sind.[366] **123**

---

358 Für eine solche Ausnahme *Hartstein/Ring/Kreile/Dörr/Stettner* Rundfunkstaatsvertrag, B 4, Rn. 45 f.

359 Zur Darstellung der Entwicklung des Verfahrens *Schüller* S. 128 ff.

360 Kom. (2007) 1761 endg., „Staatliche Beihilfe E 3/2005 – Die staatliche Finanzierung der öffentlichrechtlichen Rundfunkanstalten", Ziff. 216, epd medien 39/2007, 9.

361 Kom. (2007) 1761 endg., „Staatliche Beihilfe E 3/2005 – Die staatliche Finanzierung der öffentlichrechtlichen Rundfunkanstalten", Ziff. 216, epd medien 39/2007, 12.

362 Vgl. zum Verfahrensablauf *Heer-Reißmann* in Dörr/Kreile/Cole, Handbuch Medienrecht F. IV. 2.

363 *EuGH* Rs. C-53/00, Slg. 2001, I-9067 – Ferring/Accoss.

364 *EuGH* Rs. C-280/00, Slg. 2003, I-7747; weiterführend *Bartosch* EuZW 2004, 295 ff.

365 *EuGH* Rs. C-379/98, Slg. 2001, I-2099; s. hierzu *Koenig/Kühling* ZUM 2001, 537 ff.

366 Zu diesen Entscheidungen *Heer-Reißmann* in Dörr/Kreile/Cole, Handbuch Medienrecht, F. IV. 2. Am 24.10.2007 hat die Kommission aus beihilferechtlichen Gründen die in **NRW** geplante Förderung für das digitale terrestrische Fernsehen untersagt. Es sollte zur Erleichterung des Umstiegs von der

124   Die Einstellung des Verfahrens im April 2007 erfolgte nachdem die Bundesrepublik Deutschland im Dezember 2006 Vorschläge zur Änderung der Rundfunkfinanzierungsregelung unterbreitet hatte. Auf deren Basis müssen nun binnen zwei Jahren ab dem Datum der Einstellung **„zweckdienliche Maßnahmen"** durch die Bundesrepublik Deutschland getroffen werden, um die Bedenken der Kommission auszuräumen.[367]

125   Dazu zählt zum ersten eine klare Definition des öffentlich-rechtlichen Auftrags hinsichtlich neuer Mediendienste.[368] Dabei kommt es der Kommission vornehmlich auf eine Konkretisierung der Programmkonzepte und des Auftrags des öffentlich-rechtlichen Rundfunks in Bezug auf digitale Zusatzkanäle[369] an. Zudem soll der gemeinwirtschaftliche Charakter des genannten Angebots unter Berücksichtigung der auf dem Markt vorhandenen Programme berücksichtigt werden.[370] Ferner sei den Rundfunkanstalten ihr hinreichend präzise definierter öffentlicher Auftrag förmlich zu übertragen.[371] Die Umsetzung dieser Verpflichtungen wird neben der Gebührenfrage ein zweites wichtiges Thema des **11. RÄStV** sein. Dabei wird die erwähnte **Definition des Funktionsauftrages** des öffentlich-rechtlichen Rundfunks ein besonderes Problem sein, das sich insbesondere aufgrund der jüngsten Rechtsprechung des **Bundesverfassungsgerichts** stellt. Sie steht im **Widerspruch** zum Einstellungsbeschluss der **Kommission** aus dem April 2007 und den in diesem Zusammenhang eingegangen Verpflichtungen der Bundesrepublik Deutschland. Während das Bundesverfassungsgericht aus Gründen der Staatsferne des Rundfunks eine abstrakte Festlegung zulässt, verlangt die Kommission eine konkrete Festlegung des Funktionsauftrages, die eine stärkere Kontrolle des Rundfunks durch den Staat impliziert. Eine Einhaltung der Kriterien aus dem Einstellungskompromiss tut besonders Not, weil das **Europarecht** im Kollisionsfall bis zur Überschreitung der Wesensgehaltsgrenze **Vorrang** gegenüber dem Verfassungsrecht genießt und sich bei Nichtbeseitigung des Dissenses durchsetzen würde.

Es kann nicht um eine ungebremste gebührenfinanzierte Expansion des öffentlich-rechtlichen Rundfunks in den Neuen Medien, namentlich dem Internet und nicht um die unbegrenzte Einrichtung neuer Spartenkanäle gehen. Daher muss der Rundfunkgesetzgeber den **Rahmen** für die Beteiligung des öffentlich-rechtlichen Rundfunks an den neuen Verbreitungswegen und im Hinblick auf neue Formate **stecken** und dabei auch die Frage nach der Kosten/Nutzen Relation für die Betätigung in den neuen Medien stellen. Zu erwägen ist weiter, wie die den öffentlich-rechtlichen Rundfunk nach der Rechtsprechung des Bundesverfassungsgerichts legitimierende Qualität im Internet gewahrt werden kann. Eine Begrenzung des Programmangebots auch im Internet scheint hier unausweichlich. Zu prüfen ist auch, ob die Tendenz zur Einrichtung von

---

analogen auf die digitale Rundfunkübertragung mit 6,8 Mio. Euro auf fünf Jahre gefördert wer-den, dass private Rundfunkveranstalter ihre Programme über **DVB-T** verbreiten. Für die Kommission liegt hierin insbesondere ein **Verstoß** gegen den Grundsatz der **Technologieneutralität**, da die Verbreitung über Kabel und Satellit benachteiligt werde; dazu epd medien 85/2007, 9 f.

367   Kritisch zur Entscheidung der Kommission, *Lilienthal* epd medien, 39/2007, Editorial. Mangels Kompetenz ist das **BVerfG** auf den Standpunkt der Kommission und die mit den „zweckdienlichen Maßnahmen" verbundenen möglichen Eingriffe in die Programmautonomie der Rundfunkanstalten in seiner jüngsten Rundfunkentscheidung **nicht eingegangen.**

368   Kom. (2007) 1761 endg., „Staatliche Beihilfe E 3/2005 – Die staatliche Finanzierung der öffentlich-rechtlichen Rundfunkanstalten", Ziff. 309 ff. epd medien 39/2007, 23.

369   Kom. (2007) 1761 endg., „Staatliche Beihilfe E 3/2005 – Die staatliche Finanzierung der öffentlich-rechtlichen Rundfunkanstalten", Ziff. 309.

370   Kom. (2007) 1761 endg., „Staatliche Beihilfe E 3/2005 – Die staatliche Finanzierung der öffentlich-rechtlichen Rundfunkanstalten", Ziff. 310.

371   Kom. (2007) 1761 endg., „Staatliche Beihilfe E 3/2005 – Die staatliche Finanzierung der öffentlich-rechtlichen Rundfunkanstalten", Ziff. 312.

Schwartmann

Spartenangeboten zulässig ist, die Inhalte aus dem Hauptprogramm hinausverlagern. Zudem ist bei neuen Angeboten wie den Mediatheken die Frage der **Teilkommerzialisierung** von öffentlich-rechtlichen Angeboten zu stellen. Der kommerzielle Betrieb von Mediatheken hätte dann unter Verhinderung von Querfinanzierungen durch die Gebühr unter **Wettbewerbsbedingungen** zu erfolgen, um Wettbewerbsverzerrungen gegenüber privaten Anbietern zu vermeiden.

Vor diesem Hintergrund planen ARD und ZDF für die betroffenen Angebote die freiwillige Einführung sog. „**Public-Value-Tests**". Dabei handelt es sich um ein Genehmigungsverfahren zur Prüfung des Gemeinwohlgehalts in neuen Angeboten, dessen gesetzliche Einführung im 11. Rundfunkänderungsstaatsvertrag erfolgen soll. Der Test soll sich dreistufig vollziehen. Auf der ersten Stufe sollen die Sender neue Kanäle und weitere Angebote zunächst gegenüber den Fernseh- bzw. Rundfunkräten begründen. Zu erläutern ist hier, warum das neue Angebot der Allgemeinheit zugute kommt und zum Gemeinwohl beiträgt. Auf Stufe Zwei ist eine Anhörung anderer Marktteilnehmer, also insbesondere private Wettbewerber des öffentlich-rechtlichen Rundfunks erforderlich. Auf Stufe Drei erfolgt die Genehmigung oder Ablehnung durch die Rundfunk-, bzw. Fernsehräte. Nach der gesetzlichen Verankerung des Tests soll eine förmliche Feststellung durch die Bundesländer hinzukommen.[372] **126**

Zum Zweiten verlangt die Kommission angemessene Vorkehrungen zur **Verhinderung von Überkompensation und Quersubventionierung** innerhalb des öffentlich-rechtlichen Rundfunks.[373] Die Führung getrennter Bücher soll es ermöglichen, zwischen den öffentlich-rechtlichen und sonstigen Tätigkeiten zu unterscheiden.[374] Kommerzielle Tätigkeiten sollen von den Aufgaben im Zusammenhang mit dem öffentlich-rechtlichen Auftrag getrennt werden und der Kontrolle der Landesrechnungshöfe unterstehen. Dies entspricht den Anforderungen der auf der Grundlage von Art. 86 Abs. 3 EG ergangenen **Transparenzrichtlinie**. Sie bezweckt eine angemessene und wirkungsvolle Anwendung der Beihilfenvorschriften auf öffentliche und private Unternehmen. Finanzielle Transaktionen zwischen Staaten und öffentlichen Unternehmen sollen transparent gestaltet werden (Art. 1 der Transparenzrichtlinie). Zudem legt die Richtlinie in Art. 86 Abs. 2 EG eine Pflicht zur getrennten Buchführung (Art. 2 Abs. 1 lit. d) Transparenzrichtlinie) zur Offenlegung von Quersubventionen fest.[375] **127**

Drittens ist auf die Einhaltung marktwirtschaftlicher Grundsätze bei kommerziellen Tätigkeiten der öffentlich-rechtlichen Rundfunkanstalten zu achten.[376] **128**

Viertens ist erhöhte Transparenz auch bei der Vergabe von Sublizenzen für Sportrechte angemahnt. Solche Rechte sollen zwar im bestehenden Umfang auch mit Exklusivlizenzen erworben werden können. Um eine Weitergabe nicht genutzter Teilrechte zu sichern, sind aber Sub- **129**

---

372 Dazu epd medien 71/2007; KStA v. 8./9.9.2007, 30, FAZ v. 8.9.2007, S. 39.
373 Kom. (2007) 1761 endg., „Staatliche Beihilfe E 3/2005 – Die staatliche Finanzierung der öffentlich-rechtlichen Rundfunkanstalten", Ziff. 315 ff.
374 Kom. (2007) 1761 endg., „Staatliche Beihilfe E 3/2005 – Die staatliche Finanzierung der öffentlich-rechtlichen Rundfunkanstalten", Ziff. 265.
375 Die Anwendbarkeit der Richtlinie auf Rundfunkanstalten setzt deren Einordnung Unternehmen voraus, die in verschiedenen Bereichen tätig sind (Art. 2 Abs. 1 lit. e) Transparenzrichtlinie). Zudem kommt es gem. Art. 4 Abs. 2 lit. c) Transparenzrichtlinie darauf an, ob die Rundfunkgebühr als Beihilfe i.S.v. Art. 87 Abs. 1 EGV einzustufen ist, so dass für Rundfunkanstalten Art. 86 Abs. 2 EGV zur Anwendung gelangt. Dazu *Hain* MMR 2001, 219 ff.
376 Kom. (2007) 1761 endg., „Staatliche Beihilfe E 3/2005 – Die staatliche Finanzierung der öffentlich-rechtlichen Rundfunkanstalten", Ziff. 318 ff.

lizenzierungsmodelle einzuführen. Der Weiterverkauf der Sublizenzen muss zu angemessenen Preisen und transparent geschehen.[377]

4.1.3 Finanzgewährleistungsanspruch nach nationalem Recht

130   Die Veranstaltung von Rundfunk steht – wie beschrieben – nicht nur unter technischen, organisatorischen und personellen Bedingungen. Die inhaltlich unabhängige Erfüllung des öffentlich-rechtlichen Programmauftrages setzt auch eine angemessene Finanzausstattung der Rundfunkanstalten voraus.[378] Verfassungsrechtlicher Rechtfertigungsgrund hierfür ist die Wahrnehmung der für die Demokratie vor dem Hintergrund der Bedeutung von Individual- und Massenkommunikation entscheidenden Aufgaben und die Erfüllung des Grundversorgungsauftrages,[379] bei dem insbesondere Ausgewogenheit unter Berücksichtigung der Bedürfnisse aller gesellschaftlichen Gruppen eine wichtige Rolle spielen.[380] Aus diesem Grund ist es dem öffentlich-rechtlichen Rundfunk verwehrt nur besondere – etwa besonders kaufkräftige Zielgruppen – im Auge zu haben. Das Programm muss alt und jung, arm und reich, intellektuell und weniger intellektuell interessierte Rezipienten gleichermaßen ansprechen. Private Rundfunkunternehmen sind demgegenüber frei, ihr Angebot auf etwa besonders kapitalkräftige Zielgruppen zuzuschneiden. Dieser Nachteil ist gegenüber den öffentlich-rechtlichen Rundfunkanstalten auszugleichen, damit der öffentlich-rechtliche Rundfunk im publizistischen Wettbewerb mit den privaten Veranstaltern bestehen kann.

4.1.3.1 Verfassungsrechtliche Vorgaben im Dualen System. Um seine Aufgaben im dualen System funktionsgerecht wahrnehmen zu können, hat der öffentlich-rechtliche Rundfunk einen Finanzgewährleistungsanspruch gegenüber dem Staat.[381] Im dualen Rundfunksystem vertraut der Gesetzgeber nämlich nur für die privaten Anbieter „im Wesentlichen auf Marktprozesse". Der „öffentlichrechtliche Rundfunk (unterliegt demgegenüber anders als der private) besonderen normativen Erwartungen an sein Programmangebot". Dessen Veranstalter sind „besonderen organisatorischen Anforderungen zur Sicherung der Vielfalt und Unabhängigkeit unterworfen" Die Erfüllung des klassischen Funktionsauftrages umfasst „neben seiner Rolle für die Meinungs- und Willensbildung, neben Unterhaltung und Information (…) kulturelle Verantwortung". Das duale Rundfunksystem ist nur dann verfassungskonform, wenn der öffentlich-rechtliche Rundfunk diese Funktion ausfüllt und „er im publizistischen Wettbewerb mit den privaten Veranstaltern bestehen kann". Nur in diesem Fall sind nämlich die weniger strengen Anforderungen an private Veranstalter zu rechtfertigen.[382] Weil er der Bestands- und Entwicklungsgarantie für den öffentlichrechtlichen Rundfunk verpflichtet ist, „muss der Gesetzgeber vorsorgen, dass die dafür erforderlichen technischen, organisatorischen, personellen

---

377 Kom. (2007) 1761 endg., „Staatliche Beihilfe E 3/2005 – Die staatliche Finanzierung der öffentlich-rechtlichen Rundfunkanstalten", Ziff. 321 ff. Dazu und zu den Auswirkungen der Kommissionsentscheidung auch die Pressemitteilung der Kommission zur Einstellung des Verfahrens gegen die Bundesrepublik Deutschland betr. die Finanzierung des öffentlich-rechtlichen Rundfunks durch die Rundfunkgebühr   http://europa.eu/rapid/pressReleasesAction.do?reference=IP/07/543&format= HTML&aged=0&language=DE&guiLanguage=en und ein Memo zu den Details zur zukünftigen Regelung   http://europa.eu/rapid/pressReleasesAction.do?reference=MEMO/07/150&   format= HTML&aged=0&language=DE&guiLanguage=en.

378 *BVerfGE* 73, 118, 158.

379 *BVerfGE* 73, 118, 158; 87, 181, 199 f.

380 *BVerfGE* 31, 314, 326; 57, 295, 325.

381 *BVerfGE* 74, 297; 83, 238, 310; 87, 181, 198; dazu *Hartstein/Ring/Kreile/Dörr/Stettner* Rundfunkstaatsvertrag, § 12 Rn. 6 ff.

382 *BVerfG* www.bundesverfassungsgericht.de/entscheidungen/rs20070911_1bvr227005.html., Ziff. 122; *BVerfGE* 73, 118, 158 f., 171; 74, 297,325; 83, 238, 297, 316; 90, 60, 90.

Schwartmann

und finanziellen Vorbedingungen bestehen".[383] Insofern muss „das Programmangebot auch für neue Inhalte, Formate und Genres sowie für neue Verbreitungsformen offen bleiben" und der Auftrag „dynamisch an die Funktion des Rundfunks gebunden" sein.[384] Aus diesem Grund „darf der öffentlichrechtliche Rundfunk nicht auf den gegenwärtigen Entwicklungsstand in programmlicher, finanzieller und technischer Hinsicht beschränkt werden".[385] Vielmehr muss die Finanzierung „entwicklungsoffen und entsprechend bedarfsgerecht gestaltet werden" und im Rahmen der funktionsgerechten Finanzierung muss die „Mittelausstattung (…) nach Art und Umfang den jeweiligen Aufgaben des öffentlichrechtlichen Rundfunks gerecht werden".[386]

Diese Vorgaben sind in **§§ 12 ff. RStV** einfachgesetzlich verankert. Die Finanzausstattung muss den öffentlich-rechtlichen Rundfunk in die Lage versetzen, „seine verfassungsmäßigen und gesetzlichen Aufgaben zu erfüllen; sie hat insbesondere den Bestand und die Entwicklung des öffentlich-rechtlichen Rundfunks zu gewährleisten." **131**

4.1.3.2 Sicherung durch Verfahren. Da die Art und Weise der Finanzierung ein Instrument zur Usurpation des Rundfunks durch den Staat wäre, die es aufgrund der Staatsfreiheit des Rundfunks und der daraus resultierenden Programmautonomie von Verfassungs wegen zu verhindern gilt, hat das Bundesverfassungsgericht in Entscheidungen aus den Jahren 1994 und 2007 genaue Vorgaben zum Verfahren der Gebührenfestsetzung gemacht. Es soll insbesondere das Dilemma[387] verfahrensrechtlich absichern, dass die Rundfunkanstalten bei der Art und Weise ihrer Funktionserfüllung weitgehend frei sind.[388]

Nach der 2007 bestätigten[389] Systematik des 8. Rundfunkurteils von 1994[390] soll sich der Betrag, den der öffentlich-rechtliche Rundfunk zur Erfüllung seiner Aufgaben benötigt, nicht anhand von materiellen Regelungen konkretisieren und errechnen lassen. Es ist vielmehr erforderlich, die Rundfunkfreiheit im Zusammenhang mit der Gebührenfestsetzung im Wege eines sachgerechten Verfahrens zu schützen. Dieses hat das **Bundesverfassungsgericht** in Grundzügen vorgegeben[391] und es hat seinen Niederschlag in den **§§ 1 – 7 Rundfunkfinanzierungsstaatsvertrag** (RFinStV) gefunden. Besondere Bedeutung hat dabei die **Kommission zur Überprüfung und Ermittlung des Finanzbedarfs der Rundfunkanstalten** (KEF), für die eine rundfunk- und politikfreie Zusammensetzung vorgeschrieben ist[392] und deren Aufgaben und Befugnisse in § 3 RFinStV niedergelegt sind. Die Unabhängigkeit der KEF-Mitglieder ist zudem durch den Rundfunkfinanzierungsstaatsvertrag ausgestaltet. Das Gremium besteht **132**

---

383 *BVerfG* www.bundesverfassungsgericht.de/entscheidungen/rs20070911_1bvr227005.html., Ziff. 123 (vgl. *BVerfGE* 73, 118, 158).
384 *BVerfG* www.bundesverfassungsgericht.de/entscheidungen/rs20070911_1bvr227005.html., Ziff. 123; (vgl. *BVerfGE* 83, 238, 299; s. schon *BVerfGE* 74, 297, 350 f.).
385 *BVerfG* www.bundesverfassungsgericht.de/entscheidungen/rs20070911_1bvr227005.html., Ziff. 123; vgl. *BVerfGE* 74, 297, 350 f.; 83, 238, 298).
386 *BVerfG* www.bundesverfassungsgericht.de/entscheidungen/rs20070911_1bvr227005.html., Ziff. 123 (vgl. *BVerfGE* 78, 101, 103 f.; 87, 181,198; 90, 60, 90, 99)
387 Dazu *Dörr* in Dörr/Kreile/Cole, Handbuch Medienrecht, E. III. c).
388 *BVerfGE* 90, 60, 91 f. In der Entscheidung aus dem Jahr 2007 zieht das Bundesverfassungsgericht die Grenze beim Funktionsnotwendigen. Vgl. *BVerfG* www.bundesverfassungsgericht.de/entscheidungen/rs20070911_1bvr227005.html., Ziff. 125.
389 *BVerfG* www.bundesverfassungsgericht.de/entscheidungen/rs20070911_1bvr227005.html., Ziff. 128-143.
390 *BVerfGE* 90, 60 ff.
391 S. o. Rn. 131.
392 *BVerfGE* 90, 60, 103.

gem. § 4 RFinStV aus 16 unabhängigen Sachverständigen, die durch die Länder benannt werden und die bestimmten Bereichen entstammen sollen,[393] damit die funktionsgerechte Finanzierung mittels Verfahren gewährleistet wird.

133 Der RFinStV gibt ein **dreistufiges Verfahren**, bestehend aus Bedarfsanmeldung, Bedarfsüberprüfung und Gebührenfestsetzung vor. Die **Bedarfsanmeldung** der öffentlich-rechtlichen Rundfunkanstalten beruht auf ihren Programmentscheidungen und muss sich nach den Grundsätzen der Wirtschaftlichkeit und Sparsamkeit richten. Die fachliche (nicht politische) Kontrolle der **Bedarfsprüfung** durch die KEF bezieht sich darauf, ob sich die Anmeldung im rechtlich umgrenzten Rundfunkauftrag bewegt und ob der abgeleitete Finanzbedarf vorliegt und in Einklang mit den Grundsätzen von Wirtschaftlichkeit und Sparsamkeit ermittelt wurde. Die Prüfung der KEF mündet in einem konkreten Gebührenvorschlag auf der Grundlage des überprüften Finanzbedarfs, der in einem KEF-Bericht an die Landesregierungen niedergelegt wird, der mindestens alle zwei Jahre erstattet werden muss. Er enthält Stellungnahmen, wann und in welcher Höhe eine Neufestsetzung der Rundfunkgebühr erfolgen soll. Die **Festsetzung** der Gebühr erfolgt sodann im Wege des RGebStV. Diesem müssen alle Landesparlamente zustimmen, wobei Abweichungen von dem Vorschlag der KEF nur in begründeten Ausnahmefällen zulässig sind.[394] Eine solche Abweichung darf sich nur aus Gesichtspunkten des Informationszuganges und der Sozialverträglichkeit der Gebühr ergeben.[395] Wenn die Gebühr nicht wie beantragt festgesetzt wird, so ist das im Einzelnen zu begründen.

134 Die Länder hatten die Höhe der Gebühr gemäß Vorschlag der KEF im 8. Rundfunkänderungsstaatsvertrag um 21 Cent monatlich gekürzt. Zudem hatten sie die Erhöhung erst drei Monate später als vorgeschlagen zum 1.4.2005 in Kraft gesetzt. Aus diesem Grund hatten die ARD-Rundfunkanstalten sowie ZDF und Deutschlandradio[396] sowohl gegen die Festsetzung der Rundfunkgebühr für den Zeitraum 1.4.2005 bis 31.12.2008 als auch gegen die Erweiterung der Kriterien zur Bedarfsanmeldung der Rundfunkanstalten ab 1.1.2009 Verfassungsbeschwerden eingelegt.[397] In seiner Entscheidung vom 11.9.2007 gab das Bundesverfassungsgericht den Rundfunkanstalten im Wesentlichen Recht. Die vorgenommene Gebührenfestsetzung unterhalb der KEF-Empfehlung stellt danach eine Verletzung der Rundfunkfreiheit dar.[398] Teilweise verstößt die Abweichungsentscheidung als solche gegen die Rundfunkfreiheit. In anderen Fäl-

---

393 Wirtschaftsprüfung, Betriebswirtschaft, Rundfunkrecht, Medienwirtschaft, Rundfunktechnik, Landesrechnungshöfe, vgl. § 4 Abs. 4 RFinStV.

394 *BVerfGE* 90, 60, 103 f.

395 Im Rahmen der Gebührenerhöhung zum 1.4.2005 haben die Länder den Vorschlag der KEF unterschritten. Vorgeschlagen war eine Erhöhung um 1,09 Euro auf 17,24 Euro, beschlossen wurde eine solche um 88 Cent auf 17,03 Euro monatlich (Art. 6 Nr. 4, 8. RÄndStV). Ab 2009 sollen die Gebühren nach dem Vorschlag der KEF um 93 Cent auf **17,96 €** steigen. Vgl. epd medien 82/2007, 18 f.

396 Vgl. den Vortrag der Intendanten der Kläger und des Ministerpräsidenten Beck in epd medien 34-35/2007, 31 ff.

397 In der mündlichen Verhandlung wurden neben Fragen der aktuellen Gebührenhöhe und -festsetzung sowie der Änderung der KEF-Prüfmaßstäbe auch alternative Gebührenfestsetzungsmodelle erörtert. In den Medien wurde schon vor der Verhandlung über eine grds. Änderung der zuletzt 1994 vertretenen großzügigen Auffassung des Gerichts zum Rundfunkauftrag der öffentlich-rechtlichen Rundfunkanstalten vor dem Hintergrund der Digitalisierung spekuliert; *Theurer* F.A.Z. v. 7.4.2007, S. 43. Die mündliche Verhandlung selbst näherte eher Spekulationen auf eine maßvolle wenn auch spürbare Neuordnung des Gebührenrechts zulasten der Rundfunkanstalten als auf einen Paradigmenwechsel mit Auswirkungen auf das gesamte duale System; vgl. etwa *Lilienthal* epd medien 34-35/2007, 3 ff.

398 *BVerfG* www.bundesverfassungsgericht.de/entscheidungen/rs20070911_1bvr227005.html., Ziff. 158.

Schwartmann

len ist sie für das Gericht nicht nachvollziehbar oder legt nach dessen Wertung offensichtlich falsche Annahmen zugrunde.[399] Das Gericht sah eine Neufestsetzung der Gebühren bis zum 1.1.2009 als nicht erforderlich an. Gegebenenfalls steht den Rundfunkanstalten aber ein Ausgleich zu, wenn sie aufgrund des Abzuges Nachteile erlitten haben.[400]

Eine Kontrolle des Gebührenvorschlages durch den Gesetzgeber ist indes ausdrücklich zulässig, da dieser mit der Festsetzung die demokratische Verantwortung für die Entscheidung trägt.[401] Diese Überprüfungsmöglichkeit stellt für das Gericht keine „bloße Missbrauchskontrolle" dar. Eine Korrektur hat die „Belange der Gebührenzahler" zu berücksichtigen.[402] Da der Weg des Gebührenzahlers zur Information „durch die Höhe der Gebühr unangemessen belastet oder versperrt" werden kann, muss eine Kürzungsentscheidung des Gesetzgebers den „Ausgleich zwischen den Interessen der Bürger und dem Recht der Anstalten zur autonomen Entscheidung über das Rundfunkprogramm im Rahmen des gesetzlichen Funktionsauftrags und auf eine darauf abgestimmte Finanzierung" leisten.[403] Jedenfalls aber ist zu verhindern, dass über die Korrektur der Gebührenentscheidung Medienpolitik betrieben wird.[404] Auch „außerhalb des Rundfunks liegende Faktoren wie die allgemeine wirtschaftliche Lage, die Einkommensentwicklung oder sonstige Abgabenbelastungen der Bürger darf der Gebührengesetzgeber im Rahmen der Abweichungsbefugnis berücksichtigen, soweit sie sich auf die finanzielle Belastung der Gebührenzahler auswirken oder deren Zugang zur Information durch Rundfunk gefährden".[405] **Praktisch** hat der Gesetzgeber freilich nur sehr **geringe Kontrollmöglichkeiten**,[406] weil der Umfang der Rundfunkgebühr vom Funktionsauftrag der Anstalten abhängt, den diese im Ergebnis selbst festlegen.[407] **135**

Die KEF prüft ab 2009 auch, ob der Finanzbedarf, den die Anstalten angemeldet haben, unter Berücksichtigung der gesamtwirtschaftlichen Entwicklung und der Entwicklung der Haushalte der öffentlichen Hand ermittelt wurde (Art. 6 Nr. 2, 8. RÄndStV). Die ebenfalls gegen diese Ergänzung der Prüfkriterien der KEF eingelegte Verfassungsbeschwerde führte nicht zum Er- **136**

---

399 *BVerfG* www.bundesverfassungsgericht.de/entscheidungen/rs20070911_1bvr227005.html., Ziff. 160 ff.

400 *BVerfG* www.bundesverfassungsgericht.de/entscheidungen/rs20070911_1bvr227005.html., Ziff. 199.

401 BVerfG www.bundesverfassungsgericht.de/entscheidungen/rs20070911_1bvr227005.html., Ziff. 146.

402 *BVerfG* www.bundesverfassungsgericht.de/entscheidungen/rs20070911_1bvr227005.html., Ziff. 150.

403 *BVerfG* www.bundesverfassungsgericht.de/entscheidungen/rs20070911_1bvr227005.html., Ziff. 151.

404 *BVerfG* www.bundesverfassungsgericht.de/entscheidungen/rs20070911_1bvr227005.html., Ziff. 152.

405 *BVerfG* www.bundesverfassungsgericht.de/entscheidungen/rs20070911_1bvr227005.html., Ziff. 152.

406 So auch *Lilienthal* epd medien 73/2007, 2. Dem Urteil insofern zust. *Anschlag* Funkkorrespondenz 37/2007, 3 ff.

407 *BVerfG* www.bundesverfassungsgericht.de/entscheidungen/rs20070911_1bvr227005.html., Ziff. 132. „Der Gesetzgeber kann die Funktion des öffentlichrechtlichen Rundfunks in abstrakter Weise festlegen und damit auch den Finanzbedarf umgrenzen (vgl. *BVerfGE* 90, 60,95). Der Genauigkeit dieser gesetzgeberischen Vorgaben sind allerdings durch die Programmfreiheit der Rundfunkanstalten Grenzen gesetzt. In der Art und Weise, wie die Rundfunkanstalten ihren gesetzlichen Funktionsauftrag erfüllen, sind sie frei. Die Bestimmung dessen, was die verfassungsrechtlich vorgegebene und gesetzlich näher umschriebene Funktion aus publizistischer Sicht erfordert, steht ihnen aufgrund der Gewährleistung des Art. 5 Abs. 1 S. 2 GG zu (vgl. *BVerfGE* 90, 60, 91)."

folg, weil diese Kriterien nicht als zusätzlicher Prüfungsgegenstand hinzutreten sollen, sondern im Wege der verfassungskonformen Auslegung als Hilfskriterien für dessen nähere Bestimmung zu verstehen seien.[408]

4.2 Sonstige Finanzierungsquellen des öffentlich-rechtlichen Rundfunks

137 Neben Gebühren kann sich der öffentlich-rechtliche Rundfunk auch aus anderen Quellen finanzieren, grundsätzlich auch über Werbung oder Sponsoring. Diese Finanzierungsformen hält das Bundesverfassungsgericht aber für „vielfaltverengend". Sie dürfen deshalb die Gebührenfinanzierung nicht in den Hintergrund drängen.[409] Inwieweit die teilweise Finanzierung über Werbung und Sponsoring „die Unabhängigkeit des öffentlichrechtlichen Rundfunks gegenüber dem Staat stärken" kann, „bedarf der fortwährenden Überprüfung".[410] Das Gericht ist hier in der Entscheidung von 2007 zurückhaltender geworden, so dass zu erwägen ist, wie weit „die Nutzung dieser Finanzierungsarten angesichts der mit ihr verbundenen Risiken einer Rücksichtnahme auf die Interessen der Werbewirtschaft, einer zunehmenden Ausrichtung des Programms auf Massenattraktivität sowie einer Erosion der Identifizierbarkeit öffentlichrechtlicher Programme weiterhin rechtfertigen kann".[411] Der RStV lässt jedenfalls bislang in § 13 für die öffentlich-rechtlichen Rundfunkanstalten auch „sonstige Einnahmen" zu. Hierzu zählt insbesondere eine begrenzte Finanzierung durch Werbung und Sponsoring. Nach § 16 RStV sind im Fernsehen an Werktagen jeweils maximal 20 Minuten Werbung vor 20.00 Uhr zulässig. Die Grenze für den Hörfunk liegt grundsätzlich bei 90 Minuten werktäglich. Die Höchstgrenzen haben insbesondere den Sinn, die Konkurrenz auf dem Werbemarkt für private Rundfunkunternehmen zu senken. § 15 RStV enthält Maßgaben für die Art und Weise des Einfügens von Werbung. Sponsoring nach § 2 Abs. 2 Nr. 7 RStV ist für den öffentlich-rechtlichen Rundfunk auch außerhalb der Werbezeiten zulässig. Teleshopping gem. § 2 Abs. 2 Nr. 8 RStV nach § 18 RStV indes grds. nicht.

---

408 *BVerfG* www.bundesverfassungsgericht.de/entscheidungen/rs20070911_1bvr227005.html., Ziff. 200 ff.

409 *BVerfG* www.bundesverfassungsgericht.de/entscheidungen/rs20070911_1bvr227005.html., Ziff. 127. Vgl. auch *BVerfGE* 83, 238, 311; 87, 181, 199; 90, 60, 91.

410 So *BVerfGE* 83, 238, 290 f.; 90, 60, 91.

411 *BVerfG* www.bundesverfassungsgericht.de/entscheidungen/rs20070911_1bvr227005.html., Ziff. 127. Auf den insoweit festzustellenden Wechsel weist zu Recht *Prantl* SZ v. 12.9.2207, S. 4 mit dem Hinweis „Das heißt im Klartext: Werbung und Sponsoring sind zu streichen." hin.

3. Abschnitt

Rundfunkrecht II – Privater Rundfunk

Literatur: *Bethge* Kommentierung zu Art. 5 GG in Sachs (Hrsg.), Grundgesetz, Kommentar, 1996; *Bornemann/Lörz* Bayerisches Mediengesetz, 1997; *Dörr* Sicherung der Meinungsvielfalt in Eberle/Rudolf/Wasserburg (Hrsg.), Mainzer Rechtshandbuch der Neuen Medien, 2003, S. 116; *ders.* Vielfaltsicherung im bundesweiten Fernsehen, Sonderheft AfP 2007, 33; *Dörr/Schwartmann* Medienrecht, 2006; *Goldammer/Lessig* Teleshopping in Deutschland, 2005; *Groh* Die Bonusregelungen des § 26 Abs. 2 S. 3 des Rundfunkstaatsvertrages, 2005; *Hain* Die Kontroverse um „quantitative" oder „qualitative" Bestimmung vorherrschender Meinungsmacht im Sinne des § 26 Abs. 1, 2 des Rundfunkstaatsvertrages, MMR 2000, 537; *Hartstein/Ring/Kreile/Dörr/Stettner* Jugendschutz, 2003; *Heine/Kerber* Zentralität und Dezentralität von Regulierung in Europa, 2007; *Hepach* Nochmals: Verfahrensrechtlicher Status und materielle Prüfungskompetenz der KEK. Erwiderung auf Renck-Laufke, ZUM 2006, 907 und 2007, 40; *Hesse* Rundfunkrecht. Die Organisation des Rundfunks in der Bundesrepublik Deutschland, 3. Aufl. 2003; *Holznagel/Schumacher* Die Medienaufsicht im föderalen Bundesstaat – Veränderungsmöglichkeiten im Zuge der Föderalismusreform in Heine/Kerber (Hrsg.), Zentralität und Dezentralität von Regulierung in Europa, 2007; *Hufen* Verwaltungsprozessrecht, 4. Aufl. 2005; *Janik* Kapitulation vor der eingetretenen Kapitulation?, AfP 2002, 104; *Jarass/Pieroth* Grundgesetz für die Bundesrepublik Deutschland, 9. Aufl. 2007; *Lehr* Das Mandat im Medienrecht in Johlen/Oerder (Hrsg.), Münchener Anwaltshandbuch Verwaltungsrecht, 2. Aufl. 2003; *von Mangoldt/Klein/Starck* Das Bonner Grundgesetz, Band 1, 5. Aufl. 2000; *Palzer* Co-Regulierung als Steuerungsform für den Jugendschutz in den audiovisuellen Medien – eine europäische Perspektive, ZUM 2002, 875; *Prütting* Die Vermutung vorherrschender Meinungsmacht in Stern/Prütting(Hrsg.), Marktmacht und Konzentrationskontrolle auf dem Fernsehmarkt, 2000; *Renck-Laufke* Das Spannungsfeld zwischen Landesmedienanstalten und KEK am Beispiel des Springerkonzerns, ZUM 2006, 907; *Schwartmann* Fusionen von Medienunternehmen im Spannungsfeld von Verfassungs-, Kartell- und Medienrecht in Böge/Doetz/Dörr/Schwartmann, Wieviel Macht verträgt die Vielfalt, 2007 S. 9; *Terhechte* Kommentierung der §§ 43, 44, 44a VwGO und des § 53 VwVfG in Fehling/Kastner/Wahrendorf (Hrsg.), Verwaltungsrecht – VwVfG – VwGO Kommentar, 2006; *Umbach/Clemens* Grundgesetz, 2002.

I. Regulierung von Rundfunkinhalten

1. Einleitung

Die Rundfunkpraxis ist durch das Spannungsfeld der unterschiedlichen und teilweise sogar gegensätzlichen Zielrichtungen des eigenen Systems gekennzeichnet. Dieses Spannungsfeld nimmt täglich zu, da schon die Definition des Begriffs *Rundfunk* immer unklarer wird. Überdies können diejenigen, die Rundfunk betreiben, kaum noch in die klaren Lager des privaten und des öffentlich-rechtlichen Fernseh- und Hörfunkveranstalter eingeordnet werden. Zudem befindet sich der Rundfunk spätestens seit dem Entstehen des privaten Rundfunks vor über 20 Jahren in einem ständigen Spannungsfeld zwischen Kulturgut und Element der Vielfaltsicherung ganz im Sinne des Art. 5 GG einerseits und einem Wirtschaftsgut im Sinne des Art. 14 GG andererseits: Rundfunk soll immer zugleich Kulturgut und Wirtschaftsgut sein, Motor für neue Technologien und Bewahrer althergebrachter Nutzungsgewohnheiten. Rundfunk soll den bildungsbürgerlichen Vorstellungen von Qualität genügen und gleichzeitig neu und innovativ sein. Darüber hinaus sind Rundfunkunternehmen immer auch Arbeitgeber, sie investieren in

1

Inhalt und Technologie. Und nach dem Wunsche vieler soll dabei der kommerzielle Aspekt des Rundfunks nach Möglichkeit nicht sichtbar und schon gar nicht prägend sein.

2   In diesem Zusammenhag stellt sich auch die Frage der Regulierung von Inhalten. Vor dem Hintergrund des Art. 5 GG ist bereits der Ansatz, dass Inhalte reguliert werden sollen, ein Spannungsfeld wie wir es im Bereich der Verfassungsgüter regelmäßig finden.[1] Allerdings dürfte es kaum einen grundrechtlichen Bereich geben, der so anfällig für die Projektion grundsätzlicher Meinungen und Ideologien, von ästhetischem Empfinden und persönlicher Überzeugungen auf die Schranken eines Grundrechts sein kann wie im Bereich der Rundfunkfreiheit.[2] Vor diesem Hintergrund erscheint es notwendig, den – wenn nicht unbestimmten so doch unklaren – Begriff der Regulierung zu definieren oder zumindest einzuschränken. Schließlich kann mit der Regulierung des Rundfunks eine technische Regulierung ebenso gemeint sein wie eine inhaltliche Regulierung oder an der Schnittstelle zum Telekommunikationsrecht auch eine ökonomische Regulierung.

2. Rundfunkpraxis und Regulierung

3   Für Marktteilnehmer, die neu in den Rundfunkmarkt eintreten, ist die Intensität des täglichen Einflusses der Rundfunkregulierung auf das Tagesgeschäft eines Senders, eines Infrastrukturbetreibers oder anderer im Rundfunkmarkt Aktiver kaum erahnbar und umso verwirrender. Der Bereich des Rundfunks unterliegt neben den allgemeinen Kriterien, nach denen ein Gewerbe ausgeübt werden darf, noch weiteren Regelungen, die erfüllt sein müssen, um als Rundfunkanbieter lizenziert zu werden.[3] So gilt wie in anderen Wirtschaftszweigen das Kartellrecht auch für Unternehmen im Rundfunkbereich, es wird jedoch durch die Regelungen des Medienkonzentrationsrechts ergänzt.[4] Bei der Kommerzialisierung des Geschäftsmodells tritt neben die allgemeinen Vorschriften des UWG ein üppiger Katalog an europäischen, nationalen bzw. föderalen Vorgaben bis hin zu der Frage, wie viele Minuten Sendezeit zwischen unterschiedlichen Werbeblöcken liegen dürfen.[5] Und schließlich gibt es im Rundfunkmarkt etwas, was man in dieser Form in kaum einem anderen Markt findet: eine nicht marktfinanzierte Säule. Das duale Rundfunksystem, das für Gesellschaft und Nutzer in vielerlei Hinsicht ein Segen sein kann, ist in der Praxis eines Wirtschaftsunternehmens oftmals ein regulativer Fluch. Umso wichtiger ist es, sich frühzeitig an diese Welt der Regulierung zu gewöhnen und sie als das zu nehmen, was sie ist: eine *condicio sine qua non*, ohne die das Agieren in einem politisch, juristisch und

---

1   Die Grundrechte aus Art. 5 GG werden nicht absolut geschützt. Sie können vielmehr durch sog. Schrankengesetze begrenzt werden. Schrankengesetze sind im Rahmen der in Art. 5 Abs. 2 GG genannten Voraussetzungen zulässig. Dort werden als Schranken der Rundfunkfreiheit die Vorschriften der allgemeinen Gesetze, die gesetzlichen Bestimmungen zum Schutze der Jugend und das Recht der persönlichen Ehre genannt. Art. 5 Abs. 2 GG ist insofern eine verfassungsunmittelbare Schranke.

2   Art. 5 gehört zu den umfangreichsten und aufwändigsten Regelungen des Grundrechtskatalogs (vgl. *Bethge* in Sachs Art. 5 GG Rn. 8); nach *BVerfGE* 13, 54, 80; 35, 202, 222 ist hierbei die Rundfunkfreiheit von fundamentaler Bedeutung.

3   Wobei diese Voraussetzungen zunehmend rückläufig sind; vgl. exemplarisch §§ 12 ff. LMedienG Baden-Württemberg; §§ 17 ff. Staatsvertrag über das Medienrecht in Hamburg und Schleswig-Holstein (Medienstaatsvertrag HSH v. 13.6.2006) mit Änderungen gem. erstem Änderungsstaatsvertrag v. 13.2.2007 (noch nicht ratifiziert).

4   Das Medienkonzentrationsrecht ist für den Rundfunkbereich in den §§ 26-34 RStV geregelt; die verfahrensrechtlichen Aspekte sind in den §§ 35-37 und 20-25 sowie § 29 RStV enthalten.

5   Art. 10-20 der jetzt noch gültigen Richtlinie „Fernsehen ohne Grenzen" (89/552/EWG) des Rates zur Koordinierung bestimmter Rechts- und Verwaltungsvorschriften der Mitgliedstaaten über die Ausübung der Fernsehtätigkeit v. 3.10.1989 (EU-Richtlinie „Fernsehen ohne Grenzen"); die Vorschrift in § 44 Rundfunkstaatsvertrag für den privaten Rundfunk entspricht den europäischen Vorgaben.

Schmid

ökonomisch so sensiblen Bereich letztendlich nicht möglich wäre. Dies gilt auch dann, wenn die Regulierung im Einzelfall nur noch auf Grund ihrer historischen Herleitung verständlich ist und oft genug an die Grenzen ihrer Sinnhaftigkeit stößt. Im Folgenden erscheint es daher notwendig darzulegen, woher die unterschiedlichen Regulierungsrahmen kommen, wer sie setzt und wer sie anwendet. Weiterhin sollen die kommenden Seiten durch die Fülle unterschiedlicher Regulierungsinstitutionen zu führen und einige Schwerpunkte der Regulierung zu skizzieren.

3. Was ist Regulierung?

Der Rundfunk genießt als Ausfluss der Rechte des Art. 5 GG eine besondere, hervorgehobene 4
und privilegierte Stellung.[6] Kern dieser Rundfunkfreiheit ist die Darstellung, Verbreitung und Entwicklung von Meinungen und Ansichten durch ein Massenmedium. Als solches muss der Rundfunk – öffentlich-rechtlich und privat-rechtlich – frei von staatlicher Einflussnahme sein.[7] Im Gegensatz zur Presse, die ebenfalls Gegenstand von Art. 5 GG ist, wohnt dem Rundfunk[8] jedoch die Besonderheit inne, dass er durch die Verbindung von Bild und Ton und seine teilweise sekundengenaue Aktualität sowie durch seine theoretische, gleichzeitige Einwirkungsmöglichkeit auf Millionen von Zuschauern eine besondere Suggestivkraft entwickelt. Aus dieser besonderen Situation des Rundfunks resultiert eine besondere Verantwortung. Diese Verantwortung kann ein Rechtfertigungsgrund für einen Regulierungsrahmen sein, der in Einzelfällen über das Regulierungsgerüst der Pressefreiheit hinausgeht. Anderseits darf und muss dieser Regulierungsrahmen immer nur die Ausnahme bleiben, da er andernfalls den Kern der Rundfunkfreiheit verletzt, ohne dabei zu ihm vordringen zu müssen. Die Regulierung des Rundfunks auch in inhaltlicher Hinsicht erfolgt in der Praxis durch eine Vielzahl unterschiedlicher Normen. Hintergrund für die Normenvielfalt ist der Umstand, dass Rundfunk einerseits in der Regelungshoheit der Länder liegt, anderersets aber in aller Regel national verbreitet wird, weswegen es auch einheitlicher Regelungen bedarf.

4. Wer reguliert den privaten Rundfunk?

Um die Regulierungsdichte und –inhalte zu verstehen, ist es hilfreich, sich zu vergegenwärti- 5
gen, wer die Grundlagen für die Regulierung setzen darf, wer die Gesetzgebungshoheit hat.

---

6 *Starck* in v. Mangoldt/Klein/Starck Art. 5 GG, Rn. 94 ff.; *Wendt* in v. Münch/Kunig Art. 5 GG Rn. 44 ff.; *Clemens* in Umbach/Clemens Art. 5 GG Rn. 90 ff.; *Bethge* in Sachs Art. 566 Rn. 90 ff.; *Jarass* in Jarass/Pieroth Art. 5 GG Rn. 35 ff. Für den Rundfunkbegriff existiert keine allgemein gültige Definition. Weder das GG noch das BVerfG haben eine abschließende Begriffsbestimmung vorgegeben. Vielmehr wurde gerichtlich klargestellt, dass der Rundfunkbegriff dynamisch zu verstehen ist (vgl. hierzu *BVerfGE* 83, 238, 302). Rundfunk ist nach dem verfassungsrechtlichen Rundfunkbegriff als die Verbreitung von Darbietungen aller Art, die für die Allgemeinheit bestimmt sind und fernmeldetechnisch verbreitet werden, zu verstehen. Den Ländern, denen die Gesetzgebungskompetenz für den Rundfunk zusteht, haben in § 2 Abs. 1 S. 1, 2 RStV v. 31.8.1991 (*BVerfGE* 12, 205, 226) den Rundfunk als die für die Allgemeinheit bestimmte Veranstaltung und Verbreitung von Darbietungen aller Art in Wort, in Ton und in Bild unter Benutzung elektrischer Schwingungen ohne Verbindungsleitung oder längs oder mittels eines Leiters definiert. Der Begriff schließt Darbietungen ein, die verschlüsselt werden oder gegen besonderes Entgelt empfangbar sind (vgl. zum Rundfunkbegriff *Herrmann/Lausen* Rundfunkrecht, 2. Aufl. 2004, § 2 Rn. 1 ff.).

7 Zuletzt *BVerfG* 1 BvR 2270/05 v. 11.09.2007, S. 130.

8 Im Folgenden wird auf das Fernsehen eingegangen. Die Aspekte gelten für Hörfunk entspr., jedoch gibt es historisch bedingt Unterschiede, insbesondere in der Praxis von Aufsicht und Regulierung.

4.1 Gesetzgeber

6 Wie oben dargestellt, nimmt der Gesetzgeber auf unterschiedlichen Ebenen mit verschiedenen Gesetzen unmittelbar und mittelbar Einfluss auf die inhaltliche Regulierung des Rundfunks. Im Einzelnen wie folgt:

- die Länder: Landesmediengesetze, Medienstaatsverträge sowie Rundfunkstaatsvertrag und Jugendmedienschutzstaatsvertrag
- der Bund: Telekommunikationsgesetz
- die Europäische Union: EU-Fernsehrichtlinie, Richtlinie für audiovisuelle Inhalte sowie EU-TK-Package

4.2 Regulierungsbehörden

7 So vielfältig wie die Gesetzgebung ist auch die Rundfunkaufsicht durch die unterschiedlichen Institutionen für privaten und öffentlich-rechtlichen Rundfunk sowie bei Bund, Ländern und schließlich auch der Europäischen Union. Die Regulierungsbehörden werden im Einzelnen in der Folge im Zusammenhang mit ihren jeweiligen konkreten Aufsichtsaufgaben dargestellt. Zusammenfassend lässt sich jedoch sagen, dass sich das Regulierungs- und Aufsichtssystem am Gesetzgebungssystem ausrichtet und damit für den Bereich Rundfunk und Teledienste schwerpunktmäßig bei den Ländern liegt. Hinsichtlich technischer Infrastrukturen allerdings finden sich entsprechend der Zuständigkeit des Bundes für den Bereich der Telekommunikation auch die Aufsichtskompetenzen bei Bundesinstitutionen wie dem Bundeswirtschaftsministerium und der Bundesnetzagentur wieder.

II. Die Strukturen des privaten Rundfunks

8 Die Strukturen privater Rundfunkunternehmen unterscheiden sich im deutschen Markt erheblich voneinander. So finden sich neben den klassisch werbefinanzierten Sendern wie beispielsweise RTL, VOX, Pro7, Sat.1, RTL II, Das Vierte, Tele 5 usw. auch zunehmend private Fernsehveranstalter, die ihre Finanzierung schwerpunktmäßig aus anderen Quellen beziehen. Eine wachsende Bedeutung wird hierbei voraussichtlich die Refinanzierung von Programmen durch die Geschäftsmodelle Pay-TV in allen seinen Ausformungen (Pay-per-View, Video-on-demand usw.) bekommen. Zentraler Anbieter im deutschen Markt hierfür ist momentan Premiere.

9 Daneben hat sich in den letzten 10 Jahren aber auch das transaktionsfinanzierte Fernsehen in unterschiedlichsten Ausgestaltungen etabliert. Seit nunmehr 11 Jahren gibt es mit HSE 24 (ehemals HOT) Teleshopping im deutschen Fernsehmarkt. Gemeinsam mit QVC und dem RTL-Shop hat sich diese anfangs belächelte Gattung einen konstanten Seher- bzw. Kundenkreis erarbeitet und kann mit einem Umsatzvolumen von ca. 1 Mrd. Euro/Jahr einen anfangs kaum vermuteten wirtschaftlichen Erfolg für sich verbuchen. Allerdings handelt es sich bei diesen Sendern nach heutigem Verständnis auf Grund der geringen Meinungsbildungsrelevanz nicht um Rundfunk, sondern um Teledienste (ehemals Mediendienste). Das bedeutet vor allem, dass zum Betrieb eines Senders keine Rundfunklizenz erforderlich ist. Im Interesse der Rechtssicherheit kann allerdings eine Unbedenklichkeitsbescheinigung beantragt werden, die die Verzichtbarkeit der Lizenz bestätigt. Im Übrigen werden Teledienste in vielerlei Hinsicht wie Rundfunk behandelt bzw. es wird unmittelbar auf die für Rundfunk einschlägigen Vorschriften verwiesen.[9]

---

9 Dazu §§ 54 ff. RStV.

Zudem haben sich mit der Gründung von 9Live weitere Formen des transaktionsfinanzierten Fernsehens etabliert. **10**

Der ganz überwiegende Teil der Finanzierung des privaten Rundfunks erfolgt allerdings auch weiterhin über Werbeeinnahmen. Das Ziel der Finanzierung aus anderen Quellen – sog. Diversifikation – liegt bei den klassischen Senderunternehmen bei etwa 15–20 %. **11**

Strukturell wird sich durch die Digitalisierung auch die Landschaft der TV-Anbieter verändern. Der technische und finanzielle Aufwand Bewegtbild zu erstellen, nimmt drastisch ab. Gleichzeitig nehmen die technischen Verbreitungsmöglichkeiten deutlich zu. Dies führt zu einem sprunghaften Anstieg der Veranstalterzahl, die sich dabei um eine in etwa gleich bleibende Gruppe von potenziellen Zusehern und um einen wesentlichen unveränderten „Werbekuchen" zur Refinanzierung bemühen müssen. Diese Fragmentierung des Marktes führt somit zunehmend zu einer verstärkten Notwendigkeit, die Finanzierung der Veranstalter nicht mehr alleine am Wirtschaftsfaktor Werbung auszurichten. Gleichzeitig wird die Finanzierung großer TV-Ereignisse zunehmend problematisch, da die Refinanzierung derartiger Ereignisse am privaten Rundfunkmarkt auf Grund der genannnten Parameter wachsenden Herausforderungen ausgesetzt ist. **12**

Entsprechend ist die Struktur privater Fernsehveranstalter je nach ihrer Position in diesem sich auffächernden Markt außerordentlich unterschiedlich. So finden sich die großen Senderfamilien wie RTL (RTL, VOX, n-tv, RTL Shop, SuperRTL, Passion, Crime, Living), Pro7Sat1 (Pro7, Sat.1, Kabel1, Sat.1 Comedy, Kabel 1 classics) und Viacom (M-TV, Viva, Comedy Central, Nickelodeon) sowie Pay-TV-Anbietern wie Premiere, die ihrerseits wiederum neben eigenen Angeboten eine Vielzahl weiterer Anbieter auf ihrer Plattform zur Verfügung stellen. Die Anzahl kleinerer Gruppen von Sendern sowie einzelner Sender, die sich oft auf sehr spezielle Zielgruppen ausgerichtet haben, ist dabei gleichfalls stark zunehmend. So findet sich hier neben den klassischen Spartenkanälen wie dem DSF oder Tele 5 auch fast jedes denkbare andere Angebot von TV-Gusto über den Literaturkanal Lettra bis hin zu Beate-Uhse-TV. Auch die dahinter stehenden Gesellschafterstrukturen weisen alle Facetten eines prosperierenden Marktes auf. **13**

Zunehmend muss man aber auch feststellen, dass sich bestimmte, durchaus als wertvoll empfundene, Inhalte wie bspw. Nachrichtenkanäle oder aufwendige TV-Produktionen nur mit Hilfe der positiven Effekte von großen Sendergruppen darstellen lassen. Insoweit laufen in solchen Fragen die Zielsetzungen des Medienkonzentrationsrechtes einerseits und der Wunsch nach darstellbarem „Public Value" im Bereich privater Medien andererseits gegeneinander. Es wird eine der zentralen Herausforderungen der kommenden 2 Jahre sein, hier ein zielgerichtes unflexibles System zu etablieren, das eine Mitwirkung des privaten Rundfunks an solchen Inhalten ermöglicht. Dies setzt allerdings die nicht besonders populäre Erkenntnis voraus, dass auch das eine Frage des Geldes ist. **14**

III. Besonderheiten der Regulierung des privaten Rundfunks

Private Rundfunkveranstalter bedürfen gemäß der Landesmedien- bzw. Landesrundfunkgesetze grds. der Zulassung, über deren Vergabe und Einhaltung die Landesmedienanstalten entscheiden bzw. wachen. Die Landesmedienanstalten spielen somit als föderale Regulierungsbehörde für den privaten Rundfunk eine zentrale Rolle. **15**

1. Die Landesmedienanstalten

16 Die einer begrenzten Rechtsaufsicht der Länder unterliegenden Landesmedienanstalten üben über die privaten Veranstalter eine eingeschränkte Aufsicht aus. Gemeinsam mit den privaten Veranstaltern sind die Landesmedienanstalten die zweite Säule des dualen Rundfunksystems neben dem öffentlich-rechtlichen Rundfunk.[10] Die Autonomie der Landesmedienanstalten gegenüber dem Staat ist dadurch grundrechtlich gesichert. Die Landesmedienanstalten können ihre autonomen Entscheidungsbefugnisse also unter Berufung auf das Grundrecht der Rundfunkfreiheit verteidigen. Diese Autonomie bedeutet aber nicht, dass es im Ermessen der Landesmedienanstalten stünde, im Sinne einer Aufsicht des Rundfunkmarktes tätig zu werden oder dies zu unterlassen. Für die Landesmedienanstalten ist ihre detailliert geregelte Tätigkeit eine Pflichtaufgabe, bei der Arbeitsfeld und Ausgestaltung des Handelns gesetzlich vorgegeben sind.[11] Die Anstalten vermitteln den privaten Rundfunkveranstaltern individuellen Freiraum. Sie sind für die Organisation des privaten Rundfunks verantwortlich und sichern dessen Funktionsfähigkeit. Aufgrund des Pluralitätsgebots müssen die Landesmedienanstalten, die rechtlich verselbständigte und grundrechtsichernde Verwaltungseinheiten sind, gesellschaftsplural organisiert sein. Ihre Entscheidungen müssen von plural und staatsfrei zusammengesetzten Gremien getroffen werden.[12] Auch für die Rechtsstellung der Landesmedienanstalten kommt dem Gebot der Staatsfreiheit wegen Art. 5 Abs. 1 S. 2 GG eine wichtige Bedeutung zu. Sie kooperieren, um ihre Aufgaben erfüllen zu können, miteinander. So wurden gemeinsame Einrichtungen (zentrale Kommissionen) wie die Kommission zur Ermittlung der Konzentration im Medienbereich (KEK) oder die Kommission für Jugendmedienschutz (KJM),[13] eingerichtet, deren Entscheidungskompetenzen in den Staatsverträgen festgeschrieben sind.

17 Bei den Landesmedienanstalten handelt es sich um rechtsfähige Anstalten des öffentlichen Rechts,[14] bei denen zur Wahrung der Staatsfreiheit eine organisatorische Ausgliederung aus dem staatlichen Verwaltungsaufbau notwendige Voraussetzung ist. Zusätzlich steht ihnen ein Selbstverwaltungsrecht zu, das auch die Satzungsautonomie umfasst. Soweit jedoch materielle Regelungen mit Außenwirkung auf private Veranstalter getroffen werden, bedarf es hierzu einer ausdrücklichen gesetzlichen Ermächtigung.

1.1 Aufgabe der Landesmedienanstalten

18 Die Aufgabe der Landesmedienanstalten besteht in ihrem Kernbereich in der Überwachung der Einhaltung der Bestimmungen der Landesmediengesetze.[15] Daneben erstreckt sich ihr Tätigkeitsbereich u.a. auf die Lizenzierung von privaten TV- und Hörfunksendern, die Vergabe der freien Kanäle, die Programmkontrolle, den Erlass von Richtlinien und Satzungen für die Durchführung der Gesetze sowie die Organisation des technischen Ausbaus des privaten

---

10 *Dörr/Schwartmann* Rn. 188.
11 Eingehend zur Einordnung der Landesmedienanstalten in den Staatsaufbau *BVerfGE* 57, 295; vgl. auch *Dörr/Schwartmann* Rn. 199.
12 *Dörr/Schwartmann* Rn. 200.
13 Auf der Grundlage des Staatsvertrages über den Schutz der Menschenwürde und den Jugendschutz (JMStV) von 2003.
14 Z.B. § 29 LMedienG Baden-Württemberg; Art. 10 BayMG; § 7 MStV B-B; § 35 BremLMG; § 48 HPRG; § 2 RundfG-M-V; §§ 87 LMG NRW; zur Rechtsnatur *Dörr/Schwartmann* Rn. 196.
15 Z.B. § 30 LMedienG B-W; Art. 11 BayMG; § 8 MStV B.-B; § 35 BremLMG; § 48 HPRG; § 39 NMedienG; §§ 27, 88 LMG NRW.

        Schmid

Rundfunks. Entsprechend der Anzahl der Landesmediengesetze bzw. Medienstaatsverträge gibt es 14 Landesmedienanstalten.[16]

1.2 Zusammenwirken der Landesmedienanstalten

Mit Blick auf eine standortunabhängige Gleichbehandlung privater Veranstalter sowie der besseren Durchsetzbarkeit bundesweiter Entscheidungen haben sich die Landesmedienanstalten für die Bearbeitung grundsätzlicher, länderübergreifenden Angelegenheiten zu der **„Arbeitsgemeinschaft der Landesmedienanstalten in der Bundesrepublik Deutschland** (ALM) zusammengeschlossen. In den sog. „Grundsätzen für die Zusammenarbeit der Arbeitsgemeinschaft der Landesmedienanstalten in der Bundesrepublik Deutschland ALM"[17] sind insofern die näheren Bezeichnungen der Aufgabenbereiche der ALM, auf die sich die jeweilige Abstimmung im Einzelfall beziehen soll, festgelegt.[18] Die Zusammenarbeit der Landesmedienanstalten innerhalb der ALM erfolgt über die drei Ebenen.[19] Dabei stellt die der **Direktorenkonferenz der Landesmedienanstalten** (DLM) in der Praxis eine zentrale Institution dar, die als gemeinsame Einrichtung der Landesmedienanstalten fungiert. Die DLM ist ein Zusammenschluss der gesetzlichen Vertreter (Direktor, Präsident) der 14 Landesmedienanstalten. Zu ihren Aufgaben gehört die Bearbeitung von Fragen der Zulassung und Kontrolle von bundesweiten Rundfunkangeboten sowie der Entwicklung des Digitalen Rundfunks.

Darüber hinaus beraten die Landesmedienanstalten über technische Fragen in der **Technischen Kommission der Landesmedienanstalten (TKLM)**, deren Arbeit darauf ausgerichtet ist, am Markt befindlichen und neuen Rundfunkunternehmen Perspektiven für die Digitalisierung aufzuzeigen sowie den Umstieg von analogen zu digitalen Technologien zu erleichtern. Zur Beobachtung der medienpolitischen Entwicklungen innerhalb der EU bestimmt die DLM aus dem Kreis der Direktoren den Europabeauftragten, einen Beauftragten für Bürgermedien, einen Beauftragten für Hörfunk, einen Beauftragten für Verwaltung sowie einen Beauftragten für Recht.[20]

19

---

16 LFK(Landesanstalt für Kommunikation) Baden-Württemberg, BLM (Bayerische Landesanstalt für Neue Medien) Bayern, LPR (Landesanstalt für privaten Rundfunk) Hessen, LMS (Landesanstalt für Neue Medien des Saarlandes) Saarland, LMK (Landeszentrale für Medien & Kommunikation) Rheinland-Pfalz, LFM (Landesanstalt für Medien) Nordrhein-Westfalen, NLM (Niedersächsische Landeszentrale für Medien) Niedersachsen, Brema (Bremische Medienanstalt) Bremen, MAHSH (Medienanstalt Hamburg & Schleswig-Holstein) Hamburg & Schleswig-Holstein, LRZ (Landesrundfunkzentrale) Mecklenburg-Vorpommern, MABB (Medienanstalt Berlin-Brandenburg) Berlin-Brandenburg, TLM (Thüringische Landesanstalt für Medien) Thüringen, SLM (Sächsische Landesmedienanstalt) Sachsen, MSA (Medienanstalt Sachen-Anhalt) Sachsen-Anhalt.
17 ALM-Statut v. 20.1.2004, abrufbar unter www.alm.de unter der Rubrik „Rechtsgrundlagen".
18 Einzelne Aufgabenbereiche: Wahrnehmung der Interessen der Mitgliedsanstalten auf dem Gebiet des Rundfunks auf nationaler und internationaler Ebene, Informations- und Meinungsaustausch mit Rundfunkveranstaltern, die Behandlung gemeinsamer Angelegenheiten im Bereich der audiovisuellen Medien, insbesondere Programm, Recht, Technik, Forschung, Medienkompetenz und Finanzierung, Einholung von Gutachten zu Fragen, die für die Aufgaben der Mitgliedsanstalten von grds. Bedeutung sind, Beobachtung und Analyse der Programmentwicklung sowie Erarbeitung von Stellungnahmen und Erfahrungsberichten hierzu.
19 Der Direktorenkonferenz der Landesmedienanstalten (DLM); die Gremienvorsitzendenkonferenz (GVK) sowie die Gesamtkonferenz (GK).
20 *Holznagel/Schumacher* in Heine/Kerber, S. 332.

1.3 Gemeinsame Stellen der DLM

20   Die **Gemeinsame Stelle Programm, Werbung und Medienkompetenz** (GSPWM) ist von der DLM beauftragt, eine ländereinheitliche Auslegungs- und Anwendungspraxis bei Verstößen gegen Programmgrundsätze und Werberegelungen herbeizuführen. Sie erarbeitet Empfehlungen für rechtsaufsichtliche Maßnahmen für die jeweils zuständige Landesmedienanstalt. Weiterhin stimmt sie über Anträge von bundesweit verbreiteten Fernsehprogrammen und Mediendiensten ab.[21]

21   Die **Gemeinsame Stelle Digitaler Zugang** (GSDZ) bearbeitet und koordiniert bundesweit Fragen des digitalen Zugangs. Grundlage für die Tätigkeit der GSDZ sind die rundfunkstaatsvertragliche Bestimmung über die „Zugangsfreiheit" (§ 53 RStV) und die gemeinsame „Satzung über die Zugangsfreiheit zu digitalen Diensten" der Landesmedienanstalten vom 1.11.2000. Sie soll im Wesentlichen einen chancengleichen Zugang ermöglichen, einen neutralen Ansprechpartner und Moderator für Wirtschaft und Zuschauer darstellen, die technische und kulturelle Entwicklung fördern und beraten sowie als Garant für die Medienfreiheit in der digitalen Welt einstehen.[22]

1.4 Zentrale Kommission

22   Für einzelne Gebiete haben die DLM bzw. der Gesetzgeber zentrale Kommissionen eingesetzt, die regelmäßig aus Vertretern der einzelnen Landesmedienanstalten sowie unabhängigen wissenschaftlichen Experten zusammengesetzt werden.

1.4.1 Sicherung der Meinungsvielfalt

23   Solche Institutionen existieren u.a. für den Bereich der Sicherung der Meinungsvielfalt. Es handelt sich dabei um die **KEK** (Kommission zur Ermittlung der Konzentration im Medienbereich) und die **KDLM** (Konferenz aller Direktoren der Landesmedienanstalten).

24   Die KEK ist ein staatsfernes, standortunabhängiges Organ „für die abschließende Beurteilung von Fragestellungen der Sicherung von Meinungsvielfalt im Zusammenhang mit der bundesweiten Veranstaltung von Fernsehprogrammen" (§ 36 Abs. 1 S. 1 RStV). Ihre Aufgabe ist es, die Einhaltung der Bestimmungen zur Sicherung der Meinungsvielfalt im Fernsehen zu überprüfen (Konzentrationskontrolle) und die entsprechenden Entscheidungen zu treffen.[23] Die Beurteilung der KEK ist für die jeweils zuständige Landesmedienanstalt bindend.[24] Auch der KDLM kommt die Funktion der Vielfaltsicherung im Medienbereich zu. Sie muss von einer zuständigen Landesmedienanstalt angerufen werden, sobald diese vom Votum KEK abweichen möchte. Die KDLM dient nach § 35 i.V.m. § 36 Abs. 1 RStV ebenso wie die KEK der jeweils zuständigen LMA als Organ bei der Erfüllung der sich im Zusammenhang mit der Sicherung der Vielfalt im privaten, bundesweit verbreiteten Fernsehen ergebenden Aufgaben.[25] KEK und KDLM sind also für die abschließende Beurteilung von Fragestellungen zuständig, die sich insbesondere aus der Zulassung, der Änderung der Zulassung und der Änderung der Beteiligungsverhältnisse ergeben.[26]

---

21 Abrufbar unter www.alm.de/.
22 Nähere Informationen hierzu abrufbar unter www.alm.de/.
23 *Holznagel/Schumacher* in Heine/Kerber, S. 332.
24 Abrufbar unter www.alm.de/129.html.
25 *Hesse* Rn. 24.
26 Zur KEK in der herkömmlichen Form: *Westphal* Föderale Privatrundfunkaufsicht im demokratischen Verfassungsstaat, 2007.

Schmid

1.4.2 Weitere Kommissionen

Außerhalb des Bereichs der Vielfaltsicherung gibt es die **Kommission für Jugendmedien-**   25
schutz (KJM) und soll es künftig die Kommission für Zulassung und Aufsicht (ZAK) geben.
Mit der KJM ist erstmals eine zentrale Aufsicht für Rundfunk und Telemedien geschaffen worden, die der jeweils zuständigen Landesmedienanstalt als Organ bei der Erfüllung ihrer Aufgaben dient und für die Umsetzung des JMStV im privaten Rundfunk und in Telemedien sorgt.[27]
Diese bundeseinheitliche Aufsicht verhindert, dass identische Inhalte in verschiedenen Medien
unterschiedlichen gesetzlichen Regelungen unterliegen. Die wesentlichen Aufgaben der KJM,
die sich aus 12 Mitgliedern (6 Direktoren der Landesmedienanstalten und 6 Sachverständige,
entsandt von den obersten Bundes- und Landesbehörden) zusammensetzt, sind die Anerkennung der Organe der sog. freiwilligen Selbstkontrolle, die Erstellung der Richtlinien, die von
den Einrichtungen der Selbstkontrolle zu beachten sind sowie die nachträgliche Überprüfung
der Einhaltung von Bestimmungen zu Jugendschutz und Menschenwürde. Bei der Feststellung
von Verstößen entscheidet die KJM über Maßnahmen gegen den Anbieter, die dann von der
jeweils zuständigen Landesmedienanstalt umgesetzt werden.[28] Bei der **ZAK** handelt es sich
um ein neues Aufsichtsgremium für privaten Rundfunk – bestehend aus 14 Direktoren der Me-
dienanstalten. Diese neue Kommission soll künftig die bisher von den Landesmedienanstalten
wahrgenommene Zulassung und Aufsicht über bundesweite Radio- und TV-Sender in
Deutschland übernehmen.

2. Weitere Aufsichtsorgane

Weiterhin erfolgt die Durchführung der Telekommunikationsregulierung durch die **Bundes-**   26
netzagentur (BNetzA[29]), die ehemalige Regulierungsbehörde für Telekommunikation und
Post (RegTP). Wenn auch originär nicht mit Medienaufsicht betraut, so doch von praktischer
Relevanz können darüber hinaus die einzelnen **Generaldirektionen** der Europäischen Kommission sein. Dabei ist vor allen Dingen die Rolle der Wettbewerbskommissarin im Zusammenhang mit Beihilfestreitigkeiten hervor zu heben.

Insgesamt bleibt festzustellen, dass die Aufsichtsintensität innerhalb des dualen Rundfunksys-   27
tems unterschiedlich ausfällt. Dies führt zumindest hinsichtlich der faktischen Sanktionierung
von Verstößen oder angenommenen Verstößen gegen Bestandteile der Rundfunkregulierung
zu unterschiedlichen Ergebnissen. So neigt eine Binnenkontrolle, wie die des öffentlich-rechtlichen Rundfunks, sicherlich zu einer größeren Bereitschaft, stattgefundenes und entdecktes
Fehlverhalten zwar aufzuarbeiten, jedoch eher aus den Umständen zu erklären, statt zu sanktionieren. Perspektivisch wird dieses Ungleichgewicht sicherlich nur auszugleichen sein, wenn
zwar die Unterschiedlichkeit der Medienaufsicht schon angesichts des individuellen Charakters beider Säulen des dualen Systems aufrechterhalten bleibt, jedoch möglicherweise die Be-
aufsichtigung und damit faktische Feststellung von Fehlverhalten mit den Landesmedienanstalten ein und denselben Institutionen aufgegeben werden könnte.

---

27 *Holznagel/Schumacher* in Heine/Kerber, S. 333.
28 I.Ü. ist die Arbeit der KJM sowie der Jugendschutz insgesamt ein hervorgehobenes Beispiel für die
    Konstruktion der Co-Regulierung siehe hierzu weiter unten unter „Jugendschutz"
29 Zu dieser Behörde 8. Abschn. Rn. 112 ff.

IV. System der Regulierung des privaten Rundfunks

1. Dynamik der Rechtsgrundlagen

28   Zu den Besonderheiten der Rundfunkregulierung gehört die bemerkenswerte Dynamik der jeweiligen Rechtsgrundlagen. So befindet sich zum Zeitpunkt der Erstellung dieses Buches der Rundfunkstaatsvertrag erneut in einer gleichzeitig mehrfachen Novellierung. Während der neunte Rundfunkänderungsstaatsvertrag (RÄStV) gerade in Kraft getreten ist,[30] werden der zehnte und elfte RÄStV durch die Rundfunkkommission[31] gleichzeitig beraten. Ebenso unterliegen auch die Landesmediengesetze einer ständigen Anpassung, so dass man davon ausgehen darf, dass immer mindestens eines der Landesmediengesetze oder der Rundfunkstaatsvertrag gerade in Überarbeitung ist. Hintergrund davon ist die enorme Dynamik, der der Bereich Rundfunk spätestens seit der Zulassung der privaten Rundfunkveranstalter ausgesetzt ist. So wohnt dem dualen System mit seinen beiden widerstreitenden Säulen privater und öffentlich-rechtlicher Rundfunk seit der Stunde seiner Geburt an ein Konflikt inne, der sich durchgehend mit der Frage befasst: Wo endet die Zuständigkeit des Einen und wo beginnt die des Anderen?[32] Dabei ist sicherlich anerkannt, dass diese Grenze ohnehin nicht trennscharf gezogen werden kann. Dennoch bleibt festzustellen, dass die bis heute ausstehende klare Definition des öffentlich-rechtlichen Rundfunks durch den Gesetzgeber nicht nur durch die Europäische Kommission eindringlich bemängelt wird, sondern überdies immer wieder dazu führt, dass der Gesetzgeber in Einzelfällen, wie z.B. bei der Verteilung von technischen Ressourcen, der Ausgestaltung der Rundfunkfinanzierung oder der inhaltlichen Expansion des öffentlich-rechtlichen Rundfunks regulatorisch nachbessern muss.

29   Gleichzeitig unterliegt der Rundfunk wie kaum ein anderer Wirtschaftsbereich einer ständigen **Dynamik in der politischen Bewertung**. So hat sich in den vergangenen 20 Jahren sicherlich die Beantwortung der Frage, wie gefährlich Werbung in seinen Auswirkungen auf den Konsumenten ist, ebenso verschoben wie die Frage, was dem Zuschauer an Eindringlichkeit von Bildern und Inhalten zuzumuten ist. Entsprechend muss auch der Gesetzgeber auf Landesebene immer wieder den politischen Konsens im Rahmen seiner Gesetzgebung überdenken und im Falle des Rundfunks relativ dynamisch anpassen. Schließlich führt auch die ständige Veränderung der technischen Parameter, in denen sich der Rundfunk bewegt, zu einer dauernden Notwendigkeit zur Veränderung. Während noch vor 20 Jahren die Terrestrik als wesentlicher Verbreitungsweg mit ihrer enormen Knappheit zum zentralen Regelungsgegenstand des Rundfunkgesetzgebers werden musste, gibt es heute mit den Verbreitungswegen über Satellit, Breitbandkabelnetz und digitale Terrestrik sowie IP-TV eine Vielzahl von Verbreitungsformen, die die Knappheit der Ressource immer mehr verschwinden lassen und an deren Stelle andere Schwierigkeiten wie beispielsweise die Auffindbarkeit von Inhalten oder die vertikale Integration zwischen Infrastrukturbetreibern und Inhalteanbietern tritt.

---

30 Neunter RÄStV vom 31.07. bis 10.10.2006.

31 Die Rundfunkkommission der Länder ist die ständige Vermittlungsinstanz zwischen den einzelnen Bundesländern. Sie dient als Gesprächsforum für die gemeinsame Medienpolitik und als Beschlussinstanz, deren Ergebnisse den Landesregierungen und den Landesparlamenten zur Abstimmung vorgelegt werden. In der Kommission wird auch die Frage der Rundfunkgebühr diskutiert.

32 Zuletzt hat das *BVerfG* in seinem Urteil v. 11.09.2007 1 BvR 2270/05 darauf hingewiesen, dass der Gesetzgeber den Auftrag des öffentlich-rechtlichen Rundfunks definieren kann. In Kombination mit dem Beihilfeverfahren vor der Europäischen Kommission kann dies durchaus nicht nur als eine Handlungsoption, sondern als ein Handlungsauftrag verstanden werden.

So führt vor allen Dingen die Digitalisierung aktuell ebenso wie die damit verbundene dyna- **30** mische Entwicklung bei den Infrastrukturen dazu, dass weite Teile des RStV erneut überprüft und gegebenenfalls angepasst werden müssen. Schließlich verändern sich auch die Inhalte, die unter die Rundfunkregulierung fallen, in erstaunlichem Umfang. Nachdem vor über 20 Jahren der private Rundfunk an die Seite des öffentlich-rechtlichen trat, wurden beide vor etwa 11 Jahren durch rundfunkähnliche Dienste wie Teleshopping ergänzt, die ihre eigene Rechts- form (damals Mediendienste) fanden. Heute werden diese nicht nur durch Gewinnspielsender wie 9Live ergänzt, sondern darüber hinaus durch eine Vielzahl von Angeboten, die klassischer- weise gar nicht mehr über das so genannte Fernsehen verbreitet werden, sondern sich im Inter- net wieder finden. Wie schwierig es ist, eine sinnvolle Abgrenzung zu treffen zwischen dem, was wir unter Rundfunk verstehen und dem, was individuelle Angebote des Internets sind, hat zuletzt die Diskussion um die Novellierung der EU-Fernsehrichtline gezeigt.

Hierbei wird zukünftig immer entscheidender, ob man noch technisch nach Verbreitung und **31** Verbreitungsart unterscheiden will oder ob perspektivisch nicht vielmehr der Inhalt dessen, was ausgestrahlt wird, entscheidet. Entsprechend hat die Europäische Union in ihrem Entwurf zur Richtlinie für audiovisuelle Inhalte die Frage der Verbreitungsform immer mehr in den Hintergrund treten lassen und nimmt sich nun im Rahmen ihrer Regulierung nicht nur des „Broadcastings" an, sondern widmet sich neben den linearen auch den nicht-linearen Diensten, die immer mehr in eine abgestufte Regelung hinein geraten. All dies lässt die zunächst eher eigentümlich anmutende andauernde Novellierung des rundfunkrechtlichen Rahmens als sinn- voll erscheinen. Dennoch ist es in der Praxis nicht immer einfach, sich durch den jeweils aktu- ellen Stand der Regulierung durchzukämpfen und trotz allem Bemühens des Gesetzgebers bleibt die dynamische Welt des Rundfunks so schnell, dass der Gesetzgeber nicht in allen Fäl- len mit seinem Regulierungsrahmen auf die Realität eingehen kann.

Das große Ziel der Rundfunkregulierung in den kommenden Jahren wird sicherlich sein, neben **32** der zunehmenden technischen Konvergenz, die das Zusammenwachsen unterschiedlicher technischer und inhaltlicher Darstellungsformen vorantreibt, auch eine regulative Konvergenz zu erzeugen. Ziel muss es dabei sein, auf der einen Seite den bestehenden Regulierungsrahmen immer wieder auf seine Notwendigkeit zu überprüfen. Hierbei vielleicht in Einzelfällen die Regulierungsdichte abzubauen und die Regulierungshöhe herabzusetzen, weil sich bestimmte Befürchtungen in der Realität längst erledigt haben. Andererseits muss aber vor allen Dingen gewährleistet werden, dass gleiches gleich behandelt wird. Die größte Gefahr besteht darin, dass man in der sich permanent ändernden Welt technischer Innovationen dazu übergeht, eine Art Verzweiflungsregulierung aufrecht zu erhalten, die sich alleine daran orientiert, dass das gerade noch reguliert wird, was man für beherrschbar hält und man vor dem Rest kapituliert. Die zentralen praktischen Konflikte werden sich hierbei wahrscheinlich immer weniger zwi- schen den einzelnen Teilen der heutigen Rundfunkwelt – wie denen des öffentlich-rechtlichen und des privaten Rundfunks – abspielen, es bedarf vielmehr einer intelligenten Lösung der denkbaren Konflikte zwischen den bisher ganz unterschiedlichen und getrennten Welten der Telekommunikation und ihrer Unternehmen einerseits sowie der Inhalteanbieter andererseits. Dabei wird es darum gehen, dass die Welten von Telekommunikation und Rundfunk, von Wirt- schafts- und Kulturgut ein gemeinsames Miteinander finden, statt konfliktär und ungebremst aufeinander zu prallen. In diesem Zusammenhang sei der Hinweis erlaubt, dass sich eine Lö- sung dieses Konfliktes in den Regelungswerken für Rundfunk einerseits und Telekommunika- tion andererseits derzeit nicht finden lässt. Bis auf weiteres sind die unterschiedlichen Parteien darauf angewiesen, etwaige Konflikte der Systeme und Zielrichtungen mit den Mitteln der bei- den getrennten regulativen Systeme zu lösen. Dies führt wie bei dem Beispiel DVB-H zeit- weise zu einem kaum auflösbaren Gegenüber von ökonomisch Gewolltem und regulativ Festgelegtem. In der Auflösung dieses Konfliktes wird eine der künftigen Kernaufgaben des Gesetzgebers liegen.

2. Regelungsinhalte des Rundfunkstaatsvertrages im Hinblick auf den privaten Rundfunk

33   Angesichts der im Rahmen eines Praxishandbuchs nicht darstellbaren Vielfalt der einzelnen Regelungen von Landesmediengesetzen und Medienstaatsverträgen der Länder werden im Folgenden die klassischen Regulierungsinhalte des Rundfunks an Hand der Struktur des neunten RÄStV betrachtet. Der neunte RÄStV oder auch der RStV vom 31.8.1991 in seiner Fassung vom 1.3.2007 ist ein Staatsvertrag der Länder über die Regelung des Rundfunks in der Bundesrepublik Deutschland.[33] Wie bereits oben dargestellt erreichen somit die Bundesländer eine Vereinheitlichung der Rechtsgrundlage des Regelungsgegenstandes Rundfunk, der über die Kultur und Rundfunkhoheit der Länder in der Gesetzgebungskompetenz der einzelnen Länder liegt. Bereits in den ersten Normen des Rundfunkstaatsvertrages verbirgt sich das erste wesentlich-praktische Problem, nämlich die Frage der Anwendbarkeit. Vereinfacht gesagt: Was ist Rundfunk im Sinne des Gesetzgebers und was fällt unter die Rundfunkregulierung?

34   In den §§ 1 Abs. 1 i.V.m. 2 Abs. 1 regelt der Staatsvertrag die Veranstaltung und Verbreitung von Rundfunk in Deutschland bzw. von Telemedien. Dabei wird Rundfunk als die „für die Allgemeinheit bestimmte Veranstaltung und Verbreitung von Darbietungen aller Art in Wort, in Ton und in Bild unter Benutzung elektromagnetischer Schwingungen ohne Verbindungsleitung oder längs oder mittels eines Leiters" definiert. Dabei ist weder die inhaltliche Qualität noch die Frage der Entgeltlichkeit oder der Verschlüsselbarkeit entscheidend. Diese Regelung orientiert sich traditionell an der Verbreitungsform und somit an der Technik.[34] Angesichts der zahlreichen vergleichbaren Angebote von Bewegtbild in unterschiedlichen Medien wird sich in zunehmendem Maße die Frage stellen, ob die Begriffsbestimmungen – und damit der Anwendungsbereich – für den Rundfunk auch in Zukunft praktikabel sind. Im Gegensatz zur Definition in der neuen Richtlinie für audiovisuelle Inhalte der Europäischen Union[35] gerät die Definition des Rundfunkbegriffs nach § 2 Abs. 1 i.V.m. § 1 Abs. 1 RStV immer mehr in die Gefahr, nur noch Teile dessen abzubilden, was durch den Verbraucher, die Ersteller und Vermarkter von Bewegtbild als Fernsehen oder Rundfunk empfunden wird.

---

33 Vgl. mit einem Überblick über die im Rahmen des Entwurfs zum **10. Rundfunkänderungsstaatsvertrag** zu erwartenden Änderungen, insbesondere zu Fragen der Reform der Medienaufsicht und der Plattformregulierung, 2. Abschn. Rn. 80.

34 Dazu 5. Abschn.

35 Die Richtlinie für audiovisuelle Inhalte geht im Hinblick auf ihren in Art. 1 festgelegten Anwendungsbereich allgemeiner von „audiovisuellen Mediendiensten", definiert als „Dienstleistungen, (…) für die ein Mediendiensteanbieter die redaktionelle Verantwortung trägt und deren Hauptzweck die Bereitstellung von Programmen […] zur Information, Unterhaltung oder Bildung der allgemeinen Öffentlichkeit über elektronische Kommunikationsnetze (…) ist", aus (lit. a). Dabei differenziert sie zwischen *Fernsehsendungen* im Sinne eines „linearen audiovisuellen Mediendienstes", also einem „audiovisuellen Mediendienst, der von einem Mediendiensteanbieter für den zeitgleichen […] Empfang von Programmen auf der Grundlage eines Sendeplans bereitgestellt wird" (lit. c) einerseits und *Abrufdiensten* im Sinne eines „nicht-linearen audiovisuellen Mediendienstes", also einem „audiovisuellen Mediendienst, der von einem Mediendiensteanbieter für den Empfang zu dem vom Nutzer gewählten Zeitpunkt und auf dessen individuellen Abruf hin aus einem vom Mediendiensteanbieter […] festgelegten Programmkatalog bereitgestellt wird" (lit. e), andererseits.

         Schmid

V. Zugang zum privaten Rundfunk

Als zentralen Gegenstand regeln die §§ 20 ff. RStV die Zulassung bzw. Zulassungsvorausset- **35**
zungen für die Veranstaltung von Rundfunk. Hierbei definiert der § 20 RStV zunächst die Notwendigkeit der Zulassung bzw. deren Verzichtbarkeit sowie die Möglichkeit eines vereinfach-
ten Zulassungsverfahrens.

1. Zulassung (§§ 20 ff. RStV)

Hinsichtlich des konkreten Verfahrens verweist der § 20 Abs. 1 S. 1 RStV auf das Landesrecht **36**
und damit auf die einschlägigen Voraussetzungen in den jeweiligen Landesmediengesetzen.[36]
Die Erteilung der Zulassung obliegt der zuständigen **Landesmedienanstalt**, § 20 Abs. 2 RStV.
Dabei gibt es keine normierte Zuständigkeit bestimmter Landesmedienanstalten. So ist es beispielsweise nicht so, dass die Landesmedienanstalt des Standortes eines Senders zwingend zuständig wäre. Beispielsweise hat die RTL Television GmbH mit Sitz in Köln/Nordrhein-West-
falen eine niedersächsische Zulassung, RTL II mit Sitz in München/Bayern ist in Hessen lizenziert. Die Gründe für die Auswahl eines bestimmten Landes als Zulassungsgeber können vielfältig sein. Während es in der Vergangenheit oft auch sachferne Erwägungen wie beispielsweise Standortförderung oder politische Zwänge waren, ist nun eher der unterschiedliche
administrative Aufwand je nach Landesmediengesetz entscheidend. Diese bisweilen eigentümlich anmutende Praxis soll im Rahmen des **10. RÄStV** relevant werden. Hiernach ist geplant, dass Zulassungen zukünftig durch die Gesamtheit aller Landesmedienanstalten erteilt
werden.[37] Hierfür soll mit der ZAK eine gemeinsame Kommission der Landesmedienanstalten
gebildet werden. Dafür gibt es einen zweiten wesentlichen Grund. So ist momentan im Falle
terrestrischer, bundesweiter Verbreitung eines Programms in jedem Bundesland eine eigenständige Zulassung erforderlich. Das heißt, bei einer Verbreitung beispielsweise über DVB-T
oder DVB-H muss der potentielle Veranstalter 14 Anträge nach 14 unterschiedlichen Landesmediengesetzen stellen, wird 14 Mal beschieden und hat dabei weder hinsichtlich des Verfah-
rensverlaufs noch des Ergebnisses einen Anspruch auf Einheitlichkeit.[38] Dieser Zustand, der
der föderalen Struktur der deutschen Medienordnung geschuldet ist, ist in Zeiten satellitenge-
stützter Verbreitung bzw. des IP-TV fraglos ein Anachronismus. Im Einzelfall ist diese Praxis
nicht nur ärgerlich und teuer, sondern kann ganze Sender oder Technologieeinführungen verzögern, wenn nicht sogar verhindern. Die Einrichtung der gemeinsamen Kommission ZAK
soll vor allem hinsichtlich des Verfahrens für eine Vereinheitlichung sorgen, an den landesspezifischen Einzelregelungen freilich ändert sie zunächst nichts.

Im § 20 Abs. 4 RStV werden die Vorraussetzungen für eine etwaige Lizenzversagung oder de- **37**
ren Widerruf geregelt.[39] § 21 Abs. 1, 2 RStV legt die Kernpunkte dar, die jedenfalls Gegenstand eines Zulassungsantrages sein müssen. Hinzu kommen je nach Landesrecht unterschiedliche weitere Angaben. § 21 Abs. 3-7 regelt Verfahrensfragen dieser Anzeigepflichten. Ein we-

---

36 Baden-Württemberg: LMedienG §§ 12 ff., Bayern: BayMG Art. 24 ff., Berlin, Brandenburg: MStV
§§ 23 ff., Bremen: BremLMG §§ 3 ff., Hamburg, Schleswig-Holstein: Medienstaatsvertrag HSH
§§ 17 ff., Hessen: HPRG §§ 4 ff., Mecklenburg-Vorpommern: RundfunkG M-V §§ 8 ff., Niedersachsen: NMedienG §§ 4 ff., Nordrhein-Westfalen: LMG NRW §§ 4 ff., Rheinland-Pfalz: LRG §§ 5 ff.,
Saarland: SMG §§ 43 ff., Sachsen: SächsPRG §§ 5 ff., Sachsen-Anhalt: MedienG LSA §§ 3 ff., Thüringen: ThürLMG §§ 4 ff.
37 Dazu 2. Abschn. Rn. 80.
38 Angesichts der gemeinsamen Rechtsgrundlagen für Hamburg und Schleswig-Holstein sowie Berlin
und Brandenburg sind nicht etwa 16, sondern 14 Landesmediengesetze zu beachten.
39 Dazu auch Landesrundfunk-/Landesmediengesetze.

sentliches Element des § 21 RStV ist die Bezugnahme in § 21 Abs. 2 Nr. 1 und Nr. 4 sowie § 21 Abs. 4 auf die Regelungen des § 28 RStV und damit auf das **Medienkonzentrationsrecht**, das in den §§ 25 ff. RStV geregelt ist. Daraus leitet unter anderem auch die KEK ein Prüfungsrecht der Anträge ihrerseits ab.[40] Die weiteren Regelungen der §§ 22-24 RStV regeln vor allem Auskunftsrechte und Ermittlungsbefugnisse (§ 22 RStV), Publizitätspflichten (§ 23 RStV) sowie Regeln zur Vertraulichkeit (§ 24 RStV).

38 Insgesamt bleibt aber festzustellen, dass die Bedeutung der Zulassung für den Betrieb von Rundfunk eher rückläufig ist. So ist im Einzelfall schon unklar, was konkret unter den Begriff Rundfunk zu subsumieren ist. Insofern wird die Diskussion einer technologischen oder inhaltlichen zukünftigen Rundfunkdefinition einen hohen Stellenwert bekommen.[41] Gleichzeitig werden die Anforderungen an die Erteilung einer Zulassung in zahlreichen Ländern deutlich herabgesetzt. Dies hat seinen Grund vor allem darin, dass der Betrieb von Rundfunk angesichts des absehbaren Endes der Ressourcenknappheit nicht mehr den gleichen gesellschaftspolitischen Stellenwert hat, jedenfalls nicht der Betrieb allein.[42] Schließlich verbinden sich mit dem Status des Rundfunkveranstalters zunehmend mehr Auflagen und regulative Einschränkungen als Privilegien. Das einzig praktisch relevante Privileg des Rundfunkveranstalters – neben dem Art. 5 GG – ist ein privilegierter Zugang zu Verbreitungstechnologien. Dieses Privileg allerdings ist angesichts der laufenden Novellierung der europäischen Telekommunikationsvorschriften[43] ein wackeliges Gut. So erhöht sich der Druck anderer Industrien, die gleichfalls einen Bedarf an den Verbreitungskapazitäten haben und dies aus ihrer Logik heraus als ein rein wirtschaftliches Problem betrachten. Der Schutz des Rundfunks durch staatliche Regulierungen ist mehr denn je gefordert, so es bei dem politischen Generalkonsens bleibt, dass Rundfunk mehr ist als ein bloßes Wirtschaftsgut[44] und eine Zulassung mehr darstellt als lediglich den Beginn einer einschränkenden Regulierung eines Geschäftsbetriebes.

2. Zugang zu Kabelnetzen und Infrastruktur (§§ 52 ff. RStV)

39 Wesentlicher als die Zulassung im praktischen Alltag eines Veranstalters ist aber immer noch der Zugang zum Zuschauer. Um die rund 30-35 verfügbaren Breitbandkabelplätze in den analogen Kabelnetzen ist auf Grund der Vermehrung des Fernsehprogrammangebots ein scharfer

---

40 Die Kompetenzaufteilung zwischen KEK und zulassender Landesmedienanstalt bzw. KDLM ist in diesem wie in vielen anderen Fällen interpretationsbedürftig und hoch streitig.

41 Dazu 1. Abschn. Rn. 11 ff.

42 Spannend wird hier die Frage, ob umgekehrt die Veranstalter, die Angebote wie Informationssendungen und Nachrichten erstellen wiederum eine regulatorische Auswertung erfahren.

43 EU TK-Paket: Richtlinie 2002/21/EG des Europäischen Parlaments und des Rates v. 7.3.2002 über einen gemeinsamen Rechtsrahmen für elektronische Kommunikationsnetze und –dienste (Rahmenrichtlinie), ABlEG L 108 v. 24.4.2002, S. 33; Richtlinie 2002/20/EG des Europäischen Parlaments und des Rates v. 7.3.2002 über die Genehmigung elektronischer Kommunikationsnetze und –dienste (Genehmigungsrichtlinie), ABlEG L 108 v. 24.4.2002, S.21; Richtlinie 2002/22/EG des Europäischen Parlaments und des Rates v. 7.3.2002 über den Universaldienst und Nutzerrechte bei elektronischen Kommunikationsnetzen und –diensten (Universaldienstrichtlinie), ABlEG L 108 v. 24.4.2002, S. 51; Richtlinie 2002/19/EG des Europäischen Parlaments und des Rates v. 7.3.2002 über den Zugang zu elektronischen Kommunikationsnetzen und zugehörigen Einrichtungen sowie deren Zusammenschaltung (Zugangsrichtlinie), ABlEG L 108 v. 24.4.2002, S. 7; Richtlinie 2002/58/EG des Europäischen Parlaments und des Rates v. 12.7.2002 über die Verarbeitung personenbezogener Daten und den Schutz der Privatsphäre im Bereich der elektronischen Kommunikation (Datenschutzrichtlinie für elektronische Kommunikation), ABlEG L 201 v. 31.7.2002, S. 37.

44 Wesentliche Tagungsergebnisse der Sonder-Konferenz der Regierungschefs der Länder am 7.3.2007 in Brüssel abrufbar unter http://cdl.niedersachsen.de/blob/images/C35748694_L20.pdf.

Wettbewerb entstanden. Für die privaten Veranstalter ist die Einspeisung in das Kabelnetz Voraussetzung, um wirtschaftlich bestehen zu können. Gleichzeitig sollen die Zuschauer ein vielfältiges und ausgewogenes Gesamtprogramm über das Kabel empfangen können. Seit einiger Zeit bröckelt der seit langem bestehende Konsens, dass allein die Landesmedienanstalten für die Vergabe der Kabelkanäle und die Rangfolge der Einspeisung zuständig sind. Vor allem die Netzbetreiber haben Forderungen nach einer Liberalisierung des Kabelbelegungsregimes erhoben und damit zunehmend Erfolg. Einzelne Bundesländer haben sich mittlerweile von dem Vergabeverfahren der Kabelplätze durch die Landesmedienanstalten gelöst und gewähren den Netzbetreibern mehr Spielraum bei der Belegung der Kanäle. Diese Entwicklung wirft Fragen nach der Aufsicht über die Netzbetreiber und nach den Rechtsschutzmöglichkeiten der einzelnen Veranstalter gegen die Belegungsentscheidungen auf. Das soll in diesem Rahmen auf Grund seiner hohen praktischen Relevanz kurz beleuchtet werden. Nach der Rechtsprechung des Bundesverfassungsgerichts zur Rundfunkfreiheit als dienender Freiheit darf der Gesetzgeber den Rundfunk nicht dem freien Spiel der Kräfte überlassen. Vielmehr ist ein gesetzlicher Rahmen notwendig, der der Entwicklung einer ausgewogenen inhaltlichen Meinungsvielfalt zu dienen hat.[45] Der Gesetzgeber muss dafür Sorge tragen, dass sich ein ausgewogenes und vielfältiges Gesamtprogramm innerhalb der im Kabel verbreiteten Programme widerspiegelt. Entsprechend bedarf auch das Grundrecht der Informationsfreiheit einer gesetzlichen Ausgestaltung. Der Gesetzgeber muss die Voraussetzungen dafür schaffen, dass die Kabelnetzbetreiber die Einspeisung von Programmen nicht willkürlich verweigern und damit die Informationsfreiheit verkürzen. Auch nach der Rechtsprechung des EGMR zu Art. 10 EMRK sind Einschränkungen und Ausgestaltungen auf Grund der Kapazitätsknappheit zwar zulässig, Belegungsentscheidungen müssen jedoch so ausgestaltet werden, dass der Schutz des kulturellen und politischen Pluralismus im Vordergrund steht.

2.1 Zugang zu Übertragungskapazitäten

Für die Nutzung der Übertragungskapazitäten[46] für die Rundfunkverbreitung sind die Länder zuständig. § 52 Abs. 1 RStV bestimmt, dass insbesondere die Entscheidungen über die **Rangfolge** der Belegung der analogen **Kabelkapazitäten** durch das jeweilige Landesrecht zu regeln sind. Traditionell wurde über die Rangfolge im Kabel in einem hoheitlichen Verfahren entschieden. Die Netzbetreiber durften danach nur solche Programme einspeisen, denen die Landesmedienanstalten einen Kabelkanal zugewiesen hatten. Allen Landesmediengesetzen ist gemeinsam, dass die öffentlich-rechtlichen Programme vorrangig einzuspeisen sind. Dieser Grundsatz wurde nach und nach in zahlreichen Landesmediengesetzen aufgeweicht. Beginnend in Sachsen und Baden-Württemberg wurde ab dem Jahre 1999 der so genannte Must-Carry-Bereich noch durch die Landesmedienanstalten nach gesetzlichen Vorgaben bestimmt, die Zuordnung im Übrigen erfolgt jedoch durch den jeweiligen Netzbetreiber. Dieser ist dann seinerseits an bestimmte Vielfaltskriterien gebunden. Eine solche Deregulierung der Kabelbelegung verlagert die Erfüllung der verfassungsrechtlich gebotenen Anforderungen an das Gesamtangebot teilweise auf private Unternehmen. Daher ist eine effektive Aufsicht über die Entscheidungen der Netzbetreiber notwendig. Denn diese gewinnen durch die Kabelbelegungsbefugnis einen verstärkten Einfluss auf die Auswahl und Verbreitung von Programmen und damit auf die Meinungsbildung.

40

---

45 *BVerfGE* 57, 295, 114.
46 Dazu eingehend 5. Abschn. Rn. 14 ff.; zu den Änderungen des 5. Abschn. im Entwurf des **10. Rundfunkänderungsstaatsvertrags** 2. Abschn. Rn. 80.

41 Die Landesmedienanstalten müssen daher neben ihrer ursprünglichen Aufgabe der Kontrolle des privaten Rundfunks nun auch die Netzbetreiber beaufsichtigen. Das Ermessen der Landesmedienanstalten, ob gegen eine Belegungsentscheidung vorgegangen wird, kann sich zu einer Verpflichtung zum Einschreiten verdichten, wenn der verfassungsrechtlich geforderte Grundstandard gleichgewichtiger Vielfalt nicht mehr gewährleistet ist. Mit diesen Regelungen haben die Landesgesetzgeber Kontroll- und Sanktionsmöglichkeiten gegenüber den Netzbetreibern geschaffen, die eine effektive Kontrolle ermöglichen dürften. Allerdings muss man sich fragen, in welchem Umfang die Entscheidungen der Netzbetreiber überprüfbar sind. Im Rahmen der herkömmlich hoheitlichen Rangfolgeentscheidungen steht den Landesmedienanstalten nach ständiger Rechtsprechung im Hinblick auf die Bewertung des Sachverhalts und die Auslegung des Auswahlmaßstabes der Meinungs- und Programmvielfalt ein Beurteilungsspielraum zu, der nur der eingeschränkten gerichtlichen Kontrolle unterliegt. In der amtlichen Begründung des baden-württembergischen Landesmediengesetzes zu § 22 RStV heißt es nun, dass den Netzbetreibern im Rahmen ihrer Belegungsbefugnis ein Beurteilungsspielraum eingeräumt werde. Vor diesem Hintergrund wird vertreten, dass die Entscheidung der Netzbetreiber nur eingeschränkt dahingehend überprüfbar sei, ob der Netzbetreiber von einem unzutreffenden oder unvollständig ermittelten Sachverhalt ausgegangen ist, die gesetzlichen Beurteilungsmaßstäbe falsch angewandt hat oder sich von sachfremden Erwägungen hat leiten lassen. Es ist indes fraglich, ob einem privatwirtschaftlich organisierten Unternehmen ein Beurteilungsspielraum im rechtlichen Sinne zustehen kann, da dessen Entscheidungen naturgemäß wirtschaftlich bestimmt sind und ihm nicht – wie den Landesmedienanstalten auf Grund ihrer pluralistisch zusammengesetzten Gremien – eine besondere Sachkenntnis und Einschätzungsprärogative zuzustehen ist. Hier ist wohl zwischen dem Beurteilungsspielraum im verwaltungsrechtlichen Sinne und einem Wertungsspielraum, den der Gesetzgeber einem privaten Unternehmen einräumt, zu differenzieren. Der Gesetzgeber ist nicht daran gehindert, dem Netzbetreiber einen gewissen Wertungsspielraum für den Non-Must-Carry-Bereich zu eröffnen, wenn er dadurch den Grundstandard gleichgewichtiger Vielfalt im privaten Rundfunk nicht unterschreitet. Gerade weil aber den Landesmedienanstalten eine besondere Sachkompetenz zur Anwendung der Vielfaltskriterien zukommt, müssen diese auch berechtigt sein, die Entscheidungen der Netzbetreiber dahingehend zu überprüfen, ob der Netzbetreiber die gesetzlichen Anforderungen richtig angewendet hat. Insbesondere müssen sie prüfen, ob der Netzbetreiber alle ihm vorgegebenen Programmkategorien einbezogen hat. Sofern der Netzbetreiber jedoch aufgrund der Kapazitätsknappheit eine Auswahl zwischen zwei oder mehreren Programmen einer Kategorie (z.B. zwischen zwei Sportprogrammen) trifft, kann diese Entscheidung von der Landesmedienanstalt nur unter erschwerten Bedingungen beanstandet werden.

2.2 Rechtsschutzfragen

42 In der Praxis stellt sich regelmäßig die Frage, wie ein möglicherweise zu Unrecht nicht berücksichtigter Sender seinen Anspruch geltend machen kann.

43 Das herkömmliche Verfahren der Kabelbelegung durch die Landesmedienanstalten kann von den einzelnen, nicht begünstigten Veranstaltern mit Widerspruch und Anfechtungsklage bzw. im Verfahren des einstweiligen Rechtsschutzes vor dem Verwaltungsgericht angegriffen werden, was in der Praxis häufig der Fall ist. Die Kabelbelegungsentscheidungen der Landesmedienanstalten sind Verwaltungsakte mit Drittwirkung. Es ist anerkannt, dass dem unterlegenen Veranstalter Schutz vor rechtswidriger Zulassung seiner Konkurrenten zusteht.

44 Jeder belastete Veranstalter kann auf diese Weise gerichtlich überprüfen lassen, ob die Rangfolgeentscheidung, durch die er nicht oder nicht in vollem Umfang berücksichtigt wurde, den gesetzlichen Anforderungen entsprach. Es besteht somit ein umfassender Rechtsschutz *für* die einzelnen Veranstalter, sofern die Landesmedienanstalt hoheitlich über die Rangfolge im Kabel entscheidet. Interessant ist vor allem, ob den Programmanbietern die Möglichkeit zusteht, die Einleitung von Aufsichtsmaßnahmen durch die Landesmedienanstalt direkt zu beanspruchen. Der betroffene Veranstalter müsste die Landesmedienanstalt zunächst zum Tätigwerden auffordern. Würde sie dies ablehnen, käme ein Verpflichtungsklage in Betracht, da der Veranstalter ein aufsichtsrechtliches Handeln der Landesmedienanstalt und somit den Erlass eines Verwaltungsaktes begehren würde. Es kommt also darauf an, ob dem einzelnen Veranstalter ein Anspruch auf ein Einschreiten der Landesmedienanstalt als Rechtsaufsichtsbehörde zusteht. Grundsätzlich kann der Einzelne von einer Rechtsaufsichtsbehörde keine bestimmten Aufsichtsmaßnahmen verlangen. Etwas anderes würde aber gelten, wenn die Vorschriften über die Rechtsaufsicht neben dem öffentlichen Interesse auch eine *subjektive Berechtigung* des Veranstalters auf das begehrte Tätigwerden bezweckten. Dies ist wohl zu bejahen. Zwar haben die Belegungsregelungen zunächst den Zweck, die verfassungsrechtlich geforderte Ausgewogenheit und Vielfalt im Programmangebot sicherzustellen. Auf der anderen Seite sind durch die Kabelbelegung grundrechtlich geschützte Interessen der Programmanbieter betroffen. Die Anforderungen an Vielfalt und Ausgewogenheit im Kabel schützen zumindest *auch* die Interessen des einzelnen Veranstalters. Wie zuvor beschrieben, steht den Netzbetreibern jedoch ein gewisser Spielraum bei den Belegungsentscheidungen zu. Die Landesmedienanstalt ist daher nur dann zum Einschreiten verpflichtet, wenn die Auswahl des Netzbetreibers die gesetzlichen Anforderungen an die Belegung nicht erfüllt. Sind also z.B. die nach der baden-württembergischen Regelung angemessen zu berücksichtigenden regionalen oder lokalen Programme oder Mediendienste nicht für die Einspeisung vorgesehen, wäre die Landesmedienanstalt verpflichtet, die Belegungsentscheidung des Netzbetreibers zu beanstanden. Umgekehrt kommt auch eine Klage des Veranstalters gegen den Verwaltungsakt, mit dem die Landesmedienanstalt die Belegungsentscheidung eines Kabelnetzbetreibers abändert, in Betracht. Gegen diesen Verwaltungsakt kann zum einen der Netzbetreiber, aufgrund der Interessenlage jedoch möglicherweise auch ein betroffener Veranstalter im Wege der Anfechtungsklage vor dem Verwaltungsgericht vorgehen.

Im rundfunkrechtlichen Zulassungsverfahren ist es für **private Veranstalter** wichtig, auch begünstigende Lizenz- oder Frequenzzuweisungsentscheidungen auf belastende Elemente zu überprüfen. Diese müssen dann gegebenenfalls innerhalb der Widerspruchs- bzw. Klagefrist angegriffen werden.[47] Die Ablehnung einer Lizenzentscheidung sowie die Ablehnung der Zuteilung einer Übertragungskapazität als Verwaltungsakte mit Doppelwirkung einzustufen, gegen die der unterlegene Bewerber klagebefugt ist.[48] In der Regel wird hier in der Praxis nur ein Verfahren im einstweiligen Rechtsschutz helfen.[49] Wendet sich ein privater Rundfunkveranstalter gegen eine Landesmedienanstalt, weil diese sich weigert, eine Frequenz auszuschreiben, so ist hierfür die allgemeine Leistungsklage zu wählen. Die Ausschreibung erfolgt in der Regel durch Veröffentlichung im Staatsanzeiger[50] bzw. im Ministerialblatt[51] und damit im Unterschied zur Zuweisung einer Übertragungskapazität[52] nicht durch Verwaltungsakt. Es kann mit guten Gründen eine Klagebefugnis angenommen werden. Da die Ausschreibung von Frequenzen chancengleichen Zugang aller Bewerber zum Zuordnungsverfahren gewährleisten soll,[53] dürfte von der Ausschreibungsbestimmung[54] ausgegangen werden können. Für eine

45

---

47 *Lehr* in Johlen/Oerder § 23 Rn. 51.
48 *Lehr* in Johlen/Oerder § 23 Rn. 52.
49 Zu prozessualen Einzelheiten *Lehr* in Johlen/Oerder § 23 Rn. 52.
50 Vgl. etwa § 30 Abs. 3 S. 2 LMG RP.
51 Vgl. etwa § 15 Abs. 1 S.1 LMG NW.
52 Vgl. etwa § 17 Abs. 1 S. 1 LMG NW.

Rechtsbetroffenheit spricht auch, dass die Rundfunkfreiheit (Art. 5 Abs. 1 S. 2 GG) einem Bewerber bereits im Zulassungsverfahren zusteht. Das Bundesverfassungsgericht stellt ausdrücklich nicht auf zugelassene Rundfunkveranstalter ab, denen bereits eine Übertragungskapazität zugeordnet wurde.[55] Die Rundfunkfreiheit kann nur mit Hilfe der Sendemöglichkeiten ausgeübt werden. Durch die Verweigerung der Ausschreibung wird diese Bedingung, ein Grundrecht auszuüben, verhindert.[56] Zu beachten ist indes, dass gegen die Ausschreibung als Verfahrenshandlung einem isolierten Rechtsschutz gem. § 44aVwGO unzugänglich sein könnte.[57] Hier kommt es in Hinblick auf Art. 19 Abs. 4 GG auf das Maß der Rechtsbetroffenheit[58] an und darauf, ob eine Hauptsacheentscheidung zu spät käme.[59]

VI. Medienkonzentrationsrecht §§ 25 ff. RStV

46 Meinungsvielfalt und die Möglichkeit, sich eine unabhängige Meinung zu bilden, setzt einen funktionsfähigen Wettbewerb voraus. Es geht darum, Monopole zu verhindern und das Vorhandensein unterschiedlicher Informationen und Meinungen durch verschiedene Anbieter und Medien zu gewährleisten.

47 Das Medienkonzentrationsrecht verfolgt das Ziel, eine Gefährdung der pluralistischen Gesellschaft durch die vorherrschende Meinungsmacht eines Veranstalters zu verhindern. Hierbei geht es allerdings entgegen landläufiger Meinung ausdrücklich nicht um die Gefahr einer ökonomischen Marktmacht – das ist Gegenstand des Wettbewerbsrechts und damit in der Obhut des Bundeskartellamtes – und schon gar nicht um die Einhaltung bestimmter Qualitätsstandards. Angesichts der deutlichen Vormachtstellung des öffentlich-rechtlichen Rundfunks bei der Meinungsbildung, die zuletzt auch durch das Bundesverfassungsgericht hervorgehoben wurde,[60] bekommt die Vision einer relevanten vorherrschenden Meinungsmacht durch einen privaten Veranstalter sicher eine etwas theoretische Konnotation, ist aber als Sicherung einer stabilen demokratischen Medienlandschaft sicher generell begrüßenswert.

48 Bei der Presse wird der wirtschaftliche Wettbewerb zur Pluralismussicherung als ausreichend erachtet. Beim Rundfunk verhält es sich jedenfalls für das Bundesverfassungsgericht anders.[61] Hier verpflichten die besondere Bedeutung der Rundfunkfreiheit für die öffentliche Meinungsbildung und die Wahrung der Staatsfreiheit den Staat, Vorkehrungen gegen das Entstehen vorherrschender Meinungsmacht zu treffen, damit Private, die über Massenmedien verfügen, keinen Einfluss auf die Staatsgewalt nehmen können. Vor und nach der Zulassung einer Rundfunkveranstaltung prüft die zuständige Landesmedienanstalt daher die Einhaltung der geltenden Bestimmungen zur Sicherung der Meinungsvielfalt durch die privaten Veranstalter.[62]

---

53 Vgl. *SächsOVG* SächsVBl 1997, 60; Beschl. v. 12.12.2006 Az. 3 BS 195/06, Umdruck, S. 5; *Thür-OVG* ZUM 2002, 493.

54 Vgl. etwa § 30 Abs. 3 S. 1 f. LMG.

55 *BVerfGE* 97, 298.

56 *SächsOVG* Beschl. v. 12.12.2006 Az. 3 BS 195/06, Umdruck, S. 5.

57 So *Bornemann/Lötz* Art. 25 Rn. 7, unter Verweis auf *VG Koblenz* Urteil v. 26.04.1996 Az. 1 K 2776/95.KO, amtl. Umdruck, S. 17.

58 *BVerfG* NJW 1980, 759; 1991, 415, 416; vgl. dazu nur *Terhechte* in Fehling/Kastner/Wahrendorf § 44a VwGO Rn. 17.

59 *OVG Hamburg* NVwZ 2003, 1529; *BayVGH* NVwZ-RR 2001, 373; vgl. nur *Hufen* VerwPR, 6. Aufl. 2005, § 23, Rn. 23 m.w.N.; *Terhechte* in Fehling/Kastner/Wahrendorf § 44aVwGO Rn. 17.

60 *BVerfG* v. 11.9.2007 1 BvR 2270/05, S. 118 ff.

61 *BVerfGE* 20, 162, 174.

62 Dazu *Dörr* Sonderheft AfP 2007, 33 ff.

Schmid

Verantwortlich sind hierfür die Kommission zur Ermittlung der Konzentration im Medienbereich (KEK) und die Konferenz der Direktoren der Landesmedienanstalten (KDLM) (§ 35 Abs. 2 RStV). Es handelt sich dabei nicht um selbständige Organisationen sondern um Organe der jeweils zuständigen Landesmedienanstalt. Allerdings ist die KEK ein selbständiges Organ der jeweils für die Zulassung zuständigen Landesmedienanstalt. Sie ist in das System der Medienzulassung und -aufsicht einbezogen. Geht es also etwa um die Zulassung eines Veranstalters in Nordrhein-Westfalen, so wird die KEK für die dortige Landesanstalt für Medien (LfM) tätig. Für die Beurteilung von Medienkonzentration bei der bundesweiten Veranstaltung von Fernsehprogrammen ist das aus sechs Sachverständigen des Rundfunk- und des Wirtschaftsrechts zusammengesetzte Gremium wichtig, um im Sinne der Meinungsvielfalt eine diese beeinträchtigende Konzentration und die Entstehung von „Meinungskartellen",[63] also vorherrschender Meinungsmacht entgegenzuwirken. §§ 25 bis 34 RStV betreffen die Sicherung der Meinungsvielfalt und enthalten die rechtlichen Vorgaben für die Tätigkeit der KEK. Nach der Idee des Gesetzgebers ist im deutschen System grundsätzlich Außenpluralität durch die öffentlich-rechtlichen und privaten bundesweiten Programme gewährleistet. Solange es keine vorherrschende Meinungsmacht erlangt, darf ein Unternehmen selbst oder durch ihm zuzurechnende Unternehmen bundesweit eine unbegrenzte Anzahl von Programmen veranstalten.[64] Ob vorherrschende Meinungsmacht im privaten Bereich und damit auch im Gesamtangebot vorliegt, bestimmt sich nach dem Rundfunkstaatsvertrag an Zuschaueranteilen (Zuschaueranteilsmodell). Das Vorliegen vorherrschender Meinungsmacht wird unter Anwendung von § 26 Abs. 2 RStV unter bestimmten Voraussetzungen vermutet.[65] Die KEK geht regelmäßig davon aus, dass sie vorliegen, wenn die einem Veranstalter zurechenbaren Programme im Jahresdurchschnitt einen Zuschaueranteil von 30 % und mehr erreichen.[66] Vorherrschende Meinungsmacht kann unter bestimmten Umständen auch schon ab einem Zuschaueranteil von 25 % zugelassen werden (§ 26 Abs. 2 RStV).[67] Auf diese Weise kann ein Markt über medienrelevante verwandte Märkte in die Bewertung vorherrschender Meinungsmacht im Rundfunkmarkt einbezogen werden.[68] Nach Maßgabe eines Bonussystems kann die Vielfalt verstärkt werden (§ 26 Abs. 2 S. 3 RStV).[69] So kommen einem Unternehmen Regionalfenster in den Vollprogrammen (§ 25 Abs. 4 RStV) und das Einräumen von Sendezeit für Dritte in ihrem zuschauerstärksten Programm (§ 26 Abs. 5 RStV) bei der Berechnung des Zuschaueranteils zugute. Die beiden führenden privaten Fernsehveranstalter haben gemäß ihrer gesetzlichen Verpflichtung unabhängige Drittsendungen sowie Regionalprogramme in ihr Programm aufgenommen, wobei die Regionalprogramme eine Angebots- und nicht eine Anbietervielfalt garantieren sollen. Bei Anrechnung dieser Vielfalt sichernden Maßnahmen kann der Schwellenwert wieder um fünf Prozent gehoben werden, wenn beide Bonusregelungen zur Anwendung kommen. Es kommt in der Praxis im Ergebnis zu einer Vereinheitlichung der beiden Vermutungstatbestände bei 25 % (§ 26 Abs. 2. RStV). Jedenfalls für die KEK kann vorherrschende Meinungsmacht auch außerhalb der Vermutungsregeln nach dem Rundfunkstaatsvertrag gege-

---

63 Mit diesem Begriff *Schwartmann* in Böge/Doetz/Dörr/Schwartmann S. 14.

64 *Hartstein/Ring/Kreile/Dörr/Stettner* § 26 RStV Rn. 4.

65 Wobei die KDLM den Standpunkt vertritt, dass es sich hierbei nicht um eine Vermutungsregel handelt, vgl. ZUM 1998, 1054; anders *KEK* 026 – Premiere, ZUM-RD 1999, 251, 258; *KEK* 007/029 – Pro 7, ZUM-RD 1999, 241, 248; *KEK* 040 – ZUM-RD 2000, 41, 50; *KEK* Fortschreitende Medienkonzentration im Zeichen der Konvergenz, 2000, S. 54 ff.; zur Vermutungsregelung auch *Prütting* in Stern/Prütting S. 115 ff., 121.

66 Vgl. § 26 Abs. 2 S. 1 RStV.; dazu *Dörr* in Eberle/Rudolf/Wasserburg Kap. III Rn. 93 ff.

67 Vgl. § 26 Abs. 2 S. 2 RStV.

68 Dazu auch *Dörr* in Eberle/Rudolf/Wasserburg Kap. III Rn. 97.

69 Dazu *Dörr* in Eberle/Rudolf/Wasserburg Kap. III Rn. 98.

ben sein.[70] Dann muss aber eine starke, durch entsprechende Zuschaueranteile zum Ausdruck kommende Stellung im bundesweiten Fernsehen vorliegen, die Anknüpfungspunkt für die vorherrschende Meinungsmacht ist. Es wird in diesem Fall eine Gesamtbetrachtung vorgenommen. Die Vermutungsregelungen[71] werden als Mittel zur Erleichterung des Nachweises der vorherrschenden Meinungsmacht aufgefasst bzw. zur exemplarischen Konkretisierung des Nachweises im Sinne eines Leitbildes.[72] Mit der Gewichtung der Meinungsmacht in den unterschiedlichen Mediengattungen kommt ein schwieriges Folgeproblem hinzu, das entsteht, wenn der Zuschaueranteil unterhalb der 25-Prozent-Grenze liegt. Neben dem Zuschaueranteil stellt die KEK bei ihrer Gesamtgewichtung hier entscheidend auf die Aktivitäten auf sog. „medienrelevanten verwandten Märkten" ab.[73] So verengen Suggestivkraft, Breitenwirkung, Disponalität und Aktualität von Produkten im Print-, Hörfunk- und Onlinebereich nach Auffassung der KEK die Vielfalt.[74] Interessant ist, dass die KDLM bei der Auslegung von § 26 RStV von der KEK abweicht. Die 30 % bzw. 25 % in § 26 Abs. 2 RStV sind danach eine starre Untergrenze und keine Vermutungsregelung, so dass die KEK keinen weitergehenden Entscheidungsfreiraum hat.[75] Stellt die KEK vorherrschende Meinungsmacht fest, so darf dem Unternehmen eine Zulassung nicht erteilt bzw. eine Beteiligung nicht erworben werden.[76] Allerdings ist die Beurteilung der KEK im Zusammenhang mit den Fragen der Konzentration bei privaten bundesweiten Fernsehprogrammveranstaltern für die Landesmedienanstalten grundsätzlich verbindlich. Sie müssen den Antragsteller auf dieser Grundlage bescheiden. Will die zuständige Landesmedienanstalt vom Votum der KEK abweichen, so kann sie die Konferenz der Direktoren der Landesmedienanstalten (KDLM) nach § 35 Abs. 2 Nr. 2 RStV als eigenes Organ anrufen. Von der Entscheidung der KEK kann nur abgewichen werden, wenn eine ¾-Mehrheit der Mitglieder der KDLM einen abweichenden Beschluss fasst. In diesem Fall tritt dieser Beschluss an die Stelle der KEK-Entscheidung. Die Aufhebung der KEK-Entscheidung durch die KDLM ist dann für die Landesmedienanstalt verbindlich. Nur die jeweils zuständige Landesmedienanstalt kann die KDLM anrufen, um die KEK-Empfehlung aufzuheben. Die Entscheidung gegenüber dem Antragsteller trifft stets die zuständige Landesmedienanstalt. Es handelt sich dabei um einen Verwaltungsakt, gegen den der Verwaltungsrechtsweg eröffnet ist.[77] In prozessualer Hinsicht ist nicht geklärt, ob sich die KEK im Wege der Organklage gerichtlich gegen eine abweichende Entscheidung der KDLM zur Wehr setzen kann, um eine Kompetenzüberschreitung dieser Einrichtung zu rügen.[78]

49   Diese Konstellation wird jedoch im Rahmen des 10. RÄStV aufgelöst werden. Auch wird die Zusammensetzung der KEK verändert und durch voraussichtlich 6 Direktoren von Landesmedienanstalten ergänzt.[79]

---

70 Beschl. v. 10.1.2006 KEK 293-1 bis -5, S. 78 f.; so auch *Groh* S. 186 ff., insbes. S. 198 f.; *Hain* MMR 2000, 537 ff.; *Hartstein/Ring/Kreile/Dörr/Stettner* B 5 § 26 Rn. 8; *Janik* AfP 2002, 104, 111; *Prütting* in Stern/Prütting S. 115, 121 ff.; differenzierend *Holznagel/Krone* MMR 2005, 666, 673.

71 Vgl. § 26 Abs. 2 RStV.

72 Beschl. v. 10.1.2006 KEK 293-1 bis -5, S. 71 f.; a.A. *Engel* ZUM 2005, 776 ff. In diesem Fall fungieren die Vermutungsregeln für die KEK als Leitbild einer allein auf § 26 Abs. 1 RStV gestützten Entscheidung.

73 § 26 Abs. 2 S. 2 Alt. 2 RStV.

74 Beschl. v. 10.1.2006 KEK 293-1 bis -5, S. 81 und 87 ff.

75 *Holznagel/Krone* MMR 2005, 666, 666 m.w.N.

76 *Dörr* in Eberle/Rudolf/Wasserburg Kap. III Rn. 101.

77 Zu Verfahrensfragen *Huber* Die Verwaltung 2007, 1 ff.; *Renck/Laufke* ZUM 2006, 907 ff.; *Hepach* ZUM 2007, 40 ff.

78 Dazu *Dörr/Schwartmann* Rn. 209 ff.

79 Dazu 2. Abschn. Rn. 80.

Unbeantwortet bleiben aber auch in diesem Staatsvertrag die offenen Fragen zur inhaltlichen **50** Ausgestaltung des Medienkonzentrationsrechtes. Das stellt trotz aller Weiterentwicklungsbemühungen der KEK momentan ein unangemessen rundfunklastiges System dar, das die aufkommenden Entwicklungen im Mediensektor und dort vor allem im Onlinebereich nicht mehr tauglich abbilden kann. Auch wird man vor dem Hintergrund der Einschätzung des BVerfG zur Meinungsrelevanz des privaten Sektors sowie vor dem Hintergrund der unendlichen Anzahl von Medienangeboten in der digitalen Welt immer wieder die Farge stellen müssen, ob das enge Sanktionierungssystem des analogen TV-Organismusses noch angemessen ist oder ob nicht die bereits heute wesentlich liberaler gestalteten Verhältnisse im Bereich der Presse zu mehr Gelassenheit Mut machen könnten.

VII. Jugendschutz als besonderer Regulierungsfall

Am 1.4.2003 ist in Deutschland der Jugendmedienschutzstaatsvertrag (JMStV) in Kraft getre- **51** ten. Unklare Jugendschutzregelungen, uneinheitliche und verwirrende Aufsichtsstrukturen sowie gesellschaftspolitische Bedürfnisse nach einem durchgreifenden Jugendschutz in den Medien waren Beweggrund für den Bund und die Länder zur Schaffung eines einheitlichen Rechtsrahmens für sämtliche elektronischen Informations- und Kommunikationsdienste (Rundfunk und Telemedien, vgl. § 2 Abs. 1 JMStV).[80]

1. Schutzziel des JMStV

Die Bezeichnung des JMStV ist auf den ersten Blick irreführend, da diese zu der Annahme ver- **52** leitet, das Vertragswerk befasse sich ausschließlich mit dem Jugendmedienschutz. Auch der amtliche Titel „Staatsvertrag über den Schutz der Menschenwürde und den Jugendschutz in Rundfunk und Telemedien" erfasst die darin enthaltenen Regelungen nicht in ihrer vollen Breite. Erst aus § 1 JMStV lässt sich der Zweck des Staatsvertrages entnehmen: Ziel des JMStV ist ausweislich der Regelung in § 1 JMStV zunächst die Schaffung eines einheitlichen Schutzes von Kindern und Jugendlichen vor entwicklungs- und erziehungsbeeinträchtigenden Angeboten in elektronischen Informations- und Kommunikationsmedien. Gleichzeitig beabsichtigt der JMStV aber auch den Schutz sämtlicher Mediennutzer vor Angeboten in elektronischen Informations- und Kommunikationsmedien, die die Menschenwürde oder anderweitige durch das Strafgesetzbuch geschützte Rechtsgüter verletzen.

2. Inhaltliche Regelungen des JMStV

Der JMStV enthält detaillierte Vorschriften zum Schutz Minderjähriger, also Verbote von An- **53** geboten, die Gewalt verharmlosen oder verherrlichen oder die zum Rassenhass aufstacheln, den Krieg verherrlichen oder geeignet sind, Kinder und Jugendliche sittlich schwer zu gefährden sowie ein Verbot der Verbreitung von Pornografie. Außerdem sind Sendezeitbeschränkungen für Programme vorgesehen, die Kinder und Jugendliche bestimmter Altersgruppen beeinträchtigen können. Der Staatsvertrag differenziert nach dem jeweiligen Gefährdungspotenzial eines Angebots. Unterschieden wird im Wesentlichen zwischen absolut unzulässigen Inhalten (§ 4 Abs. 1 JMStV), jugendgefährdenden- (§ 4 Abs. 2 JMStV) sowie jugendbeeinträchtigenden Angeboten (§ 5 JMStV).

---

80 Vgl. Satz 4 der amtlichen Begr. zu § 1 JMStV, BayLT-Drucks. 14/10246, 14, so soll auf diese Weise dem Zusammenwachsen der Medien, der sog. Konvergenz, Rechnung getragen werden.

2.1 Absolut unzulässige Angebote

54 Zu den absolut unzulässigen Angeboten (§ 4 Abs. 1 JMStV) zählen die Inhalte, die gegen Straftatbestände verstoßen (wie die sog. qualifizierte Pornografie, Verbreitung von Propagandamitteln verfassungswidriger Organisationen und Kriegsverherrlichung) oder nach dem Jugendschutzgesetz mit einem absoluten Verbreitungsverbot belegt sind. Weiterhin fallen darunter Angebote, die ohne ein berechtigtes Interesse an einer besonderen Darstellungsform zur Berichterstattung zu begründen, gegen die Menschenwürde verstoßen (§ 4 Abs. 1 S. 1 Nr. 8 JMStV).

2.2 Jugendgefährdende Angebote

55 Auch jugendgefährdende Angebote (§ 4 Abs. 2 JMStV) sind im Rundfunk verboten. Beispielhaft können diejenigen Inhalte genannt werden, die nach dem Jugendschutzgesetz indiziert sind, aber keinem absoluten Verbreitungsverbot unterfallen. Dazu sind Angebote erfasst, die offensichtlich geeignet sind, die Entwicklung von Kindern und Jugendlichen oder ihre Erziehung zu einer eigenverantwortlichen und gemeinschaftsfähigen Persönlichkeit schwer zu gefährden. Schließlich gehört zu dieser Kategorie auch die sog. einfache Pornografie.

2.3 Jugendbeeinträchtigende Angebote

56 Angebote, die geeignet sind, die Entwicklung von Kindern oder Jugendlichen zu einer eigenverantwortlichen und gemeinschaftsfähigen Persönlichkeit zu beeinträchtigen (jugendbeeinträchtigende Angebote) sind hingegen auch im Rundfunk grundsätzlich zulässig (§ 5 JMStV). Die Anbieter haben jedoch dafür Sorge zu tragen, dass Kinder oder Jugendliche der betroffenen Altersstufen sie üblicherweise nicht wahrnehmen. Dieser Pflicht kann der Rundfunkveranstalter entsprechen, indem er entweder durch technische oder sonstige Mittel die Wahrnehmung des Angebots durch Kinder oder Jugendliche der betroffenen Altersstufe unmöglich macht oder wesentlich erschwert (z.B. digitale Vorsperre etwa bei verschlüsselten Pay-TV-Angeboten) oder indem er die Zeit, in der die Angebote verbreitet oder zugänglich gemacht werden, so wählt, dass Kinder oder Jugendliche der betroffenen Altersstufe üblicherweise die Angebote nicht wahrnehmen. Zusätzliche Bestimmungen zur Gewährleistung des Jugendschutzes in der Werbung und in Teleshopping-Angeboten sind in § 6 JStV geregelt.[81] Zentrale Aufgabe des Jugendschutzes im Fernsehen ist demzufolge, aus Programminhalten resultierende Beeinträchtigungen für Kinder und Jugendliche zu erkennen und zu vermeiden. Diesem Auftrag wird seitens der Fernsehveranstalter eine große Bedeutung beigemessen.

3. Aufsichtsstruktur: System der Co-Regulierung

57 Der Jugendmedienschutz-Staatsvertrag vom 01.04. 2003 hat ein neues System der Arbeitsteilung zwischen der staatlichen Kommission für Jugendmedienschutz (KJM) und Einrichtungen Freiwilliger Selbstkontrolle geschaffen.[82] Festgelegt ist in § 19 JMStV ein Verfahren zur Anerkennung von Einrichtungen der Freiwilligen Selbstkontrolle (FSK). Ihnen wird in § 20 Abs. 3 JMStV ein Beurteilungsspielraum im Hinblick auf die Einhaltung des Jugendschutzes eingeräumt, den die staatliche Kommission für Jugendmedienschutz (KJM) zu respektieren

---

81 4. Abschn. Rn. 62 f.

82 Bisher sah § 3 Abs. 8 RStV in der bis 31.3.2003 geltenden Fassung lediglich vor, dass Gutachten freiwilliger Selbstkontrolleinrichtungen zu Programmfragen, insbesondere zu Fragen des Jugendschutzes, von den Landesmedienanstalten bei ihren Entscheidungen einzubeziehen sind, jedoch ohne Bindungswirkung.

hat. Insofern hat eine Lockerung der staatlichen Kontrolle des Jugendschutzes stattgefunden, die als Co-Regulierung bezeichnet wird.[83]

3.1 Landesmedienanstalten

Unverändert wird zunächst aber die Einhaltung der Bestimmungen des JMStV durch die An-   **58** bieter privaten Rundfunks auf staatlicher Seite durch die jeweils zuständige Landesmedienanstalt überwacht. Sie nehmen die Rolle der Aufsicht und ausführenden Entscheidungsträger gegenüber dem Veranstalter von Angeboten ein. Ihre zentrale Aufgabe besteht gem. § 14 Abs. 1 JMStV in der Überprüfung der Einhaltung der materiellen Vorschriften des JMStV. Die medienaufsichtlichen Maßnahmen nach dem JMStV wirken insofern nach außen als Entscheidung der zuständigen Landesmedienanstalt (§ 20 Abs. 1 S. 2 JMStV).

3.2 Kommission für Jugendmedienschutz

Seit dem Jahre 2003 dient die KJM der jeweiligen Landesmedienanstalt gem. § 14 Abs. 2   **59** JMStV dabei als zentrales Organ zur Erfüllung dieser Aufgaben. Sie trifft sämtliche den Jugendschutz betreffende Entscheidungen und dient allen Landesmedienanstalten als gemeinsames Organ zur Aufsicht über länderübergreifende Angebote. Insoweit wird eine einheitliche Anwendbarkeit der Vorschriften des JMStV gewährleistet. Die Mitglieder der KJM sind gem. § 14 Abs. 6 S. 1 JMStV bei ihrer Aufgabenerfüllung weisungsfrei. Durch ihre Weisungsfreiheit sowie die Inkompatibilitätsnorm des § 14 Abs. 4 JMStV soll die Unabhängigkeit der KJM gegenüber der Politik als auch gegenüber den Medienanbietern gesichert werden.[84] Die Aufgaben und Befugnisse der KJM sind vornehmlich in § 16 Nr. 1-8 JMStV geregelt. Die Kommission ist demnach zuständig für die abschließende Beurteilung von Sendungen privater Rundfunkveranstalter und dient vergleichbar mit der KEK der jeweils zuständigen Landesmedienanstalt als unabhängiges Organ bei der Erfüllung ihrer Aufgaben.

3.3 Freiwillige Selbstkontrolle

Hinzugetreten ist 2003 die Aufwertung der Einrichtungen der Freiwilligen Selbstkontrolle   **60** (FSK). Der Gesetzgeber hat insoweit auf die Forderungen derjenigen Anbieter reagiert, über die vorherige bloße Einbeziehung von Gutachten freiwilliger Selbstkontrolleinrichtungen hinaus die freiwillige Selbstkontrolle zu stärken.[85] Anbieter von Rundfunk und Telemedien können gem. § 19 Abs. 1 JMStV selbst Einrichtungen der Freiwilligen Selbstkontrolle bilden, deren Funktion darin besteht, im Rahmen ihres satzungsmäßigen Aufgabenbereichs die Einhaltung des JMStV sowie der hierzu erlassenen Satzungen und Richtlinien bei den jeweiligen Anbietern zu prüfen. Um die Einhaltung der Ziele des Staatsvertrages zu gewährleisten setzt die Tätigkeit der Selbstkontrolleinrichtungen jedoch zunächst voraus, dass die jeweilige Einrichtung anerkannt wird. Zuständig sind hierfür gem. § 19 Abs. 4 JMStV die Landesmedienanstalten nach Vorgabe der KJM. Die Voraussetzungen zur Anerkennung einer Selbstkontrollein-

---

83 Zur Herkunft des Begriffes *Palzer* ZUM 2002, 875, 876 und unabhängig von der Frage, ob der Begriff der Co-Regulierung mit dem Terminus der „regulierten Selbstregulierung" gleichgesetzt werden kann, wird unter diesen Bezeichnungen ein Zusammenspiel aus staatlicher Regulierung und Selbstregulierung verstanden. Der staatliche Einfluss ist bei der Co-Regulierung i.d.R. höher als bei der Selbstregulierung, aber niedriger als bei der strikten Regulierung.

84 Kritisch betrachtet wird die Inkompabilitätsnorm des § 14 Abs. 4 JMStV von *Hartstein/Ring/Kreile/ Dörr/Stettner* RStV, § 14 JMStV Rn. 18.

85 Gleichzeitig wird damit dem Postulat des BVerfG Rechnung getragen, wonach Entscheidungen im Bereich des Jugendschutzes, die u.a. die Presse betreffen, möglichst in einer gewissen Staatsferne getroffen werden (vgl. *BVerfGE* 83, 130, 150).

richtung sind in § 19 Abs. 1 Nr. 1-6 JMStV aufgeführt. Da die Anerkennung einen Verwaltungsakt darstellt, kann ein abgelehnter Antragsteller die Entscheidung der KJM beim Verwaltungsgericht überprüfen lassen.

3.4 Freiwillige Selbstkontrolle Fernsehen

61 Im Bereich des Fernsehens wurde im August 2003 die Freiwillige Selbstkontrolle Fernsehen e.V. (FSF), ein gemeinnütziger Verein privater Fernsehanbieter in Deutschland, staatlich anerkannt. Ziel der FSF ist es, einerseits durch eine Programmbegutachtung den Jugendschutzbelangen im Fernsehen gerecht zu werden, andererseits durch medienpädagogische Aktivitäten, Publikationen und Unterstützung von Forschungsarbeiten den bewussteren Umgang mit dem Medium Fernsehen zu fördern. Die Prüfausschüsse der FSF bestehen dabei aus unabhängigen Fachleuten, die im Bereich der Pädagogik oder Medienpädagogik, der Psychologie oder der Jugendhilfe arbeiten und ehrenamtlich in den Ausschüssen tätig sind. Vor der Ausstrahlung von Fernsehprogrammen entscheidet ein Prüfungsgremium über die sachgerechte Programmierung. Ob und zu welcher Zeit Programme unter Jugendschutzgesichtspunkten gesendet werden dürfen, hängt insbesondere von einem vertretbaren Maß an Gewalt- und Sexualdarstellungen ab. Alle inhaltlichen Aufgaben, die mit den Prüfungen zusammenhängen, z.B. das Benennen der Prüferinnen und Prüfer oder das Verfassen der Prüfordnung (PrO-FSF), erfolgt durch ein unabhängiges Kuratorium. Diesem mindestens 10- und höchstens 18-köpfigen Gremium gehören u.a. Medienwissenschaftler und Jugendschutzpraktiker sowie zu einem Drittel Sendervertreter an.

3.5 Zusammenwirken der einzelnen Aufsichtsgremien

62 Durch eine Mitgliedschaft der privaten Fernsehsender in der FSF unterliegen diese demnach in erster Instanz den Regeln der FSF. Nur subsidiär, im Falle eines Scheiterns der Selbstkontrolle, unterliegen sie der hoheitlichen nachträglichen Kontrolle durch die Kommission für Jugendmedienschutz (KJM). Bei Verstößen eines privaten Rundfunkveranstalters gegen Jugendschutzbestimmungen kann die zuständige Landesmedienanstalt durch die KJM zwar noch immer entsprechend den jeweiligen landesrechtlichen Regelungen vorgehen. Soweit der betroffene Anbieter allerdings einer anerkannten Einrichtung der Freiwilligen Selbstkontrolle angehört bzw. im konkreten Einzelfall deren Vorgaben beachtet hat, kommt ein Eingreifen der KJM nur nachrangig in Betracht.

63 Den Selbstkontrolleinrichtungen bleibt folglich die letztendliche Entscheidung überlassen, wogegen die KJM nur zu Nachbesserungen befugt ist, wenn die Selbstkontrolleinrichtung die „rechtlichen Grenzen des Beurteilungsspielraums überschreitet".

3.6 Jugendschutzbeauftragter

64 Neben der Möglichkeit zur Bildung von Einrichtungen der Selbstregulierung ist jeder Veranstalter länderübergreifenden Fernsehens verpflichtet, einen fachkundigen Jugendschutzbeauftragten zu bestellen. Dieser hat die Funktion eines Ansprechpartners für die Nutzer und Berater der Anbieter in Fragen des Jugendschutzes.

4. Abschnitt

Recht der Rundfunkwerbung

Literatur: *Boesche* Wettbewerbsrecht, 2005; *Bork* Werbung im Programm, 1988; *Bornemann* Der Jugendmedienschutz-Staatsvertrag der Länder, NJW 2003, 787; *Dörr/Schwartmann* Medienrecht, 2006; *Engels/Jürgens/Fritzsche* Die Entwicklung des Telemedienrechts im Jahr 2006, K&R 2007, 57; *Ekey* Grundriss des Wettbewerbs- und Kartellrechts, 2006; *Fechner* Medienrecht, 8. Aufl. 2007; *Hahn/Vesting* Beck'scher Kommentar zum Rundfunkrecht, 2003; *Hartstein/Ring/Kreile/Dörr/Stettner* Rundfunkstaatsvertrag, Loseblatt; *Herrmann/Lausen* Rundfunkrecht, 2. Aufl. 2004; *Hoeren* Das Telemediengesetz, NJW 2007, 801; *Köhler/Bornkamm* Wettbewerbsrecht, 25. Aufl. 2007; *Kreile/Diesbach* Der neue Jugendschutz-Staatsvertrag – was ändert sich für den Rundfunk?, ZUM 2002, 849; *Petersen* Medienrecht, 3. Aufl. 2006; *Schiwy/Schütz/Dörr* Medienrecht, Lexikon für Praxis und Wissenschaft, 4. Aufl. 2006; *Schmitz* Übersicht über die Neuregelung des TMG und des RStV, K&R 2007, 135.

A. Die Werbung in den Medien

Die Werbung spielt auf Grund ihrer tragenden Funktion eine wesentliche Rolle in der Medienwelt. § 43 Rundfunkstaatsvertrag ist hier für den privaten Rundfunk Richtung weisend: Werbung und Teleshopping sind neben sonstigen Entgelten sowie Eigenmitteln die wirtschaftliche Grundlage privater Rundfunkunternehmen.[1] Durch die Werbung wird die Existenz der Medien ermöglicht und gesichert. Sie dient der Finanzierung und damit letztlich der Informationsvermittlung.[2] Auch die Richtlinie für audiovisuelle Mediendienste enthält eine Modernisierung und Liberalisierung der Werbung und trägt dem Strukturwandel, insbesondere auch im Hinblick auf die Finanzierung des gewerblichen Fernsehens, Rechnung.[3]   **1**

Werbung ist jede Äußerung bei der Ausübung eines Handels, Gewerbes, Handwerks oder freien Berufs mit dem Ziel, den Absatz von Waren oder die Erbringung von Dienstleistungen, einschließlich unbeweglicher Sachen, Rechte und Verpflichtungen zu fördern.[4] Die Werbung fällt im Rahmen unternehmerischer Freiheit in den Schutzbereich der Grundrechte. Das verfassungsrechtlich geschützte Recht auf Werbung unterliegt jedoch verschiedenen gesetzlichen Regelungen. Diese sind in unterschiedlichen Kodifizierungen zu finden. Hierbei ist zu differenzieren zwischen Regelungen, die für alle Medien anwendbar sind wie das Gesetz gegen den unlauteren Wettbewerb (UWG), und spezialgesetzlichen Regelungen, die nur für bestimmte   **2**

---

1 S. auch *Herrmann/Lausen* § 19 Rn. 1., nach *Herrmann/Lausen* ist die Werbung für die privaten Rundfunkunternehmen deren „finanzieller Lebensnerv", § 19 Rn. 3.

2 Auch wenn gerade in jüngster Zeit andere Erlösquellen erschlossen werden und Diversifizierungstendenzen ersichtlich sind, ist die Werbung wesentlicher Bestandteil der Medien.

3 S. geänderten Vorschlag für eine Richtlinie des Europäischen Parlaments und des Rates zur Änderung der Richtlinie 89/552/EWG des Rates, Ziff. 2 und 3.2 Erwägungen, Abänderung 1 (Erwägung 1) (nachfolgend kurz „Kommissionsvorschlag v. 29.3.2007" genannt); gem. Memo/07/206 v. 24.5.2007, abrufbar unter http://europa.eu/rapid/pressReleasesAction.do?reference=MEMO/07/206&format=PDF&aged=0&language=DE&guiLanguage=en, ist Ziel der Richtlinie für audiovisuelle Mediendienste, europäischen Anbietern von TV- und fernsehähnlichen Diensten mehr Flexibilität für die Finanzierung audiovisueller Programme durch neue Formen kommerzieller Kommunikation zu ermöglichen.

4 S. Art. 2 Nr. 1 der Irreführungsrichtlinie (84/450/EWG).

Medien gelten. Dazu gehören z.B. die Landespressegesetze, die ausführlichen Regelungen für Rundfunkwerbung im Rundfunkstaatsvertrag (RStV), das Telemediengesetz (TMG), das Telekommunikationsgesetz (TKG) oder der Jugendmedienschutz-Staatsvertrag (JMStV).[5] Daneben gelten selbst auferlegte Verhaltensregeln wie die Publizistischen Grundsätze des Deutschen Presserats (z.B. der Pressekodex), die Richtlinien der Landesmedienanstalten (so z.B. die Gemeinsamen Richtlinien für die Werbung, zur Durchführung der Trennung von Werbung und Programm und für das Sponsoring im Fernsehen, die sog. Werberichtlinien oder die Gemeinsamen Richtlinien der Landesmedienanstalten zur Gewährleistung des Schutzes der Menschenwürde und des Jugendschutzes, die sog. Jugendschutzrichtlinien) oder die Regelwerke des Zentralverbands der deutschen Werbewirtschaft (z.B. die ZAW-Richtlinien für redaktionell gestaltete Anzeigen).

3 Nachfolgend werden werberechtliche Bezüge des Medienrechts unter besonderer Berücksichtigung des Rundfunks aufgezeigt. Besondere Bedeutung kommt dem Gesetz gegen den Unlauteren Wettbewerb und – da das Fernsehen nach wie vor als „Leitmedium" im Rundfunk begriffen wird[6] – dem Rundfunkstaatsvertrag zu.

B. Werbung und Wettbewerbsrecht

4 Das Wettbewerbsrecht[7] ist eine der tragenden Säulen des Medien- und Werberechts. Es ist für Medienunternehmen von vielfacher Bedeutung. Zunächst ist ein funktionsfähiger Wettbewerb grundlegende Voraussetzung für die Meinungsvielfalt und für die Möglichkeit einer unabhängigen Meinungsbildung.[8] Daher soll zum einen der Wettbewerb zwischen den Medienunternehmen gesichert sein, zum anderen aber auch die publizistische Vielfalt.

5 Das UWG ist 2004 neu gestaltet und in seiner Systematik grundlegend geändert worden.[9] § 3 UWG enthält nunmehr eine Generalklausel. Danach sind unlautere Wettbewerbshandlungen verboten, die geeignet sind, den Wettbewerb zum Nachteil der Mitbewerber, der Verbraucher oder der sonstigen Marktteilnehmer nicht nur unerheblich zu beeinträchtigen. In §§ 4-7 UWG sind Beispiele für unlauteres Verhalten aufgeführt, welche die in der Vergangenheit richterrechtlich entwickelten Fallgruppen aufgreifen. § 4 UWG enthält Einzelfälle, nach § 5 UWG handelt unlauter, wer irreführend wirbt. § 6 UWG regelt die vergleichende Werbung, die grds. gem. § 6 Abs. 1 UWG zulässig, jedoch unter den Voraussetzungen des § 6 Abs. 2 UWG unlauter im Sinne von § 3 UWG ist. § 7 UWG behandelt die unzumutbaren Belästigungen.

6 Im Folgenden sollen die wettbewerbsrechtlichen Aspekte der Werbung in den Medien dargestellt werden. Wettbewerbsrechtlich relevant können insbesondere kritische Berichte über eigene oder fremde Produkte und die werbliche Einbindung von Produkten sein. Ein Augenmerk wird daher auf die Verbote unterschwelliger und getarnter Werbung gelegt.

---

5 Darüber hinaus gibt es zahlreiche weitere produkt- und berufsbezogene Regelungen zu Werbebeschränkungen wie z.B. das Heilmittelwerbegesetz (HWG), das Lebensmittel- und Bedarfsgegenständegesetz (LMBG), das Weingesetz, die Bundesrechtsanwaltsordnung (BRAO) oder die Bundesnotarordnung (BNotO), s. hierzu die Darstellung in *Schiwy/Schütz/Dörr* S. 624 ff.
6 S. dazu oben 2. Abschn. Rn. 36.
7 Vgl. dazu i.Ü. 22. Abschn.
8 S. *Dörr/Schwartmann* Rn. 380.
9 S. dazu auch 22. Abschn. Rn. 5 m.w.N.

Obert

I. Wettbewerbshandlung und Wettbewerbsförderungsabsicht

Für die Anwendbarkeit des UWG muss zunächst eine Wettbewerbshandlung vorliegen (§ 2 **7** Abs. 1 Nr. 1 UWG). Wettbewerbshandlung ist jede Handlung einer Person mit dem Ziel, zugunsten des eigenen oder fremden Unternehmens den Absatz oder den Bezug von Waren oder die Erbringung oder den Bezug von Dienstleistungen, einschließlich unbeweglicher Sachen, Rechte und Verpflichtungen zu fördern. Eine Handlung bedarf also eines Unternehmensbezugs.

Zusätzlich ist als subjektive Komponente eine Wettbewerbsförderungsabsicht erforderlich. In **8** der Regel begründet das objektive Vorliegen einer Wettbewerbshandlung die Vermutung einer Wettbewerbsabsicht. Eine Ausnahme von dieser Regel gilt jedoch für Presse, Rundfunk und Telemedien, wenn diese im Rahmen ihrer Berichterstattung in den Wettbewerb eingreifen.[10] Die Wettbewerbsförderungsabsicht als subjektive Voraussetzung fehlt demgemäß in der Regel, wenn Medienunternehmen oder Journalisten über Produkte berichten oder diese kritisieren.[11] Derartige Stellungnahmen sind Ausfluss der freien Berichterstattung,[12] auch wenn diese sich faktisch auf Mitbewerber auswirken können. In derartigen Fällen kann die Wettbewerbsförderungsabsicht nicht vermutet werden, sondern muss positiv festgestellt werden.[13] Die Privilegierung findet allerdings nur im publizistischen Kernbereich Anwendung, und nicht im Rahmen des Werbe- und Anzeigengeschäfts.[14]

Anders zu beurteilen sind jedoch Fälle, in denen Wettbewerber Produkte in redaktionellen Be- **9** richten bewerben wollen. Hierbei ist zu unterscheiden zwischen Berichten durch Personen, die außerhalb des Medienunternehmens stehen und eigenen Berichten des Medienunternehmens. Im ersten Fall reicht allein der Umstand, dass Autoren für ein Unternehmen tätig sind, das sie hervorheben, noch nicht für eine Wettbewerbsförderungsabsicht. Es müssen weitere Umstände hinzukommen wie z.B. eine Nennung des Arbeitgebers, auch wenn diese nicht erforderlich ist.[15] Erfolgt eine Produktempfehlung wie im zweiten Fall durch das Medienunternehmen selbst, kommt es darauf an, ob eine werbliche Hervorhebung vorliegt. Eine solche ist unzulässig. Liegt keine werbliche Hervorhebung vor, ist in einer Produktempfehlung nicht unbedingt ein Wettbewerbsverstoß zu sehen.[16] Es ist vielmehr an den Unternehmen, Berichte in eigener journalistischer Verantwortung zu erstellen. Gesondert zu betrachten sind jedoch Fälle, in denen das Sendeunternehmen am Erfolg eines Produkts beteiligt ist. Dann kann Wettbewerbsförderungsabsicht vorliegen.[17] Zu erwähnen sind in diesem Zusammenhang auch Fälle, in denen Interviewpartner oder Gäste einer Sendung Produkte erwähnen. Wenn dies vorher abgesprochen war, kann darin eine Wettbewerbsförderungsabsicht liegen. Wenn keine Absprache vorliegt, ist der Moderator angehalten, eventuelle Werbung durch Lenkung des Gesprächs zu verhindern.

---

10 Vgl. hierzu *Schiwy/Schütz/Dörr* S. 629; s. auch *Ekey* S. 85 f., *Fechner* Rn. 531.
11 S. *BGH* NJW 1990, 1529 f.; *NJW-RR* 1986, 1484.
12 *BGH* NJW 1997, 1304 f.
13 Vgl. dazu *BGH* GRUR 1986, 812.
14 Zur Trennung von Werbung und Inhalt s. auch unten Rn. 24 ff.
15 S. *BGH* AfP 1997, 522 ff.
16 *BGH* NJW-RR 1994, 1385.
17 Vgl. *OLG München* AfP 1986, 348; zu beachten sind in diesem Zusammenhang jedoch die Vorschriften des RStV zu Begleitmaterialien, wonach Hinweise auf Begleitmaterialien unter den dort genannten Voraussetzungen zulässig sind; s. dazu unten Rn. 52.

II. Verbot unterschwelliger Werbung

10   Gem. § 4 Nr. 1 UWG handelt unlauter, wer Wettbewerbshandlungen vornimmt, die geeignet sind, die Entscheidungsfreiheit der Verbraucher oder sonstiger Marktteilnehmer durch Ausübung von Druck, in menschenverachtender Weise oder durch sonstigen unangemessenen unsachlichen Einfluss zu beeinträchtigen.[18] Dazu gehört als Unterfall der menschenverachtenden Werbung auch die unterschwellige Werbung. Diese liegt vor, wenn der Verbraucher sie rational nicht mehr erfasst, sie jedoch „unter der Schwelle seines Bewusstseins" wahrnimmt.[19] Bei der sog. **subliminalen Werbung** werden Produkte, Slogans oder Marken kurzzeitig eingeblendet. Sie sind scheinbar zufällig platziert und spiegeln vordergründig die Lebenswirklichkeit wider, stellen dabei jedoch tatsächlich Werbung dar. Der manipulative Charakter steht im Vordergrund. Über die spezialgesetzlichen Verbote in § 7 Abs. 3 Satz 2 RStV und § 6 Abs. 1 Nr. 1 TMG[20] hinaus, wonach keine unterschwelligen Techniken eingesetzt werden dürfen bzw. kommerzielle Kommunikation klar erkennbar sein muss, ist subliminale Werbung generell unlauter wegen unangemessener unsachlicher Beeinflussung der Verbraucher gem. § 4 Nr. 1 UWG. Ähnlich wie bei der getarnten Werbung[21] nimmt der Betroffene sie nicht wahr und hat keine Möglichkeit, sich ihr zu entziehen.[22]

III. Verbot getarnter Werbung

11   Gem. § 4 Nr. 3 UWG handelt unlauter i.S.v. § 3 UWG, wer den Werbecharakter von Wettbewerbshandlungen verschleiert. Der Beispieltatbestand geht zurück auf das richterrechtlich zu § 1a.F. UWG entwickelte Verbot der getarnten Werbung.[23] § 4 Abs. 3 UWG beschränkt sich allerdings nicht auf das Verbot der getarnten Werbung, sondern bezieht sich auf alle Wettbewerbshandlungen.[24] Nach der Gesetzesbegründung wird das medienrechtliche Schleichwerbeverbot ausdrücklich auf alle Formen der Werbung ausgedehnt. Es erfasst auch die Tarnung sonstiger Wettbewerbshandlungen.[25] Dazu gehört z.B. die Gewinnung von Adressen unter Verschweigen der kommerziellen Absicht.

12   Eine Verschleierung liegt vor, wenn das äußere Erscheinungsbild der Wettbewerbshandlung so gestaltet wird, dass die Verbraucher (oder sonstigen Marktteilnehmer) sie nicht klar als solche erkennen. Maßgeblich ist die Sichtweise des durchschnittlich informierten, aufmerksamen und verständigen Verbrauchers oder sonstigen Marktteilnehmers.[26] Hinzu kommen müssen die Voraussetzungen des § 3 UWG. Die Handlung muss also geeignet sein, den Wettbewerb zum Nachteil der übrigen Marktteilnehmer nicht nur unerheblich zu beeinträchtigen.

13   Je nach Art eines Mediums, in dem eine Werbung getarnt wird, kann dem Verhalten Dritter unterschiedliche Bedeutung beigemessen werden.[27] Für die wettbewerbsrechtliche Beurteilung eines Verhaltens bedarf die Anwendung des § 4 Nr. 3 UWG daher der Konkretisierung durch

---

18   § 4 Nr. 1 UWG hat eine Art Auffangfunktion im Verhältnis zu den anderen Beispieltatbeständen in § 4 UWG, s. dazu *Köhler/Bornkamm* § 4 Rn. 1.11.
19   S. *Köhler/Bornkamm* § 4 Rn. 1.169.
20   S. dazu unten Rn. 57.
21   S. unten Rn. 12, 14 f.
22   Nach a.A. ist diese Werbeform grds. zulässig, es sei denn der Umworbene hat keine Chance, sich den werbenden Charakter zu vergegenwärtigen, s. hierzu *Petersen* § 8 Rn. 31.
23   S. *Köhler/Bornkamm* § 4 Rn. 3.1.
24   Kritisch dazu *Boesche* § 9 Rn. 331.
25   Begr. RegE UWG zu § 4 Nr. 3, BT-Drucks. 15/1487, 17; s. auch *Ekey* S. 57.
26   Vgl. *Köhler/Bornkamm* § 4 Rn. 3.11.
27   S. *Köhler/Bornkamm* § 4 Rn. 3.4.

Differenzierung. Dementsprechend gelten auch unterschiedliche spezialgesetzliche Regelungen für Presse, Rundfunk und Telemedien. Es ist zu unterscheiden zwischen getarnter und redaktioneller Werbung einerseits sowie Product Placement andererseits.

1. Getarnte Werbung

Getarnte Werbung liegt beispielsweise vor, wenn Anzeigen in Zeitschriften und Zeitungen für den „flüchtigen Durchschnittsleser"[28] nicht erkennbar sind, weil sie nicht als solche gekennzeichnet sind. D.h. es wird ein redaktioneller Beitrag vorgetäuscht, wo es sich in Wirklichkeit um eine Anzeige handelt. Nach der Rechtsprechung müssen Anzeigen als solche gekennzeichnet sein.[29] Demgemäß statuieren auch die Richtlinien des Zentralausschusses der Werbewirtschaft für redaktionell gestaltete Anzeigen[30] in Ziff. 1, dass eine Anzeige, die für den flüchtigen Durchschnittsleser nicht den Charakter einer entgeltlichen Veröffentlichung erkennen lässt, irreführend gegenüber Lesern und unlauter gegenüber Mitbewerbern ist. **14**

Eine relevante Täuschung liegt stets vor, wenn dem Leser eine entgeltliche Anzeige als redaktioneller Beitrag präsentiert wird.[31] Unlauter ist es insbesondere, Anzeigen im Stil und in der Aufmachung von redaktionellen Beiträgen zu veröffentlichen, ohne den Anzeigencharakter zu verdeutlichen.[32] **15**

2. Redaktionelle Werbung

Bei der redaktionellen Werbung wird ein neutraler oder objektiver Bericht vorgetäuscht. Redaktionelle Werbung ist ebenfalls gem. § 4 Nr. 3 UWG verboten. Verbraucher messen fachlichen Äußerungen grds. mehr Bedeutung bei als den Werbeaussagen eines Unternehmens.[33] Unlauter nach § 4 Abs. 3 UWG handelt daher, wer vorgibt, sich zu einer Frage fachlich zu äußern, in Wahrheit aber für ein bestimmtes Unternehmen werben will. Ein Bericht ist nicht neutral, wenn die Redaktion in ihrer Entscheidung über die Veröffentlichung oder Platzierung nicht frei ist, z.B. wegen gesellschaftsrechtlicher Abhängigkeiten oder wegen vertraglicher Verpflichtungen.[34] Redaktionelle Werbung kann auch dann wettbewerbswidrig sein, wenn kein Entgelt bezahlt wird. Voraussetzung ist, dass der in Wettbewerbsförderungsabsicht verfasste Beitrag ein Unternehmen oder seine Produkte über das sachlich notwendige Maß hinaus werbend darstellt. Eine übermäßig werbende Berichterstattung liegt z.B. vor, wenn Namen oder Hersteller genannt werden, obwohl dies zur Informationsvermittlung nicht nötig ist.[35] Werbung erscheint so unter dem Deckmantel eines redaktionellen Beitrags. Der Rezipient erwartet im redaktionellen Teil eine objektiv-kritische, nicht von gewerblichen Interessen geleitete Information einer unabhängigen Redaktion als Beitrag zur Meinungsbildung, nicht aber eine von Eigeninteressen des Werbenden geprägte Reklame.[36] Werbung im Gewande eines redaktionellen Beitrags führt daher regelmäßig zur Irreführung des Lesers oder Zuschauers **16**

---

28 *BGH* NJW 1974, 1141 f.
29 *BGH* NJW 1974, 1141 f.; 1981, 2573 f.; NJW-RR 1994, 872 f.; GRUR 1996, 791 ff.
30 Abrufbar unter www.zaw.de.
31 S. *Köhler/Bornkamm* § 4 Rn. 3.21.
32 S. z.B. *BGH* GRUR 1981, 835.
33 StRspr., vgl. nur *BGH* GRUR 1994, 441 f.; GRUR 1997, 541, 543; GRUR 1997, 907, 909.
34 S. *Köhler/Bornkamm* § 4 Rn. 3.27 m.w.N.
35 Vgl. *BGH* AfP 1998, 221, 223; *OLG München* AfP 1997, 917, 919.
36 Vgl. *Köhler/Bornkamm* § 4 Rn. 3.20 m.w.N.

durch Verschleierung des Werbecharakters der Veröffentlichung[37] und erfüllt daher den Tatbestand des § 4 Nr. 3 UWG.

17   Die übermäßige Werbung ohne sachliche Rechtfertigung wird von der Rechtsprechung anhand mehrerer Kriterien geprüft. So kommt es auf Aufmachung des Beitrags, Art und Maß der Darstellung und Vorliegen eines publizistischen Anlasses an.[38] Ein publizistischer Anlass ist gegeben, wenn im Hinblick auf das Informationsbedürfnis der Öffentlichkeit sachliche Gründe für die Nennung eines Unternehmens oder Produkts bestehen. Ein solcher Anlass bestehe nicht mehr, wenn eine Unterrichtung der Leser oder Zuschauer auch ohne Nennung einer bestimmten Marke geschehen könne.[39] Wettbewerbswidrig ist nach der Rechtsprechung des BGH demgemäß z.B. die Bezeichnung namentlich genannter Ärzte und Anwälte als die „500 besten Ärzte Deutschlands"[40] und die „500 besten Anwälte Deutschlands".[41] Die Veröffentlichung sog. Bestenlisten diene der unzulässigen Förderung fremden Wettbewerbs, die von einer entsprechenden Absicht getragen sei. Es liege keine journalistische Recherche vor, sondern die Informationen beruhen auf Empfehlungen von außen. Die Wettbewerbsförderungsabsicht ergebe sich durch die übermäßig anpreisende Darstellung bestimmter Marktteilnehmer. Mit der Erhöhung bestimmter Marktteilnehmer gehe eine Herabsetzung anderer einher. Unlauterkeit ist dann gegeben, wenn keine sachlichen, nachprüfbaren und aussagekräftigen Beurteilungskriterien zu Grunde liegen. Eine unzulässige redaktionelle Werbung liegt z.B. vor, wenn ein Unternehmen oder ein Produkt pauschal angepriesen wird,[42] eine Marke optisch besonders hervorgehoben wird oder der Kauf eines Produkts geradezu empfohlen wird.[43]

3. Product Placement

18   Product Placement ist die Erwähnung oder Darstellung von Waren, Dienstleistungen, Unternehmenskennzeichen, Marken, Werbeslogans oder Tätigkeiten eines Unternehmens in einem redaktionell oder künstlerisch gestalteten Beitrag, wenn der für den Beitrag Verantwortliche die Absicht hat, für das Unternehmen zu werben, und die Allgemeinheit über den eigentlichen Zweck der Erwähnung oder Darstellung irregeführt werden kann.[44] Beim Product Placement ist das Produkt so lange sichtbar, dass es als solches auch erkannt wird und erkannt werden soll.[45] Bei der rechtlichen Einordnung ist zu differenzieren: Während bei Fernsehfilmen die Vorschriften des RStV anwendbar sind,[46] besteht für Kinofilme kein spezialgesetzliches Gebot der Trennung von Werbung und Programm. Hier gilt ein weniger strenger Maßstab.[47] Die Verbraucher messen den Aussagen in einem Kinofilm weniger Bedeutung bei als denen in Presse und Rundfunk.

---

37   S. *BGH* GRUR 1981, 835; 1994, 821 f.; 1997, 907, 909.

38   Vgl. *Köhler/Bornkamm* § 4 Rn. 3.27 m.w.N.

39   S. *Köhler/Bornkamm* § 4 Rn. 3.27 m.w.N.

40   *BGH* NJW 1997, 2679.

41   *BGH* NJW 1997, 2681.

42   *BGH* GRUR 1997, 139 f.

43   *BGH* GRUR 1994, 441 f.

44   Vgl. *Köhler/Bornkamm* § 4 Rn. 3.42; s. auch die Definition der Schleichwerbung nach § 2 Abs. 2 Nr. 6 RStV, Rn. 25.

45   S. zur Voraussetzung der Absicht *Hahn/Vesting* § 2 Rn. 102.

46   S. dazu unten Rn. 21 ff., 26.

47   Vgl. *BGHZ* 130, 205.

Im Grundsatz ist es nicht zu beanstanden, wenn bei einem Beitrag oder in einem Spielfilm Waren oder Dienstleistungen dargestellt werden.[48] Die Grenze zu getarnter Werbung im Sinne von § 4 Nr. 3 UWG ist jedoch überschritten, wenn ein Film in seiner Tendenz auf Werbung ausgerichtet ist oder Product Placement im Übermaß enthält. Voraussetzung ist jedoch das Vorliegen einer Wettbewerbsförderungsabsicht. Eine solche liegt immer vor, wenn ein Entgelt bezahlt wird. Ist ein Entgelt nicht nachzuweisen, ist jedoch schon dann von einer Wettbewerbsförderungsabsicht auszugehen, wenn ein Produkt auffällig häufig oder lang und ohne erkennbare redaktionelle oder künstlerische Veranlassung dargestellt wird. Voraussetzung ist allerdings auch, dass die Verschleierung rechtserheblich ist. Hier besteht ein Zwiespalt: Einerseits darf nicht verschleiert werden, d.h. die Produkte müssen erkennbar sein, andererseits dürfen sie auch nicht werblich in den Vordergrund treten. Ein völliges Verbot von Product Placement wäre lebensfremd. Es sollte eine Orientierung am dramaturgisch Notwendigen erfolgen. Eine Einbindung sollte dann und so lange erfolgen, wie es der Lebenswirklichkeit entspricht. Maßgeblich sind wiederum Art, Umfang und Intensität der Einbindung. Entscheidend für die rechtliche Bewertung ist, dass der Zuschauer in dem Zeitpunkt, in dem er Eintritt für einen Film bezahlt, nicht damit rechnet, dass dieser Werbung im Übermaß enthalten werde. Daher kann es den Werbenden aufgegeben werden, das Product Placement für die Werbeadressaten kenntlich zu machen,[49] z.B. durch Informationen auf der Eintrittskarte.[50]

19

IV. Rechtsfolgen

Als Rechtsfolgen sieht das UWG in § 8 den Beseitigungs- bzw. Unterlassungsanspruch vor, in § 9 UWG den Schadenersatzanspruch und in § 10 UWG den Anspruch auf Gewinnabschöpfung. In §§ 16 ff. UWG sind Strafvorschriften kodifiziert.[51]

20

C. Werbung im Rundfunk

Die Werbung im Rundfunk[52] ist insbesondere für private Rundfunkunternehmen eine wesentliche Einnahmequelle. Sie wird in § 43 RStV[53] als erste Finanzierungsmöglichkeit für private Rundfunkunternehmen genannt, während § 13 Abs. 1 HS 2 RStV für den öffentlich-rechtlichen Rundfunk die Rundfunkgebühr als vorrangige Finanzierungsquelle anführt.

21

Der RStV[54] enthält allgemeine Regelungen (§§ 1 ff.), Regelungen für den klassischen Rundfunk (für den öffentlich-rechtlichen Rundfunk in §§ 11 ff. und für den privaten Rundfunk in §§ 20 ff.) und in seiner 9. Änderungsfassung nunmehr auch zu Telemedien (§§ 54 ff.).[55] Die Vorschriften, die sich auf die Werbung beziehen, gelten zum Teil nur für den klassischen Rundfunk, zum Teil sind sie auch auf Telemedien anwendbar.[56] Vor dem Hintergrund des spezifi-

22

---

48 S. *Boesche* § 9 Rn. 330.
49 Vgl. *Schiwy/Schütz/Dörr* S. 632.
50 *BGH* GRUR 1995, 744.
51 S. dazu im Einzelnen 22. Abschn. Rn. 174 ff.
52 S. zum Begriff des Rundfunks oben 2. Abschn. Rn. 36 ff.
53 Zuletzt geändert durch den 9. Rundfunkänderungsstaatsvertrag, welcher am 1.3.2007 in Kraft getreten ist.
54 S. zu den europarechtlichen Neuerungen der Richtlinie für audiovisuelle Mediendienste Rn. 64 ff.
55 S. zu Inhalt und Systematik des RStV die Übersicht in 2. Abschn. Rn. 76 ff.
56 S. dazu unten Rn. 58 ff.

schen Auftrags des öffentlich-rechtlichen Rundfunks[57] unterliegt dieser weitergehenden Einschränkungen als der private Rundfunk. Für den privaten Rundfunk haben die Landesmedienanstalten Gemeinsame Richtlinien für die Werbung, zur Durchführung der Trennung von Werbung und Programm und für das Sponsoring sowohl im Fernsehen als auch im Hörfunk (kurz „Werberichtlinien") erlassen, welche die Vorschriften des RStV konkretisieren.

23 Da die Werbung insbesondere für private Rundfunkunternehmen deren wirtschaftliche Grundlage darstellt, soll im Folgenden schwerpunktmäßig darauf eingegangen werden (und in Folge dessen auch auf die Werberichtlinien), und, da das Fernsehen als „Leitmedium" angesehen wird,[58] steht es in dieser Darstellung zudem im Mittelpunkt.

I. Die Trennung von Werbung und Programm

24 Wesentliches Prinzip im Werberecht ist das Gebot der Trennung von Werbung und Programm. Nach § 7 Abs. 3 RStV müssen Werbung und Teleshopping als solche klar erkennbar sein. Sie müssen im Fernsehen durch optische Mittel sowie im Hörfunk durch akustische Mittel eindeutig von anderen Programmteilen getrennt sein. Es dürfen keine unterschwelligen Techniken eingesetzt werden. Verbraucher sollen keiner Irreführung unterliegen. Die Unabhängigkeit des Rundfunks von der Werbewirtschaft soll sichergestellt sein. Verstöße gegen die in § 7 RStV statuierten Gebote und Verbote können auch wettbewerbsrechtlich relevant sein.[59]

II. Schleichwerbung

25 Einen Verstoß gegen das Gebot der Trennung von Werbung und Programm stellt die Schleichwerbung dar. Schleichwerbung ist gem. § 2 Abs. 2 Nr. 6 RStV die Erwähnung oder Darstellung von Waren, Dienstleistungen, Namen, Marken oder Tätigkeiten eines Herstellers von Waren oder eines Erbringers von Dienstleistungen in Programmen, wenn sie vom Veranstalter absichtlich zu Werbezwecken vorgesehen ist und die Allgemeinheit hinsichtlich des eigentlichen Zwecks dieser Erwähnung oder Darstellung irreführen kann. Eine Erwähnung oder Darstellung gilt insbesondere dann als zu Werbezwecken beabsichtigt, wenn sie gegen Entgelt oder eine ähnliche Gegenleistung erfolgt. Gem. § 7 Abs. 6 S. 1 RStV ist Schleichwerbung unzulässig. Das Thema Schleichwerbung wurde gerade in jüngster Zeit häufig diskutiert, da es sowohl bei den öffentlich-rechtlichen Anstalten als auch bei privaten Sendern zu Prüfungen bzw. Beanstandungen kam.[60] Eine Beobachtung des Programms durch die Landesmedienanstalten findet regelmäßig statt.[61]

---

57 Zum Funktionsauftrag des öffentlich-rechtlichen Rundfunks vgl. *Hartstein/Ring/Kreile/Dörr/Stettner* § 11 Rn. 5.

58 S.o. Rn. 3.

59 In Betracht kommen ein Verstoß gegen §§ 3 und 4 Nr. 3 UWG wegen Täuschung über den Werbecharakter einer Sendung oder Unlauterkeit gem. § 4 Nr. 11 UWG unter dem Gesichtspunkt des Rechtsbruchs, wenn in der Absicht gehandelt wurde, fremden Wettbewerb zu fördern; s.o. Rn. 8.

60 So wurde bspw. in der Serie Marienhof in der ARD ein Reiseveranstalter übermäßig deutlich dargestellt, während bei Sat.1 eine Serie der Prüfung unterlag, in der ein schwedisches Möbelhaus Wohnungen renovieren und neu einrichten ließ und dessen Produkte demzufolge entspr. häufig im Bild zu sehen waren. Die Vorwürfe konnten in letzterem Fall durch eine sorgfältige Prüfung und Berichterstattung entkräftet werden.

61 Die Auffassung, dass die wenigsten Fälle verfolgt werden – vgl. *Petersen* § 15 Rn. 7 – ist zumindest im Hinblick auf die Einbindung in Serien, nicht zu teilen.

1. Indizien für Schleichwerbung

Ob die Darstellung von Waren oder Dienstleistungen absichtlich zu Werbezwecken vorgese- **26**
hen ist und die Allgemeinheit irreführen kann, ist im Einzelfall an Hand von Indizien festzustellen. Eine Erwähnung oder Darstellung gilt insbesondere dann als zu Werbezwecken beabsichtigt, wenn sie gegen Entgelt oder eine andere Gegenleistung erfolgt.[62] Für die Praxis relevant ist in diesem Zusammenhang der Hinweis, dass ein Entgelt nur ein Indiz ist. Daher kann
auch eine Einbeziehung von Waren und Dienstleistungen ohne ein Entgelt Schleichwerbung
sein. Ein Indiz liegt insbesondere auch dann vor, wenn

– eine vertragliche Verpflichtung für die Einbindung von Unternehmen, Marken oder Produkten besteht,
– bereits bei der Entstehung eines Beitrags oder Films Product Placement geplant wird,
– im Zusammenhang mit der Übertragung gezielt Product Placement eingefügt wird,
– die Produktions- oder Lizenzkosten ungewöhnlich gering sind oder
– die Werbewirkung übermäßig intensiv ist.

2. Redaktionelle Veranlassung

Die Darstellung von Waren oder Dienstleistungen in Programmen kann jedoch auch zulässig **27**
sein, wenn sie der Lebenswirklichkeit entspricht oder eine redaktionelle Veranlassung besteht.
Es ist zu unterscheiden zwischen Eigen- bzw. Auftragsproduktionen der Rundfunkanstalten
und Lizenzprodukten. Während die Sender bei Ersteren das Maß der Einbindung von Produkten beeinflussen und eine übermäßige Werbewirkung verhindern können, übernehmen sie bei
Lizenzprodukten ein bereits hergestelltes Produkt. Wenn bei der Ausstrahlung von Lizenzprodukten kein wirtschaftliches Eigeninteresse vorliegt, ist die Ausstrahlung in der Regel zulässig.

Bei Eigen- und Auftragsproduktionen kann und muss eine übermäßige Werbewirkung durch **28**
die Darstellung von Waren oder Markennamen vermieden werden. Bei der Einblendung kleinerer Gegenstände ist dies in der Regel möglich, indem z.B. Namen überklebt werden oder
neutrale, z.T. eigens hergestellte Verpackungen, verwendet werden. Zuweilen lässt sich eine
Einblendung von Produkten oder Marken jedoch auch nicht vermeiden. Bei größeren Produkten wie z.B. Autos ist die Verwendung einer existenten Marke und eine bildliche Darstellung
nicht zu verhindern.[63] Es stellt sich daher die Frage, in wie weit die Einbindung von Waren
oder Dienstleistungen der „Lebenswirklichkeit" entspricht und damit zulässig ist oder ob sie
unzulässige Schleichwerbung darstellt. Nach höchstrichterlicher Rechtsprechung ist Werbung
im Programm dann zulässig, soweit sie vom Programm unvermeidbar ausgeht.[64] Wenn die
Darstellung nicht übermäßig häufig oder besonders präsent oder groß im Bild erfolgt, ist sie
als Lebenswirklichkeit anzusehen und damit rechtmäßig. Die Darstellung von Produkten ist
darüber hinaus auch möglich, wenn ein redaktioneller Anlass dafür besteht. So ist z.B. das Zeigen einer Zeitschrift dann zulässig (und gem. § 63 UrhG u.U. sogar geboten), wenn diese als
Quelle der Information dient.

Dementsprechend haben die Werberichtlinien das Schleichwerbeverbot in Ziff. 9 dahingehend **29**
konkretisiert, dass das Darstellen von Waren oder deren Herstellern, von Dienstleistungen oder
deren Anbietern keine Schleichwerbung ist, wenn dies aus überwiegend programmlich-drama-
turgischen Gründen sowie zur Wahrnehmung von Informationspflichten erfolgt.

---

62 Vgl. *Hahn/Vesting* § 2 Rn. 106 ff.
63 S. dazu auch *Herrmann/Lausen* § 23 Rn. 64.
64 *BGHZ* 110, 278.

30 Vor diesem Hintergrund ist auch die Darstellung von Namen und Marken bei der Sportbericht-erstattung zu beurteilen. Die Ausstattung von Spielern sowie die Werbung auf Banden werden von den Vereinen, Verbänden oder Veranstaltern vorgegeben oder veranlasst. Die Einblendung kann bei den Aufnahmen und bei der Berichterstattung in der Regel nicht vermieden werden. So kann die Werbung auf Trikots von Spielern oder Banden nicht ausgeblendet werden. Dies wäre wirklichkeitsfremd und wird daher als zulässig angesehen.[65]

III. Sponsoring

31 Dem Sponsoring kommt erhebliche wirtschaftliche Bedeutung zu und es trägt in hohem Maße zur Finanzierung von Sendungen bei.[66] Sponsoring im Sinne des RStV ist jeder Beitrag einer natürlichen oder juristischen Person oder einer Personenvereinigung, die an Rundfunktätigkei-ten oder an der Produktion audiovisueller Werke nicht beteiligt ist, zur direkten oder indirekten Finanzierung einer Sendung, um den Namen, die Marke, das Erscheinungsbild der Person oder Personenvereinigung, ihre Tätigkeit oder ihre Leistungen zu fördern, § 2 Abs. 2 Nr. 7 RStV. Es unterliegt nicht den Werberegelungen der §§ 7, 16 Abs. 3 und 45 Abs. 1 und 2 RStV. In § 8 RStV sind jedoch Vorschriften und Beschränkungen für das Sponsoring statuiert. Es ist zu un-terscheiden zwischen verschiedenen Formen des Sponsorings: Zum einen kann eine Sendung gesponsert werden (Sendungssponsoring), zum anderen ein Ereignis selbst (Ereignisssponso-ring). Des Weiteren gibt es für Werbetreibende die Möglichkeit, in den Titel einer Sendung auf-genommen zu werden (Titelsponsoring). Darüber hinaus ist auch eine Kombination verschie-dener Sponsoringformen möglich.

1. Sendungssponsoring

32 Beim Sendungssponsoring muss zu Beginn oder am Ende der Sendung in vertretbarer Kürze deutlich auf den Sponsor hingewiesen werden, § 8 Abs. 1 RStV. Ein Hinweis auf den Sponsor innerhalb einer Sendung vor und nach der Werbeschaltung ist jedoch auch zulässig. Der Hin-weis ist auch durch Bewegtbild möglich. Neben oder anstelle des Sponsors kann auch dessen Firmenemblem oder eine Marke eingeblendet werden. Üblich und zulässig ist ein Hinweis, mit dem für „die freundliche Unterstützung durch ....“ gedankt wird, doch haben sich mittlerweile auch andere kreativere Formen von Hinweisen etabliert, in denen imageprägende Slogans ein-gesetzt werden. Gem. Ziff. 12 (4) der Werberichtlinien darf der Hinweis jedoch nur den Zeit-raum beanspruchen, der erforderlich ist, um den Hinweis auf die Fremdfinanzierung deutlich wahrzunehmen. Der Hinweis muss einen eindeutigen Bezug zur Sendung herstellen und darf außer einem imageprägenden Slogan keine zusätzlichen werblichen Aussagen zu Sponsor, Produkten oder Marken enthalten.

33 Gem. Ziff. 12 (2) der Werberichtlinien können auch Kurzsendungen, wie z.B. Wetterberichte gesponsert werden, nicht jedoch Spotwerbung, Dauerwerbesendungen oder Teleshopping-Fenster. Auch das Sponsoring von Trailern ist nicht zulässig: Gem. Ziff. 12 (3) S. 3 und 4 Wer-berichtlinien dürfen in Hinweisen auf gesponserte Sendungen die Sponsoren genannt werden. Programmhinweise dürfen jedoch nicht gesponsert werden.

---

65 Vgl. *OLG München* WPR 1976, 393.
66 Vgl. zur wirtschaftlichen Bedeutung des Sponsorings und zur Entwicklung des Sponsoringmarktes *Hartstein/Ring/Kreile/Dörr/Stettner* § 8 Rn. 9 f.

Obert

2. Ereignissponsoring

Beim Ereignissponsoring wird eine Veranstaltung oder ein Ereignis Gegenstand des Sponso- **34**
rings.[67] Das Ereignissponsoring ist insbesondere bei Sportereignissen häufig anzutreffen. Der
Sponsor kann der Veranstaltung auch seinen Namen geben („BMW Golf Turnier"). Da der
Sponsor ohnehin während der Veranstaltung meist optisch präsent ist (z.B. durch Bandenwerbung oder auf Trikots), besteht keine Veranlassung für den Rundfunkveranstalter, nochmals
gesondert auf das Sponsoring hinzuweisen.[68] Die Einblendung des Sponsors ist daher nicht zulässig.[69] Es darf auch nicht bei der redaktionellen Bearbeitung des Beitrags auf den Sponsor
hingewiesen werden, da sonst die Grenze zur verbotenen unterschwelligen Werbung überschritten würde.[70]

3. Titelsponsoring

Eine weitere, ebenfalls bei Sportevents, aber auch in anderen Bereichen etablierte Form des **35**
Sponsorings ist das Titelsponsoring.[71] Dabei erfolgt eine Verknüpfung des Titels einer Sen-
dung mit einem bestimmten Unternehmen, oder mit Produkten bzw. Marken, wie z.B. „Krom-
bacher Doppelpass" oder „MegaClever! – Die NKL-Show". Titelsponsoring gem. Ziff. 12 (8)
Werberichtlinien ist zulässig, wenn die allgemeinen Anforderungen an das Sponsoring gem.
§ 2 Abs. 2 Nr. 7 und § 8 Abs. 2 bis 6 RStV eingehalten werden. Insbesondere darf auch eine
Sendung mit Titelsponsoring nicht zum Kauf von Produkten anregen. Bei der Erwähnung des
Namens, der Firma, eines Produkts oder einer Marke im Titel der Sendung dürfen keine werblichen Effekte in den Vordergrund rücken. Die journalistische Unabhängigkeit muss gewahrt
bleiben.

4. Sponsoring und Product Placement

Eine praktisch relevante Frage stellt sich im Hinblick auf Product Placement im Zusammen- **36**
hang mit Sponsoring. Können in einer gesponserten Sendung im Rahmen des programmlich-
dramaturgisch Notwendigen Darstellungen von Waren oder Dienstleistungen erfolgen? Gem.
§ 8 Abs. 3 RStV dürfen gesponserte Sendungen nicht zum Verkauf, zum Kauf oder zur Miete
oder Pacht von Erzeugnissen oder Dienstleistungen des Sponsors oder eines Dritten anregen.
In Ziff. 12 (6) der Werberichtlinien werden Fallgruppen genannt, in denen eine gesponserte
Sendung in der Regel zum Verkauf, zum Kauf oder zur Miete oder Pacht von Erzeugnissen
oder Dienstleistungen des Sponsors oder eines Dritten anregt: Zum einen, wenn in der Sendung
Erzeugnisse oder Dienstleistungen vorgestellt, allgemein empfohlen oder sonst als vorzugs-
würdig herausgestellt werden, die der Sponsor oder ein Dritter der Sendung anbietet; zum anderen, wenn in einer Fernsehsendung, die aus der Übertragung von Sportveranstaltungen, kulturellen Veranstaltungen oder Ereignissen ähnlicher Art besteht, im wesentlichen Waren,
Dienstleistungen, Namen, Marken oder Tätigkeiten auf Banden, Werbereitern oder sonstigen

---

67 S. dazu *Herrmann/Lausen* § 23 Rn. 70.
68 S. *Hartstein/Ring/Kreile/Dörr/Stettner* § 8 Rn. 16.
69 Vgl. *Köhler/Bornkamm* § 4 Rn. 1.205. Als Argumentation dafür, dass kein gesonderter Hinweis auf
den Sponsor erfolgen muss, wird auch angeführt, dass typischerweise keine Gefahr bestehe, dass der
Sponsor Einfluss auf die Sendung nimmt, vgl. hierzu *Petersen* § 15 Rn. 15 m.w.N. Diese Argumentation ist indes nicht nachvollziehbar, da in der Praxis gelegentlich auch die Sponsoren der Veranstaltung als Lizenzgeber auftreten.
70 *Hartstein/Ring/Kreile/Dörr/Stettner* § 8 Rn. 17.
71 Das Titelsponsoring ist abzugrenzen vom sog. Verlags-TV wie z.B. Stern-TV oder Spiegel-TV,
s. dazu *Hartstein/Ring/Kreile/Dörr/Stettner* § 8 Rn. 37.

Gegenständen erkennbar sind, deren Hersteller oder Erbringer der Sponsor oder ein Dritter ist. Danach gelten also für gesponserte Sendungen erhöhte Anforderungen an Product Placement. Als Kriterium kann hier der wirtschaftliche Zusammenhang zwischen der gewerblichen Tätigkeit des Sponsors und dem Inhalt der Sendung angeführt werden. Besteht ein solcher Zusammenhang, ist das Placement unzulässig. Besteht kein wirtschaftlicher Zusammenhang, kann demnach der Sponsor einer Sendung eingeblendet oder genannt werden.[72]

IV. Virtuelle Werbung

37 Die Einfügung von virtueller Werbung ist nach dem RStV ausdrücklich zulässig. Virtuelle Werbung ist die Einblendung von Schriftzügen oder Logos, die real nicht existieren. Die Digitalisierung der Programme erleichtert das Überblenden eines Bildes mit einem anderen Bild.[73] Die Technik dient der Differenzierung von Werbebotschaften bei Übertragungen in verschiedenen Ländern. Diese Werbeform erfreut sich daher insbesondere bei Sportveranstaltungen großer Beliebtheit, da hier die Werbung ausländischer Unternehmen auf Banden durch regionale Werbung ersetzt werden kann. Virtuelle Werbung ist gem. § 7 Abs. 6 Satz 2 RStV zulässig, wenn am Anfang und am Ende der betroffenen Sendung darauf hingewiesen wird und durch sie eine am Ort der Übertragung ohnehin bestehende Werbung ersetzt wird. Es dürfen also keine neuen Werbeflächen geschaffen werden. Gem. Ziff. 10 (2) der Werberichtlinien darf die am Ort vorhandene statische Werbung nicht durch Werbung mit Bewegtbildern ersetzt werden.

V. Besondere Formen von Werbung und medialer Einbindung

38 Über die im RStV geregelte Werbung hinaus gibt es weitere Formen medialer Einbindung, die gesetzlich zulässig sind und in den Werberichtlinien geregelt sind.

1. Gewinnspiele

39 Die Auslobung von Geld- und Sachpreisen im Rahmen redaktionell gestalteter Gewinnspiele stellt eine weitere Möglichkeit der medialen Einbindung dar. Auch hierbei ist das Gebot der Trennung von Werbung und Programm zu beachten.[74] Gem. Ziff. 18 der Werberichtlinien ist dabei eine zweimalige Nennung der Firma bzw. zur Verdeutlichung des Produkts auch eine zweimalige kurze optische Darstellung des Preises in Form von Bewegtbildern zulässig. In der Praxis wird diese Regelung dahin gehend weiter ausgelegt, dass insgesamt eine viermalige Einbindung zulässig ist, entweder optischer oder akustischer Natur. Die Einbindung darf jedoch nicht zu einer übermäßigen werblichen Darstellung oder Anpreisung des Produktes führen.

---

72 Die Praxis zeigt, dass eine namentliche Erwähnung des Sponsors während der Sendung sowie die bildliche Darstellung (meist in Form der Studioausstattung) großzügig gehandhabt werden und von den zuständigen Aufsichtsgremien offenbar nicht regelmäßig verfolgt werden.
73 S. *Hahn/Vesting* § 7 Rn. 79.
74 Kritisch hierzu *Petersen* § 15 Rn. 4, bei Gewinnspielen, bei denen mit einfachen Fragen Interesse erzeugt werde und die Preise mit allen Vorzügen dargestellt würden, handele es sich um lupenreine Werbung. Der Verstoß gegen das Trennungsgebot sei besonders eklatant, da mitunter schwer erkennbar sei, wo die werbende Einflussnahme beginne.

2. Ausstatterhinweise

Darüber hinaus gibt es auch die Möglichkeit, Firmen oder Produkte im Rahmen einer Ausstattung in eine Sendung einzubeziehen. Wenn z.B. ein Autohersteller für die Produktion einer Sendung Fahrzeuge zur Verfügung stellt, können diese – im Rahmen des dramaturgisch Notwendigen – in die Sendung mit einbezogen werden. Gem. Ziff. 19 (1) der Werberichtlinien werden Ausstatterhinweise nicht als Werbung behandelt, sofern sie wie Sponsorhinweise gestaltet sind. Auf den Ausstatter kann daher am Anfang und am Ende oder nur am Ende der Sendung hingewiesen werden.[75] Gem. Ziff. 19 (2) Werberichtlinien können bei der Übertragung von Sportveranstaltungen bei der Einblendung von Grafiken die Firmennamen oder Produktnamen von technischen Dienstleistern abgebildet werden, wenn diese im direkten funktionalen Zusammenhang mit der Einblendung stehen. **40**

Die Werberichtlinien enthalten keine Regelung darüber, ob der Ausstatter einer Sendung auch ein Entgelt verlangen kann. Da der Ausstatterhinweis wie ein Sponsorhinweis zu behandeln ist und der Sponsor einer Sendung für den Sponsorhinweis in der Regel bezahlt, ist davon auszugehen, dass auch der Ausstatter für seinen Ausstattungshinweis bezahlen kann. Unzulässig ist jedoch die Bezahlung eines Entgelts für die Platzierung der Produkte des Ausstatters. **41**

VI. Dauerwerbesendung

Dauerwerbesendungen sind gem. § 7 Abs. 5 RStV zulässig, wenn der Werbecharakter erkennbar im Vordergrund steht und die Werbung einen wesentlichen Bestandteil der Sendung darstellt. Sie müssen zu Beginn als Dauerwerbesendung angekündigt und während des gesamten Verlaufs als solche gekennzeichnet werden. Dauerwerbesendungen sind in den Werberichtlinien definiert: Nach Ziff. 8 der Werberichtlinien haben Dauerwerbesendungen eine Länge von mindestens 90 Sekunden. Die Werbung ist redaktionell gestaltet, der Werbecharakter steht erkennbar im Vordergrund und die Werbung stellt einen wesentlichen Bestandteil der Sendung dar. **42**

Werden in der Dauerwerbesendung Werbespots ausgestrahlt, dürfen sie nicht durch ein Werbelogo vom übrigen Teil der Sendung getrennt werden.[76] Dauerwerbesendungen sind auf die tägliche Sendezeit für Werbung anzurechnen.[77] Die zeitliche Beschränkung auf 12 Minuten pro Stunde nach § 45 Abs. 1 RStV gilt nicht. Dauerwerbesendungen sind jedoch weder bei Sendern noch bei der Werbewirtschaft beliebt, weil die ununterbrochene Kennzeichnung als Werbung die Gefahr birgt, dass die Zuschauer den Sender zugunsten eines anderen Programms verlassen. **43**

VII. Zulässiger Umfang der Werbung

Die Einfügung von Werbung und die zulässige Gesamtdauer sind für den öffentlich-rechtlichen und den privaten Rundfunk großteils unterschiedlich geregelt. Hinsichtlich einiger Punkte gelten jedoch gleiche Vorschriften. So dürfen gem. §§ 15 Abs. 1 und 44 Abs. 1 RStV die Übertragungen von Gottesdiensten und Sendungen für Kinder nicht unterbrochen werden. Werbung und Teleshopping Spots müssen grundsätzlich zwischen den Sendungen eingefügt **44**

---

75 Eine Verpflichtung, auf den Ausstatter wie auf einen Sponsor hinzuweisen, enthalten die Werberichtlinien nicht, vgl. auch *Hartstein/Ring/Kreile/Dörr/Stettner* § 8 Rn. 24.
76 S. dazu im Einzelnen *Hartstein/Ring/Kreile/Dörr/Stettner* § 7 Rn. 39.
77 S. dazu unten Rn. 45 f.; vgl. auch *Hartstein/Ring/Kreile/Dörr/Stettner* § 7 Rn. 38.

werden. Einzeln eingefügte Werbung und Teleshopping Spots sind zulässig, sofern der gesamte Zusammenhang und der Charakter der Sendung nicht beeinträchtigt werden. Zulässig ist unter bestimmten Voraussetzungen auch eine Teilbelegung des Bildschirms mit Werbung.

1. Gesamtdauer der Werbung

45   Im öffentlich-rechtlichen Rundfunk sind Werbung und Teleshopping im Fernsehen gem. § 16 Abs. 1 RStV nur im Programm der ARD und im ZDF zulässig. In den weiteren bundesweit verbreiteten Fernsehprogrammen von ARD und ZDF sowie in den Dritten Fernsehprogrammen findet Werbung nicht statt, § 16 Abs. 2 RStV. Die Gesamtdauer beträgt jeweils höchstens 20 Minuten werktäglich im Jahresdurchschnitt. Nach 20 Uhr sowie an Sonntagen und im gesamten Bundesgebiet anerkannten Feiertagen dürfen Werbesendungen nicht ausgestrahlt werden. Innerhalb einer Stunde darf die Dauer der Spotwerbung 20 % nicht überschreiten, § 16 Abs. 3 RStV. Für den Hörfunk sind die Länder gem. § 16 Abs. 5 RStV berechtigt, den Landesrundfunkanstalten bis zu 90 Minuten Werbung werktäglich im Jahresdurchschnitt einzuräumen.

46   Im privaten Rundfunk darf die Sendezeit der Werbespots, Teleshopping Spots und anderer Formen von Werbung gem. § 45 Abs. 1 RStV nicht mehr als 20 % der täglichen Sendezeit in Anspruch nehmen. Der Anteil von Werbespots darf 15 % der täglichen Sendezeit betragen. Gem. § 45 Abs. 2 RStV darf der Anteil der Werbespots und Teleshopping Spots innerhalb einer Stunde, gerechnet von der vollen Stunde, 20 % nicht überschreiten.

2. Einfügung der Werbung

47   Im öffentlich-rechtlichen Rundfunk dürfen Fernsehsendungen von mehr als 45 Minuten Dauer gem. § 15 Abs. 3 RStV einmal Werbeschaltungen und Teleshopping Spots enthalten. Bei der Übertragung von Ereignissen oder Darbietungen, die Pausen enthalten, dürfen Werbung und Teleshopping Spots nur zwischen den eigenständigen Teilen oder in den Pausen eingefügt werden.

48   Im privaten Rundfunk ist die Einfügung von Werbespots und Teleshopping gem. §§ 44 ff. RStV in größerem Umfang gestattet. Bei Sendungen, die aus Teilen bestehen, bei Sportsendungen und Sendungen mit Pausen können Werbung und Teleshoppingspots nur zwischen den Teilen oder in den Pausen eingefügt werden. Bei allen anderen Sendungen, einschließlich Serien, Reihen und leichten Unterhaltungssendungen soll der Abstand zwischen zwei Unterbrecherwerbungen mindestens 20 Minuten betragen. Eine Unterschreitung des 20 Minuten Abstandes ist gem. Ziff. 13 (5) der Werberichtlinien zulässig, wenn im Handlungsverlauf von Sendungen Einschnitte bestehen, die zur Platzierung von Werbung genutzt werden können, um dramaturgisch zusammenhängende Elemente nicht zu unterbrechen und die Summe der zulässigen Werbeunterbrechungen sich nicht erhöht. Kinofilme und Fernsehfilme dürfen ab einer Sendezeit von 45 Minuten einmal unterbrochen werden. Eine weitere Unterbrechung ist zulässig, wenn die Sendezeit um mindestens 20 Minuten über die 45 Minuten hinausgeht. Die Werberichtlinien sehen hier in Ziff. 13 (6) eine strengere Regelung vor: Danach ist eine zweimalige Unterbrechung bei 90-minütiger Dauer zulässig, eine dreimalige Unterbrechung bei über 110-minütiger Dauer und ein weiteres Mal je zusätzlicher 45-minütiger Dauer. Gem. § 44 Abs. 5 RStV dürfen auch Nachrichtensendungen, Sendungen zum politischen Zeitgeschehen, Dokumentarfilme und Sendungen religiösen Inhalts mit einer Sendezeit von mehr als 30 Minuten durch Werbung unterbrochen werden.

3. Split Screen

Gem. § 7 Abs. 4 RStV ist eine Teilbelegung des ausgestrahlten Bildes mit Werbung zulässig, **49** wenn die Werbung vom übrigen Programm eindeutig optisch getrennt und als solche gekennzeichnet ist. Darunter ist die parallele Ausstrahlung redaktioneller und werblicher Inhalte zu verstehen. Die Trennung von Werbung und Programm erfolgt durch die räumliche Aufteilung des Bildschirms in Form eines Split Screens. Ein Unterfall der Split Screen Werbung sind die sog. Werbecrawls, in denen in Textlaufzeiten am Bildschirmrand Informationen mit werblichen Inhalten angeboten werden. Die Werbung in Form von Split Screens ist auf die Dauer der Werbung im Sinne von §§ 16 und 45 RStV anzurechnen. Die Split Screen Werbung kann auch mit Ton unterlegt werden.[78] Werbung im Split Screen wird von der Werbewirtschaft vorzugsweise eingesetzt, da dabei die Gefahr, dass Zuschauer während der Werbung in andere Programme umschalten, wesentlich geringer ist und daher eine erhöhte Wahrnehmung des Spots gesichert ist.

VIII. Hinweise auf eigene Programme, Begleitmaterial und Social Advertising

Der RStV statuiert auch Fälle, die nicht den Werbevorschriften unterliegen: Gem. § 45 Abs. 3 **50** RStV gelten Hinweise des Rundfunkveranstalters auf eigene Programme und Begleitmaterialien, die direkt von diesen Programmen abgeleitet sind, unentgeltliche Beiträge im Dienste der Öffentlichkeit einschließlich von Spendenaufrufen zu Wohlfahrtszwecken sowie Pflichthinweise im Sinne des Heilmittelwerbegesetzes nicht als Werbung i.S.v. § 45 Abs. 1 und 2 RStV.[79]

Die **Sender- bzw. Eigenpromotion** dient der Zuschauerbindung. Die Hinweise in Form von **51** Trailern können sich auf das Gesamtprogramm beziehen oder auf einzelne Sendungen, z.B. als Programmankündigungen, auf in den Sendungen vorkommende Personen, auf Veranstaltungen oder sonstige Ereignisse außerhalb der Programme der Veranstalter.[80] Umfasst sind auch Hinweise auf die Tätigkeit des Rundfunkveranstalters selbst, also reine Imagewerbung für den Sender. Zulässig ist im Rahmen von Senderfamilien auch sog. Crosspromotion, also die Werbung eines Senders für einen anderen.[81]

Darüber hinaus fallen auch Hinweise auf **Begleitmaterialien**, die direkt von diesen Program- **52** men abgeleitet sind (z.B. Aufzeichnungen der Sendungen), nicht unter die Werbevorschriften. Dazu gehören Hinweise auf Bezugsmöglichkeiten von Wiedergaben der Fernsehsendungen auf Bild- und Tonträgern sowie auf Begleitmaterialien wie Bücher, Videos oder andere Publikationen wie z.B. Spiele, wenn durch sie der Inhalt der Sendung erläutert, vertieft oder nachbearbeitet wird. Die Hinweise dürfen gem. Ziff. 15 (6) Werberichtlinien nur im Zusammenhang mit der Sendung oder mit Programmankündigungen am jeweiligen Sendetag erscheinen.

---

78 Dafür spreche die Anrechenbarkeit auf die Dauer der Werbung gem. §§ 16 und 45 RStV. Ein entspr. Verbot hätte der Gesetzgeber ausdrücklich formulieren müssen, vgl. dazu *Hartstein/Ring/Kreile/Dörr/ Stettner* § 7 Rn. 32 e.
79 Die Vorschrift entspricht der Regelung in § 7 Abs. 8 RStV.
80 Urheberrechtlich gilt jedoch zu beachten, dass die Eigenpromotion der Werbung gleichgestellt wird. Daher muss für die Verwendung von Musik in Trailern das Filmherstellungsrecht eingeholt werden. Mit den zwischen den Rundfunkveranstaltern und der GEMA in der Regel abgeschlossenen Rahmenverträgen werden den Sendern zwar die Filmherstellungsrechte für Eigen- und Auftragsproduktionen eingeräumt, nicht jedoch für Werbung, vgl. dazu *Hartstein/Ring/Kreile/Dörr/Stettner* § 45 Rn. 25.
81 S. dazu *Hartstein/Ring/Kreile/Dörr/Stettner* § 45 Rn. 26.

53 Eine weitere Ausnahme bilden unentgeltliche Beiträge im Dienst der Öffentlichkeit einschließlich Spendenaufrufen zu Wohlfahrtszwecken sowie Pflichthinweise im Sinne des Heilmittelwerbegesetzes. Diese fallen ebenfalls nicht unter die Vorschriften des § 45 Abs. 1 und 2 RStV. Unentgeltliche Beiträge im Dienste der Öffentlichkeit oder Spendenaufrufe zu Wohlfahrtszwecken (**Social Advertising**) fallen auch nicht unter das Verbot der Werbung politischer, gesellschaftlicher oder religiöser Art in § 7 Abs. 8 RStV.[82] Gem. Ziff. 11 der Werberichtlinien handelt es sich bei derartigen Sozialen Appellen um unentgeltlich ausgestrahlte Beiträge, die einen direkten oder indirekten Aufruf zu verantwortlichem, sozial erwünschtem Verhalten betreffen oder über die Folgen individuellen Verhaltens aufklären (z.B. Aufrufe, die die Gesundheit, die Sicherheit der Verbraucher oder den Schutz der Umwelt fördern).

IX. Verstöße

54 Bei Verstößen gegen die Vorschriften des RStV kann eine Ordnungswidrigkeit gem. § 49 RStV vorliegen, so z.B. bei einem Verstoß gegen das Gebot der Trennung von Werbung und Programm oder bei einem Verstoß gegen das Schleichwerbeverbot. Eine Ordnungswidrigkeit kann mit einer Geldbuße von bis zu 500.000 € belegt werden. Gem. § 29a OWiG ist auch Gewinnabschöpfung möglich.

D. Werbung in Telemedien

55 Die Werbung in Telemedien ist im RStV und im Telemediengesetz (TMG) geregelt. Das TMG enthält die technische Regulierung, während die inhaltliche Regulierung im RStV normiert ist.[83]

I. Technische Regulierung im Telemediengesetz

56 Das TMG ist am 1.3.2007 in Kraft getreten und hat das Teledienstegesetz (TDG), das Teledienstedatenschutzgesetz (TDDSG) und den Mediendienstestaatsvertrags (MDStV) abgelöst. Gem. § 1 Abs. 1 TDG gilt das TMG für alle elektronischen Informations- und Kommunikationsdienste.

57 Ausdrücklich geregelt sind im TMG Informationspflichten für E-Mail-Werbung (sog. Anti-Spam-Regelung)[84] und das Verbot unterschwelliger Werbung: Gem. § 6 Abs. 1 Nr. 1 TMG muss kommerzielle Kommunikation klar erkennbar sein. Kommerzielle Kommunikation ist gem. § 2 Nr. 5 S. 1 TMG jede Kommunikation, die der unmittelbaren oder mittelbaren Förderung des Absatzes von Waren, Dienstleistungen oder des Erscheinungsbilds eines Unternehmens, einer sonstigen Organisation oder einer natürlichen Person dient, die eine Tätigkeit im Handel, Gewerbe oder Handwerk oder einen freien Beruf ausübt. Im Übrigen ist in Bezug auf

---

82 Nimmt der Rundfunkveranstalter allerdings eine Geldzahlung für derartige Beiträge entgegen, sind sie wie Werbung zu werten, vgl. *Hartstein/Ring/Kreile/Dörr/Stettner* § 45 Rn. 28.
83 Der gesamte Bereich des E-Commerce unterliegt hinsichtlich der inhaltlichen Anforderungen nunmehr der Aufsicht der Landesmedienanstalten, s. *Hoeren* NJW 2007, 801 f.
84 S. dazu und zur wettbewerbsrechtlichen Relevanz *Engels/Jürgens/Fritzsche* NJW 2007, 57, 62 ff.; *Schmitz* K&R 2007, 135, 137; *Hoeren* NJW 2007, 801, 804.

Werbung auf den RStV zu verweisen: Gem. § 1 Abs. 4 TMG ergeben sich die an die Inhalte von Telemedien zu richtenden Anforderungen aus dem RStV.[85]

II. Inhaltliche Regulierung im Rundfunkstaatsvertrag

Entsprechend den Regelungen im Telemediengesetz enthält der RStV in seiner 9. Änderungsfassung nunmehr auch Regelungen zu Telemedien.[86] Nach §§ 1 Abs. 1, 2 Abs. 1 S. 3 RStV gelten für Telemedien die §§ 54 ff. RStV, für den Trennungsgrundsatz gilt speziell § 58 RStV. **58**

§ 2 Abs. 1 S. 3 RStV erfasst sämtliche Telemedien. Danach sind Telemedien alle elektronischen Informations- und Kommunikationsdienste.[87] Nach § 2 Abs. 1 S. 4 RStV sind Telemedien ausdrücklich auch Fernseh- und Radiotext sowie Teleshoppingkanäle.[88] **59**

Teleshopping ist gem. § 2 Abs. 2 Nr. 8 RStV die Sendung direkter Angebote an die Öffentlichkeit für den Absatz von Waren oder die Erbringung von Dienstleistungen, einschließlich unbeweglicher Sachen, Rechte und Verpflichtungen gegen Entgelt. Im öffentlich-rechtlichen Rundfunk findet Teleshopping gem. § 18 RStV mit Ausnahme von Teleshopping-Spots nicht statt.[89] Im privaten Rundfunk sind Teleshopping Fenster, die von einem Programm gesendet werden, das nicht ausschließlich für Teleshopping bestimmt ist, zulässig. Gem. § 45a RStV müssen sie eine Mindestdauer von 15 Minuten ohne Unterbrechung haben. Es sind höchstens acht solcher Fenster mit einer Maximaldauer von 3 Stunden täglich zulässig und sie müssen optisch und akustisch klar gekennzeichnet sein. **60**

In § 58 Abs. 1 RStV ist das Trennungsgebot für Telemedien statuiert: Demgemäß muss Werbung in Telemedien als solche klar erkennbar und vom übrigen Inhalt der Angebote eindeutig getrennt sein. In der Werbung dürfen keine unterschwelligen Techniken eingesetzt werden. Für die Teleshoppingkanäle gelten gem. § 58 Abs. 2 RStV die Vorschriften der §§ 7, 8, 44 ff. RStV entsprechend und gem. § 58 Abs. 3 RStV gilt für Sponsoring beim Fernsehtext § 8 RStV entsprechend. **61**

E. Werbung und Jugendmedienschutz

Durch den Jugendmedienschutz soll gewährleistet werden, dass Kinder und Jugendliche zu ihre Entwicklungen beeinträchtigenden oder gefährdenden Inhalten keinen oder nur einen der Altersstufe entsprechenden Zugang erhalten. Der Jugendmedienschutz ist im Jugendschutzgesetz (JuSchG) und im Jugendmedienschutz-Staatsvertrag (JMStV) verankert.[90] Das JuSchG **62**

---

85 S. zur Abgrenzung zwischen Rundfunk und Telemedien sowie zum Begriff der Telemedien mit journalistisch-redaktionell gestalteten Angeboten *Engels/Jürgens/Fritzsche* K&R 2007, 57 f.; *Schmitz* K&R 2007, 135 f. Die Vorschriften des TMG und des RStV sind z.T. kumulativ anwendbar, vgl. dazu *Engels/Jürgens/Fritzsche* NJW 2007, 57, 63.
86 Dazu eingehend 6. Abschn. Rn. 94 ff.
87 Die Definition entspricht derjenigen in § 1 Abs. 1 TMG.
88 Nicht als Telemedien, sondern als Rundfunk anzusehen sind neben dem herkömmlichen Rundfunk das Live-Streaming (zusätzliche zeitgleiche parallele Übertragung der Rundfunkprogramme über Internet) und das Webcasting (ausschließliche Übertragung von Rundkunkprogrammen über Internet) sowie Video-on-Demand ohne individuelle Abrufmöglichkeit, s. *Hoeren* NJW 2007, 801, 803.
89 Zur begrifflichen Abgrenzung zwischen Teleshopping-Sendungen und Teleshopping-Spots s. *Hartstein/Ring/Kreile/Dörr/Stettner* § 45 Rn. 8 ff.
90 S. zur Abgrenzung und zu den Berührungspunkten zwischen JuSchG und JMStV und zu den Regelungen des JuSchG im Einzelnen *Petersen* § 16 Rn. 3 ff. und *Schiwy/Schütz/Dörr* S. 251 f.

behandelt das Recht der Trägermedien, während der JMStV den Jugendschutz in den Telemedien und im Rundfunk regelt.[91] Der Jugendschutz in der Werbung und im Teleshopping ist im JMStV normiert.

63   Der JMStV ist am 1.4.2003 in Kraft getreten und gilt gem. § 2 Abs. 1 für alle elektronischen Informations- und Kommunikationsmedien (Rundfunk und Telemedien). § 6 JMStV regelt den Jugendschutz in der Werbung und im Teleshopping. Gem. § 6 Abs. 2 JMStV ist Werbung, die sich an Kinder oder Jugendliche richtet, beispielsweise[92] unzulässig, wenn sie direkte Kaufappelle enthält, das besondere Vertrauen von Kindern und Jugendlichen zu Eltern, Lehrern und Vertrauenspersonen ausnutzt oder Minderjährige ohne berechtigten Grund in gefährlichen Situationen zeigt. Gem. § 6 Abs. 5 JMStV darf sich Werbung für alkoholische Getränke nicht an Kinder oder Jugendliche richten. Entsprechendes gilt für die Werbung für Tabak in Telemedien.[93] Die Vorschriften des § 6 JMStV gelten gem. § 6 Abs. 6 JMStV entsprechend für Teleshopping. Der JMStV wird konkretisiert durch die Jugendschutzrichtlinien der Landesmedienanstalten. Nr. 7 der Jugendschutzrichtlinien enthält Hinweise zur Werbung.

F.   Werbung nach der Richtlinie über audiovisuelle Mediendienste

64   Die Richtlinie 89/552/EWG des Rates zur Koordinierung bestimmter Rechts- und Verwaltungsvorschriften der Mitgliedstaaten über die Ausübung der Fernsehtätigkeit, die sog. EG-Fernsehrichtlinie, wurde auf Vorschlag der Europäischen Kommission weitreichend geändert: Die Richtlinie über audiovisuelle Mediendienste (AV-RiLi) erfasst nun alle Angebote, die über elektronische Kommunikationsnetze verbreitet werden und deren Hauptzweck Programme zur Information, Unterhaltung oder Bildung der allgemeinen Öffentlichkeit sind.[94]

I.   Quantitative Deregulierung der Werbung

65   In der Richtlinie über audiovisuelle Mediendienste[95] werden die quantitativen Werberegelungen liberalisiert.[96] Der Einsatz von Werbung wird dereguliert. Filme und Nachrichten dürfen gem. Art. 11 Abs. 2 AV-RiLi höchstens ein Mal im Zeitraum von 30 Minuten unterbrochen werden. Gleiches gilt für Kinderfilme, wenn die Gesamtdauer mehr als 30 Minuten beträgt. Die Beschränkung von Werbung auf 12 Minuten pro Stunde bleibt gem. Art. 18 Abs. 1 AV-RiLi erhalten.

---

91 S. zu den Auswirkungen des JMStV auf den Rundfunk *Kreile/Diesbach* ZUM 2002, 849 ff.

92 Bei der Aufzählung in § 6 Abs. 2 JMStV dürfte es sich – wenn auch nicht ausdrücklich als solche bezeichnet – um Regelbeispiele handeln, s. *Bornemann* NJW 2003, 787, 790.

93 Die Anwendbarkeit des Verbots der Werbung für Tabak in Telemedien ist sachgerecht, aber – insbesondere im Zusammenhang mit § 6 Abs. 6 JMStV – unzureichend, vgl. *Bornemann* NJW 2003, 787, 790. S. zum Verbot der Tabakwerbung jedoch die umfangreicheren Regelungen in der Richtlinie für Audiovisuelle Mediendienste, vgl. Rn. 66 f.

94 Abänderung 66 des Europäischen Parlaments, s. Kommissionsvorschlag v. 29.3.2007, Ziff. 3.2 Verfügender Teil. Nach Änderung der Richtlinie 89/552/EWG lautet der Titel nunmehr: „Richtlinie 89/552/EG des Europäischen Parlaments und des Rates vom 3. Oktober 1989 zur Koordinierung bestimmter Rechts- und Verwaltungsvorschriften der Mitgliedstaaten über die Bereitstellung audiovisueller Mediendienste (Richtlinie über audiovisuelle Mediendienste).“

95 S. zur Richtlinie über audiovisuelle Medien allgemein 2. Abschn. Rn. 24 f.

96 S. Abänderungen 228 und 208 des Europäischen Parlaments in der geänderten Fassung des Kommissionsvorschlags v. 29.3.2007, Ziff. 3.2 Verfügender Teil.

II. Qualitative Regelungen

Gem. Art. 3e Abs. 1 AV-RiLi gilt der Grundsatz der Trennung von Werbung und Programm. **66** Schleichwerbung und der Einsatz subliminaler Techniken sind verboten. Audiovisuelle Kommunikation für Zigaretten und andere Tabakerzeugnisse ist untersagt. Für alkoholische Getränke darf audiovisuelle Kommunikation nicht speziell an Minderjährige gerichtet sein oder den übermäßigen Genuss solcher Getränke fördern. Sie ist ebenfalls verboten für Arzneimittel und medizinische Behandlungen, die nur auf ärztliche Verordnung erhältlich sind.[97]

Gem. Art. 3g Abs. 2 AV RiLi ist Product Placement unter bestimmten Voraussetzungen zuläs- **67** sig in Kinofilmen, Fernsehfilmen und -serien, Unterhaltungsprogrammen und Sportsendungen, sofern kein Entgelt gezahlt wird, nicht jedoch in Kinderprogrammen. Allerdings darf es kein Product Placement für Zigaretten oder andere Tabakerzeugnisse sowie rezeptpflichtige Arzneimittel und medizinische Behandlungen geben. Mit einer geringen Ausnahme für den Fall, dass kein Entgelt und keine Gegenleistung entgegengenommen wird, sind Hinweise erforderlich, um den Grundsatz der Trennung von Werbung und Programm zu gewährleisten.[98]

G. Formulierungshilfen zur Einbindung von Werbung und Mediaelementen im Rundfunk

Nachfolgend werden einige Anregungen gegeben, wie die Einbindung von Werbung und an- **68** deren Mediaelementen für Kunden und Sponsoren (im Folgenden „XY" genannt) im Rundfunk (im Folgenden „Sender" genannt) vertraglich gestaltet werden könnte.[99] Dabei werden beispielhaft und in „Bausteinform" Formulierungen für die Buchung von klassischer Werbung und Sonderwerbeformen, für die Integration im Rahmen von Titelpatronaten und Gewinnspielen (insgesamt „Mediaelemente" genannt) sowie allgemeine Klauseln vorgeschlagen, die für die Einbindung in Rundfunksendungen relevant sein könnten.[100]

I. Ausstrahlung der Sendung

Der Sender wird von...... bis ....das Programm .... (nachfolgend „Sendung" genannt) aus- **69** strahlen. Die Sendung hat eine Dauer von ca. .... Minuten .... Sekunden brutto.

---

97 Abänderungen 114 und 225 des Europäischen Parlaments, s. Kommissionsvorschlag v. 29.3.2007, Ziff. 3.2 Verfügender Teil.

98 Abänderung 227 des Europäischen Parlaments, s. Kommissionsvorschlag v. 29.3.2007, Ziff. 3.2 Verfügender Teil.

99 Der Verkauf von Werbezeiten kann vom Sender selbst vorgenommen werden. Viele großer Sender bedienen sich hierfür jedoch konzernverbundener oder nicht konzernverbundener Vermarktungsfirmen. Gleichwohl soll hier der Einfachheit halber von „Sender" als Vertragspartner die Rede sein; s. zu den Angeboten der Vermarktungsfirmen auch deren Websites, z.B. www.sevenonemedia.de oder www.ip-deutschland.de.

100 Die Aufstellung erhebt dabei keinen Anspruch auf Vollständigkeit und stellt insbesondere kein Vertragsmuster dar, sondern gibt nur Anregungen für einzelne Formulierungen.

70 Die Erstausstrahlung der Sendung erfolgt voraussichtlich am .... / regelmäßig am .... im Zeitraum zwischen ...... Uhr und .... Uhr im Programm von Sender. Die Sendung wird voraussichtlich [jeweils] am .... wiederholt. Während der Dauer der vorliegenden Vereinbarung erfolgen daher ca. .... Erstausstrahlungen und ca. .... Wiederholungen. Sender ist zu Programmänderungen jederzeit berechtigt. Ansprüche gegen Sender können aus Programmänderungen nicht hergeleitet werden.

II. Einbindung der Mediaelemente

1. Allgemein

71 Die Integration der Mediaelemente erfolgt durch Sender in Absprache mit XY. Jede mediale Einbindung bedarf vor ihrer erstmaligen Ausstrahlung der schriftlichen Freigabe durch Sender. Sender wird die Freigabe nur aus wichtigem Grund verweigern. Jegliche Einbindung steht unter dem Vorbehalt der rechtlichen und insbesondere medienrechtlichen Zulässigkeit und erfolgt nur, wenn und soweit rechtliche Gründe nicht entgegenstehen. Das Letztentscheidungsrecht liegt bei Sender.

2. Klassische Werbung

72 Während der Dauer der vorliegenden Vereinbarung wird Sender für XY folgende Werbung (nachfolgend insgesamt „Werbung" genannt) zur Verfügung stellen:

Beispiele (jeweils unter Anführung der Sekunden):
– TV Spots (klassische Spots im Werbeblock)
– Spotpremiere (Werbespot als Erstausstrahlung)
– Single Spot (Alleinstellung außerhalb des Werbeblocks)
– Werbecrawls (Botschaften im unteren Bildschirmrand)
– Splitscreen (Werbebotschaft auf einem Teil des Bildschirms, während im anderen Teil Programm oder der Abspann läuft, z.B. Program Split, Abspann Split).

73 Die Integration der Werbung erfolgt im Umfeld der Sendung. [Zahl] Werbespots werden im Zusammenhang mit der Erstausstrahlung der Sendung und [Zahl] Werbespots im Zusammenhang mit Wiederholungen ausgestrahlt. Die Ausstrahlung der Werbezeiten erfolgt in den jeweiligen Werbeblöcken an [erster] oder [letzter] Stelle [als Spotpremiere unmittelbar vor den Hauptnachrichten, als Single Spot in der Sendung ... etc.]. Kann eine bestimmte Werbung nicht eingesetzt werden, erfolgt eine anderweitige Einbuchung von Werbung, um die Gesamtsekundenzahl zu erreichen.

3. Titelpatronat

74 XY beabsichtigt, im Programm von Sender im Rahmen eines Titelpatronats zu erscheinen. Der Titel der Sendung lautet: .... (nachfolgend „Titel" genannt). XY erhält während der Geltungsdauer der vorliegenden Vereinbarung für alle Erstausstrahlungen und Wiederholungen der Sendungen das [exklusive] Titelpatronat.

75 – Während der Dauer dieser Vereinbarung wird der Titel folgendermaßen eingebunden:
– in die Trailer am Anfang und am Ende der Sendung (Intro- und Extrotrailer) sowie vor und nach den Werbepausen
– in die An- und Abmoderationen

– in die Pressemitteilungen über die Sendung
– in Programmzeitschriften
– bei sonstiger Nennung des Sendungstitels.

Der Titel wird darüber hinaus in einen Trailer von ca. … Sekunden Länge zur Ankündigung **76**
der Sendung im Programm des Senders integriert (Ankündigungstrailer). Es werden insgesamt
mindestens … Ankündigungstrailer à … Sekunden ausgestrahlt. Die Ankündigungstrailer
werden in den jeweiligen Werbeblöcken an erster oder letzter Stelle platziert. Die Gestaltung
der Trailer erfolgt in Absprache und auf Kosten von XY, die redaktionelle Hoheit verbleibt bei
Sender.

4. Gewinnspiel

XY wird im Rahmen der Sendung an einem medienrechtlich zulässigen Gewinnspiel teilneh- **77**
men. Im Rahmen dieses Gewinnspiels wird XY Preise dergestalt zur Verfügung stellen, dass
diese im Rahmen der Sendung als Gewinnpreise ausgelobt werden.

Das Gewinnspiel wird im Rahmen von Erstausstrahlungen der Sendungen durchgeführt. Die **78**
Durchführung steht unter der redaktionellen Hoheit von Sender. Das Gewinnspiel wird textlich
und visuell im Rahmen der gesetzlichen Bestimmungen eingebunden. Sender ist zu Programmänderungen berechtigt. Die Durchführung und organisatorische Leitung des Gewinnspiels
wird von Sender übernommen.

XY verpflichtet sich, im Zeitraum von … bis … [Preise] unentgeltlich in Absprache mit Sender **79**
als Gewinne zur Verfügung zu stellen. Das Eigentum an den Preisen bleibt bis zum Zeitpunkt
der Übereignung an die Gewinner im Eigentum von XY und geht zu keinem Zeitpunkt auf Sender über. Die Parteien sind sich darüber einig, dass XY hinsichtlich der von XY zur Verfügung
gestellten Preise Auslobender ist. XY verpflichtet sich zur vollständigen und ordnungsgemäßen Gewinnabwicklung nach Erhalt der von Sender übermittelten Gewinnerdaten [evtl. weitere Regelung zur Logistik].

Sender veranlasst [auf eigene Kosten] die Herstellung eines ca. … Sekunden langen Gewinn- **80**
spieltrailers aufgrund des von XY zur Verfügung gestellten Materials. [Die Sender entstandenen Kosten für die Trailerproduktion werden XY in vollem Umfang in Rechnung gestellt.] Der
Gewinnspieltrailer wird jeweils … Mal pro Erstausstrahlung und … Mal pro Wiederholung der
Sendung im Umfeld der Sendung ausgestrahlt.

III. Vergütung

Die Vergütung für alle vertraglichen Leistungen beträgt Euro … zzgl. MwSt. in gesetzlicher **81**
Höhe [und abzüglich Agenturprovision. Weitere Rabatte, zusätzliche Agenturvergütungen
und/oder Skonti werden nicht gewährt.]

Die Vergütung wird in drei gleichen Raten [abzüglich Agenturprovision] nach Rechnungsstel- **82**
lung wie folgt zur Zahlung fällig:
… Euro am …
… Euro am …
… Euro am …

Sollten in der Vertragslaufzeit weniger Erstausstrahlungen der Sendung mit den entsprechen- **83**
den jeweiligen Wiederholungen als vereinbart im Programm von Sender ausgestrahlt werden,
hat Sender eine gegebenenfalls zuviel bezahlte Vergütung anteilig zurückzuzahlen, wobei die

Zahl der geplanten Sendungen und Ausstrahlungen samt Wiederholungen mit der Anzahl der tatsächlich bezahlten Sendungen/Ausstrahlungen abzugleichen ist. Weitergehende Ansprüche gegenüber Sender sind in diesem Zusammenhang ausgeschlossen. [evtl. zusätzlich Regelung zur Reichweite].

IV. Material

84 XY wird das Material in [Format] auf eigene Kosten produzieren und Sender rechtzeitig, jedoch nicht später als … Tage vor der ersten Ausstrahlung kostenfrei liefern. Falls das Material nicht rechtzeitig zur Verfügung gestellt wird, ist Sender nicht zur Ausstrahlung verpflichtet. Die Vergütungspflicht von XY bleibt davon unberührt. Auf Wunsch von XY wird sich Sender in diesen Fällen bemühen, etwaig bereits geliefertes Material auszustrahlen, falls dieses noch vorliegen sollte oder das verspätet gelieferte Material später auszustrahlen.

85 Sender behält sich vor, von XY geliefertes Material bei Vorliegen eines sachlichen Grundes zurückzuweisen und/oder die Ausstrahlung vorzeitig zu beenden. Ein sachlicher Grund liegt immer vor bei einem Verstoß gegen geltendes Recht, die Werberichtlinien der Landesmedienanstalten oder die guten Sitten. Sender prüft geliefertes Material ausschließlich auf offenkundige Rechtsverstöße. XY ist bei einer Zurückweisung oder Beendigung dazu verpflichtet, unverzüglich neues Material zur Verfügung zu stellen. Erfolgt dies nicht oder nicht rechtzeitig, bleibt der Vergütungsanspruch bestehen. Der Vergütungsanspruch bleibt immer bestehen, wenn Sender aus Gründen, die XY zu vertreten hat, die Leistung nicht oder nicht vollständig erbringen kann.

86 Sender wird das Material bis zum Ende der Vertragsdauer aufbewahren. Sender sendet das Material an XY auf deren Kosten und Gefahr zurück, wenn XY dies innerhalb von … Tagen nach Beendigung des Leistungszeitraums schriftlich verlangt. Andernfalls ist Sender zur Vernichtung oder Aufbewahrung berechtigt. Sender ist trotz schriftlichen Verlangens der Rücksendung durch XY zur Zurückhaltung des Materials bis zur vollständigen Zahlung der Vergütung berechtigt.

87 [Sender verpflichtet sich, jeweils nach erfolgter Erstausstrahlung der Sendung eine Sendungskopie an XY zu übersenden und stellt XY eine schriftliche Ausstrahlungsbestätigung mit Ausstrahlungstermin und Uhrzeit zur Verfügung.]

V. Rechteeinräumung / Freistellung

88 Soweit XY für die Herstellung der Trailer Bild- bzw. Tonmaterial zur Verfügung stellt, überträgt XY alle zur Umsetzung dieses Vertragsinhaltes erforderlichen Nutzungsrechte an dem zur Verfügung gestellten Material für den Zeitraum der Vertragslaufzeit. Sender ist berechtigt, die genannten Rechte weiter zu übertragen. Die Genehmigung zur Übertragung beschränkt sich auf die in diesem Vertrag genannten Zwecke.

89 XY haftet für die Verletzung von wettbewerbs-, urheber- und persönlichkeitsrechtlichen Vorschriften im Zusammenhang mit dem von XY gelieferten Bild- und Textmaterial. XY sichert zu, dass XY sämtliche Verwertungsrechte an dem für die Herstellung zur Verfügung gestellten Material zustehen und Rechte Dritter nicht verletzt werden.

90 Soweit Dritte Sender wegen des vorgenannten Materials in Anspruch nehmen, stellt XY Sender vollumfänglich von sämtlichen Ansprüchen frei und erstattet [auf erste Anforderung] die Kosten der Rechtsverteidigung [in gesetzlicher Höhe] in vollem Umfang.

VI. Vertragslaufzeit

Die vorliegende Vereinbarung tritt mit Erstausstrahlung der Sendung [Unterzeichnung] in Kraft und endet am … [mit der vollständigen Abwicklung aller Leistungen], ohne dass es einer Kündigung bedarf. Eine ordentliche Kündigung ist ausgeschlossen. **91**

Das Recht zur außerordentlichen Kündigung bleibt hiervon unberührt. Insbesondere besteht das Recht zur außerordentlichen Kündigung, wenn über das Vermögen des jeweils anderen Vertragspartners ein gerichtliches Insolvenzverfahren beantragt oder eröffnet wird oder die Eröffnung des Insolvenzverfahrens mangels Masse abgelehnt wird, wenn der jeweils andere Vertragspartner die Liquidation seines Unternehmens beschließt oder seine Geschäftstätigkeit tatsächlich einstellt. **92**

Das Recht zur außerordentlichen Kündigung besteht auch, wenn die Sendung aufgrund medienrechtlicher Vorgaben der zuständigen Aufsichtsbehörden kurzfristig beanstandet und/oder untersagt wird. In diesem Fall verringert sich die zu bezahlende Vergütung für jede nicht ausgestrahlte Sendung samt Wiederholung anteilig. Weitergehende Ansprüche von XY im Falle einer solchen Kündigung bestehen nicht. [In einem solchen Fall werden die Parteien sich nach besten Kräften um eine vertragliche Anpassung der Leistungen bemühen]. **93**

Jede Kündigung bedarf der Schriftform. **94**

[XY erhält die einseitige Option zur Verlängerung der vorliegenden Vereinbarung mit den entsprechenden Medialeistungen für ein weiteres Jahr zu gleichen Konditionen. Die schriftliche Ausübung der Option muss Sender bis spätestens … zugegangen sein. Sofern Sender bis zu diesem Zeitpunkt keine entsprechende Erklärung zugeht, ist Sender frei, die nach dieser Vereinbarung einzuräumenden Rechte Dritten einzuräumen.] **95**

5. Abschnitt

Rundfunktechnik und Infrastrukturregulierung

Literatur: *Bauer/v. Einem* Handy-TV-Lizenzierung von Urbeberrechten unter Berücksichtigung des „2. Korbs", MMR 2007, S. 698 ff.; *Birkel* IPTV 2010 Marktpotenziale für IP-basiertes Fernsehen in Deutschland, 2006; *Charissé* Kabelkommunikation zwischen Rundfunk- und Urheberrecht, K&R, 2002, 164; *Conrad* Die Feuerzangenbowle und das Linsengericht: Der Vergütungsanspruch nach § 20b II UrhG, GRUR 2003, 561; *Diesbach* Verkauf von territorial begrenzten Senderechten in Europa und Verschlüsselungsverlangen, ZUM 2002, 680; *Dörr/Janik/Zorn* Der Zugang zu den Kabelnetzen und die Regelungen des europäischen Rechts, 2002; *Dörr/Volkmann* Die Kabelbelegungsregelungen im Hessischen Privatrundfunkgesetz unter Berücksichtigung europarechtlicher Vorgaben, 2005; *Eggers* Filmfinanzierung, 5. Aufl. 2007; *Enßlin* Kontrahierungszwang für Anbieter von Dienstleistungen für das digitale Fernsehen, 2000; *Flatau* Neue Verbreitungsformen für Fernsehen und ihre rechtliche Einordnung: IPTV aus technischer Sicht, ZUM 2007, 1; *Grewenig* Rechtsprobleme im Zusammenhang mit der Überarbeitung des Rechtsrahmens für die elektronische Kommunikation (TK-Review) durch die Europäische Kommission – aus der Sicht des pivaten Rundfunks, ZUM 2007, 96; *Grünwald* Analoger Switch-Off, 2001; *Hartstein/Ring/Kreile/Dörr/Stettner* Rundfunkstaatsvertrag, Loseblatt; *Holznagel/Behle/Schumacher* Zusammenarbeit der Medien-und TK-Aufsicht bei der Sicherung der Zugangsfreiheit, FS Henle, 2007; *Janik* Kapitulation vor der eingetretenen Konzentration?, AfP 2002, 104; *ders.* Der deutsche Rundfunkbegriff im Spiegel technischer Entwicklungen, AfP 2000, 7; *ders.* Rundfunkregulierung auch im Internet?, K&R 2001, 572; *ders.* in Schiwy/Schütz/Dörr, Medienrecht, 4. Aufl. 2006, S. 88; *ders.* in Beck'scher TKG Kommentar, 3. Aufl. 2006; *Jarass/Pieroth* GG, 6. Aufl. 2002; *Kaufmann* Kompression und Bandbreite im Wettlauf, Elektronik 16/2000, 68; *Kibele* Multimedia im Fernsehen, 2001; *Klußmann* Lexikon der Informations- und Kommunikationstechnik, 3. Aufl. 2001; *König* Die Einführung des digitalen Fernsehens, 1997; *König/Haratsch* Ring frei im DVB-T Beihilfenstreit vor der Europäischen Kommission – Terrestrisch digitaler Rundfunk vor dem Aus?, ZUM 2005, 275; *König/Kühling* Rundfunkstaatsvertragliche Störsignale für das digitale terrestrische Fernsehen DVB-T?, AfP 2004, 3; *dies.* EG-beihilfenrechtlicher „Switch-Off" für das digitale terrestrische Fernsehen DVB-T?, K&R 2004, 201; *Kreile* in Dörr/Kreile/Cole, Handbuch Medienrecht – Recht der elektronischen Massenmedien, 2007; *Mailänder* Fernsehen mit verschlüsselten Grenzen, ZUM 2002, 706; *Mand* Das Recht der Kabelweitersendung. Kabelweiterleitung von Rundfunkprogrammen im Licht des § 20b UrhG, 2004; *ders.* § 20b Abs. 2 UrhG und das neue Urhebervertragsrecht, ZUM 2003, 812; *Ory* Rechtliche Überlegungen aus Anlass des „Handy-TV" nach dem DMB-Standard, ZUM 2007, 7; *Schössler* Die Digitalisierung von Fernsehprogrammen, 2001; *Schrape* Digitales Fernsehen, Marktchancen und ordnungspolitischer Regelungsbedarf, 1995; *Schricker/Schricker* Urheberrecht, 2. Aufl. 1999; *Schütz* Kommunikationsrecht, 2005; *Schulz/Seufert/Holznagel* Digitales Fernsehen, Regulierungskonzepte und -perspektiven, 1999; *Wagner* Rechtliche Aspekte elektronischer Programmführer, MMR 1998, 243; *Weiss/Wood* Was elektronische Programmführer leisten sollten, MMR 1998, 239; *Weisser/Höppener* Kabelweitersendung und urheberrechtlicher Kontrahierungszwang, ZUM 2003, 597; *Weißenborn* Der Zugang des Rundfunks zu seinen Frequenzen, IRIS plus 2007, S. 2 ff.; *Wille* Rechtsprobleme im Zusammenhang mit der Überarbeitung des Rechtsrahmens für die elektronische Kommunikation (TK-Review) durch die Europäische Kommission – aus der Sicht des öffentlich-rechtlichen Rundfunks, ZUM 2007, 89; *Würtenberg* Neue Chips für das digitale Fernsehen, Elektronik 16/2001, 32; *Ziemer* Digitales Fernsehen: Eine neue Dimension der Medienvielfalt, 1997.

I. Einführung

Die Rundfunklandschaft befindet sich in einer Phase des Umbruchs und Neubestimmung, in der bisherige Geschäftsmodelle auf den Prüfstand gestellt, neue Verbreitungs- und Finanzierungsformen erprobt und die Balance des dualen Rundfunksystems politisch neu justiert werden. Diese Veränderungsprozesse sind gekennzeichnet von einem sprunghaften Anstieg von Programminhalten, die über die unterschiedlichsten Verbreitungswege und Endgeräte empfangen werden können sowie einer Verwischung der Grenzen zwischen klassischen Rundfunkprogrammen einerseits und Telemedien andererseits. Der ausschlaggebende Impuls dieser Entwicklung ist jedoch nicht inhaltlicher, sondern vielmehr technischer Natur. Denn erst durch den technischen Prozess der Digitalisierung und Komprimierung von Informationen wurden die Voraussetzungen geschaffen, um Programminhalten neue Verbreitungsmöglichkeiten und Geschäftsmodelle zu eröffnen. Die Digitalisierung des Rundfunks und der damit einhergehende Prozess der (technischen) Medienkonvergenz stellt somit die Initialzündung für einen Anstieg von Programmangeboten und einer erheblichen Erweiterung der Programm- und Meinungsvielfalt dar. Ein wichtiges Symbol für diese Entwicklung ist das sogenannte „web 2.0" und der damit verbundenen Möglichkeit eines jeden Internetnutzers, eigene digitale Inhalte im Internet zu verbreiten. Der Erfolg von „YouTube" und den dort zum Abruf bereit gestellten videoclips (so genannter „user-generated content") beweist nicht nur erneut die besondere Attraktivität von audio-visuellen Inhalten, sondern bildet einen Antagonismus zu der bisherigen Monopolisierung von audio-visuellen Inhalten, die in der durch Frequenzknappheit geprägten „analogen Welt" in der Hand nur weniger Rundfunkveranstalter lag. Dieser Prozess der Medienkonvergenz verlangt von den Marktbeteiligten ein hohes Maß an Flexibilität und Veränderungswillen und macht auch – wie die erregte Diskussion um die Einführung der Rundfunkgebühr für internetfähige PCs gezeigt hat – vor medienfremden Unternehmen und Privathaushalten nicht halt. **1**

In dieser Umbruchphase ändern sich auch die Nutzungsgewohnheiten und Rezeptionsweisen der Zuschauer, da Rundfunkinhalte nicht mehr ausschließlich von einem Anbieter an viele Rezipienten zur zeitgleichen Nutzung gesendet werden (Punkt-zu-Multipunkt-Verbindung). Vielmehr werden die Zuschauer durch die im Internet verwendete „streaming"-Technologie verstärkt in die Lage versetzt, im Wege des Programmabrufs (Punkt-zu-Punkt-Verbindung) über den Zeitpunkt der Rezeption selbständig zu entscheiden (z.B. Video-On-Demand Angebote). Es sind hierbei aber auch moderne Endgeräte wie ein Personal Video-Recoder (PVR), die einen maßgeblichen Einfluss auf die Veränderung des Nutzungsverhaltens haben werden, da diese Geräte mit großen Festplatten zur zeitgleichen Speicherung verschiedener Rundfunkprogramme ausgestattet sind. Dadurch wird der Zuschauer in die Lage versetzt, die klassischen Rundfunkverbreitungswege nur noch dazu zu verwenden, den PVR mit neuen Programmen zu füttern, die entsprechend den individuellen Vorlieben gespeichert und erst zu einem späteren Zeitpunkt abgerufen werden. Diese technische Emanzipazion des Zuschauers und seine wachsende Fähigkeit der selbstbestimmten Rezeption von Inhalten wird von den Gazetten bereits plakativ betitelt: „Der Zuschauer ist tot, es lebe der Nutzer".[1] In dieser Situation ist der europäische und deutsche Gesetzgeber bemüht, mit dem raschen Tempo der technischen Veränderungsprozesse Schritt zu halten und der gewachsenen Bedeutung der technischen Verbreitungsinfrastrukturen und Empfangstechnik gerecht zu werden. Infrastrukturbetreiber, Inhalteanbieter und kommerzielle Vermarkter dieser Inhalte erweitern in immer neuen Kooperationsformen ihre Geschäftsfelder und geraten hierbei in ein komplexes Geflecht wechselseitiger **2**

---

1 Vgl. F.A.Z. v. 31.8.2007, 16.

Abhängigkeiten. Um so schwieriger ist die gesetzgeberische Aufgabe, bei der positiven Ausgestaltung der Rundfunkordnung,[2] einerseits die wirtschaftlichen Rahmenbedingungen der Inhalteanbieter im dualen System angemessen zu berücksichtigen und andererseits eine technologieneutrale Regulierung zu schaffen, die zu keinen Verzerrungen des immer stärker werdenden Infrastrukturwettbewerbs führt. Insbesondere die Fragen des Zugangs zu Verbreitungswegen und der technischen Ausgestaltung der Empfangsgeräte sind Gegenstand gemeinschaftsrechtlicher sowie nationaler medien- und telekommunikationsrechtlicher Regulierung. Hierbei verfolgt das Gemeinschaftsrecht das Ziel einer strikten Trennung zwischen der Regulierung von Inhalten und der Regulierung von Infrastrukturen.[3] Auf der Ebene der nationalen Infrastrukturregulierung, die im Folgenden näher dargestellt wird, kommt es in vielen Fällen zu einer parallelen Anwendung von telekommunikationsrechtlichen Regelungen des Bundes, der die Gesetzgebungskompetenz für Fragen der Infrastrukturregulierung inne hat[4], und den inhaltsbezogenen Bestimmungen des Medienrechts, das der Gesetzgebungskompetenz der Länder unterfällt.[5] Die damit einhergehenden rechtlichen Friktionen und teilweise verfassungsrechtlich bedenklichen Formen der Doppelregulierung zeugen einerseits von der Komplexität der Regelungsmaterie und den zugrundeliegenden technischen Zusammenhängen sowie andererseits von den kompetenzrechtlichen Verteilungskämpfen zwischen dem Bund und den Ländern. Begleitet werden die vorgenannten Veränderungsprozesse von der politischen Diskussion, wie der Umstieg von analoger auf digitaler Verbreitungstechnik begleitet und gefördert werden kann. Da jede Verbreitungsinfrastruktur aufgrund ihrer Zuschauerreichweite eine unterschiedliche Bedeutung für die Programmveranstalter haben und zudem ihren spezifischen technischen Rahmenbedingungen unterworfen sind, müssen differenzierte Lösungen für den Digitalumstieg gefunden werden. Auf europäischer Ebene ist der sogenannte „digital switch over" ebenfalls eine politische Forderung, die differenziert behandelt wird, da neben den jeweiligen technischen Voraussetzungen auch die Nutzungsgewohnheiten und der aktuelle Stand des Umstellungsprozesses in den jeweiligen Mitgliedstaaten berücksichtigt werden muss. Folglich wird von der europäischen Kommission in erster Linie das Jahr 2012 als Zieldatum für einen Digitalumstieg diskutiert.[6]

---

2 StRspr. vgl. *BVerfGE* 57, 295, 320; 73, 118, 152; 74, 297, 324; 83, 238, 296. Der Forderung des BVerfG
zur positivrechtlichen Absicherung der Meinungsvielfalt ist der Gesetzgeber nachgekommen, indem er
mit den §§ 25 ff. RStV einfachgesetzliche Regelungen getroffen hat, die insbesondere durch das Zuschaueranteilsmodell eine Vielfaltgewährleistung ermöglichen. Zur weiteren Entwicklung vgl. auch
Janik AfP 2002, 104 ff. m.w.N.
3 Richtlinie 202/21/EG des Europäischen Parlaments und des Rates v. 7.3.2002 über einen gemeinsamen
Rechtsrahmen für elektronische Kommunikationsnetze und -dienste (Rahmenrichtlinie); ABlEG Nr. L
108 v. 24.4.2002, S. 33.
4 Gesetzgebungskompetenz des Bundes für Wirtschaftsfragen und Telekommunikation gem. Art. 74
Abs.1 Nr. 1, 7, 11; 73 Nr. 13 GG.
5 Gesetzgebungskompetenz der Länder für rundfunkrelevante Fragen gemäß Art. 30, 70 GG.
6 Vgl. zu den Problemlagen auf europäischer Ebene: Digital Switchover in Broadcasting, A BIPE study
for the European Commission, Directorate General Information Society, 2002; Mitteilung der Kommission an den Rat, das Europäische Parlament, den Europäischen Wirtschafts- und Sozialausschuss und
den Ausschuss der Regionen über den Übergang vom analogen zum digitalen Rundfunk (digitaler
Übergang und Analogabschaltung), KOM(2003) 541 endgültig; vgl. ferner das Arbeitspapier der Kommission zum digital switch over; Commission services working document, Annex to the Communication from the Commission to the Council, the European Parliament, the European Economic and Social
Committee and the Committee of the Regions on accelerating the transition from analogue to digital
broadcasting, KOM(2005) 204 endgültig.

Janik

II. Digitalisierung

1.1 Politische Bedeutung

Die politische Bedeutung der Digitalisierung erklärt sich vor dem Hintergrund der wirtschaft- **3**
lichen Wachstumsprognosen und –erwartungen, die an die Digitalisierung von Inhalten und die
gleichzeitige Verbreitung von schnellen (breitbandigen) Internetzugängen sowie die Vervielfachung der Distributions- und Rezeptionsmöglichkeiten über verschiedene Infrastrukturen anknüpft.[7] Der technische Prozess der Digitalisierung hat jedoch insbesondere eine herausragende und aktuelle Bedeutung für den Informations- und Kommunikationsbereich, da sie im
Begriff ist, die traditionelle Verbreitungsform – die analoge Aufnahme- und Sendetechnik – zu
ersetzen. Dieser analoge Switch-Off ist nicht nur von Seiten der Medienwirtschaft erwünscht,
sondern inzwischen auch in nahezu allen europäischen Staaten politischer Konsens, da mit der
Digitalisierung erhebliche Vorteile verbunden sind. Diese liegen gegenüber dem analogen
Fernsehen bislang in erster Linie in der effizienteren Frequenznutzung, der einfacheren Speicherung und Archivierung der Inhalte, der allgemein besseren Bildqualität, der Mehrkanalfä-
higkeit sowie mittelbar in einer größeren Programmvielfalt. So ist in Deutschland die Bundesregierung der Empfehlung der Initiative „Digitaler Rundfunk" gefolgt[8] und hat in § 63 Abs. 5
TKG festgelegt, dass die Frequenzzuteilungen für die analoge Rundfunkverbreitung für den
Fernsehrundfunk bis spätestens Ende 2010 und für den UKW-Hörfunk bis spätestens Ende
2015 widerrufen werden *sollen*, was zur Folge hat, dass danach nur noch die digitale Übertragung möglich sein soll. Ob dieser Umstellungsprozess termingerecht erfolgen kann, bleibt indes abzuwarten, da in der Regel die Zuschauer durch den Erwerb eines digitalen Endgerätes
den Umstellungsprozess individuell steuern. Unter Berücksichtigung dieses nachfrageorien-
tierten Digitalisierungsprozesses bleibt es abzuwarten, inwieweit eine generelle Untersagung
der analogen Frequenznutzung deshalb von dem bereits erfolgten Digitalisierungsgrad abhängig gemacht werden muss. Gerade der Bereich des digitalen Hörfunks (DAB) hat gezeigt, dass
trotz eines bundesweit ausgebauten digitalen Sendenetzes die Nutzungsakzeptanz von digitalem Radio noch sehr gering ist, da der Preis der Endgeräte vergleichsweise hoch ist und nicht
alle analog verfügbaren Programme auch digital verbreitet werden. Im Gegensatz hierzu erfreut sich das digital terrestrische Fernsehen einer zunehmenden Nachfrage, die jedoch teilweise erst durch eine Subventionspolitik initiiert werden konnte, die aufgrund ihrer wettbe-
werbsverzerrenden Wirkung auf den Infrastrukturwettbewerb von Seiten der EU-Kommission
angegriffen wurde.[9] Von diesen Migrationsproblemen verschont werden hingegen die mo-
dernsten Übertragungswege (z.B. IPTV und DVB-H), welche bereits von Anfang an ausschließlich digital nuzbar sind, so dass in erster Linie nur die klassischen Rundfunkverbreitungswege Terrestrik, Satellit und Kabel von einem zukünftigen Umstieg auf (ausschließlich)
digitale Verbreitungstechnik betroffen sind.

Da die Medien- und Kommunikationsbranche sehr schnellen Veränderungszyklen unterworfen **4**
ist, müssen angesichts der Vielzahl der technischen Veränderungen und Möglichkeiten stets
die telekommunikationsrechtlichen Rahmenbedingungen berücksichtigt werden, die in § 2
Nr. 7 TKG die Sicherstellung der effizienten und störungsfreien Nutzung von Frequenzen auch

---

7 Vgl. Mitteilung der Kommission an den Rat, das Europäische Parlament, den Europäischen Wirt-
   schafts- und Sozialausschuss und den Ausschuss der Regionen: eEurope 2005: Eine Informationsgesellschaft für alle, KOM(2002) 263 endgültig sowie die Initiative „i2010 – Eine Europäische Informationsgesellschaft für Wachstum und Beschäftigung" KOM(2005) 229 endgültig.
8 Vgl. Startszenario 2000, BMWi Dokumentation Nr. 481, S. 3 f.
9 Vgl. zu den europarechtlichen Problemstellungen bei der Einführung von DVB-T *König/Kühling* K&R
   2004, 201 ff.; *König/Haratsch* ZUM 2005, 275 ff.

unter Berücksichtigung der Belange das Rundfunks als eines der maßgeblichen Regulierungsziele des Telekommunikationsgesetzes nennen. Gerade die effizientere Frequenznutzung und die wesentlich geringeren Probleme mit möglichen Störstrahlungen bzw. Interferenzen sind hierbei signifikante Vorteile des Digitalisierungsprozesses, weshalb die digitale Frequenznutung nicht nur aus Sicht der Marktteilnehmer und Zuschauer vorteilhaft ist, sondern auch aus regulatorischer Sicht große Vorzüge aufzuweisen hat.

1.2 Die Digitalisierung von Programminhalten

5 Der wesentliche technische Unterschied der digitalen[10] zur analogen[11] Aufnahme- und Sendetechnik besteht darin, dass die Darstellung und Übertragung von Informationen nicht mehr durch eine kontinuierliche Amplitude erfolgt, die hierbei die Dimensionen Zeit und Wert abbildet.[12] Die Übersetzung aller Bildinformationen (z.B. Helligkeit, Farbe, Ton), die den Zeit- und Wertbereich der Bildpunkte beschreiben, geschieht nicht mehr mittels einer Schwingung (Amplitude), sondern in einer geordneten Folge von einzelnen (diskreten) Zahlenwerten, die in das binäre System codiert werden. In diesem binären System werden alle Bildinformationen ausschließlich mit den beiden Werten 0 und 1 – die sogenannten Bits – ausgedrückt.[13] Übertragen auf den Fernsehbereich bedeutet das, dass Programme nicht mehr durch elektrische Schwingungen in Form von Bild-, Ton- und Synchronisierungswellen, sondern als digitaler Datenstrom in Gestalt eines Binär-Codes gesendet werden. Dieser digitale Binär-Code wird über die Frequenzen des jeweiligen Übertragungsweges verbreitet.

6 Sofern die Bild- und Tonsignale nicht bereits mit digitaler Aufnahmetechnik produziert werden, sondern noch in analoger Form vorliegen, müssen sie erst mittels der (Quell-) Codierung bzw. des sogenannten Encodings in digitale Signale umgewandelt werden. Hierzu werden erstens die Zeitwerte der analogen Signale ermittelt (Abtastung), zweitens den einzelnen Zeitwerten ein jeweiliger Amplitudenwert zugeordnet (Quantisierung) und drittens die so erfassten Signalwerte in eine Abfolge binärer Werte umgeformt (Codierung).[14] Bei der Quellcodierung digitaler Fernsehbilder hat sich der MPEG-2 Standard international durchgesetzt und wurde sowohl in Europa als auch in den USA gesetzlich festgeschrieben.[15] Dieser Codierungsstandard konnte sich für die Umwandlung von Bewegtbildern deshalb durchsetzen, weil er eine Reduktion der Datenmenge durch die Verwendung von Kompressionsverfahren ermöglicht[16] und damit eine der wichtigsten Voraussetzungen für den Erfolg des digitalen Fernsehens schafft.[17]

---

10 Der Begriff „digital" stammt von dem lateinischen Wort digitus (= Finger, Ziffer) ab und bedeutet, dass (Kommunikations-)Inhalte in Form von Zahlen dargestellt werden.

11 Der Begriff „analog" (griechisch, lateinisch) bedeutet „entsprechend" und bedeutet, dass derartige Signale zu einem beliebigen Zeitpunkt innerhalb eines physikalisch möglichen Bereiches einen beliebigen Wert annehmen können, vgl. *Klußmann* Lexikon der Informations- und Kommunikationstechnik.

12 Vgl. zum allgemeinen Prozess der Digitalisierung auch *Janik* in Schiwy/Schütz/Dörr, Medienrecht, S. 88 ff.

13 Vgl. hierzu *Ziemer* Digitales Fernsehen, S. 24 f.

14 Vgl. *Ziemer* Digitales Fernsehen S. 26 f.

15 Vgl. *Schrape* Digitales Fernsehen, S. 15; *Grünwald* Analoger Switch-Off, S. 10; *Ziemer* Digitales Fernsehen, S. 242 f.

16 Der übliche Kompressionsfaktor liegt zwischen 10 und 25, vgl. *Kaufmann* Elektronik 16/2000, 68 ff.

17 Bei dem MPEG-2 Verfahren erfolgt die Reduktion des ursprünglichen Datenvolumens im Wesentlichen dadurch, dass nicht alle Daten übertragen werden, die zur vollständigen Darstellung digitaler Bilder und Töne notwendig sind. Diese Kompression wird möglich, indem die aufeinanderfolgenden Einzelbilder für kurze Zeit digital zwischengespeichert und abgetastet werden. Sodann werden irrelevante Daten ausgesondert (Irrelevanz-Reduktion) und die Übertragung redundanter Daten eingeschränkt (Redundanz-Reduktion). Die Reduktion redundanter Daten erfolgt aber nicht nur durch den Vergleich der aufeinanderfolgenden Bilder (inter-frame-coding) sondern auch bei der Analyse einzelner Bildflä-

Beim Encoding von analogen Bewegtbildern und Tönen entsteht ein sehr hohes Volumen digitaler Daten, deren Verbreitung eine enorme Speicher- und Übertragungskapazität erfordern würde.[18] Die Komprimierungsverfahren nach dem MPEG-2 Standard ermöglichen jedoch eine derart effiziente Datenreduktion, dass im Ergebnis die digitalen Signale eine erheblich geringere Übertragungskapazität benötigen als die analogen Signale.[19] Es ist bereits abzusehen, dass sich in Zukunft der MPEG-4 Standard, der bereits bei der DVB-H Übertragung sowie bei IPTV verwendet wird, aufgrund seiner höheren Datenkompression und der damit verbundenen effizienteren Nutzung von Übertragungskapazitäten durchsetzen wird.[20] Neben der Art und Weise der Datenkompression ist auch die für den Sendevorgang verwendete Modulation sowie das Bandbreitenmanagement (insbesondere das Multiplexing) für die Frage der effizienten Nutzung von Übertragungskapazitäten von besonderer Bedeutung.

1.3 Multiplexing

Digitale Programmsignale benötigen eine weitaus geringere Übertragungskapazität (Bandbreite) als analoge Programmsignale, die die gesamte Bandbreite eines frequenztechnisch festgelegten Übertragungskanals beanspruchen. Um eine effiziente Nutzung der vorhandenen Übertragungskapazitäten sicherzustellen, werden auf den festgelegten Übertragungskanälen digitale Transportdatenströme verbreitet, die zwar die gleiche oder eine ähnlich Bandbreite wie die analogen Programmsignale benötigen, aber statt nur einem Programm eine Vielzahl von Programmen beinhalten. Denn mehrere digitale Programmsignale werden durch den technischen Vorgang des Multiplexings zu einem einheitlichen sendefähigen Transportstrom verpackt.[21] Durch die Möglichkeit des dynamischen Multiplexings werden den einzelnen digitalen Programmsignalen innerhalb des Multiplexes keine konstanten Bandbreiten zugeteilt, sondern die Gesamtmenge der Übertragungsbandbreite (z.B. 38 Mbit/s bei einem digital genutzten Kabelkanalplatz) wird den Programmen des Multiplexes bedarfsgerecht zugewiesen. Dadurch können Programme, die aufgrund eines hohen Bewegtbildanteils (z.B. Sportübertragungen) eine vergleichsweise große Bandbreite benötigen, zusätzliche Übertragungsbandbreiten zugeteilt werden, während im gleichen Moment ein anderes Programm des selben Multiplexes nur einen geringen Kapazitätsbedarf hat (z.B. Standbilder oder Zeichentrickfilme). Die-

7

---

chen (8x8 Pixel) eines jeden Einzelbildes (intra-frame-coding). Redundante Daten beinhalten gleichbleibende Informationen, wie z.B. Bildausschnitte, die sich nicht verändern (sog. Bildpunktkonstanten). Bei der Redundanzreduktion werden deshalb im Ergebnis die Binärcodes mit häufig wiederkehrenden Informationen kürzer dargestellt als seltener wiederkehrende Binärcodes. Bei der Irrelevanzreduktion werden solche Bild- und Toninformationen weggelassen, die der menschliche Organismus aufgrund seiner psychooptischen und psychoakustischen Fähigkeiten nicht wahrnehmen kann (z.B. leise Geräusche unterhalb der Ruhehörschwelle). Vgl. hierzu *Schrape*, Digitales Fernsehen, S. 12; *Schössler* Die Digitalisierung von Fernsehprogrammen, S. 6 f.; *Kibele* Multimedia im Fernsehen, S. 17; *Grünwald* S. 11.

18 Ein hochaufgelöstes digitales Bildsignal benötigt die dreißigfache Übertragungskapazität eines analogen Bildsignals und selbst ein digitales Standardbildsignal benötigt noch die fünffache Kapazität, vgl. *Schrape* Digitales Fernsehen, S. 11.

19 Die digitale Übertragung eines üblichen analogen Fernsehprogramms mit einer von PAL gewohnten Bildqualität (625 Zeilen pro Einzelbild) würde eine Datenrate von ca. 270 Mbit/s benötigen. Der MPEG-2 Standard ermöglicht eine effiziente Reduktion der Datenmenge solcher Programme, so dass diese meist mit einer durchschnittlichen Datenrate von 3,5 bis 4,5 Mbit/s übertragen werden.

20 Benötigt ein in MPEG-2 decodiertes Programm in Standardqualität (SDTV) eine Übertragungskapazität von 3 – 6 Mbit/s ist für die Verbreitung des selben Programms in gleicher Qualität im MPEG-4 Verfahren eine Übertragungskapazität von 2,5 – 4 Mbit/s ausreichend.

21 Mit Hilfe des MPEG-2-Transport-Multiplexverfahrens werden die Datenpakete organisiert, wobei diesen eine festgelegte Länge von 188 Byte zugewiesen ist, vgl. *Würtenberg* Elektronik 16/2001, 32, 34.

sen Transportdatenströmen bzw. Multiplexen werden beim Vorgang des Multiplexings bzw. dem „Verpacken" noch weitere digitale Informationen hinzugefügt, die für die weitere Programmverarbeitung und –darstellung von großer Bedeutung sind (z.B. weitere digitale Fernseh- und Hörfunkprogramme, Programm Service Informationen (PSI-Daten), Netzwerkinformationen (NIT = Network Information Table), Startzeiten von Programmen (EIT = Event Information Table), genaue Programmbeschreibungen (SDT = Service Description Table), Jugendschutzinformationen, Kopierschutzinformationen, Informationsdienste, Benutzerführer bzw. „electronic programme guides" (EPGs), Verschlüsselungsinformationen (EMM und ECM), Fehlerkorrekturprogramme und gesondere Kennungen, sog. „Paket-Identifier" (PID)).

Nach der technischen Verknüpfung (Verpackung oder „Packaging") dieser unterschiedlichen Informationen in ein einheitliches digitales Sendesignal, dem Multiplex, wird dieser Transportdatestrom an den Empfänger übermittelt und belegt hierbei nur eine Sendefrequenz bzw. einen „Kanal", was zu einer wesentlichen Erweiterung des Programmangebots durch effektivere Nutzung der Übertragungsfrequenzen führt. Dies wird im Rundfunkbereich besonders anschaulich, denn im analogen Fernsehen wird eine Sendefrequenz (Übertragungskanal mit einer Bandbreite von ca. 8 MHz) mit nur einem analogen Fernsehprogramm belegt, wohingegen die digitale Verbreitung eine Nutzung dieser Frequenz durch einen Multiplex mit zehn bis sechzehn Fernsehprogrammen und zusätzlichen Diensten ermöglicht. Die Anzahl der Fernsehprogramme, die innerhalb eines Multiplexes verbreitet werden können, ist davon abhängig, wieviel Bandbreite einem Programm im Rahmen des dynamischen Multiplexings zugeteilt und welche Modulation bei der Übertragung des Multiplexes verwendet wird.[22]

2. Bilddarstellung

8   Angesichts einer Entwicklung in der immer mehr Privathaushalte ihre Wohnzimmer mit Bild- und Audiotechnik zu Heimkinos aufrüsten und somit die Verbreitung von LCD- oder Plasma-Flachbildschirmen mit Bilddiagonalen von über 90 cm sprunghaft zunimmt, gewinnt die Form (Format) und Qualität (Bildauflösung) der Bilddarstellung einen wachsenden Stellenwert. Da der ehemals vergebliche Versuch, die Einführung des hochauflösenden Fernsehens mittels eines auf europäischer Ebene vorgegebenen Standards (HD-MAC)[23] zu fördern, sich mahnend in die Erinnerung ruft, vertrauen die Gesetzgeber derzeit stärker auf eine marktgetriebene Entwicklung leistungsfähiger Bildstandards und setzen auf eine flankierende Gesetzgebung statt auf starre Normierungseingriffe.

2.1 High Definition Television (HDTV)

9   Im Gegensatz zur analogen Bilddarstellung im PAL- und SECAM-Format bietet die HDTV Technik eine bessere Bildqualität mittels einer höheren Bildauflösung. Diese hohe Bildauflösung wird durch die Verwendung einer höheren Anzahl von Bildzeilen und Bildpixeln je Zeile erreicht. Beispielsweise verwenden die Formate 1080p und 1080i eine Auflösung von 1920 Bildpixel je Zeile bei einer Darstellung in 1080 Bildzeilen.[24] Im Vergleich hierzu verwendet der analoge Bildstandard PAL eine Auflösung von je 346 Pixeln in 625 Bildzeilen. Die Über-

---

22 Bspw. ermöglicht bei der Kabelverbreitung die Modulation in 64 QAM (Bandbreite von 38 Mbit/s) eine Übertragung von bis zu 12 Programmen je Multiplex, hingegen kann durch die Verwendung der 256 QAM Modulation (Bandbreite von ca. 50 Mbit/s) ein Multiplex mit bis zu 16 Programmen übertragen werden.

23 Vgl. Art. 2 der Richtlinie 95/47/EG des Europäischen Parlaments und des Rates v. 24.10.1995 über die Anwendung von Normen für die Übertragung von Fernsehsignalen.

24 Vgl. *Klußmann* Lexikon der Informations- und Kommunikationstechnik, S. 436.

tragung von HDTV-Formaten benötigt aufgrund der höheren Bildauflösung deshalb eine weitaus höhere Übertragungsrate von ca. 15 bis 20 Megabit/s je Einzeldienst.[25] Betreiber von Telekommunikationsnetzen wie beispielsweise Breitband-Kabelnetzen verfügen jedoch in der Regel nur über Kabelkanäle mit einer Bandbreite von 8 MHz, die eine Übertragungsrate von 36 Megabit/s erlauben. Herkömmliche TV-Dienste benötigen eine vergleichsweise geringe Übertragungsrate von ca. 3-4 Megabit/s und somit nur einen Bruchteil der Übertragungskapazität, die für HDTV-Dienste benötigt wird.

2.2 Bildformate

In Europa hat sich das Bildschirmformat 4:3 etabliert und ist bislang noch der maßgebliche Standard im Bereich der Fernsehempfangsgeräte. Dies ändert sich jedoch allmählich seit der Einführung des aus dem Kinobereich bekannten Breitbildformats 16:9.[26] Dieses Bildformat ist in erster Linie für moderne Fernsehgeräte mit einer Bildschirmdiagonale von über einem Meter vorgesehen und ist optimal auf das menschliche Gesichtsfeld abgestimmt. Die Darstellung von 16:9 Formaten auf herkömmlichen Fernsehgeräten (4:3 Format) führt jedoch zu Kompatibilitätsproblemen in Form von Bildverzerrungen oder Bildverkürzungen, da diese Geräte nicht für weitwinklige Kinoformate ausgelegt sind.[27] Die Anpassung des Weitwinkelformats 16:9 auf das kleinere aber vergleichsweise höhere 4:3 Format kann mit Hilfe von unterschiedlichen Verfahren umgesetzt werden. Erstens kann das 16:9 Format unter Beibehaltung der vollen Bildzeilenzahl in der Horizontalen zusammengepresst werden, um der geringeren Bildbreite des 4:3 Formats zu entsprechen. Dadurch entstehen jedoch überaus störende Verzerrungen der Bilddarstellungen, weshalb dieser Weg in der Praxis nicht verwendet wird. Im zweiten („pan" und „scan"-) Verfahren wird das Breitbildformat in der Vertikalen an das 4:3 Format angepasst, so dass die Darstellung im Hinblick auf die Bildhöhe kompatibel ist. Dies führt zu der nachteiligen Folge, dass die „überstehende" Bildhorizontale am rechten und linken Bildrand „abgeschnitten" wird. In der Praxis hat sich deshalb das sogenannte Letterbox-Verfahren durchgesetzt, bei dem das Breitbildformat vollständig erhalten bleibt, indem die breite Bildhorizontale an das 4:3 Format angepasst wird. Dies führt jedoch zu einer Verkleinerung des gesamten Bildes und hat zur Folge, dass auf einem herkömmlichen 4:3 Bildschirmgerät am oberen und unteren Bildrand schwarze Balken erscheinen.[28]

Ähnliche Kompatibilitätsprobleme entstehen, wenn auf einem 16:9 Breitbildschirmgerät Fernsehfilme dargestellt werden sollen, die im 4:3 Format produziert und gesendet werden.[29] Hierbei bestehen ebenfalls die Möglichkeiten der Bilddehnung, der Bildvergrößerung (Zoom-Verfahren, das zum Abschneiden der oberen und unteren Bildbereiche führt und nur den zentralen Bildbereich darstellt) und der partiellen Bildanpassung im Letterboxverfahren, wobei in die-

10

11

---

25 Vgl. hierzu die ausführlichen Darstellungen im Arbeitsdokument der Kommissionsdienststellen: Der Beitrag des Breitbildformats und der hochauflösenden Fernsehdienste zur globalen Verbreitung des digitalen Fernsehens, SEK(2004) 46, S. 33 f.

26 Nicht nur Spielfilme und Sportereignisse werden verstärkt im 16:9 Format übertragen, sondern auch gewöhnliche Informationssendungen (wie z.B. das heute-journal) werden teilweise nur noch im 16:9 Format verbreitet.

27 Vgl. *Dörr/Janik/Zorn* Der Zugang zu den Kabelnetzen und die Regelungen des europäischen Rechts, S. 32.

28 Vgl. *Janik* Beck'scher TKG Kommentar, § 49 Rn. 3 ff.

29 Vgl. hierzu die technischen Darstellungen im Arbeitsdokument der Kommissionsdienststellen: Der Beitrag des Breitbildformats und der hochauflösenden Fernsehdienste zur globalen Verbreitung des digitalen Fernsehens, SEK (2004) 46, S. 42 ff.

sem Fall die schwarzen Balken rechts und links des Fernsehbildes entstehen. Eine Beseitigung von derartigen Kompatibilitätsproblemen könnte in Zukunft durch das 14:9 Format ermöglicht werden, das aber auf der Ebene der Filmproduktion mit Einschränkungen verbunden ist.[30]

2.3 Regulierung von Breitbildformaten

12 Die Verwendung von Breitbildformaten wird durch die Gesetzgebung nicht vorgeschrieben, da im Bereich des Mediensektors auf eine marktorientierte Entwicklung von offenen Standards beispielsweise duch das DVB-Konsortium vertraut wird. Die Bestimmung des § 49 Abs. 1 TKG enthält somit lediglich eine Verpflichtung zum Schutz des 16:9 Formats, sofern dieser politisch förderungswürdige Bildstandard verwendet wird. Die Betreiber öffentlicher Telekommunikationsnetze werden deshalb zur Weiterverbreitung der Fernsehdienste im Breitbildformat verpflichtet, sofern diese Dienste zuvor in diesem Format zur Verbreitung in ihren Netzen übergeben wurden. Diese Form des Formatschutzes betrifft jedoch nur den Übertragungsvorgang, nicht aber den Empfangsvorgang. Die problemlose Darstellung des 16:9 Formats erfordert, dass auch die Endgeräte (TV-Geräte, Decoder) das 16:9 Format technisch unterstützen.[31]

13 Häufig werden 16:9 Formate auch bei der Verwendung von HDTV-Produktionen eingesetzt. Führt die Übertragung von HDTV-Formaten jedoch aufgrund der hohen Datenraten zu Kapazitätsengpässen und damit zu Übertragungsproblemen, stellt dies nicht eine Verletzung des Formatschutzes im Sinne des § 49 Abs. 1 TKG dar.

III. Verbreitungsinfrastrukturen

14 Aufgrund des Prozesses der technischen Konvergenz zwischen Verbreitungswegen und rundfunktauglichen Empfangsgeräten stehen für die Verbreitung von Kommunikationsangeboten je nach Inhalt, Art und Weise der Kommunikationsform unterschiedliche Verbreitungswege zur Verfügung. Als klassischer Verbreitungsweg für die Individualkommunikation (Telefonie und emails) wurde bislang in erster Linie eine schmalbandige Festnetzverbindung (twisted pair) genutzt. Als klassische Verbreitungswege für die Massenkommunikation in der Form des Rundfunks stehen in erster Linie die Breitbandkabelnetze und Satelliten sowie die ehemals vorherrschende terrestrische Funktechnik zur Verfügung. In jüngerer Zeit werden vor allem die Breitbandkabelnetze rückkanalfähig ausgebaut, so dass im Rahmen von Triple Play-Angeboten nunmehr neben Rundfunk auch Internet und Telefonie angeboten wird. An diese Entwicklung knüpfen numehr Satellitenbetreiber an, die diesen Verbeitungsweg ebenfalls für diese Formen der Individualkommunikation umstellen. Überdies werden im Zuge der technischen Konvergenz noch weitere Übertragungswege für die Rundfunknutzung erschlossen wie beispielsweise DSL-Netze, die eine Fernsehübertragung unter Nutzung des Internet Protokolls ermöglichen (IPTV), sowie moderne Funknetze wie DMB, DVB-H oder teilweise auch UMTS. Im Hinblick auf den Zugang von Rundfunkinhalten zu Verbreitungswegen hat das Bundesverfassungsgericht in einer Zeit, die fast ausschließlich von einer terrestrischen Verbreitungstechnik dominiert war, festgestellt, dass „eine Übertragungstechnik, bei der ein Empfang der Sendungen für alle sichergestellt ist"[32] als Bestandteil der Bestandsgarantie des Rundfunks zu qualifizieren ist und die Nutzung der Verbreitungswege mithin einen wichtigen Bestandteil der durch Art. 5 Abs. 1 S. 2 GG geschützten Rundfunktätigkeit darstellt. Die damalige Ausgangssituation, die durch einen extremen Mangel an terrestrischen Übetragungskapazitäten geprägt

---

30 Vgl. *Janik* Beck'scher TKG Kommentar, § 49 Rn. 5.
31 Vgl. *Janik* Beck'scher TKG Kommentar, § 49 Rn. 7.
32 *BVerfGE* 74, 297, 326.

war, hat sich heute durch die weit verbreitete Nutzung der Satelliten und der Kabelinfrastrukturen grundlegend geändert. Im Hinblick auf die digitale Verbreitungstechnik ist meist nur noch bei den terrestrischen Infrastrukturen ein Kapazitätsmangel vorhanden (z.B. DVB-T und DVB-H). Bei der Auferlegung von Übertragungsverpflichtungen an Infrastrukturbetreiber ist jedoch immer mit Blick auf die zur Verfügung stehenden Übertragungskapazitäten ein verhältnismäßiger Ausgleich zwischen den Interessen des Rundfunkunternehmens einerseits und den nach Art. 12 Abs. 1 GG und Art. 14 Abs. 1 GG geschützten Interessen der Eigentümer der jeweiligen Infrastruktur zu schaffen.[33]

1. Terrestrik

1.1 Übertragungstechnik

Aufgrund der historischen Entwicklung der Funktechnik ist das analoge terrestrische Sendernetz der traditionelle Verbreitungsweg für Rund*funk*inhalte, über den die Programmsignale mittels Funktechnik über hochgelegene Funktürme weiträumig ausgestrahlt werden. Das terrestrische Verbreitungsnetz wurde ehemals von der Deutschen Bundespost unterhalten und wird heutzutage überwiegend von der T-Systems, einem Tochterunternehmen der Deutschen Telekom AG, betrieben. Aus historischen Gründen betreiben auch einzelne öffentlich-rechtliche Sendeanstalten wie beispielsweise der Hessische Rundfunk und der Westdeutsche Rundfunk eigene terrestrische Sendenetze, über welche sie in analoger und seit 2003 auch in digitaler Form ihre Rundfunkinhalte verbreiten (vertikale Integration). Die Programmsignale werden mit einer terrestrischen Dach- oder Zimmerantenne empfangen und an das Fernsehempfangsgerät weitergeleitet. Wegen der Frequenzknappheit (zumeist sind nur sechs terrestrische Frequenzgänge verfügbar) sowie der hohen Übertragungskosten wurde dieser Übertragungsweg jedoch zunächst nur von den öffentlich-rechtlichen Sendeunternehmen genutzt. Seit Beginn des privaten Rundfunks im Jahr 1984 wurde die kostenintensive Terrestrik, die meist nur den Empfang von 6-8 Programme ermöglichte, nur vereinzelt von privaten Rundfunkanbietern genutzt. Die Bedeutung der analogen Terrestrik als Rundfunkübertragungsweg ist seit dem Erfolg der Übertragungswege Satellit und Kabel, die im Vergleich hierzu über ein Vielfaches der Übertragungskapazität verfügen, erheblich zurückgegangen, so dass im Jahr 2002 nur noch 4% der Fernsehhaushalte auf den den analogen terrestrischen Empfang zurückgriffen. Heute nutzen seit der Umstellung auf digitale Verbreitungstechnik (DVB-T[34]) bereits wieder ca. 6% der Fernsehhaushalte ausschließlich die terrestrische Antenne zum Fernsehempfang. Überdies wird der terrestrische Empfang auch komplementär zum Satelliten- und Kabelempfang für den Rundfunkempfang auf entsprechenden Zweitgeräten eingesetzt. Mit der im Jahr 2003 begonnenen Umstellung auf digitale Übertragungstechnik (DVB-T) für Fernsehprogramme konnte die Terrestrik erneut an Attraktivität gewinnen, da auf den digitalisierten Frequenzen statt einem analogen nunmehr vier digitale Programme verbreitet werden können, so dass in DVB-T Verbreitungsgebieten in der Regel bis zu 24 Programme empfangbar sind.[35] Bei der DVB-T Umstellung werden jedoch die vorhandenen analog genutzten Sendefrequenzen für die digitale Nutzung umgewidmet. Dies hat zur Folge, dass die Einführung der digitalen Verbreitungstechnik die Einstellung der analog terrestrischen Verbreitung der Rundfunkprogramme bedingt

15

---

33 Bereits der europäische Rechtsrahmen verlangt gem. Art. 31 Universaldienst-Richtlinie, dass Übertragungsverpflichtungen nur in verhältnismäßigem Umfang auferlegt werden dürfen.

34 DVB-T = Digital Video Broadcasting Terrestrial.

35 Sofern der DVB-T Standard durch eine Umstellung von der bisherigen MPEG-2 Komprimierung auf eine MPEG-4 Komprimierung weiterentwickelt wird (DVB-T2), können auf einem bislang analog genutzten Kanal sogar bis zu 8 digitale Programme terrestrisch verbreitet werden.

(„analogue switch off"). DVB-T ist trotz der Vorteile einer effizienteren Frequenznutzung sowie der Möglichkeit der mobilen Nutzung für die Programmveranstalter in Relation zu den erreichten Fernsehhaushalten ein überaus kostenintensiver Verbreitungsweg, so dass bislang nur in Ballungsräumen eine DVB-T Verbreitung realisiert wurde. Die Terrestrik entwickelt sich nunmehr von dem flächendeckenden Verbreitungsweg, der die Grundversorgung der Bevölkerung mit Rundfunk sicherstellen sollte, zu einem Ballungsraumrundfunk. Folglich wird in Zukunft die Grundversorgung nicht mehr durch einen bestimmten Verbreitungsweg, sondern durch ein Zusammenspiel aller Rundfunkverbreitungswege sichergestellt. Deshalb wird es den öffentlich-rechtlichen Sendeanstalten gem. § 52a Abs. 2 RStV ermöglicht, die Programmverbreitung über die analoge Terrestrik zu beenden, ohne hierbei in jedem Fall Ersatz durch Verwendung digitaler terrestrischer Verbreitung zu schaffen, wenn zumindest gewährleistet ist, dass die Programme über andere Verbreitungswege (z.B. Kabel oder Satellit) empfangbar sind. Einem flächendeckenden DVB-T Angebot unter Enbeziehung aller Programmanbieter steht überdies entgegen, dass sich aufgrund der eingeschränkten Anzahl von DVB-T Nutzern in einigen DVB-T Regionen private Programmanbieter nicht oder nur eingeschränkt für die Nutzung dieser Übertragungskapazitäten beworben haben, so dass in einigen Regionen nur die öffentlich-rechtlichen Sendeanstalten über den terrestrischen Verbreitungsweg zu empfangen sind.[36]

16   Das terrestrische Sendenetz für die digitale Hörfunkübertragung (DAB[37]) wurde bereits vor längerer Zeit bundesweit vollständig ausgebaut. Da die DAB-Frequenzen über eine eigenständige Netzinfrastruktur bereitgestellt werden, die parallel zu dem analogen Sendenetz existiert, müssen für die digitale Verbreitung von Hörfunkprogrammen keine analogen UKW-Frequenzen abgeschaltet werden (Simulcast[38]). Folglich vollzieht sich der Übergang von analoger auf digitale Verbreitung nicht wie bei DVB-T durch eine abrupte Abschaltung der analogen zu Gunsten einer digitalen Übertragung, so dass die Nutzer selber entscheiden können, ob sie weiterhin die analoge Technik nutzen wollen oder bereits auf die digitale Verbreitung umstellen möchten. Aufgrund der zusätzlichen digitalen Verbreitungskosten sind trotz entsprechender öffentlicher Förderung derzeit noch weniger Programmveranstalter digital über DAB verbreitet, als über die analogen UKW-Frequenzen empfangen werden können. Überdies sind die DAB-Empfänger noch erheblich teurer als konventionelle Radios, so dass bislang nur wenige Zuhörer überhaupt diesen Verbreitungsweg nutzen. Im Rahmen des RÄStV-10E haben die Landesgesetzgeber nunmehr erstmals versucht, durch das neue Konzept einer „Plattformregulierung" die digitalen Verbreitungsvorgänge einem einheitlichen Regulierungsansatz zuzuführen. Ob der begrüßenswerte Ansatz einer technologieneutralen Infrastrukturregulierung auch in der Praxis zu einer regulatorischen Gleichbehandlung der unterschiedlichen und miteinander im Wettbewerb stehenden Verbreitungsinfrastrukturen führt, bleibt indes abzuwarten.[39]

1.2 Rechtliche Rahmenbedingungen

17   Die Regulierung der terrestrischen Verbreitung hat sowohl telekommunikatiosrechtliche als auch rundfunkrechtliche Anknüpfungspunkte, die in erster Linie die Vergabe der Übertragungsfrequenzen an Netzbetreiber (Netzbetrieb) und Programmveranstalter (Programmver-

---

36 Die Regelung des § 52a RStV sind im Rahmen des RÄStV-10E durch die Bestimmung des § 19a ersetzt.
37 DAB = Digital Audio Broadcasting.
38 Simulcast bezeichnet die paralle Verbreitung der gleichen Programminhalte über den gleichen Verbreitungsweg sowohl in analoger wie digitaler Technik. Ein Simulcast eröffnet dem Nutzer einen eigenen Entscheidungsfreiraum bzgl. der jeweils verwendeten Empfangstechnik.
39 Vgl. 2. Abschn. Rn. 80.

breitung) betreffen. Nachdem die Bundesländer gem. § 55 TKG einen entsprechenden Versorgungsbedarf definiert haben, werden die terrestrischen (DVB-T) Frequenzen durch die Bundesnetzagentur im Rahmen eines Ausschreibungsverfahrens nach § 61 TKG vergeben.[40] Ein Betreiber des terrestrischen Sendenetzes ist jedoch nicht frei bei der Nutzung oder Vergabe der Übertragungskapazitäten, da die Art der Frequenznutzung im Rahmen der telekommunikationsrechtlichen Frequenzvergabe für die Zwecke des Rundfunks bindend festgeschrieben wird, und ferner die Belegung der Kapazitäten mit den jeweiligen Rundfunkprogrammen für den öffentlich-rechtlichen Rundfunk durch die jeweilige Landesregierung und für die privaten Rundfunkveranstalter von den zuständigen Landesmedienanstalten vorgenommen wird. Hierbei werden von den in der Regel sechs vorhandenen DVB-T Frequenzen den öffentlich-rechtlichen Sendeanstalten drei Frequenzen zugeteilt (ARD zwei, ZDF eine Frequenz). Die restlichen Übertragungskapazitäten stehen den privaten Programmanbietern und Anbietern von Telemedien zu und werden von den Landesmedienanstalten ausgeschrieben und nach Vielfaltkriterien vergeben. Sofern sich die großen Senderfamilien RTL und ProSiebenSat1 an diesen Ausschreibungen beteiligen, erhalten sie bislang in der Regel jeweils eine volle Übertragungskapazität (vier Programmplätze). Die Art und Weise der Vergabe von drahtlosen (terrestrischen) Übertragungskapazitäten an Programmanbieter wird zukünftig im Rahmen des RÄStV-10E durch die Bestimmungen der §§ 51, 51a geregelt. Danach entscheiden die Ministerpräsidenten der Länder in einem ersten Schritt über die Zuordnung von Übertragungskapazitäten an die öffentlich-rechtlichen Sendeanstalten und – in Vertretung für die privaten Programmveranstalter – an die Landesmedienanstalten (Zuordnungsverfahren nach § 51 RÄStV-10E). In einem zweiten Schritt schreiben die Landesmedienanstalten (durch die ZAK) die für die privaten Rundfunkveranstalter zugeordneten Übertragungskapazitäten aus (Ausschreibungsverfahren gem. § 51a Abs. 2) und weisen diese Kapazitäten zur Nutzung einzelnen Programmveranstaltern oder Plattformbetreibern zu, welche einen entsprechenden Zuweisungsantrag gestellt haben (Zuweisungsverfahren). Sofern im Rahmen des Zuweisungsverfahrens aufgrund eines Frequenzengpasses unter mehreren Antragstellern eine Auswahlentscheidung zu treffen ist, trifft die GVK diese Entscheidung unter Berücksichtigung von Vielfaltkriterien gem. § 51a Abs. 4.

18 Nach § 52a Abs. 2 RStV wird den öffentlich-rechtlichen Rundfunkanstalten gestattet, die analog terrestrische Ausstrahlung einzustellen, um Zug um Zug den Ausbau und die Zuweisung digitaler terrestrischer Übertragungskapazitäten zu ermöglichen. Hierbei darf die analoge Verbreitung auch dann eingestellt werden, wenn zumindest gewährleistet ist, dass der Empfang der Programme danach über einen anderen Übertragungsweg möglich ist.

19 Im November 2003 wurde in Berlin erstmals mit der Ausstrahlung von DVB-T begonnen, wobei die privaten Programmanbieter seitens der Landesmedienanstalt finanzielle Zuwendungen erhielten, was zum einen wegen der eingeschränkten Möglichkeiten der Verwendung von Rundfunkgebühren nach § 40 RStV problematisch ist[41] und zum anderen ein beihilferechtliches Missbrauchsverfahren der EU-Kommission nach Art. 87 EGV auslöste.[42] Die EU-Kommission fördert den Digitalumstieg als wichtiges Ziel der Gemeinschaft, verlangt jedoch, dass die Mitgliedstaaten die Art und Weise der finanziellen Unterstützungsleistungen im Einklang

---

40 Vgl. Weißenborn, Der Zugang des Rundfunks zu seinen Frequenzen, IRIS plus 2007, S. 2 ff.
41 Vgl. *König/Kühling* AfP 2004, 3 ff.
42 Vgl. Kommission, Beihilfe C 25/2004, Einführung des terrestrisch digitalen Fernsehens (DVB-T) in Berlin-Brandenburg, ABlEU 2004 C 216 S. 5; *König/Kühling* K&R 2004, 201 ff.; *König/Haratsch* ZUM 2005, 275 ff.

mit den subventionsrechtlichen Bestimmungen gem. §§ 86, 87 EGV infrastrukturneutral aus-gestalten, um Diskriminierungen zu Lasten einzelner Infrastrukturbetreiber zu verhindern.[43]

2. Satellit

2.1 Übertragungstechnik

20 Begünstigt durch den signifikanten Rückgang der Kosten der Empfangstechnik und aufgrund des großen über Satellit empfangbaren Programmangebots hat dieser Verbreitungsweg in den letzten Jahren die größten Zuwachsraten bei den deutschen Fernsehhaushalten erfahren. Über 42% der deutschen ca. 36 Mio. Fernsehhaushalte in Deutschland nutzen die Satellitentechnik zum Rundfunkempfang, weshalb dieser Verbreitungsweg gemessen an seiner Reichweite zur zweitwichtigsten Verbreitungsinfrastruktur für Rundfunkdienste geworden ist. Für Fernseh-veranstalter ist die Nutzung dieses Verbreitungswegs jedoch unabhängig von der Zuschauer-reichweite unerlässlich, da sie die Satellitenübertragung in vielen Fällen allein schon zur Her-anführung der Programmsignale an die terrestrischen Sendenetze sowie an die Kabelkopfsta-tionen zwecks nachgelagerter Verbreitung über diese Infrastrukturen benötigen.

21 Bislang haben sich von den 10 Satellitenbetreibern mit insgesamt mehr als 20 Satelliten im westeuropäischen Markt vor allem zwei Anbieter von Satellitenplattformen etablieren können. Zum einen SES Astra S.A. (Luxemburg) mit den Astra-Satelliten auf den gängigen Orbitposi-tionen 19,2° Ost und 28,2° Ost und zum anderen Eutelsat S.A. (Frankreich) mit den Hotbird-Satelliten auf den Orbitpositionen 13° Ost und 8° West. Diese Nachrichten- und Kommunika-tionssatelliten umkreisen die Erde auf sogenannten geostationären Positionen in ca. 36.000 km Höhe, so dass sie von der Erde aus betrachtet immer an demselben Ort stehen.[44] Von einer so-genannten Uplink-Satellitenschüssel (ca. 9 m Durchmesser) werden die Programminhalte zu dem entsprechenden Satelliten gesendet. Letzterer empfängt das Signal der Bodenstation auf dem Satelliten-Transponder (Signalweg mit einer Kapazität von 36 MHz), verstärkt es und sendet es zurück auf die Erde. In der großflächigen Empfangszone des Satelliten (footprint) kann – sofern eine Sichtverbindung gegeben ist – das Programmsignal mit einer Parabolan-tenne empfangen werden (ca. 60 – 90 cm Durchmesser). Bei der Satellitenverbreitung wird das Modulationsverfahren QPSK[45] verwendet, weshalb das Satellitensignal in eine für Fernsehge-räte taugliche Signalaufbereitung (QAM-Standard[46]) moduliert werden muss. Beim Direkt-empfang der Satellitensignale mit sogenannten Sat-ZF Anlagen muss deshalb das Signal vom Zuschauer durch einen eigenen Satellitenreceiver zuvor aufbereitet werden, um auf dem Fern-sehgerät dargestellt werden zu können. Diese Form der Signalmodulation mittels eines zusätz-lichen Empfangsgeräts wird beim Aufbau von sogenannten SMATV-Anlagen[47] vermieden, da

---

43 Zur Eröffnung des Vertragsverletzungsverfahrens gegen die Bundesrepublik Deutschland vgl. Schrei-ben der Kommission, abrufbar unter http://europa.eu.int/comm/competition/state_aid/decisions/ 36_2004/en.pdf. Im Oktober 2007 hat die EU-Kommission entschieden, dass auch das geplante Vor-haben zur finanziellen Förderung der DVB-T Verbreitung in Nordrhein-Westfalen nicht mit den Bei-hilfevorschriften des EG-Vertrags in Einklang steht und deshalb untersagt werden; vgl. Pressemittei-lung vom 24. Oktober 2007 IP/07/1587 (Az. C 34/2008).

44 Die Umlaufbahn eines geostationären Satelliten nennt man geosynchron, da seine Umlaufbahn um die Erde der Rotationsdauer der Erde um ihre eigene Achse entspricht (23 Std., 56 Min., 4,09 Sek. = 1 si-derischer Tag).

45 QPSK = Quadrature Phase Shift Keying.

46 QAM Quadrature Amplitude Modulation.

47 SMATV = Satellite Master Antenna Television.

diese die Satellitensignale zentral für alle versorgten Haushalte im QAM-Standard aufbereiten und in der Regel über ein Hausverteilnetz an die angeschlossenen Haushalte verbreiten, die dann zum Empfang keinen zusätzlichen Satelliten-Receiver benötigen.

Da auf einem digitalen Transponder im Gegensatz zu einem analogen Transponder, der nur 1 Programm verbreiten kann, 8-10 Fernsehprogramme verbreitet werden können, ist die Programmvielfalt beim digitalen Satellitenempfang um ein Vielfaches höher als beim analogen Empfang. Dies führt letztlich dazu, dass anders als bei der analogen Signalverbreitung der Satellit bei der digitalen Signalverbreitung der von den Zuschauern derzeit meist genutzte Rundfunkempfangsweg ist. Die Zahl der empfangbaren Programme kann zudem durch den Einsatz von sog. Twin-LNBs[48] vergrößert werden. Ein LNB empfängt die von der Satellitenschüssel eingefangenen und zurückgespiegelten Programmsignale und setzt diese für die kabelgestützte Weiterverbreitung zum Endgerät um. Sofern zwei LNB eingesetzt werden (Twin-LNB) können die Satellitensignale von Transpondern zweier unterschiedlicher Satellitenpositionen empfangen werden (z.B. Astra und Hotbird), was zu einer erheblichen Ausweitung des empfangbaren Programmangebots führt.

2.2 Rechtliche Rahmenbedingungen

Auch im Hinblick auf die Nutzung von satellitären Übertragungskapazitäten stellen sich allein schon wegen der Bedeutung dieses unverzichtbaren Übertragungsweges für die Rundfunkveranstalter medienrechtliche Zugangsfragen. Im Focus stehen dabei die Bedingungen, unter denen Satellitenbetreiber ihre Übertragungskapazitäten (Transponder) an die Rundfunkveranstalter vermieten. Doch da die Satellitenbetreiber nicht in Deutschland ansässig sind, unterliegen die Betreiber der Satellitenplattformen bei der Vergabe der Transponderkapazitäten faktisch nicht dem rundfunkrechtlichen Regulierungsregime der Landesmedienanstalten nach § 51 RStV.[49] Sowohl Eutelsat als auch SES Astra betreiben auch eigene digitale Verbreitungsplattformen für die Pay-TV Vermarktung und die Verschlüsselung von Free-TV Programmen an. Viele Programmveranstalter streben in der Zukunft an, ihre Free-TV Programme zu verschlüsseln und gegen eine Zugangsgebühr den Zuschauern zugänglich zu machen, da sie ihre Programmsignale mittels der Verschlüsselung schützen und zudem eine weitere Einnahmequelle erschließen möchten. Zur Erbringung der hierzu benötigten technischen Dienstleitungen hat SES Astra den digitalen Play-Out Center (APS) von Premiere erworben,[50] um mit Hilfe dieser technischen Infrastruktur unter dem Namen Entavio eine eigene Verbreitungsplattform aufzubauen, die in erster Linie Verschlüsselung, Multiplexing und den Satelliten-up-link ermöglicht. Diese Verbreitungsplattform von SES Astra mit Sitz in Unterföhring (Deutschland) unterliegt im Hinblick auf den Betrieb des Verschlüsselungssystems der Regulierung des § 50 TKG und des § 53 RStV.[51] Für die Frage des Betriebs von Satellitenverbreitungs- und -vermarktungsplattformen ist in Deutschland somit in erster Linie die wettbewerbsrechtliche Re-

---

48 LNB = Low *Noise Block Converter*. Der LNB ist das im Brennpunkt einer Parabolantenne befindliche Empfangsgerät einer Satellitenempfangsanlage, der Satellitenprogramme, welche in hohen Frequenzbereichen von beispielsweise 10,7-11,75 oder 11,8-12,75 GHz übertragen werden, auf niedrige Frequenzen im unteren MHz Bereich umsetzt und dadurch die Verbreitung mittels Koaxialkabel und den nachgelagerten Empfang mit einem Satellitenreceiver ermöglicht.

49 Auch das neue Regulierungssystem des RÄStV-10E kann bei der Zuordnung und Zuweisung von Rundfunkübertragungskapazitäten gem. §§ 51 und 51a faktisch nicht auf ausländische Satellitenbetreiber angewendet werden.

50 Vgl. hierzu *BKartA* Beschl. v. 28.12.2004 Az.: B7-150/04.

51 Die bisherige Regelung des § 53 RStV wird im Rahmen des RÄStV-10E durch die Regelung zur „Technischen Zugangsfreiheit" nach § 52c ersetzt, ohne dass sich hierbei das vorhandene Regulierungsregime strukturell wesentlich ändert.

gulierung durch das Bundeskartellamt von enscheidender Bedeutung.[52] Ferner untersucht das Bundeskartellamt die Art und Weise der technischen Ausgestaltung des von Entavio vorgesehenen DVB-S Decoders (Satelliteneingang).

3. Kabel

3.1 Übertragungstechnik

24   Unter den klassischen Rundfunkverbreitungswegen wird das Breitbandkabelnetz in Deutschland meist als der Königsweg bezeichnet, da über 52% der deutschen Fernsehhaushalte an diese Infrastruktur angeschlossen sind. Das überregionale Kabelverteilnetz wurde von der Deutschen Bundespost zu Beginn der 80er Jahre aufgebaut und besteht teilweise noch immer aus einer Vielzahl einzelner Teilnetze, in die über sogenannte Kabelkopfstationen die in der Regel terrestrisch oder satellitär herangeführten Programmsignale eingespeist werden. In der Vergangenheit wurden die kleineren Teilnetze meist über AMTV-Richtfunkstrecken mit einem Bündel von Programmsignalen versorgt, damit nicht an jeder einzelnen Kabelkopfstation der kostenintensive Empfang und die Programmaufbereitung aller Programme separat erfolgen muss. Im Zuge der Modernisierung der Kabelnetzinfrastruktur, die durch eine Frequenzerweiterung und Einrichtung eines Rückkanals gekennzeichnet ist, werden die Teilnetze bzw. „Kabelinseln" mittels großer Glasfaserringe immer stärker miteinander verbunden, so dass die AMTV-Richtfunkstrecken durch eine leitungsgebundene Versorgung abgelöst werden. Hierdurch entstehen große Netzcluster, die wie beispielsweise in Nordrhein-Westfalen sogar ganze Bundesländer umfassen.

25   Bei der Verbreitung von Rundfunkinhalten von der Signalquelle bis zum Zuschauer werden verschiedene Verbreitungsetappen, sogenannte Netzebenen, unterschieden. Die Netzebene 1 verbindet die Studiotechnik des Programmveranstalters mit einer terrestrischen Sendestation, einem Satelliten-Uplink oder direkt mit einem Kabelnetz. Auf der Netzebene 2 wird das Programmsignal vom Satelliten-Uplink zu dem Satelliten-Transponder im All und von dort auf die Erde zurück zu einer Satelliten-Empfangsanlage (z.B. Kabelkopfstation oder einer Direktempfangsanlage) gesendet. Auf der Netzebene 3 werden die empfangenen Rundfunksignale durch die Kabelnetze großflächig in die Stadtgebiete bis in die Straßenzüge zu den einzelnen Häusern verteilt. In den Wohnhäusern befinden sich die sogenannten Hausverteilnetze (Netzebene 4), welche über die meist im Keller gelegenen Übergabepunkte mit dem Kabelnetz der Netzebene 3 verbunden sind und von dort aus die einzelnen Wohneinheiten versorgen. In den Wohnungen selbst wird das Fernsehgerät mit einem Antennenkabel (Netzebene 5) an das Hausverteilnetz angeschlossen. Anders als international üblich, existiert in Deutschland die strukturelle Besonderheit, dass die Eigentumsverhältnisse an der Netzebene 3 und 4 überwiegend getrennt sind. So wird die Netzebene 3 in der Regel von den Kabelgesellschaften Kabel Deutschland, Unitymedia und Kabel BW betrieben. Die Netzebene 4 wird nur teilweise von den vorgenannten Gesellschaften der Netzebene 3 betrieben. Vielmehr steht die Netzebene 4 entweder im Eigentum von professionellen Netzebene 4-Betreibern oder von Endkunden. Die sogenannten Netzebene 4-Betreiber (wie beispielsweise Primacom und Orion) schließen sich entweder an die Netze der Netzebene 3-Betreiber an, um die Rundfunksignale aus deren Netzen zu empfangen und an die Endkunden weiterzuverkaufen, oder aber sie bauen eigene Kabelkopfstati-

---

52   Vgl. hierzu *BKartA* Beschl. v. 28.12.2004 Az.: B7-150/04; auch die ursprünglich von Premiere mit dem Sportsender arena vereinbarte Kooperation hinsichtlich der Vermarktung des Senders arena über die Satellitenplattform von Premiere musste aufgrund des Widerstands des BKartA aufgegeben werden. (MSG II und Premiere/arena).

onen auf (eigene Netzebene 3-Technik) mit denen sie kleinere Netzinseln bestehend aus Netzebene 3 und Netzebene 4 mit Rundfunksignalen versorgen. Der Bereich der Endkunden besteht zum einen aus großen Wohnungsbaugesellschaften, die die Rundfunkignale für ihre Mieter beziehen und diesen im Rahmen der Nebenkostenabrechnung in Rechnung stellen und zum anderen aus Privatleuten, die beispielsweise in Einfamilienhäusern das Hausverteilnetz selbst errichtet haben und dieses selbständig betreiben.

Das herkömmliche Kabelnetz wird in einem Frequenzbereich bis 470 MHz genutzt, in welchem in der Regel 33 analoge und 17 digitale Kabelkanäle für Fernsehprogramme genutzt und ferner ca. 40 analoge Radioprogramme verbreitet werden. Im Gegensatz zu einem analogen Kabelkanal können auf einem digital genutzten Kabelkanal statt nur einem in der Regel 12 bis 16 Fernsehprogramme verbreitet werden. Zwar verfügt das heutzutage noch überwiegend analog genutzte Kabelnetz nicht über eine vergleichbare Programmvielfalt wie der Satellit, jedoch kann sich dies bei fortschreitender Digitalisierung der heute noch analog genutzten Kapazitäten ändern. Zudem werden die Kabelnetze derzeit auf 606 MHz oder 862 MHz aufgerüstet, wodurch auch zusätzliche Kapazitäten für die Rundfunkübertragung geschaffen werden. **26**

Den größten Vorteil entfaltet eine Netzaufrüstung jedoch erst im Fall der Einrichtung eines Rückkanals, mit dessen Hilfe über das Breitbandkabelnetz auch ein Internetzugang geschaffen werden kann und hierbei hohe Übertragungsgeschwindigkeiten von weit über 10 Mbit/s angeboten werden können. Dabei wird das Internet als „always on"-Medium verwendet, so dass entweder eine vom genutzten Datenvolumen unabhängige flat-rate angeboten wird, oder nur für die empfangenen bzw. versendeten Datenmengen, nicht aber für die „Online-Zeit", Entgelte berechnet werden. Über den Internetzugang wird in der Regel auch Telefonie (sogenanntes „Voice over IP"), angeboten. Das gemeinsame Angebot von Rundfunk, High-Speed-Internetzugang und Telefonie (sog. „Triple-Play") über denselben Kommunikationsweg macht das Kabel zu einer zukunftsorientierten und ökonomisch attraktiven Infrastruktur, die nicht mehr nur als reines Rundfunkverteilnetz genutzt wird, sondern vielmehr eine Kommunikationsinfrastruktur bereitstellt, über die eine Vielzahl multimedialer Dienste zu empfangen sind. **27**

3.2 Rechtliche Rahmenbedingungen

Die Kabelnetze, über die Telekommunikationsdienste für Öffentlichkeit erbracht werden, unterliegen ausgehend von den Vorgaben des europäischen Telekommunikationsrechtsrahmens[53] einer weitreichenden telekommunikationsrechtlichen Regulierung. **28**

---

53 Nach der durch die EU-Kommission ermöglichten Öffnung der nationalen TK-Märkte für den Wettbewerb wurde der europäische Rechtsrahmen für die Telekommunikation im Jahr 2002 vollständig überarbeitet und bestand zunächst aus einem kohärenten Richtlinienbündel in Form einer aus einer Rahmen-Richtlinie (RL 2002/21/EG) und zugehörigen Einzelrichtlinien (Universaldienste-Richtlinie 2002/22/EG; Zugangs-Richtlinie 2002/19/EG; Genehmigungs-Richtlinie 2002/20/EG). Mit zeitlicher Verzögerung wurde der Rechtsrahmen durch die Datenschutzrichtlinie für elektronische Kommunikation 2002/58/EG, die Richtlinie 2002/77/EG über den Wettbewerb auf den Märkten für elektronische Kommunikationsnetze und -dienste und den Beschluss der Kommission v. 14.9.2004 zur Änderung des Beschlusses 2002/627/EG zur Einrichtung der Gruppe Europäischer Regulierungsstellen für elektronische Kommunikationsnetze und -dienste ergänzt. Der sog. TK-Rechtsrahmen wird derzeit überarbeitet – vgl. Communication from the Commission to the Council. the European Parliament, the European Economic and Social Committee and the Committee of the Regions on the Review of the EU Regulatory Framework for electronic communications networks and services, Brussels, 28.6.2006 COM(2006) 334 endgültig. Kritisch zu den Novellierungsvorschlägen der Kommission äußerten sich unter anderem Vertreter der öffentlich rechtlichen und privaten Rundfunkveranstalter vgl. *Wille* ZUM 2007, 89 ff.; *Grewenig* ZUM 2007, 96 ff.

3.2.1 Rundfunkrechtliche Regulierung

29 Im Hinblick auf die rundfunkrechtlich besonders wichtige Frage der Regulierung des Zugangs zu den teilweise knappen Übertragungskapazitäten des wichtigsten Rundfunkverbreitungsweges sind die Regelungen zu Art, Weise und Umfang der (hoheitlichen) Kabelbelegungsvorschriften in allen Mitgliedstaaten der europäischen Union seit jeher von herausragender Bedeutung. Der Gemeinschaftsgesetzgeber hat in Art. 31 Universaldienstrichtlinie (UDRL)[54] einen technologieneutralen Regulierungsansatz für alle Infrastrukturbetreiber gewählt und hierbei trotz des Grundsatzes der Inhaltsneutralität des europäischen TK-Rechtsrahmens einen Ausgleich zwischen den Interessen des Rundfunks einerseits und den Interessen der Eigentümer der jeweiligen Übertragungsinfrastrukturen andererseits geschaffen. In Anbetracht der zunehmenden Wahlfreiheit der Verbraucher bzgl. des genutzten Verbreitungsweges und des starken Infrastrukturwettbewerbes wurde in Art. 31 USD festgelegt, dass die Mitgliedstaaten nur dann Infrastrukturbetreibern zumutbare Übertragungsverpflichtungen für Rundfunkdienste auferlegen dürfen, wenn diese Netze von den Nutzern als Hauptmittel zum Empfang von Rundfunkprogrammen genutzt werden. Überdies dürfen derartige Übertragungsverpflichtungen nur auferlegt werden, soweit sie zur Erreichung klar umrissener Ziele von allgemeinem Interesse erforderlich sind; sie müssen verhältnismäßig und transparent sein und regelmäßig überprüft werden. Diese gemeinschaftsrechtliche Vorgabe des Art. 31 UDRL wurde durch den 8. RÄStV formell und nur teilweise in § 52 RStV übergeleitet, ohne jedoch diese „Rahmengesetzgebung" inhaltlich auszufüllen. Danach unterliegen die Kabelnetze einer rundfunkrechtlichen Regulierung, die die jeweils zuständigen Landesmedienanstalten berechtigt, zum Zweck der Meinungsvielfaltsicherung die Kabelnetzbetreiber zu verpflichten, bestimmte Programmangebote in den Kabelnetzen zu verbreiten (sog. must-carry Programme). Im Rahmen der rundfunkrechtlichen Netzregulierung ist jedoch zu beachten, dass die Übertragungsverpflichtungen in Abhängigkeit davon, ob es sich um analog oder digital verbreitete Rundfunkprogramme handelt, in Struktur und Umfang sehr unterschiedlich sind.

30 Aufgrund der das Angebot weit übersteigenden Nachfrage nach analogen Übertragungskapazitäten unterliegt die analoge Kabelbelegung einer sehr restriktiven Zugangsregulierung, die gem. § 52 Abs. 1 RStV der jeweiligen Ausgestaltung durch den Landesgesetzgeber unterworfen ist. Die jeweiligen Bundesländer haben ihre Kabelbelegungsvorschriften somit sehr unterschiedlich ausgestaltet und haben dabei teilweise ein äußerst restriktives und umfassendes Belegungsregime vorgesehen. In einigen Bundesländern werden sogar ausnahmslos alle verfügbaren analogen Kabelkanäle von der Landesmedienanstalt belegt,[55] obwohl sich die gesetzgeberische Zielsetzung allein in der Verhinderung von Meinungsmonopolen durch Gewährleistung eines vielfältigen Programmangebots erschöpft.[56] Ein solches Kabelbelegungsmonopol einer Landesmedienanstalt ist mit dem Grundsatz einer verhältnismäßigen Ausgestaltung der Belegungsverpflichtungen nicht vereinbar, so dass eine richtlinienkonforme Auslegung der nationalen Belegungsvorgaben anzuwenden ist.[57] Daneben gibt es unterschiedliche Modelle, in denen auch den Kabelnetzbetreibern in geringem Umfang ein eigenes Kabelbelegungsrecht zugesprochen wird.[58] Bislang wurde erst von wenigen Bundesländern die gemeinschaftsrechtliche Bestimmung des Art. 31 Abs. 1 Universaldienstrichtlinie konkret in materielles Recht

---

54 Universaldienstrichtlinie, RL 2002/22/EG, AblEG L 108 v. 24.4.2002, S. 51.

55 z.B. in Hessen (§ 42 HPRG) und Niedersachsen (§ 37 NmedienG).

56 Vgl. *Charissé* K&R 2002, 164, 167.

57 *Dörr/Volkmann* Die Kabelbelegungsregelungen im Hessischen Privatrundfunkgesetz unter Berücksichtigung europarechtlicher Vorgaben, S. 65 und 78 ff.

58 Z.B. in Baden-Württemberg (§ 21 LMedienG), Sachsen (§ 38 Abs. 1 Nr. 2 Sächs PRG), NRW (§ 18 LMG) und im Saarland (§ 53 Abs. 2 SMG).

Janik

umgesetzt. In der Regel fehlt eine genaue Definition des Allgemeininteresses, das eine hoheitliche Kabelbelegung rechtfertigt. Ferner wird beim Umfang der hoheitlichen Regulierung in einigen Fällen der Maßstab der Verhältnismäßigkeit nicht gewahrt, weshalb die Europäische Kommission ein Vertragsverletzungsverfahren gegen die Bundesrepublik Deutschland eröffnet hat.[59] Eine Verletzung des Verhältnismäßigkeitsgrundsatzes nimmt die Europäische Kommission insbesondere in den Fällen an, in denen der Landesgesetzgeber alle verfügbaren analogen Kabelkanalplätze einem hoheitlichen Belegungsregime unterwirft, so dass alle analogen Übertragungskapazitäten aufgrund von Belegungsbescheiden der Landesmedienanstalten mit den vorgegebenen Programmen zu belegen sind. Dem Kabelnetzbetreiber kommt in diesen Fällen einer 100%igen must-carry Regulierung keinerlei wirtschaftliche Dispositionsbefugnis über sein Eigentum zu, so dass unter Verstoß gegen Art. 31 UDRL kein verhältnismäßiger Interessenausgleich zwischen den nach Art. 5 Abs. 1 S. 2 GG und den nach Art. 14 Abs. 1 und Art. 12 Abs. 1 GG geschützten Rechtsgütern im Wege einer praktischen Konkordanz geschaffen wurde.

Im Gegensatz zu der landesrechtlich sehr fragmentierten Regulierung der analog genutzen Kabelnetze wird die digitale Kabelbelegung bundeseinheitlich durch § 52 Abs. 2 – 5 RStV in einem dreistufigen Regulierungskonzept geregelt. Nach § 52 Abs. 3 RStV werden dem Kabelnetzbetreiber zunächst Verbreitungsverpflichtungen (must-carry) für die drei digitalen Programmbouquets von ARD und ZDF, für die privaten Programmangebote, welche gem. § 25 RStV Regionalfensterprogramme verbreiten, sowie für regionale Programminhalte auferlegt. Gem. § 52 Abs. 4 Nr. 1 RStV darf der Kabelnetzbetreiber ein Drittel der digitalen Kabelkapazitäten selber belegen (can-carry), muss hierbei jedoch umfangreiche Vielfaltkriterien beachten und unterliegt dabei nach § 52 Abs. 5 RStV der Kontrolle der Landesmedienanstalten. Gem. § 52 Abs. 4 Nr. 2 darf der Kabelnetzbetreiber schließlich unter Beachtung der allgemeinen Gesetze die restlichen Kabelkapazitäten nach eigenen Auswahlkriterien belegen (non-must-carry).[60] Im Rahmen des 10. RÄStV haben die Landesgesetzgeber im Hinblick auf die digitale Programmverbreitung einen technologieneutralen Regulierungsansatz gewählt, indem die Betreiber von digitalen Verbreitungsplattformen (Plattformbetreiber gem. § 2 Abs. 2 Nr.10 RÄStV), zu denen auch Kabelnetzbetreiber gehören, sofern sie mehr als 10.000 Wohneinheiten versorgen, bestimmte Übertragungsverpflichtungen übernehmen. Nach § 52b sind im Umfang von höchstens einem Drittel der für die Rundfunkübertragung zur Verfügung gestellten Übertragungskapazität Programme der öffentlich-rechtlichen Sendeanstalten, lokale/regionale Programme, Programme mit Regionalfenstern sowie offene Kanäle zu übertragen (must-carry). Im Umfang eines weiteren Drittels der Rundfunkkapazität soll der Plattformbetreiber Programme unter Berücksichtigung entsprechender Vielfaltkriterien auswählen (can-carry). Im Übrigen ist der Plattformbetreiber bei der Belegung der restlichen Übertragungskapazitäten in seiner Auswahlentscheidung frei (non-must-carry). Der wesentliche Unterschied zu der bisherigen Regulierung besteht darin, dass für den must-carry Bereich nur noch eine Belegungsverpflichtung für einzelne Programme festgeschrieben wird, jedoch die technische Aufbereitung dieser Programme für die nachfolgende Programmverbreitung allein der Hoheit des Plattformbetreibers unterliegt. Im Gegensatz zu der bisherigen Regulierung nach § 52 RStV müssen nach § 52b RÄStV-10E nicht mehr vorgefertigte Multiplexe/Programmpakete der

31

---

59 Wegen der fehlenden Verhältnismäßigkeit der must-carry Verpflichtungen in einzelnen Bundesländern hat die Europäische Kommission ein Vertragsverletzungsverfahren gegen die Bundesrepublik Deutschland eröffnet und das VG Hannover ein Vorabentscheidungsverfahren des EuGH veranlasst (*VG Hannover* Beschl. v. 14.6.2007 – 7 A 5462/06).
60 Vgl. *Hartstein/Ring/Kreile/Dörr/Stettner* Rundfunkstaatsvertrag, § 52 m.w.N.

öffentlich-rechtlichen Sendeanstalten, sondern nur noch deren einzelne Programme verbreitet werden.[61]

32 Bei der Belegung der Kabelnetze mit Rundfunkprogrammen ist der Kabelnetzbetreiber vor Beginn der Programmeinspeisung verpflichtet, im Rahmen einer Weiterverbreitungsanzeige den Landesmedienanstalten mitzuteilen, welche Programme in Zukunft in seinen Netzen verbreitet werden.[62] Ebenfalls müssen die Programmveranstalter im Rahmen einer eigenen Weiterverbreitugsanzeige gegenüber der jeweils zuständigen Landesmedienanstalt die geplante Kabelverbreitung mitteilen und hierbei ihre rundfunkrechtliche Lizenz vorweisen und die Einhaltung medienrechtlicher Anforderungen versichern (z.B. Jugendschutz, Abgeltung von Urheberrechten etc.). Diese Einhaltung medienrechtlicher Standards durch ausländische Programmveranstalter wird einerseits durch das im Europarecht zur Errichtung eines gemeinsamen Binnenmarktes eingeführte Anerkennungsprinzip sowie durch den Abschluss völkerrechtlicher Abkommen[63] ermöglicht.

3.2.2 Telekommunikationsrechtliche Regulierung

33 Die führenden Kabelnetzbetreiber der Netzebene 3 schließen mit den Programmanbietern (free-TV) sogenannte Einspeiseverträge, bei denen sich die Kabelnetzbetreiber zum Empfang, Einspeisung und Transport der Programmsignale und die Programmanbieter zur Entrichtung eines Einspeiseentgeltes verpflichten (Einspeisemarkt). Bei Verbreitung von Free-TV Programmen erbringen die Kabelnetzbetreiber gegenüber den Progarammanbietern eine von diesen nachgefragte Transportdienstleistung (sogenanntes Transportmodell). Hiervon abzugrenzen ist die Verbreitung von Pay-TV Programmen, bei denen der Kabelnetzbetreiber als Nachfrager von bestimmten Programmen auftritt. Der Kabelnetzbetreiber entrichtet an die jeweiligen Programmanbieter entsprechende Lizenzentgelte entrichtet und im Gegenzug berechtigt wird, die Programme in eigenen Programmpaketen gegen ein entsprechendes Abonnemententgelt an Endkunden zu vermarkten. In diesem sogenannten Vermarktungsmodell steht nicht die Transportdienstleistung, sondern die Vermarktung eines eigenen Programmproduktes, welches aus ausgewählten Programmangeboten besteht, im Vordergrund. Für die Installation eines Kabelanschlusses und die Lieferung von Rundfunksignalen an die angeschlossenen Kabelnetzbetreiber der Netzebene 4, die Wohnungswirtschaft oder Privathaushalte, erhalten die Kabelnetzbetreiber ebenfalls ein entsprechendes Entgelt. Sowohl die Einspeiseentgelte als auch die Endkundenentgelte unterlagen in der Vergangenheit der Preisregulierung durch die Regulierungsbehörde für Telekommunikation und Post (RegTP).[64] Nach Inkrafttreten des neuen TKG und nach Durchführung der Marktanalyse in dem von der Europäischen Kommission definierten Marktsegment, dem sogenannten Markt 18 (Markt für Rundfunkübertragungsdienste), und den Festlegungen der Präsidentenkammer zur Marktanalyse wurde diese Regulierung im wesentlichen fortgeschrieben, so dass die drei großen Kabelnetzbetreiber der Netzebene 3 weiterhin einer nachträglichen Preisregulierung nach § 38 TKG in Einspeisemarkt unterliegen. Hierbei ist jedoch zu beachten, dass die Regulierung nur die Entgelte betrifft, die für den Transport von Free-TV Programmen entrichtet werden, da die Verbreitung von Pay-TV Programmen auf einem anderen Geschäftsmodell aufsetzt und somit außerhalb des regulierten Marktes liegt. Ferner unterliegen die Kabelnetzbetreiber der Netzebene 3 im sogenannten Signallieferungs-

---

61 Gegen die Einführung eines neuen Plattformbegriffs als Ausgangspunkt einer Übertragungsverpflichtung wurde von vielen Seiten Kritik geübt.

62 Vgl. § 24 Abs. 1 LMG NRW, § 44 Abs. 1 HPRG.

63 Europäisches Übereinkommen über das grenzüberschreitende Fernsehen v. 5.5.1989, BGBl. II 1994, 638.

64 *RegTP* Beschl. v. 30.4.1998 Az.: BK 3 A BK – Anschlussnetz; *RegTP* Beschl. v. 24.3.1999 Az.: BK 3b 99/001.

markt hinsichtlich ihres Vorleistungsproduktes, dem Rundfunksignal, gegenüber Netzebene 4-Betreibern einer gesonderten nachträglichen Preisregulierung. Entgelte, die gegenüber den Kunden der Wohnungswirtschaft oder Einzelendkunden erhoben werden, unterliegen außer der nachträglichen Missbrauchskontrolle nach § 39 Abs. 3 i.V.m. §§ 38 Abs. 2 – 4 und 28 TKG keiner speziellen telekommunikationsrechtlichen Regulierung. Ferner haben die regulierten Kabelnetzbetreiber ein Diskriminierungsverbot nach § 19 TKG und § 42 TKG zu beachten und müssen zudem weitere Auflagen wie beispielsweise die Veröffentlichung eines Standardangebots nach § 23 TKG befolgen.[65] Die Regulierungsverfahren werden von der Bundesnetzagentur (ehemals RegTP) durchgeführt.

Bei der Erbringung von Internetdienstleistungen und Telefonie haben die Betreiber von Breit- **34** bandkabelnetzen in der Regel keine beträchtliche Marktmacht und unterliegen deshalb keiner restriktiven Zugangsregulierung, sondern müssen vor allem die allgemeinen Bestimmungen des TKG und die ergänzenden Verordnungen beachten. Von besonderer Bedeutung sind hierbei die Vorschriften zum Kunden- und Datenschutz. Nur im sogenannten Markt 9, dem Markt für Terminierungsleistungen in das eigene Telefonnetz, unterliegen Breitbandkabelnetzbetreiber einer weiteren speziellen telekommunikationsrechtlichen Regelung.

Ferner sind für die Verlegung von Kabelnetzen auf öffentlichem Grund die Vorschriften der **35** §§ 68 ff TKG zum öffentlichen Wegerecht von besonderer Bedeutung. Danach ist der Bund gem. § 68 TKG berechtigt, die öffentlichen Wege zum Zwecke der Verlegung von Telekommunikationslinien zu nutzen. Die Bundesnetzagentur kann gem. §69 TKG dieses Nutzungsrecht auf Antrag einem Anbieter von Telekommunikationsdienstleistungen für die Öffentlichkeit übertragen, so dass dieser in die Lage versetzt wird, öffentliche Straßen und Plätze zwecks Verlegung von Kabelanlagen zu nutzen. Für die Verlegung von Kabelnetzen auf privatem Grund ist der Kabelnetzbetreiber – sofern kein Ausnahmetatbestand des § 78 TKG vorliegt – verpflichtet, zuvor einen entsprechenden Gestattungsvertrag mit dem jeweiligen Grundstückseigentümer abzuschließen, um dadurch ein privatrechtliches Nutzungsrecht zu erwerben.

3.2.3 Urheberrechtliche Regulierung

Im Gegensatz zu Satellitenbetreibern und Betreibern terrestrischer Funknetze und trotz der ho- **36** heitlichen Kabelbelegungsverpflichtungen unterliegen Kabelnetzbetreiber einer speziellen urheberrechtlichen Regulierung nach §§ 20, 20b und 87 Abs. 5 UrhG. Das Recht der Kabelweitersendung kann nach § 20b Abs. 1 UrhG von den Rechteinhabern nicht individuell, sondern nur kollektiv durch entsprechende Verwertungsgesellschaften geltend gemacht werden.[66] Diese Verwertungsgesellschaftspflichtigkeit besteht nicht für Rechte, die von Sendeunternehmen selbst wahrgenommen werden. Die Sendeunternehmen sind jedoch nach § 87 Abs. 5 UrhG verpflichtet, im Hinblick auf die Vereinbarung einer angemessenen Bedingung Vertragsverhandlungen mit den Kabelnetzbetreibern zu führen. Ob und inwieweit ein Kabelnetzbetreiber zur Kabeleinspeisung durch das Anbieten angemessener Bedingungen auch ohne Zustimmung des Programmanbieters berechtigt ist, ist bislang umstritten.[67] Die Fragen der Vergü-

---

65 Vgl. beispielhaft die Regulierungsverfügung BK 3b-06-014/R.

66 Dieser Grundsatz der Verwertungsgesellschaftspflichtigkeit soll das Rechteclearing erleichtern und wurde in Umsetzung des Art. 9 der Kabel-/Sateliten-Richtlinie (RL 93/83/EWG) v. 27.9.1993 in das Urheberrechtsgesetz aufgenommen. Sendeunternehmen sind von der Verwertungsgesellschaftspflicht ausgenommen, Art. 10 der Kabel-/Satelliten-Richtlinie.

67 *Weisser/Höppener* ZUM, 597 ff.; *Mand* Das Recht der Kabelweitersendung. Kabelweiterleitung von Rundfunkprogrammen im Licht des § 20b UrhG, 2004; eine Einwilligungsfiktion oder Erschöpfung des Verbotsrechts des Senders wurde von der Rspr. zwar erwogen, aber im konkreten Fall abgelehnt *BGH* GRUR 2000, 699 ff. (Kabelweitersendung).

tungspflichtigkeit der Kabelweitersendung sind stark umstritten, da sich die Kabelnetzbetreiber in einem rechtlichen Spannungsfeld zwischen rundfunkrechtlichen Übertragungsverpflichtungen (must-carry) zum Schutze der Meinungsvielfaltssicherung und einer inhaltsfernen telekommunikationsrechtlichen Entgeltregulierung befinden, welche eine nachgelagerte Missbrauchskontrolle durchführt und sich hierbei an den Netzkosten orientiert.[68] Im Gegensatz hierzu knüpft das Urheberrecht an der Beteiligung der Rechteinhaber an den geldwerten Vorteilen an, die aus der wirtschaftlichen Verwertung von urheberrechtlich geschützten Werken resultiert. Die Pflicht des Kabelnetzbetreibers zu einer kostenorientierten Bereitstellung von Übertragungskapazitäten für Rundfunkanbieter konfligiert hierbei mit dem urheberrechtlichen Prinzip der Gewinnabschöpfung bei marktwirtschaftlichen Verwertungsakten, die unter eigenverantwortlicher Nutzung urheberrechtlich geschützter Rechte erfolgen. Insbesondere der Ausfallhaftungsanspruch der Kabelnetzbetreiber nach § 20b Abs. 2 UrhG gehört seit seiner Einführung durch das 4. Urheberrechtsänderungsgesetz zu den umstrittensten Rechtsproblemen.[69] Überdies ist seit der Einführung des Urhebervertragsrechts durch die Schaffung des gesonderten Ausfallhaftungsanspruchs nach § 32 UrhG unklar, ob und inwieweit § 20b Abs. 2 UrhG noch eine eigenständige Bedeutung beanspruchen kann.[70]

4. Internet – IPTV

4.1 Übertragungstechnik

37 Die Rundfunkverbreitung findet auch über das Internet oder unter Nutzung des Internetprotokolls statt. Insbesondere Radioprogramme werden aufgrund der geringeren Übertragungskapazitäten, die für die Live-Streams benötigt werden, bereits seit vielen Jahren von den Sendeanstalten parallel im Internet verbreitet. Vor allem durch die DSL-Technik wurden in den vergangenen Jahren die Übertragungsgeschwindigkeiten sehr stark erhöht, so dass es nunmehr möglich ist, auch Fernsehprogramme ohne wesentliche Qualitätsverluste über das Internet zu verbreiten.[71] Da breitbandige Internetverbindungen in Deutschland bislang noch nicht flächendeckend verfügbar waren, hat sich das Internet bislang nicht in einer Weise als Rundfunkübertragungsweg etablieren können, der in ähnlich starker direkter Konkurrenz zu Terrestrik, Satellit und Kabel steht wie dies bereits im europäischen Ausland der Fall ist. Dennoch nehmen die Telekommunikationsunternehmen in zunehmendem Maß die Möglichkeiten und Chancen wahr, ihr Produktportfolio um die neue Sparte „Rundfunk" zu erweitern, um den Kunden nunmehr ein sogenanntes „Triple Play-Angebot" unterbreiten zu können.[72] Insbesondere die dem Internet „angeborene" Abruffunktionalität, die durch den Aufbau einer rückkanalfähigen Punkt-zu-Punkt-Verbindung stets gegeben ist, ermöglicht es, über das Internet Filme als video-on-demand Dienste anzubieten. Durch diese individuelle Zugriffsmöglichkeit auf eine virtuelle Videothek bekommt das Internet für den Fernsehkonsum eine neue Bedeutung, die sich auf die allgemeinen Nutzungsgewohnheiten in signifikanter Weise auswirken wird.[73] Dies hat auch erheblichen Einfluss auf die medienrechtliche Einordnung bzw. Abgrenzung von Diens-

---

68 Vgl. *Charissé* K&R 2002, 164, 168 f.
69 Vgl. *Conrad* GRUR 2003, 561 ff.
70 *Mand* ZUM 2003, 812 – 820.
71 *Flatau* ZUM 2007, 1 ff.
72 Das Potenzial der in Deutschland mit IPTV erzielbaren Direkterlöse wird für das Jahr 2010 mit 261 Mio. Euro eingeschätzt, vgl. *Birkel* Goldmedia – IPTV 2010 Marktpotenziale für IP-basiertes Fernsehen in Deutschland, S. 117.
73 *Flatau* ZUM 2007, 1 ff.

ten als Rundfunk, Medien- oder Teledienste.[74] Die Landesmedienanstalten haben sich von ihren früheren Festlegungen abgewendet und qualifizieren Rundfunkangebote, die über das Internet bzw. unter Nutzung des Internetprotokolls verbreitet werden, grundsätzlich als Rundfunk im Sinn des § 20 RStV.[75]

Technisch ist jedoch zwischen Internet-Fernsehen im allgemein zugänglichen world wide web **38** und dem nur einem registrierten Nutzerkreis zugänglichen IPTV zu unterscheiden. Das Internet-Fernsehen nutzt die Streaming-Technologie in Form von Live-Streams, die zeitgleich mit den über andere Verbreitungswege verbreiteten Programminhalten im Internet jedem Nutzer zur Verfügung gestellt werden (z.B. Joost, Pressekonferenzen). Trotz des notwendigen Aufbaus einer entsprechenden Verbindung zwischen dem Nutzer und dem Server, über welchen der Live-Stream zur Verfügung gestellt wird, handelt es sich bei Live-Streams um linear verbreitete Rundfunkangebote, da sie ohne zeitliche Verzögerung an die Allgemeinheit „gesendet" werden. Davon zu unterscheiden sind Programminhalte, die auf Servern zum individuellen zeitversetzten nicht-linearen Abruf zur Verfügung gestellt werden (z.B. bei YouTube); diese Angebote werden in der Regel rechtlich als Telemedien qualifiziert. In beiden Fällen erfolgt die Nutzung der Inhalte am Computer und nicht am Fernsehgerät. Ebensowenig wie „Internet-Fernsehen" ist der Begriff „IPTV" ein legal definierter Begriff. IPTV ist die Bezeichnung eines Übertragungsstandards, der die Rundfunkverbreitung unter Verwendung des Internet-Protokolls ermöglicht. In der Praxis wird unter IPTV jedoch meist die lineare Verbreitung von Rundfunkprogrammen unter Nutzung des Internetprotokolls über DSL-Netze verstanden.[76] Die Einschränkung des Begriffsverständnisses auf die Übertragung über DSL-Netze ist jedoch grundsätzlich nicht zutreffend, da die Rundfunkübertragung unter Verwendung des Internetprotokolls auch über alle klassischen Verbreitungswege realisiert werden kann, und angesichts der technischen Konvergenz ist es in Zukunft nicht fernliegend, dass sich dieser IP-basierte Übertragungsstandard auch in den herkömmlichen Infrastrukturen durchsetzen wird.

Anders als beim Internet-Fernsehen werden im Rahmen des IPTV einem zuvor registrierten **39** Nutzerkreis herkömmliche Rundfunkprogramme zugeleitet. Der Empfang erfolgt über einen an das DSL-Modem angeschlossenen speziellen Decoder, der die Darstellung der Programme auf dem Fernsehgerät ermöglicht. Die Programme werden von den Telekommunikationsunternehmen innerhalb der eigenen Infrastruktur nur in den zur Rundfunkübertragung reservierten Übertragungskapazitäten verbreitet. Hierbei wird die IP-Multicast Funktionalität verwendet, mit Hilfe derer ein Inhalt nicht mehr jedem einzelnen Nutzer gesondert zugesendet wird (Unicast), sondern es werden mehrere Nutzer in eine Gruppe zusammengefasst, der Inhalt nur einmal an diese Gruppenadresse gesendet und erst im letzten Netzknotenpunkt im DSLAM für mehrere Empfänger vervielfacht.[77] Durch das IP-Multicast werden große Mengen an Übertragungsbandbreiten eingespart und somit eine wesentliche Voraussetzung zur Realisierung von IPTV geschaffen. Trotz der Verwendung des IP-Multicast werden noch immer hohe Bandbreiten für die IPTV Verbreitung benötigt. Deshalb können IPTV Angebote in der Regel nur in Ka-

---

74 Vgl. auch *Janik* AfP 2000, 7 ff.; *ders.* K&R 2001, 572 ff.; *Gersdorf* Der Rundfunkbegriff – Vom technologieorientierten zum technologieneutralen Begriffsverständnis, 2007.
75 Die DLM hat deshalb die GSPWM in Zusammenarbeit mit der GSDZ mit der Überarbeitung des 3. Strukturpapiers zur Unterscheidung von Rundfunk und Mediendiensten beauftragt.
76 Das Internetprotokoll wird jedoch auch auf anderen Infrastrukturen (z.B. Breitbandkabelnetze, Mobilfunk) zur Übertragung von Rundfunkinhalten eingesetzt, weshalb IPTV nicht zwingend mit einem bestimmten Übertragungsweg in Verbindung gebracht werden kann.
77 Vgl. *Birkel* IPTV 2010 Marktpotenziale für IP-basiertes Fernsehen in Deutschland, S. 9 f.

belnetzen vermarktet werden, die entsprechend hohe Übertragungskapazitäten von meist über 16 Mbit/s bereitstellen und dadurch ausreichenden Qualitätsstandard gewährleisten.[78]

4.2 Rechtliche Rahmenbedingungen

40   Telekommunikationsunternehmen, die über ihre schmalbandigen Kabelnetze IPTV anbieten, betreiben digitale Kabelnetze und unterliegen nach § 52 RStV grundsätzlich einer Zugangsregulierung. Den Besonderheiten dieses im Aufbau befindlichen Rundfunkübertragungsweges war es jedoch bislang geschuldet, dass diesen Anbietern keine vergleichbaren Übertragungsverpflichtungen auferlegt wurden wie den Betreibern von Breitbandkabelnetzen. Die Länder haben jedoch im Rahmen des 10. RÄStV eine Regulierung geschaffen, die grundsätzlich auch Übertragungsverpflichtungen für IPTV-Anbieter vorsieht.[79] Auch im Bereich des Urheberrechts hat eine Gleichstellung zwischen den traditionellen Kabelnetzbetreibern und den Betreibern von DSL-Netzen eingesetzt, so dass die oben gemachten Ausführungen zu der urheberrechtlichen Regulierung von Breitbandkabelnetzen auf die Betreiber schmalbandiger DSL-Netze übertragen werden können.

5. Mobilfunknetze

5.1 Übertragungstechnik

41   Durch die verbesserten Möglichkeiten der digitalen Datenkompression und der gleichzeitigen Ausweitung der digitalen Übertragungsbandbreiten im Bereich der terrestrischen Übertragungsnetze entsteht derzeit ein neuer wachstumsstarker Markt für mobile Fernsehnutzung. Mobilfernsehen bedeutet in diesem Zusammenhang die terrestrische Übertragung audio-visueller Inhalte auf mobile Endgeräte. Es handelt sich somit bei strenger Kategorisierung der Verbreitungswege um eine weitere Entwicklungsstufe des klassischen terrestrischen Fernsehens. Die EU-Kommission knüpft im Zusammenhang mit „Mobile-TV" hohe Erwartungen an die Eröffnung neuer Geschäftsfelder und an einen hohen Nutzen für die Verbraucher.[80] „Mobile-TV" gilt als Wahrzeichen der langjährig beschworenen Medienkonvergenz, da hierdurch in besonders anschaulicher Form in einem Endgerät die Verbindung von Massenkommunikation (Fernsehen) und Individualkommunikation (Telefonie) realisiert wrd. Der erste Schritt in Richtung mobile TV-Nutzung war jedoch der Einbau von DVB-T Empfängern in Laptops, wodurch diese portablen Geräte den Programmempfang fernab stationärer Empfangsantennen ermöglichten – sogar beim Autofahren kann der Fernsehempfang über DVB-T unter Einschränkungen genutzt werden. Die konsequente Weiterentwicklung erfolgte durch die Einführung neuer Übertragungsstandards für die mobile Nutzung. Die Übertragung von audio-visuellen Inhalten über UMTS-Netze ist zwar bereits seit längerer Zeit möglich, jedoch ist die Struktur des für die Individualkommunikation entwickelten UMTS-Netzes, das die Verbreitung der Inhalte an kleinere Funkzellen vorsieht, nicht für eine große Anzahl zeitgleicher Abrufe aus der gleichen Funkzelle ausgelegt. Aufgrund der auftretenden Frequenzengpässe beim zeitgleichen Abruf von Fernsehprogrammen in UMTS-Netzen sind diese Netze für die datenintensive TV-Nutzung bislang nicht massentauglich. In den Focus der öffentlichen Diskussion treten deshalb nunmehr zwei spezielle Übertragungsverfahren, die auf vorhandene digital terrestrische Rund-

---

78 Vgl. zu den technischen Grundlagen *Birkel* IPTV 2010 Marktpotenziale für IP-basiertes Fernsehen in Deutschland, S. 5 ff.

79 Nach § 52b RÄStV-10e unterliegen IPVT-Anbieter den gleichen Übertragungsverpflichtungen wie Breitbandkabelnetzbetreiber, vgl. hierzu Rn. 31.

80 Vgl. Mitteilung der Kommission zur Stärkung des Binnenmarktes für das Mobilfernsehen v. 18.7.2007, SEC 2007.

funknetze aufbauen und speziell für die Übertragung audio-visueller Inhalte auf mobile Endgeräte entwickelt wurden und parallel verwendet werden können. So nutzt der Übertragungsstandard DMB (Digital Multimedia Broadcast) schmalbandige Datenkanäle des DAB-Netzes, welches ursprünglich nur auf die digitale Radioverbreitung ausgerichtet war und bereits bundesweit ausgebaut ist. Hingegen greift der DVB-H Standard auf die breitbandigen Frequenzen des DVB-T „Fernsehnetzes" zurück, das jedoch noch nicht bundesweit ausgebaut ist und in einigen Gebieten überdies vollständig mit DVB-T Fernsehprogrammen belegt ist.[81] Diese unterschiedlichen Netztopologien bewirken, dass für die Übertragung audio-visueller Inhalte unterschiedlich hohe Datenraten zur Verfügung stehen. Bei DVB-H stehen den Programmen zwischen 3 bis 4 Mbit/s zur Verfügung. Hingegen können beim DMB-Standard nur Datenraten von 0,2 bis 0,4 Mbit/s durch ein Programm genutzt werden. In Deuschland hat die Programmplattform Mobiles Fernsehen Deutschland GmbH damit begonnen, Fernsehprogramme über DMB zu verbreiten und an Nutzer von empfangstauglichen Mobilfunkgeräten und anderen mobilen Endgeräten zu vermarkten. Bereits im Jahr 2006 wurde der DVB-H Standard in Italien als Standard für den Regelbetrieb des Mobilfernsehens eingeführt.

5.2 Rechtliche Rahmenbedingungen

Der DVB-H Standard wurde bereits bei der Normenorganisation ETSI als offener Standard anerkannt[82] und ist der meist verwendete Standard für Mobilfernsehen in Europa. Dies ist einer der Gründe, warum sich die EU-Kommission dafür ausgesprochen hat, dass DVB-H innerhalb der Europäischen Union als der Standard von allen Mitgliedsstaaten und Marktbeteiligten verwendet werden soll, damit die notwendigen Entwicklungen und Investitionen in dieses neue Marktsegment in einem verlässlichen Rahmen getätigt werden können. Die Kommission wird deshalb den DVB-H Standard gem. Art. 17 Abs. 1 Rahmen-Richtlinie (RL 2002/21/EG) in die Liste der Standards aufnehmen, die von den Mitgliedsstaaten gefördert werden sollen. Ferner erwägt die Kommission, den DVB-H Standard nach Art. 17 Abs. 3 der Rahmenrichtlinie in Zukunft als verbindlichen Standard zu normieren.[83] In Deutschland wurde im Jahr 2007 das Frequenzvergabeverfahren für die DVB-H Frequenzen durch die Bundesnetzagentur durchgeführt. Die Lizenz zum Aufbau und Betrieb des DVB-H Sendenetzes wurde der T-Systems Media & Broadcast GmbH durch Beschluss der Präsidentenkammer der Bundesnetzagentur im Oktober 2007 erteilt. Bereits zum Jahr 2015 sollen ca. 90 % der deutschen Bevölkerung mit DVB-H Frequenzen versorgt werden. **42**

Durch die Zuordnungs- und Zuweisungsentscheidungen der Ministerpräsidenten und der Landesmedienanstalten in Bezug auf die Vergabe von drahtlosen Frequenzen zur Nutzung durch Sendeunternehmen gem. §§ 51, 51a RÄStV-10E können die Betreiber von DVB-H Netzen nicht selbständig über die Belegung mit Programminhalten bestimmen, sondern müssen die Zuweisungsentscheidungen umsetzen. Sofern die Landesmedienanstalten die DVB-H Frequenzen zur Nutzung statt einzelnen Sendeunternehmen einem Plattformbetreiber zuweisen, so ist auch dieser nach dem neuen Konzept der „Plattformregulierung" gem. § 52b RÄStV-10E verpflichtet, die gesetzlichen Einschränkungen (must-carry, can-carry) bei der Belegung der Frequenzen mit Programminhalten zu beachten.[84] **43**

---

81 Vgl. *Ory*, ZUM 2007, 7, 9 f.
82 Spezifikation EN 203 204.
83 Vgl. Mitteilung der Kommission zur Stärkung des Binnenmarktes für das Mobilfernsehen v. 18.7.2007, SEC 2007.
84 Vgl. hierzu die vorangegangenen Ausführungen unter Rn. 31.

44 Aus urheberrechtlicher Sicht kann Mobilfernsehen zwar nicht als eigenständige Nutzungsart gegenüber TV und Radio angesehen werden, jedoch werden im Hinblick auf die Verbreitung von Programmen über diese terrestrischen Sendenetze vereinzelt Parallelen zur Kabelweitersendung nach § 20b UrhG gezogen.[85] Hierbei offenbaren sich jedoch erneut die bei der Kabelverbreitung bekannten und aus einer fehlenden Technologieneutralität des Urheberrechts resultierenden Probleme und Streitstände bei der urheberrechtlichen Bewertung von Verbreitungsvorgängen. Im Gegensatz hierzu ist eine wettbewerbsfördernde technologieneutrale Regulierung bereits in § 1 TKG zum Zweck des Telekommunikationsgesetzes erhoben worden.

IV. Verschlüsselungs- und Empfangstechnik

1. Zugangsberechtigungssysteme

1.1 Zugangsberechtigungssysteme: Nutzen und Technik

45 Die Verwendung von Zugangsberechtigungssystemen hat aus mehreren Gründen eine große und stetig wachsende wirtschaftliche Bedeutung. Hierbei spielen die Verwertung urheberrechtlich geschützter Nutzungsrechte und die kommerzielle Entwicklung neuer Angebotsformen und Inhalte sowie Aspekte der Netzsicherheit eine entscheidende Rolle. Im Vordergrund des wirtschaftlichen Interesses steht hierbei die Möglichkeit, mit Hilfe von Zugangsberechtigungssystemen den Zugriff auf Programminhalte für jeden einzelnen Nutzer zu steuern. Dadurch wurde die technische Voraussetzung geschaffen, um eine inhaltlich differenzierte und individualisierte Abrechnung von Rundfunkdiensten zu ermöglichen. Rechtlich und ökonomisch höchst bedeutungsvoll ist dabei vor allem, dass Senderechte gegenständlich aufspaltbare Nutzungsrechte sind, die sowohl zeitliche als auch räumliche sowie quantitative Beschränkungen ermöglichen,[86] so dass aus urheberrechtlicher Sicht die Verwertungskaskade[87] von Programminhalten um neue Lizenzstufen bereichert wird.[88] Erst durch die Verschlüsselung der Programminhalte und die damit ermöglichte Zugangskontrolle kann der Rechteinhaber seine Programmrechte etappenweise auswerten und sein durch das Urheberrecht vermittelte Ausschließlichkeitsrecht in einer Weise ausüben, dass er durch den Einsatz dieser Zugangstechniken praktisch in die Lage versetzt wird, über die Art, den Umfang und die Bedingungen der Nutzung seiner Rechte zu bestimmen.[89] In Ausübung dieses Herschaftsrechts über die Nutzung des eigenen Programms kann der Veranstalter bzw. Rechteinhaber beispielsweise der

---

85 Vgl. *Ory* ZUM 2007, 7 f.; Bauer/v. Einem Handy-TV-Lizenzierung von Urheberrechten unter Berücksichtigung des „2. Korbs" MMR 2007, S. 699.

86 *Schricker/Schricker* Urheberrecht, Vor §§ 28 ff. Rn. 53.

87 Klassische Verwertungskaskade: Kinoauswertung, Kauf-Video/DVD, Verleih-Video/DVD, Video-on-Demand über Internet oder Kabel, Premium-Pay-TV als kostenpflichtiges Premierenfernsehen, Pay-TV als Pay-per-View und Pay-per-Channel, sowie Free-TV mit Erstausstrahlung, Zweitausstrahlung und unbegrenzten Wiederholungen, vgl. *Kreile* in Hdb. Medienrecht – Recht der elektronischen Massenmedien, 2007, 370 sowie *Eggers* Filmfinanzierung, S. 50.

88 Im Rahmen der digitalen Rundfunkverbreitung schaffen Zugangsberechtigungssysteme die technischen Voraussetzungen, dass neben der klassischen Form des werbefinanzierten Rundfunks neuartige Angebotsformen entwickelt werden können, die durch direkte Abrechnung mit den Rezipienten finanziert werden. Zu diesen Angebotsformen zählen beispielsweise Pay-per-view, Near-video-on-demand, Video-on-demand, Pay-per-channel, Pay-per-time. Gerade im Hinblick auf die jugendschutzrechtlichen Anforderungen des § 4 JMStV ermöglichen es Verschlüsselungssysteme im Zusammenspiel mit geeigneten Altersverifikationssystemen, geschlossene Benutzergruppen aufzubauen, der jugendgefährdende Inhalte zugeleitet werden dürfen, die ansonsten im frei empfangbaren Rundfunk nicht verbreitet werden dürften.

89 Vgl. *Kreile* in Dörr/Kreile/Cole, Hdb. Medienrecht S. 347.

Pay-TV-Auswertung einen zeitlichen Vorsprung vor der Free-TV-Auswertung einräumen, Sendereichweiten bestimmen und eine territoriale Abgrenzung des Lizenzgebietes vornehmen.[90] Um insbesondere bei der satellitären Programmverbreitung die exklusive Lizenzauswertung im Nachbarland nicht zu beeinträchtigen (z.B. bei großen Sportereignissen wie Fußball WM), was wegen der weitreichenden Ausleuchtzone der Satellitensignale jedoch regelmäßig der Fall ist, verlangen die Lizenzgeber im Fall der digitalen Programmverbreitung eine Verschlüsselung, um der territorialen Beschränkung des Nutzungsrechts gerecht zu werden.[91]

Zugangsberechtigungssysteme gestatten den Zugriff auf Programminhalte nur den berechtigten Nutzern, die ihre Nutzungsberechtigung bzw. Authorisierung mittels der auf einer Smart Card gespeicherten Daten nachweisen können. Das Kernstück eines Zugangsberechtigungssystems ist eine Codierungs-Software. Sie dient einerseits der Verschlüsselung von Programmsignalen beim Sendevorgang und andererseits ermöglicht sie empfängerseitig die Entschlüsselung dieser Signale. Bei funktionaler Betrachtung besteht ein Zugangsberechtigungssystem aus einer Vielzahl unterschiedlicher Komponenten. Hierzu zählen senderseitig das Subscriber Authorisation System (SAS), eine Software, deren zentraler Bestandteil das Verschlüsselungssystem bzw. Conditional Access System zur Generierung von Zugangsberechtigungscodes (EMM und ECM) ist,[92] und der Scrambler, der die Programmsignale mit Hilfe des standardisierten Common Scrambling Verfahrens verwürfelt. Auf Seiten des Empfängers muss ein digitales Fernsehempfangsgerät bzw. eine Set-Top-Box mit einem Verschlüsselungssystem und einem Descrambler, welcher auf den Common Scrambling-Algorhitmus zurückgreift, sowie eine Smart Card vorhanden sein. Nicht unmittelbar zum Zugangsberechtigungssystem gehört das externe System der Kundenverwaltung (SMS – Subscriber Management System), das jedoch insofern von Bedeutung ist, als es die kundenspezifischen Daten verwaltet, auf deren Grundlage für jeden Kunden eine individuelle Zugangsberechtigung (EMM) generiert wird. Diese sehr unterschiedlichen Komponenten müssen zusammenwirken, um ein funktionierendes System der Zugangskontrolle zu bilden, über das der Vertrieb von Pay-TV Programmen ermöglicht wird.[93]

46

Sobald ein Kunde einen Nutzungsvertrag hinsichtlich des Empfangs verschlüsselter Programminhalte abgeschlossen hat, wird seine Smart Card für das betreffende Programm durch die Generierung einer entsprechenden EMM freigeschaltet. Hierzu wird zumeist über ein Call Center, in welchem die Mitarbeiter die Kundenwünsche entgegennehmen und bearbeiten, dem SAS sowohl die Kartennummer als auch der individuelle Programmwunsch zugeleitet, was technisch eine Anbindung des SMS an das SAS voraussetzt. Im SAS wird für jeden Kunden ein gesonderter Zugangsberechtigungscode generiert, um dessen Zugangsberechtigung im nachgelagerten Empfangsvorgang überprüfen zu können. Hierzu wird eine kundenspezifische Autorisierungsinformation (sog. EMM – Entitlement Management Message) generiert. Am Ort der Programmverbreitung (Satelliten-Uplink oder Kabelkopfstation) wird zum anderen mittels eines ECM-Generators eine programmspezifische Autorisierungsinformation erzeugt

47

---

90 Vgl. *Mailänder* ZUM 2002, 706.
91 Vgl. *Diesbach* ZUM 2002, 680 ff.; *Janik/Kühling* Beck'scher TKG Kommentar, § 50 Rn. 7. Bspw. verschlüsselt der österreichische Sender ORF seine satellitären Programmsignale, um beim Rechteeinkauf eine Kostenreduktion durch eine Begrenzung für das Österreichische Staatsgebiet vornehmen zu können. Anderenfalls könnten die Sendelizenzen nicht territorial begrenzt, sondern nur für die gesamte deutsche Sprachzone (Deutschland, Österreich, Schweiz, Norditalien) erworben werden.
92 Vgl. *Enßlin* Kontrahierungszwang für Anbieter von Dienstleistungen für das digitale Fernsehen, S. 35.
93 Vgl. *Janik/Kühling* Beck'scher TKG Kommentar, § 50 Rn. 18 ff.; *Dörr/Janik/Zorn* Der Zugang zu den Kabelnetzen und die Regelungen des europäischen Rechts, S. 24 ff.; *Schütz* Kommunikationsrecht, Rn. 484 ff.

(sog. ECM – Entitlement Control Message), in welcher das Kontrollwort zur Entschlüsselung des Common Scrambling Algorithmus enthalten ist. EMMs und ECMs bilden das eigentliche Schloss des Zugangsberechtigungssystems und werden intervallartig von neuem generiert. Sie werden mit einem speziellen Conditional Access System[94] verschlüsselt, mit entsprechenden Identifizierungsdaten (PSI – Programme Specific Information) gekennzeichnet, die sie im Rahmen des weiteren Verarbeitungsprozesses als Zugangsberechtigungscodes erkennbar machen, und schließlich zur weiteren Signalaufbereitung dem Multiplexer zugeführt. Die eigentlichen Programmsignale werden nicht gesondert verschlüsselt, sondern durch den Scrambler mit einem allgemeinen standardisierten Kodieralgorithmus (Common Scrambling) derart verwürfelt, dass die Wiederherstellung des ursprünglichen Programmsignals nur durch einen im Empfangsgerät vorhandenen Descrambler ermöglicht wird. Der Descrambler kann jedoch nur dann das verwürfelte Programmsignal entschlüsseln, wenn diesem zuvor das von den ECMs transportierte Kontrollwort zugeleitet wurde. Die verwürfelten Programmsignale und die ihnen zugewiesenen spezifischen Programminformationen (PSI-Daten) werden mit Hilfe des Multiplexers zusammen mit den individuellen Zugangsberechtigungscodes in einen einheitlichen Transportstrom verpackt und sodann versendet. Die Zuschauer erhalten diese gebündelten Programmsignale über Satellit oder Kabel in ihre Wohnungen geliefert und empfangen die verschlüsselten Programminhalte mittels Decodern bzw. Set-Top-Boxen. Diese Empfangsgeräte verfügen über einen Schacht, in welchen der Kunde seinen „Schlüssel", die Smart Card, welche in der Regel Scheckkartenformat hat und auf der Daten zur Kundenidentifikation in einem Chip gespeichert sind, einführt. Die zusammen mit den Programmsignalen versendeten Zugangsberechtigungscodes werden entschlüsselt und kontinuierlich mit den auf der Smart Card gespeicherten Daten abgeglichen. Verläuft diese Autorisierungsprüfung positiv, wird dem Descrambler das Kontrollwort zugeleitet, das zuvor vom Scrambler generiert wurde und zusammen mit den ECM-Daten in dem Transportstrom enthalten ist. Im Descrambler werden dann diejenigen Programmsignale entschlüsselt, für die mittels der EMM eine entsprechende Nutzungsberechtigung nachgewiesen wurde. Der Descrambler setzt die im Common Scrambling-Algorhitmus verwürfelten Programmsignale mittels des Kontrollwortes wieder zusammen, und die nachgelagerte Decodereinheit konvertiert das digitale Programm in analoge Bildsignale, die durch angeschlossene herkömmliche Fernsehgeräte dargestellt werden können.

48 Der Empfang verschlüsselter Pay-TV Programme setzt folglich nicht nur den Abschluss eines entsprechenden Nutzungsvertrages, sondern auch ein hierfür geeignetes Empfangsgerät voraus, das über das entsprechende Verschlüsselungssystem verfügt. Das Empfangsgerät muss jedoch nicht zwingend ein Zugangsberechtigungssystem fest integriert haben (so genanntes „embedded CA"), sondern kann auch verschiedene CA-Systeme verwenden, sofern das Empfangsgerät über eine Common Interface-Schnittstelle verfügt, die das Einsetzen von CA-Systemen in Modulform ermöglicht.

1.2 Regulierung von Zugangsberechtigungssystemen

49 Da Zugangsberechtigungssysteme ein technisch ausgereiftes, aber deshalb umso gravierenderes Hindernis für den Empfang von Programminhalten darstellen und deshalb für die Verwendung durch die Rundfunkveranstalter von großer Bedeutung sind, unterliegen die Funktionsweisen und die Verwendung dieser Systeme nicht nur einer telekommunikationsrechtlichen, sondern auch einer rundfunkrechtlichen Regulierung. Nach § 53 Abs. 1 Nr. 1 RStV dürfen

---

94 In Deutschland wird nach Ablösung des alten „d-box Systems" Betacrypt überwiegend das System Nagra verwendet. Im europäischen Ausland finden vorwiegend die Conditional Access Systeme von Irdeto, Viaccess, Mediaguard und Cryptoworks Anwendung.

Rundfunkanbieter bei der Verbreitung ihrer Dienste durch die Verwendung von Zugangsberechtigungssystemen weder diskriminiert noch unbillig behindert werden.[95] Die wesentlich weitergehende telekommunikationsrechtliche Regulierung kommt parallel[96] zur Anwendung und ist mit der rundfunkrechtlichen Regelung durch § 50 Abs. 4 TKG und § 53 Abs. 3 und 4 RStV verbunden. Die Regelung des § 50 Abs. 1 TKG dient der Sicherung der Netzhoheit und verpflichtet Anbieter von Zugangsberechtigungssystemen, diese technisch so zu gestalten, dass eine Übergabe der Kontrollfunktionen (EMM und ECM) und damit eine neuerliche Verschlüsselung des Programms (Simulcrypt) möglich ist.[97] Die Bestimmung des § 50 Abs. 2 TKG betrifft hingegen Fragen der Lizenzvergabe und verpflichtet die Inhaber von gewerblichen Schutzrechten an Zugangsberechtigungssystemen, diese Lizenzen allen Dritten, die ein berechtigtes Interesse nachweisen können (z.B. Programmanbietern, Decoderherstellern und Plattformbetreibern), zu chancengleichen, angemessenen und nichtdiskriminierenden Bedingungen einzuräumen.[98] Eine gegenüber § 53 Abs. 1 RStV speziellere Regelung ist in § 50 Abs. 3 Nr. 1 TKG enthalten und verpflichtet Anbieter und Verwender von Zugangsberechtigungssystemen (z.B. Plattformbetreiber), Rundfunkanbietern die Nutzung ihrer Systeme und die hierzu erforderlichen Auskünfte zu chancengleichen, angemessenen und nichtdiskriminierenden Bedingungen anzubieten. Ferner muss Kostentransparenz hergestellt werden und die Entgelte sind gegenüber der Bundesnetzagentur anzuzeigen (§ 50 Abs. 3 Nr. 2-4 TKG).[99] Um die Einhaltung der telekommunikationsrechtlichen und rundfunkrechtlichen Anforderungen überprüfen zu können, sind die Anbieter und Verwender von Zugangsberechtigungssystemen zur Anzeige ihrer Tätigkeit gegenüber der Bundesnetzagentur und der Gemeinsamen Stelle Digitaler Zugang (GSDZ) verpflichtet. Im Rahmen eines abgestimmten Verfahrensablaufs prüfen beide Regulierungsinstanzen in vertrauenensvoller Zusammenarbeit und in engem gemeinsamen Austausch die Einhaltung der jeweiligen regulatorischen Bestimmungen, wobei die Verfahrensleitung bei der Bundesnetzagentur liegt und die GSDZ Informationsrechte und -pflichten inne hat sowie eine eigene medienrechtliche Prüfungskompetenz ausübt.[100] Die Regelung des § 50 TKG verlässt die grundlegende telekommunikationsrechtliche Systematik und nimmt ohne vorherige Feststellung des Bestehens einer beträchtlichen Marktmacht – die zudem gesetzlich nicht definiert ist – hoheitliche Regulierungseingriffe vor. Nach § 50 Abs. 5 TKG und den darin genannten Voraussetzungen besteht die Möglichkeit, die Regulierung gegenüber den betroffenen Marktteilnehmern aufzuheben oder zu ändern, sofern diese nicht (mehr) über beträchtliche Marktmacht verfügen.[101]

50 Überdies wurde die Verwendung des Common Scrambling-Algorithmus zunächst für alle Verschlüsselungsprozesse als maßgeblicher Standard telekommunikationsrechtlich festgelegt, ohne diesen für den Verbreitungsvorgang verpflichtend zu normieren. Doch aufgrund der gesetzlichen Verpflichtung nach § 48 Abs. 3 Nr. 1 TKG müssen alle Decoder bei der Verbreitung

95 Die Regelung des § 53 RStV wurde im Rahmen des RÄStV-10E durch die fast gleich lautende Bestimmung des § 52c ersetzt.
96 *Schütz* Kommunikationsrecht, Rn. 488.
97 Vgl. *Janik/Kühling* Beck'scher TKG Kommentar, § 50 Rn. 38 ff.
98 Vgl. *Janik/Kühling* Beck'scher TKG Kommentar, § 50 Rn. 49 ff.
99 Vgl. *Janik/Kühling* Beck'scher TKG Kommentar, § 50 Rn. 68 ff.
100 Vgl. Eckpunkte für das gemeinsame Verfahren zwischen Bundesnetzagentur und Landesmedienanstalten nach § 49 Abs. 3, § 50 Abs. 4 und § 51 Abs. 3 TKG zur Zugangsoffenheit von Anwendungsprogrammierschnittstellen und Zugangsberechtigungssystemen, Mitteilung Nr. 7/2006, ABl. der BNetzA 1/2006, 36; Verfahrensbeschreibung des Verwaltungsverfahrens zur Prüfung der Anzeige nach § 50 Abs. 3 Nr. 4 TKG gem. § 50 Abs. 4 TKG abrufbar unter www.bundesnetzagentur.de/media/archive/4559.pdf; *Holznagel/Behle/Schumacher* FS Henle.
101 Vgl. *Janik/Kühling* Beck'scher TKG Kommentar, § 50 Rn. 110 ff.

von verschlüsselten digitalen Signalen den einheitlichen europäischen Kodieralgorithmus „Common Scrambling" verwenden,[102] wodurch dieser Standard de facto auch für den Verbreitungsvorgang vorgegeben wurde. Dieser einheitliche Kodieralgorithmus ist Grundbestandteil des DVB-Übertragungsverfahrens und beinhaltet das von einem Industriekonsortium entwickelte „Common Descrambling System" und die „Common Scrambling Technology". Diese Spezifikation ist eine von der Normungsorganisation ETSI genormte „offene" Spezifikation und für jeden Hersteller verfügbar.[103]

51   Beim „Common Scrambling" werden alle Daten entsprechend den Anforderungen der Spezifikation bei dem Verschlüsselungsvorgang verwürfelt (scrambling) und können durch den ebenfalls dieser Spezifikation entsprechenden Decoder wieder in einen einheitlichen Datenstrom zusammengesetzt werden (descrambling). Dadurch werden alle verwürfelten digitalen Programmsignale für die Empfänger erst dann wieder erkennbar, wenn sie von dem Descrambler wieder zusammengesetzt wurden. Die „echte" Verschlüsselung mit Hilfe von Zugangsberechtigungssystemen beruht hingegen auf den vorgenannten individualisierten Autorisierungsdaten (EMM und ECM). Diese Daten werden dem bereits verwürfelten Programmsignal hinzugefügt, und erst nach erfolgreicher Autorisierungsprüfung können die verwürfelten Programmsignale vom Descrambler mittels eines Kontrollwortes, das von der ECM freigegeben wird, wieder zusammengesetzt werden. Die Verwendung des einheitlichen Common Scrambling Systems ermöglicht eine funktionale Trennung von Verwürfelung einerseits und Verschlüsselung andererseits und schafft damit die technische Voraussetzung für die Verwendung verschiedener Verschlüsselungssysteme im Simulcryptverfahren.[104] Aufgrund der jüngsten gesetzlichen Ergänzung des § 48 Abs. 3 Nr. 1 TKG zugunsten der JPTV-Betreiber können bei der verschlüsselten Verbreitung von Rundfunkinhalten über das Internet (IPTV) derzeit proprietäre DRM-Systeme (Digital Rights Management) verwendet werden, die mit Duldung der Bundesnetzagentur von der telekommunikationsrechtlichen Vorgabe abweichen.

2. Digitale Empfangsgeräte

52   Zur Nutzung des digitalen Fernsehens auf herkömmlichen Fernsehgeräten sind immer zusätzlich digitale Empfangsgeräte notwendig. Denn die an den Rezipienten übertragenen digitalen Fernsehsignale können auf herkömmlichen TV-Geräten nicht verarbeitet und dargestellt werden, da diese Endgeräte noch immer auf rein analoger Basis arbeiten[105] und die digitalen Datencontainer folglich nicht in analoge Bilddarstellung umsetzen können. Es gibt also streng genommen noch kein digitales Fernsehen, sondern nur digital nutzbare Übertragungswege. Sofern nicht bereits digitale Endgeräte wie beispielsweise Mobiltelefone genutzt werden, muss der digitale Datenstrom somit in einem letzten Zwischenschritt wieder in ein analoges Bildsignal decodiert werden, um für den Zuschauer auf dem Fernsehbildschirm sichtbar zu werden.

---

102 Vgl. *Janik* Beck'scher TKG Kommentar, § 48 Rn. 26 ff.

103 Das ETSI ist von vier Unternehmen, den Lizenzgebern, mit der Verwaltung der Lizenzvergabe betraut worden. Jedes Unternehmen kann danach die Lizenz bei ETSI beantragen und muss im Rahmen der Antragstellung zunächst Lizenz- und Verwaltungsgebühren bezahlen.

104 Im Simulcryptverfahren werden die Programmsignale verschiedener Anbieter gleichzeitig mit verschiedenen Verschlüsselungssystemen verschlüsselt. Durch dieses Verfahren wird die Möglichkeit geschaffen, mit einem (beliebigen) Decoder, der nur über ein einziges fest integriertes Verschlüsselungssystem verfügt, verschlüsselte Programminhalte von verschiedenen Programmanbietern zu entschlüsseln. Anderenfalls müsste der Zuschauer zum Empfang unterschiedlich verschlüsselter Programminhalte entweder einen jeweils entsprechenden Decoder oder aber einen Decoder mit Common Interface sowie die jeweils benötigten CICA-Module anschließen (Multicryptverfahren).

105 Eine Ausnahme bilden hier moderne Rundfunkempfänger wie Mobiltelefone und PDAs, die bereits eine ausschließlich digitale Bilddarstellung auf den kleinen Bildschirmen ermöglichen.

Hierzu ist ein (zusätzliches) digitales Empfangsgerät notwendig. Wegen der Möglichkeit, den vorhandenen Fernseher zu behalten, sind die Set-Top-Boxen als digitale Zusatzgeräte bisher am weitesten verbreitet. Eine andere digitale Empfangsmöglichkeit besteht darin, dass ein Decoder bereits in das Fernsehgerät fest integriert ist (iDTV).[106] Neben Mobiltelefonen können auch PCs, sofern sie mit einem Modem und TV-Karten ausgestattet sind,[107] als digitale Rundfunkempfangsgeräte dienen, die den zusätzlichen Schritt der Analogisierung der Programmsignale nicht vollziehen müssen, da die Bildverarbeitung und -darstellung bereits vollständig auf digitaler Basis funktioniert.

Im Decoder wird der digitale Datencontainer bzw. Multiplex mit Hilfe des Demultiplexers wieder in seine ursprünglichen Bestandteile, die einzelnen Sendesignale und SI-Daten, zerlegt. Dies wird mit Hilfe der PSI-Daten (Programme Specific Information) ermöglicht, die zuvor beim Multiplexing den einzelnen Bestandteilen des Datencontainers beigefügt wurden und die unterschiedlichen Datenpakete entsprechend ihren Eigenschaften (Video-, Audiosignale, Verschlüsselungsdaten, Systemdaten etc.) kennzeichnen. Mehrere zeitgleich arbeitende PSI-Filter erkennen die Bestandteile des zerlegten Datenstroms und ordnen diese den verschiedenen Ausgangskanälen des Demultiplexers zu. Alle unverschlüsselten Daten können nun decodiert und somit in analoge Signale umgewandelt werden. **53**

Anders verhält es sich aber mit verschlüsselten Datenströmen (z.B. Pay-TV), da diese zuvor mit Hilfe der Smart Card einer Autorisierungsprüfung unterzogen und sodann einem Descrambler zugeführt werden müssen, der die Verwürfelung der Daten wieder rückgängig macht, so dass das Programm wieder vollständig auf dem Bildschirm erscheinen kann. Erst nachdem die verschlüsselten Programmsignale auf diese Weise wieder entschlüsselt wurden, werden sie dem Decodierer zugeleitet, der dann die Umwandlung in analoge Signale vornimmt. **54**

2.1 Anwendungs-Programmierschnittstelle (API)

2.1.1 Funktionsweise

Die Steuerung der einzelnen Hardwarekomponenten (z.B. Demultiplexer, MPEG-Decoder, Descrambler, CICA-Modul,[108] DVD-Laufwerk etc.), die in der Set-Top-Box enthalten und über einen Treiber zugänglich sind, erfolgt über die Betriebssoftware. Zusätzlich muss die Betriebssoftware auch unterschiedliche Arten von Anwendungssoftware (z.B. EPG, Webbrowser etc.) erkennen und diese verschiedenen Anwendungen zeitgleich durchführen können. Um dies zu ermöglichen, stellt die Betriebssoftware eine Schnittstelle bereit, auf die die einzelnen Anwendungen aufgesetzt werden können. Geschieht dies nicht, entsteht ein Kompatibilitätsproblem, das dazu führt, dass die Betriebssoftware nur solche Hard- und Softwareanwendungen unterstützt, die zuvor auf die eigene Programmierung abgestimmt wurden.[109] In diesem Zusammenhang dienen Anwendungs-Programmierschnittstellen (API) bei der Bedienung von Decodern als Kommunikationsoberflächen und mithin als Eintritts- und Ausgangstor von in- **55**

---

106 IDTV-Geräte sind jedoch derzeit noch sehr teuer und erst seit kurzer Zeit auf dem Markt erhältlich.
107 Vgl. zu den Anschlussarten an der Kundenschnittstelle auch die Erläuterungen von *ARD/ZDF/VPRT* Technische und betriebliche Anforderungen an ein neues Breitband-Kabelverteilsystem in Deutschland, S. 4, abrufbar unter www.vprt.de/db/positionen/referenzmodell_endfassung200601.pdf.
108 CICA-Modul = Common Interface Conditional Access Modul.
109 Ein solches Kompatibilitätsproblem liegt bei der d-box vor, da deren Betriebssoftware keine Schnittstelle enthält, mit der der EPG der ARD gelesen und entsprechend dargestellt werden kann. Die Betriebssoftware der d-box wurde in der Vergangenheit nicht offengelegt, sondern nur Hersteller mit einer entsprechenden Lizenz waren berechtigt, ihre Set-Top-Boxen mit dieser Betriebssoftware auszustatten. Dadurch konnte mit der d-box ein proprietäres System geschaffen werden.

teraktiven Anwendungen, die von digitalen Decodern dargestellt werden können. Das API bestimmt, wie eine in dem Decoder ankommende Information oder Anwendung von der Middleware verstanden und umgesetzt werden kann, so dass der Decoder diese Anwendung mittels des Betriebssystems und der entsprechenden Hardware verarbeiten und letztlich auf dem Fernsehgerät zur Darstellung bringen kann. Ein API ist daher ein wesentlicher Bestandteil einer Middleware und stellt das Bindeglied zwischen einer beliebigen Anwendung und den spezifischen Funktionsweisen des Decoders dar, die die Anwendung umsetzen sollen.[110] Dem API kommt somit in erster Linie eine Vermittlungsfunktion für erweiterte oder interaktive Dienste zu. Hingegen ist für die bloße Wiedergabe von gegebenenfalls verschlüsselten digitalen Rundfunksignalen ein einfacher Decoder ohne Anwendungsprogrammierschnittstelle (sog. zapping-box) ausreichend.[111] Programmanbieter oder Plattformbetreiber entwickeln in der Regel bestimmte Anwendungen (z.B. Elektronische Programmführer, abrufbare Zusatzinformationen, Spiele) zur Verarbeitung durch ein API einer bestimmten Middleware (z.B. Open TV), was zur Folge hat, dass das API einer anderen Middleware (z.B. Liberate) die in der Anwendung enthaltenen Informationen nicht umsetzen kann, so dass die Anwendung auf dieser Set-Top-Box letztlich nicht zur Darstellung gelangt[112] oder es sogar zu einem Systemversagen der Set-Top-Boxen kommt.[113] Dieses Kompatibilitätsproblem kann grundsätzlich auf verschiedene Arten gelöst werden. Einerseits besteht die Möglichkeit des sogenannten re-authoring, andererseits kann durch die Normierung eines einzigen API das Ziel der Interoperabilität aller Endgeräte sichergestellt werden. Im Fall des re-authoring wird eine Anwendung jeweils an die verschiedenen APIs angepasst, die von den Betreibern der Übertragungsplattformen (Satellit, Kabel, Terrestrik) eingesetzt werden, bzw. in den Decodern vorhanden sind. Dies erfordert grundsätzlich einen erhöhten Aufwand an Programmierungsarbeit.

56   Im Gegensatz hierzu kann Interoperabilität grundsätzlich auch mittels einer Standardisierung der APIs in allen Empfangsgeräten hergestellt werden. Die Festlegung auf einen europäisch genormten API-Standard – beispielsweise MHP[114] – beseitigt jedoch nicht alle Kompatibilitätsprobleme, da die Notwendigkeit eines – wenngleich reduzierten – re-authoring bestehen

---

110 Teilweise wird der Begriff API wegen seiner Vermittlungsfunktion auch mit der Middleware gleichgesetzt, wenngleich diese oftmals eine umfangreiche Software mit verschiedenen Präsentationsprogrammen (z.B. HTML-Browser) enthält. Vgl. Commission staff working paper on the interoperability of digital interactive television services, SEC (2004) 346, S. 14.

111 Grundsätzlich wird zwischen folgenden Decodertypen unterschieden: 1) Zapping-Boxen (ohne API), 2) Decoder mit API für erweiterte Zusatzdienste (z.B. HTML Funktionalität), 3) Decoder für interaktive Anwendungen, die über echte Rückkanalfähigkeit verfügen.

112 Anwendungs-Programmierschnittstellen (API) ermöglichen die Verbindung verschiedener Software-Anwendungen mit den unterschiedlichen Hardware-Komponenten eines Decoders, so dass die Funktionsfähigkeit dieser Anwendungen sichergestellt werden kann. APIs werden in diesem Zusammenhang oftmals als „execution engines" bezeichnet. Hiervon begrifflich zu unterscheiden sind sogenannte „presentation engines" (z.B. HTML-Browser), die die nachfolgende Darstellung der Anwendungen auf dem Fernseh-Bildschirm ermöglichen. Vgl. hierzu CENELEC, Standardisation in digital interactive television, S. 17.

113 Im Europäischen Markt werden von der Decoderindustrie derzeit verschiedene Middlewares verwendet: u.a. Open TV, MediaHighway, MHEG5, BetaNova, Liberate, MSTV und vereinzelt auch MHP.

114 Bislang wurden von der ETSI verschiedene MHP Versionen genormt, die durch einen unterschiedlich hohen Interaktivitätsgrad gekennzeichnet sind: MHP 1.0 (ETSI TS 101 812) sowie deren nachgebesserte Versionen MHP 1.0.1 und MHP 1.0.2; MHP 1.1 (ETSI TS 102 812) mit einer DVB-HTML Funktionalität zur Darstellung von HTML basierten Inhalten, die die Integration von typischen Inhalten aus dem Bereich des Internets ermöglicht.

bleibt. Denn bei der Implementierung eines API in eine Set-Top-Box treten herstellerspezifische Abweichungen auf, die nur durch ein entsprechendes re-authoring vollständig beseitigt werden können.[115]

2.1.2 Regulierung

Die Europäische Kommission hat gem. Art. 17 RL 2002/21/EG (Rahmenrichtlinie) die Möglichkeit, APIs zu normieren. Die Kommission hat hierbei von dem dort vorgesehenen Verfahren Gebrauch gemacht und am 31.12.2002 eine Liste von Standards bzw. Spezifikationen im Amtsblatt der Europäischen Union veröffentlicht, um die Mitgliedstaaten hierdurch zu ermutigen, Interoperabilität zu unterstützen. Die Kommission muss danach gem. Art. 18 Abs. 3 Rahmenrichtlinie im Rahmen eines Überprüfungsverfahrens feststellen, in welchem Maß Interoperabilität in den einzelnen Mitgliedstaaten hergestellt werden konnte und ob eine verbindliche Normung durch den europäischen Gesetzgeber notwendig und angemessen ist, um das Regulierungsziel der Verbreitung digitaler interaktiver Rundfunkdienste mittels Interoperabilität zu erreichen. **57**

Im deutschen Recht unterliegen APIs der telekommunikationsrechtlichen Regulierung nach § 48 Abs. 2 Nr. 2 TKG, wonach grundsätzlich offene Schnittstellenspezifikationen verwendet werden müssen, sei es, dass diese Spezifikationen zuvor auf europäischer Ebene genormt wurden, oder sei es, dass sich derartige offene Standards als marktüblich durchgesetzt haben. Ferner wird die Offenheit der Schnittstelle dadurch sichergestellt, dass die Inhaber von gewerblichen Schutzrechten an Programmierschnittstellen nach § 49 Abs. 2 TKG in nichtdiskriminierender Weise alle Informationen Dritten zugänglich machen müssen, die diese benötigen, um entsprechende Dienste voll funktionsfähig anzubieten, die auf diese Programmierschnittstelle aufbauen. **58**

Überdies werden APIs auch der rundfunkrechtlichen Regulierung nach § 53 Abs. 1 Nr. 2 RStV unterworfen, der die Verwender dazu verpflichtet, durch diese Schnittstellen keine Behinderung oder Diskriminierung von Programmanbietern zu bewirken.[116] **59**

Diese parallele Regulierung von APIs durch §§ 48, 49 TKG einerseits und § 53 RStV andererseits ist mit dem verfassungsrechtlichen Verbot der Doppelregulierung[117] schwerlich in Einklang zu bringen. Gemäß dem verfassungsrechtlichen Grundsatz aus Art. 31 GG, dass Bundesrecht Landesrecht bricht, ist davon auszugehen, dass die im übrigen auch speziellere telekommunikationsrechtliche Regelung die rundfunkrechtliche Regelung in einer Weise verdrängt, dass letztere nichtig ist,[118] soweit sie von §§ 48 Abs. 2 Nr. 2, 49 Abs. 2 TKG abweicht. Verfahrensrechtlich prüfen sowohl die Bundesnetzagentur als auch die Landesmedienanstalten durch die GSDZ die Einhaltung der telekommunikationsrechtlichen und rundfunkrechtlichen **60**

---

115 Zu diesen Kompatibilitätsproblemen kommt es zum einen dadurch, dass das gleiche standardisierte API abhängig von der Verbreitungsinfrastruktur (Satellit, Kabel, Terrestrik), in der das Endgerät eingesetzt werden soll, in unterschiedlicher Form in die Set-Top-Boxen implementiert werden muss. Zum anderen definiert beispielsweise der MHP-Standard bestimmte Kernfunktionen, die aber von dem Verwender entsprechend erweitert werden können, um den individuellen Anforderungen der Gerätehersteller oder denen der Programmanbieter gerecht zu werden. Aufgrund dieser Abweichungen müssen die Anwendungen von den Inhalteanbietern in der Regel an jede spezifische Hardware-Umgebung bzw. für die Decoder der unterschiedlichen Hersteller individuell angepasst werden, weshalb trotz reduziertem Umfang ein re-authoring unerlässlich bleibt.
116 Die Regelung des § 53 RStV wurde im Rahmen des RÄStV-10E durch die in Bezug auf API unveränderte Bestimmung des § 52c ersetzt.
117 *BVerfGE* 36, 193, 202 f.; 61, 149, 204; 67, 299, 321.
118 Vgl. *Jarass/Pieroth* Art. 31 GG Rn. 5

Bestimmungen innerhalb eines zwishen diesen Reulierungsbehörden abgestimmten Verfahrens.[119]

61 Im Übrigen ist zu beachten, dass die Regelungen der §§ 48, 49 TKG und 53 RStV nur dann zur Anwendung kommen, „soweit" Decoder derartige Programmierschnittstellen bereithalten. Handelt es sich indes um reine zapping-boxen, d.h. Decoder ohne APIs, kommen diese Bestimmungen nicht zur Anwendung.[120]

2.2 Common Interface

62 Decoder können mit Common Interface Schnittstellen („CI") ausgestattet werden, um Interoperabilität beim Einsatz verschiedener Verschlüsselungssysteme zu gewährleisten. Soll ein Decoder dementsprechend in die Lage versetzt werden, unterschiedlich verschlüsselte Dienste zu empfangen, muss das Empfangsgerät multicryptfähig werden, d.h. durch die parallele oder alternative Verwendung verschiedener Verschlüsselungssysteme in der Lage sein, die jeweiligen unterschiedlich verschlüsselten Programmsignale zu entschlüsseln. Hierzu ist es notwendig, dass der Decoder mit einer Schnittstelle für den Einsatz von sogenannten Conditional Access Modulen ausgestattet ist. Diese sogenannten CA-Module sind mit PCMCIA Karten vergleichbar, die bei Computern eingesetzt werden, und verfügen über ein System zur Entschlüsselung des jeweiligen Zugangsberechtigungssystems und über eine zusätzliche Vorrichtung zum Einführen der individuellen Smart-Card, der Kundenkarte des Zuschauers, die der Abgleichung der Zugangskontrollnachrichten zum Zweck der Autorisierung dient. Je nachdem, mit welchem Verschlüsselungssystem das vom Rezipienten gewünschte Programm verschlüsselt wurde, muss dieser ein entsprechendes CA-Modul in die schachtartige Schnittstelle – das sogenannte Common Interface („CI") – einsetzen und zusätzlich seine Empfangsberechtigung mit der Smart-Card, die er von dem jeweiligen Programmanbieter erhält, nachweisen.[121]

63 Die Common Interface Schnittstelle wurde ebenfalls normiert und gehört zu den Standards, die von der Europäischen Kommission nach Art. 17 Abs. 1 RRL im Amtsblatt der Europäischen Union veröffentlicht wurden.[122] Decoder müssen jedoch nach § 48 Abs. 2 Nr. 1 TKG nicht zwingend mit einem CI ausgestattet sein. Damit hat der Gesetzgeber eine Systemfestlegung vermieden[123] und die faktische Marktsituation berücksichtigt, da derzeit fast ausschließlich Decoder mit nur einem fest eingebauten Verschlüsselungssystem („embedded CA") entwickelt werden. Die Möglichkeit, unterschiedliche Decoder an das Fernsehgerät anzuschließen, wird jedoch bereits durch die in § 48 Abs. 1 TKG erfolgte verbindliche Normierung der SCART-Buchse als Schnittstelle für die entsprechenden Verbindungskabel, sichergestellt. Dennoch: Gegenüber dem Anschluss eines zweiten Decoders stellt die integrierte CI-Schnittstelle eine komfortable Lösung dar, Interoperabilität beim Einsatz verschiedener Verschlüsselungssysteme sicherzustellen.

---

119 Vgl. Eckpunkte für das gemeinsame Verfahren zwischen Bundesnetzagentur und Landesmedienanstalten nach §§ 49 Abs. 3, 50 Abs. 4 und 51 Abs. 3 TKG zur Zugangsoffenheit von Anwendungsprogrammierschnittstellen und Zugangsberechtigungssystemen, Mitteilung Nr. 7/2006, ABl. der BNetzA 1/2006, 36; Verfahrensbeschreibung des Verwaltungsverfahrens zur Prüfung der Anzeige nach § 50 Abs. 3 Nr. 4 TKG gem. § 50 Abs. 4 TKG, abrufbar unter www.bundesnetzagentur.de/media/archive/4560.pdf; *Holznagel/Behle/Schumacher* FS Henle, 2007.
120 Vgl. *Janik* Beck'scher TKG Kommentar, § 48 Rn. 24; *Schütz* Kommunikationsrecht, Rn. 494.
121 Vgl. hierzu *Dörr/Janik/Zorn* Der Zugang zu den Kabelnetzen und die Regelungen des europäischen Rechts, S. 41.
122 Standard CENELEC EN 50211 und CENELEC R206-001.
123 Vgl. *Janik* Beck'scher TKG Kommentar, § 48 Rn. 14; *Schütz* Kommunikationsrecht, Rn. 492

3. Navigator und Electronic Programme Guide (EPG)

3.1 Funktionsweise

Durch die Digitalisierung der Poduktions- und Übertragungstechnik entstehen günstige Vor- **64**
aussetzungen für die Entstehung und Verbreitung einer großen Programmvielfalt. Ein wesentliches Kennzeichen der Digitalisierung ist daher die Vervielfachung des nutzbaren Programmangebots, das in Zukunft neben Rundfunkprogrammen und Telemedien auch eine Fülle multimedialer Anwendungen und Dienste enthalten wird. Damit der Zuschauer die Möglichkeit
hat, sich in der Informations- und Angebotsflut zu orientieren bzw. die gewünschten Inhalte
schnell auszuwählen und anzusteuern, benötigt er eine Navigationshilfe. Navigationssysteme
sind aus der Sicht der Rezipienten somit entscheidend für die spätere Programmauswahl und
-nutzung.[124] Abhängig von der Zugriffsebene gibt es deshalb allgemeine und spezielle Navi-
gationshilfen. Eine allgemeine Navigationshilfe bietet der Basis-Navigator, der von Seiten des
Herstellers in die Set-Top-Box installiert wird oder als allgemeine Programmliste[125] von Plattformanbietern verbreitet wird. Der Basis-Navigator bildet die oberste Benutzeroberfläche, d.h.
die allgemeinste Form des übergeordneten Programmzugriffs, die der Decoder bereitstellt. Er
liest meit die standardisierten Service-Informationen (SI-Daten)[126] oder die ausgesendeten
Programmlisten, und eröffnet den Rezipienten Zugang zu allen empfangbaren Serviceangebo-
ten und Programmen.[127] Diese SI-Daten beinhalten beispielsweise die Art und den Namen des
Programms, Inhaltsbeschreibungen und Startzeiten der (auch nachfolgenden) Sendungen. Auf
der Ebene der Programmpräsentation erscheinen alle empfangbaren Programminhalte sowie
meist anbieterspezifische Programmführer, sogenannte Electronic Programme Guides
(„EPG").[128] Erst mit dem nächsten Schritt wechselt der Empfänger die Zugriffsebene und
wählt entweder direkt ein Programmangebot oder als neue Benutzeroberfläche einen EPG aus.
Der EPG ist ein spezielles Navigationsprogramm, das mehr als eine bloße Listung der vorhandenen Programmangebote vornimmt und den Zuschauern helfen soll, sich einen Überblick
über das gesamte Programmangebot zu verschaffen und sodann zielgerichtet das Wunschpro-
gramm einzuschalten. Die unterschiedlichen EPGs können verschiedene Servicefunktionen
enthalten und unterscheiden sich stark in Art und Umfang der Programminformation. Denn es
gibt zum einen die EPGs, die von den Programmanbietern speziell für ihre eigenen Bouquets
konzipiert werden und folglich nur die eigenen Programme (vollständig) berücksichtigen.
Diese EPGs können so programmiert sein, dass sie auch zusätzliche interaktive Multimediaanwendungen (z.B. Video-Streams) und Serviceleistungen beinhalten, die von Seiten des Programmanbieters den Bouquets hinzugefügt wurden, um (ausschließlich) das eigene Angebot
möglichst attraktiv zu präsentieren. Zum anderen kann der Zuschauer aber auch auf pro-
grammübergreifende (neutrale) EPGs zurückgreifen, die wie eine elektronische Programm-
zeitschrift eine vollständige Programmdarstellung ermöglichen.[129]

---

124 Vgl. *Schössler* Die Digitalisierung von Fernsehprogrammen, 2001, 18; *Weiss/Wood* MMR 1998,
239.
125 Programmlisten werden technisch auch als LCN bezeichnet (Logical Channel Numbering).
126 Damit diese SI-Daten vom Navigator gelesen werden können, müssen sie einheitlich programmiert
werden, wofür ein entspr. DVB-Standard entwickelt wurde: DVB-SI (DVB Service Information),
EN 300468: Dienste-Informationssystem zur Selbstkonfiguration der Empfänger und zur Information über Programme.
127 Vgl. *Wagner* MMR 1998, 243.
128 Vgl. *König* Die Einführung des digitalen Fernsehens, S. 42.
129 So liegt es im Interesse der Kabelnetzbetreiber, nicht nur die bouquetbezogenen EPGs der einzelnen
Sender, sondern umfassenden Zuschauer-Service zu bieten, der sämtliche Programme und interaktive Angebote umfasst, vgl. Meldung v. 30.5.2001, abrufbar unter www.set-top-box.de/news.

65 Über EPGs können z.B. Fernsehfilme über Suchbegriffe aufgefunden oder nach Genres geordnet und mit Lesezeichen vorgemerkt werden, ferner können Merchandising-Artikel angeboten, Programmempfehlungen ausgesprochen und eine individuelle Programmvorauswahl programmiert werden. Zusätzlich können die Nutzungsprofile der Zuschauer gespeichert und dadurch die Programmpräferenzen bestimmt werden, um ihnen diese immer als erstes anzubieten. Der wesentliche Unterschied der EPGs zu dem Basisnavigator besteht somit in dem größeren programmbezogenen Angebotsspektrum, das weitergehende Informationen zu Sendungen, Bilder und Videoclips, verlinkte Hintergrundinformationen sowie Zugriff auf Applikationen wie z.B. Teleshopping, Kindersicherung etc. enthält. Der EPG kann deshalb gezielt als Marketinginstrument zur Zuschauerbindung eingesetzt werden.[130]

66 Aus technischer Sicht ist der EPG eine Softwareanwendung, die einem Browser vergleichbar ist und passend zu dem API einer Set-Top-Box konfiguriert werden muss, damit der EPG vom Decoder dargestellt werden kann.[131]

3.2 Regulierung

67 Nach § 53 Abs. 1 Nr. 3 RStV unterliegn nicht jegliche Formen der Zugriffssteuerung einer Regulierung, sondern nur der Basisnavigator bzw. ein programmübergreifender EPG sind einer medienrechtlichen Regulierung unterworfen worden.[132] Ein bouqueteigener EPG, der in der Regel nur die Programme eines Bouquets (Programmpaket) darstellt und somit nur einen kleinen Ausschnitt des Gesamtangebots der Programme umfasst, unterliegt hingegen keiner Regulierung. Vielmehr werden nur Anbieter von „übergeordneten Benutzeroberflächen" verpflichtet, diese Steuerungssysteme diskriminierungsfrei auszugestalten, indem allen Rundfunkveranstaltern ein entsprechender Zugang zu diesen Navigationssystemen zu chancengleichen, angemessenen und diskriminierungsfreien Bedingungen angeboten werden müssen.[133] Die Landesmedienanstalten überwachen mit ihrem Hilfsorgan, der Gemeinsamen Stelle Digitaler Zugang, die Einhaltung dieser Grundsätze und achten hierbei vorrangig darauf, dass die zur Erstellung einer Programmreihenfolge verwendeten Differenzierungskriterien stringent und diskriminierungsfrei angewendet werden. Diskriminierungsfreie Darstellung bedeutet hierbei, dass grundsätzlich alle Programme, die in einer Infrastruktur übertragen werden, dargestellt werden bzw. auffindbar sind und in der Art und Weise der Darstellung grundsätzlich gleich behandelt werden. Um angesichts dieses Gleichbehandlungsgebots eine für den jeweiligen Zuschauer sinnvolle Programmliste erstellen zu können, müssen geeignete nachvollziehbare Kriterien zur Programmlistung verwendet werden, welche dann auf alle Programmveranstalter diskrimierungsfrei angewendet werden.[134] So können beispielsweise Programmlisten alphabetisch, nach Zuschauermarktanteil oder nach Genre sortiert erstellt werden. Da die Progerammführung für den Zuschauer eine wichtige Servicefunktion darstellt, sind optische und inhaltliche Differenzierungen, d.h. verschiedene Formen der Ausgestaltung von Navigationssystemen grundsätzlich erlaubt und liegen im Zuschauerinteresse. Bei der Bewertung des Diskriminierungspotenzials eines Navigators ist es überdies von Bedeutung, in wie weit der Zuschauer

---

130 Vgl. hierzu *Hartstein/Ring/Kreile/Dörr/Stettner* Rundfunkstaatsvertrag, § 53 Rn. 8.

131 Vgl. *Wagner* MMR 1998, 243. Dabei können Kompatibilitätsprobleme auftauchen. So kann z.B. das Betriebssystem der d-box den EPG von ARD.digital nicht lesen.

132 Die Regelung des § 53 RStV wurde im Rahmen des RÄStV-10E durch die fast unveränderte Bestimmung des § 52c ersetzt.

133 *Schütz* Kommunikationsrecht, Rn. 502

134 Vgl. hierzu das nach einer Anhörung aller Marktbeteiligten entwickelte Eckpunktepapier der Gemeinsamen Stelle Digitaler Zugang zu Navigatoren v. 20.6.2007, abrufbar unter www.alm.de/fileadmin/forschungsprojekte/GSDZ/Eckpunkte_GSDZ_Navigation_2.7.2007.pdf.

weitere Handlungsoptionen hat, insbesondere zwischen verschiedenen Navigatoren frei auswählen und sich auch eigene Favoritenlisten programmieren kann. Der Wettbewerb zwischen Navigatoren ist hierbei ein regulatorisch gewünschtes Ziel,[135] das damit auch die Unterschiedlichkeit der Ausgestaltung von Programmlisten und –darstellungen voraussetzt und grundsätzlich auch Programmbewertungen, die im Printbereich ein wesentliches Kaufargument für Programmzeitschriften darstellen, zulässt. Zur Ermöglichung einer zeitnahen Missbrachskontrolle unterliegen Navigatoren gem. § 53 Abs. 2 einer Anzeige- und Auskunftpflicht gegenüber den zuständigen Landesmedienanstalten, die entsprechende Verstöße nach § 49 RStV als Ordnungswidrigkeit ahnden können.[136] Nach erfolgter Anzeige bei der zuständigen Landesmedienanstalt, befasst diese die Gemeinsame Stelle Digitaler Zugang (GSDZ) mit der Prüfung des Navigators. Die Landesmedienanstalt trifft eine abschließende Entscheidung über die Diskriminierungsfreiheit des Navigators in Form eines feststellenden Verwaltungsaktes und übernimmt hierbei in der Regel die Prüfungsergebnisse der GSDZ.

---

135 Vgl. Eckpunktepapier der Gemeinsamen Stelle Digitaler Zugang zu Navigatoren, abrufbar unter www.alm.de/fileadmin/forschungsprojekte/GSDZ/Eckpunkte_GSDZ_Navigation_2.7.2007.pdf.
136 Vgl. hierzu *Hartstein/Ring/Kreile/Dörr/Stettner* Rundfunkstaatsvertrag, § 53 Rn. 19.

6. Abschnitt

Telemedien

Literatur: *Bender/Kahlen* Neues Telemediengesetz verbessert den Rechtsrahmen für Neue Dienste und Schutz vor Spam-Mails, MMR 2006, 590; *Blasi* Das Herkunftslandprinzip der Fernseh- und der E-Commerce-Richtlinie, 2004; *Bodewig* Elektronischer Geschäftsverkehr und Unlauterer Wettbewerb, GRUR Int. 2000, 476; *Bornemann* Der Jugendmedienschutz-Staatsvertrag der Länder, NJW 2003, 787; *Brömmelmeyer* Internetwettbewerbsrecht, 2007; *Burkhardt* Wortberichterstattung – Rechtswidrigkeit und Verschulden in Wenzel, Das Recht der Wort- und Bildberichterstattung, 5. Aufl. 2003; *Döring/Günter* Jugendmedienschutz: Alterskontrollierte geschlossene Benutzergruppen im Internet gem. § 4 Abs. 2 S. 2 JMStV, MMR 2004, 231; *Dürr* Der Gegendarstellungsanspruch im Internet, 2000; *Ehret* Internet-Auktionshäuser auf dem haftungsrechtlichen Prüfstand, CR 2003, 754; *Engel-Flechsig/Maennel/Tettenborn* Beck'scher IuKDG-Kommentar 2001 (zit.: Beck IuKDG-Komm/Bearbeiter); *dies.* Das neue Informations- und Kommunikationsdienste-Gesetz, NJW 1997, 2981; *Engels/Jürgens/Fritzsche* Die Entwicklung des Telemedienrechts im Jahr 2006, K&R 2007, 57; *Erdemir* Jugendschutzprogramme und geschlossene Benutzergruppen, CR 2005, 275; *ders.* Der Jugendschutzbeauftragte für Rundfunk und Telemedien, K&R 2006, 500; *Fechner* Medienrecht, 7. Aufl. 2006; *Geppert/Piepenbrock/Schütz/Schuster* Beck'scher TKG-Kommentar, 3. Aufl. 2006 (zit.: Beck TKG-Komm/Bearbeiter); *Gercke* Zugangsprovider im Fadenkreuz der Urheberrechtsinhaber, CR 2006, 210; *Gersdorf* Grundzüge des Rundfunkrechts, 2003; *ders.* Der Rundfunkbegriff – Vom technologieorientierten zum technologieneutralen Verständnis, 2007; *Gola/Schomerus* Bundesdatenschutzgesetz, 8. Aufl. 2005; *Gounalakis* Regulierung von Presse, Rundfunk und elektronischen Diensten in der künftigen Medienordnung, ZUM 2003, 180; *Gounalakis/Rhode* Elektronische Kommunikationsangebote zwischen Telediensten, Mediendiensten und Rundfunk, CR 1998, 487; *Grapentin* Neuer Jugendschutz in den Online-Medien, CR 2003, 458; *Hartstein/Ring/Kreile/Dörr/Stettner* Jugendmedienschutz-Staatsvertrag – RStV Kommentar, Teil II und III, Loseblatt; *Henning-Bodewig* Werbung im Kinospielfilm, GRUR 1996, 321; *Hoeren* Das Telemediengesetz, NJW 2007, 801; *Hoeren/Sieber* Handbuch Multimedia-Recht, Loseblatt (zit.: Bearbeiter in Hoeren/Sieber, Multimedia-Recht); *Hoffmann* Zivilrechtliche Haftung im Internet, MMR 2002, 284; *Hornung* Die Haftung von W-LAN Betreibern, CR 2007, 88; *Jarass/Pieroth* Grundgesetz, 8. Aufl. 2006; *Jürgens* Marktzutrittsregulierung elektronischer Informations- und Kommunikationsdienste, 2005; *Kaestner/Tews* Informations- und Gestaltungspflichten bei Internet-Auktionen, WRP 2004, 391; *dies.* Informations- und Gestaltungspflichten bei Internet-Auktionen – Teil 2, WRP 2004, 509; *Kitz* Das neue Recht der elektronischen Medien in Deutschland – sein Charme, seine Fallstricke, ZUM 2007, 368; *Knöfel* Der Rechtsanwalt als Jugendschutzbeauftragter für Telemedien, MMR 2005, 816; *Köhler/Bornkamm* Wettbewerbsrecht, 25. Aufl. 2007 (zit.: Hefermehl/Köhler/Bornkamm); *Lement* Zur Haftung von Internet-Auktionshäusern, GRUR 2005, 210; *Liesching* Jugendschutz, 4. Aufl. 2004 (zit.: Scholz/Liesching); *Mand* Internationaler Versandhandel mit Arzneimitteln, GRUR Int 2005, 637; *Mankowski* Anforderungen an Anbieterkennzeichnung bei Internetauftritten – Anbieterkennzeichnung im Internet, LMK 2007, 209718; *Mulch* Internet – Konkrete Anforderungen an Informationspflichten der Anbieter, MDR 2007, 309; *Ott* Impressumspflicht für Webseiten, MMR 2007, 354; *Platho* Werbung, nichts als Werbung – und wo bleibt der Trennungsgrundsatz?, ZUM 2000, 46; *Rehbock* Medien- und Presserecht, 2005; *Ring/Gummer* Medienrechtliche Einordnung neuer Angebote über neue Übertragungswege (z.B. IP-TV, Mobil-TV etc.), ZUM 2007, 433; *Ring* Jugendschutz im Spannungsfeld zwischen Selbstregulierung der Medien und staatlicher Medienkontrolle, AfP 2004, 9; *Rosenboom* Das Herkunftslandprinzip im europäischen Dienstleistungsrecht, 2003; *Rossnagel* Recht der Multimedia-Dienste Kommentar zum IuKDG und zum MDStV, Loseblatt 2005 (zit.: Bearbeiter in Rossnagel, Multimedia-Dienste); *Roßnagel/Kleist/Scheuer* Die Reform der Regulierung elektronischer Medien in Europa, 2007; *P. Schmitz/Dierking* Inhalte- und Störerverantwortlichkeit bei Telekommunikations- und Telemediendiensten, CR 2005, 420; *P. Schmitz* Übersicht

Schmittmann

über die Neuregelung des TMG und des RStV, K&R 2007, 135; *Schoch* Konvergenz der Medien – Sollte das Recht harmonisiert werden, JZ 2002, 798; *W. Schulz/Jürgens* Die Regulierung von Inhaltediensten in Zeiten der Konvergenz, 2002; *Sobola/K. Kohl* Haftung von Providern für fremde Inhalte, CR 2005, 443; *Spindler* Das neue Telemediengesetz – Konvergenz in sachten Schritten, CR 2007, 239; *Spindler/P. Schmitz/Geis* TDG, 2004; *Stadler* Proaktive Überwachungspflichten der Betreiber von Diskussionsforen im Internet, K&R 2006, 253; *Stickelbrock* „Impressumspflicht" im Internet – eine kritische Analyse der neueren Rechtsprechung zur Anbieterkennzeichnung nach § 6 TDG, GRUR 2004, 111; *Strömer* Der externe Jugendschutzbeauftragte, K&R 2002, 643; *Tettenborn* E-Commerce-Richtlinie: Politische Einigung in Brüssel erzielt, K&R 2000, 59; *Tettenborn/Bender/Lübben/Karenfort* Rechtsrahmen für den elektronischen Geschäftsverkehr, Beilage 1, K&R 12/2001; *Volkmann* Aktuelle Entwicklungen in der Providerhaftung im Jahr 2006, K&R 2007, 289; *Weiner/Schmelz* Die elektronische Presse und andere neue Kommunikationsformen im neuen rechtlichen Regulierungsrahmen, K&R 2006, 453; *Woitke* Das „Wie" der Anbieterkennzeichnung gemäß § 6 TDG, NJW 2003, 871; *Zscherpe* Anforderungen an die datenschutzrechtliche Einwilligung im Internet MMR 2004, 723.

I. Einleitung*

Telemedien sind eine in der Mediengeschichte noch recht junge Erscheinung. Ihre Anfänge gehen zwar schon zurück auf die Entstehung des Internets und auch der Bildschirmtext der Deutschen Bundespost in den 1980er Jahren kann in ihre Nähe gerückt werden, wirkliche Verbreitung fanden sie jedoch erst nach der Erfindung des World Wide Web im CERN in Genf Anfang der 1990er Jahre. Sind die Telemedien auch nicht auf Dienste des Internet beschränkt, so findet sich dort doch ihre hauptsächliche Verbreitung und der Siegeszug des Internet in der globalen Kommunikation ebnete den Weg für die Telemedien als weiteres Leitmedium der Gesellschaft des 21. Jahrhunderts neben Fernsehen und Printmedien. Gerade die Herausgeber von Printmedien mussten mit ansehen, wie ihre Kernkompetenzen durch die neu hinzugekommenen Informationsangebote aufgegriffen und erweitert wurden. Dabei bringen die Telemedien mit der höheren Aktualität ein Gewicht in den Wettbewerb zu den Printmedien mit ein, das während der Dot.Com-Blase zu Beginn des 21. Jahrhunderts nicht wenige zu der Annahme verleitete, dass die Ära der Zeitungen und Zeitschriften endgültig vorbei sei. Bewahrheitet hat sich diese These nicht, vielmehr nutzen vor allem auch die herkömmlichen Printmedien die Telemedien für erweiterte Informationsangebote, hatten sie doch bereits einen entsprechenden Redaktionsstamm in ihren Reihen, der nun auch die Nachfrage nach elektronischen Angeboten bedienen konnte. Auch haben sich die Vermutungen nicht bestätigt, eine Fernsehnutzung würde durch die und zugunsten der Telemedien zurückgehen. Im Gegenteil deutet sich zur Zeit an, dass das Bewegtbild (meist als Fernsehen zu qualifizieren) über IP-TV innerhalb des festen und mobilen Netzes an Bedeutung gewinnt. **1**

Allerdings beschränken sich die Erscheinungsformen von Telemedien nicht auf aktuelle Informationsdienste. Die Vielfalt der Angebote reicht von Privatpersonen, die ihre letzten Urlaubserlebnisse präsentieren über Webseiten von Unternehmen, die sich und ihre Produktpalette darstellen bis hin zu Video- und Fotoseiten oder gar Enzyklopädien. Dabei hat gerade die Idee des Web 2.0, die eng mit der intensiven Einbindung des Nutzers in das Angebot verknüpft ist, einen neuen Boom bei der Vielfalt der Angebote hervorgerufen. Bei dieser Vielfalt und der schnellen Entwicklung der Materie muss der Gesetzgeber in einem Dilemma leben, zum einen **2**

---

* Herrn Rechtsanwalt Philip Kempermann, LL.M. ist herzlich für die intensive Mitbearbeitung des Stoffes zu danken, der kurz vor Drucklegung durch das neue TMG entscheidende Veränderungen erfahren hat und ohne Herrn Kempermann nicht so aktuell hätte dargestellt werden können.

aktiv werden zu müssen, um einen erforderlichen Rechtsrahmen für die Telemedien zu gewährleisten, andererseits nicht in der Lage zu sein, jederzeit auf der Höhe der Zeit zu sein, um jegliche neue Entwicklung mit zu berücksichtigen. Daher ist es erforderlich, neue Dienste technologieneutral zu erfassen, aber gleichzeitig genug Bestimmtheit vorzuweisen, um die Telemedien von den bereits bekannten Diensten mit einem anderen Regelungsregime abgrenzen zu können. Gerade Letzteres stellt die Anwender immer wieder vor Probleme, die durch die Konvergenz der Medien nicht verkleinert werden.

1. EG-rechtlicher Rahmen

3   Der deutsche Rechtsrahmen für Telemedien unterliegt in weiten Teilen der europäischen Regulierung. Das Telemediengesetz (TMG) vom 26.2.2007[1] – sedes materiae des hiesigen Befassungsgegenstandes – ist in seinem Inhalt zwingende Umsetzung der sog. E-Commerce-Richtlinie (ECRL), der Richtlinie 2000/31/EG des Europäischen Parlaments und des Rates vom 8.6.2000 über bestimmte rechtliche Aspekte der Dienste der Informationsgesellschaft, insbesondere des elektronischen Geschäftsverkehrs, im Binnenmarkt („Richtlinie über den elektronischen Geschäftsverkehr").[2] Diese nimmt wiederum für die Bestimmung ihres sachlichen Anwendungsbereichs auf die „Dienste der Informationsgesellschaft" Rückgriff auf die Richtlinie 98/34/EG des Europäischen Parlaments und des Rates vom 22.6.1998 über ein Informationsverfahren auf dem Gebiet der Normen und technischen Vorschriften[3] in der Fassung der Richtlinie 98/48/EG des Europäischen Parlaments und des Rates v. 20.7.1998 zur Änderung der Richtlinie 98/34/EG über ein Informationsverfahren auf dem Gebiet der Normen und technischen Vorschriften.[4]

2. Verfassungsrechtliche Vorgaben

4   Der verfassungsrechtliche Rahmen für Telemediendienste wird durch verschiedene Faktoren bestimmt: So werden sie zunächst vom verfassungsrechtlichen Rundfunkbegriff nach Art. 5 Abs. 1 S. 2 GG erfasst. Seine Tragweite ist nicht auf die mittlerweile überkommene Vorstellung von Rundfunk als ein auf eine bestimmte Technik (Funk, Kabel, Satellit) angewiesene reduziert, sondern beinhaltet Wandlungen durch technische Neuerungen, die berücksichtigt werden müssen.[5] Zusätzlich haben die Telemedien aber auch Implikationen für das Wirtschaftsleben, die ebenfalls verfassungsrechtlich berücksichtigt werden müssen.

2.1 Grundrechtliche Relevanz

5   Der Rechtsrahmen für Telemediendienste soll daher ausdrücklich auch die wirtschaftlichen Bedingungen für die Betätigung und Nutzung der Dienste regeln. Schon daraus ergibt sich, dass die entsprechenden Grundrechte für die Anwender tangiert werden. Insbesondere Art. 12 GG (Berufsfreiheit) und Art. 14 GG (Eigentumsgarantie) müssen gewahrt werden, aber neben der Rundfunkfreiheit spielen mit der Meinungs- und Pressefreiheit auch die anderen Kommunikationsgrundrechte des Art. 5 Abs. 1 S. 1 GG eine erhebliche Rolle. Nicht zuletzt wird durch die Erhebung und Verwendung von personenbezogenen Daten auch die informationelle Selbst-

---

1 BGBl I, 179.
2 ABlEG L 178 v. 17.7.2000, S. 1-16.
3 ABlEG L 204 v. 21.7.1998, S. 37-48.
4 ABlEG L 217 v. 5.8.1998, S. 18-26.
5 Vgl. *BVerfGE* 74, 297, 350; *Jarass-Pieroth* Art. 5 Rn. 36.

Schmittmann

bestimmung nach Art. 2 Abs. 1 GG i.V.m. Art. 1 GG berührt. Der Rechtsrahmen hat schließlich auch die Informationsfreiheit der Rezipienten gem. Art. 5 Abs. 1 S. 1 GG im Auge zu behalten.

2.2 Gesetzgebungskompetenz von Bund und Ländern

Das Aufkommen der Telemediendienste machte eine schon alte Grundsatzfrage wieder aktuell: wer hat im föderalen System Deutschlands die Gesetzgebungskompetenz für solche Dienste? Diese seit der Einführung des Rundfunks in den 1920er Jahren immer wieder einmal aufgekommene Diskussion wurde zwar auch mit den ersten Gesetzeswerken für die Regelung von Telemediendiensten, dem TDG (Telediensstegesetz) und dem MDStV (Mediendienstestaatsvertrag), im Jahr 1997 nicht abschließend gelöst, aber zumindest hatten Bund und Länder mit inhaltsgleichem Landes- und Bundesrecht einen modus vivendi gefunden. Bund und Länder verständigten sich im Gesetzgebungsprozess darauf, dass der Bund seine Gesetzgebungskompetenz für den Bereich des Wirtschaft nach Art. 74 Abs. 1 Nr. 11 GG das TDG ausübt und die Länder von ihrer allgemeinen Zuständigkeit nach Art. 30, 70 GG durch den MDStV Gebrauch machen.[6] Kernpunkt der Einigung war, dass beide Seiten ihre Regelwerke im Bereich der Überschneidungen wortgleich oder zumindest inhaltsgleich abfassen.[7] Letztlich wurde diese Kompetenzabgrenzung auch bei der Vereinheitlichung der Gesetzeswerke zum TMG aufrecht erhalten, nur dass man sich inzwischen geeinigt hat, keine parallelen Gesetzeswerke mehr zu verfassen, sondern insoweit die Regelungen übersichtlicher zu gestalten als nunmehr die wirtschaftsregulierenden Bestimmungen weitestgehend im TMG zu finden sind und die inhaltsbezogene Regulierung im VI. Abschn. des RStV.

6

II. Historische Entwicklung

Die Regelung der Telemediendienste in Deutschland geht zurück auf die Gründung einer gemeinsamen Arbeitsgruppe des Bundes „Multimedia" im Jahr 1995. Deren Findungen wurden Grundlage für die Arbeiten am IuKDG (Informations- und Kommunikationsdienstegesetz). Das IuKDG war ein Artikelgesetz, dessen wichtigster Teil die Einführung des TDG und des dazugehörigen TDDSG (Teledienstedatenschutzgesetz) war, das aber auch weitere Gesetzeswerke enthielt, die den wirtschaftlichen Aspekten der Telemediendienste einen Rahmen geben sollten. Gleichzeitig erarbeiteten die Länder den MDStV. Die Trennung zwischen Telediensten im TDG und Mediendiensten im MDStV bereitete aber in der Praxis vom ersten Moment an erhebliche Abgrenzungsschwierigkeiten zwischen beiden Dienstearten, die durch die zusätzlich notwendige Abgrenzung zur Telekommunikation und dem Rundfunk noch verschärft wurden. Dennoch wurden diese beiden Kategorien beibehalten, als TDG und MDStV im Jahr 2001 eine grundlegende Überarbeitung erfuhren. Diese war zur Umsetzung der E-Commerce-Richtlinie notwendig geworden. Das Prinzip der wesentlichen Inhaltsgleichheit hielten Bund und Länder bei der Überarbeitung aufrecht.

7

Eine erstmalige Vereinheitlichung der Begriffe Teledienst und Mediendienst zu Telemedien bzw. zu Telemediendiensten fand im Rahmen der Novellierung des Jugendschutzrechtes im Jahr 2003 statt. Damals einigten sich die Länder darauf, die Jugendschutzvorschriften für Rundfunk, Teledienste und Mediendienste im Staatsvertrag über den Schutz der Menschenwürde und den Jugendschutz in Rundfunk und Telemedien (Jugendmedienschutz-Staatsvertrag – JMStV) einheitlich zu regeln. Zu diesem Zweck wurde der Anwendungsbereich des

---

6 Vgl. *Rossnagel* in Roßnagel, Multimedia-Dienste, Einf. Rn. 102, 104.
7 Vgl. *Engel-Flechsig/Maennel/Tettenborn* NJW 1997, 2981, 2982.

JMStV auf alle elektronischen Informations- und Kommunikationsdienste (Rundfunk und Telemedien) festgelegt, § 2 Abs. 1 JMStV. Gleichzeitig wurde in § 3 Abs. 2 Nr. 1 JMStV i.d.F. von 2003 erstmals der Begriff der Telemedien legal definiert als „Teledienste im Sinne des TDG und Mediendienste im Sinne des MDStV, soweit sie nicht Rundfunk im Sinne des RStV sind". Die Definition ist zwischenzeitlich durch „Angebote (Rundfunksendung oder Inhalte von Telemedien)" ersetzt worden.

8 Das zum 1.3.2007 in Kraft getretene TMG und der gleichzeitig in Kraft getretene 9. Rundfunkänderungsstaatsvertrag übernahmen diese Vereinheitlichung der Begriffe der Teledienste und Mediendienste zu Telemedien bzw. Telemediendiensten. Die Länder einigten sich darauf, die zuvor inhaltsgleichen Regelungen von TDG und MDStV einheitlich im TMG zu regeln, soweit sie wirtschaftsbezogen sind. Die inhaltsbezogenen Regelungen finden sich in einem neuen Abschn. VI des Staatsvertrags für Rundfunk und Telemedien (Rundfunkstaatsvertrag, RStV). Daher spricht nun auch das TMG für den Anwendungsbereich des Gesetzes von „elektronischen Informations- und Kommunikationsdiensten", die Telemedien sind, soweit sie nicht der Telekommunikation oder dem Rundfunk zuzuordnen sind, § 1 Abs. 1 TMG. Dabei soll die Qualifizierung einzelner Dienste ausdrücklich auch weiterhin an den Inhalten und nicht an ihrer Verbreitungstechnik oder –art festgemacht werden.[8]

III. Abgrenzung Telemedien ohne und mit journalistisch-redaktionellem Inhalt/Rundfunk/Telekommunikation

9 Der Anwendungsbereich des TMG ist beschränkt auf die elektronischen Informations- und Kommunikationsdienste, die weder Telekommunikationsdienste nach § 3 Nr. 24 Telekommunikationsgesetz (TKG) noch telekommunikationsgestützte Dienste nach § 3 Nr. 25 TKG noch Rundfunk nach § 2 RStV sind, § 1 Abs. 1 TMG. Dies macht eine Abgrenzung zwischen den jeweiligen Diensten erforderlich. Dazu ist eine Negativabgrenzung vorzunehmen, bei der zu prüfen ist, ob ein elektronischer Informations- und Kommunikationsdienst entweder § 3 Nr. 24, 25 TKG oder dem Rundfunk unterfällt. Nur wenn das nicht der Fall ist, liegt ein Telemediendienst vor.

10 Der Gesetzgeber will in diesem Punkt in der Gesetzesbegründung Hilfestellung leisten, indem er einerseits einige Beispiele für solche Dienste gibt, die nicht dem TMG unterfallen und andererseits auch wieder Dienste nennt, die gerade den Anwendungsbereich des Gesetzes prägen.[9] Diese Hilfestellung gelingt allerdings nur bedingt. Sie greift aktuelle Entwicklungen nicht auf und an anderen Stellen ist sie ungenau. So ist die Begründung, warum telekommunikationsgestützte Dienste nach § 3 Nr. 25 TKG nicht unter den Anwendungsbereich des TMG fallen sollen, zweifelhaft, denn wenn es nicht auf die Übertragungsart oder –technik ankommen soll, kann es nicht ausschlaggebend sein, ob es sich bei einem Inhaltsdienst um einen Abruf-, Verteil- oder sonstigen Dienst handelt.[10] Ebenso spricht die Begründung davon, dass Live-Streaming als parallele/zeitgleiche Übertragung herkömmlicher Rundfunkprogramme über das Internet und Webcasting als ausschließliche Übertragung herkömmlicher Rundfunkprogramme über das Internet keine Telemediendienste seien.[11] Unter Betrachtung der bisherigen Angebote der Rundfunkveranstalter, die häufig Teile ihres Programms parallel als Stream im

---

8 BT-Drucks. 16/3078, 11.
9 BT-Drucks. 16/3078, 13.
10 So aber die Gesetzesbegründung, vgl. BT-Drucks. 16/3078, 13; s. dazu auch *Schmitz* K&R 2007, 135, 137.
11 BT-Drucks. 16/3078, 13.

Internet anbieten oder auch des IPTV, wie die Deutsche Telekom es anbietet, ist diese Betrachtung zutreffend. Sie lässt aber aktuelle Entwicklungen wie die zunehmende Wichtigkeit von Angeboten wie YouTube außer Acht.

Dennoch ist die korrekte Abgrenzung der einzelnen Dienste, vor allem der Telemedien vom **11** Rundfunk zwingend notwendig. Dies ist vor allem wichtig, da die Regelung des Rundfunks wesentlich engere und schärfere Vorgaben gibt als die der Telemedien.[12] Ein Rundfunkanbieter muss ein aufwendiges Zulassungsverfahren einschließlich einer spezifischen Medienkonzentrationskontrolle durchlaufen, was Zeit und Geld kostet. Ab der Zulassung unterliegt er ständiger Kontrolle durch die Landesmedienanstalten und ist programminhaltlich entscheidend in seiner Betätigungsfreiheit eingeschränkt, zu denken sei etwa an das 3-Stunden-Limit für Teleshopping im Fernsehen, § 45a Abs. 2 RStV. Als Telemedienanbieter hat er demgegenüber kein Verfahren zu bestreiten, unterliegt nur diensteinhaltlichen Missbrauchskontrollvorschriften wie dem Jugendschutz. Unterstellte man nun sowohl die Telemedien als auch den Rundfunk den gleichen engen Rahmenbedingungen, wäre zu befürchten, dass die Innovationskraft und das Entwicklungspotential abgewürgt würden und so das Wachstum der Medienbranche insgesamt eingeschränkt wird. Dabei sind die Grenzen zwischen Rundfunk und Telemedien fließend und die Abgrenzungsprobleme werden durch die zunehmende Konvergenz der Medien zukünftig eher noch größer.

Da die Abgrenzung der Telemedien von Rundfunk und Telekommunikation nur negativ erfol- **12** gen kann, ist es notwendig, von den Definitionen der Dienste auszugehen, die nicht Telemedien darstellen. Sollte man danach zu dem Schluss kommen, dass der Dienst ein Telemediendienst ist, muss noch beurteilt werden, ob er mit oder ohne journalistisch-redaktionellem Inhalt ist.

1. Definitionen

Eine Legaldefinition der Telemediendienste gibt es nicht. Zwar existierte ursprünglich im **13** JMStV eine Begriffsbestimmung, diese ist jedoch mit Inkrafttreten des TMG weggefallen (s.o. Rn. 7 f.). Daher kann eine Definition des Telemediendienstes nur negativ erfolgen, indem geprüft wird, ob das jeweilige Angebot entweder § 3 Nr. 24, 25 TKG unterfällt oder dem Rundfunk. Nur wenn das nicht der Fall ist, liegt ein Telemediendienst vor.

1.1 Telekommunikationsdienste und telekommunikationsgestützte Dienste

Für die Abgrenzung der Telemediendienste zu den Diensten nach TKG sind nach § 1 Abs. 1 TMG zwei Legaldefinitionen des TKG zu betrachten: § 3 Nr. 24 TKG und § 3 NR. 25 TKG.

1.1.1 Telekommunikationsdienste, § 3 Nr. 24 TKG

Nach der Definition im TKG sind Telekommunikationsdienste in der Regel gegen Entgelt er- **14** brachte Dienste, die ganz oder überwiegend in der Übertragung von Signalen über Telekommunikationsnetze bestehen, einschließlich Übertragungsdienste in Rundfunknetzen. Hier besteht eine Diskrepanz zwischen der Definition im TKG und der Abgrenzung zu den Telekommunikationsdiensten im TMG. Nach § 1 Abs. 1 TMG sollen nämlich nur die Telekommunikationsdienste keine Telemediendienste sein, die ganz in der Übertragung von Signalen über Telekommunikationsnetze bestehen. Dies führt dazu, dass es für Dienste, die nur weit überwiegend in der Übertragung solcher Signale bestehen, eine Doppelregulierung durch TKG und TMG geben kann. Die Gesetzesbegründung lässt erkennen, dass eine solche Doppelregulie-

---

12 S. dazu 1. bis 4. Abschn.

rung kein Versehen ist, sondern ausdrücklich durch den Gesetzgeber beabsichtigt.[13] Die so genannte Internet-Telefonie (Voice over Internet Protocol – VoIP) soll dagegen nicht vom Anwendungsbereich des TMG erfasst sein, da hier kein erkennbarer Unterschied zur herkömmlichen leitungsgebundenen Telefonie besteht. Bei VoIP soll es sich um einen reinen Telekommunikationsdienst nach § 3 Nr. 24 TKG handeln, der nicht nur überwiegend, sondern ganz in der Übertragung von Signalen über Kommunikationsdienste besteht.[14]

1.1.2 Telekommunikationsgestützte Dienste, § 3 Nr. 25 TKG

15 Bei den telekommunikationsgestützten Diensten handelt es sich um solche, die keinen räumlich und zeitlich trennbaren Leistungsfluss auslösen, sondern bei denen die Inhaltsleistung noch während der Telekommunikationsverbindung erfüllt wird. Mit der nunmehr erfolgten Ausgrenzung aus dem TMG weicht der Gesetzgeber von der bisherigen Qualifikation dieser Dienste ab. Bisher unterfielen telekommunikationsgestützte Dienste, das sind vor allem die Mehrwertdienste der Telekommunikationsanbieter, sowohl dem TDG als auch dem TKG.

1.2 Rundfunk, § 2 Abs. 1 S. 1 RStV

16 Ein Dienst ist Rundfunk, wenn es sich um eine für die Allgemeinheit bestimmte Veranstaltung und Verbreitung von Darbietungen aller Art in Wort, in Ton und in Bild unter Benutzung elektromagnetischer Schwingungen ohne Verbindungsleitung oder längs oder mittels eines Leiters handelt, § 2 Abs. 1 S. 1 RStV. Die Abgrenzung der Telemedien zum Rundfunk stellt die Diensteanbieter vor die größten und gleichzeitig grundlegendsten Probleme: Im Gegensatz zu Telekommunikationsdiensten, die nur die technische Übertragung von Signalen betreffen, handelt es sich beim Rundfunk genau wie bei den Telemedien um einen Inhaltsdienst. Der Rundfunk ist aber wegen seiner größeren Breitenwirkung und der höheren Wichtigkeit für die Meinungsbildung der Gesellschaft strengeren Anforderungen unterworfen als die Telemediendienste. Für einen Anbieter von Inhalten ist es daher von großer Wichtigkeit, ob er sich dem Regelungsregime des RStV unterwerfen muss, oder ob es sich bei seinen Angeboten lediglich um einen Telemediendienst handelt.

1.3 Telemedien mit und ohne journalistisch-redaktionellem Inhalt

17 Innerhalb der Telemedien muss eine weitere Abgrenzung vorgenommen werden zwischen solchen Angeboten ohne und mit journalistisch-redaktionellen Inhalten. Erstere werden ausschließlich im TMG geregelt, während die zweiten zusätzlichen Anforderungen aus dem VI. Abschnitt des RStV unterworfen sind, die zuvor vor allem im MDStV geregelt waren. Dabei haben es beide Gesetzgeber, der Bund für das TMG und die Länder für den RStV, unterlassen, eine Legaldefinition der Telemedien mit journalistisch-redaktionellen Inhalten in die Regelungswerke aufzunehmen. Zwar heißt es in § 54 Abs. 2 S. 1 RStV, dass Telemedien mit journalistisch-redaktionell gestalteten Angeboten, in denen insbesondere vollständig oder teilweise Inhalte periodischer Druckerzeugnisse in Text oder Bild wiedergegeben werden, den anerkannten journalistischen Grundsätzen zu entsprechen haben. Daher könnte man der Auffassung sein, dass nur die teilweise oder vollständige Wiedergabe von Inhalten periodischer Druckerzeugnisse zu einer Qualifizierung als Telemedium mit journalistisch-redaktionellem

---

13 Die Doppelregulierung soll nur für den Bereich des Datenschutzes wegfallen, BT-Drucks. 16/3078, 13.
14 BT-Drucks. 16/3078, 13.

Inhalt führt. Allerdings spricht dagegen schon der Wortlaut, denn das Wort „insbesondere" meint, dass die Wiedergabe von periodischen Druckerzeugnissen nur ein Beispiel für ein journalistisch-redaktionell gestaltetes Telemedium ist.[15]

Aber auch die tatsächliche Wirklichkeit der elektronischen Informations- und Kommunikationsdienste spricht dafür, mehr als nur die Wiedergabe von periodischen Druckerzeugnissen unter den Begriff der Telemedien mit journalistisch-redaktioneller Gestaltung zu subsumieren. Inzwischen lassen sich nämlich nicht mehr nur Angebote im Netz finden, die bestehende periodische Druckerzeugnisse wiedergeben, sondern es haben sich auch eigenständige Angebote entwickelt, die auf elektronischem Weg den etablierten Printmedien Konkurrenz macht. Vorreiter in Deutschland ist die „Netzeitung",[16] die sich selbst als erste deutsche Tageszeitung versteht, die ausschließlich im Internet erscheint. Solche Angebote zeigen, dass es nicht mehr ausreicht, lediglich darauf abzustellen, ob ein bestehendes Printmedium nun ganz oder teilweise auch online publiziert wird. **18**

2. Abgrenzungskriterien

Bereits zur durch das IuKDG und den MDStV 1997 geschaffenen Rechtslage entwickelten die Literatur und die Rechtsprechung verschiedene Abgrenzungskriterien, die es erlaubten, die Angebote in die verschiedenen Regelungsregime einzuordnen. Diese Kriterien können auch nach der teilweisen Vereinheitlichung des Rechts für Telemediendienste durch das TMG und den neuen RStV weitgehend übernommen werden. **19**

2.1 Abgrenzung zu den Diensten des TKG

Die Abgrenzung der Telemediendienste zu den Diensten des TKG erfolgt aufgrund einer funktionalen Betrachung: Soweit es sich bei dem zu beurteilenden Dienst um eine Transportleistung handelt, findet das TKG Anwendung, wenn es aber um die Inhalte geht, dann sind das TMG und, je nach Ausgestaltung des Dienstes, der RStV anwendbar.[17] Die oben bereits angesprochene Doppelregulierung führt dabei nicht dazu, dass ein Dienst nur dem Regelwerk unterliegt, dem die hauptsächliche Dienstleistung des Anbieters unterfällt. Vielmehr ist bei jeder Dienstleistung des Anbieters zu prüfen, ob mehr die Transportleistung oder der transportierte Inhalt im Vordergrund steht.[18] **20**

2.2 Abgrenzung zum Rundfunk

Im Gegensatz zu der Abgrenzung der Telemedien von der Telekommunikation ist die Abgrenzung der Telemedien zum Rundfunk nicht nur inhaltlich schwierig, sie steht auch noch vor dem Problem, dass in diesem Fall die europarechtlichen Vorgaben anders ausgestaltet sind als die Gesetze in Deutschland. Die zentrale europäische Richtlinie ist die AVRL,[19] die nach Art. 1 **21**

---

15 So auch *Weiner/Schmelz* K&R 2006, 453, 457; *Kitz* ZUM 2007, 368, 371 sieht den Anwendungsbereich der journalistisch-redaktionellen Gestaltung neben der Wiedergabe periodischer Druckwerke als begrenzt an, er will die Folgen einer solchen Einordnung bei der Beurteilung, ob ein Dienst journalistisch-redaktionell gestaltet ist, mit einfließen lassen.

16 www.netzeitung.de.

17 *BGH* NJW 2002, 361, 362; Beck TKG-Komm *Wittern/Schuster* § 3 Rn. 49; *Spindler/Schmitz/Geis* § 2 TDG Rn. 26.

18 *Hoeren* NJW 2007, 801, 802.

19 Richtlinie des Europäischen Parlaments und des Rates zur Koordinierung bestimmter Rechts- und Verwaltungsvorschriften der Mitgliedstaaten über die Bereitstellung audiovisueller Mediendienste (Richtlinie über audiovisuelle Mediendienste).

lit. a) grundsätzlich für alle audiovisuellen Mediendienste gilt. Sie unterscheidet in ihrer Regulierungsdichte nach Fernsehsendungen, die gem. Art. 1 lit. c) AVRL dann gegeben sind, wenn
der Mediendiensteanbieter Programme auf der Grundlage eines Programmplans für den zeitgleichen Empfang bereitstellt, und Abrufdiensten nach Art. 1 lit. e) AVRL, die sich dadurch
auszeichnen, dass der Mediendiensteanbieter einen festgelegten Programmkatalog bereitstellt,
aus dem der Nutzer einen Mediendienst zu einem von ihm gewählten Zeitpunkt individuell abrufen kann. Die Abgrenzung zwischen den beiden Dienstekategorien der AVRL soll sich ausgehend von Erwägungsgrund 28 der Richtlinie vor allem nach den Einfluss- und Steuerungsmöglichkeiten des Nutzers bestimmen. Ein Aspekt der neuen AVRL wird für einige Umset-
zungsprobleme in das deutsche Medienrecht führen: Die Abrufdienste nach Art. 1 lit. e) AVRL
unterliegen neben den Regelungen der AVRL auch denen der ECRL, soweit es sich bei ihnen
um Dienste der Informationsgesellschaft im Sinne der Transparenz-Richtlinie handelt, vgl. Erwägungsgrund 10 AVRL. Der Anwendungsbereich der ECRL ist technisch abgegrenzt, nicht
technologieneutral. Das Bundesverfassungsgericht (BVerfG) verlangt aber, dass bei der Einstufung von Diensten unter den Rundfunkbegriff nicht an eine bereits eingeführte Technik angeknüpft werden darf.[20] Der deutsche Gesetzgeber ist bislang bei der einfachgesetzlichen Ausgestaltung des Rundfunkbegriffes den Vorgaben des BVerfG gefolgt und hat die jeweiligen Anwendungsbereiche weitgehend technologieneutral ausgestaltet. Die Landesmedienanstalten
haben darüber hinaus in ihren Strukturpapieren und durch ihre Entscheidungen die Grenzlinie
zwischen Rundfunk und Telemedien weiter ausdifferenziert. Aufgrund des neuen europarechtlichen Gefüges wird nun zum einen über eine neue Qualifizierung von Teleshopping und Near-
Video-on-Demand nachzudenken sein, die bisher vorwiegend als Telemedien eingestuft wurden, nach der AVRL aber eher als Fernsehsendungen zu sehen sind, da sie auf einem festen
Programmplan beruhen und der Nutzer keine (bei Teleshopping) oder nur begrenzte Einfluss-
und Steuerungsmöglichkeiten hat (bei Near-Video-on-Demand). Zum anderen steht zu befürchten, dass der Gesetzgeber oder die Landesmedienanstalten der Versuchung erliegen
könnte, bestimmte Abrufdienste wegen der Doppelregulierung durch AVRL und ECRL auf europäischem Level in den Bereich des Rundfunks zu ziehen und so eine Lizenzpflicht zu statuieren.[21] Die AVRL verbietet das nicht, Erwägungsgrund 12 sagt lediglich, dass die Mitgliedstaaten nicht zur Einführung neuer Lizenz- oder Genehmigungsverfahren verpflichtet oder ermuntert werden. Hier wird abzuwarten sein, wie diese Thematik durch den Gesetzgeber ange-
gangen werden wird.

22   Die im deutschen Recht vorherrschende Technologieneutralität der Regulierung sorgt für erhebliche Schwierigkeiten bei der richtigen Zuordnung der Dienste, da diese anhand von qualitativen Kriterien der einzelnen Definitionen vorgenommen werden muss. Die Abgrenzung fällt
vor allem deshalb so schwer, weil Rundfunk auch immer ein elektronischer Informationsdienst
ist und damit auch Telemedium[22] und sowohl Rundfunk als auch Telemedien in ihren Ausprägungen unter den verfassungsrechtlichen Rundfunkbegriff subsumiert werden können.[23]

23   Aufgrund der Schwierigkeiten bei der Abgrenzung setzten anfangs viele Versuche, Rundfunk
von anderen elektronischen Informations- und Kommunikationsdiensten zu unterscheiden, bei
dem Kriterium der Allgemeinheit aus der Definition des § 2 Abs. 1 S. 1 RStV an. Diese Unterscheidung berücksichtigt allerdings nicht die Technologieneutralität des verfassungsrechtlichen Rundfunkbegriff. Denn danach ist ein Dienst an die Allgemeinheit gerichtet, wenn eine

---

20   *BVerfGE* 83, 238, 302.
21   S. hierzu auch III. 4.3.
22   So auch *Jürgens* S. 88; *Engels/Jürgens/Fritzsche* K&R 2007, 57, 58.
23   Vgl. *Jürgens* S. 89.

beliebige Öffentlichkeit auf ihn zurückgreifen kann, was auch bei Abrufdiensten der Fall ist, es sei denn der Zugang zu ihnen steht, wie bei Emails, nur einem begrenzten Personenkreis offen.[24] Daher muss die Abgrenzung zwischen Rundfunk und Telemediendiensten an inhaltlichen Kriterien vorgenommen werden, die vor allem auf die Meinungsrelevanz des jeweiligen Dienstes abstellt. Nur wenn ein Dienst gesteigerte Relevanz für die öffentliche Meinungsbildung aufweist, ist er dem Rundfunk zuzuordnen.[25] Um die Frage der Meinungsbildungsrelevanz besser einschätzen zu können, hat die DLM ein Strukturpapier herausgegeben, in dem sie nochmals klarstellt, dass es auf Zufälligkeiten der technischen Verbreitung bei der Einstufung der Dienste nicht ankommen kann und im gleichen Zug fünf Kriterien aufstellt, anhand derer die Meinungsrelevanz eines Dienstes bewertet werden kann.[26] Diese Kriterien sind (1) die Wirkungsintensität der Inhalte, (2) ihre redaktionelle Gestaltung, (3) die Realitätsnähe, (4) die Reichweite des Dienstes und seine gleichzeitige Rezeptionsmöglichkeit/tatsächliche Nutzung sowie (5) der Grad der Interaktivität des Nutzers. Über diese Kriterien sollen die Anknüpfungspunkte des BVerfG für die Meinungsrelevanz des Rundfunks, seine Breitenwirkung, Aktualität und Suggestivkraft,[27] ausgestaltet werden.

Auch wenn das 3. Strukturpapier der DLM noch aus der Zeit stammt, als zwischen Tele- und Mediendiensten unterschieden wurde, dürfte es auch heute noch weitgehend für die Unterscheidung von Rundfunk und Telemedien relevant sein, da gerade bei Telemedien mit journalistisch-redaktioneller Gestaltung eine Nähe zum Rundfunk immer wieder vorkommen wird. Eine abschließende Einstufung der Dienste wird dabei nicht immer möglich sein, die Grenzen sind häufig fließend und mit veränderter Technologie verändert sich auch die Wirkung eines Mediums.[28] Letztlich wird einem Anbieter bei Zweifeln über die rechtliche Bewertung seines Dienstes nichts anderes übrig bleiben, als über den Weg der Unbedenklichkeitsbestätigung nach § 20 Abs. 2 S. 3 RStV zumindest um formale Klärung nachzusuchen.[29] Zukünftig wird die Abgrenzung wohl eher noch schwieriger, da mit der Konvergenz der Medien immer mehr Wert auf inhaltliche Kriterien und vor allem die Meinungsrelevanz gelegt werden wird.[30]

24

2.3 Abgrenzung der Telemedien ohne und mit journalistisch-redaktionell gestaltetem Inhalt

Die zwei Kategorien der Telemedien lassen sich teilweise noch schwieriger voneinander abgrenzen als das bei der Abgrenzung der Telemedien vom Rundfunk der Fall ist. Diese Schwierigkeiten haben ihren Ursprung in der problematischen Verteilung der Gesetzgebungskompetenzen und sind seit Erlass des IuKDG und des MDStV Bestandteil der Regulierung elektronischer Medien. Entsprechend kann für die Unterscheidung der beiden Kategorien weitgehend auf die Rechtsprechung und Literatur zur alten Rechtslage zurückgegriffen werden.

25

---

24 *Gounalakis* ZUM 2003, 180, 184.
25 *Gersdorf* Rundfunkrecht, Rn. 161.
26 Drittes Strukturpapier der DLM v. 6.11.2003, abrufbar unter: www.alm.de/fileadmin/user_upload/ 3Strukturpapier.pdf (Stand 12.7.2007), S. 8 ff.
27 *BVerfGE* 90, 60, 87.
28 So hat die DLM in ihrem ersten Strukturpapier v. 12/1998, 12, (abrufbar unter: www.ulr.de/ULR_ LM_DLM_Position/strukturpapier.pdf [Stand 12.7.2007]) Bildübertragungen über das Internet wegen kleinformatiger Bilder und ruckelnder Übertragung sowohl die Suggestivkraft bewegter Bilder als auch eine Breitenwirkung abgesprochen, die Gesetzesbegründung zum TMG ordnet dagegen Live-Streaming und Webcasting eindeutig dem Rundfunk zu, BT-Drucks. 16/3078, 13; vgl. dazu auch *Brömmelmeyer* Internetwettbewerbsrecht, S. 100.
29 Zum Verfahren der Unbedenklichkeitsbestätigung s. Rn. 32 ff.
30 Vgl. *Gersdorf* Rundfunkbegriff, S. 79 ff., 90 f.; *Ring* Zum 2007, 433 ff.

26 Allerdings kann für die Einstufung eines Telemediendienstes als journalistisch-redaktionell gestaltet nicht, wie früher, allein auf die teilweise oder gänzliche Wiedergabe von periodischen Druckerzeugnissen abgestellt werden, denn Angebote dieser Art stellen nur eine Fallgruppe der entsprechenden Telemediendienste dar. Daher ist es erforderlich, generelle Kriterien für die journalistisch-redaktionelle Gestaltung zu definieren. Anfangs wurde dazu ein Vergleich mit den Landespressegesetzen angestellt, nach denen zwischen „harmlosen" und der Meinungsbildung dienenden Druckwerken unterschieden wird. Nur letztere unterfallen den Regelungen der Landespressegesetzen, wobei vor allem darauf abgestellt wird, ob das Druckwerk politischen Zwecken dient. Analog sollten auch nur Telemedien, die diesen Zwecken dienen, dem damaligen MDStV zuzuordnen sein.[31] Die Literatur und die Rechtsprechung haben das Kriterium der journalistisch-redaktionellen Gestaltung in der Folgezeit weiterentwickelt und ausgestaltet. So wird mittlerweile als entscheidendes Merkmal die konkrete Gestaltung und Aufbereitung des Informationsangebots angesehen.[32] Es sind also zwei Komponenten erforderlich: eine inhaltliche, die die publizistische Zwecksetzung für die öffentliche Meinungsbildung vorgibt, sowie eine formale. Beide Komponenten sind miteinander verknüpft, eine inhaltliche Auseinandersetzung alleine ohne eine der Auseinandersetzung dienende Darstellung der Inhalte reicht nicht aus.[33]

27 Nur soweit eine inhaltliche Auseinandersetzung mit den angebotenen Informationen stattfindet, kann die öffentliche Meinungsbildung im Vordergrund stehen.[34] Daher ist die reine Übermittlung von Daten, ohne dass ein menschliches Dazwischentreten erfolgt, von der journalistisch-redaktionellen Gestaltung nicht erfasst.[35] Allerdings fassen einige Gerichte das Merkmal der inhaltlichen Auseinandersetzung inzwischen sehr weit, es soll teilweise schon ausreichen, dass ein Informationsangebot lediglich der Imagepflege dient.[36] Eine solch breite Ausgestaltung der inhaltlichen Komponente der journalistisch-redaktionellen Gestaltung entspricht weder den Vorgaben des BVerfG aus dessen Rundfunkurteilen noch den Intentionen des Gesetzgebers,[37] der gerade unterschiedliche Regelungsdichten für die verschiedenen elektronischen Informations- und Kommunikationsdienste vorgesehen hat.[38] Sie geht deutlich über die bisherige Sichtweise hinaus, dass ein Telemediendienst die politische, kulturelle, ethische oder moralische Meinungsauseinandersetzung ansprechen muss, um als journalistisch-redaktionell gestaltet zu gelten.[39] Dennoch muss bei der Beurteilung der Anforderungen an Telemedien immer die neuere weitere Ausgestaltung der inhaltlichen Komponente berücksichtigt werden. Jedoch ist hierbei ein Mittelweg zu finden, nicht alle der Auswüchse der unterinstanzlichen Rechtsprechung werden höchstrichterlich Bestand haben.

---

31 Vgl. hierzu *Engel-Flechsig/Maennel/Tettenborn* NJW 1997, 2981, 2983; *Schulz/Jürgens* Regulierung von Inhaltediensten, 39 halten die verschiedenen Dienste sogar für nahezu unabgrenzbar.

32 *Spindler* in Roßnagel, Multimedia-Dienste Teil 2, § 2 TDG Rn. 31; *Spindler/Schmitz/Geis* § 2 TDG Rn. 11; *Gounalakis/Rhode* CR 1998, 487, 490.

33 *Weiner/Schmelz* K&R 2006, 453, 457.

34 Vgl. *Weiner/Schmelz* K&R 2006, 453, 457.

35 *Fechner* Rn. 1166.

36 *OVG Münster* Beschl. v. 22.11.2006, Az. 13 B 1796/06, Rn. 47 (Juris) als Bestätigung von *VG Köln* Beschl. v. 11.8.2006, Az. 6 L 736/06, Rn. 38 (Juris); *LG Hamburg* Urteil v. 27.4.2007, Az. 324 O 600/06 sieht sogar Meinungsforen als journalistisch-redaktionell gestaltete Telemedien an, a.A. *OLG Düsseldorf* MMR 2006, 618, 619.

37 So auch *Spindler* CR 2007, 239, 241.

38 BT-Drucks. 16/3078, 11.

39 *Spindler/Schmitz/Geis* § 2 TDG Rn. 48; *Brömmelmeyer* 104 f. stellt insgesamt auf die Medienwirkung des jeweiligen Angebots ab.

Schmittmann

Die formale Komponente macht es dann erforderlich, dass die angebotenen Inhalte nicht nur **28** eine Relevanz für die öffentliche Meinungsbildung haben, sondern dass sie auch so angeboten werden, dass dadurch eine über die einzelne Aussage hinausgehende meinungsrelevante Bedeutung entsteht, die zum Ausdruck bringt, dass eine gedankliche Auseinandersetzung stattgefunden hat.[40] Die bloße automatische Auflistung von redaktionellen Beiträgen, ohne sie selbst zu filtern, führt noch nicht zu einer journalistisch-redaktionellen Gestaltung des Telemediendienstes. Erst wenn eine filternde Auswahl oder Gegenüberstellung einzelner Beiträge erfolgt und die meinungsbildende Wirkung prägender Bestandteil des Angebots und nicht nur schmückendes Beiwerk ist,[41] kann von einer solchen Gestaltung gesprochen werden.

3. Auswirkungen

Die Auswirkungen der Einordnung eines Dienstes unter die verschiedenen Regelungswerke **29** sind beträchtlich. Gerade im Bereich der Regulierung inhaltlicher Fragen werden je nach Art des Dienstes ganz unterschiedliche Anforderungen an die Zulässigkeit und die Ausgestaltung des jeweiligen Angebots gestellt.[42]

Je nach Qualifikation der Dienste sind zunächst die unterschiedlichen Regelungswerke anzu- **30** wenden. So ist für Dienste nach § 3 Nr. 24, 25 TKG grds. ausschließlich das TKG anwendbar und nicht das TMG. Eine Ausnahme besteht nur im Bereich der schon angesprochenen Doppelregulierung, also in den Fällen, in denen die Dienstleistung zwar weit überwiegend in der Übertragung von Signalen besteht, aber nicht ausschließlich. Dann ist neben den TK-rechtlichen Vorschriften auch das TMG zu beachten. Im Bereich des Datenschutzes beschränkt § 11 Abs. 3 TMG die Anwendbarkeit des TMG auf §§ 12 Abs. 3, 15 Abs. 8 und 16 Abs. 2 Nr. 2, 5 TMG.

Für Inhaltsdienste dagegen ist entweder das TMG, das TMG i.V.m. VI. Abschnitt RStV oder **31** nur der RStV anwendbar. Die Frage des einschlägigen Regelungswerkes wirkt sich direkt auf die Regelungsdichte für den einzelnen Dienst aus. Während das TMG der Wahrung der wirtschaftsbezogenen Rahmenbedingungen für Online-Angebote dient, bringt schon die zusätzliche Anwendbarkeit des VI. Abschnitts des RStV deutliche höhere Anforderungen für die Gestaltung eines entsprechenden Angebots mit sich. Zwar ist ein Telemediendienst mit journalistisch-redaktioneller Gestaltung immer noch zulassungsfrei, § 4 TMG, § 54 Abs. 1 RStV, aber §§ 54 Abs. 2, 3, 55, 56 und 58 RStV stellen Anforderungen auf, die die Landesgesetzgeber zur Wahrung der Meinungsvielfalt für erforderlich achten. Die höchste Regelungsdichte und vor allem ein Zulassungserfordernis nach § 20 Abs. 1 RStV ist für Rundfunkdienste gegeben. Für den Bereich des Datenschutzes im Rahmen von Inhaltsdiensten geltend ausschließlich die Bestimmungen des TMG, § 47 Abs. 1 RStV.

---

40 So *Dürr* S. 128.
41 *Rossnagel/Kleist/Scheuer* S. 124.
42 Vgl. dazu auch *Schoch* JZ 2002, 798, 802; *Gounalakis* ZUM 2003, 180 sieht das Problem vor allem in der Doppelregulierung, da dadurch untrennbare Angebote, die mehreren Dienstetypen angehören, einer Vielzahl unterschiedlicher Regelungen unterworfen sind.

4. Verfahren der Unbedenklichkeitsbestätigung / „Rückholklausel" in § 20 Abs. 2 S. 2 RStV

4.1 Unbedenklichkeitsbestätigung

32 Um dem Diensteanbieter von Telemedien im Graubereich zwischen Telemedien und Rundfunk Rechtssicherheit zu gewähren, sieht § 20 Abs. 2 RStV ein Verfahren vor, das ihn insbesondere vor einem Ordnungswidrigkeitsverfahren nach § 49 Abs. 1 Nr. 12 RStV wegen Rundfunkveranstaltung ohne rundfunkrechtliche Zulassung schützt. Der Diensteanbieter kann nach Satz 3 der genannten Bestimmung bei der zuständigen Landesmedienanstalt einen Antrag auf rundfunkrechtliche Unbedenklichkeit stellen. Wird dem entsprochen, so verfügt er über die Erklärung, dass sein Dienst materiell nicht dem Rundfunk zuzuordnen ist und dass er unter dem Aspekt der Anwendung rundfunkrechtlicher Bestimmungen als unbedenklich einzustufen ist. Wenngleich es sich hierbei nur um eine rechtliche Beurteilung durch die Landesmedienanstalt handelt, so erhält der Antragsteller doch einen feststellenden Verwaltungsakt, der ihn bei Rechtskraft vor der Notwendigkeit schützt, ein rundfunkrechtliches Zulassungsverfahren zu beschreiten.[43] Das im Anhang beigefügte Muster für einen Antrag zeigt, dass der Antragsteller gut beraten ist, sich mit den materiell-rechtlichen Abgrenzungskriterien zwischen Rundfunk und Telemedien auseinander zu setzen und sich insbesondere auch bestätigen zu lassen, dass er den Telemediendienst (sofern er ihn nicht bereits verbreitet) zulassungsfrei verbreiten darf. Andernfalls müsste er mit dem Diensteangebot faktisch warten, bis er die Unbedenklichkeitsbestätigung in den Händen hält. Da die Landesmedienanstalten derartige Anträge im Rahmen der Gemeinsamen Stelle der Landesmedienanstalten für Programm, Werbung und Medienkompetenz (GSPWM) abstimmen, kann dies zu einer empfindlichen zeitlichen Verzögerung führen.

4.2 „Rückholklausel"

33 Unabhängig von einem Antrag des Diensteanbieters auf Unbedenklichkeitsbestätigung lässt § 20 Abs. 2 RStV der zuständigen Landesmedienanstalt die Möglichkeit, einen Telemediendienst, der sich in Richtung Rundfunk entwickelt, doch einem Rundfunkzulassungsverfahren zu unterwerfen. Diese sog. „Rückholklausel" hängt als Damoklesschwert über jedem elektronischen Informations- und Kommunikationsdienst, der sich diensteinhaltlich in Richtung eines journalistisch-redaktionell gestalteten Rundfunk entwickelt. Die Landesmedienanstalt kann sich also stets ihre Zuständigkeit über den Dienst zurückholen. Schon aus diesem Grunde ist es zu empfehlen, die Unbedenklichkeitsbestätigung aus eigenem Antrieb frühzeitig zu beantragen, bevor die Landesmedienanstalt ihrerseits tätig wird. Stellt sie nämlich im Einvernehmen mit allen Landesmedienanstalten fest, dass sich ein elektronischer Informations- und Kommunikationsdienst dem Rundfunk so angenähert hat, dass der dem Rundfunkbegriff zuzuordnen ist, so muss der Anbieter, nachdem die Feststellung ihm bekannt gegeben ist, nach seiner Wahl unverzüglich einen Zulassungsantrag stellen oder innerhalb von drei Monaten den elektronischen Informations- und Kommunikationsdienst so anbieten, dass der Dienst nicht dem Rundfunk zuzuordnen ist.

34 Dies heißt in der Praxis: Entweder der Diensteanbieter reduziert sein Angebot innerhalb von drei Monaten dergestalt, dass er die Charakteristika des Rundfunks nicht mehr erfüllt oder er stellt unverzüglich einen Zulassungsantrag als Rundfunkveranstalter. Die Bestimmung hat in der Praxis keine große Bedeutung erlangt, weil sich die Einvernehmenspflicht mit allen Landesmedienanstalten als extrem hohe Hürde erwiesen hat. Es ist nicht zu erwarten, dass ange-

---

43 Vgl. auch *Hartstein/Ring/Kreile/Dörr/Stettner* § 20 RStV Rn. 14a.

Schmittmann

sichts standortpolitischer Interessen alle 14 Landesmedienanstalten die Einschätzung der vorlegenden Landesmedienanstalt tragen. Nach dem Gesetzeswortlaut führt dies zu einer Situation, in der der Diensteanbieter seinen (in Wahrheit Rundfunk-) Dienst ohne Rundfunkzulassung so weiterbetreiben kann. Dies wird teilweise in der Literatur als ein „scheinbar vorteilhafter pragmatischer Weg" bezeichnet.[44] Tatsächlich nutzt dies dem Diensteanbieter wenig, da ihn eine sich für zuständig haltende Landesmedienanstalt nach der Ordnungswidrigkeitsbestimmung des § 49 Abs. 1 Nr. 12 RStV verfolgen kann und außerdem ein klarer Verstoß gegen § 20 Abs. 2 S. 1 vorliegt, den ein Wettbewerber nach UWG aufgreifen und zu einer erfolgreichen Unterlassungsklage nutzen könnte. Die Landesmedienanstalten arbeiten im Übrigen im Rahmen der GSPWM ohnehin auf eine einheitliche Rechtsanwendung in allen Bundesländern hin, so dass auch ohne Vorliegen einer formellen einstimmigen Entscheidung faktisch allseits Druck auf den Diensteanbieter ausgeübt wird, sich nach § 20 Abs. 2 RStV so zu verhalten, als läge eine einstimmige Entscheidung vor.

4.3 Online-Auftritte von Printmedien mit audiovisuellen Elementen

Eine besondere Bedeutung kann § 20 Abs. 2 RStV für Onlineauftritte von Printmedien oder auch für ausschließlich elektronische Nachrichtenportale zukommen, wenn in die Angebote audiovisuelle Elemente in Form von Nachrichtenclips, möglicherweise sogar nach einem bestimmten Programmschema, eingebunden werden.[45] Die audiovisuellen Elemente können unter Umständen zu einer neuen Einstufung der Angebote als Rundfunk führen, zumindest denkt die GPWSM über ein neues Strukturpapier nach, das sich dieser Thematik annimmt.[46] Beabsichtigt ist, solche Angebote der Rundfunkregulierung zuzuordnen, wenn und soweit die einzelnen Nachrichtenclips einen zeitgleichen Abruf durch mehr als 500 Nutzer erfahren. Diese Anzahl soll eine Reichweite darstellen, die weit genug ist, um die strengere Regulierung durch den RStV zu rechtfertigen. Begründet wird dies damit, dass eine solche Reichweite derjenigen entspricht, die ein lokaler Hörfunksender erreicht, der lizenziert werden müsse.   35

Eine solche Herangehensweise ist jedoch zu kritisieren und sollte unterbleiben. Die audiovisuellen Elemente stellen bei Onlinenachrichtenportale zumindest zum jetzigen Zeitpunkt noch einen ganz untergeordneten Teil des Angebots dar. Es ist eine Ergänzung des bestehenden Informationsangebot, die keine über das eigentliche Angebot hinausgehende zusätzliche Meinungsbildungsrelevanz entfaltet. Die Meinungsbildungsrelevanz ist aber der Grund für die stärkere Regulierung von Rundfunk gegenüber anderen Medien. Darüber hinaus ist zu fragen, ob eine Reichweite von 500 Nutzern überhaupt tatsächlich die Breitenwirkung darstellt, die notwendig ist, um einen Dienst als Rundfunk zu qualifizieren. Zwar mag es sein, dass ein lokaler Hörfunksender trotz Lizenzpflicht nur eine solch geringe Reichweite erzielen kann, daraus den Schluss zu ziehen, deswegen müssten andere Dienste, die nicht originär dem Rundfunk entstammen, nun hochreguliert werden, ist indessen verfehlt. Viel eher sollte die GPWSM darüber nachdenken, die Lizenzpflicht für lokale Hörfunksender fallen zu lassen. Aus Pluralitätsgründen ist sie ohnehin nicht mehr zwingend notwendig, denn mit dem Internet und den darüber entstandenen Empfangsmöglichkeiten von Information ist eine Außenpluralität entstanden, die die bekannten Begründungen für die Notwendigkeit einer starken Rundfunkregulierung zumindest überdenkenswert machen. Soweit die audiovisuellen Informationsangebote nur einen Teil des Gesamtangebots darstellen und der Schwerpunkt auf der Berichterstattung   36

---

44 *Hartstein/Ring/Kreile/Dörr/Stettner* § 20 RStV Rn. 14.

45 Vgl. beispielhaft www.spiegel.de/multimediauebersicht/ oder www.ksta.de/php/tv/aktuell.php.

46 S. Interview mit Norbert Schneider, Vorsitzender der GPWSM, durch das LfM-funkfenster: www.lfm-nrw.de/funkfenster/medien_allgemein/medienregulierung/netzwerklizenz.php3 (Stand: 12.7.2007).

mittels Texten und Fotos beruht, ist insgesamt nicht die Schwelle erreicht, die eine Rundfunkregulierung notwendig macht, bei diesen Angeboten handelt es sich auch weiterhin um
Telemedien, wenn auch mit journalistisch-redaktioneller Gestaltung.

IV. Generelle Prinzipien der Telemediendienste

37 Das TMG regelt gewisse gemeinsame Prinzipien, die für alle Telemediendienste gelten. Darüber hinaus finden sich im VI. Abschnitt des RStV weitergehende Anforderungen für die Telemedien mit journalistisch-redaktionell gestalteten Inhalten. Die im TMG getroffenen Regelungen setzen, insofern den Gesetzgebungskompetenzen folgend, die wirtschaftlichen Rahmen-
koordinaten für Telemedien. Sie regeln insbesondere so wichtige Grundprinzipien wie das
Herkunftslandsprinzip, die Zugangsfreiheit und die Haftungsprivilegierung. Diese Grundprinzipien entstammen teilweise den Vorgaben der ECRL, aber sie sind auch Weiterentwicklungen
des ursprünglichen IuKDG, das 1997 Vorreiter für die Regelung von elektronischen Informa-
tions- und Kommunikationsdienste in Europa war.

1. Begriffsbestimmungen

38 In § 2 TMG werden die für das Gesetz wesentlichen Begriffe definiert. Die einzelnen Legaldefinitionen orientieren sich dabei deutlich an den entsprechenden Begriffen der ECRL, wie
sie in Art. 2 ECRL festgelegt sind, ohne sie aber wortgleich zu übernehmen. Wichtig sind vor
allem die Definitionen des Diensteanbieters, § 2 Nr. 1 TMG, sowie die des niedergelassenen
Diensteanbieters, § 2 Nr. 2 TMG. Diese dienen zur Bestimmung des Adressatenbereichs des
Gesetzes und auch zur Beurteilung der Frage, ob ein Diensteanbieter im Inland niedergelassen
ist und somit ausschließlich der deutschen Gesetzgebung unterworfen ist oder ob er in den Genuss des Herkunftslandsprinzips kommen kann.

1.1 Diensteanbieter

39 Diensteanbieter nach § 2 Nr. 1 TMG ist jede natürliche oder juristische Person, die eigene oder
fremde Telemedien zur Nutzung bereithält oder den Zugang zur Nutzung vermittelt. Der juristischen Person gleichgestellt ist eine Personengesellschaft, die mit der Fähigkeit ausgestattet
ist, Rechte zu erwerben und Verbindlichkeiten einzugehen, § 2 S. 2 TMG. Dadurch wird deutlich, dass das Gesetz jeden erfasst, der entsprechende Angebote bereithält.[47] Der Anbieter
muss mindestens eine der drei in der Definition genannten Tätigkeiten erbringen um als Diensteanbieter i.S.d. TMG zu gelten, er ist aber nicht darauf beschränkt, nur diese eine Tätigkeit
zu leisten. Das Gesetz unterscheidet zwischen der Bereithaltung eigener und fremder Telemedien sowie der Zugangsvermittlung.

1.1.1 Bereithaltung eigener Telemedien

40 Ein Diensteanbieter bietet eigene Telemedien an, soweit er die Dienstleistung selbst erbringt
und er über die dafür erforderliche Technik verfügt.[48] An die Möglichkeit der Verfügung werden aber keine allzu hohen Anforderungen gestellt. Es reicht aus, dass der Diensteanbieter
technisch die Möglichkeit hat, nicht erforderlich ist, dass er die notwendigen Server besitzt; er

---

47 Arbeitnehmer oder Erfüllungsgehilfen werden von § 2 Nr. 1 TMG nicht erfasst, vgl. *Spindler/Schmitz/
Geis* § 3 TDG Rn. 6.
48 *Rossnagel/Kleist/Scheuer* S. 125.

kann auf fremde Speicherkapazitäten für die Erbringung seines Angebots zurückgreifen.[49] Der Anbieter muss jedoch dazu in der Lage sein, eigenständig und frei darüber zu entscheiden, wie er die Speicherkapazitäten nutzt.

Zu den Personen, die eigene Telemedien bereithalten, gehören auch die Anbieter privater Homepages. Für die Diensteanbietereigenschäft ist keine gewerbliche Ausrichtung des Angebots notwendig, die Bereithaltung muss noch nicht mal auf Dauer angelegt sein.[50] Damit fällt auch die vorübergehende Veröffentlichung von bspw. Urlaubsfotos durch eine Privatperson unter das Bereithalten eigener Telemedien zur Nutzung. Eine weitere Kategorie können auch Nutzer von Telemedien sein, die selbst Inhalte auf der entsprechenden Seite einstellen, also eine Situation wie sie in Zeiten von User-Generated-Content häufig vorkommt. Hier ist als Beispiel wieder ein Channel bei YouTube anzuführen oder auch die Shopseite eines Powersellers bei Ebay. Die entsprechenden Personen müssen dann auch die Diensteanbieter treffenden Verpflichtungen des TMG und RStV beachten. **41**

1.1.2 Bereithaltung fremder Telemedien

Dass ein Diensteanbieter nicht selbst Eigentümer der für sein Angebot notwendigen Infrastruktur sein muss, impliziert bereits, dass Dienstleistung entsprechender Art auch durch Dritte erbracht werden kann. Bei diesen Dienstleistern handelt es sich um sog. Host-Provider, der die Telemedien anderer zur Nutzung bereithält, mithin also fremde Telemedien zur Nutzung bereithält und somit ebenfalls Diensteanbieter nach § 2 Nr. 1 TMG ist. Neben den Anbietern von Speicherkapazität zählen zu dieser Kategorie von Diensteanbietern auch die Betreiber von Diskussionsforen, Gästebüchern und vielen anderen Diensten, die Nutzern es ermöglichen, Inhalte einzubringen.[51] **42**

1.1.3 Vermittlung des Zugangs zur Nutzung

Der Diensteanbieter, der den Zugang zur Nutzung von Telemedien vermittelt, kann zweierlei Angebote bereithalten: Zum einen kann es der schon mehrfach erwähnte Access-Provider sein, der über die technische Dienstleistung des Bereitstellens eines Internetzugangs den Zugang zu den jeweiligen Inhalten vermittelt. Zum anderen sind davon aber auch Angebote wie Suchmaschinen erfasst, die durch das Auflisten von Links aufgrund von Suchworten den Zugang zu der Nutzungsmöglichkeit dieser anderen Telemedien vermittelt.[52] Die Grenzen zwischen den drei Tätigkeiten der Diensteanbieter sind, wie die Bsp. Ebay und YouTube zeigen, oft fließend. Da der Diensteanbieter nach TMG nicht auf eine der Tätigkeiten beschränkt sein muss, ist dieser fließende Übergang für die Adressatenstellung des Anbieters jedoch unschädlich. **43**

1.2 Niedergelassener Diensteanbieter

Die Legaldefinition des niedergelassenen Diensteanbieters stammt weitgehend aus der ECRL (dort Art. 2 lit. c)). Sie soll es ermöglichen zu ermitteln, welcher Rechtshoheit ein Anbieter von Telemedien unterliegt. Niedergelassen ist der Diensteanbieter nicht an dem Ort, wo die technische Infrastruktur – insbesondere die Speicherserver für eine Website – zu finden sind, sondern an dem Ort wo der Anbieter seine Wirtschaftstätigkeit ausübt, bei mehreren Niederlassungen **44**

---

49 Vgl. *Waldenberger* in Roßnagel, MultiMedia-Dienste, § 3 TDG Rn. 23; *Spindler/Schmitz/Geis* § 3 TDG Rn. 7.
50 Vgl. Gesetzesbegründung zum IuKDG, BT-Drucks. 13/7835, 19.
51 *Spindler/Schmitz/Geis* § 3 TDG Rn. 10.
52 Vgl. *Waldenberger* in Roßnagel, MultiMedia-Dienste, § 3 TDG Rn. 25.

der Ort, an dem der Mittelpunkt der Tätigkeiten des Anbieters für den Telemediendienst zu finden ist.[53]

2. Herkunftslandprinzip

45 Im immer stärker zusammen wachsenden Europa und vor allem aufgrund der Internationalität des Internet erschien es dem europäischen Richtliniengeber erforderlich, zur Wahrung der primärrechtlichen Waren- und Dienstleistungsfreiheit in der sekundärrechtlichen Regelung des elektronischen Geschäftsverkehrs das Herkunftslandprinzip explizit zu verankern, vgl. Art. 3 ECRL. Analog zum Sendestaatsprinzip der Fernsehrichtlinie (FsRL) wird in Art. 3 Abs. 2 ECRL festgelegt, dass der freie Verkehr von Diensten der Informationsgesellschaft nicht aus Gründen eingeschränkt werden darf, die in den koordinierten Bereich, der in Art. 2 lit. h) ECRL definiert ist, fallen. Der deutsche Gesetzgeber hat das Herkunftslandprinzip in § 3 TMG in nationales Recht umgesetzt. Es besagt, dass der ausländische Diensteanbieter sich nur nach seinem Heimatrecht, nicht auch noch nach deutschem Recht richten muss, wenn und weil er seine Dienste auch in Deutschland erbringt oder sie hier entgegengenommen werden. Umgekehrt heißt es für den in Deutschland niedergelassenen Anbieter, dass er sich nur nach deutschem Recht verhalten muss, nicht auch noch die anderen Rechtsordnungen einzuhalten hat, in die seine Dienste hineinspielen. Das Herkunftslandprinzip des TMG geht dem Kollisionsrecht vor und kennt kein Günstigkeitsprinzip; soweit § 3 TMG anwendbar ist, kommt ausschließlich das Recht des Herkunftsstaats zur Anwendung.[54]

2.1 Anwendungsbereich des Herkunftslandprinzips

46 Für alle in Deutschland niedergelassenen Diensteanbieter gilt deutsches Recht auch dann, wenn sie geschäftsmäßig ihre Dienste in einem anderen Mitgliedstaat erbringen und/oder anbieten, § 3 Abs. 1 TMG. Für Diensteanbieter, die Telemedien in Deutschland geschäftsmäßig erbringen oder anbieten und in einem anderen Mitgliedstaat niedergelassen sind, bestimmt dagegen § 3 Abs. 2 TMG, dass der freie Dienstleistungsverkehr mit der Ausnahme von Abs. 3 bis 5 nicht eingeschränkt wird, sie mithin dem Recht des Staates ihrer Niederlassung unterworfen sind.

47 Insgesamt hat das Herkunftslandprinzip nach TMG einen breiteren sachlichen Anwendungsbereich als die ECRL ihn vorgesehen hat, denn anders als die ECRL verlangt das TMG für seine Anwendung keine auf Gewinnerzielungsabsicht ausgerichtete Tätigkeit.[55] Es ist lediglich eine geschäftsmäßige Erbringung des Telemediendienstes gefordert. Diese liegt aber laut Gesetzesbegründung zum Gesetz über rechtliche Rahmenbedingungen für den elektronischen Geschäftsverkehr (Elektronischer Geschäftsverkehrgesetz = EGG), mit dem das damalige TDG den Anforderungen der ECRL angepasst wurde, bei einer nachhaltigen Tätigkeit mit oder ohne Gewinnerzielungsabsicht vor; lediglich private Gelegenheitsgeschäften seien davon nicht betroffen.[56] Eine wirtschaftlich geprägte Tätigkeit, deren Kern gerade die Gewinnerzielungsabsicht ist, ist also nicht erforderlich.[57]

---

53 Vgl. Erwägungsgrund 19 ECRL.
54 Zum Überblick über die kollisionsrechtliche Problematik s. *Spindler/Schmitz/Geis* § 4 TDG Rn. 17 ff.
55 Art. 2 lit.c) ECRL verlangt die Ausübung einer Wirtschaftstätigkeit, das schließt Betreiber von privaten Homepages oder auch von Universitäten aus dem Anwendungsbereich aus, vgl. *Blasi* S. 335.
56 Vgl. BT-Drucks. 14/6098, 17.
57 So auch *Spindler/Schmitz/Geis* § 4 TDG Rn. 12.

Schmittmann

§ 3 TMG ist ausschließlich auf Online-Aktivitäten anwendbar. Das bedeutet, dass vor allem für **48** den weiten Bereich des Versandhandels nicht alle Teile der Geschäftsabwicklung vom Herkunftslandprinzip umfasst sind. Lediglich der Teil, der online erfolgt, insbesondere die Werbung und der Vertragsabschluss, können in den Genuss des Herkunftslandprinzips kommen, die Auslieferung der Waren oder Erbringung der Dienstleistungen dagegen unterliegen dem dafür anwendbaren Recht.[58] Für die Auslieferung von Waren und Erbringung von Dienstleistungen können aber unter Umständen die primärrechtlichen Prinzipien des freien Verkehrs zur Anwendung kommen.[59]

2.2 Ausnahmen vom Herkunftslandprinzip

Zunächst ist festzuhalten, dass § 3 TMG schon denklogisch in den Bereichen nicht zur Anwen- **49** dung kommen kann, für die nach § 1 TMG, insbesondere § 1 Abs. 5 TMG, das gesamte Gesetz keine Anwendung findet. Ist aber das Gesetz anwendbar, so sind im Bereich des Herkunftslandprinzips die in § 3 Abs. 3 bis 5 TMG normierten Ausnahmen zu beachten. Die Ausnahmen unterscheiden sich in generelle Ausnahmen, die dazu führen, dass das Herkunftslandprinzip grundsätzlich nicht angewendet werden kann, und Einzelfallausnahmen, bei denen das Herkunftslandprinzip grds. anwendbar ist, aber in dem speziellen Fall wegen einer Ausnahmesituation nicht angewandt wird.

2.2.1 Generelle Ausnahmen

Zu den generellen Ausnahmen zählen insbesondere die Ausnahmen für vertragliches **50** Schuldrecht hinsichtlich Verbrauchern, § 3 Abs. 3 Nr. 2 TMG, die Zulässigkeit von unaufgeforderten elektronischen Werbemaßnahmen, § 3 Abs. 4 Nr. 3 TMG, Immaterialgüterrecht, § 3 Abs. 4 Nr. 6 TMG und Gewinnspiele, soweit sie Glücksspiele sind, die einen geldwerten Einsatz erfordern, § 3 Abs. 4 Nr. 4 TMG.

2.2.2 Einzelfallausnahmen

Anders als bei den generellen Ausnahmen ist bei den von § 3 Abs. 5 TMG Einzelfallausnah- **51** men das Herkunftslandprinzip grundsätzlich zu beachten. Nur wenn im Einzelfall der Schutz eines der in Nr. 1 bis 3 genannten Güter geboten ist, darf vom freien Verkehr der Dienste der Informationsgesellschaft abgewichen werden. Dazu ist erforderlich, dass eine ernsthafte und schwerwiegende Beeinträchtigung der in Nr. 1 bis 3 genannten Schutzziele konkret drohen oder bereits vorliegen muss.[60] Nach einer Interessenabwägung zwischen den Interessen des Diensteanbieters und denen des Mitgliedstaates an der Wahrung der Schutzziele muss sich die Einschränkung als verhältnismäßig herausstellen; für die Feststellung der Verhältnismäßigkeit ist die Kommission zuständig, die gem. § 3 Abs. 5 S. 2 TMG über die Ergreifung einer entsprechenden Maßnahme unterrichtet werden muss.[61] Die Einzelfallausnahmen als Eingriffsmöglichkeit der Mitgliedstaaten in das Herkunftslandprinzip sind eng auszulegende Notinstrumente, deren Anwendung nur bei entsprechend großer Gefahr für das Schutzgut zu rechtfertigen ist.[62]

---

58 Vgl. *Blasi* S. 325; *Rosenboom* S. 170f; *Tettenborn* K&R 2000, 59, 61 spricht insofern bildhaft aber auch verdeutlichend von einer *„Materialisierung“* der Aktivitäten, die zur Anwendbarkeit des spezifischen Rechts führt.

59 Zur Zulässigkeit des über eine Webseite abgewickelten Versandhandels von Arzneimitteln nach Primärrecht vgl. *EuGH* v. 11.12.2003 Rs. C-322/01 – DocMorris, ABIEU C 47 v. 21.2.2004, 5; *EuGH* GRUR Int. 2005, 637 ff. – Mand.

60 *Spindler/Schmitz/Geis* § 4 TDG Rn. 57.

61 *Spindler/Schmitz/Geis* § 4 TDG Rn. 54 ff.

62 *Tettenborn/Bender/Lübben/Karenfort* Beilage 1, K&R 12/2001, 12.

52   Liegt eine Ausnahme vom Herkunftslandprinzip vor, so besagt dies noch nicht ipso iure, dass jeder ausländische Anbieter auch deutsches Recht einhalten muss und auch nicht, dass der in Deutschland niedergelassene Anbieter das Recht eines jeden Staates einhalten muss, in den hinein er seinen Dienst anbietet. Es entfällt vielmehr nur die Privilegierung des Herkunftslandprinzips mit der Folge, dass nach dem jeweiligen Kollisionsrecht zu prüfen ist, welches Staates Recht anwendbar ist. Diese Frage beantworten das Internationale Privatrecht, Strafecht und Verwaltungsrecht des jeweiligen Empfangsstaates.

3. Zulassungsfreiheit

53   Ein Telemediendienst bedarf weder der Anmeldung noch der Zulassung, § 4 TMG, und steht damit im Gegensatz zum Rundfunk, der gem. § 20 Abs. 1 RStV der Zulassung bedarf. Hintergrund ist sowohl ein deregulatorischer Ansatz des Gesetzgebers, um die Entwicklung neuer Angebote im Bereich der Informations- und Kommunikationsdienste zu fördern,[63] als auch die europarechtliche Vorgabe von Art. 4 ECRL.

54   Die Anmeldungs- und Zulassungsfreiheit betrifft jedoch ausschließlich Telemediendienste, sie stellt nicht von Zulassungserfordernissen frei, die sich unter Umständen aus anderen Vorschriften ergeben. Das wird durch die Formulierung *„im Rahmen der Gesetze"* deutlich. Von Relevanz wird diese Unterscheidung vor allem im Bereich der zulassungspflichtigen Berufe: So kann ein Rechtsanwalt zwar ohne eine ausdrückliche Genehmigung einen Telemediendienst in Form einer Website betreiben, für die Ausübung des Berufs als Anwalt bedarf er aber dennoch der Zulassung nach BRAO. Die Zulassungsfreiheit ist es, die das Angebot von Telemedien attraktiv und unkompliziert macht.

4. Informationspflichten

55   Als Ausdruck des Verbraucherschutzes[64] verlangt § 5 TMG von den Anbietern von Telemedien indessen weitreichende Informationsangaben. Die Vorschrift wird ganz herrschend als im Sinne des UWG das Marktverhalten regelnd angesehen,[65] weswegen es immer wieder zu regelrechten Abmahnwellen wegen unvollständigen Informationsangaben kommt. Adressaten von § 5 TMG sind Diensteanbieter, die geschäftsmäßig in der Regel gegen Entgelt Telemedien anbieten. Der Anbieter muss daher zwei Kriterien erfüllen, um den Pflichten von § 5 TMG unterworfen zu sein: Er muss ein nachhaltiges, also auf Dauer angelegtes, Telemedium anbieten[66] und es muss in der Regel gegen Entgelt erfolgen. Mit der Einfügung des zweiten Kriteriums reagierte der Gesetzgeber auf erhebliche Kritik, da im TDG bisher nur ein geschäftsmäßiges Angebot erforderlich war und so auch rein private, unkommerzielle Telemedien den Informationspflichten unterworfen waren. Nunmehr ist klargestellt, dass rein private Homepages – zumindest nach TMG[67] – nicht mehr der so genannten „Impressumspflicht" unterworfen sind.[68] Allerdings bleibt die Formulierung von § 5 TMG etwas unscharf. Laut Gesetzesbegründung zum EGG soll das Merkmal der Entgeltlichkeit eine gewisse wirtschaftliche Gegenleistung voraussetzen und damit die Vorschrift der ECRL angeglichen werden.[69] Nicht deutlich wird, wo-

---

63   S. *Spindler/Schmitz/Geis* § 5 TDG Rn. 1; Beck IuKDG-Komm *Tettenborn* § 4 TDG Rn. 1.
64   *Stickelbrock* GRUR 2004, 111.
65   *BGH* GRUR 2007, 159, 160 – Anbieterkennzeichnung im Internet ; *OLG Jena* GRUR-RR 2006, 283; *OLG Oldenburg* GRUR-RR 2007, 54; a.A. *Brömmelmeyer* S. 336.
66   S. zum Begriff der Geschäftsmäßigkeit oben Rn. 47.
67   Zu Informationspflichten nach § 55 RStV s. Rn. 96 f.
68   BT-Drucks. 14/6098, 14.
69   BT-Drucks. 14/6098, 14.

für, von wem und in welcher Form die Gegenleistung erbracht werden soll. Da eine Angleichung an die ECRL erfolgen sollte, ist aber davon auszugehen, dass mit der Entgeltlichkeit jede im Wirtschaftsleben relevante Tätigkeit erfasst werden soll,[70] mithin also auch Informationsseiten von Unternehmen, da diese in erster Linie für Marketingzwecke verwendet werden, oder Online-Shops über entsprechende Informationsangaben verfügen müssen. Auch ansonsten unentgeltliche Telemedien werden teilweise erfasst, soweit sie über indirekte wirtschaftliche Einnahmen wie Werbebanner kommerziellen Belangen dienen.[71]

Die nach § 5 TMG vorzuhaltenden Informationen müssen gem. Abs. 1 leicht erkennbar, unmittelbar erreichbar und ständig verfügbar bereit gehalten werden. Über die Ausgestaltung dieser drei Merkmale, die gewährleisten sollen, dass ein Verbraucher weiß, mit wem er in geschäftlichen Kontakt tritt,[72] gab es lange Streit, der nunmehr jedoch vom BGH endgültig entschieden wurde. Eine leichte Erkennbarkeit der Informationen liegt vor, wenn der Anbieter für zu den Informationen führende Links die Bezeichnung „Impressum" oder „Kontakt" wählt; eine solche Bezeichnung habe sich inzwischen allgemein durchgesetzt und es sei dem durchschnittlichen Nutzer bekannt, dass dahinter die Anbieterkennzeichnung zu finden sei.[73] Die unmittelbare Erreichbarkeit der Informationen liegt vor, wenn die Informationen ohne wesentliche Zwischenschritte aufgerufen werden kann. Dazu reicht es aus, wenn die Informationen erst in zwei Schritten, also beispielsweise zuerst mit einem Klick auf „Kontakt" und dann auf „Impressum" eingesehen werden können, soweit der Nutzer nicht mehrere nicht ganz eindeutige Links anklicken muss.[74] Unschädlich ist, wenn der Nutzer ein wenig scrollen, also auf der Seite herunterblättern muss.[75] Erst wenn die Informationen auf einer dritten oder noch späteren Seite sind oder sehr verschlungen oder nur mit tiefergehenden Kenntnissen in der Informationstechnologie zu finden sind, ist die unmittelbare Erreichbarkeit nicht mehr gegeben.[76] Die ständige Verfügbarkeit der Informationen ist gegeben, wenn der Anbieter sie nicht nur vorübergehend bereithält. Sie müssen zu jeder Zeit und nach Möglichkeit von jeder Unterseite aus erreichbar sein. Vor allem aber darf es nicht notwendig sein, so genannte Plug-Ins, also Erweiterungen der Browser-Software oder sonstige weitere Programme zu installieren, um die Anbieterkennzeichnung sichtbar zu machen. Insoweit bedeutet „ständig" verfügbar, dass die Information überhaupt verfügbar ist.[77] Auch wenn der Bundesgerichtshof (BGH) nunmehr die Anforderungen an die Gestaltung der Informationen nach § 5 TMG klarer gestaltet hat, muss der Anbieter sorgfältig bei der Erstellung seiner Seiten vorgehen. Unklarheiten in der Gestaltung der Angaben gehen grds. zu Lasten des Anbieters[78] und auch eine Erreichbarkeit über zwei Klicks erfüllt nicht immer die Merkmale der leichten Erkennbarkeit und unmittelbaren Erreichbarkeit, sollte der Nutzer dadurch intensiver suchen müssen.

56

Die notwendig zu machenden Angaben finden sich in § 5 Abs. 1 Nr. 1 – 7 TMG. Danach ist zunächst der Name, eine ladungsfähige Anschrift – Postfach reicht nicht aus – und eine Möglichkeit für die schnelle elektronische Kontaktaufnahme und unmittelbare Kommunikation er-

57

---

70 *Bender/Kahlen* MMR 2006, 590, 592.
71 *Spindler* CR 2007, 239, 245; *Ott* MMR 2007, 354, 355.
72 *BGH* GRUR 2007, 159, 160 – Anbieterkennzeichnung im Internet.
73 S. Fn. 72.
74 S. Fn. 72.
75 Es reicht aus, dass die Informationen auffindbar und nicht versteckt angebracht sind *Brömmelmeyer* S. 317; langwieriges Scrollen kann dagegen eine leichte Erreichbarkeit verhindern *Spindler/Schmitz/ Geis* § 6 TDG Rn. 19.
76 Vgl. *Mankowski* LMK 2007, 209718 m.w.N.
77 Vgl. *Woitke* NJW 2003, 871, 873; *Stickelbrock* GRUR 2004, 111, 114.
78 *Mulch* MDR 2007, 309, 311.

forderlich. Letzte Erfordernisse werden durch die Angabe der Email-Adresse und einer Telefonnummer gewahrt.[79] Bei juristischen Personen als Anbieter sind darüber hinaus noch diesbezügliche Angaben wie bspw. die Vertretungsberechtigten und die Registernummer beim jeweiligen Register anzugeben. Anbieter, die für ihre Tätigkeit eine behördliche Genehmigung
benötigen, müssen die zuständige Aufsichtsbehörde genauso nennen wie Anbieter, die einen
freien Beruf ausüben, ihre Berufsbezeichnung, den diese verleihenden Staat, die Kammerzu-
gehörigkeit und die berufsrechtlichen Regelungen angeben müssen. Inhaber einer Umsatzsteueridentifikationsnummer müssen diese ebenfalls in den Informationen aufführen und schieß-
lich werden auch Angaben über die Liquidation oder Abwicklung von Aktiengesellschaften,
Gesellschaften mit beschränkter Haftung oder Kommanditgesellschaften auf Aktien verlangt,
soweit eine solche Situation vorliegt. § 5 Abs. 2 TMG macht deutlich, dass auch weitergehende Informationen erforderlich sein können, wenn die entsprechenden Normen einschlägig
sind. Das können z.B. die Vorschriften zum Fernabsatz nach §§ 312b ff. BGB sein.[80]

58   All diese Angaben sind auch für Anbieter, die ihre Dienste über ebay, oder andere Internet-
Auktions-Plattformen, erbringen, erforderlich, soweit sie dabei geschäftsmäßig und in der Regel gegen Entgelt handeln.[81] Dabei wird aber nicht jeder ebay-Anbieter erfasst, denn nicht immer handeln diese geschäftsmäßig, also nachhaltig. Erst wenn eine gewisse Häufigkeit und
Planmäßigkeit der Angebote auf ebay vorliegt, kann von Geschäftsmäßigkeit gesprochen werden.[82] Problematisch erscheint das Verhältnis von § 5 TMG zu § 55 RStV. Denn während § 5
TMG die privaten Angebote, die nicht gegen Entgelt erfolgen, von der Anbieterkennzeichnung
ausnimmt, legt § 55 Abs. 1 RStV dem Anbieter wieder einige solche Pflichten auf. Darauf wird
später noch einzugehen sein.

4.1 Besondere Informationspflichten

59   § 6 TMG normiert bestimmte besondere Informationspflichten, die gewahrt werden müssen,
soweit es sich bei den Telemedien um kommerzielle Kommunikationen handelt. Der Begriff
der kommerziellen Kommunikationen ist in § 2 Nr. 5 TMG legaldefiniert und meint jede Art
der Werbung und Selbstdarstellung.[83] Damit sind die besonderen Informationspflichten nicht
nur auf die Werbung beschränkt, sondern beziehen sich auf das Handeln im geschäftlichen Verkehr im Allgemeinen.[84] § 6 TMG soll unter anderem sicherstellen, dass der Nutzer jederzeit
weiß, wer der Anbieter des Telemediums ist, damit er sich über die Objektivität des jeweiligen
Angebots Gedanken machen kann. Das ist wichtig, da das dem Medien- und Wettbewerbsrecht
immanente Trennungsgebot[85] ausdrücklich nur für Telemedien mit journalistisch-redaktioneller Gestaltung normiert ist.[86] Aufgrund der Informationspflichten nach § 6 TMG kann sich ein
Nutzer aber auch bei Angeboten, die nicht den zusätzlichen Pflichten aus dem VI. Abschnitt
des RStV unterfallen, immer ein Bild davon machen, wer für die gemachten Angaben verantwortlich zeichnet und ist so in der Lage, eine Irreführung durch eine falsch verstanden Webseite, die als sachliche Information sich darstellt, in Wahrheit aber werbenden Charakter hat,

---

79 Ganz h.M., anstatt vieler *Kaestner/Tews* WRP 2004, 391, 395; *Stickelbrock* GRUR 2004, 111, 113.
80 *Erdemir* K&R 2006, 500, 502 hält darüber hinaus auch die Angabe des Jugendschutzberaters (s. dazu
   Rn. 118 ff.) samt Namen und E-Mail-Adresse für erforderlich.
81 S. zuletzt *OLG Oldenburg* GRUR-RR 2007, 54 ff.; *OLG Jena* GRUR-RR 2006, 283 ff.
82 S. zu den Informationspflichten von solchen Anbietern und den Gestaltungsmöglichkeiten der Anbieterkennzeichnung auf ebay *Kaestner/Tews* WRP 2004, 391 ff.; *dies.* WRP 2004, 509 ff.
83 *Spindler/Schmitz/Geis* § 2 TDG Rn. 21 f.; *Ukrow* in Hoeren/Sieber, Multimedia-Recht, § 10 MDStV
   Rn. 190.
84 *Bodewig* GRUR Int. 2000, 475, 476.
85 Vgl. *Hefermehl/Köhler/Bornkamm* § 4 UWG Rn. 3.1.
86 S. Rn. 101.

zu vermeiden. Um diese Informationsmöglichkeit des Nutzers zu gewährleisten, werden in Abs. 1 Nr. 1-4 bestimmte Vorgaben gemacht, die bei kommerzieller Kommunikation, zu der nach herrschender Meinung auch die Werbung per Email gehört,[87] beachtet werden müssen.

§ 6 Abs. 3 TMG sieht vor, dass neben den besonderen Informationspflichten nach TMG auch die Vorschriften des UWG anwendbar bleiben. Das ist insbesondere bedeutsam für die Zulässigkeit von sog. Spam, also unerwünschter Werbung, in erster Linie mittels elektronischer Post, die nach § 7 Abs. 2 UWG eine unzumutbare Belästigung und daher eine unlautere Handlungsweise nach § 3 UWG darstellt.[88]

4.2 Verbot von Spam

Der Gesetzgeber sah allerdings den Schutz vor Spam durch § 7 UWG nicht ausreichend an und sah sich daher gezwungen, eine weitere Vorschrift über Spam in das TMG aufzunehmen, die den redlichen Nutzer von Emails besser schützen soll.[89] Um dies zu erreichen, verpflichtet § 6 Abs. 2 TMG die Versender von Werbe-Emails, den Charakter der kommerziellen Kommunikation nicht zu verschleiern oder verheimlichen, wobei das Gesetz in S. 2 des Absatzes auch gleich noch eine Legaldefinition des Verschleierns oder Verheimlichens anführt. Diese Tatbestandsmerkmale liegen vor, wenn die Kopf- und Betreffzeile der Email absichtlich so gestaltet sind, dass der Empfänger vor Einsichtnahme in den Inhalt der Kommunikation keine oder irreführende Informationen über die tatsächliche Identität des Absenders oder den kommerziellen Charakter der Nachricht erhält. Eine Verschleierung der Informationen soll nach der Gesetzesbegründung vorliegen, wenn falsche Angaben gemacht wurden, insbesondere suggeriert wird, die Email stamme von einer offiziellen Stelle; eine Verheimlichung liegt vor, wenn gar keine Angaben gemacht sind.[90] Entsprechendes gilt für die Verschleierung des Charakters als kommerzielle Kommunikation, also als Werbemaßnahme. Ziel dieser Vorschrift ist es, den Empfänger der Nachricht vor irreführenden Angaben zu schützen, die bereits in der Kopf- und Betreffzeile einer Email enthalten sind. Damit soll es dem Empfänger ermöglicht werden, Spam besser durch entsprechende Filter und Programme auszusortieren.[91]

Bei einem absichtlichen Verstoß gegen § 6 Abs. 2 TMG kann nach § 16 Abs. 1, 3 TMG ein Bußgeld von bis zu 50.000,- € festgesetzt werden. Anstatt der Geldbuße nach § 16 Abs. 3 TMG kann auch eine Gewinnabschöpfung in Form des Verfalls nach § 29a OWiG erfolgen.

60

61

5. Haftungsprivilegierung

Das TMG sieht in §§ 7-10 TMG verschiedene Regelungen zur Verantwortlichkeit eines Diensteanbieters vor. Diese Verantwortlichkeitsregeln stellen eine Weiterentwicklung der bereits in § 5 TDG in der Fassung des IuKDG von 1997 eingeführten Haftungsprivilegierung dar, die auch dazu dienen sollte, den Zweck des IuKDG, nämlich den Wandel zur Infomationsgesellschaft zu unterstützen,[92] zu fördern.

62

---

87 Vgl. nur *Spindler/Schmitz/Geis* § 7 TDG Rn. 3.
88 Zu § 7 UWG vgl. *Hefermehl/Köhler/Bornkamm* § 7 UWG Rn. 1 ff.
89 S. BT-Drucks. 16/3078, 14 f.; *Bender/Kahlen* MMR 2006, 590, 593.
90 BT-Drucks. 16/3078, 15.
91 BT-Drucks. 16/3078, 15.
92 BT-Drucks. 13/7385, 16.

5.1 Das Prinzip der Haftungsprivilegierung

63 Dabei geht das Gesetz von unterschiedlichen Haftungsmaßstäben für eigene und fremde Inhalte des Diensteanbieters aus. Während er nach § 7 Abs. 1 TMG für eigene Inhalte nach den allgemeinen Gesetzen haftet, stellen ihn §§ 8-10 TMG – in einem gewissen Rahmen – für fremde Inhalte von der Verantwortlichkeit frei.

5.1.1 Anwendungsbereich der Verantwortlichkeitsregeln

64 Die Verantwortlichkeitsregeln des TMG haben einen breiten horizontalen Ansatz. Sie gelten für alle Rechtsgebiete gleichermaßen, also neben dem Zivilrecht auch für das Strafrecht und das öffentliche Recht. Dies ergibt sich zum einen aus der Verwendung des Begriffes „Verantwortlichkeit"[93] und zum anderen aus den Vorgaben der ECRL, deren Verantwortlichkeitsbegrenzung in Art. 12 – 14 ECRL ebenfalls auf alle Rechtsgebiete anzuwenden sind.[94]

5.1.2 Eigene und fremde Inhalte

65 Eine Haftungsprivilegierung des Anbieters besteht nur für fremde Inhalte. Dies ergibt sich schon aus dem Wortlaut von § 7 Abs. 1 TMG, der die Haftung des Diensteanbieters für eigene Inhalte normiert, sowie den § 8-10 TMG, die jeweils auf fremde Informationen Bezug nehmen. Allerdings bleibt eine Grauzone zwischen diesen beiden Begriffen, nämlich bei solchen fremden Inhalten, die sich ein Diensteanbieter zu eigen macht. Zu eigen macht ein Anbieter sich originär fremde Inhalte, also Inhalte eines Dritten, wenn er sie so übernimmt, dass sie sich aus Sicht eines objektiven Dritten so darstellen, als ob der Anbieter selbst für sie die Verantwortung tragen will bzw. es sich um eigene Inhalte handelt.[95] Bei der notwendigen Beurteilung, ob ein Anbieter sich fremde Inhalte zu eigen macht, muss auch die ECRL berücksichtigt werden, die insoweit ein engeres Verständnis der eigenen Inhalte kennt und vor allem auf die technische Herrschaft über die Information abstellt.[96] Allerdings sind weder die Meinungen in der Literatur noch die Rechtsprechung in dieser Frage einheitlich. Die Rechtsprechung tendiert zu einer weiten Auslegung des Sich-zu-eigen-Machens,[97] während die Literatur eher dem Ansatz der ECRL folgen will. Einigkeit besteht lediglich darin, dass eine pauschale Distanzierung – der sog. *„Disclaimer"* – nicht zu einem Ausschluss des Sich-zu-eigen-Machens führt.[98] Ein Sich-zu-eigen-Machen von fremden Inhalten durch einen Anbieter wird vor diesem Hintergrund vor allem dann vorliegen, wenn er aktiv eingreift und so die Wahrnehmungsmöglichkeit für die Information bewusst veranlasst und beeinflusst; automatisierte Vorgänge, die eine Information in den Vordergrund einer Webseite rücken lassen oder eine prinzipiell bestehende Kontrollmöglichkeit reichen dagegen für das Sich-zu-eigen-Machen nicht aus.[99] Sollte sich der Anbieter die fremden Inhalte zu eigen gemacht haben, ist er für diese Inhalte genauso haftbar wie für seine eigenen.

5.1.3 Die Freistellung von der Verantwortlichkeit für fremde Inhalte

66 Soweit es sich bei in Streit stehenden Informationen nicht um eigene und auch nicht um zu eigene gemachte Inhalte handelt, sondern um fremde Informationen, kommt der Diensteanbieter in den Genuss der Haftungsprivilegierung der §§ 8-10 TMG. Diese Privilegierungstatbestände

---

93 *Spindler/Schmitz/Geis* vor § 8 TDG Rn. 13.
94 Vgl. *Freytag* CR 2000, 600, 604.
95 *OLG Köln* MMR 2002, 678; *Spindler/Schmitz/Geis* § 8 TDG Rn. 5.
96 So auch *Schmitz/Dierking* CR 2005, 420, 425; *Sobola/Kohl* CR 2005, 443, 445.
97 *OLG Köln* MMR 2002, 678; zu weitgehend, da die Unterscheidung zwischen eigenen und fremden Inhalten komplett aushebelnd *LG Hamburg* Urteil v. 27.4.2007, Az. 324 O 600/06.
98 Vgl. dazu nur *Spindler/Schmitz/Geis* § 8 TDG Rn. 7.
99 Vgl. *BGH* NJW 2004, 3102, 3103 – Internet-Versteigerung; *Spindler/Schmitz/Geis* § 8 TDG Rn. 9.

Schmittmann

sind auf verschiedene Formen der Diensteerbringung ausgelegt. Dadurch soll den unterschiedlichen Charakteristika der Dienste Rechnung getragen werden. Die Formen sind die Durchleitung von Informationen, § 8 TMG, die Zwischenspeicherung selbiger, § 9 TMG, und die Speicherung von Informationen, § 10 TMG.

§ 8 TMG befreit den Diensteanbieter, der fremde Informationen in einem Kommunikationsnetz übermitteln oder zu denen sie den Zugang zur Nutzung vermitteln. Damit sind vor allem Access-Provider, auch wenn sie den Zugang über WLAN vermitteln, erfasst, aber auch andere Zugangssysteme, wie z.B. Peer-to-Peer Netzwerke oder Konzern-Netze. § 9 TMG betrifft Anbieter, die eine automatische, zeitlich begrenzte Zwischenspeicherung von fremden Informationen vornehmen, soweit diese dem Zweck dient, die entspr. Informationen anderen Nutzern auf deren Anfrage hin effizienter zur Verfügung zu stellen. Diese Verantwortlichkeitsregelung findet vor allem auf Anbieter von Caching- und Mirroring-Diensten.[100] § 10 TMG betrifft schließlich die Speicherung von fremden Informationen für einen dritten Nutzer. Dieses sog. Hosting, bei dem der Anbieter dem Nutzer Speicherplatz zur Verfügung stellt, wird zum einen von Anbietern von Webspace oder Datenbanksystemen vorgenommen, die ihren Kunden Speicherplatz für eine Webseite zur Verfügung stellen aber andererseits auch Angebote wie Diskussionsforen, Gästebücher, Internet-Auktionshäuser oder die Bereithaltung eines Blog-Systems. Nicht zuletzt aus diesem Grund kommt § 10 TMG die größte Bedeutung im System der Verantwortlichkeitsbefreiungen zu. Zwar werden vor dem Hintergrund von Urheberrechtsverletzung über Tauschbörsen zunehmend auch Access-Provider zur Haftung herangezogen,[101] womit der Anwendung des § 8 TMG erhöhte Bedeutung zukommen wird, aber der weite Anwendungsbereich von § 10 TMG in Verbindung mit der immer stärker werden Relevanz von Angeboten wie Diskussionsforen und Internet-Auktionen hat dafür gesorgt, dass sich die Gerichte, und in der Folge die Literatur, vornehmlich mit der Verantwortlichkeit für Hosting auseinander zu setzen hatten.

67 Anknüpfungspunkt für § 10 TMG ist die Speicherung fremder Informationen. Für eine solche Speicherung reicht es bereits aus, dass ein Nutzer, der nicht identisch mit dem Diensteanbieter ist, Beiträge in ein Diskussionsforum einstellt[102] oder aber auch ein Blog betreibt, dessen Infrastruktur vom Diensteanbieter bereit gehalten wird. Es ist also nicht erforderlich, dass der Nutzer tatsächlich Dateien auf den Speicherplatz des Anbieters hochlädt.

68 Um zur Verantwortung gezogen werden zu können, muss der Diensteanbieter Kenntnis von der entsprechenden fremden Information erlangt haben. Insofern ist positive Kenntnis erforderlich, ein Kennenmüssen reicht nicht aus.[103] Dass ein Kennenmüssen nicht ausreicht, ist eine Konsequenz aus § 7 Abs. 2 S. 1 TMG, worin ausdrücklich festgelegt wird, dass den Diensteanbieter keinerlei Überwachungs- und Prüfpflichten bezüglich der von ihnen übermittelten oder gespeicherten Informationen treffen. Würde man aber ein Kennenmüssen für die Kenntnis i.S.d. § 10 TMG ausreichen lassen, so führte dies indirekt zu einer Prüfpflicht, die gerade nicht dem gesetzgeberischen Willen entspricht.[104]

---

100 Von Caching spricht man bei einer Zwischenspeicherung von Webseiten, auf die häufig zugegriffen wird und deren Inhalt deswegen vom Anbieter auf einem eigenen Server vorgehalten wird, um diesen Zugriff zum einen zu beschleunigen und zum anderen die transportierte Datenmenge zu verringern. Diese Aufgabe übernehmen so genannte Proxy-Server. Beim Mirroring wird dagegen ein bestimmter Datenbestand „gespiegelt", d.h. eins zu eins auf einem anderen Datenspeicher abgebildet. Dieses Verfahren dient häufig auch der Datensicherung.
101 S. dazu *Gercke* CR 2006, 210 ff.
102 Vgl. *Spindler/Schmitz/Geis* § 11 TDG Rn. 73.
103 *Spindler/Schmitz/Geis* § 11 TDG Rn. 16; *Strömer/Grootz* K&R 2006, 553, 554.
104 *Stadler* K&R 2006, 253, 255 f.; so auch *Strömer/Grootz* K&R 2006, 553, 554.

69 Nicht geregelt hat der Gesetzgeber, wann Kenntniserlangung eintritt. Denkbar sind dazu drei verschiedenen Varianten: Der Diensteanbieter wird von einem Dritten – häufig wird das die Person sein, die Ansprüche geltend macht – auf die entsprechende Information hingewiesen, der Anbieter beteiligt sich selbst an Vorgängen um die entsprechende Information oder eine vom Diensteanbieter mit der Wahrnehmung verschiedener Aufgaben im Rahmen des Angebots betraute Person[105] erhält Kenntnis von der Information. Im letzteren Fall wird dem Diensteanbieter die Kenntnis des Moderators zugerechnet.[106] Soweit der Anbieter durch einen Hinweis eines Dritten Kenntnis erlangen soll, muss dieser Hinweis hinreichend konkret sein. Es reicht nicht ein allgemeiner Hinweis auf mögliche Rechtsverletzungen aus, sondern der Hinweis muss so konkret gestaltet sein, dass der Anbieter ihn mit einer einfachen Suchroutine finden kann.[107]

70 Allein die Kenntnis von der Information reicht aber noch nicht aus, damit der Anbieter nicht mehr in den Genuss der Haftungsprivilegierung von § 10 TMG kommt. Er muss zudem Kenntnis von der Rechtswidrigkeit der Information erhalten.[108] Dieses Merkmal kann je nach den Umständen offensichtlich sein, zum Beispiel wenn es um pornografische oder volksverhetzende Inhalte geht, es kann aber auch wesentlich schwieriger zu erfassen sein, vor allem bei eventuellen Schutzrechtsverletzungen. Soweit die Rechtswidrigkeit nicht offensichtlich ist, muss der Anbieter in die Lage versetzt werden, zumindest kursorisch die Rechtswidrigkeit zu prüfen.[109] Dabei wird der rechtsunkundige Anbieter gegenüber dem rechtskundigen privilegiert, denn letzterer kann die Rechtswidrigkeit einer ihm bekannt gewordenen fremden Information leichter einschätzen und hat daher unter Umständen eine kürzere Reaktionsfrist; dem rechtsunkundigen Anbieter muss nämlich zugestanden werden, zunächst Auskunft über die Rechtswidrigkeit einer Information einholen zu können. Im Gegensatz zur tatsächlichen Kenntnis von der Information, sieht § 11 Nr. 1 Alt. 2 TDG zumindest für Schadensersatzansprüche auch eine Haftung für grob fahrlässige Unkenntnis der Rechtswidrigkeit vor.

71 Der Anbieter verliert seine Befreiung von der Verantwortlichkeit für durch ihn gespeicherte fremde Informationen, wenn er nach Kenntniserlangung nicht unverzüglich tätig wird, um die Information zu entfernen oder den Zugang zu ihr zu sperren, § 11 Nr. 2 TMG. Die Frage der Unverzüglichkeit orientiert sich dabei an der Erkennbarkeit der Rechtswidrigkeit: bei offensichtlich rechtswidrigen Informationen ist die Frist zur Entfernung der Information deutlich kürzer als wenn der Anbieter erst noch die Rechtswidrigkeit prüfen (lassen) muss.[110] Nach dem Willen des Gesetzgebers muss dem Anbieter die Entfernung oder Zugangssperre auch technisch möglich und zumutbar sein,[111] wobei im Rahmen der Zumutbarkeit auch der Grundsatz der freien Meinungsäußerung Berücksichtigung finden muss, so dass bei einer technisch unmöglichen Entfernung einzelner Beiträge die Sperrung des gesamten Angebots nur ultima ratio sein kann.[112] § 10 Abs. 2 TMG lässt keine Haftungsprivilegierung zu, wenn die rechtswidrige

---

105 Solche Konstellation findet man häufig in Diskussionsforen, in denen sog. Moderatoren gewisse (diskussions)lenkende Funktionen innehaben.

106 *Strömer/Grootz* K&R 2006, 553, 554; dies gilt allerdings nicht für strafrechtliche Verantwortlichkeit, da das Strafrecht keine Zurechnung der Kenntnise Dritter kennt, *Spindler/Schmitz/Geis* § 11 TDG Rn. 26.

107 *Spindler/Schmitz/Geis* § 11 TDG Rn. 15.

108 Zutreffend *Spindler/Schmitz/Geis* § 11 TDG Rn. 19; *Hoffmann* MMR 2002, 284, 288; *Ehret* CR 2003, 754, 759; *Sobola/Kohl* CR 2005, 443, 447.

109 *Strömer/Grootz* K&R 2006, 553, 555.

110 *Strömer/Grootz* K&R 2006, 553, 555 sehen insgesamt einen Zeitraum zwischen 24 Stunden für offensichtliche Verletzungen und einer Woche ab Kenntniserlangung als angemessen an.

111 BT-Drucks. 14/6098, 25.

112 *Spindler/Schmitz/Geis* § 11 TDG Rn. 55.

Information aus der Sphäre des Anbieters stammt.[113] Bei der Prüfung der Verantwortlichkeit von Diensteanbietern muss immer zunächst die Frage der Anwendbarkeit der §§ 8–10 TMG geprüft werden, ihnen kommt eine so genannte Filterfunktion zu.[114] Das bedeutet, dass eine Verantwortlichkeit, gleich ob strafrechtlich oder zivilrechtlich, nur dann in Betracht kommt, wenn nicht die Privilegierung der §§ 8-10 TMG greift.

5.2 Konflikt Störerhaftung/Haftungsprivilegierung

Während die Befreiung von der Verantwortlichkeit im Strafrecht und für zivilrechtliche Schadensersatzansprüche dem Gesetz klar entnommen werden kann und auch allgemein anerkannt ist, ist die Möglichkeit der Inanspruchnahme der Diensteanbieter auf Unterlassung für fremde Informationen stark umstritten. Dieser Streit rührt vor allem aus einem Konflikt der Befreiung von Überwachungspflichten nach § 7 Abs. 2 S. 1 TMG und einer Auferlegung von solchen Pflichten aus einer Unterlassungsverpflichtung. **72**

5.2.1 Grundsätze des BGH zur Störerhaftung

2004 hat der BGH ein Grundsatzurteil[115] zur Anwendbarkeit der Störerhaftung trotz der Haftungsprivilegierungnormen des TMG gefällt. Obwohl dieses Urteil wegen seiner Auswirkungen stark in der Kritik der Literatur steht,[116] haben die Instanzgerichte es insgesamt in ihre Rspr. aufgenommen, so dass sich Diensteanbieter bei der Erbringung ihres Angebots auf die Vorgaben des BGH einstellen müssen. **73**

In seiner Entscheidung beschäftigte sich der BGH zunächst mit der Anwendbarkeit der Haftungsprivilegierung auf Unterlassungsansprüche und lehnte diese ab, da die Freistellung von der Verantwortlichkeit nur auf strafrechtliche Verantwortlichkeit und Schadensersatzhaftung anwendbar sei. Zur Begründung führt der BGH an, dass bereits die ECRL in Erwägungsgrund 46 und Art. 14 Abs. 3 ECRL den Mitgliedstaaten nicht die Möglichkeit nehme, Unterlassungsansprüche von der Haftungsprivilegierung auszunehmen. Diese Möglichkeit habe der deutsche Gesetzgeber durch § 8 Abs. 2 S. 2 TDG – nunmehr § 7 Abs. 2 S. 2 TMG – wahrgenommen.[117] Die Kritik der Literatur an dieser Rechtsprechung stößt sich vor allem an der Auslegung von § 7 Abs. 2 S. 2 TMG. Denn der Wortlaut spricht nur von einer Entfernung oder Sperrung einer Information nach den allgemeinen Gesetzen und nicht davon – wie Art. 14 Abs. 3 ECRL –, dass verlangt werden kann, dass eine Rechtsverletzung verhindert wird. Nur letzteres aber wäre im Sinne eines Unterlassungsanspruchs zu sehen, § 7 Abs. 2 S. 2 TMG dagegen regele nur eine Löschungs- und Beseitigungspflicht.[118] Diese Kritik an der Entscheidung des BGH ist zwar durchaus verständlich, jedoch spricht die Akzeptanz der BGH-Entscheidung durch die Instanzgerichte, die jüngste Bestätigung seiner Rechtsprechung durch den BGH[119] und die Tatsache, dass die Haftungsregelungen im Gesetzgebungsverfahren zum TMG nicht neu gestaltet wurden, dafür, dass die Unterlassungshaftung der Diensteanbieter bis auf weiteres Bestandteil der medienrechtlichen Rechtsprechung bleiben wird. **74**

---

113 Vgl. *Sobola/Kohl* CR 2005, 443, 448.
114 *Fechner* Rn. 1110.
115 *BGH* NJW 2004, 3102 ff. – Internet-Versteigerung; zuletzt bestätigt durch Urteile v. 27.3.2007, Az. VI ZR 101/06 und 19.4.2007, Az. I ZR 35/04.
116 Vgl. *Sobola/Kohl* CR 2005, 443, 449; *Stadler* K&R 2006, 253, 254.
117 Vgl. insgesamt dazu *BGH* NJW 2004, 3102, 3103f – Internet-Versteigerung.
118 *Sobola/Kohl* CR 2005, 443, 449; *Stadler* K&R 2006, 253, 254.
119 *BGH* Urteil v. 27.3.2007, Az. VI ZR 101/06.

75 Voraussetzung für eine Inanspruchnahme auf Unterlassung ist, dass der Diensteanbieter Störer ist. Das ist er nach der ständigen Rechtsprechung des BGH dann, wenn er ohne Täter oder Teilnehmer zu sein in irgendeiner Weise willentlich und adäquat kausal zur Verletzung eines geschützten Guts beiträgt. Allerdings schränkt der BGH diese Voraussetzung gleichzeitig ein wenig ein, um die Haftung nicht ausufern zu lassen. Der Störer muss für eine Inanspruchnahme Prüfungspflichten verletzt haben, deren Umfang sich je nach den konkreten Umständen bestimmt. Einen willentlich und adäquat kausalen Tatbeitrag sieht der BGH in der Eröffnung einer Plattform für eine Rechtsverletzung. Im konkreten Fall handelte es sich um eine Plattform für Internet-Versteigerungen, letztendlich sind die Grundsätze für die Störerhaftung aber auf jegliche Diensteplattformen anzuwenden, bei denen Nutzer zur Generierung von Content beitragen können, also auch Diskussionsforen, Gästebücher, Blogs und auch Videoseiten. Das Gericht erkennt an, dass eine solche Plattform nicht betrieben werden kann, wenn dem Anbieter eine generelle Prüfungspflicht auferlegt wird und nimmt so die Grundsätze des § 7 Abs. 2 S. 1 TMG in seine Rechtsprechung mit auf.[120] Allerdings zieht er dort eine Grenze, wo der Anbieter auf eine Rechtsverletzung hingewiesen wird. Auf einen solchen Hinweis hin muss der Anbieter nicht nur seiner Verpflichtung zur Entfernung oder Sperrung der jeweiligen rechtsverletzenden Information nach § 10 S. 1 Nr. 2 TMG nachkommen, sondern darüber hinaus auch dafür sorgen, dass zukünftig möglichst keine weiteren solchen Rechtsverletzungen geschehen.[121]

5.2.2 Konsequenzen aus der BGH-Rechtsprechung

76 Die Rechtsprechung des BGH bedeutet keine vollständige Aushebelung der Haftungsprivilegierung des TMG und vor allem ergibt sich daraus auch keine generelle Überwachungspflicht für den Anbieter. Allerdings setzt der BGH nach Kenntniserlangung des Anbieters von rechtswidrigen Inhalten auf seinem Angebot den Grundsatz des § 7 Abs. 2 S. 1 TMG teilweise außer Kraft. Teilweise deswegen, weil der BGH nach Kenntniserlangung vom Anbieter verlangt, zukünftige gleichartige Rechtsverletzungen *„möglichst"* zu verhindern. Er sieht als Verhinderungsmöglichkeit insbesondere den Einsatz vorgezogener automatisierter Filterverfahren an, es ist also nicht ausreichend, manuell nach Rechtsverletzungen gleicher Qualität zu suchen.[122] Gleichzeitig sieht der BGH mit der Einschränkung *„möglichst"* eine Zumutbarkeits-Grenze für die Verhinderung künftiger Rechtsverletzungen.[123] Eine automatisierte Filterungsfunktion ist nur begrenzt tauglich, um Rechtsverletzungen zu verhindern. Während Markenverletzungen, die Gegenstand des vom BGH entschiedenen Fall waren, damit relativ zuverlässig verhindert werden können, ist im Bereich der Persönlichkeitsverletzungen, die die vorwiegenden Rechtsverletzungen in Diskussionsforen darstellen, die Bandbreite der möglichen ehrverletzenden Äußerungen so groß, dass eine zuverlässige Filterung unmöglich ist.[124] In solchen Fällen wäre die Zumutbarkeitsgrenze für die Verhinderung künftiger Verletzungen überschritten.

77 Die Entscheidung des BGH hat auch Konsequenzen für die Zulässigkeit kostenpflichtiger Abmahnungen des Anbieters durch den Verletzten. Nur wenn der Anbieter bereits Kenntnis von der rechtswidrigen Information hatte, ist eine kostenpflichtige Abmahnung möglich. Denn da den Anbieter weder nach TMG noch nach den Grundsätzen des BGH eine generelle Überwachungspflicht trifft, ist Auslöser seiner Störerhaftung die Kenntnis von dem rechtswidrigen In-

---

120 *BGH* NJW 2004, 3102, 3104 – Internet-Versteigerung.
121 *BGH* NJW 2004, 3102, 3104 – Internet-Versteigerung.
122 *Lement* GRUR 2005, 210, 212.
123 Vgl. auch den dritten Leitsatz, S. 3 der Entscheidung des *BGH* NJW 2004, 3102 – Internet-Versteigerung.
124 Vgl. *OLG Düsseldorf* MMR 2006, 618, 620.

halt. Aber nur wenn der Anbieter bereits als Störer haftet, ist eine kostenpflichtige Abmahnung möglich; eine Erstabmahnung, mit der er in Kenntnis von rechtswidrigen Inhalten gesetzt wird, ist dagegen kostenfrei und verpflichtet auch noch nicht zur Abgabe einer strafbewehrten Unterlassungserklärung.[125]

5.3 Entwicklung der Rechtsprechung

Die Rechtsprechung hat zunächst zu einer Klärung der Frage, wann fremde und eigene Inhalte **78** vorliegen beigetragen. Dieser Punkt kann inzwischen als nach den oben genannten Grundsätzen gefestigt gelten, wenn auch das LG Hamburg jüngst in einem noch nicht rechtskräftigen Urteil[126] versucht hat, hier wieder einen weiteren Maßstab für die Haftung von Hostprovidern zu etablieren. Es hat nämlich entschieden, dass ein Diskussionsforum grds. ein Telemedium mit journalistisch-redaktioneller Gestaltung ist. Diese viel zu weitgehende Qualifizierung erfolgt ohne Begründung und kann nicht den anerkannten Voraussetzungen für eine entsprechende rechtliche Einordnung genügen. Darüber hinaus sieht es jegliche Inhalte in einem Diskussionsforum als eigene Beiträge des Betreibers an, soweit er sich nicht konkret von diesen Beiträgen diskutiert. Daraufhin wendet es dennoch die Prinzipien der Störerhaftung an, wofür eigentlich schon kein Raum besteht, wenn es die Inhalte als eigene qualifiziert, denn dann wäre der Betreiber selbst der Rechtsverletzer und nicht Störer. Es ist zu erwarten, dass dieses Urteil keinen Bestand haben wird, bis zu einer Berufungsentscheidung wird man sich aber in der Rechtspraxis mit dieser Argumentation auseinander setzen müssen.

Im Übrigen beschäftigten sich die Instanzgerichte vor allem mit der Ausgestaltung der Reich- **79** weite der Unterlassungsverpflichtungen eines Host-Providers nach den Prinzipien der *Internet-Versteigerung*-Entscheidung des BGH. Gegenstand waren vor allem Entscheidungen zu ebay-Angeboten sowie zu zunehmend wichtige werdenden Angeboten mit user-generated-content. Auch die Haftung von WLAN-Providern wurde inzwischen instanzgerichtlich thematisiert, sowohl aus Sicht von professionellen Anbietern als auch unvorsichtigen Privatleuten, die ihr heimisches WLAN ungeschützt ließen. Insgesamt ist vor allem die Zumutbarkeit von Kontroll- und Überwachungsmaßnahmen von den Gerichten mit teils sehr unterschiedlichen Ergebnissen diskutiert worden und hier ist auch noch weiterer höchstrichterlicher Klärungsbedarf notwendig, bevor diese Frage endgültig beantwortet sein wird. Dabei legen die Gerichte meist unterschiedliche Maßstäbe an, je nachdem ob es sich um ein kommerzielles oder ein privates Angebot handelt, auf dem Rechtsverletzungen begangen wurden.[127]

6. Datenschutz[128]

Bei der Nutzung von Telemedien, die vorwiegend im Internet stattfindet, fallen eine große Zahl **80** personenbezogener Daten an. Diese Daten sind für die Anbieter von Telemedien von hohem wirtschaftlichen Wert. Nicht nur sind sie für die Abwicklung der Abrechnung von Bedeutung, sie bilden auch die Grundlage für vielfältige Marketingaktivitäten und somit für weitere Ent-

---

125 So auch *Lement* GRUR 2005, 210, 213*; Engels/Jürgens/Fritzsche* K&R 2007, 57, 65.
126 *LG Hamburg* Urteil v. 27.4.2007, Az. 324 O 600/06.
127 Zur Entwicklung der Rspr. allgemein *Volkmann* K&R 2007, 289 ff.; einzelne wichtige Entscheidungen sind hier zu finden *OLG Hamburg* MMR 2006, 744 ff. – heise.de; *OLG Düsseldorf* MMR 2006, 618 ff.; *BGH* Urteil v. 27.3.2007, Az. VI ZR 101/06 Rn. 13; *LG Hamburg* MMR 2006, 763; zur Haftung für offene WLAN vgl. auch *Hornung* CR 2007, 88.
128 Im Rahmen dieses Beitrags ist es nicht möglich, alle datenschutzrechtlichen Vorgaben des TMG zu behandeln, daher wird eine Reduzierung auf die für Telemedien wesentlichen vorgenommen. Vgl. weiterführend *Hoeren/Sieber* Multimedia-Recht, Teil 16.

wicklungschancen der Anbieter. Gleichzeitig ist von den Anbietern aber auch das vom Bundesverfassungsgericht im Volkszählungsurteil[129] konkretisierte Recht auf informationelle Selbstbestimmung nach Art. 2 Abs. 1 i.V.m. Art. 1 Abs. 1 GG des jeweiligen Nutzers zu wahren. Den Ausgleich dieser widerstreitenden Interessen soll das Datenschutzrecht gewährleisten, wobei der 4. Abschnitt des TMG für den Datenschutz in Zusammenhang mit der Erbringung von Telemediendiensten Spezialnormen zur Verfügung stellen, die eine Subsidiarität des BDSG bewirken. Auf letzteres oder andere allgemeine Datenschutzgesetze, wie solchen der Länder, ist nur dann Rückgriff zu nehmen, wenn das TMG keine Regelung trifft, § 12 Abs. 4 TMG.

6.1 Datenschutzvorschriften des TMG

6.1.1 Anwendungsbereich, § 11 TMG

81   Zunächst wird durch § 11 Abs. 1 TMG die Bereitstellung von Telemedien im Dienst- oder Arbeitsverhältnissen für ausschließlich berufliche oder dienstliche Zwecke bzw. zur Steuerung von Arbeits- oder Geschäftsprozessen von der Anwendung des Telemediendatenschutzes ausgeschlossen. Das heißt, dass im Dienst- und Arbeitsverhältnis auch unter Subsidiaritätsgesichtspunkten das Bundesdatenschutzgesetz (BDSG) zur Anwendung kommt.[130] Außerdem stellt § 11 Abs. 2 TMG klar, dass der Datenschutz des TMG nur für personenbezogene Daten natürlicher Personen gilt. § 11 Abs. 3 TMG berücksichtigt die Doppelregulierung bestimmter Diensteanbieter, wie den Access-Providern, und unterstellt sie mit Ausnahme des Koppelungsverbots des § 12 Abs. 3 TMG und § 15 Abs. 8, § 16 Abs. 2 TMG ausschließlich dem telekommunikationsrechtlichen Datenschutz.

82   Der Begriff des personenbezogenen Datums ist der zentrale Anknüpfungspunkt für alle Rechte und Pflichten, die sich aus dem Datenschutz für die Diensteanbieter und Nutzer ergeben. Er ist im TMG nicht selbst legaldefiniert, so dass auf § 3 Abs. 1 BDSG Rückgriff zu nehmen ist, nach dem personenbezogene Daten alle Einzelangaben über persönliche oder sachliche Verhältnisse einer bestimmten oder bestimmbaren Person sind. Mit den Einzelangaben sind alle solchen Informationen über persönliche oder sachliche Verhältnisse gemeint, die sich auf eine bestimmte oder bestimmbare Person beziehen oder geeignet sind, einen Bezug zu ihr herzustellen.[131] Informationen betreffen die sachlichen oder persönlichen Verhältnisse einer Person, wenn sie die Person selbst charakterisieren oder aber einen auf sie beziehbaren Sachverhalt beschreiben.[132] Ob die Angaben bestimmte oder bestimmbare Personen charakterisieren unterscheidet sich danach, ob die Information unmittelbar einen Rückschluss zulassen – etwa weil ein Name angegeben ist – oder ob anhand ihnen es möglich wird, mit den normalerweise der verarbeitenden Stelle zur Verfügung stehenden Hilfsmittel ohne unverhältnismäßigen Aufwand eine Bestimmung vorzunehmen,[133] wobei hier je nach Einzelfall strengere oder weniger strenge Maßstäbe anzusetzen sind.[134] Die Bandbreite der vorstellbaren Informationen, die personenbezogene Daten darstellen können, ist sehr groß. Natürlich sind das in erster Linie der Name, die Anschrift und sonstige Adressdaten eines Nutzers, es können aber auch solche Daten wie Kredit-

---

129 *BVerfGE* 65, 1 ff.
130 Vgl. *Spindler/Schmitz/Geis* § 1 TDDSG Rn. 33.
131 *Gola/Schomerus* § 3 Rn. 3.
132 *Schulz* in Roßnagel, Multimedia-Dienste, § 1 TDDSG Rn. 28.
133 *Gola/Schomerus* § 3 Rn. 9.
134 *Schulz* in Roßnagel, Multimedia-Dienste, § 1 TDDSG Rn. 29.

kartennummern, IP-Adressen, Cookies, Hard- und Softwaredaten sein.[135] Auf den Erhebungs-
zweck der Daten kommt es nicht an, es werden alle anfallenden Daten erfasst.[136]

6.1.2 Verbot mit Erlaubnisvorbehalt

Diese große Vielfalt an Daten des Nutzers darf der Diensteanbieter grundsätzlich nicht erheben   **83**
oder verwenden. Nur wenn ihm die Erhebung oder Verwendung durch das TMG oder eine andere Rechtsvorschrift, die sich ausdrücklich auf Telemedien bezieht, erlaubt wird oder der Nutzer einwilligt, ist ihm die Erhebung oder Verwendung erlaubt, § 12 Abs. 1 TMG.

Die Erhebung und die Verwendung von Daten sind unterschiedliche Arten, wie der Anbieter   **84**
sich die Daten verschafft bzw. zunutze macht. Für die Definition der Erhebung von Daten kann
auf § 3 Abs. 3 BDSG zurückgegriffen werden, nach dem darunter das Beschaffen von Daten
über den Betroffenen zu verstehen ist und damit eine Voraussetzung für die Verwendung selbiger schafft.[137] Der Begriff der Verwendung ist dagegen nicht legaldefiniert und wurde mit
dem TMG erst neu eingeführt, obwohl eigentlich nur redaktionelle Änderungen bei der Überführung des TDDSG in das TMG vorgenommen werden sollten.[138] Letztendlich wird man unter der Verwendung wohl eine Zusammenfassung der im TDDSG noch zu findenden Begriffe
der Verarbeitung und Nutzung sehen müssen, mithin nach § 3 Nr. 4, 5 BDSG jegliches Speichern, Verändern, Übermitteln, Sperren, Löschen und alle sonstigen Nutzungen von personenbezogenen Daten.

6.1.2.1 Gesetzliche Erlaubnis – Bestandsdaten und Nutzungsdaten, §§ 14, 15 TMG. Das   **85**
TMG sieht zwei spezialgesetzliche Erlaubnisse für die Erhebung und Verwendung von personenbezogenen Daten vor: § 14 TMG und § 15 TMG. Beiden gemein ist, dass sie an die Erforderlichkeit anknüpfen, um die gesetzliche Erlaubnis zu eröffnen. Der Unterschied liegt in der
Frage, wann welcher Tatbestand zum Tragen kommt. § 14 TMG zielt dabei auf die Entstehung
eines Vertragsverhältnisses zwischen Anbieter und Nutzer ab, also auf den Beginn der Wahrnehmung der Nutzungsmöglichkeit des Dienstes, während § 15 TMG das eigentliche laufende
Nutzungsverhältnis behandelt. Im Falle des § 14 TMG erlaubt das Gesetz, personenbezogene
Daten zu erheben, soweit sie für die Begründung, inhaltliche Ausgestaltung oder Änderung eines Vertragsverhältnisses zwischen einem Dienstanbieter und dem Nutzer eines Telemediums
erforderlich sind (Bestandsdaten). Für die Frage der Erforderlichkeit ist dabei ein enger Maßstab anzulegen: es kommt nicht nur auf eine Zweckmäßigkeit an, sondern die Erhebung und
Verwendung der Bestandsdaten muss unerlässlich für die Begründung und Ausgestaltung des
Vertrags sein,[139] wobei die Beurteilung anhand des konkreten Vertragsverhältnisses vorzunehmen ist.[140] Für § 15 TMG muss es erforderlich sein, personenbezogene Daten zu erheben und
verwenden, um die Inanspruchnahme von Telemedien zu ermöglichen und abzurechnen (Nutzungsdaten). Auch für diese Daten, die sich aus der konkreten Nutzung des Dienstes ergeben
und für die § 15 Abs. 2 S. 2 TMG einen nicht abschließenden Beispielskatalog bereit hält, gilt
ein enger Maßstab der Erforderlichkeit, wobei Abs. 2 bis Abs. 8 die Erforderlichkeit weiter
ausgestalten, vor allem was die Abrechnung der Nutzung angeht.

---

135 Vgl. zu den drei Letzteren *Schulz* in Roßnagel, Multimedia-Dienste, § 1 TDDSG Rn. 32 ff.
136 Vgl. *Helfrich* in Hoeren/Sieber, Multimedia-Recht, Teil 16.1 Rn. 27.
137 *Gola/Schomerus* § 3 Rn. 24.
138 BT-Drucks. 16/3078, 15.
139 *Dix* in Roßnagel, Multimedia-Dienste, § 5 TDDSG Rn. 36.
140 *Spindler/Schmitz/Geis* § 5 TDDSG Rn. 5.

86   **6.1.2.2 Die Einwilligung des Nutzers.** Soweit weder das TMG mit §§ 14, 15 noch andere Rechtsvorschriften, die sich ausdrücklich auf Telemedien beziehen (vgl. § 12 Abs. 1 2. Alt. TMG) die Erhebung oder Verwendung erlauben, ist es dem Diensteanbieter nur möglich, entsprechende Daten zu erheben oder verwenden, wenn der Nutzer darin einwilligt. Diese Einwilligung muss aus freien Stücken geschehen, insbesondere darf der Anbieter die Nutzung des Dienstes nicht von einer Einwilligung der Nutzung der Daten des Nutzers für andere Zwecke abhängig machen, wenn ein Zugang zu den entsprechenden Angeboten sonst gar nicht oder nicht in zumutbarer Weise möglich ist, § 12 Abs. 3 TMG. Darüber hinaus muss der Nutzer über die Erhebung und Verwendung seiner Daten informiert sein, § 13 Abs. 1 TMG. Dabei ist für die Einwilligungserklärung im Normalfall nach § 4a Abs. 1 S. 3 BDSG die Schriftform erforderlich und wenn der Text der Einwilligungserklärung von dem Anbieter vorgegeben wird, unterliegt er der Inhaltskontrolle nach §§ 305 ff. BGB. Das TMG sieht eine Abweichung bei der Form vor, indem es in § 13 Abs. 2 TMG erlaubt, die Einwilligung auch elektronisch zu erklären. An diese Form der Einwilligung sind recht hohe Anforderungen gestellt, die in § 13 Abs. 2 Nr. 1-4 TMG genannt sind. Danach muss sichergestellt sein, dass der Nutzer die Einwilligung bewusst und eindeutig erteilt hat, die Einwilligung protokolliert wird, der Nutzer den Inhalt der Einwilligung jederzeit abrufen kann und auch mit Wirkung für die Zukunft jederzeit widerrufen kann; auf letzteres muss er nach § 13 Abs. 3 TMG ausdrücklich hingewiesen werden.

87   Vor allem die bewusste und eindeutige Erteilung sowie die Protokollierung der Einwilligung stellen nicht ganz einfach zu überwindende Hürden für die elektronische Erteilung der Einwilligung dar.[141] Es empfiehlt sich, den Text der Einwilligungserklärung als separaten Text vorzuhalten und sich vom Nutzer bei der Anmeldung bestätigen zu lassen, dass er die Einwilligung erteilt, vorzugsweise durch eine Checkbox, die der Nutzer anklicken kann,[142] auf jeden Fall muss eine bewusste und klare Bestätigung erfolgen, um das erste Merkmal zu erfüllen. Die Protokollierung lässt sich über entsprechenden Programm- bzw. Webseitencode gestalten.

88   Ein separater Text für die Einwilligungserklärung bringt vor allem dann einen Vorteil, wenn noch weitere AGB vorgehalten werden und die Nutzung des Dienstes auch durch Minderjährige erfolgt. Durch die Separierung des Textes wird zunächst der Voraussetzung der besonderen Hervorhebung nach § 4a Abs. 1 S. 4 BDSG Rechnung getragen. Zusätzlich hat sie aber auch geltungserhaltenden Charakter für den Fall von Rechtsgeschäften mit Minderjährigen. Soweit die Eltern nicht in die Willenserklärung des Minderjährigen einwilligen, sind die AGB – und mit ihnen in den AGB enthaltene Einwilligungserklärungen in den Datenschutz – zunächst schwebend unwirksam und bei endgültiger Verweigerung der Einwilligung durch den Erziehungsberechtigten nichtig, §§ 107, 108 BGB. Wenn aber die AGB und die Einwilligungserklärung getrennt werden, so besteht zumindest die Möglichkeit, dass letztere ihre Wirksamkeit auch ohne Einwilligung der gesetzlichen Vertreter behält. Denn die datenschutzrechtliche Einwilligungserklärung ist keine zustimmungsbedürftige Willenserklärung, sondern eine Realhandlung, die lediglich die Einsichtsfähigkeit in die Tragweite des Betroffenen erfordert, Geschäftsfähigkeit ist dagegen nicht erforderlich.[143] Die Tragweite ist die Rechtfertigung eines Eingriffs in die informationelle Selbstbestimmung durch die Einwilligung. Dazu ist nicht die Geschäftsfähigkeit erforderlich, sondern nur, dass der Betroffene erkennt, welche Folgen seine

---

141 Ausf. zur elektronisch erteilten Einwilligung *Zscherpe* MMR 2004, 723 ff.
142 *Zscherpe* MMR 2004, 723, 726 rät weitergehend zu einer zusätzlichen Übermittlung des Einwilligungstextes per E-Mail.
143 Vgl. *Gola/Schomerus* § 4a Rn. 10; dem zust. *Zscherpe* MMR 2004, 723, 724.

Schmittmann

Einverständniserklärung haben kann.[144] Selbstverständlich ist diese Einsichtsfähigkeit nicht bei jedem Minderjährigen gegeben, aber gerade in der heutigen Zeit, in der Jugendliche immer mehr die elektronischen Medien nutzen, kann davon ausgegangen werden, dass zumindest 16-jährige hinreichend sensibilisiert sind und wissen, welche Folgen eine Einwilligung in die Erhebung und Verwendung von personenbezogenen Daten mit sich bringen kann. Bei jüngeren Minderjährigen wird auf den jeweiligen Einzelfall abzustellen sein.

Die Einwilligung auf elektronischem Weg ist dann nicht mehr möglich, oder umfasst zumindest nicht mehr den gesamten Datenerhebungs- und -verarbeitungsvorgang, wenn die Abwicklung des zugrundeliegenden Geschäfts nicht ausschließlich ein Telemediendienst ist, sondern auch sonstige Elemente beinhaltet. Die Datenschutzvorschriften des TMG gelten nämlich ausschließlich für Sachverhalte, die dem TMG zuzuordnen sind. Sobald sich der Vorgang nicht mehr ausschließlich in diesem Bereich abspielt, sind das BDSG oder, wenn vorhanden, andere spezielle Datenschutzgesetze anwendbar.[145]   **89**

6.2 Auskunftsansprüche

Auch wenn die personenbezogenen Daten der Nutzer prinzipiell geschützt und von den Anbietern nicht an Dritte herausgegeben werden sollen, eröffnet das TMG für bestimmte Dritte die Möglichkeit, Kenntnis von den Daten zu erlangen. Dies geschieht über den in § 14 Abs. 2 TMG normierten Auskunftsanspruch für Zwecke der Strafverfolgung und der Gefahrenabwehr durch die Polizeibehörden der Länder sowie im Rahmen ihrer gesetzlichen Aufgaben auch für Verfassungsschutzbehörden des Bundes und der Länder, für den Bundesnachrichtendienst und den Militärischen Abschirmdienst.   **90**

Zusätzlich zu diesen aus sicherheitspolitischen Gesichtspunkten verständlichen Auskunftsmöglichkeiten gesteht § 14 Abs. 2 TMG auch solchen Dritten einen Auskunftsanspruch zu, die ihre Rechte an geistigem Eigentum durchsetzen wollen. Nach der Gesetzesbegründung soll dieser Auskunftsanspruch der Umsetzung der Enforcement-Richtlinie[146] dienen.[147] Der Auskunftsanspruch ist nicht auf gerichtliche Verfahren oder Anordnungen begrenzt, er kann auch durch ein einfaches Auskunftsersuchen geltend gemacht werden. Dies eröffnet weitreichende Möglichkeiten, Auskunft bei den Anbietern von Telemedien einzuholen, allerdings immer nur im Bereich der gewerblichen Schutzrechte; ebenso häufig, wenn nicht häufiger, vorkommende Persönlichkeitsrechtsverletzungen in Telemedien erlauben es den Verletzten nicht, beim Anbieter um die Herausgabe der entsprechenden Informationen zu bitten.[148]   **91**

Der normierte Auskunftsanspruch führt zu einer Auskunftsverpflichtung der Diensteanbieter, das Wort *„darf"* soll sich nur auf die Befugnis zur Herausgabe der Daten ohne Verletzung datenschutzrechtlicher Bestimmungen beziehen, es soll dem Anbieter aber kein Ermessen bei der Entscheidung über das Ob der Herausgabe einräumen.[149] Allerdings ist für Inhaber von gewerblichen Schutzrechten, die sich auf § 14 Abs. 2 TMG berufen, der Nutzwert der Vorschrift   **92**

---

144 *Zscherpe* MMR 2004, 723, 724 zieht zu Recht einen Vergleich mit dem Kommunalwahlrecht einiger Bundesländer, das es Jugendlichen ab 16 Jahren ermöglicht, eine politische Wahlentscheidung zu treffen.

145 Vgl. *Spindler* CR 2007, 239, 243.

146 Richtlinie 2004/48/EG des Europäischen Parlaments und des Rates v. 29.4.2004 zur Durchsetzung der Rechte des geistigen Eigentums, ABlEU L 157 v. 30.4.2004.

147 Vgl. BT-Drucks. 16/3078, 16.

148 Nicht zuletzt deswegen steht die Regelung unter erheblicher Kritik, vgl. nur *Spindler* CR 2007, 239, 243

149 Vgl. Gegenäußerung der Bundesregierung zu einer Stellungnahme des Bundesrates, BT-Drucks. 16/3135, 2.

dennoch eingeschränkt, denn momentan sieht das TMG zwar eine Auskunftpflicht über Bestandsdaten und über die Verweisung des § 15 Abs. 5 TMG auf § 14 Abs. 2 TMG auch für Nutzungsdaten vor, jedoch wird damit häufig nur eine IP-Adresse zu ermitteln sein, nicht aber auch weitere Daten, die die tatsächliche Feststellung der Person des Verletzers ermöglichen. Dazu müssten sich die verletzten Schutzrechtinhaber dann mit der jeweiligen IP-Adresse an den Access-Provider des Verletzers wenden, der aber durch den TK-Datenschutz reguliert wird, der (noch) keinen entsprechenden Auskunftsanspruch kennt.[150] Um dann an die letztendlich relevanten Daten wie Name und Adresse des Anschlussinhabers zu gelangen, ist der verletzte Dritte auf die Möglichkeiten nach dem TKG angewiesen, die deutlich höhere Hürden für die Auskunftserteilung vorsehen.

V. Weitere Anforderungen an journalistisch-redaktionell gestaltete Telemedien

93 Ursprüngliche Intention des Gesetzgebers bei der Novellierung des Rechts für Telemedien war es, den Rechtsrahmen zu weitestgehend zu vereinheitlichen. Dies war allerdings aus kompetenz-rechtlichen Gründen[151] nur teilweise, nämlich für die wirtschaftlichen Aspekte möglich. Die Gesetzgebungskompetenzen für die inhaltlichen Anforderungen liegen aber auch weiterhin bei den Ländern. Von dieser Kompetenz machen sie mit den Regelungen für journalistisch-redaktionell gestaltete Telemedien[152] Gebrauch, die sich im VI. Abschnitt des RStV finden lassen. Dort finden sich weitere Anforderungen für die Anbieter der Telemedien, wie die journalistische Grundsätze, weitergehende Informationspflichten, das Gegendarstellungsrecht, den Redaktionsdatenschutz, die Werbung und schließlich die Aufsicht über die Anbieter betreffend. Vorneweg verpflichtet § 54 Abs. 1 RStV die Anbieter auf die verfassungsmäßige Ordnung und zur Beachtung der allgemeinen Gesetze sowie den Schutz der persönlichen Ehre. Soweit diese weiteren Anforderungen dem Presserecht und/oder Rundfunkrecht entstammen oder an dieses angelehnt ist, soll an dieser Stelle nur eine kurze Skizzierung der Anforderungen erfolgen und zusätzlich auf die Besonderheiten für Telemedien hingewiesen werden.[153]

1. Journalistische Grundsätze

94 Anbieter von Telemedien mit journalistisch-redaktioneller Gestaltung sind zur Wahrung der anerkannten journalistischen Grundsätze verpflichtet, § 54 Abs. 2 S. 1 RStV, und müssen Nachrichten auf Inhalt, Herkunft und Wahrheit prüfen, § 54 Abs. 2 S. 2 RStV. Außerdem muss gem. § 54 Abs. 3 RStV angegeben werden, ob Meinungsumfragen, die die Anbieter durchführten, repräsentativ sind.

95 Die Wahrung der journalistischen Grundsätze ist eine Pflicht, die sich aus der Inanspruchnahme der Presse-, Rundfunk- und Filmfreiheit nach Art. 5 Abs. 1 S. GG ergibt, die eine gesteigerte Verantwortlichkeit gegenüber der Öffentlichkeit mit sich bringt.[154] Diese Verpflichtung trifft auch die Anbieter von Telemedien mit journalistisch-redaktioneller Gestaltung, da auch sie einen Beitrag zur Meinungsbildung leisten.[155] Abzuwarten wird sein, ob für Anbieter von Telemedien mit journalistisch-redaktioneller Gestaltung, die nicht der Sphäre professio-

---

150 Vgl. *Spindler* CR 2007, 239, 243.
151 S. Rn. 6.
152 S. Rn. 13 ff.
153 I.Ü. s. 7. Abschn. Rn. 1 ff.
154 Vgl. *Burkhardt* in Wenzel, Hdb. des Äußerungsrechts, Kap. 6 Rn. 110.
155 Vgl. *Weiner/Schmelz* K&R 2006, 453, 459.

neller Journalisten zuzurechnen sind, die gleichen Maßstäbe der Sorgfalt heranzuziehen sind wie für die Berufspresse. Diese Frage stellte sich nach der bis 01.03.2007 geltenden Rechtslage noch nicht, da der MDStV die journalistischen Grundsätze nur für Verteildienste und für Mediendienste, die vollständig oder teilweise Inhalte periodischer Druckerzeugnisse wiedergeben, vorschrieb, § 11 Abs. 2 MDStV. § 54 Abs. 2 RStV ist dagegen auf alle Telemedien mit journalistisch-redaktioneller Gestaltung anwendbar, also bspw. auch auf Blogs von Privatleuten. Teilweise wird daher gefordert, dass der Sorgfaltsmaßstab je nach Zumutbarkeit für den einzelnen Anbieter abgestuft werden muss und diese Abstufung sich an der publizistischen Relevanz des jeweiligen Angebots orientieren soll.[156] Ob sich die Rechtsprechung in Streitfällen dieser Meinung, für die vernünftige Argumente sprechen, anschließt, bleibt abzuwarten. Gänzlich von der Sorgfaltspflicht freigestellt werden können auch private Anbieter freilich nicht. Ihnen ist zumindest eine rudimentäre Prüfung der von ihnen veröffentlichten Inhalte zuzumuten.

2. Weitergehende Informationspflichten

§ 55 RStV normiert für Anbieter von Telemedien, die in seinen Anwendungsbereich fallen, wie auch schon § 5 TMG gewisse Informationspflichten. Dies überrascht vor allem deshalb, da der Kreis der Verpflichteten nach § 55 Abs. 1 RStV weiter ist als der nach § 5 TMG. § 55 Abs. 1 RStV erfasst auch Anbieter unentgeltlicher Telemedien, wenn die Angebote nicht persönlichen oder familiären Zwecken dienen. Der Landesgesetzgeber wollte alle private Telemedien von der Informationspflicht nach § 55 RStV ausnehmen.[157] Warum er dazu von der Formulierung des § 5 TMG abweicht, ist nicht ersichtlich und führt dazu, dass für entgeltfreie Telemedien, die nicht ausschließlich persönlichen und familiären Zwecken dienen, zumindest der Name und die Anschrift sowie bei juristischen Personen auch der Vertretungsberechtigte angegeben werden müssen.[158] Problematisch dabei ist, dass ein Anbieter solcher Telemedien voraussichtlich gar nicht erwartet, dass Informationspflichten auch im RStV zu finden sein könnten.[159] Abgesehen von der unterschiedlichen Reichweite von § 5 TMG und § 55 Abs. 1 RStV hat die Aufnahme von Informationspflichen in den RStV auch die Folge, dass die Landesmedienanstalten als Aufsichtsbehörden auch über die Einhaltung dieser Pflichten wachen kann.[160] **96**

Anbieter von Telemedien mit journalistisch-redaktioneller Gestaltung trifft zusätzlich nach § 55 Abs. 2 RStV noch die Pflicht, einen Verantwortlichen namentlich mitsamt seiner Anschrift zu benennen. § 55 Abs. 2 S. 3 RStV schreibt vor, dass diese Position nur bekleiden darf, wer seinen ständigen Aufenthalt im Inland hat, nicht infolge Richterspruchs die Fähigkeit zur Bekleidung öffentlicher Ämter verloren hat, voll geschäftsfähig ist und unbeschränkt strafrechtlich verfolgt werden kann. § 55 Abs. 3 RStV verweist schließlich für Anbieter von Telemedien mit journalistisch-redaktioneller Gestaltung auf den § 9a RStV und spricht solchen Anbietern auf diesem Weg ein Informationsrecht gegenüber Behörden zu. Das ist allerdings auch das einzige journalistische Privileg, das Anbietern gewisser Telemedien automatisch zukommt. Ansonsten treffen sie grundsätzlich nur journalistische Pflichten, ohne wie ihre Kollegen von der herkömmlichen Presse oder anderen Medien auch die dazugehörigen Privilegien automatisch zu erhalten.[161] **97**

---

156 Vgl. *Weiner/Schmelz* K&R 2006, 453, 459.
157 Drucks. 14/558 des Landtags von Baden-Württemberg, 38.
158 Zu Recht kritisch zu dieser Entwicklung *Kitz* ZUM 2007, 368, 371.
159 *Engels/Jürgens/Fritzsche* K&R 2007, 57, 63.
160 Vgl. *Hoeren* NJW 2007, 801, 803.
161 Kritisch dazu *Hoeren* NJW 2007, 801, 803.

3. Gegendarstellung

98 § 56 RStV räumt Betroffenen gegenüber Anbietern von Telemedien mit journalistisch-redaktioneller Gestaltung einen Anspruch auf Gegendarstellung ein. Dieser orientiert sich im Wesentlichen an den Prinzipien der presserechtlichen Gegendarstellungsansprüchen.[162] Eine telemedienspezifische Besonderheit ergibt sich bei der Verknüpfung der Gegendarstellung mit der ursprünglichen Tatsachenbehauptung. Die Gegendarstellung ist unmittelbar verknüpft mit der Tatsachenbehauptung anzubieten, das heißt sie muss entweder auf derselben Seite zu finden sein oder ihr unmittelbar folgen.[163] Diese unmittelbare Verknüpfung muss so lange sichergestellt sein, wie die Tatsachenbehauptung auf dem Telemedium zu finden ist, § 56 Abs. 1 S. 3 RStV. Die Gegendarstellung muss aber auch nach Entfernen der Tatsachenbehauptung weiter an vergleichbarer Stelle angeboten werden, bis die gleiche Verfügbarkeitsdauer der ursprünglichen Tatsachenbehauptung erreicht ist; das gilt auch dann, wenn die Tatsachenbehauptung schon vor Aufnahme der Gegendarstellung entfernt wurde, § 56 Abs. 1 S. 4 RStV. § 57 Abs. 3 RStV sieht eine Vorhaltungspflicht von personenbezogenen Daten im Zusammenhang mit Gegendarstellungen vor.

4. Redaktionsdatenschutz

99 § 57 RStV sieht für bestimmte Fälle Abweichungen von den normalen Datenschutzvorschriften vor, die unterschiedliche konkrete Anwendungsbereiche haben. Unternehmen und Hilfsunternehmern der Presse als Anbieter von journalistisch-redaktionell gestalteten Telemedien sind gem. § 57 Abs. 1 RStV nur einem eingeschränkten datenschutzrechtlichen Regime unterworfen, wenn sie die Daten ausschließlich für eigene journalistisch-redaktionelle oder literarische Zwecke nutzen. Konkret sind das §§ 5, 7, 9 und 38a BDSG; die Vorschriften des TMG finden daneben keine Anwendung. Problematisch an dieser Vorschrift ist der tatsächliche persönliche Anwendungsbereich. Soweit man Weblogging als Graswurzeljournalismus und damit in unmittelbarer Nähe zur Presse verortet ansieht, läge es nahe, den Verfassern von entsprechenden Blogs ebenfalls Medienprivilegien wie diese datenschutzrechtlichen Vorschriften zukommen zu lassen. Allerdings sind zur Presse prinzipiell nur Druckerzeugnisse zuzuordnen[164] und § 57 Abs. 1 RStV soll das der Presse zustehende Medienprivileg lediglich auf Nebentätigkeiten der Presseunternehmen erweitern.[165] Damit wären aber Weblogs von dem Anwendungsbereich ausgenommen. Es bleibt abzuwarten, wie sich in Zukunft die Rechtsprechung zu dieser Frage entwickeln wird, bis zu einer abweichenden Entscheidung sollten Betreiber entsprechender Angebote auch weiterhin die Datenschutzvorschriften des TMG beachten.

100 Soweit ein Fall des § 57 Abs. 1 RStV vorliegt, haben die Anbieter nur eingeschränkte Auskunftspflichten über personenbezogene Daten Dritter, § 57 Abs. 2 RStV. Ein Betroffener kann, solange der Anbieter die Daten ausschließlich für die eigenen journalistisch-redaktionellen Zwecke nutzt, Auskunft über die Verarbeitung nur dann verlangen, wenn durch die Verarbeitung schutzwürdige Interessen des Betroffenen verletzt werden. Allerdings kann der Anbieter die Auskunft aus bestimmten Gründen verweigern: Weder darf durch die Auskunft die journalistische Aufgabe des Anbieters beeinträchtigt werden, indem sein Informationsbestand ausgeforscht wird, noch dürfen Rückschlüsse aus den Angaben auf die Herkunft der Information geschlossen werden können. In jedem Fall kann der Betroffene die Berichtigung unrichtiger Da-

---

162 Vgl. *Vesting* in Roßnagel, Multimedia-Dienste, § 14 MDStV Rn. 1; *Rehbock* Medien- und Presserecht, Rn. 189.
163 *Vesting* in Roßnagel, Multimedia-Dienste, § 14 MDStV Rn. 48.
164 Vgl. *Fechner* Rn. 16.
165 Vgl. Begr. zum 9. RÄStV, LT-Drucks. Baden-Württemberg, 14/558, 39.

ten verlangen. Anbieter, die sich der Selbstregulierung des Pressekodex und der Beschwerdeordnung des deutschen Presserats unterwerfen, sind von der Auskunftsverpflichtung ausgenommen, § 57 Abs. 2 S. 4 RStV.

5. Werbung

Auch für die Werbung im Rahmen von Telemedien trifft der VI. Abschn. Regelungen, wenn **101** auch nur in geringem Umfang. So wird in § 58 Abs. 1 S. 1 RStV lediglich festgelegt, dass Werbung und übrige Inhalte voneinander zu trennen sind und § 58 Abs. 1 S. 2 RStV verbietet subliminale Techniken (Schleichwerbung). Damit findet eines der wichtigsten werberechtliche Instrumente, nämlich der Trennungsgrundsatz,[166] auch Anwendung auf die Telemedien. Daneben verweisen § 58 Abs. 2, 3 RStV für Teleshoppingkanäle und Sponsoring auf die einschlägigen Vorschriften für den Rundfunk.

VI. Jugendschutz in den Neuen Medien

Die Vorschriften zum Jugendschutz in den neuen Medien finden sich nicht im TMG oder RStV, **102** sondern sie sind einheitlich für alle elektronischen Informations- und Kommunikationsmedien im JMStV geregelt, § 2 Abs. 1 JMStV. Die weiteren den Geltungsbereich des JMStV bestimmenden Absätze des § 2 haben nur klarstellenden Charakter.

Die Systematik des Jugendschutzes in elektronischen Medien beruht auf einer Einstufung von **103** Angeboten, die gem. § 3 Abs. 2 Nr. 1 JMStV entweder Rundfunksendungen oder Inhalte von Telemedien sein können, in Kategorien nach dem Grad ihrer Gefährlichkeit für die Entwicklung von Kindern und Jugendlichen. Diese im allgemeinen Teil zu findenden Kategorien werden noch ergänzt durch Regelungen des Jugendschutzes in der Werbung und über die Bestellung eines Jugendschutzbeauftragten. Die speziellen Vorschriften für Telemedien lassen sich dann im dritten Abschnitt des JMStV finden, während die Verfahrens- und Strafbestimmungen dann im vierten bzw. sechsten Abschnitt geregelt sind. Zur Konkretisierung der durch den Staatsvertrag aufgestellten Anforderungen, insbesondere mit Blick auf die verwendeten unbestimmten Rechtsbegriffe, haben die Landesmedienanstalten gemeinsame Richtlinien erlassen, die so genannten Jugendschutzrichtlinien.[167]

1. Angebotskategorien

Der JMStV kennt drei Kategorien von Angeboten, die in seinen Anwendungsbereich fallen. **104** Das sind die per se unzulässigen Angebote nach § 4 Abs. 1 JMStV, die prinzipiell unzulässigen Angebote nach § 4 Abs. 2 JMStV, für die aber für Telemedien Ausnahmen gemacht werden können, und die entwicklungsbeeinträchtigenden Angebote nach § 5 JMStV.

1.1 Absolut unzulässige Angebote nach § 4 Abs. 1 JMStV

§ 4 Abs. 1 JMStV stellt einen Verbotskatalog für das Angebot bestimmter Inhalte auf. Dieser **105** orientiert sich vor allem an den bestehenden strafrechtlichen Verboten der Verbreitung bestimmter Inhalte, wie solchen, die volksverhetzenden Charakter haben oder bspw. der Kin-

---

166 *BVerfG* NJW 2005, 3201; *BGH* GRUR 1996, 744, 747 – Feuer Eis und Dynamit I; *Henning-Bode-wig* GRUR 1996, 321, 330; *Platho* ZUM 2000, 46, 47.
167 Abrufbar unter: www.lfk.de/gesetzeundrichtlinien/jugendschutzwerberichtlinien/download/Jugendschutzrichtlinien.pdf (Stand 12.7.2007).

derpornographie zuzurechnen sind. Dabei beschränkt sich der Katalog nicht auf die strafrechtlichen Verbote, sondern geht teilweise darüber hinaus. Auch bezieht er sich nur auf den objektiven Tatbestand der entsprechenden strafrechtlichen Verbote, sollte wegen mangelnden Vorsatzes oder aus sonstigen Gründen eine Verurteilung nach der strafrechtlichen Norm nicht möglich sein, so ist das Angebot solcher Telemedien immer noch unzulässig und kann nach §§ 23, 25 JMStV geahndet werden.[168] Im Bereich der Darstellung von Kindern und Jugendlichen in unnatürlich geschlechtsbetonter Körperhaltung und der harten Pornographie sind über die Realdarstellungen hinaus auch virtuelle Darstellungen unzulässig, § 4 Abs. 1 Nr. 9, 10 JMStV, jeweils 2. HS. Dies ist insbesondere vor dem Hintergrund der immer besseren Qualität von Computerbildern wichtig, um auf diesem Wege Umgehungsversuche des Verbots verhindern zu können.[169]

1.2 Relativ unzulässige Angebote nach § 4 Abs. 2 JMStV

106   Neben dem absoluten Verbot nach § 4 Abs. 1 JMStV findet sich in § 4 Abs. 2 JMStV ein für Telemedien relatives Verbot des Angebots von Pornographie, in die Teile A und C der Liste nach § 18 JuSchG aufgenommenen Werke und von Inhalten, die offensichtlich geeignet sind, die Entwicklung von Kindern und Jugendlichen schwer zu gefährden.

107   Das Verbot des § 4 Abs. 2 JMStV ist relativ, da S. 2 den Anbietern von Telemedien das Angebot derartiger Inhalte ermöglicht, soweit er sicherstellt, dass sie im Wege einer geschlossenen Benutzergruppe nur Erwachsenen zugänglich macht. Eine solche geschlossene Benutzergruppe muss nach einhelliger Auffassung der zuständigen Stellen – in diesem Fall die Kommission für Jugendmedienschutz (KJM, vgl. § 14 JMStV) –, der Rechtsprechung und auch der Literatur für Kinder und Jugendliche eine effektive Barriere gegen den Zugang darstellen,[170] In der grundlegenden Entscheidung des BVerwG zur effektiven Barriere, die zwar zu § 184 StGB erging, aber allgemein als wegweisend für die Voraussetzungen von Altersverifikationssystemen (AVS) gesehen wird,[171] heißt es, dass die *„Wahrnehmung pornografischer Fernsehfilme durch Minderjährige effektiv erschwert"* sein muss, dazu sei zum einen eine Feststellung des Alters notwendig und darüber hinaus muss noch eine weitere im System angelegte effektive Vorkehrung dafür sorgen, dass es Minderjährigen regelmäßig unmöglich ist, die entsprechenden Angebote wahrzunehmen,[172]

108   Es ist für eine effektive Barriere daher ein zweistufiges System erforderlich, das im ersten Schritt eine zuverlässige Identifikation gewährleistet und im zweiten Schritt eine Authentifizierung der identifizierten Person bei der jeweiligen Nutzung. Die Identifikation kann nur „face-to-face" geschehen, also durch einen persönlichen Kontakt, bei dem eine Erfassung eines amtlichen Ausweisdokuments genauso erforderlich ist, wie die Aufnahme der darin enthaltenen Daten in eine Datenbank.[173] Dieser Kontakt kann entweder durch das Post-Ident-Verfahren, oder ähnlichen Verfahren, oder durch eine Verifikation in einem Ladengeschäft geschehen. Die Zusendung von Kopien amtlicher Ausweisdokumente ist dagegen auch bei Beglaubigung

---

168 Vgl. *Grapentin* CR 2003, 458.

169 Ebenso *Ring* AfP 2004, 9, 11.

170 Vgl. Eckpunkte der KJM zu AVS, abrufbar unter: www.jugendschutz.net/avs/kjm_eckpunkte/index.html (Stand: 12.7.2007); *BVerwG* AfP 2002, 257 ff.; *BGH* MMR 2003, 582 ff.; *KG* MMR 2004, 478 ff.; *Döring/Günter* MMR 2004, 231 ff.

171 Vgl. nur *Scholz/Liesching* § 4 JMStV Rn. 36a.

172 *BverwG* AfP 2002,. 257, 260.

173 Vgl. Eckpunkte der KJM zu AVS, abrufbar unter: www.jugendschutz.net/avs/kjm_eckpunkte/index.html.

der Kopien nicht ausreichend.[174] Die im zweiten Schritt folgende Authentifizierung muss auf eine Art und Weise erfolgen, dass die einfache Weitergabe und/oder Vervielfältigung der Authentifizierungsmerkmale nicht möglich ist. In aller Regel wird dazu eine Hardware-Komponente wie eine Chipkarte, ein USB-Stick oder ähnliches von Nöten sein, zu der zusätzlich noch ein PIN oder sonstiges Passwort abgefragt wird.[175]

Im Gegensatz zu Jugendschutzprogramm (dazu unter 1.3.2) spricht die KJM keine ausdrückliche Anerkennung von AVS aus. Es besteht für die Anbieter von AVS-Konzepten aber die Möglichkeit, ihre Systeme von der KJM auf Übereinstimmung mit den Anforderungen des JMStV hin überprüfen zu lassen. Die KJM führt eine Liste von AVS, die sie positiv beurteilt hat.[176]
109

1.3 Entwicklungsbeeinträchtigende Angebote, § 5 JMStV

Mit der Kategorie der entwicklungsbeeinträchtigen Angebote nach § 5 JMStV kommt zu den absolut und relativ verbotenen Angebote nach § 4 JMStV noch eine dritte Stufe der unter den JMStV fallenden Telemedien hinzu. Entwicklungsbeeinträchtigende Angebote sind nach § 5 Abs. 1 JMStV dann gegeben, wenn sie die Entwicklung von Kindern und Jugendlichen zu einer eigenverantwortlichen und gemeinschaftsfähigen Persönlichkeit beeinträchtigen können.
110

1.3.1 Der Begriff der Entwicklungsbeeinträchtigung

Die Entwicklung eines Kindes oder Jugendlichen wird in diesem Zusammenhang vom Gesetzgeber in zwei Ebenen betrachtet, nämlich der individuellen Entwicklung, sowie der sozialen Entwicklung, die beide zusammen nicht nur das soziale, geistige und seelische Wohl des Kindes oder Jugendlichen sicherstellen sollen, sondern die Persönlichkeit mit ihrem Sozialbezug insgesamt betreffen.[177] Die für die Entwicklung wichtigen Wertmaßstäbe ergeben sich vor allem aus der Verfassung, deren Grundwerte den Maßstab des gemeinschaftlichen Zusammenlebens bilden.[178] Darin eingeschlossen ist der respektvolle Umgang mit seinen Mitmenschen und Faktoren wie die Gleichberechtigung von Mann und Frau und weitere sozialethische Faktoren.[179]
111

Eine Entwicklungsbeeinträchtigung setzt voraus, dass das Kind in seiner Entwicklung zum eigenverantwortlichen und gemeinschaftsfähigen Individuum gehemmt, gestört oder geschädigt wird, wobei grds. eine Gesamtbetrachtung des in Frage stehenden Angebots, also bspw. des betreffenden Spielfilms, stattzufinden hat.[180] Allerdings können einzelne schwerwiegende Abschnitte, die ein Angebot prägen oder auch wegen der Gefahr des Zappings, also des nur kurzen Hereinschauens, ohne aber den gesamten Zusammenhang zu erfassen, in manchen Fällen es auch erforderlich machen, auf diese einzelne Abschnitte für die Entwicklungsbeeinträchtigung abzustellen. Bei der Beurteilung, ob ein Angebot geeignet ist, die Entwicklung Kinder und Jugendlicher zu beeinträchtigen kann nicht auf einen durchschnittlichen Minderjährigen abgestellt werden, sondern es muss nach 3.1.2 JuSchRiL der Landesmedienanstalten Rücksicht auf die schwächeren und noch nicht so entwickelten Mitglieder der jeweiligen Altersgruppen genommen werden.
112

---

174 *Hartstein/Ring/Kreile/Dörr/Stettner* § 4 JMStV Rn. 64.
175 *Scholz/Liesching* § 4 JMStV Rn. 41a; *Döring/Günter* MMR 2004, 231, 236.
176 Abrufbar unter: http://www.jugendschutz.net/avs/avs_systeme/index.html (Stand 12.7.2007).
177 Vgl. *Hartstein/Ring/Kreile/Dörr/Stettner* § 5 JMStV Rn. 2; *Scholz/Liesching* § 14 JuSchG Rn. 4.
178 Vgl. *Scholz/Liesching* § 14 JuSchG Rn. 5.
179 S. hierzu *VG Hannover* K&R 2007, 230, 232.
180 *Hartstein/Ring/Kreile/Dörr/Stettner* § 5 JMStV Rn. 2.

113 § 5 Abs. 2 JMStV sieht eine Vermutungsregelung vor für Angebote, die bereits eine Alterseinstufung nach dem JuSchG erfahren haben, wobei diese Einstufung nachwirkt, also eine Einstufung eines Kinofilms auch für die Verbreitung via Rundfunk oder als Telemedium heranzuziehen ist.[181] Jedoch handelt es sich bei dieser Vermutungsregelungen um eine solche, die widerlegbar ist. Das heißt, der Anbieter kann unter bestimmten Umständen die KJM oder eine von dieser anerkannten Stelle der Freiwilligen Selbstkontrolle um eine Ausnahmegenehmigung ersuchen. Diese Umstände können einerseits darin zu sehen sein, dass die Alterseinstufung sehr lange zurückliegt oder Änderungen an dem jeweiligen Angebot vorgenommen wurden, die eine Entwicklungsbeeinträchtigung ausschließen.[182]

1.3.2 Die Folgen einer Einstufung als entwicklungsbeeinträchtigend

114 Soweit ein Angebot als entwicklungsbeeinträchtigend für bestimmte Altersgruppen von Minderjährigen einzustufen ist, hat der Anbieter gem. § 5 Abs. 1 JMStV dafür Sorge zu tragen, dass Kinder oder Jugendliche der entsprechenden Altersgruppe üblicherweise nicht wahrnehmen können. Damit ist nicht gemeint, dass die betroffenen Altersgruppen sie gar nicht wahrnehmen können dürfen, sondern es muss im Regelfall bei normalen Medienkonsumverhalten ausgeschlossen sein; die Überwindung von Schutzprogrammen mit einigem Aufwand durch Minderjährige oder die Gestattung durch Eltern ist nicht in die Überlegungen zur üblichen Wahrnehmung mit einzubeziehen.[183]

115 Der Gesetzgeber hat dem Anbieter mehrere Möglichkeiten gegeben, seinen Pflichten aus § 5 Abs. 1 JMStV nachzukommen. Gem. § 5 Abs. 3 Nr. 1 und 2 JMStV kann er dies entweder durch technische oder sonstige Mittel tun oder dadurch, dass er die betreffenden Angebote nur zu einer Zeit ausstrahlt, in der Minderjährige sie nicht wahrnehmen. Letzteres Kriterium ist für Anbieter von Telemedien so gut wie immer unpraktikabel, nämlich dann, wenn sie Betreiber von Angeboten wie Webseiten oder Video-on-Demand Diensten sind, deren Vorteil gerade ist, dass sie jederzeit und überall abgerufen werden können. Solchen Anbietern kommt § 5 Abs. 3 Nr. 1 JMStV entgegen, der es erlaubt, den Pflichten aus § 5 Abs. 1 JMStV dadurch nachzukommen, dass technische oder sonstige Mittel die Wahrnehmung des Angebots durch Kinder oder Jugendliche der betroffenen Altersstufe unmöglich machen oder wesentlich erschweren. Dabei ist der Anbieter gerade nicht auf technische Mittel beschränkt, sondern er kann auch von den Nutzern die Zusendung einer Personalausweiskopie verlangen oder mittels face-to-face Kontrolle Sorge tragen, dass der jeweilige Nutzer nicht der betroffenen Altersgruppe angehört.[184]

116 Die Nutzung technischer Mittel sollte für einen Anbieter erste Wahl sein, da es den Arbeitsaufwand vor allem für Angebote mit einem größeren Nutzerkreis erheblich verringert, weil der Anbieter nicht mehr eigenhändig die Personalausweiskopien verwalten muss. Allerdings bestehen für die Anbieter auch gewisse Hürden in dieser Frage, denn zum einen müssen die technischen Mittel auch durch die Nutzer akzeptiert werden und zum anderen Bedarf es für das jeweilige technische Mittel einer Anerkennung als Jugendschutzprogramm durch die KJM. Ohne eine solche Anerkennung begeht der Anbieter eine Ordnungswidrigkeit nach § 24 Abs. 1 Nr. 4 JMStV, ganz gleich, ob das genutzte Programm die Voraussetzungen für eine Anerkennung erfüllt oder nicht.[185] Ein Jugendschutzprogramm kann vom Anbieter auf zwei Seiten ge-

---

181 *OVG Berlin* NJW 2003, 840, 841; *Erdemir* CR 2005, 275, 277.
182 Vgl. *Scholz/Liesching* § 5 JMStV Rn. 6, der eine solche Ausnahmegenehmigung dann für möglich erachtet, wenn die Alterseinstufung mehr als 15 Jahre zurückliegt.
183 *Scholz/Liesching* § 5 JMStV Rn. 4.
184 *Scholz/Liesching* § 5 JMStV Rn. 9.
185 *Scholz/Liesching* § 11 JMStV Rn. 8.

Schmittmann

nutzt werden, um den Vorgaben des § 11 JMStV zu entsprechen: entweder er schaltet ein solches Programm vor, das heißt, er gestaltet das Angebot so, dass nur nach der Anmeldung bei einem solchen Jugendschutzprogramm die Nutzung möglich wird, oder er programmiert sein Angebot in einer Weise, dass ein nutzerseitig eingesetztes Programm entsprechende Funktionen ausüben kann. Erstere Methode ähnelt stark den AVS der geschlossenen Benutzergruppen, die grds. auch Anwendung finden können. Wie für die AVS für Angebote nach § 4 Abs. 2 JMStV gilt auch bei § 11 JMStV i.V.m. § 5 Abs. 3 Nr. 1 JMStV, dass ein System, das nur die Eingabe einer Personalausweis- oder Kreditkartennummer erfordert, nicht ausreichend ist, da diese zu leicht anderweitig zu beschaffen sind und damit Minderjährige das System zu leicht umgehen können.[186] Bei der zweiten Methode versieht der Anbieter sein Angebot mit sog. Ratings oder Labeln, die den Inhalt charakterisieren und von nutzerseitigen Programmen ausgelesen werden, welche dann den Zugang zu den Inhalten nur bestimmten Personen ermöglichen.[187] Die zweite Methode setzt verstärkt auf die Erziehungsverantwortung der Eltern von Minderjährigen, da sie die entsprechenden Programme installieren bzw. aktivieren und schließlich konfigurieren müssen. Für den Anbieter stellen sie allerdings eine geringere Beeinträchtigung seiner Tätigkeit dar, da prinzipiell die generelle Erreichbarkeit aufrecht erhalten wird und nur bei aktiviertem nutzerseitigen Filterprogramm der Inhalt eingeschränkt dargestellt wird. Außerdem können die Nutzer hier eher bestimmen, was sie als gefährlich einstufen und was nicht, es findet insoweit keine Vorauswahl durch den Anbieter statt.[188]

Entwicklungsbeeinträchtigende Angebote und Angebote von Kindern sind nach § 5 Abs. 5 **117** JMStV zu trennen. Soweit ein Anbieter also Angebote beider Art bereithält, hat er dies auf jeweils eigenständigen Angeboten, z.B. eigenständigen Internet-Domains zu tun, die nicht miteinander verknüpft sind.[189] Bei Telemedien, die sich Nachrichten und Berichten zum politischen Zeitgeschehen widmen, ist § 5 Abs. 1 JMStV gem. § 5 Abs. 6 JMStV nicht anwendbar, soweit ein berechtigtes Interesse an einer konkreten Darstellung oder Berichterstattung besteht. Das bedeutet, dass eine solche Berichterstattung auch dann zulässig ist, wenn sie entwicklungsbeeinträchtigend für Minderjährige ist. Allerdings gilt das nur solange, wie die Berichterstattung ausschließlich der Information dient, eine reißerische oder voyeuristische Berichterstattung ist von der Ausnahme des § 5 Abs. 6 JMStV nicht gedeckt.[190]

2. Jugendschutzbeauftragter

Um eine umfassendere Achtung der Vorschriften des JMStV zu gewährleisten, normiert § 7 **118** JMStV die Pflicht, einen Jugendschutzbeauftragten zu bestellen, der gewisse Aufgaben im Umfeld von Telemedien mit zumindest teilweise entwicklungsbeeinträchtigenden oder jugendgefährdenden Inhalten zu erfüllen hat.

---

186 *OLG Dresden* NJOZ 2007, 1564, 1571 (nicht rechtskräftig); es stellt sich auch die Frage, ob nach dieser Entscheidung die Zusendung einer Personalausweiskopie weiterhin ausreichend ist, denn auch solche Kopien sind leicht zu erhalten, so dass die Situation ähnlich der Eingabe der Personalausweisnummer ist.
187 Die gängigen Internetbrowser sehen solche Funktionen vor.
188 Vgl. *Grapentin* CR 2003, 458, 461.
189 *Scholz/Liesching* § 5 JMStV Rn. 17; *Grapentin* CR 2003, 458, 460.
190 *Bornemann* NJW 2003, 787, 790.

2.1 Von der Verpflichtung erfasste Anbieter

119   Die zur Bestellung eines Jugendschutzbeauftragten verpflichteten Anbieter sind solche, die geschäftsmäßig Telemedien anbieten, die allgemein zugänglich sind und entwicklungsbeeinträchtigende oder jugendgefährdende Inhalte enthalten sowie Anbieter von Suchmaschinen unabhängig davon, ob entsprechende Inhalte enthalten sind, § 7 Abs. 1 JMStV.

2.1.1 Geschäftsmäßiges Anbieten von Telemedien

120   Der Begriff der Geschäftsmäßigkeit ist im JMStV nicht legaldefiniert. Es kann aber für seine inhaltliche Bedeutung auf die aus dem TMG bekannte Definition einer geschäftsmäßigen Tätigkeit als jede nachhaltige Tätigkeit mit oder ohne Gewinnerzielungsabsicht Rückgriff genommen werden.[191] Beachtet werden muss, dass die geschäftsmäßigen Telemedien im Rahmen des § 7 Abs. 1 JMStV nicht in der Regel gegen Entgelt erbracht werden müssen, wie das § 5 TMG für die Informationspflichten der Anbieter erfordert. Die Verpflichtung des § 7 JMStV trifft also auch Anbieter, die keine gewerbsmäßigen Absichten verfolgen und hat damit einen deutlich erweiterten Adressatenkreis als z.B. § 5 TMG. Vor dem Hintergrund der hohen Schutzwürdigkeit mit Verfassungsrang des Jugendschutzes ist ein solch erweiterter Adressatenkreis aber auch gerechtfertigt, denn für die Entwicklung eines Kindes oder Jugendlichen ist es unerheblich, ob sie durch ein entgeltpflichtiges oder ein kosten- und werbefreies Angebot gefährdet wird. Die Gefahrenlage ist in beiden Fällen identisch.

2.1.2 Allgemein zugängliches Telemedium

121   Das jeweilige Angebot muss nicht nur geschäftsmäßig erbracht werden, sondern auch allgemein zugänglich sein. Es werden also alle Telemedien erfasst, die von einem unbestimmten Personenkreis abgerufen werden können. Eine geschlossene Benutzergruppe i.S.d. § 4 Abs. 2 JMStV kann die Pflicht zur Bestellung eines Jugendschutzbeauftragten nicht entfallen lassen, da eine solche geschlossene Benutzergruppe über das AVS immer noch einem unbestimmten Personenkreis zugänglich ist und lediglich eine Altersverifikation vornimmt.[192]

2.1.3 Enthalten von entwicklungsbeeinträchtigenden oder jugendgefährdenden Inhalten

122   Die Pflicht zur Bestellung des Jugendschutzbeauftragten trifft nur Anbieter von solchen Telemedien, die auch tatsächlich Inhalte enthalten, die von §§ 4, 5 JMStV erfasst werden. Soweit das Angebot keinerlei solche Inhalte enthält, wie das vor allem bei werbenden Inhalten für Produkte, die keinerlei Jugendschutzrelevanz haben, der Fall sein kann, ist die Bestellung eines Jugendschutzbeauftragten nicht erforderlich. Für die Beurteilung, ob solche Inhalte in dem Telemedien enthalten sind, ist zum einen auf die aktuelle Situation abzustellen, es ist aber zum anderen auch eine Prognose vorzunehmen, ob die durch das Angebot behandelten Themenbereiche regelmäßig auch jugendgefährdende oder zumindest entwicklungsbeeinträchtigende Materien behandeln können.[193]

2.1.4 Ausnahme für kleine Anbieter von Telemedien

123   Bestimmte Anbieter von Telemedien sind von der Verpflichtung der Bestellung eines Jugendschutzbeauftragten auch dann ausgenommen, wenn sie die eben genannten Bedingungen erfüllen. § 7 Abs. 2 JMStV befreit die Anbieter von der Bestellpflicht, die weniger als 50 Mitar-

---

191 S. Rn. 55.
192 *Scholz/Liesching* § 7 Rn. 4; a.A. *Erdemir* K&R 2006, 500, 501, der zwar geschlossene Benutzergruppen nach § 4 Abs. 2 JMStV auch vom Wortlaut des § 7 JMStV erfasst sieht, aber bei Vorhaltung eines den Anforderungen des JMStV entspr. AVS die Pflicht zur Bestellung eines Jugendschutzbeauftragten für obsolet hält.
193 *Scholz/Liesching* § 7 Rn. 6; *Erdemir* K&R 2006, 500, 501.

beiter beschäftigen oder nachweislich weniger als zehn Millionen Zugriffe im Monat auf ihr Angebot verbuchen. Dieser Wert ist als monatlicher Durchschnittswert über ein Jahr gerechnet zu erfassen und die Zugriffe sind nicht die Anzahl der verschiedenen Besucher des Angebots, sondern die tatsächliche Häufigkeit der Wahrnehmung des Angebots. Allerdings werden diese kleinen Anbieter nicht vollständig von den Obligationen aus § 7 JMStV entlastet, sie müssen sich vielmehr einer Organisation der Freiwilligen Selbstkontrolle anschließen und die Aufgaben des Jugendschutzbeauftragten durch diese wahrnehmen lassen. Sind sie dazu nicht bereit, müssen auch diese Anbieter einen Jugendschutzbeauftragten bestellen.

2.2 Aufgaben des Jugendschutzbeauftragten

Laut § 7 Abs. 3 ist der Jugendschutzbeauftragte Ansprechpartner für die Nutzer und er berät den Anbieter in Fragen des Jugendschutzes. Er erfüllt also eine Doppelfunktion, die sowohl das Vertrauen der Nutzer in das Angebot sicherstellen soll als auch eine präventiv-gestaltende Rolle bei der Erstellung und Gestaltung des konkreten Angebots einnimmt.   **124**

Als Ansprechpartner der Nutzer für Fragen des Jugendschutzes übernimmt der Jugendschutzbeauftragte eine Ombudsfunktion, die unter anderem dazu dienen soll, dass ein Nutzer, der Bedenken wegen der Gestaltung des Angebots hat, nicht unbedingt direkt mit der Geschäftsführung sprechen möchte, sondern zunächst eine andere, für ihn weniger einschüchternde Ansprechperson bevorzugt. Neben der Entgegennahme von Beschwerden über Inhalte können auch die Beratung von Eltern zur Anwendung von nutzerseitigen Jugendschutzprogrammen oder auch, soweit ausnahmsweise erforderlich, die Information von Jugendschutz- oder Strafverfolgungsbehörden zur Ombudsfunktion des Jugendschutzbeauftragten gehören.[194]   **125**

Die wichtigere Aufgabe des Jugendschutzbeauftragten ist aber die Beratung des Anbieters in Fragen der Gestaltung des Angebots. Hierzu ist er gem. § 7 Abs. 3 S. 2 JMStV angemessen und rechtzeitig an Planungsprozessen zu beteiligen und zu informieren. Damit einher geht auch, dass er befugt ist, dem Anbieter Beschränkungen oder Änderungen des Angebots vorzuschlagen, § 7 Abs. 3 S. 3 JMStV. Der Anbieter ist jedoch nicht verpflichtet, den Anregungen des Beauftragten für Jugendschutz Folge zu leisten, dem Beauftragten steht auch kein Vetorecht oder ähnliche Instrumente zu. Die Tätigkeit des Jugendschutzbeauftragten geht auch nicht so weit, dass er bei jeder unternehmerischen Entscheidung zu beteiligen wäre,[195] es beschränkt sich auf die für das Telemedienangebot relevanten Aspekte.   **126**

2.3 Anforderung an die Bestellung eines Jugendschutzbeauftragten

Für die Wahrnehmung seiner Aufgaben muss die beauftragte Person hinreichend qualifiziert sein, § 7 Abs. 4 JMStV. Das bedeutet zwar nicht, dass der Jugendschutzbeauftragte eine vertiefte Ausbildung in den Belangen des Jugendschutzes genossen haben muss, aber es wird doch eine zumindest in Grundzügen vorhandene praktische Erfahrung in der Angebotsbewertung und/oder der Befassung mit dem Jugendschutz verlangt.[196] Dazu gehören in Grundzügen auch juristische Kenntnisse, um mit den Bestimmungen des JMStV, JuSchG und StGB umgehen zu können.[197]   **127**

Der Jugendschutzbeauftragte kann sowohl aus dem Unternehmen des Anbieters kommen, als auch eine externe Person sein. In jedem Fall hat er ausdrücklich weisungsfrei zu arbeiten und er darf nicht benachteiligt werden, weil er seine Aufgaben wahrnimmt. Dazu sind ihm auch die   **128**

---

194 Vgl. *Liesching* CR 2001, 845, 846; *Erdemir* K&R 2006, 500, 503.
195 *Erdemir* K&R 2006, 500, 503.
196 Vgl. *Scholz/Liesching* § 7 JMStV Rn. 23.
197 *Erdemir* K&R 2006, 500, 504.

notwendigen Mittel zur Verfügung zu stellen und er ist, soweit das nötig sein sollte, für seine Aufgaben unter Fortzahlung der Bezüge von seiner normalen Arbeit freizustellen. Die Weisungsfreiheit bedingt, dass eine Bestellung des Geschäftsführers eines Unternehmens zum Jugendschutzbeauftragten, wie es sich gerade für kleine Anbieter teilweise vermeintlich anbietet, nicht möglich ist. Eine solche Vorgehensweise ist mit der Funktion des Jugendschutzberaters als unabhängiger Berater des Anbieters und Ansprechpartner nicht vereinbar; es ist schlechthin nicht vorstellbar, zugleich die Beratungsfunktion als auch eine tragende Funktion bei geschäftsleitenden Entscheidungen einzunehmen.

129 Da es grundsätzlich auch möglich ist, externe Personen als Jugendschutzbeauftragte zu bestellen, kommt es auch immer wieder vor, dass Rechtsanwälte diese Position übernehmen. Das ist nicht zwingend notwendig, die Aufgaben des Jugendschutzbeauftragten stellen keine Rechtsberatung i.S.d. RBerG dar, auch wenn sie juristische Elemente beinhalten mögen.[198] Allerdings besteht die Gefahr des Verlusts der anwaltlichen Unabhängigkeit, sollte der als Jugendschutzbeauftragte Rechtsanwalt gleichzeitig auch den Anbieter in Fragen des Jugendschutzes anwaltlich vertreten.[199] Von einer solchen Konstellation sollte als Abstand genommen werden.

VII. Aufsicht

130 Die Aufsicht über Telemedien und mit ihnen in Zusammenhang stehende Thematiken differenziert je nach in Frage stehendem Sachverhalt. Die meisten Aufsichtsbestimmungen sind im RStV zu finden, für den Jugendschutz jedoch befinden sich eigene Regelungen im JMStV. Die Aufsicht über Telemedien im Allgemeinen führen nach Landesrecht bestimmte Aufsichtsbehörden, § 59 Abs. 2 RStV, die Eingriffsbefugnisse bis hin zur Untersagung oder Sperrung eines Telemediendienstes haben (vgl. § 59 Abs. 3 bis 5 RStV). Die Aufsicht über die Datenschutzbestimmungen, inklusive des Redaktionsdatenschutzes, haben dagegen die nach den allgemeinen Datenschutzbestimmungen zuständigen Behörden des Bundes und der Länder, § 59 Abs. 1 RStV. Lediglich Unternehmen und Hilfsunternehmen der Presse als Anbieter von journalistisch-redaktionellen Telemedien, die sich dem deutschen Presserat angeschlossen haben, sind von dieser Aufsicht ausgenommen, § 59 Abs. 1 S. 3 RStV. Die Aufsicht über Anbieter von Telemedien mit journalistisch-redaktioneller Gestaltung ist in § 59 Abs. 6 RStV geregelt.

131 Die Aufsicht über Jugendschutzbestimmungen ist nicht im RStV geregelt, sondern wie die Jugendschutzbestimmungen selbst, im JMStV. Dort bestimmt § 20 Abs. 4 JMStV, dass die Aufsicht die zuständige Landesmedienanstalt durch die KJM führt und dass dies entsprechend § 59 Abs. 2 bis 4 RStV geschieht, aber §§ 7 bis 10 TMG geachtet werden müssen. Sollte ein Anbieter von Telemedien sich einer anerkannten Einrichtung der Freiwilligen Selbstkontrolle unterworfen haben, muss die KJM zunächst diese mit der Angelegenheit befassen, § 20 Abs. 5 JMStV.

132 Für alle Fälle der Aufsichtsführung gilt, dass die Anbieter dafür Sorge zu tragen haben, dass die Aufsichtsbehörden auf die Angebote entgeltfrei zugreifen können und die Aufsichtsbehörden nicht vom Zugriff auf die Angebote ausgeschlossen werden dürfe, § 59 Abs. 7 RStV.

---

198 *OLG Düsseldorf* CR 2003, 447 ff.; a.A. *Scholz/Liesching* § 7 JMStV Rn. 21, 24; *Strömer* K&R 2002, 643 ff.

199 Ausf. dazu *Knöfel* MMR 2005, 816 ff.; *Erdemir* K&R 2006, 500, 505 sieht in so einer Situation die Bestellung des Rechtsanwalt zum Jugendschutzbeauftragten als nicht ordnungsgemäß an und weist auf die Gefahr eines Ordnungsgeldes nach § 24 Abs. 1 Nr. 8 i.V.m. Abs. 3 JMStV hin.

Schmittmann

VIII. Anhang: Muster für Antrag auf Unbedenklichkeitsbestätigung

Rechtsanwalt

An die
Landesmedienanstalt xy

Düsseldorf, den 21.12.2007

**Antrag auf Feststellung der rundfunkrechtlichen Unbedenklichkeit
nach § 20 Abs. 2 Satz 3 RStV**

**Antragstellerin: Stars4U GmbH & Co. KG
bezüglich des Mediendienstes „Sterne über Dir"**

Sehr geehrter Herr ….,

unter Bezugnahme auf unser Telefonat vom … und unter Versicherung ordnungsgemäßer Bevollmächtigung seitens der Stars4U GmbH & Co. KG (Vollmacht wird nachgereicht), darf ich hiermit den im Folgenden auszuführenden

Antrag auf Feststellung der rundfunkrechtlichen Unbedenklichkeit des Telemediendienstes „Sterne über Dir" (im Folgenden: „Sterne") gemäß § 20 Abs. 2 Satz 3 RStV

stellen.

I. Zur Antragstellerin

Die Stars4U GmbH & Co. KG ist eine Kommanditgesellschaft unter Beteiligung einer namensgleichen Komplementär-GmbH mit Sitz in … GmbH-Geschäftsführer ist Herr …, Medienunternehmer mit einer langjährigen Erfahrung insbesondere im Bereich Teleshopping. Die Stars4U GmbH & Co. KG und die Stars4U GmbH werden jeweils von folgenden Gesellschaftern gehalten´:

1. ……………
2. ……………
3. ……………

II. Zur technischen Verbreitung

Der in Luxemburg ansässige Satellitenbetreiber SES-ASTRA hat unserer Mandantschaft die analoge Übertragung des im Folgenden darzustellenden neuen Mediendienstes „Sterne" via ASTRA auf 19,2° Ost auf dem Transponder … angeboten. Der Servicestart wird am 01.02.2008 für 24 Stunden täglich erfolgen. Die Laufzeit des Vertrages ist zunächst auf den 31. Dezember 2010 beschränkt. SES ASTRA bietet zugleich digitales Simulcast in der angegebenen Zeit an.

III. Zum Inhalt des Telemediendienstes

„Sterne" ist der Arbeitstitel eines Telemediendienstes, der auch als Teleshopping-Programm bezeichnet werden kann, da er – wie unter IV. auszuführen sein wird – die Charakteristika des Verteildienstes gemäß § 2 Ziffer 4 TMG erfüllt. Das Teleshopping-Programm enthält folgende Merkmale:

1. Im Vordergrund: Telefondienstleistungen

Das Programm bietet in Form der öffentlichen Live-Ausstrahlung aus dem Studio in …, von wo aus auch der Satelliten-Uplink erfolgt, den Zuschauern die Erbringung von Telefondienstleistungen an. Je nach Auslastung ist der Anbieter in der Lage, über die eingeblendete(n) Telefonnummer(n) bis zu 200 Berater mit den einwählenden Zuschauern zu verbinden, die im persönlichen Telefongespräch mit dem Berater individuelle Gespräche zu ihren persönlichen Lebenslagen führen können.

Im ausgestrahlten Dienst selbst ist ohne Unterbrechung ein Studio zu sehen, in dem sich mehrere der Berater befinden. Einer der Berater fungiert als Moderator, der die anderen Berater vorstellt und Gespräche zu ihnen vermittelt, die dann anfänglich (Gesprächsbeginn mit Themennennung) übertragen werden. In das Bild sind Telefonnummern eingeblendet, über die der sich einwählende Zuschauer unverzüglich entweder zu einem der Experten im Studio oder einem der vielen anderen verbindbaren Experten durchgeschaltet wird. Es gibt dort keine Warteschleifen, sondern im Gegenteil durch ein Steuerungssystem die Möglichkeiten der schnellen Anwahl der Berater. Ist ein einzelner vom Anrufer gewünschter Berater zur Zeit nicht frei, kann er sich dort in eine individuelle Warteschleife einwählen und zugleich von einem anderen Experten in der Zwischenzeit beraten werden. Sobald der gewünschte Berater frei wird, wird ihm dies in das geführte Gespräch hinein signalisiert.

Ferner hat der Anrufer die Möglichkeit, sich vom Callcenter (dazu unter 3.) direkt mit einem Berater seiner Wahl verbinden zu lassen. Die Callcenter-Agents (Vermittler) haben einen aktuellen Überblick über die Verfügbarkeit der Experten.

Das Beratungsgespräch selbst wird nicht live über TV übertragen, um so einer etwaigen Qualifizierung als Rundfunk aufgrund einer Prägung des öffentlichen Meinungsbildes zu entgehen. Vielmehr dient der Dienst der Bewerbung der Telefondienstleistungen.

2. Inhaltliche Ausrichtung der angebotenen Telefondienstleistungen

Die individuellen Beratungsgespräche decken sämtliche Lebensbereiche des Anrufenden ab und bedienen sich der Fähigkeiten der Berater, Karten zu legen, persönliche Horoskope auszustellen, also Kenntnisse aus dem Bereich der Astrologie anzuwenden. Viele der Gespräche sind aber schlichtweg dadurch motiviert, dass die Anrufenden einen persönlichen Gesprächspartner suchen. Hier können die Themen durchaus auch Astrologie und Kartenlegen verlassen und den Charakter einer individuellen Lebensberatung zu allgemeinen Fragen wie Ehe und Partnerschaft, Familie, Beruf und Karriere, Krankheit, Verlust, Trauer, Sucht etc. werden. Unsere Mandantin trägt durch ein anspruchsvolles Benchmarking bei der Expertenauswahl der Tatsache Rechnung, dass die Experten diesen Anforderungen gerecht werden müssen. Die Auswahl der Experten erfolgt nach Grundsätzen, die der Verantwortung dieses Dienstes gerecht werden.

3. Technische Abwicklung

Die Abwicklung der Telefonate verläuft mittels des technisches Dienstleisters „call y'r", die sich dabei der Dienstleistungsbezeichnung „call y'r" bedient. Genutzt wird die Telefonnummer ... (Bundesrepublik Deutschland). Die Vermittlung erfolgt in einem eigenen Callcenter.

Die call y'r ist ein marktstarkes Unternehmen im Bereich der Informations-, Beratungs- und Unterhaltungsdienste per Telefon, wir verweisen insofern auf die Homepage ... Die Anteile an der Gesellschaft halten folgende Gesellschafter:

1. ....
2. ....
3. ....

call y'r arbeitet mit einer so genannten IVR-Plattform (individual voice routing), wonach eine Vielzahl von Funktionen und Modalitäten der automatischen Gesprächsführung möglich sind. Es ist nicht Prinzip des Dienstleisters, den Anrufenden lange und gebührenpflichtig in der Leitung zu halten, ohne ihn in das Studio oder zu individuellen Beratern durchzustellen, sondern vielmehr so schnell wie möglich zu einem passenden Gesprächspartner zu vermitteln. Die Führung durch das System ist für den Anrufenden einfach und wird durch schnelle Ansagen eingängig erläutert. Es ist auch eine Terminierung eines individuellen Gesprächs am Tag selbst oder am Folgetag mit bestimmten ausgesuchten Beratern nach Wahl des Anrufenden möglich, wie bereits oben erwähnt. Dies ist keine automatische Führung, sondern die persönliche Entgegennahme des Anrufs und direkte Weiterleitung an einen bestimmten Experten.

Der Dienst wird parallel im Internet ausgestrahlt werden. Die Zuschauer registrieren sich, so dass sie nach kurzer Zeit in einer Datenbank erfasst werden und individuelle Gespräche mit dem gewünschten Berater hergestellt werden können. Das „Durchstellen" in das Studio hat insoweit ein aleatorisches Element, als über eine ...er Nummer ein Zufallsgenerator letztlich darüber bestimmt, welcher individueller Anruf vom Callcenter in das Studio durchgestellt wird. Wer über die …-Nummer nicht beabsichtigt, in das Studio durchgestellt zu werden, wird von call y'r in der Alternative zum Studio-Experten-Loop sogleich zu den angemessenen Beratern vermittelt und durchgestellt.

Ein Switch zwischen dem Versuch, in das Studio durchgestellt zu werden und individuelle Beratungsgespräche auf Vermittlung von call y'r zu führen, ist ebenfalls installiert.

IV. Rechtliche Beurteilung

Nach unserer rechtlichen Beurteilung handelt es sich bei dem oben beschriebenen Angebot namens „Sterne" um einen Telemediendienst, der der Typologie des Teleshopping entspricht. Es ist ein Verteildienst in Form von kommerzieller Kommunikation i.S.d. § 2 Abs. 1 Nr. 4 und 5 TMG („Förderung des Absatzes von Dienstleistungen"). Im Einzelnen:

1. Keine „Darbietung" mangels Meinungsbildungsrelevanz

Wir orientieren uns an dem Dritten Strukturpapier zur Unterscheidung von Rundfunk und Mediendiensten vom 6. November 2003 (z.B. abgedruckt bei *Hartstein/Ring/Kreile/Dörr/Stettner*, Kommentar zum Rundfunkstaatsvertrag § 2 RStV, Rn. 9 (im Folgenden: Drittes Strukturpapier)). Während der Rundfunk klassischerweise Information, Bildung und Unterhaltung vermittelt (vgl. Hermann/Lausen, Rundfunkrecht, § 2 Rn. 36 ff.), ist es Kennzeichen des Telemediendienstes, dass er kein oder nur ein geringes Potential hat, die individuelle und öffentliche Meinungsbildung zu beeinflussen. Im Vordergrund des soeben beschriebenen Programms steht unzweifelhaft das Angebot und der Verkauf der telefonischen Beratungsdienstleistungen im Individualverhältnis. Die aus dem Studio ausgestrahlten Gesprächsbeginne haben eher den Charakter eines Beispielfalles für den Zuschauer, der die Möglichkeit hat, aufgrund der Vielzahl der erreichbaren Berater individuelle astrologische oder anders geartete Beratung zu erhalten. Im Übrigen wird für die Berater und ihre Fähigkeiten geworben und ergibt sich dem Zuschauer ein genereller Eindruck von den Beratern, hingegen kein meinungsbildender Eindruck aus der Beratung selbst.

Prüft man die Merkmale unter 2.4.2 des Dritten Strukturpapiers, so schlägt das Pendel vorliegend auf der Seite des Telemediendienstes und nicht des Rundfunks aus: Die Wirkungsintensität der verbreiteten Inhalte führt hier zu einem geringen Beeinflussungspotential auf die öffentliche Meinungsbildung, da die Inhalte der Gespräche stets individuell sind, nicht vollumfänglich übertragen werden und damit der Bezug zum Gemeinschaftsleben nicht existent, allenfalls äußerst gering ist. Das so genannte „Selbstgespräch der Gesellschaft" mit Sozialrelevanz findet hier nicht statt.

Bei der redaktionellen Gestaltung der Inhalte ist festzuhalten, dass es sich nicht um eine vielfältige und variierende Programmabfolge handelt, sondern nur ein und dasselbe Studiobild über die gesamte Sendezeit ohne Unterbrechung, insbesondere Werbeunterbrechung, zu sehen ist. Eine Struktur, die vom Aus-/Umschalten abhält, liegt damit nicht vor. Die Realitätsnähe der dem Rezipienten präsentierten Inhalte i.S.d. Rundfunkeigenschaft ist ebenfalls äußerst gering: Die Kraft der „bewegten Bilder" ist hier minimal, da es sich immer um die identische Studioeinblendung handelt, also keine wie auch immer geartete Berichterstattung oder Darstellung des täglichen Lebens vorgenommen wird.

Wendet man das Merkmal der Reichweite und gleichzeitigen Rezeptionsmöglichkeit / tatsächlichen Nutzung an, so kommt man hier zwar zu dem Ergebnis, dass eine Vielzahl von Nutzern Beratungsgespräche führen können. Da diese aber sich individuell unterscheiden und bis auf jeweils den Beginn eines Beratungsgesprächs mit Nennung der Gesprächspartner und des Themas nicht von der zuschauenden Allgemeinheit mitverfolgt werden können, ist die Reichweite und die gleichzeitige Rezeptionsmöglichkeit des Dienstes dennoch insgesamt äußerst gering.

Für Rundfunk und gegen die Annahme eines Telemediendienstes spricht nach dem Dritten Strukturpapier eine etwaige geringe Interaktivität des Nutzers beim Rezeptionsvorgang und die einfache Bedienbarkeit des Empfangsgeräts. Der zuvor vorgestellte Dienst „Sterne" ist aber durch eine hohe Interaktivität und eine anforderungsintensivere Bedienbarkeit gekennzeichnet, da jeweils über Internet, SMS, MMS oder Telefon agiert werden muss. Das Beeinflussungspotential der Öffentlichkeit ist deshalb hier durch die Notwendigkeit, selbst zu agieren, gemindert.

2. Erfüllung der Kriterien des Fernseheinkaufs

Folgt man dem Dritten Strukturpapier weiter unter 3.3 (Einzelfallbeispiele), so ist hier eine vollumfängliche Erfüllung der Kriterien des Fernseheinkaufs zu bejahen:

Mit Schroeder (ZUM 1994, 477) ist zu fragen, ob die Darstellung noch für den Warenmarkt oder schon für den Meinungsmarkt bestimmt ist. Hier geht es um den (insoweit dem Warenmarkt gleichgestellten) Dienstleistungsmarkt (gewerbliche Telefonberatung); das Programm selbst hat im wesentlichen nur die Funktion, dem Zuschauer zu erläutern, welche Art von Beratungsgesprächen durchgeführt werden kann und ihn zu animieren, bei Interesse ein solches individuelles Gespräch mit dem Berater über den Telefondienstleister zu beginnen.

Unschädlich ist nach dem Strukturpapier die Darstellung und die Beschreibung der Dienstleistung im Rahmen einer sogenannten Live-Präsentation, bei der der Rezipient gegebenenfalls die Möglichkeit hat, im Studio anzurufen und produktbezogene Fragen zu stellen, die die Moderatoren beantworten, solange der Verkaufszweck des Ganzen erkennbar im Vordergrund steht. Genau dies ist bei „Sterne" der Fall, denn der Moderator und die weiteren im Studio befindlichen Berater lassen den Zuschauer nicht im Unklaren darüber, dass es um eine entgeltpflichtige Telefondienstleistung geht und der Leistungsaustausch klar im Vordergrund steht. Der Zuschauer erkennt durch Einblendung der Nummern und der Minutenpreise, dass es bei diesem Programm um ein gewerbliches Angebot geht, das nicht über dem Bereich der persönlichen Lebensführung hinaus reicht und keine gesellschaftliche Relevanz entfaltet.

Die im Dritten Strukturpapier sodann aufgeführten Beispiele von Fernseheinkauf als Rundfunk (z.B. durch Produktpräsentation in Unterhaltungsshows und Informationsteilen ohne Produktbezug) werden vorliegend nicht erfüllt.

Man kann allenfalls einen Aspekt des Rundfunks auch diesem Dienst nicht absprechen und dies ist ein gewisser unterhaltender Charakter für diejenigen Zuschauer, die sich nicht individuell einwählen wollen. Dieser Charakter ist aber von untergeordneter Bedeutung und ist jedem Teleshopping-Kanal immanent. Er führt nicht dazu, die Qualifizierung als Teleshopping unter § 2 Nr. 4 TMG zu verneinen, weil er hinter dem Aspekt der Anpreisung der Dienstleistung weit zurücktritt und im Abwägungsvorgang zwischen Rundfunk und Mediendienst keinen Schwerpunkt bildet.

Festzuhalten ist daher:

Abgesehen von dem nicht vorhandenen Meinungsbildungspotential fehlt hier auch die rundfunktypische redaktionelle und journalistische Gestaltung einer Abfolge von Sendungen und Beiträgen (vgl. *Hartstein/Ring* u.a., a.a.O., Rn. 8). Form und Inhalt entsprechen daher nach unserer Einschätzung nicht dem Rundfunk, sondern unterfallen ausschließlich dem TMG, da das Angebot der Erbringung individueller Telefondienstleistungen gegen Entgelt unverkennbar im Vordergrund steht.

V. Zum Verfahren

Wir wären Ihnen dankbar, wenn Sie uns nach interner Prüfung bei der .... – gegebenenfalls auch in Abstimmung mit den anderen Landesmedienanstalten – beizeiten wissen lassen könnten, ob Sie unsere Beurteilung teilen. Wir würden uns freuen, eine Unbedenklichkeitsbescheinigung nach § 20 Abs. 2 Satz 3 RStV zu erhalten. Sollte dies nicht vor der geplanten Programmaufschaltung zum 1. Februar 2008 auf ASTRA analog möglich sein, so entnehmen wir § 20 Abs. 2 Satz 2 RStV kein Verbot der Ausstrahlung des Telemediendienstes, sondern unsere Mandantin wäre nach § 4 TMG zulassungs- und anmeldefrei in der Lage, den Dienst aufzuschalten.

Sollten Sie Zweifel an der Qualifikation als Telemediendienst haben, so würden wir diese – soweit möglich – programmlich korrigieren. Sollte selbst nach Korrektur nur eine Tätigkeit als Rundfunkveranstalter in Betracht kommen, so würden wir Sie bitten, hilfsweise das Verfahren nach § 20 Abs. 2 Satz 1 RStV einzuleiten und uns die Chance zu gewähren, einen entsprechenden Zulassungsantrag zu stellen. Indessen sehen wir dafür im Augenblick keinen Anhaltspunkt als zwingend an.

Für Rückfragen und insbesondere auch ein persönliches Gespräch stehe ich Ihnen jederzeit gerne zur Verfügung. Dasselbe gilt selbstverständlich hinsichtlich der Geschäftsführung meiner Mandantschaft und der maßgeblichen Gesellschafter.

Wir freuen uns, von Ihnen zu hören und verbleiben
mit freundlichen Grüßen

Rechtsanwalt

Presserecht

7. Abschnitt

Recht der Wort- und Bildberichterstattung im Presserecht

Literatur: *v. Becker* Rechtsfragen der Satire, GRUR 2004, 908; *Born* Gen-Milch und Goodwill – Äußerungsrechtlicher Schutz durch das Unternehmenspersönlichkeitsrecht, AfP 2005, 110; *Flechsig* Schutz gegen Verletzung des höchstpersönlichen Lebensbereichs durch Bildaufnahme, ZUM 2004, 605; *Frömming/Peters* Die Einwilligung im Medienrecht, NJW 1996, 958; *Gottschalk* Wie kann eine Unterlassungsvereinbarung erlöschen, GRUR 2004, 827; *Grabenwarter* Schutz der Privatsphäre versus Pressefreiheit, AfP 2004, 309; *Grimm* Die Meinungsfreiheit in der Rechtsprechung des Bundesverfassungsgerichts, NJW 1995, 1967; *Hesse* § 201a StGB aus Sicht des öffentlich-rechtlichen Rundfunks, ZUM 2005, 432; *Himmelsbach* Zur Antwortpflicht des Verlages auf ein Abdruckverlangen, AfP 2006, 430; *Hoppe* Bildaufnahmen aus dem höchst persönlichen Lebensbereich – der neue § 201a StGB, GRUR 2004, 990; *Karaahmetoglu* Die Sprache der Gegendarstellung, AfP 2005, 433; *Kühl* Zur Strafbarkeit unbefugter Bildaufnahmen, AfP 2004, 190; *Ladeur/Gostomzyk* Mephisto reloaded – Zu den Bücherverboten der Jahre 2003/2004 und der Notwendigkeit, die Kunstfreiheit auf eine Risikobetrachtung umzustellen, NJW 2005, 566; *Löffler (Hrsg.)* Presserecht, 5. Aufl. 2006; *Löffler/Ricker* Handbuch des Presserechts, 5. Aufl. 2005; *v. Mangoldt/Klein/Starck* Das Bonner Grundgesetz, 4. Aufl. 1999; *Maunz/Dürig/Herzog/Scholz* Grundgesetz, Loseblatt; *Obert/Gottschalk* § 201a StGB aus Sicht des privaten Rundfunks, ZUM 2005, 436; *Peters* Die publizistische Sorgfalt, NJW 1997, 1334; *Prinz/Peters* Medienrecht: die zivilrechtlichen Ansprüche, 1999; *Sauren* Bedrohung der freien Berichterstattung durch den neuen § 201a StGB, ZUM 2005, 425; *Schulenberg* Das strafprozessuale Zeugnisverweigerungsrecht im deutsch-amerikanischen Vergleich, ZUM 1989, 212; *Sedelmaier* Zum rechtlichen Charakter des Abdruckverlangens, AfP 2007, 19; *ders.* Zur Änderung der Gegendarstellung im Verfahren und der Wahrung der Unverzüglichkeit/Aktualitätsgrenze durch unzulässige Erstfassung, AfP 2006, 24; *ders.* Die Sprache der Gegendarstellung, AfP 2005, 524; *Seitz/Schmidt/Schoener* Der Gegendarstellungsanspruch, 3. Aufl. 1998; *Soehring* Presserecht, 3. Aufl. 2000; *Vogel* Bedrohung der freien Berichterstattung durch den neuen § 201a StGB, ZUM 2005, 449; *Wendt* Das Recht am eigenen Bild als strafbewehrte Schranke der verfassungsrechtlich geschützten Kommunikationsfreiheiten des Art. 5 Abs. 1 GG, AfP 2004, 181; *Wenzel (Hrsg.)* Das Recht der Wort- und Bildberichterstattung, 5. Aufl. 2003.

A. Die verfassungsrechtlichen Rahmenbedingungen in der Wort- und Bildberichterstattung

I. Die Freiheitsrechte des Art. 5 Abs. 1 GG

1. Meinungsäußerungsfreiheit

1 Die Meinung ist ein innerer, gedanklicher Vorgang,[1] weshalb besser der Begriff „Meinungsäußerungsfreiheit" benutzt wird. Das Recht schützt die Wiedergabe der eigenen und der fremden

---

1 *Burkhardt* in Wenzel, Das Recht der Wort- und Bildberichterstattung, 5. Aufl. 2003, § 6 Rn. 1.

Schulenberg

Ansicht. Sie erstreckt sich auf sämtliche Äußerungsformen, wobei Wort, Schrift und Bild lediglich Beispiele sind. Dabei kommt es nicht darauf an, ob die Äußerung wertvoll, richtig oder rational begründet oder ob sie von anderen für nützlich oder schädlich gehalten wird.[2] Wird durch die Äußerung ein Beitrag zum geistigen Meinungskampf in einer die Öffentlichkeit berührenden Frage geleistet, spricht die Vermutung für die Zulässigkeit[3] und es sind auch scharfe Wendungen zulässig.[4] Bei einer ausschließlich privaten Auseinandersetzung besteht diese „Privilegierung" dagegen nicht ohne weiteres.[5]

Auch Tatsachenbehauptungen fallen grds. unter den Schutz der Meinungsäußerungsfreiheit. **2** Die Äußerung von Tatsachen ist Voraussetzung von Bildung von Meinungen, die durch Art. 5 Abs. 1 GG umfassend geschützt werden;[6] allerdings werden solche Tatsachenbehauptungen vom Schutzbereich des Grundrechts ausgenommen, deren Unwahrheit dem sich Äußernden bekannt ist oder bereits im Zeitpunkt der Äußerung erwiesen ist; Art. 5 GG gibt kein Recht zur Lüge.[7] Geschützt ist auch die Wahl des Ortes und der Zeit der Äußerung.[8]

Art. 5 Abs. 1 S. 1 GG umfasst auch das Verbreiten unabhängig von ihrer konkreten Art und **3** Weise (Zeitungen, Rundfunk, Handzettel usw.). Doch gibt das Recht auf Informationsverbreitung dem Verbreiter weder einen Anspruch gegen den Staat, ihm ein aufnahmebereites Publikum zu beschaffen[9] noch einen Anspruch gegen Dritte, die Information zur Kenntnis zu nehmen.[10]

2. Informationsfreiheit

Die Informationsfreiheit garantiert jedem Bürger das Recht, sich aus allgemein zugänglichen **4** Quellen ungehindert zu unterrichten. Es umfasst sowohl das lediglich passive Empfangen von Informationen wie auch deren aktives Sammeln.

Die Informationsfreiheit beschränkt sich auf „allgemein zugängliche Quellen". Dies ist dann **5** der Fall, wenn die Informationsquelle technisch geeignet und bestimmt ist, der Allgemeinheit, d.h. einem individuellen nicht bestimmbaren Personenkreis, Informationen zu verschaffen.[11]

3. Pressefreiheit

Die Pressefreiheit schützt die gesamte Tätigkeit der Presse, und zwar sowohl die aktive Beschaffung von Informationen und die Recherche[12] wie auch deren ungehinderten passiven **6** Empfang, aber auch die freie Veröffentlichung und Verbreitung von Informationen sowie die Mitwirkung der Presse bei der Bildung der öffentlichen Meinung.[13] Der Schutz kommt aber nicht nur der Pressetätigkeit, sondern auch dem Presseerzeugnis selbst einschließlich des An-

---

2 *BVerfG* NJW 2001, 3613; 1994, 2943; AfP 1991, 388; *BGH* NJW 1964, 294.
3 *BVerfG* NJW 1958, 257 – Lüth; NJW 1983, 1415 – Wahlkampfäußerung; NJW 1995, 3303 – Soldaten sind Mörder; *BGH* NJW 1994, 124, 125 f.
4 *BVerfG* NJW 1976, 1680 – Deutschland-Stiftung.
5 *BVerfG* NJW 1995, 3303 – Soldaten sind Mörder II; NJW 1999, 2262.
6 *BVerfG* NJW 2003, 277 – Juve-Handbuch; NJW 2003, 661; AfP 2000, 351 – DGHS II; NJW 1999, 3326, 3327 – MfS-Gehaltsliste; NJW 1999, 1322, 1324 – Helnwein; NJW 1983, 1415.
7 *BVerfG* NJW 2003, 3855; AfP 2003, 43; 1999, 160; *BVerfGE* 99, 197; 90, 247; 61, 8; 12, 113.
8 *BVerfG* NJW 1995, 3303 – Soldaten sind Mörder II.
9 *Maunz/Dürig/Herzog/Scholz* Art. 5 I, II GG Rn. 60.
10 *v. Mangoldt/Klein/Starck* Art. 5 GG Rn. 34.
11 *BVerfGE* 90, 32; 33, 65; 28, 188; 27, 83.
12 *BVerfG* AfP 2007, 110, 114 – Cicero; *OLG Karlsruhe* AfP 2006, 482.
13 *Löffler/Ricker* Hdb. Presserecht, S. 45.

zeigenteils[14] zugute. Der Begriff „Presse" ist in weitem Sinn des „Druckwerks" zu verstehen. Er umfasst nicht nur sämtliche periodischen Druckwerke von Zeitungen, gleich ob Unterhaltungspresse oder nicht, sondern auch alles einmalig Gedruckte wie Bücher, Flugblätter, Handzettel etc. Auch bloße Werkszeitungen sind geschützt.[15] Der Absatzweg ist unerheblich.

7   Die Pressefreiheit enthält vielfältige Schutzwirkungen, die nicht unmittelbar die Wort- und Bildberichterstattung betreffen, auf die hier aber nicht näher eingegangen werden kann. So umfasst sie z.B. den Informationsanspruch der Pressevertreter,[16] ihr Recht auf Gleichbehandlung gegenüber anderen Pressevertretern,[17] das **Zeugnisverweigerungsrecht** der Journalisten[18] sowie das **Redaktionsgeheimnis**[19] – beides auch verbunden mit einem gewissen Schutz vor Durchsuchungen und Beschlagnahme. In der jüngsten Zeit haben vor allem Durchsuchungen von Redaktionsräumen von Zeitungen und Zeitschriften dem *BVerfG* Gelegenheit gegeben, seine schon im *SPIEGEL*-Urteil[20] begründete Rspr. durch das sog. *Cicero*-Urteil[21] zu aktualisieren. Danach sind Durchsuchungen und Beschlagnahme in einem Ermittlungsverfahren gegen Presseangehörige verfassungsrechtlich unzulässig, wenn sie ausschließlich oder vorwiegend dem Zweck dienen, die Person des Informanten zu ermitteln.[22] Die bloße Veröffentlichung eines Dienstgeheimnisses i.S.d. § 353b StGB durch einen Journalisten reicht im Hinblick auf Art. 5 Abs. 1 S. 2 GG nicht aus, um einen der strafprozessualen Ermächtigungen zur Durchsuchung und Beschlagnahme genügenden Verdacht der Beihilfe des Journalisten zum Geheimnisverrat zu begründen.[23]

8   In Abgrenzung zur Meinungsäußerungsfreiheit gilt, dass die Pressefreiheit berührt ist, wenn es um die im Pressewesen tätigen Personen in Ausübung ihrer Funktion, um ein Presseerzeugnis selbst, um seine institutionell-organisatorischen Voraussetzungen und Rahmenbedingungen und schließlich um die Institution der freien Presse an sich geht. Handelt es sich dagegen um die Zulässigkeit einer bestimmten Äußerung, so ist ungeachtet des Verbreitungsmediums die Meinungsäußerungsfreiheit maßgeblich.[24]

9   Über den individualrechtlichen Schutz von Pressetätigkeit und des Presseerzeugnisses hinaus verleiht Art. 5 Abs. 1 S. 2 GG schließlich der Institution freie Presse als solcher Grundrechtsschutz.[25]

---

14   *BVerfG* NJW 2001, 591 – Benetton.
15   *BVerfG* NJW 1997, 386 – Werkszeitung.
16   Einfach gesetzlich geregelt in den Landespressegesetzen.
17   *OLG Köln* AfP 2001, 218.
18   Umfassend dazu *Löffler* Presserecht, S. 981 ff.; LPG § 23; deutsch-amerikanischer Rechtsvergleich bei *Schulenberg* ZUM 1989, 212.
19   *BVerfG* AfP 1984, 94; ZUM 2005, 314.
20   *BVerfGE* 20, 162 – Spiegel.
21   *BVerfG* AfP 2007, 110 – Cicero; vgl. auch *BVerfG* ZUM 2005, 314.
22   *BverfG* AfP 2007, 110 – Cicero.
23   *BVerfG* AfP 2007, 110 – Cicero. Das BVerfG stellt hohe Hürden für die staatsanwaltliche Ermittlungspraxis auf. Da der Tatbestand des § 353b StGB nicht verwirklicht ist und eine Beihilfe daher nicht möglich ist, wenn Schriftstücke oder Dateien mit Dienstgeheimnissen versehentlich oder über eine nicht zur Geheimhaltung verpflichtete Mittelsperson nach außen gelangen oder der Geheimnisträger nur Hintergrundinformationen liefern will, die Veröffentlichung aber abredewidrig erfolgt, fordert das BVerfG spezifische tatsächliche Anhaltspunkte für das Vorliegen einer vom Geheimnisträger bezweckten Veröffentlichung des Geheimnisses und damit einer beihilfefähigen Haupttat; vgl. auch *OLG Brandenburg* Beschl. v. 14.8.2006 – 1 Ws 166/06 (unveröffentlicht) – Ablehnung der Eröffnung des Hauptverfahrens gegen beteiligte Journalisten.
24   *Löffler/Ricker* Hdb. Presserecht, S. 45; vgl. *BVerfGE* 95, 34 f.; 86, 128.
25   *BVerfGE* 80, 133; 66, 133; 20, 175.

4. Rundfunkfreiheit

Der Schutzbereich der Rundfunkfreiheit nach Art. 5 Abs. 1 S. 2 GG reicht ebenso wie bei der Pressefreiheit von der Beschaffung der Information bis zur Verbreitung. Er gewährleistet vor allem die Gestaltungsfreiheit im Programm[26] einschließlich der unterhaltenden Programme.[27] **10**

5. Filmfreiheit

Die in Art. 5 Abs. 1 S. 2 GG ebenfalls erwähnte Filmfreiheit umfasst dokumentarische Filme, Spielfilme und jede Art filmischer Äußerung und deren Verbreitung. **11**

II. Die Ausstrahlungswirkungen der Grundrechte aus Art. 5 Abs. 1 GG auf die zivilrechtliche Betrachtung der Wort- und Bildberichterstattung

Im Ausgangspunkte sollten die Grundrechte Abwehrrechte gegenüber dem Staat sein. Darauf sind sie jedoch nicht beschränkt. Das BVerfG hat schon sehr früh im Lüth-Urteil geklärt, dass und wie die Grundrechte auch im Zivilrecht wirken.[28] Dem BVerfG obliegt, die Beachtung der grundrechtlichen Normen und Maßstäbe durch die Fachgerichte sicherzustellen.[29] Diese Überprüfung beschränkt sich jedoch nicht auf die Frage, ob die angegriffene Entscheidung Fehler erkennen lässt, die auf einer grds. unrichtigen Anschauung von der Bedeutung des Grundrechts beruhen. Das BVerfG hat vielmehr auch im Einzelnen zu prüfen, ob die Entscheidung bei der Feststellung und Würdigung des Sachverhalts sowie der Auslegung und Anwendung des einfachen Rechts die verfassungsrechtlich gewährleistete Meinungsfreiheit verletzt hat.[30] Insbesondere unterliegt die Interpretation der streitigen Äußerung der verfassungsrechtlichen Kontrolle. Es findet also eine sog. intensivierte Kontrolle statt.[31] **12**

Die Ausstrahlungswirkung der Grundrechte aus Art. 5 Abs. 1 GG geht zudem über die mittelbare Grundrechtswirkung noch hinaus insoweit, als sie den Umfang der Schranken ihrerseits beschränkt, und zwar durch die im Lüth-Urteil formulierte **Wechselwirkungstheorie**,[32] die auch und vor allem durch die Abwägung im Einzelfall verwirklicht wird. **13**

Die Ausstrahlung von Art. 5 Abs. 1 GG in der Wort- und Bildberichterstattung ist damit auf 3 Ebenen zu beachten: **14**

1. bei der Bestimmung des Verständnisses der Äußerung,
2. bei der Auslegung der einschlägigen Gesetzesbestimmungen der allgemeinen Gesetze,
3. bei der Abwägung der kollidierenden Rechtspositionen[33]

---

26 *BVerfG* NJW 1994, 1942 – Rundfunkgebühr; NJW 1998, 2659.
27 *BVerfG* NJW 2000, 1859 – Lebach II.
28 *BVerfGE* 7, 198.
29 StRspr. vgl. *BVerfG* NJW 1976, 1677 – DGB.
30 *BVerfG* NJW 1970, 799.
31 *BVerfG* NJW 1990, 1980.
32 *BVerfGE* 7, 198 – Lüth: „… Die allgemeinen Gesetze müssen in ihrer das Grundrecht beschränkenden Wirkung ihrerseits im Lichte der Bedeutung dieses Grundrechts gesehen und so interpretiert werden, dass der besondere Wertgehalt dieses Rechts … auf jeden Fall gewahrt bleibt. … Es findet … eine Wechselwirkung in dem Sinne statt, dass die „allgemeinen" Gesetze zwar dem Wortlaut nach dem Grundrecht Schranken setzen, ihrerseits aber aus der Erkenntnis der wertsetzenden Bedeutung dieses Grundrechts im freiheitlich demokratischen Staat auch ausgelegt und so in ihrer das Grundrecht begrenzenden Wirkung selbst wieder eingeschränkt werden müssen."
33 *Grimm* NJW 1995, 1697, 1700.

III. Die Grundrechtsschranken nach Art. 5 Abs. 2 GG

15 Art. 5 GG enthält in Abs. 2 einen generellen Schrankenvorbehalt in den Schranken der Vorschriften der allgemeinen Gesetze, den gesetzlichen Bestimmungen zum Schutze der Jugend und dem Recht der persönlichen Ehre.

16 Die Frage, was unter **„allgemeinen Gesetzen"** zu fassen ist, insbesondere, wann kein allgemeines Gesetz mehr vorliegt, hat seit Bestehen des Grundgesetzes zu vielfachen Diskussionen und vielfachen Nuancierungen in der Begriffsdefinition geführt.[34] *Löffler/Ricker* geben die heute h.M. wie folgt wieder: Unter „allgemeinen Gesetzen" (seien) „nur diejenigen zu verstehen, die sich nicht speziell gegen die Presse, insbesondere nicht gegen die Beschaffung einer Information oder die Äußerung einer Meinung als solcher richten, sondern die dem Schutz eines anderen Rechtsguts dienen".[35] Der Gefahr, dass der (einfache) Gesetzgeber dies umgeht, indem er seinem gegen die Meinung anderer und gegen die Presse gerichteten Gesetz einen generellen Zweck unterlegt, begegnet das BVerfG mit der „Lüth"-Formel: Danach hat auch dann, wenn ein Gesetz als „allgemeines Gesetz" anzuwenden ist, die Rspr. im Einzelfall abzuwägen, ob eine Gesetzesbestimmung im Lichte der besonderen Bedeutung der Grundrechte aus Art. 5 Abs. 1 GG diesen Grundrechten gegenüber Vorrang haben und zu ihrer Einschränkung führen kann[36]

17 Regelungen zum Jugendschutz enthalten z.B. das JSchG und der Jugendmedienschutz-Staatsvertrag. Der Ehrenschutz wird durch die §§ 185 ff. StGB i.V.m. § 374 ff. StPO und im Zivilrecht durch die §§ 823 ff. BGB sowie die Ansprüche auf Widerruf, Unterlassung und Schadensersatz gewährleistet.

IV. Das Zensurverbot

18 Beim Zensurverbot nach Art. 5 Abs. 1 S. 3 GG handelt es sich nicht um ein eigenständiges Grundrecht, sondern um eine „absolute Eingriffsschranke",[37] mithin eine Schranken-Schranke.[38] Zensur in diesem Sinne ist nach h.M. nur die Vorzensur im Sinne einer formellen Vorkontrolle, also alle Beschränkungen vor der Herstellung oder Verbreitung eines Werkes der Kommunikation, insbesondere das Abhängigmachen von behördlichen Vorprüfungen und Genehmigungen des Inhalts.[39]

V. Die Kunstfreiheit und ihre Ausstrahlungswirkung auf die zivilrechtliche Betrachtung der Wort- und Bildberichterstattung

19 Nach dem Mephisto-Urteil liegt das Wesentliche einer künstlerischen Betätigung in der freien schöpferischen Gestaltung, in der Eindrücke, Erfahrungen, Erlebnisse des Künstlers durch das Medium einer bestimmten Formensprache zu unmittelbarer Anschauung gebracht werden. Die Abgrenzungsversuche der Kunst von Nichtkunst dürfen nicht auf der Ebene einer qualitativen Bewertung erfolgen; eine Differenzierung zwischen „guter" und „schlechter" und deswegen

---

34 Vgl. dazu *Löffler/Ricker* Hdb. Presserecht, S. 69, S. 70 m.w.N.
35 *Löffler/Ricker* Hdb. Presserecht, S. 72 mit Verweis auf *BVerfGE* 7, 209; 21, 280; 26, 205; 28, 185 f.; 28, 292; 50, 240; 59, 263; 62, 244.
36 Vgl. *BVerfGE* 7, 208; 20, 176; 50, 241; 74, 377; 77, 75; 82, 280; 86, 10 f.; 90, 248; 93, 290; 94, 8.
37 *BVerfGE* 33, 53.
38 *v. Mangoldt/Klein/Starck* Art. 5 GG Rn. 159; *Maunz/Dürich/Herzog/Scholz* Art. 5 I GG Rn. 1, 78.
39 *BVerfGE* 87, 230; 83, 153; 73, 166; 33, 72.

dem Schutzbereich nicht unterfallender Kunst stellt eine unzulässige Inhaltskontrolle dar.[40] Für Karikaturen und Satire gilt, dass diese grds. Kunst sein können, aber nicht in jeder Karikatur und Satire zugleich Kunst liegt. Diese liegt nicht schon bei jeder Übertreibung, Verzerrung und Verfremdung vor.[41]

Anders als Art. 5 Abs. 1 GG ist die Kunstfreiheit schrankenlos gewährt. Nach dem Mephisto-Urteil des BVerfG[42] hat eine Konfliktlösung auf der Grundrechtsebene zu erfolgen. Die Grenzen der Kunstfreiheit könnten nur von der Verfassung selbst bestimmt werden,[43] z.B. durch die Grundrechte anderer Träger, etwa das Persönlichkeitsrecht, die Menschenwürde,[44] aber auch durch sonstige Rechtsgüter mit Verfassungsrang, z.B. Jugendschutz oder Eigentum. Infolgedessen bedarf es im Konfliktfall auf der Grundrechtsebene anzustellende Betrachtung einer Abwägung der widerstreitenden Grundrechtsinteressen. **20**

In der Praxis der Wort- und Bildberichterstattung liegt beim Persönlichkeitsrecht die entscheidende Frage, wann der Künstler befugt ist, einer individuellen Person zurechenbare Angaben zu benutzen, wenn die Darstellung geeignet ist, das Persönlichkeitsbild des Betroffenen zu beeinträchtigen. Im Mephisto-Urteil[45] bezeichnet es das BVerfG als wesentlich, ob und inwieweit das „Abbild" gegenüber dem „Urbild" in der künstlerischen Darstellung so verselbständigt erscheint, dass das individuelle, persönlich-intime zugunsten des allgemeinen, zeichenhafter „Figur" objektiviert ist.[46] In einem solchen Falle müsse das Persönlichkeitsrecht des Dargestellten zurücktreten. Ergebe aber eine Betrachtung nach den Umständen des Einzelfalls, dass der Künstler ein „Portrait" des Urbildes gezeichnet hat oder gar zeichnen wollte, komme es auf das Ausmaß der künstlerischen Verfremdung oder den Umfang und die Bedeutung der „Verfälschung" für den Ruf des Betroffenen oder für sein Andenken an.[47] **21**

Diese grundlegende Auffassung des Mephisto-Urteils war schon damals sehr umstritten[48] und hat mittlerweile anhand praktischer Fälle auch gegenüber Filmwerken[49] zu großen Kontroversen geführt. In seinem Beschluss vom 13.6.2007[50] in Sachen Esra hat das BVerfG nur eine schwere Beeinträchtigung des Persönlichkeitsrechts als ausreichend angesehen, um die Freiheit der Kunst zurücktreten zu lassen. Zur Feststellung der Schwere sei eine kunstspezifische Betrachtung zur Bestimmung des durch Roman im jeweiligen Handlungszusammenhang dem Leser nahe gelegten Wirklichkeitsbezugs erforderlich. Dabei sei ein literarisches Werk zunächst einmal als Fiktion anzusehen. Diese Vermutung gelte auch dann, wenn hinter den Romanfiguren reale Personen als Urbilder erkennbar seien. Allerdings bestehe zwischen dem Haß, in dem der Autor eine von der Wirklichkeit abgelöste ästhetische Realität schafft, und der Intensität der Verletzung eine Wechselbeziehung. Je stärker die Übereinstimmung von Abbild und Urbild, desto schwerer wiegt die Beeinträchtigung des Persönlichkeitsrechts. **22**

---

40 *BVerfG* NJW 1987, 2661 – Strauss-Karikatur.
41 *BVerfG* NJW 1998, 1386, 1387 – *Münzen-Erna*; *BVerfG* NJW 2002, 3767 – *Stern-Bonnbons*.
42 *BVerfG* NJW 1971, 1645.
43 *BVerfG* NJW 1971, 1645, 1646; *BVerfG* NJW 2000, 596 – *Deutschland muss sterben*.
44 Auch postmortaler Schutz, vgl. *OLG Hamm* AfP 2006, 216.
45 *BVerfG* NJW 1971, 1645.
46 Vgl. auch *BGH* GRUR 2005, 788, 790 – Esra.
47 Vgl. auch *BGH* GRUR 2005, 788, 790 – Esra; *KG* AfP 2004, 371 – Meere.
48 Vgl. nur die abweichenden Voten der Verfassungsrichter Stein und Rupp-v. Brünneck, NJW 1971, 1645, 1648 ff.
49 Vgl. *OLG Frankfurt* AfP 2006, 185 – Rothenburg und Anm. *Kaboth* AfP 2006, 412; *OLG Hamburg* ZUM 2007, 479 – Contergan; vgl. auch *Ladeur/Gostomzyk* NJW 2005, 566.
50 *BVerfG* Beschl. v. 13.6.2007 – 1 BvR 1783/05.

B. Die Wortberichterstattung

I. Grundsätzliches

1. Ermittlung des Aussagegehalts einer Äußerung

23 Die rechtliche Beurteilung einer Äußerung beginnt mit **Ermittlung ihrer richtigen Deutung**. Einer Äußerung eine Deutung zu geben, die sich aus ihrem Wortlaut nicht oder nicht mit hinreichender Klarheit ergibt, verstößt gegen Art. 5 Abs. 1 GG.[51] Die Ermittlung des Sinngehalts einer Äußerung steht sowohl der revisionsrechtlichen als auch der verfassungsgerichtlichen Überprüfung offen.

1.1 Empfängerverständnis

24 Maßstab der Interpretation einer Äußerung ist der **unbefangene Durchschnittsempfänger/-leser**.[52] Weder kommt es darauf an, wie der Kritiker sie glaubt zu verstehen oder verstanden wissen will.[53] Noch kommt es darauf an, was der die Äußerung Tätigende als Verständnis gewollt hat.[54] Nicht gleichzusetzen ist der unbefangene Durchschnittsempfänger mit dem flüchtigen Leser.[55]

1.2 Berücksichtigung des Verständnisses aufgrund des Mediums

25 Jedes Medium oder jede Gattung des Mediums hat eine besondere Ausdrucksweise. Z.B. liegt es in der Eigenart eines Fernsehberichts, dass er Worte und Bilder miteinander verknüpft, so dass deren Wechselwirkung, aber auch deren Gewichtung einem diesem Medium eigengesetzlichen Verständnis unterliegt.[56] So ist beim Fernsehen grds. vom Text auszugehen und den dazu gezeigten Bildern darf nicht ohne weiteres ein texterweiternder oder einengender Sinn beigelegt werden.[57] Unterhaltende Presse wie etwa Boulevardzeitungen oder Regenbogenzeitschriften sind darauf angewiesen, Sachverhalte in sprachlich verknappter Form darzustellen.

1.3 Kontextbetrachtung

26 Die Äußerung ist als zusammenhängendes Ganzes **unter Berücksichtigung des Kontexts und der Begleitumstände** zu würdigen, soweit diese für die Rezipienten erkennbar sind.[58] Z.B. dürfen bei einer komplexen Äußerung nicht drei Sätze mit tatsächlichem Gehalt herausgegriffen und als unrichtige Tatsachenbehauptungen untersagt werden, wenn die Äußerung nach ihrem – zu würdigen – Gesamtzusammenhang in den Schutzbereich der Äußerungsfreiheit fallen kann und in diesem Fall eine Abwägung zwischen den verletzten Grundrechtsposi-

---

51 *BVerfG* NJW 1995, 3303, 3305 – Soldaten sind Mörder II; NJW 1999, 483.
52 *BVerfG* NJW 1992, 1312, 1313; 1977, 799; *BGH* GRUR 70, 370, 372; 1981, 437.
53 *BGH* NJW 1961, 1914; 1966, 1214; 1998, 3047.
54 *BGH* GRUR 1982, 318.
55 *BVerfG* NJW 1977, 799; *LG Berlin* AfP 2007, 66.
56 Vgl. *BGH* NJW 1992, 1312, 1313 – Korruptionsprozess.
57 Vgl. *BGH* NJW 1992, 1312 – Korruptionsprozess.
58 *BVerfG* NJW 1995, 3303 – Soldaten sind Mörder II; NJW 1996, 1529 – DGHS I; *BGH* NJW 2000, 656; AfP 1997, 634; NJW 1996, 1131, 1133; AfP 2007, 46 – Terroristentochter; *OLG Karlsruhe* AfP 2006, 264; AfP 2001, 336, 337.

tionen erforderlich wird.[59] Zu berücksichtigen ist auch gegebenenfalls eine Wechselwirkung von Text und Bild.[60]

Die Kontextbetrachtung hat bei Printmedien auch Bedeutung im Verhältnis Schlagzeile zu Artikelinhalt. Zunächst besteht keine Verpflichtung, in der Überschrift oder Schlagzeile eine Wiedergabe der Gesamtdarstellung vorzunehmen.[61] Andererseits soll z.B. eine Titelseite oder eine isolierte Schlagzeile auf der Titelseite ohne Rücksicht auf den Inhalt des Artikels auf den späteren Seiten des Mediums dann angegriffen werden können, wenn diese eine selbständige Aussage enthält.[62] Dies setzt allerdings voraus, dass sich dann aus der Schlagzeile auch der Betroffene selbst ergeben muss.[63] Ferner kann dies nicht der Fall sein, falls nachfolgende, etwa auf weiteren Seiten abgedruckte Artikelpassagen eine eindeutige Klarstellung des in der Schlagzeile oder Überschrift Gemeinten enthalten. Auch Dachzeilen oder Zwischenüberschriften sind bei der Kontextbetrachtung zu berücksichtigen.[64] **27**

1.4 Offene und verdeckte Äußerungen

Grds. ist nur angreifbar, was offen ausgesprochen wurde. Eine Ausnahme besteht nur dann, wenn die angegriffene Äußerung in ihrem Gesamtzusammenhang eine verdeckte oder versteckte Aussage enthält. Bei der Feststellung solcher **verdeckter Tatsachen** ist besondere Zurückhaltung geboten.[65] Eine im Zusammenspiel der offenen Aussagen enthaltene zusätzliche eigene Sachaussage des Autors muss die Grenzen des Denkanstoßes überschreiten und sich dem Leser als unabweisliche Schlussfolgerung nahe legen.[66] **28**

Ein **Anspruch auf vollständige Berichterstattung** besteht grds. **nicht**, zumal die Medien aus einer Fülle von Fakten jene auszuwählen haben, über die berichtet werden soll und auch die Auswahl des „Berichtenswerten" der Grundrechtsfreiheit unterliegt. In Ausnahmefällen hat der BGH in einer **bewusst unvollständigen Berichterstattung** eine angreifbare unwahre Tatsachenbehauptung gesehen.[67] Allerdings kann dies nur für wesentliche Angaben gelten, die dazu dienen, dem Vorgang in seiner Kernaussage ein anderes Gewicht zu geben. **29**

1.5 Rechtsbegriffe und andere Begrifflichkeiten

Die Sicht des unbefangenen Durchschnittslesers prägt auch das Verständnis von Begrifflichkeiten. So sind z.B. in der Regel **Rechtsbegriffe** nicht im rechtsdogmatischen Sinne zu verstehen, sondern so, wie dies allgemein alltagssprachlich verstanden wird.[68] Die Bezeichnung eines Betroffenen als „Mörder" bedeutet nicht notwendig, es liege ein Mordmerkmal vor.[69] Das **30**

---

59 *BGH* AfP 1997, 634; vgl. auch *BGH* NJW 2000, 656; 1996, 1131, 1133 – Der Lohnkiller; *OLG Karlsruhe* AfP 2006, 264, 265; *OLG Köln* WRP 1986, 169; *LG Düsseldorf* AfP 2005, 566, 568.
60 *BGH* NJW 1992, 1312 – Korruptionsprozess; *KG* NJW-RR 1999, 1547; *LG Berlin* AfP 2000, 393 – Das Leben der Huren; AfP 2006, 386 – Owomoyela.
61 *BVerfG* AfP 1992, 51, 52; vgl. auch *KG Berlin* Urteil v. 13.4.1999 – 9 U 1606/99.
62 *BVerfG* NJW 1998, 1381; *BGH* NJW 1995, 861 – Caroline von Monaco I.
63 *OLG München* AfP 1981, 297.
64 Vgl. etwa *KG Berlin* NJW-RR 1999, 1547.
65 *BVerfG* ZUM 2004, 560, 561; *BGH* NJW 2000, 656, 657; AfP 1994, 295, 297; 299, 301; *BGHZ* 78, 9, 14 f.; *LG Düsseldorf* AfP 2007, 58.
66 *BVerfG* ZUM 2004, 560, 561; *BGH* NJW 2000, 656, 657; AfP 1994, 295, 297; 299, 301; *BGHZ* 78, 9, 14 f.; *LG Düsseldorf* AfP 2007, 58.
67 *BGH* AfP 2006, 65, 66 f.; vgl. *BGH* NJW 2000, 656, 657 – Korruptionsvorwurf; vgl. auch *OLG Karlsruhe* AfP 2006, 72, 73 („Schlussfolgerung war sehr naheliegend").
68 *BVerfG* NJW 1992, 1439, 1441 – Bayer-Beschluss; *BGH* NJW 2002, 1192, 1193; *OLG Köln* AfP 2003, 335, 337.
69 *OLG Karlsruhe* Justiz 1974, 223.

Gleiche gilt für strafrechtliche Deliktsbegriffe wie „Betrug" oder „Unterschlagung" oder die Frage, ob mit einem bestimmten Begriff (z.B. „Sabotage") insgesamt eine strafrechtlich relevante Handlung oder der Vorwurf bewusster Schädigung verbunden sein muss.[70]

31 Bei **Äußerungen im politischen Meinungskampf** ist besondere Zurückhaltung geboten beim wörtlichen Verstehen. Gerade z.B. im Wahlkampf sind hastige, aber übertreibende und verzerrende Darstellungen keine Ausnahme.[71]

1.6 Mehrdeutige Darstellungen

32 Lange Zeit galt der Grundsatz der „verletzerfreundlichen Auslegung" als fester Bestandteil des deutschen Presserechts. In seinem Klinik-Monopoly-Urteil hatte der BGH befunden: „Sind mehrere sich nicht gegenseitig ausschließende Deutungen des Inhalts an Äußerungen möglich, so ist der rechtlichen Beurteilung diejenige zugrunde zu legen, die dem in Anspruch genommenen günstiger ist und den Betroffenen weniger beeinträchtigt.".[72]

33 Eine grds. Wendung erfolgte durch den *Stolpe*-Beschluss des *BVerfG* vom 25.10.2005.[73] Für den Fall, dass von einem **mehrdeutigen Inhalt** auszugehen sei, unterschied das BVerfG zwischen Sanktionen wegen in der Vergangenheit erfolgter Meinungsäußerungen und wegen Sanktionen, die zukünftige Äußerungen betreffen. Bei einer Sanktion wegen in der Vergangenheit erfolgter Meinungsäußerungen verstoße ein Strafurteil oder ein die Verurteilung zum Schadensersatz, zum Widerruf oder zur Berichtigung aussprechendes zivilrechtliches Urteil gegen Art. 5 Abs. 1 S. 1 GG, weil negative Auswirkungen auf die generelle Ausübung des Grundrechts zu befürchten seien.[74] Ein gleicher Schutzbedarf bestehe indessen nicht bei gerichtlichen Entscheidungen über die **Unterlassung** zukünftiger Äußerungen. Hier sei im Rahmen der rechtlichen Zuordnung von Meinungsfreiheit und Persönlichkeitsschutz zu berücksichtigen, dass der Äußernde die Möglichkeit habe, sich **in der Zukunft** eindeutig auszudrücken und damit zugleich klarzustellen, welche Äußerungsinhalte der rechtlichen Prüfung zugrunde zu legen ist. Eine auf Unterlassung zielende Verurteilung könne der Äußernde vermeiden, wenn er eine ernsthafte und inhaltlich ausweichende Erklärung abgebe, die mehrdeutige Äußerung nicht oder nur mit geeigneten Klarstellungen zu wiederholen.[75]

34 Mag diese Rspr. auch pragmatisch und praktisch verfehlt sein,[76] so wird die Praxis doch mit ihr leben müssen. Fraglich bleibt, ob die Grundsätze auch außerhalb mehrerer Tatsachenbehauptungen gelten. Für die Abgrenzung zwischen Meinungsäußerung und Tatsachenbehaup-

---

70 *BGH* GRUR 1971, 591.
71 So wird bspw. mit der Bezeichnung gegnerischer politischer Äußerungen als „Verleumdung" häufig nur zum Ausdruck gebracht, dass der Kritiker sie aus anderer politischer Sicht für falsch hält. Auch dies zeigt, dass die Auslegung der Äußerung zunächst einmal erfolgen muss, bevor die Beurteilung ansetzt, ob es sich bei einer Meinungsäußerung um unzulässige „Schmähkritik" handelt; *BGHZ* 42, 210, 220; *BGH* GRUR 1971, 529; *BGHZ* 42, 210, 220; *BGH* GRUR 1971, 529.
72 *BGH* AfP 2004, 56, 58; *LG Berlin* AfP 2004, 461, 62.
73 *BVerfG* AfP 2005, 544 ff.
74 *BVerfG* AfP 2005, 545, 546.
75 *BVerfG* AfP 2005, 545, 545.
76 Schon die Unterscheidung zwischen ausschließlich in die Zukunft gerichteten Unterlassungsanspruch und auf die Vergangenheit gerichteten Schadensersatz und Widerrufsanspruch überzeugt nicht. Denn im Unterlassungsanspruch nur eine Sanktion zu sehen, die die Beseitigung zukünftiger Beeinträchtigungen vermeiden will, blendet aus, dass bereits das erste Aufstellen der Behauptung durch die Indikation der Wiederholungsgefahr in der Rechtsfolge sanktioniert wird. Dies insbesondere vor dem Hintergrund, mit der in der Praxis erfolgenden anwaltlichen Abmahnung oder dem Verlust des Rechts-

tung hat das BVerfG dies bereits bejaht.[77] Ebenso ist dies für verdeckte Tatsachenbehauptungen[78] und Gegendarstellungen[79] angenommen worden.

1.7 Verdacht, Zweifel, Gerüchte

Wird ein **Verdacht** oder ein **Zweifel** geäußert oder eine Möglichkeit angedeutet oder werden Vermutungen ausgesprochen, kommt es darauf an, ob dadurch der Eindruck einer definitiven Behauptung vermittelt wird. Das gilt auch ähnlich für **Gerüchte**.[80]   **35**

1.8 Fragen

Fragen unterscheiden sich von Werturteilen und Tatsachenbehauptungen dadurch, dass sie keine Aussage treffen, sondern eine Aussage herbeiführen wollen. Sie sind auf eine Antwort gerichtet. Diese kann in einem Werturteil oder in einer Tatsachenmitteilung bestehen. Fragen selbst lassen sich jedoch keinem der beiden Begriffe selbst zuordnen, sondern besitzen eine eigene semantische Bedeutung.[81] Allerdings sind Fragesätze unter Berücksichtigung des Kontextes und die Umstände der Äußerung auszulegen.[82] Nicht jeder in Frageform gekleidete Satz ist als Frage einzuordnen. „**Rhetorische Fragen**" sieht der BGH nicht als Fragen im eigentlichen Sinne. Sie bilden vielmehr Aussagen, die sich entweder als Werturteil oder als Tatsachenbehauptung darstellen und rechtlich wie solche zu behandeln sind".[83] **Echte Fragen** dagegen, die eine Antwort herausfordern, sind nicht am Wahrheits- oder am Richtigkeitsmaßstab messbar. Solche echten Fragen sind nach Auffassung des BVerfG gleichfalls durch Art. 5 Abs. 1 S. 1 GG geschützt[84] und stehen Meinungsäußerungen gleich.[85]   **36**

1.9 Zitate

Zitate besitzen in zweierlei Hinsicht Aussagekraft: Im Hinblick auf den Inhalt der zitierten Äußerung[86] und im Hinblick auf die Tatsache, dass eine solche Äußerung des Zitierten tatsächlich erfolgt ist.[87] Ob eine Haftung wegen des Inhalts der zitierten Äußerung besteht, richtet sich nach dessen Klassifizierung als Meinungsäußerung oder Tatsachenbehauptung sowie nach den Grundsätzen der Verbreiterhaftung. Insoweit das Zitat die Aussage enthält, dass eine solche Äußerung des Zitierten tatsächlich gefallen ist, ist damit die wörtliche Wiedergabe gemeint.[88]   **37**

---

streits in letzter Instanz infolge einer obergerichtlich „gefundenen" neuen beeinträchtigenden Deutungsmöglichkeit unweigerlich Kostenfolgen verbunden sind (vgl. dazu *BGH* AfP 2007, 357). Konsequent wäre es mindestens, die erste anwaltliche Abmahnung der Gegenseite kostenfrei zu stellen. Dass der Prozess der freien Meinungsäußerung keinem Einschüchterungseffekt durch diese Rechtsprechung ausgesetzt werde, ist zudem ein unbewiesenes und den Praxiserfahrungen widersprechendes „Postulat". Dass kein verfassungsrechtlich tragfähiger Grund bestehe, von einer Verurteilung zum Unterlassen abzusehen, weil die Äußerung mehrere Deutungsvarianten zulasse, stellt schließlich eine bloße Leerformel zur Rechtfertigung der Abkehr von der bisherigen Rechtsprechung dar.

77 *BVerfG* AfP 2006, 349 – Babycaust.
78 Dafür: *OLG Köln* AfP 2006, 365.
79 *LG München* AfP 2006, 379.
80 Vgl. *BGH* AfP 1975, 804 – Brüning.
81 *BGH* AfP 2004, 924.
82 *BVerfG* NJW 2003, 661; *BGH* AfP 2004, 124 – Udo Jürgens/Caroline.
83 *BGH* AfP 2004, 124 – Udo Jürgens/Caroline.
84 *BVerfG* NJW 1992, 1442; 2003, 661.
85 *BVerfG* NJW 2003, 661.
86 *BGH* NJW 1996, 1131; *KG* AfP 2001, 65; *OLG Celle* AfP 2002, 506.
87 *BVerfG* NJW 1980, 2072; NJW 1995, 861, 862 – Caroline von Monaco I.
88 *BGH* NJW 1982, 635.

1.10 Satire

38 Da der **Satire**[89] die Übersteigerung, Verzerrung und Verfremdung eigen ist, ist zunächst der eigentliche Inhalt der Äußerung zu erfassen, indem dieser von seiner satirischen Einkleidung befreit wird, um sodann den dahinter liegenden Aussagegehalt der Äußerung zu ermitteln.[90] Dann sind sowohl der Aussagekern und seine Einkleidung erneut darauf hin zu überprüfen, ob sie eine Kundgabe der Missachtung gegenüber der betroffenen Person enthalten.[91] Dabei ist für die Beurteilung der Einkleidung ein großzügigerer Maßstab anzulegen als für den Aussagekern selbst.[92] Denn satirische Übersteigerungen können als Stilmittel der Äußerung grds. selbst nicht schon als Kundgabe der Missachtung betrachtet werden.[93]

1.11 Erkennbarkeit bei der Wortberichterstattung

39 Eine **Erkennbarkeit einer Person** kann gegeben sein, wenn die Informationen über das Medium an solche Leser geraten können, die aufgrund ihrer sonstigen Kenntnisse (etwa des beruflichen oder persönlichen Umfelds des Betroffenen) in der Lage sind, die Person zu identifizieren.[94]

2. Tatsachenbehauptung oder Meinungsäußerung

40 Die Einstufung einer Äußerung als Tatsachenbehauptung oder als Meinungsäußerung hat weit reichende Konsequenzen. Gegenüber Tatsachenbehauptungen sind im Falle der Unwahrheit oder auch im Falle der Wahrheit bei negativem Abwägungsergebnis im Einzelfall Unterlassungs-, Widerrufs- oder Gegendarstellungsansprüche möglich, ggf. Entschädigungs- und Schadenersatzansprüche. Bei der Meinungsäußerung muss in der Regel schon eine Schmähkritik oder Formalbeleidigung vorliegen, bevor eine eingeschränkte Anspruchspalette (Unterlassung, Geldentschädigungs- und Schadensersatz) in Frage kommen.

2.1 Kriterien der Abgrenzung

41 Nach h.M. liegt eine Tatsachenbehauptung vor, wenn der Gehalt der Äußerung der objektiven Klärung zugänglich ist und als etwas Geschehenes **grds. dem Beweis offen steht**.[95] Demgegenüber ist eine Meinungsäußerung durch die **Elemente der Stellungnahme, des Dafürhaltens oder Meinens** geprägt.[96] Problematisch wird die Abgrenzung dadurch, dass Werturteilen in der Regel ein (gegebenenfalls unausgesprochener) Tatsachenkern zugrunde liegt, von dem das Urteil nicht zu lösen ist oder tatsächliche Tatsachenbehauptungen und Werturteile in einem

---

89 Zu Rechtsfragen der Satire *v. Becker* GRUR 2004, 908.
90 *BVerfG* WRP 2005, 595, 596 – Ron Sommer; *BVerfGE* 75, 369, 377 f.; 86, 1, 12; *BVerfG* NJW 1990, 1982, 1984; *KG* ZUM 2005, 822, 823.
91 *BVerfG* NJW 1998, 1836 – Münzen-Erna; 2001, 3613; 2002, 3767 – Stern-Bonnbonns; *BVerfG* WRP 2005, 595, 596 – Ron Sommer; *BGH* NJW 2000, 2036 – Verdachtsberichterstattung; *KG* ZUM 2005, 822, 823.
92 *BVerfG* NJW 1998, 386 – Münzen-Erna; *KG* ZUM 2005, 822, 823.
93 Vgl. auch *LG Berlin* ZUM 2005, 569.
94 *BVerfG* Beschl. v. 14.7.2004 – 1 BvR 263/03; *BGH* GRUR 2005, 788, 789 – Esra; *KG* AfP 2004, 371 – Meere.
95 *BVerfGE* 42, 143; *BVerfG* NJW 1983, 1415; 1994, 1779; 1995, 3303 – Soldaten sind Mörder II; 1996, 1529, 1539 – DGHS I; *BGH* NJW 1952, 660 – Konstanze; 1963, 1155 – Geisterreigen; 1966, 296 – Höllenfeuer; AfP 1975, 804 – Brüning I; NJW 1997, 1148 – Stern-TV; 2002, 1192.
96 *BVerfG* NJW 1983, 1415 – Wahlkampfäußerung; 1992, 1439 – Bayer-Beschluss; 1995, 3303 – Soldaten sind Mörder II; 2003, 277 – Juve-Handbuch; *BGH* NJW 2002, 1192; *OLG Köln* AfP 2003, 335, 336; AfP 2003, 267, 268; *OLG Nürnberg* AfP 2002, 328; *LG Stuttgart* ZUM 2001, 85, 86.

Schulenberg

Satz miteinander verbunden werden oder ineinander übergehen.[97] In solchen Fällen muss abgegrenzt werden, was die Äußerung entscheidend prägt. Geschieht dies durch die Elemente der Stellungnahme, des Dafürhaltens oder Meinens, ist die gesamte Äußerung in vollem Umfang durch Art. 5 Abs. 1 GG als Meinungsäußerung geschützt.[98] Hingegen überwiegt der tatsächliche Charakter, wenn die Wertung sich als zusammenfassender Ausdruck von Tatsachenbehauptungen darstellt und damit eine Beweisaufnahme auf die Wahrheit der zusammengefassten tatsächlichen Umstände möglich ist.[99] Liegt objektive Mehrdeutigkeit zwischen Tatsachenbehauptung und Meinungsäußerung vor, wurde lange vertreten, dass im Zweifel Meinungscharakter anzunehmen sei.[100] Nach der hier vertretenen Ansicht gilt dies auch nach dem Stolpe-Beschluss des BVerfG fort.[101]

2.2 Einzelfälle

Bei Tatsachen kann es sich auch um **innere Tatsachen** handeln.   **42**

Unbeachtlich für die Frage, ob Tatsachenbehauptung oder Meinungsäußerung vorliegt, ist die   **43** konkrete Formulierung.[102] Aus der Einstufung der Tatsachenbehauptung kann man sich nicht durch Formulierungen wie „ich meine, dass" oder „angeblich sollen …"[103] stehlen. Umgedreht kann eine als Tatsachenbehauptung formulierte Äußerung als Wertung einzustufen sein.[104]

Schlussfolgerungen können – je nach Formulierung und Kontext – Tatsachenbehauptungen   **44** oder Meinungsäußerungen sein. Dabei kommt es darauf an, ob die Schlussfolgerung als so zwingend dargestellt wird, dass für ein subjektives Meinen ein Raum vorhanden sei, weswegen sie als objektive Gegebenheit und damit als Tatsache angesehen werden muss.[105]

Rechtliche Beurteilungen enthalten in aller Regel Meinungsäußerungen.[106] Dies gilt für zi-   **45** vilrechtliche als auch strafrechtliche Einstufungen und auch dann, wenn die Rechtsauffassung einer objektiven Beurteilung nicht standzuhalten vermag.[107] Eine Tatsachenbehauptung liegt dagegen vor, wenn die Äußerung sich nicht auf eine Rechtsauffassung beschränkt, sondern damit zugleich dem Adressaten die Vorstellung von konkreten Vorwürfen vermittelt, die beweismäßig überprüfbar sind.[108]

---

97 Vgl. z.B. *BVerfG* NJW 1983, 1415, 1416; 1994, 1781, 1782; *BVerfG* NJW 1992, 1439 – Bayer-Beschluss; *BGH* GRUR 1966, 693 – Höllenfeuer; *OLG Nürnberg* AfP 2002, 328.
98 *BGH* NJW 1996, 1131 – Lohnkiller; 2002, 1192, 1194; vgl. *OLG Nürnberg* AfP 2002, 328, 329; *OLG Brandenburg* NJW 1996, 1002.
99 *BGH* GRUR 1975, 36 – Arbeitsrealität; vgl. auch *OLG Nürnberg* AfP 2002, 328.
100 *BVerfG* NJW 1983, 1414 – Wahlkampfäußerung; *BGH* NJW 1965, 1476; *OLG Köln* AfP 1998, 404; *OLG Karlsruhe* NJW-RR 2001, 766.
101 A.A. *OLG Köln* AfP 2006, 365.
102 *BVerfG* AfP 2004, 47 – Auch in einem als Kommentar zu verstehenden Artikel kann eine Tatsachenbehauptung enthalten sein.
103 *BGH* NJW 1986, 2503.
104 *BGHSt* 6, 159; *OLG Brandenburg* NJW 1996, 1002; *BVerfG* NJW 1983, 1415 „Die CSU ist die NPD von Europa".
105 *OLG Hamburg* AfP 1990, 128.
106 Vgl. auch *OLG Köln* AfP 2003, 325; *LG Frankfurt am Main* AfP 1997, 566 – Lopez.
107 *BGH* NJW 1965, 294 – Volkacher Madonna; 1975, 1371 – Fiete Schulze; 1976, 1198 – Panorama; NJW 1982, 2246, 2247 – Illegalitätsvorwurf; *LG Frankfurt am Main* AfP 1997, 566.
108 *BGH* NJW 1982, 2246, 2247 – Illegalitätsvorwurf; *KG* ZUM 2005, 822, 824; *OLG Celle* AfP 2002, 508 – Prozessbetrug.

3. Behaupten und Verbreiten

46   Behaupter- und Verbreiterhaftung sind streng voneinander zu unterscheiden. Für Äußerungen Dritter ist der bloße Verbreiter jedenfalls dann nicht haftbar, wenn er sich die Äußerungen des Dritten **nicht zu eigen gemacht hat, sich ausreichend von ihr distanziert hat** und ein **berechtigtes Informationsinteresse der Öffentlichkeit** besteht.[109]

3.1 Behaupten

47   Ein **Behaupten** ist eine Aussage über einen anderen, die eine eigene Erkenntnis oder eigene Mitteilung enthält.[110]

3.2 Verbreiten

48   Ein **Verbreiten** kann durch intellektuelles oder technisches Verbreiten erfolgen. Der in der Praxis häufigste Fall des intellektuellen Verbreitens ist die **Wiedergabe der Äußerung eines Dritten, bspw. als Zitat.** Das technische Verbreiten erfolgt ohne gedankliche Beziehung, beispielsweise durch den Drucker einer Zeitung oder den Grossisten oder Kioskinhaber. Die zivilrechtliche Haftung technischer Verbreiter unterliegt noch weitergehenden Einschränkungen.[111]

3.3 Sich-zu-eigen-machen, sich distanzieren

49   Ob ein Medium sich Fremdäußerungen zu eigen macht, hängt zunächst davon ab, wie die Darstellung vom Durchschnittsempfänger verstanden wird.[112] Das **Zu-eigen-machen** kann auch „zwischen den Zeilen" geschehen[113] oder durch weitere Umstände im Kontext der Berichterstattung erfolgen.[114]

50   Liegt der Kontext so, dass das Zitat gewissermaßen nur als Bestätigung der bereits geäußerten (eigenen) Auffassung erscheint, liegt ebenfalls ein Sich-zu-eigen-machen vor.[115] Auch in Haupt- und Zwischenüberschriften kann ein Sich-zu-eigen-machen liegen.

51   Beim Medium Rundfunk, insbesondere bei Live-Sendungen, ist zu berücksichtigen, dass dieses besonders als „Markt der Meinungen" fungiert. Der BGH hat deshalb entschieden, dass die ohne Distanzierung erfolgte Ausstrahlung von Äußerungen Dritter noch nicht ohne weiteres bedeute, der Rundfunk identifiziere sich mit ihnen.[116] Dies gilt insbesondere, wenn konträre Auffassungen formal gegenüber gestellt werden. Allerdings kann eine Anmoderation oder eine durch den Beitrag entstehende Gesamttendenz wiederum zum Sich-zu-eigen-machen führen.[117]

52   Das **Sich-distanzieren** kann auf verschiedene Arten erfolgen. Nicht ausreichen wird es in der Regel, wenn die Äußerung durch leichte Relativierungen etwa in der Form „soweit ich weiß …" oder „ich nehme an …"[118] oder durch Einschübe wie „… soll" oder ."… soll an-

---

109 *BVerfG* AfP 2004, 49.
110 *BGH* GRUR 1966, 653.
111 Vgl. *Burkhardt* in Wenzel, § 10 Rn. 221 ff.
112 *BGH* NJW 1961, 364; 1964, 1144; 1995, 861, 864 – Caroline von Monaco I.
113 *OLG Köln* NJW 1979, 1562.
114 *BGH* NJW 1995, 861 – Caroline von Monaco I.
115 *BVerfG* AfP 2004, 49; *OLG Frankfurt* NJW 1981, 2707.
116 *BGH* NJW 1976, 1198, 1200 – Panorama.
117 Vgl. *BGH* NJW 1997, 1148, 1149 – Stern-TV; vgl. *BGH* NJW 1985, 1621 – Türkol.
118 *OLG Köln*, NJW 1962, 1121.

geblich …"[119] erfolgt. Letzteres gilt insbesondere für die Äußerung von Gerüchten. Eine sich-zu-eigen gemachte Behauptung kann auch nicht dadurch zur Verbreitung „umformuliert" werden, indem man sie gewissermaßen einem – gegebenenfalls sogar anonymisierten – Dritten „in die Schuhe schiebt", etwa durch die Formulierung „Es wird behauptet, dass …".[120] Demgegenüber kann ein erfolgreiches Sich-distanzieren unter Umständen durch das Setzen der Fremdäußerung in Anführungszeichen erfolgen.[121] Bei schwerwiegenden Vorwürfen wird von den Gerichten oft verlangt, die Gegenansicht gegenüber zu stellen.[122]

II. Die Verletzung von Rechten Dritter durch die Wortberichterstattung

1. Persönlichkeitsrechte

1.1 Die Rechtsgrundlagen des allgemeinen Persönlichkeitsrechts

1.1.1 Deutsches Recht

Das allgemeine Persönlichkeitsrecht wird als eigenständiges Grundrecht aus Art. 2 Abs. 1 GG **53**
i.V.m. Art. 1 Abs. 1 GG abgeleitet.[123] Es ist ein sonstiges Recht im Sinne von § 823 Abs. 1 BGB. Nach h.M. handelt es sich um ein **Rahmenrecht**, dessen rechtswidrige Verletzung nur auf der **Grundlage einer umfassenden Güter- und Interessenabwägung** festgestellt werden kann.[124]

1.1.2 Art. 8 EMRK

Art. 8 Abs. 1 EMRK schützt das Recht jeder Person auf Achtung ihres Privat- und Familienle- **54**
bens, ihrer Wohnung und ihrer Korrespondenz. Der Begriff „Privatleben" beinhalte nach Meinung des EGMR eine Reihe von Aspekten, die sich auf die Identität einer Person beziehen, wie etwa den Namen der Person[125] oder die physische und sittliche Integrität einer Person.[126] Allerdings ist der Schutz des Privatlebens mit der nach Art. 10 der Konvention garantierten freien Meinungsäußerung zu einem Ausgleich zu bringen.[127] Damit ist festzuhalten, dass auch im Anwendungsbereich der EMRK eine Abwägung der verschiedenen Menschenrechte miteinander stattfindet, grds. ähnlich dem deutschen Recht.

1.2 Träger des allgemeinen Persönlichkeitsrechts

1.2.1 Natürliche Personen / postmortales Persönlichkeitsrecht

Träger des allgemeinen Persönlichkeitsrechts sind alle natürlichen Personen. Dies gilt unab- **55**
hängig vom Bewusstsein der Persönlichkeit, mithin auch für Kleinkinder oder Geschäftsunfähige.[128] Mit dem Tode erlöschen die **ideellen Bestandteile des Persönlichkeitsrechts** grds. und wirken danach nur in ihrem (Teil-)Element des Fortwirkens der Menschenwürde im Sinne

---

119 *BGH* NJW 1986, 2503, 2504; vgl. auch *OLG Hamburg* AfP 1997, 477.
120 Vgl. auch dazu *LG Hamburg* AfP 1973, 441, 443.
121 *OLG Hamburg* ArchPR 1974, 11; *LG Stuttgart* ZUM 2001, 85, 86.
122 *BGH* NJW 1997, 1148, 1149 – Stern-TV.
123 Vgl. *BVerfG* NJW 2005, 883, 884; *BGH* NJW 2000, 2195.
124 *BVerfGE* 35, 202 – Lebach I; *BGH* NJW 1968, 1773; 1978, 751; 1981, 1366.
125 Rs. Burghartz ./. Schweiz, Urteil v. 22.2.1994, Serie ABd.280-B, S. 28, Rn. 24.
126 *EGMR* ZUM 2004, 651, 660.
127 *EGMR* ZUM 2004, 651, 660.
128 Vgl. *BVerfG* NJW 2000, 1021 – Caroline von Monaco I; 2000, 2191 – Casiraghi; *BGH* GRUR 1974, 415.

des Art. 1 Abs. 1 GG fort.[129] Gegenstand ist der allgemeine Achtungsanspruch, der davor schützt, herabgewürdigt oder erniedrigt zu werden. Daneben wird auch der sittliche, personale und soziale Geltungswert geschützt.[130] Dieser postmortale Schutz der ideellen Bestandteile des postmortalen Persönlichkeitsrechts ist auch nicht wie das Recht am eigenen Bild (§ 22 Satz 3 KUG) auf 10 Jahre nach dem Tod der Person begrenzt.[131] Die **vermögenswerten Bestandteile des Persönlichkeitsrechts** erlöschen jedoch nach 10 Jahren.[132] Ein Angehöriger kann wegen der Veröffentlichung über einen Verstorbenen nur vorgehen, wenn dadurch unmittelbar sein eigenes Persönlichkeitsrecht tangiert wird.[133]

1.2.2 Juristische Personen

56   Juristischen Personen können sich auch auf den Persönlichkeitsschutz berufen. Der Schutz ist jedoch schwächer ausgeprägt. Er gilt für die juristische Person nur, wenn und soweit er sich aus ihrem Wesen als Zweckschöpfung des Rechts und den ihr zugewiesenen Funktionen ergibt.[134]

1.3 Einzelne Ausprägungen des allgemeinen Persönlichkeitsrechts

57   Das allgemeine Persönlichkeitsrecht kann vielgestaltige Ausprägungen haben.

- Das Recht auf Selbstbestimmung bei der Offenbarung über persönliche Lebensumstände, z.B. in Gestalt des Rechts auf informationelle Selbstbestimmung oder in Bezug auf die Entscheidung, ob und wie jemand in der Öffentlichkeit hervortreten will; nicht aber das Recht, in der Öffentlichkeit so dargestellt zu werden, wie der Betroffene sich selber sieht oder von anderen gesehen werden möchte;[135]
- der Schutz vor Indiskretion in den verschiedenen Sphären des täglichen Lebens (Intimsphäre, Privatsphäre, Sozialsphäre, Öffentlichkeitssphäre);
- der Schutz vor der Unwahrheit;
- der Schutz von Ehre und Ruf;
- der Schutz vor der vermögensrechtlichen Verwertung des allgemeinen Persönlichkeitsrechts.

58   Diese Ausprägungen können terminologisch variieren oder sich überschneiden.

1.4 Erforderlichkeit einer Abwägung

59   Wie bereits ausgeführt muss die Reichweite des Schutzbereichs des allgemeinen Persönlichkeitsrechts mit schutzwürdigen Interessen des Berichterstattenden oder der Allgemeinheit aus Meinungsäußerungs-, Presse- und Kunstfreiheit abgewogen werden.

---

129 *BVerfG* ZUM 2001, 584, 586 – Kaisen; *BGH* ZUM 2007, 54 – kinski-klaus.de.
130 *BVerfG* ZUM 2001, 584, 586 – Kaisen; *OLG Düsseldorf* AfP 2000, 468; *OLG Hamm* AfP 2006, 261; *AG Charlottenburg* ZUM 2006, 680.
131 *BGH* ZUM 2007, 54 – kinski-klaus.de.
132 *BGH* ZUM 2007, 54 – kinski-klaus.de.
133 Vgl. auch *LG Hamburg* AfP 2007, 382.
134 *BVerfG* NJW 2005, 883, 884; 1957, 665; 1967, 1411; vgl. auch *BGH* NJW 1994, 1281; *KG Berlin* AfP 2006, 76; vgl. *LG Frankfurt* AfP 2003, 468.
135 *BGH* AfP 2006, 60; zur Entscheidungsfreiheit über die Veröffentlichung des eigenen Nacktbildes unabhängig von der Erkennbarkeit als Ausprägung des Persönlichkeitsrechts vgl. *LG Frankfurt* AfP 2006, 381.

1.5 Die Freiheit der Meinungsäußerung und ihre Grenzen bei der Abwägung im Einzelfall (Schmähkritik, Formalbeleidigung, Menschenwürde)

Die Grenzen der Meinungsäußerungsfreiheit sind eng auszulegen. Der Persönlichkeitsschutz **60** genießt Vorrang, wenn sich die Äußerung als Schmähkritik, reine Formalbeleidigung oder Angriff auf die Menschenwürde darstellt oder sonst die Einzelfallabwägung bei schwer wiegenden persönlichen Vorwürfen zu einer Verletzung führt.[136]

Eine **Schmähkritik** liegt vor, wenn die persönliche Kränkung und Herabsetzung das sachliche **61** Anliegen völlig in den Hintergrund drängt und es nicht mehr um die Auseinandersetzung in der Sache, sondern um die Diffamierung des Betroffenen geht, der jenseits polemischer und überspitzter Kritik persönlich herabgesetzt und gleichsam an den Pranger gestellt werden soll.[137] Der Begriff der Schmähkritik ist dabei eng auszulegen.[138] Dient der Beitrag dem geistigen Meinungskampf in einer die Öffentlichkeit wesentlich berührenden Frage, spricht die Vermutung für die Zulässigkeit.[139] Zum anderen ist kein Raum dort für Schmähkritik, wo eine sachverhaltsmäßige Grundlage noch vorhanden ist, auf die sich die Äußerung bezieht.[140] Schließlich darf das Werturteil um so schärfer sein und um so eher herabsetzenden Charakter haben, je stärker der Angegriffene von sich aus „Anlass" zu einer derartigen Reaktion gegeben hat.[141]

Als nicht von der Meinungsäußerung geschützt gilt auch die reine **Formalbeleidigung**.[142] Es **62** liegt auf der Hand, dass solche reinen Formalbeleidigungen in der Regel keine sachverhaltsmäßige Grundlage haben und dabei bewusst eine Diffamierung im Vordergrund steht. Aber dies ist nicht zwingend. Die Schmähabsicht wird durch Formalbeleidigung lediglich, aber eben auch indiziert.

Es bleibt die Frage, ob Meinungsäußerungen in Abwägung mit dem Persönlichkeitsrecht des **63** Betroffenen **unzulässig** sein können, **auch wenn sie keine Schmähkritik darstellen**. Dies hat der BGH in Einzelfällen bejaht.[143]

1.6 Tatsachenbehauptungen

1.6.1 Grundsätzliches zum Schutzumfang

Wie dargetan fallen Tatsachenbehauptungen nicht von vornherein aus dem Schutzbereich des **64** Art. 5 Abs. 1 S. 1 GG heraus. Allerdings ist eine unwahre Tatsachenbehauptung nach ständiger Rechtsprechung nicht geeignet, der verfassungsrechtlich geschützten Meinungsbildung zu die-

---

136 *BVerfG* AfP 2006, 349 – Babycaust.
137 *BVerfG* NJW 1991, 1475, 1477; 1995, 3303, 3304; *BGHZ* 143, 199, 209; *BGH* NJW 2002, 1192, 1193; WRP 2005, 236, 239; *OLG Karlsruhe* AfP 2001, 336, 337; *OLG Köln* AfP 2003, 267 – Datenmanipulation.
138 *BVerfG* NJW 1995, 3303; 1999, 204; *BGH* WRP 2005, 236, 239; AfP 2000, 167, 170; NJW 2000, 3421 – Babycaust; 2002, 1193; vgl. auch *OLG Karlsruhe* AfP 2001, 336 – klein gewachsener Patriarch.
139 *BVerfG* 68, 226, 232; *BGH* AfP 2007, 46 – Terroristentochter.
140 *LG Bonn* AfP 2005, 402; *LG Göttingen* NJW 1996, 1138.
141 Vgl. *BVerfGE* 12, 113, 132; 66, 116, 151; vgl. auch *LG Bonn* AfP 2005, 402.
142 *BGHZ* 39, 124 – ausgemolkene Ziege; *BGH* GRUR 1977, 801 – Halsabschneider; vgl. auch *LG Oldenburg* NJW-RR 1995, 1427 – Allergrößte Pfeife; *AG Schwäbisch Hall* NJW-RR 1996, 21 – „Schwarzer Affe"; problematisch *LG Berlin* AfP 1997, 735 – Ficken, Ficken, Ficken und nicht mehr an die Leser denken.
143 *BGH* NJW 2005, 592; 2000, 3421 – Babycaust.

nen.[144] Als Konsequenz ist es sinnvoll zu unterscheiden: Liegt eine unwahre Tatsachenbehauptung, eine im Zeitpunkt der Äußerung nicht erweislich wahre Tatsachenbehauptung oder eine wahre, aber ehrenrührige Tatsachenbehauptung vor?

1.6.2 Unwahre Tatsachenbehauptungen

65 Bei **unwahren Tatsachenbehauptungen** genießt der Persönlichkeitsschutz uneingeschränkt Vorrang, ohne dass es auf eine Güter- und Interessenabwägung ankäme.[145] Es ist ferner allerdings erforderlich, dass durch die Unwahrheit auch das Persönlichkeitsrecht des Betroffenen verletzt wird;[146] ansonsten liegt eine nicht angreifbare sog. „wertneutrale Falschmeldung" vor.[147]

66 Die Fallkonstellation einer unwahren Tatsachenbehauptung existiert in vielen Facetten. So liegt etwa eine unwahre Tatsachenbehauptung vor, wenn eine Zeitschrift auf einen Beitrag hinweist, in dem eine prominente Person „exklusiv" zum ersten Mal über bestimmte Themen aus ihrem Privatleben spricht, falls diese Person überhaupt kein Gespräch mit einem Reporter dieser Zeitschrift geführt hat.[148] Auch eine verdeckte Tatsachenbehauptung ist eine unwahre Tatsachenbehauptung und unterliegt dann den identischen Rechtsfolgen.

1.6.3 Nicht erweislich wahre Tatsachenbehauptungen, Beweislast, pressemäßige Sorgfaltspflicht

67 Außerhalb des Schutzbereichs von Art. 5 Abs. 1 S. 1 GG liegen nur bewusst unwahre Tatsachenbehauptungen und solche, deren Unwahrheit bereits zum Zeitpunkt der Äußerung unzweifelhaft feststeht.[149] Alle übrigen Tatsachenbehauptungen, also auch **zunächst nicht erweislich wahre Tatsachenbehauptungen** mit Meinungsbezug, genießen den Grundrechtsschutz. Dies gilt auch und gerade dann, wenn sie sich später als unwahr herausstellen.[150] Der Wahrheitsgehalt fällt dann aber bei der Abwägung ins Gewicht, wobei jedoch bedacht werden muss, dass die Wahrheit im Zeitpunkt der Äußerung oft ungewiss ist und sich erst als Ergebnis während eines Diskussionsprozesses oder auch einer gerichtlichen Klärung herausstellt. Würde angesichts dieses Umstands die nachträglich als unwahr erkannte Äußerung stets mit Sanktionen belegt werden dürfen, so stünde zu befürchten, dass der grds. gewollte Kommunikationsprozess litte, weil risikofrei nur noch unumstößliche Wahrheiten geäußert werden könnten.[151] In der Abwägung kann die Nichterweislichkeit einer Tatsache z.B. dann hinzunehmen sein, wenn es sich um eine die Öffentlichkeit wesentlich berührende Frage handelt.[152] Die vom BVerfG gedeckte Rechtsprechung hat sich in diesen Fällen dadurch geholfen, dass sie demjenigen, der nachteilige Tatsachenbehauptungen über andere aufstellt, **Sorgfaltspflichten auferlegt**. Diese richten sich im Einzelnen nach den Aufklärungsmöglichkeiten und sind etwa für die Medien strenger als für die Privatleute.[153]

68 Sind die Sorgfaltspflichten eingehalten, stellt sich aber später die Unwahrheit der Äußerung heraus, ist die Äußerung als im Äußerungszeitpunkt rechtmäßig anzusehen, so dass weder eine Wiederholungsgefahr noch i.d.R. eine Erstbegehungsgefahr gegeben ist. Besteht die auf kon-

---

144 Vgl. u.a. *BGH* NJW 1960, 647; 1974, 1710; 1975, 1882; 1978, 1797; 1981, 2117.
145 *BVerfGE* 54, 208, 219; *BVerfG* NJW 2003, 660, 661; *BGHZ* 90, 113, 116; 91, 117, 122.
146 Kritisch dazu *Burkhardt* in Wenzel, § 5 Rn. 75; vgl. auch *BGH* AfP 2006, 60.
147 *OLG Köln* AfP 2005, 287; *LG Köln* AfP 2007, 380 – Karl-Walter Freitag.
148 *BGH* NJW 1995, 861 ff.; vgl. aber auch *BGH* AfP 2006, 60.
149 *BVerfG* AfP 2004, 47.
150 *BVerfG* NJW 1999, 1322, 1324 – Helnwein; vgl. *BVerfG* NJW 1983, 1415; 1994, 1781; 1994, 1779.
151 *BVerfG* NJW 1999, 1322, 1324 – Helnwein.
152 *BGHZ* 139, 95, 107.
153 *BGH* NJW 1987, 2225; 1996, 1131; vgl. auch *BVerfG* NJW 1999, 1322, 1324 – Helnwein.

kreten Anhaltspunkten beruhende Gefahr, dass die Äußerung trotz besserer Erkenntnis in der Zwischenzeit aufrecht erhalten wird, besteht im Ausnahmefall Erstbegehungsgefahr.[154] Teilt das Medium hingegen mit, dass es nun, nachdem sich die Unwahrheit trotz sorgfaltsgemäßer Recherche nachteilig herausgestellt hat, an der Äußerung nicht mehr festhält, so wird in der Regel keine Erstbegehungsgefahr bestehen. Wirkt die Beeinträchtigung des von der Äußerung Betroffenen nach Feststellung der Unwahrheit fort, ist ein Richtigstellungsanspruch nicht ausgeschlossen.[155] Allerdings darf dies nur für Einzelfälle besonders schwerwiegender Beeinträchtigungen gelten.

Bei Nichterweislichkeit der Wahrheit legt die Rechtsprechung dem Äußernden darüber hinaus eine (erweiterte) **Darlegungslast** auf, dass er mit seinen Recherchen die strenge Sorgfaltspflicht erfüllt hat und ihn dazu anhält, Belegtatsachen für seine Behauptungen anzugeben.[156] Dagegen ist verfassungsrechtlich nichts gegen einzuwenden, wenn die Anforderungen an die Darlegungslast nicht zu Lasten der Meinungsfreiheit überspannt werden.[157]   **69**

1.6.4 Persönlichkeitsbeeinträchtigende wahre Tatsachenbehauptungen

Bei **wahren Tatsachen** muss eine **Einzelfallabwägung zwischen Meinungsäußerungsfreiheit und Persönlichkeitsschutz** erfolgen, wobei das Abwägungsergebnis von der Frage abhängt, in welcher Sphäre die Äußerung den Betroffenen berührt. Dabei werden – mit etwas unterschiedlicher Terminologie – **die Intimsphäre, die Privatsphäre, die Sozialsphäre und die Öffentlichkeitssphäre** unterschieden. Die Äußerung ist grds. nur dann rechtswidrig, wenn sie die Intim- oder Privatsphäre betrifft und – soweit die Privatsphäre betroffen ist – sich in der Abwägung nicht durch ein berechtigtes Interesse der Öffentlichkeit rechtfertigen lässt.   **70**

Die **Intimsphäre** umfasst den letzten unantastbaren Bereich menschlicher Freiheit.[158] Der Schutz der Intimsphäre wird grds. als absolut angesehen.[159] Dazu gehören insbesondere Vorgänge aus dem Sexualbereich[160] sowie nicht wahrnehmbare körperliche Gebrechen oder gesundheitliche Zustände (z.B. HIV-Infektion und Ergebnisse medizinischer Untersuchungen).[161] Intime Gespräche sind ebenfalls geschützt, auch dann wenn sie am Arbeitsplatz geführt werden.[162] Juristische Personen haben keine Intimsphäre.[163] Schwierig kann die **Abgrenzung zur Privatsphäre** sein. Die Zuordnung hängt maßgeblich davon ab, inwieweit auf Einzelheiten eingegangen wird. So trifft der bloße Hinweis auf ehebrecherische Beziehungen im Allgemeinen nur die Privatsphäre.[164] Auch kann die – wahrheitsgemäße – Berichterstattung über das Bestehen einer sexuellen Beziehung zweier Prominenter nicht die Intimsphäre betreffen, es sei denn, es wären wiederum intime Details dieser sexuellen Beziehung geschildert. Aus der Intimsphäre rührende Vorgänge können eine soziale Dimension erlangen. So z.B., wenn aus einer intimen Beziehung ein Kind hervorgeht und die Frage diskutiert wird, wer der Vater ist. Vertreten wird aber auch, dass die Vaterschaftsfrage Gegenstand der Privatsphäre sei.[165]   **71**

---

154 *BVerfG* NJW 1999, 1322, 1324 – Helnwein.
155 *BVerfG* NJW 1999, 1233, 1324 – Helnwein.
156 Vgl. *BVerfG* ZUM 2007, 468, 470; *BGH* NJW 1974, 1710, 1711.
157 *BVerfG* NJW 1999, 1322, 1324 – Helnwein.
158 *BVerfGE* 6, 32, 41; 27, 1, 6; 32, 373, 378; 35, 220.
159 *BVerfG* NJW 2000, 2189; *BGH* NJW 1979, 647; 1981, 1366 – Wallraff II; 1999, 2893, 2894.
160 Vgl. *BGH* AfP 2004, 124 – Udo Jürgens/Caroline.
161 Vgl. *OLG Karlsruhe* AfP 1999, 489, 490 – Wachkomapatient; vgl. *LG München I* AfP 2002, 340 – Klick die E.
162 *BGH* NJW 1988, 1984, 1985 – Telefon-Sex im Büro.
163 *BGH* NJW 1981, 1089, 1091 – Wallraff II.
164 *BGH* NJW 1964, 1471 – Sittenrichter; 1999, 2893, 2894 – Scheidungsgrund.
165 *OLG Hamburg* NJW-RR 1991, 98.

Schulenberg

72 Der Schutz von Intimsphäre oder auch Privatsphäre versagen, wenn die Betroffenen ihre Intim-
oder Privatsphäre **selbst öffentlich ausgebreitet haben**. Der Schutz entfällt – jedenfalls teilweise –,[166] wenn sich jemand selbst damit einverstanden zeigt, dass bestimmte, gewöhnlich als
privat geltende Angelegenheiten öffentlich gemacht werden,[167] etwa indem er Exklusivverträge über die Berichterstattung aus seiner Privatsphäre abschließt[168] oder sich in die Öffentlichkeit drängt.[169] Gleiches kann für die Intimsphäre gelten, z.B. für die Veröffentlichung von
Nacktfotos.[170]

73 Die **Privatsphäre** umfasst den Bereich, zu dem andere nur Zugang haben, soweit er ihnen gestattet wird. Der Schutzbereich ist **räumlich, thematisch und zeitlich bestimmt**.[171] Er umfasst insbesondere den häuslichen und familiären Bereich. Bsp. sind etwa die Auseinandersetzung mit sich selbst in Tagebüchern,[172] die vertrauliche Kommunikation unter Eheleuten,[173]
den Bereich der Sexualität,[174] sozial von der Norm abweichendes Verhalten,[175] Krankheiten,
sofern sie nicht ohne weiteres öffentlich sind sowie in der Regel religiöse oder weltanschauli-
che Überzeugungen.

74 Die Privatsphäre ist nicht absolut geschützt. Die Veröffentlichung ist zulässig, wenn eine alle
Umstände des konkreten Falles berücksichtigende Interessenabwägung ergibt, dass das Informationsinteresse gegenüber den persönlichen Belangen des Betroffenen überwiegt.[176] In dieser Interessenabwägung können die verschiedensten Punkte einzubeziehen sein, z.B. die soziale Stellung des Betroffenen oder das öffentliche Interesse an den Lebensumständen eines
Stars.

75 Die **Sozialsphäre** umfasst die nach außen in Erscheinung tretende Sphäre der Person, in der
das Verhalten von dieser Person von jedermann wahrgenommen werden kann, es aber nicht
bewusst der Öffentlichkeit zugewendet ist. Darunter fällt bspw. die berufliche oder politische
Betätigung einer Person oder die Betätigung in einer sozialen Gemeinschaft auf öffentlichen
Straßen.

76 Ist die Sozialsphäre berührt, so kommt dem Informationsinteresse der Öffentlichkeit ein grds.
Vorrang zu; wer sich im Wirtschaftsleben oder beispielsweise in der (Verbands-)Politik betä-
tigt, muss sich in weitem Umfang der Kritik aussetzen.[177] Auch strafrechtliche Ermittlungsverfahren gehören zur Sozialsphäre. Letztlich muss auch hier eine Einzelabwägung stattfinden,
wenn auch viel dafür spricht, dass berechtigte Interessen der Öffentlichkeit den Persönlich-

---

166 *LG Berlin* AfP 2006, 190 – Auermann.
167 *BGH* NJW 2004, 762; 2004, 766; *LG Berlin* AfP 2004, 68 – Baltz; *LG München* AfP 2004, 331, AfP
2007, 57 – Tatjana Gsell.
168 *BVerfG* NJW 2000, 1021, 1023 – Caroline von Monaco; *LG Berlin* AfP 2006, 388 – Tatjana Gsell.
169 *OLG München* AfP 2005, 560 – Busenmacher-Witwe; *OLG Hamburg* ZUM 2006, 340 – Estefania
Küster; *OLG Hamburg* AfP 2006, 173 – Dieter Bohlen; *LG München I* ZUM 2005, 497 – Tatjana
Gsell; *LG Berlin* ZUM 2005, 175 – Busenmacher-Witwe; AfP 2006, 190 – Auermann; 2006, 388.
170 *OLG Frankfurt* NJW 2000, 594 – Katharina Witt.
171 *BVerfG* NJW 2000, 1021, 1023 – Caroline von Monaco; *BGH* NJW 1996, 1128 – Caroline von
Monaco III.
172 *BVerfG* NJW 1990, 563.
173 *BVerfG* NJW 1970, 555.
174 *BVerfG* NJW 1978, 807; 1979, 595.
175 *BVerfG* NJW 1977, 1489.
176 *BVerfG* NJW 2000, 2189 – Scheidungsgrund; *BVerfG* NJW 2000, 2193; AfP 2001, 212, 214 f. –
Personen der Zeitgeschichte II; *BGHZ* 73, 120 – Kohl/Biedenkopf; *BGH* NJW 1999, 2893, 2894 –
Scheidungsgrund.
177 *BGH* AfP 1995, 404, 407 – Dubioses Geschäftsgebaren; 2007, 45.

keitsschutz in der Regel überwiegen werden. Anders mag es aber z.B. bei Stigmatisierung, Ausgrenzung oder Prangerwirkung sein[178] oder Gefährdung der Resozialisierung eines Straftäters.[179]

Schließlich besteht die **Öffentlichkeitssphäre**, in der das Verhalten des Betroffenen von jedermann Kenntnis genommen werden kann oder sogar Kenntnis genommen werden soll. Hier besteht in aller Regel kein persönlichkeitsrechtlicher Schutz. Typisches Bsp. ist das öffentliche Auftreten von Politikern oder Künstlern.   **77**

1.7 Abwägung in Einzelfällen

1.7.1 Verdachtsberichterstattung

Straftaten sind Bestandteil des Zeitgeschehens, dessen Vermittlung zu den Aufgaben der Medien gehört.[180] Das Informationsinteresse verdient im Rahmen der gebotenen Abwägung jedenfalls dann Vorrang, wenn die pressemäßige Sorgfaltspflicht erfüllt ist.[181] Die Presse darf deshalb auch bei Verdacht Vorgänge aufgreifen. Dies gilt insbesondere auch bei **strafrechtlichen Ermittlungsverfahren**. Hierzu wurden von der Rspr. die Grundsätze der so genannten „Verdachtsberichterstattung" entwickelt. Voraussetzung einer zulässigen Verdachtsberichterstattung ist zunächst die **Beachtung der journalistischen Sorgfaltspflicht**. Dabei sind die Anforderungen an die pressemäßige Sorgfaltspflicht um so höher anzusetzen, je schwerer und nachhaltiger das Ansehen der Betroffenen durch die Veröffentlichung beeinträchtigt wird.[182] Die Darstellung darf keine Vorverurteilung des Betroffenen enthalten, also bspw. durch präjudizierende Formulierungen den Eindruck erwecken, der Betroffene sei wegen der vorgeworfenen Handlungen bereits überführt.[183] Deshalb ist auch – sofern bekannt – über entlastende Tatsachen und Argumente zu berichten.[184] In aller Regel, jedenfalls bei schwerwiegenden Vorwürfen, ist dem Betroffenen Gelegenheit zur Stellungnahme zu geben.[185] Ausnahmen bestehen, wenn etwa der Betroffene sich bereits öffentlich dazu geäußert hat oder wenn eine Gelegenheit zur Stellungnahme sichtlich keinen Erfolg haben würde.   **78**

Ferner muss ein **Mindestbestand an Beweistatsachen** vorhanden sein, die für den Wahrheitsgehalt bei Informationen sprechen.[186] Eine Strafanzeige kann theoretisch jeder erstatten und sie stellt damit in aller Regel noch nicht per se ein aussagekräftiges Indiz dar. Die Eröffnung eines Ermittlungsverfahrens bedeutet nur, dass die Staatsanwaltschaft vom Verdacht einer strafbaren Handlung Kenntnis erlangt und aufgrund des Legalitätsprinzips nachforscht (§ 160 StPO). Wird das Ermittlungsverfahren aber durchgeführt, ist dies regelmäßig ein Indiz für einen nicht völlig grundlosen Verdacht. Liegt ein Haftbefehl vor, verstärkt sich der Verdacht, ebenso wenn der Beschuldigte ein – widerrufbares – Geständnis abgelegt hat.   **79**

---

178 *BVerfG* AfP 2003, 43, 46; *BGH* AfP 2007, 44.
179 Vgl. *BVerfG* NJW 1973, 1226 – *Lebach I; OLG Hamm* AfP 1988, 258; *OLG Frankfurt* ZUM 2007, 546.
180 *BVerfGE* 35, 202, 230 f.
181 Vgl. auch *OLG Karlsruhe* AfP 2006, 162.
182 *BGH* NJW 1972, 1658, 1659; 1977, 1288, 1289 – Abgeordnetenbestechung; 2000, 1036 – Verdachtsberichterstattung.
183 *BGH* NJW 2000, 1036 – Verdachtsberichterstattung; *OLG Brandenburg* NJW 1995, 886.
184 *BGH* NJW 2000, 1036, 1037 – Verdachtsberichterstattung; *OLG Düsseldorf* NJW 1980, 599.
185 *BGH* NJW 1996, 1131; 1997, 1148; 2000, 1036, 1037 – Verdachtsberichterstattung.
186 Vgl. *BVerfG* ZUM 2007, 468, 470; *BGH* NJW 1997, 1148, 1149 – *Stern-TV; OLG München* AfP 2001, 404; *LG Berlin* Urteil v. 18.1.1999 – 27 O 570/99.

80 Von Belang kann auch sein, **von wem die Indizien kommen**. Teilt zum Beispiel die Polizei die Indizien mit, darf die Presse in aller Regel darauf vertrauen, dass sie auf hinreichend sicheren Erkenntnissen beruhen.[187] Auch auf Agenturmeldungen seriöser Nachrichtenagenturen darf vertraut werden, es sei denn, die Agenturmeldung beruht ersichtlich selbst auf Information nicht verlässlicher Dritter (z.B. auf anderen Zeitungsmeldungen).[188]

81 Alle diese Aspekte sind in der Gesamtabwägung mit dem Interesse der Öffentlichkeit und der Schwere der in Frage kommenden Straftat abzuwägen.

82 Insbesondere die Frage, ob **identifizierende Fotos** veröffentlicht werden können, hängt von den Umständen des Einzelfalls und ihrer Abwägung ab.[189] Eine **namentliche Erwähnung** des Betroffenen kommt in Betracht, wenn das Informationsinteresse der Öffentlichkeit gegenüber dem Geheimhaltungsinteresse des Betroffenen überwiegt, z.B., wenn an der Person des Betroffenen aus seiner Funktion, seiner besonderen Persönlichkeit oder seiner Position heraus ein besonderes Interesse besteht.[190] Eine Namensnennung kommt daher in der Regel nur in Fällen schwerer Kriminalität oder bei Straftaten in Betracht, die die Öffentlichkeit besonders berühren.[191] Ein besonderes Informationsinteresse der Öffentlichkeit besteht in aller Regel bei einem Zusammenhang von staatlichem Handeln mit strafbaren Verhalten von Amtsträgern[192] oder anderen der Öffentlichkeit zugewandten Organisationen (Kirchen, Religionsgemeinschaften, gemeinnützigen Vereinen), hierbei – je nach Umständen – auch unterhalb der Schwelle der Schwerkriminalität.

83 Stellt sich später heraus, dass der Verdacht nicht gerechtfertigt bleibt, so ist die Äußerung im Äußerungszeitpunkt als rechtmäßig anzusehen, falls die pressemäßige Sorgfaltspflicht erfüllt wurde.

1.7.2 Persönlichkeitsrecht von Kindern

84 Der Persönlichkeitsschutz eines Kindes folgt auch aus dem eigenen Recht des Kindes auf ungehinderte Entfaltung seiner Persönlichkeit im Sinne von Art. 2 Abs. 1 i.V.m. Art. 1 Abs. 1 GG.[193] Der Bereich, in dem Kinder sich frei von öffentlicher Beobachtung fühlen und entfalten dürfen, muss deshalb in thematischer und räumlicher Hinsicht umfassender geschützt werden als bei erwachsenen Personen.[194] Geht es um **Situationen elterlicher Hinwendung**, erfährt der Schutz des Persönlichkeitsrechts des Kindes zudem eine Verstärkung durch Art. 6 GG. Ein Schutzbedürfnis besteht nur dort nicht, wo sich Eltern mit ihren Kindern bewusst der Öffentlichkeit zuwenden.[195]

---

187 *OLG Braunschweig* AfP 1975, 913; *OLG Dresden* – Urteil v. 27.11.2003 – 4 U 991/03.
188 *LG Berlin* Urteil v. 18.11.1999 – 27 O 570/99.
189 Vgl. auch *LG Berlin* AfP 2002, 62.
190 *OLG München* AfP 2003, 438; *OLG Frankfurt* Urteil v. 26.6.2003 – 16 U 44/03; *KG Berlin* NJW-RR 2005, 350.
191 *BGH* NJW 1994, 1950, 1952; 2000, 1036, 1038 – Verdachtsberichterstattung; vgl. *LG Halle* AfP 2005, 188; *LG Berlin* AfP 2002, 62.
192 *BGH* NJW 2000, 1036, 1038 – Verdachtsberichterstattung; *LG Halle* AfP 2005, 188.
193 *BVerfG* NJW 2003, 3262 – Horoskop.
194 *BVerfG* NJW 2003, 3262 – Horoskop; 2000, 1021, 1023 – Caroline von Monaco I; vgl. auch Anonymitätsrecht von Kindern, *LG Berlin* Urteil v. 24.2.2005 – 27 O 994/05.
195 *BVerfG* AfP 2005, 459 – Charlotte Casiraghi.

2. Das Recht am Unternehmen

Das in der *Constanze*-Entscheidung[196] und der *Höllenfeuer*-Entscheidung[197] vom BGH entwickelte – subsidiäre – Recht am Unternehmen im Äußerungsrecht ist ein **offener Tatbestand**. Ebenso wie beim Persönlichkeitsrecht wird die Rechtswidrigkeit einer Äußerung durch die Tatbestandsmäßigkeit des Eingriffs in das Recht beim Gewerbebetrieb nicht indiziert. Infolgedessen kann die Rechtswidrigkeit nach Feststellung der Tatbestandsfähigkeit **erst aufgrund einer Güter- und Pflichtenabwägung** festgestellt werden.[198] | 85

Eine aufgrund des § 823 Abs. 1 BGB angreifbare Äußerung gegenüber einem Unternehmen setzt zunächst einen bereits vorhandenen oder noch betriebenen Gewerbebetrieb voraus. Dabei besteht der Unternehmensschutz auch für Freiberufler.[199] Ein Eingriff setzt voraus, dass konkrete Umstände dargelegt werden, die hinreichend belegen, dass mit nachteiligen Folgen der Kritik zu rechnen ist. Zudem wird auch im äußerungsrechtlichen Bereich das Merkmal der **Betriebsbezogenheit** und dessen Vorgängers, des „unmittelbaren" Eingriffs, als **haftungsbeschränkendes Korrektiv** verwendet.[200] | 86

Bei der Güter- und Pflichtenabwägung ist insbesondere, wenn es um eine wahre Behauptung geht, bei der Annahme einer rechtswidrigen Beeinträchtigung äußerste Zurückhaltung geboten.[201] Je nach Bedeutung der öffentlichen Frage können auch überpointierte oder überspitzte Formen der Darstellung zulässig sein.[202] | 87

Der Schutz des Rechtes am Unternehmen kann sich konkret in vielen Anwendungsfällen äußern. Darunter fallen z.B. auch Boykott-Aufrufe,[203] der Hinweis auf Gefährlichkeit von Produkten[204] oder andere Formen. | 88

3. Beleidigungstatbestände

Die strafrechtlichen Beleidigungstatbestände sind Schutzgesetz i.S.d. § 823 Abs. 2 BGB. Über diese Vorschrift begründen sie auch im Äußerungsrecht Ansprüche. Schon wenn der objektive Tatbestand eines strafrechtlichen Beleidigungsdeliktes erfüllt ist, können Unterlassungs- und Widerrufsansprüche bestehen, da diese ein schuldhaftes Handeln nicht voraussetzen. Für Geldentschädigungsansprüche (Erfordernis des schweren Verschuldens) und Schadensersatzansprüche kommt es auf die schuldhafte Verwirklichung des Deliktes an. | 89

4. Kreditgefährdung

§ 824 BGB begründet Ansprüche bei der Behauptung oder Verbreitung einer unwahren Tatsachenbehauptung, die geeignet ist, den Kredit eines anderen zu gefährden oder sonst wie Nachteile für dessen Erwerb oder Fortkommen herbeizuführen. Die Vorschrift ist gegenüber dem Schutz des Rechtes des Unternehmens vorrangig, soweit es sich um unwahre Tatsachenbe- | 90

---

196 *BGH* NJW 1952, 660.
197 *BGH* NJW 1966, 1617.
198 *BGH* NJW 1991, 1532; 1966, 1617; 1976, 620; *KG Berlin* AfP 2006, 75; *OLG Köln* AfP 2003, 336
199 Vgl. *OLG Brandenburg* NJW 1999, 3339, 3349.
200 Vgl. *OLG Köln* AfP 2003, 335, 337.
201 *BGH* NJW 1980, 881, 882 – Vermögensverwaltung; 1981, 1089, 1091 – Der Aufmacher I; *OLG Frankfurt* GRUR 1991, 49, 50 – Steuerberater.
202 Vgl. auch *OLG Köln* AfP 2003, 337.
203 Vgl. *BVerfG* NJW 1967, 1161 – Blinkfüer; *BGH* NJW 1985, 1620 – Liedboykott.
204 Vgl. *BGH* NJW 1966, 2010 – Teppichkehrmaschine; 1987, 2746.

hauptungen handelt.[205] Zu betonen ist aber, dass der Kern der Aussage zu ermitteln ist.[206] Die Unwahrheit folgt nicht aus einer unbedeutenden Übertreibung oder dem Weglassen von Nebensächlichkeiten.[207]

91 Die Beweislast trägt grds. der Kläger. Die Kreditgefährdung oder Rufgefährdung muss nicht tatsächlich eingetreten sein. Es genügt die **Eignung zur Kredit- oder Rufgefährdung**.[208]

92 **Mittelbare Beeinträchtigungen** oder Reflexwirkungen reichen nicht aus.[209] Der Anspruchsteller muss individuell und unmittelbar betroffen sein. Die Kredit- oder Rufbeeinträchtigung muss durch die Kritik selbst drohen. Dies liegt z.B. nicht vor, wenn erst die Reaktion des Betroffenen auf die Kritik zu der Kredit- oder Rufgefährdung führt.[210]

93 **Verschulden** liegt gem. § 824 Abs. 1 letzter Halbsatz BGB nicht erst beim Dolus directus, sondern schon bei Fahrlässigkeit vor. Das Verschulden muss sich nach h.M. sowohl auf die Unwahrheit wie auch auf das Merkmal des Behauptens bzw. des Verbreitens beziehen, ebenso auf die Eignung zur Rufgefährdung.[211]

94 Gem. § 824 Abs. 2 BGB besteht keine Schadensersatzpflicht, wenn die Unwahrheit dem Mitteilenden unbekannt ist und er oder der Empfänger der Mitteilung an ihr ein berechtigtes Interesse hat. Im Einzelnen ist bei dieser Vorschrift vieles strittig.[212] Die Vorschrift kann als Rechtfertigungsgrund angesehen werden,[213] ähnlich § 193 StGB, für den neben § 824 Abs. 2 BGB kein Raum mehr ist. Strittig ist auch, ob § 824 Abs. 2 BGB eingreifen kann, wenn dem Behauptenden die Unwahrheit der Mitteilung schuldhaft unbekannt ist.[214] Nach h.M. findet § 824 Abs. 2 BGB keine Anwendung, wenn der Mitteilende die Unwahrheit billigend in Kauf nimmt (Dolus eventualis).[215]

III. Rechtswidrigkeit und Verschulden

1. Maßstäbe der Rechtswidrigkeit

95 Im Äußerungsrecht wird durch die Tatbestandsmäßigkeit die Rechtswidrigkeit **nicht ohne weiteres indiziert**. Vielmehr ist eine Äußerung dann als rechtmäßig zu behandeln, wenn der Mitteilende alle Sorgfaltsregeln beachtet hat.[216] Die Frage der Rechtswidrigkeit wird ferner dadurch beeinflusst, dass die Schutzgüter Persönlichkeitsrecht und Recht am eingerichteten und ausgeübten Gewerbebetrieb wegen ihrer generalklauselartigen Weite als offene Tatbestände angesehen werden. Das bedeutet, dass über die Rechtswidrigkeit erst **aufgrund einer situationsbezogenen Güter- und Interessenabwägung** entschieden wird.

205 *BGH* ZIP 2006, 317, 323.
206 *BGH* ZIP 2006, 317, 323.
207 *BGH* NJW 1985, 1621 – Türkol.
208 Vgl. *BGH* GRUR 1975, 89 – Brüning.
209 *BGH* GRUR 1989, 222 – Filmbesprechung; NJW 1978, 2151.
210 *OLG München* Urteil v. 5.12.1997 – 21 U 3776/97; *Steffen* in Löffler, Presserecht, § 6 LPG Rn. 113.
211 *BGH* NJW 1966, 1857.
212 Vgl. *Burkhardt* in Wenzel, § 5 Rn. 266.
213 Vgl. *BGH* NJW 1952, 660.
214 Vgl. *Burkhardt* in Wenzel, § 5 Rn. 271 m.w.N.
215 *BGH* DB 1958, 276; vgl. *Burkhardt* in Wenzel, § 5 Rn. 271.
216 Vgl. *BVerfG* NJW 1999, 1322 – Helnwein; NJW-RR 2000, 1209, 1210; *BGH* NJW 1978, 2151; 1996, 1131 – Lohnkiller; 2000, 1036, 1037 – Verdachtsberichterstattung.

2. Wahrnehmung berechtigter Interessen gemäß § 193 StGB

Angesichts der Möglichkeit der subjektiven Rechtfertigung durch Beachtung journalistischer **96** Sorgfaltspflichten und die Notwendigkeit einer Güterabwägung hat die gerichtliche Praxis die Vorschrift des § 193 StGB in den Hintergrund gerückt. Dies allerdings zu Unrecht. Denn bei § 193 StGB als auch ein im Zivilrecht geltender Rechtfertigungsgrund[217] handelt es sich gerade um eine Norm, über die die Grundrechte wirken. Nach § 193 StGB können Äußerungen gerechtfertigt sein, wenn sie zur Wahrnehmung berechtigter Interessen erfolgen. Auch hier müssen die wahrgenommenen mit den verletzten Interessen abgewogen werden. Im Äußerungsrecht ist das berechtigte Interesse das Informationsinteresse, also das Interesse des Mitteilungsempfängers, informiert zu werden.[218]

Auch das Bedürfnis, einfach unterhalten zu werden, ist als legitimes Interesse anerkannt.[219] **97** Dies wurde auch im Caroline I-Urteil ausdrücklich anerkannt.[220] Allerdings ist erlaubt, dass bei der Abwägung berücksichtigt wird, ob die Äußerung lediglich das Bedürfnis einer mehr oder minder bereiten Leserschicht nach oberflächlicher Unterhaltung befriedigt.[221]

§ 193 StGB kann auch dann eingreifen, wenn sich eine aufgestellte Tatsachenbehauptung **98** nachträglich als unwahr erweist. In diesem Fall ist bei der Prüfung der Wahrnehmung berechtigter Interessen die Wahrheit zu unterstellen und hypothetisch zu fragen, ob der Mitteilende berechtigte Interessen wahrgenommen hätte, wenn der Wahrheitsbeweis gelungen wäre.[222] Berechtigte Interessen setzen jedoch voraus, dass der Mitteilende die journalistische Sorgfaltspflicht beachtet hat.

Die sonstigen in § 193 StGB genannten Fälle sind lediglich Beispielsfälle für berechtigte Inte- **99** ressen. Sie besitzen insoweit keine eigenständige Bedeutung.

3. Journalistische Sorgfaltspflicht

Die **journalistische Sorgfaltspflicht** ist konkretisiert in den gesetzlichen Grundlagen für die **100** einzelnen Medien, z.B. Landespressegesetz, Rundfunkstaatsverträge, Landesmediengesetze, Gesetze für die einzelnen öffentlich-rechtlichen Rundfunkanstalten oder Mediendienste Staatsvertrag. Es ist grds. ein strenger Maßstab anzulegen.[223] Allerdings würde eine Überspannung den verfassungsrechtlich geschützten Kommunikationsprozess zu sehr einschränken.[224] Es ist ausreichend, dass sie angesichts der Umstände des Falles vernünftigerweise in Betracht kommenden Recherchen hinreichend gründlich durchgeführt worden sind.[225] Was dies im Einzelnen bedeutet, hängt von den verschiedensten Faktoren ab. Insoweit kann auf die obigen Ausführungen zu nicht erweislichen Tatsachenbehauptungen und der Verdachtsberichterstattung verwiesen werden.

---

217 H.M., ferner wird vertreten, es handele sich um einen bloßen Schuldausschließungsgrund oder um einen Fall des erlaubten Risikos (für Letzteres *Burkhardt* in Wenzel, § 6 Rn. 32).
218 *Burkhardt* in Wenzel, § 6 Rn. 38.
219 *BVerfG* NJW 2000, 1021, 1024 – Caroline von Monaco I.
220 *BVerfG* NJW 2000, 1021, 1024 – Caroline von Monaco I; vgl. auch *BGH* NJW 2004, 762, 764.
221 *BVerfG* NJW 2000, 1021, 1024 – Caroline von Monaco I; 2000, 2190; *LG Berlin* AfP 2003, 174.
222 *BGH* NJW 1985, 1621, 1622 – Türkol; AfP 1989, 669, 671 – Wünschelrute.
223 Vgl. *BVerfG* 2003, 1855; 1999, 1322, 1324 – Helnwein; *BGH* NJW 1987, 2225; 1996, 1131; 1966, 1617, 1619 – Höllenfeuer.
224 *BVerfG* NJW 2004, 589, 590; vgl. *BVerfG* NJW-RR 2000, 1209, 1211 – Sorgfaltspflicht; vgl. auch *BVerfG* NJW 1980, 2072; 1999, 1322 – Helnwein; *LG Düsseldorf* AfP 2007, 58.
225 *BGH* GRUR 1969, 147, 151 – Korruptionsvorwurf.

101 Bei **Äußerungen Dritter** ist zu differenzieren. Wurde die Meldung von einer anerkannten Nachrichtenagentur geliefert, besteht in aller Regel keine Verpflichtung zur Nachrecherche.[226] Etwas anderes kann gelten, wenn die Agenturmeldung selber Ungewissheit wiedergibt. Bezieht sich die Agenturmeldung wiederum auf ein anderes Medium (z.B. eine Zeitungsmeldung), so reicht dies i.d.R. nicht aus, die journalistische Sorgfaltspflicht als erfüllt anzusehen.[227] Dies mag wiederum einzuschränkend sein, wenn es sich um eine besonders seriös anerkannte Medienquelle handelt.[228] Strittig ist auch, ob die Sorgfaltspflichten geringer anzusetzen sind, wenn der Betroffene Erstveröffentlichungen in Medien, die unter Umständen auch schon länger zurückliegen, nicht widersprochen hat.[229] Ansonsten darf sich die Presse auf als zuverlässig anzusehende Informationsquellen verlassen, wie etwa Staatsanwaltschaften, Polizei, Gerichte oder Behörden.

An ihre Grenzen stößt die journalistische Sorgfaltspflicht, wenn keine Aufklärungsmöglichkeiten zu erwarten sind oder zumutbare Rechercheansätze nicht mehr bestehen. Ist neben einem Dementi ein Mehr an Information durch eine Rückfrage beim Betroffenen nicht zu erwarten, ist sie nicht erforderlich.[230] Dies gilt auch, wenn der Betroffene schon ausführlich zu Wort gekommen ist oder Stellung genommen hat.[231]

C. Die Bildberichterstattung

I. Das Recht am eigenen Bild als Teil des allgemeinen Persönlichkeitsrechts

102 Das in §§ 22 ff. KUG gewährleistete Recht am eigenen Bild ist eine einfach gesetzliche Ausprägung des allgemeinen Persönlichkeitsrechts. Gegenüber Art. 2 Abs. 1 i.V.m. Art. 1 Abs. 1 GG stellen die §§ 22, 23 KUG **leges speciales** dar.[232] Das KUG sieht (mit Ausnahme des § 37 f. KUG) keine eigenen zivilrechtlichen Anspruchsgrundlagen vor, so dass für Unterlassungs-, Geldentschädigungs- und Schadensersatzansprüche auf § 823 Abs. 1 BGB i.V.m. § 1004 BGB bzw. i.V.m. § 249 ff. BGB zurückgegriffen werden muss.[233] Der durch das Recht am eigenen Bild skizzierte Teilbereich des allgemeinen Persönlichkeitsrechts räumt grds. allein dem Abgebildeten die Befugnis ein, darüber zu befinden, ob und in welcher Weise er sich in der Öffentlichkeit darstellt oder dargestellt wird.[234] Nicht zu verwechseln ist dies mit dem Wunsch des Abgebildeten, nur so in der Öffentlichkeit dargestellt zu werden, wie er sich selber sieht oder gesehen werden möchte. Darauf besteht kein Anspruch.[235] Die erforderliche Abwä-

---

226 *LG München* AfP 1975, 758; *LG Hamburg* AfP 1990, 332; *Burkhardt* in Wenzel, § 6 Rn. 135.

227 *OLG Hamm* NJW-RR 1993, 735, 736; *OLG Brandenburg* AfP 1995, 520, 522; *LG Berlin* Urteil v. 18.11.1999 – 27 O 570/99; vgl. aber auch *OLG Karlsruhe* AfP 2006, 162; *Peters* NJW 1997, 1334, 1337.

228 *Burkhardt* in Wenzel, § 6 Rn. 131.

229 Vgl. *OLG Köln* AfP 1991, 427; *KG Berlin* AfP 1992, 302; kritisch hierzu *Burkhardt* in Wenzel, § 6 Rn. 131.

230 *OLG Köln* NJW 1963, 1634; *OLG Hamburg* NJW-RR 1996, 597; *OLG Frankfurt* NJW-RR 2003, 37.

231 Vgl. *OLG Hamburg* NJW-RR 1996, 597.

232 *Steffen* in Löffler, § 6 LPG Rn. 119.

233 *Steffen* in Löffler, § 6 LPG Rn. 119.

234 Vgl. *BVerfG* NJW 1999, 2358 – Greenpeace; 1973, 1296 – Lebach; *BGH* WRP 2004, 1494, 1495.

235 *BVerfG* NJW 2000, 1021 – Caroline von Monaco; 1999, 2358 – Greenpeace.

gung der Verfassungsgüter auf den verschiedenen Ebenen gewährleisten die als verfassungsgemäß angesehenen[236] §§ 22, 23 KUG durch ein abgestuftes Schutzkonzept.

II. Begriff des Bildnisses

Unter einem Bildnis im Sinne des § 22 KUG ist die Darstellung der Person in ihrer wirklichen, dem Leben entsprechenden Erscheinung zu verstehen. Abgebildet werden muss also ein erkennbar wiedergegebener Mensch. Demgegenüber kennt das KUG auch den Begriff des Bildes,[237] dessen Schutz nicht Gegenstand des Gesetzes ist. Beispielsweise wird die Abbildung einer Person, die nur als Beiwerk neben einer Landschaft oder einer sonstigen Örtlichkeit erscheint[238] oder Abbildung von Personen, die an Versammlungen, Aufzügen oder ähnlichen Vorgängen teilnehmen[239] nicht als Bildnisse, sondern lediglich als Bilder bezeichnet. Sie nehmen deshalb am Schutz des § 22 KUG nicht teil. Strittig ist die begriffliche Einbeziehung von Leichenfotos.[240]   **103**

III. Erkennbarkeit

Der Begriff des Bildnisses setzt die **Erkennbarkeit der abgebildeten Person** voraus. Sie ergibt sich i.d.R. aus den Gesichtszügen; dies schließt aber nicht aus, dass trotz deren Nichterkennbarkeit andere Merkmale die Person erkennbar machen,[241] z.B. der Zusammenhang mit früheren Veröffentlichungen,[242] Umstände aus dem Kontexttext oder aus der Bildunterzeile (Nennung einer konkreten Adresse oder einer besonderen Funktion des Abgebildeten), weitere Fotos im Kontext (z.B. Abbildung des Wohnhauses), Erwähnung des Namens im Begleittext,[243] Anfangsbuchstabe des Familiennamens oder Beruf des Abgebildeten.[244] Es genügt die Erkennbarkeit innerhalb eines Bekanntenkreises.[245] Der Abgebildete muss nicht nachweisen, tatsächlich von Dritten erkannt worden zu sein. Allerdings kann die Tatsache, dass er tatsächlich (nur) aufgrund des Bildnisses bzw. dessen Kontextes erkannt worden ist, ein Indiz für die Erkennbarkeit bilden.[246]   **104**

Die Erkennbarkeit kann durch technische Hilfsmittel verhindert werden. (Z.B. Augenbalken oder „Pixelizing"). Dies muss so sorgfältig geschehen, dass die Gesichtszüge wirklich nicht identifizierbar werden.[247] Auch der Gebrauch eines Doppelgängers ändert nichts an der Erkennbarkeit des Verkörperten, wenn der Eindruck erweckt wird, bei dem Double oder Doppelgänger handelt es sich um den Prominenten selbst.[248] Dies kann auch gelten, wenn nicht die   **105**

236 *BVerfG* NJW 2000, 1021, 1023.
237 § 23 Abs. 1 Nr. 2 oder Nr. 3 KUG.
238 § 23 Abs. 1 Nr. 2 KUG.
239 § 23 Abs. 1 Nr. 3 KUG.
240 Dagegen: *von Strobl-Albeg* in Wenzel, § 7 Rn. 10; dafür: *OLG Hamburg* AfP 1983, 466.
241 Vgl. *BGH* NJW 1979, 2205 – Fußballtorwart; *OLG Frankfurt* AfP 2006, 185 – Rothenburg; 2007, 378; *OLG Hamburg* AfP 1987, 703; *LG Berlin* AfP 1997, 732; *LG Bremen* GRUR 1994, 897.
242 *OLG Hamburg* NJW-RR 1993, 923.
243 *BGH* NJW 1965, 2148 – Spielgefährtin.
244 *LG Berlin* NJW 1997, 1373.
245 *BGH* NJW 1979, 2205; *OLG Frankfurt* AfP 2007, 378.
246 Vgl. *BGH* NJW 1992, 1312.
247 Zu kleiner Augenbalken schließt die Identifizierbarkeit nicht aus, *LG Berlin* AfP 1997, 732.
248 *BGH* NJW 1000, 2201 – Der blaue Engel; 1958, 459 – Sherlock Holmes; *LG Düsseldorf* AfP 2002, 64 – Kaiser Franz; *LG Berlin* AfP 2006, 388 – Owomoyela.

Gesichtszüge, sondern die Begleitumstände auf den Verkörperten hinweisen.[249] Auch eine karikierende Darstellung kann zur Erkennbarkeit führen.[250]

IV. Herstellungsart

106 Die Form der Abbildung ist für den Bildnisschutz unbeachtlich. Auch die Darstellung von Personen durch Zeichentrickfiguren, Fotomontagen, Schattenrisse,[251] Karikaturen oder sonst irgendwie durch – auch elektronische – Techniken gefertigte Darstellungen von Personen unterliegen dem Bildnisschutz.

V. Der Bildnisschutz nach den §§ 22, 23 KUG

1. Einwilligung

1.1 Rechtscharakter der Einwilligung

107 Gem. § 22 Satz 1 KUG dürfen Bildnisse einer Person grds. nur mit **Einwilligung** des Abgebildeten verbreitet oder öffentlich zur Schau gestellt werden. Die Rechtsnatur der Einwilligung ist strittig. Die h.M. sieht darin eine rechtsgeschäftliche Willenserklärung oder aber mindestens eine rechtsgeschäftliche Handlung.[252]

1.2 Erteilung der Einwilligung

108 Auf die Einwilligung sind die Regeln der §§ 116 ff. BGB anwendbar. Sie kann ausdrücklich, aber auch stillschweigend erklärt werden. Von stillschweigender Einwilligung ist auszugehen, wenn der Abgebildete die Anfertigung der Aufnahme in Kenntnis ihres Zweckes billigt[253] oder wenn aus dem Zweck oder den Umständen der Aufnahme selbst darauf zu schließen ist. So kann z.B. aus Posieren oder Zuwinken oder einem fröhlichen Blick in die Kamera durchaus auf eine Einwilligung geschlossen werden.[254] Die Beweislast einer rechtswirksam vorliegenden Einwilligung trägt der Verbreiter der Abbildung.[255] Gem. § 22 Abs. 2 KUG gilt eine Einwilligung im Zweifel als erteilt, wenn der Abgebildete dafür, dass er sich abbilden ließ, eine Entlohnung erhielt (widerlegbare Vermutung[256]).

109 Da die Einwilligung nach h.M. eine rechtsgeschäftliche Erklärung darstellt, ist **Geschäftsfähigkeit erforderlich**. Für die Einwilligung Minderjähriger gelten die §§ 107 bis 113 BGB. Sie benötigen nach h.M. der Zustimmung ihres gesetzlichen Vertreters.[257] Die uneingeschränkte Anwendung der §§ 107 ff. BGB hätte jedoch zur Folge, dass die Eltern die Einwilligung für den Minderjährigen auch gegen dessen Willen erteilen könnten (§ 1629 i.V.m. § 164 BGB). Die h.M. fordert deshalb eine doppelte Einwilligung, nämlich sowohl des – einsichtsfähigen – Minderjährigen als auch der gesetzlichen Vertreter.[258]

---

249 *BGH* NJW 2000, 2201 – Der blaue Engel.
250 Vgl. *OLG Hamburg* ZUM 2007, 157 – Joschka Fischer; für eine Silhouette s. *KG Berlin* ZUM 2007, 60.
251 *LG Berlin* NJW-RR 2000, 555.
252 Vgl. *OLG München* ZUM 2001, 708 – Lebenspartnerschaft.
253 *BGH* GRUR 1968, 652, 654 – Ligaspieler; vgl. *OLG Karlsruhe* AfP 2006, 467.
254 *BVerfG* NJW 2002, 3767 – Glosse und Satire.
255 *BGH* NJW 1965, 134 – Satter Deutscher; 1996, 1554 – Paul Dahlke; *OLG München* NJW-RR 1996, 93 – Anne-Sophie Mutter.
256 Vgl. aber dazu auch *OLG Stuttgart* AfP 1987, 693, 694; *OLG Hamburg* AfP 1981, 386.
257 *BGH* NJW 1974, 1947 – Nacktaufnahme.
258 Vgl. *Frömming/Peters* NJW 1996, 958; *Prinz/Peters* Medienrecht, Rn. 835.

1.3 Grenzen der Einwilligung

Der Erklärungsumfang der Einwilligung kann in räumlicher, zeitlicher und inhaltlicher Hinsicht beschränkt sein. Ihre **Reichweite** ist durch Auslegung nach den Umständen des Einzelfalls zu ermitteln.[259] So kann die Einwilligung auf eine aktuelle Veröffentlichung beschränkt sein[260] oder auf eine bestimmte Gattung von Medien.[261]

110

1.4 Anfechtung und Widerruf

Die Einwilligung ist anfechtbar gem. den §§ 119 ff. BGB. Denkbar ist insbesondere ein Erklärungsirrtum, z.B. wenn der Abgebildete glaubt, für eine Reportage über ein Sachthema interviewt zu werden, tatsächlich aber von einer Satiresendung „durch den Kakao gezogen" wird. Keine Anfechtung kommt in Betracht, wenn der Einwilligende Anlass, Zweck oder Art der geplanten Veröffentlichung falsch einschätzt, da hierin ein bloßer unbeachtlicher Motivirrtum liegt.

111

Eine Widerrufsmöglichkeit wird im Einzelfall, insbesondere bei wichtigen Gründen grds. bejaht.[262] In Frage kommt dies z.B. dann, wenn sich seit der erteilten Einwilligung die innere Einstellung des Betroffenen grundlegend geändert hat.[263] Beweisbelastet dafür ist jedoch der Betroffene.[264]

112

2. Schranken des Bildnisschutzes gemäß § 23 Abs. 1 Nr. 1 KUG – Bildnisse aus dem Bereich der Zeitgeschichte

2.1 Begriffe der Zeitgeschichte

Der Begriff der Zeitgeschichte wird nicht geschichtswissenschaftlich, sondern **funktional** vom Informationsinteresse der Öffentlichkeit her bestimmt.[265] Bildnisse aus dem Bereich der Zeitgeschichte sind solche Bildnisse, deren Abbildungsgegenstand eine „Person der Zeitgeschichte" ist. In einer langen Rechtsprechungspraxis unterschieden die Gerichte zwischen sog. absoluten und sog. relativen Personen der Zeitgeschichte.[266] Allerdings darf diese – auch nach dem Caroline-Urteil des EGMR – noch gebrauchte Kategorisierung nicht schematisch angewendet werden, sondern es muss nach wie vor eine **einzelfallsbezogene Abwägung** stattfinden.[267]

113

Absolute Personen der Zeitgeschichte sind Personen, die unabhängig von einem bestimmten zeitgeschichtlichen Ereignis aufgrund ihres Status oder ihrer Bedeutung allgemein öffentliche Aufmerksamkeit finden und deren Bildnis die Öffentlichkeit deshalb **um der dargestellten Person Willen** der Beachtung Wert findet.[268] Der Betroffene ist gleichsam selbst das Ereignis,

114

---

259 *OLG München* ZUM 2006, 939.
260 Vgl. *BGH* NJW 1968, 1091; 1979, 2203; 1979, 2205; WRP 2004, 1494, 1495; vgl. *OLG München* ZUM 2006, 939; *LG Berlin* AfP 2004, 455.
261 Vgl. auch *OLG Hamburg* AfP 1987, 703.
262 Vgl. z.B. *OLG München* AfP 1989, 570, 571.
263 *LG Köln* AfP 1996, 186; *Frömming/Peters* NJW 1996, 958.
264 *LG Köln* AfP 1996, 186.
265 *BVerfG* NJW 2000, 1021, 1025 – Caroline von Monaco.
266 Die Figuren gehen zurück auf *Neumann/Duisberg* JZ 1960,114.
267 „Der Begriff einer „absoluten Person der Zeitgeschichte" ergibt sich weder zwingend aus dem Gesetz noch aus der Verfassung …, ist aber verfassungsrechtlich unbedenklich, solange die einzelfallbezogene Abwägung zwischen dem Informationsinteresse der Öffentlichkeit und den berechtigten Interessen des Abgebildeten nicht unterbleibt." – *BVerfG* NJW 2000, 1021, 1025.
268 *BVerfG* NJW 2000, 1021; 2001, 1921, 1922; *BGH* NJW 1996, 985, 986; WRP 2004, 772, 773.

er selbst von öffentlichem Interesse. Die Bildnisse von absoluten Personen sollen auch unabhängig von einem bestimmten zeitgeschichtlichen Ereignis einwilligungsfrei veröffentlicht werden können, sofern nicht ein berechtigtes Interesse des Abgebildeten nach § 23 Abs. 2 KUG entgegensteht.

115 **Relative Personen der Zeitgeschichte** sind solche, die in Abhängigkeit von einem bestimmten zeitgeschichtlichen Ereignis in das Blickfeld der Öffentlichkeit geraten.[269] Das Ereignis selbst ist es, welches das Informationsinteresse begründet. Dementsprechend ist das Veröffentlichungsrecht des Bildnisses zeitlich, räumlich und thematisch durch den Zusammenhang mit dem Ereignis begrenzt.

116 Strittig ist, ob und inwieweit der Ereignisbezug auch erlaubt, Bildnisse zu veröffentlichen, die den Abgebildeten nicht selbst bei dem Ereignis zeigen, also bei anderem Anlass entstanden sind. Das klassische **kontext-neutrale Foto** ist ein Portraitfoto.[270] Richtigerweise ist dies im Rahmen der Abwägung der Rechtsgüter zu entscheiden. So hat z.B. das BVerfG angemerkt, dass die die Veröffentlichungsbefugnis dabei nicht einmal auf Portraitfotos beschränkt ist, sofern die Intensität einer Persönlichkeitsbeeinträchtigung nicht durch Erweiterung des Bildinhaltes zunimmt.[271]

117 Aufgrund der sog. **Begleiterrechtsprechung** konnte relative Person der Zeitgeschichte auch sein, wer eine absolute Person der Zeitgeschichte begleitet oder gemeinsam mit ihr auftritt bzw. ihr Angehöriger oder Lebenspartner ist.[272] Insoweit bestehe ein abgeleitetes Interesse der Öffentlichkeit, das nicht um der abgebildeten Person willen, sondern wegen des Interesses an der absoluten Person der Zeitgeschichte besteht, das aber auf die Person ausstrahlt von derjenigen der Öffentlichkeit begleitet wird. Dabei muss der Begleiter sowohl hinnehmen, zusammen mit der absoluten Person der Zeitgeschichte abgebildet zu werden als auch alleine, kontext-bezogen oder auch kontext-neutral je nach Abwägung im Einzelfall.

118 Relative Personen der Zeitgeschichte können auch Straftäter sein. Denn Straftaten gehören zum Zeitgeschehen, dessen Vermittlung Aufgabe der Presse ist.[273] Auch Zeugen, Richter oder Rechtsanwälte können grds. relative Personen der Zeitgeschichte sein, z.B. aufgrund ihrer besonderen Rolle in einem Prozess von zeitgeschichtlichem Interesse.[274]

119 **Kinder** von absoluten Personen der Zeitgeschichte sind allein wegen ihrer Eltern keine relativen Personen der Zeitgeschichte.[275] Sie können aber solche relativen Personen der Zeitgeschichte dann sein, wenn sie gemeinsam mit ihren Eltern sich der Öffentlichkeit als Angehörige präsentieren oder im Pflichtenkreis der Eltern in öffentlichen Funktionen repräsentieren.[276]

120 In ihrem (Kontext)-Bezug wird die Zeitgeschichte begrenzt durch den Aspekt der **Aktualität**. Hat sich bspw. eine Begleitperson von der absoluten Person der Zeitgeschichte getrennt, so wird ein überwiegendes Interesse der Öffentlichkeit nicht mehr oder nicht mehr lange bestehen.[277]

---

269 *BVerfG* NJW 2000, 1021.
270 *Prinz/Peters* Medienrecht, Rn. 850.
271 *BVerfG* NJW 2000, 1021.
272 *BVerfG* NJW 2001, 1921.
273 *BVerfGE* 35, 202, 235 – Lebach.
274 Für Richter und Rechtsanwälte: *BVerfG* K&R 2007, 314; für Zeugen: *BGH* NJW 1965, 2148 – Spielgefährtin I; *OLG Celle* AfP 1989, 575; *LG Berlin* AfP 2004, 68 – Baltz.
275 *OLG Hamburg* AfP 1997, 535, 536.
276 *BGH* NJW 1996, 984, 985 – Caroline von Monaco II.
277 Vgl. *OLG Hamburg* AfP 1993, 576.

2.2 Informationsinteresse der Allgemeinheit

Die Ausnahmebestimmung des § 23 Abs. 1 KUG setzt ein **schutzwürdiges Informationsinteresse der Allgemeinheit** voraus. Der Begriff ist wegen der verfassungsrechtlichen Gewährleistung der Informationsfreiheitsrechte weit zu verstehen.[278] Dazu gehören alle Erscheinungen im Leben der Gegenwart, die von der Öffentlichkeit beachtet werden, bei ihr Aufmerksamkeit finden und Gegenstand der Teilnahme oder Wissbegier weiter Kreise sind und die nicht nur auf Schaulust und Neugier beruhen.[279] Die Presse muss auch einen Spielraum besitzen, innerhalb dessen sie nach publizistischen Kriterien entscheiden kann, was öffentliches Interesse beansprucht.[280] Das Informationsinteresse der Allgemeinheit kann nicht deshalb verneint werden, weil ausschließlich ein Unterhaltungsinteresse verfolgt wird.[281] Erst bei der Güterabwägung kann es darauf ankommen, ob Fragen, die die Öffentlichkeit wesentlich angehen, ernsthaft und sachbezogen erörtert werden oder ob lediglich private Angelegenheiten zur Befriedigung der Neugier ausgebreitet werden.[282]

121

2.3 Verbreitung zu Werbezwecken

Wer ausschließlich durch die **Verwertung des Bildnisses eines anderen zu Werbezwecken** sein kommerzielles Geschäftsinteresse befriedigen will, etwa durch die Verwendung des Bildnisses eines Prominenten, handelt nicht im Informationsinteresse der Allgemeinheit gem. § 23 Abs. 1 Nr. 1 KUG.[283] Ob ausschließlich Werbezwecke vorliegen, ist im **Gesamtkontext der Veröffentlichung** zu prüfen. Es gelten die gleichen Auslegungsmaßstäbe wie bei der Wortberichterstattung.[284] Wird zusammen mit einem kommerziellen Interesse ein Publikationsinteresse verfolgt, so ist jedoch der Anwendungsbereich des § 23 Abs. 1 KUG eröffnet.[285] Die Verwendung eines Prominentenfotos auf der Titelseite einer Zeitschrift bedeutet nicht automatisch, dass das Bildnis nur zur Werbung eingesetzt wird. Werbung für ein Presseerzeugnis selbst steht zudem unter dem Schutz des Art. 5 Abs. 1 GG.[286] Wenn bspw. im Inneren des Blattes ein – wie auch immer gearteter – redaktioneller Textbeitrag vorliegt, auf den das Titelblatt verweist, so entfällt das Informationsinteresse nicht. Denn der unbefangene Durchschnittsbetrachter bringt das Bild zunächst mit dem Textbeitrag im Inneren des Blattes in Verbindung.[287] Auch in satirischer – meinungsbildender – Auseinandersetzung mit einem aktuellen politischen Ereignis kann ein anerkennenswertes Informationsinteresse liegen.[288]

122

---

278 *BGH* AfP 2007, 121, 123.
279 *BGH* NJW 1979, 2203; ZUM 2007, 470, 472.
280 *BGH* AfP 2007, 121, 123; ZUM 2007, 470, 472.
281 *BVerfG* NJW 2000, 1021, 1024; AfP 2007, 121, 123; ZUM 2007, 470, 472; NJW 1996, 1128, 1130 – Caroline von Monaco III; 1995, 861 – Caroline von Monaco I; *KG Berlin* AfP 2007, 375.
282 *BVerfG* NJW 2000, 1021, 1024 – Caroline von Monaco; *BVerfGE* 34, 269, 283 – Soraya; *BVerfG* AfP 2007, 121, 123; vgl. auch *LG Koblenz* ZUM 2007, 951 – Das Verhör.
283 *BGH* NJW 2002, 2317 – Marlene Dietrich II; 2000, 2195 – Marlene Dietrich; 2000, 2201 – Der blaue Engel; 1997, 1152 – Bob Dylan; 1992, 2084 – Werbefoto; 1956, 1154 – Paul Dahlke; *LG Berlin* NJW 1996, 1142; *LG München* ZUM 2003, 418; AfP 2004, 295 – Dieter Bohlen; vgl. aber auch *LG Frankenthal* ZUM 2004, 317 – Dieter Bohlen; *LG Hamburg* ZUM 2007, 156 – Joschka Fischer.
284 *BVerfG* NJW 2000, 1026 – Kundenzeitschrift; *BGH* NJW 1997, 1152 – Bob Dylan.
285 *BGH* ZUM 1997, 133 – Bob Dylan; 2007, 55 – Lafontaine; *OLG Hamburg* ZUM 2007, 210; ZUM 2007, 371.
286 Vgl. auch *OLG Hamburg* ZUM 2007, 210.
287 *BGH* NJW-RR 1995, 789 – Kundenzeitschrift; vgl. *LG Hamburg* ZUM 2007, 156 – Joschka Fischer.
288 *BGH* ZUM 2007, 56 – Lafontaine; vgl. aber auch *OLG Hamburg* ZUM 2007, 371.

2.4 Postmortaler Bildnisschutz und seine Schranken

123   Gem. § 22 Abs. 3 KUG endet der Bildnisschutz des KUG 10 Jahre nach dem Tode des Abgebildeten. Dies gilt jedenfalls für die ideellen Bestandteile des Persönlichkeitsrechts.[289] Ein längerer Schutz kann sich ergeben, soweit es um vermögenswerte Bestandteile des Persönlichkeitsrechts geht (z.B. die kommerzielle Nutzungsmöglichkeit eines Bildnisses); dann sind die entsprechenden Interessen des Abgebildeten jedenfalls mindestens solange geschützt wie die 10-Jahres-Frist des § 22 S. 2 KUG.[290] Ein längerer Schutz der ideellen Interessen kann sich auch ergeben, wenn der Schutz der Menschenwürde nach Art. 1 Abs. 1 GG berührt ist. Denn dessen grundrechtlicher Schutz ist nicht abwägungsfähig.[291] Auch nach seinem Tode darf der Einzelne in seinem allgemeinen Achtungsanspruch nicht herabgewürdigt oder erniedrigt werden.[292]

124   Zur Wahrnehmung des Schutzes von Bildnissen Verstorbener sind hinsichtlich der vermögenswerten Bestandteile und der daraus resultierenden Ansprüche die Erben und bezüglich der ideellen Interessen nach § 22 S. 3 KUG die Angehörigen befugt. § 22 S. 4 KUG definiert, wer als Angehöriger anzusehen ist.

3. Schranken des Bildnisschutzes gemäß § 23 Abs. 1 Nr. 2 bis 4 KUG

125   Weitere Schranken des Bildnisschutzes ergeben sich aus § 23 Abs. 1 bis 4 KUG, deren praktische Bedeutung –mit Ausnahme des Beiwerk des § 23 Abs. 1 Nr. 2 KUG – beschränkt ist.

4. Schranken-Schranken gemäß § 23 Abs. 2 KUG – Berechtigte Interessen des Abgebildeten in der Abwägung

4.1 Verletzung der Intimsphäre

126   Die Verletzung der Intimsphäre. Z.B. die Veröffentlichung von Nacktaufnahmen,[293] ist grds. unzulässig. Ausnahmen sind in seltenen Fällen – z.B. besonderes Informationsinteresse oder Verhalten des Betroffenen – denkbar.[294]

4.2 Verletzung der Privatsphäre

127   Der Schutzbereich des Rechtes auf Privatsphäre bemisst sich in dreifacher Hinsicht, nämlich thematisch, räumlich und zeitlich. Thematisch werden Vorgänge erfasst, die aufgrund ihres Informationsgehaltes als privat eingestuft werden, weil die Angelegenheit naturgemäß dem persönlichen Bereich zugeordnet wird oder ihr öffentliches Zeigen als unschicklich oder peinlich gilt. Inwieweit das Alltagsleben dazu gehören kann (Restaurant-Besuch, Verlassen der Wohnung, Schlendern durch die Straßen, Ski-Urlaub, Tennisspiel oder ähnliches), ist insbesondere nach dem Caroline-Urteil des EGMR Gegenstand sich weiter ausbildender Rechtsprechung.

---

289 Vgl. *OLG Hamburg* ZUM 2005, 168.
290 *BVerfG* WRP 2006, 1361 – Der blaue Engel; *BGH* NJW 2000, 2201 – Der blaue Engel.
291 *BVerfG* NJW 2001, 2957 – Kaisen.
292 *BVerfG* NJW 1971, 1645, 1647 – Mephisto; vgl. auch *OLG Hamm* AfP 2006, 261 – Ehrensache.
293 *BGH* NJW 1985, 1617 – Nacktaufnahme; 1974, 1974 – Nacktaufnahme; *OLG Hamburg* NJW 1996, 1151 – TV-Star oben ohne; *OLG Frankfurt* NJW 2000, 594, 595 – Katharina Witt.
294 *OLG Frankfurt* NJW 2000, 594 – Katharina Witt; vgl. auch *OLG Hamburg* AfP 1992, 159 – Schauspielerin halb nackt; *LG Berlin* AfP 2004, 455 (kein berechtigtes Informationsinteresse); *LG Hamburg* AfP 2007, 385 – Desirée Nick.

Räumlich erstreckt sich der Schutz der Privatsphäre auf einen Bereich, in dem der Einzelne zu **128**
sich kommen, sich entspannen oder auch gehen lassen kann; in dem er die Möglichkeit hat, frei
von öffentlicher Beobachtung und damit der von ihr erzwungenen Selbstkontrolle zu sein, auch
ohne dass er sich dort notwendig anders verhielte als in der Öffentlichkeit.[295] Der häusliche Bereich ist eine solche geschützte Sphäre.[296] Wo die Grenzen der geschützten Privatsphäre außerhalb des Hauses verlaufen, lässt sich jedoch nicht generell und abstrakt festlegen.[297]

4.3 Kinder- und Jugendschutz

Der Bereich, in dem Kinder sich frei von öffentlicher Beobachtung fühlen und entfalten dürfen, **129**
soll umfassender geschützt sein als derjenige von Erwachsenen.[298] Dazu zählt auch das Ano-
nymitätsinteresse.[299] Dies folgt nicht nur aus dem die spezifische Eltern-Kind-Beziehung
schützenden Art. 6 Abs. 1 GG, sondern auch aus dem eigenen Recht des Kindes aus Art. 2
Abs. 1 i.V.m. Art. 1 Abs. 1 GG.[300] Ein Schutzbedürfnis fehlt damit nur dann, wenn sich die
Kinder allein oder gemeinsam mit den Eltern **bewusst der Öffentlichkeit zuwenden**, etwa an
öffentlichen Veranstaltungen teilnehmen oder gar im Mittelpunkt solcher Veranstaltungen stehen.[301] Die Zuwendung muss bewusst erfolgen und über die bloße Teilnahme an einer Veranstaltung hinausgehen.[302]

4.4 Verletzung von Ehre und Ruf

Das Foto kann selbst oder mittels des Kontext, in das es gestellt wird, Ehre und Ruf beeinträch- **130**
tigen.[303]

4.5 Verletzung des Wahrheitsschutzes

Der Bildnisschutz umfasst auch den Schutz vor entstellender oder verfälschender Darstellun- **131**
gen, sofern dies persönlichkeitsrechtsverletzten Charakter haben kann. Dies gilt verstärkt in
Zeiten der digitalen Bildbearbeitung, insbesondere in Fällen der Fotomontage.[304] Auch das Er-

---

295 *BVerfG* NJW 2000, 1021, 1022.
296 *BVerfG* NJW 2000, 1021, 1022 – Caroline von Monaco.
297 *BVerfG* NJW 2000, 1021, 1022 – Caroline von Monaco. „[Die Grenzen] können vielmehr nur aufgrund der jeweiligen Beschaffenheit des Orts bestimmt werden, den der Betroffene aufsucht. Ausschlaggebend ist, ob der Einzelne eine Situation vorfindet oder schafft, in der er begründetermaßen
und somit auch für Dritte erkennbar davon ausgehen darf, dem Blick der Öffentlichkeit nicht ausgesetzt zu sein. Das BVerfG bestätigte damit in der Sache die von Spöttern so genannte „60-Watt-
Rechtsprechung" des BGH in einem anderen Fall, in dem Caroline von Monaco mit ihrem damaligen Lebenspartner in einem mit Glühbirnen nur schummrig beleuchteten Lokal am Tisch saß. Zwar
habe sich Caroline einer begrenzten Öffentlichkeit ausgesetzt, es sei jedoch offensichtlich gewesen,
„dass die Klägerin bei dem Gespräch mit Vincent Lindon für sich sein und nicht den Blicken einer
breiteren, unbestimmten Öffentlichkeit darbieten wollte." – *BGH* NJW 1996, 1128, 1130.
298 *BVerfG* NJW 2000, 1021, 1023 – Caroline von Monaco; 2000, 2191.
299 Vgl. *KG Berlin* AfP 2007, 374.
300 *BVerfG* NJW 2000, 2191.
301 *BVerfG* NJW 2000, 1021, 1023 – Caroline von Monaco.
302 *BVerfG* Beschl. v. 6.6.2006 – 1 BvR 456/04 und 1 BvR 009/04.
303 *OLG Hamburg* ArchPR 1972, 150 – Unzulässig war bspw. die Verbreitung eines Bildausschnittes
eines Fußballbundesspielers, dessen Penis teilweise sichtbar war, mit der Wortkommentierung „Er
überzeugte die 30.000 Zuschauer nicht nur von seinen sportlichen, sondern auch von seinen männlichen Qualitäten".
304 S. insbesondere im Zusammenhang mit Satire *BVerfG* WRP 2005, 595, 596 – Ron Sommer.

eignis, auf das sich das Bildnis bezieht, muss tatsächlich geschehen sein; Spekulationen rechtfertigen keinen Eingriff in das Recht am eigenen Bild.[305]

Die Entstellung kann aber auch durch irreführende Vertauschung der Bildfolge, durch Auslassung oder sonstige Entstellungen oder durch das Bildnis entstehende falsche Eindrücke bewirkt werden.[306]

4.6 Satire

132 Auch die Bildnisveröffentlichung ist ihrer satirischen Einkleidung zu befreien, um sodann den dahinter liegenden Aussagegehalt der bildlichen Darstellung zu ermitteln.[307] Dabei ist der ermittelte Aussagekern der Prüfung, ob ein Persönlichkeitsrecht verletzt ist, und der Güterabwägung ebenso zu unterziehen wie auch die Einkleidung der Aussage. Auch diese – also beim Bildnisschutz die bildliche Darstellung selbst – ist gesondert daraufhin zu überprüfen, ob sie eine Kundgabe der Missachtung einer Person enthält oder auf andere Weise das Persönlichkeitsrecht verletzt.[308] So hatten die Gerichte zu prüfen, ob die Verwendung eines technisch manipulierten Fotos des Gesichts eines prominenten Klägers eine eigenständige Persönlichkeitsbeeinträchtigung bewirkt. Die Bildaussage werde jedenfalls dann unzutreffend, wenn das Foto über rein reproduktionstechnisch bedingte und für den Aussagegehalt unbedeutende Veränderungen hinaus verändert werde.[309] Diese Unwahrheit hat dann Auswirkungen auf die Güterabwägung, gerade auch bei der Verwendung von fotografischen Abbildungen in satirischen Kontexten, wenn nämlich die Manipulation dem Betrachter nicht erkennbar ist, so dass er die Veränderungen nicht als Teil der für satirische Darstellungen typischen Verfremdungen und Verzerrungen deuten und damit für seine Meinungsbildung bewertend einordnen kann.[310]

4.7 Anonymitätsverletzung

133 Das allgemeine Persönlichkeitsrecht umfasst auch das **berechtigte Interesse auf Anonymität**. So besteht ein berechtigtes Interesse eines Straftäters, durch eine (identifizierende) Bildnisveröffentlichung nicht in seiner Resozialisierung gefährdet zu sein. Allerdings vermittelt das allgemeine Persönlichkeitsrecht Straftätern keinen Anspruch darauf, in der Öffentlichkeit überhaupt nicht oder nicht mehr mit der Tat konfrontiert zu werden.[311] Bei Tatverdächtigen gelten auch bei der Bildberichterstattung die Grundsätze der Verdachtsberichterstattung.

4.8 Leben, Körper, Gesundheit

134 Ein entgegenstehendes berechtigtes Interesse kann vorliegen, wenn die Bildnisveröffentlichung zu einer nicht ganz fern liegenden **Gefährdung von Leben, Körper, Gesundheit, Freiheit oder Eigentum** führen kann (z.B. Gefährdungssituation bei Privatpersonen, wenn sie Rache oder der Gefahr einer Entführung[312] ausgesetzt sind oder die Identifikation eines Geheim-

---

305 *KG Berlin* AfP 2007, 366.
306 *BGH* NJW 1958, 459 – Sherlock Holmes; vgl. auch *OLG Karlsruhe* NJW-RR 1990, 1928 – Unfallfoto.
307 *BVerfG* WRP 2005, 595, 596 – Ron Sommer; *OLG Hamm* ZUM 2004, 390 – TV Total.
308 *BGH* WRP 2005, 595, 597 – Ron Sommer; *OLG Hamm* ZUM 2004, 390 – TV Total.
309 *BVerfG* WRP 2005, 595, 597 – Ron Sommer; *OLG Hamm* ZUM 2004, 390 – TV Total.
310 *BVerfG* WRP 2005, 595, 597 – Ron Sommer.
311 Vgl. *BVerfG* NJW 2000, 1859, 1860 – Verfilmung Fall Lebach; *KG Berlin* AfP 2007, 376.
312 *BVerfG* NJW 2000, 2194 – Flick-Tochter.

agenten durch ein Bildnis.[313] Bei Sicherheitsgefährdung setzt dies aber voraus, dass sich die betroffene Person sonst bemüht hat, ihre öffentliche Identifizierung zu vermeiden und nicht selbsttätig in der Öffentlichkeit in Erscheinung getreten ist.[314]

5. Das Caroline-Urteil des EGMR – Inhalt und „Einpassung" in das deutsche Rechtssystem

Streitgegenstand des Caroline-Urteil des EGMR waren einige Fotoserien, die Caroline von Monaco allein oder in Begleitung von Dritten in Privatsituationen zeigen, beispielsweise im Ski-Urlaub oder mit ihrem zeitweisen Lebensgefährten auf der Terrasse eines Restaurants. **135**

Der Gerichtshof sah – anders als das BVerfG – durch die Fotos die Rechte von Caroline von Monaco aus Art. 8 EGMRK verletzt. Dabei sind in der Beurteilung des Umfangs der Privatsphäre keine wesentlichen Unterschiede zur bundesdeutschen Rspr. zu erkennen. Allerdings bestehen wesentliche Unterschiede hinsichtlich des – nach der EGMRK durch Art. 10 geschützten – Ausgleichs mit der freien Meinungsäußerung und Pressefreiheit. Der EGMR **schränkt bereits den „Schutzbereich" der Pressefreiheit** insbesondere durch die folgenden Passagen des Urteils **ein**: **136**

„Der Gerichtshof ist der Ansicht, dass ein grds. Unterschied gemacht werden muss zwischen einer Berichterstattung über Fakten, die – selbst wenn sie kontrovers behandelt werden – geeignet sind, zu einer Debatte in einer demokratischen Gesellschaft beizutragen, wenn sie sich auf Politiker bspw. in Ausübung ihrer Ämter beziehen, und einer Berichterstattung über Einzelheiten zum Privatleben einer Person, die überdies solche Funktionen wie im vorliegenden Fall nicht ausübt. Wenn die Presse im ersten Fall auch ihre wesentliche Rolle als „Wachhund" in einer demokratischen Gesellschaft spielt und dazu beiträgt, „Ideen und Informationen zu Fragen von öffentlichem Interesse weiterzugeben", so trifft dies auf den zweiten Fall nicht zu. … Selbst wenn es ein Informationsrecht der Öffentlichkeit gibt, das in einer demokratischen Gesellschaft als wesentlich gilt und sich unter bestimmten Umständen auch auf Aspekte des Privatlebens von Personen des öffentlichen Lebens erstrecken kann, insbesondere im Fall von Politikern …, so trifft dies auf die vorliegende Sache nicht zu. … Der Gerichtshof ist … der Auffassung, dass … die Veröffentlichung der streitgegenständlichen Fotos und Artikel, die nur dem Zweck dienten, die Neugier eines bestimmten Publikums im Hinblick auf Einzelheiten aus dem Privatleben der Beschwerdeführerin zu befriedigen, trotz des Bekanntheitsgrads der Beschwerdeführerin nicht als Beitrag zu einer Debatte von allgemeinem gesellschaftlichen Interesse angesehen werden kann. … Unter diesen Voraussetzungen gebietet die freie Meinungsäußerung eine weniger weite Auslegung. … Außerdem hat die Öffentlichkeit dem Gerichtshof zufolge kein legitimes Interesse daran zu erfahren, wo die Beschwerdeführerin sich aufhält und wie sie sich allgemein in ihrem Privatleben verhält, selbst wenn sie sich an Orte begibt, die nicht immer als abgeschieden bezeichnet werden können, auch wenn sie eine bekannte Persönlichkeit ist. Und selbst wenn ein solches Interesse der Öffentlichkeit bestünde, ebenso wie ein kommerzielles Interesse der Zeitschriften an der Veröffentlichung von Fotos und Artikeln, so haben diese Interessen nach Auffassung des Gerichtshofs im vorliegenden Fall hinter dem Recht der Beschwerdeführerin am wirksamen Schutz ihres Privatlebens zurückzutreten."[315] **137**

Ferner kritisiert der EGMR die Figur der in der „absoluten" Person der Zeitgeschichte als nicht eindeutig unterscheidbar zur „relativen" Person der Zeitgeschichte, da bei dieser Unterscheidung der Einzelne nicht genau wisse, wann er sich in welchem Schutzbereich befinde. Das Kriterium der örtlichen Abgeschiedenheit sei zudem in der Praxis zu vage.[316] **138**

---

313 *OLG München* AfP 1991, 435 – Geheimagent.
314 *BVerfG* NJW 2000, 2194 – Flick-Tochter.
315 *EGMR* ZUM 2004, 651, 661 u. 662.
316 *EGMR* ZUM 2004, 651, 662.

139 Soweit der EGMR das Informationsrecht der Öffentlichkeit vor allem bei Aspekten des Privat-lebens von Personen des öffentlichen Lebens, insbesondere bei Politikern als gegeben ansieht, hat er dieses Recht seitdem weiter gestärkt. Nicht nur bekräftigte er, dass die Grenzen zulässi-ger Kritik bei Politikern oder der Regierung weiter gezogen seien als bei Privatpersonen; zur journalistischen Freiheit gehöre auch die Möglichkeit einer gewissen Übertreibung und sogar Provokation.[317]

140 Das Urteil hat Zuspruch und Kritik erfahren. Unabhängig vom **völligen Ausschluss der un-terhaltenden Presse** aus dem Schutzbereich der Pressefreiheit bleibt der Gerichtshof **jede Be-gründung dafür schuldig, warum es jenseits von Parlamentsdebatte, Pressekonferenzen von Regierungen und vergleichbaren Ereignissen nicht auch profanere Themen gibt, die Menschen interessieren können.**[318]

141 Das BVerfG stellte bereits mit einem Beschl. des 2. Senats vom 14.10.2004 in einer Familien-rechtssache das dogmatische Verhältnis zwischen Urteilen des EGMR und der Rspr. der Mit-gliedstaaten aus seiner Sicht klar.[319] Es gab den Instanzgerichten die folgende „Handreichung" mit:

142 „Solange im Rahmen geltender methodischer Standards Auslegungs- und Abwägungsspielräume eröffnet sind, trifft deutsche Gerichte die Pflicht, der konventionsgemäßen Auslegung den Vorrang zu geben. Etwas anderes gilt nur dann, wenn die Beachtung der Entscheidung des Gerichtshofes etwa wegen einer geänderten Tatsachenbasis gegen eindeutig entgegenstehendes Gesetzesrecht oder deutsche Verfassungsbestimmungen, namentlich auch gegen Grundrechte Dritter verstößt. „Berück-sichtigen" bedeutet, die Konventionsbestimmung in der Auslegung des Gerichtshofs zur Kenntnis zu nehmen und auf den Fall anzuwenden, soweit die Anwendung nicht gegen höherrangiges Recht, insbesondere gegen Verfassungsrecht verstößt. Die Konventionsbestimmung muss in der Auslegung des Gerichtshofs jedenfalls in die Entscheidungsfindung einbezogen werden, das Gericht muss sich zumindest gebührend mit ihr auseinandersetzen."

143 2 ½ Jahre danach ist zu konstatieren, dass die bundesdeutsche Gerichtsbarkeit den „Spagat" zwischen EGMR und BVerfG insoweit bewältigt hat, dass – unter Aufrechterhaltung des ge-samten dogmatischen Grundgerüsts – **die Privatsphäre in der einzelfallbezogenen Güterab-wägung ein größeres Gewicht erlangt hat.** So wird weiter betont – anders als beim Ansatz des EGMR – dass auch die Unterhaltungspresse am verfassungsrechtlichen Schutzbereich teil-

---

317 *EGMR* NJW 2000, 591.
318 *Grabenwarter* AfP 2004, 309,311.
319 Danach stehen die EMRK und ihre Zusatzprotokolle als völkerrechtliche Verträge, denen der Bun-desgesetzgeber mit förmlichen Gesetz gemäß Art. 59 Abs. 2 GG zugestimmt hat, innerhalb der deut-schen Rechtsordnung **im Range eines Bundesgesetzes.** Deutsche Gerichte haben die Konvention wie anderes Gesetzesrecht des Bundes im Rahmen methodisch vertretener Auslegung zu beachten und anzuwenden. Konventionstext und die Rechtsprechung des EGMR dienen auf der Ebene des Verfassungsrechts als Auslegungshilfen für die Bestimmung von Inhalt und Reichweite von Grund-rechten. Das Grundgesetz erstrebe zwar die Einführung Deutschlands in die Rechtsgemeinschaft, verzichte aber nicht auf die im letzten Wort der deutschen Verfassung liegende Souveränität. Inso-fern widerspreche es nicht dem Ziel der Völkerrechtsfreundlichkeit, **wenn der Gesetzgeber aus-nahmsweise das Völkervertragsrecht nicht beachtet, sofern nur auf diese Weise ein Verstoß gegen die tragenden Grundsätze der Verfassung** abzuwenden sei. Bei der **Berücksichtigung** von Entscheidungen des Gerichtshofs haben die staatlichen Organe die Auswirkungen auf die nationale Rechtsordnung **in ihre Rechtsanwendung einzubeziehen.** Dies gelte – teilt das *BVerfG* mit erkenn-barem Seitenblick zum Persönlichkeitsrecht mit – insbesondere dann, wenn es sich um ein in seinen Rechtsfolgen ausbalanciertes Teilsystem des innerstaatlichen Rechts handele, das verschiedene Grundrechtspositionen miteinander zum Ausgleich bringen wolle.

habe,[320] wenn auch bei der Abwägung zu berücksichtigen sei, ob mit der Veröffentlichung lediglich private Interessen zur Befriedigung der Neugier verfolgt würden.[321] Es bestehe auch – bei Beachtung der stets noch notwendigen Einzelfallprüfung – kein Anlass, den Begriff der „absolute Person der Zeitgeschichte" fallen zu lassen.[322] Allerdings wird auch bei solchen Personen von den Gerichten nun **in höherem Maße ein besonderes Informationsinteresse der Öffentlichkeit und ein Kontextbezug** zu einem ein solches Interesse auslösenden Ereignis verlangt, das z.B. nicht ausschließlich auf die Zugehörigkeit zu einer Herrscherfamilie gestützt werden kann.[323] Bereits bei der Auslegung des Tatbestandsmerkmals „aus dem Bereich der Zeitgeschichte" sei eine Abwägung der widerstreitenden Grundrechte erforderlich.[324] **Das Merkmal des Informationsinteresses der Öffentlichkeit rückt damit in zunehmendem Maße in den Mittelpunkt der Abwägung.**[325] Die Frage, ob die Instanzgerichte an die Rechtsprechung des BVerfG zur örtlichen Abgeschiedenheit als dessen tragende Gründe gebunden seien, ist zu Gunsten einer gelockerten Bindung zu beantworten.[326]

6. Strafrechtliche Folgen der Verletzung des Bildnisschutzes – §§ 201a StGB, 33 KUG

Mit § 201a StGB besteht seit dem 6.8.2004 ein eigener Straftatbestand bei Verletzung des höchst persönlichen Lebensbereichs durch Bildaufnahmen. Die Vorschrift ist im Einzelnen hoch umstritten.[327] § 201a Abs. 1 StGB schützt gegen das unbefugte Herstellen und Übertragen von Bildaufnahmen von Personen, die sich in einer Wohnung oder einem gegen Einblick besonders geschützten Raum befinden, falls dadurch der höchst persönliche Lebensbereich dieser Personen verletzt wird. Der Begriff des höchst persönlichen Lebensbereichs ist dabei dem StGB neu. Der Gesetzgeber wollte damit den Straftatbestand auf denjenigen Bereich privater Lebensgestaltung beschränken, in dem eine Abwägung zwischen dem Interesse der All-

144

---

320 *BVerfG* WRP 2006, 1365, 1368 – Anke S.; *BGH* AfP 2007, 121, 123; *KG Berlin* AfP 2004, 564 – Herbert Grönemeyer und Freundin; ZUM 2005, 561, 562 – Abbildung der Potsdamer Villa von Günter Jauch; *LG Berlin* AfP 2006, 394 – Hochzeit Günter Jauch.
321 *BVerfG* ZUM 2006, 632; WRP 2006, 1365, 1368 – Anke S.; *BGH* AfP 2007, 121, 123.
322 *BVerfG* ZUM 2006, 632; *KG Berlin* AfP 2004, 564, 565.
323 In der Abwägung ausreichendes Informationsinteresse bei: *BVerfG* AfP 2006, 354, 356 – schwerer Verkehrsverstoß von Ernst August von Hannover; *BGH* AfP 2007, 121, 123 – Caroline-Fotos im Urlaub während Erkrankung des regierenden Fürsten von Monaco im Kontext mit entsprechender Wortberichterstattung; *KG Berlin* AfP 2006, 309 – Fotos vom Einkaufsbummel einer langjährigen Ministerpräsidentin unmittelbar nach Ausscheiden aus dem Amt; *KG Berlin* AfP 2007, 376 – Fotos eines ehemaligen Bundesaußenministers bei einer Flughafenankunft vor Wahrnehmung einer Gastprofessur; *KG Berlin* AfP 2007, 376 – Bild einer RAF-Terroristin; *OLG Karlsruhe* ZUM 2006, 226 – Albert von Monaco (Frage männlicher Nachkommenschaft); nicht ausreichend bei: *BVerfG* GRUR 2006, 1365, 1370 – Anke S.; *BGH* GRUR 2005, 74, 75 – Fotos von Charlotte Casiraghi als Reiterin auf einem Reitturnier in Paris mit kontextneutralen Textpassagen; *BGH* NJW 2007, 1977 – Caroline im Winterurlaub; GRUR 2007, 899 – Herbert Grönemeyer und Freundin; GRUR 2007, 902 – Oliver Kahn; vgl. *OLG Frankfurt* GRUR 2006, 521; *KG Berlin* AfP 2004, 564 – Herbert Grönemeyer und Freundin; *OLG Hamburg* ZUM 2006, 875 – Oliver Kahn; *LG Berlin* AfP 2006, 394 – Hochzeit Günter Jauch.
324 *BGH* AfP 2007, 121, 123.
325 Vgl. *BGH* AfP 2007, 121, 124.
326 Bejahend: *OLG Hamburg* AfP 2006, 179, 180; 2006, 180, 181; ZUM 2006, 875, 876 – Oliver Kahn; für eine gelockerte Bindung im Hinblick auf die Völkerrechtsfreundlichkeit der Verfassung, *BGH* ZUM 2007, 470, 473; *KG Berlin* AfP 2004, 564, 565; AfP 2006, 369, 371.
327 *Sauren* ZUM 2005, 425; *Hesse* ZUM 2005, 432; *Obert/Gottschalk* ZUM 2005, 436; *Vogel* ZUM 2005, 449; *Hoppe* GRUR 2005, 990; *Flechsig* ZUM 2004, 605; *Wendt* AfP 2004, 181; *Kühl* AfP 2004, 190.

gemeinheit und dem Schutzinteresse des Einzelnen, wie sie bei einem Eingriff in die sonstigen persönlichen Lebensbereiche erforderlich ist, nicht stattfindet.[328] Dabei orientierte er sich an dem in der zivilrechtlichen Rspr. näher ausgeformten Begriff der Intimsphäre, mit dem er aber nicht identisch sein soll.[329] Die vom allgemeinen Persönlichkeitsrecht geschützte Privatsphäre fällt jedenfalls nicht unter dem Begriff des höchst persönlichen Lebensbereiches.[330] Die Bildaufnahmen müssen von Personen sein, die sich in einer Wohnung oder einen gegen Einblick besonders geschützten Raum befinden. Die Vorschrift will nur den „letzten Rückzugsbereich" des Einzelnen schützen. Damit unterfallen dem Begriff keine Räumlichkeiten, die einer beschränkten Öffentlichkeit zugänglich sind, wie etwa Geschäfts- oder Diensträume, Hotelhallen oder Flure.[331] Dagegen sind Toiletten, Umkleidekabinen oder ärztliche Behandlungszimmer geschützt. Als gegen Einblick besonders geschützter Raum soll nach der Gesetzesbegründung auch ein Garten fallen, sofern dieser durch eine hohe undurchdringliche Hecke, Zaun oder Mauer gegen Einblicke geschützt ist. Das Fotografieren eines Rechtsanwalts vom Nachbargrundstück, der in seiner Kanzlei hinter einem vorhanglosen Fenster stand, stellte keinen Verstoß dar. Die Kanzlei war weder Wohnung noch ein gegen Einblick besonders geschützter Raum.[332]

145 Verletzungshandlung ist das unbefugte Herstellen oder Übertragen von Bildaufnahmen. Mit Herstellung ist grds. jegliche Abbildungsvervielfältigung erfasst durch beliebige Bildträger, Bildaufnahmegeräte oder andere technische Mittel. Das Tatbestandsmerkmal des „Übertragens" ist unklar und wird weder durch Gesetz noch Gesetzbegründung definiert.

146 Nach § 201a Abs. 2 StGB wird ebenso bestraft, wer eine durch eine Tat nach Abs. 1 hergestellte Bildaufnahme gebraucht oder Dritten zugänglich macht. Damit sind der Gebrauch und die Weitergabe von Aufnahmen erfasst, die durch eine Tat nach Abs. 1 hergestellt wurde. § 201a Abs. 3 StGB bestraft das wissentlich unbefugte Weitergeben einer befugten Abbildung im Rückzugsbereich des Einzelnen, wenn dadurch dessen höchst persönlicher Lebensbereich verletzt wird. § 201a Abs. 4 i.V.m. § 74a StGB regelt die Möglichkeit, die verwendeten technischen Mittel einzuziehen.

147 § 201a StGB wurde als Antragsdelikt ausgestaltet und in § 205 StGB einbezogen. Der Einzelne, um dessen höchst persönlichen Lebensbereich es geht, soll selbst entscheiden können, ob er ein strafrechtliches Verfahren in Gang setzt oder nicht. Für den Strafantrag gelten die §§ 77, 77b, 206a, 260 Abs. 3 StPO. § 201a StGB ist jedoch kein Privatklagedelikt nach § 374 Abs. 1 StPO.

148 Die rechtspolitische Notwendigkeit des § 201a StGB war beim Gesetzgebungsverfahren heftig umstritten, stand doch mit § 33 KUG ein teils weiterer, teils engerer Straftatbestand zur Verfügung. Der Schutz des § 33 KUG ist zum einen weiter, weil nicht nur Bildnisse, die den höchst persönlichen Lebensbereich betreffen, erfasst werden, zum anderen enger, weil bloße Herstellung des Bildnisses nicht erfasst war.

149 Weder die Vorschrift des § 33 KUG noch die Vorschrift des § 201a StGB haben seit ihrer Einführung eine praktische Rolle gespielt.

---

328 BT-Drucks. 15/2466, 5, 1. Spalte.
329 Nach der Gesetzesbegründung sollten mit dem Begriff der Intimsphäre verbundene möglicherweise einher gehende Assoziationen auf die Bereiche Sexualität und Nacktheit vermieden werden; vgl. auch *Flechsig* ZUM 2004, 605, 607; *Olbert/Gottschalk* ZUM 2005, 436, 438 sprechen sich für eine eng an den Begriff der Intimsphäre orientierte Auslegung aus.
330 *Flechsig* ZUM 2004, 605, 610.
331 *Flechsig* ZUM 2004, 605, 610.
332 *OLG Karlsruhe* AfP 2006, 262, 263.

VI. Fotos von Sachen

Abbildungen von Sachen sind Bilder und unterfallen damit nicht dem Bildnisschutz nach § 22 **150** KUG. Als verletzte Rechte Dritter kommen insbesondere Persönlichkeits-, Eigentums-, Urheber-, Wettbewerbs-, Marken- und Hausrechte in Betracht. Eine Persönlichkeitsrechtsverletzung kann vorliegen, wenn die Verbreitung der Aufnahme eine Verletzung der Privat- oder sogar der Intimsphäre bedeutet.[333] Auch das Unternehmensrecht kann berührt sein, da sich ihre Sphäre auch auf die dem Hausrecht unterliegenden Bereiche erstreckt, z.B. wenn gegen den Willen des Berechtigten im räumlichen Bereich Film- und Fotoaufnahmen gefertigt werden.[334]

D. Die zivilrechtlichen Anspruchsgrundlagen

Die in der Praxis dominierenden Anspruchsgrundlagen sind der Unterlassungsanspruch, der **151** Geldentschädigungsanspruch und der Gegendarstellungsanspruch. Weitere wichtige Anspruchsgrundlagen sind Berichtigungs-, Schadenersatz- und Bereicherungsansprüche.

I. Der Unterlassungsanspruch

1. Voraussetzungen

Der aus § 1004 BGB entwickelte quasi-negatorische Unterlassungsanspruch ist ein **höchst** **152** **persönlicher Anspruch** und **nicht übertragbar**.

Der Unterlassungsanspruch setzt **Wiederholungs- oder Begehungsgefahr** voraus. Die im Be- **153** reich des Wettbewerbsrechts entwickelte Rechtsprechung, dass die Wiederholungsgefahr nach erfolgtem rechtswidrigen Eingriff grds. zu vermuten ist, kann auf das Presserecht in voller Schärfe übertragen werden.[335]

Wiederholungsgefahr besteht nicht, wenn die ursprüngliche Äußerung rechtmäßig erfolgte **154** (z.B. bei Verdachtsberichterstattung oder wegen Wahrnehmung berechtigter Interessen). Stellt sich nachträglich heraus, dass die Äußerung – das hypothetische Wissen um ihre Unzulässigkeit unterstellt – unzulässig gewesen wäre, so kann höchstens noch Begehungsgefahr bestehen. Diese muss jedoch konkret festgestellt werden.[336]

Erscheinen in einem Verlag mehrere Publikationen, besteht regelmäßig nur die Gefahr, dass **155** die konkrete Publikation die Behauptung wiederholen wird. Dies gilt jedenfalls dann, wenn die einzelnen Redaktionen der verschiedenen Publikationen voneinander getrennt sind. Der Tenor der Unterlassungsverpflichtungserklärung kann auf Unterlassen „in der X-Zeitung" be-

---

333 *OLG Brandenburg* NJW 1999, 3339 – Wessi-Kuckuck; Wiedergabe des Wohnhauses eines Prominenten in einem Fernsehbeitrag zulässig, wenn keine genaue Ortsbeschreibung, *OLG Hamburg* AfP 2006, 182; unzulässig im Fall der Angabe des Stadtteils, *OLG Hamburg* AfP 2005, 75; kein Eingriff, wenn Wohnverhältnisse lediglich so präsentiert werden, wie sie jeder Passant sehen kann, *LG Berlin* AfP 2004, 149; vgl. auch *LG Berlin* AfP 2004, 152; zu Luftbildaufnahmen von (Ferien-) Domizilen Prominenter vgl. *BGH* NJW 2004, 766.
334 *OLG München* AfP 1992, 78.
335 *OLG Frankfurt* NJW 2002, 1277, 1278; *OLG München* NJW-RR 2003, 111.
336 *BGH* NJW 1987, 2225, 2227 – Chemiegift.

schränkt werden. Andernfalls muss die Wiederholungsgefahr für die andere Publikation besonders belegt werden.[337]

156 Liegt die Wiederholungsgefahr einmal vor, besteht sie in der Regel solange fort, bis der Äußernde oder der Verbreiter eine ernsthafte, nicht abweichende **strafbewehrte Unterlassungs-
erklärung** abgegeben hat.[338] Ausnahmen können je nach Einzelfall bestehen. Die Wiederholungsgefahr bei Bildunterschriften kann z.b. durch Abgabe der Unterlassungserklärung für die
Fotos entfallen.[339] I.d.R. wird z.b. die Wiederholungsgefahr entfallen, wenn der Äußernde eine
Richtigstellung veröffentlicht hat.[340]

157 Auch wenn Meldungen von Behörden oder Nachrichtenagenturen veröffentlicht werden, die
von diesen anschließend öffentlich korrigiert werden, ist nicht ohne Hinzutreten besonderer
Umstände davon auszugehen, dass nach der Korrektur die Äußerungen wiederholt werden
bzw. Begehungsgefahr besteht.[341]

158 Eine Unterlassungs-Erklärung hat **grds. uneingeschränkt, bedingungslos und unwiderruf-
lich** zu erfolgen.[342] Zulässig ist jedoch die Bedingung, wonach das Versprechen nur für die
Dauer eines allgemein verbindlichen Verbots gilt, das auf Gesetz oder höchst richterlicher
Rechtsprechung oder einer bestimmten Verbotsrechtssprechung eines OLG beruhen kann.[343]
Bei Sachverhalten, in denen eine Tatsachenbehauptung nicht erweislich war oder unwahr ist,
aber z.B. die Sorgfaltspflicht verletzt wurde, ist es zulässig sich vorzubehalten, die fragliche
Äußerung zu wiederholen, falls sich herausstellt, dass der angenommene Sachverhalt sich im
Zuge eines konkreten, bereits anhängigen Gerichtsverfahrens als wahr erweist.

159 Mit der korrekten Unterlassungs-Erklärung erlischt der materiellrechtliche Anspruch. Die Erklärung selbst ist ein abstraktes Schuldanerkenntnis, das die erloschene gesetzliche Unterlas-
sungsschuld durch eine vertragliche Unterlassungsverpflichtung ersetzt.[344] Durch die Annahme der Unterlassungserklärung kommt ein Vertrag im Sinne von § 311 BGB zustande. In
der Praxis wird häufig auf den Zugang der Annahmeerklärung verzichtet. Dies ist jedenfalls
dann der Fall, wenn die Erklärung vom Geforderten nicht oder nicht wesentlich abweicht.[345]

160 Die Konventionalstrafe muss angemessen sein. In äußerungsrechtlichen Angelegenheiten ist
regelmäßig ein Wert über 5.000 € absolut üblich. Häufig wird der sog. „Hamburger Brauch"
gepflegt, nach der dem Verletzten eingeräumt wird, die **Höhe der Vertragsstrafe** bestimmen
zu lassen, was nach § 315 BGB im Zweifel nach beliebigem Ermessen zu geschehen hat, um
die Bestimmung dann einer gerichtlichen Überprüfung zuführen lassen zu können.[346]

---

337 *OLG Hamburg* ArchPR 1975, 111, 112; *OLG München* AfP 1983, 276, 278; a.A. *Burkhardt* in
     Wenzel, § 12 Rn 17.
338 *OLG München* AfP 2004, 60.
339 *OLG Frankfurt* AfP 2006, 74.
340 *OLG Karlsruhe* AfP 1989, 572; *OLG Köln* WRP 1983, 226, 229; AfP 1989, 764; 1993, 744; a.A.
     OLG Hamburg v. 5.11.2002 – 7 U 40/02 – Schröders Haare; *KG Berlin* AfP 2005, 78.
341 Vgl. *LG Oldenburg* AfP 1988, 79.
342 *BGH* NJW 1996, 723; vgl. auch *OLG Hamburg* AfP 2003: Auf Verbreiten beschränkte Erklärung
     räumt nicht Wiederholungsgefahr für Unterlassen aus.
343 *BGH* NJW-RR 1993, 1000 – Bedingte Unterwerfung; 1997, 1706 – Altunterwerfung II.
344 *BGH* NJW 1998, 2439, 2440 – Altunterwerfung III. Infolgedessen bedarf die Erklärung der Schrift-
     form des § 780 BGB mit Ausnahme § 350 HGB.
345 Vgl. *BGH* NJW-RR 2002, 1613 – Teilunterwerfung.
346 Vgl. *BGH* GRUR 1978, 192 – Hamburger Brauch.

Wird gegen eine abgegebene Unterlassungserklärung verstoßen, so entsteht erneute Wiederho- **161** lungsgefahr. Außer der Konventionalstrafe kann die Übernahme der Verpflichtung zur Zahlung einer (erheblich) höheren Vertragsstrafe gefordert werden. Ob statt dessen das Rechtschutzbedürfnis für eine neue Unterlassungsklage bestünde – soweit die Erklärung nicht unter einer auflösenden Bedingung abgeschossen, aufgehoben oder angefochten wurde –, ist strittig.[347]

Der Vertrag über die Unterlassungs-Erklärung kann grds. nur durch **Kündigung aus wichti-** **162** **gem Grund** aus der Welt geschafft werden.[348] Die Kündigung wirkt lediglich ex nunc. Bis zur Wirksamkeit der Kündigung besteht die Vertragsstrafenverpflichtung fort.[349] Auf die Kündigung findet § 626 Abs. 2 S. 1 BGB keine Anwendung.[350] Die Frist ist großzügig zu bemessen.[351] Ein Wegfall der Geschäftsgrundlage ist nur bei Änderung der Gesetzeslage oder der höchstrichterlichen Rspr. denkbar.[352]

Droht eine Rechtsverletzung, so kann ein Unterlassungsanspruch wegen Begehungsgefahr ent- **163** stehen. In diesem Fall besteht Gelegenheit zur **vorbeugenden Unterlassungsklage**. Eine bloße Recherche begründet für sich betrachtet noch keine Begehungsgefahr.[353] Auch die Nachfrage nach der Identität eines Beschuldigten bei Gericht begründet noch nicht den Verdacht, dass die Identität auch tatsächlich in der Veröffentlichung aufgedeckt wird.[354] Liegt dem Verletzten ein fertig formulierter Art. vor, wird die Begehungsgefahr zu bejahen sein; bei Vorfassungen ist das zweifelhaft. Kann ein Manuskript nicht vorgelegt werden, muss der tatsächliche Inhalt der vermuteten Äußerung glaubhaft gemacht werden. Dies ist in aller Regel nicht möglich, weil sich die Unterlassung in aller Regel gerade im Äußerungsrecht auf eine konkrete Äußerung im Gesamtkontext zu beziehen hat. Filmaufnahmen von Fernsehjournalisten begründen in der Regel noch keine Begehungsgefahr. Der konkrete Beitrag kann vor journalistischer Ausarbeitung und Schnitt der Sendung noch nicht bewertet werden.[355]

2. Anspruchsberechtigte

Anspruchsberechtigter ist derjenige, dessen rechtliche Sphäre verletzt oder bedroht wurde. **164** Individuelle Betroffenheit setzt Erkennbarkeit voraus. Mittelbare Verletzung reicht nicht aus. Sind mehrere Personen betroffen, so steht jedem selbständig ein Anspruch zu.

---

347 Vgl. *OLG Düsseldorf* WRP 1970, 71, 72; *OLG Hamburg* GRUR 1974, 108, 109; *OLG Köln* AfP 1987, 436.
348 Vgl. *Gottschalk* GRUR 2004, 827.
349 *BGH* NJW 1997, 1702 – Altunterwerfung I.
350 *BGH* NJW 1997, 1706 – Altunterwerfung II.
351 *Burkhardt* in Wenzel, § 12 Rn. 33; „angemessene Frist" *LG Berlin* AfP 2003, 369.
352 *LG Berlin* AfP 2003, 369.
353 *OLG Frankfurt* AfP 2003, 63; *OLG Hamburg* AfP 2000, 188; 1992, 279.
354 *OLG Frankfurt* AfP 2003, 63; wohl aber die konkrete Aussage eines Journalisten, er werde ein bestimmtes Foto oder konkrete Daten über den Lebenslauf eines Betroffenen veröffentlichen, *LG Köln* AfP 2003, 173.
355 Vgl. *BGH* NJW 1998, 2141; vgl. *OLG Hamburg* ZUM 2000, 163; vgl. auch *LG Stuttgart* AfP 2003, 471; unrichtig deshalb *OLG München* AfP 1992, 78, 80 (Filmaufnahmen in Kanzleiräumen eines Rechtsanwalts gegen dessen ausdrücklich erklärtem Willen).

Schulenberg

3. Anspruchsverpflichtete

165 Anspruchsverpflichtet ist jeder Störer, mithin jeder, der willentlich und adäquat kausal an der Beeinträchtigung mitgewirkt hat.[356] Hinsichtlich der Verbreitung ist die Haftung eingeschränkt.[357] Passiv legitimiert sind insbesondere der Autor, der Verleger, mithin also der Verlag, in dem eine Druckschrift erscheint bzw. eine Rundfunkanstalt, die die Ausstrahlung einer Sendung ermöglicht. Der Herausgeber, dessen Aufgabe in der Regel auf die Überwachung der Tendenz einer Zeitung und die geistige Oberleitung der Veröffentlichung von Beiträgen gerichtet ist,[358] haftet in der Regel nicht. Ausnahmen bestehen nur dann, wenn er an dem angegriffenen Beitrag konkret in irgendeiner Weise mitgewirkt hat. Inwieweit der Chefredakteur für nicht von ihm selbst redigierte Beiträge haftet, richtet sich nach den ihm vom Verleger zugewiesenen Aufgaben und danach, wie detailliert das Arbeitsgebiet der Ressort-Redakteure abgegrenzt ist.[359] Hat der Chefredakteur im Wesentlichen nur zu koordinieren, so scheidet eine zivilrechtliche Verantwortlichkeit aus. Der „verantwortliche Redakteur" ist als solcher „verantwortlich" durch die Benennung im Impressum. Diese dient der Durchsetzung des staatlichen Strafanspruchs, besagt nichts über die tatsächliche Funktion in Bezug auf die Inhaltsprüfung. Sind solche Pflichten jedoch tatsächlich übertragen worden, haftet er auch zivilrechtlich.[360]

166 Bei mehreren Störern steht dem Verletzten ein selbständiger Anspruch gegen jeden Störer zu.

4. Prozessuale Besonderheiten des Unterlassungsanspruchs

167 Grds. betrifft der Anspruch **nur die konkrete Verletzungshandlung**.[361] Auch muss zwischen Behaupten und Verbreiten unterschieden werden. Häufig verwendet wird die Formulierung „behaupten und/oder behaupten lassen und/oder verbreiten und/oder verbreiten lassen".[362]

168 Bei verdeckten Behauptungen empfiehlt sich im Tenor die Wiedergabe der die verdeckte Behauptung auslösenden Textpassagen zusammen mit einer Darstellung des entstehenden **Eindrucks**[363] („… soweit dadurch der Eindruck entsteht, dass …") oder mit einem klarstellenden Zusatz (z.B. „… ohne zugleich darzustellen, dass …").

169 In Ausnahmefällen kommt auch das Gesamtverbot einer Äußerung in Betracht, z.B. wenn die konkrete Verletzungsform mit zulässigen Teilen der Darstellung so verbunden ist, dass diese Teile ohne Veränderung des Sinnzusammenhangs oder der Gesamtstruktur nicht voneinander getrennt werden können oder wenn der Sinn des Gemeinten sich erst aus dem Zusammenhang ergibt, die Einzelteile aber für sich rechtlich unangreifbar sind. Ein Gesamtverbot bei Verletzung der Privatsphäre kommt jedoch dann nicht in Betracht, wenn es denkbare Fälle gibt, in denen in Zukunft berichtet werden kann, nur zum jetzigen Zeitpunkt im streitgegenständlichen Kontext möglicherweise nicht.[364]

---

356 *BGH* NJW 1997, 2180; AfP 1998, 624 – Möbelklassiker.
357 Vgl. auch für die Haftung eines deutschen Vertreibers einer im Ausland verlegten Zeitschrift *OLG München* AfP 2001, 140.
358 *OLG Celle* AfP 1992, 295.
359 *BGH* NJW 1979, 1041 – Ex-Direktor.
360 *BGH* NJW 1977, 626/627 – konkret; *OLG Düsseldorf* NJW 1980, 599; *OLG Köln* NJW 1987, 1418.
361 Unzulässig z.B. der Antrag, „Bilder aus dem privaten Alltag" nicht mehr zu verbreiten, *KG Berlin* AfP 2006, 479.
362 Zum Verbreiten und Verbreiten lassen s. *OLG Koblenz* WRP 1984, 105, 107.
363 Vgl. auch *OLG Karlsruhe* AfP 2006, 72.
364 Etwa wenn untersagt werden soll, insgesamt über die Liebesbeziehung eines Prominenten zu schreiben, wenn es in Zukunft Fälle geben kann, in denen die Aufdeckung dieser Liebesbeziehung von einem die Privatsphäre überlagerten öffentlichen Informationsinteresse gedeckt sein kann; vgl. auch *KG Berlin* AfP 2006, 479.

Nach h.M. ist auch in Presserechtssachen grds. eine vorherige **Abmahnung** erforderlich. Die **170** Dauer der zu setzenden Frist bestimmt sich nach den Umständen des Einzelfalls. Ist sie zu kurz bemessen, setzt die Abmahnung eine angemessene Frist in Lauf. Eine ordnungsgemäße Abmahnung setzt einen eindeutig gekennzeichneten Streitgegenstand, die Fristsetzung und die – gegebenenfalls auch konkludent erfolgende – Androhung gerichtlicher Schritte voraus. In Ausnahmefällen kann sie entbehrlich sein, wenn konkrete Anhaltspunkte dafür bestehen, dass der Abgemahnte sich nicht unterwerfen wird. Verstreicht die gesetzte Abmahnungsfrist fruchtlos, löst ein Anerkenntnis im Prozess nicht mehr die Kostenfolgen des § 93 ZPO aus.

Grds. ist der **Zivilrechtsweg** gegeben. Dies gilt auch bei Vorgehen gegen öffentlich-rechtliche **171** Rundfunkanstalten und bei Streitigkeiten wegen gerichtlicher und staatsanwaltlicher Presseerklärungen.[365] Allerdings ist bei Äußerungen von Beamten im Rahmen hoheitlicher Tätigkeit der Verwaltungsrechtsweg nach § 40 Abs. 2 VwGO gegeben.[366]

Die **örtliche Zuständigkeit** bei Unterlassungsansprüchen aus unerlaubter Handlung bestimmt **172** sich nach dem allgemeinen Gerichtsstand des Beklagten im Sinne von §§ 13, 16 ZPO sowie nach dem Gerichtsstand des § 32 ZPO. Bei Druckschriften besteht ein sog. **fliegender Gerichtsstand**, d.h., der Gerichtsstand bemisst sich nach dem Begehungsort, an dem die Druckschrift erscheint, und nach den Orten, an denen sie verbreitet wird. Der örtliche Gerichtsstand bei Hörfunk- und Fernsehsendungen wird durch die Empfangsmöglichkeit an einem betreffenden Ort bestimmt. Internetangebote können an einen örtlichen Gerichtsstand der unerlaubten Handlung überall dort begründen, wo das Internetangebot bestimmungsgemäß abrufbar ist,[367] und zwar unabhängig vom Stand des Servers.[368] Bei vorbeugenden Unterlassungsklagen ist hypothetisch zu fragen, wo die Äußerung üblicherweise verbreitet, empfangen oder abrufbar wäre.

Einstweilige Verfügungen sind nach § 137 ZPO beim **Gericht der Hauptsache** zu beantra- **173** gen, mithin bei jedem Gericht, an dem die Hauptsacheklage erhoben werden kann. Wird ein einstweiliges Verfügungsverfahren eingeleitet, so kann infolge des fortbestehenden Wahlrechts aus § 35 ZPO die Hauptsacheklage auch an einem anderen örtlichen Gerichtsstand nach h.M. anhängig gemacht werden.[369] Die **sachliche Zuständigkeit** bemisst sich – auch bei nicht vermögensrechtlichen Streitigkeiten – nach § 23 Nr. 1 GVG daran, ob der Streitwert 5.000 € übersteigt. Einzelne zur Unterlassung gestellte Äußerungen sind jeweils getrennt zu beurteilen, es sei denn, sie betreffen im Kern denselben Gegenstand. Bei der **Dringlichkeit** kann keine starre 1-Monats-Frist angenommen werden.[370]

Gem. § 543 ZPO bedarf die **Revision** gegen ein Berufungsurteil der Zulassung. Ansonsten **174** muss Nichtzulassungsbeschwerde eingelegt werden.

Die **Vollstreckung** aus einem Unterlassungsurteil erfolgt nach § 890 ZPO und setzt Verschul- **175** den voraus. Die zur Kerntheorie entwickelten Grundsätze sind bei der Frage, ob eine Wiederholung vorliegt, heranzuziehen. Bei der Auslegung sind Tatbestand und Urteilsgründe heranzuziehen. Wird ein Unterlassungstenor von Medien nur aus Referenzgründen wiederholt, liegt darin kein eigenständiger Verstoß gegen das Unterlassungsurteil.[371]

---

365 *OLG Karlsruhe* AfP 2006, 264; *OLG Düsseldorf* NJW 2005, 1791.
366 Vgl. *BGH* NJW 1978, 1860.
367 *KG* NJW 1997, 3321.
368 *BGH* NJW 2001, 624 – Auschwitz-Lüge im Internet; zur Zuständigkeit deutscher Gerichte bei Vorgehen gegen einen österreichischen Internetanbieter vgl. *KG Berlin* AfP 2006, 258.
369 *Burkhardt* in Wenzel, § 12 Rn. 126.
370 *OLG Brandenburg* NJW 1996, 660.
371 *OLG Frankfurt* NJW-RR 2001, 187; *OLG München* AfP 2001, 322.

II. Der Berichtigungsanspruch

176 Der Berichtigungsanspruch ist von der Rspr. als abgestuftes Instrumentarium ausgestaltet worden. Beim Berechtigungsanspruch handelt es sich um einen aus analoger Anwendung des § 1004 BGB in Verbindung mit einem verwirklichten Deliktstatbestand entwickelten Anspruch,[372] der – soweit er nicht auf einen förmlichen Widerruf gerichtet ist – in seiner Ausgestaltung als vom Deliktsrecht fortentwickelter Folgenbeseitigungsanspruch vom Nachweis des rechtswidrigen und schuldhaften Verhaltens des Störers befreit ist.[373] Auch aus diesem Grunde sind die verschiedenen Formen des Berichtigungsanspruches, bei denen auch nicht immer eine einheitliche Terminologie gepflegt wird, voneinander abzugrenzen:

1. Abgrenzung

1.1 Widerruf

177 Ein Widerrufsanspruch steht dem Betroffenen bei **nachgewiesener Unwahrheit einer rechtswidrigen und schuldhaften Behauptung** zu, wenn ein solcher Widerruf zur Beseitigung eines fortwirkenden Störungszustandes **erforderlich** ist.[374] Die Darlegungslast für die Unwahrheit trifft grds. den Anspruchsteller.[375] Ein einfacher Widerruf lautet etwa wie folgt: „Die Behauptung, … , widerrufe ich hiermit als unwahr oder unrichtig.". Oder: „In der X-Zeitung haben wir am … die Behauptung aufgestellt, … . Diese Behauptung widerrufen wir als unwahr.". U.U. kann ein qualifizierter Widerruf gefordert werden, z.B. wenn die bloße Negation der Behauptung Fragen offen lässt oder irreführen kann. Denkbar ist dann z.B. ein Zusatz oder eine Klarstellung etwa wie folgt: „… Tatsächlich verhält es sich so und so."

1.2 Richtigstellung, Nichtaufrechterhaltung, berichtigende oder nachträgliche Ergänzung

178 Eine **Richtigstellung** kommt als milderes Mittel dann in Betracht, wenn die strengere Form des Widerrufs auf eine Demütigung des Anspruchsverpflichteten hinauslaufen würde.[376]

179 Eine Richtigstellung kann etwa wie folgt lauten: „In der X-Zeitung hatten wir am … mitgeteilt, dass … Hierzu stellen wir richtig, dass nicht Y dafür verantwortlich war, sondern Z dieses oder jenes tat."

180 Für die Formulierung **verbietet sich jede schematische Betrachtung**. Eine Richtigstellung ist von der Rspr. z.B. für angemessen erachtet worden, wenn eine Äußerung nicht insgesamt unwahr war, sondern nur bezüglich eines Teilaspektes, der klargestellt oder „richtig gestellt" werden kann,[377] oder wenn ein falscher Anschein entsteht oder wenn die Erstmitteilung missverständlich ist oder zu einer versteckten Behauptung führt[378] oder bei Namensverwechslungen.

---

372 Vgl. *BVerfG* NJW 1998, 1381; 1999, 1322, 1324 – Helnwein.
373 *BVerfG* NJW 1998, 1381, 1383; 1999, 1322, 1324 – Helnwein; *BGH* AfP 2000, 167, 169.
374 Vgl. *BVerfG* NJW 1999, 1322, 1324 – Helnwein; *BGH* AfP 2000, 167, 169 – Namensnennung.
375 *LG Berlin* AfP 2004, 154.
376 *BGHZ* 31, 308, 318 – Alte Herren; *BGH* NJW 1972, 431 – Freispruch.
377 Vgl. *BGH* NJW 1982, 2246 – Illegalitätsvorwurf; AfP 1987, 502, 503 – Insiderwissen; es darf dann durch die Richtigstellung nicht der Eindruck erweckt werden, das behauptete Ereignis habe überhaupt nicht stattgefunden, *OLG Hamburg* AfP 2006, 77.
378 *Gamer* in Wenzel, § 3 Rn. 65.

Ein **Nichtaufrechterhaltungs-Anspruch** ist vor allen Dingen für die Fälle gedacht, in denen **181** der Nachweis der Unwahrheit nicht erbracht werden kann, wohl aber eine hohe Wahrscheinlichkeit dafür besteht, dass ernstliche Anhaltspunkte für die Wahrheit nicht bestehen können.[379] Zweifel gehen grds. zu Lasten des Klägers.[380]

Eine **berichtigende Ergänzung** kommt in Betracht, wenn durch fehlerhafte Auswahl oder **182** Weglassung von Tatsachen ein falsches oder zumindest verzerrtes Bild entstanden ist. Ein solch berichtigender Ergänzungsanspruch kann etwa folgenden Wortlaut haben: „Zum Bericht in der X-Zeitung vom … und der darin getroffenen Aussage, dass …, ist ergänzend darauf hinzuweisen, dass …"

Einen Anspruch auf **nachträgliche Ergänzung** ist von der Rspr. nur bei der Fallgruppe anerkannt, dass im Anschluss an eine zutreffende Berichterstattung über eine strafgerichtliche Verurteilung (z.B. in erster Instanz) sich ein späterer Freispruch anschließt.[381] **183**

Ansprüche auf Richtigstellung, Nichtaufrechterhaltung oder Ergänzung erfolgen nicht auf deliktsrechtlicher Grundlage, sondern stellen verschuldensunabhängige Folgenbeseitigungsansprüche dar. **184**

2. Voraussetzungen des Berichtigungsanspruchs

Der Anspruch zielt auf die Beseitigung einer fortwährenden Rufbeeinträchtigung. Gegenüber **185** Unterlassungsansprüchen stellt der Widerruf damit sowohl ein Mehr als auch ein „Aliud" dar. Ein Berichtigungsanspruch gleich welcher Abstufung besteht **nur bei Tatsachenbehauptungen**.[382]

Es ist höchst strittig, ob Berichtigungsansprüche – unterhalb der Ebene des Rechtswidrigkeit **186** voraussetzenden Widerrufs – auch dann in Frage kommen, wenn eine rechtmäßig aufgestellte Behauptung nicht aus der Welt geschafft wird, obwohl sie sich inzwischen als unwahr herausgestellt hat und die Beeinträchtigung fortwirken kann. Der BGH[383] und das BVerfG[384] haben dies in Einzelfällen als möglich angesehen.

Ein Berichtigungsanspruch gleich welcher Form besteht jedoch nur, wenn er zur Beseitigung **187** der fortdauernden Rufbeeinträchtigung des Betroffenen notwendig ist.[385] Er ist deshalb von einer **Abwägung im Einzelfall** zwischen dem Interesse des Betroffenen einerseits und dem Interesse des Mitteilenden andererseits, seine einmal geäußerte Behauptung nicht zurücknehmen zu müssen,[386] abhängig. Diese kann z.B. zu Lasten des Anspruchs verlaufen, wenn eine bloße Übertreibung vorliegt, der Kern der Behauptung jedoch zutrifft, wenn es dem Betroffenen nur darum geht, sich rechtliche Vorteile in Bezug auf andere rechtliche Beziehungen oder innerhalb einer gerichtlichen Auseinandersetzung zu verschaffen,[387] wenn der Störer seinerseits

---

379 Vgl. *BGHZ* 37, 187, 190 – Eheversprechen; *BGH* NJW 1960, 672 – La chatte.
380 *BGH* NJW 1976, 1198 – Panorama.
381 *BVerfG* AfP 1997, 619; *BGH* NJW 1972, 431 – Freispruch.
382 Vgl. *BGH* NJW 1976, 1198 – Panorama; 1982, 2246 – Illegalitätsvorwurf.
383 Vgl. *BGH* NJW 1966, 647, 649 – Reichstagsbrand.
384 *BVerfG* NJW 1999, 1322, 1324 – Helnwein.
385 *BVerfG* NJW 1998, 1381; *BGH* NJW 1965, 35 – Lüftungsfirma; AfP 1984, 33 – Kleiner Kreis; *OLG Hamburg* AfP 2006, 77.
386 *BGH* NJW 1970, 557, 558 – Remington.
387 Vgl. *BGHZ* 31, 308 – Alte Herren.

provoziert wurde[388] oder wenn die Wirkung der Äußerung durch Zeitablauf verblasst wird und damit keine fortwirkende Quelle gegenwärtiger Rufbeeinträchtigung mehr ist. Allerdings hat in einem Einzelfall der BGH sogar nach mehr als 2 Jahren einen Anspruch bejaht.[389]

188   Der Anspruch kann auch entfallen, wenn das Medium die Darstellung bereits von sich aus berichtigt oder widerrufen hat. Ob diese **freiwillige Berichtigung** ausreicht, hängt vom Einzelfall ab.[390] Sie muss eindeutig sein. Die Mitteilung zusätzlicher Fakten ist unschädlich, wenn sie die Wirkung der Berichtigung nicht relativiert, sondern lediglich den Sachverhalt ergänzt. Außerdem muss die „Waffengleichheit" insofern gewahrt sein, als die freiwillige Berichtigung in vergleichbarer Form und an vergleichbarer Stelle veröffentlicht wird wie die Erstmitteilung. Eine gleichsam „weggedrückte" Berichtigung reicht nicht aus.[391] Auch muss der gleiche Adressatenkreis durch die Art und Weise der Verbreitung der Berichtigung erreicht werden.[392] Der Anspruch wird auch nicht durch eine erwirkte Gegendarstellung ausgeschlossen.[393]

189   Auch bei **Bildnissen** kommen Berichtigungsansprüche in Betracht, z.B. bei Fotomontagen oder Retuschen, die zu einer Rechtsverletzung führen. Der Anspruch besteht dann in der Regel in der Wiedergabe des richtigen Bildnisses zusammen mit einem erläuternden Berichtigungstext. Ein Anspruch kann auch dann bestehen, wenn die Rechtsverletzung gerade aus der Kombination von Bild und Text entsteht in der Form, dass eine Neuveröffentlichung des Bildes zusammen mit verbaler Berichtigung erfolgt.

3. Anspruchsberechtigte und -verpflichtete

190   Für die Aktivlegitimation gilt grds. das Gleiche wie beim Unterlassungsanspruch.[394] Bei mehreren Betroffenen hat aber nicht unbedingt jeder Einzelne Ansprüche. Grds. muss der Berichtigungsanspruch dann nur einmal erfüllt werden.

4. Probleme der Durchsetzung des Berichtigungsanspruchs

191   Die Berichtigung darf keine Irreführung enthalten. Der Kläger muss die Berichtigung **vorformulieren**.

192   Eine Berichtigung kann **grds. nur im Hauptsacheverfahren** verlangt werden.[395] Die Durchsetzbarkeit ist grds. vom Eintritt der Rechtskraft unabhängig. Ausnahmen sind im Falle des § 712 ZPO möglich,[396] mithin, wenn die Vollziehung dem Schuldner einen nicht zu ersetzen-

---

388   *BGH* AfP 1992, 361, 363 – Plagiatsvorwurf II.
389   *BGH* NJW 1995, 861, 863 – Caroline von Monaco I; vgl. auch *BGH* AfP 2004, 124, 125 – Udo Jürgens/Caroline.
390   *BGH* GRUR 1982, 318 – Schwarzer Filz; vgl. *OLG Düsseldorf* AfP 1997, 711.
391   Gleicher Teil eines Druckwerkes und gleiche Schrift ist nicht zwingend, *OLG Düsseldorf* AfP 1997, 711; für einen Widerruf auf der Titelseite einer Zeitschrift vgl. *BGH* NJW 1995, 861 – Caroline von Monaco.
392   *OLG Hamburg* AfP 1995, 515.
393   *LG Nürnberg-Fürth* AfP 1983, 420. Etwas anderes mag der Fall sein, wenn die Gegendarstellung wiederum von einer freiwilligen Berichtigung begleitet wird.
394   Für Behörden s. aber *LG Hamburg* AfP 2002, 450.
395   *OLG Celle* BB 1964, 910; *OLG Bremen* AfP 1979, 355; *OLG Köln* AfP 1981, 358. Für die Durchsetzung der Abgabe einer vorläufigen Erklärung im e.V.-Verfahren die folgenden Einzelfälle: *OLG Hamburg* AfP 1971, 35; *OLG Köln* AfP 1972, 331; *OLG Frankfurt* GRUR 1993, 694; in der Praxis werden e.V.-Verfahren in aller Regel nicht zum Erfolg führen.
396   Vgl. auch *BGH* GRUR 1991, 159. Zu beachten ist dabei § 714 ZPO.

den Nachteil bringen würde. Zudem ist der Schuldner durch den Ersatzanspruch nach § 717 Abs. 2 ZPO geschützt.

III. Der Bereicherungsanspruch

Ein Bereicherungsanspruch aus Eingriffskondition ist anerkannt für eine persönlichkeits-rechtsverletzende Verwendung eines Bildnisses oder eines Namens oder sonstiger Persönlich-keitsrechtsmerkmale **zu Zwecken der Werbung**.[397] Es kommt nicht darauf an, ob das Vermö-gen des Betroffenen in irgendeiner Weise durch die persönlichkeitsrechtsverletzende Ausnut-zung zu Werbezwecken gemindert ist, etwa dass er – hypothetisch – für die Anfertigung des Bildnisses hätte Zeit aufwenden müssen oder das betroffene Persönlichkeitsrecht überhaupt hätte wirtschaftlich nutzen können, auch nicht auf der Bereitschaft des Betroffenen, über das betroffene Persönlichkeitsgut gegen Entgelt zu Werbezwecken überhaupt zu verfügen.[398]   **193**

Der Bereicherungsanspruch kann neben einem Unterlassungsanspruch geltend gemacht werden.[399]   **194**

Der Höhe nach ist dem Verletzten zumindest die **Lizenzgebühr** zu zahlen, die bei ordnungs-gemäßem Rechtserwerb aufzuwenden gewesen wäre.[400] Bei der Bemessung des angemesse-nen Honorars sind alle Umstände des konkreten Einzelfalles zu berücksichtigen, wie etwa Auf-lagenstärke, Verbreitung, Art (z.B. Blickfang oder sogar Testimonial) und Gestaltung sowie die Werbewirkung (z.B. Bekanntheitsgrad, Sympathiewert).[401] Die Lizenzhöhe ist dem Sachver-ständigenbeweis zugänglich,[402] kann aber auch gem. § 287 ZPO vom Gericht in freier Beweis-würdigung ermittelt werden.[403]   **195**

Der Bereicherungsanspruch endet mit dem Tod des Verletzten.[404] Besteht der Bereicherungs-anspruch dem Grunde nach, steht dem Verletzten als Hilfsanspruch ein Auskunftsanspruch zur Verfügung.[405]   **196**

IV. Schadensersatz

Das Verschulden ist in der Regel durch die rechtswidrige Verletzung des haftungsbegründen-den Tatbestandes indiziert. Bei offenen Tatbeständen wie dem Persönlichkeitsrecht ist dagegen die **positive Feststellung der Rechtswidrigkeit** notwendig.   **197**

Die – praktisch sehr relevante – **Kausalität** wird auf der Grundlage der Adäquanztheorie er-mittelt.[406] Der Ersatz von Schäden, die nicht wegen, sondern nur gelegentlich einer rechtswid-rigen Berichterstattung entstanden sind, können unter Umständen verfassungsrechtlich be-   **198**

---

397 *BGH* NJW 1956, 1554 – Paul Dahlke; 2000, 2201 – Der blaue Engel; *LG München I* AfP 2001, 420.
398 *OLG München* NJW-RR 1996, 539; *LG Hamburg* ZUM 2007, 156, 157 – Joschka Fischer; a.A. *OLG Hamburg* NJW-RR 1999, 1204; *LG Saarbrücken* NJW-RR 2000, 1571.
399 *BGH* NJW 1979, 2205, 2206 – Fußballtor.
400 *BGH* NJW 1992, 2084; *OLG München* AfP 2003 – Lizenzgebühr für „Blauer Engel"; *OLG Ham-burg* AfP 2007, 371, 373; vgl. auch *LG Berlin* AfP 2004, 455; *LG Hamburg* ZUM 2007, 156 – Joschka Fischer.
401 *BGH* NJW 1992, 2085, 2085; *LG München* AfP 2006, 382 – Boris Becker II; *LG Hamburg* ZUM 2007, 156 – Joschka Fischer.
402 *LG München* AfP 2006, 382 – Boris Becker II.
403 *OLG Hamburg* AfP 2007, 371, 373; *LG Hamburg* ZUM 2007, 156, 157 – Joschka Fischer.
404 *Burkhardt* in Wenzel, § 14 Rn 17; a.A. *von Strobl-Albeg* in Wenzel, § 9 Rn. 17.
405 Vgl. *BGH* NJW 2000, 2195 – Marlene Dietrich.
406 Vgl. *BGHZ* 3, 261, 267; 7, 205.

denklich sein, wenn wegen der Beeinträchtigung des Mutes zur Kommunikation die Pressefreiheit unverhältnismäßig eingeschränkt würde.[407] Verletzen mehrere Medien durch gleiche oder ähnliche Darstellung das in Frage stehende Recht des Verletzten, sollen sie als getrennt Schäden Verursachende auch getrennt haften.[408]

199   Die Berechnung des Schadens folgt der Differenzlehre. Beim Eingriff in das Unternehmensrecht kann auch auf entgangenen Gewinn nach § 252 BGB geklagt werden. Es ist zu ermitteln, wie sich der Umsatz ohne die Veröffentlichung entwickelt hätte. Anhand des Umsatzes ist der hypothetische Gewinn zu berechnen, dessen Differenz zum tatsächlich erzielten dann den Schadensbetrag wiedergibt. Das Gericht kann zur Berechnung nach § 287 ZPO vorgehen. Als Schadensersatz kommt auch der Ersatz schadensmindernder Aufwendungen in Betracht,[409] sofern diese erforderlich sind[410] (§ 249 Abs. 2 S. 1 BGB).

Aktiv- und Passivlegitimation entspricht dem zum Unterlassungsanspruch Gesagten.

Für Schadensersatzansprüche steht lediglich das Hauptsacheverfahren zur Verfügung. Die sachliche Zuständigkeit richtet sich nach dem Streitwert.

V. Der Geldentschädigungsanspruch

200   Der BGH hat erstmals in der Herrenreiter-Entscheidung[411] einen Schmerzensgeldanspruch bei Persönlichkeitsrechtsverletzungen bejaht. Heute ist der Geldentschädigungsanspruch dogmatisch auf der Grundlage von § 823 Abs. 1 BGB i.V.m. Art. 1 und 2 Abs. 1 GG gesichert. Maßgeblich ausgestaltet wurde dieser Anspruch dann in den Caroline von Monaco-Entscheidungen des BGH.[412] Beim Anspruch auf Geldentschädigung stünde der Gesichtspunkt der **Genugtuung** des Opfers im Vordergrund. Daneben diene der Rechtsbehelf **auch der Prävention**. Darin ist jedoch ausdrücklich **kein Gewinnabschöpfungsanspruch** zu sehen.[413]

201   Der Geldentschädigungsanspruch hat jedoch, soll er mit Art. 5 GG vereinbar sein, nur **subsidiären Charakter**[414] und darf überdies nur bei **erheblicher Beeinträchtigung der Persönlichkeitssphäre und schwerem Verschulden** zuerkannt werden.[415] Nach alledem bedingt ein Anspruch auf Geldentschädigung

- eine schwere Persönlichkeitsrechtsverletzung;
- schuldhaftes Handeln des Verletzers;
- ein Fehlen der Möglichkeit, die verursachte Beeinträchtigung auf andere Weise befriedigend auszugleichen;
- die Folgerung, dass die Umstände des Einzelfalls eine Geldentschädigung erforderlich machen.

---

407 Vgl. *BVerfG* NJW 2001, 1639.
408 *BGH* NJW 1985, 1617, 1620 – Nacktfoto; a.A. *Burkhardt* in Wenzel, § 14 Rn. 32, der für die Haftung als Gesamtschuldner nach § 840 BGB eintritt.
409 Vgl. *BGH* NJW 1978, 210 – Alkoholtest. Beispiele sind Anzeigen oder Inserate.
410 Vgl. *BGH* NJW 1976, 1198 – Panorama; 1979, 2197 – Falschmeldung; *OLG Hamburg* AfP 2002, 50.
411 *BGHZ* NJW 1958, 827.
412 *BGH* NJW 1995, 861; 1996, 984.
413 *BGH* NJW 1995, 861, 865; 1996, 984, 985.
414 Vgl. auch *LG Berlin* AfP 2002, 62; *OLG Nürnberg* ZUM 1997, 396.
415 *BVerfG* NJW 1973, 1221, 1224.

Ob eine hinreichend schwere Persönlichkeitsrechtsverletzung vorliegt, ist nur anhand der **Ge-** 202
samtumstände des Einzelfalls zu ermitteln.[416] Beispiele können die Verletzung der Intimsphäre,[417] erfundene Interviews[418] oder Korruptionsverdacht ohne Anhaltspunkte[419] sein. Die
Darlegungs- und Beweislast trägt der Anspruchsteller.[420]

Auch an einem Mitverschulden des Betroffenen kann der Anspruch scheitern.[421]   **203**

Der Anspruch hat lediglich subsidiären Charakter hat. Kann die Verletzung auf andere Weise   **204**
ausgeglichen werden, entfällt er.[422] Der Betroffene ist grds. gehalten, sich um einen solchen
anderweitigen Ausgleich zu bemühen.[423] Wird z.B. ein Widerruf oder eine Richtigstellung auf
Verlangen umgehend abgedruckt oder gesendet, so kann ein Anspruch entfallen.[424] Versäumt
er, andere Ausgleichsmaßnahmen geltend zu machen oder werden überzogene Zahlungsansprüche gefordert, ist der Anspruch im Zweifel nicht gegeben.[425]

Schließlich muss für die Geldentschädigung ein **unabwendbares Bedürfnis** bestehen.[426] Zu   **205**
berücksichtigen ist Art und Schwere der Beeinträchtigung, ihr Anlass und Beweggrund, Grad
des Verschuldens sowie Präventionszweck[427]

Anspruchsberechtigt sind nur natürliche lebende Personen. Juristische Personen oder Perso-   **206**
nengesellschaften können kein Genugtuungsbedürfnis haben.[428] Auch das postmortale Persönlichkeitsrecht gewährt keinen Geldentschädigungsanspruch.[429] Der Anspruch ist nicht übertragbar und nicht vererblich. Mehrere Medien, die parallel verletzt haben, sollen einzeln
haften.[430]

Die **Höhe der Geldentschädigung** hängt von den Umständen des Falles ab. Zu berücksichti-   **207**
gen sind die wirtschaftlichen Verhältnisse beider Teile, Bedeutung und Tragweite des Eingriffs, Intensität der Persönlichkeitsrechtsverletzung, Anlass und Beweggrund des Mediums
oder Schwere des Verschuldens. Zu berücksichtigen kann auch die Eingriffsintensität durch
Verbreitungsauflage oder Verbreitungsgebiet sein. Formelhafte Berechnungen, etwa solche,
die sich an Umsatzerlösen orientieren, verbieten sich. Die Höhe kann bei Klagen in das Ermessen des Gerichts gestellt werden. Der Kläger ist jedoch verpflichtet ist, die ungefähre Höhe des
geltend gemachten Anspruchs anzugeben.[431]

---

416 *BGH* NJW 1995, 861, 864; 1996, 984, 985; 1996, 985, 986; vgl. auch *LG Berlin* ZUM 2005, 350 –
    Beendigung einer Beziehung per SMS.
417 *BGH* NJW 1985, 1617 – Nacktfoto.
418 *BGH* NJW 1995, 861 – Caroline von Monaco I.
419 *BGH* NJW 1996, 1131, 1134 – Lohnkiller.
420 *LG Köln* AfP 2002, 162.
421 *BGH* GRUR 1970, 370, 372 – Nachtigall; 1971, 698; 1980, 2801, 2807 – Medizin-Syndikat.
422 *BGH* NJW 1995, 861, 864 – Caroline von Monaco.
423 *BGH* NJW 1979, 1041.
424 Vgl. *BGH* NJW 1970, 1077; *OLG Köln* AfP 1991, 427.
425 Vgl. *OLG Karlsruhe* ZUM 2003, 504; vgl. *OLG Stuttgart* NJW 1981, 2817 – Rudi Carrell; *OLG
    München* NJW-RR 2000, 472.
426 *BGH* NJW 1995, 861, 864 – Caroline von Monaco I.
427 Generalpräventive Gründe reichen bei *OLG Hamm* ZUM 2004, 393 – TV Total.
428 A.A. *Born* AfP 2005, 110.
429 *BGH* NJW 1974, 1371 – Fiete Schulze; 2000, 2195, 2197 – Marlene Dietrich; AfP 2006, 67.
430 *BGH* NJW 1985, 1617, 1619 – Nacktfoto.
431 Vgl. *BGH* NJW 1964, 1767; NJW 1974, 1551; *OLG Karlsruhe* ZUM 2001, 883.

VI. Der Gegendarstellungsanspruch

1. Funktion und anwendbares Recht

208 Der Gegendarstellungsanspruch hat seine Wurzel im allgemeinen Persönlichkeitsrecht und soll dem Betroffenen die Möglichkeit gewähren, zeitnah, an gleicher Stelle und mit entspr. Publizitätsgrad seine Sicht der Dinge zu einem mitgeteilten tatbestandlichen Sachverhalt im Wege der Selbstverteidigung einbringen zu können.[432]

209 Das Gegendarstellungsrecht ist eine zersplitterte Rechtsmaterie. Jedes der 16 Bundesländer besitzt ein eigenes Landespressegesetz und ein eigenes Landesrundfunk- oder Landesmediengesetz mit jeweils unterschiedlichen Vorschriften. Hinzu kommen verschiedenste Regelungen für den öffentlich-rechtlichen Rundfunk, je nach Rundfunkanstalt, sowie der Mediendienste-Staatsvertrag. Es ist deshalb für den Praktiker zwingend geboten, sich der jeweilig anwendbaren Regelung zu vergewissern. Da verfahrensrechtlich die Vorschriften über die einstweilige Verfügung entsprechend anwendbar sind, findet auch keine Revision zum BGH statt,[433] die der Rechtsvereinheitlichung dienen könnte.

2. Voraussetzungen des Gegendarstellungsanspruchs

210 Eine Gegendarstellung ist **nur gegenüber Tatsachenbehauptungen** möglich. Bei mehrdeutigen Tatsachenbehauptungen ist strittig, inwiefern derjenigen Deutungsmöglichkeit der Vorzug einzuräumen ist, die nicht zu einer Verurteilung des Mediums führt.[434]

211 Auch auf **Zitate**, also auf mitgeteilte Äußerungen Dritter, kann entgegnet werden.[435] Dabei ist auch die Entgegnung möglich, der Zitierte habe eine solche Äußerung gar nicht getan.[436] Allerdings ist bei der Wiedergabe der Ausgangsmitteilung und der Entgegnung stets notwendig darzustellen, dass die Gegendarstellung sich gegen die Äußerung eines Dritten wendet und nicht gegen eine selbst von dem Druckwerk oder der Sendeanstalt aufgestellte Behauptung.[437]

3. Anspruchsberechtigte und -verpflichtete

212 Anspruchsberechtigt ist die **betroffene Person oder Stelle**. Der Begriff ist weit zu verstehen. Darunter fallen natürliche Personen ebenso wie juristische, Handelsgesellschaften, nicht rechtsfähige Vereine, aber auch Organe von Gesellschaften oder auch Behörden. Der Anspruch ist **höchst persönlich**. Er steht Verstorbenen nicht zu und ist **nicht vererbungsfähig**. Erforderlich ist eine **individuelle, unmittelbare**[438] **Betroffenheit**. Das Betroffensein eines Angehörigen reicht nicht aus. Individuell betroffen kann aber auch nur sein, wer durch die Darstellung erkennbar ist.[439]

---

432 Vgl. *BGH* NJW 1976, 1198, 1201 – Panorama.
433 Vgl. *BGH* NJW 1965, 1230; *BVerfG* AfP 1975, 800; kritisch dazu *Burkhardt* in Wenzel, § 11 Rn. 32.
434 *Burkhardt* in Wenzel, § 11 Rn. 39; a.A. *Soehring* Presserecht, Rn. 29.12; vgl. auch *LG München* AfP 2006, 349.
435 *OLG München* ArchPR 1974, 108; *OLG Karlsruhe* NJW-RR 2000, 323; *OLG Düsseldorf* AfP 2000, 470.
436 *OLG Hamburg* NJW-RR 1994, 1179.
437 Vgl. *LG Dresden* AfP 2006, 485.
438 *LG München* AfP 2006, 81.
439 Vgl. auch *OLG Düsseldorf* AfP 2000, 470; zur Rechtslage, wenn durch eine Erstmitteilung mehrere Personen betroffen sind, die Ansprüche geltend machen – *OLG Karlsruhe* AfP 2006, 373.

Anspruchsverpflichtet bei einem Druckwerk ist der im Impressum genannte verantwortliche Redakteur und der Verleger, mithin das Verlagsunternehmen, das das Erscheinen des Druckwerkes bewirkt.[440]

4. Form der Gegendarstellung

Gegendarstellungen müssen **schriftlich** erfolgen. Die Gegendarstellung muss **unterzeichnet** sein. Wer zu unterzeichnen hat, kann je nach LPG unterschiedlich sein. Unterzeichnet der Betroffene,[441] so hat dies handschriftlich zu erfolgen. Maschinelle Unterzeichnung genügt nicht. Die Unterzeichnung mit dem Familiennamen reicht in der Regel aus, es sei denn, der Betroffene ist nur zusammen mit seinem Vornamen identifizierbar. Ist der Betroffene eine Personengesellschaft oder eine juristische Person, muss deutlich werden, dass die Unterzeichnung durch eine natürliche Person nicht in ihrem Namen selbst, sondern im Namen der Gesellschaft erfolgt. Bei Zweifeln an der Echtheit der Unterschrift darf der Anspruchsverpflichtete eine Beglaubigung verlangen.[442] Die Unterschrift ist an den Schluss der Gegendarstellung zu setzen. Eine Angabe von Ort und Datum ist üblich, aber entbehrlich. In welcher Sprache die Gegendarstellung gegen eine fremdsprachige Erstmitteilung erfolgen kann, ist strittig.[443]

Erfolgt – soweit zulässig – eine **Unterzeichnung durch Vertreter**, ist zu fragen, ob stets der gesetzliche Vertreter unterzeichnen muss oder auch ein rechtsgeschäftlich bestellter Vertreter ausreicht. Eine Reihe von Ländern fordern Unterzeichnung durch den gesetzlichen Vertreter.[444] Dies gilt auch in der Regel für rundfunkrechtliche Gegendarstellungen. Wegen der bestehenden Unsicherheiten ist deshalb stets zu empfehlen, eine Gegendarstellung durch den gesetzlichen Vertreter unterzeichnen zu lassen.[445]

5. Zuleitung der Gegendarstellung und Abdruckverlangen

Streng zu unterscheiden ist zwischen dem Zugang der Gegendarstellung und dem Abdruckverlangen.

Strittig ist zunächst, ob die unterschriftlich unterzeichnete Gegendarstellung **im Original** zugeleitet werden muss.[446] Teilweise sollen Telefaxe genügen.[447] Vorsorglich sollte (auch) immer das handschriftliche Original zugeleitet werden.

Das **Abdruckverlangen** stellt keine rechtsgeschäftliche, sondern eine geschäftsähnliche Handlung dar.[448] Es ist nicht formgebunden. In der Zuleitung der Gegendarstellung kann ein schlüssiges Abdruckverlangen gesehen werden. Die Zuleitung kann durch jedermann erfolgen.

213

214

215

216

217

218

---

440 Vgl. *OLG Düsseldorf* AfP 1988, 160.
441 Der Betroffene ist auch der Einsender gem. § 10 Abs. 1 LPG Bayern.
442 Vgl. § 10 Abs. 1 S. 3 LPG Bayern; vgl. auch *Burkhardt* in Wenzel, § 11 Rn. 183.
443 *LG Darmstadt* AfP 2005, 484: muss in fremder Sprache erfolgen; *Karaahmetoglu* AfP 2005, 433; a.A. *Sedelmaier* AfP 2005, 524.
444 Baden-Württemberg, Brandenburg, Hamburg, NRW, Rheinland-Pfalz, Saarland, Sachsen und Schleswig-Holstein; in Bayern und Hessen wurde eine durch einen rechtsgeschäftlich Vertreter unterzeichnete Gegendarstellung für unwirksam erklärt; vgl. für Prokuristen in Hessen *OLG Frankfurt* AfP 2003, 459; in Berlin, Bremen, Niedersachen und Sachsen-Anhalt besteht Oberlandesgerichtliche Rechtsprechung zu Gunsten der rechtsgeschäftlichen Vertretung.
445 Für den Vorstand einer AG vgl. *OLG Düsseldorf* AfP 2006, 473.
446 So *OLG Köln* AfP 1985, 151; *OLG Hamburg* NJW 1999, 1613; *LG Düsseldorf* AfP 1993, 498; ebenso *Seitz/Schmidt/Schoener* Der Gegendarstellungsanspruch, Rn. 200.
447 *KG Berlin* AfP 1993, 748; *OLG Saarbrücken* NJW-RR 1992, 730; *OLG München* AfP 1999, 72.
448 Str., a.A. *LG München* AfP 2006, 573; vgl. auch *Sedelmaier* AfP 2007, 19.

Das Abdruckverlangen kann vom Betroffenen oder von einem von ihm Beauftragten erfolgen. Wegen der Gefahr der Zurückweisung nach § 174 BGB ist jedoch zu raten, dem Abdruckverlangen eines willkürlichen Stellvertreters die Originalvollmacht beizulegen.[449]

219   Es reicht aus, wenn Gegendarstellung und Abdruckverlangen in dem Machtbereich des Empfängers gelangt sind; Erhalt seitens Redaktion oder Verlag genügt i.d.R. Da dies jedoch strittig ist,[450] ist zu empfehlen, das Abdruckverlangen und die Zuleitung der Gegendarstellung an den Passivlegitimierten zu bewirken.[451] Die Zuleitung von Gegendarstellung und Zugang des Abdruckverlangens konkretisieren den Gegendarstellungsanspruch (sog. verhaltener Anspruch).[452]

220   Grds besteht eine Pflicht zur Bündelung der Gegendarstellung, wenn verschiedene Tatsachenbehauptungen in ein und demselben Artikel enthalten sind, damit nicht Gegendarstellungen gewissermaßen auf „Raten" gefordert werden.[453]

221   Nach fast allen Regelungen der LPG muss das Abdruckverlangen **unverzüglich**, spätestens innerhalb von 3 Monaten seit der Veröffentlichung zugegangen sein.[454] Bei der Unverzüglichkeit sind die Umstände des Einzelfalls maßgeblich. So kann z.B. ein Zeitraum von 3 bis 4 Wochen noch ausreichend sein, wenn davon ausgegangen werden kann, dass die Erstmitteilung dem Leser noch in Erinnerung geblieben ist.[455] Dabei hat auch Bedeutung, in welchen periodischen Abständen ein Druckwerk erscheint oder welcher Leserkreis das Druckwerk gewöhnlicherweise liest.[456] Wer Risiken vermeiden will, tut gut daran, das Gegendarstellungsbegehren und das Abdruckverlangen innerhalb von 2 Wochen zuzuleiten. Für den Fristenbeginn ist die tatsächliche Kenntnisnahme ausschlaggebend.

222   Wird die Gegendarstellung als nicht gesetzeskonform zurückgewiesen, kann sie überarbeitet und in einer neuen Fassung zugeleitet werden, ggf. mehrere Male. Jede neue Fassung muss unverzüglich nach der Zurückweisung der vorangegangenen zugeleitet werden.[457] Für Bayern gelten auch hier Besonderheiten.[458]

---

449 Vgl. auch *OLG Hamburg* ArchPR 1977, 49.

450 So wird zwar zum einen vertreten, dass es ausreicht, an die hausinterne zuständige Person, z.B. „An den verantwortlichen Redakteur" oder an „An die Redaktion" oder „An den Verlag" zu adressieren. Andererseits wird teilweise vertreten, dass die Zuleitung an den – nicht passivlegitimierten – Chefredakteur nicht ausreichend sei. Vgl. *OLG Köln* NJW 1962, 48; *Seitz/Schmidt/Schoener* Der Gegendarstellungsanspruch, Rn. 119, 120.

451 Es ist zu empfehlen, auch weitere Fassungen den jeweils Passivlegitimierten zuzuleiten, selbst wenn sich nach dem ersten Abdruckverlangen ein Anwalt oder eine Rechtsabteilung gemeldet hat. Anwalt oder Rechtsabteilung als Adressat reicht in diesem Fall nach *OLG Hamburg* AfP 1979, 405 und *OLG Köln* AfP 1985, 151 aus; siehe aber auch *OLG Hamburg* ArchPR 1971, 95 und *OLG Celle* ArchPR 1969, 74.

452 *Burkhardt* in Wenzel, § 11 Rn. 162; *Sedelmaier* AfP 2007, 19.

453 Vgl. auch *LG Oldenburg* AfP 1986, 80.

454 Vgl. *LG Dresden* AfP 2006, 485; *LG Frankfurt/Oder* AfP 2004, 457 (14 Tage); Ausnahme LPG Hessen (Abdruck muss ohne schuldhaftes Zögern gefordert sein) und LPG Bayern (keine Fristbegrenzung, aber Gebot der Beachtung der Aktualitätsgrenze; vgl. dazu *LG München* AfP 2004, 578; ZUM 2005, 576).

455 *OLG Hamburg* AfP 1994, 225.

456 So wurde bei einer Tageszeitung eine Aktualitätsgrenze von etwa 4 Wochen angenommen (*OLG München* NJW-RR 2002, 2271); für einen Artikel in einer wöchentlich erscheinenden Zeitschrift etwa 4 bis 6 Wochen (*OLG München* AfP 2001, 137).

457 Vgl. *OLG Düsseldorf* AfP 2001, 327; vgl. *OLG Stuttgart* ZUM 2006, 427; Zweitantrag nicht unverzüglich, wenn Erstfassung inhaltlich an groben, ohne weiteres erkennbaren Mängeln leidet; vgl. auch *Sedelmaier* AfP 2006, 24.

458 Vgl. auch *OLG München* NJW-RR 2002, 1271.

Wegen des Unverzüglichkeitsgebot sehen die LPG überwiegend[459] eine echte Ausschlussfrist von 3 Monaten nach Veröffentlichung vor. Die Frist beginnt mit dem Erscheinen, d.h. mit der tatsächlichen Verbreitung des Druckwerkes. **223**

6. Abdruck der Gegendarstellung

Die Gegendarstellung ist in der nach dem Empfang der Einsendung nächstfolgenden, für den Druck nicht abgeschlossenen Nummer in dem gleichen Teil des Druckwerkes mit gleicher Schrift wie der beanstandete Text ohne Einschaltungen oder Weglassungen abzudrucken.[460] Werden Schriftgröße, Ort oder Verbot der Glossierung[461] nicht beachtet oder nur mit Einschaltungen oder Weglassungen veröffentlicht oder die Bündelung aufgelöst, ist der Anspruch nicht erfüllt und der Abdruck kann erneut gefordert werden.[462] **224**

Der Begriff des gleichen Teils ist eng auszulegen. Im Einzelfall ist dies nicht nur die Seite, sondern auch die konkrete Rubrik.[463] Erscheint die Rubrik oder die Seite z.B. nicht täglich, kann der nächste Erscheinungstermin abgewartet werden. Eine Rubrik ist nicht extra einzurichten. Erscheint sie z.B. nicht mehr, muss der ähnlichste Teil des Druckwerkes gewählt werden. Ansonsten muss eine gleichwertige Stelle gesucht werden, aber kein „mehr". [464] **225**

Der Grundsatz des gleichwertigen Teiles ist für die **Titelseite** eingeschränkt. Denn die Pressefreiheit gebietet, dass die Titelseite ihre Funktion nicht verlieren darf, eine Identifizierung des Blattes zu ermöglichen, die als besonders wichtig erachteten Mitteilungen aufzunehmen und das Interesse des Publikums zu erregen.[465] Deshalb kann die Veröffentlichung auf der Titelseite geboten sein; jedoch ist eine Reduzierung der Größe insoweit hinzunehmen, als die Funktionalität der Titelseite gewährleistet bleiben muss.[466] Wird der Beitrag auf der Titelseite angekündigt und findet sich die gegendarstellungsfähige Behauptung dann im Textteil in der Ausgabe, kommt im Einzelfall ein Hinweis auf der Titelseite auf die Gegendarstellung im Heft in Betracht.[467] **226**

Unter dem Abdruck mit gleicher Schrift ist insbesondere Größe und Klarheit zu verstehen. Ausnahmen bestehen beim Titelblatt. Die Unterschrift ist mit abzudrucken. **227**

Zulässig ist es, die Gegendarstellung mit einem so genannten **Redaktionsschwanz** zu versehen, sofern dieser vom Text der Gegendarstellung deutlich getrennt als redaktionelle Anmerkung gekennzeichnet ist. Der **Redaktionsschwanz** verstößt nur dann nicht gegen das **Glossierungsverbot**, wenn er sich auf tatsächliche Angaben beschränkt[468] oder in der Kommentierung, die Gegendarstellung sei unabhängig von ihrem Wahrheitsgehalt abzudrucken.[469] Denkbar ist auch ein zustimmender Redaktionsschwanz („Herr Müller hat Recht"). **228**

---

459 Ausnahme Bayern und Hessen.
460 Einzelne Textabweichungen zwischen den verschiedenen LPG.
461 Zum Recht oder Verbot der Glossierung ist die Rechtslage in den Bundesländern unterschiedlich. Für Berlin vgl. *VerfGH Berlin* AfP 2006, 356 für BlnBraRStV.
462 *BGH* NJW 1964, 1132; vgl. auch für die Glossierung *OLG Frankfurt* NJW 1965, 2163.
463 Vgl. *LG Koblenz* AfP 2005, 291.
464 Vgl. *LG München* ZUM 2003, 695.
465 *BVerfG* NJW 1998, 1381; *OLG Karlsruhe* AfP 2006, 168.
466 *OLG Karlsruhe* AfP 2006, 168; 2007, 54.
467 *OLG München* AfP 1991, 531.
468 Für Bayern finden sich die Grundsätze in der Entscheidung des *OLG München* NJW-RR 1999, 965.
469 Vgl. *OLG Dresden* ZUM 2002, 295.

229 **Anwaltskosten** sind nur dann zu erstatten, wenn die Darstellung eine schuldhaft unerlaubte Handlung ist mit der Folge, dass der Betroffene die Anwaltskosten als Schadensersatz erlangen kann oder unter den Voraussetzungen des Verzugs.[470]

230 **Grds.** gilt das **„Alles oder Nichts-Prinzip"**, d.h. wenn nur einer von mehreren Gegendarstellungspunkten unzulässig ist, erfasst dieser Mangel die gesamte Gegendarstellung und macht sie nicht abdruckfähig.[471] Dieses grds. Prinzip wurde und wird in den letzten Jahren von einzelnen OLG, z.B. für aus voneinander unabhängigen Punkten bestehenden Gegendarstellungen immer mehr aufgeweicht.[472] Insbesondere existiert eine sehr differenzierte Rspr. zu der Frage, ob, inwieweit und wann man noch im gerichtlichen Verfahren das Gegendarstellungsbegehren ändern kann.[473] Hier ist auf die **Besonderheiten der Rspr. im jeweiligen OLG-Bezirk** zu achten.[474]

231 Strittig ist auch, ob der Passivlegitimierte die Zurückweisung der Gegendarstellung begründen muss.[475] In der Praxis empfiehlt sich für den Verlag, wenigstens beispielhaft ein oder zwei Gründe in abstrahierter Form („Gegendarstellung ist irreführend") („Es fehlt das berechtigte Interesse") zu nennen. Eine Pflicht, auf formale Mängel bei der Ablehnung hinzuweisen, besteht nicht.

7. Inhaltliche Mängel der Gegendarstellung und fehlendes berechtigtes Interesse

232 Die Gegendarstellung muss die Erstmitteilung, auf die die Gegendarstellung Bezug nimmt, mindestens sinngemäß wiedergeben. Dabei darf die Wiedergabe in keiner Weise verfälschend oder irreführend sein.[476] In der Praxis empfiehlt sich die wörtliche **Wiedergabe der Erstmitteilung**. Richtet sich die Gegendarstellung gegen einen wegen Mehrdeutigkeit der Formulierung erzeugten Eindruck, sind die einzelnen Behauptungen der Erstmitteilung, aus denen sich der Eindruck ergibt, wiederzugeben. Entweder kann der **entstehende Eindruck** bei der Wiedergabe der Erstmitteilung berücksichtigt werden (… durch die Behauptung „…" erweckt die X-Zeitung den Eindruck, … . Hierzu stelle ich fest: …"). Denkbar ist aber auch, die Tatsache, dass sich die Gegendarstellung gegen einen Eindruck wendet, in der Entgegnung aufzunehmen („Soweit dadurch der Eindruck erweckt wird, dass … , stelle ich hiermit fest: …").

233 Bei der Entgegnung muss es sich um eine echte „Gegendarstellung" im Wortsinne handeln. Die Gegendarstellung darf nicht dazu benutzt werden, umfassende nicht zur Sache gehörende Ausführungen zu ergänzen. Oft kann durch zusätzliche Ergänzungen auch die Gefahr der Irreführung entstehen. Risiko vermeidend ist die bloße Negation der Erstmitteilung, die zulässig ist, sofern die Negation nicht ihrerseits irreführend ist.[477]

234 Die Gegendarstellung darf keinen strafbaren Inhalt haben. Sie darf auch keinen **offensichtlich unwahren Inhalt** haben.[478] An die **Offensichtlichkeit** werden strenge Voraussetzungen ge-

---

470 Vgl. *OLG Saarbrücken* NJW 1997, 1376, 1379; *LG Hamburg* AfP 1990, 332; *Burkhardt* in Wenzel, § 11 Rn. 211.
471 *OLG Karlsruhe* ZUM 2003, 314.
472 Vgl. z.B. *OLG Düsseldorf* AfP 2001, 327; *OLG Karlsruhe* ZUM 2003, 314; *OLG München* AfP 2003, 70.
473 Vgl. dazu auch *Sedelmaier* AfP 2006, 24.
474 Vgl. *KG Berlin* AfP 2006, 83.
475 Im Einzelnen dazu *Burkhardt* in Wenzel, § 11 Rn. 213.
476 Vgl. *OLG Naumburg* ZUM 2006, 482, 485.
477 Vgl. *OLG Düsseldorf* AfP 2005, 368; *OLG Düsseldorf* AfP 2006, 473.
478 *BVerfG* NJW 2002. 356 – Gysi I.

stellt.[479] Für das Gericht liegt die offensichtliche Unwahrheit dann vor, wenn es davon unzweifelhaft ausgehen kann, ohne in eine Abwägung und Wertung von Glaubhaftmachungsmitteln eintreten zu müssen. Dies ist z.b. dann der Fall, wenn die Gegendarstellung in sich widersprüchlich ist oder Schriftstücke vorgelegt werden, aus denen erkennbar ist, dass der Betroffene selbst in der Vergangenheit etwas anderes behauptet hat als er in der Gegendarstellung zum Ausdruck bringen will. Zwei konträre eidesstattliche Versicherungen als Glaubhaftmachungsmittel reichen nicht aus.

Schließlich darf der Inhalt der Gegendarstellung **nicht irreführend** sein.[480] Dies kann bspw. **235** dann vorliegen, wenn dem Leser durch die Entgegnung Schlussfolgerungen aufgezwungen werden, die unwahr sind oder wenn bewusst nur der halbe Sachverhalt in der Entgegnung mitgeteilt wird, um einen unwahren Eindruck zu erzeugen.[481]

Ferner ist die Gegendarstellung nicht abdruckfähig, wenn das **berechtigte Interesse** fehlt. Es **236** handelt sich um ein teilweise in den LPG aufgeführtes, teilweise ungeschriebenes Tatbestandsmerkmal.[482] Das berechtigte Interesse kann bei der bloßen Belanglosigkeit der Ausgangsmitteilung fehlen.[483] Ein berechtigtes Interesse fehlt auch, wenn die Gegendarstellung die Erstmitteilung inhaltlich bloß bestätigt. Dann liegt auch schon keine „Gegen"-Darstellung im eigentlichen Sinne vor. Stellt die Redaktion von sich aus richtig, fehlt das berechtigte Interesse an einer Gegendarstellung, wenn dies uneingeschränkt erfolgt.[484] Wird ein Widerruf veröffentlicht, fehlt für eine Gegendarstellung ebenfalls das berechtigte Interesse. Bestehen inhaltliche Mängel, so fehlt es ebenfalls parallel an dem berechtigten Interesse. Das Gleiche gilt für eine Überschreitung des angemessenen Umfangs.

8. Probleme der Durchsetzung der Gegendarstellung

Die Durchsetzung des Anspruchs erfolgt **im Verfahren der einstweiligen Verfügung**. Die **237** prozessrechtliche Kompetenz liegt beim Landesgesetzgeber, da die Regelung zur Gegendarstellung presserechtlichen Charakter habe.[485] Für die Verfahrenseinleitung besteht keine Frist. Allerdings kann der durch die Zuleitung des Gegendarstellungsverlangens konkretisierte verhaltene Anspruch **verwirken**. Entscheidend ist hier der Aktualitätsbezug. Nach Ablauf von 3 Monaten seit der Erstveröffentlichung wird im Allgemeinen von einer Verwirkung bzw. von einem Wegfall des Rechtschutzbedürfnisses auszugehen sein; im Einzelfall auch nach erheblich kürzerer Zeit. Bei einer nachgebesserten neuen Fassung der Gegendarstellung ist der Aktualitätsbezug jedoch auf jeden Fall noch gewahrt, wenn er als hilfsweises Verlangen so rechtzeitig zugeleitet wird, dass über ihn noch im ersten Termin zur mündlichen Verhandlung entschieden werden kann.[486] Fehlt es an einer Zuleitung der Gegendarstellung, ist ein Antrag mangels Konkretisierung des Anspruchs unbegründet. Es ist zweckmäßig, dem Abdruckver-

---

479 *OLG Karlsruhe* AfP 2006, 168.
480 Vgl. *OLG Düsseldorf* AfP 2005, 368; *LG Dresden* AfP 2005, 190; *LG München* ZUM 2006, 349.
481 *OLG Dresden* AfP 2002, 55.
482 Vgl. etwa *OLG Naumburg* ZUM 2006, 482.
483 Vgl. *OLG Naumburg* ZUM 2006, 482, 484; vgl. *OLG Dresden* AfP 2002, 55.
484 Vgl. *OLG Naumburg* ZUM 2006, 48; *LG Berlin* AfP 2004, 148; *LG Berlin* AfP 2006, 381.
485 *BVerfG* AfP 1975, 800.
486 *OLG München* AfP 2001, 132, 137; vgl. zu der Problematik der Wahrung der Aktualitätsgrenze bei unzulässiger Erstfassung auch *Sedelmaier* AfP 2006, 24.

pflichteten eine Erklärungsfrist zu setzen.[487] Verstreicht diese fruchtlos, fallen die Verfahrenskosten nach § 93 ZPO dem betroffenen Antragsteller auch dann zur Last, wenn er den Anspruch sofort anerkennt.[488]

238   **Örtlich zuständig** ist das Gericht, bei dem der Passivlegitimierte seinen allgemeinen Gerichtsstand hat, beim verantwortlichen Redakteur dessen Wohnort. Der Gerichtsstand der unerlaubten Handlung ist nicht einschlägig. Damit besteht kein sog. fliegender Gerichtsstand.[489]

239   **Sachlich zuständig** ist in aller Regel das Landgericht, da der Streitwert einer Gegendarstellungsforderung 5.000 € überschreiten wird.

240   Strittig wird die Frage beantwortet, ob es bei einer Änderung oder Kürzung der Gegendarstellung einer erneuten Unterzeichnung und einer neuen Gegendarstellung und Zuleitung an den Verlag bedarf.[490]

241   Gegen eine Zurückweisung eines Verfügungsantrages ohne mündliche Verhandlung durch Beschluss ist die **einfache Beschwerde** zulässig. Sie ist nicht fristgebunden, aber unterliegt dem Aktualitätserfordernis, so dass nach Zugang des Beschlusses sofort gehandelt werden sollte.

242   Nach § 938 ZPO bestimmt das Gericht nach freiem Ermessen, welche Anordnung erforderlich ist. Ein Recht zur Änderung oder Kürzung der Gegendarstellung durch das Gericht ergibt sich daraus nicht.[491] Das Gericht kann aber die Modalitäten des Abdrucks wie Platzierung, Schriftgröße, Überschrift oder Erwähnung der Überschrift im Inhaltsverzeichnis anordnen.

243   Gegendarstellungsverfügungen können und müssen im **Parteibetrieb** innerhalb der Frist des § 929 Abs. 2 ZPO **zugestellt** werden. Zuzustellen ist die Ausfertigung selbst[492] oder eine beglaubigte Abschrift. Die **Vollstreckung** erfolgt nach § 888 ZPO,[493] da der Abdruck als unvertretbare Handlung anzusehen ist. Wird Widerspruch erhoben gegen eine Beschlussverfügung, kann das Gericht nach §§ 936, 924 Abs. 3 S. 2, 907 Abs. 1 ZPO anordnen, dass die Zwangsvollstreckung gegen oder ohne Sicherheitsleistung **einstweilig eingestellt** wird.[494]

9. Besonderheiten in Hörfunk und Fernsehen

244   Rundfunkveranstalter sind in der Regel bloße Verbreiter, so dass der Anspruch hier gegen das Verbreiten einer Tatsachenbehauptung besteht. Auch Rundfunkgegendarstellungen müssen innerhalb der Aktualitätsgrenze zugeleitet werden. Die Ausstrahlung der Gegendarstellung hat

---

487   Zur Informationspflicht des Verlages über die Bereitschaft zum Abdruck und die Kostenfolgen vgl. *KG Berlin* AfP 2006, 476 mit Anm. *Himmelsbach* AfP 2006, 430; *KG Berlin* ZUM 2007, 537.

488   Vgl. *OLG Brandenburg* NJW-RR 1994, 1022.

489   *LG Stuttgart* AfP 2002, 340.

490   So z.B. Praxis am LG und OLG Hamburg; vgl. auch *LG Lüneburg* AfP 2006, 83; nach anderer Auffassung kann die erforderliche Zuleitung der Neufassung auch durch Übergabe an den Prozessbevollmächtigten bewirkt werden, so u.a. *OLG Frankfurt* AfP 1980, 225; *OLG Köln* NJW-RR 1990, 1119. Praktisch hat dies zur Folge, dass vorhandene Mängel der Gegendarstellung noch im Termin beseitigt werden können; in Frankfurt kann das Gericht sogar seinerseits Änderungen vornehmen, *OLG Frankfurt* AfP 1983, 279, 281; beim Kammergericht erübrigt sich eine erneute Zuleitung, wenn die später geordnete Fassung den gleichen Aussagegehalt hat wie die ursprüngliche, *KG Berlin* ZUM 1985, 103, 104; ähnlich auch *OLG Brandenburg* NJW-RR 2000, 326, 327. Im Einzelnen sind weitere Details strittig; vgl. *Burkhardt* in Wenzel, § 11 Rn. 250 ff.

491   Vgl. *OLG Hamburg* AfP 1981, 408; *OLG Karlsruhe* AfP 1994, 317; 1994, 318; 1999, 74; a.A. *OLG Frankfurt* AfP 1982, 179.

492   Vgl. *OLG München* AfP 2007, 53.

493   Vgl. auch *OLG München* AfP 2002, 528.

494   Zur Wirkung der einstweiligen Einstellung vgl. *OLG Karlsruhe* AfP 2007, 368.

Schulenberg

zur gleichen Sendezeit bzw. innerhalb des gleichen Programms oder der gleichen Programmsparte zu erfolgen wie die Erstmitteilung. Sämtliche den Privatfunk betreffenden gesetzlichen Regelungen verpflichten den Veranstalter, die Sendung aufzuzeichnen und – meistens für die Dauer von 6 Wochen – aufzubewahren sowie Einsicht zu gewähren und/oder dem Antragsteller auf seine Kosten Ausfertigungen, Abzüge oder Abschriften der Aufzeichnung zu übermitteln. Eine entsprechende Aufzeichnungspflicht und Auskunftsanspruch ergibt sich beim ZDF aus § 14 ZDF-Staatsvertrag. Soweit das Recht einzelner öffentlich-rechtlicher Rundfunkanstalten keinen Auskunftsanspruch kennt, kann er auf § 242 BGB gestützt werden.[495] Anspruchsverpflichtet ist beim öffentlich-rechtlichen Rundfunk die Rundfunkanstalt.

Für Fernsehsendungen der ARD ist jede Anstalt verantwortlich, unabhängig davon, wer produziert hat. Hinsichtlich der Zuständigkeit ist auf § 8 des ARD-Staatsvertrages zu verweisen. Danach wird dem Betroffenen zugemutet, zunächst die einbringende Anstalt zu ermitteln.[496] Dies muss zu einer Verlängerung der Aktualitätsfrist führen. **245**

Für das ZDF gilt der ZDF-Staatsvertrag. **246**

Soweit private Rundfunkanstalten betroffen sind, ist das Gegendarstellungsrecht in den Landesmedien- oder Landesrundfunkgesetzen, etwa § 43 LMG NRW geregelt. Beim Privatfunk ist teilweise der Veranstalter anspruchsverpflichtet, teilweise der Anbieter.[497] **247**

---

495 *Seitz/Schmidt/Schoener* Der Gegendarstellungsanspruch, Rn. 469.
496 Die Vorschrift ist verfassungsgemäß, *BVerfG* ZUM 2005, 473; s. für die ARD auch *OLG München* NJW 2001, 613.
497 In Bayern die Bayerische Landeszentrale für neue Medien gemeinsam mit dem betroffenen Anbieter – Art. 18 Abs. 4 BayMG.

Telekommunikationsrecht

8. Abschnitt
Telekommunikationsrecht

Literatur: *Bechtold* GWB, 4.Aufl. 2006; *Hahn/Vestiing (Hrsg.)* Beck'scher Kommentar zum Rundfunkrecht 2. Aufl. 2007; *Geppert/Piepenbrock/Schütz/Schuster* Beck'scher TKG-Kommentar 3. Aufl. 2006; *Säcker (Hrsg.)* Berliner Kommentar zum Telekommunikationsgesetz, 2006; *Bullinger/Mestmäcker* Mulimediadienste, 1997; *Dörr/Schwartmann* Medienrecht, 2006; *Gersdorf* Rundfunk und E-commerce, RT-Kom 1999, 75; *Herrmann/Lausen* Rundfunkrecht, 2. Aufl. 2004; *Holznagel/Enaux/Nienhaus* Telekommunikationsrecht, 2. Aufl. 2006; *Immenga/Kirchner/Knieps/Kruse* Telekommunikation im Wettbewerb, 2001; *Koenig/Loetz/Neumann* Telekommunikationsrecht, 2004; *Koenig/Loetz/Neumann* Sektorspezifische Regulierung im neuen Telekommunikationsrecht – Umsetzungsspielräume, verfassungsrechtliche Vorgaben und Verfahrensgestaltung, K&R Beilage 2/2003; *Koenig/Neumann* Telekommunikationsrechtliche Ansprüche auf Leistungen der Fakturierung und des Inkassos für Internet-by-Call-Dienstleistungen, K&R Beilage 3/2004; *Ladeur* Frequenzverwaltung und Planungsrecht, CR 2002, 181; *Loewenheim/Meessen/Riesenkampff* Kartellrecht , Bd. 2 GWB, 2006; *Meister* Das telekommunikationsrechtliche Frequenzplanungsrecht im System des allgemeinen Planungsrechts, 2004; *Mestmäcker* Das marktbeherrschende Unternehmen im Recht der Wettbewerbsbeschränkungen, 1959; *Möschel* Der 3-Kriterien-Test in der Telekommunikation, MMR 2007, 343; *Scherer* Frequenzverwaltung zwischen Bund und Ländern unter dem TKG, K&R Beilage 2 zu 11/1999; *Schütz* Kommunikationsrecht, 2005; *Schütz/Attendorn/König* Elektronische Kommunikation, 2003; *Schuster* Vertragshandbuch Telemedia, 2001; *Topel* Das Verhältnis zwischen Regulierungsrecht und allgemeinem Wettbewerbsrecht nach dem europäischen Rechtsrahmen der Telekommunikation und dem TKG, ZWeR 2006, 27; *von Weizsäcker* Ex-ante-Regulierung von Terminierungsentgelten?, MMR 2003, 170; *Wegmann* Nutzungsrechte an Funkfrequenzen und Rufnummern, K&R 2003, 448.

A. Einführung

I. Überblick über die Gesetzesgeschichte

1   Das Telekommunikationsgesetz (TKG) aus dem Jahre 1996 bewirkte die vollständige Liberalisierung der Telekommunikationsmärkte, die unter den Vorläuferregelungen des Fernmeldeanlagengesetzes dem staatlichen Monopol unterlagen. Die Liberalisierung der Telekommunikationsmärkte folgte der Einsicht, dass ein einzelnes mit ausschließlichen Rechten ausgestattetes Unternehmen die Innovations- und Wachstumspotenziale der Informations- und Kommunikationstechnologie nicht würde ausschöpfen können.[1] Eingeleitet wurde der Liberalisierungsprozess auf europäischer Ebene, und zwar im Wesentlichen mit der sog. Dienste-richtlinie (90/388/EWG),[2] die schrittweise einzelne Bereiche der Telekommunikationsdienst-

---

1 Vgl. Begr. Entwurf TKG 1996, BT-Drucks. 13/3609, 33.
2 ABlEG L 192 v. 24.7.1990.

leistungen dem Monopol entzog. Die Mitgliedstaaten der EU folgten dabei dem Beispiel der USA, wo die Liberalisierung bereits deutlich früher in Angriff genommen worden war.

In Umsetzung des im Rahmen des „1999 Review" erarbeiteten europäischen Richtlinienpake- **2** tes[3] wurde das TKG im Jahre 2004 grundlegend novelliert. Während zuvor die Marktöffnung im Vordergrund gestanden hatte, ging es in dieser nächsten Regulierungsphase darum, durch einen einheitlichen gesetzlichen Rahmen dem inzwischen in verschiedenen Marktsegmenten zu verzeichnenden Wettbewerb und dem Zusammenwachsen von Telekommunikation, Medien und Informationstechnologie (Konvergenz) Rechnung zu tragen. Zugleich sollte der Weg von einer sektorspezifischen hin zur allgemeinen kartellrechtlichen Wettbewerbsaufsicht geebnet werden. Im Jahre 2006 wurde das TKG in einer weiteren Novellierung um umfangreiche Verbraucherschutzregeln für die Inanspruchnahme von Telekommunikationsdienstleistungen ergänzt. Zuständig für die Regulierung war zunächst die Regulierungsbehörde für Telekommunikation und Post, die – nachdem sie auch die Zuständigkeiten für die Regulierung des Gas- und Stromsektors erhalten hat – als Bundesnetzagentur auftritt. Mit der neuen Namensgebung soll die Zuständigkeit für die Regulierung der Netzindustrien dokumentiert werden.

II. Regelungsgegenstände des Telekommunikationsrechts

Während sich der europäische Rechtsrahmen, der Grundlage für das TKG ist, auf die Regulie- **3** rung von elektronischen Kommunikationsnetzen und –diensten bezieht,[4] spricht das TKG aus dem Jahre 2004 weiterhin von Telekommunikation. Obgleich hierin zunächst nur ein terminologischer Unterschied zu sehen ist, der in der Regulierungspraxis keine Rolle gespielt hat, will der europäische Rechtsrahmen mit der Bezugnahme auf die umfassenderen Begriffe der Kommunikationsnetze und -dienste deutlich machen, dass angesichts der Konvergenz von Telekommunikation, Medien und Informationstechnologien ein einheitlicher Rechtsrahmen notwendig ist, um gleiche Markt- und Wettbewerbsbedingungen für die Anbieter der Dienste innerhalb der EU zu schaffen.[5] Das deutsche Recht hingegen verwendet auch nach der Novelle aus dem Jahre 2004 weiterhin den Begriff der Telekommunikation. Dieser soll deshalb auch in dieser Darstellung genutzt werden.

Telekommunikation ist in § 3 Nr. 24[6] als der technische Vorgang des Aussendens, Übermit- **4** telns und Empfangens von Signalen definiert. Dabei spielt es keine Rolle, ob die Signalübertragung die Übermittlung von Daten oder Sprache betrifft. Gegenstand der Telekommunikationsregulierung sind mithin alle die Märkte, auf denen Übertragungsdienstleistungen für bestimmte Inhalte erbracht werden. Hierbei kann es aufgrund des technologieneutralen Ansatzes des europäischen Rechtsrahmens nicht darauf ankommen, welche Inhalte mittels Telekommunikation übertragen werden. Hinsichtlich des Übertragungsvorganges müssen daher Rundfunk-, Medien- und Kommunikationsdienste im Grundsatz dem gleichen Regulierungsrahmen unterliegen. Nicht umfasst von der Regulierung der Kommunikationsmärkte sind hingegen die übertragenen Inhalte selbst.[7]

---

3   Vgl. hierzu eingehend unten Rn. 14 ff.
4   Vgl. Richtlinie 2002/21/EG des Europäischen Parlaments und des Rates v. 7.3.2002 über einen gemeinsamen Rechtsrahmen für elektronische Kommunikationsnetze und -dienste (sog. Rahmenrichtlinie).
5   Vgl. EG 5 Rahmenrichtlinie.
6   §§ ohne Gesetzesangabe sind in diesem Abschn. solche des TKG.
7   Vgl. Art. 1 Abs. 3, EG 5 Rahmenrichtlinie.

5   Gem. § 2 Abs. 2 dient die Regulierung der Telekommunikationsmärkte
- der Wahrung der Nutzer- und insbesondere der Verbraucherinteressen (Nr. 1)
- der Sicherstellung eines chancengleichen Wettbewerbs (Nr. 2)
- der Förderung effizienter Infrastrukturinvestitionen (Nr. 3)
- der Entwicklung des Binnenmarktes der EU (Nr. 4)
- der Sicherstellung einer Flächenversorgung mit Telekommunikationsleistungen zu erschwinglichen Preisen (Nr. 5)
- der Förderung von Telekommunikationsdiensten bei öffentlichen Einrichtungen (Nr. 6)
- der Sicherstellung einer effizienten und störungsfreien Frequenznutzung (Nr. 7)
- der effizienten Nutzung von Nummerierungsressourcen (Nr. 8)
- der Wahrung der Interessen der öffentlichen Sicherheit (Nr. 9)

6   Entsprechend dem Zielekatalog sind auch die Regelungsgegenstände des TKG heterogen. Im Mittelpunkt stehen die Vorschriften der Marktregulierung (Teil 2). Dort werden die sektorspezifischen Wettbewerbsprobleme adressiert, die auch nach der Liberalisierung des Sektors noch bestehen. Das TKG ist insoweit sektorspezifisches Wettbewerbsrecht.[8] Es stellt sich damit die Frage der Abgrenzung zum Kartellrecht und der dort geregelten Verhaltenskontrolle für marktbeherrschende Unternehmen (§§ 19, 20 GWB, Art. 82 EGV). Das Gesetz beantwortet diese Frage in § 10 Abs. 2.[9] Hiernach unterliegen der Regulierung nach dem TKG solche Märkte des Sektors, die durch beträchtliche und anhaltende strukturell oder rechtlich bedingte Marktzutrittsschranken gekennzeichnet sind, langfristig nicht zu Wettbewerb tendieren und auf denen das allgemeine Wettbewerbsrecht nicht ausreicht, um dem Marktversagen entgegenzuwirken. § 10 Abs. 2 definiert mithin die Eingriffsschwelle für Maßnahmen der Marktregulierung nach dem TKG anhand bestimmter Strukturmerkmale des jeweiligen Marktes. Märkte können hiernach entsprechend dem Zustand des Wettbewerbs dynamisch aus der sektorspezifischen Regulierung entlassen werden bzw. ihr wieder unterfallen. Die Prüfung der Wettbewerbssituation erfolgt in der sog. Marktanalyse nach § 11. Weil sie den Anwendungsbereich der sektorspezifischen Marktregulierung bestimmen, können die §§ 10, 11 als Kernnormen des TKG bezeichnet werden.

7   Neben der Marktregulierung ist ein wesentlicher Regelungsgegenstand des TKG die Frequenzregulierung einschließlich der Vorschriften zur Rundfunkübertragung (Teile 4 und 5). Im Rahmen der Frequenzplanung (§§ 52-54) definiert das TKG, welche Frequenzen zu welchen Zwecken genutzt werden dürfen. Darüber hinaus wird geregelt, unter welchen Bedingungen eine solche Nutzung erfolgen darf und ob es zur Nutzung eines individuellen staatlichen Zuteilungsaktes an den Nutzer der Frequenzen (sog. Einzelzuteilung) bedarf (§ 55). Da über Frequenzen nicht nur Kommunikationsdienste, sondern auch Rundfunk und rundfunkähnliche Kommunikationsdienste erbracht werden können, stellen sich hier diffizile Fragen der Abgrenzung zur Inhalte-, sprich Medien- und Rundfunkregulierung, zumal die technische Entwicklung eine Unterscheidung nach Individual- (Telekommunikation) und Massenkommunikation (Rundfunk) sowie zwischen Übertragungs- und Informationsvorgang angesichts des Zusammenwachsens der verschiedenen Technologien immer schwerer macht. Zu beachten ist dabei auch die in Deutschland herrschende Kompetenzzuweisung in Regulierungsfragen: während die Gesetzgebung für die Telekommunikation, also den Übertragungsvorgang (§ 3 Nr. 24) der Zuständigkeit des Bundes unterfällt (Art. 73 Nr. 7, 87 f. GG), erfolgt die Regulierung der übertragenen Inhalte auf der Ebene der Länder.[10]

---

8 Vgl. Berliner Kommentar/*Säcker* Einl. I Rn. 2.
9 Vgl. hierzu im Einzelnen unten Rn. 36 ff.
10 Vgl. im Einzelnen unten Rn. 83 ff.

Korehnke

Weitere wichtige Regelungsgegenstände des TKG sind die Nummerierung (§§ 66 f.), der Universaldienst (§§ 78 ff.), das Fernmeldegeheimnis (§§ 88 ff.), der spezifische Datenschutz im Bereich des Kommunikationssektors (§§ 91 ff.) sowie die mit der TKG-Novelle 2006 eingefügten sektorspezifischen Verbraucherschutzbestimmungen (§§ 43a, 44a, 45, 45a ff., 66a ff.). Schließlich kommen die organisatorischen und verfahrensrechtlichen Regelungen zur Funktionsweise der Bundesnetzagentur hinzu.

8

Angesichts des Regelungsumfangs und der Unterschiedlichkeit der Regelungsmaterie konzentrieren sich die nachfolgenden Ausführungen auf die zentralen Bereiche der Markt- und Frequenzregulierung mit ihren Bezügen zum Kartell- und Medienrecht. Angesichts der Zielsetzung des Gesamtwerkes wird insbesondere der letztgenannte Themenkomplex einen breiten Raum in der Darstellung einnehmen. Einen weiteren Schwerpunkt bilden die Ausführungen zur Organisation und Funktion der Bundesnetzagentur. Die übrigen genannten Gebiete wurden nur am Rande behandelt.

9

III. Der Gemeinschaftsrechtsrahmen

1. Ausgangssituation

Die Kommission der Europäischen Gemeinschaften beschäftigte sich erstmals im Jahre 1987 mit dem Bereich der Telekommunikation, und zwar mit ihrem Grünbuch zur Telekommunikation vom 30.6.1987. Zu dieser Zeit war der Wirtschaftssektor der Telekommunikation in fast allen Mitgliedstaaten noch fest in staatlichen Händen. Die Situation war dem öffentlichen Personennah- und -fernverkehr und dem Postwesen vergleichbar. Telekommunikationsdienstleistungen wurden entweder unmittelbar von staatlichen Institutionen oder durch staatlich kontrollierte Institutionen erbracht, die zumindest mit monopolartigen Rechten ausgestattet waren. Der Regelfall war ein umfassendes Monopol für den Netzbetrieb, die Erbringung von Telekommunikationsdienstleistungen für die Öffentlichkeit und den Bereich der Endgeräte (Zulassung, Inverkehrbringen, Montage, Wartung). Das Verbot der wettbewerblichen Erbringung von Telekommunikationsdienstleistungen sollte eine Mindestversorgung der Bevölkerung mit entsprechenden Dienstleistungen sicherstellen. Hierfür hatte der Staat einen Daseinsvorsorgeauftrag.[11]

10

Der technologische Wandel und die Entwicklung der US-amerikanischen Telekommunikationsmärkte bestätigten jedoch bereits zu diesem Zeitpunkt, dass auch die Telekommunikationsindustrie dem Wettbewerb geöffnet werden könnte. Die Mitgliedstaaten der Europäischen Gemeinschaften erkannten das enorme ökonomische Potenzial, welches die Liberalisierung der Telekommunikationsmärkte eröffnen würde.

11

Die auf europäischer Ebene eingeleitete und im Wesentlichen auf Gemeinschaftsrechtsakten beruhende Öffnung der Telekommunikation für den Wettbewerb kann rückblickend in drei Phasen unterteilt werden:

12

– bis 1990 wurden die staatlichen Monopole im Bereich der Endgeräte für die Telekommunikation abgebaut;

– von 1990 bis 1998 wurden die Telekommunikationsmärkte schrittweise liberalisiert und gleichzeitig die Marktbedingungen durch die Einführung einer spezifischen Regulierung des Telekommunikationssektors harmonisiert;

---

11 Zur Monopolsituation vgl. den anschaulichen Überblick bei *Koenig/Loetz/Neumann* S. 49 ff.

– von 1998 bis 2002 wurde das Regulierungsregime überprüft („1999 Review") und an die gewandelten Bedingungen nach der Wettbewerbsöffnung angepasst.

2. Marktöffnung

13   Die Phase der Liberalisierung der Telekommunikationsmärkte wurde durch die sog. Diensterichtlinie 90/388/EWG[12] (im Folgenden: Diensterichtlinie) eingeleitet. Die Diensterichtlinie hatte zum Ziel, die Alleinrechte bei der Erbringung von Telekommunikationsdienstleistungen aufzuheben und den Wettbewerbern des ehemaligen Monopolisten angemessenen Netzzugang zu gewähren. Materieller Kern der Liberalisierungsmaßnahmen war demnach die Beseitigung der besonderen und ausschließlichen Rechte einzelner Unternehmen im Sinne des Art. 86 Abs. 1 EGV, d.h. faktisch die Beseitigung der Monopolstellung der staatlich kontrollierten Fernmeldeorganisationen.[13] In weiteren Liberalisierungsschritten wurde die Marktöffnung sodann bis zum Jahre 1998 auf die Bereiche der Satellitenkommunikation, die Kabelfernsehnetze sowie auf den Mobilfunk ausgeweitet. Durch die zeitgleich zur Diensterichtlinie sog. ONP-Richtlinie (90/387/EWG[14]) sollten die Grundsätze für den Zugang von Wettbewerbern zu den ehemaligen Monopolnetzen harmonisiert werden. Hierdurch sollten wettbewerbliche Bedingungen der entstehenden Märkte geschaffen werden. Besondere Regelungen waren in diesem Bereich insbesondere deshalb erforderlich, um Diskriminierungen der neuen Wettbewerber durch die ehemaligen Monopolanbieter zu verhindern. Die neuen Wettbewerber waren auf den Zugang zu den ehemaligen Monopolnetzen angewiesen, um in den bereits liberalisierten Bereichen als Konkurrenten der ehemaligen Monopolunternehmen aufzutreten.

3. „1999 Review" und der neue Rechtsrahmen

14   Mit dem sog. Kommunikationsbericht 1999[15] wurde im Bereich des Gemeinschaftsrechts ein Prozess der Neuausrichtung begonnen. Er endete nach vierjährigen Vorarbeiten mit der Verabschiedung des neuen Rechtsrahmens im Jahre 2002. Ziel der Überarbeitung des Rechtsrahmens war nicht mehr die Marktöffnung, sondern eine Flexibilisierung und Rückführung der Regulierung dort, wo sich infolge der Liberalisierung wirksamer Wettbewerb eingestellt hat. Dabei sollte sich die Regulierung dynamisch an der Wettbewerbssituation der Einzelmärkte des Telekommunikationssektors ausrichten. In bereits wettbewerblichen Märkten sollte zugleich der Weg hin zur allgemeinen kartellrechtlichen Wettbewerbsaufsicht geebnet werden. Darüber hinaus sollte mit dem Regulierungsrahmen der Konvergenz von Telekommunikation, Medien und Informationstechnologie Rechnung getragen werden. Infolgedessen sollte die Regulierung technologieneutral, d.h. unabhängig von der eingesetzten Übertragungstechnologie und unabhängig vom übertragenen Inhalt, ausfallen.

---

12 Richtlinie der Kommission v. 28.6.1990 über den Wettbewerb auf dem Markt für Telekommunikationsdienste, ABlEG 1990 L 192, 10.
13 Vgl. *Koenig/Loetz/Neumann* S. 57.
14 Richtlinie des Rates v. 28.6.1990 zur Verwirklichung des Binnenmarktes für Telekommunikationsdienste durch Einführung eines offenen Netzzugangs (Open Network Provision-ONP) ABlEG 1990 L 192, 10.
15 Mitteilung der Kommission an den Rat, das europäische Parlament, den Wirtschafts- und Sozialausschuss und den Ausschuss der Regionen: Entwicklung neuer Rahmenbedingungen für elektronische Kommunikationsinfrastrukturen und zugehörige Dienste – Kommunikationsbericht 1999, KOM (1999) 539 endgültig.

Der neue Rechtsrahmen besteht aus fünf Richtlinien und einer Entscheidung: der Rahmen-   **15**
richtlinie (2002/21/EG), der Zugangsrichtlinie (2002/19/EG), der Genehmigungsrichtlinie
(2002/20/EG), der Universalrichtlinie (2002/22/EG), der Datenschutzrichtlinie für elektronische Kommunikation (2002/58/EG) und der Frequenzentscheidung (676/2002/EG).

3.1 Die Rahmenrichtlinie

Die Rahmenrichtlinie[16] regelt die Ziele der Telekommunikationsregulierung, die Stellung und   **16**
Aufgaben der nationalen Regulierungsbehörden der Mitgliedstaaten und definiert den Anwendungsbereich. Sie sieht auch den bereits angesprochenen Grundsatz der Technologieneutralität
vor.[17]

Von zentraler Bedeutung in der Rahmenrichtlinie sind die Vorschriften zur Marktregulierung   **17**
(Art. 14-16 Rahmenrichtlinie). Nach dem neuen Rechtsrahmen sollten nicht mehr alle Märkte
des Telekommunikationssektors der Regulierung unterliegen, sondern nur noch solche, in denen kein wirksamer Wettbewerb festzustellen war. Grund für diese Abkehr war, dass mehr als
sechs Jahre nach der Liberalisierung der Telekommunikationsmärkte die Marktöffnung vollzogen und sich in bestimmten Märkten zum Teil wettbewerbliche Strukturen herausgebildet
hatten. Die Regulierung sollte sich den inzwischen komplexeren und sich dynamisch entwickelnden Märkten anpassen können.[18] Nur wenn kein wirksamer Wettbewerb besteht, ergibt
sich Regulierungsbedarf. Wirksamer Wettbewerb ist nicht gegeben nach Art. 16 Abs. 4 Rahmenrichtlinie, wenn ein Unternehmen in diesem Markt über beträchtliche Marktmacht verfügt
und dieser Markt zugleich als regulierungsbedürftig erscheint. Die Regulierungsbedürftigkeit
eines Marktes liegt vor, wenn der Markt durch beträchtliche Marktzutrittschranken gekennzeichnet ist, der längerfristig nicht zu wirksamem Wettbewerb tendiert und das allgemeine
Wettbewerbsrecht nicht ausreicht, um den Wettbewerbsproblemen entgegenzuwirken.[19] Ist der
Markt regulierungsbedürftig und kommt einem Unternehmen beträchtliche Marktmacht zu, so
sind diesem Unternehmen Regulierungsverpflichtungen aufzuerlegen (Art. 16 Abs. 4 Rahmenrichtlinie). Diese müssen geeignet und erforderlich sein, dem identifizierten Wettbewerbsproblem abzuhelfen. Welche Regulierungsmaßnahmen hiernach in Betracht kommen, ist in
der Zugangsrichtlinie 2002/19/EG festgelegt.[20]

Das Verfahren zur Ermittlung eines Unternehmens mit beträchtlicher Marktmacht auf einem   **18**
regulierungsbedürftigen Markt ist komplex. Die Rahmenrichtlinie sieht hierzu eine sog.
Marktanalyse vor. Im ersten Schritt, der sog. Marktdefinition, werden jene Märkte abgegrenzt,
die einer Regulierung unterfallen. Gemäß Art. 15 Abs. 3 Rahmenrichtlinie erfolgt die Marktdefinition durch die nationalen Regulierungsbehörden. Grundlage für die Marktdefinition ist
die Empfehlung der EU-Kommission 2003/311/EG über relevante Produkt- und Dienstmärkte
des elektronischen Kommunikationssektors[21] (nachfolgend: Märkteempfehlung). Die Märkteempfehlung enthält im Rahmen einer europäischen Durchschnittsbetrachtung diejenigen
Märkte, die nach Ansicht der EU-Kommission als Kandidatenmärkte für eine Regulierung in
Betracht kommen. Die nationalen Regulierungsbehörden überprüfen im Rahmen ihrer Marktdefinition unter „weitestgehender Berücksichtigung" der Märkteempfehlung, ob die auf mitgliedstaatlicher Ebene abgegrenzten Märkte mit Rücksicht auf die nationalen Besonderheiten

---

16 Richtlinie 2002/21/EG des europäischen Parlaments und des Rates v. 7.3.2002 über einen gemeinsa-
    men Rechtsrahmen für elektronische Kommunikationsnetze und -dienste, ABlEG 2002 L 108, 33.
17 Vgl. EG 25 Rahmenrichtlinie.
18 Vgl. EG 25 Rahmenrichtlinie.
19 Vgl. EG 27 Rahmenrichtlinie.
20 Vgl. unten Rn. 22 f., 57 ff.
21 Vgl. ABlEG L 114, 45.

den von der EU-Kommission festgelegten Märkten entsprechen und tatsächlich als regulierungsbedürftig anzusehen sind (Art. 15 Abs. 3 Rahmenrichtlinie). Bei länderübergreifenden Märkten erfolgt die Marktdefinition durch die EU-Kommission selbst (Art. 15 Abs. 4 Rahmenrichtlinie). Die Marktabgrenzung hat gemäß Art. 15 Abs. 1 S. 2 Rahmenrichtlinie nach den anerkannten kartellrechtlichen Prinzipien zu erfolgen. Sachlich werden einem relevanten Markt hiernach sämtliche Produkte oder Dienste zugeordnet, die nach ihren Eigenschaften, ihrem wirtschaftlichen Verwendungszweck und ihrer Preislage so nahe stehen, dass der verständige Verbraucher sie als für die Deckung eines bestimmten Bedarfs geeignet und als gegeneinander austauschbar ansieht[22] (Bedarfsmarktkonzept).

19 Ist hiernach ein regulierungsbedürftiger Markt abgegrenzt worden, so ist im nächsten Schritt festzustellen, ob eine Position mit beträchtlicher Marktmacht vorliegt. Beträchtliche Marktmacht ist nach Art. 14 Abs. 2 Rahmenrichtlinie gegeben, wenn eine der Marktbeherrschung gleichkommende Stellung eines Unternehmens vorliegt, die es ihm erlaubt, sich unabhängig von Wettbewerbern, Kunden und Verbrauchern zu verhalten. Das Unternehmen muss hiernach über einen unkontrollierten Verhaltensspielraum im Markt verfügen. Die Kriterien für die Annahme beträchtlicher Marktmacht wurden im Wesentlichen den Kriterien für die Ermittlung von Marktbeherrschung nach Art. 82 EGV angeglichen.[23] Mit dieser Angleichung sollte im Sinne des deregulatorischen Ansatzes des neuen Rechtsrahmens der langfristige Übergang der Märkte in die Obhut des Wettbewerbsrechts vorbereitet werden.

20 Die Auferlegung von Regulierungsmaßnahmen obliegt alleine den nationalen Regulierungsbehörden. Im Rahmen der Marktdefinition und der Feststellung beträchtlicher Marktmacht sieht die Rahmenrichtlinie jedoch auch erhebliche Befugnisse bei der EU-Kommission. Neben der Möglichkeit, die Reichweite der Regulierung über die Märkteempfehlung zu steuern, kann die EU-Kommission nach Art. 7 Abs. 4 Rahmenrichtlinie verlangen, dass die nationalen Regulierungsbehörden einen Entwurf zur Marktdefinition, soweit er von der Märkteempfehlung abweicht oder soweit Positionen mit beträchtlicher Marktmacht festgestellt werden, zurückziehen, wenn Auswirkungen auf den Handel zwischen den Mitgliedstaaten vorliegen und der Entwurf ein Hindernis für den Binnenmarkt darstellt oder die EU-Kommission ernsthafte Zweifel gegen die Vereinbarkeit des Entwurfs mit dem Gemeinschaftsrecht hegt. Da der EU-Kommission im Rahmen des Art. 7 Abs. 4 Rahmenrichtlinie keine positive Ersetzungsbefugnis hinsichtlich des vorgelegten Entwurfes zusteht, ist das Verfahren als Veto-Verfahren bezeichnet worden.

21 Die Regelungen zur Mitwirkung der EU-Kommission an der Marktregulierung waren im Richtliniengebungsverfahren heftig umstritten. Nachdem die EU-Kommission sich im Verlaufe des Verfahrens bereits von der Vorstellung verabschieden musste, eigene in den Mitgliedstaaten unmittelbar wirkende Eingriffsbefugnisse in Brüssel anzusiedeln, drängte sie jedenfalls auf substantielle Mitwirkungsrechte. Mit diesen Befugnissen war die zentrale Frage nach der Machtbalance zwischen EU-Kommission und nationalen Regulierungsbehörden im Rahmen der Marktregulierung verbunden. Seine jetzige Struktur erhielt Art. 7 Abs. 4 Rahmenrichtlinie daher erst in zweiter Lesung im Europäischen Parlament und stellt einen Kompromiss zwischen notwendiger Harmonisierung der Regulierung der Telekommunikationsmärkte in der EU auf Gemeinschaftsebene und dem Subsidiaritätsgedanken dar.

---

22 Vgl. Beck'scher TKG-Kommentar/*Pape* vor § 9 Rn. 30 m.w.N.
23 Vgl. Beck'scher TKG-Kommentar/*Korehnke* § 11 Rn. 15 ff.

3.2 Die Zugangsrichtlinie

Die Regelungen über den Netzzugang und die Zusammenschaltung für die Nachfrager von Un-   **22**
ternehmen mit beträchtlicher Marktmacht sind in der Zugangsrichtlinie[24] zusammengefasst.
Nach dem in der Rahmenrichtlinie kodifizierten Verfahren der Marktregulierung müssen Unternehmen, die auf regulierten Märkten über beträchtliche Marktmacht verfügen, spezifische
Regulierungsverpflichtungen auferlegt werden. Die Zugangsrichtlinie konkretisiert dieses Verfahren der Auferlegung von Vorab-Verpflichtungen (Art. 8 Zugangsrichtlinie), trifft darüber
hinaus aber auch allgemeine Regelungen über den Zugang zu Netzen und Diensten. Erfasst
wird mit der Zugangsrichtlinie nur die sog. Vorleistungsregulierung, d.h. die Nachfrage von
Unternehmen, die Vorprodukte des marktmächtigen Unternehmens nachfragen, um diese an
ihre Endkunden weiterzureichen. Die Zugangsrichtlinie regelt damit, inwieweit ein marktmächtiges Unternehmen seine Leistungen einem dritten Unternehmen zu welchen Bedingungen als Vorprodukt anbieten muss, damit das Wettbewerbsunternehmen seinerseits am Markt
agieren kann. Bei den nachgefragten Zugangsleistungen handelt es sich insbesondere um den
Zugang zur Netzinfrastruktur eines entsprechenden Betreibers oder um eine sog. Zusammenschaltung. Mit einer Zusammenschaltung wird die Verknüpfung zwischen zwei Telekommunikationsnetzen bezeichnet, die Nutzern der verschiedenen Netze die Kommunikation untereinander erlauben.

Die in den Art. 9 ff. Zugangsrichtlinie beschriebenen Maßnahmen dürfen nur Betreibern mit   **23**
beträchtlicher Marktmacht nach einer Marktanalyse gemäß Art. 16 Rahmenrichtlinie auferlegt
werden. Sie stehen am Ende des in der Rahmenrichtlinie geregelten Marktanalyseverfahrens.
Die Auferlegung erfolgt durch die nationalen Regulierungsbehörden. Bei den aufgezählten Re-
gulierungsinstrumenten handelt es sich um die Gleichbehandlungsverpflichtung (Nichtdiskriminierung, Art. 10 Zugangsrichtlinie), die Verpflichtung zur Transparenz hinsichtlich der Be-
reitstellungsbedingungen für Zugangsleistungen (Art. 9 Zugangsrichtlinie), die Verpflichtung
zur getrennten Buchführung für bestimmte Zugangsleistungen (Art. 11 Zugangsrichtlinie) sowie die Verpflichtung zur Preiskontrolle (Art. 13 Zugangsrichtlinie). Aufgrund der letztgenannten Verpflichtung können die nationalen Regulierungsbehörden Unternehmen mit beträchtlicher Marktmacht insbesondere verpflichten, ihre Vorleistungsentgelte anhand der für
die Leistungserbringung entstehenden Kosten zu gestalten und offen zu legen. Dabei können
sogar bestimmte Kostenrechnungsmethoden vorgegeben werden.

3.3 Die Genehmigungsrichtlinie

Die Genehmigungsrichtlinie[25] beschäftigt sich mit der Frage, inwiefern der Betrieb eines Te-   **24**
lekommunikationsnetzes oder das Angebot eines Telekommunikationsdienstes einer staatlichen Erlaubnis unterliegen darf. Dies ist insoweit bedeutsam, als eine hoheitliche Erlaubnis für
die Aufnahme einer Tätigkeit ein Marktzutrittshindernis darstellt. Es kann den Wettbewerb behindern und birgt insbesondere für ausländische Unternehmen ein Diskriminierungspotenzial,
das der Schaffung eines einheitlichen Binnenmarktes für Telekommunikationsdienstleistungen
in Europa zuwider laufen kann. Zugleich regelt die Genehmigungsrichtlinie, unter welchen
Bedingungen ein Genehmigungsakt erfolgen darf.

---

24 Vgl. Richtlinie 2002/19/EG des Europäischen Parlaments und des Rates v. 7.3.2002 über den Zugang
     von elektronischen Kommunikationsnetzen und zugehörigen Einrichtungen sowie deren Zusammen-
     schaltung, ABlEG 2002 L 108,7.

25 Richtlinie 2002/20/EG des Europäischen Parlaments und des Rates v. 7.3.2002 über die Genehmigung
     elektronischer Kommunikationsnetze und -dienste, ABlEG 2002 L 108, 21.

25   Die Richtlinie schreibt vor, dass Einzelgenehmigungen (in der Terminologie des deutschen Verwaltungsrechts mit einer Genehmigung durch Verwaltungsakt vergleichbar) nur noch in Ausnahmefällen statthaft sind. Dies stellt einen Paradigmenwechsel in der Telekommunikation dar, da zuvor jede Art von Netzbetrieb einer Erlaubnis (Lizenz) bedurfte. Zulässig sind Einzelgenehmigungen, wenn es um die Zuteilung knapper Ressourcen wie Funkfrequenzen geht. In der Regel sollen sie aber durch Allgemeingenehmigungen ersetzt werden. Dieser Begriff ist dem deutschen Verwaltungsrecht unbekannt. Er umfasst, wie Art. 3 Abs. 2 Genehmigungsrichtlinie zu entnehmen ist, solche Genehmigungen, die ohne behördliche Einzelfallentscheidung gültig sind und allenfalls mit einer Anzeigepflicht verknüpft werden dürfen. Allgemeingenehmigungen können im deutschen Recht durch Gesetze oder auf administrative Ebene durch Allgemeinverfügungen umgesetzt werden.[26]

26   An Einzel- wie Allgemeingenehmigungen dürfen nur solche Bedingungen staatlicherseits geknüpft werden, die in der Genehmigungsrichtlinie aufgeführt sind. Dies gilt insbesondere für Frequenznutzungsbedingungen. Die Auferlegung von Frequenznutzungsbedingungen durch den Mitgliedstaat soll auf das absolut notwendige Maß beschränkt bleiben, da hierdurch ebenfalls erhebliche Marktzutrittsschranken geschaffen werden können.

27   Bedingungen für Allgemein- und Einzelgenehmigungen können sich beziehen auf die Interoperabilität von Diensten, auf die Ermöglichung der Telekommunikationsüberwachung oder auf eine effektive und effiziente Frequenznutzung.

3.4 Die Universaldienstrichtlinie

28   Die Universaldienstrichtlinie 2002/22/EG[27] regelt, unter welchen Bedingungen Unternehmen Universaldienstverpflichtungen auferlegt werden können. Unter Universaldienst ist die Bereitstellung eines festgelegten Mindestangebots an Diensten für alle Endnutzer zu einem erschwinglichen Preis zu verstehen. Damit kann der Staat seiner Daseinsvorsorgeverpflichtung auch unter Wettbewerbsbedingungen nachkommen.

29   Zugleich enthält die Richtlinie einige Regelungen über die Regulierung von Endkundenmärkten, wobei eine solche Regulierung erst dann eingreifen soll, wenn die Zugangsregulierung auf Basis der Zugangsrichtlinie nicht zu wettbewerblichen Märkten geführt hat (Art. 17 Abs. 1 Universaldienstrichtlinie).

3.5 Die Datenschutzrichtlinie

30   Die Datenschutzrichtlinie 2002/58/EG trifft Regelungen zum Spannungsverhältnis zwischen der wirtschaftlichen Verwertung von telekommunikationsbezogenen Daten und den Ansprüchen der Betroffenen. Insbesondere wird geregelt, wie lange und zu welchen Zwecken Verkehrsdaten gespeichert werden dürfen. Wichtig ist auch die Regelung zur Verarbeitung von Standortdaten (Art. 9), die für Mobilfunkanwendungen von Bedeutung sein können.

---

26 Vgl. *Wegmann* K&R 2003, 448, 449.
27 Richtlinie 2002/22/EG des Europäischen Parlaments und des Rates v. 7.3.2002 über den Universaldienst und Nutzerrechte bei elektronischen Kommunikationsnetzen und -diensten, ABlEG 2002 L 108, 51.

3.6 Die Frequenzentscheidung

Die Frequenzentscheidung[28] zielt auf die Harmonisierung der Nutzung von Funkfrequenzen in   **31**
der Gemeinschaft. Andernfalls könnten Hindernisse für die Entwicklung des Binnenmarktes
entstehen. Die Kommission wird ermächtigt, zur Erreichung der Harmonisierungsziele Entscheidungen zu treffen und Umsetzungsfristen vorzugeben. Die Frequenzentscheidung sieht
die Gründung des sog. Frequenzausschusses vor, der Vertretern der Mitgliedstaaten besteht
und von der Kommission geleitet wird. Er soll sich im Wesentlichen mit der technischen Realisierung von Frequenzkonzepten befassen.

IV. Abgrenzung zum Kartellrecht

1. Unterschiede zwischen kartellrechtlicher und telekommunikationsrechtlicher Wettbewerbsaufsicht

Wie bereits dargelegt handelt es sich bei den Vorschriften des TKG zur Marktregulierung   **32**
(§§ 9-43) um ein Sonderkartellrecht für den Telekommunikationssektor.[29] Die Regulierungsinstrumente stellen in der Regel besondere Ausprägungen vorhandener kartellrechtlicher Ein-
griffsmöglichkeiten dar. Ein Grundverständnis des allgemeinen Kartellrechts ist daher für die
Auslegung der relevanten telekommunikationsrechtlichen Vorschriften unerlässlich. Allerdings verfolgen die Regelungswerke im einzelnen unterschiedliche Zielsetzungen: während
das allgemeine Kartellrecht den vorhandenen Wettbewerb vor Beschränkungen und Verfälschungen schützen soll, geht es bei der telekommunikationsrechtlichen Wettbewerbsaufsicht
um die Schaffung von Wettbewerb auf solchen Märkten, die nicht von selbst zum Wettbewerb
tendieren (arg e § 10 Abs. 2 S. 1). Die Regulierung nach dem TKG hat somit ein – wenn man
so will – planerisches oder steuerndes Element, was zweifelsohne in gewissem Widerspruch
zur Ergebnisoffenheit des Wettbewerbsprozesses steht. Der Regulierer steht dabei vor der Her-
kulesaufgabe, den wettbewerblichen Zustand eines Marktes definieren zu müssen.

Wie das GWB und die Wettbewerbsregeln des EG-Vertrages knüpft auch das TKG die beson-   **33**
deren Verpflichtungen des regulierten Unternehmens an seine Stellung im Markt. Für ein Eingreifen des Bundeskartellamtes im Rahmen der allgemeinen Missbrauchskontrolle nach dem
GWB ist in der Regel erforderlich, dass das betroffene Unternehmen über eine marktbeherrschende Stellung im Sinne der §§ 19, 20 GWB verfügt. Gleiches gilt für ein Eingreifen der EU-
Kommission nach Art. 82 EGV. Kartellrechtlich ist diese gegeben, wenn ein Unternehmen in
der Lage ist, sich in beträchtlichem Umfang unabhängig von seinen Wettbewerbern, Kunden
und Lieferanten zu verhalten. Kennzeichnend für die Annahme einer marktbeherrschenden
Stellung ist hiernach die fehlende Verhaltenskontrolle durch den Wettbewerb, die nunmehr
durch die Wettbewerbsaufsicht ersetzt werden muss. Die Neutralisierung von Marktmacht
wird somit zur Aufgabe des Rechts.[30]

Zwar verwendet das TKG in § 11 Abs. 1 S. 2 eine andere Terminologie („beträchtliche Markt-   **34**
macht"), in der Sache ist der dem europäischen Rechtsrahmen entstammende Topos der beträchtlichen Marktmacht dem kartellrechtlichen Begriff der Marktbeherrschung weitgehend
angenähert.[31] Abgesehen von einigen telekommunikationsrechtlichen Besonderheiten, auf die

---

28 Entscheidung Nr. 676/2002/EG über einen Rechtsrahmen für eine gemeinsame Frequenzpolitik ABlEG L 108 vom 24.4.2002.
29 Vgl. Beck'scher TKG-Kommentar/*Pape* vor § 9 Rn. 1.
30 Vgl. *Mestmäcker* S. 8.
31 Vgl. Beck'scher TKG-Kommentar/*Korehnke* § 11 Rn. 8, 15 f.

noch einzugehen sein wird, sind die Bewertungskriterien im Wesentlichen identisch. Der wesentliche Unterschied zwischen der kartell- und telekommunikationsrechtlichen Beurteilung besteht darin, dass bei ersterer ein bestimmtes Verhalten des Marktbeherrschers ex post auf seine Vereinbarkeit mit dem Kartellrecht zu beurteilen ist, während im Telekommunikationsrecht dem Unternehmen mit beträchtlicher Marktmacht ex ante Regulierungsverpflichtungen auferlegt werden, um bestimmten in einer Marktanalyse festgestellten Wettbewerbsproblemen abzuhelfen. Ein dem Wettbewerb abträgliches Verhalten soll auf diese Weise von vornherein vermieden werden. Mangels nachträglich konkret zu beurteilenden Marktverhaltens muss die telekommunikationsrechtliche Marktanalyse somit maßgeblich auf eine Prüfung der Marktstruktur abstellen und enthält entsprechend dem oben beschriebenen planerischen Ansatz ein prognostisches Element hinsichtlich des zukünftigen Verhaltens der Unternehmen im Markt.[32] Das Verhalten der Unternehmen muss antizipiert werden, um möglichen Wettbewerbsbeschränkungen mit Abhilfemaßnahmen entgegenzuwirken. Dies stellt erhebliche Anforderungen an die Begründung der Regulierungsentscheidungen. Die kartellrechtliche Prüfung missbräuchlichen Marktverhaltens ist in dieser Hinsicht vergleichsweise einfach. Sie ist reine Verhaltenskontrolle.

35 Auch die Eingriffsinstrumentarien sind entsprechend der unterschiedlichen Zielsetzungen von Kartell– und Telekommunikationsrecht verschieden. Das Kartellrecht ist im Rahmen der Missbrauchsaufsicht sanktionsorientiert. Sowohl das nationale wie das europäische Kartellrecht belegt missbräuchliches Verhalten nach den §§ 19, 20 GWB bzw. Art. 82 EGV mit Bußgeldern. Es hat aber kein zukunftsweisendes Element. Das Telekommunikationsrecht hingegen ist im Wesentlichen auf das zukünftige Verhalten der Unternehmen im Markt gerichtet. Die Verpflichtungen werden dem Unternehmen auferlegt, damit es sein Verhalten an diesen Maßstäben ausrichtet. Entsprechend dem festgestellten Marktversagen können diese ganz unterschiedlich ausfallen und reichen von Nichtdiskriminierungspflichten (§ 19) bis hin zur Vorab-Preiskontrolle, d.h. Entgelte vor ihrer Erhebung genehmigen lassen zu müssen (§§ 27 ff.). Die durch die Bundesnetzagentur anordbaren Regulierungsverpflichtungen sind daher eher abstrakten gesetzlichen Verpflichtungen zu vergleichen, die das Wettbewerbsverhalten eines Unternehmens vorab regulieren. Aufgrund ihres beschriebenen Charakters greifen telekommunikationsrechtliche Maßnahmen weitaus mehr als die ex post eingreifenden Sanktionen des Kartellrechts in die unternehmerische Freiheit des regulierten Unternehmens ein und unterliegen daher einem erhöhten Rechtfertigungszwang. Aufgrund ihres beschriebenen Charakters kann man sich sehr wohl die Frage stellen, ob die Anordnung so weit reichender Verpflichtungen durch eine Behörde mit dem Wesentlichkeitsgrundsatz des GG vereinbar ist.

2. Anwendungsschwelle für das Telekommunikationsrecht

36 Anders als das Kartellrecht ist das Telekommunikationsrecht sektorales Recht. Fraglich ist, welches die Voraussetzungen sind, damit dieses sektorale Recht zur Anwendung gelangt. Der Gesetzgeber beantwortet diese Frage in § 10 Abs. 2 S. 1 TKG. Hiernach unterliegen keineswegs alle Märkte der Telekommunikation dem Anwendungsbereich des TKG, sondern nur solche, die von beträchtlichen Markteintrittschranken geprägt sind, längerfristig nicht zu Wettbewerb tendieren und bei denen das allgemeine Kartellrecht nicht zur Regulierung des Marktes ausreicht. Die Reichweite der Regulierung wird also nicht mehr statisch für den gesamten Wirtschaftssektor bestimmt, sondern dynamisch anhand des Zustandes der jeweiligen dem Sektor zugehörigen Märkte. Der in § 10 Abs. 2 S. 1 verankerte sog. Drei-Kriterien-Test definiert mithin die Regulierungsbedürftigkeit von Telekommunikationsmärkten und folglich den

---

32 Vgl. Beck'scher TKG-Kommentar/*Korehnke* § 11 Rn. 24.

Korehnke

Anwendungsbereich des Gesetzes. § 10 Abs. 2 S. 1 stellt damit eine der zentralen Normen des TKG dar. Erstaunlicherweise hat sie aber in der bisherigen Regulierungspraxis eine untergeordnete Rolle gespielt. Die Bundesnetzagentur hat die Regulierungsbedürftigkeit von Telekommunikationsmärkten bislang abstrakt und mit stereotypen Formulierungen bejaht.[33]

Demgegenüber muss in jedem Einzelfall bezogen auf den jeweiligen Markt der Kriterienkatalog des § 10 Abs. 2 S. 1 bejaht werden, damit eine Regulierungsbedürftigkeit angenommen werden kann. Im Hinblick auf die Feststellung der Wettbewerbstendenz sind empirische ökonomische Analysen notwendig. In rechtlicher Hinsicht kommt insbesondere dem letzten Kriterium des § 10 Abs. 2 S. 1 Bedeutung zu. Nur wenn feststeht, dass das allgemeine Kartellrecht, und hierzu zählen sowohl die einschlägigen nationalen wie gemeinschaftsrechtlichen Vorschriften zum Missbrauch von Marktmacht (§§ 19, 20 GWB, Art. 82 EGV einschließlich der Bußgeldvorschriften), nicht ausreicht, um dem Marktversagen entgegenzuwirken, ist eine Regulierung notwendig. Hierzu ist zunächst festzustellen, welches Wettbewerbsproblem konkret vorliegt, welche Sanktionsmöglichkeiten das allgemeine Kartellrecht bereithält und inwieweit sich diese im Hinblick auf das erkannte Wettbewerbsproblem als untauglich erweisen. In Bezug auf die im Telekommunikationsrecht regelmäßig auftretenden Fallgruppen wie Preishöhenmissbrauch, Preis-Kosten-Scheren, Bündelungen oder Zugangsfragen erweist sich das Kartellrecht nicht als weniger eingriffstauglich.[34] Alleine der Hinweis, dass das Kartellrecht ein missbräuchliches Verhalten erst ex post einer Sanktion zuführen kann und dass das Regulierungsrecht demgegenüber einen Missbrauch vorab verhindern könnte, ist nicht ausreichend. Dieser Strukturunterschied des Kartellrechts zu den ex ante eingreifenden Regulierungssanktionen war dem Gesetzgeber bewusst, und trotzdem hat er die Prüfung der hinreichenden Effektivität des Kartellrechts angeordnet. Damit gibt er zu verstehen, dass das Kartellrecht auch im Bereich der Telekommunikation grundsätzlich zur Marktregulierung ausreicht. Nur wenn denn die besonderen Umstände der Wettbewerbsprobleme nach einer ex-ante-Regulierung nach dem TKG verlangen, ist diese auch geboten. Könnte die Frage nach dem Ausreichen des Kartellrechts zur Marktregulierung allein mit dem Hinweis auf die Strukturunterschiede zwischen beiden Regelungsmaterien beantwortet werden, würde die Prüfung zwangsläufig zugunsten des schärferen und früher eingreifenden Sanktionsinstrumentariums ausfallen und würde im Ergebnis ins Leere laufen. Es kann also bei der Prüfung nicht darum gehen, ob bestimmte Regulierungsziele im Sinne einer optimalen Zielerreichung besser, schneller oder einfacher durch Regulierungsmaßnahmen nach dem TKG erreicht werden können. Vielmehr ist die Feststellung notwendig, dass das Kartellrecht unter keinem Gesichtspunkt, dem spezifisch festgestellten Wettbewerbsproblem entgegenwirken kann. Diese Prüfung stellt hohe Prognoseanforderungen und scheint auch deshalb beim Regulierer unbeliebt.

Die beschriebene notwendige Einzelfallprüfung der Regulierungsbedürftigkeit von Telekommunikationsmärkten entspricht dem deregulatorischen Ansatz der TKG-Novelle 2004, wonach sich die Regulierung auf die spezifischen Wettbewerbsprobleme der Einzelmärkte des Telekommunikationssektors konzentrieren soll und diese Märkte, soweit sie nicht besonders regulierungsbedürftig erscheinen, aus der Regulierung entlassen und entsprechend den Märkten anderer Wirtschaftssektoren dem Kartellrecht überantwortet werden sollen.[35] Insoweit erweist sich das Telekommunikationsrecht als Übergangsrecht bis eine Regulierungsbedürftigkeit nach § 10 nicht mehr gegeben ist. Ergibt sich bei der Prüfung, dass eine Regulierungsbedürf-

37

38

---

33 Vgl. *Möschel* MMR 2007, 343 (344 f.) mit Nachweisen zur Behördenpraxis; kritisch auch *Topel* ZWeR 2006, 27, 33.

34 Vgl. *Möschel* MMR 2007, 343, 346.

35 Vgl. Begr. zu § 10 TKG, BT-Drucks. 15/2316, 84.

tigkeit nach dem TKG nicht (mehr) besteht, unterfallen diese Telekommunikationsmärkte alleine der kartellrechtlichen Missbrauchsaufsicht nach den §§ 19, 20 GWB, Art. 82 EGV, die von den Kartellbehörden (Bundeskartellamt, EU-Kommission) ausgeübt wird.

3. Konkurrenz von Kartell- und Telekommunikationsrecht

39   Unterfällt ein Markt der Telekommunikationsregulierung, bleibt das Kartellrecht grundsätzlich daneben anwendbar, wie sich aus § 2 Abs. 3 ergibt. Eine Ausschlusswirkung des Telekommunikationsrechts besteht nur dann, wenn durch das TKG ausdrücklich eine abschließende Regelung getroffen wird.

40   Unproblematisch ist dies, soweit das Kartellrecht einen Gegenstand regelt, der keine Entsprechung im TKG findet, wie beispielsweise die Fusionskontrolle. Die Fusionskontrolle im Telekommunikationssektor regelt sich daher ausschließlich nach dem GWB bzw. den entsprechenden europarechtlichen Bestimmungen wie der FKVO. Gleiches gilt für die Regelungen über Kartellabsprachen (§§ 1 ff. GWB). Insofern stellt sich in beiden Fällen erst gar kein Fall konkurrierender Regulierung.

41   Eine Konkurrenzsituation kann sich aber ergeben im Bereich der Verpflichtungen marktbeherrschender Unternehmen nach den §§ 19, 20 GWB. Diese können zugleich marktmächtig sein im Sinne des § 11 TKG und so könnte sich eine Doppelregulierung für diese Unternehmen beispielsweise bei Zugangsverpflichtungen (Kontrahierungszwang mit Nachfragern einer Leistung nach § 21) oder bei der Entgeltregulierung (§§ 27 ff.) ergeben. Zu prüfen ist also, ob die Regelungen des TKG zur Marktregulierung abschließend im Sinne des § 2 Abs. 3 sind. Eine ausdrücklicher Hinweis, wie ihn das Gesetz verlangt, findet sich in den §§ 9 ff. nicht. Allerdings könnte man argumentieren, dass – da das Gesetz in § 10 Abs. 2 S.1 die Prognose der Untauglichkeit des Kartellrechts zur Marktregulierung verlangt – festgestellt sei, dass der jeweilige Markt wirksam nur durch das Telekommunikationsrecht reguliert werden könne. Dem lässt sich entgegenhalten, dass § 10 Abs. 2 S. 1 von der Prognose spricht, dass das allgemeine Kartellrecht „allein" nicht ausreichend zur Marktregulierung sei; dass es damit aber im Falle der festgestellten Regulierungsbedürftigkeit trotzdem neben dem Telekommunikationsrecht zur Anwendung gelangen könne. Allerdings stellt sich in der Tat die Frage, welchen Sinn eine solche, sozusagen flankierende, Anwendung haben sollte, wenn ihre generelle Untauglichkeit bereits festgestellt wurde.

42   Im Ergebnis wird die Frage ohnehin relativiert durch den Umstand, dass der nationale Gesetzgeber keinen Ausschluss höherrangigen Rechts, also der gemeinschaftsrechtlichen Regelungen gegen den Missbrauch von Marktmacht durch beherrschende Unternehmen (Art. 82 EGV) verfügen kann. Diese Regelungen bleiben daher ohnehin anwendbar.

B. Regulierung nach dem Telekommunikationsgesetz

I. Marktregulierung

1. Überblick

43   Die Regelungen des TKG zur Marktregulierung sind eng an die entsprechenden Vorschriften der Rahmenrichtlinie angelehnt. Gemäß § 10 hat zunächst eine Marktabgrenzung zu erfolgen, in der die regulierungsbedürftigen Märkte festgelegt werden. In der anschließenden Marktanalyse gemäß § 11 werden die regulierungsbedürftigen Unternehmen bestimmt. Aufgreifkrite-

rium ist das Vorliegen beträchtlicher Marktmacht. Die §§ 12-15 betreffen insbesondere Verfahrensfragen im Hinblick auf die Beteiligung der EU-Kommission sowie anderer nationaler Regulierungsbehörden. Die §§ 16 – 43 betreffen die Rechtsfolgen festgestellter Marktmacht, und zwar insbesondere im Hinblick auf Fragen des Zugangs zu Netzen und Diensten des marktmächtigen Unternehmens (§§ 16 ff.) und hinsichtlich der Regulierung der Entgelte für den zu gewährenden Zugang (§§ 27 ff.)

2. Das Verfahren der Marktregulierung

2.1 Marktdefinition

Nach § 9 Abs. 1 unterliegen der Telekommunikationsregulierung Märkte, die regulierungsbedürftig sind und auf denen kein wirksamer Wettbewerb besteht. Die Festlegung der regulierungsbedürftigen Märkte erfolgt im Rahmen der sog. Marktdefinition gemäß § 10. Die Marktdefinition wiederum umfasst zwei Prüfschritte: die eigentliche Marktabgrenzung (Marktabgrenzung im engeren Sinne) sowie die Prüfung der Regulierungsbedürftigkeit. **44**

Maßgeblich für die Marktabgrenzung im engeren Sinne ist entsprechend der Vorgaben des Gemeinschaftsrechts die kartellrechtliche Praxis. Die Märkte sind dabei in sachlicher wie räumlicher Hinsicht zu definieren. In sachlicher Hinsicht ist zu prüfen, welche Produkte zu einem Markt zählen. Nach dem herrschenden Bedarfsmarktkonzept, das in einzelnen Fällen durch weitere Prüfungspunkte ergänzt wird,[36] ist maßgeblich die Austauschbarkeit von Produkten und Dienstleistungen aus Sicht des Nachfragers.[37] Ist eine Austauschbarkeit im Hinblick auf Eigenschaften, Verwendungszweck und Preis gegeben, zählen die Produkte und Dienstleistungen mit diesen Merkmalen zum gleichen Markt. Je enger die Marktabgrenzung, desto näher liegt kartellrechtlich die Annahme von Marktbeherrschung oder regulatorisch die Annahme beträchtlicher Marktmacht mit den daran anknüpfenden Verpflichtungen. Würde beispielsweise im Bereich der Erfrischungsgetränke ein Markt für Coca Cola abgegrenzt, so wäre Coca Cola in diesem Markt automatisch marktbeherrschend, da Coca Cola der einzige Anbieter des Produktes ist und somit keinem Wettbewerb ausgesetzt wäre. Ähnlich im Bereich der Telekommunikation: so wird vertreten, dass die Zustellung eines Telefongespräches (sei es im Festnetz oder im Mobilfunk) in einem Netz nicht durch die Zustellung des Gespräches in einem anderen Netz ersetzt werden könne.[38] Damit ist jedenfalls in der Regel der jeweilige Netzbetreiber – weil einziger Anbieter der Leistung – marktbeherrschend bzw. marktmächtig. Der Markt wird also auf das Produkt eines einzelnen Unternehmens verengt, wobei in dem betreffenden Fall verkannt wird, dass die einzelnen Netzbetreiber im Wettbewerb um den Kunden stehen und die fehlende Substituierbarkeit der Leistung erst eine Folge der Entscheidung des Kunden ist, mit einem Netzbetreiber zu kontrahieren.[39] Es wird ersichtlich, dass die Marktabgrenzung für die Annahme von zu regulierender Marktmacht vorentscheidend ist. Kartell- und Regulierungsbehörden tendieren zu engen Marktabgrenzungen, weil ihnen dies eine Marktregulierung ermöglicht. **45**

Steht fest, welche Produkte ein Markt umfasst, ist zu prüfen, ob dieser Produktmarkt der sektorspezifischen Regulierung unterfällt. Nach § 10 Abs. 2 S. 1 sind solche Märkte regulierungsbedürftig, die durch beträchtliche und anhaltende strukturelle oder rechtlich bedingte Markt- **46**

---

36 Wie z.B. die Angebotsumstellungsflexibilität vgl. Beck'scher TKG-Kommentar/*Pape* vor § 9 Rn. 35 ff.

37 Vgl. Beck'scher TKG-Kommentar/*Schütz* § 10 Rn. 8 f.

38 Vgl. Beck'scher TKG-Kommentar/*Schütz* § 10 Rn. 52, 78 f.

39 Zur Kritik an der sog. „Ein-Netz-ein-Markt-Theorie" vgl. Beck'scher TKG-Kommentar/*Korehnke* § 11 Rn. 81 f., s. auch *v. Weizsäcker* MMR 2003, 170 ff.

zutrittschranken gekennzeichnet sind, längerfristig nicht zu wirksamen Wettbewerb tendieren und auf denen die Anwendung des allgemeinen Wettbewerbsrechts allein nicht ausreicht, um dem betreffenden Marktversagen entgegenzuwirken. Es ist bereits dargelegt worden, dass mit diesem sog. Drei-Kriterien-Test die Reichweite der sektorspezifischen Regulierung definiert wird. Dabei stellt die Prüfung der Marktzutrittschranken den Ausgangspunkt dar. Diese können struktureller oder rechtlicher Natur sein. Strukturelle Marktzutrittsschranken können beispielsweise in unterschiedlichen Kostenstrukturen eines etablierten und eines neu in den Markt hinzutretenden Unternehmens bestehen. Rechtliche Marktzutrittschranken können sich aus gesetzlichen oder behördlichen Entscheidungen, insbesondere Zulassungserfordernissen, ergeben.[40] Je höher die Marktzutrittsschranken sind, desto unwahrscheinlicher ist, dass der Wettbewerb durch Neueinsteiger in den Markt belebt wird.

47   Weiterhin darf für die Annahme der Regulierungsbedürftigkeit längerfristig keine Wettbewerbstendenz zu erkennen sein. Damit ist der Zustand des Wettbewerbs hinter der Zugangschranke zu prüfen. In technologiegetriebenen, von Innovationen geprägten Märkten kann auch von noch nicht auf dem jeweiligen Markt tätigen Unternehmen Wettbewerbsdruck ausgehen und die Zugangsschranken relativieren.[41] Im Übrigen ist bei diesem Prüfungspunkt eine Prognose dahingehend erforderlich, ob das Fehlen eines wirksamen Wettbewerbs ein dauerhaftes Phänomen ist und nur durch Regulierung überwunden werden kann oder ob der Markt selbst Wettbewerbstendenzen aufweist. Schließlich ist festzustellen, ob das allgemeine Wettbewerbsrecht zur Marktregulierung ausreicht. Insofern kann auf die Ausführungen zur Abgrenzung zwischen Kartell- und Telekommunikationsrecht verwiesen werden.[42]

48   Die Marktabgrenzung erfolgt nach § 10 Abs. 2 S. 3 auf der Grundlage und unter „weitestgehender Berücksichtigung" der Märkteempfehlung[43] der EU-Kommission. Empfehlungen haben nach dem Gemeinschaftsrecht keinen bindenden Charakter, allerdings kann die Bundesnetzagentur auch nicht völlig willkürlich andere Märkte abgrenzen als von der EU-Kommission im Rahmen ihrer Durchschnittsbetrachtung vorgesehen. Die geforderte weitestgehende Berücksichtigung macht es notwendig, dass sich die Bundesnetzagentur sachlich fundiert mit der Märkteempfehlung auseinandersetzt und die dortige Marktabgrenzung im Falle eines Abweichens begründet zurückweist.

49   Der Bundesnetzagentur steht bei der Marktdefinition, nicht aber bei der Marktanalyse, ein Beurteilungsspielraum zu (§ 10 Abs. 2 S. 2). Die Marktabgrenzung kann hiernach also nur eingeschränkt gerichtlich überprüft werden. Verwaltungsgerichtlich ist die Prüfung darauf beschränkt, ob das notwendige Verfahren eingehalten wurde, der Sachverhalt korrekt ermittelt wurde, das anzuwendende Recht berücksichtigt wurde und ob die Behörde sich von sachfremden Erwägungen hat leiten lassen bzw. allgemeingültige Bewertungsmaßstäbe verletzt hat.

2.2 Marktanalyse

50   In der Marktanalyse wird untersucht, ob auf dem als regulierungsbedürftig erkannten Produktmarkt wirksamer Wettbewerb herrscht. Dies ist nicht der Fall, wenn auf diesen Märkten Unternehmen über beträchtliche Marktmacht verfügen (§ 11 Abs. 1 S. 2).

---

40 Vgl. EG 12 Märkteempfehlung.
41 Vgl. Begr. Märkteempfehlung, S. 11.
42 Vgl. oben Rn. 36 ff.
43 Vgl. Fn. 21.

Es ist schon dargelegt worden, dass sich die Prüfung beträchtlicher Marktmacht an den kartell- **51**
rechtlichen Topos der Marktbeherrschung anlehnt. Entsprechend der gemeinschaftsrechtlichen
Vorgaben[44] inkorporiert § 11 Abs. 1 S. 3 mit seiner Definition von beträchtlicher Marktmacht
die Rechtsprechung des EuGH[45] zur kartellrechtlichen Marktbeherrschung in das Gesetz. Danach ist in einer wertenden Gesamtschau zu beurteilen, ob ein Unternehmen sich unabhängig
von Wettbewerbern, Kunden und Lieferanten verhalten kann, mithin ob sein Verhaltensspielraum durch die Marktkräfte kontrolliert wird oder ob dies nicht mehr der Fall ist.[46] Nach kartellrechtlicher Praxis kommt es hierbei insbesondere auf den Marktanteil des in Rede stehenden Unternehmens an. Nach der Rechtsprechung des EuGH kann ab an einem Marktanteil von
50% regelmäßig auf eine Marktbeherrschung geschlossen werden.[47] Neben dem absoluten
Marktanteil sind unter anderem der relative Marktanteil, die Anteilsentwicklung, die Marktzutrittsschranken, die Macht der Marktgegenseite, die Unternehmensressourcen, der Zugang zu
den Kapitalmärkten, die Verflechtung mit anderen Unternehmen relevant.[48]

Nach § 11 Abs. 1 S. 3 ist das Vorliegen beträchtlicher Marktmacht nach dem TKG aber nicht **52**
identisch mit dem kartellrechtlichen Begriff der Marktbeherrschung. Es muss vielmehr eine
der Marktbeherrschung „gleichkommende Stellung" vorliegen. Denn die Strukturmerkmale
der telekommunikationsrechtlichen Prüfung verlangen einige Besonderheiten bei der Marktanalyse. So ist die kartellrechtliche Missbrauchsprüfung eine ex-post-Betrachtung eines bestimmten Marktverhaltens, die Marktanalyse nach § 11 hingegen eine Prognoseentscheidung
in Bezug auf die künftigen Wettbewerbsverhältnisse. Schließlich ist das Ziel der Marktanalyse
die Feststellung, ob der Markt zukünftig durch bestimmte besondere Verpflichtungen für die
marktmächtigen reguliert werden soll. Der Prognosecharakter stellt hohe Anforderungen an
die Feststellung beträchtlicher Marktmacht und führt im Falle von Unsicherheiten oder Nachweisschwierigkeiten dazu, dass ein Markteingriff unterbleiben muss.

Darüber hinaus kann man sich die Frage stellen, ob allein die Feststellung beträchtlicher **53**
Marktmacht angelehnt an die Marktbeherrschungskriterien für die Annahme, dass ein betref-
fendes Unternehmen zu regulieren ist, ausreichend ist. In der Regulierungstheorie wird vertreten, dass Regulierungsbedarf nur bestehe, wenn das Unternehmen über eine monopolistische
Engpasseinrichtung („bottleneck") verfüge.[49] Eine solche Einrichtung liege vor, wenn eine Infrastruktur nicht mit angemessenen Mitteln dupliziert werden könne. In der Telekommunikation wird die Teilnehmeranschlussleitung im Festnetz (die letzte Meile der lokalen Infrastruktur zum Kunden) als solche qualifiziert, weil die Installationskosten für eine alternative Infrastruktur nicht wirtschaftlich erscheinen. Begründet wird die skizzierte Beschränkung der Regulierung mit ihrer Herkunft bzw. ihrer ursprünglichen Zielsetzung: sie sollte das frühere
Staatsmonopol beseitigen. Nur wo trotz der Marktliberalisierung noch Überbleibsel der zu
Monopolzeiten errichteten Infrastruktur zu finden seien und wo der Ex-Monopolist noch davon
profitiere, weil eine alternative Infrastruktur nicht rentabel errichtet werden könne, sei Regulierung gerechtfertigt. Im Gegensatz hierzu unterwirft die derzeitige Regulierungspraxis mit
dem Hinweis auf den Grundsatz der Technologieneutralität auch solche Telekommunikationsmärkte der Regulierung, die nie durch ein Monopol geprägt waren, wie z.B. der Mobilfunk.

---

44 Vgl. oben Rn. 18 ff.
45 Vgl. *EuGH* Slg. 1978, 207, 286 – United Brands.
46 Vgl. Beck'scher TKG-Kommentar/*Korehnke* § 11 Rn. 15 f.
47 Vgl. *EuGH* Slg. 1991, I-3359 – AKZO.
48 Vgl. Beck'scher TKG-Kommentar/*Korehnke* § 11 Rn. 17 ff.
49 Vgl. *Immenga/Kirchner/Knieps/Kruse* S. 20 ff.

54 Die bisherige Regulierungspraxis hat im Wesentlichen die Deutsche Telekom AG und damit den Ex-Monopolisten in den verschiedenen Telekommunikationsmärkten der Regulierung unterworfen. Dies betrifft insbesondere die Regulierung der Vorprodukte, also der Leistungen, die andere Unternehmen in Anspruch nehmen, um ihrerseits Endkunden Telekommunikationsprodukte anzubieten. Darüber hinaus sind auch die Mobilfunknetzbetreiber T-Mobile, Vodafone, O2 und E-Plus in dem Markt für Anrufzustellungen in ihre Netze als marktmächtig angesehen worden.[50]

2.3 Konsultations- und Konsolidierungsverfahren

55 Gemäß § 12 muss die Bundesnetzagentur zu den Ergebnissen der Marktdefinition und -analyse die interessierten Parteien (Abs. 1) sowie die Regulierungsbehörden der anderen Mitgliedstaaten und die EU-Kommission (Abs. 2) anhören. Aufgrund ihrer Bedeutung für das Verfahren der Marktregulierung und ihrer spezifischen Ausgestaltung handelt es sich bei der Anhörung nach § 12 nicht um eine Spezialnorm des § 28 VwVfG, sondern um eine Regelung sui generis. § 12 Abs. 2 dient der Harmonisierung und der kohärenten Anwendung des europäischen Kommunikationsrechtsrahmens in Europa. Die §§ 10 Abs. 3, 11 Abs. 3 beschränken die Mitwirkung der übrigen nationalen Regulierungsbehörden bzw. der EU-Kommission daher auf die Fälle, dass Marktabgrenzung oder -analyse Auswirkungen auf den Handel zwischen den Mitgliedstaaten haben.

56 Die Bundesnetzagentur muss den Stellungnahmen der EU-Kommission und der übrigen nationalen Regulierungsbehörden „weitestgehend Rechnung tragen", § 12 Abs. 2 Nr. 2. Es kommt also zu einer Mitwirkung ausländischer Behörden im deutschen Verwaltungsverfahren. Die Bundesnetzagentur ist zwar nicht an die Stellungnahmen gebunden (schon weil diese widersprüchlich sein können), sie muss sie aber angemessen berücksichtigen und sich mit ihnen begründet auseinandersetzen, insbesondere wenn sie ihnen nicht folgt.[51] Soweit die Bundesnetzagentur in ihrer Marktdefinition von der Märkteempfehlung abweicht oder soweit sie ein Unternehmen mit beträchtlicher Marktmacht bestimmt, kann die EU-Kommission verlangen, dass die Bundesnetzagentur ihren Entscheidungsentwurf zurückzieht, wenn die EU-Kommission Zweifel an der Vereinbarkeit des Entwurfes mit dem Gemeinschaftsrecht hat (§ 12 Abs. 2 Nr. 3 S. 2). Die Bundesnetzagentur ist an diesen Beschluss gebunden und kann ihren Entwurf entsprechend abändern. Der EU-Kommission steht aber keine positive Ersetzungsbefugnis hinsichtlich der nationalen Marktabgrenzung bzw. -analyse zu. Der auf Art. 7 Abs. 4 Rahmenrichtlinie zurückgehende Prozess wird deshalb häufig als „Veto-Verfahren" bezeichnet.

3. Die Auferlegung von Regulierungsverpflichtungen

57 Kommt einem Unternehmen beträchtliche Marktmacht zu, so wird es durch besondere Verpflichtungen reguliert, § 9 Abs. 2. Diese Verpflichtungen finden sich in den §§ 16 ff. Sie betreffen im Wesentlichen die Zugangs- und die Entgeltregulierung. Die Verpflichtungen nach den §§ 16 ff. ergeben sich zum Teil aus dem Gesetz selbst (z.B. §§ 16, 22 Abs. 1) zum Teil werden sie behördlich auferlegt (z.B. §§ 18-21). Im letztgenannten Fall handelt es sich in der Regel um Ermessensvorschriften. Obwohl die behördlichen Maßnahmen als Verwaltungsakt ergehen (§ 13 Abs. 3), haben sie eher abstrakte Natur, weil sie einem Unternehmen ein bestimmtes Verhalten (z.B. Zugangsgewährung) unabhängig vom Einzelfall für die Zukunft auf-

---

50 Vgl. *BNetzA* Beschluss v. 29.8.2006, BK4c-06-002/R.
51 Vgl. *Koenig/Loetz/Neumann* K&R Beilage 2/2003, 1, 8 f.

geben. Man kann sich durchaus die Frage stellen, ob diese Fragen nicht eigentlich vom Gesetz selbst zu beantworten wären und ob die behördliche Auferlegung mit dem Wesentlichkeitsgrundsatz des GG vereinbar ist.

3.1 Zugangsregulierung

Die Zugangsregulierung betrifft die Frage, inwiefern ein Nachfrager Zugang zu Infrastruktureinrichtungen und sonstigen Dienstleistungen des marktmächtigen Unternehmens erhält, um seinerseits Telekommunikationsdienstleistungen anbieten zu können. In der Regel geht es hierbei um Netzzugang, also den Zugang eines Wettbewerbers zum Telekommunikationsnetz eines marktmächtigen Unternehmens und seinen Einrichtungen. Kernnorm ist § 21. Hiernach kann die Bundesnetzagentur einen Netzbetreiber verpflichten, Netzzugang zu gewähren, insbesondere, wenn andernfalls der Wettbewerb auf dem Endnutzermarkt beeinträchtigt wird. Die Zugangsverpflichtung dient also der Herstellung von Wettbewerb auf einem dem Zugang nachgelagerten Markt. Verlangt beispielsweise ein Wettbewerber Zugang zur Teilnehmeranschlussleitung der Deutsche Telekom AG, dann will er ihr im Endkundengeschäft (also dort wo Netzanschlüsse und Telekommunikationsdienste an Verbraucher verkauft werden) Konkurrenz machen. Dieser Markt ist dem Markt, der die Nachfrage nach dem Vorprodukt umfasst, nachgelagert. Das Vorprodukt ist der Input für das Wettbewerbsprodukt. Die Zugangsverpflichtung dient also in diesem Sinne dem Eintritt des Wettbewerbers und der Öffnung des nachgelagerten Marktes. **58**

Der gewährte Zugang muss gegebenenfalls auch „entbündelt" angeboten werden. Damit ist ein sehr kontroverses Thema angesprochen. Dies bedeutet, dass der Nachfrager nur die Leistungen (und keine weiteren) abnehmen muss, die er auch benötigt. Hintergrund ist, dass eine Marktabschottung durch ein marktmächtiges Unternehmen auch dadurch entstehen kann, dass er nachgefragte Leistungen mit nicht nachgefragten Leistungen bündelt und zu einem prohibitiven Preis verkauft, oder er durch die Bündelung versucht, seine Marktmacht in andere Märkte zu exportieren. Allerdings kann die Bündelung damit gerechtfertigt werden, dass sie technisch oder ökonomisch notwendig ist.[52] **59**

Bei der Zugangsgewährung muss der Regulierer in besonderem Maße die Regulierungsziele berücksichtigen und prüfen, ob sie im Hinblick darauf gerechtfertigt sind. Denn mit der Zugangsgewährung ist ein erheblicher Grundrechtseingriff für das belastete Unternehmen verbunden. Das Gesetz gibt in § 21 Abs. 1 S. 2 einen Kriterienkatalog vor, der die Abwägung erleichtern soll. Damit weiterhin auch für das marktmächtige Unternehmen Investitionsanreize bestehen und Innovationen nicht behindert werden, müssen insbesondere die Anfangsinvestitionen des Netzeigentümers und die Investitionsrisiken bei der Abwägung Berücksichtigung finden (Nr. 3). Werden Infrastrukturinvestitionen demgegenüber unangemessen mit der Hypothek der Zugangverpflichtungen belegt und profitiert ein Dritter, der das eigene Risiko scheut, ohne weiteres davon, lohnt sich der mit der Investition verbundene Wettbewerbsvorstoß nicht. Das Ergebnis ist die Behinderung von Wettbewerb. Zudem kommt gerade der Infrastrukturinvestition und technologischen Innovationen entscheidende Bedeutung für einen funktionsfähigen Wettbewerb zu, wie § 2 Abs. 2 Nr. 3 verdeutlicht.[53] **60**

§ 21 Abs. 2 enthält eine beispielhafte Aufzählung von Zugangsverpflichtungen. Sie reicht vom Zugang zu bestimmten Netzkomponenten (Nr. 1), über die Bereitstellung von Endkundendiensten zu Vorleistungsbedingungen (Nr. 3) bis hin zum Pflichtangebot von Inkassodiensten **61**

---

52 Vgl. *BVerwG* MMR 2001, 681.
53 Vgl. Begr. zu § 2 TKG, BT-Drucks. 15/2316, 77.

(Nr. 7). Nach § 21 Abs. 3 soll die Bundesnetzagentur marktmächtige Netzbetreiber insbesondere zur Zusammenschaltung ihres Netzes mit anderen Telekommunikationsnetzen verpflichten (Nr. 2). Die Zusammenschaltung dient dazu, dass die Nutzer verschiedener Netze miteinander kommunizieren können.

62   Die Anordnung zur Zugangsgewährung kann von verschiedenen Verpflichtungen begleitet werden. Hierzu zählen insbesondere das Diskriminierungsverbot (§ 19) sowie die Pflicht zur getrennten Rechnungslegung (§ 24). Nach § 19 Abs. 1 kann Bundesnetzagentur anordnen, dass Zugangsvereinbarungen einen gleichwertigen Zugang für Nachfrager gewähren müssen, sprich dass bei den Verträgen nicht ohne sachlichen Grund hinsichtlich der Vertragsbedingungen differenziert werden darf. § 19 Abs. 2 sieht eine Anordnungsbefugnis dahingehend vor, dass ein Dritter, der gleichartige Dienste erbringt, hinsichtlich der Leistungserbringung nicht nur mit seinen Konkurrenten gleich zu behandeln ist, sondern auch mit eigenen Unternehmensabteilungen des marktmächtigen Unternehmens. Hiernach kommt es also nicht darauf an, ob das marktmächtige Unternehmen eine Leistung bereits extern am Markt anbietet. Beispielsweise müsste ein vertikal integriertes Unternehmen, also ein Unternehmen, das auf verschiedenen Marktstufen (Endkunden, Großhandel etc.) tätig ist (wie dies in der Telekommunikation häufig der Fall ist), einem Dritten ein Produkt zu den gleichen Bedingungen anbieten wie dem eigenen Vertrieb. Schwierig ist in diesen Fällen naturgemäß der Nachweis der Diskriminierung, weil die internen Verrechnungspreise – so denn (wie vielleicht bei konzernangehörigen Unternehmen) existent – für den Regulierer regelmäßig intransparent sind. Um diesen Nachweisschwierigkeiten abzuhelfen, sieht § 24 vor, dass die Bundesnetzagentur einem Unternehmen auferlegen kann, für bestimmte Zugangsleistungen eine getrennte Rechnungsführung durchzuführen. Dies gilt insbesondere für die Vorleistungspreise vertikal integrierter Unternehmen (§ 24 Abs. 1 S. 2). Dabei muss die getrennte Rechnungslegung im Zusammenhang mit der angeordneten Zugangsleistung stehen; die Bundesnetzagentur kann nicht etwa für alle sich selbst zu Verfügung gestellten Vorleistungen eine getrennte Buchführung anordnen.

3.2 Entgeltregulierung

63   Im Rahmen der Entgeltregulierung (§§ 27 ff.) wird festgelegt, zu welchen Preisen das marktmächtige Unternehmen Zugangsleistungen zur Verfügung stellen muss. Sie ist von zentraler Bedeutung für die Wettbewerbsfähigkeit des Nachfragers, weil die Zugangsentgelte für das nachfragende Unternehmen Kosten darstellen und sich die Höhe der Zugangsentgelte damit unmittelbar auf dessen Möglichkeiten der Preissetzung auf dem nachgelagerten Markt auswirken. Auf der anderen Seite stellt die Preiskontrolle für das regulierte Unternehmen einen ganz erheblichen Eingriff in grundrechtlich geschützte Positionen (Art. 12, 14, 2 Abs. 1 GG) dar und erweist sich als der am schwersten wiegende regulatorische Eingriff. Dies gilt nicht zuletzt deshalb, weil die Kontrollprozeduren für die Unternehmen einen enormen Aufwand bedeuten.

3.2.1 Entgeltgenehmigung (ex-ante-Entgeltregulierung)

64   Gemäß § 30 Abs. 1 S. 1 unterliegen die Zugangsentgelte marktmächtiger Unternehmen regelmäßig der Genehmigung der Bundesnetzagentur. Andere als genehmigte Entgelte dürfen nicht abgerechnet werden (§ 37 Abs. 1). Soweit in Verträgen abweichende Entgelte vereinbart wurden, treten die genehmigten Entgelte an deren Stelle (§ 37 Abs. 2).

65   Genehmigungsbedürftige Entgelte sind genehmigungsfähig, wenn sie die Kosten der effizienten Leistungsbereitstellung nicht überschreiten (§ 31 Abs. 1 S. 1). Die Auslegung des Begriffes der „effizienten Kosten" bestimmt die regulatorische Debatte seit Jahren und ist äußerst komplex. Infolgedessen können hier nur sie wichtigsten Punkte diskutiert werden. Die Idee hinter der Kostenorientierung der Entgelte ist, dass unter Wettbewerbsbedingungen die Preise

sich den Grenzkosten annähern. Da es im Falle der Feststellung beträchtlicher Marktmacht an wirksamem Wettbewerb fehlt, dient die Entgeltgenehmigung – jedenfalls in der Theorie – der Simulierung des Wettbewerbspreises.[54] Der Regulierer muss hiernach den Wettbewerbspreis antizipieren,[55] was die Schwierigkeit der Aufgabe schon hinreichend umreißt. Das Effizienz-kriterium verdeutlicht dabei, dass nur eine kostenminimale Produktion berücksichtigt werden kann, d.h., dass z.B. Leerstände von Anlagen bei der Kostenberechnung nicht akzeptiert wer-den können (Überkapazitäten sind nicht effizient). Grund für dieses Korrekturelement ist, dass marktmächtige zu Ineffizienzen neigen, weil sie gerade keinem wesentlichen Wettbewerb aus-gesetzt sind.

Eine weitere Schwierigkeit bei der Kostenermittlung besteht darin, die Kosten zu bestimmen, **66** die zur Erbringung der Zugangsleistung notwendig sind. Einfach in der Zuordnung sind die sog. Einzelkosten, die nur für die Produktion der jeweiligen Zugangsleistung anfallen (§ 33 Abs. 2 S. 1). Das Problem in der Telekommunikation besteht aber darin, dass die Einzelkosten regelmäßig nur einen ganz geringen Teil der Unternehmenskosten ausmachen; der weitaus überwiegende Teil sind Gemeinkosten, die per definitionem gerade nicht einzelnen Diensten zugeordnet werden können – so dienen in der Regel alle Kostenelemente, die das Telekommu-nikationsnetz betreffen, der Produktion verschiedener Leistungen. Der gesetzlich angeordnete Gemeinkostenzuschlag (§ 31 Abs. 2 S. 1) muss deshalb durch eine Schlüsselung der Gemein-kosten auf die regulierte Zugangsleistung erfolgen. Wie dies zu erfolgen hat, ist im Einzelnen umstritten und hängt davon ab, ob überhaupt noch ein Zusammenhang mit der regulierten Leis-tung besteht (Wie ist beispielsweise der Fahrzeugpool der Deutsche Telekom AG zu behan-deln, wenn es um das Entgelt für die Anrufzustellung geht?). Eine einfache Methode besteht darin, die Gemeinkosten anhand der ausgebrachten Volumina zu verteilen (Verhältnis des Vo-lumens der regulierten Leistung zur gesamten Produktionsmenge des Unternehmens). Auf-grund des inhärenten Widerspruchs, der in der produktbezogenen Schlüsselung von Gemein-kosten liegt, und der damit verbundenen Ungenauigkeiten ist jede Kostenzurechnung in der Te-lekommunikation jedenfalls zum Teil arbiträr und begegnet schon deshalb erheblichen Beden-ken. In der Praxis werden die Fragen in der Weise gelöst, dass die Bundesnetzagentur die Entwicklung eines Kostenmodells in Auftrag gibt, das die Kostenzuordnung eines effizienten Betreibers simuliert.

Eine andere Methode, die das Gesetz zulässt, die genehmigungsfähigen Entgelte zu ermitteln, **67** ist die Vergleichsmarktbetrachtung (§ 31 Abs. 1 S. 2). Diese ist aus dem Kartellrecht bekannt, § 19 Abs. 4 Nr. 2 HS. 2 GWB. Hiernach ist der wettbewerbsanaloge Preis auf räumlichen Ver-gleichsmärkten zu ermitteln. Entsprechend ordnet dies § 35 Abs. 1 Nr. 1 an. Da die Vergleichs-märkte in der Regel nicht identisch sein werden und Unsicherheiten verbleiben, ist dies mit ei-nem Sicherheitszuschlag abzugelten.[56] Im Kartellrecht kommt auch noch ein Erheblichkeits-zuschlag dazu, da von einem Marktmachtmissbrauch nur bei einem erheblichen Abweichen vom wettbewerbsanalogen Preis ausgegangen wird.[57] Ob dieser auch in der Telekommunika-tion Anwendung finden wird, ist bislang nicht abschließend geklärt.[58] Anders als im Kartell-recht können aber auch nicht wettbewerbliche Märkte zum Vergleich herangezogen werden, soweit diese reguliert sind.[59] Nach dem Wortlaut des § 35 Abs. 1 Nr. 1 müssen die Märkte nur dem Wettbewerb geöffnet, also liberalisiert, sein.

---

54 Vgl. Berliner Kommentar/*Busse von Colbe* vor § 27 Rn. 6 f.
55 Vgl. Berliner Kommentar/*Groebel* § 31 Rn. 11.
56 Vgl. *BGH* WuW/E 2967 (2975).
57 Vgl. *Loewenheim/Meessen/Riesenkampff/Götting* Kartellrecht § 19 Rn.77.
58 Vgl. *BNetzA* Beschluss v. 8.11.2004, BK4c-04-048/E06.07.04, S. 16.
59 Vgl. Begr. zu § 33 TKG, BT-Drucks. 15/2316, 95.

3.2.2 Nachträgliche Entgeltkontrolle (ex-post-Entgeltregulierung)

68   Gemäß § 30 Abs. 1 S. 2 soll die Bundesnetzagentur von der Anordnung einer Genehmigungspflicht absehen und eine nachträgliche Kontrolle anordnen, wenn der Betreiber nicht zugleich auf dem Markt für Endkundendienstleistungen, auf dem er tätig ist, marktmächtig ist, nach Inkrafttreten des Gesetzes erstmalig beträchtliche Marktmacht festgestellt wurde und die nachträgliche Entgeltregulierung zur Erreichung der Regulierungsziele ausreichend ist. Der Gesetzgeber war sich bewusst, dass aufgrund der in der Märkteempfehlung der EU-Kommission enthaltenen Ein-Netz-ein-Markt-Theorie viele Netzbetreiber aus dem Bereich der Kabel-, Mobilfunk- und alternativen Festnetze als marktmächtig angesehen werden würden. Eine Vielzahl von Unternehmen, insbesondere auch sehr kleine Netzbetreiber, wären dann gezwungen gewesen, das aufwendige Entgeltgenehmigungsverfahren zu durchlaufen. Mit den in § 30 Abs. 1 S. 2 enthaltenen Kriterien, insbesondere mit der sog. doppelten Marktbeherrschung gemäß Ziffer 1, wollte man im Sinne der Deregulierung das Verfahren erleichtern, indem man die Entgelte der Unternehmen, die nicht zugleich auf dem Endkundenmarkt marktmächtig sind, nur dann einer Kontrolle unterfallen sollten, wenn konkrete Anhaltspunkt für einen Missbrauch von Marktmacht nach § 28 vorlagen (§ 38 Abs. 2).[60] Hiernach kommt also nur ein punktuelles Eingreifen bei konkreten Verdachtsmomenten in Betracht. Ein Missbrauch nach § 28 liegt vor bei einem Preishöhenmissbrauch (§ 28 Abs. 1 S. 2 Nr. 1), bei einer Behinderung (Nr. 2) sowie im Falle der Diskriminierung (Nr. 3). Die Fallgruppen sind den Missbrauchsszenarien des § 19 GWB nachgebildet.[61]

69   Trotz dieses gesetzgeberischen Ansatzes hat die Bundesnetzagentur alle Mobilfunknetzbetreiber, ohne dass diese über beträchtliche Marktmacht auf dem Mobilfunkendkundenmärkten verfügten, der ex-ante-Regulierung der Entgelte für die Anrufzustellung in ihren Netzen unterworfen. Anders könnten die Verbraucherinteressen, insbesondere der Festnetzkunden, nicht gewahrt werden mit der Folge, dass eine ex-post-Regulierung nicht zur Erreichung der Regulierungsziele ausreiche (§ 30 Abs. 1 S. 2 Nr. 3).[62]

4. Rechtsschutz

70   § 13 Abs. 3 bestimmt, dass Marktdefinitions- und -analyseergebnisse nach den §§ 10, 11 Teil einer sog. Regulierungsverfügung sind, die gemeinsam mit der Anordnung der Regulierungsmaßnahmen als einheitlicher Verwaltungsakt ergeht. Über die Marktdefinition und -analyse wird mithin nicht isoliert mit Außenwirkung entschieden, es handelt sich vielmehr um reine Vorbereitungshandlungen im Verwaltungsverfahren. Damit soll ausgeschlossen werden, dass schon Marktdefinition oder -analyse vor den Verwaltungsgerichten, gegebenenfalls im einstweiligen Rechtsschutz, angegriffen wird. Die gerichtliche Prüfung der Fragen im Zusammenhang mit Marktdefinition und -analyse erfolgen also inzident im Rahmen des gegen die Regulierungsmaßnahme gerichteten Verfahrens. Dabei ist zu berücksichtigen, dass der Bundesnetzagentur im Rahmen der Marktdefinition ein Beurteilungsspielraum zusteht, der die gerichtliche Kontrolle einschränkt.[63]

71   Da die Bundesnetzagentur nicht isoliert über Marktdefinition und -analyse nach außen entscheidet, kann eine bestimmte Feststellung auch nicht von dritter Seite gerichtlich erzwungen werden. Überdies besteht auch kein subjektives Recht auf Durchführung einer Marktanalyse;

---

60 Vgl. Begr. zu § 28 TKG, BT-Drucks. 15/2316, 93.
61 Vgl. Berliner Kommentar/*Groebel* § 28 Rn. 1.
62 Vgl. *BNetzA* Beschl. v. 29.8.2006, BK4c-06-002/R.
63 Vgl. oben Rn. 49.

daher kann erst recht kein bestimmtes Ergebnis beansprucht werden.[64] Es könnte aber wohl im Wege der Verpflichtungsklage geltend gemacht werden, dass ein Anspruch auf den Erlass einer bestimmten Regulierungsmaßnahme zulasten eines Wettbewerbers besteht. Allerdings muss feststehen, dass die zugrunde liegende materielle Norm drittschützenden Charakter hat.[65] Zudem müsste im Falle, dass es um eine Ermessensnorm geht, für den Erfolg der Klage eine Ermessensreduzierung auf Null vorliegen.

II. Frequenz- und Rundfunkregulierung

1. Überblick

Funkfrequenzen haben für die moderne Telekommunikation eine überragende Bedeutung, da nur sie eine ortsungebundene Kommunikation ermöglichen. Die technische Entwicklung, insbesondere die Digitalisierung der Funktechnik und die damit verbundene Kapazitätserweiterung, hat ein rasantes Marktwachstum entfacht.[66] Bestes Beispiel hierfür ist der Mobilfunk: aus einer Nischenanwendung wurde innerhalb von wenigen Jahren ein Massenmarkt. Die Penetrationsraten in vielen Ländern der Erde übersteigen diejenigen der Festnetztelefonie bei weitem, so auch in Deutschland. Aber auch Dienste wie Hörfunk und Fernsehen, die nicht der Individualkommunikation dienen, sind für ihre Verbreitung auf die Nutzung von Frequenzen angewiesen. Da Frequenzen aber trotz der mit der Digitalisierung verbundenen Kapazitätsausweitung eine begrenzte Ressource darstellen, entscheidet die Verfügungsmacht über Frequenzen über die Möglichkeit von Unternehmen an den jeweiligen Märkten teilzunehmen. Dem Allokationsverfahren kommt damit eine maßgebliche Bedeutung für die Marktentwicklung zu, wie nicht zuletzt die Versteigerung der UMTS-Mobilfunkfrequenzen im Jahre 2000 gezeigt hat. **72**

Eine weitere Wirkung der Digitalisierung besteht darin, dass die herkömmliche Unterscheidung zwischen Rundfunk-, Medien- und Telekommunikationsdiensten immer schwieriger wird. Fernsehen kann inzwischen, nicht nur über Kabel oder Satellit, sondern auch terrestrisch digital ausgestrahlt werden (DVB-T) und eröffnet damit grundsätzlich mehr Raum für eine individuelle Nutzung der Angebote. Über Mobilfunknetze, die ursprünglich der Individualkommunikation dienten, werden beispielsweise Abrufdienste in Bezug auf Film- und Fernsehangebote realisiert, die jedem Nutzer zur Verfügung stehen. Die Kombination von Mobilfunk- und DVB-H-Netzen wiederum eröffnet die Möglichkeit zu interaktivem ortsungebundenem Fernsehen.[67] **73**

Mit der Digitalisierung ist schließlich eine deutlich effizientere Frequenznutzung verbunden. Hierdurch werden bisher für analogen Rundfunk genutzt Frequenzbereiche frei. Daraus resultiert die Frage, in welchem Umfang die frei werdenden Frequenzen (sog. digitale Dividende) den einzelnen Funkdiensten zur Verfügung gestellt werden.[68] Die EU-Kommission vertritt in ihrer Mitteilung zur nächsten Überarbeitung des Kommunikationsrechtsrahmens die Auffassung, dass die Regelungen zur Frequenznutzung völlig unabhängig von dem übertragenen Dienst sein sollen und dass der Frequenzinhaber frei darüber entscheiden können soll, welchen **74**

---

64 Vgl. Beck'scher TKG-Kommentar/*Korehnke* § 13 Rn. 24.
65 Vgl. *Schütz* Rn. 336.
66 Vgl. den Überblick bei Beck'scher TKG-Kommentar/*Korehnke/Tewes* vor § 52 Rn. 27 ff.
67 Vgl. Beck'scher TKG-Kommentar/*Korehnke/Tewes* vor § 52 Rn. 45.
68 Vgl. *Holznagel/Enaux/Niehaus* Rn. 460.; s. auch Mitteilung der Kommission zur Stärkung des Binnenmarktes für das Mobilfernsehen v. 18.7.2007, KOM (2007) 409 endgültig, SEK 2007 980, S. 8 in Bezug auf die Nutzung der digitalen Dividende für mobiles Fernsehen.

Dienst er über die Frequenz erbringt (sog. Diensteneutralität).[69] Dies impliziert, dass Frequenzen unabhängig von dem zu übertragenden Dienst an die jeweiligen Nutzer zugeteilt werden und dass der Umfang der Verfügbarkeit von Frequenzen nicht mehr von dem zu übertragenden Funkdienst abhängig gemacht wird.

2. Technologie- und Diensteneutralität

75   Wie bereits erwähnt regelt das Telekommunikationsrecht den Übermittlungsvorgang beim Austausch oder Empfang von Informationen unabhängig vom übermittelten Inhalt. Gleichgültig ist, ob der Übertragungsvorgang der Individual- oder Massenkommunikation dient.[70] Dementsprechend greifen auch die Regeln zur Frequenzordnung (§§ 52 ff.) für jegliche Art der Frequenznutzung und im Grundsatz unabhängig davon, welcher Dienst über die Frequenzen erbracht wird. Die Frequenzregulierung erfasst mithin auch den Übertragungsvorgang hinsichtlich Rundfunk oder sonstiger an das Massenpublikum gerichteter Dienste. Dies entspricht den Zielsetzungen des Gemeinschaftsrechts. Nach dem gemeinsamen Rechtsrahmen soll die Frequenzregulierung angesichts der technologischen Konvergenz technologieneutral sein, das heißt die Regulierung soll nicht nach der vom Nutzer der Frequenzen eingesetzten Übertragungstechnologie differenzieren.[71] Dieser Ansatz umfasst auch bereits auf der Grundlage des derzeit geltenden Rechtsrahmens eine Neutralität der Frequenzregulierung gegenüber den übertragenen Diensten und Inhalten (sog. Diensteneutralität).[72]

76   Die EU-Kommission will diesen Grundsatz angesichts der Sonderregeln für den Rundfunk, die in einigen Mitgliedstaaten zu finden sind, im neuen und derzeit diskutierten Rechtsrahmen für elektronische Kommunikation weiter schärfen und hierdurch bestehende Wettbewerbsverzerrungen abbauen.[73] Entsprechende Sonderregeln sind auch im TKG zu finden. Zum Teil sind sie formeller Natur und dem Umstand geschuldet, dass die Länder für die Rundfunkgesetzgebung zuständig sind. So unterliegt die Frequenzbereichszuweisung, soweit Rundfunkdienste betroffen sind, beispielsweise der Zustimmung des Bundesrates, § 53 Abs. 1 S. 2. Zum Teil sind die Regelungen aber auch materieller Art. So findet im Bereich der Rundfunkdienste anders als bei anderen Funkdiensten auch bei Frequenzknappheit kein Versteigerungsverfahren im Rahmen der Frequenzvergabe statt, § 55 Abs. 2 S. 3.

77   Die angesprochenen Sonderregeln für den Rundfunk haben ihren Ursprung in dem Grundsatz, dass die Regulierung des Kommunikationssektors nicht die Regulierung der übertragenen Inhalte erfasst, Art 1. Abs. 3 Rahmenrichtlinie. Diese bleibt, sofern das Gemeinschaftsrecht nicht an anderer Stelle eine Regelung trifft, den mitgliedstaatlichen Vorschriften zur Sicherung der kulturellen Vielfalt und des Medienpluralismus überlassen.[74] Es ist aber zweifelhaft, ob mit dem Hinweis auf die Vielfaltsicherung beispielsweise die abweichenden Frequenzvergaberegeln gerechtfertigt werden können. Hierbei geht es nicht um Regulierung des einzelnen Inhalts, sondern um die Regulierung des Marktzutritts. Rundfunkanbieter werden gegenüber In-

---

69   Vgl. Mitteilung der Kommission an den Rat, das Europäische Parlament, den Europäischen Wirtschafts- und Sozialausschuss und den Ausschuss der Regionen über die Überprüfung des EU-Rechtsrahmens für elektronische Kommunikationsnetze und –dienste, KOM(2006) 334 endgültig, Commission Staff Working Document, S. 13.
70   Vgl. *Dörr/Schwartmann* Rn. 31.
71   Vgl. Art. 8 Abs. 1 S. 3 und EG 5 Rahmenrichtlinie.
72   Vgl. Fn. 69.
73   S. Fn. 69.
74   Vgl. EG 5 Rahmenrichtlinie.

habern anderer Frequenzen privilegiert, weil der Markteintritt zu deutlich geringeren Kosten erfolgen kann. Treten die Anbieter in Konkurrenz, was angesichts der Konvergenzentwicklung zunehmend der Fall ist, sind die von der EU-Kommission konstatierten Wettbewerbsverzerrungen nicht zu leugnen.

Das angeführte Beispiel macht die Schwierigkeiten der Grenzziehung zwischen Telekommunikations-, Medien- und Rundfunkregulierung deutlich. Insbesondere wird der Konflikt zwischen dem Grundsatz der Technologie- und Dienstneutralität, der auf die Herstellung gleicher Wettbewerbsbedingungen zielt, und der Zielsetzung der Sicherung der Meinungs- und Kulturvielfalt im Bereich der Medien- und Rundfunkregulierung deutlich. Als Schwierigkeit kommen die unterschiedlichen Regulierungsebenen hinzu. Während die Telekommunikationsregulierung mit dem Prinzip der Marktöffnung im wesentlichen auf gemeinschaftlichen Rechtsakten beruht, erfolgen Medien- und gerade die Rundfunkregulierung im wesentlichen auf der Ebene der Mitgliedstaaten. In Deutschland besteht die zusätzliche Spezialität, dass die Rundfunkregulierung den Kernbereich der Kultushoheit der Länder ausmacht und die Gesetzgebung maßgeblich dort angesiedelt ist (Art. 30, 70 GG mit Ausnahme des Auslandsrundfunks gemäß Art. 71, 73 Nr. 1, 87 GG). **78**

3. Abgrenzung der Telekommunikations- von der Rundfunk- und Medienregulierung

Die Abgrenzung zwischen Telekommunikations- und Inhalteregulierung stößt heute praktisch auf Schwierigkeiten, weil angesichts der Konvergenz über ein Netz unterschiedliche Dienste oder Inhalte erbracht werden. Dienste der Individualkommunikation (Telekommunikation und nach herkömmlicher Definition vor Inkrafttreten des TMG Teledienste[75]) sind von massenkommunikativen Diensten (herkömmlicherweise Rundfunk- und Mediendienste) nicht mehr eindeutig unterscheidbar.[76] Infolgedessen stellt sich die Frage, welches Regulierungsregime unter diesen Konvergenzbedingungen auf den jeweiligen Dienst Anwendung findet und wie angesichts der technischen und marktlichen Entwicklungen die Anwendungsschwelle für die (weitergehende) Inhalteregulierung definiert werden kann. **79**

3.1 Das Gemeinschaftsrecht

Das Gemeinschaftsrecht enthält keine Regelungen, die ein systematisches Herangehen an die aufgeworfenen Abgrenzungsprobleme erlauben. Zunächst bestimmt Art. 1 Abs. 3 Rahmenrichtlinie, dass der Rechtsrahmen für den Kommunikationssektor nicht die Inhalteregulierung und die audiovisuelle Politik der Gemeinschaft erfasst. Dies erlaubt aber noch keinen hinreichenden Aufschluss über den Umgang mit konvergenten Diensten. EG 10 Rahmenrichtlinie geht in diesem Zusammenhang davon aus, dass der Rechtsrahmen für den Kommunikationssektor dann auf einen Dienst Anwendung findet, wenn dieser zumindest überwiegend in der Signalübertragung besteht (z.B. Email-Dienste). Dienste, bei denen dies nicht der Fall ist (wo also die Inhalte im Vordergrund stehen), sollen vom Kommunikationsrechtsrahmen nicht erfasst werden. Zugleich wird aber auch darauf hingewiesen, dass bei bestimmten Diensten (z.B. Internetdiensteanbieter) Kommunikations- und Inhalteregulierung nebeneinander Anwendung finden können. Nach dem letztgenannten Beispiel schließen sich mithin Inhalte- und Übertragungsregulierung nicht aus. **80**

---

75 Vgl. Beck'scher TKG-Kommentar/*Gersdorf* Einl C Rn. 12.
76 Vgl. *Dörr/Schwartmann* Rn. 253.

81 Eine konkrete Regelung enthält Art. 31 Universaldienstrichtlinie zur Anwendbarkeit der Inhalteregulierung im Verhältnis der Telekommunikation zum Rundfunk. Werden über ein Kommunikationsnetz Hörfunk- und Fernsehdienste verbreitet, so können den Unternehmen gemäß Art. 31 Abs. 1 Universaldienstrichtlinie nur insoweit Verpflichtungen zur Sicherung der Meinungs- und Kulturvielfalt auferlegt werden, als die Netze von den Endnutzern überwiegend zum Empfang von Fernsehen oder Hörfunk genutzt werden. Die entsprechenden Verpflichtungen müssen regelmäßig untersucht werden, ob sie angemessen sind. Die Regelung folgt der Einsicht, dass angesichts der Konvergenz der Medien Verpflichtungen, die an die Vielfaltsicherung anknüpfen, nur dann gerechtfertigt sein können, wenn wie bei Fernsehen und Rundfunk eine entsprechende Meinungsbildungsrelevanz besteht.[77] Wird ein Netz hingegen überwiegend zu Zwecken der Individualkommunikation genutzt, entfällt die Berechtigung zur Auferlegung weitergehender Verpflichtungen. Dann wirken entsprechende Verpflichtungen – wie beispielsweise die rundfunkrechtlichen „must-carry"-Verpflichtungen – als Wettbewerbshindernis. Die EU-Kommission beabsichtigt, die wettbewerbsbeschränkende Wirkung von „must-carry"-Verpflichtungen in der kommenden Überarbeitung des Kommunikationsrechtsrahmens noch intensiver zu adressieren.[78] Sie sieht einen erhöhten Rechtfertigungszwang insbesondere, weil die Anzahl der Distributionskanäle und Übertragungswege für Rundfunkinhalte aufgrund der Konvergenz angestiegen seien (DVB-T, IP-TV etc.).

82 In der Tat ist richtig, dass mit der Vielfalt der Übertragungswege der Bedarf für eine Inhalteregulierung zum Zwecke der Vielfaltsicherung sinkt. Je mehr Übertragungswege zur Verfügung stehen, desto weniger Meinungsmacht kommt dem einzelnen Angebot zu und je mehr wird bereits der Wettbewerb die verschiedenen Nutzerinteressen befriedigen.[79]

3.2 Abgrenzung im deutschen Recht

83 Die Abgrenzung der Telekommunikations- von der Rundfunk- und Medienregulierung im deutschen Recht ist diffizil und umstritten. Sie wird im Wesentlichen von der verfassungsrechtlichen Frage bestimmt, wie weit die Gesetzgebungskompetenz der Länder zur Sicherung der Meinungsvielfalt reicht. Konsens besteht wohl darin, dass aufgrund der unterschiedlichen Gesetzgebungskompetenzen zumindest Telekommunikations- und Rundfunkregulierung mit ihren unterschiedlichen Zielsetzungen nebeneinander stehen. Danach dient die Telekommunikationsregulierung der Regulierung des Übertragungsvorgangs, während die Rundfunkregulierung sich auf die Regulierung der übertragenen Inhalte bezieht, sofern sie denn als Rundfunk einzustufen sind. Die Regulierung der Telekommunikation unterliegt hiernach der Bundeskompetenz nach Art. 73 Nr. 7, 74 Abs. 1 Nr. 1, 72 Abs. 2, 87 f. GG, während die Länder nach Art. 30, 70 GG für den Rundfunk zuständig sind und hiervon mit den Regelungen im RStV bzw. den ausführenden Landesmediengesetzen Gebrauch gemacht haben. Streit besteht, ob die Regulierung von Tele- und Mediendiensten bei der Telekommunikations- oder der Rundfunkkompetenz zu verorten ist.[80]

3.2.1. Abgrenzung von Telekommunikations- und Telemediendiensten

84 Das deutsche Recht sieht nach der Verabschiedung des TMG im März 2007 keine Differenzierung mehr zwischen Tele- und Mediendiensten vor.[81] Bund und Länder haben sich darauf geeinigt, die inhaltsbezogenen Regelungen in den RStV aufzunehmen, während sich alle sonsti-

---

77 Vgl. hierzu auch unten Rn. 95.
78 Vgl. Fn. 69.
79 Vgl. auch 5. Abschn. Rn. 14.
80 Vgl. *Bullinger/Mestmäcker* S. 80 f.
81 Zur früheren Abgrenzung vgl. Beck'scher TKG-Kommentar/*Gersdorf* Einl C Rn. 12 ff.

gen Regelungen, insbesondere die wirtschaftsregulierenden Bestimmungen, im TMG befinden.[82] Nach dem neuen § 1 Abs. 1 TMG sind Telemedien all diejenigen Dienste, die nicht als
Telekommunikation oder Rundfunk eingestuft werden können. Hiernach ist also zunächst zu
entscheiden, ob ein Dienst Telekommunikation oder Rundfunk ist. Ist das zu verneinen, bleibt
die Einstufung als Telemediendienst. Bei den Telemedien handelt es sich hiernach um eine
Auffangkategorie.

Wie bereits erwähnt, ist der Begriff der Telekommunikationsdienstleistungen in § 3 Nr. 24 le- **85**
gal definiert. Die Abgrenzung zu den Inhalten erfolgt anhand des Merkmals der Übertragungs-
bzw. Transportleistung, das für den Telekommunikationsdienst kennzeichnend ist.[83] Neben der
herkömmlichen Sprachtelefonie soll nach überwiegender Meinung auch die Internettelefonie
dieses Merkmal erfüllen.[84] Medien- und Teledienste hingegen dienen der Bereitstellung von
Informationen. Erfüllen Dienste beide Merkmale, d.h. Transport und Inhalt-Information, so
besteht Streit darüber, ob eine Zuordnung nach dem Schwerpunkt der Leistung vorzunehmen
ist[85] oder ob für den jeweiligen Teil der Leistung das jeweilige Regulierungsregime zur Anwendung, was zwangsläufig eine Doppelregulierung zur Folge hätte.[86] Ein Internet-by-Call-
Anbieter würde dann beispielsweise dieser Doppelregulierung unterfallen. Da § 1 Abs. 1 TMG
nunmehr eine klare Abgrenzung der Dienste im Sinne eines „Entweder-Oder" fordert, spricht
vieles für die dargestellte Schwerpunkttheorie.

3.2.2 Abgrenzung zwischen Telekommunikations- und Rundfunkdiensten

Um in die Abgrenzungsfragen einzusteigen, ist es zunächst nötig, sich zu vergegenwärtigen, **86**
was den Begriff des Rundfunks ausmacht. Die Begriffsdefinition in § 2 Abs. 1 RStV bringt
letztlich keine Klarheit, weil sie im Wesentlichen an die Verbreitung der Inhalte an die Allgemeinheit anknüpft, was zur Erfassung des Phänomens Rundfunk nicht ausreichend erscheint.
Vielmehr wird Rundfunk heute – anknüpfend an die Rechtsprechung des Bundesverfassungsgerichts[87] – zunehmend technologieneutral und inhaltsbezogen definiert, wobei mit Blick auf
Art. 5 GG auf die (im Verhältnis zum Mediendienst) gesteigerte Meinungsbildungsrelevanz
des Rundfunks rekurriert wird.[88] Zielführend scheint der Ansatz, die Definition von Rundfunk
im Lichte der besonderen Verpflichtungen zu betrachten, die mit der Veranstaltung von Rundfunk verbunden sind. Danach liegt die Berechtigung eines besonderen Rundfunkrechts in der
suggestiven Macht der aktuellen Massenkommunikation aufgrund des gleichzeitigen Empfangs von laufenden Tönen und Bildfolgen in Echtzeit.[89] Entscheidend ist hiernach der mas-
sensuggestive Charakter eines Dienstes, der durch bestimmte technische Merkmale erreicht
wird (z.B. Massenkommunikation in Echtzeit, Aktualität der Information). Die Art des Dienstes oder die Technologie, über die er erbracht wird, ist hiernach nicht entscheidend. Ihr kann
aber indikative Bedeutung zukommen. So wird ein Abrufdienst, bei dem die individuelle Gestaltung im Vordergrund steht (Zeit des Abrufs, individuelles Sehen etc), nicht als Rundfunk
qualifiziert werden können, weil eben keine Massenwirkung erzielt werden kann. Schon bei
der Definition von Rundfunk ist auch zu berücksichtigen, dass sich aufgrund der technischen
Entwicklung die Verbreitungswege für massenkommunikative Inhalte (Kabel, Satellit, mobile

---

82 Vgl. 6. Abschn. Rn. 8.
83 Vgl. Berliner Kommentar/*Säcker* § 3 Rn. 38.
84 Vgl. *BNetzA* Eckpunkte für die regulatorische Behandlung von Voice over IP, S. 5 f., nicht allerdings,
    wenn nur ein reiner Verzeichnisdienst angeboten wird; Berliner Kommentar/*Säcker* § 3 Rn. 41.
85 So *Koenig/Neumann* K&R Beilage 3/2004, 8.
86 So Berliner Kommentar/*Säcker* § 3 Rn. 40 m.w.N. unter Verweis auf den alten § 2 Abs. 4 TDG.
87 Vgl. *BVerfGE* 83, 238, 302.
88 Vgl. *Gersdorf* RTKom 1999, 75, 77.
89 Vgl. *Herrmann/Lausen* S. 11.

Verbreitungswege wie DVB-H) vervielfacht haben und ein Kapazitätsmangel kaum noch fest-zustellen ist.[90] Dem einzelnen Verbreitungsweg kommt daher heute tendenziell weniger Relevanz für die Meinungsbildung als früher, als im Wesentlichen nur die Terrestrik verfügbar war.[91]

87 Werden über ein Kommunikationsnetz Rundfunkdienste erbracht oder beinhaltet ein Dienst unterschiedliche Teilleistungen, so werden die für den jeweiligen Dienst bzw. die jeweilige Teilleistung eingreifenden Regulierungsregime für nebeneinander anwendbar gehalten. Die Dienste müssen die Anforderungen beider Regulierungssysteme erfüllen. Dies folgt im Verhältnis Telekommunikation und Rundfunk aus den unterschiedlichen Zuständigkeiten von Bund und Ländern für die jeweilige Gesetzgebung.[92] Außerdem wird im Anschluss an eine Rechtsprechung des Bundesverfassungsgerichts zum Fernmeldewesen, dem Telekommunikationsrecht im Verhältnis zum Rundfunk eine lediglich „dienende Funktion" zugebilligt.[93] Mit der Telekommunikationsregulierung (durch den Bund) soll hiernach die den Ländern zustehende Gesetzgebung im Bereich des Rundfunks nicht beeinträchtigt werden dürfen.

88 Auf der anderen Seite muss auch das verfassungsrechtliche Verbot der Doppelregulierung beachtet werden.[94] Hiernach darf es für dieselbe Regelungsmaterie keine Doppelzuständigkeit geben; abzustellen ist hinsichtlich der Gesetzgebungszuständigkeit vielmehr auf die wesensmäßige Zugehörigkeit der Materie.[95] Dabei sind angesichts der Konvergenzentwicklung Zweifel an der dem Telekommunikationsrecht zugeschriebenen „dienenden Funktion" im Verhältnis zum Rundfunk angebracht.[96] Da der Liberalisierungsauftrag für die Telekommunikation in den Art. 87 f. GG inzwischen mit eigenem Verfassungsrang ausgestattet ist, kann nicht grundsätzlich nur von einer Nachrangigkeit der Telekommunikationsgesetzgebung ausgegangen werden.

89 Hieraus lassen sich für die Abgrenzungsfragen folgende grobe Leitlinien entwickeln: grundsätzlich können Rundfunk- und Telekommunikationsregulierung nebeneinander zur Anwendung gelangen. Es gibt keine wechselseitige Sperrwirkung. Allerdings steht das Verfassungsrecht der Regelung gleicher Lebenssachverhalte durch unterschiedliche Regelungen entgegen. Insofern bricht in Kollisionsfällen Bundesrecht das Landesrecht (Art. 31 GG). Nicht zuletzt um Kollisionsfälle und eine Überregulierung bzw. Unsicherheiten für die betroffenen Unternehmen zu vermeiden, müssen Bund und Länder daher ihre Regulierungssysteme aufeinander abstimmen.

90 Eine weitere Schlussfolgerung ist, dass besonderes Augenmerk auf die Erfassung des Tatbestandes des Rundfunks zu legen ist. Die Konvergenz fordert noch mehr als vor der Digitalisierung, die Besonderheiten des Rundfunks herauszuarbeiten und von anderen Diensten abzugrenzen. Dabei ist zu beachten, dass gemeinschaftsrechtlich von der notwendigen Meinungsbildungsrelevanz des Rundfunks nur ausgegangen werden kann, wenn das zu regulierende Kommunikationsnetz von den Nutzern als Hauptmittel zum Empfang von Rundfunk genutzt wird (Art. 31 Universaldienstrichtlinie).

---

90 Vgl. 5. Abschn. Rn. 14.
91 Aus diesem Gedanken ist auch Art. 31 Universaldienstrichlinie zu erklären.
92 Vgl. Beck'scher TKG-Kommentar/*Gersdorf* Einl. C Rn. 4; a.A. *Bullinger/Mestmäcker* S. 80.
93 Vgl. *BVerfGE* 12, 205, 227; s. auch *Scherer* K&R 2 zu 11/1999, 23.
94 Vgl. *BVerfGE* 36, 193, 202.
95 Vgl. *BVerfGE* 36, 193, 203.
96 Vgl. *Ladeur* CR 2002, 181, 185.

Korehnke

4. Überschneidungen zwischen Telekommunikations- und Rundfunkregulierung

Für verschiedene Regelungsbereiche sehen die telekommunikations- und rundfunkrechtlichen Regelungen sich überschneidende Vorschriften vor. Dies betrifft insbesondere die §§ 53 RStV, 48-51 TKG und die dort enthaltenen Zugangsregeln. **91**

4.1 Regelungen mit Rundfunkbezug im TKG

Die §§ 48 ff. sind mit Rundfunkübertragung überschrieben. Sie setzen verschiedene Regeln des europäischen Rechtsrahmens um, die den Übergang von der analogen zur digitalen Übertragungstechnik für Rundfunk betreffen. Zugleich werden Fragen des Zugangs zu digitalen Rundfunkdiensten aus Telekommunikationsnetzen geregelt. Die Vorschriften betreffen insbesondere die Verwendung von Zugangsberechtigungssystemen („conditional access systems", §§ 50, 48 Abs. 2 Nr. 1 und Abs. 3). Zugangsberechtigungssysteme ermöglichen es insbesondere, festzustellen, ob Nutzer bei Pay-TV-Angeboten berechtigt sind, einen bestimmten Inhalt zu sehen („pay-per-view"). Sie sorgen zudem für die Entschlüsselung der Sendungen.[97] Nach § 50 Abs. 3 müssen Anbieter von Zugangsberechtigungssystemen Rundfunkveranstaltern die Nutzung der Zugangsberechtigungssystemen zu chancengleichen, nicht-diskriminierenden Bedingungen ermöglichen. Dabei sollen Rundfunkveranstalter in die Lage versetzt werden, Nutzern eines Pay-TV-Dienstes über deren Endgerät Angebote machen zu können, ohne dass der Endkunde sich hierfür eine weitere „Set-up-Box" zulegen muss. Zudem müssen Fernsehempfangsgeräte auch unverschlüsselte Signale empfangen können (§ 48 Abs. 3 Nr. 2). Die Vorgaben nach § 50 Abs. 3 gelten – entsprechend der gemeinschaftsrechtlichen Grundlage des Art. 6 Abs. 1 Zugangsrichtlinie – unabhängig von der Marktmacht des jeweiligen Anbieters und durchbrechen damit den Grundsatz, dass Zugangverpflichtungen nach dem TKG nur nach entsprechender Marktanalyse und Feststellung beträchtlicher Marktmacht auferlegt werden können (§§ 9 Abs. 2, 11, 19). Allerdings können die gesetzlichen Verpflichtungen nach § 50 Abs. 4 aufgehoben werden, wenn eine Marktanalyse ergibt, dass keine beträchtliche Marktmacht vorliegt. **92**

4.2 Regelungen mit Telekommunikationsbezug im RStV

Nach § 53 Abs. 1 RStV haben Anbieter von Telekommunikationsdienstleistungen, die Rundfunk oder vergleichbare Telemedien verbreiten, zu gewährleisten, dass die eingesetzte Technik ein vielfältiges Angebot ermöglicht (§ 53 Abs. 1 S. 1).[98] Zugleich dürfen Anbieter von Rundfunk oder Telemedien insbesondere durch Zugangsberechtigungssysteme oder die Ausgestaltung der (Zugangs-)Entgelte nicht unbillig behindert oder diskriminiert werden (§ 53 Abs. 1 S. 2). Die Regelung beinhaltet mithin Verhaltenspflichten für Telekommunikationsanbieter im Verhältnis zu Inhalteanbietern, die bei extensiver Auslegung von § 53 Abs. 1 S. 2 RStV sogar dann eingreifen, wenn der Telekommunikationsanbieter selbst keine Rundfunkdienste erbringt.[99] Aus wettbewerblicher Sicht ist die Regelung insoweit problematisch, als Verpflichtungen zur Nichtdiskriminierung nur gerechtfertigt sind, wenn ein Marktversagen in Form einer in der Regel marktbeherrschenden Stellung eines Unternehmens vorliegt (vgl. §§ 19 **93**

---

97 Vgl. hierzu im Einzelnen 5. Abschn. Rn. 45 ff.

98 Nach dem 10. Rundfunkänderungsstaatsvertrag werden unter anderem anstelle des 3 53 umfangreiche Regelungen zur Plattformregulierung von Telekommunikationsanbietern eingefügt (Stand: 17.10. 2007). Die Regelungen finden sich zukünftig in den §§ 52 ff.

99 Nicht klar ist nämlich, ob § 53 Abs. 1 S. 2 RStV lediglich einen Unterfall des S. 1 darstellt oder ob die Regelungen sich nur zum Teil überlappen. Im letztgenannten Fall würde S. 2 auch andere als Telekommunikationsanbieter bzw. solche Telekommunikationsanbieter betreffen, die selbst keinen Rundfunk anbieten.

Abs. 4, 20 Abs. 1 GWB, Art. 82 EGV); dies gilt insbesondere, wenn von dem Diskriminierungsverbot sogar die Entgeltgestaltung erfasst wird. Ungleichbehandlungen von Marktteilnehmern sind nämlich wettbewerbsimmanente Methoden zur Durchsetzung und zur Differenzierung des eigenen Angebots.[100] Nur wenn der Wettbewerb infolge von Marktmacht seine Kontrollfunktion eingebüßt hat, besteht Korrekturbedarf, weil die Marktgegenseite in besonderem Maße von dem marktbeherrschenden Unternehmen abhängig ist.[101] Diese Wertung liegt nicht nur dem allgemeinen Kartellrecht, sondern gerade auch dem Telekommunikationsrechtsrahmen zugrunde (§§ 11, 19, Art. 16 Abs. 3 und 4 Rahmenrichtlinie, Art. 8 Abs. 2, Art. 12 Zugangsrichtlinie). Wie bereits oben dargestellt, ist der dortige Begriff der beträchtlichen Marktmacht dem Topos der kartellrechtlichen Marktbeherrschung angenähert.

94　Die Länder betrachten die in § 53 RStV angeordnete Zugangsregulierung jedoch nicht aus wettbewerblicher, sondern aus dem Blickwinkel kommunikativer Chancengerechtigkeit als Ausdruck der Rundfunkfreiheit des Art. 5 Abs. 1 S. 2 GG.[102] Dabei sollen die regulierten Dienstleistungen nicht selbst Rundfunk im verfassungsrechtlichen Sinne sein müssen, damit sie der landesgesetzlichen Regulierung unterfallen können; vielmehr sei ausreichend, wenn ein ausreichender Inhaltsbezug zum Rundfunk gegeben sei.[103] Diese sehr weite Auslegung der Reichweite der Rundfunkregulierung begegnet nicht nur Zweifeln im Hinblick auf die Ausfüllung des Begriffes des hinreichenden Inhaltsbezuges, sie wirft auch Zweifel bezüglich der Gesetzgebungskompetenz auf. Denn insoweit adressiert § 53 Abs. 1 RStV weitgehend Regelungsbereiche, die auch bereits in den §§ 48-51 angesprochen werden. Dies gilt insbesondere im Hinblick die Ausgestaltung von Zugangsberechtigungssystemen (§§ 50, 48 Abs. 3) und Anwendungsprogrammierschnittstellen (§§ 48 Abs. 2 Nr. 2).[104] Der europäische Rechtsrahmen ordnet die Regelung diese Fragen dem Kommunikationsrecht und nicht der Inhalteregulierung bzw. der audiovisuellen Politik im Sinne des Art. 1 Abs. 3 Rahmenrichtlinie zu. Die Regelung des § 53 Abs. 1 RStV steht auch nach deutschem Verfassungsrecht nicht mit dem Verbot der Doppelregulierung im Einklang.[105] Kollisionsfälle zwischen den Normen werden daher gemäß Art. 31 GG zugunsten des Bundesrechts aufgehoben.[106] Für die Unternehmen bedeutet die problematische doppelte Behördenzuständigkeit (Bundesnetzagentur nach § 50 Abs. 4, Landesmedienanstalten gemäß § 53 Abs. 5 und 6)[107] jedenfalls erhebliche Rechtsunsicherheiten.

95　Wenn man unterstellt, dass § 53 Abs. 1 RStV eine wirksame Regelung darstellt, ist davon auszugehen, dass die Diskriminierungsverbote des § 53 Abs. 1 S. 2 RStV nur dann Anwendung finden, wenn – wie dies S. 1 nahe legt – die Telekommunikationsanbieter selbst Rundfunk verbreiten.[108] Nach der gegenteiligen Ansicht, wonach solche Dienste nur zugänglich gemacht werden müssen, müssen die Nutzer dieser Dienste das Übertragungsnetz aber jedenfalls als Hauptmittel ihres Informationsbedarfes nutzen (Art. 31 Universaldienstrichtlinie), damit das Diskriminierungsverbot zur Anwendung gelangt.[109]

100　Vgl. *Loewenheim/Meessen/Riesenkampff/Götting* § 20 Rn. 2.
101　Vgl. *Bechtold* § 20 Rn. 3.
102　Vgl. Beck'scher Kommentar zum Rundfunkrecht/*Schulz* § 53 RStV Rn. 12.
103　Vgl. Beck'scher Kommentar zum Rundfunkrecht/*Schulz* § 53 RStV Rn. 14, 16 f. m.w.N.
104　Zum technischen Hintergrund vgl. 5. Abschn. Rn. 45 ff.
105　Vgl. Beck'scher TKG-Kommentar/*Janik* § 48 Rn. 1, § 50 Rn. 34 f.
106　Vgl. Beck'scher TKG-Kommentar/*Janik* § 50 Rn. 35.
107　Vgl. *Holznagel/Enaux/Nienhaus* Rn. 440; allerdings wollen sich die Behörden abstimmen, vgl. *BNetzA* Mitteilung 7/2006, ABl. 2006, 36.
108　A.A. in Bezug Zugangsberechtigungssysteme Beck'scher Kommentar zum Rundfunkrecht/*Schulz* § 53 RStV Rn. 42.
109　Wohl auch Beck'scher Kommentar zum Rundfunkrecht/*Schulz* § 53 RStV Rn. 35, 39.

5. Frequenzregulierung

5.1 Internationale Frequenzregulierung

Die Frequenzverwaltung wird von den Nationalstaaten wahrgenommen. Da Frequenzen je- **96** doch nicht an Staatsgrenzen halt machen, ist eine internationale Koordination der nationalen Frequenzverwaltung notwendig. Auf globaler Ebene wird diese Aufgabe von der internationalen Fernmeldeunion (ITU) wahrgenommen.

Die ITU ist seit 1947 eine Unterorganisation der Vereinten Nationen. Die Festlegungen der **97** ITU zur Frequenzverwaltung sind in der Vollzugsordnung für den Funkdienst (VO Funk) niedergelegt. Den wesentlichen Teil der VO Funk bildet der internationale Frequenzbereichzuweisungsplan, der auf internationalen Vereinbarungen basierend regelmäßig alle zwei bis drei Jahre im Rahmen von Weltfunkkonferenzen (World Radio Conference, WRC) überarbeitet und aktualisiert wird. Die nationalen Frequenzplanungen bewegen sich in diesem auf der WRC festgelegten Rahmen. Die internationalen Festlegungen sind insoweit bedeutsam, als hier darüber entschieden wird, für welche Dienste und Funkanwendungen wie viel Spektrum zur Verfügung steht. Folgt die Zuweisung nicht diskriminierungsfrei, kann dies wettbewerbsverzerrende Wirkungen haben.

5.2 Europäische Frequenzregulierung

Die Europäische Frequenzregulierung erfolgt zum einen im Rahmen der CEPT, zum anderen **98** durch die zuständigen Gremien innerhalb der EU.

Der CEPT gehören derzeit 46 Mitglieder an, darunter alle EU-Staaten und EWR-Länder. Die **99** Mitglieder sind jeweils Vertreter der Fachministerien oder sonstigen Verwaltungseinheiten, die für Funkangelegenheiten zuständig sind. Als zuständiges Arbeitsgremium fungiert der Europäische Kommunikationsausschuss (European Communications Committee, ECC). Die Arbeit des ECC konzentriert sich darauf, europäische Frequenznutzungskonzepte zu harmonisieren und Lösungen zur Unterbringung neuer Funkanwendungen im Spektrum zu finden. Daneben stehen die Aufgabe der europaweiten Vorbereitung und die strategische Abstimmung der Positionen der Mitgliedsländer auf den Weltfunkkonferenzen.

Die Frequenzpolitik der EU steht in Konkurrenz zur Tätigkeit CEPT, deren Mitglieder nur zum **100** Teil der EU angehören. Kompetenzkonflikte sind aufgrund der sich überschneidenden Zuständigkeiten und dem Wunsch der EU-Kommission nach Kompetenzzuwachs vorgezeichnet. Die Frequenzregulierung in der EU wird heute durch drei Rechtsakte bestimmt: Die Entscheidung 676/2002/EG über einen Rechtsrahmen für die Frequenzpolitik (sog. Frequenzentscheidung),[110] der Beschluss der EU-Kommission 2002/622/EG über die Errichtung einer Gruppe für Frequenzpolitik[111] sowie die Richtlinie 2002/19/EG,[112] die als sog. Genehmigungsrichtlinie als Teil des im Jahre 2002 in Kraft getretenen Richtlinienpakets für den Kommunikationssektor ergangen ist. Die Rechtsakte zielen darauf, die Nutzung von Funkfrequenzen zu harmonisieren, um Handelshemmnisse im gemeinsamen Binnenmarkt abzubauen. Zugleich sollen mit der Genehmigungsrichtlinie Marktzutrittsbarrieren für Unternehmen abgebaut werden. Dies wird insbesondere durch die Beschränkung einer individuellen Genehmigungspflicht (Einzelgenehmigung) auf bestimmte Einzelfälle erreicht. Das Fehlen einer allgemeinen Lizen-

---

110 Vgl. oben Rn. 31.
111 Vgl. ABlEG L 198 v. 27.7.2002.
112 Vgl. oben Rn. 24.

zierungspflicht stellt einen Paradigmenwechsel im Rahmen der Telekommunikationsregulierung dar,[113] der durch den neuen europäischen Rechtsrahmen herbeigeführt wurde.

5.3 Nationale Frequenzregulierung

101 Die Frequenzordnung war in Deutschland seit jeher Sache des Bundes. Für das Grundgesetz ist die Zuweisung der Gesetzgebungskompetenz an den Bund durch das Bundesverfassungsgericht bestätigt worden.[114] Danach erfordern die Interessen der Allgemeinheit eine „Ordnung des Funkverkehrs, die wirksam nur vom Bund vorgenommen werden kann". Die maßgebliche Zuweisungsnorm ist Artikel 73 Nr. 7 GG. Auch die Verwaltungskompetenz lag seit jeher beim Bund. Der Bund hat die Frequenzverwaltung stets in eigener Regie wahrgenommen.[115]

102 Die Vorschriften zur Frequenzordnung (§§ 52 ff.) bilden den ersten Abschnitt des Teils 5 des Gesetzes, in dem es um die Vergabe von Frequenzen, Nummern und Wegerechten, mithin um die Ressourcenverwaltung geht. Dabei regeln die §§ 52 bis 54 die Frequenzplanung.

5.3.1 Frequenzplanung

103 Die Frequenzplanung gliedert sich in die Frequenzbereichszuweisung (§ 53) sowie in die Erstellung des Frequenznutzungsplans gemäß § 54. Der Frequenzbereichszuweisung erfolgt durch die Bundesregierung, und zwar durch Rechtsverordnung. Dabei werden einzelnen Funkdiensten bestimmte Frequenzbereiche zugeordnet. Zurzeit erfasst die Frequenzbereichszuweisung 37 Arten von Funkdiensten, so unter anderem den Amateurfunkdienst, den Mobilfunkdienst oder den festen Funkdienst. Die Frequenzbereichszuweisung dient im Wesentlichen einer effizienten und störungsfreien Nutzung der Funkfrequenzen der einzelnen Kategorien. Gemäß § 53 Abs. 1 Satz 1 erfolgt die Frequenzbereichszuweisung in einem sog. Frequenzbereichszuweisungsplan. Der Plan als „offene Kategorie des Verwaltungsrechts" kann sich unterschiedlicher Rechtsformen bedienen. Im Falle des Frequenzbereichszuweisungsplans hat sich der Gesetzgeber für die Rechtsverordnung als Rechtsform entschieden. Dem Plan kommt daher per Rechtsform verbindliche Außenwirkung zu, obwohl er seinem Wesen und der Systematik der §§ 52 bis 54 nach in erster Linie auf eine rein verwaltungsinterne Wirkung gerichtet ist. Diese besteht in der Festlegung der Grundlage für den von der Bundesnetzagentur zu erlassenden Frequenznutzungsplans (§ 54 Abs. 1).[116] Frequenzbereichszuweisungspläne, in denen Frequenzen dem Rundfunk zugewiesen werden, bedürfen der Zustimmung des Bundesrates, § 53 Abs. 1 Satz 2. Hierdurch soll gewährleistet werden, dass die Belange der Länder im Hinblick auf eine ausreichende Versorgung des Rundfunks mit Frequenzen berücksichtigt werden.

104 Auf der nächsten Stufe der Frequenzplanung erstellt die Bundesnetzagentur auf der Grundlage des Frequenzbereichszuweisungsplanes den sog. Frequenznutzungsplan (§ 54 Abs. 1 Satz 1). Im Gegensatz zu der Regelung in § 53 Abs. 1 hat der Gesetzgeber in § 54 Abs. 1 davon abgesehen, die Rechtsform des Plans zu bestimmen. Nach herrschender Meinung handelt es sich bei dem Frequenznutzungsplan um eine Regelung ohne Außenwirkung, die als Verwaltungsvorschrift zu qualifizieren ist.[117] Ein unmittelbarer Rechtsschutz ist damit gegen den Frequenznutzungsplan nicht möglich. Vielmehr unterliegt die Planung der Inzidentkontrolle im Rahmen einer Klage gegen oder auf Erlass einer Frequenzzuteilung gemäß § 55. Inhaltlich trifft der Fre-

---

113 Vgl. *Schütz/Attendorn/König* Rn. 69.
114 Vgl. *BVerfG* 12, 205, 230.
115 Vgl. Beck'scher TKG-Kommentar/*Korehnke/Tewes* vor § 52 Rn. 81 f.
116 Vgl. Beck'scher TKG-Kommentar/*Korehnke/Tewes* § 53 Rn. 3.
117 Vgl. Beck'scher TKG-Kommentar/*Korehnke/Tewes* § 54 Rn. 5; *Meister* S. 254.

Korehnke

quenznutzungsplan weitergehende Festlegungen im Hinblick auf die Frequenzbereichszuweisungen im Frequenzbereichszuweisungsplan. So kann z.B. eine sekundäre Zuweisung an einen anderen Funkdienst erfolgen und damit eine Nutzung dieses Frequenzbereiches für andere Anwendungen eröffnet werden.

5.3.2 Frequenzvergabeverfahren und -zuteilung

Frequenzen bedürfen zu ihrer Nutzung der Zuteilung, § 55 Abs. 1 S. 1. Die Zuteilung erfolgt **105** in der Regel durch Allgemeinzuteilung nach § 55 Abs. 2. Da der Gesetzgeber nicht von der Möglichkeit Gebrauch gemacht hat, die Allgemeinzuteilung gesetzlich zu regeln,[118] ergeht sie als Allgemeinverfügung. In diesem Fall ist unter den festgelegten Voraussetzungen die Frequenznutzung durch jedermann gestattet. Ist eine Allgemeinzuteilung nicht möglich – z.B. weil eine intensive Koordinierung zwischen verschiedenen Nutzern notwendig ist – ergeht die Zuteilung als sog. Einzelzuteilung an den Antragsteller, und zwar in Form eines Verwaltungsaktes.[119] Diese muss sich im Rahmen der planerischen Vorgaben halten, § 55 Abs. 5. Betrifft die Frequenzzuteilung die Übertragung von Rundfunk (im Zuständigkeitsbereich der Länder[120]) muss die Bundesnetzagentur bei der Zuteilungsentscheidung das Benehmen mit den Behörden der Länder (Landesmedienanstalten oder Staatskanzleien) herstellen, § 57 Abs. 1 S. 1. Die Landesbehörden teilen hierzu der Bundesnetzagentur ihren Versorgungsbedarf mit (§ 57 Abs. 1 S. 2), damit die Versorgung der Bevölkerung mit Rundfunk sichergestellt werden kann. Beispiel für ein solches Verfahren ist die Vergabe von Frequenzen für den digitalen terrestrischen Rundfunk (DVB-T, DVB-H).

Sind mehr Anträge als Frequenzen vorhanden, vergibt die Bundesnetzagentur die Frequenzen **106** erst nach Durchführung eines Vergabeverfahrens (§§ 55 Abs. 9, 61). Eine Knappheitssituation – wie von § 55 Abs. 9 vorausgesetzt – wird in der Regel bei kommerziell attraktiven Anwendungen vorliegen. Bekanntestes Beispiel für ein Vergabeverfahren war die Versteigerung der UMTS-Mobilfunkfrequenzen im Jahre 2000 für ca. 50 Mrd. €. Neben der Anordnung eines Versteigerungsverfahrens (§ 61 Abs. 5) kommt auch die Festlegung eines Ausschreibungsverfahrens in Betracht (§ 61 Abs. 1 S. 1). Streit besteht, ob das Versteigerungsverfahren den Regelfall darstellt[121] oder ob die Verfahren gleichrangig nebeneinander stehen.[122] Angesichts der finanziellen Auswirkungen des Versteigerungsverfahrens kann die Auswahl des Verfahrens für die potentiellen Marktteilnehmer und ihre Geschäftspläne entscheidend sein. Mit der Versteigerung soll der wirtschaftliche Wert des Frequenzgutes ermittelt werden. Somit haben alle Teilnehmer gleiche Ausgangsvoraussetzungen für die Erschließung des Marktes, asymmetrische Marktzutrittsbedingungen werden vermieden. Die Vergabe in Form eines Ausschreibungsverfahrens birgt dagegen die Gefahr, dass durch die Ausschreibungsbedingungen bestimmte Teilnehmer bevorzugt werden.

Vom Bundesrat wurde durchgesetzt, dass Frequenzen, die planungsrechtlich als Rundfunkfrequenzen **107** ausgewiesen sind, dem Versteigerungsverfahren entzogen sind (§ 61 Abs. 2 S. 3). Wie bereits erläutert ist diese Regelung mit Blick auf die Schaffung gleicher Wettbewerbsvoraussetzungen in konvergenten Märkten problematisch, weil sie zu einer Privilegierung von Rundfunk- gegenüber Telekommunikationsanbietern führt.[123]

---

118 Vgl. hierzu Rn. 25.
119 Vgl. Beck'scher TKG-Kommentar/*Göddel* § 55 Rn. 7 f.
120 Vgl. zur Begriffsdefinition im Verhältnis zum frequenzplanerischen Rundfunkbegriff Beck'scher TKG-Kommentar/*Göddel* § 57 Rn. 2.
121 So Beck'scher TKG-Kommentar/*Geppert* § 61 Rn. 8.
122 So *Schütz* Rn. 361.
123 Vgl. oben Rn. 77.

III. Kundenschutz

108   Seit 1991 werden die Kundenverträge über der Telekommunikationsdienstleistungen auf privatrechtlicher Basis geschlossen. Sie betreffen die Festenetztelefonie, den Mobilfunk (Verträge mit nachgelagerter Zahlungspflicht des Kunden oder sogennante Prepaid-Karten, bei denen der Kunde vorausbezahlt), die Inanspruchnahme von Mehrwertdiensten oder Kabelanschlüssen etc. Zur Rechtsnatur dieser Verträge werden in Rechtsprechung und Literatur unterschiedliche Auffassungen vertreten; in Abhängigkeit von der jeweils erbrachten Leistung wird vertreten, dass es sich um Werk-, Dienst-, Miet- oder Verträge sui generis handele.[124]

109   Das TKG enthält in den §§ 43a ff. besondere Regeln für einen sektorspezifischen Kundenschutz, der sich auf zum Teil auf die Gestaltung der Geschäftbedingungen, zum Teil aber auch auf die Gestaltung der Angebote selbst bezieht. Ob ein solch großes strukturelles Ungleichgewicht zwischen Telekommunikationsanbieter und Kunde besteht, welches Vorschriften rechtfertigt, die zum Teil erheblich über den durch die allgemeinen Gesetze verbrieften Kundenschutz hinausgehen, darf bezweifelt werden. Trotzdem hat sich der Gesetzgeber entschlossen, durch das sogenannte TK-Änderungsgesetz[125] den Verbraucherschutz in der Telekommunikation nochmals zu schärfen. Das Gesetz ist im Februar 2007 in Kraft getreten und löst unter anderem die Telekommunikationskundenschutzverordnung ab, die bislang auf der Basis des § 45 erlassen wurde. Die verbraucherschützenden Vorschriften sind nunmehr in das Gesetz selbst inkorporiert.

110   In § 43a sind nunmehr die Bestandteile eines Vertrages über Telekommunikationsdienstleistungen im einzelnen gesetzlich für den Fall festgelegt, dass der Kunde ein Verbraucher ist. § 44a sieht eine besondere Haftungsregel vor: hiernach haftet ein Telekommunikationsanbieter – außer bei Vorsatz – pro Nutzer lediglich auf einen Schadenersatz von 12.500 Euro. Ist von einem schädigenden Ereignis eine Personenmehrzahl betroffen, so ist die Haftung auf insgesamt 10 Mio. Euro begrenzt. Die §§ 45e ff. enthalten eine Vielzahl von Regelungen für die Rechnungsstellung, so den Anspruch auf einen Einzelverbindungsnachweis (§ 45e), das Recht des Kunden auf Vorauszahlungsbasis Zugang zu öffentlichen Telefondiensten zu erlangen (§ 45f), Regelungen zum Rechnungsinhalt (§ 45h) sowie zu Einwendungen und zur Beweislast (§§ 45i, 45j). § 47b bestimmt, dass zulasten des Kunden von den gesetzlichen Vorgaben nicht abgewichen werden darf. Eine entsprechende Vereinbarung ist daher nichtig (§ 134 BGB) oder jedenfalls teilnichtig (§ 139 BGB).

111   Schließlich sind mit dem TK-Änderungsgesetz eine Reihe von verbraucherschützenden Normen im Bereich der Nummerierung in das Gesetz eingefügt worden (§§ 66a ff.), mit denen stark in die Produktgestaltung eingegriffen wird. Wer Mehrwert- (im Gesetz als Premiumdienste bezeichnet) oder Auskunftsdienste im Zusammenhang mit Telekommunikationsdienstleistungen anbietet, den trifft eine Verpflichtung zur Preisanzeige (§ 66a) und – soweit es um sprachgestützte Dienste geht – zugleich eine Pflicht zur Preisansage vor Beginn der Inanspruchnahme des Dienstes (§ 66b). Für den, der immer noch nicht ausreichend geschützt ist, greifen zudem Preishöchstgrenzen (§ 66d). Die Dienstleistung darf zudem insgesamt nur 3 Euro/Min. kosten, wenn der Anbieter nicht gezwungen sein will, ein Legitimationsverfahren durchzuführen. Hierbei muss sich der Nutzer dann – als zur Inanspruchnahme der Leistung berechtigt – bei dem Anbieter registrieren lassen. Schließlich muss jede Verbindung zu den ge-

---

124   Vgl. den Überblick bei *Holznagel/Enaux/Nienhaus* Rn. 349 m.w.N; zur Vertragsgestaltung und zur Wirksamkeit einzelner Klausel vgl. *Schuster/Eckert* S. 477 ff.

125   Vgl. BGBl I 2007, 106.

nannten Diensten nach 60 Minuten getrennt werden (§ 66e), wenn der Kunde nicht das Legitimationsverfahren durchlaufen hat. Hält der Anbieter die genannten Verpflichtungen nicht ein, geht er des Entgeltanspruches verlustig (§ 66g).

IV. Die Bundesnetzagentur – Institution und Verfahren

Der Vollzug des TKG obliegt der Bundesnetzagentur für Elektrizität, Gas, Telekommunikation, Post und Eisenbahnen. Seit dem 13.7.2005 nimmt sie die Funktion der vormaligen Regulierungsbehörde für Telekommunikation und Post (RegTP) wahr. Mit ihren erweiterten Zuständigkeiten ist die Bundesnetzagentur nunmehr für die Regulierung der gesamten Netzindustrien verantwortlich. Hiervon werden Synergien und übergreifende Regulierungskonzepte erwartet. **112**

1. Stellung der Behörde

Die Bundesnetzagentur wird gemäß § 116 Abs. 1 S. 2 als Bundesoberbehörde im Geschäftsbereich des Bundesministeriums für Wirtschaft und Technologie tätig. Sie ist damit eine organisatorisch ausgegliederte Einheit des Ministeriums und damit Teil der bundesunmittelbaren Verwaltung. Dadurch untersteht die Behörde der Rechts-, Fach- und Dienstaufsicht des Ministeriums.[126] Dies stellt keinen Verstoß gegen Gemeinschaftsrecht dar. Gemäß Art. 3 Abs. 2 Rahmenrichtlinie haben die Mitgliedstaaten lediglich dafür zu sorgen, dass die nationalen Regulierungsbehörden rechtlich und funktional von allen Unternehmen unabhängig sind, die elektronische Kommunikationsnetze, -geräte oder -dienste anbieten. Zwar besitzt die Bundesrepublik Deutschland noch Anteile an der Deutsche Telekom AG, die Trennung der Rollen als Anteilseigner und Träger einer weisungsgebundenen Regulierungsbehörde soll derzeit aber dadurch gewährleistet sein, dass diese Aufgaben durch verschiedene Ministerien (Bundesministerium für Finanzen bzw. für Wirtschaft und Technologie) wahrgenommen werden. **113**

2. Organe der Behörde

Als Organe der Behörde bestimmen die Vorschriften des TKG den Präsidenten (§ 116 Abs. 2) und die Beschlusskammern (§§ 132 – 136). **114**

2.1 Präsident

Geleitet wird die Bundesnetzagentur von einem Präsidenten, der zusammen mit den beiden Vizepräsidenten vom Bundespräsidenten ernannt wird.[127] Ihm obliegt sowohl die Leitung nach innen (Geschäftsführung) als auch nach außen (Vertretung).[128] Der Präsident ist in allen Angelegenheiten nach dem TKG entscheidungsbefugt, soweit diese nicht im Gesetz den Beschlusskammern zugewiesen sind (§ 116 Abs. 2 S. 2). **115**

2.2 Beschlusskammern

Entscheidungen im Rahmen des Verwaltungsverfahrens fällen sog. Beschlusskammern in Form von Verwaltungsakten (§ 132 Abs. 1). Bei den Beschlusskammern handelt es sich um Ausschüsse im Sinne von § 88 VwVfG. Die Kammern sind justizförmig ausgestaltet. Sie sind **116**

---

126 Vgl. *Koenig/Loetz/Neumann* S. 217 ff.
127 § 3 Abs.4 BNetzAG.
128 Vgl. § 3 Abs. 1 BNetzAG.

mit einem Vorsitzenden und zwei Beisitzern besetzt (§ 132 Abs. 2). Die Besetzung wird durch das Ministerium für Wirtschaft und Technologie bestimmt. Mit der Kammernstruktur wurde die Gliederung des Bundeskartellamtes übernommen (§ 51 GWB). Es soll damit eine gewisse Unabhängigkeit der BNetzA in ihren Entscheidungen gesichert werden, obgleich die Behörde der Fachaufsicht des Ministeriums unterliegt.

117 Die Beschlusskammern entscheiden in den Fällen der Marktregulierung, bei Festlegen des Vergabeverfahrens bei Frequenzknappheit (§ 55 Abs. 9) sowie über die Ausgestaltung eines solchen Vergabeverfahrens (§ 61). Darüber hinaus sind sie zuständig für die Ausgestaltung des Frequenzhandels (§ 62 TKG) sowie bei allen sonstigen Streitigkeiten im Zusammenhang mit Verpflichtungen aus dem TKG oder aufgrund des TKG zwischen Unternehmen (§ 133). Bei bestimmten grundlegenden Entscheidungen – wie für das Vergabeverfahren bei Frequenzknappheit oder bezüglich der Ausgestaltung des Frequenzhandels (§ 62) – entscheidet die Beschlusskammer als sog. Präsidentenkammer. Im Rahmen der Marktregulierung hat die Präsidentenkammer die Aufgabe, die zu regulierenden Märkte und die Unternehmen mit beträchtlicher Marktmacht festzulegen. Die Präsidentenkammer setzt sich aus dem Präsidenten und seinen Stellvertretern zusammen.

3. Sonstige Gremien

3.1 Beirat

118 Gemäß § 118 Abs. 1 S. 1 wird bei der Bundesnetzagentur ein Beirat gebildet. Der Beirat setzt sich aus neun Mitgliedern des Bundestages oder aus neun vom Bundesrat bestellten Vertretern der Landesregierungen zusammen. Die Aufgaben des Beirats sind in § 120 abschließend beschrieben. Danach wirkt der Beirat bei der Bestellung des (Vize-)Präsidenten, am Vergabeverfahren für Frequenzen und bei der Auferlegung von Universaldienstverpflichtungen mit. Er berät die Bundesnetzagentur bei der Erstellung des Vorhabenplans und bei grundsätzlich marktrelevanten Entscheidungen.

119 Gemäß § 120 Nr. 3 und 4 soll der Beirat zudem eine Überwachungsfunktion ausüben. Im Ergebnis dient der Beirat der politischen Kontrolle der Tätigkeit der Bundesnetzagentur. Angesichts der politischen Bedeutung der von der Bundesnetzagentur für die Telekommunikationsmärkte zu treffenden Entscheidungen sollte die Bedeutung des Beirats aufgrund seiner politischen Besetzung nicht unterschätzt werden.

3.2 Wissenschaftliche Unterstützung

120 Beratende Gremien sind ebenfalls die in § 122 Abs. 1 genannten wissenschaftlichen Kommissionen, die von der Bundesnetzagentur zur Vorbereitung von Entscheidungen und zur Begutachtung von Regulierungsfragen eingesetzt werden können.

4. Verfahren

4.1 Allgemeine Verfahrensvorschriften und besondere Befugnisse

121 Der Bundesnetzagentur stehen die allgemeinen Befugnisse nach dem VwVfG zu. Daneben treten die besonderen Befugnisse, die im TKG zum einen in den besonderen Teilen des Gesetzes geregelt sind (z.B. Anordnungen im Bereich der Entgeltregulierung nach § 29), sowie die Befugnisse der §§ 126 – 131. Insbesondere kann die Bundesnetzagentur aufgrund dieser Vorschriften Unternehmen, die Verpflichtungen aus dem Gesetz oder aufgrund des Gesetzes nicht erfüllen, ein bestimmtes Verhalten untersagen (§ 126) oder die für den Vollzug des Gesetzes erforderlichen Auskünfte bei Unternehmen einholen (§ 127).

Alle Entscheidungen der Bundesnetzagentur sind zu begründen und mit einer Rechtsmittelbelehrung zu versehen (§ 131 Abs. 1 S. 1). **122**

4.2 Beschlusskammerentscheidungen

§ 132 zählt eine Reihe von Entscheidungen auf, die nur durch Beschlusskammern getroffen **123** werden können. Entscheidungen der Beschlusskammer ergehen gemäß § 132 Abs. 1 S. 2 immer durch Verwaltungsakt. Das Verfahren vor den Beschlusskammern ist gerichtsähnlich ausgestaltet. Dabei entscheidet die Beschlusskammer aufgrund öffentlicher mündlicher Anhörung (§ 135 Abs. 3 S. 1 1. Halbsatz). Das Verfahren wird von der Beschlusskammer entweder von Amts wegen oder auf Antrag eingeleitet (§ 134 Abs. 1). Ob im jeweiligen Fall ein Antrags- oder Amtsverfahren zu führen ist ergibt sich nicht aus § 134, sondern aus der jeweiligen dem Streit zugrunde liegenden Norm.[129] § 134 ist lediglich die Aussage zu entnehmen, dass die Einleitung eines Beschlusskammerverfahrens in zwei Varianten möglich ist. Welche Variante für das jeweilige Verfahren vorgeschrieben ist, ist der jeweils streitentscheidenden Norm zu entnehmen. Dabei ist das Amtsverfahren der Regelfall. Reine Antragsverfahren sind selten. Beispiel ist insoweit das Anordnungsverfahren nach § 25, in dem ein Unternehmen den Zugang zum Telekommunikationsnetz eines anderen Unternehmens „beantragt" für den Fall, dass eine entsprechende Vereinbarung nicht zustande gekommen ist.

Die Form des Antrages und die Antragsbefugnis ist ebenfalls der entsprechenden streitent- **124** scheidenden Norm zu entnehmen. Ob ein Unternehmen berechtigt ist, ein Verfahren gegen ein anderes Unternehmen mittels Antrag einzuleiten, ist eine Frage des Drittschutzes der relevanten Norm. Besteht keine Antragsbefugnis, so ist der „Antrag" als Anregung an die Behörde zu sehen, von Amts wegen tätig zu werden. Hierzu ist die Behörde außer bei reinen Antragsverfahren berechtigt. Allerdings kann nur für den Fall, dass auch ein Antragsrecht besteht, die Behörde gegebenenfalls zum Einschreitung mittels Verpflichtungsklage gezwungen werden.

Ein wichtiger Verfahrensaspekt ist der Schutz von Geschäftsgeheimnissen. Dieser wird in Be- **125** schlusskammerverfahren durch die Regelung des § 136 sichergestellt, der die allgemeine Regelung des § 30 VwVfG ergänzt. Vor allem im Verfahren der Zugangs- und Entgeltregulierung wird die Vorlage oder Heranziehung von Unterlagen, die Betriebs- oder Geschäftsgeheimnisse enthalten (Finanz- oder Kostenunterlagen) regelmäßig notwendig sein. Betriebs- und Geschäftsgeheimnisse müssen gekennzeichnet werden und dürfen von der Bundesnetzagentur Dritten, auch den übrigen Verfahrensbeteiligten, nicht zugänglich gemacht werden. Die entsprechenden Passagen der Unterlagen müssen geschwärzt werden.

V. Gerichtsverfahren

Gegen Entscheidungen der Bundesnetzagentur ist der Verwaltungsrechtsweg gegeben. Klagen **126** haben keine aufschiebende Wirkung (§ 137 Abs. 1). Der Gesetzgeber ist davon ausgegangen, dass zu Zwecken der Verfahrensbeschleunigung und zur Sicherstellung der Regulierungseffizienz regelmäßig ein Interesse an der sofortigen Vollziehbarkeit der Verwaltungsakte besteht. Wünscht der Betroffene die Herstellung der aufschiebenden Wirkung, so muss er diese im Verfahren nach § 80 Abs. 5 VwGO durch das Verwaltungsgericht anordnen lassen.

---

129 Vgl. Beck'scher TKG-Kommentar/*Attendorn* § 134 Rn. 14.

127 Entscheidet die Behörde durch eine Beschlusskammer, findet auch kein Vorverfahren gemäß den §§ 68 ff. VwGO statt (§ 137 Abs. 3). Die Überlegung dahinter ist, dass das Beschlusskammerverfahren durch seine gerichtsähnliche Ausgestaltung bereits eine höhere Gewähr für die Richtigkeit der Entscheidungen bietet. Eine erneute verwaltungsinterne Kontrolle sei daher überflüssig.[130]

128 Eine weitere telekommunikationsspezifische Besonderheit besteht darin, dass der verwaltungsgerichtliche Instanzenzug verkürzt ist. Durch die Regelung des § 137 Abs. 3 S. 1 gibt es bei Beschlusskammerentscheidungen nur eine Tatsacheninstanz. In Beschlusskammerverfahren findet daher gegen ein Urteil oder eine andere Entscheidung des Verwaltungsgerichts grundsätzlich keine Berufung bzw. keine Beschwerde statt. Einzige Tatsacheninstanz ist das Verwaltungsgericht Köln, das wegen des Amtssitzes der Bundesnetzagentur in Bonn für alle Klageverfahren gegen deren Entscheidungen örtlich zuständig ist.

129 Der Gesetzgeber hielt diese Verkürzung des Rechtsweges unter Rechtschutzgesichtspunkten für vertretbar.[131] Lang andauernde Gerichtsverfahren führten, so die Gesetzesbegründung, zu Investitionsunsicherheiten und damit zu einer Beeinträchtigung der wirtschaftlichen Lage auf den Telekommunikationsmärkten. Auf der anderen Seite muss berücksichtigt werden, dass die Kumulierung der rechtschutzverkürzenden Maßnahmen (Anordnung der sofortigen Vollziehbarkeit, Streichung der zweiten Tatsacheninstanz) Unternehmen, die von Regulierungsentscheidungen betroffen sind (in der Regel solche, die als marktmächtig eingestuft worden sind), mit erheblichen Hindernissen hinsichtlich der Durchsetzung ihrer Rechte konfrontiert. Die Verkürzung des Rechtschutzes erweist sich dabei auch deshalb als problematisch, weil im Bereich des Eilverfahrens dem Betroffenen nur eine gerichtliche Überprüfungsmöglichkeit verbleibt. Mit einer ablehnenden Entscheidung des Verwaltungsgerichts im Verfahren des einstweiligen Rechtschutzes (beispielsweise weil im Verfahren nach § 80 Abs. 5 VwGO der Ausgang der Interessenabwägung offen ist und der Verwaltungsakte nicht offensichtlich als rechtswidrig qualifiziert werden kann) werden in den telekommunikationsrechtlichen Streitigkeiten regelmäßig Fakten geschaffen, die auch im Hauptsacheverfahren nur noch schwer rückgängig zu machen sind. Beispielsweise müssen im Rahmen der Entgeltregulierung streitige Entgelte auf der von der Bundesnetzagentur angeordneten Höhe abgerechnet werden, und es ist zweifelhaft, ob die Entgelte nach einem mehrjährigen Rechtsstreit in der Hauptsacheinstanz noch nachgefordert werden können. Vor diesen Hintergrund wiegt die Verkürzung des Rechtschutzes im Eilverfahren besonders schwer.

---

130 Vgl. *Koenig/Loetz/Neumann* S. 227.
131 Vgl. Begr. zu § 135, BT-Drucks. 15/2316, 101.

Sondergebiete des Medienrechts

9. Abschnitt
Kartellrecht und Medien

Literatur: *Alexander* Die Probeabonnement-Entscheidung des BGH – Schnittbereich kartell-rechtlicher, lauterkeitsrechtlicher und medienrechtlicher Aspekte, ZweR 2/2007, 239; *Bechtold* GWB Kartellgesetz Gesetz gegen Wettbewerbsbeschränkungen, Kommentar, 4. Aufl. 2006; *Bremer/Martini*, Kartellrechtsreform und Sicherung der Pressevielfalt, ZUM 2003, 942; *Emmerich* Kartellrecht, 10. Aufl. 2006; *Europäische Kommission* Europäische Wettbewerbspolitik und die Verbraucher, Amt für amtliche Veröffentlichungen der Europäischen Gemeinschaften, 2005; *Hellmann/Bruder* Kartellrechtliche Grundsätze der zentralen Vermarktung von Sportveranstaltungen, EuZW 2006, 359; *Langen/Bunte* Kommentar zum deutschen und europäischen Kartellrecht, Bd. 1 Deutsches Kartellrecht, Bd. 2 Europäisches Kartellrecht, 10. Aufl. 2006; *Mestmäcker* FS O. Sandrock, 2000; S. 689 ; *Neumann u.a.* „Offene Medienordnung", Gutachten des Wissenschaftlichen Beirats beim Bundesministerium für Wirtschaft und Technologie vom 18.11.1999; *Schürnbrand* Die Anwendung des Kartellrechts im Bereich des Sports, ZweR 2005, 396; *Siebert* Music is Spiritual. The Music Business is not. (*van Morrison*) or Minimum Prices in Music Charts are incompatible with Article 81 of the EC Treaty, European Competition Law Review, 11/2007; *Wissmann (Hrsg.)* Telekommunikationsrecht Praxishandbuch, 2. Aufl. 2006.

A. Die 7. GWB-Novelle

Anlass der jüngsten Novellierung des GWB, die in die 7. GWB-Novelle mit Geltung ab 1.7.2005 mündete, war die Verabschiedung der Verordnung (EG) Nr. 1/2003 vom 16.12.2002 zur Durchführung der in den Art. 81 und 82 EG-Vertrag niedergelegten Wettbewerbsregeln durch den Rat der Europäischen Union. Diese Verordnung ist am 1.5.2005 in Kraft getreten. Die bis zu diesem Zeitpunkt bestehende grundsätzlich Anmelde- und Genehmigungspflicht für wettbewerbsbeschränkende Vereinbarungen wurde überführt in ein System der sogenannten Legalausnahme. Wettbewerbsbeschränkende Vereinbarungen gelten danach automatisch als freigestellt, wenn sie die Freistellungsvoraussetzungen des Art. 81 Abs. 3 EG-Vertrag erfüllen. Gleichzeitig wurde der Vorrang des europäischen Rechts hinsichtlich der Zulässigkeit wettbewerbsbeschränkender Vereinbarungen, Beschlüssen von Unternehmensvereinigungen und abgestimmter Verhaltensweisen im Sinne des Arte. 81 Abs. 1 EG-Vertrag erheblich erweitert.[1] **1**

Der Regierungsentwurf sah geänderte Bestimmungen für Presseunternehmen vor. Als Grund hierfür wurde die wirtschaftlich schwierige Lage der Printbranche angeführt. Die neuen Regelungen sollten den Unternehmen vor allem die Möglichkeit bieten, ihre wirtschaftliche Basis zu verbreitern, und so das Überleben der vielfältigen deutschen Presselandschaft sichern. So sollte mit § 31 eine Vorschrift eingefügt werden, die einen neuen Ausnahmetatbestand für Zeitungsverlage schafft, indem alle Kooperationen im Anzeigenbereich von der Anwendung des § 1 freigestellt werden. Weiter sollten Zusammenschlüsse, soweit sie dazu dienen, eine Anzei- **2**

---

1 Vgl. RegBegr. zum RegE 2004, BT-Drucks. 15/3640.

genkooperation zu praktizieren, von der Anwendung der Zusammenschlusskontrolle ausgenommen werden. Daneben war vorgesehen, den Multiplikator für die Berechnung der Umsätze, die mit Verlag, Herstellung und Vertrieb von Zeitungen und Zeitschriften oder deren Bestandteilen erzielt werden, von zwanzig auf zehn herabzusetzen, um die Handlungsspielräume von Presseunternehmen zu erweitern. Dies hätte dazu geführt, dass die Zusammenschlusskontrolle in diesem Bereich erst ab einem weltweiten Umsatz der beteiligten Unternehmen von 50 Mio. € anwendbar ist. Durch die Veränderung des Multiplikators wäre zudem die Bagatellmarktschwelle in § 35 Abs. 2 S. 1 Nr. 2 von 750.000 € auf 1,5 Mio. € angehoben worden.[2] Der Vermittlungsausschuss hat in seiner Beschlussempfehlung die Streichung dieser Änderungen empfohlen.[3] Die Vorschriften sind daraufhin nicht in die GWB-Novelle eingeflossen.

B. Verfahren vor den deutschen Kartellbehörden und Gerichten

I. Überblick über die Verfahrensarten

3 Neben dem Vergaberecht[4] sind im GWB hauptsächlich die Zusammenschlusskontrolle (§§ 35 ff.),[5] die Missbrauchsaufsicht (§§ 19 ff.) sowie die Kartellaufsicht (§§ 1 ff.) geregelt. Für die Zusammenschlusskontrolle ist ausschließlich das Bundeskartellamt zuständig (§§ 39 ff.) während sich die Zuständigkeitsverteilung zwischen dem Bundeskartellamt und den Landeskartellbehörden bei der Missbrauchs- und Kartellaufsicht nach § 48 Abs. 2 richtet.

4 Bei der Zusammenschlusskontrolle[6] erfolgt die Verfahrenseinleitung nach Anmeldung des Zusammenschlusses (§ 39). Die Anmeldepflicht eines Zusammenschusses ergibt sich aus § 35, in dem die Umsatzschwellen für eine Anmeldung beim Bundeskartellamt geregelt sind. Das Bundeskartellamt hat auf seiner Homepage ein Merkblatt zur deutschen Fusionskontrolle sowie ein Formular zur Anmeldung eines Zusammenschlusses beim Bundeskartellamt – versehen mit Kommentaren – zum Herunterladen veröffentlicht.[7] Das Merkblatt erläutert kurz zentrale Begriffe, die für die Anmeldung von Bedeutung sind, d.h. Schwellenwerte, Fristen, Zusammenschlusstatbestände, Feststellung der beteiligten Unternehmen usw., und es beschreibt die Grundzüge des Fusionskontrollverfahrens in Deutschland. Im Hinblick auf besondere Regelungen für einzelne Branchen wird bei der Berechnung der Umsatzerlöse auf die Besonderheiten bei Presse- und Rundfunkzusammenschlüssen hingewiesen. Darüber hinaus finden sich dort Merkblätter zur Marktbeherrschung in der Fusionskontrolle und zu Inlandsauswirkungen. Das Zusammenschlussverfahren endet mit einer Freigabe oder einer Untersagung (§ 40 Abs. 2).

5 Missbrauchsverfahren[8] werden von Amts wegen, in der Regel auf Beschwerde von Marktteilnehmern, eingeleitet. Die Kartellbehörde hat diesbezüglich ein Aufgreifermessen. Daneben kann gegen missbräuchliches Verhalten eines marktbeherrschenden Unternehmens – das nach § 19 Abs. 1 verboten ist – auch auf dem Zivilrechtsweg auf Unterlassung geklagt werden (§ 11

---

2 Vgl. RegBegr. zum RegE 2004, BT-Drucks. 15/3640.

3 Vgl. Empfehlung des Vermittlungsausschusses 2005, BT-Drucks. 15/5735.

4 Vgl. 15. Abschn.

5 Paragraphen ohne Gesetzesbezeichnung beziehen sich auf das GWB.

6 Vgl. zu den Einzelheiten der Zusammenschlusskontrolle *Langen/Bunte/Ruppelt* Bd. 1, §§ 35 ff. m.w.N.; *Emmerich* §§ 14 – 19.

7 www.bundeskartellamt.de/wDeutsch/merkblaetter/Fusionskontrolle/MerkblFusion.php.

8 Vgl. zu den Einzelheiten der Missbrauchsaufsicht *Langen/Bunte/Schultz* §§ 19 ff. m.w.N.; *Emmerich* §§ 9 – 11.

Abs. 1 S. 1). Wenn das Verfahren nicht eingestellt wird (61 Abs. 2), dann wird es im Verwaltungsverfahren[9] mit einer Untersagung (§ 32 Abs. 1), der Anordnung von Maßnahmen (§ 32 Abs. 2) oder im Bußgeldverfahren (§ 81)[10] mit der Verhängung von Geldbußen abgeschlossen.

Das Beschwerdeverfahren[11] ist in §§ 63 bis 73, das Rechtsbeschwerdeverfahren[12] in §§ 74 bis **6** 76 geregelt. Gem. § 63 steht den am Verfahren Beteiligten gegen die Entscheidungen der Kartellbehörden die Beschwerde zu. Nach § 63 Abs. 4 entscheidet über die Beschwerde ausschließlich das für den Sitz der Kartellbehörde zuständige Oberlandesgericht. Für Beschwerden gegen Entscheidungen des Bundeskartellamts ist das Oberlandesgericht Düsseldorf zuständig. Gem. § 74 Abs. 1 findet gegen Beschlüsse der Oberlandesgerichte die Rechtsbeschwerde an den Bundesgerichtshof statt, wenn die Rechtsbeschwerde zugelassen wurde. Die Nichtzulassung der Rechtsbeschwerde durch das Oberlandesgericht kann gem. § 75 Abs. 1 selbständig durch Nichtzulassungsbeschwerde angefochten werden.

II. Besonderheiten von Zusammenschlüssen im Presse- und Rundfunkbereich

Neben der Aufgabe der Zusammenschlusskontrolle, den wirtschaftlichen Wettbewerb durch **7** Verhinderung einer übermäßigen Unternehmenskonzentration zu verhindern, verfolgt die bereits durch die dritte Novelle des GWB von 1976 verschärfte „Pressefusionskontrolle" zusätzlich die Aufgabe, durch Erhaltung der Wettbewerbsstruktur auf den Pressemärkten die Meinungsvielfalt im Pressewesen zu sichern und damit einen Beitrag zum Erhalt der Pressefreiheit gem. Art. 5 Abs. 1 GG zu leisten.[13] Gegenwärtig ist in §§ 35 Abs. 1 i.V.m. § 38 Abs. 3 geregelt, dass die Umsätze für den Verlag, die Herstellung und den Vertrieb von Zeitungen, Zeitschriften und deren Bestandteile, die Herstellung, den Vertrieb und die Veranstaltung von Rundfunkprogrammen und den Absatz von Rundfunkwerbezeit das Zwanzigfache der Umsatzerlöse in Ansatz zu bringen ist. Diese Bereiche unterliegen damit einer zwanzigmal niedrigeren Anmeldeschwelle als Zusammenschlüsse in sonstigen Wirtschaftsbereichen. § 35 Abs. 2 S. 2 sieht vor, dass beim Verlag, bei der Herstellung oder beim Vertrieb von Zeitungen und Zeitschriften oder deren Bestandteilen die sogenannte „de minimis Klausel" des § 35 Abs. 2 Nr. 1 nicht gilt, die die Anmeldepflicht verneint, wenn ein am Zusammenschluss beteiligtes, nicht abhängiges Unternehmen im letzten Geschäftsjahr weltweit weniger als 10 Mio. € Umsatz erzielt hat.

Wirtschaftlicher Wettbewerb ist notwendige Voraussetzung für publizistischen Wettbewerb **8** und damit Meinungsvielfalt. Grundlegend sind insoweit die Ausführungen des Bundesgerichtshofs im Fall „Gemeinsamer Anzeigenteil".[14] Der Bundesgerichtshof hat im Zusammenhang mit der Frage, ob eine Anzeigenzwangskombination sachlich gerechtfertigt sei, weil sie der Entfaltung der Presse- und Meinungsvielfalt dienen könne, ausgeführt: „Der Schutz der Verlegertätigkeit durch Art. 5 Abs. 1 GG erfährt […] Einschränkungen, wenn er auf gleichrangige, unerlässliche Voraussetzungen für einen freien Meinungskampf trifft. Hierzu gehört vor allem die Sicherung des freien Wettbewerbs auf dem Pressemarkt; denn nur dann, wenn neben dem publizistischen auch der wirtschaftliche Wettbewerb im Pressebereich geschützt wird, ist

---

9 Vgl. *Langen/Bunte/Bornkamm* Bd. 1, § 32 Rn. 8 f.
10 Vgl. *Langen/Bunte/Raum* Bd. 1, § 81 Rn. 11 ff.
11 Vgl. zu den Einzelheiten des Beschwerdeverfahrens *Bechtold* §§ 63.
12 Vgl. zu den Einzelheiten des Rechtsbeschwerdeverfahrens *Bechtold* §§ 74.
13 *Emmerich* § 31, III.; *BGH* NJW 1980, 1381 – Springer/Elbe Wochenblatt.
14 WuW/E *BGH* 1965 ff.

eine freie Entfaltung der Meinungen gewährleistet. Aus Art. 5 Abs. 1 GG lässt sich daher eine einschränkende Anwendung der Wettbewerbsnormen nicht herleiten; vielmehr ist ihre konsequente Anwendung gerade von grundlegender Bedeutung für ein freies Pressewesen".[15] Da das Kartellrecht die Funktionsfähigkeit des wirtschaftlichen Wettbewerbs sichert, schützt es damit zugleich auch die Meinungsvielfalt.[16]

9 Maßstab für die Zusammenschlusskontrolle nach dem GWB ist die Marktbeherrschung. Nach § 19 Abs. 2 S. 1 ist ein Unternehmen marktbeherrschend, wenn es als Anbieter oder Nachfrager von Gütern oder Leistungen ohne Wettbewerber ist, keinem wesentlichen Wettbewerb ausgesetzt ist oder eine im Verhältnis zu seinen Wettbewerbern überragende Marktstellung hat.

10 Die Beurteilung, ob ein Unternehmen marktbeherrschend ist, erfordert zunächst die Abgrenzung der sachlich und räumlich relevanten Märkte.

11 Die sachlich Marktabgrenzung nach dem GWB geht nach dem Bedarfsmarktkonzept vor. Dabei wird auf die Sicht der Marktgegenseite abgestellt und geprüft, welche Güter und Leistungen aus Sicht eines verständigen Verbrauchers ohne Weiteres zur Deckung eines bestimmten Bedarfs als austauschbar angesehen werden.[17] Dabei wird allerdings nicht auf den Kommunikationsinhalt abgestellt. Durch das Abstellen auf die unterschiedliche Bedürfnisbefriedigung und nicht die redaktionelle Ausrichtung und damit den Inhalt der Meinung, ist die Fusionskontrolle mit dem verfassungsrechtlichen Gebot der Staatsunabhängigkeit der Presse vereinbar Mit anderen Worten: Medienfusionskontrolle ist meinungsneutral.[18]

12 Im Pressebereich gibt es eine Vielzahl sachlicher und räumlicher Märkte. Zudem wird unterschieden in Leser- und Anzeigenmärkte.[19] Auf den Lesermärkten wird zwischen Tageszeitungen und Wochenzeitschriften unterschieden.[20] Bei den Tageszeitungen ist eine weitere Unterscheidung in Straßenverkaufszeitungen und Abonnementzeitungen vorzunehmen, wobei auf die wesentlichen Unterschiede in der Breite und Tiefe der Berichterstattung, in der Art der Darstellung und in den Nachrichten- und Berichtsschwerpunkten abgestellt wird.[21] In Räumlicher Hinsicht sind die Lesermärkte nach dem jeweiligen Verbreitungsgebiet des Presseobjektes abzugrenzen. Hier gibt es bundesweite, regionale und lokale Märkte.

13 In die Anzeigenmärkte sind neben den entgeltlichen Zeitungen und Zeitschriften auch unentgeltlich an Leser verteilte Presseobjekt, also z.B. Anzeigenblätter, Veranstaltungshefte, zu zählen, soweit sie Anzeigemöglichkeiten anbieten. Marktgegenseite bei den Anzeigenmärkten sind nicht die Leser sondern die Anzeigenkunden, also im Wesentlichen die werbetreibende Wirtschaft. In sachlicher Hinsicht sind sie häufig weiter abzugrenzen, als Lesermärkte, je nachdem ob aus Sicht der Anzeigenkunden eine Austauschbarkeit besteht. Zwischen Leser- und Anzeigenmärkten besteht aufgrund der sogenannten Auflagen-Anzeigen-Spirale bei Zeitungen und Zeitschriften eine hohe Interdependenz: Eine hohe Auflage führt zu einer starken Stellung auf dem Anzeigenmarkt, dies sichert dann wiederum die Stellung auf dem Lesermarkt ab.

---

15 WuW/E *BGH* 1965, 1966.
16 Gutachten über eine „Offene Medienordnung" des *Wissenschaftlichen Beirats beim Bundesministerium für Wirtschaft und Technologie* v. 18.11.1999, 15.
17 *Bechtold* § 17 Rn. 7.
18 Vgl. *Bremer/Martini* ZUM 12/2003, 942 ff.
19 *Bechtold* § 19 Rn. 13.
20 *BGH* WuW/E 2212, 2121 – Gruner+Jahr/Zeit I; *BGH* WuW/E 2433, 2436 f. – Gruner+Jahr/Zeit II.
21 *BGH* WuW/E 1854, 1856 f. – Zeitungsmarkt München; *BKartA* WuW DE-V 695, 696 Tagesspiegel/Berliner Zeitung I; *BKartA* WuW DE-V 1361, 1362 Tagesspiegel/Berliner Zeitung II; *BKartA* WuW DE-V 1163, 1171 Springer/ProSiebenSat.1.

Fernsehsender veranstalten Fernsehprogramme und strahlen diese aus. Dabei ist bei der kartellrechtlichen Beurteilung zu unterscheiden zwischen für den Zuschauer frei empfangbaren Fernsehprogrammen (Free-TV) und Fernsehprogrammen, für die der Zuschauer im Wege eines Abonnements oder pro Sendung bezahlt (Pay-TV). Private Veranstalter im frei empfangbaren Fernsehen, finanzieren sich weit überwiegend durch während des Programms in Blöcken ausgestrahlte Fernsehwerbung. **14**

Ein Fernsehzuschauermarkt besteht nur bei Pay-TV. Im frei empfangbaren Fernsehen fehlt es mangels Entgelts an einer für den Leistungsaustausch im Marktprozess wesentlichen Voraussetzung. Gleichwohl hat die Anzahl der Zuschauer einen wesentlichen Einfluss auf den Fernsehwerbemarkt. Den Zuschaueranteilen der Fernsehsender kommt für die Stellung auf dem Fernsehwerbemarkt eine wichtige Bedeutung zu. Die Zuschaueranteile haben einen gewissen Einfluss auf die Anteile am Fernsehwerbemarkt. **15**

Sachlich ist im Free-TV von einem Fernsehwerbemarkt auszugehen. Der Markt umfasst die Bereitstellung von Werbezeiten der Veranstalter von Fernsehprogrammen an Dritte.[22] Anbieter auf diesem Markt sind die Veranstalter werbefinanzierter Free-TV Fernsehprogramme und – soweit sie Werbezeiten anbieten – Pay-TV-Sender bzw. deren Vermarktungsgesellschaften. Die Werbeeinnahmen der öffentlich-rechtlichen Fernsehsender fließen –anders als die Gebühreneinnahmen – in den Fernsehwerbemarkt ein. **16**

Der Markt bildet gegenüber den Märkten der Hörfunkwerbung sowie den Print- und Online-Anzeigenmärkten einen eigenen sachlich relevanten Markt. Nachfrager auf diesem Markt ist die werbetreibende Industrie, die sich ganz überwiegend von Media-Agenturen betreuen lässt. Die Media-Agenturen nehmen die Werbebuchungen bei den Fernsehsendern bzw. deren Vermarktungsgesellschaften vor. **17**

Räumlich wird der Fernsehwerbemarkt entsprechend den Werbebelegungsmöglichkeiten abgegrenzt. Zu unterscheiden sind dabei der bundesweite Fernsehwerbemarkt und regionale Fernsehwerbemärkte. Im Hinblick auf unterschiedliche nationale Rechtsvorschriften, bestehende Sprachbarrieren und kulturelle Besonderheiten geht das Bundeskartellamt bei bundesweit ausstrahlenden Fernsehsendern grundsätzlich von einem nationalen Markt aus.[23] **18**

Sachlich gibt es im Hörfunk den Hörfunkwerbemarkt. Einzubeziehen sind Hörfunksender, die sich über Hörfunkwerbung finanzieren. Räumlich wird gemessen am Sendegebiet nach bundesweiten, landesweiten sowie regionalen/lokalen Märkten unterschieden. **19**

Zur Beurteilung der Marktstellung sind der Marktanteil, die Finanzkraft, Zugang zu Beschaffungs- und Absatzmärkten, Verflechtungen mit anderen Unternehmen, Marktzugangsschranken etc. heranzuziehen. Die überragende Marktstellung wird also in der kartellrechtlichen Zusammenschlusskontrolle nicht eindimensional am Marktanteil, sondern an einem ganzen Bündel markt- und unternehmensbezogener Kriterien gemessen. Im Rahmen der Zusammenschlusskontrolle durch die Europäische Kommission hat das Kriterium des Marktanteils in der jüngeren Vergangenheit eine weitere Relativierung erfahren. Nach § 19 sind zwei oder mehr Unternehmen marktbeherrschend, soweit zwischen ihnen ein wesentlicher Wettbewerb nicht besteht und sie in ihrer Gesamtheit die Voraussetzung des § 19 Abs. 2 S. 1 erfüllen. Dem Kriterium des Marktanteils kommt zwar im Rahmen der Vermutung (§ 19 Abs. 3) Bedeutung zu, es ist aber auch in der deutschen Zusammenschlusskontrolle im Rahmen der qualitativen Gesamtwürdigung markt- und unternehmensbezogener Strukturkriterien nur ein –sicherlich bedeutendes – Kriterium von mehreren. Ab bestimmten Marktanteilen bestehen Vermutungen für **20**

---

22 Vgl. *BKartA* WuW DE-V 53 – Premiere.
23 *BKartA* WuW/E DE-V, 1163, 1167 – Springer/ProSiebenSat.1.

eine einzelmarktbeherrschende Stellung bzw. für marktbeherrschende Oligopole. Diese Vermutungen sind widerlegbar. Es handelt sich insoweit um eine Beweislastumkehr. Allerdings ist zu berücksichtigen, dass die Kartellbehörden auch hierbei dem Amtsermittlungsgrundsatz verpflichtet sind.

21 Bei vertikalen Zusammenschlüssen, bei denen es auf den einzelnen Märkten nicht zu Marktanteilsadditionen kommt, ist es erforderlich, andere Kriterien zu berücksichtigen. So sind hier z.B. die Kriterien Zugang zu Beschaffungs- und Absatzmärkten sowie Marktzutrittsschranken zu berücksichtigen.

22 Das Bundeskartellamt hat im Medienbereich den Erwerb des Breitbandkabelnetzes der Deutschen Telekom AG durch das Unternehmen Liberty Media untersagt.[24] Dort wäre es durch den Zusammenschluss zur Verstärkung der bestehenden markbeherrschenden Stellungen auf dem Endkundenmarkt bei Kabelanschlüssen (Netzebene 4), dem Signallieferungsmarkt, und dem Einspeisemarkt gekommen.[25]

23 Keinen Einfluss hat das Bundeskartellamt (ex ante) allerdings auf internes Unternehmenswachstum. Wenn also ein Breitbandkabelnetzbetreiber in den Inhaltemarkt einsteigt und etwa seinen Kabelkunden Pay-TV Pakete anbietet, greift die Zusammenschlusskontrolle nach dem GWB nicht. Erst wenn eine marktbeherrschende Stellung entsteht greift die (ex post) Missbrauchsaufsicht nach § 19.

24 Bei benachbarten Märkten sind bei der wettbewerblichen Beurteilung auch Wechselwirkungen zwischen den verschiedenen Medien – also crossmediale Effekte – im Rahmen der Gesamtbetrachtung zu berücksichtigen.

25 Die EG-Kommission geht davon aus, dass obwohl es sich bei Pay-TV und Free-TV um unterschiedliche Märkte handele, gleichwohl zwischen diesen Märkten eine Wechselbeziehung bestehe. Je vielfältiger und attraktiver das Programmangebot im Free-TV ist, desto geringer ist der Anreiz für die Zuschauer, zusätzlich Pay-TV zu abonnieren.[26] Auch der EuGH geht davon aus, dass ein konglomerater Zusammenschluss aufgrund der möglichen Hebelwirkung zukünftiger Verhaltensweisen der Beteiligten die Untersagungsvoraussetzungen erfüllen kann.[27]

26 Auf nationaler Ebene hat der BGH die Untersagung des Bundeskartellamts des Erwerbs der regionalen Abonnement-Tageszeitung Donau-Kurier durch den Süddeutschen Verlag bestätigt.[28] In der Entscheidung führte der BGH aus, die Wettbewerbsposition eines Unternehmens kann durch den Zusammenschluss mit einem finanzstarken anderen Unternehmen, insbesondere, wenn dies in demselben wirtschaftlichen Bereich tätig ist, in der Weise verstärkt werden, dass potenzielle Wettbewerber entmutigt werden.[29] Eine marktbeherrschende Stellung würde nicht nur dann verstärkt, wenn durch den Zusammenschluss Marktanteile hinzugewonnen werden, sondern auch dann, wenn die Fähigkeit zur Abwehr des nachstoßenden Wettbewerbsdrucks verstärkt oder auch nur erhalten oder gesichert wird[30]

---

24 *BKartA* WuW DE-V 558 Liberty/VIOLA.
25 Vgl. *Bundeskartellamt* Tätigkeitsbericht 2001/2002, S. 196 ff.
26 COMP M.993 Bertelsmann/Kirch/Premiere = *EG Kommission* WuW/E EU-V 222 Rn. 87 ff. Bertelsmann/Kirch/Premiere.
27 Rs. C 12/03 Kommission/Tetra Laval = WuW/E EU-R 875 Kommission/Tetra/Laval.
28 WuW/E *BGH* 2276 Süddeutscher Verlag/Donau Kurier.
29 WuW/E *BGH* 2276, 2283 Süddeutscher Verlag/Donau Kurier.
30 WuW/E *BGH* 1854, 1856, 1860 Zeitungsmarkt München.

Diese crossmedialen Effekte spielten bei dem Zusammenschlussverfahren Axel Springer AG **27** / ProSiebenSat.1 Media AG[31] eine entscheidende Rolle. Auf den betroffenen Märkten, namentlich dem bundesweiten Fernsehwerbemarkt, dem Lesermarkt für Straßenverkaufszeitungen und dem Anzeigenmarkt, kam es zu keinen Marktanteilsadditionen. Das Bundeskartellamt hat allerdings marktübergreifende Effekte in die Beurteilung mit einbezogen, die zu einer Stärkung der bereits bestehenden marktbeherrschenden Stellung des wettbewerbslosen Oligopols auf dem Fernsehwerbemarkt, bestehend aus den Sendern der RTL-Gruppe und der ProSieben-Sat.1-Gruppe sowie der Bild-Zeitung auf dem Lesermarkt und auf dem Anzeigenmarkt führen.

Das Bundeskartellamt hat das Vorhaben der Mobilfunknetzbetreiber T-Mobile, Vodafone und O_2 freigegeben, ein Gemeinschaftsunternehmen zur Aufbau und Betrieb einer Plattform für mobile Fernsehübertragung nach dem DVB-H-Standard zu gründen.[32] Im Rahmen der fusionskontrollrechtlichen Prüfung hat das Bundeskartellamt einerseits Märkte untersucht, die in direktem Zusammenhang mit der mobilen Rundfunk-/Fernsehübertragung stehen. Dazu zählen der Endkundenmarkt für mobilen Rundfunk, der Markt für den Großhandel mit Programmpaketen für mobilen Rundfunk und der Markt für den Erwerb von Vermarktungsrechten für Programme. Bei diesen Märkten handelt es sich um neu entstehende Technologiemärkte, die noch nicht so stabil sind, dass sie eine marktbeherrschende Stellung begründen könnten. Weiter wurden die Auswirkungen auf die Marktposition der Mutterunternehmen auf den Mobilfunkendkundenmärkten für Datendienste und Sprachtelefonie untersucht. Hier wurde geprüft, ob der Zusammenschluss angesichts der bereits bestehenden hohen Marktanteile von T-Mobile, Vodafone und O_2 zusammen zur Entstehung oder Verstärkung einer gemeinsamen marktbeherrschenden Stellung (Oligopol) führen würde. Dies wurde im Ergebnis verneint, da es sich beim Markt für Mobilfunk-Datendienste um einen jungen, sich dynamisch entwickelnden Markt handele, der wenig Anreize für oligopolistisches Parallelverhalten biete. Beim Markt für Sprachtelefonie, wo offen gelassen wurde, ob bereits eine gemeinsame marktbeherrschende Stellung besteht, wurde die strategische Bedeutung des mobilen Fernsehens als gering eingeschätzt, so dass es jedenfalls zu keiner Verstärkungswirkung kommen würde.

III. Kartellaufsicht in Medienmärkten

§ 1 verbietet Vereinbarungen zwischen Unternehmen, Beschlüsse von Unternehmensvereini- **28** gungen und aufeinander abgestimmte Verhaltensweisen, die eine Verhinderung, Einschränkung oder Verfälschung des Wettbewerbs bezwecken oder bewirken.

1. Ausnahmen vom Kartellverbot im Medienbereich

Im Medienbereich gibt es eine Reihe von Ausnahmen von diesem Verbot. So ist die Preisbin- **29** dung bei Zeitungen und Zeitschriften in § 30 geregelt. Diese Vorschrift stellt eine Ausnahme vom Verbot der vertikalen Preisbindung gem. § 1 dar. Sie gilt für die Herstellung und den Vertrieb über sämtliche Handelsstufen. Umfasst sind gem. § 30 Abs. 1 S. 2 neben Zeitungen und Zeitschriften auch Produkte, die Zeitungen und Zeitschriften reproduzieren oder substituieren und bei der Gesamtwürdigung als überwiegend verlagstypisch anzusehen sind, sowie kombinierte Produkte, bei denen eine Zeitung oder Zeitschrift im Vordergrund steht. Gem. § 30 Abs. 3 kann das Bundeskartellamt die Preisbindung für unwirksam erklären, wenn bestimmte Kriterien, wie eine missbräuchliche Handhabung der Preisbindung oder eine Preisbildung

---

31 WuW *BKartA* DE-V 1163, 1173 f. Springer/ProSiebenSat.1.
32 *BKartA*, B7-61/07, Beschluss vom 13.8.2007.

oberhalb des Marktpreises, erfüllt sind. Eine missbräuchliche Handhabung kann beispielsweise darin liegen, dass ein preisbindender Verlag den Abonnementpreis für eine Zeitschrift deutlich unter dem gebundenen Preis festsetzt, der für den Einzelhandelsvertrieb zwingend ist. Allerdings gesteht der BGH[33] dem preisbindenden Verlag, für die Abonnements wirtschaftlich günstiger sind als der Vertrieb über den Einzelhandel, zu, günstige Probeabonnements anzubieten, die dazu dienen, die Abonnentenzahlen zu erhöhen.

30 Eine Weitere Ausnahme vom Kartellverbot ist die Buchpreisbindung. Diese ist nicht mehr wie früher im GWB geregelt, sondern im Gesetz über die Preisbindung für Bücher (BuchPrG). Zweck des Gesetzes ist die Sicherung eines breiten Buchangebots, das durch die Existenz einer großen Anzahl von Verkaufsstellen für eine breite Öffentlichkeit zugänglich sein soll (§ 1 BuchPrG).

2. Kartellfälle im Medienbereich

31 In der jüngeren Vergangenheit hat das Bundeskartellamt einige Kartellfällen im Medienbereich behandelt.

32 So hat es im Jahr 2006 die Pläne der Fernsehsender-Gruppen ProSiebenSat.1 und RTL geprüft, ihre über Satellit direkt an Haushalte „Direct to Home" (DTH) Programme (ProSieben, Sat.1, Kabel 1, N24, RTL, Super RTL, VOX, n-tv) künftig – über den Satellitenbetreiber SES Astra – zu verschlüsseln. Die Freischaltung der Programme sollte nur gemeinsam gegen ein wiederkehrendes Entgelt erfolgen, an dem die Sendergruppen beteiligt worden wären. Das Bundeskartellamt sah das verfolgte Geschäftsmodell – koordinierte Einführung der Verschlüsselung mit gemeinsamer Freischaltung, Entgelterhebung bei den Zuschauern durch SES Astra und Beteiligung der Sendergruppen an den Entgelten – als kartellrechtlich problematisch an und drohte eine Untersagung an. Die ProSiebenSat.1-Gruppe erklärte daraufhin die Abstandnahmen von dem Vorhaben.[34]

33 Weiter prüfte das Bundeskartellamt 2007 eine Kooperation zwischen den Pay-TV Sendern arena und Premiere.[35] Die geplante Kooperation hätte aus Sicht des Bundeskartellamts zu einer Marktaufteilung zwischen arena und Premiere geführt. Nachdem den Unternehmen eine Untersagung angedroht wurde, haben sie die Vereinbarung überarbeitet und sind schließlich zu einer kartellrechtlich tolerablen Lösung gelangt.

IV. Missbrauchsaufsicht in Medienmärkten

34 Marktbeherrschende Unternehmen unterliegen der Missbrauchsaufsicht der §§ 19 und 20. § 19 Abs. 1 verbietet die missbräuchliche Ausnutzung einer marktbeherrschenden Stellung[36] durch ein oder mehrere Unternehmen. Der Marktbeherrschungsbegriff ergibt sich aus § 19 Abs. 2. § 19 Abs. 3 enthält Kriterien für die Marktbeherrschungsvermutung. Allerdings greifen die Vermutungsregeln erst ein, wenn für ihr Vorliegen objektive Anhaltspunkte gegeben sind. Das bloße, letztlich immer vorhandene Nichtausschließenkönnen künftiger Entwicklungen genügt für die Anwendung der Vermutungsregel nicht.[37]

---

33 *BGH* WuW DE-R 1779 Probeabonnement; ausführlich dazu *Alexander* in ZWeR 2/2007, S. 239 ff. m.w.N.
34 Vgl. Tätigkeitsbericht des Bundeskartellamts 2005/2006, S. 107 ff.
35 Vgl. Pressemitteilung vom 18. Juli 2007, www.bundeskartellamt.de.
36 Vgl. Rn. 9.
37 *OLG Düsseldorf* WuW/E DE-R 1159, 1161 BASF/NEPG.

§ 19 Abs. 4 enthält – zur Konkretisierung des unbestimmten Rechtsbegriffs in Abs. 1 – Regel- **35** beispiele.[38] Das OLG Stuttgart[39] hat im Rahmen des Ausbeutungs- und Behinderungsmiss- brauchs Koppelungsfälle – im zu prüfenden Fall ging es um Anzeigen in verschiedenen Ver- lagsobjekten eines Verlages – im Prinzip als typische Fälle von Machtmissbrauch angesehen, jedoch eingeräumt, dass der Vorwurf missbräuchlicher Ausnutzung einer marktbeherrschen- den Stellung bei wirtschaftlicher Rechtfertigung, z.B. Sanierungsbedürfnis, Rationalisierungs- effekt, entfallen kann.

Medienspezifische Besonderheiten ergeben sich bei der Missbrauchsaufsicht aus § 20 Abs. 1 **36** (Diskriminierung- und Behinderungsverbot). Danach ist es Unternehmen, die Preise nach § 30 Abs. 1 S. 1 binden dürfen – also Zeitungs- und Zeitschriftenverlegern – untersagt, ein andres Unternehmen in einem Geschäftsverkehr, der gleichartigen Unternehmen üblicherweise zu- gänglich ist, weder unmittelbar noch mittelbar unbillig zu behindern oder gegenüber gleichar- tigen Unternehmen ohne sachlich gerechtfertigten Grund unmittelbar oder mittelbar unter- schiedlich zu behandeln. Zweifelhaft ist, ob auch Unternehmen, die nach dem Buchpreisbin- dungsgesetz zur Preisbindung verpflichtet sind, Adressaten dieser Norm sind. Der Wortlaut der Vorschrift spricht dafür, dass sich das Verbot in § 20 Abs. 1 nur an Unternehmen richtet, denen die Preisbindung nach dem GWB ausdrücklich erlaubt ist.[40] Das an Preisbinder gerichtete Dis- kriminierungs- und Behinderungsverbot gilt gegenüber sämtlichen Wirtschaftsstufen, und zwar auch dann, wenn ausschließlich der Endverkaufspreis gebunden ist.[41] Pressevertriebsun- ternehmen, die selbst keine Preise binden, unterliegen § 20 Abs. 1, wenn sie in die Pflichten- stellung der Verlage eintreten.[42] Auf die Marktmacht des Preisbinders kommt es nicht an. Sie kann aber bei der Interessenabwägung im Rahmen der sachlichen Rechtfertigung oder der Bil- ligkeit eine Rolle spielen.[43]

V. Konkurrenz von Kartell- und sektorspezifischem Medien- und Urheberrecht

Die Zulässigkeit der Bildung und Tätigkeit von Verwertungsgesellschaften nach deutschem **37** Recht ergibt sich aus dem Urheberrechtswahrnehmungsgesetz (UrhWG), nach dessen § 1 Abs. 1 der Erlaubnis bedarf, wer Nutzungsrechte, Einwilligungsrechte oder Vergütungsan- sprüche, die sich aus dem Urheberrechtsgesetz erbeben, für Rechung mehrerer Urheber oder Inhaber verwandter Schutzrechte zur gemeinsamen Ausübung wahrnimmt. Zuständige Be- hörde ist das Patentamt, das gem. § 18 Abs. 3 UrhWG über die Erlaubnis und den Widerruf der Erlaubnis im Einvernehmen mit dem Bundeskartellamt entscheidet. Die Verwertungsgesell- schaft ist gem. § 6 UrhWG verpflichtet, die zu ihrem Tätigkeitsbereich gehörenden Rechte und Ansprüche auf Verlangen der Berechtigen zu angemessenen Bedingungen wahrzunehmen. Die Einnahmen sind nach festern Regeln aufzuteilen. Gem. § 11 UrhWG unterliegt die Verwer- tungsgesellschaft einem Abschlusszwang bezüglich der Einräumung von Nutzungsrechten.[44]

---

38 Zu den Regelbeispielen vgl. *Langen/Bunte/Ruppelt*, Band 1, § 19 Rn. 92 ff. m.w.N.
39 *OLG Stuttgart* WuW/E OLG 2126 Kombinationstarif I.
40 Vgl. *Bechtold* § 20 Rn. 12.
41 *KG* WuW/E OLG 877, 881 Zigaretten-Einzelhandel.
42 *BGH* WuW DE-R 134 Bahnhofsbuchhandel.
43 Vgl. *Bechtold* § 20 Rn. 13; WuW/E *BGH* 2360, 2363 Freundschaftswerbung.
44 Vgl. *Bechtold* Vor § 28 Rn. 7.

38 Verwertungsgesellschaften sind regelmäßig gegenüber den Nutzern von Urheberrechten marktbeherrschend. In diesen Fällen gelten die Missbrauchsvorschriften der §§ 19 und 20. § 30 Abs. 2 GWB a.F. enthielt eine Sondervorschrift für den Fall, dass der Inhalt eines Vertrages nach § 16 Abs. 4 UrhWG durch das Oberlandesgericht festgesetzt worden ist. Dem Bundeskartellamt standen dann die Vorschriften des GWB nur zu, soweit der Vertrag missbräuchlich gehandhabt wurde.[45] Offen ist bislang, ob nach Wegfall des § 30 Abs. 2 GWB a.F. dessen Rechtsgedanke fortgilt.

39 Im Bereich Telekommunikation sieht das Telekommunikationsgesetz (TKG) in § 2 Abs. 3 S. 1 vor, dass die Vorschriften des GWB unberührt bleiben, soweit nicht durch dieses Gesetz ausdrücklich abschließende Regeln getroffen werden. Die Aufgaben und Zuständigkeiten der Kartellbehörden bleiben gem. Satz 2 dieser Vorschrift unberührt.

40 Eine Zusammenarbeit zwischen dem Bundeskartellamt und der Bundesnetzagentur (ehemals Regulierungsbehörde für Telekommunikation und Post) ist im TKG vorgesehen, um möglichst auszuschließen, dass im Bereich Telekommunikation bei der Marktbewertung und der Anwendung der Vorschriften des GWB andere Maßstäbe angewandt werden als in anderen Wirtschaftsbereichen.[46] Die Zusammenarbeit ist in § 123 Abs. 1 TKG geregelt. Danach sind eine Reihe von Mitwirkungsrechten sowie Koordinations- und Mitteilungspflichten vorgesehen. Diese umfassen nach § 123 Abs. 1 S. 1 TKG insbesondere die Einholung des Einvernehmens des Bundeskartellamts bei Entscheidungen über die Marktdefinition (§ 10 TKG), die Marktanalyse (§ 11 TKG), den Ausschluss vom Vergabeverfahren (§ 61 Abs. 3 TKG) und die Feststellung, dass im Falle des Frequenzhandels keine Verzerrung des Wettbewerbs auf dem sachlich und räumlich relevanten Markt zu besorgen ist (§ 62 Abs. 2 Nr. 3 TKG). Das Einvernehmen ist für die Bundesnetzagentur bindend. Das Stellungnahmerecht des Bundeskartellamts umfasst nach § 123 Abs. 1 S. 2 TKG die Zugangsregulierung, die Entgeltregulierung, sonstige Verpflichtungen sowie die Besondere Missbrauchsaufsicht.

41 Gem. § 123 Abs. 1 S. 3 TKG gibt das Bundeskartellamt der Bundesnetzagentur Gelegenheit zur Stellungnahme, wenn es im Bereich der Telekommunikation Verfahren nach den §§ 19 und 20 Abs. 1 und 2, Art. 81 EG-Vertrag (Missbrauchsaufsicht) oder nach § 40 Abs. 2 (Zusammenschlusskontrolle) durchführt.

C. Verfahren im Rahmen des EG-Vertrages

42 Der EG-Vertrag und die einschlägigen Verordnungen der Europäischen Kommission enthalten keine Sonderregelungen für bestimmte Bereiche des Medienrechts. Zusammenschlüsse von Medienunternehmen unterliegen nach denselben Voraussetzungen wie andere Zusammenschlüsse dem Europäischen Recht. Die Wettbewerbsregeln in Art. 81 ff. EG-Vertrag sind auf Medienunternehmen anzuwenden. Auch die von den deutschen Bundesländern praktizierte Rundfunkkonzentrationskontrolle auf Grundlage des Rundfunkstaatsvertrages von 1997 wird auf Art. 21 Abs. 4 der Verordnung (EG) Nr. 139/2004 (Fusionskontrollverordnung) gestützt.[47]

---

45 Vgl. *Bechtold* Vor § 28 Rn. 9.
46 Ausf. dazu *Wissmann* Kap. 2 Rn. 78-83.
47 *Emmerich* § 14 Rn. 12.

Kundan

I. Europäische Zusammenschlusskontrolle

Für die Prüfung von Zusammenschlüssen mit gemeinschaftsweiter Bedeutung ist ausschließ- **43** lich die Europäische Kommission zuständig.[48] Ein Zusammenschluss hat gemeinschaftsweite Bedeutung, wenn die beteiligten Unternehmen einen weltweiten Gesamtumsatz von mehr als 5 Mrd. Euro und einen gemeinschaftsweiten Gesamtumsatz von mehr als 250 Mio. Euro erzielen. Diese Schwellenwerte ergeben sich aus Art. 1, ihre Berechnung aus Art. 5 Fusionskontrollverordnung. Ein Zusammenschlussvorhaben ist – ebenso wie nach nationalem Recht – gem. Art. 4 Fusionskontrollverordnung vor seinem Vollzug bei der Europäischen Kommission anzumelden. Die Einzelheiten der Anmeldung sowie der Anmeldevordruck (Formblatt CO) sind in der Verordnung (EG) Nr. 802/2004 der Kommission geregelt.[49]

Nach Art. 10 Abs. 1 Fusionskontrollverordnung endet die erste Frist nach 25 Arbeitstagen, innerhalb der die Kommission entscheidet, ob sie dem angemeldeten Vorhaben entweder zustimmt oder die vertiefte Prüfungsphase einleitet, wenn sie der Auffassung ist, dass das Zusammenschlussvorhaben einen wirksamen Wettbewerb erheblich beeinträchtigen könnte. Die vertiefte Prüfungsphase nimmt in der Regel bis zu 90 Arbeitstage in Anspruch. Unter bestimmten, in Art. 10 Abs. 2 Fusionskontrollverordnung geregelten Voraussetzungen ist eine Verlängerung dieser First auf 105 bzw. 125 Arbeitstage möglich. Nach Abschluss des Verfahrens kann die Kommission nach Art. 8 Fusionskontrollverordnung dem Vorhaben mit oder ohne Auflagen zustimmen oder es untersagen, wenn die Unternehmen nicht in der Lage waren, angemessene Lösungen für die von der Kommission beanstandeten Wettbewerbsprobleme vorzuschlagen.

Die Kommission hat mehrere Mitteilungen zur Auslegung verschiedener Aspekte der Fusions- **44** kontrolle veröffentlicht, die den analytischen Rahmen für die Beurteilung wettbewerbsrechtlicher Auswirkungen von Zusammenschlüssen erläutern und einige der bei der Fusionskontrolle verwendeten Schlüsselbegriffe erklären, z.B. die Mitteilung über den Begriff des Zusammenschlusses.[50]

II. Europäisches Kartellverbot und Missbrauchsaufsicht

Neben den Vorschriften im GWB, die seit der 7. GWB-Novelle[51] weitgehend an Europäisches **45** Recht angeglichen sind, sind gem. Art. 81 EG-Vertrag Kartelle untersagt[52] und der Missbrauch einer marktbeherrschenden Stellung wird nach Art. 82 EG-Vertrag geahndet.[53] Die nationalen Wettbewerbsbehörden der EU-Mitgliedstaaten sowie nationale Gerichte sind berechtigt, diese Vorschriften anzuwenden, um EU-Wettbewerbsrecht durchzusetzen. Die Einzelheiten für die Anwendung Europäischen Rechts sind in § 22 geregelt. Nationale Kartellbehörden und Gerichte können, ebenso wie die Kommission, anordnen, dass wettbewerbsbeschränkende Vereinbarungen und Verhaltensweisen eingestellt werden und Geldbußen gegen Unternehmen verhängen, die gegen die Vorschriften im EU-Wettbewerbsrecht verstoßen haben. Die Kommission und die nationalen Wettbewerbsbehörden informieren sich innerhalb des Europäi-

---

48 Zur Zusammenschlusskontrolle durch die Europäische Kommission vgl. *Emmerich* § 15.
49 *Europäische Kommission* S. 11.
50 Sämtliche Mitteilungen finden sich auf der Homepage der Europäischen Wettbewerbsbehörden: http://ec.europa.eu/comm/competition.
51 *Langen/Bunte/Bunte* Bd. 1, Einführung zum GWB, Rn. 25b ff.
52 Vgl. zu den Einzelheiten des Kartellverbots *Langen/Bunte/Bunte*, Bd. 2, Art. 81 Rn. 1 ff.
53 Vgl. zu den Einzelheiten der Missbrauchsaufsicht *Langen/Bunte/Dirksen* Bd. 2, Art. 82 Rn. 1 ff.

schen Wettbewerbsnetzes „European Competition Network" (ECN)[54] gegenseitig über neue Fälle, um Mehrfachuntersuchungen zu vermeiden. Auch im Vorfeld von Entscheidungen erfolgt eine gegenseitige Unterrichtung, um eine einheitliche Rechtsanwendung zu gewährleisten.

46   Nach Art. 81 EG-Vertrag sind Vereinbarungen zwischen Unternehmen, Beschlüsse von Unternehmensvereinigungen und aufeinander abgestimmte Verhaltensweisen, welche den Handel zwischen Mitgliedstaaten zu beeinträchtigen geeignet sind, und eine Verhinderung, Einschränkung oder Verfälschung des Wettbewerbs innerhalb des Gemeinsamen Marktes bezwecken oder bewirken, verboten. In Art. 81 Abs. 1 a) bis e) sind Regelbeispiele für verbotene Verhaltensweisen enthalten, Solche Vereinbarungen sind gem. Art. 81 Abs. 2 EG-Vertrag automatisch nichtig. Die Kommission oder eine nationale Wettbewerbsbehörde kann Unternehmen aufgeben, rechtswidrige Vereinbarungen einzustellen und gegen diese Unternehmen Geldbußen verhängen. Weder Art. 81 noch Art. 82 EG-Vertrag unterscheiden beim Unternehmensbegriff zwischen privaten und öffentlichen Unternehmen. Daher steht es außer Frage, dass die Wettbewerbsregeln in gleichem Maße für beide Unternehmensformen gelten soweit sie eine wirtschaftliche Tätigkeit ausüben.[55] Rundfunkanstalten als öffentliche Unternehmen sind folglich, soweit sie wirtschaftlich tätig sind, etwa Werbezeiten vermarkten, Unternehmen i.S.v. Art. 81 und 82 EG-Vertrag.[56]

47   Nach Art. 81 Abs. 3 EG-Vertrag können einschränkende Vereinbarungen zwischen Unternehmen zulässig sein, wenn sie wettbewerbsfördernde Wirkung haben, indem sie beispielsweise den technischen Fortschritt unterstützen oder zu Verbesserungen beim Vertrieb beitragen. Um freigestellt zu werden, müssen sie unter angemessener Beteiligung der Verbraucher an dem entstehenden Gewinn zur Verbesserung der Warenerzeugung oder -verteilung oder zur Förderung des technischen oder wirtschaftlichen Fortschritts beitragen, ohne den Unternehmen für diese Ziele unerlässliche Beschränkungen aufzulegen oder für einen wesentlichen Teil der betreffenden Waren den Wettbewerb auszuschalten. Auf Grundlage von Art. 81 Abs. 3 EG-Vertrag hat die Kommission zur Erreichung dieser Ziele Gruppenfreistellungsverordnungen erlassen, welche die Voraussetzungen für die Freistellung bestimmter Kategorien von Vereinbarungen im Einzelnen festlegen.[57] Weiter hat die Kommission Orientierungshilfen dafür herausgegeben, wie die vorgenannten Voraussetzungen anzuwenden sind, damit Unternehmen zwischen wettbewerbskompatiblen und unzulässigen Vereinbarungen unterscheiden können. In diesem Zusammenhang zu erwähnen ist der Leitfaden der Kommission zur kartellrechtlichen Beurteilung horizontaler und vertikaler Vereinbarungen.[58]

48   Ein Beispiel aus dem Medienbereich für die Anwendung von Art. 81 Abs. 3 EG-Vertrag – noch vor Inkrafttreten der Verordnung (EG) Nr. 1/2003 – auf den gemeinsamen Vertrieb jenseits der Marktanteilsschwelle von 15% ist die zentrale Vergabe der Fernsehübertragungsrechte für die Spiele der „Champions League" durch die UEFA für die Bundesliga durch den DFB, die von der Kommission 2003 und 2005 freigestellt wurde.[59] Die Kommission ist nach

---

54 Vgl. zu den Einzelheiten des ECN *Langen/Bunte/Sura* Bd. 2, Vor Art. 11-16 VO 1/2003 Rn. 1 ff.
55 *Emmerich* § 3 Rn. 35.
56 *Emmerich* § 3 Rn. 38, *EuGH* Slg. 1974, 407, 430 f. – Sacchi.
57 *Langen/Bunte/Bunte* Bd. 2, Einf. EG-Kartellrecht, Rn. 22 ff. m.w.N.
58 Verordnungen und Leitfäden der Kommission werden im Amtsblatt der Europäischen Union veröffentlicht. Sie finden sich auch auf der Homepage unter http://europa-eu.int/comm/competition/antitrust/legislation/entente3_en.html#iii_1.
59 *Kommission* Entscheidung v. 23.7.2003, AblEG L 291/25, 43, 47 ff.; WuW/E EuV 1041 – Bundesliga; dazu *Hellmann/Bruder* EuZW 2006, 359; *Mestmäcker* FS *Sandrock*, S. 689; *Schürnbrand* ZWeR 2005, 396, 408 ff.

der Verpflichtungszusage[60] des Ligaverbandes, die Ligarechte in mehreren Paketen in einem transparenten und diskriminierungsfreien Verfahren anzubieten und die Laufzeit der von drei Spielzeiten nicht zu überschreiten, zu dem Ergebnis gelangt, dass kein Anlass zum Tätigwerden bestand und hat das Verfahren eingestellt.[61]

Art. 82 EG-Vertrag untersagt den Missbrauch einer marktbeherrschenden Stellung und gelangt unter folgenden Voraussetzungen zur Anwendung: **49**

– Das Unternehmen hat eine beherrschende Stellung inne. Dazu werden den Marktanteil und andere Faktoren herangezogen, wie beispielsweise ob schlagkräftige Wettbewerber und ein eigenes Vertriebssystem vorhanden sind oder das Unternehmen privilegierten Zugang zu Rohstoffen hat, die es ihm ermöglichen, sich dem normalen Wettbewerbsdruck zu entziehen.

– Das Unternehmen beherrscht den europäischen Markt oder einen wesentlichen Teil[62] davon.

– Das Unternehmen nutzt seine Stellung, um etwa überhöhte Preise von Verbrauchern zu verlagen oder aber zu niedrige Preise, um Wettbewerber zu verdrängen oder Neuzugänge vom Markt fernzuhalten bzw. bestimmten Kunden diskriminierende Vorteile einzuräumen.

Die Kommission oder nationale Wettbewerbsbehörden können einen solchen Missbrauch untersagen und gegen das betreffenden Unternehmen Geldbußen festsetzen. **50**

Das Bundeskartellamt hat auf Grundlage von Art. 81 EG-Vertrag ein Kartellverfahren gegen den Verband der Phonographischen Wirtschaft e. V. geführt.[63] Der Verband, dem etwa 90 % der Tonträgerindustrie einschließlich der vier großen Musikproduzenten Universal, SonyBMG, Warner Music und EMI als Mitglieder angehören, ermittelt in regelmäßigen Abständen eine Rangliste der meistverkauftesten Hits an den Endverbraucher. Das Regelwerk des Verbandes sah vor, dass nur diejenigen Verkäufe für die Ermittlung der offiziellen deutschen TOP 100 Musik-Charts (Hitparade) relevant sind, die oberhalb eines vom Verband festgelegten Mindestpreises verkauft werden. Der Mindestpreis bezog sich sowohl auf den Herstellerabgabepreis als auch auf den Verkaufspreis an den Endverbraucher. Nachdem der Verband neue, umsatzbezogene Regeln eingeführt hat, wurde das Verfahren eingestellt. Das Bundeskartellamt sieht in der Vorgabe von Mindestpreisen einen Verstoß gegen das Verbot wettbewerbsbeschränkender Absprachen im Sinne von Artikel 81 Abs. 1 des EG-Vertrags. Die Festsetzung von Preisen nach Art. 81 Abs. 1 a) EG-Vertrag umfasst nicht nur die Festsetzung von Verkaufspreisen sondern auch Minimum- und Zielpreise.[64] Zwar ist der Musikproduzent grundsätzlich in seiner Preisgestaltung frei. Allerdings entfaltet der Mindestpreis aufgrund der Bedeutung der Charts die Wirkung einer Preisfestsetzung. Ziel ist die Verhinderung von Wettbewerb mit Niedrigpreisprodukten. In ihrer Wirkung versperren die Mindestpreise Tonträgerproduzenten mit günstigeren Produktionen, die unterhalb des Mindestpreises verkauft werden, den Zutritt zu den Charts. Außerdem wird der Preiswettbewerb zwischen den Produzenten durch das Mindestpreiskriterium beschränkt. Die Absenkung des Herstellerabgabepreises unter den Mindestpreis kann zum Ausschluss des Musiktitels aus den Charts führen, da die Verkäufe insoweit nicht mehr gezählt werden. Eine Rechtfertigung der Beschränkung nach Art. 81 Abs. 3 EG-Vertrag liegt nach Auffassung des Bundeskartellamts nicht vor. Die Mindestpreise führen weder zu Vorteilen für den Verbraucher noch sind sie erforderlich. Die Festsetzung des Mindest- **51**

---

60 Vgl. hierzu 10. Abschn. Rn. 69.
61 *Kommission* Entscheidung v. 23.7.2003, COMP/37.398 – Champion League und v. 19.1.2005, COMP/37.214 – Gemeinsame Vermarktung der Medienrechte an der deutschen Bundesliga.
62 *Bechtold* § 36 Rn. 51.
63 Im Einzelnen dazu *Siebert* European Competition Law Review, 11/2007, 601.
64 *ECJ* 30.1.1985, BNIC, ECR 191, 423.

preises durch die im Verband zusammengeschlossenen Tonträgerproduzenten erfolgt auf der Grundlage nicht nachvollziehbarer Kriterien und damit willkürlich. Während zwar in den meisten EU-Mitgliedstaaten die Musik-Charts ebenfalls auf Grundlage von Regelungen über Mindestpreise zustande kommen, findet allerdings in den Hitparaden Italiens, Irlands und Ungarns die Chart-Ermittlung ohne Mindestpreise statt.

III. Europäisches Beihilferecht

52 Ein Unternehmen, dem staatliche Beihilfen gewährt werden, erhält einen möglicherweise ungerechtfertigten Vorteil gegenüber seinen Mitbewerbern. Daher verbietet Art. 87 Abs. 1 EG-Vertrag grundsätzlich staatliche Beihilfen, sofern sie nicht aus Gründen der allgemeinen wirtschaftlichen Entwicklung gerechtfertigt sind. Damit das Beihilfeverbot eingehalten wird und die Ausnahmebestimmung dazu einheitlich angewandt werden, achtet die Kommission darauf, dass die gewährten Beihilfen den EU-Vorschriften entsprechen. Auch im Bereich Medien gibt es immer wieder Beihilfefälle. So ordnete die Kommission im Mai 2004 an, dass die dänische öffentlich-rechtliche Fernsehanstalt TV2 zuviel bezahlten Ausgleich zurückzahlen muss, den sie für die Erfüllung öffentlicher Aufgaben erhalten hatte. Das Prüfverfahren war aufgrund einer Beschwerde eines kommerziellen dänischen Rundfunkbetreibers eingeleitet worden. Die Untersuchung durch die Kommission zeigte, dass TV2 staatliche Beihilfen erhalten hatte, welche die Kosten für die Erfüllung des öffentlichen Auftrags weit überschritten. TV2 konnte die Überkompensierung zur Finanzierung kommerzieller Tätigkeiten nutzen und wurde somit gegenüber seinen Mitbewerbern begünstigt, die keine staatliche Beihilfe erhalten hatten. TV2 musste nach Vorgaben der Kommission die Überkompensierung zurückerstatten.[65] Deutsche Beihilfen für die Filmförderung durch einzelne Bundesländer wurden als mit dem Europäischen Beihilferecht vereinbar angesehen.[66]

---

65 COMP.N 313/2004 – Recapitalisation of TV 2 Denmark Rn. 55.
66 COMP.N 250/2007 – Cultural film support Schleswig-Holstein Prolongation of N.411/2004; COMP.N 248/2007 – Film support Bayern Prolongation of N.411/2004; COMP.N 243/2007 – Filmförderung Hamburg Prolongation of N.411/2004; COMP.N 230/2007 – Filmstiftung NRW Prolongation of aid N 411/2004.

10. Abschnitt

Medienrecht und Sport

Literatur: *Bülow* Themen-Sponsoring im Fernsehen, CR 1999, 105; *Coelln* Ausgleich zwischen Sportvermarktung und freier Sportinforamtion – Das Recht auf Kurzberichterstattung, SpuRt 2001, 221; *ders.* Hörfunkberichterstattung aus dem Stadion: Ein Konflikt zwischen Medienfreiheit und Vermarktungsrechten, SpuRt 2001, 134 und 185; *Coors* Der Einfluss von Sportagenturen auf den Fernsehrechtemarkt, AfP 2006, 216; *Daumann/Langer* Vermarktung von Sportleistung und Sportveranstaltung in Fritzweiler (Hrsg.), Sport-Marketing und Recht, 2003; *Diekmann* Zur Mitwirkung der Lizenzfußballspieler bei der Vergabe von Fernsehrechten, UFITA 1995, 35; *Dreier/Schulze* Urheberrechtsgesetz Kommentar, 2. Aufl. 2006; *Duvinage* Praktische Aspekte bei Erwerb und Vermarktung medialer Rechte in Galli/Gömmel/Holzhäuser/Straub, Sport-Management, 2002; *Eilers* Fußballübertragungsrechte für Internet und Mobilfunktechnik – Abgegrenzte Gebiete oder Doppelvergabe der Fernsehrechte?, SpuRt 2006, 221; *Elter* Mediale Rechte im Sport in Galli/Gömmel/Holzhäuser/Straub, Sport-Management, 2002; *Elter* Verwertung medialer Rechte der Fußballunternehmen, 2003; *Fechner* Medienrecht, 7. Aufl. 2006; *Fikentscher* Gibt es sog. Hörfunkrechte? – Ein Diskussionsbeitrag, SpuRt 2002, 186; *ders.* Kommerzialisierung von Persönlichkeitsrechten im Sport, Recht und Sport, 2006; *ders.* Sportübertragungsrechte im Zeitalter der neuen Medien, UFITA 2005, 635; *Frey* Die Vergabe der medialen Rechte an der Fußball-Bundesliga, ZUM 2005, 585; *ders.* Neue Herausforderungen für die exklusive Contentverwertung, GRUR 2003, 931; *Fritzweiler/Pfister/Summerer* Praxishandbuch Sportrecht, 2. Aufl. 2007; *Geissinger* „Vorteil Agentur" Verwertung von Rechten an Sportveranstaltungen aus der Sicht großer Rechtevermarkter in Fritzweiler (Hrsg.), Sport-Marketing und Recht, 2003; *Gröpl* Fußball im Fernsehen – Zirkusspiele der modernen Art, SpuRt 2004, 181; *Günther* Umfang und zivilrechtliche Begrenzung der Aufnahmerechte an Sportveranstaltungen, insbesondere durch das besondere Persönlichkeitsrecht der Sportler, 2003; *Haas/Reimann* Das „Fernsehrecht" an Sportveranstaltungen als Abwehrrecht, SpuRt 1999, 182; *Hartlieb/Schwarz* Handbuch des Film-, Fernseh- und Videorechts, 4. Aufl., 2004; *Hartstein/Ring/Kreile/Dörr/Stettner* Kommentar zum Rundfunkstaatsvertrag, Loseblatt; *Heermann* Fußball Kurzberichterstattung im Abseits?, SpuRt 2001, 188; *ders.* Sport und europäisches Kartellrecht, SpuRt 2003, 89; *Heinemann* Sportübertragungsrechte im europäischen Kartellrecht am Beispiel der Olympischen Spiele, ZEuP 2006, 337; *Horn* Zur Problematik der Übertragungsrechte für Fußballspiele im Fernsehen, Jura 1989, 17; *Kulka* Werbung im Zusammenhang mit der Übertragung von Sportveranstaltungen, Schriftenreihe des Württembergischen Fußballverbandes, Nr. 23; *Ladeur* Pay-TV und Exklusivverträge über Senderechte für Sportveranstaltungen, SpuRt 1998, 54; *ders.* Virtuelle Werbung in Sportübertragungen (1), SpuRt 2000, 45; *Lehr/Brosius-Gersdorf* Kurzberichterstattung über Fußballbundesligaspiele, AfP 2001, 449; *Lenz* Das Recht auf Kurzberichterstattung – Bestätigung und Korrektur aus Karlsruhe, NJW 1999, 757; *Lochmann* Die Einräumung von Fernsehübertragungsrechten an Sportveranstaltungen, 2005; *Mahler* Ist ein neuer Veranstalterbegriff für den professionellen Ligasport notwendig?, SpuRt 2001, 8; *Mestmäcker* Veranstalterrechte als Fernsehrechte, FS O. Sandrock, 2000; *Ohly* Gibt es einen Numerus clausus der Immaterialgüterrechte?, FS Schricker, 2005; *Ory* Fußballrechte im untechnischen Sinn, AfP 2002, 195; *ders.* Sind Broadcast-TV und IP-TV unterschiedliche Nutzungsarten?, K&R 2006, 303; *Partikel* Formularbuch für Sportverträge, 2. Aufl. 2006; *Poley* Die Vermarktung des Hahnekamm-Skirennens in Kitzbühel in Fritzweiler (Hrsg.), Sport-Marketing und Recht, 2003; *Schlindwein* Die Vermarktung von Einzelsportlern in Galli/Gömmel/Holzhäuser/Straub (Hrsg.), Sport Management, 2002; *Schlindwein* Vermarktbare Rechte und ihre Träger in Fritzweiler (Hrsg.), Sport-Marketing und Recht, 2003; *Schmid-Petersen* Fußball im Radio – Können Sportveranstalter „Hörfunkrechte" vermarkten?, SpuRt 2003, 234; *Schmid-Petersen* Rechtliche Grenzen der Vermarktung von Persönlichkeiten: Computerspiel mit Oliver Kahn, SpuRt 2004, 248; *Schricker* Urheberrecht, 3. Aufl., 2006; *Schwerdtner* Schutz der Persönlichkeitsrechte des Sportlers, Schriftenreihe des Württembergischen Fußballverbandes,

Nr. 23; *Stopper* Ligasport und Kartellrecht, 1997; *ders.* Wer ist Veranstalter und Rechtsträger im Profi-Fußball?, SpuRt 1999, 188; *Strauß* Hörfunkrechte des Sportveranstalters, 2006; *ders.* Zulässigkeit der Sportberichterstattung im Live-Ticker, SpuRt 2007, 6; *Summerer/Blask* Rechte an Spielplänen und Tabellen von Profiligen am Beispiel der DFL, SpuRt 2005, 50; *Summerer/Wichert* Kostenlose Radio-Sendungen über Fußball aus den Stadien?, SpuRt 2006, 55; *Tettinger* Das Recht des Rundfunks auf freie Berichterstattung bei Sportveranstaltungen, ZUM 1986, 497; *Waldhauser* Die Fernsehrechte des Sportveranstalters, 1999; *Wenzel/Burkhardt/von Strobl-Albeg* Das Recht der Wort- und Bildberichterstattung, 5. Aufl. 2003; *Wetzel/Wichert* Fußball-Weltmeisterschaft im Free-TV: Ungerechtfertigter Eingriff in wirtschaftliche Grundrechte von Veranstalter und Zwischenhändler?, SpuRt 2001, 228; *Wertenbruch* Gibt es lizenzierbare Hörfunk-Übertragungsrechte des Sportveranstalters?, SpuRt 2001, 185.

I. Einführung

1   Sport ist aus den Medien nicht wegzudenken. Die Berichterstattung über attraktive Sportveranstaltungen zieht Zuschauer oder Hörer an und bindet bestehende Nutzer an einen Anbieter. Hochwertige Sportprogramme helfen als so genannter Premium-Content bei der Herausbildung von Markenimages. Im Bereich der Neuen Medien soll die Sportberichterstattung den Durchbruch für innovative Bezahlinhalte bringen. Die Nachfrage nach Übertragungsrechten für Sportereignisse war daher nie größer als heute. Hinsichtlich der großen Sportevents wie Olympische Spiele und Fußballwelt- und europameisterschaften ist ein ebenso starker Anstieg der Lizenzentgelte für die mediale Verwertung zu verzeichnen, wie dies für Ligawettbewerbe im Bereich des Fußballs gilt.[1] „Kleinere" Sportarten wie Volleyball oder Handball erzielen bei der Verwertung keine vergleichbaren Beträge. Jedoch erlangt die mediale Verbreitung auch bei Sportarten, die sich eines weniger großen Publikumsinteresses erfreuen, eine zunehmend wachsende Bedeutung: Die mediale Reichweite entscheidet häufig über Sponsorenengagements im Rahmen dieser Sportarten. Die Multiplikatorfunktion, die ein werbendes Unternehmen für sein(e) Produkt(e) oder sein Image über die mediale Verbreitung von Sportveranstaltungen erreichen kann, wird hier zum Entscheidungskriterium für ein Sponsoring.

II. Mediale Rechte an Sportveranstaltungen

2   Im Lichte der beachtlichen wirtschaftlichen Bedeutung der medialen Verwertung von Sportveranstaltungen stellt sich die Frage, ob und inwieweit die hieraus resultierende Wertschöpfung durch korrespondierende Rechte und Rechtspositionen an den Sportveranstaltungen abgesichert ist. Zwar wird in der Praxis von dem „Erwerb" und von dem „Verkauf" entsprechender „Rechte" gesprochen. Dieser Sprachgebrauch erweist sich bei einer genaueren Betrachtung jedoch als ungenau und sogar missverständlich. Das deutsche Recht kennt **keinen gesetzlich geregelten Katalog** von inhaltlich klar definierten medialen Rechten an Sportveranstaltungen. Vielmehr beschreibt dieser Sprachgebrauch für den Praktiker lediglich vereinfachend das Erlangen einer **komplexen Rechtsposition**, die sich als Ausfluss der Rechte zahlreicher Rechts-

---

1 Mit Dank an Herrn Rechtsanwalt Dr. Matthias Rudolph und Frau Rechtsanwältin Nadine Fischer für die Unterstützung bei der Erstellung des Beitrags.
    Die „Übertragungsrechte" für die Begegnungen der Fußball-Bundesliga haben bspw. eine Wertsteigerung von ca. 80 Mio. € für die Saison 1996/97 auf ca. 450 Mio. € für die Saison 2006/07 erfahren. Als weiteres Bsp. seien die Olympischen Spiele genannt: Betrug der Preis für die Übertragungsrechte für die Olympischen Spiele im Jahr 1972 noch 17,5 Millionen USD, wurde mit dem Verkauf der Übertragungsrechte für die Olympischen Spiele im Jahr 2008 ein Betrag von mindestens 1,7 Mill. USD erlöst, vgl. *Daumann/Langer* S. 19.

subjekte darstellt, welche an der betreffenden Sportveranstaltung im weitesten Sinne mitwirken und dem Erwerber die mediale Verwertung der Sportveranstaltung auf eine bestimmte Art und Weise gestattet. Als Rechtssubjekte im vorstehenden Sinn kommen namentlich die Sportler, Vereine, Verbände, Ligen sowie Sportstättenbetreiber in Betracht.

1. Fehlen eines gesetzlich geregelten Rechts an Sportveranstaltungen

Das deutsche Recht sieht kein eigenständiges (dingliches) Recht vor, das Sportveranstaltungen umfassend schützt und einem bestimmten Rechtssubjekt ausschließlich zuordnet. Die Rechtsposition im Hinblick auf eine Sportveranstaltung kann daher nicht mit dem Eigentum an einer Sache, das durch das BGB dem Eigentümer zugeordnet ist und gegenüber jedermann Wirkung entfaltet, oder dem Urheberrecht an einem Werk, an welchem das Urheberrechtsgesetz dem Urheber ein *erga omnes* wirkendes Ausschließlichkeitsrecht verleiht, verglichen werden. Ansätze, die urheberrechtlich begründete Positionen bemühen, um einen entsprechenden Schutz in Bezug auf Sportveranstaltungen zu begründen, können nicht überzeugen: Sport stellt bereits mangels Gedanken- und Gefühlsausdrucks keine persönliche geistige Schöpfung dar (vgl. § 2 Abs. 2 UrhG), sodass sich sportliche Wettbewerbe wegen des fehlenden Werkcharakters des Sports nicht als dessen künstlerische Darbietungen deuten lassen, die nach dem Urheberrechtsgesetz geschützt würden (vgl. § 73 1. Alt. UrhG).[2] Der Schutz von sportlichen Wettbewerben als künstlerische Darbietung vermag auch nicht über § 73 2. Alt UrhG begründet zu werden: Sportliche Wettbewerbe stellen keine Ausdrucksform der Volkskunst dar.[3] Aus den vorstehend genannten Gründen erlangt ein Sportveranstalter auch nicht die nach dem Urheberrechtsgesetz geschützte Rechtsposition eines „Veranstalters" i.S.d. § 81 UrhG. Schließlich ließe sich erwägen, Sportlern und Sportveranstaltern in analoger Anwendung von §§ 73, 74 ff. bzw. 81 UrhG entsprechend geschützte Rechtspositionen zu gewähren. Allerdings ist eine für einen Analogieschluss erforderliche planwidrige Regelungslücke nicht ersichtlich, sodass mediale Rechte an Sportveranstaltungen der Verfestigung aufgrund anderweitiger Rechtspositionen bedürfen.[4]

3

2. Rechte des „Sportveranstalters"

Wie vorstehend ausgeführt, sieht das deutsche Recht kein originäres Recht an Sportveranstaltungen für Sportveranstalter vor. Jedoch sind Sportveranstalter deshalb nicht schutzlos gestellt. Sportveranstalter können sich auf unterschiedliche Rechte berufen, die ihnen im Zusammenhang mit ihrer Tätigkeit erwachsen.

4

2.1 Hausrecht, §§ 1004, 903 BGB bzw. §§ 862, 859 BGB

Nach der herrschenden Meinung in der Rechtsprechung und Literatur steht dem Veranstalter eines Sportwettkampfs ein **Hausrecht zu, das ihn zur medialen Verwertung der von ihm erbrachten Leistung berechtigt**.[5] Dieses Recht leitet sich aus dem Eigentum des Eigentümers bzw. dem Besitz des Besitzers der Austragungsstätte gem. §§ 1004, 903 BGB bzw. §§ 862, 859 BGB ab. Das Hausrecht bildet die maßgebliche Grundlage für die Vergabe von medialen Übertragungsrechten an Sportereignissen aus Fußball- und Leichtathletikstadien sowie aus Sporthallen und aus anderen räumlich abgrenzbaren Sportstätten, die sich dinglich zuordnen lassen. Mediale Übertragungsrechte sind aus diesem Grund primär als Ausfluss von (Immobiliar-)

5

---

2 *BGH* NJW 1990, 2815, 2817 – Sportübertragungen.

3 *BGH* NJW 1990, 2815, 2817 – Sportübertragungen.

4 Vgl. zur Diskussion *Westerholt* ZIP 1996, 264, 264; *Haas/Reimann* SpuRt 1999, 182, 182; *OLG Frankfurt* SpuRt 1999, 200, 201; a.A: *Diekmann* UFITA 1995, 35, 47 ff.

5 Zuletzt *BGH* NJW 2006, 377 – Hörfunkrechte.

Sachenrechten anzusehen.[6] Das Hausrecht erlaubt in erster Linie Maßnahmen zur Wahrung der äußeren Ordnung, die eine ungestörte Durchführung der Veranstaltung ermöglichen.[7] Über die Ordnungsaspekte eines geregelten Zutritts hinaus, gewährt das Hausrecht die Befugnis zur Regelung des Zugangs.[8] Dies beinhaltet die Zutrittsgewährung zu bestimmten Zwecken und die Durchsetzung der Einhaltung dieser Zwecke mittels eines Hausverbots.[9]

6   Wie einige Fallbeispiele[10] aus der Praxis verdeutlichen, unterliegen die Abwehrmöglichkeiten, die aus dem Hausrecht erwachsen, aber **faktischen Grenzen**. Werden Bewegtbilder, die unter Verstoß gegen das Hausrecht gefertigt werden, nachträglich durch Dritte verwertet, greifen die Abwehransprüche aus §§ 1004, 903 BGB bzw. §§ 862, 859 BGB nicht.[11] Derartige „illegale" Aufzeichnungen, die nicht live und unmittelbar von der Sportstätte aus übertragen, sondern während des Sportereignisses ohne Wissen des Veranstalters erstellt und anschließend ggf. über das Internet Verbreitung finden, werden sich unter Berufung auf das Hausrecht nicht unterbinden lassen. Einen weiteren Problemfall, bei dem das Hausrecht leer läuft, bilden Aufzeichnungen, die von außerhalb der Veranstaltungsstätte aufgenommen werden.[12]

7   Das Hausrecht kommt nur dann zum Tragen, wenn die Sportveranstaltung an einem räumlich abgrenzbaren Ort in Form eines Stadions, einer Halle oder eines sonstigen Geländes, das kein öffentlicher Verkehrsraum ist, ausgetragen wird. Ausreichend dürften insofern physische Barrieren des Veranstalters sein, die den Zugang zu einem durch Abschirmung kontrollierbaren Gelände verhindern,[13] wie beispielsweise bei alpinen Skirennen. Schon bei der Austragung einer Sportveranstaltung im öffentlichen Verkehrsraum – beispielsweise eines Radrennens wie der Tour de France, eines Marathonlaufs oder einer Automobilralley – ist ein Rückgriff auf das Hausrecht nicht mehr möglich.[14] Teilweise wird in diesen Fällen versucht, ein „begrenztes Hausrecht" mittels der als Sondernutzungserlaubnis öffentlichen Grunds erworbenen Konzession zu begründen.[15]

2.2 Wettbewerbsrechtliche Abwehrrechte gem. §§ 4 Nr. 9, Nr. 10, 3 UWG

8   Streitig ist, ob Sportveranstalter sich auf lauterkeitsrechtliche Ansprüche gem. § 4 Nr. 9, Nr. 10, § 3 UWG berufen können.[16] Der wettbewerbsrechtliche Schutz ist insbesondere dann von Bedeutung, wenn das Hausrecht nicht weiterhilft. Dies ist in den vorstehend beschriebenen

---

6   Vgl. *Wertenbruch* ZIP 1996, 1417, 1421. Die Konstruktion eines eingerichteten und ausgeübten Gewerbebetriebs, der über § 823 BGB geschützt wäre, sowie ein Schutz über das Lauterkeitsrechts wird demgegenüber als nachrangig angesehen, vgl. *Hoeren* JR 1998, 327, 333.
7   *BGH* NJW 2006, 377, 379.
8   A.A.: *Fikentscher* SpuRt 2002, 186. 187.
9   Vgl. *BGH* NJW 2006, 1054 ff.
10   Beispielsfälle hierzu nennt *Schlindwein* in Fritzweiler, S. 64 ff.
11   *Ohly* FS Schricker S. 105, 113; nach *BGH* JZ 1975, 491, 492 – Schloß Tegel – wird man indes entspr. Abwehransprüche gegen die Auswertung durch denjenigen, der unter Verstoß gegen das Hausrecht Bildnisse hergestellt hat, bejahen dürfen.
12   S. hierzu „Waldbühne"-Entscheidung des BGH, hier wurde das Hausrecht dadurch umgangen, dass Kameraleute den Boxkampf von Bäumen filmten.
13   Vgl. *Hilty/Henning-Bodewig* „Leistungsschutzrecht für Sportveranstalter?", Working Paper, S. 49, http://cdl.niedersachsen.de/blob/images/C30395810_L20.pdf, Abrufdatum: 31.7.2007.
14   *Günther* S.111, 112.
15   So *Summerer* in Fritzweiler/Pfister/Summerer, S. 357 Rn. 79, der aus der bei „open air events" einzuholenden Sondernutzungserlaubnis ein begrenztes Hausrecht ableitet; vgl. auch *Waldhauser* S. 71.
16   Dafür *Summerer* in Fritzweiler/Pfister/Summerer, S. 357 Rn. 78, der einen Anspruch aus § 3 UWG bejaht; *Lochmann* S. 304; a.A. *Hilty/Henning-Bodewig* „Leistungsschutzrecht für Sportveranstalter?",

Konstellationen, in denen das Hausrecht an seine faktischen Grenzen gerät, aber auch bei der medialen Auswertung von rechtmäßig erstellten Aufzeichnungen durch unberechtigte Dritte gegeben.

Vor der Reform des UWG im Jahr 2004 konnten sich Veranstalter sowohl nach der Rechtsprechung als auch nach der Auffassung von Teilen der Literatur auf lauterkeitsrechtlichen Schutz in Form der **verbotenen Übernahme fremder Leistungen berufen.**[17] Obwohl nicht ganz unumstritten, wurde grundsätzlich z.B. ein Wettbewerbsverhältnis zwischen Sportveranstalter und Medien- bzw. Sendeanstalten bejaht, da sich beide mit ihren Leistungen an potentielle Zuschauer wenden und daher denselben Interessentenkreis ansprechen würden.[18] Das Vorliegen einer sittenwidrigen Ausbeutung durch die unlautere Übernahme fremder Leistung begründete der BGH damit, dass eine Fernsehanstalt, die ein Fußballspiel live oder zeitversetzt überträgt, mit geringem eigenem technischem Aufwand unmittelbar das Ergebnis der organisatorischen und finanziellen Leistung des Veranstalters übernehme. Derjenige, der finanzielle Aufwendungen und das wirtschaftliche Risiko einer Veranstaltung trägt, müsse auch zur Verwertung und Abschöpfung des Profits berechtigt sein. **9**

Ob die vorstehende Rechtsprechung des BGH auch nach der Reform des UWG im Jahr 2004 fortgesetzt wird, bleibt abzuwarten.[19] Teilweise wird vertreten, die Reform führe zu einer restriktiveren Anwendbarkeit des UWG gegenüber der vorher geltenden Rechtslage, insbesondere im Hinblick auf die Leistungsübernahme in Form einer parasitären Ausnutzung von fremden Leistungen.[20]

2.3 Recht am eingerichteten und ausgeübten Gewerbebetrieb, § 823 Abs. 1 BGB

Veranstalter von Sportwettbewerben können sich grundsätzlich auf das Recht am eingerichteten und ausgeübten Gewerbebetrieb gem. § 823 Abs. 1 BGB berufen.[21] Eine belastbare Rechtsprechung, die dem Veranstalter von Sportwettbewerben ein Recht zur Verwertung basierend auf dem Recht am eingerichteten und ausgeübten Gewerbebetrieb gewährt, existiert jedoch nicht. Bezweifelt wird in diesem Zusammenhang, dass die ungenehmigte Ausnutzung der wirtschaftlichen Leistung einen unmittelbaren, betriebsbezogenen Eingriff in den Gewerbebetrieb darstellt.[22] Teilweise wird darüber hinausgehend vertreten, dem Recht am Unternehmen fehle im Hinblick auf die Möglichkeit einer medialen Verwertung einer Sportveranstaltung ein entsprechender Zuweisungsgehalt, da in der Regel lediglich eine Beeinträchtigung von Veräußerungschancen erfolge.[23] **10**

Working Paper, S. 40 f., http://cdl.niedersachsen.de/blob/images/C30395810_L20.pdf, Abrufdatum: 31.7.2007:

17 *BGH* NJW 1990, 2815, 2817 – Sportübertragungen; *Haas/Reimann* SpuRt 1999, 182, 186 f.

18 *Poley* in Fritzweiler, S. 200.

19 Es sind insoweit noch keine Entscheidungen ersichtlich.

20 Vgl. *Hilty/Henning-Bodewig* „Leistungsschutzrecht für Sportveranstalter?", Working Paper, S. 45 ff., http://cdl.niedersachsen.de/blob/images/C30395810_L20.pdf, Abrufdatum: 31.7.2007.

21 *BGH* NJW 1970, 2060 – „Bubi Scholz"; WuW/E 1990, 2627, 2634 – „Globalvertrag"; *Haas/Reimann* SpuRt 1999, 182, 187; *Mestmäcker* FS Sandrock, S. 694. Das Recht am eingerichteten und ausgeübten Gewerbebetrieb gelangt wegen Subsidiarität nur dann zur Anwendung, wenn der Anwendungsbereich des UWG nicht eröffnet ist, z.B. mangels Vorliegen einer Wettbewerbshandlung i.S.v. § 2 Nr. 1 UWG.

22 Vgl insoweit vorstehende Fn. *Haas* und *Mestmäcker*.

23 *Lochmann* S. 265; a.A.: *Summerer* in Fritzweiler/Pfister/Summerer, S. 357 Rn. 78.

2.4 Kennzeichen- und Namensrechte

11   In vielen Fällen werden sich Sportveranstalter auf ihnen zustehende Kennzeichen- und Namensrechte berufen können. Zum Beispiel werden häufig die Namen von Sportvereinen, ihre **Logos und Embleme als Marke** geschützt sein. Das Oberlandesgericht Frankfurt hat z.B. entschieden,[24] dass die Nutzung von Vereinsnamen und Trikotfarben bzw. -designs der Fußballvereine der beiden deutschen Fußballbundesligen in Computerspielen kennzeichenrechtlich relevant ist und eine Markenrechtsverletzung darstellen kann.

2.5 „Sportveranstalter" als Rechteinhaber

12   Mit den vorstehenden Ausführungen wurde ein Überblick darüber gegeben, auf welche denkbaren Rechte sich Veranstalter von Sportwettbewerben zur Begründung medialer Übertragungsrechte berufen können. Nicht erörtert wurde dabei die Frage, wem diese Rechte zustehen, insbesondere wer begrifflich als **Veranstalter** einer Sportveranstaltung aufzufassen ist. Oft wird in der Praxis übergreifend von dem „Sportveranstalter" gesprochen. Allerdings erweist sich dieser Sprachgebrauch gerade im Hinblick auf die einzelnen Rechte als unscharf.

13   Unproblematisch ist zumeist die Bestimmung des Sportveranstalters als Rechteinhaber im Hinblick auf das Hausrecht. In der Regel ist der das Hausrecht innehabende Eigentümer bzw. Besitzer auch der Veranstalter der Sportveranstaltung.[25] Dies ist der den Wettkampf austragende Sportverein, ein „Boxstall" oder ein sonstiger Beteiligter, nicht hingegen ein Sportverband.[26] Die Zuordnung von Kennzeichen- bzw. Namensrechte breitet ebenfalls keine größeren Schwierigkeiten. Auf das Recht am eingerichteten und ausgeübten Gewerbebetrieb dürften sich grundsätzlich neben den Vereinen auch Verbände berufen können. Im lauterkeitsrechtlichen Kontext hat die bisherige Rechtsprechung[27] zum alten UWG maßgeblich auf die Risikoträgerschaft abgestellt. In Anlehnung an diese Rechtsprechung definierte die herrschende Meinung in der Literatur den Veranstalter und Berechtigten daher als denjenigen, „der in organisatorischer und finanzieller Hinsicht für die Veranstaltung verantwortlich ist, deren Vorbereitung und Durchführung übernimmt und dabei das unternehmerische Risiko trägt".[28] Sportvereine und Sportverbände werden dabei lauterkeitsrechtlich regelmäßig als Mitberechtigte verstanden. Soweit ersichtlich ist noch keine Judikatur zum neuen UWG vorhanden.

14   Auch in **kartellrechtlicher Hinsicht** musste sich die Rechtsprechung insbesondere im Rahmen der kartellrechtlichen Prüfung der Zentralvermarktung medialer Rechte in den Bereichen des Fußball-Ligasports mit der Frage der Veranstaltereigenschaft und daraus resultierenden Rechtspositionen auseinandersetzen. Im Hinblick auf das Vorliegen kartellrechtsrelevanter Unternehmensabsprachen war als Vorfrage zu klären, ob die Vereine oder der Verband Veranstalter sind bzw. ob beide zusammen als Mitveranstalter zu betrachten waren. Mit Beschluss vom 8.11.1995 hat das Kammergericht in Übereinstimmung mit dem Bundeskartellamt noch dahingehend entschieden, dass Veranstalter die Vereine seien, die das betreffende Fußballspiel in ihrem – oder in dem von ihnen genutzten – Stadion ausrichten.[29] Der BGH erklärte in seinem Beschluss vom 11.12.1997 zur zentralen Vermarktung der Fernsehübertragungsrechte bei Eu-

---

24   Urteil v. 22.11.2005 Az.: 11 U 6/05.
25   Vgl. *BGH* NJW 1990, 2815, 2817 – Sportübertragungen; 2006, 377, 379 – Hörfunkrechte.
26   Die so begründeten originären Rechte werden den Sportverbänden jedoch i.d.R. durch entspr. Bestimmungen in der Verbandssatzung eingeräumt, die die medialen Verwertungsrechte dem Verband zuordnen.
27   *BGHZ* 27, 264, 266 – Box-Programmheft; *BGH* GRUR 1962, 254 f. – Fußball-Programmheft; *BGHZ* 39, 352, 354 f. – Vortragsabend; *BGH* NJW 1970, 2060 – Bubi Scholz.
28   *Mahler* SpuRt 2001, 9; *Stopper* S. 79 ff.; *Westerholt* ZIP 1996, 265.
29   Wuw/E OLG 5565, 5573; WuW 1996, 635, 643 – Fernsehübertragungsrechte.

ropapokalheimspielen eine Mitberechtigung des Verbands für denkbar, wenn er die betreffen-den „Wettbewerbe ins Leben gerufen, über Jahre durch zahlreiche Einzelmaßnahmen organi-siert und geleitet und ihnen ein hohes Ansehen bei den Zuschauern verschafft hat".[30] Ebenso entschied das Landgericht Frankfurt a.M. anlässlich einer Klage der Vermarktungsgesellschaft Eisele gegen die zentrale Vermarktung der Fernsehübertragungsrechte durch die FIA (Fédéra-tion Internationale de L' Automobile). Es müsse darauf abgestellt werden, ob wesentliche Leis-tungen dazu beigesteuert werden, dass das Produkt auf das Interesse der Zuschauer und damit der Fernsehanstalten stößt.[31] Als Indizien für eine derartige Leistung könnten organisatorische Maßnahmen wie die Reglementierung der einzelnen Wettbewerbe und des Gesamtwettbe-werbs, die Aufstellung der Voraussetzungen für die Qualifikation, die Überwachung des Re-glements und des Sportereignisses vor Ort, sowie die Dokumentation dieser Maßnahmen durch Lizenzierung des Namens für die Veranstaltung herangezogen werden. Erst durch diese Maß-nahmen gewinne die Veranstaltung ein entsprechendes Ansehen.

Die kartellrechtliche Rechtsprechung des BGH und des Landgerichts Frankfurt a.M. dürfte da-mit der sog. **Wertschöpfungstheorie** nahekommen, wonach derjenige als Veranstalter anzu-sehen ist, der ein Produkt mit vermarktungsfähiger Qualität ausstattet. Hieran anknüpfend wird in der Literatur als Veranstalter angesehen, „wer in organisatorischer und finanzieller Hinsicht für die Veranstaltung verantwortlich ist oder durch äquivalente Leistungen die Veranstaltung zu einem vermarktungsfähigen Produkt macht".[32] Ausfluss dieser Definition ist eine Auswei-tung des Veranstalterbegriffs zugunsten der Sportverbände. **15**

Die vorstehende Ansicht scheint auch die EU-Kommission in ihrer kartellrechtlichen **Ent-scheidung zur UEFA-Champions-League**,[33] in der sie eine mögliche Mitinhaberschaft des einen Wettbewerb ausrichtenden Verbands an den medialen Rechten anerkennt. Darüber hin-aus geht die Kommission in ihrer Champions-League-Entscheidung sogar davon aus, dass auch Auswärtsvereinen originäre Rechte an dem Sportereignis zustehen, an dem sie partizipie-ren. Als Begründung führt die Kommission an, dass die Beteiligung des Auswärtsvereins für die Veranstaltung und somit auch für die Aufzeichnung und Verwertung des Fußballspiels als Medieninhalt unverzichtbar sei und auch der auswärtige Verein aus diesem Grund wesentli-chen Einfluss auf die Begebenheit der Veranstaltung hat.[34] **16**

Wer im Gefüge der Organisation und Ausrichtung eines Sportwettbewerbs Inhaber welcher Rechte ist, wird letztlich von den konkreten Umständen des Einzelfalles abhängen. In der Pra-xis wird häufig versucht, auf der Basis von **Satzungen und Richtlinien** die unterschiedlichen Rechte bei einem Verband zu konzentrieren. Da sich über den rege diskutierten Begriff des Sportveranstalters nicht automatisch alle Rechtspositionen klären lassen, stellt die Bündelung der Rechtspositionen aller Beteiligten ein probates Mittel dar, um für die Verwertungspraxis handhabbare Ausgangssituation für die Vermarktung medialer Rechte zu schaffen. **17**

---

30 *BGH* JR 1998, 327, 330 – Europapokalheimspiele.
31 *LG Frankfurt am Main* SpuRt 1998, 195, 196 mit Anm. *Bothor*; die Berufungsinstanz *OLG Frankfurt* SpuRt 1999, 200, 201 f., ließ die Entscheidung offen.
32 *Summerer* in Fritzweiler/Pfister/Summerer, S. 360 Rn. 85; *Mahler* SpuRt 2001, 10; *Duvinage* in Galli/ Gömmel/Holzhäuser/Straub, S. 307.
33 Entscheidung v. 23.7.2003 COMP/37.398, ABlEU L 291/25 v. 8.11.2003, Rn. 122, 144, 177 – UEFA Champions League, http://eur-lex.europa.eu/LexUriServ/site/de/oj/2003/l_291/l_29120031108de00 250055.pdf, Abrufdatum : 31.7.2007; ohne ausdrückliche Stellungnahme: Entscheidungen der Kom-mission zur Zentralvermarktung der Bundesliga und FA Premier-League, s. Fn. 1781.
34 COMP/37.398, ABlEU L 291/25 v. 8.11.2003 Rn. 118 f. – UEFA Champions League.

3. Diskussion um ein Leistungsschutzrecht des Veranstalters (Ausblick)

18 Wie vorstehend ausgeführt, erlangt der Sportveranstalter keine Rechtsposition, die ihm die umfassende Kontrolle der medialen Verwertung der Veranstaltung erlaubt. Dies gilt auch für **Spielpläne und Ergebnistabellen**; ein Schutz des Veranstalters als Datenbankhersteller gem. § 87a UrhG wurde vom EuGH in Bezug auf Spielpläne von Begegnungen der englischen und schottischen Fußballmeisterschaften abgelehnt, da es an einer Investition gerade in Bezug auf die Datensammlung fehlte.[35]

19 Gegen die Heranziehung des Hausrechts als Rechtsgrundlage für die Vergabe medialer Rechte an der Verwertung von Sportveranstaltungen wird vor allem vorgebracht, es könne die wertbildenden Faktoren der Veranstaltung in Form von komplexen Strukturen, die einer Veranstaltung das individuelle Gepräge verleihen, das wiederum ihren jeweiligen marktwirtschaftlichen Wert hervorbringe, nicht hinreichend widerspiegeln.[36] Unter Hinweis auf die strukturelle Überforderung des vorhandenen Rechtsrahmens wurden zudem Stimmen laut, die ein **eigenständiges quasi dingliches Leistungsschutzrecht des Veranstalters eines Sportereignisses fordern**.[37] Ein Vergleich mit der Rechtslage in anderen Staaten zeige, dass sich ein „Veranstalterrecht" dort bereits bewährt hat. Frankreich hat im Jahr 1992 ein „droit d'organisateur" eingeführt,[38] das seit 2006 in Art. L 333 des „Code du Sport" geregelt ist. Auch Brasilien kennt eine als „Arenarecht" ausgestaltete gesetzliche Regelung, wonach „juristischen Personen des Sports" das Recht zusteht, die mediale Verwertung von Bildern der Veranstaltung „zu vereinbaren, zu genehmigen oder zu verbieten".[39] Prinzipiell dürfte Gemeinschaftsrecht der Schaffung eines eigenen Leistungsschutzrechts des Veranstalters nicht entgegenstehen.

20 Der Einführung eines Leistungsschutzrechts für Veranstalter wird man jedoch kritisch entgegenhalten können, dass sich an der rechtspolitischen Rechtfertigung eines Leistungsschutzrechts für Sportveranstalter insofern zweifeln lässt, als diese nur in der Gefahr eines Marktversagens – die nicht ersichtlich ist – besteht. Außerdem zeigt die Praxis, dass die Beteiligten auch ohne ein explizites Leistungsschutzrecht bislang einen Weg gefunden haben, mediale und andere Rechte an Sportveranstaltungen trotz der nur unvollkommenen Rechtsposition gewinnbringend zu vermarkten.

4. Leistungsschutzrecht des Herstellers des Basissignals gem. § 94 UrhG

21 In jüngster Zeit sind Sportverbände teilweise dazu übergegangen, ihre Rechtsposition durch die **Eigenproduktion des audiovisuellen Basissignals**[40] einer Sportveranstaltung zu stärken. Im April 2006 gab die DFL beispielsweise erstmals bekannt, das Basissignal für die audiovisuelle Verwertung der Bundesliga-Spiele künftig selbst durch eine eigene Produktionsgesellschaft im Stadion erzeugen zu wollen.

---

35 *EuGH* SpuRt 2005, 64, 65 f. – Fixture Marketing.

36 Vgl. *Stopper* S. 190; *Hilty/Henning-Bodewig* „Leistungsschutzrecht für Sportveranstalter?", Working Paper, S. 51, http://cdl.niedersachsen.de/blob/images/C30395810_L20.pdf, Abrufdatum: 31.07.2007.

37 *Hilty/Henning-Bodewig* „Leistungsschutzrecht für Sportveranstalter?", Working Paper, http://cdl.niedersachsen.de/blob/images/C30395810_L20.pdf, Abrufdatum: 31.07.2007.

38 Vgl. *Henning-Bodewig* ZUM 1994, 454, 456.

39 S. zu den Einzelheiten: *Hilty/Henning-Bodewig* „Leistungsschutzrecht für Sportveranstalter?", Working Paper, S. 58 ff., http://cdl.niedersachsen.de/blob/images/C30395810_L20.pdf, Abrufdatum: 31.7.2007.

40 Fernsehsignale, die bildlich gesprochen die Fernseh-Software darstellen, entstehen durch den Produktionsvorgang (Kamera, Bildregie, Ton etc.) und die Einspeisung in die Übertragungswege, *Elter* S. 100.

Die aufgezeichneten Bildfolgen und Bild- und Tonfolgen einer Sportübertragung werden re- **22** gelmäßig als **Laufbilder (§ 95 UrhG)** einzustufen sein, können aber auch bei entsprechender Schöpfungshöhe Schutz als Filmwerk gem. § 2 Nr. 6 UrhG erlangen.[41] Während einfache Live-Übertragungen oder Berichte über den Ablauf von Sportveranstaltungen in der Regel nur Laufbildcharakter aufweisen, stellt die Verfilmung von Sportveranstaltungen ein Werk dar, wenn Kameraführung, Schnitt und Szenenauswahl eine schöpferische Gestaltung aufweisen.[42] Unabhängig davon, ob es sich bei den filmisch festgehaltenen Bildern des Sportereignisses um ein Filmwerk oder um Laufbilder handelt, hat der Hersteller des audiovisuell verwertbaren Basissignals das ausschließliche Recht zur Verwertung des Bild- und Tonträgers, auf den die Bilder aufgenommen sind (§ 94 UrhG). Die **eigene Herstellung des Basissignals stärkt im Ergebnis die Position der Sportverbände.**[43]

5. Leistungsschutzrecht des Sendeunternehmens gem. § 87 UrhG

Von dem Schutz des Filmherstellers gem. § 94 UrhG sind die Rechte der Sendeunternehmen **23** zu unterscheiden. Nach Erzeugung des Basissignals erfolgt im weiteren Verlauf der Verwertungskette in der Regel die Ausstrahlung und Berichterstattung über ein Sportereignis durch ein **programmschaffendes Sendeunternehmen**. Die organisatorisch-wirtschaftliche Leistung der Veranstaltung bzw. der Durchführung von Funksendungen durch ein Sendeunternehmen schützt § 87 UrhG. Das Schutzrecht gem. § 87 UrhG tritt neben die Rechte am gesendeten Inhalt und ist von diesen unabhängig. Eine Grenze ist dort zu ziehen, wo lediglich die zeitgleiche und unveränderte Weitersendung einer fremden Sendung erfolgt und es an einem eigenen organisatorisch-technischen Aufwand zur Veranstaltung einer Sendung fehlt.[44]

6. Rechte der Sportler

Wer eine Sportveranstaltung medial zu verwerten beabsichtigt, hat auch die Rechte der an der **24** Sportveranstaltung mitwirkenden Sportler zu beachten. Sportler können sich auf ihr **allgemeines Persönlichkeitsrecht** gem. Art. 1 i.V.m. Art. 2 Abs. 1 GG berufen. Wichtige Erscheinungsformen des allgemeinen Persönlichkeitsrechts haben zudem einfachgesetzliche Ausgestaltungen gefunden, wie das Recht am eigenen Bild (§§ 22 ff. KUG) und das Namensrecht[45] (§ 12 BGB).

6.1 Recht am eigenen Bild gem. §§ 22, 23 KUG

Bildnisse von Sportlern dürfen gem. § 22 KUG nur mit Einwilligung des Abgebildeten ver- **25** breitet oder öffentlich zur Schau gestellt werden. In der Praxis regeln Vereinssatzungen, Verbandssatzungen, Arbeitsverträge und gesonderte Lizenzvereinbarungen detailliert ausgestaltete Einwilligungen der Sportler, wodurch in der Regel umfassende Einwilligungen – teilweise über mehrere Stufen – am Ende in einer Hand gebündelt werden.

---

41 *Elter* S. 100.

42 *Schricker/Loewenheim* UrhG § 2 Rn. 186; *Schricker/Katzenberger* UrhG § 95 Rn. 10.

43 Die Rolle als Produzent des Basissignals bietet der DFL auch eine stärkere Rechtsposition zur Bekämpfung der Verbreitung illegal erstellter Bewegtbilder an Bundesligaspielen über Internet-Plattformen, wie z.B. YouTube.

44 *Dreier/Schulze* UrhG § 87 Rn. 6.

45 Vgl. zur Abbildung von Namen in Computerspielen *OLG Frankfurt* Urteil v. 22.11.2005 Az. 11 U 6/05, http://web2.justiz.hessen.de/migration/rechtsp.nsf/2B79D81AAB0CD355C1257279004D92D3/$file/11u00605.pdf, Abrufdatum: 31.7.2007.

26 Der Bildnisschutz findet sowohl bei Fotografien als auch bei Bewegtbildern Anwendung. Der Begriff des „Bildnisses" setzt allein die **Erkennbarkeit der abgebildeten Person** voraus, sei es durch Merkmale, die sich aus dem Bild ergeben und die gerade der abgebildeten Person eigen sind oder die sich durch den beigegebenen Text ableiten lassen.[46] Auch die Nachbildung von Gesichtern einzelner Sportler in **Computersimulationen**, beispielsweise im Rahmen elektronischer Spiele, fällt angesichts des weiten Bildnisbegriffs unbeschadet der Art der technischen Darstellung in den Schutzbereich von §§ 22 KUG.[47]

27 Insbesondere in Bezug auf die redaktionelle Berichterstattung unterliegt § 22 KUG jedoch einer Reihe von **Ausnahmen**, die als Ausprägung der in Art. 5 Abs. 1 S. 2 GG normierten Rundfunk- und Pressefreiheit in § 23 KUG Niederschlag gefunden haben. Die Einschränkungen betreffen Fallgestaltungen, in denen das Publikationsinteresse das Selbstbestimmungsrecht des Sportlers überwiegt. So ist beispielsweise der Bildbericht über eine Sportveranstaltung gem. § 23 Abs. 1 Nr. 3 KUG auch ohne die Einwilligung von Sportlern zulässig, wenn sich die Berichterstattung auf die Darstellung des Geschehens beschränkt und einen repräsentativen Eindruck desselben vermittelt.[48] Daneben sind Personen der Zeitgeschichte gem. § 23 Abs. 1 Nr. 1 KUG vom Bildnisschutz ausgenommen. Zu unterscheiden ist zwischen **absoluten Personen der Zeitgeschichte**,[49] d.h. Berühmtheiten, Prominenten und Stars, die als Person im Interesse der Öffentlichkeit stehen und **relativen Personen der Zeitgeschichte**, die nur vorübergehend aufgrund eines bestimmten Ereignisses ins Licht der Öffentlichkeit gerückt werden.[50] Sportler, die an einer öffentlich übertragenen Sportveranstaltung von allgemeinem Interesse teilnehmen, gelten in Bezug auf die Berichterstattung über dieses Ereignis – bekanntheitsunabhängig[51] – als relative Personen der Zeitgeschichte und genießen daher grundsätzlich keinen Bildnisschutz gem. §§ 22 ff. KUG.[52] Auch an die Einstufung von Sportlern und Trainern als absolute Personen der Zeitgeschichte werden nur geringe Anforderungen gestellt.[53] § 23 Abs. 1 Nr. 1 KUG umfasst regelmäßig auch **Bildverfremdungen**, wie etwa Zeitlupenaufnahmen oder Ausschnittsvergrößerungen bzw. die Wiederholungen von Spielszenen, Fouls oder Verletzungshandlungen, da ihnen ein eigener Informationswert zukommt.[54] Bei elektronisch angefertigten Abbildungen, z.B. in **Computerspielen**, dürfte hingegen – unabhängig von einer unzulässigen Kommerzialisierung – schon ein zeitgeschichtlicher Zusammenhang zu verneinen sein, da es sich nicht mehr um eine reale Situation handelt.[55]

28 Nicht von § 23 KUG gedeckt ist die Verwendung des Bildnisses eines Sportlers zu **vornehmlich kommerziellen Zwecken**, d.h. wenn wirtschaftliche und unterhaltende Aspekte in den Vordergrund treten.[56] In diesem Fall fehlt es an einem schutzwürdigen Informationsinteresse

---

46 *BGH* GRUR 1979, 732, 733 – Fußballtor; *Dreier/Dreier* KUG § 22 Rn. 3.
47 *OLG Hamburg* ZUM 2004, 309, 310 – Oliver Kahn.
48 *Götting* in Schricker, § 60/§ 23 KUG Rn. 53 f.
49 Zur Berücksichtigung der Rspr. des EGMR *Schricker/Götting* § 60/§ 23 KUG, Rn. 25 ff.
50 *Dreier/Schulze* KUG § 23 Rn. 5, 8.
51 *Summerer* in Fritzweiler/Pfister/Summerer, S. 375 Rn. 125.
52 *BGH* NJW 1979, 2203, 2203 – Fußballkalender.
53 Vgl. *OLG Frankfurt* AfP 1988, 62 f. – Boris Becker; *BGH* NJW 1968, 1091, 1091.
54 *Schwerdtner* S. 114.
55 Vgl. *Schmid-Petersen* SpuRt 2004, 248, 249; *OLG Hamburg* ZUM 2004, 309, 310 – Oliver Kahn – lässt dies ausdrücklich offen.
56 *BGH* NJW 1979, 2203, 2204 – Fußballkalender; *OLG Frankfurt* NJW 1989, 402, 402 f. – Boris Becker.

der Allgemeinheit.[57] § 23 Abs. 2 KUG statuiert insofern eine Verhältnismäßigkeitsprüfung durch Abwägung zwischen den Informationsbelangen der Öffentlichkeit und dem Schutzinteresse von Personen der Zeitgeschichte im Einzelfall.[58] Überwiegend kommerzielle Geschäftsinteressen werden bei der **medialen Verbreitung eines Bildnisses zu Werbezwecken**[59] und bei der Verwendung computersimulierter Bildnisse eines Torwarts der deutschen Nationalmannschaft in einem öffentlich vertriebenen **Computerspiel** ohne Einwilligung des betroffenen Sportlers angenommen.[60] Im Rahmen der Abwägung ist allerdings zu berücksichtigen, dass allein das eigene wirtschaftliche Interesse eines Sportlers, finanziell an der Veröffentlichung seines Bildnisses beteiligt zu werden, die Zulässigkeit der Veröffentlichung nach einhelliger Meinung nicht einschränkt; nur in Ausnahmefällen kann das Interesse des Sportlers, sein Bildnis zur Erzielung eigener Einnahmen zu nutzen, berücksichtigt werden.[61] Schließlich darf der Sportler durch die Art der Darstellung und der Verbreitung, z.B. durch **Schmähkritik und Verunglimpfung**, nicht in seiner Ehre und seinem Ruf oder in seiner Intim- bzw. Privatsphäre verletzt werden. So ist z.B. die Verbreitung einer Ausschnittvergrößerung einer Torraumszene, die das Glied des Sportlers durch Hochrutschen des Hosenbeins teilweise entblößt zusammen mit dem Kommentar zeigt, „Er überzeugte die 30.000 Zuschauer nicht nur von seinen sportlichen, sondern auch von seinen männlichen Qualitäten"[62], unzulässig. Gleiches gilt im Fall der Bildberichterstattung über einen Sportler aus der Umkleidekabine, in der er nach einer Niederlage randaliert (räumlicher Schutz der Privatsphäre im Falle örtlicher Abgeschiedenheit[63]).

6.2 § 823 Abs. 1 BGB i.V.m. dem allgemeinen Persönlichkeitsrecht

Soweit nicht das Recht eines Sportlers am eigenen Bild gem. § 22 KUG einschlägig ist, kommt der Schutz des Sportlers gem. § 823 Abs. 1 BGB i.V.m. seinem allgemeinen Persönlichkeitsrecht in Betracht. Für Sportler sind im medialen Umfeld insbesondere die Fallgruppen der persönlichen Ehre, das Recht am gesprochenen Wort und an der eigenen Privat-, Geheim- und Intimsphäre[64] relevant. Geschützt wird der Sportler durch diese Fallgruppen allerdings nur gegen solche Darstellungen, die seine Privatsphäre offen legen oder ihn in seinem öffentlichen oder beruflichen Wirken beeinträchtigen.

29

6.3 Wettbewerbsrechtliches Abwehrrecht gem. § 3 UWG

Sportler können sich wegen der audiovisuellen Verwertung ihres Bildnisses nicht auf den wettbewerbsrechtlichen Schutz gem. § 3 UWG berufen.[65] Es fehlt an einer zur Wettbewerbsbeeinträchtigung eines Mitbewerbers geeigneten Wettbewerbshandlung. Der Begriff des Mitbewerbers erfordert gem. § 2 Abs. 1 Nr. 3 UWG ein **konkretes Wettbewerbsverhältnis**. Ein solches

30

---

57 Vgl. *BGHZ* 20, 345, 351; *BGH* GRUR 1979, 732, 733 – Fußballtor; a.A. *RGZ* 125, 80, 84 f. – Tull Harder.

58 Ob die Interessenabwägung allein Abs. 2 vorbehalten ist oder schon bei der Prüfung der Tatbestandsvoraussetzungen gem. Abs. 1 berücksichtigt werden muss, wird vom BGH ausdrücklich offen gelassen, vgl. *BGH* NJW 1979, 2203, 2204 – Fußballkalender.

59 *BGH* NJW 1968, 1091, 1091 f. – Ligaspieler.

60 *OLG Hamburg* ZUM 2004, 309, 310 (Vorinstanz: *LG Hamburg* SpuRt 2004, 26, 28); hierzu auch *Schmid-Petersen* SpuRt 2004, 248 ff.; *Fikentscher* Recht und Sport Nr. 36, 34 ff.

61 Vgl. *BGH* NJW 1968, 1091, 1092 – Ligaspieler; *BGH* NJW 1979, 2203, 2204 f. – Fußballkalender; *OLG München* ZUM 1985, 448, 451 – Fußballbilder; *LG Düsseldorf* WRP 1980, 46, 47 – Sammelbilder.

62 *Wenzel/von Strobl-Albeg* 8. Kap. Rn. 80.

63 Vgl. hierzu auch *Wenzel/von Strobl-Albeg* 8. Kap. Rn. 68 ff.

64 Vgl. zu den Fallgruppen *Wenzel/Burkhardt* 5. Kap. Rn. 16.

65 *Summerer* in Fritzweiler/Pfister/Summerer, S. 375 Rn. 126.

liegt nicht vor, da die Erwerbschancen des Sportlers durch die mediale Verwertung der Veranstaltung im Ganzen nicht gemindert werden.[66] Die finanziellen Partizipationsinteressen der Sportler gegenüber Dritten, wie dem Verein oder dem Verband, gelten außerhalb des Persönlichkeitsrechtsschutzes aufgrund der Entlohnung durch den Verein im Rahmen ihres Arbeitsverhältnisses als abgegolten.

III. Vergabe medialer Rechte in der Praxis

31 Wie dargelegt wurde, kann die Praxis nicht auf ein gesetzlich geregeltes Recht an Sportveranstaltungen zurückgreifen, das einzelne klar definierte Einzelbefugnisse vorsieht, um mediale Rechte zu lizenzieren. Auch die als Grundlage für die Vergabe medialer Rechte an Sportveranstaltungen herangezogenen einzelnen Rechtspositionen, insbesondere das Hausrecht, geben eine **inhaltliche Abgrenzung von zu lizenzierenden medialen Rechten** nicht vor. Daher bleibt es – vorbehaltlich ggf. bestehender kartellrechtlicher Vorgaben[67] – zunächst der Kautelarpraxis überlassen, mediale Rechte zu definieren, die den praktischen Bedürfnissen gerecht und vertraglich fixiert werden können. Während es bislang z.B. noch keine größeren Schwierigkeiten bereitet hat, Rechte für den Hörfunk von Rechten zur audiovisuellen Verwertung abzugrenzen, stellt die weitere Aufteilung der zuletzt genannten Rechte in der Praxis eine große Herausforderung dar. Der Grund hierfür findet sich in der **Konvergenz der Medien**: Dieselben audiovisuellen Inhalte können gleichzeitig und zeitversetzt über eine Vielzahl von Übertragungsinfrastrukturen (z.B. Kabel, Satellit, Terrestrik oder Telefonkabel) mit unterschiedlichsten Endgeräten (z.B. Fernseher, PCs, Laptops, PDAs, Mobilfunktelefone) Nutzern angeboten werden, wobei die Konturen zusehends verschwimmen.[68]

32 So überrascht es nicht, dass im Jahr 2006 die **Abgrenzung der „Fernsehrechte" und der „Internetrechte"** an der Fußball-Bundesliga in einem Streit zwischen der arena Sport Rechte und Marketing GmbH („Arena"), Tochter der Unity Media GmbH, der Deutsche Telekom AG („DTAG") und der DFL Deutsche Fußball Liga GmbH („DFL") mündete. Arena hatte von der DFL die Rechte zur Live-Übertragung von Spielen der Fußballbundesliga im „Fernsehen", die DTAG dieselben Rechte für das „Internet" erworben. Die DTAG beanspruchte das Recht, die auf das Internet-Protokoll gestützten Live-Übertragungsrechte auch über TV-Kabel und Satellit wahrzunehmen, während Arena das Live-Signal auch über das Internet ausstrahlen wollte. Schließlich einigten sich die Parteien mit der DFL dahingehend, dass die DTAG zusagte, die erworbenen Rechte ausschließlich für die Ausstrahlung über die konzerneigenen Hochgeschwindigkeitsnetze zu nutzen, nicht aber über Kabel und Satellit. Arena sagte im Gegenzug zu, auf die Weiterleitung eines IP-Signals an Dritte zu verzichten.

---

66 Der Erwerb des Sportlers beruht vielmehr auf von der Fernseh- und Filmberichterstattung unabhängigen Einnahmenquellen. So schon *Stopper* SpuRt 1999, 188, vor der Änderung des Lauterkeitsrechts im Jahr 2004; a.A: *Fikentscher* Recht und Sport, 2006, S. 36, 41 f., Fikentscher zieht den Vergleich mit der Rechtsstellung des Orchestermusikers (*BGHZ* 33, 20) und bejaht aus diesem Grund wettbewerbsrechtlichen Schutz – allerdings nur bei Sonderkonstellationen.

67 Vgl. dazu unten 10. Abschn. Rn. 58 ff.

68 S. allgemein zur Diskussion verschiedener Abgrenzungsmöglichkeiten: *Frey* ZUM 2005, 585 ff.; *Eilers* SpuRt 2006, 221 ff.; *Ory* K&R 2006, 303 ff.

1. Audiovisuelle Rechte

Die konkurrierenden Marktteilnehmer um audiovisuelle Sportinhalte, namentlich die verschie- **33** denen Infrastrukturanbieter, die öffentlich-rechtlichen Sender und die Privatsender, betrachten audiovisuelle Sportinhalte nach wie vor als so genannten **Premium-Content**, der über die Gewinnung bzw. Bindung von Zuschauern und Nutzern entscheidet. Die Möglichkeit, Bewegtbilder durch unterschiedliche Verwerter verbreiten zu lassen, macht eine klare Abgrenzung audiovisueller Rechte zur Übertragung von Sportereignissen notwendig. Wie vorstehend bereits angedeutet wurde, erweist sich deren **Aufspaltung in einzelne audiovisuelle Rechtekategorien** jedoch als **komplex**. Systematisch lassen sich einige wesentliche Kriterien zur Abgrenzung von audiovisuellen Rechten heranziehen: Distributionskanäle, Verwertungsformen und -umfang, Übertragungsinfrastruktur und -techniken sowie die Aufbereitung des Datenstroms. Schließlich lässt sich – allerdings wenig erfolgversprechend – versuchen, Kriterien für eine Abgrenzung in Anlehnung an rein rechtliche Kategorien, wie z.B. die im Urheberrecht vorgesehenen Verwertungsrechte und das Begriffpaar „Rundfunk" und „Telemedien" des Rundfunkstaatsvertrags zu finden.

1.1 Distributionskanäle

Als klassisches Kriterium zur Abgrenzung von audiovisuellen Rechten lassen sich die (noch) **34** bestehenden unterschiedlichen Distributionskanäle heranziehen, namentlich Fernsehen, Internet und Mobilfunk. Dieses Abgrenzungskriterium zog die DFL – aufgrund entsprechender kartellrechtlicher Vorgaben – auch im Rahmen der Vergabe der medialen Rechte an der Fußball-Bundesliga im Jahre 2005 zur Abgrenzung von audiovisuellen Rechten heran. Die Anknüpfung an unterschiedliche Distributionskanäle in einer konvergenten Welt bietet mangels der erforderlichen Trennschärfe allerdings eine nur **unzureichend belastbare Abgrenzungsmethode** für audiovisuelle Rechte an Sportveranstaltungen. Eine entsprechende Abgrenzung dürfte daher für die Praxis bereits als überholt gelten, zumindest soweit die Distributionskanäle als das maßgebliche Kriterium zur Abgrenzung audiovisueller Rechte fungieren sollen.[69]

Vor diesem Hintergrund dürfte auch eine Abgrenzung audiovisueller Rechte über unterschied- **35** liche **Endgeräte** im Ergebnis zu keiner klaren Abgrenzung führen. Das klassische Verständnis von über den PC visualisiertem Content, von über das Fernsehgerät empfangbaren Sendungen und von über mobile Endgeräte beziehbaren Inhalten ist nicht mehr zeitgemäß. Aufgrund unterschiedlichster Einsatzmöglichkeiten beinahe jedes Endgeräts (z.B. Internetnutzung über das Fernsehgerät mittels Set-Top-Boxen oder Spielkonsolen oder Fernsehen über den Laptop bzw. Mobilfunkgeräte) erweist sich eine Abgrenzung der empfangbaren Inhalte nach Endgeräten kaum als durchführbar. Auch eine klare Grenzziehung z.B. nach der Größe des (mobilen) Endgeräts und des dazugehörigen Displays bzw. Bildschirms bereitet Schwierigkeiten.

1.2 Verwertungsformen und -umfang

Als wichtiges Kriterium zur Abgrenzung von audiovisuellen Rechten an Sportereignissen las- **36** sen sich unterschiedliche **Verwertungsformen** heranziehen, insbesondere die für das Produkt Sport wesentliche **zeitliche Komponente**. Insoweit lässt sich zwischen der Live-, near Live- und der zeitversetzten Berichterstattung differenzieren. Um die Werthaltigkeit einzelner Verwertungsformen zu differenzieren, bietet sich die Möglichkeit einer Kombination mit unterschiedlichen **Embargofristen bzw. Auswertungsfenstern** an.[70] Unter dem Aspekt der Ver-

---

69 Vgl. *Frey*, ZUM 2005, 585, 591.
70 Vgl. hierzu *Frey* ZUM 2005, 585, 590; vgl. insgesamt *Elter* in Galli/Gömmel/Holzhäuser/Straub, S. 253, 260.

wertungsformen besteht darüber hinaus die Möglichkeit einer Differenzierung danach an, ob eine Verwertung unentgeltlich, z.B. im Free-TV, oder entgeltlich, z.B. im Pay-TV, über Pay-per-Channel, oder Pay-per-View erfolgt.

37 Ein weiteres bedeutendes Abgrenzungskriterium audiovisueller Rechte lässt sich zudem über die Festlegung des **Verwertungsumfangs** erreichen. Dabei lässt sich z.B. danach unterscheiden, ob ein Spiel in voller Länge oder nur als Spielzusammenfassung gezeigt werden darf, ob eine Highlight-Berichterstattung oder eine Verwertung im Rahmen von Konferenzschaltungen zulässig ist. Des Weiteren ist beim Fußball z.B. eine Aufspaltung der Berichterstattung nach einzelnen Spielen oder Spieltagen denkbar. Bei Olympischen Spielen ließe sich z.B. zusätzlich nach einzelnen Sportarten differenzieren. Im Ergebnis lässt sich über die Verwertungsformen und den -umfang an einer Sportveranstaltung ein vielen praktischen Bedürfnissen gerecht werdendes Spektrum an klar abgrenzbaren lizenzierbaren audiovisuellen Rechten kreieren.

1.3 Übertragungsinfrastruktur und -techniken

38 Als denkbarer Ansatzpunkt für eine Abgrenzung audiovisueller Rechte bietet sich darüber hinaus der Rückgriff auf die unterschiedlichen existierenden Übertragungsinfrastrukturen, d.h. die physischen zur Übertragung von Inhalten genutzten Infrastrukturen, und die einzelnen im Rahmen der Übertragungsinfrastrukturen genutzten Übertragungstechniken an. Ein Inhalt kann beispielsweise über die Übertragungsinfrastrukturen Satellit, Terrestrik oder über Breitbandkabel übertragen werden. Es erscheint nicht ausgeschlossen, eine Abgrenzung audiovisueller Rechte nach den einzelnen existierenden Übertragungsinfrastrukturen vorzunehmen. Dabei handelt es sich jedoch nur um eine sehr grobe Abgrenzung, da z.B. über Satelliten und über das Breitbandkabel sowohl eine Übertragung der Inhalte auf der Basis des Internetprotokolls als auch mittels klassischer Broadcasting-Technologien möglich ist. Eine weitere Differenzierung lässt sich durch die Kombination der einzelnen Übertragungsinfrastrukturen mit den jeweils zur Verfügung stehenden Übertragungstechniken (z.B. DVB-C, DVB-T, IP; DVB-H).[71] Eine eindeutige Differenzierung erfordert hier daher die Festlegung vieler technischer Details.

1.4 Aufbereitung des Datenstroms (Pixel)

39 Ein weiterer Ansatz für die Abgrenzung audiovisueller medialer Rechte stellt schließlich die **technische Aufbereitung von Inhalten** dar. Schon frühere Ansätze gingen dahin, eine Abgrenzung der audiovisuellen Rechte nach der Höhe der Frequenz bei der Übertragung von Einzelbildern, der so genannten „Framerate", vorzunehmen.[72] Die praktische Umsetzung einer Differenzierung anhand der technischen Aufbereitung des Datenstroms erfordert daneben eine Festlegung der **Bildpunkte (Pixel)** des jeweiligen Videobildes anhand eines abgestuften Systems.[73] Als Richtlinie können folgende Werte gelten: 320 x 240 Pixel (bei max. 15 Bildern pro Sekunde), wie beim „Mobilfunk" üblich; 640 x 480 Pixel (bei max. 25 Bildern pro Sekunde), wie bei „Internet-Übertragungen" üblich; 720 x 576 Pixel (bei max. 25 Bildern pro Sekunde), wie beim „Fernsehen" üblich und 1920 x 1080 Pixel (variable Bildrate) – wie beim High-Definition-TV üblich. Zu bedenken ist allerdings, dass sich das technische Umfeld und die für verschiedene Endgeräte üblichen Datenstrommengen während der Laufzeit längerfristiger Verträge ändern können, weshalb ggf. automatische Vertragsanpassungen vorzusehen wären.

---

71 Vgl. hierzu auch *Frey* ZUM 2005, 585, 593.
72 Vgl. *Elter* S. 23.
73 Vgl. *Frey* ZUM 2005, 585, 594.

1.5 Urheberrechtliche Verwertungsrechte

Zu erwägen ist des Weiteren, ob die im UrhG vorgesehenen unterschiedlichen Verwertungs- **40** rechte – ohne dass das Urheberrechtsgesetz materiell Anwendung findet – für eine Abgrenzung audiovisueller Rechte an Sportveranstaltungen fruchtbar gemacht werden können. Das Urheberrechtsgesetz unterscheidet bei den Verwertungsrechten z.B. zwischen dem **Recht der öffentlichen Zugänglichmachung** gem. § 19a UrhG und dem **Senderecht** gem. § 20 UrhG. Eine Abgrenzung in Anlehnung an das urheberrechtliche Senderecht und das Recht der öffentlichen Zugänglichmachung würde aber nur eine sehr grobe Differenzierung nach der zeitgleichen Übertragung von Sportveranstaltungen und einer pauschalen zeit- und ortunabhängigen Abrufmöglichkeit der Inhalte ermöglichen. Eine trennscharfe Abgrenzung eines differenzierten Spektrums an audiovisuellen Rechten lässt sich hiermit nicht erreichen. Zudem sind teilweise die Grenzen zwischen beiden Verwertungsrechten, z.B. in Bezug auf das Live-Streaming, umstritten.[74]

1.6 Begriffspaar „Rundfunk" / „Telemedien"

Schließlich ist der Versuch einer Abgrenzung über die Unterscheidung zwischen Rundfunk **41** und Telemedien im Ergebnis auch nicht zielführend. Unabhängig davon, dass „Rundfunk" und „Telemedien" nur eine Abgrenzung audiovisueller Rechte in zwei grobe Kategorien ermöglichen würden, scheidet eine trennscharfe Unterscheidung audiovisueller Rechte mittels dieses Begriffspaars bereits deshalb aus, da der Übergang zwischen „Rundfunk" und „Telemedien" fließend, ohne klare Grenzen verläuft. Eine belastbare Rechteabgrenzung erscheint daher auf dieser Basis nicht möglich.

1.7 Schlussfolgerungen für die lizenzvertragliche Praxis

Um audiovisuelle Rechte an Sportveranstaltungen zu definieren, die klar voneinander abgrenz- **42** bar sind, erscheint es regelmäßig zunächst zweckmäßig, auf unterschiedliche **Verwertungsformen und Verwertungsumfänge** abzustellen. Über die Verwertungsformen und den Verwertungsumfang lassen sich audiovisuelle Rechte am Einfachsten abgrenzen. Aufgrund der Konvergenz der Medien dürfte den klassischen Distributionskanälen hingegen keine gewichtige Funktion mehr für eine Abgrenzung zukommen. Durchaus denkbar erscheint auch ein Rückgriff auf die **Übertragungsinfrastrukturen und -techniken** sowie die **Aufbereitung des Datenstroms**. Letztlich ermöglicht die **Kombination der aufgezeigten Kriterien** die Abgrenzung eines breiten Spektrums an audiovisuellen Rechten, die der jeweiligen Sportveranstaltung und den jeweiligen Marktgegebenheiten gerecht werden. Allerdings bedarf es neben der notwendigen juristischen Kompetenz konkreter **technischer Kenntnisse**, um die Abgrenzung audiovisueller Rechte an Sportveranstaltungen in der lizenzvertraglichen Praxis vorzunehmen.

2. „Hörfunkrechte" bzw. Audio-Berichterstattung

Die „Hörfunkrechte" an Sportereignissen bezeichnen das Recht, aus dem Stadion oder von ei- **43** ner anderen Veranstaltungsstätte zu berichten bzw. eine derartige Berichterstattung zu untersagen. Gegenstand ist die (Live-)Übertragung der Hintergrundgeräusche von der Veranstaltungsstätte, während ein Reporter das Geschehen so mit Kommentaren unterlegt, dass sich die Hörer ein Bild vom Ablauf der Veranstaltung machen können. Eine entgeltliche Vermarktung von

---

74 Vgl. hierzu *Frey* ZUM 2005, 585, 591.

Hörfunkrechten wird z.B. bei der Formel 1, im Boxsport und Tennis sowie im Fußball vorgenommen.[75] Der Hörfunk bzw. die Audio-Berichterstattung spielt bei den mit Übertragungsrechten erzielbaren Erlösen im Vergleich zu audiovisuellen Rechten eine geringere Rolle.[76]

44   Das **Bestehen von „Hörfunkrechten"** des Veranstalters ist allerdings umstritten.[77] Der BGH entschied im Jahr 2005 zur Radioberichterstattung aus Fußballstadien.[78] Kernpunkt der Entscheidung war die Frage, ob das Verlangen nach einem Entgelt für „Hörfunkrechte" eine Behinderung, Diskriminierung oder einen Missbrauch einer marktbeherrschenden Stellung durch die Rechteinhaber gem. §§ 20, 19 GWB darstellt. Der BGH sah in der durch Art. 5 Abs. 1 S. 2 GG gewährleisteten Rundfunkfreiheit der Hörfunkveranstalter keinen Grund für eine Zutrittsgewährung zum Stadion gegen bloßen Aufwendungsersatz. Dem Recht auf uneingeschränkte Information von Radiosendern aus Art. 5 Abs. 1 S. 2 GG stehe es angesichts des verfassungsrechtlichen Schutzes des Veranstalters aus Art. 12 Abs. 1 GG nicht entgegen, wenn Rundfunkübertragungen nur gegen Entgelt ermöglicht werden.[79] Nach der Rechtsprechung des BGH lassen sich „Hörfunkrechte" des Veranstalters ebenso wie andere mediale Rechte aus dem Hausrecht des Veranstalters gem. §§ 858, 1004 BGB ableiten.[80] Das Hausrecht sichert die Verwertung der beruflich erbrachten Leistung und nimmt damit an deren verfassungsrechtlicher Gewährleistung teil.[81] Einer Widerrechtlichkeit im Sinne von § 858 BGB stehe auch nicht entgegen, dass der Hörfunkreporter die Veranstaltung nicht „stört" oder behindert, da das Hausrecht eine private Zutrittsregulierung gewähre.[82] Insofern könne der Veranstalter bestimmen, dass mit dem Erwerb einer Eintrittskarte noch nicht die Befugnis zur Hörfunk- bzw. Audio-Berichterstattung aus dem Stadion erworben wird.

45   Bei der Definition von Rechten zur Audio-Berichterstattung kann in Anlehnung an die für die Abgrenzung audiovisueller Rechte diskutierten Kriterien ggf. eine weitere Differenzierung der Rechte zweckmäßig sein.

3. „Verspielungsrecht" (Nachbildung in elektronischen Spielen)

46   Zunehmende Bedeutung erfährt auch das – bildlich umschrieben – „Verspielungsrecht" von Sportveranstaltungen oder Veranstaltungsserien. Hierunter ist das Recht zu verstehen, eine Veranstaltung durch die Übernahme ihrer wesentlichen Merkmale (z.B. teilnehmende Mannschaften, Sportler, Stadien, Veranstaltungsrahmen und konkrete Begegnungen) in elektronischen Spielen für Spielkonsolen, Computer und Mobilfunkgeräte nachzubilden. Abwehrrechte gegen derartige Nachbildungen liegen auf Seiten des Veranstalters bzw. teilnehmender Vereine

---

75   *Summerer/Wichert* SpuRt 2006, 55, 59; *Summerer* in Fritzweiler/Pfister/Summerer, S. 356 f.

76   Die Anstalten der ARD zahlen für das Recht der zeitlich beschränkten Berichterstattung aus den Bundesliga-Stadien seit der Saison 2003/04 bis 2009 jährlich 4,5 Mio. Euro an die DFL.

77   Eine Entscheidung des BVerfG zu der Frage, ob privaten Rundfunkveranstaltern unentgeltlicher Zugang zu Fußballstadien zwecks Berichterstattung zu gewähren ist, steht derzeit aus.

78   *BGH* NJW 2006, 377, 380 – Hörfunkrechte.

79   *BGH* NJW 2006, 377, 380 – Hörfunkrechte.

80   *BGH* NJW 2006, 377, 379 – Hörfunkrechte.; a.A. *AG Münster* ZUM 1995, 220 f., das Ansprüche aus § 823 BGB und § 1 UWG ablehnt und §§ 858, 1004 BGB nicht nennt. Wegen der erheblichen Eigenleistung des Reporters in Form der Kommentierung wird die Möglichkeit einer lauterkeitsrechtlichen Herleitung aus §§ 3, 4 UWG überwiegend abgelehnt: *Wertenbruch* SpuRt 2001, 185, 187; *Ory* AfP 2002, 195, 197; *Fikentscher* SpuRt 2002, 186, 187; *Coelln* SpuRt 2006, 134, 135; a.A.: *Schmid-Petersen* SpuRt 2003, 234, 237. Gleiches dürfte für – ohnehin subsidiäre – deliktsrechtliche Ansprüche gelten, vgl. *Fikentscher* SpuRt 2002, 186, 187; *Coelln* SpuRt 2006, 134, 135.

81   *BGH* NJW 2006, 377, 377.

82   S.o., Rn. 5 ff. Hausrecht, §§ 1004, 903 BGB bzw. §§ 862, 859 BGB.

insbesondere im Kennzeichen- und Namensrecht begründet,[83] einzelne Sportler können ggf. Persönlichkeits- und Namensrechtsverletzungen geltend machen.[84] Entsprechende Rechte können über Vereinssatzung, Verbandssatzung, Arbeitsverträge oder gesonderte Lizenzvereinbarungen über mehrere Stufen bis hin zum einen Wettbewerb ausrichtenden Verband gebündelt sein.

4. Berichterstattung im Live-Ticker

Durch die so genannte Live-Ticker Berichterstattung werden in der Regel die Ereignisse einer Sportveranstaltung noch während des Geschehens in Textform über verschiedene Kanäle nachrichtenmäßig verbreitet. Der Umfang reicht von einem kontinuierlichen Bericht über das Geschehen bis zur Information über die wichtigsten Ereignisse unmittelbar nach deren Eintritt, z.B. eines Torerfolges bei einem Fußballspiel. Aufgrund des Eingabe- und Weiterleitungserfordernisses ist die Wiedergabe regelmäßig leicht zeitversetzt. Als Verbreitungsplattformen dienen Online-Angebote von Zeitungen und Zeitschriften, der Sportvereine und sonstige Internet-Portale, Teletextdienste oder Nachrichtendienste von Mobilfunkbetreibern.   **47**

Erfolgt die **Berichterstattung vom Veranstaltungsort** selbst, kommt auch hier als maßgebliches Abwehrrecht das Hausrecht des Veranstalters in Betracht. Die Entscheidungsbefugnis des Hausrechtsinhabers ist jedoch eingeschränkt, wenn sich die Ausübung des Hausrechts als willkürlich darstellt.[85] Dies wird für möglich gehalten, solange der Nutzer die Live-Ticker-Berichterstattung ohne die Inanspruchnahme zusätzlicher äußerer Ressourcen des Veranstalters verwirklichen kann.[86] **Lauterkeitsrechtliche Ansprüche** des Veranstalters im Fall der Berichterstattung von einem anderen Ort als der Veranstaltungsstätte dürften schon mangels unmittelbarer Leistungsübernahme abzulehnen sein, da der Berichterstatter das Geschehen ausschließlich in geschriebener Form in seinen eigenen Worten wiedergibt.[87] Bei Inanspruchnahme der Berichterstattung eines Pay-TV-Programms durch den Verfasser des Live-Tickers kommen jedoch wettbewerbsrechtliche sowie vertragliche Ansprüche des Fernsehveranstalters in Betracht. Problematisch dürfte insofern nur die Nachweisbarkeit sein.[88]   **48**

IV. Rechtliche Rahmenbedingungen für Sport und Werbung in den Medien

1. Kurzberichterstattung und Berichterstattung über Großereignisse

Bei der Vermarktung medialer Rechte an Sportereignissen treffen unterschiedliche – teilweise entgegen gesetzte – Interessen vieler Beteiligter aufeinander, namentlich von Vereinen, Ligen, Telekommunikationsunternehmen und Sendern, aber auch von Spielern und schließlich der gesamten Öffentlichkeit. In der allgemeinen Diskussion um die Gewinn maximierende Vermarktung medialer Rechte an Sportereignissen taucht immer wieder die Frage nach Schranken   **49**

---

83 Das *OLG Frankfurt* Urteil v. 22.11.2005 – 11 U 6/05, http://web2.justiz.hessen.de/migration/ rechtsp.nsf/2B79D81AAB0CD355C1257279004D92D3/$file/11u00605.pdf, Abrufdatum: 31.7. 2007, hat entschieden, dass die Nutzung von Vereinsnamen und Trikotfarben bzw. -designs der Fußballvereine der beiden deutschen Fußballbundesligen in Spielen kennzeichenrechtlich relevant ist und ggf. eine Markenrechtsverletzung darstellen kann.
84 S.o., Rn. 25 ff. Recht am eigenen Bild gem. §§ 22, 23 KUG; *OLG Hamburg* ZUM 2004, 309, 310 – Oliver Kahn.
85 *Strauß* SpuRt 2007, 6, 7; s. auch *Strauß* S. 162 ff.
86 *Strauß* SpuRt 2007, 6, 7; s. auch *Strauß* S. 162 ff.
87 *Strauß* SpuRt 2007, 6, 8.
88 *Strauß* SpuRt 2007, 6, 8/9.

durch die Rundfunkfreiheit und des Rechts auf freien Zugang zu Informationen auf. Die grundgesetzliche Privilegierung zur Berichterstattung und audiovisuellen Übertragung von Sportveranstaltungen entspringt der in Art. 5 Abs. 1 S. 2 GG geregelten **Rundfunkfreiheit** und dem **Schutz der freien Meinungsbildung**.[89] Die Veranstaltung von Sportereignissen genießt verfassungsrechtlichen Schutz gemäß Art. 12 Abs. 1 GG, wenn sie Ausdruck einer **beruflichen Betätigung** ist, das heißt berufsmäßig ausgeübt wird.[90] Dies ist im Profisport im Hinblick auf sämtliche Beteiligten (einschließlich Schiedsrichter) der Fall. In sachlicher Hinsicht ist insbesondere geschützt, Dritte das sportliche Ereignis unmittelbar oder mittelbar in Bild und Ton miterleben zu lassen;[91] hierin spiegelt sich der wirtschaftliche Wert der beruflich erbrachten Leistung wider. Insbesondere die Akquisition von Werbung und die entgeltliche Vergabe der Übertragungsrechte fällt hierunter.[92] Die Ausübung der Veranstaltertätigkeit kann nur dann einer Beschränkung unterworfen werden, wenn dies nach vernünftigen Erwägungen des Gemeinwohls zweckmäßig erscheint.[93] Das Interesse der Allgemeinheit auf Zugang zu Informationen kann hierunter fallen.[94]

50   Grundrechte entfalten jedoch **keine unmittelbare Geltung zwischen Privatrechtssubjekten**. Ein Rundfunkveranstalter kann sich deshalb nicht unmittelbar auf Art. 5 Abs. 1 S. 2 GG berufen, um die Zulassung zu einem Sportereignis zwecks Berichterstattung zu verlangen.[95] Vielmehr bedarf es im Rahmen einer konkreten gesetzlichen Bestimmung einer Einzelfallabwägung der miteinander kollidierenden Grundrechtspositionen.

51   **Vorgaben zum Zugang zu Sportereignissen** enthält sowohl der Rundfunkstaatsvertrag als auch die so genannte Fernsehrichtlinie[96] der Europäischen Gemeinschaft, die voraussichtlich bis Ende des Jahres 2007 durch die *„Richtlinie über Audiovisuelle Mediendienste ohne Grenzen"* („AVMD-Richtlinie")[97] ersetzt wird.[98]

1.1 Recht auf Kurzberichterstattung, § 5 RStV

52   Als im Jahr 1988 die Fernsehübertragungsrechte für die Fußball-Bundesliga vergeben wurden, bestand wegen des Rechtserwerbs exklusiver Rechte durch einen Privatsender mit damals noch relativ geringer Reichweite die Gefahr des Ausschlusses zweier Drittel der Bevölkerung von der Berichterstattung über die Spiele. Vor diesem Hintergrund wurde erstmals im Rundfunkstaatsvertrag vom 31.8.1991 ein Recht der Fernsehveranstalter auf unentgeltliche Kurzbericht-

---

89 *BGH* NJW 2006, 377, 379/380 – Hörfunkrechte.
90 Darüber hinaus kann der Veranstalter dem Schutz aus Art. 14 GG unterstellt sein, vorausgesetzt dass das Recht zur exklusiven Vermarktung der Übertragungsrechte als vermögenswertes Recht gilt. Zu einem Schutz des Veranstalters aus Art. 14 GG hat das BVerfG bisher nicht eindeutig Stellung bezogen, da der Schutz mangels einer konkretisierten Gewinnerwartung regelmäßig hinter dem Schutz aus Art. 12 GG zurückbleibt. Schließlich kann ein Schutz des Veranstalters aus Art. 13 GG einschlägig sein, dieser ist bei für das Publikum geöffneten Sportveranstaltungen jedoch von geringer Bedeutung.
91 *BGH* NJW 2006, 377 – Hörfunkrechte.
92 Vgl. *BVerfG* NJW 1998, 1627, 1628 – Kurzberichterstattung.
93 Vgl. *BVerfG* NJW 1998, 1627, 1628 – Kurzberichterstattung.
94 Vgl. *BVerfG* NJW 1998, 1627, 1628 – Kurzberichterstattung.
95 Vgl. mit weiteren Nachweisen *Tettinger* Schriftenreihe des WFV, Nr. 23, S. 39.
96 Richtlinie des Rates vom 3.10.1989 zur Koordinierung bestimmter Rechts- und Verwaltungsvorschriften der Mitgliedstaaten über die Ausübung der Fernsehtätigkeit (89/552/EWG), ABlEG L 298/23 v. 17.10.1989.
97 Konsolidierte Fassung des Richtlinienentwurfs (Arbeitsdokument) nach erstem politischen Konsens am 24.5.2007: http://ec.europa.eu/avpolicy/docs/reg/modernisation/proposal_2005/avmsd_cons_may 07_en.pdf, Abrufdatum : 31.7.2007
98 Vgl. Pressemitteilung der Europäischen Kommission v. 24.5.2007, abrufbar unter: http://ec.europa.eu /information_society/newsroom/cf/itemlongdetail.cfm?item_id=3430, Abrufdatum: 31.7.2007.

erstattung begründet. Heute regelt § 5 Abs. 1 RStV, dass jedem in Europa zugelassenen Fernsehveranstalter ein **Recht auf unentgeltliche Kurzberichterstattung** über Veranstaltungen und Ereignisse zusteht, die **von allgemeinem Informationsinteresse** sind. Die Hörfunkberichterstattung ist hiervon ausgenommen. Eine Regelung zur Kurzberichterstattung auf europäischer Ebene sieht erstmals der aktuelle Entwurf der **AVMD-Richtlinie** vor.[99] Das Kurzberichterstattungsrecht ist nicht gegen den Staat gerichtet, sondern gegen denjenigen, der über berichtenswerte Ereignisse und entsprechende Rechte verfügt.[100] § 5 RStV ist eine unmittelbare Konkretisierung der in Art. 5 Abs. 1 S. 2 GG statuierten Rundfunkfreiheit. Auch das **BVerfG** hat unter Abwägung der Rechte des Veranstalters aus Art. 12 GG und der Interessen der Sendeanstalten gem. Art. 5 Abs. 1 S. 2 GG wegen des Gemeinwohlbezugs die Verfassungsmäßigkeit einer Regelung des Gesetzes über den „Westdeutschen Rundfunk Köln"[101] zum Kurzberichterstattungsrecht bestätigt.[102]

Das BVerfG knüpft die Gewährleistung eines Rechts auf nachrichtenmäßige Kurzberichterstattung an die Vereinbarung einer Karenzzeit zwischen Veranstaltungsschluss und Fernsehübertragung.[103] Die Pflicht zur **Einhaltung einer Karenzzeit** ist nicht ausdrücklich gesetzlich normiert, sondern ergibt sich aus einer verfassungskonformen Auslegung von § 5 RStV.[104] Die Karenzzeit muss so bemessen sein, dass den Rechteinhabern grundsätzlich die Gelegenheit verbleibt, ihre Rechte gewinnbringend und ohne Beeinträchtigung des Zuschauerinteresses durch eine vorangehende oder parallele Kurzberichterstattung zu verwerten.[105] **53**

Das Kurzberichterstattungsrecht schließt gem. § 5 Abs. 1 RStV ausdrücklich das Recht auf **Zugang zum Veranstaltungsort** ein. Es ist kein gesteigertes Interesse des Publikums erforderlich, vielmehr ist es ausreichend, wenn ein Ereignis von allgemeinem Informationsinteresse vorliegt.[106] Die Formulierung „zu eigenen Sendezwecken" ist weit und im Lichte der von § 5 Abs. 10 RStV vorgesehenen Zugriffsmöglichkeiten auf das Sendesignal Dritter zu verstehen. Der **Umfang zulässiger Kurzberichterstattung** ist sowohl zeitlich als auch inhaltlich durch § 5 Abs. 4 RStV beschränkt. Inhaltlich darf die Berichterstattung danach nicht über einen „nachrichtenmäßigen" Informationsgehalt hinausgehen. Dies beinhaltet das Aufzeigen von Schlüsselszenen durch bewegte Bilder.[107] Die Grenze ist dort zu ziehen, wo die Sendung (verdeckt) einen unterhaltenden Charakter annimmt. Dennoch kann der **nachrichtenmäßige Charakter** auch bei der Kumulierung mehrerer Kurzberichte über verschiedene Veranstaltungen der gleichen Gattung erhalten bleiben. Die zeitliche Obergrenze beträgt bei kurzfristig und regelmäßig wiederkehrenden Veranstaltungen in der Regel eineinhalb Minuten (vgl. § 5 Abs. 4 S. 3 RStV). Diese Zeitspanne gilt je Wettkampfereignis, gem. § 5 Abs. 4 S. 4 RStV muss allerdings auch in einer Zusammenfassung von Kurzberichten über Veranstaltungen vergleichbarer Art der nachrichtenmässige Charakter gewahrt bleiben. Gem. § 5 Abs. 7 RStV kann der **54**

---

99 Vgl. Artikel 3 j) des Richtlinienentwurfs v. 24.5.2007, der allerdings auf Rundfunkveranstalter, d.h. laut der Definition in Art. 1d) auf Fernsehsender, beschränkt ist.

100 *BVerfG* NJW 1998, 1627, 1629, versteht unter dem in § 5 RStV gewählten Begriff des Veranstalters ebenfalls den Rechteinhaber.

101 § 3a WDR-G in der Fassung des 7. Rundfunkänderungsgesetzes v. 24.4.1995.

102 *BVerfG* NJW 1998, 1627, 1629.

103 S. *Heermann* SpuRt 2001, 188, 189 zur zulässigen Länge der Karenzzeit bei unüblich langer Hinauszögerung der Erstverwertung - betr. einen Streit zwischen ARD und Kirch Media bei Verschiebung des Sendezeitbeginns des Fußball-Bundesliga Magazins „ran" auf 20.15 Uhr im Jahr 2001.

104 Vgl. *BVerfG* NJW 1998, 1627, 1630.

105 Vgl. *Heermann* SpuRt 2001, 188, 189.

106 *Hartstein/Ring/Kreile/Dörr/Stettner* RStV § 5 Rn. 34.

107 Vgl. hierzu *Hartstein/Ring/Kreile/Dörr/Stettner* RStV § 5 Rn. 41 f.

Veranstalter einer berufsmäßig durchgeführten Veranstaltung ein **billiges Entgelt** verlangen.[108] Bei der Ermittlung des Entgelts ist zu berücksichtigen, dass das auf eine nachrichtenmäßige Berichterstattung beschränkte Kurzberichterstattungsrecht den wirtschaftlich primär interessanten Unterhaltungswert der Veranstaltung nur begrenzt vermitteln kann.[109]

55 Trotz der sehr gewichtigen unterschiedlichen Interessenlagen ist die **praktische Relevanz von § 5 RStV bisher gering geblieben.** Das Recht wird von den Sendern überwiegend als Argumentationsgrundlage bei den Vertragsverhandlungen genutzt. In der Praxis war es sogar teilweise üblich, dass die Sender bei Vertragsschluss einen Verzicht auf die Inanspruchnahme des gesetzlichen Rechts auf Kurzberichterstattung gem. § 5 RStV erklären. Fraglich ist allerdings, ob ein derartiger Verzicht aufgrund des fremdnützigen Charakters des Kurzberichterstattungsrechts und der Grundversorgungsaufgabe des öffentlich-rechtlichen Rundfunks nicht als unzulässig zu bewerten ist.[110]

1.2 Ereignisse von erheblicher gesellschaftlicher Bedeutung, § 4 RStV

56 Als im Jahr 1996 nach der Rechtevergabe für die Fußball-WM 2002 erstmals zu befürchten stand, dass die internationalen Begegnungen ausschließlich im Pay-TV ausgestrahlt werden, wurden auf europäischer und nationaler Ebene umgehend die Gesetzgebungsorgane tätig. Im Ergebnis sah der am 1.4.2000 in Kraft getretene Vierte Rundfunkänderungsstaatsvertrag in Umsetzung der zweiten EG-Fernsehrichtlinie 97/36 vom 30.6.1997[111] erstmals eine Sonderregelung für die Übertragung von Ereignissen von erheblicher gesellschaftlicher Bedeutung vor. Gem. § 4 RStV ist bei der fernsehmäßigen Ausstrahlung von Ereignissen von erheblicher gesellschaftlicher Bedeutung im Pay-TV durch den Fernsehveranstalter selbst oder Dritte sicherzustellen, dass das Ereignis zeitgleich zumindest in einem frei empfangbaren Fernsehprogramm ausgestrahlt werden kann. In diesem Fall kann eine **Exklusivität durchbrochen** werden. Jedes Land innerhalb der EU kann die von der Ausnahmeregelung erfassten Großereignisse selbst festlegen, vgl. § 4 Abs. 2 RStV. Als Ausfluss der besonderen Identifikationsmöglichkeiten der Bevölkerung mit dem Ereignis fordert § 4 Abs. 2 RStV – von Ausnahmen in Nr. 1 und Nr. 2 abgesehen – eine deutsche Beteiligung.[112] § 4 Abs. 3, Abs. 4 RStV trägt der Umsetzung auf europäischer Ebene Rechnung.

57 Die Zulassung eines Dritten muss nur zu „angemessenen Bedingungen" erfolgen. Das bedeutet, dass ein „fairer" und marktgerechter Preis durchaus verhandelt werden kann.[113]

---

108 Ist die Veranstaltung nicht „berufsmäßig durchgeführt", kann der Veranstalter von dem jeweiligen Kurzberichterstatter gem. § 5 Abs. 6 RStV nur das Eintrittsgeld und Ersatz der notwendigen Aufwendungen verlangen. Ein entsprechender Anspruch auf billiges Entgelt lässt sich jedoch ggf. aus Art. 14 GG herleiten.

109 Vgl. *Lehr/Brosius-Gersdorf* AfP 2001, 449, 452.

110 Näheres bei *Lehr/Brosius-Gersdorf* AfP 2001, 449, 454; a.A. *Coelln* SpuRt 2001, 221, 223.

111 Vgl. Artikel 3 a) Abs. 1 der Richtlinie EG 97/36/EG des Europäischen Parlaments und des Rates vom 30 Juni 1997 zur Änderung der Richtlinie 89/552/EWG des Rates zur Koordinierung bestimmter Rechts und Verwaltungsvorschriften der Mitgliedstaaten über die Ausübung der Fernsehtätigkeit, ABlEG L 202/60 v. 30.7.1997.

112 Vgl. auch Beschl. der Europäischen Kommission v. 25.6.2007 über die Vereinbarkeit mit dem Gemeinschaftsrecht von Maßnahmen Deutschlands, ABlEU L 180 v. 10.7.2007, http://eur-lex.europa.eu/LexUriServ/site/de/oj/2007/l_180/l_18020070710de00080010.pdf, Abrufdatum: 31.7.2007.

113 Vgl. hierzu auch *Gröpl* SpuRt 2004, 181, 184.

2. Kartellrechtliche Grenzen

Wirtschaftliche Betätigungen im Zusammenhang mit Sport unterliegen dem Kartellrecht. Bei **58** Sachverhalten des Sports gilt es stets die Besonderheit zu berücksichtigen, dass ökonomischer Wettbewerb auf die Funktion sportlichen Wettbewerbs angewiesen ist. Die **kartellrechtlichen Grenzen bei der Vergabe medialer Rechte an Sportveranstaltungen** werden durch das nationale und das europäische Kartellrecht gesteckt. Europäisches Kartellrecht dient dort als Maßstab, wo sich die Beurteilung nicht auf einen rein nationalen Sachverhalt beschränkt.[114] Aufgrund der Kommerzialisierung des Sports im Allgemeinen und der Internationalisierung des Fußballsports im Besonderen gelten zumindest die nationalen Ligaspiele nicht mehr als rein inländische Ereignisse ohne Auslandsberührung.[115] Gem. Art. 5 der Verordnung EG 1/2003 haben auch die nationalen Behörden europäisches Kartellrecht anzuwenden. Ausnahmen, die allein nach nationalem Kartellrecht (§§ 1, 19 GWB) zu beurteilen sind, sind kaum praxisrelevant. Im Zusammenhang mit der Vergabe medialer Rechte an Sportveranstaltungen kann insbesondere das **Kartellverbot nach Art. 81 EGV** relevant werden. Seit Inkrafttreten der Verordnung 1/2003 des Rates zur Durchführung der in Art. 81 EGV niedergelegten Wettbewerbsregeln müssen sich die am Markt beteiligten Unternehmen wegen der Abschaffung der früher geltenden Anmeldepflicht wettbewerbsbeschränkender Vereinbarungen selbst Gewissheit verschaffen, ob eine Vereinbarung in den Anwendungsbereich des Kartellverbots fällt oder freistellungsfähig ist.

Vom Kartellverbot erfasst werden **Unternehmen und Unternehmensvereinigungen**. Vor- **59** frage für die kartellrechtliche Beurteilung der Vermarktung medialer Rechte ist die Frage nach dem Rechteinhaber, der nach nationalen Vorschriften bestimmt wird. Gegenstand der Überprüfung der EU-Kommission waren bisher in der Regel Verbandssatzungen, die die Zentralvermarktung der medialen Rechte vorsieht und der sich die Vereine durch Übertragung ihrer Rechte unterwerfen (z.B. § 9 der Ordnung über die Vergabe kommerzieller Rechte[116]).

Die kartellrechtliche Prüfung knüpft an den jeweils betroffenen Markt an. Entscheidend ist da- **60** her zunächst die Festlegung des **sachlich und räumlich relevanten Marktes**. Die sachlich relevanten Märkte werden in vorgelagerte Märkte für den Erwerb von Programmrechten und nachgelagerte Märkte auf der Ebene der Inhalte-Verwertung unterteilt. In räumlicher Hinsicht werden nationale Märkte definiert. Die EU-Kommission tendiert zu einer engen Definition der sachlich relevanten Märkte (Produktmärkte). Gesondert zu betrachtende Produktmärkte sind z.B. (i) der Markt für große, meist internationale Sportereignisse wie die Olympischen Sommerspiele oder Fußballmeisterschaften[117] und (ii) der Markt für den Erwerb medialer Rechte an Fußballereignissen, die auf einer regelmäßigen Basis während des ganzen Jahres stattfinden.[118] Außerdem wurde bislang zwischen Übertragungen im frei empfangbaren Fernsehen, Pay-TV, Internet und mobilen Diensten unterschieden. Wie sich in dem beschriebenen Streit zwischen Arena und der DTAG um die Live-Übertragungsrechte an der Fußball-Bundesliga[119] gezeigt hat, verschwimmen die Konturen dieser Marktdefinitionen in einer konvergenten Medienlandschaft jedoch zusehends.

---

114 Vgl. zum Verhältnis auch § 22 GWB.
115 *Heermann* SpuRt 2003, 89, 90.
116 Abrufbar unter: http://www.bundesliga.de/media/native/dfl/ligastatut/neue_lo_2/ordnung_fuer_die_verwertung_kommerzieller_rechte_ovr.pdf, Abrufdatum: 31.7.2007.
117 Entscheidung v. 10.5.2000 in der Sache IV/32.150 – Eurovision, ABlEG L 151/23 v. 24.6.2000.
118 Entscheidung v. 23.7.2003, COMP/37.398, ABlEU L 291 v. 8.11.2003 Rn. 56 ff. – UEFA Champions League; noch enger grenzt die Kommission den Markt in der Entscheidung Newscorp/Telepiù v. 2.4.2003 ein, COMP/M.2876, Rn. 18 ff., http://ec.europa.eu/comm/com, Abrufdatum: 31.7.2007.
119 S.o., Rn. 33 Audiovisuelle Rechte.

2.1 Marktabschottungseffekte gem. Art. 81 EG

61 Bei der kartellrechtlichen Überprüfung der Vermarktung medialer Rechte nimmt eine mögliche Beeinträchtigung der Marktteilnehmer durch Marktabschottungseffekte im Sinne des Art. 81 EG eine zentrale Rolle ein. Eine **Marktabschottung** ist anzunehmen, wenn ein oder mehrere Unternehmen ein strategisches Verhalten zeigen, das die Zugangsmöglichkeit potenzieller Wettbewerber auf vor- oder nachgelagerten Märkten beschränkt.[120]

62 Im Kontext der Sportrechtevermarktung sind mehrere Fallkonstellationen zu beachten, die im Hinblick auf eine potentielle Marktabschottung relevant sind. Zu unterscheiden ist zwischen horizontalen und vertikalen Wettbewerbsbeschränkungen. Während unter erstgenannte z.B. eine **Vereinbarung zur Zentralvermarktung** oder der **gemeinsame Programmrechteerwerb** fällt, sind **Exklusivvereinbarungen**, bei denen das Angebot wichtiger Übertragungsrechte übermäßig eingeschränkt oder die Verbreitung der Medieninhalte über bestimmte **Distributionskanäle vollständig ausgeschlossen** wird,[121] vertikaler Natur.

63 Zu der Gefahr einer Marktabschottung können **langlaufende Exklusivvereinbarungen** führen. Die EU-Kommission stellt dabei das markttypische Instrument von Exklusivvereinbarungen nicht grundsätzlich in Frage.[122] Allerdings lässt sich als Faustregel festhalten, dass die **Laufzeit einer Vereinbarung** zur exklusiven Rechteverwertung nach der Praxis der Kommission die Dauer von drei Jahren nicht überschreiten sollte.[123]

64 Nicht selten haben sowohl Erwerber von Rechten als auch Rechteinhaber Interesse an Vertragsabschlüssen über **umfassende Rechteangebote**. Während die Erwerber von Rechten hierdurch eine Alleinstellung in Bezug auf bestimmte Inhaltekategorien erreichen können, liegt der Vorteil für die Rechteinhaber bei der Kooperation mit nur wenigen Verwertern in einer Reduktion der Transaktions- und Überwachungskosten. Derartigen Strategien begegnet die EU-Kommission – insbesondere in Fällen der Zentralvermarktung medialer Rechte – aber durch die Verpflichtung der Rechteinhaber zur Segmentierung ihres Angebots: Dies kann durch die Ausschreibung von unterschiedlich definierten Programmpaketen und durch die Vergabe der jeweiligen Rechte an den Höchstbietenden[124] erfolgen. Auch **negativen Schutzrechten** zugunsten der Inhaber einzelner Rechtepakete (z.B. durch das Unterlassen der Vergabe von Übertragungsrechten für bestimmte Distributionskanäle oder überlange Sperrfristen) begegnet die Kommission kritisch.

---

120 Vgl. *Frey* GRUR 2003, 931, 934.

121 Einzelheiten *Frey* GRUR 2003, 935 ff.

122 Vgl. Entscheidung v. 23.7.2003, COMP/37.398, ABlEU L 291 v. 8.11.2003 – UEFA Champions League; Entscheidung v. 19.1.2005, COMP/C-2/37.214 – Deutscher Liga-Fußballverband, ABlEU L134/46 v. 27.5.2005, http://ec.europa.eu/comm/competition/antitrust/cases/decisions/37214/de. pdf, Abrufdatum: 31.7.2007, Entscheidung der Kommission zur britischen FA Premier League v. 22.3.2006, COMP 38/173; nicht anerkannt hat die EU-Kommission den Vorrang der Fernsehberichterstattung vor den neuen Medien im Fall des Zusammenschlusses von *Stream/Telepiu* zur Pay-TV-Plattform Sky Italia, Entscheidung abrufbar unter http://ec.europa.eu/comm/competition/mergers/cases/decisions/m2876_en.pdf.

123 Im Fall der UEFA Champions League wurden grds. exklusive Vertragszyklen von drei Jahren freigestellt, Entscheidung v. 23.7.2003, COMP/37.398, ABlEU L 291 v. 8.11.2003 Rn. 200; den Zusammenschluss der wichtigsten Pay-TV-Anbieter in Italien Newscorp/Telepiù genehmigte die Kommission nur aufgrund der Zusage, dass die fusionierte Einheit Exklusivverträge mit italienischen Fußballclubs nur noch für einen Zeitraum von zwei Jahren abschließen darf, Entscheidung der Kommission v. 2.4.2003, Fall COMP/M.2876, Rn. 225, http://ec.europa.eu/comm/competition/mergers/cases/decisions/m2876_en.pdf, Abrufdatum: 31.7.2007.

124 S. Verpflichtungszusagen der FA Premier League, Ziff. 7.5, http://ec.europa.eu/comm/competition/antitrust/cases/decisions/38173/commitments.pdf, Abrufdatum: 31.7.2007.

Die Verpflichtung der Content-Verwerter zur **Erteilung von Unterlizenzen an Dritte** schafft **65** in der Praxis der Kommission Zugang zu großen Rechtepaketen. Dies betrifft insbesondere den Fall von Einkaufsgemeinschaften wie die European Broadcasting Union (EBU). Die EBU verpflichtete sich, ungenutzte Rechte an Nicht-EBU-Mitglieder unterzulizenzieren.[125]

2.2 Zentralvermarktung medialer Rechte

In der Praxis hängt es in der Regel von der Sportart ab, ob die Vermarktung der medialen **66** Rechte an einer Sportveranstaltung zentral oder dezentral im Wege der Einzelvermarktung durch Vereine oder sonstige Beteiligte erfolgt. In Europa besteht insbesondere im Hinblick auf bei Zuschauern sehr begehrten Veranstaltungsserien eine Tendenz zur Bündelung von Rechten in einer Hand und der anschließenden zentralen (exklusiven) Vermarktung dieser Rechte durch einen Verband. Die EU-Kommission hat zur Zentralvermarktung medialer Rechte in mehreren Entscheidungen eine Fallpraxis entwickelt: Sie stellte die UEFA im Hinblick auf die Vermarktung der Champions League am 23.7.2003[126] gem. Art. 81 Abs. 3 EG vom Kartellverbot frei. Aufgrund der Änderung des Kartellverfahrensrechts durch die Verordnung Nr. 1/2003 kam es anschließend nicht mehr zu **Freistellungsentscheidungen**. Vielmehr nutzte die Kommission das Instrument, **Verpflichtungszusagen** von Sportverbänden für verbindlich zu erklären.[127] Die Kommission traf entsprechende Entscheidungen hinsichtlich der Verpflichtungszusagen des Deutschen Ligaverbands betreffend die Rechtevergabe an der Deutschen Fußball-Bundesliga am 19.1.2005[128] sowie der britischen FA Premier League (FAPL) am 22.3.2006.[129] Die Verpflichtungszusagen gem. Art. 9 Abs. 2 der Verordnung Nr. 1/2003 bewirken keine Bindung nationaler Behörden und Gerichte. Ein Verstoß kann gem. Art. 23 Abs. 2 c) KartellverfahrensVO zu Geldbußen führen. **Abzuschließende Lizenzverträge** sind nicht Gegenstand des Verfahrens, diesbezüglich behält sich die EU-Kommission eine Prüfung vor. Die Kommissionsentscheidungen sind Einzelfallbeurteilungen, die einer Überprüfung durch den EuG in Luxemburg gem. Art. 230 Abs. 4 i.V.m. Art. 225 EG unterliegen.

Die Zusagen der Verbände lösen den bis dahin üblichen langfristigen Verkauf der medialen **67** Rechte an einen Vermarkter oder einen Sender je Land ab. Die Zusagen des **Deutschen Ligaverbands** bestehen unter anderem (i) in einer Aufteilung der angebotenen Medienrechte in definierte Rechtepakete, (ii) in auf dreijährige Dauer begrenzten Vertragszyklen und (iii) in der Eröffnung verschiedener Möglichkeiten zur individuellen Rechtevermarktung durch die Vereine.[130] Darüber hinaus verpflichtet sich der Verband, im Hinblick auf ungenutzte zentral ver-

---

125 EBU Sublicensing Rules for Eurovision Sports Programmes, http://www6.nrk.no/informasjon/pdf/ rules_sublicensing.pdf. Vgl. zu Unterlizenzregelungen auch die Entscheidung der Kommission v. 2.4.2003, Fall COMP/M.2876 – Newscorp/Telepiù (Fusionskontrollverfahren) Rn. 246 ff., http:// ec.europa.eu/comm/competition/mergers/cases/decisions/m2876_en.pdf; Abrufdatum: 31.7.2007.

126 Entscheidung v. 23.7.2003, COMP/37.398 – UEFA Champions League, ABlEU L291/25 v. 8.11.2003.

127 Vgl. zu den rechtlichen Unterschieden *Frey* ZUM 2005, 585, 587 f. Durch Inkrafttreten der KartellVO 1/2003 am 1.5.2004 änderte sich das Verfahren; die Kommission nimmt keine Freistellungen mehr durch einen konstitutiv wirkenden Rechtsakt vor.

128 Entscheidung v. 19.1.2005, COMP/C-2/37.214 – Deutscher Liga-Fußballverband, ABlEU L134/46 v. 27.5.2005, http://ec.europa.eu/comm/competition/antitrust/cases/decisions/37214/de.pdf, Abrufdatum: 31.7.2007.

129 Entscheidung v. 22.3.2006, COMP/38.173 – FA Premier League.

130 S. im Einzelnen *Frey* ZUM 2005, 585, 588; in der Praxis nehmen mittlerweile zahlreiche Vereine diese Möglichkeit zur Einzelvermarktung wahr, z.B. über die „Players Lounge" des HSV und „Maxdome" (Schalke 04 TV und Werder.TV) oder über fcb.tv des FC Bayern München.

marktete Rechte die Verwertung durch die Vereine selbst zuzulassen. Schließlich sehen die Zusagen **transparente sowie diskriminierungsfreie Vergabeverfahren** vor.[131]

68 Die EU-Kommission hat ein abweichendes **Paketmodell der FA Premier League** akzeptiert.[132] Parallele Live-Rechte für das Fernsehen und das Internet – wie sie aus den Verpflichtungszusagen der DFL resultieren – werden hier vermieden. Die FA Premier League hat 6 Pakete mit Kernbereich bei der audiovisuellen Live-Übertragung, 2 Pakete mit Kernbereich der zeitversetzten audiovisuellen Übertragung, 1 Paket für die audiovisuelle Übertragung per Mobilfunk und 7 Pakete mit dem Kernbereich Audio vergeben. Hierbei wird im Wesentlichen die Gesamtzahl der Spiele innerhalb einer Serie aufgeteilt und unter den Erwerbern in mehreren Auswahlrunden, bei denen eine festgelegte Rangfolge gilt, vergeben. Gem. Ziff. 3.2 der Verpflichtungszusagen ist kein Bieter berechtigt, sämtliche audiovisuellen Pakete zu erwerben. Wie sich zeigt, ist dieser Ansatz mit Ausnahme des Mobilfunks im Hinblick auf die Distributionskanäle neutral. Den Abgrenzungsschwerpunkt bildet die Aufteilung der Spiele innerhalb einer Serie und die Rechtevergabe an unterschiedliche Erwerber sowie die Bestimmung unterschiedlicher Verwertungsformen und -umfänge.[133]

69 Die Zentralvermarktung war aufgrund ihres **wettbewerbsbeschränkenden Charakters** lange Zeit umstritten. Ihr wurde insbesondere entgegen gehalten, dass der gebündelte Verkauf von „Fernsehrechten" einschließlich der Rechte für das Internet und den Mobilfunk die Entwicklung Neuer Medien hemme, da die Erwerber ihren traditionellen Geschäftsbereich schützen wollten.[134] Angesichts der aufgezeigten Fallpraxis der EU-Kommission, die mittels umfassender Verpflichtungszusagen und unter Berücksichtigung der Eigenheiten des Sports einen wettbewerbsrechtlichen Ausgleich schafft, scheint diese Auffassung überholt.

70 Beispiele für die **Einzelvermarktung** liefert das europäische Ausland. Üblich ist die Eigenvermarktung durch die Vereine nur noch in Spanien;[135] hier erzielte der Rekordmeister Real Madrid mit dem Verkauf seiner audiovisuellen Rechte" einen Betrag in Höhe von ca. 1,1 Mrd. € für sieben Jahre ab 2007. Ausgehend von einer rein sportpolitischen Betrachtung, nach der ein für die Zuschauer hinreichend attraktiver sportlicher Wettbewerb nur bei ausgewogenen Kräfteverhältnissen erreicht werden kann, steht die Einzelvermarktung angesichts dieser Zahlen auch in der Kritik.[136]

71 Auf gemeinschaftsrechtlicher Ebene existieren – über die skizzierte Fallpraxis hinaus – keine bindenden Vorgaben zur Zentralvermarktung. Das **Weißbuch Sport der EU-Kommission** vom 11.7.2007 sieht neuerdings aber vor, dass die Zentralvermarktung für die Einnahmeverteilung eine große Rolle spielt und damit für mehr Solidarität im Sport sorgen kann.[137] Die

---

131 S. im Einzelnen *Frey* ZUM 2005, 585, 588.
132 S. http://ec.europa.eu/comm/competition/antitrust/cases/decisions/38173/commitments.pdf, Abrufdatum: 31.7.2007.
133 Vgl. zu der Praktikabilität der Abgrenzungskriterien oben Rn. 31 ff. Vergabe medialer Rechte in der Praxis.
134 *Summerer* SpuRt 2004, 151, 152.
135 In Italien, wo die Vereine ebenfalls ihre Rechte einzeln vermarkteten, wurde im Juni 2007 ein Gesetz gebilligt, das die Rückkehr zur Zentralvermarktung durch die LNP ermöglicht. Durch einen Wechsel zur Zentralvermarktung sollen gerechtere Bedingungen geschaffen werden.
136 Vgl. Independet European Sport Review 2006, 50, Rn. 3.77, http://www.independentfootballreview.com/doc/Full_Report_EN.pdf, Abrufdatum: 31.7.2007; Entschließung des Europäischen Parlaments zur Zukunft des Profifußballs in Europa, S. 13, Rn. 59, http://www.umwelt-online.de/PDFBR/2007/0298_2D07.pdf, Abrufdatum: 31.7.2007.
137 Weißbuch Sport, S. 18, http://ec.europa.eu/sport/whitepaper/wp_on_sport_de.pdf, Abrufdatum: 31.7.2007.

Kommission erkennt insbesondere die Bedeutung einer gerechten Einnahmeverteilung zwischen den Vereinen an. Daher empfiehlt sie den Sportorganisationen, gebührend auf die Einführung und Beibehaltung von Solidaritätsmechanismen zu achten. Sie stellt jedoch zugleich ausdrücklich fest, dass ein solcher Mechanismus sowohl die Form einer zentralen Vermarktung der Medienrechte als auch einer Einzelvermarktung durch die Vereine annehmen kann.[138]

3. Rundfunkrechtliche Vorgaben für Werbung und Sponsoring

Wesentlicher Bestandteil aller rundfunkrechtlichen Vorgaben zu Werbung und Sponsoring sind   **72**
(i) der Grundsatz der **Trennung von Werbung und Programm** und (ii) das allgemeine **Verbot irreführender Werbung**. Es gilt die Gefahr einer Einflussnahme auf die Unabhängigkeit des Rundfunks durch die Finanzierung Dritter in Form von Entgeltleistungen der Werbenden so gering wie möglich zu halten. § 7 RStV statuiert daher ein Irreführungsverbot (Abs. 1), ein Verbot der Programmbeeinflussung (Abs. 2) und das Trennungs- und Kennzeichnungsgebot (Abs. 3). Neben den im Rundfunkstaatsvertrag enthaltenen Regelungen sind die gemeinsamen Richtlinien der Landesmedienanstalten „für Werbung, zur Durchführung der Trennung von Werbung und Programm und für das Sponsoring" im privaten Fernsehen und im Hörfunk[139] maßgeblich. Als Auslegungshilfe im öffentlichen Rundfunk dienen die „ARD-Richtlinien für die Werbung, zur Durchführung der Trennung von Werbung und Programm und für das Sponsoring" sowie die ZDF-Richtlinien für Werbung und Sponsoring.[140] Ein Verstoß gegen die Vorschriften des Rundfunkstaatsvertrags ist gem. § 49 Abs. 1, Abs. 2 RStV mit Bußgeld bewehrt. Verstöße gegen die Vorschriften zu Werbung und Sponsoring sind zudem in der Regel wettbewerbswidrig und geeignet, Unterlassungsansprüche von Mitbewerbern gem. §§ 3, 8 Abs. 2 UWG zu begründen. Diese können sich z.B. gegen den Programmveranstalter oder den Werbetreibenden richten. Ferner bestehen Schadensersatzansprüche gem. § 9 UWG, für die § 287 ZPO eine Erleichterung der Beweisführung gewährt.[141]

Die rundfunkstaatsvertraglichen Vorgaben finden gem. § 2 RStV auf alle Darbietungen An-   **73**
wendung, die nicht den Telemedien zuzuordnen sind. Neben den Beschränkungen der Art und Weise von Fernsehwerbung sind die Vorschriften zur Beschränkung des Werbeumfangs in §§ 15 f. und 44 f. RStV zu beachten. Gem. § 44 Abs. 3 S. 1 RStV darf **Werbung bei Sportsendungen nur zwischen die eigenständigen Teile oder in die Pausen** eingefügt werden. Unter Pausen sind nur die den Regeln des Spielablaufs folgenden Unterbrechungen zu verstehen, hingegen keine zufälligen Unterbrechungen, wie z.B. ein Freistoß oder Spielerwechsel.[142] Sportsendungen, die keine natürlichen Unterbrechungen aufweisen, wie z.B. Radrennen, fallen unter § 44 Abs. 3 S. 2 RStV. Gleiches gilt für zeitversetzte Übertragungen.[143]

---

138 Weißbuch Sport, S. 19, http://ec.europa.eu/sport/whitepaper/wp_on_sport_de.pdf, Abrufdatum: 31.7.2007.

139 Abgedr. in *Hartstein/Ring/Kreile/Dörr/Stettner* RStV § 7 Rn. 102, 103.

140 Abgedr. in *Hartstein/Ring/Kreile/Dörr/Stettner* RStV § 7 Rn. 100, 101.

141 *Summerer* in Fritzweiler/Pfister/Summerer, S. 342 Rn. 19.

142 Vgl. Mitteilung der europäischen Kommission v. 23.4.2004 zu „Auslegungsfragen in Bezug auf bestimmte Aspekte der Bestimmungen der Richtlinie Fernsehen ohne Grenzen…", Rn. 23 f.

143 *Hartstein/Ring/Kreile/Dörr/Stettner* RStV § 44 Rn. 17; *Summerer* in Fritzweiler/Pfister/Summerer, S. 343 Rn. 24 ist sogar der Ansicht, den Sendern sei ein Ermessensspielraum zuzubilligen innerhalb dessen sie die Pause bei zeitversetzten Übertragungen verlängern dürfen.

3.1 Veranstaltungs-Sponsoring

74 Förderobjekt des Sponsors beim Veranstaltungssponsoring ist die Sportveranstaltung selbst. Die **Sponsorenhinweise erfolgen vor Ort** bei der jeweiligen Veranstaltung, z.B. auf Werbeflächen an den Spielfeldbanden oder auf den Spielertrikots. Ob und inwieweit die lokalen Sponsorenhinweise medial z.B. durch die Übertragung der Sportveranstaltung transportiert werden, dürfte in vielen Fällen einen bedeutenden Beweggrund für das Sponsorenengagement und die Höhe des Sponsorenengagements bilden.

75 Rundfunkrechtliche **Werberegelungen finden keine unmittelbare Anwendung** auf das Veranstaltungs-Sponsoring, da dieses als so genannte „indirekte Werbung" nur mittelbar zum Inhalt einer audiovisuellen Übertragung wird. Zu beachten ist jedoch das **Verbot von Schleichwerbung** (§ 2 Abs. 2 Nr. 6 RStV) z.B. in Form von Produktplatzierungen.[144] Dabei gilt es zu berücksichtigen, dass den Sendern die Möglichkeit erhalten bleiben muss, wichtige Sportereignisse zu übertragen, auch wenn die Veranstaltung selbst Werbung enthält. Gleiches gilt für die **Nennung von Namen der Veranstaltungsstätten und Veranstaltungstiteln**, die aufgrund eines Titel-Sponsorings die Unternehmens- oder Produktbezeichnung eines Förderers enthalten (z.B. Allianz-Arena). Eine Werbewirkung bei der Abbildung der Realität ist unvermeidbar.[145] Andererseits darf die am Austragungsort angebrachte Werbung nicht länger als unbedingt erforderlich eingeblendet oder gar „inszeniert" ins Bild gesetzt werden.[146] Ein Verstoß gegen das Gebot der Trennung von Werbung und Programm liegt dann vor, wenn der übertragende Rundfunksender – z.B. aufgrund vorhergehender Einflussnahme durch den Veranstalter (aufgezwungene „Berichterstattung") – unmittelbar vor sowie nach der Sendung durch Einblenden eines Firmen-Logos und einen kurzen Hinweistext auf die finanzielle Förderung des Ereignisses durch einen bestimmten Sponsor hinweist.[147] Die Trennung von Werbung und redaktionellem Programm ist in diesem Fall nicht hinreichend gewahrt. Etwas anderes gilt nur im Falle eines – in den Grenzen von § 8 Abs. 3 RStV zulässigen[148] – **„Doppelsponsoring"**, nämlich dann, wenn der Sponsor des Ereignisses zugleich die Sendung sponsert.[149]

3.2 Sendungs-Sponsoring

76 Unter Sendungs-Sponsoring ist die Förderung einer Sendung, die beispielsweise eine Sportveranstaltung wiedergibt, zu verstehen. Zur Aufklärung des Zuschauers über die Fremdfinanzierung der Sendung ist die Einblendung des Sponsors gem. § 8 Abs. 1 RStV durch deutlichen Hinweis zu Beginn oder am Ende der Sendung obligatorisch. Die Besonderheit beim Sendungs-Sponsoring besteht darin, dass es die Möglichkeit eröffnet, auch über öffentlich-rechtliche Sender zur so genannten „prime time", d.h. nach 20.00 Uhr und an Sonn- und Feiertagen,

---

144 Erst Art. 3f Abs. 2 des Änderungsentwurfs der Richtlinie für audiovisuelle Medien enthält Ausnahmebestimmungen, die Produktplatzierungen in Sportprogrammen – unter anderem bei Aufnahme eines Hinweises auf in dem Programm enthaltene Produktplatzierungen – ausdrücklich zulassen, http://ec.europa.eu/information_society/newsroom/cf/itemlongdetail.cfm?item_id=3430.
145 *Bülow* CR 1999, 105, 111; *Ladeur* SpuRt 2000, 45, 46.
146 Vgl. *Greffenius/Fikentscher* ZUM 1992, 526, 592.
147 *BGH* ZUM 1993, 92, 94/95 – Agfa-Gevaert; vgl. auch Ziff. 11.2 der ARD-Richtlinien für die Werbung, zur Durchführung der Trennung von Werbung und Programm und für das Sponsoring v. 6.6.2000.
148 *Kulka* WVF Schriftenreihe Nr. 23, S. 51, 69.
149 Bei Identität von Veranstalter und Sender wird das Sponsoring der Veranstaltung in der Regel als Mitfinanzierung einer Sportsendung, d.h. als zulässiges Sponsoring und nicht als unzulässige Produktplatzierung qualifiziert, vgl. *Kulka* WVF Schriftenreihe Nr. 23, S. 51, 69.

(Image)Werbung zu betreiben, die im Übrigen gemäß § 16 Abs. 1 S. 3 RStV unzulässig ist. Die Übergänge einer Sponsoren-Einblendung zum – unzulässigen – Werbespot sind häufig fließend.[150]

Die Zulässigkeit der Bezeichnung des Sponsors gem. § 8 RStV ist auf die Nennung des Namens oder das Einblenden der Marke bzw. des Firmenemblems beschränkt. Auch die Nennung eines Produktnamens ist zulässig, was bei Unbekanntheit der hinter einem Produkt stehenden Firma von Bedeutung ist. Der **Sponsorenhinweis über bewegte Bilder** ist gem. § 8 Abs. 1 S. 1, 2. HS RStV zulässig. Selbst aus der Werbung bekannte Gestaltungsobjekte dürfen in den Hinweis eingefügt werden, z.B. das grüne Segelschiff aus der „Beck's"-Bierwerbung.[151] Sofern die Voraussetzungen von § 8 Abs. 2 bis 6 RStV erfüllt sind und keine werblichen Effekte in den Vordergrund rücken, ist auch das **Titel-Sponsoring** zulässig, bei dem der Name des Sponsors Teil des Sendungstitels wird.[152]   **77**

3.3 Grafik-Sponsoring

Zweifelhaft ist, ob während des Sendungsverlaufs dauerhaft oder wiederholte Einblendungen von Ergebnis- oder Zeitlisten, die mit dem Logo oder Namen eines Unternehmens oder Produkts versehen sind, mit dem Gebot der Trennung von Werbung und Programm vereinbar sind. In der Praxis wird das Grafik-Sponsoring als zulässig erachtet, wenn die Einblendung des Namens oder Logos aus Gründen des **Quellennachweises** gerechtfertigt ist: Erforderlich ist ein direkter funktionaler Zusammenhang zwischen der technischen Dienstleistung und der Einblendung, vgl. Ziff. 19 Abs. 2 Richtlinie der Landesmedienanstalten für die Werbung und für das Sponsoring im Fernsehen.   **78**

3.4 Split-Screen-Werbung

Gem. § 7 Abs. 4 RStV ist eine **Teilbelegung des ausgestrahlten Bildes mit Werbung**, die so genannte „split screen" Werbung, zulässig, wenn diese vom übrigen Programm eindeutig optisch getrennt und als Werbung gekennzeichnet ist. Über „split screen"-Technik können ein oder mehrere Werbespots in einem Fenster ausgestrahlt werden.[153] Die Anzahl der eingeblendeten Werbepartner sowie die graphische Ausgestaltung, z.B. kreisförmig oder schräg, sind bei eindeutiger Trennung vom Programm und Kennzeichnung als Werbung frei. Auch die so genannte Ticker-Werbung (Crawl), die am unteren Rand des Fernsehbildschirms eingeblendet wird, ist eine zulässige Variante.[154] Sobald ein Teil des Bildschirms mit Werbung belegt ist, findet unabhängig von der Größe eine Anrechnung auf die Werbezeit gem. §§ 16, 45 RStV statt. Die Abstandsregelung gem. § 44 Abs. 2 S. 3 RStV findet keine Anwendung.[155]   **79**

---

150 Vgl. hierzu *OLG Frankfurt* ZUM 1995, 800, 803.

151 *Hartstein/Ring/Kreile/Dörr/Stettner* RStV § 8 Rn. 36; restriktiver aber wohl grds. *OLG Frankfurt* ZUM 1995, 800, 803.

152 Vgl. Ziff. 12 Nr. 8 der Werberichtlinien der Landesmedienanstalten; *Hartstein/Ring/Kreile/Dörr/Stettner* RStV § 8 Rn. 37, § 7 Rn. 55a.

153 Vgl. Mitteilung der europäischen Kommission vom 23.4.2004 zu „Auslegungsfragen in Bezug auf bestimmte Aspekte der Bestimmungen der Richtlinie Fernsehen ohne Grenzen über die Fernsehwerbung", Rn. 41 ff.

154 Vgl. *Hartstein/Ring/Kreile/Dörr/Stettner* RStV § 7 Rn. 32d.

155 *Hartstein/Ring/Kreile/Dörr/Stettner* RStV § 7 Rn. 32 f.

3.5 Virtuelle Werbung

80 Virtuelle Werbung bezeichnet die **computergesteuerte Manipulation realer Bilder** unter Austausch verschiedener Elemente mit dem Ziel, Werbebotschaften in das Signal, das vom Fernsehen empfangen oder von ähnlichen Technologien übermittelt wird, einzuspeisen.[156] Das Einfügen virtueller Werbung ermöglicht eine zielgruppenorientierte, beispielsweise länderspezifische Platzierung von Werbung. Gem. § 7 Abs. 6 S. 2 RStV ist virtuelle Werbung ausdrücklich zulässig, wenn am Anfang und Ende der Sendung ein entsprechender Hinweis enthalten ist und die Werbung am Ort der Übertragung ohnehin bestehende Werbung ersetzt. Teilweise wird vertreten, dass auch solche Flächen, die im Stadion lediglich als Ansteuerungspunkt für computerisierte Einblendung dienen, mangels real vorhandener Werbung am Veranstaltungsort nicht mit virtueller Werbung überblendet werden können.[157]

4. Werbebeschränkungen für Tabak, Alkohol und Arzneimittel

81 Durch § 8 Abs. 4 und Abs. 5 RStV wird das Sendungssponsoring für Unternehmen der Tabakindustrie sowie für Arzneimittel und medizinische Behandlungen, die nur auf ärztliche Verordnung erhältlich sind, ausgeschlossen. Eine entsprechende Bestimmung enthält Art. 3e Abs. 2 des Entwurfs der Richtlinie für audiovisuelle Medien.[158] Der Entwurf sieht in Art. 3f Abs. 3 ferner das Verbot von Produktplatzierungen mit Tabakerzeugnissen und verschreibungspflichtigen Medikamenten vor. Die Zulässigkeit von Arzneimittelwerbung ist im Einzelnen im Heilmittelwerbegesetz geregelt. Die Werbung für Tabakerzeugnisse im Hörfunk, im Fernsehen, in „Diensten der Informationsgesellschaft" sowie – bis auf die in § 21a Abs. 3 Vorl.TabakG[159] vorgesehenen Ausnahmen – in der Presse ist gem. § 21a Vorl.TabakG,[160] § 22 Vorl.TabakG verboten.[161] Gem. § 21a Abs. 6 Vorl.TabakG ist es Unternehmen, deren Haupttätigkeit die Herstellung oder der Verkauf von Tabakerzeugnissen ist, ferner untersagt, ein Hörfunkprogramm zu sponsern oder eine Veranstaltung zu sponsern, an der mehrere Mitgliedstaaten beteiligt sind, die in mehreren Mitgliedstaaten stattfindet oder die eine sonstige grenzüberschreitende Wirkung hat. Gem. § 21a Abs. 7 Vorl.TabakG ist es ferner unzulässig, Tabakerzeugnisse im Zusammenhang mit einer solchen Veranstaltung kostenlos zu verteilen. Mit dem Sponsoringverbot bei grenzüberschreitenden Veranstaltungen und der auf nationaler Ebene geltenden freiwilligen Selbstbeschränkung der Zigarettenindustrie, keine Werbung in Sportstätten zu betreiben, verliert die Diskussion an Bedeutung, ob auch „zufällige" Werbeeinblendungen, z.B. eines von der Tabakindustrie gesponserten Ausrüstungsgegenstands, von den genannten medialen Werbeverboten erfasst werden.

82 Werbung für Alkohol ist in Deutschland nur durch § 6 Abs. 5 JMStV eingeschränkt. Demnach darf sich Werbung für Alkohol weder an Kinder oder Jugendliche richten, noch diese besonders ansprechen oder beim Alkoholgenuss darstellen. Art. 3d Abs. 1 e) des Änderungsentwurfs der Richtlinie für audiovisuelle Medien sieht zudem vor, dass audiovisuelle werbliche Kom-

---

156 Vgl. *Ladeur* SpuRt 2000, 47, Fn. 13; § 2a FIFA Regulations for the use of virtual advertising, http://www.fifa.com/mm/document/afmarketing/marketing/virtualregs_e_1810.pdf, Abrufdatum: 31.7.2007.

157 *Ladeur* SpuRt 2000, 45, 49.

158 http://ec.europa.eu/avpolicy/docs/reg/modernisation/proposal_2005/avmsd_cons_may07_en.pdf, Abrufdatum: 31.7.2007.

159 Vorläufiges Tabakgesetz, in Kraft seit 1.1.1975, zuletzt geändert am 21.12.2006.

160 Geschaffen zur Umsetzung der Richtlinie 2003/33/EG.

161 Eine entsprechende Bestimmung enthält Art. 3d Abs. 1 d) des Änderungsentwurfs der Richtlinie für audiovisuelle Medien, http://ec.europa.eu/avpolicy/docs/reg/modernisation/proposal_2005/avmsd_cons_may07_en.pdf.

munikation keinen übermäßigen Alkoholverzehr fördern darf. Art. 15 des Änderungsentwurfs sieht darüber hinaus einige allgemeine Bestimmungen für Alkoholwerbung vor. Für den Sportbereich relevant sind Ziffer (b) und (c), wonach Alkoholwerbung im Fernsehen nicht mit gesteigerter physikalischer Leistungsfähigkeit, d.h. dem Leistungssport im Allgemeinen, verbunden werden darf und nicht der Eindruck entstehen darf, dass Alkoholkonsum zu gesellschaftlichem Erfolg verhilft.[162]

5. Werbebeschränkungen für Sportwetten

Der Staatsvertrag zum Glücksspielwesen in Deutschland (**Glücksspielstaatsvertrag – GlüStV**) wird voraussichtlich zum 1.1.2008 in Kraft treten. Der Glücksspielstaatsvertrag wurde im Nachgang zu dem **Urteil des BVerfG vom 28.3.2006, Az.** 1 BvR 1054/01,[163] von den deutschen Ländern verabschiedet. Das BVerfG hat entschieden, dass das staatliche Sportwettmonopol in seiner zur Entscheidung vorliegenden Fassung mit Art. 12 Abs. 1 GG unvereinbar war. Insbesondere fehle es an Regelungen, die eine konsequente und aktive Ausrichtung des staatlichen Sportwettangebots am Ziel der Begrenzung der Wettleidenschaft und Bekämpfung der Wettsucht materiell und strukturell gewährleisten. Das BVerfG hat die Länder aufgefordert, das auf Sportwetten anzuwendende Recht bis zum 31.12.2007 neu zu regeln und einen verfassungsgemäßen Zustand entweder durch eine konsequent am Ziel der Bekämpfung von Suchtgefahren ausgerichteten Ausgestaltung des Sportwettmonopols oder eine gesetzlich normierte und kontrollierte Zulassung gewerblicher Sportwettangebote durch private Wettunternehmen herzustellen.[164] Die Länder haben sich für eine Verschärfung des staatlichen Monopols und zwar hinsichtlich des gesamten Glücksspielbereichs entschieden. **83**

Der Glücksspielstaatsvertrags regelt in § 5 GlüStV **weitreichende Werbebeschränkungen.** § 5 Abs. 3 GlüStV begründet ein umfassendes Werbeverbot für Glücksspiel (inkl. Sportwetten) im Fernsehen. Damit werden die Spotwerbung oder Dauerwerbesendungen im Sinne des § 7 RStV oder aber das Sendungs-Sponsoring im Sinne des § 8 RStV verboten. Daneben verbietet § 5 Abs. 3 GlüStV ebenfalls die Werbung im Internet und sanktioniert damit ausdrücklich auch die in § 4 Abs. 4 GlüStV vorgesehene Untersagung der Veranstaltung und Vermittlung von öffentlichen Glücksspielen im Internet. Die Werbeverbote für Sportwetten werden in § 21 Abs. 2 GlüStV nochmals explizit hervorgehoben. Es wird insbesondere gemäß § 21 Abs. 2 S. 2 GlüStV die Verknüpfung der Übertragung von Sportereignissen in Rundfunk und Telemedien mit der Veranstaltung und Vermittlung von Sportwetten oder mit Trikot- und Bandenwerbung für Sportwetten für unzulässig erklärt. Ein Veranstaltungs-Sponsoring durch Sportwettenanbieter erscheint damit ebenfalls mehr unmöglich. **84**

Die Werbeverbote gelten auch für Glücksspiele und Sportwetten, die rechtmäßig in anderen EG-Mitgliedstaaten veranstaltet und in Deutschland beworben werden. Die **Vereinbarkeit dieser Beschränkung der gemeinschaftsrechtlichen Dienstleistungs- und Niederlassungsfreiheit durch den Glücksspielstaatsvertrags ist zweifelhaft.** Insbesondere nach der Entscheidung des EuGH vom 6.3.2007 in der Rechtssache C-338/04 *Placanica*,[165] in der die Rechtmäßigkeit des italienischen Sportwettmonopols verneint wurde, dürfte auch die Verhältnismäßigkeit der Regelungen des Glücksspielstaatsvertrags in Frage stehen. Die Verwaltungsgerichte Köln, Gießen und Stuttgart haben mittlerweile **Vorabentscheidungsersuchen** gem. **85**

---

162 Vgl. auch Ziff. 3 und Ziff. 8 der Verhaltensregeln des Deutschen Werberats (Stand 2005), www.werberat.de.
163 NJW 2006, 1261 ff.
164 Vgl. *BVerfG* NJW 2006, 1261, 1267.
165 NJW 2007, 1515 ff. – mit Anm. *Haltern* S. 1520.

Art. 234 an den EuGH gerichtet.[166] Gleichzeitig hat die Europäische Kommission ein **Vertragsverletzungsverfahren** gemäß Art. 226 EG gegen die Bundesrepublik Deutschland eingeleitet. Eine Entscheidung des EuGH zum deutschen Sportwettenmonopol dürfte jedoch nicht vor Mitte 2009 zu erwarten sein.

V. Vermarktungsstrukturen

1. Vermarktung medialer Rechte über Intermediäre / Agenturen

86 Mediale Rechte an Sportveranstaltungen können entweder im Wege der Eigenvermarktung, d.h. durch unmittelbare Rechtevergabe vom Rechteinhaber an den Verwerter, oder über eine Dritt-Vermarktung vergeben werden. Oftmals werden die jeweiligen Rechte nur mittelbar vom Rechteinhaber an den Erwerber übertragen, in diesem Fall tritt zwischen die beiden Marktteilnehmer eine **Vermarktungsagentur**. So hat die UEFA zum Beispiel die Agentur SPORTFIVE GmbH & Co. KG mit der Vergabe der Übertragungsrechte an der Fußball-EM 2008 beauftragt. Die medialen Rechte des Deutschen Skiverbands werden bis zum Jahr 2011 sowie die Rechte an der Leichtathletik WM 2009 durch die Agentur Infront Sports & Media AG vergeben. Vorteile bietet die Einschaltung einer Agentur aufgrund hoher **Spezialisierung** und deren **Marktkenntnis** sowie breitgefächerter Kontakte im Sport- und Medienmarkt.[167] Auf der anderen Seite haben die von den Agenturen häufig beanspruchten Präsenz- und Mitspracherechte sowie eine erhebliche Verteuerung der Rechte durch den **Agenturaufschlag** teilweise zur Rückkehr zur Eigenvermarktung einiger Verbände geführt: Die FIFA hat die TV-Rechte für die WM 2010 erstmals direkt ohne Einschaltung einer Agentur vergeben. Auch das IOC verhandelt die Vergabe der Übertragungsrechte an den Olympischen Spielen in Eigenregie.

87 Die Vermarktungsagentur erwirbt entweder selbst umfassende Rechte an einer Sportveranstaltung und handelt bei der Weitervermarktung im eigenen Namen oder die Agentur handelt lediglich als Vermittler zwischen Rechteinhaber und Verwerter.

1.1 Vermittlungsmodell

88 Beim Vermittlungsmodell schafft die vom Rechteinhaber beauftragte Vermarktungsagentur die **Grundlagen für einen Vertragsabschluss** zwischen Rechteinhaber und Verwerter, **ohne selbst in die Rechtekette einzutreten**. Ihre Leistung besteht in der Vermittlung oder dem Abschluss von Geschäften im Namen des Rechteinhabers. Sie fördert den Geschäftsabschluss durch das Einwirken auf einen Dritten und erhält im Gegenzug eine **Provision**, die in der Regel zwischen 15 und 25% des Werts der von ihr vermittelten Rechte liegt. In der vertraglichen Regelung zwischen Rechteinhaber und Agentur bedürfen die Voraussetzungen für das Anfallen einer Provision der genauen Festlegung. Zu unterscheiden ist zwischen (i) einem lediglich vorbereitenden Tätigwerden, (ii) der Ermöglichung oder (iii) dem Herbeiführen eines Vertragsabschlusses.

1.2 Kommissionsmodell

89 Beim Kommissionsmodell beauftragt der Rechteinhaber vertraglich eine Agentur zur **Vermarktung seiner Rechte im eigenen Namen**. Der Agenturvertrag zwischen Rechteinhaber und Agentur beinhaltet die Berechtigung der Agentur zur Weiterlizenzierung von Rechten an

---

166 Die Vorentscheidungsersuchen ergingen auf der Basis des Lotteriestaatsvertrags und betrafen noch nicht den noch restriktiveren Glücksspielstaatsvertrag.
167 *Coors* AfP 2006, 216, 218.

Dritte, ohne dass der Rechteinhaber seine wirtschaftliche Eigentümerstellung verliert, vgl. § 383 ff. HGB. Wegen der kommissionsrechtlichen Weisungsgebundenheit und der Haftungsrisiken gem. § 384 HGB hat der Vermarkter dem **Rechteinhaber gewisse Mitspracherechte** einzuräumen und ggf. sogar die Genehmigung des Geschäftsabschlusses sicherzustellen. Zwar erfährt der Rechteinhaber dadurch, dass die Agentur im eigenen Namen auftritt einen Verlust an Entscheidungsfreiheit und Gestaltungsmöglichkeiten, wodurch sich seine Einflussnahmemöglichkeit auf die Vermarktung reduziert, andererseits kann der Rechteinhaber ein Mindestmaß an Kontrolle bewahren, z.B. indem er die Wirksamkeit der von der Agentur abzuschließenden Verträge von seiner Zustimmung abhängig macht.[168] Der Verwertungsvertrag ist entweder deckungsgleich mit dem Agenturvertrag oder hinsichtlich der zu lizenzierenden medialen Rechte aufgesplittet, wenn die Agentur die Rechte an unterschiedliche Verwerter vergibt.

1.3 Buy-Out-Modell

Das Buy-Out-Vertragsmodell bezeichnet die **Vermarktung der Agentur im eigenen Namen** **90** **und für eigene Rechnung**. In diesem Fall zahlt die Agentur an den Rechteinhaber für den zwischengeschalteten Rechteerwerb ein im Vorfeld vereinbartes festes Entgelt. Die Rechteagentur wird dadurch zum **wirtschaftlichen „Eigentümer" der Rechte und trägt das gesamte Vermarktungsrisiko sowie das Haftungsrisiko gegenüber Dritten**, in der Regel dem Verwerter, für die Erfüllung des Vertrags durch den originären Rechteinhaber, z.B. den Verein oder Verband. Dieser wiederum trägt ggf. das Risiko der Entwicklung neuer, wirtschaftlich bedeutsamer Nutzungsarten, an deren Wertschöpfung er nach dem Ausverkauf der Rechte nicht mehr partizipieren kann. Da in dieser Hinsicht bei einem Rechte-Buy-Out häufig Unklarheiten entstehen, ist eine Klausel zu empfehlen, die regelt, ob auch Rechte an noch unbekannten Auswertungsmöglichkeiten übertragen werden.

2. Ausschreibung medialer Rechte

In mehreren kartellrechtlichen Entscheidungen hat die EU-Kommission festgelegt, dass im **91** Wege der **Zentralvermarktung** vergebene Rechte in einem **transparenten und diskriminierungsfreien Verfahren** auszuschreiben sind. Neben Offenheit und Transparenz sollte das Ausschreibungsverfahren durch genau zu definierende und sachlich fundierte Vergabekriterien gekennzeichnet sein. Es gilt der Grundsatz, dass dort, wo aufgrund notwendiger Exklusivität schon kein Wettbewerb *im* Markt möglich ist, zumindest ein Wettbewerb *um* den Markt stattfinden sollte.[169] Ein Beispiel bietet das für die Vergabe medialer Rechte durch den **deutschen Liga-Fußballverband e.V.** vorgesehene Ausschreibungsverfahren:[170] Die offizielle Ausschreibung der medialen Rechte ist mindestens vier Wochen vor Beginn des Verfahrens auf der Homepage des Ligaverbands anzukündigen. Dies gibt Marktteilnehmern die Möglichkeit, die Bewerbungsunterlagen anzufordern. Danach ist den Interessenten eine Frist von mindestens weiteren vier Wochen zur Abgabe eines Angebots zu gewähren. Jeder Interessent kann gleichberechtigt für Übertragungsrechte bieten. Im Fall der **FA Premier League** hat die EU-Kommission ein Verfahren für verbindlich erklärt, bei dem nur Einzelgebote je Paket abgegeben werden können und der Zuschlag an den Höchstbietenden erfolgt („blind selling").[171] Dies ver-

---

168 *Duvinage* in Galli/Gömmel/Holzhäuser/Straub, S. 326.
169 *Heinemann* ZEuP 2006, 336, 360.
170 Vgl. Anh. zur Entscheidung der Kommission v. 19.1.2005, COMP/C-2/37.214, 14 f., http://ec.europa.eu/comm/competition/antitrust/cases/decisions/37214/de.pdf, Abrufdatum: 31.7.2007.
171 S. Verpflichtungszusagen der FA Premier League, Ziff. 7.5, http://ec.europa.eu/comm/competition/antitrust/cases/decisions/38173/commitments.pdf, Abrufdatum: 31.7.2007.

hindert Gebote, die von der Bedingung der Veräußerung mehrerer Rechtepakete gegen Zahlung eines Zuschlags abhängig sind. Darüber hinaus findet eine Regelung Anwendung, wonach nicht ein Erwerber sämtliche Rechtepakete erwerben darf („no single buyer rule").[172]

VI. Medien-Verwertungsverträge

92 Verwertungsverträge, die mediale Rechte zum Gegenstand haben, weisen in der Regel einen **engen Bezug zu Terminologie und Struktur des Immaterialgüterrechts** auf. In der Praxis findet man daher häufig die Bezeichnung als Lizenzvertrag.

1. Rechtsnatur

93 Der Medien-Verwertungsvertrag ist ein **Vertrag sui generis**, der kauf-, miet- und pachtähnliche Elemente aufweisen kann.[173] Insbesondere in Sportarten, bei denen die Zuschaueraufmerksamkeit stark von nationaler Beteiligung abhängt und diese erst kurzfristig bekannt wird, können so genannte „rate card" Vereinbarungen[174] sinnvoll sein. In diesem Fall wird dem Rechteerwerber zunächst eine Option eingeräumt, die Übertragungsrechte wahrzunehmen.

2. Leistungsgegenstand

94 Gegenstand eines Vertrags zur Lizenzierung medialer Rechte ist die jeweilige Sportveranstaltung. Die zu erbringende **Hauptleistung** besteht in der Regel in der Pflicht des Lizenzgebers, dem Lizenznehmer ungehinderten Zutritt zum Veranstaltungsort für sämtliche Vertragszwecke zu verschaffen. Möglich ist die Lizenzierung von Rechten an mehreren Veranstaltungen, z.B. Serien, über mehrere Jahre oder Saisons hinweg, sowie einzelner Veranstaltungen. Die **Gegenleistung** besteht in einer Entgeltzahlung, für die eine Fälligkeit bzw. ggf. mehrere Fälligkeitstermine festzusetzen sind. Ggf. kann eine Vorauszahlungspflicht vereinbart werden oder eine Bankbürgschaft verlangt werden, die den Zahlungsanspruch absichert. Auch hier sind weitergehende Pflichten möglich, z.B. die Pflicht zur Ausstrahlung. Darüber hinaus sind **vertragliche Nebenpflichten** der Parteien festzulegen. Auf Seiten des Veranstalters kommt beispielsweise die Verpflichtung zur Errichtung von Fernsehtribünen (z.B. bei Skirennen), zur Beantragung der Zulassung von Begleitfahrzeugen (z.B. Radrennen) oder zur Schaffung sonstiger Erleichterungen für das Aufnahmeteam in Betracht.

3. Definition einzelner Rechte

95 In der heutigen, konvergenten Medienlandschaft werden mediale Rechte an Sportveranstaltungen in der Lizenzierungspraxis häufig, insbesondere zur Erfüllung kartellrechtlicher Verpflichtungen, durch die Vergabe einzelner Rechte in unterschiedliche Rechtepakete aufgespaltet. Sowohl zur Erfüllung kartellrechtlicher Vorgaben als auch losgelöst hiervon, sind für eine konkrete Definition einzelner Rechtekategorien zahlreiche Möglichkeiten denkbar. Einzelne Rechte lassen sich im Wesentlichen über zeitlich geprägte **Verwertungsformen**, den **Verwer-**

---

172 Vgl. „Background + Context" zum Weißbuch der EU Kommission, S. 84, 85, http://ec.europ, Abrufdatum: 31.7.2007.
173 *Summerer* in Fritzweiler/Pfister/Summerer, S. 317 Rn. 155; S. 383 Rn. 144.
174 Vgl. *Geissinger* in Fritzweiler, S. 101, 110.

tungsumfang, über **Übertragungsinfrastrukturen- und -techniken** sowie über weitere technische Parameter wie die **Aufbreitung des Datenstroms** definieren.[175]

Denkbar sind sowohl die positive Formulierung der Rechte als auch Negativformulierungen durch vertraglichen Ausschluss der Inhalteauswertung im Hinblick auf bestimmte Verwertungsformen bzw. -stufen. Der letztgenannte Fall wird insbesondere dann relevant, wenn die Vertragspartner einer „Kannibalisierung" der Auswertung durch andere Medien, z.B. über das Internet und den Mobilfunk, entgegen wirken möchten, indem sie eine solche Verwertung der Inhalte verbieten oder durch Sperrfristen weniger attraktiv machen möchten. Eine derartige Vorgehensweise ist allerdings kartellrechtlich bedenklich, da hierdurch Marktabschottungseffekte bewirkt werden können (s. o. Rn. 61 ff. Marktabschottungseffekte gem. Art. 81 EG). **96**

4. Exklusivität

Exklusivität kann auf unterschiedlichen Ebenen begründet werden. So kann einem Verwerter das exklusive Recht zur gesamten und umfassenden medialen Auswertung der Sportveranstaltung vergeben werden. Auf einer weiteren Ebene kann Exklusivität in Bezug auf einzelne Rechtekategorien, z.B. Live-Rechten für das Free-TV und Pay-TV, vereinbart und schließlich auch Exklusivität in zeitlicher Hinsicht geregelt werden. Um zeitliche Exklusivität hinreichend zu sichern, werden in der Regel so genannte **Holdback-Vereinbarungen**, d.h. Sperrfristen, in den Vertrag aufgenommen. Gerade im Hinblick auf die Vereinbarung von Exklusivität bezüglich einzelner Rechtekategorien bedarf es einer trennscharfen Abgrenzung, um eine inhaltliche Überschneidung der Rechte und damit ein Unterlaufen der Exklusivität auszuschließen.[176] Im Zusammenhang mit der exklusiven Rechtevergabe sind stets kartellrechtliche Vorgaben zu berücksichtigen (s.o. Rn. 61 ff. Marktabschottungseffekte gem. Art. 81 EG). **97**

Trifft der Veranstalter vertragliche Vereinbarungen über die exklusive mediale Auswertung, hat er gem. § 5 Abs. 11 RStV dafür zu sorgen, dass das **Recht zur Kurzberichterstattung** gewahrt bleibt und mindestens ein anderer Fernsehveranstalter eine Kurzberichterstattung vornehmen kann. Mediale Übertragungsrechte sind mit dem Kurzberichterstattungsrecht belastet. Für den Fall, dass ein anderer Sender von dem Kurzberichterstattungsrecht Gebrauch macht, kann – je nach Interessenlage – ein Minderungsrecht des Lizenznehmers vorgesehen bzw. ausgeschlossen werden. **98**

5. Unterlizenzierung

Da dem Rechteinhaber in der Regel an der **Kontrolle der Auswertungsmöglichkeiten** durch Dritte gelegen sein wird, bedürfen sowohl der Ausschluss eines Rechts zur Unterlizenzierung als auch die Gestattung der Unterlizenzierung vertragsgegenständlicher Rechte an Dritte einer konkreten vertraglichen Bestimmung. **99**

6. Territorialität

Die Rechte werden in der Regel territorial begrenzt vergeben.[177] Sinnvoll ist die Festlegung des räumlichen Geltungsbereichs entlang nationaler Grenzen. Eine Abgrenzung über die Sprache erscheint in der Regel nur bedingt hilfreich, da das Interesse am Ereignis unabhängig von der **100**

---

175 S. im Einzelnen Rn. 31 ff. Vergabe medialer Rechte in der Praxis.
176 S.o.Rn. 31 ff. Vergabe medialer Rechte in der Praxis zum Streit um die Internet-Rechte an der Fuball-Bundesliga zwischen Arena, Deutsche Telekom und DFL.
177 Die UEFA verkaufte erstmals für die EM 2008 die Free-TV-Rechte in allen europäischen Staaten einzeln.

Verständlichkeit des Kommentators bestehen dürfte. Durch technische Mittel, wie die Verschlüsselung der Signale lässt sich in der Regel die auf das Lizenzgebiet begrenzte Verbreitung sicherstellen.

7. Produktion

101   Zu vereinbaren ist ferner die **Produktionsverantwortlichkeit** sowie die Übernahme der Produktionskosten für das audiovisuelle Material – sowohl im Hinblick auf das Basissignal als auch im Hinblick auf die Aufbereitung des Inhalts durch Kommentare und Schnitt. Dies beinhaltet die technischen Modalitäten für die Erzeugung und die ggf. vom Veranstalter bereit zu stellende Ausrüstung (z.B. Kameraanzahl, Fachpersonal, Kommentatorenplätze, etc.). Für den Fall qualitativer Mängel des Signals sind Gewährleistungsregeln aufzustellen.

8. Ausstrahlungsgarantie / Übertragungsmodalitäten

102   Um Sponsoren und damit dem Veranstalter selbst die gesamte Wertschöpfung an der von ihm erbrachten Leistung zu ermöglichen, übernimmt der Verwerter häufig eine Ausstrahlungsgarantie. Die genaue Ausgestaltung der Regelung wird sich an den **Sponsoringverträgen des Veranstalters** orientieren, die entsprechende Regelungen zur medialen Verwertung enthalten dürften. Dem Veranstalter kann ferner – selbstverständlich innerhalb **rundfunkrechtlicher Grenzen** – aufgrund anderweitiger Vermarktungsverträge an bestimmten Vereinbarungen im Hinblick auf die mediale Übertragung gelegen sein. Insbesondere das Recht zur Vergabe von TV-Sponsorships, zum Einsatz von Split-Screen Werbung und ggf. einzublendender virtueller Werbung bedürfen besonderer Absprachen. Denkbar sind auch Vereinbarungen zu Werbepausen und Sendungsunterbrechungen. Darüber hinaus müssen Regelungen für den Fall getroffen werden, dass eine Sportveranstaltung, z.B. ein Spiel, ausfällt, verschoben wird oder aus irgendeinem Grund wiederholt wird. Hier ist insbesondere eine Regelung zur Verteilung der finanziellen Risiken angezeigt.

9. Vertragslaufzeit / Kündigung

103   Die Vertragslaufzeit variiert in Abhängigkeit von der jeweiligen Sportveranstaltung. Längerfristige Verträge können – ebenso wie eine automatische Verlängerungsoption – kartellrechtswidrig sein (s.o. Rn. 61 ff. Marktabschottungseffekte gem. Art. 81 EG).

104   Es ist eine Kündigungsmöglichkeit aus wichtigem Grund, z.B. Nichterfüllung, vorzusehen. Angesichts der mit Doping verbundenen erheblichen Risiken des Zuschauerverlusts und der Skandale im Radsport in jüngster Zeit ist der Einbau einer **Doping-Klausel** zu empfehlen, die den Ausstieg aus dem Vertrag wegen Vertragsverletzung erlaubt. Dies dürfte für den Radsport besonders relevant sein.

10. Rechtegarantie / Freistellungsvereinbarung

105   Es sollte eine Klausel zur Rechtegarantie in den Vertrag aufgenommen werden. Hierin sichert der **Veranstalter zu, über die betreffenden Rechte in vollem Umfang zu verfügen.** Darüber hinaus unterwirft er sich einer Haftung bei Verstoß gegen die Garantie und verpflichtet sich, den **Erwerber von Ansprüchen Dritter freizustellen.**

11. Allgemeines

Schließlich ist an die allgemeinen Klauseln zu denken, d.h. Vertraulichkeitsabrede, salvatori- **106** sche Klausel, Bestimmung des anwendbaren Rechts, Gerichtsstandvereinbarung. Für den Fall der Insolvenz sollte eine **Rechterückfallklausel** vereinbart werden, auch wenn deren Zulässigkeit umstritten ist. Bei Vereinbarungen mit internationalen Verwertern kann es sinnvoll sein, den Vertragspartner zu verpflichten, einen Zustellungsbevollmächtigten in Deutschland anzugeben.

11. Abschnitt
Arbeitsrecht und Medien

A. Einleitung

1 Das gesetzlich normierte Arbeitsrecht ist in Deutschland nicht nach Branchen oder Industriezweigen unterteilt, es gilt vielmehr ein einheitliches Arbeitsrecht für alle privatrechtlich organisierten Arbeitgeber. Gleichwohl resultieren aus dem Grundgesetz und primär aus Art. 5 GG, welcher die Rundfunk-, Meinungs-, Presse- und Filmfreiheit schützt, Besonderheiten, die sich speziell auf die Anwendung des Arbeitsrechts auf Medienunternehmen auswirken. Die – im weitesten Sinne zu verstehende – „Meinung" oder auch die Tendenz, die ein Medienunternehmen wie ein Verlag oder auch ein TV-Sender vertritt und die letztlich den Gegenstand der unternehmerischen Tätigkeit und damit deren Kern betrifft, verlangt nach einem flexibleren Einsatz insbesondere des meinungsbildenden Personals. Im individuellen Arbeitsrecht hat dies bspw. Auswirkungen auf die Beschäftigung von freien Mitarbeitern anstelle von Arbeitnehmern, die jeweils steuer- und sozialversicherungsrechtlich unterschiedliche Behandlungen erfahren. Auch die Befristung von Arbeitsverhältnissen ist in Medienunternehmen flexibler handhabbar als in anderen Unternehmen. In beiden Bereichen gelten demnach zugunsten des Arbeitgebers Besonderheiten, die in anderen Branchen und Industriezweigen nicht gegeben sind. Im kollektiven Arbeitsrecht ist in sog. Tendenzunternehmen die betriebliche und auch unternehmerische Mitbestimmung weniger ausgeprägt als in Unternehmen außerhalb des Medienbereiches. Auch bestehen zahlreiche Tarifverträge, die sich mitunter von Tarifverträgen anderer Industriezweige unterscheiden.

2 Der nachfolgende Teil befasst sich mit eben diesen Besonderheiten des Arbeitsrechts in Medienunternehmen einschließlich der steuer- und sozialversicherungsrechtlichen Auswirkungen. Allgemeine arbeitsrechtliche Themen werden nur insoweit behandelt, als deren Erläuterung zum weiteren Verständnis erforderlich oder gerade in Medienunternehmen von Relevanz ist; im Übrigen wird auf die einschlägige Literatur zum Arbeitsrecht verwiesen.[1]

B. Individuelles Arbeitsrecht

I. Arbeits-, sozialversicherungs- und steuerrechtlicher Status von Mitarbeitern in Medienunternehmen

1. Arbeitsrechtlicher Begriff des Arbeitnehmers/Abgrenzung zu anderen Personengruppen

3 Allgemein unterschieden werden Arbeitnehmer, arbeitnehmerähnliche Personen und freie Mitarbeiter. Während erstere als abhängig Beschäftigte, die Arbeitsanweisungen nach Inhalt, Ort und Zeit ihrer Tätigkeit erhalten (persönliche Abhängigkeit), ein Arbeitsentgelt beziehen, das – sofern nicht geringfügige Beschäftigung („Mini-Job") vorliegt – der Lohnsteuer- und So-

---

1 Urheber- und Leistungsschutzrechte von Arbeitnehmern werden im 18. Abschn. behandelt.

zialabgabenpflicht unterliegt, handelt es sich bei letzteren um selbständige Tätigkeiten, die dem jeweiligen Auftraggeber zuzüglich Mehrwertsteuer in Rechnung gestellt werden. Im Gegensatz zu freien Mitarbeitern sind arbeitnehmerähnliche Personen allerdings wirtschaftlich von ihrem Auftraggeber abhängig und werden daher in einzelnen Bereichen wie beispielsweise dem Urlaubsrecht (§ 2 S. 2 BUrlG) wie Arbeitnehmer behandelt. Ob ein Mitarbeiter in einem Medienunternehmen Arbeitnehmer, arbeitnehmerähnliche Person oder freier Mitarbeiter ist, ist oftmals nicht leicht zu beantworten, da die Kriterien der persönlichen und wirtschaftlichen Abhängigkeit nicht klar bestimmbar sind. Die Abgrenzung und Unterscheidung ist für den Arbeitgeber von erheblicher Bedeutung, da im Falle der Beschäftigung eines freien Mitarbeiters, der sich bei rechtlicher Betrachtung als abhängig beschäftigter Arbeitnehmer herauskristallisiert, sowohl Sozialversicherungsträger als auch das Finanzamt Nachforderungsansprüche gegen den Arbeitgeber geltend machen können. Überdies kann auch der Arbeitnehmer im Falle der Kündigung des vermeintlich freien Mitarbeitervertrages einwenden, er sei Arbeitnehmer und genieße daher kündigungsrechtlichen Bestandsschutz. In Medienunternehmen ist die Abgrenzung und Unterscheidung umso gewichtiger, als dort eine Vielzahl von freien Mitarbeitern beschäftigt wird. Zwar hat die Rechtsprechung den Typus des „programmgestaltenden Mitarbeiters" speziell für Medienunternehmen geschaffen, für den der Abschluss eines freien Mitarbeitervertrages anstelle eines zumeist kostenintensiveren Anstellungsvertrages wegen dessen meinungsbildender und damit „programmprägender" Tätigkeit leichter möglich ist. Doch auch hier ist die Bestimmung dessen, was im Einzelfall ein „programmgestaltender Mitarbeiter" ist und ob dieser tatsächlich die Tendenz eines Medienunternehmens (mit) prägt, schwierig und regelmäßig Wertungsfrage, also mit Unsicherheiten behaftet.

1.1 Der Begriff des Arbeitnehmers

Das Gesetz definiert den Begriff des Arbeitnehmers nicht. Lediglich in § 84 Abs. 1 S. 2 HGB **4** wird der Handelsvertreter als selbständiger Gewerbetreibender definiert, der allerdings nur dann selbständig ist, wenn er „im Wesentlichen frei seine Tätigkeit gestalten und seine Arbeitszeit bestimmen kann". Diese gesetzliche Wertung ist zwar nicht geeignet, die abhängige von der selbständigen Tätigkeit verlässlich abzugrenzen, doch liefert sie erste Anhaltspunkte dafür, welche Kriterien für die Abgrenzung entscheidend sind. Wer im Wesentlichen frei seine Tätigkeit und seine Arbeitszeit bestimmen kann, ist persönlich unabhängig und nicht von Weisungen eines Dritten abhängig. In Anlehnung an die gesetzliche Wertung sieht auch das Bundesarbeitsgericht das wesentliche Kriterium für die Abgrenzung eines Arbeitsverhältnisses von dem Rechtsverhältnis eines freien Mitarbeiters in dem Grad der persönlichen Abhängigkeit.[2] Ein zur Annahme eines Arbeitsverhältnisses führender Grad der **persönlichen Abhängigkeit** liegt dann vor, wenn drittbestimmte Arbeit geschuldet ist und insbesondere hinsichtlich **Arbeitsort**, **Arbeitszeit** und **Arbeitsinhalt** kein eigenständiges Entscheidungsrecht besteht. Ein Arbeitnehmer arbeitet zu von dem Arbeitgeber vorgegebenen Arbeitszeiten an einem von diesem vorgegebenen Ort und erledigt die Arbeiten, die ihm aufgegeben werden. Er ist in eine **betriebliche Organisation eingegliedert**, in der er von Dritten vorgegebene Arbeiten erledigt. Er beschäftigt **keine eigenen Mitarbeiter**, arbeitet (zumeist) ausschließlich für den Arbeitgeber und trägt **kein eigenes unternehmerisches Risiko**.

Abzugrenzen ist die persönliche von der wirtschaftlichen Abhängigkeit, die in den meisten **5** Fällen gleichzeitig bestehen mag. Ist ein Arbeitnehmer indes beispielsweise wegen einer Erbschaft nicht auf die Einkünfte aus dem Arbeitsverhältnis angewiesen, so ändert dies nichts an

---

2 *BAG* NZA 1998, 873, 875; 2000, 1102, 1103; NZA-RR 2007, 424, 425.

seiner Einordnung als Arbeitnehmer. Wirtschaftliche Unabhängigkeit begründet nicht ein selbständiges Dienstverhältnis, wenn im Übrigen persönliche Abhängigkeit besteht.

6 Wann eine persönliche Abhängigkeit und damit ein Arbeitsverhältnis anzunehmen ist, ist in jedem Einzelfall gesondert zu prüfen. Dabei sind insbesondere die genannten Kriterien der örtlichen, zeitlichen und fachlichen Weisungsgebundenheit sowie die Eingliederung in die betriebliche Organisation eines Dritten einander gegenüber zu stellen und zu gewichten. Es kommt auf eine **Gesamtwürdigung** aller maßgebenden Umstände des Einzelfalls an.[3] Ob ein Arbeits- oder ein freies Mitarbeiterverhältnis vorliegt, hängt ferner nicht davon ab, welche schriftlichen Vereinbarungen die Parteien getroffen haben. Entscheidend ist, wie das Vertragsverhältnis gelebt wird. Freie Dienstverträge enthalten oftmals eine Klausel, wonach der Dienstnehmer berechtigt ist, Arbeitsort und Arbeitszeit selbst zu bestimmen und für Dritte aktiv werden darf. Derartige Vereinbarungen können allenfalls ein Indiz für ein freies Mitarbeiterverhältnis sein; entscheidend ist jedoch, ob der Dienstnehmer tatsächlich diese Freiheiten in Anspruch nehmen kann.[4] Arbeitet er wöchentlich 40 Stunden für einen Dienstgeber in dessen Betrieb, so wird trotz anderslautender vertraglicher Vereinbarung einiges dafür sprechen, dass faktisch und auch rechtlich ein Arbeitsverhältnis vorliegt. In gleicher Weise ist es unerheblich, ob die Parteien in einem freien Dienstvertrag vereinbaren, dass der Dienstnehmer freier Mitarbeiter ist. Ob dies der Fall ist, ist einer Vereinbarung nicht zugänglich[5] und letztlich danach zu beurteilen, wie stark der Dienstnehmer persönlich von dem Dienstgeber abhängig ist.

7 **Örtliche Weisungsgebundenheit** besteht dann, wenn der Mitarbeiter verpflichtet ist, seine Dienste an einem Ort zu erbringen, den er nicht selbst bestimmen kann. Dies wird regelmäßig der Fall sein, wenn der Mitarbeiter seine Leistungen in einem Betrieb des Arbeitgebers leistet, weil für ihn dort ein Büro oder Arbeitsplatz eingerichtet ist oder sich dort die Produktionsmittel befinden, an und mit denen der Mitarbeiter arbeitet. Aber auch außerhalb des Betriebes tätige Mitarbeiter wie Kundenbetreuer oder auch Journalisten können hinsichtlich ihres Arbeitsortes engen Bindungen unterliegen. Im Gegensatz dazu kann auch ein Arbeitgeber einem Mitarbeiter die Wahl lassen, wo er seine Arbeitsleistungen erbringt. Dies lässt dann allerdings nicht unweigerlich auf ein freies Mitarbeiterverhältnis schließen, da gleichwohl enge zeitliche und fachliche Weisungsgebundenheit vorliegen kann, so dass ein Grad der persönlichen Abhängigkeit erreicht ist, der ein Arbeitsverhältnis annehmen lässt.

8 **Zeitliche Weisungsgebundenheit** liegt bei einem Mitarbeiter vor, wenn sowohl Dauer als auch zeitliche Lage der zu erbringenden Leistungen drittbestimmt sind. Besteht also nicht die Möglichkeit zu entscheiden, ob die Dienste vormittags oder nachmittags, in der Wochenmitte oder am Wochenende erbracht werden, so spricht dies bereits für das Vorliegen eines Arbeitsverhältnisses. Insbesondere spricht die Aufstellung von Dienstplänen für ein abhängiges Arbeitsverhältnis, da von vornherein feststeht, wann der Mitarbeiter seine Dienste zu erfüllen hat.[6] Die Bestimmung der Lage der Arbeitszeit ist nicht zu verwechseln mit der Bestimmung der Fertigstellung einer bestimmten Arbeitsleistung zu einem vorgegebenen Zeitpunkt. So kann sich auch ein freier Mitarbeiter verpflichten, bestimmte Leistungen wie die Erstellung eines Drehbuches oder das Abfassen eines Wortbeitrages zu einem bestimmten Zeitpunkt zu er-

---

3 *BAG* NZA 2000, 1102, 1104; NZA-RR 2007, 424, 425.
4 *BAG* NZA-RR 2007, 424, 425.
5 *BAG* NZA 2000, 1102, 1104; NZA-RR 2007, 424, 425.
6 *BAG* AP Nr. 68 zu § 611 BGB Abhängigkeit.

Müller

bringen. Ein vereinbarter Fertigstellungszeitpunkt lässt dem freien Mitarbeiter hingegen die Möglichkeit zu bestimmen, wann (und wo) er an der Fertigstellung der versprochenen Leistung arbeitet.[7]

Auch die **inhaltliche (fachliche) Weisungsgebundenheit** ist ein Indiz für das Vorliegen eines Arbeitsverhältnisses. Wird dem Mitarbeiter drittbestimmt vorgegeben, welche Dienste er und wie er sie inhaltlich zu leisten hat, so schließt dies vielfach freie Mitarbeit aus. Allerdings ist zu beachten, dass hochqualifizierte Mitarbeiter und solche in gehobenen Positionen zumeist deutlich weniger inhaltliche Weisungen empfangen als Mitarbeiter, die einfache Tätigkeiten auf unteren Hierarchieebenen erbringen. Hochqualifizierte Mitarbeiter wie beispielsweise Regisseure oder auch Künstler genießen weitgehende Freiheiten bei der Ausgestaltung ihrer Arbeitsinhalte. Gleichwohl besteht auch bei hochqualifizierten Mitarbeitern rechtlich gesehen die jederzeitge Möglichkeit des Dienstgebers, inhaltlich auf die Dienstleistungen Einfluss zu nehmen. Das Recht, so zu verfahren, spricht für die Annahme eines Arbeitsverhältnisses. Von der inhaltlichen Weisungsgebundenheit abzugrenzen ist die Überprüfung der Qualität eines Arbeitsergebnisses durch den Auftraggeber. Auch bei freien Mitarbeitern ist der Auftraggeber berechtigt, die Qualität der ihm in Erfüllung des freien Mitarbeitervertrages zugegangenen Arbeitsergebnisse zu kontrollieren und auch Verbesserungen anzumahnen, also gleichsam ein Rügerecht wahrzunehmen.[8]

Schließlich ist auch die **Eingliederung** eines Mitarbeiters in die **Organisation** eines Dritten ein starkes Indiz für ein Arbeitsverhältnis. Insbesondere dann, wenn der Dienstleistende nicht über eine eigene Organisationsstruktur verfügt, sondern sich vielmehr bestehender Strukturen des Dienstgebers (bspw. dessen Büroeinrichtung einschließlich Hard- und Software) bedient, liegt abhängige Beschäftigung vor. Eng hiermit verbunden ist auch die Frage des **unternehmerischen Risikos** des Dienstleistenden, ob er beispielsweise eigene Mitarbeiter beschäftigt und für mehrere Auftraggeber tätig ist. Wer nicht nur für einen Auftraggeber arbeitet, sondern seine Dienstleistungen mehreren Dritten anbietet, agiert wie ein Unternehmer und nicht wie ein abhängig Beschäftigter.

Abschließend kann festgehalten werden, dass ein Arbeitsverhältnis regelmäßig dann vorliegt, wenn der Dienstnehmer nach Zeit, Ort und Inhalt seiner Tätigkeit von den Weisungen eines Dritten abhängig, in dessen betriebliche Organisation eingebunden und nur für einen Dienstgeber tätig ist. Trägt er zudem selbst kein unternehmerisches Risiko und beschäftigt keine eigenen Mitarbeiter, so liegt ein Arbeitsverhältnis vor. Ob dies der Fall ist, richtet sich nicht nach den Parteivereinbarungen, sondern nach deren praktischer Umsetzung.

1.2 Der Arbeitnehmer in Medienunternehmen

Dem Grunde nach gelten die vorstehend benannten Abgrenzungskriterien auch für Mitarbeiter in Medienunternehmen. Das Bundesarbeitsgericht vertrat hierzu bis zum Jahre 1982 in ständiger Rechtsprechung die Auffassung, dass Mitarbeiter von Rundfunk- und Fernsehanstalten, auch wenn sie unmittelbar an der Herstellung einzelner Beiträge beteiligt sind, Arbeitnehmer seien, da sie auf den **technischen Apparat der Rundfunk- und Fernsehanstalten** zurückgriffen und damit in deren betriebliche Organisation eingegliedert seien. Diese Abhängigkeit der in Medienunternehmen Tätigen sei nicht geringer als die der außerhalb dieses Bereiches beschäftigten Arbeitnehmer.[9]

---

7 *BAG* NZA 2000, 1102, 1105.
8 *BAG* NZA-RR 2007, 424, 427.
9 Vgl. nur *BAG* AP Nr. 36 zu § 611 BGB Abhängigkeit.

13   **1.2.1** Erst durch Beschluss des Bundesverfassungsgerichts vom 13.1.1982, welchem 10 Urteile des Bundesarbeitsgerichts sowie 3 Urteile des Landesarbeitsgerichts Düsseldorf von dem WDR zur Überprüfung vorgelegt wurden, änderte sich die Blickrichtung. Das Bundesverfassungsgericht betonte die Bedeutung der in Art. 5 Abs. 1 S. 2 GG verankerten **Rundfunkfreiheit** für die Entscheidung der Rundfunkanstalt, auf welcher Grundlage sie das für sie tätige Personal beschäftigt. Eine der wesentlichen Aussagen des Urteils des Bundesverfassungsgericht lautet in diesem Zusammenhang wie folgt:

14   „… beschränkt sich dieser grundrechtliche Schutz der Bestimmung über das Rundfunkpersonal auf denjenigen Kreis von Rundfunkmitarbeitern, die an Hörfunk- und Fernsehsendungen inhaltlich gestaltend mitwirken. Das gilt namentlich, wenn sie typischerweise ihre eigene Auffassung zu politischen, wirtschaftlichen, künstlerischen oder anderen Sachfragen, ihre Fachkenntnisse und Informationen, ihre individuelle künstlerische Befähigung und Aussagekraft in die Sendungen einbringen, wie dies etwa bei Regisseuren, Moderatoren, Kommentatoren, Wissenschaftlern und Künstlern der Fall ist. Insofern umfasst der Schutz der Rundfunkfreiheit vorbehaltlich der noch zu erörternden Grenzen neben der Auswahl der Mitarbeiter die Entscheidung darüber, ob Mitarbeiter fest angestellt werden oder ob ihre Beschäftigung aus Gründen der Programmplanung auf eine gewisse Dauer oder ein bestimmtes Projekt zu beschränken ist und wie oft ein Mitarbeiter benötigt wird. Dies schließt die Befugnis ein, bei der Begründung von Mitarbeiterverhältnissen den jeweils geeigneten Vertragstyp zu wählen. Dagegen umfasst der verfassungsrechtliche Schutz des Art. 5 I 2 GG nicht Personalentscheidungen der Rundfunkanstalten, bei denen der dargelegte Zusammenhang fehlt. Dies ist namentlich der Fall, wenn sich die Entscheidungen auf Mitarbeiter beziehen, welche nicht unmittelbar den Inhalt der Sendungen mitgestalten. Hierzu zählen nicht nur das betriebstechnische und Verwaltungspersonal, sondern ebenso solche Mitarbeiter, deren Tätigkeit sich, wenn auch im Zusammenhang mit der Verwirklichung des Programms stehend, in dessen technischer Realisation erschöpft und ohne inhaltlichen Einfluss auf dieses bleibt."[10]

15   Mit der Geburt des solchermaßen definierten **programmgestaltenden Mitarbeiters** war die Rundfunkanstalt als Folge ihrer grundrechtlich geschützten Rundfunkfreiheit berechtigt, selbst zu entscheiden, ob sie mit einem programmgestaltenden Mitarbeiter einen Arbeitsvertrag oder aber einen freien Mitarbeitervertrag abschließt. Ebenso, hierauf wird im Rahmen der Befristung noch näher eingegangen,[11] ist die Rundfunkanstalt berechtigt, selbst zu entscheiden, ob sie einen unbefristeten oder einen befristeten Anstellungsvertrag mit einem programmgestaltenden Mitarbeiter abschließt. Als solche wurden exemplarisch genannt Regisseure, Moderatoren, Kommentatoren, Wissenschaftler und Künstler, wobei freilich auch bei diesen Berufsgruppen stets zu prüfen ist, ob sie tatsächlich ihre eigene Auffassung zu bestimmten Sachfragen einbringen. Im Gegensatz zu diesen Berufsgruppen ist das betriebstechnische und Verwaltungspersonal nicht programmgestaltend tätig, so dass für diese Mitarbeiter die allgemeinen Regeln der Abgrenzung zwischen freien Mitarbeitern und Arbeitnehmern (und die allgemeinen Befristungsregeln) gelten.

16   **1.2.2** Das Bundesarbeitsgericht hat nach dem Beschluss des BVerfG vom 13.1.1982 diesen nicht etwa dahingehend interpretiert, dass jeder programmgestaltende Mitarbeiter einer Rundfunkanstalt, der auf der Grundlage eines freien Mitarbeitervertrages beschäftigt wird, tatsächlich freier Mitarbeiter ist. Es hat den Beschluss vielmehr dahingehend verstanden, dass es für die Frage der Abgrenzung der freien Mitarbeiter von Arbeitnehmern nicht mehr, wie noch in früheren Entscheidungen des Bundesarbeitsgerichts, darauf ankomme, dass der jeweilige Mitarbeiter auf den **technischen Apparat der Rundfunkanstalt** angewiesen sei. Vielmehr solle es auch bei programmgestaltenden Mitarbeitern darauf ankommen, ob sie nach **Ort, Zeit und**

---

10 *BVerfG* NJW 1982, 1447, 1448.
11 S. hierzu 11. Abschn. Rn. 74 ff.

Inhalt weisungsgebunden sind oder nicht. In seiner wohl bedeutsamsten Entscheidung zu der Frage der rechtlichen Einordnung von programmgestaltenden Mitarbeitern nach dem Beschluss des BVerfG hat das Bundesarbeitsgericht am 11.3.1998 hierzu Folgendes ausgeführt:

„Auch bei programmgestaltenden Mitarbeitern ist aber ein Arbeitsverhältnis zu bejahen, wenn der **17** Sender innerhalb eines bestimmten zeitlichen Rahmens über die Arbeitsleistung verfügen kann. Das ist etwa der Fall, wenn ständig Dienstbereitschaft erwartet wird oder wenn der Mitarbeiter in nicht unerheblichem Umfang auch ohne entsprechende Vereinbarung herangezogen wird, ihm also letztlich Arbeiten zugewiesen werden. Werden programmgestaltende Mitarbeiter in Dienstplänen aufgeführt, ohne dass die einzelnen Einsätze im Voraus abgesprochen werden, ist dies ein starkes Indiz für die Arbeitnehmereigenschaft."[12]

In einem nur wenig beachteten Beschluss vom 18.2.2000 hat das Bundesverfassungsgericht **18** die Sichtweise des Bundesarbeitsgerichts unterstützt.[13] Der saarländische Rundfunk hatte Verfassungsbeschwerde gegen arbeitsgerichtliche Entscheidungen mit dem Argument erhoben, die Arbeitsgerichte hätten die Rundfunkfreiheit des Grundgesetzes missachtet. Das Bundesverfassungsgericht sah dies anders und entschied, dass das angegriffene Urteil des Landesarbeitsgerichts zurecht davon ausgehe, dass die Kläger Arbeitnehmer und nicht etwa freie Mitarbeiter des saarländischen Rundfunks seien. In Anknüpfung an die zwischenzeitlich ergangene Rechtsprechung des Bundesarbeitsgerichts führte das Bundesverfassungsgericht zunächst aus:

„Maßgebliches Kriterium hierfür (die Einstufung eines Dienstverhältnisses als Arbeitsverhältnis, **19** Anm. des Verf.) ist nach der Rechtsprechung des BAG nicht mehr die Zugehörigkeit zu einem Mitarbeiterteam, wohl aber die Befugnis des Dienstberechtigten zur Verfügung über die Arbeitsleistungen des Mitarbeiters innerhalb eines bestimmten zeitlichen Rahmens."[14]

Hiernach können also auch mit programmgestaltenden Mitarbeitern nur dann freie Mitarbeiterverträge anstelle von Anstellungsverträgen abgeschlossen werden, wenn die Rundfunkanstalt bzw. der jeweilige Auftraggeber im Einzelnen nachweisen kann, dass gerade der Abschluss eines freien Mitarbeitervertrages mit dem programmgestaltenden Mitarbeiter notwendig ist, um die verfassungsrechtlich geschützte besondere Flexibilität des Arbeitgebers aus Gründen der Programmvielfalt gewährleisten zu können. In den zur Entscheidung vorgelegten Fällen handelte es sich konkret um eine über Jahre währende redaktionelle Mitarbeit für jeweils eine bestimmte, regelmäßig ausgestrahlte Sendung, so dass das Bundesverfassungsgericht keine Notwendigkeit für den saarländischen Rundfunk erkennen konnte, gerade für diese Tätigkeit freie Mitarbeiter und nicht etwa Arbeitnehmer zu beschäftigen. Das Bundesverfassungsgericht verwies den saarländischen Rundfunk darauf, einen gegebenenfalls notwendigen Austausch von Mitarbeitern dadurch herbeizuführen, dass befristete Arbeitsverträge abgeschlossen werden. Konkret wurde betont, dass ein sachlicher Grund für den Abschluss eines befristeten Vertrages bereits – worauf noch näher einzugehen sein wird[15] – dann vorliege, wenn es sich um die Befristung eines Vertragsverhältnisses mit einem programmgestaltenden Mitarbeiter handele.[16] Entscheidend ist demnach nicht nur, dass es sich um einen programmgestaltenden Mitarbeiter handelt. Es muss vielmehr von Seiten der Rundfunkanstalt bzw. des Auftraggebers auch dargelegt werden, dass die verfassungsrechtlich geschützte Flexibilität des Personaleinsatzes nur durch die Beschäftigung eines programmgestaltenden Mitarbeiters auf

---

12 *BAG* NZA 1998, 705 ff.
13 *BVerfG* NZA 2000, 653.
14 *BVerfG* NZA 2000, 653, 655.
15 S. hierzu 11. Abschn. Rn. 74 ff.
16 *BVerfG* NZA 2000, 656.

der Grundlage eines freien Mitarbeitervertrages gewährleistet werden kann. Diese Einschränkung hat es der Praxis zweifellos nicht leichter gemacht, mit programmgestaltendem Personal freie Mitarbeiterverträge abzuschließen.

21 **1.2.3** Anhand verschiedener **medientypischer Berufsgruppen** soll nachfolgend – in alphabetischer Reihenfolge – aufgezeigt werden, welche Einordnung die Rechtsprechung nicht nur des Bundesarbeitsgerichts, sondern auch der Instanzgerichte bislang vorgenommen hat.

22 **Autoren**, zu denen Drehbuchautoren ebenso zählen wie Verlagsautoren, werden in den weit überwiegenden Fällen als freie Mitarbeiter beschäftigt werden können. Der Autor prägt mit seiner kreativen Arbeit den Inhalt des Werkes, welches sodann von der Rundfunkanstalt, dem TV-Produzenten oder dem Verlag genutzt wird. Der Autor wird damit regelmäßig programmgestaltend sein und als freier Mitarbeiter beschäftigt werden können. So ist das Bundesarbeitsgericht in seiner Entscheidung vom 23.4.1980 bei einem Autor ohne weiteres von dem Status eines freien Mitarbeiters ausgegangen.[17] Ein **Bildberichterstatter** kann programmgestaltend tätig und damit freier Mitarbeiter sein.[18] Einer sogenannten **Codierungserfasserin** in einem Verlag hat das LAG Düsseldorf indes den Status einer freien Mitarbeiterin verwehrt.[19] Ebenso hat das LAG Düsseldorf einen **Einleger von Zeitungswerbungen** als Arbeitnehmer qualifiziert.[20] Das LAG Schleswig-Holstein stufte einen **Journalisten** als freien Mitarbeiter ein.[21] Ein **Nachrichtensprecher und -übersetzer** wurde vom Bundesarbeitsgericht mit Urteil vom 11.3.1998 als Arbeitnehmer eingestuft, da es dessen Aufgabe für die Deutsche Welle nur gewesen sei, vorgegebene Texte zu übersetzen sowie im Rahmen der Sendung vorzulesen. Ein irgendwie programmgestaltender Faktor fehlte somit, so dass die Einordnung als Arbeitnehmer konsequent war.[22] Ein **Fotomodell** wurde von dem OLG Düsseldorf als Arbeitnehmer qualifiziert.[23] Ein **Fotoreporter**, der für die Zeitungsredaktion eines Verlages aktiv war, wurde vom Bundesarbeitsgericht gleichfalls als Arbeitnehmer eingestuft.[24] Dieser bezog ein festes Honorar, war während fünf Tagen wöchentlich für den Verlag tätig und erhielt von der Redaktion Vorgaben bezüglich Motiv und Format der zu erstellenden Bilder; auch war er im Dienstplan eingetragen. Ebenso wurde ein **Kameraassistent** vom Bundesarbeitsgericht als Arbeitnehmer eingestuft, da dieser Weisungen des Regisseurs und des Kameramannes zu befolgen hatte und damit als nicht programmgestaltender Mitarbeiter zum betriebstechnischen Personal zählte.[25] Ein **Lektor** in einer TV-Produktionsfirma kann freier Mitarbeiter sein. Dies entschied das Arbeitgericht Berlin mit Urteil vom 8.1.2004, obwohl dem Lektor eine komplette Arbeitsausstattung auf Kosten des Unternehmens zur Verfügung gestellt wurde (Telefonanlage, Faxgerät, Computer etc.).[26] Der **Musikbearbeiter** einer Rundfunkanstalt wurde vom Bundesarbeitsgericht schon im Jahre 1977 als freier Mitarbeiter qualifiziert.[27] **Schauspieler** in Film und Fernsehen werden vielfach als Arbeitnehmer zu qualifizieren sein, da zumeist vorgegeben wird, auf welche Art und Weise die übernommene Rolle zu spielen ist sowie wann und wo Drehaufnahmen stattfinden. Das LAG Bremen hat dementsprechend einen Schauspieler als

---

17 *BAG* AP Nr. 34 zu § 611 BGB Abhängigkeit.
18 *BAG* BB 1992, 1490.
19 *LAG Düsseldorf* DB 1989, 1343.
20 *LAG Düsseldorf* DB 1980, 1222.
21 *LAG Schleswig-Holstein*, AE 2004, 135.
22 *BAG* NZA 1998, 705; NZA-RR 2007, 424, 425.
23 *OLG Düsseldorf* NZA 1988, 59.
24 *BAG* NZA 1998, 839.
25 *BAG* NZA 1998, 1277.
26 *ArbG Berlin* NZA-RR 2004, 546.
27 *BAG* DB 1978, 596.

Müller

Arbeitnehmer eingestuft.[28] Allerdings kann ein Schauspieler, der einen großen Bekanntheitsgrad erlangt und durch die Art und Weise seines Schauspiels einer Fernsehsendung oder einem Film den „wahren Charakter" verleiht, auch als programmgestaltender und damit als freier Mitarbeiter qualifiziert werden, so dass auch Schauspieler Selbständige sein können. Ein **Sportreporter**, der für den WDR Spiele der Fussballbundesliga sowie andere Sportveranstaltungen live kommentierte, wurde vom Bundesarbeitsgericht als programmgestaltend eingestuft und das Vertragsverhältnis als freies Mitarbeiterverhältnis bestätigt. Wer live von Sportveranstaltungen berichte, sei journalistisch schöpferisch tätig und damit programmgestaltend, zumal sich aus dem Sachverhalt ergab, dass der Sportreporter weder in Dienstplänen eingetragen war noch verbindliche Zeitvorgaben für seinen Einsatz erhielt. In gleicher Weise hat das Bundesarbeitsgericht mit Urteil vom 14.3.2007 entschieden. Danach war ein Sportreporter des Mitteldeutschen Rundfunks programmgestaltend und konnte daher als freier Mitarbeiter eingesetzt werden.[29] **Zeitschriften– oder Fernsehredakteure** werden, sofern sich deren Tätigkeit in der Zusammenstellung und Koordination von Rundfunk- bzw. Zeitschriften- und Zeitungsbeiträgen erschöpft, als Arbeitnehmer qualifiziert. So hielt das Bundesarbeitsgericht einen „Redakteur und Chef vom Dienst" für einen abhängig beschäftigten Mitarbeiter und verneinte eine programmgestaltende Tätigkeit insbesondere wegen der Einbindung des Redakteurs in Dienstpläne.[30] Werden dagegen von einem Redakteur eigene Wort- und Bildbeiträge geleistet, kann sehr wohl auch eine programmgestaltende Tätigkeit vorliegen.[31] **Zeitungszusteller** werden regelmäßig als Arbeitnehmer eingestuft, da sie nach bestimmten örtlichen und zeitlichen Vorgaben Zeitungen austragen. Allerdings hatte das Bundesarbeitsgericht einen Zeitungszusteller, der eine Vielzahl verschiedener Druckerzeugnisse zustellte und Hilfskräfte beschäftigte, zwar nicht als programmgestaltenden Mitarbeiter, sehr wohl aber als freien Mitarbeiter qualifiziert, da er eine eigene Organisation unterhielt, um die ihm übertragenen Aufgaben bewerkstelligen zu können.[32]

1.2.4 Das Urteil des Bundesverfassungsgerichts vom 13.1.1982, durch welches der Begriff des **23** programmgestaltenden Mitarbeiters geschaffen wurde, bezog sich auf die Rundfunkfreiheit einer öffentlich-rechtlichen Rundfunkanstalt. Die Entscheidungsgründe erstreckten sich daher naturgemäß auf die in Art. 5 Abs. 1 GG niedergelegte „Rundfunkfreiheit", so dass das Urteil nicht ohne Weiteres auf privatrechtlich organisierte Presseunternehmen oder etwa Film- und Fernsehproduktionsgesellschaften übertragen werden kann. Ob sich solche Unternehmen überhaupt auf das Privileg des Abschlusses freier Mitarbeiterverträge mit „programmgestaltenden Mitarbeitern" berufen können, ist noch nicht abschließend geklärt.

Das LAG München hat jedoch in einem Urteil vom 5.12.1990, in dem es um die Rechtswirk- **24** samkeit der Befristung eines Anstellungsverhältnisses zwischen einem Presseverlag und einer Zeitschriftenredakteurin ging, ausgeführt, dass für Presseunternehmen nichts anderes gelten könne als für Rundfunkanstalten. Die Unternehmen könnten sich auf Art. 5 Abs. 1 GG und damit auf die **Pressefreiheit** berufen, so dass im Ausgangspunkt nichts anderes gelten könne als für TV-Sender.[33] Auch Verlage müssen hiernach einem wechselnden und damit „vielfältigen" Lesergeschmack gerecht werden und bedürfen daher eines flexiblen Einsatzes von Personal. Nichts anderes gilt für Unternehmen, die für das öffentlich-rechtliche oder private Fernsehen Filme und Sendungen produzieren. Es kann keinen Unterschied machen, ob Rundfunkanstal-

---

28 *LAG Bremen* BB 1990, 780.
29 *BAG* NZA-RR 2007, 424.
30 *BAG* NZA 1995, 161.
31 *BAG* AfP 1995, 693.
32 *BAG* NZA 1998, 368.
33 *LAG München*, LAGE Nr. 24 zu § 620 BGB.

ten oder private Rundfunksender Sendungen und Filme selbst herstellen, oder aber diese bei unabhängigen Unternehmen in Auftrag geben. Auch im letzteren Fall muss das Unternehmen in die Lage versetzt werden, flexibel das Personal einzusetzen und bei programmgestaltenden Mitarbeitern anstelle von Anstellungsverträgen freie Mitarbeiterverträge abzuschließen.

25 Zu bedenken ist freilich, dass das Bundesverfassungsgericht in seinem bereits zitierten Beschluss vom 18.1.2000[34] ausgeführt hat, dass sich das auf das besondere Grundrecht des Art. 5 GG berufende Unternehmen auch konkret darlegen muss, warum gerade der Abschluss eines freien Mitarbeitervertrages notwendig ist, um der Programmvielfalt gerecht werden zu können. Ist eine öffentlich-rechtliche Rundfunkanstalt von Gesetzes wegen zur „Programmvielfalt" verpflichtet, ist dies bspw. für einen Zeitschriften- oder einen Zeitungsverlag nicht notwendig. Dieser folgt zumeist einer bestimmten gesellschaftlichen oder auch politischen Tendenz und beschäftigt daher gerade im tendenzbildenden Bereich Mitarbeiter, die diese Tendenz auch unterstützen. Insoweit kann sogar argumentiert werden, dass derartige Unternehmen gerade nicht Meinungsvielfalt als Pendant zur Programmvielfalt pflegen, sondern geradezu einseitig eine bestimmte Tendenz verfolgen, was nahelegen könnte, die Rechtsprechung des Bundesverfassungsgerichts nicht anzuwenden. Auf der anderen Seite ist freilich zu beachten, dass auch der Gesetzgeber dem sog. **Tendenzunternehmen** einen besonderen, grundgesetzlich motivierten Schutz vor weitgehender Mitbestimmung durch Betriebsräte dadurch eingeräumt hat, dass in § 118 BetrVG die Mitbestimmungsrechte des Betriebsrates in solchen Tendenzunternehmen beschnitten sind, da die Ausrichtung des Unternehmens in politischer oder gesellschaftlicher Hinsicht nicht durch Mitbestimmungsrechte der Arbeitnehmer beeinträchtigt werden soll.[35] Hier zeigt sich aber eine Privilegierung solcher Unternehmen, die sich auf **Meinungs-, Presse- oder Filmfreiheit** stützen können, so dass davon auszugehen ist, dass nach der Rechtsprechung des Bundesverfassungsgerichts auch Verlage und TV-Produktionsunternehmen bei dem Einsatz des Personals, sei es als Arbeitnehmer oder freier Mitarbeiter, sei es unbefristet oder befristet, bevorzugt behandelt werden.

26 **1.2.5** Hat die rechtliche Prüfung ergeben, dass ein Medienmitarbeiter „Arbeitnehmer" ist, so findet auf den mit diesem abgeschlossenen Vertrag das gesamte Arbeitsrecht Anwendung. Der Arbeitnehmer genießt also in Betrieben mit mehr als 10 Arbeitnehmern und nach sechsmonatiger Betriebszugehörigkeit den vollen Schutz des Kündigungsschutzgesetzes (§§ 1, 23 KSchG) und ist nur noch unter bestimmten Voraussetzungen kündbar. Auch gelten für ihn die zwingenden arbeitsrechtlichen Gesetze wie beispielsweise das Arbeitszeitgesetz, das Entgeltfortzahlungsgesetz im Falle der Erkrankung des Arbeitnehmers und das Bundesurlaubsgesetz, welches einen Mindesturlaub von 20 Arbeitstagen (bezogen auf eine Fünf-Tage-Woche) garantiert.

27 Konsequenterweise führt die fehlerhafte Einordnung eines Medienmitarbeiters als freier Mitarbeiter dazu, dass dieser beispielsweise im Falle einer durch das Medienunternehmen veranlassten Kündigung des Vertragsverhältnisses Kündigungsschutzklage zum zuständigen Arbeitsgericht erheben kann. Auch wenn der vermeintlich freie Mitarbeiter in der Vergangenheit regelmäßig Rechnungen gestellt hat, ist er im Falle der Kündigung seines Vertragsverhältnisses durch das Medienunternehmen nicht daran gehindert, erstmals durch Einreichung einer Kündigungsschutzklage zu behaupten, er sei stets als abhängig beschäftigter Arbeitnehmer beschäftigt worden. Liegt dann tatsächlich abhängige Beschäftigung vor und kann das dann als

---

34 NZA 2000, 653.
35 Gleiches gilt für die unternehmerische Mitbestimmung der Arbeitnehmer, die in Aufsichtsräten von Tendenzunternehmen nach dem Drittelbeteiligungs- und dem Mitbestimmungsgesetz ausgeschlossen ist.

Arbeitgeber einzustufende Medienunternehmen keine Kündigungsgründe vorweisen, wird der Arbeitnehmer mit seiner Kündigungsschutzklage erfolgreich sein. Zu bedenken ist freilich, dass diese Fälle in der Praxis der Medienunternehmen nicht alltäglich sind, da der klagende Medienmitarbeiter auch befürchten muss, von seinem dann als Arbeitgeber eingestuften Vertragspartner finanziell in Anspruch genommen zu werden. So geht nämlich das Bundesarbeitsgericht[36] davon aus, dass der Arbeitgeber argumentieren kann, er hätte den Arbeitnehmer, wäre von Anfang an ein Arbeitsverhältnis festgestellt worden, nur zu einem geringeren Entgelt, welches sich bspw. aus für das Unternehmen geltenden Tarifverträgen ergibt, vergütet. Insoweit ist der klagende Arbeitnehmer dann gem. § 812 Abs. 1 S. 1 BGB bereichert, da ihm das als vermeintlich freier Mitarbeiter gezahlte Entgelt, welches über das Tarifentgelt hinaus geht, ohne Rechtsgrundlage gewährt wurde. Vor diesem Hintergrund sollte sich ein freier Mitarbeiter stets gut überlegen, ob er tatsächlich im Falle einer Kündigung des freien Mitarbeitervertrages Klage zum Arbeitsgericht erhebt, da Regressansprüche des Arbeitgebers in solchen Prozessen nicht ausgeschlossen werden können. In der Praxis werden daher Statusstreitigkeiten bei Beendigung des Vertragsverhältnisses zumeist einvernehmlich und außerhalb der Arbeitsgerichte erledigt.

1.3 Arbeitnehmerähnliche Personen und freie Mitarbeiter

Hat die rechtliche Prüfung ergeben, dass ein Medienmitarbeiter nicht Arbeitnehmer und damit nicht in persönlicher Abhängigkeit beschäftigt ist, so ist sein Status der eines freien Mitarbeiters, auf den die arbeitsrechtlichen Gesetze grundsätzlich keine Anwendung finden. Eine Ausnahme bildet jedoch die Gruppe der arbeitnehmerähnlichen Personen, die zwar nicht persönlich von den Weisungen eines Arbeitgebers nach Ort, Zeit und Inhalt der Tätigkeit, indes wirtschaftlich von diesem abhängig sind. Arbeitnehmerähnliche Personen sind zwar freie Mitarbeiter im rechtlichen Sinne, doch ordnen einzelne Gesetze die Anwendbarkeit arbeitsrechtlicher Bestimmungen ausdrücklich auch auf arbeitnehmerähnliche Personen an. So bestimmt beispielsweise § 2 S. 2 BUrlG, dass auch arbeitnehmerähnliche Personen einen Mindestanspruch von 24 Werktagen (bezogen auf eine Sechs-Tage-Woche) auf bezahlten Urlaub haben. Ferner ordnet § 12a TVG an, dass bestimmte tarifvertragliche Rechte auch auf arbeitnehmerähnliche Personen Anwendung finden. Gestützt auf § 12a TVG ist bspw. der Tarifvertrag für arbeitnehmerähnliche freie Journalisten und Journalistinnen an Tageszeitungen vom 1.8.2005 ergangen. Schließlich sieht § 5 Abs. 1 S. 2 ArbGG vor, dass arbeitnehmerähnliche Personen Rechtsstreitigkeiten vor den Arbeitsgerichten auszutragen haben, was zweifellos für eine klagende arbeitnehmerähnliche Person von Vorteil ist, da anders als bei den Zivilgerichten weder Gerichtskostenvorschüsse zu leisten noch im Falle des Unterliegens in der ersten Instanz die anwaltlichen Kosten der Gegenseite zu tragen sind. Dagegen bleibt es auch bei arbeitnehmerähnlichen Personen dabei, dass insbesondere das Kündigungsschutzgesetz keine Anwendung findet. Für die Kündigung einer arbeitnehmerähnlichen Person gilt daher, sofern in dem freien Mitarbeitervertrag nichts anderes geregelt ist, die Vorschrift des § 621 BGB, der die Kündigungsfrist an die Zeitabschnitte der Vergütung koppelt. Ist bspw. die Vergütung in einem freien Mitarbeitervertrag nach einzelnen Tagen bemessen, kann das Medienunternehmen das Dienstverhältnis an jedem Tag für den Ablauf des folgenden Tages und damit (nahezu) „fristlos" jederzeit und ohne Grund kündigen. Ist die Vergütung nach Monaten bemessen, kann die Kündigung spätestens am 15. eines Monats für den Schluss des Kalendermonats erfolgen. „Echte" freie Mitarbeiterverträge bieten daher anders als Arbeitsverträge ein erhebliches Maß an Flexibilität zugunsten des Medienunternehmens.

28

---

36 *BAG* NZA 2002, 1328; *Moll/Reiserer* MAH Arbeitsrecht, 2005, § 5 Rn. 7.

2. Sozialversicherungsrechtliche Einordnung von Mitarbeitern in Medienunternehmen

2.1 Sozialversicherungsrechtliche Behandlung von Arbeitnehmern

29   Für Arbeitnehmer besteht in allen Zweigen der Sozialversicherung, also in der Renten-, der Kranken-, der Pflege-, der Arbeitslosen- und der Unfallversicherung, Versicherungspflicht. Diese Versicherungspflicht liegt regelmäßig dann vor, wenn eine **Beschäftigung** im Sinne des Sozialversicherungsrechts vorliegt. Näheres hierzu enthält § 7 Abs. 1 SGB IV, der den Begriff der Beschäftigung als „die nichtselbständige Arbeit, insbesondere in einem Arbeitsverhältnis" definiert. Die Verwendung des Wortes „insbesondere" indiziert, dass auch die Tätigkeit außerhalb eines Arbeitsverhältnisses „Beschäftigung" und damit nicht selbständige Arbeit sein kann, die wiederum die volle Sozialversicherungspflichtigkeit nach sich zieht. Die Rechtsprechung des Bundessozialgerichts hat sich hingegen bei Fragen der Abgrenzung der abhängigen Beschäftigung von der freien Mitarbeit an der Rechtsprechung des Bundesarbeitsgerichts orientiert, so dass der sozialversicherungsrechtliche und der arbeitsrechtliche Begriff des Arbeitnehmers praktisch identisch gehandhabt werden.

30   Gem. § 28e Abs. 1 SGB IV ist der **Arbeitgeber** für die Abführung des Gesamtsozialversicherungsbeitrags allein **verantwortlich**. Er hat festzustellen, ob überhaupt ein sozialversicherungspflichtiges Beschäftigungsverhältnis vorliegt und sodann die Berechnung sämtlicher Sozialabgaben vorzunehmen. Dies gilt sowohl für den Arbeitgeber- als auch für den Arbeitnehmeranteil. Somit ist der Arbeitgeber alleiniger Beitragsschuldner. Den Arbeitnehmeranteil zur Sozialversicherung kann der Arbeitgeber gem. § 28g SGB IV allein im Wege des Lohnabzugs geltend machen. Die Geltendmachung kann grundsätzlich nur im Auszahlungsmonat oder in den drei Folgemonaten erfolgen. Gleichfalls ist der Arbeitgeber allein verpflichtet, gem. § 150 SGB VII die Beiträge zur Unfallversicherung zu leisten. Arbeitnehmeranteile werden insoweit nicht abgeführt.

31   Die Verpflichtung des Arbeitgebers, Sozialabgaben für bei ihm beschäftigte Arbeitnehmer abzuführen, gilt grundsätzlich für die gesamte Dauer des Beschäftigungsverhältnisses. In der Praxis treten vielfach Schwierigkeiten bei der Frage auf, wie lange ein bestimmtes Arbeitsverhältnis dauert. Dies gilt insbesondere für von TV-Sendern oder auch Fernsehproduktionsgesellschaften beschäftigte Schauspieler. Nicht selten werden Schauspieler bei Film- und Fernsehproduktionen nur für die Tage angestellt, an denen die entsprechenden Szenen tatsächlich gedreht werden. Teilweise erfolgt die Beschäftigung auch für Proben und zum Zwecke der Nachsynchronisation nur an einzelnen Tagen. Vor diesem Hintergrund werden mit Schauspielern nicht selten sog. **Eintagesarbeitsverträge** abgeschlossen, die gleichsam morgens beginnen und abends enden. Diese Eintagesarbeitsverträge können sich über einen Monat verteilt des Öfteren wiederholen, so dass ein Schauspieler während eines Monats beispielsweise an 14 einzelnen Tagen auf der Grundlage 14 einzelner Arbeitsverträge tätig wird. Die Sozialversicherungsträger vertreten hierzu ganz offensichtlich die Auffassung, dass derartige Schauspieler für die Gesamtdauer des Anstellungsverhältnisses in einem sozialversicherungspflichtigen Beschäftigungsverhältnis stehen und deshalb ohne Unterbrechung zu versichern sind. Dementsprechend erfolgt die Berechnung der Sozialabgaben nicht für einen einzelnen Tag, sondern anhand des in einem Monat bezogenen Arbeitsentgelts. Hierdurch kann es zu erheblichen Verschiebungen bei der Berechnung der Sozialabgaben kommen. Diese Art der künstlichen Erstreckung mehrerer Eintagesarbeitsverhältnisse auf einen näheren Gesamtzeitraum erscheint praxisfern, da Schauspieler vielfach während eines Engagements weitere Arbeitsverhältnisse eingehen und für anderweitige schauspielerische Leistungen Arbeitsentgelt beziehen. Hinzu kommt, dass sich die Sozialversicherungsträger nicht über den ausdrücklichen Willen der Ver-

tragsparteien, nämlich Eintagesarbeitsverträge abzuschließen, dadurch hinwegsetzen können, dass diese gleichsam addiert und zu einem längerfristigen Anstellungsverhältnis ausgedehnt werden. Gleichwohl ist in der Praxis darauf zu achten, dass die Sozialversicherungsträger entgegen der von einem Arbeitgeber vorgenommenen Berechnung der Sozialabgaben für einen Tag die Berechnung sehr wohl auf der Basis monatlicher Zahlungen durchführen.[37]

Sozialversicherungsträger orientieren sich bei der Abgrenzung der Person des abhängig Beschäftigten von der des freien Mitarbeiters an einem von der „Spitzenorganisation der Sozialversicherung" erstellten „**Abgrenzungskatalog** für im Bereich Theater, Orchester, Rundfunk- und Fernsehanbieter, Film- und Fernsehproduktionen tätige Personen", zuletzt erstellt am 5.7.2005.[38] Dieser Abgrenzungskatalog orientiert sich nahezu wörtlich an Entscheidungen des Bundesarbeitsgerichts zur Bestimmung freier Mitarbeiter einschließlich programmgestaltender Mitarbeiter. Es werden zahlreiche, in Medienunternehmen typische Berufe aufgeführt und als frei oder abhängig charakterisiert. Diese Typisierung ist freilich nur ein Anhaltspunkt und in der Praxis keine Garantie dafür, dass ein bei einem Medienunternehmen beschäftigter Mitarbeiter, der einem bestimmten Berufsbild angehört, per se freier oder abhängiger Mitarbeiter ist. Auch unter Anwendung des Abgrenzungskataloges kommt es stets auf die Betrachtung des Einzelfalls an.

2.2 Sozialversicherungsrechtliche Behandlung von freien Mitarbeitern

Während der Arbeitgeber bei der Beschäftigung von Arbeitnehmern verpflichtet ist, den Gesamtsozialversicherungsbeitrag in Form von Arbeitgeber- und Arbeitnehmeranteilen an die zuständige Einzugsstelle abzuführen, so ist dies bei der Beschäftigung freier Mitarbeiter grundlegend anders. Für freie Mitarbeiter, die als „Künstler und Publizisten" für Medienunternehmen und auch sonstige Unternehmen tätig werden, gelten die zwingenden Regelungen des **Künstlersozialversicherungsgesetzes** (KSVG), wonach Beiträge zur Rentenversicherung, zur gesetzlichen Krankenversicherung und zur sozialen Pflegeversicherung zu entrichten sind (nicht hingegen zur Arbeitslosen- und Unfallversicherung, in die freie Mitarbeiter und auch Medienunternehmen keine Beiträge zahlen). Die Beiträge zur Künstlersozialversicherung werden zu 50% von den freien Mitarbeitern, zu 30% von den Unternehmen, die Leistungen von Künstlern und Publizisten entgegennehmen und verwerten, sowie zu 20% von dem Bund, durch Zahlung eines Zuschusses, erbracht.[39] Mit den Aufgaben nach dem Künstlersozialversicherungsgesetz betraut ist die Künstlersozialkasse in Wilhelmshaven, die grundsätzlich sowohl auf Seiten des auftraggebenden Medienunternehmens als auch auf Seiten des Künstlers und Publizisten die ordnungsgemäße Berechnung und Abführung der Beiträge zur Künstlersozialversicherung prüft. Da es für die Künstlersozialkasse in der Vergangenheit schwierig war, insbesondere Unternehmen „aufzuspüren", die zur Zahlung einer Künstlersozialabgabe verpflichtet sind, hat der Gesetzgeber zum 1.6.2007 die Zuständigkeit zur Prüfung und Festsetzung der Künstlersozialabgabe für Unternehmen, die Arbeitnehmer beschäftigen, auf die Deutsche Rentenversicherung Bund in Berlin übertragen. Da diese über eine umfangreiche Datei der in Deutschland tätigen Arbeitgeber verfügt, hat diese die besseren Möglichkeiten der Erfassung von Medienunternehmen und sonstigen „Verwertern" der Leistungen von Künstlern und Pu-

32

33

---

37 Vgl. hierzu auch *von Hartlieb/Schwarz-Joch* Handbuch des Film-, Fernseh- und Videorechts, 4. Aufl. 2004, 274. Kap. Rn. 29.

38 Zu erhalten bspw. unter www.kuenstlersozialkasse.de.

39 *HzS/Apidopoulos* 10/2003, Gruppe 2b Rn. 30 f.

blizisten, so dass in Zukunft damit zu rechnen sein dürfte, dass mehr und mehr Unternehmen zur Abführung der Künstlersozialabgabe verpflichtet werden; umso mehr kommt diesem Zweig der Sozialversicherung zunehmende Bedeutung zu.

34 **2.2.1** Nach § 1 KSVG sind selbständige Künstler und Publizisten in der Renten-, Kranken- und Pflegeversicherung pflichtversichert, wenn sie die künstlerische oder publizistische Tätigkeit erwerbsmäßig und nicht nur vorübergehend ausüben und im Zusammenhang mit der künstlerischen oder publizistischen Tätigkeit nicht mehr als einen Arbeitnehmer beschäftigen (soweit es sich bei diesem nicht um einen geringfügig Beschäftigten i.S.d. § 8 SGB IV handelt).

35 **„Künstler"** ist hiernach gem. § 2 KSVG, wer Musik, darstellende oder bildende Kunst schafft, ausübt oder lehrt; **„Publizist"** ist ferner, wer als Schriftsteller, Journalist oder in anderer Weise publizistisch tätig ist oder Publizistik lehrt. Ob jemand **„Künstler"** ist, richtet sich nicht nach der Qualität und Ästhetik seines Werkes, sondern allein danach, ob das Werk einen schöpferischen Mindestgehalt aufweist.[40] Insoweit wird der Begriff des Künstlers also weit ausgelegt, um möglichst sämtliche „schöpferische" Leistungen, die nicht nur vorübergehend erbracht werden, zu erfassen. So ist bspw. auch schon die Gestaltung eines jährlichen Geschäftsberichtes eines Unternehmens durch einen selbständigen Werbegrafiker „Kunst" i.S.d. Künstlersozialversicherungsgesetzes. Abzugrenzen ist dagegen die Kunst vom Handwerk, welches sich durch einen nur geringen schöpferischen, dafür umso größeren technischen Anteil an dem Werk auszeichnet.[41] Für den Bereich der Fotografie hat das Bundessozialgericht in seinem Urteil vom 24.6.1998[42] ausgeführt, dass ein Fotograf dann schöpferisch und damit künstlerisch tätig ist, wenn die Motivwahl und die Motivgestaltung nach ästhetischen Gesichtspunkten (z.B. Ausdruck, Komposition, Licht, Schattenwurf, Perspektive, farbliche Gestaltung, Verfremdungseffekte, Weichzeichnung) erfolgt. Geht es hingegen um die Auswahl des geeigneten Filmmaterials, die Standortwahl oder die Ausleuchtung und Entwicklung des Films, so dominiert das technisch handwerkliche Gelingen der Aufnahme über das Schöpferische. Fehlt es hiernach an dem schöpferischen Anteil, so liegt die Eigenschaft eines „Künstlers" nicht vor. Hingegen kann nicht ausgeschlossen werden, dass ein „Publizist" im Sinne des § 1 KSVG anzunehmen ist, wenn dieser nämlich als Fotograf für die Presse arbeitet. Publizistische Fotografie liegt nach einem Urteil des Bundessozialgerichts vom 27.3.1996 vor, wenn „das Abbilden von Personen, Gegenständen und Vorgängen der Zeitgeschichte mit tagesaktueller Bedeutung und der Nachrichten-, Informations- und Dokumentationswert des Bildes im Vordergrund" stehen.[43] Insgesamt ist also davon auszugehen, dass der Begriff des Künstlers weit ausgelegt wird und letztlich ein Mindestmaß überschreitender schöpferischer Anteil an der Arbeit genügt, um das an den Künstler gezahlte Entgelt unter die Künstlersozialversicherung fallen zu lassen.

36 Dem entspricht es, dass das Bundessozialgericht in den vergangenen Jahren auch im Bereich der Werbung zunehmend freie Mitarbeiter dem Künstlersozialversicherungsgesetz unterworfen hat. Dabei rückt der Begriff des schöpferischen Gestaltens in den Hintergrund, da Werbung an sich schon Kunst sei und dementsprechend alle „Kreativen", die Werbung für einen Auftraggeber schaffen, als Künstler einzustufen seien. Hierzu zählen bspw. Werbefotografen, Visagisten, aber auch der Web-Designer.[44] Die in der Rechtsprechung des Bundessozialgerichts

---

40 *BVerfG* 17.7.1984 – 1 BvR 816/82; *BSG* SozR 3-5425 Nr. 14 zu § 2.
41 *Hennig* NZS 2005, 294 f.; s. auch www.kuenstlersozialkasse.de.
42 *BSG* vom 24.6.1998, B 3 KR 11/97 R, n.v.
43 Zitiert nach *Andri Jürgensen* Praxishandbuch Künstlersozialabgabe, 2. Aufl. 2007, S. 65; *HzS/Apidopoulos* 10/2003, Gruppe 2b Rn. 52.
44 *BSG* v. 7.7.2005, B 3 KR 37/04 R – Web-Designer; 12.5.2005, B 3 KR 39/04 R – Visagist; 12.11.2003, B 3 KR 8/03 R – Werbefotograf.

zu erkennende Tendenz lässt darauf schließen, dass der Begriff des „Künstlers" entmaterialisiert und letztlich darauf abgestellt wird, was der Auftraggeber mit dem Werk bezweckt. Ist Werbung bezweckt, so spricht dies nach der bisherigen Rechtsprechung des Bundessozialgerichts für eine künstlerische Nutzung, so dass die für das Werk gezahlte Vergütung der Künstlersozialversicherung unterliegt.

Nicht anders ist es um den Begriff des **„Publizisten"** i.S.d. § 2 KSVG bestellt, zu dem Schriftsteller, Journalisten oder in anderer Weise publizistisch tätige oder Publizistik lehrende Personen zählen. Das Bundessozialgericht hat in seiner Entscheidung vom 24.7.2003 diesen Begriff weit ausgedehnt. Der Begriff „beschränkt sich nicht auf die eigenschöpferische Wortgestaltung oder die inhaltliche Gestaltung und Aufmachung von Büchern und sog. Massenkommunikationsmitteln wie Zeitschriften, Zeitungen und Broschüren, sondern erfasst jeden im Kommunikationsprozess an einer öffentlichen Aussage schöpferisch Mitwirkenden".[45] Publizisten sind hiernach Autoren, Schriftsteller, Wort- und Bildjournalisten sowie die bereits erwähnten Pressefotografen. Hinsichtlich des Begriffs des Journalisten hat das Bundessozialgericht bereits am 27.3.1996 ausgeführt, dass „journalistisch tätig ist, wer Informationen über das Zeitgeschehen in allen seinen Erscheinungsformen sammelt, darstellt oder würdigt. Darstellung oder Würdigung in sprachlicher Form bilden zwar die Regel; Fotografen, die sich mit aktueller Bildberichterstattung befassen, werden jedoch gleichfalls in journalistischer Weise publizistisch tätig".[46] **37**

Liegt nicht nur vorübergehend eine Tätigkeit eines Künstlers oder Publizisten für den Auftraggeber vor, ist der freie Mitarbeiter in der Renten-, Kranken- und Pflegeversicherung pflichtversichert. Künstler und Publizisten haben gem. den §§ 15, 16, 16a KSVG an die Künstlersozialkasse Pflichtversicherungsbeiträge in Höhe des jeweiligen Betrages, der der Hälfte der gesetzlichen Beiträge für abhängig Beschäftigte (Arbeitnehmer) beträgt, abzuführen. Die Beiträge werden jeweils für einen Kalendermonat am 5. des Folgemonats zur Zahlung fällig. **38**

2.2.2 Während 50% des Gesamtaufkommens der Künstlersozialversicherung von den versicherungspflichtigen Künstlern und Publizisten aufgebracht wird, haben die Unternehmen, die die Werke von Künstlern und Publizisten als Auftraggeber verwerten, einen weiteren Beitragsanteil in Höhe von 30%, die sog. **Künstlersozialabgabe**, zu leisten. Gemäß § 24 Abs. 1 KSVG sind insbesondere die nachfolgenden Unternehmen verpflichtet, die Künstlersozialabgabe abzuführen: Buch-, Presse- und sonstige Verlage, Presseagenturen, Theater, Orchester, Rundfunk, Fernsehen, Hersteller von bespielten Bild- und Tonträgern (und somit auch TV-Produktionsgesellschaften), Galerien, Kunsthändler, Werbeagenturen sowie Unternehmen, die für eigene Zwecke Werbe- oder Öffentlichkeitsarbeit betreiben und zu diesem Zwecke nicht nur gelegentlich Aufträge an selbständige Künstler oder Publizisten erteilen. Konkret geht es also um Unternehmen, die nicht nur gelegentlich Aufträge an frei mitarbeitende Künstler und Publizisten vergeben. **39**

---

45 *BSG* NJW 2004, 628.
46 Vgl. hierzu *Andri Jürgensen* Praxishandbuch Künstlersozialabgabe, 2. Aufl. 2007, S. 69; *HzS/Apidopoulos* 10/2003, Gruppe 2b, Rn. 52. Einen ersten Überblick über mögliche Berufe im kreativen Bereich der Künstler und Publizisten liefert *Jürgensen*, der insgesamt 400 Berufe zusammengestellt hat und eine Einschätzung abgibt, ob es sich um eine künstlerische oder publizistische Tätigkeit handelt oder nicht. Der Verfasser stellt selbst zu Recht darauf ab, dass es sich bei diesen 400 Tätigkeiten nur um eine erste Einschätzung handelt, da stets im Einzelfall zu beurteilen ist, ob tatsächlich eine Tätigkeit als Künstler oder Publizist vorliegt (*Andri Jürgensen* Praxishandbuch Künstlersozialabgabe, 2. Aufl. 2007, S. 157 ff.).

40   Die Höhe der Künstlersozialabgabe beläuft sich im Jahre 2007 auf 5,1% des meldepflichtigen Entgelts. Gemäß § 25 Abs. 1 KSVG sind Bemessungsgrundlage der Künstlersozialabgabe „die Entgelte für künstlerische oder publizistische Werke oder Leistungen, die das auftraggebende Unternehmen zahlt". Eine Definition des „Entgelts" ist in § 25 Abs. 2 KSVG enthalten. Hierzu zählt „alles, was der zur Abgabe Verpflichtete aufwendet, um das Werk oder die Leistung zu erhalten oder zu nutzen, abzüglich der in einer Rechnung oder Gutschrift gesondert ausgewiesenen Umsatzsteuer". Entgegen einem weitverbreiteten Irrtum sind nicht lediglich die Honorare für die erbrachte Leistung selbst abgabepflichtig, sondern auch Nebenkosten und Auslagen, eventuell abgeführte Entgelte an Dritte, die an dem Werk mitgewirkt haben und auch Materialaufwendungen. Nicht meldepflichtig sind insoweit nur Reise- und Bewirtungskosten innerhalb der Freigrenzen des Einkommensteuergesetzes, Entgelte an Verwertungsgesellschaften wie beispielsweise die GEMA, sowie steuerfreie Aufwandsentschädigungen.[47] Für alle sonstigen Entgelte (im Jahre 2007) ist die Künstlersozialabgabe in Höhe von 5,1% auf diese Beträge an die Künstlersozialkasse abzuführen.

41   Abgabepflichtige Unternehmen sind gem. § 27 Abs. 1 KSVG verpflichtet, spätestens bis zum 31.3. eines Jahres für das vorangegangene Jahr der Künstlersozialkasse die Summe der Entgelte für künstlerische oder publizistische Werke oder Leistungen zu melden. Unterlässt das Unternehmen diese Meldung, so ist die Künstlersozialkasse berechtigt, eine Schätzung vorzunehmen, die erfahrungsgemäß höher liegen wird als der Betrag, den das Unternehmen zu zahlen hätte, wenn die Entgelte rechtzeitig gemeldet worden wären. Neben der Meldepflicht ist das abgabepflichtige Unternehmen verpflichtet, gem. § 27 Abs. 2 KSVG innerhalb von 10 Tagen nach Ablauf jeden Kalendermonats eine Vorauszahlung auf die Abgabe an die Künstlersozialkasse zu leisten. Die Vorauszahlung entspricht einem Zwölftel der Bemessungsgrundlage für das vorausgegangene Kalenderjahr.[48] Hieraus lässt sich auch das übliche Prozedere der erstmaligen Erfassung eines Unternehmens durch die Künstlersozialkasse ableiten: Zunächst wird in Form eines sog. **Erfassungsbescheides** festgestellt, dass ein Unternehmen aufgrund seines unternehmerischen Zwecks,[49] welcher sich regelmäßig aus dem Handelsregister entnehmen lässt, in den Kreis der abgabepflichtigen Unternehmen fällt, da davon auszugehen ist, dass das Unternehmen freie Mitarbeiter beschäftigt, die als Künstler oder Publizisten unter das Künstlersozialversicherungsgesetz fallen. Nach Erfassung des Unternehmens ist dieses verpflichtet, spätestens bis zum 31.3. des Folgejahres für das abgelaufene Kalenderjahr mitzuteilen, in welcher Höhe Entgelte an Künstler und Publizisten gezahlt wurden. Daraufhin wird die zu zahlende Künstlersozialabgabe festgestellt und dient als Grundlage für die monatlichen Abschläge im Folgejahr.

42   Gemäß § 31 KSVG verjähren die Ansprüche auf Zahlung der Künstlersozialabgabe entsprechend dem § 25 SGB IV innerhalb von vier Jahren. Wurde also ein Unternehmen bislang nicht auf Zahlung der Künstlersozialabgabe von der Künstlersozialkasse in Anspruch genommen (beispielsweise weil die Künstlersozialkasse das Unternehmen noch nicht im Wege eines Erfassungsbescheides „entdeckt" hat), so kann die Erhebung der Künstlersozialabgabe rückwirkend für die abgelaufenen vier Jahre nachgeholt werden. Erfolgt also ein Erfassungsbescheid im Jahre 2007, so läuft ein Medienunternehmen Gefahr, dass es nicht nur für das Jahr 2007, sondern auch für die Jahre 2003 bis 2006 veranlagt wird.[50] Hat ein Presseunternehmen über mehrere Jahre hinweg mit freien Journalisten, Fotografen oder Bildberichterstattern oder hat

---

47 Vgl. *Andri Jürgensen* Praxishandbuch Künstlersozialabgabe, 2. Aufl. 2007, S. 78 f.
48 § 27 Abs. 3 S. 1 KSVG.
49 *HzS/Apidopoulos* 12/2006, Gruppe 2b Rn. 342 ff.
50 Die Abgabesätze in den Jahren 2003 bis 2006 variierten zwischen 3,8% und 5,8%.

ein TV-Produktionsunternehmen längere Zeit mit freien Regisseuren, Autoren oder Moderatoren zusammengearbeitet, die nicht selten hohe Honorare in Rechnung stellen, so können sich die nachträglich zu zahlenden Künstlersozialabgaben auf ein äußerst beachtliches Volumen emporschrauben.

In diesem Zusammenhang ist auch zu beachten, dass in vielen Medienunternehmen nicht selten der **Geschäftsführer** einer GmbH zur Zahlung der Künstlersozialabgabe auf das an ihn gezahlte „Gehalt" herangezogen werden kann. Nach ständiger Rechtsprechung des Bundessozialgerichts ist ein Geschäftsführer einer GmbH dann „selbständig" i.S.d. Sozialversicherungsrechts, wenn er als geschäftsführender Gesellschafter die Geschicke des Unternehmens lenkt. Verfügt der Geschäftsführer über mehr als 50 % der Geschäftsanteile oder verfügt er bei geringeren Anteilen über eine Sperrminorität, so ist er nicht sozialabgabenpflichtig. Das Sozialversicherungsrecht behandelt ihn insoweit als Selbständigen, der, wenn er überwiegend als Geschäftsführer künstlerisch oder publizistisch und nicht operativ tätig ist, zur Künstlersozialabgabe heranzuziehen ist.[51] Diese Regelung ist vielen geschäftsführenden Gesellschaftern nicht bekannt, birgt aber für diese ein erhebliches Risiko, da die gesamten Geschäftsführergehälter rückwirkend für die vergangenen vier Jahre von der Künstlersozialkasse nachträglich – und selbstverständlich auch für die Zukunft – mit der Künstlersozialabgabe belegt werden können. Dies kann nur dann vermieden werden, wenn der geschäftsführende Gesellschafter entweder über eine Minderheit der Geschäftsanteile bzw. nicht über eine Sperrminorität verfügt, oder seine überwiegende Arbeitszeit kaufmännischen und operativen, nicht hingegen künstlerischen oder publizistischen Aktivitäten zuwendet. **43**

Um die Zahlung der Künstlersozialabgabe an freie Mitarbeiter zu vermeiden, kann überlegt werden, ob nicht zunehmend mit solchen „freien Mitarbeitern" zusammengearbeitet wird, die zu diesem Zwecke eine Kapitalgesellschaft wie eine GmbH oder auch eine englische Ltd. gegründet haben. In diesen Fällen ist das an die GmbH oder die Ltd. gezahlte Entgelt nicht abgabepflichtig, da Vertragspartner nicht ein „freier Mitarbeiter", sondern eine juristische Person in Form einer Kapitalgesellschaft ist. Der Auftraggeber wird hierdurch von der Zahlung der Künstlersozialabgabe entbunden, wird diese allerdings bei wirtschaftlicher Betrachtung mittelbar an die GmbH oder Ltd. deshalb zahlen müssen, da diese wiederum für ihre Geschäftsführer eine Künstlersozialabgabe abführen wird, die kalkulatorisch dem Entgelt, welches von dem Auftraggeber zu zahlen ist, hinzugerechnet werden wird.[52] Letztlich vermeidet auf diese Art und Weise der Auftraggeber die unmittelbare Entrichtung der Künstlersozialabgabe und spart dadurch gegebenenfalls Verwaltungsaufwand. Er wird diese aber mittelbar über den kalkulatorisch von dem Auftragnehmer errechneten „Preis" zahlen müssen. **44**

2.3 Rechtsfolgen der fehlerhaften Einstufung von freien Mitarbeitern

Erweist sich der Auftraggeber nach einer rechtlichen Prüfung bspw. durch die Rentenversicherung Bund im Rahmen einer Betriebsprüfung als Arbeitgeber der bei ihm beschäftigten, vermeintlich freien Mitarbeiter, so ist er ab einem entsprechenden Bescheid der Rentenversicherung Bund verpflichtet, auf die ihm von dem Mitarbeiter in Rechnung gestellten Beträge Sozialabgaben abzuführen. Diese Pflicht bezieht sich auf alle Zweige der Sozialversicherung, also auf den Gesamtsozialversicherungsbeitrag. Ferner ist der Arbeitgeber verpflichtet, auch für die in der Vergangenheit gezahlten Honorare und Entgelte rückwirkend die Sozialversicherungs- **45**

---

51 *BSG* 17.6.1999 – B 3 KR 1/98 R, SozR 3-5425 Nr. 13 zu § 25; *HzS/Apidopoulos* 10/2003, Gruppe 2b Rn. 88.
52 Vgl. hierzu *Andri Jürgensen* Praxishandbuch Künstlersozialabgabe, 2. Aufl. 2007, S. 71 ff.

beiträge an die Einzugsstelle abzuführen. Wie bereits im Rahmen der Künstlersozialabgabe erwähnt, beträgt die Verjährung gem. § 25 Abs. 1 S. 1 SGB IV vier Jahre, im Falle vorsätzlich vorenthaltener Beträge gem. § 25 Abs. 1 S. 2 SGB IV sogar 30 Jahre.

46 Den Arbeitgeber treffen für die **rückwirkend** geschuldeten Beiträge sowohl die Arbeitgeber- als auch die Arbeitnehmeranteile, ohne dass er letztere von dem bei ihm beschäftigten „Arbeitnehmer" ersetzt verlangen kann. Geht man bis zur Höhe der Beitragsbemessungsgrenze von durchschnittlich etwa 20% Arbeitnehmeranteil auf das gezahlte Entgelt aus, so können sich für die vergangenen Jahre erhebliche Nachzahlungsverpflichtungen ergeben, die insbesondere kleinere Medienunternehmen in ihrer wirtschaftlichen Existenz gefährden können. Die dem Arbeitgeber gem. § 28g SGB IV eingeräumte Möglichkeit, den Arbeitnehmeranteil durch Abzug vom Arbeitsentgelt im Rahmen der nächsten drei Lohn- und Gehaltszahlungen vorzunehmen, begrenzt die Regressmöglichkeit erheblich.[53] Verdient also beispielsweise ein Regisseur, der zuvor € 5.000,00 netto in Rechnung gestellt hat, nun € 5.000,00 brutto als Arbeitnehmer, so hat der Arbeitgeber zunächst die für den Auszahlungsmonat zu entrichtenden Sozialabgaben einschließlich der Arbeitnehmeranteile zu ermitteln und in Abzug zu bringen. Nach Abzug der Steuern kann der Arbeitgeber sodann für diesen Auszahlungsmonat und für die beiden weiteren Auszahlungsmonate bis zu der sich aus § 850c ZPO ergebenden Pfändungsfreigrenze rückwirkend zu zahlende Arbeitnehmeranteile zur Sozialversicherung in Abzug bringen. Gerade aber die zu beachtenden Pfändungsfreigrenzen führen dazu, dass die Abzugsmöglichkeit in den nächsten drei Lohn- und Gehaltszahlungsmonaten nur gering sein wird.

3. Steuerrechtliche Behandlung von Mitarbeitern in Medienunternehmen

3.1 Steuerrechtliche Behandlung von Arbeitnehmern und freien Mitarbeitern

47 Die Abgrenzung zwischen Arbeitnehmern und freien Mitarbeitern (einschließlich arbeitnehmerähnlicher Personen) folgt nach der Rechtsprechung des Bundesfinanzhofes weitgehend der des Bundesarbeitsgerichts und des Bundessozialgerichts. Insoweit kann auf die obigen Ausführungen verwiesen werden. Arbeitnehmer sind gem. §§ 1 Abs. 1, 2 Abs. 1 Nr. 4 EStG mit ihren Arbeitseinkünften steuerpflichtig, sie sind Schuldner der Einkommensteuer. Aus Gründen der Vereinfachung ist der Arbeitgeber jedoch verpflichtet, die auf das Arbeitsentgelt anfallende Einkommensteuer in der Form der Lohnsteuer nach den individuellen Steuermerkmalen des Arbeitnehmers zu errechnen und unmittelbar an das Finanzamt abzuführen. Für freie Mitarbeiter besteht eine derartige Abführungspflicht des Auftraggebers nicht. Vielmehr sind die freien Mitarbeiter selbst verpflichtet, die auf das ihnen von dem Auftraggeber gezahlte Honorar entfallende Einkommensteuer in eigener Verantwortung abzuführen. Auf die voraussichtliche Steuerschuld hat der freie Mitarbeiter in der Regel monatlich oder auch quartalsweise festgesetzte Vorauszahlungen an das Finanzamt zu leisten. Darüber hinaus hat der freie Mitarbeiter die auf das Honorar anfallende Umsatzsteuer gesondert in der Rechnung auszuweisen und die Umsatzsteuer in der Regel unmittelbar nach Rechnungsstellung, also gegebenenfalls vor Zahlungseingang, an das Finanzamt abzuführen. Der Auftraggeber wiederum kann die ihm von den freien Mitarbeitern in Rechnung gestellte Umsatzsteuer als Vorsteuer von der von ihm an das Finanzamt zu entrichtenden Umsatzsteuer abziehen (§ 15 UStG) und auf diese Weise die Steuerschuld vermindern.

---

53 Ist das Vertragsverhältnis bereits beendet, kommt ein „Regress" überhaupt nicht mehr in Betracht. Vertragliche Vereinbarungen, die hiervon abweichen und den Arbeitnehmer zu einer weitergehenden Erstattung verpflichten, sind nichtig.

Müller

3.2 Steuerrechtliche Folgen einer fehlerhaften Einstufung von freien Mitarbeitern

Wird ein freier Mitarbeiter zu Unrecht als solcher behandelt und erweist er sich beispielsweise **48** nach einer Prüfung durch das Betriebsstättenfinanzamt als abhängig beschäftigter Arbeitnehmer, so drohen auch hier – ähnlich wie im Bereich der Sozialversicherung – sowohl **Nachzahlungsansprüche** für die Vergangenheit als auch die Verpflichtung zur Einbehaltung und Abführung der Lohnsteuer in der Zukunft. Auch hier verjähren Lohnsteuerrückstände innerhalb von vier Jahren, bei grober Fahrlässigkeit innerhalb von fünf und im Falle von Vorsatz nach 10 Jahren. Auch wenn gem. § 38 Abs. 2 EStG der Arbeitnehmer Schuldner der Lohnsteuer ist, so bedeutet dies nicht, dass der Arbeitgeber nicht auch von dem Betriebsstättenfinanzamt in Anspruch genommen werden kann. Dieser haftet nämlich gem. § 42d Abs. 1 Nr. 1, Abs. 3 S. 1 EStG neben dem Arbeitnehmer für Lohnsteuerrückstände als Gesamtschuldner.

Eine Haftung droht allerdings grundsätzlich nur dann, wenn der Arbeitnehmer die von ihm als **49** „freier Mitarbeiter" bezogenen Entgelte nicht bereits ordnungsgemäß im Rahmen seiner Einkommensteuererklärung erklärt und die darauf entfallende Einkommensteuer abgeführt hat. Denn soweit die Einkünfte des Mitarbeiters bei dessen einkommensteuerlicher Veranlagung erfasst sind und die hierauf entfallende Einkommensteuer beglichen ist, erlischt auch die Haftung des Arbeitgebers.

Nach § 42 Abs. 3 S. 2 EStG steht es im pflichtgemäßen Ermessen des Finanzamtes zu ermitteln, welchen Gesamtschuldner – Arbeitgeber oder Arbeitnehmer – es für die Zahlung der **50** rückständigen Lohnsteuer heranzieht. Der Verweis auf das „pflichtgemäße Ermessen" führt dazu, dass das Finanzamt trotz der bestehenden Gesamtschuldnerschaft den Arbeitnehmer in Anspruch zu nehmen hat, wenn die Steuer bei diesem schnell und einfach eingetrieben werden kann. Ist dies jedoch nicht der Fall, so ist gegen die Heranziehung des Arbeitgebers nichts einzuwenden. Dies vor allem auch dann, wenn das Betriebsstättenfinanzamt im Rahmen einer Betriebsprüfung nicht lediglich einen, sondern eine Vielzahl von gleichgelagerten Fällen aufgedeckt hat, in denen die Nachzahlung von Lohnsteuer angefordert wird. Gerade bei derartigen „Massenverfahren" ist es für das Finanzamt deutlich einfacher und auch praktikabler, die rückständigen Lohnsteuerzahlungen von dem Arbeitgeber als Gesamtschuldner zu fordern.[54] Wurde der Arbeitgeber von dem Betriebsstättenfinanzamt auf Nachzahlung rückständiger Lohnsteuer in Anspruch genommen, so ist der Arbeitgeber berechtigt, diese von dem Arbeitnehmer als Primärschuldner zurückzufordern. Je nach Höhe des Rückforderungsanspruches kann sich dessen Realisierung allerdings als schwierig erweisen, insbesondere dann, wenn der Arbeitnehmer nicht über die notwendigen finanziellen Mittel verfügt, um den Anspruch zu erfüllen. Das Haftungsrisiko verbleibt somit bei dem Arbeitgeber.

Wenig beachtet ist bislang, dass im Falle einer fehlerhaften Einstufung eines freien Mitarbeiters dieser zu Unrecht in der Vergangenheit **Umsatzsteuer** in Rechnung gestellt hat. War der **51** freie Mitarbeiter Arbeitnehmer, so war er nicht berechtigt, Umsatzsteuer auszuweisen und einzunehmen. Auch der sich als Arbeitgeber herausstellende Auftraggeber war nicht berechtigt, Vorsteuer abzuziehen, da die Umsatzsteuer nicht von einem Unternehmer in Rechnung gestellt wurde. Solange die Umsatzsteuerveranlagung des Arbeitgebers noch nicht bestandskräftig ist, droht die Korrektur der geltend gemachten Vorsteuerbeträge. Bestandskraft tritt üblicherweise erst nach einer Betriebsprüfung durch Aufhebung des Vorbehalts der Nachprüfung für den Umsatzsteuerbescheid oder aber durch Ablauf der Festsetzungsfrist (grundsätzlich vier Jahre, bei leichtfertiger Steuerverkürzung fünf Jahre, bei Steuerhinterziehung zehn Jahre) ein.

---

54 Vgl. *Kunz/Kunz* DB 1993, 326, 328.

52   Die vom Arbeitnehmer zu Unrecht ausgewiesene Umsatzsteuer kann der Arbeitgeber grundsätzlich von diesem als Schadensersatz oder nach bereicherungsrechtlichen Gesichtspunkten erstattet verlangen. Sofern aber dem Mitarbeiter selbst kein Verschulden vorzuwerfen ist, weil die Einstufung als freier Mitarbeiter durch den Arbeitgeber vorgenommen wurde, dürften schadensersatzrechtliche Ansprüche ausscheiden. Der Arbeitgeber ist in diesem Fall auf bereicherungsrechtliche Ansprüche beschränkt. Problematisch hierbei ist allerdings, dass der Arbeitnehmer die an ihn gezahlte Umsatzsteuer an das Finanzamt abgeführt hat und gem. § 14c Abs. 2 S. 2 UStG auch nicht ohne Weiteres von diesem zurückfordern kann, so dass er zunächst nicht bereichert ist.

53   Der Arbeitnehmer kann allerdings die Berichtigung des geschuldeten Steuerbetrages nach dem in § 14c Abs. 2 UStG vorgesehenen Verfahren beantragen, was einigen administrativen Aufwand erfordert, letztendlich aber zur Rückzahlung des zu Unrecht abgeführten Umsatzsteuerbetrages führen wird. Hierzu ist er grundsätzlich aus vertraglichen Schadensminderungsgesichtspunkten auch verpflichtet, so dass der Arbeitgeber in der Regel gute Aussichten hat, die zu Unrecht ausgewiesene Umsatzsteuer erstattet zu erhalten. Probleme treten aber immer dann auf, wenn der Arbeitnehmer in Zahlungsschwierigkeiten gerät oder sogar in Insolvenz fällt, da in diesem Fall das Finanzamt die Umsatzsteuererstattung gegen rückständige Steuern verrechnen kann. Ist der Erstattungsanspruch aber beim Arbeitnehmer nicht durchsetzbar, führt dies letztlich zu einer endgültigen wirtschaftlichen Belastung des Arbeitgebers, da dieser die unberechtigt in Abzug gebrachte Vorsteuer dem Finanzamt erstatten muss.

II. Befristung von Arbeitsverhältnissen mit Mitarbeitern in Medienunternehmen

54   Die Befristung von Anstellungsverträgen mit Arbeitnehmern bietet Medienunternehmen in ganz besonderem Maße die Möglichkeit, flexibel auf personelle Anforderungen des Marktes zu reagieren. Befristete Arbeitsverhältnisse enden automatisch durch Zeitablauf oder durch Erreichen eines bestimmten Zweckes, so dass sich die Frage nach dem Vorliegen der Voraussetzungen einer Kündigung nach dem Kündigungsschutzgesetz gar nicht erst stellt. Aus dem Teilzeit- und Befristungsgesetz sowie aus der Rechtsprechung des Bundesarbeitsgerichts ergeben sich durchaus vielfältige Möglichkeiten der Befristung von Anstellungsverhältnissen mit Mitarbeitern in Medienunternehmen, die in der Praxis nicht immer ausgeschöpft werden. Zwar erfordern die insbesondere von der Rechtsprechung geforderten Formalia bei Abschluss und Verlängerung befristeter Anstellungsverträge einen gewissen Verwaltungsaufwand, doch lohnt sich dieser, um auch über einen längeren Zeitraum befristete Anstellungsverträge rechtssicher abschließen zu können.

55   Unterschieden werden in der Praxis Befristungen ohne und solche mit einem sog. **„Sachgrund"**. Der Begriff der „sachgrundlosen Befristung" indiziert bereits, dass diese Form des befristeten Arbeitsvertrages grundlos möglich ist, der Arbeitgeber also nicht gehalten ist, die Befristung in bestimmter Form zu legitimieren. § 14 Abs. 2 TzBfG betrifft diese „erleichterte Befristung", die von allen Unternehmen für einen Zeitraum von bis zu zwei Jahren abgeschlossen werden kann; während dieses Zeitraumes ist eine dreimalige Verlängerung zulässig. § 14 Abs. 2a TzBfG gewährt „Jungunternehmen" das Privileg der Befristung von bis zu vier Jahren, wobei bis zu einer Höchstdauer von vier Jahren beliebig oft befristete Verträge abgeschlossen werden können. § 14 Abs. 3 TzBfG sieht schließlich die Befristung eines Arbeitsvertrages bis zu einer Dauer von fünf Jahren vor, wenn der Arbeitnehmer bei Beginn des befristeten Arbeitsverhältnisses das 52. Lebensjahr vollendet hat und vor Beginn des befristeten Arbeitsverhältnisses mindestens vier Monate beschäftigungslos war. Auch hier ist bis zu einer Gesamtdauer von fünf Jahren die mehrfache Verlängerung des Arbeitsvertrages zulässig. Während die sachgrundlose Befristung nach § 14 Abs. 2 TzBfG nur als Zeitbefristung möglich ist, kommt die Sachgrundbefristung nach § 14 Abs. 1 TzBfG sowohl als Zeit- als auch als Zweckbefristung (hierbei endet der Arbeitsvertrag nicht durch Erreichen eines bestimmten Enddatums, sondern eines zuvor definierten Zwecks) in Betracht. Auch lassen sich die verschiedenen Befristungsarten miteinander kombinieren, so dass über längere Zeiträume hinweg befristete Anstellungsverhältnisse mit einem Arbeitnehmer abgeschlossen werden können.

Die Regelung des § 14 TzBfG gilt auch in Betrieben, die nicht mehr als 10 Arbeitnehmer be- **56** schäftigen, auf die also gem. § 23 Abs. 1 KSchG das Kündigungsschutzgesetz keine Anwendung findet.[55] Wird also bspw. in einem Betrieb mit 8 Arbeitnehmern mit einer neuen Arbeitskraft ein auf drei Jahre befristeter Arbeitsvertrag abgeschlossen, so ist diese Befristungsabrede unwirksam, wenn nicht ein sachlicher Grund vorliegt. Da Rechtsfolge einer unwirksamen Befristung regelmäßig das Vorliegen eines unbefristeten Arbeitsverhältnisses ist, ist diese Konsequenz bei Betrieben, in denen das Kündigungsschutzgesetz nicht greift, weitgehend ohne negative Folgen für den Arbeitgeber, da dieser das Arbeitsverhältnis jederzeit ohne Grund kündigen kann.[56] Weit wichtiger sind daher die nachfolgend dargestellten Regelungen über befristete Arbeitsverträge in Betrieben, die mehr als 10 Arbeitnehmer beschäftigen und daher an die restriktiven Bestimmungen des Kündigungsschutzgesetzes gebunden sind.

1. Sachgrundlose Befristung nach § 14 Abs. 2, 2a und 3 TzBfG

1.1 Sachgrundlose Befristung nach § 14 Abs. 2 TzBfG („erleichterte Befristung")

1.1.1 Erstmalige Beschäftigung und Dauer der Befristung

§ 14 Abs. 2 TzBfG lässt die sachgrundlose Befristung eines Anstellungsverhältnisses für einen **57** maximalen Zeitraum von zwei Jahren zu. Der Arbeitgeber benötigt für den Abschluss einer solchen „erleichterten" Befristungsabrede also keinen irgendwie gearteten Grund, der die Befristung legitimiert. Welchen Zeitraum die Befristung bis zur Höchstdauer von zwei Jahren umfasst, ist der Einigung der Vertragsparteien überlassen. Während des Höchstbefristungszeitraumes von zwei Jahren kann das Arbeitsverhältnis dreimal verlängert werden, so dass es während insgesamt vier Zeitabschnitten befristet werden kann. So kann beispielsweise ein zunächst für sechs Monate befristeter Arbeitsvertrag dreimal um weitere sechs Monate oder aber einmal um 12 und sodann noch zweimal um drei Monate verlängert werden. Auch hier ist es allein Sache der Vertragsparteien zu entscheiden, in welchen bis zu maximal vier Zeitabschnitten sie das Vertragsverhältnis für höchstens zwei Jahre befristen.

Der rechtswirksame Abschluss einer sachgrundlosen Befristung nach § 14 Abs. 2 TzBfG setzt **58** allerdings voraus, dass zwischen den Parteien **„zuvor"** noch kein Arbeitsvertrag bestanden hat. Die Einschränkung durch das Wort „zuvor" ist zeitlich nicht begrenzt worden, so dass jeder „wann auch immer" zeitlich vor der sachgrundlosen Befristung abgeschlossene Arbeitsvertrag mit demselben Arbeitgeber oder dessen Rechtsvorgänger dazu führt, dass die Befristungsabrede jedenfalls nicht auf § 14 Abs. 2 TzBfG, also die sachgrundlose Befristung gestützt werden

---

55 *BAG* NZA 2005, 218; *Hk-TzBfG/Boecken* 1. Aufl. 2007, § 14 Rn. 118.

56 Dies freilich nur dann, wenn in dem Arbeitsvertrag neben der Befristung auch das Recht beider Parteien aufgenommen wurde, den Vertrag unter Einhaltung bestimmter, zumeist gesetzlicher Kündigungsfristen beenden zu können. Fehlt eine solche Regelung, so kann der Vertrag auch von dem Arbeitgeber in dem gebildeten Beispielsfall frühestens nach Ablauf von drei Jahren gekündigt werden.

kann.[57] Hat also beispielsweise ein Kameramann mit einem TV-Produktionsunternehmen einen auf 18 Monate befristeten Arbeitsvertrag abgeschlossen und stellt sich später heraus, dass mit diesem Arbeitnehmer 10 Jahre zuvor bereits ein befristeter Arbeitsvertrag für einen Zeitraum von acht Wochen als Werkstudent geschlossen wurde, ist die Befristung des Arbeitsverhältnisses jedenfalls nicht als sachgrundlose Befristung gerechtfertigt, da mit dem Arbeitnehmer bereits „zuvor" ein Arbeitsverhältnis bestanden hat. Die Folge wäre dann, dass der Arbeitnehmer eine Entfristungsklage erfolgreich zum Arbeitsgericht erheben könnte mit der Folge, dass er sich rechtlich in einem unbefristeten Arbeitsverhältnis befindet. Um ein solches Ergebnis zu vermeiden, sollte der Arbeitnehmer im befristeten Anstellungsvertrag zusichern, dass er zuvor mit dem Arbeitgeber oder dessen Rechtsvorgänger kein Arbeitsverhältnis eingegangen ist. Sollte sich diese Zusicherung zu einem späteren Zeitpunkt als falsch herauskristallisieren, könnte der Arbeitgeber gegebenenfalls das Arbeitsverhältnis, wenn es denn wegen unzulässiger Befristung unbefristet ist, wegen einer arglistigen Täuschung gem. § 123 BGB anfechten.[58]

1.1.2 Form der Befristungsabrede

59 Gemäß § 14 Abs. 4 TzBfG bedarf die Befristung eines Arbeitsvertrages zu ihrer Wirksamkeit zwingend der **Schriftform**. Gemäß § 126 Abs. 2 BGB muss die Unterzeichnung der Befristungsabrede durch die Vertragsparteien auf derselben Urkunde erfolgen.[59] Es empfiehlt sich also in jedem Falle, die Befristungsabrede sowohl vom Arbeitgeber als auch vom Arbeitnehmer auf derselben Urkunde im Original unterzeichnen zu lassen. Von wesentlicher Bedeutung ist dabei, dass die Befristungsabrede **vor** Arbeitsaufnahme durch den Arbeitnehmer von beiden Parteien schriftlich im Original (nicht etwa per Austausch im Wege Telefax) unterzeichnet wird. Nimmt der Arbeitnehmer zunächst seine Tätigkeit auf und vereinbaren die Parteien erst nach der ersten Arbeitsaufnahme eine schriftliche Befristungsabrede, so wird hierdurch nicht ein wirksamer befristeter Arbeitsvertrag abgeschlossen.[60] Dies gilt auch dann, wenn die Parteien zunächst mündlich eine Befristungsabrede getroffen haben, der Arbeitnehmer dann seine Arbeit aufnimmt und sodann rückwirkend die mündlich getroffene Vereinbarung schriftlich fixiert wird.[61] In diesem Fall stellt sich die Rechtslage so dar, dass der Arbeitnehmer infolge eines formunwirksam vereinbarten befristeten Arbeitsvertrages zunächst ein unbefristetes Arbeitsverhältnis eingegangen ist, so dass er im Anschluss daran keine sachgrundlose Befristung mehr eingehen kann, da dies nur möglich ist, wenn „zuvor" nicht bereits ein Vertragsverhältnis bestanden hat. Letzteres wäre aber der Fall, auch wenn dies nur für eine äußerst kurze Zeit gewesen sein sollte. Es ist also dringend darauf zu achten, dass Arbeitnehmer und Arbeitgeber **vor** der Arbeitsaufnahme durch den Arbeitnehmer die Befristungsabrede im Original unterzeichnen.

60 Das Formerfordernis des § 14 Abs. 4 TzBfG verlangt nicht, dass auch der Befristungsgrund bei einer sachgrundlosen Befristung benannt wird. Es genügt also die Angabe eines kalendermäßig bestimmten Endzeitpunktes. Eine Vertragsklausel könnte demnach wie folgt lauten:

61 „Das Arbeitsverhältnis beginnt am .... und endet am ...., ohne dass es einer Kündigung bedarf."

57 *Hk-TzBfG/Boecken* 1. Aufl. 2007, § 14 Rn. 117; *Meinel/Heyn/Herms* 2. Aufl. 2004, § 14 TzBfG Rn. 76.
58 *Meinel/Heyn/Herms* 2. Aufl. 2004, § 14 TzBfG Rn. 76.
59 *Hk-TzBfG/Boecken* 1. Aufl. 2007, § 14 Rn. 165.
60 *BAG* DB 2005, 1172; *ErfK/Müller-Glöge* 7. Aufl. 2007, § 14 TzBfG Rn. 150.
61 *BAG* DB 2005, 1172; NZA 2005, 923.

In diesem Zusammenhang ist auch dringend darauf zu achten, dass das Recht zum Ausspruch **62** einer ordentlichen Kündigung während des Befristungszeitraumes ausdrücklich vereinbart wird, da es anderenfalls ausgeschlossen ist. Wird also bspw. ein befristeter Arbeitsvertrag für einen Zeitraum von zwei Jahren vereinbart, ohne dass das Recht zum Ausspruch einer ordentlichen Kündigung geregelt ist, so ist keine der Parteien berechtigt, während des zweijährigen Zeitraumes eine ordentliche Kündigung auszusprechen. Eine entsprechende vertragliche Regelung könnte wie folgt lauten:

„Das Arbeitsverhältnis beginnt am .... und endet am ...., ohne dass es einer Kündigung be- **63** darf. Die ersten sechs Monate des Arbeitsverhältnisses geltend als Probezeit, innerhalb der das Arbeitsverhältnis von beiden Parteien mit einer Frist von zwei Wochen jederzeit gekündigt werden kann. Nach Ablauf der Probezeit gelten für beide Seiten die gesetzlichen Kündigungsfristen."

1.1.3 „Verlängerung" der Befristung

Ist der Arbeitgeber also im Rahmen der sachgrundlosen Befristung gem. § 14 Abs. 2 TzBfG **64** berechtigt, innerhalb eines Höchstzeitraumes von zwei Jahren einen einmal befristeten Arbeitsvertrag maximal dreimal zu verlängern, so ist stets darauf zu achten, dass die Verlängerung der ersten und auch der weiteren Befristung nicht formal fehlerhaft vorgenommen wird. Die Rechtsprechung des Bundesarbeitsgerichts geht zunächst davon aus, dass von einer „Verlängerung" der Befristung nur die Rede sein kann, wenn der Arbeitsvertrag **nur** bezüglich seiner **Laufzeit**, nicht jedoch hingegen irgendeines anderen Vertragsbestandteils modifiziert wird. Liegt auch nur eine andere Modifikation als die der Laufzeit vor, so geht das Bundesarbeitsgericht nicht mehr von einer Verlängerung eines bereits bestehenden Arbeitsvertrages, sondern von einem Neuabschluss aus.[62] In diesem Falle könnte also eine sachgrundlose Befristung nicht mehr rechtswirksam vereinbart werden, da bereits, wie vorstehend erläutert, „zuvor" ein befristeter Vertrag bestanden hat. Es ist also im Falle der „Verlängerung" eines bereits befristeten Arbeitsvertrages im Rahmen der zweijährigen Höchstbefristungsdauer des § 14 Abs. 2 TzBfG dringend darauf zu achten, dass nur die Laufzeit hinsichtlich des Enddatums geändert wird. Wird gleichzeitig die Vergütung erhöht oder verringert, die Arbeitszeit verkürzt oder erhöht, das Betätigungs- und Einsatzgebiet des Arbeitnehmers abgeändert oder die Dauer des Urlaubs nur um einen Tag erhöht, liegt keine „Verlängerung" mehr vor. Es empfiehlt sich vor diesem Hintergrund also in jedem Falle beispielsweise einen Nachtrag zu dem ersten befristeten Arbeitsvertrag dergestalt zu vereinbaren, dass in diesem nur geregelt wird, dass der bspw. bis zum 30.6.2008 abgeschlossene Arbeitsvertrag bis zum 30.11.2008 verlängert wird und alle übrigen Vertragsbestandteile erhalten bleiben.

Des Weiteren ist dringend darauf zu achten, dass die vorstehend beispielhaft dargelegte Abrede **65** über die Verlängerung eines einmal befristeten Arbeitsvertrages vor Ablauf der Vorbefristung von beiden Parteien im Original unterzeichnet wird.[63] Das Bundesarbeitsgericht hat entschieden, dass im Zweifel ein unbefristeter Arbeitsvertrag vorliegt, wenn die Verlängerungsabrede erst nach Ablauf der Vorbefristung von beiden Parteien im Original unterzeichnet wird. Haben die Parteien also bspw. einen befristeten Arbeitsvertrag bis zum 30.6.2008 geschlossen, arbeitet der Arbeitnehmer über diesen Zeitpunkt hinaus mit Zustimmung des Arbeitgebers weiter und unterzeichnen die Parteien dann am 7.7.2008 eine Verlängerungsabrede, so ändert diese nichts mehr daran, dass sich der Arbeitnehmer bereits ab dem 1.7.2008 gem. § 15 Abs. 5 TzBfG in einem unbefristeten Arbeitsvertrag befindet. Arbeitet nämlich ein Arbeitnehmer mit Wissen und Wollen des Arbeitgebers über den Zeitpunkt des Befristungsendes hinaus weiter, so ist im Zweifel davon auszugehen, dass die Parteien sich in einem unbefristeten Arbeitsver-

---

62 *BAG* NZA 2003, 1092, 1093; 2006, 605, 606; 2007, 204.
63 *BAG* BB 2001, 526.

trag befinden.[64] Hinzu kommt, dass jede Befristungsabrede und damit auch die Verlängerung eines bestehenden befristeten Arbeitsvertrages zu ihrer Wirksamkeit gem. § 14 Abs. 4 TzBfG der Schriftform bedarf. Arbeitet aber der Arbeitnehmer, wie in dem vorstehend gebildeten Beispielsfall, über den 30.6.2007 hinaus fort, ohne dass zuvor eine schriftliche Verlängerungsabrede erfolgt ist, können sich die Parteien auch nicht darauf berufen, dass sie sich mündlich auf eine Verlängerung verständigt haben.[65] Die mündliche Verlängerungsabrede ist formunwirksam, so dass sich der Arbeitnehmer auch in diesem Falle ab dem 1.7.2008 in einem unbefristeten Arbeitsverhältnis befindet.

66 Nicht anders ist die Rechtslage, wenn die Parteien des Arbeitsvertrages diesen zunächst, um den Beispielsfall fortzusetzen, zum 30.6.2008 beenden und sodann bspw. ab dem 10.7.2008 das zunächst beendete Vertragsverhältnis „verlängern" wollen. Auch diese Verlängerungsabrede wäre nicht wirksam, da nicht ein bereits bestehender Vertrag verlängert, sondern ein neuer abgeschlossen würde. Eine Verlängerung liegt nur dann vor, wenn ein bereits bestehender befristeter Arbeitsvertrag nahtlos und ohne jedwede Unterbrechung in den nächsten Arbeitsvertrag übergeht.[66] Im Grunde ist schon die Unterbrechung durch nur einen einzigen Tag schädlich. Endet also beispielsweise ein Vertragsverhältnis vereinbarungsgemäß an einem Freitag, den 31.7., so läge keine Verlängerung des befristeten Arbeitsvertrages vor, wenn der Arbeitnehmer am darauffolgenden Montag, den 3.8., einen befristeten Arbeitsvertrag unterzeichnet. Die durch das Wochenende verursachte Lücke würde dazu führen, dass keine Verlängerung eines befristeten Arbeitsvertrages vorliegt. Demnach kann der Praxis nur empfohlen werden, einen befristeten Arbeitsvertrag innerhalb des gem. § 14 Abs. 2 TzBfG normierten zweijährigen Höchstbefristungszeitraumes vor der Beendigung der Vorbefristung durch Unterzeichnung beider Vertragsparteien und ohne inhaltliche Veränderung – mit Ausnahme der Laufzeit – zu verlängern.

1.1.4 Rechtsfolgen einer unzulässigen Befristungsabrede

67 Haben die Parteien eine unzulässige Befristungsabrede vereinbart, so ist regelmäßige Folge das Bestehen eines unbefristeten Arbeitsvertrages, der nur im Wege der schriftlichen Kündigung oder des schriftlichen Aufhebungsvertrages beendet werden kann (§ 16 TzBfG). Die Kündigung des Arbeitsverhältnisses durch den Arbeitgeber wäre dann problemlos möglich, wenn in dessen Betrieb nicht mehr als 10 Arbeitnehmer beschäftigt sind, das Kündigungsschutzgesetz gem. dessen § 23 Abs. 1 also keine Anwendung findet. Ist der Arbeitnehmer dagegen in einem Betrieb mit mehr als 10 Arbeitnehmern beschäftigt und beträgt die Dauer der Beschäftigung bereits mehr als sechs Monate, so genießt er den vollen Schutz des Kündigungsschutzgesetzes und kann nur noch gekündigt werden, wenn dessen Voraussetzungen im Einzelnen vorliegen. Haben die Parteien des (unwirksam) befristeten Arbeitsvertrags nicht vereinbart, dass dieser während der Dauer der Befristung mit einer bestimmen – zumeist der gesetzlichen – Kündigungsfrist gekündigt werden kann, kommt erschwerend hinzu, dass der ungewollt unbefristete Arbeitsvertrag erstmals nach Ablauf des gleichwohl bereits vereinbarten befristeten Zeitraums ordentlich gekündigt werden kann. Nicht zuletzt deshalb ist auch dringend zu empfehlen, in den befristeten Arbeitsvertrag die Möglichkeit zum Ausspruch einer ordentlichen Kündigung unter Einhaltung einer bestimmten Frist aufzunehmen.

---

64 *Hkz-TzBfG/Joussen* 1. Aufl. 2007, § 15 Rn. 72; *Meinel/Heyn/Herms* 2. Aufl. 2004, § 15 TzBfG Rn.43.
65 *Hk-TzBfG/Boecken* 1. Aufl. 2007, § 14 Rn. 116.
66 *HWK/Schmalenberg* 2. Aufl. 2006, § 14 TzBfG Rn. 106; *Meinel/Heyn/Herms* 2. Aufl. 2004, § 14 TzBfG Rn. 86.

Beruft sich der Arbeitnehmer auf die Unwirksamkeit der Befristungsabrede, so hat er diese **68** spätestens nach Ablauf von drei Wochen nach dem vereinbarten Befristungsende durch Einreichung einer sogenannten Entfristungsklage zum zuständigen Arbeitsgericht feststellen zu lassen (§ 17 TzBfG). Wird diese Frist versäumt, so gilt die Befristungsabrede als wirksam und das Vertragsverhältnis entsprechend als beendet.

1.2 Sachgrundlose Befristung nach § 14 Abs. 2a TzBfG

§ 14 Abs. 2a TzBfG lässt in den ersten vier Jahren nach der Gründung eines Unternehmens die **69** kalendermäßige Befristung eines Arbeitsvertrages ohne Vorliegen eines sachlichen Grundes bis zur Dauer von vier Jahren zu; bis zu dieser Gesamtdauer ist die mehrfache Verlängerung einer Zeitbefristung zulässig. **Neu gegründete Unternehmen** („Jungunternehmer") werden durch diese Regelung insoweit privilegiert, als zunächst für einen Zeitraum von bis zu vier Jahren befristete Arbeitsverträge abgeschlossen werden können, ohne dass dies besonders legitimiert werden müsste. Der Aufbau eines neu gegründeten Unternehmens wird dadurch besonders erleichtert. Die Möglichkeit zur vierjährigen sachgrundlosen Befristung besteht nicht etwa ab dem ersten Tag der Existenz des neu gegründeten Unternehmens, sondern vielmehr bis zum letzten Tag des vierjährigen Zeitraumes. Die sachgrundlose und mehrfache Befristung bis zu einer Dauer von insgesamt vier Jahren ist also bis zu dem Zeitpunkt, in welchem das Unternehmen vier Jahre alt wird, möglich, so dass sie bis in das achte Jahr des Unternehmensbestandes hineinreichen kann.[67] Während der vierjährigen Befristungsdauer ist die Anzahl einzelner befristeter Arbeitsverträge anders als bei § 14 Abs. 2 TzBfG nicht begrenzt; es können also 10 oder auch 20 befristete Anstellungsverträge hintereinander abgeschlossen werden.

Das Privileg der maximal vierjährigen Befristungsdauer gilt jedoch nur für solche Neugrün- **70** dungen von Unternehmen, die nicht im Zuge einer rechtlichen Umstrukturierung von Unternehmen und Konzernen herausgebildet worden sind. Gründet also bspw. ein großes Medienunternehmen durch Abspaltung eines Betriebes oder Betriebsteils eine neue Kapitalgesellschaft, so ist diese nicht berechtigt, mit einem neu eingestellten Arbeitnehmer sachgrundlose Befristungen auf der Grundlage des § 14 Abs. 2a TzBfG abzuschließen, da es sich um eine Neugründung im Zusammenhang mit der Umstrukturierung eines Unternehmens handelt. Durch diese Regelung soll rechtsmissbräuchlichen Umstrukturierungen vorgebeugt werden, die auch dadurch motiviert sind, in den abgespalteten neuen Unternehmungen für den Arbeitgeber günstigere arbeitsrechtliche Bedingungen herbeizuführen. Anders stellt sich die Rechtslage allerdings dar, wenn ein in einem größeren Medienunternehmen bestehender Betrieb oder Betriebsteil von einem neu gegründeten Unternehmen im Wege des Betriebsübergangs nach § 613a BGB übernommen wird. In diesem Falle kann es sich sehr wohl um eine „Neugründung" handeln, so dass das Privileg der günstigeren Befristungsmöglichkeit nach § 14 Abs. 2a TzBfG greift.[68]

1.3 Sachgrundlose Befristung nach § 14 Abs. 3 TzBfG

§ 14 Abs. 3 TzBfG lässt schließlich den Abschluss eines zeitbefristeten Arbeitsvertrages sach- **71** grundlos bis zu einer Dauer von fünf Jahren zu, wenn der Arbeitnehmer bei Beginn des befristeten Arbeitsverhältnisses das **52. Lebensjahr vollendet** hat, unmittelbar vor Beginn des befristeten Arbeitsverhältnisses mindestens vier Monate beschäftigungslos i.S.d. § 119 Abs. 1

---

67 Vgl. *HWK/Schmalenberg* 2. Aufl. 2006, § 14 TzBfG Rn. 121; *Hk-TzBfG/Boecken* 1. Aufl. 2007, § 14 Rn. 132.
68 Vgl. *HWK/Schmalenberg* 2. Aufl. 2006, § 14 TzBfG Rn. 120; *Hk-TzBfG/Boecken* 1. Aufl. 2007, § 14 Rn. 133.

Nr. 1 SGB III war, Transferkurzarbeitergeld bezogen oder an einer öffentlich geförderten Beschäftigungsmaßnahme nach den Regelungen des SGB II oder SGB III teilgenommen hat. Infolge dieser Regelung, die durch Gesetz vom 19.4.2007 zum 1.5.2007 in Kraft gesetzt wurde und mit der der Gesetzgeber auf die Europarechtswidrigkeit der Vorgängerregelung reagiert hat, können ältere Arbeitnehmer, die zuvor arbeitslos oder von Arbeitslosigkeit bedroht waren, in den „ersten Arbeitsmarkt" eingebunden werden. Mit einem 52-jährigen Arbeitnehmer, der zuvor bspw. vier Monate beschäftigungslos war, kann also ohne Sachgrund ein auf fünf Jahre befristeter Arbeitsvertrag abgeschlossen werden, der wiederum in diesem Zeitraum beliebig oft verlängert werden kann.

2. Befristung von Arbeitsverhältnissen „mit Sachgrund" nach § 14 Abs. 1 TzBfG

72   Während die sachgrundlose Befristung gem. § 14 Abs. 2, 2a und 3 TzBfG nur als Zeitbefristung, mit der schriftlich ein konkretes Enddatum vereinbart wird, denkbar ist, kann die Sachgrundbefristung nach § 14 Abs. 1 TzBfG sowohl als **Zeit- als auch als Zweckbefristung** vereinbart werden. Letztere sieht vor, dass das Arbeitsverhältnis nicht bei Erreichen eines bestimmten Enddatums, sondern bei Erreichen eines bestimmten, allerdings auch vorher definierten Zwecks, wie bspw. die Fertigstellung einer bestimmten TV-Produktion, endet.

2.1 Zeitbefristung aus sachlichem Grund

73   § 14 Abs. 1 TzBfG enthält verschiedene, nicht abschließend aufgeführte sachliche Befristungstatbestände. Die Auflistung dieser einzelnen Tatbestände in den Ziff. 1 bis 8 folgt zu weiten Teilen der Rechtsprechung der Bundesarbeitsgerichts, welches mit einer Vielzahl von Entscheidungen eine Typologie der sachlichen Befristungsgründe herausgearbeitet hat. Für den Bereich der Medienunternehmen sind nicht sämtliche Befristungsgründe von Interesse. Nachfolgend werden lediglich die Tatbestände berücksichtigt, die konkret im Bereich der Medienunternehmen von Relevanz sind.

2.1.1 „Rundfunkfreiheit" als sachlicher Befristungsgrund nach § 14 Abs. 1 S. 2 Nr. 4 TzBfG

74   Ähnlich wie im Bereich der Beschäftigung von freien Mitarbeitern anstelle abhängig beschäftigter Arbeitnehmer privilegiert die Rechtsprechung des Bundesarbeitsgerichts als Folge der grundrechtlich geschützten **Rundfunkfreiheit** nach Art. 5 Abs. 1 GG die Befristung von Arbeitsverhältnissen mit **programmgestaltenden Mitarbeitern.** Einzelheiten hierzu hat das Bundesarbeitsgericht zuletzt in seiner Entscheidung vom 26.7.2006[69] herausgearbeitet. Das Gericht hatte zu entscheiden, ob die Befristung eines Arbeitsverhältnisses zwischen einem TV-Produktionsunternehmen und einem Redakteur, welcher speziell für die Produktion zweier Fernsehsendungen beschäftigt wurde, in der Zeit vom 1.6.2003 bis zum 31.5.2004 sachlich begründet war. Es handelte sich um die 4. Befristung, der Redakteur war bereits seit dem 19.2.2001 bei der Beklagten beschäftigt.

75   Das Bundesarbeitsgericht bestätigte zunächst seine frühere Rechtsprechung,[70] wonach der in § 14 Abs. 1 S. 2 Nr. 4 TzBfG genannte Befristungsgrund der „Eigenart der Beschäftigung" bereits in dem Grundrecht der Rundfunkfreiheit zu sehen sei. Dieses Grundrecht umfasse das Recht der Rundfunkanstalten, dem Gebot der Vielfalt der zu vermittelnden Programminhalte bei der Auswahl, Einstellung und Beschäftigung derjenigen Rundfunkmitarbeiter Rechnung

---

69 AP Nr. 25 zu § 14 TzBfG.
70 Hierzu insbesondere das Urteil v. 22.4.1998, NZA 1998, 1277.

Müller

zu tragen, die bei der Gestaltung der Programme mitwirkten. Dies schließe auch die Entscheidung der Rundfunkanstalt darüber ein, ob Mitarbeiter fest oder nur für eine vorübergehende Dauer, also befristet beschäftigt werden. Demnach könne die Befristung der Arbeitsverträge mit programmgestaltend tätigen Arbeitnehmern mit der Rundfunkfreiheit gerechtfertigt werden.

Erste Voraussetzung einer durch die Rundfunkfreiheit legitimierten rechtswirksamen Sachgrundbefristung ist daher die Beschäftigung eines „programmgestaltenden Mitarbeiters". Bereits im Rahmen der Darstellung über die Abgrenzung freier Mitarbeiter von abhängig beschäftigten Arbeitnehmern wurde auf die Personen, die grds. programmgestaltende Mitarbeiter sein können, im Einzelnen näher eingegangen.[71] Im Bereich der Befristung hat das Bundesarbeitsgericht bereits mehrere Male darüber befinden müssen, ob ein Arbeitnehmer programmgestaltend tätig ist oder nicht. In seinem Urteil vom 11.12.1991[72] hat das Bundesarbeitsgericht bspw. die fünfjährige befristete Beschäftigung einer **Redaktionsleiterin** der ARD für rechtmäßig erachtet, da diese programmgestaltend sei. Zu dem gleichen Ergebnis gelangte das Bundesarbeitsgericht in seiner Entscheidung vom 22.4.1998, in der es die zuletzt 15-monatige befristete Beschäftigung – zuvor waren bereits weitere befristete Arbeitsverträge abgeschlossen worden – mit einem **Lokalreporter einer Landesrundfunkanstalt** für rechtmäßig erachtete, da auch dieser programmgestaltend tätig sei:[73] Das Bundesarbeitsgericht sah es nicht als entscheidend an, dass der Reporter Nachrichtenfilme von einer Länge zwischen 30 und 90 Sekunden erstellte. Es fügte hinzu, dass „auch bei kurzen Beiträgen (...) der Reporter nicht gleichzusetzen (sei) mit einem neutral aufzeichnenden Aufnahmegerät". Ebenfalls zugunsten des Arbeitgebers entschied das Bundesarbeitsgericht in seiner Entscheidung vom 24.4.1996,[74] in der es um die befristete Beschäftigung einer **Hörfunkredakteurin** des Bayerischen Rundfunks ging. Wegen des inhaltlichen Einflusses, welchen die Redakteurin auf die von ihr redigierten Sendungen nehme, sei sie programmgestaltend, so dass auch die Befristungsabrede nicht zu beanstanden sei.

76

Im Vergleich zu den vorstehend dargelegten Befristungsentscheidungen des Bundesarbeitsgerichts erscheint das bereits erwähnte Urteil des Bundesarbeitsgerichts vom 26.7.2006[75] restriktiver. Zwar hat es auch dort angenommen, dass ein Redakteur für eine TV-Produktionsgesellschaft zwei TV-Sendungen verantwortete und dabei inhaltlichen Einfluss auf die Sendungen nahm. Der Senat beließ es jedoch nicht bei der Feststellung, dass es sich um eine programmgestaltende Tätigkeit handelte, sondern nahm sodann eine umfassende und in der Praxis nur schwer von dem Arbeitgeber darzulegende und zu beweisende Abwägung der Interessen des TV-Produktionsunternehmens an einer befristeten Beschäftigung und dem sich auch aus dem Grundrecht der Berufsfreiheit (Art. 12 GG) des Redakteurs ergebenden Interesse an einer unbefristeten Beschäftigung vor. Letztlich sei die Prüfung in drei Schritten vorzunehmen: Zunächst müsste geprüft werden, ob die von dem Arbeitgeber produzierte Sendung „einen Austausch von Redakteuren erfordere", was im Falle einer möglichen Veränderung des produzierten Programms aufgrund veränderter „Berichtsgegenstände, Programmtechniken, Wettbewerbslagen und Publikumsbedürfnissen oder einem vergleichbaren und gleichermaßen grundgesetzlich geschützten Interesse" der Fall sein könne. Sei dies zu bejahen, sei zu prüfen, ob und in welchem Umfang die gebotene Programmänderung durch die Beschäftigung des Redakteurs in einem unbefristeten Arbeitsverhältnis erschwert oder verhindert worden wäre. Dies

77

---

71 S. hierzu 11. Abschn. Rn. 15 ff.

72 *BAG* EzA Nr. 112 zu § 620 BGB.

73 *BAG* EzA Nr. 67 zu § 611 BGB Arbeitnehmerbegriff.

74 EzA Nr. 140 zu § 620 BGB.

75 NZA 2007, 147.

sei dann der Fall, wenn der Redakteur nicht über Fähigkeiten verfüge, die für ein etwaig neues Programm erforderlich seien. Zu den Fähigkeiten seien beispielsweise „Aktivität, Lebendigkeit, Einfallsreichtum, Sachlichkeit, Fairness oder künstlerisches Niveau" zu zählen, was naturgemäß nur schwer dargelegt und bewiesen werden kann. Abschließend sei dann die Rundfunkfreiheit des Art. 5 Abs. 2 S. 1 GG des Arbeitgebers mit der Berufsfreiheit auf Art. 12 Abs. 1 GG des Redakteurs abzuwägen.

78   Es liegt auf der Hand, dass diese dreistufige Prüfung mit erheblichen Unsicherheitsfaktoren belastet ist und der Arbeitgeber kaum je sicher sein kann, dass die Beschäftigung eines programmgestaltenden Mitarbeiters diesen Anforderungen genügt. Insbesondere dann, wenn ein programmgestaltender Mitarbeiter über mehrere Jahre hinweg befristet und gegebenenfalls aufgrund verschiedener befristeter Arbeitsverträge tätig wird, wird es umso schwieriger darzulegen, dass dem Gebot der Programmvielfalt mit unbefristet beschäftigten Arbeitnehmern nicht hinreichend entsprochen werden kann. In der Praxis wird man also genau prüfen müssen, ob die befristete Beschäftigung eines programmgestaltenden Mitarbeiters tatsächlich den hohen Anforderungen der Rechtsprechung genügt.[76]

2.1.2 Befristung von Arbeitsverhältnissen mit nicht programmgestaltenden Mitarbeitern

79   Alle Mitarbeiter von Medienunternehmen, die nicht zu den programmgestaltenden Mitarbeitern zu zählen sind, können nicht rechtswirksam auf der Grundlage des § 14 Abs. 1 S. 2 Nr. 4 TzBfG befristet beschäftigt werden. Für diese Mitarbeiter kommen aber insbesondere die Sachgründe des vorübergehenden Arbeitskräftemehrbedarfs, der „Probezeit" sowie der Vertretung erkrankter, beurlaubter oder sich in Elternzeit befindender Arbeitnehmer in Betracht.

80   **2.1.2.1** Die Befristung aus Gründen der **Erprobung** ist gem. § 14 Abs. 1 S. 2 Nr. 5 TzBfG jederzeit möglich. Die Probezeit darf jedoch einen Zeitraum von sechs Monaten nicht überschreiten.[77] Vereinbaren die Parteien dagegen ein befristetes Arbeitsverhältnis aus Gründen der Erprobung für einen Zeitraum von beispielsweise 10 Monaten, so wird diese Befristungsabrede – sofern sie nicht als sachgrundlose Befristung gem. § 14 Abs. 2 TzBfG gerechtfertigt ist oder ganz besondere Umstände dies ausnahmsweise rechtfertigen[78] – unwirksam sein. Zu beachten ist auch, dass eine Befristung aus Gründen der Erprobung dann nicht zulässig ist, wenn der Arbeitgeber die Fähigkeiten des Arbeitnehmers aufgrund einer Vorbeschäftigung bereits kennt.[79] Wurde also beispielsweise ein Kameramann bereits für vier Monate befristet beschäftigt und fünf Monate später erneut aus Gründen der Erprobung für weitere sechs Monate, so spricht Vieles dafür, dass diese Befristung aus Gründen der Erprobung unwirksam ist, da die Fähigkeiten des Arbeitnehmers dem Arbeitgeber aufgrund der Vorbeschäftigung bereits bekannt gewesen sein dürften.

81   **2.1.2.2** Von größerer Bedeutung ist freilich die Befristung aus Gründen eines **vorübergehenden Arbeitskräftemehrbedarfs** nach § 14 Abs. 1 S. 2 Nr. 1 TzBfG. Nach der Rechtsprechung des Bundesarbeitsgerichts ist ein vorübergehender Personalbedarf dann gegeben, wenn der Ar-

---

76   *Boecken* vertritt die Auffassung, dass die restriktive Rspr. des BAG nicht mit dem Urteil des BVerfG vom 13.1.1982 (NJW 1982, 1447 ff.) in Einklang zu bringen sei. Die Befristung müsse bereits dann durch die Rundfunkfreiheit sachlich gerechtfertigt sein, wenn feststehe, dass ein Arbeitnehmer programmgestaltend tätig sei. Für eine Abwägung mit Bestandsschutzinteressen des Arbeitnehmers sei in diesen Fällen kein Raum (*Hk-TzBfG/Boecken* 1. Aufl. 2007, § 14 Rn. 69 f.).

77   *BAG* 15.3.1978 AP Nr. 45 zu § 620 BGB Befristeter Arbeitsvertrag; *HWK/Schmalenberg* 2. Aufl. 2006, § 14 TzBfG Rn. 41.

78   *Hk-TzBfG/Boecken* 1. Aufl. 2007, § 14 Rn. 80.

79   *BAG* NZA 2004, 1333.

beitgeber aufgrund konkreter Tatsachen prognostizieren kann, dass mit einiger Sicherheit nach Ablauf eines bestimmten Zeitraums der Personalmehrbedarf nicht mehr besteht. Die bloße Unsicherheit des Arbeitgebers darüber, wie sich der Bedarf an Personal künftig entwickelt, genügt nicht zur Rechtfertigung eines befristeten Arbeitsverhältnisses.[80]

Im Bereich von Medienunternehmen kommt diese Sachgrundbefristung bspw. dann in Betracht, wenn eine TV-Produktionsgesellschaft den Auftrag zur Erstellung einer Fernsehsendung erhält und zur Erfüllung konkret dieses Auftrags vorübergehend weiteres Personal wie beispielsweise Darsteller, Kameraleute, Beleuchter und Requisiteure benötigt. Zumeist wird einer TV-Produktionsgesellschaft ein Auftrag zur Erstellung einer TV-Sendung etwa im Bereich der Serienproduktion nur für eine bestimmte Staffel erteilt, so dass von Anfang an absehbar ist, dass der Auftrag zeitlich befristet ist. Es besteht dann ein nur vorübergehender Arbeitskräftemehrbedarf, da zum Zeitpunkt des Abschlusses der befristeten Verträge nicht absehbar ist, ob der TV-Sender den Produktionsauftrag für eine oder mehrere weitere Staffeln verlängert. An dem Bestehen eines vorübergehenden Arbeitskräftemehrbedarfs kann hingegen dann gezweifelt werden, wenn ein solches Unternehmen bereits seit vielen Jahren eine bestimmte TV-Produktion erstellt. Dies kann dann im Falle einer Vielzahl abgeschlossener befristeter Arbeitsverträge Zweifel daran nähren, dass es sich tatsächlich nur um einen „vorübergehenden" Arbeitskräftemehrbedarf handelt. Auch wenn es für den Zeitraum des „vorübergehenden" Bedarfs keine feste Zeitgrenzen gibt, werden die Zweifel umso größer sein, wenn das TV-Format schon viele Jahre am Markt existiert. Wird also ein Darsteller bereits zum 10. Mal im 10. Jahr bei der Erstellung einer Serienproduktion befristet beschäftigt, könnte ein Arbeitsgericht Zweifel daran hegen, ob tatsächlich noch ein vorübergehender Arbeitskräftemehrbedarf besteht. **82**

2.1.2.3 Schließlich kommt im Bereich der Medienunternehmen auch die Befristung wegen der Vertretung eines anderen Arbeitnehmers gem. § 14 Abs. 1 S. 2 Nr. 3 TzBfG in Betracht. Erkrankt ein Arbeitnehmer für eine längere Zeit oder lässt sich dieser beurlauben, so kann der Arbeitgeber für diesen Zeitraum ein befristetes Arbeitsverhältnis mit einem Ersatzarbeitnehmer eingehen. Gemäß § 21 BEEG gilt dies auch für Arbeitnehmer, die sich in Mutterschutz und/oder Elternzeit befinden. **83**

2.2 Zweckbefristung

Im Unterschied zur Zeitbefristung endet ein Arbeitsverhältnis im Bereich der **Zweckbefristung** nicht durch Erreichen eines bestimmten, vertraglich fixierten kalendermäßigen Endzeitpunktes, sondern vielmehr durch Erreichen eines in der Befristungsabrede definierten Zwecks. In diesen Fällen steht zwischen den Parteien fest, dass ein bestimmtes Ereignis in der Zukunft eintreten wird, unklar ist jedoch, wann dies der Fall sein wird. Erhält also bspw. ein TV-Produktionsunternehmen den Auftrag, einen bestimmten Fernsehfilm herzustellen, so kann zu Beginn unklar sein, wann der Film fertig gestellt sein wird. Würde bei dieser Konstellation ein bestimmtes Enddatum in dem befristeten Arbeitsvertrag beispielsweise mit einem Darsteller aufgenommen, so kann nicht ausgeschlossen werden, dass der Arbeitsvertrag zu früh oder zu spät endet, nämlich zu einem Zeitpunkt, zu dem der Film bereits abgedreht ist oder aber noch mitten in seiner Herstellung steckt. Um diese Unsicherheiten zu vermeiden, kann es sich anbieten, als Zweck der Befristung die Fertigstellung dieses konkret in Auftrag gegebenen Fernsehfilms aufzunehmen. Zu beachten ist dabei, dass (anders als bei einer Zeitbefristung) bei einer Zweckbefristung zwingend erforderlich ist, dass der konkrete Befristungsgrund, also der **84**

---

80 *BAG* NZA 2003, 149; 2004, 978, 979; *Hk-TzBfG/Boecken* 1. Aufl. 2007, § 14 Rn. 45.

Zweck als solcher, in die schriftliche Befristungsabrede mit aufgenommen wird.[81] Während also bei einer Zeitbefristung nur das Enddatum in dem Vertrag enthalten sein muss, aber nicht der Zweck der Zeitbefristung, ist dies bei der reinen Zweckbefristung anders;[82] dies erklärt sich allein daraus, dass dem Arbeitnehmer Klarheit darüber verschafft werden muss, wann in etwa das Vertragsverhältnis endet.

85 Zu berücksichtigen ist ferner, dass bei Erreichen des Zwecks, also bspw. bei Fertigstellung des Fernsehfilms, das Arbeitsverhältnis nicht unmittelbar mit der Fertigstellung endet, sondern gem. § 15 Abs. 2 TzBfG erst zwei Wochen nach der schriftlichen Information des Arbeitnehmers über das Erreichen des Zwecks. Der Arbeitgeber tut also gut daran, den Arbeitnehmer rechtzeitig in Schriftform über die Fertigstellung des konkreten Projektes in Kenntnis zu setzen, damit zwei Wochen nach der Mitteilung das Arbeitsverhältnis auch enden kann. Unterbleibt die Mitteilung, so läuft das Arbeitsverhältnis bis zu der schriftlichen Mitteilung fort.

2.3 Form der Sachgrundbefristung

86 Ebenso wie die sachgrundlose Befristung nach § 14 Abs. 2 TzBfG bedarf auch die Sachgrundbefristung sowohl in den Fällen der Zeit- als auch der Zweckbefristung der Schriftform gem. § 14 Abs. 4 TzBfG, um überhaupt wirksam zu werden. Während bei der Zeitbefristung der Grund der Befristungsabrede nicht schriftlich fixiert werden muss, ist dies bei der Zweckbefristung anders. Bei der Zweckbefristung markiert gerade das Erreichen des Zwecks das Ende des Arbeitsverhältnisses, so dass der Zweck auch konkret benannt werden muss, da anderenfalls die Laufzeit des Arbeitsvertrages nicht bestimmt werden kann.[83] Des Weiteren ist dringend angeraten, die Befristungsabrede von beiden Parteien des Arbeitsvertrages vor Beginn der Arbeitsaufnahme durch den Arbeitnehmer unterzeichnen zu lassen.

87 Eine Zweckbefristungsabrede könnte wie folgt lauten:

88 „Das Arbeitsverhältnis beginnt am .... und endet mit Fertigstellung der 3. Staffel der TV-Produktion mit dem Titel „..........", ohne dass es einer Kündigung bedarf, und zwar zwei Wochen nach Zugang einer schriftlichen Mitteilung des Arbeitgebers gegenüber dem Arbeitnehmer, dass die bezeichnete TV-Produktion fertig gestellt ist."

3. Die Vereinbarung einer auflösenden Bedingung gem. § 21 TzBfG

89 Während die vorstehend behandelte Zweckbefristung dadurch charakterisiert ist, dass die Parteien ein bestimmtes Ereignis als gewiss, aber dessen zeitlichen Eintritt als ungewiss angesehen haben, ist bei der auflösenden Bedingung zusätzlich ungewiss, ob ein bestimmtes Ereignis überhaupt eintritt. Die Parteien eines auflösend bedingten Arbeitsverhältnisses machen dessen Fortbestand also davon abhängig, dass ein in der Zukunft liegendes Ereignis eintritt, von dem zum Zeitpunkt des Vertragsschlusses noch gar nicht feststeht, ob es eintreten wird. § 21 TzBfG lässt auflösend bedingte Arbeitsverträge ausdrücklich zu und unterwirft deren rechtliche Voraussetzungen den gleichen Bestimmungen wie Zweckbefristungen. Dementsprechend endet auch hier das Arbeitsverhältnis nicht bereits mit der Mitteilung des Arbeitgebers darüber, dass die auflösende Bedingung eingetreten ist, sondern gem. §§ 21, 15 Abs. 2 TzBfG erst zwei Wochen nach schriftlicher Mitteilung über den Eintritt der auflösenden Bedingung.

---

81 *BAG* NZA 2006, 321; *LAG Rheinland-Pfalz* 19.5.2004 – 9 Sa 2026/03, n.v.
82 *BAG* NZA 2006, 921, 923.
83 *Hk.TzBfG/Boecken* 1. Aufl. 2007, § 14 Rn. 157, 158; *BAG* NZA 2006, 321, 323.

Das Bundesarbeitsgericht hat in seiner Entscheidung vom 2.7.2004[84] geurteilt, dass in einem **90** Arbeitsvertrag mit einer Schauspielerin geregelt werden darf, dass dieser endet, wenn die von der Schauspielerin bekleidete Rolle in einer Fernsehserie gestrichen wird. Der erkennende Senat hat hierin eine rechtmäßige auflösende Bedingung des Arbeitsverhältnisses gesehen. Konkret hatte der ausstrahlende TV-Sender entschieden, dass die Rolle künftig nicht mehr besetzt werden soll. Das TV-Produktionsunternehmen, welches im Auftrag des TV-Senders die Serie herstellte, sah sich daraufhin verpflichtet, das Arbeitsverhältnis mit der Schauspielerin zu beenden. Der Eintritt der auflösenden Bedingung wurde also nicht unmittelbar von dem Arbeitgeber, sondern von dessen Auftraggeber herbeigeführt. Gleichwohl ist davon auszugehen, dass auch dann, wenn der Drehbuchautor oder auch das TV-Produktionsunternehmen die Rolle aus der Serie streicht, das Arbeitsverhältnis infolge einer auflösenden Bedingung enden kann. In beiden Fällen muss nämlich die Entscheidung darüber, welche Rollen in einer Fernsehserie enthalten sind, dem Arbeitgeber oder dem mit diesem produzierenden Unternehmen vorbehalten sein.

Eine vertraglich vereinbarte auflösende Bedingung könnte wie folgt lauten: **91**

„Das Arbeitsverhältnis beginnt am .... und endet, sobald die Rolle des Arbeitnehmers in der TV- **92** Produktion mit dem Titel „........." entfällt, ohne dass es einer Kündigung des Arbeitsvertrages bedarf, und zwar zwei Wochen nach Zugang einer schriftlichen Mitteilung des Arbeitgebers gegenüber dem Arbeitnehmer, dass die bezeichnete Rolle entfallen ist."

4. Optionsabreden in Arbeitsverträgen

In der Praxis der Medienunternehmen werden nicht selten sog. Optionsabreden abgeschlossen, **93** nach denen es zumeist einseitig dem Arbeitgeber vorbehalten ist, einen befristeten Arbeitsvertrag durch Erklärung gegenüber dem Arbeitnehmer für einen weiteren befristeten Zeitraum zu verlängern, ohne dass der Arbeitnehmer hierauf Einfluss nehmen kann. Hintergrund solcher Optionsabreden ist zumeist, dass der Arbeitnehmer für ein bestimmtes TV-Projekt bspw. als Darsteller benötigt wird und die Beendigung des Arbeitsverhältnisses durch den Darsteller die Fortsetzung der Produktion gefährden oder sogar verhindern könnte. Um sich hiergegen zu schützen, werden vielfach Optionsabreden vereinbart.

Die Rechtswirksamkeit derartiger Optionsabreden ist in Literatur und Rechtsprechung noch **94** nicht abschließend geklärt. Zwar sind im Bereich der Arbeitsverträge mit Profisportlern bereits Entscheidungen ergangen, in denen die Rechtmäßigkeit von Optionsabreden festgestellt wurde.[85] In diesen Fällen bestand jedoch sowohl für den Arbeitnehmer als auch für den Arbeitgeber – konkret ging es um einen Lizenzspieler einer Profi-Fußballmannschaft – ein Optionsrecht, beide konnten also gegen den Willen des jeweils anderen die Verlängerung des Vertrags für einen bestimmten, zuvor vereinbarten Zeitraum herbeiführen.

In Optionsabreden beispielsweise mit Filmschaffenden soll dagegen nur der Arbeitgeber berechtigt sein, den Arbeitsvertrag zu verlängern, nicht hingegen der Filmschaffende. Derartig **95** einseitige Verlängerungsoptionen können gegen § 622 Abs. 6 BGB verstoßen, der einen Gleichklang der Kündigungstermine des Arbeitgebers und des Arbeitnehmers vorsieht. Ist aber nur der Arbeitgeber berechtigt, die Dauer des Vertragsverhältnisses zu bestimmen, so könnte hierin ein Verstoß gegen diese Regelung zu sehen sein. Auf der anderen Seite darf freilich nicht unberücksichtigt bleiben, dass die durch Art. 5 GG geschützte Rundfunk- und Filmfreiheit zweifelsfrei bei Anstellungsverträgen mit programmgestaltenden Mitarbeitern eine

---

84 NZA 2004, 311.
85 Bspw. *LAG Köln* NZA 1997, 317.

einschränkende Auslegung des § 622 Abs. 6 BGB gebietet. Aber auch mit Darstellern, die nicht zu den programmgestaltenden Mitarbeitern zählen, müssen solche Regelungen zulässig sein, da sie im Ergebnis dem Abschluss einer auflösenden Bedingung ähneln. Für den Darsteller stellt sich der Abschluss eines optionierten Arbeitsvertrages so dar, als wäre dieser bereits für einen längeren Zeitraum abgeschlossen. Zwar kann nur der Arbeitgeber durch Nichtausübung der Option die Laufzeit verkürzen, wenn die Rolle des Darstellers in einer TV-Produktion nicht mehr benötigt wird, doch kann dieses Ergebnis auch durch Abschluss einer zulässigen auflösenden Bedingung erzielt werden. Vor diesem Hintergrund erscheint es sachfremd, Optionsabreden in Anstellungsverträgen mit Darstellern und mit solchen Arbeitnehmern, die konkret an Film- und Fernsehproduktionen teilnehmen, für unzulässig zu erklären.[86]

5. Gestaltungsmöglichkeiten in der Praxis

96 Die von Gesetzgebung und Rechtsprechung zur Verfügung gestellten Arten der zeitlichen Begrenzung von Arbeitsverträgen lassen verschiedenste Kombinationsmöglichkeiten zu, um einen flexiblen Personaleinsatz zu gewährleisten. Bei Neueinstellungen sollte stets bedacht werden, ob eine kalendermäßige Zeitbefristung, bei der also das Enddatum vertraglich fixiert wird, möglich ist. Sofern dies der Fall ist, sollte eine sachgrundlose, „erleichterte" Befristung nach § 14 Abs. 2 TzBfG für einen maximalen Zeitraum von zwei Jahren vereinbart werden, da diese ohne jedwede Gründe abgeschlossen werden kann. Während eines Zeitraums von zwei Jahren besteht die Gelegenheit, einen Arbeitsvertrag zunächst beispielsweise für einen Zeitraum von sechs Monaten zu befristen, um sodann gegebenenfalls für weitere (maximal drei) Zeiträume bis zur Höchstbefristungsdauer von zwei Jahren den bestehenden Vertrag zu verlängern. Geachtet werden sollte darauf, ob während des Befristungszeitraumes eine ordentliche Kündigung des Arbeitsvertrages möglich sein soll. Bei einem befristeten Anstellungsvertrag mit einem Schauspieler kann dies durchaus nicht gewollt sein, da es notwendig sein kann, diesen während der gesamten Befristungsdauer an den Vertrag zu binden, um zu vermeiden, dass dieser andere Engagements, die ihm bspw. lukrativer erscheinen, annimmt und zu diesem Zwecke den Vertrag kurzfristig kündigt. In anderen Fällen kann es aber durchaus sinnvoll sein, ein Kündigungsrecht zu vereinbaren, um das Vertragsverhältnis vor Befristungsablauf – sofern dies kündigungsschutzrechtlich zulässig ist – zu kündigen.

97 Besteht nicht die Möglichkeit, das Vertragsende kalendermäßig zu fixieren, kommt von Beginn der Zusammenarbeit an nur eine Sachgrundbefristung in Form einer Zweckbefristung nach § 14 Abs. 1 TzBfG (oder auch eine auflösende Bedingung nach § 21 TzBfG) in Betracht. Möglich ist es aber auch, eine Zeit- mit einer Zweckbefristung zu kombinieren. Dies kann dann sinnvoll sein, wenn in etwa absehbar ist, wann das Vertragsverhältnis kalendermäßig enden soll, der Arbeitgeber jedoch annehmen muss, dass der Arbeitnehmer über das Ende des Befristungszeitraumes hinaus benötigt wird. Hier ist es zulässig, eine Zeitbefristung abzuschließen und hinzuzufügen, dass das Arbeitsverhältnis aber spätestens mit Erreichen eines bestimmten Zwecks endet. Eine solche kombinierte Zeit-/Zweckbefristung könnte wie folgt lauten:

98 „Das Arbeitsverhältnis beginnt am .... und endet am ...., ohne dass es einer Kündigung bedarf. Ist der Fernsehfilm mit dem Titel „........." bis zum Ende der Zeitbefristung nicht fertig gestellt, so endet das Arbeitsverhältnis spätestens mit Fertigstellung der bezeichneten Produktion, und zwar zwei Wochen nach Zugang einer schriftlichen Mitteilung des Arbeitgebers gegenüber dem Arbeitnehmer, dass die bezeichnete Produktion fertig gestellt ist."

---

86 Vgl. im Ergebnis auch *von Hartlieb/Schwarz-Altenburg* Handbuch des Film-, Fernseh- und Videorechts, 4. Aufl. 2004, 275. Kap. Rn. 12.

Des Weiteren ist es auch denkbar, einen befristeten mit einem auflösend bedingten Arbeitsver- **99** trag zu kombinieren. Wenn es in dem vorstehend gebildeten Beispielsfall möglich ist, dass eine vorzeitige Beendigung des Arbeitsvertrages deshalb geboten ist, weil ein bestimmtes Ereignis eintritt, welches die Fortsetzung des Arbeitsvertrages ausschließt, kann zusätzlich eine auflösende Bedingung gem. § 21 TzBfG in den Arbeitsvertrag aufgenommen werden. Die vorstehend zitierte Vertragsklausel könnte dann wie folgt ergänzt werden:

„Das Arbeitsverhältnis endet abweichend von vorstehender Befristung dann, wenn die Rolle des Ar- **100** beitnehmers in der bezeichneten Produktion entfällt, und zwar zwei Wochen nach Zugang einer schriftlichen Mitteilung des Arbeitgebers gegenüber dem Arbeitnehmer, dass die Rolle in der bezeichneten Produktion entfallen ist."

Die erleichterte Befristung nach § 14 Abs. 2 TzBfG ist nicht mehr möglich, wenn „zuvor" mit **101** dem Arbeitnehmer bereits ein befristeter oder unbefristeter Arbeitsvertrag bestanden hat. Im Falle einer Vorbeschäftigung ist jedoch jederzeit der Abschluss eines befristeten Vertrages mit Sachgrund gem. § 14 Abs. 1 TzBfG möglich, sofern freilich ein Sachgrund vorliegt. Sollte also ein Arbeitsverhältnis für zwei Jahre auf der Grundlage des § 14 Abs. 2 TzBfG „erleichtert" befristet worden sein, so kann im Anschluss daran eine weitere befristete Beschäftigung eingegangen werden, wenn ein entsprechender Sachgrund vorliegt. Sachgrundbefristungen können über einen Zeitraum von zwei Jahren hinaus vereinbart werden. Eine zeitliche Begrenzung nach oben gibt es nur insoweit, als ein für längere Zeit als fünf Jahre eingegangener befristeter Vertrag von dem Arbeitnehmer nach Ablauf von fünf Jahren mit einer Frist von sechs Monaten gekündigt werden kann (§ 15 Abs. 4 TzBfG). Kürzere befristete Arbeitsverträge oder auch mehrere hintereinander abgeschlossene „Kettenbefristungen", die einen Zeitraum von fünf Jahren überschreiten, können hingegen zulässig sein, wenn jeweils ein sachlicher Grund für die Befristung vorhanden ist. Es ist freilich darauf zu achten, dass im Falle einer arbeitsgerichtlichen Überprüfung die Anforderungen an den Sachgrund der letzten, dem Arbeitsgericht zur Prüfung vorgelegten Befristung umso höher werden, je länger die vertraglichen Beziehungen zwischen den Parteien schon dauern.[87]

6. Befristung von Verträgen mit freien Mitarbeitern

Die Befristung von Verträgen mit freien Mitarbeitern unterliegt keinen gesetzlichen Beschrän- **102** kungen. Sie spielt in der Praxis auch keine besondere Rolle, da auch unbefristete Verträge mit freien Mitarbeitern (und arbeitnehmerähnlichen Personen) jederzeit im Rahmen des § 621 BGB mit kurzen Kündigungsfristen gekündigt werden können. Insoweit ergibt sich die Flexibilität bei der Beschäftigung von freien Mitarbeitern bereits aus der jederzeitigen Kündigungsmöglichkeit des Vertragsverhältnisses, so dass es an sich keiner Befristung bedarf. Nur in den Fällen, in denen aus Sicht des auftraggebenden Unternehmens eine gewisse zeitliche Bindung ohne Kündigungsmöglichkeit bestehen soll, kann der Abschluss eines befristeten freien Mitarbeitervertrages sinnvoll sein.

---

87 *BAG* NZA 1992, 883, 886; *HWK/Schmalenberg* 2. Aufl. 2006, § 14 TzBfG Rn. 90, 93.

III. Auswirkungen des Allgemeinen Gleichbehandlungsgesetzes (AGG) auf Medienunternehmen

103   Zum 18.8.2006 trat das politisch sehr umstrittene Allgemeine Gleichbehandlungsgesetz (AGG) in Kraft. Mit diesem kam der deutsche Gesetzgeber seiner Pflicht zur Umsetzung der vier EU-Richtlinien,[88] welche den Schutz vor Diskriminierung regeln, nach. Der Schwerpunkt der Regelungen dieser EU-Richtlinien liegt darin, den Schutz im Bereich Beschäftigung und Beruf – auf welche sich die folgenden Ausführungen beschränken werden – hinsichtlich der Merkmale Rasse, ethnische Herkunft, Religion und Weltanschauung, Behinderung, Alter, sexuelle Identität und Geschlecht zu bestimmen. Im Hinblick auf die Merkmale Rasse und ethnische Herkunft sowie Geschlecht ist aber auch das Zivilrecht betroffen, insbesondere Verträge mit Lieferanten, Dienstleistern oder Vermietern.

1. Ziel und Inhalt des AGG

104   Gemäß § 1 ist es Ziel des AGG, Benachteiligungen aus Gründen der Rasse oder wegen der ethnischen Herkunft, des Geschlechts, der Religion oder Weltanschauung, einer Behinderung, des Alters oder der sexuellen Identität zu verhindern oder zu beseitigen. Der Begriff der Benachteiligung wird in § 3 AGG legal definiert, wobei zwischen der unmittelbaren und der mittelbaren Benachteiligung zu unterscheiden ist. Unter den Begriff der Benachteiligung fällt auch die Belästigung, insbesondere die sexuelle Belästigung.

105   Benachteiligungen sind unzulässig in Bezug auf das gesamte Arbeitsleben. Dieses umfassende Benachteiligungsverbot richtet sich an alle Arbeitgeber und erfasst den Schutz aller Beschäftigten, wobei als Beschäftigte auch Bewerber für ein Beschäftigungsverhältnis sowie die Personen, deren Beschäftigungsverhältnis beendet ist, gelten. Im Hinblick auf den Zugang zur Erwerbstätigkeit sowie den beruflichen Aufstieg sind auch Selbständige und Organmitglieder erfasst (§ 6 AGG). Für Kündigungen bestimmt jedoch § 2 Abs. 4 AGG ausdrücklich, dass ausschließlich die Bestimmungen zum allgemeinen und besonderen Kündigungsschutz gelten, das AGG mithin keine Anwendung finden soll. In dem bundesweit ersten Urteil zur Diskriminierung nach dem AGG hat das Arbeitsgericht Osnabrück aber festgestellt, dass die Vorschriften des AGG auf die Kündigung trotz der in § 2 Abs. 4 AGG geregelten Ausnahme Anwendung finden, da § 2 Abs. 4 AGG europarechtswidrig sei.[89]

106   In den §§ 8 bis 10 bestimmt das AGG Ausnahmen vom Benachteiligungsverbot. Eine unterschiedliche Behandlung ist demnach zum einen dann zulässig, wenn der Grund für die unterschiedliche Behandlung wegen der Art der auszuübenden Tätigkeit oder der Bedingungen ihrer Ausübung eine wesentliche und entscheidende berufliche Anforderung darstellt, sofern der Zweck rechtmäßig und die Anforderung angemessen ist. Ferner dürfen Kirchen und Religionsgemeinschaften ihre Beschäftigten weiterhin mit Rücksicht auf deren Religion oder Weltanschauung auswählen dürfen, soweit dies im Hinblick auf ihr Selbstbestimmungsrecht oder nach Art der Tätigkeit gerechtfertigt ist („Kirchenklausel"). Im Übrigen ist auch eine unterschiedliche Behandlung wegen des Alters dann zulässig, wenn sie objektiv und angemessen und durch ein legitimes Ziel gerechtfertigt ist.

---

88 Richtlinien 2000/43/EG v. 29.6.2000 (ABlEG Nr. L 180, 22), 2000/78/EG v. 27.11.2000 (ABlEG Nr. L 303, 16), 2002/73/EG v. 23.9.2002 (ABlEG Nr. L 269, 15) und 2004/113/EG v. 13.12.2004 (ABlEG Nr. L 373, 37).

89 *ArbG Osnabrück* 5.2.2007- 3 Ca 677/06.

Der Arbeitgeber ist verpflichtet, die erforderlichen Maßnahmen zum Schutz vor Benachteili- **107**
gungen zu treffen und im Falle der Benachteiligung von Beschäftigten entsprechende Maßnahmen zu ergreifen und zwar auch bei Verstößen anderer Beschäftigter oder bei solchen von Kunden. Verstößt der Arbeitgeber gegen das Benachteiligungsverbot, ist er verpflichtet, den hierdurch entstandenen Schaden zu ersetzen. Bei einer Nichteinstellung darf die Entschädigung jedoch drei Monatsgehälter nicht übersteigen, wenn der Beschäftigte auch bei benachteiligungs-
freier Auswahl nicht eingestellt worden wäre. In allen anderen Fällen der Benachteiligung
besteht keine gesetzlich festgelegte Obergrenze. Ein Verstoß des Arbeitgebers gegen das Benachteiligungsverbot begründet jedoch grds. keinen Anspruch auf Begründung eines Beschäftigungsverhältnisses. Einen etwaigen Entschädigungsanspruch muss der Beschäftigte grundsätzlich innerhalb einer Frist von drei Monaten ab Kenntnis von der Benachteiligung schriftlich geltend machen.

2. Auswirkungen des AGG auf Medienunternehmen

Da sich das AGG an alle Arbeitgeber richtet, findet es auch zum Schutze der Beschäftigten in **108**
Medienunternehmen Anwendung. Grds. besteht somit auch hier ein umfassendes Benachteiligungsverbot im Hinblick auf die in § 1 AGG genannten Gründe. Andererseits greift auch hier
zunächst der allgemeine Rechtfertigungsgrund des § 8 Abs. 1 AGG. Liegen die Voraussetzungen des § 8 Abs. 1 AGG vor, ist eine Ungleichbehandlung aus Gründen der Rasse oder wegen
der ethnischen Herkunft, des Geschlechts, der Religion oder Weltanschauung, einer Behinderung, des Alters oder der sexuellen Identität somit zulässig. Als Maßstab, ob die Ungleichbehandlung gerechtfertigt ist, kann die Kontrollfrage dienen, ob der Arbeitgeber gerade für das
Vorliegen der Anforderung ggf. auch mehr bezahlen würde.[90]

Keine Anwendung auf Medienunternehmen findet hingegen § 9 Abs. 1 AGG, wonach eine un- **109**
terschiedliche Behandlung wegen der Religion oder Weltanschauung gerechtfertigt sein kann.
Auf diese Vorschrift können sich nur Kirchen und deren Einrichtungen berufen, jedoch nicht
sonstige Tendenzunternehmen, wie bspw. Presseunternehmen.[91] Eine Ungleichbehandlung
wegen der Religion oder Weltanschauung seitens eines Arbeitgebers, der sich nicht auf § 9
Abs. 1 AGG berufen kann, kann aber bei Vorliegen der Voraussetzungen des § 8 Abs. 1 AGG
gerechtfertigt sein. Zulässig ist zudem grds. eine Ungleichbehandlung wegen der politischen
Anschauung, da dieses Merkmal nicht von dem Begriff der Weltanschauung umfasst wird und
das AGG keinen Schutz vor der Ungleichbehandlung wegen politischer Anschauungen gewährt.[92] Nach der politischen Anschauung darf der Arbeitgeber – den allgemein geltenden
Grundsätzen zufolge – aber wiederum nur dann fragen, wenn er ein besonderes, schützenswer-
tes Interesse an der Kenntnis der politischen Einstellung des Bewerbers hat.[93] Insbesondere in
Presseunternehmen und Verlagshäusern dürfte dies regelmäßig der Fall sein.

90 *Bezani/Richter* AGG, 2006, Rn. 179.
91 *Bauer/Göpfert/Krieger* AGG, 2007, § 9 Rn. 3; *Bezani/Richter* AGG, 2006, Rn. 199; *Wisskirchen/Bis-
    sels* NZA 2007, 169, 172.
92 *Bezani/Richter*, AGG, 2006, Rn. 200; *MünchKomm/Thüsing* 5. Aufl. 2007, § 1 AGG Rn. 94 f.;
    Schwab DNotZ 2006, 649, 656; *Thüsing* NZA-Sonderbeilage Heft 22/2004, S. 3, 11; a.A. *Wisskirchen*
    DB 2006, 1491,1492.
93 *MünchKomm/Thüsing* 5. Aufl. 2007, § 1 AGG Rn. 94 f.

IV. Jugendarbeitsschutz in Medienunternehmen

110 In Medienunternehmen und insbesondere in solchen der Fernsehbranche werden nicht selten Kinder und Jugendliche eingesetzt. Der Einsatz erfolgt bspw. als Darsteller in Fernseh- und Kinofilmen oder im Rahmen von TV-Serien oder Fernsehshows. Das Jugendarbeitsschutzgesetz setzt der Beschäftigung von Kindern und Jugendlichen in derartigen Produktionen allerdings Schranken, die dazu führen, dass dieser Personenkreis nicht in gleicher Weise beschäftigt werden darf wie Erwachsene. Nicht nur in Deutschland müssen sich Fernsehsender und Produktionsgesellschaften die Frage stellen, ob der Einsatz von Kindern und Jugendlichen gesetzlich zulässig ist, auch in den USA gerät eine solche Beschäftigung zunehmend auf den Prüfstand. So plant bspw. der US-amerikanische TV-Sender CBS die Umsetzung des Formates „Kid Nation". An diesem Projekt sollen sich 40 Kinder 40 Tage lang in einer Wüste versammeln und dort von Kameras begleitet werden. Letztlich geht es um die Nachstellung des Romans „Herr der Fliegen" von William Golding, in welchem das Sozialverhalten von auf einer Insel gestrandeten Kindern, die ihr eigenes Herrschaftssystem errichten, literarisch umgesetzt wird.[94] Ob ein solches Projekt, ungeachtet anderer Bedenken, in Deutschland arbeitsrechtlich zulässig wäre, muss zumindest bezweifelt werden.

111 **1.1** Bei der Beschäftigung von Personen, die noch nicht 18 Jahre alt sind, differenziert das Jugendarbeitsschutzgesetz zwischen Kindern und Jugendlichen. Kinder sind hiernach solche, die noch nicht 15 Jahre alt sind, während unter den Begriff der Jugendlichen die 15- bis 17-jährigen fallen (§ 2 Abs. 1, 2 JArbSchG). Die Beschäftigung von Kindern und Jugendlichen erfolgt nach unterschiedlichen gesetzlichen Kriterien. Allerdings werden Jugendliche, die der Vollzeitschulpflicht unterliegen, im Rahmen des Jugendarbeitsschutzgesetzes wie Kinder behandelt. Die Vollzeitschulpflicht beginnt bundesweit mit dem 6. Lebensjahr und endet nach neun Schuljahren. In Berlin, Brandenburg, Bremen, Sachsen-Anhalt und Nordrhein-Westfalen beträgt die Vollzeitschulpflicht indes 10 Schuljahre.[95] Dies dürfte im Ergebnis dazu führen, dass der Großteil der Jugendlichen, also der 15- bis 17-jährigen hinsichtlich der Beschäftigung wie Kinder zu behandeln sind, da Vollzeitschulpflicht zumeist noch vorliegen dürfte. Anzuwenden ist das Jugendarbeitsschutzgesetz auf alle Arten der abhängigen Beschäftigung von Kindern und Jugendlichen, aber auch auf Dienstleistungen, die der Arbeitsleistung von Arbeitnehmern ähnlich sind (§ 1 Abs. 1 Nr. 2 und 3 JArbSchG). Liegt also bspw. bei genauer rechtlicher Betrachtung ein Arbeitsverhältnis zwischen einem Jugendlichen und einem „Auftraggeber" nicht vor, weil bspw. das Kind oder der Jugendliche frei ist in der Gestaltung seiner Arbeitszeit, so greift das Jugendarbeitsschutzgesetz gleichwohl, wenn die erbrachte Leistung der eines Arbeitnehmers ähnlich ist. Bewirkt wird hierdurch ein erweiterter Schutz von Kindern und Jugendlichen vor weitgehend fremdbestimmter Arbeit, die mit der Ausbildung und der Entwicklung von Kindern und Jugendlichen nach Auffassung des Gesetzgebers nicht oder nur begrenzt in Einklang zu bringen ist.

112 **1.2** Gemäß § 5 Abs. 1 JArbSchG ist die Beschäftigung von Kindern grds. verboten. Wer noch nicht 15 Jahre alt ist, darf also in Medienunternehmen zunächst nicht beschäftigt werden. Das Gesetz sieht jedoch auch Ausnahmen vor. So ist die Beschäftigung von Kindern bspw. dann zulässig, wenn sie im Rahmen eines Betriebspraktikums während der Vollzeitschulpflicht erfolgt (§ 5 Abs. 2 Nr. 2 JArbSchG). Des Weiteren können gem. § 5 Abs. 3 JArbSchG Kinder

---

94 S. hierzu F.A.Z. v. 22.8.2007 (Medienseite).
95 *HWK/Strick* 2. Aufl. 2006, § 2 JArbSchG Rn. 2.

über 13 Jahre – also nur die 14-jährigen, da Personen, die 15 Jahre oder älter sind, bereits als Jugendliche gelten – mit Einwilligung des Personensorgeberechtigten (zumeist die Eltern) beschäftigt werden, soweit die Beschäftigung leicht und für Kinder geeignet ist. Dies soll dann der Fall sein, wenn die Sicherheit, Gesundheit und Entwicklung der Kinder, die Schulbesuche und die Fähigkeit, dem Unterricht mit Nutzen zu folgen, nicht nachteilig beeinflusst werden. Ferner darf die Beschäftigung von Kindern nicht mehr als zwei Stunden täglich und nicht vor und während des Schulunterrichts erfolgen. Die Beschäftigung erfordert also grundsätzlich die Einwilligung des Personensorgeberechtigten, so dass zumeist die Eltern zuvor ihre Zustimmung zu der Beschäftigung zu erteilen haben. Da Jugendliche, die der Vollzeitschulpflicht unterliegen, nach dem Jugendarbeitsschutzgesetz wie „Kinder" behandelt werden, gelten die vorstehenden Einschränkungen auch für diese. Allerdings sieht § 5 Abs. 4 JArbSchG vor, dass das Verbot der Beschäftigung von Jugendlichen während der Schulferien für höchstens vier Wochen im Kalenderjahr nicht gilt. Jugendliche können also auch während der Vollzeitschulpflicht während vier Wochen jährlich in den Schulferien Arbeitsleistungen erbringen, wobei allerdings die Einschränkungen der Beschäftigung von Jugendlichen nach den §§ 8 ff. JArbSchG zu beachten sind.

Die Beschäftigung von Kindern ist gem. § 6 JArbSchG in Ausnahmefällen dann zulässig, **113** wenn die zuständige Aufsichtsbehörde (in der Regel das Gewerbeaufsichtsamt) vor Aufnahme der Beschäftigung seine Zustimmung erteilt hat. Für Medienunternehmen von Interesse ist insoweit § 6 Abs. 1 Nr. 2 JArbSchG, der die behördliche Zustimmung „bei Musikaufführungen und anderen Aufführungen, bei Werbeveranstaltungen sowie bei Aufnahmen im Rundfunk (Hörfunk und Fernsehen), auf Ton- und Bildträgern sowie Film- und Fotoaufnahmen" zulässt. Dabei kann sich die Zustimmung bei Kindern über 3 bis 6 Jahre nur auf bis zu zwei Stunden täglich in der Zeit von 8:00 Uhr bis 17:00 Uhr und bei Kindern über 6 Jahre (bis zum vollendeten 14. Lebensjahr) auf bis zu drei Stunden täglich in der Zeit von 8:00 Uhr bis 22:00 Uhr beziehen. Ist also bspw. die Beschäftigung eines fünfjährigen Kindes innerhalb einer TV-Produktion, in der dieses schauspielerische Leistungen erbringen soll, beabsichtigt, so ist vor Beginn der Arbeitsaufnahme die Zustimmung der zuständigen Aufsichtsbehörde einzuholen. Zudem kann die Beschäftigung lediglich maximal zwei Stunden täglich in der Zeit von 8:00 Uhr bis 17:00 Uhr erfolgen. Weitere Voraussetzung ist nach § 6 Abs. 2 JArbSchG, dass erneut die Personensorgeberechtigten schriftlich in die Beschäftigung einwilligen und bestimmte Maßnahmen zum Schutz des Kindes gewährleistet sind. Bei der Beschäftigung von Kindern – wie auch von Jugendlichen – ist zu beachten, dass Verstöße gegen die zwingenden Regelungen des Jugendarbeitsschutzgesetzes nach §§ 58, 59 JArbSchG bußgeldbewerte Ordnungswidrigkeiten darstellen. Ferner ist ein gegen die zwingenden Regelungen des Jugendarbeitsschutzgesetzes abgeschlossener Arbeitsvertrag mit einem Kind oder Jugendlichen gem. § 134 BGB nichtig. Kann das Arbeitsverhältnis hiernach nach den Regelungen über das faktische Arbeitsverhältnis jederzeit von beiden Parteien beendet werden, so bleibt der Arbeitgeber doch zur Zahlung des Entgeltes und insbesondere zur Erfüllung und Einhaltung der sich aus dem Gesetz ergebenden Schutzpflichten verpflichtet.[96]

1.3 Auch die Beschäftigung von Jugendlichen, also der 15- bis 17-jährigen unterliegt gesetz- **114** lich zwingenden Restriktionen, die sogar den Beschäftigungsverboten und den engen Ausnahmetatbeständen in Fällen der Beschäftigung von Kindern entsprechen, wenn der Jugendliche

---

96 Vgl. *von Harlieb/Schwarz-Joch/Klichowski* Handbuch des Film-, Fernseh- und Videorechts, 4. Aufl. 2004, 278. Kap. Rn. 10.

gem. § 2 Abs. 2 JArbSchG der Vollzeitschulpflicht unterliegt. Jugendliche, bei denen dies nicht der Fall ist, dürfen grundsätzlich gem. § 8 Abs. 1 JArbSchG nicht mehr als acht Stunden täglich und nicht mehr als 40 Stunden wöchentlich beschäftigt werden. Insoweit handelt es sich um Spezialregelungen zum Arbeitszeitgesetz, welches eine kalendertägliche Arbeitszeit von bis 10 Stunden vorsieht, wenn innerhalb von sechs Kalendermonaten oder innerhalb von 24 Wochen im Durchschnitt acht Stunden werktäglich nicht überschritten werden (§ 3 ArbZG). Gemäß § 14 Abs. 1 JArbSchG gilt eine „Nachtruhe", nach der Jugendliche nur in der Zeit von 6:00 Uhr bis 20:00 Uhr beschäftigt werden dürfen. Eine Ausnahme für Medienunternehmen enthält wiederum § 14 Abs. 7 JArbSchG, wonach „bei Musikaufführungen, Theatervorstellungen und anderen Aufführungen, bei Aufnahmen im Rundfunk (Hörfunk und Fernsehen), auf Ton- und Bildträger sowie bei Film- und Fotoaufnahmen bis 23:00 Uhr" Jugendliche gestaltend mitwirken können. Eine behördliche Ausnahmegenehmigung ist hierfür nicht erforderlich. Des Weiteren gilt der Grundsatz, dass an Samstagen und Sonntagen Jugendliche nicht beschäftigt werden dürfen (§§ 16 Abs. 1, 17 Abs. 1 JArbSchG). § 16 Abs. 2 Nr. 7 JArbSchG lässt wiederum die Beschäftigung von Jugendlichen an Samstagen bei den Veranstaltungen zu, die vorstehend bei der Beschäftigung von Jugendlichen bis 23:00 Uhr (§ 14 Abs. 7 JArbSchG) aufgezählt wurden. Zu beachten ist, dass diese Ausnahmen nicht identisch sind mit der Ausnahme in § 17 Abs. 2 Nr. 5 JArbSchG, der sich auf die ausnahmsweise zulässige Beschäftigung von Jugendlichen an Sonntagen bezieht. Diese ist nur „bei Musikaufführungen, Theatervorstellungen und anderen Aufführungen sowie bei Direktsendungen im Rundfunk (Hörfunk und Fernsehen)" zulässig. Während also die Beschäftigung von Jugendlichen an Samstagen bei Aufnahmen im Bereich des Rundfunks und des Fernsehen, der Ton- und Bildträger sowie bei Film- und Fotoaufnahmen gestattet ist, gilt dies nicht für den Einsatz von Jugendlichen an Sonntagen. Dort ist eine Beschäftigung nur „bei Direktsendungen", also bei Live-Sendungen im Bereich des Hörfunks und des Fernsehens zulässig, Film- und Fotoaufnahmen dagegen nicht.[97] Samstags- und Sonntagsbeschäftigungen werden also im Bereich der Medien unterschiedlich gesetzlich gestattet. Des Weiteren gilt für Jugendliche die Fünf-Tage-Woche (§ 15 JArbSchG). Hiernach dürfen Jugendliche nur an fünf Tagen in der Woche beschäftigt werden, wobei die beiden wöchentlichen Ruhetage nach Möglichkeit aufeinanderfolgen sollen. Auch hier unterscheidet sich die Beschäftigung von Jugendlichen von der von Erwachsenen, da das Arbeitszeitgesetz auch den Samstag als Werktag und damit regelmäßigen Arbeitstag, also eine Sechs-Tage-Woche nicht ausschließt (§ 3 ArbZG). Demnach darf ein Jugendlicher nicht an sechs oder sogar sieben Tagen in der Folge beschäftigt werden. Vielmehr sind stets zwei Ruhetage zu gewähren. Da die §§ 16, 17 JArbSchG grds. das Samstags- und Sonntagsarbeitsverbot normieren, geht der Gesetzgeber regelmäßig von einem Einsatz eines Jugendlichen von Montag bis einschließlich Freitag aus. In den Fällen, in denen ausnahmsweise eine Samstags- und Sonntagsbeschäftigung zulässig ist, sind dem Jugendlichen dann zwei freie Tage in der Zeit von Montag bis einschließlich Freitag zu gewähren. Da diese zusammenhängend erfolgen „sollen" (nicht „müssen"), kann der Arbeitgeber die freien Tage auch nicht zusammenhängend gewähren, wenn dringende betriebliche Gründe für eine Aufteilung sprechen.[98]

---

97 Vgl. *ErfK/Schlachter* 7. Aufl. 2007, § 17 JArbSchG Rn. 8.
98 Vgl. *ErfK/Schlachter* 7. Aufl. 2007, § 15 JArbSchG Rn. 1.

C. Kollektives Arbeitsrecht

Das kollektive Arbeitsrecht umfasst primär das Betriebsverfassungs-, das Mitbestimmungs- und das Tarifvertragsrecht. Während erstere sich mit Fragen der betrieblichen Mitbestimmung des Betriebsrates in Betrieben und Unternehmen bzw. mit der unternehmerischen Mitbestimmung in Aufsichtsräten beschäftigt, betrifft letzteres das Verhältnis der Gewerkschaften zu Arbeitgebern und Arbeitgeberverbänden und die Geltung von zwischen diesen Parteien ausgehandelten Tarifverträgen für von diesen erfasste Arbeitsverhältnisse. **115**

I. Betriebliche und unternehmerische Mitbestimmung in Medienunternehmen

1. Betriebliche Mitbestimmung

1.1 Grundsätzliche Geltung des Betriebsverfassungsgesetzes

§ 1 Abs. 1 BetrVG bestimmt, dass in Betrieben mit in der Regel mindestens fünf Arbeitnehmern Betriebsräte gewählt werden können. Es ist allein Sache der Arbeitnehmer zu entscheiden, ob sie einen Betriebsrat installieren wollen oder nicht. Haben die Arbeitnehmer in ihrem Betrieb einen Betriebsrat gewählt, so stehen diesem weitgehende Mitbestimmungsrechte zu, die sich nach den einschlägigen Regelungen des Betriebsverfassungsgesetzes insbesondere auf **soziale** (§§ 87 ff. BetrVG), **personelle** (§§ 92 ff. BetrVG) und **wirtschaftliche** Angelegenheiten (§§ 106 ff. BetrVG) beziehen. Die Mitbestimmung in sozialen Angelegenheiten ergibt sich insbesondere aus dem § 87 BetrVG, der beispielsweise die Mitbestimmung des Betriebsrates bei Beginn und Ende der täglichen Arbeitszeit einschließlich der Pausen sowie der Verteilung der Arbeitszeit auf die einzelnen Wochentage, die Aufstellung allgemeiner Urlaubsgrundsätze und der Urlaubspläne, der Einführung und Anwendung von technischen Einrichtungen (zu denen auch Telefonanlagen gehören können) und Fragen der betrieblichen Lohngestaltung (zu denen wiederum Fragen der Verteilung von Boni oder Prämien gehören) begründet. Bei diesen Mitbestimmungsrechten handelt es sich um sog. zwingende Mitbestimmungsrechte, die der Betriebsrat auch gegen den Willen des Arbeitgebers durchsetzen kann. Kommt nämlich eine Einigung zwischen Arbeitgeber und Betriebsrat nicht zustande, kann der Betriebsrat gem. § 76 Abs. 1 BetrVG die Einigungsstelle anrufen, die dann insbesondere durch die Stimme eines neutralen Vorsitzenden eine Regelung in Form eines Einigungsstellenspruchs gegen den Willen des Arbeitgebers herbeiführen kann. **116**

Die Mitbestimmung in personellen Angelegenheiten bezieht sich in Unternehmen mit mehr als 20 Arbeitnehmern insbesondere auf die Mitbestimmung des Betriebsrates nach § 99 BetrVG, also auf die Mitbestimmung vor einer Einstellung, Eingruppierung, Umgruppierung oder Versetzung eines Arbeitnehmers. Ohne Zustimmung des Betriebsrates kann der Arbeitgeber die vorstehend benannten personellen Einzelmaßnahmen grds. nicht durchführen. Gegenstand der Mitbestimmung in personellen Angelegenheiten ist auch die Regelung des § 102 BetrVG (der auch in Betrieben mit weniger als 21 Arbeitnehmern greift), der die Mitbestimmungsrechte des Betriebsrates bei dem Ausspruch von Kündigungen vorsieht. Schließlich betrifft die Mitbestimmung in wirtschaftlichen Angelegenheiten primär die Beteiligungsrechte des Betriebsrates bei Betriebsänderungen im Sinne des § 111 BetrVG. In Unternehmen mit in der Regel mehr als 20 Arbeitnehmern hat der Arbeitgeber bei bestimmten Betriebsänderungen, also beispielsweise bei einem Personalabbau oder auch einer Zusammenlegung von Betrieben oder der Spaltung einzelner Betriebe oder Betriebsteile, mit dem Betriebsrat einen Interessenausgleich und **117** mitunter auch einen Sozialplan abzuschließen. Letzterer sieht regelmäßig Abfindungszahlungen vor, wenn die Betriebsänderung mit wirtschaftlichen Nachteilen für die Arbeitnehmer, also bspw. betriebsbedingten Kündigungen einhergeht.

118 Die Mitbestimmungsrechte eines Betriebsrates beziehen sich auf den Betrieb, für den er gewählt wurde, und nicht auf das Unternehmen. Insoweit unterscheidet das Betriebsverfassungsrecht zwischen dem Begriff des Unternehmens (oder Unternehmers) und dem des Betriebes. Das Unternehmen ist die juristische (oder natürliche) Person und der rechtliche Arbeitgeber des bei diesem beschäftigten Arbeitnehmers. Ein Betrieb ist dagegen die organisatorische und räumliche Einheit von sächlichen und immateriellen Betriebsmitteln, mit deren Hilfe der Betriebsinhaber (also der Unternehmer) allein oder in Gemeinschaft mit seinen Arbeitnehmern einen bestimmten arbeitstechnischen Zweck verfolgt, der sich nicht in der Befriedigung von Eigenbedarf erschöpft.[99] Ein Unternehmen kann damit mehrere Betriebe unterhalten, so dass sich in einem Unternehmen in mehreren Betrieben mehrere Betriebsräte konstituieren können. Sind in mehreren Betrieben eines Unternehmens Betriebsräte gewählt worden, so ist ein **Gesamtbetriebsrat** zu errichten (§ 47 Abs. 1 BetrVG). In jeden Gesamtbetriebsrat entsendet jeder Betriebsrat eine bestimmte Anzahl von Mitgliedern. Zuständig ist der Gesamtbetriebsrat für die Durchführung bestimmter Mitbestimmungsrechte in Angelegenheiten, die das gesamte Unternehmen oder mehrere Betriebe des Unternehmens betreffen und nicht durch die einzelnen Betriebsräte innerhalb ihrer Betriebe geregelt werden können. Insoweit ist der Gesamtbetriebsrat auch zuständig für Betriebe, in denen kein Betriebsrat gewählt worden ist (§ 50 Abs. 1 BetrVG). Ferner kann der Betriebsrat den Gesamtbetriebsrat beauftragen, eine Angelegenheit für ihn zu behandeln (§ 50 Abs. 2 BetrVG). Plant also bspw. der Unternehmer eine Betriebsänderung in Form eines größeren Personalabbaus, der sich auf mehrere Betriebe erstreckt, ist regelmäßig für die Verhandlung eines Interessenausgleichs und Sozialplans (Letzteres ist allerdings umstritten) der Gesamtbetriebsrat zuständig.

119 Bestehen in einem Konzern mehrere Unternehmen und mehrere Gesamtbetriebsräte, so können diese einen **Konzernbetriebsrat** errichten (§ 54 Abs. 1 BetrVG). Der Konzernbetriebsrat ist zuständig für die Behandlung von Angelegenheiten, die den Konzern oder mehrere Konzernunternehmen betreffen und nicht durch die einzelnen Gesamtbetriebsräte innerhalb ihrer Unternehmen geregelt werden können. Wie auch bei dem Gesamtbetriebsrat, so erstreckt sich auch bei dem Konzernbetriebsrat dessen Kompetenz auf Unternehmen, in denen kein Gesamtbetriebsrat besteht, und auf Betriebe ohne Betriebsrat (§ 58 Abs. 1 BetrVG). Schließlich kann ein Gesamtbetriebsrat mit der Mehrheit der Stimmen seiner Mitglieder den Konzernbetriebsrat beauftragen, eine Angelegenheit für ihn zu behandeln (§ 58 Abs. 2 BetrVG).

120 Das Betriebsverfassungsgesetz, welches den Betriebsräten, Gesamtbetriebsräten und Konzernbetriebsräten weitreichende Mitbestimmungsrechte zugesteht, gilt personell für alle Arbeiter und Angestellte in den Betrieben des Unternehmens. Freie Mitarbeiter und Selbständige fallen hingegen nicht in den personellen Anwendungsbereich des Betriebsverfassungsgesetzes, insoweit stehen den Betriebsräten keine Mitbestimmungsrechte zu. Ebenfalls nicht anwendbar ist das Betriebsverfassungsgesetz auf so genannte **leitende Angestellte** (§ 5 Abs. 3 BetrVG). Leitender Angestellter im Sinne des Betriebsverfassungsgesetzes ist hiernach ein Arbeitnehmer, der zur selbständigen Einstellung und Entlassung von Arbeitnehmern berechtigt ist, Generalvollmacht oder Prokura hat und die Prokura auch im Verhältnis zum Arbeitgeber nicht unbedeutend ist oder regelmäßig sonstige Aufgaben wahrnimmt, die für den Bestand und die Entwicklung des Unternehmens oder eines Betriebes von Bedeutung sind (§ 5 Abs. 3 Nr. 1 bis 3

---

99 *BAG* AP Nr. 12 zu § 1 BetrVG 1972; NZA 1989, 190; *HWK/Gaul* 2. Aufl. 2006, § 1 BetrVG Rn. 9; *Fitting* 23. Aufl. 2006, § 1 BetrVG Rn. 63.

Müller

BetrVG). Bereits hieraus folgt, dass nicht jeder Arbeitnehmer, der auf einer gehobenen Hierarchieebene tätig ist, „leitender Angestellter" im Sinne des Betriebsverfassungsgesetzes ist. Zu den leitenden Angestellten zählen letztlich nur diejenigen Mitarbeiter, die tatsächlich über weitreichende Befugnisse und Kenntnisse verfügen und selbständige Entscheidungen treffen können, ohne dass ein Geschäftsführer, Vorstand oder sonstiger „leitender Mitarbeiter" seine vorherige Einwilligung zu einer bestimmten Maßnahme geben muss. In der Praxis bedeutet dies, dass es Unternehmen geben kann, in denen nur ein verschwindend geringer Teil von Mitarbeitern tatsächlich leitende Angestellte sind, da sich die Geschäftsführung oder der Vorstand weitreichende Entscheidungsbefugnisse vorbehalten und diese nicht delegiert haben. Unerheblich ist auch – obwohl dies oft in der Praxis anzutreffen ist –, dass in einem Arbeitsvertrag vereinbart wird, dass ein Arbeitnehmer leitender Angestellter im Sinne des § 5 Abs. 3 BetrVG ist. Individualvertragliche Vereinbarungen sind insoweit irrelevant.[100]

2. Bereichsausnahme für sogenannte „Tendenzbetriebe" (§ 118 BetrVG)

Das Betriebsverfassungsgesetz gilt uneingeschränkt nahezu für sämtliche privatrechtlich organisierte Arbeitgeber in Deutschland. Eine Ausnahme enthält hingegen § 118 BetrVG für Unternehmen und Betriebe, die unmittelbar oder überwiegend politischen, koalitionspolitischen, konfessionellen, karitativen, erzieherischen, wissenschaftlichen oder künstlerischen Bestimmungen oder Zwecken der Berichterstattung oder Meinungsäußerung, auf die Art. 5 Abs. 1 S. 2 GG Anwendung findet, dienen. § 118 Abs. 1 BetrVG definiert dies insoweit, als die Vorschriften des Betriebsverfassungsgesetzes keine Anwendung finden, soweit die Eigenart des Unternehmens oder des Betriebs dem entgegensteht. Medienunternehmen, die demnach künstlerischen oder Zwecken der Berichterstattung oder Meinungsäußerung dienen, kommen somit in den Genuss einer Bereichsausnahme mit der Folge, dass bestimmte Mitbestimmungsrechte des Betriebsrates in eben diesen Unternehmen keine oder nur eine eingeschränkte Rolle spielen. Nachfolgend wird zunächst darzulegen sein, welche Medienunternehmen tatsächlich unter die Bereichsausnahme des § 118 BetrVG fallen. Sodann wird zu erörtern sein, wie sich die Bereichsausnahme konkret auf die Mitbestimmung der Betriebsräte auswirkt.

2.1 Tendenzbetriebe und –unternehmen

2.1.1 Für die Feststellung der Tendenzeigenschaft ist grundsätzlich auf das Unternehmen und nicht auf den Betrieb abzustellen.[101] Zu fragen ist also danach, ob das Medienunternehmen „unmittelbar und überwiegend künstlerischen Bestimmungen" (§ 118 Abs. 1 Nr. 1 BetrVG) oder „Zwecken der Berichterstattung oder der Meinungsäußerung, auf die Art. 5 Abs. 1 S. 2 GG Anwendung findet" (§ 118 Abs. 1 Nr. 2 BetrVG), dient. Hat das Unternehmen allerdings mehrere Betriebe, so kommt es darauf an, ob jeder einzelne Betrieb als Tendenzbetrieb gewertet werden kann. So ist es durchaus denkbar, dass in einem Unternehmen tendenzgeschützte und tendenzfreie Betriebe existieren; in diesen Fällen kommt eine Einschränkung von Mitbestimmungsrechten des Betriebsrates in den tendenzfreien Betrieben nicht in Betracht.[102] In den Genuss eingeschränkter Mitbestimmungsrechte des Betriebsrates kommt ein Medienunternehmen allerdings nur dann, wenn es „unmittelbar und überwiegend" tendenzgeschützt ist. **„Unmittelbar"** bedeutet, dass die tendenzgeschützten Ziele Hauptzweck und nicht lediglich Nebenzweck des Unternehmens sein müssen. Insoweit muss die Tendenz in einem Unternehmen selbst verwirklicht werden, die Arbeitnehmer müssen selbst die Tendenz „erarbeiten" und

121

122

---

100 Vgl. *HWK/Gaul* 2. Aufl. 2006, § 5 BetrVG Rn. 46.
101 *BAG* AP Nr. 51 zu § 118 BetrVG; *Richardi* 10. Aufl. 2006, § 118 BetrVG Rn. 24.
102 *Mengel* NZA 2001, 307, 308; *HWK/Hohenstatt/Dzida* 2. Aufl. 2006, § 118 BetrVG Rn. 2.

beeinflussen können.[103] So muss beispielsweise eine Druckerei als Verlagsdruckerei Teil eines einheitlichen Betriebes eines Tendenzunternehmens sein oder als selbständiger Betrieb des Tendenzunternehmens Einfluss auf den Inhalt der Druckerzeugnisse nehmen können, nur dann liegt Unmittelbarkeit i.S.d. § 118 Abs. 1 (Einleitungssatz) BetrVG vor. Handelt es sich hingegen um eine „Lohndruckerei", die rechtlich verselbständigt lediglich mit dem Druck verlegerischer Erzeugnisse beauftragt ist, liegt eine „unmittelbare" Tendenz nicht vor.

123 Ob ein Unternehmen **„überwiegend"** tendenzgeschützte Aktivitäten verfolgt, richtet sich danach, in welchem Umfang und welcher Intensität das Unternehmen seine Tätigkeit diesen Zielen im Vergleich zu seinen anderen, nicht tendenzgeschützten Zielen widmet.[104] Dabei kommt es nicht so sehr auf die Umsatz- und Gewinnzahlen des Unternehmens an, da diese im Wesentlichen von Faktoren abhängig sind, die unabhängig vom Unternehmenszweck sind. Wesentliches Kriterium ist vielmehr der Einsatz der Mitarbeiter, die zur Verwirklichung der tendenzgeschützten und nicht tendenzgeschützten Ziele regelmäßig eingesetzt werden. Maßgeblich ist insoweit die Arbeitszeitmenge, die regelmäßig zur Erreichung der verschiedenen Unternehmensziele aufgewandt wird. Bei der Ermittlung der Arbeitszeitmenge kommt es wiederum nicht ausschließlich auf die Tendenzträger an, also solche Mitarbeiter, die selbst inhaltlich auf die Tendenzverwirklichung Einfluss nehmen, sondern auf sämtliche Mitarbeiter, die der Tendenzverwirklichung mittelbar dienen, wie etwa Sekretariatsmitarbeiter oder das technische Personal.[105] Maßgeblich ist also bei der Beurteilung der Frage, ob ein Unternehmen „überwiegend" tendenzgeschützten Zielen nachkommt, welche **Arbeitszeit** die Mitarbeiter in den unternehmerischen Bereichen einsetzen und aufwenden, die den Tendenzschutz des Unternehmens begründen sollen.

124 **2.1.2** Der Zweck eines Medienunternehmens muss geistig-ideellen Bestimmungen (Abs. 1 Nr. 1) oder der Berichterstattung und Meinungsäußerung (Abs. 1 Nr. 2) dienen, um i.S.d. § 118 BetrVG tendenzgeschützt zu sein. Geistig-ideellen Bestimmungen dient ein Medienunternehmen, wenn es wissenschaftlichen oder künstlerischen Zwecken folgt. Wissenschaft ist insoweit alles, was nach Inhalt und Form als ernsthafter, planmäßiger Versuch zur Ermittlung der Wahrheit anzusehen ist. Dabei ist es unerheblich, ob grundlagen- oder anwendungsorientierte Forschung betrieben wird.[106] Insoweit kann bspw. ein wissenschaftlicher Buch- oder Zeitschriftenverlag als Tendenzunternehmen gewertet werden, wenn er überwiegend und unmittelbar diesem Tendenzzweck folgt.[107] Buch- und Zeitschriftenverlage können sich neben § 118 Abs. 1 Nr. BetrVG, der auf den wissenschaftlichen Zweck eines Unternehmens abstellt, auch auf § 118 Abs. 1 Nr. 2 BetrVG stützen, der die Berichterstattung oder Meinungsäußerung als Unternehmenszweck zum Gegenstand hat. Insoweit wird für Verlage sicherlich der letztgenannte Anwendungsbereich im Mittelpunkt stehen, da Medienunternehmen zumeist Zwecken der Berichterstattung oder Meinungsäußerung zu dienen bestimmt sind.

125 Neben wissenschaftlichen Zwecken erwähnt § 118 Abs. 1 Nr. 1 BetrVG aber auch künstlerische Bestimmungen und verweist damit auf die Kunstfreiheit des Art. 5 Abs. 3 GG. Nach der Rechtsprechung des Bundesverfassungsgerichts setzt „Kunst" einen schöpferisch-individualen Akt sinnlich anschaulicher Formgebung voraus, der auf kommunikative Sinnvermittlung nach

---

103 Vgl. *ErfK/Kania* 7. Aufl. 2007, § 118 BetrVG Rn. 6.
104 *BAG* AP Nr. 43 zu § 118 BetrVG 1972; *ErfK/Kania* 7. Aufl. 2007, § 118 BetrVG Rn. 7.
105 *BAG* AP Nr. 47 zu § 118 BetrVG 1972; *HWK/Hohenstatt/Dzida* 2. Aufl. 2006, § 118 BetrVG Rn. 13.
106 *BAG* AP Nr. 47 zu § 118 BetrVG 1972.
107 *BAG* AP Nr. 39 zu § 118 BetrVG 1972; *Richardi* 10. Aufl. 2006, § 118 BetrVG Rn. 68

außen gerichtet ist.[108] Damit aber fallen Werke der Sprache, der Musik, der Tanzkunst und der bildenden Künste sowie Lichtbild- und Filmwerke unter den Begriff der „künstlerischen Bestimmung" des § 118 Abs. 1 Nr. 2 BetrVG.[109] Dementsprechend wurden bspw. Film- und Herstellungsbetriebe, Musikverlage, Produzenten von LP, CD und MC sowie belletristische Buchverlage als tendenzgeschützte Unternehmen i.S.d. § 118 Abs. 1 Nr. 1 BetrVG wegen ihrer künstlerischen Bestimmung qualifiziert;[110] gleiches gilt für Theater,[111] Symphonieorchester,[112] Filmhersteller und -verleiher, Konzertagenturen, Tonträger, Verlage und Museen.[113] Nicht künstlerischen Zwecken zu dienen bestimmt sind dagegen Buch- und Schallplattenhandlungen[114] und Schallplattenherstellungsbetriebe.[115]

§ 118 Abs. 1 Nr. 2 BetrVG verweist mit der Bezugnahme auf die Berichterstattung und Meinungsäußerung als Zweck eines Unternehmens auf Art. 5 Abs. 1 S. 2 GG, also auf die Grundrechte der Pressefreiheit und der Freiheit der Berichterstattung durch Rundfunk und Film. In den Anwendungsbereich des § 118 Abs. 1 Nr. 2 BetrVG fallen auch solche Unternehmen, die keine politische Tendenz verfolgen, also beispielsweise Generalanzeiger.[116] Die Bandbreite der Unternehmen, die sich auf den Tendenzschutz nach dieser Vorschrift berufen können, ist groß. Es gehören zweifellos solche Unternehmen dazu, die Zeitungen oder Zeitschriften veröffentlichen[117] sowie Buchverlage, wobei die Breite des Verlagsprogramms nicht tendenzschädlich ist.[118] Ebenfalls erfasst werden Presse- und Nachrichtenagenturen[119] sowie private Rundfunk- und Fernsehsender.[120] Auch Film- und Fernsehproduktionsgesellschaften fallen in den Anwendungsbereich des § 118 Abs. 1 Nr. 2 BetrVG.[121] Nicht erfasst von dem Tendenzschutz des § 118 Abs. 1 Nr. 2 BetrVG werden hingegen reine Zeitschriftenhändler oder Lesezirkelunternehmen[122] sowie Verlage, die ausschließlich tendenzfreie Drucksachen verlegen, wie Adressbücher, Telefonbücher oder Formularsammlungen.[123] **126**

2.1.3 Liegt nach den vorstehenden Kriterien ein tendenzgeschütztes Medienunternehmen vor, so sind die Beteiligungsrechte des Betriebsrates eingeschränkt. Nach der Rechtsprechung des Bundesarbeitsgerichts setzt die Einschränkung der betriebsverfassungsrechtlichen Beteiligungsrechte jedoch voraus, dass es sich um eine von dem Arbeitgeber geplante tendenzbezogene Maßnahme handelt, deren Verwirklichung durch eine Mitbestimmung des Betriebsrates verhindert oder zumindest ernstlich gefährdet werden kann. Eine derart ernstliche Beeinträchtigung kommt nur dann in Betracht, wenn die Maßnahme Arbeitnehmer trifft, deren Tätigkeit für die Tendenz des Unternehmens prägend ist, es sich also um Tendenzträger handelt. Dementsprechend muss es sich um eine tendenzbezogene Maßnahme handeln, die einen **Tendenz-** **127**

---

108 *BVerfG GRUR* 1971, 461, 463.
109 *Richardi* 10. Aufl. 2006, § 118 BetrVG Rn. 72.
110 Vgl. hierzu *Richardi* 10. Aufl. 2006, § 118 BetrVG Rn. 73; *DKK/Wedde* 9. Aufl. 2007, § 118 BetrVG Rn. 36; *BAG* AP Nr. 39 zu § 118 BetrVG 1972: Belletristischer Buchverlag.
111 *BAG* AP Nr. 32 zu § 118 BetrVG 1972.
112 *BAG* AP Nr. 12 zu § 15 KSchG 1969.
113 Vgl. hierzu *HWK/Hohenstatt/Dzida* 2. Aufl. 2006, § 118 BetrVG Rn. 9.
114 *Richardi* 10. Aufl. 2006, § 118 BetrVG Rn. 75; *DKK/Wedde* 9. Aufl. 2007, § 118 BetrVG Rn. 37.
115 Vgl. *DKK/Wedde* 9. Aufl. 2007, § 118 BetrVG Rn. 37.
116 *BAG* AP Nr. 7 zu § 118 BetrVG 1972.
117 *BAG* NZA 2003, 166; AP Nr. 7 zu § 118 BetrVG 1972.
118 *BAG* AP Nr. 39 zu § 118 BetrVG 1972.
119 *Richardi* 10. Aufl. 2006, § 118 BetrVG Rn. 88.
120 *BAG* 27.7.1993, AP Nr. 51 zu § 118 BetrVG 1972; AP Nr. 50 zu § 118 BetrVG 1972.
121 *Richardi* 10. Aufl. 2006, § 118 BetrVG Rn. 89.
122 *Richardi* 10. Aufl. 2006, § 118 BetrVG Rn. 81.
123 *HSWG/Hess* 6. Aufl. 2003, § 118 BetrVG Rn. 24; *Richardi* 10. Aufl. 2006, § 118 BetrVG Rn. 86.

träger betrifft.[124] Im Umkehrschluss bedeutet dies, dass arbeitsbezogene Maßnahmen des Medienunternehmens, die keinen Bezug zu der Tendenz aufweisen und keine Tendenzträger treffen, den betriebsverfassungsrechtlichen Mitbestimmungsrechten in gleicher Weise unterliegen, wie in jedem anderen Unternehmen auch.

128 Der Begriff des Tendenzträgers, also des Arbeitnehmers, der Einfluss auf die Verwirklichung der geistig-ideellen Zielsetzung des Unternehmens nimmt, ist nicht etwa identisch mit dem des programmgestaltenden Mitarbeiters, der im Rahmen der Abgrenzung freier von abhängigen Mitarbeitern und der Befristung von Arbeitsverhältnissen von Relevanz ist.[125] Ausreichend ist vielmehr, dass der Arbeitnehmer an der Tendenzverwirklichung teilnimmt. So hat das BAG beispielsweise entschieden, dass auch Redaktionsvolontäre Tendenzträger sein können.[126] In gleicher Weise sind Redakteure eines Radiosenders[127] und Redakteure einer Tageszeitung[128] und Sportredakteure[129] Tendenzträger. Nicht zu den Tendenzträgern gehören dagegen Mitarbeiter des technischen oder sonstigen, nicht mit dem Inhalt einer Zeitung oder eines sonstigen Werks eines Medienunternehmens befassten Personals wie Buchhalter, Sekretärinnen und Zeitungsausträger.[130]

129 Liegt ein tendenzgeschütztes Medienunternehmen vor und werden von diesem tendenzbezogene Maßnahmen im Hinblick auf Tendenzträger angestoßen, so stellt sich die Frage nach der Einschränkung von Mitbestimmungsrechten des Betriebsrates in den bereits drei benannten Bereichen der personellen, sozialen und wirtschaftlichen Angelegenheiten.

2.2 Mitbestimmung in personellen Angelegenheiten

130 In personellen Angelegenheiten bestehen die Mitbestimmungsrechte des Betriebsrates zunächst insoweit uneingeschränkt fort, als es sich um Maßnahmen handelt, die nicht gegenüber Tendenzträgern erfolgen. Aber auch Maßnahmen gegenüber Tendenzträgern sind mitbestimmungspflichtig, wenn die Maßnahme an sich tendenzneutral ist. Als grundsätzlich tendenzneutral werden die allgemeinen personellen Angelegenheiten der §§ 92 bis 98 BetrVG angesehen. So hat das BAG beispielsweise entschieden, dass die **Unterrichtungs- und Beratungspflicht** über die Personalplanung im Sinne des § 92 BetrVG auch bezüglich Tendenzträgern gilt.[131] Dementsprechend hat der Arbeitgeber auch in einem Medienunternehmen mit Tendenzcharakter den Betriebsrat über den gegenwärtigen und künftigen Personalbedarf beispielsweise auch der Redakteure sowie die sich hieraus ergebenden personellen Maßnahmen rechtzeitig und umfassend zu unterrichten. In gleicher Weise hat das BAG entschieden, dass auch die **Ausschreibung** von Arbeitsplätzen nach § 93 BetrVG mitbestimmungspflichtig ist, so dass der Betriebsrat verlangen kann, dass Arbeitsplätze auch von Tendenzträgern, die neu besetzt werden sollen, allgemein innerbetrieblich ausgeschrieben werden sollen.[132] Anders hat das BAG hinsichtlich der Beteiligung des Betriebsrates nach § 94 BetrVG geurteilt. Hiernach bedürfen **Personalfragebögen**, die sich auf Tendenzträger wie beispielsweise Redakteure, Journalisten

---

124 *HWK/Hohenstatt/Dzida* 2. Aufl. 2006, § 118 BetrVG Rn. 19; *BAG* AP Nr. 10 zu § 101 BetrVG 1972; AP Nr. 49 zu § 118 BetrVG 1972.
125 Vgl. hierzu 11. Abschn. oben Rn. 15 ff., 74 ff.
126 *BAG* AP Nr. 21 zu § 118 BetrVG 1972.
127 *BAG* AP Nr. 51 zu § 118 BetrVG 1972.
128 *BAG* AP Nr. 46 zu § 118 BetrVG 1972.
129 *BAG* AP Nr. 7 zu § 118 BetrVG 1972.
130 *BAG* AP Nr. 1 zu § 118 BetrVG 1972; *Richardi* 10. Aufl. 2006, § 118 BetrVG Rn. 126.
131 *BAG* AP Nr. 3 zu § 92 BetrVG 1972.
132 *BAG* AP Nr. 11 zu § 118 BetrVG 1972.

oder auch Regisseure beziehen, nicht der Zustimmung des Betriebsrates.[133] Dementsprechend differenziert das BAG zwischen reinen Informationsrechten des Betriebsrates und zustimmungsbedürftigen Maßnahmen des Arbeitgebers, die also nur durchgeführt werden können, wenn tatsächlich die Zustimmung des Betriebsrates vorliegt.

Deutlich äußert sich diese Differenzierung auch im Bereich der in der Praxis wichtigen Mitbestimmungsregelungen der §§ 99 und 102 BetrVG. Beabsichtigt also der Arbeitgeber beispielsweise die **Einstellung** eines Tendenzträgers oder dessen **Versetzung**, so hat er hierüber den Betriebsrat in vollem Umfang gem. § 99 Abs. 1 BetrVG zu informieren und ihm die notwendigen Unterlagen auszuhändigen. Nach Auffassung des BAG beeinträchtigt die bloße Information des Betriebsrates und dessen Anhörung die Tendenz des Medienunternehmens nicht.[134] Dagegen entfällt das Zustimmungsverweigerungsrecht des Betriebsrates nach § 99 Abs. 2 BetrVG. Dies deshalb, weil sonst der Betriebsrat auf die geistig-ideelle Ausrichtung des Medienunternehmens Einfluss nehmen würde, wenn er verhindern könnte, dass ein Tendenzträger wie bspw. ein Redakteur oder auch ein Journalist eingestellt oder auf einen anderen Arbeitsplatz versetzt wird. Diesen Maßnahmen wohnt eine Tendenzbedingtheit inne, die mitbestimmungsfrei bleiben soll. Anders stellt sich dagegen das Mitbestimmungsrecht des Betriebsrates gem. § 99 Abs. 1 BetrVG bezüglich der Einstufung in eine Lohn- oder Gehaltsgruppe auch von Tendenzträgern dar. Hier vertritt das BAG die Auffassung, dass diese Maßnahmen tendenzfrei sind, so dass das Mitbestimmungsrecht in vollem Umfang erhalten bleibt.[135]

131

Ähnlich gestaltet sich die Rechtslage bei der **Anhörung des Betriebsrates** im Falle einer Kündigung eines Tendenzträgers. Nach § 102 Abs. 1 BetrVG ist der Betriebsrat vor jeder Kündigung auch eines Tendenzträgers zu hören und entsprechend zu informieren. Ihm sind die Kündigungsgründe umfassend mitzuteilen.[136] Das Widerspruchsrecht des Betriebsrates gem. § 102 Abs. 3 BetrVG gegen den Ausspruch einer beabsichtigten Kündigung besteht hingegen im Falle der Kündigung eines Tendenzträgers nicht. Folgerichtig wird dadurch nicht der Weiterbeschäftigungsanspruch eines gekündigten Arbeitnehmers gem. § 102 Abs. 5 BetrVG ausgelöst,[137] da die erzwungene Weiterbeschäftigung eines Tendenzträgers ausgeschlossen bleiben soll. In die Systematik der aufgezeigten Rechtsprechung passt es, dass das Mitbestimmungsrecht des Betriebsrates gem. § 105 BetrVG bezüglich der Einstellung oder personellen Veränderung eines leitenden Angestellten i.S.d. § 5 Abs. 3 BetrVG erhalten bleibt, da es sich hierbei um reine Informationsrechte handelt.[138]

132

2.3 Mitbestimmung in sozialen Angelegenheiten

Die Mitbestimmung in sozialen Angelegenheiten gem. den §§ 87 bis 89 BetrVG lässt im Wesentlichen Einschränkungen der Mitbestimmungsrechte des Betriebsrates nicht entstehen, da es regelmäßig um den wertneutralen Arbeitsablauf und die Organisation des Betriebes geht, die tendenzneutral sind.[139] Ausnahmen von diesem Grundsatz können jedoch in Einzelfällen bestehen. So hat das BAG bspw. bei der Geltendmachung eines Mitbestimmungsrechts auf der Grundlage des § 87 Abs. 1 Nr. 1 BetrVG (Fragen der **Ordnung des Betriebes**) angenommen,

133

---

133 *BAG* AP Nr. 4 zu § 94 BetrVG 1972.
134 *BAG* AP Nr. 18 zu § 118 BetrVG; hierzu auch *BVerfG* AP Nr. 14 zu § 118 BetrVG 1972.
135 *BAG* AP Nr. 27 zu § 118 BetrVG 1972; *Richardi* 10. Aufl. 2006, § 118 BetrVG Rn. 160.
136 *BAG* AP Nr. 1 zu § 130 BetrVG 1972; *Fitting* 23. Aufl. 2006, § 118 BetrVG Rn. 38; a.A. *Dzida/Hohenstatt* NZA 2004, 1084.
137 *Fitting* 23. Aufl. 2006, § 118 BetrVG Rn. 35.
138 *Richardi* 10. Aufl. 2006, § 118 BetrVG Rn. 168.
139 *BAG* AP Nr. 44 zu § 118 BetrVG 1972; hierzu auch *BVerfG* AP Nr. 67 zu § 118 BetrVG 1972; *Fitting* 23. Aufl. 2006, § 118 BetrVG Rn. 32.

dass die Aufstellung von **Ethikregeln für Redakteure** wegen des Tendenzcharakters dieser Maßnahme nicht der Mitbestimmung des Betriebsrates unterliegt.[140] Auch bezüglich des Mitbestimmungsrechtes des Betriebsrates aus § 87 Abs. 1 Nr. 2 BetrVG hinsichtlich des Beginns und des Endes der **täglichen Arbeitszeit** können Einschränkungen bestehen, sofern deren Festlegung nicht nur aus technisch-organisatorischen Gründen, sondern wegen der Aktualität oder der inhaltlichen Ausgestaltung der Berichterstattung erfolgt.[141] Besteht eine Konnexität zwischen der Lage der täglichen Arbeitszeit und der Berichterstattung durch Redakteure, so ist das Mitbestimmungsrecht des Betriebsrates wegen der Tendenznähe der Maßnahme ausgeschlossen. Bereits dieses Beispiel zeigt, dass sich in der Praxis mitunter bereits im Vorfeld der Mitbestimmung Streitigkeiten zwischen Betriebsrat und Arbeitgeber darüber ergeben können, ob ein Mitbestimmungsrecht überhaupt besteht. So kann es auch durchaus sein, dass Fragen der Mitbestimmung bei Beginn und Ende der täglichen Arbeitszeit von Tendenzträgern teilweise mitbestimmungspflichtig, teilweise aber auch mitbestimmungsfrei sind, je nachdem, ob die einzelne Frage der Arbeitszeit Tendenznähe aufweist oder nicht.

2.4 Mitbestimmung in wirtschaftlichen Angelegenheiten

134   Die Mitbestimmung in wirtschaftlichen Angelegenheiten ist bereits gem. § 118 Abs. 1 S. 2 BetrVG zu Lasten des Betriebsrates insoweit eingeschränkt, als dort geregelt ist, dass die §§ 106 bis 110 BetrVG nicht und die §§ 111 bis 113 BetrVG nur anzuwenden sind, als sie den Ausgleich oder die Milderung wirtschaftlicher Nachteile für die Arbeitnehmer infolge von Betriebsänderungen regeln. Anders als bei der Mitbestimmung in sozialen und personellen Angelegenheiten hat der Gesetzgeber also bei der Mitbestimmung in wirtschaftlichen Angelegenheiten bereits eine ausdrückliche Ausnahmeregelung in § 118 BetrVG aufgenommen. Hieraus folgt zunächst, dass in Unternehmen mit Tendenzcharakter kein **Wirtschaftsausschuss** im Sinne des § 106 Abs. 1 BetrVG gebildet werden kann. Ein solcher ist üblicherweise in Unternehmen zu bilden, die mehr als 100 Arbeitnehmer beschäftigen. Der Arbeitgeber hat den Wirtschaftsausschuss rechtzeitig und umfassend über die wirtschaftlichen Angelegenheiten des Unternehmens unter Vorlage erforderlicher Unterlagen zu unterrichten. Diese Verpflichtung entfällt also gänzlich in Medienunternehmen, die einen Tendenzcharakter aufweisen. Auch wenn in Tendenzunternehmen ein Wirtschaftsausschuss nicht gebildet werden kann, bleibt die Verpflichtung des Arbeitgebers zur Unterrichtung der Belegschaft in einer Betriebsversammlung über die wirtschaftliche Lage und Entwicklung des Betriebes gem. § 43 Abs. 2 S. 3 BetrVG bestehen.[142] Diese Unterrichtung hat freilich nur einmal jährlich stattzufinden und ist nicht mit der Überreichung und Vorlage von Unterlagen verbunden. Darüber hinaus bleibt der Arbeitgeber auch in Tendenzunternehmen verpflichtet, gem. § 80 Abs. 2 S. 2 BetrVG den Betriebsrat auf dessen Verlangen jederzeit die zur Durchführung seiner Aufgaben nach § 80 Abs. 1 BetrVG erforderlichen Unterlagen zur Verfügung zu stellen. Diese Unterlagen beziehen sich zwar weitgehend auf personalbezogene Maßnahmen, doch legt die Rechtsprechung die Vorlagepflicht weit aus, so dass auch der Betriebsrat in Tendenzunternehmen ein weitreichendes Einsichtsrecht in Unterlagen geltend machen kann.

135   Die Mitbestimmungsrechte des Betriebrates nach §§ 111 bis 113 BetrVG werden eingeschränkt und sind nur insoweit anwendbar, als sie den Ausgleich oder die Milderung wirtschaftlicher Nachteile für die Arbeitnehmer infolge der Durchführung einer Betriebsänderung regeln. Hieraus folgt wiederum, dass zunächst die Unterrichtungspflicht des Arbeitgebers aus

---

140 *BAG* NZA 2003, 166.
141 *BAG* AP Nr. 50 zu § 118 BetrVG 1972.
142 *Fitting* 23. Aufl. 2006, § 118 BetrVG Rn. 43.

§ 111 BetrVG auch in Tendenzunternehmen bestehen bleibt. Das Tendenzunternehmen hat also den Betriebsrat rechtzeitig über eine geplante **Betriebsänderung** zu unterrichten und im Hinblick auf die sozialen Folgen mit ihm zu beraten. Die Unterrichtungs- und Beratungspflicht ist jedoch insoweit begrenzt, als sie sich nicht auf das „Ob" der Durchführung der Betriebsänderung bezieht, sondern nur auf die hierdurch eintretenden wirtschaftlichen Nachteile der Mitarbeiter des Tendenzunternehmens. Dies folgt daraus, dass sich nach dem ausdrücklichen Wortlaut des § 118 Abs. 1 S. 2 BetrVG das Mitbestimmungsrecht des Betriebsrates nicht auf die Verhandlung und den Abschluss eines Interessenausgleiches nach § 112 BetrVG bezieht. Der Interessenausgleich betrifft aber gerade die Einigung mit dem Betriebsrat über das „Ob" der Betriebsänderung. Erstreckt sich das Mitbestimmungsrecht des Betriebsrates hierauf aber gerade nicht, kann das Tendenzunternehmen auch nicht verpflichtet sein, den Betriebsrat hierüber entsprechend zu unterrichten und mit ihm das „Ob" der Betriebsänderung zu beraten.[143] Unterlässt das Tendenzunternehmen die rechtzeitige Unterrichtung und Beratung über die wirtschaftlichen Nachteile einer beabsichtigten Betriebsänderung, so sieht das Gesetz an sich keine negativen Konsequenzen für den Arbeitgeber vor. Dies deshalb nicht, weil die Verpflichtung zur Leistung des Nachteilsausgleichs nach § 113 Abs. 1 BetrVG daran anknüpft, dass der Arbeitgeber eine geplante Betriebsänderung nach § 111 BetrVG durchführt, ohne über diese einen Interessenausgleich mit dem Betriebsrat versucht zu haben. Ist der Arbeitgeber aber nicht verpflichtet, einen Interessenausgleich zu verhandeln und abzuschließen, so kann er auch nicht verpflichtet sein, infolge des Unterlassens den von der Betriebsänderung betroffenen Arbeitnehmern einen Nachteilsausgleich zu schulden.

Das BAG hat gleichwohl auch in Tendenzunternehmen einen Nachteilsausgleich nach § 113 Abs. 3 BetrVG anerkannt, nämlich dann, wenn der Arbeitgeber eine Betriebsänderung durchführt, ohne den Betriebsrat rechtzeitig unterrichtet und Inhalte eines künftigen Sozialplanes mit diesem beraten zu haben.[144] Entgegen der überwiegenden Meinung in der Literatur[145] hält das BAG also eine Anwendung des § 113 BetrVG und damit die Zahlung eines Nachteilsausgleichs dann für geboten, wenn es das Tendenzunternehmen unterlässt, den Betriebsrat rechtzeitig, also vor Umsetzung der geplanten Betriebsänderung über eben diese zu unterrichten und die Inhalte eines künftigen Sozialplans zum Ausgleich der wirtschaftlichen Nachteile infolge der Umsetzung der geplanten Betriebsänderung zu erörtern. In der Praxis bedeutet dies, dass dem Tendenzunternehmen in jedem Falle zu raten ist, den Betriebsrat rechtzeitig über die Betriebsänderung in Kenntnis zu setzen und über die Möglichkeiten des Abschlusses eines Sozialplans zu beraten, um nach Umsetzung der Betriebsänderung Nachteilsausgleichsansprüche der Arbeitnehmer, die infolge der Umsetzung der Betriebsänderung wirtschaftliche Nachteile erleiden, zu verhindern, obwohl eine Pflicht zum Abschluss eines Interessenausgleichs nicht besteht. **136**

3. Unternehmerische Mitbestimmung

Die Mitbestimmung der Arbeitnehmer erfolgt nicht nur auf betrieblicher Ebene durch die Gründung von Betriebsräten, sondern auch unternehmerisch auf der Ebene der Aufsichtsräte von Kapitalgesellschaften. Einschlägig sind insoweit das Drittelbeteiligungs- und das Mitbe- **137**

---

143 so auch *HWK/Hohenstatt/Dzida* 2. Aufl. 2006, § 118 BetrVG Rn. 28; *ArbG Frankfurt/Oder*, NZA-RR 2001, 646, 647.

144 *BAG* 18.11.2003, AP Nr. 76 zu § 118 BetrVG 1972; 27.10.1998, AP Nr. 65 zu § 118 BetrVG 1972; hierzu *HWK/Hohenstatt/Dzida* 2. Aufl. 2006, § 118 BetrVG Rn. 30.

145 *Richardi/Thüsing* 10. Aufl. 2006, § 118 BetrVG Rn. 72; *HWK/Hohenstatt/Dzida* 2. Aufl. 2006, § 118 BetrVG Rn. 30.

stimmungsgesetz. Während das Drittelbeteiligungsgesetz die Mitbestimmung von Arbeitnehmern in Aufsichtsräten von Unternehmen mit regelmäßig mehr als 500 Arbeitnehmern betrifft, bezieht sich das Mitbestimmungsgesetz auf Unternehmen mit mehr als 2.000 Arbeitnehmer.

3.1 Drittelbeteiligungsgesetz

138   Das Drittelbeteiligungsgesetz sieht eine Beteiligung der Arbeitnehmer in den Aufsichtsräten insbesondere von Aktiengesellschaften und GmbH vor, die mehr als 500 Arbeitnehmer beschäftigen. Lediglich solche Aktiengesellschaften, die bereits vor dem 10.8.1994 in das Handelsregister eingetragen worden sind, keine Familiengesellschaften sind und weniger als 500 Arbeitnehmer beschäftigen, haben ebenfalls einen Aufsichtsrat zu bilden, in den Arbeitnehmervertreter gewählt werden. § 4 Abs. 1 DrittelbG sieht vor, dass der Aufsichtsrat eines Unternehmens der bezeichneten Art zu einem Drittel aus Arbeitnehmervertretern bestehen muss (Drittelparität). Diese unternehmerischen Mitbestimmungsrechte der Arbeitnehmervertreter im Aufsichtsrat scheiden jedoch gem. § 1 Abs. 2 Ziff. 2 DrittelbG aus, wenn es sich um ein Unternehmen handelt, welches „unmittelbar und überwiegend" künstlerischen Bestimmungen oder Zwecken der Berichterstattung oder Meinungsäußerung dient. In diesen Fällen ist das Drittelbeteiligungsgesetz nicht anwendbar. § 1 Abs. 2 Ziff. 2 DrittelbG schließt also eine unternehmerische Mitbestimmung in Tendenzunternehmen gänzlich aus. Da die Voraussetzungen für das Vorliegen eines Tendenzunternehmens mit denen identisch sind, die in § 118 BetrVG normiert sind, kann insoweit auf die vorstehenden Ausführungen verwiesen werden.

3.2 Mitbestimmungsgesetz

139   Das Mitbestimmungsgesetz regelt die Mitbestimmung von Arbeitnehmern im Aufsichtsrat von Kapitalgesellschaften, die in der Regel mehr als 2.000 Arbeitnehmer beschäftigen. Im Unterschied zu der unternehmerischen Mitbestimmung auf der Grundlage des Drittelbeteiligungsgesetzes muss der Aufsichtsrat einer solchen Gesellschaft zur Hälfte aus Vertretern der Anteilseigner und der Arbeitnehmer (§ 7 Abs. 1 MitbestG) bestehen (paritätische Mitbestimmung). Auch hier gilt gem. § 1 Abs. 4 MitbestG, dass das Gesetz nicht anzuwenden ist auf Unternehmen, die „unmittelbar und überwiegend" künstlerischen Bestimmungen oder Zwecken der Berichterstattung oder Meinungsäußerung dienen. Hier kann ebenfalls hinsichtlich der inhaltlichen Anforderungen an das Vorliegen eines Tendenzunternehmen auf die obigen Ausführungen zu § 118 BetrVG verwiesen werden.

II. Tarifvertragsrecht in Medienunternehmen

1. Grundsätzliches zur Anwendung von Tarifverträgen

140   Der Gesetzgeber hat es weitestgehend den Arbeitgebern bzw. Arbeitgeberverbänden und Gewerkschaften überlassen, die Arbeits- und Wirtschaftsbedingungen ihrer Mitglieder in kollektiven Verträgen selbständig und eigenverantwortlich, im Wesentlichen ohne staatliche Einflussnahme, zu regeln. Diese sog. **Tarifautonomie** ist verfassungsrechtlich in Art. 9 Abs. 3 GG verankert und wird durch den Abschluss von Tarifverträgen verwirklicht. Die Tarifverträge erfüllen dabei mehrere Funktionen. Zum einen sollen sie die strukturelle Unterlegenheit des einzelnen Arbeitnehmers ausgleichen und ein annähernd gleichgewichtiges Aushandeln der Arbeitsbedingungen ermöglichen. Tarifverträge sichern also insbesondere Mindestarbeitsbedingungen der Arbeitnehmer und haben damit eine Schutzfunktion.[146] Des Weiteren kommt

---

146 *BVerfG* AP Nr. 117 zu Artikel 9 GG Arbeitskampf; *HWK/Henssler* 2. Aufl. 2006, Einl. TVG Rn. 9.

ihnen eine Ordnungsfunktion zu, indem sie durch die Niederlegung der Arbeitsbedingungen sowohl den Gesetzgeber, als auch die Arbeitsvertragsparteien entlasten.[147] Schließlich kommt den Tarifverträgen auch die Friedensfunktion zu. Dies bedeutet, dass sich die Tarifvertragsparteien verpflichten, für die Laufzeit des Tarifvertrags sämtliche Kampfmaßnahmen (Streiks und Aussperrung) zu unterlassen.[148]

Das Tarifvertragsgesetz (TVG) regelt den Abschluss, den Inhalt und die Wirkung von Tarifverträgen. Tarifverträge können nur von den in § 2 Abs. 1 TVG genannten Tarifvertragsparteien geschlossen werden. Dies sind Gewerkschaften, einzelne Arbeitgeber sowie Vereinigungen von Arbeitgebern (Arbeitgeberverbände). Des Weiteren müssen sie schriftlich abgeschlossen werden (§ 1 Abs. 2 TVG). Tarifverträge können in Form von Verbandstarifverträgen zwischen den Arbeitgeberverbänden und den Gewerkschaften sowie in Form von Firmentarifverträgen zwischen dem einzelnen Arbeitgeber und einer Gewerkschaft geschlossen werden.[149] Im Hinblick auf den Inhalt eines Tarifvertrags ist insbesondere zwischen dem Manteltarifvertrag und dem Entgelttarifvertrag zu unterscheiden. Der Manteltarifvertrag regelt die allgemeinen Arbeitsbedingungen, der Entgelttarifvertrag die Vergütung für die Arbeitsleistung. Darüber hinaus existiert noch eine Vielzahl weiterer Verträge, bspw. zu Urlaubsansprüchen der Arbeitnehmer oder zu Sonderleistungen.[150] **141**

Ein Tarifvertrag findet nur dann Anwendung auf ein Arbeitsverhältnis, wenn die Arbeitsvertragsparteien an diesen gebunden sind. Die wichtigste Form der Tarifbindung ist in § 3 Abs. 3 TVG geregelt. Danach sind die Mitglieder der Tarifvertragsparteien und der Arbeitgeber, der selbst Partei des Tarifvertrages ist, tarifgebunden. Tarifbindung liegt nur dann vor, wenn Arbeitgeber und Arbeitnehmer Mitglieder der jeweils tarifschließenden Gewerkschaft bzw. des Arbeitgeberverbandes sind oder der Arbeitgeber selbst Partei des Tarifvertrags und der Arbeitnehmer Mitglied der tarifschließenden Gewerkschaft ist. Die Tarifbindung beginnt mit Abschluss des Tarifvertrags, wenn die Arbeitsvertragsparteien bereits Mitglieder des jeweiligen Verbandes sind bzw. wenn die Mitgliedschaft noch nicht besteht, mit Eintritt in den jeweiligen Verband.[151] Ist nur eine Arbeitsvertragspartei an den Tarifvertrag gebunden – zum Beispiel in dem Fall, dass zwar der Arbeitnehmer Mitglied einer Gewerkschaft ist, der Arbeitgeber jedoch keinem Arbeitgeberverband angehört und auch selbst nicht Partei eines Tarifvertrags ist –, so entfällt die Bindung des Arbeitsverhältnisses an die Rechtsnormen des Tarifvertrags.[152] Tarifbindung kann auch durch die Erklärung der Allgemeinverbindlichkeit gem. § 5 TVG durch das Bundesministerium für Arbeit und Soziales herbeigeführt werden; in diesen Fall gilt der Tarifvertrag unabhängig von der Mitgliedschaft in einem Verband. Im Medienbereich ist etwa der Tarifvertrag über das Redaktionsvolontariat vom 22.9.1990 für allgemeinverbindlich erklärt worden. Des Weiteren der Tarifvertrag über die Altersversorgung für Redakteurinnen und Redakteure vom 15.12.1997. Dessen Allgemeinverbindlichkeitserklärung erstreckt sich aber nicht auf die Länder Sachsen-Anhalt und Thüringen. Schließlich kann eine Anwendung des Tarifvertrages auch dadurch bewirkt werden, dass diese arbeitsvertraglich vereinbart wird. Dies erfolgt üblicherweise durch sog. Bezugnahmeklauseln, welche auf bestimmte Tarifverträge verweisen und damit deren Anwendung auf das Arbeitsverhältnis anordnen.[153] **142**

---

147 *BAG* AP Nr. 1 zu § 1 TVG Durchführungspflicht; *ErfK/Franzen* 7. Aufl. 2007, § 1 TVG Rn. 2.
148 *BAG* AP Nr. 76 zu Artikel 9 GG Arbeitskampf; ErfK/Franzen 7. Aufl. 2007, § 1 TVG Rn. 2.
149 *Löwisch/Rieble* TVG, 2. Aufl. 2004, Grundlagen Rn. 3.
150 *Löwisch/Rieble* TVG, 2. Aufl. 2004, Grundlagen Rn. 2.
151 *HWK/Henssler* 2. Aufl. 2006, § 3 TVG Rn. 37.
152 *Von Hartlieb/Schwarz-Joch* Handbuch des Film-, Fernseh- und Videorechts, 4. Aufl. 2004, 282. Kap. Rn. 6.
153 *ErfK/Franzen* 7. Aufl. 2007, § 3 TVG Rn. 29; *HWK/Henssler* 2. Aufl. 2006, § 3 TVG Rn. 15 ff.

143 Die Tarifgebundenheit bleibt solange bestehen, bis der Tarifvertrag endet (§ 3 Abs. 3 TVG). Tarifverträge enden üblicherweise durch deren Kündigung oder durch Zeitablauf bei befristeten Tarifverträgen.[154] Ein Austritt des Arbeitgebers aus dem Arbeitgeberverband bzw. des Arbeitnehmers aus der Gewerkschaft führt nicht dazu, dass die Tarifbindung automatisch endet. Die Tarifbindung bleibt bis zum Ende des Tarifvertrags (§ 3 Abs. 3 TVG) bestehen.[155] Ist ein Tarifvertrag abgelaufen, so ordnet § 4 Abs. 5 TVG an, dass die Rechtsnormen des abgelaufenen Tarifvertrags weiter gelten, bis sie durch eine andere Abmachung ersetzt werden. Die Tarifvertragsnormen wirken somit in dieser Zeit nach. Auch wenn der Tarifvertrag somit während der Nachwirkung unmittelbar fort gilt, so entfällt jedoch die zwingende Wirkung des Tarifvertrags. Dies bedeutet, dass die tarifvertraglichen Regelungen durch einzelvertragliche Vereinbarungen auch zu Ungunsten der Arbeitnehmer abgeändert werden können.[156]

144 Der Tarifvertrag enthält gem. § 1 Abs. 1 TVG Rechtsnormen, die den Inhalt, den Abschluss und die Beendigung von Arbeitsverhältnissen sowie betriebliche und betriebsverfassungsrechtliche Fragen betreffen können. Die normativen Regelungen eines Tarifvertrages gelten unmittelbar und zwingend für die an ihn gebundenen Parteien des Arbeitsvertrages und gestalten diesen wie ein Gesetz. Tarifverträge können die gesamte Bandbreite eines Arbeitsvertragsverhältnisses regeln und betreffen beispielsweise Abschlussnormen, also Regelungen, die den Abschluss eines Arbeitsvertrages betreffen und diesen etwa einem Formzwang (Schriftform) unterstellen. Den größten Bereich nehmen freilich die Inhaltsnormen ein, also diejenigen Regelungen, die sich bspw. auf Gehälter und Gagen, Arbeitszeiten, Urlaub, zusätzliche Vergütungen wie Gratifikationen und auch Rechteübertragungsregelungen beziehen. Schließlich enthalten Tarifverträge auch Beendigungsnormen, die sich auf die Beendigung eines Arbeitsvertrages bspw. durch die Vereinbarung von Kündigungsfristen erstrecken.

2. Konkrete Tarifverträge für Medienunternehmen

145 Die Tarifvertragsparteien haben auch für die Mitarbeiter in Medienunternehmen eine Vielzahl von Tarifverträgen abgeschlossen. Die nachfolgend aufgeführten sollen einen ersten Überblick über die „Tariflandschaft" vermitteln.

146 Von besonderer Bedeutung ist der Tarifvertrag für Film- und Fernsehschaffende, der zwischen dem Bundesverband Deutscher Fernsehproduzenten e.V., der Arbeitsgemeinschaft Neuer Deutscher Spielfilmproduzenten e.V., dem Verband Deutscher Spielfilmproduzenten e.V. einerseits und der Gewerkschaft ver.di (bzw. deren Rechtsvorgängern) abgeschlossen worden ist. Dieser Tarifvertrag besteht aus dem Manteltarifvertrag vom 1.1.1996, dem Gagentarifvertrag vom 1.5.2000 und dem Tarifvertrag für Kleindarsteller vom 1.5.2000. Der Tarifvertrag ist zwar durch den Übergangstarifvertrag vom 9.5.2005 gekündigt, aber mit einigen Ergänzungen und Veränderungen zum Arbeitszeitkonto und zu Zuschlägen wieder in Kraft gesetzt worden. Im privaten Rundfunk zu nennen ist u.a. der Manteltarifvertrag Lokalfunk NRW vom 3.5.1993, der zwischen der Tarifgemeinschaft Lokalfunk NRW (TGL) als Vertreterin des Verbandes der Betriebsgesellschaften in Nordrhein-Westfalen e.V. sowie des Verbandes lokaler Rundfunk in Nordrhein-Westfalen e.V. und dem Deutschen Journalisten-Verband e.V. – Gewerkschaft der Journalisten –, der Deutschen Angestellten-Gewerkschaft Berufsgruppe Kunst und Medien –

---

154 *ErfK/Franzen* 7. Aufl. 2007, § 3 TVG Rn. 21.

155 *BAG* AP Nr. 8 zu § 3 TVG Verbandsaustritt; *Löwisch/Rieble*, TVG, 2. Aufl. 2004, § 3 TVG, Rn. 81, *von Hartlieb/Schwarz-Joch* Handbuch des Film-, Fernseh- und Videorechts, 4. Aufl. 2004, 282. Kap. Rn. 6.

156 *BAG* AP Nr. 7 zu § 4 TVG Nachwirkung; AP Nr. 21 zu § 77 BetrVG 1972; *ErfK/Franzen* 7. Aufl. 2007, § 4 TVG Rn. 63; *Löwisch/Rieble* TVG, 2. Aufl. 2004, § 4 Rn. 384.

sowie der Industriegewerkschaft Medien, Druck und Papier, Publizistik und Kunst (heute zusammen geschlossen in ver.di) geschlossen worden ist. Ähnlich lautende Tarifverträge bestehen in Bayern und Baden-Württemberg. Darüber hinaus sind die Tarifverträge für Arbeitnehmerinnen und Arbeitnehmer in Unternehmen des privatrechtlichen Rundfunks (TPR) zu nennen, die zwischen dem Tarifverband Privater Rundfunk und der Gewerkschaft ver.di sowie dem Deutschen Journalisten-Verband e.V. abgeschlossen worden sind. Bei diesen Tarifverträgen handelt es sich zum einen um den Manteltarifvertrag vom 2.2.2005, dem Tarifvertrag zur Förderung der betrieblichen Altersvorsorge vom 17.9.2002 sowie dem Tarifvertrag für Redaktionsvolontärinnen und Redaktionsvolontäre im privaten Rundfunk vom 27.4.2005.

Für die Arbeitnehmerinnen und Arbeitnehmer in den technischen Betrieben sind ebenfalls Tarifverträge abgeschlossen worden. Der VTFF Verband Technischer Betriebe für Film- und Fernsehen e.V., Berlin und die Gewerkschaft ver.di haben die Tarifverträge für die Arbeitnehmerinnen und Arbeitnehmer in den technischen Betrieben für Film- und Fernsehen (VTFF) abgeschlossen. Diese bestehen aus dem einheitlichen Manteltarifvertrag, gültig ab dem 1.1.2003, dem Überleitungstarifvertrag, gültig ab dem 1.4.2003 sowie dem Tarifvertrag zur Förderung der betrieblichen Altersversorgung, gültig ab dem 1.1.2003. Des Weiteren sind der Lohntarifvertrag für die Arbeitnehmerinnen und Arbeitnehmer in den technischen Betrieben für Film- und Fernsehen (VTFF), gültig ab 1.11.2004 sowie der Gehaltstarifvertrag für die Arbeitnehmerinnen und Arbeitnehmer in den technischen Betrieben für Film- und Fernsehen (VTFF), gültig ab dem 1.11.2004, zu nennen. **147**

Für Solomitglieder und Bühnentechniker sowie Opernchor und Tanzgruppenmitglieder, die an kommunalen und Landestheatern beschäftigt werden, gilt seit dem 1.1.2003 der Normalvertrag Bühne, welcher zwischen dem Deutschen Bühnenverein – Bundesverband deutscher Theater, Köln und der Genossenschaft Deutscher Bühnen-Angehöriger, Hamburg, abgeschlossen worden ist. **148**

Für den Bereich der Printmedien existiert ebenfalls eine Vielzahl von Tarifverträgen. Für Redakteurinnen und Redakteure an Tageszeitungen gilt der Manteltarifvertrag vom 25.2.2004, der rückwirkend seit dem 1.1.2003 in Kraft ist, der Gehaltstarifvertrag mit Geltung ab 1.8.2005 und der Tarifvertrag über die Altersversorgung vom 15.12.1997, gültig ab 1.1.1999. Ferner besteht der Tarifvertrag für arbeitnehmerähnliche freie Journalistinnen und Journalisten an Tageszeitungen mit Geltung ab dem 1.8.2005 sowie der Tarifvertrag über das Redaktionsvolontariat an Tageszeitungen vom 28.5.1990. Entsprechende Tarifverträge gibt es auch für Redakteurinnen und Redakteure an Zeitschriften sowie das Redaktionsvolontariat an Zeitschriften. Auch hier gibt es den Gehaltstarifvertrag mit Geltung ab 1.6.2006, den Manteltarifvertrag in der Fassung vom 22.12.2004 sowie den Tarifvertrag über die Altersversorgung für Redakteurinnen und Redakteure an Zeitschriften vom 30.4.1998 und ferner den Tarifvertrag über das Redaktionsvolontariat an Zeitschriften mit Geltung seit dem 1.10.1990. Erwähnenswert ist auch der Tarifvertrag für arbeitnehmerähnliche freie Journalistinnen und Journalisten an Tageszeitungen, der seit dem 1.8.2005 gültig ist. **149**

12. Abschnitt
Recht der deutschen und europäischen Kulturförderung

Literatur: *Auswärtiges Amt* Bericht zur Auswärtigen Kulturpolitik, Berlin, o.J.; *BKM – Beauftragter der Bundesregierung für Kultur und Medien* Eckpunkte für die Systematisierung der Kulturförderung von Bund und Ländern und für die Zusammenführung der Kulturstiftung des Bundes und der Kulturstiftung der Länder zu einer gemeinsamen Kulturstiftung, 2003; *Beckmann* Die Kulturförderung der Europäischen Union, Jahrbuch für Kulturpolitik 2007, 2007, S. 251; *Bischoff* Neuer Stellenwert der Kultur in der Politik, ZRP 1999, 240; *Böckenförde* Die Organisationsgewalt im Bereich der Regierung. Eine Untersuchung zum Staatsrecht der Bundesrepublik Deutschland, 1964; *Bornemann* Die Cultural Contact Points. Nationale Kontaktstellen für das europäische Förderprogramm „KULTUR" (2007 – 2013), Jahrbuch für Kulturpolitik 2007, 2007, S. 263; *Bruhn/Mehlinger* Rechtliche Gestaltung des Sponsoring, Bd. 1 Allgemeiner Teil , Bd. 2 Spezieller Teil , 1994/1995; *Castendyk/Bark* Unterliegt das Filmförderungsgesetz der Beilhilfekontrolle der Art. 87 ff. EGV?, Ein Beitrag zu den EG-rechtlichen Grenzen der Filmförderung in Deutschland, ZUM 2003, 480; *Danwitz* Die kulturbezogenen Aspekte in einer künftigen europäischen Verfassung, in Stern (Hrsg.), Kultur- und Medienpolitik im Kontext des Entwurfs einer europäischen Verfassung, 2005, S. 121; *Duvvuri* Öffentliche Filmförderung in Deutschland – Versuch einer ökonomischen Erfolgs- und Legitimationsbeurteilung, 2007; *Endreß* Kulturpolitik des Bundes, Strukturelle und inhaltliche Neuorientierung zur Jahrtausendwende?, 2005; *European Commission – Directorate General for Education and Culture* Die Kulturpolitik der Europäischen Kommission, Jahrbuch für Kulturpolitik 2007, 2007, S. 131; *Evers* Das Besserstellungsverbot im Wissenschaftsbereich, WissR 30/1977, 109; *Geier* Nationale Filmförderung und europäisches Beihilfenrecht, 2006; *Geis* Die „Kulturhoheit der Länder", DÖV 1992, 522; *Gern* Deutsches Kommunalrecht, 2. Aufl. 1997; *Heinrichs* Kommunales Kulturmanagement. Rahmenbedingungen, Praxisfelder, Managementmethoden, 1999; *Heinze* Kultursponsoring, Museumsmarketing, Kulturtourismus, ein Leitfaden für Kulturmanager, 2002; *ders. (Hrsg.)* Neue Ansätze im Kulturmanagement, Theorie und Praxis, 2004; *Henner-Fehr* Die EU fördert Kunst und Kultur. Was hat sich geändert?, KUF – Erfolgreich Kultur finanzieren, 2007, B 1.1-4; *Hense* Bundeskulturpolitik als verfassungs- und verwaltungsrechtliches Problem, DVBl 2000, 376; *Hofmann* 1961 – 1986 – 25 Jahre Aufbau der Stiftung „Preußischer Kulturbesitz" in Berlin, Jahrbuch der Stiftung Preußischer Kulturbesitz XXII (1985), 1986, S. 27; *KEA European Affairs* The Economy of Culture in Europe. Study prepared for the European Commission, 2006; *Kirchhoff* Subventionen als Instrument der Lenkung und Koordinierung, 1973; *Klein* Kulturpolitik, Eine Einführung, 2. Aufl., 2005; *Knoblich* Kunst- und Kulturförderung im föderativen System. Hintergründe und Probleme, 2004; *Köckritz/Dittrich/Lamm* Bundeshaushaltsordnung (BHO) Kommentar, Loseblatt; *Koenig/Kühling* Mitgliedstaatliche Kulturförderung und gemeinschaftliche Beihilfekontrolle durch die EG-Kommission, EuZW 2000, 197; *Köstlin* Die Kulturhoheit des Bundes. Eine Untersuchung zum Kompetenz- und Organisationsrecht des Grundgesetzes unter Berücksichtigung der Staatspraxis in der Bundesrepublik Deutschland, 1989; *ders.* Wissenschaftsfördernde Stiftungen, 2. Aufl. 1996; *Kopp/Ramsauer* Verwaltungsverfahrensgesetz, 9. Aufl. 2005; *KPMG* Filmförderung in Deutschland und der EU – Förderarten und –institutionen auf einen Blick, 9. Aufl. 2006; *Krämer/Schmidt* Zuwendungsrecht, Zuwendungspraxis, Loseblatt; *Lehmann* Kooperation und Konkurrenz. Die Stiftung Preußischer Kulturbesitz ist ein Modell mit Zukunft, Jahrbuch Preußischer Kulturbesitz 2001, 2002, S. 187; *Maaß* Kultur und Außenpolitik, 2005; *Mahrenholz* Die Kultur und der Bund – Kompetenzrechtliche Erwägungen anlässlich der Gründung der Bundeskulturstiftung im März 2002, DVBl 2002, 857; *Mangoldt/Klein/Starck* Kommentar zum Grundgesetz, Bd. 2, Art. 20 – 82, 5. Aufl., 2005; *Meinecke* Haushaltsrecht, 2. Aufl. 1996; *Meusel* Außeruniversitäre Forschung im Wissenschaftsrecht, 2. Aufl. 1999; *Meyer/Tiedtke/Meißner* Neue Rechtsformen für Kultureinrichtungen, 1996; *Müller/Singer* Rechtliche und institutionelle Rahmenbedingungen der Kultur in Deutschland. Bestandsaufnahme und Einordnung in die kulturpolitische Praxis von Bund und Ländern, Ausarbeitung für die Wissenschaftlichen Dienste des Deutschen Bundestages, Reg.-Nr. WF X – 106/03, 2004; *v. Münch/Kunig* Grundgesetz-Kommentar, 5. Aufl., 2003 ; Münchener Kommentar zum Bürgerlichen Gesetzbuch, 2006; *Oppermann* Europarecht, 3. Aufl. 2005; *ders.* Kulturverwaltungsrecht, 1969; *Piduch* Bundeshaushaltsrecht. Kommentar zu den Art. 91a, 91b, 104a, 109 bis 115 des Grundgesetzes und zur Bundeshaushaltsordnung, Loseblatt; *Pluschke* Kunstsponsoring. Vertragsrechtliche Aspekte, 2005; *Raabe* Blaubuch 2006, Kulturelle Leuchttürme in Brandenburg, Mecklenburg-Vorpommern, Sachsen, Sachsen-Anhalt und Thüringen, 2006; *Scheytt/Trockel* Kulturförderung auf der Basis von Richtlinien, 2005; *Schilling* Sponsoring, das Öffentlichkeit erzeugt, KUF – Erfolgreich Kulturfinanzieren, 2007; *Schleich* Nebenbestimmungen in Zuwendungsbescheiden des Bundes und der Länder, NJW 1988, 236; *Schulz* Neugestaltung der öffentlichen Kulturförderung in Deutschland, 2007; *Schuppert* Die Erfüllung öffentlicher Aufgaben durch verselbständigte Verwaltungseinheiten, 1981; *Schwencke* Das Europa der Kulturen – Kulturpolitik in Europa, 2. Aufl. 2006; *ders.* Europa fördert Kultur, Aus Politik und Zeitgeschichte, 2004, 19; *ders.* Zur Einführung: Kleine Geschichte der Kulturpolitik in Europa, Jahrbuch für Kulturpolitik 2007, 2007, S. 17; *Singer* Kulturpolitik und Parlament. Kulturpolitische Debatten in der Bundesrepublik Deutschland seit 1945, Ausarbeitung für die Wissenschaftlichen Dienste des Deutschen Bundestages, Reg.-Nr. WF X – 078/03, 2003; *ders.* Auswärtige Kulturpolitik in der Bundesrepublik Deutschland. Konzeptionelle Grundlagen und institutionelle Entwicklung seit 1945, Ausarbeitung für die Wissenschaftlichen Dienste des Deutschen Bundestages, Reg.-Nr. WF X – 095/03, 2003; *Steiner* Kulturauftrag im staatlichen Gemeinwesen, VVDStRL 42/1984, S. 7; *ders.* Kultur in Isensee/Kirchhof, Handbuch des Staatsrechts, Bd. IV: Aufgaben des Staates, 3.Aufl. 2006, S. 701; *ders.* Neue Entwicklungen im Kulturverfassungsrecht, Die Ordnung der Freiheit, FS C. Starck, 2007, S. 449; *Statistische Ämter des Bundes und der Länder* Kulturfinanzbericht 2006, 2006; *Stern* Das Staatsrecht der Bundesrepublik Deutschland, Bd. 1: Grundbegriffe und Grundlagen des Staatsrechts, Strukturprinzipien der Verfassung, 2. Aufl. 1984; *Stettner* Der verkaufte Staat: Zur Kompetenzabgrenzung zwischen Bund und Ländern bei der Kulturförderung, ZG 2002, 315; *Stockmann* Hanbuch zur Evaluation. Eine praktische Handlungsanleitung, 2007; *Thiel* Sponsoring im Steuerrecht, DB 1998, 842; *Tipke/Lang* Steuerrecht, 18. Aufl. 2005; *Uhl* Der Handel mit Kunstwerken im europäischen Binnenmarkt – Freier Warenverkehr versus nationaler Kulturgutschutz, 1993; *Vogt (Hrsg.)* Kulturräume in Sachsen: eine Dokumentation zur Genese des sächsischen Kulturraumgesetzes und zum „Probejahr" 1995, 2. Aufl. 1996; *Wagner/Sievers* Public Private Partnership. Begründungen und Modelle kooperativer Kulturpolitik, Handbuch Kulturmanagement, 2005; *Wolff/Bachof/Stober* Verwaltungsrecht, Bd. 2, 5. Aufl. 1987 Bd. 3, 5. Aufl. 2004.

A. Objekte und Themen der Kulturförderung

In der Literatur findet man eine ganze Reihe abstrakter **Umschreibungen von „Kultur"** als dem Objekt der Kulturförderung.[1] Unter staats-, politik- oder sozialwissenschaftlichen Gesichtspunkten ist dies ein legitimer Ansatz, geht es doch darum ein politisches Themenspektrum bzw. öffentliche Einflusssphären oder Gestaltungsmöglichkeiten zu umreißen. Für eine Darstellung des Rechts der Kulturförderung in der Praxis gilt es dagegen das Spektrum und die Differenzierungen der Fördermöglichkeiten vorzustellen. Wer fördert welche Themen? Welche Förderinstrumentarien haben sich für welche Themen bewährt?[2] Eine einheitliche abstrakte Definition von „Kultur" hilft nicht weiter. Dazu unterscheiden sich die Ansätze der verschiedenen Kultursparten oder zwischen öffentlicher und privater Kulturförderung zu sehr. Eine Filmproduktion sucht und findet ihre Finanziers auf gänzlich anderen Wegen als Theater,

1

---

1 Verschiedene Definitionsversuche bei *Oppermann* S. 6 ff.; *Steiner* S. 7, 8 ff.; *Endreß* S. 27 ff.; *Klein* S. 31 ff.

2 Daneben ist regelmäßig zu klären, welche Ziele Kulturförderung verfolgt und an welchen Kriterien sie sich ausrichtet. Solche politikwissenschaftlichen Fragestellung können in diesem Rahmen nicht vorgestellt werden; vgl. dazu *Klein* S. 171 ff.

Museen oder Musikschulen. Auf der staatlichen Seite engagieren sich Bund, Länder und Kommunen bei verschiedenen Themen unterschiedlich stark. Im privaten Sektor spielen die teils ähnlichen, teils divergierenden Motive von Investoren, Sponsoren und Mäzenen eine wichtige Rolle. Nicht zu unterschätzen ist das Potential der einzelnen Kultursparte, eigene Mittel zu erwirtschaften und damit einen Teil ihrer Kosten zu decken. Schließlich gibt es mannigfache Überschneidungen zwischen Kultur-, Wissenschafts-, Bildungs-, Wirtschafts- und Sozialpolitik. Insofern findet sich in der Kulturförderung eine ganze Reihe von Akteuren, die sich gar nicht als Kulturförderer verstehen, sondern sich bspw. eher der Jugendpolitik oder der Wirtschaftsförderung zuordnen würden. Will man die unterschiedlichen Interessenten an Kulturförderung angemessen beraten, sollte man mindestens ansatzweise die Unterschiede in Themen, Arbeitsbedingungen und Organisationsformen des Kultursektors kennen.

2   Der Kulturbereich widmet sich nicht nur ganz unterschiedlichen Themen mit unterschiedlichen Mitteln, er entwickelt und verändert sich laufend. Insbesondere gibt es **keine eindeutige Systematik**, keine deutlich konturierten Kategorien förderfähiger Kultur. Zwischenformen und fließende Übergänge erschweren zusätzlich die Kategorisierung. Eine Darstellung der Objekte öffentlicher und privater Kulturförderung kann daher nur grob Themenfelder und potentielle Empfänger, d.h. Individuen, Personengruppen, Organisationen umreißen und die unterschiedliche Interessenlage bei Förderern und Geförderten andeuten. In der Praxis zeigen sich grob drei unterschiedliche Ansatzpunkte für Kulturförderung: Zunächst kann sie die unmittelbare Entstehung von Kunst und Kultur unterstützen (im Folgenden: Förderung des Kulturschaffens). Weiterhin hat sich öffentliche und private Kulturförderung seit jeher besonders um das Sammeln, Erhalten und die Auswertung kultureller Zeugnisse gekümmert (im Folgenden: Förderung der Kulturpflege). Schließlich geht es Kulturförderung darum die persönlichen Rahmenbedingungen zu fördern, unter denen Menschen Kultur schaffen oder konsumieren (im Folgenden: Förderung des kulturellen Umfelds).

3   Die **Förderung des Kulturschaffens** zielt auf die künstlerische Äußerung ab und hat damit vor allem individuelle Künstler oder Künstlergruppen im Blickfeld. Die übliche Unterscheidung zwischen bildender und darstellender Kunst legt eine erste Differenzierungsmöglichkeit nahe, auch wenn sie letztlich mit vielen Übergangs- und Zwischenformen (Film, Videokunst, Installationen u.ä.) recht ungenau bleibt. Literatur und Komposition passen nicht wirklich in diese Kategorien. In der Praxis zielt öffentliche und private Kulturförderung in der Bildenden Kunst und Literatur eher auf die einzelne Künstlerpersönlichkeit (d.h. den Maler, Bildhauer, Autor, Komponist), die für ihre Arbeit Stipendien, Atelierförderung, Werkaufträge und Ausstellungsmöglichkeiten benötigt. Die Darstellende Kunst kennt selbstverständlich auch das Künstlerindividuum (Schauspieler, Regisseure, Tänzer, Musiker). Private und öffentliche Kulturförderung interessiert hier aber häufiger das Programm oder Projekt einer Künstlergruppe (Orchester, Theater, Filmteam u.Ä.). Mit der Zahl und Komplexität eines solchen „Gruppenwerkes" steigen nicht nur die Kosten einer Produktion (Schauspiel, Ballett, Oper, Film), es kommt schneller zu einer „Institutionalisierung" in freien Gruppen, festen Ensembles oder Produktionsgesellschaften, die als Antragsteller für private und öffentliche Unterstützung auftreten. Interessanterweise wirkt sich ein Unterscheidungsmerkmal zwischen Bildender und Darstellender Kunst, nämlich die vermeintliche „Beständigkeit" Bildender Kunst bzw. die „Flüchtigkeit" von Äußerungen Darstellender Kunst, wenn überhaupt eher unterschwellig auf Förderentscheidungen aus. Sicherlich fällt es privaten Mäzenen schwerer in eine Theaterproduktion oder Performance zu investieren als in ein Denkmal oder ein vermeintlich wertbeständigeres Objekt der Bildenden Kunst. Dies kann wieder ein Sponsor ganz anders sehen, dem es vor allem auf die Werbewirkung z.B. einer Orchester- oder Filmförderung ankommt. Für die öffentliche Hand ist wiederum eher das Einnahmepotential von Bedeutung, d.h. die Frage ob

und welchen Anteil der Kosten ein Kulturvorhaben selbst erwirtschaften kann. Das liegt wiederum bei den Darstellenden Künsten (z.B. Film, Theater, Oper) höher als beim einzelnen Bildenden Künstler.

Bei der **Förderung der Kulturpflege** geht es vor allem um das Sammeln, Erhalten, Erforschen   4
und Auswerten von kulturellen Zeugnissen. Die Spannbreite ist enorm. Kulturpflege beschränkt sich nicht auf alte und neue Kunst, es geht heute um archäologische oder naturwissenschaftliche Objekte, Zeugnisse der Technikgeschichte oder der Alltagskultur, Bücher, Handschriften, Akten, Architektur- und Gartendenkmäler sowie vieles mehr. In der Regel sind es größere öffentliche oder private Institutionen, die sich in der Kulturpflege engagieren: Museen, Bibliotheken, Archive, Denkmalpflegeorganisationen. Daneben gibt es Einzelpersonen wie private Sammler oder Denkmaleigentümer, die eine Unterstützung durch die öffentliche Hand oder private Stiftungen anstreben. Kulturförderung kann sowohl die Errichtung oder der Unterhalt einer entsprechenden Institution sein, die Gründung eines Museums, die kontinuierliche Finanzierung einer Bibliothek. Sie kann sich aber auch auf einzelne Projekte beziehen, den Ankauf eines Kunstobjektes, die Organisation einer Ausstellung, die Restaurierung eines Kunstwerks oder eines Denkmals. Förderung der Kulturpflege überschneidet sich häufig mit der Forschungsförderung. So gibt es eine Reihe von wichtigen Forschungseinrichtungen die gleichzeitig bedeutende Kultureinrichtungen sind, z.B. das Max-Planck-Institut für Kunstgeschichte – Bibliotheca Hertziana in Rom, das Deutsche Archäologische Institut oder die großen wissenschaftlichen Staatsbibliotheken in Berlin oder München. Daneben finanzieren Forschungsförderorganisationen (z.B. Deutsche Forschungsgemeinschaft, Thyssen-Stiftung, Akademien der Wissenschaften) seit langer Zeit wissenschaftliche Vorhaben von Ausgrabungen bis zu Bestandskatalogen oder Werkeditionen und tragen damit zu Erhalt und Verbreitung von Kultur bei. Ähnliche Überschneidungen finden sich zum Bildungssektor. Museen und Bibliotheken haben sich zu keiner Zeit auf das Sammeln und Erforschen ihrer Bestände beschränkt; die Allgemeinbildung breiter Bevölkerungsschichten war seit jeher ein ebenso wichtiges Ziel. Heute sind zumindest in den größeren Museen und Bibliotheken ganze Abteilungen für Vermittlung zuständig und zielen dabei nicht nur auf Kinder und Jugendliche, sondern auf alle Altersschichten. Schließlich gibt es im Rahmen der Auswärtigen Kulturpolitik mit den so genannten Mittlerorganisationen eine Besonderheit der Kulturpflege. Dabei handelt es sich um privatrechtlich organisierte, aber weitgehend vom Auswärtigen Amt finanzierte Organisationen (z.B. Goethe Institut e.V., Alexander von Humboldt-Stiftung) die neben Spezialfragen (Förderung der Deutschen Sprache, Förderung der Wissenschaft) vor allem die Förderung des internationalen Kultur- und Wissenschaftsaustausches zum Ziel haben.[3]

Bei der **Förderung des Kulturellen Umfeldes** geht es zunächst konkret um die Förderung der   5
Ausbildung von Künstlern und Wissenschaftlern für den Kultursektor. Bei der öffentlichen Hand ist das Teil ihrer Hochschul- und Bildungspolitik. Es geht um den Unterhalt staatlicher Kunstakademien, Fachschulen und der kulturbezogenen Fakultäten und Fachbereiche in den Universitäten. Interessanterweise gibt es in Deutschland aber auch eine lange Tradition privater Ausbildungsstätten wie Schauspiel- oder Kunstschulen. Zweitens ist an die kulturelle Bildung der breiten Öffentlichkeit zu denken. Staat und Kommunen tragen über Volkshochschulen, Öffentliche Bibliotheken, Musikschulen, Soziokulturelle Zentren dazu bei, die allgemeine Bevölkerung für kulturelle Fragen zu sensibilisieren. Viele Theater und Opernhäuser sowie eine Reihe der großen Orchester unterhalten Jugendprojekte mit großem Zulauf. Bund und

---

3 *Köstlin* S. 67 ff.; *Maaß* S. 205 ff.; *Auswärtiges Amt* S. 38 ff.

Länder schreiben jährlich kulturelle Jugendwettbewerbe aus,[4] die besondere Talente fördern, aber das allgemeine Verständnis für Kultur und Kunst verbessern sollen. Die öffentliche Hand leistet damit einen Beitrag, zukünftige „Konsumenten" für Kunst und Kultur heranzubilden und den „Markt" für Kunstschaffen und Kulturpflege zu bereiten. Die Überschneidungen zur Bildungs-, aber auch zur Sozialpolitik sind offensichtlich.[5] Drittens muss man zur Förderung des kulturellen Umfeldes auch die Gestaltung der rechtlichen Rahmenbedingungen für Kultur zählen. Heute wirken sich viele allgemeine Gesetze unmittelbar auf die wirtschaftliche und soziale Stellung von Künstlern und Kulturschaffenden aus. Man denke nur an das Urheberrecht, die Steuergesetzgebung oder die Künstlersozialkasse. Insofern wird der ordnungspolitische Aspekt von Kulturpolitik und –förderung immer wichtiger. Konsequenterweise haben die Europäischen Gemeinschaften[6] und der Bund[7] für eine Kulturverträglichkeitsprüfung gesorgt. Jedes Gesetz, jede allgemeine Richtlinie oder Verordnung wird dabei auf ihre Auswirkungen auf den Kultursektor geprüft und gegebenenfalls harmonisiert. Und schließlich darf man die Wirtschaftsförderung im kulturellen Bereich nicht vergessen. Der Film- und Medienstandorte Deutschland oder Frankreich hätten sich ohne die wirtschaftliche Unterstützung des Staates (und privater Investoren) völlig anders entwickelt. In den letzten Jahren melden sich aber zunehmend andere Teile der Kulturwirtschaft und reklamieren eine stärkere Förderpolitik in Europa und der Bundesrepublik.[8]

B. Akteure der Kulturförderung – Ebenen, Themen, Rechtsrahmen

I. Europa[9]

1. Europarat

6   Seit seiner Gründung 1949 hat sich der Europarat (Council of Europe/Conseil de l'Europe) dem Thema Kultur angenommen. Dies zeigt sich in seinen Zielen:[10]

– Schutz und Stärkung der Prinzipien der Demokratie, der Menschenrechte und der Rechtsstaatlichkeit,
– Suche nach Lösungen für die großen Probleme der europäischen Gesellschaft wie z.B. Rassismus, Intoleranz, Diskriminierung von Minderheiten, Drogenmissbrauch, Bioethik, soziale Ausgrenzung, Umweltschutz, Korruption und organisierte Kriminalität,
– Stärkung des Bewusstseins einer europäischen Identität und Förderung des gegenseitigen Verständnisses zwischen Völkern unterschiedlicher Kulturen.

7   Der Europarat versteht sich vor allem als Plattform für das Gespräch auch und vor allem mit jenen Ländern die (noch) nicht zu einem europäischen Staatenbund gehören. Mitglieder des Europarates sind derzeit 46 Staaten von Albanien bis Zypern, darunter nahezu alle westeuro-

---

4   Jugend musiziert, Treffen Junger Autoren, Theatertreffen der Jugend oder Treffen Junge Musik-Szene.
5   Vgl. auch Steiner Rn. 4 ff.
6   Art. 151 Abs. 4 EGV; dazu näher unten Rn.12.
7   Über die Einsetzung des Beauftragten der Bundesregierung für Kultur und Medien.
8   Vgl. KEA The Economy of Culture in Europe.
9   Ein kurzen historischen Überblick zur Geschichte der Kulturpolitik in Europa präsentiert *Schwencke* S. 17 ff. Er weist zu Recht auch auf die wichtige Rolle internationaler privater und öffentlicher Organisationen (UNESCO, KSZE, ICOMOS) für die Entwicklung einer europäischen Kulturpolitik bzw. der europäischen Dimension in der deutschen Kulturpolitik hin.
10 Die Satzung des Europarates vom 5.5.1949 ist in Art. 1 noch etwas allgemeiner. Die jeweils aktuellen Ziele finden sich auf der Website des Europarates (www.coe.int).

päischen, aber auch mehrere osteuropäische Länder.[11] Als jüngste Mitglieder kamen 2001 Armenien, Aserbaidschan und 2004 Monaco. Weißrussland und Montenegro haben ihren Beitritt beantragt. Fünf Länder haben Beobachterstatus (Der Heilige Stuhl, Japan, Kanada, Mexiko und die USA). Organe des Europarates sind

– das **Minister-Komitee**,[12]
– die **Parlamentarische Versammlung**,[13]
– das **Sekretariat** unter einem **Generalsekretär**[14] und
– der **Kongress der Gemeinden und Regionen Europas** (seit 1994).[15]

In seiner 1954 verabschiedeten Europäischen Kulturkonvention (European Cultural Convention) setzt sich der Europarat als konkrete kulturpolitische Ziele: Förderung des Bewusstseins einer europäischen kulturellen Identität sowie Entwicklung einer Politik zum Schutz des Kulturerbes. Neben dem Europäischen Kulturabkommen sind im Rahmen des Europarates folgende Abkommen verabschiedet worden: **8**

– Europäisches Übereinkommen zum Schutz archäologischen Erbes,
– Europäisches Übereinkommen über Straftaten im Zusammenhang mit Kulturgut,
– Übereinkommen zum Schutz des architektonischen Erbes Europas,
– Europäisches Übereinkommen über die Gemeinschaftsproduktion von Kinofilmen,
– Rahmenkonvention über den Wert des Kulturerbes in der Gesellschaft.

Das Kulturprogramm des Europarates will heute einerseits auf der politischen Ebene der breiten Öffentlichkeit den Zugang zu Kultur sicherstellen und über bessere Kenntnis anderer Kulturen den interkulturellen Dialog fördern. Andererseits umfasst das Kulturprogramm auf der operativen Ebene Maßnahmen, unsere Vergangenheit für die Zukunft zu rüsten, Kreativität zu fördern und Europas kulturelle Reichtümer sowohl in ihren Identitäten wie in ihren Unterschiedlichkeiten zu erhalten. Dazu gehören unter anderem Programme zur kulturellen Identität, zum interkulturellen Dialog, zur Förderung Kultureller Produktionen (Creating Cultural Capital) aber auch zur Filmförderung (Eurimages). Im Bereich des Kulturerbes gibt es einerseits Kulturprojekte im engen Sinne wie die Ausstellungen oder Kulturrouten des Europarates oder die Europäischen Denkmaltage, andererseits Programme zur technischen Qualifizierung und Netzwerkbildung (Archäologie – Schutz und Entwicklung, Digitalisierung von Kulturgut, European Heritage Network). **9**

2. Europäische Union

Am Beginn des Europäischen Einigungsprozesses stand nicht die Kultur, sondern die Wirtschaft. Die Gründung der Europäische Gemeinschaft für Kohle und Stahl (Montanunion) und der Europäischen Wirtschaftsgemeinschaft (EWG) 1957 in Rom diente vor allem wirtschaftspolitischen Interessen. Zu Beginn der 70er Jahre beschäftigten sich die Gremien der EWG erstmals formell mit kulturellen Themen.[16] Über die Frage nach der „Verbundenheit der europäischen Völker" und die „Identität der Europäer" gelangte der Begriff Kultur in Texte der Gemeinschaft, wenn auch mit einem weiterhin niedrigen Stellenwert. Wichtige nächste Entwick- **10**

---

11 Aufnahmekriterien und -verfahren ergeben sich aus Art. 2 ff. Satzung Europarat.
12 Art. 13 ff. Satzung Europarat.
13 Art. 22 ff. Satzung Europarat; bis 1994 führte sie noch den Namen „Beratende Versammlung".
14 Art. 36 ff. Satzung Europarat; im Sekretariat ist derzeit die Generaldirektion IV für Bildung, Kultur- und Naturerbe, Jugend und Sport zuständig.
15 Statutory Resolution (94) 3 relating to the setting up of the Congress of Local and Regional Authorities of Europe v. 14.1.1994 und geändert durch Statutory Resolution (2000) 1 v. 15.3.2000.
16 *Schwenke* S. 19 ff. und 24 ff.

lungsstationen zu einer Europäischen Kulturpolitik waren 1973 die „Kriterien von Kopenhagen", die erste Legislaturperiode 1979 bis 1983 des Europaparlaments (Einrichtung eines Ausschusses für Jugend, Kultur, Bildung, Information und Sport, Fanti-Bericht[17]) und die Einheitliche Europäische Akte von 1986 (Forderung nach verstärkter kultureller Zusammenarbeit). Erst 1992 schuf die Union sich im Vertrag von Maastricht eine Rechtsgrundlage für Kulturförderung, die mit dem Vertrag von Amsterdam 1997 ihre derzeitige Form in Art. 151 gefunden hat. Heute herrscht Einigkeit darüber: Bildung und Kultur sind Schlüsselfaktoren für Europas Wohlstand und Werte sowie für die Entwicklung einer europäischen Identität, die nationale, regionale und lokale Zugehörigkeitsempfindungen ergänzt.[18] Zuletzt hat die Kommission der Europäischen Gemeinschaft im Mai 2007 mit ihrer Mitteilung „Europäische Agenda für Kultur im Zeichen der Globalisierung" eine Strategie für Kulturpolitik mit drei Zielen entwickelt: Förderung der kulturellen Diversität und des interkulturellen Dialogs, Kulturförderung als Katalysator für Kreativität und Kulturförderung als elementarer Bestandteil der Internationalen Beziehungen der EU.[19] Die EU hat das Jahr 2008 zum Europäischen Jahr des interkulturellen Dialogs erklärt,[20] in 2009 soll das Europäische Jahr für Kreativität und Innovation durch Bildung und Kultur folgen.

11 Für die Kulturförderung und –politik sind folgende Organe der EU verantwortlich:

– Das **Europäische Parlament** (Art. 189 ff. EVG), das die Bürger der Mitgliedstaaten direkt wählen; seine Rechte sollen in den nächsten Jahren noch mehr in Richtung einer echten Legislative, vergleichbar den nationalen Parlamenten erweitert werden.

– Der **Ministerrat** (Art. 202 ff. EVG) zusammengesetzt aus je einem Vertreter der Regierungen der einzelnen Mitgliedsstaaten – je nach Themenspektrum vertreten hier die verantwortlichen Minister für Innen-, Verteidigungs- oder Kulturpolitik ihre Regierungen.

– Die **Europäische Kommission** (Art. 211 ff. EVG), deren Mitglieder die Regierungen der Mitgliedsstaaten entsenden. Die Kommissare verantworten bestimmte Ressorts (Generaldirektionen) und sind mit Ministern auf nationaler Ebene vergleichbar. Kulturförderung liegt derzeit vor allem bei der Generaldirektion X (Bildung und Kultur).

– **Cultural Contact Points** (CCP) – seit 1998 hat die Kommission in den Mitgliedsländern Organisationseinheiten eingerichtet, die interessierte Projektträger über die jeweils aktuellen europäischen Förderprogramme informieren und bei der Antragstellung beraten. Die CCP arbeiten als europäisches Netzwerk zusammen und sind in der Regel bei Trägerorganisationen angesiedelt, die auf nationaler Ebene bereits über Kulturförderung beraten. Die CCP sind bei der Vermittlung internationaler Kooperationspartner behilflich und bilden eine ständige Schnittstelle zwischen der Europäischen Kommission und den jeweiligen nationalen Fördereinrichtungen. In Deutschland wurde der CCP vom Deutschen Kulturrat in Zusammenarbeit mit der Kulturpolitischen Gesellschaft 1998 mit Sitz in Bonn eingerichtet und

---

17 Hier fand sich zum ersten Mal die Forderung, mindestens ein Prozent des Haushalts in die Finanzierung des Sektors Kultur zu investieren.

18 Vgl. Entschließung des Rates v. 21.1.2002 über die Bedeutung der Kultur im Europäischen Aufbauwerk (ABlEG C 32/02), sowie die Entschließung des Rates v. 25.6.2002 über einen neuen Arbeitsplan für die Europäische Zusammenarbeit im Kulturbereich (ABlEG C 162/03).

19 Mitteilung IP/07/646 der Kommission v. 10.5.2007. Für die nähere Erläuterung der Ziele s. dort unter Pkt. 3.1. ff. Interessant ist auch das Arbeitspapier Memo /07/180, das diese Mitteilung begleitet und eine Beschreibung der Europäischen Kulturförderung zu diesem Zeitpunkt liefert.

20 Entscheidung Nr. 1983/2006/EG des Parlaments und des Rates v. 18.12.2006, ABlEU L 412 v. 30.12.2006; vgl. auch *Beckmann* S. 251, 258.

wird von der Generaldirektion Bildung und Kultur gemeinsam mit dem Beauftragten der Bundesregierung für Kultur und Medien finanziert.[21]

In Art. 151 EGV hat die Union den rechtlichen Rahmen[22] und die Leitgedanken für eine europäische Kulturförderung niedergelegt. **12**

– Gemäß Art. 151 Abs.1 EGV ist die Gemeinschaft in ihrer Kulturpolitik mit einem gewissen Spannungsverhältnis konfrontiert. Einerseits sollen sich die einzelnen Kulturen der Mitgliedsstaaten unter Wahrung ihrer nationalen und regionalen Vielfalt erhalten und entwickeln; dies bedeutet eine Unterstützung der nationalen und regionalen Eigenheiten. Gleichzeitig soll europäische Kulturpolitik die Gemeinsamkeiten des kulturellen Erbes hervorheben, d.h. die gemeinsamen „europäischen" Grundlinien herausarbeiten und stärken. Hier zeigt sich der Subsidiaritätsgrundsatz, der für die gesamte Kulturförderung der EU gilt. Einerseits haben Maßnahmen der regionalen und nationalen Kulturpolitik absolut Vorrang vor denen der Gemeinschaft; andererseits werden die Mitgliedsstaaten ermuntert, im kulturellen Sektor zu kooperieren und auf verschiedenen Gebieten gemeinsame Maßnahmen umzusetzen.[23]

– Art. 151 Abs. 2 EGV zählt vier Tätigkeitsfelder auf, bei denen die EU die Zusammenarbeit der Mitgliedsstaaten in kulturellen Fragen unterstützen und durch Gemeinschaftsmaßnahmen ergänzen soll. Es geht um (1) die Verbesserung der Kenntnis und Verbreitung der Kultur und Geschichte der europäischen Völker, (2) die Erhaltung und den Schutz des kulturellen Erbes von europäischer Bedeutung, (3) den nichtkommerziellen Kulturaustausch und (4) das künstlerische und literarische Schaffen, einschließlich des audiovisuellen Bereichs.

– Art. 151 Abs. 3 EGV bevollmächtigt die Gemeinschaft mit einer eigenen „Auswärtigen Kulturpolitik", in dem er zur Zusammenarbeit mit dritten Ländern und den für den Kulturbereich zuständigen internationalen Organisationen, insbesondere mit dem Europarat, aufruft.

– Aufgrund der Kulturverträglichkeits- oder Querschnittsklausel (Art. 151 Abs. 4 EGV) ist die Gemeinschaft verpflichtet, bei allen ihren Aktivitäten (z.B. dem Erlass von Verordnungen oder Richtlinien) den kulturellen Aspekten Rechnung zu tragen, insbesondere die Vielfalt der Kulturen in der Gemeinschaft zu wahren und zu fördern.[24] Die Kulturverträglichkeitsklausel relativiert die bisherige Dominanz der Wirtschaft in der EU. So konnte sich Deutschland im Jahr 2000 mit Erfolg auf diese Bestimmung berufen, als es um die wettbewerbsrechtliche Zulässigkeit der Buchpreisbindung ging.[25]

– Art. 151 Abs. 5 EGV bevollmächtigt den Rat spezielle Förderprogramme für Kultur umzusetzen, verbietet aber gleichzeitig die Harmonisierung der Rechts- und Verwaltungsvorschriften der Mitgliedsstaaten.

Die Beschreibung des Rechtsrahmens europäischer Kulturförderung wäre unvollständig ohne einen Hinweis auf die spezielle Kulturklausel im Beihilferecht des EGV. Grundsätzlich sind nach dem Gemeinschaftsrecht staatliche Beihilfen verboten, die den Wettbewerb verfälschen und den Handel zwischen den Mitgliedsstaaten beeinträchtigen (Art. 87 Abs. 1 EGV). Mit **13**

---

21 *Bornemann* S. 263 ff.; Näheres www.ccp-deutschland.de.
22 Zum ins Stocken geratenen EU-Verfassungsprozess *Danwitz* S. 121, 123 ff.
23 Vgl. *Oppermann* § 28 Rn. 56; vgl. auch Mitteilung IP/07/646 der EU-Kommission v. 10.5.2007 Pkt. 2.
24 Vgl. Ratsentschließung ABlEG 1997, C 36/4.
25 Entschließung des Rats ABlEG 2001 C 73/5. Im Rundfunkbereich hat *EuGH* Slg. 1993, I-487 ff. Rs. C-148/91 – Veronica Einschränkungen des freien Kapital- und Dienstleistungsverkehrs als kulturpolitische Berufsregelungen im Sinne zwingender Forderungen des Allgemeinwohls gutgeheißen.

Art. 87 Abs. 3 d wird für den Kulturbereich eine Ausnahme etabliert. „Beihilfen zur Förderung der Kultur und der Erhaltung des kulturellen Erbes" sind mit europäischem Recht vereinbar, „soweit sie die Handels- und Wettbewerbsbedingungen in der Gemeinschaft nicht in einem Maß beeinträchtigen, das dem gemeinsamen Interesse zuwiderläuft". In der Praxis hat die Kommission diese Ausnahmeklausel angewandt, wo die Mitgliedsstaaten traditionelle Kulturförderung betreiben, z.B. das Verlagswesen, den Mediensektor oder die Förderung von Theatern, Museen und Galerien. Allerdings prüft die Kommission jeweils die kulturelle Zwecksetzung einer Beihilfe. So darf bei der Filmförderung nicht die Wirtschafts-, sondern muss die Kulturförderung im Vordergrund stehen. Produktionen, die nicht unter den Kulturbegriff der Kommission fallen, sind von der Förderung ausgeschlossen, z.B. Werbung und Pornografie. Die in Art. 87 Abs. 3 d vorgeschriebene Abwägung zwischen den berechtigten kulturpolitischen Interessen des Mitgliedstaates an einer Beihilfe einerseits und den gemeinschaftlichen Interesse an möglichst unverfälschten Handels- und Wettbewerbsbedingungen andererseits kann als spezielle Ausformung des Verhältnismäßigkeitsgrundsatzes verstanden werden. Im Fall der Filmförderung lässt die Kommission Beihilfe zu, wenn maximal 50% der Gesamtkosten eines Films aus öffentlichen Mitteln zugeschossen werden; darüber hinaus sind weitere Ausnahmen zugunsten kleiner oder kulturell besonders wichtiger Filme möglich.[26]

14 Schließlich wirken sich viele Regelungen des allgemeinen Europarechts auf die Kulturförderung aus. Für Kulturschaffende sind besonders wichtig die Freizügigkeit (Art. 39 ff. EGV), die Niederlassungsfreiheit (Art. 43 ff. EGV) und die Dienstleistungsfreiheit (Art. 49 ff. EGV).[27] Mittelbare Auswirkungen haben die Vorschriften zum Freien Warenverkehr (Art. 23 ff. EGV)[28] oder zur Wettbewerbspolitik (Art. 81 ff.).

15 Auf dieser Grundlage hat die Gemeinschaft seit 1996 verschiedene Förderprogramme für Kultur aufgelegt. Im ersten Förderzeitraum 1996 bis 1999 gab es drei Kulturprogramme: **Kaleidoscope** (Förderung künstlerischer und kultureller Kreativität), **Ariane** (Förderung von Buch und Lesekultur, inkl. Übersetzungen) und **Raphael** (Denkmalschutz). In den folgenden Jahren 2000 bis 2006[29] widmete sich das erste Rahmenprogramm zur Kulturförderung – **Kultur 2000** – der Entwicklung eines den Europäern gemeinsamen Kulturraums, der sowohl durch ein gemeinsames Erbes als auch durch kulturelle und künstlerische Vielfalt gekennzeichnet sein sollte. Kultur 2000 förderte insbesondere die grenzüberschreitende Zusammenarbeit zwischen

---

26 Vgl. zur gesamten Thematik *Koenig/Kühling* S. 197 ff.; *Castendyk/Bark* S. 487; *Geier* Nationale Filmförderung.

27 Grenzüberschreitende Rundfunksendungen gelten als Dienstleistungen (*EuGHE* 1974, 409 ff., Rs 155/73 – Sacchi). Dies gilt allerdings nur für die technische Seite, während die Programmhoheit gem. Art. 151 EGV i.V.m. Art. 6 Abs. 3 EUV bei den Mitgliedstaaten und nationalen Veranstaltern verbleibt.

28 Auch „Kulturgüter" (Bücher, Gemälde, Filme, etc.) sind Waren (*EuGHE* 1985, 17 ff. Rs. 229/83 – „Leclerc"). Art. 30 EGV hält für nationales Kulturgut von künstlerischem, geschichtlichem oder archäologischem Wert nicht diskriminierende nationale Beschränkungen für möglich. Die EG hat den Kulturgüterschutz inzwischen gemeinschaftsrechtlich geregelt. So regelt die Richtlinie Nr. 93/7 (AB-lEG. 1993, L 74/74) die Rückgabe von Kulturgütern, die unrechtmäßig aus einem Mitgliedsstaat in einen anderen verbracht wurden. Die Verordnung Nr. 3911/92 (ABlEG 1992, L 395/1) macht den Export von Kulturgütern in Drittstaaten von einer Ausfuhrgenehmigung des Herkunftsstaates abhängig, ausf. *Uhl* Handel mit Kunstwerken. Bei der Richtlinie Nr. 2001/84 (ABlEG L 272/32) geht es um die Beteiligung der Künstler am Erlös beim Weiterverkauf eines Kunstwerks als Teil seines Urheberrechts. Nach der Richtlinie verfügt der Künstler nunmehr über einen – degressiv ausgestalteten – Anspruch, am Weiterverkauf seiner Werke finanziell beteiligt zu werden.

29 Es wurde durch eine Entscheidung des Parlaments und des Rates für die Periode 2000 bis 2004 (Beschl. Nr. 208/2000/EG v. 14.2.2000) eingerichtet und auf die Jahre 2005 bis 2006 verlängert (Beschl. Nr. 626/2004/EG v. 31.3.2004).

Kulturschaffenden, den Kulturakteuren und den Kulturinstitutionen der Mitgliedsstaaten.[30] Aktuell (2007) widmen sich zwei Gemeinschaftsprogramme unmittelbar der Kulturförderung: **Kultur 2007** und **MEDIA 2007**.

Kultur 2007 (Fördervolumen 400 Mio. € – Laufzeit 2007-2013)[31] verfolgt die Ziele: (1) För-   **16** derung der grenzüberschreitenden Mobilität von Menschen, die im Kultursektor arbeiten, (2) Förderung der internationalen Verbreitung von Kunstwerken und künstlerischen und kulturellen Produkten oder Ereignissen und (3) Förderung des interkulturellen Dialogs. Konkret müssen sich die Fördervorhaben einem von drei Aktionsbereichen zurechnen lassen.

- Im Aktionsbereich 1 geht es um Europäische Kooperationsvorhaben in der Kultur, wobei wiederum unterschieden wird zwischen mehrjährige Kooperationsprojekte (3-5 Jahre, mindestens sechs Länder), kurzfristigen Kooperationsmaßnahmen (bis zu 24 Monaten, mindestens drei Länder), Literarischen Übersetzungen (Verlage, 4-10 Werke) oder Sondermaßnahmen (Kulturhauptstädte Europas,[32] Preisverleihungen, Aktionen zu Jubiläen, Kooperationen mit Drittländern oder internationalen Organisationen).

- Im Aktionsbereich 2 fördert die EU europaweit tätige Kulturorganisationen oder -netzwerke mit Betriebskostenzuschüssen.

- Der Aktionsbereich 3 zielt auf Studien und Analysen zu kulturrelevanten Themen mit europaweiter Bedeutung.

Die Förderung des Bereichs Film und Audiovisuelles ist seit 1991 Aufgabe des Programms   **17** MEDIA. In der derzeitigen Förderperiode verfolgt MEDIA 2007 (Fördervolumen 2007 – 2013: 755 Mio. €)[33] drei Ziele: (1) Die kulturelle Vielfalt Europas sowie sein kinematographisches und audiovisuelles Erbe zu bewahren und zu erschließen, den Bürgern den Zugang dazu zu gewährleisten und den interkulturellen Dialog zu fördern; (2) die Verbreitung europäischen audiovisuellen Schaffens innerhalb und außerhalb der Europäischen Union zu steigern und (3) die Wettbewerbsfähigkeit des europäischen audiovisuellen Sektors im Rahmen eines offenen und wettbewerbsfähigen Marktes zu stärken. Die Fördermittel verteilen sich auf die Bereiche Vertrieb, Unterstützung für Produzenten (Entwicklung, Finanzierungsförderung und TV-Ausstrahlung), Training, Promotion und Pilotprojekte. Zudem wurde am 16.11.2005 eine Empfehlung über das Filmerbe und die Wettbewerbsfähigkeit der damit zusammenhängenden Tätigkeiten verabschiedet, in der konkrete Maßnahmen in diesem Bereich aufgezeigt werden.

Neben diesen Förderprogrammen[34] haben sich in den letzten Jahren die Strukturfonds und die   **18** dazugehörigen Programme[35] zu besonders wichtigen Bausteinen europäischer Kulturförde-

---

30 *Müller/Singer* S. 21 ff.
31 Beschl. Nr. 1855/2006/EG des Parlaments und des Rates v. 12.12.2006, ABlEU L 372 v. 27.12.2006, vgl. European Commission – Directorate General for Education and Culture S. 131, 133 ff.; näher *Beckmann* S. 251, 252 ff.; *Henner-Fehr* B 1.1-4.
32 Vgl. Beschl. des Rates 1419/1999, ABlEG L 166/1.
33 Beschl. Nr. 1718/2006/EG des Parlaments und des Rates v. 15.11.2006, ABlEU L 327 v. 24.11.2006.
34 Verwiesen sei hier kurz auf das Programm „Europa für Bürgerinnen und Bürger" (Beschl. Nr. 1904/2006/EG des Parlaments und des Rates v. 12.12.2006, ABl. L 378 v. 27.12.2006), das die Kommission als Teil ihre Kulturförderung ansieht (vgl. Mitteilung Nr. IP/07/646 v. 10.5.2007, näher dazu *Beckmann* S. 251, 257 f.
35 Hierzu zu rechnen: EFRE (Europäischer Fonds für Regionale Entwicklung), ESF (Europäischer Sozialfonds), ELER (Europäischer Landwirtschaftsfonds für die Entwicklung des ländlichen Raums), Leader (Entwicklung des ländlichen Raumes), URBAN (wirtschaftliche und soziale Wiederbelebung krisenbetroffener Städte und Stadtviertel), Interreg (Förderung der Zusammenarbeit zwischen Regionen zu Zwecken der Wirtschaftsentwicklung einschließlich des kulturellen Bereichs), EQUAL (Bekämpfung aller Formen der Ungleichheit auf dem Arbeitsmarkt). Zusammenfassend: *Müller/Singer* S. 23 ff.; *Beckmann* S. 251, 258 ff.

rung entwickelt. In den Jahren 2000 bis 2006 unterstützen sie mit über 195 Mrd. die Entwicklung benachteiligter Regionen sowie die gesellschaftliche und menschliche Entwicklung. Der Kulturbereich profitiert von den Strukturfonds, sobald hier wirtschaftliche Aktivitäten z.B. im Kulturtourismus oder bei elektronischen Dienstleistungen neue Arbeitsplätze schaffen oder die Wirtschaftsentwicklung einer Region ankurbeln. Auch Denkmalschutzmaßnahmen in den Förderregionen kommen häufig in den Genuss dieser Förderung. So hat das Land Brandenburg im Zeitraum zwischen 2000 und 2006 bei den Strukturfonds insgesamt 40 Mio. € europäische Fördermittel eingeworben bei 87 Mio. € Gesamtausgaben für Kulturstätten.[36]

3. Nicht-staatliche oder private Organisationen in Europa

19 Die Vielfalt europaweit aktiver nicht-staatlicher Kulturorganisationen lässt sich nicht mehr überschauen. Dabei geht es nicht allein um Interessenvertretung, Erfahrungsaustausch oder Netzwerkbildung, vielfach bilden sich konkrete Produktionsgemeinschaften (insbesondere im audiovisuellen Bereich). Insofern lassen sich hier nur ein paar nicht-staatliche europäische Kultureinrichtungen beispielhaft nennen:

– „**Europa Nostra**" versteht sich als paneuropäische Föderation des Kulturerbes und repräsentative Plattform für über 220 europäische NGOs. Europa Nostra will das Bewusstsein für Kulturerbe und seinen Wert in der allgemeinen Öffentlichkeit tiefer verankern und gleichzeitig zu einer Priorität der allgemeinen Politik machen. Ziele sind die Förderung hoher Qualitätsstandards in Konservierung, Architektur, Stadt- und Landschaftsplanung sowie die Forderung nach einer ausgeglichenen und nachhaltigen Entwicklung in Stadt und Land, in der gestalteten und natürlichen Umwelt. Europa Nostra organisiert den Kulturerbe-Preis der Europäischen Union/Europa Nostra Awards und ist für die Koordinierung der Europäischen Denkmaltage zuständig.

– Die **European Cultural Foundation** (ECF) wurde 1954 als Privatorganisation niederländischen Rechts gegründet. Sie wird vom niederländischen Königshaus unterstützt und finanziert sich aus Lotto- und Totomitteln sowie über Forschungs- und Dienstleistungsverträge der Zentren und Institute der Stiftung in verschiedenen EG-Staaten. Die ECF bezeichnet sich selbst als führende unabhängige Organisation für kulturelle Entwicklung und Kooperation.[37]

– Frankreich und die deutschen Bundesländer haben 1990 durch völkerrechtlichen Vertrag den europäischen Fernsehkulturkanal **ARTE** in Straßburg gegründet.[38] Er hat gesellschaftsrechtlich den Status einer Europäischen Wirtschaftlichen Interessenvereinigung[39] und ist als Koproduzent ein der bedeutendsten europäischen Förderer von Dokumentar- und Spielfilmen.

– Das **European Forum for the Arts and Heritage** (EFAH/FEAP) gibt seit 1992 seinen über 5000 Mitgliedsorganisationen eine Stimme in der Kultur. Als Verband auf europäischer Ebene entwickelt die EFAH politische Positionen für den Kultursektor und vertritt sie gegenüber den Institutionen der EU. Daneben koordiniert die EFAH gemeinsame Kampagne zur Verbesserung der Finanzausstattung der EU Kulturprogramme (z.B. „70 Cents for Culture") und steht im Dialog mit anderen europäischen oder internationalen Organisationen sowie NGOs.

---

36 *Schwencke* S. 24.
37 Ausf. www.eurocult.org.
38 Vgl. Bad.Württ. GBl. 1991, 745
39 *Oppermann* § 18 Rn. 50.

– Die **European Festivals Association** wurde 1952 auf Initiative verschiedener Künstler und Festivalmacher ins Leben gerufen. Ziel der EFA ist die Förderung der Bedeutung von Festspielen und ihrer wichtigen Rolle im internationalen Kulturaustausch. Sie fördert Kooperationen, Koproduktionen und sonstigen gemeinsamen Aktivitäten ihrer Mitglieder und sucht eine gemeinsame Politik zu formulieren.[40]

II. Der öffentliche Bereich in Deutschland – Staat und Kommunen

Für eine Geschichte der Kulturförderung in Deutschland gibt es bisher nur Studien zu einzelnen Teilbereichen, nicht aber eine umfassende Untersuchung. Insbesondere fehlt eine Analyse, wie sich über Jahrhunderte Fürstenhöfe, Kirchen und Bürgertum für kulturelle Fragen eingesetzt haben und wie daraus die heute vorherrschende Stellung der öffentlichen Hand in der Kulturförderung entstand.[41] Im Ergebnis prägen die Prinzipien Dezentralität, Subsidiarität und Pluralität die öffentliche Kulturförderung in Deutschland, d.h. Bund, Länder und Gemeinden nehmen Aufgaben der Kulturpolitik jeweils eigenverantwortlich wahr. Das Grundgesetz räumt den größten Teil kulturpolitischer Kompetenzen den Länder (und Gemeinden) ein, so dass häufig von einer „Kulturhoheit der Länder" gesprochen wird. Dieser Begriff ist irreführend und wird oft missverständlich eingesetzt. Kulturhoheit ist kein Rechtsbegriff, an den sich irgendeine Rechtsfolge, schon gar keine Kompetenzzuweisung knüpft. Kulturhoheit ist lediglich ein in der politischen Praxis gebräuchlicher Sammelbegriff für verschiedene Befugnisse, die dem Staat im kulturellen Bereich zufallen.[42] Diese kulturpolitischen Befugnisse hat das Grundgesetz ebenso wenig allein den Ländern wie allein dem Bund übertragen. Die Länder verfügen nach der Verfassung über den größten Teil kulturpolitischer Kompetenzen, daneben sind aber auch dem Bund wichtige kulturstaatliche Funktionen eingeräumt, man denke etwa an die Zuständigkeiten für die Auswärtige Kulturpolitik (Art. 32, 73 Nr. 1, 87 Abs. 1 GG) oder die Repräsentation des Gesamtstaates in der Hauptstadt (Art. 22 Abs.1 S. 2, 106 Abs. 8 GG). Im Bundesstaat des Grundgesetzes ist die Kulturhoheit kein ausschließliches Hausgut der Länder; sie ist vielmehr – wenn auch ungleichmäßig – auf Bund, Länder und Gemeinden verteilt. Gleichzeitig gibt es gerade in der Kulturförderung eine Vielzahl von Kooperationen und Verflechtungen zwischen Bund, Ländern und Gemeinden; der Kultursektor gilt als typisches Beispiel für „Kooperativen Föderalismus".[43] Trotz aller Abstimmungen – eine gemeinsame Kulturpolitik des Bundes und der Länder, die deutlich mehr wäre als die Summe der Aktivitäten dieser Akteure, kann man nicht beobachten, schon gar nicht, wenn man ein Minimum an gemeinsamer strategischer Ausrichtung erwartet.

20

Aus dem jüngsten Kulturfinanzbericht 2006[44] lässt sich mehr zur tatsächlichen Verteilung der öffentlichen Kulturförderung lernen. Danach haben 2003[45] die öffentlichen Haushalte der Bundesrepublik insgesamt 8,07 Milliarden € für Kultur ausgegeben. Länder und Gemeinden

21

---

40 www.efa-aef.org.
41 *Knoblich* S. 8 f.; *Klein* S. 70 ff., 110 ff.; zur Kulturförderung in der Bundesrepublik Deutschland seit 1949 vgl. *Singer* Kulturpolitik.
42 Differenziert zum Begriff Kulturhoheit: *Köstlin* S. 17 f.; *Geis* DÖV 1992, 522 ff.; *Hense* S. 376, 379 ff.; *Steiner* Rn. 16.
43 *Müller/Singer* S. 31; zur verfassungsrechtlichen Zulässigkeit von Bund-Länder-Kooperationen: *Köstlin* S. 208 ff.
44 *Statistische Ämter* Kulturfinanzbericht.
45 2003 ist das Jahr, für das bei der Erstellung des Kulturfinanzberichts 2006 detaillierte und endgültige Ergebnisse aktuell auf Basis der Jahresrechnungsstatistik vorlagen. Für die späteren Jahre gab es nur vorläufige oder Soll-Zahlen.

(einschließlich der Zweckverbände) hatten ungefähr gleich hohe Anteile von jeweils rd. 3,5 Milliarden € (44 %). Der Beitrag des Bundes lag bei 1,01 Milliarden € (12,5 %). Insgesamt stellten die öffentlichen Haushalte für Kultur 1,75 % ihres Gesamtetats beziehungsweise 98 € je Einwohner zur Verfügung. Aufschlussreich ist auch die Verteilung der Fördergelder auf verschiedene Sparten. Der Bereich Theater und Musik band den größten Teil der öffentlichen Kulturausgaben. Im Jahr 2003 waren dies 2,99 Milliarden € (37 % aller Kulturausgaben). Weitere 1,3 Milliarden € (16,1 %) flossen in die Finanzierung der Museen. Für Bibliotheken und Archive gab die öffentliche Hand 1,27 Milliarden € (15,8 %) aus. Die Ausgaben für die auswärtige Kulturpolitik betrugen 304,4 Millionen € (davon Bund: 295,3 Millionen €). Für die Finanzierung der Kunsthochschulen brachten die öffentliche Mittelgeber weitere 429,4 Millionen € auf. 810,5 Millionen € stellte die öffentliche Hand 2003 für den Bereich der Sonstigen Kulturpflege und 524,5 Millionen € für die Kulturverwaltung zur Verfügung. Die öffentliche Filmförderung lag in Deutschland 2003 bei rund 160 Millionen €, die statistisch allerdings nur teilweise in den Gesamtausgaben für Kultur enthalten sind.

22

Öffentliche Ausgaben für Kultur[46]
– Grundmittel –

Gegenstand des Nachweises	Mill. €	€ je Einwohner	Anteil am BIP in %
1995	7.467,8	91,4	0,40
1997	7.465,8	91,0	0,39
1999	7.936,6	96,7	0,39
2000	8.206,4	99,8	0,40
2001	8.400,0	102,0	0,40
2002	8.301,1	100,6	0,39
2003	8.071,8	97,8	0,37
2004 (vorläufiges Ist)	7.880,5	95,5	0,36
2005 (Soll)	8.031,1	97,4	0,36
2003 Verteilung auf Bund, Länder und Gemeinden			
Bund	1.006,8	12,2	0,05
Länder (ohne Gemeinden)	3.543,6	42,9	0,16
Gemeinden/Gemeindeverbände	3.521,4	42,7	0,18
2003 nach Kulturbereichen			
Theater und Musik	2.985,2	36,2	0,14
Bibliothekswesen (einschließlich Archive)	1.272,5	15,4	0,06
Museen, Sammlungen, Ausstellungen	1.295,6	15,7	0,06
Denkmalschutz und Denkmalpflege	449,6	5,5	0,02
Kulturelle Angelegenheiten im Ausland	304,4	3,7	0,01
Kunsthochschulen	429,4	5,2	0,02
Sonstige Kulturpflege	810,5	9,8	0,04

---

46 *Statistische Ämter* S. 31, 58 f., 106, 111.

Gegenstand des Nachweises	Mill. €	€ je Ein-wohner	Anteil am BIP in %
Verwaltung für kulturelle Angelegenheiten	524,5	6,4	0,02
Kulturausgaben insgesamt	8.071,8	97,8	0,37
nachrichtlich			
Kulturnahe Bereiche	1.514,9	18,4	0,07
Filmförderung	160,8	2,0	0,01

1. Bund

Auf Bundesebene engagieren sich folgende Organe oder Einrichtungen für Kulturförderung: **23**

– **Bundestag** mit **Ausschuss für Kultur und Medien** und Unterausschuss Neue Medien sowie **Enquete-Kommission „Kultur in Deutschland"** (seit 2003, ab 2005 verlängert in die 16. Wahlperiode),

– **Staatsminister beim Bundeskanzler – Beauftragter der Bundesregierung für Kultur und Medien** (BKM),[47] dessen Abteilung sich (2007) in vier Gruppen mit je fünf Referaten gliedert: Grundsatzfragen der Kulturpolitik und Zentrale Angelegenheiten (K 1), Kunst- und Kulturförderung (K 2), Medien und Film, Internationales (K 3) sowie Geschichte und Erinnerung (K 4),

– Andere **Bundesministerien** für Spezialfragen, z.B. Bundesministerium für Arbeit und Soziales für Fragen der sozialen und beruflichen Sicherung von Künstlern und Kulturschaffenden, Bundesministerium der Justiz für rechtliche Rahmenbedingungen wie Urheber- oder Stiftungsrecht, Bundesministerium der Finanzen für Steuerrecht,

– **Bundesarchiv** und **Bundesinstitut für Kultur und Geschichte der Deutschen im östlichen Europa** als nachgeordnete und rechtlich unselbständige Einrichtungen des BKM,

– **Stiftung Preußischer Kulturbesitz**,[48] **Stiftung „Haus der Geschichte der Bundesrepublik Deutschland"**[49] sowie verschiedene Stiftungen/**Gedenkstätten zur Erinnerung an Persönlichkeiten des politischen Lebens**[50] als bundesunmittelbare Stiftungen des öffentlichen Rechts nach Art. 87 Abs. 3 GG,

---

47 Diese Position wurde 1998 per Organisationserlass von der Bundesregierung neu geschaffen. Ihr wurden die Kulturabteilung des Bundesministeriums des Innern sowie einzelne Referate anderer Ministerien – z.B. die Filmförderung aus dem Bundesministerium für Wirtschaft zugeordnet. Allerdings verblieben von Anfang an bestimmte Kompetenzen in anderen Ministerien, z.B. Auswärtige Kulturpolitik beim Auswärtigen Amt, Ausbildung künstlerischer Berufe, kulturelle Bildung, Kulturelle Jugendwettbewerbe beim Bundesministerium für Bildung und Wissenschaft; vgl. *Bischoff* S. 240 ff.; *Hense* S. 376, 381 ff.; *Endreß* S. 133 ff.

48 Gesetz zur Errichtung einer Stiftung „Preußischer Kulturbesitz" und zur Übertragung von Vermögenswerten des ehemaligen Land Preußen auf die Stiftung v. 25.7.1957 (BGBl I 841), zuletzt geändert durch Gesetz v. 28.6.1990 (BGBl I 1221).

49 Gesetz zur Errichtung einer selbständigen Stiftung „Haus der Geschichte der Bundesrepublik Deutschland" vom 28.2.1990 (BGBl I 294).

50 Z.B. Gesetz über die Errichtung einer Stiftung Bundeskanzler-Adenauer-Haus v. 24.12.1978 (BGBl I 1821).

– **Filmförderungsanstalt,**[51] **Deutsche Bibliothek**[52] als bundesunmittelbare Anstalten des öffentlichen Rechts nach Art. 87 Abs. 3 GG,

– **Akademie der Künste Berlin**[53] als bundesunmittelbare Körperschaft nach Art. 87 Abs. 3 GG,

– **Kulturveranstaltungen des Bundes in Berlin GmbH** mit der Bundesrepublik als Alleingesellschafterin,

– **Kulturstiftung des Bundes** gegründet von der Bundesrepublik als Stiftung des bürgerlichen Rechts,[54]

– **Stiftung Jüdisches Museum Berlin** als Übernahme zum 1. September 2001 einer von Berlin errichteten Stiftung öffentlichen Rechts in die alleinige Trägerschaft des Bundes

24 Auf dem Feld der Auswärtigen Kulturpolitik[55] treten folgende Akteure auf Bundesebene hinzu:

– **Auswärtiges Amt**[56] mit einer Kultur- und Bildungsabteilung, die sich in 10 Referate gliedert,

– **Unterausschuss Auswärtige Kultur- und Bildungspolitik** des Auswärtigen Ausschuss im Deutschen Bundestag,

– **Deutsche Welle**[57] als bundesunmittelbare Anstalt des öffentlichen Rechts nach Art. 87 Abs. 3 GG,

– **Mittlerorganisationen der Auswärtigen Kulturpolitik,**[58] z.B. Goethe-Institut, ifa – Institut für Auslandsbeziehungen oder Alexander von Humboldt-Stiftung. Mittlerorganisationen sind rechtsfähige, meist privatrechtlich organisierte Einrichtungen, die auf der Grundlage von Rahmenverträgen und weitgehend finanziert durch das Auswärtige Amt die Planung und Gestaltung der kulturellen Zusammenarbeit mit dem Ausland übernehmen. Die Vorteile dieser Konstruktion liegen in der weitgehenden Unabhängigkeit der Mittlerorganisationen. Die Mittler sind nicht nur unempfindlicher gegenüber politischen Krisen zwischen den Staaten, sie genießen meist auch eine hohe Glaubwürdigkeit. Sie können deshalb die Zielgruppen im Gastland besser und leichter ansprechen als die offiziellen deutschen Auslandsvertretungen.

25 Das Grundgesetz weist dem Bund vergleichsweise wenige ausdrückliche Kompetenzen für Kulturförderung zu (z.B. Auswärtige Kulturpolitik: Art. 32 Abs. 1, 73 Abs. 1 Nr. 1, 87 Abs. 1 GG; Repräsentation des Gesamtstaates in der Hauptstadt: Art. 22 Abs.1 Satz 2, 106 Abs. 8 GG). Allerdings gibt es nach Ansicht des Bundes[59] eine nationale Verantwortung für die Kul-

---

51 Gesetz über Maßnahmen zur Förderung des deutschen Films i.d.F. der Bekanntmachung v. 24.8.2004 BGBl I 2277.

52 Gesetz über die Deutsche Bibliothek v. 31.3.1969 BGBl. I 265 zuletzt geändert durch Gesetz v. 29.10.2001 BGBl. I 2785, 2800.

53 Gesetz zur Errichtung der Akademie der Künste v. 1.5.2005 (BGBl I 1218).

54 Speziell zur kompetenzrechtlichen Grundlage bei der Gründung der Kulturstiftung des Bundes: *Mahrenholz* S. 857 ff.; *Stettner* S. 315 ff.

55 Zu konzeptionellen Grundlagen und der institutionellen Entwicklung vgl. *Singer*; *Maaß*; *Auswärtiges Amt*.

56 Zur Arbeitsteilung innerhalb der Bundesregierung, insbesondere mit dem BKM vgl. *Singer* S. 35 ff.

57 Gesetz über die Rundfunkanstalt des Bundesrechts „Deutsche Welle" v. 16.12.1997 (BGBl. I 3094), zuletzt geändert durch Gesetz v. 19.6.2001 (BGBl I 1149, 1168).

58 *Köstlin* S. 67 ff., 131 ff., *Singer* S. 40 ff.; *Maaß* S. 205 ff.; *Auswärtiges Amt* S. 38 ff.

59 Zusammenfassend *BKM* I 1.

turentwicklung in Deutschland.[60] Insofern beruft er sich in der Staatspraxis für seine zahlreichen kulturpolitischen Aktivitäten auf stillschweigende Kompetenzen aus der Natur der Sache oder kraft Sachzusammenhangs.[61] Er begründet dies mit der nationalen oder internationalen, überregionalen oder landesübergreifenden Bedeutung der einzelnen kulturellen Aufgabe sowie generell mit dem Bedürfnis der gesamtstaatlichen Repräsentation. Demgegenüber bedarf nach Meinung der Länder[62] eine ungeschriebene Kompetenz des Bundes als Ausnahme zur grds Zuständigkeit der Länder (Art. 30, 70 ff., 83 ff., 104 a ff. GG) einer besonderen Rechtfertigung. Eine Kompetenz des Bundes kraft Natur der Sache lässt sich weder allein durch die Überregionalität einer Aufgabe noch allein durch deren gesamtstaatliche oder nationale Bedeutung, noch allein durch deren Auslandsbezug oder einen internationalen Kontext rechtfertigen. Insbesondere begründet die Tatsache, dass eine Aufgabe nur von mehreren Länder gemeinsam oder koordiniert sinnvoll erfüllt werden kann, für sich genommen keine Zuständigkeit des Bundes.

Im Rahmen der so genannten Entflechtungsdebatte[63] in den Jahren 2002 und 2003 gelang es Bund und Länder in weiten Bereichen ihre Kulturförderung zu systematisieren und die nach gemeinsamer Ansicht verfassungsrechtlich unstrittigen Bundeskompetenzen zu identifizieren. Danach stehen dem Bund folgende Förderkompetenzen zu:[64]   **26**

– Auswärtige Kulturpolitik/Kulturförderung im Ausland (Art. 32 Abs. 1, 73 Abs. 1 Nr. 1, 87 Abs. 1 GG),[65] wobei Art. 23 Abs. 6 GG für die Vertretung gegenüber der Europäischen Union ein besonderes kooperatives Verfahren vorsieht. Für den Abschluss von Kulturabkommen mit anderen Staaten gilt das verfahren des Lindauer Abkommens.[66]

---

60 Vgl. dazu die Antwort der Bundesregierung auf eine Große Anfrage der CDU/CSU-Fraktion im Jahr 2001 (BT-Drucks. 14/6993 v. 27.9.2001). Obwohl die Anfrage sich auf die Perspektiven der Rock- und Popmusik in Deutschland bezog, illustriert die Stellungnahme doch die sehr weit reichende Verantwortung, in der sich der Bund sieht: „Die Zuständigkeit des Bundes (…) bezieht sich vor allem auf rechts- und ordnungspolitische Aspekte. Diese Verantwortung wird durch die Gestaltung der Rahmenbedingungen für die Entwicklung von Kunst und Kultur wahrgenommen. Darüber hinaus fördert er subsidiär Projekte und Einrichtungen, an denen ein besonderes bundesstaatliches Interesse besteht und in denen das Wesen des Gesamtstaates als föderal organisierter Kulturstaat zum Ausdruck kommt. Aus dieser Aufgabe leitet sich aber auch ab, drängende kulturpolitische Themen aufzugreifen und den gesellschaftlichen Diskurs mit Ländern und Kommunen, mit Interessenvertretungen aus Kultur und Wirtschaft anzuregen und zu führen."
61 Aktueller verfassungsrechtlicher Diskussionsstand: *März* Rn. 57 ff.; zum Kulturbereich: *Köstlin* S. 38 ff. m.w.N.; speziell zur Kulturstiftung des Bundes: *Mahrenholz* S. 857 ff.; *Stettner* S. 315 ff.
62 Zusammenfassend *BKM* I 1.
63 Zusammenfassend zu dieser Debatte: *Müller/Singer* S. 30 ff., 41 ff.
64 *BKM* Anlage Korb 1.
65 Pflege der Kulturbeziehungen zu anderen Staaten sowie europäischen internationalen und supranationalen Organisationen, Repräsentation der deutschen Kultur im Ausland, Unterstützung des internationalen Kulturaustausches , Förderung von deutschen Künstlern im Ausland und ausländischen Künstlern in Deutschland durch Studien- und Arbeitsaufenthalte. U.A. fördert der Bund: Deutsche Welle; Villa Massimo Rom; Fonds „Writers in Exile"; Goethe Institut u.a. Mittlerorganisationen; Deutsches Archäologisches Institut.
66 Vgl. *Köstlin* S. 63 ff. m.w.N.

– Repräsentation des Gesamtstaates einschließlich der gesamtstaatlichen Darstellung und Dokumentation der deutschen Geschichte (Natur der Sache – Repräsentation des Gesamtstaates),[67]
– Repräsentation des Gesamtstaates in der Hauptstadt (Art. 22 Abs.1 S. 2, 106 Abs. 8 GG; Art. 2 Abs. 1 Einigungsvertrag in Verbindung mit dem Berlin-Bonn-Gesetz),[68]
– Preußischer Kulturbesitz (Art. 135 Abs. 4 GG),[69]
– UNESCO-Welterbe und Europäische Kulturstadt (Natur der Sache),[70]
– Gedenkstätten, Kriegsgräber und Gräber anderer Opfer des Krieges und Opfer der Gewaltherrschaft (Art. 74 Abs. 1 Nr. 10 GG),[71]
– Sicherung von Kulturgut und Geschichte ehemals deutscher Kulturlandschaften im östlichen Europa (Art. 32 Abs. 1, 74 Nr. 6 GG i.V.m. § 96 Bundesvertriebenengesetz),[72]
– Kulturelle Betreuung nationaler Minderheiten, fremder Volksgruppen und heimatloser Ausländer im Bundesgebiet (Kompetenz zur Umsetzung völkerrechtlicher Verpflichtungen),[73]
– Sicherung und Erwerb national wertvollen Kulturgutes und national wertvoller Archive gegen drohende Abwanderung sowie Schutz gegen absehbare Folgen eines bewaffneten Konfliktes (Art. 73 Abs. 1 Nr. 1 und Nr. 5a GG),
– Rückführung von Kulturgut (Art. 32 Abs. 1, 73 Abs. 1 Nr. 1, 74 Abs. 1 Nr. 9, 120 Abs. 1 GG),
– Dokumentation, Nachforschung und Rückgabe NS-verfolgungsbedingt entzogener Kulturgüter (Art. 74 Abs. 1 Nr. 9 GG),[74]
– Förderung von Kultureinrichtungen in Ostdeutschland („Leuchttürme" – Art. 35 Abs. 4 Einigungsvertrag),[75]
– Förderung der kulturellen Einheit Deutschlands (Art. 35 Abs. 7 Einigungsvertrag),

---

67 Einschließlich der gesamtstaatlichen Darstellung und Dokumentation der deutschen Geschichte, sowie die Darstellung der deutschen Militärgeschichte in den Museen und militärhistorischen Sammlungen der Bundeswehr. U.A. fördert der Bund: Bundesarchiv; Deutsche Bibliothek Frankfurt/Main; Haus der Geschichte der Bundesrepublik Deutschland Bonn; Deutsches Historisches Museum Berlin; Kunst- und Ausstellungshalle Bonn; Otto-von-Bismarck-Stiftung Friedrichsruh; Alliierten Museum Berlin.
68 Der Bund fördert vor allem Einrichtungen aus dem Hauptstadtkulturvertrag und der Vereinbarten Förderung der Bundesstadt Bonn, z.B. Kulturveranstaltungen des Bundes in Berlin GmbH (Berliner Festspiele mit Martin-Gropius-Bau, Haus der Kulturen der Welt, Internationale Filmfestspiele Berlin); Akademie der Künste Berlin; Stiftung Jüdisches Museum Berlin; Beethovenhaus Bonn.
69 *BVerfGE* 10, 20, 40 f.
70 Kompetenz des Bundes – unbeschadet der innerstaatlichen Zuständigkeit der Länder – zur Beteiligung an der Wahrnehmung des internationalen Schutzauftrages gem. UNESCO-Konvention für das Welterbe der Menschheit von außerordentlichem universellem Wert als übergreifende internationale Verpflichtung. Hier wird unter anderem gefördert: Europäisches Zentrum für Kunst und Industriekultur Völklinger Hütte. Andere Welterbestätten erhalten eine Bundesförderung auch über andere Kompetenztitel, insbesondere die „Leuchtturmförderung" in den neuen Ländern.
71 Vgl. Gedenkstättenkonzeption des Bundes, BT-Drucks. 14/1569; Art. 18 Vertrag über gute Nachbarschaft, Partnerschaft und Zusammenarbeit zwischen der Bundesrepublik Deutschland und der Union der Sozialistischen Sowjetrepubliken v. 9.11 1990. U.A. fördert der Bund: Denkmal für die ermordeten Juden Europas Berlin; Topographie des Terrors Berlin.
72 U.a. fördert der Bund: Deutsches Kulturforum östliches Europa Potsdam; Schlesisches Museum Görlitz; Westpreußisches Landesmuseum Münster; Museum Ostdeutsche Galerie Regensburg.
73 U.a. fördert der Bund: Zentralrat Deutscher Sinti und Roma; Stiftung für das sorbische Volk Bautzen.
74 Z.B. fördert der Bund die Koordinierungsstelle für Kulturgutverluste in Magdeburg.
75 Ausf. *Raabe* Blaubuch 2006; u.a. fördert der Bund: Deutsches Meeresmuseum Stralsund; Stiftung Preußische Schlösser und Gärten Berlin-Brandenburg. Klassik Stiftung Weimar; Bauhaus Dessau. Luthergedenkstätten in Wittenberg und Eisleben; Franckesche Stiftungen Halle.

– Filmförderung (Art. 74 Abs. 1 Nr. 11 GG für die Wirtschaftsförderung, Natur der Sache für die Kulturelle Filmförderung[76]),
– Urheberrecht und Verlags- und Übersetzungsförderung (Art. 73 Nr. 9 GG),[77]
– Förderung von bundesweit tätigen Einrichtungen im Kulturbereich, die sozialleistungsähnliche Leistungen vergeben (Art. 74 Abs. 1 Nr. 12 GG).[78]

Abweichend von der Position der Länder beansprucht der Bund für sich eine generelle Kompetenz zur „Förderung von gesamtstaatlich bedeutsamen Kultureinrichtungen und Kulturprojekten,[79] insbesondere: **27**

– Förderung einzelner Kultureinrichtungen von nationalem Rang entsprechend jahrzehntelanger Staatspraxis und Vereinbarungen mit dem jeweiligen Sitzland,[80]
– Förderung von nationalen Denkmälern, insbesondere Geburtsstätten herausragender deutscher Künstlerinnen und Künstler,[81]
– Förderung der baulichen Erhaltung national bedeutsamer Kulturdenkmäler,[82]
– Sicherung und Erwerb national wertvollen Kulturgutes und national wertvoller Archive allgemein,
– Bundesweite Förderung besonders begabter Künstlerinnen und Künstler aus allen Kultursparten, insbesondere durch Kulturförderfonds und Bundeswettbewerbe,[83]
– Projektförderungen für nationale internationale Musik-, Tanz-, Theater- und Literaturprojekte sowie solcher Projekte der bildenden Kunst oder Architektur,[84]
– Förderung nichtstaatlicher inländischer Kulturorganisationen und Kulturverbände gesamtstaatlicher Bedeutung auf der Bundesebene (Dachverbände).[85]

Bis heute haben Bund und Länder ihre Meinungsverschiedenheiten über diese Zuständigkeiten nicht abschließend geklärt. Im Hinblick auf die Einberufung der gemeinsamen Kommission von Bundestag und Bundesrat zur Modernisierung der Bundesstaatlichen Ordnung (Föderalismuskommission) meinte man die Diskussion in dieses Gremium verlagern zu können.[86] Die Föderalismusreform von 2006 hat aber in keiner der strittigen Fragen Stellung bezogen.[87] **28**

2. Länder

In Deutschland kümmern sich seit jeher vor allem die Länder um Kulturförderung; der Zentralstaat spielte immer nur eine nachgeordnete Rolle. Das Grundgesetz knüpft bei seiner Kompetenzverteilung also an eine lange Tradition des Bundesstaates an und schreibt die historisch **29**

---

76 Zu dieser Unterscheidung: *Köstlin* S. 109 ff., U.A. werden hier gefördert Filmförderanstalt, Bundesfilmpreise – „Lola".
77 U.a. fördert der Bund: Deutscher Übersetzerfonds.
78 Künstlersozialversicherung Wilhelmshaven, Deutsche Künstlerhilfe beim Bundespräsidenten.
79 *BKM* Anlage Korb 2.
80 U.a. fördert der Bund: Schiller-Nationalmuseum und Deutsches Literaturarchiv Marbach; Bayreuther Festspiele, Bach-Akademie Stuttgart; Ruhrfestspiele Recklinghausen; documenta Kassel.
81 U.a. fördert der Bund: Freies Deutsches Hochstift mit Goethe-Geburtshaus Frankfurt am Main.
82 U.a. fördert der Bund: Denkmalschutzprogramm des Bundes soweit nicht Förderung von Kulturdenkmälern der unstreitigen Liste.
83 U.a. fördert der Bund Bundeswettbewerb Gesang; Preis der Stiftung Buchkunst.
84 U.a. fördert der Bund: Ars Baltica; Art Cologne; Schillerjahr 2005.
85 U.a. fördert der Bund: Deutscher Kulturrat; Deutscher Musikrat; Deutsches Nationalkomitee für Denkmalschutz.
86 Vgl. Beschl. der Ministerpräsidentenkonferenz v. 18.12.2003 (MPK-Protokoll TOP 3).
87 Insbesondere ist unklar, ob oder inwieweit sich der Bund bei drohenden Streitfällen an das im Eckpunktepapier vorgesehene Konsultationsverfahren gebunden hält. Vgl. *BKM*, I 1 a.E., 3.

gewachsene Struktur im Kulturbereich fort.[88] Die föderale Struktur ist tatsächlich ein Garant für die große Vielfalt und Breite des kulturellen Angebots in Deutschland. Kein anderes Land in Europa verfügt heute über eine ähnliche Dichte an Opern, Theatern, Museen, Bibliotheken. Dabei sind die Landesregierung vor allem für die herausragenden Einrichtungen von besonderem Rang für Land oder Landesteil zuständig (z.B. Staatstheater oder Staatsbibliotheken). Die Gemeinden verantworten die lokale Kulturförderung und tragen de facto die meisten kulturellen Einrichtungen in der Bundesrepublik.

30 Für die Länder ist Kulturpolitik ein wichtiges Instrument der Selbstdarstellung. Insofern garantieren fast alle Landesverfassungen nicht nur die Freiheit der Kunst, sondern erklären die Förderung von Kultur zur staatlichen und kommunalen Aufgabe.[89] Bayern,[90] Sachsen-Anhalt[91] und am weitestgehenden Sachsen[92] regeln die Kulturförderung in ihren Verfassungen detailliierter und zählen eine ganze Reihe von zu fördernden Kultureinrichtungen auf. Letztlich gestalten die Länder ihre Kulturförderung inhaltlich und strukturell sehr unterschiedlich.[93] Dies schlägt sich nicht zuletzt in einer sehr differenzierten Kulturfinanzierung der Länder nieder.

31

Öffentliche Ausgaben für Kultur
Grundmittel – 2003 nach Ländern[94]

Gegenstand des Nachweises	Mill. €	€ je Einwohner	Anteil am BIP in %
Baden-Württemberg	951,4	89,1	0,30
Bayern	1.103,6	89,0	0,29
Berlin	538,6	158,8	0,68
Brandenburg	210,4	81,7	0,45
Bremen	104,1	157,1	0,44
Hamburg	245,8	141,8	0,32
Hessen	435,6	71,5	0,23
Mecklenburg-Vorpommern	142,9	82,2	0,46
Niedersachsen	459,1	57,5	0,25

---

88 *Geis* S. 522 ff.; *Hense* S. 376, 379 f., 383 f.
89 Art. 3c B-W Verfassung; Art. 20 f. Berl. Verfassung; Art. 34 Brdbg. Verfassung; Art. 11 Brem. Verfassung; Art.10, 62 Hess. Verfassung; Art. 7, 16 M-V Verf.; Art. 6 Ns. Verf.; Art. 18 Abs. 1 N-W Verfassung; Art. 40 Abs. 1 R-P Verfassung; Art 34 Abs. 1 Saarl. Verfassung; Art. 7 Abs. 1 S-H Verfassung; Art. 27, 30 Thrg. Verf. Einzig die hamb. Verfassung schweigt zum Thema Kunst und Kultur.
90 Art. 140, 141 Bay. Verfassung.
91 Art. 36 S-A Verfassung.
92 Art. 11 Sächs. Verfassung lautet: (1) Das Land fördert das kulturelle, das künstlerische und wissenschaftliche Schaffen, die sportliche Betätigung sowie den Austausch auf diesen Gebieten. (2) Die Teilnahme an der Kultur in ihrer Vielfalt und am Sport ist dem gesamten Volk zu ermöglichen. Zu diesem Zweck werden öffentlich zugängliche Museen, Bibliotheken, Archive, Gedenkstätten, Theater, Sportstätten, musikalische und weitere kulturelle Einrichtungen sowie allgemein zugängliche Universitäten, Hochschulen, Schulen und andere Bildungseinrichtungen unterhalten. (3) Denkmale und andere Kulturgüter stehen unter dem Schutz und der Pflege des Landes. Für ihr Verbleiben in Sachsen setzt sich das Land ein.
93 Zur konkreten Gestaltung vergleiche die verschiedenen Aufsätze zur Kulturförderung einzelner Bundesländer im Handbuch Erfolgreich Kultur finanzieren (KUF), B 2.2.
94 Inkl. der Ausgaben der Gemeinden. *Statistische Ämter* S. 31.

Gegenstand des Nachweises	Mill. €	€ je Ein-wohner	Anteil am BIP in %
Nordrhein-Westfalen	1.246,9	69,0	0,27
Rheinland-Pfalz	215,3	53,1	0,23
Saarland	57,1	53,7	0,22
Sachsen	682,2	157,4	0,82
Sachsen-Anhalt	261,4	103,1	0,57
Schleswig-Holstein	145,8	51,7	0,22
Thüringen	264,8	111,2	0,61

Trotz all dieser Unterschiede trifft man in allen Länder auf ähnliche Akteure: **32**
- **Landesparlamente** mit **Ausschüssen für Kultur**
- **Kulturminister** oder **–senatoren** mit eigener Ministerial- bzw. Senatsverwaltung. Teilweise sind die Kulturminister auch für Fragen der Wissenschaft und/oder der Bildung zuständig. In Berlin, Nordrhein-Westfalen und Schleswig-Holstein haben die Landesregierungen in den letzten Jahren das Kulturressort als Abteilung der Staats- bzw. Senatskanzlei angegliedert. In Berlin nimmt der Regierende Bürgermeister die Funktion des Senators für Kultur wahr und hat einen eigenen Staatssekretär zur Leitung der Kulturabteilung eingesetzt. In Nordrhein-Westfalen gibt es ebenfalls einen eigenen Staatssekretär für Kultur. Schleswig-Holstein kennt dagegen nur eine Abteilung Kultur in der Staatskanzlei.
- **Staatstheater, Landesbühnen, Staatliche Orchester oder Chöre, Staatliche Museen, Landesbibliotheken, Staatsarchive, Rundfunkanstalten, Filmförderungseinrichtungen, Landeskulturstiftungen** – die Länder betreiben viele dieser Kultureinrichtungen als rechtlich unselbständige Anstalten und Eigenbetriebe oder als rechtlich selbständige Anstalten, Stiftungen oder Gesellschaften (meist GmbH). Die rechtliche Selbständigkeit ist meist auch ein Weg, Kommunen oder andere Länder in der Trägerschaft der Einrichtung zu beteiligen.[95]

Daneben sind zwei Einrichtungen für die Zusammenarbeit aller Länder in der Kulturförderung   **33**
zuständig:
- Die **Ständige Konferenz der Kultusminister der Länder" (KMK)**[96] mit einem ständigen Sekretariat und Fachausschüssen wurde 1948, d.h. vor Gründung der Bundesrepublik, ins Leben gerufen. Ihr gehören als Mitglieder die jeweiligen Minister oder Senatoren für Bildung, Wissenschaft und Kultur an. Die KMK hat sich in der Praxis vor allem als Koordinierungsorgan in Bildungs- und Wissenschaftsfragen etabliert. Kulturelle Angelegenheiten sind deutlich seltener Beratungsgegenstand.
- **Kulturstiftung der Länder** – gegründet 1988 zur Förderung und Bewahrung von Kunst und Kultur nationalen Ranges. Dazu gehören vor allem vier Bereiche: (1) Förderung des Erwerbs von für die deutsche Kultur besonders wichtigen und bewahrungswürdigen Zeugnissen; (2) Förderung von und Mitwirkung bei Vorhaben der Dokumentation und Präsentation deutscher Kunst und Kultur; (3) Förderung zeitgenössischer Formen und Entwicklungen von besonderer Bedeutung auf dem Gebiet der Kunst und Kultur; (4) Förderung von überregional und international bedeutsamen Kunst- und Kulturvorhaben. Bis zur Kündigung des

---

95 Z.B. Stiftung Preußische Schlösser und Gärten Berlin-Brandenburg; Klassik Stiftung Weimar. Norddeutscher Rundfunk; Medienboard Berlin-Brandenburg, Deutschlandradio.
96 *Klein* S. 146 f.

so genannten Mitwirkungsabkommens zum 31.12.2005 gehörte die Kulturstiftung der Länder auch zu den Fällen einer Bund-Länder Kooperation.[97]

34   In den Flächenstaaten stellt sich immer wieder die Frage nach dem Verhältnis zwischen Landes- und kommunaler Kulturförderung. Dabei geht es nicht um den allgemeinen Finanzausgleich zwischen Land und Kommunen, wie ihn alle Länder vorsehen, sondern eher um kulturelle Strukturpolitik. Länder und Kommunen stimmen sich in kulturpolitischen Fragen in unterschiedlicher Weise ab. Neben bilateralen Kontakten zwischen dem jeweiligen Kulturministerium und einzelnen Kommunen gibt es bei Themen von landesweiter Bedeutung vielfach eine Kooperation zwischen den kommunalen Spitzenverbänden und den zuständigen Ministerien. In Bayern sieht die Landesverfassung Bezirke als Selbstverwaltungskörperschaften vor mit dem Recht, überörtliche, d.h. auch kulturpolitische Angelegenheiten zu ordnen und zu verwalten, die über die Zuständigkeit oder das Leistungsvermögen der Landkreise und kreisfreien Städte hinausgehen.[98] Nordrhein-Westfalen hat sich in zehn Kulturregionen aufgeteilt, in denen Koordinierungsstellen zwischen Land und Kommunen vermitteln sollen. Sachsen schließlich hat – bisher einmalig in Deutschland – eine solidarische Kulturfinanzierung mit seinem Kulturraumgesetz[99] eingeführt. Das Gesetz gliedert seit 1994 das Land entlang historischer Gebietsgrenzen in Kulturräume. Jeder Kulturraum bildet einen Zweckverband, dem die Landkreise und kreisfreien Städte angehören. Das Gesetz schreibt Kultur als Pflichtaufgabe der Gemeinden und Landkreise vor, die entsprechende konkretisierende Fördergrundsätze und -richtlinien erlassen müssen. Damit gibt es den regional bedeutsamen Kultureinrichtungen und -projekten finanzielle Sicherheit. Über eine Umlandfinanzierung ist für eine Lastenteilung zwischen Gemeinden mit größeren Kultureinrichtungen und dem restlichen Kulturraum gesorgt. Die Kulturfinanzierung obliegt aber nicht allein den kommunalen Gebietskörperschaften; auch der Freistaat Sachsen beteiligt sich am Umlageverfahren der Kulturraumfinanzierung und zwar jährlich mit einem Mindestbetrag von 76,6 Mio. €.

3. Kommunen

35   Die Kommunen, d.h. Städte, Gemeinden und Landkreise, nehmen in Deutschland einen eigenen Kulturauftrag auf lokaler Ebene wahr. Die verfassungsrechtliche Basis dafür bildet Art. 28 Abs. 2 GG bzw. entsprechende Bestimmungen der Landesverfassungen. Hier liegt die Verantwortung für die lokale Kulturförderung. Tatsächlich unterhalten die Kommunen in Deutschland die meisten kulturellen Einrichtungen in der Bundesrepublik und tragen so wesentlich zu der spezifischen kulturellen Vielfalt in Deutschland bei.[100] Kultur gehört zu den Selbstverwaltungsaufgaben der Gemeinden, bei denen die Länder lediglich die Rechtsaufsicht wahrnehmen. Trotz aller Differenzierung zwischen den Landes- und Kommunalverfassungen sind Kulturpflege und –förderung heute weitgehend als grundlegende Aufgabe der Kommunen im Sinne einer umfangreichen Daseinsvorsorge anerkannt. In der Praxis halten sich Bund und Länder bei Fragen lokaler Kulturpolitik zurück und handeln gleichsam im Sinne einer Subsidiarität der staatlichen gegenüber der kommunalen Kulturpolitik. Die Gemeinden sind in kulturellen Fragen vor Ort allzuständig; ihre Kompetenz findet ihre Grenzen letztlich nur in ihrer jeweiligen finanziellen Leistungsfähigkeit und in der Reichweite ihres Engagements.[101]

---

97 Zu kompetenz- und verfahrensrechtlichen Fragen: *Köstlin* S. 75 ff., 262 ff.
98 § 1 Bezirksordnung für den Freistaat Bayern i.d.F. v. 5.121973; *Klein* S. 138.
99 Gesetz über die Kulturräume in Sachsen (Sächsisches Kulturraumgesetz – SächsKRG) v. 20.1.1994, i.d.F. v. 1.1.1997, ausf.: *Vogt* Kulturräume in Sachsen.
100 Ausf. *Heinrichs* Rn. 3 ff.
101 *Gern* Rn. 177; *Heinrichs* Rn. 106 ff., 117; *Steiner* Rn. 21 ff.

Öffentliche Ausgaben der Gemeinden für Kultur nach Gemeindegrößen 2003[102]   **36**
(inkl. Gemeinde- und Zweckverbände ohne Stadtstaaten)
– Laufende Grundmittel –

Kommunale Gebietskörperschaften	EUR	Kulturausgaben insgesamt	davon			
			Theater, Konzerte u.a.	Bibliotheken	Museen	Kulturverw. Sonst. Kulturpflege
Landkreise, Verbandsgemeinden, Bezirks- und Zweckverbände	1000	318.015	140.529	24.489	73.516	79.481
	je Einw.	–	–	–	–	–
Kreisangehörige Städte und Gemeinden	1000	947.350	291.739	269.812	149.806	235.993
	je Einw.	16,8	5,2	4,8	2,7	4,2
Kreisfreie Städte	1000	1.886.838	1.119.757	228.263	261.287	277.531
	je Einw.	92,7	55,0	11,2	12,8	13,6
Insgesamt	1000	3.152.203	1.552.025	522.564	484.609	593.005
	je Einw.	41,1	20,2	6,8	6,3	7,7
darunter: Städte und Gemeinden mit ...						
500.000 und mehr Einwohnern	1000	641.734	375.684	77.942	84.120	103.988
	je Einw.	113,0	66,1	13,7	14,8	18,3
200.000 bis 499.999 Einwohnern	1000	779.462	509.575	88.714	96.376	84.797
	je Einw.	103,6	67,8	11,8	12,8	11,3
100.000 bis 199.999 Einwohnern	1000	379.145	181.345	59.665	57.976	80.159
	je Einw.	59,5	28,5	9,4	9,1	12,6
20.000 bis 99.999 Einwohnern	1000	714.917	264.787	169.347	127.806	152.977
	je Einw.	32,1	11,9	7,6	5,7	6,9
10.000 bis 19.999 Einwohnern	1000	179.289	49.279	57.625	27.814	44.571
	je Einw.	14,9	4,1	4,8	2,3	3,7
3.000 bis 9.999 Einwohnern	1000	111.263	26.783	38.946	14.367	31.167
	je Einw.	7,9	1,9	2,8	1,0	2,2
unter 3000 Einwohnern	1000	28.378	4.043	5.836	2.634	15.865
	je Einw.	3,3	0,5	0,7	0,3	1,8

---

102 *Statistische Ämter S. 43 f.*

Köstlin

37 In Deutschland gibt es seit jeher unterschiedliche Kommunalverfassungen, in kulturellen Fragen finden sich bundesweit weitgehend die gleichen Akteure auf kommunaler Ebene:

- **Gemeinderäte** bzw. **Stadtverordnetenversammlungen** sind die zentrale politische Vertretung der Bürger und zuständig für die (kultur)politische Führung der Gemeinde,

- Die Gemeinderäte bzw. Stadtverordnetenversammlungen bilden aus ihrer Mitte in der Regel beschließende oder beratende **Kulturausschüsse**. Beratenden Ausschüssen können dabei auch sachkundige Bürger angehören, die nicht Mitglieder des Gemeinderates angehören. Dies erweist sich gerade bei kulturellen Fragen als hilfreich.

- **Kulturdezernent** oder **Beigeordneter für Kultur** sind Wahlbeamte der Kommunen und politisch verantwortlich für die ihnen zugeordneten Ämter oder Themenbereiche. Meist sind den Kulturdezernenten **Kulturamtsleiter** oder **Kulturreferenten**[103] als eigentliche Behördenleiter unterstellt.

- **Stadttheater**, **Stadtbibliotheken**, **Gemeindearchive**, Städtische Kunstsammlungen, Stadtmuseen, **Kommunale Kinos**, **Musikschulen**, **Soziokulturelle Zentren** und andere kulturelle Betriebe der Kommunen in verschiedenen Rechtsformen.

38 Überregional koordinieren sich Städte, Gemeinden und Landkreise kulturpolitisch über ihre Spitzenverbände: In der Kulturförderung spielt hier vor allem der **Deutscher Städtetag** eine wichtige Rolle. In ihm haben sich mehr als 4400 Städte und Gemeinden mit insgesamt 51 Mio. Einwohnern zusammengeschlossen und er vertritt die Interessen aller kreisfreien und der meisten kreisangehörigen Städte. Der **Kulturausschuss des Deutschen Städtetages** hat durch seine zahlreichen Stellungnahmen, Kongresse und Publikationen die kommunale Kulturpolitik in der Bundesrepublik mitbestimmt.

III. Der nicht-staatliche Bereich in Deutschland – private Kulturförderung

39 Die nicht-staatliche Kulturförderung in der Bundesrepublik kennt eine so große Zahl von Akteuren, dass eine Aufzählung unmöglich ist. Stattdessen muss der Versuch einer Systematisierung anhand von Beispielsfällen ausreichen.

40 Zunächst lässt sich nach der jeweiligen Motivation zwischen Mäzenen, Sponsoren oder Kulturunternehmern unterscheiden:

- **Mäzene** handeln vornehmlich altruistisch, d.h. vor allem im Interesse des einzelnen kulturellen Projekts, und stellen eigene Interessen hinten an.

- **Sponsoren** fördern Kultur, um gleichzeitig für sich oder ihr Unternehmen zu werben. Der wirtschaftliche Eigennutzen tritt in den Vordergrund.

- Für **Kulturunternehmer** wie Galeristen, Verlage, Filmproduzenten oder Betreiber von Privattheatern ist die Kulturförderung nicht mehr von ihren Unternehmerinteressen, d.h. der wirtschaftlichen Gewinnerzielungsabsicht, zu trennen.

41 Weiterhin kann man nach dem Objekt der Kulturförderung differenzieren; Private können sich sowohl unmittelbar für das Kulturschaffen, wie für die Pflege von Kultur oder die Verbesserung des kulturellen Umfeldes einsetzen:

- So unterstützen **Sammler**, **Galeristen**, **Kunstvereine**, **Literarische Gesellschaften**, aber auch **Investoren** oder einzelne **Stiftungen** (z.B. **Schering-Stiftung**) die aktuelle Kunstproduktion durch Ankäufe, Stipendien, öffentliche Lesungen, Ausstellungen oder Preise. Auch

---

103 In Bayern bezeichnet „Kulturreferenten" allerdings den politischen Wahlbeamten, d.h. den Kulturdezernenten oder -beigeordneten.

die **Kulturstiftung der Deutschen Wirtschaft** beim Bundesverband der Deutschen Industrie engagiert sich vor allem im Bereich der zeitgenössischen Kunst.

– Im Bereich der Kulturpflege und des Denkmalschutzes engagieren sich eine Vielzahl von Stiftungen (z.B. **Deutsche Stiftung Denkmalschutz, Cornelsen Kulturstiftung**) und Fördervereinen (z.B. **Kaiser-Friedrich-Museums-Verein** in Berlin, **Freundeskreis der Kulturstiftung der Länder**), aber auch der einzelne Sammler, der seine Bestände der Öffentlichkeit in privaten oder öffentlichen Museen zur Verfügung stellt (z.B. **Kunsthalle Würth, Schwäbisch Hall**).

– Für die Verbesserung des kulturellen Umfeldes sind vor allem die Verbände des Kulturbereichs zu nennen (**Deutscher Musikrat, Deutscher Kulturrat, Bundesverband Soziokultureller Zentren, Kulturkreis der Deutschen Wirtschaft im BDI**), aber auch die **Fördervereine von Musik- oder Kunsthochschulen**. Außerdem muss man auch solche Stiftungen und Vereine dazu rechnen, deren Hauptziel eher in der Wissenschafts-, Bildungs- oder Sozialförderung liegt, die damit aber mittelbar auch Kultur fördern (z.B. **Thyssen Stiftung, Robert-Bosch-Stiftung**).

Schließlich sollte man unterscheiden zwischen den Privatpersonen, Stiftungen, Vereinen, die ihre Förderung ausschließlich aus eigener Kraft finanzieren, und solchen, die dazu öffentliche Zuwendungen einwerben. So haben in den letzten Jahrzehnten einzelne Unternehmerpersönlichkeiten oder Unternehmen mit Mitteln aus ihrem Vermögen Stiftungen ins Leben gerufen, die dank ihrer finanziellen Ausstattung unabhängig von einer öffentlichen Finanzierung agieren können (z.B. **Allianz Kulturstiftung, Zeit Stiftung Ebelin und Gerd Bucerius, Ostdeutsche Sparkassenstiftung**). Ebenso tragen sich die meisten Freundes- und Fördervereine der Museen und Theater allein aus den Beiträgen und Spenden ihrer Mitglieder. Andererseits finanzieren sich viele Verbände, Kunstvereine, Privattheater oder Kinos aus öffentlichen Zuschüssen. Hier verschwimmt die Grenze zwischen öffentlicher und nicht-staatlicher Kulturförderung. **42**

C. Instrumente der Kulturförderung

Öffentliche und private Akteure der Kulturförderung verfügen über eine große Bandbreite von Instrumentarien, mit denen sie die Sache der Kultur allgemein befördern, konkrete Kulturvorhaben unterstützen aber auch ihre eigenen Anliegen und Interessen im Kultursektor umsetzen können. Diese Instrumente können jeweils sowohl allein, als auch kumulativ angewandt werden. So hat der Bund bspw. mit der Stiftung Preußischer Kulturbesitz per Gesetz eine eigene Einrichtung, in diesem Fall eine bundesunmittelbare Stiftung, geschaffen (dazu unten II), bei der er aber mit allen 16 Bundesländern kooperiert (dazu unten III). Gleichzeitig erhält die Stiftung ihre öffentliche Mittel über Zuwendungsbescheide des Bundes und der Länder (dazu unten Rn. 59 ff.). **43**

I. Durchführung von kulturellen Veranstaltungen

Am unmittelbarsten fördern Staat und Kommunen Kultur, wenn sie selber in eigener Regie kulturelle Veranstaltungen durchführen ohne weitere Institutionen wie Theater, Agenturen o.Ä. als Veranstalter dazwischen zu schalten. Staat oder Kommunen können auf diese Weise am intensivsten auf kulturelle Projekte gestaltend einwirken, können aber auch in Konflikt mit der Kunstfreiheitsgarantie des Art. 5 Abs. 3 GG kommen. Kennzeichnend ist in diesen Fällen **44** die zeitliche Beschränkung oder die Konzentration auf ein eng umrissenes Projekt. Mit der zeitlichen Befristung bekommt die kulturelle Maßnahme einen vorübergehenden Charakter. Dies ist aus kulturpolitischer Sicht für staatliche Stellen ein Nachteil, müssen sie doch bei allen ihren kulturpolitischen Aktivitäten Wert auf Nachhaltigkeit legen. Dies lässt sich nicht nur durch regelmäßige Wiederholung solcher Veranstaltungen erreichen (z.B. die jährliche Durchführung bestimmter Jugendwettbewerbe), sondern auch durch den systematischen Aufbau eigener Sammlungen oder den Erhalt des eigenen Denkmalbestandes.

45   Beispiele aus der kulturpolitischen Praxis bei Bund, Ländern und Gemeinden.

Bundesweite oder regionale Jubiläumsjahre (Einstein-Jahr, Staufer-Jahr), Bundes- oder Landesjugendwettbewerbe, Landesausstellungen, Ländertage (z.B. Brandenburg-Tag, Hessen-Tag), Stadtfeste, Ankauf von Kunst für eine eigene öffentliche Sammlung, Denkmalpflege an eigenen Gebäuden

46   So interessant die eigene Durchführung und Steuerung eines kulturellen Projekts sein kann, in vielen Fällen wird die staatlichen Körperschaften schon aus Kapazitätsgründen verzichten, Veranstaltungen selber durchzuführen. Tatsächlich sind die Grenzen zwischen eigener Durchführung (mit Unterstützung eines Dienstleister) und Projektförderung fließend. Rechtlich sind sie insbesondere bei Haftungsfragen relevant. So kann eine Kommune selber als Veranstalter auftreten und eine Agentur mit der Durchführung einer Veranstaltung beauftragen; die Haftung trägt in diesem Fall die Kommune. Alternativ kann die Kommune einer ihrer Kultureinrichtungen eine Projektförderung für diese Veranstaltung bewilligen, in deren Rahmen die Kultureinrichtung selber als Veranstalter auftritt und entsprechend haftet.

47   In diesem Zusammenhang wird die Rolle von Beiräten oder Sachverständigenausschüssen im Bereich der Kulturförderung relevant.[104] Mit diesen Beiräten möchten sich staatliche Stellen unabhängigen Sachverstand in kulturpolitischen Fragen von außerhalb der Verwaltung verschaffen.[105] Gerade im Bereich der Kunstförderung wird so versucht, den Anforderungen der Freiheitsgarantie des Art. 5 Abs. 3 GG gerecht zu werden.[106] Beiräte haben meist keine eigenen Entscheidungsbefugnisse, sondern stehen den staatlichen Stellen nur „beratend" zur Seite; die Letztentscheidung bleibt in jedem Fall bei der politisch verantwortlichen öffentlichen Stelle.[107] Dies gilt nicht bei Jurys, die über die Vergabe von Preisen beschließen; hier sind die Mitglieder in der Regel unabhängig und an Weisungen nicht gebunden.[108]

---

104 Auf der Bundesebene wären hier zu nennen: Auswahljury Villa Massimo (Rechtsgrundlage: Auswahlgrundsätze Villa Massimo BKM K 24 – 330 120/22 v. Sept. 2006), Ankaufskommission für den Erwerb zeitgenössischer Kunst für die Sammlung des Bundes – ohne förmliche Errichtungsgrundlage; Sachverständigenausschuss des Bundes für national wertvolles Kulturgut bzw. für national wertvolle Archive (§§ 5,12 KultGSchG), Filmförderung: Vergabekommission, § 8 Filmförderungsgesetz v. 25.6.1979 (BGBl I 803), zuletzt geändert durch Gesetz v. 19.6.2001 (BGBl I 1149, 1173).

105 *Böckenförde* S. 149 ff.; *Schuppert* S. 271 ff.; *Köstlin* S. 163 ff.

106 *Köstlin* S. 151 ff.

107 *Köstlin* S. 164 – dort auch zum anders gelegenen Fall der Villa Massimo.

108 Z.B. diverse Jurys im Rahmen der (Bundes-)Filmförderung, vgl. Filmförderungsrichtlinie vom 13.7.2005, Abschn. XV.

II. Errichtung und Betrieb kultureller Einrichtungen

Staat, Kommunen und Private haben immer schon eigene kulturelle Einrichtungen gegründet **48** und betrieben. Dahinter steht das Interesse, eigene (Förder-)Initiativen dauerhaft zu institutionalisieren und die Steuerung dieser Einrichtung mitzubestimmen (z.b. als Gesellschafter bzw. über Aufsichts- oder Exekutivorgane).

Beispiele aus der kulturpolitischen Praxis: **49**

Bund: Stiftung Preußischer Kulturbesitz, Deutsche Welle, Deutsche Bibliothek, Bundesarchiv, Filmförderungsanstalt, Kulturstiftung des Bundes, Kulturveranstaltungen des Bundes in Berlin GmbH; Jüdisches Museum Berlin,

Länder: Staatstheater, Landesmuseen, Landesbibliotheken und –archive, Kulturstiftung der Länder,

Kommunen: Städtische Bühnen, Stadtmuseen, Kommunale Kinos, Kommunale Galerien, Soziokulturelle Zentren, Volkshochschulen, Musikschulen, Städtische Bibliotheken,

Private: Private Theater oder Kunstsammlungen, Kinos, private (Förder-)Stiftungen, Kunstvereine.

Bei der Wahl der Rechtsform sind Staat und Kommunen weitgehend frei; nur in wenigen Fäl- **50** len (Art. 87 Abs. 3 GG) sind bestimmte Rechtsformen vorgegeben. Der Staat muss bei der Errichtung von rechtlich selbständigen (d.h. aus der unmittelbaren Verwaltung ausgegliederten) Einrichtungen auf den institutionellen Gesetzesvorbehalt achten.[109] In der Vergangenheit haben Staat und Kommunen ihre Einrichtungen meist in den klassischen öffentlich-rechtlichen Formen gegründet, d.h. als staatliche Behörde oder kommunales Amt, Anstalt, Eigen- oder Regiebetrieb, Körperschaft oder Stiftung.[110] In den letzten fünfzig Jahren sind vermehrt private Rechtsformen[111] hinzugekommen, insbesondere bürgerlich-rechtliche Stiftungen (z.B. Kulturstiftung des Bundes) oder Gesellschaften mit beschränkter Haftung (z.B. Kulturveranstaltungen des Bundes in Berlin GmbH). Teilweise handelt es sich dabei um originäre Gründungen durch Staat oder Kommunen (z.T. in Kooperation[112]), teilweise kommt es auch zur Übernahme einer privaten Gründung. Mit der Gründung (oder Übernahme) einer eigenen Kultureinrichtung zeigen Staat und Kommunen deutlich ihr dauerhaftes kulturpolitisches Engagement. Anders als bei der Durchführung (einmaliger) kultureller Veranstaltungen oder bei der finanziellen Förderung eines zeitlich begrenzten Projektes führt die Gründung einer Kultureinrichtung zu langfristigen Bindungen, d.h. auch zu Verpflichtungen für den staatlichen Träger, die Kultureinrichtung kontinuierlich zu betreiben und nicht von heute auf morgen zu schließen. Bei Auflösungen von Kultureinrichtungen muss der staatliche Träger rechtliche Erwägungen wie Gesetzesvorbehalt, Grundrechts- oder Bestandsschutz beachten.[113] In der Praxis sprechen weniger rechtliche als finanzielle und politische Erwägungen gegen eine Auflösung. Anfangsinvestitionen, arbeitsrechtliche Komplikationen oder die kulturpolitische Bedeutung machen es meist kostspielig und politisch schwer vermittelbar, eine bestehende Einrichtung aufzulösen bzw. abzuwickeln. Fälle wie die Auflösung der Akademie der Wissenschaften zu Berlin oder

---

109 *Köstlin* S. 117.
110 Umfassender Überblick zu den Rechtsformen öffentlicher Kultureinrichtung in der Praxis: *Meyer/ Tiedtke/Meißner* S. 18 ff.
111 Theoretisch wäre hier auch an den „eingetragenen Verein" als Rechtsform zu denken; in der Praxis werden Staat und Kommunen nicht Mitglieder des Vereins, sondern integrieren diese in ihre Politik über öffentliche Zuwendungen oder spezielle öffentlich-rechtliche Fördervereinbarungen, so z.B. beim Goethe-Institut e.V.
112 Dazu näher im Anschluss unter Rn. 52 ff.
113 Ausf. zur vergleichbaren Rechtslage bei Forschungseinrichtungen: *Meusel* § 20 Rn. 318 ff.

des Schiller-Theaters in Berlin belegen dies. Selbst in den neuen Bundesländern scheut man in der Regel die Auflösung von Kultureinrichtungen und setzt auf Verkleinerung oder Kooperation (wie z.B. bei den Theatern in Weimar und Erfurt).

51 Privatpersonen sind auf privatrechtliche Rechtsformen beschränkt, müssen also die allgemeinen Regeln des Vereins-, Gesellschafts- oder Stiftungsrechts achten. Teilweise bedürfen sie einer staatlichen Genehmigung (z.B. im Stiftungsrecht). Auch diese Einrichtungen genießen, einmal gegründet Dauerhaftigkeit. Ihr Bestand ist jedoch nicht so sicher wie bei Einrichtungen in öffentlicher Trägerschaft. Geldmangel kann jederzeit zu Konkurs und Abwicklung führen. Letztlich steht es dem privaten Träger frei, einen Verein oder eine GmbH aus beliebigem Grund aufzulösen; politische Rückwirkungen muss er meist nicht befürchten. Lediglich die bürgerlich rechtliche Stiftung genießt (bei ausreichendem Stiftungsvermögen) größere Sicherheit, da der für die Führung der Stiftung maßgebliche Stifterwille einer Auflösung ebenso wie einer radikalen Änderung des Stiftungszweckes in aller Regel entgegensteht.[114]

52 Der Unterschied zwischen privater und öffentlicher Trägerschaft wird beim Zugang zu Veranstaltungen, insbesondere zu Veranstaltungsräumen relevant. Während Private völlig frei sind, wem sie ihre Veranstaltungen oder Räume öffnen oder wen sie davon ausschließen, kann es bei Einrichtungen in öffentlicher Trägerschaft im Einzelfall zu einem Rechtsanspruch auf Zugang oder Zulassung kommen.[115]

III. Kooperationen zur Kulturförderung

53 Fast alle öffentlichen und privaten Förderer von Kultur versuchen Partner zu finden, die sie bei einzelnen Projekten oder insgesamt unterstützen. Motiv ist häufig das Fehlen ausreichender eigener Ressourcen, häufig sind aber auch gemeinsame Interessen oder das gemeinsame kulturelle Erbe entscheidend. Kooperationen werden als Instrumente der Kulturförderung rechtlich und politisch interessant, sobald sie über eine reine unkoordinierte parallele Förderung hinausgehen und ein Minimum an gemeinsamer Absprache zwischen den Partnern aufweisen. Solche Zusammenarbeit kann die unterschiedlichsten Formen annehmen, von mündlichen Verabredungen über vertragliche Vereinbarung bis hin zu gemeinsamen Gesellschaften oder Stiftungen. Auch thematisch finden sich Kooperationen in der ganzen Breite der Kulturpolitik.

54 *Beispiele aus der kulturpolitischen Praxis:*

Bund und Länder:	Stiftung Preußischer Kulturbesitz, Stiftung Preußische Schlösser und Gärten Berlin-Brandenburg, Deutsches Historisches Museum GmbH, Kunst- und Ausstellungshalle der Bundesrepublik Deutschland GmbH,

---

114 *BVerfGE* 46, 73, 85; MünchKomm *BGB/Reuter* vor § 80 Rn. 49, 51; *Soergel-Neuhoff* vor § 80 Rn. 13; *Köstlin* S 1431 f. Eine Ausnahme bildet die Auflösung der Stiftung Kulturfonds. Dabei handelte es sich nicht um eine echte Stiftung im materiellen Sinne, da schon bei der Gründung den beteiligten Ländern eine Kündigungsmöglichkeit eingeräumt war; vgl. auch bei Rn. 57.

115 Ein solcher Rechtsanspruch ergibt sich bspw. aus materiell-objektivem Recht, z.B. Gemeindeordnungen oder öffentlichen Benutzungsordnungen. Sobald der Einzelne die dort aufgeführten Benutzungsbedingungen erfüllt, kann er – soweit die Kapazität es zulässt – auch Zugang beanspruchen. In der Praxis wird dies oft bei der Vermietung von Veranstaltungsräumen an politische Parteien relevant, die neben dem allgemeinen Zugangsrecht sich auch noch auf ihre besonders herausgehobene verfassungsrechtliche Stellung berufen können, vgl. *Wolff/Bachof/Stober* § 99 dn. 12. In jüngster Vergangenheit versuchen einzelne Gemeinden einem Anspruch politischer Parteien auf Vermietung von städtischen Sälen dadurch zu entgehen, dass sie die Nutzung dieser Räume auf kulturelle Veranstaltungen begrenzen oder parteipolitische Veranstaltungen ausdrücklich ausschließen; vgl. F.A.Z. v. 21.2.2007, S. 35. zu einem Urteil des VG Oldenburg v. 9.2.2007.

Bund, Länder, Kommunen:	Bayreuther Festspiele, Klassik Stiftung Weimar, Stiftung Brandenburgische Gedenkstätten,
Länder:	Kulturstiftung der Länder, DeutschlandRadio
Länder und Kommunen:	Staats-, Landes-, Stadttheater; Regionale Festspiele,
Kommunen:	Theater, Orchester,
Staat und Private:	Museumsstiftung Post und Telekommunikation; Servicegesellschaft Fredericus bei der Stiftung Preußische Schlösser und Gärten Berlin-Brandenburg,
Selbständige Kultureinrichtungen:	Musikfest Berlin (Kooperation KBB GmbH – Berliner Festspiele mit Stiftung Berliner Philharmoniker).

Verfassungsrechtlich betrachtet setzt eine Kooperation zwischen Bund und Ländern voraus, **55** dass beide Seiten gleichzeitig über entsprechende kulturpolitische Kompetenzen verfügen. Gleichzeitige Kompetenzen von Bund und Ländern sind keineswegs selbstverständlich. Eine echte kulturpolitische Doppelkompetenz im Kunstbereich hat bisher nur Art. 135 Abs. 4 GG für den Sonderfall des Preußischen Kulturbesitzes eröffnet.[116] Ansonsten verteilt die Verfassung Kompetenzen grds. überschneidungsfrei und schließt – dem ersten Anschein nach – aus, dass Bund und Länder für ein und dieselbe Materie zuständig sind.[117] Kooperationen sind aber denkbar, wenn im Einzelfall Bund und Länder über voneinander getrennte, parallele oder komplementäre Kompetenztitel verfügen.[118]

Soll die Kooperation sich nicht auf die Durchführung eines einzelnen Projektes beschränken, **56** werden die Partner regelmäßig eine vertragliche Vereinbarung wählen und sich damit längerfristig binden. Im öffentlichen Bereich werden dazu meist Verwaltungsvereinbarungen geschlossen, die die Pflichten der Partner und ihre Einflusssphären festlegen. Bei Privaten sind BGB-Gesellschaften, Arbeitsgemeinschaften, Vereine oder GmbH die häufigsten Kooperationsformen. Parallel dazu finden sich nicht selten weitere gemeinsame rechtliche Grundlagen in Gesellschaftsverträgen, Stiftungssatzungen oder Finanzierungsabkommen. Bei der Errichtung von selbständigen Kultureinrichtungen unter Beteiligung des Staates ist der institutionelle Gesetzesvorbehalt zu beachten.[119]

Die Kooperation der öffentlichen Hand mit Privaten ist bisher weder begrifflich noch rechts- **57** dogmatisch oder -systematisch aufgearbeitet. Unter dem Begriff Public-Private-Partnership werden die unterschiedlichsten Erscheinungsformen und Modelle solcher Zusammenarbeit diskutiert.[120] Manche Formen der Zusammenarbeit wie das Outsourcing oder Outcontracting lassen sich verhältnismäßig leicht als ein Auftragsverhältnis zwischen der öffentlichen Hand als Auftraggeber und dem Privaten als Auftragnehmer einordnen. Wird aber die Führung des Unternehmens eher partnerschaftlich bestimmt – wie bspw. in Betreiber- oder Beteiligungsmodellen[121] – genießen öffentliche Hand und Private weitgehende Freiheiten bei der Ausgestaltung ihrer Einflusssphären. Sicherlich sind auch bei der Gründung von Public-Private-Partnerships bestimmte rechtliche Grundstandards wie der Gleichbehandlungs- und der Verhältnismä-

---

116 *Köstlin* S. 75, 248 ff.
117 *BVerfGE* 36, 193, 202 f.; 61, 149, 204 f.; 67, 299, 320 f.; *Stern* S. 676; *März* Rn. 14, 25.
118 *Köstlin* S. 30 ff., 210 f.
119 *Köstlin* S. 117.
120 *Wolff/Bachof/Stober* § 92; *Wagner/Sievers* Public Private Partnership.
121 Zu den verschiedenen Modellen: *Wolff/Bachof/Stober* § 92 Rn. 26 ff.

Köstlin

ßigkeitsgrundsatz zu beachten. Ansonsten werden die Partner auf „Best Practice" Empfehlungen rekurrieren, an denen man die für die Kooperation relevanten Rechtsfragen individuell gestaltet.[122]

58 Tatsächlich darf man den Regelungsaufwand im Vorfeld und während solcher Kooperationen nicht unterschätzen. Bei der Gründung der Kooperation müssen die Partner die gegenseitigen Erwartungen, ihre jeweiligen Pflichten, und damit die Verantwortungs- und Haftungsbereiche genauer umreißen. Außerdem müssen sie sich auf wichtige Verfahrens- und Strukturfragen wie Finanzierungsanteile, Gremienzusammensetzung, Beschlussverfahren oder Stimmrechte einigen. Im laufenden Betrieb wird der Abstimmungsaufwand keineswegs geringer. Das Kooperationsverfahren wird dadurch schwerfällig, genießt aber – wie die Erfahrung zeigt – eine höhere Stabilität und langfristige Sicherheit.[123] Die Fälle, in denen sich einzelne Kooperationspartner aus einem funktionierenden gemeinsamen Vorhaben ganz oder teilweise zurückziehen, sind selten.[124]

IV. Finanzielle Unterstützung kultureller Vorhaben

1. Finanzielle Unterstützung durch die öffentliche Hand – öffentliche Zuwendungen

59 Wenn Staat oder Kommunen kulturelle Vorhaben finanziell unterstützen wollen, bedienen sie sich in der Regel des Instruments der „öffentlichen Zuwendung". Zahl und Erscheinungsform öffentlicher Zuwendungen im Kulturbereich sind so vielgestaltig, dass hier auf eine Aufzählung aus der Praxis verzichtet wird. Stattdessen sei hier versucht, eine gewisse Systematik zu schaffen. Grundsätzlich kann man kulturelle Zuwendungen der öffentlichen Hand nach fünf Gesichtspunkten unterscheiden: nach Rechtsgrundlage, Empfänger, Zuwendungsart, Finanzierungsart und Kontrollinstrumentarium:

1.1 Rechtsgrundlage

60 Rechtsgrundlage für die Vergabe von öffentlichen Zuwendungen zur Kulturförderung sind in aller Regel Verwaltungsakte der zuständigen öffentlichen Stellen (Ministerien, Kulturämter). Nur in wenigen Einzelfällen beruhen diese Zuwendungsbescheide auf einer spezialgesetzliche Ermächtigungsgrundlage, z.B. § 96 Bundesvertriebenengesetz, § 3 Sächsische Kulturraumgesetz, verschiedene Denkmalschutzgesetze der Länder. In den meisten Fällen konkretisieren die Verwaltungsakte nur die allgemeine Ermächtigung zur Vergaben von Zuwendungen aus §§ 23, 44 BHO/LHO.[125]

---

122 *Wolff/Bachof/Stober* § 92 Rn. 34 ff.
123 Für die Stiftung Preußischer Kulturbesitz ist dies in der Literatur gut dokumentiert, zuletzt z.B. *Lehmann* S. 187.
124 Ein solcher Ausnahmefall war die Auflösung der Stiftung Kulturfonds in den neuen LändeRn. Diese war zwar in der Rechtsform einer Stiftung unter Beteiligung aller neuen Länder und Berlins gegründet worden, kannte aber von Anfang an Kündigungsmöglichkeiten. Nachdem die Länder Sachsen, Sachsen-Anhalt und Thüringen ihr Kündigungsrecht ausübten, musste die Stiftung in Liquidation gehen.
125 Auch die Kommunen können Zuwendungen zur Kulturförderung vergeben. Allerdings herrscht keine Einigkeit über die Ermächtigungsgrundlage, *Krämer/ Schmidt* D I 1.2.2.

1.2 Zuwendungsempfänger

Zuwendungsempfänger können natürliche Personen oder juristische Personen des privaten **61** oder öffentlichen Rechts sein. Auch nichtrechtsfähige Kultureinrichtungen können Adressat eines Zuwendungsbescheides sein, sollten sich allerdings durch ihre Rechtsträger (z.B. Gemeinden) vertreten lassen. In der Praxis überweisen Bund, Länder und Gemeinden sogar ihren eigenen rechtlich selbständigen Kultureinrichtungen die (Förder-)Mittel auf der Grundlage eines Zuwendungsbescheides. Dann gelten die Anforderungen von Zuwendungsrecht und Anstalts-, Stiftungs- bzw. Gesellschaftsrecht kumulativ. Während natürliche Personen meist nur für einen begrenzten Zeitraum (ein paar Monate, ein oder wenige Jahre) Zuschüsse erhalten (z.B. als Stipendien, Künstlerförderung, Kulturpreise), kommt es bei juristischen Personen viel häufiger zu einer wiederholten oder länger dauernden Förderung. Juristische Personen vertrauen deshalb häufig auf eine fortgesetzte öffentliche Förderung und sind so in stärkerem Maße von Staat oder Kommunen abhängig. Im Einzelfall hängt dies von der Höhe des Zuschusses im Verhältnis zu den Gesamtausgaben des Zuwendungsempfängers und von der Möglichkeit ab, sich andere öffentliche oder private Geldquellen zu erschließen. Mit dem Grad der Abhängigkeit wachsen die Möglichkeiten der öffentlichen Hand, auf das kulturelle Programm des Zuwendungsempfängers gestaltend Einfluss zu nehmen.

1.3 Zuwendungsart

Staat und Kommunen können ihre kulturellen Zuwendungen entweder in Form der **Projekt-** **62** **förderung** oder als **Institutionelle Förderung** vergeben. Während die Projektförderung nur auf einzelne konkret abgegrenzte kulturpolitische Vorhaben des Zuwendungsempfängers abzielt, unterstützt die öffentliche Hand mit der Institutionellen Förderung die gesamte oder einen nicht abgegrenzten Teil der Tätigkeit einer Kultureinrichtung.[126] Die Institutionelle Förderung wird in der Praxis dann gewählt, wenn es nötig erscheint, nicht nur das konkrete kulturelle Programm, sondern auch die organisatorische Infrastruktur einer Einrichtung zu finanzieren. Insofern ist die Institutionelle Förderung auf eine längere Dauer ausgerichtet und entfaltet, nicht zuletzt aus dem Gedanken des Vertrauensschutzes Bindungswirkung zugunsten der geförderten Einrichtung. Die Einstellung oder Beschränkung der Institutionellen Förderung einer Kultureinrichtung stößt auf Grenzen. Nach Ansicht des OVG Lüneburg führt die langjährige Institutionelle Förderung zu einem Vertrauenstatbestand, der nur einen allmählichen Abbau der Förderung zulasse.[127] Bund und Länder verlangen angesichts solcher langfristigen Bindung und der damit verbundenen Folgeausgaben vor einer neuen Institutionellen Förderung eine besonders sorgfältige Erforderlichkeitsprüfung. Insbesondere müssen die Zuwendungsbehörden untersuchen, ob im Einzelfall eine Projektförderung nicht schon den erheblichen Bundes- oder Landesinteressen genügt.[128] Inzwischen schließen Bund und Länder die Neubegründung von Institutionellen Förderungen durch Parlamentsbeschluss oder Haushaltsaufstellungs-Richtlinien grds. aus.

---

126 Nicht ganz in das Schema Projektförderung – Institutionelle Förderung passen Fördermaßnahmen, die als Kulturpreise oder im weitesten Sinne als Wettbewerbe (z.B. Jugend musiziert) ausgestaltet sind. Hier werden nicht zukünftige Vorhaben gefördert, sondern nachträglich bereits erbrachte Leistungen belohnt. Allerdings können die Organisation, die den Preis verleiht, oder der Veranstalter des Wettbewerbs für ihre organisatorische Arbeit Projektmittel bekommen, in denen dann zumeist auch das Preisgeld mitenthalten sind.
127 *OVG Lüneburg* NJW 1977, 773.
128 *Krämer/Schmidt* C III 2.

63   Bei der politischen Einflussnahme unterscheiden sich beide Förderarten, dass Staat und Kommunen bei der Projektförderung ihren Einfluss nur auf einzelne kulturelle Vorhaben auszuüben vermögen, während sie bei der Institutionellen Förderung das gesamte Programm der geförderten Kultureinrichtung steuern und überwachen können.[129] Der Unterschied zwischen Projektförderung und Institutioneller Förderung schwindet, wenn – wie in der Praxis häufig festzustellen – die Projektförderung von Jahr zu Jahr an dieselben Kultureinrichtungen fließt. Die einzelne Einrichtung wird versuchen, ihre Projekte nach den vermeintlichen oder tatsächlichen Wünschen der öffentlichen Hand auszurichten, um sich so eine laufende Finanzquelle zu erschließen. Mit der Zeit führt deshalb die Projektförderung häufig zu Abhängigkeiten, die denen der Institutionellen Förderung kaum nachstehen.

1.4 Finanzierungsart

64   Während die Zuwendungsart davon abhängt, welches kulturelle Vorhaben Staat oder Kommunen fördern wollen (Projekt, Institution), sagt die Finanzierungsart etwas zum Umfang der Förderung aus. Grundtypen sind Vollfinanzierung und Teilfinanzierung.[130] Bei der Teilfinanzierung unterscheidet man weiterhin zwischen Anteilfinanzierung, Fehlbedarfsfinanzierung und Festbetragsfinanzierung. Die öffentliche Hand muss prüfen, welche Finanzierungsart unter Berücksichtigung der staatlichen oder kommunalen Interessen sowie der Interessen des zu fördernden kulturellen Vorhabens am besten den Grundsätzen der Wirtschaftlichkeit und Sparsamkeit gerecht wird.[131] Spätestens im Zuwendungsbescheid muss die Verwaltung die Finanzierungsart festlegen, da dies im Ergebnis unterschiedliche Rechtsfolgen insbesondere bei Mehr- oder Minderausgaben des kulturellen Vorhabens nach sich zieht.[132]

65   ### 1.4.1 Vollfinanzierung[133]

Bei der Vollfinanzierung erstattet der Zuwendungsgeber die gesamten zuwendungsfähigen Ausgaben eines Kulturvorhabens. Eigenmittel des Projektträgers oder Drittmittel werden nicht angerechnet, verbleiben ihm also zur Gänze. Die Vollfinanzierung soll nach den Haushaltsordnungen von Bund und Ländern die absolute Ausnahme bleiben und ist in jedem Fall auf einen Höchstbetrag zu begrenzen. Die öffentliche Hand darf eine Vollfinanzierung allenfalls erwägen, wenn eine Kultureinrichtung an der Erfüllung des Zuwendungszweckes nicht das geringste Interesse hat.

66   ### 1.4.2 Fehlbedarfsfinanzierung[134]

Bei der Fehlbedarfsfinanzierung finanziert der Zuwendungsgeber bis zu einer von ihm festzulegenden Höchstgrenze den Fehlbedarf, den ein Kulturvorhaben nicht durch eigene oder fremde Mittel decken kann. Die Fehlbedarfsfinanzierung eignet sich besonders für – im Kulturbereich häufig anzutreffende – finanzschwache Zuwendungsempfänger, d.h. Projekte oder Einrichtungen mit einem geringen Eigenmittelanteil. Die Fehlbedarfsfinanzierung ist für die

---

129 Der öffentlichen Hand bleibt dabei die Möglichkeit, einzelne von ihr nicht gebilligte Veranstaltungen des Jahresprogramms von ihrer Finanzierung auszunehmen. Der Zuwendungsempfänger muss sich dann entweder Drittmittel zur Haushaltsdeckung suchen oder das Vorhaben ganz fallen lassen. Häufig sind die Forderungen der öffentlichen Hand nach Haushaltskürzungen zwar rein finanzpolitisch motiviert, wirken sich aber unmittelbar auf die Inhalte der Kulturpolitik aus.

130 VV zu § 44 BHO Nr. 2.2.

131 VV zu § 44 BHO Nr. 2.1.

132 Dazu: *Köckritz/Dittrich/Lamm* § 44 Erl. 24.3.

133 VV zu § 44 BHO Nr. 2.4.

134 VV zu § 44 BHO Nr. 2.2.2; insbesondere zur Interessenlage: *Köckritz/Dittrich/Lamm* § 44 Erl. 24.4.4. und *Krämer/Schmidt* D V 4.2.

öffentliche Hand regelmäßig die günstigste Finanzierungsart. Die geförderte Kultureinrichtung, bzw. das geförderte Kulturprojekt müssen zunächst alle verfügbaren Eigenmittel einsetzen. Minderausgaben oder zusätzliche Einnahmen kommen (soweit kein anderer öffentlicher Zuwendungsgeber beteiligt ist) in voller Höhe dem Zuwendungsgeber zu Gute.[135] Ein Nachschuss bei unabweisbaren Mehrausgaben ist durch die vorab festgelegte Förderhöchstgrenze in der Regel ausgeschlossen.[136] Die Fehlbedarfsfinanzierung entspricht dem Grundsatz der Subsidiarität[137] und ist bis heute die am häufigsten anzutreffende Finanzierungsart. Dabei zeigt sich in der Praxis mittlerweile ein deutlicher Nachteil:[138] Dem erfolgreich wirtschaftenden Kulturvorhaben werden alle zusätzlichen Einnahmen von seiner Zuwendung abgezogen. Die Fehlbedarfsfinanzierung regt also nicht zu wirtschaftlichem Handeln an; im Gegenteil: Die geförderte Kultureinrichtung wird es regelmäßig als „Bestrafung" empfinden, wenn ihr zusätzlich erwirtschaftete Einnahmen oder Drittmittel nachträglich von der Zuwendung abgezogen werden. Die Motivation, zusätzliche Anstrengungen zu unternehmen, ist damit gering. Insofern versuchen Zuwendungsgeber vermehrt Restmittel in das nächste Wirtschaftsjahr oder auf das nächste Projekt zu übertragen oder der Einrichtung ein Selbstbewirtschaftungsrecht einzuräumen.[139] Auf diesem Weg kann die betreffende Kultureinrichtung die Früchte ihres wirtschaftlichen Handelns wieder für die satzungsmäßigen Zwecke bzw. für vergleichbare kulturelle Projekte einsetzen und verwerten.

1.4.3 Anteilfinanzierung[140]

Bei der Anteilfinanzierung übernimmt die öffentliche Hand einen bestimmten prozentual oder sachlich bestimmten Anteil der zuwendungsfähigen Ausgaben eines Kulturvorhabens bis zu einer im Zuwendungsbescheid bestimmten Höchstgrenze (z.B. x % der Gesamtausgaben, maximal y €; Personalausgaben bis zu einer Höhe von z €). Die Anteilfinanzierung kommt typischerweise nur bei Projektförderungen und nur dann in Betracht, wenn es sich um – im Kulturbereich eher selten anzutreffende – finanzstarke Zuwendungsempfänger (d.h. Projekte oder Institutionen mit einem hohen Anteil an Eigenmitteln) handelt, die der Zuwendungsgeber zu einer anderen Schwerpunktbildung in ihrem Programm bewegen will.[141] So kann die öffentliche Hand bspw. versuchen einen kommerziellen Veranstalter zu einem Kulturprojekt zu bewegen, das er normalerweise wegen zu geringer Einnahmeerwartung allein nicht durchführen würde. Kommt es bei der Anteilfinanzierung zu Minderausgaben, vermindert sich die Zuwendung entsprechend.[142] Bei unabweisbaren Mehrausgaben müsste sich theoretisch der Zuwendungsbetrag anteilmäßig erhöhen; in der Praxis verhindert dies aber die Förderhöchstgrenze. Insofern gehen unabweisbare Mehrausgaben regelmäßig zu Lasten des Zuwendungsempfängers.[143]

67

---

135 Zur Verteilung von Minderausgaben bei unterschiedlichen Finanzierungsarten vgl. *Köckritz/ Dittrich/Lamm* § 44 Erl. 24.4.6.

136 Einen faktischen Zwang zur Nachbewilligung bei unabweisbaren Mehrkosten sieht: *Köckritz/ Dittrich/Lamm* § 44 Erl. 46.3

137 Nr. 1.2 ANBest-I; *Köckritz/Dittrich/Lamm* § 23 Erl. 4.2.

138 Dazu *Schulz* S. 160 m.w.N.

139 Kritisch zur Praxis des BKM: *Köckritz/Dittrich/Lamm* § 44 Erl. 81; § 15 Erl. 5.4.4.

140 VV zu § 44 BHO Nr. 2.2.1; *Köckritz/Dittrich/Lamm* § 44 Erl. 24.4.3.

141 *Köckritz/Dittrich/Lamm* § 44 Erl. 24.4.7.

142 Nr. 2.1 ANBest-I/P. Bei der Projektförderung gilt dies jedoch nur, wenn sich die Gesamtausgaben oder die Deckungsmittel insgesamt um mehr als 500 € ändern und es sich nicht um eine wiederkehrende Förderung desselben Zuwendungszweckes handelt, vgl. Nr. 2.2 ANBest-P.

143 *Köckritz/Dittrich/Lamm* § 44 Erl. 24.3.3.

1.4.4 Festbetragsfinanzierung[144]

68 Bei der Festbetragsfinanzierung legt der Zuwendungsgeber einen bestimmten Förderbetrag fest, den er anschließend weder nach oben noch nach unten verändern kann.[145] Dabei kann er entweder einen Gesamtförderbetrag vorsehen oder das Vielfache eines bestimmten Betrages für eine bestimmte (Förder-)einheit (z.B. x € pro Tagungsteilnehmer oder y € pro qm zu gestaltende Fläche) festsetzen.[146] Obwohl die Festbetragsfinanzierung heute[147] grds. gleichberechtigt neben Anteil- und Fehlbedarfsfinanzierung steht, ist sie in der Praxis der Kulturförderung nach wie vor eher die Ausnahme. Tatsächlich ist die Festbetragsfinanzierung ausgeschlossen, wenn zum Zeitpunkt der Bewilligung konkrete Anhaltspunkte dafür vorliegen, dass mit nicht bestimmbaren späteren Finanzierungsbeiträgen Dritter oder mit Einsparungen zu rechnen ist.[148] Bei Kulturveranstaltungen hegen Staat und Kommunen gerne hohe Erwartungen an Eintrittsgelder, mäzenatische oder Sponsorenmittel. Gleichzeitig lässt sich die Entwicklung dieser Einnahmepositionen nur schlecht vorhersagen. Trotzdem wäre auch im Kulturbereich häufiger an eine Festbetragsfinanzierung zu denken, gerade auch im Interesse einer stärkeren Verwaltungsvereinfachung oder Budgetierung. So kennt die Festbetragsfinanzierung ein vereinfachtes Verwaltungsverfahren,[149] das beim Zuwendungsgeber wie bei gefördertem Kulturprojekt zu Kostensenkungen führen sollte. Daneben kann ein fester, nicht kürzbarer Zuwendungsbetrag für den Empfänger einen entscheidenden Anreiz bilden, noch sparsamer mit seinen Mitteln umzugehen oder zusätzliche Drittmittel ein zu werben. Eine Strategie der „Budgetierung auf niedrigem Niveau"[150] ist allerdings riskant. Schätzt der Zuwendungsgeber den tatsächlichen Bedarf der Kultureinrichtung/des Kulturprojektes zu niedrig ein und budgetiert er einen Festbetrag der noch niedriger liegt als die unterste Grenze des tatsächlichen Bedarfs, kann ein Projekt schnell trotz aller Sparanstrengungen ins Defizit geraten. Der Zuwendungsgeber ist zwar nicht rechtlich, kann aber faktisch oder politisch zu einer Nachbewilligung gezwungen sein.[151]

1.5 Kontrollinstrumentarium

69 Schließlich unterscheiden sich Kulturzuwendungen danach, welches Kontrollinstrumentariums sich die öffentliche Hand bei ihrer Vergabe bedient. In allen Fällen gewähren Staat und Kommunen kulturelle Zuwendungen nur, wenn sich der Zuwendungsempfänger verpflichtet, einen bestimmten kulturpolitischen Zuwendungszweck zu erfüllen, und sich gleichzeitig allgemeinen und besonderen Nebenbestimmungen unterwirft.

---

144 VV zu § 44 BHO Nr. 2.2.3; insbesondere zur Interessenlage: *Köckritz/Dittrich/Lamm* § 44 Erl. 24.4.5.

145 Ausnahmsweise kann eine Zuwendungsbehörde dann auch noch den Festbetrag nachträglich kürzen, wenn die Summe der zuwendungsfähigen Ausgaben niedriger als der Festbetrag liegt. Dies ist zwar nicht ausdrücklich geregelt ergibt sich aber aus der Zweckbindung der Zuwendung (§ 23 BHO/LHO), sowie aus dem Rückforderungsvorbehalt, soweit der Zuwendungszweck nicht erfüllt wird (Nr. 9.2.2 ANBest-I, Nr. 8.2.2 ANBest-P).

146 Nr. 2.2.3 VV zu § 44 BHO.

147 Nach der Streichung der alten Nr. 2.2.3 VV zu § 44 BHO, der die Festbetragsfinanzierung nur für „geeignete Fälle" zuließ.

148 Nr. 2.2.3 VV zu § 44 BHO.

149 Kein verbindlicher Finanzierungsplan (Nr. 1.2. ANBest-P, letzter Satz), keine Rückforderung bei Minderausgaben oder zusätzlichen Deckungsmitteln (keine Geltung von Nr. 2 ANBest-P), Ausgabennachweis nur bis zur Höhe des Festbetrages (keine Geltung der Nr. 6.2.2 ANBest-P) kein Nachweis und keine Prüfung von Einzelausgaben bei Bewilligungen nach (Förder-)Einheiten (z.B. pro Tag, pro qm).

150 *Köckritz/Dittrich/Lamm* § 44 Erl. 24.4.5

151 *Köckritz/Dittrich/Lamm* § 44 Erl. 46.3; zurückhaltender: *Krämer/Schmidt* D XI 12.4.

1.5.1 Zuwendungszweck

Nach § 23 BHO/LHO darf die öffentliche Hand nur dann Zuwendungen an Stellen außerhalb **70** ihrer Verwaltung leisten, wenn sie an der Erfüllung durch solche Stellen ein erhebliches Interesse hat, das ohne die Zuwendungen nicht oder nicht im notwendigen Umfang befriedigt werden kann. Mit dem Zuwendungszweck legen Staat und Kommunen kulturpolitische Aufgaben oder Ziele fest, die der Zuwendungsempfänger erfüllen soll. Dabei kann sich der Zuwendungszweck auf ein vergangenes Verhalten des Zuwendungsempfängers beziehen, die Zuwendung ist dann eine „Belohnung" für eine bestimmte Leistung oder bestimmtes (Wohl-)Verhalten in der Vergangenheit. Häufiger ist der Zuwendungszweck jedoch auf ein zukünftiges Verhalten gerichtet; die Zuwendung soll also dem Empfänger erleichtern, bestimmte kulturelle Aufgaben im Interesse der öffentlichen Hand wahrzunehmen. Hier wird der Zuwendungszweck zum kulturpolitischen Steuerungselement, mit dem die öffentliche Hand den Träger, die Aufgaben und Ziele eines kulturellen Vorhabens bestimmt.

1.5.2 Nebenbestimmungen

Nebenbestimmungen sollen der öffentlichen Hand die Kontrolle ermöglichen, dass die Zuwen- **71** dung dem Zuwendungszweck gemäß verbraucht wird. Die Bewilligungsbehörde versieht den Zuwendungsbescheid dazu mit formularmäßigen sogenannten „Allgemeinen Nebenbestimmungen".[152] Typisch und wichtig sind insbesondere die Nebenbestimmungen:

- die Zuwendung nur zu dem im Zuwendungsbescheid angegebenen Zweck zu verwenden,[153]
- die vorgelegten Finanzierungspläne u.ä. im Gesamtergebnis oder in bestimmten Grenzen einzuhalten,[154]
- weitergehende Abweichungen von den Plänen, Zuwendungsanträge bei anderen öffentlichen Stellen, das Fallenlassen oder den Wechsel des geplanten Projekts der Bewilligungsstelle rechtzeitig vorher mitzuteilen,
- die Beschäftigten institutionell geförderter Einrichtungen nicht besser zu stellen als vergleichbare Bedienstete der öffentlichen Hand (Besserstellungsverbot[155]),
- Risiken für Schäden an Personen, Sachen und Vermögen nur zu versichern, soweit eine gesetzliche oder vertragliche Pflicht besteht (Versicherungsverbot[156])
- einen Verwendungsnachweis innerhalb einer bestimmten Frist vorzulegen[157] oder
- der Bewilligungsbehörde Einsicht in die Akten und ihre Prüfung zu gestatten.

---

152 Nr. 5.1 VV zu § 44 BHO. Vier Arten lassen sich unterscheiden: Allgemeine Nebenbestimmungen für Zuwendungen zur Institutionellen Förderung (ANBest-I), für Zuwendungen zur Projektförderung (ANBest-P), zur Projektförderung an Gebietskörperschaften (ANBest-Gk) und zur Projektförderung auf Kostenbasis (ANBest-P-Kosten). Im Kulturbereich sind vor allem ANBest-I und ANBest-P relevant. Abgedruckt als Anlagen zur VV zu § 44 BHO in Vorschriftensammlung Bundesfinanzverwaltung H 0101 oder in den einschlägigen Kommentaren zu BHO bei § 44.
153 *Krämer/Schmidt* D XI, 2.
154 *Krämer/Schmidt* D XI, 5 f.
155 Nr. 1.3 ANBest-I/ANBest-P. *Krämer/Schmidt* D XI, 8; kritisch zum Besserstellungsverbot *Schleich* NJW 1988, 236, 242 f.; für den vergleichbaren Bereich der Forschung und Wissenschaft: *Meusel* Rn. 363 m.w.N.; *Evers* WissR 1997, 109 ff.
156 Nr. 1.4 ANBest-I. *Krämer/Schmidt* D XI, 9. Dabei gilt die strenge Form des Versicherungsverbotes nur bei Kultureinrichtungen, die zu über 50 % aus öffentlichen Mitteln finanziert werden. Bei Kultureinrichtungen mit einem geringeren Finanzierungsanteil ist eine Versicherung möglich, soweit damit nicht gegen das Besserstellungsverbot verstoßen wird; kritisch zum Versicherungsverbot: *Schleich* NJW 1988, 236, 242.
157 *Krämer/Schmidt* E.

72 Verstößt der Zuwendungsempfänger gegen eine dieser Nebenbestimmungen, läuft er Gefahr, die Zuwendung zurückzahlen zu müssen. Auch wenn die Kulturverwaltungen in der Praxis meist versuchen, eine mildere Form der Abhilfe zu finden, verleiht schon die bloße Drohung einer Rückforderung den Nebenbestimmungen Effektivität. Kein Kulturvorhaben riskiert es, die einmal bekommenen (und in der Regel längst verbrauchten) Mittel wieder an die Staatskasse abführen zu müssen. Selbst die nachträglichen und damit verhältnismäßig schwachen Kontrollmittel (Einsichtsrecht, Verwendungsnachweis) entfalten insofern schon Durchsetzungskraft im Vorfeld. Über die Nebenbestimmungen zum Zuwendungsbescheid kann die öffentliche Hand die laufende kulturelle Arbeit der Zuwendungsempfänger (mit-)lenken und kontrollieren. Soweit sich die Nebenbestimmungen in dem durch den Zuwendungszweck vorgegebenen Rahmen halten und verhältnismäßig sind, begegnen sie keinen rechtlichen Bedenken.[158]

73 Schließlich haben sich in der Zuwendungspraxis verschiedene Regelungen herausgebildet, die meist weder schriftlich niedergelegt noch zwingend vorgegeben sind. So lehnt es in der Praxis die öffentliche Hand ab, ein bereits abgeschlossenes Kulturvorhaben nachträglich zu fördern[159] oder gar ein bereits entstandenes Defizit auszugleichen.[160] Sind für ein Kulturprojekt schon vor der Bewilligung Kosten entstanden (z.B. wissenschaftliches Personal für die Vorbereitung einer Ausstellung), so erkennt die öffentliche Hand diese nur als zuwendungsfähige Ausgaben an, wenn sie vor oder mit dem Zuwendungsbescheid den „vorzeitigen Maßnahmebeginn" gestattet. Manche Förderorganisationen lehnen dies allerdings strikt/in ihren Förderrichtlinien ab.[161] Schließlich wird in der kulturpolitischen Praxis meist die Möglichkeit einer gemeinsamen Förderung durch verschiedene Stellen einer Gebietskörperschaft[162] ausgeschlossen. So kommt es bspw. in Berlin selten oder nie zu einer gemeinsamen Förderung durch Kulturstiftung des Bundes und Hauptstadtkulturfonds. Selbst institutionell geförderte Kultureinrichtungen müssen bei Projektförderanträgen bei anderen Stellen ihres Trägers offen legen, wieweit das Projekt bereits an der Institutionellen Förderung teilhat. In jedem Fall ist auszuschließen, dass die öffentliche Hand Ausgaben mehrfach fördert.

1.5.3 Förderrichtlinien[163]

74 Förderrichtlinien sind besondere Verwaltungsvorschriften,[164] die in allgemeiner Form spezielle Regelungen für einzelne Förderbereiche vorsehen. Beispiele in der kulturpolitischen Praxis sind auf Bundesebene die Filmförderungsrichtlinien,[165] auf Landesebene die Verwaltungsvorschrift zur Denkmalförderung oder die Förderrichtlinie Kunst und Kultur des Freistaats

---

158 Kritisch zum (kultur-)politischen Sinn verschiedener Auflagen: *Schleich* NJW 1988, 236 ff.; *Kirchhoff* S. 50 ff., 61 ff.
159 Ausnahmen sind selbstverständlich Zuwendungen in Form von Preisen, z.B. Bundesfilmpreise.
160 Zum möglichen faktischen (oder politischen) Zwang zur Nachbewilligung: *Köckritz/Dittrich/Lamm* § 44 Erl. 46.3.
161 So bspw. die Stiftung Deutsche Klassenlotterie Berlin.
162 Nr. 1.4 VV zu § 44 BHO sehen diese Möglichkeit ausdrücklich vor. Tatsächlich wird man die gemeinsame oder parallele Förderung sauber von einer Doppel- oder Mehrfachförderung unterscheiden müssen.
163 Nr. 15.2 VV zu § 44 BHO; Grundsätze für Förderrichtlinien, RdSchr. BMF v. 20.9.1983, MinBlFin 1983 217; *Köckritz/Dittrich/Lamm* § 44 Erl. 6.; *Krämer/Schmidt* F III.
164 *BVerwGE* 104, 220, 222 f.
165 Filmförderrichtlinien der BKM v. 13.7.2005, GMBl 2005, 918.

Sachsen[166] oder auf kommunaler Ebene die Theaterförderrichtlinie der Landeshauptstadt München. Förderrichtlinien legen für Mitarbeiter der Kulturverwaltung verbindlich fest, nach welchen Leitlinien sie im betreffenden Förderbereich das Ermessen auszuüben haben. Das einzelne Kulturvorhaben kann als Zuwendungsempfänger aus den Förderrichtlinien keinen unmittelbaren Anspruch auf Förderung ableiten, wohl aber (über Art. 3 Abs. 1 GG) einen Anspruch auf Gleichbehandlung bei der Ausübung des Ermessens im Rahmen der Förderrichtlinien.[167] Tatsächlich helfen Förderrichtlinien heute den Antragstellern, Informationen über Fördermöglichkeiten und –bedingungen frühzeitig und komplett zu erhalten. Häufig werden sie als Besondere Nebenbestimmungen dem Zuwendungsbescheid beigefügt.[168]

1.5.4 Gremienmitgliedschaft

Bei einer Reihe von Zuwendungsempfängern des Kulturbereichs verfügt die öffentliche Hand **75** noch über ein weiteres, gleichsam personelles Kontrollmittel: Vor allem institutionell geförderte Kultureinrichtungen räumen Vertretern der öffentlichen Hand Sitz und Stimme in ihren Organen ein. Dabei handelt es sich in den meisten Fällen um das zentrale Aufsichtsgremium (Kuratorium, Stiftungsrat, Aufsichtsrat o.ä.) der Einrichtung, dem wichtige Entscheidungen über Wirtschaftsplan, Grundstücksgeschäfte oder Erwerbungspolitik vorbehalten sind.[169] Die Gremienbeteiligung lässt sich als spezielle Verwaltungstechnik verstehen, mit der die öffentlich Hand zwei Erfordernissen des Zuwendungsrechts gleichzeitig gerecht werden kann: Einerseits kann sie auf diese Weise sicherstellen, dass die jährliche Subventionierung der Einrichtung fortlaufend dem „erheblichen öffentlichen Interesse" im Sinne des § 23 BHO/LHO entspricht. Vertreter des Staates oder der Kommunen, die bereits im Planungsstadium in die Arbeit der Kultureinrichtung eingeschaltet werden, können besonders gut darauf achten, dass der Zuwendungszweck nicht nur im einzelnen Haushaltsjahr, sondern kontinuierlich über einen längeren Zeitraum gültig bleibt und dem „erheblichen öffentlichen Interesse" entspricht. Andererseits kann die öffentliche Hand über die Gremienbeteiligung ihrer Prüfungspflicht nach § 44 Abs. 1 BHO/LHO von innen, d.h. einrichtungsintern, nachkommen. Hier bildet die Gremienbeteiligung eine Alternative zu den parallel fortbestehenden (nachträglichen) Einsichts- und Prüfungsrechten der allgemeinen Nebenbestimmungen. Zusammengenommen erlaubt die Gremienbeteiligung der öffentlichen Hand, die kulturelle Arbeit des Zuwendungsempfängers kontinuierlich zu überwachen und, wenn es darauf ankommt, die eigenen kulturpolitischen Wunschvorstellungen durchzusetzen.

Angesichts des grundrechtlichen Schutz für die Freiheit der Kunst kann die Gremienbeteili- **76** gung dann zum Problem werden, wenn Staatsvertreter an konkreten künstlerischen Einzelfragen mitwirken, man denke an Ankaufsentscheidungen bei Museen, Anstellungen von Orches-

---

166 Verwaltungsvorschrift des Sächsischen Staatsministeriums des Innern über die Gewährung von Zuwendungen zur Erhaltung und Pflege von sächsischen Kulturdenkmalen und zur Aus- und Fortbildung der Denkmalpflege v. 20.12.1996 (SächsABl 758), zuletzt geändert durch VwV v. 16.1. 2002 (SächsABl 259); Richtlinie des Sächsischen Staatsministeriums für Wissenschaft und Kunst zur Förderung der Kunst und Kultur im Freistaat Sachsen v. 27.9.2004 (SächsABl 895).
167 *Kopp/Ramsauer* § 40 Rn. 26.
168 *Scheytt/Trockel* Kulturförderung.
169 § 65 BHO/LHO verpflichtet Bund und Länder, sich Sitz und Stimme in den Einrichtungsgremien einräumen zu lassen, an denen sie als Gesellschafter, Aktionär, Genosse oder Mitglied beteiligt sind. Im Kulturbereich trifft dies meistens nur bei Kultureinrichtungen zu, die als GmbH organisiert sind, z.B. Kulturveranstaltungen des Bundes in Berlin GmbH, Deutsches Historisches Museum GmbH. Auch die Errichtungsgesetze oder -satzungen sehen häufig die Beteiligung von Vertretern der öffentlichen Hand in den Aufsichtsgremien vor, z.B. Stiftung Preußischer Kulturbesitz, Stiftung Preußische Schlösser und Gärten Berlin-Brandenburg.

termusikern oder ähnliches. Hier wirkt sich das Votum der Staatsvertreter in den Einrichtungs-
organen nicht nur mittelbar auf die Grundrechtsausübung aus, der Staat kann unmittelbar den
Inhalt der Grundrechtsausübung (mit-)bestimmen. Besonders problematisch wird dies, wenn
das Gremium seine Entscheidung nicht gegen die Stimmen der Staatsvertreter oder sogar nur
mit deren ausdrücklichen Billigung treffen kann. In der Praxis scheint es bisher nicht zu ernsthaften Konflikten gekommen zu sein. Einhellig berichten Zuwendungsempfänger des Kultursektors, dass die Vertreter der öffentlichen Hand sich bei der Entscheidung von Fachfragen zurückhalten und sich so gut wie immer dem künstlerischen oder wissenschaftlichen Urteil der
Sachverständigen beugen. Bei einem Konflikt zwischen finanziellem Rahmen und künstlerischen Wünschen wird die endgültige Lösung meist in einem Gespräch aller Beteiligten entwickelt. Tatsächlich haben Kultureinrichtungen immer auch die Vorteile einer Beteiligung von
Vertretern der öffentlichen Hand in ihren Gremien erfahren. In der Praxis wird ein Beamter,
der als Gremienmitglied die Probleme und Wünsche der Kultureinrichtung gleichsam „von innen" kennt, sich intensiver für deren Interessen einsetzen als ein Beamter, dem die Einrichtung
lediglich „von außen" bekannt ist.[170]

1.5.5 Evaluation

77 In jüngster Zeit gehen Staat und Kommunen dazu über, den Zuwendungsempfängern eine gesonderte Evaluation ihrer Institution oder des Förderprojektes abzuverlangen. Soweit sich das
nur auf wirtschaftliche Zahlen bezieht, gibt es dazu genügend Erfahrung. Schwierig wird es,
sobald inhaltliche Fragestellung des Projekts oder Programms auf ihre Wirkung zu untersuchen sind. Hier gibt es bisher kaum substantielle Erfahrungen, auch die Abgrenzung zu Audit,
Benchmarking, Monitoring oder Controlling ist nicht immer klar.[171] Allerdings zwingen Eva-
luationsprozesse Zuwendungsgeber und -empfänger dazu, sich genau über Ziele und Handlungsschwerpunkte der einzelnen Förderung, des einzelnen geförderten Projektes oder der einzelnen Kultureinrichtung zu einigen. Nur dann lassen sich auch quantitative und qualitative Er-
folgskriterien bestimmen, die einer Evaluation zugrunde gelegt werden können. Letztlich
sollte sich der Zuwendungsgeber zurückhalten, Evaluation als Kontrollinstrument einzusetzen.
Evaluationen sollten vor allem dem Zuwendungsempfänger helfen, selber seine Programme
und Prozesse besser zu analysieren, zu steuern und kontinuierlich zu verbessern.

2. Finanzielle Unterstützung durch Private

78 Bei der finanziellen Unterstützung durch Private unterscheidet man grds. zwischen Spendern
oder Mäzenen einerseits und Sponsoren andererseits. Während es dem Sponsor vor allem darum geht, für sich oder sein Unternehmen zu werben, handelt der Spender in erster Linie altruistisch, d.h. vor allem im Interesse des einzelnen kulturellen Unternehmens und ohne Eigennutz. Dies hatte vor allem steuerliche Konsequenzen für den privaten Förderer und die geförderte Unternehmung. Darüber hinaus sollten öffentlich (finanzierte) Kultureinrichtungen bei
Zuwendungen von privater Seite jeden Anschein fremder Einflussnahme auf ihre Arbeit vermeiden, um die Integrität und die Neutralität öffentlicher Einrichtungen nicht in Frage zu
stellen.[172]

---

170 *Hofmann* S. 27, 31.
171 *Stockmann* S. 71 ff.
172 Die Bundesregierung hat 2003 deshalb eine Richtlinie zum Umgang mit Leistungen Privater (Sponsoring, Spenden, Schenkungen) für Behörden und Gerichte erlassen, Allgemeine Verwaltungsvorschrift zur Förderung von Tätigkeiten des Bundes durch Leistungen Privater (Sponsoring, Spenden
und sonstige Schenkungen) v. 11.7.2003 (unveröffentlicht). Die Zuwendungsempfänger sind gebe-
ten, diese Richtlinie ebenfalls zu beachten.

2.1 Unterstützung durch Spender und Mäzene

Spenden sind Geld-, Sach- oder Dienstleistungen, die zur Förderung gemeinnütziger Einrichtungen[173] freiwillig oder aufgrund einer freiwillig eingegangenen Rechtspflicht erbracht werden, kein Entgelt für eine bestimmte Leistung des Empfängers sind und nicht in einem tatsächlichen wirtschaftlichen Zusammenhang mit dessen Leistungen stehen.[174] Als gemeinnützig anerkannte Kultureinrichtungen müssen Spendeneinnahmen nicht versteuern und können sie ohne Abzüge voll für ihre Vorhaben einsetzen. Sie stellen dem Mäzen eine Spendenbescheinigung aus.[175] Mit diesem Nachweis kann der kann seine Zuwendung als Sonderausgabe von der Steuer absetzen,[176] allerdings nur bis zu einer Obergrenze, die für „besonders förderungswürdig anerkannte kulturelle Zwecke" bei 10 % seiner Einkünfte liegt. **79**

Öffentlich geförderte Kultureinrichtungen sind bei der Entgegennahme von Spenden gut beraten, diese sauber von den sonstigen Einnahmen getrennt zu halten. Grundsätzlich verlangt nämlich das Gesamtdeckungsprinzip des § 8 BHO, öffentliche Zuwendungen um private Einnahmen zu mindern.[177] Für zweckgebundene Spenden gilt dies nach herrschender Meinung nicht, wenn im Wirtschafts- oder Haushaltsplan der Einrichtung ein entsprechender Einnahmetitel vorgesehen ist. Aber selbst bei nicht zweckgebundenen Spenden Dritter kann man in der Regel unterstellen, dass der Spender in keinem Fall die öffentliche Hand finanziell „entlasten" will, sondern zusätzliche Aktivitäten der Einrichtung im Rahmen ihrer satzungsgemäßen Zwecke ermöglichen möchte.[178] Da dies in der Vergangenheit nicht unumstritten war, sichern heute die öffentlichen Zuwendungsgeber diese Möglichkeit in den meisten Fällen den Kultureinrichtungen durch entsprechende Einnahmetitel oder Vermerke in den Wirtschafts- bzw. Haushaltsplänen zu. **80**

2.2 Unterstützung durch die Wirtschaft – Sponsoren

Im Gegensatz zur mäzenatischen Unterstützung sind die Motive eines Sponsors nicht vorwiegend altruistisch. Sponsoren fördern kulturelle Einrichtungen und Projekte durch Geld-, Sach- oder Dienstleistungen mit dem (unternehmerischen) Ziel, einen werblichen oder sonst öffentlichwirksamen Vorteil zu erreichen. Sponsoring ist insofern vor allem ein Instrument des Marketings.[179] Die meisten Wirtschaftsunternehmen haben die Verantwortung für Sponsoring heute deshalb ihren Kommunikations- und Marketingabteilungen übertragen. **81**

In der Praxis gilt es Sponsoring korrekt steuerrechtlich einzuordnen und entsprechend vertraglich abzusichern; dabei hilft der so genannte Sponsoringerlass des BMF.[180] Der Sponsor hat in der Regel ein großes Interesse, seine Sponsoring-Aufwendungen als Betriebsausgaben abzusetzen.[181] Dazu muss der Sponsor mit seiner Geld-, Sach- oder Dienstleistung wirtschaftliche **82**

---

173 Zur Gemeinnützigkeit ausf. unten Rn. 87 f.
174 *BFH* BStBl II 1988, 220, 221, DB 1988, 475; BStBl II 1991, 258, 259; *Thiel* DB 1998, 842, 843.
175 § 50 EStDV.
176 § 10b EStG bzw. § 9 Abs. 1 Nr. 2 KStG; vgl. auch § 48 und Anlage 1 EStDV.
177 Nr. 3 VV zu § 8 BHO; *Meusel* Rn. 342; *Piduch* § 8 Erl. 4.
178 Str. – wie hier *Meusel* Rn. 361; *Meinecke* S. 1488, differenzierend: *Krämer/Schmidt* B III 3.3.6.3.
179 Zu verschiedenen Definitionen von Sponsoring in der betriebswirtschaftlichen Literatur bei: *Witt* S. 49 ff. Zur Praxis des Sponsorings als Marketinginstrument: *Heinze* Kultursponsoring, S. 75 ff.; *ders.* Neue Ansätze im Kulturmanagement, S. 24; *Schilling* E 6.1-1.
180 Erlass des BMF v. 18.2.1998 „Ertragsteuerliche Behandlung des Sponsoring" – Sponsoringerlass – (BStBl I 1998, 212 f.). Umfassend zu den vertrags- und steuerrechtlichen Aspekten mit vielen Beispielen und ausf. Vertragsmustern: *Pluschke* Kunstsponsoring.
181 Vgl. Rn. 3 ff. Sponsoringerlass BMF; *Pluschke* S. 267 ff.

Vorteile für sein Unternehmen[182] anstreben oder für Produkte seines Unternehmens werben. Üblicherweise weist deshalb das geförderte Kulturprojekt auf den Sponsor oder seine Produkte werbewirksam hin, z.B. auf Plakaten, Veranstaltungshinweisen, in Ausstellungskatalogen, auf den von ihm benutzten Fahrzeugen oder anderen Gegenständen. Die Berichterstattung in Zeitungen, Rundfunk oder Fernsehen kann einen wirtschaftlichen Vorteil des Sponsors begründen, wenn sie in seine Öffentlichkeitsarbeit eingebunden ist oder der Sponsor an Pressekonferenzen oder anderen öffentlichen Veranstaltungen der Kultureinrichtung mitwirken und eigene Erklärungen über sein Unternehmen oder seine Produkte abgeben kann. Entscheidend ist die „Öffentlichkeitswirksamkeit" der Sponsoringmaßnahme.[183]

83   Beim geförderten Kulturprojekt führen die Leistungen des Sponsors zu Einnahmen; der Empfänger hat naturgemäß ein erhebliches Interesse, diese Einnahmen möglichst vollständig für sein Kulturprogramm einzusetzen und keine oder nur wenig Steuer abzuführen. Entscheidend dafür ist die Zuordnung der einzelnen Geld- oder Sachleistung zum wirtschaftlichen Geschäftsbetrieb, zum Zweckbetrieb oder zur Vermögensverwaltung des gemeinnützigen Kulturprojektes.[184] Der Sponsoringerlass[185] hat in drei Richtung eine Klarstellung gebracht:

– Die steuerliche Behandlung der Leistungen beim Empfänger hängt grds. nicht davon ab, wie die entsprechenden Aufwendungen beim leistenden Unternehmen steuerlich eingeordnet werden.

– Die gemeinnützige Kultureinrichtung agiert nicht als wirtschaftlicher Geschäftsbetrieb, wenn sie dem Sponsor nur die Nutzung ihres Namens in der Weise zu Werbezwecken gestattet, dass der Sponsor selbst auf seine Leistungen an die Körperschaft hinweist.

– Ebenso wenig liegt ein wirtschaftlicher Geschäftsbetrieb vor, wenn die steuerbegünstigte Kultureinrichtung lediglich auf die Unterstützung durch einen Sponsor hinweist, z.B. auf Plakaten, Veranstaltungshinweisen, in Ausstellungskatalogen. Dieser Hinweis kann unter Verwendung des Namens, Emblems oder Logos des Sponsors erfolgen. Eine darüber hinausgehende „besondere Hervorhebung" ist allerdings sofort dem wirtschaftlichen Geschäftsbetrieb zuzuordnen und gilt auch nicht als Zweckbetrieb.[186] Will die Kultureinrich-

---

182 Die wirtschaftlichen Vorteile von Sponsoring für ein Unternehmen kann in der Sicherung oder Erhöhung seines unternehmerischen Ansehens liegen, *BFH* BStBl II 1993, 441, 445. Der Sponsor kann auch dadurch einen wirtschaftlichen Vorteil für das Unternehmen erlangen, indem er Namen, Emblem oder Logo des Empfängers des Sponsorings öffentlichkeitswirksam einsetzt und dadurch auf seine (Sponsoring-)Leistung aufmerksam macht. Klarstellend Rn. 4, Sponsoringerlass BMF.

183 *Thiel* S. 842, 843; *BFH* BStBl II 1990, 237; DB 1990, 766.

184 Eine Zuordnung zum ideellen Bereich kommt beim Sponsoring streng genommen nicht in Betracht, da es hier ja definitionsgemäß um eine Gegenleistung (Werbung) handelt und insofern eine Einordnung als eine dem ideellen Bereich zuzuordnende Spende ausscheidet. So auch *Pluschke* S. 282 f. Der Sponsoringerlass des BMF fingiert Einnahmen aus Sponsoring trotzdem als dem ideellen Bereich zugehörig, solange der Gesponserte auf die Unterstützung durch den Sponsor lediglich ohne besondere Hervorhebung hinweist.

185 Erlass des Bundesministeriums für Finanzen v. 18.2.1998 „Ertragsteuerliche Behandlung des Sponsoring" – Sponsoringerlass – (BStBl I, 1998, 212 f.).

186 In der Praxis fehlt bis heute (2007) eine Klarstellung, wann eine „besondere Hervorhebung" gegeben ist. Bundesfinanzministerium, Länder und Interessenvertreter der Sponsoringparteien haben das ursprünglich geplante Merkblatt mit Beispielen nicht erarbeitet; nach *Pluschke* S. 284 f. kann man aber von einer besonderen Hervorhebung ausgehen, wenn Namenszug, Emblem oder Logo des Sponsors das Plakat, den Veranstaltungshinweis oder sonstige Publikationsmedien des Gesponsorten nach Größe, Auffälligkeit oder Häufigkeit beherrscht.

tung in jedem Fall eine Ertragssteuerpflicht vermeiden, muss sie jegliche besondere Hervorhebung vermeiden.[187]

Umsatzsteuerrechtlich handelt es sich bei finanziellem oder Sachsponsoring jeweils um umsatzsteuerpflichtiges Entgelt für steuerpflichtige Leistungen der geförderten Kultureinrichtung an den Sponsor. Entweder liegen nach dem jeweiligen Sponsoring-Vertrag konkrete Werbeleistungen vor (z.b. Banden- oder Trikotwerbung, Anzeigen, Überlassen von Eintrittskarten für die Öffentlichkeitsarbeit des Sponsors u.ä.) oder Duldungsleistungen (z.b. Nennung des Sponsors ggfs. mit Logo in der Werbung der Kultureinrichtung, in Ausstellungskatalogen oder Programmheften).[188] Es gilt grds. der allgemeine Steuersatz. Bei Duldungsleistungen ohne besondere Hervorhebung des Sponsors oder ähnliche weitergehende Werbebotschaften, gilt der ermäßigte Steuersatz.[189] Die gesponserte Kultureinrichtung stellt deshalb dem Sponsor eine Rechnung mit gesondert ausgewiesener Umsatzsteuer aus (§ 14 UStG). **84**

Bei Sachsponsoring, d.h. bei Sach- oder Dienstleistungen des Sponsors an den Gesponsorten, handelt es sich umsatzsteuerrechtlich um Tausch oder tauschähnlichen Umsatz i.S.v. § 3 Abs. 12 UStG. Damit liegen auf beiden Seiten unternehmerische Tätigkeiten vor, die der Umsatzsteuerpflicht unterliegen.[190] Als Bemessungsgrundlage für die steuerpflichtige Leistung ist der gemeine Wert der Sach- oder Dienstleistung anzusetzen. Dies gilt sowohl für die Leistung des Sponsors als auch für die Leistung des geförderten Kulturprojektes. Dabei müssen die Leistungen des Sponsors und des Gesponsorten nicht gleichwertig sein. Trotzdem sollte die Bewertung im Vorfeld genauer bedacht werden, insbesondere wenn der Sponsor ausschließlich Sach- oder Dienstleistungen erbringen will und eine nicht vorsteuerabzugsfähige Kultureinrichtung die Umsatzsteuer aus ihren liquiden Mitteln bestreiten muss. **85**

V. Gestalten besonderer rechtlicher Rahmenbedingungen

Die öffentliche Hand fördert Kultur auch, indem sie per Gesetz, Verordnung, Satzung, Richtlinien oder ähnliche Bestimmungen einen allgemein verbindlichen Ordnungs- oder Planungsrahmen schafft. Dabei gibt es einerseits Gesetze, die Kunst und Kultur unmittelbar unter einen besonderen Schutz stellen: Art. 5 Abs. 3 GG, Urheber- und Markenrecht, Denkmalschutzgesetze; Kulturgüterschutz. Bei anderen Gesetzen ist die Kulturförderung nicht das primäre Ziel, sondern es geht um Themen wie Soziale Sicherung (z.b. Künstlersozialversicherung), Steuereinnahmen (z.b. Gemeinnützigkeit) oder Bildungsfragen (z.b. Ausbildungsrichtlinien für künstlerische Berufe). Schließlich strukturieren viele Länder und Gemeinden ihre Kulturförderung inzwischen über Kulturentwicklungsplanungen und machen damit ihre Förderaktivitäten für potentielle Empfänger transparent. Dieser Abschnitt muss sich angesichts der Fülle einschlägiger Rechtsregeln auf wenige Beispiele beschränken, die eine besondere Bedeutung für die Kulturförderung haben und nicht an anderer Stelle dieses Handbuchs beschrieben werden. **86**

---

187 So rechnet die Finanzverwaltung die Benennung eines Saals in einem Museum nach dem Sponsor nicht zum wirtschaftlichen Geschäftsbetrieb. Dagegen gilt es schon als eine „besondere Hervorhebung", wenn die Internet-Seite der gesponserten Kultureinrichtung nicht nur das Logo und den Namen des Sponsors nennt, sondern auch einen link zu dessen Internet-Seite anbietet. Finanzministerium Bayern, Erlass v. 11.2.2000 – 33-S0183 – 12/14 – 59238; DB 2000, 548.

188 Soweit die Nennung ohne besondere Hervorhebung erfolgt, wird man in Anlehnung an den Sponsoringerlass einen wirtschaftlichen Geschäftsbetrieb des Gesponsorten und damit auch dessen Umsatzsteuerpflicht für diese Nennung verneinen; *Pluschke* S. 288 m.w.N. auch zur abweichenden Meinung.

189 § 12 Abs. 1 und Abs. 2, Nr. 8 a S. 1 UStG.

190 *Pluschke* S. 287 f.

1. Künstlersozialversicherung

87   Deutschland hat 1983 mit der Künstlersozialversicherung[191] eine Lösung für die soziale Absicherung von selbständigen Künstlern und Publizisten gegen Risiken von Krankheit, Pflegebedürftigkeit und Alter geschaffen. Ähnlich wie bei Arbeitnehmern wird die Künstlersozialversicherung solidarisch finanziert. Rund 50% tragen die Versicherten durch ihre Beiträge, rund 30 % die Verwerter künstlerischer und publizistischer Leistungen durch die Künstlersozialabgabe und rund 20 % übernimmt der Bund, der auch die Verwaltungskosten der Künstlersozialkasse in Wilhelmshaven trägt. Die Aufteilung der Beiträge ist Ausdruck des kulturhistorisch gewachsenen, besonderen Verhältnisses zwischen den Versicherten und den Verwertern sowie der besonderen Verantwortung, die der Bund für die Künstlersozialversicherung übernommen hat.

2. Gemeinnützigkeit – steuerrechtliche Förderung von Kultur

88   Der Staat fördert Kultur auch dadurch, dass er Kultureinrichtungen oder deren Förderung steuerlich begünstigt. Regelmäßig knüpft er solche Begünstigungen an die Voraussetzungen der Gemeinnützigkeit. Gem. § 52 AO kann eine Einrichtung zur Förderung von Kunst und Kultur, Landschafts- oder Denkmalschutz als gemeinnützig anerkannt werden, wenn sie diese Förderung unmittelbar,[192] ausschließlich[193] und selbstlos[194] verfolgt. Während Unmittelbarkeit und Selbstlosigkeit bei (nicht-kommerziellen) Kultureinrichtungen selten problematisch werden, bereitet die Ausschließlichkeit in der Praxis immer wieder Schwierigkeiten. Tatsächlich sind heute alle privaten und öffentlichen Kultureinrichtungen gezwungen, ihre Einkommenssituation durch den Verkauf von Publikationen oder Souvenirs, allgemeines Merchandising, Vermietung und Verpachtung von Räumen oder durch den Betrieb von Cafés oder Gaststätten zu verbessern. Da die meisten dieser Aktivitäten nicht gemeinnützig sind, scheint hier jeweils der gänzliche Verlust der Gemeinnützigkeit zu drohen. Allerdings sehen §§ 14, 58 und 65 AO verschiedene Ausnahmen von der Ausschließlichkeitsregel vor.

89   Im Gemeinnützigkeitsrecht unterscheidet man deshalb zwischen vier Tätigkeitsbereiche gemeinnütziger Kultureinrichtungen;[195] der Gesetzgeber versucht auf diese Weise, einen Ausgleich zwischen den Interessen der steuerbelasteten Privatwirtschaft und gemeinnützigen Kultureinrichtungen zu erreichen, soweit sie miteinander konkurrieren:[196]

– die Idealsphäre, d.h. der rein gemeinnützige Tätigkeitsbereich (insbesondere künstlerische Tätigkeiten, Aufbau von Kunst- oder Museumssammlungen, Denkmalpflege) und die damit verbundenen Einnahmen, also Spenden, Fördergelder, Zuschüsse der öffentlichen Hand,[197]

---

191 Gesetz v. 27.7.1981 (BGBl I 705), zuletzt geändert durch Gesetz v. 20.4.2007 (BGBl I 554).
192 §§ 51, 57 AO.
193 §§ 51, 56 AO.
194 §§ 52 Abs. 1, 53, 54 Abs. 1, 55 AO.
195 *Thiel* DB 1998, 842, 845 f.
196 § 65 Nr. 3 AO; *Hey* in Tipke/Lang § 20 Rn. 7 m.w.N.
197 Erhellend ist in diesem Zusammenhang die nähere Definition in Anl. 1 zu § 48 Abs. 2 EStDV: Danach ist „Förderung kultureller Zwecke" die ausschließliche und unmittelbare Förderung der Kunst, die Förderung der Pflege und Erhaltung von Kulturwerten sowie die Förderung der Denkmalpflege. „Förderung der Kunst" umfasst die Bereiche der Musik, der Literatur, der darstellenden und bildenden Kunst und schließt die Förderung von kulturellen Einrichtungen, wie Theater und Museen sowie von kulturellen Veranstaltungen, wie Konzerte und Kunstausstellungen, ein. „Kulturwerte" sind Gegenstände von künstlerischer und sonstiger kultureller Bedeutung, Kunstsammlungen und künstlerische Nachlässe, Bibliotheken, Archive sowie andere vergleichbare Einrichtungen.

- die nicht steuerschädliche Vermögensverwaltung,[198] z.B. Einnahmen aus Vermietung oder Verpachtung von Räumlichkeiten der Kultureinrichtung, Anlage von Kapitalvermögen, Rechteverwaltung oder Lizenzvergabe,[199]
- der Bereich des steuerbelasteten wirtschaftlichen Geschäftsbetriebs.[200] Ein wirtschaftlicher Geschäftsbetrieb ist eine selbständige nachhaltige Tätigkeit, durch die Einnahmen oder andere wirtschaftliche Vorteile erzielt werden und der über den Rahmen einer Vermögensverwaltung hinausgeht; die Absicht, Gewinn zu erzielen ist nicht erforderlich. Im Kulturbereich gilt dies z.B. für den Verkauf von Publikationen und Geschenkartikeln, der Betrieb von Museumsshops oder Theaterbuffets, allgemein das Merchandising, Vergabe von Werbeflächen, Sponsoring u.ä.
- der Bereich des nicht steuerbelasteten Zweckbetriebs (als Sonderform des wirtschaftlichen Geschäftsbetriebs[201]). Zweckbetriebe sind durch drei Merkmale gekennzeichnet: (1) der Zweckbetrieb muss tatsächlich und unmittelbar satzungsmäßige Zwecke der Körperschaft verwirklichen, (2) die Körperschaft muss den Zweckbetrieb zur Verwirklichung ihrer satzungsmäßigen Zwecke unbedingt und unmittelbar benötigen, (3) der Wettbewerb zu nicht begünstigten Betrieben derselben oder ähnlichen Art muss auf das zur Erfüllung der steuerbegünstigten Zwecke unvermeidbare Maß begrenzt sein. Typische Zweckbetriebseinnahmen bei Kultureinrichtungen sind Eintrittsgelder oder Verkauf von Eigenpublikationen.

Bei anerkannter Gemeinnützigkeit gelten verschiedene Vergünstigungen für Kultureinrichtungen: **90**

- Ertragssteuerlich werden Kultureinrichtung kraft Rechtsform dem Körperschaftssteuergesetz unterworfen, haben jedoch als gemeinnützige Einrichtungen von erzielten Einkünften keine Steuer zu entrichten.[202] Diese erstragsteuerliche Befreiung gilt für den ideellen Bereich, die Vermögensverwaltung und den Zweckbetrieb, nicht für den wirtschaftlichen Geschäftbetrieb.
- Entsprechend ist die Befreiung von Gewerbe-[203] und Vermögenssteuer[204] geregelt.
- Grundbesitz gemeinnütziger Kultureinrichtungen wird nicht mit Steuern belegt, soweit er für die begünstigten kulturellen Zwecke genutzt wird[205]
- Zuwendungen in Folge eines Erbfalles oder einer Schenkung sind nicht der Erbschafts- und Schenkungssteuer unterworfen, wenn die Zuwendung dem gemeinnützigen Zweck gewidmet worden ist und von der Kultureinrichtung dementsprechend eingesetzt wird.[206]

„Förderung der Denkmalpflege" bezieht sich auf die Erhaltung und Wiederherstellung von Bau- und Bodendenkmälern, die nach den jeweiligen landesrechtlichen Vorschriften anerkannt sind; die Anerkennung ist durch eine Bescheinigung der zuständigen Stelle nachzuweisen.

198 § 14 AO.
199 §§ 14, 58 AO.
200 § 64 i.V.m. § 14 AO.
201 § 65 ff. AO. Ein Zweckbetrieb liegt vor, wenn der Betrieb in seiner Gesamtrichtung dazu dient die gemeinnützigen Zwecke der (Kultur-)Einrichtung zu verwirklichen, diese Zwecke nur durch einen solchen Geschäftsbetrieb erreicht werden können und der Betrieb nicht zu anderen Betrieben, die nicht gemeinnützig sind, in größerem Umfang in den Wettbewerb tritt, als es zur Erfüllung der gemeinnützigen Zwecke unvermeidbar ist.
202 § 5 Abs. 1 Nr. 9 KStG.
203 § 3 Nr. 6 GewStG.
204 § 3 Abs. 1 Nr. 12 VStG.
205 § 3 Abs. 1 Nr. 3b GrStG.
206 § 13 Abs. 1 Nr. 16 b, 17 ErbStG.

– Spenden können beim Spender bis zum erhöhten Satz von 10% seiner Einkünfte als Sonderausgaben steuerlich geltend gemacht werden.

– Im Umsatzsteuerrecht sind folgende gemeinnützige Kultureinrichtungen des Bundes, der Länder und der Gemeinden und gleichartige Einrichtungen in anderer Trägerschaft[207] grds. von der Umsatzsteuer befreit:[208] Theater, Orchester, Kammermusikensembles, Chöre, Museen, botanische Gärten, zoologische Gärten, Tierparks, Archive, Büchereien sowie Denkmäler der Bau- und Gartenbaukunst. Ansonsten gilt für gemeinnützige Einrichtungen ein reduzierter Umsatzsteuersatz, soweit ihre Umsätze nicht dem wirtschaftlichen Geschäftsbetrieb zuzurechnen sind.[209] Schließlich gibt es steuerliche Erleichterungen für den Im- und Export bestimmter umsatzsteuerpflichtiger Leistungen durch gemeinnützige Einrichtungen.[210]

3. Kulturentwicklungsplanung

91 Auch die strategische Planung kann man als ein Instrument der Kulturförderung verstehen. Was für Kulturmanager in kommerziellen Kulturbetrieben eine Selbstverständlichkeit ist und auch in öffentlich finanzierten Kultureinrichtungen immer häufiger wird, hält allerdings nur langsam Einzug auf der politischen Ebene in Bund, Ländern und Kommunen. Dort beschränkt man sich eher auf die reine fiskalische Planung in jährlichen Haushaltsplänen und Mittelfristigen Finanzplänen. Diese reicht allerdings meist nicht aus, um in Zeiten knapper Ressourcen die erforderliche politische Prioritätensetzung vorzunehmen. Eine Kulturentwicklungsplanung[211] wird sich nicht auf die Analyse aktueller Kulturangebote, ihrer Zielgruppen und Potenziale beschränken, sondern lang- und mittelfristige Ziele sowie die daraus abgeleiteten Handlungsschwerpunkte und konkrete Umsetzungsmaßnahmen festlegen. Eine richtig verstandene Kulturentwicklungsplanung führt meist zu einer Schärfung des Angebotsprofils und einer Konzentration der Ressourcen auf die kulturpolitisch wichtigen Vorhaben.

---

207 Kultureinrichtung in anderer Trägerschaft müssen dazu eine Bescheinigung der zuständigen Landesbehörde vorlegen, dass sie gleiche kulturelle Aufgaben wahrnehmen.

208 § 4 Nr. 20 UStG.

209 Nach der jüngsten Ergänzung des Umsatzsteuerrechts 2007 in § 12 Abs. 2 Nr. 8a S. 3 gilt der reduzierte Steuersatz in zwei Fällen auch nicht für den Zweckbetrieb und zwar wenn der Zweckbetrieb in erster Linie der Erzielung zusätzlicher Einnahmen durch Umsätze dient, die in unmittelbarem Wettbewerb mit dem allgemeinen Steuersatz unterliegenden Leistungen anderer Unternehmen ausgeführt werden oder wenn die Körperschaft mit den Leistungen Ihrer Zweckbetriebe ihre steuerbegünstigten satzungsgemäßen Zwecke selbst verwirklicht. Das BMF hat mit Schreiben v. 9.2.2007 (DStR 2007, 443) zu dieser Ergänzung Stellung genommen und ist auch auf Einzelfälle eingegangen. Stark vereinfacht kann ein Zweckbetrieb den reduzierten Steuersatz auch für solche Leistungen geltend machen, mit denen selbst nicht steuerbegünstigte Zwecke verwirklicht werden und die im Wettbewerb zu Leistung anderer nicht steuerbegünstigter Unternehmen stehen, wenn sein Gesamtumsatz i.S.d. § 19 Abs. 3 UStG unter der Besteuerungsgrenze des § 64 Abs. 3 AO (zz. 30.678 Euro) liegt oder wenn seine Umsätze aus diesen Leistungen weniger als 50 % der Einnahmen des Zweckbetriebes ausmachen.

210 § 4a Abs. 1 UStG.

211 *Heinze* S. 43 ff.; *Klein* S. 239 f.

D. Einzelheiten zur öffentlichen Filmförderung in Deutschland

I. Ziele öffentlicher Filmförderung

Öffentliche.[212] Filmförderung verfolgt nicht nur kulturelle Ziele, sondern ist immer auch Wirt- **92**
schaftsförderung Dieser Doppelcharakter unterscheidet sie ganz wesentlich von anderen Arten
der Kulturförderung und rechtfertigt eine separate Darstellung. Bei den wirtschaftlichen Zielen
geht es um die Stärkung der Produzenten sowie der Filmwirtschaft. Auf der Länderebene
schließt dies auch die Förderung der regionalen Wirtschaftsstruktur mit ein. Kulturelle Ziele
sind der Schutz des deutschen Films als Kulturgut und die Sicherung der kulturellen, nationalen Identität sowie der Angebotsvielfalt. In der Geschichte der deutschen Filmförderung[213]
stand lange Zeit die Wirtschaftsförderung im Vordergrund. Mit der Zeit sind aber die kulturellen Aspekte deutlich wichtiger geworden. In der jüngsten Novellierung (2004) des Filmförderungsgesetzes stehen Wirtschafts- und Kulturförderung gleichberechtigt nebeneinander. In § 1
heißt es: Die Filmförderungsanstalt (FFA) fördert als bundesweite Filmförderungseinrichtung
die Struktur der deutschen Filmwirtschaft und die kreativ-künstlerische Qualität des deutschen
Films als Voraussetzung für seinen Erfolg im Inland und im Ausland. In der Begründung betont der BKM neben den wirtschaftlichen Zielen (strukturelle Stärkung, Steigerung von Han-
delsqualität) ausdrücklich die Ziele: kulturelle Vielfalt, ästhetische Qualität, Behauptung europäischer Filmgeschichten gegenüber US-amerikanischen.

II. Institutionen öffentlicher Filmförderung

Die öffentliche Filmförderung in Deutschland wird durch eine Reihe staatlicher und halbstaat- **93**
licher Einrichtungen auf Bundes- und Landesebene geprägt:

- Beauftragter der Bundesregierung für Kultur und Medien (BKM),
- Filmförderanstalt als bundesunmittelbare rechtsfähige Anstalt des öffentlichen Rechts,
- Filmfördereinrichtungen der Länder: Medien- und Filmgesellschaft Baden-Württemberg,
  FilmFernsehFonds Bayern, Medienboard Berlin-Brandenburg GmbH, Filmbüro Bremen,
  Filmförderung Hamburg Schleswig-Holstein GmbH, Filmförderung des Landes Hessen,
  Landesfilmzentrum Mecklenburg-Vorpommern, Mitteldeutsche Medienförderung der Län-
  der Sachsen, Sachsen-Anhalt und Thüringen, Nord Media Niedersachsen, Filmstiftung Nord-
  rhein-Westfalen, Stiftung Rheinland-Pfalz für Kultur, Saarland Medien GmbH, Kulturelle
  Filmförderung Sachsen durch das Staatsministerium für Wissenschaft und Kunst, Kultur-
  stiftung des Freistaates Sachsen, Kulturelle Filmförderung Sachsen-Anhalt durch das Lan-
  desverwaltungsamt, Kunststiftung des Landes Sachsen-Anhalt,
- Kuratorium junger deutscher Film,
- Öffentlich finanzierte Filmfestivals, z.B. Internationale Filmfestspiele Berlin, Internationale
  Kurzfilmtage Oberhausen, Internationales Leipziger Festival für Dokumentar- und Anima-
  tionsfilm, Max-Ophüls-Preis Filmfestival Saarbrücken.

---

212 Eine private kulturelle Filmförderung kann man de facto vernachlässigen. Film ist immer ein Wirt-
     schaftsgut. Soweit Privatpersonen in der Filmproduktion finanziell engagieren, handelt es sich in
     aller Regel um eine Investition, bei der es kaum um altruistische kulturbezogene Ziele geht als um
     eine Geldanlage. In der Vergangenheit ging es bei privater Filmfinanzierung insofern meist um
     Steuersparmodelle, nicht so sehr um Förderung einer bestimmten Qualität von Film; vgl. *Duvvuri*
     S. 82 ff.
213 *Duvvuri* S. 56 ff.

III. Objekte öffentlicher Filmförderung

94 Die einzelnen Förderinstitutionen in Bund und Ländern haben ihre Förderaktivitäten nach einer fast nicht mehr überschaubaren Zahl an Kriterien strukturiert. Zum einen geht es um die Unterstützung unterschiedlicher Phasen der Filmherstellung oder des Filmvertriebs. Insofern nennen die Förderrichtlinien der verschiedenen Förderinstitutionen folgende Förderarten:

- Stoff-, Projektentwicklungs- und Vorbereitungsförderung
- Drehbuchförderung
- Produktion von Filmen
- Postproduktionsförderung
- Kopienförderung
- Förderung von Filmmusik
- Förderung der Präsentation auf Festivals
- Verleih- und Vertriebsförderung,
- Filmabsatzförderung
- Filmabspiel- und Kinoförderung
- Videoförderung
- Filmberufliche Weiterbildung
- Investitionen filmtechnischer Betriebe
- Forschungs-, Rationalisierungs- und Innovationsmaßnahmen

95 Zum anderen unterscheiden die Institutionen zwischen verschiedenen Filmarten:

- Programmfüllende Filme (Vorführdauer mind. 79 Minuten, bei Kinderfilmen 59 Minuten)
- Kurzfilme
- Kinder- und Jugendfilme
- Dokumentarfilm
- Abschluss- und Erstlingsfilme (Nachwuchsförderung)
- Fernsehproduktionen
- Fernsehgeeignete Kinoprojekte
- Videoproduktionen
- Filmrelevante Produktionen mit interaktiven Inhalten (Digital Content Funding)

IV. Instrumente öffentlicher Filmförderung

1. Filmpreise und -prämien

96 Bund, einzelne Länder und Kommunen sowie die verschiedenen Filmfestivals vergeben jedes Jahr eigene Filmpreise. Zum größten Teil handelt es sich um reine Prämierungen oder Preisgelder für eine bestimmte herausragende Leistung. Die Filmpreise des BKM gehen darüber hinaus und sind meist zweckgebunden. Hier wird nicht nur eine (vergangene) Leistung gewürdigt, das Preisgeld soll in die Produktion eines neuen Filmprojekts mit künstlerischem Rang fließen. Die Preisträger erhalten die mit dem Filmpreis verbundene Geldprämie erst, wenn sie innerhalb einer bestimmten Frist einen fertigen neuen Film bzw. bei Drehbuchpreisen ein neues Drehbuch vorlegen.

2. Zuschüsse

Nicht rückzahlbare Zuschüsse werden in der deutschen Filmförderung vor allem auf Bundes- **97** ebene von der Filmförderanstalt bzw. dem BKM gezahlt. Wichtigstes Förderinstrumentarium des Filmförderungsgesetzes ist die so genannte Referenzförderung. Auf der Grundlage eines besonderen Erfolgs („Referenz") einer Filmproduktion in der Vergangenheit wird ein neues Filmprojekt gefördert. Die Antragsteller müssen dabei eine bestimmte Mindestzahl an Referenzpunkten für einen Film vorlegen. Die Referenzpunkte setzen sich aus dem Zuschauererfolg (Besucherzahl innerhalb eines Jahres nach Erstaufführung) und dem Erfolg bei internationalen Festivals und Preisen (z.B. Europäische oder deutsche Filmpreise, Festivalteilnahme oder -ehrungen) zusammen. Die Höchstfördersumme der Referenzfilmförderung beträgt zurzeit zwei Mio. Euro. Hat ein in Deutschland ansässiger Produzent die Voraussetzungen erfüllt, besteht ein Rechtsanspruch auf diese Zuschussförderung. Die Referenzmittel sind mit einer Verwendungsauflage versehen. Sie müssen innerhalb von zwei Jahren nach Zuerkennung in einen neuen Film investiert werden. Damit stehen dem Produzenten die Mittel nicht direkt zur Verfügung, sondern werden nach Antrag als Zuschuss ausschließlich für die Herstellung eines neuen Films gewährt. Entsprechende Referenzförderung gibt es auch für Filmvertrieb und Filmtheater.

Zum 1.1.2007 hat die Bundesregierung den Deutschen Filmförderfonds aufgelegt und will die **98** Produktion von Kinofilmen in Deutschland ab 2007 zunächst drei Jahre lang mit 60 Mio. Euro jährlich unterstützen. Aus dem Fonds erhält jeder Produzent in Deutschland, der einen Kinofilm herstellt, auf Antrag zwischen 16 und 20 % der in Deutschland ausgegebenen Produktionskosten erstattet. Von der Maßnahme sollen nicht nur große Produktionen profitieren. Auch kleinere und mittlere Projekte mit einem Budget ab 1 Mio. Euro bei Spielfilmen können eine Teilerstattung der Produktionskosten beantragen. Näheres regelt eine entsprechende Richtlinie des BKM.[214] Auch der Filmförderfonds bewegt sich auf dem schmalen Grat zwischen Wirtschafts- und Kulturförderung. Vornehmliches Ziel ist nach Äußerungen des BKM, Deutschland als Produktionsstandort attraktiver zu machen, auch für internationale Großproduktionen. Schon aus Rücksicht auf das Beihilferecht der EU muss aber ein Minimum an kulturellem Inhalt sichergestellt sein.[215] Dementsprechend sieht die Richtlinie einen „Kulturellen Eigenschaftstest" vor.

Nicht rückzahlbare Zuschüsse sieht auch der World Cinema Fund vor, den die Internationalen **99** Filmfestspiele Berlin als Initiativprojekt der Kulturstiftung des Bundes verwalten.[216] Ziel des World Cinema Funds ist die Unterstützung von Filmen aus Regionen, deren Kinematographie durch politische und/oder ökonomische Krisen gefährdet ist. Die zu fördernden Projekte sollen sich mit der kulturellen Identität ihrer Region beschäftigen und zur Entwicklung der lokalen Filmindustrie beitragen. Zentrales Auswahlkriterium ist die Qualität der Projekte. Besondere Berücksichtigung finden zudem Projekte, die Chancen auf einen internationalen Erfolg haben und Entwicklungsimpulse für die Filmkultur ihrer Herkunft versprechen. Adressaten des World Cinema Funds sind Produktionen aus den Ländern Lateinamerikas, Afrikas, Naher und Mittlerer Osten, Zentralasien, Südostasien und dem Kaukasus. Der World Cinema Funds unterscheidet sich von allen anderen Zuschüssen der deutschen Filmförderung durch seinen de-

---

214 Richtlinie „Anreiz zur Stärkung der Filmproduktion in Deutschland" v. 21.12.2006, www.filmfoer derungsanstalt.de/downloads/dfff/richtlinie/DFFF-Richtlinie.pdf.
215 Vgl. oben Rn. 13.
216 Die entspr. Förderrichtlinie findet sich unter: www.berlinale.de/de/das_festival/world_cinema_ fund/richtlinien_formulare/index.html.

zidiert internationalen Charakter. Zwar ist ein deutscher Partner in Produktion oder Vertrieb erforderlich; es muss sich aber nicht um eine Ko-Produktion mit Deutschland handeln. Der Film muss auch nicht ganz oder in Teilen in Deutschland hergestellt worden sein.

3. Darlehen

100 Bund und Länder sehen bei ihrer Filmförderung außerdem verschiedene Modelle der Projektfilmförderung über bedingt rückzahlbare Darlehen vor. Erst nach Erreichen bestimmter Kriterien entsteht eine Rückzahlungsverpflichtung. So besteht diese z.B. nach § 39 FFG, wenn die Erträge aus der Verwertung des Films mindestens 20 % über den von der FFA anerkannten Herstellungskosten eines Spielfilms liegen. In diesem Fall sind 10 % der Verwertungserlöse des Produzenten zur Tilgung des Darlehens vorgeschrieben. Der Satz steigt auf 20 %, wenn die Verwertungserlöse die Kosten um 60 % übersteigen. Anders als die Referenzfilmförderung beruht die Projektförderung auf einer ex-ante Entscheidung, d.h. es wird nicht ein fertiger Film bzw. dessen Erfolg honoriert, sondern ein konkretes noch umzusetzendes Projekt wird aufgrund seiner Qualität oder Wirtschaftlichkeit gefördert. Die Bewertung von Qualität und Förderungswürdigkeit obliegt bei den meisten Förderinstitutionen einem Vergabegremium, z.B. bei der Filmförderungsanstalt der Vergabekommission nach § 8 FFG.

4. Bürgschaften

101 Im Bund und Nordrhein-Westfalen gibt es seit wenigen Jahren auch (wieder) das Förderinstrument der Bürgschaft. Auf diese Weise soll die Vor- und Zwischenfinanzierung von Filmen durch Banken erleichtert werden.[217]

5. Steuererleichterungen

102 Bis Dezember 2005 bestanden in Deutschland deutliche steuerliche Begünstigungen für die Spielfilmproduktion. Im Ergebnis entstanden viele geschlossene Medien- und Filmfonds entstanden, deren Mitglieder aufgrund von Verlustzuweisungen Steuern in größerem Umfang sparen bzw. zurückerhalten konnten. Die angespannte Haushaltslage von Bund und Ländern, aber auch die Beobachtung, dass die Fondsmittel zumeist nicht in heimische, sondern in US-amerikanische Produktionen flossen, führte zu einem Politikwechsel. Der Bundesgesetzgeber schaffte die entsprechenden Vergünstigungen ab. Damit sinkt die Rendite der Filmfonds; angesichts der Risiken rentiert das Engagement der Anleger nicht mehr. Existierende Fonds werden noch abgewickelt, neue kaum aufgelegt.

---

217 Vgl. § 31 FFG.

2. Teil

Informationstechnikrecht

13. Abschnitt

IT-Vertragsrecht

Literatur: *Auer-Reinsdorff* IT-Arbeitsverhältnisse, Regelungsbedarf in Arbeitsverhältnissen mit Programmierern und Urhebern, ITRB 2004, 116; *Bartsch* Softwarepflege nach neuem Schuldrecht, NJW 2002, 1526; *Basinski u.a.* Patentschutz für computer-software-bezogene Erfindungen, GRUR Int. 2007, 44; *Bauer/Witzel* § 651 BGB und die Neugestaltung des „Abnahmeverfahrens", ITRB 2003, 62; *Bayreuther* Zum Verhältnis zwischen Arbeits-, Urheber- und Arbeitnehmererfindungsrecht – Unter besonderer Berücksichtigung der Sondervergütungsansprüche des angestellten Softwareerstellers, GRUR 2003, 570; *Bischof/Witzel* Softwarepflegeverträge, ITRB 2003, 31; *Börner* „Hinterlegung" von Software, NJW 1998, 3321; *Brandi-Dohrn* Zur Reichweite und Durchsetzung des urheberrechtlichen Softwareschutzes, GRUR 1985, 179; *Czychowski/Bröcker* ASP – Ein Auslaufmodell für das Urheberrecht?, MMR 2002, 81; *Dreier* Verletzung urheberrechtlich geschützter Software nach der Umsetzung der EG-Richtlinie, GRUR 1993, 781; *Engel* Mängelansprüche bei Softwareverträgen, BB 1985, 1159; *Fischl* Softwarekauf mit Kündigungsklausel?, ITRB 2004, 286; *Goldmann/Redecke* Gewährleistung bei Softwarelizenzverträgen nach dem Schuldrechtsmodernisierungsgesetz, MMR 2002, 3; *Heussen* Systemverantwortung bei Computerverträgen, NJW 1988, 2441; *Grützmacher* Insolvenzfeste Softwarelizenz- und Softwarehinterlegungsverträge – Land in Sicht?, CR 2006, 289; *ders.* Vertragliche Ansprüche auf Herausgabe von Daten gegenüber dem Outsourcing-Anbieter, ITRB 2004, 260; *ders.* Außervertragliche Ansprüche auf Herausgabe von Daten gegenüber dem Outsourcing-Anbieter, ITRB 2004, 282; *ders.* Application Service Providing – Urhebervertragsrechtliche Aspekte, ITRB 2001, 59; *ders.* Softwarelizenzverträge und CPU-Klauseln, ITRB 2003, 179; *Heussen* Urheber- und lizenzrechtliche Aspekte bei der Gewährleistung für Computersoftware – Zugleich zum Problem der Rechtsnatur von Lizenzverträgen, GRUR 1987, 779; *Hilty* Der Softwarevertrag – ein Blick in die Zukunft – Konsequenzen der trägerlosen Nutzung und des patentrechtlichen Schutzes von Software, MMR 2003, 3; *Hoeren* Die Pflicht zur Überlassung des Quellcodes, CR 2004, 781; *Hörl* Beratungshaftung im IT-Bereich nach neuem Schuldrecht, ITRB 2004, 87; *Intveen/Lohmann* Die Haftung des Providers bei ASP-Verträgen, ITRB 2002, 210; *Intveen* Der EDV-Systemvertrag, ITRB 2001, 131; *Junker* Die Entwicklung des Computerrechts in den Jahren 2001/2002, NJW 2003, 2792; *ders.* Die Entwicklung des Computerrechts in den Jahren 2002/2003, NJW 2004, 3162; *Karger* Vergütung bei Software-Erstellung, ITRB 2006, 255; *ders.* „Kooperation" bei komplexer Softwareentwicklung, ITRB 2004, 208; *Kilian/Heussen* Computerrechtshandbuch, Loseblatt; *Koch* Der angestellte Programmierer – Zur rechtlichen Zuordnung von in Arbeitsverhältnissen geschaffenen, insbesondere urheberrechtlich geschützten Softwareprodukten, GRUR 1985, 1016; *ders.* Application Service Providing als neue IT-Leistung, ITRB 2001, 39; *König* Die Qualifizierung von Computerprogrammen als Sachen i.S.d. § 90 BGB, NJW 1989, 2604; *Lauer* Verträge über Software-Leistungen in der Praxis, BB 1982, 1759; *Lehmann* Das neue Softwarevertragsrecht: Verkauf und Lizenzierung von Computerprogrammen, NJW 1993, 1822; *Lejeune* Shrinkwrap- und Clickwrap-Verträge in der Praxis, ITRB 2001, 263; *Lutz* Lizenzierung von Computerprogrammen, GRUR 1976, 331; *Marly* Softwareüberlassungsverträge, 4. Aufl. 2004; *Mehrings* Computersoftware und Gewährleistungsrecht, NJW 1986, 1904; *Mes* Patentgesetz, Gebrauchsmustergesetz, Kommentar, 2. Aufl. 2005; *Metzger* Zur Zulässigkeit von CPU-Klauseln in Softwarelizenzverträgen, NJW 2003, 1994; *Metzger/Jaeger* Open Source Software und deutsches Urheberrecht, GRUR Int. 1999, 839; *Microsoft Press* Computerlexikon, 7. Aufl. 2003; *Möhring/Nicolini* Urheberrechtsgesetz Kommentar, 2. Aufl. 2000; *Kilian/Heussen* Computerrechtshandbuch, Loseblatt; *Müglich/Lapp* Mitwirkungspflichten des Auftraggebers beim IT-Systemvertrag, CR 2004, 801; *Müller-Hengstenberg* Computersoftware ist keine Sache, NJW 1994, 3128; *ders.* Vertragstypologie der Computersoftwareverträge, CR 2004, 161; *v. Olenhusen* Der Urheber- und Leistungsrechtsschutz von arbeitnehmerähnlichen Personen, GRUR 2002, 11; *Palandt* Bürgerliches Gesetzbuch, 66. Aufl. 2007; *Rebmann/Säcker/Rixecker (Hrsg.)* Münchener Kommentar zum Bürgerlichen Gesetzbuch, Bd. 2a, 4. Aufl. 2003, Bd. 3, 4. Aufl. 2004, Bd. 4, 4. Aufl. 2005; *Redeker* IT-Recht in der Praxis, 3. Aufl. 2003; *Redeker (Hrsg.)* Handbuch der IT-Verträge, Loseblatt; *ders.* Software-erstellung und § 651 BGB, CR 2004, 88; *ders.* Auf ein Neues: Software in der Insolvenz des Soft-warelieferanten, ITRB 2006, 212; *Reukauf* Mögliche Regelungen der Lizenzerteilung im Zusam-menhang mit Kooperationen, GRUR 1986, 415; *Röhrborn/Sinhart* CR 2001, 69; *Rössel* Patentie-rung von Computerprogrammen, ITRB 2002, 90; *Roth* Wege zum Quellcode II, ITRB 2005, 283; *Runte* Vergütung für Softwarepflege bei laufender „Gewährleistung", ITRB 2003, 253; *Schmidl* Softwareerstellung und § 651 BGB – ein Versöhnungsversuch, MMR 2004, 590; *Schneider* Hand-buch des EDV-Rechts, 3. Aufl. 2003; *Schneider/von Westphalen* Softwareerstellungsverträge, 2006; *Schneider/Bischof* Das neue Recht für Softwareerstellung/-anpassung, ITRB 2002, 273; *Schuma-cher* Service Level Agreements: Schwerpunkt bei IT- und Telekommunikationsverträgen, MMR 2006, 12; *Schoengarth* Application Service Providing, 2005; *Sedlmeier/Kolk* ASP – Eine vertragsty-pologische Einordnung, MMR 2002, 75; *Seffer/Beninca* OEM-Klauseln unter dem Gesichtspunkt des europäischen Kartellrechts, ITRB 2004, 210; *Söbbing* Service Level Agreements, ITRB 2004, 257; *ders.* IT-Leistungsbeschreibungen, ITRB 2003, 157; *ders.* Das IT- Outsourcing- und Business Process Outsourcing-Vertragswerk, ITRB 2004, 44; *ders.* Der Letter of Intent (LoI), ITRB 2005, 240; *Steckler* Grundzüge des IT-Rechts, 2. Aufl. 2005; *Ulmer/Brandner/Hensen (Hrsg.)* AGB-Recht, 10. Aufl. 2006; *Ulmer* Softwareüberlassung: Formulierung eines Lizenzvertrages, ITRB 2004, 213; *Wandtke/Bullinger* UrhR Praxiskommentar zum Urheberrecht, 2. Aufl. 2006; *Wester-mann (Hrsg.)* Erman, Bürgerliches Gesetzbuch, 11. Aufl. 2004; *Witzel* Gewährleistung und Haftung in Application Service Providing Verträgen, ITRB 2002, 183; *ders.* AGB-Recht und Open Source Lizenzmodelle, ITRB 2003, 175; *Zahrnt* Die Rechtsprechung zu Aufklärungs- und Beratungspflich-ten vor Computer-Beschaffungen, NJW 1995, 1785; *ders.* Vollpflege von Standardsoftware, CR 2004, 408; *ders.* Die Rechtssprechung zu Aufklärungs- und Beratungspflichten vor Computerbe-schaffungen, NJW 1995, 1785.

A. Einleitung und Übersicht über die abgebildeten Lebenssachverhalte

1   Informationstechnologie (IT) wird vorliegend als Oberbegriff für die Informations- und Daten-verarbeitung verstanden. Nach einer Studie des Bundesverbandes Informationswirtschaft, Telekommunikation und neue Medien e.V. (BITKOM) von März 2007 beträgt das Marktvolu-men im Jahr 2007 in Deutschland im Informationstechnikbereich (Computer, sonstige Hard-ware, Bürotechnik, Datenkommunikationshardware, Software, IT-Services) € 72,5 Milliarden. Mit einem weiteren Wachstum in diesem Bereich ist zu rechnen.

2   Informationstechnologierecht ist Querschnittsmaterie. Von diesem eher lebenssachverhalts-bezogenen Rechtsgebiet erfasst werden diejenigen Lebensbereiche, in denen Informati-onstechnologie genutzt wird. Regelungsbedarf besteht in diesem Bereich sowohl zivilrechtlich – Bsp.: inhaltliche Gestaltung von Verträgen einschl. AGB-Problematik – wie öffentlich-recht-lich (einschl. Strafrecht) – Bsp.: TKG, Datenschutzrecht, §§ 202a, 303a, 303b StGB, Vergabe-recht (s. hierzu auch BVB-IT/EVB-IT, 9. Abschn.).

3   Behandelt wird im Folgenden ausschließlich das **IT-Vertragsrecht** als das Recht der Inhalte von Verträgen, in denen Geschäfte abgebildet werden, deren Hauptgegenstand aus Informati-onstechnologie besteht oder damit eng zusammenhängt. Durch den technischen Fortschritt ha-ben sich in den letzten Jahren mit exponentiell zunehmender Geschwindigkeit neue technische Möglichkeiten, Produkte und Leistungen und damit in Verträge zu gießende Lebenssachver-halten herausgebildet.

4   Die Vertragskonstellationen können zunächst nach dem Vertragsgegenstand unterschieden werden.

– Als große **Produktgruppen** können Hardware einerseits und Software andererseits unterschieden werden.

– Sodann kann differenziert werden zwischen der Beschaffung von Hard- und/oder Software **auf Dauer** (Kauf) und der Überlassung **auf Zeit** (einschl. Softwareerstellung und nachfolgender Überlassung).

– Eine andere Unterscheidung kann die zwischen Verträgen in der **Beschaffungsphase/Projektphase** sein und Verträgen in dem Zeitraum nach der Beschaffung bzw. dem Projektabschluss (**Hardwarewartung, Softwarepflege**).

Ist in dem Vertrag nur ein Aspekt eines Lebenssachverhalts abzubilden, so z.B. der Kauf von Hardware, erscheint der Regelungsbedarf überschaubar, orientiert sich an den typischen Regelungen des Kaufrechts und es müssen lediglich die Besonderheiten beachtet werden, die mit dem speziellen Kaufgegenstand einher gehen, wie dies bei anderen Kaufgegenständen außerhalb des IT-Bereichs auch der Fall ist.   **5**

Besonderes Augenmerk ist demgegenüber auf solche Verträge zu richten, die komplexere Lebenssachverhalte abbilden. Für IT-Projekte, in denen eine Vielzahl von zusammen hängenden Leistungen zusammengefasst wird, z.B.   **6**

– Beratung/Dienstleistung im Vorfeld des Projekts,
– Kauf von Hardware zum Betrieb von noch anzuschaffender Software, zum Drucken usw.
– Softwareerstellung/-überlassung sowie Softwarekauf,
– Anmieten von Datenleitungen,
– Hosting von Anwendungen,
– usw.

werden sog. „IT-Projektverträge" geschlossen. Die aus anderen Rechtsbereichen bekannte Subunternehmerschaft kommt selbstverständlich auch im IT-Bereich vor. Häufig sind auch Vertriebsverträge, Verträge über das Outsourcing von IT-Leistungen oder IT-gestützten Leistungen und Kooperationsvereinbarungen.

In diesem Kapitel sollen ausschließlich Vertragsgestaltungen vorgestellt werden, welche IT-Leistungen ohne Bezug zum elektronischen Geschäftsverkehr bzw. Internet zum Gegenstand haben. Fallkonstellationen, welche im Zusammenhang mit dem Internet und anderen modernen Kommunikationsmitteln stehen, werden im 14. Abschn. behandelt.   **7**

B. Wesentliche Grundbegriffe

Ohne ein gewisses technisches Fachwissen auf dem Gebiet der Informationstechnologie (IT), sowie ohne eine gewisse Vorstellung vom typischen Verlauf und von den typischen technischen Schwierigkeiten eines IT-Projekts ist die praxisnahe Gestaltung von rechtlichen Lösungen schwierig. Eine technische Einführung kann dieses Werk nicht leisten;[1] an dieser Stelle sollen lediglich einige wesentliche Begriffe, die zum Verständnis des Kapitels über das IT-Vertragsrecht erforderlich sind, erklärt werden. Weitere Erklärungen erfolgen ggf. an der jeweils relevanten Stelle.   **8**

Die Partei, welche die den Vertrag kennzeichnende Leistung erbringt, wird in diesem Kapitel zumeist „Anbieter" genannt, die die Leistung empfangende Vertragspartei „Anwender". „Benutzer" ist die einzelne natürliche Person, die Hardware oder Software nutzt.   **9**

---

1 Vgl. hierzu *Nickler* Computerlexikon 2008.

I. Software und Hardware

10   Zentrale Vertragsgegenstände im IT-Vertragsrecht sind **Software**[2] und **Hardware**.

– Unter **Software**[3] ist die Gesamtheit aller Datenverarbeitungsprogramme und deren Dokumentation zu verstehen, die auf einem Computer eingesetzt werden kann. Vereinfacht dargestellt, handelt es sich um programmtechnische Anweisungen, die bei Hardware bestimmte Steuerungsprozesse auslöst.

– Unter **Hardware** versteht man die physikalischen Bestandteile eines Computers bzw. Computersystems, einschließlich aller peripheren Einrichtungen. Zur Hardware zählen insbesondere

   – die CPU (Central Processing Unit), d.h. die Rechen- und Steuereinheit selbst, Grafikkarten, und sonstige Bestandteile des Rechners,
   – Eingabegeräte wie Tastatur, Maus, Barcodeleser, Scanner usw.,
   – Ausgabegeräte wie Monitore, Drucker/Plotter usw.,
   – Datenspeicherungsgeräte wie Festplatten, optische Laufwerke, Flashlaufwerke usw.

11   In Bezug auf Software wird häufig unterschieden zwischen

– Systemsoftware zur internen Steuerung (einschl. hardwarenahe Treiber) und
– Anwendungen, die benutzerorientiert sind (z.B. Textverarbeitung, Datenbankprogramme, Enterprise-Resource-Planning-Software).

12   Elemente beider Arten von Software enthält Netzwerksoftware, die für die Kommunikation zwischen Computern zuständig ist, sowie Entwicklungssoftware, die dem Programmierer das Erstellen von Software ermöglicht.

13   Software verfügt immer über einen **Quellcode** (= Source Code). Beim Quellcode handelt es sich um eine Programmanweisung, die in einer Programmiersprache geschrieben ist. **Programmiersprachen** sind formale, abstrakte Sprachen zur Darstellung von Computerprogrammen (z.B. Java, Basic, Delphi, PHP, Pascal). Der Quellcode ist lesbar, kann aber von einem Computer nicht verstanden werden. Daher kann der Quellcode ohne entsprechende Umwandlung selbst keine Befehle auslösen. Diese Umwandlung in einen Code, der von dem Computer gelesen und ausgeführt werden kann, nennt man **Kompilieren**. Dazu wird der gesamte Quellcode eines Programms in den **Objektcode** (Maschinencode, Binär-Code) „übersetzt". Die Software, die die Kompilierung durchführt, wird als Compiler bezeichnet. Beim Dekompilieren durch einen Decompiler (vgl. hierzu auch § 69e UrhG) wird aus dem Objectcode wieder lesbarer Quellcode generiert.

14   Software wird durch **Programmierung** hergestellt. Die Entwicklung von Software setzt die Kenntnis einer oder mehrerer Programmiersprachen voraus, die gegenüber der Maschinensprache eine bestimmte Abstraktion aufweist. Für den Programmiervorgang bedarf es aber nicht nur der Kenntnis von Programmiersprachen, sondern u.a. auch Fachkenntnisse über Benutzeroberflächen, Hardware und Algorithmen.

15   Dabei gibt es verschiedene Vorgehensweisen, wie ein Programmierer ein Programm erstellen kann. Typisch sind in der Realisierungsphase sog. „BTC-Cylces" (built – test – correct). Häufig wird ein Programm in unabhängige Module aufgeteilt. Diese kleineren Module sind selbständig programmierbar und können getestet werden. Erst dann werden sie in die Software integriert. Bei der Programmierung bedient man sich auch sog. Programmbibliotheken. Dabei

---

2   Zur Urheberrechtsschutzfähigkeit von Software, Datenbanken und Datenbankwerken s. 20. Abschn.
3   Zur Unterscheidung zwischen „Software" und „Computerprogramm" vgl. 20. Abschn. Rn. 13.

handelt es sich um eine Ansammlung einzelner Codeabschnitte, die innerhalb eines Programms aufgerufen werden können und die in einer Datei abgespeichert sind. Die objektorientierte Programmierung, kurz OOP, ist ein auf dem Konzept der Objektorientierung basierende Flexibilität und Wiederverwendbarkeit von Programmen fördert. Die Grundidee der objektorientierten Programmierung ist, Daten und Funktionen, die auf diese Daten angewendet werden können, in einem sog. Objekt zusammenzufassen und nach außen zu kapseln, so dass Methoden fremder Objekte diese Daten nicht versehentlich manipulieren können.

Bei Software wird unterschieden zwischen   **16**

– **Standardsoftware**,
– **modifizierter Standardsoftware** und
– **Individualsoftware**.

Standardsoftware ist Software, die von dem Anbieter für eine Vielzahl von Anwendern hergestellt wurde und i.d.R. als Produkt gleichsam „von der Stange" vertrieben wird (z.B. Textverarbeitung), Individualsoftware wird für einen einzelnen Anwender individuell, in einem Projekt, programmiert (z.B. individuelles Warenwirtschaftssystem mit anwenderspezifischen). Vielfach entwickelt sich aus Individualsoftware über mehrere parallel und/oder hintereinander geschaltete Projekte eine Art Standard, so dass der Softwarehersteller „vom Projekt zum Produkt" gelangt, also versucht, die Erfahrungen aus mehreren Projekten zu bündeln und später eine hierauf beruhende Standardsoftware anzubieten. Standardsoftware muss häufig, um bei einem einzelnen Anwender eingesetzt werden zu können, an dessen Belange angepasst werden; dies geschieht im Wege des sog. Customizing.[4] Das Customizing kann durch Programmänderungen in Form von Individualprogrammierungen oder durch die sog. Parametrierung erfolgen. Bei der Parametrierung werden typischerweise keine Eingriffe in den Quellcode vorgenommen, sondern es werden in der Software vorhandene Einstellmöglichkeiten genutzt; in einigen Fällen, z.B. bei Unternehmensanwendungen wie SAP, fallen daher bisweilen Softwarehersteller und Customizing-Unternehmen auseinander: Von dem einen Unternehmen erwirbt man die Software, von dem anderen lässt man sich die Software an die eigenen Bedürfnisse anpassen.

Zur elektronischen Erfassung und Verwaltung von Daten (z.B. Warenbestände, Kundenlisten,   **18**
Aufträge), bedient man sich **Datenbanken**. Datenbanken bezwecken die geordnete und dauerhafte Speicherung von Daten und die Darstellung der gesuchten Informationen nach den Bedürfnissen des Benutzers. Datenbanken sind mithin Ansammlungen von Daten, die zueinander in Beziehung stehen. Datenbanken verfügen über Operationen, um Daten zu erfassen, zu suchen, zu sortieren oder zu kombinieren. Datenbanken bestehen aus der jeweiligen Verwaltungssoftware (DBMS, Datenbankmanagementsystem) sowie den Daten und können unterschiedlich organisiert sein. Bei einer sog. **relationalen Datenbank** werden die Informationen in Tabellen gespeichert. Die Zeilen enthalten dabei die Informationen und die Spalten, die Eigenschaften eines Datensatzes sind. Die Suche erfolgt durch den Vergleich der Informationen eines Feldes in der einen Tabelle mit einem entsprechenden Feld in der anderen Tabelle, indem die Werte abgeglichen werden. Das Suchergebnis wird in einer dritten Tabelle dargestellt, in der die angeforderten Daten der durchsuchten Tabellen in Beziehung zueinander gesetzt werden. Enthält z.B. die erste Tabelle Daten zu Kunden, Kundenadressen und Kundennummer und eine andere Tabelle die Felder Waren, Bestellungen und Kundennummer, so kann die Daten-

---

4 *Witzel* in Schneider/von Westphalen, Softwareerstellungsverträge, F Rn. 123.

bank die Felder „Kundennummer" vergleichen und so Informationen zu Bestellungen bestimmter Kunden erstellen. Ferner existieren invertierte Datenbanken und lineare Datenbanken.

II. IT-Projekt

19 Nach DIN 69 901 ist ein (IT-) Projekt, z.B. die Entwicklung von Individualsoftware, ein Vorhaben, das im Wesentlichen durch Einmaligkeit der Bedingungen gekennzeichnet ist, wie z.B. Umfang der Aufgabe, Zielvorgabe, Besonderheit der Aufgabe, Komplexität, Schwierigkeitsgrad, Bedeutung der Aufgabe, zeitliche, personelle oder andere Begrenzungen, Abgrenzung gegenüber anderen Vorhaben, projektspezifische Organisation, „Interdisziplinarität", Teamarbeit, Risiko und/oder eindeutig bestimmte Start- und Endtermine.

20 Ein IT-Projekt kann in unterschiedliche **Phasen** unterteilt werden. Eine für die hier verfolgten Zwecke ausreichende, sehr grobe Einteilung differenziert zwischen der Planungs- und der Realisierungsphase, die idealiter hintereinander geschaltet sind. In dieser **Planungsphase** sollen die Konzepte erstellt, Studien und Analysen durchgeführt werden. Die **Realisierungsphase** beinhaltet die Umsetzung des Projektziels anhand des Materials der Planungsphase; mit Abschluss der Realisierungsphase sollten die vereinbarten Leistungen erbracht sein. Nach einer **Testphase** erfolgt schließlich die **Ablieferung bzw. Abnahme.** Dann ist das Projekt beendet, oft wird es eine förmliche Abschlusserklärung geben. Es schließen sich die **Mangelhaftungsphase** und, überschneidend hiermit, die **Wartungs-/Pflegephase** an.

21 Ziel der Planungsphase ist es in erster Linie, das Pflichtenprogramm des Anbieters festzulegen. In einer ersten Planungsphase werden Lastenheft und Pflichtenheft konzipiert und meist auch eine Aufwandsschätzung sowie ein methodisches Konzept erstellt. Das **Lastenheft** definiert dabei, „was und wofür" ein Programm zu entwickeln ist. Eine Definition findet sich in der VDI-Richtlinie VDI 2519 (s.a. DIN 69905/ VDI/VDE 3694), wonach im Lastenheft alle Anforderungen aus Anwendersicht einschließlich aller Randbedingungen zu beschreiben sind. Die Erstellung des Lastenhefts ist daher typischerweise Aufgabe des Anwenders, der die Software haben möchte, denn nur er kann seine Bedürfnisse hinreichend (und abschließend) beschreiben. Das **Pflichtenheft** ist die verbindliche Beschreibung der Leistungen des Anbieters. Nach Richtlinie VDI 2519 ist das Pflichtenheft die Beschreibung der Realisierung aller Anforderungen des Lastenhefts. Im Pflichtenheft werden die Inhalte mit den technischen Festlegungen verbunden.[5] Es wird definiert, wie und womit die Anforderungen zu realisieren sind. Diese technische Definition stimmt aber oft nicht mit dem juristischen Verständnis überein, außerdem wird in Verträgen oft eine uneinheitliche Terminologie verwendet. So wird z.B. das Pflichtenheft oft als „Feinspezifikation" bezeichnet, zudem kursieren Begriffe wie „Konzept", „Grobkonzept/-spezifikation", „Leistungsverzeichnis", „Leistungsbeschreibung" usw. Ungeachtet der terminologischen Schwierigkeiten steht aber außer Frage, dass ein IT-Projekt nur gelingen kann, wenn die gesamten von dem Anbieter zu erbringenden fachlichen Leistungen in einem Dokument, gleich wie dieses benannt wird, mit einem ausreichenden, keine wesentlichen Fragen offen lassenden Detaillierungsgrad beschrieben werden. Ohne eine solche Leistungsbeschreibung ist ein IT-Projekt kaum in dem vorgestellten Kosten-, Zeit- und Qualitätsrahmen zu Ende zu bringen.[6]

---

5 *Wißner/Jäger* in Kilian/Heussen, Computerrechtshandbuch, Nr. 300 S. 17.
6 Rund 25 % aller IT-Projekte gelingen in diesem Sinne, weitere 50 % werden zwar beendet, aber unter Verfehlung der vereinbarten oder zumindest vorgestellten Ziele i.S.v. Kosten, Termine und Qualität, 25 % scheitern vollständig.

Innerhalb der Planungs- und Realisierungsphase werden weitere Projektschritte bzw. –phasen **22** unterschieden. Die einzelnen Projektschritte orientieren sich nach den Umständen des Einzelfalls. Auch können Projektphasen wiederholt werden. Je nach Art und Umfang des Projektes differieren die einzelnen Projektschritte und -abläufe voneinander.

Geführt werden die einzelnen Projektphasen durch Projektmanagementmaßnahmen. Das **Pro-** **23** **jektmanagement** dient der Planung, Überwachung und Steuerung eines bestimmten Projektes. Zum Projektmanagement gehören auch Maßnahmen zur **Qualitätssicherung** und eine **Projekt- und Ergebnisdokumentation** der einzelnen Projektphasen. Wesentliches Element des Projektmanagements ist die **Projektleitung** durch entsprechend qualifiziertes Führungspersonal. Wie das Projektmanagement im Einzelnen durchgeführt wird, hängt vom Umfang und der Größe des Projektes ab. Typischerweise werden in Projekten bestimmte **Aufgaben** vergeben, denen unterschiedliche Kompetenzen und Entscheidungsbefugnisse zukommen. Auf unterster Ebene erfolgt die Durchführung bestimmter Einzelaufgaben durch das **Projektteam**. Die Mitglieder eines Projektteams unterstehen dem jeweiligen **Projektleiter** und haben sich mit diesem abzustimmen. Übergeordnetes Überwachungs- und Steuerungsgremium ist oft ein sog. **(Projekt-) Lenkungsausschuss**, der für das Gesamtprojekt verantwortlich ist und das Eskalations- und Entscheidungsgremium darstellt. Hinzu kommen ggf. spezielle externe Fachgruppen, die zur Erledigung spezieller Aufgaben herangezogen werden.

C. Typisierte Lebenssachverhalte im IT-Vertragsrecht

I. Einleitung

Der Umfang dieser Darstellung lässt es nicht zu, alle denkbaren Lebenssachverhalte, die im IT- **24** Vertragsrecht vorkommen können, intensiv zu betrachten. Es ist daher notwendigerweise der Blick auf einige typisierte Lebenssachverhalte zu lenken.

Im IT-Bereich werden sowohl Leistungen im Massengeschäft erbracht (z.B. Verkauf von Stan- **25** dardsoftwareprogrammen oder Rechnern durch den Elektronikfachhandel) und damit auch typisierte Verträge geschlossen, es kommt jedoch auch zu komplexen Fallgestaltungen, in denen ein Bündel von Einzelleistungen erbracht wird und/oder bei denen es sich um Konstellationen unter Beteiligung mehrerer auf gleichen oder verschiedenen Herstellungs-/Vertriebsstufen.

Eine Reihe von IT-Leistungen kann für sich vertragstypologisch unproblematisch einem be- **26** stimmten typisierten Schuldverhältnis des BGB zugeordnet werden. So liegt nichts näher – weiteres s.u. – als den Erwerb einer Einzelplatzlizenz einer bestimmten Textverarbeitungssoftware in einem Elektrofachmarkt gegen Zahlung eines Einmalbetrages oder den Erwerb eines Monitors gegen Einmalzahlung dem Kaufrecht zu unterwerfen. In vielen Situationen, die über solche einfachen Lebenssachverhalte hinaus gehen, kommt es aber zur Übernahme weiterer Leistungspflichten. So kann sich ein Hardwareanbieter dazu verpflichten, die Hardware nach der Lieferung noch zu installieren und die Mitarbeiter des Vertragspartners in die Benutzung einzuweisen. Ein Softwareanbieter kann die Pflicht übernehmen, die Mitarbeiter des Anwenders (in regelmäßigen Abständen) zu schulen und/oder während der Nutzungszeit der Software eine Hotline zu betreiben. Folge davon ist, dass Verträge vielfach **verschiedenartige Leis-** **tungsinhalte** zusammenfassen. Dies kann hinsichtlich der **vertragstypologischen Einord-** **nung** dieser Verträge zu Schwierigkeiten führen, da die unterschiedlichen Leistungspflichten auch rechtlich unterschiedlich charakterisiert werden und daher eine eindeutige Zuordnung zu einem bestimmten Vertragstypus des BGB nicht möglich ist.

27 Eine klare vertragstypologische Einordnung ist von Vorteil, denn bei Regelungslücken oder unzureichenden Parteivereinbarungen kann auf die ergänzend eingreifende gesetzliche Regelung zurückgegriffen werden. Außerdem orientiert sich die AGB-Kontrolle an dem gesetzlich vorgegebenen Leitbild (vgl. § 307 Abs. 2 Nr. 1 BGB), daher muss sich der Verwender, gleich ob Anbieter oder Anwender, stets fragen, an welchem Leitbild sich eine AGB-Kontrolle ausrichten würde, um nicht die Unwirksamkeit einer Klausel zu riskieren. Die unsichere bzw. nicht eindeutige Zuordnung zu einem Vertragstyp des BGB muss außerhalb der AGB-Problematik aber nicht zwingend nachteilig sein. Im Schuldrecht besteht gerade kein strenger Typenzwang, so dass die Beteiligten innerhalb der gesetzlichen Grenzen frei darin sind, die Inhalte ihrer Verträge zu bestimmen.

28 Bei der Bestimmung der Rechtsnatur der Hauptleistungspflichten muss berücksichtigt werden, dass aufgrund der Bündelung der unterschiedlichen Leistungen zusammengesetzte oder gemischte Verträge entstehen können. Ein **zusammengesetzter Vertrag** liegt vor, wenn nach dem Parteiwillen mehrere Verträge derart zu einem Gesamtgeschäft zusammengefasst werden, dass sie für die rechtliche Beurteilung eine Einheit bilden.[7] Hingegen sind bei einem **gemischten** Vertrag „die Bestandteile verschiedener Vertragstypen derart miteinander verbunden, dass sie nur in ihrer Gesamtheit ein sinnvolles Ganzes ergeben".[8] Gemischte Verträge können wiederum als **typische Verträge mit andersartiger Nebenleistung**, als **Typenkombinationsverträge**, als **gekoppelte Verträge** oder **Typenverschmelzungsverträge** eingeordnet werden. Ein Typenkombinationsvertrag liegt vor, wenn eine Partei mehrere, verschiedenen Verträgen entsprechend gleichwertige Leistungspflichten übernimmt.[9]

29 Die **rechtliche Behandlung** der gemischten Verträge erfolgt nach überwiegender Ansicht wie folgt: Grundsätzlich ist für jede Leistungspflicht die für sie geltenden Vorschriften heranzuziehen. Kommt es aber zu einer Kollision der Vorschriften, ist das Recht des Vertragstypus heranzuziehen, welches den rechtlichen Schwerpunkt bildet[10] oder welches dem Vertragszweck am besten entspricht.[11] Mithin bedarf es zunächst der Bestimmung, welche Leistungspflichten bestehen. Sodann muss anhand des jeweiligen Einzelfalls geprüft werden, ob es sich um einen zusammengesetzten oder gemischten Vertrag handelt und dann, wie dieser rechtlich zu behandeln ist. In der Praxis kann durch entsprechende Formulierung versucht werden, den Vertrag in einem bestimmten Schuldverhältnis zuordnen. Ferner muss beim Fehlen eines eindeutig zuzuordnenden Vertragstypus' umso mehr darauf geachtet werden, dass die gegenseitigen Rechte und Pflichten detailliert und umfassend beschrieben werden. Auch bei Streitigkeiten ist die Rechtsnatur des Vertrages von Bedeutung, um so Anhaltspunkte für die Rechte und Pflichten der Parteien zu gewinnen.

II. Erwerb von Hardware (Kauf, Miete, Leasing)

30 Hardware ist eine Sache i.S.d. § 90 BGB. Die Überlassung von Hardware kann auf einem Kaufvertrag beruhen, für die zeitweise Überlassung kann ein Miet- oder Leasingvertrag geschlossen werden. Die dauernde Funktionsbereitschaft der Hardware wird durch den Abschluss eines (Voll-) Wartungsvertrages gewährleistet.

---

7 Vgl. *BGH* NJW 1980, 829.
8 *Palandt/Grüneberg* Überbl. vor § 311 BGB Rn. 19.
9 *Palandt/Grüneberg* Überbl. vor § 311 BGB Rn. 21.
10 Vgl. *BGH* NJW 2002, 1571.
11 *Palandt/Grüneberg* Überbl. vor § 311 BGB Rn. 26.

Die öffentliche Hand verwendet bei der Beschaffung von Hard- und Softwareleistungen eigene **31** Vertragsbedingungen. Diese wurden als Besondere Vertragsbedingungen (BVB) durch den Interministeriellen Ausschuss zur Koordinierung der elektronischen Datenverarbeitung in der Bundesverwaltung unter Federführung des Bundesinnenministers herausgegeben. Diese werden seit einigen Jahren sukzessive durch die Ergänzenden Vertragsbedingungen für die Beschaffung von IT-Leistungen (EVB-IT) abgelöst, die das Bundesministerium in Zusammenarbeit mit den Wirtschaftsverbänden erstellt hat. Auf diese Regelungen wird im 9. Abschnitt eingegangen.[12]

1. Hardwarekauf

Soll Hardware auf Dauer und endgültig (gegen Einmalzahlung) überlassen werden, handelt es **32** sich um einen **Kaufvertrag** nach § 433 BGB.[13] Diese vertragstypologische Einordnung bereitet in der Regel keine Schwierigkeiten.

1.1 Vertragliche Besonderheiten

Neben dem eigentlichen Vertragsgegenstand, der Lieferung von Hardware, können durch den **33** Anbieter aber **Zusatzleistungen** wie beispielsweise Installationsarbeiten, Einweisungen oder sonstige Serviceleistungen übernommen werden. Dann ist zu klären, ob und wie diese sich auf die Einordnung als Kaufvertrag auswirken. In der Regel wird es sich um bloße Nebenleistungen handeln, die dem Vertrag kein anderes Gepräge geben. Bei solchen Konstellationen muss für den Einzelfall geprüft werden, ob diese Zusatzleistungen dem Vertrag einen anderen Schwerpunkt geben und so ein gemischter Vertrag (etwa Kauf- und Werkvertrag) vorliegt,[14] was z.B. der Fall sein kann, wenn es dem Anwender entscheidend darauf ankommt, dass er von dem Anbieter nicht nur die Hardware erwirbt, sondern dass dieser die Hardware auch – mit mehr als nur minimalem Aufwand – unmittelbar in einen betriebsfertigen Zustand versetzt. Erforderlich ist aber, dass die Zusatzleistungen prägend sind. Insbesondere bei komplexen Projekten können neben dem Hardwarekauf auch weitere Verträge mit weiteren Vertragstypen, z.B. ein Werkvertrag über Softwareerstellung, oder ein Dienstvertrag über die Erbringung von Beratungsleistungen geschlossen werden. Dies sind regelmäßig gesonderte Vertragsgegenstände, die sich grundsätzlich auch bei dem Vorliegen eines gemischten Vertrages an der Einordnung des Hardwareerwerbs als Kauf nicht auswirken.[15]

Sind **mehrere Vertragsgegenstände** von Gewicht vorhanden, z.B. Hardware und Software, **34** stellt sich weiter die Frage, ob diese so miteinander verknüpft werden, dass sie rechtlich eine Einheit bilden und miteinander gehen und fallen sollen. Dies wirkt sich bei einer Leistungsstörung und insbesondere bei der Rückabwicklung des Vertrages aus, da bei einer einheitlichen Kaufsache auch eine einheitliche Rückabwicklung stattfindet. Auch wenn Software und Hardware nicht zwingend gemeinsam erworben werden müssen, kaufen Anwender meist ein aufeinander abgestimmtes Paket.

---

12 Vgl. dazu u.a. *Müller-Hengstenberg* BVB/EVB-IT-Computersoftware, 6. Aufl. 2003; *Feil/Leitzen* EVB-IT, 1. Aufl. 2003.

13 *Bauer/Schneider* in Redeker, Handbuch der IT-Verträge, Kap. 1.1 Rn. 5; *Schneider* Handbuch des EDV-Rechts, F Rn. 7; *OLG Düsseldorf* NJW-RR 2000, 1223.

14 Vgl. *Schneider* Handbuch des EDV-Rechts, F. Rn. 6.

15 *Schneider* Handbuch des EDV-Rechts, F Rn. 12; a.A. *OLG Koblenz* CR 1988, 463; *OLG Celle* CR 1995, 152.

35 Grundsätzlich gilt, dass von einem **einheitlichen Vertrag** nur dann auszugehen ist, wenn dafür eine gesetzliche Regelung oder eine vertragliche Vereinbarung besteht bzw. sich das Vorliegen einer rechtlichen Einheit aus den Umständen des Einzelfalls ergibt.[16] Dabei ist in erster Linie auf die Verkehrsanschauung abzustellen. Die Zusammenfassung in einer Vertragsurkunde begründet dafür lediglich eine Vermutung, die aber nach der Ansicht des BGH dann widerlegt sein kann, wenn es um den Kauf von Standardsoftware und um einen handelsüblichen Computer geht.[17] Ist in einem solchen Fall der Softwareüberlassungsvertrag rückgängig zu machen oder deswegen gekündigt, wird der Hardwarevertrag nach Auffassung des BGH davon ohne das Vorliegen besonderer Umstände nicht berührt.[18] Eine solche rechtliche Einheit kann beispielsweise durch die technische Zusammengehörigkeit/Unteilbarkeit, das Anbieten als System bzw. Leistungspaket oder durch eine ausdrückliche rechtliche Verknüpfung hergestellt werden.[19] Ist Inhalt des Kaufvertrages die Lieferung von Hardware mit einer Betriebssystemsoftware gegen Zahlung einer einmaligen Vergütung ist grundsätzlich von dem Vorliegen eines einheitlichen Kaufvertrages auszugehen.[20] Auch bei der Lieferung von mehreren, zueinander gehörenden unterschiedlichen Hardwareteilen ist von einem einheitlichen Kaufvertrag über eine einheitliche Sache auszugehen (z.B. Kauf von Rechner und Eingabe- und Ausgabegeräten zum gemeinsamen Einsatz).

1.2 Vorvertragliches Stadium

36 Im vorvertraglichen Bereich ist auf die **Beratungs- und Aufklärungspflicht** des Anbieters hinzuweisen, deren Verletzung einen Anspruch wegen culpa in contrahendo gem. §§ 280, 311 Abs. 2, 241 Abs. 2 BGB herbeiführen kann.

37 Ohne das Vorliegen zu einem besonderen Vertrauensverhältnis führender besonderer Umstände ist das Bestehen genereller vorvertraglicher Aufklärungs- und Beratungspflicht zu verneinen,[21] allerdings werden vielfach im IT-Bereich keine besonders hohen Anforderungen an das Entstehen dieser Pflichten gestellt, weil es sich durchweg um technische Sachverhalte und Einzelparameter handelt, von denen viele Anwender beim Erwerbsvorgang keine konkrete Vorstellung haben. Der Anbieter von Hard- und Software, der über ein größeres Know-how als der Anwender als Laie und über eine umfangreichere Erfahrung im IT-Bereich verfügt, hat diesen danach – im erforderlichen Umfang – zu beraten.[22] Maßgebend für den Umfang der Aufklärungs- und Beratungspflicht sind also einerseits die Vorkenntnisse des Kunden, aber andererseits auch seine konkreten Vorgaben. So kann es für den Kunden von Interesse sein, welche Speicherkapazität oder Rechengeschwindigkeit die Hardware aufweist, ob die Hardware mit einer bestimmten Software kompatibel oder für den intendierten Zweck einsetzbar ist. Andere Entscheidungen beschränken wiederum die Beratungspflichten: So soll die Beratungspflicht entfallen, wenn der Kunde sich hat anderweitig aufklären lassen oder bereits mit festen Vorstellungen auftritt.[23] Insgesamt kommt es also in besonderem Maße an, ob es sich bei dem

---

16 Vgl. *BGH* NJW 1988, 406.
17 *BGH* NJW 1987, 2004; a.A. *Redeker* IT-Recht in der Praxis, Rn. 682.
18 *BGH* NJW 1987, 2004.
19 Ausf. *Heussen* NJW 1988, 2441.
20 *Bauer/Schneider* Redeker, Handbuch der IT-Verträge, Kap. 1.1 Rn. 5; *Redeker* IT-Recht in der Praxis, Rn. 508.
21 *Schneider* Handbuch des EDV-Rechts, D Rn. 534; *Zahrnt* NJW 1995, 1785.
22 *OLG Hamm* NJW-RR 2000, 1224; *OLG Köln* NJW 1994, 1355; *OLG Stuttgart* NJW-RR 1989, 598; *OLG Hamburg* NJW-RR 1988, 438.
23 Vgl. *Zahrnt* NJW 1995, 1785 m.w.N.

Kunden um einen Laien oder einen Fachkunden handelt, welches Produkt verkauft wird und ob der Kunde überhaupt einen Beratungsbedarf erkennen lässt.

1.3 Pflichten des Verkäufers/Anbieters

Hauptleistungspflicht des Verkäufers/Anbieters sind Übergabe und Übereignung (§ 433 Abs. 1 BGB) der Hardware.

38

Eine detaillierte Bezeichnung des Kaufgegenstandes dient zum einen der eindeutigen Festlegung der geschuldeten Leistung und ist zum anderen notwendig, um das Vorliegen eines Mangels oder einer anderweitigen vertraglichen Pflichtverletzung beurteilen zu können. So kommt es zur Beurteilung der Mängelfreiheit der Sache primär auf die vereinbarte Beschaffenheit an, § 434 Abs. 1 BGB. Die Konkretisierung des Vertragsgegenstandes erfolgt oft in einem Kaufschein, in Bestellungen oder Auftragsbestätigungen.

39

Bei der Festlegung der Beschaffenheit der Kaufsache ist aus Anbietersicht darauf zu achten, dass nicht ungewollt der Anschein erweckt wird, der Verkäufer übernehme eine über den Gehalt der Sachmangelhaftung hinaus gehende **Garantie** für die Kaufsache, etwa weil er „zusichert" oder „garantiert", die Hardware weise eine bestimmte Eigenschaft auf oder er stehe für eine bestimmte Beschaffenheit ein. Die Übernahme einer Garantie führt nach § 444 BGB zu einer Haftungsverschärfung. Abzugrenzen von einer solchen Garantie nach § 444 BGB sind bloße Erweiterungen der gesetzlichen Mangelhaftungsansprüche z.B. in zeitlicher Hinsicht, oder die Gewährung eines Rücktrittsrechts in Fällen, in denen lediglich eine Minderung noch vorgesehen ist.

40

Ist der Verkäufer nicht zugleich Hersteller, übernimmt letzterer aber eine Garantie, so kann der Verkäufer diese an den Käufer weitergeben. Viele Hersteller von Hardware übernehmen eine besondere Haftung für die einwandfreie Beschaffenheit ihres Produktes. Dazu legen sie **Garantiescheine oder -karten** bei, in denen die Einzelheiten der Garantieübernahme näher beschrieben werden. Diese freiwillig übernommenen Garantien sind selbstständige Garantieverträge. Sie treten meist neben die gesetzliche Mängelhaftung des Verkäufers, so dass dem Käufer das Wahlrecht zusteht, ob er Ansprüche gegenüber dem Hersteller oder dem Verkäufer geltend macht.[24] Beim **Garantiekartensystem** kommt es zum Abschluss eines selbständigen Garantievertrages zwischen dem Hersteller und dem Endkunden, bei dem der Verkäufer als Erfüllungsgehilfe, Bote oder Bevollmächtigter des Herstellers tätig wird.[25] Der Verkäufer füllt dazu die Garantiekarte aus und übergibt sie dem Kunden.

41

Zur Hauptleistungspflicht beim Hardwarekauf gehört auch die Lieferung der erforderlichen **Dokumentation**, d.h. eines **Benutzerhandbuches** oder einer **Bedienungsanleitung.**[26] Soweit zu der Hardware Software mitgeliefert wird (Betriebssystem/Treiber), muss auch für diese eine Bedienungsanleitung bestehen. Das Handbuch muss fachlich-inhaltlich so verfasst sein, dass es vom Käufer auch verstanden werden kann. Die Lieferung lediglich fremdsprachiger Dokumentationen bedarf eines Hinweises in der Leistungsbeschreibung. Ohne besonderen Hinweis dürfe die für einen nicht gewerblichen Endkunden bestimmte Bedienungsanleitung allenfalls kleine Details in Englisch enthalten.[27] Vielfach werden Handbücher heute als elektronische Bücher auf dem Installationsmedium mitgegeben statt in ausgedruckter Form, das spart den

42

---

24 *Basedow* in MünchKomm BGB, § 309 Nr. 8b Rn. 21.
25 *BGH* NJW 1988, 1726.
26 *BGH* NJW 1993, 461; NJW 1989, 3222.
27 *Schneider* Handbuch des EDV-Rechts, F. Rn. 49.

Herstellern einen erheblichen Teil der Herstellungskosten – die Kosten der Herstellung einer papiernen Dokumentation ist vielfach teurer als die der Herstellung der Datenträgerkopie selbst.

43 Wie bereits angesprochen, kann der Verkäufer **zusätzliche Leistungen** wie etwa die **Installation, Einweisung, Anpassung** oder das **Einrichten** der Hardware übernehmen. Diese können Haupt- oder Nebenleistung sein. Handelt es sich um Hauptleistungspflichten, ist von dem Vorliegen eines gemischten Vertrages auszugehen. Diskutiert wird vielfach, welche Zusatzleistungen auch ohne besondere Vereinbarung zum Lieferumfang gehören. So wurde z.B. in der älteren Rechtssprechung eine Installationspflicht bejaht,[28] was man jedoch heute bei eher einfachen Systemen nicht mehr annehmen kann. Auch eine Einweisung könnte bei komplexen Systemen Leistungspflicht sein. Um Missverständnisse über den Lieferumfang zu vermeiden, sollte in dem Vertrag ausgewiesen werden, welche Leistungen – ggf. gegen eine besondere Vergütung – geschuldet und welche nicht übernommen werden. Es muss klar vereinbart werden, ob eine schlichte Übergabe der Hardware erfolgt oder ob der Verkäufer diese betriebsbereit beim Anwender aufstellen muss.

44 Keine Hardware funktioniert ohne Betriebssystem und betriebssystemnahe Treiber. Diese sind dem Anwender zu überlassen. Bei der Lieferung solcher zusätzlicher Software muss dem Anwender auch ein Nutzungsrecht daran eingeräumt werden. Ohne ausdrückliche Nutzungsrechtseinräumung ist von der Einräumung eines konkludenten Nutzungsrechtes auszugehen in dem Umfang, der sich aus dem Vertragszweck oder der Branchenüblichkeit ergibt (§ 31 Abs. 5 UrhG). Im Hinblick auf die urheberrechtlichen und sonstigen Fragen kann insoweit auf die Erläuterungen zum Softwarekauf (s.u. Rn. 116) verwiesen werden.

1.4 Pflichten des Käufers/Anwenders

45 Hauptpflicht des Anwenders ist die Zahlung der vereinbarten **Vergütung**. Der Käufer hat darüber hinaus bestimmte, nicht im Gegenseitigkeitsverhältnis stehende Nebenpflichten. Eine **Mitwirkungspflicht** des Kunden ist beim Kauf, anders als beim Werkvertrag, nicht gesetzlich vorgesehen, der Käufer ist lediglich verpflichtet die Kaufsache anzunehmen. Die **Annahme** der Sache ist vertragliche Nebenpflicht.

46 Soweit auch eine Mitwirkung des Anwenders zur ordnungsgemäßen Erfüllung des Vertrages notwendig ist, sollten diese zusätzlichen Pflichten vertraglich ausdrücklich festgehalten werden. Soll die Hardware durch den Verkäufer aufgestellt werden, kann der Anwender etwa verpflichtet werden, dafür zu sorgen, dass die Aufstellung und Installation bei ihm erfolgen kann, z.B. durch den Zugang zu seinen Räumlichkeiten, den Anschluss an das Telekommunikations- und/oder Stromnetz, das Schaffen sonstiger technischer Voraussetzungen (z.B. klimatisierte Räume für ein Rechenzentrum) oder die Bereitstellung von Personal. Dies korrespondiert mit der Pflicht des Verkäufers, dem Kunden rechtzeitig mitzuteilen, welche zusätzlichen Anforderungen zu erfüllen sind.[29] Diese Pflichten müssen, um Vertragsbestandteil zu werden, ausdrücklich geregelt werden; im Übrigen empfiehlt sich eine vertragliche Klarstellung zur Vermeidung von Projektstockungen.

47 Handelt es sich auf beiden Seiten um ein Handelsgeschäft, so besteht nach § 377 HGB eine Untersuchungs- und Rügepflicht. Dazu zählt bei Hardware jedenfalls die Überprüfung, ob der geschuldete Vertragsgegenstand geliefert wurde, die Vollständigkeit der Lieferung und ob

---

28 Vgl. *LG Köln* CR 1986, 23.
29 Vgl. *Schneider* Handbuch des EDV-Rechts, F. Rn. 73; *Bauer/Schneider* in Redeker, Handbuch der IT-Verträge, Kap. 1.1. Rn. 54.

sonstige offensichtliche Mängel bestehen. Im Übrigen besteht keine einheitliche Auffassung darüber, ob der Käufer auch einen Probebetrieb oder Testlauf vornehmen muss, um seiner Untersuchungspflicht nachzukommen. Im Grunde bestimmt sich der Umfang der Untersuchung danach, was einem ordnungsgemäßen Geschäftsgang entspricht.[30] Dabei gilt, dass die Untersuchung dem Anwender unter Berücksichtigung der Kosten, der Zeit und den notwendigen technischen Kenntnissen zumutbar sein muss.[31] Handelt es sich bei dem Anwender um einen Laien, so muss ihm eine längere, jedoch weniger intensive Untersuchung zugebilligt werden. Bei der Lieferung von Hardware wird eine Untersuchung jedenfalls durch das Einschalten und das Laufen lassen der Programme erfolgen können. Denkbar ist bei bestimmten Arten von Maschinen auch, eine Untersuchung dann als abgeschlossen anzusehen, wenn die Maschine einen vorgesehenen „Selbsttest" beim Bootvorgang abgeschlossen hat ohne dass Fehlermeldungen erschienen sind.

1.5 Abwicklung des Vertrages

Zur Abwicklung des Vertrages gehört die Übergabe/**Ablieferung** der Hardware und ggf. die Erbringung zusätzlicher Leistungen.   **48**

Unter Ablieferung wurde bei EDV-Anlagen inklusive Software teils verstanden, dass die Kaufsache dem Kunden so übergeben wurde, dass er einen störungsfreien Probelauf durchführen konnte.[32] Dem hat sich der BGH nicht angeschlossen und entschieden, dass mangels anderweitiger Vereinbarung dann „abgeliefert" ist, wenn die Kaufsache vom Verkäufer in Erfüllungsabsicht derart in den Machtbereich des Käufers gebracht wird, dass dieser sie auf das Vorhandensein von Mängeln untersuchen kann.[33] Ablieferung bedeutet also die Übergabe der Kaufsache derart, dass der Käufer die Sache prüfen kann.[34] Die Prüfung erfolgt zeitlich jedoch nicht vor der Ablieferung wie bei einer werkvertraglichen Abnahme, sondern erst nach Übergabe der Hardware.   **49**

Ist das Handbuch noch nicht übergeben und sind noch sonstige Leistungen zu erbringen, etwa eine Einweisung der Mitarbeiter, Installation des EDV-Systems oder die Durchführung von Schulungsmaßnahmen, so liegt mangels vollständiger Erfüllung auch noch keine Ablieferung vor. Durch die bloße Übergabe der Kaufsache ist dann die Leistung durch den Verkäufer nicht vollständig erbracht.

1.6 Mängelrechte

Die Sach- und Rechtsmängelhaftung ist im Kaufrecht ausführlich geregelt (§§ 434 ff. BGB). Danach stehen dem Käufer umfassende Mängelrechte zu, die durch AGB nicht vollständig ausgeschlossen werden können. Nach § 437 BGB kann der Käufer Nacherfüllung verlangen, vom Vertrag zurücktreten oder den Kaufpreis mindern sowie Schadensersatz oder den Ersatz vergeblicher Aufwendungen geltend machen. Ob ein Mangel vorliegt beurteilt sich primär danach, ob die Hardware die vertraglich vereinbarten Beschaffenheit (§ 434 Abs. 1 BGB) aufweist. Soweit eine solche Vereinbarung nicht vorliegt muss sich die Sache für die vertraglich vorausgesetzte oder gewöhnliche Verwendung eignen. In vielen Verträgen findet sich insoweit die Wendung, dass die Kaufsache den konkret getroffenen Vereinbarungen und „im Übrigen dem [aktuellen] [erprobten] [angewendeten] Stand der Technik" entsprechen muss.   **50**

---

30 *BGH* NJW-RR 1986, 52.
31 Vgl. hierzu *Bauer/Schneider* in Redeker, Handbuch der IT-Verträge, Kap. 1.1 Rn. 57, 58.
32 Vgl. *OLG Köln* NJW 1991, 2156; *OLG Düsseldorf* WM 1989, 489.
33 *BGH* NJW 2000, 1415 zum Kauf von Standardsoftware.
34 *BGH* NJW 2000, 1415.

51   Zu beachten ist, dass zu der Beschaffenheit nach § 434 Abs. 1 S. 2 Nr. 2 BGB auch Eigenschaften gehören, die der Käufer nach den **öffentlichen Äußerungen des Verkäufers**, des **Herstellers** (§ 4 Abs. 1, Abs. 2 Produkthaftungsgesetz) oder seines Gehilfen insbesondere in der Werbung oder bei der Kennzeichnung über bestimmte Eigenschaften der Sache erwarten kann. Ausgenommen sind solche Äußerungen, die der Verkäufer nicht kannte und auch nicht kennen musste, oder eine Äußerung, die im Zeitpunkt des Vertragsschlusses in gleichwertiger Weise berichtigt war oder die Kaufentscheidung nicht beeinflussen konnte. Sollte der Verkäufer daher nicht zugleich Hersteller sein, sollte er die Werbeaussagen seines Herstellers prüfen und ggf. berichtigen um eine Inanspruchnahme durch den Käufer zu vermeiden.

52   Ein **Ausschluss der Mangelrechte** durch Allgemeine Geschäftsbedingungen im Verbraucherverkehr ist nur eingeschränkt möglich und richtet sich nach § 309 Nr. 8 b) BGB, § 475 BGB. Handelt es sich um einen Verbrauchsgüterkauf, kann sich nach § 475 Abs. 1 BGB der Unternehmer auf eine vor Mitteilung eines Mangels getroffene Vereinbarung, die zum Nachteil des Verbrauchers von den §§ 433 bis 435, 437, 439 bis 443 BGB sowie von den Vorschriften der §§ 474 ff. BGB abweicht, nicht berufen. Diese Regelung gilt nicht für Schadensersatzansprüche (§ 475 Abs. 3 BGB). Auch im Verkehr mit Unternehmern gilt, dass der Anbieter den Anwender nicht durch AGB sämtliche Mängelrechte entziehen darf. Ein kompletter Ausschluss der Rechte des § 437 BGB ist demnach nicht möglich.[35] So ist auch gegenüber Unternehmern ein Ausschluss des Rücktrittsrechts unzulässig.[36] Die in § 309 Nr. 8b bb), cc) dd) BGB enthaltenen Rechtsgedanken finden über § 307 BGB auch im Verkehr zwischen Unternehmern Anwendung.[37] § 309 Nr. 8b ee) BGB findet hingegen keine Anwendung, der Prüfungsmaßstab ergibt sich vielmehr aus § 307 BGB i.V.m. § 377 HGB; daher muss bei der Formulierung von AGB auch im Unternehmerverkehr darauf geachtet werden, dass die Klausel nach § 307 BGB, ggf. unter Heranziehung der Rechtsgedanken des § 309 Nr. 8b BGB wirksam ist.

53   Die **Verjährung** der Mängelansprüche beginnt nach § 438 Abs. 2 BGB mit der Ablieferung der Hardware, die auch die Übergabe des Handbuches und ggf. die Durchführung von Zusatzleistungen erfassen kann.

2. Hardwaremiete

54   Eine Alternative zum Kauf von Hardware ist die Miete derselben. Dies ist für eine geringe Kapitalbindung wünschende Anwender interessant, außerdem für Anwender, die hinsichtlich der Aktualität der benutzten Hardwareprodukte kurzfristig auf dem aktuellen Stand bleiben möchten und bereit sind, mit regelmäßigem Wechsel einer gehende Umstellungsprobleme in Kauf zu nehmen. Außerdem kommt die Miete zur Überbrückung des Zeitraums bis zur Aufstellung eines eigenen Hardware-Systems in Betracht, wenn die endgültige Konfiguration sich erst in den ersten Monaten der Nutzung herausstellt (hier werden aber oft Systeme gekauft, die einem eher einfachen Sizing unterliegen).

55   Wenn Mietgegenstand eine komplette EDV-Anlage ist, d.h. jedenfalls Hardware und Betriebssystemsoftware, wird dies als „Systemmiete" bezeichnet. Bisweilen werden in den Begriff der Systemmiete auch mit gemietete Anwendungen einbezogen.

---

35 *Palandt/Grüneberg* § 309 BGB Rn. 60.
36 *Goldmann/Redecke* MMR 2002, 3.
37 Vgl. BT-Drucks. 14/6040, 158.

2.1 Vertragliche Besonderheiten

Auch bei der Miete stellt sich das Problem, ob Software und Hardware als einheitlicher Vertragsgegenstand zu beurteilen sind, so dass sich Leistungsstörungen in einem Bereich auch auf den anderen Bereich auswirken. Aus Sicht des Mieters ist eine Verknüpfung vorteilhaft, wenn er ohne die Software für die Hardware keine Verwendung hat und umgekehrt. Der Vermieter kann hingegen das Interesse haben, die Vertragsgegenstände zu trennen. Eine Trennung durch Vereinbarung einer sog. **Trennungsklausel** kann in AGB-rechtlicher Hinsicht problematisch sein,[38] da dies dem wesentlichen Grundgedanken des Mietrechtes, die Sache in einem vertragsgemäßen und somit nutzbaren Zustand zu überlassen, widerspricht. Der Mieter hat bei einer derartigen Trennung der Vertragsgegenstände für einen Teil der Mietsache keine Verwendung, bliebe aber nach wie vor zur Zahlung des Mietzinses verpflichtet. Daher ist für den jeweiligen Einzelfall zu prüfen, ob eine rechtliche Trennung der Hard- und Software mit §§ 307 ff. BGB in Einklang steht.

Es nehmen insbesondere im Bereich des Druckmanagements Verträge zu, in denen unternehmensweit die betriebsfertige Zurverfügungstellung von Druckern, die Wartung derselben sowie die Ausstattung mit Toner und Papier oder anderen Verbrauchsmaterialien gegen einen „Druckseitenpreis" vereinbart wird. Der Anwender soll sich um nichts mehr kümmern müssen, nicht einmal das Ordern von Papiernachschub. Da der Anwender aber letztlich bestimmt, welche Drucker welchen Herstellers er in dieses Modell nimmt, wird man auch hier von einem Mietvertrag mit Dienstvertrag ausgehen müssen.

2.2 Vorvertragliches Stadium

Im vorvertraglichen Bereich bestehen bei der Hardwaremiete keine Besonderheiten. Auch hier können den Vermieter Aufklärungs- und Beratungspflichten treffen, beispielsweise in Bezug auf die für das Laufenlassen bestimmter Software geeignete bzw. ungeeignete Hardware oder hinsichtlich besonderer Sorgfaltsanforderungen im Hinblick auf den Umgang mit dem Mietgegenstand (z.B. Luftfeuchtigkeit oder Temperaturschwankungen in einem Rechenzentrum).

2.3 Pflichten des Vermieters

Gegenstand des Mietvertrages ist die Pflicht des Vermieters zur Überlassung der Hardware (und ggf. Software) gegen Zahlung einer Miete (§ 535 BGB). Eine konkrete, genaue Beschreibung des Leistungsgegenstandes wird oftmals in sog. Mietscheinen, Angebotsscheinen oder Bestellscheinen vorgenommen. Die genaue Festlegung der Mietsache ist z.B. notwendig, um sie von anderer beim Käufer vorhandener Hardware abzugrenzen, den Umfang der ordnungsgemäß zurückzugebenen Sachen nachvollziehen und im Falle einer gerichtlichen Pfändung der Mietsachen beim Mieter (Schuldner) die eigenen Eigentumsrechte geltend machen zu können.

Die **Überlassungspflicht** des Vermieters umfasst i.d.R. die Anlieferung der Mietsache, die Aufstellung, die Herbeiführung der Betriebsbereitschaft und die Überlassung des Handbuchs. Der Vermieter muss die Mietsache zudem instandsetzen und instandhalten, da er nach § 535 Abs. 1 BGB die Mietsache in einem zum vertragsgemäßen Gebrauch geeigneten Zustand zu überlassen und zu erhalten hat. Dies umfasst die Wartung der Hardware und die Beseitigung von Mängeln der Betriebssystemsoftware. Daher muss im Grunde bei der Systemmiete kein gesonderter Wartungs- oder Pflegevertrag abgeschlossen werden, zumindest, soweit dessen Gegenstand die Beseitigung von Mängeln ist. Vielfach werden gleichwohl wartungs- und pfle-

56

57

58

59

60

---

38 *Schmidt* in Ulmer/Brandner/Hensen Anh. § 310 BGB Rn. 772; *Karger* in Redeker, Handbuch der IT-Verträge, Kap. 1.8. Rn. 62.

geähnliche Leistungen gegen gesondertes Entgelt angeboten mit der Maßgabe, dass diese über den Umfang an Leistung hinaus gehen, der sich aus § 535 Abs. 1 BGB ergibt. Zu der **Erhaltungspflicht** des Vermieters gehört es z.B. ohne eine ausdrückliche Vereinbarung nicht, die Hardware zu **aktualisieren** oder **nachzurüsten**. Der Vermieter muss das System lediglich auf dem Stand der Technik halten, den es bei Übergabe aufwies. Möchte der Mieter, dass das System ständig den aktuellen technischen Anforderungen entspricht oder sich seinen inhaltlich wechselnden Anforderungen laufend angepasst wird (z.B. Up-/Downsizing), müssen die Parteien eine entsprechende Anpassungspflicht vereinbaren. Das bedeutet im Übrigen, dass auch das Alter des Systems und mithin dessen technische Überholung bei voller Funktionsfähigkeit keinen Mangel darstellt.

61   Um ungeachtet dessen der gesetzlich geschuldeten Verpflichtung zur Überlassung zum vertragsgemäßen Gebrauch nachkommen zu können, sollte der vertragsgemäße Gebrauch der EDV-Anlage bzw. des Systems genau umschrieben werden, damit zwischen den Parteien Klarheit darüber besteht, welchen Zustand die Mietsache aufweisen muss. Daher sollten der Zweck der Überlassung, der genaue Einsatzbereich, die mit der Mietsache durchzuführenden Prozesse und deren Aufgaben festgelegt werden.

2.4 Pflichten des Mieters

62   Vertragliche Hauptpflicht des Mieters ist die Zahlung der vereinbarten **Miete** (§ 535 Abs. 2 BGB). Die Miete wird oft als periodisch wiederkehrende Pauschale vereinbart, kann aber auch nutzungsabhängig (z.B. nach ausgeführten Rechenoperationen) berechnet werden oder aus einer Kombination beider Möglichkeiten bestehen. Mit der Miete ist die Überlassung des Systems und – soweit nichts anderes vereinbart ist – die Wartung abgegolten. Geregelt werden kann außerdem, inwieweit Zusatzleistungen/Nebenleistungen gesondert vergütet werden (z.B. Schulungen, Änderungen und Aktualisierungen, Einweisungen).

63   Wichtig ist für den Vermieter i.d.R., dass der Mieter die Mietsache nicht an Dritte weitergibt, vor allem im Hinblick auf die Gefahr der Vervielfältigung der Software und der Nutzung der Hardware für Zwecke Dritter (z.B. Weitervermietung, Nutzung für andere im Rechenzentrumsbetrieb). Daher ist zwecks Klarstellung eine Regelung über die **Gebrauchsüberlassung der Hard- bzw. Software an Dritte** zu formulieren. Eine Gebrauchsüberlassung liegt nicht nur dann vor, wenn die Mietsache an einen Dritten weitergegeben wird, sondern auch dann, wenn Dritte oder betriebsfremde Personen auch online auf die Anlage zugreifen können.[39] Der Mieter ist nach § 540 BGB ohne die Erlaubnis des Vermieters nicht berechtigt, den Gebrauch der Mietsache einem Dritten zu überlassen, insbesondere sie weiter zu vermieten. Verweigert der Vermieter die Erlaubnis, so kann der Mieter das Mietverhältnis außerordentlich mit der gesetzlichen Frist kündigen, sofern nicht in der Person des Dritten ein wichtiger Grund vorliegt (§ 540 Abs 1 BGB). Ein Ausschluss dieses Sonderkündigungsrechts ist in AGB nicht möglich.[40] Jedoch wird der Vermieter die Gebrauchsüberlassung an Dritte generell verbieten können. Problematisch ist, dass eine Klausel im Zweifel so ausgelegt werden könnte, dass dadurch dem Mieter das Kündigungsrecht des § 540 BGB genommen wird. Dieser generelle Ausschluss des Rechts zur Untervermietung, der von vornherein vereinbart wird, schließt ja zwangsläufig das Recht des Mieters zur Kündigung wegen der Verweigerung der Erlaubnis durch den Vermieter aus. Der BGH hat einen Ausschluss der Untervermietung bei einem EDV-Leasingvertrag für zulässig erachtet, begründet dies aber mit der typischen Konstellation des

---

39 *Karger* in Redeker, Handbuch der IT-Verträge, Kap. 1.8. Rn. 118.
40 *Palandt/Weidenkaff* § 540 BGB Rn. 2.

Leasings, genauer mit der Finanzierungsfunktion.[41] Im Schrifttum wird aber überwiegend davon ausgegangen, dass die Gebrauchsüberlassung an Dritte insgesamt im unternehmerischen Verkehr auch bei Miete von Hard- und Software ausgeschlossen werden kann.[42] Der Vermieter habe bei Hardware ein erhebliches Interesse an der Erhaltung seines Eigentums hat. Ihn treffe die Vertragspflicht der Instandhaltung, die für ihn Aufwände in zeitlicher und finanzieller Hinsicht begründe. Die unsachgemäße oder unprofessionelle Nutzung durch fachfremde Dritte würde diese Pflicht aber erschweren.

Den Mieter treffen **Obhutspflichten**, d.h. er hat mit der Mietsache sorgfältig umzugehen.[43] So **64** muss er die Anlage nach den Vorgaben der Bedienungsanleitung bedienen, mit qualifiziertem Personal arbeiten und die Hardware auch sonst pfleglich behandeln und vor Schäden schützen. Auch können vertraglich Mitwirkungspflichten festgehalten werden, z.B. die Pflicht zur Weitergabe bestimmter Informationen, die Pflicht zur Duldung von Instandsetzungsarbeiten oder ein Zugangsrecht des Vermieters zu bestimmten Zeiten.

2.5 Einräumung von Nutzungsrechten

Ein weiterer wichtiger Regelungspunkt bei Vermietung von Hardware und Betriebssystemsoft- **65** ware bzw. bei der Systemmiete ist die Einräumung von Nutzungsrechten an der auf der Hardware laufenden (Anwendungs-) Software.

Auch ohne eine ausdrückliche Regelung ist davon auszugehen, dass im Mietvertrag konklu- **66** dent die Einräumung eines Nutzungsrechtes gewährt wurde in der sachlichen Reichweite, die für den vertragsgemäßen Gebrauch der Mietsache erforderlich ist. Daher liegen auch ohne gesonderte ausdrückliche vertragliche Einräumung die entsprechenden Nutzungsbefugnisse vor.[44] Bei Software, die speziell für den Betrieb in einem Netzwerk programmiert wurde, ist der Netzwerkbetrieb die bestimmungsgemäße Nutzung i.S.d. § 69d UrhG. Bei der Miete von Systemen, die an einer Mehrzahl von Arbeitsplätzen benutzt werden sollen, wird aber typischerweise der Umfang der Nutzungsberechtigung insoweit vertraglich ausdrücklich geregelt; Fallgestaltungen, in denen der Vertrag an dieser Stelle lückenhaft ist, sind äußerst selten geworden.

In zeitlicher Hinsicht ist das Nutzungsrecht auf die Mietvertragsdauer begrenzt. In besonderen **67** Konstellationen ist ein ausschließliches Nutzungsrecht nicht ausgeschlossen, ein einfaches wird die Regel sein.

Möchte der Vermieter die Nutzung von Software weiter einschränken, muss er die Mindestbe- **68** fugnisse der §§ 69d, e UrhG beachten, bei AGB zusätzlich die §§ 307 ff. BGB. Zulässig vereinbart werden können Weitergabeverbote, da die Mietsache gem. § 546 BGB nach Vertragsende zurückgegeben werden muss und § 69c Nr. 3 UrhG eine Weitervermietung von der Zustimmung des Rechtsinhabers abhängig macht. Möchte der Vermieter verhindern, dass die Software auf einem anderen ggf. leistungsstärkeren Rechner verwendet wird, liegt es in seinem Interesse, eine **Upgrade**- oder **CPU-Klausel** in den Vertrag aufzunehmen. Deren urheberrechtliche und AGB-rechtliche Zulässigkeit ist jedoch nicht ohne weiteres gegeben.[45] Hinge-

---

41 *BGH* NJW 1990, 3016.
42 *Karger* in Redeker, Handbuch der IT-Verträge, Kap. 1.8. Rn. 121; *Schneider* Handbuch des EDV-Rechts, F. Rn. 273; *Marly* Softwareüberlassungsverträge, Rn. 1095.
43 *Palandt/Weidenkaff* § 535 BGB Rn. 85.
44 *Grützmacher* in Wandtke/Bullinger § 69d UrhG, Rn. 10.
45 Vgl. dazu 20. Abschn. Rn. 65 ff.

gen dürften Klauseln, in denen die Nutzung der Software in einem Netzwerk untersagt und lediglich der **Einsatz** auf einem **Einzelplatz** gestattet ist (oder die Anzahl der Nutzungen in einem Netzwerk beschränkt wird), zulässig sein.[46]

2.6 Mängelrechte

69   Ansprüche wegen Mängeln regeln §§ 536 ff. BGB. Aus §§ 535 Abs. 1, 536 BGB ergibt sich ein Anspruch auf die Beseitigung von Mängeln. Ein Mangel der Mietsache liegt vor, wenn eine für den Mieter nachteilige Abweichung des tatsächlichen Zustandes zu dem vertraglich vorausgesetzten Zustand vorliegt. Maßgebend ist also welcher Zustand der Mietsache sich aus dem Parteiwillen ergibt. Nach § 536 Abs. 1 BGB besteht kraft Gesetzes die Möglichkeit zur Minderung der Miete bei Vorliegen eines Mangels. Für die Minderungsquote kommt es auf die Erheblichkeit des Fehlers an. Die Rechtsprechung hat im IT-Bereich keine allgemeingültigen Quoten für bestimmte Mängel entwickelt, die Quoten erscheinen aber im Grundsatz höher zu sein als im sonstigen Mietrecht.[47] Aus § 536a BGB ergeben sich Schadensersatz- und Aufwendungsansprüche des Mieters. Kommt der Vermieter mit der Mängelbeseitigung in Verzug, kann der Mieter den Mangel beseitigen (lassen) und Ersatz seiner Aufwendungen verlangen; dies ist eine Möglichkeit, die bei komplexen IT-Anlagen eher fern liegt, weil das Risiko anderweitiger Schäden bei unsachgemäßen Eingriffen in das System zu erheblich ist. Nach § 536a Abs. 1 BGB haftet der Vermieter sehr weit reichend – verschuldensunabhängig – für anfängliche Mängel. Für Mängel, die nach Vertragsschluss entstehen, haftet der Vermieter jedoch nur, wenn er den Mangel zu vertreten hat. Den Mieter trifft die Obliegenheit, Mängel unverzüglich zu melden, § 536c BGB; hierzu gibt es im IT-Bereich typischerweise Formulare oder zumindest definierte, von Anwender einzuhaltende Kommunikationskanäle. Vielfach werden auch vermietete Maschinen mit spezieller Software, die Fehler automatisch über Datenverbindungen zum Vermieter meldet, laufend auf potenzielle Probleme überwacht, so dass eine gesonderte Fehlermeldung durch den Anwender gar nicht mehr erforderlich ist.

70   Problematisch ist bisweilen der Umfang der gesetzlichen Mängelbeseitigungspflicht, wenn die mietweise überlassenen Geräte in ein schon bestehendes System eingestellt werden, z.B. weitere Server in eine bereits bestehende Serverfarm. Hier ist die Beurteilung schwierig, aus wessen Sphäre der Mangel herrührt, so dass Streit darüber entsteht, wer den Mangel zu beseitigen hat. Hier kann ggf. auf individualvertraglicher Basis mit Beweislastregelungen gearbeitet werden.

71   Ein zwecks Mängelbeseitigung notwendiger Austausch der Mietsache bedarf der Zustimmung des Mieters.[48] Unter dem Gesichtspunkt von Treu und Glauben kann, wenn keine entgegenstehenden Interessen berührt sind, die Zustimmung aber nicht verweigert werden.[49]

2.7 Vertragsbeendigung

72   Nach § 542 BGB kann ein Mietverhältnis für unbestimmte oder bestimmte Zeit eingegangen werden. Vielfach ist eine Mindestmietzeit – aus Sicht beider Beteiligten – sinnvoll, und es werden automatische Verlängerungen vorgesehen, wenn nicht mit bestimmter Vorlaufzeit gekündigt wird. Nach § 309 Nr. 9b BGB ist bei einem Verbrauchervertrag lediglich eine Verlängerung bis zu einem Jahr möglich. Die Parteien sollten sich ausbedingen, den Vertrag begründet außerordentlich kündigen zu können, so beispielsweise wenn die installierte Software auf der

---

46 *Karger* in Redeker, Handbuch der IT-Verträge, Kap. 1.8. Rn. 144.
47 *Redeker* IT-Recht in der Praxis, Rn. 605.
48 *BGH* NJW 1982, 873.
49 Vgl. *BGH* NJW 1982, 873.

Anlage sich nach einer Weile als nicht lauffähig erweist oder der Vermieter Mängel nicht behebt; dies ungeachtet evtl. gesetzlicher Regelungen zur Kündigung eines Mietverhältnisses aus wichtigem Grund.

Nach § 546 BGB ist der Mieter zur **Rückgabe** der Mietsache verpflichtet. In dem Mietvertrag   **73** sollte festgehalten werden, auf welche Weise die Rückgabe zu erfolgen hat (ggf. Abholung von Maschinen durch den Vermieter) und wem evtl. Kosten der Rückgabe zufallen. Grundsätzlich ist die Mietsache durch Einräumung des unmittelbaren Besitzes zurückzugewähren. Bei Software wird oft vereinbart, dass diese stattdessen – ggf. unter Aufsicht des Vermieters – von der Maschine zu löschen ist (einschl. evtl. Sicherungskopien) und der ursprüngliche Installationsdatenträger zurückzugeben ist. Wird die Mietsache nicht in dem vertraglich vereinbarten Zustand zurückgewährt, muss der Vermieter diese annehmen, um nicht in Annahmeverzug zu geraten. Jedoch kann er den Mieter wegen Schlechterfüllung seiner Rückgabeverpflichtung auf Schadensersatz in Anspruch nehmen. Hat der Mieter während der Mietzeit Änderungen vorgenommen, so müssen diese auch dann rückgängig gemacht werden, wenn der Vermieter diesen zugestimmt hat.[50]

Endet die Mietzeit, sollte der Mieter darauf achten, dass er seine Daten behält und insbeson-   **74** dere, dass er sie, wenn technisch möglich, vor dem Ablauf der Mietzeit in einem Format abspeichert, das es ihm ermöglicht, die Daten auf einer Folgeanlage bzw. mit einer anderen Software weiter zu verarbeiten oder zumindest weiter darstellen zu können (z.B. wegen der handelsrechtlichen Aufbewahrungsvorschriften oder der Vorschriften zu GdPDU).

3 Hardwareleasing

Durchaus häufig ist das Leasing der Hardwarekomponenten, unter anderem aufgrund der da-   **75** mit verbundenen steuerlichen Vorteile. Beim Leasing liegt typischerweise eine Dreieckskonstellation vor: Der Leasinggeber erwirbt die Leasingsache, hier die Hardware (ggf. mit Software), von einem Lieferanten im Rahmen eines Kauf- oder Werkvertrages. Dem Leasingnehmer wird diese Hardware durch den Leasinggeber gegen Zahlung eines laufenden Entgeltes zum Gebrauch überlassen, wobei die Gefahr oder Haftung für Instandhaltung, Sachmängel, Untergang und Beschädigung der Hardware beim Leasingnehmer liegt, der Leasinggeber diesem im Gegenzug jedoch die Ansprüche gegen den Lieferanten überträgt.[51]

In vielen Fällen handelt es sich um Finanzierungsleasing,[52] bei dem der Leasingnehmer für   **76** die Vollamortisation der vom Leasinggeber für die Anschaffung der Leasingsache gemachten Kosten und Aufwendungen einzustehen hat. Der vorteilhafte steuerliche Effekt erfordert eine längere Grundmietzeit, in steuerrechtlicher Hinsicht nach derzeitiger Maßgabe zwischen 40 – 90 % der betriebsgewöhnlichen Nutzungszeit der Hardware.

Bei Verträgen zwischen Unternehmer und Verbraucher müssen die Vorgaben des § 499 Abs. 2   **77** BGB für Finanzierungsleasingverträge beachtet werden.

---

50 *Palandt/Weidenkaff* § 546 BGB Rn. 6
51 *Palandt/Weidenkaff* Einf. vor § 535 BGB Rn. 37.
52 Überblick über die Leasingformen bei *Trickl* in Redeker, Handbuch der IT-Verträge, Kap. 1.13 Rn. 9 ff.

3.1 Vertragstypologische Einordnung

78 Der Leasingvertrag ist nach ständiger Rechtsprechung ein **atypischer Mietvertrag**,[53] auf den grundsätzlich die für die Miete geltenden Vorschriften Anwendung finden und die das gesetzliche Leitbild im Rahmen einer AGB-Kontrolle darstellen.

3.2 Vorvertragliches Stadium

79 Im vorvertraglichen Bereich muss sich der Leasinggeber unter Umständen über § 278 BGB die Verletzung von **Aufklärungs- und Hinweispflichten** durch den Lieferanten/Hersteller gegenüber dem Leasingnehmer zurechnen lassen. Dieses leasingtypische Problem resultiert aus der beim Leasing vorliegenden Dreieckskonstellation. In der Praxis kommt es meist in der Form zum Vertragsschluss, dass der Leasingnehmer sich beim Lieferanten umfassend informiert und dieser sodann die Möglichkeit eröffnet, das Produkt über den Leasinggeber zu leasen. Führt der Lieferant aber mit Wissen und Wollen des Leasinggebers Vorverhandlungen mit dem Leasingnehmer, so haftet der Leasinggeber nach § 278 BGB wenn der Lieferant schuldhaft den Leasingvertrag betreffende Aufklärungs- und Hinweispflichten verletzt.[54] Der **Lieferant** ist bis zum Abschluss des Leasingvertrages oder bis zur Übergabe der Sache **Erfüllungsgehilfe** des Leasinggebers.[55] Außerhalb des „Auftrages" ist keine Haftung des Leasinggebers gegeben.[56] Art und Umfang der vorvertraglichen Beratungspflichten des Lieferanten richten sich nach den allgemeinen Grundsätzen über die vorvertraglichen Beratungs- und Aufklärungspflichten. Zu prüfen ist darüber hinaus, ob der Leasingnehmer aus eigenem Recht wegen der Verletzung von Aufklärungs- und Beratungspflichten (zusätzlich) gegen den Lieferanten vorgehen kann.

3.3 Vertragsinhalt

80 Hauptpflicht des Leasinggebers ist die Überlassung von Hardware und ggf. von Software nebst Dokumentationen sowie die Finanzierung. Auch hier können Hard- und Software wiederum als Einheit verstanden werden, soweit die oben bereits erwähnten Kriterien erfüllt sind. Unproblematisch wird mit dem BGH auch die Frage zu bejahen sein, ob Software überhaupt eine leasingfähige Sache darstellt, denn der BGH gehat von der Sacheigenschaft von Software aus, gleich, ob diese auf einem Datenträger,[57] auf einem Wechselspeichermedium (z.B. auf Diskette, CD, USB-Stick), auf einer Festplatte oder auch nur auf einem flüchtigen (stromabhängigen) Speichermedium (RAM) vorhanden ist.[58] Der Leasingnehmer hat die Hauptpflicht, die Leasingraten zu zahlen.

81 Im Gegensatz zum Mietvertrag trifft den Leasinggeber nicht die Pflicht zur Instandsetzung und Instandhaltung. Bei einem Finanzierungs-Leasingvertrag gehört es typischerweise zur formularmäßigen Ausgestaltung der Mangelhaftung, dass der Leasinggeber sich von der ihn treffenden, aus der entsprechenden Anwendung der mietrechtlichen Vorschriften herzuleitenden Mangelhaftungspflicht frei zeichnet und zum Ausgleich dafür dem Leasingnehmer diejenigen kaufrechtlichen Mangelhaftungsansprüche abtritt, die ihm selbst gegen den Hersteller bzw. Lieferanten der Leasingsache zustehen.[59] Wegen dieser typischen Interessenlage wird jeden-

---

53 *BGH* NJW 1990, 1113.
54 *BGH* NJW 1985, 2258; NJW 1984, 2938.
55 *BGH* NJW 1988, 198.
56 Vgl. *Schneider* Handbuch des EDV-Rechts, F Rn. 311.
57 *BGHZ* 143, 307; 102, 135; *BGH* NJW 1997, 2043.
58 *BGH* CR 2007, 75.
59 *BGHZ* 81, 298.

Gennen

falls im kaufmännischen Handelsverkehr der Leasingnehmer nicht in einer gegen Treu und Glauben verstoßenden Weise unangemessen benachteiligt, wenn ihm anstelle der Mängelansprüche gegen den Leasinggeber die Befugnis eingeräumt wird, notfalls den Kaufvertrag rückgängig zu machen.[60]

Den Leasingnehmer kann daher als **Mitwirkungspflicht** die Wartung und ggf. Pflege der Leasingsache treffen und somit die Pflicht, einen entsprechenden Vertrag abzuschließen. Daneben obliegt ihm – wie auch beim Hardwarekauf oder der Hardwaremiete – beispielsweise die Pflicht zur Überlassung von Räumen und Personal und die Schaffung der Installationsvoraussetzungen. **82**

Der **Vertragsbeginn** erfolgt grundsätzlich mit Gebrauchsüberlassung, d.h. bei Betriebsbereitschaft der Leasingsache, es sei denn es wurde ein anderweitiger Termin bestimmt. Zu diesem Zeitpunkt beginnt auch die Verpflichtung des Leasingnehmers zur Zahlung der Leasingraten. Oft wird als Vertragsbeginn auch die Unterzeichnung einer **Übernahmebestätigung** durch den Leasingnehmer festgelegt. Probleme können entstehen, wenn die Übernahmebestätigung inhaltlich unzutreffend ist, z.B. weil noch einzelne Leasingsachen fehlen oder die Bestätigung bereits vor Übergabe ausgestellt wurde. Die Übernahmebestätigung quittiert jedoch nur den Empfang der überlassenen Hardware, stellt aber kein Schuldanerkenntnis i.S.d. § 781 BGB dar. Daher verzichtet der Leasingnehmer gegenüber dem Leasinggeber durch die Übernahmebestätigung nicht auf seine Einwendungen und Einreden. Die Übernahmebestätigung bewirkt aber eine Beweislastumkehr zu Gunsten des Leasinggebers.[61] Dem Leasingnehmer obliegt nun der Beweis für die Unrichtigkeit der Erklärung sowie der geltend zu machenden Einwendung. Gibt der Leasingnehmer eine falsche Übernahmebestätigung ab, so kann er gegenüber dem Leasinggeber zum Ersatz des Schadens verpflichtet sein, den der Leasinggeber dadurch erleidet, dass er seinen Anspruch auf Rückzahlung des Kaufpreises für das Leasingobjekt beispielsweise wegen Zahlungsunfähigkeit des Lieferanten nicht realisieren kann.[62] In AGB-rechtlicher Hinsicht können §§ 309 Nr. 12 b, 307 BGB zu beachten sein. **83**

Zu **Änderungen** an der Hardware während der Vertragsdauer wird der Leasingnehmer nur im Rahmen der Wartung berechtigt sein. Im Übrigen wird meist ausdrücklich festgehalten, dass der Leasingnehmer keine Änderungen an der Sache vornehmen darf. Ohne Zustimmung durch den Leasinggeber darf die EDV-Anlage auch nicht von dem Aufstellort entfernt werden.[63] **84**

Die **Gebrauchsüberlassung an Dritte** kann dem Leasingnehmer durch den Leasinggeber untersagt werden. Der BGH erachtete eine solche formularmäßige Vereinbarung in einem Finanzierungsleasingvertrag für wirksam, da dies die typische Interessenlage des Finanzierungsleasingvertrags rechtfertige und daher keine unangemessene Benachteiligung darstelle.[64] **85**

3.4 Haftung/Gefahr des zufälligen Untergangs

Die Haftung einer verspäteten Lieferung und einer (teilweisen) Nichtlieferung trägt der Leasingeber. Der Leasingnehmer kann diesem die Ansprüche und Rechte aus dem allgemeinen Leistungsstörungsrecht entgegenhalten. Ist Hard- und Software Gegenstand des Vertrages, stellt die Lieferung nur eines Teils eine teilweise Nichterfüllung dar und löst deren Rechtsfolgen aus. Gleiches gilt, wenn Handbücher nicht mitgeliefert wurden, da auch diese vertraglich geschuldet werden.[65] **86**

---

60 *BGHZ* 81, 298.
61 *Palandt/Weidenkaff* Einf. vor § 535 BGB Rn 49.
62 *BGH* DB 2004, 2528.
63 *Schneider* Handbuch des EDV-Rechts, F. Rn. 346.
64 *BGH* NJW 1990, 3016.
65 *BGH* NJW 1993, 2436; NJW 1993, 111.

87 Die **Gefahr des zufälligen Untergangs**, von Verlust, Diebstahl, Verschlechterung und Verschleiß trägt nach der Vereinbarung zwischen Leasinggeber und Leasingnehmer der Leasingnehmer. Er ist daher auch in diesen Fällen zur Zahlung der vereinbarten Leasingraten verpflichtet, §§ 320, 326, 543 Abs. 2 S. 1 Nr. 1 BGB finden keine Anwendung. Eine solche Vereinbarung dürfte auch AGB-rechtlich zulässig sein. Eine unangemessene Benachteiligung des Leasingnehmers gem. § 307 BGB liegt grundsätzlich dann nicht vor, wenn ihm als Ausgleich für dieses Risiko ein **kurzfristiges Lösungsrecht** vom Vertrag oder gleichwertiges Kündigungsrecht eingeräumt wird.[66] Der Leasinggeber hat aber einen Anspruch auf Ausgleich seines noch nicht amortisierten Gesamtaufwandes, wenn der Leasingnehmer von seinem Lösungsrecht Gebrauch macht.[67] Fraglich ist aber, ob diese zum Kfz-Leasing ergangene Rechtsprechung, die ein kurzfristiges Lösungsrecht fordert, so auch beim Leasing von EDV anzuwenden ist. Die besonderen, ein sofortiges Kündigungsrecht fordernden Verhältnisse beim Kfz-Leasing liegen bei anderen Leasingkonstellationen nicht unbedingt in gleicher Weise vor. Grund dafür ist, dass es insbesondere an dem typischen Interesse des Kfz-Leasingnehmers fehlt, während der kurzen Mietzeit ein weitgehend risikofreies, weil fabrikneues Fahrzeug zu fahren und vor der Gefahr versteckter Schäden und Reparaturausfallzeiten geschützt zu sein.[68] Nach Rechtsprechung und Literatur dürfte daher ein sofortiges Kündigungsrecht im Falle des Verlustes oder einer nicht unerheblichen Beschädigung von EDV nicht unbedingt notwendig sein.[69]

88 Eine Abwälzung der Sach- und Preisgefahr in AGB ist wohl auch nicht deswegen nach § 307 BGB unwirksam, weil die Allgemeinen Geschäftsbedingungen keine ausdrückliche Regelung enthalten, dass etwaige Ansprüche des Leasinggebers aus der von dem Leasingnehmer für die Leasingsache abzuschließenden Versicherung sowie die Ersatzansprüche des Leasinggebers aus der Verletzung des Eigentums an der Leasingsache dem Leasingnehmer zugute kommen.[70]

3.5 Mängelrechte

89 Die Mangelhaftungsansprüche des Leasingnehmers gegen den Leasinggeber werden vollständig ausgeschlossen. Der Ausschluss dieser Rechte wird jedoch durch die Abtretung der Ansprüche und Rechte des Leasinggebers gegen den Lieferanten ersetzt. Voraussetzung der AGB-rechtlichen Wirksamkeit solcher Vereinbarungen ist die **ausdrückliche und vorbehaltlose Abtretung dieser Ansprüche**. Der Leasingnehmer muss Mängelansprüche dann gegenüber dem Lieferanten geltend machen und den Leasingnehmer darüber informieren. Ob §§ 434 ff. BGB oder §§ 633 ff. BGB eingreifen ist davon abhängig, welche Rechtsnatur der zwischen Leasinggeber und Lieferant geschlossene Vertrag hat.

90 Tritt der Leasingnehmer wegen eines Mangels von dem Vertrag zwischen Lieferant und Leasinggeber zurück, so hat dies auch für den Leasingvertrag Konsequenzen. Nach der Rechtsprechung des BGH entfällt dann für den Leasingvertrag die **Geschäftsgrundlage** (§ 313 BGB).[71] Dies kann der Leasingnehmer dem Leasinggeber aber erst entgegenhalten, wenn er gegen den Lieferanten Klage auf Rückabwicklung erhoben hat. Eine Zahlungsklage sollte auf Rückge-

---

66 *BGH* NJW 2004, 1041 m.w.N.
67 *BGH* NJW 2004, 1041.
68 *BGH* NJW 1988, 198; *Marly* Softwareüberlassungsverträge, Rn. 225.
69 Vgl. *Marly* Softwareüberlassungsverträge, Rn. 225.
70 *BGH* NJW 2004, 1041; a.A. *OLG Düsseldorf* ZIP 1983, 1092; *Habersack* in MünchKomm BGB, Bd. 3, Finanzierungsleasing Rn. 71 f.
71 *BGH* NJW 1990, 314.

währ des Kaufpreises an den Leasinggeber lauten,[72] da der Kauf- oder Werkvertrag zwischen Leasinggeber und Lieferant geschlossen wird. Im Übrigen findet eine Rückabwicklung zwischen Leasinggeber und Leasingnehmer nach §§ 812 ff. BGB statt.

3.6 Vertragsbeendigung

Der Vertrag findet sein Ende mit Zeitablauf oder durch eine ordentliche bzw. außerordentliche Kündigung. Typischerweise wird vertraglich eine Mindestlaufzeit vereinbart, um die steuerlichen Vorteile des Leasings nutzen zu können. In der Regel wird bei einer Kündigung ein Ausgleichanspruch vereinbart, der sich nach dem restlichen Wert der EDV-Anlage bemisst. Bei einer außerordentlichen Kündigung nach § 543 BGB steht dem Leasinggeber ein Ersatzanspruch hinsichtlich des durch die Kündigung entstandenen Schadens zu. Dieser Schaden errechnet sich aus dem Betrag, den der Leasingnehmer bei ordnungsgemäßer Abwicklung an den Leasingnehmer zu zahlen hätte abzüglich der ersparten Aufwendungen. **91**

III. Wartung von Hardware

Hardware muss nach der Abnahme/Ablieferung zur Erhaltung ihrer Funktionsfähigkeit auch gewartet werden. Unter **Wartung** ist allgemein die Erhaltung der Betriebsbereitschaft des Wartungsgegenstandes zu verstehen.[73] Im IT-Bereich hat sich der Begriff der Wartung für die Betreuung von Hardware im Anschluss an die Abnahme/Ablieferung herausgebildet. Bei Software wird demgegenüber überwiegend von Pflege gesprochen (s. dort Rn. 265 ff.). **92**

Die Wartung von Hardware wird nach allgemeinem Verständnis unterteilt in präventive **Instandhaltungsmaßnahmen** sowie die Fehlerbeseitigung durch **Instandsetzungsmaßnahmen**.[74] Wird der Begriff „Vollwartung" verwendet, soll damit zum Ausdruck kommen, dass beide Wartungsarten erfasst sind. In der Praxis werden Wartungsverträge überwiegend für eher komplexe Anlagen geschlossen bzw. für Anlagen, die möglichst unterbrechungsfrei laufen müssen, z.B. weil auf ihnen die Kernanwendung eines Unternehmens betrieben wird. **93**

1. Vertragstypologische Einordnung

Für die vertragstypologische Einordnung ist die geschuldete Wartungsleistung maßgebend. In einem Wartungsvertrag können verschiedenartige Leistungen vereinbart sein, die die Rechtsnatur des Vertrages bestimmen. Welches Leistungsspektrum angeboten wird, hängt bei marktmächtigen Anbietern von deren Standard-Wartungsleistungen und der Wartungsorganisation ab. Unternehmen, bei denen sich keine Standards herausgebildet haben, sind insoweit vielfach flexibler. Viele Unternehmen bieten abgestufte Leistungen an: Der Kunde kann zu einer Wartungs-Grundleistung gegen ein höheres Entgelt verschiedene Leistungspakete hinzufügen („bronze", „silber", „gold"). Vielfach oder jedenfalls in Teilen ähneln sich die Leistungen auf den verschiedenen Stufen inhaltlich, lediglich die Geschäftszeiten und die darin liegenden Reaktions- und Wiederherstellungszeiten ändern sich, beginnend z.B. mit „werktäglich montags bis freitags, 9 bis 17 Uhr" und endend meist bei „24 Stunden x 365 Tage". **94**

---

72 *Palandt/Weidenkaff* Einf. vor. § 535 BGB Rn. 58; *Trickl* in Redeker, Handbuch der IT-Verträge, Kap. 1.13 Rn. 145.

73 *Christensen* in Ulmer/Brander/Hensen, Anh. § 310 BGB Rn. 1025.

74 *Scheja* in Redeker, Handbuch der IT-Verträge, Kap. 1.10 Rn. 1; *Schneider* Handbuch des EDV-Rechts, G. 4.

95 Leistungsinhalt werden zunächst die Instandsetzung sein, d.h. die Wiederherstellung der Gebrauchsfähigkeit, und die Instandhaltung, also die Aufrechterhaltung der Funktionstüchtigkeit. Diesen Maßnahmen können z.B. einzelne, ausgewählte, unternehmenskritische Geräte unterliegen oder auch – zur Vermeidung von Abgrenzungsproblemen der Ursachen von Mängeln/ Störungen – komplette EDV-Anlagen. Es gibt periodische wiederkehrende Wartung oder Wartung (lediglich) auf Abruf. Zudem können auch sonstige zusätzliche Leistungen vereinbart werden, z.B. ein Hotline-Service, ein Helpdesk, die Fernwartung, Backup-Services, Installation und Beratung bis hin zum Austausch von (bloßem) Verbrauchsmaterial. Anhand dieser Leistungspflichten hat die Zuordnung der Rechtsnatur des Vertrages zu erfolgen.

96 Je nach Art und Umfang wird es sich um einen Werk- oder Dienstvertrag handeln. Wird ein bestimmter Erfolg, nämlich die Wiederherstellung eines störungsfreien Betriebes, geschuldet, handelt es sich üblicherweise um eine werkvertragliche Leistung. Ist ein Erfolg nicht geschuldet, so wird es sich eher um einen Dienstvertrag handeln, beispielsweise wenn eine Beratung durchgeführt wird. Beim Backup-Service, wo für den Fall von Störungen die Bereitstellung von Ausweichanlagen vorgesehen ist, kann es sich je nach Ausgestaltung auch um einen Mietvertrag handeln.[75] Werden verschiedene Leistungen in einem Vertrag festgehalten, liegt ein typengemischter Vertrag vor, bei dem für jede Leistungsverpflichtung das jeweils einschlägige Recht anzuwenden ist.

97 Wartungsverträge werden vielfach nicht individuell ausgehandelt, sondern von dem jeweiligen Wartungsunternehmen vorformuliert und dem Auftragnehmer gestellt. Daher sind §§ 307 ff. BGB zu beachten, wobei das nach § 307 Abs. 2 Nr. 1 BGB maßgebliche gesetzliche Leitbild an dem jeweiligen Vertragstypus auszurichten ist.

2. Vorvertraglicher Bereich

98 Im vorvertraglichen Bereich bestehen keine Besonderheiten. Häufig werden Wartungsverträge nach oder zusammen mit dem Abschluss eines Kauf- oder Leasingvertrages über Hardware (und ggf. Software) geschlossen. Auch hier bestehen seitens des Auftragnehmers ggf. Aufklärungs- oder Beratungspflichten, die aber von dem jeweiligen Einzelfall abhängig sind.

3. Vertragsgegenstand

99 Da ein Wartungsvertrag je nach den konkreten Bedürfnissen unterschiedliche Leistungen erfordern kann, muss der Vertragsgegenstand von den Parteien für den konkreten Einzelfall festgelegt werden, z.B. auch durch die Verwendung entsprechender (vielfach anbieterseitig vorformulierter Standard-) Leistungsbeschreibungen. Die Parteien bzw. der Anbieter erstellen bzw. erstellt daher meist ein **Leistungsverzeichnis**, in dem Umfang und Inhalt der angebotenen Wartungsarbeiten genau bezeichnet werden. Bei einer unzureichenden Konkretisierung der Wartungsmaßnahmen kann ein Vertragsschluss scheitern, da dieser voraussetzt, dass der wesentliche Inhalt des Vertrages zumindest bestimmbar ist.[76] Der Leistungsumfang kann zusätzlich auch negativ bestimmt werden, indem klargestellt wird, welche Leistungen keinesfalls übernommen werden bzw. deren Übernahme von der gesonderten Zustimmung der Parteien abhängt.

---

75 *Schneider* Handbuch des EDV-Rechts, M 105 f.
76 *Palandt/Heinrichs* Einf. v. § 145 BGB Rn. 3.

Da hinsichtlich der zu erbringenden Leistungen in der Praxis eine erhebliche Vielfalt herrscht **100** und der Einzelfall maßgeblich ist, können folgend nur Regelungspunkte dargestellt werden, die grundsätzliche Bedeutung haben.

Grundinhalt eines Wartungsvertrages ist die ständige Bereitschaft, auftretende Fehler (im **101** Sinne einer Fortsetzung der Sachmangelhaftung) und Störungen (anwenderseitig verursachte Probleme) zu beseitigen und die Betriebsbereitschaft der Hardware möglichst ununterbrochen zu erhalten. Für den Anwender ist dabei wichtig, dass sämtliche auftretenden Probleme beseitigt werden, und zwar ohne Rücksicht auf die Ursache. Vielfach werden von Seiten des Anbieters jedoch bestimmte Probleme nur auf Grund besonderer Vereinbarung und damit auch gegen gesonderte Vergütung beseitigt bzw. deren Beseitigung wird lediglich angestrebt. Der zeitliche Umfang der Wartung kann je nach Anlage und Wartungsintensität stark auseinanderfallen. In der Regel werden aber Wartungsverträge darauf abzielen, eine ständige Fehler- und Störungsbehebung und somit Betriebsbereitschaft der Anlage sicherzustellen.

Die spezifischen Anforderungen an die Qualität und den Umfang von Wartungsleistungen wer- **102** den meist in sog. **Service Level Agreements** (SLA), physisch in Form einer Anlage zum Vertrag, festgelegt. Das Phänomen der SLAs stammt aus dem angloamerikanischen Raum. Es ist nicht notwendig, ein (i.d.R. vom Anbieter erstelltes) SLA abzuschließen, wenn man als Anwender eine vernünftige Leistungsbeschreibung erstellt hat, die genau beschreibt, welche Leistungen notwendig sind.

Ein SLA ist letztlich auch nur eine Vereinbarung zwischen dem Leistungserbringer und dem **103** Kunden über Inhalt, Art und Weise der zu erbringenden Leistungen/Dienste,[77] d.h. bei einem SLA handelt es sich typischerweise um eine Zusammenfassung qualitativer und quantitativer Ziele der Leistungserfüllung.[78] Die Rechtsnatur des SLA, die im Hinblick darauf von Bedeutung ist, ob eine Kontrolle anhand der §§ 307 ff. BGB erfolgt, fand bislang keine abschließende Klärung in der Rechtsprechung. Es kann sich bei dem SLA um eine reine fachlich-inhaltliche Leistungsbeschreibung handeln, die einer AGB-rechtlichen Inhaltskontrolle entzogen ist, oder aber – was nahe liegt, weil die meisten SLAs von Anbietern erstellt werden – um eine Vereinbarung, die das Hauptleistungsversprechen einschränkt, ausgestaltet oder modifiziert, und damit einer AGB-rechtlichen Inhaltskontrolle unterliegt.[79] So ist nach der „Postbank"-Entscheidung des BGH klar, dass eine Zusage einer Verfügbarkeit eines Internet-Dienstes mit einem bestimmten Prozentsatz eine AGB-rechtlich unwirksame Haftungsbeschränkung darstellt, wenn für die bis zu 100 % (also ununterbrochener Verfügbarkeit) fehlenden Prozentpunkte eine Haftung auch für solche Fälle abgelehnt wird, in denen der Betreiber den Ausfall zu vertreten hat.[80] Nichts anderes wird für Fallgestaltungen außerhalb des Internet gelten. SLAs sind aber nun einmal Realität. Sie sollten fachlich-inhaltlich immer eng mit den IT-Fachleuten abgestimmt werden, da diese die möglichen Leistungen genau beschreiben können, aber auch von dem betreuenden Rechtsvertreter daraufhin durchgesehen werden, inwiefern dort rechtlich relevanter Gehalt vereinbart wird. SLAs weisen sinnvollerweise folgenden Aufbau auf:[81]

---

77 *Intveen/Lohmann* ITRB 2002, 210; *Schumacher* MMR 2006, 12.
78 *Söbbing* ITRB 2004, 257.
79 *BGH* NJW 2001, 751.
80 *BGH* NJW 2001, 751; vgl. auch *LG Karlsruhe* CR 2007, 396. Das LG Karlsruhe hat eine formularmäßige Klausel, nach der im Rahmen von Hostingleistungen eine Verfügbarkeit von 99 % im Jahresmittel zu Grunde gelegt wurde, als einen nach §§ 307 ff. BGB unwirksamen verhüllten Haftungsausschluss angesehen.
81 Nach *Söbbing* ITRB 2004, 257.

– Festlegung der **qualitativen und quantitativen Schwellenwerte** (für an anderer Stelle dem Grunde nach vereinbarter Leistungen, z.B. Verfügbarkeit eines Systems), insbesondere:

- – Servicezeiten
- – Ort der Leistungserbringung (Vor-Ort-/Fernwartung)
- – Form des zu erbringenden Services (mündliche Erläuterung vor Ort, Rufbereitschaft, Telefonberatung)
- – Priorität der kritischen Systeme
- – Festlegung der erforderlichen Fachkenntnisse
- – Reaktions- und Beseitigungs- bzw. Wiederherstellungszeiten
- – Verfügbarkeit des Systems
- – Anzahl der zulässigen Ausfälle pro Zeiteinheit (z.B. Monat)
- – Kapazitäten und Performancewerte
- – Security Levels

– **Service Level Management**

- – Ständiges Überwachen (Monitoring) der erbrachten Leistungen durch den Anbieter (mit manipulationssicherem Zugriff auf die Daten auch für den Anwender)
- – Nachverfolgen (Tracking) der durch den Anbieter erbrachten Leistungen in einem Ticketing-System
- – Festlegung der Modalitäten der Überprüfungsmaßnahmen, Definition von Messverfahren und Messzeiträumen
- – Berichtspflicht an den Kunden (Reporting)
- – Sicherung der Einhaltung des SLA
- – Anpassung des SLA bei sich ändernden Umständen

– **Festlegung von Sanktionen**

(z.B. pauschalierter Schadensersatz, Vertragsstrafen, Bonus-/Malus-Regelungen, Einberufung eines Eskalationsgremiums, ggf. Abmahnung/Beendigung des Vertrages)

104 Typischerweise zu regeln ist jedenfalls der **Zeitraum des Wartungsservices**, d.h. in welchem Umfang der Auftragnehmer für die Beseitigung von Störungen zur Verfügung zu stehen hat. Auch hinsichtlich der **Mängel/Störungen** bedarf es einer Konkretisierung. Diese können klassifiziert werden, beispielsweise anhand des Grades der Beeinträchtigung des Systems oder danach, ob die Beseitigung von der vereinbarten Pauschalvergütung erfasst sein soll oder gesondert zu vergüten ist. Möglich ist auch der Ausschluss der Wartungspflicht bei Störungen durch höhere Gewalt oder mutwillige Zerstörung. Wichtig ist die Bestimmung einer **Reaktions- und Beseitigungs- bzw. Wiederherstellungszeit**. Die Reaktionszeit ist die Zeit zwischen der Meldung einer Störung und dem Ergreifen von Maßnahmen durch den Anbieter. Die Beseitigungszeit schreibt vor, wann die Störung endgültig behoben sein muss; die Wiederherstellungszeit ist die Zeit bis zur Wiederaufnahme der Produktion durch das System. Je nach Schwere des Mangels bzw. der Störung werden diese Zeiten aufgegliedert, so dass für schwere Fehler kürzere, für unbedeutende Fehler längere Zeiten vorgesehen werden. Die Leistungen des Anbieters sollten in dem SLA ausdrücklich festgehalten werden, damit der Anwender die entsprechenden Zeiten berücksichtigen kann.

105 Geregelt wird typischerweise auch eine (Gesamt-) **Verfügbarkeit** des in Wartung befindlichen Systems durch Angabe eines bestimmten Prozentsatzes zur Mindestverfügbarkeit je Zeiteinheit (z.B. „99,8 % pro Monat bei 7 x 24 Stunden Betrieb") und/oder der maximal zulässigen Länge von Ausfallzeiten („… höchstens jedoch 15 Min. Ausfall ununterbrochen"). Dabei kann es sich je nach Formulierung auch um die Übernahme einer Garantie handeln.[82] Zusagen einer bestimmten Verfügbarkeit sollten aus Sicht des Anbieters daher einhaltbar sein. Die Einhaltung der vereinbarten Verfügbarkeit kann durch Vertragsstrafen oder pauschalierten Schadensersatz abgesichert werden. Zu beachten ist, dass je nach Fallkonstellation die Einschränkung der Verfügbarkeit in AGB auf Schwierigkeiten stoßen kann.[83]

Auch Regelungen zum **Leistungsort** und zur **Veränderbarkeit** des Leistungsgegenstandes, z.B. durch Auswechseln der Hardware, können getroffen werden.   **106**

Vertragliche Pflicht des Kunden ist die Zahlung einer **Vergütung**. Üblich ist die Zahlung einer   **107**
Wartungspauschale, mit der die gesamten zu übernehmenden Leistungen sind oder jedenfalls der Teil der Leistungen abgedeckt ist, den der Anbieter auf Grund seiner Erfahrungen kalkulieren kann. Für zusätzliche Leistungen wird dann üblicherweise eine gesonderte Vergütung vereinbart. In dem Vertrag sollte exakt vereinbart werden, für welche Leistungen die pauschale Vergütung vorgesehen ist und welche Leistungen zusätzlich z.B. nach Aufwand vergütet werden sollen. Zwar kann grundsätzlich die Ausführung von Leistungen, die in einem Leistungsverzeichnis nicht vorgesehen sind, nur gegen zusätzliche Vergütung verlangt werden, allerdings trägt der Anbieter die Darlegungs- und Beweislast für Forderungen aus einer zusätzlichen Beauftragung. Dazu gehört auch die Darlegung und der Beweis, dass die zusätzlich abgerechneten Leistungen nicht bereits Gegenstand der Pauschalvergütung sind.[84]

Bei der Vergütung ist im Hinblick auf die Kostenfreiheit der Mängelbeseitigung ein weiterer   **108**
Punkt zu beachten: Wurde vor dem Abschluss des Wartungsvertrages ein Beschaffungsvertrag über die Hardware geschlossen, so besteht die **Gefahr**, dass durch den Abschluss des Wartungsvertrages die gesetzlich geschuldete **Mängelbeseitigung vergütungspflichtig** wird (zum Parallelproblem bei Softwarepflege vgl. unten Rn. 285 ff.). Nach dem gesetzlichen Leitbild ist die Mängelbeseitigung aber kostenfrei vorzunehmen, für den Kauf nach § 439 Abs. 2 BGB. Es ist AGB-rechtlich nicht möglich, dem Anwender die Kosten für die gesetzlich geschuldete Nacherfüllung aufzuerlegen, weil die in § 439 S. 2 BGB geregelte Kostenfreiheit nicht über AGB abdingbar ist (§ 307 i.V.m. § 309 Nr. 8 b) cc) BGB). Eine Möglichkeit, dieses Problem zu lösen, ist, die Vergütungspflicht erst mit Ablauf der Mangelhaftungsfrist beginnen zu lassen. Da ein Wartungsvertrag im üblichen Umfang vielfach auch die Beseitigung von Störungen (jedenfalls von nicht mutwillig herbeigeführten Störungen) umfasst, also auch die anwenderseitig verschuldeten Probleme, sowie andere Leistungen, wäre eine Vergütungspflicht erst mit Auslaufen der Mangelhaftungsfrist oft unpassend. Daher wird vielfach – individualvertraglich – vereinbart, dass während der Mangelhaftungsfrist die Wartungsgebühr erheblich herabgesetzt ist (zur Lösung bei Vorliegen von AGB vgl. unten Rn. 285 ff. für Softwarepflegeverträge). Das Argument der Anbieter, die Vereinbarung von Reaktions- und Beseitigungszeiten zeige zudem, dass mehr geleistet werde als die gesetzliche Mangelhaftung, ist dabei kaum von Nutzen, denn auch ohne solche Zeiten hat der Anwender Anspruch auf Mangelbehebung in angemessener Zeit – und das kann bei erheblich störenden Mängeln eine sehr kurze Zeitspanne sein. Teilweise wird vorgeschlagen für die Mangelbeseitigung keine Vergütung zu erhalten. Eine solche Regelung muss aber – vor allem im Hinblick auf das Transparenzgebot – klarstellen, welche Leistungen aufgrund der Mängelbeseitigung kostenfrei erfolgen. Zudem neigen Anbieter dann bisweilen zu einer für den Anwender nicht mehr nachvollziehbaren Vermischung von

---

82 *Scheja* in Redeker, Handbuch der IT-Verträge, Kap. 1.10 Rn. 90.
83 Vgl. im Einzelnen Rn. 191 ff.
84 *BGH* NJW-RR 2002, 740.

Mangelhaftungsarbeiten und Wartungsleistungen, z.B. auch mit der Folge, bei Arbeiten vor Ort beim Anwender eine „Anfahrtspauschale" auch dann abzurechnen, wenn neben der Wartung auch Mangelbeseitigung durchgeführt wurde.

109 Den Anwender treffen hinsichtlich der Wartung **Mitwirkungspflichten.** Ist der Wartungsvertrag nach den Gesamtumständen ein Werkvertrag, ergibt sich dies bereits aus § 642 BGB. Je nach Wartungsleistungen entfalten die Mitwirkungspflichten eine unterschiedliche Ausprägung. So sind z.B. die Zugangsrechte, der Ablauf beim Auftreten von Störungen sowie Pflichten zur Datensicherung und zur Nennung eines Ansprechpartners festzulegen. Auch hier gilt es, möglichst sorgfältig die Pflichten des Anwenders zu definieren, um von vornherein Streitigkeiten auszuschließen.

110 Eine **Abnahme** der Leistungen des Anbieters passt bei einem Dauerschuldverhältnis nicht bzw. ist in vielen Fällen kaum durchführbar, denn es ist im laufenden Betrieb hinderlich, jede Wartungsleistung zunächst zu erproben und als ordnungsgemäß erbracht abzunehmen. Andererseits ist bei komplexen Systemen außerhalb extrem eilbedürftiger sog. Firepatches oder eilends ausgewechselter Bausteine eine Erprobung der neuen Teile sehr anzuraten. Das Werk besteht in aller Regel aus der dauernden Aufrechterhaltung eines möglichst störungsfreien Zustandes, so dass eine ebenfalls dauernde Abnahme, d.h. eine ununterbrochene Kundgabe der Anerkennung des Zustandes erfolgen müsste.[85] Aufgrund der Beschaffenheit des Werkes wird daher eine Abnahme als entbehrlich angesehen. Denkbar sind bei bestimmten, in längeren Abständen wiederkehrenden Arbeiten jedoch selbstverständlich auch Abnahmen. Zu überlegen ist auch, Stichproben zu nehmen und aus bestimmten Fehlschlägen bei Stichproben statistisch auf bestimmte Fehlerquoten hochzurechnen, was dann Anlass für eine Minderung des Wartungsentgelts oder andere Sanktionen sein kann.

4. Mängelrechte

111 Wartungsverträge, die als Werkverträge einzuordnen sind, folgen den Mängelhaftungsregeln der §§ 633 ff. BGB. Eine mangelhafte Ausführung der Wartung kann demnach Gewährleistungsansprüche auslösen. Die Beseitigung von Mängeln wird aber wiederum in der Regel im Rahmen der Wartung vorgenommen, so dass die Nachbesserungsansprüche meist erfüllt werden. Die Mangelhaftungsrechte spielen aber dann eine Rolle, wenn der Anwender neben der Nacherfülung bspw. Schadensersatzansprüche oder Minderung – gern auch vereinbarte Vertragsstrafen – geltend machen möchte.

5. Datenschutz/Geheimhaltung

112 Bei der Durchführung des Wartungsvertrages wird es dazu kommen, dass der Anbieter personenbezogene Daten beispielsweise der Beschäftigten oder der Kunden oder sonstiger Vertragspartner des Anwenders verarbeitet, und sei es nur bei Tests neuer Softwarebestandteile. Daher müssen Wartungsverträge die Verpflichtung enthalten, das **Datengeheimnis** zu wahren und auch die Mitarbeiter des Anbieters entsprechend zu verpflichten. Je nach Fallgestaltung ist auch eine (vorsorgliche) Vereinbarung zur Auftragsdatenvereinbarung abzuschließen.

113 Kommt der Anbieter mit Know-how und Unternehmensgeheimnissen des Anwenders in Berührung, muss der Anwender dafür sorgen, dass er eine entsprechende **Geheimhaltungsverpflichtung** abgibt. Denkbar ist ebenfalls, dass sich der Anbieter mit einer solchen Verpflichtung des Anwenders gegen Geheimnisverrat in Bezug auf Softwareinhalte, besondere Funkti-

---

85 *OLG München* CR 1989, 283.

onalitäten und sonstiges geistiges Gut absichert. Es besteht Einigkeit, dass eine Absicherung nur wirksam über eine Vertragsstrafe erfolgen kann, ebenso, dass die Vereinbarung von Vertragsstrafen unbeliebt ist, weil sie als atmosphärisch störend empfunden wird.

6. Vertragsbeendigung

Der Wartungsvertrag als Dienst- oder Werkvertrag weist den Charakter eines Dauerschuldver- **114** hältnisses auf. Es bietet sich an, eine bestimmte Mindestlaufzeit vorzusehen, während deren Dauer eine ordentliche Kündigung ausgeschlossen ist. Bei der Vereinbarung von bestimmten Laufzeiten müssen die §§ 309 Nr. 6, 307 BGB beachtet werden. Ist vertraglich keine besondere Vereinbarung getroffen, finden die für den jeweiligen Vertragstyp geltenden Kündigungsregeln Anwendung (§§ 620, 621, 626, 627, 643, 649 BGB).

IV. Erwerb und Nutzung von Software

Bei der Überlassung von Software sind – wie auch bei der Zurverfügungstellung von Hardware **115** – unterschiedliche Sachverhalte und damit Leistungsbilder und Vertragstypen denkbar. Zunächst kann nach der **Art der Software** differenziert werden (s.o. Rn. 16) – Erwerb von Standardsoftware oder Erstellung von Individualsoftware – und nach der Dauer der Überlassung – endgültig/unbegrenzt oder zeitlich begrenzt. Die rechtliche Zuordnung der verschiedenen Sachverhaltskonstellationen bei Softwareüberlassung ist in vielen Punkten streitig.

1. Softwarekauf

Hierunter fallen Fallgestaltungen, in denen es um die **dauerhafte Überlassung von Standard-** **116** **software** an den Anwender gegen Zahlung eines Entgeltes geht.

1.1 Vertragstypologische Einordnung

Obwohl der Lebenssachverhalt der Überlassung einer Software „von der Stange" gegen Ein- **117** malzahlung übersichtlich erscheint, werfen die damit verbundenen rechtlichen Fragen, insbesondere die vertragstypologischen Einordnung der Softwareüberlassung immer noch Fragen auf. In der Regel wird es um die Überlassung von Standardsoftware auf einem Datenträger und damit um eine Verkörperung der Software in einer zu erwerbenden Sache gehen; denkbar ist aber ebenso der Download der Software aus dem Internet, bei dem eine Verkörperung, wenn überhaupt, auf einem dem Anwender gehörenden Datenträger erfolgt. Ohnehin kommt es dem Anwender nicht auf das Trägermedium, sondern auf Software als geistiges Gut, als Produkt an. Daher ist nach wie vor fraglich, ob es sich bei Software um eine körperliche Sache oder ein immaterielles Gut handelt, was sich auch auf die Zuordnung zu typisierten Schuldverhältnissen des BGB auswirkt.

Nach einer Auffassung ist **Software als immaterielles Rechtsgut** zu qualifizieren. Begründet **118** wird dies damit, dass Computerprogramme zwar auf einem körperlichen Träger festgehalten werden, sich der Wert aber aus den gespeicherten Informationen ergibt, die eine geistige Leistung, ein „informationelles Gut" oder ein jedenfalls immaterielles Gut[86] darstellen. Die Meinungen über die richtige vertragliche Zuordnung reichen von einer Bewertung des Software-

---

86 *Engel* BB 1985, 1159.

vertrages als Lizenzvertrag,[87] einem doppelten Rechtsgeschäft bis hin zu der Annahme, es handele sich um einen Vertrag sui generis.[88]

119   **Standardsoftware** wird jedoch **überwiegend – und insbesondere vom BGH – als bewegliche Sache i.S.d. § 90 BGB** angesehen bzw. so behandelt.[89] Jedenfalls ein auf einem Datenträger verkörpertes Programm ist nach dieser Ansicht ein körperlicher Gegenstand und damit eine Sache nach § 90 BGB, nach einer jüngeren Entscheidung des BGH aber auch Software, die nur in einem flüchtigen Speicher geladen ist.[90] Bei der Überlassung von Standardsoftware auf Dauer gegen ein Einmal-Entgelt wird daher konsequenterweise von dem Vorliegen eines Kaufvertrages ausgegangen oder jedenfalls werden die kaufrechtlichen Vorschriften angewendet;[91] dies wird nun auch für den Softwaredownload gelten müssen. Diese Bewertung ergibt sich auch aus der nach der Schuldrechtsreform geltenden Fassung des § 453 Abs. BGB; hiernach finden die Vorschriften über den Kauf von Sachen auf den Kauf von Rechten und sonstigen Gegenständen entsprechende Anwendung. Damit hat der Gesetzgeber zum Ausdruck gebracht, dass kaufrechtliche Vorschriften auch auf Software anwendbar sein können.[92]

120   In vielen Fällen wird neben der bloßen Überlassung der Software auch deren Installation, kleine Anpassungsarbeiten oder Einweisungen und Schulungen vorgenommen. Dabei wird es sich in der Regel, je nach Fallgestaltung, um werk- oder dienstvertragliche Elemente handeln, die die Rechtsnatur als Kaufvertrag aber unberührt lassen.

121   Abzugrenzen ist der Softwarekauf von der Softwaremiete. Die beiden Vertragstypen unterscheiden sich durch die zeitliche Dauer der Softwareüberlassung und anhand der Zahlungsmodalitäten. Ein Kaufvertrag liegt dann nicht mehr vor, wenn die Überlassung nicht dauerhaft ist oder eine Mehrfachvergütung statt einer Einmalzahlung geschuldet wird. Bereits beim Fehlen eines dieser Merkmale ist vom Vorliegen eines Mietvertrages auszugehen.[93] Maßgebend wirkt sich diese Abgrenzung auf die urheberrechtliche Erschöpfung aus: Beim Verkauf der Software tritt Erschöpfung ein, die weitere Nutzung ist also der Kontrolle des Anbieters entzogen. Bei der Miete tritt hingegen keine Erschöpfung ein, § 69c Nr. 3 S. 2 UrhG. Vorteil eines Kaufvertrages im Gegensatz zur Miete ist außerdem die Verjährungsfrist für Mängel: Kaufrechtliche Mängel verjähren in der Regel nach zwei Jahren, beim Mietvertrag muss die Mietsache während der gesamten Vertragslaufzeit in einem vertragsgemäßen Zustand gehalten werden.

---

87 *Hilty* MMR 2003, 3 m.w.N.; *Lutz* GRUR 1976, 331.

88 *Lauer* BB 1982, 1759; *Block* in Wandtke/Bullinger, vor §§ 31 ff. UrhG Rn. 134.

89 Vgl. zuletzt *BGH* MMR 2007, 243; s. auch *BGH* NJW 1993, 2436; 1990, 320; 1988, 406; vgl. dazu auch *Marly* Softwareüberlassungsverträge, Rn. 69 m.w.N.

90 *BGH* wie vor.

91 *BGH* GRUR 2003, 416; NJW 2000, 1415; 1990, 320; 1997, 2043; 1990, 3011; *BGHZ* 102, 135; *OLG Frankfurt* NJW 1998, 84; *OLG Köln* NJW 1991, 2156; *LG Bonn* Urteil v. 31.10.2006 – 11 O 170/05; *Fischl* ITRB 2004, 286; *Schneider* Handbuch des EDV-Rechts, J Rn. 84; *Brandi-Dohrn* in Redeker, Handbuch der IT-Verträge, Kap. 1.2 Rn. 2; *Marly* Softwareüberlassungsverträge, Rn. 68 ff., 96 ff.; *Basedow* in MünchKomm BGB, § 307 Rn. 75; *Junker* NJW 2004, 3162; *Redeker* IT-Recht in der Praxis, Rn. 533; zweifelnd *Kilian/Heussen* Computerrechtshandbuch, Nr. 20 Rn. 50; *OLG Stuttgart* CR 1986, 639.

92 BT-Drucks. 14/6040, 242.

93 *Brandi-Dohrn* in Redeker, Handbuch der IT-Verträge, Kap. 1.2 Rn. 6; *Schneider* Handbuch des EDV-Rechts, J Rn. 84.

1.2 Vorvertragliches Stadium

Im vorvertraglichen Bereich können Ansprüche aus §§ 280 Abs. 1, 311 Abs. 2, 241 Abs. 2   **122**
BGB entstehen, wenn der Verkäufer den Anwender unrichtig beraten oder aufgeklärt hat.
Grundsätzlich besteht gegenüber dem Käufer keine allgemeine Aufklärungspflicht.[94] Es existiert zwar eine Reihe von Gerichtsentscheidungen zu Aufklärungs- und Beratungspflichten im
EDV-Bereich, jedoch enthalten diese keine allgemeingültigen Regelungen über die **Aufklä-
rungs- und Beratungspflichten** bei der Softwareüberlassung auf Dauer. Die Pflicht zu einer
unaufgeforderten Aufklärung entsteht nur dann, wenn besondere Umstände nach der Verkehrsanschauung eine Aufklärung erwarten lassen. Eine Aufklärungspflicht aus eigener Initiative
seitens des Verkäufers wird dann anzunehmen sein, wenn dem Käufer unbekannte, sich fachlich auswirkende Umstände vorliegen, die für seinen Kaufentschluss von wesentlicher Bedeutung sind, weil sie seinen mit dem Kaufvertrag verfolgten Zweck vereiteln könnten und der
Verkäufer dies erkennen konnte.[95] Danach kommt es zur Beurteilung auf den Einzelfall an, wobei ein etwa vorhandenes überlegenes Fachwissen des Verkäufers sowie ein besonderes Vertrauensverhältnis als Bewertungsmaßstab herangezogen werden können.[96] Zu beachten ist hier
aber, dass es sich beim Softwarekauf sehr oft um einen Verkauf im Massengeschäft handelt,
bei dem besondere vorvertragliche Pflichten eher nicht gegeben sind. Aufklärungs- und Beratungspflichten werden eher entstehen, wenn es sich um in Anschaffung und Betrieb hochprei-
siger Software handelt, da dann in der Regel eine besondere technische und fachliche Auswahl
und längere Verhandlungen einem Kauf vorausgehen. Die Beratungspflichten entstehen durch
ausdrücklich oder konkludent geäußerten Wunsch des Kunden nach Beratung, ggf. entsteht sogar ein selbständiger Beratungsvertrag. Erbittet der Kunde eine Beratung, müssen Beratung
und Auskunft fachlich-inhaltlich zutreffend sein; aus Kundensicht ist eine gerichtsfeste Dokumentation dieses vorvertraglichen Stadiums anzuraten.

1.3 Pflichten des Verkäufers

Softwarekaufverträge werden oft als vorformulierte Verträge abgeschlossen, so dass sie einer   **123**
AGB-Kontrolle nach den §§ 307 ff. BGB standhalten müssen. Dies betrifft insbesondere Re-
gelungen zur Mangelhaftung. Bei einem Vertrag mit einem Verbraucher sind außerdem die
Vorgaben der §§ 474 BGB zum Verbrauchsgüterkauf zu beachten.

Vertragsgegenstand ist die **Überlassung von Standardsoftware auf Dauer gegen Zahlung**   **124**
eines Einmalentgelts. Hauptleistungspflicht des Verkäufers ist die Lieferung der Software
derart, dass der Käufer diese entsprechend dem Vertragszweck verwenden kann. Die Übergabe
der Software kann auf einem Datenträger erfolgen oder dem Käufer kann die Möglichkeit eingeräumt werden, die Software aus dem Internet herunterzuladen. Grundsätzlich nicht geschuldet werden Updates oder Upgrades, d.h. nach der Abwicklung des Kaufs erscheinende aktualisierte Versionen der Standardsoftware. Diese können jedoch Gegenstand der Überlassung im
Rahmen eines Pflegevertrages sein; vielfach stellen Softwarehersteller nach dem Kauf auch
Zusatzprogramme, „Service Packs" oder andere Softwarebestandteile zum (kostenlosen)
Download auf ihren Websites bereit.[97] Auch beim Kauf von Standardsoftware sollten die Par-

---

94 *Palandt/Heinrichs* § 123 BGB Rn. 5.
95 *BGH* NJW 1985, 1769.
96 *Marly* Softwareüberlassungsverträge, Rn. 597.
97 Womit die interessante Frage besteht, welche Rechtsverhältnisse insoweit parallel verlaufen: Ein
    Kaufvertrag über die Software mit einem Händler und eine Art Schenkungsvertrag zwischen dem
    Softwarehersteller unmittelbar und dem Anwender, beides mit unterschiedlichen Mangelhaftungs-
    maßstäben.

teien den Leistungsumfang vertraglich festlegen, um spätere Streitigkeiten über die zu liefernde Software zu vermeiden.

125 Zu der vertraglichen Hauptleistungspflicht gehört auch ohne ausdrückliche vertragliche Vereinbarung die Überlassung einer **Dokumentation**, die dem Käufer die Einarbeitung in das Programm ermöglicht.[98] Die Benutzung eines Computerprogramms ist vielfach ohne Handbuch kaum möglich, da eine bestimmungsgemäße Nutzung ohne entsprechende Unterlagen mit angemessenen Aufwand in aller Regel untunlich ist. Fehlt das Bedienerhandbuch, oder ist dieses unzureichend, stellt dies einen Fall der teilweisen Nichterfüllung dar.[99] Der Inhalt des Benutzerhandbuches ist unter Berücksichtigung des Adressaten zu bestimmen. Daraus ergeben sich auch die Anforderungen an die Verständlichkeit und den Umfangs der Benutzung von Fachbegriffen. Das Handbuch ist in Deutschland grundsätzlich in deutscher Sprache zu übergeben, jedenfalls wenn es sich um einen fachfremden Käufer handelt.[100] Insbesondere im unternehmerischen Bereich werden tendenziell auch englischsprachige Dokumentationen zugelassen. Grund dafür ist, dass die im EDV-Bereich verwendete Fachsprache Englisch ist und insofern Vorkenntnisse bei dem Nutzer erwartet werden können.[101] Ob die Übergabe in elektronischer, jedoch zum Druck geeigneter Form ausreichend ist, ist streitig.[102] Unklar ist auch, ob das Vorhandensein einer Online-Hilfe (Aufruf von Hilfeprogrammen innerhalb des Programms) das Benutzerhandbuch ersetzt. Eine vollständige Ersetzung des Handbuches durch eine Online-Hilfe ist früher teilweise als nicht zulässig angesehen worden.[103]

126 Die Herausgabe des **Quellcodes** muss nach herrschender Meinung bei Standardanwendungssoftware zwar nicht erfolgen,[104] jedoch empfiehlt es sich zur Vermeidung von Streitigkeiten, die Quellcodeherausgabe oder –hinterlegung bei umfangreichen Softwarepaketen in dem Vertrag zu regeln. Dies vor allem, weil die instanzgerichtliche Rechtsprechung teilweise eine Herausgabe des Quellcodes bejaht, wenn noch Anpassungen vorzunehmen sind.[105]

127 Teils sieht die instanzgerichtliche Rechtsprechung auch eine **Installation** der Software als Bestandteil der kaufvertraglichen Verpflichtung an.[106] Davon ist aber nur auszugehen, wenn die Parteien sich darüber, wenn auch stillschweigend, geeinigt haben. Dies kommt insbesondere dann in Betracht, wenn ein EDV-System geliefert wird.[107]

1.4 Rechteeinräumung

128 Neben der „körperlichen" Überlassung muss der Verkäufer dem Käufer auch die entsprechenden Nutzungsrechte an der Software einräumen; es liegt in seinem Interesse, diese Nutzungsrechte ausführlich und präzise festzulegen und zu begrenzen. Aufgrund der erheblichen Missbrauchsgefahr und den damit drohenden wirtschaftlichen Einbußen besteht der Wunsch dem Käufer die Verwendung nur inhaltlich und mengenmäßig beschränkt zu gestatten. Durch die Eingrenzung der Nutzungsarten auf urheberrechtlicher Ebene wird dem Verkäufer die Mög-

---

98 *BGH* NJW 1993, 461; 2001, 1718.
99 *BGH* NJW 1993, 461; 2001, 1718. Nach einer älteren Ansicht liegt bei unvollständiger Lieferung hingegen ein Sachmangel vor, vgl. *OLG Celle* CR 1997, 150.
100 *OLG München* CR 1987, 20.
101 Vgl. *LG Koblenz* NJW-RR 1995, 942.
102 Vgl. *Rössel* ITRB 2004, 148.
103 *OLG Hamm* CR 1992, 335.
104 Vgl. *BGH* NJW 1987, 1259; *OLG München* CR 1992, 208; *Schneider* in Schneider/v. Westphalen, Softwareerstellungsverträge, J. 21.
105 Vgl. *OLG Karlsruhe* CR 1999, 11.
106 *OLG Hamm* CR 1998, 202.
107 *Brandi-Dohrn* in Redeker, Handbuch der IT-Verträge, Kap. 1.2 Rn. 85.

lichkeit eröffnet, ggf. mit dinglicher Wirkung seine wirtschaftlichen Interessen zu wahren. **Schranken** der vertraglichen Nutzungsbestimmungen ergeben sich aus dem **Urheberrecht**, dem **AGB-Recht** sowie aus **kartellrechtlichen Vorgaben**.

Vertragliche Beschränkungen der Nutzungsrechte dürfen nicht gegen urheberrechtliche Vorschriften verstoßen. Vertragliche Bestimmungen, die in Widerspruch zu § 69d Abs. 2 und 3 UrhG und § 69e UrhG stehen, sind nach § 69g Abs. 2 UrhG nichtig. Außerdem enthält § 69d Abs. 1 UrhG einen zwingenden Kern von Mindestrechten, der vertraglich nicht wirksam abbedungen werden kann; insbesondere eine AGB-Klausel ist unwirksam, wenn sie dem Käufer das verbietet, was zur bestimmungsgemäßen Nutzung der Software erforderlich ist.[108] Daher sind folgende **Einschränkungen unzulässig**: **129**

– Verbot des Erstellens einer **Sicherungskopie**, wenn dies zur Sicherung künftiger Benutzung notwendig ist (§ 69d Abs. 2 UrhG)
– Verbot, das Funktionieren dieses Programms zu **beobachten**, zu **untersuchen** oder zu **testen**, um die einem Programmelement zugrundeliegenden Ideen und Grundsätze zu ermitteln, wenn dies durch Handlungen zum Laden, Anzeigen, Ablaufen, Übertragen oder Speichern des Programms geschieht, zu denen der Nutzer berechtigt ist (§ 69d Abs. 3 UrhG)
– Verbot der in § 69e UrhG vorgesehenen **Dekompilierung** nach Maßgabe der dort genannten Voraussetzungen
– Verbot des sich aus dem Vertragszweck ergebenden **bestimmungsgemäßen Gebrauchs**
– Verbot der **Fehlerbeseitigung**[109]
– **Laden** und **Ablaufenlassen** des Programms
– **Installation** des Programms im Rahmen der bestimmungsgemäßen Benutzung

Der Urheber bzw. der Rechtsinhaber kann dem Vertragspartner das Recht einräumen, das Werk auf einzelnen oder alle Nutzungsarten einzusetzen, § 31 Abs. 1 UrhG. Das Nutzungsrecht kann einfach oder ausschließlich, zeitlich, örtlich oder inhaltlich beschränkt eingeräumt werden (§ 31 Abs. 1 UrhG). Bei der Einräumung eines einfachen Nutzungsrechtes kann der Nutzer die Software auf die erlaubte Art nutzen, ohne dass die Nutzung durch Dritte ausgeschlossen ist, § 31 Abs. 2 UrhG. Inhaltliche Beschränkungen grenzen die denkbaren Nutzungsmöglichkeiten auf bestimmte Nutzungsarten ein und bezwecken mithin eine Änderung der gesetzlich vorgesehen Verwertungsformen (§§ 69c ff., 15 ff. UrhG). Inhaltliche Beschränkungen des Nutzungsrechts mit dinglicher Wirkung, d.h. gegenüber jedermann wirkenden Beschränkungen, sind nicht ohne weiteres wirksam; vielmehr setzt eine dinglich wirkende Aufspaltung der Verbreitungsrechte voraus, dass es sich um eine übliche, technisch und wirtschaftlich eigenständige und dadurch klar abgrenzbare Nutzungsform handelt.[110] Nur dann lässt sich mit der für die Verkehrsfähigkeit von Nutzungsrechten erforderlichen Sicherheit feststellen, ob sie übertragen wurden oder nicht. Im Softwarebereich stellt z.B. die Einzelplatznutzung und die Mehrplatznutzung eine solche eigenständige Nutzungsart dar.[111] Bei einer Einzelplatzlizenz darf die Software nicht in einem Netzwerk betrieben werden. Bei einer Netzwerklizenz darf die Software innerhalb eines Netzwerkes betrieben werden (i.d.R. bezogen auf eine vereinbarte Anzahl von benannten oder gleichzeitigen unbenannten Benutzern). **130**

---

108 *Grützmacher* in Wandtke/Bullinger, § 69d UrhG, Rn. 42.
109 *BGH* GRUR 2000, 866; *Lehman* NJW 1993, 1822; *Brandi-Dohrn* in Redeker, Handbuch der IT-Verträge, Kap. 1.2 Rn. 40.
110 *BGH* GRUR 2001, 153 – OEM-Version.
111 *Metzger* NJW 2003, 1994.

131 Kann durch die Vereinbarung keine Beschränkung mit urheberrechtlicher bzw. dinglicher Wirkung erreicht werden, so wirkt sie nur schuldrechtlich inter partes. Eine dingliche Wirkung ist zu verneinen, wenn es sich nicht um eine Begrenzung auf eine eigenständige Nutzungsart handelt und auch dann, wenn bezüglich der veräußerten Software bereits Erschöpfung eingetreten ist. Erschöpfung tritt bei Computerprogrammen nach § 69c Nr. 3 UrhG dann ein, wenn ein Computerprogramm mit Zustimmung des Rechtsinhabers im Gebiet der Europäischen Union oder eines anderen Vertragsstaates des Europäischen Wirtschaftsraums im Wege der Veräußerung in Verkehr gebracht wird. Dies gilt nicht für das Vermietrecht. Unter dieser Prämisse ist weiter zu prüfen, ob Beschränkungen jedenfalls schuldrechtliche Wirkungen haben können.

132 In der Praxis gibt es eine Vielzahl von Klauseln, die vorwiegend aus dem angloamerikanischen Rechtsraum übernommen wurden; genannt seien nur einige typische Klauseln:

- **Weitergabeverbote** untersagen dem Käufer die Weitergabe der Software an Dritte. Solche pauschalen Weitergabeverbote verstoßen nach ganz überwiegender Auffassung gegen § 307 BGB und sind daher jedenfalls in AGB unzulässig.[112] Streitig ist, ob die Weitergabe von weiteren Umständen abhängig gemacht werden kann. So ist streitig, ob eine Weitergabe von der Zustimmung des Rechtsinhabers abhängig gemacht werden kann.[113] Ebenfalls unklar ist, ob der Käufer in AGB dazu verpflichtet werden kann, dem Verkäufer den Namen des nächsten Käufers zu nennen.[114] Hingegen ist das **Verbot der entgeltlichen Überlassung auf Zeit** auch in AGB wirksam, vgl. § 69c Nr. 3 UrhG. § 69c Nr. 3 UrhG spricht vom Vermietrecht, nicht aber von der unentgeltlichen Leihe. Für die Leihe muss unter den Voraussetzungen des § 27 UrhG, der über § 69a Abs. 4 UrhG anwendbar ist, eine Vergütung gezahlt werden. Im Übrigen kann nach herrschender Meinung auch die unentgeltliche Leihe in AGB wirksam untersagt werden.[115]

- Beschränkungen der Weitergabe enthalten sog. **OEM-Klauseln** oder die sog. Schulversionen. OEM-Klauseln haben zum Inhalt, dass OEM-Versionen einer Software durch einen Händler nur mit einer dazugehörigen Hardware, also nicht isoliert, vertrieben werden dürfen. Auf Grund dieses Bundlings werden sie häufig preiswerter abgegeben; vielfach finden sich auch „Hardware-locked-Versionen", die auf einer anderen Hardware als derjenigen, mit der sie gemeinsam verkauft werden, nicht betrieben werden können. Nach Ansicht des BGH ist eine Weiterverbreitung einer OEM-Version wegen der Erschöpfung ohne Rücksicht auf die inhaltliche Beschränkung frei,[116] wenn eine solche Programmversion mit der Zustimmung des Herstellers in Verkehr gebracht wurde. Dies bedeutet jedenfalls, dass eine solche Klausel gegenüber den Kunden der Händler keine Wirkung entfaltet. Dies gilt wohl auch für Vereinbarungen, die eine Beschränkung dahingehend vorsehen, dass lediglich die Weitergabe an eine bestimmte Nutzergruppe erlaubt ist, z.B. bei **Schulversionen** nur an Schulpersonal, oder bei **Update-Klauseln** nur an Personen, die bereits über die alte Version verfügen.[117]

- **CPU-Klauseln** oder **Upgrade-Klauseln** haben urheberrechtlich auch eher keinen Bestand,[118] da es sich nicht um abgrenzbare Nutzungsarten handelt. CPU-Klauseln verbieten

---

112 Vgl. z.B. *OLG Frankfurt* NJW-RR 1997, 494.
113 Dafür *Brandi-Dohrn* in Redeker, Handbuch der IT-Verträge, Kap. 1.2. Rn. 113; a.A. *Marly* Softwareüberlassungsverträge, Rn. 1069; *Schneider* Handbuch des EDV-Rechts, C Rn. 575.
114 Dafür *Schneider* Handbuch des EDV-Rechts, C Rn. 575; *Brandi-Dohrn* in Redeker, Handbuch der IT-Verträge, Kap. 1.2. Rn. 113; kritisch *Marly* Softwareüberlassungsverträge, Rn. 1070.
115 *Grützmacher* in Wandtke/Bullinger, § 69c UrhG Rn. 62; *Brandi-Dohrn* in Redeker, Handbuch der IT-Verträge, Kap. 1.2. Rn. 111; a.A. *Marly* Softwareüberlassungsverträge, Rn. 1100.
116 *BGH* GRUR 2001, 153 – OEM-Version.
117 Vgl. *Schneider* Handbuch des EDV-Rechts, C 576.

die Übertragung der Software auf leistungsfähigere Hardware, Upgrade-Klauseln machen dies von einer zusätzlichen Vergütung abhängig. CPU-Klauseln beim Kauf von Software werden auch in AGB und ggf. sogar individualvertraglich unwirksam sein. Sie verstoßen gegen die Pflicht zur Verschaffung des Eigentums, sind also mit der Stellung des Käufers als Eigentümer unvereinbar. Für Upgrade-Klauseln ist umstritten, ob diese bei einem Softwarekauf gegen § 307 BGB verstoßen.[119]

Im Übrigen ist stets zu prüfen, ob einen Klausel den AGB-rechtlichen Vorschriften stand hält, im unternehmerischen Verkehr also, ob sie von dem gesetzlichen Leitbild des Kaufvertrags abweicht und damit den Vertragspartner gem. § 307 BGB unangemessen benachteiligt.   **133**

1.5 Pflichten des Käufers

Hauptleistungspflicht des Käufers ist die Zahlung des vereinbarten Kaufpreises als **Einmal-Vergütung**. Im Hinblick auf das Risiko, dass durch die Vereinbarung eines dies nicht berücksichtigenden Vergütungsmodells ggf. ungewollt ein Mietvertrag geschlossen werden kann, solle darauf geachtet werden, dass sich der kaufvertragliche Charakter durch die Vereinbarung einer gestreckten, ggf. auf mehrere Raten aufgeteilten Einmalzahlung nicht ändert. Der wirtschaftliche Zweck des Vertrages muss auf die dauerhafte Überlassung einer Softwarekopie zielen.   **134**

Grundsätzlich sind beim Kauf keine **Mitwirkungspflichten** wie z.B. in § 642 BGB vorgesehen. Dennoch ergeben sich aus den Besonderheiten des Softwarekaufs Mitwirkungshandlungen des Kunden. Dieser hat – soweit keine abweichenden Vereinbarungen getroffen wurden – zunächst die Software selbst zu installieren, was bei komplexer Software Probleme bereiten kann. Als Mitwirkungshandlung kommt auch das Erstellen einer Sicherungskopie in Betracht. Oft wird in Handbüchern darauf hingewiesen, dass unverzüglich eine Sicherungskopie zu erstellen ist.   **135**

Auch die Berücksichtigung von mangelbehebenden Patches im Sinne einer Beobachtungspflicht im Hinblick auf die Softwareveröffentlichungen des Herstellers und eine Installation derselben könnte als Mitwirkungspflicht des Anwenders vorgesehen werden. So ist denkbar, dass ein Hersteller versucht, den Anwender zur regelmäßigen Beobachtung seiner Websites im Hinblick auf Patches anzuhalten. Installiert ein Anwender dann einen bereit gestellten Patch erst sehr spät und sind durch den Mangel der Software bereits Schäden entstanden und macht der Anwender diese geltend, wird der Hersteller dem Anwender entgegen halten, die Schäden wären geringer ausgefallen, wenn der Anwender die Website regelmäßig beobachtet, den Patch früher entdeckt und früher installiert hätte. Diese Beobachtungspflicht ist aber im Hinblick auf den Nachbesserungsanspruch als „überpflichtmäßig" und damit jedenfalls als AGB-rechtlich unwirksam anzusehen.[120] Einige Hersteller sehen daher vor, dass der Anwender bei der Installation eine E-Mail-Adresse angibt, damit sie die Möglichkeit haben, von sich aus aktiv per E-Mail auf mangelbehebende Patches hinzuweisen. Dass dem Anwender in solchen Zusammenhängen gern das alleinige Risiko aufgebürdet wird, für die erfolgreiche Inbetriebnahme des Patches einzustehen, ist mit den Mangelhaftungsrechten wohl ebenfalls unvereinbar.   **136**

118 So auch *Ulmer* ITRB 2004, 213; Vgl. *Grützmacher* in Wandtke/Bullinger, § 69d UrhG Rn. 37.
119 Dafür *Schneider* Handbuch des EDV-Rechts, J Rn. 61; a.A. *Marly* Softwareüberlassungsverträge, Rn. 1120.
120 *Schneider* Handbuch des EDV-Rechts, J Rn. 198.

1.6 Übergabe der Software

137   Mit der Übergabe der Kaufsache geht die Preis- und Leistungsgefahr auf den Käufer über (§ 446 BGB), mit **Ablieferung** beginnt der Lauf der Mängelverjährungsfrist (§ 438 Abs. 2 BGB). Auch für die handelsrechtliche Rügepflicht kommt es auf die Ablieferung der Kaufsache an (§ 377 HGB).

138   Was bei Software unter „Ablieferung" zu verstehen ist, wurde in der instanzgerichtlichen Rechtsprechung und Literatur nicht einheitlich beantwortet. Teilweise wurde davon ausgegangen, dass die Software nicht schon mit der Übergabe, sondern erst zu einem späteren Zeitpunkt abgeliefert sei. Teilweise wurde befürwortet, die Ablieferung sei erst nach der Durchführung eines im Wesentlichen ungestörten Programmablaufes erfolgt. Dies wurde sogar noch dahingehend ausgeweitet, dass die Software in einer ausführlichen Erprobungsphase fehlerfrei gelaufen sein müsse. Der BGH schloss sich dieser Ansicht nicht an und entschied, dass auch wenn es sich um Software handelt, die Kaufsache abgeliefert ist, wenn sie in einer ihre Untersuchung ermöglichenden Weise in den Machtbereich des Käufers gelangt ist.[121] Eine andere Beurteilung verwische die Grenzen zu der werkvertraglichen Abnahme nach § 640 BGB.

139   Hinsichtlich der **Übergabe** komplexer Standardsoftware ist es jedoch in der Praxis verbreitet, anwenderseits über eine Individualvereinbarung eine Art „Abnahmeprüfung" für die Software zu verlangen, weil es für den Anwender wichtig ist, dass die Software auch betriebsfähig ist und in der vorgestellten, neuen oder bereits vorhandenen Hard- und Softwareumgebung funktioniert, z.B. Daten mit vor- und nachgelagerten Systemen fehlerfrei austauschen kann. Es geht also bzgl. des Lebenssachverhalts um deutlich mehr als um den bloßen Erwerb einer Anwendung. Erst anhand einer solchen Prüfung kann z.B. auch getestet werden, ob die Schulung der Anwender Erfolg hatte oder ob Nachschulungen notwendig sind. All dies ist bei einer reinen „Ablieferung" nicht zu sehen.

1.7 Mängelrechte

140   Die Gewährleistungsrechte ergeben sich beim Softwarekauf aus den §§ 437 ff. BGB. Dies gilt über die Regelung des § 453 BGB selbst dann, wenn man Software nicht als bewegliche Sache einstufen würde. Ob ein Sachmangel vorliegt, richtet sich nach § 434 BGB. Danach muss primär auf die vereinbarte Beschaffenheit abgestellt werden. Mangelt es an einer entsprechenden Vereinbarung, ist die Möglichkeit zur vertragsgemäßen oder gewöhnlichen Verwendung maßgebend. Bei Software liegt ein **Mangel** beispielsweise vor bei Virenbefall, gestörtem Programmablauf, eingeschränkter Lauffähigkeit des Programms[122] oder bei Installation einer vertraglich nicht vorgesehenen Programmsperre. Auch ein fehlerhaftes oder unvollständiges Handbuch stellt einen Sachmangel der Software dar, das Fehlen der Dokumentation jedoch eine Nichterfüllung.

141   Ansprüche wegen Mängeln können sich auch aus **Garantien** ergeben. Wichtig sind hier, wie beim Hardwarekauf (s.o. Rn. 41) die **Drittgarantien der Hersteller**. Durch eine Garantie des Herstellers erhält der Kunde einen weiteren Anspruchsgegner.[123] Welchen Inhalt eine Garantie hat, ergibt sich aus der Garantiebeschreibung. Dort ist aufgeführt, in welchen Fällen der Hersteller eine verschuldensunabhängige Haftung übernimmt. Bisweilen werden auch lediglich gesetzlich vorgesehene Mangelhaftungsrechte zeitlich oder inhaltlich etwas ausgedehnt.

---

121 *BGH* NJW 2000, 1415.
122 *BGH* NJW 2000, 1415.
123 Vgl. dazu auch Rn. 41.

Nach § 435 BGB ist die Sache frei von **Rechtsmängeln**, wenn Dritte in Bezug auf die Sache   **142**
keine oder nur die im Kaufvertrag übernommenen Rechte gegen den Käufer geltend machen
können. Ein Rechtsmangel wird bei Software z.b. immer dann gegeben sein, wenn der Verkäufer Rechte an der Software übertragen will, die er aber tatsächlich nicht übertragen kann, beispielsweise wenn es sich um den Verkauf einer Raubkopie handelt. Zu den Rechten Dritter
zählen insbesondere bestehende Urheberrechte, Patentrechte oder sonstige Immaterialgüterrechte. **Abzugrenzen** sind die Rechtsmängel von den Fällen der **Unmöglichkeit**, die über
§ 275 BGB nach dem allgemeinen Leistungsstörungsrecht zu lösen sind. Wegen der unterschiedlichen Rechtsfolgen muss danach differenziert werden, ob ein Rechtsmangel oder ein
Fall der Unmöglichkeit gegeben ist. Teils wird dazu unterschieden, ob dem Anwender das
Recht gar nicht, nur belastet oder eingeschränkt verschafft werden kann. Bei Software, an der
überhaupt keine Rechte übertragen werden, sollen sich nach einer Ansicht die Rechtsfolgen
nach dem Recht der Unmöglichkeit richten.[124] Wenn gar nichts übertragen, übergeben oder
zum Abruf bereit gestellt wird oder der Kunde den Gegenstand berechtigt als nicht vertragsgerecht zurückweist, verbleibe es bei den allgemeinen Regelungen des Leistungsstörungsrechts.[125] In allen anderen Fällen handele es sich um einen Rechtsmangel, so also wenn das
Recht belastet oder beschränkt übertragen wird. Nach anderer Auffassung gilt das Mangelhaf-
tungsrecht, sobald die Software bei einem Kaufvertrag auf einem Datenträger übergeben
wurde; dem gleichgestellt wird die elektronische Übertragung der Software. Auch andere Auffassungen lehnen die zuerst genannte Ansicht ab[126] mit dem Argument, dass der Erwerber ja
tatsächlich eine Nutzungsmöglichkeit und damit etwas wirtschaftlich Bedeutendes erhalte.

Bei einem Softwarekauf zwischen Unternehmern als Handelsgeschäft besteht die Pflicht, die   **143**
Software innerhalb eines bestimmten Zeitraums zu untersuchen (§ 377 HGB, s. hierzu auch
oben Rn. 47). Die Frist des § 377 BGB kann dabei in Abhängigkeit von der Komplexität der
Software großzügig bemessen werden, so dass eine ausreichende Prüfungsphase gegeben ist.
Bei heute üblichen „abnahmeähnlichen" Ablieferungsregelungen ist – bei entsprechender Regelungsdichte – von einer stillschweigenden Abbedingung oder jedenfalls Konkretisierung der
Pflichten des § 377 HGB auszugehen. Gegenüber Verbrauchern dürften solche Regelungen
über eine Rügepflicht unwirksam sein, da dadurch die Käuferpflichten zu weit ausgedehnt
werden.

1.8 Schutzhüllenverträge (Shrink-Wrap-Verträge) und Enter-Vereinbarungen

Schutzhüllenverträgen sind Verträge, bei denen der Hersteller das Softwareprodukt und die Be-   **144**
nutzungsbedingungen bzw. seine AGB in eine Hülle einschweißt, so dass ohne das Aufreißen
der Schutzhülle oder des Öffnens der Verpackung das Produkt nicht verwendet werden kann.
Gleichzeitig wird von dem Hersteller die Bedingung aufgestellt, dass die eingeschweißten Bedingungen – die der Anwender erst nach dem Aufreißen, also nach Vertragsschluss – zur
Kenntnis erhält – Vertragsinhalt werden sollen. Die Hersteller möchten damit den Vertragsschluss mit dem Endkunden zu ihren Geschäftsbedingungen erreichen.

Meist besteht bei solchen Konstellationen ein Mehrpersonenverhältnis, da zwischen Hersteller   **145**
und Endkunde ein oder mehrere Zwischenhändler geschaltet sind. Nach dem Willen des Herstellers soll zwischen Hersteller und Händler und zugleich zwischen Hersteller und Anwender
ein Vertrag geschlossen werden. Durch das Aufreißen der Schutzhülle soll zusätzlich ein Ver-

---

124 *Palandt/Weidenkaff* § 435 BGB Rn. 7.
125 *Bartsch* CR 2005, 1.
126 *Marly* Softwareüberlassungsverträge, Rn 658; *Redeker* in Schneider/von Westphalen, Softwareer-
    stellungsverträge, D Rn. 389.

trag mit den dort hinterlegten AGB zwischen Anwender und Hersteller zustandekommen, worauf (zuweilen) durch einen Aufkleber außen auf der Verpackung hingewiesen wird. Der Gedanke ist, dass der Hersteller insoweit nach § 151 BGB auf den Zugang einer Annahmeerklärung durch den Anwender verzichtet. Der Anwender soll die Annahme durch das Aufreißen der Verpackung als Realakt oder durch die tatsächliche Ingebrauchnahme der Software erklären.

146 In Frage steht aber, ob ein zweiter Vertrag überhaupt auf diese Weise zustande kommen kann. Probleme bereitet bereits die konkludente Annahmeerklärung: Auch eine konkludente Willenserklärung erfordert grundsätzlich, dass der Erklärende eine Handlung vornimmt, die mittelbar den Schluss auf einen bestimmten Rechtsfolgewillen zulässt.[127] Ob dies der Fall ist, beurteilt sich danach, ob dem Anwender das Verhalten zurechenbar ist oder eine entsprechende Verkehrssitte besteht.[128] Eine entsprechende Verkehrssitte wird jedoch unter Verweis auf die überraschende Verpflichtung des Anwenders zum Abschluss eines zweiten Vertrages verneint.[129] Auch der Hinweis auf der Schutzhülle soll nicht ausreichen, um einen entsprechenden Vertragsschluss und die Einbeziehung der Nutzungsbedingungen herbeizuführen.[130] Es kommt demnach nicht zu einem Vertragsschluss zwischen Hersteller und Anwender.[131]

147 Eine andere Gestaltung mit ähnlichen Zielen sind Fälle, in denen die Installation der Software nur ausgeführt werden kann, wenn vor dem Beginn durch Anklicken eines Kontrollkästchens oder „Weiter"-Buttons oder Drücken der Enter-Taste den zuvor am Bildschirm (leidlich) sichtbar gemachten Vertragsbedingungen zugestimmt wird. Diese Gestaltungen werden teilweise als **ENTER-Vereinbarungen** bezeichnet. Auch hier stellen sich die gleichen Fragen nach der Einbeziehung der AGB im Anschluss an den Erwerb der Software beim Händler.

2. Nutzung von Standardsoftware auf Zeit/Softwaremiete

148 Kunden entscheiden sich zur Vermeidung von Kapitalbindung verschiedentlich gegen einen Kauf von Software, sondern erwerben Nutzungsrechte auf Zeit bzw. mieten die Software lediglich. Vorteilhaft an der Miete von Software ist meist, dass der Kunde, je nach Vereinbarung, auf die stets aktuelle am Markt befindliche Version der Softwareanwendung zurückgreifen kann (zu den Besonderheiten des ASP vgl. Rn. ISO).

149 Viele Softwareprodukte haben einen eher kurzen Entwicklungszyklus, so dass beim Softwarekauf die Gefahr besteht, dass schon bald eine neue Version der Software mit verbesserten und zusätzlichen Funktionalitäten auf den Markt gebracht wird. Gelegentlich dient eine Nutzung auf Zeit auch lediglich Testzwecken oder zur Überbrückung von Zeiträumen bei der Einrichtung neuer Systeme.

150 Eine Reihe von Softwareprodukten wird von vornherein anbieterseits nicht zur endgültigen Überlassung gegen Einmalzahlung angeboten, sondern lediglich auf Zeit überlassen gegen regelmäßig wiederkehrende Zahlungen (zeit-/benutzerabhängig).

---

127 *Palandt/Heinrichs* Einf. vor § 116 BGB Rn. 6.
128 Ausf. *Marly* Softwareüberlassungsverträge, Rn. 471; das *OLG Stuttgart* NJW 1989, 2633 ging ohne weitere Begr. von der Zulässigkeit von Schutzhüllenverträgen aus.
129 Vgl. *Lejeune* ITRB 2001, 263.
130 *Marly* Softwareüberlassungsverträge, Rn. 475;
131 *Redeker* IT-Verträge in der Praxis, Rn. 580; *Marly* Softwareüberlassungsverträge, Rn. 469 ff.

2.1 Vertragstypologische Einordnung/Abgrenzung

Vertragstypologisch wird die Überlassung der Standardsoftware auf Zeit überwiegend dem **151** Mietrecht zugeordnet. Auch hier spielt wieder eine Rolle, ob die Software – so der BGH – als Sache i.S.d. § 90 BGB anzusehen ist (s.o. Rn. 118). Gegenstand eines Mietvertrages ist die Überlassung einer „Mietsache", also einer Sache i.S.d. § 90 BGB. Bejaht man die Sachqualität von Software, so stellt die Überlassung der Software auf Zeit in der Regel einen Mietvertrag dar.[132] Diejenigen, die die Sachqualität von Software verneinen, gehen von einem Pachtvertrag (nur an Rechten ist auch eine Pacht möglich) oder einem Vertrag sui generis (Lizenzvertrag) aus, wobei letzterer vielfach auch inhaltlich an mietrechtliche Regelungen angelehnt wird.

Abzugrenzen ist die Softwaremiete von der Leihe, der Pacht sowie vom Leasing. Bei der Leihe **152** handelt es sich nach § 598 BGB um einen unentgeltlichen Vertrag, beim Leasing als Sonderfall der Miete wird typischerweise die Haftung für Sachmängel, Untergang etc. ausgeschlossen und als Ausgleich die Ansprüche des Leasinggebers gegen den Hersteller/Lieferanten an den Leasingnehmer abgetreten; beim Leasing liegt daher eine Dreieckskonstellation vor (s.o. Rn. 79). Die Pacht nach § 581 BGB hat neben der Gebrauchsüberlassung der Pachtsache auch die Gestattung zur Fruchtziehung zum Inhalt. Werden also Früchte gezogen, sind die Vorschriften der §§ 581 ff. BGB anzuwenden.[133] In der Regel wird dem Anwender jedoch kein Recht zu einer Fruchtziehung – wie auch immer sich diese gestalten soll – eingeräumt. Bei der Überlassung von Standardsoftware kommt es meist nicht unmittelbar zur Erzeugung eines Ertrages. Pachtrecht soll aber dann Anwendung finden, wenn die Software als „selbständige Erwerbsquelle zur unmittelbaren Erzielung eines Gewinns überlassen wird".[134]

Weiter steht in Frage, wie die Fälle einzuordnen sind, in denen Individualsoftware, die der An- **153** wender im Rahmen eines Mietvertrages zeitlich begrenzt nutzen darf, für den Anwender entwickelt oder an seine Anforderungen angepasst wird. Ein Werkvertrag scheidet aus, da dieser voraussetzt, dass das Werk (die Software) dem Anwender endgültig überlassen wird. Ausgehen wird man vielmehr vom Vorliegen eines Typenkombinationsvertrages, soweit die werk- und mietvertraglichen Elemente gleichwertig nebeneinander stehen.[135]

Übernimmt der Anbieter zusätzliche Leistungen, z.B. Beratung, Installation, Anpassung oder **154** Schulungen, so hängt die Beurteilung der Zuordnung zu einem Vertragstypus des BGB davon ab, ob der Leistungsschwerpunkt weiterhin in der mietweisen Überlassung der Software liegt. Andernfalls kann es sich auch um einen Typenkombinationsvertrag handeln.

2.2 Pflichten der Vertragsparteien

Nach § 535 BGB wird der Vermieter verpflichtet, dem Mieter den Gebrauch der Mietsache **155** während der Mietzeit zu gewähren. Der Vermieter hat die Mietsache dem Mieter in einem zum vertragsgemäßen Gebrauch geeigneten Zustand zu überlassen und sie während der Mietzeit in diesem Zustand zu erhalten. Der Mieter ist verpflichtet, dem Vermieter die vereinbarte Miete zu entrichten.

Der Anbieter ist also verpflichtet, dem Anwender die Software zum Gebrauch in einem Zu- **156** stand zu übergeben, der zum vertragsgemäßen Gebrauch geeignet ist. Zur Mietsache gehört vorbehaltlich abweichender Vereinbarungen auch die Überlassung eines Benutzerhandbuches.

---

132 So entschied auch der BGH, dass Standardsoftware Gegenstand eines Mietvertrages sein kann, zuletzt *BGH* MMR 2007, 243 (für ASP).

133 Offen gelassen bei *Palandt/Weidenkaff* Einl. vor § 535 BGB Rn. 16.

134 *Karger* in Redeker, Handbuch der IT-Verträge, Kap. 1.9. Rn. 17 m.w.N.

135 *Karger* in Redeker, Handbuch der IT-Verträge, Kap. 1.9. Rn. 25.

Die Überlassung der Software zum Gebrauch kann auf einem **Datenträger**, z.B. auf optischem Datenträger oder USB-Stick erfolgen. Eine Besitzüberlassung liegt auch bei der Online-Überlassung vor.[136]

Selbstverständlich ist in dem Vertrag die Software genau zu bezeichnen und der bezweckte Gebrauch ist festzulegen, da sich die ordnungsgemäße Gebrauchsüberlassung der Mietsache an dem vertragsgemäßen Gebrauch orientiert.

157 Der Anbieter muss die Software während der gesamten Vertragslaufzeit in einem funktionsfähigen Zustand erhalten. Im Rahmen dieser Instandhaltungs- und Instandsetzungspflicht hat der Anbieter daher in gewissem Umfang „Pflegeleistungen" zu erbringen, jedenfalls Mängel der Software zu beheben. Insoweit muss, im Gegensatz zum Softwarekauf nach Ablauf der Mangelhaftungsfrist, bei der Softwaremiete auch kein gesonderter Pflegevertrag abgeschlossen werden. Besonderheit der Instandhaltungspflicht bei Miete von Software ist, dass Software keiner Abnutzung unterliegt, so dass diesbezüglich Instandhaltungsmaßnahmen wie bei der Hardware nicht erforderlich sein werden. Allenfalls könnte die Instandhaltungspflicht die Erneuerung von Datenträgern, die ggf. verschleißen, betreffen.[137]

158 Der Vermieter hat jedoch bestimmte Erhaltungsmaßnahmen durchzuführen wie z.B. die angesprochene Behebung von Mängeln. Dies erfolgt durch Zurverfügungstellung von Patches oder neuen Versionen.

159 Solche Maßnahmen stellen **Änderungen** an dem Vertragsgegenstand dar und können für den Anwender auch unerwünschte Folgen haben, z.B., wenn die bei ihm vorhandene sonstige Softwareumgebung mit der neuen Version der gemieteten Software nicht richtig zusammenarbeiten kann. Grundsätzlich besteht die Pflicht des Anwenders, Erhaltungsmaßnahmen zu dulden. In zumutbarem Umfang und zu zumutbaren Zeiten muss daher der Anwender dem Anbieter auch Zugang zu der Software gewähren (ggf. per DFÜ). Die Duldungspflicht von Erhaltungsmaßnahmen findet lediglich bei der Wohnraummiete in § 554 BGB eine gesetzliche Regelung, ergibt sich im Übrigen aber aus § 242 BGB. Sind die Folgen einer Änderung unzumutbar, z.B. weil Funktionen, auf die es dem Anwender ankam, zur Vermeidung des Auftretens von Mängeln schlicht aus der Software herausgenommen werden, muss das aber grundsätzlich nicht hingenommen werden. Änderungen dienen meist der Funktionsfähigkeit der Software und liegen damit im Interesse des Anwenders. Änderungsvorbehalte in AGB sind an den §§ 308 Nr. 4, 307 BGB zu messen. Bei einer Individualvereinbarung sollten Änderungen von der Zustimmung des Anwenders abhängig gemacht werden; denkbar ist auch ein Recht zur Kündigung des Vertrags aus wichtigem Grund und ein Schadensersatzanspruch. Letzteres ist erforderlich, weil ein Softwarehersteller bei Standardsoftware die Beseitigung eines Mangels nur einheitlich durchführen und sich daher nicht darauf einlassen wird, Änderungen von der Zustimmung eines einzelnen Anwenders abhängig zu machen.

160 Fraglich ist, ob zur Instandhaltungs- und Instandsetzungspflicht auch die ständige **Aktualisierung** der Software über die Mangelbeseitigung hinaus gehört. Findet sich dahingehend keine vertragliche Regelung, ist eher davon auszugehen, dass die Software (lediglich) auf dem technischen Stand bereitgehalten werden muss, in dem sie sich zur Zeit des Vertragsschlusses befand.[138] Daher sollte bei Bedarf der Anbieter vertraglich zur Aktualisierung verpflichtet werden; dies wird dieser jedoch mit einer Regelung zur Anpassung der Vergütung zu verbinden suchen.

---

136 *Marly* Softwareüberlassungsverträge, Rn. 751.
137 *Marly* Softwareüberlassungsverträge, Rn. 752.
138 *Karger* in Redeker, Handbuch der IT-Verträge, Kap. 1.9. Rn. 48.

Den Vermieter treffen zudem gegenüber dem Mieter Obhuts-, Vorsorge-, Fürsorge- und Siche- **161** rungspflichten.[139] Bei Software ist die Pflicht des Vermieters hervorzuheben, den Mieter vor Gefahren, wie etwa einem Virenbefall zu warnen.[140]

Der Mieter hingegen ist zur Zahlung der vereinbarten **Miete** verpflichtet. Hier sind innerhalb **162** urheberrechtlicher, kartellrechtlicher und schuldrechtlicher Grenzen viele verschiedene Fallgestaltungen und Abrechnungsmodi denkbar (zu den Nutzungsrechten siehe nachfolgend Rn. 166 ff.). Der Mietzins kann im Grundsatz als Pauschale, nutzungsabhängig oder als Kombination beider Möglichkeiten gestaltet werden. Nach § 535 BGB sind durch den Mietzins die Gebrauchsüberlassung sowie die Instandhaltungs- und Instandsetzungsmaßnahmen abgegolten. Leistungen, die daneben erbracht werden, sind nach § 535 BGB grundsätzlich nicht von der Miete erfasst und daher gesondert zu vergüten. Die Parteien können jedoch die Abgeltung der zusätzlichen Nebenleistungen durch die Miete vorsehen.

Weiter treffen den Anwender auch **Nebenpflichten** aus dem Mietverhältnis. Er ist nur im Rah- **163** men seines vertraglichen Gebrauchsrechts befugt, auf die Mietsache einzuwirken. Der Anwender verletzt also (auch) eine vertragliche Nebenpflicht, wenn er z.B. entgegen der eingeräumten Gebrauchsüberlassung die Software nicht auf einem Einzelplatzrechner, sondern auf mehreren Rechnern oder im Netzwerkbetrieb nutzt.[141] Ist die Zahl der zulässigen Nutzer vertraglich beschränkt, so stellt eine zahlenmäßige Überschreitung eine Pflichtverletzung dar. Wird dieser Rahmen des vertragsmäßigen Gebrauchs überschritten, kann der Vermieter ungeachtet urheberrechtlicher Verbietungsmöglichkeiten nach § 541 BGB auf Unterlassung klagen und für entstandene Schäden Schadensersatz wegen einer Pflichtverletzung nach § 280 BGB fordern. Werden Rechte des Vermieters durch vertragswidrigen Gebrauch der Sache in erheblichem Maße verletzt oder wird die Sache durch Vernachlässigung der ihm obliegenden Sorgfalt erheblich gefährdet, kann der Vermieter fristlos kündigen (§ 543 Abs. 2 S. 1 Nr. 2). Dazu bedarf es in der Regel einer vergeblichen Abmahnung (§ 543 Abs. 3 BGB).

Der vertragsgemäße Gebrauch beinhaltet auch die Verpflichtung, den Gebrauch der Software **164** nicht ohne Erlaubnis des Vermieters an einen Dritten im Wege der **Untermiete** zu überlassen, § 540 BGB. Dieses gesetzliche Verbot der Untermiete umfasst aber nicht alle Fälle der Zugänglichmachung der Software an Dritte. Daher wird eine Benutzung durch Dritte nicht verhindert werden können, wenn dem Dritten kein selbständiges Recht zum Gebrauch eingeräumt wird, sondern dieser hinsichtlich Art und Weise der Nutzung dem Kunden unterstehen und dessen Willen zu befolgen haben. Dies ist der Fall bei Familienmitgliedern, Gästen, ggf. auch bei Mitarbeitern.[142] Ein Verbot des unselbständigen Mitgebrauchs durch Dritte, insbesondere durch weisungsgebundene Arbeitnehmer (ohne Überschreitung einer evtl. zulässig vereinbarten Anzahl von gleichzeitig nutzbaren Arbeitsplätzen), wird in AGB gem. § 307 BGB unwirksam sein, da dies dem gesetzlichen Leitbild einer Überlassung in Form der Miete entgegensteht.[143] Hingegen stößt in den anderen Fällen ein Verbot der befristeten Überlassung auf Dritte auch in Formularverträgen nicht auf urheberrechtliche oder AGB-rechtliche Bedenken, da sich dies aus den §§ 69c Nr. 3 UrhG, § 540 BGB ergibt. Bei der Vermietung tritt keine Erschöpfung ein, so dass der Mieter schon aus diesem Grund nicht berechtigt ist, die Software weiterzuge-

---

139 *Schilling* in MünchKomm BGB, § 535 Rn. 161.
140 *Marly* Softwareüberlassungsverträge, Rn. 753.
141 *Marly* Softwareüberlassungsverträge, Rn. 755.
142 *Marly* Softwareüberlassungsverträge, Rn. 756.
143 *Karger* in Redeker, Handbuch der IT-Verträge, Kap. 1.9. Rn. 156.

ben oder weiterzuvermieten. Dies gilt jedenfalls dann, wenn dem Mieter durch die Klausel nicht das Sonderkündigungsrecht des § 540 ABS. 1 BGB versagt wird.[144]

165 Auch der Anwender muss **Obhuts- und Sorgfaltspflichten** einhalten. Zur Obhut und Sorgfalt gehören allgemein die pflegliche Behandlung der Mietsache und Beachtung der Bedienungsvorschriften.[145] Da Computerprogramme keine Abnutzungserscheinungen aufweisen, ist die Pflicht zur pfleglichen Behandlung kaum relevant. Wichtig ist hingegen die Pflicht des Anwenders, die Software vor dem Zugriff Dritter, vor allem im Hinblick auf eine unzulässige Vervielfältigung zu schützen. Der Anwender muss also im Rahmen des Zumutbaren dafür Sorge tragen, dass Dritte die Software nicht entwenden, vervielfältigen und in Umlauf bringen.[146] Auch in AGB soll eine Aufnahme einer entsprechenden Verpflichtung („Schutzklausel") zulässig sein, da (und soweit) lediglich eine gesetzliche Pflicht wiederholt wird.[147] Die Verpflichtung zu darüber hinausgehenden unzumutbaren Schutzmaßnahmen verstößt jedoch gegen die in § 536c Abs. 1 BGB festgesetzten Grundgedanken und ist deshalb als AGB im Unternehmer- und Verbraucherverkehr unzulässig.[148]

2.3 Rechteübertragung

166 Ohne besondere vertragliche Regelung werden dem Anwender die Nutzungsrechte nach der Zweckübertragungstheorie (§ 31 Abs. 5 UrhG) eingeräumt, d.h. der Kunde erhält ein Nutzungsrecht in dem für den vertragsgemäßen Gebrauch der Mietsache erforderlichen sachlich-inhaltlichen und mengenmäßigen (Anzahl der Arbeitsplätze) Umfang.

167 Bei einer vertraglichen Einräumung von Nutzungsrechten müssen dem Anwender die Mindestbefugnisse[149] des §§ 69d, e UrhG erhalten bleiben. Vertragliche Bestimmungen, die in Widerspruch zu § 69d Abs. 2 und 3 und § 69e stehen, sind gem. § 69g Abs. 2 UrhG nichtig. Auch wenn dies durch den Anbieter erwünscht sein sollte, scheidet damit ein umfassendes Kopierverbot aus.

168 In der Regel wird dem Anwender ein zeitlich auf die Dauer des Mietvertrages begrenztes, einfaches Nutzungsrecht eingeräumt. Zu den weiteren typischen Nutzungsrechtsbeschränkungen gehören – im Rahmen der urheberrechtlichen und ggf. AGB-rechtlichen Zulässigkeit – Vervielfältigungsverbote, das Verbot der gleichzeitigen Mehrfachnutzung und über § 69e UrhG hinausgehende Dekompilierungsverbote. Das **Verbot der Nutzung durch Dritte** wurde bereits im Rahmen des Untermietverbots erläutert.

169 Grundsätzlich bedürfen **Vervielfältigungshandlungen** der Zustimmung des Rechtsinhabers, § 69c Nr. 1 UrhG. Gem. § 69d Abs. 1 UrhG ist das jedoch nicht der Fall, wenn die Vervielfältigung für eine bestimmungsgemäße Benutzung des Computerprogramms einschließlich der Fehlerberichtigung durch jeden, der zur Verwendung eines Vervielfältigungsstücks des Programms berechtigt ist, erforderlich ist. Dazu zählen beispielsweise das Laden und Ablaufenlassen des Programms. Ein absoluter Ausschluss von Vervielfältigungshandlungen ist also nicht möglich. Nach § 69d Abs. 2 UrhG darf auch die Erstellung einer **Sicherungskopie** durch eine Person, die zur Benutzung des Programms berechtigt ist, nicht vertraglich untersagt werden, wenn sie für die Sicherung künftiger Benutzung erforderlich ist. Grundsätzlich bedürfen

---

144 S. dazu oben Rn. 63.
145 *Schilling* in BGB § 535 Rn. 191.
146 *Marly* Softwareüberlassungsverträge, Rn. 758.
147 *Marly* Softwareüberlassungsverträge, Rn. 758.
148 *Marly* Softwareüberlassungsverträge, Rn. 758.
149 Zu den Mindestbefugnissen vgl. Rn. 129.

Umarbeitungen nach § 69c Nr. 2 UrhG der Zustimmung des Rechtsinhabers. Als Spezialfall der Umarbeitung ist eine **Dekompilierung** unter den Voraussetzungen des § 69e UrhG aber nicht zu verbieten.

Auch hier können dem Anwender Einzelplatz- oder Netzwerklizenzen eingeräumt werden. **170** Denkbar sind auch Enterprise-Lizenzen, also Lizenzen, die für alle Benutzer eines Unternehmens gelten, „Site-Lizenzen", also Lizenzen, die für einen bestimmten Standort gelten, und sonstige Vereinbarungen zur Anzahl der unter dem Mietvertrag zur Nutzung Berechtigten. Selbst eine Konzernlizenz ist denkbar. Zudem sind in einem Mietvertrag CPU-Klauseln und Upgrade-Klauseln wohl (jedenfalls schuldrechtlich) wirksam.[150]

2.4 Mängelrechte

Bei Vorliegen eines Sach- oder Rechtsmangels kann der Mieter die Beseitigung des Mangels **171** verlangen. Unter einem Mangel ist die für den Mieter nachteilige Abweichung des tatsächlichen Zustands der Mietsache von dem vertraglich geschuldeten Zustand zu verstehen.[151] Typischerweise liegen **Sachmängel** vor, wenn bestimmte Funktionen der Software nicht oder nur eingeschränkt vorhanden sind oder laufen, die Software instabil ist, bei unzureichender Bedienerfreundlichkeit oder vertragswidrigen Programmsperren.[152] Der Anbieter hat die Pflicht, Mängel im Rahmen der Erhaltungspflicht zu beseitigen.

Hat die Mietsache zur Zeit der Überlassung an den Anwender einen Mangel, der ihre Tauglich- **172** keit zum vertragsgemäßen Gebrauch aufhebt, oder entsteht während der Mietzeit ein solcher Mangel, ist der Anwender für die Zeit, in der die Tauglichkeit aufgehoben ist, von der Entrichtung der Miete befreit, § 536 BGB. Für die Zeit, während der die Tauglichkeit gemindert ist, hat der Anwender nur eine angemessen herabgesetzte Miete zu entrichten. Eine unerhebliche Minderung der Tauglichkeit bleibt jedoch außer Betracht. Über § 536a BGB wird dem Mieter das Recht eingeräumt, den Mangel unter bestimmten Voraussetzungen selbst zu beseitigen und die entstandenen Aufwendungen ersetzt zu verlangen. Bei Software wird es aber gerade nicht fachkundigen Mietern nicht möglich sein, den Mangel eigenständig zu beseitigen, zudem dürfte eine Fehlerbeseitigung ohne eine Dekompilierung oder einen sonstigen Zugriff auf den Quellcode nicht möglich sein, wenn der Mangel nicht anders als durch einen Eingriff in den Quellcode behoben werden kann. Hierzu werden übliche Mieter gar nicht willens und/oder in der Lage sein. § 536a Abs. 1 BGB enthält einen Schadensersatzanspruch, wenn die entsprechenden Voraussetzungen erfüllt sind. Zu beachten ist, dass der Anwender dem Anbieter nach § 536c BGB einen Mangel anzuzeigen hat. Zudem können die Mängelrechte ein Recht zur außerordentlichen Kündigung nach § 543 BGB begründen.

2.5 Vertragsbeendigung

Der Mietvertrag kann durch Ablauf der Mietzeit, durch eine ordentliche oder außerordentliche **173** Kündigung oder durch Aufhebung sein Ende finden. Nach § 546 BGB ist der Mieter verpflichtet, die Mietsache nach Beendigung des Mietverhältnisses zurückzugeben, d.h. dem Anbieter wieder den unmittelbaren Besitz an der Software nebst sonstigen Materialien zu verschaffen. Oft wird davon abweichend vereinbart, dass die **Software nebst Kopien nicht zurückzugeben**, sondern **vom Anwender „rückstandslos von seinen Anlagen" gelöscht** werden

---

150 Vgl. dazu oben Rn. 152.
151 *BGH* NJW 2000, 1714.
152 Vgl. zu einer detaillierten Aufzählung von Mängeln bei Software *Schneider* Handbuch des EDV-Rechts, D Rn. 773.

muss.[153] Das Begleitmaterial soll zudem vernichtet werden. Problematisch ist, dass der Anbieter kaum wirksam kontrollieren kann, ob eine Löschung tatsächlich durchgeführt wurde. Daher bedingen sich manche Anbieter aus, beim Löschvorgang zwecks Kontrolle anwesend zu sein.

174　Zum Teil wird die Software durch den Anbieter mit einer technischen **Programmsperre** versehen, die bewirkt, dass das Programm nach Ablauf der Mietzeit nicht mehr genutzt werden kann. Dies ist zulässig, solange während der Mietzeit hierdurch die Funktionsfähigkeit des Programms nicht beeinträchtigt ist und dies vertraglichen Vereinbarungen nicht widerspricht. Bei Verletzung der Rückgabepflicht kann der Vermieter für die Dauer der Vorenthaltung als Entschädigung die vereinbarte Miete oder die Miete verlangen, die für vergleichbare Sachen ortsüblich ist (§ 546a BGB).

3. Softwareleasing

175　Die Bedeutung von Leasingverträgen nimmt auch bei Software zu. Wie auch beim Leasing von Hardware wird hier dem Leasingnehmer Software durch den Leasinggeber im Rahmen eines Dauerschuldverhältnisses zum Gebrauch überlassen. Der Leasinggeber wird in der Regel von der Gefahrtragung, der Haftung für Instandhaltung, Sachmängel, Untergang oder Beschädigung zu Lasten des Leasingnehmers freigestellt. Als Ausgleich tritt der Leasinggeber dem Leasingnehmer seine Ansprüche gegen den Lieferanten ab. Im Übrigen finden sich auch hier die Probleme des Hardwareleasings wieder, wie etwa die Wirkung einer Übernahmebestätigung.[154]

176　Das Leasing von Software wird meist als **Finanzierungsleasing** durchgeführt, wobei bei Verträgen mit Verbrauchern die Vorgaben des § 499 Abs. 2 BGB zu beachten sind. Der Leasinggeber finanziert die Anschaffung des Leasinggegenstandes, der Leasingnehmer zahlt diesem regelmäßige Raten. Als Leasinggeber kommt der Hersteller oder, was häufiger ist, ein Dritter in Betracht. In letzteren Fällen handelt es sich also um ein Dreieckecksverhältnis, in dem unterschiedliche Verträge abgeschlossen werden. Im Verhältnis zwischen dem Leasinggeber und dem Lieferanten der Software (z.B. einem Händler oder dem Hersteller) handelt es sich bei der Überlassung von Standardsoftware um einen Kaufvertrag.[155] Soll Individualsoftware erstellt werden, kann es sich um einen Werkvertrag handeln oder nach § 651 BGB Kaufrecht zur Anwendung kommen.[156] Zwischen Leasingnehmer und Leasinggeber wird ein Vertrag abgeschlossen, der mietvertragliche Elemente aufweist und sich somit an den Vorschriften zur Miete auszurichten hat.[157] Eine andere Form des Leasing ist das **Operating-Leasing**, das durch eine kurze Leasingzeit und dadurch gekennzeichnet ist, dass die volle Amortisation des Anschaffungsaufwandes nicht durch den ersten Leasingnehmer sondern nach Beendigung des mit diesem geschlossenen Vertrages durch weitere Überlassung an einen zweiten oder noch mehrere Vertragspartner erreicht werden soll.[158]

177　Wie auch beim Leasing von Hardware können Verletzungen von **Sorgfalts-, Aufklärungs- und Hinweispflichten** durch den Lieferanten bzw. Hersteller, der die Vertragsverhandlungen führt, unter den Voraussetzungen des § 278 BGB dem Leasinggeber zugerechnet werden. Dieser haftet dann nach den §§ 280, 241 Abs. 2, 311 Abs. 2 BGB wegen einer vorvertraglichen

---

153　*Karger* in Redeker, Handbuch der IT-Verträge, Kap. 1.9. Rn. 340.
154　Vgl. dazu Rn. 75 f.
155　Vgl. dazu Rn. 117 f.
156　Vgl. zum Streitstand Rn. 214 f.
157　*BGH* NJW 1988, 198; *Marly* Softwareüberlassungsverträge, Rn. 210.
158　Vgl. *BGH* NJW 1990, 1785.

Pflichtverletzung. Auch nach Abschluss des Leasingvertrages kann ein Fehlverhalten des Lieferanten dem Leasinggeber zugerechnet werden, etwa wenn der Lieferant ohne ein Vertretenmüssen des Leasingnehmers mit der Lieferung in Verzug gerät.[159]

Nach der vertraglichen Regelung im Leasingvertrag übernimmt der Leasingnehmer die Sach- **178** und Preisgefahr, d.h. die Gefahr von Verlust, Beschädigung etc. sowie die Gegenleistungsgefahr. Dies ist in AGB nach überwiegender Meinung zulässig, da damit der käuferähnlichen Position des Leasingnehmers beim Finanzierungsleasing Rechnung getragen wird.[160] Eine Abwälzung der Sach- und Preisgefahr AGB ist wohl auch nicht deswegen nach § 307 BGB unwirksam, weil die AGB keine ausdrückliche Regelung enthalten, dass die Ansprüche des Leasinggebers aus der von dem Leasingnehmer für die Leasingsache abzuschließenden Versicherung sowie die Ersatzansprüche des Leasinggebers aus der Verletzung des Eigentums an der Leasingsache bzw. die entsprechenden Leistungen dem Leasingnehmer zugute kommen.[161] Nach Rechtsprechung und Literatur dürfte ein sofortiges Kündigungsrecht im Falle von Verlust oder einer nicht unerheblichen Beschädigung bei Informationstechnologie nicht unbedingt notwendig sein.[162]

Die Haftung für Mängel des Leasinggebers wird in der Regel vertraglich ausgeschlossen. Beim **179** Finanzierungsleasingvertrag können die Mängelhaftungsvorschriften durch AGB in Verbraucher- und Unternehmerverträgen ausgeschlossen werden, solange die Mängelhaftungsansprüche an den Leasingnehmer abgetreten werden oder eine Ermächtigung zu deren Geltendmachung vereinbart wird.[163] Ob dies auch für den Fall des Operating-Leasings gilt, ist fraglich. Teilweise wird die Zulässigkeit solcher Abtretungs- bzw. Ermächtigungskonzeptionen verneint.[164]

4. Application Service Providing (ASP)

ASP wird seit etwa Mitte der 90er Jahre praktiziert und ist eine mit Beginn dieses Jahrtausends **180** zunehmend praktisch bedeutsame Möglichkeit der Fernnutzung von Softwareprogrammen über das Internet oder andere Netze. Der Kunde kann per Datenleitungen auf eine Software auf dem Rechner des Application Service Providers (ASP) zugreifen und bezahlt diesen nur für die Dauer bzw. den Umfang der Nutzung der konkreten Software (von monatlichen Grundgebühren ggf. abgesehen).

Diese Form der Softwarenutzung bezweckt, Softwareanwendungen aus dem Unternehmen **181** heraus zu verlagern und auf einen spezialisierten Dienstleister zu übertragen. Daher wird das ASP verschiedentlich auch dem Outsourcing zugeordnet. Das ASP soll vor allem hinsichtlich entstehender Kosten Vorteile haben, da der Anwender weder Kaufinvestitionen vornehmen, noch Wartungs- und Pflegeverträge abschließen muss. Weiterer Vorteil ist, dass dem Anwender die Software nicht auf seinem Rechner überlassen wird, sondern auf dem Server des Providers verbleibt. Der Anwender sollte also eine ständig verfügbare, aktualisierte Anwendung nutzen können. Die Risiken bestehen beispielsweise im Hinblick auf eine Betriebsstörung oder einen Komplettausfall der Systeme beim Provider. Insbesondere wenn es sich um kritische Geschäftsprozesse handelt, sind Ausfälle oder Störungen besonders schwerwiegend. Der Anwen-

---

159 Vgl. *BGH* NJW 1988, 198.
160 *Palandt/Weidenkaff* Einf. vor § 535 ff. BGB Rn. 37 ff.
161 *BGH* NJW 2004, 1041; a.A. *OLG Düsseldorf* ZIP 1983, 1092; *Habersack* in MünchKomm BGB, Bd. 3, Finanzierungsleasing Rn. 71 f.
162 Vgl. dazu bereits Rn. 117 f.
163 Vgl. *BGH* NJW 1987, 1072 m.w.N.
164 Vgl. *Marly* Softwareüberlassungsverträge, Rn. 238 m.w.N.

der ist also von der wirtschaftlichen und technischen Stabilität und der Qualität des Services des Anbieters abhängig. Viele Unternehmen sehen auch die Auslagerung ihrer internen Daten als problematisch an und führen als Nachteil des ASP datenschutzrechtliche Aspekte an; gern wird dabei aber außer Betracht gelassen, dass viele Provider – insbesondere in technischer Hinsicht – deutlich bessere Sicherheits- und Datenschutzvorkehrungen treffen als das auslagernde Unternehmen selbst intern.

4.1 Typen des ASP

182   Grundmerkmal des ASP ist die Zurverfügungstellung von Anwendungen und deren Funktionen über eine Datenleitung gegen ein bestimmtes Entgelt. Die Formen des ASP können anhand ihres Anwenderkreises und der technischen Realisierung unterschieden werden.

183   Die Software kann einer Vielzahl von Kunden zur Verfügung gestellt werden (**one-to-many-Modell**). Dies setzt die Eignung der Anwendung für einen gleichzeitigen Zugriff mehrerer Kunden voraus, gleichzeitig ist aber auch erforderlich, dass ein gegenseitiger Zugriff auf geschützte Daten nicht möglich ist (sog. ASP-Enabling, Mandantenfähigkeit der Software). Das one-to-many-Modell lässt sich vorwiegend in Bereichen realisieren, in denen eine Anpassung der Software nicht oder kaum erforderlich ist. Beim **one-to-one-Ansatz** bietet der ASP dem einzelnen Kunden spezielle Lösungen für das System (dedicated ASP). Dieser Bereich der sog. heavyweight-applications zeichnet sich dadurch aus, dass unter Zugriff auf individuelle Unternehmensdaten eine Anpassung erfolgt.

184   Bei „**Wartungs-ASP**"[165] oder **Management Service Providing** handelt es sich bei näherer Betrachtung nicht um ASP, da dem Anwender gerade nicht die Fernnutzung der Software ermöglicht wird, sondern lediglich Wartungs- oder Pflegeleistungen per Datenfernübertragung vorgenommen werden. Gegenstand der Wartungs- und Pflegeleistung ist dabei die im Betrieb des Anwenders installierte Soft- und Hardware.

4.2 Rechtsnatur des ASP/anwendbare Vorschriften

185   Um den ASP-Vertrag einem Schuldverhältnis des BGB zuordnen zu können, muss zwischen der eigentlichen ASP-Leistung und den ggf. vereinbarten Zusatzleistungen unterschieden werden.

186   Die Zuordnung der eigentlichen ASP-Leistung, d.h. der Zurverfügungstellung der Software über eine Datenleitung, zu einem bestimmten Schuldverhältnis des BGB wurde vom Schrifttum unterschiedlich beurteilt. In der Literatur wurde die Gebrauchsgewährung der Onlinenutzung überwiegend als Mietvertrag eingeordnet.[166] Dieser Auffassung hat sich nun auch der BGH[167] angeschlossen: Die Gewährung der Onlinenutzung von Software für begrenzte Zeit stehe beim ASP-Vertrag im Mittelpunkt der vertraglichen Pflichten. Als Rechtsgrundlage für diese vertraglichen Ansprüche liege die Annahme eines Mietvertrages, der die entgeltliche Gebrauchsüberlassung einer beweglichen oder unbeweglichen Sache zum Gegenstand hat, nahe. Dagegen spreche insbesondere nicht der Einwand, dass es sich bei der Software nicht um eine bewegliche Sache handele. Auch bei einem ASP-Vertrag liege eine solche Verkörperung vor, da die Programme zu ihrer Nutzbarkeit in verkörperter Form vorhanden sein müssen. Auch

165 *Czychowski/Bröcker* MMR 2002, 81.
166 *Marly* Softwareüberlassungsverträge, Rn. 567; *Junker* NJW 2003, 2792, *Sedlmeier/Kolk* MMR 2002, 75; *Röhrborn/Sinhart* CR 2001, 69; *Witzel* ITRB 2002, 183; *Intveen/Lohmann* ITRB 2002, 210.
167 *BGH* CR 2007, 75.

spiele es keine Rolle, dass der Anwender nicht den Besitz an den verkörperten Computerprogrammen erlange, da der Mietvertrag keine Besitzverschaffung, sondern nur eine Gebrauchsüberlassung voraussetze.

Neben den mietrechtlichen Vorschriften sind bei Gestaltung und Durchführung des Vertrages **187** auch weitere gesetzliche Vorgaben zu berücksichtigen. Wird ein vorformulierter Vertrag abgeschlossen, was aufgrund des one-to-many-Modells der Regelfall sein wird, sind §§ 307 ff. BGB zu beachten. Weiter müssen datenschutzrechtliche Vorgaben[168] eingehalten werden, da der ASP als Anbieter von Telemediendiensten nach §§ 1, 2 TMG (§ 2 Nr. 1 TDDSG, § 2 Abs. 1 TDG a.F.) angesehen werden kann. Werden an den ASP personenbezogene Daten des Nutzers übermittelt, von diesem dann gespeichert und verarbeitet, muss der ASP die Regelungen des TMG beachten. Ergänzend zu den Regelungen des TMG ist auch auf das BDSG zurückzugreifen. Im Verhältnis des ASP-Anwenders zu seinen Kunden können ebenfalls das TMG oder die Regelungen des BDSG maßgeblich sein. Zudem kann es sich bei dem ASP-Vertrag mit einem Verbraucher um ein Fernabsatzgeschäft handeln (§ 312b BGB).

4.3 Pflichten des Providers

Zentraler Leistungsgegenstand ist die Zurverfügungstellung der Software durch den Anbieter **188** auf seinem Server und die Möglichkeit für den Anwender, diese Software für eine begrenzte Zeit über das Internet oder andere elektronische Netzwerke zu nutzen.[169] Die Software verbleibt aber auf dem Rechner des Anbieters, d.h. die notwendige Infrastruktur befindet sich in seinem Rechenzentrum. Der Anbieter ist Lizenzverwalter und zugleich Inhaber von Nutzungsrechten.[170] Vertragspflicht ist seitens des Providers also mindestens die Bereitstellung und Bereithaltung der Software zur Nutzung durch den Kunden sowie die Einräumung der erforderlichen Nutzungsrechte. Da dieser Pflicht durch Rechtsprechung und Literatur mietvertraglicher Charakter zugesprochen wird, muss der Anwender die Software gem. § 535 BGB jederzeit in einem Zustand bereithalten, der die vertragsgemäße Benutzung ermöglicht. Zu dieser Leistungspflicht gehört hingegen auf Grund der besonderen Überlassungsweise nicht die Überlassung eines Handbuches in Papierform. Bei der Online-Nutzung von Software wird die Bereitstellung einer Online-Dokumentation in Verbindung mit der Möglichkeit eines Ausdrucks als ausreichend angesehen.[171]

Der Anbieter übernimmt neben der bloßen Zurverfügungstellung der Software oft noch weitere Leistungen, die nicht notwendigerweise Inhalt des ASP-Vertrages sein müssen, z.B. das **189** Aufspielen von Updates, die Datensicherung, das Zurverfügungstellen von Speicherplatz (Datahosting,[172] Datahousing[173]), die Anpassung der Software (Customizing), ein Hotline-Service oder die Schulung der Mitarbeiter sein. Diese Leistungen können dem Dienst- oder Werkvertragsrecht unterfallen und zum Vorliegen eines zusammengesetzten oder gemischten Vertrages führen, bei dem jeder Vertragsteil nach dem Recht des auf ihn zutreffenden Vertragstypus zu beurteilen ist, soweit dies nicht in Widerspruch zu dem Gesamtvertrag steht.[174]

---

168 Vgl. hierzu eingehend 16. Abschn.
169 *BGH* CR 2007, 75.
170 *Marly* Softwareüberlassungsverträge, Rn. 559.
171 *Marly* Softwareüberlassungsverträge, Rn. 964.
172 Datahosting ist die Sicherung und Pflege der Daten des Nutzers.
173 Unter Datahousing wird die Erstellung und Pflege von Datenbanken für den Kunden verstanden.
174 *BGH* CR 2007, 75.

190 Typischerweise wird zu dem ASP-Vertrag auch ein Service Level Agreement (SLA), vereinbart, das meist einen wesentlichen Bestandteil eines ASP-Vertrages darstellt,[175] weil es die wesentliche Frage der Verfügbarkeit der Software auf den Rechnern des Anwenders regelt.[176] Besonders wichtig sind Regelungen, die beschreiben, wie die Einhaltung des SLA kontrolliert, gemessen und überwacht werden kann.[177] Typischerweise werden in einem SLA für ASP Regelungen zur Verfügbarkeit der Software, zu Reaktions- und Wiederherstellungszeiten bei Fehlermeldungen, zu Servicezeiten, Speicherkapazität, Festplattenkapazität, Systemstabilität oder Datensicherung getroffen. Regelungsinhalt sind meist auch organisatorische Fragen z.B. die Aufnahme von Ansprechpartnern, First und Second Level Support, Back up Services, Disaster Recovery (Katastrophen-Management).

191 Der wohl wichtigste Regelungspunkt eines SLA für ASP ist die Vereinbarung über die Verfügbarkeit der Anwendung und der Vereinbarung zulässiger ununterbrochener Ausfallzeiten, da der ASP-Anwender in hohem Maße von Stabilität und Funktionsfähigkeit der Anwendung abhängig ist. Ausfallzeiten (sog. down time) können zu Umsatzeinbußen und Imageverlusten führen. In technischer Hinsicht kann eine 100%ige Verfügbarkeit am Rechner des Anwenders schon deswegen nicht sicher gestellt werden, weil diese nicht nur von den eigenen Leistungen des ASP, sondern auch von Leistungen Dritter wie beispielsweise dem Netzanbieter abhängt. Daher wird ein Provider auch nur die Verfügbarkeit der Anwendung an seinem Internet-seitigen Datenausgang gewährleisten, ob von den dort bereit stehenden Anwendungen etwas beim Anwender ankommt, ist letztlich Frage es Internet Service Providers, also eines Dritten. Unterschieden werden können im Hinblick auf die Maschinen des Anbieters geplante und ungeplante Wartungsfenster. Es werden regelmäßig Verfügbarkeitsquoten vereinbart, deren Nichteinhaltung teilweise mit Vertragsstrafen, Schadenspauschalen oder Bonus-Malus-Regelungen abgesichert werden. Die Verfügbarkeitsquoten geben an, zu welchem Prozentsatz das System für einen bestimmten Bezugszeitraum (z.B. 98 % im Monat, Jahr) zur Verfügung zu stehen hat. Teilweise werden die Verfügbarkeitszeiträume auch weiter aufgeteilt, so dass während der Hauptnutzungszeit (z.B. werktäglich 8 bis 17 Uhr) höhere Quoten einzuhalten sind als zu Nebenzeiten (übrige Zeit). Typischerweise ist, gerade bei längeren Bezugszeiträumen für die Bestimmung der Verfügbarkeitsquote, neben dieser auch der maximale Zeitraum angegeben, in dem die Anwendung zusammenhängend nicht verfügbar sein darf (maximum downtime).

192 Hinsichtlich der Verfügbarkeit ist wiederum zu beachten, dass ohne eine ausdrückliche Regelung von einer vollen Verfügbarkeit von 100 % ausgegangen werden muss.[178] Dies ist aufgrund der sensiblen Technik für den Provider misslich. Eine anbieterseitig stets angestrebte Beschränkung der Verfügbarkeit kann in AGB zu Problemen führen, wenn es sich dabei nicht um eine Leistungsbeschreibung, sondern um eine AGB-rechtlich unzulässige Haftungsbegrenzung handelt. Stellt die Regelung zur Verfügbarkeit eine reine Leistungsbeschreibung dar, wird damit lediglich der Umfang der geschuldeten Vertragsleistung festgelegt. Die Rechtsprechung bejaht das Vorliegen einer Leistungsbeschreibung aber nur dann, wenn die Beschreibung Art, Umfang und Güte der geschuldeten Leistungen festlegt, aber die für die Leistung geltenden gesetzlichen Vorschriften unberührt lässt. Klauseln, die das Hauptleistungsversprechen einschränken, verändern, ausgestalten oder modifizieren, sind hingegen inhaltlich zu kontrollieren. Damit verbleibt für die der Überprüfung entzogenen Leistungsbeschreibung nur der enge Bereich solcher Leistungsbezeichnungen, ohne deren Vorliegen mangels Bestimmtheit

---

175 Zu den wesentlichen Regelungspunkten in einem ASP-Vertrag vgl. auch *Koch* ITRB 2001, 39.
176 Zu der Funktion von SLA vgl. auch oben Rn. 102 ff.
177 Im Einzelnen vgl. *Schumacher* MMR 2006, 12.
178 *BGH* BB 2001, 326 – Postbank.

oder Bestimmbarkeit des wesentlichen Vertragsinhalts ein wirksamer Vertrag nicht mehr angenommen werden kann.[179] Die Leistungsbeschreibung enthält danach lediglich die essentialia negotii. Im Ergebnis wird es sich bei der Vereinbarung von Verfügbarkeitsquoten im Hinblick auf die strengen Anforderungen der Rechtssprechung eher nicht um Leistungsbeschreibungen handeln. AGB-rechtlich wirksam sind **Klauseln**, bei denen die **Verfügbarkeit** zwar beschränkt wird, dem Anwender aber seine Rechte z.B. auf Minderung der Vergütung oder Schadensersatzansprüche, erhalten bleiben. Da der Anbieter für die Einschränkung der Verfügbarkeit dann umfänglich haftet, handelt es sich nicht um eine (unzulässige) Haftungsbeschränkung. Problematisch ist die AGB-rechtliche Zulässigkeit der Einschränkung der Verfügbarkeit also insoweit, als es um die Beschränkung der eigenen Verantwortlichkeit geht und dem Kunden die mit der eingeschränkten Leistungserbringung zusammenhängenden Rechte genommen werden.

Verfügbarkeitsquoten und pauschale Zugriffsbeschränkungen unterliegen demnach in der Regel einer Kontrolle nach den §§ 307 ff. BGB. Nach der Rechtsprechung können Verfügbarkeitsklauseln im Hinblick auf eine Haftungsfreizeichnung bedenklich sein. Ein Haftungssausschluss liegt nicht nur bei ausdrücklichen Formulierungen vor, ausreichend ist, dass die Klausel nach ihrem Sinn und Zweck den Eindruck eines Haftungsausschlusses erweckt.[180] | **193**

Bei einem Verbrauchervertrag kann eine Begrenzung der Verfügbarkeit einen Verstoß gegen § 309 Nr. 7 BGB darstellen, im Unternehmerverkehr kann die Klausel über § 307 BGB unwirksam sein. Nach § 309 Nr. 7 BGB sind Haftungsausschlüsse bei der Verletzung von Leben, Körper und Gesundheit und beim Vorliegen von grobem Verschulden nicht zulässig. Nach § 307 BGB darf die Regelung den Vertragspartner nicht unangemessen benachteiligen, insbesondere dadurch, dass durch die Bestimmung wesentliche Rechte oder Pflichten, die sich aus der Natur des Vertrags ergeben, so einschränkt werden, dass die Erreichung des Vertragszwecks gefährdet ist (§ 307 Abs. 2 Nr. 2 BGB). Bei der Verfügbarkeit der Software handelt es sich aber um eine wesentliche Vertragspflicht des ASP.[181] | **194**

Im Ergebnis besteht ein hohes Risiko, dass Verfügbarkeitsklauseln, welche die Haftung des Anbieters für **verschuldete** Ausfälle regeln, einer Inhaltskontrolle nicht standhalten. So entschied nach dem BGH 2001 im Jahr 2006 auch das LG Karlsruhe, dass eine Verfügbarkeit von 99 % im Jahresmittel einen AGB-rechtlich unzulässigen verhüllten Haftungsausschluss darstelle.[182] Dies muss insbesondere dann gelten, wenn der Ausfall von 1 % auch dann nicht zu einer Haftung des Providers führen soll, wenn er den Ausfall zu vertreten hat. Dieses Risiko erhöht sich mengenmäßig noch, wenn sehr geringe Quoten mit langen Bezugszeiträumen (z.B. 90 % über ein Jahr) angegeben werden. Dies gilt auch dann, wenn es sich um (vorgeblich) marktübliche Verfügungsbeschränkungen handelt. Teilweise werden Klauseln als wirksam angesehen, wenn die marktübliche Verfügbarkeit nicht unterschritten wird.[183] Jedoch obläge es dann dem Provider, anhand seiner Marktstellung über die AGB-rechtliche Zulässigkeit zu entscheiden, da er mit bestimmen könnte, welche Verfügbarkeitsbeschränkungen als marktüblich anzusehen wären. In der Praxis wird versucht, das Problem zu vermeiden, in dem entsprechende Zugriffsbeschränkungen als Leistungsbeschreibung formuliert werden – hier ist aber Obacht geboten, weil in den meisten Fällen von der Fachseite im Ergebnis doch eine Verfüg- | **195**

---

179 *BGH* NJW 1995, 2637; NJW-RR 1993, 1049; NJW 1987, 1931; 1993, 2369.
180 *BGH* BGHZ 101, 307.
181 *LG Karlsruhe* CR 2007, 396; ITRB 2007, 106 mit Anm. *Rössel* zu Verfügbarkeitsklauseln beim Web-Hosting.
182 *LG Karlsruhe* CR 2007, 396; ITRB 2007, 106 mit Anm. *Rössel*.
183 *Schoengarth* ASP, 270.

barkeitsregelung gewählt wird, bei der ein Mangel der Verfügbarkeit unabhängig von seiner Ursache als unschädlich angesehen wird, also auch für die Fälle, in denen der Anbieter den Ausfall zu vertreten hat – was wieder eine Haftungsbeschränkung darstellt.

196 Die Vereinbarung von geplanten **Wartungsfenstern** dürfte hingegen auch in AGB-rechtlicher Hinsicht zulässig sein, da dem Provider die Möglichkeit eröffnet werden muss, die notwendigen Erhaltungsmaßnahmen im Rahmen der Erhaltungspflicht nach § 535 Abs. 1 S. 2 BGB zu treffen.[184] Dabei ist sinnvollerweise anzugeben, in welchen Zeiträumen die Wartung/Pflege erfolgen darf, wie lange die Software maximal nicht erreichbar sein darf und wie viele Wartungsfenster in einem bestimmten Zeitraum zulässig sind. Derartige Zeitfenster müssen jedoch nicht vereinbart werden, wenn angesichts der technischem Bedürfnisse der Datensicherung vollständig und mehrfach redundante EDV-Systeme vorgehalten werden, die die Aufrechterhaltung der Betriebsbereitschaft auf einem System bei gleichzeitiger Wartungs- und Pflegemöglichkeit auf einem Parallelsystem mit anschließendem Wechsel des betriebsbereiten Systems erlauben.

197 Zulässig ist auch der Ausschluss der Haftung des Anbieters für Verfügbarkeitseinschränkungen sein, die im Bereich der Übertragung über das Internet hervorgerufen werden, weil es sich hier um einen Bereich handelt, der seinem Einfluss entzogen ist. Eine zulässige und wichtige Klausel ist daher eine sog. **Schnittstellenklausel**, wonach der ASP die Verfügbarkeit nicht am Netzanschluss des Kunden garantiert, sondern lediglich eine funktionstüchtige Schnittstelle zu dem vertragsgegenständlichen Netz unterhält. Die mietvertragliche Überlassungspflicht besteht nur an der Schnittstelle des Rechenszentrums des Providers zum Internet. Die Verfügbarkeit der Anwendung ist dann am Ausgang des Rechenzentrums zu messen.

198 Aufgrund der bereits oben genannten Risiken werden typischerweise in einem ASP-Vertrag Regelung über die **Datensicherung und Datensicherheit** getroffen. Auch Geheimhaltungsvereinbarungen sind in diesem Zusammenhang von Bedeutung.

4.4 Pflichten des Anwenders

199 Die vertragliche Hauptpflicht des Anwenders ist die Zahlung der vereinbarten **Vergütung**; er Kunde muss nach § 535 BGB hinsichtlich der ASP-Leistung den vereinbarten Mietzins zahlen.

200 Beim ASP-Vertrag besteht ein großer Gestaltungsspielraum bei der Vereinbarung eines Vergütungsmodells. Grundsätzlich denkbar ist eine pauschale Vergütung für sämtliche Leistungen, die in periodischen Abständen an den Provider zu zahlen ist. Alternativ kann für die Vergütungsbemessung auf das übertragene Datenvolumen, die Anzahl der Zugriffe und Transaktionen, die Dauer der Nutzung, die Anzahl der Nutzer- oder CPU-abhängigen Lizenzen abgestellt werden. Die Wahl einer zeitunabhängigen Vergütung, ändert nichts an der rechtlichen Qualifikation des ASP-Vertrages als Mietvertrag, da der BGH eine Umsatzmiete akzeptiert.[185] Für solche Bemessungsparameter stellt sich immer die Frage der Messbarkeit sowie der Transparenz und Kontrolle. Daher ist es umso wichtiger, die Bemessungsgrundlagen, die Parameter, das Abrechnungssystem und das jeweils anfallende Nutzungsentgelt festzulegen.

201 Bei **Streitigkeiten** über die Höhe der Vergütung können Probleme entstehen, wenn es um den Beweis des tatsächlich angefallenen Datenverkehrs geht. Nach einer instanzgerichtlichen Entscheidung können die Grundsätze des **Anscheinsbeweises**, die im Bereich der Festnetztelefonie gelten, hinsichtlich der Richtigkeit der Berechungen nicht herangezogen werden, da sich

---

184 *Söbbing* ITRB 2003, 155.
185 Vgl. *BGH* NJW 1979, 2351.

erst herausstellen müsse, dass ein den Abrechnungssystemen der Telefonie vergleichbarer Sicherheitsstandard gegeben sei.[186] Um solche Streitigkeiten zu vermeiden, sollten das Abrechnungssystem sowie die Berechnungsgrundlagen vereinbart werden.[187]

Häufig wird ein Vergütungsmodell gewählt, welches eine Mischform aus den oben genannten Möglichkeiten darstellt. Mit einer jährlich oder monatlich zu erbringenden Vergütung sichert sich der Provider regelmäßige Einnahmen zur sicheren Kalkulation und Deckung seiner Fixkosten. Der Anwender zahlt darüber hinaus eine nutzungsabhängige Vergütung. Mit der Grundgebühr für die Bereitstellung kann auch bereits ein bestimmtes Transaktionsvolumnen abgegolten sein. Zusatzleistungen werden meist auch gesondert vergütet, wobei hier je nach Leistung einmalige oder wiederkehrende Zahlungen denkbar sind. Anbieter legen die Preise für Zusatzvergütungen oft in Preislisten fest. Maßgebend für die Art der Vergütung ist das jeweilige Geschäftsmodell. Steht die eigentliche ASP-Leistung deutlich im Vordergrund, so können kaum ins Gewicht fallende Nebenleistungen durch eine Pauschale abgegolten werden. **202**

Die AGB der Anbieter können, wie auch die der Vermieter von Soft- oder Hardware, sog. **Preisänderungsklauseln** vorsehen. Da es sich bei dem ASP-Vertrag um ein Dauerschuldverhältnis handelt ist es für den ASP wünschenswert, die Preise der wirtschaftlichen Lage anzupassen. Verwendet der ASP vorformulierte Verträge, so sind solche Klauseln anhand der §§ 305 ff. BGB einer Inhaltskontrolle zu unterziehen. Zunächst ist bei der Formulierung das Transparenzgebot zu beachten, § 307 Abs. 1 S. 2 BGB. Außerdem bestehen hinsichtlich der Zulässigkeit von Preisänderungsklauseln bestimmte Vorgaben durch die Rechtsprechung.[188] **203**

4.5 Einräumung von Nutzungsrechten

Urheberrechtlich müssen beim ASP das Rechtsverhältnis zwischen Provider und Softwarehersteller und zwischen Provider und Anwender unterschieden werden. Die urheberrechtsrelevanten Handlungen des Anwenders sind insoweit auch dafür maßgebend, welche Rechte der Softwarehersteller dem Provider einräumen muss. **204**

Im Verhältnis des Providers zu seinem Kunden kann das Vervielfältigungsrecht des § 69c Nr. 1 UrhG berührt sein. Beim Speichern von Computerprogrammen im Arbeitsspeicher oder auf einem Datenträger nimmt der Nutzer eine Vervielfältigungshandlung vor. Beim sog. Emulation-ASP findet eine Vervielfältigung nicht statt, da hier dem Anwender die Applikation auf dem Bildschirm dargestellt wird und daher keine Vervielfältigung durch das Laden in den Arbeitsspeicher seines Rechners erfolgt. Zu einer anderen Beurteilung kommt die Auffassung, die auch Bildschirmmasken als schutzfähige Computerprogramme i.S.d. § 69a UrhG ansieht.[189] Der Anwender muss aber zur Nutzung der Client- oder Browsersoftware die auf seinem Rechner installiert ist, berechtigt sein. Beim sog. Applet-ASP greift der Kunde mittels Browser, die Java-Applets benutzen, auf die Anwendung zu. Soweit die Java-Applets in den Arbeitsspeicher geladen werden und urheberrechtlichen Schutz genießen, bedarf es der Einräumung eines Vervielfältigungsrechtes, da Java-Applets kleine, aus Steuerungsbefehlen bestehende Computerprogramme darstellen.[190] Üblich ist insoweit, dem Anwender ein einfaches Nutzungsrecht ein- **205**

---

186 Vgl. *OLG Düsseldorf* MMR 2003, 474 zum Webhosting-Vertrag; *AG Lichtenberg* MMR 2006, 494 zu Internetdienstleistungen.
187 Vgl. *Roth/Haber* ITRB 2007, 21.
188 S.u. Rn. 284.
189 *OLG Karlsruhe* GRUR 1994, 726.
190 *Grützmacher* ITRB 2001, 59.

zuräumen. Wird keine Regelung getroffen, so werden nach der in § 69d UrhG zum Ausdruck kommenden Zweckübertragungslehre die Rechte so weit eingeräumt, wie dies nach dem Zweck des jeweiligen Vertrages erforderlich ist.

206 Ist der Provider nicht zugleich der Hersteller der Software, so muss er über die notwendigen Nutzungsrechte verfügen. Die Installation der Software auf der IT-Infrastruktur des ASP und das Laden der Anwendung in den Arbeitsspeicher sind Vervielfältigungshandlungen nach § 69c Nr. 1 UrhG, für die der Provider die Zustimmung des Rechteinhabers benötigt. Je nachdem, ob auch beim Anwender Vervielfältigungshandlungen vorgenommen werden, muss der Provider zur **Unterlizenzierung** berechtigt sein. Hingegen nimmt der Provider nach überwiegender Auffassung keine urheberrechtlich relevante Vermietung nach § 69c Nr. 3 UrhG vor,[191] da hier im Gegensatz zur Miete des BGB die Übergabe einer verkörperten Sache an den Anwender erforderlich ist.[192]

207 Das ASP unterfällt u.U. dem Recht der öffentlichen Wiedergabe nach § 69c Nr. 4 UrhG, wenn Softwaremodule und nicht bloße Bildschirmmasken übertragen werden.[193] Nach § 69c Nr. 4 UrhG ist die die drahtgebundene oder drahtlose öffentliche Wiedergabe eines Computerprogramms einschließlich der öffentlichen Zugänglichmachung in der Weise, dass der Öffentlichkeit von Orten und zu Zeiten ihrer Wahl zugänglich ist, von der Zustimmung des Rechtsinhabers abhängig. Dies wird jedenfalls beim ASP „von der Stange" aufgrund der Vielzahl der Nutzer der Fall sein. Weiter muss sich der Provider das Bearbeitungsrecht des § 69c Nr. 2 UrhG jedenfalls dann einräumen lassen, wenn durch Änderung des Quellcodes, ein Eingriff in die Software erfolgt. Je nach Einzelfall benötigt der ASP daher ein Recht zur öffentlichen Wiedergabe, ein Vervielfältigungs- und ein Bearbeitungsrecht.

208 Eine übliche Netzwerklizenz wird den Einsatz der Software zur Nutzung in Form des ASP nicht rechtfertigen, da das ASP überwiegend als eigenständige Nutzungsart angesehen wird.[194]

4.6 Mängelrechte

209 Treten nach Vertragsschluss Mängel an der Hard- oder Software beim Provider auf, so hat dieser gem. § 535 BGB für diese während der gesamten Vertragslaufzeit verschuldensunabhängig einzustehen. Der Provider hat als Vermieter die „Mietsache" in einem zum vertragsgemäßen Gebrauch geeigneten Zustand zu überlassen und sie während der Mietzeit in diesem Zustand zu erhalten. Daher muss der Provider im Rahmen der Instandsetzung Mängel der Software beseitigen. Er ist ohne vertragliche Regelung aber nicht dazu verpflichtet, Updates und Upgrades zu installieren. Dabei betreffen die Erhaltungsmaßnahmen nur die Hauptleistungspflichten, die Verletzung vertraglicher Nebenpflichten, z.B. von Supportleistungen oder Schulungen richtet sich nach den Vorschriften des allgemeinen Schuldrechtes (§ 280 BGB) bzw. dem jeweiligen Recht des zugrundeliegenden vertraglichen Elements. Unklar und von der Rechtsprechung noch nicht entschieden ist aber die genaue Abgrenzung der Haupt- und Nebenpflichten beim ASP-Vertrag.[195] Über § 536 BGB steht dem Anwender ein Minderungsrecht zu. Schadensersatz- und Aufwendungsersatzansprüche für den Anwender ergeben sich aus § 536a BGB.

---

191 *Grützmacher* in Wandtke/Bullinger, § 69c UrhG, Rn. 44.
192 *Marly* Softwareüberlassungsverträge, Rn. 563.
193 *Grützmacher* in Wandtke/Bullinger, § 69d UrhG Rn. 65; *Marly* Softwareüberlassungsverträge, Rn. 566.
194 *Grützmacher* in Wandtke/Bullinger, § 69d UrhG Rn. 13; *Grützmacher* ITRB 2001, 59; *Czychowski/ Bröcker* MMR 2002, 81.
195 *Intveen/Lohmann* ITRB 2002, 210.

Schließlich besteht auch gem. § 543 BGB ein Recht zur fristlosen Kündigung. Häufig werden individualvertraglich oder – soweit nach den §§ 307 ff. BGB zulässig – Haftungsbegrenzungen oder -ausschlüsse vereinbart.

4.7 Vertragsbeendigung

Beim ASP-Vertrag handelt es sich um ein **Dauerschuldverhältnis**, das nach den gesetzlichen **210** Regelungen oder aufgrund vertraglicher Vereinbarungen gekündigt oder aufgehoben werden kann, ggf. auch nach Ablauf einer vereinbarten festen Zeit der Zugriffsberechtigung einfach ausläuft. Ob kurze oder lange Vertragsbindungen erwünscht sind, orientiert sich an den Gegebenheiten des Einzelfalls. Insbesondere im One-to-one-Modell wird der Entwicklungsaufwand für die Software nur dann ausgeglichen, wenn der Anwender die Software auch über längere Zeit nutzt. Der Provider wird grundsätzlich eine längere Vertragsdauer jedenfalls dann bevorzugen, wenn er eine monatliche Grundgebühr für ergänzende Leistungen vereinbart hat (die der Anwender oft nicht abnimmt), da ihm diese Planungssicherheit und eine gefestigte Kalkulationsgrundlage bietet.

Im Zusammenhang mit der Beendigung des Vertrages ist dringend zu regeln, dass und wie die **211** ggf. beim Anbieter gespeicherten Daten an den Anwender herauszugeben sind, z.B. auf einem Datenträger, elektronisch, in Papierform.

V. Softwareerstellung

Bei **Softwareerstellungsverträgen** handelt es sich um **Verträge, die die Erstellung, Verän- 212 derung, Ergänzung, Anpassung oder Umstellung von Software zum Gegenstand** haben, also auch die Modifizierung von Standardsoftware unter Eingriff in den Quellcode. Hier wird primär die Fallkonstellation besprochen, in der es um die Erstellung von Individualsoftware geht. Im Gegensatz zur reinen Überlassung von Standardsoftware handelt es sich hier um die erstmalige Erarbeitung einer Software, was jedenfalls meist komplexere Leistungsbeschreibungen und eine Projektsteuerung erfordert. Die **Vertragsstruktur** eines Softwareerstellungsvertrages wird i.d.R. wie folgt aussehen, wobei die nachstehend genannte Reihenfolge der Regelungsgegenstände typisch, aber nicht zwingend ist:

Präambel **213**

- Definitionen/Glossar (ggf. in Anh. 1 auslagern)
- Vertragsstruktur und Rangreihenfolge der Dokumente (ggf. am Ende des Vertrages)
- Kurzbeschreibung des Vertragsgegenstands
- Leistungsbeschreibung (unter Verweisung auf Anh. 2 bzgl. der Details [des Leistungsverzeichnisses, des Pflichtenhefts, der Feinspezifikation bzw. des Dokuments, das die zu erbringende Leistung enthält])
- Projektmanagement/Projektorganisation (ggf. auf Anh. 3 verweisen)
- Fristen und Meilensteine (ggf. auf Terminplan in Anh. 4 verweisen)
- Mitwirkungspflichten des Anwenders (ggf. auf Maßnahmen- oder Terminplan in Anh. 4 verweisen)
- Änderungsverfahren (Change-Request-Verfahren)
- Regelungen zur Leistungsüberprüfung (Ablieferung/Abnahme) (für technische Einzelheiten ggf. auf Anh. 5 verweisen)
- Rechte an Arbeitsergebnissen, d.h. Rechteübertragung betr. Objektcode und Dokumentation, ggf. Quellcode (insoweit ggf. auf Hinterlegungsvereinbarung in Anh. 6 verweisen)
- Vergütung

- Sach- und Rechtsmängel
- Haftung, Haftungsausschlüsse
- Geheimhaltung, Datenschutz (ggf. gesonderte Datenschutzvereinbarung in Anh. 7)
- ggf. Wettbewerbsverbot
- ggf. Regelungen über die Einschaltung von Subunternehmern
- ggf. Versicherungen, Bürgschaften (ggf. gesonderte Versicherungsunterlagen oder Bürgschaftserklärungen in Anh. 8)
- Schlussbestimmungen (Gerichtsstand, Schiedsklausel, geltende Rechte, Ausschluss des UN-Kaufrechtes etc.)

1. Vertragstypologische Einordnung

214   Die Zuordnung des Softwareerstellungsvertrages zu einem typisierten Schuldverhältnis des BGB wird über die Schuldrechtsreform hinaus, vor allem aber auf Grund dieser, in der Literatur diskutiert.

215   Unter Geltung des **Schuldrechts in der vor dem 1.1.2002 geltenden Fassung** wurden Verträge, die die Erstellung von Individualsoftware zum Gegenstand hatten, überwiegend dem Werkvertragsrecht gem. §§ 631 ff. BGB a.F. zugeordnet.[196] In Einzelfällen konnte auch Dienstvertragsrecht maßgebend sein. Diese Abgrenzung muss auch weiterhin in Einzelfällen vorgenommen werden. Auch vor der Schuldrechtsreform war nicht klar, ob es sich um einen reinen Werkvertrag handelt oder auch das Vorliegen eines Werklieferungsvertrages bejaht werden konnte. Unter Bejahung der Sacheigenschaft von Software wurde auch unter früherem Recht die Anwendbarkeit des § 651 BGB diskutiert;[197] dies hatte aber kaum praktische Folgen, da für die Herstellung nicht vertretbarer Sachen nach § 651 BGB a.F. im Wesentlichen die Vorschriften des Werkvertragsrechts zur Anwendung kamen.

216   Durch die Schuldrechtsreform erhielt die Frage nach der Anwendbarkeit des neu gefassten § 651 BGB eine neue Bedeutung. Die aktuelle Fassung des § 651 BGB beruht auf der Verbrauchsgüterkaufrichtlinie.[198] Diese sah zwar eine Umsetzungsverpflichtung nur in Bezug auf Verbraucher vor, § 651 BGB erstreckt sich aber auch auf Verträge, an denen kein Verbraucher beteiligt ist. Nach § 651 BGB finden auf Verträge, die die Lieferung (vertretbarer oder nicht vertretbarer) herzustellender oder zu erzeugender beweglicher Sachen zum Gegenstand haben, grundsätzlich die Vorschriften über den Kauf Anwendung. Da der BGH (in irgendeiner Form verkörperte) Software als Sache behandelt, liegt es nahe, Kaufrecht auf die Neuherstellung von Software anzuwenden.

217   An der geänderten Fassung des § 651 BGB ist neu, dass wichtige kaufrechtliche Vorschriften auch bei der Herstellung nicht vertretbarer Sachen anwendbar sind. §§ 642, 643, 645, 649 und 650 BGB finden lediglich bei nicht vertretbaren Sachen Anwendung. Daraus ergibt sich, dass § 640 BGB nicht zur Anwendung kommt, es also bei dem gesetzlichen Leitbild des Werklieferungsvertrages über nicht vertretbare Sachen keine Abnahme gibt, also im Grunde auch keine Abnahme einer individuell erstellten Software.

---

196 *Redeker* CR 2004, 88; *Schmidl* MMR 2004, 590.
197 Vgl. *BGH* NJW 1993, 2436.
198 Richtlinie 1999/44/EG des Europäischen Parlamentes und des Europäischen Rates v. 25.5.1999 zu bestimmten Aspekten des Verbrauchsgüterkaufs und der Garantien für Verbrauchsgüter, AblEG Nr. L 171,12.

Die Einordnung des Softwareerstellungsvertrags als Werklieferungsvertrag führt darüber hin- **218**
aus zu weiteren **Abweichungen** vom Werkvertragsrecht. So weichen auch bezüglich der Verjährung und des Verjährungsbeginns die werkvertraglichen und die kaufrechtlichen Vorschriften voneinander ab. Bei der Anwendung kaufrechtlicher Vorschriften kann außerdem der Anwender die Art der Nacherfüllung wählen und so die Beseitigung des Mangels oder die Lieferung einer mangelfreien Sache verlangen, während dieses Recht im Werkvertragsrecht
(vorbehaltlich abweichender Vereinbarung) nach § 635 Abs. 1 BGB dem Unternehmer zusteht. Schließlich spielt auch die kaufrechtliche Rügeobliegenheit nach § 377 HGB eine Rolle.
Keine besondere Bedeutung wird dem im Werkvertragsrecht zur Beseitigung eines Mangels
bestehenden Selbstvornahmerechts (§ 637 BGB) in der Praxis zukommen, da eine Selbstvornahme dem Kunden kaum möglich ist.

Insbesondere wegen dieser wichtigen Unterschiede steht nun die Frage im Vordergrund, ob **219**
über § 651 BGB bei Softwareerstellungsverträgen bzw. bei bestimmten Fallkonstellationen der
Softwareerstellung das Kaufrecht zur Anwendung kommt.

§ 651 BGB setzt voraus, dass es sich um einen Vertrag handelt, der die Lieferung herzustellen- **220**
der oder zu erzeugender beweglicher Sachen zum Gegenstand hat. Der bereits angesprochene
frühere Streit (s.o. Rn. 118), ob es sich bei Software um eine bewegliche Sache handelt, dürfte
nach einer jüngeren Entscheidung des BGH[199] obsolet und in dem Sinne entschieden sein, dass
jedenfalls der BGH von der Sachqualität von verkörperter Software ausgeht, wobei eine Verkörperung in einem flüchtigen Speicher ausreichend ist. Lediglich die Literaturansichten, die
die Sachqualität der Software nach wie vor generell verneinen, können zu dem Ergebnis kommen, dass § 651 BGB schon mangels Vorliegen einer Sache keine Anwendung findet.

Teilweise wird versucht, die Anwendbarkeit des § 651 BGB über eine teleologische Reduktion **221**
zu verneinen. § 651 BGB soll danach die Fälle der Softwareerstellung nicht erfassen, so dass
das Werkvertragsrecht maßgebend ist. Hauptargument für eine begrenzte Anwendbarkeit des
§ 651 BGB ist, dass die Anwendung des Kaufrechts zu unpraktikablen Ergebnissen führe und
für die genannten Fallkonstellationen nicht sachgerecht sei. Das Kaufrecht ziele primär auf den
Warenaustausch ab.[200] Der Charakter des Vertragsteils, der einen bestimmten Erfolg (nämlich
die Herstellung eines (auch) immateriellen Gutes) zum Gegenstand hat, sei ausschlaggebend.
Dieser Vertragsteil jedenfalls sei dem Werkvertragsrecht zuzuordnen.

Eine vermittelnde Ansicht nimmt Differenzierungen nach dem Leistungsinhalt vor.[201] Diffe- **222**
renziert wird bei der Neuerstellung von Software beispielsweise danach, ob es sich um ein
Softwarehaus als Auftraggeber handelt, welches sowohl den Quellcode als auch umfassende
Nutzungsrechte erhält (dann Werkvertrag), ein Anwender als Besteller auftritt und lediglich
ein einfaches Nutzungsrecht erhält (dann wohl eher § 651 BGB) oder der Anwender zwar nur
ein einfaches Nutzungsrecht erhält, der Anbieter die Software aber auch nicht vermarkten darf
(eher Werkvertrag).[202]

Unklar ist nach alledem vor allem bei dem Entwurf von AGB, an welchem Vertragstyp sich der **223**
Ersteller zu orientieren hat. Richtet der Anbieter seinen Vertrag am Kaufrecht aus, schließt sich
die Rechtsprechung in noch ausstehenden Entscheidungen aber die Auffassung an, dass Werk-

---

199 *BGH* MMR 2007, 243
200 Vgl. *Müller-Hengstenberg* CR 2004, 161.
201 *Redeker* CR 2004, 88; *Redeker* in Schneider/ von Westphalen, Softwareerstellungsverträge, D
     Rn. 81 ff.
202 *Redeker* CR 2004, 88.

vertragsrecht anzuwenden ist, kann dies zu einer Unwirksamkeit der am Kaufrecht ausgerichteten Klauseln führen. Umgekehrt gilt dies für den Fall, dass die Rechtsprechung die Anwendung von Kaufrecht fordert.

224 Von § 651 BGB von vornherein nicht erfasst sind jedoch solche Arbeiten, die sich auf bereits hergestellte oder erzeugte Sachen beziehen und der Instandhaltung, Wartung, Reparatur oder sonstigen Veränderungen dienen,[203] denn hierfür ist weiterhin Werkvertragsrecht maßgebend. Dies führt dazu, dass bei der Anpassung von Standardsoftware, die der Besteller von dritter Seite erworben hat bzw. die von ihm gestellt wird, Werkvertragsrecht jedenfalls dann anwendbar sein dürfte,[204] soweit die Anpassungsarbeiten einen bestimmten auf Eintritt prüfbaren Erfolg erreichen sollen. Das wird auch bei der Parametrierung von Standardsoftware, die anderweitig erworben ist, gelten. Damit besteht das aus praktischer Sicht widersinnige Ergebnis, dass bei der Neuherstellung von Software ggf. Kaufrecht anzuwenden ist, bei der Bearbeitung von Software aber Werkvertragsrecht.

2. Vorvertragliches Stadium/Projektbeginn „ohne Vertrag"

2.1 Vorvertragliches Stadium

225 Im vorvertraglichen Bereich bestehen in den praktisch typischen Fällen Aufklärungs- und Beratungspflichten des Softwareerstellers. Noch vor der Erarbeitung der Softwareinhalte werden Meinungen über passende Programmiersprachen ausgetauscht oder andere für das Projekt wichtige, nicht unmittelbar in Funktionalitäten sich ausdrückende Entscheidungen getroffen, bei denen der Anbieter dem Anwender zur Seite steht. Unrichtige oder unterlassene Aufklärung/Beratung kann zu einem Schadensersatzanspruch nach den §§ 280 Abs. 1, 311 Abs. 2, 241 Abs. 2 BGB führen.

226 Wie auch bei anderen Vertragstypen stellt sich die Frage, wann Aufklärungs- und Beratungspflichten bestehen und in welchen Umfang sie zu erbringen sind. Dem Anwender fehlen oftmals die erforderlichen Fachkenntnisse, um ohne Beratung auskommen zu können. Außerdem kann vielfach ein Anwender etwa vorhandene Software, zu der im Rahmen des in Aussicht genommenen Vertragsverhältnisses noch Zusatzprogrammierungen vorzunehmen sind, nicht auf den schon ohne Zusatzprogrammierungen vorhandenen Grad an Nutzbarkeit testen.

227 In den Fällen vorvertraglicher Beratung ist auf den bereits genannten Grundsatz abzustellen, dass allgemeine Aufklärungs- und Beratungspflichten in der Regel nicht bestehen. Es liegen auch bezüglich der Softwareerstellung keine gerichtlichen Entscheidungen vor, die allgemeingültige Grundsätze über das Ob und Wie vorvertraglicher Pflichten enthalten.[205] Daher muss anhand des jeweiligen Einzelfalls geprüft werden, ob und in welchem Umfang Aufklärungs- und Beratungsleistungen zu erbringen sind. Primär wird dazu auf den Umfang des Auftrags und die Fachkunde der Parteien abzustellen sein. Verfügt auch der Anwender über spezifische Fachkenntnisse, werden sich die Aufklärungs- und Beratungspflichten reduzieren. Ferner kommt es auch darauf an, über welche Punkte aufgeklärt werden soll. Eine umfassende Aufklärung darüber, ob und wie sich die vorgestellte Software zur Problemlösung eignet, kann im Hinblick auf den damit verbundenen Aufwand kaum erwartet werden. Hingegen können einfache Hinweise zu dem Fehlen von Unterlagen oder notwendigen Studien/Untersuchungen

---

203 *Busche* in MünchKomm BGB, § 651 Rn. 12.
204 *Schneider/Bischof* ITRB 2002, 273 *Redeker* in Schneider/von Westphalen, Softwareerstellungsverträge, D Rn. 114; vgl. dazu auch *BGH* CR 2002, 93.
205 Darstellung verschiedener Entscheidungen bei *Zahrnt* NJW 1995, 1785.

eher zu erteilen sein.[206] Hinweise auf fehlende Unterlagen werden dann zu erteilen sein, wenn ohne ihr Vorliegen eine Softwareerstellung praktisch nicht möglich ist. Dem Anbieter kann auch die Pflicht zukommen, den Anwender darauf hinzuweisen, dass die Erstellung von Software ohne ein Pflichtenheft nicht durchgeführt werden kann.[207] Je nach Einzelfall kann der Anwender auch darüber zu beraten sein, welche Anforderungen die Software an die Systemumgebung stellt.

Eine Haftung aus §§ 280 Abs. 1, 311 Abs. 2, 241 Abs. 2 BGB kommt zudem in Betracht, wenn der Softwareerstellungsvertrag letztlich nicht zustande kommt und eine Partei bereits Aufwendungen im Hinblick auf einen künftigen Vertragsabschluss getätigt hat. Im Bereich der Softwareerstellung kann es vorkommen, dass bereits im Vorfeld zur Vorbereitung des Vertrages nennenswerte Aufwendungen getätigt werden. Grundsätzlich gilt, dass Vertragsverhandlungen jederzeit abgebrochen werden können, ohne dass es eines besonderen Grundes bedarf. Im Rahmen der Vertragsverhandlungen erfolgen in der Regel noch keine rechtsverbindlichen Zusagen (§ 154 Abs. 1 BGB). Tätigt eine Partei bereits in Erwartung des Vertragsschlusses und im Vertrauen auf den Vertragsschluss (insbesondere ohne Kenntnis der anderen Partei oder gar gegen deren Rat oder Wunsch) Aufwendungen, so liegt dies in der Regel in ihrem Risikobereich. Ein Anspruch auf Schadensersatz kann nur unter der Voraussetzung entstehen, dass die andere Partei in zurechenbarer Weise das Vertrauen auf den Vertragsschluss geweckt und die Vertragsverhandlungen dann ohne einen triftigen Grund abgebrochen hat.[208] Umstritten ist, ob der Abbruch der Vertragsverhandlungen schuldhaft erfolgt sein muss.[209] Für einen triftigen Grund bedarf es keiner besonders hohen Anforderungen. Dadurch soll vermieden werden, dass es mittelbar zu einem Zwang zum Abschluss eines Vertrages kommt. Als Beispiele für ein triftigen Grund können ein besseres Angebot eines Konkurrenten oder eine Verschlechterung der Geschäftschancen genannt werden. **228**

2.2 Beginn des Softwareerstellungsprojekts „ohne" Vertrag

(Zu) Viele Softwareerstellungsprojekte werden mit einem „Letter of Intent"[210] (eigentlich einer einseitigen Erklärung), einem „Memorandum of Understanding", einem „Vorvertrag" oder einer ähnlich überschriebenen Vereinbarung eingeleitet, weil mit den fachlichen Arbeiten begonnen werden soll, obwohl noch kein „richtiger" Vertrag besteht, die Beteiligten aber ein Minimum an schriftlicher vertraglicher Bindung wünschen, um das Projekt beginnen zu können. Die wenigsten Vorfeldvereinbarungen dieser Art haben im Hinblick auf ihren sachlichen Gehalt die zutreffende Bezeichnung – falsa demonstratio non nocet. **229**

Ein „Letter of Intent" hat als ursprünglichen typischen Gehalt lediglich die Absichtsbekundung, dass die Beteiligten Vertragsverhandlungen beginnen oder begonnene mit dem ernsthaften Willen zur Einigung weiter führen wollen, evtl. Vereinbarungen zum Vertragsmanagement im Hinblick auf den angestrebten endgültigen Vertrag (z.B. Beschaffung von Vollmachten, Festlegung von Verhandlungsdaten und -zyklen), eine Risikoverteilung für vor dem endgültigen Vertragsschluss erfolgende (ggf. vergebliche) Aufwendungen (i.d.R. trägt jede Partei die eigenen Kosten und Aufwendungen) und eine Regelung zur Geheimhaltung und zum Gerichtsstand bzw. zur Schiedsgerichtsbarkeit. Denkbar sind auch Patronatserklärungen, Bindungen an **230**

---

206 Vgl. *Redeker* in Schneider/von Westphalen, Softwareerstellungsverträge, D Rn. 7.
207 Vgl. *Redeker* in Schneider/von Westphalen, Softwareerstellungsverträge, D Rn. 8.
208 Vgl. *Emmerich* in MünchKomm BGB, § 311 Rn. 214 m.w.N.
209 Vgl. *Emmerich* in MünchKomm BGB, § 311 Rn. 223 f.
210 Vgl. hierzu umfassend *Heussen* Anwaltscheckbuch Letter of Intent, 2002.

Preislisten zum Schutz vor Überholung durch im Laufe der Verhandlungen erscheinende neue Preislisten, Vereinbarungen zur Vorhaltung/Blockierung von Personal- und sonstigen Kapazitäten (ggf. gegen Entschädigung), Optionsregelungen usw.

231 Werden in den „Letter of Intent" oder in das wie auch immer überschriebene Papier jedoch schon Hauptleistungspflichten des gewünschten endgültigen Vertrags aufgenommen, so verschwimmt die Grenze zwischen (verbindlicher) Vorfeldvereinbarung und Hauptvertrag. In den meisten Fällen enthalten die Vorfeldvereinbarungen bereits Eckdaten des Hauptvertrages, in vielen Fällen ist man froh, angesichts der mühsamen Verhandlungen über die Vorfeldvereinbarung endlich mit der eigentlichen Projektarbeit beginnen zu können – und das führt dazu, dass nach der Vorfeldvereinbarung gar keine weitere Vereinbarung mehr abgeschlossen und das Projekt ohne detaillierte Regelung zu zentralen Gesichtspunkten auskommen muss. Dann gelten die gesetzlichen Vorschriften im Lichte der Rechtsprechung, und das ist nicht immer eine ausreichende Hilfe.

2.3 Typische dem Softwareerstellungsprojekt vorgeschaltete Vereinbarungen

232 Zu unterscheiden ist das vorvertragliche Stadium bzw. eine Vorfeldvereinbarung von einem selbstständigen Beratungsvertrag, der vielfach im Vorfeld von IT-Projekten abgeschlossen und förmlich durchgeführt und abgewickelt wird (s. nachfolgend Rn. 302 f.).

233 Vielfach wird die Planungsphase in einem eigenen Vertrag in dem Sinne erfasst dass die Erstellung des Leistungsverzeichnisses (Pflichtenhefts) zum Gegenstand eines eigenen Vertrags gemacht wird. Dieser Vertrag ist mit „Abnahme" des Leistungsverzeichnisses abgeschlossen und der Anwender gibt dann gesondert die Leistung der Softwareerstellung in Auftrag, evtl. an den Ersteller des Leistungsverzeichnisses, sofern dieser auch Softwarehersteller ist, sonst an einen Softwarehersteller. Sind Ersteller des Leistungsverzeichnisses und Softwarehersteller nicht dasselbe Unternehmen, kann es Schwierigkeiten bei der Abgrenzung der Haftung geben, insbesondere dann, wenn fraglich ist, ob die Software eine konzeptionelle Schwäche hat und Streit darüber entsteht, ob diese Schwäche schon im theoretischen Konzept bzw. im Leistungsverzeichnis angelegt ist oder während der Ausführung hineinprogrammiert wurde.

3. Leistungsumfang/Pflichten des Softwareerstellers

234 Welche Leistung ein Softwareerstellungsvertrag zum Gegenstand hat, ist Frage des konkreten Lebenssachverhalts und damit Einzelfalls. So kann Leistungspflicht die (Neu-)Herstellung von Standardsoftware (z.B. Herstellung von Software durch ein kleines IT-Unternehmen für ein größeres, das diese neue Software in eines seiner Standardprodukte einbauen will) oder von Individualsoftware (z.B. Herstellung einer kundenindividuellen Lösung für einen einzelnen Anwender) sein, wobei letzteres Schwerpunkt der folgenden Ausführungen ist. Weiter kann auch die Parametrierung der Software Gegenstand eines Vertrages sein, wobei es hier streng genommen nicht um Softwareerstellung geht, weil bei der Parametrierung Programme anhand der in ihnen enthaltenen Einstellmöglichkeiten auf den konkreten Anwender eingestellt werden, ohne dass eine Änderung am Quellcode erforderlich ist. Schließlich kann es auch um die Anpassung vorhandener Standardsoftware an die Bedürfnisse des Anwenders unter Eingriff in den Quellcodes gehen.

235 Jeder Vertrag über die Erstellung von Software erfordert eine **Leistungsbeschreibung**. Unabhängig davon, ob Werkvertragsrecht oder über § 651 BGB kaufrechtliche Vorschriften maßgebend sind, bedarf es einer genauen Bestimmung, welche Leistungen vertraglich geschuldet werden. Dazu ist die Kenntnis der Anforderungen notwendig, denen die zu erstellende Software genügen muss. Daher werden in einem **Pflichtenheft** die idealiter aus dem anwenderseits

erstellten Lastenheft entwickelten konkreten Anforderungen festgelegt, die die Software nach der Vorstellung des Anwenders erfüllen muss.[211] Da der Softwareersteller meist über eine höhere Sachkunde verfügt als der Anwender, ist fraglich, wer das Pflichtenheft zu erstellen hat. Üblicherweise ist es Aufgabe des Anwenders, die zu erbringenden Leistungen zu beschreiben und eine Leistungsbeschreibung zu erarbeiten.[212] Teilweise verfügt jedoch der Anwender über geringe Fachkenntnisse, so dass die Erstellung eines Pflichtenheftes für ihn schwierig bis unmöglich ist. Erstellt der Anwender dennoch das Pflichtenheft, treffen den Anbieter bestimmte Mitwirkungspflichten, indem er beispielsweise auf Konkretisierungsbedarf hinweist oder Widersprüche und Unklarheiten aufzeigt.[213]

Es bestehen aber auch für fachunkundige Anwender neben der eigenen Erstellung des Pflich-   **236** tenheftes zahlreiche Möglichkeiten, ein Pflichtenheft zu erarbeiten. Es kann z.B. vereinbart werden, dass das Pflichtenheft von den Vertragsparteien gemeinsam erarbeitet wird. Dem Anwender steht auch die Möglichkeit offen, einen Dritten oder den späteren Softwareersteller mit der Erstellung des Pflichtenheftes zu beauftragen. Keinesfalls kann auf eine Leistungsbeschreibung gänzlich verzichtet werden; Projekte, in denen dies versucht wird, scheitern regelmäßig bzw. werden nicht im vorgestellten Zeitplan, mit vorgestelltem finanziellem Aufwand und mit vorgestellter Qualität beendet. Sofern und soweit kein Pflichtenheft erstellt wird, dieses also ggf. eine Lücke hat, gilt, dass das Programm dem Stand der Technik bei mittlerem Ausführungsstandard genügen muss[214] – und das werden im Streitfall im Nachhinein Sachverständige festzustellen haben. Jedenfalls nach Fertigstellung des Programms entfällt aber die Pflicht zur Erstellung eines Pflichtenheftes.[215]

Vertragliche Hauptpflicht des Softwareerstellers ist auch die **Lieferung einer Benutzerdoku-**   **237** **mentation**, zumindest eines Anwenderhandbuches in Form einer Installations- und Gebrauchsanweisung für das Programm. Bei Nichtlieferung der Benutzerdokumentation handelt es sich unter Lieferung der Software lediglich um eine Teilleistung.[216] Dem Kunden steht dann die Möglichkeit offen, Ansprüche aus (teilweiser) Nichterfüllung einer vertraglichen Hauptleistungspflicht geltend zu machen.[217]

Neben der Benutzerdokumentation können bei der Softwareerstellung in aller Regel auch noch   **238** **Programm- und Entwicklungsdokumentationen**, **Installationsdokumentationen** oder **Pflege-/Wartungsdokumentationen** überlassen werden. Die Programmdokumentation ist eine „vollständige, prozedurale Darstellung in sprachlicher, schematischer oder anderer Form, die ausreicht, um daraus ein entsprechendes Computerprogramm zu erstellen".[218] Auch hier ist unklar, ob und wann diese Dokumentationen an den Kunden herausgegeben werden müssen. Zu prüfen ist, ob sich eine Pflicht zur Herausgabe aus dem Vertrag oder aus den Vertragsumständen ergibt; welche dieser Dokumentationen zu Zwecken der Erfüllung der Hauptleistungspflicht zu übermittel ist, ist also Frage des Einzelfalls. So wird eine Pflege-/Wartungsdokumentation jedenfalls dann zu übermitteln sein, wenn bereits bei Vertragsschluss klar ist, dass der

---

211 Vgl. *Marly* Softwareüberlassungsverträge, Rn. 783.
212 Vgl. bspw. *OLG Köln* NJW-RR 1993, 1528; 1992, 761.
213 Zu den Mitwirkungspflichten vgl. *Redeker* IT-Recht in der Praxis, Rn. 303.
214 Vgl. *BGH* NJW-RR 1992, 556; CR 2004, 490.
215 Vgl. *BGH* NJW-RR 1992, 556.
216 Vgl. i.Ü. zur Benutzerdokumentation bzw. zum Benutzerhandbuch Rn. 125 und DIN ISO/IEC 12119.
217 *BGH* NJW 1993, 461.
218 *Karger* in Kilian/Heussen, Computerrechtshandbuch, Nr. 21 Rn. 30.

Anwender das Programm nach Fertigstellung selbst warten und weiter entwickeln möchte. Dies zeigt, dass eine explizite vertragliche Vereinbarung der Parteien zur Klarstellung und Vermeidung von Streitigkeiten erforderlich ist.

239 Im Rahmen von Softwareerstellungsverträgen wird auch diskutiert, inwieweit den Anbieter eine **Pflicht zur Überlassung des Quellcodes** trifft. Eine allgemein verbindliche Aussage zur Verpflichtung, den Quellcode zu überlassen, kann dabei nicht aufgestellt werden. Der BGH hat insoweit grundlegend entschieden, dass die Frage, ob ein Anbieter, der sich zur Erstellung eines Datenverarbeitungsprogramms verpflichtet hat, dem Kunden auch den Quellcode des Programms überlassen muss, nach den Umständen des Einzelfalls zu beurteilen ist, soweit sich aus dem Vertrag keine anderweitige Abrede ergibt. Neben der Höhe der vereinbarten Vergütung soll nach dem BGH dabei insbesondere der Umstand relevant sein, ob das Programm zwecks Vermarktung durch den Besteller erstellt wird und dieser zur Wartung und Fortentwicklung des Programms auf den Quellcode zugreifen muss.[219] Daher besteht eine Pflicht zur Quellcodeüberlassung unter Berücksichtigung der Rechtssprechung des BGH nur dann, wenn im Einzelfall Umstände gegeben sind, die eine solche Verpflichtung erkennen lassen. Dies kann auch der Fall sein, wenn bereits bei Vertragsschluss fest steht, dass der Anwender die Software nach der Übernahme selbst pflegen und ggf. weiter entwickeln will – dies sind keine seltenen Fallgestaltungen, man denke nur daran, dass ein Anwender mit einer fähigen IT-Abteilung aus Kapazitätsgründen die Erstellung von zur Eigennutzung vorgesehenen Softwaremodulen fremdvergibt. Auch hier gilt, dass die Parteien zur Vermeidung von Unklarheiten und daraus resultierenden Streitigkeiten positiv regeln sollten, ob eine Herausgabe des Quellcodes geschuldet ist oder nicht.

4. Pflichten des Anwenders

240 Hauptpflicht des Anwenders ist die **Vergütung** der Leistungen des Anbieters. Dabei sind unterschiedliche **Vergütungsmodelle** denkbar, auch in Abhängigkeit von dem Rechtscharakters des Vertrags insgesamt. Die Vergütung kann als Pauschale (Pauschalpreis, Pauschalfestpreis) vereinbart werden oder nach tatsächlichem Aufwand („time & material") erfolgen. Es sind Vorschuss-/Abschlagszahlungen, Gewährleistungseinbehalte, Mischformen von fester und laufender Vergütung und vieles mehr denkbar.

241 Die Vergütung ist, soweit es sich um einen Werkvertrag handelt, bei der Abnahme des Werkes zu entrichten (§ 641 Abs. 1 BGB). Ist das Werk in Teilen abzunehmen, was sich Anbieter wünschen und Anwender tunlichst vermeiden sollten, und ist die Vergütung für die einzelnen Teile bestimmt, so ist die Vergütung für jeden Teil bei dessen Abnahme zu entrichten (§ 641 Abs. 1 BGB). Ist hingegen über § 651 BGB das Kaufrecht anzuwenden, ist die Vergütung mangels anderweitiger Vereinbarung grundsätzlich sofort (§ 271 BGB) und damit bei Vertragsschluss **fällig**. Die Parteien können aber auch eine spätere Fälligkeit vereinbaren. Im Übrigen kann der Kunde auch das Zurückbehaltungsrecht des § 320 Abs. 1 BGB geltend machen. Danach kann derjenige, der aus einem gegenseitigen Vertrag verpflichtet ist, die ihm obliegende Leistung bis zur Bewirkung der Gegenleistung verweigern, es sei denn, dass er vorzuleisten verpflichtet ist. Außerdem können die Parteien vereinbaren, dass **Vorschusszahlungen** geleistet werden. Dies kommt vor allem bei IT-Projekten längerer Dauer in Betracht (z.B. 25% bei Vertragsschluss,

---

219 Vgl. *BGH* NJW-RR 2004, 782; *LG München* NJW 1989, 2625; *LG Köln* NJW-RR 2001, 1711; zur Entwicklung in der Rspr. vgl. *Hoeren* CR 2004, 721.

insgesamt 40% über vier Meilensteine zu je 10% verteilt, 10% bei Bereitstellung zur Abnahme, 15% nach erteilter Abnahme und 10% [verzinslicher] Gewährleistungseinbehalt, wobei letzterer vielfach durch eine Bürgschaft abgelöst wird).

Den Anwender treffen auch bei einem Softwareerstellungsvertrag **Mitwirkungspflichten**. Für den Werkvertrag folgt dies unmittelbar aus § 642 BGB, im Übrigen erklärt § 651 BGB die Regelung des § 642 BGB bei der Herstellung oder Erzeugung einer unvertretbaren Sache für anwendbar. Bei der Herstellung von Standardsoftware greift die Regelung des § 642 BGB also nicht ein, soweit es sich um eine vertretbare Sache handelt. Die Folgen einer unterlassenen Mitwirkungshandlung ergeben sich aus §§ 642, 643 BGB. Gem. § 642 Abs. 1 BGB kann der Softwareersteller, wenn der Anwender durch das Unterlassen der Mitwirkungshandlung in Annahmeverzug gerät, eine angemessene Entschädigung verlangen. Der Softwareersteller ist im Falle einer unterlassenen Mitwirkung berechtigt, dem Anwender zur Nachholung der Handlung eine angemessene Frist mit der Erklärung zu bestimmen, dass er den Vertrag kündige, wenn die Handlung nicht bis zum Ablauf der Frist vorgenommen werde, § 643 S. 1 BGB. Der Vertrag gilt als aufgehoben, wenn nicht die Nachholung bis zum Ablauf der Frist erfolgt (§ 643 S. 2 BGB). **242**

Welche Mitwirkungspflichten im Einzelnen geschuldet sind, ergibt sich aus diesen Regelungen jedoch nicht. In dem Vertrag sollten also die Mitwirkungshandlungen konkretisiert werden, um Streitigkeiten vorzubeugen und insbesondere, um eine zügige und ordnungsgemäße Erfüllung des Vertrages zu ermöglichen. Als Mitwirkungspflichten sind z.B. denkbar die Zurverfügungstellung der Räumlichkeiten und des Materials. Dies kann die Hardware und ggf. Betriebssystemsoftware sein, aber auch Testdaten und Dokumente, die der Durchführung des Vertrages dienen, Arbeitsplätze für Mitarbeiter des Anbieters, der Anschluss an das Telekommunikations- und/oder das Stromnetz, das Stellen von fachlich qualifizierten Personal oder der Erteilung bestimmter Informationen. **243**

Überwiegend wird davon ausgegangen, dass die Mitwirkungspflichten des § 642 BGB bloße **Obliegenheiten** sind,[220] die nicht selbständig einklagbar sind. Teilweise wird in den Verträgen ausdrücklich vereinbart, dass es sich um echte, einklagbare Pflichten bzw. Hauptleistungspflichten handeln soll. Individualvertraglich ist eine dahingehende Vereinbarung ohne weiteres möglich. Bei einer Vereinbarung in AGB des Softwareerstellers muss geprüft werden, ob durch die Vereinbarung einer Pflicht anstelle einer bloßen Obliegenheit eine unangemessene Benachteiligung nach § 307 BGB gegeben ist. **244**

5. Änderungen des Leistungsumfangs

In der Praxis wird kaum ein Projekt durchgeführt, ohne dass **Änderungen** vorgenommen werden bzw. vorgenommen werden müssen. Auch bei einer detaillierten und strukturierten Leistungsbeschreibung kann sich im Laufe des Projektes **Änderungsbedarf** ergeben. Gründe für Änderungsbedarf gibt es zahlreiche, er kann sich z.B. daraus ergeben, dass die Software nicht wie geplant programmierbar ist, dies aber in der Planungsphase nicht zu erkennen war. Änderungswünsche können sich aber auch aus externen Umständen oder aus technischen Umfeldbedingungen (vor- und nachgelagerte Systeme beim Anwender) ergeben. Trifft der Anwender eine neue unternehmerische Entscheidung, so kann sich daraus der Wunsch ergeben, die Software fachlich zu verändern. Schließlich können sich auch gesetzliche Regelungen mit Auswir- **245**

---

220 Z.B. *BGH* NJW 2000, 1336; NJW-RR 1986, 211.

kung auf Softwareinhalte ändern oder neu hinzukommen. Teilweise erreicht oder übersteigt der finanzielle Aufwand für die Änderungen das für das ursprüngliche Projektvolumen kalkulierte Entgelt.

246 Für die Leistung des Softwareerstellers ist primär die vereinbarte Leistungsbeschreibung, das Pflichtenheft, maßgebend. Er hat das Produkt „Software" so zu erbringen, wie dies ursprünglich vertraglich vereinbart wurde. Der Anwender hat keinen Rechtsanspruch auf die Durchführung von Änderungen. Ausnahmsweise kann sich eine Zustimmungspflicht zu einer Änderung ergeben, wenn die Voraussetzungen des § 313 BGB erfüllt sind; dies ist denkbar beispielsweise vor dem Hintergrund übereinstimmender technischer Grundannahmen (z.B. der Funktionsfähigkeit einer bestimmten Software in einer bestimmten Umgebung), die so selbstverständlich schienen, dass sie von den Vertragsparteien vor Vertragsschluss nicht streitig diskutiert, sondern ohne Verhandlung beiderseits zur Vertragsgrundlage gemacht wurden, und sich nach Vertragsschluss herausstellt, dass die Annahme unzutreffend war. Da praktisch kaum ein Softwareprojekt so wie geplant realisiert wird, sollte in dem Vertrag ein Änderungsverfahren (**Change-Request-Verfahren**) vorgesehen werden. Vereinbarungen zu einem Änderungsverfahren enthalten typischerweise folgende Regelungen: Zunächst muss definiert werden, was die Parteien als Änderung ansehen. In der Regel wird es sich dabei um Zusatzleistungen handeln. Dann wird geregelt, wie ein (förmliches) Änderungsverfahren durchzuführen ist. Beispielsweise ist zu regeln, in welcher Form Änderungswünsche einzubringen sind (mündlich, schriftlich, mittels eines Formulars, Benennung des Ansprechpartners/Kommunikationskanals), wie ein „Änderungsangebot" zu behandeln ist (z.B. Beantwortung in einer bestimmten Frist), wie und durch wen über den Änderungswunsch entschieden wird und schließlich, wie das Änderungsverfahren dokumentiert wird. Wird man sich auf der Ebene der Projektleiter nicht über die Änderung einig, wird in der Regel vorgesehen, dass es noch eine Eskalationsstufe zu einem „Lenkungsausschuss" oder einem ähnlichen Gremium gibt. Selbstverständlich bedarf es der Klärung, ob und wie sich Änderungen auf die Vergütung, die Fristen oder auf das sonstige Projekt auswirken. Aus diesem Grund ist es in der Regel nicht opportun darauf zu bestehen, als Anwender einen Änderungswunsch auch einseitig durchsetzen zu können. Das mag nach § 319 Abs. 2 BGB, dessen Maßstab „freies Belieben" auch zwischen den Beteiligten unmittelbar vereinbart werden kann, auch möglich sein, jedoch wird ein Anbieter, dem eine ungewünschte Änderung oktroyiert wird, andere Wege finden, diese Änderung zu beeinflussen.

Handelt es sich bei der Regelung zu Änderungen um Anwender-AGB, muss bei der Formulierung darauf geachtet werden, dass die Ausgestaltung den Vertragspartner nicht gem. §§ 307, 308 Nr. 4 BGB unangemessen benachteiligt.

6. Rechteübertragung

247 Zur **Rechteübertragung** gehört zunächst, dass dem Anwender das **Eigentum** an allen körperlichen Sachen übertragen wird.

248 In welchem Umfang Nutzungs- und Verwertungsrechte übertragen werden müssen, richtet sich nach den im Einzelfall getroffenen Vereinbarungen in den Grenzen der gesetzlichen Vorgaben. Nach §§ 69d, e UrhG bedürfen bestimmte Handlungen keiner Zustimmung des Rechtsinhabers, so dass diese Mindestrechte nicht beschränkt werden dürfen (vgl. auch § 69g UrhG). Die Einräumung von Nutungs- und Verwertungsrechten richtet sich, sofern eine Vereinbarung nicht getroffen wurde, im Übrigen nach dem jeweiligen Verwendungs- und dem Vertragszweck im Einzelfall (Zweckübertragungstheorie). Möchte der Anwender die Software beispielsweise vermarkten, müssen ihm umfassende Nutzungs- und Verwertungsrechte eingeräumt werden.

Viele Anwender haben die Vorstellung, auch ohne besondere Vereinbarung an einer für sie eigens erstellten Individualsoftware ausschließliche Rechte zu erhalten. Dem ist mitnichten so, denn es gilt, wie erwähnt, der Zweckübertragungsgrundsatz. Die Ausschließlichkeit von Nutzungs- und Verwertungsrechten sollte daher unbedingt gesondert vereinbart werden. Gegen eine zeitlich unbefristete Ausschließlichkeit wird sich der Anbieter zudem jedenfalls dann wehren, wenn das Softwareprojekt für ihn den Einstieg in ein neues Produkt darstellen könnte und er eine Mehrfachverwertung vor Augen hat. Dann ist immer noch an eine zeitlich befristete Ausschließlichkeit zu denken. Ein anderes Modell kann vorsehen, dass zwar die ausschließlichen Nutzungs- und Verwertungsrechte beim Anwender liegen, dieser dem Anbieter aber im Wege einer Art Rücklizenz Nutzungsbefugnisse einräumt, so dass dieser an weitere Kunden die Software vertreiben kann. Diese Rücklizenz kann entgeltlich sein, so dass der Anwender durch eine erfolgreiche Veräußerung der Software an Dritte Zahlungen erhält, die im wirtschaftlichen Ergebnis dazu führen können, dass das Softwareerstellungsprojekt für ihn (fremd-) kostenneutral war.   **249**

Selbstverständlich muss der Anbieter darauf achten, dass er an der Software und der Dokumentation auch die Rechte besitzt, die er dem Anwender einzuräumen hat. Er muss also Rechte von etwaigen Vorlieferanten (vertraglich) auf sich übergeleitet haben. Sind die Urheber Arbeitnehmer des Anbieters, gilt § 69b UrhG.   **250**

7. Abnahme/Ablieferung

Ein wesentlicher Unterschied zwischen Werkvertrag einerseits und Werklieferungsvertrag mit Anwendung von Kaufrecht andererseits besteht darin, dass das Werkrecht in § 640 BGB im Gegensatz zum Kaufrecht eine Abnahme des Werkes durch den Besteller vorsieht. **Abnahme** bedeutet die körperliche Hinnahme des Werkes verbunden mit der Billigung des Werkes. Die Abnahme setzt die vollständige Übergabe der Software einschließlich der Handbücher, einen Probebetrieb und ggf. auch die Installation voraus. Im **Kaufrecht** ist eine Abnahme nicht vorgesehen, sondern lediglich die **Ablieferung** der Sache, die keine Billigung durch den Käufer voraussetzt. Im kaufmännischen Verkehr besteht nach § 377 HGB lediglich eine Rügeobliegenheit.   **251**

Bei Softwareerstellungsverträgen wird meist – jedenfalls unter der Prämisse, dass Werkvertragsrecht zur Anwendung kommt – ein **detailliertes Abnahmeverfahren** vereinbart. Das Gesetz sieht keine bestimmten Abnahmeprozedur vor, jedoch besteht bei Software das praktische Bedürfnis, ein „förmliches" Abnahmeverfahren durchzuführen. Meist wird die Software dem Kunden zunächst zwecks Durchführung von Tests zur Verfügung gestellt (zur Abnahme bereit gestellt, Bereitstellung zur Abnahme oder BzA). Der Anwender kann dann auf einer **Testumgebung** die Software umfassend prüfen, z.B. mit Testdaten mit ihr arbeiten, besonders kritische Situationen wie etwa die Nutzung durch sehr viele Benutzer simulieren (Lasttests), Fehler oder Abstürzen oder Angriffen von außen, soweit es um Sicherheitsfragen geht, provozieren. Zwischen den Parteien kann dazu vereinbart werden, welche Tests vorzunehmen sind, welchen Umfang diese aufweisen und in welcher Art und Weise der Testbetrieb erfolgt. Viele Anbieter haben ein Standard-Testprogramm, dessen Abarbeitung allein angeboten wird, für den Anwender ist sicherlich von Vorteil, auch eine Phase „freien" Testens zu haben. Eine Regelung zu Tests muss auch Angaben darüber enthalten, welche Vorleistungen zwecks Durchführung der Tests zu erbringen sind, z.B. wer die Testumgebung stellt und von welcher Seite welche Testdaten bereitgestellt werden. Erst nach erfolgreichen Tests und erteilter Abnahme dann wird die Software in den **Real- bzw. Produktivbetrieb** übernommen.   **252**

253   Da nach § 640 BGB die Abnahme des Werkes verweigert werden kann, wenn das Werk nicht abnahmefähig ist und wenn wesentliche Mängel vorliegen, werden in den entsprechenden Vertragswerken auch **Kriterien** definiert, wann es sich um einen wesentlichen und wann um einen unwesentlichen **Mangel** handelt. Typischerweise werden hierzu drei bis vier Mangelklassen definiert, wobei in aller Regel „schwere" Mängel (z.B. das Ausfallen wesentlicher Funktionalitäten, zu deren Abarbeitung die Software hergestellt worden war, oder die mangelnde Kompatibilität der Software zu vorhandenen Datenbanken) die Abnahme hindern, „mittelschwere" Mängel (z.B. teilweise Ausfall von Funktionalitäten, die nur selten gebraucht werden) nur, wenn sie massiert auftreten, und „leichte" Mängel (z.B. Schreibfehler in Hilfetexten, fehlerhafte Bildschirmfarben) die Abnahme nicht hindern. Dem juristischen Berater wird es seltsam vorkommen, dass in größeren IT-Projekten eine nahezu vierstellige Zahl von „leichten" Mängeln auftritt, aber das ist nicht ungewöhnlich, sondern lediglich ein deutlicher Hinweis darauf, dass die Abgrenzung zwischen den für die Abnahme maßgeblichen und den nicht maßgeblichen Mängeln trennscharf zu erfolgen hat.

254   In **AGB** ist jeweils zu prüfen, ob vorgesehene Regelungen zum Abnahmeverfahren und darüber, wann ein wesentlicher Mangel vorliegt, wirksam vereinbart werden können. Durch die Neufassung des § 651 BGB hat sich dieses Problem weiter verschärft. Werden durch den Kunden gestellte AGB eher werkvertraglich ausgeprägt, tendiert die Rechtssprechung aber später dazu, dass über § 651 BGB Kaufrecht anzuwenden ist, werden die Regelungen über die Abnahme höchstwahrscheinlich unwirksam sein, da sie dem gesetzlichen Leitbild des Kaufvertrages widersprechen. Im Kaufrecht reicht die Ablieferung, so dass bei Aufnahme einer Abnahmeklausel der Softwareersteller erst mit einer erfolgreichen Abnahme von den für ihn günstigen Folgen der Ablieferung Gebrauch machen könnte. Die Ablieferung beginnt grundsätzlich bereits mit der Verbringung der Sache in den Machtbereich des Vertragspartners. Die Ablieferung hat zur Folge, die Verjährung für Mängel beginnt, § 438 Abs. 2 BGB. Im Werkrecht beginnt die Verjährung erst mit der Abnahme des Werkes. Da der Abnahme aber eine Testphase vorgeschaltet ist, kann sie sich im Verhältnis zur Ablieferung zeitlich nach hinten verzögern.

255   Es besteht also für die Praxis die unbefriedigende Situation, dass eigentlich erforderliche und in der IT-Welt unbestritten anerkannte Prüfszenarien zumindest bei Vereinbarung über AGB unwirksam sein könnten. Abhilfe könnte dadurch geschaffen werden, dass ein **Prüfverfahren individualvertraglich vereinbart** und somit der Inhaltskontrolle entzogen wird. Eine andere Alternative wäre die Vereinbarung eines **Aktivitäten- und Fristenplans**, der u.a. Kriterien dazu enthält, die für Test- und Probeläufe heranzuziehen sind.[221] Andere schlagen die Vereinbarung eines speziellen **Test- und Übergabeszenarios** als Mittelweg vor.[222] Ist ein Individualvertrag zu erstellen, so wird vielfach der Versuch unternommen, die Modalitäten der kaufrechtlichen „Ablieferung" so umzuarbeiten, dass sie fachlich einer werkvertraglichen Abnahme gleichkommen, also eine Prüfung auf Gutbefund bzw. Vertragsgemäßheit stattfindet. Teilweise lässt sich das auch mit der kaufrechtlichen Rügeobliegenheit nach § 377 HGB zur Deckung bringen, wenn man die Art und Weise der Tests vereinbart, die vorzunehmen sind, wenn die erstellte Software beim Anwender eintrifft. Das ist sicherlich eine Behelfskonstruktion.

---

221 *Schneider/Bischof* ITRB 2002, 273.
222 *Bauer/Witzel* ITRB 2003, 62.

8. Leistungsstörungen

Leistungsstörungen betreffen in erster Linie **Sach- und Rechtsmängel**. Sowohl das Werkvertragsrecht als auch das über § 651 BGB anzuwendende Kaufrecht sehen eine umfassende Regelung zur Mängelhaftung vor. Nach §§ 433 Abs. 1, 633 Abs. 1 BGB muss die Software dem Kunden sach- und rechtsmangelfrei verschafft werden. Daran ändert auch die Aussage vieler Softwarehäuser (in AGB) nichts, dass „Software nie mangelfrei sein könne". Derlei Aussagen sind als AGB sicherlich unwirksam, Folgen zu Lasten des Anwenders können hieraus nicht gezogen werden.

256

Nach § 633 Abs. 2 BGB ist das Werk ist frei von Sachmängeln, wenn es die vereinbarte Beschaffenheit hat. Soweit die Beschaffenheit nicht vereinbart ist, ist das Werk frei von Sachmängeln, wenn es sich für die nach dem Vertrag vorausgesetzte (Nr. 1), sonst für die gewöhnliche Verwendung eignet und eine Beschaffenheit aufweist, die bei Werken der gleichen Art üblich ist und die der Besteller nach der Art des Werkes erwarten kann (Nr. 2).

257

Eine nahezu übereinstimmende Regelung trifft § 434 Abs. 1 BGB. Die Sache ist danach frei von Sachmängeln, wenn sie bei Gefahrübergang die vereinbarte Beschaffenheit hat. Soweit die Beschaffenheit nicht vereinbart ist, ist die Sache frei von Sachmängeln, wenn sie sich für die nach dem Vertrag vorausgesetzte Verwendung eignet (Nr. 1), sonst wenn sie sich für die gewöhnliche Verwendung eignet und eine Beschaffenheit aufweist, die bei Sachen der gleichen Art üblich ist und die der Käufer nach der Art der Sache erwarten kann (Nr. 2).

258

Zur **Bestimmung der vereinbarten Beschaffenheit** wird in der Regel das **Pflichtenheft** (die Leistungsbeschreibung) herangezogen, ferner etwaige Produktbeschreibungen des Anbieters und schließlich als ergänzender Maßstab der Stand der Technik. In dem Pflichtenheft bzw. der Leistungsbeschreibung sind die Anforderungen definiert, die die Software erfüllen soll. Liegt ein Pflichtenheft nicht vor, ist darauf abzustellen, was die Parteien ausdrücklich oder konkludent als Beschaffenheit vereinbart haben. Mangels Beschaffenheitsvereinbarung bzw. beweisbarer Vereinbarung kommt es weiter darauf an, ob sich die Software für die im Vertrag vorausgesetzte Verwendung eignet. Kann auch dies nicht festgestellt werden, so kommt es auf die übliche bzw. gewöhnliche Beschaffenheit an. Dazu muss festgestellt werden, ob in der vergleichbaren Produktgruppe ein bestimmter Qualitäts- und Leistungsstandard besteht, z.B. Industrienormen eingreifen[223] oder gesetzliche Vorgaben eingehalten werden mussten.

259

Die Behandlung von Sachmängeln von Software ist Inhalt einer Vielzahl von Gerichtsentscheidungen. Eine abschließende Würdigung kann an dieser Stelle nicht erfolgen. In vielen Softwareerstellungsverträgen werden Mängel (ähnlich wie beim Abnahmeverfahren) anhand ihrer Auswirkungen auf das System definiert und so in **Mängelklassen** unterteilt. Oft werden anhand der Mängelklassen auch unterschiedliche Reaktions-, Behebungs- und Wiederherstellungszeiten festgelegt.

260

Funktionsmängel und -defizite, Inkompatibilität, Kapazitätsmängel, unzureichende Geschwindigkeiten, ein unzureichendes Benutzerhandbuch oder die Anfälligkeit bei Bedienungsfehlern sind typische Szenarien, die grundsätzlich zu einem Sachmangel führen.[224] Typischer Mangel ist ferner die Verseuchung mit einem Virus, Wurm, Trojaner oder ähnlichen Schadprogrammen. Streitig ist, ob Programmsperren einen Sachmangel darstellen; diese dienen in erster Linie dazu, das Programm gegen eine unbefugte Nutzung zu schützen, sei es durch unberechtigte Dritte oder der Vornahme unzulässiger Nutzungsarten durch den Kunden. Neben einem Ko-

261

---

223 Vgl. *Marly* Softwareüberlassungsverträge, Rn. 851.
224 Zu einer ausf. Klassifizierung und Beschreibung von typischen Softwaremängeln vgl. *Marly* Softwareüberlassungsverträge, Rn. 875 ff.

pierschutz sind als Programmsperren z.B. ein Dongle, die Notwendigkeit eines Codewortes oder ein mitgelieferter Wechseldatenträger (Diskette/CD/DVD), ohne dessen Einlegen in den Rechner das Programm nicht betrieben werden kann, zu nennen. Bei einem Dongle handelt es sich um Hardware, die an eine Schnittstelle anzubringen ist (z.B. Aufschrauben auf die parallele Schnittstelle) und ohne die die Software nicht betrieben werden kann. Eine Programmsperre ist nach der Rechtsprechung des BGH nicht per se als Mangel der Software zu sehen. Zur Beurteilung, ob ein Sachmangel vorliegt, kommt es auf die Umstände des Einzelfalls an, insbesondere auf die Schutzbedürftigkeit des Programms und die Möglichkeit des Benutzers zur ungehinderten vertraglichen Verwendung.[225] Lässt sich das Programm wie vertraglich vereinbart verwenden, dürfte ein Mangel nicht vorliegen. Werden durch eine Programmsperre aber Fehlfunktionen des Programms ausgelöst, kann ein Sachmangel gegeben sein.[226]

262   Die Mängelrechte ergeben sich aus §§ 634 ff. BGB bzw. §§ 437 ff. BGB. Unterschied zwischen Werk- und Kaufrecht ist, dass die Wahl der Art der Nacherfüllung im Werkvertragrecht dem Unternehmer, im Kaufrecht dem Kunden zusteht. Im Werkvertragsrecht hat der Besteller zudem ein Selbstvornahmerecht, im Kaufrecht nicht. Wie bereits erläutert, wird das Selbstvornahmerecht im Bereich der Erstellung von Software vielfach nur eine untergeordnete Rolle spielen. Soweit über § 651 BGB das Kaufrecht zur Anwendung kommen sollte, ist im kaufmännischen Bereich die Rügeobliegenheit des § 377 HGB zu beachten (vgl. § 381 Abs. 2 HGB).

263   Die Sache ist frei von **Rechtsmängeln**, wenn Dritte in Bezug auf die Software keine oder nur die im Vertrag übernommenen Rechte gegen den Kunden geltend machen können (§§ 435, 633 Abs. 3 BGB).[227] Zu den Rechten Dritter zählen insbesondere Urheberrechte oder die gewerblichen Schutzrechte.

264   Unterschiede zwischen Kauf- und Werkrecht ergeben sich auch im Hinblick auf die **Verjährung von Mängelansprüchen**. Kaufrechtliche Mängelansprüche verjähren gem. § 437 Abs. 1 Nr. 3 BGB in der Regel in zwei Jahren ab Ablieferung der Sache. Bei der werkvertraglichen Verjährung nach § 634a Abs. 1 Nr. 1 BGB verjähren die Ansprüche des § 634 Nr. 1, 2, und 4 BGB in zwei Jahren bei einem Werk, dessen Erfolg in der Herstellung, Wartung oder Veränderung einer Sache oder in der Erbringung von Planungs- oder Überwachungsleistungen hierfür besteht. Liegt ein solcher Fall nicht vor, greift nach § 634a Abs. 1 Nr. 3 BGB die regelmäßige Verjährungsfrist des § 195 BGB. Nach § 195 BGB beträgt diese drei Jahre. Im Fall des § 634a Abs. 1 Nr. 1 BGB beginnt die Verjährung mit der Abnahme (§ 634a Abs. 2 BGB), im Übrigen ist § 199 BGB maßgebend. Ob § 634a Abs. 1 Nr. 1 und Nr. 3 BGB anzuwenden ist, wird uneinheitlich beurteilt. Teilweise wird die Anwendbarkeit des § 634a Abs. 1 Nr. 1 BGB bejaht,[228] unter der Prämisse, dass es sich um die Herstellung, Veränderung oder Wartung der Software als Sache handelt. Andererseits könnte auch § 634a Abs. 1 Nr. 3 BGB anzuwenden sein[229] mit dem Argument, dass die Softwareerstellung die Herstellung eines selbständigen Produktes und keiner Sache ist.

225 *BGH* NJW 1987, 2004.
226 Einzelheiten vgl. *Redeker* in Schneider/von Westphalen, Softwareerstellungsverträge, D Rn. 305.
227 Vgl. i.Ü. zu Rechtsmängeln Rn. 142.
228 *Marly* Softwareüberlassungsverträge, Rn. 815.
229 Vgl. *Redeker* in Schneider/von Westphalen, Softwareerstellungsverträge, D Rn. 361.

VI. Pflege von Software

Voraussetzung für eine zeitlich längerfristige Nutzung von Software ist, dass die Software durch den Anbieter (zeitlich und/oder fachlich jenseits der Sachmangelhaftung) oder einen Dritten gepflegt wird. Die Pflege komplexer Software durch den Anwender selbst ist zwar vorstellbar, aber eher selten.   265

Softwarepflegeverträge sind wirtschaftlich ebenso bedeutend wie die Verträge über die Lieferung oder Erstellung von Software. Bei einer Betrachtung der Total Costs of Ownership (TCO) im Hinblick auf Software ist auch immer zu bedenken, dass auf die Anschaffung der Software deren Weiterentwicklung und Pflege folgt; nur den Blick auf die Anschaffungskosten zu lenken ist daher zu kurz gegriffen. Bei Einsatz neuer Software ist vielmehr typischerweise zu überlegen, welche (Fremd-) Kosten der Einsatz der Software in den auf die Einsatzbeginn folgenden ca. fünf Jahren oder der voraussichtlichen Lebenszeit der Software bewirken wird. Es ist nicht außerhalb der Wahrscheinlichkeit, dass man je ca. fünf Jahre des Einsatzes der Software einen Betrag in Höhe des ursprünglich für den Erwerb verwendeten Betrages für die Pflege und ggf. geringfügige Weiterentwicklung ausgibt; wird die Software intensiver weiter entwickelt, kann der Betrag auch höher liegen.   266

Pflegeverträge enthalten unterschiedliche Leistungsversprechen.   267

– In einem ersten Leistungsbereich wird die Fehlerbeseitigung oder die Umgehung von Fehlern versprochen. Die Behebung von Störungen kann einbezogen werden.

– Als weiterer Bereich kommt die Aktualisierung, Verbesserung oder Weiterentwicklung der Software in Betracht.

– Schließlich erfolgen auch Beratungs-, Hotline- sowie Fernwartungsleistungen.[230]

Werden alle Leistungsbereiche abgedeckt, so wird dies teilweise als „Vollpflege" bezeichnet,[231] wobei sich mangels einer Definition der „Softwarepflege" unterschiedliche Begriffe herausgebildet haben. Pflegevereinbarungen werden auch als „**Softwarewartung**" oder im internationalen Bereich als „**Support-**" oder „**Maintenance-Vereinbarung**" bezeichnet.   268

Viele Anbieter bieten Pflegeleistungen stufen- oder modulartig an und überlassen dem Anwender die Wahl, welche Module bzw. Stufen er gegen eine diesen jeweils entsprechend zugeordnete Vergütung in Anspruch nehmen möchte.   269

1. Vertragstypologische Einordnung

Da es kein einheitliches Leistungsbild des Pflegevertrages gibt, ist auch eine vertragstypologische Einordnung schwierig. Bei Verträgen über die Pflege von Software handelt es sich jedenfalls um **Dauerschuldverhältnisse**,[232] es sei denn es liegt lediglich eine einmalig erbrachte Pflegeleistung vor.   270

Im Übrigen ist maßgebend, welche Leistungen der Anbieter erbringt. In vielen Fällen wird der Softwarepflegevertrag in erster Linie **werk- oder dienstvertragliche Komponenten** aufweisen.[233] Die Abgrenzung richtet sich danach, ob ein Tätigsein geschuldet wird (dann Dienstvertrag), oder der Pflege-Anbieter den Erfolg schuldet (dann Werkvertrag). Zur Beantwortung der Frage, ob die Parteien einen (tätigkeitsbezogenen) Dienstvertrag oder einen (erfolgsbezoge-   271

---

230 *Schneider* Handbuch des EDV-Rechts, D Rn. 248.
231 *Zahrnt* CR 2004, 408.
232 *Bartsch* NJW 2002, 1526.
233 Vgl. *Bartsch* NJW 2002, 1526, der den Pflegevertrag als modernen Vertragstyp ansieht.

nen) Werkvertrag geschlossen haben, muss auf den Leistungsgegenstand abgestellt werden. Für eine entsprechende Vertragsauslegung kommt es nicht nur auf den Vertragswortlaut, sondern auf die gesamten Umstände an, die sich im Rahmen des Vertragsschlusses ergeben.[234]

272 Sollen beispielsweise Mängel „beseitigt" werden, ist eine Erfolgsbezogenheit in der Regel zu bejahen.[235] Dies gilt auch dann, wenn „Anpassungen" (an sich ändernde Umfeldbedingungen, an eine veränderte Rechtslage – Stichwort: Änderung des MWSt.-Satzes – usw.) oder „Veränderungen" geschuldet werden, jedenfalls dann, wenn deren Inhalt so beschrieben bzw. vereinbart ist, dass eine Prüfung daraufhin, ob dieser Inhalt nun vorliegt, erfolgen kann. Eine Anpassungspflicht enthält ein starkes erfolgsbezogenes Moment, so dass auch hier in der Regel Werkvertragsrecht zur Anwendung kommt. Eher von einem Dienstvertrag ist auszugehen, wenn die Behandlung von Fehlern „mit bestem Bemühen" vereinbart ist. Hingegen weist ein reiner Hotlineservice wohl eher dienstvertraglichen Charakter auf. Umso umfangreicher jedoch die Fehlerbeseitigung über Fernwartung geschuldet wird, umso unklarer wird diese Zuordnung.

273 Weitere Probleme der Zuordnung zu einem Schuldverhältnis des BGB bereitet § 651 BGB. sich diese Regelung auf einen Pflegevertrag über Software auswirkt, ist mangels entsprechender Rechtsprechung unklar. Nach einer Ansicht soll die bloße Verpflichtung zur Lieferung eines Updates dem Kaufrecht unterliegen.[236] Zu diesem Ergebnis kommt -unabhängig von § 651 BGB – auch eine Ansicht, nach der im Rahmen eines Sukzessivlieferungsvertrages Kaufrecht anzuwenden sein soll, wenn sich das Leistungsversprechen darin erschöpft, Updates oder Upgrades verfügbar zu machen.[237]

274 Übernimmt der Anbieter viele unterschiedliche Leistungen, lässt sich eine Zuordnung zu einem einzigen Schuldverhältnis des BGB meist nicht treffen. Es kann sich dann um einen **gemischten Vertrag** handeln,[238] bei dem die einzelnen Leistungsbereiche rechtlich unterschiedlich eingeordnet werden. Dann ist hinsichtlich jedes einzelnen Bereiches zu klären, zu welchem Schuldverhältnis des BGB eine Zuordnung erfolgen kann.

275 Bei dem Softwareüberlassungsvertrag und dem Softwarepflegevertrag kann es sich um **ein einheitliches, miteinander rechtlich verbundenes Rechtsgeschäft** handeln, wenn ein dahingehender Wille der Partei zu ermitteln ist. Treffen Parteien selbständige Vereinbarungen, stellen diese ein einheitliches Rechtsgeschäft dar, wenn nach den Vorstellungen der Parteien die Vereinbarungen nicht für sich alleine gelten sollen, sondern miteinander stehen und fallen.[239] Beim Softwarepflegevertrag ist in der Regel von einer rechtlichen Einheit auszugehen, wenn der Anwender seine Investition absichern möchte. Kann der Anwender die Software nur dann wie beabsichtigt nutzen, wenn diese auch gepflegt wird, so kann davon ausgegangen werden, dass die Softwareüberlassungsvereinbarung und die Pflege ein rechtlich verbundenes Geschäft sind.[240] Eine rechtliche Einheit kann sogar dann vorliegen, wenn die Pflege durch einen Dritten erbracht wird, soweit dies von den Vertragsparteien gewollt ist.[241] Folge davon ist, dass bei Be-

---

234 *Busche* in MünchKomm BGB, § 631 Rn. 14 f. mit weiteren Abgrenzungskriterien.
235 *Schneider* Handbuch des EDV-Rechts, D Rn. 254.
236 *Marly* Softwareüberlassungsverträge, Rn. 517.
237 *Heymann/Lensdorf* in Redeker, Handbuch IT-Verträge, Kap. 1.12. Rn. 10; vgl. dazu auch *Schneider* Handbuch des EDV-Rechts, K Rn. 109.
238 *Peter* in Schneider/von Westphalen, Softwareerstellungsverträge, G Rn. 348.
239 *BGH* NJW 1976, 1931; NJW 1987, 2004.
240 *Peter* in Schneider/von Westphalen, Softwareerstellungsverträge, G Rn. 83.
241 *Peter* in Schneider/von Westphalen, Softwareerstellungsverträge, G Rn. 83.

endigung einer Vereinbarung, der Anwender sich grundsätzlich auch von der anderen Vereinbarung lösen kann.[242]

Fest steht jedenfalls, dass im Rahmen des Pflegevertrages Softwarebestandteile geliefert werden. Die Inhalte und die Bezeichnungen sind dabei vielfältig und ungeachtet der in diesem Bereich anwendbaren technischen Normen bisweilen eigenwillig. Gebräuchliche Bezeichnungen sind beispielsweise **276**

– „Patch" wird benutzt für einen Softwarebestandteil, der (ggf. auf Einzelanforderung des Anwenders, typischerweise aber auf Initiative des Anbieters zur Verfügung gestellt wird und) lediglich der Behebung von Mängeln oder Störungen dient.

– „Update" bezeichnet einen – herstellerseitig getrieben zur Verfügung gestellten – Softwarebestandteil, der zwar technisch eine vollständige Fassung der Software darstellt, inhaltlich aber lediglich einige Mangelbehebungen und geringfügige Verbesserungen enthält.

– „Upgrade" ist eine neue und erweiterte Fassung eines Softwareprodukts, „Release" oder „Version" ist eine Bezeichnung, die sich auf eine grundlegende Fassung der Software bezieht, mit Version werden auch fachlich verschiedene Fassungen von Software bezeichnet („Schüler-Version"). Die Bezeichnungen „Upgrade", „Release" und „Version werden recht wahllos benutzt. Vielfach werden Fassungen von Software sehr formell anhand einer Bezifferung in der Bezeichnung unterschieden, ohne dass damit wirklich eine Aussage zu den Softwareinhalten getroffen wird, denn die Versionsnummern werden allein von dem Hersteller vergeben, auch unter werblichen Gesichtspunkten. So gab es von dem frei erhältlichen Programm Adobe Acrobat Reader zum Lesen von Dateien im PDF-Format die Versionen mit Bezifferungen, die bei „1.0" begannen und bei Drucklegung dieses Werks bei „8.1.0" standen.

– „Weiterentwicklungen" sind Softwarebestandteile, die auf Anregung des Anwenders für diesen programmiert und diesem zur Verfügung gestellt werden. Bisweilen wird auch hier eine eigene Versionierung vorgenommen, wenn die Weiterentwicklungen ihrerseits weiter entwickelt oder an das im Übrigen vorhandene geänderte System angepasst werden.

2. Abschlusszwang

Da die Anwender darauf angewiesen sind, dass die erworbene Software ständig funktionsfähig ist, stellt sich die Frage nach dem **Kontrahierungszwang** der Softwareanbieter bzgl. des Pflegevertrags. Nach dem BGB ist von dem **Grundsatz der Privatautonomie** auszugehen, der insbesondere die Entscheidungsfreiheit umfasst, ob, mit wem und welchen Inhalts Verträge geschlossen werden. Ein Kontrahierungszwang ergibt sich daher nicht schon aus dem BGB. Ein entsprechender Abschlusszwang kann sich aber aus dem Softwareüberlassungsvertrag ergeben, soweit dies in dem Vertrag ausdrücklich vereinbart wurde. Ohne eine entsprechende Vereinbarung besteht keine Verpflichtung zum Abschluss eines Pflegevertrages.[243] Angebot und ggf. AGB des Anbieters sprechen für die Pflicht zur Verhandlung eines Vertragsschlusses.[244] **277**

---

242 Ausf. zu den Rechtsfolgen *Peter* in Schneider/von Westphalen, Softwareerstellungsverträge, G Rn. 95 ff.

243 *Bartsch* NJW 2002, 1526; *Marly* Softwareüberlassungsverträge, Rn. 520; *Schneider* Handbuch des EDV-Rechts, K Rn. 103; *LG Köln* NJW-RR 1999, 1285 nimmt eine selbständige leistungsbezogene Nebenpflicht aus § 242 BGB zur Wartung für eine bestimmte Zeit an und verneint ein ordentliches Kündigungsrecht.

244 Vgl. *Schneider* Handbuch des EDV-Rechts, K Rn. 103.

278 Im Unternehmerverkehr könnte sich bei Anwendbarkeit des GWB ein Abschlusszwang aus § 20 GWB ergeben, soweit die dortigen Voraussetzungen erfüllt sind. Für den Rechtsverkehr mit Privaten fehlt jedoch eine § 20 GWB entsprechende Vorschrift, so dass ein Abschlusszwang allenfalls aus § 826 BGB hergeleitet werden könnte.[245]

3. Pflichten des Anbieters

279 Der Anbieter ist in erster Linie dazu verpflichtet, die vereinbarten Leistungen bzw. das vereinbarte Leistungsbündel zu erbringen. Vertraglich sollte zunächst festgelegt werden, welche Software zu pflegen ist. Dies ist wichtig, um den „Pflegegegenstand" zu bestimmen und abzugrenzen. Weiter empfiehlt es sich, die einzelnen Pflegeleistungen in dem Vertrag inhaltlich abschließend zu bezeichnen.

280 Als **mögliche Leistungen** können – nicht abschließend – genannt werden:[246]
– Analyse und Information bei Mängeln
– Beseitigung von Mängeln (in bestimmter Reaktions- oder Beseitigungszeit)
– Analyse, Beratung und Beseitigung von Störungen
– Behebung von Bedienungsfehlern inklusive Datensicherung
– Vornahme/Zurverfügungstellung von Updates, „Aktualisierungen" und neuen Programmversionen
– Beratung per Fernkommunikationsmitteln zur Mängel-/Störungsbehebung
– Ferndiagnose und/oder -wartung
– Installationsleistungen

4. Pflichten des Kunden

281 Vertragliche Hauptpflicht des Kunden ist die Zahlung der vereinbarten Vergütung. Dabei ist zu einer Festlegung zu raten, welche Leistungsteile durch eine pauschale Vergütung abgegolten werden sollen und für welche Leistungsteile ggf. eine Vergütung nach Aufwand geschuldet ist.

282 Zu unterscheiden ist in aller Regel zwischen den Leistungen, die ein Anbieter gegen Zahlung einer Pauschale durchführt, und solchen Leistungen, die er nur gegen Zahlung besonderer Vergütung erbringt. Eine gängige Unterscheidung ist z.B., dass Mängel der Software, die für den Fall, dass noch die Sachmangelhaftungsfrist liefe, ohne Kosten für den Anwender zu beseitigen wären, gegen Zahlung einer Pauschale beseitigt werden, während anwenderseitig provozierte Fehler, also Störungen, gegen Zahlung des im Einzelfall erforderlichen Aufwands beseitigt werden. Grund für diese Unterscheidung ist, dass nach Ansicht der Anbieter diese die Mängel der eigenen Software eher im Griff haben und in der Beseitigung kalkulieren können als die vielfältigen Probleme, die Anwender selbst verursachen.

283 Die pauschale (jährliche) Vergütung wird in der Regel durch einen Prozentsatz ermittelt, der sich in der Praxis an der Lizenzgebühr bzw. dem Ursprungspreis der Software orientiert.[247] Die Pauschalvergütung muss unabhängig von einer tatsächlichen Inanspruchnahme der Leistungen

---

245 Ein Abschlusszwang wird aber eher nur dann bestehen, wenn es sich um lebensnotwendige bzw. lebenswichtige Güter handelt, die nicht anderweitig zu beschaffen sind, zu Einzelheiten *LG Stuttgart* NJW 1996, 3347.
246 Nach *Schneider* Handbuch des EDV-Rechts, K Rn. 56 f.
247 *Zahrnt* CR 2004, 408.

gezahlt werden; vielfach werden solche Pflegepauschalen jährlich im Voraus fällig und in Rechnung gestellt, was Zurückbehaltungsrechte für den Fall unsachgemäßer Leistung deutlich erschwert.

Vor allem bei Verträgen mit sehr langen Laufzeiten bieten sich, jedenfalls im Rahmen des **284** AGBb-rechtlich zulässigen, die Vereinbarung von **Preisanpassungsklauseln** an. Für Preisänderungsklauseln in AGB gelten §§ 307, 309 Nr. 1 BGB. Die Anwendbarkeit des § 309 Nr. 1 BGB ist zu verneinen, wenn man davon ausgeht, dass ein Softwarepflegevertrag ein Dauerschuldverhältnis in diesem Sinne darstellt. Die Zulässigkeit von Preisänderungsklauseln, die nicht in den Anwendungsbereich des § 309 Nr. 1 BGB fallen, richtet sich nach § 307 BGB. Das Verhältnis von Leistung und Gegenleistung soll nicht mittels Preisänderungsklauseln zugunsten des AGB-Verwenders geregelt werden. Grundsätzlich gilt, dass der Verwender im Verbraucherverkehr an der Preisanpassung ein berechtigtes Interesse, d.h. einen Grund für die Anpassung, haben muss.[248] Die Klausel darf keine beliebige Preiserhöhung vorsehen, sondern muss eine Beschränkung enthalten. Dem Kunden ist ein Rücktritts- oder Kündigungsrecht einzuräumen.[249] Im unternehmerischen Verkehr gelten nicht die gleichen strengen Maßstäbe wie bei Verbrauchern, aber gegenüber Unternehmern sind Preiserhöhungsklauseln unwirksam, die Preiserhöhungen beliebiger Art vorsehen oder der zusätzlichen Gewinnerzielung dienen.[250]

Probleme im Hinblick auf die Bemessung der Vergütung entstehen – ähnlich wie beim Hard- **285** warewartungsvertrag (s.o. Rn. 108), wenn der Pflegevertrag bereits während des Laufs der Verjährungsfrist der Mangelhaftung aus dem Softwareüberlassungsvertrag geschlossen wird und als Leistung auch die Beseitigung von Mängeln beinhaltet. Bei einem Softwareüberlassungsvertrag, der als Mietvertrag vereinbart wurde, ist der Vermieter ohnehin unentgeltlich zur Erhaltung der Mietsache verpflichtet, da Mängel ebenfalls für den Kunden nicht kostenpflichtig sind (§§ 439 Abs. 2, 635 Abs. 2 BGB). Beginnt die Leistung aus dem Pflegevertrag vor Ablauf der Verjährungsfrist für Mängel, kollidiert die Vergütung für die Pflege mit der gesetzlich kostenfreien Mängelbeseitigung. Bei der rechtlichen Würdigung wird zwischen Individualvereinbarungen und AGB zu differenzieren sein.

Bei der Verwendung von AGB wird im Unternehmerverkehr bei der Auferlegung von Kosten **286** für die Mängelbeseitigung ein Verstoß gegen § 307 Abs. 2 BGB bejaht. Die entgeltliche Vereinbarung über die Mängelbeseitigung entspricht nicht dem gesetzlichen Leitbild des Softwareüberlassungsvertrages, sei es als Kauf-, Werk- oder Mietvertrag.[251] Im Verbraucherverkehr kann bei der Softwareüberlassung auf Dauer zudem ein Verstoß gegen § 309 Nr. 8b) aa)[252] und cc)[253] BGB vorliegen. Außerdem kann ein Verstoß gegen das Transparenzgebot vorliegen, wenn der Anbieter nicht festgelegt, welche Vergütung für welche Leistungen außerhalb der Mängelbeseitigung anfällt.

Individualvertraglich sind Vereinbarungen über eine entgeltliche Mängelbeseitigung in einem **287** weiteren Umfang zulässig als in AGB und müssen sich an §§ 138, 242 BGB messen lassen. Eine Unwirksamkeit nach § 138 BGB soll jedenfalls dann nicht gegeben sein, wenn die Preis-Kalkulation der Softwareüberlassung die Unentgeltlichkeit berücksichtigt.[254]

---

248 *Roloff* in Erman, § 309 BGB Rn. 9.
249 Vgl. zu Einzelheiten *Roloff* in Erman, § 309 BGB Rn. 9 f.
250 *Roloff* in Erman, § 309 BGB Rn. 17.
251 *Runte* ITRB 2003, 253; *Peter* in Schneider/von Westphalen, Softwareerstellungsverträge, G Rn. 159; *Schneider* Handbuch des EDV-Rechts, K Rn. 84 f.
252 *Marly* Softwareüberlassungsverträge, Rn. 524.
253 *Runte* ITRB 2003, 253.
254 Vgl. *Peter* in Schneider/von Westphalen, Softwareerstellungsverträge, G Rn. 155.

288   Weiter wird diskutiert, ob sich dieses Problem nur im Rahmen eines 2-Personen-Verhältnisses (der Anbieter ist Hersteller und erbringt zugleich die Pflegeleistungen)[255] stellt, oder auch dann, wenn ein Dritter die Pflege übernimmt. Jedenfalls dann, wenn die Verträge als rechtliche Einheit zu bewerten sind, werden sich die AGB-rechtlichen Probleme im 3-Personen-Verhältnis ebenfalls stellen.[256]

289   In der Literatur werden unterschiedliche Lösungsmöglichkeiten für den AGB-Bereich diskutiert.[257] So könnte der Anbieter während des Verjährungszeitraums auf die Pflegevergütung insgesamt verzichten, was aber in der Praxis kaum durchgesetzt werden kann. Alternativ wird vorgeschlagen, dass der Kunde lediglich eine anteilige Vergütung während des Verjährungszeitraums zahlen müsse. Gegen die AGB-Festigkeit einer solchen Klausel spricht, dass eine pauschale Minderung des Entgeltes intransparent sei, sofern keine differenzierte Berechnung erfolge. Anbieter werden aber meist nicht daran interessiert sein, ihre Kalkulation offen zu legen.[258] Diskutiert wird auch ein pauschaler Abschlag zu Beginn des Pflegevertrages, wobei Streit über die Höhe des Abschlages besteht.[259] Als weiterer Ansatz wird vorgeschlagen, die Fehlerbehebung vollständig aus dem Pflichtenkatalog des Pflegevertrages auszuklammern.[260] Eine weitere Lösung nimmt als Ausgangspunkt, dass die Fehlerbeseitigung auf jeden Fall geschuldet wird, sei es durch denjenigen, der die Software überlässt oder den Anbieter der Pflegeleistung. Der Kunde könne später das vom Pflegeunternehmer geltend gemachte Entgelt kürzen oder dessen Zahlung ganz verweigern, soweit die Pflege nur der Mängelbeseitigung dient.[261]

290   Welches Lösungsmodell eine AGB-Kontrolle standhält und auch für den Anbieter sachgerecht ist, lässt sich mangels vorhandener Rechtsprechung nicht abschließend beurteilen. Teilweise wird empfohlen, diesbezüglich Individualvereinbarungen zu treffen.[262] Letztlich bleibt es dem Anbieter überlassen, eine für ihn wirtschaftlich und tatsächlich tragbare Regelungsmöglichkeit zu wählen und im Einzelfall eine AGB-Kontrolle durchzuführen. Jedenfalls muss eine Regelung das Zusammenspiel von Leistung und Gegenleistung hinreichend deutlich machen, um nicht schon gegen das Transparenzgebot zu verstoßen.

291   Neben der Pflicht des Kunden zur Zahlung der vereinbarten Vergütung treffen den Anwender als weitere Pflichten **Mitwirkungspflichten**. Diese orientieren sich an den jeweils zu erbringenden Leistungen des Anbieters und werden meist vertraglich festgehalten. So bestehen beispielsweise Mitwirkungspflichten hinsichtlich der Bereitstellung von kompetentem Personal, der Gewährung des Zutritts zu Einrichtungen, der Funktionsbereitschaft des Systems oder der Vornahme von Handlungen wie der Installation von über Datennetze zur Verfügung gestellten Patches, dem selbstständigen Einspielen neuer Versionen und der Datensicherung. Mitwirkungspflichten beinhalten sinnvollerweise auch das Stellen eines Ansprechpartners und die Meldung von Mängeln/Störungen.

---

255 *Bartsch* NJW 2002, 1526; wohl auch *Runte* ITRB 2003, 253.
256 Vgl. *Peter* in Schneider/von Westphalen, Softwareerstellungsverträge, G Rn. 152.
257 Vgl. Aufzählung bei *Runte* ITRB 2003, 253.
258 *Runte* ITRB 2003, 253 hält eine Offenlegung der Kalkulation für nicht zwingend notwendig, soweit die Vergütungsklausel transparent gestaltet wird, so dass erkennbar ist, welcher Anteil auf die geschuldete Mängelbehebung fällt.
259 *Runte* ITRB 2003, 253; *Bartsch* NJW 2002, 1526.
260 Vgl. *Runte* ITRB 2003, 253 mit weiteren Ausführungen zur AGB-Festigkeit.
261 *Marly* Softwareüberlassungsverträge, Rn. 524.
262 *Bischof/Witzel* ITRB 2003, 31.

5. Mängelrechte und Haftung

Mängelrechte beziehen sich bei dem Pflegevertrag auf die Schlechtleistung bzgl. der Pflege, **292** nicht aber auf Mängel der Software. Es muss also immer danach gefragt werden, ob die Pflegeleistung mangelhaft erbracht wurde. Mängel liegen insbesondere dann vor, wenn neu zur Verfügung gestellte Versionen Mängel aufweisen.

Behoben werden solche Mängel durch „weitere" Erbringung der Pflege, also durch Neuvor- **293** nahme der Pflegeleistung. Zumeist wird die fehl geschlagene Leistung wieder und wieder erbracht, was soll der Anbieter auch anderes tun. Die in der Praxis wichtigsten Behelfe des Anwenders sind daher der Anspruch auf Schadensersatz und das Recht auf Kündigung des Pflegevertrags aus wichtigem Grund.

6. Vertragslaufzeit

Da es sich bei der Softwarepflege in aller Regel um ein Dauerschuldverhältnis handeln wird, **294** sind Laufzeitregelungen typisch. Zu vereinbaren sind der Beginn der Verpflichtung zur Erbringung der Pflegeleistungen und die Möglichkeiten zur Beendigung des Vertrags. Der Pflegevertrag endet entweder mit Ablauf der vereinbarten Laufzeit, durch eine Kündigung oder durch Aufhebung.

Wie bei anderen Dauerschuldverhältnissen üblich, kann auch hier u.a. mit einer Grundlaufzeit **295** (Mindestlaufzeit) und sich anschließenden automatischen Verlängerungsrhythmen gearbeitet werden. Geht man davon aus, dass der Softwarepflegevertrag § 309 Nr. 9a BGB unterfällt, darf im Verbraucherverkehr dessen Anfangslaufzeit bei einem Formularvertrag zwei Jahre nicht überschreiten. Die Laufzeit beginnt dabei mit dem Abschluss des Pflegevertrages, nicht erst mit tatsächlicher Leistungserbringung.[263] Nach § 309 Nr. 9b BGB ist im Verbraucherverkehr eine den anderen Vertragsteil bindende stillschweigende Verlängerung des Vertragsverhältnisses um jeweils mehr als ein Jahr unwirksam. Im Unternehmerverkehr richtet sich die Zulässigkeit der Laufzeit nach § 307 BGB. Diese darf also unter Berücksichtigung der beiderseitigen Interessen im Einzelfall keine unangemessene Benachteiligung darstellen, wobei unklar ist, welche Dauer zulässig ist.

Ferner kann der Vertrag aus wichtigem Grund gekündigt werden, was sich für Dauerschuld- **296** verhältnisse allgemein aus § 314 BGB ergibt. Besteht keine bestimmte Laufzeitvereinbarung, kann der Vertrag auch ordentlich gekündigt werden. Werden vertraglich Kündigungsfristen vereinbart, haben sich diese bei Individualvereinbarungen in den Grenzen des § 138 BGB, bei AGB in den Grenzen der §§ 307 und insbesondere § 309 Nr. 9c BGB zu bewegen.

Diskutiert wird auch die Frage eines möglichen Kündigungsverbotes des Anbieters. Unter **297** Umständen kann auch eine berechtigte Kündigung durch diesen dazu führen, dass sich die Investition des Kunden mangels Pflege nicht amortisieren kann. Nach einer umstrittenen, vereinzelt gebliebenen Entscheidung des LG Köln[264] ist ein Softwarehaus, orientiert am Lebenszyklus einer Software, daran gehindert, den Pflegevertrag ordentlich zu kündigen. Die Dauer der Verpflichtung zur Pflege bestimme sich unter Berücksichtigung der Interessen beider Parteien und nach Treu und Glauben nach dem Lebenszyklus der Programme zuzüglich fünf Jahre. Die-

---

263 *BGH* NJW 1993, 1651.
264 *LG Köln* CR 1999, 218.

ser Auffassung ist das Schrifttum aber nicht gefolgt.[265] Begründet wird dies u.a. damit, dass die Vertragsfreiheit des Anbieters nicht derart begrenzt werden dürfe. So stellte auch das OLG Koblenz fest, dass ein Ausschluss des vertraglichen Kündigungsrechtes und ein Festhalten des Wartungsunternehmens an der Leistungspflicht für die Lebensdauer der Software aus Treu und Glauben nur ausnahmsweise in Betracht komme.[266]

298 Möchte ein Hersteller ein Produkt nicht mehr herzustellen und/oder möchte er auch die Pflege beenden, wird diese Absicht in vielen Fällen mit einem sog. „End-of-Life-Schreiben" oder einer „Produktabkündigung" gegenüber den Anwendern angekündigt oder es in allgemein zugänglichen Quellen wie z.B. im öffentlichen Bereich der Herstellerwebsite, allgemein hierauf hingewiesen. Je nach Formulierung kann ein solches Schreiben, soweit ein entsprechender Rechtsbindungswille erkennbar ist, als Kündigungserklärung ausgelegt werden.[267]

299 Bei dem Bestehen einer rechtlichen Einheit von Softwareüberlassungsvertrag und Softwarepflegevertrag muss geprüft werden, ob durch Beendigung des einen Vertrages, z.B. Rücktritt vom Überlassungsvertrag, auch die andere Vereinbarung ihr Ende findet. Besteht keine rechtliche Einheit ist zu prüfen, ob die Beendigung des Softwareüberlassungsvertrages einen außerordentlichen Kündigungsgrund (§ 314 BGB) für den Pflegevertrag darstellt. Dies kann umgekehrt auch für den Fall der Beendigung des Softwarepflegevertrages gelten. Der Softwareüberlassungsvertrag könnte, soweit er als Dauerschuldverhältnis ausgestaltet ist, unter den Voraussetzungen des § 314 BGB gekündigt werden. Handelt es sich bei dem Softwareüberlassungsvertrag nicht um ein Dauerschuldverhältnis, kann ein Fortfall über § 313 BGB möglich sein.[268] Zur Vermeidung von Auslegungsschwierigkeiten ist dazu zu raten, eine solche etwaige wechselseitige Abhängigkeit in den Verträgen klarzustellen.

D. Ausgewählte weitere Fallgestaltungen im IT-Vertragsrecht

300 Neben den vorstehend dargestellten typisierten Sachverhalten bestehen im IT-Bereich auch eine Vielzahl von Fallgestaltungen, in denen es nicht um die bloße (isolierte) Überlassung von Hardware oder Software und deren Wartung/Pflege geht, sondern um komplexe IT-Projekte, die in einem einheitlichen Vertrag oder in mehreren – miteinander zusammen hängenden – Verträgen abgebildet werden. Zu nennen sind Verträge, die in der Planungsphase von IT-Projekten relevant sind , Projektverträge, Gestaltungen, an denen zahlreiche Vertragspartner auf unterschiedlichen Stufen beteiligt sind.

301 Außerdem sollen in diesem Abschnitt Kooperationsvereinbarungen, Rechenzentrumsverträge, Service-Rechenzentrumsverträge, das Outsourcing, der Vertrieb von EDV-Produkten sowie die Quellcodehinterlegung angesprochen werden.

---

265 *Peter* in Schneider/von Westphalen, Softwareerstellungsverträge, G Rn. 54 f.; *Schneider* Handbuch des EDV-Rechts, K Rn. 97 f.; *Marly* Softwareüberlassungsverträge, Rn. 520; *Bartsch* NJW 2002, 1526; *Bischof/Witzel* ITRB 2003, 31.
266 *OLG Koblenz* MMR 2005, 472.
267 *Peter* in Schneider/von Westphalen, Softwareerstellungsverträge, G Rn. 256.
268 Vgl. dazu *Schneider* Handbuch des EDV-Rechts, K Rn. 274 f.

I. Verträge in der Planungsphase von IT-Projekten, Systemberatung

Wie schon mehrfach dargestellt, können auch bei eher einfachen Lebenssachverhalten im vor- 302
vertraglichen Bereich Aufklärungs- und Beratungspflichten des späteren Leistungserbringers
entstehen. Von diesen vorvertraglichen Pflichten abzugrenzen sind **Beratungsleistungen** in
der **Planungsphase** eines Projektes, die der Anwender gegen die Zahlung einer Vergütung in
Auftrag gibt. **Beraterverträge** können jedoch auch stillschweigend zustande kommen, wobei
an das Entstehen hohe Anforderungen zu stellen sind.[269] Die Verantwortlichkeit in der Planungsphase liegt in der Regel beim Anwender, während in der Realisierungsphase – jedenfalls
bei einem Werkvertrag – die Projektverantwortung beim Unternehmer liegt.[270]

1. Vertragstypologische Einordnung von Beratungsleistungen

Vertragstypologisch lassen sich Beratungsleistungen je nach Fallgestaltung dem **Dienst- oder** 303
Werkvertragsrecht zuordnen. Die Abgrenzung richtet sich nach dem Vorhandensein eines
Erfolgsmoments. Maßgebend ist hier der Inhalt des jeweiligen Vertrages. In der Literatur wird
folgende eher schematische Einordnung vorgeschlagen:[271]

– die Unterstützungstätigkeiten des Anwenders sowie die Verpflichtung, innerhalb bestimmter Phasen Leistungen zu erbringen enthalten eher dienstvertragliche Elemente.
– Die Erstellung des Grobkonzepts, Feinkonzepts und ähnliche Pflichten, die in sich abgeschlossen sind, sollen, wenn eine Fertigstellung geschuldet ist eher ein Erfolgsmoment aufweisen und daher dem Werkvertragsrecht zuzuordnen sein.

2. Pflichten des Beraters

Inhalt eines Beratungsvertrags ist die Erteilung von Informationen.[272] Die Beratungsleistungen 304
können von der Ausarbeitung einer ersten Idee zur Lösung eines von dem Anwender in den
Raum gestellten Problems über die Durchführung von Analysen (Ist-, Bedarfs- oder Schwach-
stellenanalysen, Machbarkeitsstudien), der Erarbeitung eines Grobkonzepts bis zum Entwurf
eines Pflichtenheftes oder sonstiger Leistungsbeschreibungen oder Dokumente reichen. Dazu
werden Gespräche geführt, Mitarbeiter befragt, Diskussionen und Workshops veranstaltet,
Strategien entwickelt und schließlich – hoffentlich – Lösungen präsentiert. Vielfach werden
Beraterkonzepte angefordert, um Entscheidungsträger zu entlasten und ihnen Rückzugsmög-
lichkeiten dahin gehend zu schaffen, dass die Berater bestimmte Dinge dringend empfohlen
hätten und eine andere Lösung nicht in Sicht sei – das kann sich auch auf die Einführung einer
neuen, bei den Mitarbeitern nicht beliebten Software beziehen.

Dem Berater können sämtliche in Rede stehenden oder auch nur ausgewählte Aufgaben über- 305
tragen werden, letzteres unter Übernahme der sonstigen Aufgaben in eigener Verantwortung
durch den Anwender. So ist denkbar, dass der Anwender die Wünsche seiner Mitarbeiter zu-
sammenträgt und das Ergebnis dem Berater übergibt als tatsächliche Grundlage für dessen
Analyse – hat der Anwender in einem solchen Fall wichtige interne „Key-User" oder Fachleute
nicht befragt und fließen deren Erkenntnisse und Vorstellungen nicht mit ein, wird man für eine
aus diesem Gründen nicht taugliche Lösung den Berater nicht verantwortlich machen können.

---

269 Zur Abgrenzung vgl. *Hörl* ITRB 2004, 87.
270 *Schneider* Handbuch des EDV-Rechts, E Rn. 29.
271 Nach *Schneider* Handbuch des EDV-Rechts, E Rn. 58.
272 *Hörl* ITRB 2004, 87.

306 Zu den Aufgaben des Beraters gehört meist auch, das Projekt den Beteiligten vorzustellen, geeignete Mitarbeiter auszuwählen, das Projekt der Unternehmensleitung zu präsentieren und die Notwendigkeit der Unterstützung des Projektes zu verdeutlichen. Bereits diese knappe Aufzählung zeigt, dass der Vertragsgegenstand vielseitig sein kann, so dass auch hier –soweit möglich- detaillierte vertragliche Regelungen erforderlich sind.

307 Oft kann aber gerade in der Planungsphase nicht bestimmt werden, welche Aufgaben tatsächlich zwingend durchzuführen sind, welchen Umfang diese haben und welche Anforderungen im Einzelnen zu erfüllen sind. Üblich ist, die feststehenden Leistungen, wie z.B. bei dem Grob- oder Feinkonzept, in einer Anlage zum Vertrag, einem Bestellschein etc. festzuhalten. Jedenfalls die vorzunehmenden Tätigkeiten und deren Grobziel sollten angegeben werden. Bei Gesprächsrunden, Diskussionen, Workshops etc. sollte zudem auf eine Dokumentation geachtet werden und dass der Anwender kontrolliert, ob diese Protokolle auch sämtliche relevanten Aspekte und insbesondere getroffene Entscheidungen zutreffend wiedergeben. Da Inhalt und Umfang solcher Dokumentationen zu Streit führen kann, bietet sich die Verwendung von Formularen und Mustern an, die den Inhalt vorgeben und so einen Standard darstellen.

308 Beratungsleistungen können auch darauf gerichtet sein, ein **passendes EDV-System** vorzuschlagen, z.B. zur Auswahl geeigneter Hardware und Standardsoftware zu beraten. Inhalt ist dann, eine EDV-Anlage auszusuchen, die die Bedürfnisse des Anwenders abdeckt.

309 Wie in fast jedem IT-Projekt können sich auch hier im Laufe des Projektes die Vorgaben und Anforderungen ändern. Daher sollte auch hier ein entsprechendes **Verfahren** geregelt werden, welches den **Umgang mit Änderungen** festlegt. Ist eine reine Vergütung nach Aufwand geschuldet, wird jedenfalls auf der Vergütungsseite aus Sicht des Beraters kaum ein Problem entstehen – er ändert den Arbeitsauftrag und wird weiter vergütet, gleich, was er tut. Allenfalls die Frage, ob die Änderungen Einfluss haben auf einen vorgestellten Zeitpunkt, zu dem das Beratungsprojekt abgeschlossen sein und z.B. eine Anschaffungsentscheidung fallen soll, ist dann offen.

310 Zu regeln ist auch, wer die **Projektleitung** innehaben soll. Die Projektleitung kann, muss aber nicht zwingend mit der Projektverantwortung zusammenfallen. Die Verantwortung für das Projekt kann nach wie vor dem Anwender zugeordnet sein, während die Projektleitung durch einen externen Berater übernommen wird. Vielfach finden sich in den Bedingungen der Berater Regelungen, wonach diese nur verpflichtet sind, die zur Verfügung stehenden Alternativen zu treffen und die Verantwortung für die Investitionsentscheidung dann allein beim Kunden liegt. Das wird man so sicherlich nicht hinnehmen.

3. Pflichten des Kunden

311 Hauptleistungspflicht des Kunden ist die Zahlung der vereinbarten Vergütung. In der Regel wird die Beratungsleistung nach Zeitaufwand, z.B. nach Stunden- oder Tagessatz vergütet. Auch einem Werkvertrag, der im Grunde eher von einem Festpreismodell ausgeht, steht jedoch eine Vereinbarung einer aufwandsabhängigen Vergütung nicht entgegen.[273] Möglich ist auch, dass die Parteien eine Obergrenze (Budget) vereinbaren, bei dessen Erreichen der Vertrag enden soll bzw. neu verhandelt wird.

312 Bei einer Vergütung nach Zeitaufwand kann Streit darüber entstehen, ob die berechneten Stunden tatsächlich erbracht wurden. Dies lässt sich dadurch vermeiden, dass vereinbart wird, wie die Stunden nachzuweisen sind. So könnte beispielsweise eine tabellarische, inhaltlich jedoch

---

273 Vgl. *BGH* NJW 1993, 1972.

hinreichend aussagekräftige Aufstellung über die erbrachten Leistungen und den jeweiligen Zeitaufwand vereinbart werden. Das alles nutzt jedoch nichts, wenn der Anwender diese Stundenzettel blind abzeichnet. Immerhin aber ermöglicht diese Art der Stundenaufschreibung an der einen oder anderen Stelle eine Kontrolle, wenn für recht überschaubar anmutende Tätigkeiten sehr viel Zeit aufgewendet wurde.

Mitwirkungspflichten ergeben sich bei Vorliegen eines Werkvertrages aus § 642 BGB. Bei **313** einem Dienstvertrag sind Mitwirkungspflichten gesetzlich nicht vorgesehen, jedoch trifft den Kunden auch hier die Pflicht zur Erbringung bestimmter Mitwirkungshandlungen. Genannt werden können beispielsweise der Zugang zu Räumlichkeiten, die Zurverfügungstellung von Daten, Kommunikationsmitteln und Material zur Präsentation der Ergebnisse.

4. Rechteübertragung

Ein weiterer wichtiger, aber meist nicht beachteter Regelungspunkt ist die **Einräumung von** **314** **Rechten an den Arbeitsergebnissen**. So kann auch das Entwurfsmaterial für ein Computerprogramm über § 69a UrhG schutzfähig sein, genauso wie die Entwicklungsstufen eines Programms. Anderes Material wie z.B. Konzepte, Leistungsbeschreibungen und sonstige Sprachwerke, können über die allgemeinen Regelungen des Urheberrechts geschützt sein. Der Werkschutz gilt dabei immer nur für die konkrete Ausdrucksform, so dass Einzelinhalte und Ideen, die in den Konzepten vorhanden sind, nicht geschützt sind und nicht über das Urheberrecht zugunsten des Anwenders über Rechteabtretung monopolisiert werden können. Denkbar ist aber, dass geheimes technisches Know-how vorliegt, das über Geheimhaltungsklauseln zu Gunsten des Anwenders geschützt ist – auch hier vereinbaren Berater aber typischerweise, dass nur die kundenspezifischen technischen Merkmale geheim zu halten sind und sonstige Ideen in den kommenden Projekten weiter verwendet werden dürfen.

Jedenfalls muss in dem Vertrag geklärt werden, wem die Rechte an den Arbeitsergebnissen zu- **315** stehen, welche Rechte übertragen werden und schließlich auch, welche Dokumente nach Vertragsbeendigung bzw. während des laufenden Vertrages herauszugeben sind. Ohne besondere vertragliche Regelungen ist bezüglich des Urheberrechts wiederum die Zweckübertragungslehre anzuwenden und zu prüfen, welche Rechte nach dem Vertragszweck übergehen sollen.

5. Abnahme bei werkvertraglicher Einordnung, Mängel und Haftung

Wird ein werkvertraglicher Erfolg geschuldet, bedarf es nach § 640 BGB einer Abnahme des **316** Werkes. Problematisch daran ist vielfach, dass sich Mängel, beispielsweise solche des Pflichtenheftes, meist erst bei der konkreten Umsetzung zeigen. Der Anwender müsste also etwas abnehmen, obwohl er gar nicht genau weiß und überprüfen kann, ob Mängel bestehen oder nicht. Er wünscht also, die Abnahme auf einen möglichst späten Zeitpunkt zu verlagern. Demgegenüber hat der Berater den Wunsch, dass sein Werk abgenommen wird. Im Hinblick auf diese Interessenkollision erscheint es also notwendig, dass die Parteien eine Regelung finden.[274] Dies gilt umso mehr, als dass von der Abnahme auch die Zahlung der Vergütung abhängig ist.

Bei werkvertraglichen Beratungsleistungen besteht das vorstehend bereits bei der Abnahme er- **317** läuterte Problem, dass Mängel jedenfalls des Pflichtenheftes nur schwer erkennbar sind und sich erst dann herausstellen können, wenn die Umsetzung erfolgt ist. Auch Machbarkeitsstu-

---

274 *Schneider* in Schneider/von Westphalen Softwareerstellungsverträge, C Rn. 295 ff. schlägt die Verlängerung der Verjährungsfristen oder eine gesplittete Freigabe/Abnahme vor.

dien oder Analysen lassen sich durch die Kunden kaum auf Vollständigkeit und Richtigkeit überprüfen. In der Regel wird die Verjährungsfrist des § 634a Abs. 1 Nr. 3 BGB und damit die regelmäßige Verjährungsfrist gelten. Daher beginnt diese erst ab Kenntnis bzw. Kennenmüssen des Mangels, § 199 BGB.

318 Im Dienstvertragsrecht gibt es keine Vorschriften zur Abnahme und zur Mängelhaftung, hier greift das allgemeine Leistungsstörungsrecht.

6. Vertragsdauer

319 Beratungsverträge sehen hin und wieder einen recht unverbindlichen Endtermin vor, an dem die Beratungstätigkeiten abgeschlossen sein und die Ergebnisse in Form von Studien oder sonstigen Dokumenten vorliegen sollten, eine ausdrückliche Vereinbarung einer Vertragsdauer erfolgt meist nicht.[275] Zu Ermittlung des Endtermins wird dann abgeschätzt, wie lange die einzelnen Tätigkeiten in etwa dauern, optional ist auch eine Verlängerung möglich. In der Regel werden auch Kündigungsfristen festgelegt.

320 Im Übrigen sind Dienstverträge nach §§ 621, 314 BGB, Werkverträge lediglich über § 649 BGB und ggf. § 314 BGB kündbar.

II. Systemverträge/IT-Projektverträge

321 Systemverträge und IT-Projektverträge dienen dazu, unterschiedliche, aber mindestens zueinander in gewisser Abhängigkeit stehende, wenn nicht miteinander stehende und fallende Leistungen zusammenzufassen. Dies zeigt bereits, dass Inhalt von Projekt- und Systemverträgen ein Bündel von Leistungen ist. Die Begriffe „Projektvertrag" und „Systemvertrag" werden nicht immer in dem hier dargestellten, für sich auch in gewisser Weise willkürlichen Sinn verstanden. Bei dem Systemvertrag handelt es sich letztlich auch um einen „Projektvertrag" im weitesten Sinne. Daher wird teilweise zwischen dem Projekt- und dem Systemvertrag nicht differenziert, sondern der Vertragstypus generell als Projektvertrag bezeichnet. Die bloße Bezeichnung spielt für sich genommen bekanntermaßen keine Rolle.

1. Systemverträge

322 Unter der Bezeichnung „EDV-Systemvertrag" wird ein Vertrag verstanden, in dem sich der Anbieter dazu verpflichtet, eine Kombination von verschiedenen Leistungen zu erbringen mit dem Ziel, ein EDV-System zu erstellen, z.B. bei der Neueinführung von EDV-Systemen oder dem Ersatz veralteter Teilsysteme.

323 Systemverträge haben nach der hier vorgenommenen Einteilung im Gegensatz zu Projektverträgen **schwerpunktmäßig** die **Lieferung von Standardkomponenten** zum Inhalt. Es handelt sich um komplexe Vertragsgestaltungen, die trotz der Standardkomponenten (die in ihrer konkreten Zusammensetzung gleichwohl eine sehr individuelle Lösung sein können) ein hohes Maß an individueller Ausgestaltung erfordern und so weitaus überwiegend nicht als AGB abgeschlossen werden.

324 Der Systemvertrag ist in der Regel auf eine längere Dauer angelegt, d.h. bis zum Abschluss des Projekts, das ggf. mehrere Jahre dauern kann, insbesondere, wenn es stufig aufgebaut ist. Es gibt unterschiedliche Konstellationen, was die äußere Gestaltung des Vertrages betrifft. Oft

---

275 *Schneider* Handbuch des EDV-Rechts, E Rn. 103.

Gennen

handelt es sich bei dem Systemvertrag um einen Rahmenvertrag, in dem die grundlegenden Konditionen und Regelungen der Zusammenarbeit geregelt werden, die einzelnen Leistungen werden hingegen gesondert und auf Grund gesonderter Verhandlungen im Einzelfall abgeschlossener Einzelverträge abgerufen. Der Rahmenvertrag enthält dann sinnvollerweise sämtliche Regelungen, die für alle Leistungsbereiche gelten. Vorteil dieser Konstellation ist die Möglichkeit der Änderung des Leistungsbildes z.B. bei sich ändernden Umfeldbedingungen oder bei technischem Fortschritt. Nachteil ist, dass das insgesamt vorgestellte Leistungsbild nicht zu einem bestimmten Zeitpunkt verbindlich vereinbart ist und für den Anwender Probleme entstehen können, wenn er einen Einzelvertrag nicht abschließen kann, die Leistung hieraus aber benötigt. Denkbar ist auch eine Konstellation, in der in einem einzigen Vertrag bereits das gesamte Leistungsbild verbindlich vereinbart ist; hier sind die vorstehend genannten Vor- und Nachteile spiegelbildlich gegeben, allerdings kann man mit einer Change-Request-Klausel im Hinblick auf Leistungsinhalte und mit Preisänderungsvereinbarungen bei sich ändernden Preisen für gleich bleibende Leistungen arbeiten.

Häufig werden in solchen Konstellationen auch **Generalunternehmerverträge** vereinbart, weil es wenige Anbieter gibt, die das gesamte Leistungsspektrum für ein System aus eigenem Produktportfolio bestreiten können. Ein GU-Vertrag hat für den Anwender den Vorteil, dass er sämtliche Leistungen aus einer Hand erhält und nur einen einzigen Anspruchsgegner hat; Nachteil ist bisweilen der Generalunternehmerzuschlag von zwischen 7% und 20% auf Fremdleistungsanteile, allerdings wird der Generalunternehmer auch die Projektsteuerung übernehmen, soweit es die Koordination seiner Subunternehmer betrifft. Dies verursacht Kosten, die sonst unmittelbar auf den Anwender zukämen. **325**

Die in einem Vertrag kombinierten Leistungsbereiche können von der Beschaffung von Hardware nebst Betriebssystemsoftware über die Überlassung und Installation bis zur Parametrierung und Anpassung von Software verschiedener Hersteller reichen, einschließlich der Programmierung von Schnittstellen zu beim Anwender bereits vorhandenen vor- und nachgelagerten Systemen. Dieses gesamte System muss ferner „integriert", also als Einheit funktionsfähig und betriebsbereit gemacht werden. Hinzu kommt oft die Altdatenübernahme aus abgelösten Systemen, die Wartung der Hardware und Pflege der Software sowie weitere Leistungen wie z.B. Schulungen, Beratung usw. Denkbar ist bei der Etablierung von über das Internet ansprechbaren Systemen (z.B. ein großer Webshop), die Anbindung der Lösung an das Internet und das Hosting der Anwendungen in einem Rechenzentrum. Dies zeigt, dass eine eindeutige und einheitliche vertragstypologische Zuordnung des „Systemvertrages" gar nicht möglich ist. Die bloße Beschaffung der Hardware nebst dazugehöriger Software gegen Einmalzahlung kann als Kaufvertrag einzustufen sein. Diese Einordnung kann sich aber bei Hinzutreten weiterer Leistungen, die den Schwerpunkt des Vertrages ausmachen, ändern. Wird etwa durch die Übernahme weiterer Pflichten eine (vom Anwender stets gewünschte) Erfolgsbezogenheit hergestellt, kann daraus folgen, dass der Vertrag insgesamt werkvertraglichen Charakter aufweist.[276] Oftmals wird es sich um einen gemischten Vertrag handeln, bei dem die verschiedenen Leistungselemente[277] zu einer rechtlichen Einheit verbunden sind. Innerhalb eines Systemvertrages finden sich also – getrennt betrachtet – unterschiedliche Vertragstypen wieder. **326**

---

276 *Schneider* Handbuch des EDV-Rechts, L Rn. 5.

277 Eine tabellarische Auflistung der möglichen Leistungsbereiche mit vertragstypologischer Einordnung findet sich bei *Schneider* Handbuch des EDV-Rechts, L Rn. 15.

327 Es ist aber für den jeweiligen Einzelfall zu prüfen, wie dieser gemischte Vertrag rechtlich zu behandeln ist, was sich an dem Sinn und Zweck des Vertrages zu orientieren hat. Insgesamt geht es bei dem Systemvertrag darum, eine EDV-Anlage „schlüsselfertig" zu übergeben und somit eine bestimmte Problemlösung zu finden. Der BGH hat den **Gesamtvertrag** in einem Fall, wo es um die Lieferung und Einrichtung eines EDV-Terminals nebst Software ging, als **Werkvertrag** eingeordnet.[278] Dies trägt auch dem Willen der Parteien Rechnung, einen einheitlichen Vertrag über ein komplettes System zu schließen sowie dem Umstand, dass die Schaffung einer funktionsfähigen EDV-Anlage als Erfolg im Vordergrund steht. Eine dienstvertragliche Einordnung wird in Betracht kommen, wenn kein bestimmter Erfolg geschuldet ist.

328 Bei der Lieferung eines EDV-Systems handelt es sich aus Sicht des Anwenders um ein **einheitliche Gesamtleistung**, die sich aus vielen verschiedenen Einzelleistungen zusammensetzt. Dies gilt ungeachtet des Umstandes, dass sich bestimmte Anwendungen auf verschiedensten Maschinen mit gleicher Leistung betreiben ließen, also z.B. aus Benutzersicht der Hersteller der Maschine, auf der die Software läuft, belanglos ist. In dem Vertragstext ist es wichtig, die zu erbringenden Einzelleistungen festzuhalten, gleichzeitig aber klarzustellen, dass sie miteinander stehen und fallen. Dazu ist über die Leistungen ein detailliertes Leistungsverzeichnis und/oder Pflichtenheft zu erstellen, in dem die Anforderungen und Leistungsmodalitäten näher geregelt werden. Hier gelten die gleichen Grundsätze wie bei der Leistungsbeschreibung im Hinblick auf die Softwareerstellung.

329 Ferner sind in rechtlicher Hinsicht Regelungen vorzusehen insbesondere zu Fristen/Terminen einschl. Sanktionen bei deren Nichteinhaltung (pauschalierter Schadensersatz oder Vertragsstrafe), Change-Request-Verfahren, Mitwirkungspflichten des Anwenders,[279] Eigentumsübergang, Rechteübertragung, Leistungsstörungen (insbesondere Mängel), Abnahme/Ablieferung, Vergütung, Haftung, Vertragsbeendigung, Versicherungen, Bürgschaften, Patronatserklärungen, Regelungen zur Subunternehmereinschaltung usw.

330 Eine Besonderheit des Systemvertrages ist die Regelung zur „**Systemverantwortung**" bzw. zur Generalunternehmerschaft. Hierunter ist die Verantwortlichkeit des Anbieters für Leistungen vertraglich mit ihm verbundener Dritter zu verstehen.[280] Ist der Anbieter Generalunternehmer, so haftet er für seine Subunternehmer, die Erfüllungsgehilfen gem. § 278 BGB sind. Für Dritte, die Vertragspartners des Kunden sind, besteht hingegen per Gesetz keine Verantwortlichkeit. Jedenfalls individualvertraglich könnte aber z.B. die Systemverantwortung des Anbieters auch auf diese Dritten ausgedehnt werden, die allein im Auftrag des Kunden Teilleistungen zum Gesamtsystem erbringen, wenn die Leistung zuvor von demjenigen, der die Systemverantwortung übernimmt, geprüft wurde. Diese Ausdehnung des Haftungsumfangs wird durch eine zusätzliche Vergütung abgegolten.

331 Da die Leistungen zumeist nicht in einem, sondern in mehreren Schritten erbracht werden, muss ein **Projektplan** vereinbart werden, in dem Projektschritte und (vorgesehene) Termine geregelt sind.[281] Außerdem bedarf ein komplexes EDV-Projekt eines **Projektmanagements**, um eine geordnete Projektorganisation sicherzustellen. Komplexe Projekte scheitern oft daran, dass durch eine mangelhafte Organisation das Projekt ins Stocken gerät. Ist die Abgrenzung

---

278 *BGH* WM 1986, 1255.
279 Zu den Mitwirkungspflichten *Müglich/Lapp* CR 2004, 801.
280 *Schmidt* in Redeker Handbuch der IT-Verträge, Kap. 1.5. Rn. 165.
281 *Intveen* ITRB 2001, 131.

Gennen

der Projektverantwortung unklar (d.h. aus Anwendersicht nicht beim Anbieter eindeutig verortet), besteht das juristische Risiko, dass das Vertragsverhältnis insgesamt als Gesellschaft oder zumindest gesellschaftsähnlich angesehen wird.[282]

2. Projektverträge

Schwerpunkt der EDV-**Projektverträge** ist nach der hier vorgenommenen Einteilung die **Erstellung einer individuellen Lösung für ein Unternehmen**, wobei in der Regel ein sehr wesentlicher Bestandteil die Programmierung einer individuellen Software oder die grundlegende Modifizierung einer Standardsoftware ist.[283] Projektverträge sind ebenfalls auf längere Dauer angelegt, und können einen Zeitraum der Leistungserbringung von mehreren Monaten bis zu mehreren Jahren haben.　**332**

2.1 Vertragstypologische Einordnung

Vertragstypologisch lässt sich ein Projektvertrag durch die Vielzahl der übernommenen Leistungen ebenfalls keinem besonderen Vertragstyp standardmäßig zuordnen. Projekte können sehr unterschiedlich ausgestaltet sein und daher z.B. werkvertragliche und/oder dienstvertragliche Elemente aufweisen. Auch hier wird es sich aber meist um einen **einheitlichen Gesamtvertrag** handeln, der, wenn ein auf Erreichung abprüfbarer Erfolg am Ende der Leistungserbringungsphase steht, als **Werkvertrag** einzuordnen ist.[284] Auch hier entspricht ein Werkvertrag jedenfalls typischerweise dem Anwenderwunsch. Ungeklärt ist insoweit, wie sich die Neufassung des § 651 BGB auswirkt.　**333**

Projektverträge werden in der Praxis vielfach individuell ausgehandelt, ein Abschluss mittels Allgemeiner Geschäftsbedingungen ist jedoch auch sehr häufig. Große IT-Dienstleister, für die solche Projekte üblich sind, treten mit Standardbedingungen an die Anwender heran.[285] Auch werden beispielsweise marktmächtige Hardwarehersteller unterhalb gewisser wirtschaftlicher Schwellwerte keine anderen Bedingungen zulassen für den Erwerb der Hardware als ihre Verkaufsbedingungen und Wartungsbedingungen.　**334**

2.2 Inhalt

Der Projektvertrag beinhaltet unterschiedliche Leistungen, beginnend mit der Planung, der Lieferung von Hardware, Erstellung der Individualsoftware als Schwerpunkt, Installation, Anpassungen, Schulungen und weiteren Leistungen wie etwa Wartung der Hardware und Pflege der Software.　**335**

Im vorvertraglichen Bereich bietet sich der Abschluss einer Absichtserklärung, eines sog. Letters of Intent an. Da der andere Vertragsteil ggf. auch schon in dieser Phase Einblick in zu schützendes Know-how erhalten kann, sollten bereits vor Abschluss des Projektvertrages Regelungen über den Know-how-Schutz und auch die Rechte an etwa bereits in einer Vorphase entstandenen Arbeitsergebnissen (Planungsergebnissen) zu regeln. Dies geschieht in der Pra-　**336**

282　*Müglich/Lapp* CR 2004, 801.
283　*Schmidt* in Redeker Handbuch der IT-Verträge, Kap. 6.1. Rn. 2.
284　*BGH* NJW 1988, 406; WM 1986, 1255.
285　So z.B. die gemeinsam mehrere hundert Seiten ausmachenden vielfältigen AGB der IBM Deutschland GmbH auf der Website www-304.ibm.com/jct03004c/support/operations/de/de/documentations (Stand: 8.8.2007).

xis oft in einer Absichtserklärung, dem sog. Letter of Intent[286] (s. hierzu auch oben Rn. 229). Dies dient dazu, Streitigkeiten zu vermeiden, die bereits aus der vorvertraglichen Phase resultieren.

337 Inhaltlich weisen Projektverträge umfassende Regelungen zu den jeweiligen Leistungspflichten, der Projektorganisation und den allgemeinen Rechten und Pflichten der Parteien auf. Wie bei jedem IT-Vertrag ist auch hier die genaue Beschreibung der gegenseitigen Leistungen notwendig. Zur Festlegung des Vertragsgegenstandes gehört zunächst, dass das Projektziel definiert und zur Vertragsgrundlage erhoben wird; dies entbindet naturgemäß nicht von einer Leistungsbeschreibung. Zu der Leistungsbeschreibung gehören dann insbesondere die Festlegung der Systemfunktionalitäten, die technischen Eigenschaften von Hard- und Software, der Lieferumfang sowie die Beschreibung der sonstigen Leistungen wie Schulungen, Pflege, Wartung etc. Die Leistungsbeschreibung erfolgt meist in Vertragsanlagen, insbesondere in dem Pflichtenheft. Notwendiger Inhalt eines Projektvertrages ist auch die Regelung eines Verfahrens für Änderungen des Leistungsumfangs, die sich in der Regel während eines laufenden Projektes ergeben (Change-Request-Verfahren). Außerdem enthalten Projektverträge typischerweise Regelungen zur Abgrenzung der Verantwortlichkeiten und der Systemverantwortung. Eine weitere Kategorie der typischen Inhalte bildet eine Vereinbarung über die Projektstruktur, den Projektverlauf und die Projektorganisation. Projektstruktur und Projektverlauf werden sich nach den Umständen des Einzelfalls ausrichten. Weiter werden Projektphasen unterschieden, denen meist (verbindliche) Termine zugeordnet werden, in denen die Phase abgeschlossen sein muss. In Bezug auf die Projektorganisation werden Projektgremien ggf. auf verschiedenen Stufen gebildet. Geregelt wird in diesem Rahmen auch die Kommunikation innerhalb des Projektes bzw. die Kommunikationswege und die Dokumentation des Projektes.

338 Einen weiteren Regelungspunkt stellen die umfassenden Pflichten zur Mitwirkung und „Kooperation" dar. Dies wirft teilweise die Frage der Abgrenzung zum Gesellschaftsrecht auf: Handelt es sich um eine Kooperation, die eine enge Zusammenarbeit und gegenseitige Treuepflichten erkennen lässt, so kann sich aus dem Vertragsinhalt auch eine gesellschaftsrechtliche Konstruktion ergeben oder zumindest besondere Treue- und Rücksichtspflichten. Dies steht dem von dem Anwender oft gewünschten strikten Vertikalverhältnis entgegen. Daher ist aus Anwendersicht darauf zu achten, dass die Erbringung gegenseitiger Leistungen vorrangiges Vertragsziel ist.

339 Aufgrund der Zusammenarbeit können einer Vertragspartei Unternehmensgeheimnisse der anderen bekannt werden. Gerade im Hinblick auf technisches oder betriebliches Know-how, das nicht durch gewerbliche Schutzrechte oder das Urheberrecht abgesichert wird, oder im Hinblick auf Kunden- oder Mitarbeiterdaten ist daher eine **Regelung zur Geheimhaltung** und zur Einhaltung der datenschutzrechtlichen Vorgaben Regelungspunkt. Ggf. ist eine Regelung zur Auftragsdatenverarbeitung zu unterzeichnen.

Schließlich bedarf ein Projektvertrag auch umfassender Regelungen zu Vergütung, Zahlungsmodalitäten, Zinsen, ggf. auch zu Bürgschaften und Versicherungen.

3. FuE-Verträge im IT-Bereich, Kooperationsvereinbarungen

340 Auch im IT-Bereich besteht der Bedarf, technische Probleme zu erforschen oder Produkte weiter zu entwickeln, ohne dass dies unmittelbar mit der Beschaffung von produktiv einsetzbarer Software oder Betriebsmitteln einhergeht. Zur Erforschung oder Entwicklung einer bestimm-

---

286 Vgl. *Söbbing* ITRB 2005, 240.

ten Problemlösung können daher auch im IT-Bereich Forschungs- und Entwicklungsverträge (FuE-Verträge) geschlossen werden. Denkbar ist auch hier eine Förderung durch die öffentliche Hand, sei es durch Bundes- oder Landesmittel oder durch EU-Mittel.[287] Auch private Unternehmen schließen miteinander FuE-Verträge zwecks Kosteneinsparung, besserer Ausnutzung vorhandener Ressourcen und zum Austausch von Ideen und Erfahrungen.

FuE-Verträge kommen in unterschiedlichen Gestaltungsformen vor. Zum einen kann es sich um eine FuE-Kooperation (Horizontalvertrag) handeln. Diese ist dadurch gekennzeichnet, dass das Forschungsfeld von den Parteien gemeinsam bestimmt wird und die Rechte an den Arbeitsergebnissen allen Beteiligten zugute kommen sollen. Im Gegensatz dazu gibt es auch FuE-Aufträge (Vertikalvereinbarungen), bei denen das Forschungsfeld im Bereich der Technologie des Auftraggebers liegt (dies wird ggf. in einen Softwareerstellungsvertrag münden). Die Nutzungsrechte an den Arbeitsergebnissen sollen dann beim Auftraggeber verbleiben. Dritte Möglichkeit der FuE-Zusammenarbeit ist die gesellschaftsrechtliche Ausgestaltung der Zusammenarbeit, z.B. durch Gründung eines Joint Ventures. Denkbar ist eine Zusammenarbeit mit Hochschulen oder Großforschungseinrichtungen in beiden Konstellationen.

Neben den Fragen der Gestaltung der Zusammenarbeit und der Vertragsgestaltung im Einzelnen werfen FuE-Verträge kartellrechtliche Fragen auf, insbesondere im Hinblick auf die Verteilung von Rechten an Arbeitsergebnissen, Wettbewerbsverbote und Marktaufteilungen durch die Vertragsparteien. Bei der Vertragsgestaltung sollte der Leistungs- oder Kooperationsgegenstand konkretisiert werden. Oftmals bereitet es große Schwierigkeiten, ein konkretes Forschungsziel zu beschreiben, da vielfach erst während der Forschungstätigkeiten die künftigen Entwicklungen absehbar sind. Meist wird es darauf hinauslaufen, bloß abstrakte Ziele und die Rechtsfolgen bei deren Nichterereichen zu definieren. **341**

Im Übrigen müssen die im Grunde üblichen Vertragsinhalte geregelt werden wie etwa die Haftung, ggf. Leistungsstörungen, Vergütung, Fragen der Vertragsbeendigung, Verschwiegenheitsklauseln, Wettbewerbsverbote sowie die allgemeinen Schlussbestimmungen. Einer genauen Regelung bedarf auch die Zuweisung der Rechte an den Arbeitsergebnissen. **342**

Bei der Entwicklung komplexer Softwareprodukte ist oft die Zusammenarbeit mehrerer Unternehmern erforderlich. Die Entwicklung der Software kann im Rahmen eines Softwareerstellungs- oder Projektvertrages erfolgen, möglich ist aber auch, dass sich die Beteiligten für eine Kooperation entscheiden. Kooperationen dienen der Reduzierung der Entwicklungskosten für Software sowie der Risikoverteilung, finanziell sowie im Hinblick auf eine Zielerreichung, auf mehrere Vertragspartner. Im Vordergrund steht weiter der gemeinsame Erwerb von Know-how und der Austausch von Wissen. **343**

Ziel ist eine Zusammenarbeit der Parteien, wobei die zu erbringenden Leistungen unterschiedlich sind. Meist handelt es sich um die Entwicklung einer Innovation von herausragender Bedeutung für eine Partei.[288] Im Bereich der Softwareerstellung können Kooperationen entstehen, wenn Programmierer von unterschiedlichen Unternehmen bzw. Einrichtungen unter einer Projektleitung zusammen arbeiten. Eine solch enge Zusammenarbeit an einem „Produkt" ist aber nicht zwingend notwendig. Die Beteiligten können auch sachlich unterschiedliche, aufeinander aufbauende Beiträge erbringen. Kooperationen können beispielsweise auch dann entstehen, wenn eine Partei ein besonderes technisches Know-how aufweist, nicht aber über die **344**

---

287 Vgl. hierzu z.B. das 7. Rahmenprogramm der EU 2007-2013, Teilbereich Zusammenarbeit, Untergruppe Informations- und Kommunikationstechnologien. Dort werden 9 Mill. Euro öffentliche Fördergelder bereitgestellt. Nähere Informationen s. z.B. www.forschungsrahmenprogramm.de.
288 Vgl. *Karger* ITRB 2004, 208.

Mittel verfügt, das Produkt eigenständig herzustellen. So kann mit dem „Produzenten" eine Kooperation eingegangen werden. Jeder der Beteiligten übernimmt dann eine andere Projektaufgabe. Schließlich ist auch denkbar, dass ein Beteiligter nur die Finanzierung übernimmt. Die Zusammenarbeit kann dabei den Zwecken der Kooperationspartner dienen oder für einen Dritten, mit dem ein entsprechender Werk- oder Dienstvertrag mit der Gesellschaft abzuschließen ist, erfolgen.

345 Im Gegensatz zu Vertikalverträgen steht hier die Gleichwertigkeit der Vertragspartner im Vordergrund. Daher stellt sich die Frage, ob das Vertragsverhältnis noch als Austauschvertrag anzusehen ist, bei dem gegenseitige Leistungen erbracht werden, oder ob es sich um eine gesellschaftsrechtliche Ausgestaltung der Zusammenarbeit handelt. Die Kooperation der Parteien kann als Gesellschaft bürgerlichen Rechts nach den §§ 705 ff. BGB zu beurteilen sein, soweit keine anderen gesellschaftsrechtlichen Gestaltungen getroffen wurden. Eine GbR wird in der Regel vorliegen, wenn der kooperative Ansatz tatsächlich im Vordergrund steht und von beiden Parteien das Entwicklungsrisiko übernommen wird.[289] Liegt das „Erfolgsrisiko" hingegen ganz eindeutig bei einer Partei bzw. beim Auftraggeber, handelt es sich um einen Dienstvertrag. Ein Werkvertrag (bzw. ggf. § 651 BGB) ist zu bejahen, wenn der Auftragnehmer das Risiko des Eintritts eines bestimmten Erfolges schuldet. Sollte das Erfolgsrisiko keiner eindeutigen Regelung unterliegen, muss im Einzelfall geprüft werden, welche Kriterien für und welche gegen eine Gesellschaft bzw. einen Werk- oder Dienstvertrag sprechen.[290]

346 In dem Kooperationsvertrag müssen die Parteien jedenfalls den Gegenstand der Zusammenarbeit, die Aufgabenverteilung auf die jeweiligen Vertragspartner, die Verteilung der Kosten, die Haftung im Innen- und Außenverhältnis sowie Regelungen über Rechte und Know-how betreffen.[291] Außerdem müssen gesellschaftsrechtliche Fragen geregelt, etwa eine Geschäftsführung bestimmt, werden.

347 In den Kooperationsvertrag sind auch Vereinbarungen aufzunehmen, die den Umgang mit materiellen und immateriellen Arbeitsergebnissen treffen. Ohne eine ausdrückliche vertragliche Regelung greifen die §§ 718 ff. BGB ein, soweit eine Gesellschaft vorliegt. Nach § 718 Abs. 1 BGB werden die Beiträge der Gesellschafter und die durch die Geschäftsführung für die Gesellschaft erworbenen Gegenstände gemeinschaftliches Vermögen der Gesellschafter, welches nach § 719 BGB einer gesamthänderischen Bindung unterliegt. Die Gegenstände des Gesamthandsvermögens dürfen durch die Gesellschafter unentgeltlich genutzt werden. In der Fallkonstellation, dass die Beteiligten Software durch ihre Programmierer gemeinsam entwickeln lassen, werden die angestellten Programmierer nach § 8 UrhG Miturheber, es sei denn ein zeitlich nachfolgender Beitrag ist nur als Bearbeitung gem. § 23 UrhG zu verstehen. Nach § 69b UrhG gehen sodann die vermögenswerten Rechte im Wege einer gesetzlichen Lizenz auf den jeweiligen Arbeitgeber über. Mangels anderweitiger Vereinbarung stehen die vermögensrechtlichen Befugnisse den beteiligten Unternehmen als Gesamthandsvermögen nach § 718 BGB zu.[292] In Kooperationen, wo jeder Beteiligte sachlich getrennte Beiträge leistet, sind die Beteiligten Alleinurheber des jeweiligen Softwaremoduls. Haben die Beteiligten Urheber ihre Werke zu gemeinsamer Verwertung miteinander verbunden, so kann jeder vom anderen die Einwilligung zur Veröffentlichung, Verwertung und Änderung der verbundenen Werke verlangen, wenn die Einwilligung dem anderen nach Treu und Glauben zuzumuten ist, § 9 UrhG. Es handelt sich dann um ein verbundenes Werk.

289 *Karger* ITRB 2004, 208.
290 Vgl. dazu *BGH* NJW 2002, 3323; *Karger* ITRB 2004, 208.
291 *Reukauf* GRUR 1986, 415.
292 *Brandi-Dohrn* in Schneider/von Westphalen Softwareerstellungsverträge, E Rn. 348.

Gennen

Da für die Beteiligten diese Rechteverteilung nachteilig sein kann, werden meist anderweitige **348** Vereinbarungen über die Rechte an den Arbeitsergebnissen getroffen. Bei getrennten Beiträgen wird meist geregelt, dass die Ergebnisse dem jeweiligen Rechtsinhaber weiterhin zustehen. Dieser räumt dann den anderen Beteiligten Nutzungsrechte (Lizenzen) ein. Diese Lizenzen werden meist, müssen aber nicht kostenfrei eingeräumt werden. Bei untrennbaren Projektergebnissen erfolgt meist auch eine Zuordnung der Rechte an den Arbeitsergebnissen. Dabei kann als Maßstab der Rechteverteilung der jeweilige Beteiligungsrad herangezogen werden.

Bei der Regelung sollte auch Beachtung finden, wie Know-how und Arbeitsergebnisse, die bereits vor Vertragsschluss bei einem Beteiligten vorhanden sind und nun für das Projekt genutzt **349** werden sollen, zu behandeln sind. Know-how und Arbeitsergebnisse, die in das Projekt eingebracht werden, sollen in der Regel weiterhin dem Rechtsinhaber zustehen. Auch hier werden den anderen Beteiligten meist kostenfreie Lizenzen eingeräumt, durch welche sie zur Nutzung des Know-hows und der Arbeitsergebnisse zwecks Durchführung des Projektes berechtigt werden. Außerdem sehen die Verträge standardmäßig Geheimhaltungsvereinbarungen vor.

Schließlich sei zu erwähnen, dass Kooperationen im Softwareentwicklungsbereich auch kar- **350** tellrechtliche Fragen aufwerfen können.

III. Generalunternehmer-/Subunternehmergestaltungen

Gerade bei komplexen IT-Projekten bedarf es der Einschaltung mehrerer Beteiligter, die je- **351** weils unterschiedliche vertragliche Leistungen erbringen, dies wurde unter Rn. 321, 325 bereits angesprochen. Eine Einbindung verschiedener Unternehmen oder auch Einzelpersonen (im Softwarebereich ebenfalls oft „Freelancer" genannt, bisweilen eher scheinselbstständig als unabhängig) erfolgt in der Weise, dass ein Generalunternehmer einen oder mehrere Subunternehmer mit der Durchführung bestimmter Aufgaben beauftragen.

1. Vertragskonstellation und Interessenlage

Der Subunternehmervertrag ist kein eigenständiger Vertrag sondern die Beschreibung eines **352** Lebenssachverhalts: Ein Hauptauftraggeber erteilt einem Generalunternehmer den Auftrag, ein komplexes IT-Projekt durchzuführen. Dazu wird zwischen diesen Parteien ein Generalunternehmervertrag geschlossen, in dem sich der Generalunternehmer zur Erbringung einer Vielzahl von Leistungen verpflichtet. Aus unterschiedlichen Gründen kann es dem Generalunternehmer aber unmöglich sein, sämtliche Teilleistungen mit eigenen Kapazitäten zu erbringen. So kann es sein, dass der Generalunternehmer nicht über die erforderlichen personellen Kapazitäten oder Fachkenntnisse verfügt oder er lediglich das Projektmanagement übernehmen wollte. Also vergibt der Generalunternehmer Leistungen an einen oder mehrere Subunternehmer, die in einem Subunternehmervertrag zwischen Generalunternehmer und Subunternehmer geregelt werden. Im Verhältnis von Generalunternehmer und Subunternehmer ist somit der Generalunternehmer der Auftraggeber und der Subunternehmer der Auftragnehmer. Der Subunternehmer kann sich ggf. weiterer Subunternehmer bedienen, so dass innerhalb eines Projektes zahlreiche Beteiligte auf unterschiedlichen Stufen tätig werden.

Bei Vertragskonstellationen unter Einbeziehung von Subunternehmern handelt es sich also um **353** voneinander getrennt bestehende Vertragsbeziehungen, dem Generalunternehmervertrag einerseits und dem Subunternehmervertrag andererseits. Diese sind trotz des engen wirtschaftlichen Zusammenhangs rechtlich voneinander unabhängig. Die Rechtsnatur des Subunternehmervertrages richtet sich nach dem jeweiligen Vertragsgegenstand, so dass die diesbezüglichen Besonderheiten zu beachten sind.

354 Die Konstellation bietet für die Beteiligten Vor- und Nachteile. Der Hauptauftraggeber bedient sich eines Generalunternehmers, um Leistungen aus einer Hand zu erhalten, einen einzelnen Ansprechpartner zu haben und somit auch bei Pflichtverletzungen oder sonstigen Schäden nur an einen Anspruchgegner herantreten zu müssen. Der Generalunternehmer koordiniert das Projekt und nimmt alle Handlungen vor, die zur Erfüllung des Generalunternehmervertrages erforderlich sind.

355 Für den Generalunternehmer birgt die alleinige Verantwortlichkeit gegenüber dem Hauptauftraggeber verschiedene Risiken. Gegenüber dem Hauptauftraggeber ist der Generalunternehmer zur ordnungsgemäßen Erfüllung sämtlicher Leistungspflichten verpflichtet und damit auch bei Leistungsstörungen aus dem Generalunternehmervertrag voll verantwortlich. Er erbringt diese Leistungen zum Teil aber nicht eigenständig, sondern ist darauf angewiesen, dass die beauftragten Subunternehmer ihre Leistungen ebenso ordnungsgemäß und zeitgerecht erbringen. Durch Nicht- oder Schlechtleistungen der Subunternehmer, deren Folgen weiter reichen können als sich lediglich auf die einzelne Subunternehmerleistung zu beschränken, kann schlimmstenfalls das gesamte Projekt scheitern oder nur stark verzögert abgeschlossen werden.

356 Aus der Situation der vollen Verantwortlichkeit entsteht auch das Bedürfnis des Generalunternehmers, die wirtschaftlichen und vertraglichen Risiken soweit möglich auf die Subunternehmer abzuwälzen und die Verträge weitgehend zu synchronisieren. Der Subunternehmer hingegen hat das Interesse, gerade nicht sämtliche Risiken tragen zu müssen, die möglicherweise auch in keinem Verhältnis zum wirtschaftlichen Umfang seines Auftrages stehen. Außerdem ist es dem Subunternehmer meist auch nicht möglich, auf die in dem Generalunternehmervertrag getroffenen Absprachen Einfluss zu nehmen.

2. Besonderheiten bei Subunternehmerverträgen

357 Im Folgenden sollen die Schwierigkeiten und Besonderheiten dargestellt werden, die sich aus der typischen Mehrparteienkonstellation und der Zusammenarbeit bei mehreren Projektpartnern ergeben.

358 Zu den ersten Schwierigkeiten kommt es bereits im Zusammenhang mit dem **Abschluss des Subunternehmervertrages**. Der Generalunternehmer wird das Ziel haben, den Subunternehmervertrag erst dann rechtsverbindlich abzuschließen, wenn auch der Generalunternehmervertrag ausgehandelt und abgeschlossen ist. Der Subunternehmer ist nur an dem Vertragschluss in Bezug auf seine Leistungen interessiert und muss keine Rücksicht darauf nehmen, mit welchen anderen Beteiligten der Generalunternehmer noch kontrahieren muss, bevor er sein gesamtes Leistungsbild beisammen hat. Die Parteien müssen also einen Weg finden, der beiden Interessen soweit wie möglich gerecht wird.

359 Weiter bedarf es einer sorgfältigen **Abstimmung der Pflichten** aus dem Generalunternehmervertrag und den Subunternehmerverträgen. Der Generalunternehmer hat dafür Sorge zu tragen, dass die durch die Subunternehmer zu erbringenden Leistungen auch denen entsprechen, zu dessen Erbringung er sich in dem Generalunternehmervertrag verpflichtet hat. Daneben bedarf es auch einer Abstimmung der Leistungen im Hinblick auf weitere Subunternehmer, da deren Einzelleistungen in der Regel verknüpft und integriert werden müssen. Der Generalunternehmer muss also beachten, dass auch die Leistungen der Subunternehmer nahtlos zusammenpassen. Dies erfordert eine detaillierte Beschreibung der zu erbringenden Leistungen und auch die Einbeziehung der Subunternehmer, die auf ihrem Fachgebiet meist über größere Sachkenntnis verfügen als der Generalunternehmer.

Kaum ein IT-Projekt wird so durchgeführt und fertig gestellt, wie es ursprünglich geplant war. **360**
Wird der Hauptauftrag verändert oder konkretisiert, muss der Generalunternehmer diese Änderungen durchführen und gegenüber dem Subunternehmer durchsetzen können. Daher muss in dem Subunternehmervertrag geregelt werden, wie Änderungen, Konkretisierungen etc. durchgeführt werden sollen. Auch seitens des Subunternehmers kann das Bedürfnis bestehen, eine Änderung durchzusetzen, beispielsweise weil die zu erbringende Leistung so nicht realisierbar war oder auf anderem Wege einfacher erbracht werden kann. Änderungen sind immer aufwändig, da sie mit sämtlichen Betroffenen abgestimmt werden müssen. Bringt der Hauptauftraggeber einen Änderungsvorschlag ein, so muss der Generalunternehmer zunächst mit den betroffenen Subunternehmern abstimmen, ob die gewünschte Änderung durchführbar ist. Bei Vorschlägen seitens der Subunternehmer muss geklärt werden, ob Änderungen vom Hauptauftraggeber gewollt sind und ob diese überhaupt im Hinblick auf die Koordinierung mit den Leistungen der weiteren Subunternehmer zu realisieren sind. Oft sehen Verträge Vereinbarungen über Änderungsverfahren vor, in denen ausführlich geregelt ist, was eine Änderung ist, wie diese eingebracht werden können und welche formalen Schritte einzuhalten sind. Wie ein Änderungsverfahren praktisch durchzuführen ist, ist auf den jeweiligen Einzelfall anzupassen. Maßgebend sind insbesondere Größe und Umfang des Projektes und die Zahl der beteiligten Projektpartner.

Eng mit der Koordinierung von Änderungen etc. zusammen hängt auch die Frage, wie die Abstimmung und Kommunikation erfolgen soll. Gerade bei zahlreichen Projektbeteiligten bereiten die ordnungsgemäße Abstimmung und der schnelle Informationsaustausch Schwierigkeiten. Dadurch kann es zum Fehlen von Informationen und zu Missverständnissen kommen. Der Generalunternehmer hat daher zu organisieren, wie der Informationsfluss stattzufinden hat. Dazu muss geklärt werden, ob beispielsweise die Subunternehmer untereinander oder zum Hauptauftraggeber in Kontakt treten dürfen. Möglicherweise handelt es sich um konkurrierende Unternehmen, die in einem Projekt arbeitsteilig zusammenwirken oder der Generalunternehmer möchte im Einzelfall nicht, dass der Hauptauftraggeber erfährt, durch welche Subunternehmer er seine Leistungen erbringt. Weiter benötigt der Generalunternehmer zur Koordination des Projektes alle Informationen, die zur Durchführung des Projektes notwendig sind. Daher muss ein Subunternehmervertrag auch Aussagen dazu enthalten, welche Informationen an wen erteilt werden sollen und in welchem Verhältnis ein Informationsfluss erfolgen soll. In den meisten Projekten wird zudem ein **Projektmanagement** eingeführt, welches die Projektbeteiligten in unterschiedliche Teams einteilt und eine „Verwaltungsstruktur" für das Projekt schafft. Dort werden auch Entscheidungsgremien eingerichtet und Ausschüsse für den Eskalationsfall gebildet. Schließlich müssen auch Regelungen zur **Projektdokumentation** getroffen werden, durch die z.B. der Projektfortschritt und –verlauf sowie besondere Vorkommnisse nachgehalten werden. **361**

Auch **Fristen und Termine** stellen meist einen Problempunkt dar, da möglicherweise die Verzögerung einer einzigen Leistung sich auf das Gesamtprojekt auswirken und dieses stark verzögern kann. Daher ist die Einhaltung von Terminen für das Gelingen des Projektes sehr relevant. Der Generalunternehmer muss dafür Sorge tragen, dass seine Subunternehmer fristgerecht liefern. Dies kann dadurch geschehen, dass in den Subunternehmerverträgen Fristen vorgesehen werden, die denen des Generalunternehmervertrags zeitlich vorgelagert sind. Dadurch können Verzögerungen ggf. noch aufgefangen werden, z.B. durch die Einschaltung weiteren Personals oder Dritter. Zur Absicherung können auch **Vertragsstrafen** vereinbart werden, soweit dies AGB-rechtlich zulässig ist (§§ 309 Nr. 6, 307 BGB; vgl. auch § 339 BGB, § 11 Nr. 2 VOB/B). Dabei ist zu beachten, dass nach Ansicht der Rechtsprechung im AGB-Bereich auch summenmäßige Begrenzungen auf 5% der Bausumme (Entscheidung zum Bau- **362** recht) erforderlich sind, wenn die Klausel nicht schon aus diesem Grund unwirksam sein soll.[293] Weiter muss der Generalunternehmer die Einhaltung der Termine überwachen, damit sich Verzögerungen schnell zeigen und der Generalunternehmer die Möglichkeit hat, geeignete Maßnahmen zu treffen oder mit dem Hauptauftraggeber eine Fristverlängerung zu verhandeln.

363   Koordiniert werden müssen auch die **Zahlungstermine**. In der Regel möchte der Generalunternehmer für seine Subunternehmer nicht in Vorleistung treten, sondern erst dann entsprechende Abschläge oder Vorschüsse leisten müssen, wenn er seinerseits aus dem Generalunternehmervertrag bedient wurde. Als Subunternehmer sind meist Abschläge oder Vorschüsse erwünscht, insbesondere zur Deckung der laufenden Kosten sowie zur sicheren Kalkulation. Daher sollten in dem Vertrag die Zahlungstermine so koordiniert werden, dass beiden Interessen Beachtung geschenkt wird.

364   Auch die **Mängelrechte** haben in einer Subunternehmerkonstellation eine besondere Bedeutung, sowohl was den Inhalt betrifft, als auch im Hinblick auf die Verjährung von Mängeln. Inhaltlich bietet es sich seitens des Generalunternehmers an, Mängel des Generalunternehmervertrages und des Subunternehmervertrags in gleiche Kategorien einzuteilen, also die Mängelklassen übereinstimmend zu definieren. Die **Verjährung** der Mängelrechte kann insbesondere bei länger dauernden EDV-Projekten dazu führen, dass die Verjährungsfrist der Mängel aus dem Subunternehmervertrag bereits abgelaufen, der Generalunternehmer aber noch wegen Rechts- oder Sachmängeln durch den Hauptauftraggeber in Anspruch genommen werden kann. Hier besteht das Bedürfnis, die Verjährungsfristen anzugleichen, z.B. diejenigen des Subunternehmervertrags zu verlängern und solche aus dem Generalunternehmervertrag zu verkürzen. Inwieweit dies individualvertraglich oder in AGB zulässig ist, bedarf aber einer sorgfältigen Prüfung. Der Generalunternehmer könnte alternativ versuchen, soweit es sich um einen Werkvertrag handelt, die Abnahme zu verzögern oder mit derjenigen des Generalunternehmervertrages abzustimmen. Hinsichtlich der Zulässigkeit einer solchen Regelungen bestehen aber – insbesondere im Hinblick auf die §§ 307 ff. BGB – bedenken. Im Grundsatz ist davon auszugehen, dass ein formularmäßiges Hinausschieben des Abnahmezeitpunktes auf die Abnahme des Hauptvertrages gem. § 307 BGB zur Unwirksamkeit einer entsprechenden Klausel führt.[294] Nach dem BGH ist eine **„Parallelschaltung" der Abnahmezeitpunkte** im Generalunternehmervertrag einerseits und im Subunternehmervertrag in Ausnahmefällen möglich[295]. Dies ist der Fall, wenn beispielsweise die Subunternehmerleistung nur im Zusammenhang mit einer später zu erstellenden Subunternehmerleistung beurteilt werden kann oder wenn sonstige besondere Gründe vorliegen, die Abnahmezeitpunkte deckungsgleich auszugestalten.

365   Da in IT-Verträgen Inhalt des Vertrages auch die **Rechteübertragung** ist, sollte der Generalunternehmer darauf achten, dass die Subunternehmer ihm die Rechte einräumen, die er zur Erfüllung des Generalunternehmervertrags benötigt. Ihm muss ermöglicht werden, Rechte in dem im Generalunternehmervertrag erforderlichen Umfang auf den Hauptauftraggeber zu übertragen. Dabei wird im Einzelnen auszuhandeln sein, welche Rechte übertragen werden sollen.

366   Schließlich werden in Subunternehmerverträgen typischerweise **Wettbewerbsverbote** vereinbart, die es dem Subunternehmer zeitlich begrenzt untersagen, für den Hauptauftraggeber oder weitere Kunden des Generalunternehmers tätig zu werden. Dies soll die Aquisitionsbemühungen des Generalunternehmers schützen, die zum Abschluss der Verträge führten. Die Zulässigkeit aus kartellrechtlicher und agb-rechtlicher Sicht ist im jeweiligen Einzelfall zu prüfen.

---

293   *BGH* NJW 2003, 1805.
294   *Redeker* IT-Recht in der Praxis, Rn. 497 m.w.N.
295   *BGH* NJW 1989, 1602.

Von Bedeutung ist auch die Frage der **Beendigung der Verträge**. Sollte der Generalunternehmervertrag vorzeitig enden, stellt sich die Frage, ob sich der Generalunternehmer auch von den Subunternehmerverträgen lösen kann. Dies belastet wiederum die Subunternehmer, die keinen Einfluss auf die Beendigung haben und sich dafür nicht verantwortlich zeichnen. Der Generalunternehmer wird daher wünschen, sich beispielsweise durch eine Kündigung einfach von den Subunternehmerverträgen lösen zu können. Problematisch ist, ob eine solche Regelung überhaupt zulässig ist. So könnten Klauseln, die als außerordentlichen Kündigungsgrund den Wegfall des Hauptvertrages vorsehen, ggf. einer Inhaltskontrolle anhand §§ 307 ff. BGB nicht standhalten.[296] 367

IV. Rechenzentrumsverträge/Service-RZ-Verträge

Rechenzentrumsverträge und Service-RZ-Verträge haben ganz allgemein die **Zurverfügungstellung von Rechenkapazitäten** zum Inhalt. Grundlegende Leistungspflicht ist die Bereithaltung von Rechenzeit, die von dem Anwender (meist per Datenfernleitung) genutzt werden kann. Solche Verträge beinhalten in der Regel aber auch weitere Leistungen. Neben der bloßen Hardwarenutzung wird dem Kunden teilweise auch die Anwendersoftware durch den Rechenzentrumsbetreiber überlassen. Dies bedeutet, dass der Kunde die auf dem Rechner des Rechenzentrumbetreibers vorhandene Software nutzen darf, der Übergang zum ASP (s.o. Rn. 180 ff.) ist dabei fließend; das ASP wird als (eine) Weiterentwicklung des Rechenzentrumsvertrages angesehen.[297] Eine weitere typische Leistung ist die Verarbeitung von kundeneigenen Daten, beispielsweise die Abwicklung der Gehaltsabrechnung, Ticket- oder Buchungssysteme oder der Verwaltung von bestimmten Datenbanken. 368

Werden innerbetriebliche Vorgänge oder Funktionen im Rechenzentrum durchgeführt und somit ausgelagert, handelt es sich um das Outsourcing von Leistungen. Rechenzentrumsverträge werden in der Regel im Rahmen einer Auslagerung von unternehmenseigenen Funktionen abgeschlossen, sind aber nicht der einzige Anwendungsfall des Outsourcings. 369

Denkbar ist auch die Durchführung sich anschließender, nicht EDV-gestützer Leistungen wie z.B. der Versand von Postwurfsendungen an Kunden. Hier ist bisweilen die Grenze zum Business-Process-Outsoucing überschritten. 370

Schließlich kann der Rechenzentrumsbetreiber auch allgemeine Hilfestellungen durch sein Personal anbieten, z.B. im Rahmen einer Hotline oder der Durchführung von Schulungen. Die möglichen Leistungen werden meist nicht isoliert erbracht, sondern dem Kunden als Leistungspaket angeboten. 371

1. Vertragstypologische Einordnung

Unstreitig ist, dass es sich bei einem Rechenzentrumsvertrag um ein Dauerschuldverhältnis, einen komplexen Langzeitvertrag,[298] handelt. Die Leistungserbringung ist meist auf einen längeren Zeitraum angelegt. Jedoch sind auch kürzere Nutzungszeiten denkbar, etwa wenn Software zunächst getestet werden soll. Im Übrigen hat sich in Rechtsprechung und Literatur keine einheitliche Linie im Hinblick auf eine Zuordnung zu einem Schuldverhältnis des BGB entwickelt. 372

---

296 *BGH* MMR 2004, 750.
297 Vgl. *Schneider* Handbuch des EDV-Rechts, M Rn. 25.
298 *Schneider* Handbuch des EDV-Rechts, M Rn. 33.

373 Es liegt jedoch nahe, jedenfalls die bloße Überlassung der Rechnerkapazitäten dem Mietrecht zuzuordnen.[299] So entschied der BGH, dass ein Nutzungsverhältnis über den Rechner, aufgrund dessen die Rechnerkapazität zu bestimmten Tageszeiten zur Verfügung steht, als Mietvertrag (ggf. mit gewissen werkvertraglichen Elementen) zu qualifizieren sei.[300]

374 Kommen weitere Leistungen hinzu, wird das Vorliegen eines Werk- oder Dienstvertrages diskutiert.[301] Dabei wird es wiederum darauf ankommen, ob der Rechenzentrumsbetreiber eine bloße Tätigkeit oder einen darüber hinausgehenden Erfolg schuldet. Weiter wird vertreten, ein Vertrag, der die Verarbeitung von Kundendaten zum Inhalt hat, weise Elemente eines Auftrages bzw. einer Geschäftsbesorgung auf.[302]

375 Zusammenfassend wird also vom Vorliegen ganz verschiedener Vertragstypen ausgegangen, was daraus resultiert, dass sehr unterschiedliche Leistungsinhalte Gegenstand des Pflichtenprogramms sind. Die Rechtsprechung tendiert dazu, komplexere Rechenzentrumsverträge als Werkvertrag anzusehen,[303] wobei das bloße Zurverfügungstellen von Rechnerkapazitäten als Mietvertrag einzuordnen bleibt.

2. Besonderheiten

376 Auch hier obliegt den Parteien die genaue Festlegung der gegenseitigen Leistungspflichten. In jedem Fall werden dem Anwender durch den Betreiber **Rechnerkapazitäten** zur Verfügung gestellt. Daher muss geregelt werden, in welchem Zeitraum dem Anwender die Systeme zur Verfügung stehen müssen, beispielsweise begrenzt auf die Geschäftszeiten, Werktags rund um die Uhr usw. Solche Regelungen werden typischerweise in SLAs getroffen (s.o. Rn. 180 ff. (ASP)). Wird die Verfügbarkeit eingeschränkt, so ergibt sich wiederum für AGB das schon mehrfach angesprochene Problem der Unzulässigkeit aufgrund einer unzulässigen Haftungsbeschränkung.

377 Stellt der Betreiber dem Anwender über die Hardware hinaus Betriebssystem- oder Anwendersoftware zur Verfügung, müssen dem Anwender die entsprechenden **Nutzungsrechte** eingeräumt werden. Die Software kann aber auch durch den Anwender gestellt und lediglich beim Betreiber installiert und betrieben werden. Dann muss der Anwender prüfen, ob das Betreiben der Software in einem Rechenzentrum urheberrechtlich zulässig ist, der Anwender z.B. über die dafür notwendigen Rechte verfügt, bzw. Beschränkungen wirksam vereinbart werden konnten; anderenfalls besteht die Gefahr, dass bei gemeinsam benutzten Rechnern ein Rechner aus urheberrechtlichen Gründen vorübergehend stillgelegt werden muss, bis die Anwendung entfernt ist.

378 Übernimmt der Rechenzentrumsbetreiber auch die **Verarbeitung unternehmenseigener Daten**, sind die Vorgaben für die Auftragsdatenverarbeitung (§§ 9, 11 BDSG) zu definieren; der Anwender muss Herr der Daten bleiben. Dazu zählt beispielsweise die Festlegung der Art und Weise der Datenverarbeitung, welche technischen und organisatorischen Schutzmaßnahmen vorzunehmen sind, wie die Ergebnisse aufzubereiten sind und wie mit den Daten bei einer Vertragsbeendigung (sei es durch Zeitablauf oder eine Kündigung) zu verfahren ist. Bei der Beendigung des Vertrages müssen – auch ohne besondere vertragliche Verpflichtung – die Daten herausgegeben werden, soweit die Datenherrschaft beim Anwender liegt. In der Regel wird

---

299 Vgl. *BGH* NJW-RR 1993, 178.
300 *BGH* NJW-RR 1993, 178.
301 Vgl. dazu *Schneider* Handbuch des EDV-Rechts, M Rn. 12 ff.
302 *BGH* NJW-RR 1998, 390; NJW 1996, 2159.
303 *Schneider* Handbuch des EDV-Rechts, M Rn. 18.

eine Herausgabe in elektronischer Form geschuldet,[304] die Papierform erscheint nicht sachgerecht. Weiter kann es zum Streit darüber kommen, ob die Rückgabe der Daten gesondert vergütet werden muss. Handelt es sich um eine Rückgabe in üblichen Formen, wird man in der Regel nicht von der Entgeltlichkeit der Rückgabe ausgehen können. Etwas anderes kann sich aber nach Treu und Glauben ergeben, wenn die Rückgabe sehr aufwändig ist. Zur Vermeidung dieser Unklarheiten ist dies vertraglich zu regeln. Auch der Umfang der Rückgabe bedarf einer Regelung, z.B. darüber, ob sich die Rückgabepflicht nur auf aktuelle oder auch vergangene Bearbeitungsstände bezieht und ob auch Zwischenstände oder vorläufige Arbeitsergebnisse herausgegeben werden müssen.

Hauptpflicht des Kunden ist die Zahlung der vereinbarten **Vergütung**. Auch hier sind unterschiedliche Vergütungsmodelle denkbar. Meist handelt es sich um eine Pauschalvergütung für einen bestimmten periodischen Zeitraum. Möglich sind aber auch aufwandsbezogene Vergütungsmodelle, die sich z.B. an der beanspruchten Rechnerleistung oder der zu bearbeitenden Datenmenge orientieren können.   **379**

Ein weiterer Regelungspunkt sind Änderungen an dem EDV-System und/oder der Software. Ohne eine vertragliche Verpflichtung ist nicht davon auszugehen, dass Software, die durch den Rechenzentrumsbetreiber zur Verfügung gestellt wird, aktualisiert werden muss. Fraglich ist auch, ob die Verpflichtung besteht, das System weiterzuentwickeln, d.h. zu modernisieren. Auch hier ist davon auszugehen, dass ohne vertragliche Regelung keine Pflicht zur Modernisierung besteht.[305]   **380**

Geklärt werden muss auch, welche **Mitwirkungspflichten** den Anwender treffen. Auch ohne explizite Regelung hat der Anwender darauf zu achten, dass die von ihm überlassenen Daten virenfrei sind, er entsprechende Kontrollen durchgeführt hat und die ihm zumutbaren, erforderlichen Sicherheitsvorkehrungen trifft.   **381**

Die Behandlung von **Mängeln** richtet sich nach der jeweiligen Zuordnung des Vertrages zu einem Schuldverhältnis des BGB. Bei einer mietvertraglichen Ausgestaltung, z.B. bei der bloßen Überlassung von Rechnerkapazitäten, richtet sich die Behandlung von Mängeln nach §§ 536 ff. BGB. Ist die Verfügbarkeit des Rechenzentrums ganz oder teilweise nicht gegeben, so kann der Kunde die Vergütung mindern. Bei werkvertraglichen Elementen können die sich aus § 634 BGB ergebenden Rechte geltend gemacht werden. Als Mängel kommen insbesondere Ausfälle, langsame Bearbeitungszeiten, Softwarefehler oder auch Fehler in der Datenverarbeitung oder ein Datenverlust in Betracht. Bei einem Dienstvertrag kann eine Schlechtleistung zu Schadensersatzansprüchen führen.   **382**

Der Rechenzentrumsvertrag wird entweder zeitlich unbegrenzt geschlossen oder es wird eine bestimmte Mindestvertragslaufzeit vereinbart. Im Übrigen können die Parteien den Vertrag ggf. ordentlich, jedenfalls aber außerordentlich kündigen und selbstverständlich jederzeit aufheben.   **383**

---

304 *Redeker*, IT-Recht in der Praxis, Rn. 800.
305 *Schneider* Handbuch des EDV-Rechts, M Rn. 48.

V. Outsourcing-/Backsourcingverträge

1. Outsourcing

384 Beim Outsourcing handelt es sich um die Übertragung der Durchführung bislang selbst erbrachter IT-Leistungen auf einen externen Dienstleister. Bei Outsourcing-Projekten wird die IT (im weitesten Sinne) eines Unternehmens, Konzerns oder einer öffentlichen Einrichtung sämtlich (Full Outsourcing) oder in Teilen (Partielles Outsourcing, Outtasking) ausgelagert. Eine Auslagerung kann entweder einher gehen mit der Veräußerung der dazu benötigten Betriebsmittel (Rechner, Software usw.) an den Dienstleister einschl. ggf. eines Betriebsübergangs im arbeitsrechtlichen Sinne (§ 613a BGB) oder mit einer Schließung eines Betriebsteils unter Veräußerung der Betriebsmittel an einen Dritten und einer Umsetzung der vorhandenen Mitarbeiter innerhalb des auslagernden Unternehmens.

385 Neben Kostenvorteilen und der Erbringung der Leistungen durch einen qualifizierten Anbieter (Outsourcing-Provider) hat das Outsourcing vor allem den Vorteil, dass ein Verantwortungsbereich abgegeben werden kann und damit verbundene Risiken nicht mehr durch das Unternehmen getragen werden müssen. Personal kann anderweitig verwendet oder ggf. freigesetzt werden. Als Nachteile werden die bisweilen fragliche Datensicherheit sowie die technischen Unwägbarkeiten bei dem Outsourcing kritischer Geschäftsprozesse genannt. Weiter begibt sich der Auftraggeber auch in ein Abhängigkeitsverhältnis zum Outsourcing-Provider, zum einen im Hinblick auf die Qualität der zu erbringenden Leistungen, zum anderen aber auch hinsichtlich der Beendigung des Vertrages. Oft ergreift der Outsourcing-Provider Maßnahmen, um den Wechsel des Auftraggebers zu einem anderen Anbieter zu erschweren (Vendor Lock-in).

1.1 Arten des Outsourcing

386 Seinen Beginn fand das **Outsourcing** im EDV-Bereich mit der Auslagerung von klassischen **Rechenzentrumsleistungen**. In dieser Fallkonstellation übernimmt typischerweise der Anbieter das Rechenzentrum und stellt dem Kunden dies zur Nutzung zur Verfügung. Es haben sich aber weitere, ebenso wichtige Fallgestaltungen herausgebildet, in denen IT-Leistungen ausgelagert werden. Denkbar ist das Outsourcing von Leistungen für alle Bereiche, Ebenen und Tätigkeiten eines Unternehmens, in denen IT zum Einsatz kommt. Dabei können in einer ersten Näherung drei Bereiche[306] der Auslagerung unterschieden werden, die jeweils einer anderen vertraglichen Regelung bedürfen.

– Zunächst kann es sich um die **Auslagerung der gesamten IT-Infrastruktur** handeln, bspw. um die Auslagerung eines Rechenzentrums.

– Weiter können auch einzelne **IT-Prozesse**, d.h. einzelne Abläufe in der IT ausgelagert werden. Solche Abläufe betreffen z.B. das Helpdesk, das Service Desk, die Wartung von bestimmten zentralen oder dezentralen Hardwaresystemen oder die Pflege von Softwareanwendungen (Application Management).

– Schließlich können auch Geschäftsprozesse im Rahmen eines **Business Process Outsourcing** ausgelagert werden. Bei diesen Abwicklungsleistungen handelt es sich nicht um reine IT-Leistungen, aber meist sind davon Leistungsgebiete erfasst, die IT-gestützt sind, z.B. Buchhaltung, Controlling oder Rechnungswesen.

---

306 *Söbbing* ITRB 2004, 44.

Ein besonderer Anwendungsfall ist das sog. **Offshore Outsourcing**; mit diesem Begriff bringt man zum Ausdruck, dass die Leistungen auf ein Unternehmen außerhalb der Europäischen Union ausgelagert werden (z.B. nach Indien). Bei sog. **Shared Services** werden Outsourcingleistungen zur Nutzung von Synergieeffekten gegenüber einer Vielzahl von Kunden erbracht. Teilweise wird auch das Application Service Providing zum Outsourcing gezählt.   387

1.2 Vertragstypologische Einordnung

Bei der Einordnung des Outsourcings-Vertrages gilt es zunächst, den Übertragungsakt (Betriebsmittel) als solchen nebst der Übertragungs- bzw. Übergangsphase (Transitionsphase) von der eigentlichen Leistungserbringung zu trennen. Der Übertragungsteil wird häufig kaufrechtlichen Vorschriften unterliegen. Im Übrigen ist eine vertragstypologische Zuordnung aufgrund der unterschiedlichen Outsourcing-Arten und Leistungsverpflichtungen kaum möglich. Abzustellen ist auf die zu erbringenden Leistungen im Einzelfall, eine Zuordnung kommt unter das Werk-, Dienst- oder Mietvertragsrecht in Betracht.   388

1.3 Inhalt des Outsourcing-Vertrages

Zumeist handelt es sich bei einem Outsourcing-Vertrag um einen **Rahmenvertrag**, der die grundlegenden Rechte und Pflichten der Parteien regelt und, jedenfalls jenseits des Übertragungsakts, **Dauerschuldcharakter** aufweist.   389

Der Vertragsaufbau folgt insoweit der üblichen Gestaltung von Verträgen im IT-Bereich und beginnt mit einer Präambel und – soweit erforderlich – technischen, rechtlichen oder sonstigen Definitionen. Sodann werden im Vertragtext die allgemein zu erbringenden Leistungspflichten geregelt wie etwa besondere Sorgfaltspflichten, Qualifikation der Mitarbeiter, Anforderungen an das System etc. Die im Einzelnen zu erbringenden Leistungspflichten des Outsourcing-Providers werden in Leistungsscheinen oder „Einzelvereinbarungen" bestimmt. Diese Leistungsscheine sind – wie stets – von erheblicher Bedeutung, da die Regelung des Leistungsinhaltes wesentlicher Vertragsbestandteil ist. Ohne eine weitgehend vollständige, widerspruchsfreie, übersichtliche und unmissverständliche Leistungsbeschreibung sind Unklarheiten absehbar. Die **Leistungsscheine** treffen in der Regel eine Aussage darüber, **welche Leistungen** geschuldet sind und wie die Aufnahme der Leistung nach der Transitionphase erfolgt, ggf. erst nach einem Probelauf und nach einer „Abnahme" der bereitgestellten Lesitungen. Die **Qualitätsanforderungen** an die zu erbringenden Leistungen werden oft in **Service Level Agreements** vereinbart, wobei zumindest der Service in der gleichen Qualität zu erbringen ist wie vor der Outsourcing-Maßnahme („Service as before"). SLAs enthalten die Qualitätsparameter für die Leistung, z.B. Aussagen über die Verfügbarkeit des Systems, Wartungsfenster, Reaktionszeiten, Fehlerbehebungszeiten, Servicezeiten, Betriebszeiten, Security Levels etc. Zur Kontrolle, ob die Leistungen so wie geschuldet erbracht werden, werden auch Messgrößen und Leistungskennzahlen festgelegt. Bei Nichteinhaltung können Vertragsstrafen vorgesehen werden oder Kürzungen der Vergütung. Bei einem Überschreiten der Leistungen kann auch eine „Erfolgsprämie" (Bonus-Malus-Regelung) gezahlt werden.   390

Die Leistungserbringung im weitesten Sinne erfolgt in verschiedenen Phasen. Zu trennen ist die Phase, in der ggf. ein Konzept entwickelt wird und Betriebsmittel und Personen auf den Outsourcing-Provider übergehen (Transitionsphase) von der Phase der laufenden Leistungserbringung. Im Rahmen einer Outsourcing-Maßnahme werden Phasenpläne erstellt, in denen auch Termine sowie die Konsequenzen deren Nichteinhaltung bestimmt werden.   391

Daneben enthalten Outsourcing-Verträge die üblichen Regelungen zu Mitwirkungspflichten des Auftraggebers, zum Change-Management, zur Organisation der Zusammenarbeit (Projekt-   392 management, Eskalationsmanagement), Haftung, Subunternehmern, Geheimhaltungsklauseln, Datenschutz, Vertragslaufzeit und Kündigungsmöglichkeiten etc. Handelt es sich bei den übernommenen Leistungen um Werkleistungen, ist die Abnahme zu regeln. Auch die Vergütung bedarf einer Regelung, wobei verschiedene Vergütungsmodelle denkbar sind. Möglich ist auch hier eine Pauschalvergütung etwa für Basisleistungen unter Vereinbarung einer aufwandsabhängigen Vergütung im Übrigen.

393 Weiter bedürfen auch Outsourcing-Verträge in verschiedener Hinsicht einer Regelung über die Einräumung von Rechten: Geregelt werden muss zunächst, welche Nutzungsrechte das auslagernde Unternehmen auf den Auftragnehmer übertragen kann, damit dieser umgekehrt gegenüber dem auslagernden Unternehmen die Leistungen erbringen kann. So ist denkbar, dass Nutzungsrechte, die ein Dritter dem auslagernden Unternehmen gewährt hat, nicht übertragbar sind, so dass der Auftragnehmer eigene Nutzungsrechte über gesonderte Vereinbarungen erwerben muss, während die Lizenzen beim auslagernden Unternehmen brach liegen. Selbstverständlich ist zu regeln, wem die Rechte an Arbeitsergebnissen zustehen, insbesondere, wenn im Zuge der Outsourcing-Maßnahme individuelle Lösungen für die „körperliche" Übernahme der erbrachten Leistung in das auslagernde Unternehmen zugeschnitten werden (Schnittstellenprogrammierung). In der Regel wird sich der Auftraggeber zeitlich unbefristete, räumlich unbegrenzte, ausschließliche und übertragbare Nutzungs- und Verwertungsrechte einräumen lassen.

394 Bereits im Outsourcing-Vertrag ist festzuhalten, wie bei einer **Vertragsbeendigung** verfahren wird. So können die Leistungen etwa von einem nachfolgenden Outsourcing-Provider weitergeführt werden oder es kann ein Backsourcing der Leistungen stattfinden. Während des Übergabezeitraums können den Outsourcing-Provider **Unterstützungspflichten** treffen, z.B. bei der Remigration von Daten.

1.4 Arbeitsrechtliche Aspekte

395 Das Outsourcing von IT-Leistungen kann in verschiedener Hinsicht arbeitsrechtlich relevant werden.

396 In der Transitionsphase können Betriebsmittel und Personal auf den Outsourcing-Provider übergehen. Dazu regelt § 613a BGB, dass bei Übergang eines Betriebs oder Betriebsteils durch Rechtsgeschäft auf einen anderen Inhaber, dieser in die Rechte und Pflichten aus den im Zeitpunkt des Übergangs bestehenden Arbeitsverhältnissen eintritt. Durch das Outsourcing von IT-Leistungen kann es also zu einem (Teil-)**Betriebsübergang** kommen, der die Folgen des § 613a BGB auslöst.

397 Die Outsourcing-Maßnahme hat zudem noch eine betriebsverfassungsrechtliche Seite und stellt sich in aller Regel als sozialplanpflichtige Betriebsänderung dar (§§ 110 ff. BetrVG).

398 Als weiterer Gesichtspunkt kann hinzukommen, das Arbeitnehmer des Outsourcing-Providers im Unternehmen des Auftraggebers tätig werden. Dabei kann es sich um eine erlaubnispflichtige Arbeitnehmerüberlassung nach dem **Arbeitnehmerüberlassungsgesetz** (AÜG) handeln. Ist dies der Fall, müssen die Regelungen des AÜG sowohl in dem Vertrag als auch bei dessen Durchführung beachtet werden.

2. Backsourcing

399 Von **Backsourcing** spricht man, wenn eine im Rahmen des Outsourcing durch einen externen Dienstleister erbrachte Leistung wieder in das Unternehmen eingegliedert wird. Beim Auslaufen von Outsourcing-Verträgen hat der Auftraggeber die Möglichkeit, den Vertrag zu verlängern, die Leistungen zu zerstückeln und auf verschiedene Outsourcing-Provider zu verteilen (Multi-Sourcing-Strategie), um das Outsourcing-Risiko auf mehrere Anbieter zu verteilen, oder den Provider zu wechseln ein oder mehrere andere Unternehmen mit der Outsourcing-Maßnahme zu betrauen. Der Auftraggeber kann sich aber auch dazu entschließen, die Leistungen wieder in das Unternehmen einzugliedern und nun intern zu erbringen.

Eine Zurückführung der Leistungen kann auf Schwierigkeiten stoßen und bedarf bereits im **400** Outsourcing-Vertrag einer ausdrücklichen Regelung. Möchte der Auftraggeber die Leistungen zurückholen, ist er von der Kooperation des Outsourcing-Providers abhängig. Der Outsourcing-Provider wird dem Auftraggeber bei der Rückübertragung von Personal, Assets und Wissen nicht ohne weiteres entgegenkommen. Der Outsourcing-Provider sollte daher bereits im Outsourcing-Vertrag zur Rückgabe und Mitwirkung in der Übergangszeit verpflichtet werden. Dazu gehört auch die Regelung über die Rückgabe von Daten und der Kosten, die dem Outsourcing-Provider durch das Backsourcing entstehen.[307]

VI. Hard-/Softwarevertriebsverträge, Großhändlerverträge, OEM-Gestaltungen

Hard- und Software wird oft nicht direkt an den Endkunden veräußert, sondern über Händler **401** vertrieben. Die erforderlichen Vertriebsverträge können auch zwischen Händlern verschiedener Handelsstufen geschlossen werden. Hier sollen lediglich einige Besonderheiten des Vertriebs von IT-Produkten dargestellt, nicht aber auf die allgemeinen Probleme des Vertriebsrechtes, insbesondere des Handelsvertreter, Franchise- oder Vertriebshändlerrechtes eingegangen werden.

Zu beachten ist weiter, dass bei Vertriebsverträgen generell ein Blick in das Kartellrecht zu werfen ist,[308] insbesondere unter dem Blickwinkel der Ausschließlichkeit, der Preisbildung und der Aufteilung von Kunden und Märkten.

1. Hardwarevertriebsverträge

In einfach gelagerten Fallkonstellationen des Hardwarevertriebs übernimmt ein Händler den **402** Vertrieb des Hardwareproduktes des Herstellers. Dies kann ein Großhändler oder ein Kommissionshändler sein, denkbar ist auch Franchising. Der Händler kann dazu den Namen und das Zeichen des Herstellers nutzen, er kann daher ein Originalprodukt anbieten.[309]

In der Regel erhält der Händler einen internen Rabatt, geht aber zugleich eine **Mindestabnah-** **403** **meverpflichtung** ein. Welche Konsequenzen ein Verstoß gegen die Mindestabnahmepflicht hat, sollte vertraglich explizit geregelt werden.

Hardware wird meist nicht ohne zugehörige Betriebssystemsoftware vertrieben, da die Hard- **404** ware ohne diese nicht funktionsfähig ist. Daher muss der Hersteller der Software, der nicht zwingend mit dem Hardwarehersteller übereinstimmen muss, dem Händler auch das Recht einräumen, die entsprechende Software zu vertreiben.

Vertriebsverträge können auch als Alleinvertriebsverträge bzw. Exklusivvertriebsverträge ge- **405** schlossen werden. Der Händler erhält dann das Recht, ein Produkt insgesamt oder in einem bestimmten Bereich exklusiv zu vertreiben.

---

307 Vgl. *Grützmacher* ITRB 2004, 282 und 260 zu Herausgabeansprüchen von Daten.
308 Vgl. dazu *Seffer/Beninca* ITRB 2004, 210.
309 *Schneider* Handbuch des EDV-Rechts, N Rn. 19.

2. Softwarevertriebsverträge

406 Softwarevertriebsverträge können unterschiedliche Erscheinungsbilder aufweisen. Auch hier können wieder Vertriebsformen wie der Vertrieb durch Handelsvertreter, Vertragshändler oder Kommissionäre gewählt werden. Eine Möglichkeit ist, dass der Softwarehersteller einen Dritten dazu ermächtigt, die Software im eigenen Namen dem Endkunden zu überlassen.

407 Eine typische Fallkonstellation ist der sog. VAR-Vertrag. Der sog. **Value-Added-Resale-Vertrag (VAR-Vertrag)** ist ein Vertriebsvertrag, bei dem ein Hersteller Hard- oder Softwareprodukte bearbeitet um diese anschließend gewinnbringend weiterzuveräußern.[310]

408 Eine weitere Vertriebsform ist ein sog. Software-House-Assistence-Programm (**SHAP-Vertrag**), bei dem der Softwarehersteller die Hardware mit eigener oder möglicherweise auch zusätzlich fremder Software veräußert. Zwischen dem Hersteller und dem Softwareanbieter bestehen meist gesellschaftsrechtliche Bindungen oder eine Zusammenarbeit auf Provisionsbasis. Mit dem Endkunden werden dann durch den SHAP-Partner einzelne Verträge geschlossen.

3. Großhändlerverträge

409 Bei Großhändlerverträgen können unterschiedliche Fallgestaltungen gewählt werden. Der Großhändler kann zum einen von seinem Hersteller eine **Mastercopy** erhalten, von dieser die für seine Kunden erforderlichen Kopien angefertigt werden. Er kann andererseits aber auch die entsprechende Anzahl von Kopien direkt vom Hersteller beziehen und diese an seine Kunden weiter vertreiben. In letzterer Konstellation werden über die zu vertreibenden Produkte sowohl zwischen dem Hersteller und dem Händler als auch zwischen Händler und seinen Kunden Kaufverträge geschlossen. Meist werden in einem Rahmenvertrag zwischen dem Hersteller und dem Großhändler die einzelnen Vertragsmodalitäten, beispielsweise die Nutzungsrechte der Marke, Exklusivvertriebsrechte, Mindestabnahmesummen etc. geregelt. Hingegen beinhaltet die erste Vertragskonstellation, in der der Händler über eine Mastercopy verfügt, meist lizenzvertragliche Elemente.[311]

4. OEM-Gestaltungen

410 Inhalt des **Original-Equipment-Manufacturer-Vertrags (OEM-Vertrag)** ist der Vertrieb von Originalprodukten. Der Veräußerer/Lieferant/Hersteller wird hier als OEM, der Händler als OEM-Partner bezeichnet. Der OEM-Partner beschafft sich Hard- und Software, die meist von verschiedenen Herstellern stammen und erhält von dem oder den Herstellern (OEM) die Vertriebsrechte sowie die Markenrechte. Außerdem erlangt er günstige Konditionen in Form von Rabatten. Der OEM-Partner vertreibt Produkte, die er nicht selbst hergestellt hat, was für ihn vorteilhaft ist, da er gegenüber seinen Kunden eine Produktvielfalt vorhält. Der OEM-Vertrag als Vertriebsmodell muss von der OEM-Klausel unterschieden werden. Dort bedeutet OEM, dass die Software nur mit der dazugehörigen Hardware (Bundling) zu einem günstigen Preis verkauft werden soll (OEM-Klausel).

411 Zwischen OEM-Partner und OEM wird meist ein **Rahmenvertrag** (Dauerschuldverhältnis) geschlossen, in dem die gegenseitigen Rechte und Pflichten geregelt werden. Typischerweise geregelt werden die Lieferverpflichtung des Herstellers, Vermarktungsrechte des OEM-Partners, die Produktbeschaffenheit, die Durchführung der konkreten Bestellungen, der Lieferverzug und Fragen der Preisgestaltung, Abnahme und Gewährleistung. In dem Rahmenvertrag

---

310 *Steckler* Grundzüge des IT-Rechts, S. 270.
311 *Redeker* IT-Recht in der Praxis, Rn. 819.

Gennen

werden vielfach weder für den OEM noch für den OEM-Partner zwingende Abnahmemengen vereinbart, sondern die Abnahmestückzahlen ergeben sich durch die einzelnen Kaufanträge.[312] In dem Vertrag wird meist eine **Lieferverpflichtung** des OEM vereinbart, die aber je nach vertraglicher Ausgestaltung nicht mit einer Pflicht zum Bezug der Ware korrespondiert. Diese Lieferverpflichtung kann durch eine Obergrenze eingeschränkt werden, die für jedes Produkt gesondert ausgewiesen werden kann.

Ein wichtiger Regelungspunkt in dem Rahmenvertrag ist auch die Durchführung von **Bestellungen**. Dabei bedarf es zunächst einer Klärung, in welcher Form Bestellungen erfolgen müssen, z.B. schriftlich, per E-Mail oder mittels eines bestimmten Formulars. Die ordnungsgemäße Bestellung stellt als Kaufangebot die Voraussetzung für den Abschluss eines Einzelvertrages dar. In dem Rahmenvertrag können Gründe definiert werden, bei deren Vorliegen der OEM die Lieferung verweigern darf und auch Gründe, die den OEM-Partner zu einer Stornierung seiner Bestellung berechtigen, ggf. gegen Zahlung einer bestimmten Abstandssumme. Meist wird auch vereinbart, dass für einen bestimmten Zeitraum, für den eine Lieferung verschoben wird, ein bestimmter Abschlag an den OEM zu zahlen ist. In dem Rahmenvertrag kann auch die Verpflichtung des OEM-Partners vorgesehen werden, für bestimmte Zeiträume Planungen über den voraussichtlichen Bezug abzugeben (Forecast).   **412**

Die **Produktbeschreibung** erfolgt in einem Anhang zu dem Vertrag. In dieser wird das Sortiment, welches der OEM zum Weiterverkauf zur Verfügung stellt, festgelegt. Der OEM kann das Bedürfnis haben, aufgrund der Weiterentwicklungen auf dem EDV-Markt seine Produkte entsprechend anzupassen und zu verändern. Daher enthalten Rahmenverträge Vereinbarungen darüber, in welchem Umfang Änderungen zulässig, wie lange im Voraus sie dem OEM-Partner mitzuteilen sind und vor allem, wann sie der Zustimmung des OEM-Partners bedürfen. Der OEM wird in den Vertrag eine Preisanpassungsklausel aufnehmen wollen. All diese Vereinbarung müssen sich in AGB aber an den §§ 307 ff. BGB messen lassen.   **413**

Bei einer solchen Vertriebskonstellation müssen dem OEM-Partner umfangreiche Rechte eingeräumt werden. Dazu gehört zunächst das Recht, die Produkte (ggf. exklusiv) vertreiben zu dürfen, das Recht, diese mit dem eigenen Zeichen zu versehen und schließlich auch die entsprechenden Nutzungsrechte. Außerdem muss geregelt werden, ob der OEM-Partner ggf. ein Warenzeichen des OEM entfernen darf.   **414**

Die Mangelhaftung des OEM-Partners gegenüber dem Endkunden ist nach Kaufrecht zu beurteilen.[313] Der OEM-Partner ist nach § 4 ProdHaftG als Quasi-Hersteller verantwortlich, wenn das Produkt einen Fehler aufweist ist und bei dem Endkunden oder einem Dritten einen Schaden verursacht hat. Der OEM-Partner und der OEM haften nach § 5 ProdHaftG als Gesamtschuldner. Ggf. haftet der OEM-Partner auch als Hersteller, da er unterschiedliche Geräte zusammensetzt. Zu regeln ist, wie bei einer Inanspruchnahme des OEM-Partners durch Dritte (gemeinsam) vorzugehen ist und ob und wie ein Rückgriff auf den OEM bei von diesem verursachten Mängeln und Schäden zu erfolgen hat.   **415**

Rückgriffsrechte des OEM-Partners können sich auch aus den §§ 478 ff. BGB ergeben. Besonders wichtig ist die Regelung des § 479 Abs. 2 BGB. Danach tritt die Verjährung der in den §§ 437 und 478 Abs. 2 BGB bestimmten Ansprüchen des Unternehmers gegen seinen Lieferanten wegen des Mangels einer an einen Verbraucher verkauften neu hergestellten Sache frühestens zwei Monate nach dem Zeitpunkt ein, in dem der Unternehmer die Ansprüche des Verbrauchers erfüllt hat.   **416**

---

312 *Schneider* Handbuch des EDV-Rechts, N. Rn. 3.
313 *Steckler* Grundzüge des IT-Rechts, S. 270.

VII. Quellcodehinterlegung/Escrow

417 Der Begriff der Software-Hinterlegung beschreibt keinen feststehenden Sachverhalt. Vielmehr sind unterschiedliche Lebenssachverhalte denkbar, die als Software-Hinterlegung im weitesten Sinne verstanden werden können. Unter „Software-Hinterlegung" wird die Verwahrung des Quellcodes einschließlich der Dokumentationen durch einen Dritten (sog. **Escrow-Agent**) verstanden. Daher wird die Software-Hinterlegung auch als Quellcode-Hinterlegung oder Source-Code-Escrow bezeichnet. In den USA und in England steht der Begriff des **Escrow** für die Softwarehinterlegung.

418 Ob der Anwender gegen den Anbieter überhaupt einen Anspruch auf Herausgabe des Quellcodes hat, wird nicht einheitlich beurteilt. In der Rechtsprechung ist noch nicht vollständig geklärt, ob ohne eine ausdrückliche vertragliche Vereinbarung ein Anbieter von anzupassender oder zu erstellender Software dazu verpflichtet ist, den Quellcode an den Kunden herauszugeben. Die Anbieter wollen den Quellcode als ihr Know-how, wichtiges Wirtschaftsgut und „Herzstück" der Software möglichst nicht an Dritte herausgeben. Nach der weitgehend herrschenden Meinung besteht bei Standardsoftware kein Anspruch auf Herausgabe des Quellcodes.[314] Der BGH machte bei fehlender Vereinbarung die Pflicht zur Herausgabe des Quellcodes von den Umständen des jeweiligen Einzelfalls abhängig. Neben der Höhe des Werklohns soll dabei insbesondere dem Umstand Bedeutung zukommen, ob das Programm zur Vermarktung durch den Auftraggeber erstellt wurde und dieser zur Wartung und Fortentwicklung des Programms des Zugriffs auf den Quellcode bedürfe.[315] Daher kann nach den jeweiligen Umständen des Einzelfalls möglicherweise auch ohne vertragliche Regelung ein Anspruch auf Herausgabe des Quellcodes bestehen, wenn besondere Voraussetzungen vorliegen. Die Entwicklung der Rechtsprechung im Einzelnen bleibt jedoch abzuwarten.

1. Grundkonstellation

419 Das **Grundschema** der Vertragsbeziehungen beim Escrow stellt sich wie folgt dar: Ein Anbieter von Software hat sich zur Überlassung von Software gegenüber einem Kunden verpflichtet, d.h. zwischen dem Anbieter und dem Kunden besteht ein Softwareüberlassungsvertrag, sei es als Kauf-, Werk oder Mietvertrag. Dritte Partei in dieser Konstellation ist der Escrow-Agent bzw. die Hinterlegungsstelle (Three-Parties-Agreement). Diese schließt jeweils einen **Hinterlegungsvertrag** mit dem Anbieter und dem Kunden. Dort werden die Rechte und Pflichten des Escrow-Agenten gegenüber dem Anbieter und dem Kunden geregelt, was zum Vorliegen einer mehrseitigen Vertragsbeziehung führt.

420 Als Partei des Hinterlegungsvertrags kommt auch ein **Reseller**, d.h. derjenige, der die Software vertreibt, in Betracht. Oft übernehmen Dritte den Vertrieb der Software für den Hersteller ohne den Quellcode nutzen zu können. Insofern verpflichten sich die Hersteller, die entsprechenden Fehlerbehebungen durchzuführen, damit der Reseller gegenüber den Kunden seinen Gewährleistungs- und Pflegevereinbarungen nachkommen kann. Fällt der Hersteller weg, so muss der Reseller dafür sorgen, dass er weiterhin den Verpflichtungen gegenüber seinen Kunden nachkommen kann. Teilweise hinterlegen Anbieter den Quellcode auch für **mehrere noch unbekannte Kunden**, die mangels Abschlusses entsprechender Überlassungsverträge nicht bekannt sind (Two-Parties-Agreement). Vorteil davon ist, dass der Anbieter bei Bedarf schnell

---

314 *Schneider* in Schneider/von Westphalen Softwareerstellungsverträge, J Rn. 21; *OLG München* CR 1992, 208.
315 *BGH* NJW-RR 2004, 782.

beliebig viele Überlassungsverträge und entsprechende Hinterlegungsvereinbarungen abschließen kann. In der Praxis wird auch eine **Hinterlegung** des Quellcodes **durch den Kunden** betrieben. Dies erfolgt derart, dass der Kunde als Eigentümer den Quellcode hinterlegt. Der Kunde bewahrt den Quellcode in einem versiegelten Behältnis auf, welches erst nach Eintritt eines zuvor festgelegten Herausgabefalls wieder geöffnet werden darf. In dieser Konstellation wird im Überlassungsvertrag die Eigentümerstellung des Kunden schuldrechtlich stark eingeschränkt. Diese Konstellation hat zum Nachteil, dass sich der Quellcode im Machtbereich des Kunden befindet und dessen ordnungsgemäße Verwahrung nur begrenzt überwacht werden kann.

2. Zweck der Hinterlegung

Die Hinterlegung des Quellcodes dient für den Kunden folgenden Zwecken: **421**

– **Absicherung** des Kunden für den Fall, dass Pflegeleistungen nicht mehr erbracht werden
– Sicherung seiner **Investition**, d.h. der Kosten für die Softwareüberlassung und weiterer Leistungen. Er möchte während der „Lebensdauer" der Software die Möglichkeit haben, Fehler zu beseitigen, Anpassungen oder Änderungen vorzunehmen sowie die Software ggf. zu erweitern, damit sich seine Investition in die Software auszahlt.
– Verfügbarkeit des Quellcodes im Fall der **Insolvenz**
– „**Befundsicherung**" bei Streitigkeiten über Entwicklungsstände[316] durch eine regelmäßige Hinterlegung der aktualisierten Entwicklungsstände
– **Absicherung der Arbeitsergebnisse** bei Entwicklungsprojekten mit mehreren Partnern[317]

Zu bedenken ist dabei immer, dass auch die Quellcodeherausgabe in der Praxis nicht automatisch dazu führt, dass tatsächlich das fachliche Wissen vorhanden ist, Veränderungen vornehmen zu können. Bei komplexen Programmen können bei schwerwiegenden Problemen meist nur die Programmierer helfen, den Fehler zu beheben oder umfassende Änderungen vorzunehmen, Dritte, die den Quellcode erhalten, benötigen viel zu lange für die Einarbeitung. Der Königsweg bei Insolvenz (s. nachfolgend Rn. 425 ff.) des Herstellers einer unternehmenskritischen Anwendung ist daher nicht die Hinterlegung des Quellcodes, sondern die zumindest vorübergehende Übernahme der entsprechenden Arbeitskräfte bzw. Programmierer. **422**

Für den **Anbieter** ist die Hinterlegung von **Vorteil**, da er sicher sein kann, dass der Kunde den Quellcode nur im Herausgabefall erhält. Dies verhindert beispielsweise, dass der Kunde Veränderungen an der Software vornimmt und so unterschiedliche Versionen der Software entstehen. Weiter schützt eine Hinterlegung die Software des Herstellers durch die Auslagerung an einen weiteren Ort in tatsächlicher Hinsicht: Bei Brand, Diebstahl oder ähnlichen Vorkommnissen kann auf den hinterlegten Quellcode zurückgegriffen werden. **423**

3. Vertragstypologische Einordnung

Bei der Hinterlegung des Quellcodes handelt es sich gerade nicht um eine Hinterlegung im Sinne der §§ 372 ff. BGB i.V.m. der Hinterlegungsordnung, da hier kein förmliches Hinterlegungsverfahren durchgeführt wird. Der Escrow-Vertrag zwischen dem Escrow-Agenten und **424**

---

316 *Schneider* in Schneider/von Westphalen Softwareerstellungsverträge, J Rn. 7.
317 *Karger* in Kilian/Heussen Computerrechtshandbuch, Kap. 21 Rn. 8.

Kunde bzw. Anbieter wird überwiegend als **Geschäftsbesorgungsvertrag** eingeordnet.[318] In dinglicher Hinsicht ist danach zu differenzieren, ob der Anbieter dem Escrow-Agent oder sogar dem Kunden das Eigentum an dem überlassenen Gegenstand einräumt.

4. Insolvenzfestigkeit der Hinterlegung

425 Ein **Sonderproblem** der Quellcodehinterlegung ist ihre umstrittene **Insolvenzfestigkeit**. Die möglicherweise fehlende Insolvenzfestigkeit ist für den Kunden ungünstig, da er ja durch die Hinterlegung gerade auch den Fall der Insolvenz des Anbieters absichern möchte. Würde der Quellcode zur Insolvenzmasse gehören oder hätte der Insolvenzverwalter die Möglichkeit, die Hinterlegung anzufechten oder durch Ausübung eines Wahlrechts nach § 103 InsO auf das hinterlegte Material Einfluss zu nehmen, so würde bei Ausübung der entsprechenden Rechte der Sicherungszweck beim Anbieter gefährdet.

426 Ob die Hinterlegung insolvenzfest ist, ist von der einzelnen Fallgestaltung abhängig. So kann es darauf ankommen, ob die Einräumung von Rechten tatsächlich endgültig ist.

427 Die Literatur diskutiert dabei unterschiedliche Lösungsmöglichkeiten, die zu einer Insolvenzfestigkeit der Hinterlegung führen könnten.[319] Da auch Rechtssprechung kaum vorhanden ist, muss bei Abfassung einer Hinterlegungsvereinbarung immer überlegt werden, wie die Hinterlegung insolvenzfest gestaltet werden kann. Eine Entscheidung des BGH[320] über die Insolvenzfestigkeit einer aufschiebend bedingten Verfügung über künftig entstehenden Quellcode und die Rechte daran betrifft diese Fälle nur am Rande und kann daher nur eine tendenzielle Entwicklung aufzeigen.

428 Mithin bleiben viele Fragen ungeklärt, so dass teilweise sogar im Hinblick auf das Insolvenzrisiko geraten wird, den Quellode einer individuell erstellten Software, an der dem Kunden alle Rechte zustehen sollen, sofort dem Kunden zu überlassen[321] und ggf. mit einem Siegel zu versehen, dessen Erbrechen ohne Vorliegen eines vorab vereinbarten sachlichen Grundes zu einer sehr erheblichen Vertragsstrafe führt. Naturgemäß braucht der Hersteller dann auch ein jederzeitiges Recht zur Prüfung des Siegels.

4.1 Hinterlegung bei einer Hinterlegungsstelle

429 Bliebe der Anbieter Eigentümer, so könnte das hinterlegte Material nach § 35 InsO zur Insolvenzmasse gehören.[322] Daher ist dem Kunden oder dem Escrow-Agent das Eigentum zu übertragen,[323] wobei sich hier wiederum die Frage stellt, ob Software überhaupt eine Sache ist.[324]

430 Alleine dadurch lässt sich aber eine Insolvenzfestigkeit der hinterlegten Gegenstände nicht erreichen. Problematisch ist, dass bereits die wirtschaftliche Zuordnung unabhängig vom ding-

---

318 *Karger* in Kilian/Heussen Computerrechtshandbuch, Kap. 21 Rn. 4; *Schneider* in Schneider/von Westphalen Softwareerstellungsverträge, J Rn. 69; *Roth* ITRB 2005, 283.

319 Vgl. dazu ausführlich *Schneider* in Schneider/von Westphalen Softwareerstellungsverträge, J Rn. 39 ff; *Grützmacher* CR 2006, 289; *Roth* ITRB 2005, 283.

320 *BGH* GRUR 2006, 435.

321 *Redeker* ITRB 2006, 212.

322 *Roth* ITRB 2005, 283.

323 *Roth* ITRB 2005, 283; *Schneider* in Schneider/von Westphalen Softwareerstellungsverträge, J Rn. 97, hält eine Konstruktion für wahrscheinlich insolvenzfest, in der der Kunde die Materialien, den Quellcode und die Dokumentation zu „Eigentum" erhält, wobei er auch hier auf die Problematik der Software als Sache hinweist.

324 *Schneider* in Schneider/von Westphalen Softwareerstellungsverträge, J Rn. 64.

lichen Eigentum ausreichen kann, um eine Masseverbindlichkeit zu begründen.[325] Hat die Hinterlegungsstelle „Eigentum" an dem Material erworben, könnte der Insolvenzverwalter bei dem Vorliegen eines **Treuhandverhältnisses** die Herausgabe verlangen, da das Vermögen weiterhin dem Anbieter zuzuordnen wäre. Teilweise wird diese Art der Hinterlegung als **fremdnützige Verwaltungstreuhand** eingeordnet.[326] Dieses Treuhandverhältnis erlischt mit Eröffnung des Insolvenzverfahrens nach den §§ 115, 116 InsO, so dass das Treugut an den Insolvenzverwalter herausgegeben werden muss. Andere Auffassungen wenden sich gegen das Vorliegen eines Treuhandverhältnisses mit dem Argument, dass die Hinterlegungsstelle lediglich Eigentum an den körperlichen Gegenständen erhalte, nicht aber Rechtsinhaber der verkörperten Daten und Informationen werde.[327]

Teilweise wird auch von einer **Doppeltreuhand** ausgegangen, da die Hinterlegungsstelle sowohl für den Anbieter als auch für den Kunden treuhänderisch tätig würde, wobei auch dann das Treugut der Masse zugehört und dem Treuhänder lediglich ein Absonderungsrecht zusteht.[328] Dagegen wenden sich weitere Literaturmeinungen mit der Begründung, dass die Sicherungsübereignung nur ein Absonderungsrecht und daher nur ein besitzloses Pfandrecht sei. Die Hinterlegung von Software diene aber im Gegensatz zum besitzlosen Pfandrecht der Geltendmachung der urheberrechtlichen Befugnisse des Kunden.[329] **431**

Weiter wird unter Bejahung eines Treuhandvertrages darauf hingewiesen, dass eine Verpflichtung zur Übertragung des Treugutes auf den Insolvenzverwalter nur dann bestehe, wenn das Treugut nicht bereits endgültig aus dem Vermögen des Treugebers ausgeschieden sei. Dies müsse mittels Auslegung der getroffenen Treuhandabrede ermittelt werden.[330] Gestützt wird diese Auffassung auf ein Urteil des BGH,[331] der von der Verpflichtung zur Übertragung des Treugutes auf den Insolvenzverwalter nur ausgehe, wenn das Treugut nicht bereits endgültig aus dem Vermögen des Treugebers ausgeschieden sei. Danach müsste aus der Hinterlegungsvereinbarung klar hervorgehen, dass das Material endgültig aus dem Vermögen des Anbieters ausscheiden soll. **432**

Außerdem kann ein Anfechtungsgrund nach den §§ 130 ff. InsO bestehen. So kann unter den Voraussetzungen des § 133 InsO eine Anfechtung wegen Gläubigerbenachteiligung in Betracht kommen. Durch entsprechende Vertragsgestaltung kann einer Anfechtung nach § 134 InsO wegen einer unentgeltlichen Leistung möglicherweise entgegengewirkt werden, indem im Überlassungsvertrag und in dem Hinterlegungsvertrag deutlich gemacht wird, dass es sich um entgeltliche Geschäfte handelt. **433**

Letztlich bleibt zu prüfen, wie sich ein etwaiges Wahlrecht des Insolvenzverwalters nach § 103 InsO auswirken würde. Haben die Parteien ihre Vertragspflichten eines gegenseitigen Vertrags nicht vollständig erfüllt, steht dem Insolvenzverwalter ein Wahlrecht zu, ob er den Vertrag erfüllt oder nicht. Daher bietet es sich an, darauf zu achten, dass die Pflichten erfüllt werden. Weiter muss geprüft werden, ob bei der Wahl der Nichterfüllung die Rückgabe des Materials an den Insolvenzverwalter zu erfolgen hat.[332] **434**

---

325 *Roth* ITRB 2005, 283.
326 *Paulus* CR 1994, 84; vgl. dazu auch *Grützmacher* CR 2006, 289.
327 *Bömer* NJW 1998, 3321.
328 *Roth* ITRB 2005, 283.
329 *Redeker* ITRB 2006, 212.
330 *Roth* ITRB 2005, 283.
331 *BGH* NJW 1962, 2000.
332 Ausf. zu diesem Themenkomplex *Roth* ITRB 2005, 283.

4.2 Hinterlegung beim Kunden

435 Die Hinterlegung beim Kunden derart, dass dieser die Materialien verschlossen verwahrt und erst bei Eintritt eines Herausgabefalls öffnet und Rechte daran erhält ist ebenfalls umstritten. Der Kunde erhält aufschiebend bedingt (§ 158 BGB) die Rechte durch den Anbieter. Bedingung ist der Eintritt eines Herausgabefalls, so auch der Insolvenz. Nach überwiegender Auffassung dürfte die aufschiebend bedingte Übereignung bzw. Rechtseinräumung aber nicht insolvenzfest sein.[333] Teilweise wird die Anfechtbarkeit der Hinterlegungsvereinbarung in dieser Konstellation unter den Voraussetzungen des § 133 InsO bejaht, da die Gläubiger benachteiligt würden.[334] Nach anderer Auffassung liegt keine Gläubigerbenachteiligung vor, da keine Auswirkungen auf den gebotenen Preis bestehen. Der Kunde erhält meist nur das Recht, die Materialien zu internen Zwecken zu nutzen, nicht aber auch Vermarktungsrechte.

436 In der zweiten Fallkonstellation soll dem Kunden das Material übereignet und diesem eine Selbstverpflichtung auferlegt werden, den Quellcode nur bei Eintritt des Herausgabefalls verfügbar zu machen. Dies entspricht einem auflösend bedingten Nutzungsverbot. Auch hier stellt sich wieder die Frage des § 133 InsO sowie Fragen, ob und welche Treuhandart vorliegt und welche Folgen daran zu knüpfen sind.

5. Vertragsinhalt

437 Trotz der Probleme, die eine Hinterlegungsvereinbarung in der Insolvenz aufwirft, sollen hier die in der Praxis gängigen Vertragsinhalte dargestellt und ein Überblick über regelungsbedürftige Umstände gegeben werden. Die Quellcodehinterlegung soll gerade dafür eine Absicherung bieten, dass der Anbieter seine Pflichten aus dem Überlassungsvertrag oder einem Pflegevertrag nicht erfüllt. Daher bedarf es einer Synchronisation zwischen den beiden Vertragswerken. Diese sollten sich nicht widersprechen und übereinstimmende Regelungen zur Hinterlegung treffen.

438 Bereits im **Überlassungsvertrag** sollten die **Kernpunkte** der Hinterlegung geregelt werden. Dies ist vor allem im Hinblick auf eine vorzeitige Beendigung des Hinterlegungsvertrages z.B. durch eine Kündigung durch den Escrow-Agenten wichtig. Die Parteien müssen in diesem Fall auf eine entsprechende Verpflichtung im Überlassungsvertrag zurückgreifen können, um den Abschluss eines neuen Hinterlegungsvertrages zu ermöglichen. Daher sollte der Überlassungsvertrag insbesondere regeln, dass der Quellcode hinterlegt werden soll, wo eine Hinterlegung erfolgen soll, was genau Gegenstand der Hinterlegung sein soll sowie wann und wie der Quellcode herauszugeben ist (Herausgabeverfahren). Außerdem bietet es sich an, bereits im Überlassungsvertrag zu regeln, welche Rechte dem Kunden zustehen sollen.[335]

439 Ein **Hinterlegungsvertrag**, bei dem es sich um ein dreiseitiges Vertragsverhältnis handelt, trifft schwerpunktmäßig Regelungen zu Art und Umfang der Hinterlegung. Folgende Punkte stellen den Kerninhalt eines solchen Vertrages dar:

5.1 Hinterlegungsgegenstand/Hinterlegungsstelle

440 Zunächst muss beschrieben werden, was genau hinterlegt werden soll. Meist ist Gegenstand der Hinterlegung nicht nur der Quellcode, sondern es werden auch dazugehörige Dokumente oder sogar Hilfsprogramme hinterlegt. Zunächst ist eine Regelung zur Art der Hinterlegung

---

333 *Redeker* ITRB 2006, 212; *Schneider* in Schneider/von Westphalen Softwareerstellungsverträge, J Rn. 68.
334 *Paulus* CR 1994, 84.
335 Dies ist insbesondere im Hinblick auf die Insolvenzfestigkeit wichtig.

des Quellcodes zu treffen, z.B. ob dieser als elektronische Version auf einem Datenträger in der Programmiersprache und/oder als Druckversion bzw. CD-ROM oder anderen Speichermedien hinterlegt wird. Ebenfalls Gegenstand der Hinterlegung sollte die Programmbeschreibung sein. Die Parteien sollten auch Vereinbarungen dazu treffen, ob Hilfssoftware wie bestimmte Entwicklungstools etc. hinterlegt werden sollen. Daneben kann auch die Verpflichtung vereinbart werden, aktualisierte Fassungen, Patches, Updates oder Upgrades zu hinterlegen, was aber ggf. hinsichtlich der Insolvenzfestigkeit zu Problemen führen kann, da eine Erfüllung i.S.d. § 103 InsO dann eher nicht gegeben ist. Weiter sollte darauf geachtet werden, dass Verschleißmaterial in regelmäßigen Abständen erneuert wird.

Daneben kann zum Gegenstand der Hinterlegung auch eine Angabe der Adressen der Programmierer gehören.[336] Bei komplexer Software können meist nur die Programmierer Änderungen vornehmen. Diese Regelung enthält also eine Vereinfachung für den Kunden, den Quellcode verwenden zu können. Dies bedarf der Zustimmung der Betroffenen.   **441**

Außerdem muss geregelt werden, ob und in welcher Form eine Verifizierung des Materials durch den Escrow-Agenten stattfinden soll. Dies bedeutet, dass der Escrow-Agent bei Übergabe des Materials bestimmte Überprüfungen vornimmt, um sicherzustellen, dass auch die richtige Sache hinterlegt wurde. Dabei können unterschiedliche Arten der Verifikation unterschieden werden. Eine Standard-Verifikation beinhaltet eine Untersuchung z.B. auf Viren, Lesbarkeit und Brauchbarkeit des Quellcodes, Ablauffähigkeit etc. Bei einer Voll-Verifikation wird geprüft, ob der Quellcode kompilierbar ist und ein Programm generiert werden kann.   **442**

In der Praxis wurde die Software meist bei Notaren, Rechtsanwälten oder Wirtschaftsprüfern hinterlegt. Auch bei EDV-Sachverständigen konnte eine Hinterlegung erfolgen. Es haben sich aber auch Unternehmern auf die Hinterlegung des Quellcodes spezialisiert und führen als Zusatzleistung noch eine Verifikation und Überprüfung des Materials durch. Die Parteien sollten sich bereits im Beschaffungsvertrag über die Art der Hinterlegungsstelle einigen.   **443**

5.2 Pflichten der Vertragsparteien

Wesentliche **Pflicht** des Anbieters ist die **Hinterlegung des Materials** in der vereinbarten Frist. Meist wird vereinbart, dass innerhalb eines bestimmten Zeitraums nach Abschluss der Hinterlegungsvereinbarung das Material an den Escrow-Agenten herauszugeben ist. Der Anbieter muss dem Escrow-Agenten auch die entsprechenden Nutzungsrechte einräumen, beispielsweise das Recht, den Quellcode zu kompilieren und so eine lauffähigen Objektcode zu erzeugen im Falle der Verifikation. Eine Klärung bedarf auch der Punkt, ob die Hinterlegungsstelle das Eigentum an den Materialien erwerben oder ob ihr nur das Recht zum Besitz im Rahmen des Hinterlegungsvertrages zukommen soll.   **444**

Die Hinterlegungsstelle hat die übergebenen Materialien für die Dauer der Hinterlegung ordnungsgemäß aufzubewahren. Wichtig ist es, detaillierte Regelungen zum Lagerort zu treffen. So muss der Lagerort einen Schutz vor dem Zugriff unberechtigter Dritte, Brand und ähnlichen Situationen aufweisen. Zudem sollte die Lagerung in einem klimatisierten, überwachten Raum stattfinden.   **445**

In der Hinterlegungsvereinbarung wird auch vereinbart, wie sich die **Vergütung** zusammensetzt und wer diese zu zahlen hat. Meist wird die Vergütung in unterschiedliche Posten unterteilt, beispielsweise eine Anschluss- und Jahresgebühr, Lagerkosten, Kosten bei der Hinterlegung von aktualisierten Versionen, Transportkosten und Herausgabegebühren.[337]   **446**

---

336 *Bömer* NJW 1998, 3321.
337 *Karger* in Kilian/Heussen Computerrechtshandbuch, Kap. 21 Rn. 128.

5.3 Herausgabe der Materialien

447 Im Hinterlegungsvertrag wird genau definiert, in welchen Fällen die Materialien an den Kunden herauszugeben sind. Dies soll in Übereinstimmung mit dem Überlassungsvertrag zwischen dem Kunden und dem Anbieter erfolgen. Zunächst kann die Herausgabe selbstverständlich dann erfolgen, wenn sich der Anbieter damit **einverstanden** erklärt. Eine Herausgabe sollte aber davon abhängig gemacht werden, dass der Anbieter eine schriftliche Einwilligung erteilt um Streitigkeiten und Unsicherheiten zu vermeiden. In dem Hinterlegungsvertrag wird auch geregelt, dass die Hinterlegungsstelle das Material herausgeben muss, wenn der Anbieter eine entsprechende **gerichtliche Entscheidung** vorweist. Auch im Zusammenhang mit Leistungsstörungen des Überlassungsvertrages oder weiterer Verträge werden Herausgabepflichten definiert. Erbringt der Anbieter seine vertraglichen Leistungen nicht oder nicht ordnungsgemäß, ist der Kunden darauf angewiesen, das Projekt eigenständig oder durch einen Dritten durchzuführen. Auch die **Nichterfüllung** der Pflichten aus einem Pflegevertrag begründet meist einen Herausgabefall. Die meisten Verträge sehen einen Herausgabefall vor, wenn der Anbieter insolvent wird. Ist also ein **Insolvenzverfahren** eröffnet oder wurde dessen Durchführung mangels Masse abgelehnt, so hat die Hinterlegungsstelle das Material herauszugeben. Die Insolvenzfestigkeit der hinterlegten Materialien ist jedoch nicht unproblematisch. Neben der Insolvenz stellen auch die Liquidation oder Löschung des Anbieters oder die Einstellung des Geschäftsbetriebs Herausgabegründe dar.

448 Neben detaillierten Regelungen zum Vorliegen eines Herausgabefalls enthalten die Verträge Vorgaben zum **Herausgabeverfahren**. Insbesondere muss geregelt werden, wie ein Herausgabefall mitgeteilt und nachgewiesen werden muss. Zunächst wird in den üblichen Hinterlegungsverträgen der Kunde dazu verpflichtet, eine schriftliche oder in vergleichbarer Form abgegebene Mitteilung vorzulegen. Im Fall der Insolvenz, einer gerichtlichen Entscheidung oder der Liquidation etc. kann eine entsprechende Urkunde als Nachweis vorgelegt werden. Schwieriger ist der Nachweis in den Fällen, wo es um Leistungsstörungen im Vertragsverhältnis geht, da sich dahingehend die Parteien meist in Streit befinden. Daher wird in den Hinterlegungsvereinbarungen oft verlangt, dass auch der Anbieter eine entsprechende schriftliche Erklärung zum Hinterlegungsfall abgibt. Wird ein Widerspruch gegen die Herausgabe erhoben und kann keine Einigung erzielt werden, sollte auch geregelt werden, wie die Streitigkeit beigelegt werden kann. Dies kann durch eine Schiedsstelle oder durch Bestimmung durch die Hinterlegungsstelle (§ 317 BGB) erfolgen.

449 Kommt es in dem Vertrag zu Leistungsstörungen, so orientieren sich diese nach den gesetzlichen Vorgaben zum Geschäftsbesorgungsvertrag. In der Regel werden die §§ 280 ff. BGB eingreifen.

5.4 Vertragsbeendigung

450 Bei dem Hinterlegungsvertrag handelt es sich meist um einen Vertrag, der auf unbestimmte Dauer oder mit einer bestimmten Mindestlaufzeit abgeschlossen wurde. Die Vereinbarung kann durch jede Partei aus wichtigem Grund oder je nach Fallkonstellation auch ordentlich innerhalb eine bestimmten Frist gekündigt werden.[338] Geregelt werden muss auch, wem das Material bei Vertragsbeendigung herauszugeben ist. Problematisch wird eine Herausgabeverpflichtung an den Anbieter sein, da hier wieder die Angreifbarkeit durch den Insolvenzverwalter in Rede steht. Alternativ könnte der Escrow-Agent das Material auch löschen.

---

338 Zu Problemen bezüglich der Kündigungsmöglichkeiten vgl. *Schneider* in Schneider/von Westphalen Softwareerstellungsverträge, J Rn. 43 ff.

14. Abschnitt

Grundlagen des elektronischen Geschäftsverkehrs, Internetrecht

Literatur: *Arnold/Dötsch* Verschärfte Verbraucherhaftung beim Widerruf?, NJW 2003, 187; *Bender/Kahlen* Neues Telemediengesetz verbessert den Rechtsrahmen für Neue Dienste und Schutz vor Spam-Mails, MMR 2006, 590; *Berger* Beweisführung mit elektronischen Dokumenten, NJW 2005, 1016; *Bierekoven* Rechtssichere Widerrufsbelehrung im Onlinehandel, ITRB 2007, 73; *Bischof/Schneider* Der Access-Provider-Vertrag als Dienstvertrag, ITRB 2005, 214; *Bonke/Gellmann* Die Widerrufsfrist bei eBay-Auktionen, NJW 2006, 3269; *Buchmann* Die Widerrufsbelehrung im Spannungsfeld zwischen Gesetzgebung und Rechtssprechung – Vorschlag für ein Muster für Fernabsatzgeschäfte mit Waren im Internet, MMR 2007, 347; *Cichon* Internet-Verträge, 2. Aufl. 2005; *Dietrich* Rechtliche Bewältigungen von netzbasiertem Datenaustausch und Verteidigungsstrategien – 20000 Verfahren gegen Filesharing-Nutzer, NJW 2006, 809; *Ernst* Verträge rund um die Domain, MMR 2002, 714; *Föhlisch* Ist die Widerrufsbelehrung für den Internethandel noch zu retten?, MMR 2007, 139; *Grigoleit* Besondere Vertriebsformen im BGB, NJW 2002, 1151; *Haberstumpf* Der Schutz elektronischer Datenbanken nach dem Urheberrechtsgesetz, GRUR 2003, 14; *Härting* Internetrecht, 2. Aufl. 2005; *ders.* Domainverträge, ITRB 2002, 96; *ders.* Webdesign- und Providerverträge, ITRB 2002, 218; *Hefermehl/Köhler/Bornkamm* Wettbewerbsrecht, 25.Aufl. 2007; *Heghmanns* Musiktauschbörsen im Internet aus strafrechtlicher Sicht, MMR 2004, 14; *Hilberg* Das neue UN-Übereinkommen zu E-Commerce, CR 2006, 859; *Hoenike/Hülsdunk* Die Gestaltung von Fernabsatzangeboten im elektronischen Geschäftsverkehr nach neuem Recht – Gesetzesübergreifende Systematik und rechtliche Vorgaben vor Vertragsschluss, MMR 2002, 415; *dies.* Rechtliche Vorgaben für Fernabsatzangebote im elektronischen Geschäftsverkehr bei und nach Vertragsschluss – Ein Überblick über die gesetzlichen Anforderungen und die Rechtsfolgensystematik bei Verstößen, MMR 2002, 516; *Hoeren* Das Telemediengesetz, NJW 2007, 801; *Hoffmann* Zivilrechtliche Frage der Haftung im Internet, MMR 2002, 284; *Hombrecher* Domains als Vermögenswert – Rechtliche Aspekte des Kauf, der Lizenzierung, der Beleihung und der Zwangsvollstreckung, MMR 2005, 647; *Horn* Verbraucherschutz bei Internetgeschäften, MMR 2002, 209; *Hornung* Die Haftung von W-LAN Betreibern, CR 2007, 88; *Kaminski/Henßler u.a. (Hrsg.)* Rechtshandbuch E-Business, 2002; *Kilian/Heussen* Computerrechtshandbuch, Loseblatt; *Koch* Vertragsgestaltung für die Werklieferung eines Webdesigns, ITRB 2003, 281; *Köster/Jürgens* Haftung professioneller Informationsvermittler im Internet – Eine Bestandsaufnahme nach der Novellierung der Haftungsregelungen, MMR 2002, 420; *Koos* Die Domain als Vermögensgegenstand zwischen Sache und Immaterialgut – Begründung und Konsequenzen einer Absolutheit des Rechts an der Domain, MMR 2004, 359; *Mankowski* Wie problematisch ist die Identität des Erklärenden bei E-Mails wirklich?, NJW 2002, 2822; *Mehrings* Vertragsrechtliche Aspekte der Nutzung von Online- und CD-Rom-Datenbanken, NJW 1993, 3102; *ders.* Vertragsabschluss im Internet – Eine neue Herausforderung an das „alte" BGB, MMR 1998, 30; *Moritz/Dreier* Rechtshandbuch zum E-Commerce, 2. Aufl. 2005; *Musielak* Kommentar zur Zivilprozessordnung, 5. Aufl. 2007; *Ohly* Herkunftslandsprinzip und Kollisionsrecht, GRUR Int. 2001, 899; *Ott* Haftung für verlinkte urheberrechtswidrige Inhalte in Deutschland, Österreich und den USA, GRUR Int. 2007, 14; *Palandt* Bürgerliches Gesetzbuch, 66. Aufl. 2007; *Peter* PowerSeller als Unternehmer, ITRB 2007, 18; *Piper/Ohly* Gesetz gegen den unlauteren Wettbewerb, 4. Auf. 2006; *Rebmann/Säcker/Rixecker (Hrsg.)* Münchener Kommentar zum Bürgerlichen Gesetzbuch, Bd. 1, 1. Halbband, 5. Aufl. 2006; *Rebmann/Säcker/Rixecker (Hrsg.)* Münchener Kommentar zum Bürgerlichen Gesetzbuch, Bd. 2, 5. Aufl. 2007, Bd. 10, 4. Aufl. 2006; *Redeker (Hrsg.)* Handbuch der IT-Verträge, Loseblatt; *Redeker* IT-Recht in der Praxis, 3. Aufl. 2003; *Reich* Der Designvertrag – Zum Inhalt und Vertragsschluss, GRUR 2000, 956; *Rohlfing* Unternehmer qua Indizwirkung? – Darlegungs- und Beweislast bei geschäftsmäßigem Handeln in elektronischen Marktplätzen, MMR

2006, 271; *Roßnagel* Das neue Recht der elektronischen Signaturen – Neufassung des Signaturgesetzes und Änderungen des BGB und der ZPO, NJW 2001, 1817; *Roth/Haber* Verträge über Server-Housing, ITRB 2007, 21; *Schack* Urheberrechtliche Gestaltung von Webseiten unter Einsatz von Links und Frames, MMR 2001, 9; *Schneider* Handbuch des EDV-Rechts, 3. Aufl. 2003; *Schoengarth* Application Service Providing, 2005; *Spindler* Vertragsrecht der Internetprovider, Aufl. 2004; *Spindler* Haftungsrechtliche Grundprobleme der neuen Medien, NJW 1997, 3193; *ders.* Die zivilrechtliche Verantwortlichkeit von Internetauktionshäusern, MMR 2001, 737; *ders.* Verantwortlichkeit und Haftung für Hyperlinks im neuen Recht, MMR 2002, 495; *Spindler/Wiebe* Internetauktionen und elektronische Marktplätze, 2. Aufl. 2005; *Stadler* Sperrungsverfügung gegen Access-Provider, MMR 2002, 343; *Stoffmehl* Powershopping und Costumer-driven Pricing als Marketing- und Vertriebsform im Internet, MMR 2002, 35; *Taupitz/Kritter* Electronic Commerce – Rechtsprobleme bei Rechtsgeschäften im Internet, JUS 1999, 839; *Volkmann* Haftung für fremde Inhalte: Unterlassungs- und Beseitigungsansprüche gegen Hyperlinksetzer im Urheberrecht, GRUR 2005, 200; *von Preuschen* Die Modernisierung der Justiz, ein Dauerthema – Die Rechtsänderungen durch das 2. Justizmodernisierungsgesetz; NJW 2007, 321; *Waldenberger* Grenze des Verbraucherschutzes beim Abschluss von Verträgen, BB 1996, 2365; *Erman/Westermann (Hrsg.)* Bürgerliches Gesetzbuch, 11. Aufl. 2004; *Wiebe/Leupold* Recht der elektronischen Datenbanken, Loseblatt; *Wischmann* Rechtsnatur des Access-Providing, MMR 2000, 461; *Wietzorek* Der Beweis des Zugangs von Anhängen in E-Mails, MMR 2007, 156; *Wulf* Serververträge und Haftung für Serverausfälle, CR 2004, 43; *Zöller (Hrsg.)* Zivilprozessordnung, 26. Aufl. 2007

1   Das dem Internet vorangehende Datennetz ARPANET war Ende der 1960er Jahre als Datenaustauschmedium für militärische Einrichtungen im US-amerikanischen Raum realisiert worden. Über wissenschaftliche Einrichtungen und Universitäten wurde sein Wirkungskreis stark erweitert und zu einem Medium mit Breitenwirkung ausgedehnt. Durch die technische Entwicklung und die damit einhergehenden Möglichkeiten hat das Internet, vor allem seine Hauptanwendung, das World Wide Web (www), erheblich an Bedeutung gewonnen. Es handelt sich heute um ein Medium, das durch die globale Vernetzung grenzüberschreitend und ständig abrufbar Informationen zur Verfügung stellt. Durch das Internet wurden die Kommunikation und damit auch der Handel stark erleichtert. Kaum ein Unternehmen mit mehr als rein regionaler Bedeutung verfügt nicht über einen Internetauftritt. Die Zahl der Internetnutzer beläuft sich im Jahr 2007 auf ca. 1,23 Mrd., mit einem weiteren Zuwachs ist zu rechnen.[1] Das Internet hat sich also als umsatzträchtiger Werbeträger und Vertriebskanal etabliert. Mittlerweile reicht die Rolle des Internet weit darüber hinaus; das sog. „Web 2.0" bzw. „Mitmach-Internet" ist Realität – „Second Life", YouTube [„Broadcast Yourself"], Blogs, Wikis usw. sind fester Bestandteil des Zeitvertreibs der jüngeren Generation.

2   Es bestand daher schon frühzeitig der Bedarf, das Medium Internet und die damit verbundenen Lebenssachverhalte vertraglich zu erfassen. Vertragsinhalte sind insbesondere der Zugang zum Internet, die Erstellung und Gestaltung der Darstellung bzw. Präsenz darin und die Nutzung von Internetdiensten, z.B. Verträge im Zusammenhang mit der Übertragung einer Domain, Providerverträge, Verträge, die Webcontent und Webdesign zum Inhalt haben, sowie Verträge über den Informationshandel über Online-Datenbanken. Außerdem sind die Verträge bedeutsam, bei denen das Internet als Handelsplattform dient.

---

1 *BITKOM* Presseinfo v. 23.5.2007, www.bitkom.de.

A. Allgemeine Grundlagen des elektronischen Geschäftsverkehrs

I. Einleitung

Der Begriff „**E-Business**" entstand in den 1990er Jahren. Hierunter ist die Verbindung der bis **3** dahin bekannten elektronischen Geschäftsabwicklung unternehmensintern und -extern mit den modernen Kommunikationsmitteln zu verstehen, die sich auf die Abwicklung sämtlicher Prozesse erstreckt. Ein Teil des E-Business ist der **E-Commerce**, worunter die „Unterstützung der Handelsaktivitäten eines Unternehmens oder auch einer Privatperson über die Kommunikationsnetze" verstanden wird.[2]

Der zunehmende Umfang des elektronischen Geschäftsverkehrs und der stetige Anstieg der **4** über das Internet geschlossenen Geschäfte bergen Risiken, denn auch innerhalb des Internet ist das Verhalten der Vertragsparteien nicht immer kooperativ und rechtskonform; die Anonymität des Internet leistet solchem Verhalten sogar noch Vorschub. Auch aus diesen Gründen ergibt sich das Bedürfnis, die gesetzlichen Regelungen dem Medium „Internet" anzupassen und Regelungen zu finden, die den besonderen Gefahren des Geschäftsschlusses über das Internet entgegenwirken sollen. Dennoch bestehen in vielen Bereichen weiterhin rechtliche Unsicherheiten, die einer Klärung durch die Rechtsprechung bedürfen.

Eine Differenzierung des elektronischen Geschäftsverkehrs kann anhand der **Geschäftsbezie- 5 hungen** der Vertragspartner zueinander erfolgen. Eine solche Aufteilung entspricht auch dem Grundgedanken der gesetzlichen Regelungen, die für Verbraucher einen besonderen, intensiveren Schutz vorsehen:

– Die wohl zahlenmäßig überwiegenden Geschäftsabschlüsse erfolgen zwischen einem Unternehmer und einem Verbraucher, Business to Consumer (**B2C**). Als klassischer Fall des B2C können die sog. Online-Shops, wo Verbraucher Waren bestellen und Dienstleistungen in Auftrag geben können, genannt werden.

– Im Bereich Business to Business (**B2B**) schließen Unternehmer miteinander Geschäfte ab. Als Beispiele können Auktionssysteme, Brokersysteme oder Bestellsysteme der Industrie genannt werden.[3]

– Eine weitere Kategorie des elektronischen Geschäftsverkehrs ist die Kommunikation zwischen Unternehmen/Verbrauchern auf der einen und der öffentlichen Verwaltung auf der anderen Seite (Business to Administration **B2A**, Consumer to Administration **C2A**).

– Zu nennen sind schließlich Geschäftsbeziehungen Business to Employee (B2E).

II. Grundlegende technische Hinweise

Unter dem **Internet** ist ein Rechnernetz zu verstehen, das aus einer kaum noch bestimmbaren **6** großen Anzahl von Rechnern und Rechnernetzen besteht. Die einzelnen Computer werden durch das Internet so miteinander verbunden, dass die jeweils angeschlossenen Rechner Daten untereinander austauschen können. Die Ressourcen sind aber, anders als z.B. bei einem Client-Server-Netzwerk in einem Unternehmen, nicht an einer einzelnen Stelle für einen zentralen Zugriff konzentriert, vielmehr findet eine Verteilung der Informationsspeicherung über das ge-

---

2 *Kaminski* in Kaminski/Henßler u.a., Rechtshandbuch E-Business, 1. Kap. Rn. 2.
3 *Kaminski* in Kaminski/Henßler u.a., Rechtshandbuch E-Business, 1. Kap. Rn. 46.

samte weltweite Netz statt. Es handelt sich daher um ein dezentrales Netzwerk bzw. System, denn die Server, auf denen die Daten abgelegt sind, sind global verteilt und mit dem Internet verbunden.

7   Weiter erfolgt die Vernetzung als solche nicht anhand eines zentralen bzw. zentral administrierten Netzes, sondern durch viele kleinere Netzwerke. Diese verschiedenen Netzwerke sind wiederum an zahlreichen Internetknoten über leistungsstarke Verbindungen (Backbone) miteinander vernetzt. Über all diese Netze werden die Daten übertragen und können so durch den Internetnutzer versendet und abgerufen werden. Die Versendung und der Abruf der Daten erfolgt über die Kabelverbindungen der jeweiligen Netzwerke.

8   Transportiert werden die Daten anhand der Vergabe des technisch normierten **Internet Protocol (IP)**, unabhängig davon, um welche Form von Daten es sich handelt. Daten können z.B. in Form von Text, Sprache, als Video, in Form von Bildern oder als Sound-Daten[4] versendet werden, soweit sie mit einem IP-Protokoll versehen sind. Die Daten werden hauptsächlich über das **Transmission Control Protokoll (TCP)** und das **User Datagramm Protocol (UDP) versendet**. Das TCP wird meist zum Transport von Webseiten und Emails verwendet. Dieses Protokoll sorgt dafür, dass beim Transport verloren gegangene Daten neu gesendet werden, da Datenverluste erkannt werden. Das UCP ist weniger zuverlässig als das TCP und nimmt erneute Sendungen nicht vor. Es ist also nicht gewährleistet, dass versendete Datenpakete ihren Empfänger tatsächlich erreichen. Das UCP wird vor allem dann angewendet, wenn eine erneute Sendung nicht möglich oder sachgerecht erscheint.

9   Eine Versendung der Daten aus einer einzelnen verschickten Datei erfolgt nicht als Gesamtpaket; aufgrund der erhöhten Effizienz und besseren Ausnutzung der Netz-Ressourcen werden die Daten in Teilen transportiert. Dazu werden die transportierten Daten in kleinere Datenpakete (IP-Pakete) aufgeteilt. Jedes einzelne Datenpaket ist mit einem sog. Header (Nachrichtenkopf) und dem Nachrichteninhalt versehen. Diese Datenpakete werden dann automatisch verteilt und über das Netzwerk bzw. die Netzwerke verschickt. Wichtig ist, dass jedes IP-Paket über eine IP-Absenderadresse und eine IP-Empfangsadresse verfügt. Jeder an das Internet angeschlossene Rechner besitzt eine **IP-Adresse** (die aus vier bis zu dreistelligen arabischen Zahlen, getrennt durch Punkte, besteht, z.B. 195.005.23.987), welche die Kommunikation zwischen den Geräten bzw. die Zuordnung von Paketen erst ermöglicht. Die IP-Adressen werden von einer zentralen Seite verwaltet und vergeben.

10   Die technischen Möglichkeiten und die weltweite Vernetzung ermöglichen das Anbieten unterschiedlicher internetbasierter Dienste, die Datenaustausch im weitesten Sinne zum Gegenstand haben. Die wichtigsten **Anwendungen** im E-Business sind bisher **E-Mail**, das **World Wide Web** (umgangssprachlich wird darunter das Internet verstanden), Foren/Blogs/Messengers, Datenbanken und Warenvertriebssysteme.

11   Im **World Wide Web** werden Dokumente und Daten meist anhand des standardisierten Hypertext Transfer Protocol (http) übertragen. Es existieren aber auch weitere standardisierte Protokolle zur Datenübertragung. Die Dokumente im WWW verfügen meist über Verweise zu anderen Dokumenten, sog. Links. In dem Link wird die Zieladresse angegeben, in der Regel in Form des sog. Uniform Resource Locator (Url). Ein Url besteht zumindest aus dem Protokoll, z.B. http, https, ftp, aus der Domain und dem Pfad. Die Domain beschreibt die Adresse des Servers, auf welchem die Daten abgelegt sind, der Pfad beschreibt eine bestimmte Datei oder ein Verzeichnis auf einem Server. Daneben kann eine Url auch weitere Angaben wie etwa Unterverzeichnisse enthalten, welche die Erreichbarkeit einer bestimmten Webseite ermöglichen.

---

4 *Federrath/Pfitzmann* in Moritz/Dreier, E-Commerce, A Rn. 4.

Der Dienst Electronic Mail (**E-Mail**) ermöglicht die netzübergreifende Versendung „elektro- **12** nischer Post". Der Internetbenutzer kann sich von bereiter Stelle, d.h. durch seinen Internet- provider (zum ISP-Vertrag s.u. Rn. 248), den unternehmensnetzeigenen Systemadministrator oder einen externen Anbieter von E-Mail-Diensten (z.B. Webmailerdienste wie Web.de) eine E-Mail-Adresse zuweisen lassen. Diese besteht aus einem Namen, der durch das @-Zeichen mit einem Domainnamen verknüpft ist. Transportiert werden E-Mails durch das standardi- sierte Simple Mail Transfer Protokoll (SMTP).

Warenvertriebssysteme stellen einen wesentlichen Bestandteil des derzeitigen Online-Marktes **13** dar. In Online-Shops werden Waren und Dienstleistungen angeboten, welche anhand eines vorgegebenen Verfahrens bestellt und angefordert werden können. Für den Kunden sichtbar wird nur die Website, auf der die Inhalte und die für den Kunden wichtigen Abläufe dargestellt werden. Die Abwicklung der Bestellung läuft hingegen für den Nutzer nicht wahrnehmbar in einem standardisierten Verfahren.

III. Wichtige rechtliche Grundlagen des elektronischen Geschäftsverkehrs

Vorteile des Internet sind dessen ständige Verfügbarkeit und die grenzüberschreitenden Mög- **14** lichkeiten für Vertragsschlüsse. Neben diesen Vorteilen birgt das Internet aber auch spezifische Risiken. Insbesondere Verbraucher bedürfen bei Vertragsabschlüssen im Internet eines beson- deren Schutzes: Geschäftsabschlüsse über das Internet bedürfen einerseits keiner besonderen Kenntnisse und können ohne nennenswerten Aufwand abgeschlossen werden. Andererseits können aber weder der Vertragspartner noch die Waren und Dienstleistungen geprüft und be- gutachtet werden.

Aus dieser Interessenlage folgt das Bedürfnis, einen einheitlichen, auch internationalen **15** Rechtsrahmen für den Handel über das Internet zu schaffen. Einheitliche, weltweit geltende „Internetregelungen" oder weltweit einheitliche Regelungen über den Geschäftsschluss im In- ternet sind derzeit nicht existent. Auf internationaler Ebene findet aber eine stetige Rechtsent- wicklung im Bereich des E-Commerce statt. Ein Beispiel für diese Entwicklung ist das UN- Übereinkommen zum E-Commerce, welches bereits durch einige Länder, nicht aber Deutsch- land, unterzeichnet wurde.[5] Auf europäischer und dementsprechend auch auf nationaler Ebene wurden jedoch zahlreiche Regelungen über den Geschäftsschluss über das Internet geschaffen.

Europarechtlich bildet die **Fernabsatzrichtlinie**[6] aus dem Jahr 1997 die Grundlage für die auf **16** das E-Business anwendbaren Rechtsvorschriften. Die Fernabsatzrichtlinie bezweckte die Re- gelung eines Mindestschutzes für die Verbraucher im elektronischen Geschäftsverkehr. Diese Richtlinie wurde durch das **Fernabsatzgesetz**[7] in das deutsche Recht umgesetzt. Im Rahmen des Gesetzes zur Modernisierung des Schuldrechts[8] wurde das Fernabsatzgesetz zum 1.1.2002 in das BGB (**§§ 312b ff. BGB**) integriert.

---

5 Zu Einzelheiten vgl. *Hilberg* CR 2006, 859.
6 Richtlinie 97/7/EG des Europäischen Rates und des Rates über den Verbraucherschutz bei Vertragsab- schlüssen im Fernabsatz v. 20.5.1997, ABlEG Nr. L 144 v. 4.6.1997, 19.
7 Gesetz über Fernabsatzverträge und andere Fragen des Verbraucherrechts sowie zur Umstellung von Vorschriften auf Euro v. 27.6.2000, BGBl I 2000, 897.
8 BGBl I 2001, 3138.

17 Im Jahr 2000 verabschiedete der EU-Gemeinschaftsgesetzgeber die **E-Commerce-Richtlinie**.[9] Ihr Anwendungsbereich enthält teilweise Überschneidungen mit dem der Fernabsatzrichtlinie, ging aber über deren Zielsetzung hinaus. Sie beinhaltete neben Vorschriften zum Verbraucherschutz eine Anpassung nationaler Vorgaben, die insbesondere den elektronischen Vertragsschluss und die Verantwortlichkeit von Providern betrafen.

18 Zur Umsetzung der E-Commerce-Richtlinie in das deutsche Recht diente teils das als Artikelgesetz ausgestaltete Gesetz über die rechtlichen Rahmenbedingungen für den elektronischen Geschäftsverkehr[10] (**Elektronischer-Geschäftsverkehr-Gesetz, EGG**) vom 14.12.2001. Dies führte zu einer Änderung des Teledienstegesetzes (TDG) aus dem Jahr 1997 sowie des Teledienstedatenschutzgesetzes (TDDSG). Das TDG und das TDDSG wurden mit Wirkung zum 1.3.2007 durch das **TMG**, das **Telemediengesetz**, ersetzt. Das TMG wurde durch das als Artikelgesetz ausgestaltete Gesetz zur Vereinheitlichung von Vorschriften über bestimmte elektronische Informations- und Kommunikationsdienste (ElGVG)[11] zur Umsetzung der E-Commerce-Richtlinie erlassen und gilt nun einheitlich für alle elektronischen Informations- und Kommunikationsdienste. Das TMG hat die ursprünglichen Bestimmungen des Teledienstdatenschutzes unverändert übernommen,[12] auch die haftungsrechtlichen Vorgaben wurden übertragen.

19 Als wesentliche Rechtsquellen des **nationalen Rechts** sind für Diensteanbieter das Telekommunikationsgesetz (TKG) nebst dessen Ausführungsverordnungen, das TMG und das BGB (dort insbesondere die §§ 312b ff. BGB) zu nennen. Das TKG und das TMG enthalten Vorschriften für Diensteanbieter über die Art und Weise des Anbietens von Telekommunikationsleistungen. Zweck des TKG ist es, den Wettbewerb durch Regulierung zu fördern und flächendeckend angemessene und ausreichende Telekommunikationsdienstleistungen zu gewährleisten sowie eine Frequenzordnung festzulegen. Das TKG wird ausführlich im 7. Abschn. besprochen. Das TMG normiert allgemeine Informationspflichten, regelt die Verantwortlichkeit der Diensteanbieter und stellt datenschutzrechtliche Anforderungen an Diensteanbieter von Telemedien (vgl. dazu 6. Abschn.). Die an die Inhalte von Telemedien zu richtenden besonderen Anforderungen ergeben sich aus dem Rundfunkstaatsvertrag (vgl. § 1 Abs. 4 TMG).

IV. Vertragsrecht

1. Allgemeines

20 Verträge können im Internet auf unterschiedliche Weise geschlossen werden, wobei eine Unterteilung in drei **Grundtypen** erfolgen kann:

– Verträge können über E-Mail,
– innerhalb eines Chatforums oder ähnlicher Einrichtungen oder
– durch das Ausfüllen eines Bestellformulars in einem Online-Shop geschlossen werden.

---

9 Richtlinie 2000/31/EG des Europäischen Parlaments und des Rates v. 8.6. 2000 über bestimmte rechtliche Aspekte der Dienste der Informationsgesellschaft, insbesondere des elektronischen Geschäftsverkehrs, im Binnenmarkt („Richtlinie über den elektronischen Geschäftsverkehr") ABlEG Nr. L 178 v. 17.7.2000, 1.
10 BGBl I 2001, 3721.
11 BGBl I 2007, 179.
12 *Hoeren* NJW 2007, 801.

Der Vertragsschluss richtet sich grds. nach den Vorgaben des BGB, wobei es einige, nachfolgend beschriebene, Besonderheiten zu beachten gilt. **21**

Spezielle Anforderungen für **Verträge im elektronischen Geschäftsverkehr** enthält § 312e **22** **BGB**. Dieser erlegt den Unternehmen besondere Pflichten auf, die im Rahmen des Vertragsschlusses im elektronischen Geschäftsverkehr eingehalten werden müssen.

Ein „Vertrag im elektronischen Geschäftsverkehr" liegt gem. § 312e Abs. 1 S. 1 BGB vor, **23** wenn sich ein Unternehmer zum Zwecke des Abschlusses eines Vertrages über die Lieferung von Waren oder die Erbringung von Dienstleistungen eines Tele- oder Mediendienstes bedient.

Der Begriff der **Telemediendienste** (vgl. dazu 6. Abschn.) richtet sich nach der nun geltenden **24** Rechtslage nach dem TMG. Nach § 1 Abs. 1 TMG sind Telemedien **alle elektronischen Informations- und Kommunikationsdienste**, soweit sie nicht Telekommunikationsdienste nach dem TKG darstellen, die ganz in der Übertragung von Signalen über Telekommunikationsnetze bestehen, es sich um telekommunikationsgestützte Dienste nach § 3 Nr. 24 TKG handelt oder der Informations- und Kommunikationsdienst als Rundfunk einzuordnen ist. Telemediendienste sind bspw. Angebote von Waren und Dienstleistungen mit interaktivem Zugriff und unmittelbarer Bestellmöglichkeit, Video auf Abruf oder Teleshopping-Angebote.

Für Verträge, die ausschließlich durch individuelle Kommunikation geschlossen werden, ist **25** die Vorschrift hingegen nur teilweise anwendbar (vgl. § 312e Abs. 2 S. 1 BGB). So müssen die Vorgaben des § 312e Abs.1 S. 1 Nr. 1 – 3 BGB keine Berücksichtigung finden, was der Erleichterung der individuellen Kommunikation dient.

Handelt es sich bei den Vertragsparteien nicht um Verbraucher, ist § 312e BGB weitgehend ab- **26** dingbar (§ 312e Abs. 2 S. 2 BGB). Jedoch kann auch im Unternehmerverkehr nicht vollständig von den gesetzlichen Vorgaben abgewichen werden. Nach § 312e Abs. 1 S. 1 Nr. 4 BGB besteht auch im Unternehmerverkehr die Pflicht, dem Vertragspartner die Möglichkeit zu verschaffen, die Vertragsbestimmungen einschließlich der AGB aufzurufen und in wiedergabefähiger Form zu speichern.

2. Besonderheiten digital übermittelter Willenserklärungen

2.1 Willenserklärungen im Internet

Für den Vertragsschluss im Internet gelten die **allgemeinen Vorschriften des BGB**, d.h. der **27** Vertrag kommt durch zwei übereinstimmende **Willenserklärungen**, durch Angebot und Annahme zustande (§ 145 ff. BGB).

Die im Internet abgegebene Willenserklärung wird häufig „**automatisierte**", „**elektronische**" **28** oder „**digitale**" Willenserklärung genannt.[13] Es handelt sich dabei weder um eine besondere Form der Willenserklärung oder eine gesetzlich geregelte Form der Willenserklärung. Die Willenserklärung im elektronischen Geschäftsverkehr weist vielmehr die Besonderheit auf, dass die Erklärung ausschließlich elektronisch abgegeben wird. Im Übrigen gelten die Anforderungen, die jede Willenerklärung zu erfüllen hat. Voraussetzung ist also, dass es sich um eine Erklärung handeln muss, die auf die Herbeiführung eines bestimmten rechtlichen Erfolgs gerichtet ist. In objektiver Hinsicht ist weiter eine Erklärungshandlung notwendig, subjektiv muss beim Erklärenden Handlungswillen, Erklärungsbewusstsein und ein Rechtsfolgewillen vorliegen.[14]

---

13 Vgl. *Härting* Internetrecht B Rn. 115; *Holzbach/Süßenberger* in Moritz/Dreier, E-Commerce, C Rn. 66.
14 *Palandt/Heinrichs* Einf. vor § 145 BGB, Rn. 1.

29 Im elektronischen Bereich werden digitale Willenserklärungen und sog. **Computererklärungen** unterschieden.[15] Unter dem Begriff „Computererklärung" werden Erklärungen verstanden, die ein Computer selbständig generiert und versendet. Wichtigstes Beispiel für ein Anwendungsgebiet der Computererklärung ist das „virtuelle Kaufhaus", in dem der Internetanwender Produkte, die auf der Internetseite eines Versandhandels präsentiert werden, online bestellen kann.[16] Dem Kunden wird etwa nach Abfrage seiner für die Abrechnung relevanten Daten automatisiert eine Bestätigung der Bestellung per E-Mail zugesandt. Weiter bedienen sich Diensteanbieter Computererklärungen, wenn Informationen entgeltlich zur Verfügung gestellt werden: Die durch den Nutzer angeforderten Informationen werden automatisiert durch den Computer zusammengestellt und auf einer Internetseite für den Nutzer sichtbar gemacht, etwa beim Abruf von Informationen in Fachdatenbanken. Auch die aufgrund einer Mailingliste oder eines Newsletters versandten Informationen können eine Computererklärung sein.

30 Es kann in Frage gestellt werden, ob eine solche nicht-menschliche Erklärung überhaupt eine Willenserklärung i.S.d. BGB sein kann. Die h.M. befürwortet das Vorliegen einer Willenserklärung[17] und sieht die Computererklärung als Willenerklärung des Anbieters der Internetseite an. Für das Vorliegen einer Willenserklärung ist aber Voraussetzung, dass ein Erklärungsinhalt gegeben ist, der Betreiber mit der Programmierung Regeln für die Bearbeitung vorgegeben hat, der Betrieb der Computeranlage durch den Willen des Betreibers getragen wird, so dass sich dieser als berechtigt und verpflichtet ansieht, und dieser Wille erkennbar nach außen tritt.[18]

2.2 Abgabe von Willenserklärungen

31 Auch digital übermittelte **Willenserklärungen** müssen wirksam sein, sollen sie zu einem Vertragsschluss führen. Neben den allgemeinen Regelungen des BGB über Willenserklärungen bestehen bei digitalen Willenserklärungen einige Besonderheiten, die sich daraus ergeben, dass das BGB gerade *keine* speziellen Regelungen für digitale Willenserklärungen vorsieht. Zur Beurteilung der Abgabe einer elektronischen Willenerklärung bedarf es einer Differenzierung zwischen elektronisch übermittelten Willenserklärungen und den Computererklärungen.

32 Eine digitale Willenserklärung ist **abgegeben**, wenn der Nutzer den Sendebefehl endgültig ausgeführt hat.[19] Nicht ausreichend ist, dass lediglich ein Text bzw. eine Erklärung formuliert, diese aber nicht versendet wurden.

33 Probleme bereitet der Fall, dass der **Sendebefehl ohne Zutun des Erklärenden ausgelöst wird**, z.B. eine E-Mail durch einen Mitarbeiter versehentlich versendet wird. Zur Lösung der Fallkonstellation der **versehentlichen Versendung** bieten sich unterschiedliche Möglichkeiten.

– Überwiegend werden die Grundsätze angewendet, die auch der Lösung der Fälle des fehlenden Erklärungsbewusstseins dienen. Auch bei fehlender Veranlassung der Versendung durch den Erklärenden, aber bei Vorliegen eines Vertretenmüssens, führt die Anwendung der Grundsätze über das Fehlen des Erklärungsbewusstseins dazu, dass die Erklärung als abgegeben gilt.[20] Die Erklärung kann aber unter den Voraussetzungen der §§ 119 ff. BGB an-

---

15 *Holzbach/Süßenberger* in Moritz/Dreier, E-Commerce, C Rn. 82.
16 *Holzbach/Süßenberger* in Moritz/Dreier, E-Commerce, C Rn. 82.
17 *Härting* Internetrecht, B Rn. 117; *Holzbach/Süßenberger* in Moritz/Dreier, E-Commerce, C Rn. 86 m.w.N.
18 *Holzbach/Süßenberger* in Moritz/Dreier, E-Commerce, C Rn. 86.
19 *Einsele* in MünchKomm BGB, § 130 Rn. 13; *Baetge* in Kaminski/Henßler u.a., Rechtshandbuch E-Business, 2. Kap. B Rn. 13.
20 *Einsele* in MünchKomm BGB, § 130 Rn. 13.

gefochten werden.[21] Die Willenserklärung ist hingegen unwirksam, wenn sie dem Erklärenden nicht zurechenbar ist und ohne dessen Willen übersendet wurde.

– Nach anderer Auffassung soll auf die anerkannten Auslegungskriterien für Willenserklärungen abzustellen sein. Wenn der Empfänger redlicherweise davon ausgehen könne, dass ihn die Erklärung mit dem Willen des Erklärenden erreicht hat, sei von der Wirksamkeit der Willenserklärung mit der Möglichkeit zur Anfechtung auszugehen.[22]

Beiden Lösungswegen ist gemeinsam, dass dem Erklärungsempfänger nach § 122 BGB und **34** gem. §§ 280, 311 Abs. 2, 241 Abs. 2 BGB Schadensersatzansprüche zustehen, so dass beide Auffassungen im Ergebnis wohl die gleichen Ansprüche des Erklärungsempfängers auslösen können.

Von der versehentlichen Versendung zu unterscheiden sind die Fälle, in denen es der Willens- **35** erklärung bereits am erforderlichen Handlungswillen fehlt. Wer beim Klicken abrutscht oder eine Taste drückt und damit versehentlich die Versendung veranlasst, gibt mangels Handlungswillens keine rechtlich relevante Erklärung ab.[23]

Eine **Computererklärung** ist dann **abgegeben**, wenn sie durch endgültige Freigabe und Ver- **36** lassen des computerinternen Bereichs über das Kommunikationsnetz an den Empfänger versendet wird.[24]

Bei **mündlichen** Willenserklärungen die über das Internet abgegeben werden, z.B. im Rahmen **37** der **Internettelefonie**, gilt, dass die Willenserklärung dann abgegeben wird, wenn der Erklärende seinen Willen so geäußert hat, dass an der Endgültigkeit der Äußerung kein Zweifel mehr möglich ist. Daher muss die Erklärung hier so abgegeben worden sein, dass sie in digitale Signale verwandelt werden kann, die zu dem Empfänger übertragen und so umgewandelt werden, dass der Empfänger sie wiederum zur Kenntnis nehmen kann.[25]

2.3 Zugang der Willenserklärung

Bei digitalen Willenserklärungen besteht weitgehend Einigkeit darüber, dass es sich um Erklä- **38** rungen unter Abwesenden handelt.[26] Dies hat zur Folge, dass die Annahme nach § 147 Abs. 2 BGB zu einem Zeitpunkt erfolgen kann, in dem der Eingang einer Antwort unter regelmäßigen Umständen erwartet werden konnte. Willenserklärungen in Chat-Foren oder über Internettelefonie werden aber als Willenserklärung unter Anwesenden angesehen (§ 147 Abs. 1 S. 2 BGB) und bedürfen einer sofortigen Annahme.

Der **Zugang** einer digitalen Willenserklärung richtet sich grds. nach der Empfangstheorie. **39** Eine Auffassung orientiert sich an dem für alle Willenerklärungen geltenden Grundsatz, dass auch hier eine Erklärung zugeht, wenn sie derart in den Machtbereich des Empfängers gelangt ist, dass dieser eine zumutbare Kenntnisnahmemöglichkeit hatte.[27] Nach einer anderen Definition ist der Zugang gem. § 130 BGB anzunehmen, wenn „die Erklärung eine Vorrichtung erreicht hat, die typischerweise für den Empfang von Willenserklärungen vorgesehen ist."[28] Eine weitere Auffassung legt der Ermittlung des Zugangs den Gedanken zugrunde, wie eine ange-

---

21 *Palandt/Heinrichs* § 130 BGB Rn. 4; *Einsele* in MünchKomm BGB, § 130 Rn. 13.
22 *Härting* Internetrecht, B Rn. 141.
23 *Härting* Internetrecht, B Rn. 119.
24 *Holzbach/Süßenberger* in Moritz/Dreier, E-Commerce, C Rn. 147.
25 *Holzbach/Süßenberger* in Moritz/Dreier, E-Commerce, C Rn. 145.
26 *Mehrings* MMR 1998, 30; *Baetge* in Kaminski/Henßler u.a., Rechtshandbuch E-Business, 2. Kap. B Rn. 16.
27 *Mehrings* MMR 1998, 30; *Wietzorek* MMR 2007, 156.
28 *Baetge* in Kaminski/Henßler u.a., Rechtshandbuch E-Business, 2. Kap. B Rn. 18.

messene Risikoverteilung zwischen den Kommunizierenden und potentiellen Vertragspartnern erreicht werden kann. Dazu wird zwischen der Einweg- und Dialogkommunikation unterschieden, wobei dann bei der Einweg-Kommunikation grds. auch die Empfangstheorie gelten soll.[29]

40 Der Zugang einer **E-Mail** ist jedenfalls dann zu bejahen, wenn die E-Mail auf dem Server eingegangen ist.[30] Eine zur Unzeit übermittelte E-Mail soll jedoch nach überwiegender Ansicht erst an dem folgenden Tag zugehen.[31] Eine andere Auffassung schließt sich dem nicht an und schlägt eine Differenzierung nach der Art des Empfängers vor: Bei Privatleuten könne ein täglicher Abruf der E-Mail nicht erwartet werden, so dass bei zur Unzeit verschickten E-Mails der Zugangszeitpunkt ggf. erst der übernächste Tag sein könne.[32] Sofern der Verbraucher von seiner E-Mail-Adresse im Rechtsverkehr keinen Gebrauch macht, tritt Zugang erst bei tatsächlicher Kenntnisnahme ein.

41 Bei einem Online-Shop ist die Empfangsvorrichtung für Willenserklärungen der zu dem Anbieter gehörende Server.[33] Geht eine Erklärung dort ein, ist sie zugegangen. Füllt der Kunde ein Bestellformular eines Online-Shops aus, so ist nach der Verkehrsanschauung sogar von einem sofortigen Zugang der Willenserklärung unabhängig von den Geschäftszeiten auszugehen.[34] Dies lässt sich der Regelung § 312eAbs. 1 S. 2 BGB entnehmen,[35] wonach Bestellung und Empfangsbestätigung i.S.v. Satz 1 Nr. 3 als zugegangen gelten, wenn die Parteien, für die sie bestimmt sind, sie unter gewöhnlichen Umständen abrufen können.

42 Die rechtliche Behandlung von **Zugangsstörungen** orientiert sich daran, aus wessen Sphäre die Störung herrührt. Störungen des Versendungsvorgangs, sind dabei grds. dem Absender zuzurechnen. Die Verantwortlichkeit des Empfängers ist demgegenüber gegeben, sobald die Nachricht in seinen Empfangsbereich gelangt ist.[36]

2.4 Konkludente Willenserklärungen und Schweigen

43 In der Regel werden Willenserklärungen **ausdrücklich** abgegeben, sei es durch die elektronische Übermittlung einer Willenserklärung per E-Mail oder durch das Anklicken oder Drücken einer bestimmten Taste bei einer bereits vorformulierten Erklärung. Jedoch können grds. Willenserklärung auch im Bereich der elektronischen Kommunikationsmittel **konkludent**, d.h. durch ein schlüssiges Verhalten, abgegeben werden. Diese Anwendungsfälle dürften aber sehr begrenzt sein, da im Internet kaum denkbar ist, dass konkludente Erklärungen abgegeben werden.

44 Das bloße **Schweigen** stellt grds. keine Willenserklärung dar.[37] Diese Grundsätze gelten uneingeschränkt auch für digitale Willenserklärungen. Bei der Qualifikation von Schweigen als Willenserklärung kann es aber aufgrund der elektronischen Übertragung und den damit verbundenen technischen Schwierigkeiten zu Unsicherheiten kommen. Nicht immer funktioniert die Datenübertragung einwandfrei, gelegentlich kann es zu Datenverlust kommen, der auch zum Verlust einer entsprechenden Willenserklärung führt. Für den potentiellen Empfänger der abgegebenen Erklärung stellt sich dann die Frage, wie er das Schweigen seines Kontrahenten

---

29 *Holzbach/Süßenberger* in Moritz/Dreier, E-Commerce, C Rn. 151, 159.
30 *Taupitz/Kritter* JUS 1999, 839.
31 *Palandt/Heinrichs*, § 130 BGB Rn. 7a; *Wietzorek* MMR 2007, 156.
32 *Baetge* in Kaminski/Henßler u.a., Rechtshandbuch E-Business, 2. Kap. B Rn. 23.
33 *Baetge* in Kaminski/Henßler u.a., Rechtshandbuch E-Business, 2. Kap. B Rn. 19.
34 *Härting* Internetrecht, B 154.
35 *Palandt/Grüneberg* § 312e BGB Rn. 7.
36 *Baetge* in Kaminski/Henßler u.a., Rechtshandbuch E-Business, 2. Kap. B Rn. 25 ff.
37 *Palandt/Heinrichs* Einf. vor § 116 BGB Rn. 7.

zu verstehen hat. Da diese technischen Unsicherheiten den Nutzern dieses Kommunikationsmediums bekannt sind, wird dem Schweigen grds. **kein** besonderer Erklärungswert beigemessen werden können.[38]

3. Anfechtung

Im Internet abgegebene Willenserklärungen können unter den Voraussetzungen der §§ 119 ff. BGB **angefochten** werden, wobei die Anfechtung wegen Täuschung oder Drohung nach § 123 BGB keine internetspezifischen Besonderheiten aufweist. **45**

Als typischer Anfechtungsfall außerhalb von § 123 BGB können Eingabefehler genannt werden: So ist bspw. bei einer E-Mail oder Online-Bestellung die Eingabe einer falschen Bestellnummer oder Stückzahl, von falschen Angaben oder Daten (bspw. bei der Buchung von Flügen oder Konzertkarten) denkbar. **46**

Nach § 119 Abs. 1 Fall 2 BGB kann eine Erklärung angefochten werden, wenn der Erklärende einem Erklärungsirrtum unterliegt. Diese Regelung erfasst die Fälle, in denen sich der Erklärende z.B. vergreift, verschreibt, vertippt oder auch „verklickt".[39] Durch § 312e Abs. 1 Nr. 1 BGB wird der Unternehmer zwar dazu verpflichtet, dem Kunden wirksame technische Mittel zur Verfügung zu stellen, mit deren Hilfe Eingabefehler vor Abgabe einer Bestellung erkannt und berichtigt werden können. Auf die Anfechtung als solche wirkt sich diese Vorschrift aber nicht aus. Ist der Unternehmer dieser Verpflichtung nicht nachgekommen, bleibt ihm aber möglicherweise nach den Grundsätzen von Treu und Glauben die Berufung auf einen Schadensersatzanspruch nach § 122 BGB verwehrt.[40] **47**

Anders liegt der Fall, wenn sich der Benutzer nicht vertippt, sondern eine andere Empfangsadresse eingibt oder versehentlich entgeltliche Informationen abruft. Ein Erklärungsirrtum liegt dann nicht vor, da die Erklärung so abgegeben werden sollte, wie sie tatsächlich abgegeben wurde. Eine Anfechtung kommt hier als Inhaltsirrtum unter den Voraussetzungen des § 119 BGB in Betracht. **48**

Bei **Computererklärungen** können falsche Erklärungen generiert werden, wenn die Software oder auch die Hardware Fehler aufweisen oder Datenfehler vorliegen.[41] Denkbar sind insbesondere falsche Berechnungen, die sich unmittelbar auf die abgegebene Erklärung auswirken. Hier bedarf es der Prüfung, ob es sich um einen Motivirrtum handelt, d.h. einen Irrtum im Beweggrund. Etwaige Berechnungsfehler stellen bei verdeckter Kalkulation lediglich einen solchen unbeachtlichen Motivirrtum dar. Software und Daten, die von dem Betreiber zur Verfügung gestellt werden, entsprechen dabei den inneren Beweggründen und Motiven des Erklärenden.[42] Es liegt demzufolge bereits ein Fehler bei der Willensbildung vor, der grds. nicht zur Anfechtung berechtigt.[43] Anders könnte jedoch der Fall bewertet werden, wenn die Eingabe der Daten als solche fehlerfrei erfolgt, die Software aber unerkannt fehlerhaft ist. Nach einer Entscheidung des BGH soll die Verfälschung des ursprünglich richtig Erklärten auf dem Weg zum Empfänger durch eine unerkannt fehlerhafte Software als Irrtum in der Erklärungshandlung anzusehen sein.[44] **49**

---

38 *Holzbach/Süßenberger* in Moritz/Dreier, E-Commerce, C Rn. 80.
39 *Kramer* in MünchKomm BGB § 119 Rn. 101.
40 *Härting* Internetrecht, B Rn. 215.
41 Vgl. *BGH* MMR 2005, 233 zur fehlerhaften Software.
42 *Holzbach/Süßenberger* in Moritz/Dreier, E-Commerce, C Rn. 106.
43 *Holzbach/Süßenberger* in Moritz/Dreier, E-Commerce, C Rn. 106.
44 *BGH* NJW 2005, 976.

50   Nicht als Motivirrtum zu bewerten sind Fälle, in denen der (zukünftige) Vertragspartner eigens falsche Angaben gemacht hat und daraufhin eine falsche, so nicht gewollte Erklärung durch den Betreiber abgegeben wurde. Bei einer Verarbeitung falscher fremder Daten ist anhand des Einzelfalls zu prüfen, ob ein Anfechtungstatbestand (Erklärungs-, Inhalts-, Eigenschaftsirrtum nach § 119 BGB) erfüllt ist, der zur Anfechtung der Computererklärung berechtigt.

4. Webseite: Invitatio ad offerendum

51   Problematisch ist, ob der Anbieter bereits mit Veröffentlichung seiner Produkte auf der Webseite ein **verbindliches Angebot** abgibt, das der Kunde nur noch annehmen muss. Die überwiegende Auffassung sieht in der Veröffentlichung von Waren oder dem Bereitstellen von Dienstleistungen **kein** verbindliches Angebot zum Abschluss eines Vertrages, sondern grds. eine invitatio ad offerendum, d.h. die unverbindliche Aufforderung an den Internetnutzer zur Abgabe eines Angebots.[45] Würde bereits die Website als verbindliches Angebot angesehen, so käme ein Vertrag bereits mit der Annahme durch den Benutzer zustande, ohne dass der Anbieter prüfen könnte, ob der Kunde bspw. zahlungsfähig ist. Außerdem wäre der Anbieter Ansprüchen ausgesetzt, wenn aufgrund großen Interesses ein schneller Ausverkauf der Waren erfolgt und dadurch weitere Kunden nicht mehr bedient werden können. Der Kunde gibt ein Angebot zum Vertragsschluss ab, welches wiederum einer Annahme durch den Anbieter, etwa per E-Mail oder durch das Versenden der Ware (ggf. unter Verzicht auf die Annahmeerklärung, § 151 BGB), bedarf.

5. Stellvertretung

52   Auch bei digitalen Willenserklärungen muss der Erklärende nicht zwingend im eigenen Namen handeln, sondern er kann als Stellvertreter das Geschäft im fremden Namen abschließen. Problematisch im Bereich der Kommunikation über das Internet ist die für eine Stellvertretung grds. erforderliche Offenkundigkeit. Eine wirksame Stellvertretung setzt voraus, dass die Willenserklärung erkennbar im fremden Namen abgegeben wird. Da es sich in der Regel um einen Vertragsschluss unter Abwesenden handelt und das Internet einen hohe Anonymität aufweist, fällt die Bestimmung, wer die Erklärung für wen abgegeben hat, teilweise schwer.

53   So muss derjenige, der eine elektronische Willenserklärung abgibt, nicht zwingend mit dem Inhaber der E-Mail-Adresse oder des Internetanschlusses übereinstimmen. Der Nutzer handelt *unter dem Namen* des Inhabers der E-Mail-Adresse oder des Internetanschlusses. Ein Handeln **unter** fremden, nicht **im** fremden Namen liegt daher vor, wenn sich ein Dritter ohne entsprechende Vollmacht einen Schutzmechanismus überwindet, um damit einen Vertragsschluss herbeizuführen. Bei Handeln unter fremden Namen sind §§ 164 ff. BGB, insbesondere §§ 177, 179 BGB in der Regel analog anzuwenden, es sei denn, nach den Umständen des Einzelfalls liege ein Eigengeschäft des Handelnden vor.[46] Entscheidend für die Abgrenzung zu einem Eigengeschäft ist, wie die Gegenpartei das Verhalten des Handelnden verstehen durfte. Ein Eigengeschäft liegt bspw. vor, wenn sich der Nutzer bei der Abgabe einer Internetbestellung eines Phantasienamens oder Allerweltsnamens bediente und dies zu erkennen war.

---

45 *BGH* MMR 2005, 233; *Palandt/Grüneberg* § 312b BGB Rn. 4; kritisch *Baetge* in Kaminski/Henßler u.a., Rechtshandbuch E-Business, 2. Kap. B Rn. 5.
46 *Palandt/Heinrichs* § 164 BGB Rn. 10.

6. Virtuelle Marktplätze

Virtuelle Marktplätze haben neben den beinahe schon „klassischen" herstellerbetriebenen On- 54
line-Shops üblichen Zuschnitts einen hohen Stellenwert innerhalb des E-Business. Für Kunden
bieten sie die Möglichkeit, sich zunächst über Produkte zu informieren und schließlich von zu
Hause aus Waren oder Dienstleistungen anzufordern. Für Verbraucher attraktiv sind insbesondere die Internetversteigerungen. Im unternehmerischen Bereich kommt virtuellen Marktplätzen insbesondere dadurch Bedeutung zu, dass darüber die technische Abwicklung bestimmter
Geschäfts- oder Bestellprozesse erfolgen kann. Denkbar sind bei solchen Marktplätzen auch
Nachfragepoolungen, die zur Vergünstigung beim Erwerb insbesondere von Massenprodukten
führen sollen.

Virtuelle Marktplätze kennzeichnet, dass Angebote meist von einer Vielzahl von Anbietern 55
und Nachfragern in Anspruch genommen werden können. Bei geschlossenen Plattformen
kann der virtuelle Marktplatz jedoch nur von bestimmten Personen genutzt werden. Die
Spanne der gehandelten Waren und Dienstleistungen ist weit: sie reicht von dem Angebot von
Produkten aus dem Bereich des täglichen Lebens bis hin zu Spezialprodukten oder branchen-
spezifischen Materialien.

Selbstverständlich müssen auch Betreiber virtueller Marktplätze je nach Art und Ausgestal- 56
tung des Marktplatzes die Verbraucherschutzvorschrifen (§§ 312b BGB), die Regelungen des
TMG, datenschutzrechtliche Vorgaben, die Gewerbeordnung und Vorgaben der Preisangaben-
verordnung beachten.

6.1 Power Shopping

Eine der Handelsformen der virtuellen Marktplätze ist das sog. Powershopping oder Commu- 57
nity Shopping. Grundidee ist, dass sich viele Interessenten zusammenschließen und durch die
Bestellung eines großen Kontingentes (Nachfragepoolung) von entsprechenden Rabatten oder
Vergünstigungen profitieren können.

Der Vertragsschluss kann auf unterschiedliche Weise zustande kommen. Der Anbieter kann 58
entweder als Vertragspartner oder als bloßer Vermittler der Ware auftreten. Bei der Einstellung
der Waren auf die Internetseite des Anbieters handelt es sich grds. um eine Invitatio ad offerendum.[47] Besonderheit des Powershopping ist, dass die Betreiber zu einem bestimmten Produkt unterschiedliche Preisabstufungen anbieten, für deren Bemessung die Käuferzahl maßgebend ist: Je mehr Käufer sich finden, desto geringer wird der zu zahlende Preis pro Einheit. Je
nach Anbieter wird die Ware nur für einen begrenzten Zeitraum und mit einem begrenzten
Kontingent angeboten. Der Preis der Ware richtet sich dann letztlich danach, für welche Preisstufe die notwendige Käuferzahl gefunden werden konnte. Das rechtsverbindliche Angebot
zum Kauf der Ware geben die Käufer ab. Je nach Betreiber ist die Abgabe des Angebots unterschiedlich gestaltet. Der Käufer kann bspw. ein Angebot bezogen auf eine bestimmte Preisstufe abgeben. Werden genügend Interessenten gefunden, kommt der Vertrag zu der Preisstufe
oder sogar zu einer niedrigeren Preisstufe zustande. Es kann aber auch geschehen, dass auf der
niedrigeren Preisstufe das Kontingent bereits ausgeschöpft ist, so dass der Käufer letztlich leer
ausgeht. Eine Alternative ist, das Angebot nur auf die niedrigste Preisstufe oder eine andere
Preisstufe zu begrenzen, ein Vertrag kommt dann nur bei Erreichen der angegebenen Stufe zustande.

---

47 *Stoffmehl* MMR 2001, 35; a.A. *Cichon* Internetverträge § 7 Rn. 863.

59 Unter Geltung des Rabattgesetzes wurde von einigen Gerichten die Zulässigkeit des Powershoppings wegen eines Verstoßes gegen das Rabattgesetz verneint.[48] Das Rabattgesetz wurde insbesondere im Bereich neuer Vertriebsformen im Internet wie dem Powershopping als innovationshemmend angesehen und am 25.7.2001 außer Kraft gesetzt. Dies ermöglichte Unternehmen im Internet neue Handlungsformen.[49]

60 Je nach Art und Ausgestaltung des Powershoppings kommt aber ein Verstoß gegen die Regelungen des UWG in Betracht. Dabei gilt, dass grds. nicht jede Art dieser Handlungsform unzulässig ist, solange sie sich im Rahmen eines lauteren Wettbewerbs bewegt.[50] Die Unlauterkeit kann sich jedoch aus dem Aspekt des übertriebenen Anlockens ergeben, wobei zu beachten ist, dass ein günstiges Angebot für sich genommen nicht unlauter ist, wenn die Anlockwirkung lediglich von dem Preis für die Ware selbst ausgeht.[51] Das Unlautere des übertriebenen Anlockens kann dann aber in den Auswirkungen liegen, die das Anlocken unter Abwägung der Interessen der Kunden, der Mitbewerber und der Allgemeinheit als unverhältnismäßig erscheinen lassen.[52] Als unlauter angesehen werden können nach den Umständen des Einzelfalls auch der bei den Kunden hervorgerufene spekulative Aspekt und die Anregung der Spiellust.[53]

6.2 Internetauktionen

61 Internetauktionen haben im Laufe der letzten fünf Jahre stark zugenommen und stellen nicht nur für Verbraucher eine wichtige Möglichkeit dar, Waren zu vertreiben.

62 In der Regel werden die Betreiber der Onlineauktionshäuser die Verträge nicht in eigenem Namen schließen, sondern sich auf die Zurverfügungstellung der Plattform für den Nutzer beschränken. Ein Vertrag kommt dann zwischen dem Bieter und dem Einlieferer gem. §§ 145 ff. BGB mit Bietfristende zustande. Der Einlieferer fordert in der Regel den Bieter durch das Einstellen der Ware dazu auf (invitatio ad offerendum), ein verbindliches Vertragsangebot zu unterbreiten.[54] Je nach Fallgestaltung kann aber bereits das Freischalten der Angebotsseite ein rechtlich verbindliches Angebot sein.[55] Der Bieter gibt sodann ein Vertragsangebot ab,[56] wobei lediglich das höchste Gebot zu einem Vertragsschluss führt. Die Annahmeerklärung wird regelmäßig bei der Einstellung des Gebotes durch den Bieter antizipiert abgegeben.[57] Dies genügt auch dem Erfordernis der Bestimmtheit; obwohl sich die Erklärung nicht an eine bestimmte Person richtet, ist eindeutig erkennbar, dass der Höchstbietende Adressat der Erklärung sein soll.[58] § 156 BGB ist nur dann anwendbar, wenn der Vertrag tatsächlich durch einen Zuschlag zustande kommt. Bei Internetauktionen, in denen es an einem Zuschlag fehlt, sind lediglich die §§ 145 ff. BGB maßgebend, da es sich in diesen Fällen nicht um eine Versteigerung i.S.d. § 156 BGB handelt.[59] Aus diesem Grund ist auch das Widerrufsrecht des § 312d BGB nicht nach dessen Abs. 4 Nr. 5 ausgeschlossen.[60]

---

48 *OLG Hamburg* GRUR 200, 549; offen gelassen bei *OLG Köln* MMR 2001, 532; *LG Köln* MMR 2001, 54.
49 Gesetzesentwurf der Bundesregierung BT-Drucks. 14/5441, 7.
50 *OLG Köln* MMR 2001, 532.
51 *OLG Köln* MMR 2001, 532.
52 *OLG Hamburg* NJW-RR 2002, 254.
53 *OLG Köln* MMR 2001, 532.
54 *AG Hannover* MMR 2002, 262.
55 *OLG Hamm* GRUR 2001, 766.
56 *BGH* NJW 2002, 363.
57 *Deutsch* MMR 2004, 586.
58 *BGH* NJW 2002, 363.
59 *BGH* NJW 2005, 53.
60 *BGH* NJW 2005, 53.

Das Verhältnis zwischen dem Einlieferer/Anbieter und dem Plattformbetreiber richtet sich in   **63**
erster Linie nach den AGB des Internetauktionshauses. Meist sind dort umfassend die wechselseitigen Rechte und Pflichten sowie Handlungsanweisungen zur Durchführung der Aktion und zum allgemeinen Verhalten bestimmt.[61] Die AGB der Internetauktionshäuser können dementsprechend als Auslegungshilfe herangezogen werden, wenn die Erklärungen der Auktionsteilnehmer Verständnislücken aufweisen.[62]

6.3 Umgekehrte Versteigerungen

Eine besondere Form der Internetversteigerung ist die sog. umgekehrte Versteigerung, die da-   **64**
durch gekennzeichnet ist, dass der Preis des Produktes im Laufe der Zeit sinkt. Vertragspartner wird derjenige, der als erstes eine Erklärung zum Abschluss eines Vertrages abgibt. Auch umgekehrte Versteigerungen können im Einzelfall gegen das Wettbewerbsrecht verstoßen. Jedoch ist nach einer Entscheidung des BGH weder der Einsatz von Elementen der Wertreklame noch der davon ausgehende aleatorische Reiz ausreichend, um eine Werbemaßnahme (im konkreten Fall über den Verkauf eines gebrauchten KFZ) als unlauter erscheinen zu lassen; es müssten vielmehr zusätzliche, besondere Umstände vorliegen, die den Vorwurf der Sittenwidrigkeit nach dem UWG rechtfertigen.[63] Dies kann bspw. gegeben sein, wenn die freie Entschließung zum Vertragsschluss der angesprochenen Verkehrskreise so nachhaltig beeinflusst wird, dass der Kaufentschluss nicht mehr von sachlichen Gesichtspunkten, sondern maßgeblich durch das Streben nach der in Aussicht gestellten Gewinnchance bestimmt wird.[64]

6.4 Leistungsstörungen im Nutzerverhältnis

Ob und gegen wen der Kunde bei Leistungsstörungen vorgehen kann, richtet sich danach, wer   **65**
sein Vertragspartner ist. Ist zwischen dem Betreiber des virtuellen Marktplatzes und dem Kunden ein Vertrag, z.B. ein Kaufvertrag über eine Ware oder ein Vertrag über eine Dienstleistung, geschlossen worden, richten sich die Ansprüche für Mängel oder sonstige Leistungsstörungen nach den für das jeweilige Schuldverhältnis geltenden Vorschriften.

Bei Internetauktionshäusern kommt es darauf an, ob die Betreiber auf eigene Rechnung und   **66**
im eigenen Namen Verträge schließen oder ob ein Vertrag zwischen dem Bieter und demjenigen geschlossen wird, der die Ware auf der Plattform versteigert. Leistungsstörungen, insbesondere Ansprüche wegen Mängeln sind dann gegenüber dem Vertragspartner geltend zu machen und beurteilen sich nach dem für das zugrundeliegende Schuldverhältnis geltenden Recht.

Die Haftung der Betreiber von virtuellen Marktplätzen wird zusammenfassend in Rn. 195 ff.   **67**
behandelt.

---

61 Vgl. z.B. die AGB und „eBay-Grundsätze", abzurufen unter www.ebay.de.
62 *BGH* NJW 2002, 363.
63 *BGH* MMR 2003, 465 – umgekehrte Versteigerung II.
64 *BGH* MMR 2003, 465 – umgekehrte Versteigerung II m.w.N.

V. Geschäfte im elektronischen Geschäftsverkehr (§ 312e BGB)

68 Sowohl im Bereich B2B, also bei Verträgen zwischen Unternehmern, als auch bei Geschäften B2C zwischen einem Unternehmer (§ 14 BGB) und einem Verbraucher (§ 13 BGB) gilt es, bei Verträgen, die im elektronischen Geschäftsverkehr abgeschlossen werden, **§ 312e BGB** zu beachten. Lediglich bei einem Vertrag zwischen Verbrauchern findet § 312e BGB keine Anwendung.[65]

69 § 312e BGB normiert bestimmte Pflichten, die der Unternehmer gegenüber seinen Kunden zu erfüllen hat. **Zweck** des § 312e BGB ist es, bestimmte **Mindestvoraussetzungen** für eine Vertragsanbahnung und einen Vertragsabschluss im elektronischen Geschäftsverkehr zu schaffen. Insbesondere soll den technischen Risiken des elektronischen Geschäftsverkehrs entgegengewirkt werden: Eine unübersichtliche oder unüberschaubare Darstellung des Programm- bzw. Bestellablaufs kann dazu führen, dass der Kunde nicht weiß, ob, mit wem und welchen Inhalts ein Vertrag geschlossen wurde.[66] Außerdem stellt § 312e BGB sicher, dass der Kunde die AGB in der bei Vertragsschluss geltenden Fassung abrufen kann.[67]

70 § 312e Abs. 1 BGB legt dem Unternehmer folgende Verpflichtungen auf:

 – Gem. § 312e Abs. 1 S. 1 Nr. 1 BGB hat der Unternehmer dafür Sorge zu tragen, dass angemessene, wirksame und zugängliche technische Mittel zur Verfügung stehen, mit deren Hilfe der Kunde **Eingabefehler** vor Abgabe einer Bestellung erkennen und berichtigen kann. Diese Anforderung wird in der Praxis meist dadurch umgesetzt, dass der Kunde vor der endgültigen Übermittlung einer Bestellung sämtliche Angaben nochmals überprüfen kann. Fehlt die Korrekturmöglichkeit, kann der Unternehmer wegen Verschuldens bei Vertragsschluss aus der Bestellung keine Rechte herleiten.[68]

 – Der Unternehmer muss weiter **umfangreichen vorvertraglichen Informationspflichten** nachkommen. Nach § 312e Abs. 1 S. 1 Nr. 2 BGB müssen dem Kunden bestimmte Informationen rechtzeitig vor Abgabe der Bestellung klar und verständlich mitgeteilt werden. Näher konkretisiert werden diese Informationspflichten in der BGB-Informationspflichten-Verordnung (BGB-InfoV). Nach § 3 Nr. 1 der BGB-InfoV gehört dazu eine Information über die technischen Schritte, die zum Vertragsschluss führen. Weiter ist der Kunde darüber aufzuklären, ob der Vertragstext beim Unternehmer gespeichert wird, ob er dem Kunden zugänglich ist (Nr. 2) und wie Eingabefehler berichtigt werden können (Nr. 3). Informiert werden muss über die für den Vertragsschluss zur Verfügung stehenden Sprachen (Nr. 4) sowie über sämtliche einschlägige Verhaltenskodizes (Nr. 5).

 – Nach § 312e Abs. 1 S. 1 Nr. 3 BGB muss eine **Bestellung** nach deren Zugang unverzüglich auf elektronischem Wege **bestätigt** werden. Es handelt sich dabei um eine bloße Empfangsbestätigung der Bestellung, die jedoch auch mit einer Annahmeerklärung verbunden werden kann. Geht bei einer Online-Bestellung aus einer den Empfang bestätigenden E-Mail nicht hervor, dass es sich nicht um eine bloße Eingangsbestätigung handelt, kann diese Bestätigungsmail je nach Inhalt als Annahmeerklärung gewertet werden.[69]

 – Schließlich muss der Unternehmer dem Kunden die Möglichkeit verschaffen, AGB und Vertragsbestimmungen bei Vertragsschluss abzurufen und in wiedergabefähiger Form zu speichern (§ 312e Abs. 1 S. 1 Nr. 4 BGB).

---

65 *Kilian* in Kilian/Heussen, Computerrechtshandbuch, 20 Rn. 12.
66 *Wendehorst* in MünchKomm BGB, § 312e Rn. 1.
67 *Wendehorst* in MünchKomm BGB, § 312e Rn. 1.
68 *Palandt/Grüneberg* § 312e Rn. 5
69 *OLG Frankfurt* MDR 2003, 677; *LG Köln* CR 2003, 613.

Eine **Verletzung** der in § 312e BGB normierten **Pflichten** lässt die Wirksamkeit des Vertrages **71** nicht entfallen. Der Kunde kann aber unter den Voraussetzungen der §§ 280, 311 Abs. 2 BGB Schadensersatzansprüche geltend machen, wenn die Pflichtverletzung für einen nachteiligen Vertragsschluss ursächlich sind. Möglich ist auch, dass Maßnahmen auf der Grundlage des UWG eingeleitet werden.

Handelt es sich um einen Telemediendienst i.S.d. TMG, so muss der Diensteanbieter auch den **72** dortigen Informationspflichten, insbesondere der Impressumspflicht, nachkommen (vgl. 6. Abschn.

VI. Fernabsatzrecht

Im Bereich B2C, also bei Verträgen zwischen Unternehmern und Verbrauchern, gelten im We- **73** sentlichen die gleichen Grundsätze wie im Bereich B2B, es finden jedoch zusätzlich **Verbraucherschutzvorschriften** Anwendung.

Vertragsschlüsse im elektronischen Geschäftsverkehr haben sich an § 312e BGB zu orientie- **74** ren. Darüber hinaus kann es sich nach §§ 312b ff. BGB um ein **Fernabsatzgeschäft** handeln, bei dessen Vorliegen wiederum weitgehende gesetzliche Vorgaben Beachtung finden müssen. Nach § 312f BGB können die Vorschriften der §§ 312 bis 312e BGB nicht zuungunsten des Verbrauchers oder Kunden abbedungen oder umgangen werden, stellen also zwingendes Recht dar.

Zweck des **Fernabsatzrechtes** ist es, den Verbraucher vor Nachteilen zu schützen, die sich aus **75** den Besonderheiten eines Fernabsatzgeschäftes ergeben. Da das Fernabsatzgeschäft ein Geschäft unter Abwesenden ist, kann weder das Erzeugnis bzw. die Dienstleistung noch der Vertragspartner in Augenschein genommen und geprüft werden. Durch §§ 312b ff. BGB soll der Verbraucher vor der Gefahr geschützt werden, dass er durch die Verwendung technischer Mittel Informationen über die Ware oder die Dienstleistung, deren Qualität, Beschaffenheit oder den Vertragspartner (z.B. dessen Kontaktdaten, Vertrauenswürdigkeit, Rückfragemöglichkeiten) nicht erhält.[70] Diese durch die technische Struktur bedingten Defizite sollen durch §§ 312b ff. BGB ausgeglichen werden.[71]

1. Das Fernabsatzgeschäft

§§ 312b ff. BGB finden nur dann Anwendung, wenn es sich um ein Fernabsatzgeschäft han- **76** delt. Unter einem Fernabsatzgeschäft sind nach § 312b Abs. 1 BGB Verträge über die Lieferung von Waren oder die Erbringung von Dienstleistungen (einschließlich Finanzdienstleistungen) zu verstehen, die zwischen einem Unternehmer und einem Verbraucher unter ausschließlicher Verwendung von Fernkommunikationsmitteln abgeschlossen werden.

Fernkommunikationsmittel sind nach der Legaldefinition des § 312b Abs. 2 BGB Kommu- **77** nikationsmittel, die zur Anbahnung oder zum Abschluss eines Vertrages zwischen Verbraucher und Unternehmer ohne gleichzeitige körperliche Anwesenheit der Vertragsparteien eingesetzt werden können. Das Gesetz nennt als nicht abschließende Beispiele Briefe, Kataloge, Telefonanrufe, Telekopien, E-Mails sowie Rundfunk, Tele- und Mediendienste (§ 312b Abs. 2 BGB). Online-Verträge sind daher ohne weiteres von § 312b BGB erfasst.

---

70 Erwägungsgrund (11) der Fernabsatzrichtlinie ABlEG Nr. L 144 v. 4.11.1997 19 ff.
71 *Wendehorst* in MünchKomm BGB, vor §§ 312 Rn. 4.

78   Eine **ausschließliche Verwendung** von Fernkommunikationsmitteln setzt grds. eine Kommunikation unter Abwesenden voraus. Aber nicht jeder Vertragsschluss unter Abwesenden unterliegt den Regelungen der §§ 312b ff. BGB. Auch das Zustandekommen des Vertrages, insbesondere die Phase der Vertragsanbahnung, muss berücksichtigt werden.[72] Probleme ergeben sich hinsichtlich der Geltung der Vorschriften über das Fernabsatzrecht, wenn im Verlauf der Verhandlungen ein unmittelbarer Kontakt zwischen den Vertragsparteien stattgefunden hat, z.B. im Rahmen eines Geschäftstermins. Als zu weitgehend erscheint es nach zutreffender Ansicht, die Anwendung des Fernabsatzrechtes für jeden Fall auszuschließen, in dem zu irgendeinem Zeitpunkt ein persönlicher Kontakt stattgefunden hat.[73] Ob der Vertragsschluss unter ausschließlicher Verwendung von Fernkommunikationsmitteln stattgefunden hat oder nicht, richtet sich vielmehr danach, ob aus der Sicht des Verbrauchers die Möglichkeit bestand, im Rahmen des persönlichen Kontaktes von den wesentlichen Informationen Kenntnis nehmen zu können.[74] Weiter muss ein Vertragsschluss in zeitlicher Nähe zu dem Kontakt erfolgen.[75] Es muss daher anhand des jeweiligen Einzelfalls bestimmt werden, ob aufgrund des zuvor erfolgten persönlichen Kontaktes den typischen Gefahren des Fernabsatzgeschäftes entgegengewirkt wurde.

79   Die Vorschriften über das Fernabsatzgeschäft sind ferner nicht anzuwenden, wenn der Vertragsschluss nicht im Rahmen eines für den Fernabsatz **organisierten Vertriebs- und Dienstleistungssystem** erfolgt (§ 312b Abs. 1 BGB). Dadurch soll ausgeschlossen werden, dass ein Unternehmer zufällig den Vorschriften über Fernabsatzgeschäfte unterliegt, der nur ausnahmsweise ein Fernabsatzgeschäft durchführt, also keinen eigenen Vertriebskanal für den Fernabsatz eingerichtet hat. Ein Fernabsatzsystem besteht, wenn der Unternehmer in seinem Betrieb die personellen, sachlichen und organisatorischen Voraussetzungen geschaffen hat, die notwendig sind, um regelmäßig im Fernabsatz Geschäfte abzuwickeln.[76]

80   In § 312b Abs. 3 BGB werden außerdem **bestimmte Verträge von der Geltung der Vorschrift ausgenommen**. Dies sind:
– Fernunterrichtsverträge,
– Verträge über die Teilnutzung von Wohnungen,
– Verträge über Versicherungen und deren Vermittlung,
– Verträge über die Veräußerung von Grundstücken und grundstücksgleichen Rechten, der Begründung, Veräußerung und Aufhebung von dinglichen Rechten an Grundstücken und grundstücksgleichen Rechten sowie Verträge über die Errichtung von Bauwerken,
– Verträge über die Lieferung von Lebensmitteln, Getränken oder sonstigen Haushaltsgegenständen des täglichen Bedarfs, die am Wohnsitz, am Aufenthaltsort oder am Arbeitsplatz eines Verbrauchers im Rahmen häufiger und regelmäßiger Fahrten geliefert werden,
– Verträge über die Erbringung von Dienstleistungen in den Bereichen der Unterbringung, Beförderung, Lieferung von Speisen und Getränken sowie der Freizeitgestaltung, wenn sich der Unternehmer bei Vertragsschluss verpflichtet die Dienstleistungen zu einem bestimmten Zeitpunkt oder innerhalb eines genau angegebenen Zeitraums zu erbringen,
– Verträge, die unter Verwendung von Warenautomaten oder automatisierten Geschäftsräumen oder mit Betreibern von Telekommunikationsmitteln aufgrund der Benutzung von öffentlichen Fernsprechern geschlossen werden.

---

72 *Palandt/Grüneberg* § 312b BGB Rn. 8.
73 Vgl. *Wendehorst* in MünchKomm BGB, § 312b Rn. 54.
74 Vgl. *Wendehorst* in MünchKomm BGB, § 312b Rn. 47.
75 Vgl. *Wendehorst* in MünchKomm BGB, § 312b Rn. 47.
76 BT-Drucks. 14/2658, 30.

2. Informationspflichten

Das Fernabsatzrecht enthält für den Unternehmer **abgestufte Informationspflichten**, die teilweise mit den Informationen zum elektronischen Geschäftsverkehr identisch sind. Zum Schutz des Verbrauchers normiert das Fernabsatzrecht zwei Schutzinstrumente, die als solche bereits außerhalb des Fernabsatzes bekannt waren: das Widerrufs- und Rückgaberecht und die Informationspflichten.[77] Dem Verbraucher müssen im Rahmen der Vertragsanbahnung und bei bzw. nach Vertragsschluss bestimmte Informationen mitgeteilt werden. **81**

§ 312c Abs. 1 BGB verpflichtet den Unternehmer zur vorvertraglichen Informationserteilung, die dem Verbraucher eine zumutbare Kenntnisnahmemöglichkeit von bestimmten Informationen bereits vor Vertragsschluss zuteil werden lassen soll, so dass der Verbraucher eine Entscheidung über den Vertragsschluss auf Grund hinreichender Informationen zu treffen vermag.[78] Nach § 312c Abs. 1 S. 2 BGB bestehen besondere Informationspflichten für **Telefongespräche**. Der Unternehmer hat bei Gesprächen, die von ihm veranlasst wurden, seine Identität und den Gesprächszweck bereits zu Gesprächsbeginn ausdrücklich offen zu legen. **82**

Für alle vorvertraglichen Informationen gilt, dass sie **klar und verständlich** sein müssen, **rechtzeitig** vor Abgabe der Vertragserklärung des Verbrauchers abgegeben werden und mit Erteilung der in der BGB-InfoV genannten Informationen durch Angaben zum geschäftlichen Zweck enthalten. Verbraucherinformationen sind also so zu formulieren, dass der Unternehmer mit dem Verständnis eines Durchschnittsverbrauchers rechnen kann.[79] Der Verbraucher muss die Angaben auch als juristischer Laie ohne weiteres nachvollziehen können.[80] Juristische Fachbegriffe können also nur dann angewendet werden, wenn sie allgemein verständlich oder bekannt sind. Die Informationen müssen schließlich immer dem **Gebot der Klarheit und Verständlichkeit** entsprechen. **83**

Lediglich bei Finanzdienstleistungen ist mit der Textform eine **Formvorgabe** für die vorvertraglichen Informationen zu beachten. Im Übrigen muss die Information in einer dem Fernkommunikationsmittel entsprechenden Weise, also „mediengerecht", abgegeben werden.[81] Was im Einzelnen unter einer „dem Fernkommunikationsmittel entsprechenden Weise" zu verstehen ist, bestimmt sich nach den technischen Gegebenheiten.[82] Auf Webseiten werden die Informationen typischerweise über einen Hyperlink erreicht. Produktspezifische Informationen bedürfen aber einer Platzierung in Produktnähe.[83] Eine tatsächliche Kenntnisnahme der Informationen durch den Verbraucher ist nicht erforderlich, ausreichend ist die Möglichkeit zur Kenntnisnahme.[84] Eine solche Kenntnisnahme ist aber nur dann möglich, wenn dem Verbraucher die Informationen strukturiert und gut wahrnehmbar zur Verfügung gestellt werden. Anordnung und Gestaltung des Hinweises müssen gewährleisten, dass ein Übersehen durch einen durchschnittlichen Internetnutzer auch bei flüchtiger Kenntnisnahme ausgeschlossen ist.[85] Diesen Anforderungen werden solche Informationen nicht gerecht, die schwer zu erreichen sind, bspw. durch endloses Scrollen oder umständliche Verlinkungen. Hinweise dürfen auch nicht durch Pop-Up-Fenster oder sonstige Elemente verdeckt werden.[86] **84**

---

77 BT-Drucks. 14/2658, 37.
78 *Wendehorst* in MünchKomm BGB, § 312c Rn. 2.
79 BT-Drucks. 14/2658 S. 38.
80 *Härting* Internetrecht F Rn. 458.
81 *Hoenike/Hülsdunk* MMR 2002, 415.
82 Vgl. *Wendehorst* in MünchKomm BGB, § 312b Rn. 81.
83 *Härting* Internetrecht, F Rn. 446.
84 *Härting* Internetrecht F Rn. 447.
85 *Wendehorst* in MünchKomm BGB, § 312c Rn. 80.
86 *Härting* Internetrecht F Rn. 448.

85 **Die inhaltlichen Vorgaben der Informationspflichten** sind in § 1 Abs. 1 BGB-InfoV geregelt; § 1 Abs. 1 Nrn. 1 bis 12 BGB-InfoV enthält hierzu detaillierte Angaben. Zusammengefasst bedarf es Angaben über den geschäftlichen Zweck, die Identität des Unternehmers nebst (ladungsfähiger) Anschrift, Informationen über die Ware oder Dienstleistung sowie Informationen über den Vertragsschluss und die Vertragsmodalitäten. Hervorzuheben ist das Erfordernis einer Belehrung über ein Widerrufs- oder Rückgaberecht (§ 1 Abs. 1 Nr. 10 BGB-InfoV). Finanzdienstleistungen müssen zusätzlich die in § 1 Abs. 2 BGB-InfoV genannten Informationen enthalten.

86 Die **vertraglichen Informationen** nach § 312c Abs. 2 BGB sollen dem Verbraucher ermöglichen, sich über den Inhalt des Vertrags zu vergewissern und über den Gebrauch eines Widerrufs- oder Rückgaberechts entscheiden zu können. Weiter soll im Falle von Auseinandersetzungen eine Verfügbarkeit der Informationen gewährleistet werden.

87 Nach § 312c Abs. 2 i.V.m. § 1 Abs. 4 BGB-InfoV hat der Unternehmer dem Verbraucher die Vertragsbestimmungen einschließlich der AGB sowie die in § 1 Abs. 4 BGB-InfoV genannten Informationen in Textform mitzuteilen. Die **Textform** ist in § 126b BGB geregelt. Danach muss die Erklärung in einer Urkunde oder auf eine andere, zur dauerhaften Wiedergabe von Schriftzeichen geeigneter Weise, abgegeben werden. Die Textform wird aber unter der Voraussetzung der Lesbarkeit und Dauerhaftigkeit der Daten eingehalten werden können, wenn es sich um ein elektronisches Speichermedium handelt.[87] Als ausreichend ist die Speicherung auf Datenträgern anzusehen, z.B. der Festplatte, CD-Rom oder sonstigen Datenträgern.[88] Ein Ausdruck durch den Verbraucher dürfte nicht erforderlich sein.[89] Für die Textform reicht es auch aus, wenn die Möglichkeit zum Download besteht.[90] Nach anderer Auffassung reicht ein in das Internet eingestellter Text nur, wenn es tatsächlich zu einem Download[91] oder zum Ausdruck, mithin einer Perpetuierung kommt.[92]

88 § 1 Abs. 4 S. 3 BGB-InfoV lässt sich entnehmen, dass die Pflichtangaben auch Teil längerer Vertragsbedingungen sein dürfen. Nach § 1 Abs. 4 S. 3 BGB-InfoV sind bestimmte Informationen zwingend drucktechnisch hervorzuheben. Dies sind die ladungsfähige Anschrift des Unternehmers, die Informationen im Zusammenhang mit dem Widerrufs- oder Rückgaberecht, die vertraglichen Kündigungsbedingungen einschließlich Vertragsstrafen sowie Informationen über den Kundendienst und Garantie- und Gewährleistungsbedingungen.

89 Hinsichtlich des Zeitpunktes zur Erteilung der Informationen findet eine Differenzierung statt: Bei Finanzdienstleistungen müssen diese Informationen rechtzeitig vor Abgabe der Vertragserklärung des Verbrauchers, bei sonstigen Dienstleitungen oder Waren alsbald, spätestens bis zur vollständigen Erfüllung des Vertrages bzw. bei Waren bis zur Lieferung an den Verbraucher erteilt werden. Den Anforderungen von § 312c Abs. 2 BGB wird grds. auch bei einer Übermittlung kurz vor Vertragsschluss Rechnung getragen werden können.[93]

90 Der **Inhalt der Pflichtangaben** ist für die vertraglichen Informationen in § 1 Abs. 4 BGB-InfoV geregelt. Danach müssen die in § 1 Abs. 1 BGB-InfoV genannten Informationen (erneut) erteilt werden, bei Finanzdienstleitungen sind zudem die Vorgaben des § 1 Abs. 2 BGB-InfoV einzuhalten. Bei Warenlieferungen und Dienstleistungen müssen dem Verbraucher dar-

---

87 *Einsele* in MünchKomm BGB, § 126b Rn. 4.
88 *Einsele* in MünchKomm BGB § 126b Rn. 4.
89 *Einsele* in MünchKomm BGB § 126b Rn. 4.
90 *Einsele* in MünchKomm BGB § 126b Rn. 9.
91 *Palandt/Grüneberg* § 312c BGB Rn. 3; BT-Drucks. 14/2658, 40.
92 Vgl. *KG* NJW 2006, 3215; *OLG Hamburg* MMR 2006, 675.
93 Vgl. *Wendehorst* in MünchKomm BGB, § 312c Rn. 98.

Gennen

über hinaus die in § 1 Abs. 2 Nr. 3 BGB-InfoV genannten Informationen zu Kündigungsbedingungen und etwaigen Vertragsstrafen erteilt werden, soweit ein Dauerschuldverhältnis vorliegt, welches für die Dauer von mindestens einem Jahr oder auf unbestimmte Zeit abgeschlossen wurde (§ 1 Abs. 4 Nr. 3 a BGB-InfoV). Hinzu kommen Informationen über den Kundendienst und geltende Gewährleistungs- und vertragliche[94] Garantiebedingungen (§ 1 Abs. 4 Nr. 3 b BGB-InfoV).

In der Praxis besteht das Bedürfnis, die Informationen nach Abs. 1 und Abs. 2 in Textform gemeinsam zu erteilen.[95] Begründet werden kann die Möglichkeit der gemeinsamen Erteilung wiederum mit dem Verbraucherschutz. Dem Verbraucher soll nicht zugemutet werden, sich mit einer Fülle von Informationen auseinandersetzen zu müssen, sondern er soll alle notwendigen Informationen in übersichtlicher Form zur Kenntnis nehmen können.   **91**

Eine Mitteilung ist für die in § 312c Abs. 2 S. 2 BGB enthaltenen Informationen ist ausnahmsweise entbehrlich, wenn eine Dienstleistung unmittelbar durch den Einsatz von Fernkommunikationsmitteln erbracht wird, diese Leistung in einem Stück erfolgt und über den Betreiber des Fernkommunikationsmittels abgerechnet wird (§ 312cAbs. 2 S. 2 BGB). Darunter soll z.B. der Online-Informationshandel fallen, während der Download von Musik, Videos oder Textbeiträgen eine Warenlieferung darstelle.[96]   **92**

Verstöße im Zusammenhang mit der Einhaltung der Informationspflichten können ggf. Ansprüche nach dem UklaG oder den §§ 3, 4 UWG auslösen. Für den konkreten Vertrag kann eine fehlende oder unzureichende Information zur Folge haben, dass der Unternehmer von unzutreffenden Informationen keinen Abstand nehmen kann. Bei der Verletzung der Informationspflichten nach § 312c Abs. 1 BGB kann der Unternehmer gegenüber dem Verbraucher gem. §§ 280 Abs. 1, 241 Abs. 2, 311 Abs. 2 BGB, ggf. sogar aus § 823 Abs. 2 i.V.m. 312c Abs. 1 BGB schadensersatzpflichtig sein. Aufgrund der Möglichkeit zur Ausübung eines Widerrufs- oder Rücktrittsrechtes wird ein Schaden in der Regel aber nicht vorliegen. Die wichtigste Rechtsfolge ist jedoch, dass mangels ordnungsgemäßer Information die Frist zur Geltendmachung des Widerrufs- und Rückgaberechts nicht zu laufen beginnt.   **93**

3. Widerrufs- und Rückgaberecht

Wichtigstes Schutzinstrument des Verbraucherschutzes ist das **Widerrufs- und Rückgaberecht** (§§ 312d, 355 ff. BGB). Dieses ermöglicht dem Verbraucher, die Ware in Augenschein zu nehmen, zu prüfen und sodann ohne das Erfordernis des Vorliegens eines bestimmten Grundes wieder zurückgeben zu können.   **94**

Nach § 355 Abs. 1 BGB kann der Verbraucher seine auf den Vertragsschluss gerichtete Willenserklärung fristgerecht widerrufen und ist dann an seine Erklärung nicht mehr gebunden. Der Widerruf bedarf keiner Begründung und ist in Textform oder durch Rücksendung der Sache innerhalb von zwei Wochen gegenüber dem Unternehmer zu erklären.   **95**

Der Fristbeginn findet im Gesetz eine abgestufte Regelung: **96**

– Nach § 355 Abs. 2 BGB **beginnt die Widerrufsfrist** grds. erst nach einer **ordnungsgemäßen Widerrufsbelehrung** zu laufen.

---

94 Vgl. *BGH* Pressemitteilung Nr. 140/2007.
95 Dafür *Grigoleit* NJW 2002, 1151.
96 *Härting* Internetrecht, F Rn. 508.

– Bei einem schriftlichen Vertragsschluss beginnt die Frist nicht zu laufen, bevor dem Verbraucher eine Vertragsurkunde, der schriftliche Antrag des Verbrauchers oder Abschriften zur Verfügung gestellt wurden, § 355 Abs. 2 S. 3 BGB.

– Die Widerrufsfrist beginnt jedoch in Abweichung zu § 355 Abs. 2 S. 1 BGB nach § 312d Abs. 2 BGB erst dann, wenn auch die in § 312c Abs. 2 BGB genannten Informationspflichten eingehalten wurden. Bei der Lieferung von Waren beginnt die Frist zudem erst nach deren Eingang beim Empfänger, bei Dienstleistungen nach dem Vertragsschluss.

97 Die **Widerrufsfrist** beträgt grds. zwei Wochen (§ 355 Abs. 1 S. 2 BGB); hiervon wird aber in unterschiedlichen Fallkonstellationen abgewichen. Nach § 355 Abs.2 S. 2 BGB beträgt die Widerrufsfrist einen Monat, wenn die Belehrung erst nach Vertragsschluss mitgeteilt wurde. Eine weitere Frist ist in § 355 Abs. 3 S. 1 BGB vorgesehen: Danach erlischt das Widerrufsrecht spätestens sechs Monate nach Vertragsschluss in den Fällen einer fehlerhaften oder unterlassenen Information nach § 312c Abs. 2 BGB (vgl. auch § 312e Abs. 3 S. 2 BGB). Das Widerrufsrecht erlischt jedoch nicht, wenn der Verbraucher nicht ordnungsgemäß über sein Widerrufsrecht belehrt wurde (§ 355 Abs. 3 S. 2 BGB).

98 Weitere **Erlöschensgründe** enthält § 312d Abs. 3 BGB. Nr. 1 regelt das Erlöschen für Finanzdienstleistungen. Nr. 2 enthält den wichtigen Fall, dass bei Dienstleistungen das Widerrufsrecht erlischt, wenn der Unternehmer mit der Ausführung der Dienstleistung mit ausdrücklicher Zustimmung des Verbrauchers vor Ende der Widerrufsfrist begonnen oder der Verbraucher diese selbst veranlasst hat. Diese Regelung erfasst Fälle einer Erfüllung bei Vertragsschluss und der gegenseitigen Zustimmung. Dies betrifft insbesondere Online-Dienstleistungen, bei denen der Verbraucher die Dienstleistung herunterlädt.

99 **Kein Widerrufsrecht** besteht in den in § 312d Abs. 4 Nr. 1 – 6 BGB genannten Fällen. Nr. 1 betrifft bspw. Fälle, in denen eine Ware an die individuellen Bedürfnisse des Kunden angepasst wurde. Nach Nr. 2 besteht kein Widerrufsrecht in den Fällen der Lieferung von Audio-, Videoaufzeichnungen oder Software, wenn die Versiegelung durch den Verbraucher gelöst wurde.

100 Eine **Musterbelehrung** über das Widerrufsrecht enthält § 14 BGB-InfoV, wobei aber erhebliche Rechtsunsicherheit hinsichtlich deren Wirksamkeit besteht. Das LG Halle hält eine ältere (aber kaum veränderte) Fassung der Widerrufsbelehrung für rechtswidrig und mangels hinreichender Verordnungsermächtigung für nichtig.[97] Teilweise wird vertreten, nach Neufassung und Verkündung des Musters im Fernabsatzänderungsgesetz habe das Muster in der derzeitigen Fassung Gesetzesrang erreicht und sei daher gültig.[98] Dies wird aber unter Hinweis auf die Rechtsnatur als Rechtsverordnung verneint, wobei jedoch keine vollständige Unwirksamkeit des Musters vorliegen soll.[99] Für Unternehmer ist diese Lage misslich, da eigenständig formulierte Belehrungen Fehler enthalten können und nun auch unklar ist, wie ein Gericht die Wirksamkeit der Musterbelehrung beurteilen würde. Daher wird vorgeschlagen, bis zu einer endgültigen Neuformulierung des Musters die Widerrufsbelehrung mit den gesetzlichen Anforderungen in Einklang zu bringen.[100] Die Musterbelehrung soll in naher Zukunft durch das BMJ überarbeitet werden. Außerdem ist bei der Formulierung der Widerrufsbelehrung zu beachten, dass der Verbraucher nicht nur über seine Pflichten, sondern auch über seine wesentlichen Rechte informiert werden muss. Andernfalls entspricht die Widerrufsbelehrung nicht den gesetzlichen Anforderungen.[101]

---

97 *LG Halle* MMR 2006, 772.
98 *LG Münster* MMR 2006, 762.
99 *Föhlisch* MMR 2007, 139.
100 *Bierekoven* ITRB 2007, 73; einen Formulierungsvorschlag enthält *Buchmann* MMR 2007, 347.
101 *BGH* NJW 2007, 1946.

Im Zusammenhang mit der Musterwiderrufsbelehrung ist auch eine weitere Schwierigkeit bedeutsam. Wird die Widerrufsbelehrung lediglich in den Internetauftritt eines Anbieters integriert, so mangelt es möglicherweise an einer Belehrung in Textform (vgl. dazu Rn. 87). Findet eine Übersendung der Belehrung dann erst nach Vertragsschluss in Textform statt, so muss einer Entscheidung des KG Berlin zufolge der Anbieter auf eine Widerrufsfrist von einem Monat, deren Frist frühestens mit Erhalt der deutlich gestalteten Widerrufsbelehrung in Textform beginnt, hinweisen.[102] Das Muster der BGB-InfoV gelte nur für Belehrungen in Textform und sei daher ungeeignet, wenn Informationen über das Widerrufsrecht vor Vertragsschluss nicht in Textform, sondern in einem Internetauftritt zur Verfügung gestellt werden. Auch die Anwendbarkeit des § 355 Abs. 2 S. 2 BGB ist in diesen Fallkonstellationen streitig. Nach dieser Vorschrift beträgt die Widerrufsfrist einen Monat, wenn die Belehrung erst nach Vertragsschluss erteilt wird. Teilweise wird eine teleologische Reduktion der Vorschrift auf solche Fälle vorgenommen, bei denen die Widerrufsbelehrung nicht *alsbald* nach Vertragsschluss erfolgt.[103] Andererseits stellt sich die Frage, ob ein Bedürfnis zu einer Änderung oder Anpassung der Vorschrift besteht, da dadurch neue Auslegungsprobleme vorprogrammiert sein können.

101

Internetauktionen haben zu einer das Widerrufsrecht betreffenden speziellen Rechtsprechung geführt. Vielfach möchten die Personen, die bei einer Internetauktion Waren ersteigern, von einem Widerrufsrecht Gebrauch machen, etwa weil die Ware nicht gefällt oder, z.B. bei Kleidungsstücken, nicht passt. Das Entstehen des Widerrufsrechts setzt voraus, dass es sich um einen Fernabsatzvertrag gem. § 312b BGB handelt, der die Beteiligung eines Unternehmers und eines Verbrauchers voraussetzt. Unternehmer ist nach § 14 BGB eine natürliche oder juristische Person oder rechtsfähige Personengesellschaft, die in Ausübung ihrer gewerblichen oder selbstständigen beruflichen Tätigkeit handelt. Eine gewerbliche Tätigkeit setzt ein selbstständiges, planmäßiges, auf gewisse Dauer angelegtes Anbieten entgeltlicher Leistungen am Markt voraus.[104] Insbesondere bei Internetauktionen ist die Abgrenzung schwierig, ob es sich um einen Unternehmer, der die Pflichten der §§ 312b ff. BGB erfüllen muss, oder einen Verbraucher handelt. Außerdem ist auch im Marken- und Wettbewerbsrecht die Eigenschaft als Unternehmer maßgebend, z.B. § 14 MarkenG, §§ 2, 3 UWG. Viele Anbieter betreiben Versteigerungen neben ihrem Beruf, gleichsam als „Hobby", in einem derart erheblichen Umfang, dass sich die Frage stellt, unter welchen Voraussetzungen solche Einlieferer bzw. Einlieferer im Allgemeinen als Unternehmer anzusehen sind. Dies gilt insbesondere, wenn sie sich als sog. „PowerSeller" ausweisen, was gemeinhin mit der Anzahl der getätigten Transaktionen belegt wird und aus Sicht des Verbrauchers auch eine Art Zuverlässigkeitsbeweis ist. Überwiegend gehen die Gerichte davon aus, dass eine Verkaufstätigkeit über eBay bzw. ähnliche Plattformen als gewerblich einzustufen ist, wenn der Anbieter als PowerSeller bzw. mit einer vergleichbaren Einstufung registriert ist.[105] Dies hat nach teils vertretener Auffassung eine Beweislastumkehr dahingehend zur Folge, dass ein als PowerSeller registrierter Anbieter im Streitfall beweisen muss, dass er kein Unternehmer gem. § 14 BGB ist.[106] Die Registrierung als PowerSeller ist aber keine notwendige Voraussetzung für die Unternehmereigenschaft.[107] In der Literatur wird dies teils anders beurteilt: So wird vorgeschlagen, anstelle der Beweislastumkehr (nur) von ei-

102

---

102 *KG Berlin* ITRB 2007, 104 mit Anm. *Günther.*
103 Vgl. *Bonke/Gellmann* NJW 2006, 3169 m.w.N.
104 *BGH* NJW 2006, 2250 m.w.N.
105 *OLG Frankfurt* MMR 2007, 378; GRUR 2004, 1042; GRUR-RR 2005, 319; NJW 2005, 1438; *AG Bad Kissingen* NJW 2005, 2463; *LG Mainz* MMR 2006, 51.
106 *OLG Koblenz* NJW 2006, 1438.
107 *OLG Frankfurt* MMR 2007, 378.

nem Anscheinsbeweis auszugehen, da dies sachgerechter sei.[108] Nach anderer Auffassung sollen dem insoweit beweisbelasteten Verkäufer diese Beweiserleichterungen mangels dogmatischer Begründbarkeit und fehlendem praktischen Bedürfnis nicht zugute kommen, sondern dem Verkäufer soll eine sekundäre Beweislast auferlegt werden.[109]

103   **Rechtsfolge** des Widerrufs ist die Rückabwicklung des Vertrages. Erklärt der Verbraucher ordnungsgemäß den Widerruf, d.h. fristgerecht und durch Textform oder Rücksendung der Ware, so ist er an seine Willenserklärung nicht mehr gebunden. Die Rechtsfolgen des Widerrufs sind in §§ 357, 346 ff. BGB geregelt. Der Vertrag wird in ein Rückgewährschuldverhältnis umgewandelt, mit der Folge, dass die gegenseitig gewährten Leistungen Zug um Zug zurückzugewähren sind. Die Kosten und Gefahr der Rücksendung trägt nach § 357 Abs. 2 BGB grds. der Unternehmer. Die Kosten dürfen nach Satz 2 aber bei einer Sache mit einem Preis von bis zu 40,00 € dem Verbraucher auferlegt werden. Bei einem höheren Preis ist dies nur möglich, wenn der Verbraucher seine Gegenleistung oder eine Teilzahlung zum Zeitpunkt des Widerrufes nicht erbracht hat.

104   Der Verbraucher muss auch bei bestimmungsgemäßer Ingebrauchnahme für eine Verschlechterung der Sache **Wertersatz** leisten. Voraussetzung dafür ist aber, dass der Verbraucher spätestens bei Vertragsschluss auf diese Rechtsfolge und eine Möglichkeit, diese zu vermeiden, hingewiesen wurde. Diese Regelung gilt aber nicht, wenn die Verschlechterung ausschließlich auf die Prüfung der Sache zurückzuführen ist.

105   Nach § 312d Abs. 1 S. 2 BGB kann dem Verbraucher bei Verträgen über Warenlieferungen alternativ auch ein **Rückgaberecht** nach § 356 BGB eingeräumt werden. Das Rückgaberecht ist für den Unternehmer vorteilhaft, da die Ausübung des Rückgaberechts von der Rückgabe der Sache abhängt und mithin eine Rückgabe der Sache sichergestellt ist. § 356 Abs. 1 S. 1 BGB setzt voraus, dass der Vertragsschluss aufgrund eines Verkaufsprospektes erfolgt. Verkaufsprospekte sind primär Printwerke[110], dazu zählen aber auch **sonstige dauerhafte Datenträger**.[111]

VII. Einbeziehung allgemeiner Geschäftsbedingungen

106   Im Bereich B2C handelt es sich in aller Regel um Massengeschäfte, bei deren Abwicklung zwecks Vereinfachung und Standardisierung **Allgemeine Geschäftsbedingungen** verwendet werden, z.B., wenn der Unternehmer auf seiner Webseite Produkte unter gleichzeitiger Angabe (feststehender) rechtlicher Rahmenbedingungen anbietet.

107   Gerade in Bezug auf einen Geschäftsschluss über das Internet stellt sich die Frage, wie AGB wirksam in den Vertrag einbezogen werden können. Gesetzliche Vorgaben für Verbraucherverträge enthält § 305 Abs. 2 BGB, wonach ein ausdrücklicher Hinweis auf die AGB, die Verschaffung einer Möglichkeit, in zumutbarer Weise von den AGB Kenntnis zu erlangen sowie des Einverständnisses des Vertragspartners mit der Geltung der AGB erforderlich sind.

108   Diese Grundsätze gelten auch bei einem Vertragsschluss über das Internet mit der Folge, dass die Webseite des Vertragspartners einen ausdrücklichen Hinweis auf die AGB enthalten muss. Ein Hinweis ist dann „ausdrücklich", wenn er durch einen durchschnittlichen Internetnutzer selbst bei einem kurzen Blick und üblicher Aufmerksamkeit nicht übersehen kann.[112] Der Hin-

---

108 *Peter* ITRB 2007, 18.
109 *Rohlfing* MMR 2006, 271.
110 *Masuch* in MünchKomm BGB, § 356 Rn. 9.
111 Begr. RegE FernAbsG, BT-Drucks. 14/2658, 48.
112 Vgl. *Horn* MMR 2002, 209.

weis muss also deutlich und gut sichtbar sein. Als ausreichend wird regelmäßig ein Hinweis auf die AGB mittels eines Hyperlinks angesehen;[113] Voraussetzung ist dann aber die räumliche und zeitliche Nähe des Hinweises zu dem Produkt sowie die Darstellung des Hinweises derart, dass er leicht wahrgenommen werden kann, z.B. durch übersichtliche Gestaltung der Webseite oder der Wahl einer angemessenen Schriftgröße. Regelmäßig ist eine Einbeziehung von AGB durch sog. Click-Wrap-Agreements möglich.[114] Bei diesen kann der Kunde die AGB elektronisch einsehen und erklärt durch das Anklicken eines entsprechenden Kontrollkästchens sein Einverständnis mit den AGB vor dem elektronischen Auslösen der Bestellung.

Bei E-Mail besteht die Kenntnisnahmemöglichkeit, wenn die AGB als E-Mail-Text oder als **109** Anhang übermittelt werden (sofern im Streitfall der Verwender den Zugang der E-Mail beweisen kann). Bei Verträgen, die in einem Online-Shop geschlossen werden, können die AGB mittels eines Hyperlink zur Kenntnis genommen werden. Selbst bei umfangreichen AGB wird es regelmäßig zulässig sein, diese auf der Website abzubilden. Die frühere Rechtsprechung zum Btx (Bildschirmtext), wonach nur kurze übersichtliche AGB auf dem Bildschirm dargestellt werden konnten, kann aufgrund der technischen Möglichkeiten des Internet jedenfalls nicht ohne weiteres übernommen werden.[115]

VIII. Internationales Vertragsrecht

Durch die weltweite Vernetzung via Internet werden Vertragsabschlüsse mit **grenzüberschrei-** **110** **tendem Charakter** gang und gäbe und sind zudem vereinfacht möglich, denn der private Internetnutzer hat von seinem PC aus unmittelbar Zugriff auf Webseiten ausländischer Anbieter. Dann stellt sich die Frage, nach welchem materiellen Recht der Sachverhalt zu beurteilen ist und welches Gericht bei Streitigkeiten zuständig ist.[116]

1. Anwendbares Recht

Nach Art. 3 Abs. 1 S. 1 EGBGB bestimmen Art. 3-46 EGBGB, welche Rechtsordnung anzu- **111** wenden ist (Internationales Privatrecht). Grds. soll diejenige Rechtsordnung Anwendung finden, zu der der Sachverhalt die engsten Verbindungen aufweist.[117]

Auf europäischer Ebene sind die **Kollisionsrechte** aufeinander abgestimmt durch das EG- **112** Übereinkommen über das auf vertragliche Schuldverhältnisse anwendbare Recht (EVÜ). In Deutschland wurde dieses Übereinkommen in den Art. 27 ff. EGBGB umgesetzt.

Zu beachten gilt, dass nach Art. 3 Abs. 2 EGBGB Regelungen in völkerrechtlichen Vereinba- **113** rungen vorgehen, soweit sie unmittelbar anwendbares innerstaatliches Recht geworden sind. Als eine solche Vereinbarung kommt insbesondere das Wiener UN-Übereinkommen über Verträge über den internationalen Warenkauf vom 11.4.1980 (CISG) in Betracht. In den AGB gewerblicher Anbieter wird oft die Anwendung des UN-Kaufrechts ausdrücklich abbedungen, nicht zwingend auf Grund von diesem etwa inne wohnenden Nachteilen, sondern weil es weitgehend unbekannt ist und durch die Abbedingung Vorsorge gegen das Eingreifen einer eher unbekannten Rechtsordnung getroffen werden soll.

---

113 *BGH* NJW 2006, 2976; *Palandt/Heinrichs* § 305 Rn. 38; *Horn* MMR 2002, 209.
114 Vgl. *LG Essen* MMR 2004, 49.
115 *Hoenike/Hülsdunk* MMR 2002, 516; *Holzbach/Süßenberger* in Moritz/Dreier, E-Commerce, C Rn. 286, 293.
116 Zu dem im TMG verankerten Herkunftslandprinzip und dessen Anwendungsbereich vgl. 6. Abschn.
117 *Horn* MMR 2002, 209 m.w.N.

114 Für vertragliche Schuldverhältnisse bestimmt sich das anzuwendende Rechts nach Art. 27 ff. EGBGB. Die zwischen den Parteien getroffene Vereinbarung über das geltende Recht ist ausschlaggebend. Den Parteien steht es grds. frei, eine **Rechtswahl** hinsichtlich des auf das vertragliche Schuldverhältnis anzuwendende Recht zu treffen (Art. 27 Abs. 1 S. 1 EGBGB). Rechtswahlvereinbarungen können als **AGB oder individualvertraglich** geschlossen werden.

115 Fehlt eine ausdrückliche Vereinbarung, kann sich nach Art. 27 Abs. 1 S. 2 EGBGB eine Rechtswahl auch stillschweigend oder **aus den** Bestimmungen des Vertrags ergeben. Der Parteiwille kann sich aus den Umständen des Einzelfalls oder aus den Bestimmungen des Vertrages ergeben. Zu berücksichtigen ist insbesondere der Vertragsinhalt, die Umstände seines Abschlusses sowie das Parteiverhalten.[118] Hinweise auf einen bestimmten Parteiwillen können Gerichtsstands- oder Schiedsklauseln (Wahl des materiellen Rechts, das in dem Land gilt, in dem der Wahlgerichtsstand oder der Sitz des Schiedsgerichts liegt), die ausdrückliche Nennung gesetzlicher Vorschriften im Vertragstext (die nahe legen, dass neben den genannten Vorschriften auch die übrige Rechtsordnung, aus der die genannten Vorschriften stammen, greifen soll) oder eine zwischen den Parteien bestehende Praxis sein.

116 Die **Form** von Rechtswahlvereinbarungen bemisst sich nach Art. 27 Abs. 4, Art. 11 EGBGB. Nach Art. 27 Abs. 4, 11 EGBGB entscheidet über die Wirksamkeit der Vereinbarung das gewählte Recht. Für die Einbeziehung von AGB ist das Recht des Staates anwendbar, welches sich der Rechtswahl entnehmen lässt. Nach Art. 29 Abs. 3 EGBGB gilt Art. 11 Abs. 1 bis 3 EGBGB bei Verbraucherverträgen nicht. Die Form der Verträge mit einem Verbraucher unterliegt also zum Schutz des Verbrauchers dem Recht des Staates, in dem der Verbraucher seinen gewöhnlichen Aufenthalt hat.

117 Einer Rechtswahlvereinbarung sind aber bestimmte **Grenzen** gesetzt. Nach Art. 27 Abs. 3 EGBGB ist die Rechtswahl eingeschränkt bei Fällen, die nur dem Recht eines Staates unterliegen. Zwingende Bestimmungen einer anderen Rechtsordnung gelten weiterhin, diese sollen nicht durch eine Rechtswahl umgangen werden können. Art. 27 Abs. 3 EGBGB findet auch dann Anwendung, wenn die Kommunikation über Server erfolgt, die sich in Drittstaaten befinden und sich die Verbindung zu dem Drittstaat auf eine Datendurchleitung beschränkt.[119]

118 **Rechtwahlvereinbarungen** sind auch in **Verbraucherverträgen** zulässig, soweit die Grenzen des Art. 29 EGBGB beachtet werden. Nach Art 29 Abs. 1 EGBGB darf bei Verträgen über die Lieferung beweglicher Sachen oder die Erbringung von Dienstleistungen zu einem Zweck, der nicht der beruflichen oder gewerblichen Tätigkeit des Berechtigten (Verbrauchers) zugerechnet werden kann, eine Rechtswahl nicht dazu führen, dass von zwingenden Bestimmungen des Staates abgewichen wird, in dem der Verbraucher seinen gewöhnlichen Aufenthalt hat. Dies gilt aber nur bei Vorliegen der zusätzlichen Voraussetzungen hinsichtlich des Zustandekommens des Vertrages der Nrn. 1 bis 3. Von Bedeutung ist bei Vertragsschlüssen über das Internet vor allem Art. 29 Abs. 1 Nr. 1 EGBGB. Dort wird vorausgesetzt, dass dem Vertragsabschluss ein ausdrückliches Angebot oder eine Werbung in dem Staat des Verbrauchers vorangegangen ist und der Verbraucher dort die zum Vertragsschluss führende Rechtshandlung vorgenommen hat. Diese Voraussetzungen können bei Verträgen, die über das Internet abgeschlossen werden, erfüllt sein. Streitig ist in diesem Zusammenhang, ob als „Werbung" bereits jede abrufbare Webseite gilt.[120] Überwiegend wird es nicht als ausreichend angesehen, wenn lediglich Waren oder Dienstleistungen im Internet angeboten werden, der Anbieter muss

---

118 *Martiny* in MünchKomm BGB, Art. 27 EGBGB Rn. 45.
119 *Härting* Internetrecht, A Rn. 22.
120 So eine weitere Auffassung, *Waldenberger* BB 1996, 2365.

vielmehr gezielt auch die ausländische Kundschaft ansprechen.[121] Der Verbraucher kann sich dann auf zwingende Bestimmungen des Rechts seines Staates berufen, hier z.B. auf die §§ 312b ff. BGB.

Nach Art. 29 Abs. 1 Nr. 2 EGBGB wird vorausgesetzt, dass der Vertragspartner des Verbrauchers die Bestellung in dem Staat des gewöhnlichen Aufenthaltsortes des Verbrauchers entgegengenommen hat. Umstritten ist, ob die Bestellung unter Nutzung von Telekommunikationsmitteln bereits ausreichend ist, um die Voraussetzungen zu erfüllen. Teilweise wird dies mangels einer persönlichen Anwesenheit verneint.[122] Der Vertragsschluss im Internet fällt nach dieser Ansicht nicht unter Art. 29 Abs.1 Nr. 2 EGBGB. Nach einer anderen Auffassung ist maßgebend, ob der Kunde auf den Schutz wie bei einem im Inland abgeschlossenen Geschäft vertrauen durfte, was im Rahmen einer Einzelfallbetrachtung zu bestimmen ist .[123]   **119**

Im Verbraucherverkehr muss auch Art. 29 Abs. 4 Nr. 2 EGBGB Berücksichtigung finden, wonach Art. 29 EGBGB bei Dienstleitungen nicht gilt, die ausschließlich in einem anderen Staat als dem Staat des gewöhnlichen Aufenthaltsortes des Verbrauchers erbracht werden. Bei Download-Leistungen könnte Art. 29 Abs. 4 Nr. 2 EGBGB nach dem Wortlaut zur Anwendung kommen. Die Anwendbarkeit wird jedoch überwiegend mit dem Argument vereint, dass beim Download „als ein wesentlicher Akt die Downloadhandlung des Verbrauchers" zu werten sei.[124] Da diese am privaten PC im Staat des Verbrauchers erfolgt, wird die Dienstleistung nicht ausschließlich in einem anderen Staat erbracht.   **120**

Grenzen gesetzt sind Rechtswahlklauseln auch durch Art. 29a EGBGB. Gegenüber Verbrauchern aus dem Europäischen Wirtschaftsraum bleiben die nationalen Bestimmungen, die der Umsetzung europäischer Verbraucherschutzrichtlinien dienen, anwendbar, wenn der Vertrag einen engen Zusammenhang mit dem Gebiet eines EWIR-Staates aufweist. Die Vorschriften der §§ 305 ff., 312b ff., 481 ff., und 474 ff. BGB müssen nach wie vor berücksichtigt werden. Schließlich regelt Art 34 EGBGB generalklauselartig die Geltung zwingender Eingriffsnormen des nationalen Rechts, worunter auch die Verbraucherschutzvorschriften fallen sollen.[125]   **121**

Mangels ausdrücklicher oder konkludenter Rechtswahl ist das anwendbare Recht nach Art. 28 EGBGB festzulegen. Nach Art. 28 Abs. 1 EGBGB unterliegt ein Vertrag mangels Rechtswahl dem Recht des Staates, mit dem er die engsten Verbindungen aufweist. Art 28 Abs. 2 EGBGB normiert eine Vermutungsregel dahingehend, dass der Vertrag die engsten Verbindungen mit dem Staat aufweist, in dem die Partei, welche die **charakteristische** Leistung zu erbringen hat, ihren Sitz, ihren gewöhnlichen Aufenthalt bzw. ihre Hauptverwaltung hat. Anknüpfungspunkt ist damit die „charakteristische" Leistungspflicht der Partei. Problematisiert wird dies beim Online-Erwerb von Software, Musik und ähnlichen Gütern, da teilweise die Auffassung vertreten wird, durch den Download und die Registrierung liege die Leistung schwerpunktmäßig beim Rechner des Kunden. Nach einer anderen Auffassung muss jedoch auf die Stelle abgestellt werden, von der die Leistung erbracht wird.[126] Danach ist die Nieder-   **122**

---

121 Vgl. *Palandt/Heldrich* Art. 29 EGBGB Rn. 6; *Härting* Internetrecht, A Rn. 26; *Horn* MMR 2002, 209.
122 Vgl. *Palandt/Heldrich* Art. 29 EGBGB Rn. 6; *Horn* MMR 2002, 209.
123 *Martiny* in MünchKomm BGB, Art. 29 EGBGB Rn. 40.
124 *Terlau* in Moritz/Dreier, E-Commerce, C Rn. 255¸ Vgl. *Martiny* in MünchKomm BGB, Art. 29 EGBGB Rn. 28.
125 *Wendehorst* in MünchKomm BGB, vor § 312b Rn. 38.
126 *Terlau* in Moritz/Dreier, E-Commerce, C Rn. 46.

lassung des jeweiligen Anbieters für das anzuwendende Recht maßgebend. Nach Art. 29 Abs. 2 EGBGB unterliegen Verbraucherverträge i.S.d. Abs. 1 mangels einer Rechtswahl dem Recht des Staates, in dem der Verbraucher seinen gewöhnlichen Aufenthalt hat.

2. Gerichtliche Zuständigkeiten

123   Neben der Frage des anwendbaren Rechts ist bei grenzüberschreitenden Sachverhalten auch die Zuständigkeit der deutschen Gerichte zu prüfen. Welches Gericht zuständig ist, bestimmt sich nach dem **Internationalen Zivilprozessrecht**, welches in der EU-Verordnung über die gerichtliche Zuständigkeit und die Anerkennung und Vollstreckung von Entscheidungen in Zivil- und Handelssachen (EuGVVO)[127] geregelt ist. Es handelt sich dabei um unmittelbar geltendes europäisches Zivilprozessrecht, welches das EuGVÜ im Jahr 2002 weitgehend abgelöst hat (dies gilt nicht für Dänemark). Für Fälle, die nicht durch die EuGVVO erfasst sind, gilt das nationale Internationale Zivilprozessrecht. Zuständigkeiten können sich auch aus dem Lugano-Abkommen ergeben. Dieses besteht zwischen den EU-Mitgliedsstaaten und den Mitgliedern der Europäischen Freihandelszone.

124   Grds. wird die internationale Zuständigkeit der Gerichte durch die Anknüpfung an bestimmte Punkte, z.B. die Niederlassung, den Erfüllungsort oder den Ort der unerlaubten Handlung bestimmt. Im Bereich des Internet sind unterschiedliche Anknüpfungspunkte und demzufolge zahlreiche internationale Zuständigkeiten denkbar, z.B. die Niederlassung oder der Serverstandort.[128]

125   Die EuGVVO regelt die gesetzliche Zuständigkeit in Zivil- und Handelssachen bei Gerichtsverfahren, in denen ein EU-Bürger (mit Ausnahme von Dänemark) beteiligt ist. Nach Art. 2 Abs. 1 EuGVVO sind Personen, die ihren Wohnsitz in einem der Mitgliedsstaaten haben, grds. vor den Gerichten dieses Mitgliedsstaates zu verklagen.

126   Der Gerichtsstand kann durch eine **Gerichtsstandsklausel** bestimmt werden. Diese muss den Anforderungen der Art. 15 – 17, 23 EuGVVO, § 38 ZPO genügen. Bei Verbrauchern ist eine Gerichtsstandsvereinbarung nach § 38 Abs. 3 ZPO nur zulässig, wenn sie **nach** dem Entstehen einer Streitigkeit ausdrücklich und schriftlich oder für den Fall geschlossen wurde, dass die im Klagewege in Anspruch zu nehmende Partei nach Vertragsschluss ihren Wohnsitz oder gewöhnlichen Aufenthaltsort in das Ausland verlegt oder ihr Aufenthalt bei Klageerhebung unbekannt ist. Für Verbraucher gilt zudem der Art. 17 EuGVVO, wonach Gerichtsstandsvereinbarungen nur unter den dort genannten Voraussetzungen möglich sind.

127   Unter Kaufleuten ist eine Gerichtsstandsvereinbarung grds. zu empfehlen. Vorteil ist, dass der Rechtsstreit auch in prozessualer Hinsicht in einem bekannten Rechtssystem durchgeführt wird. Allgemeine Anforderungen an eine Gerichtsstandsvereinbarung enthält Art. 23 EuGVVO. Der Gerichtsstand kann auch über die ausdrückliche Wahl des Erfüllungsortes getroffen werden: Nach Art. 5 Nr. 1 EuGVVO kann eine Person mit einem Wohnsitz oder einer Niederlassung in einem Vertragsstaat in demjenigen Vertragsstaat verklagt werden, in dem die in Streit befindliche Verbindlichkeit erfüllt wurde oder hätte erfüllt werden müssen. Ist keine Gerichtsstandsvereinbarung getroffen, sind für vertragliche Ansprüche die allgemeinen Zuständigkeitsregeln der EuGVVO (Art. 5 bis Art. 21 EuGVVO, §§ 21, 29 ZPO) maßgebend. Für außervertragliche Ansprüche treffen Art. 5 Nr. 3 EuGVVO und § 32 ZPO besondere Regelungen.

---

127 AB1EG Nr. L 12 v. 16.1.2001, 1.
128 *Terlau* in Moritz/Dreier, E-Commerce, C Rn. 8.

Im Geschäftsverkehr treffen die Parteien häufig **Schiedsgerichtsvereinbarungen**, die ihnen den Vorteil bieten, dass bei Durchführung des Schiedsverfahrens die Öffentlichkeit ausgeschlossen ist und dass (ad-hoc zusammengesetzte) Schiedsgerichte vor allem im technischen Bereich über eine bessere Sachkenntnis verfügen. Regelungen über deren Zustandekommen und Wirksamkeit enthalten §§ 1029 ff. ZPO sowie z.B. das Genfer Übereinkommen von 1923 und 1927 und das europäische Übereinkommen über die internationale Handelsschiedsgerichtsbarkeit vom 21.4.1961. Im unternehmerischen Verkehr sind auch **Schiedsgutachterklauseln** anzutreffen, in deren Rahmen die Beteiligten nicht über eine gerichtliche Zuständigkeit befinden, sondern sich darauf einigen, welcher (technische) Sachverständige bei auftretenden Streitigkeiten in tatsächlichen (technischen) Fragen ein inter partes abschließendes Votum abgeben soll. **128**

IX. Elektronische Signaturen

Im Internet werden Vorgänge, die ursprünglich schriftlich abgewickelt wurden, nun über die elektronischen Kommunikationsmittel erbracht. Im Gegensatz zur Schriftform besteht bei elektronischen Daten die Gefahr der (unerkannten) Veränderung. Dieser Gefahr sollen elektronische Signaturen durch die Möglichkeit der Überprüfung der Unversehrtheit (Integrität) und der Überprüfung, wer Verfasser der Daten ist (Authentizität), begegnen. **129**

1997 wurden in Deutschland erstmals die rechtlichen Rahmenbedingungen für den Einsatz digitaler Signaturen – durch das im Informations- und Kommunikationsdienstegesetz (IuKDG) – im Signaturgesetz geregelt. Aufgrund der europäischen Richtlinie zur digitalen Signatur[129] wurden gemeinschaftsrechtliche Rahmenbedingungen für elektronische Signaturen geschaffen. Auch diese Richtlinie ist bereits durch das „Gesetz über Rahmenbedingungen für elektronische Signaturen" (Signaturgesetz, SigG),[130] das im Mai 2001 in Kraft getreten ist, umgesetzt worden. Zweck des Gesetzes ist es, die Rahmenbedingungen für elektronische Signaturen zu normieren. Anwendbar ist das SigG auf alle elektronischen Signaturen, eine Beschränkung auf digitale Signaturen besteht nicht mehr.[131] Das SigG enthält noch eine weitere Form, die qualifizierte elektronische Signatur. **130**

Eine Gleichstellung der elektronischen Signatur mit der Unterschrift erfolgte erst mit dem „Gesetz zur Anpassung der Formvorschriften des Privatrechts und anderer Vorschriften an den modernen Rechtsverkehr" im Jahr 2001.[132] **131**

1. Technische Funktionsweise

Die elektronische Signatur bezweckt den Ersatz der handschriftlichen Unterschrift bei der elektronischen Übermittlung von Daten. Sie beruht auf einem zweistufigen Verschlüsselungsverfahren: Erster Stufe ist die fälschungssichere Verschlüsselung der Daten, in der zweiten Stufe wird überprüft ob die Signatur tatsächlich vom dem Aussteller stammt. Die drei gebräuchlichsten Verschlüsselungsformen sind: **132**

– PGP (Pretty Good Privacy, dies ist ein Programm zur Verschlüsselung),
– Public-Key-Verfahren und
– die digitale Signatur.

---

129 Richtlinie 1999/93/EG v. 13.12.1999.
130 BGBl I 2001, 876.
131 So noch nach dem SigG 1997.
132 BGBl I 2001, 1542.

133 PGP ist ein Programm, welches E-Mail- und Dateicodierungen vornimmt. Beim PGP wird der öffentliche Schlüssel dem Empfänger übermittelt. Dadurch wird dem Empfänger die Identifikation des Absenders und zugleich die Entschlüsselung der übermittelten Nachricht ermöglicht.[133] Die Vergabe der Schlüssel erfolgt jedoch nicht durch eine öffentliche, vertrauenswürdige Stelle. Beim Public-Key-Verfahren wird ein öffentlicher und ein privater Schlüssel von einer Zertifizierungsstelle (Trust Center) vergeben.

134 Die **digitale Signatur** als Verschlüsselungsform verwendet ein asymmetrisches Kryptographieverfahren, da zwei nicht identische Schlüssel verwendet werden. Zum Signieren einer Nachricht wird diese auf ihren sog. Hashwert verkürzt. Nach einem Algorithmus müssen die Bitfolgen neu geordnet und zusammengestellt werden. Bei dem Hashwert handelt es sich um eine Prüfsumme. Diese wird mit einem privaten Schlüssel verschlüsselt wird, wodurch die digitale Signatur entsteht. Der Empfänger muss über den öffentlichen Schlüssel des Erstellers der Signatur verfügen, so dass der Hashwert, die Prüfsumme des Dokumentes, neu berechnet werden kann. Stimmen die Prüfsummen überein, so kann daraus geschlossen werden, dass das Dokument nicht verändert wurde.

2. Praktische Bedeutung

135 Derzeit ist die praktische Anwendung der (qualifizierten) elektronischen Signatur eher gering. Unternehmen sehen oft von einer Anwendung der digitalen Signatur wegen des damit verbundenen Aufwandes ab. Möglicherweise gewinnt sie aber im Rahmen der Korrespondenz mit der öffentlichen Verwaltung und Gerichten eine Bedeutung. So hat bspw. das Bundesarbeitsgericht bereits Anfang 2006 die Möglichkeit eröffnet, den Schriftverkehr mit dem Gericht in elektronischer Form abzuwickeln. Auch nach § 130a ZPO können Dokumente elektronisch eingereicht werden. Im Bereich der Verwaltungsgerichtsbarkeit kann unter den Voraussetzungen des § 3a VwVfG elektronische Kommunikation stattfinden und die Schriftform durch eine mit einer qualifizierten elektronischen Signatur nach dem SigG versehenen elektronische Form ersetzt werden.

136 Auch für das **Mahnverfahren** wird sich die Relevanz der elektronischen Übermittlung verstärken. Ab dem 1.12.2008 können Rechtsanwälte Anträge im Mahnverfahren nur noch in maschinell lesbarer Form stellen (§ 690 Abs. 3 ZPO neue Fassung). Dies gilt für sämtliche Anträge von einem Rechtsanwalt. Die Regelung dient der Förderung des elektronischen Rechtsverkehrs.[134] Nicht zwingend notwendig ist aber die Anschaffung einer Signaturkarte mit entsprechendem Lesegerät, da auch das sog. Barcode-Verfahren als maschinell lesbare Form i.S.d. § 690 Abs. 3 ZPO gilt. Bei dem Barcode-Verfahren wird mit Hilfe eines Internet-Formulars ein elektronischer Datensatz erstellt, im Barcode-Format ausgedruckt, unterschrieben und per Post an das zuständige Mahngericht übermittelt. Die Daten werden vom Gericht über Scanner ohne manuelle Nachbearbeitung erfasst, in das System eingespielt und überwiegend automatisiert bearbeitet.

137 Bei **elektronischen Signaturen** handelt es sich um Daten, die anderen elektronischen Daten beigefügt bzw. logisch mit diesen verknüpft werden und der Authentifizierung dienen (§ 2 Nr. 1 SigG). Bereits ein Kürzel unter einem Dokument ist als elektronische Signatur zu werten. Ausreichend ist die Versendung von gescannten Unterschriften.[135]

---

133 *Härting* Internetrecht Rn. 192.
134 *Von Preuschen* NJW 2007, 321.
135 *Roßnagel* NJW 2001, 1817.

Fortgeschrittene elektronische Signaturen müssen darüber hinaus über einen Signatur-   **138**
schlüssel, der ausschließlich seinem Inhaber zugeordnet wird, verfügen. Sie müssen die Identifizierung des Signaturschlüssel-Inhabers ermöglichen, mit Mittel erzeugt werden, die allein
der Schlüsselinhaber kontrollieren kann und mit den Daten so verknüpft sein, dass spätere Änderungen erkannt werden können (§ 2 Nr. 2 SigG).

Die **qualifizierte elektronische Signatur** ist eine fortgeschrittene elektronische Signatur, die   **139**
auf einem gültigen **qualifizierten Zertifikat** beruht und mit einer sicheren Signaturersteller-
einheit erzeugt werden kann. Qualifizierte Zertifikate sind gem. § 2 Nr. 7 SigG Zertifikate, die
die Voraussetzungen des § 7 SigG erfüllen und von Zertifizierungsanbietern ausgestellt werden, die alle Voraussetzungen des SigG erfüllen. Vorschriften über die Zertifizierungsdienste
enthalten die §§ 4 ff. SigG. Der Betrieb eines Zertifizierungsdienstes ist grds. **genehmigungs-**
frei, muss aber nach § 4 Abs. 3 SigG der Bundesnetzagentur (§ 3 SigG) bei Betriebsaufnahme
unter Darlegung, dass die technischen und organisatorischen Voraussetzungen eingehalten
werden, angezeigt werden (§ 4 Abs. 2, 3 SigG). Daneben besteht die Möglichkeit einer freiwilligen **Akkreditierung**, §§ 15 ff. SigG. Akkreditierte Anbieter enthalten ein Gütesiegel der
zuständigen Behörde, mit dem der Nachweis der umfassend geprüften technischen und administrativen Sicherheit zum Ausdruck gebracht wird.

Wirkungen im **materiellen Zivilrecht** entfaltete die elektronische Signatur erst mit dem „Ge-   **140**
setz zur Anpassung der Formvorschriften des Privatrechts und anderer Vorschriften an den modernen Rechtsverkehr".[136] Vor der Neufassung bestimmter Vorschriften des BGB konnte die
Einhaltung der Schriftform nur mittels eigenhändiger Unterzeichnung einer Urkunde durch
den Aussteller erfolgen. Eine elektronisch signierte Erklärung konnte diesen Anforderungen
nicht gerecht werden. Seit 2001 ist in § 126 Abs. 3 BGB geregelt, dass die schriftliche Form
auch durch elektronische Form ersetzt werden kann, wenn sich aus dem BGB nichts anderes
ergibt (so aber z.B. in den §§ 623, 630, 766, 780, 781 BGB). Nach § 126a BGB ist für die elektronische Form erforderlich, dass der Aussteller der Erklärung seinen Namen beifügt und das
elektronische Dokument mit einer qualifizierten elektronischen Signatur nach dem SigG versehen wird. Die Signatur kann damit die eigenhändige Unterschrift ersetzen. Bei einem Vertrag
muss durch beide Parteien ein gleichlautendes Dokument qualifiziert elektronisch signiert werden. Eine Nichteinhaltung dieser Form führt gem. § 125 BGB zur Nichtigkeit des Rechtsge-
schäftes. Die praktische Anwendung ist aber eher gering: Die gesetzliche Schriftform ist ein
Ausnahmefall, zu dem der wirtschaftliche Aufwand für die qualifizierte elektronische Signatur
außer Verhältnis steht. Meist wird die Schriftform beibehalten. Für elektronische Rechnungen
werden eher – gemäß den Anforderungen des § 14 UStG – spezielle Lösungen für Signaturen
entwickelt.

Neben der elektronischen Form sieht das Gesetz in § 126b BGB die **Textform** vor. Dabei ist   **141**
die eigenhändige Unterschrift entbehrlich, mit der Folge, dass hier grds. auch elektronisch
übermittelte Erklärungen möglich sind. Auch prozessual können elektronische Dokumente
von Bedeutung sein, wobei hier lediglich die Vorschriften des Zivilverfahrens angesprochen
werden sollen.

Elektronische Dokumente sind grds. auch dazu geeignet, als Beweismittel im Rahmen eines   **142**
Prozesses zu dienen. Der Gesetzgeber ordnet das elektronische Dokument gem. § 371 Abs. 1
S. 2 ZPO im Zivilverfahren den **Beweismitteln** der Augenscheinsobjekte zu. Der Beweis wird
durch Vorlage oder Übermittlung der Datei angetreten. Die Merkmale des elektronischen Dokuments im Sinne dieser Vorschrift sind umstritten. Vertreter einer engen Begrifflichkeit fassen

---

136 BGBl I 2001, 1542.

darunter in Anlehnung an § 130a ZPO nur Dateien, die Schriftstücke enthalten.[137] Hingegen bezieht eine neue Auffassung alle möglichen Inhalte ein, also neben Texten auch Grafik-, Audio- und Videodateien sowie Software.[138]

143 Die **Beweisqualität** einer mit der elektronischen Signatur versehenen Nachricht orientiert sich an den drei Signaturklassen des SigG. Die elektronische Signatur ist als Hinweis auf den Aussteller zu verstehen. Ihr Beweiswert ist gering, da sie den Text nicht erfasst und somit Veränderungen und Verfälschungen nicht erkennbar sind. Die fortgeschrittene elektronische Signatur nach § 2 Nr. 2 SigG ist im Rahmen der freien Beweiswürdigung durch die gesicherte Authentizität des Absenders und die Integrität des Inhalts als Indiz für die Beweisqualität anzusehen. Die qualifizierte elektronische Signatur wird durch § 371a Abs. 1 ZPO hinsichtlich der Beweiskraft einer privaten Urkunde gleichgestellt, d.h. die Vorschriften über die Beweiskraft privater Urkunden gelten entsprechend. Zusätzlich ist nach § 371a Abs. 2 S. 2 ZPO der Anschein der Echtheit gegeben, der nur durch Tatsachen erschüttert werden kann, die ernstliche Zweifel daran begründen, dass die Erklärung vom Signaturschlüssel-Inhaber abgegeben worden ist.

144 Durch die Verbesserung der Sicherheitsstandards liegt es nahe, bei E-Mail-Accounts den **Anscheinsbeweis** für die Authentizität einer E-Mail zuzulassen. Eine von dem verwendeten E-Mail-Programm automatisch erstellte, als relativ fälschungssicher angesehene Lese- und Eingangsbestätigung soll nach einer Ansicht einen Anscheinsbeweis für den Zugang der E-Mail begründen.[139] Das ist aber problematisch, da derjenige, unter dessen Namen fälschlicherweise eine E-Mail gesendet wird, durch den Anscheinsbeweis belastet wird. Ihm obliegt dann der Nachweis eines atypischen Geschehensablaufs. Um den Anscheinsbeweis zu erschüttern müsste er die negative Tatsache nachweisen, dass sich die betreffende E-Mail zu keiner Zeit in seinem Posteingang bzw. -ausgang befand. Der Anscheinsbeweis gilt mangels typischen Geschehensablaufs jedenfalls nicht, um aus der Verwendung eines geheimen Passwortes auf denjenigen zu schließen, dem das Passwort ursprünglich zugeteilt worden ist.[140]

145 Im Zivilverfahren ist die Zustellung eines elektronischen Dokumentes möglich. Nach **§ 174 Abs. 3 ZPO** kann einem Anwalt, Notar Gerichtsvollzieher, einem Steuerberater oder einer sonstige Person, bei der auf Grund ihres Berufes von einer erhöhten Zuverlässigkeit ausgegangen werden kann, einer Behörde, einer Körperschaft oder einer Anstalt des öffentlichen Rechts auch **ein elektronisches Dokument zugestellt** werden. Gleiches gilt für andere Verfahrensbeteiligte, wenn sie der Übermittlung elektronischer Dokumente ausdrücklich zugestimmt haben. Für die Übermittlung ist das Dokument mit einer elektronischen Signatur zu versehen und gegen unbefugte Kenntnisnahme Dritter zu schützen.

X. Haftung der im Netz Tätigen

146 Die weltweite Zugänglichkeit der im Internet vorhandenen Informationen und die Anonymität sowie die unterschiedlichen Tätigkeitsfelder der im Internet tätigen Provider werfen die Frage auf, in welchem Umfang die Anbieter von Informationen und Dienstleistungen im Internet für die dort verbreiteten Inhalte verantwortlich gemacht werden können.

---

137 *Musielak/Huber* § 371 ZPO Rn. 11.
138 *Zöller/Greger* § 371 ZPO Rn. 1; *Berger* NJW 2005, 1016.
139 So *Mankowski*, NJW 2002, 2822.
140 *OLG Hamm* NJW 2007, 611; *OLG Köln* MMR 2002, 813; vgl. auch *LG Bonn* MMR 2004, 179.

Die Tätigkeit von Internetprovidern kann – obwohl die Nutzungsmöglichkeiten des Internet **147** vielfältig sind – in drei Grundformen eingeteilt werden, und von der Art der angebotenen Leistung des Providers ist auch dessen Verantwortlichkeit abhängig:

– Die sog. **Content Provider** stellen eigene Inhalte zum Abruf über das WWW bereit.
– Der **Access Provider** ist Anbieter eines Internetzugangs, stellt aber weder Inhalte noch Speicherplatz zur Verfügung.
– **Host- oder Presence Provider** stellen Dritten Speicherplatz auf einem Server zur Verfügung, der zur Nutzung z.B. zur Einstellung von Webseiten in das www, durch Dritte bereitgehalten wird.

Oft überschneiden sich die genannten Providerleistungen, da Provider den Kunden meist Leistungspakete anbieten, die Leistungen aus verschiedenen Grundformen verbinden. **148**

Für Internetprovider gelten die Haftungsregeln des Zivilrechts und die strafrechtlichen Vorschriften. Daneben können auch Haftungsregelungen aus dem gewerblichen Rechtsschutz und dem Urheberrecht, wettbewerbsrechtliche Haftung sowie Haftungstatbestände im Zusammenhang mit datenschutzrechtlichen Vorgaben eingreifen. **149**

Die **Haftung für Kennzeichenverletzungen** wird in dem 21. Abschn. Rn. 20 ff. abschließend **150** erörtert, so dass im Folgenden von einer Darstellung der markenrechtlichen Haftungstatbestände abgesehen wird. Eine **Erläuterung der Haftungsprivilegierungen des TMG** wird im 6. Abschn. im Zusammenhang mit den Informationspflichten des TMG und den datenschutzrechtlichen Vorgaben erläutert. Da die Haftungsprivilegierungen des TMG für die Provider von besonderer Bedeutung sind und es einer Vielzahl von Entscheidungen über die Haftung unterschiedlicher Provider gibt, soll auch an dieser Stelle die Frage der Haftung behandelt werden.

Die Vorschriften des TMG zur Haftung gelten wie auch die vorhergehenden Regelungen des **151** TDG als allgemeiner „**Filter**",[141] der vor Anwendung der allgemeinen Haftungsregelungen zu prüfen ist. §§ 7 ff. TMG sind keine Anspruchgrundlagen für einen Haftungsanspruch,[142] sondern anhand dieser Vorschriften findet eine Prüfung statt, ob nicht die Verantwortlichkeit des Providers bereits durch §§ 7 bis 10 TMG (§§ 9 – 11 TDG a.F.) ausgeschlossen ist.

Die Haftungsregelungen der §§ 7 ff. TMG finden, wie auch die Vorgängerregelungen, grds. **152** auch in allen Rechtsbereichen Anwendung, d.h. sie entfalten Geltung für das Strafrecht, das Zivilrecht und das öffentliche Recht. Auch Rechtsverletzungen aus dem Bereich des Marken-[143] und Urheberrechts können grds. von dem Anwendungsbereich der Vorschriften erfasst sein. Die Geltung für das UrhG war für das TDG und den MDStV streitig,[144] ergab sich für das TDG aus dem Jahr 2001 aber durch die E-Commerce-Richtlinie, so dass eine ablehnende Auffassung als nicht mehr vertretbar angesehen wird.[145]

Dadurch wird deutlich, dass für die Provider die Frage, ob eine Privilegierung des TMG im **153** Einzelfall eingreift, von großer Wichtigkeit ist.

---

141 *BGH* MMR 2007, 518; MMR 2004, 166 mit Anm. *Hoeren.*
142 *BGH* MMR 2007, 518.
143 *BGH* NJW 2004, 3102.
144 Dagegen *OLG München* GRUR 2001, 499, allerdings zu § 5 TDG 1997.
145 *Buschle* in Moritz/Dreier, E-Commerce, D Rn. 272.

1. Haftungsbeschränkungen nach dem TMG

154 Regelungen zur Haftung von Providern, die Tele- oder Mediendienste erbringen, finden sich im Telemediengesetz (TMG). Am 18.1.2007 wurde das TMG im Rahmen des Elektronischer-Geschäftsverkehr-Vereinheitlichungsgesetzes (ElGVG)[146] verabschiedet, welches nun die Haftung der Internetprovider, allgemeine Informationspflichten und den Datenschutz im Internet regelt. Die Regelungen des TDG und des Mediendienstestaatsvertrages zur Haftung wurden weitgehend ohne Änderung in das TMG übernommen, mit der Folge, dass auch die dahingehend ergangene Rechtssprechung weiterhin maßgeblich ist. Die historische Entwicklung wird im 6. Abschn. besprochen.

155 Nach früherem Recht galt das TDG für die Teledienste und der Mediendienstestaatsvertrag für die Mediendienste. Das TMG trifft nun **einheitliche Regelungen für Teledienste und Mediendienste**, § 1 TMG. Nicht erfasst sind aber Telekommunikationsdienste nach § 3 Nr. 24, 25 TKG und der Rundfunk (inklusive Live-Streaming und Webcasting, d.h. der Übertragung über das Internet); Einzelheiten dazu ergeben sich aus dem 6. Abschn. Die inhaltlichen Anforderungen an Telemedien ergeben sich aus dem Rundfunkstaatsvertrag (§ 1 Abs. 4 TMG). Der Anwendungsbereich des TMG ist eröffnet für Telemedien, wobei nach §§ 1 Abs. 1, 2 Nr. 1 TMG der Begriff einem weitem Verständnis unterliegt. Grund dafür ist, dass das TMG wirtschaftliche Tätigkeiten, die elektronisch in Form von Bild-, Text-, oder Toninhalten zur Verfügung gestellt werden, weitgehend einer Regelung zuführen möchte.[147] Bei Telemedien handelt es sich bspw. um:

– Online-Angebote von Waren/Dienstleistungen mit unmittelbarer Bestellmöglichkeit,
– Video auf Abruf, soweit es sich nicht nach Form und Inhalt um einen Fernsehdienst i.S.d. Richtlinie 89/552/EWG handelt,
– Online-Dienste, die Instrumente zur Datensuche oder Datenabfrage zur Verfügung stellen
– oder die kommerzielle Verbreitung von Informationen über Waren-/Dienstleistungen mit elektronischer Post.[148]

156 Nicht dazu zählt aber die Internettelefonie (Voice over IP), da diese mit der herkömmlichen Sprachtelefonie vergleichbar ist.[149] Unter den Begriff der Telemediendienste fallen nicht die telekommunikationsgestützten Dienste nach § 3 Nr. 25 TKG, auf die im 6. Abschn. eingegangen wird.

157 Die Verantwortlichkeit der Internetprovider richtet sich nach den §§ 7 ff. TMG (§§ 8 ff. TDG a.F.).

1.1 Grundsatz § 7 TMG

158 Wortgleich mit § 8 TDG a.F. regelt § 7 TMG, dass Diensteanbieter für eigene Informationen, die sie zur Nutzung bereithalten, verantwortlich sind. Eine Information beinhaltet im TMG wie auch im TDG a.F. sowohl kommunikative als auch nicht kommunikative Inhalte; Informationen sind „alle Arten von Daten, Zeichen, Bildern, Töne sowie Software".[150]

---

146 BGBl I 2007, 179.
147 *Bender/Kahlen* MMR 2006, 590.
148 BT-Drucks. 16/3078, 13.
149 *Bender/Kahlen* MMR 2006, 590.
150 *Hoffman* MMR 2002, 284; *Neubauer* in Moritz/Dreier, E-Commerce, D Rn. 15.

Werden **eigene Informationen** zur Verfügung gestellt, verweist § 7 Abs. 1 TMG (§ 8 TDG   **159** a.F.) auf die Haftung nach den allgemeinen Grundsätzen. Eine Haftungsprivilegierung greift demnach nur für Anbieter **fremder Informationen**, weshalb eine Abgrenzung von eigenen Informationen zu fremden Informationen erforderlich ist (vgl. dazu auch 6. Abschn.).

Im Rahmen des § 5 TDG in der Fassung von 1997 wurden dem Diensteanbieter Informationen   **160** als eigene zugerechnet, wenn er sich diese zu Eigen machte.[151] Unter Berücksichtigung der Umstände des Einzelfalls wurde ein „sich zu eigen machen" bejaht, wenn der Diensteanbieter objektiv für den Inhalt verantwortlich sein wollte. Entsprechend war Ausgangspunkt zu § 8 TDG a.F., dass zur Beurteilung, ob es sich um eine fremde Information handelt, weiterhin die Grundsätze des „Sich-zu-Eigen-Machens" anzuwenden sind. Nach einer anderen Auffassung kommen diese Grundsätze aufgrund der insoweit eher technischen Konzeption der E-Commerce-Richtlinie nicht mehr in Betracht. In einer Entscheidung zu § 8 TDG a.F. stellt der BGH jedoch weiterhin auf das „sich-zu-Eigen-machen" ab, verneint ein solches aber, wenn Informationen in einem automatischen Verfahren ohne weitere Prüfung ins Internet gestellt werden.[152]

Einem Content-Provider, der eigene Inhalte im Internet zur Verfügung stellt, kommt daher   **161** grds. keine Haftungsprivilegierung des TMG zugute. Er haftet unbegrenzt, soweit die Voraussetzungen eines Haftungstatbestandes erfüllt sind.

Nach § 7 Abs. 2 TMG (§ 8 Abs. 2 TDG a.F.) sind Diensteanbieter i.S.d. §§ 8 bis 10 TMG nicht   **162** verpflichtet, die von ihnen gespeicherten Informationen zu überwachen oder nach Umständen zu forschen, die auf eine rechtswidrige Tätigkeit hinweisen. Nicht davon berührt werden aber Verpflichtungen zur Entfernung oder Sperrung der Nutzung von Informationen nach den allgemeinen Gesetzen.

1.2 Haftungsprivileg des § 8 TMG

§ 8 TMG (§ 9 TDG a.F.) regelt die Haftungsprivilegierung bei der Durchleitung von Informa-   **163** tionen. Danach sind Dienstanbieter für fremde Informationen, die sie ein einem Kommunikationsnetz übermitteln oder zu denen sie den Zugang zur Nutzung übermitteln, nicht verantwortlich, sofern sie

– die Übermittlung nicht veranlasst,
– den Adressaten der übermittelten Information nicht ausgewählt und
– die übermittelten Informationen nicht ausgewählt und verändert haben.

§ 8 TMG erfasst nach seinem Wortlaut die Access-Provider, die den Zugang zum Internet er-   **164** möglichen. Nach anderer Auffassung sollten TDG/MDStV a.F. auf Access-Provider keine Anwendung finden, da es sich dabei um eine Telekommunikationsleistung und nicht um einen Tele- oder Mediendienst handele.[153] Dagegen spricht aber, dass nach § 3 Nr. 24 TKG Telekommunikationsdienste i.d.R. gegen Entgelt erbrachte Dienste sind, die **ganz oder überwiegend** in der Übertragung von Signalen über Telekommunikationsnetze bestehen, einschließlich der Übertragungsdienste in Rundfunknetzen. Dazu zählen vor allem Angebote eines Acces Providers, solange es um die reine Zugangsvermittlung im Bereich des Internet geht.[154] Steht aber der Telekommunikationsdienst nicht **ganz**, sondern bloß **überwiegend** in der Übertragung von Signalen, ist er zugleich Telekommunikationsdiensteanbieter nach dem TKG und Telemedien-

---

151 BT-Drucks. 13/7385, 19.
152 *BGH* NJW 2004, 3103 – Internet-Versteigerung.
153 *Stadler* MMR 2002, 343.
154 Vgl. *Bender/Kahlen* MMR 2006, 590.

diensteanbieter nach dem TMG.[155] (Zu dem Problem der Doppelregulierung allgemein vgl. auch 6. Abschn.)

165 § 8 TMG privilegiert die bloße **Durchleitung von Informationen**. Die Durchleitung erfasst die Informationsweiterleitung oder die Zugangsvermittlung zu einem Kommunikationsnetz. Die Übermittlung darf keinesfalls von dem Diensteanbieter veranlasst worden sein. Die Tätigkeit darf nur rein technischer, automatischer und passiver Art sein. Dies bedeutet, dass der Diensteanbieter weder Kenntnis noch Kontrolle über die weitergeleitete oder gespeicherte Information besitzt.[156]

166 Die Übermittlung und Vermittlung umfasst auch die automatische kurzzeitige Zwischenspeicherung dieser Informationen, soweit dies nur zur Durchführung der Übermittlung im Kommunikationsnetz dient und die Informationen nicht länger gespeichert werden als es für die Übermittlung üblicherweise erforderlich ist (§ 8 Abs. 2 TMG). Diese Regelung stellt die Durchleitung einer Zwischenspeicherung zur Datenübertragung, wie z.B. beim Routing, gleich.[157] Die Zwischenspeicherung zum Caching fällt jedoch unter § 9 TMG (§ 10 TDG a.F.).

167 In § 8 Abs. 1 S. 2 TMG beinhaltet ein **Umgehungsverbot**. Danach darf ein Diensteanbieter nicht absichtlich mit einem Nutzer zusammenarbeiten, um rechtswidrige Handlungen zu begehen.

1.3 Haftungsprivileg des § 9 TMG

168 Nach § 9 TMG (§ 10 TDG a.F.) sind Diensteanbieter für eine automatische, zeitlich begrenzte Zwischenspeicherung, die allein dem Zweck dient, die Übermittlung fremder Informationen an andere Nutzer auf deren Anfrage effizienter zu gestalten, nicht verantwortlich, sofern sie

– die Informationen nicht verändern,
– die Bedingungen für den Zugang zu den Informationen beachten,
– die Regeln für die Aktualisierung der Informationen, die in weithin anerkannten und verwendeten Industriestandards festgelegt sind, beachten,
– die erlaubte Anwendung von Technologien zur Sammlung von Daten über die Nutzung der Informationen, die in weithin anerkannten und verwendeten Industriestandards festgelegt sind, nicht beeinträchtigen
– und unverzüglich handeln, um im Sinne dieser Vorschrift gespeicherte Informationen zu entfernen oder den Zugang zu ihnen zu sperren, sobald sie Kenntnis davon erhalten haben, dass die Informationen am ursprünglichen Ausgangsort der Übertragung aus dem Netz entfernt wurden oder der Zugang zu ihnen gesperrt wurde oder ein Gericht oder eine Verwaltungsbehörde die Entfernung oder Sperrung angeordnet hat.

169 Voraussetzung ist wiederum, dass es sich bei der Zwischenspeicherung um den technischen Vorgang handelt, ein Kommunikationsnetz zu betreiben und den Zugang zu diesem zu vermitteln, bei welchem der Diensteanbieter in der Regel keine Kenntnis von der Information erhält.[158] Unter § 9 TMG fallen das sog. **Caching**, insbesondere das **Proxy-Caching**, oder auch das **Mirror-Verfahren**, bei dem Server automatisiert und wiederholt ganze Festplattenbereiche fremder Server kopieren.[159]

---

155 Vgl. BT-Drucks. 16/3078, 13.
156 Erwägungsgrund (42) der E-Commerce-Richtlinie 2000/31/EG, ABlEG Nr. L 178 v. 17.6.2000, 6.
157 *Neubauer* in Moritz/Dreier, E-Commerce, D Rn. 28.
158 BT-Drucks. 14/6098, 24.
159 Vgl. *LG München I* Urteil v. 19.4.2007 – 7 O 3950/07; *Hoffmann* MMR 2002, 284.

Im Gegensatz zu § 8 Abs. 2 TMG erfasst § 9 TMG nicht die automatische kurzzeitige Zwi- **170**
schenspeicherung, sondern eine zeitlich begrenzte Zwischenspeicherung. Die zulässige Spei-
cherdauer ergibt sich jedoch nicht aus § 9 TMG. Teilweise wird ein Umfang von 2 – 3 Tagen,
nach anderer Ansicht eine wochenlange Speicherung als zulässig erachtet.[160] Das LG München I sah das Merkmal der zeitlichen Begrenzung auch bei einer Speicherung von 30 Tagen
als erfüllt an.[161] Die dauerhafte Speicherung richtet sich wiederum nach § 10 TMG.

Kollusives Zusammenwirken schadet hier ebenso wie bei der Durchleitung von Informationen **171**
(§ 8 Abs. 1 S. 2, § 9 S. 2 TMG).

1.4 Haftungsprivileg des § 10 TMG

Die bedeutendsten Haftungsprivilegierungen enthält § 10 TMG (§ 11 TDG a.F.). § 10 TMG **172**
privilegiert die sog. Host-Provider, die fremde Inhalte zur Nutzung durch Dritte bereithalten.
Nach § 10 TMG sind Dienstanbieter für fremde Informationen, die sie für Nutzer speichern,
nicht verantwortlich, wenn

- sie keine Kenntnis von der rechtswidrigen Handlung oder der Information haben und ihnen
  im Falle von Schadensersatzansprüchen auch keine Tatsachen oder Umstände bekannt sind,
  aus denen die rechtswidrige Handlung oder die Information offensichtlich wird, oder
- sie unverzüglich tätig geworden sind, um die Informationen zu entfernen oder den Zugang
  zu ihr zu sperren, sobald sie diese Kenntnis erlangt haben.

Speicherkapazitäten können durch den Host-Provider auf seinen eigenen oder auch auf frem- **173**
den Rechnern zur Verfügung gestellt werden. Schädlich ist erst das Vorliegen der positiven
Kenntnis der rechtwidrigen Handlung oder Information, ein bloßes Kennenmüssen wird als
nicht ausreichend erachtet.[162] Bei Schadenersatzansprüchen setzt die Haftung voraus, dass der
in Anspruch Genommene Kenntnis von der rechtswidrigen Handlung hat oder dass ihm keine
Tatsachen oder Umstände bekannt sind, aus denen die rechtswidrige Handlung oder die Information offensichtlich wird. Die ganz überwiegende Auffassung sieht darin eine Haftung für
grob fahrlässige Unkenntnis.[163] Der Anspruchsteller trägt die volle Darlegungs- und Beweislast für die Kenntnis, eine Beweislastumkehr findet grds. nicht statt.[164]

Die Haftungsprivilegierung in § 10 TMG wird aber durch die Rechtsprechung wesentlich be- **174**
schränkt und abgestuft

- für die strafrechtliche Verantwortlichkeit eines Providers ist § 10 Nr. 1 Alt. 1 TMG maßgebend
- zivilrechtliche Schadensersatzansprüche richten sich nach § 10 Nr. 1 Alt. 2 TMG
- auf **verschuldensabhängige Unterlassungsansprüche, auch vorbeugende Unterlassungsansprüche, ist das Haftungsprivileg des § 10 TMG unanwendbar.**[165] **Die Haftung
  richtet sich mithin nach allgemeinen Grundsätzen.** Diese Rechtsprechung ist auch auf
  den urheberrechtlichen Unterlassungsanspruch anwendbar wie auch auf das neue TMG.[166]

---

160 *Neubauer* in Moritz/Dreier, E-Commerce, D Rn. 39 m.w.N.
161 *LG München I* MMR 2007, 453.
162 *OLG Brandenburg* MMR 2004, 330; *OLG Düsseldorf* MMR 2004, 315 beide zu § 11 TDG a.F.;
    vgl. *Spindler* MMR 2001, 737.
163 *Neubauer* in Moritz/Dreier, E-Commerce, D Rn. 51 m.w.N; *Hoffmann* MMR 2002, 284.
164 *BGH* MMR 2004, 166 zu § 5 TDG i.d.F. v. 1997.
165 Zuletzt *BGH* Urteil v. 12.7.2007 – I ZR 18/04; *BGH* MMR 2007, 507 – Internetversteigerung II;
    2007, 518; NJW 2004, 3102 – Internet-Versteigerung I.
166 Vgl. *LG München I* Urteil v. 19.4.2007 – 7 O 3950/07; *BGH* MMR 2007, 507 – Internetversteige-
    rung II.

175 Für die Praxis bedeutet dies, dass die Haftungsprivilegierung des § 10 TMG für Unterlassungsansprüche nicht anwendbar ist, sondern die allgemeinen Grundsätze der mittelbaren Verantwortlichkeit, insbesondere die **Störerhaftung**, gelten.

1.5 Proaktive Überwachungspflichten der Provider

176 Umstritten ist, ob aus § 10 TMG bzw. § 11 TDG a.F. geschlossen werden kann, dass der Host
Provider **proaktive** Prüfungspflichten hinsichtlich der auf seinem Server gespeicherten Inhalte
hat. Nach der Regelung des § 7 Abs. 2 S. 1 TMG bestehen im Grunde keine Prüfungs- oder
Überwachungspflichten. Überwiegend wird unter Hinweis auf den eindeutigen Wortlaut des
§ 7 TMG die Ansicht vertreten, dass der Provider nicht dazu verpflichtet ist, die Inhalte auf
mögliche Rechtsverletzungen zu untersuchen.[167] So sehen auch Art. 15 der E-Commerce-
Richtlinie und § 7 Abs. 2 TMG keine allgemeinen Prüfungs- und Überwachungspflichten vor.
Begründet wird dies vorwiegend damit, dass es den Betreibern technisch, personell und wirtschaftlich nicht möglich sei, aufgrund der Vielzahl der Einträge eine Überwachung durchzuführen.[168] Nach einer anderen Auffassung sind jedoch Prüfungspflichten in einem bestimmten
Umfang gegeben.[169]

177 Eine weitere Überlegung ließe sich im Hinblick auf die Rechtsprechung, die die Anwendbarkeit der Haftungsprivilegierungen des TMG auf Unterlassungsansprüche verneint (dazu
Rn. 74), anstellen: In Frage steht, ob im Hinblick auf Unterlassungsansprüche proaktive Prüfungspflichten der Betreiber bestehen. Aus den Entscheidungen des BGH zur Störerhaftung
(vgl. dazu Rn. 182) lässt sich aber der Grundsatz entnehmen, dass den Providern nicht per se
Prüfungspflichten auferlegt werden sollen, sondern jedenfalls nach einem (klaren) Hinweis auf
die Rechtsverletzung von dem Provider zur Vermeidung weiterer ähnlicher Fälle von Rechtsverletzungen Vorsorge getroffen werden muss.[170] Bei einem Internetauktionshaus sei es dem
Betreiber bspw. nicht zumutbar, jedes Angebot bereits bei der Einstellung auf die Plattform auf
eine Rechtsverletzung hin zu untersuchen, da dadurch das Geschäftsmodell in Frage gestellt
würde.[171] Auch genüge die bloße Bereitstellung einer Internetauktionsplattform für sich allein
nicht, um Prüfungspflichten zu begründen.[172] Dies entspreche auch der Regelung des § 7
Abs. 2 TMG.[173] Daraus dürfte sich ergeben, dass auch nach der Rechtsprechung des BGH proaktive Prüfungspflichten grds. nicht bestehen. Allerdings muss der Provider, wenn er einen
konkreten Hinweis auf eine **bestimmte** Rechtsverletzung eines **bestimmten** Anbieters auf
seiner Plattform hat, nicht nur dafür sorgen, das Angebot zu sperren, und ferner, dass dieser
Anbieter auf der Plattform keine anderen Rechtsverletzungen (ähnlicher Art) begeht, sondern
im Rahmen zumutbarer Vorsorgemaßnahmen auch dafür, dass es nicht zu weiteren gleichartigen Rechtsverletzungen durch andere Anbieter kommt. Dem Provider hat zu beurteilen, ob und
welche Maßnahmen er ergreift (etwa den Einsatz von „Überwachungspersonal", Filtersoftware oder Stichproben).

---

167 *OLG Düsseldorf* MMR 2006, 618; *LG Düsseldorf* Urteil v. 27.6.2007 – 12 O 343/06; *OLG Hamburg* CR 2007, 44; *OLG Brandenburg* MMR 2004, 330; *Christiansen* MMR 2004, 185; *LG Köln*
   MMR 2003, 601; *Spindler* NJW 1997, 3193.
168 Vgl. bspw. *LG Düsseldorf* Urteil v. 27.6.2007 – 12 O 343/06.
169 *LG Trier* MMR 2002, 694; *LG München I* MMR 2000, 434.
170 *BGH* NJW 2004, 3102 – Internetversteigerung.
171 *BGH* NJW 2004, 3102 – Internetversteigerung.
172 *BGH* Urteil v. 12.7.2007 – I ZR 18/04.
173 *BGH* Urteil v. 12.7.2007 – I ZR 18/04.

Gennen

2. Zivilrechtliche Haftungstatbestände

2.1 Allgemeine zivilrechtliche Haftungstatbestände

Neben urheberrechtlichen Vorschriften und Regelungen des gewerblichen Rechtsschutzes können allgemeine zivilrechtliche Vorschriften eine Verantwortlichkeit der im Netz Tätigen begründen, sofern die Filterwirkung des TMG nicht eingreift.   **178**

Zivilrechtlich ist zunächst an die Möglichkeit einer **vertraglichen Haftung** oder an das Eingreifen von Mangelhaftungsregelungen zu denken. Ein **Content Provider** kann bspw. vertraglich für Mängel und Pflichtverletzungen nach den allgemeinen Vorschriften des Zivilrechts haften. Handelt es sich um einen Informationsdienst, kann darüber hinaus eine besondere Verantwortlichkeit bestehen: Es besteht die Möglichkeit des stillschweigenden Abschlusses eines Auskunftsvertrags, wenn eine Auskunft erkennbar von erheblicher Bedeutung und Grundlage wichtiger Entscheidungen gewesen ist.[174]   **179**

Im zivilrechtlichen Bereich können unterschiedliche Ansprüche geltend gemacht werden. In betracht kommen **Unterlassungs-** und **Beseitigungsansprüche**, **Schadenersatzansprüche**, Ansprüche aus **ungerechtfertigter Bereicherung**, **Auskunfts-** und **Rechnungslegungsansprüche** sowie Ansprüche auf eine **Gegendarstellung**. Auch kann eine Haftung nach dem **Produkthaftungsgesetz** in Betracht kommen. Ansprüche werden oft auch wegen der Verletzung des allgemeinen Persönlichkeitsrechts geltend gemacht. Darunter fallen z.B. Verletzungen des Rechts am eigenen Bild, Verletzungen des Namensrechts nach § 12 BGB oder Ehrverletzungen.   **180**

Durch die zivilrechtlichen Haftungstatbestände werden nicht nur die Haftungsvoraussetzungen und der Haftungsumfang bestimmt, sondern daraus ergibt sich auch der richtige Anspruchsgegner. Die Prüfung, wer als Anspruchgegner in Betracht kommt, ist im Bereich des Internet besonders wichtig, da bisweilen derjenige, der eine Verletzungshandlung vornimmt, nicht ermittelt werden und somit aufgrund tatsächlicher Hindernisse nicht in Anspruch genommen werden kann. Eine Haftung der im Netz Tätigen wird nach allgemeinen zivilrechtlichen Vorschriften immer dann gegeben sein, wenn sie selbst Verletzer sind oder ihnen das Handeln eines Dritten zugerechnet werden kann. Eine Haftung ist folglich zu bejahen, wenn alle Anspruchsvoraussetzungen eines zivilrechtlichen Anspruches unmittelbar erfüllt werden, was einer Prüfung des jeweiligen Einzelfalls bedarf. Eine Haftung kann auch durch die Zurechnung des Handelns eines Dritten begründet werden: Sowohl im BGB als auch in anderen Regelungswerken sind Vorschriften vorgesehen, über die das Handeln einer Dritten Person letztlich dem Verantwortlichen zugerechnet werden kann. Solche Regelungen enthalten bspw. §§ 31, 89, 278, 831 BGB.   **181**

2.2 Störerhaftung

Schwierigkeiten bereiten Fälle, in denen der im Netz Tätige keine eigenständige Verletzungshandlung vorgenommen hat und ihm auch das Handeln eines Dritten nicht zugerechnet werden kann. So stellt sich die Frage, ob bspw. auch Host-Provider oder Access Provider in Anspruch genommen werden können, da diese lediglich die Mittel zur Kommunikation bereitstellen, dadurch aber keine unmittelbare Verletzungshandlung vornehmen.   **182**

Hier können die Grundsätze über die **Störerhaftung** eingreifen, die eine (Mit-)Haftung auch solcher „Störer" begründet, die lediglich mittelbar an einer Beeinträchtigung mitwirken. Die Störerhaftung greift jedoch ausschließlich im Bereich der verschuldensunabhängigen Unter-   **183**

---

174 Vgl. *BGH* NJW 1989, 1029; 1986, 181.

lassungs- und Beseitigungsansprüche (§ 1004 BGB analog). Für diese Fälle greifen nach der oben genannten Rechtssprechung des BGH auch die Haftungsprivilegierungen des TMG nicht ein.

184 Die Frage der Anwendbarkeit der Grundsätze über die Störerhaftung wird aber zunehmend hinterfragt. Auch die Rechtssprechung wendet die Grundsätze der Störerhaftung nur in einem eingeschränkten Umfang an, indem zusätzlich eine Verletzung von Prüfungspflichten gefordert wird, die Anwendung der Störerhaftung wird in der Literatur zum Wettbewerbsrecht zudem überhaupt in Frage gestellt. So wird für das Wettbewerbsrecht teilweise befürwortet, die Haftung nur noch aufgrund von Täterschaft und Teilnahme zu bestimmen.[175] Der BGH wendet jedoch die Grundsätze der Störerhaftung bei der Verletzung von Immatrialgüterrechten weiterhin an.[176] Dies bedeutet, dass eine Störerhaftung nicht nur bei Sachverhalten mit markenrechtlichem Bezug (vgl. dazu 21. Abschn. 124 ff.), sondern allgemein in Fällen der Verletzung eines Immaterialgüterrechts eingreifen kann. Für die Provider ist die gerichtliche Inanspruchnahme auf Unterlassung vor allem aufgrund der anfallenden Kosten von Nachteil. Hingegen wird die Entfernung der verletzenden Inhalte von der Plattform technisch meist einfach zu realisieren sein.

185 Die **Störerhaftung** setzt zunächst eine Rechtsverletzung durch einen Dritten voraus. Fehlt es bereits daran, so kann der Anbieter auch nicht als mittelbarer Störer in Anspruch genommen werden. Liegt eine unmittelbare Rechtsverletzung eines Dritten vor, haftet der Anbieter als Störer, wenn er **willentlich und adäquat kausal nicht aber notwendigerweise schuldhaft an der Herbeiführung oder Aufrechterhaltung einer rechtswidrigen Beeinträchtigung mitgewirkt hat**.[177] Die Anwendung dieser durch die Rechtsprechung entwickelten Grundsätze würde jedoch zu einer nahezu unbegrenzten Haftung der im Netz Tätigen führen, die von dem Dritten etwas Unzumutbares verlangt. Daher muss ein weiteres Kriterium hinzukommen, durch welches einer ausufernden Haftung entgegengetreten werden kann. Die Haftung des Störers setzt mithin die Verletzung von Prüfungspflichten voraus.[178] Deren Umfang bestimmt sich danach, ob und inwieweit dem als Störer in Anspruch genommenen nach den Umständen eine **Prüfung zuzumuten** ist.[179] Dazu ist die Funktion und die Aufgabenstellung des in Anspruch genommenen, sowie die Eigenverantwortung des unmittelbar Störenden oder das Bestehen geeigneter technischer Möglichkeiten[180] zu berücksichtigen. So bezieht sich die Prüfungspflicht bspw. nur auf offenkundige, eindeutige Rechtsverstöße.[181] Im Rahmen einer Interessenabwägung wird demnach die Zumutbarkeit für die jeweils vorliegende Fallkonstellation geprüft. Grds. kann die Prüfungspflicht nach Bekanntwerden der Rechtsverletzung für gleichartige Rechtsverletzungen bestehen.[182] Bspw. muss ein Betreiber einer Internetplattform nach dem Bekanntwerden einer Verletzung Vorsorge dafür treffen, dass etwa Rechtsverletzungen durch die Versteigerung von Plagiaten durch die Nutzer unterbunden[183] oder bestimmte ju-

---

175 *Köhler* in Hefermehl u.a. § 8 UWG Rn. 2.15; a.A. *Piper/Ohly* § 8 UWG Rn. 147.
176 *BGH* MMR 2007, 507 – Internetversteigerung II; NJW 2004, 3102 – Internet-Versteigerung.
177 *BGH* MMR 2001, 671 – ambiente.de.
178 *BGH* MMR 2004, 529 – Schöner Wetten; 2001, 671 – ambiente.de
179 *BGH* NJW 2004, 3102 – Internet-Versteigerung; MMR 2004, 529 – Schöner Wetten; 2001, 671 – ambiente.de; GRUR 1997, 313 – Architektenwettbewerb; 1999, 418 – Möbelklassiker.
180 *BGH* Urteil v. 12.7.2007 – I ZR 18/04.
181 *BGH* MMR 2001, 671 – ambiente.de.
182 *BGH* Urteil v. 12.7.2007 – I ZR 18/04: Dies stehe auch in Einklang mit dem Gemeinschaftsrecht.
183 *BGH* NJW 2004, 3102 – Internet-Versteigerung; vgl. dazu auch *BGH* MMR 2007, 507 – Internetversteigerung II; 2007, 518.

gendgefährdende Medien durch den Versteigerer erneut auf der Plattform angeboten werden.[184] Es bestünde andernfalls die Gefahr, dass sich der Versteigerer unter einem anderen Mitgliednamen anmeldet und das rechtswidrige Angebot wiederhole.[185]

3. Gewerblicher Rechtsschutz, Urheberrecht, Wettbewerbsrecht

Ansprüche können sich auch aus dem Bereich des gewerblichen Rechtsschutzes, dem Wettbewerbsrecht, dem Kennzeichen- und dem Urheberrecht ergeben und sollen hier nur kurz genannt werden. **186**

Nach § 97 UrhG bestehen grds. Ansprüche auf Schadensersatz, Unterlassung und Beseitigung. § 97 Abs. 2 UrhG gewährt zudem dem dort genannten Personenkreis einen Anspruch auf Ersatz eines immateriellen Schadens. Das Urhebergesetz sieht zudem Ansprüche die auf die Vernichtung gerichtet sind, vor (§§ 98, 99, UrhG). Auch kommt im urheberrechtlichen Bereich die Störerhaftung nach § 1004 BGB analog zur Anwendung. In strafrechtlicher Hinsicht können die §§ 106 ff. UrhG relevant werden. Urheberrechte können auch sonstige Rechte i.S.d. § 823 Abs. 1 BGB sein **187**

Ansprüche können sich auch aus Fallgestaltungen ergeben, die kennzeichen- bzw. markenrechtliche Relevanz aufweisen. So sind bei Domainfragen z.B. die Vorschriften des Markengesetztes zu beachten (vgl. dazu 21. Abschn. Rn. 141 ff.). Auch aus dem Patentrecht können sich Unterlassungs-, Schadensersatz-, Entschädigungs- und Vernichtungsansprüche ergeben. Durch die auf einer Webseite veröffentlichten Inhalte kann gegen das UWG verstoßen werden.[186] Dies betrifft insbesondere Fallgestaltungen, in denen es um die Werbung im Internet geht. So gibt es im Internet wettbewerbsrechtliche Sonderformen der Werbung, wie Hyperlinks, Banner-Werbung, Werbe-Mails, Metatags oder Keyword Buys (vgl. dazu 21. Abschn. Rn. 110 ff.). **188**

4. Haftung für Links und Suchmaschinen

Immer wieder steht in Frage, ob und in welchem Umfang für fremde Inhalte gehaftet wird, auf die per Hyperlink oder per Suchmaschinen verwiesen wird. Links (Hyperlinks) sind Querverweise einer Website, die auf eine andere Website im WWW verweisen. Eine Verantwortlichkeit kann sich aus den unterschiedlichsten Rechtsgebieten wie dem Straf-, Delikts-, Wettbewerbs-, Urheber- oder Markenrecht ergeben (die kennzeichenrechtliche Seite wird im 21. Abschn. Rn. 120 ff. dargestellt). Ob das Setzen eines Links aber Vorschriften dieser Rechtsgebiete verletzt, hängt davon ab, ob ein einschlägiger Tatbestand erfüllt wird, was im Einzelfall geprüft werden muss. **189**

Für das Setzen eines Links bzw. das Anbieten von Suchmaschinen greift nach der überwiegenden Auffassung keine der im TMG genannten Privilegierungen, sondern es findet eine **Haftung nach allgemeinen Grundsätzen** statt.[187] In der E-Commerce-Richtlinie wurde ausdrücklich keine Regelung zu Links und Suchmaschinen getroffen (vgl. Art. 21 Abs. 2 der E-Commerce-Richtlinie). Im Wege der Umsetzung der E-Commerce-Richtlinie hat der Gesetzgeber bewusst keine Vorschrift zur Haftung durch Links aufgenommen, sondern vielmehr be- **190**

---

184 *BGH* Urteil v. 12.7.2007 – I ZR 18/04.
185 *BGH* Urteil v. 12.7.2007 – I ZR 18/04.
186 Vgl. ausf. *Moritz/Hermann* in Moritz/Dreier, E-Commerce, D Rn. 310-645.
187 Vgl. zur alten Rechtslage *BGH* MMR 2004, 529 – Schöner Wetten; *Neubauer* in Moritz/Dreier, E-Commerce, D Rn. 73; *Spindler* MMR 2002, 495.

tont, dass sich diese nach den allgemeinen Gesetzen richte.[188] Der deutsche Gesetzgeber hat also weder in das TDG aus dem Jahr 2001 noch in das TMG eine entsprechende Regelung integriert. Ausweislich der Begründung zu dem Gesetzesentwurf der Bundesregierung für das TMG soll außerdem eine Studie der Kommission abgewartet werden, nach deren Ergebnis im Hinblick auf Hyperlinks ggf. weitere Regelungen getroffen werden sollen.[189] Mangels einer bewussten Regelungslücke scheidet wohl auch eine analoge Anwendung der Vorschriften des TMG aus.[190] Weiter findet sich zu Links eine differenzierte Rechtsprechung, die sich mit der Haftung für Links in zivil-, straf-, urheberrechtlicher und kennzeichenrechtlicher Hinsicht auseinandersetzt.[191]

191   Die Verantwortlichkeit des Link-Setzers besteht jedenfalls in den Fällen, in denen er eine Beihilfe oder Förderung eines fremden Delikts gem. § 830 Abs. 2 BGB, § 27 StGB oder eine Mittäterschaft (§ 830 Abs. 1 BGB, § 25 Abs. 2 StGB) begangen hat kann. Der Linksetzende hat durch den Verweis den rechtswidrigen Inhalt bewusst in Kauf genommen und unterstützt die Verbreitung des rechtswidrigen Inhalts.[192]

192   Unklar ist, ob und unter welchen Umständen Linksetzer und Suchmaschinenbetreiber, die mit Links arbeiten, in Urheberrechte, mithin fremde Verwertungsrechte eingreifen. Nach allgemeiner Auffassung dürfte das Setzen eines Links keine Vervielfältigungshandlung gem. § 16 UrhG sein,[193] da der Linksetzer keine Kopie auf seinem Rechner erstellt.[194] In dem Setzen eines Hyperlinks kann grds. auch keine urheberrechtliche Nutzungshandlung i.S.d. öffentlichen Zugänglichmachens (§§ 15 Abs. 2, 19a UrhG) eines geschützten Werkes gesehen werden, denn nur derjenige, der das Werk in das Internet stellt, entscheidet darüber, ob das Werk der Öffentlichkeit zugänglich gemacht wird.[195] Mit Ausnahme der „schmarotzenden" Ausnutzung einer Datenbank[196] scheidet also eine urheberrechtliche Verletzung von Verwertungsrechten durch Suchmaschinenbetreiber und Linksetzer grds. aus.[197]

193   Linksetzer und Suchmaschinenbetreiber können einer Haftung als **(Mit-) Störer** ausgesetzt sein. Dafür gelten die bereits oben erwähnten Grundsätze zur Mitstörerhaftung. Der Umfang der Prüfungspflichten bestimmt sich nach dem Gesamtzusammenhang, in dem der Hyperlink verwendet wurde, dem Zweck des Links und danach, welche Kenntnis der Linksetzer von Umständen hat, die dafür sprechen, dass die Webseite oder der Internetauftritt auf die der Link verweist, rechtswidrigem Handel dient.[198] Zudem ist auch maßgebend, welche Möglichkeiten der Linksetzende hat, die Rechtswidrigkeit des Handelns in zumutbarer Weise zu erkennen.[199] Daraus folgt, dass ein Rechtsverstoß für den Linksetzenden erkennbar, d.h. grob rechtswidrig und offensichtlich sein muss.[200] Eine Störerhaftung kann auch ohne Prüfungspflicht begründet

---

188 BT-Drucks. 14/6098, 37.
189 BT-Drucks. 16/3078, 12.
190 *Köster/Jürgens* MMR 2002, 420; *Neubauer* in Moritz/Dreier, E-Commerce, D Rn. 70 zum TDG.
191 Ein Auszug aus zahlreichen Urteilen vgl. *LG München* MMR 2007, 260; *OLG München* MMR 2006, 768; *OLG Stuttgart* MMR 2006, 387; *LG Berlin* MMR 2005, 786; *LG Stuttgart* MMR 2005, 715; *LG Berlin* MMR 2005, 324; *OLG Schleswig* K&R 2001, 220; *LG Braunschweig* CR 2001, 47.
192 *Spindler* MMR 2002, 495.
193 *BGH* MMR 2003, 719 – Paperboy (presserechtliche Ausrichtung).
194 *BGH* MMR 2003, 719 – Paperboy; *Volkmann* GRUR 2005, 200 m.w.N.
195 *BGH* MMR 2003, 719 – Paperboy (presserechtliche Ausrichtung).
196 Die Rechte eines Datenbankherstellers ergeben sich u.a. aus § 87b UrhG.
197 *Volkmann* GRUR 2005, 200.
198 *BGH* MMR 2004, 529 – Schöner Wetten (zum Wettbewerbsrecht).
199 *BGH* MMR 2004, 529 – Schöner Wetten (zum Wettbewerbsrecht).
200 *Ott* GRUR Int. 2007, 14 m.w.N.

sein, wenn eine Prüfung nach Abmahnung oder Klageerhebung zumutbar geworden ist.[201] In der Regel wird aber allein in der Verlinkung kein adäquat-kausaler Beitrag zu einer Rechtsverletzung gesehen werden können.[202] Zu prüfen bleibt aber, ob der Linksetzende über den bloßen Link hinaus einen Beitrag zu einer Rechtsverletzung leistet[203] oder sich die verlinkten Inhalte zu eigen macht.[204] Solidarisiert sich jemand mit rechtswidrigen Inhalten eines Links, so kann dies eine Haftung begründen.

Bei Suchmaschinen gelten grds. die gleichen Haftungsregelungen wie bei Links. Es besteht jedoch die Besonderheit, dass aufgrund des Allgemeininteresses an Suchwerkzeugen von einer primären Prüfungspflicht nicht ausgegangen werden kann.[205] **194**

5. Haftung von Internetauktionshäusern

Internetauktionshäuser können in zweierlei Hinsicht Haftungsansprüchen ausgesetzt sein: **195** Zum einen können die (zumeist registrierten Nutzer) vertragliche oder außervertragliche Ansprüche geltend machen; zum anderen besteht die Möglichkeit, dass Betreiber von Internetauktionen von Dritten in Anspruch genommen werden.

5.1 Vertragliche Pflichtverletzungen

Zwischen dem Nutzer und dem Betreiber der Plattform kann ein „Nutzungsvertrag" geschlossen werden,[206] in welchem die wechselseitigen Rechte und Pflichten spezifiziert werden. Eine **196** differenzierte Ausgestaltung der wechselseitigen Verpflichtungen und Rechte findet sich üblicherweise in den AGB der Betreiber: diese enthalten einerseits Aussagen zu den Leistungsverpflichtungen der Anbieter; andererseits werden detaillierte Regelungen über eine faire und rechtmäßige Verhaltensweise der Nutzer aufgestellt sowie die Sanktionen bei Nichtbefolgung der Grundsätze festgehalten.

Als typische Leistungspflicht der Betreiber ist bspw. die technische Bereithaltung der Auktionsplattform für den Nutzer, das Einstellen der Produkte des Nutzers und die ordnungsgemäße **197** Abwicklung der Versteigerung zu nennen. Die Nichteinhaltung dieser Leistungsverpflichtung ist etwa dann denkbar, wenn durch technische Fehler die Abgabe eines Angebotes nicht registriert wurde, die Abwicklung des Geschäftes mangels Übermittlung der Kontaktdaten fehlgeschlagen oder schlicht die Plattform nicht funktionsfähig ist und so Angebote weder eingestellt noch abgerufen werden können. Neben diesen technisch bedingten Ausfällen kann es auch zu Unregelmäßigkeiten bei der Durchführung der Auktion kommen.

5.1.1 Technisch bedingte Ausfälle

Technisch bedingte Ausfälle haben zur Folge, dass das System/die Plattform nicht mehr ansprechbar ist und so Produkte weder ver- noch ersteigert werden können. Möglicherweise läuft **198** in einem solchen Fall eine Angebotsfrist ab, ohne dass es zu einem Vertragsschluss gekommen ist. Denkbar ist aber auch, dass dem Nutzer die Abgabe eines Gebotes unmöglich ist und er dadurch das Produkt nicht ersteigern konnte, z.B. weil der Registrierungsmechanismus funktionsunfähig war. Schließlich ist auch zu bedenken, dass sich der Einlieferer darauf eingestellt

---

201 *BGH* MMR 2004, 529 – Schöner Wetten (zum Wettbewerbsrecht).
202 Vgl. *BGH* MMR 2003, 719 – Paperboy (presserechtliche Ausrichtung).
203 *Härting* Internetrecht, Rn. 1097 (Hyperlink mit Äußerungen, die den Beitrag unterstützen).
204 *Freytag* in Moritz/Dreier, E-Commerce, D Rn. 129.
205 *Freytag* in Moritz/Dreier, E-Commerce, D Rn. 132; *Volkmann* GRUR 2005, 200.
206 Zur Vertragstypologischen Einordnung vgl. *Spindler* in Spindler/Wiebe, Internetauktionen und elektronische Marktplätze, Kap. 5 Rn. 13 ff.

hat, eine Sache innerhalb eines bestimmten Zeitraums zu veräußern und im Falle von Verzögerungen weitere Aufwände anfallen können (etwa Lagerkosten, Versicherung und Steuern bei einem PKW).

199   Ob die technische Aufrechterhaltung der Plattform, deren Verfügbarkeit sowie die Funktionsfähigkeit in technischer Hinsicht eine vertragliche Leistungsstörung darstellt und mithin Ersatzansprüche auslösen kann, richtet sich immer nach der Ausgestaltung des jeweiligen Vertragsverhältnisses.

200   In den ganz überwiegenden Fällen enthalten die AGB der Betreiber Klauseln, in denen die Nutzung und Funktion *„im Rahmen des aktuellen Stands der Technik"*[207] erbracht wird, die Internetplattform *„in der Form und mit den Funktionen bereit gestellt wird, die jeweils gerade verfügbar sind"*[208] oder *„5 Stunden Unterbrechung pro Woche nicht als Vertragspflichtverletzung gelten, da diese Zeit für gängige Update- und Serviceleistungen benötigt wird"*.[209] Neben der Einschränkung der Verfügbarkeit treffen die Betreiber in ihren AGB meist auch Regelungen dazu, wie sich Systemausfälle auf Angebote, insbesondere die Bietfristen und die Gebühren auswirken. Bspw. erstellt ein großes Internetauktionshaus bei Systemausfällen eine Gutschrift über die Gebühren für das jeweilige Angebot und gewährt ggf. eine Verlängerung der Bietfrist.[210] Andere führen die Auktion dort fort, wo sie bei einem Systemausfall endete.[211] Die Betreiber formulieren also Klauseln, die Aussagen über die Verfügbarkeit der Systeme im weitesten Sinne treffen. Diese Klauseln unterliegen einer AGB-Kontrolle, für welche die gleichen Maßstäbe gelten dürften wie in den bereits genannten Fallgestaltungen (z.B. ASP, Abschn. 13 Rn. 180). Die Vereinbarung von Wartungsfenstern ist aber auch hier zulässig.

201   Auch im Rahmen der technischen Abwicklung der Auktion können Fehler auftreten. Fallgestaltungen sind hier bspw. das unvollständige oder inhaltlich abweichende Einstellen des Angebots oder Fehler bei der Bearbeitung von Geboten. Werden bspw. die Produkte nicht oder nicht vollständig angezeigt, reduziert dies die Attraktivität des Produktes für die Ersteigerer erheblich. Wird ein Gebot gar nicht erfasst, inhaltlich verändert wiedergegeben oder funktioniert der von den meisten Internetauktionshäusern angebotene „Bietagent" nicht, wird für den betroffenen Bieter der Vertragsschluss verhindert. Denkbar ist auch, dass dem Einlieferer die Kontaktdaten nicht übermittelt werden und die Durchführung des Vertrages mit dem Ersteigerer aus diesem Grunde fehlschlägt. Die Pflicht zur ordnungsgemäßen technischen Abwicklung des Auktionsvorgangs dürfte eine vertragliche Pflicht der Betreiber darstellen, zumal die Versteigerung in der Regel gegen Gebühren erfolgt. Nach dem BGH ist eine wesentliche Vertragspflicht eine Verpflichtung, deren Erfüllung die ordnungsgemäße Durchführung des Vertrages überhaupt erst ermöglicht und auf deren Einhaltung der Vertragspartner regelmäßig vertraut und vertrauen durfte (Kardinalpflicht).[212] Diese Voraussetzungen liegen hier vor: die ordnungsgemäße Bearbeitung der Angebote, Gebote und die Übermittlung der Kontaktdaten ermöglicht erst die Erfüllung des zwischen dem Nutzer und dem Betreiber bestehenden Nutzungsvertrages. Der Nutzer darf regelmäßig auch darauf vertrauen, dass die technische Abwicklung – abseits von System-Totalausfällen – einwandfrei funktioniert. Selbstverständlich sind zur Beurteilung, ob Ansprüche bestehen, primär die Leistungsbeschreibung und die AGB der Anbieter maßgebend.

---

207 AGB eBay, abzurufen unter www.eBay.de.
208 AGB My-hammer, abzurufen unter www.my-hammer.de.
209 AGB Azubo, abzurufen unter www. azubo.de.
210 AGB eBay, abzurufen unter www.eBay.de.
211 AGB Azubo, abzurufen unter www. azubo.de.
212 Z.B. *BGH* NJW-RR 2005, 1496.

Ein weitere Überlegung lässt sich unter dem Aspekt der IT-Sicherheit anstellen: In der Praxis wurde wiederholt Software entwickelt, die sich dazu eignet, Auktionen zu manipulieren oder etwaige Sicherheitsmechanismen auszuhebeln. Ein gewisses, dem Stand der Technik entsprechendes Maß an IT-Sicherheit bzw. Schutz gegen Manipulationen von außen dürfte zu den vertraglichen Nebenpflichten der Betreiber zählen. Diese haben in der Regel auch ein Interesse daran, einen bestimmten Sicherheitsstandard zu gewährleisten, da eine unsichere Plattform von den Nutzern wohl kaum in Anspruch genommen würde. Daher finden sich in den AGB der Betreiber meist auch Aussagen über die Unzulässigkeit der Nutzung von Drittsoftware oder anderen Manipulationsmechanismen. **202**

Die Betreiber sind in der Praxis gegen sog. Bietsoftware oder sog. Sniper-Software vorgegangen, die dazu dient, erst kurz vor Ablauf der Bietfrist ein Angebot abzugeben, um sich das höchste Gebot zu sichern. Solche Programme nehmen Mitbietern die Chance, ein eigenes Höchstgebot abzugeben. Das LG Hamburg hat einer einstweiligen Verfügung einer Online-Handelsplattform gegen den Softwareanbieter auf Unterlassung gem. §§ 823, 1004 BGB stattgeben mit dem Argument, die Zurverfügungstellung von Hilfsmitteln stelle einen Eingriff in das Recht am eingerichteten und ausgeübten Gewerbebetrieb dar, zumal die AGB des Betreibers den Einsatz solcher Software verbieten.[213] Das LG Berlin verneinte einen Verstoß gegen das UWG, da die Sniper-Software systemimmanent sei: sie sei nichts anderes als ein weisungsgebundener, im Saal präsenter Strohmann.[214] **203**

5.1.2 Unregelmäßigkeiten bei der Abwicklung der Auktion

Haftungsfragen stellen sich auch im Hinblick auf den Ablauf der Auktion. So besteht bspw. die Möglichkeit, einen Dritten zu bitten, an der Versteigerung teilzunehmen, um den Preis in die Höhe zu treiben, oder gar selbst unter einem anderen Account mitzusteigern (Eigengebot). Möglich ist auch, dass Gebote abgegeben werden, die nicht die Bedingungen des Anbieters erfüllen, um das Angebot bewusst zu behindern. Schließlich finden sich auch sog. Spaßbieter, die keine ernsten Kaufabsichten aufweisen. In diesen Fallkonstellationen stellt sich die Frage, inwiefern den Plattformbetreibern die vertragliche Pflicht zukommt, missbräuchliche Auktionen zu unterbinden. Um eine wesentliche Vertragspflicht (vgl. dazu Rn. 197) wird es sich hier kaum handeln, da auch bei missbräuchlich ersteigerten Waren die Pflicht des Betreibers, eine Plattform zur Verfügung zu stellen und die Auktion abzuwickeln, erfüllt werden kann. Jedoch kann es sich um eine vertragliche Nebenpflicht der Betreiber handeln, die Nutzer vor Missbräuchen bei Auktionen zu schützen.[215] **204**

5.2 Haftung gegenüber Dritten

Betreiber von Internetauktionen können wegen der Verletzung von gewerblichen Schutzrechten, dem Urheberrecht, aus wettbewerbsrechtlichen Gründen, nach dem allgemeinen Zivilrecht oder sonstigen Haftungstatbeständen durch Dritte in Anspruch genommen werden. Die markenrechtlichen Fragen werden in 21. Abschn. 131 ff. erläutert. **205**

5.2.1 Rechtsverletzende Inhalte

Die Haftungsprivilegierungen des TMG werden bei Betreibern von Internetauktionshäusern insoweit nicht greifen, als die Betreiber eigene Informationen i.S.d. § 7 Abs. 1 TMG bereitstellen. Auktionshäuser stellen ihren Nutzern eine Plattform zur Verfügung, auf der diese als Bieter oder Einlieferer von Waren oder Dienstleistungen tätig werden können. Dazu werden vor- **206**

---

213 *LG Hamburg* K&R 2003, 296.
214 *LG Berlin* ITRB 2004, 74; a.A. *LG Hamburg* MMR 2002, 755.
215 So *Spindler* in Spindler/Wiebe, Internetauktionen und elektronische Marktplätze, Kap. 5 Rn. 59.

gegebene Benutzermasken installiert und allgemeine Informationen erteilt, deren Inhalte als „eigene Inhalte" der Betreiber zu bewerten sind. Wird bspw. bewusst ein Link auf eine das Urheberrecht verletzende Webseite gesetzt, handelt es sich um eine eigene Information, für die der Betreiber haftet.

207 Um eigene Informationen handelt es sich aber nicht bei den durch die Einlieferer eingestellten Angeboten.[216] Dies wird damit begründet, dass sich der Betreiber zwar an der Präsentation der Waren im Internet beteilige, aber den Nutzern letztlich nur eine Handelsplattform zur Verfügung stelle, auf der diese selbstständig Waren zum Verkauf anbieten oder ersteigern könnten.[217] Auch ein „zu eigen machen" der Inhalte läge nicht vor, da sich der Betreiber durch einen entsprechenden Hinwies deutlich von den Angeboten distanziert habe. Daran könne auch das Angebot eines „Bietagenten nichts ändern".[218] Diese Einschätzung spiegelt sich auch in den AGB der Betreiber wieder, wo die Nutzer ausdrücklich darauf hingewiesen werden, dass etwa rechtswidrige, diffamierende oder rassistische Inhalte nicht veröffentlicht werden dürfen.

Die Haftungsprivilegien des TMG erfassen jedoch nicht die durch Dritte geltend gemachten Unterlassungsansprüche. In diesen Fällen gelten die nach der Rechtsprechung aufgestellten Grundsätze zur Störerhaftung (vgl. dazu oben Rn. 182 und 21. Abschn.).

5.2.2 Unrechtmäßige Registrierung/„Passwortdiebstahl"

208 Neben markenrechtlichen Verletzungen sind Auktionshäuser auch auf Unterlassung in Anspruch genommen worden in Fällen, wo sich ein Dritter unrechtmäßig unter dem Namen eines Nutzers registrierte, er sich sozusagen dessen Identität bediente. Das Internetauktionshaus kann gem. § 10 TMG nach einem klaren Hinweis auf die Rechtsverletzung dazu verpflichtet werden, den unrechtmäßigen Nutzer zu sperren und kann grds. auch auf ein Unterlassen in Anspruch genommen werden.[219] Zudem können dem Anbieter Vorsorgepflichten für weitere Rechtsverletzungen auferlegt werden.[220] Mithin kann für Betreiber auch außerhalb von vertraglichen Ansprüchen die Pflicht bestehen, unrechtmäßige Registrierungen durch die missbräuchliche Verwendung von persönlichen Daten zu sperren und zu unterlassen.

5.2.3 Fehlerhafte Bewertungen

209 Weitere Streitigkeiten haben sich im Zusammenhang mit falschen Bewertungen der Nutzer ergeben. Auktionshäuser bieten den Nutzern die Möglichkeit, Einlieferer und Ersteigerer von Waren zu bewerten, etwa ob die Ware ordnungsgemäß war, die Übersendung zügig erfolgte oder die Zahlung unproblematisch verlief. Aus diesen Bewertungen wird meist ein bestimmtes Punktesystem generiert, welches die Zuverlässigkeit des Nutzers erkennen lässt. Ein Nutzer hat zunächst die Möglichkeit, denjenigen in Anspruch zu nehmen, der die vermeintlich fehlerhafte Bewertung abgegeben hat. Dieser kann bspw. auf Widerruf der Bewertung und Unterlassung in Anspruch genommen werden.[221]

210 In Frage steht aber, ob ein entsprechender Anspruch auch gegenüber dem Betreiber der Internetauktion geltend gemacht werden kann. Dieses Bedürfnis ergibt sich primär daraus, dass die Nutzer unter einem Pseudonym auftreten und weder der Name noch ihre Kontaktdaten bekannt

---

216 *BGH* Urteil v. 12.7.2007 – I ZR 18/04; *OLG Brandenburg* MMR 2004, 330; *OLG Düsseldorf* MMR 2004, 315.
217 *OLG Brandenburg* MMR 2004, 330.
218 *OLG Brandenburg* MMR 2004, 330.
219 Vgl. *OLG Brandenburg* GRUR-RR 2006, 297.
220 Vgl. *OLG Brandenburg* GRUR-RR 2006, 297.
221 Vgl. *LG Konstanz* NJW-RR 2004, 1635 (Revision beim *BGH* VIII ZR 236/04); *AG Koblenz* MMR 2004, 638; *LG Düsseldorf* MMR 2004, 496.

sind. Neben dem Fall der unsachgemäßen Bewertung können Bewertungen auch strafrechtlich relevante Inhalte aufweisen, etwa in Form von Beleidigungen. Oft weisen die Auktionshäuser ihre Kunden bereits in den AGB darauf hin, dass in solchen Fällen die Bewertung entfernt wird. Bei den Bewertungen wird es sich ebenso wie bei den Angeboten um für die Betreiber fremde Inhalte handeln, so dass § 10 TMG eingreift. Es erscheint aber nicht ausgeschlossen, dass die Betreiber nach den Grundsätzen zur Störerhaftung in Anspruch genommen werden können, soweit ihnen eine Rechtsverletzung bekannt wird und die Zumutbarkeitsgrenze für Überwachungs- und Prüfungsmaßnahmen nicht überschritten ist.[222]

6. Haftung von Forenbetreibern

Eine weitere beliebte Form der Kommunikation im Internet sind die Online-Foren. Foren sind in zahlreichen Varianten zu finden; die Spannbreite reicht über Newsforen, Foren zur Vermittlung privater oder geschäftlicher Kontakte, Diskussionsforen, Blogs, Wikis, themenspezifischen Foren bis hin zu Bewertungsforen über Produkte oder Personen.   **211**

Gemeinsam ist den Foren, dass die Nutzer sich dort zu einem bestimmten Thema äußern können, wozu meist eine Registrierung erforderlich ist. Nach der Registrierung steht es den Nutzern frei, Inhalte einzustellen und mit den anderen Nutzern zu kommunizieren. Bei den Beiträgen handelt es sich in der Regel um fremde Inhalte für die Forenbetreiber – es sei denn der Forenbetreiber hat sich den Inhalt im Einzelfall zu eigen gemacht – mit der Folge, dass den Forenbetreibern die Haftungsprivilegierung des § 10 TMG zugute kommt.[223] Für eigene Inhalte der Forenbetreiber greift aber keine der im TMG genannten Haftungsprivilegierungen ein.   **212**

Da, wie bereits mehrfach erwähnt, die Haftungsprivilegierungen des TMG den Unterlassungsanspruch unberührt lassen, sind Forenbetreiber als Störer vielfach auf Unterlassung in Anspruch genommen worden.[224] In der Regel geht es um ehrverletzende oder strafrechtlich relevante Äußerungen, die ein Nutzer in das Forum eingestellt hat. Dabei wird es teils für die Herbeiführung der Störung als ausreichend angesehen, dass die Forenbetreiber als Hostprovider durch die Eröffnung des Forums die Möglichkeit schaffen, Inhalte zu veröffentlichen und zu verbreiten.[225] Ein Unterlassungsanspruch kann gegen den Betreiber eines Meinungsforums sogar dann geltend gemacht werden, wenn dem Verletzten die Identität des Autors bekannt ist.[226]   **213**

In Frage steht darüber hinaus, in welcher Weise der Forenbetreiber nach Einstellen der Inhalte durch die Teilnehmer verpflichtet ist, den Inhalt der Seite zu überwachen. Proaktive Prüfungspflichten bestehen nach überwiegender Auffassung auch bei Forenbetreibern grds. nicht, da dies eine technische, personelle und wirtschaftliche Überforderung darstellen würde.[227] In welchem Umfang Prüfungs- und Überwachungspflichten nach Erlangung der Kenntnis von einer Rechtsverletzung bestehen, bemisst sich an den Umständen des jeweiligen Einzelfalls. In die Betrachtung mit einzubeziehen sind die betroffenen Rechtsgüter, der zu betreibende Auf-   **214**

---

222 Vgl. dazu auch *Meyer* NJW 2004, 3151; *Spindler* in Spindler/Wiebe, Internetauktionen und elektronische Marktplätze, Kap. 6 Rn. 63.

223 Vgl. bspw. *LG Düsseldorf* Urteil v. 27.6.2007 – 12 O 343/06; *BGH* MMR 20076, 518; a.A. zu § 6 MDStV *LG Hamburg* Urteil v. 27.4.2007 – 324 O 600/06 – Supernature-Fall; *OLG Düsseldorf* MMR 2006, 682; 2006, 618; *BGH* Urteil v. 12.7.2007 – I ZR 18/04 – Jugendgefährdende Medien bei eBay.

224 Vgl. dazu auch *Feldmann* MMR 2006, 746.

225 *OLG Düsseldorf* MMR 2006, 618; *LG Düsseldorf* Urteil v. 27.6.2007 – 12 O 343/06.

226 *BGH* MMR 2007, 518.

227 *OLG Düsseldorf* MMR 2006, 618; *LG Düsseldorf* Urteil v. 27.6.2007 – 12 O 343/06; a.A. *LG Trier* MMR 2002, 694.

wand, der erwartete Erfolg, die technischen und wirtschaftlichen Möglichkeiten, die Vorteile des Anbieters, die aus seinem Dienst hervorgehen, die berechtigten Sicherheitserwartungen, die Vorhersehbarkeit der Risiken[228] sowie die drohenden Rechtsgutsverletzungen.[229] Zudem gilt zu beachten, dass das Betreiben eines Internetforums ggf. unter dem Schutz der Presse- und Meinungsäußerungsfreiheit steht und die Existenz des Forums bei Überspannung der Überwachungspflichten gefährdet wäre.[230] So wird angenommen, die Betreiber träfe die Pflicht, die Beiträge des Forums laufend daraufhin zu prüfen, ob sie erneut, also wenn eine Rechtsverletzung bereits bekannt wurde, Aufrufe der beanstandeten Art enthielten, soweit dazu ein konkreter Anlass besteht.[231] Andere sehen eine Überprüfungspflicht dann als zumutbar an, wenn der Betreiber durch sein eigenes Verhalten rechtswidrige Beiträge provoziert hat oder wenn ihm eine gewichtige Rechtsverletzungshandlung benannt wurde und die Gefahr weiterer Verletzungen besteht.[232] Dies entspricht weitgehend der Rechtsprechung des BGH, der in seinem jüngsten Urteil – allerdings zu Internetauktionshäusern – entschied, dass ein Betreiber zumutbare Vorsorgemaßnahmen treffen muss, damit es möglichst nicht zu weiteren gleichartigen Rechtsverletzungen kommt.[233]

7. Haftung der P2P-Netzwerkbetreiber/P2P-Anwender

215 Mit zunehmender Geschwindigkeit des Internet etablierten sich auch die sog. **Peer-to-Peer Netzwerke**, in denen Daten zwischen den Beteiligten weitergegeben und ausgetauscht werden können (Filesharing). Die Teilnehmer benötigen eine spezielle Software und haben nach deren Installation die Möglichkeit, Dateien, z.B. Musik, Filme, Videos oder Computerprogramme herunterzuladen und eigene Dateien des privaten PC für den Download freizugeben. Das erste Filesharing-Netzwerk war Napster, dort konnte vorwiegend Musik heruntergeladen werden. Die heutigen Filesharing-Netzwerke sind dezentrale Netzwerke, die über keinen zentralen Server mehr verfügen, sondern eine Verbindung unmittelbar zwischen den Teilnehmern ermöglichen. Die Datensuche und der Datenaustausch finden zwischen den verschiedenen Teilnehmern statt. Ein weiterer technischer Fortschritt ist die Möglichkeit, die Daten verschlüsselt zu übertragen und nicht unmittelbar an den Empfänger, sondern die Übermittlung durch einen Umweg über Dritte vorzunehmen.

216 Die **P2P-Anwender/Nutzer** setzen sich primär einer strafrechtlichen Haftung nach § 106 UrhG wegen einer unrechtmäßigen Vervielfältigung (§ 16 UrhG) oder einer unrechtmäßigen öffentlichen Zugänglichmachung (§ 19a UrhG) aus. Eine Vervielfältigung liegt bspw. vor, wenn sich der Teilnehmer das geschützte Werk herunterlädt und auf seiner Festplatte abspeichert.[234] Eine andere Beurteilung konnte sich schon gem. § 53 UrhG a.F. ergeben, der eine Vervielfältigung zum privaten Gebrauch zuließ, soweit nicht zur Vervielfältigung eine offensichtlich rechtswidrig hergestellte Vorlage verwendet wurde. Letzteres Merkmal ließ jedoch eine rechtssichere Beurteilung nicht zu: Aus der Sicht eines gutgläubigen Nutzers könnte so für die meisten Fälle angenommen werden, dass die Vorlage sich in rechtmäßiger Weise auf dem Rechner des Teilnehmers befinde. Mithin würde es sich aus Sicht des Nutzers–außer in offensichtlichen Fällen- nicht um eine offensichtlich rechtswidrig hergestellte Vorlage handeln mit

---

228 *OLG Düsseldorf* MMR 2006, 618.
229 *OLG Hamburg* CR 2007, 44.
230 *OLG Hamburg* CR 2007, 44.
231 So *OLG Hamburg* MMR 2006, 744 – heise.de
232 So *OLG Düsseldorf* MMR 2006, 618; *OLG Hamburg* CR 2007, 44.
233 *BGH* Urteil v. 12.7.2007 – I ZR 18/04.
234 *Heghmanns* MMR 2004, 14; *Heerma* in Wandtke/Bullinger, § 16 UrhG Rn. 14; zum Gang des Strafverfahrens vgl. *Dietrich* NJW 2006, 809.

Gennen

der Folge, dass ein Download straflos bliebe.[235] Ob bei einem Download in P2P-Netzwerken generell die Offensichtlichkeit bejaht werden kann, ist fraglich, da auch die Möglichkeit besteht, dass sich die Datei aufgrund eines rechtmäßigen Vorgangs auf der Festplatte befindet.[236] Der Gesetzesentwurf der Bundesregierung zu einem Zweiten Gesetz zur Regelung des Urheberrechts in der Informationsgesellschaft[237] sieht für die Neuregelung des § 53 Abs. 1 UrhG, die am 1.1.2008 in Kraft tritt, die Einfügung der Worte „offensichtlich rechtswidrig hergestellte oder gewöhnliche Vorlagen" vor. Dadurch soll die öffentliche Zugänglichmachung in Fällen der Privatkopie unzulässig sein und eine Möglichkeit für ein Vorgehen gegen das Erstellen von Kopien in Filesharing-Systemen gegeben werden soll.[238] Durch das Merkmal der Offensichtlichkeit werde aber weiter gewährleistet, dass den Nutzern keine zu weit gehenden Prüfpflichten auferlegt werden.[239]

Die P2P-Netzwerkbetreiber sind bei dezentralen Netzwerken nicht unmittelbar an der Verletzungshandlung beteiligt, so dass eine strafrechtliche Täterschaft durch das bloße Bereitstellen der Software nicht sehr wahrscheinlich ist. Im Einzelfall ist aber eine Teilnahmehandlung in Erwägung zu ziehen.[240] In der Rechtsprechung sind wenige Entscheidungen vorhanden, die sich mit der Haftung der „P2P-Netzwerkbetreiber" beschäftigen. Das OLG Hamburg entschied nicht über die Zulässigkeit solcher Netzwerke im Allgemeinen, mit der Begründung, es gebe die Möglichkeit, dass diejenigen, die die Software zur Verfügung stellen, nicht grds. für Urheberrechtsverletzungen durch die Teilnehmer verantwortlich zu machen sind.[241] Jedoch sei im Einzelfall nach der gegebenen Sachlage eine Störerhaftung nicht ausgeschlossen. In der genannten Entscheidung wurde ein Unterlassungsanspruch nach § 97 UrhG bejaht, da der Anbieter gerade mit der rechtswidrigen Verwendbarkeit geworben habe.[242]   **217**

Erwägenswert ist auch, ob derjenige, der die Software zur Verfügung stellt, als Anbieter eines Telemediendienstes i.S.d. TMG angesehen werden kann, da dies erfordert, dass Telemedien bereitgestellt werden. In der Literatur wird die Anwendbarkeit des TMG teils verneint, da es sich nicht um einen Diensteanbieter handele, der ein Angebot bereithält, sondern die Nutzer die Datenübermittlung vornehmen.[243]   **218**

8. Haftung von W-LAN-Betreibern

Die Rechtsprechung zur Störerhaftung beschäftigte sich überwiegend mit der Haftung der Betreiber von Internetauktionen oder Internetforen (dazu Rn. 95 ff.). Als Störer kann aber auch derjenige in Anspruch genommen werden, der durch eine ungeschützte **W-LAN** Verbindung die Nutzung des Internetzugangs ermöglicht. Den Betreiber treffen nach einer ersten instanzgerichtlichen Entscheidung zur Haftung von W-LAN Betreibern Prüf- und Handlungspflichten zur Vorbeugung, insbesondere sei die Einrichtung eines Passwortschutzes auch dann zumutbar, wenn dies fachkundiger Hilfe bedarf und Kosten verursacht.[244] Dies lässt die Frage zu, ob   **219**

---

235 Vgl. dazu *Heghmanns* MMR 2004, 14; *Heerma* in Wandtke/Bullinger, § 16 UrhG Rn. 14.
236 Vgl. dazu *Heghmanns* MMR 2004, 14.
237 BT-Drucks. 16/1828, 6.
238 BT-Drucks. 16/1828, 26.
239 BT-Drucks. 16/1828, 26.
240 Ausf. zur Strafbarkeit der Betreiber *Heghmanns* MMR 2004, 14.
241 *OLG Hamburg* MMR 2006, 398 – Cybersky; zur Haftung sog. UseNet-Zugangsvermittler vgl. *LG München I* MMR 2007, 453; *LG Hamburg* MMR 2007, 333.
242 *OLG Hamburg* MMR 2006, 398 – Cybersky.
243 *Köster/Jürgens* MMR 2002, 420; *Spindler* MMR 2006, 403; vgl. auch *Kreuzer* GRUR 2001, 307, beide zum TDG; *Freytag* in Moritz/Dreier, E-Commerce D Rn. 134.
244 So *LG Hamburg* CR 2007, 54; kritisch *Hornung* CR 2007, 88.

W-LAN-Betreiber, sei es geschäftlich oder privat, stets eine Verschlüsselung nach dem aktuellen Stand der Technik vornehmen müssen, d.h. im Zeitpunkt der Drucklegung dieses Werks anstelle der unsicheren WEP-Verschlüsselung eine Verschlüsselung nach WPA/WPA2 installieren müssen.

B. Domain-Verträge

220 Grundlage jeder Internetpräsenz ist die Internetadresse, die Domain, über die der Internetauftritt weltweit abrufbar ist. Dabei handelt es sich um einen Namen, den sich der Internetnutzer einfach merken kann und der meist in einem Zusammenhang mit dem Inhaber der Internetseite steht. Der Domainname enthält eine **Top-Level-Domain** (TLD).

221 International ist die **Internet Corporation for Assigned Names and Numbers (ICANN)** zuständig für die Funktionsfähigkeit und Stabilität des Internets. ICANN ist infolge eines Memorandum of Understanding des U.S. Department of Commerce entstanden. Es handelt sich um eine Non-Profit-Organisation mit Sitz in Kalifornien. ICANN ist verantwortlich für die Verwaltung der IP-Adressen und koordiniert das Domain Name System der allgemeinen TLD (gTLD) und der länderspezifischen TLD (ccTLD; country code TLD). ICANN übernimmt jedoch nur die technische Koordination, Themen wie etwa Regelungen zu finanziellen Transaktionen im Internet, Datenschutz, Inhaltskontrollen im Internet oder Regelungen zur Spam-Mail-Problematik fallen hingegen nicht in den Zuständigkeitsbereich. Die wichtigstesn TLD die durch die ICANN an Registrare vergeben werden sind solche mit den Endungen .biz, .info., .org, .net, .com. Für die Endungen .com und . net wurde bspw. der VeriSign Global Registry Service akkreditiert.

222 Zur Lösung von Streitigkeiten im Zusammenhang mit den globalen TLD wurde im Jahr 1996 die Uniform Domain Name Dispute Resolution Policy (UDRP)[245] geschaffen. Dort werden die Fälle der missbräuchlichen und bösgläubigen Registrierung behandelt, soweit es sich um einen Missbrauch der Marke eines anderen handelt. Andere Fälle erfasst die UDRP ebensowenig wie Verletzungen von Domainnamen die nicht auf .aero, .biz, .com, .coop, .info, .museum, .name, .net und .org enden. Länderspezifische TLD unterfallen diesem Verfahren also grds. nicht; ausnahmsweise kann aber dieses Verfahren übernommen werden. Bei dem Verfahren handelt es sich um ein schnelles und kostengünstiges Verfahren vor einem akkreditierten Schiedsgericht. Derzeit können Verfahren bei dem CPR Institute for Dispute Resolution, bei dem National Arbitration Forum (NAF) und der World Intellectual Property Organization (WIPO) und dem Asian Domain Name Dispute Resolution Center (ADNRC) durchgeführt werden. Die Einzelheiten zum Verfahrensablauf ergeben sich aus den Rules for Uniform Domain Name Dispute Resolution Policy sowie aus den ergänzenden Regelungen der einzelnen Schiedsstelle.

223 In Deutschland lautet die länderspezifische Top-Level-Domain „.de" und wird allein von der **DENIC e.G.** vergeben. Weitere TOP-Level-Domains sind bspw. solche, die auf .org, .info., .com, oder .edu enden. Second-Level-Domains sind einer Top-Level-Domain untergeordnet und enthalten eine frei wählbare Bezeichnung, z.B. den Unternehmensnamen (unternehmen.de). Weitere Bezeichnungen werden in Subdomains aufgeführt (info.unternehmen.de). Die gesamte Adresse ist die sog. **URL** (Uniform Resource Locator). Die zu der jeweiligen Domain gehörende **IP-Adresse** vergibt nicht die DENIC. IP-Adressen werden über einen IP-Pro-

---

245 Abzurufen unter www.icann.org/udrp.

vider zugeteilt. Dieser erhält die IP-Adresse von einer der weltweiten Registrierungsstellen für IP-Adressen. Für Europa, den Nahen Osten und Zentralasien ist dies das **RIPE NCC** (Réseaux IP Européens Network Coordination Centre).

Domains stellen durch die weitreichende Bedeutung des Internet als Werbe- und Verkaufsme- **224** dium ein handelbares Wirtschaftsgut dar. Jedoch handelt es sich dabei nicht um absolute Rechte, sondern die Domain räumt dem Inhaber ein Nutzungsrecht an dem Domainnamen ein; Einzelheiten zum Domainrecht/Kennzeichenrecht vgl. 21. Abschn. Rn. 141 ff.

Verträge deren Inhalt im Zusammenhang mit einer Domain steht, können unterschiedliche **225** Leistungen enthalten. Denkbar sind Verträge über die bloße **Registrierung** der Domain sowie Vertragskonstellationen, in denen die Übertragung, die Miete oder das sog. Domain-Sharing im Vordergrund stehen.

I. Registrierung der Domain .de bei der DENIC

Die Registrierung einer Domain unter der TLD „.de" erfolgt in Deutschland über die DENIC, **226** wobei es drei verschiedene Möglichkeiten zur Registrierung gibt. Die erste Möglichkeit ist der Abschluss eines **Registrierungsvertrages** (DENICdirect) unmittelbar mit der DENIC. Häufiger wird ein Internet-Service-Provider (ISP), der Mitglied (Genosse) der DENIC ist, mit der Registrierung der Domain für einen Kunden beauftragt. Eine dritte Möglichkeit zur Registrierung ist die Durchführung durch einen ISP, der nicht Mitglied der DENIC ist und sich daher wiederum eines Dritten, der DENIC-Mitglied ist, als Vermittler bedienen muss.

Der Vertragsschluss über DENICdirect wird in der Praxis relativ selten durchgeführt, was vor **227** allem damit zusammenhängt, dass die DENIC empfiehlt, eine Registrierung von einem ISP durchführen zu lassen. Jedoch wird auch bei der Registrierung einer Domain durch einen ISP der Endkunde Vertragspartner der DENIC, sofern der ISP als Stellvertreter des Endkunden auftritt. Für die erforderliche Offenkundigkeit der Stellvertretung reicht es in der Regel aus, dass der Kunde als Domaininhaber genannt wird.[246] Trägt die DENIC jedoch den ISP oder einen anderen Vermittler als Domaininhaber ein, wird dieser zunächst – unabhängig von seinen rechtlichen Verpflichtungen gegenüber dem Kunden auf Übertragung der Domain – Vertragspartner der DENIC.

Vertragsgegenstand ist die Registrierung einer bestimmten Second-Level-Domain durch die **228** Aufnahme der Domain sowie ihrer technischen Daten in die Nameserver für die TOP-Level-Domain .de (Konnektierung). Weiter ist Inhalt eines Vertrages zwischen der DENIC und dem Kunden die Überlassung der Domain zum Gebrauch. Der Domaininhaber erwirbt die Domain jedoch nicht, sondern erhält ein Nutzungsrecht an der Domain.[247]

Die DENIC bedient sich im Rahmen des Vertragsschlusses AGB in Form der DENIC-Domain- **229** richtlinien und der DENIC-Domainbedingungen. Dort sind die wechselseitigen Rechten und Pflichten des Domainvertrages detailliert geregelt. Bspw. enthalten diese AGB Bestimmungen dazu, aus welchen Buchstaben- und Zahlenkombinationen eine Domain bestehen darf, wie die Domainregistrierung erfolgt, welche Aufgaben die DENIC hat und welche Pflichten der Domaininhaber übernimmt. Die Registrierung erfolgt außerdem nur gegen Zahlung eines entsprechenden Entgeltes.

---

246 *Ernst* MMR 2002, 714.
247 *BVerfG* GRUR 2005, 261 – ad.adcta.de; *Ernst* MMR 2002, 714.

230 Die **vertragstypologische Einordnung** des Domainvertrages zu den Schuldverhältnissen des BGB bereitet Schwierigkeiten. Diskutiert wird das Vorliegen einer Pacht,[248] aufgrund der Erfolgsbezogenheit – die DENIC schuldet die Konnektierung der Domain – wird teilweise die Einordnung als Werkvertrag befürwortet.[249] Nach einer anderen Auffassung schließen die DENIC und der Domaininhaber einen Vertrag, der bezüglich der erstmaligen Registrierung werkvertragliche Elemente aufweist, im Hinblick auf die Dauerhaftigkeit der Registrierung aber auch dienstvertragliche Elemente beinhaltet.[250]

231 Als vertragliche Besonderheit ist der **Kontrahierungszwang** der DENIC zu nennen. Da sie für die TOP-Level-Domain .de eine Monopolstellung innehat, ist sie grds. zum Vertragsschluss verpflichtet.

232 Die DENIC prüft während des Registrierungsverfahrens nicht, ob die Registrierung für den Domaininhaber oder die Nutzung durch diesen Rechte Dritter verletzt (zur Haftung der Domainvergabestelle vgl. 21. Abschn. Rn. 173 ff.).

233 Dritte können aber versuchen, über einen Dispute-Eintrag die Verwirklichung ihrer Rechte zu sichern: Macht ein Dritter gegenüber der DENIC glaubhaft, dass ihm Rechte an einer Domain zustehen können und erklärt er, diese Rechte gegen den Domaininhaber geltend machen zu wollen, versieht die DENIC die Domain mit einem Dispute-Eintrag mit Wirkung für ein Jahr (§ 2 Abs. 3 DENIC-Domainbedingungen). Ein zwangsweiser Inhaberwechsel kann aber seitens der DENIC nicht vorgenommen werden. So wird sichergestellt, dass der Domaininhaber während eines Prozesses die Domain nicht an einen Dritten überträgt.

II. Vertrag mit dem ISP

234 Da in der Regel die Registrierung bei der DENIC nicht durch den Kunden, sondern durch einen ISP durchgeführt wird, besteht neben dem Vertrag mit der DENIC auch zwischen dem ISP und dem Kunden ein Vertragsverhältnis.

235 Hauptleistungspflicht des ISP ist in diesem Zusammenhang die Durchführung der Registrierung der Domain für den Kunden. Weiter wird der ISP meist den Betrieb des Domain-Servers übernehmen und der erforderliche administrative Ansprechpartner (admin-c) der DENIC sein. Der admin-c ist nach Punkt VIII. der DENIC-Domainrichtlinien eine natürliche Person, die als Bevollmächtigter des Domaininhabers berechtigt und verpflichtet ist, sämtliche die Domain betreffenden Angelegenheiten verbindlich zu entscheiden. Der ISP kann entweder als Mitglied der DENIC die Registrierung vornehmen lassen oder muss wiederum ein DENIC-Mitglied mit der Registrierung beauftragen.

236 **Vertragstypologisch** wird es sich bei dem zwischen dem Kunden und dem ISP geschlossenen Vertrag zur Registrierung einer Domain um einen **Geschäftsbesorgungsvertrag mit werkvertraglichem Charakter** (§§ 675, 631 BGB) handeln.[251] Nach anderer Auffassung ist eher ein dienstvertraglicher Charakter zu bejahen.[252] Auch der Betrieb des Domain-Servers als ad-

---

248 Dafür *Cichon* Internet-Verträge, § 3 Rn. 372.
249 *Ernst* MMR 2002, 714; a.A. *Cichon* Internet-Verträge, § 3 Rn. 369.
250 *Reinholz* in Redeker, Handbuch IT-Verträge, Kap. 3.4 Rn. 22.
251 *Ernst* MMR 2002, 714; vgl. zum Geschäftsbesorgungsvertrag *OLG Köln* MMR 2003, 191, *OLG München* MMR 2003, 795.
252 *Cichon* Internet-Verträge, § 3 Rn. 384.

min-c oder als technischer Ansprechpartner (tech-c) durch den ISP kann nach *Ernst* als Geschäftsbesorgungsvertrag, der allerdings eher dienstvertragliche Elemente aufweist, eingeordnet werden.[253]

Erste **Vertragspflicht** des ISP ist die Überprüfung, ob die Domain bereits anderweitig registriert ist (Domain-Check). Bei der DENIC erfolgt dies durch die sog. Whois-Abfrage, indem online abgefragt werden kann, ob eine bestimmte Domain bereits registriert ist. Weiter ist der ISP dazu verpflichtet, die Domain bei der zuständigen Stelle registrieren zu lassen und die Domain durch den Betrieb des Nameservers als admin-c und/oder tech-c zu verwalten. Außerdem ist der ISP nach § 666 BGB zur Auskunft und Rechnungslegung verpflichtet sowie nach § 667 BGB zur Herausgabe des aus der Geschäftsbesorgung Erlangten. Den Kunden trifft hingegen die Pflicht, dem Provider seine Aufwendungen zu vergüten (§ 670 BGB). **237**

Der Vertrag mit dem ISP wirft insbesondere Fragen im Zusammenhang mit der **Haftung** für das Vorhandensein des Domainnamens und Rechten Dritter an dem Domainnamen auf: **238**

– Der ISP beruft sich gegenüber seinem Kunden auf die Auskünfte Dritter über die Registrierbarkeit der Domain. Er ist also von der Richtigkeit der Aussagen der zuständigen Registrierungsstelle abhängig. Darauf sollte er seinen Kunden hinweisen und in Erwägung ziehen, sich – soweit AGB-rechtlich möglich – von einer Haftung freizuzeichnen.[254]

– Grds. haftet der Domaininhaber, d.h. der Kunde, für Probleme im Zusammenhang mit der Domain. Bestehen also Ansprüche aus namens-, marken-, wettbewerbs- oder werberechtlichen Gründen, ist dafür in der Regel der Domaininhaber verantwortlich. Etwas anderes kann gelten, wenn der ISP ausdrücklich mit der Überprüfung von rechtlichen Hindernissen beauftragt war. Ohne eine ausdrückliche Vereinbarung wird aber kaum von einer solchen Verpflichtung auszugehen sein. Zur Vermeidung von Unklarheiten sollte der ISP dem Kunden mitteilen, dass eine rechtliche Überprüfung der Zulässigkeit der Eintragung der Domain nicht erfolgt.[255] Diese Mitteilung dient auch dazu, um bei Problemen im Zusammenhang mit der Domain Ansprüche des Vertragspartners zu vermeiden. Erwägenswert ist aber, ob den ISP die vertragliche Pflicht trifft, den Kunden darauf hinzuweisen, dass er die oben genannten Rechte Dritter zu bedenken und zu beachten hat.[256] In diesem Zusammenhang sind Klauseln in AGB des ISP problematisch, in denen der Kunde versichert, dass keine Rechte Dritter durch die Domain verletzt werden.[257] Dies folgt aus § 309 Nr. 12b BGB, wonach Klauseln unwirksam sind, durch die der Verwender die Beweislast zum Nachteil des Kunden ändert, insbesondere dadurch, dass er den Kunden bestimmte Tatsachen bestätigen lässt. Darüber hinaus muss in Frage gestellt werden, ob der ISP in AGB-rechtlich zulässiger Weise eine Freistellung von Ansprüchen Dritter verlangen kann. Freistellungsklauseln können als unzulässige Haftungsbegrenzung grds. nach den §§ 307 ff. BGB unwirksam sein. Solche Klauseln könnten hier jedoch grds. zulässig sein, da der ISP gegen seinen Kunden einen Anspruch auf Freistellung bzw. Schadensersatz geltend machen kann und damit nicht von einer gesetzlichen Regelung abgewichen wird.[258]

---

253 *Ernst* MMR 2002, 714.
254 *Winteler* in Moritz/Dreier, E-Commerce, B Rn. 537.
255 Vgl. dazu auch *Ernst* MMR 2002, 714.
256 *Ernst* MMR 2002, 714.
257 Vgl. zu einer Klausel *Härting* ITRB 2002, 4.
258 *Spindler/Schuppert* Teil VI Rn. 23; *Ernst* MMR 2002, 714.

239 Probleme im Vertragsverhältnis können auch entstehen, wenn der ISP die Domain unberechtigt auf seinen Namen registriert. Grds. wird sich aber sogar bei fehlender vertraglicher Regelung aus dem Vertrag mittels Auslegung (§§ 133, 157 BGB) ergeben, dass die Domain dem Kunden zustehen soll.[259] Dieser hat dann gem. §§ 675, 666 BGB einen Anspruch auf Übertragung der vertragswidrig registrierten Domain.

240 Verträge mit ISP werden meist ohne Laufzeitbeschränkung abgeschlossen. Dies entspricht dem Interesse, die Domain dem Nutzer über einen langen Zeitraum zu überlassen. Ohne das Vorliegen einer besonderen Vereinbarung zur Vertragsbeendigung greift § 671 BGB, wonach dem ISP ein **Kündigungsrecht** unter der Voraussetzung zusteht, dass dem Kunden die Gelegenheit gegeben wird, anderweitig einen Vertrag abzuschließen. Der Auftraggeber/Kunde kann den Auftrag nach der gesetzlichen Regelung jederzeit widerrufen. Vielfach finden sich in den AGB der Provider davon abweichende Bestimmungen. Bestehen noch offene Forderungen des ehemaligen Providers, stellt sich die Frage, ob er bis zur Begleichung der Verbindlichkeiten ein Zurückbehaltungsrecht an der Domain geltend machen kann. Die Möglichkeit, ein Zurückbehaltungsrecht geltend machen zu können, wird teilweise bejaht.[260]

241 Ein mit der Vertragsbeendigung zusammenhängender **Providerwechsel** kann aus Kundensicht Probleme bereiten, da die Domain von dem alten zum neuen Provider wechseln muss. Ein Providerwechsel erfordert nach den Vorgaben der DENIC die Durchführung des standardisierten Providerwechselverfahrens. Dabei teilt der Domaininhaber dem Provider mit, dass die Übertragung der Domain auf einen Dritten beabsichtigt ist. Der neue Provider, mit dem der Kunde kontrahiert, wird darüber informiert, dass er zukünftig die Domain verwalten soll. Dieser sendet dann nach Überprüfung, dass der Wechsel tatsächlich von dem richtigen Domaininhaber initiiert wurde, einen formalisierten Antrag an die DENIC. Der ursprüngliche Provider hat den Wechsel zu bestätigen. Zu empfehlen ist, bereits in dem Vertrag mit dem Provider entsprechende Mitwirkungspflichten festzuhalten.

III. Domain-Übertragung

242 Bei der Domain-Übertragung gibt der bisherige Inhaber der Domain die Registrierung zugunsten des Vertragspartners (des neuen Inhabers) auf, so dass der Vertragspartner Inhaber der Domain wird und eine „Umregistrierung" stattfindet. Die Übertragung der Domain kann gegen Entgelt oder unentgeltlich erfolgen. In der Regel wird es sich um einen **Domain-Kauf** in Form eines Rechtskaufs gem. § 453 BGB bzw. eines rechtskaufähnlichen Geschäfts handeln,[261] da die Domain einen in § 453 BGB genannten „sonstigen Gegenstand" darstellt.

243 Bei der Domain-Übertragung sind die formellen Vorgaben der DENIC bzw. der jeweiligen Registrierungsstelle zu beachten. Bei der DENIC werden die Inhaberdaten aktualisiert und es findet häufig zugleich ein Providerwechsel statt, der die Durchführung des entsprechenden Verfahrens der zuständigen Registrierungsstelle erfordert. Dabei bietet es sich an, bereits in dem zugrundeliegenden Vertrag die Informations- und Mitwirkungspflichten der jeweils anderen Partei genau festzuhalten. Die DENIC führt einen Inhaberwechsel nicht durch, wenn die Domain mit einem Dispute-Eintrag belegt ist.

---

259 *Ernst* MMR 2002, 714.
260 *LG Hamburg* CR 1997, 157; *Ernst* MMR 2002, 714, a.A. wohl *Hoeren* MMR 2000/5, XXV.
261 *Cichon* Internet-Verträge, § 3 Rn. 394; *Ernst* MMR 2002, 714; *Härting* ITRB 2002, 96; *Hombrecher* MMR 2005, 647.

Gennen

Die **Mängelrechte** ergeben sich beim Domainkauf aus §§ 434 ff. BGB. Der Erwerb vom 244
Nichtberechtigten kann nicht zur Inhaberschaft einer Domain führen. Teilweise wird befürwortet, die Rechtsmangelhaftung dahin gehend einzuschränken, dass eventuelle Namens- oder
Kennzeichenrechte Dritter keinen Mangel an der Domain darstellen sollen.[262] Das wird damit
begründet, dass es dem Käufer wie auch dem Verkäufer ohne weiteres möglich sein soll, sich
über etwaige entgegenstehende Rechte Dritter zu informieren.[263] Der Verkäufer wird also im
Rahmen von Mängelansprüchen lediglich für die Domaininhaberschaft sowie dafür haften,
dass ihm im Zeitpunkt der Übertragung keine Rechte Dritter bekannt sind; ein Haftungsumfang, der in dieser Form auch bei der Übertragung anderer Rechte des geistigen Eigentums
Usus und allgemein akzeptiert ist, z.B. beim Verkauf von Patenten.

IV. Domain-Vermietung/ Domain-Verpachtung

Bisweilen ist die Überlassung einer Domain auch nur für eine bestimmte Zeit von Interesse. In 245
diesem Fall bleibt der Domaininhaber regelmäßig bei der DENIC registriert und überlässt dem
Dritten die Nutzung der Domain auf Zeit. Rechtlich handelt es sich dabei um einen **Pachtvertrag** in Form der Rechtspacht,[264] der weitgehend den Regelungen des Mietrechts unterliegt
(§ 581 Abs. 2 BGB).

Vertragsgegenstand ist die entgeltliche Nutzung der Domain, die weiterhin auf dem Server, 246
auf dem die Domain abgelegt wurde, verbleibt. Wurde lediglich eine Adresse zur Weiterleitung
auf eine andere Domain vermietet, kann auch die funktionierende Weiterleitung Vertragsinhalt
sein.[265]

Nach §§ 581, 536a BGB haftet der Verpächter, d.h. der Domaininhaber, wenn Störungen be- 247
reits bei Vertragsschluss vorhanden waren oder später infolge eines Umstandes eintreten, der
vom Verpächter zu vertreten ist. Auch hier wird die Haftung aber wieder eingeschränkt werden
müssen: Der Domaininhaber kann keine Rechtsmangelhaftung übernehmen, da es insoweit
dem Pächter unproblematisch möglich ist, sich über etwaige entgegenstehende Rechte Dritter
zu informieren.

C. ISP-Vertrag

Der **Internet-Service-Provider-Vertrag (ISP-Vertrag)** ist kein Vertrag mit fest umrissenen 248
Leistungsverpflichtungen. In der Praxis hat sich aber die Bezeichnung „Provider-Verträge"
oder „Internet-Provider-Verträge" bezogen auf Online- oder Internetleistungen herausgebildet.[266] Beim ISP-Vertrag handelt es sich eher um einen **Oberbegriff** für Leistungen, die im Zusammenhang mit dem Internet stehen. Gegenstand solcher Verträge können Leistungen des
Access Providing, **Host- oder Presence Providing** oder **Content Providing** oder ein Leistungsbündel der verschiedenen Angebote sein. Die Provider bieten ihren Kunden vielfach

---

262 *Ernst* MMR 2002, 714.
263 *Cichon* Internet-Verträge, § 3 Rn. 397.
264 *Cichon* Internet-Verträge, § 3 Rn. 390; *Ernst* MMR 2002, 714; *Härting* ITRB 2002, 96; *Hombrecher* MMR 2005, 647.
265 *Ernst* MMR 2002, 714.
266 *Schneider* EDV-Recht, O Rn. 60.

Leistungspakete an, die sich aus den oben genannten Vertragsinhalten zusammensetzen können. Darüber hinaus werden Zusatzleistungen erbracht, z.B. die Installation, Einweisungen oder Schulungen.

249 Demzufolge handelt es sich um **Verträge**, die **verschiedenartige Leistungsinhalte** zusammenfassen. Dies führt hinsichtlich der **vertragstypologischen Einordnung** dieser Verträge zu Schwierigkeiten. In der Regel bereitet schon die Einordnung der wesentlichen Leistungspflichten der ISP-Verträge zu einem bestimmten Schuldverhältnis Probleme. Eine eindeutige vertragstypologische Einordnung hat den Vorteil, dass bei Regelungslücken oder unpräzisen Parteivereinbarungen auf die gesetzliche Regelung zurückgegriffen werden kann; außerdem orientiert sich die AGB-Kontrolle an einem gesetzlich vorgegebenen Leitbild. Neben der Bestimmung der Rechtsnatur der Hauptleistungspflichten muss berücksichtigt werden, dass aufgrund der Bündelung der unterschiedlichen Leistungen zusammengesetzte oder gemischte Verträge entstehen können.[267]

I. Access Providing

1. Rechtsnatur

250 Die Zugangsvermittlung zum Internet erfolgt durch einen **Access Provider**. Die **vertragstypologische Einordnung** des Access-Providing-Vertrages war und ist unklar. Schwierig ist zunächst, die Leistung der reinen Zugangsvermittlung einem bestimmten Schuldverhältnis des BGB zuzuordnen. Zudem beschränken sich Access-Provider-Verträge nicht auf die reine Zugangsvermittlung, sondern Access-Provider bieten meist ein Bündel unterschiedlicher Leistungen an, deren Rechtsnatur je nach Fallgestaltung voneinander abweichen kann.

251 Unstreitig ist, dass es sich bei dem Access-Provider-Vertrag um ein **Dauerschuldverhältnis** handelt. Hinsichtlich seiner Rechtsnatur wird das Vorliegen eines Dienst-, Miet- oder Werkvertrages sowie das Vorliegen eines Vertrages sui generis in Betracht gezogen.[268] Bei Verträgen, die **ausschließlich die Zugangsvermittlung** zum Inhalt haben, wird es sich in der Regel um **Dienstverträge** handeln. Durch ein obiter dictum des BGH wurde eine Tendenz zur Einordnung des Access-Providing-Vertrages vorgegeben, denn der BGH neigt dazu, den Vertrag bzw. die Vertragspflicht der Zugangsvermittlung schwerpunktmäßig als **Dienstvertrag** anzusehen. Gegen einen Mietvertrag spreche, dass es dem Nutzer nicht schwerpunktmäßig auf den Gebrauch des Rechners des Providers ankomme. Auch die werkvertraglichen Regelungen der §§ 631 ff. BGB würden der geschuldeten Leistung nicht gerecht, da die Leistungskapazitäten des Providers begrenzt sind und ein Erfolg von dem Provider nicht versprochen und von dem Kunden nicht erwartet werden könne.[269]

252 Übernimmt der Access-Provider weitere Leistungen, z.B. im Bereich der E-Mail oder Newsdienste, so können diese unterschiedlich typisiert werden.[270] Je nach Ausgestaltung können die zusätzlichen Leistungen dienst-, werk- oder mietvertraglichen Charakter aufweisen oder es kann sich um eine Geschäftsbesorgung handeln. Zu diesen Leistungen hat sich der BGH in oben angesprochenem Urteil jedoch nicht geäußert. Jeweils zu prüfen ist, ob dem Vertrag durch die weitere Leistungspflicht ein anderes Gepräge, ein anderer Schwerpunkt zukommt, der die reine Zugangsvermittlung in den Hintergrund rücken lässt. Handelt es sich um gleich-

---

267 Zu zusammengesetzten/gemischten Verträgen vgl. 13. Abschn. Rn. 28 ff.
268 Vgl. *Cichon* Internet-Verträge, § 1 Rn. 49; *Wischmann* MMR 2000, 461, jeweils m.w.N.
269 *BGH* MMR 2005, 373.
270 *Bischof/Schneider* ITRB 2005, 214.

geordnete Leistungspflichten, so liegt grds. ein Kombinationsvertrag vor, dessen Leistungen einzeln nach dem jeweils für sie maßgeblichen Recht bewertet werden, soweit dies zu einer angemessenen Lösung führt.[271] Andernfalls ist das Recht heranzuziehen, welches den rechtlichen Schwerpunkt des Vertrages bildet.[272] Handelt es sich hingegen um einen Vertrag, in dem die Parteien lediglich andersartige Nebenleistungen vereinbaren, so ist für den gesamten Vertrag primär das Recht der Hauptleistung maßgebend.[273]

2. Pflichten des Access-Providers

Vertragsgegenstand und vertragliche Hauptpflicht eines **Access-Providing-Vertrages** ist die Ermöglichung des Internetzugangs und der Transport von Daten in das und aus dem Internet. **253**

In **technischer Hinsicht** erhält der Nutzer über eine bereits vorhandene Telekommunikationsleitung Zugang zu einem dem Provider gehörenden Einwahlknoten oder einem Netzwerkcomputer (sog. Point of Presence, PoP). Durch die Verbindung des PoP über eine feste Datenleitung mit dem Internet und eine Verbindung über Modemzugänge mit dem Telekommunikationsnetz wird der Zugang zum Internet hergestellt. An diesem Einwahlknoten werden die eingehenden Signale des Nutzers in internettaugliche Daten umgewandelt und umgekehrt. Der Nutzer erhält weiter eine IP-Adresse, die ihm durch den Access Provider zugeteilt werden muss, damit der Nutzer im Internet erkannt und individualisiert werden kann. In der Regel, teilweise gegen ein zusätzliches Entgelt, stellt der Access Provider auch Hard- und Software zur Verfügung, durch die der Zugang zum Internet ermöglicht wird. **254**

Die Vertragsparteien sollten in einer Leistungsbeschreibung festhalten, welche Leistungen Gegenstand des Vertrags sein sollen und dort eine detaillierte, abschließende Aufzählung über die zu erbringenden Leistungen vornehmen. Dies dient der Vermeidung von Unklarheiten und damit auch von Streitigkeiten. Im Massengeschäft wird der Kunde dazu jedoch kaum Möglichkeiten haben, da sich die Access-Provider vorformulierter Leistungsbeschreibungen und AGB bedienen. **255**

Da die **Leistungserbringung** maßgebend von der Funktionsfähigkeit einer sensiblen Technik und bisweilen auch von dem Funktionieren von Leistungen Dritter abhängt, bietet es sich aus Sicht des Access-Providers an, eine Einschränkung der **Verfügbarkeit des Zugangs** zu vereinbaren. Daneben sollte auch festgelegt werden, welche **Übertragungsgeschwindigkeiten/ Bandbreiten** dem Kunden zur Verfügung stehen. Besteht zwar eine sehr hohe Verfügbarkeit, sind aber die Übertragungsgeschwindigkeiten gering, kann der Kunde den gewünschten Zugriff nicht erhalten. **256**

Sind keine (wirksamen) zeitlichen Verfügungsbeschränkungen vereinbart, stehen dem Kunden die Internetanbindung und der Transport der Datenpakete in der Regel zeitlich uneingeschränkt zur Verfügung.[274] Dies ist für den Access-Provider insbesondere im Massengeschäft problematisch, da er sich bei Ausfällen gegenüber einer Vielzahl von Kunden ersatzpflichtig machen kann. Er wird somit die vertragliche Einschränkung der Verfügbarkeit wünschen, was bei AGB zu Problemen führen kann, wenn es sich um eine unzulässige Haftungsbegrenzung (und nicht um eine AGB-freie Leistungsbeschreibung) handelt. AGB-rechtlich wirksam sind Klauseln, bei denen die Verfügbarkeit zwar beschränkt wird, dem Kunden aber seine Rechte z.B. das Recht auf Minderung der Vergütung oder Schadensersatzansprüche erhalten bleiben. Da sich **257**

271 *Emmerich* in MünchKomm BGB, § 311 Rn. 46.
272 *Emmerich* in MünchKomm BGB, § 311 Rn. 46.
273 *Emmerich* in MünchKomm BGB, § 311 Rn. 44.
274 Vgl. *BGH* BB 2001, 376 – Postbank.

der Access-Provider für die Einschränkung der Verfügbarkeit dann verantwortlich zeigt, handelt es sich nicht um eine (unzulässige) Haftungsbeschränkung. Problematisch ist die AGB-rechtliche Zulässigkeit der Einschränkung der Verfügbarkeit insoweit, als die eigene Verantwortlichkeit beschränkt wird und dem Kunden die mit der eingeschränkten Leistungserbringung zusammenhängenden Rechte genommen werden. Um eine der AGB-Kontrolle entzogene Leistungsbeschreibung wird es sich grds. nicht handeln, da als Leistungsbeschreibung nur solche Leistungsbezeichnungen angesehen werden, ohne deren Vorliegen mangels Bestimmtheit oder Bestimmbarkeit des wesentlichen Vertragsinhalts ein wirksamer Vertrag nicht mehr angenommen werden kann.[275] Verfügbarkeitsquoten und pauschale Zugriffsbeschränkungen unterliegen daher in der Regel einer Kontrolle nach den §§ 307 ff. BGB. Nach der Rechtsprechung können Verfügbarkeitsklauseln im Hinblick auf eine Haftungsfreizeichnung bedenklich sein (vgl. dazu 13. Abschn. Rn. 180 ff.). So entschied ein Instanzgericht, dass eine Verfügbarkeit von 99 % im Jahresmittel einen AGB-rechtlich unzulässigen verhüllten Haftungsausschluss darstelle.[276] Dieses Risiko erhöht sich noch, wenn in Anbetracht des Standes der Technik eher geringe Quoten mit langen Bezugszeiträumen (z.B. 95 % über ein Jahr) angegeben werden. Dies gilt auch dann, wenn es sich um marktübliche Verfügungsbeschränkungen handelt. Teilweise werden Klauseln als wirksam angesehen, wenn die marktübliche Verfügbarkeit nicht unterschritten wird.[277] Jedoch obläge es dann den Providern, anhand ihrer Marktstellung über die AGB-rechtliche Zulässigkeit zu entscheiden, da sie bestimmen könnten, welche Verfügbarkeitsbeschränkungen als marktüblich angesehen werden können. In der Praxis wird versucht, das Problem zu vermeiden, in dem entsprechende Zugriffsbeschränkungen als Leistungsbeschreibung formuliert werden. Dies ist jedoch nicht unproblematisch, vgl. 13. Abschn. Rn. 196 .

258 Anzutreffen sind ferner **Klauseln**, die keine bestimmte Quote, sondern einen allgemeinen Vorbehalt vorsehen, dass die Anbindung an das Internet nur im „**Rahmen der bestehenden technischen und betrieblichen Möglichkeiten**" eingeräumt wird. Auch ein solcher pauschaler Vorbehalt wird auf AGB-rechtliche Bedenken stoßen, sofern mangels Festlegung weiterer Kriterien darin ein unzulässiger einseitiger Änderungsvorbehalt gesehen werden kann. Nach § 308 Nr. 4 BGB ist die Vereinbarung eines Rechts des Verwenders, die versprochene Leistung zu ändern oder von ihr abzuweichen, unzulässig, wenn nicht die Vereinbarung der Änderung oder Abweichung unter Berücksichtigung der Interessen des Verwenders für den anderen Vertragsteil zumutbar ist. Diese Regelung findet über § 307 BGB auch im Unternehmerverkehr Anwendung. Durch eine pauschale Verweisung auf die technischen und betrieblichen Möglichkeiten stünde die Bestimmung darüber, was sich in diesem Rahmen bewegt, allein dem Access-Provider zu. Eine solche Klausel muss daher immer bestimmte Änderungsgründe, die wiederum dem Zumutbarkeitskriterium genügen müssen, nennen. Maßgeblich für die Zumutbarkeit von Änderungen ist dabei die Handelsüblichkeit.[278]

259 Von der Verfügbarkeitsquote und pauschalen Aussagen zur Verfügbarkeit der Internetanbindung zu unterscheiden sind Downzeiten auf Grund **geplanter Wartungsphasen**. In dem Vertrag sollte dementsprechend festgelegt werden, ob, wann und in welchem Umfang Wartungsarbeiten durchgeführt werden dürfen (sog. **Wartungsfenster**); dies ist typischerweise in den frühen Morgenstunden am Wochenende der Fall (z.B. sonntags von 2 bis 5 Uhr). In bestimm-

---

275 *BGH* NJW 1995, 2637; NJW-RR 1993, 1049; NJW 1987, 1931; 1993, 2369.
276 *LG Karlsruhe* CR 2007, 396; ITRB 2007, 106 mit Anm. *Rössel.*
277 *Schoengarth* ASP, S. 270.
278 *Winteler* in Moritz/Dreier, E-Commerce, B Rn. 533.

ten Kernzeiten sollte der Kunde eine Wartung nicht hinnehmen. Im Übrigen bietet es sich an, konkrete Zeiten der Wartung festzulegen bzw. die Verpflichtung, die Wartung mit einem bestimmten zeitlichen Vorlauf anzukündigen.

Da der Zugang zum Internet bestimmte Voraussetzungen hinsichtlich Hardware und Software **260** erfordert, muss vertraglich geregelt werden, welche Hard- bzw. Software der Kunde bereitstellen muss. Stellt der Access-Provider die Hard- und Software zur Verfügung, sollte sich aus dem Vertrag oder dessen Anlagen ergeben, wer die Installation durchführt und welche Kosten anfallen.

Als weitere Leistungspflicht des Access Providers ist die Zuteilung einer bestimmten IP- **261** Adresse zu nennen, welche die Erreichbarkeit des Rechners des Kunden im Internet ermöglicht. Die AGB der Access-Provider sehen vielfach vor, dass der Kunde keinen Anspruch darauf hat, dass ihm während der gesamten Vertragsdauer dieselbe IP-Adresse zur Verfügung steht. Diese Regelung ist für den Access-Provider erforderlich, wenn er einen Austausch von IP-Adressen vornehmen möchte. Sie sollte aber auf wichtige Gründe beschränkt werden, z.B. auf die Einführung neuer Protokollversionen.[279]

Typische **weitere Leistungspflichten**, die ein Access-Provider (teils entgeltlich) übernimmt, **262** ist die Einrichtung eines eigenen E-Mail-Accounts für den Kunden, die Bereitstellung von Foren, Chats, Blogs etc. oder die Einrichtung von Newsdiensten oder Newsgroups. All dies sind Zusatz- bzw. Sonderleistungen, die nicht zwingend notwendig sind, sondern einen besonderen Service des Access-Providers darstellen. Dabei handelt es sich in der Regel um anderstypische Nebenleistungspflichten, die sich auf das Gepräge des Vertrags nicht auswirken. Diese Nebenleistungspflicht unterliegt dadurch aber nicht per se dem Recht der Hauptleistung, sondern ist einer anderweitigen vertragstypologischen Einordnung zugänglich.[280] So kann bspw. die Erstellung und Bereithaltung eines E-Mail-Accouts dem Werkvertragsrecht zugeordnet werden, da hier ein konkreter Erfolg geschuldet sein dürfte.[281]

3. Pflichten des Kunden

Vertragliche Hauptpflicht des Kunden ist die Zahlung der vereinbarten Vergütung. **263**

Die **Vergütungsstruktur** der Access-Providing-Verträge ist in der Praxis unterschiedlich. **264** Teils verlangen Provider eine periodisch zu entrichtende Grundgebühr, die bereits eine gewisse Online-Zeit oder ein bestimmtes Datengrundvolumen beinhaltet. Leistungen, die darüber hinausgehen, werden dann nach Zeiteinheiten oder Datenvolumen abgerechnet. In den letzten Jahren haben **Flatrate-Modelle** stark zugenommen, bei denen dem Nutzer bei Zahlung einer bestimmten regelmäßigen Vergütung ein unbegrenzter Zugang ermöglicht wird. Der Preis bestimmt sich in solchen Fällen nach der zur Verfügung stehenden (maximalen) Bandbreite. Ist der Access-Provider nicht zugleich auch Anbieter des Telekommunikationsnetzes, so fallen für den Kunden außerdem Telekommunikationsgebühren für die Nutzung des Telekommunikationsnetzes bis zum Einwahlknoten an. Aus Sicht des Kunden erscheint es also günstig, wenn der Einwahlknoten zum Ortstarif zu erreichen ist. Von der regelmäßigen Vergütung abzugrenzen sind einmalige Zahlungen, die etwa für die Einrichtung der Internetverbindung und das zur Verfügung stellen von Hard- und Software anfallen, zu unterscheiden.

---

279 *Petri/Göckel* in Moritz/Dreier, E-Commerce, B Rn. 121.
280 *Cichon* Internet-Verträge, § 1 Rn. 136.
281 *Schneider* EDV-Recht, O Rn. 261.

265 Nach § 614 BGB ist die Vergütung grds. nach Erbringung der Dienstleistung zu entrichten. Ist die Zahlung einer monatlichen Grundgebühr oder Flatrate vereinbart, bestünde nach der gesetzlichen Regelung für den Access-Provider die Pflicht, seine Dienste zeitlich vor der Zahlung der Vergütung zu erbringen. Eine solche Vorleistungspflicht ist bei Diensteanbietern meist unerwünscht, da ihnen dann kein Druckmittel gegen den Kunden mehr zur Verfügung steht, sollte dieser die vereinbarte Vergütung nicht leisten, da eine Rückgewähr der Dienstleistung nicht möglich ist. Daher bedienen sich Diensteanbieter im Massengeschäft in der Regel einer Vereinbarung in AGB, durch welche dem Kunden eine Vorleistungspflicht auferlegt wird. Eine solche Klausel ist an § 307 BGB zu messen und dann wirksam, wenn für sie eine sachliche Rechtfertigung gegeben ist und keine überwiegenden Interessen des Kunden entgegenstehen.[282]

266 Kommt der Kunde mit der Zahlung in Verzug, sehen viele AGB das Recht des Access-Providers vor, die Internetanbindung zu sperren. Dies beruht wiederum darauf, dass die Dienstleistung durch den Kunden nicht zurückgewährt werden kann und dem Access-Provider schlimmstenfalls seine Dienstleistung nicht vergütet wird. Bei der Sperre handelt es sich um die Geltendmachung eines Zurückbehaltungsrechts nach §§ 320, 273 BGB. Hinsichtlich der Vereinbarung in AGB müssen die Vorgaben des TKG und der §§ 307 ff. BGB beachtet werden. Eine Sperre dürfte unverhältnismäßig sein, wenn der Kunde lediglich mit der Zahlung eines geringen Betrags in Verzug geraten ist.

4. Vertragsverletzungen/Mängelrechte

267 Da die Ermöglichung des Internetzugangs nach hier vertretener Auffassung dem Dienstvertragsrecht zuzuordnen ist, richten sich die Ansprüche bei Mängeln nach dem allgemeinen Leistungsstörungsrecht. Erbringt der Access-Provider seine vertraglichen Pflichten, mithin die Vermittlung des Zugangs an das Internet nicht, so kann der Kunde gegen ihn nach den allgemeinen Regelungen des Leistungsstörungsrechts vorgehen, es bedarf also im Dienstvertragsrecht eines Verschuldens. Bei Nicht- oder Schlechterfüllung von Nebenleistungen ist primär auf das für die jeweilige Leistung geltende Recht abzustellen.

5. Haftung

268 Eine providerseitige Begrenzung oder ein Ausschluss der Haftung muss sich, da im Massengeschäft AGB dominieren, an §§ 307 ff. BGB messen lassen. Klauseln, welche die Haftung begrenzen, können außerhalb des Unternehmerverkehrs nur im Rahmen des § 309 Nr. 7, 8 BGB vereinbart werden. Die Wertungen des § 309 Nr. 7 BGB sind über § 307 BGB grds., wenn auch mit einem nicht gleichermaßen strengen Maßstab, im Unternehmerverkehr zu beachten. Eine Haftungsbegrenzung im Verbraucherverkehr ist danach nur sehr eingeschränkt zulässig:

– Nach § 276 Abs. 3 BGB kann die Haftung wegen Vorsatzes dem Schuldner nicht erlassen werden.

– Gem. § 309 Nr. 7 BGB ist ein Haftungsausschluss oder eine Begrenzung der Haftung für Schäden aus der Verletzung des Lebens, des Körpers oder der Gesundheit, die auf einer fahrlässigen Pflichtverletzung des Verwenders oder einer vorsätzlichen oder fahrlässigen Pflichtverletzung eines gesetzlichen Vertreters oder Erfüllungsgehilfen beruhen, sowie für

---

282 *BGH* NJW 2001, 292.

sonstige Schäden, die auf einer grob fahrlässigen Pflichtverletzung des Verwenders, eines gesetzlichen Vertreters oder Erfüllungsgehilfen beruhen, unzulässig.

– Die Freizeichnung von der Haftung für einfache Fahrlässigkeit ist für die nicht in § 309 Nr. 7 BGB genannten Fälle nach der Rechtsprechung nur insoweit möglich, als es nicht zu einer Aushöhlung von vertragswesentlichen Positionen des Vertragspartners kommt.[283] Für wesentliche Vertragspflichten, d.h. solche, deren Erfüllung die ordnungsgemäße Erfüllung des Vertrages erst ermöglichen und auf deren Einhaltung der Vertragspartner vertrauen darf (Kardinalpflichten), kann eine Haftungsbegrenzung oder ein -ausschluss nicht erfolgen. Weiter muss bei der Formulierung einer solchen Klausel beachtet werden, dass der bloße Hinweis auf die „Kardinalpflichten" nicht ausreicht,[284] da der Begriff dem Gesetz unbekannt ist und regelmäßig nicht erwartet werden kann, dass der juristische Laie diesen Begriff kennt oder sich erschließen kann.

– Von zwingenden gesetzlichen Vorschriften darf nicht abgewichen werden, z.B. gem. § 14 ProdHaftG.

6. Vertragsbeendigung

Grds. können Dienstverträge nach § 621 BGB ordentlich, unter den Voraussetzungen des § 626 BGB außerordentlich gekündigt werden. Davon abweichend werden im Rahmen der AGB-rechtlichen Zulässigkeit in der Praxis oft Mindestvertragslaufzeiten sowie eine automatische Verlängerung des Vertrages nach Ablauf dieser Laufzeit vereinbart. Die Zulässigkeit solcher Regelungen richtet sich bei Verbraucherverträgen nach § 309 Nr. 9 BGB. **269**

II. Presence-Providing/Webhosting

Man will vielfach nicht nur passiv auf das Internet zugreifen, sondern dort auch eigene Inhalte, sei es zu Geschäfts- oder reinen Informationszwecken zur Verfügung stellen können. Diese Inhalte sollen für die Internetnutzer ständig zugänglich und abrufbar sein. Die wenigsten Inhalteanbieter betreiben aber ein eigenes Rechenzentrum, das ständig mit dem Internet verbunden ist, da meist die erforderliche Fachkenntnis fehlt, Server kostenintensiv sind und einer ständigen Überwachung und Wartung bedürfen. Daher benötigen Inhalteanbieter Speicherplatz auf einem Server, der von einem Dritten betrieben wird und ständig verfügbar ist. Diese Leistung wird durch die sog. Presence-Provider angeboten. Möglich sind verschiedene Formen des Presence-Providing. Überwiegend handelt es sich um das sog. **Webhosting**. Daneben bestehen auch die Möglichkeiten des **Server-Housing** und der Zurverfügungstellung eines sog. **virtuellen Servers**. **270**

1. Webhosting

Der sog. Webhoster hat sich gegenüber dem Kunden verpflichtet, Speicherplatz auf seinem Webserver zur Verfügung zu stellen. Auf einem über das Internet ständig zugänglichen Netzrechner werden die Inhalte des Kunden abgelegt. **271**

---

283 *BGH* NJW-RR 2005, 1496.
284 *BGH* NJW-RR 2005, 1496.

1.1 Rechtsnatur

272   Die **rechtliche Einordnung** des Webhosting-Vertrages wird in Literatur und Rechtsprechung diskutiert und nicht einheitlich beantwortet. Einigkeit besteht lediglich darüber, dass ein Webhosting-Vertrag auf unbestimmte, jedenfalls längere Dauer abgeschlossen wird und ein **Dauerschuldverhältnis** darstellt.[285]

273   Teilweise wird der Webhosting-Vertrag als Ganzes einem typisierten Schuldverhältnis des BGB zugeordnet. So entschied ein Instanzgericht, dass ein Webhosting-Vertrag insgesamt als Werkvertrag zu qualifizieren sei, wenn er so ausgestaltet ist, dass die Administration des Servers allein in den Verantwortungsbereich des Kunden fällt, der Webhoster aber den Erfolg schuldet, dass der Server und die Internetpräsenz des Kunden rund um die Uhr gewährleistet wird.[286] Nach anderer Ansicht ist der Webhosting-Vertrag insgesamt dem Mietrecht zuzuordnen.[287]

274   Eine Differenzierung zwischen der Bereitstellung des Speicherplatzes und der Internetanbindung wird teilweise mit der Begründung abgelehnt, die Anbindung des Netzrechners an das Internet sei als Sachzustand eine vereinbarte Eigenschaft des Netzrechners.[288] Eine Aufteilung nach unterschiedlichen Leistungen berücksichtige nicht hinreichend, dass der Webhoster eine Leistung, nämlich die Überlassung von Speicherplatz auf dem Webserver schuldet. Bei dem Webserver handele es sich um ein Speichermedium mit besonderen Eigenschaften wie der Rechenleistung, der Größe des Speicherplatzes, der Anbindung an das Internet oder der Zugriffskapazitäten.[289] Alle Eigenschaften seien nach § 535 BGB Gegenstand der Gebrauchsgewährungspflicht des Vermieters, so dass auch die Art der Anbindung an das Internet eine geschuldete Eigenschaft des gemieteten Webservers sei. Die Anbindung an die technische Infrastruktur sei nicht als Nebenpflicht zur Miete des Speicherplatzes, sondern als vertragliche Hauptpflicht anzusehen.[290] Die Zweiteilung sei beliebig und führe nicht zu interessengerechten Ergebnissen.[291]

275   Weitere Meinungen nehmen eine Differenzierung zwischen der Pflicht zur Überlassung des Speicherplatzes und der Pflicht zur Anbindung des Webservers an das Internet vor. Die Pflicht zur Bereitstellung von Speicherplatz auf dem Webserver wird dabei überwiegend dem **Mietrecht** zugeordnet.[292] Dies könnte durch eine Entscheidung des BGH zum ASP,[293] in der die entgeltliche Überlassung von Standardsoftware dem Mietvertrag zugeordnet wird, gestützt werden. Teilweise wird die **Anbindung des Webservers an das Internet** und die damit verbundene ständige Aufrufbarkeit der Webseite auch dem **Werkvertragsrecht** unterworfen.[294] Hingegen enthält nach anderer Auffassung dieser Teil des Webhosting-Vertrages ein **dienstvertragliches Element**,[295] da hier eine Tätigkeit geschuldet werde, deren Erfolg aufgrund der Unwägbarkeiten im Internet nicht garantiert werden könne.[296]

---

285 *Wulf* CR 2004, 43.
286 *OLG Düsseldorf* MMR 2003, 474; für einen einheitlichen Werkvertrag auch *Bulst* in Kaminski, E-Business, 3. Kap. C Rn. 15.
287 Vgl. *Cichon* Internet-Verträge, § 2 Rn. 183.
288 *Cichon* Internet-Verträge, § 2 Rn. 167.
289 *Münster* MMR 2002, 260.
290 *Wulf* CR 2004, 43.
291 *Bulst* in Kaminski, E-Business, 3. Kap. C Rn. 10.
292 *AG Charlottenburg* MMR 2002, 258 mit Anm. *Münster*; *OLG Köln* MMR 2003, 191; *Cichon* Internet-Verträge, § 2 Rn. 183; *Winteler* in Moritz/Dreier, E-Commerce, B. Rn. 523.
293 *BGH* MMR 2007, 243.
294 *AG Görlitz* Urteil v. 31.8.2004 – 1 O 127/03; vgl. dazu *Redeker* IT-Recht in der Praxis, Rn. 948.
295 *Härting* Internetrecht, Rn. 302; *Winteler* in Moritz/Dreier, E-Commerce, B. Rn. 527.
296 *Wulf* CR 2004, 43.

Mangels höchstrichterlicher Rechtsprechung und mangels Vorliegen einer einheitlichen Linie 276
in der instanzgerichtlichen Rechtsprechung und Literatur lässt sich nicht abschließend beurteilen, welche Rechtsnatur der Webhosting-Vertrag aufweist. Die Unsicherheit über die Rechtsnatur ist insbesondere misslich, wenn es, wie im Massengeschäft die Regel, um eine AGB-Kontrolle geht, denn eine solche orientiert sich grds. an dem gesetzlichen Leitbild des Vertrages. Vermeiden lassen sich die Unsicherheiten der Zuordnung zu einem Schuldverhältnis des BGB offenbar nicht einmal dadurch, dass man die gegenseitigen Leistungen genau und abschließend beschreibt und die gegenseitigen Rechte und Pflichten festlegt.

1.2 Pflichten des Webhosters

Der Webhoster verpflichtet sich dazu, dem Kunden Speicherplatz auf einem Webserver zur 277
Verfügung zu stellen und eine Verbindung zum Internet herzustellen.

Ordnet man den Webhosting-Vertrag dem Mietrecht zu, so besteht nach § 535 BGB die Pflicht, 278
die Sache dauerhaft in einem vertragsgemäßen Zustand zu erhalten. Darunter fallen auch Wartungsmaßnahmen, die Netzwerkbetreuung und das Netzwerkmanagement. Diese Leistungen stellen keine anderstypischen Nebenleistungspflichten dar, sondern gehören zu der mietvertraglichen Hauptleistungspflicht.[297]

Durch die Anbindung an das Internet erhalten der Kunde und, was jedenfalls dann viel wichtiger ist, wenn der Kunde über das Web sein Geschäftsmodell verfolgt, die Internetnutzer Zugriff auf die Inhalte der Webseite. Da die Rechtsnatur des Webhosting-Vertrages streitig ist und auch eine werkvertragliche Einordnung dieses Leistungselementes als möglich angesehen wird, wird verschiedentlich vorgeschlagen, dem Eingreifen des Werkvertragsrechts durch eine entsprechende Vertragsgestaltung entgegenzuwirken. Dadurch soll erreicht werden, dass die Anbindung an das Internet nicht als werkvertraglicher Erfolg geschuldet wird. Für den Webhoster sei die Typisierung als dienstvertragliche Pflicht sachgerechter, da dann kein Erfolg an sich, sondern eine bloße Tätigkeit geschuldet wird. Daher wird in Verträgen herausgestellt, dass lediglich ein „Bemühen der Anbindung an das Internet" geschuldet wird.[298] 279

Die **Leistungen** des Webhosters sind, jedenfalls außerhalb des Massengeschäfts, **im Vertrag** 280
detailliert festzulegen: Hinsichtlich des Speicherplatzes sollte die technische Ausstattung einschl. der Redundanz der Systeme spezifiziert, die Menge des zur Verfügung gestellten Speicherplatzes angegeben sowie Vereinbarungen über den Serverstandort wie bspw. zur Stromversorgung oder Klimatisierung getroffen werden. Weiter bedarf es einer Beschreibung der technischen Verbindungseigenschaften. **Regelungspunkte** sind ferner die Verfügbarkeit des Webservers, Wartungsfenster, die Größe und Belegenheit des Speicherplatzes, Angaben über Aufbereitung und Sammlung der Zugriffsdaten, System- und Datensicherheit sowie ggf. Beschreibungen über den technischen Support.

Wohl wichtigster Regelungspunkt für den Kunden wird die **Verfügbarkeit** des Webservers 281
und damit seiner Daten sein. Die Nichterreichbarkeit kann möglicherweise zu Umsatzeinbußen führen, bspw. bei der Nichterreichbarkeit eines Onlineshops. Außerdem besteht die Gefahr, dass, jedenfalls bei dauerhafter Nichtverfügbarkeit, Suchmaschinen die Seite aus ihrem Angebot mangels Erreichbarkeit entfernen. Hinsichtlich der Verfügbarkeit ist wiederum zu beachten, dass **ohne eine ausdrückliche Regelung** von einer **vollen Verfügbarkeit** ausgegan-

---

297 *Cichon* Internet-Verträge, § 2 Rn. 249.
298 *Winteler* in Moritz/Dreier, E-Commerce, B Rn. 529; *Schneider* EDV-Verträge, O Rn. 153 stellt das Ausreichen einer Verpflichtung zum „Bemühen" beim Access-Providing-Vertrag in Frage.

gen werden muss.[299] Ein Webhoster wird eine vollständige Verfügbarkeit aber bereits allein aufgrund der technischen Unwägbarkeiten nicht leisten können. Daher besteht der Wunsch, die Verfügbarkeit im Hinblick auf die technische Durchführbarkeit einzuschränken. Solche Einschränkungen sind in zahlreichen AGB der Webhoster enthalten. Eine solche Einschränkung bereitet aber – jedenfalls als AGB – Schwierigkeiten. Hierzu wird auf Abschnitt zum Access-Providing-Vertrag, Rn. 257 und auf den 13. Abschn. Rn. 192 ff. verwiesen, bei welchem sich die Probleme ebenso stellen. Die Vereinbarung geplanter Wartungsfenster ist aber auch hier zulässig und kann im Hinblick auf Anzahl, Dauer oder Zeitraum der möglichen Wartungen des Servers festgelegt werden.

282 Neben diesen **Hauptleistungspflichten** übernehmen Webhoster oft **zusätzliche Dienste**, die einer gesonderten rechtlichen Einordnung bedürfen, bspw. die Registrierung und Verwaltung der Domain, so dass dem Kunden eine Leistung „aus einer Hand" angeboten werden kann. Eine weitere typische Zusatzleistung ist die Übernahme der Datensicherung und des technischen Supports bei Ausfällen oder Schwierigkeiten mit der Website. Schließlich übernimmt der Webhoster auch den Schutz der Programme durch eine Firewall oder andere Sicherungssysteme, wobei diese Leistungen in der Regel werkvertraglichen Charakter aufweisen werden.[300] Meist umfasst das Angebot des Webhosters auch die Leistung, im Rahmen des geltenden Datenschutzrechtes **Statistiken** über den Zugriff auf die Internetseite zu erstellen. Er übernimmt die Aufstellung und Aufbereitung der Zugriffsdaten, die insbesondere bei geschäftlichen Internetauftritten für den Kunden von Interesse sind. Unternehmen können dadurch die Zugriffe erfassen und auswerten und so Entscheidungen im Zusammenhang mit der Internetpräsenz treffen. Diese Leistung wird überwiegend als werkvertragliches Element eingeordnet.[301]

283 Als **Nebenpflichten** treffen den **Webhoster** Aufklärungs- und Beratungspflichten, die Pflicht, Störungen zu melden, sowie Verpflichtungen, auf die Kunden Rücksicht zu nehmen, z.B. die Pflicht, Wartungsarbeiten nicht zu Unzeiten vorzunehmen.

284 Außerdem treffen den Webhoster Verschwiegenheitspflichten, jedenfalls als vertragliche Nebenpflicht aber ggf. auch nach den Vorschriften des TKG, TMG, BDSG oder anderen datenschutzrechtlichen Regelungen.

1.3 Pflichten des Kunden

285 Die vertragliche Hauptpflicht des Kunden ist die Zahlung der vereinbarten **Vergütung**. Teilweise wird die Vergütung anhand der überlassenen Speicherkapazität berechnet. Der Kunde kann dann eine bestimmte Speicherkapazität in Anspruch nehmen, für – blockweise zur Verfügung gestellten – weiteren Speicherplatz fällt je Block eine zusätzliche Vergütung an. In der Praxis ist wird aber die Vergütung üblicherweise (auch) anhand des erzeugten Datenverkehrs (Traffic) bemessen, in der Form, dass für ein bestimmtes Datenvolumen eine Flatrate besteht und so in der Vergütung ein bestimmtes Datenvolumen bereits enthalten ist. Wird das Datenvolumen überschritten, so schuldet der Kunde eine weitere Vergütung.

286 Hinsichtlich der volumenabhängigen Bezahlung können bei Streitigkeiten entstehen, soweit es um den Nachweis des Umfangs des angefallenen Datenverkehrs geht. Nach einer instanzgerichtlichen Entscheidung können die Grundsätze des Anscheinsbeweises, die im Bereich der Festnetztelefonie gelten, nicht herangezogen werden, da sich erst herausstellen müsse, ob ein

---

299 *BGH* BB 2001, 326 – Postbank.
300 *Cichon* Internet-Verträge, § 2 Rn. 252.
301 *Cichon* Internet-Verträge, § 2 Rn. 250; *Bulst* in Kaminski, E-Business, 3. Kap. C. Rn. 16.

den Abrechnungssystemen der Telefonie vergleichbarer Sicherheitsstandard gegeben sei. Verlangt wird die konkrete Darlegung bzw. der Beweis, dass einerseits die Messungen und andererseits auch die Zuordnung des Datenverkehrs zu dem konkreten Server zutreffend sind.[302] Um solche Streitigkeiten zu vermeiden, bedarf es der Vereinbarung eines Abrechnungssystems sowie der Berechnungsgrundlagen.[303]

Notwendige Mitwirkungshandlung des Kunden ist die Bereitstellung der sichtbar zu machen-   **287**
den Inhalte und ggf. der erforderlichen Software. Verträge enthalten oft die Vereinbarung, dass der Kunde durch die auf der Internetseite angebotenen Inhalte nicht gegen gesetzliche Verbote, die guten Sitten und Rechte Dritter verstoßen darf. Im gleichen Zusammenhang wird klargestellt, dass der Webhoster die Inhalte weder prüft noch überwacht. Außerdem wird ein Verstoß den Webhoster regelmäßig zu einer außerordentlichen Kündigung des Vertrages berechtigen. Weiter kann der Kunde dazu verpflichtet sein, eigenständig Datensicherungen durchzuführen, Passwörter geheim zu halten oder seine Internetseiten so zu gestalten, dass eine Überlastung des Servers und der weiteren Systeme vermieden wird.

1.4 Mängelrechte

Folgt man der Ansicht, dass der Webhosting-Vertrag rechtlich als Mietvertrag einzuordnen ist,   **288**
so ist die Mängelfreiheit der Mietsache Teil der vertraglichen Leistungspflicht. Der Vermieter, hier der Webhoster, hat den Server als Mietsache jederzeit in einem vertragsgemäßen Zustand zu erhalten. Mit der überwiegenden Ansicht ist jedenfalls die Überlassung des Speicherplatzes dem Mietrecht zuzuordnen, so dass insoweit für Mängel die §§ 536 ff. BGB maßgebend sind. Ein Mangel ist immer dann gegeben, wenn sich die Sache nicht zum vertragsgemäßen Gebrauch eignet. Das ist hier insbesondere bei einem Totalausfall des Servers oder einer eingeschränkten Funktionsfähigkeit der Fall. Unter der Prämisse, dass auch die Anbindung an das Internet dem Mietrecht zuzuordnen ist, richten sich auch Ausfälle in diesem Bereich nach §§ 535 ff. BGB. Sieht man die Anbindung an das Internet hingegen als einzelne, selbständig zu beurteilende Teilleistung an, richtet sich das Mängelrecht ggf. nach dem Werkrecht (§§ 631 ff. BGB). Sollte man von einem dienstvertraglichen Charakter der Anbindung an das Internet ausgehen, ergibt sich lediglich eine Haftung nach §§ 280, 611 BGB wegen positiver Vertragsverletzung, da das Dienstvertragsrecht eine Gewährleistung für Mängel nicht vorsieht.

1.5 Haftung

Webhoster sind regelmäßig Diensteanbieter i.S.d. TMG. Da sie in der Regel fremde Inhalte zur   **289**
Nutzung bereithalten, sind sie nach § 10 TMG für fremde Informationen, die sie für den Nutzer speichern nicht verantwortlich, sofern sie keine Kenntnis von der rechtwidrigen Handlung oder Information haben und ihnen im Falle von Schadensersatzansprüchen auch keine Tatsachen bekannt sind, aus denen die rechtswidrige Handlung oder Information offensichtlich wird, oder sie unverzüglich tätig geworden sind, um die Information zu entfernen oder den Zugang zu ihr zu sperren, sobald sie diese Kenntnis erlangt haben. Zur Verdeutlichung dieser Haftungsbeschränkung enthalten viele Vertragsmuster bzw. AGB Klauseln darüber, dass die Internetpräsenz des Kunden durch den Webhost nicht auf die inhaltliche Rechtmäßigkeit überprüft wird.

Einzelheiten zu Haftungsfragen finden sich oben Rn. 146 ff. und Abschn. 6.   **290**

---

302 *OLG Düsseldorf* MMR 2003, 474; *AG Lichtenberg* MMR 2006, 494 zu Internetdienstleistungen.
303 Vgl. *Roth/Haber* ITRB 2007, 21.

291 Außerdem besteht ein großes Bedürfnis, im Rahmen der AGB-rechtlichen Zulässigkeit Klauseln über Freistellungsansprüche von Rechten Dritter zu formulieren. Solche Klauseln kommen vor allem dann in Betracht, wenn Inhalte durch den Kunden und nicht durch den Provider zur Verfügung gestellt werden.

1.6 Einräumung von Rechten

292 An Webseiten und deren Inhalte können, je nach Fallgestaltung, Urheberrechte oder Rechte sonstiger Art entstehen (vgl. dazu 18. Abschn. Rn. 71), weshalb eine Regelung über die Einräumung von Rechten erforderlich ist.

293 Nach dem Vertragszweck sollte dem Webhoster jedenfalls das Recht eingeräumt werden, die Inhalte der Webseite für Dritte zugänglich zu machen (§§ 69c Nr. 4, 19a UrhG). Je nach Vertragsgestaltung obliegt dem Webhoster auch die Datensicherung, so dass ihm entsprechende Vervielfältigungsrechte übertragen werden sollten. Teilweise wird die Software durch den Webhoster gestellt, so dass in einem solchen Fall dem Kunden die entsprechenden Nutzungsrechte eingeräumt werden müssen.

1.7 Vertragsbeendigung

294 Beim Webhosting handelt es sich um ein Dauerschuldverhältnis, das grds. auf unbestimmte Zeit abgeschlossen wird. Meist sehen die AGB der Webhoster Mindestvertragslaufzeiten und stillschweigende Verlängerungen der Vertragslaufzeit vor, die in den Grenzen der §§ 307 ff. BGB zulässig sind. § 309 Nr. 9 BGB dürfte nicht anwendbar sein, da Mietverhältnisse dieser Regelung nicht unterfallen sollen.[304] Eine Inhaltskontrolle kann über § 307 BGB stattfinden, so dass geprüft werden muss, ob die vertragliche Mindestlaufzeit den Verbraucher oder Unternehmer unangemessen benachteiligt. Längere Laufzeiten als zwei Jahre sind AGB-rechtlich bedenklich, im Einzelfall bestehen sogar hinsichtlich dieser Frist Bedenken.[305]

295 Im Übrigen ist der Vertrag nach den vereinbarten oder den gesetzlichen Regelungen ordentlich bzw. außerordentlich kündbar. Die anzuwendenden gesetzlichen Kündigungsvorschriften orientieren sich an der vertragstypologischen Einordnung, nach der überwiegenden Auffassung also nach dem Mietrecht. Natürlich steht es den Parteien frei, soweit dies nach den §§ 307 ff. BGB möglich ist, von den gesetzlichen Vorgaben abweichende Kündigungsfristen zu vereinbaren.

2. Server-Housing

296 Auch das Server-Housing bzw. „Colocation" ist ein Unterfall des Presence Providing. Beim Server-Housing wird der im Eigentum des Kunden oder eines Dritten stehende Netzrechner im Raum des Providers aufgestellt und dort an das Internet angebunden. Im Gegensatz zum Webhosting ist der Provider nicht der Eigentümer des Servers. Dem Nutzer wird heutzutage meist ein Platz im Server-Rack zugewiesen[306] oder der Server wird in einer absperrbaren, begehbaren Gitterbox (Cage) aufgestellt. Letztere Alternative kommt vor allem dann in Betracht, wenn Dritte keinesfalls physischen Zugang zu dem Server erlangen sollen, bspw. wenn dort sensible Daten gespeichert werden.

---

304 *Basedow* in MünchKomm BGB, § 309 Nr. 7 Rn. 8.
305 *Schneider* EDV-Recht, O Rn. 289.
306 Bei einem Rack handelt es sich um einen (klimatisierten oder in einer klimatisierten Umgebung stehenden) Serverschrank, in dem in das Rack passende Rechner gestapelt und an das Netzwerk angebunden werden.

Vorteil des Server-Housing ist, dass der Kunde zwar auf einen oder mehrere eigene Server zugreifen kann, die kostenintensive Unterbringung (Sicherstellung der Klimatisierung, Redundanz der Stromversorgung usw.), jedoch nicht in seinen eigenen Räumen, sondern beim Server-Housing-Anbieter durchgeführt werden kann. Für die Unterbringung von Servern sind spezielle Räumlichkeiten erforderlich, insbesondere: **297**

– Vorhandensein einer leistungsstarken Internetanbindung an ein Hochleistungsnetz
– entsprechende Klimatisierung der Räume
– ständige Stromversorgung, gesichert durch Notstromaggregate
– besondere Brandschutz- und Brandfrühwarnsysteme
– Zugangskontrolle zwecks Sicherung der Server vor unbefugtem Zugriff.

2.1 Rechtsnatur

Die **Rechtsnatur** des Vertrages ist auch hier höchstrichterlich nicht geklärt und in der Literatur umstritten. Jedoch lässt sich in Anlehnung an den Webhosting-Vertrag die Stellplatzüberlassung dem Mietrecht zuordnen.[307] Hingegen kann unter Berücksichtigung der Rechtsprechung des BGH zum Access-Providing[308] die Zugangsvermittlung dienstvertraglichen Charakter aufweisen. Infolgedessen bestünde der Server-Housing-Vertrag aus miet- und dienstvertraglichen Elementen. Nach anderer Auffassung ist die Pflicht zum Anschluss an das Internet dem Werkvertragsrecht zuzuordnen.[309] Die Anbindung an das Internet sei hier – wie teilweise für das Webhosting befürwortet wird – kein Teil der Raummiete, da die Datenleitungen nicht Gegenstand des Gebäudes sind, es aber gerade um die Vermietung des Raumes bzw. einen Teil des Raumes gehe.[310] Die Anbindung an das Internet hat für den Kunden einen gleich hohen Stellenwert wie die Überlassung des Stellplatzes. Daher handelt es sich um eine eigenständige Leistung, die nicht von der mietvertraglichen Verpflichtung zur Gewährung eines Stellplatzes erfasst ist.[311] Bei dem Server-Housing-Vertrag handelt es sich also um einen **Typenkombinationsvertrag**.[312] Grds. bedeutet dies, dass hinsichtlich der Stellplatzüberlassung die mietrechtlichen Vorschriften, für die Internetanbindung aber je nach Auffassung Werkvertrags- oder Dienstvertragsrecht Anwendung findet. **298**

2.2 Pflichten des Server-Housing-Anbieters

Die wie immer detailliert und sorgfältig zu beschreibende **Hauptleistungspflicht** des Vertrages sind seitens des Providers die Stellplatzüberlassung und die Internetanbindung. **299**

– Hinsichtlich der **Beschaffenheit des Stellplatzes** sollten die Parteien ausreichend detaillierte Vereinbarungen treffen; sowohl der Ort der Stellplatzunterbringung wie auch der zur Verfügung stehende Stellplatz bedürfen einer Beschreibung. Insbesondere Aussagen über die Stromversorgung, Klima- und Brandschutztechnik, Schutz der Systeme durch eine Firewall oder Zugangskontrollen sind wichtig.

– Auch die zweite Leistungspflicht, die **Internetanbindung**, bedarf einer detaillierten Regelung. Dem Kunden ist daran gelegen, eine ausfallsichere Anbindung an das Internet zu erhalten, vor allem wenn er Software auf den Servern bereithält, die für den täglichen Geschäftsbetrieb von Bedeutung ist. Im Zusammenhang mit der Anbindung an das Internet

---

307 *Roth/Haber* ITRB 2007, 21.
308 *BGH* MMR 2005, 373.
309 *Cichon* Internet-Verträge § 2 Rn. 266.
310 *Cichon* Internet-Verträge § 2 Rn. 278.
311 *Bischof/Haber* ITRB 2007, 21.
312 *Bischof/Haber* ITRB 2007, 21; *Schuppert* in Redeker, Handbuch der IT-Verträge, Kap. 3.3 Rn. 27.

schuldet der Server-Housing-Anbieter in dieser Eigenschaft nicht, dass die Datenübertragung als solche ständig funktioniert, sondern nur, dass die Internetanbindung, soweit sie in seinem Machtbereich liegt, funktionsfähig ist und bleibt. Für Mängel an der Datenleitung ist der jeweilige Netzbetreiber verantwortlich.

300 Neben der Aufstellung des Servers in den Räumen des Server-Housing-Anbieters übernimmt der Provider meist auch **administrative Leistungen**, z.B. die Wartung und Pflege des bei ihm eingestellten Servers. Außerdem bieten Provider auch Fehlerbehebungsmaßnahmen in Notfällen oder eine vollständige Betreuung des Servers an. Dies ist für den Kunden vorteilhaft, da der Provider in der Regel mit eigenem Personal vor Ort ist und über die erforderliche Sachkunde verfügt.

2.3 Pflichten des Kunden

301 Der Kunde ist verpflichtet, dem Server-Housing-Anbieter eine entsprechende **Vergütung** zu zahlen. Als Vergütungsmodell kommen in erster Linie eine Flatrate oder eine nutzungsabhängige Vergütung in Betracht, letztere ggf. kombiniert mit einer Grundgebühr. Bei der volumenabhängigen Bezahlung des Datenverkehrs stellt sich die Frage, anhand welcher Methoden und Ausgangswerte das Datenvolumen bestimmt wird. Im Hinblick auf das bereits angesprochene Problem des Nachweises über die tatsächlich erfolgte Nutzung sind diese Methoden vertraglich zu fixieren, da ein Anscheinsbeweis über der Richtigkeit der Berechnungen derzeit nicht in Betracht kommt.

2.4 Vertragsbeendigung

302 Da es sich – unabhängig von der vertragstypologischen Einordnung – um ein **Dauerschuldverhältnis** handelt, kann der Server-Housing-Vertrag durch ordentliche oder außerordentliche Kündigung beendet werden. Der mietvertragsrechtliche Teil unterliegt den Vorgaben der §§ 542, 580a Abs. 1 BGB, soweit die Parteien keine anderweitigen Kündigungsfristen, ggf. unter Berücksichtigung der §§ 307 ff. BGB, vereinbart haben. Diese mietvertraglichen Fristen dürften auch für den dienstvertraglichen Teil maßgeblich sein, mit dem Argument, dass der Schutzzweck des § 580a Ab. 1 BGB nicht unterlaufen werden darf und hier ein Typenkombinationsvertrag vorliegt.[313] Voneinander unabhängige Teilkündigungen sind außerdem praxisfern, da eine bloße Internetleitung ohne Zugriffsmöglichkeit für den Kunden wertlos ist.

3. Virtuelle Server

303 Von einem virtuellen Server spricht man, wenn ein Netzrechner bzw. Server für mehrere Nutzer zur Verfügung steht, der nach außen aber als eigener Server erscheint. Tatsächlich handelt es sich aber nicht um einen eigenständigen Server, sondern um einen Teil eines „übergeordneten" Systems. Der virtuelle Server erhält aber eine eigene IP-Adresse und erscheint damit für Dritte als eigenständiger Server. **Rechtsnatur** eines Vertrages über die Zurverfügungstellung eines virtuellen Servers ist **Miete**.[314] Teilweise werden virtuelle Server angemietet mit dem Zweck, diese an den Endkunden gewerbsmäßig unterzuvermieten. Die Berechtigung zur **Untervermietung** kann sich aus dem Vertrag zwischen Service Provider und Webhoster ergeben. Nach § 540 Abs. 1 BGB ist der Vermieter zwar grds. ohne die Erlaubnis des Vermieters nicht berechtigt, die Sache an einen Dritten zu übergeben, jedoch hat der Service Provider in der Re-

---

313 *Cichon* Internet-Verträge § 2 Rn. 275.
314 *Cichon* Internet-Verträge § 2 Rn. 293 m.w.N. zu Auffassungen, die von einer Pacht ausgehen.

gel keinen Grund, seine Erlaubnis zu verweigern. Die Untervermietung wirke sich nicht auf den Geschäftsbetrieb des Service Providers aus.[315]

4. Reseller-Verträge

Eine weitere Variante des Webhostings sind sog. Reseller-Verträge. Der Provider überlässt dem Kunden Speicherplatz und eine Internetanbindung, damit der Kunde diese Leistungen als Provider wiederum Dritten anbieten kann. Dem Kunden geht es dann nicht um die Speicherung eigener Inhalte, sondern um die Weitergabe einer Leistung an Dritte. Der Reseller wird meist ein großes Speicherplatz-Kontingent erwerben und erhält dadurch besondere Konditionen, die er an seine Kunden weitergeben kann bzw. die ihm die Erarbeitung einer eigenen Marge erlauben. Große Anbieter tendieren dazu, „Reseller-Accounts" oder „Reseller-Pakete" anzubieten, in denen die Preise anhand des Umfangs der Hosting-Leistungen (Anzahl der Kunden, Anzahl der Domains, Größe des Speicherplatzes) abgestuft werden. Der Reseller schließt die Verträge mit dem Webhoster als auch mit seinen Kunden auf eigene Rechnung und in eigenem Namen ab, so dass er in der Regel nicht als Makler oder Handelsvertreter tätig wird.[316] Vertragsgegenstand des Vertrags zwischen Webhoster und Reseller sind zum einen die üblichen Webhosting-Leistungen, zum anderen erhält der Reseller das nicht-ausschließliche Recht, die Leistungen des Webhosters zu vertreiben. Zwischen dem Reseller und seinen Kunden kommt wiederum ein Webhosting-Vertrag zustande, dessen Inhalte sich an dem Vertrag zwischen Reseller und Webhoster orientieren. **304**

III. Content-Provider

Neben den Access-Providern, die lediglich den Zugang zum Internet vermitteln und den Presence-Providern, die zur Aufgabe haben, Server-Speicherplatz bzw. Räumlichkeiten zur Aufstellung von Servern zur Verfügung zustellen, sind Content-Provider auf dem Markt tätig. **305**

Content-Provider sind Internet-Service-Provider, die Leistungen im Zusammenhang mit den im Netz zur Verfügung gestellten Inhalten anbieten. Der Begriff des Content-Providers (oder auch, inhaltlich ggf. leicht unterschiedlich, Content-Brokers, Content-Resellers) wird nicht einheitlich verwendet. Der Kunde setzt als Content-Provider die jeweiligen Anbieter einer Internetpräsenz an. Andererseits handelt es sich bei einem Content-Provider um denjenigen, der den Anbieter mit Inhalten versorgt. Die Beschaffung von Webcontent durch einen Content-Provider wird gesondert in Rn. 354 ff. behandelt. **306**

Der Content-Provider ist nach dem hier zugrunde gelegten Verständnis ein Inhalteanbieter, der Inhalte in Form von Informationen, Unterhaltungsmedien, Texten, Meinungsäußerungen, redaktionellen Beiträgen, Sounds, Grafiken, Linklisten etc. zur Verfügung stellt. Das Zurverfügungstellen der Inhalte kann kostenlos oder gegen Entgelt erfolgen. Die kostenlose Nutzung von Inhalten heißt nicht, dass es nicht zu einem Vertragsschluss kommt. Entscheidend ist, ob ein entsprechender Rechtsbindungswille vorhanden ist (vgl. Rn. 315). **307**

Inhalte können insbesondere im Bereich des Mobile Commerce (M-Commerce), d.h. im Geschäftsverkehr mittels mobiler Endgeräte, auch über sog. **Push-Dienste** aktiv in der Weise an den Nutzer übermittelt werden, dass sich dieser die Inhalte nicht offline oder online bei dem Content-Provider abholt, sondern dieser ihm die Inhalte zu bestimmten Themen in regelmäßi- **308**

---

315 *Cichon* Internetverträge § 2 Rn. 294.
316 *Winteler* in Moritz/Dreier, E-Commerce, B Rn. 607.

gen oder unregelmäßigen Abständen zukommen lässt. Der Begriff „Push-Dienst" ist mithin eine Bezeichnung für Informationsdienste, die selbständig Nachrichten oder aktuelle Daten an ihre Abonnenten schicken. Bei sog. Pull-Diensten veranlasst hingegen der Nutzer die Übermittlung der Informationen.

309   Im Übrigen müssen Inhalteanbieter beachten, dass sie für ihre Inhalte grds. nach den allgemeinen Regeln haften. Auf die Haftungsprivilegierungen des TMG können sich Anbieter eigener Inhalte nicht berufen.

310   Zu Einzelfragen der Haftung der im Netz Tätigen vgl. 5. Abschn.

D. Informationshandel über Online-Datenbanken

311   Datenbanken sind in allen Bereichen des Geschäftslebens zu einem wichtigen Informationsmedium geworden. Es handelt sich dabei um „effektive Systeme zur Speicherung elektronisch verfügbarer Informationen".[317] Eine Datenbank ist eine Datenansammlung, die Informationen über ein spezielles Anwendungsgebiet der realen Welt abbildet;[318] zum urheberrechtlichen Schutz von Datenbanken vgl. 20. Abschn. Rn. 80 ff.

312   Das Internet bietet die Möglichkeit, sich über Fachdatenbanken, Archive, Wirschaftsinformationsdienste oder Nachrichtenagenturen einer Vielzahl von Informationen zu bedienen. Der Nutzer kann in den Datenbanken mittels Suchmaschinen recherchieren und Inhalte ausdrucken oder herunterladen. Datenbanken ermöglichen nicht nur den Zugriff auf Texte, sondern auch auf Bilder, Grafiken, Sound- und Audiofiles sowie Computerprogramme.

313   Online-Datenbanken sind auf verschiedene Weise einer Nutzung zugänglich: Dem Nutzer kann (über einen Browser hinaus) eine besondere Software zur Verfügung gestellt werden, durch welche er von seinem Rechner aus über das Internet auf die Datenbank und deren Funktionen zugreifen kann. Möglich ist ein Zugriff auch über einen einfachen Browser auf eine Suchmaske, in den die Suchbegriffe eingegeben werden können. Das Suchergebnis wird dem Nutzer auf einer weiteren Website sichtbar gemacht. Die meisten Datenbanksysteme verwenden Account-Systeme, d.h. dem Nutzer werden eine Zugangskennung und ein Passwort zugeteilt, die der Registrierung und Anmeldung zwecks Sicherung der Zugangsmöglichkeiten dienen.

314   Betreiber von Online-Datenbanken können entweder die Inhalte durch eigene Mitarbeiter erstellen lassen oder die Inhalte von Dritten erwerben. Letzteres ist überwiegend der Fall, so dass es in erster Linie um die Erstellung einer Sammlung von Inhalten und die ständige Pflege der Inhalte geht. Hier sollen jedoch nicht die Vertragsbeziehungen zwischen Online-Informationslieferant (Content-Provider) und Datenbankanbieter (sog. Web-Content-Vertrag) betrachtet werden. Gegenstand der weiteren Ausführungen ist vielmehr der Vertrag, der zwischen dem Datenbankbetreiber und den Endkunden geschlossen wird.

---

317 *Gerhardt* in Wiebe/Leupold, Recht der elektronischen Datenbanken, Teil 1 Rn. 1.
318 *Gerhardt* in Wiebe/Leupold, a.a.O., Teil 1 Rn. 4.

I. Rechtsnatur

Bei Bestimmung der Rechtsnatur des Vertrages zwischen Datenbankbetreiber und Endkunden ist zwischen der entgeltlichen Nutzung der Datenbank und der unentgeltlichen Bereitstellung der Informationen zu differenzieren.   **315**

Bei einem Vertrag über die **entgeltliche Datenbanknutzung** handelt es sich in der Regel um einen **Typenkombinationsvertrag**. Der Anbieter verpflichtet sich in der Regel zur Erbringung mehrerer Hauptleistungen. Der Vertrag kann in zwei Leistungspflichten unterteilt werden: **316**

– die Ermöglichung des Zugriffs auf die Datenbank, die Bereitstellung der Daten und von Suchmechanismen und
– die Übertragung der Informationen an den Kunden.

Hinsichtlich der Bereitstellung der Datenbank wird das Vorliegen **miet**[319] – oder **pachtvertraglicher Elemente** befürwortet.[320] Die Überlassung der Information folgt nach überwiegender Ansicht **kaufrechtlichen Regeln**.[321] Hinzutreten können je nach Ausgestaltung des Vertrages auch werk- oder dienstvertragliche Elemente; ist Vertragsgegenstand z.B. auch die Zurverfügungstellung ständig aktualisierter Informationen (Börsendienste, Sportergebnisse, Nachrichten), kann es sich bei der Vereinbarung eines bestimmten Erfolges um einen Werkvertrag,[322] ggf. um einen Dienstvertrag handeln.   **317**

Wird dem Nutzer die Datenbank **unentgeltlich** zur Verfügung gestellt, kommt grds. kein Vertrag mit miet- und kaufvertraglichen Elementen zustande, da weder eine Miete noch ein Kaufpreis entrichtet werden muss. Um überhaupt einen Vertrag annehmen zu können, ist erforderlich, dass eine entsprechende Erklärung mit Rechtsbindungswillen abgegeben wurde,[323] und der Wille des Erklärenden, dass das Gewollte rechtlich verbindlich ist, muss zu erkennen sein.[324] Liegt ein solcher Rechtsbindungswille nicht vor, ist von einem **Gefälligkeitsverhältnis** auszugehen. Ein Rechtsbindungswille wird meist fehlen, wenn die Datenbank Nutzern unentgeltlich und ohne besondere Zugangsvoraussetzungen zur Verfügung gestellt wird. Kriterien, die für das Vorliegen eines Rechtsbindungswillens sprechen, sind die nach dem Parteiwillen zu bemessende Bedeutung der Datenbank, das Erfordernis einer Registrierung sowie die Rahmenbedingungen der Datenbanknutzung.[325] Muss bspw. eine bestimmte Software installiert werden, kann dies für den Willen sprechen, rechtlich verbindlich tätig zu werden. Ist ein Rechtsbindungswille zu bejahen, kommen hinsichtlich der Bereitstellung der Datenbank **leihrechtliche Vorschriften** in Betracht, bezüglich der Übergabe der Information kann es sich um eine **Schenkung** handeln.[326]   **318**

---

319 *Holzbach/Süßenberger* in Moritz/Dreier, E-Commerce, C Rn. 367; *Bettinger/Heide* in Redeker, IT-Verträge, Kap. 3.10 Rn. 15.
320 *Mehrings* NJW 1993, 3102.
321 *Mehrings* NJW 1993, 3102; *Holzbach/Süßenberger* in Moritz/Dreier, E-Commerce, C Rn. 368; *Bettinger/Heide* in Redeker, IT-Verträge, Kap. 3.10 Rn. 15; *Wendehorst* in MünchKomm BGB § 312c Rn. 91.
322 Vgl. zum „Datenbankvertrag" mit werkvertraglicher Komponente *Cichon* Internet-Verträge § 6 Rn. 791.
323 *Holzbach/Süßenberger* in Moritz/Dreier, E-Commerce, C Rn. 370; *Bettinger/Heide* in Redeker, IT-Verträge, Kap. 3.10 Rn. 16.
324 *Kramer* in MünchKomm BGB vor §§ 116 ff. Rn. 14.
325 *Holzbach/Süßenberger* in Moritz/Dreier, E-Commerce, C Rn. 370.
326 *Holzbach/Süßenberger* in Moritz/Dreier, E-Commerce, C Rn. 369; *Bettinger/Heide* in Redeker, IT-Verträge, Kap. 3.10 Rn. 16.

II. Anwendbare Vorschriften

319 Der Abschluss des Vertrages kommt meist über das Internet zustande. Daher müssen die für den Vertragsschluss über das Internet gegebenen Besonderheiten (§§ 312b ff. BGB) beachtet werden. Der Downloadvertrieb von Daten wird als Vertrieb einer Ware eingeordnet werden können,[327] so dass es sich in der Regel um ein Fernabsatzgeschäft handeln wird. Daher müssen die in §§ 312b BGB normierten Pflichten eingehalten werden. Dem Verbraucher müssen vorvertraglich und auch im Zusammenhang mit dem Vertragsschluss bestimmte Informationen erteilt werden, deren Inhalt sich aus der BGB-InfoV ergibt. Grds. muss der Verbraucher über ein Widerrufs- oder Rückgaberecht belehrt werden. Beim Online-Informationshandel ist das Widerrufsrecht unter den Voraussetzungen des § 312d Abs. 4 Nr. 1 Alt. 3 BGB ausgeschlossen. Danach besteht das Widerrufsrecht nicht für Waren, die aufgrund ihrer Beschaffenheit nicht zur Rücksendung geeignet sind.

320 Der Datenbankanbieter kann in der Regel als **Diensteanbieter** i.S.d. **TMG** qualifiziert werden mit der Folge, dass er die im TMG normierten Verpflichtungen einzuhalten hat (dazu im Einzelnen 5. Abschn.

– allgemeine Informationspflichten nach § 5 TMG, etwa Anschrift, Kontaktmöglichkeiten, Registernummer und die Umsatzsteueridentifikationsnummer, soweit vorhanden
– besondere Informationspflichten bei kommerzieller Kommunikation, § 6 TMG
– datenschutzrechtliche Vorgaben nach den §§ 11 bis 15 TMG (und auch die sonstige Datenschutzvorschriften)

321 Ggf. unterfällt der Anbieter auch dem TKG, so dass auch dessen Vorgaben Beachtung finden müssen.

III. Pflichten der Vertragsparteien

322 Der Datenbankbetreiber verpflichtet sich dazu, dem Nutzer den Zugriff auf die Datenbank und eine Recherche zu ermöglichen und zur Übermittlung der recherchierten Daten. Nicht davon erfasst ist in der Regel die Pflicht, einen Zugang zum Internet bereitzuhalten und die Datenübertragung über die Kommunikationsnetze sicherzustellen. Teil der Leistungsbeschreibung sollten Ausführungen über den Umfang der Datenbank, die Aktualität, die Art und Weise der Übermittlung der Daten und die Ermöglichung der Recherche sein. Regelungsbedarf besteht auch im Hinblick auf die Verfügbarkeit der Datenbank. So können, wie in allen Bereichen, in denen es um die Erreichbarkeit von Diensten oder Übertragungskanälen geht, bestimmte Kernzeiten vereinbart, Wartungsfenster vorgesehen oder im Rahmen der AGB-rechtlichen Zulässigkeit bestimmte Verfügbarkeitsquoten fixiert werden. Ist die Aktualität der Datenbank von besonderem Interesse, sollten auch hier genaue Aussagen zu den Aktualisierungs-Intervallen (z.B. täglich, wöchentlich, stündlich, bei Eintritt eines bestimmten Ereignisses) getroffen werden.

323 Der Nutzer ist verpflichtet, dem Datenbankbetreiber bei einem entgeltlichen Vertrag die vereinbarte Vergütung zu zahlen. Denkbar ist einer Vergütung für jeden einzelnen Zugriff auf die Datenbank oder für jeden Abruf von Informationen. In der Regel wird es sich um einen auf Dauer angelegten Vertrag handeln, bei dem der Nutzer eine Grundgebühr zahlt, die bereits den

---

327 *Härting* Internetrecht, F Rn. 509.

Zugriff und die Übermittlung bestimmter Inhalte abdeckt. Denkbar sind auch hier Flatfees oder Paketpreise für den Fall des Bündelns mehrere Datenbanken oder mehrerer Module in derselben Datenbank.

Selbstverständlich finden sich in den Vertragswerken zudem Regelungen zur Geheimhaltung **324** von Passwörtern, zum allgemeinen Umgang mit der Datenbank, etwa die Pflicht, Systemüberlastungen zu vermeiden, zur Vergütung und Zahlungsmodalitäten, ggf. Datenschutzklauseln und die üblichen Schlussbestimmungen.

IV. Einräumung von Rechten

Soweit Informationen nicht Gemeingut sind, können sie durch Schutzrechte vor unrechtmäßi- **325** ger Nutzung und Verwertung gesichert werden. Nach §§ 15 Abs. 2, 19a UrhG steht dem Urheber bzw. dem Inhaber der Verwertungsrechte, also hier dem Verfasser des Datenbankinhalts, das Recht zu, das Werk öffentlich zugänglich zu machen. Zum Schutz von Datenbankwerken und Datenbanken vgl. 20. Abschn. Rn. 80 ff. Die Speicherung der Daten auf dem Server des Datenbankbetreibers ist eine Vervielfältigung (§ 16 UrhG). Der Datenbankanbieter, der urheberrechtlich geschützte Datenbankinhalte auf seinem Server speichert, muss sich daher durch die jeweiligen Urheber das Recht einräumen lassen, das Werk im Rahmen der Datenbank zu nutzen und seinen Kunden zur Verfügung zu stellen.

In der Regel werden dem Kunden eines Datenbankbetreibers die erforderlichen Nutzungs- **326** rechte sowohl hinsichtlich der Nutzung der Datenbankabfragesprache bzw. des -programms als auch an den einzelnen Inhalten vertraglich eingeräumt. Dies sichert sowohl den Kunden als auch den Datenbankbetreiber ab und stellt klar, in welchem Umfang der Kunde zur Nutzung der Datenbank berechtigt ist. Ist keine vertragliche Regelung getroffen, richtet sich der Umfang der Rechte nach der Zweckübertragungstheorie. Vereinbarungen, die als AGB die Nutzungsrechte beschränken, müssen einer Kontrolle nach §§ 307 ff. BGB standhalten.

V. Mängelrechte/Haftung

Störungen im Zusammenhang mit der Ermöglichung des Zugriffs auf die Datenbank beurteilen **327** sich nach mietrechtlichen Vorgaben. Auch wenn man die Anwendung pachtrechtlicher Vorschriften befürwortet, gelangen über § 581 Abs. 2 BGB die mietrechtlichen Regelungen zur Anwendung. Nach § 535 BGB besteht grds. die Verpflichtung des Datenbankbetreibers, die Datenbank jederzeit in einem vertragsgemäßen Zustand zu erhalten. Als Mangel ist bspw. denkbar, dass der Zugang zur Datenbank gesperrt, eine Recherche unmöglich ist oder eine zu lange Dauer in Anspruch nimmt. Über § 535 Abs. 1 S. 2 BGB kann der Nutzer von dem Datenbankbetreiber verlangen, dass dieser bestehende Mängel beseitigt. Nach § 536 BGB wird die Miete gemindert, wenn ein Mangel gegeben ist. Ein Mangel berechtigt auch zur Geltendmachung eines Schadensersatzanspruches. Über § 543 BGB kann ein Mangel auch zur außerordentlichen Kündigung berechtigen, unter der Voraussetzung, dass der Mangel besonders schwerwiegend ist und ein Festhalten an dem Vertrag unzumutbar erscheint.

Hinsichtlich der Informationsübermittlung kommen kaufrechtliche Vorschriften zur Anwen- **328** dung. Sind die übertragenen Daten mangelhaft, richtet sich die Gewährleistung nach den §§ 434 ff. BGB, die über § 453 BGB auch für Rechtsmängel gelten. **Mangelhaft** sind die Daten bspw., wenn sie unvollständig oder inhaltlich fehlerhaft sind. In der Rechtsprechung wurde auch die Haftung für falsche Inhalte bejaht.[328] Ist eine regelmäßige Aktualisierung Inhalt der Leistungspflicht, liegt ein Mangel im Unterlassen der Aktualisierung. Auch die Belastung der Daten mit einem Virus kann einen Mangel darstellen. Ein **Rechtsmangel** nach § 453 BGB liegt bspw. vor, wenn die Daten oder die bereitgestellte Software mit Rechten Dritter belastet sind und der Datenbankbetreiber dem Nutzer die entsprechenden Rechte nicht eingeräumt hat oder einräumen kann.

329 Im Übrigen haftet der Datenbankbetreiber deliktisch und nach dem Produkthaftungsgesetz (ProdhaftG). Teilweise wird die Anwendbarkeit des ProdhaftG mit dem Argument verneint, eine für dessen Anwendbarkeit erforderliche bewegliche Sache liege nicht vor. Nach anderer Ansicht ist die notwendige Verkörperung darin zu sehen, dass die Daten auf einem Datenträger gespeichert werden;[329] diese Auffassung vertritt seit Ende 2006 auch der BGH.

330 Bei der unentgeltlichen Überlassung richtet sich die Mängelhaftung nach leih- oder schenkungsrechtlichen Vorschriften. §§ 523 Abs. 1, 524 Abs. 1 BGB regeln, dass der Schenker für Mängel nur dann haftet, wenn er dem Nutzer einen Rechts- oder Sachmangel arglistig verschweigt und dem Nutzer daraus ein Schaden entstanden ist. Gleiches gilt nach § 600 BGB für die Leihe. Nach §§ 521, 599 BGB haftet der Datenbankbetreiber im Übrigen nur für Vorsatz und grobe Fahrlässigkeit. Bei Vorliegen eines Gefälligkeitsverhältnisses stehen dem Nutzer mangels vertraglicher Ansprüche grds. nur die deliktsrechtlichen Haftungsvorschriften zur Verfügung.

VI. Vertragsbeendigung

331 Handelt es sich um einen dauerhaften Vertrag über die entgeltliche Bereitstellung der Datenbank, kann der Vertrag nach den mietrechtlichen Vorschriften gekündigt werden.[330] In den AGB der Datenbankbetreiber finden sich aber vielfach von den mietrechtlichen Vorschriften abweichende Regelung zur Vertragsdauer und Vertragsbeendigung.

E. Vertrag über Webdesign

332 Die Gestaltung der Eingangseite (Homepage) einer Internetpräsenz und der Folgeseiten wird zunehmend von professionellen Webdesignern oder Agenturen vorgenommen. Ein **Webdesign-Vertrag** hat die (einmalige) Erstellung einer Internetpräsenz, d.h. einer Gesamtheit von Websites zum Inhalt. Die Einzelseiten werden als „Webseiten" bezeichnet. Zu der Erstellung eines Internetauftritts gehört meist nicht nur das Design der Internetpräsenz als solches, sondern auch die technische Entwicklung der Website. Neben der einmaligen Erstellung können sich Webdesigner auch zur ständigen Betreuung einer Internetpräsenz verpflichten. Daneben bieten Webdesigner oft auch klassische Providerleistungen an oder führen Schulungen der Mitarbeiter über die Handhabung der Website, z.B. der ständigen Aktualisierung und dem Einpflegen neuer Inhalte unter Nutzung z.B. eines Content-Management-Systems, durch.

---

328 *BGH* NJW 1978, 997.
329 *Bettinger/Heide* in Redeker, IT-Verträge, Kap. 3.10 Rn. 110.
330 Vgl. *Cichon* Internet-Verträge, § 6 Rn. 792.

I. Einmalige Erstellung einer Internetpräsenz

1. Rechtsnatur

Vertragstypologisch kann es sich um einen **Werkvertrag** nach § 631 BGB oder um einen **Werklieferungsvertrag** nach § 651 BGB handeln, auf den grds. Kaufrecht anzuwenden ist. **Dienstvertragsrecht** kommt zur Anwendung, wenn ein bestimmter Erfolg nicht geschuldet ist, z.B. in einer bereits bestehenden Internetpräsenz lediglich bestimmte Parameter verändert werden.

Vor der Schuldrechtreform wurden Webdesign-Verträge überwiegend als Werkverträge angesehen.[331] Mit der Neuregelung des § 651 BGB ist unklar, ob an dieser Einordnung festgehalten werden kann oder über § 651 BGB das Kaufrecht Anwendung findet. Im Hinblick auf § 651 BGB dürften Fallkonstellationen unproblematisch sein, in denen keine Lieferung erfolgt, bspw. weil der Anbieter direkt das System des Kunden nutzt.[332] Auch bei einer zeitlich begrenzten Überlassung der Website kommt § 651 BGB nicht zur Anwendung. § 651 BGB setzt voraus, dass der Vertrag die Lieferung herzustellender oder zu erzeugender beweglicher Sachen zum Gegenstand hat. Ob es sich bei einer Internetpräsenz um eine bewegliche Sache handelt, ist umstritten. Die jüngere Rechtsprechung des BGH zur Sachqualität von Software spricht ganz deutlich dafür,[333] dass auch beim Webdesign-Vertrag § 651 BGB anzuwenden ist.

Überwiegend wird in der Literatur jedoch die Zuordnung des Webdesign-Vertrags als Werkvertrag befürwortet.[334] Begründet wird dies damit, dass bei einem Webdesign-Vertrag ein bestimmter Erfolg geschuldet wird, der eher in einer geistigen und schöpferischen Leistung des Webdesigners liegt. Der Schwerpunkt der Tätigkeit ist die Herbeiführung eines individuell geschuldeten Erfolgs durch bestimmte Entwicklungsleistungen, die Veräußerung eines fertigen Produktes steht nicht im Vordergrund. Auch praktische Erwägungen sollen für das Vorliegen eines Werkvertrags sprechen. So besteht durch die Abnahme die Möglichkeit, die Internetpräsenz zu prüfen. Im Kaufrecht ist ein solches Abnahmeverfahren nicht vorgesehen. § 651 BGB soll zudem nach seinem Zweck nur dann anwendbar sein, wenn die Sache vom Werkunternehmer eigenständig und nicht in enger Abstimmung mit dem Kunden hergestellt wird.

2. Vorvertragliches Stadium

Im **vorvertraglichen Bereich** treffen den Webdesigner Aufklärungs- und Beratungspflichten, deren Verletzung Schadensersatzansprüche auslösen können. Speziell im Bereich der Erstellung von Internetpräsenzen wird der Webdesigner über eine größere Sachkunde hinsichtlich der technischen Möglichkeiten und Schranken der Präsentation im Internet verfügen. Zu seiner Aufklärungs- und Beratungspflicht zählt es, den Auftrag des Kunden zu prüfen und ihn über die Durchführbarkeit seiner Vorgaben und Vorstellungen zu beraten.[335]

333

334

335

336

---

331 *Härting* ITRB 2002, 218.
332 So *Koch* ITRB 2003, 281.
333 Vgl. zur Frage der Sachqualität von Software und der Anwendbarkeit des § 651 BGB 13. Abschn. Rn. 117 ff. und 214 ff.
334 *Winteler* in Moritz/Dreier, E-Commerce, B Rn. 612; *Cichon* Internet-Verträge, § 4 Rn. 418.
335 Vgl. *Cichon* Internet-Verträge, § 4 Rn. 456; *Winteler* in Moritz/Dreier, E-Commerce, B Rn. 619 m.w.N.

3. Pflichten der Vertragsparteien

337 **Vertragsgegenstand** ist grds. die Gestaltung und ggf. auch die technische Erstellung einer Internetpräsenz nach Kundenwunsch gegen Zahlung einer entsprechenden Vergütung.

338 Da Internetpräsenzen in den überwiegenden Fällen individuell entworfen und erstellt werden, werden die zu erbringenden Leistungen meist in einer gesonderten Leistungsbeschreibung genau festgehalten. Dazu zählt die Entwicklung des Webdesigns mit einzelnen Menüleisten, Frames und Buttons und deren Umsetzung auf Bildschirmseiten.[336] Festgelegt werden kann die Anzahl und Größe der Dateien, die Zahl der enthaltenen Sound-, Bild- oder Videosequenzen, Umfang und Inhalt der zu integrierenden Komponenten sowie die technischen Vorgaben. Der Webdesigner ist (ggf. nach den Vorgaben des Kunden) für die gesamte Gestaltung verantwortlich und verfasst oft auch die Texte und Grafiken, die auf der Interseite des Kunden erscheinen sollen. Die Parteien sollten sich außerdem darüber einigen, von wem das Pflichtenheft zu erstellen ist.

339 Da es sich bei dem Webdesign um eine **kreative Leistung** handelt, können grds. drei Stufen bzw. Vertragsphasen unterschieden werden. In der ersten Phase wird ein – besonderen Wert auf die gestalterischen Fragen legender – Entwurf angefertigt, der entsprechend mit dem Kunden abgestimmt wird. Dieser Entwurf wird dann in einer zweiten Phase ausgearbeitet, der dritte Abschnitt dient der Umsetzung dieses Entwurfs.[337] Zwischen den Parteien kann vereinbart werden, dass zur Vermeidung von Unstimmigkeiten der Kunde nach jeder Phase seine Freigabe erklären muss. Dabei ist zu beachten, dass im Rahmen der künstlerischen Leistung eine gewisse Gestaltungsfreiheit des Webdesigerns besteht.[338] Die Freigabe bzw. der vertragsmäßige Erfolg ist daher nicht allein nach rein subjektiven Gestaltungskriterien zu bemessen.[339]

340 Die **Vergütung** wird gem. § 641 Abs. 1 S. 1 BGB grds. mit der Abnahme fällig, soweit das Vorliegen eines Werkvertrages bejaht wird. Als Vergütung kann z.B. eine pauschale Zahlung oder eine Vergütung nach Aufwand vereinbart werden. Auch können Teilzahlungen, bspw. für einen bestimmten Projektabschnitt oder einen Meilenstein vereinbart werden. Unter Geltung des Kaufrechts (§§ 651, 433 ff. BGB) findet keine Abnahme statt, vielmehr erfolgt eine Ablieferung bzw. Übergabe der Website.

341 Regelungsbedarf besteht wie bei den meisten Softwareprojekten auch hinsichtlich eines Verfahrens über Änderungen der Leistungsbeschreibung (**Change Request**), die während der laufenden Bearbeitung auftreten. Da bei der Entwicklung und Gestaltung von Internetpräsenzen technische Grenzen oder Schwierigkeiten sowie allgemein Änderungswünsche entstehen können, sollte zwischen den Parteien ein Verfahren vereinbart werden, wie solche Änderungen eingebracht und durchgeführt werden sollen. Zwecks Klarstellung und Beweisbarkeit der vereinbarten Änderungen sollten diese schriftlich festgehalten und eine entsprechende Verpflichtung in den Vertrag aufgenommen werden. In diesem Zusammenhang muss auch ein ggf. vereinbarter Zeitrahmen und die Vergütung an die Änderungen angepasst werden.

---

336 *Winteler* in Moritz/Dreier, E-Commerce, B Rn. 616.
337 Allgemein zu Designverträgen *Reich* GRUR 2000, 956.
338 *Reich* GRUR 2000, 956.
339 *Winteler* in Moritz/Dreier, E-Commerce, B Rn. 627; *Cichon* Internet-Verträge, § 4 Rn. 433.

4. Einräumung von Rechten

Dem Kunden müssen die erforderlichen **Nutzungs- und Verwertungsrechte** eingeräumt wer- **342** den. Eine Website besteht aus vielen Elementen, die urheberrechtlichen Schutz genießen kön- nen.[340] So können die einzelnen Grafiken, Texte, Soundfiles oder Videosequenzen urheber- rechtlichen Schutz genießen.

Umstritten ist, ob die auf HTML, XHTML und WML basierenden Webseiten unter den Begriff **343** der Computerprogramme gem. § 69a UrhG fallen, insbesondere wenn die Webseiten Pro- grammcode enthalten.[341] Hinsichtlich der gestalterischen Leistung und der Darstellung der Website ist auch zu prüfen, ob ein Schutz als Datenbankwerk, filmähnliches Werk oder als Dar- stellung wissenschaftlicher oder technischer Art möglich ist.[342] (vgl. Im Einzelnen 20. Abschn. Rn. 80 ff.)

Umso wichtiger ist es, dass die Parteien beachten, dem Kunden alle für das Gesamtwerk „In- **344** ternetpräsenz" erforderlichen Rechte einzuräumen. In diesem Zusammenhang sollte auch ge- klärt werden, ob Rechte Dritter an den Bestandteilen der Website bestehen, an denen der Web- designer Nutzungsrechte erwirbt und an den Kunden weitergeben muss. Außerdem muss der Webdesigner darauf achten, dem Kunden keine ausschließlichen Verwertungsrechte an Soft- ware oder Inhalten einzuräumen, die er etwa für andere Webdesignprojekte weiterverwerten möchte.

5. Mitwirkungspflichten

Den Kunden treffen **Mitwirkungspflichten**, die je nach Umfang und Inhalt des Webdesign- **345** Vertrages unterschiedlich ausgestaltet sein können. Allgemeine Mitwirkungspflichten ergeben sich aus dem jeweiligen Vertrag, besonderen gesetzlichen Vorschriften (z.B. §§ 642, 651 BGB) sowie aus § 242 BGB.[343] Der Kunde muss je nach Vertragsgestaltung dem Webdesigner die zur Gestaltung der Internetpräsenz erforderlichen Informationen zur Verfügung stellen, ihm ggf. Texte oder Grafiken liefern sowie Stellung zu den technischen Beschaffenheiten nehmen. Mitwirkungspflichten sind grds. Obliegenheiten, können aber ggf. auch als echte Mitwir- kungspflichten ausgestaltet werden. Es bietet sich zur Vermeidung von Streitigkeiten an, die Mitwirkungspflichten vertraglich festzulegen.

6. Abnahme/Übergabe

Bei einem Werkvertrag hat nach § 640 BGB eine **Abnahme** der Leistung zu erfolgen. Dem **346** Kunden muss dabei ausreichend Gelegenheit gegeben werden, die erstellte Internetpräsenz zu testen.[344]

Im Kaufrecht ist eine solche Abnahme nicht vorgesehen, der Vertrag wird durch die Übergabe **347** bzw. Ablieferung erfüllt. Die Vereinbarung einer Abnahme im Kaufrecht verstößt insbeson- dere in AGB auf Bedenken, da dies zu einer Abweichung von dem gesetzlichen Leitbild des Kaufvertrages führen dürfte. Möglicherweise lässt sich die Unwirksamkeit einer Regelung da- durch vermeiden, dass umfangreiche Testphasen vereinbart werden.

---

340 Vgl. bspw. *OLG Frankfurt* MMR 2005, 705.
341 *Grützmacher* in Wandtke/Bullinger, § 69a UrhR Rn. 18; vgl. im Einzelnen 20. Abschn. Rn. 17.
342 Vgl. dazu *Schack* MMR 2001, 9.
343 Vgl. *Hohloch* in Erman, § 242 BGB Rn. 82.
344 *Cichon* Internet-Verträge, § 4 Rn. 440; *Winteler* in Moritz/Dreier, E-Commerce, B Rn. 632.

7. Mängelrechte

348   Die Mängelrechte richten sich je nach Auffassung entweder nach werkvertraglichen (§ 643 ff. BGB) oder bei der Anwendung des § 651 BGB nach kaufrechtlichen (§ 434 ff. BGB) Vorschriften.

349   Als **Sachmängel** sind insbesondere eine fehlerhafte Programmierung oder Gestaltung, unrichtige Inhalte oder die Funktionsunfähigkeit der Internetpräsenz denkbar. In gestalterischer Hinsicht muss hier beachtet werden, dass es sich um eine kreative Tätigkeit handelt: Die auf rein subjektiven Kriterien beruhende Bewertung der Gestaltung kann also nur dann einen Mangel darstellen, wenn von den vereinbarten Vorgaben abgewichen wird. Die Leistung ist insbesondere rechtsmangelhaft, wenn die Nutzung wegen entgegenstehender Rechte Dritter an der Internetpräsenz nicht möglich ist. Die Mangelansprüche im Werkvertrags- und Kaufrecht unterscheiden sich zwar nicht grundlegend, jedoch ist im Gegensatz zum Kaufrecht im Werkvertragsrecht eine Selbstvornahme der Mängelbeseitigung möglich (§ 637 BGB). Weiter kann im Werkvertragsrecht der Werkunternehmer wählen, welche Art der Nacherfüllung, Nachbesserung oder Neuerstellung der Internetpräsenz, er vornehmen möchte.

II. Sitebetreuungsverträge

350   Neben den Verträgen über die **einmalige Erstellung** einer Internetpräsenz kann zwischen dem Kunden und dem Webdesigner vereinbart werden, dass sich der Webdesigner weiterhin um den Interauftritt im Rahmen eines **Dauerschuldverhältnisses** kümmert. Das bietet sich vor allem an, wenn die Website ständig aktualisiert und auf den neuesten technischen Stand gebracht werden muss. Vertragsgegenstand solcher Sitebetreuungsverträge ist die ständige Betreuung und Pflege der Website. Hauptpflicht eines solchen Vertrages ist die Aktualisierung und Ergänzung des Internetauftritts, die Überprüfung des Inhalts und die Anpassung an neue technische Gegebenheiten.[345]

351   Diese Leistungspflichten führen zu folgender **vertragstypologischen Einordnung**. Das Vorliegen eines Werkvertrages setzt voraus, dass ein bestimmter Werkerfolg geschuldet ist. Bei dem Sitebetreuungsvertrag rückt jedoch das Erstellen eines einzelnen Arbeitsergebnisses zugunsten der „Wartungstätigkeit" in den Hintergrund. In erster Linie wird die ständige Betreuung, die Überwachung der Funktionsfähigkeit und das Einpflegen neuer Inhalte im Vordergrund stehen.[346] Es handelt sich also eher um einen tätigkeitsbezogenen Vertrag, auf den **Dienstvertragsrecht** anzuwenden ist.

352   Nach §§ 621, 626 BGB besteht die Möglichkeit, den Dienstvertrag ordentlich oder außerordentlich zu **kündigen**. Da eine Internetpräsenz nicht nur der Information, sondern z.B. bei einem Online-Shop auch dem Handel dient, sollte darauf geachtet werden, dass durch die Vereinbarung kurzer Kündigungsfristen die Internetpräsenz während der Phase, in der ein neuer Vertragspartner gefunden wird, unbetreut bleibt und bspw. aktuelle Produkte dem Online-Shop nicht hinzugefügt werden können. Abhängig von der zu erbringenden Leistung sollte der Fall einer Vertragsbeendigung einer detaillierten Regelung zugeführt werden. Insbesondere sollte beachtet werden, dass der frühere Betreuer der Website bestimmte Daten, Informationen oder Materialien herauszugeben oder sogar in einer ersten Phase Unterstützungsleistungen zu erbringen hat.

---

345 *Cichon* Internet-Verträge, § 4 Rn. 476.
346 *Cichon* Internet-Verträge, § 4 Rn. 479.

Zu beachten ist auch, dass dem Kunden die **Nutzungs- und Verwertungsrechte** von urheber-   353
rechtlich geschützten Werken auch noch nach Ende der Vertragsbeziehung zustehen müssen.
Grds. ist mangels ausdrücklicher Vereinbarung unter Anwendung des Zweckübertragungs-
grundsatzes davon auszugehen, dass nach dem Vertragszweck nur auf die Dauer des Sitebe-
treuungsvertrages beschränkte Nutzungs- und Verwertungsrechte bestehen.[347] Kündigt also
der Webdesigner den Vertrag, so dürfte ein neuer Auftragnehmer die von ihm produzierten
Werke, soweit diese urheberrechtlich geschützt sind, nicht nutzen.

F. Vertrag über den Erwerb von Rechten an Webcontent

(Online-) Content-Provider stellen über eine Internetpräsenz Inhalte zur Verfügung. Unter   354
dem Begriff „Content Provider" werden auch Anbieter von Leistungen verstanden, die die Betreiber einer Internetpräsenz mit Inhalten (Web-Content) versorgen. Unter **Webcontent** werden dabei alle Information und Darstellungen verstanden, die auf einer Website verwendet
werden. Dabei kann es sich z.B. um Texte, Informationen, Grafiken, Sounds, Videos oder Bilder handeln. Bei den Informationen handelt es sich naturgemäß (auch) um ein immaterielles
Gut, welches im Einzelfall insbesondere urheberrechtlichen Schutz genießen kann.

I. Vertragsvarianten

Content-Provider-Verträge sind in **unterschiedlichen Varianten** denkbar: 355

- Der Anbieter einer Internetseite kann Webcontent unmittelbar von dem Hersteller, der zugleich Content-Provider ist, erwerben und sich die entsprechenden Rechte daran einräumen
  lassen.
- Möglich ist auch, dass der Content-Provider die Herstellung der Inhalte nicht selbst übernimmt, sondern die Inhalte von Dritten erwirbt und die Rechte zur Nutzung der Inhalte nun
  an den Anbieter, d.h. seinen Kunden, ausschließlich oder nicht-ausschließlich weitervermit-
  telt (Content-Brokerage). Der Content-Provider kann die Inhalte auch von einem weiteren
  Vermittler erworben haben, so dass hinsichtlich der Beschaffung und Überlassung von Inhalten eine „Leistungskette" entsteht. Der Content-Provider nimmt in diesem Fall also lediglich eine Art Vermittlungstätigkeit wahr.

Eine Unterscheidung kann auch anhand der **Art und Weise der Lieferung** der Inhalte erfol-   356
gen:

- Die Inhalte können dem Kunden in der Weise zur Verfügung gestellt werden, indem sie in
  seine Website integriert werden. Sie erscheinen dann für den Internetnutzer als eigene Inhalte des Betreibers.
- Dem Anbieter der Internetseite kann auch ermöglicht werden, Dritten Inhalte über einen
  entsprechenden Link zur Verfügung zu stellen (sog. Linking-Vertrag).

Differenziert werden kann auch anhand der **Leistungsdauer**:   357

- Es kann sich um eine einmalige, dauerhafte Überlassung von Inhalten handeln, bei denen
  dem Anbieter dauerhaft gegen ein bestimmtes Entgelt Webcontent zur Verfügung gestellt
  wird.

---

347 *Cichon* Internet-Verträge, § 4 Rn. 497.

– Kommt es auch auf die Aktualität der zur Verfügung gestellten Inhalte an (z.B. Börsenkurse), übernimmt der Content-Provider die Verpflichtung, Inhalte ständig zu aktualisieren und neu zu liefern.

358 Letztlich bieten auch die zur Verfügung gestellten **Informationen** ein Unterscheidungskriterium.

– Bei diesen kann es sich um urheberrechtlich oder anderweit geschützte Informationen handeln oder

– um solche, die wegen mangelnder Schöpfungshöhe oder wegen ausgelaufenen Schutzes keinen urheberrechtlichen Schutz (mehr) genießen und gemeinfrei sind.

II. Vertragstypologische Einordnung

359 Der Content-Provider-Vertrag kann im Hinblick auf die Vielzahl der möglichen Leistungsgegenstände und Arten der Leistungserbringung nicht einheitlich einem typisierten Schuldverhältnis zugeordnet werden, es ist eine Einzelfallbetrachtung erforderlich.

360 Ist die Zusammenarbeit auf eine längere Dauer ausgerichtet, liegt zwischen Content-Provider und Anbieter ein **Dauerschuldverhältnis** vor. Dazu zählen insbesondere Verträge über die ständige Aktualisierung der Inhalte oder die dauerhafte Lieferung von zuvor festgelegten Informationen. Der Charakter als Dauerschuldverhältnis kann zu einem Vorliegen eines **Sukzessivlieferungsvertrags** in Form eines Bezugsvertrags führen.[348] Ein solcher Vertrag wird auf eine unbestimmte, zumindest aber auf längere Zeit ohne Festlegung einer bestimmten Leistungsmenge geschlossen. Die Menge der Leistung richtet sich nach dem Bedarf und der Anforderung durch den Anbieter. Der Bezugsvertrag setzt die ständige Lieferbereitschaft des Content-Providers voraus.

361 Werden **urheberrechtlich nicht geschützte Informationen** zur Verfügung gestellt, die der Allgemeinheit frei zugänglich und frei verfügbar sind (und auch nicht in der konkreten Zusammensetzung als Datenbank geschützt sind), bedarf es keiner Einräumung von Nutzungsrechten. Vorrangige Vertragsleistung ist dann die Beschaffung oder Zusammenstellung der Inhalte sowie deren technische Anbindung. Abhängig von der Gestaltung des Vertrages im Einzelfall kann es sich dann um einen **Dienst**- oder einen **Werkvertrag** handeln.

362 Besteht für die Information hingegen urheberrechtlicher Schutz, müssen dem Anbieter Nutzungs- und Verwertungsrechte eingeräumt werden. Dies erfolgt in Form eines Lizenzvertrages. Der Lizenzvertrag wird überwiegend als Vertrag sui generis angesehen.[349] Ist der Vertrag unvollständig, kann je nach Vertragsgestaltung unter Berücksichtigung des Parteiwillens auf Kauf-, Miet- oder Pachtrecht herangezogen werden. Wird Webcontent auf Dauer gegen die einmalige Zahlung eines Entgeltes überlassen, so kann ein Rechtskauf gem. § 453 BGB vorliegen, auf den die kaufrechtlichen Vorschriften Anwendung finden. Bei einer zeitlich begrenzten Überlassung der Inhalte sind miet- oder pachtrechtliche Vorschriften zu beachten.

363 Soll der Inhalt des Providers durch einen Link abgerufen werden können, wird vereinbart, dass der Anbieter Zugang zu dessen Webseite erhält. Diese Konstellation wird als **Linking-Vertrag**

---

348 *Winteler* in Moritz/Dreier, E-Commerce, B Rn. 345.
349 *BGH* NJW-RR 2004, 644; NJW 1989, 456; GRUR 1973, 669 – Spülmaschine; *OLG Stuttgart* GRUR-RR 2004, 8.

Gennen

bezeichnet. Auch hier wird es sich um einen Lizenzvertrag handeln, der je nach Ausgestaltung mietrechtlich geprägt ist.[350]

III. Pflichten des Content-Providers

Die Pflichten des Content-Providers sollten durch die Parteien eindeutig festgelegt werden. Dies kann sowohl im Vertragstext selbst als auch in einer Leistungsbeschreibung erfolgen. Vertragsgegenstand ist die Vermittlung von Inhalten durch den Content-Provider an den Anbieter und falls erforderlich die Einräumung der entsprechenden Nutzungs- und Verwertungsrechte. Folgend sollen Regelungspunkte dargestellt werden, die bei dem Vertragsschluss von den Parteien berücksichtigt werden müssen.   **364**

1. Beschreibung der Inhalte

Zunächst bedarf es der genauen Beschreibung des zu liefernden Inhalts. Es muss festgelegt werden, ob es sich um Texte, Bilder, Grafiken, Video- oder Audiodateien, Nachrichten, den Zugriff auf eine Datenbank oder sonstige Informationen handelt und welche Beschaffenheit diese aufweisen sollen. Dazu sollten sich die Parteien über die jeweiligen Merkmale einigen und vertraglich -soweit möglich- eine genaue Beschreibung vornehmen. Ist eine detaillierte Bestimmung der Inhalte nicht möglich, sollten die Parteien die Inhalte jedenfalls thematisch spezifizieren. So können bestimmte Themenbereiche angegeben werden, die durch die zu liefernden Informationen abgedeckt werden sollen. Eine Abgrenzung kann auch anhand der Quellen der Inhalte oder durch die Bestimmung des Verwendungszwecks erfolgen.   **365**

Soll der Inhalt besondere Gestaltungsmerkmale aufweisen, so sind auch dahingehend explizite Vereinbarungen zu treffen. So kann vereinbart werden, dass hinsichtlich des Designs eine Anpassung zu erfolgen hat.   **366**

2. Technische Vorgaben

Da es sich um digitale Informationen handelt, bietet es sich an, auch die technischen Vorgaben, z.B. die Dateigröße oder den Speicherplatzbedarf, anzugeben. Dazu gehört auch die Festlegung der technischen Standards und der Kompatibilität.   **367**

Regelungsbedarf besteht auch im Hinblick auf die Art und Weise der Lieferung. Im Vertrag sollte festgehalten werden, ob die Inhalte per Datenfernübertragung übermittelt werden oder der Content-Provider dem Anbieter die Inhalte auf einem Datenträger, per E-Mail oder in sonstiger verkörperter Form zu überlassen hat.   **368**

Die Daten können aber auch dadurch übertragen werden, dass der Anbieter dauerhaft an eine Datenbank angebunden ist oder dauerhaft auf Datenströme zugreifen kann. Dann muss vereinbart werden, wer diese Anbindung herstellt und zukünftig für deren Aufrechterhaltung zuständig ist. Schließlich ist auch die Vorgabe von Sicherheitsstandards ein Regelungspunkt, z.B. das Erfordernis besondere Verschlüsselungen oder Zugriffsschutzmechanismen.   **369**

---

350 *Winteler* in Moritz/Dreier, E-Commerce, B Rn. 346.

3. Pflege der Inhalte

370 Die Parteien sollten sich darüber verständigen, ob der Content-Provider die Pflege und ständige Aktualisierung der Inhalte übernimmt. Dies kommt in Betracht, wenn es sich nicht um die einmalige Überlassung eines bestimmten Inhaltes handelt, sondern um Inhalte, die fortlaufend erneuert werden müssen. Je nach Art des Inhalts sind sehr kurze Intervalle (Börsenkurse) oder zeitlich längere Perioden möglich. Eine Aktualisierung ist für den Anbieter besonders wichtig, wenn er sich aufgrund einer falschen, weil zeitlich abgelaufenen Information Ansprüchen Dritter aussetzen würde. Neben der Pflege der Inhalte kann auch die Sicherung der Daten und die Kontrolle auf Viren etc. geschuldet sein.

4. Kontrolle der Inhalte

371 Da der Anbieter für die Inhalte haftbar gemacht werden kann, ist es für ihn von Interesse, dass der Content-Provider die Inhalte zum Zeitpunkt ihrer Zurverfügungstellung und auch fortlaufend auf ihre inhaltliche Rechtmäßigkeit überprüft. Es geht dabei nicht nur um Verstöße im strafrechtlichen Sinn, sondern vor allem um die Überprüfung, ob durch die Inhalte keine gewerblichen Schutzrechte, Urheberrechte oder das Wettbewerbsrecht verletzt werden. Der Content-Provider muss verpflichtet werden, keine Inhalte zu verbreiten, die gegen das geltende Recht verstoßen und die eingestellten Inhalte fortlaufend zu kontrollieren. Eine solche Kontrolle ist vor allem dann sinnvoll, wenn Nutzer über die Internetpräsenz des Anbieters Inhalte austauschen oder bereitstellen können. Der Content-Provider kann dann verpflichtet werden, rechtswidrige von Dritten eingestellte Inhalte zu entfernen.

5. Verfügbarkeit der Inhalte

372 Verbleiben die Inhalte auf einem Server des Content-Providers und können dort durch den Anbieter abgerufen werden, sollten die Parteien eine Vereinbarung über die ständige Verfügbarkeit der Inhalte treffen.[351] Bei einem direkten Zugriff kann nur so sichergestellt werden, dass die Inhalte einer ständigen Verfügbarkeit unterliegen. Bei providerseits vorformulierten Verträgen muss wiederum beachtet werden, dass Verfügbarkeitsklauseln einer Inhaltskontrolle unterliegen können und ggf. als unzulässige Haftungsbeschränkung als unwirksam angesehen werden könnten.

6. Sonstige Pflichten

373 Der Content-Provider kann neben der Überlassung des Webcontents auch weitere (Zusatz-) Leistungen übernehmen. Nimmt der Anbieter die Einbindung in seinen Internetauftritt eigenständig vor, benötigt er möglicherweise eine Schulung, die ihm die notwendigen Kenntnisse vermittelt. Der Content-Provider kann auch **technischen Support** zur Verfügung stellen.

374 Ist der Content-Provider selbst Endkunde eines weiteren Providers und erhält er einen Zugangsschlüssel auf dessen Seiten, so kann er diesen Zugangsschlüssel auch dem Anbieter zur Verfügung stellen (**Sponsoring Accounts**). Dabei bedarf es der Regelung, ob auf sämtliche Inhalte oder nur auf einen Teil zugegriffen werden darf, welche Personen einen Zugriff durchführen dürfen, wie lange ein Zugriff erfolgen und welche Größe das Datenvolumen maximal erreichen darf.

---

351 Zur AGB-rechtlichen Zulässigkeit vgl. Rn. 257 ff. m.w.N.

Der Content-Provider kann auch verpflichtet werden, seine eigenen Inhalte im Rahmen einer **375** Selbstzensur nochmals mittels einer **Filtersoftware** zu überprüfen und ein sog. Rating durchzuführen. Die Software von Internetnutzern kann diese Ratings dann erkennen und die Seite ggf. sperren. Der Content-Provider kann auch mit der Übernahme von **Marketingleistungen** beauftragt werden.

IV. Pflichten des Kunden

Hauptpflicht des Kunden ist die Zahlung der vereinbarten **Vergütung**. Die Vergütung kann **376** dabei als **einmalige Gebühr**, fortlaufendes **Pauschalhonorar** oder als **nutzungsabhängige Vergütung** ausgestaltet werden. Möglich ist auch eine Kombination verschiedener Vergütungsarten. Bei einer Vergütung, deren Berechung aufgrund der tatsächlichen Nutzung erfolgt, muss festgelegt werden, anhand welcher Kriterien die tatsächliche Nutzung zu bemessen ist. Dabei kann Anknüpfungspunkt das Datenvolumen, die Zugriffszahl oder sogar die Clicks sein. Hier bedarf es wiederum der Festlegung der Mess- und Berechnungsmethoden sowie von besonderen Vorkehrungen, die eine Manipulationssicherheit der Berechnungen gewährleisten.

Die Vergütung kann auch aufgrund der Werbeerlöse erfolgen, deren Bemessung anhand sog. **377** Hit-Impressions erfolgt. Außerdem besteht die Möglichkeit, **Garantiehonorare** zu vereinbaren. Dabei handelt es sich um Vergütungen, die ein garantiertes Mindesthonorar vorsehen.

Für die **sonstigen Leistungen** wie Schulungen oder technischem Support können zusätzliche **378** Vergütungen vereinbart werden.

Dem Kunden werden vertraglich meist weitere Verpflichtungen auferlegt. Zu nennen ist hier **379** z.B. die Pflicht, die Inhalte nicht zu verändern und auf der Internetseite keine Inhalte zur Verfügung zu stellen, die für den Content-Provider zu einer Rufschädigung führen können, wenn er mit diesen Inhalten in Zusammenhang gebracht werden kann.

V. Einräumung von Nutzungsrechten

Wichtigster Regelungspunkt in einem Vertrag über den Erwerb von Webcontent ist die Einräu- **380** mung der Rechte an Inhalten und Materialien. Handelt es sich um Inhalte, die rechtlich geschützt sind, müssen dem Anbieter entsprechende Rechte eingeräumt werden. Den Parteien ist zu raten, den Umfang der übertragenen Rechte so genau wie möglich festzulegen. Lediglich bei Inhalten, die gemeinfrei sind, bedarf es einer solchen Regelung nicht. Rechte können entweder Dritten oder dem Content-Provider zustehen.

Urheberrechtlich kann Webcontent als Sprachwerk, Schriftwerk, Musikwerk, Filmwerk, **381** Werk der bildenden Künste, Lichtbildwerk oder wissenschaftliche bzw. technische Darstellung geschützt werden (§ 2 Abs. 1 UrhG). Datenbankwerke und Datenbanken erlangen über §§ 87a ff., 4 ff. UrhG Schutz, Computerprogramme sind durch die §§ 69a ff. UrhG erfasst. Soweit es sich bei dem **Webcontent** um ein **Computerprogramm** i.S.d. § 69c UrhG handelt, richtet sich die Zulässigkeit der Nutzung und Verwertung nach den §§ 69a ff. UrhG. (vgl. 20. Abschn.).

Der Content-Provider kann dem Anbieter **ausschließliche** oder **einfache Nutzungsrechte** ein- **382** räumen. Durch die Vereinbarung ausschließlicher Rechte erhält der Anbieter das alleinige Benutzungsrecht. Für den Anbieter ist ein ausschließliches Nutzungsrecht von Bedeutung, wenn er den fraglichen Inhalt allein anbieten möchte oder es um die Individualität der Internetpräsenz geht. Bei einem einfachen Nutzungsrecht sind auch der Content-Provider oder Dritte berechtigt, den Inhalt zu nutzen. Die Lizenzen können weiter **inhaltlich, zeitlich oder räumlich begrenzt** werden, wobei räumliche Einschränkungen kaum zu realisieren sein dürften, da die Webseite im Internet weltweit abrufbar ist.

383　In der Praxis wird dem Anbieter meist ein einfaches, (internetbedingt) räumlich und zeitlich unbeschränktes Nutzungsrecht eingeräumt. Darüber hinaus enthalten die Nutzungsrechtsklauseln Beschränkungen, in welchen genauer geregelt ist, welche Handlungen der Anbieter vornehmen darf. Dort ist bspw. geregelt, ob ein Download- oder eine Ausdruckmöglichkeiten für den (End-) Nutzer besteht oder eine Anpassung der Inhalte durch die Vornahme von Ergänzungen, Erweiterungen, Kürzungen, Anpassungen an ein bestimmtes Design erfolgen darf.

384　Außerdem wird in solchen Klauseln geregelt, ob der Anbieter dazu berechtigt ist, weitere Unterlizenzen an Dritte zu vergeben. Unterlizenzen sind notwendig, wenn der Internetnutzer eine Handlung vornimmt, die im Hinblick auf die bestehenden Schutzrechte relevant werden könnte. So kann bspw. das Browsen und Downloaden einer Internetseite eine Urheberrechtsverletzung darstellen,[352] sollten die entsprechenden Nutzungsrechte nicht bestehen.

385　Welche Regelungen sinnvoll und sachgerecht sind, hängt von dem jeweiligen Einzelfall ab. So ist bspw. eine Vereinbarung über die Zulässigkeit von Änderungen/Anpassungen nicht notwendig, wenn der Anbieter die Einbindung der Inhalte in seine Website nicht selbst vornimmt.

VI. Mängelrechte

386　**Sachmängel** liegen primär dann vor, wenn der angebotene Inhalt unvollständig oder sachlich unrichtig ist. Ein Sachmangel liegt auch vor, wenn sich Dateien nicht abspielen lassen oder Viren enthalten sind. Wichtigster Fall des **Rechtsmangels** ist das Bestehen von Schutzrechten Dritter an den gelieferten Inhalten, die der Content-Provider dem Anbieter nicht einräumen kann. In einem solchen Fall kann der Anbieter durch den Dritten auf Unterlassung in Anspruch genommen werden und macht sich ggf. schadensersatzpflichtig. Anbieterfreundlich sind Regelungen in dem Vertrag, in denen sich der Content Provider dazu verpflichtet, den Anbieter von etwaigen Ansprüchen Dritter (auf erstes Anfordern) freizustellen. In vielen Verträgen findet sich die Bestätigung, dass der Content Provider Rechte Dritter nicht verletze, teilweise wird dies sogar als Garantie formuliert. Besteht das Bedürfnis, die Gewährleistung einzuschränken oder Freistellungsklauseln zu vereinbaren, so müssen bei vorformulierten Verträgen §§ 307 ff. BGB beachtet werden.

VII. Haftung

1. Haftung gegenüber Dritten

387　Sowohl der Content-Provider als auch der Anbieter sind **gegenüber Dritten** haftbar: Nach § 7 Abs. 1 TMG sind Diensteanbieter für eigene Inhalte nach den allgemeinen Regeln verantwortlich. Handelt es sich um fremde Inhalt, kann dem Anbieter die Haftungsprivilegierung des § 11 TMG zugute kommen, sofern er keine Kenntnis von der rechtswidrigen Handlung hat (vgl. § 11 Nr. 1, Nr. 2 TMG). Allerdings gilt diese Haftungsprivilegierung nach der Rechtssprechung nicht für (verschuldensunabhängige) Unterlassungsansprüche, so dass hier wiederum die allgemeinen Regelungen zur Anwendung kommen. Auch Disclaimer sind nicht immer

---

352 *Wandtke/Grunert* in Wandtke/Bullinger, § 31 UrhG Rn. 88.

dazu geeignet, die Distanzierung von fremden Inhalten herbeizuführen.[353] Allgemein gehaltene Disclaimer reichen nicht aus, sofern der Inhalt in das Gesamtangebot des Providers eingebettet ist und der Provider, sei es durch Werbung, einen finanziellen Nutzen zu ziehen vermag.[354]

Der **Anbieter** haftet gegenüber Dritten aus Vertrag, soweit ein solcher geschlossen wurde. Im **388** Übrigen finden die allgemeinen Haftungsregelungen Anwendung. Bei Schutzrechtsverletzungen können die sich aus dem jeweiligen Gesetz ergebenden Ansprüche geltend gemacht werden, z.B. aus dem UrhG, dem MarkenG oder auch wettbewerbsrechtliche Ansprüche. Der **Content-Provider** haftet gegenüber Dritten ebenfalls nach den allgemeinen Regeln.

2. Haftung im Vertragsverhältnis

Neben der Haftung für Sach- und Rechtsmängel über das Gewährleistungsrecht – soweit die **389** dem Vertrag zugrundeliegenden gesetzlichen Regelungen Mangelrechte vorsehen - kann der Content-Provider nach allgemeinem Leistungsstörungsrecht oder Deliktsrecht haften. In der Regel werden im Vertrag Vereinbarungen getroffen, die die Verantwortung für die Inhalte dem Content-Provider auferlegen und durch die der Anbieter von etwaigen Ansprüchen Dritter freigestellt wird. Dabei ist immer zu beachten, dass solche Vereinbarungen bei vorformulierten Verträgen einer Kontrolle nach den §§ 307 ff. BGB standhalten müssen.

G. Sonstige Fallgestaltungen

Im Rahmen der Online-Verträge und der Internetnutzung sind zahlreiche weitere Fallgestaltun- **390** gen denkbar, die hier -nicht abschließend- kurz genannt werden sollen.

Typische Geschäfte, die über das Internet abgeschlossen werden, sind Verträge über den **391** **Download** von **Software**, **Electronic Banking** oder die Online-Reisebuchung.

Die meisten Internetpräsenzen verfügen nicht nur über sachliche Inhalte und Informationen, **392** sondern enthalten auch eigene **Werbung** oder die Werbung Dritter. Auf diese Weise können die Kosten für den Internetauftritt refinanziert oder sogar ein Umsatz erzielt werden.

Als eine der Werbeformen im Internet hat sich die **Bannerwerbung** entwickelt. Darunter ist **393** eine in eine Website eingebundene Bilddatei zu verstehen, die durch den Werbenden mit Inhalten versehen wurde. Diese Bilddatei ist mit einem Link verknüpft, der zu der Homepage des Werbenden führt (sog. Click Through). Der Betreiber der Internetseite schuldet den Erfolg, die Werbung auf seiner Seite zu veröffentlichen und den Link einzubinden. Der Werbende zahlt dafür eine entsprechende Vergütung. Der Vertrag über die Bannerwerbung ist zwar mit einem klassischen Anzeigenvertrag vergleichbar, jedoch ist seine Rechtsnatur nicht unumstritten. Er wird –je nach konkreter Vertragsgestaltung- als Werkvertrag nach § 631 BGB, als gemischten Vertrag mit werk- und mietvertraglichen Elementen oder als reiner Mietvertrag qualifiziert.[355] Eine weitere Art der Werbung wird durch den Banner-Austausch vorgenommen. Im Rahmen eines **Banner-Austauschvertrages** tauschen Unternehmen ihre Werbebanner in der Form aus, dass das Banner des jeweils anderen Unternehmens auf der eigenen Webseite platziert wird.[356]

---

353 Vgl. dazu *OLG München* MMR 2002, 611.
354 *OLG Köln* MMR 2002, 548.
355 Ausf. zur Rechtsnatur vgl. *Scheja/Schneider* in Redeker, IT-Verträge, Kap. 3.7. Rn. 10; *Winteler* in Moritz/Dreier, E-Commerce, B Rn. 424.
356 Vgl. dazu *J. Schneider* in Redeker, Hdb. der IT-Verträge, Kap. 3.8.

Als weitere Werbeformen haben sich das **Website-Sponsoring** und die **Pop-Up-Werbung** herausgebildet. Beim Website-Sponsoring unterstützt der Sponsor die Finanzierung einer Internetpräsenz und wird im Gegenzug dort genannt.

394 Da kleinere Unternehmen aus Kostengründen und wegen des damit verbundenen Vertriebssystem nicht in der Lage sind, ihre Produkte über einen eigenen Internetauftritt bzw. Online-Shop anzubieten, bieten Unternehmer **Internetplattformen**, wo die Waren und Dienstleistungen dann auf einer gemeinsamen Website präsentiert werden. Die Plattform ist mit den Websites der Anbieter verlinkt. Teilweise teilen sich Unternehmen auch Webseiten als Internet-Community, wobei die Webseiten durch einen Portalbetreiber zur Verfügung gestellt werden. Dazu werden zwischen dem Anbieter und dem Unternehmen **Portalbetreiberverträge** abgeschlossen, die das Webdesign, die Verlinkung zu der Seite des Unternehmens oder sogar die Abspeicherung der Internetpräsenz des Kunden zum Inhalt haben können.

15. Abschnitt

Vergaberecht und Vertragsrecht des öffentlichen Auftraggebers

Literatur: *Bechtold* Kartellgesetz, Gesetz gegen Wettbewerbsbeschränkungen, 4. Aufl. 2006; *Berg/Vogelheim/Wittler* Bau- und Architektenrecht, 2006; *Bischof/Stoye* Vergaberechtliche Neuerungen für IT/TK-Beschaffungen der öffentlichen Hand – Das ÖPP-Beschleunigungsgesetz als erste Umsetzung des EU-Richtlinienpakets, MMR 2006, 138; *Boesen* Vergaberecht, 2002; *Demmel/Herten-Koch* Vergaberechtliche Probleme bei der Beschaffung von Open-Source-Software, NZBau 2004, 187; *Dreher* Öffentlich-rechtliche Anstalten und Körperschaften im Kartellvergaberecht, NZBau 2005, 297; *Dreher/Aschoff* Präsentationen und Vorführungen von Leistungen in Vergabeverfahren – Unter besonderer Berücksichtigung der Teststellung bei der IT-Beschaffung, NZBau 2006, 144; *Feil/Leitzen* EVB-IT, Kommentar, 2003; *Frenz* Öffentlich-rechtliche Rundfunkanstalten als Beihilfeempfänger und öffentliche Auftraggeber, WRP 2007, 264; *Graef* Rahmenvereinbarungen bei der Vergabe von öffentlichen Aufträgen de lege lata und de lege ferenda, NZBau 2005, 561; *Heckmann* IT-Vergabe, Open Source Software und Vergaberecht, CR 2004, 401; *Hertwig* Praxis der öffentlichen Auftragsvergabe, 3. Aufl. 2005; *Ingenstau/Korbion* VOB, 15. Aufl. 2005; *Kapellmann/Messerschmidt* VOB, 2. Aufl. 2007; *Korthals* Sind öffentliche Rundfunkanstalten öffentliche Auftraggeber i.S.d. Vergaberechts?, NZBau 2006, 215 ff.; *Kulartz/Kus/Porz* GWB-Vergaberecht, 2006; *Leitzen* EVB-IT-Praxisleitfaden: Ergänzende Vertragsbedingungen für die Beschaffung von IT-Leistungen, Loseblatt; *Lettl* Kartellrecht, 2005; *Müglich* AGB-rechtliche Überlegungen zur Auftragsvergabe nach BVB, CR 2004, 166; *Müller-Wrede* Grundsätze der Losvergabe unter dem Einfluss mittelständischer Interessen, NZBau 2004, 643; *Ohle/von dem Bussche* Der Projektant als Bieter in komplexen IT/TK-Ausschreibungen, CR 2004, 791; *Prieß/Hausmann/Kulartz* Beck'sches Formularbuch Vergaberecht, 2004; *Pünder/Franzius* Auftragsvergabe im Wettbewerblichen Dialog, ZfBR 2006, 20; *Reidt/Stickler/Glahs* Vergaberecht, 2. Aufl. 2003; *Schneider* Die Rechtswidrigkeit der UfABII-Formel im Vergabeverfahren, NZBau 2002, 555; *Schröder* Voraussetzungen, Strukturen und Verfahrensabläufe des Wettbewerblichen Dialogs in der Vergabepraxis, NZBau 2007, 216; *Weyand* Vergaberecht, 2. Aufl. 2007.

A. Vergaberecht

Der Begriff des **Vergaberechts** umfasst die Gesamtheit der Regeln und Vorschriften, die dem **1** Staat, seinen Behörden und Institutionen eine bestimmte Vorgehensweise beim Einkauf von Gütern und Leistungen vorschreibt. Das Vergaberecht ist nur von demjenigen zu beachten, der

- entweder dem Haushaltsrecht verpflichtet ist,
- öffentlicher Auftraggeber nach § 98 GWB ist oder
- als Empfänger von Fördermitteln in einer Nebenbestimmung hierzu verpflichtet ist.

Private Auftraggeber oder Medienunternehmen in privater Rechtsform müssen das Vergabe- **2** recht nicht beachten. Die Anwendung der Vergabevorschriften ist für den Bereich des öffentlichen-rechtlichen Rundfunks umstritten.[1] Für die Beschaffung von IT-Leistungen durch die öffentliche Hand existieren Sonderregelungen.

---

1 S.u. Rn. 8 ff.

I. Grundstrukturen des Vergaberechts

3   Das Vergaberecht ist klassisch zweigeteilt in einen haushaltsrechtlichen Teil und das europäische Vergaberecht, umgesetzt in nationales Recht. Dem Haushaltsrecht unterworfen sind die Bundesrepublik Deutschland, die Bundesländer und Gebietskörperschaften, wie Kreise und Kommunen und deren Zusammenschlüsse. Regelungen zur Anwendung des Vergaberechts enthalten z.B. § 55 BHO und die Haushaltsordnungen der Länder und Gemeinden, z.B. § 31 Gemeindehaushaltsverordnung NW.[2] Neben diesem Haushaltsrecht geht das Vergaberecht zum Großteil auf europäische Vorgaben zurück. Dies sind zurzeit die folgenden Richtlinien:

– Richtlinie 2004/18/EG des Europäischen Parlaments und des Rates v. 31.3.2004 über die Koordinierung der Verfahren zur Vergabe öffentlicher Bauaufträge, Lieferaufträge und Dienstleistungsaufträge,[3] sog. „**Basisrichtlinie**".

– Richtlinie 2004/17/EG des Europäischen Parlaments und des Rates v. 31.3.2004 zur Koordinierung der Zuschlagserteilung durch Auftraggeber im Bereich der Wasser-, Energie- und Verkehrsversorgung sowie der Postdienste,[4] sog. „**Sektorenrichtlinie**".

– Richtlinie 89/665/EWG des Rates v. 21.12.1989 zur Koordinierung der Rechts- und Verwaltungsvorschriften für die Anwendung der Nachprüfungsverfahren im Rahmen der Vergabe öffentlicher Liefer- und Bauaufträge,[5] zuletzt geändert durch Richtlinie 92/50/EWG des Rates v. 18.6.1992 über die Koordinierung der Verfahren zur Vergabe öffentlicher Dienstleistungsaufträge,[6] sog. „**Rechtsmittelrichtlinie**".

– Richtlinie 92/13/EWG des Rates v. 25.2.1992 zur Koordinierung der Rechts- und Verwaltungsvorschriften[7] für die Anwendung der Gemeinschaftsvorschriften über die Auftragsvergabe durch Auftraggeber im Bereich der Wasser-, Energie- und Verkehrsversorgung sowie im Telekommunikationssektor,[8] zuletzt angepasst durch Beschluss 95/1/EG, EURATOM, EGKS des Rates, sog. „**Rechtsmittelrichtlinie Sektoren**".

4   Die europäischen Richtlinien wurden in nationales Recht umgesetzt. Dies erfolgte im 4. Buch des GWB, in den §§ 97 f. GWB, in der **Vergabeverordnung** (VgV) und in der **VOL/A**, **VOB/A** und der **VOF**. Nach § 100 Abs. 1 GWB i.V.m. § 2 VgV ist der Anwendungsbereich des 4. Buches des GWB nur beim Überschreiten von **Schwellenwerten** eröffnet, die im Zeitpunkt der Drucklegung bei den folgenden Summen liegen:

211.000 € (zzgl. anwendbarer Umsatzsteuer)	Allgemein für Liefer- und Dienstleistungsaufträge
5.278.000 € (zzgl. anwendbarer Umsatzsteuer)	Bauaufträge

5   Die VgV trifft nähere Bestimmungen über das einzuhaltende Verfahren sowie zur Berechnung des Schwellenwertes als geschätzter Auftragswert ohne Umsatzsteuer.[9] Daneben ist die VgV eine Verordnung, die traditionell dazu genutzt wird, vergessene Regelungen oder unvollständige Regelungen des gesetzlichen Vergaberechts auszugleichen wie die Vorinformationspflicht aus § 13 VgV oder den Kreis der ausgeschlossenen Personen nach § 16 VgV. Die Verordnung

---

2 *Gemeindehaushaltsverordnung* NW v. 14.5.1995, GVBl. NRW, S. 516.
3 ABlEU L 134/114 v. 30.4.2004.
4 ABlEU L 134/1v. 30.4.2004.
5 ABlEG L 395/32 v. 30.12.1989.
6 ABlEG L 209/1 v. 24.7.1992.
7 ABlEG L 1/1 v. 1.1.1995.
8 ABlEG L 76/14 v. 23.3.1992.
9 *Weyand* Rn. 3112.

enthält als Bindeglied Verweisungsnormen in die Regelungen der VOL/A, VOB/A oder VOF. Diese sog. „**Normenkaskade**" bildet eine Verweisungskette, die das anzuwendende Vergaberecht festlegt.[10] Zusammengefasst ergibt sich grob die folgende Aufteilung:

Europaweite Vergabe	Nationale Vergabe
Überschreitung des Schwellenwertes	unterhalb des Schwellenwertes
GWB	Haushaltsrecht, z.B. § 55 BHO
VgV	
VOL/A, VOB/A, Abschn. 2-4, VOF	VOL/A, VOB/A 1. Abschn.

1. Öffentlicher Einkauf als Gegenstand des Vergaberechts

Regelungsgegenstand des Vergaberechts ist **staatlicher Einkauf** im weiteren Sinne, d.h., die **6** vertragscharakteristische Leistung wird von dem Bieter/Verkäufer oder Auftragnehmer erbracht. Vergabe ist daher schlagwortartig als **Beschaffung** einzuordnen. Der Begriff des öffentlichen Auftrags ist europarechtlich geprägt und umfasst Liefer-, Bau- oder Dienstleistungen ebenso wie Auslobungsverfahren, die zu Dienstleistungsaufträgen führen sollen. Lieferaufträge beinhalten sämtliche Arten der Beschaffung von Waren, unabhängig von der rechtlichen Einordnung des Zivilrechts. Auch Leasing-, Miet- oder Pachtverhältnisse stellen einen Lieferauftrag dar. Besonders häufig sind dabei im TK/IT-Bereich auch sog. „Rahmenvereinbarungen", d.h. Vereinbarungen, mit denen Regelungen über den künftigen Einkauf gleicher oder sehr ähnlicher Waren getroffen werden sollen; dies kann insbesondere der Fall sein bei der sukzessiven Ausrüstung von Behörden mit Rechnern gleicher Art aufgrund Abruf oder Ausübung einer Option, d.h. eines auftraggeberseitigen Bestimmungsrechts.[11]

Der **staatliche Verkauf** hingegen unterliegt keinem förmlichen Vertragsanbahnungsregime. **7** Zwar ist die öffentliche Hand nicht gehindert, auch hier ein formales Verfahren durchzuführen, dies ist aber – abgesehen von allgemeinen Gleichheitserwägungen und Rechtsstaatsprinzipien – nicht erforderlich. Wegen **Chancengleichheit** und **Transparenz** ist der öffentlichen Hand auch beim Verkauf ein förmliches Verfahren anzuraten, wie dies z.B. bei der Vermietung von Gewerbeflächen erfolgen sollte.[12] Wenn beim staatlichen Verkauf ein förmliches Verfahren durchgeführt wird, können die Beteiligten den Einwand ausschließen, im Verkauf läge eine unzulässige Beihilfe an einen Begünstigten. Zum einem wird der Preis für den Verkauf im Wettbewerb gefunden und zum anderen steht der Erwerber nicht von Anfang an fest. Die Europäische Kommission erachtet daher in ihrer Mitteilung betreffend Elemente staatlicher Beihilfe bei Verkäufen von Bauten oder Grundstücken durch die öffentliche Hand[13] einen Verkauf nach einem hinreichend publizierten, allgemeinen und bedingungsfreien Bieterverfahren an einen Meistbietenden nicht als staatliche Beihilfe.

2.1 Öffentlich-rechtliche Rundfunkanstalten als öffentliche Auftraggeber

Zurzeit ist noch nicht abschließend geklärt, ob die öffentlich-rechtlichen Rundfunkanstalten **8** öffentliche Auftraggeber sind. Diese betrachten sich bislang nicht dem Vergaberegime verpflichtet, da die Rundfunkfreiheit über Art. 5 Abs. 1 GG verfassungsrechtlich garantiert ist und die Etats der Rundfunkanstalten nicht aus einem staatlichen Haushalt aufgebracht werden. Im

---

10 *Kapellmann/Messerschmidt* Einl. VOB/A Rn. 9.
11 Zu Rahmenvereinbarungen, auch im IT-Bereich, vgl. *Graef* NZBau 2005, 561.
12 So z.B. in *BGH* WRP 1999, 105 – Schilderpräger.
13 ABlEG C 209/3 v. 10.7.1997.

Rahmen eines Nachprüfungsverfahrens legte das OLG Düsseldorf dem EuGH verschiedene Fragen im Rahmen eines **Vorabentscheidungsverfahrens** nach Art. 234 EGV vor.[14] Das Verfahren wird beim EuGH unter dem Az. RS C-337/06 geführt.

9   Die im Streit stehende europäische Regelung aus Art. 1 Abs. 9 der Basisrichtlinie lautet wie folgt:

„Öffentlicher Auftraggeber sind der Staat, die Gebietskörperschaften, die Einrichtungen des öffentlichen Rechts und die Verbände, die aus einer oder mehreren dieser Körperschaften oder Einrichtungen des öffentlichen Rechts bestehen.

Als Einrichtungen des öffentlichen Rechts gilt jede Einrichtung,

a) die zu dem besonderen Zweck gegründet wurde, im allgemeinen Interesse liegende Aufgaben zu erfüllen, die nicht gewerblicher Art sind, und

b) die Rechtspersönlichkeit besitzt und

c) überwiegend vom Staat, von Gebietskörperschaften oder von anderen Einrichtungen des öffentlichen Rechts finanziert wird, hinsichtlich ihrer Leitung der Aufsicht durch letztere unterliegt oder deren Verwaltungs-, Leitungs- oder Aufsichtsorgan mehrheitlich aus Mitgliedern besteht, die vom Staat, von Gebietskörperschaften oder von anderen Einrichtungen des öffentlichen Rechts ernannt worden sind.“

10   Hiermit korrespondiert § 98 Nr. 2 GWB. Zweifel an der Eigenschaft als öffentlicher Auftraggeber bestehen darin, dass die Tätigkeit der **Rundfunkanstalten** überwiegend aus den bei den Rundfunkteilnehmern erhobenen **Gebühren** und nicht aus Steuermitteln finanziert wird. Ob auch diese mittelbare, verfassungsrechtlich garantierte und kraft Staatsvertrag oder kraft Gesetzes ermöglichte Finanzierung über Zahlungen der Bürger ausreicht, hat nunmehr der EuGH klarzustellen.

11   Zum Teil wird vor dem Hintergrund der Rspr. des BayObLG zu den Allgemeinen Ortskrankenkassen vertreten, dass nur eine direkte Finanzierung durch den Staat die geforderte Staatsnähe im vergaberechtlichen Sinne auslöse.[15] Die Allgemeinen Ortskrankenkassen seien nach dem BayObLG nicht als öffentliche Auftraggeber anzusehen, weil deren Finanzierung aus Beiträgen der Versicherten erfolge und nicht direkt durch den Staat.[16] Aus dem Wortlaut sowohl der Basisrichtlinie als auch der Regelung in § 98 Nr. 2 GWB mit „vom bzw. durch den Staat“ wird gefolgert, dass nur Mittel aus dem Staatshaushalt das Kriterium der überwiegenden Finanzierung ausfüllen können. Für die Auffassung spricht ferner die Rechtsprechung des EuGH,[17] wonach selbst bei Zahlungen des Staates nicht immer eine Finanzierung i.S.d. Vergaberechts vorliege, da nur solche Finanzierungsmaßnahmen betrachtet werden dürfen, die ohne spezifische Gegenleistung gewährt werden. Die Vertreter dieser Auffassung führen den öffentlich-rechtlichen Versorgungsauftrag der Rundfunkanstalten ins Feld und argumentieren, dass die Rundfunkgebühren den Ausgleich für den Versorgungsauftrag bilden. Die Gebühren wären als Gegenleistung für die umfassende Versorgung der Bevölkerung mit Informationen nicht der staatlichen Finanzierung zuzurechnen, da sie weder auf den Geschäftsanfall noch leistungsbezogen seien.[18] Die öffentlich-rechtlichen Rundfunkanstalten vertreten diese Auffassung und verweisen ferner auf die geschichtliche Entwicklung des Vergaberechts in Deutschland. In der VgV

---

14 *OLG Düsseldorf* VergabeR 2006, 893, 897 im Anschluss an *Vergabekammer Köln* NZBau 2006, 268. Die Vergabekammer erachtete die GEZ und die öffentlich-rechtlichen Rundfunkanstalten als öffentliche Auftraggeber i.S.d. § 98 Nr. 2 GWB und verpflichtete diese zur Anwendung des Vergaberechts.
15 *BayObLG* Verg 2004, 623.
16 *Dreher* NZBau 2005, 297, 302.
17 *EuGH* NZBau 2001, 218 f. – University of Cambridge.
18 *Dreher* NZBau 2005, 297, 301.

vom 22.1.1994 regelte § 6 Abs. 4 ausdrücklich, dass die VgV und damit das formale Vergaberecht keine Anwendung auf die vom öffentlichen Rundfunk erteilten Aufträge fand. Im Zuge der Neufassung der VgV ist diese Regelung jedoch entfallen. Über § 100 Abs. 2 Lit. j GWB sind nunmehr nur Aufträge über die Ausstrahlung von Sendungen ausgenommen, d.h. bezogen auf den Beschaffungsvorgang liegt eine Ausnahme vor und nicht bezogen auf den Auftragnehmer.

Die Gegenansicht, die auch das OLG Düsseldorf teilt, stellt darauf ab, dass es für die staatliche **12** Finanzierung ausreiche, wenn durch eine gesetzliche Grundlage die Finanzierung direkt erfolge. Ob der Staat über (höhere) Steuern aus dem Haushalt die öffentlichen Rundfunkanstalten finanziere oder die Gelder auf der Basis von staatlichen Ermächtigungen durch einen Dritten oder den Auftraggeber selbst eingezogen werden, sei gleich zu bewerten.[19] Der Wortlaut der Richtlinie setzt nicht zwingend voraus, dass die Finanzierung aus dem Haushalt zu erfolgen habe. Im Gegenteil: Mit der Alternative „durch den Staat" sei die Möglichkeit eröffnet, dass dieser die Finanzierung anderweitig als aus dem Haushalt sicherstellt. Im Anhang III der Richtlinie 2004/18/EG seien darüber hinaus die öffentlichen Rundfunkanstalten Dänemarks und Belgiens aufgeführt, so dass man übertragen auf Deutschland die Eigenschaft als öffentliche Auftraggeber bejahen muss.[20] Auch nach dem Sinn und Zweck des Vergaberechts müssten die öffentlich-rechtlichen Rundfunkanstalten dem Vergaberegime unterworfen werden. Sinn und Zweck des Vergaberechts ist u.a. der sparsame Umgang mit öffentlichen Geldern und die Förderung des Wettbewerbs. Öffentliche Auftraggeber sind anfällig dafür, bei der Auswahl ihrer Auftragnehmer nach anderen als wirtschaftlichen Motiven zu entscheiden und z.B. bestimmte Bieter zu bevorzugen. Gründe für eine solche Bevorzugung können eine langjährige bewährte Zusammenarbeit sein oder die Absicht, lokale oder nationale Anbieter zu fördern. Unabhängig von den Motiven werden bei diesen Vorgehensweisen erfahrungsgemäß höhere Preise zu Lasten der öffentlichen Gelder bezahlt. Die gebührenfinanzierten Rundfunkanstalten sind aufgrund ihrer durch den Staat garantierten Finanzierung anfällig für unwirtschaftliches Verhalten, so dass eine Überprüfbarkeit ihres Vergabeverhaltens durch Nachprüfungsinstanzen sinnvoll und geboten ist.[21]

Auch aus einem Umkehrschluss kommt man zu dem Ergebnis, dass die öffentlich-rechtlichen **13** Rundfunkanstalten dem Vergaberegime verpflichtet sind. Die Regelungen in Art. 16c der Richtlinie 2004/18/EG und die nationale Regelung in § 100 Abs. 2 lit. j) GWB nehmen einzelne Beschaffungsvorgänge vom Vergaberegime aus. Verträge über die Ausstrahlung von Sendungen sowie Kauf, Entwicklung, Produktion und Co-Produktion von Programmen durch Rundfunk- und Fernsehanstalten sind keine ausschreibungspflichtigen Dienstleistungsaufträge. Wenn der Gesetzgeber einzelne Beschaffungsvorgänge – vor dem Hintergrund der Rundfunkfreiheit – ausnimmt, belegt dies die generelle Eigenschaft als öffentlichen Auftraggeber der öffentlich-rechtlichen Rundfunkanstalten. Soweit diese z.B. PC-Hardware erwerben, ist von Verfassungs wegen kein Grund ersichtlich, warum dies nicht unter dem Vergaberegime erfolgen soll. Es ist zu trennen zwischen der „Programmneutralität", die von Verfassungs wegen geboten ist, und einer Vergabeneutralität. Die öffentlich-rechtlichen Rundfunkanstalten können ihr Programm ohne staatlichen Einfluss gestalten. Für die Beschaffung von Leistungen, die im direkten Zusammenhang mit den Programminhalten stehen, eröffnet das Vergabe-

---

19 *OLG Düsseldorf* VergabeR 2006, 893, 897 ebenso wie in erster Instanz die *Vergabekammer Köln* NZ-Bau 2006, 268.
20 *Grabitz/Hilf* B 4 Rn. 117; *Frenz* WRP 2007, 264, 272.
21 *Korthals* NZBau 2006, 215, 218.

recht selbst mit den Ausnahmetatbeständen entsprechende Freiheiten, so dass in anderen Bereichen keine weitere Neutralität erforderlich ist, worauf das OLG Düsseldorf bereits in dem Vorlagenbeschluss hinwies.

In seinen Schlussanträgen vom 6.9.2007[22] vertritt auch der Generalanwalt im Vorabentscheidungsersuchen des OLG Düsseldorf die Auffassung, in den Rundfunkgebühren liege eine überwiegende Finanzierung durch den Staat. Die nationale Ausgestaltung des Gebührentatbestandes mit der Anknüpfung an den Besitz eines Empfangsgerätes spräche für eine Zwangsabgabe und gerade nicht für eine Gebühr, die eine direkte Gegenleistung vorsehen müsse. Das Ausstrahlen der Programme stehe nicht als spezifische Gegenleistung der Zahlungsverpflichtung eines Rundfunkteilnehmers gegenüber. Im Übrigen verweist der Generalanwalt ebenfalls darauf, dass für eine staatliche Finanzierung deren Ausgestaltung – sei sie direkt aus einem Haushalt oder indirekt durch rationale Zwangszahlungen – ohne Relevanz sei. Im Ergebnis empfiehlt der Generalanwalt dem EuGH, die Vorlagefragen des OLG Düsseldorf dahin gehend zu beantworten, dass die öffentlich-rechtlichen Rundfunkanstalten als öffentliche Auftraggeber einzuordnen sind.

14   In der Gesamtschau der Argumente wird man zu dem Schluss kommen müssen, dass die öffentlich-rechtlichen Rundfunkanstalten öffentliche Auftraggeber i.S.d. Vergaberechts sind. Von Verfassungs wegen geboten ist eine Ausnahme nicht. Auch als öffentlicher Auftraggeber ist die Programmneutralität gewahrt, da das Vergaberecht selbst für den verfassungsrechtlich geschützten Bereich Ausnahmen vorsieht. Für alle anderen Beschaffungsvorgänge muss der sparsame Umgang mit den Geldern der Rundfunkteilnehmer sichergestellt sein, was durch das Vergaberecht umfassend möglich ist. Die Deutsche Welle wird alleine aus dem Bundeshaushalt finanziert und wird folgerichtig einhellig als öffentlicher Auftraggeber angesehen.[23] Wenn die Deutsche Welle ihren Rundfunkauftrag auch mit Wahrung des Vergaberechts erfüllen kann, sollte dies den anderen öffentlich-rechtlichen Rundfunkanstalten ebenfalls möglich sein.

15   Auch Vergleiche mit anderen mittelbaren staatlichen Finanzierungen sprechen für die Einordnung als öffentliche Auftraggeber. Beiträge von Mitgliedern bei einer Zwangsmitgliedschaft werden als staatliche Finanzierung angesehen.[24] Die allgemeinen Ortskrankenkassen werden entgegen der Entscheidung des BayObLG[25] nunmehr als öffentliche Auftraggeber angesehen, da die Versicherten Zwangsmitglieder sind und der Krankenkassenbeitrag ein Pflichtbeitrag ist.[26] Die Rundfunkgebühr ist hiermit vergleichbar, da auch sie nicht davon abhängig ist, ob der Teilnehmer mit seinem Fernseher das Angebot der öffentlich-rechtlichen Rundfunkanstalten nutzt und die Programme schaut oder nicht. Auch die Handwerkskammern werden als öffentliche Auftraggeber angesehen,[27] da auch sie über die Zwangsmitgliedschaft und die Beiträge der Mitglieder staatlich finanziert werden.

---

22 Abrufbar im Veröffentlichungssystem der EU zur Rs. C-337/06 unter http://curia.europa.eu.
23 *VK Bund* Beschluss v. 3.4.2006 Az. VK 2-14/06 und zust. *Dreher* NZBau 2005, 297, 303 und *Weyand* Rn. 904.
24 *Weyand* Rn. 887.
25 *BayObLG* a.a.O.
26 *VK Lüneburg* Beschl. v. 21.9.2004 Az. 203-VgK-42/2004 und *VK Bund* IBR 2001, 685.
27 *VK Nordbayern* Beschl. v. 23.1.2003 Az. 320.VK-3194-47/02.

2.2 Vertragsverletzungsverfahren der Europäischen Kommission gegen die BRD wegen der Vergabepraxis der GEZ und der öffentlich-rechtlichen Rundfunkanstalten

Die Rundfunkgebühr ist nach § 2 Abs. 2 Rundfunkgebührenstaatsvertrag (RGebStV) eine **16** Leistung, die jeder Rundfunkteilnehmer erbringen muss, wenn er ein Empfangsgerät bereit hält.[28] Gläubiger der Gebühr sind gemäß § 7 RGebStV die Landesrundfunkanstalten, das ZDF und die Landesmedienanstalten. Erhoben werden die Rundfunkgebühren von der Gebühreneinzugszentrale (GEZ). Dies ist eine öffentlich-rechtliche, nicht rechtsfähige Gemeinschaftseinrichtung der öffentlichrechtlichen Landesrundfunkanstalten der ARD, des ZDF und des DeutschlandRadio.[29] Die Europäische Kommission hat wegen der langjährigen Praxis der öffentlich-rechtlichen Rundfunkanstalten, keine förmlichen Vergabeverfahren durchzuführen, ein Vertragsverletzungsverfahren[30] gegen die Bundesrepublik Deutschland eingeleitet. Mit Mahnschreiben vom 18.10.2006 forderte die Kommission von der Bundesregierung eine Stellungnahme auf der ersten Stufe eines Vertragsverletzungsverfahrens. Hintergrund ist die Nichtausschreibung von Reinigungsleistungen durch die GEZ in Köln, die bereits im Rahmen des Nachprüfungsverfahrens vor dem OLG Düsseldorf mit dem Vorlagebeschluss zum EuGH gerichtlich überprüft wird.[31] Das oben genannte Nachprüfungsverfahren dient dem individuellen Rechtsschutz des übergangenen Bieters. Das Vertragsverletzungsverfahren hingegen richtet sich gegen die Bundesrepublik Deutschland mit dem Vorwurf, dass diese gegen die Bestimmungen der Artikel 43 und 49 EG-Vertrags und die Grundsätze von Gleichbehandlung, Nichtdiskriminierung und Transparenz verstoße. Auch die Europäische Kommission vertritt die Auffassung, dass die Rundfunkgebühren eine staatliche Finanzierung darstellen. Die Bundesregierung hingegen verteidigt die Vergabepraxis als europarechtskonform und schließt sich der Argumentation der öffentlich-rechtlichen Rundfunkanstalten aus dem Nachprüfungsverfahren an. Die GEZ könne mangels eigener Rechtspersönlichkeit kein öffentlicher Auftraggeber sein, und die Rundfunkanstalten selbst würden wegen der Gebührenerhebung bei den Rundfunkteilnehmern nicht überwiegend vom Staat finanziert. Die Kosten der Rundfunkanstalten würden nicht aus dem Haushalt des Bundes oder der Länder aufgebracht, so dass in den Augen der Bundesregierung keine staatliche Finanzierung vorliege.

Unter dem 23.3.2007 leitete die EU-Kommission der Bundesregierung als nächsten Schritt **17** eine „mit Gründen versehene Stellungnahme" nach Art. 226 EGV zu. Die Kommission weist hierin die von der Bundesregierung vorgebrachten Argumente zurück.[32] Man folgt insbesondere nicht der Auffassung, es läge keine staatliche Finanzierung vor. Die Bestimmungen der Basisrichtlinie setzten nicht voraus, dass die der Einrichtung gewährten Zuwendungen direkt dem Haushalt der öffentlichen Hand entspringen. Vielmehr müsste der Begriff der staatlichen Finanzierung vor dem Hintergrund der mit den Vergaberichtlinien verfolgten Zwecke betrachtet werden. Die Gefahr einer Bevorzugung einheimischer Bieter und eine Abschottung einheimischer Märkte gegen Bieter aus dem Ausland bestehe auch bei dem Finanzierungssystem über die Rundfunkgebühren. Daneben verweist die Kommission auch darauf, dass es für die überwiegende staatliche Finanzierung nicht eines Haushaltstitels oder der Zahlung aus diesem bedürfe. Ob der Staat die Rundfunkgebühren erhebe und sie dann den Rundfunkanstalten zur Verfügung stelle oder der ihnen die Befugnis einräume, die gesetzlich festgelegten Gebühren

---

28 *BVerfGE* 87, 181, 201.
29 Zuletzt *BVerfG* v. 11.9.2007, www.bundesverfassungsgericht.de/entscheidungen/rs20070911_1bvr 227005.htm, Ziff. 127.
30 Vertragsverletzung Nr. 2006/4680 bei der Kommission der Europäischen Gemeinschaften.
31 S.o. unter Rn. 8 ff.
32 Mit Gründen versehene Stellungnahme der Kommission in der Vertragsverletzung-Nr. 2006/4680 v. 21.3.2007 Dokument K(2007)1054.

direkt im Wege hoheitlichen Handelns einzuziehen, mache keinen Unterschied. Die Europäische Kommission hat zwischenzeitlich die Bundesrepublik Deutschland vor dem Europäischen Gerichtshof verklagt, nachdem die Bundesregierung nicht der Aufforderung zum Einschreiten aus der mit Gründen versehen Stellungnahme nachgekommen ist.

18 Zwar trifft es zu, dass die GEZ über keine eigene Rechtspersönlichkeit verfügt und folglich nicht als öffentlicher Auftraggeber angesehen werden kann, aber die Rundfunkanstalten sind öffentliche Auftraggeber. Dies deckt sich mit der Einschätzung des OLG Düsseldorf im **Vorlageverfahren**.[33] Das ZDF vertritt auch im Juli 2007 noch die gegenteilige Auffassung, ist aber dazu übergegangen, beabsichtigte Bauleistungen europaweit bekannt zu machen.[34] Das ZDF schreibt zurzeit Bauleistungen europaweit aus. Man verweist zwar in der Bekanntmachung darauf, dass man sich selbst nicht als öffentlicher Auftraggeber ansieht, aber man wählte ein offenes Verfahren.

3. Verfahrensarten bei nationalen und europaweiten Vergaben

19 Abhängig von der Überschreitung der Schwellenwerte, existieren unterschiedliche Begriffe für die einzelnen Verfahren. Die Verfahren entsprechen sich im Wesentlichen. In Teilbereichen hingegen liegen gewichtige Abweichungen wie z.B. in der Bekanntmachung oder der Angebotsfrist vor.

Öfentliche Ausschreibung	Offenes Verfahren
Beschränkte Ausschreibung nach öffentlichem Teilnahmewettbewerb	Nichtoffenes Verfahren nach öffentlichem Teilnahmewettbewerb oder anderem Aufruf zum Wettbewerb
Beschränkte Ausschreibung	Nichtoffenes Verfahren
Freihändige Vergabe	Verhandlungsverfahren – nach öffentlicher Vergabebekanntmachung – nicht öffentliche Vergabebekanntmachung
Wettbewerb	Wettbewerb
	(Auktion)
	(Dynamisches Beschaffungssystem)
	Wettbewerblicher Dialog

20 Die verschiedenen Verfahren stehen dem Auftraggeber nicht alternativ zur Auswahl. Nach § 101 Abs. 6 GWB haben die öffentlichen Auftraggeber, mit Ausnahme der sog. Sektorenauftraggeber, das Offene Verfahren anzuwenden, es sei denn, dass ausnahmsweise etwas anderes gestattet ist, sog. „**Vorrang des Offenen Verfahrens**".[35] Auch innerhalb der weiteren Verfahren besteht eine Rangfolge nach § 3 VOL/A. Diese **Hierarchie der Vergabearten**[36] ist vom Auftraggeber stets zu beachten und die Wahl des Verfahrens ist zu dokumentieren. Sie unterliegt im Rahmen eines Nachprüfungsverfahrens der Kontrolle durch Vergabekammern, wobei dem Auftraggeber zwar für die Ausnahmetatbestände die Beweislast obliegt, ihm aber ein Beurteilungsspielraum zugebilligt wird.[37] Die rechtswidrige Wahl eines Verfahrens ist von den

---

33 *OLG Düsseldorf* a.a.O.
34 Vergabebekanntmachung 2007/S142-175706.
35 *Weyand* Rn. 1437.
36 *Hertwig* Rn. 73 f.
37 *Weyand* Rn. 1441.

Bietern/Interessenten bereits im Rahmen der Bekanntmachung zu rügen, damit sie aus dem Vergabeverstoß Rechte herleiten können, § 107 Abs. 3 GWB. Die fehlerhafte Wahl des Verfahrens ist aus der Bekanntmachung stets zu ersehen.

II. Ablauf der einzelnen Verfahren

1. Öffentliche Ausschreibung/Offenes Verfahren

Wesen einer **Öffentlichen Ausschreibung**, eines **Offenen Verfahrens** ist der unbeschränkte Teilnehmerkreis. Insoweit definiert § 101 Abs. 2 GWB den Begriff des Offenen Verfahrens als Verfahren, in dem eine unbeschränkte Anzahl von Unternehmen öffentlich zur Abgabe von Angeboten aufgefordert wird. Eine vorherige Einengung des Bewerberkreises erfolgt nicht. Das Offene Verfahren / die Öffentliche Ausschreibung entspricht den wettbewerbs- und marktwirtschaftlichen Prinzipien und ist am besten geeignet, unzulässige Absprachen der Bieter untereinander zu verhindern.[38] Wettbewerb entsteht dadurch, dass keiner der Bieter die Angebote seines Konkurrenten kennt, sog. „**Geheimwettbewerb**". Er ist daher gehalten, so knapp wie irgend möglich zu kalkulieren, um den Auftrag zu erhalten. Hiermit korrespondiert das Verbot, nach Eröffnung der Angebote mit einzelnen Bietern über den Preis zu verhandeln, das **Nachverhandlungsverbot** des § 24 Nr. 1 VOL/A.

21

Werden einzelne Förmlichkeiten der Öffentlichen Ausschreibung/des Offenen Verfahrens nicht eingehalten, ist immer von einer „**freihändigen Vergabe**" oder einem „**Verhandlungsverfahren**" auszugehen. Der öffentliche Auftraggeber hätte dann – sollten die weiteren Voraussetzungen dieses Verfahrens nicht vorliegen – den Auftrag rechtswidrig vergeben,[39] da man die Hierarchie der Vergabearten missachtet hätte. Die Öffentliche Ausschreibung und das Offene Verfahren unterscheiden sich vor allem in den Modi der **Veröffentlichung**. § 17a Nr. 2 VOL/A sieht eine **Vorinformation** über im Offenen Verfahren zu vergebende Aufträge vor. Außerdem hat der öffentliche Auftraggeber im Rahmen eines Offenen Verfahrens zusätzliche Hinweise bekannt zu machen, insbesondere die Kriterien der Auftragserteilung oder die Gründe für die Ausnahme von der Anwendung gemeinschaftsrechtlicher technischer Spezifikationen. Um einen möglichst großen Bewerberkreis zu ermöglichen, gelten für dieses Verfahren längere Fristen als im Rahmen einer nationalen Öffentlichen Ausschreibung.

22

1.1 Aufforderungsphase

Ein Vergabeverfahren beginnt damit, dass der Auftraggeber die beabsichtigte Vergabe öffentlich bekannt macht. Im Rahmen von Verfahren mit europaweiter Publizität, d.h. bei Überschreiten des Schwellenwertes, hat die Bekanntmachung im Amtsblatt der Europäischen Union zu erfolgen. Dies wird für die Vergabebekanntmachungen nur noch elektronisch geführt, und der Auftraggeber hat die beabsichtigte Bekanntmachung standardisiert einzupflegen. Hierfür stellt die EU die Internet-Plattform „**simap**"[40] zur Verfügung. Bei einem nationalen Verfahren hat die Bekanntmachung nur durch Tageszeitungen, amtl. Veröffentlichungsblätter, Fachzeitschriften oder Internet-Portale zu erfolgen, § 17 VOL/A. Während der **Aufforderungsphase** muss der Auftraggeber seine **Wertungskriterien**, einschließlich einer möglichen Bewertungsmatrix, für den beabsichtigten Zuschlag aufstellen. Die Kriterien müssen nach § 9a

23

---

38 *Kulartz/Kus/Porz* § 101 Rn. 3.
39 *Hertwig* Rn. 76.
40 Das System einschließlich einer umfangreichen Erläuterung ist im Internet unter http://simap.europa.eu in den verschiedenen Amtsprachen der Europäischen Union abrufbar.

Nr. 1 lit. c) VOL/A in den Vergabeunterlagen enthalten sein, es sei denn, sie sind bereits in der Vergabebekanntmachung angeführt. Bei der späteren Wertung darf der Auftraggeber nur die Kriterien berücksichtigen, die er entweder in der Bekanntmachung oder den Vergabeunterlagen genannt hat, § 25a Abs. 2 VOL/A. Die Bieter sollen vorhersehen können, worauf es dem Auftraggeber in besonderem Maße ankommt. Ferner bezweckt die Regelung auch, die Auftragsvergabe aufgrund nachträglich gebildeter, aus der Ausschreibung nicht hervorgehender Kriterien zu verhindern.[41] Die Aufforderungsphase endet mit dem Versenden der Verdingungsunterlagen an die Interessenten.

24 Teil der Ausschreibungsunterlagen ist zwangsläufig ein Leistungsverzeichnis bzw. eine Leistungsbeschreibung. Auch außerhalb des Vergaberechts spielt im IT-Bereich die Leistungsbeschreibung eine herausragende Rolle, denn die meisten IT-Projekte, denen keine vernünftige Leistungsbeschreibung zugrunde liegt, scheitern bzw. sind nur mit erheblichen Mehrkosten und unter Überschreitung der vereinbarten Termine zu Ende zu bringen. Die Leistungsbeschreibung kann unterschiedlich detailliert sein. Ein Leistungsverzeichnis könnte für Medienunternehmen z.B. in einer genauen Aufstellung von Scheinwerfern für eine Studiobeleuchtung liegen, in dem die Anzahl und die Leistungsparameter eines jeden Scheinwerfers vorgegeben sind. Wenn der Auftraggeber hingegen kein Leistungsverzeichnis erstellt und nur die zu beschaffende Gesamtlösung abstrakt beschreibt, hat der Bieter – in der nachstehend in Ziff. 1.2 beschriebenen Angebotsphase – noch Planungsaufgaben wahrzunehmen, um zunächst die vom Auftraggeber gewünschte Lösung auszuarbeiten und dann diese preislich zu bewerten. Ein Beispiel hierfür könnte eine Videobearbeitungsanlage sein, bei der der Auftraggeber nicht konkret die Anlage mit seinen Komponenten vorgibt, sondern bei der er nur vorgibt, welche Anforderungen die Anlage zu erfüllen hat, sog. funktionale Planung. Die Bieter haben dann zu planen und auszuwählen, mit welcher Anlage in welcher Konfiguration die Anforderungen des Auftraggebers erfüllt werden können.

25 Vielfach ist bei der Beschaffung von Software lediglich eine Beschreibung der von dem Auftraggeber gewünschten Funktionalitäten (funktionale Ausschreibung) möglich, und es obliegt dann dem Auftragnehmer, hier eine entsprechende Auswahl in Bezug auf am Markt verfügbare Lösungen und deren evtl. Anpassung an die Bedürfnisse des Auftraggebers vorzunehmen.

26 Ein schwerwiegender Fehler im Leistungsverzeichnis kann dazu zwingen, die Ausschreibung nach § 26 Nr. 1 lit. d) VOL/A aufheben zu müssen, jedenfalls dann, wenn dieser Fehler dazu führt, dass keiner der Bieter ein der Leistungsbeschreibung entsprechendes Angebot abgeben kann. Das gilt jedoch nicht, wenn dieser Fehler lediglich ein untergeordnetes technisches Detail eines einzelnen Geräts im Rahmen einer umfangreichen Ausschreibung betrifft.[42]

27 Besonderheiten vergaberechtlicher Natur bestehen, wenn das Leistungsverzeichnis Gefahr läuft, nicht nur allgemeine Vorgaben zu machen, sondern entgegen § 8 VOL/A eine nicht hersteller-, lieferanten- bzw. vertriebsneutrale Leistungsbeschreibung zu enthalten. Das kann z.B. geschehen bei der Vorgabe bestimmter Betriebssysteme (bestimmter Hersteller) für Rechneranlagen oder bestimmter Hersteller für Büroanwendungen. Ausnahmevorschrift zum Gebot der neutralen Leistungsbeschreibung ist insbesondere § 8 Nr. 2 III VOL/A, wonach bestimmte Erzeugnisse und Verfahren sowie bestimmte Ursprungsorte und Bezugsquellen ausdrücklich vorgeschrieben werden können, wenn und soweit dies durch die Art der zu vergebenden Leistung gerechtfertigt ist. In diesem Zusammenhang wurde in der Literatur insbesondere die Vorgabe verschiedener Körperschaften diskutiert, künftig nur noch Open-Source-Software in IT-

---

41 *Ingenstau/Korbion* § 25a Rn. 1 zur gleichlautenden Regelung der VOB/A.
42 *BayObLG* NZBau 2005, 595.

Projekten zu verwenden, wie dies z.B. bei Linux als Betriebssystem für Webserver in Betracht kommt. Dies würde zu einer zwangsläufigen Nichtberücksichtigung proprietärer Software führen. Die Diskussion hierüber ist nicht abgeschlossen.[43] Stand der Diskussion ist folgender: Beschlüsse von Gebietskörperschaften, künftig nur noch Open-Source-Software einzusetzen, führen vergaberechtlich nicht dazu, sich von dem Neutralitätsgebot lösen zu können, denn sie dürften ein politisches und damit vergabefremdes Kriterium darstellen (anders bei etwaigen Bundes- oder Landesgesetzen, die dies anordnen würden). Eine Leistungsbeschreibung, die die Anforderung stellt, nur Open-Source-Software anfordern zu wollen oder Software, deren Quellcode offenliegt, bedarf der besonderen Begründung, weil sie dem Gebot der neutralen Leistungsbeschreibung widerspricht. Auch eine Rechtfertigung über § 8 Nr. 2 III VOL/A wird kaum vorgenommen werden können, soweit es möglich ist, eine funktionale Leistungsbeschreibung so zu formulieren, dass Hersteller proprietärer Software in der Bieterrolle gegenüber Anbietern von Open-Source-Software nicht diskriminiert werden. Eine Abgrenzung kann aber unter dem Gesichtspunkt der Wirtschaftlichkeit vorgenommen werden, denn die Open-Source-Software ist in der Lizenzierung selbst unentgeltlich, wobei keinesfalls außer Betracht gelassen werden darf, dass die meisten mit der Einführung zusammen hängenden Kosten ohnehin im Bereich der Implementierung (Dienst- oder Werkleistungen) anfallen werden und der Bestandteil an Softwarelizenzen hier nur einen Teil der Kosten ausmacht. Das ist auch der Grund, weswegen bei einer Softwareeinführung im Grunde das Gesamtgeschäft von Lizenzierung und Einführung nicht künstlich unterteilt werden darf. So ist im Prinzip nicht von vornherein ausgeschlossen, dass ein Hersteller proprietärer Software im vergaberechtlichen Sinne konkurrenzfähig bleibt, wenn die über die Lizenzkosten hinaus anfallenden Kosten für die Implementierung (sowie die Kosten für Pflege und Weiterentwicklung nach Implementierung) geringer sind als die Kosten bei Einführung einer Open-Source-Software.

1.2 Angebotsphase

Die **Angebotsphase** umfasst den Zeitraum, welcher dem Bieter für die Bearbeitung und Einreichung des Angebots zur Verfügung steht. Nach Eingang der Verdingungsunterlagen hat ein Bieter/Interessent die Möglichkeit, die beabsichtigte Leistung zu prüfen und hierfür sein Angebot abzugeben. Je nach vorheriger Planung des Auftraggebers beinhaltet das Erstellen des Angebotes verschiedene Arbeitsschritte. **28**

Wenn der Auftraggeber ein Leistungsverzeichnis erstellt hat (s.o. Ziff. 1.1), in dem konkret aufgeführt ist, welche Leistung er beziehen möchte, hat der Bieter zumeist nur das Leistungsverzeichnis als Angebotsblankett mit Preisen auszufüllen und weitere vom Auftraggeber geforderte Erklärungen vorzulegen. Das vom Bieter erstellte Angebot hat der Auftraggeber dann zu prüfen und zu bewerten. Die Verlagerung von Planungsaufgaben hin zu den Bietern z.B. bei lediglich funktionalen Ausschreibungen führt zumeist dazu, dass die Angebote der verschiedenen Bieter nur schwerlich miteinander verglichen werden können, so dass der Auftraggeber im eigenen Interesse eine möglichst genaue Planung seiner Ausschreibung zugrunde legen sollte. **29**

Gerade bei IT-Leistungen spielen zusätzliche Präsentationen und Vorführungen von Leistungen – letzteres in Form einer sog. „Teststellung" – in Ergänzung der gelegten Angebote eine wesentliche Rolle.[44] Dabei ist zwischen verifizierenden Teststellungen und wertenden Teststellungen zu unterscheiden. Die lediglich verifizierende Teststellung dient nach Abschluss der **30**

---

43 Vgl. hierzu *Heckmann* CR 2004, 401 (gegen vergaberechtliche Zulässigkeit); *Demmel/Herten-Koch* NZBau 2004, 187 (dafür).
44 Instruktiv *Aschoff* NZBau 2006, 144 ff.

Wertung gemäß Aktenlage (s.u. Ziff. 1.3) der reinen Überprüfung, ob angelegte Kriterien eingehalten wurden oder nicht, während die wertende Teststellung (mit festzulegendem Gewicht) Wertungsbestandteil ist mit der Folge, dass bei einer Abweichung von Aktenlage und Teststellungsergebnis sich Veränderungen in der Wertung ergeben können.

31 So ist insbesondere die sog. „Bedienerfreundlichkeit" von Software, ein für die betriebliche Praxis extrem wichtiges Merkmal von Software, im Wege der schriftlichen Angebotslegung nicht abprüfbar. Jeder, der IT-Projekte durchführt, weiß, dass Software, die zwar funktional erstklassig, aber schwierig zu bedienen ist, in der Behörde nicht angenommen wird und die Wirtschaftlichkeitsziele, die mit der Softwareeinführung verbunden sind, nicht erreicht werden. Das führt im Ergebnis dazu, dass die ausschreibende Stelle, die Software zu erwerben beabsichtigt, sich in der Leistungsbeschreibung unbedingt vorbehalten sollte, eine Teststellung zu fordern. Die Bereitschaft der Bieter, eine Teststellung zuzulassen, kann auch als Ausschlusskriterium formuliert werden. Werden Vergabekriterien aufgestellt, die sich allein anhand einer Teststellung bewerten lassen, besteht eine Rechtspflicht zur Durchführung der Teststellung. Bei der Durchführung der Teststellung dürfen dann auch nur die vorgesehenen Kriterien abgeprüft werden, allerdings besteht im IT-Bereich in besonderer Weise die Möglichkeit, detaillierte Unterkriterien zu vorgegebenen Leistungsanforderungen noch während des Vergabeverfahrens zu schaffen, um ggf. neue tatsächliche Entwicklungen zu berücksichtigen.

32 Die Kosten einer solchen Teststellung können erheblich sein; welcher Aufwand noch zumutbar – und vom Bieter zu tragen – ist, hängt sicherlich auch von dem Auftragsvolumen ab. So wurde bei der Lkw-Maut Deutschland eine Teststellung mit aufwändigen Automaten im Feld als angemessen angesehen.

1.3 Prüfungs- und Wertungsphase in 4 Stufen

33 Die **Wertungsphase** beginnt mit Ablauf der Angebotsfrist und endet mit Erteilung des **Zuschlags** oder **Aufhebung** des Ausschreibungsverfahrens.[45] Die Angebote der Interessenten/Bieter müssen zu einem bestimmten Termin eingehen und dürfen nicht mehr berücksichtigt werden, wenn sie verspätet eingehen. Der Auftraggeber hat innerhalb der Wertungsphase die einzelnen Angebote zu prüfen und zu bewerten.[46] Hierbei hat er auf ein zwingendes Prüfungsschema zurückzugreifen.

34 Damit zivilrechtlich wirksam ein Zuschlag erteilt werden kann, hat jeder Bieter mit seinem Angebot die **Bindefrist** zu akzeptieren. Innerhalb dieser Frist kann der Auftraggeber das Angebot annehmen, § 148 BGB. Der Zuschlag im Rahmen eines Vergabeverfahrens ist zivilrechtlich die Annahme des Angebotes eines Bieters, § 28 Nr. 2 VOL/A. Verzögert sich der Zuschlag – z.B. durch ein **Vergabenachprüfungsverfahren** – so kann die Bindefrist ablaufen. Dies hat zur Konsequenz, dass ein Bieter seine Bindefrist verlängern muss, wenn er weiterhin den Zuschlag erhalten möchte. Wenn hingegen der Bieter kein Interesse mehr am Auftrag hat, da er sich z.B. mit dem Angebot verkalkuliert hat, kann er die Verlängerung der Bindefrist ablehnen.

35 Der Angebotswertung ist die Prüfung der Angebote vorgelagert. Die **Prüfung der Angebote** nach § 23 VOL/A betrachtet isoliert jedes einzelne Angebot. Die Angebote werden im Rahmen

---

45 *Hertwig* Rn. 138.
46 In IT-Projekten kommt es sehr häufig, fast zwangsläufig, vor, dass ein späterer Bieter in der Vorbereitung der Ausschreibung als Projektant gearbeitet hat. Diese Unternehmen werden zur Wahrung der Chancengleichheit oft von der Ausschreibung als Bieter ausgeschlossen. Zu diesem Problemkreis vgl. ausf. *Ohle/von dem Bussche* CR 2004, 791.

der Prüfung noch nicht miteinander verglichen. Dies ist erst im Rahmen der Wertung der Fall. Insgesamt sind vier Schritte bei der Prüfung und **Wertung von Angeboten** strikt zu trennen.[47]

Im Rahmen der **ersten Stufe** werden nur die Formalia der einzelnen Angebote betrachtet, ohne dass eine inhaltliche Prüfung des Angebotes vorgenommen wird. Nach § 25 Nr. 1 VOL/A werden z.B. Angebote ausgeschlossen, für deren Wertung wesentliche Preisangaben fehlen, die nicht unterschrieben sind, bei denen Änderungen an den Verdingungsunterlagen durch den Bieter vorgenommen wurden oder nicht rechtzeitig eingegangene Angebote. **36**

Auf der **zweiten Stufe** wird die **Eignung** der Bieter nach § 25 Nr. 2 Abs. 1 VOL/A bewertet. Eignungskriterien sind **Fachkunde**, **Leistungsfähigkeit** und **Zuverlässigkeit**. Als zuverlässig gilt ein Bieter, der seinen gesetzlichen Verpflichtungen – auch zur Entrichtung von Steuern und sonstigen Angaben – nachgekommen ist und der aufgrund der Erfüllung früherer Verträge eine einwandfreie Ausführung einschließlich Gewährleistung erwarten lässt. § 7a Nr. 2 Abs. 1 VOL/A enthält einen Katalog von Straftaten, bei dessen Verurteilung ein Unternehmen wegen Unzuverlässigkeit vom Vergabeverfahren auszuschließen ist. **37**

Auf der **dritten Stufe** wird die **Angemessenheit der Preise** nach § 25 Nr. 2 Abs. 2 VOL/A geprüft. Diese Regelung dient nur dem Schutz des Auftraggebers vor wirtschaftlichen Risiken, die daraus entstehen können, dass der Auftragnehmer seine Verpflichtungen aus dem unterpreisten Auftrag nicht erfüllen kann. Der Zuschlag auf ein Unterpreisangebot ist gestattet, wenn der Auftraggeber zu dem Schluss kommt, dass der Auftragnehmer auch bei diesen Preisen zuverlässig und vertragsgerecht wird leisten können.[48] Wenn z.B. ein großer ausländischer Konzern auf dem deutschen Markt Fuß fassen will, kann er unter Einstandspreis anbieten und der Auftraggeber müsste dieses Angebot annehmen. **38**

Erst im Rahmen der **vierten Wertungsstufe** werden die verschiedenen Angebote und ggf. Nebenangebote[49] miteinander verglichen und dann das Angebot ausgewählt, auf das der Zuschlag erteilt wird, § 25 Nr. 3 VOL/A. Nach § 25 Nr. 3 VOL/A ist der Zuschlag auf das unter Berücksichtigung aller Umstände wirtschaftlichste Angebot zu erteilen, wobei der niedrigste Angebotspreis allein nicht entscheidend ist. Die Prüfung und Wertung der Angebote ist nach § 30 VOL/A zu dokumentieren. **39**

2. Beschränkte Ausschreibung/Nichtoffenes Verfahren

Bei einer **Beschränkten Ausschreibung**/dem **Nichtoffenen Verfahren** wird nur eine beschränkte Zahl von Unternehmen zur Einreichung von Angeboten aufgefordert, § 3 Nr. 2 VOL/A. Auch im Rahmen eines Nichtoffenen Verfahrens/einer Beschränkten Ausschreibung gelten die vorgenannten Phasen entspr. Es gelten auch die allgemeinen Verfahrensgrundsätze, insbesondere der Grundsatz der eindeutigen und erschöpfenden **Leistungsbeschreibung**, der **Geheimhaltung** der Angebote und das **Nachverhandlungsverbot**.[50] Die Beschränkte Ausschreibung/das Nichtoffene Verfahren ist nur unter engen Voraussetzungen zulässig, z.B. nach § 3 Nr. 3a VOL/A, wenn die Leistung nach ihrer Eigenart nur von einem beschränkten Kreis von Unternehmen in geeigneter Weise ausgeführt werden kann oder eine außergewöhnliche Fachkunde, Leistungsfähigkeit oder Zuverlässigkeit erforderlich ist. Ein weiterer Grund liegt in § 3 Nr. 3 lit. d VOL/A, wenn eine Öffentliche Ausschreibung aus anderen Gründen, z.B. **Dringlichkeit** oder **Geheimhaltung** unzweckmäßig ist. Diese Ausnahmevorschriften sind **re-** **40**

---

47 *BGH* NJW 1998, 3644.
48 *BGH* NJW 1995, 737.
49 S. dazu Rn. 55 ff.
50 *Boesen* § 101 Rn. 33.

striktiv auszulegen. Besonders die Dringlichkeit ist selten geeignet, ein Beschränktes/Nichtoffenes Verfahren zu rechtfertigen. Der Auftraggeber kann zumeist mit einer rechtzeitigen Planung ein Offenes Verfahren mit dessen langen Angebotsfristen durchführen. Daneben besteht die Möglichkeit, Fristen wegen Dringlichkeit zu verkürzen. Nur wenn eine derartige Dringlichkeit vorliegt, dass auch die Verkürzung der Angebotsfrist nach § 18a VOL/A für Offene Verfahren nicht ausreichend ist, kann sie ein Nichtoffenes Verfahren rechtfertigen.[51]

3. Freihändige Vergabe/Verhandlungsverfahren

41 Bei einer **Freihändigen Vergabe** werden Aufträge ohne ein förmliches Verfahren vergeben. Das korrespondiere **Verhandlungsverfahren** bei Überschreitung der Schwellenwerte ist hingegen von stärkeren Publizitätsanforderungen geprägt. Die Verfahren dürfen nur ausnahmsweise und dann zumeist nur mit einer öffentlichen Bekanntmachung durchgeführt werden. Geregelt sind die Voraussetzungen eines zulässigen Freihändigen Vergabeverfahrens in § 3 Nr. 4 VOL/A und für ein Verhandlungsverfahren in § 3a Nr. 1 Abs. 5, Nr. 2 VOL/A. Es handelt sich dabei um abschließende Ausnahmevorschriften, die eng auszulegen sind.

42 Auftraggeber sind geneigt, mit einer besonderen Eile oder **besonderen Dringlichkeit** diese Verfahren zu rechtfertigen. Zwar sieht z.B. § 3 Nr. 4 f) VOL/A eine Freihändige Vergabe vor, wenn eine Leistung besonders dringlich ist, aber auch hierbei muss zunächst in Betracht gezogen werden, dass auch die formalisierten Verfahren wie die Öffentliche Ausschreibung/ das Offene Verfahren beschleunigt werden können. Ferner darf der Grund für die besondere Dringlichkeit nicht daraus resultieren, dass der Auftraggeber zu spät ein Vergabeverfahren einleitete oder Haushaltsmittel nicht zur Verfügung standen. Zusammenfassend darf die besondere Dringlichkeit nicht vom Auftraggeber verursacht sein. Solange über die Verkürzung der Angebotsfrist nach § 18a Nr. 2 Abs. 2 VOL/A bis hin zu zehn Tagen noch ein förmliches Verfahren durchgeführt werden kann, ist keine besondere Dringlichkeit gegeben.[52]

43 Den wichtigsten Anwendungsfall eines Verhandlungsverfahrens oder einer Freihändigen Vergabe stellt es dar, wenn in einem Offenen oder Nichtoffenen Verfahren keine annehmbaren Angebote eingingen, sie mithin alle nach den §§ 21 Nr. 3 und 25 Nr. 1 VOL/A auszuschließen waren und die ursprünglichen Bedingungen des Auftrages nicht grundlegend geändert werden. In dieser Konstellation kann der Auftraggeber – u.U. auch ohne Vergabebekanntmachung – das förmliche Verfahren aufheben und ein Verhandlungsverfahren durchführen.

44 Das Verhandlungsverfahren ist weitgehend formlos ausgestaltet. Ebenso wie ein Nichtoffenes Verfahren nach Teilnahmewettbewerb kann es grob in zwei Phasen eingeteilt werden, zum einen der öffentliche Teilnahmewettbewerb und sodann die Angebotsphase. Innerhalb dieser Phasen ist der Auftraggeber frei, die Verfahren auszugestalten. Das Verfahren ist insbesondere im zweiten Teil, der Vergabeverhandlung, ein **dynamisches Verfahren**[53] und ermöglicht es dem Auftraggeber, mit den Interessenten über die auszuführenden Leistungen einerseits und über den Preis andererseits zu verhandeln. Das **Nachverhandlungsverbot** der §§ 24 VOB/A und VOL/A ist nicht anwendbar. Auch ein sukzessives Abschichten der Verhandlungteilnehmer ist rechtlich möglich. Trotz der weiten Gestaltungsmöglichkeiten des Auftraggebers sind die Verfahren kein vergaberechtsfreier Raum. Die rechtlichen Bindungen in der Form des § 97 Abs. 1 und 2 GWB mit **Gleichbehandlung** und **Transparenz** gelten jedenfalls.

---

51 *VK Bund* Beschl. v. 31.5.2001 Az. VK 2-20/02.
52 *Kapellmann/Messerschmidt* § 3 VOB/A Rn.74 f. zur Parallelregelung in der VOB/A.
53 *OLG Celle* VergabeR 2002, 299, 301.

4. Wettbewerblicher Dialog als Sonderform eines Vergabeverfahrens

4.1 Gesetzlicher Rahmen des Wettbewerblichen Dialogs

Mit der Basisrichtlinie eröffnete die Europäische Union den Mitgliedstaaten die Möglichkeit, **45** ein weiteres Verfahren einzuführen. Nach Art. 29 der Basisrichtlinie konnte ein **Wettbewerblicher Dialog** für besonders komplexe Aufträge durch die Mitgliedstaaten eingeführt werden. Die Bundesrepublik Deutschland setzte die Richtlinie nur in Teilbereichen um. Das Verfahren des Wettbewerblichen Dialogs wurde mit dem **ÖPP-Beschleunigungsgesetz**[54] im § 101 Abs. 5 GWB kodifiziert. Weitergehende Regelungen enthalten § 6a VgV und § 3a Nr. 1 Abs. 3 VOL/A zum Verfahren.

4.2 Zulässigkeit nur für besonders komplexe Aufträge von staatlichen Auftraggebern

Der Wettbewerbliche Dialog rührt aus der Basisrichtlinie her und ist dementsprechend nur für **46** Verfahren vorgesehen, bei denen die Schwellenwerte überschritten sind. Das Haushaltsrecht sieht ein solches Verfahren ebenso wenig vor wie die Sektorenrichtlinie. Dies stellte die Europäische Kommission in ihrer Erläuterung zum Wettbewerblichen Dialog ausdrücklich klar.[55] Bei den Sektorenauftraggebern bestand für ein neues Verfahren kein Bedürfnis, da sie für jede Beschaffung auf das Verhandlungsverfahren zurückgreifen dürfen und dieses ähnlich eines Wettbewerblichen Dialogs ausgestalten können. Der Wettbewerbliche Dialog ist nur für **besonders komplexe Aufträge** zulässig. Bei der Definition eines besonders komplexen Auftrags übernahm der Gesetzgeber die Regelung aus Art. 1 XI lit. c) der Basisrichtlinie in § 6a Abs. 1 VgV. Danach liegt ein besonders komplexer Auftrag vor, wenn der Auftraggeber objektiv nicht in der Lage ist,

– die technischen Mittel anzugeben, mit denen die Bedürfnisse und Ziele erfüllt werden können, oder
– die rechtlichen oder finanziellen Bedingungen des Vorhabens anzugeben.

Für die Beurteilung der Komplexität eines Vorhabens gilt allein ein objektiver Maßstab. Ist der **47** Auftraggeber mit zumutbarem Aufwand in der Lage, die erforderlich technischen Mittel bzw. die rechtlichen und finanziellen Bedingungen festzulegen, darf er keinen Wettbewerblichen Dialog durchführen.[56] Der Auftraggeber hat ggf. unter Einschaltung von Sachverständigen oder sonstigen Beratern zu prüfen, ob er nicht doch die technischen oder finanziellen Auswirkungen eines Verfahrens im Vorhinein festlegen kann. In einer Erläuterung der Europäischen Kommission sind einzelne Beispiele für besonders technisch oder rechtlich/finanziell komplexe Vorhaben aufgeführt. Integrierte Verkehrsinfrastrukturprojekte, große Computernetzwerke oder der Bau von Brücken oder Tunneln als technisch komplexe Beschaffungsvorgänge und ÖPP-Projekte mit Finanzierungsanteilen oder Betreibermodelle im Bereich der rechtlich/finanziellen komplexen Beschaffungen erachtet die Kommission für geeignet. Besonders komplexe Aufträge in diesem Sinne können im TK/IT-Bereich insbesondere Mautprojekte, individuelle Softwarekonzepte und komplexe Softwareprojekte sein.[57] Beispiele aus der Rspr. liegen z.Z. nur sehr wenige vor. Zumeist sind **ÖPP-Projekte** mit Bauleistungen Gegenstand eines Wettbewerblichen Dialogs. Sollte z.B. ein Medienunternehmen beabsichtigen, ein neues Sendezentrum nicht selbst zu errichten sondern über eine festgeschriebene Laufzeit von einem Dritten anzumieten, könnte dies im Rahmen eines Wettbewerblichen Dialogs vollzogen wer-

---

54 *BGBl* I 2005, 2667.
55 *Europäische Kommission* CC/2005/04 v. 5.10.2005, S. 1; abrufbar im Internet unter http://ec.europa.eu/internal_market/publicprocurement/explain_notes_de.htm.
56 *Europäische Kommission* CC/2005/04 v. 5.10.2005, S. 2.
57 Vgl. zu ÖPP-Projekten im IT-Bereich *Bischof/Stoye* MMR 2006, 138.

den. Der Auftraggeber könnte im Rahmen des Verfahrens auf ein Betreibermodell zurückgreifen. Dies wäre jedenfalls hinsichtlich der rechtlichen und finanziellen Bedingungen des Vorhabens als derart komplex anzusehen, dass hier ein Wettbewerblicher Dialog statthaft sein dürfte.

48   Der Wettbewerbliche Dialog unterliegt vollumfänglich der Prüfungskompetenz der Vergabekammern und der Vergabesenate. D.h., auch die Frage der besonderen Komplexität wird überprüft.[58] Nur **staatliche Auftraggeber** dürfen dieses Verfahren wählen. Der Begriff des staatlichen Auftraggebers ist durch das ÖPP-Beschleunigungsgesetz in das GWB aufgenommen worden und korrespondiert nicht mit der sonstigen Vergaberechtsterminologie. Die öffentlichen Auftraggeber aus § 98 Nr. 1 – 3 GWB sollen als Auftraggeber für einen Wettbewerblichen Dialog in Frage kommen.[59] Die öffentlichen Auftraggeber nach § 98 Nr. 5 GWB für subventionierte Bauprojekte sollen hingegen nicht in den Genuss dieses Verfahrens kommen. Der Begriff des staatlichen Auftraggebers geht auf einen Entwurf zur VgV aus dem Februar 2005 des Bundesministeriums für Wirtschaft und Arbeit zurück.[60] Unter § 2 des Entwurfs waren die staatlichen Auftraggeber definiert als die Auftraggeber nach § 98 Nr. 1 bis 3 GWB, soweit sie nicht im Sektorenbereich tätig sind. Die öffentlich-rechtlichen Rundfunkanstalten sind nach diesseitiger Auffassung als öffentliche Auftraggeber nach § 98 Nr. 2 GWB anzusehen, so dass ihnen auch das Verfahren des Wettbewerblichen Dialogs offen steht.

4.3 Phasen eines Wettbewerblichen Dialogs

49   Der Wettbewerbliche Dialog gliedert sich in vier Hauptphasen:

1. Phase: Bekanntmachungsphase,
2. Phase: Auswahlphase,
3. Phase: Dialogphase und
4. Phase: Wertungsphase

50   Im Rahmen der **Bekanntmachungsphase** hat der staatliche Auftraggeber seine Absicht, einen Wettbewerblichen Dialog durchzuführen, europaweit mit SIMAP bekannt zu machen. Hierbei hat man insbesondere die „Bedürfnisse und Anforderungen", die Frist für die Einreichung der Teilnehmeranträge, die Mindestkriterien für die Leistungsfähigkeit der auszuwählenden Unternehmen und etwaige Beschränkungen der Teilnehmeranzahl unter Angabe der objektiven und nicht diskriminierenden Kriterien bekannt zu machen. Schon bei der Bekanntmachung muss berücksichtigt werden, dass die Vergabe ausschließlich nach dem Kriterium des wirtschaftlich günstigsten Angebotes erfolgen darf.[61]

51   Die **Auswahlphase** entspricht einem Teilnahmewettbewerb. Es gelten hierzu die allgemeinen Grundsätze, die auch im Rahmen eines Nichtoffenen Verfahrens beim Teilnahmewettbewerb zu beachten sind.

52   Im Rahmen der eigentlichen **Dialogphase** kann sich der Auftraggeber mit jedem einzelnen Verfahrensteilnehmer über die technischen Aspekte des Auftrags und über die wirtschaftlichen und rechtlichen Konsequenzen austauschen. Dieser Dialog hat mit jedem Teilnehmer separat zu erfolgen. Die Gebote der **Gleichbehandlung** und der **Vertraulichkeit**, § 6a Abs. 3 VgV, sind vom Auftraggeber zu beachten. In der Ausgestaltung des Dialogs ist der Auftraggeber

---

58   *VK Düsseldorf* Beschl. v. 11.8.2006 VK-30/2006-L.
59   *Schröder* NZBau 2007, 216; *Kulartz/Kus/Porz* § 101 Rn. 52.
60   Noch zu beziehen bei Deutschen Städte- und Gemeindebund unter www.dstgb.de/vis/home/aktuelles_news/aktuell/bmwa_legt_gesetzentwuerfe_zur_novelle_des_vergaberechts_vorentwurf_verordnung_novelle_18_03_05.pdf.
61   Festgeschrieben ausdrücklich in Art. 29 Abs. 1 S. 2 der Basisrichtlinie.

weitgehend frei. Er hat nur alle Dialogteilnehmer frei von Diskriminierung zu beteiligen. Im Laufe des Verfahrens ist es auch möglich, die Anzahl der Teilnehmer in verschiedenen Verhandlungsrunden zu reduzieren. Dies ist den Teilnehmern vorher bekannt zu geben.[62] Zum Abschluss des Dialogs informiert der staatliche Auftraggeber die Beteiligten darüber, dass entweder eine bedürfnisgerechte oder keine entspr. Lösung gefunden wurde, § 6a Abs. 5 S. 1 VgV. Wenn eine bedürfnisgerechte Lösung vorliegt, werden die verbliebenen Unternehmen aufgefordert, auf der Grundlage der eingereichten und in der Dialogphase näher ausgeführten Lösungen ihre endgültigen Angebote vorzulegen. Wenn keine bedürfnisgerechte Lösung gefunden werden konnte, informiert der staatliche Auftraggeber die Dialogteilnehmer hierüber, und das Verfahren ist sodann beendet.

In der **Wertungsphase** ermittelt der staatliche Auftraggeber anhand der eingereichten verbindlichen Angebote und unter Zugrundelegung der Zuschlagskriterien das wirtschaftlichste Angebot. Ergänzungen oder Streichungen der Zuschlagskriterien sind ebenso wenig möglich wie Änderungen der Gewichtung.[63] Auch eine Verhandlung über den Preis ist nach Abgabe der endgültigen Angebote nicht zulässig.   **53**

III. Besonderheiten bei der Wertung der Angebote

1. Wertung von Nebenangeboten

Der Auftraggeber kann sich im Vorfeld der Ausschreibung entscheiden, ob er **Nebenangebote** zulassen oder ausschließen will. Bei einem Nebenangebot weicht der Bieter von den Vorgaben des Auftraggebers und dem Leistungsverzeichnis ab und bietet dem Auftraggeber eine andere Variante / Ausführung an. Wenn z.B. eine öffentlich-rechtliche Rundfunkanstalt ein Bildbearbeitungssystem mit verschiedenen IT-Komponenten ausschreibt und beziehen möchte, könnte ein Bieter nicht nur ein anderes Fabrikat im Hauptangebot anbieten, sondern als Nebenangebot insgesamt eine andere technische Lösung als die vom Auftraggeber gewünschte, ggf mit anderer Hardware oder auf der Basis eines anderen Betriebssystems. Dies hat für den Auftragnehmer den Vorteil, dass er evtl. eine gleich gute Leistung zu einem günstigeren Preis anbieten kann, um so den Zuschlag zu erhalten. Auch aus der Sicht des Auftraggebers ist dies sinnvoll, da man sich die Erfahrung und Fachkunde der Bieter zunutze macht. Fachwissen der Bieter kann so berücksichtigt werden. Nach § 25a Nr. 3 VOL/A ist gefordert, dass der Auftraggeber nur solche Nebenangebote werten darf, die die von ihm gesetzten **Mindestanforderungen** erfüllen. Nach § 9a Nr. 2 VOL/A muss der Auftraggeber – sofern er Nebenangebote zulässt – die Mindestanforderungen für Nebenangebote in die Vergabeunterlagen aufnehmen. Dies entspricht den Grundsätzen des EuGH aus seiner Entscheidung vom 16.10.2003 („Traunfellner"),[64] die im Nachgang in den Verdingungsordnungen umgesetzt wurden. Für das Bildbearbeitungssystem aus dem Beispiel hätte dies zur Konsequenz, dass der Auftraggeber, wenn er Nebenangebote nicht ausschließen will, abstrakt die technischen Anforderungen an das Bildbearbeitungssystem festlegen und den Bietern bekanntmachen muss.   **54**

In einem ersten Schritt muss der Auftraggeber prüfen, ob die Nebenangebote die von ihm gesetzten Mindestanforderungen erfüllen, § 25a Nr. 3 VOL/A. Wenn dies der Fall ist, muss er sie nach § 25 Nr. 4 VOL/A wie Hauptangebote werten. Im Nachhinein darf der Auftraggeber sich   **55**

---

62 Zum Ablauf enthält die Erläuterung – Wettbewerblicher Dialog – der *Europäischen Kommission* CC/ 2005/04 v. 5.10.2006 weitergehende Hinweise; *Schröder* NZBau 2007, 216, 222.
63 *Schröder* NZBau 2007, 216, 223; *Pünder/Franzius* ZfBR 2006, 20, 23.
64 *EuGH* NZBau 2004, 279.

nicht dazu entscheiden, einmal zugelassene Nebenangebote auszuschließen. Wenn das betreffende Nebenangebot hingegen die Mindestbedingungen nicht erfüllt, handelt es sich um einen unzulässigen **Abmagerungsvorschlag**. Dies gilt für ein Nebenangebot über eine niedrigere Qualität zu einem niedrigeren Preis. Im Wettbewerb soll der Preis für die gleiche Qualität gefunden werden und nicht ein günstiges Angebot dadurch erreicht werden, dass der Bieter ein „Weniger" anbietet. Auch ein Angebot über eine bessere Qualität zu einem höheren Preis darf der Auftraggeber nicht bezuschlagen, da der Preis für die bessere Qualität ebenfalls nicht im Wettbewerb ermittelt wurde. Andere Bieter hätten auch die bessere Qualität anbieten können. Es sind nur die beiden nachfolgenden Konstellationen denkbar, in denen der Auftraggeber auf das Nebenangebot eingehen muss:

– gleiche Qualität der angebotenen Leistung und günstiger oder
– gleicher Preis und bessere Leistung.

56   Es ergibt sich das folgende Bild:

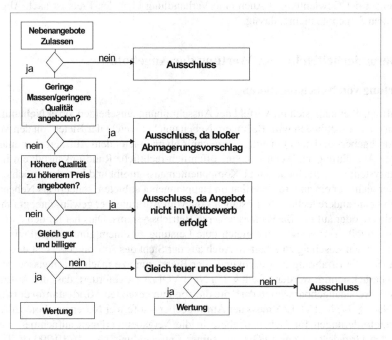

2. Gewichtung von Zuschlagskriterien mittels einer Bewertungsmatrix, z.B. UfAB IV

57   Nach § 25 Nr. 3 VOL/A ist der Zuschlag auf das unter Berücksichtigung aller Umstände wirtschaftlichste Angebot zu erteilen. Dabei bestimmt § 25a Nr. 1 Abs. 1 VOL/A, dass der Auftraggeber bei seiner Entscheidung verschiedene Kriterien berücksichtigen kann. Hierzu zählen bspw. Qualität, Preis, technischer Wert, Ästhetik, Zweckmäßigkeit u.Ä. Der Auftraggeber darf nur solche Kriterien bei der Wertung der Angebote berücksichtigen, die er zuvor in der Bekanntmachung oder in den Vergabeunterlagen genannt hat. Wenn der Auftraggeber nur den Preis als maßgebliches Kriterium definiert, können andere Eigenschaften nicht herangezogen werden, um einen höheren Preis zu rechtfertigen.[65] Dies kann der Auftraggeber umgehen, in-

---

65 *Weyand* Rn. 647 ff.

dem er verschiedene Kriterien und deren Gewichtung bekanntmacht und dann mittels einer **Bewertungsmatrix** das wirtschaftlichste Angebot ermittelt. Hierdurch kann ein höherer Preis durch eine bessere Qualität oder eine schnellere Lieferung überwunden werden.

Die Koordinierungs- und Beratungsstelle der Bundesregierung für Informationstechnik in der Bundesverwaltung **KBSt** entwickelte hierzu mit **UfAB IV** rechtlich anerkannte Verfahren.[66] Einzelne Wertungskriterien werden mit Relevanzfaktoren versehen. Die Kriterien und die Relevanzfaktoren legt der Auftraggeber zu Beginn des Verfahrens fest und teilt sie den Bietern spätestens in den Verdingungsunterlagen mit. Im Rahmen der Wertung der einzelnen Angebote wird in einem ersten Schritt die Kennzahl für das Leistungs-Preis-Verhältnis ermittelt: **58**

$Z = L : P$
Z = Kennzahl für Leistungs-Preis-Verhältnis
L = Gesamtsumme der Leistungspunkte (Bewertungspunkte x Gewichtungspunkte)
P = Preis

Nach UfAB IV existieren verschiedene Methoden. Bei der **erweiterten Richtwertmethode** werden in einem zweiten Schritt alle Angebote außerhalb eines zuvor definierten Schwankungsbereichs (z.B. minus 10 % der Kennzahl des führenden Angebotes) ausgeschlossen, **Kennzahlenkorridor**. Hierdurch sollen Extreme aus der Bewertung herausgenommen werden. Auf die Angebote innerhalb des Korridors wird nach einem Entscheidungskriterium der Zuschlag erteilt. Dieses Entscheidungskriterium kann der Preis sein, aber auch die höchste Leistungspunktzahl oder ein hoch gewichtetes Einzelkriterium kommt hierfür in Frage.   **59**

Vereinfachtes Bsp. für die Nutzung einer **Wertungsmatrix** ohne Kennzahlenkorridor: **60**
Der Auftraggeber plant die Anschaffung von Flachbildschirmen. Mindestvorgabe mit 17" Größe mit einer Auflösung von 1280 x 1024 Pixel. Da sich die Geräte auf dem Markt durch viele technische Werte unterscheiden und eine unterschiedliche Bildqualität aufweisen, legt der Auftraggeber anfangs die folgenden Kriterien und deren **Gewichtung** fest. Der Quotient aus Leistungspunkten und Preis soll maßgeblich sein.

Kriterium	Multiplikator
Ausstattung	30
Bildqualität	70

Die Firmen Schlecht & Billig, Gut & Teuer und Ausgeglichen legen ihre Angebote wie folgt vor: **61**
- Die Firma Schlecht + Billig: 17" Bildschirmgröße, mit Analogeingang, keine integrierten Lautsprecher, subjektiv schlechte Bildqualität, 300,00 €/Stück
- Die Firma Gut + Teuer: 19" Bildschirmgröße, mit Digitaleingang, integrierte Lautsprecher, subjektiv perfektes Bild, 440,00 €/Stück
- Die Firma Ausgeglichen: 17" Bildschirmgröße, mit Digitaleingang, keine integrierten Lautsprecher, subjektiv gutes Bild, 399,00 €/Stück

---

66 *Unterlage* für Ausschreibung und Bewertung von IT-Leistungen, Version 1.0, hrsg. v. der Koordinierungs- u. Beratungsstelle der Bundesregierung für Informationstechnik in der Bundesverwaltung. Diese können aber auch für die Vergabe anderer Beschaffungsgegenstände verwendet werden. Einzelheiten zur UfAB IV-Formel können auf der Homepage der KBSt – www.kbst.bund.de – unter „Wirtschaftlichkeit und Recht" abgerufen werden. Dort ist auch eine Bewertungsmatrix nach UfAB IV – erweiterte Richtwertmethode – als Exceldatei herunterzuladen. Zur Rechtswidrigkeit der inzwischen abgelösten UfABII-Formel im Vergabeverfahren vgl. *Schneider* NZBau 2002, 555.

62 Der Auftraggeber bewertet anhand der Kriterien die Bildschirme. Es ergibt sich folgende Bewertung:

Anbieter	Kriterium	Eigene Wertung	Multiplikator	Punktzahl (L)	Summe (L)
Fa. Schlecht & Billig	Ausstattung	3	30	90	
	Bildqualität	6	70	420	510,00
	Leistung/Preis (Z)				1,70
Fa. Gut & Teuer	Ausstattung	9	30	270	
	Bildqualität	10	70	700	970,00
	Leistung/Preis (Z)				2,20
Fa. Ausgeglichen	Ausstattung	8	30	240	
	Bildqualität	9	70	630	870,00
	Leistung/Preis (Z)				2,35

63 Trotz des höheren Preises kann das Angebot der Fa. Ausgeglichen bezuschlagt werden, da die Vorteile „Digitaleingang" und „gutes Bild" die Preisdifferenz mehr als aufwiegen.

IV. Rechtsschutz in Vergabesachen

64 Den Bietern stehen subjektive Rechte im Rahmen eines Vergabeverfahrens zu, § 97 Abs. 7 GWB. Auch außerhalb des Anwendungsbereichs des GWB werden den Bietern eigene Rechte zugebilligt, die sie gerichtlich durchsetzen können.

1. Primärrechtsschutz bei Überschreitung des Schwellenwertes

65 Ist der Schwellenwert für die Auftragsvergabe überschritten, kann ein Bietern den **Primärrechtsschutz** nach den §§ 107 f. GWB in Anspruch nehmen. Ziel dieses Verfahrens ist es, die Ansprüche der Bieter auf eine bestimmte Verhaltensweise des Auftraggebers im Vergabeverfahren bis zum Abschluss des Vertrages durchzusetzen. Das Verfahren wird in I. Instanz vor den **Vergabekammern** und in II. Instanz vor den **Vergabesenaten** der Oberlandesgerichte geführt.[67]

66 Damit ein Bieter überhaupt ein solches Verfahren mit Erfolgsaussichten einleiten kann, hat er Vergabeverstöße unverzüglich zu rügen,[68] § 107 Abs. 3 GWB. Kommt der Bieter dieser Obliegenheit nicht nach, so ist er mit dem gerügten Verstoß im Rahmen eines Nachprüfungsverfahrens präkludiert. Die Rüge ist damit wichtige Voraussetzung, um ein Nachprüfungsverfahren gegen den öffentlichen Auftraggeber einzuleiten. Der Auftraggeber soll über die Rüge die

---

67 Die Adressen der Vergabekammern sowie der Oberlandesgerichte einschließlich der Telefaxnummern sind aufgeführt in *Hertwig* Rn. 243 f.
68 Ein Bsp. für ein Rügeschreiben ist abgedr. und erläutert in *Prieß/Hausmann/Kulartz* S. 509.

Möglichkeit erhalten, Vergabefehler im frühestmöglichen Stadium noch zu korrigieren. Nachprüfungsverfahren sollen hierdurch vermieden werden.[69]

Ein Nachprüfungsverfahren kann darüber hinaus nur von demjenigen Bieter eingeleitet werden, der hierzu antragsbefugt ist. Die **Antragsbefugnis** ist in § 107 Abs. 2 GWB geregelt. Dabei ist darzulegen, dass dem Unternehmen durch die behauptete Verletzung der Vergabevorschriften ein Schaden entstanden ist oder zu entstehen droht. Die Antragsbefugnis ist von erheblicher Bedeutung, damit der Auftraggeber nicht durch Popularanträge am Zuschlag gehindert wird. Auch beteiligte Bieter, die z.B. schon auf der ersten Wertungsstufe zwingend wegen Fehlens geforderter Erklärungen ausgeschlossen werden müssen, sind nicht antragsbefugt.[70]   **67**

Der Nachprüfungsantrag ist nur solange zulässig, wie der Zuschlag noch nicht erteilt wurde. Hierzu sieht § 13 VgV die **Vorinformationspflicht** mit der 14-tägigen Frist vor. Innerhalb dieser Frist darf der Auftraggeber den Zuschlag nicht erteilen und die Bieter können prüfen, ob sie ein Nachprüfungsverfahren einleiten wollen.   **68**

Das Nachprüfungsverfahren wird vom Bieter bei der zuständigen Vergabekammer beantragt.[71] Diese stellt den Nachprüfungsantrag der Vergabestelle zu. Der Antrag hat aufschiebende Wirkung, § 115 GWB. Der Auftraggeber darf den Zuschlag während des laufenden Nachprüfungsverfahrens nicht erteilen. Diese Suspensivwirkung wird vielfach als Hemmnis des öffentlichen Auftraggebers angesehen. Die Vergabekammer hat daher über den Nachprüfungsantrag innerhalb einer Frist von fünf Wochen ab Eingang des Antrags zu entscheiden, § 113 GWB. Die Frist kann in Ausnahmefällen durch die Vergabekammer verlängert werden. Die Vergabekammer entscheidet durch Verwaltungsakt nach § 114 Abs. 3 GWB und trifft dabei die geeigneten Maßnahmen, um die Rechtsverletzung des Antragstellers zu beseitigen. Man ist dabei nicht an die Anträge des Antragstellers gebunden, und es herrscht der Grundsatz der Amtsermittlung, § 110 GWB.   **69**

---

69 *Kulartz/Kus/Porz* § 107 Rn. 53.
70 *Berg/Vogelheim/Wittler* Rn. 1660.
71 Ein Muster eines Nachprüfungsantrags einschließlich Kommentierung ist abgedr. in *Prieß/Hausmann/ Kulartz* S. 512.

70 Der Prüfungsablauf bei der Vergabekammer kann dabei wie folgt grafisch dargestellt werden:

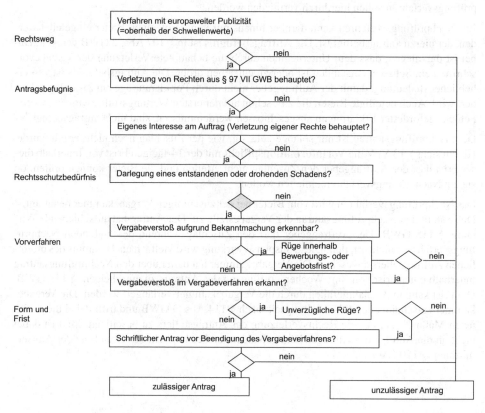

71 Gegen die Entscheidung der Vergabekammer ist das Rechtsmittel der sofortigen Beschwerde statthaft. Die sofortige Beschwerde ist innerhalb einer Notfrist von zwei Wochen, beginnend ab Zustellung der Entscheidung der Vergabekammer, schriftlich einzulegen und zu begründen.[72] Auch die sofortige Beschwerde hat aufschiebende Wirkung, § 118 Abs. 1 S. 1 GWB. Diese Suspensivwirkung entfällt zwei Wochen nach Ablauf der Beschwerdefrist, wenn der Rechtsmittelführer keine Verlängerung beantragt. Die Verlängerung der aufschiebenden Wirkung durch das Gericht ist zumeist ein Indikator für die Erfolgsaussichten der sofortigen Beschwerde.[73] Der Vergabesenat entscheidet über die sofortige Beschwerde durch Beschluss. Gegen den Beschluss ist kein weiteres Rechtsmittel vorgesehen.

2. Primärrechtsschutz unterhalb der Schwellenwerte?

72 Ein Primärrechtsschutz für Vergaben unterhalb der Schwellenwerte entsprechend den §§ 107 ff. GWB existiert in Spezialgesetzen nicht. Das BVerfG[74] erachtet es von Verfassungswegen nicht für geboten, dass der Gesetzgeber einen solchen Primärrechtsschutz einführt. Zwar binden die Gleichheitsgrundsätze staatliche Stellen auch bei der Vergabe öffentlicher

---

72 Für eine sofortige Beschwerde einschließlich eines Antrags auf Verlängerung der aufschiebenden Wirkung ist ein Muster veröffentlicht und kommentiert in *Prieß/Hausmann/Kulartz* S. 537.
73 *Reidt/Stickler/Glahs* § 118 Rn. 11.
74 *BVerfG* VergabeR 2006, 871 f.

Aufträge unterhalb der Schwellenwerte, aber es genüge den Anforderungen des Justizgewähranspruchs und des Rechtsstaatsprinzips, dass hier kein Primärrechtsschutz eröffnet sei. Es verletze nicht die Bieter/Interessenten verfassungsrechtlich, dass der Gesetzgeber den Rechtsschutz gegen Vergabeentscheidungen unterhalb der Schwellenwerte anders ausgestaltet hat als im Rahmen von Vergabeentscheidungen oberhalb der Schwellenwerte. Mit dem Sekundäranspruch auf Schadensersatz sei dem Rechtsstaatsprinzip ausreichend Rechnung getragen.

Das OVG Koblenz leitete mit seiner Entscheidung „Lenkwaffen"[75] eine umfassende Diskussion über die Frage des Primärrechtschutzes unterhalb der Schwellenwerte nach allgemeinen Grundsätzen ein. Das VG lehnte in erster Instanz die Eröffnung des **Verwaltungsrechtsweges** für ein einstweiliges Anordnungsverfahren ab. Im Rahmen der **sofortigen Beschwerde** hiergegen stellte das OVG Koblenz klar, dass auch für die Vergabe unterhalb der Schwellenwerte der Rechtsweg zu den Verwaltungsgerichten eröffnet sei. Begründet wurde dies mit dem **Rechtsstaatsprinzip** und der erforderlichen Gleichbehandlung vor dem Hintergrund des Art. 3 GG. Weitere Verwaltungsgericht und Oberverwaltungsgerichte folgten dieser Einschätzung. Das OVG Münster[76] stellte im Rahmen zweier Entscheidungen klar, dass man ebenfalls den Rechtsweg zu den Verwaltungsgerichten für eröffnet ansehe und die Bieter auf diesem Wege Primärrechtschutz erzielen könnten. Das Gericht stützte sich maßgeblich auf die ZweiStufen-Theorie. Danach sei das „Ob" des Vertragsschlusses, die Vergabe, öffentlich-rechtlich zu bewerten. Der öffentliche Auftraggeber müsse auch in dem Bereich der Vergaben unterhalb der Schwellenwerte die Gleichheitsgrundrechte beachten. Aus dem Rechtsstaatsprinzip folge die Möglichkeit, auch im Rahmen von Vergabeverfahren unterhalb der Schwellenwerte Primärrechtsschutz zu erzielen. **73**

Das BVerwG hingegen stellte am 2.5.2007 abschließend klar, dass der Rechtsweg zur Verwaltungsgerichtsbarkeit nicht eröffnet ist.[77] Öffentliche Auftraggeber hätten bei ihrer Beschaffung keine Sonderstellung inne. Es fehle an einem Über-/Unterordnungsverhältnis. Auch die 2-Stufen-Theorie sei auf Vergaben nicht anzuwenden, da in der Aufspaltung in das „Ob" als öffentlich-rechtlicher Aspekt der Vergabe und das „Wie" als zivilrechtlicher Aspekt eine künstliche Aufspaltung eines einheitlichen Vorgangs liege. Das BVerwG verwies den Rechtsstreit nach § 17a GVG an ein Landgericht. **74**

Die Zivilgerichtsbarkeit hatte im Anschluss an die Entscheidung des BVerwG erst am 6.6.2007 durch das LG Bad Kreuznach[78] über den Primärrechtschutz in Vergabesachen zu entscheiden. Die Kammer lehnte Unterlassungsansprüche aus § 3 UWG, § 823 Abs. 2 BGB und § 1004 BGB in Gänze ab. Nur bei vorsätzlich rechtswidrigem Vergabehandeln, unredlicher Absicht oder Willkür kämen Unterlassungsansprüche vor dem Hintergrund von Art. 3 GG in Betracht. Es bleibt abzuwarten, ob sich diese Ansicht durchsetzt und wie ggf. Oberlandesgerichte einen denkbaren Primärrechtsschutz bewerten. **75**

Z.Z. bestehen für Bieter im Verfahren unterhalb der Schwellenwerte oder außerhalb des Anwendungsbereichs des GWB nach § 100 Abs. 2 GWB keine effektiven Rechtsschutzmöglichkeiten. Einzige Möglichkeit ist zumeist, die **Aufsichtsbehörde** einzuschalten und so auf ein rechtmäßiges Handeln hinzuwirken. Dies ist formlos und solange möglich, wie der Auftraggeber den Zuschlag noch nicht erteilt hat. **76**

---

75 *OVG Koblenz* NZBau 2006, 411 f. – Lenkwaffen.
76 *OVG NW* NZBau 2006, 67 f.; *OVG NW* NZBau 2006, 531 f.
77 *BVerwG* IBR 2007, 385.
78 *LG Bad Kreuznach* IBR 2007, 386.

3. Sekundärrechtsschutz mit Schadensersatz in Geld

77   Grundlage eines **Schadensersatzanspruches** ist das nationale Recht mit § 311 Abs. 2 BGB. Ein Schadensersatzanspruch kommt vor dem Hintergrund eines **Verschuldens bei Vertragsschluss** in Betracht. Durch das Vergabeverfahren wird ein vorvertragliches Schuldverhältnis begründet. Der Bieter hat grds. ein schutzwürdiges Vertrauen darauf, dass der Auftraggeber das Vergabeverfahren ordnungsgemäß durchgeführt und die Angebote richtig wertet.[79] Als Rechtsfolge sieht ein Verschulden bei Vertragsschluss im Regelfall den Ersatz des **negativen Interesses** vor. Der Bieter ist dabei so zu stellen, als habe er sich nicht am Verfahren beteiligt. Im Ergebnis sind daher die Kosten des Angebotes von dem Schadensersatz umfasst. Unter den weitergehenden Voraussetzungen, dass der Kläger/Bieter den Zuschlag hätte erhalten müssen und der Zuschlag vom Auftraggeber auf ein Konkurrenzangebot erteilt wurde, umfasst der Schadensersatzanspruch auch den entgangenen Gewinn des übergangenen Bieters, das **positive Interesse**.[80] Dabei ist der Bieter so zu stellen, als wäre der Vertrag ordnungsgemäß erfüllt worden.

B. Unabhängigkeit des Vertragsrechts vom Vergabevorgang

78   Das Vergaberecht umfasst die Phase bis zum Vertragsschluss. Mit dem **Zuschlag** wird zivilrechtlich betrachtet der Vertrag geschlossen. Die gegenseitigen Pflichten in der Projektdurchführung ergeben sich hingegen nur aus dem Vertrag. Der Vergabevorgang ist grds. für die spätere Abwicklung des Vertragsverhältnisses ohne Belang, es sei denn, etwaige Vertragsänderungen wären so durchgreifend, dass sie ihrerseits vergabepflichtige Vorgänge darstellen würden.

79   Zwei Besonderheiten des Vergaberechts wirken sich auf das Vertragsverhältnis aus. Es handelt sich um die beiden folgenden Punkte:

– Nichtigkeit des Vertrages nach § 134 BGB, § 13 VgV und
– Auslegung nach dem Empfängerhorizont aller Bieter

80   Im Rahmen eines europaweiten Vergabeverfahrens informiert der Auftraggeber die Bieter, deren Angebote nicht berücksichtigt werden sollen, über den Namen des Bieters, dessen Angebot angenommen werden soll, und über den Grund der vorgesehenen Nichtberücksichtigung 14 Kalendertage vor dem Vertragsschluss. Hintergrund dieser Regelung ist ein Zeitfenster, das den nicht zum Zuge kommenden Bietern die Einleitung eines Nachprüfungsverfahrens nach §§ 107 f. GWB ermöglichen soll. Erst nach Ablauf der 14-tägigen Frist darf der Auftraggeber – wenn kein Nachprüfungsverfahren eingeleitet wurde – den Zuschlag erteilen. Ein vorher oder unter Missachtung der Vorinformation oder gar unter gänzlicher Missachtung des Vergaberechts abgeschlossener Vertrag ist nach § 13 S. 4 VgV i.V.m. § 134 BGB nichtig, sog. „De-Facto-Vergabe".

81   Im Rahmen der **Auslegung** des Leistungsverzeichnisses ist entgegen der zivilrechtlichen Dogmatik nicht auf den **objektiven Empfängerhorizont** eines Bieters abzustellen, sondern auf den **Empfängerhorizont aller Bieter**. Diese sind Fachleute und können daher eine Leistungsbeschreibung richtig verstehen. Da die Leistungsbeschreibung vom Auftraggeber für eine Vielzahl von Bietern/Interessenten erstellt wird, sah der BGH in seiner Entscheidung „**Sonderfarben**" es als gerechtfertigt an, dass man nicht auf den konkreten Empfängerhorizont eines Bieters bei der Auslegung abstellen müsse, sondern auf die Gesamtheit der Bieter und deren Fach-

---

79 *BGH* BauR 1985, 75 f.; ZVgR 1998, 578 f.; *OLG Stuttgart* BauR 1992, 639.
80 *BGH* NJW 1998, 3636; WM 1998, 2388 f.

Hertwig/Nelskamp

kunde.[81] Neben diesen beiden Ausnahmen ist das Vergaberecht mit dem Finden des Vertragspartners ohne Relevanz für die nachträgliche vertragliche Abwicklung. Ein Auftragnehmer kann sich z.B. nicht darauf berufen, dass der öffentliche Auftraggeber entgegen seiner Verpflichtung aus § 8 VOL/A die Leistung nicht eindeutig und erschöpfend beschrieben habe.

C. Vertragsrecht für IT-Leistungen des öffentlichen Auftraggebers

I. Einführung

Ähnlich wie die VOB/B oder die VOL/B existiert mit den sog. „EVB-IT" und den z.T. noch geltenden sog. „BVB" für die Beschaffung von IT-Leistungen eines öffentlichen Auftraggebers Mustervertragswerke.   **82**

Zwischen 1970 und 1985 wurden in zähen Verhandlungen insgesamt sieben Vertragstypen mit „Besonderen Vertragsbedingungen für die Beschaffung von DV-Leistungen" (BVB) erarbeitet. Diese BVB sind sukzessive, aber noch nicht vollständig, durch die EVB-IT abgelöst und ergänzt worden. EVB-IT steht für „Ergänzende Vertragsbedingungen für die Beschaffung von IT-Leistungen". Herausgegeben werden BVB bzw. EVB-IT von der Koordinierungs- und Beratungsstelle der Bundesregierung für Informationstechnik in der Bundesverwaltung (KBSt).[82] Die EVB-IT und die BVB sind zwischen der öffentlichen Hand vertreten durch den Kooperationsausschuss Datenverarbeitung Bund/Länder/kommunaler Bereich (KoopA-ABV) und den Spitzenverbänden der IT-Wirtschaft ausgehandelt und decken mit verschiedenen Vertragstypen den Kauf von Hardware, den Bezug von IT-Dienstleistungen, die Überlassung von Standardsoftware gegen Einmalvergütung, die zeitlich befristete Überlassung von Standardsoftware, die Instandhaltung von Hardware sowie die Pflege von Standardsoftware ab. Die noch geltenden BVB beziehen sich auf die Miete von Hardware, die Pflege von Individualsoftware sowie Planungsarbeiten im Vorfeld der Erstellung von Individualsoftware. Die Vertragsmuster sind keine in sich vollständigen Musterverträge, sondern verweisen in Ergänzung noch auf die **VOL/B**, die als weitere Allgemeine Geschäftsbedingungen einbezogen werden.   **83**

Bei den EVB-IT und den BVB handelt es sich um AGB i.S.d. §§ 305 ff. BGB, wobei nach Ansicht des BGH[83] (zu den mittlerweile abgelösten BVB Überlassung DV-Programme) die einzelnen Klauseln jeweils für sich an den Bestimmungen des AGB-Rechts zu messen und nicht lediglich im Gesamtzusammenhang zu würdigen sind. Da die öffentliche Hand in dem durch das Haushaltsrecht vorgegebenen Rahmen Verträge im Grunde nur unter Einbeziehung der BVB/EVB-IT abschließt, gilt die öffentliche Hand als Verwender auch dann, wenn der potenzielle Auftragnehmer die Regelungen der BVB/EVB-IT im Hinblick auf diese Übung von sich aus in sein Angebot aufgenommen und daher formal in den Vertragsschluss eingeführt hat.[84]   **84**

Soweit ein bestimmter Lebenssachverhalt von einem Vertragsmuster aus der jüngeren Reihe EVB-IT nicht abgedeckt wird, wird von Seiten der KBSt der Rückgriff auf die alten BVB-Muster empfohlen.[85] Diese sind seit der Schuldrechtsreform zum 1.1.2002 mit jeweils einem   **85**

---

81 *BGH* NJW-RR 1993, 1109 = ZfBR 993, 219 f. – Sonderfarben.
82 Formulare/Vertragsmuster, Ergänzungen und Erläuterungen zu den EVB-IT sind unter www.kbst. bund.de im Internet abrufbar.
83 *BGH* NJW 1991, 976 ff.; der BGH hielt § 9 Nr. 4 Typ II BVB-Überlassung für unwirksam wegen eines Verstoßes gegen § 9 Abs. 2 Nr. 1 AGBG (heute § 307 Abs. 2 Nr. 1 BGB).
84 *BGH* NJW 1997, 2043; der BGH hielt § 9 Nr. 4 Typ I BVB-Überlassung für unwirksam wegen eines Verstoßes gegen § 9 Abs. 2 Nr. 1 AGBG (heute § 307 Abs. 2 Nr. 1 BGB).
85 S. KBSt, Hinweise-EVB-IT, Ziff. 1.1 „Zweck", letzter Absatz.

sog. „Vertragsdeckblatt" versehen worden, das die Änderungen der Reform berücksichtigt und nach dem einige Regelungen aus den BVB durch schulrechtskonforme Regelungen abgelöst werden. Diese Vertragsdeckblätter werden von der öffentlichen Hand z.T. freihändig angepasst. Die KBSt hat eine im Internet abrufbare Entscheidungshilfe zur Einbeziehung der BVB- bzw. EVB-IT-Vertragstypen in IT-Beschaffungsverträge erstellt, nach der auf die BVB-Muster nur noch in den drei folgenden Konstellationen zurückgegriffen werden sollte:

Vertragsgegenstand	Vertragstyp nach BVB
Miete von Hardware	BVB-Miete
Pflege von Individualsoftware	BVB-Pflege
Planung von DV-gestützten Verfahren, insbesondere Plaung von Individualsoftware (Planungsphase, fachliches Feinkonzept)	BVB-Planung

86   Der Rückgriff auf die BVB in einer Gemengelage von Vertragsdeckblättern, Überlassungsscheinen und BVB (rechtlichen Bedingungen) wird von Teilen der Literatur als gegen das Transparenzverbot des § 307 Abs. 1 Satz 2 BGB verstoßend angesehen.[86]

87   Die öffentlichen Auftraggeber sind durch eine Dienstanweisung verpflichtet, diese Vertragsmuster zu verwenden. Die Verwaltungsvorschriften zu § 55 BHO z.B. sehen die Anwendung von EVB-IT für Bundesbehörden vor. Nur in Ausnahmefällen kann der öffentliche Auftraggeber von EVB-IT absehen und – wie ein Privater auch – eigene Vertragsmuster verwenden.[87] Ein Ausnahmefall für das Absehen von EVB-IT liegt insbesondere vor,

– wenn bzgl. der Leistung aus besonderen Gründen (z.B. besondere Erfahrung, Zuverlässigkeit, bestimmte Ausführungsart, bestehende Schutzrechte) nur ein Unternehmen in Betracht kommt und dieses Unternehmen nicht bereit ist, EVB-IT als Vertragsgrundlage anzuerkennen oder

– wenn durch die Einbeziehung der EVB-IT die Beschaffung insgesamt unwirtschaftlich würde.

88   Treffender als die „Hinweise EVB-IT" der KBSt kann man Aufbau und Struktur der EVB-IT nicht erklären:

„Jeder EVB-IT Vertragstyp besteht aus den Allgemeinen Vertragsbedingungen (AGB) und aus einem Vertragsmuster, in dem das konkrete Rechtsgeschäft festzuhalten und in seinen Einzelheiten vertraglich zu regeln ist. Die Vertragsbedingungen enthalten als letzten Teil jeweils Definitionen von Begriffen, die in den Vertragsbedingungen oder den Vertragsmustern verwendet werden und über die ein einheitliches Verständnis bei Auftraggebern und Auftragnehmern notwendig ist. Bei Verwendung des vorgesehenen Vertragsmusters werden die jeweiligen Vertragsbedingungen einschließlich der Definitionen Vertragsbestandteil. Die Vertragsformulare sind jeweils auf der letzten Seite von Auftraggeber und Auftragnehmer zu unterschreiben. Zu einigen Vertragsbedingungen gehören Muster zur Festlegung spezieller Sachverhalte, beispielsweise der Durchführung eines Änderungsverfahrens im laufenden Vertrag oder der Be-

---

86   Vgl. *Koch* ITRB 2003, 136, der die Auffassung vertritt, es sei keine wirksame Vergabe unter Nutzung der noch verbleibenden BVB möglich; s. auch MünchKomm BGB/Kieninger § 307 Rn. 79 Inhaltskontrolle; hiergegen *Junker* NJW 2005, 2829, 2832 m.H.a. *Müglich* CR 2004, 166, 172, die darauf abstellen, dass die öffentlichen Auftraggeber bei der IT-Vergabe Fachwissen der angesprochenen Verkehrskreise voraussetzen können, so dass „im Regelfall" nicht von einem Verstoß gegen das Transparenzgebot ausgegangen werden könne.

87   Zu dem Vertragsrecht ausf. s. 2. Teil, 13. Abschn.

               Hertwig/Nelskamp

handlung von Mängelmeldungen. Zu einigen Vertragstypen existieren Kurzfassungen der Vertragsformulare, die verwendet werden können, wenn über deren Regelungsgehalt hinaus keine weiteren Vereinbarungen getroffen werden sollen."

Und weiter zur Handhabung: **89**

„Die Vertragsformulare bieten die Möglichkeit für Auftraggeber und Auftragnehmer, dem Vertrag – durchgehend auf jeder Seite – eine Kennung oder eine Vertragsnummer zu geben. Hierdurch soll eine eindeutige Kennzeichnung des jeweiligen Vertrages sowie eine zweifelsfreie Bezugnahme darauf möglich werden. Alle vertraglichen Vereinbarungen müssen in den Vertrag aufgenommen werden. Dies kann durch Ausfüllen der hierfür vorgesehenen Stellen, durch Ankreuzen der angebotenen Optionen und durch den Verweis auf Anlagen zum Vertrag geschehen. Die jeweiligen EVB-IT werden über die Einbeziehung auf der ersten Seite des Vertrages Vertragsbestandteil. Die an verschiedenen Stellen in den EVB-IT enthaltene Formulierung: „…soweit nichts anderes vereinbart…" stellt eine Auffangregelung dar. Eine anderslautende Vereinbarung kann dann im Vertrag an der hierfür vorgesehenen Stelle vorgenommen werden. Fehlt eine solche Stelle im Vertrag, ist die anderslautende Vereinbarung unter der Nummer „Sonstige Vereinbarungen" im jeweiligen Vertragsmuster zu treffen. Es empfiehlt sich Regelungen zu treffen, um die einzelnen Seiten der EVB-IT Vertragsurkunde – die auf der letzten Seite von Auftraggeber und Auftragnehmer unterschrieben wird – vor nachträglichen und nicht mehr nachvollziehbaren Änderungen zu schützen. Dies kann beispielsweise durch Abzeichnen jeder einzelnen Seite geschehen."

II. Haftung des Auftragnehmers in den EVB-IT

Naturgemäß ist der bedeutendste Gesichtspunkt aller EVB-IT-Muster die Haftung des Auftragnehmers und zwar bei Verzug, bei Schlechtleistung, bei Eingreifen von Rechten Dritter und im Übrigen. Nach der Vorstellung der öffentlichen Hand kommt es ihr gerade im Bereich der IT-Leistungen in erster Linie darauf an, die Funktionsfähigkeit der gelieferten Hard- und Software aufrecht zu erhalten. Wunsch ist also, kurzfristig eine Fehlerbehebung bzw. Störungsbeseitigung zu erhalten. **90**

Bei leicht fahrlässig herbeigeführtem Verzug enthalten die EVB-IT[88] (alternativ zum exakt bestimmten Schadensersatz) eine pauschalierte Schadensersatzregelung und eine Haftungsbegrenzung der Höhe nach. Allerdings hat der Auftragnehmer die Möglichkeit nachzuweisen, dass ein Schaden in der pauschal geltend gemachten Höhe nicht entstanden ist. Oberhalb der Ebene der leichten Fahrlässigkeit und bei Verletzung von Leben, Körper oder Gesundheit gilt die Haftungsbegrenzung nicht. **91**

EVB-IT Kauf und EVB-IT Überlassung A/B sehen für den Fall der Schlechtleistung eine Verpflichtung zur unverzüglichen Beseitigung des Mangels vor bzw. eine Neulieferung. Schlägt das fehl, stehen Rücktritt und Herabsetzung der Vergütung als Mittel zur Verfügung. Liegen die gesetzlichen Voraussetzungen vor, kann hierneben Schadensersatz geltend gemacht werden, der aber der Höhe nach begrenzt ist, wenn nur leichte Fahrlässigkeit vorliegt. Außerhalb der leichten Fahrlässigkeit, bei Fehlen besonders vereinbarten Eigenschaften und in den oben genannten Fällen gilt wiederum die Haftungsbegrenzung nicht. **92**

---

88 Mit Ausnahme der EVB-IT Dienstleistung.

93 Werden Rechte Dritter verletzt, ist es erstes Ziel der Auftraggeberseite, die erhaltenen Waren/Dienstleistungen weiter nutzen zu können, also sind die Schutzrechtsverletzungen zu beseitigen (z.B. durch Umarbeitung von Software) oder der Auftraggeber ist von Ansprüchen Dritter freizustellen. Der Auftraggeber ist gezwungen, bei der Abwehr von geltend gemachten Rechten Dritter mit dem Auftragnehmer zusammenzuarbeiten, insbesondere keine Ansprüche Dritter anzuerkennen. Regelungen dieser Art sind auch außerhalb der EVB-IT als üblich anzusehen.

94 In Bezug auf die Ansprüche bei Verzug, Sach-/Rechtsmangelhaftung und Schutzrechtsverletzungen sind die jeweiligen Inhalte der EVB-IT als abschließende Regelungen zu verstehen. Soweit z.B. Unmöglichkeit, Nebenpflichtverletzung oder deliktische Ansprüche betroffen sind, sind in Bezug auf leicht fahrlässig verursachte Sach- und Vermögensschäden Haftungsbegrenzungen vorgenommen worden. Die EVB-IT Dienstleistung und Instandhaltung enthalten sogar vollständige Haftungsausschlüsse bei leichter Fahrlässigkeit in Bezug auf Unmöglichkeit und Nebenpflichtverletzungen; solchen Regelungen würde ein marktstarkes Privatunternehmen sicher nicht zustimmen.

95 Vertragsstrafenansprüche, die in der freien Wirtschaft zum Ansporn des Leistungserbringers gern vereinbart werden wird man in den EVB-IT vergeblich suchen. Das hängt womöglich auch mit den für die öffentliche Hand unerfreulichen o.a. Entscheidungen des BGH zusammen. Es besteht aber die Möglichkeit, unter Berufung auf die VOL/A unter den „sonstigen Vereinbarungen" in Ersetzung der EVB-IT-Regelungen zum pauschalierten Schadensersatz eine Vertragsstrafe individuell zu vereinbaren (vgl. hierzu § 12 VOL/A, § 11 VOL/B), und hierzu kann man dem Beschaffer nur raten.

96 Da die EVB-IT keine Gesamthaftungsbegrenzung vor, so dass sich die Haftung aus verschiedenen Tatbeständen kumulieren kann. Das wird, auch im Hinblick auf den EVB-IT-Systemvertrag, der individuell erhebliche Haftungsverschärfungen ermöglicht, mit Argwohn betrachtet. Allerdings legen die Hinweise der KBSt zu den EVB-IT nahe, dass man eine Gesamthaftungsbegrenzung vereinbaren sollte, wenn dies zu einer wirtschaftlicheren Auftragsvergabe führt. Hintergrund ist, dass eine Gesamthaftungsbegrenzung einen gegenüber dem Preis bei der Höhe nach offener Haftung niedrigeren Preis ermöglichen soll. Es wird sich jedoch von selbst verstehen, dass Gesamthaftungsbegrenzungen typischerweise allenfalls für Tatbestände unterhalb von Vorsatz (vgl. § 276 Abs. 3 BGB) und grober Fahrlässigkeit vereinbart werden.

III. Kernpunkte einzelner EVB-IT und der verbleibenden BVB

97 Die Vertragsmuster zu den noch geltenden BVB und den bislang vorliegenden EVB-IT-Verträgen sind in verschiedenen Werken ausführlich kommentiert, auf die hier aus Platzgründen verwiesen werden muss.[89] Der EVB-IT Systemvertrag vom 22.8.2007 hingegen ist neu erschienen. Er umfasst als einziger Mustervertrag ein Gesamtsystem als sachliche, wirtschaftliche und rechtliche Einheit. Für die meisten (naturgemäß eher komplexen) IT-Beschaffungen soll er künftig die maßgebliche Grundlage bilden. Daher erfolgen etwas ausführlichere Anmerkungen zu einigen Kernfragen des EVB-IT-Systemvertrags und es werden die weiteren Vertragsmuster zu EVB-IT nur im Kurzüberblick vorgestellt.

---

89 Vgl. z.B. *Feil/Leitzen* EVB-IT; *Leitzen* EVB-IT-Praxisleitfaden; *Müller-Hengstenberg* Vertragsbedingungen für Softwareverträge der öffentlichen Hand, 7. Aufl. 2007.

1. Systemvertrag

Die EVB-IT-Vertragsmuster sahen bislang keine Musterbedingungen für eine Gesamtverant-   **98**
wortung des Auftragnehmers in einem komplexen IT-Projekt vor; bisherige Muster bezogen
sich stets auf einzelne, isolierte Lebenssachverhalte, aber nicht auf ein „System" aus Hard- und
Software, das der Auftragnehmer (ggf. als Generalunternehmer) zu liefern, anzupassen und in
Betrieb zu setzen hat. Ab dem 22.8.2007 steht der öffentlichen Hand der EVB-IT-**Systemver-**
trag zur Verfügung, der vom Bundesministerium des Inneren (BMI) bekannt gemacht wurde.
Dieses Vertragsmuster ist für die öffentliche Hand ebenso zwingend zu verwenden wie die anderen Musterverträge. Der EVB-IT-Systemvertrag sieht die Erstellung eines Gesamtsystems
als Einheit vor. Dieses kann aus Hardware, Software sowie aus einer Integration oder weiteren
Leistungen bestehen, die als Gesamterfolg zu erbringen sind. Es handelt sich um einen Werkvertrag. Der EVB-IT-Systemvertrag stellt den Versuch der öffentlichen Auftraggeber dar, am
Markt als Nachfrager aufzutreten wie ein marktstarkes Privatunternehmen; Regelungen der in
den EVB-IT-System vorgesehenen Art sind in der Praxis eher in Vereinbarungen zu finden, die
von Unternehmen vorgegeben werden, die sich die Lieferanten aussuchen können.

Das ohne Sondervereinbarungen, Leistungsbeschreibungen und im Vertragsmuster in Bezug   **99**
genommener Dokumente und evtl. Anlagen[90] bereits rund 80seitige Vertragsmuster (System-
vertragsmuster nebst Anlagen sowie EVB-IT System) soll insbesondere die BVB-Kauf und die
BVB-Überlassung (jeweils bei stark werkvertraglichem Einschlag) ablösen. Es ist auch nach
seiner Verabschiedung umstritten. Ursprünglich waren alle EVB-IT-Verträge seit 2004, wie zuvor auch die BVB-Muster, in Gremien ausgehandelt worden, die aus Vertretern der öffentlichen Hand und der IT-Wirtschaft bestanden. Die öffentliche Hand war vertreten durch den
KoopA-ABV, der auch die KBSt angehörte. Die IT-Wirtschaft wurde auf Auftragnehmerseite
vertreten durch die BITKOM, den Bundesverband Informationswirtschaft, Telekommunikation und Neue Medien. Über den EVB-IT-Systemvertrag konnte jedoch keine Einigung in
wichtigen Fragen erzielt werden, insbesondere im Hinblick auf Haftung, Art und Umfang der
Nutzungs- und Eigentumsrechte, Abnahmemodalitäten und Verjährungsfristen. Das BMI veröffentlichte daher das Vertragsmuster einseitig ohne Zustimmung der Auftragnehmerseite und
erklärte den Vertrag über die Verwaltungsvorschrift zu § 55 BHO für verbindlich, soweit dies
die Behörden des Bundes betrifft. Die **BITKOM** kritisiert am Systemvertrag insbesondere,
dass er eine massive Ausweitung der möglichen Haftung der Auftragnehmerseite vorsieht und
die Interessen des Mittelstandes[91] benachteiligt werden, da diese wegen der enormen Haftungsrisiken öffentliche Großaufträge nicht annehmen könnten. Jedenfalls wird aus der Sicht
der BITKOM durch die Bezeichnung EVB-IT-Systemvertrag suggeriert, dass auch dieses Vertragsmuster im Zusammenspiel der Spitzenverbände ausgehandelt worden sei.

---

90 Z.B. Anlagen zu V-Modell XT, QS-Handbücher, Projekthandbücher, Beschreibung der beim Auftrag-
    geber vorhandenen Systemumgebung, Übernahme von Altdaten/Migration, Aufstellung der Software-
    werkzeuge für die Individualprogrammierung, Entsorgung der Althardware, Vereinbarungen zur Ent-
    sorgung der Verpackung, Mitwirkung des Auftraggebers, Vereinbarung zu Testdaten, Einzelheiten
    zur Funktionsprüfung, Hinterlegung des Quellcodes, Einzelheiten zu Gestellung und Rückgabe von
    Sicherheiten.
91 Zur Berücksichtigung von KMU in Bezug auf die Losvergabe in Vergabesachen vgl. *Müller-Wrede*
    NZBau 2004, 643.

1.1 Vertragsgegenstand des Systemvertrags

100 Der EVB-IT-Systemvertrag ist gekennzeichnet durch die Erstellung eines **Gesamtsystems**. Die einzelnen Leistungen des Auftragnehmers bilden eine sachliche, wirtschaftliche und rechtliche Einheit, und es soll hierüber – als ein Umstand von „vertragswesentlicher Bedeutung" – sichergestellt werden, dass der Auftragnehmer für alle Komponenten des Systems einheitlich die Verantwortung übernimmt und eine vereinbarte „Gesamtfunktionalität" herstellt (Ziff. 1.4 EVB). Er soll insofern als „verantwortlicher **Generalunternehmer**" für das System geradestehen und dabei auch für die Leistung seiner Subunternehmer und Zulieferer wie für eigene Leistungen verantwortlich sein. Erweitert wird diese Haftung noch um die Haftung für das Zusammenwirken des neu Beschafften mit Hardware- oder Software-Komponenten, die bereits beim Auftraggeber vorhanden bzw. von diesem beizustellen sind (Ziff. 2.4 EVB). Die Systemumgebung des Gesamtsystems der beizustellenden Systemkomponenten kann vertraglich festgeschrieben werden, so dass der Auftragnehmer auch für die bereits vorhandene IT-Umgebung die Verantwortlichkeit übernehmen würde. Vertragsgegenstand ist ferner die Übertragung der vereinbarten Nutzungsrechte auf den Auftraggeber.

101 Als Einzelleistungen des zu errichtenden Gesamtsystems sieht das Vertragsmuster die folgenden Punkte vor, die entweder einzeln oder in Kombination dem Vertrag zugrunde gelegt werden können:
- Kauf von Hardware (darunter: Lieferung, Aufstellung, Inbetriebnahme, Eigentumsverschaffung, Verpackungsentsorgung, Rücknahme nicht benötigter Geräte)
- Miete von Hardware (darunter: Lieferung, Aufstellung, Überlassung, Aufrechterhaltung des vertragsgemäßen Zustands)
- Überlassung von Standard-Software gegen Einmalvergütung auf Dauer
- Überlassung von Standard-Software auf Zeit
- Erstellung und Überlassung von Individual-Software auf Dauer
- Erstellung des Gesamtsystems unter Führen der Betriebsbereitschaft
- Schulung
- Dokumentation.

102 Die Leistungen mit den Bezeichnungen „Herbeiführen der Funktionsfähigkeit des Gesamtsystems" (u.a. Aufstellung, Installation, Konfiguration, Customizing und Integration von Hardware und Software) sowie „Projektmanagement" sind als zwingende Leistungen **vor** der Abnahme vorgegeben, und der Auftraggeber kann darüber hinausgehende Vertragsbestandteile hinzufügen. Die Vorgabe dieser beiden Einzelpunkte folgt aus der rechtlichen Ausgestaltung als Werkvertrag mit der Übertragung der Gesamtverantwortlichkeit.

103 Die Regelungen zu den Nutzungsrechten bei Software in Ziff. 2.3 EVB sind sehr ausführlich. Bei Individualsoftware ist das Modell gewählt worden, lediglich nichtausschließliche Nutzungsrechte zu erwarten (Ziff. 2.3.2.1 EVB), dafür aber eine Rückvergütung vom Auftragnehmer für den Fall zu erhalten, dass die im Projekt erstellte Individualsoftware auch anderweit an Dritte lizenziert wird (Ziff. 2.3.2.2 EVB). Um sich die Unabhängigkeit vom Auftragnehmer zu sichern, bestehen zugunsten des Auftraggebers auch das Recht zur Änderung, Übersetzung, Bearbeitung und Umgestaltung, und zwar auch im Hinblick auf den Quellcode (sofern im Projekt neu erstellt) und alle Vorstufen der Software einschließlich der Konzepte und Beschreibungen. Auch der Einsatz der Individualsoftware im Zusammenhang mit offenen Datennetzen soll gestattet sein.

Auch für den Zeitraum **nach** der Abnahme können weitergehende Leistungen dem Auftrag- **104** nehmer übertragen werden. Vorgesehen sind der sog. Systemservice mit der Aufrechterhaltung und/oder Wiederherstellung der Betriebsbereitschaft, die Weiterentwicklung und Anpassung des Gesamtsystems oder weitergehende Leistungen, die im Einzelnen vom Auftraggeber auf-geführt werden können.

Der Auftragnehmer hat **sämtliche** Risiken für die Funktionsfähigkeit und die Funktionalität **105** des Gesamtsystems zu tragen. Diesen Punkt kritisiert die BITKOM im Einklang mit BDI und ZVEI in besonderer Weise. Die werkvertragliche Verantwortung auch für Fremdkomponenten bzw. beim Auftraggeber vorhandene Komponenten („Systemumgebung") führe zu einer er-heblichen Ausweisung der Haftung. Diese Kritik ist berechtigt, aber die kritisierten Gesichts-punkte sind in erheblichem Umfang zwingende Folge des werkvertraglichen Charakters. Al-lerdings ist die öffentliche Hand nicht wie ein Privater frei in der Wahl und Ausgestaltung der Vertragsverhältnisse frei, denn über die Grundrechte, die gesamtwirtschaftliche Verantwortung und über einfach-gesetzliche Normen sind weitergehende Anforderungen zu beachten. So sta-tuiert § 97 Abs. 3 GWB die Verpflichtung eines jeden Auftraggebers bei der Vergabe öffentli-cher Aufträge, mittelständische Interessen durch Teilung der Aufträge in Fach- und Teillose angemessen zu berücksichtigen. Bei einer Übertragung einer Gesamtverantwortung für eine noch nicht einmal in Gänze vom Auftragnehmer zu errichtenden Gesamtanlage dürften mittel-ständische Interessen nicht gewahrt sein. Kleinere mittelständische Unternehmen werden nicht in der Lage sein, einen derart großen Leistungsumfang mit der korrespondierenden umfassen-den Haftung auszufüllen. Der BITKOM ist daher beizupflichten, dass über das Vertragsmuster EVB-IT-Systemvertrag große IT-Unternehmen bevorzugt werden. Immerhin besteht jedoch die Möglichkeit von mittelständischen Unternehmen, sich ggf. als Subunternehmer an entspre-chenden Projekten zu beteiligen, wobei sicherlich die Gefahr besteht, dass sich die großen IT-Unternehmen als Auftragnehmer nicht unbedingt reihenweise der Mittelständler als ihrer Sub-unternehmer bedienen werden.

1.2 Besonderheiten bei der Abnahme

Ziff. 12 EVB trifft Regelungen zur Abnahme des Vertragsgegenstandes.

Das Gesamtsystem hat grds. – soweit nicht anders vereinbart – insgesamt ein **Abnahmepro-** **106** **zedere** zu durchlaufen. Der Auftragnehmer hat in einem ersten Schritt die **Betriebsbereit-** **schaft** des Gesamtsystems zu erklären und das Gesamtsystem sodann dem Auftraggeber zur **Funktionsprüfung** zur Verfügung zu stellen. Dieser kann – soweit in dem Vertrag nichts An-derweitiges festgeschrieben ist – das Gesamtsystem innerhalb einer Funktionsprüfzeit von 30 Tagen nach Zugang der Betriebsbereitschaftserklärung einer Funktionsprüfung unterzie-hen. Diese Funktionsprüfung erfolgt in der vertraglich vereinbarten Systemumgebung beim Auftraggeber. Bei **betriebsverhindernden** oder **betriebsbehindernden** Mängeln kann der Auftraggeber die Funktionsprüfung abbrechen und dem Auftragnehmer eine angemessene Frist zur Mängelbeseitigung setzen. Dabei ist zu beachten, dass ein betriebsbehindernder Man-gel nach Ziff. 3.2 EVB auch dann vorliegt, wenn viele leichte Mängel vorliegen und dies „die Befürchtung rechtfertigt, dass die Nutzungseinschränkung des Gesamtsystems nicht unerheb-lich ist". Bei Fehlschlagen der Abnahme hat eine erneute 30-tätige Funktionsprüfzeit nach der Mängelbeseitigung nochmals stattzufinden. Dies gilt auch, wenn die Funktionsprüfung trotz der vermeintlich betriebsverhindenden Mängel oder betriebsbehindernder Mängel vollständig durchgeführt wird, vgl. Ziff. 12.7 EVB. Das wird man nur so verstehen können, dass die ver-einbarten Testverfahren weiter durchgeführt werden und Testfälle abgearbeitet werden, auch wenn es zwischenzeitlich einen betriebsverhindernden Mangel gegeben hat. Lediglich dann, wenn der Mangel so schwerwiegend ist, dass das ganze System steht und nicht mehr in Gang gebracht werden kann, wird eine Weiterführung der Funktionsprüfung obsolet (bzw. gescheitert im Sinne der EVB) sein. Dass im Falle einer gescheiterten Funktionsprüfung nochmals eine gleiche Funktionsprüfung mit der gleichen Prüfzeit zu durchlaufen ist, ist unschwer nachzuvollziehen, denn werkvertraglich wird auch außerhalb des IT-Bereichs und vorbehaltlich einer besonderen Vereinbarung eine Abnahmeprüfung, die gescheitert ist, vollständig erneut vorgenommen. Im IT-Bereich ist dies auch besonders naheliegend, weil es immer wieder passiert, dass bei der Beseitigung von Mängeln andere Mängel in das System hineinprogrammiert werden, die unentdeckt blieben, würde man nur den konkret behobenen Mangel prüfen.

1.3 Sach- und Rechtsmängelansprüche

107 Für Sach- und Rechtsmängelansprüche sieht Ziff. 13.3 EVB grds. eine **Verjährungsfrist** von 24 Monaten, für **Rechtsmängelansprüche** an Individualsoftware von 60 Monaten ab Abnahme vor. Das Vertragsmuster eröffnet jedoch die Möglichkeit, unter Ziff. 14.1 längere Verjährungsfristen festzuschreiben. Erfahrungsgemäß wird der Auftraggeber diese Möglichkeit nutzen und so einseitig in den Verdingungsunterlagen längere Fristen vorgeben. Die BITKOM befürchtet in diesem Zusammenhang, dass die Verjährungsfristen über das Marktübliche hinaus ausgedehnt werden sollten. Diesem Einwand ist dem Grunde nach zuzustimmen, da bereits die Frist von 24 Monaten in der IT-Wirtschaft als ungewöhnlich lang angesehen werden. Wenn der öffentliche Auftraggeber nunmehr noch die Möglichkeit einer Verlängerung nutzt, dürfte jedenfalls eine übertriebene Gewährleistungszeit resultieren.

1.4 Haftung des Auftragnehmers

108 Unter Ziff. 14 EVB ist eine **Haftungsbeschränkung** vorgesehen. Diese differenziert, durchaus üblich, danach, welcher Grad des **Verschuldens** dem Auftragnehmer angelastet wird. Bei fahrlässigen Pflichtverletzungen unterhalb der Ebene der groben Fahrlässigkeit ist die Haftung nach Ziff. 14.1 EVB grds. auf den Auftragswert beschränkt. Davon abweichend liegen höhere Betragsgrenzen vor, wenn der Auftragswert unterhalb von bestimmten Wertgrenzen liegt. Das Vertragsmuster eröffnet dem Auftraggeber jedoch in Ziff. 15.1 des Formulars die Möglichkeit, diese Haftung erheblich zu variieren. So kann z.B. die o.a. Haftungsobergrenze pro Schadenfall vereinbart werden statt unter dem Gesamtvertrag, was mit einem Federstrich zur Vervielfachung der Haftung führt. Ferner besteht für den Auftraggeber die Möglichkeit, die Haftung des Auftragnehmers auch auf den entgangenen Gewinn auszuweiten. Das Haftungsrisiko beim EVB-IT-Systemvertrag ist damit enorm. Durch den Bezug auf die bestehende Hardware und eventuelle Änderungen an dem Datenbestand des Auftraggebers sind erhebliche Schäden denkbar. Das EVB-IT-Vertragsmuster mit den vom Auftraggeber eröffneten Möglichkeiten einer weitergehenden Haftung ist in diesem Punkt nicht interessenausgewogen. Die Haftung war der wesentliche Streitpunkt zwischen der BITKOM und den öffentlichen Auftraggebern. Es bleibt abzuwarten, ob die öffentlichen Auftraggeber von den Möglichkeiten der Haftungserweiterungen Gebrauch machen. Erfahrungsgemäß wird eine eröffnete Möglichkeit von den öffentlichen Auftraggebern genutzt.

109 Die Regelung zur Haftung korrespondiert nicht mit den Vorgaben in der VOL/B. Schadenersatzansprüche sind dort nach § 14 Nr. 2 lit. b) auf den Schaden am „Gegenstand des Vertrages" beschränkt, soweit der Schaden nicht durch Vorsatz oder grobe Fahrlässigkeit des Auftragnehmers, seines gesetzlichen Vertreters oder seines Erfüllungsgehilfen verursacht ist, der Schaden durch die Nichterfüllung einer Garantie für die Beschaffenheit der Leistung verursacht oder der Schaden aus einer Verletzung des Lebens, des Körpers oder der Gesundheit resultiert. Eine Haftung im Rahmen eines Schadenersatzes für normale Fahrlässigkeit über den Gegenstand des Vertrages hinaus sieht die Regelung in der VOL/B nicht vor.

2. Kauf von Hardware

Die EVB-IT-Kauf beinhalten Vertragsbedingungen für den Kauf von Hardware. Die Vertrags-   **110**
muster sehen neben dem reinen Kauf von Hardware noch die zeitlich unbefristete Überlassung
von Standardsoftware gegen Einmalvergütung sowie das Aufstellen der Hardware und die Installation von Standardsoftware als Option vor. Wird auch Standardsoftware installiert, sieht
das Vertragsmuster die Einbeziehung der EVB-IT-Überlassung Typ A vor (Ziff. 2.1). Das Vertragsmuster liegt sowohl in der Langfassung als auch in einer Kurzfassung vor und ist entspr.
den Anforderungen des Auftraggebers zu ergänzen. Im Zusammenspiel mit der VOL/B können Beschaffungen der öffentlichen Hand rechtssicher vorgenommen werden. EVB-IT-Kauf
enthält keine werkvertraglichen Elemente wie z.B. Anpassungsleistungen oder die Herbeiführung der Funktionsbereitschaft. Bei einem Gesamtsystem sollte der Auftraggeber daher auf
den EVB-IT-Systemvertrag zurückgreifen. Da dieser ab dem 22.8.2007 vorliegt, besteht auch
keine Notwendigkeit mehr, auf die BVB-Vertragsmuster ergänzend abzustellen.

3. Dienstleistung im IT-Bereich

Die **EVB-IT-Dienstleistungen** finden Anwendung bei Verträgen über Dienstleistungen, d.h.   **111**
bei Dienstverträgen. Dienstvertragliche Leistungen sind z.B. (vgl. Ziff. 3.1 des Musters) Beratung, Projektleitungsunterstützung, Schulung, Einführungsunterstützung, Betreiberleistungen,
Benutzerunterstützungsleistungen, Providerleistungen ohne Inhaltsverantwortlichkeit.Eine
Vorläufervereinbarugn in den BVB gab es nicht. Werkvertragliche Leistungen sind nicht Gegenstand dieses Vertragsmusters, so dass der Auftraggeber allein die Projekt- und Erfolgsver-
antwortung trägt.

Im Rahmen der Vertragsmuster Dienstleistung ist im Einzelnen festzulegen, welche Dienstleis-   **112**
tungen der Auftragnehmer/Bieter zu erbringen hat. Da die Vertragsmuster allgemein gehalten
sind, sollte der Auftraggeber im eigenen Interesse die Leistungspflichten sowie Rahmendaten
und dergleichen möglichst detailliert einfügen, um das Vertragssoll zu definieren. Die Vergütung kann entweder nach Aufwand oder als Festpreis vorgesehen werden. Im Rahmen der öffentlichen Ausschreibung hat der Auftraggeber im Vorhinein festzulegen, ob er eine pauschale
Vergütung oder eine Vergütung im Stundenaufwand mit Nachweis vereinbaren möchte. Es
muss sichergestellt sein, dass die Bieter einheitlich eine Pauschale oder eine Abrechnung auf
Stundenbasis anbieten. Wenn der eine Bieter eine Pauschale anbietet und der andere Bieter einen Stundenaufwand, können diese Angebote nicht miteinander verglichen werden.[92]

4. Überlassung von Standardsoftware, Typen A + B

Mit dem Typus **EVB-IT-Überlassung Typ A** liegt auch ein Vertragsmuster für die **zeitlich un-**   **113**
befristete Überlassung von **Standardsoftware** gegen Einmalvergütung vor. Der Typ A unterscheidet sich von **EVB-IT-Überlassung Typ B** dadurch, dass bei Typ B eine **zeitlich befris-**
tete Überlassung von Standardsoftware ausgeschrieben und nachfolgend geschuldet ist. Juristisch bewertet handelt es sich bei dem Typ B um eine mietähnliche Überlassung der Software
im Gegensatz zu dem kaufähnlichen Charakter des Vertragstypus A.

---

92 *Leitzen* IV. 1., S. 3.

114   Der Vertragstyp A enthält im Gegensatz zu dem früheren Vertragsmuster BVB-Überlassung Typ II keine werkvertraglichen Elemente wie z.B. das Herbeiführen der Funktionsbereitschaft, Leistungsprüfungen oder Abnahmen. Will der Auftraggeber über die bloße Überlassung der Standardsoftware hinausgehende Leistungen beauftragen, ist parallel das EVB-IT-Vertragsmuster S Pflege von Standardsoftware zusätzlich zu verwenden.

115   Im Rahmen des Vertragsmusters stehen die **Gewährleistungsansprüche** unter der Prämisse, dass ein Mangel in der Software reproduzierbar und feststellbar vorliegt. Nicht reproduzierbare Fehler sind nicht als Mangel der Sache anzusehen. Dies ist aus der Sicht der Auftraggeber problematisch und man darf sich die ernstliche Frage stellen, ob eine derartige pauschale Regelung AGB-rechtlich wirksam ist. Vom Auftraggeber kann nicht mehr verlangt werden als dass dieser den aufgetretenen Mangel einschließlich der ihn begleitenden Umstände so genau beschreibt wie möglich, evtl. Screenshots anfertigt usw. Dass der Mangel reproduzierbar sein muss, um als Mangel anerkannt zu werden, ist jedoch überzogen. Die **Mangelhaftungsfrist** für die Software ist standardmäßig auf zwölf Monate festgeschrieben, kann aber individuell verlängert werden, was sinnvoll ist, so lange die Verlängerung angemessen ist und jedenfalls 24 Monate nicht nennenswert überschreitet. AGB-rechtlich dürfte eine einseitige, sehr erhebliche Verlängerung, die eine Behörde standardmäßig „individuell" vornimmt, wiederum bedenklich sein. Spalte 3.1 GEWF in der Langfassung und Pkt. 1. Spalte GEWF in der Kurzfassung des Vertragsmusters sehen hierfür Eintragungen des öffentlichen Auftraggebers vor.

5. Instandhaltung von Hardware

116   Ein weiterer von den EVB-IT-Vertragsmustern abgedeckter Bereich ist die **Instandhaltung von Hardware**. Hierzu sehen die Vertragsmuster den Vertragstypus **EVB-IT-Instandhaltung** vor, der die BVB-Wartung ablöste. Die Vergütung kann als pauschale Vergütung oder als Vergütung nach Arbeitsaufwand erfolgen. Ebenso denkbar ist eine Kombination beider Vergütungsvarianten für einzelne Teilaspekte der Vertragsleistung. Im Rahmen der Instandhaltung sind **Reaktionszeiten** von dem Auftragnehmer zur Störungsbeseitigung vorgesehen. Standardmäßig ist eine Zeit von 20 Stunden vorgegeben, die – je nach Art der Hardware oder je nach Bedeutung der Komponente – verkürzt werden kann.

6. Pflege von Software

117   Die ergänzenden Vertragsbedingungen und Muster **EVB-IT-Pflege S** sind für Pflegeleistungen bei Standardsoftware vorgesehen. Bei vereinbarten Basispflegeleistungen nach Pkt. 3.1.1 des Vertragsmusters ist der Auftragnehmer verpflichtet, verfügbare Patches und Updates bereit zu stellen und zu installieren. Neben dieser Leistung können umfangreiche Pflegeleistungen vereinbart werden, die auf verschiedene Arten vom Auftragnehmer auszuführen sind. Die Vergütung kann für diese Pflegeleistung entweder als monatliche oder einmalige Pauschale oder nach Aufwand vereinbart werden. Der **Pflegevertrag** S ist als separater Vertrag relativ selten, er wird zumeist kombiniert mit dem Kauf von Hardware, Typ A, oder den Überlassungsverträgen von Software.

7. Miete von Hardware (BVB-Miete), Pflege von Individualsoftware (BVB-Pflege), Planung von Individualsoftware (BVB-Planung)

118   Diese drei Muster sind 1972 (BVB-Miete), 1979 (BVB-Pflege) und 1988 (BVB-Planung) entstanden. Sie wurden 2002 mit einem „Vertragsdeckblatt" versehen, um sie – im Übrigen unverändert – der Schuldrechtsreform anzupassen. Nach den Ankündigungen der KBSt auf der eigenen Website sollen sie in überschaubarer Zeit durch EVB-IT (Planungsvertrag, Systemservice) weitgehend abgelöst werden. Die isolierte Verwendung dieser noch vorhandenen BVB wird immer unwahrscheinlicher, weil die Lebenssachverhalte, in denen sie verwendet werden sollen, immer stärker mit anderen Lebenssachverhalten verwoben sind, die eine Verwendung des neuen EVB-IT-Systemvertrags bedingen.

Gegenstand der **BVB-Miete**, der ältesten BVB, ist die Miete von EDV-Anlagen und Geräten, **119** einschließlich der Überlassung der „Grundsoftware", die Wartung der gemieteten Hardware und andere vereinbarte Leistungen. Der Begriff der „Grundsoftware" ist IT-technisch nicht gebräuchlich, er wird in aller Regel näherungsweise übersetzt werden können mit Betriebssystem, betriebssystemnahen Anwendungen und Gerätetreibern. Es geht jedenfalls nicht um Anwendungssoftware im eigentlichen Sinne. Die Hardware mit Grundsoftware ist zum Betrieb bereit zu stellen und wird dann vom Auftraggeber, nach erfolgreicher Funktionsprüfung, abgenommen (§ 8 BVB-Miete). Zudem sind nach §§ 13, 14 BVB-Miete Leistungen in den Bereichen Einsatzvorbereitung und Personalschulung zu erbringen. Im Betrieb auftretende Mängel an Hard- und Grundsoftware sind unverzüglich zu beseitigen, ggf. ist eine Ausweichanlage bereit zu stellen. Die Nichterbringung vertragsgemäßer Leistungen ist mit Vertragsstrafen bewehrt. Einigen Raum nehmen – bei einem Dauerschuldverhältnis nachvollziehbar – die Regelungen zur Preisanpassung und zur Veränderung der Anlage während der Mietzeit ein.

Gegenstand der **BVB-Pflege** ist die Pflege von Programmen. Darunter fällt nach den Erläute- **120** rungen des BMI aus dem Jahre 1979 die Grundsoftware in dem o.a. Sinne, aber auch Anwendungsprogramme, und zwar auch, soweit diese lediglich zeitlich befristet überlassen werden. Hinzu kommen Programme, die nicht nach BVB (EVB-IT) überlassen wurden. 1979 existierte noch kein einheitliches Leistungsbild über die „Softwarepflege", daher soll auch die Anpassung der Software an andere Anlagen, Geräte oder Grundsoftware dem Vertrag unterfallen. Das wird man heute so nicht mehr sehen können. Allerdings ist auch bereits in den BVB-Pflege vorgesehen, dass insoweit ein eigener Vertrag zu unterzeichnen ist, wenn diese Pflegeleistungen zu umfangreich werden bzw. gleitend in eine Erstellung von Programmen übergehen. Im Übrigen wird nach § 4 BVB-Pflege unter der Pflege die Beseitigung von Mängeln verstanden sowie die Lieferung neuer Programmversionen. Hinzu kommt die entsprechende Anpassung der vorhandenen Dokumentationen. Einigen Raum nehmen wiederum die Regelungen zur Preisanpassung und zu Vertragsstrafen ein.

Gegenstand der **BVB-Planung**, der zeitlich letzten BVB vor dem Beginn der Ablösung durch **121** die EVB-IT, ist die Planung von DV-gestützten Verfahren. Die BVB-Planung sind früher von den BVB-Erstellung abzugrenzen gewesen, die die Erstellung von Individualsoftware erfassten. Das geschah mithilfe des Anhangs 2 der BVB-Planung, in dem das – auch heute noch recht instruktive – Phasenkonzept der Softwareerstellung abgebildet ist. Da nach der Vorstellung der KBSt mit der Verabschiedung des EVB-IT-Systemvertrags die Erstellung von Individualsoftware diesen zuzuschlagen ist, muss heute bei der Anwendung der BVB-Planung zum EVB-IT-Systemvertrag abgegrenzt werden. Planungsleistungen i.S.d. BVB-Planung sind jedenfalls die vorbereitenden Arbeiten für ein Software-Grobkonzept, die Erarbeitung desselben und die Erarbeitung eines fachlichen Feinkonzepts. Die Planungsleistungen werden nach § 9 BVB-Planung abgenommen, was nahelegt, dass man von einer werkvertraglichen Gestaltung ausgeht. In der Praxis herrscht hierüber nach wie vor Streit, im Ergebnis wird es auf die konkret im Einzelfall vereinbarten Planungsleistungen ankommen.

16. Abschnitt
Datenschutzrecht

Literatur: *Benda* Das Recht auf informationelle Selbstbestimmung und die Rechtsprechung des Bundesverfassungsgerichts zum Datenschutz, DuD 1984, 86; *Bizer* Web-Cookies, DuD 1998, 277; *Burkert* Die Konvention des Europarates zum Datenschutz, CR 1988, 751; *Däubler/Klebe/Wedde/Weichert* Bundesdatenschutzgesetz, 2. Aufl. 2007; *Ellger* Der Datenschutz im grenzüberschreitenden Datenverkehr, 1990; *Erns /Seichter* Werben mittels E-Cards – Rechtliche Beurteilung als Spamming?, MMR 2006, 779; *Fink/Schwartmann/Cole/Keber* Europäisches und Internationales Medienrecht, 2007; *Geis* Internet und Datenschutzrecht, NJW 1997, 288; *Gitter/Schnabel* Die Richtlinie zur Vorratsspeicherung und ihre Umsetzung in das nationale Recht, MMR 2007, 411; *Glauben* Vorratsdatenspeicherung schießt über das Ziel hinaus, DRiZ 2007, 33; *Gola/Schomerus* Kommentar zum Bundesdatenschutzgesetz, 8. Aufl. 2005; *Grabitz/Hilf* Das Recht der Europäischen Union, Bd. III Sekundärrecht, EG-Verbraucher- und Datenschutzrecht, Loseblatt; *Hefermehl/Köhler/Bornkamm* Wettbewerbsrecht, 25. Aufl. 2007; *Hein* Rundfunkspezifische Aspekte des neuen Bundesdatenschutzgesetzes, NJW 1991, 2614; *Henke* Die Datenschutzkonvention des Europarates, 1986; *Hofmann* Die Online-Durchsuchung – staatliches „Hacken" oder zulässige Ermittlungsmaßnahme?, NStZ 2005, 121; *Hornung* Fortentwicklung des datenschutzrechtlichen Regelungssystems des Europarats, DuD 2004, 719; *Keber* Neues zu SPAM, JurPC Web-Dok. 218/2004, Abs. 1; *Kemper* Anforderungen und Inhalt der Online-Durchsuchung bei der Verfolgung von Straftaten, ZRP 2007, 105; *Köhler/Lettl* Das geltende europäische Lauterkeitsrecht, der Vorschlag für eine EG-Richtlinie über unlautere Geschäftspraktiken und die UWG-Reform, WRP 2003, 1019; *Krause* Das Recht auf informationelle Selbstbestimmung, JuS 1984, 268; *Lavranos* Datenschutz in Europa, DuD 1996, 400; *Leutheusser-Schnarrenberger* Vorratsdatenspeicherung – Ein vorprogrammierter Verfassungskonflikt, ZRP 2007, 9; *Mallmann* Zum datenschutzrechtlichen Auskunftsanspruch des Betroffenen, GewArch 2000, 354; *Micklitz/Schirmbacher* Distanzkommunikation im europäischen Lauterkeitsrecht, WRP 2006, 148; *Ohlenburg* Der neue Telekommunikationsdatenschutz, MMR 2004, 431; *Ohlenburg* Die neue EU-Datenschutzrichtlinie 2002/58/EG – Auswirkungen und Neuerungen für elektronische Kommunikation, MMR 2003, 82; *Roßnagel (Hrsg.)* Handbuch Datenschutzrecht, 2003; *ders.* Datenschutz in globalen Netzen, Das TDDSG – ein wichtiger erster Schritt, DuD 1999, 253; *Roßnagel/Pfitzmann/Garstka* Modernisierung des Datenschutzrechts, Gutachten im Auftrag des Bundesministeriums des Inneren, 2001; *Rüpke* Aspekte zur Entwicklung eines EU-Datenschutzrechts, ZRP 1995, 185; *Schaar* Datenschutz im Internet, 2002; *ders.* Datenschutzrechtliche Einwilligung im Internet, MMR 2001, 644; *ders.* EuGH-Entscheidung zur Fluggastdatenübermittlung – Grund zur Begeisterung?, MMR 2006, 425; *Simitis (Hrsg)* Kommentar zum Bundesdatenschutzgesetz, 6. Aufl. 2006; *ders.* Datenschutz und „Medienprivileg", AfP 1990, 14 ff.; *ders.* Übermittlung der Daten von Flugpassagieren in die USA: Dispens vom Datenschutz? NJW 2006, 2011; *Simitis/Damann/Mallmann/Reh (Hrsg.)* Dokumentation zum Bundesdatenschutzgesetz, Teil A und B, Loseblatt; *Thomale* Die Privilegierung der Medien im deutschen Datenschutzrecht, 2006; *Ulbricht* Der grenzüberschreitende Datenschutz im Europa- und Völkerrecht, CR 1990, 602; *Weiler* Spamming – Wandel des europäischen Rechtsrahmens, MMR 2003, 223; *Westphal* Die neue EG-Richtlinie zur Vorratsdatenspeicherung, EuZW 2006, 555; *Wichert* Web-Cookies, DuD 1998, 273; *Zscherpe* Anforderungen an die datenschutzrechtliche Einwilligung im Internet, MMR 2004, 723.

1. Einführung

1 Der Begriff des Datenschutzes ist insoweit missverständlich, als man annehmen könnte, er bezwecke in erster Linie den Schutz von Daten. Tatsächlich geht es um den Schutz des Menschen, genauer um den Schutz vor unreglementierter Datenverarbeitung.[1] In den achtziger und neunziger Jahren setzten sich Computer zunehmend sowohl am Arbeitsplatz als auch im häuslichen Bereich durch. Zeitgleich erfolgte eine fortschreitende Vernetzung von Einzelplatzrechner zu komplexen Informationssystemen. An der Spitze dieser Entwicklung steht heute das Internet als ein weltweites Informationsnetz. Datenschutz ist vor diesem Hintergrund heute auch vor allem eine grenzüberschreitende Problemstellung.[2] Diesen faktischen Vorgaben trägt ein europäischer Rechtsrahmen Rechnung, dessen Eckpunkte das Datenschutzabkommen des Europarats, die europäische Datenschutzrichtlinie, die europäische Datenschutzrichtlinie für elektronische Kommunikation sowie die Richtlinie zur Vorratsdatenspeicherung darstellen.

2. Internationale Bezüge

2.1 Das Datenschutzübereinkommen des Europarats

Unter der Ägide des Europarats wurde am 28.1.1981 das Abkommen zum Schutz des Menschen bei der automatisierten Verarbeitung personenbezogener Daten geschlossen.[3] Das Abkommen, dem derzeit 38 Staaten verpflichtet sind,[4] trat für die Bundesrepublik Deutschland am 01.01.1985 in Kraft.[5] Das Übereinkommen findet Anwendung auf automatisierte Dateien / Datensammlungen und automatische Verarbeitungen von personenbezogenen Daten im öffentlichen und privaten Bereich, Art. 3 DatenschutzÜ. In dem Übereinkommen verpflichten sich die Staaten, in ihrem innerstaatlichen Recht gewisse datenschutzrechtliche Mindestvorgaben einzuhalten, Art. 4 DatenschutzÜ. Personenbezogene Daten sind in rechtlich einwandfreier Weise zu erheben und zu verarbeiten, sie dürfen nur für genau festgelegte, rechtmäßige Zwecke genutzt werden, müssen für den Verarbeitungszweck relevant, sachlich richtig und auf dem aktuellen Stand sein und sind so aufzubewahren, dass die Betroffenen lediglich innerhalb der für den jeweiligen Zweck erforderlichen Verarbeitungszeit identifiziert werden können, Art. 5 DatenschutzÜ. Gesonderte Vorschriften des Abkommens betreffen besonders sensible Daten. Das Abkommen konkretisiert diese nicht abschließend[6] als solche, die die rassische Herkunft, politische Anschauungen oder religiöse oder andere Überzeugungen erkennen lassen sowie personenbezogene Daten, welche die Gesundheit oder das Sexualleben betreffen, Art. 6 DatenschutzÜ. Diese Daten dürfen nur automatisch verarbeitet werden, wenn das innerstaatliche Recht einen geeigneten Schutz gewährleistet. Im Datenschutzabkommen verpflichten sich die Vertragsstaaten ferner, jedermann die Möglichkeit einzuräumen, Auskunft über die zu ihm gespeicherten Daten zu verlangen, Artikel 8 DatenschutzÜ. Die vorbezeichneten Rechte können nur dann eingeschränkt werden, wenn sie durch das Recht einer Vertragspartei vorgesehen sind, wichtige Staatsinteressen wie die öffentliche Sicherheit tangiert sind und die Maßnahme verhältnismäßig ist. Das Übereinkommen enthält schließlich Bestimmungen zum grenzüberschreitenden Datenverkehr, Art. 12 DatenschutzÜ. Danach können die Staaten unter bestimmten Vorzeichen den grenzüberschreitenden Verkehr personenbezogener Daten reglementieren, wenn Daten in Staaten übermittelt werden sollen, in denen es kein vergleichbares Schutzniveau gibt.[7]

2

---

1 *Weichert* in Däubler/Klebe/Wedde/Weichert, Bundesdatenschutzgesetz, Einl. S. 70.
2 *Geis* Internet und Datenschutzrecht, NJW 1997, 288, 288.
3 ETS Nr. 108. Text bei *Fink/Schwartmann/Cole/Keber* Europäisches und Internationales Medienrecht, A 40.
4 Stand: 1.7.2007.
5 BGBl II 1985, 538; vgl. zum Abkommen *Henke* Die Datenschutzkonvention des Europarates, 1986; *Burkert* CR 1988, 751 ff.; *Ellger* Der Datenschutz im grenzüberschreitenden Datenverkehr, S. 460 ff.
6 Explanatory Report, Nr. 48.
7 Dazu *Ulbricht* CR 1990, 604.

3   Am 1.7.2004 ist das Zusatzprotokoll zum Europäischen Übereinkommen zum Schutz des Menschen bei der automatischen Verarbeitung personenbezogener Daten bezüglich Kontrollstellen und grenzüberschreitendem Datenverkehr vom 8.11.2001[8] in Kraft getreten. Das Zusatzprotokoll ergänzt den Schutz personenbezogener Daten und der Privatsphäre, wie er in dem Abkommen von 1981 verankert ist, in zweifacher Hinsicht. Erstens sieht der Text vor, dass nationale Dienststellen eingerichtet werden, die darüber wachen, dass die im Vollzug des Übereinkommens erlassenen Gesetze und Vorschriften zum Schutz persönlicher Daten und zur grenzüberschreitenden Datenübermittlung eingehalten werden. Zweitens wird die grenzüberschreitende Datenübermittlung an Drittstaaten näher geregelt. Die Weitergabe der Daten ist nur gestattet, wenn der Empfängerstaat oder die empfangende internationale Organisation ein entsprechendes Datenschutzniveau aufzuweisen hat.[9]

2.2 Die Europäische Datenschutzrichtlinie

4   Zu Beginn der neunziger Jahre verfügten nicht alle Mitgliedstaaten der Europäischen Gemeinschaft über Datenschutzvorschriften. Dies erwies sich zunehmend auch als Hemmnis für einen Gemeinsamen Markt.[10] Ferner hatte sich die zunächst rein wirtschaftlich geprägte Gemeinschaft zu einer politischen Union fortentwickelt, in der Grundrechte im Allgemeinen und die Grundrechtsqualität des Datenschutzes im Besonderen[11] anerkannt waren.

5   Vor diesem Hintergrund und nicht zuletzt auch, um die in dem Übereinkommen des Europarats vom 28.1.1981 zum Schutze der Personen bei der automatischen Verarbeitung personenbezogener Daten enthaltenen Grundsätze zu konkretisieren und zu erweitern,[12] verabschiedeten das Europäische Parlament und der Rat am 24.10.1995 die Richtlinie 95/46/EG zum Schutz natürlicher Personen bei der Verarbeitung personenbezogener Daten und zum freien Datenverkehr[13] (Datenschutzrichtlinie). Die Datenschutzrichtlinie ist verspätet[14] mit dem am 23.5.2001 in Kraft getretenen Gesetz zur Änderung des Bundesdatenschutzgesetzes[15] in geltendes Recht umgesetzt worden.

6   Die Richtlinie bezieht sowohl den privaten als auch den öffentlichen Sektor ein. Erfasst ist nicht nur die ganz oder teilweise automatisierte Verarbeitung personenbezogener Daten, sondern auch die nicht automatisierte Verarbeitung personenbezogener Daten, die in einer Datei gespeichert sind, d.h. manuelle Verarbeitung.[16] Ausgeschlossen dagegen ist die Verarbeitung personenbezogener Daten, soweit sie von einer natürlichen Person zur Ausübung ausschließlich persönlicher oder familiärer Tätigkeiten vorgenommen wird, Art. 3 Abs. 2 letzter Spiegelstrich Datenschutzrichtlinie. Diese Ausnahme greift indes nicht, wenn die Verarbeitung personenbezogener Daten die familiäre Sphäre verlässt, etwa weil Angaben im Internet veröffentlicht werden und die Daten so einer unbegrenzten Zahl von Personen zugänglich gemacht wer-

---

8   ETS Nr. 181; Text bei *Fink/Schwartmann/Cole/Keber* Europäisches und Internationales Medienrecht, A 40a.
9   Zum Zusatzprotokoll *Hornung* DuD 2004, 719 ff.
10 *Rüpke* ZRP 1995, 186.
11 So schon der *EuGH* in Sachen Stauder ./. Stadt Ulm, Rs. 29/69, Slg. 1964, 419.
12 Erwägungsgrund 11 der Richtlinie. Zum Verhältnis zwischen dem Datenschutzabkommen des Europarates und der Datenschutzrichtlinie vgl. *Brühann* in Grabitz/Hilf, Das Recht der Europäischen Union, RL 95/46/EWG, Vorb., Rn. 62 ff.
13 ABlEG Nr. L 281/31 v. 23.11.1995, Text bei *Fink/Schwartmann/Cole/Keber* Europäisches und Internationales Medienrecht, A 100.
14 Die Richtlinie war nach Art. 32 innerhalb von drei Jahren, mithin bis Oktober 1998 in innerstaatliches Recht umzusetzen.
15 BGBl I 2001, 904.
16 *Brühann* in Grabitz/Hilf, Das Recht der Europäischen Union, RL 95/46/EWG, Art. 3. Rn. 7.

den.[17] Vom Anwendungsbereich ausgeschlossen sind ferner Tätigkeiten außerhalb des Gemeinschaftsrecht, beispielsweise Tätigkeiten der Europäischen Union im Rahmen der gemeinsamen Außen- und Sicherheitspolitik (GASP) sowie der polizeilichen und justiziellen Zusammenarbeit in Strafsachen (PJZS), Art. 3 Abs. 2 erster Spiegelstrich Datenschutzrichtlinie.[18]

Die Grundprinzipien der personenbezogenen Datenerhebung, die zum Teil deckungsgleich mit denen des Datenschutzübereinkommens sind, führt die Datenschutzrichtlinie als Pflichten der Verarbeiter und Rechte der Betroffenen. Bei dem Grundsatz der Zweckbindung geht die Datenschutzrichtlinie über das Datenschutzabkommen des Europarats hinaus, denn die Zweckbindung muss nach Art. 6 Abs. 1 b) der Richtlinie schon bei der Datenerhebung vorliegen und nicht erst bei Speicherung, wie es bei Art. 5 b) des Datenschutzabkommens der Fall ist.[19] Zentrale Schaltstelle der Datenschutzrichtlinie ist sodann Art. 7, die ein Verbot mit Erlaubnisvorbehalt statuiert. Die Verarbeitung personenbezogener Daten darf lediglich erfolgen, wenn die betroffene Person eingewilligt hat oder einer der Erlaubnistatbestände des Art. 7 b) – f) der Richtlinie vorliegt. Für sensible Daten gilt im Grundsatz ein Verarbeitungsverbot.[20] Die Rechte des Betroffenen umfassen das Auskunfts-, Berichtigungs-, Löschungs- und Widerspruchsrecht sowie das Recht auf Kenntnis der Herkunft von Dateien. **7**

2.3 Die Europäische Datenschutzrichtlinie für elektronische Kommunikation

Seit dem 12.7.2002 ist die Richtlinie 2002/58/EG über die Verarbeitung personenbezogener Daten und den Schutz der Privatsphäre in der elektronischen Kommunikation[21] (Datenschutzrichtlinie e-Kom) in Kraft. Die Richtlinie, die unter anderem die EG-Richtlinie über Datenschutz in der Telekommunikation 97/66/EG ersetzt,[22] war bis zum 31.10.2003 umzusetzen.[23] Die Datenschutzrichtlinie eKom, die bereichsspezifisch und damit spezieller als die Datenschutzrichtlinie den Datenschutz in neuen elektronischen Kommunikationsdiensten regelt,[24] hat vor allem Auswirkungen auf die rechtliche Zulässigkeit so genannter Cookies sowie der Email-Werbung.[25] **8**

2.4 Die Richtlinie zur Vorratsspeicherung von Daten

Am 3.5.2006 trat die Richtlinie 2006/24/EG über die Vorratsspeicherung von Daten, die bei der Bereitstellung öffentlich zugänglicher elektronischer Kommunikationsdienste oder öffentlicher Kommunikationsnetze erzeugt oder verarbeitet werden[26] (RiLi-Vorratsdatenspeicherung) in Kraft. Die Richtlinie modifiziert die Richtlinie zum Datenschutz in der elektronischen **9**

---

17 Vgl. dazu *EuGH* Urteil v. 6.11.2003 – Az. C-101/01– Lindquist, Ziff. 47.
18 Vgl. dazu *EuGH* MMR 2006, 527 ff. – Fluggastdaten.
19 Weiterführend *Lavranos* DuD 1996, 402.
20 Zum Regel-Ausnahmemechanismus des Art. 8 der Datenschutzrichtlinie eingehend *Burkert* in Roßnagel (Hrsg.) Handbuch Datenschutzrecht, Internationale Grundlagen, Rn. 49 ff.
21 ABlEG Nr. L 201, 37 ff.
22 Vgl. Erwägungsgrund 4 der Datenschutzrichtlinie elektronische Kommunikation.
23 Dem ist die Bundesrepublik Deutschland zunächst nicht fristgerecht nachgekommen. Zum Vertragsverletzungsverfahren der Kommission gegen die Bundesrepublik Deutschland vgl. Pressemitteilungen der Kommision v. 5.12.2003, IP/03/1663 und die Pressemitteilung v. 1.4.2004, IP/04/435.
24 Zum Verhältnis der Richtlinie 2002/58/EG zu den Richtlinien 97/7/EG, 2000/31/EG (e-commerce Richtlinie) und 2002/65/EG (Fernabsatzrichtlinie) vgl. *Köhler/Lettl* WRP 2003, 1019, 1025.
25 Hierzu unten unter Rn. 28 und Rn. 29; vgl. auch *Ohlenburg* MMR 2003, 83; *Weiler* MMR 2003, 223.
26 ABlEG L 105 v. 13.4.2006, 54.

Keber

Kommunikation (Richtlinie 2002/58/EG) und ist bis zum 15.9.2007 in innerstaatliches Recht umzusetzen.[27]

10 Zweck der Richtlinie ist die Harmonisierung der Vorschriften der Mitgliedstaaten über die Pflichten von Anbietern öffentlich zugänglicher elektronischer Kommunikationsdienste oder Betreibern eines öffentlichen Kommunikationsnetzes im Zusammenhang mit der Vorratsspeicherung bestimmter Daten, die von ihnen erzeugt oder verarbeitet werden. Sichergestellt werden soll, dass die Daten zum Zwecke der Ermittlung, Feststellung und Verfolgung von schweren Straftaten, wie sie von jedem Mitgliedstaat in seinem nationalen Recht bestimmt werden, zur Verfügung stehen.[28]

11 Art. 3 statuiert eine Vorratsspeicherungspflicht für die in Art. 5 ausgewiesenen Datenkategorien. Auf Vorrat zu speichernde Datenkategorien sind nach Art. 5 Abs. 1 Buchst. a)- f) der Richtlinie die zur Rückverfolgung und Identifizierung der Quelle einer Nachricht benötigten Daten, die zur Identifizierung des Adressaten einer Nachricht benötigten Daten, die zur Bestimmung von Datum, Uhrzeit und Dauer einer Nachrichtenübermittlung benötigten Daten, die zur Bestimmung der Art einer Nachrichtenübermittlung benötigten Daten, die zur Bestimmung der Endeinrichtung oder der vorgeblichen Endeinrichtung von Benutzern benötigten Daten sowie die zur Bestimmung des Standorts mobiler Geräte benötigten Daten.

12 Jeder dieser Datenkategorien sind zu speichernde Datentypen zugewiesen. Dies sind Verkehrsdaten einschließlich der Standortdaten, sowie solche Daten, die mit diesen in Zusammenhang stehen und zur Feststellung eines Teilnehmers oder Benutzers erforderlich sind. Konkret sind zu speichern mit Blick auf Telefonfestnetz und Mobilfunk die Rufnummer des anrufenden und des angewählten Anschlusses, Datum und Uhrzeit des Beginns und Endes eines Kommunikationsvorgangs, der in Anspruch genommene Telefondienst, im Falle des Mobilfunks auch die internationale Mobilteilnehmerkennung (IMSI) sowie die internationale Mobilfunkgerätekennung (IMEI) des anrufenden und angerufenen Anschlusses sowie die Standort Kennung (Cell-ID) bei Beginn der Verbindung. Mit Blick auf Internetzugang und Internet-E-Mail ist unter anderem die dynamische oder statische IP Adresse zu speichern. Im Ergebnis müssen also bei allen Telekommunikationsdiensten umfassende Informationen zum Ob und Wie der elektronischen Kommunikationsverbindungen, bei der Nutzung mobiler Endgeräte auch zum jeweiligen Aufenthaltsort des Nutzers vorgehalten werden. Nach Art. 6 der Richtlinie sorgen die Mitgliedstaaten dafür, dass die in Art. 5 angegebenen Datenkategorien für einen Zeitraum von mindestens sechs Monaten und höchstens zwei Jahren ab dem Zeitpunkt der Kommunikation auf Vorrat gespeichert werden. Die Höchstfrist von zwei Jahren ist unter den Voraussetzungen des Art. 12 verlängerbar.[29]

13 Irland hat am 6.7.2006 Nichtigkeitsklage beim EuGH eingereicht.[30] Irland führt aus, der Zweck der Richtlinie bestehe einzig darin, die Ermittlung, Entdeckung und Verfolgung schwerer Verbrechen, einschließlich des Terrorismus, zu erleichtern. Unter diesen Umständen sei die einzig zulässige Rechtsgrundlage für die in der Richtlinie enthaltene Maßnahmen Titel VI EU,

---

27 Art. 15 RL Vorratsdatenspeicherung.
28 Art. 1 Abs. 1 RL Vorratsdatenspeicherung.
29 Nach Art. 12 Abs. 1 RiLi Vorratsdatenspeicherung kann ein Mitgliedstaat die Höchstfrist verlängern, wenn „besondere Umstände" vorliegen und er seine Absicht notifiziert und begründet. Eine nähere Bestimmung des Tatbestandsmerkmals „besondere Umstände" fehlt dabei genauso wie eine Bestimmung, wie lange die Frist maximal verlängert werden darf.
30 *EuGH* Rs. C-301/06, ABlEU C 237/5 v. 30.9.2006.

insbesondere die Art. 30, 31 Abs. 1 Buchstabe c und 34 Abs. 2 Buchstabe b. Das Verfahren vor dem Europäischen Gerichtshof ist zurzeit noch anhängig.[31]

3. Nationales Datenschutzrecht

3.1 Überblick

Datenschutzrecht ist eine Querschnittsmaterie. Es reicht in alle Lebensbereiche und Rechtsge- **14** biete hinein und speist sich sowohl aus materiellen als auch aus verfahrensrechtlichen Normen. Allgemeine Regelungen zum Datenschutz finden sich im Bundesdatenschutzgesetz (BDSG) und in den Datenschutzgesetzen der Länder (LDSG).[32] Das Bundesdatenschutzgesetz regelt grds. den Datenschutz für die öffentlichen Stellen des Bundes und für nicht-öffentliche Stellen, die Landesdatenschutzgesetze regeln grds. den Datenschutz für die öffentlichen Stellen der Länder. Sowohl das Bundesdatenschutzgesetz als auch die Landesdatenschutzgesetze haben die Funktion von Auffanggesetzen für solche Materien, die nicht bereichsspezifisch geregelt sind. Derartige bereichsspezifische Vorschriften sind überaus zahlreich, was die Materie schwer überschaubar werden lässt.[33] Medienrechtlich relevant sind auf Bundesebene unter anderem das Gesetz zu Art. 10 Grundgesetz (G 10-Gesetz), das Gesetz über den militärischen Abschirmdienst (MAD-Gesetz), das Gesetz über den Bundesnachrichtendienst (BND-Gesetz), das Bundesverfassungsschutzgesetz (BVerfschG) sowie die datenschutzrechtlichen Vorschriften in §§ 91 – 107 Telekommunikationsgesetz (TKG) und §§ 11 – 15 Telemediengesetz (TMG).

3.2 Volkszählungsurteil und datenschutzrechtliche Essentialia

Das Datenschutzrecht ist, anders als in einigen Landesverfassungen,[34] in der Verfassung der **15** Bundesrepublik Deutschland nicht ausdrücklich erwähnt. Als Recht auf informationelle Selbstbestimmung ist es Spielart des allgemeinen Persönlichkeitsrechts (Art. 2 Abs. 1 i.V.m. 1 Abs. 1 GG) und damit verfassungsrechtlich verankert.[35] Das Bundesverfassungsgericht hat in seinem „Volkszählungsurteil" im Jahre 1983 die wesentlichen Grundsätze herausgearbeitet, die das Recht der informationellen Selbstbestimmung nach wie vor beherrschen.[36] Weitere wichtige Konturen des informationellen Selbstbestimmungsrechts hat das Bundesverfassungsgericht mit seinem Urteil vom 2.3.2006 zur Beschlagnahme von Kommunikationsverbindungsdaten auf einem PC[37] und durch seinen Beschluss vom 4.4.2006 zur präventiven polizeilichen Rasterfahndung gezogen.[38]

Ausgangspunkt des verfassungsrechtlich verankerten Datenschutzes ist die Überlegung, dass **16** der Bürger nicht zum Objekt unkontrollierter Datenverarbeitung werden darf. Der Einzelne soll grds. selbst über die Preisgabe und Verwendung seiner Daten entscheiden können.[39] Andererseits kann informationelle Selbstbestimmung nicht unbegrenzt gewährleistet sein. Einschränkungen sind nach den Vorgaben des Bundesverfassungsgerichtes in eng definierten

---

31 Zur rechtlichen Würdigung der Richtlinie zur Vorratsspeicherung von Daten vgl. unten Rn. 36.
32 Überblick bei *Simitis/Damann/Mallmann/Reh* Dokumentation zum Bundesdatenschutzgesetz, Teil A und B.
33 Zur Kritik an dieser „Normenflut" *Roßnagel/Pfitzmann/Garstka* Modernisierung des Datenschutzrechts, S. 44 ff.
34 So in Art. 33 der Verfassung von Berlin.
35 *Simitis* Kommentar zum Bundesdatenschutzgesetz, § 1, Rn. 33.
36 *BVerfGE* 65, 1 ff. = NJW 1984, 419; eingehend dazu *Benda* DuD 1984, 86; *Krause* JuS 1984, 268.
37 *BVerfG* MMR 2006, 217.
38 *BVerfG* MMR 2006, 531.
39 *BVerfGE* 65, 1 ff. = NJW 1984, 419.

Grenzen zulässig. Beschränkungen bedürfen einer verfassungsgemäßen gesetzlichen Grundlage, die dem überwiegenden Allgemeininteresse geschuldet ist und die dem rechtsstaatlichen Gebot der Normenklarheit entsprechen muss. Dies bedeutet, dass die Voraussetzungen und der Umfang der durch die Bestimmung bedingten Beschränkungen klar und für den Bürger eindeutig erkennbar sein müssen.[40]

17   Diese verfassungsrechtlichen Vorgaben haben sich zu Datenschutzgrundsätzen verdichtet, die auf einfachgesetzlicher Ebene sowohl im bereichsspezifischen Datenschutz, als auch im Bundesdatenschutzgesetz reflektiert sind. Die Erhebung, Verarbeitung und Nutzung personenbezogener Daten ist nur zulässig, wenn eine Rechtsvorschrift dies erlaubt oder anordnet oder der Betroffene einwilligt (Verbot mit Erlaubnisvorbehalt). Datenverarbeitung muss für festgelegte, eindeutige und rechtmäßige Zwecke erfolgen (Zweckbindungsgrundsatz). Aus dem Zweckbindungsgrundsatz ergibt sich auch der Grundsatz informationeller Gewaltenteilung, d.h. einmal durch eine bestimmte Stelle gespeicherte Daten dürfen nicht ohne weiteres an andere Stellen weitergeleitet werden. Weiter muss die Erhebung, Verarbeitung und Nutzung personenbezogener Daten zur rechtmäßigen Aufgabenerfüllung der datenverarbeitenden Stelle erforderlich sein (Erforderlichkeitsgrundsatz). Erforderlich ist die Erhebung, Verarbeitung und Nutzung personenbezogener Daten, wenn die Daten geeignet sind, um das Verarbeitungsziel zu erreichen und sich das Ziel gar nicht oder nicht ohne unverhältnismäßigen Auwand auf andere Weise, d.h. vor allem mit keinen oder mit weniger personenbezogenen Daten erreichen lässt.[41] Schließlich müssen Datenerhebung, Verarbeitung und Nutzung am Ziel der Datenvermeidung und Datensparsamkeit ausgerichtet sein (Grundsatz der Datensparsamkeit).

3.3 Bereichsspezifischer Datenschutz

3.3.1 Datenschutzbestimmungen im Telekommunikationsgesetz

18   Im Rahmen der TKG Novelle 2004 wurde in §§ 91 – 107 TKG ein eigener, abschließender Datenschutzteil geschaffen und die bis dahin bestehende Konzeption über § 89 TKG a.F. und die Telekommunikationsdatenschutzverordnung (TDSV)[42] abgelöst.[43] § 91 TKG bestimmt den Anwendungsbereich des Telekommunikationsdatenschutzes. Regelungsgegenstand ist der Schutz personenbezogener Daten der an der Telekommunikation Beteiligten bei der Erhebung und Verwendung durch Diensteanbieter i.S.v. § 3 Nr. 6 TKG. Im Telekommunikationsdatenschutz gilt ebenso wie im allgemeinen Datenschutzrecht ein Verbot mit Erlaubnisvorbehalt, d.h. für die Erhebung und Verwendung personenbezogener Daten ist ein ausdrücklicher Erlaubnistatbestand erforderlich.[44] Die Nutzung von Bestandsdaten, also Daten, die für die Begründung, inhaltliche Ausgestaltung, Änderung oder Beendigung eines Vertragsverhältnisses über Telekommunikationsdienste erhoben werden,[45] ist in § 95 TKG geregelt. Verkehrsdaten, also Daten, die bei der Erbringung eines Telekommunikationsdienstes erhoben, verarbeitet oder genutzt werden,[46] betrifft § 96 TKG. Die dort bezeichneten Daten (etwa die Nummer oder die Kennung der beteiligten Anschlüsse) dürfen gespeichert werden. Die gespeicherten Verkehrsdaten dürfen über das Ende der Verbindung hinaus aber nur in engen Grenzen verwendet werden, etwa soweit dies zum Aufbau weiterer Verbindungen, für Abrechnungszwecke (§97), zur Erstellung von Einzelverbindungsnachweisen (§ 99), zur Aufdeckung missbräuchlicher

---

40 *BVerfGE* 65, 1 ff. = NJW 1984, 419.
41 *Schaar* Datenschutz im Internet, S. 48.
42 BGBl I 2000, 1740.
43 Weiterführend *Ohlenburg* MMR 2004, 431.
44 *Robert* in Beck'scher TKG-Kommentar, 3. Aufl. 2006, § 91 Rn 1.
45 § 3 Nr. 3 TKG.
46 § 3 Nr. 30 TKG.

Nutzung von Telekommunikationsdiensten (§ 100) oder Durchführung einer „Fangschaltung" erforderlich ist. Besonders relevant ist § 97 Abs. 3 TKG, wonach der Diensteanbieter nach Beendigung der Verbindung aus den Verkehrsdaten nach § 96 unverzüglich die für die Berechnung des Entgelts erforderlichen Daten zu ermitteln und nicht erforderliche Daten unverzüglich zu löschen hat.[47] Standortdaten, also Daten, die in einem Telekommunikationsnetz erhoben oder verwendet werden und die den Standort des Endgeräts eines Endnutzers eines Telekommunikationsdienstes für die Öffentlichkeit angeben,[48] dürfen nur im zur Bereitstellung von Diensten mit Zusatznutzen erforderlichen Maß und innerhalb des dafür erforderlichen Zeitraums verarbeitet werden, wenn sie anonymisiert wurden oder wenn der Teilnehmer seine Einwilligung erteilt hat, § 98 TKG. Wird das Standortdaten liefernde Gerät noch von weiteren Personen genutzt, muss der Teilnehmer diese von der erteilten Einwilligung in Kenntnis setzen. Dadurch wird die ungewollte Preisgabe von Standortdaten durch den jeweiligen Nutzer verhindert.[49]

3.3.2 Datenschutzbestimmungen im Telemediengesetz

Das TMG regelt den Schutz personenbezogener Daten bei der Nutzung von Telemediendiensten i.S.v. § 1 Abs. 1 TMG in §§ 11 bis 15 TMG. Die dort geregelten Normen reflektieren ausweislich der Gesetzesbegründung die „Errungenschaften, die durch die Regelungen des TDDSG und des MDStV zum Schutz der personenbezogenen Daten bei den Neuen Diensten erzielt wurden".[50] Die datenschutzrechtlichen Bestimmungen des TMG enthalten daher wenige Neuerungen.[51] Nach § 12 Abs. 1 TMG ist die Erhebung und Verwendung personenbezogener Daten nur zulässig, soweit sie gesetzlich gestattet ist oder der Betroffene einwilligt (Verbot mit Erlaubnisvorbehalt). Willigt der Nutzer ein, so kann dies (in Abweichung vom Schriftformerfordernis des § 4a Abs. 1 S. 3 BDSG) im Wege einer elektronischen Einwilligung geschehen, § 13 Abs. 2 TMG.[52] § 14 stellt einen Erlaubnistatbestand für die Erhebung und Nutzung von Bestandsdaten, also solcher Daten, die für die Begründung, inhaltliche Ausgestaltung oder Änderung eines Vertragsverhältnisses zwischen dem Diensteanbieter und dem Nutzer über die Nutzung von Telemedien erforderlich sind. § 15 erlaubt die Erhebung und Verwendung von Nutzungsdaten, beispielsweise Angaben über Beginn und Ende der jeweiligen Nutzung, soweit dies erforderlich ist, um die Inanspruchnahme von Telemedien zu ermöglichen und abzurechnen. **19**

Der Betroffene ist über Art, Umfang, Ort und Zweck der Erhebung und Nutzung seiner Daten vor deren Erhebung zu informieren, § 13 Abs. 1 TMG. Weiter hat er das Recht, Auskunft über die zu seiner Person gespeicherten Daten zu erhalten. § 13 Abs. 7 TMG verweist insoweit kategorisch auf § 34 BDSG. Dies ist nicht unproblematisch, da damit auch auf § 34 Abs. 4 BDSG verwiesen wird und eine Auskunftspflicht unter den dort geregelten Voraussetzungen entfallen kann. Derartige Ausnahmen waren weder im TDDSG noch in den datenschutzrechtlichen Bestimmungen des MDStV vorgesehen. **20**

---

47 Zur Unzulässigkeit der Speicherung von dynamischen IP-Adressen durch Access-Provider bei Nutzung sog. Flatrates vgl. *BGH* MMR 2007, 37 f.
48 § 3 Nr. 19 TKG.
49 Zur Problematik um Einwilligung und „Kinderortungsdienste" *Ohlenburg* MMR 2004, 436.
50 BT-Drucks. 16/3078, 12.
51 Zu den Bestimmungen des TDDSG eingehend *Roßnagel* DuD 1999, 253.
52 Eingehend zur Einwilligung *Zscherpe* MMR 2004, 723; *Schaar* MMR 2001, 644.

3.4 Das Bundesdatenschutzgesetz

3.4.1 Anwendbarkeit und Begriffsbestimmungen

21   Nach § 1 Abs. 2 gilt das BDSG[53] zunächst für die Erhebung, Verarbeitung und Nutzung personenbezogener Daten durch öffentliche Stellen des Bundes sowie durch nicht-öffentliche Stellen. Öffentliche Stellen des Bundes sind die Behörden, die Organe der Rechtspflege und andere öffentlich-rechtlich organisierte Einrichtungen des Bundes, der bundesunmittelbaren Körperschaften, Anstalten und Stiftungen des öffentlichen Rechts sowie deren Vereinigungen ungeachtet ihrer Rechtsform, Art. 2 Abs. 1 BDSG. Als „nicht-öffentliche Stelle" qualifiziert das Gesetz natürliche und juristische Personen, Gesellschaften und andere Personenvereinigungen des Privatrechts, soweit sie nicht zu den öffentlichen Stellen zählen, § 2 Abs. 4 BDSG. Diese unterliegen dem BDSG, soweit sie die Daten unter Einsatz von Datenverarbeitungsanlagen oder in oder aus nicht automatisierten Dateien verarbeiten, nutzen oder dafür erheben, § 1 Abs. 2 Ziff. 3 BDSG. Die Anwendbarkeit des BDSG ist nach § 1 Abs. 2 Nr. 3 nur dann im nicht-öffentlichen Bereich ausgeschlossen, wenn die dort genannten Tatbestände ausschließlich für persönliche oder familiäre Tätigkeiten erfüllt sind. Von den Anforderungen des Bundesdatenschutzgesetzes wird damit nur die im privaten Bereich verbleibende Datenverarbeitung nicht erfasst.

22   Personenbezogene Daten sind Einzelangaben über persönliche oder sachliche Verhältnisse einer bestimmten oder bestimmbaren natürlichen Person, § 3 Abs. 1 BDSG. Der Begriff der personenbezogenen Daten ist damit weit und reicht von Name und Alter bis zu Daten über Gesundheit, charakterliche Eigenschaften, Qualifikation und bestimmte Tätigkeitszeiten.[54] „Erheben" von Daten bedeutet das Beschaffen von Daten über den Betroffenen, § 3 Abs. 3 BDSG. Auch dieser Terminus ist weit zu verstehen, das Erheben reicht von dem Erfragen besonderer Angaben bis zu dem Fotografieren bestimmbarer Personen.[55] „Verarbeiten" ist das Speichern, Verändern, Übermitteln, Sperren und Löschen personenbezogener Daten, § 3 Abs. 4 BDSG. Diese Einzelvorgänge werden in § 3 Abs. 4 Ziff. 1-5 näher definiert. „Nutzen" ist jede Verwendung personenbezogener Daten, soweit es sich nicht um deren Verarbeitung handelt, § 3 Abs. 5 BDSG.

3.4.2 Verbot mit Erlaubnisvorbehalt

23   Zentrale Schaltstelle für die personenbezogene Datenverarbeitung ist § 4 Abs. 1 BDSG. Danach ist die Datenerhebung, Datenverarbeitung und Datennutzung nur zulässig, soweit das BDSG oder eine andere Rechtsvorschrift dies erlaubt oder anordnet oder der Betroffene eingewilligt hat. Strukturell ist hier also das verfassungsrechtlich vorgezeichnete Verbot mit Erlaubnisvorbehalt geregelt. Das BDSG enthält in §§ 13 – 16 Erlaubnistatbestände zu Gunsten öffentlicher Stellen sowie in §§ 28 ff. Bestimmungen zur Datenverarbeitung nicht-öffentlicher Stellen und öffentlicher Wettbewerbsunternehmen. Andere Rechtsvorschriften im Sinne des § 4 Abs. 1 BDSG können solche des Bundes, der Länder, aber auch kommunale Satzungen sowie normative Teile von Tarifverträgen und Betriebs- und Dienstvereinbarungen sein.[56] Die Einwilligung, § 4a BDSG stellt neben diesen Rechtsnormen eine eigene Legitimation der Datenverarbeitung dar.

---

53 Bundesdatenschutzgesetz i.d.F. der Bekanntmachung v. 14.1.2003, BGBl I 2003, 66, zuletzt geändert durch Art. 1 des Gesetzes v. 22.8.2006, BGBl I 2006, 1970.
54 *Dammann* in Simitis Bundesdatenschutzgesetz, § 3 Rn. 3.
55 *Dammann* in Simitis, Bundesdatenschutzgesetz, § 3 Rn. 109.
56 *Weichert* in Däubler/Klebe/Wedde/Weichert, Basiskommentar Bundesdatenschutzgesetz, § 4 Rn. 2.

3.4.3 Ansprüche des Betroffenen

Im öffentlichen Bereich ist dem Betroffenen auf Antrag Auskunft über die zu seiner Person ge- **24** speicherten Daten, die Empfänger der Daten und den Zweck der Speicherung zu erteilen (§ 19 Abs. 1 Ziff. 1 – 3 BDSG). Der Betroffene hat weiter ein Recht auf Berichtigung der Daten, wenn sie unrichtig sind (§ 20 BDSG Abs. 1 BDSG). Dem Betroffenen steht ein Recht auf Löschung zu, wenn die Speicherung seiner personenbezogenen Daten unzulässig ist (§ 20 Abs. 2 Ziff. 1) und ein Recht auf Sperrung, wenn einer Löschung Aufbewahrungspflichten entgegenstehen (§ 20 Abs. 3 Ziff. 1).[57] Im nicht-öffentlichen Bereich haben die verantwortlichen Stellen die Pflicht, den Betroffenen von der erstmaligen Speicherung (§ 33 Abs. 1 S. 1 BDSG) oder von der erstmaligen Übermittlung (§ 33 Abs.1 S. 2 BDSG) seiner Daten zu benachrichtigen. Eine Pflicht zur Benachrichtigung besteht allerdings nicht, wenn ein Ausnahmetatbestand des § 33 Abs. 2 greift. Zweck der Benachrichtigungspflicht im Sinne des § 33 Abs. 1 BDSG ist es, den Betroffenen in die Lage zu versetzen, von seinem Auskunftsrecht nach § 34 BDSG Gebrauch zu machen[58] und die Folgerechte auf Berichtigung, Löschung oder Sperrung unrichtiger Daten (§ 35 BDSG) wahrzunehmen. Wird eine Auskunft im Sinne des § 34 BDSG nicht erteilt, kann sich der Betroffene an die Aufsichtsbehörde nach § 38 BDSG wenden.[59]

3.4.4 Datenschutz und Medienprivileg

Der Datenschutz im Medienbereich muss das Spannungsverhältnis zwischen der in Art. 5 **25** Abs. 1 S. 2 GG garantierten Rundfunk- und Pressefreiheit und dem Recht des Betroffenen aus Art. 2 Abs. 1 i.V.m. 1 Abs. 1 GG auf informationelle Selbstbestimmung ausgleichen. Zu beachten ist also einerseits die außerordentlich wichtige Rolle des Rundfunks und der Presse für eine demokratische Gesellschaft, andererseits aber auch die möglichen Auswirkungen auf das Leben eines Betroffenen. Das deutsche Recht präzisiert dieses Verhältnis über das Medienprivileg.[60] Dies kommt in Vorschriften zum Ausdruck, die verhindern, dass die Betroffenen die Berichterstattung über die allgemeinen zivil- und strafrechtlichen Regelungen hinaus unterbinden können. Existierte kein solches Medienprivileg, könnten Betroffene aufgrund der allgemeinen Datenschutzregeln jederzeit ihre Ansprüche auf Auskunft, Berichtigung, Löschung oder Sperrung ihrer personenbezogenen Daten geltend machen und die Arbeit der Medien so massiv erschweren.

Diesen Vorgaben trägt § 41 Abs. 1 BDSG Rechnung. Danach haben die Länder in ihrer Ge- **26** setzgebung (nur) vorzusehen, dass für die Erhebung, Verarbeitung und Nutzung personenbezogener Daten von Unternehmen und Hilfsunternehmen der Presse ausschließlich zu eigenen journalistisch-redaktionellen oder literarischen Zwecken den Regelungen der §§ 5 (Datengeheimnis), 9 (Technische und organisatorische Maßnahmen) und 38a (Verhaltensregeln zur Förderung der Durchführung datenschutzrechtlicher Regelungen) BDSG sowie den Haftungsregelungen im Sinne des § 7 BDSG entsprechende Vorschriften existieren.[61] Die Vorschrift geht

---

57 Sperren ist das Kennzeichnen gespeicherter personenbezogener Daten, um ihre weitere Verarbeitung oder Nutzung einzuschränken, § 3 Abs. 4 Ziff. 4 BDSG.
58 Eingehend hierzu *Mallmann* GewArch 2000, 354 ff.
59 Nach § 38 Abs. 6 BDSG ist die Aufgabe der Datenschutzaufsicht den Ländern übertragen. In Berlin, Mecklenburg-Vorpommern, Hamburg, Schleswig-Holstein, Bremen, Nordrhein-Westfalen, Niedersachsen und Sachsen wird die Datenschutzaufsicht durch den Landesbeauftragten für Datenschutz wahrgenommen. In Bayern, Baden-Württemberg, Brandenburg, Hessen und Sachsen-Anhalt erledigen Ministerien bzw. Regierungspräsidien diese Aufgabe. In Rheinland-Pfalz ist die Aufsichts- und Dienstleistungsdirektion Trier zuständig.
60 Eingehend *Simitis* AfP 1990, 14 ff.
61 Eine diese Vorgaben umsetzende Regelung findet sich in § 12 Landesmediengesetz Rheinland Pfalz.

auf die ehemalige Rahmengesetzgebungskompetenz nach Art. 75 GG zurück.[62] Ergebnis dieser gesetzgeberischen Entscheidung ist, dass den Bundesländern aufgegeben wird, die Einhaltung datenschutzrechtlicher Mindeststandards zu regeln, die Presse nach Maßgabe des § 41 Abs. 1 BDSG aber grds. aus dem Anwendungsbereich des BDSG ausgenommen ist.[63] Dies bedeutet u.a., dass Presseunternehmen gegenüber die datenschutzrechtlichen Individualrechte der §§ 33 bis 35 BDSG nicht geltend gemacht werden können und auch die Zulässigkeit der Datenverarbeitung nicht den strengen Vorgaben wie dem Vorhandensein einer gesetzlichen Grundlage oder dem Bestehen einer Einwilligung verpflichtet ist.[64] Die zur Umsetzung von § 41 Abs. 1 BDSG in den jeweiligen Landespressegesetzen getroffenen Regelungen sind weitgehend identisch.[65] Datenschutzrechtlich relevant ist ferner der Pressekodex des Deutschen Presserates,[66] der eine freiwillige Selbstkontrolle der redaktionellen Datenverarbeitung etabliert. Danach entspricht es der journalistischen Sorgfalt, das Privatleben und die Intimsphäre (Ziff. 8 S. 1 Pressekodex) sowie das Recht auf informationelle Selbstbestimmung (Ziff. 8 S. 4 des Pressekodex) zu achten. Soweit möglich, sollte der Personenbezug bei Veröffentlichungen beseitigt werden (Richtlinien 8.1 bis 8.7 zum Pressekodex).

27 § 41 Abs. 1 BDSG betrifft die Presse und nicht die Rundfunkanstalten der Bundesländer sowie private Rundfunkveranstalter, trifft also keine Aussage zu deren Medienprivileg. Für den Auslandsrundfunk des Bundes, die Deutsche Welle, ergibt sich das Medienprivileg aus § 41 Abs. 4 BDSG. Die Nichterfassung der Landesrundfunkanstalten sowie der Veranstalter privaten Rundfunks in § 41 BDSG erklärt sich aus der fehlenden Gesetzgebungskompetenz des Bundes.[67] Insoweit datenschutzrechtlich privilegierende Vorschriften enthalten der Rundfunkstaatsvertrag, die Mehr-Länder-Staatsverträge, Landesdatenschutz-, Landesrundfunk-, und Landesmediengesetze.[68] So kann ein Betroffener nach § 47 RStV zwar Auskunft über die zu seiner Person gespeicherten Daten verlangen. Verarbeitet der Veranstalter die personenbezogenen Daten ausschließlich zu eigenen journalistisch-redaktionellen Zwecken, kann die Auskunft aber nach Abwägung der schutzwürdigen Interessen der Beteiligten verweigert werden, soweit durch die Mitteilung die journalistische Aufgabe des Veranstalters durch Ausforschung des Informationsbestandes beeinträchtigt würde oder aus den Daten Rückschlüsse auf Mitarbeiter und Informanten möglich sind, § 47 Abs. 2 RStV.

4. Sonderprobleme des Datenschutzes im Detail

4.1 Cookies

28 Ein Cookie ist ein Datensatz, der von einem Webserver erzeugt wird. Der Server übermittelt den Datensatz zunächst an den Webbrowser des Users, wo er dann als Cookie Datei auf der Festplatte des Rechners abgelegt wird. Cookies können zur Freischaltung geschützter Webseiten dienen, wenn in der Cookiedatei das entsprechende Passwort hinterlegt ist. Über Cookies können auch Nutzerprofile generiert werden, indem Informationen gesammelt werden, welche Seiten des Webservers abgerufen wurden und über welche Internetadresse (IP) des Users dies

---

62 Art. 75, aufgehoben durch Gesetz v. 28.8.2006, BGBl I S. 2034.
63 *Gola/Schomerus* Kommentar zum Bundesdatenschutzgesetz, § 41 Rn. 2.
64 *Walz* in Simitis, Bundesdatenschutzgesetz, § 41 Rn. 2.
65 Vgl. § 12 LPrG Baden Württtemberg; Art. 10a BayPrG; § 16a BbgPG; § 5 LPrG Bremen; § 11 HPresseG; § 18a LPrG M-V; § 19 LPrG Niedersachsen; § 12 LPrG NW; § 12 LMG Rheinland-Pfalz; § 11 SMG; § 11a SächsPresseG; § 10a LPrG Sachsen-Anhalt; § 10 LPrG Schleswig-Holstein; § 11a TPG.
66 Der novellierte Pressekodex v. 13.9.2006, gültig seit dem 1.1.2007 enthält die publizistischen Grundsätze (Pressekodex) sowie die Richtlinien für die publizistische Arbeit.
67 Dazu *Hein* NJW 1991, 2614, 2615.
68 Näher *Walz* in Simitis, Bundesdatenschutzgesetz, § 41 Rn. 8 ff.

erfolgt ist.[69] Die Datenschutzrichtlinie eKom sieht in Art. 5 Abs. 3 vor, dass die Benutzung elektronischer Kommunikationsnetze für die Speicherung von Informationen oder den Zugriff auf Informationen, die im Endgerät eines Nutzers gespeichert sind nur unter der Bedingung gestattet ist, dass der Nutzer klare und umfassende Informationen insbesondere über die Zwecke der Verarbeitung erhält und durch den Verantwortlichen auf das Recht hingewiesen wird, diese Verarbeitung zu verweigern.[70] Diese Vorgaben der Datenschutzrichtlinie eKom reflektiert § 13 TMG. Nach § 13 Abs. 1 S. 2 TMG besteht eine Unterrichtungspflicht bei einem automatisierten Verfahren, das eine spätere Identifizierung des Nutzers ermöglicht und eine Erhebung oder Verwendung personenbezogener Daten vorbereitet. Diese Pflicht bezieht sich auch auf cookies.[71] Der Nutzer ist folglich über die Speicherung eines Cookies auf seinem Rechner hinzuweisen. Erforderlich ist ein konkreter Hinweis auf Zweck, Inhalt und Verfallsdatum des Cookies.

4.2 Unerbetene Nachrichten (SPAM)

Art. 13 der Datenschutzrichtlinie eKom betrifft unerbetene Nachrichten.[72] Nach Abs. 1 der Vorschrift darf die Verwendung von automatischen Anrufmaschinen, Faxgeräten oder elektronischer Post für die Zwecke der Direktwerbung gegenüber natürlichen Personen nur bei vorheriger Einwilligung der Teilnehmer gestattet werden. Zweck der Vorschrift ist es, dass natürliche Personen als Teilnehmer eines elektronischen Kommunikationssystems vor einer Verletzung ihrer Privatsphäre durch unerbetene Nachrichten für Zwecke der Direktwerbung geschützt werden.[73] Die Datenschutzrichtlinie geht danach grds. vom so genannten opt-in Prinzip aus. Dies bedeutet, dass der User jeweils konkret in den Erhalt eines bestimmten Dienstes einwilligen muss. Den Gegensatz zu diesem System stellt das opt-out Modell dar, wonach die Übermittlung einer Nachricht grds. erlaubt ist. Verboten wäre die Versendung einer Nachricht unter der Ägide eines „opt-out" Konzeptes nur dann, wenn sich der Betroffene in eine opt-out Liste eingetragen hat und er dennoch angeschrieben wird.

29

Das nach der Datenschutzrichtlinie e-Kom vorgegebene System des opt-in erscheint mit Blick auf elektronische Post in der Praxis des e-mail Marketings in verschiedenen Varianten.[74] Ein „einfaches" opt-in System besteht darin, dass der User seine Einwilligung einmalig durch Abgabe einer entsprechenden Erklärung leistet. Mit Blick auf die Zusendung von E-Mail Nachrichten mit werbendem Inhalt bedeutet dies etwa, dass der User online ein Webformular ausfüllt und dort im Bewusstsein, künftig angeschrieben werden zu wollen, seine E-Mail Adresse hinterlässt. Die double-opt-in und confirmed opt-in Varianten gehen noch einen Schritt weiter als das einfache opt in Modell. Bei der double-opt-in Variante wird eine Werbenachricht nicht schon nach erster Einwilligung des Users über ein Webformular verschickt, sondern erst nachdem dieser erneut zugestimmt hat. Diese weitere Zustimmung erklärt er anlässlich des Erhalts einer E-Mail Nachricht, die ihm (ohne dabei werbenden Charakter zu haben) bestätigt, dass er einen bestimmten Dienst angefordert hat. Im Rahmen dieser Nachricht wird der User aufgefordert, durch Aufruf eines Links den Anmeldevorgang endgültig abzuschließen. Bestätigt der User diese Mail nicht, erhält er keine Werbenachrichten. Ähnlich, wenn auch unterhalb der strengsten Anforderung des double-opt-in´s anzusiedeln, ist das sogenannte cofirmed-opt-in. Im Unterschied zum einfachen opt-in erhält der User hier nach seiner Anmeldung nicht direkt

30

---

69 Zu Cookies vgl. *Wichert* DuD 1998, 273 ff.; *Bizer* DuD 1998, 277 ff.
70 Vgl. auch Erwägungsgrund 25 der Richtlinie 2002/58/EG.
71 So für die Vorgängervorschrift des § 4 Abs. 1 S. 2 TDDSG *Ohlenburg* MMR 2003, 85.
72 Dazu *Micklitz/Schirmbacher* WRP 2006, 148 ff.
73 Erwägungsgründe 40-45 Richtlinie 2002/58/EG.
74 *Keber* JurPC Web-Dok. 218/2004, Abs. 1.

die erste (Werbe-) Mail, sondern zunächst eine Art Willkommensmail, die ihn darauf hinweist, dass er sich angemeldet hat. Im Unterschied zum double opt-in muss der User jedoch hier nicht den Link eigens aktivieren, um künftig Informationen zu erhalten. Er erhält in Kürze ohne weiteres Zutun Nachrichten.

31 Die Vorgaben des Art. 13 Datenschutzrichtlinie eKom wurden im Rahmen der UWG Reform 2004 über § 7 UWG umgesetzt.[75] Danach handelt unlauter, wer einen Marktteilnehmer in unzumutbarer Weise belästigt, wobei eine solche Belästigung nach § 7 Abs. 2 Ziff. 3 UWG anzunehmen ist bei einer Werbung unter Verwendung von automatischen Anrufmaschinen, Faxgeräten oder elektronischer Post, ohne dass eine Einwilligung der Adressaten vorliegt. Eine Umsetzung der Vorgaben außerhalb des Sonderrechtskreises des UWG ist in der Bundesrepublik nicht erfolgt, die Rechtsprechung wertet unerbetene Werbemails („Spam") insoweit je nach Sachlage als Eingriff in den eingerichteten und ausgeübten Gewerbebetrieb[76] oder als unzulässigen Eingriff in das allgemeine Persönlichkeitsrecht.[77]

32 Eine Ausnahme vom opt-in Prinzip ist nach Art. 13 Abs. 2 Datenschutzrichtlinie eKom für die Direktwerbung mittels elektronischer Post zulässig, wenn der Werbende die E-Mail-Adresse des Kunden im Zusammenhang mit dem Verkauf eines Produkts oder einer Dienstleistung erhalten hat, sofern die Kunden klar und deutlich die Möglichkeit erhalten, eine solche Nutzung ihrer E-Mail-Adresse bei der Erhebung und bei jeder Übertragung gebührenfrei und problemlos abzulehnen und wenn der Kunde diese Nutzung nicht von vornherein abgelehnt hat. Umgesetzt wurde diese Vorgabe über § 7 Abs. 3 UWG, wonach Direktwerbung über elektronische Post keiner vorherigen Einwilligung bedarf, wenn der Unternehmer im Zusammenhang mit dem Verkauf einer Ware oder Dienstleistung von dem Kunden dessen elektronische Postadresse erhalten hat, der Unternehmer die Adresse zur Direktwerbung für eigene ähnliche Waren oder Dienstleistungen verwendet, der Kunde der Verwendung nicht widersprochen hat und der Kunde bei der Erhebung der Adresse und bei jeder Verwendung klar und deutlich darauf hingewiesen wird, dass er der Verwendung jederzeit widersprechen kann, ohne das hierfür andere als die Übermittlungskosten nach den Basistarifen entstehen. Die genannten Voraussetzungen müssen kumulativ vorliegen.[78]

33 Sowohl gegenüber natürlichen als auch juristischen Personen ist es nach Art. 13 Abs. 4 Datenschutzrichtlinie eKom verboten, eine E-Mail-Werbung zu verschicken, in der die Identität des Absenders verschleiert oder verheimlicht wird oder bei der keine gültige Adresse vorhanden ist, an die der Empfänger eine Aufforderung zur Einstellung solcher Nachrichten richten kann. Unmittelbare Umsetzungsvorschrift zu Art. 13 Abs. 4 Datenschutzrichtlinie eKom ist § 7 Abs. 2 Ziff. 4 UWG. Daneben verbietet § 6 Abs. 2 TMG, in der Kopf- und Betreffzeile einer Nachricht den Absender oder den kommerziellen Charakter der Nachricht zu verschleiern. Verstöße werden als Ordnungswidrigkeit geahndet, § 16 Abs. 1 TMG.

4.3 Online-Durchsuchung

34 Seit der Entscheidung des BGH vom Januar 2007 steht fest, dass die heimliche Durchsuchung eines Rechners nach Zuspielen eines hierfür konzipierten Computerprogramms („Ermittlungstrojaner"), also die so genannte Online-Durchsuchung zur Verfolgung von Straftaten im gel-

---

75 Vgl. die Gesetzesbegründung zum UWG 2004, BT-Drucks. 15/1487, 21.
76 *OLG München* MMR 2004, 324.
77 *LG Berlin* NJW 1998, 3208; weiterführend *Ernst/Seichter* MMR 2006, 779 ff. Das Urteil des *BGH* v. 11.3.2004, AZ.: I ZR 81/01 steht in wettbewerbsrechtlichem Kontext.
78 Eingehend *Köhler* in Hefermehl/Köhler/Bornkamm, § 7 UWG Rn. 87 – 91.

tenden Recht keine Ermächtigungsgrundlage findet.[79] Sie kann insbesondere nicht auf § 102 StPO gestützt werden, denn diese Vorschrift gestattet nicht eine auf heimliche Ausführung angelegte Durchsuchung.[80] Im präventiven Bereich finden sich im Bundesverfassungsschutzgesetz, dem Gesetz über den Militärischen Abschirmdienst und dem Gesetz über den Bundesnachrichtendienst jedenfalls keine ausdrücklichen Befugnisnormen, die eine verdeckte Online Durchsuchung gestatteten. Als erste landesrechtliche Regelung sieht seit Dezember 2006 das Gesetz über den Verfassungsschutz in Nordrhein-Westfalen das „heimliche Beobachten und sonstiges Aufklären des Internets, wie insbesondere die verdeckte Teilnahme an seinen Kommunikationsreinrichtungen bzw. die Suche nach ihnen, sowie der heimliche Zugriff auf informationstechnische Systeme auch mit dem Einsatz technischer Mittel" vor.[81] In der Gesetzesbegründung heißt es dazu auszugsweise: „Die zunehmende Kommunikationsverlagerung extremistischer Bestrebungen auf das Internet, insbesondere dessen verdeckte oder verschlüsselte Bereiche und die Cyber-Angriffe von Extremisten auf fremde Systeme macht eine wirksame Nachrichtenbeschaffung auch in diesem technischen Umfeld erforderlich. Hierzu soll zukünftig neben der Beobachtung der offenen Internetseiten auch die legendierte Teilnahme an Chats, Auktionen und Tauschbörsen, die Feststellung der Domaininhaber, die Überprüfung der Homepagezugriffe, das Auffinden verborgener Webseiten und der Zugriff auf gespeicherte Computerdaten ermöglicht werden."[82]

Wie bei derartigen Maßnahmen gewährleistet werden kann, dass nicht auf Daten zugegriffen **35** wird, die dem Kernbereich privater Lebensgestaltung zuzuordnen sind (Tagebücher, Arztrechnungen etc.) bleibt freilich offen.[83] Gegen die Bestimmungen des Verfassungsschutzgesetz Nordrhein-Westfahlen wurden fünf Verfassungsbeschwerden erhoben, die im Oktober 2007 verhandelt werden.[84] Die Entscheidung des Bundesverfassungsgerichts bleibt abzuwarten. Zu hoffen bleibt, dass das Bundesverfassungsgericht engste Voraussetzungen statuiert, unter denen Maßnahmen zulässig sind, die, führten sie nicht staatliche Organe aus, eine Straftat nach § 202a StGB (Ausspähen von Daten) begründeten.

4.4 Vorratsdatenspeicherung

Wie oben dargestellt gibt die Richtlinie 2006/24/EG über die Vorratsspeicherung von Daten **36** den Mitgliedsstaaten auf, die Anbieter öffentlich zugänglicher elektronischer Kommunikationsdienste sowie die Betreiber öffentlicher Kommunikationsnetze zu verpflichten, bestimmte Daten mindestens 6 Monate lang zu speichern. Die Richtlinie ist nach wie vor höchst umstritten[85] und mit überzeugenden Argumenten wird vertreten, dass sie formell und materiell europarechtswidrig ist.

---

79 *BGH* NJW 2007, 930 ff.; dazu eingehend *Kemper* ZRP 2007, 105 ff.
80 A.A. noch *BGH* (Ermittlungsrichter) Beschl. v. 21.2.2006 – 3 BGs 31/06; wie dieser *Hofmann* NStZ 2005, 121, 125.
81 § 5 Abs. 2 Nr. 11 S. 1 3. Alt. i.V.m. § 7 VSG NRW, GVl NW 2006, S. 620.
82 LT-Drucks. 14/2211, 17.
83 Zur Kritik vgl. den 21. Tätigkeitsbericht 2005 und 2006 des Bundesbeauftragten für den Datenschutz und die Informationsfreiheit; *Schaar*, S. 65.
84 Die Verhandlung der Verfassungsbeschwerden ist laut Pressemitteilung des BVerfG Nr. 82/2007 v. 27.7.2007 für den 10.10.2007 terminiert. Die Verfahren werden unter den Az. 1 BvR 377/07 und 1 BvR 595/07 geführt.
85 Eingehend *Leutheusser-Schnarrenberger* ZRP 2007, 9 ff.; *Westphal* EuZW 2006, 555 ff.; *Glauben* DRiZ 2007, 33 ff.

37 Was die Kompetenz der Gemeinschaft betrifft, stützt sich die Richtlinie auf Art. 95 EGV. Sie versteht sich demnach als eine Maßnahme zur Angleichung der Rechts- und Verwaltungsvorschriften der Mitgliedstaaten, welche die Errichtung und das Funktionieren des Binnenmarktes zum Gegenstand haben.[86] In seiner Rechtsprechung zu Art. 95 EGV verlangt der EuGH, dass eine auf der Grundlage dieser Vorschrift erlassene Richtlinie tatsächlich den vordergründigen Zweck haben soll, die Voraussetzungen für die Errichtung und das Funktionieren des Binnenmarktes zu verbessern.[87] Dies darf mit Blick auf die Richtlinie zur Vorratsdatenspeicherung bezweifelt werden. Zwar mag sich die Maßnahme letztlich auch auf das Funktionieren des Binnenmarktes auswirken. Wie die Entstehungsgeschichte der Richtlinie zeigt, stand dies aber nie im Vordergrund. Die Pläne zu einer europaweit einheitlichen Speicherung von Verbindungs- und Verkehrsdaten waren im Vorfeld stets als Frage der justiziellen Zusammenarbeit im Rahmen der dritten Säule der Union beraten worden. Folgerichtig stand ursprünglich der Erlass eines Rahmenbeschluss im Raum.[88] Für den im April 2004 vorgelegten Entwurf zu einem Rahmenbeschluss konnte allerdings die erforderliche Einstimmigkeit nicht erreicht werden.[89] Am 21.9.2005 legte die Kommission dann den Richtlinienentwurf vor,[90] der sich auf Art. 95 EGV stützte und damit lediglich der qualifizierten Mehrheit der Stimmen bedurfte.[91]

38 Auch in Ansehung der Fluggastdatenentscheidung des EuGH dürfte Art. 95 EGV als tauglicher Kompetenztitel ausscheiden. Dort erklärte der EuGH den Beschluss des Rates über den Abschluss eines Abkommens zwischen der Europäischen Gemeinschaft und den Vereinigten Staaten von Amerika über die Verarbeitung von Fluggastdatensätzen und deren Übermittlung an die USA für nichtig und begründete dies u.a. damit, dass Art. 95 den Beschluss des Rates nicht trage.[92]

39 Materiell stellt sich die Frage, ob der durch die Richtlinie erfolgende Eingriff in das Recht auf Achtung des Privatlebens im Sinne des Art. 6 Abs. II EU i.V.m. Artikel 8 EMRK und der Eingriff in den Schutz personenbezogener Daten im Sinne des Art. 8 der Grundrechtecharta gerechtfertigt ist. In einer demokratischen Gesellschaft notwendig ist ein solcher Eingriff nur, wenn ein zwingendes gesellschaftliches Bedürfnis besteht und die Maßnahme in einem angemessenen Verhältnis zu dem verfolgten berechtigten Zweck steht.[93] Der Kampf gegen den internationalen Terrorismus stellt zwar ein zwingendes gesellschaftliches Bedürfnis dar, Zweifel bestehen aber mit Blick auf die Verhältnismäßigkeit. Erforderlich ist schon nicht die Anzahl der zu speichernden Datensätze.[94] Eine Maßnahme ist vor allem aber dann nicht erforderlich, wenn es gleich geeignete, weniger belastende Alternativen gibt.[95] Mit dem so genannten Quick

---

86 So auch die Erwägungsgründe Nr. 5 und 6. zu der Richtlinie RL 2006/24/EG.

87 *EuGH* Rs. C-376/98, Deutschland ./. Europäisches Parlament und Rat („Tabakwerbeverbotsrichtlinie"), Slg. 2000, I-8419.

88 Ratsdokument 8958/04. Entwurf eines Rahmenbeschlusses über die Vorratsspeicherung von Daten v. 28.4.2004.

89 Zur Verhandlungsgeschichte eingehend *Leutheusser-Schnarrenberger* ZRP 2007, 9.

90 Vorschlag für eine Richtlinie des Europäischen Parlaments und des Rates über die Vorratsspeicherung von Daten, die bei der Bereitstellung öffentlicher elektronischer Kommunikationsdienste verarbeitet werden, und zur Änderung der Richtlinie 2002/58/EG; KOM(2005) 438 endgültig, ABIEU C49 v. 28.2.2006, 37.

91 Nach Art. 95 i.V.m. Art. 251 Abs. 2 EGV ist bei der Angleichung von Rechtsvorschriften zum Binnenmarkt nicht die Einstimmigkeit, sondern nur die qualifizierte Mehrheit der Stimmen erforderlich.

92 *EuGH* Rs. C-317, 318/04, Parlament u.a. ./. Rat und Kommission u.a. („Fluggastdaten"), EuZW 2006, 403; dazu *Schaar* MMR 2006, 425; *Simitis* NJW 2006, 2011.

93 So der *EuGH* in Sachen Österreichischer Rundfunk, RS. C-465/00, C-138/01 und C-139/01, Ziff. 83.

94 *Westphal* EuZW 2006, 559.

95 StRspr. des *EuGH* vgl. Rs. 265/87 – Schräder, Slg. 1989, 2237, 2269 f.

Freeze Verfahren, bei dem die Strafverfolgungsbehörden ermächtigt werden, in einem konkreten Verdachtsfall die zeitlich begrenzte Speicherung bestimmter Kommunikationsbeziehungen anzuordnen,[96] steht ein milderes Mittel als die flächendeckende, verdachtsunabhängige Vorratsdatenspeicherung zur Verfügung.

Vergegenwärtigt man sich noch einmal, dass damit Verkehrs- und Standortdaten aller Kommunikationsteilnehmer ohne jeden Verdacht gespeichert werden, erscheint dies mit der Rechtsprechung des Bundesverfassungsgerichts schwerlich vereinbar. Grundrechtseingreifende Maßnahmen „ins Blaue hinein" sind unzulässig.[97] Konkret gilt dies für solche Maßnahmen, bei denen der Betroffene keinerlei Nähe zu der abzuwehrenden Gefahr aufweist.[98] Überdies müsste der Eingriff in das Recht der informationellen Selbstbestimmung aller von der Vorratsdatenspeicherung Betroffenen eine hinreichende Aussicht auf Erfolg hinsichtlich des damit verfolgten Ziels versprechen.[99] Die Menge an Daten, die durch die Vorratsdatenspeicherung angesammelt werden, ist enorm und es muss bezweifelt werden, ob diese Datenbestände rein technisch überhaupt zeitnah ausgewertet werden könnten.[100] **40**

Diese Bedenken treffen freilich auch den Gesetzesentwurf der Bundesregierung, mit dem die Richtlinie umgesetzt werden soll. Der Entwurf zu einem „Gesetz zur Neuregelung der TK-Überwachung und anderer verdeckter Ermittlungsmaßnahmen sowie zur Umsetzung der Richtlinie 2006/24/EG vom November 2006"[101], sieht eine Ergänzung des Telekommunikationsgesetzes vor.[102] Nach § 113a Abs. 2 S. 1 Nr. 1 – 3 TKG-E müssen die Anbieter von Telefondiensten einschließlich Mobilfunk- und Internettelefondiensten die Rufnummern des anrufenden und des angerufenen Anschlusses, den Beginn und das Ende der Verbindung sowie den jeweils genutzten Übermittlungsdienst speichern. Mobilfunkanbieter haben nach § 113a Abs. 2 S. 1 Nr. 4 a) bis c) zusätzlich die SIM-Karten- (IMSI) und die Gerätekennung (IMEI) sowie die zu Beginn der Verbindung genutzten Funkzellen jeweils des angerufenen und anrufenden Teilnehmers vorzuhalten. Die Anbieter von Diensten der elektronischen Post (E-Mail-Provider) haben nach § 113a Abs. 3 TKG-E die E-Mail-Adresse, Benutzerkennung und IP-Adresse des Absenders sowie die E-Mailadresse des Empfängers und den Beginn und das Ende der Benutzung des Dienstes zu speichern. Die Anbieter von Internetzugangsdiensten (Access-Provider) müssen gem. § 113a Abs. 4 TKG in Zukunft die dem Nutzer zugewiesene IP-Adresse, die Kennung des benutzten Anschlusses und Beginn und Ende einer jeden Internetnutzung speichern. **41**

---

96 Vgl. dazu die Stellungnahme des Unabhängigen Landeszentrums für Datenschutz Schleswig Holstein (ULD) v. 27.6.2007 zum Gesetzesentwurf der Bundesregierung für ein Gesetz zur Neuregelung der Telekommunikationsüberwachung und anderer verdeckter Ermittlungsmaßnahmen sowie zur Umsetzung der Richtlinie 2006/24/EG, S. 19; abrufbar unter: www.datenschutzzentrum.de/polizei/20070627-vorratsdatenspeicherung.pdf.
97 *BVerfG* NJW 1990, 701, 702.
98 *BVerfG* NJW 2006, 1939, 1946.
99 Zum Erfordernis der Erfolgseignung *BVerfG* NJW 2006, 976, 982.
100 Nach Feststellungen des Industrieverbandes BITKOM würde die Erfassung der Verkehrsdaten eines größeren Internetproviders eine Datenmenge von 20- bis 40.000 Terabytes pro Jahr umfassen. Eine Menge von 40.000 Terabytes entspricht ungefähr rund 40 km gefüllter Aktenordner. Vgl. die Stellungnahme des Bundesverbands Informationswirtschaft, Telekommunikation und neue Medien e.V., BITKOM v. 14.09.2004 zum Vorschlag für einen Rahmenbeschluss des Europäischen Rates zur Vorratsspeicherung von Daten der elektronischen Kommunikation.
101 BT-Drucks. 16/5846 v. 27.6.2007.
102 Dazu *Gitter/Schnabel* MMR 2007, 411.

17. Abschnitt

IT-Strafrecht

Literatur: *Bär* Strafprozessuale Fragen der EDV-Beweissicherung, MMR 1998, 557; *Berger* Die Neuregelung der Privatkopie in § 53 Abs. 1 UrhG im Spannungsverhältnis von geistigem Eigentum, technischen Schutzmaßnahmen und Informationsfreiheit, ZUM 2004, 257; *Beukelmann* Computer- und Internetkriminalität, NJW-Spezial 2004, 135; *Borgmann* Von Datenschutzbeauftragten und Bademeistern, NJW 2004, 2133; *Bruns* Völkerrecht als Rechtsordnung, ZaöRV 1929, 1; *Cornils* Der Begehungsort von Äußerungsdelikten im Internet, JZ 1999, 394; *Eichelberger* Sasser, Blaster Phatbot & Co MMR 2004, 594; *Erdemir* Neue Paradigmen der Pornografie?, MMR 2003, 628; *Ernst* Hacker und Computerviren im Strafrecht, NJW 2003, 3233; *Fink/Schwartmann/Cole/Keber* Europäisches und Internationales Medienrecht, 2007; *Frank* MP3, P2P und STA, die strafrechtliche Seite des Filesharing, K & R 2004, S. 576; *Gercke* Analyse des Umsetzungsbedarfs der Cybercrime Konvention – Teil 2, MMR 2004, 801; *Gercke* Analyse des Umsetzungsbedarfs der Cybercrime-Konvention – Teil 1, MMR 2004,. 728; *ders.* Der Rahmenbeschluss über Angriffe auf Informationssysteme, CR 2005, 468; *ders.* Die Strafbarkeit von Phishing und Identitätsdiebstahl, CR 2005, 606;*ders.* Die Entwicklung des Internetstrafrechts im Jahr 2006, ZUM 2007, 287; *ders.* Rechtliche Probleme durch Einsatz des IMSI-Catchers, MMR 2003, 453; *Harms* Ist das bloße Anschauen von kinderpornographischen Bildern im Internet nach geltendem Recht strafbar? NStZ 2003, 646; *Hildebrandt* Die Strafvorschriften des Urheberrechts, Diss. Berlin, 2001; *Hilgendorf* Probleme des § 303a StGB, JR 1994, 478; *Hilgendorf* Überlegungen zur strafrechtlichen Interpretation des Ubiquitätsprinzips im Zeitalter des Internets, NJW 1997, 1873; *Hilgendorf/Frank/Valerius* Computer- und Internetstrafrecht, Springer, 2005; *Hopf/Braml* Virtuelle Kinderpornographie vor dem Hintergrund des Online-Spiels Second Life, ZUM 5/2007, 354, 361 ff.; *Horn* Zum Recht der gewerblichen Veranstaltung und Vermittlung von Sportwetten, NJW 2004, 2047; *Hörnle* Aktuelle Probleme aus dem materiellen Strafrecht bei rechtsextremistischen Delikten, NStZ 2002, 113; *ders.* Pornographische Schriften im Internet, NJW 2002, 1008; *Kazemi/Leopold* Internetglücksspiel ohne Grenzen, MMR 2004, 649; *Keber* „eBay" – Schnäppchen und Luftschlösser im Cyberspace , JurPC 37/2005 Abs. 1; *Kemper* Anforderungen und Inhalt der Online-Durchsuchung bei der Verfolgung von Straftaten, ZRP 2007, 105; *Knupfer* Phishing for Money, MMR 2004, 641; *Kudlich* Computerbetrug und Scheckkartenmissbrauch durch den berechtigten Kontoinhaber, JuS 2003, 537; *Kugelmann* Die Cyber-Crime Konvention des Europarates, DuD 2001, 215; *Kühl* Zur Strafbarkeit unbefugter Bildaufnahmen, AfP 2004, 190; *Löhning* „Verbotene Schriften" im Internet, JR 1997, 496; *Marberth-Kubicki* Computer- und Internetstrafrecht, 2005; *Matzky* Kinderpornographie im Internet, ZRP 2003, 167; *Popp* „Phishing", „Pharming" und das Strafrecht, MMR 2006, 84; *ders.* Von „Datendieben" und „Betrügern", NJW 2004, 3517; *Radke* Neue Formen der Datenspeicherung und das Urkundenstrafrecht, ZStW 2003, 26; *Rinker* Strafbarkeit und Strafverfolgung von „IP-Spoofing" und „Portscanning", MMR 2002, 663; *Sanchez-Hermosilla* Neues Strafrecht für den Kampf gegen Computerkriminalität, CR 2003, 774; *Schiwy/Schütz/Dörr* Lexikon für Wissenschaft und Praxis, 2006; *Schultz (Hrsg.)* Kommentar zum Markenrecht, 2007; *Schultz* Neue Strafbarkeiten und Probleme – Der Entwurf des Strafrechtsänderungsgesetzes (StrafÄndG) zur Bekämpfung der Computerkriminalität v. 20.9.2006, MIR 2006 Dok. 180 Rn. 1; *Sieber* Internationales Strafrecht im Internet, NJW 1999, 2065; *Spindler* Hyperlinks und ausländische Glücksspiele, GRUR 2004, 724; *ders.* Urheberrecht und Tauschplattformen im Internet, JZ 2002, 60; *ders.* Verantwortlichkeit der Diensteanbieter und Herkunftslandprinzip, NJW 2002, 921; *Tschoepe/Heidrich* Rechtsprobleme der E-Mail Filterung, MMR 2004, 75; *Weichert* Datenschutzstrafrecht, NStZ 1999, 490.

1. Einführung

Wie das Medienrecht selbst ist auch das medienrechtlich relevante Strafrecht überaus facetten-reich. Es speist sich aus einer Fülle von Bestimmungen des Kern- und Nebenstrafrechts, aus Bestimmungen des Strafverfahrensrechts und kann klassische Medien wie Presse, Rundfunk und Film, wie auch die neuen Medien betreffen. Die moderne Informationstechnologie, Daten, Netzwerke, Software, Computer und sonstige moderne Techniken stellen das Strafrecht ver-stärkt vor neue Herausforderungen. Innerhalb des Strafrechts hat sich vor diesem Hintergrund ein neuer Bereich herausgebildet, der bis dato noch keiner einheitlichen Terminologie folgt. Gesprochen wird von Computer- und Internetstrafrecht, Online- und Cyberstrafrecht[1] oder in einem sehr weiten Sinne von Informationsstrafrecht. Mit Letztgenanntem werden all jene ju-ristischen Fragestellungen verbunden, die sich mit der strafrechtlichen Sanktionierung be-stimmter Formen der Erhebung, Verarbeitung, Übertragung und Speicherung von digitalisier-ter Information befassen.[2] Grob lassen sich die erfassten Delikte derart systematisieren, dass entweder eine Einrichtung, die Informationen trägt bzw. transportiert, betroffen ist, oder der Inhalt bzw. der Austausch der Information selbst sanktioniert wird. **1**

2. Internationaler Rahmen

Das Internet macht an Staatsgrenzen nicht Halt. So sind auch Straftaten, die durch oder gegen das weltweite Rechnernetz begangen werden kein nationales, sondern ein internationales Phä-nomen. Bislang bereitet die Bekämpfung grenzüberschreitender Straftaten im Internet aller-dings ganz erhebliche Probleme. Dies erklärt sich einerseits daraus, dass in einigen Staaten ent-sprechende Strafnormen schlicht fehlen. Zum anderen resultieren die Schwierigkeiten bei der Bekämpfung transnationaler medienrelevanter Unrechtstatbestände aus dem Fehlen strafpro-zessualer Ermittlungsinstrumente und Regelungen im Bereich der internationalen Kooperation bei grenzüberschreitenden Ermittlungen. Vor diesem Hintergrund stehen das Übereinkommen des Europarates über Computerkriminalität (Convention on Cybercrime, CCC)[3] und der Rah-menbeschluss des Rates über Angriffe auf Informationssysteme vom 24.02.2005,[4] deren Be-stimmungen für die Entwicklung des nationalen IT-Strafrechts von ganz entscheidender Be-deutung sind. **2**

2.1 Das Übereinkommen des Europarates über Computerkriminalität

Der Europarat mit seinen mittlerweile 47 Mitgliedstaaten[5] hat sich bereits sehr früh mit com-puterbezogenen Straftaten befasst. Zunächst geschah dies im Rahmen für die Mitgliedstaaten unverbindlicher Empfehlungen des Ministerkomitees.[6] Unter der Ägide des Europarates wurde dann aber auch der erste internationale Vertrag, der sich speziell der strafrechtlichen Bekämp-fung krimineller Erscheinungsformen, die sich gegen Computernetzwerke richten oder durch **3**

---

1 Zu den Begrifflichkeiten *Marberth-Kubicki* Computer- und Internetstrafrecht, Rn. 1.
2 *Hilgendorf/Frank/Valerius* Computer- und Internetstrafrecht, Rn. 769 ff.
3 Übereinkommen über Computerkriminalität, ETS. No 185. Der Text ist abgedr. bei *Fink/Schwartmann/Cole/Keber* Europäisches und Internationales Medienrecht, 25 A.
4 Rahmenbeschluss 2005/222/JI des Rates v. 24.2.2005, ABlEU L 69 v. 16.3.2005, 67.
5 Stand: 1.8.2007.
6 Recommendation (89) 9 on computer-related crime v. 13.9.1989; Recommendation (95) 13 concerning problems of criminal procedural law connected with information technology v. 11.9.1995; Recommen-dation (97) 20 on hate speech v. 30.10.1997.

sie begangen werden widmet, ausgearbeitet.[7] Am 23.11.2001 wurde nach jahrelanger Vorarbeit in Budapest die Convention on Cybercrime zur Unterschrift aufgelegt. Das Übereinkommen, das am 1.7.2004 in Kraft trat, verpflichtet gegenwärtig 21 Staaten, darunter seit dem 1.1.2007 auch die Vereinigten Staaten von Amerika.[8] Die Bundesrepublik Deutschland hat das Abkommen am 23.11.2001 unterzeichnet, bis dato aber nicht ratifiziert. Ziel des Abkommens ist die Vereinheitlichung der Strafrechtsordnungen der Vertragsparteien und die Intensivierung der internationalen Zusammenarbeit mit Blick auf Delikte der Computer- und Internetkriminalität.[9]

4   Die Konvention ist in vier Kapitel unterteilt. Kapitel I enthält Begriffsbestimmungen, Kapitel II betrifft Maßnahmen, die das materielle Strafrecht (Abschn. 1), sowie das Strafverfahrensrecht (Abschn. 2) betreffen. Kapitel III widmet sich der internationalen Zusammenarbeit, Kapitel IV enthält Schlussbestimmungen.

5   Den materiellen Teil stellen neun Delikte, die in vier Gruppen (Titel I-IV) zusammengefasst werden. Die Staaten verpflichten sich, in Bezug auf die dort aufgeführten Tatbestände, die erforderlichen gesetzgeberischen Maßnahmen zu ergreifen, damit diese Taten geahndet werden können (Verpflichtung zur Pönalisierung). Eine erste Gruppe (Titel 1) betrifft Straftaten gegen die Vertraulichkeit, Unversehrtheit und Verfügbarkeit von Computerdaten und –systemen. Ausgewiesen werden dort Tatbestände, die den unerlaubten Zugang zu Computersystemen betreffen („Illegal Access", Art. 2 CCC), die sich als das unbefugte Abfangen von nichtöffentlichen Datenübertragungen darstellen („Illegal Interception", Art. 3 CCC), die das unbefugte Beschädigen, Löschen Beeinträchtigen, Verändern oder Unterdrücken von Computerdaten betreffen („Data Interference", Art. 4 CCC) oder als Manipulationen an Computersystemen erscheinen („System Interference", Art. 5 CCC). Weiter ist auch der Missbrauch mit Vorrichtungen zu sanktionieren, die in erster Linie dafür ausgelegt sind, eine Tat im Sinne der Art. 2-5 CCC zu begehen („Illegal Devices", Art. 6 CCC).[10] Titel 2 umschreibt die Tatbestände der Computerdatenfälschung („Computer-related Forgery", Artikel 7CCC) und des Computerbetrugs („Computer-related fraud", Art. 8 CCC). Betroffen sind demnach Konstellationen, in denen der Computer als Tatwerkzeug genutzt wird. Dies gilt auch für die inhaltsbezogenen Straftaten des Art. 9 CCC (Titel 3), der Vorgaben zu Straftaten mit Bezug zur Kinderpornographie („Offences related to child pornography") stellt. Titel 4 schließlich benennt Straftaten im Zusammenhang mit der Verletzung von Urheber- und ähnlichen Schutzrechten („Offences related to Copyright and related rights", Art. 10 CCC).

6   Der strafverfahrensrechtliche Teil des Abkommens (Abschn. 2) enthält in Titel 2 Bestimmungen zur umgehenden Sicherung von gespeicherten Computerdaten („Expedited preservation of stored computer data", Art. 16 CCC) und zur umgehenden Sicherung und Teilweitergabe von Verkehrsdaten („Expedited preservation and partial disclosure of traffic data", Art. 17 CCC). Titel 3 enthält in Art. 18 Vorgaben für die Anordnung der Herausgabe von Daten, etwa den Bestandsdaten, die sich im Besitz eines Diensteanbieters befinden („Production order"). Titel 4 betrifft die Durchsuchung und Beschlagnahme gespeicherter Computerdaten („Search and

---

7   Der Europarat ist keine supranationale Organisation. Unter seiner Ägide werden aber völkerrechtliche Verträge vor- und ausgearbeitet. Wie weit die Staaten einen entsprechenden Vertrag zeichnen, bleibt ihnen überlassen; dazu *Kugelmann* DuD 2001, 215 ff.
8   Stand: 1.8.2007. Der Ratifikationsstand ist abrufbar unter: http://conventions.coe.int/Treaty/Commun/ ChercheSig.asp?NT=185&CM=8&DF=7/17/2007&CL=GER.
9   Explanatory Report, Ziff. 16.
10   Erfasst sind vor allem „Hacker Tools" vgl. Explanatory Report, Ziff. 71.

seizure of computer data", Art. 19 CCC). Titel 5 stellt Vorgaben für die Erhebung von Computerdaten in Echtzeit und betrifft Verkehrsdaten („Real time collection of traffic data", Art. 20 CCC) und Inhaltsdaten („Interception of content Data", Artikel 21 CCC).

Die Vorgaben für einige der materiellen Tatbestände der CCC sind durch das 41. Strafrechts- **7** änderungsgesetz zur Bekämpfung der Computerkriminalität vom 7.8.2007[11] mit Wirkung zum 11.8.2007 umgesetzt worden. (dazu sogleich).[12] Die strafverfahrensrechtlichen Bestimmungen der CCC sollen zum Teil durch das Gesetz zur Neuregelung der Telekommunikationsüberwachung und anderer verdeckter Ermittlungsmaßnahmen sowie zur Umsetzung der Richtlinie 2006/24/EG[13] erfolgen.[14]

2.2 EU Rahmenbeschluss über Angriffe auf Informationssysteme

Der Bekämpfung der Computer- und Internetkriminalität auf europäischer Ebene dient auch **8** der Rahmenbeschluss des Rates über Angriffe auf Informationssysteme vom 24.02.2005.[15] Erklärtes Ziel des Rechtsaktes ist es, die nationalen Strafrechtsvorschriften für Angriffe auf Informationssysteme anzugleichen.[16] Der Rahmenbeschluss reflektiert Vorgaben, wie sie sich auch in der Cybercrime Convention finden. Art. 2 und 4 des Rahmenbeschlusses (Rechtswidriger Zugang zu Informationssystemen und rechtswidriger Eingriff in Daten) sind mit Art. 2 und 4 CCC weitestgehend deckungsgleich. Art. 3 Rahmenbeschluss (Rechtswidriger Systemeingriff) entspricht Art. 5 CCC.

Nach Art. 2 Abs. 1 Rahmenbeschluss trifft jeder Mitgliedstaat die erforderlichen Maßnahmen, **9** um sicherzustellen, dass der vorsätzliche und unbefugte Zugang zu einem Informationssystem als Ganzes oder zu einem Teil davon unter Strafe gestellt wird. Auch das „Hacking", also das bloße Eindringen in fremde Rechneranlagen ohne weitere Tathandlungen, ist danach erfasst.[17] Nach Art. 3 Rahmenbeschluss stellen die Mitgliedstaaten sicher, dass rechtswidrige Einwirkungen auf Computerdaten sanktioniert werden, soweit damit eine schwere Behinderung oder Störung des Betriebs eines Informationssystems einhergeht. Damit sollen vor allem Angriffe durch Schadsoftware wie Viren, aber auch so genannte Denial-of-Service-Angriffe (DoS-Angriffe)[18] erfasst werden.[19] Art. 4 betrifft das unbefugte Löschen, Beschädigen, Verstümmeln, Verändern, Unterdrücken oder Unzulänglichmachen von Computerdaten, und statuiert eine entsprechende Pönalisierungsverpflichtung.

Der Rahmenbeschluss bleibt in seinem Regelungsbereich erheblich hinter dem der Convention **10** on Cybercrime zurück, die wie gesehen weit mehr Tatbestände ausweist. Im Rahmenbeschluss fehlen Bestimmungen zum rechtswidrigen Abfangen von Daten (vgl. Art. 3 CCC), zum Missbrauch von Vorrichtungen (vgl. Art. 6 CCC), zur Computerurkundenfälschung (7), zum Com-

---

11 BGBl I 2007, 1786 ff.
12 Zum Umsetzungsbedarf hinsichtlich der materiellen Tatbestände vgl. *Gercke* MMR 2004, 728 ff.
13 Richtlinie 2006/24/EG über die Vorratsspeicherung von Daten, die bei der Bereitstellung öffentlich zugänglicher elektronischer Kommunikationsdienste oder öffentlicher Kommunikationsnetze erzeugt oder verarbeitet werden, ABlEU L 105 v. 13.4.2006, 54.
14 Zum Umsetzungsbedarf hinsichtlich der strafverfahrensrechtlichen Normen *Gercke* MMR 2004, 801 ff.
15 Rahmenbeschluss 2005/222/JI des Rates v. 24.02.2005, ABlEU L 69 v. 16.03.2005, 67; zur Verhandlungsgeschichte des Rahmenbeschlusses vgl. *Sanchez-Hermosilla* CR 2003, 774,778.
16 Erwägungsgrund 1 Rahmenbeschluss.
17 Zu Art. 2 Rahmenbeschluss *Gercke* CR 2005, 470 f.
18 Ziel eines Denial of Service (DoS) Angriffs ist es, einen Rechner in einem Datennetz durch Überlastung arbeitsunfähig zu machen.
19 Zu Art. 3 Rahmenbeschluss *Gercke* CR 2005, 470 f.

puterbetrug (8) und zur Kinderpornographie (9). Auch fehlen strafverfahrensrechtliche Bestimmungen. Dies erklärt sich zum Teil damit, dass diese Aspekte durch andere Rahmenbeschlüsse gesteuert werden.[20]

11   Der Rahmenbeschluss war bis zum 16.3.2007 durch die Mitgliedstaaten umzusetzen.[21] Die Bundesrepublik Deutschland ist ihrer Umsetzungspflicht durch das 41. Strafrechtsänderungsgesetz zur Bekämpfung der Computerkriminalität vom 7.8.2007[22] nachgekommen.

3. Nationales IT-Strafrecht

12   Die Tatbestände des Informationsstrafrechts folgen allesamt allgemeinen Prinzipien, sodass man von dem allgemeinen Teil des Informationsstrafrechts sprechen kann. Gerade mit Blick auf das Internet als Prototyp grenzüberschreitender Kommunikation muss man sich die Regeln des internationalen Strafrechts vergegenwärtigen. Mit Blick auf die Verantwortlichkeit solcher Anbieter, die einen (technisch) nur begrenzten Zugriff auf die von ihnen beförderte oder zur Verfügung gestellte Information haben, sind weiter die „Haftungsfilter" des Telemediengesetztes zu berücksichtigen.

3.1 Die Anwendbarkeit deutschen Strafrechts

3.1.1 Grundprinzipien

13   Aus innerstaatlicher Perspektive sind für Straftaten, denen ein Sachverhalt, der transnationale Elemente aufweist, zu Grunde liegt, die §§ 3 bis 7 und 9 StGB maßgeblich. Diese Vorschriften steuern, wann dieser Sachverhalt der deutschen Staatsgewalt unterliegt (internationales Strafrecht). Ausgangspunkt ist dabei das Territorialitätsprinzip, § 3 StGB. Deutsches Strafrecht findet Anwendung, soweit eine Straftat auf deutschem Staatsgebiet begangen wird. Auf die Staatsangehörigkeit des Täters kommt es in diesem Zusammenhang nicht an. Das aktive Personalitätsprinzip kommt in §§ 5 Ziffern 3 a, 5 b, 8, 9, 11 a, 12 14 a, 15 StGB zum Ausdruck und regelt, wann ein deutscher Staatsbürger auch für im Ausland begangene Taten nach deutschem Recht verantwortlich ist. Hier richtet sich das Augenmerk also auf den Täter. Die Frage, wie weit er in diesem Falle zugleich eine Straftat nach dem Recht seines Aufenthaltsortes begangen hat, regeln die fraglichen Bestimmungen nicht, das internationale Strafrecht enthält keine Kollisionsvorschriften, wie sie das internationale Privatrecht stellt. Weil sich das Territorialitätsprinzip in allen Strafrechtsordnungen findet, kommt es vielmehr in der Tat zu Mehrfachzuständigkeiten. Das Schutzprinzip, das in § 5 StGB anklingt, betrifft Auslandtaten, wenn dadurch Rechtsgüter des eigenen Staates (Bspw. Hochverrat, § 5 Ziff. 2 StGB) oder Individualrechtsgüter von Inländern gefährdet werden. Das Weltrechtsprinzip ermächtigt jeden Staat, einen Täter unabhängig von Tatort und Staatsangehörigkeit zu bestrafen, wenn es sich um eine besonders schwere Straftat handelt. § 6 Nr. 1-8 StGB listet die entsprechenden Straftaten auf. Nach diesem Grundsatz ist es beispielsweise möglich, die Verbreitung von Schriften, die so genannte „harte Pornographie" darstellen, via Internet zu bestrafen, ohne dass der Ort, an dem die Schriften eingespeist wurden, oder die Staatsangehörigkeit des Täters entscheidend

---

20   Für die Kinderpornographie vgl. Rahmenbeschluss 2004/68/JI des Rates v. 22.12.2003 zur Bekämpfung der sexuellen Ausbeutung von Kindern und der Kinderpornographie, ABlEU Nr. L 013 v. 20.1.2004, 44.; vgl. weiter den Rahmenbeschluss des Rates zur Bekämpfung von Betrug und Fälschung im Zusammenhang mit unbaren Zahlungsmitteln v. 28.5.2001, ABlEG Nr. L 149 v. 2.6.2001, 1.
21   Art. 12 Rahmenbeschluss 2005/222/JI.
22   BGBl I 2007, 1786 ff.

sind (§ 6 Rn. 6 StGB). Das Prinzip der Stellvertretenden Strafrechtspflege (§ 7 Abs. 2 StGB) schließlich findet unter bestimmten Voraussetzungen für Auslandstaten von Deutschen und Neubürgern sowie für Ausländer Anwendung, deren Auslieferung nicht möglich ist.

3.1.2 Territorialitätsprinzip und Delikte im Internet

Die nähere Ausgestaltung bzw. die Interpretation des § 9 StGB, der den Territorialitätsgrund-   **14**
satz des § 3 StGB konkretisiert, ist insbesondere mit Blick auf „Internetdelikte" problematisch. Aufgeworfen ist die Frage, wie weit eine extensive Interpretation des § 9 StGB völkerrechtlich zulässig ist. Kraft seiner Souveränität regelt ein Staat Inhalt und Umfang seiner Strafgesetze. In der Gestaltung seines nationalen Strafrechts ist der Staat frei, so lange er die Grenzen einhält, die ihm durch das Völkerrecht gesetzt sind. Der Ständige Internationale Gerichtshof hat es in seiner Lotus Entscheidung[23] zwar grds. für zulässig gehalten, dass ein Staat Sachverhalte mit Auslandsbezug regelt.[24] Zwischen dem normierenden Staat und dem von ihm geregelten Auslandssachverhalt muss dann aber ein hinreichender Anknüpfungspunkt („genuine link") bestehen.[25] Dieser Anknüpfungspunkt kann unterschiedlich ausgestaltet sein, wie es in den oben aufgezeigten Prinzipien auch zum Ausdruck kommt. Ausgangspunkt (und Idealtypus) eines legitimen Anknüfungspunktes ist, wie gesehen der Territorialitätsgrundsatz, § 3 StGB. § 9 StGB bestimmt, dass Begehungsort i.S.d. § 3 StGB sowohl der Handlungsort (§ 9 Abs. 1, 1. und 2. Alternative) als auch der Ort sein kann, an dem der tatbestandliche Erfolg eintritt (§ 9 Abs. 1, 3. und 4. Alternative), so genanntes Ubiquitätsprinzip.

Der Handlungsort der Tat ist vor allem bedeutsam bei schlichten Tätigkeitsdelikten, also sol-   **15**
chen, bei denen sich die Tatbestandsverwirklichung in dem gesetzlich niedergelegten Verhalten erschöpft. Da es bei diesen Delikten keinen Erfolg gibt, kommt § 9 Abs. 1, 3. Alternative denknotwendig nicht in Betracht. Der Erfolgsort ist der Ort, an dem ein zum straftatbestandlich umschriebener Erfolg eintritt. Die Bestimmung des Begehungsortes über den Ort des Erfolgseintritts liegt bei Erfolgsdelikten auf der Hand. Zu den Erfolgsdelikten sollen aber auch konkrete Gefährdungsdelikte gehören.[26] Ihr Erfolgsort liegt dann dort, wo sich das gefährdete Rechtsgutsobjekt bei Eintritt der konkreten Gefahr befindet.[27] Dass dagegen bei abstrakten Gefährdungsdelikten nicht auf einen Erfolg abgestellt werden kann und nur der Handlungsort maßgeblich sein dürfte, ließe sich aus der Überlegung schließen, dass abstrakte Gefährdungsdelikte üblicherweise als Tätigkeitsdelikte geführt werden.[28] Für Aktivitäten im Internet bedeutete dies, dass soweit ein abstraktes Gefährdungsdelikt (etwa Volksverhetzung, § 130 StGB) im Raum steht, jedoch ausschließlich außerhalb der Bundesrepublik Deutschland gehandelt[29] wird, deutsches Strafrecht schlechterdings nicht zur Anwendung kommen könnte.

Nach der Rechtsprechung des BGH im Fall *Toeben* gilt dies jedenfalls nicht für den Fall, dass   **16**
ein Ausländer von ihm verfasste Äußerungen, die den Tatbestand der Volksverhetzung i.S.d. § 130 Abs. 1 oder des § 130 Abs. 3 StGB erfüllen („Auschwitzlüge"), auf einem ausländischen Server, der Internetnutzern in Deutschland zugänglich ist, abrufbar hält. Ein zum Tatbestand

---

23 The Case of the S.S. „Lotus", PCIJ, Ser. A., No. 10, 1927.
24 *Bruns* ZaöRV I 1929, 1 ff.
25 So auch der IGH in Sachen Nottebohm (Liechtenstein v. Guatemala) (1951-1955) ICJ Rep. 1955, 24 ff; Case Concerning the Barcelona Traction, Light and Power Company, (Belgium v. Spain), ICJ Reports 1970,105.
26 *Hilgendorf* NJW 1997, 1873, 1875 m.w.N.
27 *Jeschek/Weigend* Strafrecht AT, S. 179.
28 *Hilgendorf/Frank/Valerius* Computer- und Internetstrafrecht, Rn. 229.
29 Für den Handlungsort ist nach allgemeinen Grundsätzen der Ort des Uploads der rechtswidrigen Inhalte, faktisch der Aufenthaltsort des Täters maßgeblich.

gehörender Erfolg (§ 9 Abs. 1 3. Alt. StGB) tritt nach seiner Argumentation im Inland ein, wenn diese Äußerungen konkret zur Friedensstörung im Inland geeignet sind.[30] Die damit einhergehende Konzeption eines legitimen Anknüpfungspunktes ist sehr weit. Die Literatur schlägt unterschiedlichste Lösungsansätze vor, wie Handlungsort und Erfolgsort unter Berücksichtigung der Spezifika des Internets zu bestimmen sind. Vorgeschlagen wird, den Ort der Handlung weiter zu interpretieren[31] oder es wird die Figur eines Tathandlungserfolgs bemüht, der unabhängig von den Kategorien Tätigkeits- und Erfolgsdelikt existieren soll.[32]

17   Soweit mit den vorbezeichneten Ansätzen deutsches Strafrecht auf Internetsachverhalte angewendet wird, sind allerdings stets die oben dargestellten völkerrechtlichen Grenzen im Auge zu behalten. Eine allzu weite Interpretation der §§ 3 und 9 StGB verletzt das völkerrechtliche Nichteinmischungsgebot. Abzuwarten ist, wie sich die Staatenpraxis insoweit entwickelt und möglicherweise völkergewohnheitsrechtliche Normen entstehen lässt, die den legitimen Anknüpfungspunkt für die Anwendung nationalen Rechts bei Sachverhalten im Internet steuern.

3.2 Die „Haftungsfilter" des TMG

18   Ziel der §§ 7 – 10 TMG ist es, eine Haftungsprivilegierung in den Bereichen einzuführen, in denen die besonderen Wesensmerkmale von Mediendiensten (§ 1 Abs. 1 TMG)[33] eine Sonderregelung zu Gunsten der Diensteanbieter (§ 2 Abs. 1 TMG)[34] erfordern.[35] Einfach gesprochen sind die Bestimmungen zur Verantwortlichkeit als „Vorfilter" ausgestaltet.[36] Mithin wird der Prüfung eines Straftatbestands die Prüfung der „Haftungsfilter vorgeschaltet. Grob skizziert[37] gilt folgendes: Der Content-Provider, § 7 Abs. 1 TMG stellt eigene Inhalte zum Abruf im Internet bereit und haftet nach allgemeinen Grundsätzen. Eine Haftungsprivilegierung kommt für ihn nicht Betracht. Der Access-Provider, § 8 TMG vermittelt mit Hilfe seiner technischen Infrastruktur den Zugang zu fremden Inhalten und ist für fremde Informationen nicht verantwortlich.[38] Der Host-Provider, § 10 TMG stellt eine bestimmte Infrastruktur zur Verfügung (z.B. Webspace), auf die er faktisch einwirken kann. Speichert er dort strafbare Inhalte für einen Nutzer, die öffentlich abrufbar sind, so trifft ihn zunächst gem. § 10 TMG keine Verantwortung und er ist auch nicht verpflichtet, den Datenbestand auf seinen Servern auf unzulässige Inhalte zu kontrollieren. Verantwortlich wird er in dem Moment, in dem er positive Kenntnis von den rechtswidrigen Inhalten erlangt und diese nicht unverzüglich sperrt, § 10 Nr. 1, 2 TMG.

---

30 *BGH* Urteil v. 12.12.2000, 1 StR 184/00, JurPC Web-Dok. 38/2001, Abs. 1.
31 Dazu *Cornils* JZ 1999, 394, 397.
32 *Sieber* NJW 1999, 2065, 2068.
33 Mediendienste sind „alle elektronischen Informations- und Kommunikationsdienste, soweit sie nicht Telekommunikationsdienste nach § 3 Nr. 24 des Telekommunikationsgesetzes, die ganz in der Übertragung von Signalen über Telekommunikationsnetze bestehen, telekommunikationsgestützte Dienste nach § 3 Nr. 25 des Telekommunikationsgesetzes oder Rundfunk nach § 2 des Rundfunkstaatsvertrages sind".
34 Diensteanbieter ist jede natürliche oder juristische Person, die eigene oder fremde Telemedien zur Nutzung bereithält oder den Zugang zur Nutzung vermittelt.
35 Instruktiv *Spindler* NJW 2002, 921.
36 Vgl. *BGH* MMR 2004, 166 ff.
37 Zu den Einzelheiten s. 6. Abschn. Rn. 62 ff. Schmittmann.
38 Vgl. hierzu das viel zitierte Compuserve Urteil *LG München* NJW 2000, 1051.

4. Überblick über medienrechtlich relevante Bestimmungen des Straf- und Strafprozessrechts

Viele Vorschriften medienrechtlich relevanter Bestimmungen des Kernstrafrechts zeichnen **19** sich dadurch aus, dass bereits zuvor bestehende Straftatbestände an die technische Entwicklung angepasst wurden. So erfasst § 269 StGB computerspezifische Fälschungsvorgänge und ist dem Tatbestand der Urkundenfälschung angelehnt.[39] § 263a StGB ergänzt die klassischen Tathandlungsalternativen des Betruges um neue Methoden der Einwirkung auf das Vermögen und trägt dem Umstand Rechnung, dass Maschinen keinem menschlichen Irrtum i.S.d. § 263 StGB unterliegen können.[40] Mit § 263a Abs. 3, eingeführt durch das 35. Strafrechtsänderungsgesetz vom 22.12.2003,[41] werden darüber hinaus bestimmte Vorbereitungshandlungen zu einem Computerbetrug zu einer selbständigen Straftat erhoben. Die Datenveränderung, § 303a StGB, und die Computersabotage, § 303b StGB, stellen letztlich Strafnormen für die „Sachbeschädigung" unkörperlicher Gegenstände dar.[42]

§ 201 StGB stellt die öffentliche Mitteilung des nicht öffentlich gesprochenen Wortes eines an- **20** deren unter Strafe. § 201a StGB trägt modernen Gegebenheiten Rechnung, in denen es ein Leichtes ist, mittels Fotohandy in den höchstpersönlichen Lebensbereich einer Person einzudringen[43] und passt insoweit den Schutz des Persönlichkeitsrechts dieser neuen Gefährdungslage an. In diesem Kontext steht auch § 202a StGB. Geschützes Rechtsgut ist das Verfügungsrecht über Daten. Bestraft wird, dass sich der Täter Zugang zu Daten verschafft, die nicht für ihn bestimmt und gegen den unberechtigten Zugang besonders gesichert sind.[44]

Besonders relevante Vorschriften mit Blick auf das Internet als neuer, territorial unabhängiger **21** Kommunikationsplattform sind das Verbot der Veranstaltung eines Glücksspiels, § 284 StGB und das Werben für ein entsprechendes Angebot, § 284 Abs. 4 StGB.[45] Die Möglichkeit, Information schnell und günstig zu verbreiten bedingt, dass dieser Kommunikationsweg verstärkt zur Verbreitung pornographischer Darstellungen, §§ 184 ff. StGB[46], volksverhetzender, § 130 StGB, und propagandistischer Inhalte, §§ 86, 86a StGB[47] genutzt wird. Freilich werden auch „gewöhnliche" Beleidigungen, § 185 StGB, über das Internet begangen.

Außerhalb des Kernstrafrechts kommt dem Urheberstrafrecht, § 106 ff. UrhG,[48] die Strafbe- **22** stimmungen des Datenschutzrechts, § 44 BDSG, sowie Bestimmungen des Kunsturhebergesetzes, § 33 KunstUrhG[49] Bedeutung. Strafverfahrensrechtlich sind §§ 100a-i StPO relevant.[50] Neben der „klassischen Telefonüberwachung", § 100a StPO, sind dort auch neue Ermittlungsformen geregelt, wie der Einsatz so genannter IMSI[51] Catcher, mit dem unter anderem der genaue Standort des Nutzers eines Mobilfunktelefons, das sich im Standby-Betrieb befindet, be-

---

39 Dazu *Radke* ZStW 115 (2003), 26.
40 Dazu *Kudlich* JuS 2003, 537 ff.; *BGHSt* 38, 120; 40, 331.
41 BGBl I 2003, 2838 ff.
42 Dazu *Hilgendorf* JR 1994, 478.
43 Dazu *Borgmann* NJW 2004, 2133.
44 Details zu § 202a StGB a.F. bei *Weichert* NStZ 1999, 490.
45 Eingehend *Spindler* GRUR 2004, 724; *Kazemi/Leopold* MMR 2004, 649; *Horn* NJW 2004, 2047; *BGH* NStZ 2003, 372.
46 Instruktiv *Hörnle* NJW 2002, 1008; *BGH* NJW 2001, 3558.
47 Dazu *Hörnle* NStZ 2002, 113.
48 Darstellung bei *Hildebrandt* Die Strafvorschriften des Urheberrechts.
49 Weiterführend *Kühl* AfP 2004, 190.
50 Eingehende Darstellung bei *Marberth-Kubicki* Computer und Internetstrafrecht, S. 119 ff.
51 IMSI = International Mobile Subscriber Identification = auf der SIM (Subscriber Identity Module) Karte gespeicherte Teilnehmeridentifikationsnummer.

stimmt werden kann (§ 100iStPO).[52] Für die Durchsuchung und Beschlagnahme von Daten und EDV-Anlagen gelten grds. §§ 98, 102, 103 StPO.[53] Der Kampf gegen den internationalen Terrorismus erfordert nach Ansicht des Innenministeriums überdies weitere ermittlungstechnische Mittel.[54] So werden aktuell neue Ermittlungsmaßnahmen, wie die so genannte Online Durchsuchung diskutiert.[55] Bis dato fehlt eine Befugnis der Strafverfolgungsbehörden, heimlich auf einem Computer abgelegte Dateien zu kopieren und zum Zwecke der Durchsicht an die Ermittlungsbehörden zu übertragen, nachdem dem Beschuldigten ein eigens konzipiertes Computerprogramm („Ermittlungstrojaner") zugespielt wurde.[56]

5. Partielle Umsetzung der CCC und des Rahmenbeschlusses durch das 41. Strafrechtsänderungsgesetz

23 Am 11.8.2007 ist das 41. Strafrechtsänderungsgesetz zur Bekämpfung von Computerkriminalität (41. StrÄndG) in Kraft getreten.[57] Ziel des Änderungsgesetzes ist es insbesondere, den oben dargestellten EU Rahmenbeschluss über Angriffe auf Informationssssysteme sowie das Übereinkommen des Europarats über Computerkriminalität (Cybercrime Convention) in nationales Recht umzusetzen.[58] Die Änderungen und Neuerungen durch das 41. Strafrechtsänderungsgesetz haben weit reichende Folgen. Einige markante Eckpunkte sollen nachfolgend dargestellt werden.[59]
§ 202a Abs. 1 StGB n.F. lautet:

24 „Wer unbefugt sich oder einem anderen Zugang zu Daten, die nicht für ihn bestimmt und die gegen unberechtigten Zugang besonders gesichert sind, unter Überwindung der Zugangssicherung verschafft, wird mit Freiheitsstrafe bis zu drei Jahren oder mit Geldstrafe bestraft."

25 Die Norm setzt Art. 2 CCC („Illegal Access") bzw. Art. 2 des Rahmenbeschlusses über Angriffe auf Kommunikationssysteme um. Ausschlaggebend ist damit nicht mehr, wie bei § 202a StGB a.F.,[60] dass der Täter sich oder einem anderen *Daten verschafft*, sondern es reicht aus, dass er sich oder einem anderen *Zugang* zu Daten *verschafft*. Sanktioniert wird damit nun auch das so genannte „Hacking", also das Eindringen in ein fremdes Computersystem, das nach überwiegender Auffassung bis dato nicht strafbar war. Durch das Erfordernis der besonderen Sicherung wird allerdings klargestellt, dass nicht beliebige Daten durch § 202a geschützt werden, sondern nur solche, deren Schutzbedürftigkeit vom Berechtigten festgelegt wurde. Da das Gesetz ausdrücklich eine „Überwindung" der Zugangssicherung verlangt, ist erforderlich, dass es sich um eine nicht völlig belanglose, für jedermann ohne Weiteres zu überwindende Sicherung handelt.[61]

26 § 202b StGB n.F. setzt Art. 3 der Cybercrime Convention („Illegal Interception") um.

---

52 Eingehend zum IMSI-Catcher *Gercke* MMR 2003, 453.; vgl. auch *BVerfG* Beschl. v. 22.8.2006 – 2 BvR 1345/03.
53 Überblick bei *Bär* MMR 1998, 557.
54 Vgl. dazu das „Programm zur Stärkung der Inneren Sicherheit" (PSIS), das Bundesinnenminister Wolfgang Schäuble am 10. 10. 2006 vorgelegt hat.
55 Dazu *Kemper* ZRP 2007, 105.
56 So ausdrücklich der BGH-Ermittlungsrichter, MMR 2007, 174. Die gegen diesen Beschluss gerichtete Beschwerde der Generalbundesanwaltschaft hatte keinen Erfolg; *BGH* NJW 2007, 930.
57 BGBl I 2007, 1786 ff.
58 Vgl. BT-Drucks. 16/3656 v. 30.11.2006.
59 Zum Strafrechtsänderungsgesetz eingehend *Gercke* ZUM 2007, 287 ff.; *Schultz* MIR 2006, Dok. 180, Rn. 1.
60 Zu § 202a a.F. StGB *Ernst* NJW 2003, 3233.
61 BT-Drucks. 16/3656, 10.

Keber

Die Vorschrift lautet: 27

„Wer unbefugt sich oder einem anderen unter Anwendung von technischen Mitteln nicht für ihn bestimmte Daten (§ 202a Absatz 2) aus einer nichtöffentlichen Datenübermittlung oder aus der elektromagnetischen Abstrahlung einer Datenverarbeitungsanlage verschafft, wird mit Freiheitsstrafe bis zu zwei Jahren oder mit Geldstrafe bestraft, wenn die Tat nicht in anderen Vorschriften mit schwererer Strafe bedroht ist."

Nach der Gesetzesbegründung stellt die Vorschrift das elektronische Pendant zu dem Abhören   **28** und Aufzeichnen von Telefongesprächen dar. Die Tathandlung, das eigennützige oder fremdnützige Verschaffen von Daten, kann auf verschiedenste Weise erfolgen. Wie genau die Handlung des sich Verschaffens ausgestaltet sein muss, war allerdings schon vor dem Strafrechtsänderungsgesetz und mit Blick auf § 202a a.F., der dieses Tatbestandsmerkmal enthielt, umstritten.[62] Die insoweit nach wie vor offenen Fragen werden nun in den neuen § 202b übertragen. Eine Einschränkung des Tatbestandes wird jedenfalls dadurch erreicht, dass nur die nichtöffentliche Übertragung von Daten, die nicht für den Täter bestimmt sind, von § 202b erfasst ist. Entscheidend für die „Nichtöffentlichkeit" einer Datenübermittlung sind dabei nicht die Art oder der Inhalt der übertragenen Daten, sondern die Art des Übertragungsvorgangs.[63] Die Bedeutung des Tatbestandsmerkmals „unter Anwendung technischer Mittel" ist gering, denn ein Zugriff auf übermittelte Daten oder gar auf die elektromagnetische Abstrahlung einer Datenverarbeitungsanlage erscheint ohne Anwendung irgendwelcher Instrumentarien schwerlich denkbar. Die Subsidiaritätsklausel des § 202bStGB schließlich stellt klar, dass die neue Vorschrift im Wesentlichen nur eine Ergänzungsfunktion hat, wenn beispielsweise nicht bereits die §§ 201 und 202a StGB eingreifen.

Mit § 202c StGB n.F. wird Art. 6 Abs. 1 lit. a) Nr. i) und ii) der Cyber-Crime-Konvention   **29** („Misuse of devices") in deutsches Recht umgesetzt. § 202c StGB Abs. 1 n.F. lautet:

„Wer eine Straftat nach § 202a oder § 202b vorbereitet, indem er

1. Passwörter oder sonstige Sicherungscodes, die den Zugang zu Daten (§ 202a Absatz 2) ermöglichen, oder

2. Computerprogramme, deren Zweck die Begehung einer solchen Tat ist, herstellt, sich oder einem anderen verschafft, verkauft, einem anderen überlässt, verbreitet oder sonst zugänglich macht, wird mit Freiheitsstrafe bis zu einem Jahr oder mit Geldstrafe bestraft."

Der Straftatbestand des § 202c Abs. 1 Nr. 2 StGB wird in der IT-Security-Branche äußerst kri- **30** tisch aufgenommen. Die Vorschrift soll als abstraktes Gefährdungsdelikt grds. das Herstellen, Verschaffen, Verkaufen, Überlassen, Verbreiten oder Zugänglichmachen so genannter Hacker-Tools sanktionieren. Auf einen Erfolg i.S.d. § 202a / b StGB kommt es nach der Konzeption der Vorschrift nicht an. Vor diesem Hintergrund geben die Kritiker zu bedenken, die neue Vorschrift gefährde die Arbeit von Systemadministratoren, Programmierern und Beratern, die auf entsprechende Tools im Rahmen ihrer Arbeit angewiesen sind und nur durch deren Verwendung potentielle Bedrohungsszenarien aufdecken können.[64] In der Gesetzesbegründung wird

---

62 *Hilgendorf/Frank/Valerius* Computer- und Internetstrafrecht, Rn. 686.

63 BT-Drucks. 16/3656, 11.

64 Vgl. die Stellungnahmen des Bundesverbands Informationswirtschaft, Telekommunikation und neue Medien e.V. (BITKOM) v. 12.07.2006, abrufbar unter: www.bitkom.de/files/documents/ Stellungnahme_BITKOM_StrAendG_12_07_06.pdf sowie des Verbands der deutschen Internetwirtschaft, eco e.V. v. 01.08.2006, abrufbar unter: www.eco.de/servlet/PB/show/1856416/20060801-StrRndG-Stellungnahme-eco-web.pdf.

zunächst darauf hingewiesen, dass es auf die (objektivierte) Zweckbestimmung des Programms ankomme. Sodann heißt es:

31 „(...) somit ist sichergestellt, dass nur Hacker-Tools erfasst werden und die allgemeinen Programmier-Tools, -sprachen oder sonstigen Anwendungsprogramme bereits nicht unter den objektiven Tatbestand der Strafvorschrift fallen. Das Programm muss aber nicht ausschließlich für die Begehung einer Computerstraftat bestimmt sein. Es reicht, wenn die objektive Zweckbestimmung des Tools auch die Begehung einer solchen Straftat ist."[65]

32 Wann genau die „objektive Zweckbestimmung eines Tools auch die Begehung einer solchen Straftat" ist, bleibt damit freilich offen und wird durch die Rechtsprechung zu konkretisieren sein. Bemerkenswert ist in diesem Zusammenhang, dass § 202c StGB n.F. im Gegensatz zu §§ 202a und b StGB n.F. nicht als Antragsdelikt konzipiert ist. Höchst bedenklich ist in diesem Zusammenhang der Hinweis auf §§ 153, 153a StPO in der Gesetzesbegründung, die, so die Argumentation, „einen wichtigen Filter zur Verhinderung von unnötigen Strafverfahren" darstellen.[66]

33 Mit § 303b StGB n.F. wird § 303b StGB a.F. erheblich umstrukturiert und an die Vorgaben des Art. 5 der Cyber-Crime-Konvention („System interference") bzw. 3 des Rahmenbeschlusses über Angriffe auf Informationssysteme vom 24. 2.2005 angepasst.

34 § 303b StGB n.F. Abs. 1 lautet:

„Wer eine Datenverarbeitung, die für einen anderen von wesentlicher Bedeutung ist, dadurch erheblich stört, dass er

1. eine Tat nach § 303a Absatz 1 begeht,

2. Daten (§ 202a Absatz 2) in der Absicht, einem anderen Nachteil zuzufügen, eingibt oder übermittelt oder

3. eine Datenverarbeitungsanlage oder einen Datenträger zerstört, beschädigt, unbrauchbar macht, beseitigt oder verändert,

wird mit Freiheitsstrafe bis zu drei Jahren oder mit Geldstrafe bestraft."

35 Der Tatbestand der Computersabotage gem. § 303b StGB a.F. schützte nur Datenverarbeitungen von fremden Betrieben, fremden Unternehmen und Behörden. Da die Cybercrime Convention und der EU-Rahmenbeschluss jedoch auch Computer- und Informationssysteme von Privatpersonen erfassen, wurde Abs. 1 erweitert, indem nunmehr generell auf Datenverarbeitungen abgestellt wird. Damit geht eine Änderung des geschützten Rechtsguts einher. Wurde bislang das Interesse von Wirtschaft und Verwaltung an der Funktionstüchtigkeit ihrer Datenverarbeitung angesehen, so ist nun das entsprechende Interesse der Betreiber und Nutzer von Datenverarbeitungen allgemein geschützt.[67] Durch Einbeziehung der Dateneingabe und Datenübermittlung wird der Tatbestand der Computersabotage im Gegensatz zum bisherigen Recht erweitert. Über § 303b Abs. 1 Nr. 2 StGB n.F. werden nun unstreitig so genannte DoS Attacken erfasst,[68] soweit sie die Datenverarbeitung, die für einen anderen von wesentlicher Bedeutung ist, betrifft, eine erhebliche Störung vorliegt und der Täter mit der in Nummer 2 genannten Absicht handelt. Das Tatbestandsmerkmal „von wesentlicher Bedeutung", liegt mit Blick auf Privatpersonen dann vor, wenn die Datenverarbeitungsanlage für die Lebensgestaltung der Privatperson eine zentrale Funktion einnimmt (so die Datenverarbeitung im Rahmen

---

65 BT-Drucks. 16/3656, 12.
66 BT-Drucks. 16/3656, 12.
67 BT-Drucks. 16/3656, 13.
68 Zur noch geltenden Rechtslage und DoS Angriffen *Ernst* NJW 2003, 3238.

einer Erwerbstätigkeit), nicht aber jeglicher Kommunikationsvorgang im privaten Bereich oder etwa Computerspiele.[69] Mit dem neuen Merkmal der „erheblichen Störung" soll klargestellt werden, dass nur Handlungen erfasst werden sollen, die eine gewisse Erheblichkeitsschwelle überschreiten.[70] § 303b Abs. 1 StGB a.F. wird zu § 303b Abs. 2 StGB n.F. und stellt eine Qualifikation des Grundtatbestandes dar.

6. Aktuelle Phänomene des Informationsstrafrechts im Detail

Einige aktuelle Phänomene des Informationsstrafrechts sollen nachfolgend eingehender dargestellt werden. Wie sich zeigt, rückt die rasante technische Entwicklung nicht nur „klassische" Straftatbestände an ihre interpretatorischen Grenzen, sondern auch neue Straftatbestände, die dieser Entwicklung bereits Rechnung tragen sollten, werden von den tatsächlichen Gegebenheiten schon wieder überholt. **36**

6.1 Lockanrufe und Betrug, § 263 StGB

Bei einem Lockanruf wählt der Täter kurz Festnetz- oder Mobilfunkteilnehmer mit einer Rufnummer, die einem Mehrwertdienst zugeordnet ist, an. Dem Angerufenen wird im Display seines Apparates ein entgangener Anruf angezeigt. Der Angerufene geht davon aus, jemand habe ihn sprechen wollen und ruft zurück. Das gutgläubige Opfer rechnet nicht damit, dass nun ein Mehrwertdienst angewählt wird.[71] Der Täter täuscht hier über das Bestehen einer Gesprächsintention. Die Opfer treffen eine Vermögensverfügung; das Entgelt für den angerufenen Mehrwert wird ihnen berechnet. Derartige Lockanrufe (Ping-Anrufe) sind nach § 263 StGB strafbar.[72] **37**

6.2 Versteigerungen im Internet und Betrug, § 263 StGB

Unter dem Schlagwort „Auktionsbetrug" lassen sich verschiedene Konstellationen zusammenfassen, die im Zusammenhang mit der Nutzung einer Online-Auktionsplattform (bsp. „ebay") stehen. Liefert der Verkäufer die Ware nach Bezahlung nicht und hatte er dies auch nie vor, handelt es sich unproblematisch um einen „klassischen" Betrug, § 263 Abs. 1 StGB. Die Spezifika des Online Portals wirken sich in dieser Variante letztlich nicht aus. Den eigentümlichen Charakter einer Auktionsplattform macht sich dagegen der Verkäufer zu Nutze, der (durch Nutzung eines anderen Accounts oder durch eingeweihte Dritte) auf seine eigene Ware steigert und so den Preis in die Höhe treibt. Dies soll nach teilweise vertretener Ansicht einer Strafbarkeit nach § 263 StGB zugänglich sein.[73] Diese Ansicht, die letztlich den Verstoß gegen die Allgemeinen Geschäftsbedingungen[74] des Unternehmens strafrechtlich sanktioniert, verkennt den ultima Ratio Charakter des Strafrechts. **38**

6.3 Domain Grabbing und Erpressung, § 253 StGB

Die Registrierung einer Adresse eines markenrechtlich geschützten Namens ohne eigenes Interesse an der Nutzung und zum alleinigen Zweck, sie dem Markeninhaber gegen ein überhöhtes Entgelt zu offerieren (Domain-Grabbing oder Cybersquatting) kann nach der Rechtspre- **39**

---

69 BT-Drucks. 16/3656, 13.
70 BT-Drucks. 16/3656, 13.
71 Vgl. regtp news Nr. 1/2005, S. 4.
72 *LG Hildesheim* MMR 2005, 130.
73 So *Beukelmann* NJW-Spezial 2004, 135.
74 Zum Auktionsablauf und den AGB *Keber* JurPC Web-Dok. 37/2005, Abs. 1.

chung eine Erpressung, § 253 StGB, darstellen.[75] Der Täter droht mit dem Unterlassen der Nichtübertragung der Domain. Der Markeninhaber befindet sich in einer Zwangslage, da er aufgrund des Prioritätsprinzips im Domainvergaberecht zunächst keine Möglichkeit mehr hat, die Domain zu erhalten.[76] Gesonderte Beachtung gilt in diesen Fällen allerdings der Verwerflichkeitsprüfung des § 253 Abs. 2 StGB, deren Aufgabe es ist, strafwürdiges Verhalten von sozialadäquater Ausübung willensbeugenden Zwangs abzugrenzen. Neben dem Erpressungstatbestand kommt eine Kennzeichenverletzung nach § 143 MarkenG in Betracht.[77]

6.4 Malware, Datenveränderung, § 303a StGB und Ausspähen von Daten, § 202a StGB

40 Computerviren sind Computerprogramme unterschiedlichster Art.[78] So genannte Würmer vervielfältigen sich selbst oder nutzen Daten in einem Maße, dass der befallene Computer oder das Netz überlastet werden; es kommt zu einem Verlust von Rechengeschwindigkeit bis hin zum völligen Stillstand. Viren löschen oder verändern je nach Programmierung einzelne Daten oder einen gesamten Datenbestand. Trojaner sind Programme, die durch den Adressaten ausgeführt werden und dessen System manipulieren. Sie können dazu dienen, Einbruchsstellen für spätere Direktangriffe zu schaffen (Backdoor). Das Einschleusen der Trojaner kann, wie das der Viren und Würmer, via E-Mail, WWW oder durch Auslesen des Datenträgers eines Dritten geschehen. Wird ein Virus in ein fremdes System eingeschleust und werden durch den Virus Daten manipuliert, beschädigt oder zerstört, ist der Tatbestand des § 303a StGB erfüllt. Dies soll nach umstrittener Auffassung auch gelten, wenn die Malware lediglich lästig ist, weil das System (durch einen Wurm) verlangsamt wird.[79] Je nach Spielart der Schadensroutine eines Virus kommt neben der Datenveränderung Computersabotage, § 303b Abs. 1 StGB in Betracht. Das Einschleusen eines trojanischen Pferdes ist nicht nach § 303a StGB strafbar, da dieses keine Daten verändert, je nach Konstellation greift aber § 202a n.F. StGB.

6.5 Versenden unerbetener Werbenachrichten (Spam)

41 Das Versenden von Werbenachrichten ohne vorherige Einwilligung (Spam) ist in der Bundesrepublik Deutschland bis dato nicht strafbar. Dies gilt jedenfalls dann, wird eine als solche erkennbare Werbenachricht versandt und werden mit der Mail keine unzulässigen Inhalte kommuniziert. Das Telemediengesetz verbietet in § 6 Abs. 2 neuerdings das Verschleiern oder Verheimlichen des Absenders und des kommerziellen Charakters der Nachricht. Ein Verschleiern oder Verheimlichen liegt dann vor, wenn die Kopf- und Betreffzeile absichtlich so gestaltet sind, dass der Empfänger vor Einsichtnahme in den Inhalt der Kommunikation keine oder irreführende Informationen über die tatsächliche Identität des Absenders oder den kommerziellen Charakter der Nachricht erhält. Der Verstoß gegen das Verbot wird als Ordnungswidrigkeit mit einem Bußgeld geahndet, § 16 Abs. 1 TMG. Soweit für Pornographieangebote geworben oder der Mail pornographische Schriften (Fotos, Filme etc.) als Attachment beigefügt sind, kommt eine Strafbarkeit nach § 184 Abs. 1 Nr. 5 bzw. Nr. 6 des Strafgesetzbuches in Betracht. Wird mit der Werbenachricht zugleich Schadsoftware verbreitet, kommt eine Strafbarkeit aus §§ 202a, 303a, 303b in Betracht.

---

75 *LG München II* CR 2000, 847.
76 Zur Domain *Schultz* (Hrsg.) Markenrecht, Anh. zu § 5, 92 ff.
77 Weiterführend *Hilgendorf/Frank/Valerius* Computer- und Internetstrafrecht, Rn. 757.
78 Überblick bei *Ernst* NJW 2003, 3233.
79 Zum Streitstand *Hilgendorf/Frank/Valerius* Computer- und Internetstrafrecht, Rn. 201.

6.6 Mail Filter und Verletzung des Post- oder Fernmeldegeheimnisses, § 206 StGB

Soweit Diensteanbieter Mail Filter verwenden, d.h. E-Mail Nachrichten nicht oder verändert **42** an den Adressaten weiterleiten, kommt eine Strafbarkeit aus § 206 StGB in Betracht. Nach § 206 Abs. 2 Nr. 2 StGB macht sich strafbar, wer als Beschäftigter oder Inhaber eines Unternehmens, das geschäftsmäßig Post- oder Telekommunikationsdienst erbringt, unbefugt einer solchen Unternehmen anvertraute Sendung unterdrückt. Geschäftsmäßig bedeutet insoweit nicht, dass eine Gewinnerzielungsabsicht vorliegen muss. Ein Unterdrücken der E-Mail ist dann anzunehmen, wenn durch technische Eingriffe in den technischen Vorgang des Aussendens, Übermittelns oder Empfangens von Nachrichten mittels Telekommunikationsanlagen verhindert wird, dass die Nachricht ihr Ziel vollständig oder unverstümmelt erreicht.[80] Am Tatbestandsmerkmal „unbefugt" fehlt es, wenn ein Einverständnis der Berechtigten vorliegt. Auch ohne ein solches tatbestandsausschließendes Einverständnis im Einzelfall wird man eine Filterung als gerechtfertigt ansehen müssen, wenn Malware herausgefiltert wird und so Störungen oder Schäden der Telekommunikations- und Datenverarbeitungssysteme verhindert werden.[81]

6.7 IP Spoofing und Fälschung beweiserheblicher Daten, § 269 StGB

IP-Spoofing bezeichnet das Versenden von IP-Paketen mit gefälschter Quell-IP-Adresse im **43** Datennetz. Die IP ist dabei ein Zahlencode, der dazu dient, einen Rechner im Internet eindeutig identifizierbar zu machen.[82] Das Fälschen der IP bewirkt nun, dass es für den Zielrechner so aussieht, als sei die Anfrage von einem anderen Rechner erfolgt. Eine Strafbarkeit aus § 269 StGB setzt voraus, dass der Täter zur Täuschung im Rechtsverkehr beweiserhebliche Daten so speichert oder verändert, dass bei ihrer Wahrnehmung eine unechte oder verfälschte Urkunde vorliegen würde. Daten in Form der IP-Adresse sind beweiserheblich, weil sie im Rechtsverkehr für rechtlich erhebliche Tatsachen (Identität des Kommunikationspartners) benutzt werden.[83] Auch liefert beim „Spoofing" die Manipulation (hier Veränderung) als Ergebnis einen Datenbestand, der – würde er sichtbar gemacht – als unechte oder verfälschte Urkunde zu qualifizieren wäre. Unecht ist eine Urkunde, wenn sie nicht von dem stammt, der in ihr als Aussteller bezeichnet ist.[84] Als Aussteller erscheint hier ein anderer Zielrechner.[85]

6.8 Phishing und Fälschung beweiserheblicher Daten, § 269 StGB

Beim so genannten Phishing werden Internetnutzer entweder durch eine E-Mail oder auf einer **44** Seite im WWW aufgefordert, Passwörter, PIN-Nummern oder Kreditkartennummern preiszugeben. Haben die Täter (Phisher) diese Daten erhalten, schließen sich für gewöhnlich vermögensrelevante Verfügungen zu Lasten des Nutzers an. Deutlich auseinander zuhalten sind demnach die verschiedenen Tatphasen, an deren Anfang das „Fischen" nach einem Passwort steht. Einigkeit in der Strafrechtslehre und der Rechtsprechung besteht hinsichtlich des Einsatzes der erlangten Zugangsdaten im Onlinebanking-Verfahren. Da ihre Verwendung durch den Täter unbefugt (das in der Eingabe der Daten liegende Einverständnis bezieht sich nur auf die in der Phishing-Mail genannten Zweck, meist eine „Sicherheitsüberprüfung") erfolgt, erfüllt die Veranlassung von Transaktionen zu Lasten des Opfers den Tatbestand des Computerbetrugs,

---

80 *Tschoepe* MMR 2004, 75, 78.
81 Vgl. *OLG Karlsruhe* MMR 2005, 178.
82 Zum IP/DNS System *Fink* in Schiwy/Schütz/Dörr, S. 198.
83 Zum Begriff der Beweiserheblichkeit *Tröndle/Fischer* § 269 Rn. 3.
84 *Schönke/Schröder* StGB 27. Aufl., § 267 Rn. 48 ff.
85 Zur Problematik eingehend *Rinker* MMR 2002, 663.

§ 263a Abs. 1 Var. 3 StGB.[86] Die strafrechtliche Würdigung des Geschehens im Vorfeld ist aber umstritten. Vertreten wird, es handle sich um einen Betrug, § 263 StGB, wobei in der Übergabe von PIN, Kontodaten etc. eine Vermögensverfügung liege. Zwar trete hierdurch noch nicht unmittelbar ein Schaden beim Opfer ein, es liege aber eine schadensgleiche Vermögensgefährdung vor.[87] Hinreichend konkret ist diese Vermögensgefährdung wegen der noch erforderlichen weiteren Schritte nicht, so dass eine Betrugsstrafbarkeit ausscheidet.

§ 202a Abs. 1 greift nicht durch, da das Opfer die Daten selbst preisgibt, dem Täter die Überwindung von Sicherungen also erspart bleibt.[88] Das bedeutet indes nicht, dass Phishing insgesamt straflos wäre.[89] Phishing Mails oder entsprechende Webformulare lassen als Aussteller ein Bankinstitut erkennen, die notwendigen Merkmale einer Urkunde i.S.d. § 269 StGB (hypothetische Perpetuierung, Beweis- und Garantiefunktion) liegen vor und die Handlungen sind als Fälschung Beweiserheblicher Daten, § 269 StGB, strafbar.[90] Wird eine E-Mail verschickt, die den Anschein hat, als stamme sie von offizieller Seite, etwa einem Kreditinstitut, wird dabei regelmäßig der Absender der Nachricht verschleiert und man kann an eine Ordnungswidrigkeit i.S.d. § 6 Abs. 2 TMG denken.

6.9 Internet und Pornographie, §§ 184 ff. StGB

45 Zu unterscheiden sind einfache (§ 184 StGB) und harte Pornographie (Gewalt- und Tierpornographie § 184a StGB sowie Kinderpornographie, § 184b StGB). Im Zentrum der §§ 184 – 184b StGB steht das Verbot der Verbreitung pornographischer Schriften; § 184c betrifft die Verbreitung pornographischer Darbietungen.

46 Maßgeblich für den Begriff der pornographischen Schrift ist zunächst der Schriftenbegriff des § 11 Abs. 3 StGB, der zuletzt durch das Informations- und Kommunikationsdienstgesetz (IuKDG) vom 22.07.1997[91] an die modernen technischen Gegebenheiten angepasst wurde. Hiernach stehen den Schriften Ton- und Bildträger, Datenspeicher, Abbildungen und andere Darstellungen gleich. § 184c StGB betrifft die Verbreitung pornographischer Darbietungen durch Rundfunk, Medien- oder Teledienste. Die Vorschrift erweitert den Anwendungsbereich der §§ 184-184b auf pornografische Darbietungen, die keine Schriften i.S.d. § 11 Abs. 3 sind. Erfasst sind insbesondere „Live-Aufführungen".[92]

47 Wann eine Schrift oder Darbietung pornographisch ist, lässt sich nicht völlig isoliert von der jeweils herrschenden sittlichen Anschauung der Gesellschaft bewerten. Pornografie soll nach der Rechtsprechung vorliegen, wenn sexuelle Vorgänge in übersteigerter, reißerischer Weise ohne Sinnzusammenhang mit anderen Lebensäußerungen geschildert werden.[93] Indizien sind eine aufdringliche, verzerrende, unrealistische Darstellung geschlechtlicher Vorgänge, die Verherrlichung von Ausschweifungen oder Perversitäten sowie eine obszöne Ausdrucksweise.[94]

48 Die Tathandlung, das Verbreiten (als Oberbegriff), erscheint in verschiedensten Tatvarianten. Für Sachverhalte mit Internetbezug besonders relevant sind das Zugänglichmachen, § 184 Abs. 1 Nr. 1 (Zugänglichmachen einer Person unter achtzehn Jahren) und § 184 Abs. 1 Nr. 2

---

86 *LG Darmstadt* ZUM 2006, 876; *AG Hamm* Urt. v. 05.09.2005, Az. 10 Ds 101 Js 244/05-1324/05; *Popp* NJW 2004, 3518; *Gercke* CR 2005, 611.
87 *Hilgendorf/Frank/Valerius* Computer- und Internetstrafrecht, Rn. 765.
88 A.A. *Knupfer* MMR 2004, 642.
89 A.A. *Popp* MMR 2006, 85.
90 So auch *Gercke* ZUM 2007, 287.
91 BGBl I 1997, 1870 ff.
92 *Ziegler* in Beck OK StGB § 184c Rn. 2.
93 *BGH* NJW 1990, 3026, 3027; zum Pornographiebegriff *Erdemir* MMR 2003, 628, 630 ff.
94 *BGHSt* 23, 40, 44 = NJW 1969, 1818.

(Zugänglichmachen an einem Ort, der Personen unter achtzehn Jahren zugänglich ist), § 184a Nr. 2 (Zugänglichmachen), 184b Abs. 1 Nr. 2 (Zugänglichmachen), sowie das Verbreiten im Sinne der §§ 184a Nr.1, 184b Abs. 1 Nr. 1 StGB (Verbreiten im engeren Sinne).

Ein Zugänglichmachen liegt vor, wenn einem anderen die Möglichkeit zur Kenntnisnahme **49** verschafft wird.[95] Das ist im Internet schon dann der Fall, wenn eine Datei mit pornographischem Inhalt zum Abruf durch einen anderen bereitsteht.[96] Umstritten ist, ob bereits ein Hyperlink auf Dateien, die auf einem Server außerhalb des Verfügungsbereichs des Linksetzers stehen, ein solches Zugänglichmachen darstellen.[97] Die Beantwortung dieser Frage hängt davon ab, wie man das Setzen eines Hyperlinks in Ansehung der Haftungsfilter nach §§ 7 – 10 TMG einordnet.[98] Nach dem soeben Gesagten sieht sich der Anbieter eines Internetportals, das (einfache) pornographische Inhalte anbietet, einer Strafbarkeit aus §§ 184 Abs. 1 Nr. 1 ausgesetzt. Dem kann er durch das Ergreifen geeigneter Sicherheitsvorkehrungen begegnen. Geeignet ist nur eine effektive Barriere,[99] was die Frage aufwirft, welches Altersverifikationssystem diesen Vorgaben gerecht wird. Unstreitig nicht ausreichend sind die Eingabe einer Personalausweis- oder Kreditkartennummer.[100] Gegenwärtig favorisiert wird das so genannte Post-Ident-Verfahren, bei dem eine persönliche Identifikation durch einen Mitarbeiter der Post erfolgt.[101]

Pornographie wird verbreitet, wenn sie einem größeren Personenkreis zugeleitet wird.[102] Ei- **50** nem Verbreitungsbegriff, der an das Erfordernis einer körperlichen Übertragung geknüpft ist, hat die Rechtsprechung eine Absage erteilt.[103] Damit kann auch eine Datei über das Internet verbreitet werden. Die Datei muss auf dem Rechner des Nutzers zumindest im Arbeitsspeicher angekommen sein; die Speicherung auf einem Datenträger ist nicht zwingend erforderlich.[104] Der Unterschied zwischen den Handlungsalternativen „Zugänglichmachen" und „Verbreiten" besteht dann darin, dass beim Zugänglichmachen die pornographischen Inhalte noch nicht im Speicher des Nutzers angekommen sein müssen.

Bei einfachen, gewalt- und tierpornographischen Schriften erschöpfen sich die Tathandlungen **51** in den verschiedenen Formen des Verbreitens (im weiteren Sinne). Bei kinderpornographischen Schriften ist es darüber hinaus strafbar, sich oder einem anderen den Besitz hieran zu verschaffen oder sie lediglich zu besitzen (§§ 184b Abs. 4 S. 1, 184b Abs. 2, 184b Abs. 4 S. 2).

Für den Besitz ist ein tatsächliches Herrschaftsverhältnisses notwendig. Über pornographische **52** Computerdateien besteht ein solches Herrschaftsverhältnis nicht schon bei bloßer Betrachtung, auch wenn hierfür Voraussetzung ist, dass sie sich jedenfalls im Arbeitsspeicher des Rechners befinden.[105] Erforderlich ist eine dauerhafte Speicherung der Daten auf einem physischen Datenträger. Zu bedenken ist insoweit aber, dass im Falle des Anwählens eines fraglichen Ange-

---

95 *Lackner/Kühl* § 184 Rn. 5.
96 *Tröndle/ Fischer* § 184 Rn. 32.
97 Bejahend *Hörnle* NJW 2002, 1008,1010; abl. *Löhning* JR 1997, 496, 497.
98 Nach wohl herrschender Meinung greifen die Haftungsfilter nicht. Bedauerlicherweise hat es der Gesetzgeber bei Neufassung des TMG verabsäumt, diese seit je her umstrittene Frage zu klären.
99 *BGH* MMR 2003, 582, 584); *BVerwG* NJW 2002, 2966, 2968.
100 *Hörnle* NJW 2002, 1008, 1010.
101 A.A. *OLG München* NJW 2004, 3344, 3346.
102 *Lackner/Kühl* § 184 Rn. 5.
103 *BGH* NJW 2001, 3558, 3559; kritisch hierzu *Hilgendorf/Frank/Valerius* Computer- und Internetstrafrecht, Rn. 411 ff.
104 *Matzky* ZRP 2003, 167, 169.
105 *Harms* NStZ 2003, 646, 648.

bots mittels Internetbrowser Daten (Anschauen) automatisch auch auf der Festplatte zwischengespeichert (so genanntes caching) werden, was den objektiven Tatbestand des Besitzens erfüllt.[106]

53   Die Strafbarkeit wegen Besitz- und Besitzverschaffung kinderpornographischer Schriften (dies ist eine pornographische Schrift, die den sexuellen Missbrauch von Kindern, §§ 176 bis 176b darstellt) setzt voraus, dass die betreffenden Tatobjekte ein tatsächliches oder wirklichkeitsnahes Geschehen darstellen. Problematisch ist, unter welchen Voraussetzungen und in welchen Erscheinungsformen Fiktivpornographie (Schilderung von Vorgängen, die sich in Wirklichkeit nicht zugetragen haben) erfasst ist. Besonders diskutiert wird die Frage aktuell mit Blick auf das Online Portal „Second-Life", auf dem Spieler virtuelle Identitäten (Avatare) annehmen können und mit anderen Usern und ihren Avataren interagieren können. Das Portal erlaubt, kindlich aussehende Avatare zu erschaffen und auch, dass diese mit „erwachsenen" Avataren virtuelle sexuelle Handlungen durchführen. Vertreten wird, dass diese virtuelle Kinderpornographie nach §§ 184c, 184b StGB strafbar ist.[107] Aus Wortlaut der Norm und Gesetzesbegründung lässt sich dies nicht zwingend herleiten. Auch der Rahmenbeschluss 2004/68/ JI des Rates vom 22.12.2003 zur Bekämpfung der sexuellen Ausbeutung von Kindern und der Kinderpornographie[108] und die Cybercrime Convention des Europarates gebieten diese Auslegung nicht. Die Cybercrime Convention ist in dieser Frage schon tatbestandlich nicht eindeutig.[109] Der Rahmenbeschluss definiert Kinderpornographie allerdings als „pornographisches Material mit bildlichen Darstellungen „von realistisch dargestellten, nicht echten Kindern, die aktiv oder passiv an der genannten Handlung beteiligt sind".[110] Die Umsetzung des Rahmenbeschluss zur Bekämpfung der sexuellen Ausbeutung von Kindern und der Kinderpornographie steht indes noch aus und lässt auf eine dringend erforderliche Klarstellung durch den Gesetzgeber hoffen.

6.10 Musikdownloads und Verletzung von Urheberrechten, §§ 106 ff. UrhG

54   Die für das Strafrecht relevanten Vorschriften im Urheberrechtsgesetz finden sich in §§ 106 ff. UrhG. Wann ein durch §§ 106 ff. UrhG geschütztes Werk oder eine Bearbeitung oder Umgestaltung vorliegt, richtet sich nach §§ 2 – 4, 23 UrhG. Die Frage, wann eine Verletzung des Urheberrechts strafbewehrt ist, tangiert damit Bestimmungen des Straf- und des Zivilrechts. Diese Spezifik spielt unter anderem für das Strafanwendungsrecht eine Rolle.[111]

55   Die vier Straftatbestände des Urheberrechts schützen zunächst das Urheberpersönlichkeitsrecht (§107 UrhG), das Verwertungsrecht des Urhebers (§106 UrhG) und das Verwertungsrecht der Inhaber verwandter Schutzrechte (§108 UrhG). § 108b UrhG sanktioniert die Umgehung von Schutzvorrichtungen urheberrechtlich geschützter Werke. Die Vorschrift wurde durch das Gesetz zur Regelung des Urheberrechts in der Informationsgesellschaft,[112] das am 13.9.2003 in Kraft trat, eingefügt und damit den internationalen Vorgaben in Gestalt der EG

---

106 Die Vorsatzebene ist dann Tatfrage.
107 *Hopf/Bram* ZUM 5/2007, 354, 361 ff.
108 ABlEU L 013 v. 20.1.2004, 44 – 48.
109 Art. 9 Abs. 2 Buchstabe c) Cybercrime Convention spricht von „real erscheinenden Bildern, die eine minderjährige Person bei eindeutig sexuellen Handlungen zeigen".
110 Art. 1 Buchstabe b) iii) Rahmenbeschluss 2004/68/JI v. 22.12.2003.
111 Vgl. dazu *BGH* NJW 2004, 1674, 1674 ff.
112 BGBl I 2003 , 1774 ff.

Richtlinie zur Harmonisierung bestimmter Aspekte des Urheberrechts und der verwandten Schutzrechte in der Informationsgesellschaft[113] sowie des WIPO-Urheberrechtsvertrags (WCT)[114] und des WIPO-Vertrags über Darbietungen und Tonträger (WPPT)[115] angepasst.[116]

Große Bedeutung kommt in der Praxis § 106 UrhG zu, vor allem im Zusammenhang mit dem **56** Tausch von MP3-Files in peer-to-peer Netzwerken (Filesharing). Dabei treten die User durch Nutzung einer bestimmten Software[117] dergestalt miteinander in Kontakt, das jeder sowohl Anbieter als auch Nachfrager ist. Die technische Ausgestaltung der Tauschbörsen ist unterschiedlich, grds. lassen sich aber folgende Handlungsschritte unterscheiden: das Einspeisen einer Datei (Uploading), das Anbieten zum Abruf und das Herunterladen (Downloading) einer Datei.

Uploading stellt eine Vervielfältigung eines Werkes dar, § 16 UrhG.[118] Liegt eine Einwilligung **57** des Urhebers hierzu nicht vor, ist diese Handlung nach §§ 106, 16 UrhG strafbar.[119] Auf die Schranke des § 53 UrhG (Privatkopie) kann sich der User nicht berufen, da hierfür erforderlich ist, dass die Vervielfältigung allein zum privaten Gebrauch erfolgt. Dies ist nicht der Fall, wenn die Vervielfältigung in der Absicht erfolgt, die Musikdatei im Rahmen einer Tauschbörse für den Abruf durch Dritte bereitzuhalten. Stellt der User eines peer-to-peer Netzwerks Daten für andere Nutzer (etwa in einem Sharing-Ordner) ohne Einwilligung zum Abruf bereit, macht er die Dateien anderen öffentlich zugänglich und verletzt das entsprechende Verwertungsrecht des Urhebers aus § 19a UrhG. Ein Rückgriff auf § 53 Abs. 1 S. 1 UrhG scheidet aus, da dieses nur das Vervielfältigungsrecht, nicht aber das Recht zur öffentlichen Zugänglichmachung betrifft. Beim Download einer Musikdatei aus dem Internet oder im Rahmen einer Tauschbörse wird eine Vervielfältigung hergestellt, § 16 UhrG. Von § 53 UrhG ist dies nur dann gedeckt, wenn die für den Download bereitgestellte Vorlage nicht offensichtlich rechtswidrig hergestellt wurde. Umstritten ist, unter welchen Vorzeichen dies der Fall ist.[120] Vertreten wird, hiervon müsse regelmäßig ausgegangen werde, da jedenfalls das Recht der öffentlichen Zugänglichmachung zuvor verletzt worden sei.[121] Andere weisen auf den Wortlaut des Gesetzes hin, der allein auf die rechtswidrig hergestellte Vorlage, also den Herstellungsakt der Kopiervorlage abstelle und nicht darauf, ob die Datei anschließend öffentlich zugänglich gemacht worden sei.[122] Damit könne nicht regelmäßig von einer rechtswidrigen Vorlage ausgegangen werden und es müssten die jeweiligen Umstände des Einzelfalls geprüft werden.

Zentrale Bedeutung in der Praxis hat, soweit der Täter nicht allein zum privaten Gebrauch **58** agiert, § 108a i.V.m. § 95a UrhG, der die Umgehung wirksamer technischer Schutzvorrichtungen (Kopierschutz) betrifft, § 108b i.V.m. § 95c UrhG, der die Entfernung einer Information für die Rechtewahrnehmung (digitales Wasserzeichen) verbietet, sowie § 108b Abs. 2 i.V.m. § 95a Abs. 3 UrhG, der die Verbreitung von Umgehungstechnologie (Anti-Kopierschutz-Tools) zu gewerblichen Zwecken sanktioniert.

---

113 Richtlinie 2001/29/EG abgedr. in *Fink/Schwartmann/Cole/Keber* Europäisches und Internationales Medienrecht, A 95.
114 Abgedr. in *Fink/Schwartmann/Cole/Keber* Europäisches und Internationales Medienrecht, B 33.
115 Abgedr. in *Fink/Schwartmann/Cole/Keber* Europäisches und Internationales Medienrecht, B 32.
116 Dazu *Berger* ZUM 2004, 257 ff.
117 Bekannt wurde die Plattform „Napster", die sich insoweit von den modernen Systemen (KaZaa, E-Donkey etc.) unterschied, das eine Indexierung auf Rechnern des Dienstes erfolgte.
118 *Spindler* JZ 2002, 60, 69.
119 *AG Cottbus* Urteil v. 14.5.2004 Az. 95 DS 1653 JS 15556/04, JurPC Web-Dok. 236/2004.
120 *Frank* K & R 2004, 576, 578 ff.
121 *Berger* ZUM 2004, 257, 259.
122 *Hilgendorf/Frank/Valerius* Computer- und Internetstrafrecht, Rn. 630.

Anhang: Synopse

StGB a.F.	StGB n.F. (41. Strafrechtsänderungsgesetz)
§ 202a Ausspähen von Daten (1) Wer unbefugt Daten, die nicht für ihn bestimmt und die gegen unberechtigten Zugang besonders gesichert sind, sich oder einem anderen verschafft, wird mit Freiheitsstrafe bis zu drei Jahren oder mit Geldstrafe bestraft. (2) Daten im Sinne des Absatzes 1 sind nur solche, die elektronisch, magnetisch oder sonst nicht unmittelbar wahrnehmbar gespeichert sind oder übermittelt werden.	**§ 202a Ausspähen von Daten** (1) Wer unbefugt sich oder einem anderen Zugang zu Daten, die nicht für ihn bestimmt und die gegen unberechtigten Zugang besonders gesichert sind, unter Überwindung der Zugangssicherung verschafft, wird mit Freiheitsstrafe bis zu drei Jahren oder mit Geldstrafe bestraft. (2) Daten im Sinne des Absatzes 1 sind nur solche, die elektronisch, magnetisch oder sonst nicht unmittelbar wahrnehmbar gespeichert sind oder übermittelt werden.
	§ 202b Abfangen von Daten Wer unbefugt sich oder einem anderen unter Anwendung von technischen Mitteln nicht für ihn bestimmte Daten (§ 202a Abs. 2) aus einer nichtöffentlichen Datenübermittlung oder aus der elektromagnetischen Abstrahlung einer Datenverarbeitungsanlage verschafft, wird mit Freiheitsstrafe bis zu zwei Jahren oder mit Geldstrafe bestraft, wenn die Tat nicht in anderen Vorschriften mit schwererer Strafe bedroht ist.
	§ 202c Vorbereiten des Ausspähens und Abfangens von Daten (1) Wer eine Straftat nach § 202a oder § 202b vorbereitet, indem er 1. Passwörter oder sonstige Sicherungscodes, die den Zugang zu Daten (§ 202a Abs. 2) ermöglichen, oder 2. Computerprogramme, deren Zweck die Begehung einer solchen Tat ist, herstellt, sich oder einem anderen verschafft, verkauft, einem anderen überlässt, verbreitet oder sonst zugänglich macht, wird mit Freiheitsstrafe bis zu einem Jahr oder mit Geldstrafe bestraft. (2) § 149 Abs. 2 und 3 gilt entsprechend.
§ 205 Strafantrag (1) In den Fällen des § 201 Abs. 1 und 2 und der §§ 201a bis 204 wird die Tat nur auf Antrag verfolgt. (2) Stirbt der Verletzte, so geht das Antragsrecht nach § 77 Abs. 2 auf die Angehörigen über; dies gilt nicht in den Fällen des § 202a. Gehört das Geheimnis nicht zum persönlichen Lebensbereich des Verletzten, so geht das Antragsrecht bei Straftaten nach den §§ 203 und 204 auf die Erben über. Offenbart oder verwertet der Täter in den Fällen der §§ 203 und 204 das Geheimnis nach dem Tod des Betroffenen, so gelten die Sätze 1 und 2 sinngemäß.	**§ 205 Strafantrag** (1) In den Fällen des § 201 Abs. 1 und 2 und der §§ 201a, 202, 203 und 204 wird die Tat nur auf Antrag verfolgt. Dies gilt auch in den Fällen der §§ 202a und 202b, es sei denn, dass die Strafverfolgungsbehörde wegen des besonderen öffentlichen Interesses an der Strafverfolgung ein Einschreiten von Amts wegen für geboten hält. (2) Stirbt der Verletzte, so geht das Antragsrecht nach § 77 Abs. 2 auf die Angehörigen über; dies gilt nicht in den Fällen der §§ 202a und 202b. Gehört das Geheimnis nicht zum persönlichen Lebensbereich des Verletzten, so geht das Antragsrecht bei Straftaten nach den §§ 203 und 204 auf

StGB a.F.	StGB n.F. (41. Strafrechtsänderungsgesetz)
	die Erben über. Offenbart oder verwertet der Täter in den Fällen der §§ 203 und 204 das Geheimnis nach dem Tod des Betroffenen, so gelten die Sätze 1 und 2 sinngemäß.
§ 303a Datenveränderung (1) Wer rechtswidrig Daten (§ 202a Abs. 2) löscht, unterdrückt, unbrauchbar macht oder verändert, wird mit Freiheitsstrafe bis zu zwei Jahren oder mit Geldstrafe bestraft. (2) Der Versuch ist strafbar.	**§ 303a Datenveränderung** (1) Wer rechtswidrig Daten (§ 202a Abs. 2) löscht, unterdrückt, unbrauchbar macht oder verändert, wird mit Freiheitsstrafe bis zu zwei Jahren oder mit Geldstrafe bestraft. (2) Der Versuch ist strafbar. (3) Für die Vorbereitung einer Straftat nach Abs. 1 gilt § 202c entsprechend.
§ 303b Computersabotage (1) Wer eine Datenverarbeitung, die für einen fremden Betrieb, ein fremdes Unternehmen oder eine Behörde von wesentlicher Bedeutung ist, dadurch stört, daß er 1. eine Tat nach § 303a Abs. 1 begeht oder 2. eine Datenverarbeitungsanlage oder einen Datenträger zerstört, beschädigt, unbrauchbar macht, beseitigt oder verändert, wird mit Freiheitsstrafe bis zu fünf Jahren oder mit Geldstrafe bestraft. (2) Der Versuch ist strafbar.	**§ 303b Computersabotage** (1) Wer eine Datenverarbeitung, die für einen anderen von wesentlicher Bedeutung ist, dadurch erheblich stört, dass er 1. eine Tat nach § 303a Abs. 1 begeht, 2. Daten (§ 202a Abs. 2) in der Absicht, einem anderen Nachteil zuzufügen, eingibt oder übermittelt oder 3. eine Datenverarbeitungsanlage oder einen Datenträger zerstört, beschädigt, unbrauchbar macht, beseitigt oder verändert, wird mit Freiheitsstrafe bis zu drei Jahren oder mit Geldstrafe bestraft. (2) Handelt es sich um eine Datenverarbeitung, die für einen fremden Betrieb, ein fremdes Unternehmen oder eine Behörde von wesentlicher Bedeutung ist, ist die Strafe Freiheitsstrafe bis zu fünf Jahren oder Geldstrafe. (3) Der Versuch ist strafbar. (4) In besonders schweren Fällen des Abs. 2 ist die Strafe Freiheitsstrafe von sechs Monaten bis zu zehn Jahren. Ein besonders schwerer Fall liegt in der Regel vor, wenn der Täter 1. einen Vermögensverlust großen Ausmaßes herbeiführt, 2. gewerbsmäßig oder als Mitglied einer Bande handelt, die sich zur fortgesetzten Begehung von Computersabotage verbunden hat, 3. durch die Tat die Versorgung der Bevölkerung mit lebenswichtigen Gütern oder Dienstleistungen oder die Sicherheit der Bundesrepublik Deutschland beeinträchtigt. (5) Für die Vorbereitung einer Straftat nach Abs. 1 gilt § 202c entsprechend.
§ 303c Strafantrag In den Fällen der §§ 303-303b wird die Tat nur auf Antrag verfolgt, es sei denn, daß die Strafverfolgungsbehörde wegen des besonderen öffentlichen Interesses an der Strafverfolgung ein Einschreiten von Amts wegen für geboten hält.	**§ 303c Strafantrag** In den Fällen der §§ 303, 303a Abs. 1 und 2 sowie § 303b Abs. 1-3 wird die Tat nur auf Antrag verfolgt, es sei denn, daß die Strafverfolgungsbehörde wegen des besonderen öffentlichen Interesses an der Strafverfolgung ein Einschreiten von Amts wegen für geboten hält.

3. Teil

Urheberrecht und benachbarte Rechtsgebiete

18. Abschnitt

Urheberrecht und Leistungsschutzrechte

A. Vororientierung

I. Geschichtliche Entwicklung des Urheberrechts

Literatur: *Beier/Kraft/Schricker/Wadle* Gewerblicher Rechtsschutz und Urheberrecht in Deutschland, FS zum hundertjährigen Bestehen der Deutschen Vereinigung für gewerblichen Rechtsschutz und Urheberrecht, 1991; *Boytha* Whose right is copyright?, GRUR Int 1983, 379; *Dittrich* Woher kommt das Urheberrecht und wohin geht es? 1988; *Dreier/Schulze* Urheberrechtsgesetz, Urheberrechtswahrnehmungsgesetz, Kunsturhebergesetz, Komm., 2. Aufl. 2006 Rn. 54 ff. der Einleitung; *Eggert* Der Rechtsschutz der Urheber in der römischen Antike, UFITA 138 (1999), 183; *Gieseke* Vom Privileg zum Urheberrecht, 1995; *Katzenberger* Urheberrecht und Urhebervertragsrecht in der deutschen Einigung, GRUR Int 1993, 2; *Loewenheim* Hdb. des Urheberrechts, 2003 § 1 Rn. 5 ff., § 2; *Schickert* Der Schutz der literarischen Urheberschaft im Rom der klassischen Antike, 2005; *Schricker* Urheberrecht, Komm., 3. Aufl. 2006 Rn. 50 ff. der Einleitung; *Seifert* Über Bücher, Verleger und Autoren – Episoden aus der Geschichte des Urheberrechts, NJW 1992, 1270 ff.; *Vogel* Urheberpersönlichkeitsrecht und Verlagsrecht im letzten Drittel des 19. Jahrhunderts, GRUR 1994, 587 ff., *ders.* Die Geschichte des Urheberrechts im Kaiserreich, GRUR 1987, 873 ff.

Wenngleich die Antike noch kein Urheberrecht kannte, so entstammt ihr gleichwohl ein für das spätere Urheberrecht maßgeblicher und auch heute noch im Mittelpunkt der Diskussion stehender Begriff, nämlich der Begriff des **„Plagiats"**. So leitet sich das Wort „Plagiat" von dem lateinischen Wort „plagium" (Menschraub) ab. Diese Bezeichnung für den „Diebstahl geistigen Eigentums" geht auf den römischen Dichter Martial zurück. Ein Dritter, ein gewisser Fidentus, hatte sich als Verfasser von Geschichten geriert, die tatsächlich von dem Dichter Martial verfasst worden waren. Daraufhin bezeichnete Martial Fidentus als „plagiarii", als Menschenräuber, der seine Werke wie eigene Kinder versklaven würde.[1]   **1**

Erst mit der Erfindung des Buchdrucks durch Johannes Gutenberg um das Jahr 1440 wurde der Regelungsbedarf des Urheberrechts drängender. Die Möglichkeit, schriftliche Werke massenhaft zu produzieren und zu vervielfältigen, warf die Frage auf, wem welche Rechte an diesen Werken zustehen sollten. Das so genannte Privilegiensystem, welches erstmals im Jahre 1469 zum Tragen kam, kann als Vorstufe des heutigen Urheberrechts bezeichnet werden. Danach erhielten Drucker und Verleger von ihrem jeweiligen Landesherrn das hoheitliche „privilegium" verliehen, ein Werk in einem bestimmten Gebiet exklusiv zu vertreiben.[2]   **2**

Bis zur Entwicklung des so genannten Autorenprivilegs zu Beginn der Renaissance konnte der Kunstschaffende für seine Werke keine Vergütung fordern und war auf einen Mäzen angewiesen. Ab diesem Zeitpunkt wurden auch den Autoren Privilegien gewährt, wodurch dem Gedanken einer Honorierung des Urhebers für seine schöpferische Tätigkeit erstmals Rechnung getragen wurde.[3] Albrecht Dürer war der erste deutsche Künstler, der im Jahre 1511 in den Ge-   **3**

---

1 *Schricker/Vogel* Einl. Rn. 50.
2 *Loewenheim/Vogel* § 2 Rn. 2 f.; *Schricker/Vogel* Einl. Rn. 52 ff.
3 *Schricker/Vogel* Einl. Rn. 55 ff.

nuss eines Autorenprivilegs kam, das ihm von Maximilian I. verliehen wurde. Bis heute ist die **Beteiligung des Urhebers an der wirtschaftlichen Verwertung** seines Werkes von zentraler Bedeutung im modernen Urheberrecht.

4 Erste urheberrechtliche Regelungen des Mittelalters entstanden in Italien und England im 15. und 16. Jahrhundert. Während der französischen Revolution 1789 wurden in Frankreich zwei Gesetze zum Urheberrecht erlassen. Die Regelungen des Allgemeinen Preußischen Landrechts von 1794 enthielten dagegen keine umfassenden Regelungen zum Schutz des Urhebers und seines Werkes, sondern lediglich Regelungen zum Verlagsrecht. In Deutschland wurde das Urheberrecht erstmals 1837 in dem „Gesetz zum Schutze des Eigenthums an Werken der Wissenschaft und Kunst in Nachdruck und Nachbildung" kodifiziert.[4]

5 Am 1.1.1966 trat dann das „Gesetz über Urheberrecht und verwandte Schutzrechte" (Urheberrechtsgesetz) in Kraft. Die Vorschriften des (west-)deutschen Urheberrechtsgesetzes wurden durch den Einigungsvertrag aus dem Jahr 1990 auf das Gebiet der ehemaligen DDR erstreckt. Das ehemalige Recht der DDR trat außer Kraft. Um zu verhindern, dass über viele Jahre hinweg zwei unterschiedliche Urheberrechtsordnungen bestehen, regelt § 1 Abs. 1 der besonderen Bestimmungen des Einigungsvertrags zum Urheberrecht, dass die Vorschriften des bundesdeutschen Urheberrechts auch auf solche Werke anzuwenden sind, die vor dem Wirksamwerden des Beitritts geschaffen wurden.

6 Das Urheberrechtsgesetz musste auf Grund der fortwährenden Entwicklung neuer Technologien in den Medien ständig fortentwickelt werden und ist daher laut Angaben des Bundesministeriums der Justiz eines der meist veränderten Gesetze Deutschlands. Nur wenn es mit den neuen technischen Nutzungsmöglichkeiten Schritt hält, kann das Urheberrecht effektiven Schutz und praxistaugliche Regelungen gewährleisten. Um den Herausforderungen der digitalen Medien Rechnung zu tragen, wurde das Urheberrechtsgesetz im September 2003 durch das „Gesetz zur Regelung des Urheberrechts in der Informationsgesellschaft" nochmals umfassend geändert und den zwingenden Maßgaben der EU-Richtlinie 2001/29/EG angepasst. Wesentlicher Inhalt dieses sogenannten „ersten Korbes" war die Anpassung der Verwertungsrechte an die Nutzung von Werken in digitaler Form. So wurden erstmals Vorschriften zum Schutz technischer Maßnahmen für urheberrechtlich geschützte Werke eingeführt und die Umgehung von Kopierschutz verboten, §§ 95a ff. UrhG.

7 Auch die Umsetzung des „zweiten Korbes" der Urheberrechtsnovelle ist mittlerweile abgeschlossen, das Gesetz ist seit 1.1.2008 in Kraft (BGBl. I 2007, S. 2053). Der Gesetzentwurf der Bundesregierung eines „Zweiten Gesetzes zur Regelung des Urheberrechts in der Informationsgesellschaft" war am 5.7.2007 vom Deutschen Bundestag angenommen worden. Am 21.9.2007 passierte das Gesetz sodann den Bundesrat. Die Vertreter der Länder waren den Empfehlungen der Ausschüsse gefolgt und riefen nicht den Vermittlungsausschuss an.

8 Der zweite Korb enthält unter anderem Regelungen, die nach der vorgenannten EU-Richtlinie nicht zwingend sind.[5] Die EU-Richtlinie sah eine Umsetzungsfrist für die zwingenden Regelungen vor, so dass der deutsche Gesetzgeber unter einem gewissen Zeitdruck stand und zunächst den ersten Korb verabschiedete. Neben den zwingend vorgeschriebenen Regelungen bedürfen die nationalen Urheberrechtsvorschriften nach den Vorstellungen der EU-Richtlinie jedoch weiterer Neuerungen, deren Inhalt und Umsetzung die Mitgliedstaaten selbst regeln können. Da diese Neuerungen sich als strittig und vorbereitungsintensiv darstellten, wurden sie dem zweiten Korb vorbehalten. So blieb ausreichend Zeit, den zweiten Teil der Novelle in Ar-

---

4 *Schricker/Schricker* Einl. Rn. 12 ff.; *Vogel* GRUR 1987, 875.
5 Vgl. dazu unten Rn. 10 ff. sowie *Russ* Abschn. 19, Rn. 20 ff.

beitsgruppen mit den Vertretern der Länder, Wissenschaftlern und Praktikern als auch mit den betroffenen Verbänden im Rahmen eines kooperativen Gesetzgebungsverfahrens zu diskutieren und zu entwerfen. Ziel des kooperativen Gesetzgebungsverfahrens war es, einen möglichst gerechten Ausgleich aller beteiligten Interessen zu erreichen.

Wie schon hinsichtlich des ersten Teils der Novelle aus dem Jahre 2003 ist auch Sinn und   **9**
Zweck des zweiten Korbes, das Urheberrechtsgesetz an die Bedürfnisse und Anforderungen der fortschreitenden technischen Entwicklung anzupassen. Vor allem die durch die digitale Nutzung von Werken aufgezeigten Fragestellungen wurden neu geregelt und modernisiert.

Die Novelle sieht im Wesentlichen Neuerungen zur **Privatkopie**, zur **elektronischen Werk-**   **10**
nutzung durch öffentliche Einrichtungen sowie zu Rechten an **unbekannten Nutzungs-**
arten vor.[6]

Folgende Neuerungen zu den oben genannten Themen sind verabschiedet worden: **11**

Die **Privatkopie** nicht kopiergeschützter Werke bleibt weiterhin, auch in digitaler Form zuläs-   **12**
sig. Nach neuer Rechtslage wird das Verbot der Kopie einer offensichtlich rechtswidrig hergestellten Vorlage nunmehr ausdrücklich auch auf unrechtmäßig zum Download angebotene
(„öffentlich zugänglich gemachte") Vorlagen ausgedehnt. Ziel dieser Regelung ist u.a., illegale
Tauschbörsen klarer zu erfassen und so zu verhindern. Es bleibt im Übrigen auch bei dem Verbot, Maßnahmen zum Kopierschutz zu umgehen, vgl. § 95a UrhG. Denn der Einzelne besitzt
kein Recht auf Privatkopie zu Lasten des Rechtsinhabers. Dieser darf sein geistiges Eigentum
durch derartige technische Maßnahmen schützen.

Da der Urheber oder Nutzungsrechtsinhaber die rechtmäßige Privatkopie dulden muss, soll er   **13**
– wie auch nach früherer Gesetzeslage – als Ausgleich eine **pauschale Vergütung** erhalten
(§§ 54 ff. UrhG), die auf Kopiergeräte und Speichermedien erhoben wird. Die Höhe der pauschalen Vergütung war bisher in einer Anlage zum Urheberrechtsgesetz gesetzlich festgelegt;
diese Liste war zuletzt 1985 geändert worden und dementsprechend veraltet. Um eine möglichst zeitnahe Anpassung der pauschalen Vergütung ohne eine aufwändige und zeitintensive
Gesetzesänderung zuzulassen, sehen die Neuregelungen nunmehr vor, dass die Verwertungsgesellschaften und die Verbände der Geräte- und Speichermedienhersteller selbst Vereinbarungen über die pauschale Vergütungshöhe miteinander treffen, § 13a UrhWG. Das Gesetz gibt
den Beteiligten lediglich einen verbindlichen Rahmen für die Vergütungshöhe vor; diese richtet sich gem. § 54a bzw. § 54c Abs. 2 UrhG nach dem Ausmaß, in dem die Geräte und Speichermedien typischerweise zur Vervielfältigung genutzt werden.

Weitere Neuregelungen (§§ 52b, 53aUrhG) erlauben es **öffentlichen Bibliotheken, Museen**   **14**
und Archiven, die bei ihnen vorhandenen Werke auf Bestellung unter anderem per **Email** zu
versenden und an **elektronischen Leseplätzen** der Öffentlichkeit zugänglich zu machen.
Schrankenlos werden diese Rechte gleichwohl nicht gewährt. Im Interesse der Verlage dürfen
beispielsweise Kopien der Werke dann nicht per E-Mail versandt werden, wenn der Verlag offensichtlich ein eigenes Online-Angebot zu angemessenen Konditionen bereithält. Auch ist die
Anzahl der Vervielfältigungen eines Werkes, die an elektronischen Leseplätzen gezeigt werden, grundsätzlich auf die Anzahl der in der Einrichtung befindlichen Exemplare beschränkt,
§ 52b UrhG.

Nicht zuletzt enthält der zweite Korb der Novelle eine für das Urhebervertragsrecht höchst in-   **15**
teressante Neuerung: Anders als nach der früheren Rechtslage ist es nun gem. § 31a UrhG
möglich, Rechte an zum Zeitpunkt des Vertragsschlusses noch **unbekannten Nutzungsarten**

---

6 Vgl. dazu auch *Russ* Abschn. 19, Rn. 20 ff.

zu übertragen. Sinn der Neuregelung ist wiederum die Anpassung an das rasante Tempo, in dem neue Nutzungsarten entwickelt werden. Der neue § 31a UrhG soll eine möglichst zeitnahe und umfassende Ausübung der neuen Nutzungsarten möglich machen.[7]

16 Damit lassen sich bereits der geschichtlichen Entwicklung des Urheberrechts drei Aspekte entnehmen, die noch heute von entscheidender Bedeutung für das Urheberrecht sind:
- Der Kampf gegen Plagiate,
- die Vergütung der Urheber und
- die Anpassung des Urheberrechts an die technischen Entwicklungen der Zeit.

II. Begriff und Funktion des Urheberrechts

Literatur: *Ann* Die idealistische Wurzel des Schutzes geistiger Leistungen, GRUR 2004, 597; *Dreier/Schulze* Urheberrechtsgesetz, Urheberrechtswahrnehmungsgesetz, Kunsturhebergesetz, Komm., 2. Aufl. 2006 Rn. 1 der Einl.; *Möhring/Niccolini* Urheberrechtsgesetz, Komm., 2. Aufl. 2000 Rn. 9 ff. der Einl.; *Oberndörfer* Die philosophische Grundlage des Urheberrechts, 2005; *Rigamonti* Geistiges Eigentum als Begriff und Theorie des Urheberrechts, 2001; *Schricker* Urheberrecht, Komm., 3. Aufl. 2006 Rn. 1 der Einl.; *Schricker/Dreier/Kur* Geistiges Eigentum im Dienste der Innovation, 2001; *Wandtke/Bullinger* Praxiskomm. zum Urheberrecht, 2. Aufl. 2006 Rn. 15 ff. der Einl.

1. Begriff

17 In objektiver Hinsicht bedeutet „Urheberrecht" die Gesamtheit aller Rechtsnormen, die die Werkherrschaft regeln und bestimmte geistige Schöpfungen schützen. In subjektiver Hinsicht beschreibt das Urheberrecht das Recht des Urhebers eines schöpferischen Werkes auf dem Gebiete der Literatur, Wissenschaft und Kunst, § 1 UrhG. Dem Urheber werden eigentümerähnliche Rechte an seinem Werk eingeräumt. Diese Rechte ermöglichen es dem Urheber, selbst zu entscheiden, wer sein Werk auf welche Art und Weise nutzen darf, oder ob Dritte gänzlich von einer Werknutzung ausgeschlossen werden sollen.

2. Funktion

18 Das Urheberrecht hat sowohl kulturelle, soziale als auch ökonomische Bedeutung. Daher hat es verschiedene Funktionen, allen voran eine Schutzfunktion und eine Vergütungsfunktion, aber auch eine Verwertungsfunktion.

19 Die vorrangige Funktion des Urheberrechts ist der Schutz der schöpferischen Leistung des Urhebers. Dieser Schutz ist Ausfluss der durch die Verfassung verbrieften Rechte des Urhebers, nämlich seiner Persönlichkeitsrechte gem. Art. 1 und Art. 2 Abs. 2 GG sowie seiner Eigentumsrechte gem. Art. 14 GG.[8] Ausgestaltet sind diese Rechte im Urheberrechtsgesetz durch die Verwertungsrechte (§§ 15 ff. und §§ 77 ff. UrhG) und die Urheberpersönlichkeitsrechte (§§ 12 ff., §§ 74, 75 UrhG). Auch die Regelungen hinsichtlich des Verbots der Umgehung technischer Schutzmaßnahmen (§§ 95a ff. UrhG) und die zivil- und strafrechtlichen Sanktionen der §§ 97 ff., 106 ff. UrhG dienen der Erfüllung der Schutzfunktion. Jeder Urheber soll gegen die Beeinträchtigung seiner ideellen Interessen an seinem Werk geschützt werden. Damit schafft das Urheberrecht u.a. die Voraussetzungen für den Kampf gegen **Plagiate**.

---

7 Dazu unter Rn. 216 ff. mehr.
8 *Schricker/Schricker* Einl. Rn. 12.

Das Urheberrecht soll aber darüber hinaus gewährleisten, dass der Urheber ein originäres **20** Recht an dem Resultat seiner geistigen Schöpfung hat und an den materiellen Vorteilen, die durch die Nutzung und Auswertung seines Werkes erzielt werden, angemessen beteiligt wird.[9] An diesen Gedanken knüpfen als Ausfluss der **Vergütungsfunktion** des Urheberrechts die Regelungen hinsichtlich der gesetzlichen Vergütungsansprüche von Werkschaffenden, die §§ 32 ff., 54 UrhG an. Besonders hervorzuheben ist in diesem Zusammenhang der unabdingbare Anspruch auf eine angemessene Vergütung gem. § 32 UrhG, auf den an anderer Stelle noch näher einzugehen sein wird.[10]

Die Vergütung für die Schöpfung stellt eine Gegenleistung dafür dar, dass der Verwerter **21** Rechte an dem Werk eingeräumt erhält und dieses nutzen und gegebenenfalls auch vermögenswirksam verwerten kann. Neben dem Schutz des Urhebers dient das Urheberrecht dementsprechend auch denjenigen, die Werke wirtschaftlich auswerten. Die Verwertungsindustrie bedarf ebenfalls des Schutzes, da anderenfalls auch der Urheber nicht von den wirtschaftlichen Ergebnissen seines Schaffens profitieren oder er seine Werke nur in sehr geringem Maße wirtschaftlich ausschöpfen könnte (**Verwertungsfunktion**). Diese Funktion des Urheberrechtsschutzes findet seine Ausprägung vor allem in den Regelungen der §§ 81, 85, 87, 87a bis e und § 94 UrhG, welche beispielsweise die Rechte des Theaterveranstalters, des Tonträgerherstellers und des Datenbankherstellers konkretisieren. Eine der größten Herausforderungen dieser Verwertungsfunktion des Urheberrechts ist die **Anpassung des Urheberrechts an die technischen Entwicklungen der Zeit.**[11]

Gleichzeitig dient die Möglichkeit der Verwertung der Schöpfung des Urhebers auch den In- **22** teressen der Allgemeinheit.[12] Denn die Schöpfung und Nutzung von Werken ist notwendiger Bestandteil der kulturellen Vielfalt einer Gesellschaft. Um der Allgemeinheit zu ermöglichen, an den schöpferischen Leistungen des Einzelnen zu partizipieren, sind den subjektiven Rechten des Urhebers durch die Interessen der Allgemeinheit bestimmte Schranken gesetzt, §§ 44a ff. UrhG. Wie das materielle Eigentum unterliegt also auch das geistige Eigentum einer Sozialbindung. Daher enthält das Urheberrecht unter anderem Regelungen, die der Allgemeinheit den ungehinderten Zugang zu Kulturgütern sichern sollen. Es handelt sich um Einschränkungen der Rechte des Werkschöpfers zugunsten der Informationsfreiheit. Beispielsweise genießen amtliche Werke (zu denen Gesetze, Bekanntmachungen und Gerichtsentscheidungen zählen) gar keinen (§ 5 UrhG) und Reden bei öffentlichen Verhandlungen, Reden über Tagesfragen und Werke, die im Rahmen öffentlicher Veranstaltungen wahrnehmbar werden, sowie Zitate nur eingeschränkten Urheberrechtsschutz (§§ 48 bis 51 UrhG).

III. Ab- und angrenzende Schutzrechte

1. Verwandte Schutzrechte, Leistungsschutzrechte

Im zweiten Abschnitt des UrhG sind die so genannten verwandten Schutzrechte – auch Leis- **23** tungsschutzrechte genannt – geregelt. Im dritten Teil des UrhG ist zudem das Recht des Filmherstellers geregelt, welches ebenfalls ein dem Urheberrecht verwandtes Schutzrecht ist. Bei diesen sog. verwandten Schutzrechten geht es nicht, wie bei den Urheberrechten, um den

---

9 *Loewenheim/Loewenheim* § 1 Rn. 4; *Wandtke/Bullinger/Wandtke* Einl. Rn. 20; *BVerfG* NJW 2003, 1655, 1656.
10 S.u. Rn. 246 ff.
11 Daher wird statt von Verwertungsfunktion auch von Innovationsfunktion gesprochen, s. *Wandtke/Bullinger/Wandtke* Einl. Rn. 20.
12 *Schricker/Schricker* Einl. Rn. 8.

Schutz persönlicher geistiger Schöpfungen, sondern es werden Leistungen honoriert, die auf bereits bestehende Werke zurückgreifen und/oder eine unternehmerische oder organisatorische Tätigkeit beinhalten.[13] So werden durch die §§ 70, 72, 73 UrhG Leistungen mit persönlichkeitsrechtlichem Bezug geschützt, während die §§ 85, 87, 87a, 94 und 95 UrhG die Rechte des Unternehmers schützen. Bei den Leistungsschutzrechten geht es demnach um Leistungen, die (nur) am Rande der schöpferischen Tätigkeit angesiedelt sind. Der zweite und dritte Teil des UrhG zählt die Leistungsschutzrechte abschließend auf.[14] Eine analoge Gewährung von Leistungsschutzrechten für ähnlich ausgestaltete Leistungen ist daher ausgeschlossen.

24   Für die Vertragspraxis ist die Differenzierung zwischen Urheberrechten und sog. verwandten Schutzrechten von untergeordneter Bedeutung. So wird im Rahmen der vertraglichen Definition der zu übertragenden Rechte in der Regel nicht zwischen einem Urheber und einem (nur) Leistungsschutzberechtigten differenziert. Relevant wird die Differenzierung dagegen im Falle von Rechtsverletzungen, denen keine vertraglichen Beziehungen zugrunde liegen. Bei der Geltendmachung von Rechtsverletzungen vor Gericht muss daher genau geprüft werden, ob es um die Verletzung von Urheberrechten oder (nur) um die Verletzung von Leistungsschutzrechten geht.

2. Gewerbliche Schutzrechte

Literatur: *Balañá* Urheberrechtsschutz für Parfüms, GRUR Int 2005, 979; *Bartmann* Grenzen der Monopolisierung durch Urheberrechte am Beispiel von Datenbanken und Computerprogrammen, 2005; *Bercovitz* Urheberrecht und Markenrecht, GRUR Int 2001, 611; *Bröcker/Czychowski/Schäfer* Geistiges Eigentum im Internet, Praxishdb., 2003; *Buhrow/Nordemann* Grenzen ausschließlicher Rechte geistigen Eigentums durch Kartellrecht, GRUR Int 2005, 407; *Deutsch* Zusätzlicher Schutz für Werktitel durch Markeneintragung, GRUR 2004, 642; *Fezer* Markenrecht, Komm., 3. Aufl. 2001; *Götting* Der Begriff des Geistigen Eigentums, GRUR 2006, 353; *Gottschalk/Gottschalk* Das nicht eingetragene Gemeinschaftsgeschmacksmuster: eine Wunderwaffe des Designschutzes?, GRUR Int 2006, 461; *Heermann* Rechtlicher Schutz von Slogans, WRP 2004, 263; *Heutz* Freiwild Internetdesign?, MMR 2005, 567; *Ingerl/Rohnke* Markengesetz, Komm., 2. Aufl. 2003; *Köhler* Das Verhältnis des Wettbewerbsrechts zum Recht des geistigen Eigentums – Zur Notwendigkeit einer Neubestimmung auf Grund der Richtlinie über unlautere Geschäftspraktiken, GRUR 2007, 548; *Koschtial* Zur Notwendigkeit der Absenkung der Gestaltungshöhe für Werke der angewandten Kunst im deutschen Urheberrecht, GRUR 2004, 555; *Kur* Die Zukunft des Designschutzes in Europa – Musterrecht, Urheberrecht, Wettbewerbsrecht, GRUR Int 1998, 353; *Loewenheim* Höhere Schutzuntergrenze des Urheberrechts bei Werken der angewandten Kunst?, GRUR Int 2004, 765; *Mes* Patentgesetz, Gebrauchsmustergesetz, Komm., 2. Aufl. 2005; *Nirk/Ullmann* Patent-, Gebrauchsmuster- und Sortenschutzrecht, 3. Aufl., 2007; *Nordemann* Urhebervertragsrecht und neues Kartellrecht gem. Art. 81 EG und § 1 GWB, GRUR 2007, 203; *Wandtke/Bullinger* Die Marke als urheberrechtlich schutzfähiges Werk, GRUR 1997, 573; *Wandtke/Ohst* Zur Reform des deutschen Geschmacksmustergesetzes, GRUR Int 2005, 91; *Weyand/Haase* Anforderungen an einen Patentschutz für Computerprogramme, GRUR 2004, 198; *Wüterich/Breucker* Wettbewerbsrechtlicher Schutz von Werbe- und Kommunikationskonzepten, GRUR 2004, 389; *Zirn* Softwarerechtsschutz zwischen Urheberrecht und Patentrecht, 2004, 135 ff.

25   Zu den gewerblichen Schutzrechten gehören Patente, Geschmacks- und Gebrauchsmuster, Marken sowie der Sortenschutz.

---

13 *Schricker/Schricker* Einl. Rn. 27 ff.
14 S. dazu unten Rn. 262 ff.

Sowohl das Urheberrecht als auch die gewerblichen Schutzrechte behandeln den Schutz un- **26** körperlicher, immaterieller Gegenstände. Dies unterscheidet sie vom Sachenrecht des Bürgerlichen Gesetzbuches. Nicht eine Sache, sondern das Ergebnis einer geistigen Produktion ist Schutzgegenstand. Im Urheberrecht muss das Geschaffene den Verstand oder die Sinne ansprechen. Hier liegt der Unterschied zum gewerblichen Rechtsschutz, wo es um das Auffinden und die praktische Anwendung technischer Naturgesetze oder den Schutz von Kennzeichen geht. Da es sich beim gewerblichen Rechtsschutz im Wesentlichen um Wirtschaftsrecht handelt, existieren dort nur sehr wenige Bezüge zum Persönlichkeitsrecht. Das Fehlen solcher Bezüge ist der Grund dafür, dass die gewerblichen Schutzrechte im Unterschied zum Urheberrecht **vollständig übertragbar** sind (z.B. § 29 Abs. 1 GeschmMG; § 27 Abs. 1 MarkenG; § 11 Abs. 1 SortSchG).

Ein weiterer wesentlicher Unterschied zwischen dem Urheberrecht und den gewerblichen **27** Schutzrechten besteht in der Art und Weise, in der der Schutz entsteht. Urheberrechte entstehen ipso iure und formfrei aufgrund des schöpferischen Aktes, die gewerblichen Schutzrechte hingegen müssen von der zuständigen Behörde verliehen werden (im Markenrecht gelten teilweise Ausnahmen, vgl. § 4 Nr. 2, 3; § 5 MarkenG). Für gewerbliche Schutzrechte ist ihre **Registrierung** in den einschlägigen Registern daher von entscheidender Bedeutung. Für das Urheberrecht besteht zwar ebenfalls die Möglichkeit der Registrierung (§ 138 UrhG), diese hat jedoch keine konstitutive Wirkung.[15]

Auch erlöschen gewerbliche Schutzrechte, wie Patente, Marken, Geschmacks- und Ge- **28** brauchsmuster früher als Urheberrechte. Während die Rechte des Urhebers erst siebzig Jahre nach dessen Tod erlöschen, enden die Rechte an technischen Erfindungen innerhalb von 20 Jahren (§ 16 PatG), die Rechte am Gebrauchsmuster binnen 10 Jahren (§ 23 GebrMG), das Geschmacksmusterrecht gilt 25 Jahre (§ 27 Abs. 2 GeschmMG) und die Marke erlischt nach 10 Jahren (§ 47 Abs. 1 MarkenG, es besteht allerdings die Möglichkeit, den Schutz immer wieder um weitere 10 Jahre zu verlängern).

Aufgrund der technischen Fortentwicklung und der daraus entstehenden neuen Produktions- **29** und Verwertungsarten kommt es aber immer wieder zu Überschneidungen zwischen gewerblichem Rechtsschutz und dem Urheberrecht. Von besonderer praktischer Relevanz ist daher die Abgrenzung zu den technischen Schutzrechten, beispielsweise im Hinblick auf Computerprogramme. Aber auch im Zusammenhang mit Geschmacksmustern und Marken ist es sinnvoll, an das Nebeneinander von Urheberrecht und gewerblichen Schutzrechten zu denken.

2.1 Technische Schutzrechte

Zu den technischen Schutzrechten gehören das Patent, das Gebrauchsmuster sowie der Sorten- **30** schutz. Dem Urheberrecht und den vorgenannten gewerblichen Schutzrechten ist zwar gemein, dass sie Innovationen dadurch schützen, dass sie den Schöpfern Ausschließlichkeitsrechte zubilligen. Anders als das Urheberrecht, welches zufällige Doppelschöpfungen nicht missbilligt und daher beiden Schöpfungen gleichen Schutz zubilligt, räumen die technischen Schutzrechte jedoch ihrem Inhaber ein echtes Ausschließlichkeitsrecht ein. Erschaffen also zwei Urheber zufällig ein identisches Werk, so können sie beide Urheberrechtsschutz in Anspruch nehmen. Ist aber ein technisches Schutzrecht angemeldet worden, so kann ein Dritter für dieselbe Erfindung nicht ein gleiches technisches Schutzrecht erlangen.

---

15 S. dazu noch unter Rn. 50 f. (Werkbegriff).

31 Es ist nicht ausgeschlossen, dass eine Schöpfung Schutz sowohl nach dem Urheberrecht als auch als technisches Schutzrecht erlangen kann. Besonders schwierig kann die Abgrenzung bei Computerprogrammen sein.[16] Während die Regelungen der §§ 69a ff. UrhG den Quellcode erfassen und diesem Urheberrechtsschutz gewähren,[17] kann die so genannte „computerimplementierte Erfindung" Patentrechts- und/oder Gebrauchsmusterschutz beanspruchen.[18]

Dazu folgendes **Fallbeispiel:**

32 Das Patentamt hat eine technische Erfindung als Patent abgelehnt mit der Begründung, dass der Anmeldegegenstand nicht so ausreichend deutlich offenbart sei, als dass ein Fachmann diesen ausführen könne; dazu bedürfe es der Offenbarung des Quellcodes. Das Bundespatentgericht ist dem entgegengetreten, indem es auf die vom Patentamt nicht richtig vorgenommene Abgrenzung zwischen technischem Schutzrecht und Urheberrecht hinweist.[19] Danach sei Gegenstand eines Patentes regelmäßig nicht die konkrete Ausdrucksform, sondern ein übergeordnetes technisches Prinzip. Der Schutz der konkreten Ausdrucksform eines Computerprogramms, wie sie der Quellcode darstellt, wird durch das Urheberrecht geleistet, welches den Schutz von Ideen und Grundsätzen, d.h. also auch von technischen Lehren ausdrücklich ausnimmt (§ 69a UrhG).

2.2 Geschmacksmuster

33 Ein Geschmacksmuster ist die geschützte zwei- oder dreidimensionale Erscheinungsform eines ganzen Erzeugnisses oder eines Teils davon, die sich insbesondere aus den Merkmalen der Linien, Konturen, Farben, der Gestalt, Oberflächenstruktur oder den Werkstoffen des Erzeugnisses selbst oder seiner Verzierung ergibt, § 1 Nr. 1 GeschMG. Das neue Geschmacksmusterrecht benutzt den Begriff des Erfordernisses einer angemessenen Gestaltungshöhe nicht mehr. Es hat sich vom Urheberrecht gelöst und wird nunmehr als eigenständiges Materialgüterrecht verstanden. Nach dem geltenden Geschmacksmusterrecht ist die Neuheit und die Eigenart des Musters oder Erzeugnisses (§ 2 Abs. 1 GeschmMG) entscheidend, nicht mehr die Gestaltungshöhe.

34 Dementsprechend kann zwar Geschmacksmusterschutz vorliegen, dies bedeutet jedoch nicht gleichzeitig, dass auch Urheberrechtsschutz gegeben ist. Vielmehr verlangt das Urheberrecht in Fällen der sog. angewandten Kunst (Gebrauchsgüter mit künstlerischer Formgebung) im Gegensatz zur bildenden Kunst (Werke, die nur zur Betrachtung bestimmt sind) eine Gestaltungshöhe, die über die sog. kleine Münze hinaus geht. Verlangt wird ein deutliches Überragen der Durchschnittsgestaltung.[20] Urheberrecht und Geschmacksmusterrecht stehen daher in einem Stufenverhältnis zueinander, wenngleich es für den Urheberschutz abweichend vom Geschmacksmusterrecht nicht auf die Neuheit der Gestaltung ankommt.[21]

35 Unabhängig von der Frage, ob nun Geschmacksmusterschutz und/oder Urheberrechtsschutz vorliegt, sollte der Designer sein Werk der angewandten Kunst vertraglich absichern, d.h. die tatsächliche wirtschaftliche Verwertung von einem Nutzungsentgelt abhängig machen. Insofern werden im Designbereich Verträge meist zweistufig abgeschlossen. Zunächst erfolgt die Auftragserteilung für die Erstellung eines Entwurfs gegen Zahlung einer in der Regel geringen

---

16 *BGH* GRUR 1991, 449, 450 – Betriebssystem; *Loewenheim/Loewenheim/Flechsig* § 3 Rn. 15; *Wandtke/Bullinger/Wandtke* Einl. Rn. 46.
17 *BPatG* GRUR 2004, 934, 935 – Quellcode.
18 *BGHZ* 143, 255, 264 – Logikverifikation.
19 *BPatG* GRUR 2004, 934 – Quellcode.
20 StRspr., vgl. nur *BVerfG* GRUR 2005, 410 ff.; *BGH* GRUR 2005, 941 ff., GRUR 1995, 581 ff.
21 *BGH* GRUR 1979, 332, 336.

Entwurfsvergütung. Will der Auftraggeber den Entwurf dann tatsächlich nutzen, erfolgt die entsprechende Rechteübertragung gegen Zahlung einer Nutzungsvergütung. Rechte an dem Entwurf sollten daher aus der Sicht des Designers in keinem Fall bereits auf der ersten Stufe übertragen werden, sondern ausdrücklich vorbehalten bleiben für den Abschluss der anschließenden Nutzungsvereinbarung, auf den sich der Auftraggeber eine Option einräumen lassen kann. Ein solcher Nutzungsvertrag ist auch dann wirksam, wenn das entworfene Design im Ergebnis weder Geschmacksmusterschutz noch Urheberrechtsschutz genießt.[22]

2.3 Marken

Marken sind Wort- und/oder Bild-Zeichen, die Kennzeichnungskraft besitzen. Entscheidend **36** ist für sie die Eignung, Waren und Dienstleistungen eines Unternehmens von den Waren und Dienstleistungen anderer Unternehmen zu unterscheiden. Die Unterscheidungsfunktion ist daher auch das allgemeine Merkmal der Marke. Zeichen (also beispielsweise Worte oder so genannte „Logos") können sowohl nach den Grundsätzen des Urheberrechts als auch nach Markenrecht geschützt sein, soweit das Zeichen die notwendige Werkqualität aufweist.[23] Das trifft vor allem auf Kunstwerke zu, die für die Kennzeichnung einer Ware oder Dienstleistung benutzt werden.[24] Aufgrund der Verlängerungsmöglichkeit des § 47 Abs. 2 im Markenrecht kann das Urheberrecht vor dem Markenrecht erlöschen, da die Marke alle 10 Jahre ohne eine feste Obergrenze verlängert werden kann.

In der Praxis bietet es sich daher an, nicht nur auf den Urheberschutz zu vertrauen, sondern die **37** Alleinentscheidungsbefugnis des Urhebers zusätzlich durch die Registrierung einer Marke abzusichern. Gerade im internationalen Rechtsverkehr ist der Markenschutz im Verletzungsfall oftmals deutlich einfacher durchzusetzen als die Urheberrechtsverletzung. Dies trifft beispielsweise auf Werbeslogans zu.[25]

3. Wettbewerbsrecht

Eng verbunden sowohl mit dem Urheberrecht als auch mit den gewerblichen Schutzrechten ist **38** das Wettbewerbsrecht. Unter den Begriff Wettbewerbsrecht wird sowohl das Gesetz gegen den unlauteren Wettbewerb (UWG) subsumiert als auch das Kartellrecht, welches sich in Deutschland im Gesetz gegen Wettbewerbsbeschränkungen (GWB) widerspiegelt. Sowohl UWG als auch GWB sind für die Urheberrechtsordnung von Bedeutung.

3.1 Abgrenzung zum UWG

Die Abgrenzung zwischen Urheberrecht und UWG ist für die Praxis insbesondere in Bezug **39** auf die Rechtsfigur des sog. ergänzenden wettbewerbsrechtlichen Leistungsschutzes von Relevanz. Der Sonderrechtsschutz des Urheberrechts ist nach Auffassung des BGH gegenüber einem (ergänzenden) wettbewerbsrechtlichen Leistungsschutz vorrangig und schließt diesen aus.[26] Die Verletzung fremden Urheberrechts führt nach Ansicht des Gerichts auch dann nicht zu Ansprüchen von Mitbewerbern wegen unlauteren Wettbewerbs, wenn sie geeignet ist, den Wettbewerb zu beeinflussen. Ein Unternehmen, das fremde Urheberrechte nicht beachte, gewinne durch diesen Rechtsbruch allerdings Vorteile, die es möglicherweise auch im Wettbe-

---

22 *KG* ZUM 2005, 230 ff.
23 Zur Beziehung zwischen Marken und Urheberrecht *Bercovitz* GRUR Int. 2001, 611 ff.
24 *Loewenheim/Loewenheim/Mees* § 3 Rn. 18 f.
25 Vgl. *Heermann* WRP 2004, 263 ff.
26 *BGH* GRUR 1994, 630, 632 – Cartier-Armreif, GRUR 1992, 679, 699 – ALF.

werb einsetzen könne; es nutze geschützte Werke, die nach der Rechtslage nur mit Zustimmung des Urheberberechtigten genutzt werden dürften und deshalb bei rechtmäßigem Vorgehen zur gewerblichen Verwertung regelmäßig gar nicht oder nur gegen Entgelt zur Verfügung stünden. Dieser Wettbewerbsvorsprung rechtfertige es jedoch allein nicht, anderen Unternehmen Unterlassungsansprüche aus § 1 UWG zuzugestehen. Die Anwendung des § 1 UWG sei neben den sondergesetzlichen Regelungen des Urheberrechtsgesetzes allerdings nicht ausgeschlossen. Es müssten aber besondere, außerhalb der Sonderschutztatbestände des Urheberrechtsgesetzes liegende Umstände hinzutreten, welche die beanstandete Handlung als unlauter im Sinne des § 1 UWG erscheinen ließen.[27]

40   Wenn hingegen kein urheberrechtlich schutzfähiges Werk vorliegt, kann gegen einen Nachahmer (also den Produzenten eines Plagiats) vorgegangen werden, wenn der Nachahmungsgegenstand eine gewisse Eigenart aufweist und besondere Umstände die Nachahmung als wettbewerbswidrig erscheinen lassen (z.B. unmittelbare Leistungsübernahme, vermeidbare Herkunftstäuschung, Rufausbeutung etc.).[28]

41   Dazu folgende **Fallbeispiele:**

– Das Telefonbuch genießt im Allgemeinen keinen Urheberrechtsschutz, jedenfalls nicht nach § 2 UrhG. Das Inverkehrbringen von elektronischen Telefonteilnehmerverzeichnissen auf CD-ROM kann aber eine wettbewerbsrechtliche Leistungsübernahme darstellen.[29]

– Das Setzen von Hyperlinks/Deeplinks auf Seiten mit urheberrechtlich geschützten, frei zugänglichen Inhalten verstößt weder gegen Urheberrecht (Vervielfältigungsrecht, Recht der öffentlichen Zugänglichmachung), noch gegen Wettbewerbsrecht, wenn keine besonderen Umstände hinzutreten.[30]

– Werbeslogans können unter dem Gesichtspunkt eines wettbewerbsrechtlichen Leistungsschutzes vor Nachahmung geschützt sein; dies gilt insbesondere, wenn sie originell, gleichzeitig einprägsam und aussagekräftig sind.[31]

3.2 Kartellrecht

42   Da das Kartellrecht der Verhinderung von Monopolen dient, das Urheberrecht mit seinen Ausschließlichkeitsrechten jedoch eine gewisse Monopolisierung zur Folge hat, kann es immer wieder zu Kollisionen zwischen Urheber- und Kartellrecht kommen.

43   Diese Kollision ist in der Praxis insbesondere in Bezug auf Verwertungsgesellschaften und Lizenzverträge relevant. So wird zum Beispiel diskutiert, ob grenzüberschreitende Vereinbarungen zwischen Verwertungsgesellschaften eine Beschränkung des Wettbewerbs darstellen.[32]

44   Darüber hinaus ist das Kartellrecht bei der Lizenzerteilung von besonderer Bedeutung. Die Weigerung, eine Lizenz an einem urheberrechtlich geschützten Werk zu erteilen, kann als Missbrauch einer marktbeherrschenden Stellung im Ergebnis die Anordnung einer Zwangslizenz zur Folge haben.[33]

---

27 *BGH* GRUR 2003, 958, 962 – Paperboy, GRUR 1999, 325, 326 – Elektronische Pressearchive, GRUR 1999, 707, 711 – Kopienversanddienst, GRUR 1997, 459, 462 – CB-infobank I.

28 *Dreier/Schulze* Einl. Rn. 37; *Hefermehl/Köhler/Bornkamm* § 4 Rn. 9.24 ff.

29 *BGH* GRUR 1999, 923 ff. – Tele-Info-CD.

30 *BGH* GRUR 2003, 958 ff. – Paperboy.

31 *BGH* GRUR 1997, 308 – Wärme fürs Leben; *BPatG* GRUR 1998, 715 – Mit uns kommen Sie weiter; vgl. auch *Heermann* WRP 2004, 263 ff.

32 *Loewenheim/Loewenheim* § 56 Rn. 6; *Wandtke/Bullinger/Wandtke* Einl. Rn. 52.

33 *EuGH* GRUR Int. 1995, 490 – Magill TV Guide, GRUR Int. 2004, 644 – Zwangslizenz; vgl. auch *Loewenheim/Loewenheim* § 56 Rn. 7 ff.

Kuck

4. Andere Persönlichkeitsrechte

Literatur: *Dreier/Schulze* Urheberrechtsgesetz, Urheberrechtswahrnehmungsgesetz, Kunsturhebergesetz, Komm., 2. Aufl. 2006 vor § 12 Rn. 5, 6; *Jarras* Das allgemeine Persönlichkeitsrecht im Grundgesetz, NJW 1989, 857; *Krüger-Nieland* Das Urheberpersönlichkeitsrecht, eine besondere Erscheinungsform des allgemeinen Persönlichkeitsrechts, FS für Hauß, 1978, S. 215; *Lucas-Schloetter* Die Rechtsnatur des Droit Moral, GRUR Int 2002, 809; *Ricker* Rechte und Pflichten der Medien unter Berücksichtigung der Rechte des einzelnen, NJW 1990, 2097; *Schack* Urheber- und Urhebervertragsrecht, 3. Aufl. 1997, Rn. 45 f.; *Schricker* Urheberrecht, Komm., 3. Aufl. 2006 vor §§ 12 ff. Rn. ff.; *Wandtke/Bullinger* Praxiskomm. zum Urheberrecht, 2. Aufl. 2006 vor §§ 12 ff. Rn. 16 ff.

Die persönlichkeitsrechtlichen Regelungen des Urheberrechts schützen den Urheber, die Be **45** ziehung zu seinem Werk sowie das Werk selbst. Der darüber hinaus gehende Persönlichkeitsschutz schützt die natürliche Person in ihrer Gesamtheit und wird durch die Artikel 1 Abs. 1, 2 Abs. 1 GG verbürgt. Obwohl Grundrechte nur Abwehrrechte des Bürgers gegen den Staat darstellen und daher im Zivilrecht nicht unmittelbar bindend sind, ist inzwischen anerkannt, dass jede natürliche Person aufgrund der Ausstrahlung der Grundrechte in das Privatrecht einen deliktsrechtlichen und negatorischen Schutz gegen die Verletzung ihrer Persönlichkeit genießt. Anderenfalls wären die verfassungsmäßig verbriefte Unantastbarkeit der Würde des Menschen und die freie Entfaltung der Persönlichkeit nicht in ausreichendem Maße geschützt. Um sicher zu stellen, dass der Einzelne davor geschützt ist, dass seine Persönlichkeit durch Nichtberechtigte kommerzialisiert wird, sind bestimmte Aspekte des allgemeinen Persönlichkeitsrechts anerkannt. So wird durch das allgemeine Persönlichkeitsrecht die Person vor der Verbreitung, öffentlichen Zurschaustellung und Herstellung ihres Bildnisses, vor Angriffen auf ihre Ehre, vor Entstellungen ihrer Identität, vor dem Eindringen und dem Ausforschen ihres persönlichen Bereichs, vor der Verbreitung von personenbezogen Informationen sowie vor unbefugter Nutzung ihrer Persönlichkeit geschützt. Das Urheberrechtsgesetz konkretisiert diesen generellen Schutz im Hinblick auf die Beziehung des Urhebers zu seiner Schöpfung.[34]

Dazu folgendes **Fallbeispiel**: **46**

Der Architekt des Besucher- und Dokumentationszentrums „Topographie des Terrors" in Ber **47** lin stützte sich, nachdem urheberrechtliche Ansprüche gegen den Abriss der von ihm bereits errichteten Bauten erfolglos geblieben waren, auf eine Verletzung des allgemeinen Persönlichkeitsrechts gem. Art. 2 Abs. 1 i.V.m. Art. 1 Abs. 1 GG, um sich gegen den drohenden Abriss der Bauten zur Wehr zu setzen. Das BVerfG hielt das Eingreifen von Art. 2 Abs. 1 i.V.m. Art. 1 Abs. 1 GG zwar nicht grundsätzlich für ausgeschlossen, vermochte im vorliegenden Fall jedoch keine Verletzung zu erkennen, da eine Ehrverletzung unsubstantiiert geblieben sei.[35]

In den meisten Fällen fungiert das allgemeine Persönlichkeitsrecht jedoch nicht als Auffang **48** tatbestand, sondern steht in Konflikt zum Urheberrecht. Ein solcher Konflikt kann beispielsweise in Fällen der sog. Schmähkritik oder des Bildnisschutzes gem. §§ 22, 23 Kunsturhebergesetz (KUG) vorliegen.[36]

---

34 *Wandtke/Bullinger/Wandtke* Einl. Rn. 34 ff. m.w.N.
35 *BVerfG* NJW 2005, 590 ff.
36 *BGH* ZUM-RD 2005, 123, 127, GRUR 2005, 788 – Esra.

B. Das Werk als Schutzobjekt

Literatur: *Balañá* Urheberrechtsschutz für Parfüms, GRUR Int. 2005, 979; *Berking* Kein Urheberrechtsschutz für Fernsehshowformate?, GRUR 2004, 109; *ders.* Die Unterscheidung von Inhalt und Form im Urheberrecht, 2002, *Börsch* Webseiten schützen lassen?!, MMR 2003, IX; *Depenheuer* Gegen den Urheberschutz des Theaterregisseurs, ZUM 1997, 734; *Deutsch/Ellerbrock* Titelschutz. Werktitel und Domainnamen, 2. Aufl. 2004; *v. Einem* Zum Streit um die Lizenzierungspraxis bei monophonen und polyphonen Klingeltönen, ZUM 2005, 540; *Engisch* Zur Relativität des Werkbegriffs, FS v. Gamm, 1990, S. 369; *Erdmann* Schutz von Werbeslogans, GRUR 1996, 550; *Erdmann/Bornkamm* Schutz von Computerprogrammen, GRUR 1991, 877; *v. Gamm* Die Problematik der Gestaltungshöhe im deutschen Urheberrecht, 2004; *Goldmann* Das Urheberrecht an Bauwerken, GRUR 2005, 639; *Gottschalk* Der Schutz des Designs nach deutschem und europäischem Recht, 2005; *Götting* Der Schutz wissenschaftlicher Werke, FS Nordemann, 2004, S. 7; *Gounalakis* Urheberschutz für die Bibel?, GRUR 2004, 996; *Gyertyánfy* Expansion des Urheberrechts – und kein Ende?, GRUR Int. 2002, 557; *Heinkelein* Der Schutz der Urheber von Fernsehshows und Fernsehshowformaten, 2004; *Heutz* Freiwild Internetdesign?, MMR 2005, 567; *Hieber* Für den Urheberschutz des Theaterregisseurs – die Inszenierung als persönliche geistige Schöpfung, ZUM 1997, 17; *Kitz* Die Herrschaft über Inhalt und Idee beim Sprachwerk – Anmerkung zu *LG München I*, GRUR-RR 2007, 226 – Eine Freundin für Pumuckl, GRUR-RR 2007, 217; *Koch* Begründung und Grenzen des urheberrechtlichen Schutzes objektorientierter Software, GRUR 2000, 191; *ders.* Grundlagen des Urheberrechtsschutzes im Internet und in Onlinediensten, GRUR 1997, 417; *Koschtial* Zur Notwendigkeit der Absenkung der Gestaltungshöhe für Werke der angewandten Kunst im deutschen Urheberrecht, GRUR 2004, 555; *Loewenheim* Höhere Schutzuntergrenze des Urheberrechts bei Werken der angewandten Kunst?, GRUR Int. 2004, 765; *Ott* Die urheberrechtliche Zulässigkeit des Framing nach der BGH-Entscheidung im Fall „Paperboy", ZUM 2004, 357; *Poll* „TV-Total" – Alles Mattscheibe, oder was?, ZUM 2004, 511; *Raue* EVA & ADELE – der Mensch als „Werk" im Sinne des Urheberrechtes, GRUR 2000, 951; *Sack* Der Begriff des Werkes – ein Kennzeichnungsträger ohne Kontur? – Zugleich eine Stellungnahme zur Werkeigenschaft von Software –, GRUR 2001, 1095; *Schack* Urheberrechtliche Gestaltung von Webseiten unter Einsatz von Links und Frames, MMR 2001, 9; *v. Schoenebeck* Moderne Kunst und Urheberrecht. Zur urheberrechtlichen Schutzfähigkeit von Werken der modernen Kunst, 2003; *Schricker* Werbekonzeptionen und Fernsehformate – Eine Herausforderung für den urheberrechtlichen Werkbegriff?, GRUR Int. 2004, 923; *Stutz* Individualität, Originalität oder Eigenart? Schutzvoraussetzungen des Design – Design als Werk der angewandten Kunst, 2002; *Wandtke/Bullinger* Die Marke als urheberrechtlich schutzfähiges Werk, GRUR 1997, 573; *Wüterich/Breucker* Wettbewerbsrechtlicher Schutz von Werbe- und Kommunikationskonzepten, GRUR 2004, 389.

I. Werkbegriff

49 Schutzobjekt und Ausgangspunkt des Urheberrechts ist das Werk, welches in § 2 Abs. 2 UrhG als persönliche geistige Schöpfung definiert wird. Die Frage nach der Werkqualität ist oftmals die erste, die sich im Zusammenhang mit der Beratung eines Mandanten stellt, der wissen möchte, ob seine „Erfindung", seine „Idee", das von ihm oder seinen Mitarbeitern geschaffene „Etwas" geschützt und damit gegenüber anderen monopolisiert werden kann.

1. Registrierung ist keine Schutzvoraussetzung

50 Wenngleich in der Praxis oft der Wunsch besteht, die Monopolisierung des „Geschaffenen" durch eine einfache Registrierung zu erreichen, ist eine solche Registrierung kein Kriterium dafür, ob Urheberrechtsschutz besteht oder nicht. Weder muss das Urheberrecht von einer staatlichen Stelle erteilt, noch in ein Register oder ähnliches eingetragen werden. Vielmehr kommt man bei der Frage, ob Urheberrechtsschutz besteht oder nicht, nicht daran vorbei, die Tatbestandsmerkmale des § 2 Abs. 2 UrhG Abs. 2 im Einzelnen zu prüfen.[37]

1.1 Registrierung anonymer und pseudonymer Werke, § 138 UrhG

Gleichwohl kann es in der Praxis sinnvoll sein, an die beim Deutschen Patent- und Markenamt **51** mögliche Registrierung anonymer und pseudonymer Werke gem. § 138 UrhG zu denken. Dieses öffentliche Register hat keine konstitutive Wirkung, sondern verfolgt allein den Zweck, die Schutzdauer der Urheberrechte anonymer Künstler zu verlängern. Denn das Erlöschen der Urheberrechte knüpft an den Tod des Urhebers an, § 66 UrhG. Soll ein Werk für die volle Schutzdauer (70 Jahre nach dem Tode) geschützt sein, hat der anonyme beziehungsweise pseudonyme Urheber die Möglichkeit, sich in die Urheberrolle eintragen zu lassen. Dadurch erreicht er, dass das Werk nicht nur 70 Jahre ab Veröffentlichung, sondern regulär noch 70 Jahre nach seinem Tod Schutz beanspruchen kann.

1.2 Urhebervermerk

Literatur: *Dierkes* Die Verletzung der Leistungsschutzrechte des Tonträgerherstellers, 2000; *Dietz* Kinderkomponisten und die GEMA, ZUM 2003, 41; *Haupt* Der Copyright-Vermerk – unverzichtbar?, K&R 2000, 239; *Nordemann* Anmerkung zum Urteil des BGH „P-Vermerk", KUR 2003, 53; *Riesenhuber* Die Vermutungstatbestände des § 10 UrhG, GRUR 2003, 187; *Grünberger* Die Urhebervermutung und die Inhabervermutung für die Leistungsschutzberechtigten, GRUR 2006, 894; *Riesenhuber* Der Einfluss der RBÜ auf die Auslegung des deutschen Urheberrechtsgesetzes, ZUM 2003, 333; *ders.* Die Vermutungstatbestände des § 10 UrhG, GRUR 2003, 187; *Schricker* Urheberrecht, 3. Aufl. 2006, § 10 Rn. 4 ff.

Zwar ist auch ein Urheberrechtsvermerk wie das oftmals aufzufindende ©-Zeichen für die Entstehung des Urheberrechts und die Frage der Schutzfähigkeit nach dem UrhG weder erforderlich noch maßgeblich. Gleichwohl kommt dem Urheberrechtsvermerk in der Praxis eine gewisse Bedeutung zu. Denn aufgrund der Vermutungsregel gem. § 10 Abs. 1 UrhG gilt derjenige als Urheber, der auf den Vervielfältigungsstücken des erschienenen Werks oder auf dem Original des Kunstwerkes als dessen Urheber bezeichnet ist. Der sog. Urhebervermerk führt also zu einer Beweislastumkehr, die im Streitfall z.B. auch mit möglichen Miturhebern hilfreich sein kann. Decknamen (Pseudonyme) oder Künstlerzeichen können als Urhebervermerk ausreichen, § 10 Abs. 1, 1. HS UrhG.[38] In den einzelnen Branchen haben sich Üblichkeiten eingestellt, an welcher Stelle und mit welchem Inhalt der Urheberrechtsvermerk angebracht wird.[39] Der in der Praxis bekannte und vom Urhebervermerk zu unterscheidende **Copyright-Vermerk** erfüllt zwar nicht per se die Voraussetzungen der Urheberschaftsvermutung des § 10 Abs. 1 UrhG, empfiehlt sich in vollständiger Form (©, Name des Rechtsinhabers, Jahreszahl der Veröffentlichung, „all rights reserved") aber gleichwohl insbesondere für Werkverwertungen im Internet und in den USA als dem eigentlichen Herkunftsland dieses Vermerks.[40] Dort besteht nämlich die Möglichkeit der Registrierung des Copyrights bei dem United States Copyright Office.[41] Mit dem Copyright-Vermerk wird derjenige angegeben, der Rechtsinhaber

---

37 S.u. Rn. 58 ff.
38 Zu den Einzelheiten s. *Schricker/Loewenheim* § 10 Rn. 4 f.
39 S. dazu *Schricker/Loewenheim* § 10 Rn. 7 f.
40 Art. III WUA v. 6.9.1952; vgl. *OLG Köln* GRUR 1992, 312 ff. – Amiga-Club; *Wandtke/Bullinger/Thum* § 10 Rn 57 ff.
41 Vgl. www.copyright.gov; dazu auch *Haupt* K&R 2000, 239.

Kuck   733

ist; dies kann, muss aber nicht der Urheber sein (z.B. auch Verleger, Vertreiber, sonstige Lizenzinhaber).[42]

53 Ähnliches gilt für den in der Musikbranche verbreiteten sog. **P-Vermerk**. Insofern hat der BGH jedoch mittlerweile ausdrücklich entschieden, dass diesem hinsichtlich der Urheberschaftsvermutung gem. § 10 UrhG allenfalls indizielle Wirkung zukommt,[43] denn auch der sog. P-Vermerk kann entweder den Hersteller, seinen Rechtsnachfolger, oder aber den Inhaber einer ausschließlichen Lizenz benennen.

54 Sind im Urhebervermerk mehrere Personen angegeben, so wird vermutet, dass sie das Werk gemeinsam geschaffen haben und Miturheber sind.[44] Will einer der angegebenen Personen für sich die alleinige Urheberschaft in Anspruch nehmen, so muss er die Vermutung widerlegen.

55 § 10 Abs. 2 UrhG regelt die Vermutungswirkung im Hinblick auf die Ermächtigung des Herausgebers bzw. des Verlegers, die Rechte des Urhebers im eigenen Namen geltend zu machen.[45] Nach h.M. beschränkt sich die vermutete Ermächtigung auf die Verfolgung von Rechtsverletzungen.[46] Denn die Vorschrift diene lediglich dazu, eine Rechtsverfolgung zu ermöglichen, ohne die Anonymität des Urhebers preisgeben zu müssen. Auch die Rechtsprechung entnimmt § 10 Abs. 2 UrhG lediglich eine unbeschränkte Ermächtigung, Schutzrechte im eigenen Namen geltend zu machen.[47] Andere sehen den Herausgeber/Verleger überdies als ermächtigt an, Dritten Nutzungsrechte an dem Werk einzuräumen.[48]

56 Gem. § 72 Abs. 1 UrhG gilt die Urheberrechtsvermutung des § 10 UrhG für den Leistungsschutzinhaber eines Lichtbildes unmittelbar. Auf andere Leistungsschutzrechte dürfte § 10 UrhG nach der Entscheidung des BGH zum P-Vermerk nicht – auch nicht analog – anwendbar sein.[49]

1.3 Prioritätsnachweis durch Hinterlegung

57 Oftmals wird man als Berater mit der Frage des Urheberschutzes in einem Stadium konfrontiert, in dem noch gar kein schutzfähiges Werk, sondern lediglich Überlegungen, Ideen oder allenfalls Skizzen vorliegen. In einem solchen Fall ist es zunächst wichtig, dass der angehende Urheber seine Ideen zu Papier bringt oder auf andere Weise „verkörpert". Die so geschaffenen Manuskripte, Tonbänder, Filmkassetten, Noten etc. können dann beim Anwalt oder Notar zumindest zum sog. Nachweis der Priorität hinterlegt werden.[50]

---

42 *Dreier/Schulze* § 10 Rn. 13.
43 *BGH* GRUR 2003, 228, 230 – P-Vermerk; vgl. auch *OLG Hamburg* GRUR-RR 2001, 121, 123: „gewichtige Indizien".
44 Hierzu unten Rn. 107 ff.
45 Ein Fall der gesetzlichen Prozessstandschaft.
46 *Möhring/Nicolini/Ahlberg* § 10 Rn. 23; *Schricker/Loewenheim* § 10 Rn. 14; *Wandtke/Bullinger/Thum* § 10 Rn. 36.
47 *OLG Köln* GRUR 1992, 312 – Amiga Club; vgl. auch *OLG Hamm* NJW 1991, 2161; *LG Hannover* GRUR 1987, 635.
48 *Dreier/Schulze* § 10 Rn. 31; *v. Gamm* § 10 Rn. 14.
49 *BGH* GRUR 2003, 228, 230 – P-Vermerk; a.A. *Fromm/Nordemann/Nordemann* § 10 Rn. 6b; s. auch *OLG Köln* GRUR 1992, 312f – Amiga-Club.
50 Zu den typischen Beweisproblemen in der Praxis *LG Bielefeld* ZUM-RD 2005, 149.

2. Persönliche geistige Schöpfung

Nur persönliche geistige Schöpfungen sind Werke gem. § 2 UrhG. Die höchstrichterliche **58** Rechtsprechung verlangt für die Entstehung von Urheberrechtsschutz eine menschliche Schöpfung, die einen geistigen Gehalt, eine diesen repräsentierende sinnlich wahrnehmbare Formgestaltung und einen hinreichenden Grad an schöpferischer Eigentümlichkeit aufweist.[51]

2.1 Schöpfungshöhe – sog. kleine Münze

Entscheidend für die Werkqualität ist das Kriterium der **schöpferischen Eigentümlichkeit.** **59** Hinsichtlich der Schöpfung von Computerprogrammen wird dieses Tatbestandsmerkmal durch das Kriterium der Individualität ersetzt, § 69a Abs. 3 S. 1 UrhG.

Fraglich ist, wie hoch der Grad der Eigentümlichkeit sein muss, damit das Erzeugnis Werkqua- **60** lität erlangt. Hier besteht ein Spannungsverhältnis zwischen dem Interesse des Schöpfers, auch für eine Schöpfung, die zwar nicht herausragend, aber dennoch individuell ist, Urheberrechtsschutz zu erlangen, und dem allgemeinen Interesse, ein Ausufern des Urheberrechtsschutzes auf Erzeugnisse jeglicher Art zu verhindern. Zweck des Kriteriums der Schöpfungshöhe ist es also, einfache Alltagserzeugnisse vom Schutz des Urheberrechts auszuschließen.

Die Rechtsprechung stellt allerdings keine übersteigerten Anforderungen an die Schöpfungs- **61** höhe. Es gilt das Prinzip des **Schutzes der kleinen Münze**.[52] Darunter werden Werke verstanden, die nur über ein Minimum an Schöpfungshöhe verfügen (z.B. Plakate, Kataloge, Sammlungen von Kochrezepten, Preislisten, Fernsprechbücher etc.). Zu beachten ist allerdings, dass diese „kleine Münze", also das Mindestmaß an Gestaltungshöhe von der Rechtsprechung je nach Werkart unterschiedlich beurteilt wird.[53] In jedem Fall wirkt sich aber eine geringe Gestaltungshöhe unmittelbar auf den **Schutzumfang** für das betreffende Werk aus. Schon bei kleinen Abweichungen liegt demnach bei der „kleinen Münze" gegebenenfalls schon keine Urheberrechtsverletzung mehr vor.

Unerheblich für die Frage, ob die Schöpfungshöhe erreicht ist, ist der Herstellungsaufwand **62** und der Umfang des Werkes, sein Gestaltungs- und Gebrauchszweck sowie möglicherweise rechtsverletzende und rechtswidrige Werkinhalte.[54]

Weist das Erzeugnis keine Eigenart auf, so kann es gegebenenfalls Schutz vermittels der ver- **63** wandten Schutzrechte (§§ 70 ff. UrhG), durch das Verbot sklavischer Nachahmung des UWG sowie durch gewerbliche Schutzrechte erlangen.[55]

---

51 *BGH* GRUR 2002, 958, 959 – Technische Lieferbedingungen; 1999, 420, 422 – Verbindungsgang; 1995, 673, 675 – Mauerbilder; 1985, 1041, 1046 – Inkasso-Programm; vgl. *Loewenheim/Loewenheim* § 6 Rn. 4.
52 *BGH* GRUR 2000, 144, 145 – Comic-Übersetzungen II, 1995, 581, 582 – Silberdistel, 1991, 533, 534 – Brown Girl II, 1979, 332, 336 – Brombeerleuchte.
53 *BVerfG* GRUR 2005, 410 f.; *Dreier/Schulze* § 2 Rn. 24 ff.; *Schricker/Loewenheim*, § 2 Rn 31 ff.; *Wandtke/Bullinger/Bullinger* § 2 Rn. 25.
54 *Loewenheim/Loewenheim* § 6 Rn. 22 ff.
55 S.o. Rn. 23 ff.

2.2 Von der schutzunfähigen Idee zum schutzfähigen Entwurf

64 Eines der Probleme der Praxis bei der Frage, ob Urheberrechtsschutz besteht, ist die Abgrenzung zur nicht schutzfähigen Idee.[56] Eine Idee erlangt regelmäßig erst dann Werkschutz, wenn sie zu einem Konzept entwickelt wurde, das mehr als die Summe seiner Einzelteile ist und individuelle Prägung besitzt.

65 Eine dauerhafte, körperliche oder schriftliche Fixierung des Werkes ist gleichwohl nicht erforderlich. So sind auch improvisierte Musikstücke urheberrechtsfähig. Dass sie unter Umständen nicht wiederholbar sind, ist unschädlich. Auch steht es dem Werkschutz nicht entgegen, dass das Werk nur unter Zuhilfenahme technischer Einrichtungen sinnlich wahrnehmbar wird, wie beispielsweise ein Computerprogramm, das nur mit Hilfe eines Computers wahrgenommen werden kann.

II. Relevante Beispiele aus der Praxis

Literatur: *Berbel/Engels* „Hörfunkrechte" – ein eigenständiges Wirtschaftsgut?, WRP 2005, 191; *Berking* Kein Urheberrechtsschutz für Fernsehshowformate? – Anmmerkung zum Urteil des BGH – Sendeformat, GRUR 2004, 109; *Cichon* Urheberrechte an Webseiten, ZUM 1998, 897; *v. Einem* Zum Streit um die Lizenzierungspraxis bei monophonen und polyphonen Klingeltönen, ZUM 2005, 540; *Erdmann* Schutz von Werbeslogans, GRUR 1996, 550; *Erdmann/Bornkamm* Schutz von Computerprogrammen, GRUR 1991, 877; *Flechsig* Formatschutz und Anforderungen an urheberrechtlich geschütztes Werkschaffen, ZUM 2003, 767; *Goldmann* Das Urheberrecht an Bauwerken, GRUR 2005, 639; *Gottschalk* Der Schutz des Designs nach deutschem und europäischem Recht, 2005; *v. Have/Eickmeier* Der gesetzliche Rechtsschutz von Fernseh-Show-Formaten, ZUM 1994, 269; *Heinkelein* Der Schutz der Urheber von Fernsehshows und Fernsehformaten, 2004; *Heinkelein/Fey* Der Schutz von Fernsehformaten im deutschen Urheberrecht – Zur Entscheidung des BGH – Sendeformat, GRUR Int. 2004, 378; *Hertin* Zur urheberrechtlichen Schutzfähigkeit von Werbeleistungen unter besonderer Berücksichtigung von Werbekonzeptionen und Werbeideen – Zugleich eine Auseinandersetzung mit Schricker, GRUR 1996, 815 ff. –, GRUR 1997, 799; *Heutz* Freiwild Internetdesign?, MMR 2005, 567; *Hieber* Für den Urheberschutz des Theaterregisseurs – die Inszenierung als persönliche geistige Schöpfung, ZUM 1997, 17; *Holzporz* Der rechtliche Schutz des Fernsehshowkonzepts, 2001; *Jacobshagen* Filmrecht im Kino- und TV-Geschäft, 2003; *Koch* Rechtsschutz für Benutzeroberflächen von Software, GRUR 1991, 180; *Korn* Die Zeitung als Sammelwerk, FS für Dittrich, 2000, S. 187; *Pühringer* Der urheberrechtliche Schutz von Werbung nach österreichischem und deutschem Recht, 2002; *Schack* Urheberrechtliche Gestaltung von Webseiten unter Einsatz von Links und Frames, MMR 2001, 9; *Schricker* Werbekonzeptionen und Fernsehformate – Eine Herausforderung für den urheberrechtlichen Werkbegriff?, GRUR Int 2004, 923; *Wüterich/Breucker* Wettbewerbsrechtlicher Schutz von Werbe- und Kommunikationskonzepten, GRUR 2004, 389.

66 Zwar enthält § 2 Abs. 1 UrhG eine beispielhafte Aufzählung einzelner Werkarten, diese ist jedoch nicht abschließend und bei der in der Praxis vorzunehmenden Prüfung der Schutzfähigkeit in der Regel wenig hilfreich. Daher soll nachfolgend auf diejenigen Werkarten eingegangen werden, bei denen in der Praxis die Frage der Werkqualität, also die Frage, ob Urheberrechtsschutz besteht, häufig diskutiert wird.

---

56 *BGH* NJW 2003, 2828, 2830 – Sendeformat; *OLG München* GRUR 1992, 327, 328 – Osterkalender, 1990, 674, 675 – Forsthaus Falkenau.

1. Formate

In Rechtsprechung und Literatur viel diskutiert ist die Frage, ob Fernsehformate Urheber- **67** rechtsschutz genießen.[57] Unter einem Format wird der Inbegriff aller charakteristischen audiovisuellen Elemente eines Serienbeitrags (Show, Fiction, Nachrichten etc.) verstanden, der in jeder Folge wiederkehrt und als Identifikationsmerkmal wahrgenommen wird.[58] Zuletzt hat der BGH in Bezug auf das Sendeformat „Kinderquatsch mit Michael" entschieden, dass einem Format kein urheberrechtlicher Schutz zukomme.[59] Dagegen können einzelne Elemente eines Formates für sich betrachtet urheberrechtsfähig sein, wie z.B. das Bühnenbild, das Logo, die Titelmelodie etc.[60] Das Fernsehformat ist jedoch ein in der Praxis anerkanntes und gegen Zahlung nicht unerheblicher Lizenzgebühren gehandeltes Wirtschaftsgut.[61] Daher besteht ein grundsätzliches Bedürfnis, auch Formate gegen Übernahme durch Dritte zu schützen, da auch ein wettbewerbsrechtlicher Leistungsschutz von der Rechtsprechung bisher – teilweise wegen fehlender wettbewerblicher Eigenart, teilweise wegen des Einhaltens hinreichenden Abstandes – abgelehnt wurde.[62] Es bleibt abzuwarten, wie sich die Rechtsprechung auch vor dem zunehmend internationalen Hintergrund entwickeln wird.

In der Zwischenzeit kann man zur Gewährleistung wenigstens eines gewissen Formatschutzes **68** nur auf Behelfslösungen zurückgreifen. Es empfiehlt sich, für die einzelnen Elemente zumindest Marken- und Titelschutz in Anspruch zu nehmen; insbesondere die Auswahl eines möglichst aufwendigen Bühnenbildes und einer entsprechenden Titelmelodie können hilfreich sein. Zu guter letzt ist an eine vertragsstrafebewehrte Geheimhaltungsvereinbarung hinsichtlich des Konzeptes und seiner Bestandteile zu denken.

2. Werbeslogans

In Bezug auf Werbeslogans wird zwar im Gegensatz zu Formaten eine grundsätzliche Urhe- **69** berrechtsfähigkeit bei ausreichender Individualität angenommen, praktisch scheitert eine solche aber meist daran, dass Werbeslogans so kurz gefasst sind, dass kein Raum für schöpferische Individualität besteht.[63] Einen gewissen Schutz können Werbeslogans über das Wettbewerbsrecht, vor allem aber über das Markenrecht erreichen.[64]

3. Sound-Sampling, Handyklingeltöne

Wird der Urheber durch die Wiedergabe von Tönen schöpferisch tätig, handelt es sich um ein **70** Musikwerk. Es ist unerheblich, ob Instrumente zum Einsatz kommen, oder ob die menschliche Stimme eingesetzt wird. Geschützt ist das individuelle Tongefüge. Improvisierte Musikstücke sind dem Urheberrechtsschutz zugänglich, eine schriftliche Niederlegung des Musikwerkes in

---

57 *Heinkelein/Fey* GRUR Int. 2004, 378; *Wandtke*/Bullinger/*Manegold* § 2 Rn. 124 ff., § 88 Rn. 31 ff. m.w.N.

58 *BGH* GRUR 2003, 876, 877; *Wandtke/Bullinger/Manegold* § 2 Rn. 124, § 88 Rn. 31.

59 *BGH* GRUR 2003, 876, 877; vgl. auch *OLG Hamburg* ZUM 1996, 245 – Goldmillionen; *OLG München* GRUR 1990, 674, 675 – Forsthaus Falkenau.

60 *Wandtke/Bullinger/Manegold* § 2 Rn. 127, § 88 Rn. 31.

61 *Have/Eickmeyer* ZUM 1994, 269, 272; *Wandtke/Bullinger/Manegold* § 88 Rn. 31.

62 *OLG Hamburg* ZUM 1996, 245 – Goldmillion; *OLG Düsseldorf* WRP 1995, 1032; *OLG München* NJW-RR 1993, 619.

63 *OLG Frankfurt/M* GRUR 1987, 44 – WM-Slogan; *LG München I* ZUM 2001, 722, 724 – Find your own Arena.

64 *BGH* NJW-RR 2000, 708 – Radio von hier, GRUR 1997, 308 – Wärme fürs Leben; *LG Hamburg* NJWE-WettbR 2000, 239; *Erdmann* GRUR 1996, 550 ff.; *Heermann* WRP 2004, 263.

Form von Noten ist nicht erforderlich. Daher genießt auch die Improvisation eines Duos aus Gitarrist und Percussionist Urheberrechtsschutz.[65] Allerdings wird der Urheberrechtsschutz verneint, wenn eine extrem simple Tonfolge, die sich nicht hinreichend in eigentümlicher Weise von allgemein geläufigen kompositorischen Mitteln und Grundsätzen abhebt, ein- oder mehrfach wiederholt wird.[66] Komplexe und individuelle Handyklingeltöne können aber zum Beispiel Urheberrechtsschutz beanspruchen.[67]

4. Benutzeroberflächen, Webseiten, Handylogos

71 Benutzeroberflächen können Urheberschutz in der Regel als Sprachwerk genießen, wenn sie die nötige Individualität aufweisen. Angesichts der vielfach gleichen Funktionalitäten bei einer Benutzeroberfläche ist es jedoch oft schwer, das nötige Maß an Individualität nachzuweisen.[68] Ebenso diskutabel ist der Schutz von Websites/Homepages.[69] Sind sie nicht nur funktional geprägt, sondern weisen darüber hinaus eine künstlerische Prägung auf, können sie als Werk der angewandten Kunst Schutz genießen.[70] Bei Werken der reinen Kunst, also „zweckfreien" Werken werden von der Rechtsprechung geringe Anforderungen an die Urheberrechtsschutzfähigkeit gestellt. Handelt es sich allerdings um angewandte Kunst, also Werke, die einen Gebrauchszweck erfüllen, sind die Anforderungen an die Werkhöhe größer. Daher hat auch das OLG Hamburg zum Beispiel entschieden, dass alltägliche und einfache Gestaltungen, wie beispielsweise Handylogos, die aus in Umrissen dargestellten Enten mit Herzen, drei Herzchen oder einem ebenfalls umrisshaft dargestellten Bärenpaar „Eisbär und Panda" bestanden, kein Werk im Sinne des § 2 Abs. 1 Nr. 4 UrhG darstellen.[71]

5. Sammel- und Datenbankwerke (§ 4 UrhG)

72 Sammelwerke sind legal definiert als Sammlungen von Werken, Daten oder anderen unabhängigen Elementen, die aufgrund der Auswahl oder Anordnung der Elemente eine persönliche geistige Schöpfung sind. Typische Beispiele für Sammelwerke sind Fachzeitschriften, Konversationslexika, Enzyklopädien, Handbücher und Festschriften.[72] Computergestützte Informationssammlungen können urheberrechtlichen Schutz als Datenbankwerke genießen. Ein Datenbankwerk ist ein Sammelwerk, dessen Elemente in schöpferischer Art und Weise systematisch oder methodisch angeordnet und einzeln mit Hilfe elektronischer Mittel oder auf andere Weise zugänglich sind, § 4 Abs. 2 UrhG. Anders als bei dem Leistungsschutzrecht des Datenbankherstellers gem. § 87a ff. UrhG erfordert der Schutz nach § 4 UrhG als Datenbankwerk eine persönliche geistige Schöpfung gem. § 2 UrhG. § 4 UrhG schützt also die kreative, §§ 87a ff. UrhG hingegen die wirtschaftliche Leistung (Investitionsschutz).

---

65 *LG München I* GRUR Int. 1993, 82, 83 – Duo Gismonti-Vasconcelos.
66 *LG München I* ZUM 2003, 245.
67 *Wandtke/Bullinger/Bullinger* § 2 Rn. 73.
68 *Schricker/Loewenheim* § 2 Rn. 201; *OLG Hamburg* GRUR-RR 2001, 289, 290.
69 *OLG Frankfurt* GRUR-RR 2005, 299, 300 – Online-Stellenmarkt; *OLG Düsseldorf* MMR 1999, 729, 732; *Schricker/Loewenheim* § 2 Rn. 93.
70 *OLG Hamm* GRUR-RR 2005, 73, 74; *OLG Düsseldorf* MMR 1999, 729, 732, *LG München* MMR 2005, 267; *Wandtke/Bullinger/Bullinger* § 2 Rn 104.
71 *OLG Hamburg* ZUM 2004, 386; vgl. auch *OLG München* ZUM 2005, 759, 760.
72 *Dreier/Schulze* § 4 Rn. 1.

III. Abhängige Werke

1. Bearbeitung und freie Benutzung

Bei der Frage, ob das Geschaffene Urheberrechtsschutz genießt, stößt man in der Praxis bei **73** weiterem Nachfragen häufig auf die Situation, dass das Geschaffene nicht ausschließlich der eigenen Phantasie entsprungen ist, sondern sich an einer Vorlage orientiert oder diese sogar eindeutig nachahmt. Damit stellt sich nicht nur die Frage, ob das „neu" Geschaffene angesichts seiner mehr oder weniger engen Anlehnung an etwas Vorbestehendes überhaupt Urheberrechtsschutz genießen kann, sondern auch, ob nicht bereits eine Urheberrechtsverletzung vorliegt, weil der Urheber der Vorlage nicht um Erlaubnis gefragt wurde. Diese Fragen beantworten die Regelungen zur Bearbeitung gem. §§ 3, 23 UrhG und zur sog. freien Benutzung (§ 24 UrhG).

1.1 Bearbeitung, §§ 3, 23 UrhG

Literatur: *v. Becker* Parodiefreiheit und Güterabwägung – Das „Gies-Adler"-Urteil des BGH, GRUR 2004, 104; *ders.* Poesie, Plagiat, Poe – ein Rundblick zum Plagiat in der Literatur, FS für Hertin, 2000, S. 3; *Bücker* Ringtonemaker – Gefährdet die Software einen wichtigen Zukunftsmarkt oder ist ihre Nutzung rechtlich unzulässig? K&R 2005, 411; *Bullinger* Kunstwerkfälschung und Urheberpersönlichkeitsrecht, 1997; *Castendyk* Gibt es ein „Klingelton-Herstellungsrecht"?, ZUM 2005, 9; *v. Einem* Zum Streit um die Lizenzierungspraxis bei monophonen und polyphonen Klingeltönen, ZUM 2005, 540; *Erdmann* Verwendung zeitgenössischer Literatur für Unterrichtszwecke am Beispiel Harry Potter, WRP 2002, 1329; *Grossmann* Die Schutzfähigkeit von Bearbeitungen gemeinfreier Musikwerke, UFITA 129 (1995); *Grunert* Werkschutz contra Inszenierungskunst – Der urheberrechtliche Gestaltungsspielraum der Bühnenregie, 2002; *Haas* Müller oder Brecht?, ZUM 1999, 834; *Hertin* Das Musikzitat im deutschen Urheberrecht, GRUR 1989, 159; *Hillig* Anmerkung zum Urteil des *LG Frankfurt/M* vom 26.11.2003 – TV Total, ZUM 2004, 397; *Jacobshagen* Filmrecht im Kino- und TV-Geschäft, 2003; *Jörger* Das Plagiat in der Popularmusik, 1992; *Klickermann* Urheberschutz bei zentralen Datenspeichern, MMR 2007, 7; *Kreile/Westphal* Multimedia und das Filmbearbeitungsrecht, GRUR 1996, 254; *Kröner/Schimpf* (Endlich) Konkretes zu Abstracts oder: Möglichkeiten und Grenzen der Publikation von Zusammenfassungen, AfP 2005, 333; *Maaßen* Urheberrechtliche Probleme der elektronischen Bildverarbeitung, ZUM 1992, 338; *Nippe* Urheber und Datenbank – Der Schutz des Urhebers bei der Verwendung seiner Werke in elektronischen Datenbanken, 2000; *Nordemann* Ist Martin Luther noch geschützt? Zum urheberrechtlichen Schutz revidierter Bibeltexte, FS Vieregge, 1995, S. 677; *Obergfell* Neuauflage von Comic-Übersetzungen – eine Neuauflage der Rechtsprechung des BGH?, ZUM 2000, 142; *Oldekop* Elektronische Bildbearbeitung im Urheberrecht, 2006; *Plassmann* Bearbeitungen und andere Umgestaltungen in § 23 Urheberrechtsgesetz, 1996; *Poll* „TV-Total" – Alles Mattscheibe, oder was?, ZUM 2004, 511; *Reuter* Digitale Bild- und Filmbearbeitung im Licht des Urheberrechts, GRUR 1997, 23; *Schulz* „Remixes" und „Coverversionen", FS Hertin, 2000, S. 213; *Schulze* Urheberrecht und neue Musiktechnologien, ZUM 1994, 15; *Stuhlert* Die Behandlung der Parodie im Urheberrecht, 2002.

Nicht nur gänzlich neue, originäre Schöpfungen genießen Urheberrechtsschutz, sondern auch **74** Bearbeitungen von fremden Werken sind aufgrund der Regelung des § 3 UrhG als eigenes Werk schutzfähig. Voraussetzung dafür, dass Bearbeitungen Schutz als eigenes Werk beanspruchen können, ist, (1) dass sie sich an ein fremdes urheberrechtsfähiges Werk oder an Teile davon als Vorlage anlehnen und (2) der Bearbeiter eine eigene schöpferische Tätigkeit entfaltet.[73]

---

73 *Schricker/Loewenheim* § 3 Rn. 7 ff., 11 f.

75 Als Beispiel für die Bearbeitung nennt das Gesetz die Übersetzung. Darunter fällt nicht nur die Übersetzung in eine andere Sprache, sondern auch die Übersetzung in eine andere Programmiersprache.[74] Die Übersetzung von Golfregeln in die deutsche Sprache, die ohne besondere Eigenarten oder Konzeption wörtlich übersetzt wurden, stellt dagegen keine schutzfähige Bearbeitung dar.[75] Eine Gesamtdokumentation über jüdische Friedhöfe in einer bestimmten Stadt, bei der Grabinschriften in einer Art und Weise übersetzt wurden, die den individuellen Geist des Übersetzers zum Ausdruck bringt und die auch besondere kulturgeschichtliche Kenntnisse erfordert, wird jedoch als eigenständige urheberrechtlich geschützte Bearbeitung im Sinne des § 3 UrhG angesehen.[76]

76 Eine Bearbeitung liegt aber auch dann vor, wenn ein urheberrechtlich geschütztes Werk einem anderen Verwendungszweck, einer anderen Kunstform oder einem anderen Ausdrucksmittel zugeführt wird,[77] z.B. wenn ein Roman in ein Drehbuch überführt[78] oder ein Roman verfilmt wird.[79]

77 Keine Bearbeitung stellt die sogenannte Umgestaltung dar. Bei der Umgestaltung handelt es sich um eine an andere urheberrechtsfähige Werke anknüpfende Schöpfung, die jedoch keine urheberrechtlich geschützten Teile des fremden Werkes enthält, oder aber, bei der der Bearbeiter selbst keine schöpferische Leistung erbringt.[80] Die Differenzierung zwischen einer Bearbeitung und einer Umgestaltung ist relevant für die Frage, ob ein eigenständiges urheberrechtsfähiges Werk des Bearbeiters entstanden ist, oder nicht. Wichtig ist aber, dass auch eine Umgestaltung hinsichtlich ihrer Verwertung in der Regel der Einwilligung des Originalurhebers bedarf (§ 23 UrhG).

78 Liegt also eine Bearbeitung vor, stellt diese ein urheberrechtsfähiges Werk dar. Der Bearbeiter eines fremden Werkes erhält ein so genanntes Bearbeiterurheberrecht.[81] Dieses Recht besteht auch gegenüber demjenigen, der das originäre Werk, das als Vorlage für die Bearbeitung diente, geschaffen hat. Obwohl also die Bearbeitung von einem fremden Originalwerk abhängt, steht dem Bearbeiter ein selbständiges Ausschließlichkeitsrecht an seinem eigenen, neu geschaffenen Werk zu. Das Bearbeiterurheberrecht entsteht mit dem Zeitpunkt der Bearbeitung und unabhängig davon, ob der Urheber des Originalwerks in die Bearbeitung eingewilligt hat oder nicht. Der Bearbeiter genießt also grundsätzlich dieselben Urheberpersönlichkeitsrechte wie jeder andere Urheber.

79 Im Hinblick auf die Verwertungsrechte ist allerdings zu beachten, dass er immer an den Umfang der Einwilligung des Originalurhebers gebunden ist, da mit jeder Verwertung auch das Originalwerk genutzt wird.[82] Überschreitet er die Grenzen der ihm erteilten Einwilligung, liegt eine Urheberrechtsverletzung vor (vgl. § 23 UrhG). Entsprechendes kann aber auch in Bezug auf die Verwertung einer sog. Umgestaltung gelten.

---

74 *BGH* GRUR 2000, 144 – Comic-Übersetzungen II; *OLG München* ZUM 2004, 845; *Wandtke/Bullinger/Bullinger* § 3 Rn. 4.
75 *OLG Frankfurt/M* NJWE-WettbR 1996, 99.
76 *OLG Zweibrücken* GRUR 1997, 363 – Jüdische Friedhöfe.
77 *Wandtke/Bullinger/Bullinger* § 3 Rn. 9.
78 *BGH* GRUR 1962, 531, 533 – Bad auf der Tenne II.
79 *BGH* GRUR 1963, 441, 443 – Mit dir allein.
80 *Wandtke/Bullinger/Bullinger* § 3 Rn. 12, § 23 Rn. 4.
81 *BGH* GRUR 1962, 370, 373 f. – Schallplatteneinblendung; *Schricker/Loewenheim* § 3 Rn. 34 ff.
82 *Wandtke/Bullinger/Bullinger* § 3 Rn. 3.

Wenn sich also die Umgestaltung oder Bearbeitung auf urheberrechtlich geschützte Teile des **80** Originalwerks bezieht, ist zur Veröffentlichung oder Verwertung des neuen Werkes die Einwilligung des Originalurhebers erforderlich.[83] Werden solche Elemente des Originalwerkes verändert, die nicht urheberrechtlich geschützt sind, findet § 23 UrhG keine Anwendung; ein Einwilligungsvorbehalt besteht dann nicht.[84]

Der Gesetzgeber hat den Einwilligungsvorbehalt auf eine Veröffentlichung und Verwertung des **81** neuen Werkes beschränkt, um Umgestaltungen und Bearbeitungen im rein privaten Bereich zu gestatten.[85] Grundsätzlich ist daher für die **Herstellung** der Bearbeitung oder Umgestaltung des Werkes die Einwilligung des Originalurhebers nicht erforderlich. Ausnahmen gelten allerdings gem. § 23 S. 2 UrhG für die Verfilmung eines Werkes, die Bearbeitung eines Datenbankwerkes, die Ausführung von Plänen und Entwürfen eines Kunstwerks und für den Nachbau eines Bauwerks. Hier bedarf es bereits für die Herstellung der Bearbeitung oder Umgestaltung der Einwilligung des Urhebers, da in diesen Bereichen in der Regel mit der Absicht der gewerblichen Verwertung bearbeitet oder umgestaltet wird. Gleiches gilt gem. § 69c Nr. 2 UrhG für Computerprogramme.[86] Gem. § 31 Abs. 1 S. 2 UrhG kann die Einwilligung in die Bearbeitung oder Umgestaltung in ihrem Umfang räumlich, zeitlich und inhaltlich beschränkt werden. Ferner ist es möglich, die Einwilligung auch konkludent zu erteilen.

1.2 Freie Benutzung, § 24 UrhG

Literatur: vgl. die Nachweise vor Rn. 74.

Die vorstehend dargestellte und hinsichtlich ihrer Verwertung von der Zustimmung des Origi- **82** nalurhebers abhängige Bearbeitung steht wiederum im Spannungsverhältnis zur sog. freien Benutzung im Sinne des § 24 UrhG. § 24 UrhG fußt auf dem Wunsch, dass Werkschaffende sich von dem existierenden Bestand an Werken inspirieren und zur Schaffung von eigenständigen Werken anregen lassen.[87] Diese Nutzung eines fremden Werkes als Denkanstoß für die Schaffung eines neuen Werkes ist nicht zustimmungsbedürftig, § 24 Abs. 1 UrhG. Ein selbstständiges Werk, das in freier Benutzung des Werkes eines anderen geschaffen worden ist, darf daher ohne Zustimmung des Urhebers des benutzten Werkes veröffentlicht oder verwertet werden.

Eine Ausnahme gilt hingegen gem. § 24 Abs. 2 UrhG für die Benutzung eines Werkes der Mu- **83** sik. Wird eine Melodie erkennbar dem Werk entnommen und einem neuen Werk zugrunde gelegt, ist die Nutzung zustimmungsbedürftig.

Für die Abgrenzung, ob noch eine freie Benutzung im Sinne von § 24 UhrG oder bereits eine **84** zustimmungspflichtige Umgestaltung oder Bearbeitung im Sinne von § 23 UrhG vorliegt, können folgende Kriterien herangezogen werden:

– Welche objektiven Merkmale prägen die schöpferische Eigentümlichkeit des benutzten Originals und in welchem Umfang finden Sie sich im neuen Werk wieder?[88]

– Wie hoch ist der Grad der Eigentümlichkeit des Originals?[89] Je individueller das Original ist, desto eher liegt eine zustimmungspflichtige Bearbeitung vor.[90]

---

83 *Wandtke/Bullinger/Bullinger* § 23 Rn. 6.
84 *BGH* GRUR 1994, 191, 198 – Asterix-Persiflagen; *Dreier/Schulze/Schulze* § 23 Rn. 3.
85 *Fromm/Nordemann/Vinck* § 23 Rn. 4.
86 Zu den Ausnahmen im Einzelnen s. *Wandtke/Bullinger/Bullinger* § 23 Rn. 15 ff.
87 *Wandtke/Bullinger/Bullinger* § 24 Rn. 1.
88 *Dreier/Schulze/Schulze* § 24 Rn. 9; *Wandtke/Bullinger/Bullinger* § 24 Rn. 9.
89 *BGH* GRUR 2004, 855, 857 – Hundefigur.
90 *Dreier/Schulze* § 24 Rn. 8.

85 Durch einen Vergleich der sich gegenüberstehenden Werke muss dann aufgrund des Gesamteindrucks ermittelt werden, ob und gegebenenfalls in welchem Umfang eigenschöpferische Züge des geschützten Werks übernommen worden sind und ob das jüngere Werk zu dem benutzten Werk einen **ausreichenden Abstand** hält.[91]

86 Aber selbst wenn das neue Werk deutliche Übernahmen aus dem Originalwerk trägt, kann dennoch eine freie Benutzung vorliegen, wenn die Übernahme erkennbarer Züge durch eine besondere künstlerische Gedankenführung legitimiert ist.[92] Voraussetzung ist aber auch hier, dass das neue Werk einen derart großen inneren Abstand zum Original einhält, dass es als selbstständig angesehen werden muss.

87 Eine freie Benutzung hat der BGH beispielsweise in dem Fall verneint, in dem die Gesichtszüge und die typischen Merkmale einer geschützten Comicfigur (Asterix) in einen neuen Comic übernommen wurden, wobei die Figur lediglich in die Neuzeit versetzt wurde, ohne dass es sich jedoch um eine zulässige Parodie handelte.[93] Bejaht hat das OLG München eine freie Benutzung für den Fall, dass das Konzept einer Försterspielfilmserie (Forstrevier Alpsee) für die Entwicklung einer ähnlichen Serie (Forsthaus Falkenau) als Vorlage diente.[94] Lehrerhandbücher, die sich mit den Harry Potter-Büchern von Joanne K. Rowling auseinandersetzen, didaktische Gesichtspunkte beleuchten und Hilfsmittel zur Bearbeitung und Besprechung der Bücher mit Schulklassen liefern, können eine freie Benutzung der Vorlage der Harry Potter-Bücher darstellen.[95]

1.3 Plagiat und Parodie

88 Häufig verwandte Begriffe im Zusammenhang mit der Abgrenzung zwischen einer unfreien Bearbeitung (§ 23 UrhG) und einer freien Benutzung (§ 24 UhrG) sind die des „Plagiats" und der „Parodie".

1.3.1 Plagiat

89 Der Begriff des Plagiats ist im Urheberrechtsgesetz nicht definiert, ist aber die allgemeine Bezeichnung für den Diebstahl des geistigen Eigentums. Ein Plagiat liegt also vor, wenn sich jemand bewusst fremdes Geistesgut anmaßt und sich fälschlicherweise selbst als Urheber ausgibt. Voraussetzung ist, dass kein gemeinfreies Werk vorliegt. Gibt sich jemand als Urheber eines gemeinfreien Werkes aus, ist er kein Plagiator im Rechtssinne.[96]

90 Der urheberrechtliche Fachbegriff für das Plagiat ist die Urheberrechtsverletzung, vgl. § 97 ff. UrhG. Der Begriff der Urheberrechtsverletzung ist allerdings weiter als der des Plagiats, denn er umfasst nicht nur bewusste, sondern auch unbewusste Anmaßungen fremder Urheberschaft. Handelt es sich bei dem Plagiat um eine bewusste Übernahme des Originalwerkes in abgeänderter Form, so besteht die Urheberrechtsverletzung in einer Verletzung des Bearbeitungsrechts des Urhebers im Sinne von § 23 UrhG. Eine zulässige freie Benutzung im Sinne von § 24 UrhG ist bei einem Plagiat nicht denkbar. Der Begriff des Plagiats hat daher in der Praxis keine besondere Bedeutung.

---

91 StRspr., *BGH* GRUR 2003, 956, 958 – Gies-Adler, 1999, 984, 987 – Laras Tochter, 1994, 191, 193 – Asterix-Persiflagen; *OLG München* GRUR 1990, 674, 675.
92 *Schricker/Loewenheim* § 24 Rn. 11.
93 *BGH* GRUR 1994, 191 ff. – Asterix-Persiflagen.
94 OLG München GRUR 1990, 674, 675, interessant auch im Hinblick auf Formatschutz, s.o. Rn. 67 f.
95 *LG Berlin* ZUM 2003, 60; vgl. aber *LG Hamburg* NJW 2004, 610 ff., das für einen Teil des zu überprüfenden Lehrmaterials eine unfreie Bearbeitung nach § 23 UrhG annahm.
96 *Schricker/Loewenheim* § 23 Rn 22.

Kuck

1.3.2 Parodie

Literatur: *v. Becker* Parodiefreiheit und Güterabwägung – Das „Gies-Adler"-Urteil des BGH, GRUR 2004, 104; *Garloff* Copyright und Kunstfreiheit – zur Zulässigkeit ungenehmigter Zitate in Heiner Müllers letztem Theaterstück, GRUR 2001, 476; *Hasse* Parodie versus Parody. Eine rechtsvergleichende Untersuchung zum Recht der Bundesrepublik Deutschland und der Vereinigten Staaten von Amerika, 2001; *Hess* Urheberrechtsprobleme der Parodie, 1993; *Mauch* Die rechtliche Beurteilung von Parodien im nationalen Urheberrecht der Mitgliedstaaten der EU, 2003; *Stuhlert* Die Behandlung der Parodie im Urheberrecht, 2002.

Von größerer praktischer Bedeutung ist dagegen der Begriff der „Parodie". Teilweise wird nämlich die Kunstform der Parodie dazu verwandt, um dem Plagiatsvorwurf, d.h. der Urheberrechtsverletzung zu entgehen.[97]   **91**

Grundsätzlich bedarf jede Veröffentlichung oder Verwertung der Bearbeitung der urheberrechtsrelevanten (also der prägenden) Bestandteile eines Werkes der Einwilligung des Urhebers des bearbeiteten Werkes, § 23 UrhG. Das gilt grundsätzlich auch dann, wenn ein Werk persifliert wird. Da es gerade Sinn der Parodie oder Satire ist, einen Bezug zu dem parodierten Werk herzustellen und sich mit dem ursprünglichen Werk erkennbar auseinanderzusetzen, ist es auf den ersten Blick ausgeschlossen, dass eine freie Benutzung des Originals vorliegt. Denn die Züge des Originalwerks werden regelmäßig nicht hinter denen des neuen Werks verblassen.[98] So ist die Parodie einer berühmten Comic-Figur nur dann möglich, wenn erkennbar auf sie Bezug genommen wird und ihre typischen Eigenschaften persifliert werden.[99] Bei der Parodie besteht daher stets ein Spannungsverhältnis zwischen dem Interesse des Originalurhebers, dass das Mittel der Parodie nicht zur unbefugten Werknutzung missbraucht wird, und dem Interesse des Künstlers, sich dieser Kunstform zu bedienen.   **92**

Um einen gerechten Ausgleich der Interessen zu schaffen und den Urheber vor ausufernden Übernahmen unter dem Deckmantel der Parodie zu schützen, sind strenge Maßstäbe an eine freie Benutzung im Wege der Parodie anzusetzen. Erforderlich ist stets, dass das Originalwerk nicht gänzlich einverleibt wird, sondern dass sich die Parodie **antithematisch** mit dem parodierten Werk auseinandersetzt.[100] Die bloße Verfremdung des Originals genügt nicht, wenn sie keine selbständige inhaltliche oder künstlerische Auseinandersetzung enthält. Soweit die Parodie oder Satire einen ausreichenden **inneren Abstand** zum Originalwerk einnimmt und eine ernsthafte eigene Aussage enthält, muss der Urheber sie jedoch dulden.[101]   **93**

Zu prüfen bleibt noch die Frage einer Entstellung des parodierten Werkes, welche nach § 14 UrhG untersagt werden kann. Zu denken ist darüber hinaus an den allgemeinen zivilrechtlichen Schutz, insbesondere an das allgemeine Persönlichkeitsrecht, welches vor allem Schutz gegen die sog. Schmähkritik bietet.   **94**

---

97 *Schricker/Loewenheim* § 23 Rn. 22.
98 *Dreier/Schulze* § 24 Rn. 25.
99 *OLG München* NJW-RR 1991, 1262 – Alcolix; *BGH GRUR* 1994, 191 – Asterix-Persiflagen.
100 *Dreier/Schulze* § 24 Rn. 25; *Schricker/Loewenheim* § 24 Rn. 22.
101 *BGH* GRUR 2000, 703, 704 – Mattscheibe, GRUR 1994, 206 f. – Alcolix.

C. Der Urheber als Schutzsubjekt

I. Das Schöpferprinzip – in Abgrenzung zu „work made for hire"

Literatur: *Berger* Das neue Urhebervertragsrecht, 2003; *Bezani/Müller* Arbeitsrecht in Medienunternehmen, 1999; *Dietz* Die Einschränkungen des Urheberpersönlichkeitsrechts im Arbeitsverhältnis, GRUR Int. 2005, 771; *Fitzek* Die unbekannte Nutzungsart, 2000; *Fuchs* Der Arbeitnehmerurheber im System des § 43 UrhG, GRUR 2006, 561; *ders.* Arbeitnehmerurhebervertragsrecht, UFITA 234 (2005); *Hagen* Der Bestsellerparagraph im Urheberrecht, 1990; *Hansen* Zugang zu wissenschaftlicher Information – alternative urheberrechtliche Ansätze, GRUR Int. 2005, 378; *Hieber* Für den Urheberschutz des Theaterregisseurs – die Inszenierung als persönlich geistige Schöpfung, ZUM 1997, 17; *Katzenberger* Die rechtliche Stellung des Filmproduzenten im internationalen Vergleich, ZUM 2003, 712; *Kellerhals* Urheberpersönlichkeitsrechte im Arbeitsverhältnis, 2000; *Kraßer/Schricker* Patent- und Urheberrecht an Hochschulen, 1988; *Nordemann/Nordemann* Die US-Doktrin des „work made for hire" im neuen deutschen Urhebervertragsrecht – Ein Beitrag insbesondere zum Umfang der Rechtseinräumung für Deutschland, FS für Schricker, 2005, S. 473; *Pleister* Buchverlagsverträge in den Vereinigten Staaten – ein Vergleich zu Recht und Praxis Deutschlands, GRUR Int. 2000, 673; *Poll* Die Harmonisierung des europäischen Filmurheberrechts aus deutscher Sicht, GRUR Int. 2003, 290; *Reber* Die Beteiligung von Urhebern und ausübenden Künstlern an der Verwertung von Filmwerken in Deutschland und den USA, 1999; *Rehbinder* Zu den Nutzungsrechten an Werken von Hochschulangehörigen, FS Hubmann, 1985, S. 359; *Rickenbach* Immaterialgüterrechtliche Nachwirkungen des Arbeitsverhältnisses, UFITA 139 (1999) 233; *Riesenhuber* Die doppelte Vorausverfügung des Arbeitnehmer-Urhebers zu Gunsten von Verwertungsgesellschaft und Arbeitgeber, NZA 2004, 1363; *Rumphorst* Das Filmurheberrecht in den USA, GRUR Int. 1973, 10; *Sack* Arbeitnehmer-Urheberrechte an Computerprogrammen nach der Urheberrechtsnovelle, UFITA 121 (1993) 15; *ders.* Computerprogramme und Arbeitnehmer-Urheberrecht, BB 1991, 2165; *Schacht* Die Einschränkungen des Urheberpersönlichkeitsrechts im Arbeitsverhältnis, 2004; *Schack* Wem gebührt das Urheberrecht, dem Schöpfer oder dem Produzenten?, ZUM 1990, 59 –; *Schmidt* Die Rechtsverhältnisse in einem Forscherteam, 1998; *Schulze* Urheber- und Leistungsschutzrechte des Kameramanns, GRUR 1994, 855; *Skrzipek* Urheberpersönlichkeitsrecht und Vorfrage, UFITA 233 (2005); *Straßer* Gestaltung internationaler Film-/Fernsehlizenzverträge, ZUM 1999, 928; *v. Vogel* Der Arbeitnehmer als Urheber, NJW 2007, 177; *Wandtke* Zur Kommerzialisierung des Persönlichkeitsrechts, KUR 2003, 144; *Zirkel* Das neue Urhebervertragsrecht und der angestellte Urheber, WRP 2003, 59.

1. Grundsatz

95 Aufgrund der zwingenden Regelung des § 7 UrhG gilt im deutschen Urheberrecht ausnahmslos das sog. Schöpferprinzip. Nach diesem Grundsatz ist nur derjenige Urheber im Rechtssinne, der das Werk tatsächlich geschaffen hat. Da für eine Werkschöpfung stets das Tätigwerden eines individuellen menschlichen Geistes erforderlich ist, kann Urheber nur eine natürliche Person sein. Die originäre Urhebereigenschaft einer juristischen Person oder einer Personengesellschaft ist daher im deutschen Recht grundsätzlich nicht möglich.[102] Diese sind darauf angewiesen, dass ihnen die Nutzungsrechte an einem Werk von dem originären Rechtsinhaber übertragen werden.

---

102 Juristische Personen des öffentlichen Rechts sowie Herausgeber von Sammelwerken können jedoch ausnahmsweise als Urheber nach „altem Recht" gem. § 134 UrhG i.V.m. §§ 3, 4 LUG 1901 und §§ 5,6 KUG 1907 in Betracht kommen, s. dazu *LG München I* ZUM 1993, 370, 374 – NS Propagandafilme; *Schricker/Katzenberger* § 134 Rn. 3; *Möhring/Nicolini/Hartmann* § 134 Rn. 3, 4.

Ausfluss des Schöpferprinzips ist des Weiteren, dass das originäre Urheberrecht nicht übertragen werden kann. Es können nur die Nutzungsrechte an dem Werk übertragen werden, das Urheberrecht selbst ist untrennbar mit der natürlichen Person verbunden, die das Werk erschaffen hat, § 29 Abs. 1 UrhG. Daher wird beispielsweise auch der Ghostwriter als Urheber angesehen und nicht etwa sein Auftraggeber.[103]   **96**

Da das Schöpferprinzip eines der Grundprinzipien des deutschen Urheberrechts darstellt, ist eine vertragliche Abbedingung der originären Urheberschaft nicht möglich. Im angloamerikanischen Recht gilt das Schöpferprinzip hingegen nicht uneingeschränkt. Vielmehr ist nach der dort geltenden „Work made for hire-Doctrine" bei einem Auftragswerk der Arbeitgeber oder Auftraggeber, für den das Werk geschaffen wurde, der Urheber.[104] Deshalb ist bei in den USA produzierten Filmwerken in der Regel der Produzent auch Urheber. Das Schöpferprinzip ist in Deutschland aufgrund des Schutzlandprinzips jedoch auch hinsichtlich ausländischer Filme zwingendes Recht.[105] Demnach kann sich ein amerikanischer Filmproduzent im Hinblick auf eine Filmverwertung in Deutschland nicht darauf berufen, nach dem „Work made for hire"-Prinzip Urheber des Filmwerks zu sein, und zwar auch dann nicht, wenn er abweichende vertragliche Regelungen getroffen hat.[106]   **97**

Umgekehrt kann es aber für den Lizenznehmer durchaus sinnvoll sein, im Rahmen eines Vertrages mit einem Urheber in Deutschland in die Rechteübertragungsregelungen aufzunehmen, dass er als Urheber gilt, sofern andere Rechtsordnungen dies, beispielsweise bei einer Verwertung in den USA, so vorsehen.   **98**

Da es sich bei der Schöpfung um einen Realakt handelt, ist für die Entstehung von Urheberrechtsschutz die Geschäftsfähigkeit des Urhebers (§ 104 BGB) nicht erforderlich. Daher können auch Kinder Urheber sein. Gegebenenfalls ist das Urheberrecht dann gem. § 1626 Abs. 1 BGB durch die Eltern des minderjährigen Werkschaffenden zu verwalten. Unabhängig von der Geschäftsfähigkeit des Schöpfers entsteht das Urheberrecht in dem Moment des Schöpfungsaktes, also dem Zeitpunkt, in dem das Werk derart zum Ausdruck gebracht wird, dass es sinnlich wahrnehmbar ist.   **99**

Auch aufgrund der Tatsache, dass es sich beim Schöpfungsakt um einen rein tatsächlichen Vorgang handelt, sind die Regeln der Stellvertretung gem. §§ 164 ff. BGB nicht anwendbar.   **100**

2. Einschränkungen

Als zwingendes Grundprinzip des Urheberrechts findet das Schöpferprinzip auch auf Arbeitsverträge Anwendung. Gem. § 43 UrhG sind die Regelungen der §§ 31 ff. UrhG betreffend die Einräumung von Nutzungsrechten grundsätzlich anwendbar, soweit sich aus dem Inhalt oder dem Wesen des Arbeits- oder Dienstverhältnisses nichts Anderes ergibt. Wenn es sich bei dem Werk um ein Arbeitsergebnis handelt, zu dem der Arbeitnehmer aufgrund des Arbeitsvertrags verpflichtet war (so genanntes „Pflichtwerk"), ergibt sich aus dem Wesen und dem Inhalt des Arbeits- oder Dienstverhältnisses, dass der Arbeitnehmer dem Arbeitgeber regelmäßig schon mit dem Arbeitsvertrag ein entsprechendes ausschließliches Nutzungsrecht überträgt.[107]   **101**

---

103 *Wandtke/Bullinger/Thum* § 7 Rn. 8.
104 § 201 Abs. b US Copyright Law.
105 Vgl. *BGH* NJW 1992, 2824 –ALF; s.u. Rn. 291.
106 *BGH* MMR 1998, 35, 36 – Spielbankaffaire; *Schricker/Katzenberger* Vor §§ 120 ff. Rn. 129.
107 *Dreier/Schulze* § 43 Rn. 18 ff.; *Wandtke/Bullinger/Wandtke* § 43 Rn. 30.

102 Bei so genannten freien Werken, also Werken, die nicht aufgrund der Erfüllung einer dienst-vertraglichen Pflicht, sondern lediglich bei Gelegenheit der Beschäftigung oder sogar außer-halb des Arbeitsverhältnisses geschaffen wurden, ist fraglich, ob der Arbeitnehmer dazu ver-pflichtet ist, die Nutzungsrechte an dem von ihm geschaffenen freien Werk zunächst seinem Arbeitgeber bzw. seinem Dienstherrn anzubieten. Die h.M. bejaht dies mit Blick auf die beson-deren persönlichen Fürsorge- und Treuepflichten, die in einem Arbeits- oder Dienstverhältnis bestehen.[108] Die Regelungen des Arbeitnehmererfinderrechts, welches gem. § 1 ArbNErfG nur bei Erfindungen und technischen Verbesserungsvorschlägen von Arbeitnehmern, die pa-tent- oder gebrauchsmusterfähig sind, einschlägig ist, sind grundsätzlich nicht auf das Arbeit-nehmerurheberrecht anwendbar.[109] In der Rechtsprechung wird allerdings für Leistungen, die ein Hochschullehrer im Rahmen seines Dienstvertrages erbringt, eine Anbietungspflicht auf-grund der Treuepflicht beziehungsweise aufgrund einer analogen Anwendung des Arbeitneh-mererfindungsgesetzes konstatiert.[110]

103 Im Hinblick auf die Schaffung von Computerprogrammen gilt die vorrangige Sonderregelung des § 69b Abs. 1 UrhG. Danach werden dem Arbeitgeber in teilweiser Abweichung vom Schöpferprinzip die vermögensrechtlichen Befugnisse an dem vom Arbeitnehmer geschaffe-nen Computerprogramm nach h.M. bereits kraft Gesetzes – im Wege einer gesetzlichen Lizenz – eingeräumt.[111] Abweichendes gilt nur, sofern dies arbeitsvertraglich ausdrücklich vereinbart wurde. Demnach steht dem Arbeitgeber das ausschließliche Recht zu, das geschaffene Pro-gramm kommerziell zu nutzen. Der Urheber selbst darf es also weder vertreiben noch lizenzie-ren. Die Urheberpersönlichkeitsrechte an dem geschaffenen Werk verbleiben jedoch beim Ar-beitnehmer.[112]

104 Ähnliches gilt im Hinblick auf Filme. Kraft Gesetzes gilt dort die Auslegungsregel, dass der Filmhersteller von jedem, der sich zur Mitwirkung an dem Film verpflichtet hat, im Zweifel das ausschließliche Recht erhält, das Filmwerk einschließlich dessen Übersetzungen, Bearbei-tungen und Umgestaltungen auf alle Nutzungsarten zu nutzen, § 89 Abs. 1 UrhG.

105 Eine weitere Ausnahme zum Schöpferprinzip macht das Geschmacksmustergesetz. Gem. § 7 Abs. 2 GeschmG stehen die Rechte an einem Geschmacksmuster, das der Arbeitnehmer in Ausübung seiner Aufgaben oder nach den Weisungen seines Arbeitgebers entworfen hat, dem Arbeitgeber zu, sofern vertraglich nichts anderes vereinbart wurde.

106 Aus der Sicht des Arbeitgebers oder Dienstherren sollte aber trotz der vorstehenden Einschrän-kungen zum Schöpferprinzip NICHT auf eine ausdrückliche und umfassende Rechteübertra-gungsregelung verzichtet werden. Anderenfalls kann es zu unnötigem Streit über den Umfang, insbesondere die zeitlichen, örtlichen und inhaltlichen Grenzen der Nutzungsrechte des Ar-beitgebers bzw. Dienstherren kommen.[113]

---

108 Ausf. hierzu *Schricker/Rojahn* § 43 Rn. 100 ff.; vgl. auch *Wandtke/Bullinger/Wandtke* § 43 Rn. 31.

109 Str., zum Streitstand *Schricker/Rojahn* § 43 Rn. 101.

110 *BGH* NJW 1991, 1480, 1483 – Grabungsmaterialien; *LG München I* ZUM 1997, 659.

111 *Schricker/Loewenheim* § 69b Rn. 11; *Wandtke/Bullinger/Grützmacher* § 69b Rn. 1; wohl zustimmend *BGH* GRUR 2002, 149, 150 – Wetterführungspläne II; 2001, 155, 157 – Wetter-führungspläne.

112 *Dreier/Schulze* § 69b Rn. 3.

113 S. dazu die sog. Zweckübertragungslehre gem. § 31 Abs. 5 UrhG, s.u. Rn. 227 ff.; *Wandtke/ Bullinger/Wandtke* § 43 Rn. 54 ff. Wurden keine individualvertraglichen Regelungen getrof-fen, können tarifvertragliche Regelungen weiterhelfen, soweit diese nicht wegen Verstoßes gegen zwingende Bestimmungen des Urheberrechts (z.B. § 31 Abs. 4 UrhG) unwirksam sind.

II. Miturheberschaft

Literatur: *Deumeland* Stellungnahme zum Urteil des *LG Düsseldorf* vom 21.8.2002 – 12-O-538/01 – „Miturheberschaft an einem Tonkopf", KUR 2003, 6; *Henke/v.Falck/Haft/Jaekel/Lederer/Loschelder /McGuire/Viefhues/v. Zumbusch* Der Einfluss der Mitinhaberschaft an Rechten des Geistigen Eigentums auf deren Verwertung, GRUR Int. 2007, 503; *Hyzik* Zur urheberrechtlichen Situation der Filmmusik, 2000; *Kirchmaier* Stellungnahme zum Urteil des *LG Düsseldorf* vom 21.8.2002 – 12-O-538/01 – „Miturheberschaft an einem Tonkopf", KUR 2003, 7; *Leuze* Die Urheberrechte der wissenschaftlichen Mitarbeiter, GRUR 2006, 552; *Loewenheim* Urheberrechtliche Probleme bei Multimediaanwendungen, GRUR 1996, 830; *Pfennig* Joseph Beuys und seine Schüler, Anm. zum Urteil des *OLG Düsseldorf* v. 21.10.2003 – 20 U 170/02, ZUM 2004, 52; *Poll* Die Harmonisierung des europäischen Filmheberrechts aus deutscher Sicht, GRUR Int. 2003, 290; *Riesenhuber* Die Vermutungstatbestände des § 10 UrhG, GRUR 2003, 187; *Schmidt* Die Rechtsverhältnisse in einem Forscherteam, 1997; *Steffen* Die Miturhebergemeinschaft, 1989; *Thiele* Die Erstautorenschaft bei wissenschaftlichen Publikationen, GRUR 2004, 392; *Thielecke/v. Bechtolsheim* Urheberrecht für die Mitwirkenden an komplexen Werken?, GRUR 2003, 754; *Ubertazzi* Gedanken zur Erfinder- und zur Urhebergemeinschaft, GRUR Int. 2004, 805; *Waldenberger* Die Miturheberschaft im Rechtsvergleich, 1991.

Haben mehrere ein Werk gemeinsam geschaffen, ohne dass sich ihre Anteile gesondert verwerten lassen, so sind sie gem. § 8 Abs. 1 UrhG Miturheber des Werkes. In diesem Fall stehen denjenigen, die an der Werkschaffung schöpferisch beteiligt waren, die Urheberrechte an dem Werk gemeinsam zu. **107**

Voraussetzung der Miturheberschaft im Sinne des § 8 UrhG ist, dass eine gemeinsame Schöpfung vorliegt. Dies erfordert das Vorliegen einer einheitlichen Idee, der sich die Miturheber unterordnen, um gemeinschaftlich und willentlich ein einheitliches Werk zu schaffen.[114] An einer gemeinsamen Schöpfung fehlt es bspw. bei einem von einer Schülerin an einer Kunstakademie begonnenen Kunstwerk, das später durch den Lehrer (hier: Beuys) ohne den Willen der Schülerin fortgesetzt und vollendet wird.[115] Auch derjenige, der lediglich Anregungen oder Hilfestellungen zur Werkschaffung gibt, ist nicht Miturheber, da die gemeinsame Urheberschaft stets einen schöpferischen Beitrag eines jeden Miturhebers erfordert.[116] Auch die Inhaber verwandter Schutzrechte sind keine Miturheber, so zum Beispiel die Schauspieler bei einem Film. **108**

Liegen die Voraussetzungen für eine gemeinsame Schöpfung, deren Einzelteile nicht gesondert verwertbar sind,[117] vor, so besteht ein einheitliches Urheberrecht mehrerer Personen. Die Miturheber bilden gem. § 8 Abs. 2 S. 1 UrhG eine Gesamthandsgemeinschaft, auf die die Vorschriften der §§ 705 ff. BGB entsprechend anzuwenden sind. Auch hier gilt das Schöpferprinzip ohne Einschränkungen, so dass der einzelne Miturheber sein (anteiliges) Urheberrecht nicht übertragen kann, § 29 UrhG. **109**

---

114 *Dreier/Schulze* § 8 Rn. 2; *Schricker/Loewenheim* § 8 Rn. 8 f.
115 *OLG Düsseldorf* GRUR-RR 2005, 2 – Beuys-Kopf.
116 Typische Gehilfentätigkeiten sind bspw. die Fußnotenbearbeitung, das vorbereitende Sammeln, Ordnen von Material etc.; *Schricker/Loewenheim* § 8 Rn. 8; *Wandtke/Bullinger/Thum* § 7 Rn. 12.
117 Typische Beispiele für gemeinsame Schöpfungen im Sinne einer Miturheberschaft sind wissenschaftliche Forschungsergebnisse und Aufsätze, Drehbücher, Filmwerke, Musikwerke, wenngleich bei letzteren auch eine getrennte Verwertung zumindest von Musik und Text oder Bild und Text denkbar ist. Anders als in Deutschland werden solche Verbindungen von Musik und Text allerdings im Ausland teilweise gleichwohl als miturheberschaftlich geschaffene Werke qualifiziert, s. dazu *Wandtke/Bullinger/Thum* § 8 Rn. 14, § 9 Rn. 33 ff.

110 Während die Rechte des Miturhebers, die aufgrund des Persönlichkeitsrechts zugebilligt werden, jedem einzelnen Miturheber selbst zustehen, sind die vermögensrechtlichen Ansprüche durch die Gesamthand gebunden. Soll das Werk veröffentlicht, verwertet oder geändert werden, müssen daher alle Miturheber vorher zustimmen. Verweigert einer der Miturheber seine Zustimmung, so können die übrigen Miturheber diese nur dann erfolgreich einklagen, wenn sie wider Treu und Glauben verweigert wurde, § 8 Abs. 2 S. 2 UrhG.

111 Die durch die Verwertung des gemeinschaftlichen Werkes erzielten Erträge stehen den Miturhebern im Zweifel zu gleichen Teilen zu, § 742 BGB. Etwas anderes gilt nur, wenn die Miturheber vertraglich vereinbart haben, dass die Erlöse auf eine andere Art und Weise verteilt werden sollen.

112 Werden Werke gemeinsam mit anderen geschaffen, sollte nicht auf die häufig nicht bekannten und in der praktischen Umsetzung nur begrenzt hilfreichen gesetzlichen Regelungen zur Gesamthandsgemeinschaft vertraut werden, sondern im Rahmen der gesetzlichen Möglichkeiten eine schriftliche Vereinbarung geschlossen werden, welche die Beziehungen zueinander, insbesondere die Verteilung der Erträge, die Verwertungsbefugnisse und ggf. den Anteilsverzicht[118] ausdrücklich regelt.

D. Inhalt des Urheberrechts

I. Urheberpersönlichkeitsrecht

113 Das Urheberpersönlichkeitsrecht als besonderes Persönlichkeitsrecht regelt die besondere Beziehung zwischen dem Urheber und seinem Werk. Das Urheberrecht differenziert insofern zwischen einem Kernbereich des Urheberpersönlichkeitsrechts, den §§ 12 – 14 UrhG, und Normen mit urheberpersönlichkeitsrechtlichem Einschlag, z.B. das Zugangsrecht gem. § 25 UrhG oder auch die Einschränkungen bei der Zwangsvollstreckung gem. §§ 113 ff. UrhG.

114 Das Urheberpersönlichkeitsrecht und seine Ausprägungen in §§ 12 – 14 UrhG sind wie das Urheberrecht selbst grundsätzlich weder übertragbar,[119] noch verzichtbar, § 29 UrhG. Einigkeit besteht jedoch darin, dass eine strenge Unverzichtbarkeit den ebenfalls zu berücksichtigenden Interessen des Werkverwerters nicht gerecht wird. Im Sinne eines Interessenausgleichs wird nach Lösungen gesucht. Eine dieser Lösungen ist, dass sich der Urheber wirksam zur Unterlassung der Ausübung bestimmter urheberpersönlichkeitsrechtlicher Befugnisse verpflichten kann.[120] So kann der Urheber beispielsweise auf eine Namensnennung verzichten (sog. Ghostwriter-Fälle).[121]

---

118 In Abweichung zur grds. Nichtübertragbarkeit der Verwertungsrechte und des Urheberrechts selbst kann nämlich der Miturheber gegenüber den anderen Miturhebern auf seinen Anteil an den Verwertungsrechten verzichten, § 8 Abs. 4 UrhG. Nicht verzichtet werden kann allerdings auf die urheberpersönlichkeitsrechtlichen Bestandteile, insofern bleibt der Miturheber mit den anderen Miturhebern bis zum Ablauf der Schutzfrist verbunden.

119 Str., für eine Übertragbarkeit zumindest des Veröffentlichungsrechts und des Änderungsrechts *v. Gamm* § 11 Rn. 7 unter Berufung auf *BGHZ* 15, 249, 258, 260 – Cosima Wagner und *RGZ* 151, 50, 53 – Babbit-Übersetzung; *Metzger* GRUR Int. 2003, 9, 11 ff., gegen Übertragbarkeit *Fromm/Nordemann/Hertin* vor § 12 Rn. 4 ff.

120 Ebenfalls vertreten wird eine Überlassung zur Ausübung oder eine sog. gebundene Übertragung, vgl. *Schricker/Dietz* vor § 12 Rn. 26; *Fromm/Nordemann/Hertin* vor § 12 Rn. 4; *Wandtke/Bullinger/Bullinger* vor §§12 ff. Rn. 7, vor §§ 31 ff. Rn. 38.

121 *Wandtke/Bullinger/Bullinger* § 13 Rn. 22, 23.

1. Veröffentlichungsrecht gem. § 12 UrhG

Literatur: *Goebel/Hackemann/Scheller* Zum Begriff des Erscheinens beim elektronischen Publizieren, GRUR 1986, 355; *Haberstumpf* Archivverträge, FS Nordemann, 2004, S. 167; *Müsse* Das Urheberpersönlichkeitsrecht unter besonderer Berücksichtigung der Veröffentlichung und der Inhaltsmitteilung, 1999; *Pflüger/Ertmann* E-Publishing und Open Access – Konsequenzen für das Urheberrecht im Hochschulbereich, ZUM 2004, 436; *Ulmer* Das Veröffentlichungsrecht des Urhebers, FS Hubmann 1985, S. 435; *v. Welser* Die Wahrnehmung urheberpersönlichkeitsrechtlicher Befugnisse durch Dritte, 2000.

Das Veröffentlichungsrecht als das höchstpersönliche Recht des Urhebers zur Entscheidung über die Entlassung seines Werks in die Öffentlichkeit[122] ist als Teil des Urheberpersönlichkeitsrechts – wie einleitend ausgeführt[123] – grundsätzlich nicht auf andere übertragbar.[124] Davon zu unterscheiden ist jedoch das Recht des Urhebers, die Veröffentlichung einem Dritten zu überlassen. Dies geschieht in der Praxis in der Regel stillschweigend, indem der Urheber einem Dritten Nutzungsrechte einräumt, oder es ergibt sich aus den Umständen.[125] **115**

Die Veröffentlichung nach § 12 i.V.m. § 6 UrhG ist nicht ausschließlich an der Definition der Öffentlichkeit in § 15 Abs. 3 UrhG zu messen.[126] So kann bspw. ein Regisseur das von ihm geschaffene Filmwerk zunächst einem kleineren Testpublikum vorstellen, auch wenn es sich dabei nicht um durch gegenseitige Beziehungen miteinander verbundene Personen i.S.v. § 15 Abs. 3 UrhG handelt, ohne damit bereits über die Veröffentlichung des Filmwerkes zu entscheiden. Auch durch die Zusendung eines als vertraulich bezeichneten Briefs an eine vierköpfige Zeitschriftenredaktion verbraucht der Urheber des Briefes sein Veröffentlichungsrecht noch nicht.[127] **116**

Das Veröffentlichungsrecht kann nur einmal ausgeübt werden; durch die mit seiner Zustimmung erfolgte Erstveröffentlichung ist das Veröffentlichungsrecht des Urhebers verbraucht,[128] nicht jedoch durch eine unbefugte Erstveröffentlichung.[129] **117**

Wenngleich § 12 UrhG an sich keinen Raum für eine Interessenabwägung gibt, kann die Meinungs- oder Pressefreiheit dennoch Vorrang haben vor dem Veröffentlichungsrecht des Urhebers. So entschied das OLG Hamburg, dass das Informationsinteresse der Öffentlichkeit hinsichtlich der Veröffentlichung eines Schriftsatzes überwiege, der von dem Verteidiger des DDR-Regimekritikers Havemann für dessen Strafverfahren angefertigt worden war.[130] **118**

Relevanz hat das Veröffentlichungsrecht gem. § 12 Abs.1 UrhG insbesondere unter folgenden Gesichtspunkten: **119**

---

122 *Fromm/Nordemann/Hertin* § 12 Rn. 1.
123 S.o. Rn. 114.
124 *LG München I* ZUM 2000, 415, 417.
125 *KG* NJW-RR 1986, 608, 609.
126 *Dreier/Schulze* § 12 Rn. 5; *Schricker/Katzenberger* § 6 Rn. 9; *Wandtke/Bullinger/Bullinger* § 12 Rn. 7; a.A. *Möhring/Nicolini/Kroitzsch* § 12 Rn. 8.
127 *KG* NJW 1995, 3392, 3393 f. – Botho Strauß; die miteinander verbundenen Redaktionsmitarbeiter stellen bereits keine Öffentlichkeit dar.
128 *OLG München* NJW-RR 1997, 493, 494; *Schricker/Dietz* § 12 Rn. 7; a.A., jedoch unter Annahme des Verbrauchs für die jeweils erfolgte bestimmte Form der Veröffentlichung *LG Berlin* GRUR 1983, 761, 762 – Portraitbild und *Fromm/Nordemann/Hertin* § 12 Rn. 10.
129 *OLG Köln* GRUR-RR 2005, 337.
130 GRUR 2000, 146, 147.

– Die Schrankenbestimmungen gem. § 44a ff. UrhG kommen zur Anwendung;
– ein immaterieller Schadensersatzanspruch kommt bei einer Verletzung des Veröffentlichungsrechts in Betracht (§ 97 Abs. 2 UrhG);
– die öffentliche Ausstellung eines unveröffentlichten Werkes, das kein Werk der bildenden Kunst und kein Lichtbildwerk darstellt, kann auf der Grundlage von § 12 UrhG untersagt werden (das Ausstellungsrecht gem. § 18 UrhG ist nur auf Werke der bildenden Kunst und Lichtbildwerke anwendbar).

120 § 12 Abs. 2 UrhG beinhaltet einen vor der Erstveröffentlichung greifenden zusätzlichen Schutz des Urhebers vor ungewollter Inhaltsbeschreibung und Berichterstattung, nicht aber eine Schrankenbestimmung, die den Anwendungsbereich der §§ 44a ff. UrhG erweitert.[131]

121 Der Schutz nach § 12 Abs. 2 UrhG wird vor allem für Urheber eines Werkes der bildenden Kunst oder für Autoren relevant, da sie mittels ihrer Rechte aus § 12 Abs. 2 UrhG unterbinden können, dass bereits über Farbgestaltung und Aufbau eines Kunstwerkes berichtet wird, bevor das Werk zur Ausstellung gelangt, oder dass Kritiker sich bereits mit dem Inhalt eines Romans beschäftigen und Geheimnisse lüften, bevor das Werk veröffentlicht ist.

2. Anerkennung der Urheberschaft gem. § 13 UrhG

Literatur: *Grünberger* Die Urhebervermutung und die Inhabervermutung für die Leistungsschutzberechtigten, GRUR 2006, 894; *Hock* Das Namensnennungsrecht des Urhebers, 1993; *Holländer* Das Urheberpersönlichkeitsrecht des angestellten Programmierers, CR 1992, 279; *Löffler* Künstlersignatur und Kunstfälschung, NJW 1993, 1421; *Metzger* Rechtsgeschäfte über das Urheberpersönlichkeitsrecht nach dem neuen Urhebervertragsrecht – Unter besonderer Berücksichtigung der französischen Rechtslage, GRUR Int. 2003, 9; *Ohly* Die Autorenangabe bei wissenschaftlichen Veröffentlichungen aus wissenschaftsethischer und aus urheberrechtlicher Sicht, FS für Dietz, 2001, S. 143; *Radmann* Abschied von der Branchenübung: Für ein uneingeschränktes Namensnennungsrecht der Urheber, ZUM 2001, 788; *Rehbinder* Das Namensnennungsrecht des Urhebers, ZUM 1991, 220; *Spieker* Die fehlerhafte Urheberbenennung: Falschbenennung des Urhebers als besonders schwerwiegender Fall, GRUR 2006, 118; *Stolz* Der Ghostwriter im deutschen Recht, 1971; *v. Welser* Die Wahrnehmung urheberpersönlichkeitsrechtlicher Befugnisse durch Dritte, 2000.

122 Das Recht auf Anerkennung der Urheberschaft hat mehrere Ausprägungen: So kann der Urheber zum einen verlangen, als solcher im Zusammenhang mit seinem Werk oder Teilen davon genannt zu werden. Dies ermöglicht ihm, bspw. gegen Plagiatoren, also gegen Dritte, die sich die Urheberschaft an einem fremden Werk anmaßen, vorzugehen. Ferner kann der Urheber verlangen, dass sein Werk nur in Verbindung mit seiner Urheberbezeichnung verwertet wird.

123 Dabei muss der Urheber durchaus dulden, dass auch andere (Miturheber) in Verbindung mit dem Werk als Urheber genannt werden. So führt die Übersetzung eines Werkes in der Regel zur Namensnennung von Urheber *und* Übersetzer.

124 Die Verpflichtung des Urhebers zur Duldung der Nennung anderer oftmals nachgeschalteter Bearbeiter seines Werkes kann dazu führen, dass der Urheber nachträglich doch auf seine Nennung als Urheber verzichten will. In diesem Sinne schützt § 13 S. 2 UrhG auch das Recht des Urhebers auf Anonymität.

---

131 *LG Hamburg* NJW 2004, 610, 614 f. – Harry Potter-Lehrerhandbuch; *Dreier/Schulze* § 12 Rn. 24; *Wandtke/Bullinger/Bullinger* § 12 Rn. 22; a.A. *Schricker/Dietz* § 12 Rn. 29, der der Norm im Wege des Umkehrschlusses entnehmen will, dass jedermann berechtigt sei, den Inhalt eines Werks öffentlich mitzuteilen oder zu beschreiben, sobald das Werk selbst, sein wesentlicher Inhalt oder eine Beschreibung des Werks mit Zustimmung des Urhebers veröffentlicht worden sei.

In der Praxis stellt sich oft die Frage, inwieweit mit dem Urheber vertraglich wirksame Verein- **125**
barungen über die Urhebernennung oder gar den Verzicht auf eine solche getroffen werden
können. Grundsätzlich gilt, dass das Recht auf Anerkennung der Urheberschaft von einer Nut-
zungsrechteeinräumung an dem Werk unberührt bleibt. Denn Urheberpersönlichkeitsrechte
wie auch das Recht aus § 13 UrhG können in ihrem Kern vertraglich nicht abbedungen werden.[132] Die Frage ist daher, ob wirksam mit dem Urheber vereinbart werden kann, dass dieser
auf seine Namensnennung insgesamt oder zumindest zu einem bestimmten Zeitpunkt verzichtet. Insbesondere im Zusammenhang mit den so genannten Ghostwriter-Fällen wird eine solche Vereinbarung aufgrund des praktischen Bedürfnisses für wirksam und zulässig erachtet.[133]
Im Falle des Ghostwriters, der sich zumeist auf das Verfassen von politischen Reden und ähnlichen Texten spezialisiert hat, werden die von ihm angefertigten Texte schließlich von einem
Dritten, der dann als Urheber ausgegeben wird, veröffentlicht. Trotz der grundsätzlichen Zulässigkeit solcher Verzichtsvereinbarungen wird gleichwohl stets betont, dass auf das Namensnennungsrecht nicht endgültig verzichtet werden dürfe, da es dann in seinem Kern betroffen
sei. Auch wird gefordert, dass dem Ghostwriter jedenfalls eine Verpflichtung zur Lüge, d.h.
zum bewussten Abstreiten seiner Urheberschaft im Falle gezielter Anfragen Dritter nicht auferlegt werden dürfe.[134] Ein endgültiger Verzicht wird in den Ghostwriter-Vereinbarungen aber
wohl die Regel sein. Dementsprechend sind diese Fälle nicht anders gelagert als andere Bereiche, wie bspw. der Bereich von Film und Fernsehen, wo sich ein Regisseur nach der Veröffentlichung des von ihm gestalteten Films dazu entschließt, als Urheber nicht genannt zu werden.
Entsprechend den obigen Ausführungen müsste es daher auch möglich sein, mit dem Regisseur eine Vereinbarung zu treffen, wonach dieser verbindlich erklärt, ob er als Urheber genannt
werden möchte oder nicht.

Diesen inneren Widerspruch zwischen dem praktischen Bedürfnis, vertragliche Vereinbarun- **126**
gen der vorstehend dargestellten Art schließen zu können, und dem grundsätzlich unabdingba-
ren Recht des Urhebers auf Anerkennung seiner Urheberschaft versucht die Literatur dadurch
zu lösen, dass sie dem Urheber ein Kündigungsrecht hinsichtlich der getroffenen vertraglichen
Vereinbarung zubilligt, wonach dieser in entsprechender Anwendung der §§ 40 Abs. 1 S. 2, 41
Abs. 4 S. 2 UrhG berechtigt ist, nach fünf Jahren seine Verzichtsvereinbarung zu kündigen.[135]
Fraglich ist, ob der Urheber jedenfalls im Falle des Einverständnisses mit seiner Urheberben-
nung nur dann nachträglich auf sein Recht auf Anonymität beharren kann, wenn ein Fall der
Werkentstellung im Sinne des § 14 UrhG vorliegt.[136]

Der Urheber hat auch das Recht, die Art und Weise seiner Urhebernennung festzulegen. So **127**
kann er bestimmen, dass er mit einem Künstlerzeichen, einem Pseudonym oder einer Abkür-
zung genannt wird. Ferner kann der Urheber verlangen, dass die Benennung seiner Funktion,

---

132 *OLG München* GRUR-RR 2004, 33, 34 – Pumuckl-Illustrationen: „kein Verzicht auf Urheberpersönlichkeitsrechte mit dinglicher Wirkung denkbar"; *KG* WRP 1977, 187, 190; *Dreier/
Schulze* § 13 Rn. 24; *Fromm/Nordemann/Hertin* vor § 12 Rn. 3; *Schricker/Dietz* § 13 Rn. 24;
Wandtke/Bullinger/Bullinger § 13 Rn. 19.
133 *Dreier/Schulze* § 13 Rn. 31; *Fromm/Nordemann/Hertin* § 13 Rn. 16; *Schricker/Dietz* § 13
Rn. 9; vgl. auch *OLG München* GRUR-RR 2004, 33, 34 f. – Pumuckl-Illustrationen. S. auch
oben Rn. 114.
134 *Schricker/Dietz* § 13 Rn. 9.
135 *Dreier/Schulze* § 13 Rn. 31; *Fromm/Nordemann/Hertin* § 13 Rn. 16; vgl. auch *OLG München*
GRUR-RR 2004, 33, 34 f. – Pumuckl-Illustrationen; *LG München* I ZUM 2003, 66 ff.
136 Vgl. *Schricker/Dietz* § 13 Rn. 10, 15; s. auch *OLG Saarbrücken* UFITA 79 (1977) 364, 366
zur gerichtlichen Untersagung der Urhebernennung bei einem vom Rundfunkintendanten ent-
stellten Fernsehbeitrag.

Kuck 751

bspw. als Autor, Bildhauer, Maler etc. genannt wird.[137] Wenngleich auch dieses Recht an sich unverzichtbar sein dürfte, wird in der Literatur allgemein anerkannt, dass insofern auch auf die Verkehrsgepflogenheiten zurückgegriffen werden kann, jedenfalls dann, wenn keine ausdrückliche Bestimmung getroffen wurde. So werden Werke der bildenden Kunst üblicherweise handsigniert; bei Bauwerken wird in der Regel eine Tafel angebracht, die den Architekten benennt; Filmurheber werden im Vor- und Abspann genannt. Letzteres hat auch für den Fall zu gelten, dass von einem Filmwerk Videokassetten hergestellt werden; die Nennung auf der Verpackung genügt dann nicht.[138]

3. Entstellung des Werkes, § 14 UrhG

Literatur: *Bullinger* Kunstwerkfälschung und Urheberpersönlichkeitsrecht. Der Schutz des bildenden Künstlers gegenüber der Fälschung seiner Werke, 1997; *Castendyk* Gibt es ein „Klingelton-Herstellungsrecht"?, ZUM 2005, 9; *Goldmann* Das Urheberrecht an Bauwerken – Urheberpersönlichkeitsrechte des Architekten im Konflikt mit Umbauvorhaben, GRUR 2005, 639; *Heidmeier* Das Urheberpersönlichkeitsrecht und der Film, 1996; *Hertin* Zur Lizenzierung von Klingeltonrechten, KUR 2004, 101; *Hess* Urheberrechtsprobleme der Parodie, 1993; *Metzger* Rechtsgeschäfte über das Urheberpersönlichkeitsrecht nach dem neuen Urhebervertragsrecht – Unter besonderer Berücksichtigung der französischen Rechtslage, GRUR Int. 2003, 9; *Movsessian* Darf man Kunstwerke vernichten?, UFITA 95 (1983), 77; *Müller* Das Urheberpersönlichkeitsrecht des Architekten im deutschen und österreichischen Recht, 2004; *Peifer* Werbeunterbrechungen in Filmwerken nach italienischem, deutschem und internationalem Urheberrecht, 1997; *Poll* Urheberrechtliche Beurteilung der Lizenzierungspraxis von Klingeltönen, MMR 2004, 67; *Pollert* Entstellung von Filmwerken und ihren vorbestehenden Werken, 2001; *Rosén* Werbeunterbrechungen von Spielfilmen nach schwedischem Recht – (immer noch) ein Testfall für das droit moral? GRUR Int. 2004, 1002; *Schmelz* Die Werkzerstörung als ein Fall des § 11 UrhG, GRUR 2007, 565; *Schöfer* Die Rechtsverhältnisse zwischen dem Urheber eines Werkes der bildenden Kunst und dem Eigentümer des Originalwerkes, München 1984; *Spieß* Urheber- und wettbewerbsrechtliche Probleme des Sampling in der Popmusik, ZUM 1991, 524; *van Waasen* Das Spannungsfeld zwischen Urheberrecht und Eigentum im deutschen und ausländischen Recht, 1994; *Wallner* Der Schutz von Urheberrechtswerken gegen Entstellungen unter besonderer Berücksichtigung der Verfilmung, 1995; *Wandtke* Die Rechtsfigur „gröbliche Entstellung" und die Macht der Gerichte, FS für Schricker, 2005, S. 609; *Zlanabitnig* Zum Entstellungsschutz von Filmwerken, AfP 2005, 535.

128   Hat sich der Urheber einiger oder sämtlicher Nutzungsrechte an seinem Werk entledigt, so ist er auf das Verbietungsrecht nach § 14 UrhG angewiesen, um sein Werk gegen Verfälschungen zu verteidigen.

129   Ob eine Entstellung im Sinne des Gesetzes vorliegt, ist im Wesentlichen anhand einer Interessenabwägung zu ermitteln. Die im Zusammenhang mit einer solchen Interessenabwägung zu berücksichtigenden Kriterien[139] sind unter anderem der Grad der schöpferischen Eigenart des Werkes, der künstlerische Rang,[140] der Gebrauchszweck, die Irreversibilität des Eingriffs und der Grad der Öffentlichkeit.

---

137 *Schricker/Dietz* § 13 Rn. 13.
138 Vgl. *OLG München* ZUM 2000, 61, 63 – Das kalte Herz.
139 Vgl. *Wandtke/Bullinger/Bullinger* § 14 Rn. 15 ff.
140 Strittig, vgl. *BGH* GRUR 1989, 106, 107 – Oberammergauer Passionsspiele II, GRUR 1982, 107 ff. – Kirchenraumgestaltung; *Loewenheim/Dietz* § 16 Rn. 112; dagegen *Wandtke/Bullinger/Bullinger* § 14 Rn. 17, da dies eine künstlerische Bewertung des Werkes bedeuten würde.

Interessant ist in diesem Zusammenhang, dass die **Werkvernichtung** keine Entstellung im **130** Sinne von § 14 UrhG darstellt. Der Eigentümer eines Werkexemplars hat also nicht die Pflicht, dieses zu erhalten oder zu restaurieren, vielmehr kann er es sogar zerstören. Dies gilt bspw. auch für den Abriss von architektonisch wertvollen Gebäuden.[141] Etwas anderes kann jedoch für die teilweise Vernichtung eines Werkes gelten.[142]

Relevant wird das Recht gegen Entstellung insbesondere für den Architekten als Urheber,[143] **131** aber auch im Bereich der bildenden Kunst, bspw. im Zusammenhang mit Parodien und Plagiaten,[144] in der Literatur[145] und im Filmbereich.[146] Im Musikbereich sind insbesondere die Entscheidungen zur Verwendung eines Musikstücks als Handy-Klingelton zu nennen.[147] Insofern scheint mittlerweile unstreitig, dass eine solche Verwendung eines Musikstücks als Handy-Klingelton einen Eingriff in das Urheberpersönlichkeitsrecht gem. §§ 14, 23 UrhG darstellt. Entscheidend ist in diesem Zusammenhang jedoch in der Regel, ob die Nutzung von Musikwerken als Handy-Klingeltöne nicht durch die Übertragung eines Bearbeitungsrechts an die GEMA, d.h. durch den Erwerb von Nutzungsrechten von der GEMA legitimiert wird.[148]

II. Verwertungsrechte

Literatur: *Ahrens* Napster, Gnutella, FreeNet & Co – die immaterialgüterrechtliche Beurteilung von Internet-Musiktauschbörsen, ZUM 2000, 1029; *Berger* Urheberrechtliche Erschöpfungslehre und digitale Informationstechnologie, GRUR 2002, 198; *Dreier* Konvergenz und das Unbehagen des Urheberrechts, FS für Erdmann, 2002, S: 73; *Flechsig* Darbietungsschutz in der Informationsgesellschaft – Das neue Leistungsschutzrecht des ausübenden Künstlers nach der Umsetzung der Informationsrichtlinie, NJW 2004, 575; *Hoeren* Überlegungen zur urheberrechtlichen Qualifizierung des elektronischen Abrufs, CR 1996, 517; *Koehler* Der Erschöpfungsgrundsatz des Urheberrechts im Onlinebereich, 2000; *Lauber/Schwipps* Das Gesetz zur Regelung des Urheberrechts in der Informationsgesellschaft, GRUR 2004, 293; *Loewenheim* Öffentliche Zugänglichmachung von Werken im Schulunterricht, FS für Schricker, 2005, S. 413; *Reinbothe* Die Umsetzung der EU-Urheberrechtsrichtlinie in deutsches Recht, ZUM 2002, 43; *Riesenhuber* Der Einfluss der RBÜ auf die Auslegung des deutschen Urhebergesetzes, ZUM 2003, 333; *Schack* Rechtsprobleme der Online-Übermittlung, GRUR 2007, 639; *Schricker* Bemerkungen zur Erschöpfung im Urheberrecht, FS für Dietz, 2001, S. 447; *Schulze* Vergütungssystem und Schrankenregelungen – Neue Herausforderungen an den Gesetzgeber, GRUR 2005, 828; *Schulze* Wann beginnt eine urheberrechtlich relevante Nutzung?, ZUM 2000, 126; *Schwarz* Klassische Nutzungsrechte und Lizenzvergabe beziehungsweise Rückbehalt von „Internet-Rechten", ZUM 2000, 816; *Spindler* Europäisches Urheberrecht in der Informationsgesellschaft, GRUR 2002, 105; *Ulmer* Die Entscheidung zur Kabelübertragung von Rundfunksen-

---

141 So die wohl h.M., vgl. *LG Hamburg* GRUR 2005, 672, 674; *Goldmann* GRUR 2005, 639, 643; a.A. *Fromm/Nordemann/Hertin* § 14 Rn. 18; *Schricker/Dietz* § 14 Rn. 38.

142 Vgl. *OLG München* ZUM 2001, 339, 344 – Abriss eines Kirchenschiffs.

143 S. bspw. *BGH* GRUR 1999, 230 – Wendeltreppe; *KG* NJW-RR 2001, 1201, 1202 – Detlev Rohwedder-Haus, wo das nachträgliche Aufstellen einer Stahlplastik eine urheberrechtlich geschützte Gartengestaltung verletzte.

144 Bekannt sind in diesem Zusammenhang die Entscheidungen *BGH* GRUR 1994, 191, 193 – Asterix-Persiflagen, GRUR 1994, 206, 208 – Alcolix.

145 Vgl. *OLG München* GRUR 1986, 460 – Die Verfilmung der unendlichen Geschichte.

146 Hier z.B. in Bezug auf Nachkolorierungen und auf Werbeunterbrechungen, wobei in diesem Zusammenhang § 93 UrhG zu berücksichtigen ist, der eine gröbliche Entstellung verlangt. Vgl. *Engel* ZUM 2003, 85.

147 *OLG Hamburg* ZUM 2002, 480, 483; *LG Hamburg* ZUM 2005, 485; *LG Hamburg* ZUM-RD 2001, 443, 445; siehe auch *Castendyk* ZUM 2005, 9; *v. Einem* ZUM 2005, 540.

148 S. dazu eingehend *OLG Hamburg* MMR 2006, 316 ff. – Handy-Klingeltöne II (nicht rechtskräftig!).

dungen im Lichte urheberrechtlicher Grundsätze, GRUR Int. 1981, 372; *Wandtke/Schäfer* Music-on-Demand – Neue Nutzungsart im Internet?, GRUR Int. 2000, 187; *Zscherpe* Urheberrechtsschutz digitalisierter Werke im Internet, MMR 1998, 404.

132 Die Verwertungsrechte des Urhebers sind in den §§ 15 – 23 UrhG geregelt. Zwar regeln die Verwertungsrechte die Befugnisse des Urhebers im Zusammenhang mit der wirtschaftlichen Verwertung seines Urheberrechts, in der Vertragspraxis von deutlich größerer Bedeutung sind dagegen die von den Verwertungsrechten abgeleiteten (abgespaltenen) Nutzungsrechte und die daran anknüpfenden Nutzungsarten.[149] Die Verwertungsrechte bleiben beim Urheber und beschreiben, welche Verwertungsmöglichkeiten dem Urheber vorbehalten sind.[150] Die Nutzungsrechte sind diejenigen Rechte, die der Erwerber und Verwerter des urheberrechtlich geschützten Werkes in der Regel im Rahmen eines Lizenzvertrages erhält. Nutzungsrechte und Verwertungsrechte müssen sich daher inhaltlich nicht decken, in der Praxis wird jedoch gleichwohl bei der Definition der Nutzungsrechte häufig an die gesetzliche Definition der einzelnen Verwertungsrechte des Urhebers zumindest angeknüpft.[151]

133 Daher sollen nachfolgend die einzelnen Verwertungsrechte kurz dargestellt werden, wenngleich in der Praxis die Definition der einzelnen Nutzungsrechte bzw. der im Rahmen eines Nutzungsrechts übertragenen Nutzungsarten von größerer Bedeutung sein dürfte.[152]

134 Generalklauselartig bestimmt § 15 UrhG, dass der Urheber das ausschließliche Recht hat, sein Werk in körperlicher Form zu verwerten (Abs. 1) und es in unkörperlicher Form öffentlich wiederzugeben (Abs. 2). Die Aufzählung der einzelnen Verwertungsrechte des Urhebers ist also nicht abschließend, sondern nur beispielhaft in den nachfolgenden Vorschriften geregelt. So wird eine Benachteiligung des Urhebers dahingehend verhindert, dass durch abschließend aufgezählte Verwertungsrechte bestimmte neue Technologien und dadurch entstehende neue Nutzungsarten nicht mehr geschützt wären. Durch die bloß beispielhafte Aufzählung wird gewährleistet, dass die Regelungen des Urheberrechtsschutzes mit dem technischen Fortschritt und dem daraus resultierenden Entstehen von neuen Nutzungsarten und -rechten Schritt halten kann.[153]

135 Die Generalklausel des § 15 UrhG unterscheidet zwischen körperlichen und unkörperlichen Verwertungsrechten. Während bei der körperlichen Verwertung die Herstellung des körperlichen Gegenstandes entscheidend ist, ist bei der unkörperlichen Verwertung der Begriff der Öffentlichkeit maßgeblich. Der Abs. 3 des § 15 UrhG enthält eine Legaldefinition der Öffentlichkeit. Diese Definition gilt für alle Arten der unkörperlichen Werkwiedergabe im Sinne des § 15 Abs. 2 UrhG. Öffentlichkeit in diesem Sinne liegt demnach vor, wenn die Verwertung für eine Mehrzahl von Personen bestimmt ist, es sei denn, diese Mehrzahl von Personen ist mit dem Verwerter oder untereinander persönlich verbunden. § 15 Abs. 3 UrhG ist im Rahmen der 1. Urheberrechtsnovelle etwas abgeändert worden. Zwar ist dies keine grundlegende Veränderung, zu beachten ist aber, dass durch die neue Formulierung eine leichte Verschiebung der Darlegungs- und Beweislast zu Ungunsten des Urhebers entstanden ist. Früher hatte der Urheber, der die Verletzung seiner Rechte rügte, lediglich darzutun und zu beweisen, dass eine

---

149 S. dazu noch unten Rn. 199 ff.
150 *Wandtke/Bullinger/Wandtke/Grunert* vor §§ 31 ff. Rn. 23.
151 S. dazu noch unten Rn. 201 ff.
152 S. insbesondere die Möglichkeiten der inhaltlichen Beschränkung von Nutzungsrechten unten Rn. 213 ff.
153 *Schricker/v. Ungern-Sternberg* § 15 Rn. 22; *Wandtke/Bullinger/Heerma* § 15 Rn. 11.

Mehrzahl von Personen adressiert wurde.[154] Nunmehr muss der Kläger darüber hinaus noch beweisen, dass keine persönlichen Beziehungen zwischen diesen Personen bestehen, die eine Öffentlichkeit ausschließen würden.[155]

Ob eine Öffentlichkeit im Sinne des § 15 Abs. 3 UrhG gegeben ist oder nicht, hängt also grund- **136** sätzlich nicht von der Anzahl der Personen ab, sondern davon, ob persönliche Beziehungen zwischen ihnen bestehen. Wird beispielsweise ein Werk auf einer großen Familienfeier vorgeführt, so liegt keine Öffentlichkeit vor. Wird sie aber einem kleinen Publikum vorgeführt, dessen Personen in keinerlei persönlicher Beziehung zueinander stehen, ist eine Öffentlichkeit im Sinne der Vorschrift zu bejahen. So wird beispielsweise angenommen, dass bei Vorführungen von Werken in den Gemeinschaftsräumen von Gefängnissen oder Seniorenheimen sowie bei Hochschulvorlesungen keine hinreichend starke Beziehung unter den Personen besteht, die eine Öffentlichkeit ausschließen könnte.[156] Anders sieht dies der BGH im Falle von Patienten eines Zweibettzimmers im Krankenhaus. Diese seien durch die gezwungenermaßen stattfindende Teilhabe am Privatbereich des jeweils anderen hinreichend persönlich verbunden.[157] Das Merkmal der Öffentlichkeit im Sinne des § 15 Abs. 3 UrhG entscheidet auch darüber, welche Vorführungen von Werken GEMA-pflichtig sind. Aufgrund dessen darf der Begriff der Öffentlichkeit nicht zu eng ausgelegt werden, so dass auch Vorführungen oder Wiedergaben in Arztpraxen, Wartesälen oder Friseursalons öffentlich und somit GEMA-pflichtig sind.[158]

1. Vervielfältigungsrecht, § 16 UrhG

Literatur: *Ahrens* Napster, Gnutella, FreeNet & Co – die immaterialgüterrechtliche Beurteilung von Internet-Musiktauschbörsen, ZUM 2000, 1029; *Berberich* Die urheberrechtliche Zulässigkeit von Thumbnails bei der Suche nach Bildern im Internet, MMR 2005, 145; *Büchele* Urheberrecht im World Wide Web, Wien 2002; *Braun* „Filesharing"-Netze und deutsches Urheberrecht – Zugleich eine Entgegnung auf Kreutzer, GRUR 2001, 193 ff. und 307 ff. –, GRUR 2001, 1106; *Dietrich* Rechtliche Bewältigung von netzbasiertem Datenaustausch und Verteidigungsstrategien – 20000 Verfahren gegen Filesharingnutzer, NJW 2006, 809; *Ernst* Urheberrechtliche Probleme bei der Veranstaltung von On-Demand-Diensten, GRUR 1997, 592; *Freiwald* Die private Vervielfältigung im digitalen Kontext am Beispiel des Filesharing, 2004; *Heydn* Deep Link: Feuerprobe bestanden – Das Aus für den Schutz von Web Content oder die Rettung des World Wide Web?, NJW 2004, 1361; *Hofmann* Virtuelle Personal Video Recorder vor dem Aus? – Kritische Analyse der bisherigen Rechtsprechung zu virtuellen PVR, MMR 2006, 793; *Hohagen* Die Freiheit der Vervielfältigung zum eigenen Gebrauch, 2004; *Katzenberger* Vergütung der Sendeunternehmen für Privatkopien ihrer Livesendungen aus der Sicht der europäischen Urheberrechtsrichtlinien, GRUR Int. 2006, 190; *Klickermann* Urheberschutz bei zentralen Datenspeichern, MMR 2007, 7; *Koch* Internet-Recht, 2. Aufl., 2005; *Moritz* Vervielfältigungsstück eines Programms und seine berechtigte Verwendung – § 69d UrhG und die neueste BGH-Rechtsprechung, MMR 2001, 94; *Oechsler* Das Vervielfältigungsrecht für Prüfungszwecke nach § 53 III Nr. 2 UrhG, GRUR 2006, 205; *Ott* Die Google Buchsuche – Eine massive Urheberrechtsverletzung?, GRUR int. 2007, 562; *ders.* Die urheberrechtliche Zulässigkeit des Framing nach der BGH-Entscheidung im Fall „Paperboy", ZUM 2004, 357; *Plaß* Hyperlinks im Spannungsfeld von Urheber-, Wettbewerbs- und Haftungsrecht, WRP 2000, 599; *Podehl* Internetportale mit journalistisch-redaktionellen Inhalten, MMR 2001, 17; *Poll* Urheberrechtliche Beurteilung der Lizenzierungspraxis von Klingeltönen, MMR 2004, 67; *Schack* Urheberrechtliche Gestaltung von Webseiten unter Einsatz von Links und Frames, MMR 2001, 9; *Sieber/Höfin-*

---

154 *Dreier/Schulze* § 15 Rn. 37.
155 *Schricker/v. Ungern-Sternberg* § 15 Rn. 77.
156 BGH GRUR 1984, 734, 735 – Vollzugsanstalten, GRUR 1975, 33, 34 – Alterswohnheim I, BGHZ 17, 376, 379 ff. – Betriebsfeiern.
157 BGH GRUR 1996, 875, 876.
158 *AG Nürnberg* NJW-RR 1996, 683 – Zahnarzt.

ger Drittauskunftsansprüche nach § 101a UrhG gegen Internetprovider zur Verfolgung von Urheberrechtsverletzungen, MMR 2004, 575.

137 Von wesentlicher Bedeutung unter den Nutzungsrechten ist das so genannte Vervielfältigungsrecht. Dieses regelt, ob und in welchem Umfang Vervielfältigungsstücke eines Werkes hergestellt werden dürfen. Die Art des Verfahrens, oder wie viele Kopien des Werkes erstellt werden und ob diese von Dauer[159] sind, ist unerheblich. Jede Nachbildung des Werkes stellt eine Vervielfältigung dar. Der Begriff wird denkbar weit definiert und wird als jede körperliche Festlegung verstanden, die geeignet ist, ein Werk den menschlichen Sinnen auf irgendeine Art und Weise unmittelbar oder mittelbar zugänglich zu machen.[160]

138 Bspw. ist eine Vervielfältigung zu bejahen bei der Fotografie eines Bauwerkes, wenn ein Parfumflakon in einem Werbeprospekt als abfotografiertes Bild wiedergegeben wird,[161] wenn ein Foto unberechtigterweise auf der Homepage einer Tageszeitung benutzt wird,[162] wenn eine Fernsehsendung mitgeschnitten wird[163] oder beim Speichern eines Werkes auf einer Diskette oder auf der Festplatte eines Computers. Auch ist inzwischen durch § 16 Abs. 2 UrhG klargestellt worden, dass es sich bei dem Pressen von Schallplatten und der Tonbandaufnahme von Musikstücken nicht etwa um Bearbeitungen des Werkes, sondern vielmehr auch um Vervielfältigungen handelt.[164] Selbst wenn nur bestimmte Teile eines Werkes kopiert werden, ist § 16 UrhG anwendbar, soweit es sich bei diesen Werkteilen um ein eigenes urheberrechtlich geschütztes Werk handelt.[165] Für verwandte Schutzrechte regeln die §§ 70 ff. UrhG die Vervielfältigungsrechte sinngemäß zu § 16 UrhG.

139 Eine sog. **Erschöpfung**, d.h. ein Verbrauch des Vervielfältigungsrechts dergestalt, dass es nach ein-/erstmaliger Vervielfältigung nicht mehr verletzt werden könnte,[166] tritt beim Vervielfältigungsrecht zwar grundsätzlich nicht ein. Der Grundsatz der Erschöpfung wird jedoch im Urheberrecht kontrovers diskutiert.[167] So erfordere bspw. die Sicherung des freien Warenverkehrs, dass nicht nur die einmal in Verkehr gebrachte Ware selbst frei verkauft werden kann, sondern auch, dass diese Ware zu diesem Zweck entsprechend beworben werden kann, wenngleich die Wiedergabe der ggf. urheberrechtlich geschützten Ware an sich eine Vervielfältigung derselben darstellt.[168]

140 Eine weitere Einschränkung erfährt das Vervielfältigungsrecht durch die Schrankenregelungen der §§ 44a ff. UrhG. So sind bspw. bloß vorübergehende Speichervorgänge als wesentliche Bestandteile eines technischen Verfahrens zulässig, § 44a UrhG. Hier ist insbesondere an kurzzeitige Speicherungen im Zuge von Online-Übertragungen, an **Browsing** oder **Caching**[169] in Be-

---

159 Zu beachten ist allerdings die Schrankenbestimmung des § 44aUrhG, s. dazu unten Rn. 140 f.

160 Amtl. Begr., BT-Drucks. IV/270, 47; *BGH* GRUR 1991, 449, 453 – Betriebssystem; *BGHZ* 17, 267, 269 f. – Grundig-Reporter; *Wandtke*/Bullinger/*Heerma* § 16 Rn. 2.

161 *BGH* ZUM 2000, 1082 – Parfumflakon.

162 *KG* ZUM-RD 2001, 485, 488.

163 *KG* ZUM-RD 1999, 340, 343.

164 *BGH* GRUR 1975, 447, 448 – Te Deum.

165 *BGH* GRUR 1988, 533, 535 – Vorentwurf II; *OLG München* ZUM 1998, 417, 420 – Brechttexte; *OLG Frankfurt am Main* CR 1997, 257, 276 – D-Info 2.0; *Wandtke/Bullinger/Heerma* § 16 Rn. 4.

166 S. zur so genannten Erschöpfung auch *Wandtke/Bullinger/Wandtke* Einl Rn. 24; *Wandtke/ Bullinger/Heerma* § 15 Rn. 22 ff.

167 *Wandtke/Bullinger/Heerma* § 15 Rn. 23 m.w.N.

168 Vgl. *BGH* ZUM 2000, 1082, 1084 – Parfumflakon; *EuGH* GRUR Int. 1998, 140, 144 – Dior/ Evora.

169 S. zu den Begriffen des Browsing und Caching und deren rechtlicher Einordnung *Spindler* GRUR 2002, 105, 107; *Hoeren*, MMR 2000, 515, 516.

zug auf Websites oder auch die Zwischenspeicherung beim Live-Streaming zu denken. § 44a UrhG steht jedoch in einem gewissen Widerspruch zur speziellen Vervielfältigungsregelung für Computerprogramme gem. § 69c UrhG, auf die § 44a UrhG grds. nicht anwendbar ist, so dass jede Zwischenspeicherung eines Computerprogramms also das Vervielfältigungsrecht tangieren soll.[170] Da Webseiten und damit auch das Browsing und Caching durch Computerprogramme gesteuert werden, steht § 44a UrhG im Konflikt mit § 69c UrhG, der noch nicht abschließend gelöst scheint.[171]

Das Verlinken von fremden Inhalten mittels eines so genannten **Hyperlinks** soll keine Vervielfältigung darstellen, da ausschließlich auf eine fremde Website weitergeleitet wird, ohne dass derjenige, der den Link setzt, die verlinkten fremden Inhalte nutzt. Dies soll unabhängig davon gelten, ob es sich um einen so genannten Deep-Link (Link zu einer tieferen Ebene einer anderen Website), einen Inline-Link (Link innerhalb der eigenen Website) oder einen Frame-Link (Link, der den verlinkten, also fremden Inhalt in einem Rahmen auf der eigenen Website zeigt) handelt.[172] **141**

Andere Vervielfältigungen sind gänzlich vom Gesetz freigestellt; hier ist zum Beispiel das Zitat eines Werkes zu nennen, § 51 UrhG, oder auch die Privatkopie, § 53 UrhG. **142**

2. Verbreitungsrecht, § 17 UrhG

Literatur: *Berger* Urheberrechtliche Erschöpfungslehre und digitale Informationstechnologie, GRUR 2002, 198; *ders.* Der Erschöpfungsgrundsatz des Urheberrechts im Online-Bereich, NJW 2001, 2157; *Bergmann* Zur Reichweite des Erschöpfungsprinzips bei der Online-Übermittlung urheberrechtlich geschützter Werke, FS für Erdmann, S. 17; *Ganea* Ökonomische Aspekte der urheberrechtlichen Erschöpfung, GRUR Int. 2005, 102; *Haupt/Ullmann* Verkauf von 16 mm-Filmkopien über eBay – Medienwandel in den Schulen, MMR 2005, XXIII; *Hoeren* Überlegungen zur urheberrechtlichen Qualifizierung des elektronischen Abrufs, CR 1996, 517; *Joos* Die Erschöpfungslehre im Urheberrecht, 1991; *Knies* Erschöpfung Online? – Die aktuelle Problematik beim On-Demand-Vertrieb von Tonträgern im Lichte der Richtlinie zur Informationsgesellschaft, GRUR Int. 2002, 314; *Koehler* Der Erschöpfungsgrundsatz des Urheberrechts im Online-Bereich, 2000; *Loewenheim* Zum Begriff des Anbietens in der Öffentlichkeit nach § 17 UrhG, FS für Traub, 1994; *v. Lewinski* Die Umsetzung der Richtlinie zum Vermiet- und Verleihrecht, ZUM 1995, 442; *Metzger* Erschöpfung des urheberrechtlichen Verbreitungsrechts bei vertikalen Vertriebsbindungen, GRUR 2001, 210; *Schack* Rechtsprobleme der Online-Übermittlung, GRUR 2007, 639; *Schricker* Anbieten als Verletzungstatbestand im Patent- und Urheberrecht, GRUR Int. 2004, 786.

---

170 *Wandtke/Bullinger/v. Welser* § 44a Rn. 23f; *Wandtke/Bullinger/Grützemacher* § 69c Rn. 15; *Mestmäcker/Schulze/Haberstumpf,* § 69c Rn. 2, 20; a.A. *Dreier/Schulze/Dreier* § 69a Rn. 34.

171 Nach h.M. ist jedenfalls davon auszugehen, dass auch die vorübergehende Speicherung im Arbeitsspeicher eines Computers eine Vervielfältigung i.S.d. § 16 UrhG darstellt, s. dazu *OLG Hamburg* ZUM 2001, 512, 513 – Roche-Lexikon Medizin; *LG München I* MMR 2003, 197 – Framing III; *Dreier/Schulze* § 16 Rn. 13; *Wandtke/Bullinger/Heerma* § 16 Rn. 16; a.A. noch *KG* ZUM 2002, 828, 830 – Versendung von Pressespiegeln per e-mail unter der unzutreffenden Annahme, e-mails würden lediglich im Arbeitsspeicher des Empfängers gespeichert. Der *BGH* hat in seiner Entscheidung „Holzhandelsprogramm" diese Frage im Hinblick auf § 69c UrhG ausdrücklich offen gelassen, vgl. GRUR 1994, 363, 365.

172 Im einzelnen umstritten: Gegen eine Vervielfältigung *BGH* K&R 2003, 554, 557 – Paperboy; *Dreier/Schulze* § 16 Rn. 14; *Koch* GRUR 2007, 417, 430; *Plaß* WRP 2001, 195, 199; *Wandtke/Bullinger/Heerma* § 16 Rn. 20. a.A. noch *OLG Hamburg* ZUM 2001, 512f; *LG Köln* ZUM 2001, 714; *Dreier/Schulze* § 16 Rn. 20.

143 Das Verbreitungsrecht ist nach der Legaldefinition des § 17 Abs. 1 UrhG das Recht, das Original oder Vervielfältigungsstücke des Werkes der Öffentlichkeit anzubieten oder in Verkehr zu bringen. Das Verbreitungsrecht existiert zwar parallel neben dem Vervielfältigungsrecht als eigenes Recht, in der Praxis werden jedoch in der Regel sowohl das Vervielfältigungsrecht als auch das Verbreitungsrecht eingeräumt.[173]

144 Das Verbreitungsrecht bezieht sich nur auf **körperliche** Werkstücke,[174] nicht z.B. auf eine Funksendung (§ 20 UrhG), eine Videofilmvorführung[175] oder sonstige digitale Medien. Insofern hat § 19a UrhG, das Recht der öffentlichen Zugänglichmachung, nunmehr zu einer ausdrücklichen gesetzlichen Klarstellung geführt.[176]

145 Hinsichtlich der Tatbestandsvoraussetzung der Öffentlichkeit kann auf die Legaldefinition gem. § 15 Abs. 3 S. 2 UrhG und damit auf die obigen Ausführungen verwiesen werden.[177]

146 Von dem Verbreitungsrecht des § 17 UrhG umfasst ist jegliche Art der Überlassung des Eigentums oder des Besitzes an körperlichen Werkexemplaren. Dazu gehört also auch die Vermietung oder das Verleihen von Werkstücken.[178]

147 Eine – auch in der Praxis – wichtige Einschränkung erfährt das Verbreitungsrecht in § 17 Abs. 2 und damit durch den Grundsatz der sog. Erschöpfung. Danach ist das Verbreitungsrecht des Urhebers dann verbraucht, wenn das Werkexemplar zum ersten Mal rechtmäßig verbreitet worden ist; jede weitere Verbreitung des Exemplars ist auch dann zulässig, wenn der Urheber dies nicht gestattet hat. Die Erschöpfungswirkung tritt jedoch immer nur in Bezug auf das jeweilige konkret in den Verkehr gebrachte Werkexemplar ein, nicht aber bezüglich anderer Exemplare, wenn diese noch nicht erstmalig in den Verkehr gebracht wurden.[179] Besonderheiten gelten allerdings für die Vermietung gem. § 17 Abs. 3 UrhG.[180]

148 Sinn und Zweck des so genannten Erschöpfungsgrundsatzes ist der Schutz des freien Warenverkehrs.[181] Vieles im Zusammenhang mit diesem Grundsatz ist jedoch umstritten. So ist umstritten, ob eine Erschöpfung nicht auch bei Online-Übermittlungen einschlägig sein müsste, da es doch keinen Unterschied machen könne, ob ein Werk auf einer Diskette übergeben oder online übermittelt werde.[182] Ferner ist umstritten, ob und welche Wirkungen dinglich vereinbarte Beschränkungen des Verbreitungsrechtes in Bezug auf die Erschöpfung zeitigen. Denkbar ist beispielsweise, dass das Verbreitungsrecht kraft vertraglicher und dinglich wirksamer Vereinbarung nur zeitlich und/oder räumlich beschränkt und/oder nur für einen bestimmten Vertriebsweg eingeräumt wird. In Bezug auf das erstmalige Inverkehrbringen besteht Einigkeit, dass nur ein den Beschränkungen entsprechendes Inverkehrbringen des Werkstückes zu einer Erschöpfung führen kann. Erfolgt das erstmalige Inverkehrbringen nicht in Übereinstimmung mit den vertraglich/dinglichen Vorgaben, so ist es nicht von der Zustimmung des Urhe-

---

173 So werden dem Buchverleger im Verlagsvertrag regelmäßig beide Rechte eingeräumt, damit ihm neben dem Druck der Bücher auch deren Verkauf möglich ist, § 8 VerlG.
174 *Dreier/Schulze* § 17 Rn. 5.
175 *BHGZ* 11, 135, 144 – Schallplatten-Lautsprecherübertragung; *BGH* GRUR 1986, 742, 743 – Videofilmvorführung.
176 Streitig allerdings nach wie vor z.B. in Bezug auf sog. **Push-Dienste**, zum Begriff s. *Schwarz* ZUM 2000, 816, 817; zur rechtlichen Einordnung siehe *Dreier/Schulze/Dreier* § 19a Rn. 10; *Wandtke/Bullinger/Herrma* § 17 Rn. 12.
177 S. oben unter Rn. 135 f.
178 *KG* GRUR 1983, 174 – Videoraubkassetten; *Dreier/Schulze* § 17 Rn. 4.
179 *BGH* GRUR 1993, 34, 36 – Bedienungsanweisung.
180 Dazu unten unter c).
181 Vgl. *Schricker/Loewenheim* § 17 Rn. 36.
182 *Wandtke/Bullinger/Heerma* § 17 Rn. 12; *Berger* GRUR 2002, 198, 199.

bers gedeckt, so dass keine Erschöpfung eintritt. Erfolgte jedoch das erstmalige Inverkehrbringen in Übereinstimmung mit den (auch dinglichen) Vorgaben, so ist streitig, ob eine Erschöpfung zur Folge hat, dass sich jede Weiterverbreitung nicht mehr an den (dinglichen) Vorgaben messen lassen muss.[183] In jedem Fall gilt eine Erschöpfung jedoch nur für das Gebiet der EU und des EWR, da die zu schützende Waren- und Dienstleistungsverkehrsfreiheit, welche durch Art. 28 EGV festgeschrieben wird, insofern ihre Grenzen findet.[184]

Wird also zum Beispiel eine Musik-CD oder ein Videofilm rechtmäßigerweise im europäischen Wirtschaftsraum verbreitet, so ist das Verbreitungsrecht gemeinschaftsweit erschöpft und somit erloschen. Die praktische Konsequenz der europaweiten Erschöpfung ist es, dass innerhalb der Europäischen Union eine räumliche Beschränkung des Verbreitungsrechts nicht möglich ist.[185] **149**

Trotz der grundsätzlichen Erschöpfungsproblematik sollte aus der Sicht des Verwerters an den vertraglichen und nach Möglichkeit auch dinglichen Einschränkungen des Verwertungsrechts festgehalten werden, wenn dies seinen Interessen entspricht. So kann z.B. versucht werden, die Erschöpfungsproblematik so weit es geht durch zumindest schuldrechtliche Vertragspflichten und ggf. Vertragsstraferegelungen, die in der Auswerterkette weitergegeben werden müssen, zu entschärfen. Hinzukommt, dass die Erschöpfung grundsätzlich nur die Verbreitung betrifft, nicht aber andere Verwertungs- und entsprechende Nutzungsrechte, wie z.B. das Vervielfältigungsrecht oder das Senderecht etc. **150**

3. Vermietrecht, § 17 Abs. 3 UrhG

Literatur: vgl. die Nachweise vor Rn. 143.

§ 17 Abs. 3 UrhG enthält eine Legaldefinition des Begriffs „Vermietung". Danach ist jede zeitlich begrenzte, unmittelbar oder mittelbar Erwerbszwecken dienende Gebrauchsüberlassung eine Vermietung im Sinne des § 17 UrhG. Diese Legaldefinition gilt generell für das gesamte Urheberrechtsgesetz. Auch die §§ 27 und 69c Nr. 3 UrhG legen also diese Definition der Vermietung zugrunde. **151**

Der Begriff des Vermietens ist weit zu verstehen und nicht im Sinne der §§ 535 ff. BGB nur auf Tatbestände begrenzt, bei denen ein Mietzins geschuldet wird. Auch andere Konstellationen der zeitlich begrenzten Gebrauchsüberlassung fallen also unter § 17 Abs. 3 UrhG. Dies gilt beispielsweise für die so genannten Buchclubs oder ähnliche Systeme.[186] Voraussetzung ist allerdings grundsätzlich, dass eine kommerzielle Nutzung vorliegt. Das schlichte unentgeltliche Verleihen, das nicht Erwerbszwecken dient, ist demnach kein Vermieten im Sinne des § 17 UrhG. Daher fällt auch das Auslegen von Zeitschriften beim Friseur oder beim Arzt nicht unter § 17 Abs. 3 UrhG.[187] **152**

---

183 So *Wandtke/Bullinger/Heerma* § 17 Rn. 21, 30 ff. mit Verweis auf BGHZ 145, 7 – OEM-Version; BGH GRUR 1986, 736, 737 – Schallplattenvermietung; OLG Hamburg GRUR 2002, 536, 537 – Flachmembranlautsprecher; a.A. KG NJW 1997, 330, 331; *Schricker/Loewenheim* § 17 Rn. 49.

184 *EuGH* GRUR Int. 1971, 450, 454 – Polydor, GRUR Int. 1981, 229, 231 – Gebührendifferenz II, *BGH* GRUR 1982, 100, 101 – Schallplattenexport, GRUR 1986, 668, 669 – Gebührendifferenz IV; *Dreier/Schulze* § 17 Rn. 35; *Schricker/Loewenheim* § 17 Rn. 35a.

185 *BGH* GRUR 2003, 699, 702 – Eterna; *KG* ZUM 2003, 395, 397 – Hase und Wolf.

186 Vgl. *Schricker/Loewenheim* § 17 Rn. 29.

187 *BGH* GRUR 1985, 131, 133 – Zeitschriftenauslage beim Friseur.

153 Die Vermietung eines Werkes oder eines Vervielfältigungsexemplares bildet zwar einen Unterfall des Verbreitungsrechts, das Vermietrecht unterfällt jedoch **nicht** dem Erschöpfungsgrundsatz gem. § 17 Abs. 2 UrhG.[188] Auch wenn die Werke des Urhebers bereits rechtmäßigerweise vermietet wurden, so ist sein Recht an dieser Unterart der Verbreitung dennoch nicht erschöpft und eine Weitervermietung bedarf seiner Zustimmung. Auch durch die erstmalige Veräußerung des Werkstückes wird das Vermietrecht nicht verbraucht und muss gesondert eingeräumt werden.[189]

154 „Ausgenommen von der Ausnahme", d.h. doch der Erschöpfung gem. § 17 Abs. 2 UrhG unterliegt die Vermietung von Bauwerken und von Werken der angewandten Kunst, § 17 Abs. 3 Nr. 1 UrhG. Der Architekt kann also die Vermietung des von ihm geschaffenen Bauwerks nicht verhindern. Eine weitere Ausnahme konstatiert § 17 Abs. 3 Nr. 2 UrhG für Werke, die im Rahmen eines Arbeits- oder Dienstverhältnisses ausschließlich zur Erfüllung der beruflichen Verpflichtungen genutzt werden. Die Überlassung von Büchern im Rahmen eines Arbeits- und Dienstverhältnisses bedarf also nach dem rechtmäßigen Inverkehrbringen des Buches nicht mehr der Zustimmung des Urhebers.[190]

4. Ausstellungsrecht, § 18 UrhG

Literatur: *Beyer* Ausstellungsrecht und Ausstellungsvergütung, 2000; *Kirchmaier* Überlegungen zur Einführung einer Ausstellungsvergütung, KUR 2004, 73; *Kühl* Endlich eine Ausstellungsvergütung?, KUR 2004, 76; *dies.* Der internationale Leihverkehr der Museen, 2004; *Walter* Das Ausstellungsrecht und die Ausstellungsvergütung, MR 1996, 56.

155 Gem. der Legaldefinition des § 18 UrhG betrifft das Ausstellungsrecht das Recht, das Original oder Vervielfältigungsstück eines unveröffentlichten Werkes der bildenden Künste oder eines unveröffentlichten Lichtbildwerkes öffentlich zur Schau zu stellen. Bei dem Ausstellungsrecht handelt es sich um einen speziellen Unterfall der Veröffentlichung von Werken der bildenden Kunst. Voraussetzung für das Bestehen des Ausstellungsrechts ist, dass die Werke zuvor noch nicht veröffentlicht wurden.

156 Durch die Schrankenregelung des § 44 Abs. 2 UrhG wird der Anwendungsbereich des Ausstellungsrechts in ganz erheblichem Maße beschnitten. Diese Schrankenregelung schwächt das Ausstellungsrecht derart ab, dass es in der Praxis keine gesteigerte Bedeutung erlangt. Denn § 44 Abs. 2 UrhG bestimmt, dass der **Eigentümer** ein noch nicht veröffentlichtes Originalwerk der bildenden Kunst auch ohne die explizite Zustimmung des Urhebers öffentlich ausstellen darf, sofern der Urheber dies nicht ausdrücklich bei der Veräußerung ausgeschlossen hat. Ein solcher Vorbehalt des Ausstellungsrechts hat dingliche Wirkung gegenüber jedermann.[191]

157 Verkauft also beispielsweise ein Bildhauer seine Skulptur, ohne explizit zu bestimmen, dass der Erwerber diese Statue nicht öffentlich ausstellen darf, so ist dem Erwerber und jedem späteren Eigentümer aufgrund der Schrankenregelung des § 44 Abs. 2 UrhG die Ausstellung erlaubt.

---

188 *OLG* Hamburg ZUM 2005, 749, 750.
189 *Schricker/Loewenheim* § 17 Rn. 50; *Dreier/Schulze* § 17 Rn. 41.
190 BT-Drucks. 13/115, 12.
191 *Dreier/Schulze* § 44 Rn. 20.

Kuck

5. Vortrags-, Vorführungs- und Aufführungsrecht, § 19 UrhG

Literatur: *Becker* Die Schöpfer von Filmmusik und die Verwaltung ihrer Rechte durch die GEMA, ZUM 1999, 16; *Becker/Kreile* Multimedia und die Praxis der Lizenzierung von Urheberrechten, GRUR Int. 1996, 677; *Bezzenberger/Riesenhuber* Die Rechtsprechung zum „Binnenrecht" der Verwertungsgesellschaften – dargestellt am Beispiel der GEMA, GRUR 2003, 1005; *Fischer* Die Dreigroschenoper – Ein Fall für (mehr als) Zwei – Weill, Brecht et al. in den Untiefen des Gesellschafts- und Urheberrechts – Zum Gedenken an Kurt Weill (2.3.1900 – 3.4.1950), NJW 2000, 2158; *Geerlings* Das Urheberrecht in der Informationsgesellschaft und pauschale Geräteabgaben im Lichte verfassungs- und europarechtlicher Vorgaben, GRUR 2004, 207; *Grunert* Werkschutz contra Inszenierungskunst Der urheberrechtliche Gestaltungsspielraum der Bühnenregie, 2002; *Hansen/Schmidt-Bischoffshausen* Ökonomische Funktionen von Verwertungsgesellschaften – Kollektive Wahrnehmung im Lichte von Transaktionskosten- und Informationsökonomik, GRUR Int. 2007, 461; *Kreile* Einnahme und Verteilung der gesetzlichen Geräte- und Leerkassettenvergütung für private Vervielfältigung in Deutschland – Ein System hat sich bewährt, GRUR Int. 1992, 24; *Kreile/Becker/Riesenhuber* Recht und Praxis der GEMA, 2005; *Kurz* Praxishdb. Theaterrecht, 1999; *Reber* Aktuelle Fragen zu Recht und Praxis der Verwertungsgesellschaften, GRUR 2000, 203; *Riesenhuber* Die Auslegung des Wahrnehmungsvertrags, *GRUR 2005, 712; ders.* Die doppelte Vorausverfügung des Arbeitnehmer-Urhebers zu Gunsten von Verwertungsgesellschaft und Arbeitgeber, NZA 2004, 1363; *Schneider* GEMA – Vermutung, Werkbegriff und das Problem sogenannter „GEMA-freier Musik" – Anm. zu einigen neueren Entscheidungen, GRUR 1986, 657; *Staats* Aufführungsrecht und kollektive Wahrnehmung bei Werken der Musik, 2001; *Vogel* Wahrnehmungsrecht und Verwertungsgesellschaften in der Bundesrepublik Deutschland – GRUR 1993, 513; *Witz/Schmidt* Klassik Open Air Konzerte im Dschungel der GEMA-Tarife, ZUM 1999, 819; *Wündisch* Die Mär vom New Yorker Gralsraub – Aspekte des internationalen Schutzes des Aufführungsrechts im 19. und beginnenden 20. Jahrhundert, GRUR Int. 2007, 302; *ders.* Richard Wagner und das Urheberrecht, NJW 2007, 653.

§ 19 UrhG regelt verschiedene Rechte der unkörperlichen Werkwiedergabe, wobei nach allen Alternativen eine Wiedergabe des Werkes in der Öffentlichkeit erfolgen muss. § 19 UrhG unterscheidet das Vortrags-, das Aufführungs- und das Vorführungsrecht. Die Aufspaltung in diese drei Rechte basiert auf den jeweiligen Werkarten (Sprach-, Musik-, Bühnen- u.a. Werke), da unterschiedliche Werkarten auch auf verschiedene Art und Weise öffentlich präsentiert werden. **158**

5.1 Regelungsgehalt

Das Vortragsrecht aus Abs. 1 bezieht sich auf Sprachwerke und deren öffentliche Präsentation durch persönliche Darbietung – das Sprachwerk wird dem anwesenden Publikum unmittelbar („live") zu Gehör gebracht. Liest ein Autor im Rahmen einer öffentlichen Lesung aus seinem Roman, so liegt ein Vortrag im Sinne des § 19 Abs. 1 UrhG vor. Entsprechendes regelt Abs. 2 für Musik- und Bühnenwerke (z.B. Sinfonie, Oper oder Theaterstück), die beide dem Aufführungsrecht unterfallen. Als dritte Form der öffentlichen Wiedergabe ist die in Abs. 4 geregelte Vorführung zu nennen, die sich auf die Wahrnehmbarmachung sonstiger Werke, insbesondere auf Film- und Lichtbildwerke erstreckt. Die Besonderheit dieses Nutzungsrechts ist es, dass die Werke mittels technischer Einrichtungen öffentlich wahrnehmbar gemacht werden, also z.B. das Filmwerk mittels eines Bildschirms oder die wissenschaftliche Darstellung mittels eines Beamers. **159**

Stets ist jedoch Voraussetzung, dass ein öffentliches Publikum anwesend ist, das den Vortrag, die Aufführung bzw. die Vorführung zur gleichen Zeit und am selben Ort unmittelbar sinnlich wahrnimmt, wie im Fall der Filmvorführung im Gemeinschaftsraum eines Seniorenheimes.[192] **160**

---

192 Vgl. auch *BGHZ* 123, 149, 152 – Verteileranlagen in Haftanstalten.

Dieses Merkmal unterscheidet die Rechte aus § 19 UrhG auch vom Senderecht oder dem Recht der öffentlichen Zugänglichmachung aus § 19a UrhG, bei denen die „Empfänger" des Werkes nicht an einem Ort versammelt sein müssen. Das Senderecht setzt aber doch zumindest voraus, dass das Werk zur selben Zeit von allen potentiellen Empfängern wahrnehmbar ist.[193]

161 Gem. § 19 Abs. 3 UrhG umfassen das Vortrags- und das Aufführungsrecht auch das Recht, die Vorträge und Aufführungen außerhalb des Raumes, in dem die persönliche Darbietung stattfindet, durch Bildschirm, Lautsprecher oder ähnliche technische Einrichtungen öffentlich wahrnehmbar zu machen. Strikt hiervon zu unterscheiden ist jedoch das bereits genannte Senderecht sowie das Recht der Wiedergabe durch Bild- und Tonträger aus § 21 UrhG, da es sich bei diesen Arten der Wiedergabe um urheberrechtlich eigenständige Vorgänge handelt, die anders als § 19 Abs. 3 UrhG nicht nur eine ergänzende und untergeordnete Verwertung darstellen.[194]

162 Hervorzuheben ist, dass die Schrankenregelung des § 52 UrhG nicht für alle Arten der öffentlichen Wiedergabe greift, so insbesondere nicht für die bühnenmäßige Aufführung oder die Vorführung eines Filmwerkes.[195] Dies bedeutet, dass die öffentliche Aufführung eines Theaterstücks, anders als der öffentliche Vortrag aus einem Roman, stets von der Zustimmung des Urhebers abhängig ist.

5.2 Verwertungspraxis

163 Die Unterscheidung zwischen den verschiedenen Wiedergaberechten des § 19 UrhG wirkt sich auch auf deren Verwertungspraxis aus. Während die Rechte der bühnenmäßigen Aufführung als sogenannte Erstverwertungsrechte oder **„große Rechte"** in der Regel von den Urhebern selbst oder von ihren Bühnenverlegern individuell wahrgenommen werden,[196] werden die übrigen Rechte des § 19 UrhG, die den Zweitverwertungs- oder auch **„kleinen Rechten"** zuzuordnen sind, zumeist kollektiv von Verwertungsgesellschaften wahrgenommen.[197] So zählen die Aufführungsrechte bei Musikwerken zu den kleinen Rechten und werden von der GEMA wahrgenommen; hierzu gehören neben konzertanten Live-Aufführungen durch Musiker auch Hörfunk- und Fernsehsendungen, Einspielungen auf Bild- und Tonträgern, Filmbegleitmusiken und Bühnenmusiken, soweit sie nicht integrierender Bestandteil eines Bühnenwerkes sind. Letzteres ist insbesondere der Fall bei der Hinzufügung einer Choreographie zu einem vorbestehenden Werk der Musik (z.B. Ballettchoreographie zu klassischer Musik). Die Nutzungsrechte an Opern, Operetten und vergleichbaren musikalisch-dramaturgischen Werken sowie an Theaterstücken werden hingegen von Bühnen- oder Musikverlagen verwertet.

164 Die Rechte aus §§ 21, 22 UrhG stellen ebenfalls Zweitverwertungsrechte oder „kleine Rechte" dar. Gleiches gilt für die Kabelweiterleitung eines bereits gesendeten Werkes gem. § 20b UrhG.

165 Die Unterscheidung von „großen Rechten", die zumeist individuell, und „kleinen Rechten", die kollektiv wahrgenommen werden, hat sich in der Praxis eingebürgert. Die Einordnung der jeweiligen Rechte folgt jedoch keinen feststehenden Regeln, sondern richtet sich zumeist nach

---

193 *Dreier/Schulze* § 19 Rn. 3.
194 *Wandtke/Bullinger/Erhardt* § 19 Rn. 45.
195 *BGHZ* 142, 388, 397 – Musical-Gala; *Dreier/Schulze* § 19 Rn. 8.
196 *Schricker/Schricker* Vor §§ 28 ff. Rn. 81 f., 89 ff.
197 *Schricker/Schricker* § 19 Rn. 27 ff.

Kuck

wirtschaftlichen Aspekten.[198] Eine klare Einteilung ist mangels einer allgemeinen Definition des Begriffspaars „großes und kleines Recht" auch theoretisch nur schwer möglich.[199] Die amtliche Begründung, der zufolge Zweitverwertungsrechte Rechte an Verwertungsarten sind, denen eine dem Urheber vorbehaltene Werkverwertung bereits vorausgegangen ist,[200] hilft ebenfalls nur bedingt weiter. Die kollektiv wahrgenommenen „kleinen Rechte" sind im Zweifelsfall jedoch in den jeweiligen so genannten Wahrnehmungs- oder Berechtigungsverträgen der Verwertungsgesellschaften zu finden.

Durch Abschluss des in der Regel formularmäßig ausgestalteten Wahrnehmungs-/Berechtigungsvertrages zwischen Verwertungsgesellschaft und Urheber/Rechteinhaber wird die Wahrnehmung der relevanten Rechte treuhänderisch auf die Verwertungsgesellschaft übertragen. Der Wahrnehmungsvertrag enthält Elemente des Auftrags, des Gesellschafts-, Dienst-, und Geschäftsbesorgungsvertrags.[201] Der Urheber räumt der Gesellschaft die exklusiven Nutzungsrechte ein, damit die Gesellschaft ihrerseits Dritten einfache Nutzungsrechte in Gestalt einer Sublizenz einräumen kann. Es besteht gem. § 11 UrhWG Abschlusszwang; die Verwertungsgesellschaft ist demnach verpflichtet, jedermann auf Verlangen Nutzungsrechte an den bei ihr unter Vertrag stehenden Werken einzuräumen. Über die von den Nutzern dafür zu leistende Vergütung hat sie Tarife aufzustellen, § 13 UrhWG. Die Vergütungsansprüche werden der Gesellschaft vom Urheber (Treugeber) zur Einziehung abgetreten (Inkassozession). Die Verwertungsgesellschaft ist jedoch von den Weisungen des Treugebers weitgehend unabhängig; sie unterliegt vielmehr den jeweiligen Statuten (Gesellschaftsvertrag, Vereinssatzung) und Gesetzen.[202] **166**

Die Gesellschaften haben in der urheberrechtlichen Praxis eine herausragende Bedeutung, zum einen, da der Urheber manche Vergütungsansprüche nur über eine solche geltend machen kann (z.B. §§ 20b, 26, 27, 49, 54h, 63a UrhG), zum anderen, da sich viele massenhafte Nutzungen von Werken, hier ist an das Kopieren von Sprachwerken oder die Wiedergabe von Musikwerken in Gaststätten und Kaufhäusern zu denken, von dem einzelnen Urheber kaum verfolgen lassen. Auch verbessert die Mitgliedschaft in einer Verwertungsgesellschaft die Verhandlungsposition des Urhebers, dem es als Einzelperson gegenüber den oftmals wirtschaftlich mächtigeren Vertragspartnern kaum gelingen würde, entsprechende Konditionen für sich auszuhandeln. **167**

Nimmt ein Bühnenverlag hingegen die Rechte des Urhebers individuell wahr, so schließt er regelmäßig Nutzungsverträge mit weiteren Verwertern, wie z.B. dem Theater, welches die Rechte zur Aufführung des Werkes benötigt. Für diesen und andere Bereiche haben die beteiligten Urheber und Verwerter bzw. deren Interessenvertreter zur Vereinfachung Normenverträge, wie zum Beispiel die „Regelsammlung der Verlage (Vertriebe)/Bühnen" (RS Bühne) ausgehandelt, in der die Rechte und Pflichten der Beteiligten wie auch die Urhebervergütung geregelt wurden.[203] Der Verband deutscher Schriftsteller, die IG Druck und Papier und der Börsenverein haben den „Normenvertrag für den Abschluss von Verlagsverträgen" geschlossen. Im Bereich des Senderechts des § 20 UrhG wurde zwischen den Verlagen und den öffentlich-rechtlichen Rundfunkanstalten die „Regelsammlung Verlage/Rundfunk" (RS Hörfunk **168**

---

198 *Dreier/Schulze* § 19 Rn. 20.
199 Vgl. *Schricker/v. Ungern-Sternberg* § 15 Rn. 50; *Karbaum* GEMA Nachrichten, Ausgabe 152, www.gema.de/presse/news/n152/kleinesgrosses_recht.shtml.
200 S. UFITA 45 (1965), 240, 261.
201 *BGH* GRUR 1982, 308, 309 – Kunsthändler; *LG Köln* ZUM 1998, 168, 169 f. – Kunstklotz; *Dreier/Schulze* Vor § 31 Rn. 125.
202 Zu ihrer besonderen Stellung auch *Schricker/Schricker* Vor §§ 28 ff. Rn. 39 ff.
203 S. auch *Dreier/Schulze* vor § 31 Rn. 12; *Schricker/Schricker* vor §§ 28 ff. Rn. 6 f.

und RS Fernsehen) ausgehandelt. Zu nennen ist noch der „Filmmusikvertrag" zwischen dem Verband deutscher Filmproduzenten und dem Deutschen Komponistenverband. Bei den jeweiligen Normenverträgen handelt es sich allerdings nur um Musterverträge im Sinne von Empfehlungen an die Vertragsparteien.

5.3 Die wichtigsten Verwertungsgesellschaften

169   Die Verwertungsgesellschaften nehmen für die Urheber und anderen Rechteinhaber jene urheberrechtlichen Nutzungsrechte wahr, die durch den Einzelnen nicht ohne weiteres verwertet werden können; die einzelnen Rechte sind in den jeweiligen Wahrnehmungsverträgen näher aufgeführt.

170   Die **VG Wort** (Verwertungsgesellschaft Wort) nimmt für Autoren und Verlage deren Rechte an Sprachwerken wahr. Beispielhaft sind hier zu nennen das Recht der öffentlichen Wiedergabe in Hörfunk- und Fernsehsendungen, das Fotokopierrecht sowie die Geräte- und Bandabgabe, d.h. die Zwangsabgabe der Hersteller und Importeure von Tonbandgeräten und Videorecordern sowie von Ton- und Videobändern (§§ 21, 22, 53, 54 UrhG). Auch Hersteller und Importeure von Reprographiegeräten (Fotokopierern, Telefaxgeräten, Reader-Printern und Scannern) haben für jedes verkaufte oder sonst in Verkehr gebrachte Gerät eine pauschalierte Vergütung zu entrichten. Zusätzlich hierzu haben Großkopierer wie Schulen, Hochschulen, Bildungseinrichtungen, Forschungseinrichtungen, Bibliotheken oder Copyshops für jede von ihnen angefertigte Kopie aus einem urheberrechtlich geschützten Werk eine Zahlung zu leisten (Betreiberabgabe). Die VG Wort verwertet auch die Zweitverwertungsrechte aus Sprachtonträgern sowie Schulbuchrechte (§§ 46 und 62 UrhG) und das Recht auf Pressespiegelvergütung (§ 49 Abs. 1 S. 2 UrhG). Hinsichtlich Pay-TV, Pay-Radio, TV-on-demand etc. nimmt die VG Wort das Recht wahr, auf Tonträgern oder Bildtonträgern aufgezeichnete Werke durch Pay-TV, Pay-Radio etc. zu senden und durch TV-on-demand, Radio-on-demand, Pay-per-view o.ä. Einrichtungen, in denen das Werk der Öffentlichkeit zum individuellen Abruf zugänglich gemacht wird, öffentlich wiederzugeben. Weitere Beispiele finden sich im Wahrnehmungsvertrag der VG Wort.[204]

171   Die **GEMA** (Gesellschaft für musikalische Aufführungs- und mechanische Vervielfältigungsrechte) verwertet die Rechte der Urheber und der Rechteinhaber an Musikwerken, also in erster Linie die Rechte von Komponisten, Textdichtern und Musikverlegern. Sie vergibt Lizenzen an Musiknutzer aller Art wie Tonträgerhersteller, Filmproduzenten, Online-Anbieter, Gastwirte oder Gesangsvereine. Weiterhin vergibt die GEMA Lizenzen an Hörfunk- und Fernsehsender, die für die genutzte Musik ebenfalls Vergütungen bezahlen und ihr für die Verteilung detaillierte Sendemeldungen zur Verfügung stellen müssen. Der Wahrnehmungsvertrag der GEMA umfasst die musikalischen Aufführungsrechte (Wiedergabe im Rundfunk, in Kinofilmen, Live-Musik etc.), die sogenannten mechanischen Vervielfältigungsrechte gem. §§ 16, 17 UrhG (z.B. Veröffentlichung auf Tonträgern, Geräteabgabe) und alle im Rahmen der Nutzung eines Werkes im Online-Bereich betroffenen urheberrechtlichen Nutzungsrechte. Bühnenmusiken, soweit sie nicht integrierender Bestandteil des Bühnenwerkes sind, Filmbegleitmusik, Einlagen in Revuen, in Operetten und Kabarettaufführungen sind beispielsweise Gegenstand dieses Vertrages, soweit es sich nicht um die Aufführung von Bestandteilen dramatisch-musikalischer Werke in anderen Bühnenwerken handelt (letztere zählen nämlich zu den „großen Rechten"). Die GEMA verwertet ebenfalls die Rechte der Aufnahme auf Ton-, Bildton-, Multimedia- und andere Datenträger (z.B. Speichercards, DVDs, CD-ROMs) sowie die Vervielfältigungs- und Verbreitungsrechte an diesen Trägern. Aber auch das Recht, Werke der Tonkunst in Datenban-

---

204 S. den Vertragstext auf www.vgwort.de/vertragstext.php.

ken, Dokumentationssysteme oder in Speicher ähnlicher Art einzubringen, einschließlich der elektronischen Übermittlung, oder auch die Nutzung als Ruftonmelodien sind vom Wahrnehmungsvertrag umfasst.[205]

Der **VG Bild-Kunst** (Verwertungsgesellschaft Bild-Kunst) gehören vor allem bildende Künstler, Fotografen, Bildjournalisten, Bildagenturen, Designer, Karikaturisten, Regisseure, Kameraleute, Filmproduzenten und ähnliche Berufsgruppen an. Sie nimmt für ihre Mitglieder die im visuellen Bereich bestehenden Urheberrechte, insbesondere an Werken der bildenden Kunst und an Lichtbildwerken wahr. Sie verwaltet beispielsweise das Vorführungsrecht gem. § 19 Abs. 4 UrhG, das Senderecht gem. § 20 UrhG und das Recht der Wiedergabe gem. § 21 UrhG. Aber auch die Vergütungsansprüche für das Ausstellen von Kunstwerken, die Auskunfts- und Vergütungsansprüche bei Weiterveräußerung eines Werkes gem. § 26 UrhG (sog. Folgerecht), das Vermiet- und Verleihrecht für Vervielfältigungsstücke und Werkoriginale einschließlich der Bildträger, die Vergütungsansprüche im Falle der Vervielfältigung, Verbreitung und öffentlichen Wiedergabe gem. § 49 Abs. 1 S. 2 UrhG und die Vergütungsansprüche gegen Hersteller, Importeure und Betreiber von Bildaufzeichnungs-, Vervielfältigungs- und ähnlichen Geräten sowie gegen Hersteller von Trägermaterialien gem. den §§ 53, 54, 54a UrhG nimmt die VG Wort wahr.[206] **172**

Zugunsten der Verwertungsgesellschaften enthält § 13b UrhWG die gesetzliche Vermutung, dass sie, soweit die betreffenden Ansprüche nur von ihnen geltend gemacht werden können, die Rechte aller Berechtigten wahrnehmen. Hiermit sollte ihnen die Geltendmachung ihrer Ansprüche erleichtert werden, da sie ansonsten in jedem Einzelfall die Rechtsinhaberschaft nachweisen müssten und der Aufwand dafür ins Uferlose ginge. Aber auch soweit dieser gesetzliche Vermutungstatbestand nicht eingreift, besteht nach der Rechtsprechung des BGH zugunsten der GEMA die doppelte tatsächliche Vermutung, zum einen für ihre Aktivlegitimation und zum zweiten für die Nutzung *geschützter* Werke bei allen öffentlichen Aufführungen von Tanz- und Unterhaltungsmusik, bei der öffentlichen Wiedergabe von Musik in Rundfunksendungen oder von Schallplattenmusik in Gaststätten, aber auch unter bestimmten Voraussetzungen bei der mechanischen Vervielfältigung und Verbreitung.[207] Derjenige, der behauptet, dass bei einer Veranstaltung kein Werk des GEMA-Repertoires wiedergegeben wurde, hat hierfür den Beweis zu führen. Diese sog. **GEMA-Vermutung** kann nicht schon nach den Grundsätzen über den Anscheinsbeweis, sondern nur durch konkrete Darlegungen und Beweisantritte entkräftet werden[208] und sie erstreckt sich anders als die Vermutung nach § 10 UrhG auch darauf, dass die betreffenden Werke urheberrechtlich geschützt sind.[209] Die GEMA-Vermutung besitzt Ausnahmecharakter; ob zugunsten der anderen Verwertungsgesellschaften eine derartige tatsächliche Vermutung ihrer Wahrnehmungsbefugnis besteht, wird in der Rechtsprechung nicht einheitlich beurteilt.[210] **173**

---

205 S. das Vertragsmuster auf www.gema.de/media/de/mitglieder_formulare/gema_berechtigungs vertrag.pdf.
206 Weitere Beispiele unter www.bildkunst.de, Verträge.
207 *BGH* GRUR 1986, 66, 68 – GEMA-Vermutung II, 1988, 296, 297 f. – GEMA-Vermutung IV; *Schricker/Reinbothe* § 13b UrhWG Rn. 2 ff.
208 *BGHZ* 95, 285, 292 – GEMA-Vermutung II; *BGH* NJW 1986, 1249, 1250 – GEMA-Vermutung III.
209 *BGHZ* 95, 274, 276 – GEMA-Vermutung I; *BGH* GRUR 1988, 296, 297 – GEMA-Vermutung IV.
210 *Schricker/Reinbothe* § 13b UrhWG Rn. 3 u. *Wandtke/Bullinger* § 13b UrhWG Rn. 2 jeweils mit Nachweisen zur Rspr.

6. Recht der öffentlichen Zugänglichmachung, § 19a UrhG

Literatur: *Buchner* Suchdienste im Internet – grenzenlose Freiheit oder urheberrechtliche Grenzen?, AfP 2003, 510; *Dreier* Die Umsetzung der Urheberrechtsrichtlinie 2001/29/EG in deutsches Recht, ZUM 2002, 28; *Federrath* Multimediale Inhalte und technischer Urheberrechtsschutz im Internet, ZUM 2000, 804; *Heermann* Urheberrechtliche Probleme bei der Nutzung von E-Mail, MMR 1999, 3; *Heydn* Deep Link: Feuerprobe bestanden – Das Aus für den Schutz von Web Content oder die Rettung des World Wide Web?, NJW 2004, 1361; *Kotthoff* Zum Schutz von Datenbanken beim Einsatz von CD-ROMs in Netzwerken, GRUR 1997, 597; *Lauber/Schwipps* Das Gesetz zur Regelung des Urheberrechts in der Informationsgesellschaft, GRUR 2004, 293; *Leupold* „Push" und „Narrowcasting" im Lichte des Medien- und Urheberrechts, ZUM 1998, 99; *Michel* Rechtsfragen von Rundfunk und Printmedien im Internet, ZUM 2000, 425; *Nolte* Paperboy oder die Kunst den Informationsfluss zu regulieren, ZUM 2003, 540; *Ott* To link or not to link – This was (or still is?) the question – Anmerkung zum Urteil des *BGH* vom 17.7.2003 – I ZR 259/00 – Paperboy WRP 2004, 52; *Plaß* Der Aufbau und die Nutzung eines Online-Volltextsystems durch öffentliche Bibliotheken aus urheberrechtlicher Sicht, WRP 2001, 195; *Poll* Neue internetbasierte Nutzungsformen – Das Recht der Zugänglichmachung auf Abruf (§ 19a UrhG) und seine Abgrenzung zum Senderecht (§§ 20, 20b UrhG), GRUR 2007, 476; *ders.* Urheberrechtliche Beurteilung der Lizenzierungspraxis von Klingeltönen, MMR 2004, 67; *Schack* Rechtsprobleme der Online-Übermittlung, GRUR 2007, 639; *Reinbothe* Die EG-Richtlinie zum Urheberrecht in der Informationsgesellschaft, GRUR Int. 2001, 733; *Schmidt/Stolz* Zur Ausbeutung von Datenbanken im Internet, insbesondere durch Recherchedienste, Suchmaschinen und Hyperlinks, AfP 1999, 146; *Stomper* Links im Urheberrecht MR 2003, 33; *Ventroni/Poll* Musiklizenzerwerb durch Online-Dienste, MMR 2002, 648; *Wachter* Multimedia und Recht, GRUR Int. 1995, 860; *Wandtke/Schäfer* Music on Demand – Neue Nutzungsart im Internet?, GRUR Int. 2000, 187; *Wiebe* Anm. zu *BGH* – Paperboy, MMR 2003, 719.

174   § 19a UrhG schützt den Urheber davor, dass sein Werk mittels Netzwerken, also vor allem im Internet, der Öffentlichkeit zugänglich gemacht wird. § 19a UrhG kann damit auch als eine Art „Pendant" zu § 17 UrhG angesehen werden, nämlich als Verbreitungsrecht für unkörperliche Werke. Insofern bereitet § 19a UrhG – wie noch zeigen sein wird – einige Abgrenzungsschwierigkeiten zum Senderecht gem. § 20 UrhG.

175   § 19a UrhG wurde im Zuge des „ersten Korbes" der Urheberrechtsnovelle (2003) in das UrhG eingefügt und soll die Rechtsunsicherheiten im Zusammenhang mit der unkörperlichen Übertragung von Werken auf Abruf über Netzwerke beseitigen.[211]

176   Zu den einzelnen Tatbestandsmerkmalen:

– Wenn das Gesetz in § 19a UrhG von „drahtgebundener" und „drahtloser" Zugänglichmachung spricht, so soll damit zum Ausdruck gebracht werden, dass jede Form der Übertragung erfasst sein soll. Drahtgebunden ist beispielsweise die Übertragung im Internet über Telefonmodem oder der Faxabruf. Drahtlos ist die Übertragung über WLAN (Wireless Local Area Network), UMTS (Universal Mobile Telecommunication System), GPRS (General Packet Radio Service).

– Der Begriff der Öffentlichkeit als weiteres Tatbestandsmerkmal knüpft an die Legaldefinition in § 15 Abs. 3 UrhG an.

– Das Tatbestandsmerkmal „von Orten … ihrer Wahl" ist von untergeordneter Bedeutung; es zeigt insbesondere, dass § 19a UrhG primär auf das Internet zugeschnitten ist. Dabei kom-

---

211 Ein Recht der öffentlichen Zugänglichmachung wurde auch bereits vor der Reform in der Rechtsprechung diskutiert, s. *BGH* GRUR 2003, 958, 961 – Paperboy; *LG Hamburg* GRUR Int. 2004, 148, 151 – Thumbnails; *Lauber/Schwipps* GRUR 2004, 293, 294.

men auch Nutzungen über das nur innerhalb eines Unternehmens zugängliche Intranet in Betracht.[212]

– Auch das Tatbestandsmerkmal des „Zugänglichmachens" ist nur wenig aussagekräftig und hilft insbesondere in Bezug auf die Abgrenzung zum Senderecht gem. § 20 UrhG nicht weiter, denn auch das Senderecht setzt ein „Zugänglichmachen" voraus. Ohne dass dies dem Wortlaut entnommen werden kann, geht die allgemeine Meinung davon aus, dass Zugänglichmachen im Sinne des § 19a UrhG das „Bereitstellen zum interaktiven Abruf" meint.[213] Damit soll ein möglichst frühzeitiger Schutz zugunsten des Urhebers sichergestellt werden.[214] § 19a UrhG ist unabhängig davon verletzt, ob es nach der Bereitstellung zum Abruf tatsächlich zu einem Abruf kommt oder nicht.[215]

– Entscheidendes Tatbestandsmerkmal auch im Hinblick auf eine Abgrenzung zum Senderecht gem. § 20 UrhG ist die Formulierung „zu Zeiten ihrer Wahl". Während § 20 UrhG diejenigen Werkübermittlungen erfasst, die zu einem von dem Sendenden vorgegebenen Zeitpunkt in einer von ihm bestimmten Reihenfolge (Sendeplan) vorgenommen werden, erfasst § 19a UrhG diejenigen interaktiven Dienste, bei denen der Endnutzer durch seine Abrufentscheidung selbst bestimmt, zu welchem Zeitpunkt ihm ein Werk übermittelt werden soll. Bei § 20 UrhG geht es um ein „Zuschalten" zu einer zeitgleichen Übertragung an die Öffentlichkeit, bei § 19a UrhG wird die Übertragung interaktiv und individuell durch den Nutzer ausgelöst.[216]

In der Praxis ist die Abgrenzung der verschiedenen Verwertungsrechte, insbesondere der §§ 19a und 20 UrhG angesichts der so genannten Konvergenz der Medien von besonderer Bedeutung. So können TV-Sendungen mittlerweile auch im Wege des so genannten Simulcasts bzw. Webcastings in guter Qualität über das Internet übertragen werden. IP-TV, Video on Demand und andere Formen so genannter Push-Dienste sind in aller Munde, genauso wie das Mobile-TV,[217] welches endlich den Weg zum Verbraucher zu finden scheint. Schließlich sei noch auf die unter dem Begriff „Tripple Play" zunehmend ins Gespräch gebrachte Verschmelzung von Telefon-, Fernseh- und Internetnutzung hingewiesen.[218] Die Abgrenzung wird sowohl bei der Vertragsgestaltung, als auch bei der Vertragsauslegung[219] relevant. Ferner ist die Abgrenzung relevant für die Frage, ob bzw. wann es sich bei den genannten Nutzungsarten um eine

177

---

212 *Wandtke/Bullinger/Bullinger* § 19a Rn. 8.
213 *Wandtke/Bullinger/Bullinger* § 19a Rn. 10; *Poll* GRUR 2007, 476, 480; *Schricker/v. Ungern-Sternberg* § 20 Rn. 3; *Schack* GRUR 2007 639, 640.
214 *RegE* BT-Drucks. 15/38,17.
215 *OLG Hamburg* GRUR RR 2005, 209; *LG Hamburg* CR 2005, 136, 137; *Poll* GRUR 2007, 476, 479. In diesem Zusammenhang wird zudem diskutiert, ob § 19a UrhG ggf. nur das Bereithalten zum Abruf, nicht aber die anschließende tatsächliche Übertragung erfasst, so *Schricker/v. Ungern-Sternberg* § 19a Rn. 33 ff., der den Akt der Übertragung unter § 15 Abs. 2 UrhG subsumiert, anders die wohl h.M., die auch den Übertragungsvorgang unter § 19a UrhG subsumiert, s. *Dreier/Schulze* § 19a Rn. 6; wohl auch *Wandtke/Bullinger/Bullinger* § 19a Rn. 10 ff.; *Hillig* AfP 2006, 602; *Schack* GRUR 2007, 639, 640 f. m.w.N.; *LG München* ZUM 2006 583, 585.
216 *Wandtke/Bullinger/Bullinger* § 19a Rn. 15 ff.; *Poll* GRUR 2007, 476, 480; *Dreier/Schulze/ Dreier* § 19a Rn. 9.
217 *Bauer/v. Einem* MMR 2007, 423; *Büchner* CR 2007, 473; *Eberle* ZUM 2007, 439.
218 *Eberle* ZUM 2007, 439; *Flatau* ZUM 2007, 1; *Ory* ZUM 2007, 7; *Potthast* ZUM 2007, 443; *Ring/Gummer* ZUM 2007, 433.
219 In Altverträgen wurde häufig nur auf die Übertragung des Sende- und oder des Internet/ Online- oder Abrufrechts verwiesen, ohne diese Begriffe jedoch näher zu definieren.

unbekannte Nutzungsart handelt.[220] Vor dem Hintergrund sollen nachfolgend einzelne Online-Dienste im Hinblick auf die Abgrenzung zwischen §§ 19a und 20 UrhG näher untersucht werden:

– Streaming, Webcasting, Simulcasting und IP-TV

Bei der Streaming-Technik wird ein Datenstrom als laufendes Programm übertragen, das der Nutzer dann auf seinem Bildschirm wahrnehmen, in der Regel aber nicht speichern kann. Erfolgt das Streaming zeitgleich mit einer herkömmlichen Rundfunksendung, so spricht man von Simulcasting, bei Übertragungen allein im Internet von Webcasting. In beiden Fällen hat der Nutzer jedoch in der Regel keinen Einfluss auf den Zeitpunkt und Inhalt der Übertragung. Der Abruf ist dann vergleichbar mit dem Zuschalten zu einem regulären Fernsehprogramm, so dass jedenfalls § 19a UrhG nicht einschlägig ist. Nur wenn die Programmabfolge durch individuelle Entscheidung und Abruf durch den Nutzer bestimmt wird, kann § 19a UrhG einschlägig sein. Ob insbesondere im Falle des IP-TVs („TV mit Rückkanal"[221]) das Senderecht bzw. das Kabelweitersenderecht gem. § 20b UrhG eingreift, ist umstritten.[222]

– On Demand/Near On Demand

Bei On Demand-Diensten handelt es sich um „klassische" Abrufdienste, d.h. Werke werden zum individuellen Abruf in elektronischen Netzen oder per Funk bereit gehalten. Beispiele sind Video On Demand- und Audio On Demand-Dienste, bei denen Videos bzw. Musikstücke auf individuellen Wunsch zu einem beliebigen Zeitpunkt durch den Nutzer abgerufen werden können, aber auch das Abrufen von Filmen, Bildern, Software oder Texten, die in einer Datenbank des Anbieters gespeichert sind und von dem Nutzer abgerufen werden können. Solche On Demand-Dienste fallen unter § 19a UrhG.[223]

Davon ggf. zu unterscheiden sind die sog. Near On Demand-Dienste. Dabei werden die Werke von dem Anbieter ausgesucht und in eine Art Programmschleife eingespeist und können im Wege der sogenannten „Multiplexing"-Technik dem Empfänger für beliebig viele Zugriffe zur Verfügung gestellt werden, allerdings in von dem Anbieter definierten zeitlichen Intervallen. Die Zeitabstände können hierbei so kurz sein, dass der Empfänger den Eindruck gewinnt, das Werk – wie bei einem klassischen On Demand-Dienst – jederzeit abrufen zu können.[224] Daher wird teilweise vertreten, dass jedenfalls solche Near On Demand-Dienste, die sich wegen der sehr kurzen zeitlichen Intervalle aus der Sicht des Nutzers letztlich als On Demand-Dienste darstellen, auch rechtlich als solche qualifiziert werden soll-

---

220 Kann für § 19a UrhG wohl erst ab 1995 nicht mehr angenommen werden, s. *OLG München* ZUM RD 2003, 581.

221 Zu den technischen Einzelheiten von IP-TV, s. *Flatau* ZUM 2007, 1 ff.

222 Zur Abgrenzung im Einzelnen: *LG München* ZUM 2001, 260, 263; *LG Hamburg* ZUM 2005, 844, 846; *Schricker/v. Ungern-Sternberg* § 20 Rn. 45; *Dreier/Schulze* § 19a Rn. 10 und § 20 Rn. 16; *Wandtke/Bullinger/Erhardt* § 20 Rn. 14; *Poll* GRUR 2007, 476, 480; *Schack* GRUR 2007, 639, 641; s. dazu auch noch unter Rn. 180.

223 Statt von „on demand" wird auch von „ins Netz stellen", oder einem „elektronischen Versand" gesprochen, s. *Wandtke/Bullinger/Bullinger* § 19a Rn. 23 f.

224 Bsp. für einen Near On Demand-Dienst ist die Videoanlage eines Hotels, bei der ein 90-Minuten-Film auf mehreren Wiedergabegeräten so versetzt abgespielt wird, dass er von dem Hotelgast im Zimmer in kurzen Abständen abgerufen werden kann. Vgl. *Wandtke/Bullinger/Bullinger* § 19a Rn. 19; *Poll* GRUR 2007, 476, 481; *Schack*, GRUR 2007, 639, 641 f.

ten.[225] Die Gegenmeinung subsumiert die sogenannten Near On Demand-Dienste unter das Senderecht gem. § 20 UrhG.[226]

– Push-Dienste

Push-Dienste unterscheiden sich von den Near On Demand-Diensten dadurch, dass die Nutzer die Werke nicht jeweils abrufen können, sondern auf einmalige vorherige Aufforderung hin in bestimmten Zeitintervallen übermittelt erhalten. Im Zusammenhang mit solchen Push-Diensten werden beispielsweise die sogenannten Online-TV-Rekorder/virtuellen Videorekorder diskutiert, bei denen einzelne TV-Programme oder Sendungen auf Wunsch des Kunden zunächst auf einem besonderen Speicherplatz beim Anbieter aufgezeichnet werden, von dem sie dem Kunden dann zu einem späteren Zeitpunkt zugänglich gemacht werden. Die Einordnung solcher Online-TV-Rekorder ist genauso wie die generelle Einordnung eines Push-Dienstes umstritten. Wie immer kommt es auf die Ausgestaltung des Einzelfalles an, ob das Recht gem. §§ 19a, 20, 20b UrhG oder sogar das unbenannte Verwertungsrecht gem. § 15 Abs. 3 UrhG betroffen ist.[227]

7. Senderecht, europäische Satellitensendung und Kabelweitersendung, §§ 20, 20a, 20b UrhG

Literatur: *Bortloff* Internationale Lizenzierung von Internet-Simulcasts durch die Tonträgerindustrie, GRUR Int. 2003, 669; *Conrad* Die Feuerzangenbowle und das Linsengericht: Der Vergütungsanspruch nach § 20b II UrhG, GRUR 2003, 561; *Dreier* Die Umsetzung der Richtlinie zum Satellitenrundfunk und zur Kabelweiterleitung, GRUR 1995, 570; *Hillig* Auf dem Weg zu einem WIPO-Abkommen zum Schutz der Sendeunternehmen, GRUR Int. 2007, 122; *Hillig/Blechschmidt* Die Materialentschädigung für reversgebundenes Notenmaterial – Zur Rechtmäßigkeit des Zustimmungsvorbehalts der Musikverlage bei außerrundfunkmäßiger Verwertung von Rundfunkproduktionen, ZUM 2005, 505; *Hoeren/Veddern* Voraussetzungen und Grenzen klauselmäßiger Beteiligungen der Sendeunternehmen an den gesetzlichen Vergütungsansprüchen, UFITA 2002, 7; *Kuch* Medienrechtliche Vorgaben für Kabelnetzbetreiber, ZUM 2002, 248; *Mand* Der gesetzliche Vergütungsergänzungsanspruch gem. § 20b II UrhG, GRUR 2005, 720; *ders.* Die Kabelweitersendung als urheberrechtlicher Verwertungstatbestand, GRUR 2004, 395; *Poll* Neue internetbasierte Nutzungsformen – Das Recht der Zugänglichmachung auf Abruf (§ 19a UrhG) und seine Abgrenzung zum Senderecht (§§ 20, 20b UrhG), GRUR 2007, 476; *Sasse/Waldhausen* Musikverwertung im Internet und deren vertragliche Gestaltung – MP3, Streaming, Webcast, On-demand-Service etc., ZUM 2000, 837; *Schalast/Schalast* Das Recht der Kabelweitersendung von Rundfunkprogrammen – Aktuelle Fragen bei der Umsetzung von § 20b UrhG, MMR 2001, 436; *Schwenzer* Tonträgerauswertung zwischen Exklusivrecht und Sendeprivileg im Lichte von Internetradio, GRUR Int. 2001, 722; *Spindler* Die Einspeisung von Rundfunkprogrammen in Kabelnetze – Rechtsfragen der urheberrechtlichen Vergütung und vertragsrechtlichen Gestaltung, MMR 2003, 1.

Das Recht, ein Werk mittels Funk oder ähnlichen technischen Mitteln der Öffentlichkeit zugänglich zu machen, ist das in § 20 UrhG geregelte so genannte Senderecht. **178**

---

225 *Dreier/Schulze/Dreier* § 19a Rn. 10; *Wandtke/Bullinger/Bullinger* § 19a Rn. 20.

226 *EuGH* MMR 2005, 517; *Schricker/v. Ungern-Sternberg* § 20 Rn. 9; *Reinbothe* GRUR Int 2001, 736; *Kröger* CR 2001, 316, 318; *Poll* GRUR 2007, 476, 481; *Schack* GRUR 2007, 639, 641.

227 *OLG Köln* GRUR RR 2006, 5; *LG Köln* ZUM 2005, 574; *LG München* ZUM 2006, 583; *LG Leipzig* ZUM 2006, 763; *LG Braunschweig* ZUM-RD 2006, 396; *Schricker/v. Ungern-Sternberg* § 20 Rn. 47; *Hartlieb/Schwarz/Reber* S. 691; *Dreier/Schulze/Dreier* § 19a Rn. 10, *Poll* GRUR 2007, 476, 481 f.; *Schack* GRUR 2007, 639, 641.

179 Hierunter fallen das Fernsehen, inklusive Videotextsendungen, und der Hörfunk. Die Nutzung liegt hier in der Ausstrahlung des Werkes mittels Funk oder ähnlichen Mitteln.[228] Der Empfang einer Sendung stellt keine urheberrechtlich relevante Handlung dar. Daher zahlt der Kunde die Pay-TV-Gebühren oder die öffentlich-rechtlichen Rundfunkgebühren nicht aufgrund urheberrechtlicher Vergütungsregelungen, sondern weil er aufgrund eines privat-rechtlichen Vertrags (im Fall des Pay-TV) beziehungsweise aufgrund öffentlich-rechtlicher Normen (im Fall der öffentlich-rechtlichen Sender) zur Leistung des Entgelts verpflichtet ist.

180 Charakteristisch für das Senderecht ist, dass das gesamte Publikum das Werk gleichzeitig sinnlich wahrnehmen kann. Auch Pay-TV und Pay-Radio fallen unter das Senderecht des § 20 UrhG, da auch bei diesen Diensten der Verbraucher die festgelegte Programmabfolge nicht beeinflussen kann.[229] Probleme bestehen bei der Abgrenzung zu so genannten Near On Demand-Diensten, Push-Diensten oder aber zu Erscheinungsformen des Streamings, bei denen der Verbraucher in der Regel zwar nicht die Inhalte, teilweise aber die Zeit bestimmen kann, wann er diese Inhalte wahrnehmen möchte.[230] Beim Live-Programmstreaming, das gerade im Hörfunk schon sehr weit fortgeschritten ist, wird das jeweilige Hörfunk-/Fernsehprogramm (fast) zeitgleich auch im Internet übertragen. Diese Übertragungsform wird von der wohl überwiegenden Auffassung als Rundfunk,[231] der unter das Senderecht des § 20 UrhG fällt, teilweise aber auch als Zugriffsdienst[232] definiert, so dass § 19a UrhG einschlägig wäre.

181 Die Grundnorm des § 20 UrhG wird ergänzt durch die Sonderregelungen der §§ 20a und 20b UrhG, die die Sendung von Werken mittels bestimmter Übertragungstechniken regeln, nämlich via Satellit bzw. via Kabel. Besonders das Recht zur Kabelweitersendung gem. § 20b UrhG ist in der Praxis von nicht unerheblicher Bedeutung.

182 § 20b Abs. 1 S. 1 UrhG definiert das Kabelweitersendungsrecht nach Maßgabe der sog. Satelliten- und Kabelrichtlinie.[233] Unter Kabelweitersendung ist demnach die integrale (d.h. zeitgleiche, unveränderte und vollständige) Weiterübertragung von bereits gesendeten Rundfunkprogrammen über Kabel- oder Mikrowellensysteme zu verstehen.

183 Die Kabelweitersendung setzt stets die Erstsendung eines Werkes i.S.d. § 20 UrhG voraus. Hierbei kann es sich um terrestrisch ausgestrahlte oder Satelliten-Sendungen handeln, die vom Kabelbetreiber für die Weiterleitung aufgefangen und aufbereitet werden. Abzugrenzen ist die Kabelweitersendung von der primären Kabelsendung und der modifizierten Kabelweiterübertragung. Bei der primären Kabelsendung wird das Programm erstmalig per Kabel übertragen; bei der modifizierten Kabelweiterübertragung hingegen handelt es sich um eine zeitversetzte, verkürzte oder aber inhaltlich veränderte Weiterleitung eines bereits gesendeten Programms.[234]

---

228 Vgl. auch *BGH* GRUR 1994, 45 – Verteileranlagen.

229 *Dreier/Schulze/Dreier* § 20 Rn. 16; *Schricker/v. Ungern-Sternberg* § 20 Rn. 12; *Fromm/Nordemann/Nordemann* § 20 Rn. 2.

230 Im Einzelnen zur Abgrenzung und Einordnung s.o. unter Rn. 177.

231 *OLG Hamburg* GRUR-RR 2006, 148, 149; *LG Hamburg* ZUM 2005, 844, 847; *Loewenheim/Schwarz/Reber* § 21 Rn. 76; *Sasse/Waldhausen* ZUM 2000, 837, 839, 842 ff.; Schricker/*v. Ungern-Sternberg* Vor. §§ 20 ff. Rn. 7; *Schwarz* ZUM 2000, 816 ff., 821 f.

232 *Dreier/Schulze* § 19a Rn. 10; *Ricker* ZUM 2001, 28 ff., 33 ff.; *Wandtke/Bullinger/Ehrhardt* § 20 – 20b UrhG Rn. 14.

233 Richtlinie 93/83/EWG v. 27.9.1993 zur Koordinierung bestimmter urheber- und leistungsschutzrechtlicher Vorschriften betreffend Satellitenrundfunk und Kabelweiterverbreitung (ABlEG L 248 v. 6.10.1993, 15 ff.).

234 Vgl. *Schricker/v. Ungern-Sternberg* § 20b Rn. 11.

Bei dem Recht der Kabelweitersendung handelt es sich um ein Zweitverwertungs- und somit **184** „kleines Recht", das qua Gesetz grundsätzlich verwertungsgesellschaftspflichtig ist. § 20 Abs. 2 S. 1 UrhG regelt den unverzichtbaren Vergütungsanspruch des Urhebers, der mit der Kabelweitersendung seines Werkes entsteht.

Die Sendeunternehmen sind gem. § 20b Abs. 1 S. 2 UrhG von der Verwertungsgesellschaften- **185** pflicht ausgenommen, und zwar nicht nur bzgl. der Rechte an eigenen Funksendungen, sondern auch, soweit ihnen Rechte an Funksendungen von Urhebern oder Leistungsschutzberechtigten übertragen wurden. Dennoch können Urheber und Leistungsschutzberechtigte in letzterem Fall von dem Kabelunternehmen für die Kabelweitersendung ihrer Werke eine angemessene Vergütung verlangen. Auch aus diesem Grund sieht § 87 Abs. 5 UrhG vor, dass Sende- und Kabelunternehmen einem Kontrahierungszwang unterliegen, der sie gegenseitig verpflichtet, Kabelweitersendungsverträge zu angemessenen Bedingungen abzuschließen.[235]

Als einer dieser Verträge ist der sog. **Kabelglobalvertrag** zwischen der Deutschen Telekom **186** AG (damals noch Deutsche Bundespost), den Sendeunternehmen und den Verwertungsgesellschaften vom 21.11.1992 zu nennen. Die Beteiligung auch der Verwertungsgesellschaften folgt aus der Tatsache, dass die einzelnen Urheber ihre Vergütung für die Kabelweiterleitung nur mittels dieser Gesellschaften geltend machen können. Hinzu trat im Jahre 1999 der von der ANGA Verband Privater Kabelnetzbetreiber e.V. mit den Sendeunternehmen und Verwertungsgesellschaften geschlossene „Gesamtvertrag über die Weitersendung ortsüblich terrestrisch empfangbarer Hörfunk- und Fernsehprogramme in privaten Kabelnetzen und Gemeinschaftsantennenanlagen". Der Gesamtvertrag fungierte jedoch nur als Rahmenvertrag, auf dem die Einzelverträge der in der ANGA zusammengeschlossenen Kabelbetreiber aufbauen. Sowohl im Kabelglobalvertrag als auch im Gesamtvertrag der ANGA ist eine Vergütung von 4% der Bruttoentgelte vorgesehen, die die jeweiligen Kabelnetzbetreiber von den Verbrauchern für die Überlassung eines Kabelanschlusses erheben.[236] Diese Vergütung führen die Kabelunternehmen an die übrigen Vertragspartner des Global- bzw. Gesamtvertrages ab. Der Kabelglobalvertrag wurde jedoch wegen des stetigen Verkaufs ihrer Kabelnetze seitens der Deutschen Telekom zum 31.12.2002 gekündigt. Der ihm nachfolgende „Vergleichsvertrag über die Weiterleitung von Hörfunk- und Fernsehprogrammen in Breitbandverteilnetzen" zwischen GEMA, öffentlich-rechtlichem Rundfunk und den regionalen Kabelnetzbetreibern (den Nachfolgegesellschaften der Deutschen Telekom) wurde erst Ende 2003 aufgrund einer Zusatzvereinbarung, durch die die übrigen Verwertungsgesellschaften einbezogen wurden, in vollem Umfang wirksam. Die VG Media, die die Rechte der privaten Medienunternehmen wahrnimmt, hat im April 2003 ebenfalls einen Gesamtvertrag mit den Nachfolgegesellschaften der Deutschen Telekom (mit Ausnahme einer Regionalgesellschaft) abgeschlossen.

8. Zweitverwertungsrechte, §§ 21, 22 UrhG

Literatur: vgl. die Nachweise vor Rn. 158.

Die in den §§ 21 und 22 UrhG geregelten so genannten Zweitverwertungsrechte betreffen den **187** Fall, dass ein Werk hintereinander geschaltet auf verschiedene Art und Weise wiedergegeben wird. So kann beispielsweise ein aufgeführtes Werk auf einem Bild- und Tonträger aufgezeichnet und dann der Öffentlichkeit mittels dieses Trägers erneut sinnlich wahrnehmbar gemacht werden. § 22 UrhG regelt den Fall, dass eine Funksendung öffentlich wahrnehmbar gemacht wird.

---

235 Zur Angemessenheit ausf. *Spindler* MMR 2003, 1 ff.
236 Vgl. *Schalast/Schalast* MMR 2001, 436; *Spindler* MMR 2003, 1, 3.

188 Die öffentliche Wahrnehmbarmachung setzt voraus, dass der Empfängerkreis an einem Ort versammelt ist.[237] § 22 UrhG ist beispielsweise dann einschlägig, wenn in einer Zahnarztpraxis eine Radiosendung wiedergegeben wird[238] oder bei einem Fernsehgerät in einer Kneipe. Wenn in einem Kaufhaus oder einer Diskothek Musik von einer CD abgespielt wird, wird dagegen § 21 UrhG relevant. Demgegenüber ist das Gästen in ihren Hotelzimmern angebotene Hotelradio/-video in der Regel Sendung i.S.d. § 20 UrhG (u.U. aber auch Abrufdienst), da es hier an dem gemeinsamen Ort der Wahrnehmbarmachung fehlt. Anders als beim Senderecht reicht es für die §§ 21, 22 UrhG nicht aus, dass ein geschütztes Werk unabhängig von seinem tatsächlichen Empfang der Öffentlichkeit lediglich zugänglich gemacht wird.

Sowohl das Recht gem. § 21 UrhG als auch das Recht gem. § 22 UrhG werden in der Regel kollektiv, d.h. durch Verwertungsgesellschaften wahrgenommen, d.h. die Zahnarztpraxis oder der Kneipenbetreiber müssen nicht die Zustimmung des Urhebers einholen, sondern gelten die Rechte pauschal gegenüber den Verwertungsgesellschaften ab.[239]

E. Verwertung des Urheberrechts/Urhebervertragsrecht

189 Für die Praxis von besonderer Bedeutung ist das sog. Urhebervertragsrecht. Damit ist die rechtliche Beziehung zwischen Urheber und Verwerter aber auch die weitergehende Verwertung durch den Verwerter gemeint. Im UrhG finden sich Regelungen zum Urhebervertragsrecht in den §§ 31 ff. UrhG. Auch nach der Reform des Urheberrechts 2002 enthält das Urheberrechtsgesetz jedoch nur wenige Regelungen zum Urhebervertragsrecht. Wesentlicher Bestandteil der Urhebervertragsrechtsreform 2002 war die Regelung eines Anspruchs auf eine angemessene Vergütung (§ 32 UrhG). Die angeregte große Lösung zum Urhebervertragsrecht, nämlich die Regelung von einzelnen Vertragsarten (z.B. Verlags-, Sende-, Film- und Aufführungsvertrag) etc. konnte bisher nicht umgesetzt werden.[240]

I. Rahmenbedingungen

190 Als Rahmenbedingungen, welche die Verwertung des Urheberrechts bestimmen, sind Schutzdauer, Übertragbarkeit und Vererblichkeit des Urheberrechts zu nennen.

1. Schutzdauer

Literatur: *v. Becker* Neue Tendenzen im Titelschutz, AfP 2004, 25; *Beier* Die urheberrechtliche Schutzfrist, 2001; *Dietz* Das Projekt Künstlergemeinschaftsrecht der IG Medien, ZRP 2001, 165; *ders.* Die Schutzdauer-Richtlinie der EU, GRUR Int. 1995, 670; *Flechsig* Diskriminierungsverbot und europäisches Urheberrecht, ZUM 2002, 732; *Hilty/v. Ashcroft* Die Schutzfrist im Urheberrecht – eine Diskussion, die auch Europäer interessieren sollte, GRUR Int. 2003, 201; *Jean-Richard* Die Urhebernachfolgevergütung – Rechtsnatur und Verfassungsmäßigkeit UFITA 2000, 353; *Klett* Puccini und kein Ende – Anwendung des europarechtlichen Diskriminierungsverbots auf vor 1925 verstorbene Urheber? – Anmerkung. zum Vorlagebeschluss des Bundesgerichtshofs vom 30.3.2000 (Az. I ZR 133/97), GRUR Int. 2001, 810; *Nordemann* Zur Problematik der Schutzfristen für Lichtbildwerke und Lichtbilder im vereinigten Deutschland, GRUR 1991, 418; *Schmidt-Hern* Der Titel,

---

237 *Dreier/Schulze* § 21 Rn. 7.
238 *LG Leipzig* NJW-RR 1999, 551, 552.
239 *Reber* GRUR 2000, 203, 206 f.; *Wandtke/Bullinger/Erhardt* § 21 Rn. 7.
240 *Wandtke/Bullinger/Wandtke* Einl. Rn. 7; *Däubler-Gmelin* ZUM 1999, 265 ff.

der Urheber, das Werk und seine Schutzfrist, ZUM 2003, 462; *Schricker* Musik und Wort – Zur Urheberrechtsschutzfrist dramatisch-musikalischer Werke und musikalischer Kompositionen mit Text, GRUR Int. 2001, 1015; *Schulze/Bettinger* Wiederaufleben des Urheberrechtsschutzes bei gemeinfreien Fotografien auf Grund der EU-Schutzdauerrichtlinien, GRUR 2000, 12; *Seifert* Markenschutz und urheberrechtliche Gemeinfreiheit, WRP 2000, 1014; *Wandtke/Bullinger* Die Marke als urheberrechtlich schutzfähiges Werk, GRUR 1997, 573; *Vogel* Die Umsetzung der Richtlinie zur Harmonisierung der Schutzdauer des Urheberrechts und bestimmter verwandter Schutzrechte, ZUM 1995, 451.

Grundsätzlich beginnt der urheberrechtliche Schutz in dem Zeitpunkt, in dem das Werk geschaffen wird und Werkhöhe erreicht. Ab diesem Zeitpunkt ist das Werk für die Dauer von **70 Jahren** nach dem Tod des Urhebers geschützt, § 64 UrhG. Für das Fristende ist das Jahr des Todes des Urhebers maßgeblich. Das Urheberrecht erlischt somit jeweils am 31. Dezember des 70. Todesjahres. **191**

Waren mehrere Personen als Urheber schöpferisch an einem Werk beteiligt und liegt eine Miturheberschaft im Sinne des § 8 UrhG vor, so ist für das Ende der Schutzdauer das Todesjahr desjenigen Urhebers maßgeblich, der am längsten gelebt hat. Im Fall einer Miturheberschaft kann also ein nicht unerheblich längerer Urheberrechtsschutz bestehen. Bei Filmwerken ist gem. § 65 Abs. 2 UrhG das Todesjahr des längstlebenden Hauptregisseurs, Urhebers des Drehbuchs, Urhebers der Dialoge oder Filmkomponisten maßgeblich. Bei anonymen oder pseudonymen Werken kann die Schutzdauer dadurch gesichert werden, dass der Urheber beim Deutschen Patent- und Markenamt in die so genannte Urheberrolle gem. § 138 UrhG eingetragen wird. Dort kann sich der Urheber unter seinem tatsächlichen bürgerlichen Namen registrieren lassen, so dass seine Werke noch 70 Jahre nach seinem Tod nachvollziehbar geschützt sind. **192**

Ist die Frist des § 64 UrhG abgelaufen, steht es jedem frei, die Werke des vor 70 Jahren verstorbenen Urhebers frei zu nutzen. **193**

2. Übertragbarkeit

Literatur: *Boytha* Fragen der Unveräußerlichkeit des Urheberrechts, FS Kreile, 1994, S. 109; *Erdmann* Urhebervertragsrecht im Meinungsstreit, GRUR 2002, 923; *Götting* Sanktionen bei Verletzung des postmortalen Persönlichkeitsrechts, GRUR 2004, 801; *Haupt* Die Übertragung des Urheberrechts, ZUM 1999, 899; *Holländer* Das Urheberpersönlichkeitsrecht des angestellten Programmierers, CR 1992, 279; *Klawitter/Hombrecher* Gewerbliche Schutzrechte und Urheberrechte als Kreditsicherheiten, WM 2004, 1213; *Mäger* Die Abtretung urheberrechtlicher Vergütungsansprüche in Verwertungsverträgen, 2000; *Metzger* Rechtsgeschäfte über das Urheberpersönlichkeitsrecht nach dem neuen Urhebervertragsrecht, GRUR Int. 2003, 9; *ders.* Rechtsgeschäfte über das Droit moral im deutschen und französischen Urheberrecht, 2002; *Schmidt* Urheberrechte als Kreditsicherheit nach der gesetzlichen Neuregelung des Urhebervertragsrechts, WM 2003, 461; *Schricker* Urheberrecht, 3. Aufl. 2006; *ders.* Zum neuen deutschen Urhebervertragsrecht, GRUR Int. 2002, 797; *v. Welser* Die Wahrnehmung urheberpersönlichkeitsrechtlicher Befugnisse durch Dritte, 2000.

Aufgrund seiner persönlichkeitsrechtlichen Bezüge[241] ist das Urheberrecht selbst nicht übertragbar, § 29 Abs. 1 UrhG. Gleiches gilt für das Urheberpersönlichkeitsrecht, aber auch für die einzelnen Verwertungsrechte.[242] Aus der Unübertragbarkeit folgt, dass das Urheberrecht nicht mit einem Nießbrauch oder einem Pfandrecht belastet werden kann. **194**

---

241 S.o. Rn. 114.
242 *Schricker/Schricker* § 29 Rn. 7 f.; *Fromm/Nordemann/Hertin* vor § 12 Rn. 3; s. dazu auch oben Rn. 132.

195 Übertragbar sind dagegen die vertraglichen und gesetzlichen Vergütungsansprüche des Urhebers, soweit das Gesetz insofern keine Einschränkung vorsieht.[243] Übertragbar und auch dinglich belastbar sind ferner die einzelnen Nutzungsrechte an dem geschaffenen Werk. Für die verschiedenen Verwertungsarten des Werkes können einzelne Nutzungsrechte, in der Praxis häufig Lizenzen genannt, eingeräumt und übertragen werden, §§ 29 Abs. 2, 31 UrhG. Diese Nutzungsrechte können unterschiedlich ausgestaltet werden, so können sie räumlich und zeitlich sowie inhaltlich beschränkt oder auch unbeschränkt übertragen werden, § 31 UrhG. Des Weiteren können sie exklusiv vergeben werden, oder im Fall des einfachen Nutzungsrechts, mehreren Nutzern gleichzeitig. Exklusivität i.S.v. § 31 Abs. 3 UrhG bedeutet, dass es nur noch dem ausschließlich Nutzungsberechtigten gestattet ist, das Werk in der vereinbarten Form zu nutzen. Sogar der Urheber selbst kann so von der Nutzung in der betreffenden Form ausgeschlossen werden. Das Nutzungsrecht, das der Urheber einem anderen eingeräumt hat, kann von dem Nutzungsrechtsinhaber an einen Dritten weiter übertragen werden. Dieser kann also eine sog. Sublizenz erteilen.[244] Allerdings ist auch eine Sublizenz nur dann rechtlich zulässig und stellt keine Urheberrechtsverletzung dar, wenn der Urheber der Erteilung der Sublizenz zustimmt, § 34 Abs. 1 UrhG.

196 Aus der Unübertragbarkeit des Urheberrechts wird grundsätzlich gefolgert, dass das Urheberrecht auch unverzichtbar sei.[245] Etwas anderes gilt nur für den Fall der Miturhebergemeinschaft, bei der es einem Miturheber gem. § 8 Abs. 4 UrhG möglich ist, auf seinen Anteil an den Verwertungsrechten zu verzichten und dadurch die anderen Miturheber zu begünstigen.[246] Natürlich bleibt es aber jedem Urheber unbenommen, seine Rechte ganz oder teilweise nicht geltend zu machen oder durchzusetzen.[247] Kein Fall des Verzichts, sondern der Einräumung eines unentgeltlichen, nicht-ausschließlichen Nutzungsrechts sind die Fälle des sogenannten **Open Contents**, wie dies bspw. bei Software in Gestalt von Freeware oder Shareware üblich ist.[248]

3. Vererblichkeit

Literatur: *Finger* Urheberrecht und Zugewinnausgleich, GRUR 1989, 881; *Götting* Die Vererblichkeit der vermögenswerten Bestandteile des Persönlichkeitsrechts – ein Meilenstein in der Rechtssprechung des *BGH*, NJW 2001, 585; *Rehbinder* Die Familie im Urheberrecht, ZUM 1986, 365; *Schack* Das Persönlichkeitsrecht der Urheber und ausübenden Künstler nach dem Tode, GRUR 1985, 352; *v. Welser* Die Wahrnehmung urheberpersönlichkeitsrechtlicher Befugnisse durch Dritte, 2000.

197 Das Urheberrecht ist zwar nicht übertragbar, aber doch vererbbar. Gem. §§ 28 Abs. 1, 29 Abs. 1 UrhG sind Verfügungen von Todes wegen über das Urheberrecht möglich. Ein Urheber kann also seine Urheberrechte durch Testament oder Erbvertrag gem. §§ 2264 ff. BGB bzw. §§ 2274 ff. BGB übertragen. Hat der Urheber keine Verfügung von Todes wegen getroffen, bleibt es bei der gesetzlichen Erbfolge gem. den §§ 1922 ff. BGB.

---

243 S. bspw. der anlässlich der Urheberrechtsreform eingefügte § 63a UrhG, wonach die gesetzlichen Vergütungsansprüche des Urhebers gem. §§ 44a ff. UrhG im Voraus nur an eine Verwertungsgesellschaft abgetreten werden können.
244 *Wandtke/Bullinger/Wandtke/Grunert* § 31 Rn. 35.
245 *Dreier/Schulze* § 29 Rn. 10; *Schricker/Schricker* § 29 Rn. 15 ff.
246 S.o. Rn. 112.
247 S.o. zu den Urheberpersönlichkeitsrechten Rn. 113 f.
248 *OLG Köln* CR 1996, 723, 725; *OLG Hamburg* NJW-RR 1994, 1324, 1325; *Wandtke/Bullinger/Block* § 29 Rn. 22.

Ist das Urheberrecht vererbt worden, so genießt der Erbe grundsätzlich dieselben Rechte wie **198** der Urheber selbst, § 30 UrhG. Das bedeutet, dass er, obwohl er nicht selbst schöpferisch tätig geworden ist, auch Urheberpersönlichkeitsrechte geltend machen kann. Ob der Erbe gem. § 97 Abs. 2 UrhG immateriellen Schadensersatz für postmortale Urheberrechtsverletzungen verlangen kann, wird jedoch unterschiedlich beurteilt.[249] Schranken der Geltendmachung des Urheberpersönlichkeitsrechts durch den Rechtsnachfolger setzen die Grundsätze des Rechtsmissbrauchs und die Rücksichtnahme auf das allgemeine Persönlichkeitsrecht der (anderen) Angehörigen des Urhebers.[250]

II. Verwertung der Urheberrechte durch Einräumung von Nutzungsrechten

Literatur: *Abel* Filmlizenzen in der Insolvenz des Lizenzgebers und des Lizenznehmers, NZI 2003, 121; *Agudo y Berbel/Engels* „Hörfunkrechte" – ein eigenständiges Wirtschaftsgut?, WRP 2005, 191; *Ahlberg* Der Einfluss des § 31 IV UrhG auf die Auswertungsrechte von Tonträgerunternehmen, GRUR 2002, 313; *Bartsch* Rechtsmängelhaftung bei der Überlassung von Software, CR 2005, 1; *Bayreuther* Zum Verhältnis zwischen Arbeits-, Urheber- und Arbeitnehmererfindungsrecht – unter besonderer berücksichtigung der Sondervergütungsansprüche des angestellten Softwareherstellers, GRUR 2003, 570; *Berger* Der BGH auf dem Wege zur Anerkennung der Insolvenzfestigkeit von Softwarelizenzen, NZI 2006, 380; *Berger* Verträge über unbekannte Nutzungsarten nach dem „Zweiten Korb", GRUR 2005, 907; *Bornkamm* Erwartungen von Urhebern und Nutzern an den zweiten Korb, ZUM 2003, 1010; *Brauer/Sopp* Sicherungsrechte an Lizenzrechten, eine unsichere Sicherheit, ZUM 2004, 112; *Castendyk* Neue Ansätze zum Problem der unbekannten Nutzungsart in § 31 Abs. 4 UrhG, ZUM 2002, 332; *Dietz* Der Entwurf zur Neuregelung des Urhebervertragsrechts, AfP 2001, 261; *Dreier* Urheberrecht an der Schwelle des 3. Jahrtausends, CR 2000, 45; *Feldmann* Besprechung des Urteils des LG Berlin vom 14.10.1999 – 16 O 26/99 (Internetartikel), ZUM 2000, 77; *Flechsig/Hendricks* Zivilprozessuales Schiedsverfahren zur Schließung urheberrechtlicher Gesamtverträge – zweckmäßige Alternative oder Sackgasse?, ZUM 2000, 721; *Gamerith* Die Verwirkung im Urheberrecht, WRP 2004, 75; *Gebhardt* Die Erwartungen der Tonträgerwirtschaft an den zweiten Korb, ZUM 2003, 1022; *Gergen* Zur Auswertungspflicht des Verlegers bei Übersetzungsverträgen, NJW 2005, 569; *Grün* Der Ausschluss der Unterlassungsklage und des vorläufigen Rechtsschutzes in urheberrechtlichen Verträgen, ZUM 2004, 733; *Hertin* Urhebervertragsnovelle 2002: Up-Date von Urheberrechtsverträgen, MMR 2003, 16; *Hoeren* Auswirkungen der §§ 32, 32a UrhG n.F. auf die Dreiecksbeziehung zwischen Urheber, Produzent und Sendeanstalt im Filmbereich, FS Nordemann, 2004, S. 181; *Jani* Der Buy-out-Vertrag im Urheberrecht, 2002; *Katzenberger* Filmverwertung auf DVD als unbekannte Nutzungsart i.S.d. § 31 Abs. 4 UrhG, GRUR Int. 2003, 889; *Kitz* Die unbekannte Nutzungsart im Gesamtsystem des urheberrechtlichen Interessengefüges, GRUR 2006, 548; *Klickermann* Sendearchive im Fokus unbekannter Nutzungsarten, MMR 2007, 221; *Klüver* Vermögensrechtliche Aspekte des zivilrechtlichen allgemeinen Persönlichkeitsrechts, ZUM 2002, 205; *Kuck* Kontrolle von Musterverträgen im Urheberrecht, GRUR 2000, 285; *Loewenheim* Die Verwertung alter Spielfilme auf DVD – eine noch nicht bekannte Nutzungsart nach § 31 IV UrhG?, GRUR 2004, 36; *McGuire/v. Zumbusch/Joachim* Verträge über Schutzrechte des geistigen Eigentums (Übertragung und Lizenzen) und dritte Parteien, GRUR Int. 2006, 682; *Nordemann/Nordemann* Für eine Abschaffung des § 31 IV UrhG im Filmbereich, GRUR 2003, 947; *Poll* Urheberrechtliche Beurteilung der Lizenzierungspraxis von Klingeltönen, MMR 2004, 67; *Schack* Urheberrecht im Meinungsstreit, GRUR 2002, 853; *Schulze*

---

249 Für einen Anspruch *LG Mannheim* ZUM-RD 1997, 405, 409 – Freiburger Holbein-Pferd; *Schricker/Schricker* § 30 Rn. 3; *Dreier/Schulze* § 30 Rn. 5; gegen einen Anspruch *OLG Hamburg* ZUM 1995, 430, 433 – Ile de France; *Fromm/Nordemann/Hertin* § 30 Rn. 6; *Möhring/Nicolini/Lütje* § 97 Rn. 76; zur postmortalen Persönlichkeitsrechtsverletzung ebenso *BGH* NJW 2000, 2195, 2197, 2198, 2200 – Marlene Dietrich.

250 *Wandtke/Bullinger/Bullinger* vor §§ 12 ff. Rn. 12 ff.

Vergütungssystem und Schrankenregelungen – Neue Herausforderungen an den Gesetzgeber, GRUR 2005, 828; *Stickelbrock* Ausgleich gestörter Vertragsparität durch das neue Urhebervertragsrecht?, GRUR 2001, 1087; *Stieper/Frank* DVD als neue Nutzungsart?, MMR 2000, 643; *Wandtke* Zur Reform des Urhebervertragsrechts, K&R 2001, 601; *Wandtke/Holzapfel* Ist § 31 IV UrhG noch zeitgemäß?, GRUR 2004, 284; *Wandtke/Schäfer* Music on Demand – Neue Nutzungsart im Internet?, GRUR Int. 2000, 187; *Wente/Härle* Rechtsfolgen einer außerordentlichen Vertragsbeendigung auf die Verfügungen in einer „Rechtekette" im Filmlizenzgeschäft und ihre Konsequenzen für die Vertragsgestaltung, GRUR 1997, 96; *Zypries* Das Urhebervertragsrecht in der Informationsgesellschaft – Bestandsaufnahme und Überlegungen zum weiteren Regelungsbedarf, ZUM 2003, 981.

199   Da das Urheberrecht selbst, wie auch die Verwertungsrechte nicht übertragbar sind, erfolgt die wirtschaftliche Verwertung eines Werkes durch die Einräumung beziehungsweise Ausübung von Nutzungsrechten (Lizenzen).

1. Entstehung des Nutzungsrechts durch konstitutive Rechtseinräumung

200   Dem Urheber allein steht das Recht zu, sein Werk auf bestimmte Arten und Weisen zu verwerten. Aufgrund der Vielzahl der möglichen Verwertungsarten und der teilweise immens hohen Kosten, die die Herstellung oder Vermarktung von bestimmten Werken erfordert, ist es heute nur noch sehr selten, dass der Urheber selbst sein Werk ausschließlich verwertet. Regelmäßig ist es so, dass er bestimmten Dritten durch Abschluss eines Vertrags Nutzungsrechte an seiner persönlichen Schöpfung einräumt, damit diese wirtschaftlich für ihn nutzbar gemacht wird. Diese sogenannte konstitutive Nutzungsrechtseinräumung (im Gegensatz zur translativen Übertragung) bedeutet, dass sich der Urheber auch bei der Einräumung von Nutzungsrechten von seinen Urheberrechten nicht gänzlich lösen kann, vielmehr entsteht das Nutzungsrecht als neues/zusätzliches Recht durch die Einräumung direkt beim Erwerber, während das Verwertungsrecht beim Urheber verbleibt.[251] Daher spricht man bezogen auf das Urheberrecht auch häufig vom Mutterrecht und bezogen auf die Nutzungsrechte von Tochter- und Enkelrechten.[252] Diese Konstruktion der (nur) konstitutiven Rechtseinräumung dient dem Schutz des Urhebers, der somit seine Aktivlegitimation auch im Falle einer ausschließlichen (exklusiven) Nutzungsrechtseinräumung nicht verliert und je nach Einzelfall zur Geltendmachung von Urheberrechtsverletzungen (§ 97 UrhG) berechtigt bleibt.[253] Weitere Folge der Konstruktion einer konstitutiven Nutzungsrechtseinräumung ist der sogenannte Heimfall der Rechte, d.h. dass es bei Beendigung der Nutzungsrechtseinräumung keiner gesonderten Rückübertragung auf den Urheber bedarf.[254]

2. Die Einräumung von Nutzungsrechten

201   Regelungen zur rechtsgeschäftlichen Einräumung von Nutzungsrechten finden sich in den §§ 31 ff. UrhG. Wie sich die Einräumung von Nutzungsrechten vollzieht, regeln die §§ 31 ff. UrhG dagegen nicht. Erforderlich ist nach allgemeiner Meinung eine (formfreie) Einigung, also ein Vertragsschluss nach Maßgabe der §§ 398, 413 BGB analog. Eine Ausnahme von der grundsätzlich geltenden Formfreiheit stellt lediglich die Reglung des § 40 UrhG dar, wonach

---

251 *Wandtke/Bullinger/Wandtke/Grunert* vor §§ 31 ff. Rn. 22.
252 *Schricker/Schricker* vor §§ 28 ff. Rn. 43.
253 *BGHZ* 118, 394, 399 f.; gleiches kann im Verhältnis zwischen ausschließlichem Lizenznehmer und ausschließlichem Sublizenznehmer gelten, s. *BGHZ* 141, 267, 273.
254 Dazu noch unten Rn. 239 ff.

die Einräumung von Rechten an künftigen, noch zu erschaffenden Werken schriftlich erfolgen muss. Praktischer Anwendungsfall für das Schriftformerfordernis ist der sog. Optionsvertrag.[255]

Die Einräumung von Nutzungsrechten kann auch konkludent erfolgen, wenngleich zum **202** Schutz des Urhebers hier Zurückhaltung geboten ist.[256] Praktisches Beispiel für eine konkludente Rechtseinräumung ist der Arbeitsvertrag. Beim Arbeitsvertrag geht die herrschende Meinung[257] von einer konkludenten Nutzungsrechtseinräumung aus, wenn die urheberrechtsfähige Leistung/das Werk Gegenstand des Arbeitsvertrages ist und soweit der Arbeitgeber die Nutzungsrechte für seine Zwecke benötigt.[258]

Wie bei Forderungen ist ein gutgläubiger Erwerb von Nutzungsrechten mangels Rechtsschein- **203** trägers nicht möglich.[259] Niemand kann mehr Rechte einräumen als er hat;[260] werden dieselben Nutzungsrechte mehrfach vergeben, ist daher nur die älteste der miteinander in Konkurrenz stehenden Verfügungen wirksam, es gilt folglich der Prioritätsgrundsatz, § 33 UrhG. Der „leer" ausgegangene Erwerber ist gegenüber dem vermeintlichen Lizenzgeber auf vertragliche Schadensersatzansprüche angewiesen, z.B. § 437 BGB.

Die Einräumung von Nutzungsrechten ist von der Eigentums- und Besitzlage in Bezug auf das **204** zugrundeliegende Werk zu unterscheiden. Enthält der Vertrag über die Einräumung von Nutzungsrechten keine Regelungen zu den Eigentums- und Besitzverhältnissen, gelten die Vorschriften des BGB. Zu beachten ist jedoch, dass die Einräumung von Nutzungsrechten eine stillschweigende Verpflichtung zur Besitzverschaffung enthalten kann.[261] Werden beispielsweise Rechte an einem Drehbuch eingeräumt, wird die konkludente Verpflichtung bestehen, das Drehbuch auszuhändigen.

Da das Urhebergesetz bisher keinerlei Regelungen zu den im Urheberrecht relevant werdenden **205** Vertragstypen enthält, muss auch insofern auf die Regelungen des BGB zurückgegriffen werden, wenngleich davon ausgegangen wird, dass Urheberrechtsverträge Verträge eigener Art darstellen. Daher ist in jedem Einzelfall zu prüfen, welche Regelungen des BGB zur Anwendung gelangen. In Betracht kommen: Kaufrecht (§§ 433 ff. BGB),[262] Miet- und Pachtrecht (§§ 535 ff. und 581 ff. BGB),[263] Werkvertragsrecht (§§ 631 ff. BGB),[264] Dienstvertragsrecht (§§ 611 ff. BGB),[265] Auftragsrecht (§§ 662 ff. BGB), aber auch Gesellschaftsrecht (§§ 705 ff. BGB).[266] In der Praxis ist es nicht ungewöhnlich, dass mehrere der vorgenannten Vertragsty-

---

255 Hier sind der einfache Optionsvertrag und der qualifizierte Optionsvertrag zu unterscheiden. Beim einfachen Optionsvertrag verpflichtet sich der Urheber, seine Nutzungsrechte an einem zukünftigen Werk zuerst dem Optionsberechtigten anzubieten. Beim qualifizierten Optionsvertrag räumt der Urheber bereits mit Vertragsschluss die Nutzungsrechte an dem zukünftigen Werk ein und der Optionsberechtigte kann diesen Vertrag durch einseitige Erklärung wirksam werden lassen. *BGHZ* 22, 347, 349; *LG Hamburg* ZUM 2002, 158.
256 *BGH* GRUR 2004, 938, 939; *Fromm/Nordemann/Hertin* § 31 Rn. 12a.
257 *Wandtke/Bullinger/Wandtke* § 43 Rn. 50 m.w.N.
258 Zur Anwendbarkeit der sog. Zweckübertragungslehre, s.u. Rn. 227 ff.
259 *Schricker/Schricker* vor §§ 28 ff. Rn. 63 m.w.N.
260 *KG* ZUM 1997, 397, 398.
261 *Wandtke/Bullinger/Wandtke/Grunert* vor §§ 31 ff. Rn. 57.
262 Der Rechtekauf.
263 Der reine Lizenzvertrag.
264 Der Auftragsproduktionsvertrag im TV-Bereich, der Bandübernahmevertrag im Musikbereich etc.
265 Moderatorenvertrag, Vertrag über den Auftritt von Künstlern, etc.
266 Die Co-Produktion im Filmbereich.

pen in die Vertragsgestaltung einfließen; maßgeblich sollen in einem solchen Fall die Vorschriften desjenigen Vertragstyps sein, der überwiegt.[267]

3. Die Ausgestaltung der Einräumung von Nutzungsrechten

206   § 31 UrhG regelt als Kernstück des Urhebervertragsrechts die Art und Weise, wie der Dritte das urheberrechtsfähige Werk nutzen kann. Dabei wird zum einen zwischen der ausschließlichen und der nicht-ausschließlichen, also einfachen Nutzungsrechtseinräumung unterschieden; zum anderen sieht § 31 UrhG vor, dass die Nutzungsrechte räumlich, zeitlich oder inhaltlich beschränkt eingeräumt werden können.

3.1 Einfache und ausschließliche Nutzungsrechte

207   Das **ausschließliche (exklusive) Nutzungsrecht** wird in § 31 Abs. 3 UrhG geregelt und gestattet die ausschließliche Nutzung des Werkes (hinsichtlich der vereinbarten Nutzungsarten) nur durch eine Person. Mithin ist bei einer ausschließlichen Nutzungsrechtseinräumung grundsätzlich auch der Urheber von der Nutzung ausgeschlossen, es sei denn, er hat sich die eigene Nutzung vertraglich vorbehalten, § 31 Abs. 3 S. 2 UrhG. Von **einfachen Nutzungsrechten** gem. § 31 Abs. 2 UrhG spricht man, wenn eine Mehrzahl von Nutzern nebeneinander das Werk verwerten darf.

208   Nur der Inhaber einer ausschließlichen Lizenz hat neben der positiven Erlaubnis, das Werk auf eine bestimmte Art und Weise zu nutzen, auch das negative Recht, Dritten die Werknutzung zu untersagen.[268] Ihm ist mit der Rechteeinräumung ein dinglich wirkendes Nutzungsrecht am Werk erwachsen.[269] Dieses Verbotsrecht hat der einfache Lizenznehmer nicht; sein Recht beschränkt sich gegenüber Dritten auf einen Duldungsanspruch.[270] Der Urheber kann den einfachen Lizenznehmer jedoch zur Verfolgung seines Verbotsrechts im Wege der gewillkürten Prozessstandschaft ermächtigen.[271]

3.2 Die Beschränkung von Nutzungsrechten

209   Die Nutzungsrechte können räumlich, zeitlich und inhaltlich beschränkt eingeräumt werden (§ 31 Abs. 1 S. 2 UrhG). Eine solche beschränkte Einräumung führt zu einer nicht nur schuldrechtlich wirkenden, sondern auch dinglich wirkenden Beschränkung des Nutzungsrechts.[272] Die Nichteinhaltung einer solchen Beschränkung mit dinglicher Wirkung hat zur Folge, dass nicht nur auf der Grundlage der gleichzeitig gegebenen Vertragsverletzung, sondern auch auf der Grundlage einer Urheberrechtsverletzung nach den §§ 97 ff. UrhG vorgegangen werden kann.[273]

210   Was die **räumliche Beschränkung** anbelangt, so kann das Nutzungsrecht auf ein geografisches oder politisches Gebiet beschränkt werden. Auch möglich ist die Beschränkung auf ein Sprachgebiet, zum Beispiel auf den deutschsprachigen Raum. In Bezug auf das Verbreitungsrecht für körperliche Werkstücke ist allerdings der bereits dargestellte Erschöpfungsgrundsatz

---

267 *Wandtke/Bullinger/Wandtke/Grunert* vor §§ 31 ff. Rn. 67.

268 Vgl. *BGH* GRUR 1992, 310, 311 – Taschenbuch-Lizenz; *OLG Hamburg* GRUR-RR 2001, 261 – Loriot-Motive.

269 *Dreier/Schulze* § 31 Rn. 7 ff.; *Schricker/Schricker* § 31 Rn. 4 ff.

270 Zur dinglichen Wirkung von nur einfachen Nutzungsrechten s. *Wandtke/Bullinger/Wandtke/Grunert* § 31 Rn. 31 f.

271 *Wandtke/Bullinger/Wandtke/Grunert* § 31 Rn. 32.

272 *BGH* GRUR 2003, 416, 418; *Dreier/Schulze/Schulze* § 31 Rn. 28.

273 *Wandtke/Bullinger/Wandtke/Grunert* § 31 Rn. 4.

zu beachten: Vervielfältigungsstücke, die berechtigterweise in einem Mitgliedsstaat der EU oder des europäischen Wirtschaftsraums von einem Lizenznehmer mit Zustimmung des Berechtigten verbreitet werden, können aufgrund eingetretener Erschöpfung in allen anderen Mitgliedsstaaten rechtmäßig vertrieben werden, auch wenn ein anderer Lizenznehmer ein auf diese Staaten räumlich begrenztes Recht inne hat. Eine Aufspaltung des Verbreitungsrechts innerhalb der EU und der EWG ist daher wegen der geltenden Warenverkehrsfreiheit nur von begrenzter Bedeutung.[274]

Besondere Schwierigkeiten macht die räumliche Beschränkung darüber hinaus in Bezug auf das Recht zur öffentlichen Zugänglichmachung gem. § 19a UrhG, da sich insbesondere Online-Nutzungen derzeit nicht oder nur sehr schwer räumlich begrenzen lassen. **211**

Daneben ist es dem Urheber möglich, die von ihm übertragenen Nutzungsrechte auch in **zeitlicher Hinsicht** zu beschränken. So kann er festlegen, ab wann das Nutzungsrecht Gültigkeit erlangt und wann es enden soll. Wird das Nutzungsrecht von dem Dritten noch nach Ablauf der Lizenzzeit in Anspruch genommen, begeht dieser eine Urheberrechtsverletzung. Auch indirekte zeitliche Beschränkungen sind in der Praxis üblich, indem beispielsweise das Senderecht gem. § 20 UrhG auf eine bestimmte Anzahl von Ausstrahlungen („runs") beschränkt wird. Diese primär inhaltliche Beschränkung begrenzt das Senderecht indirekt auch in zeitlicher Hinsicht, sind nämlich die „runs" verbraucht, endet auch das Senderecht. **212**

Besondere Bedeutung hat die **inhaltliche Beschränkbarkeit** der Nutzungsrechte. Inhaltliche Beschränkungen grenzen die eingeräumten Nutzungsrechte auf bestimmte **Nutzungsarten** ein. Der Urheber kann also das Nutzungsrecht in einzelne Nutzungsarten aufspalten, so dass er dasselbe Werk auf vielfältige Art und Weise verwerten kann. Ein Romanautor könnte mithin einer Druckerei das Vervielfältigungsrecht (§ 16 UrhG), einem Verlag das Verbreitungsrecht (§ 17 UrhG) und einer Produktionsfirma das Verfilmungs- also das Bearbeitungsrecht (§ 23 UrhG) einräumen.[275] Die Nutzungsarten können, müssen aber nicht inhaltlich mit den einzelnen im UrhG definierten Verwertungsrechten übereinstimmen. Die Praxis orientiert sich zwar in Bezug auf die einzelnen Nutzungsarten an der Definition der Verwertungsrechte durch das UrhG, die im Urhebervertragsrecht üblichen sogenannten Rechteübertragungsklauseln gehen jedoch in der Regel weit über die Definitionen des Gesetzes hinaus und sind deutlich detaillierter. **213**

Nicht jede im Vertrag definierte Nutzungsart kann jedoch als solche mit dinglicher Wirkung anerkannt werden.[276] Die Grenze der inhaltlichen Beschränkbarkeit von Nutzungsrechten ist in deren Verkehrsfähigkeit begründet. Voraussetzung für das Vorliegen einer gesetzlich anerkannten Nutzungsart und damit einer inhaltlichen Beschränkung mit dinglicher Wirkung ist daher, dass es sich um eine in wirtschaftlicher und technischer Hinsicht selbständige und von anderen Nutzungsarten klar abgrenzbare Nutzungsart handelt.[277] So sind beispielsweise die Verwertung eines Buches als Hardcover und als Taschenbuchausgabe als zwei verschiedene Nutzungsarten anerkannt.[278] Möglich ist ferner, die Nutzung nur auf einen bestimmten Ver- **214**

---

274 *Schricker/Schricker* vor §§ 28 ff. Rn. 54; *Wandtke/Bullinger/Wandtke/Grunert* § 31 Rn. 9.

275 Wird jedoch ein klassischer Verlagsvertrag nach § 1 VerlG geschlossen, so erfasst dieser sowohl das Recht zur Vervielfältigung als auch zur Verbreitung, unter Umständen sogar zur Verfilmung, *Dreier/Schulze* Vor § 31 Rn. 192 f.

276 Möglich bleibt natürlich die Vereinbarung einer inhaltlichen Beschränkung mit (nur) schuldrechtlicher Wirkung zwischen den Parteien, *Metzger* NJW 2003, 1994 f.; *Schack* Rn. 545.

277 *Schricker/Schricker* § 31/32 Rn. 38 m.w.N.

278 Vgl. *BGH* GRUR 1992, 310 – Taschenbuch-Lizenz.

triebsweg zu begrenzen, beispielsweise auf den Vertrieb von Produkten über Internethandels-plattformen. Ebenfalls anerkannt als verschiedene Nutzungsarten sind die Verwertung eines Films im Kino, im Fernsehen oder als Video.[279] Schließlich kann auch die Vereinbarung eines Sublizenzverbotes eine wirksame inhaltliche Beschränkung des Nutzungsrechts mit dinglicher Wirkung darstellen.[280]

215 Die Probleme der Praxis bei der Definition von inhaltlichen Beschränkungen bestehen aber nicht nur in der Beschreibung einer anerkannten Nutzungsart mit dinglicher Wirkung, sondern – vor dem Hintergrund der zunehmenden Konvergenz der Medien – vor allem auch darin, die einzelnen Nutzungsarten derart von einander abzugrenzen, dass tatsächlich eine wirtschaftliche Nutzung durch verschiedene Lizenznehmer möglich bleibt. So beinhaltet beispielsweise die Definition des Senderechts üblicherweise auch Abrufelemente, die eine gesonderte Auswertung des zu sendenden Werkes über das Internet oder über Handy-TV unmöglich machen würde. Bestes Beispiel für die sich überschneidenden Nutzungsmöglichkeiten und die damit verbundenen Definitionsprobleme ist die Auseinandersetzung zwischen der DFL Deutsche Fußball Liga, der Unity Media GmbH und der Deutschen Telekom AG in Bezug auf die Übertragung der „Broadcast/Pay-TV-Rechte" einerseits und der „Internetrechte" andererseits.[281] Hier helfen weder das Gesetz, noch Rechtsprechung oder Literatur weiter, sondern nur eine möglichst genaue Definition der von den einzelnen Verwertern tatsächlich geplanten Nutzungsformen.[282]

3.3 Unbekannte Nutzungsarten

216 Wie bereits einleitend[283] angerissen, enthält der 2. Korb der Urheberrechtsnovelle Änderungen im Hinblick auf die Verfügung über unbekannte Nutzungsrechte:

3.3.1 Frühere Gesetzeslage

217 Gem. § 31 Abs. 4 a.F. UrhG konnten Rechte an neuen, noch nicht bekannten Nutzungsarten nicht wirksam übertragen werden. Sinn und Zweck dieses Verbotes war es, den Urheber vor generellen Zessionen jeglicher – auch zukünftiger – Nutzungsrechte zu bewahren und ihm so die Möglichkeit zu erhalten, für jede einzelne Nutzungsart selbst zu bestimmen, ob sein Werk in dieser Art und Weise genutzt werden soll. Des Weiteren sollte sichergestellt werden, dass der Urheber bei Entstehen einer neuen Nutzungsart neue Lizenzverträge über die Einräumung von Nutzungsrechten abschließen und so neue Vergütungsquellen für sich erschließen konnte. Bezog sich eine Vereinbarung auf eine noch nicht bekannte Nutzungsart, war nicht nur die Rechteeinräumung (Verfügungsgeschäft), sondern bereits die schuldrechtliche Verpflichtung hierzu (Verpflichtungsgeschäft) unwirksam.[284] § 31 Abs. 4 a.F. UrhG gehörte zu den zwingenden Normen des Urheberrechtsgesetzes und wurde nach Auffassung des BGH grundsätzlich auch im Arbeits- oder Dienstverhältnis nicht durch § 43 UrhG außer Kraft gesetzt.[285] Dennoch

---

279 *BGH* GRUR 1995, 212, 213 – Videoauswertung III, GRUR 1982, 727, 728 – Altverträge.
280 *BGH* GRUR 1987, 37, 39 – Videolizenzvertrag; anders *OLG München* GRUR 1996, 972, 973.
281 S. dazu im Einzelnen *Ory* K&R 2006, 303 ff.
282 So auch das Ergebnis der vorerwähnten Auseinandersetzung.
283 S.o. Rn. 15.
284 *Dreier/Schulze* § 31 Rn. 77.
285 *BGH* GRUR 1991, 133, 135 – Videozweitauswertung; *OLG München* GRUR 1994, 115, 116 – Audiovisuelle Verfahren.

Kuck

wurde teilweise angenommen, dass die Regelung zwischen Arbeitgeber und Arbeitnehmer bzw. im Dienstverhältnis zumindest vertraglich abdingbar sei.[286]

Wann eine Nutzungsart als bekannt oder unbekannt eingestuft werden muss, war und ist gesetzlich jedoch nicht definiert. Nach h.M. in Literatur und Rechtsprechung ist eine Nutzungsart unbekannt, wenn zwar ihre technische, nicht aber ihre wirtschaftliche Bedeutung und Verwertbarkeit zum Zeitpunkt des Abschlusses des schuldrechtlichen Kausalgeschäfts bekannt gewesen ist.[287] Maßgeblich ist dabei der Kenntnisstand eines durchschnittlichen Urhebers und nicht etwas derjenige von technisch informierten Fachkreisen.[288]   **218**

Die Frage, ob die vertraglich vorgesehene Einräumung eines Nutzungsrechts vor dem Hintergrund von § 31 Abs. 4 UrhG möglich war, konnte in der früheren Praxis im Zeitpunkt des Vertragsschlusses nur sehr schwer beantwortet werden. Häufig konnte erst ein nachträglich ergehendes Gerichtsurteil zur Klärung beitragen. Bspw. in Bezug auf die folgenden Nutzungsarten wurde die Frage der Bekanntheit bzw. Unbekanntheit bisher diskutiert: **219**

- Satelliten– oder Kabelweitersendung soll im Vergleich zur terrestrischen Übermittlung von Fernsehsendungen keine neue Nutzungsart darstellen.[289]
- DVD soll gegenüber der Videokassette nicht als neue Nutzungsart zu werten sein.[290]
- „Pay-TV" im Sinne der Abonnierung eines ganzen Programms soll seit Mitte der 90er Jahre als bekannte Nutzungsart zu werten sein.[291]
- CD soll als eigenständige Nutzungsart spätestens seit 1983 bekannt sein.[292]
- Bei der CD-ROM wird je nach Art der Werkverbreitung (z.B. Verbreitung von Fachzeitschriften über CD-ROM im Verhältnis zur Verbreitung von Fotokopien) über den Zeitpunkt der Bekanntheit entschieden.[293]
- Die Verbreitung von Musikstücken als Klingeltöne für Handys wird als eine neue, seit Ende 1999 bekannte Nutzungsart gewertet.[294]

3.3.2 Aktuelle Rechtslage

Nunmehr regelt der neu eingefügte § 31a UrhG, dass auch Verträge über unbekannte Nutzungsarten grundsätzlich zulässig sind. Sie bedürfen jedoch der Schriftform, es sei denn der Urheber räumt lediglich ein einfaches Nutzungsrecht für jedermann unentgeltlich ein.   **220**

---

286 *LG München I* GRUR 1991, 377, 380 – Veit-Harlan Videorechte; *Möhring/Nicolini/Spautz* § 43 Rn. 3; *Schricker/Rojahn* § 43 Rn. 36, 49; a.A. *Dreier/Schulze* § 43 Rn. 17; *Fromm/Nordemann/Vinck* § 43 Rn. 3; *Wandtke/Bullinger/*Wandtke § 43 Rn. 69; offen gelassen von *BGH* GRUR 1991, 133, 135 – Videozweitauswertung.

287 *BGH* GRUR 2005, 937, 939 – Der Zauberberg; BGH GRUR 1991, 133, 135 – Videozweitauswertung I; GRUR 1986, 62, 65 – GEMA-Vermutung I; *OLG Hamburg* ZUM 2005, 833, 835 – Online-Zeitschriften; *OLG Köln* ZUM 2003, 317.

288 *OLG Hamburg* NJW-RR 2001, 123.

289 *BGH* NJW 2001, 2402, 2405 – Barfuss ins Bett, GRUR 1997, 215, 217 – Klimbim.

290 *OLG München* GRUR 2003, 50, 54 – Zauberberg; *LG München I* ZUM 2003, 147, 148.

291 *Reber* GRUR 1998, 798.

292 *OLG Düsseldorf* ZUM 2001, 164; *OLG Hamburg* GRUR 2000, 45.

293 Vgl. *Wandtke/Bullinger/Wandtke/Grunert* § 31 Rn. 52 ff.

294 *OLG Hamburg* ZUM 2002, 480, 482 – Handyklingelton; *LG Hamburg* ZUM 2005, 485 – Handyklingelton.

221 Die Neuregelung bezweckt, der Verwertungsindustrie die wirtschaftliche Nutzung von technischen Neuerungen zu erleichtern. Denn nach der früheren Rechtslage mussten die Verwerter oft erst langwierige Vertragsverhandlungen mit dem Urheber führen, bevor neue Techniken genutzt werden konnten. Teilweise führte dies dazu, dass die Verwertung von Werken in neuen Nutzungsarten gänzlich verhindert wurde.

222 Die Rechte des Urhebers hinsichtlich neuer Verwertungsarten werden durch einen gesonderten Anspruch auf eine angemessene Vergütung gem. § 32c UrhG geschützt, den er als Ausgleich für die erweiterte Nutzung seines Werkes erhält. Auch ist der Verwerter nicht ohne weiteres unmittelbar nach Bekanntwerden einer neuen Nutzungsart zu deren Ausübung berechtigt. Zunächst hat er den Urheber über die beabsichtigte neuartige Nutzung des Werkes zu unterrichten. Dieser hat dann binnen drei Monaten ab Benachrichtigung die Gelegenheit, die Rechtseinräumung hinsichtlich dieser neuartigen Nutzung ohne Angabe von Gründen zu widerrufen, § 31a Abs. 1 UrhG. Haben sich die Parteien nach Bekanntwerden der neuen Nutzungsart bereits auf eine Vergütung nach § 32c Abs. 1 UrhG geeinigt, entfällt das Widerrufsrecht, da die wirtschaftlichen Interessen des Urhebers ab diesem Zeitpunkt gesichert sind.

223 Eine Ausnahme gilt allerdings für Filmwerke: Die bisherige gesetzliche Vermutung, dass der Filmproduzent im Zweifel das Recht erwirbt, den Film in allen *bekannten* Nutzungsarten zu verwerten, gilt nunmehr auch für unbekannte Nutzungsarten. Überdies steht dem Filmurheber kein Widerrufsrecht gem. § 31a Abs. 1 S. 3 UrhG zu.

224 Eine weitere wesentliche Intention im Rahmen des zweiten Korbes war es, für die Fülle urheberrechtlich geschützten Materials, das heute in Archiven lagert, die Auswertung in neuen Medien auch ohne einen komplizierten Nacherwerb der Rechte zu ermöglichen. Daher sieht die neu eingefügte Übergangsregelung des § 1371 UrhG für Altverträge vor, dass Verwerter, die bereits exklusiv über die wesentlichen bekannten Nutzungsrechte verfügen, das Werk auch auf neue Arten nutzen können, selbst wenn der Urheber nicht mehr identifizierbar ist. Nach der Vorschrift gelten in diesem Fall nämlich auch die unbekannten Nutzungsrechte als eingeräumt, sofern der Urheber der Nutzung nicht widerspricht. Der Widerspruch muss grundsätzlich innerhalb eines Jahres seit Inkrafttreten der Übergangsregelung folgen, es sei denn, zu diesem Zeitpunkt war die betreffende Nutzungsart noch nicht bekannt. Im Übrigen erlischt das Widerspruchsrecht nach Ablauf von drei Monaten, nachdem der Verwerter die Mitteilung über die beabsichtigte neue Nutzung an den Urheber unter der ihm zuletzt bekannten Anschrift abgesendet hat. Auch im Anwendungsbereich des § 1371 UrhG hat der Urheber natürlich einen Anspruch auf eine gesonderte angemessene Vergütung, vgl. Abs. 5.

225 Gleichwohl sind der Nutzung von neuen Techniken – wie auch bei den bekannten Nutzungsarten – Grenzen durch das Verbot der Entstellung gem. den §§ 14, 39, 93 UrhG gesetzt.

226 Durch die Neueinführung des § 31a UrhG wird die oben[295] dargestellte und in der Praxis oft diffizile Frage, wann eine unbekannte Nutzungsart vorliegt, jedoch nicht geklärt. Auch verwendet der neue § 32c UrhG ebenso wie die übrigen Vergütungsregelungen mit dem unbestimmten Rechtsbegriff der „angemessenen Vergütung" einen Begriff, der der Konkretisierung bedarf und daher nicht unwesentliche Unsicherheiten bei der Vertragsgestaltung bergen kann. Wie die Einräumung von Rechten an unbekannten Nutzungsarten nach neuem Urheberrecht aussehen wird, bleibt daher abzuwarten.

---

295 S.o. Rn. 218 f.

3.4 Die Zweckübertragungstheorie

Große Bedeutung im Zusammenhang mit der Einräumung von Nutzungsrechten an einem ur- **227**
heberrechtlich geschützten Werk hat darüber hinaus die in § 31 Abs. 5 UrhG zugrunde gelegte
so genannte Zweckübertragungstheorie. Danach kann der Urheber im Zweifel keine weitergehenden Rechte einräumen, als es der Zweck des Vertrages erfordert.[296] Die Zwecküberta-
gungstheorie kommt mithin dann zum Tragen, wenn keine oder nur eine unzureichende oder
undeutliche ausdrückliche Vereinbarung über die einzelnen Nutzungsarten vorliegt. In einem
solchen Fall bestimmt sich der Umfang des Nutzungsrechts nach dem mit seiner Einräumung
verfolgten Zweck. Dabei gilt der Grundsatz, dass so viele Rechte wie möglich beim Urheber
zurückbleiben, im Zweifel ein Nutzungsrecht demnach nicht eingeräumt wurde.[297] Eine andere Wertung trifft das Gesetz lediglich in § 89 Abs.1 UrhG zugunsten des Filmherstellers. Danach räumen die Filmmitwirkenden dem Filmhersteller im Zweifel das ausschließliche Recht
ein, das Filmwerk auf alle bekannten Nutzungsarten zu nutzen.

Die Zweckübertragungstheorie und die damit verbundene Spezifizierungslast für den Verwer- **228**
ter[298] führt in der Praxis – vor allem im Medienbereich – zu oftmals seitenlangen detaillierten
Rechteübertragungsklauseln, um zu verhindern, dass bestimmte Nutzungsarten aufgrund der
Regelung des § 31 Abs. 5 UrhG im Zweifel als nicht eingeräumt gelten.[299] In der Vergangenheit war die Wirksamkeit solch umfassender Rechteübertragungsklauseln vor dem Hintergrund der Zweckübertragungstheorie umstritten, wegen des Grundsatzes der Vertragsfreiheit
aber gleichwohl anerkannt.[300] Mit der Einführung des Anspruchs auf eine angemessene Vergütung gem. § 32 UrhG hat sich jedenfalls die Diskussion um die Wirksamkeit solch umfassender Rechteübertragungsklauseln entschärft.[301]

Aus der Sicht des Verwerters geht daher kein Weg an einer möglichst umfassenden, aber kon- **229**
kreten Definition der einzuräumenden Rechte vorbei. Eine pauschale Bezugnahme auf die im
UrhG definierten Verwertungsrechte hilft nur begrenzt weiter, da der Verwerter im Streitfall
gleichwohl beweisen muss, dass diese oder jene Nutzungsart dem Vertragszweck entspricht.[302]

3.5 Allgemeine Geschäftsbedingungen

Das Recht der Allgemeinen Geschäftsbedingungen ist im Urhebervertragsrecht von nicht un- **230**
erheblicher Bedeutung. Wie überall im Wirtschaftsleben, so wird auch in Bezug auf urheber-
rechtsrelevante Verträge mit Standardverträgen gearbeitet. Dies gilt insbesondere mit Blick auf
die häufig formularmäßig verwandten umfassenden Rechteübertragungsklauseln. Viele Vertragsbedingungen unterliegen daher der Kontrolle durch die §§ 305 ff. BGB.[303] Als Ausnahme
ist lediglich § 309 Nr. 9 BGB zu erwähnen, der auf Wahrnehmungsverträge zwischen Urhebern
und Verwertungsgesellschaften keine Anwendung findet.

---

296 *BGH* GRUR 2003, 234, 236 – EROC III; *Dreier/Schulze* § 31 Rn. 110; *Wandtke/Bullinger/*
Wandtke/Grunert § 31 Rn. 70.
297 *BGH* GRUR 2000, 144, 145 – Comic-Übersetzungen II, ZUM 1998, 497, 500 – Comic-Übersetzungen.
298 *Dreier/Schulze/Schulze* § 31 Rn.111; *Schricker/Schricker* § 31/32 Rn. 34.
299 Oftmals auch als sog. Buy-Out-Verträge ausgestaltet, wo der Umfang der Rechteübertragung
in der Regel über den konkreten Vertragszweck hinaus geht und durch einen Pauschalbetrag
abgegolten wird, s. dazu *v. Becker* ZUM 2005, 303, 306.
300 *Rehbinder* S. 324; *Wandtke/Bullinger/Wandtke/Grunert* § 31 Rn. 73. Zur Wirksamkeit bei Allgemeinen Geschäftsbedingungen, s. noch unten Rn. 233.
301 Bzw. auf die Ebene des Vergütungsanspruchs verlagert, s. dazu noch unten Rn. 246 ff.
302 *BGHZ* 131, 8, 14.
303 *BGH* WRP 2005, 1177, 1180 – PRO-Verfahren, GRUR 2002, 332, 333.

231 Die üblichen Grundsätze hinsichtlich der Einbeziehung in den Vertrag gem. § 305 BGB, des Verbots überraschender Klauseln gem. § 305c Abs. 1 BGB sowie des Vorrangs der Individualabrede gem. § 305 BGB finden demnach uneingeschränkt auch im Urhebervertragsrecht Anwendung. So wurde beispielsweise eine in AGB verwandte Klausel, wonach ein Filmsynchronisationssprecher auch die Schallplattenrechte einräumt, nicht für überraschend im Sinne des § 305c Abs. 1 BGB angesehen, weil eine entsprechende Branchenübung bestehe.[304] Eine verbreitete Branchenüblichkeit kann der Annahme einer überraschenden Klausel gem. § 305c Abs. 1 BGB mithin entgegenstehen. Zweifel über den Inhalt und Umfang von Rechteeinräumungen in AGB gehen zu Lasten des Verwenders, § 305c Abs. 2 BGB.[305]

232 Da die speziellen Klauselverbote der §§ 308, 309 BGB im Wesentlichen auf solche Verträge abgestimmt sind, die Verbraucher mit Unternehmern schließen, können sie auf urheberrechtliche Nutzungsverträge nur vereinzelt zur Anwendung gelangen, z.B. wenn Ersatzansprüche bei Kündigung oder Rücktritt unangemessen hoch festgesetzt werden.[306] Im Zentrum der Inhaltskontrolle solcher Verträge steht mithin die Generalklausel des § 307 BGB.[307] Es muss also stets nach den Umständen des Einzelfalls und unter Abwägung der widerstreitenden Interessen geprüft werden, ob der Verwender des Vertrags seinen Vertragspartner wider Treu und Glauben unangemessen benachteiligt. Bei der Prüfung einer unangemessenen Benachteiligung steht zum einen die Zweckübertragungstheorie gem. § 31 Abs. 5 UrhG, aber auch die Leitbildfunktion des § 11 S. 2 UrhG im Mittelpunkt, wonach das Urheberrecht der Sicherung einer angemessenen Vergütung dient.[308]

233 So hat das OLG Zweibrücken eine Regelung, die die automatische Einräumung des Verlagsrechts an einem Musikwerk vorsah, als unangemessene Benachteiligung angesehen, da der Verwender der AGB dieses Nutzungsrecht für die Erfüllung des Vertragszweckes nicht benötigte.[309] Ebenso war eine in Allgemeinen Geschäftsbedingungen pauschal vorgesehene Universalübertragung aller Nutzungsrechte wegen der Regelung des § 31 Abs. 5 UrhG auf den Umfang zu reduzieren, der zur Vertragsdurchführung absolut notwendig war.[310] Besonders streng urteilt die Rechtsprechung bei der Inhaltskontrolle von AGB, die die Persönlichkeitsrechte des Urhebers beschränken. So entschied das LG München I, dass eine Klausel wegen unangemessener Benachteiligung nichtig ist, wenn der Regisseur auf Unterlassungsansprüche verzichten soll, bevor der Film fertig gestellt und erstmals veröffentlicht wurde.[311]

4. Weiterübertragung von Nutzungsrechten, §§ 34, 35 UrhG

234 Zwar ist das Urheberrecht selbst nicht übertragbar,[312] wohl aber die durch konstitutive Rechtseinräumung[313] einmal entstandenen Nutzungsrechte. Die §§ 34, 35 UrhG stellen die rechtlichen Rahmenbedingungen dar, innerhalb derer solche Weiterübertragungen zulässig sind. Der weitaus überwiegende Teil der in der Praxis geschlossenen Verträge dürfte solche Verfügungen über Tochter- und Enkelrechte betreffen.

---

304 *BGH* GRUR 1984, 119, 121 – Synchronisationssprecher.
305 Dieser wird auch nicht durch die Anwendung der Zweckübertragungslehre verdrängt, s. dazu
     Kuck GRUR 2000, 285, 286.
306 *Schricker/Schricker* vor §§ 28 ff. Rn.15.
307 *Dreier/Schulze* vor § 31 Rn. 15; *Wandtke/Bullinger/Wandtke/Grunert* vor § 31 ff. Rn. 106 ff.
308 *Schricker/Dietz* § 11 Rn. 5.
309 ZUM 2001, 346, 347.
310 *BGH* MMR 2002, 231, 233 – Spiegel-CD-ROM; *Kuck* GRUR 2000, 285, 288 f.
311 *LG München I* ZUM 2000, 414, 416.
312 S.o. Rn. 114.
313 S.o. Rn. 200.

§§ 34, 35 UrhG unterscheiden insofern zwischen der (translativen) **Übertragung** von Nutzungsrechten (§ 34 UrhG) und der **Einräumung** von Nutzungsrechten durch weitere Abspaltungen (§ 35 UrhG). § 34 UrhG meint daher den Fall, dass der Übertragende seine Rechtsposition in Bezug auf die Nutzungsrechte gänzlich aufgibt und der Übertragungsempfänger in seine Rechtsposition aufrückt. Ein solcher Fall ist beispielsweise beim Rechtekauf denkbar. Demgegenüber meint § 35 UrhG diejenigen Fälle, wo der Nutzungsberechtigte nur einen Teil seiner Nutzungsrechte einem Dritten zur Verfügung stellt, im Übrigen selbst aber noch berechtigt bleiben will. § 35 UrhG betrifft daher den in der Praxis wohl als Regelfall zu bezeichnenden Lizenz- bzw. Sublizenzvertrag, der eine inhaltlich, zeitlich und/oder räumlich beschränkte Nutzungsrechtseinräumung enthält.

Praktisch wird jedoch häufig kein Unterschied zwischen einer Übertragung nach § 34 UrhG und einer Rechteeinräumung nach § 35 UrhG gemacht. Die meisten Verträge sprechen gleichbedeutend von einer Übertragung, Lizenzierung oder Sublizenzierung. Die praktische Relevanz der gesetzlichen Differenzierung scheint gering. **235**

Sowohl gem. § 34 UrhG als auch gem. § 35 UrhG bedarf die Weiterübertragung bzw. die weitere Nutzungsrechtseinräumung grundsätzlich der Zustimmung des Urhebers. Das Zustimmungserfordernis ist jedoch dispositiv.[314] Zwischen Urheber und „erstem" Nutzungsberechtigten wird daher in der Praxis in der Regel auf das Zustimmungserfordernis verzichtet, zwischen „erstem" und „zweitem" Nutzungsberechtigten bzw. auf weiteren Stufen wird dagegen häufig ein Sublizenzverbot vereinbart oder die Sublizenzierungsmöglichkeit eingeschränkt.[315] **236**

Relevanz hat die Differenzierung im Hinblick auf den nur von § 34 UrhG geregelten Fall der Unternehmensveräußerung (§ 34 Abs. 3 UrhG) und der gesamtschuldnerischen Haftung von Erwerber und Veräußerer (§ 34 Abs. 4 UrhG). Gem. § 34 Abs. 3 UrhG bedarf die Übertragung eines Nutzungsrechts im Rahmen einer Unternehmensveräußerung keiner Zustimmung des Urhebers,[316] der Urheber kann jedoch sein Nutzungsrecht zurück rufen, wenn ihm die Ausübung durch den neuen Inhaber nicht zumutbar ist.[317] Darüber hinaus schützt den Urheber die Anordnung der gesamtschuldnerischen Haftung von Erwerber und Veräußerer immer dann, wenn der Urheber der Übertragung nicht konkret zugestimmt hat. Eine konkrete und wirksame Zustimmung soll in diesem Zusammenhang aber nur dann vorliegen, wenn dem Urheber im Zeitpunkt der Zustimmung die Person des Erwerbers und die Umstände der Übertragung und anschließenden Verwertung bekannt sind.[318] Dies dürfte in den seltensten Fällen der Fall sein. **237**

5. Erlöschen von Nutzungsrechten

Wie jeder andere Vertrag kann auch ein Lizenzvertrag beendet werden, so etwa durch Aufhebungsvertrag, Kündigung oder Rücktritt. Neben den vertragsspezifischen Kündigungsregelungen zum Beispiel der §§ 620 f., 643, 649, 723 ff. BGB ist das Kündigungsrecht aus wichtigem Grund gem. § 314 BGB zu beachten.[319] So kann ein Urheber kündigen, wenn seine Rechte **238**

---

314 Im Filmbereich bedarf der Filmhersteller sogar von Gesetzes wegen (§ 90 UrhG) keiner Zustimmung. Dies gilt für das Verfilmungsrecht allerdings erst ab Drehbeginn.

315 Zum Sublizenzverbot und der damit verbundenen dinglichen Wirkung, s.o. Rn. 214.

316 Problematisch ist hier die „Veräußerung" von Unternehmensteilen, bspw. nur von Nutzungsrechten, s. dazu *BGH* GRUR 2005, 860, 862; *RGZ* 68, 49, 52; *Wernicke/Kockentiedt* ZUM 2004, 348, 350.

317 Das Rückrufrecht ist unverzichtbar und gilt auch bei einer Änderung der Beteiligungsverhältnisse des Rechteinhabers.

318 *Wernicke/Kockentiedt* ZUM 2004, 348, 350.

319 *Wandtke/Bullinger/Wandtke/Grunert* vor §§ 31 ff. Rn 10 ff.

durch den Lizenznehmer in nicht ausreichendem Maße wahrgenommen werden, zum Beispiel wenn der Verlag nicht in der Lage ist, ein Buch noch einmal aufzulegen, oder ein Musikwerk ausreichend zu verbreiten.[320] Aber auch wenn das Vertrauen zwischen dem Urheber und dem Verwerter nachhaltig gestört und aufgrund dessen eine Fortführung des Vertrags einer oder beiden Vertragsparteien nicht mehr zumutbar ist, kommt eine Kündigung gem. § 314 BGB in Betracht. So nahm dies das OLG München für den Fall an, dass der Verleger bestimmte zu Werbezwecken angefertigte Unterlagen ohne die Zustimmung des Urhebers abändert.[321] Auch die Tatsache, dass der Verwerter nicht ordnungsgemäß abrechnet, kann gegebenenfalls das Vertrauen so nachhaltig zerstören, dass eine Kündigung gem. § 314 BGB möglich ist.[322] Im Verlagsrecht gewähren die §§ 30, 32 VerlG dem Urheber überdies ein Rücktrittsrecht für den Fall, dass der Verleger nicht zeitgerecht mit der Vervielfältigung des Werkes beginnt. Eine Vertragsbeendigung tritt naturgemäß auch dann ein, wenn die Lizenzzeit abgelaufen ist.

239　Umstrittener sind dagegen die Rechtsfolgen einer Vertragsbeendigung im Hinblick auf die übertragenen oder eingeräumten Nutzungsrechte. Diskutiert wird, ob die Nutzungsrechte bei einer Vertragsbeendigung automatisch an den Urheber zurück fallen oder (nur) ein entsprechender Rückübertragungsanspruch besteht. Der Streit fußt auf der Frage, ob das sogenannte Abstraktionsprinzip auch im Urheberrecht zur Anwendung gelangt oder nicht. Nach herrschender Meinung gilt im Urheberrecht das Abstraktionsprinzip nur eingeschränkt, so dass die Nutzungsrechte mit Vertragsbeendigung automatisch an den Urheber zurückfallen und sich dort mit dem Stammrecht wieder vereinigen (auch Heimfall der Rechte oder Rechterückfall genannt).[323]

240　Bedeutung erlangt die Frage des Heimfalls der Rechte in der Praxis jedoch weniger im Verhältnis zwischen Urheber und Ersterwerber, sondern vielmehr in Bezug auf die nachgelagerten Stufen der Nutzungsrechtsverwertung. Die Frage ist, ob von einer Vertragsbeendigung an einer Stelle in der Rechtekette auch alle nachfolgenden Nutzungsrechtseinräumungen betroffen sind. Auch diese Frage ist umstritten, wird jedoch von der wohl herrschenden Meinung, teilweise unter Rückgriff auf eine analoge Anwendung von § 9 VerlG, bejaht.[324] Kommt es also zu einer Vertragsbeendigung zwischen Erst- und Zweiterwerber, so fallen die Nutzungsrechte auch dann automatisch an den Ersterwerber zurück, wenn der Zweiterwerber diese bereits weiterlizenziert hat. Wird beispielsweise ein Co-Produktionsvertrag gekündigt, fallen zu diesem Zeitpunkt die Rechte an die jeweiligen einzelnen Co-Produzenten zurück. Dies hat dann die praktische Konsequenz, dass eine Auswertung des Filmes durch einen der Co-Produzenten allein ausscheidet.[325]

---

320 *BGHZ* 15, 209; *BGH* GRUR 1970, 40 f. – Musikverleger I, 1974, 789 – Hofbräuhauslied.
321 ZUM-RD 2000, 60, 62.
322 *BGH* GRUR 1974, 789 – Hofbräuhauslied; *OLG Schleswig* ZUM 1995, 867, 873 f. – Werner-Serie.
323 *BGH* GRUR 1982, 308, 309; *OLG Hamburg* GRUR 2002, 335, 336; *Schricker/Schricker* vor §§ 28 ff. Rn. 4; *Wente/Härle* GRUR 1997, 96 ff.; a.A. *BGHZ* 27, 90, 95 f.; *Schack* Rn. 525; *Hoeren* CR 2005, 773, 774.
324 *OLG Hamburg* ZUM 2001, 1005; *LG Mannheim* CR 2004, 811, 814; *Brauer/Sopp* ZUM 2004, 112, 117; a.A. *Schack* Rn. 526; *Schwarz/Klinger* GRUR 1998, 103 ff.; *Hoeren* CR 2005, 773, 774.
325 *LG München I* ZUM 2005, 336.

Kuck

Die Problematik des Rechterückfalls oder Heimfalls der Rechte in der Rechtekette wird beson- **241** ders kontrovers für den Fall der Insolvenz eines Vertragspartners in der Rechtekette diskutiert. Damit die Rechteinhaber nicht auch das Insolvenzrisiko des Vordermannes tragen müssen, wird hier verstärkt nach dogmatisch begründbaren, zumindest aber nach vertraglichen Lösungsmöglichkeiten gesucht.[326]

F. Vergütungsregelungen des Urheberrechts

Im Laufe seiner Entwicklung ist im Urheberrecht der Gedanke, dass der Urheber in angemes- **242** sener Art und Weise an den Früchten der Verwertung seines Werkes beteiligt werden sollte, immer wichtiger geworden. Im Rahmen der Urheberrechtsreform 2003 wurde dieser Gedanke durch seine Aufnahme in § 11 UrhG aufgewertet, in dem ihm eine sog. Leitbildfunktion zugesprochen wurde.[327] Diese Leitbildfunktion wirkt sich insbesondere auch im Zusammenhang mit der Überprüfung von in Allgemeinen Geschäftsbedingungen enthaltenen umfassenden Rechteübertragungsklauseln aus.[328] Ergänzt wird § 11 S. 2 UrhG durch die §§ 32, 32a, 32c, 36, 36a UrhG, die ebenfalls durch die Urheberrechtsreform 2003 bzw. 2007 eine Neufassung erfahren haben. Die Neufassung war motiviert durch das Ziel, einen Ausgleich der vom Gesetzgeber angenommenen gestörten Vertragsparität zwischen Urheber und Verwerter herzustellen.[329] Im Mittelpunkt der §§ 32, 32a, 32c, 36, 36a UrhG steht daher die Absicherung des vertraglichen Vergütungsanspruchs des Urhebers.

Von den Regelungen zum vertraglichen Vergütungsanspruch zu unterscheiden sind diejenigen **243** Vorschriften des UrhG, welche gesetzliche Vergütungsansprüche des Urhebers vorschreiben. Bekannte Beispiele für solche gesetzlichen Vergütungsansprüche sind die Kabelweitersendevergütung gem. § 20b Abs. 2 UrhG und die Geräte-, Speicher- und Betreiberabgabe gem. §§ 54, 54 UrhG.[330] Bevor auf die Regelungen zum vertraglichen Vergütungsanspruch eingegangen wird (dazu unter II.), sollen kurz die gesetzlichen Vergütungsansprüche des Urhebers dargestellt werden (nachfolgend unter I.).

I. Gesetzliche Vergütungsansprüche

Literatur: *Berger* Die Neuregelung der Privatkopie in § 53 UrhG im Spannungsverhältnis von geistigem Eigentum, technischen Schutzmaßnahmen und Informationsfreiheit, ZUM 2004, 257; *v. Braunmühl* Entwurf für den zweiten Korb des neuen Urheberrechts bringt weitere Nachteile für Verbraucher, ZUM 2005, 109; *v. Diemar* Kein Recht auf Privatkopie – Zur Rechtsnatur der gesetzlichen Lizenz zugunsten von Privatpersonen, GRUR 2002, 587; *ders.* Die digitale Kopie zum privaten Gebrauch, 2002; *Geerlings* Das Urheberrecht in der Informationsgesellschaft und pauschale Geräteabgaben im Lichte verfassungs- und europarechtlicher Vorgaben, GRUR 2004, 207; *Heidemann/ Peuser* Die Pauschalvergütung für privates Kopieren, ZUM 2005, 118; *Hilty* Vergütungssystem und Schrankenregelungen, GRUR 2005, 819; *Hofmann* Virtuelle Personal Video Recorder vor dem Aus? – Kritische Analyse der bisherigen Rechtsprechung zu virtuellen PVR, MMR 2006, 793; *Katzen-*

---

326 Vgl. nur *Abel* NZI 2003, 121, 127; *Bärenz* NZI 2006, 72, 76; *Berger* GRUR 2004, 20, 24; *Koehler/Ludwig* NZI 2007, 79.
327 Durch das Gesetz zur Stärkung der vertraglichen Stellung von Urhebern und ausübenden Künstlern v. 22.3.2002, BGBl. I, 1155; *Dreier/Schulze/Schulze* § 11 Rn. 8.
328 S.o. Rn. 233.
329 *RegE* BT-Drucks. 14/6433, 7.
330 S. aber auch §§ 26, 27 Abs. 1, Abs. 2 S. 1, 45a Abs. 2 S. 1, 46 Abs. 4, 47 Abs. 2 S. 2, 49 Abs. 1 S. 2, 52 Abs. 1 S. 2, Abs. 2 S. 2, 52a Abs. 4 S. 1 UrhG.

berger Vergütung der Sendeunternehmen für Privatkopien ihrer Livesendungen aus der Sicht der europäischen Urheberrechtsrichtlinien, GRUR Int. 2006, 190; *Kretschmer* Deutschland – Bericht über die urheberrechtliche Vergütung, GRUR Int. 2000, 948; *Krüger* Anpassung der Höhe der Urhebervergütung für die Privatkopie durch einen neuen § 54a III 1 UrhG? – Kritische Überlegungen zum Referentenentwurf für den „Zweiten Korb", GRUR 2005, 206; *Melichar* Private Vervielfältigung und Pauschalvergütung im Referentenentwurf zum zweiten Korb, ZUM 2005, 119; *Proll* Anmerkung zum BGH-Urteil vom 5.7.2001 – Urheberrechtliche Vergütungspflicht für Scanner, CR 2002, 178; *Rohleder* Statement zur Neuregelung des Vergütungssystems für die Geräteindustrie, ZUM 2005, 120; *Schack* Schutz digitaler Werke vor privater Vervielfältigung – Zu den Auswirkungen der Digitalisierung auf § 53 UrhG, ZUM 2002, 497; *Schulze* Vergütungssystem und Schrankenregelungen, GRUR 2005, 828; *Stickelbrock* Die Zukunft der Privatkopie im digitalen Zeitalter, GRUR 2004, 736; *Wiegand* Die Geräteabgabe als Lösungsmodell im Bereich der privaten Vervielfältigung von digitalen Musik- und Filmwerken aus US-amerikanischer und deutscher Sicht. Eine rechtsvergleichende Studie, 2003.

244 Das Urheberrecht als immaterielles Eigentum unterliegt der Sozialbindung, die durch Art. 14 Abs. 2 GG manifestiert wird. Daher kann der Urheber bestimmte Nutzungen seines Werkes nicht untersagen, wie z.B. die Privatkopie oder die Vervielfältigung von Werken an öffentlichen Plätzen.[331] Er muss sie gleichwohl nicht entschädigungslos hinnehmen. Um den Urheber angemessen auch an erlaubnisfreien massenhaften Nutzungen seines Werkes zu beteiligen, zum Beispiel bei privaten Fotokopien von Büchern oder privaten Aufnahmen von Musikstücken auf Bild- oder Tonträger, stellen bestimmte gesetzliche Regelungen seine angemessene Beteiligung sicher. So regeln die §§ 54, 54a UrhG, dass für bestimmte technische Geräte, die zur Kopie von Werken in großer Zahl benutzt werden, pauschale Abgaben an den Urheber abgeführt werden müssen. Dies soll einen Ausgleich für die Privatkopie, die durch § 53 UrhG zugelassen wird, schaffen. Importeure und Händler von Kopiergeräten haben daher Abgaben an Urheber beziehungsweise Verwertungsgesellschaften zu entrichten. Untermauert werden die Vergütungspflichten der Hersteller und Importeure von technischen Geräten, die zur Vervielfältigung verwendet werden können, dadurch, dass die Einfuhr dieser Geräte gem. §§ 54f, 54g UrhG melde- und auskunftspflichtig ist. Wird diese Meldepflicht verletzt, kann der doppelte Vergütungssatz verlangt werden, §§ 54f, 54g jeweils Abs. 2 UrhG.

In der Praxis werden die vorgenannten gesetzlichen Vergütungsansprüche in der Regel von Verwertungsgesellschaften wahrgenommen.

II. Vertragliche Vergütungsansprüche

245 Die vertraglichen Vergütungsansprüche sind als Teil des Urhebervertragsrechts in den §§ 32, 32a, 32c, 36, 36a UrhG geregelt. Die im Jahr 2003 bzw. 2007 vorgenommene Neufassung derselben soll die wirtschaftlichen Interessen des Urhebers und über § 79 Abs. 2 UrhG auch die des ausübenden Künstlers stärken.[332] Dabei ist zwischen dem Anspruch auf eine angemessene Beteiligung bei Vertragsschluss gem. § 32 UrhG (erfordert ex-ante Betrachtung), dem Anspruch auf eine weitere Beteiligung gem. § 32a UrhG (erfordert ex-post Betrachtung) sowie dem Anspruch auf eine gesonderte Vergütung für die Aufnahme einer neuen Nutzungsart gem. § 32c UrhG zu unterscheiden.

---

331 S. insgesamt die Schrankenregelungen der §§ 44a ff. UrhG.
332 Durch das Gesetz zur Stärkung der vertraglichen Stellung von Urhebern und ausübenden Künstlern v. 22.3.2002, BGBl. I, 1155; s. hierzu auch *Schricker* GRUR Int. 2002, 797 ff.

1. Anspruch auf angemessene Vergütung bei Vertragsschluss, § 32 UrhG

Literatur: *v. Becker* Die angemessene Übersetzervergütung – Eine Quadratur des Kreises?, ZUM 2007, 249; *ders.* Offene Probleme der angemessenen Vergütung, ZUM 2005, 695; *Berger* Zum Anspruch auf angemessene Vergütung (§ 32 UrhG) und weitere Beteiligung (§ 32a UrhG) bei Arbeitnehmer-Urhebern, ZUM 2003, 173; *ders.* Zwangsvollstreckung in urheberrechtliche Vergütungsansprüche, NJW 2003, 853; *ders.* Der Anspruch auf angemessene Vergütung gem. § 32 UrhG: Konsequenzen für die Vertragsgestaltung, ZUM 2003, 521; *Erdmann* Urhebervertragsrecht im Meinungsstreit, GRUR 2002, 923; *Grabig* Die Bestimmung einer weiteren angemessenen Beteiligung in gemeinsamen Vergütungsregeln und in Tarifverträgen nach § 32a Abs. 4 UrhG, 2005; *Grzeszick* Der Anspruch des Urhebers auf angemessene Vergütung: Zulässiger Schutz jenseits der Schutzpflicht, AfP 2002, 383; *Grobys/Foerstl* Die Auswirkungen der Urheberrechtsreform auf Arbeitsverträge, NZA 2002, 1015; *Hoeren* Auswirkungen der §§ 32, 32a UrhG n.F. auf die Dreiecksbeziehung zwischen Urheber, Produzent und Sendeanstalt im Filmbereich, FS Nordemann, 2004, S. 181; *Hucko* Das neue Urhebervertragsrecht. Angemessene Vergütung. Neuer Bestsellerparagraph. Gemeinsame Vergütungsregeln. Text mit Einführung und Materialien, 2000; *Jacobs* Das neue Urhebervertragsrecht, NJW 2002, 1905; *Kur* Europäische Union – EuGH zum Begriff der angemessenen Vergütung, GRUR Int. 2003, 271; *Nordemann/Pfennig* Plädoyer für eine neue Vertrags- und Vergütungsstruktur im Film- und Fernsehbereich, ZUM 2005, 689; *Reber* Die Redlichkeit der Vergütung (§ 32 UrhG) im Film und Fernsehbereich, GRUR 2003, 393; *Schmidt* Der Vergütungsanspruch des Urhebers nach der Reform des Urhebervertragsrechts, ZUM 2002, 781; *Schricker* Zum Begriff der angemessenen Vergütung im Urheberrecht – 10% vom Umsatz als Maßstab?, GRUR 2002, 737; *Zirkel* Das neue Urhebervertragsrecht und der angestellte Urheber, WRP 2003, 59.

§ 32 Abs. 1 S. 1 und S. 2 UrhG regeln eine auch in Bezug auf andere Vertragsarten bekannte **246** Verfahrensweise: Haben die Parteien die Höhe der Vergütung nicht bestimmt, gilt eine angemessene Vergütung als vereinbart.[333] Der Urheber kann in diesem Fall vom Vertragspartner die als vereinbart fingierte angemessene Vergütung unmittelbar verlangen beziehungsweise einklagen.[334] Dieser Zahlungsanspruch besteht grundsätzlich auch dann, wenn eine Vergütung vertraglich ausgeschlossen, also Unentgeltlichkeit vereinbart wurde (vgl. § 32 Abs. 3 S. 1, 2 UrhG).[335] Von dieser Unabdingbarkeit des Vergütungsanspruchs ausgenommen ist nach § 32 Abs. 3 S. 4 UrhG die unentgeltliche Einräumung eines einfachen Nutzungsrechts für jedermann, was zum Beispiel bei Open-Source-Software (z.B. das Betriebssystem Linux) der Fall ist.[336]

Zentrale Neuerung im Rahmen des § 32 UrhG ist der nunmehr in § 32 Abs. 1 S. 3 UrhG gere- **247** gelte Anspruch des Urhebers gegen seinen Vertragspartner auf Einwilligung in eine Vertragsänderung, wenn die vereinbarte Vergütung im Zeitpunkt des Vertragsschlusses (§ 32 Abs. 2 S. 2 UrhG) nicht angemessen war. Eine tatsächliche Nutzung der eingeräumten Rechte ist für den Anspruch aus § 32 Abs. 1 S. 3 UrhG nicht erforderlich.[337] Liegen die Voraussetzungen

---

333 Im Gegensatz zu §§ 612 Abs. 2 oder 632 Abs. 2 BGB wird jedoch nicht auf eine übliche, sondern auf eine angemessene Vergütung abgestellt, da die Praxis gezeigt hat, dass die übliche Vergütung nicht unbedingt angemessen sein muss, s. dazu *Schack* Rn. 967 unter Verweis auf *BGH* GRUR 2002, 602, 604.

334 *Dreier/Schulze* § 32 Rn. 24; *Wandtke*/Bullinger/*Wandtke/Grunert* § 32 Rn. 10; *Erdmann* GRUR 2002, 925, 927.

335 Der Urheber kann sich aber natürlich der Ausübung seiner Rechte enthalten, der Verwerter kann sich allerdings nicht darauf verlassen, s. dazu *Schricker/Schricker* § 32 Rn. 22; *Wandtke/Bullinger/Wandtke/Grunert* § 32 Rn. 11.

336 *Schricker/Schricker* § 32 Rn. 43; zu „open contents" allgemein *Plaß* GRUR 2002, 670 ff., s. zum sog. Open-Content auch bereits oben unter Rn. 196.

337 *Dreier/Schulze* § 32 Rn. 11; Schricker/*Schricker* § 32 Rn. 14.

vor, kann der Urheber die Einwilligung (gem. § 894 Abs. 1 ZPO) zusammen mit der Zahlung des Fehlbetrages einklagen.[338] Umstritten ist, ob die eingeklagte Vereinbarung nur für die Zukunft oder auch für die Vergangenheit gilt.[339]

248   Das aus diesen neuen Regelungen folgende praktische Problem ist vor allem das der Ermittlung der Angemessenheit der Vergütung.[340] Der Gesetzgeber hat die Definition der Angemessenheit in erster Linie den Verbänden (§ 32 Abs. 2 S. 1 UrhG i.V.m. § 36 UrhG) und den Tarifpartnern (§ 32 Abs. 4 UrhG) und im Übrigen den Gerichten überlassen, die sich mit der Legaldefinition der Angemessenheit gem. § 32 Abs. 2 S. 2 UrhG auseinandersetzen müssen. Danach ist eine Vergütung dann angemessen, wenn sie im Zeitpunkt des Vertragsschlusses dem entspricht, was im Geschäftsverkehr nach Art und Umfang der eingeräumten Nutzungsmöglichkeiten, insbesondere nach Dauer und Zeitpunkt der Nutzung, unter Berücksichtigung aller Umstände des Einzelfalls üblicher- und redlicherweise zu leisten ist.

249   Einzelne Tarifverträge enthalten für bestimmte Arbeitnehmer-Urheber vergütungsrechtliche Regelungen, die in der Regel jedoch lückenhaft bleiben und nur bestimmte Werknutzungen betreffen.[341]

250   Wenn der Gesetzgeber ferner auf die Angemessenheit von gemeinsamen Vergütungsregeln der Verbände (§ 36 UrhG) verweist, so ist festzuhalten, dass es zwar einigen Branchenvertretern bereits gelungen ist,[342] solche gemeinsamen Vergütungsregeln abzuschließen, Einzelheiten im Zusammenhang mit der Anwendung solcher Vergütungsregeln sind jedoch noch unklar. So stellt sich z.B. die Frage, wie zu verfahren ist, wenn die gemeinsamen Vergütungsregeln keine festen Tarife, sondern nur Rahmenbedingungen vorgeben.[343] Zum anderen besteht die Möglichkeit, dass mehrere Vereinigungen den gleichen Vergütungssachverhalt unterschiedlich lösen.[344]

251   Wichtiger Anhaltspunkt für die Bestimmung der Angemessenheit wird in der Praxis letztlich sein, was üblicher- und redlicherweise in der jeweiligen Branche bezahlt wird.[345] Weiterhin zu berücksichtigen sind die Umstände des Einzelfalls, d.h. Art und Umfang der Nutzung, Marktverhältnisse, Investitionen, Risikotragung, Kosten und Zahl der hergestellten Werkstücke.[346]

Vor diesem Hintergrund stehen einige der bisher in Bezug auf die Festlegung der Vergütung geübten Vertragspraktiken auf dem Prüfstand, wie z.B.:

---

338 Er kann aber auch in Form der Stufenklage vorgehen und zunächst Auskunft und Rechnungslegung verlangen. Vgl. *Wandtke/Bullinger/Wandtke/Grunert* § 32 Rn. 20; *Schack* Rn. 967 mit Verweis auf *BGHZ* 115, 63, 65.

339 *Wandtke/Bullinger/Wandtke/Grunert* § 32 Rn. 19.

340 Vgl. hierzu *Erdmann* GRUR 2002, 923, 925 ff.; *Reber* GRUR 2003, 393; *Schricker* GRUR 2002, 737 ff.; *ders.* GRUR Int. 2002, 797, 804 ff.

341 Bspw. der Manteltarifvertrag für Redakteure von Tageszeitungen. In Bezug auf tarifrechtliche Regelungen wird sich jedoch häufig schon die Frage stellen, ob diese den Anforderungen des § 32 UrhG gerecht werden, da der Tarifvertrag nicht unbedingt vor dem Hintergrund und zur Ausfüllung von § 32 Abs. 4 UrhG abgeschlossen wurde.

342 Z.B. Verband Deutscher Schriftsteller und eine Vereinigung von Belletristikverlagen, abrufbar unter www.bmj.bund.de/verguetungsregeln.

343 *Schack* Rn. 967.

344 *Schack* Rn. 967 unter Verweis auf *Ory* AfP 2002, 96. Für die Maßgeblichkeit der Parteivereinbarung in solchen Fällen *Flechsig/Hendricks* ZUM 2002, 423.

345 *Dreier/Schulze* § 32 Rn. 47 ff.; *Schricker/Schricker* § 32 Rn. 30 f.; zum Film- und Fernsehbereich *Reber* GRUR 2003, 393 ff.; zur Übersetzerbranche *OLG München* ZUM 2003, 684; *KG* ZUM 2002, 291; *LG München* ZUM 2006, 73.

346 BT-Drucks. 14/6433, 44; *Dreier/Schulze/Schulze* § 32 Rn. 63f; *OLG Hamburg* ZUM 2002, 833, 836.

- erlösunabhängige Vergütungen im Verhältnis zu den nunmehr überwiegend geforderten erlösabhängigen Vergütungen in Gestalt konkreter Prozentsätze,[347]
- pauschale Einmalzahlungen im Rahmen sog. Buy-Out Verträge,[348]
- Quersubventionierungen und Mischkalkulationen.[349]

Die Rechtsprechung hat, soweit ersichtlich, bisher lediglich über die Frage der Angemessenheit der Vergütung von Übersetzern entschieden,[350] woraus sich jedoch noch keine allgemeingültigen Vorgaben für die zukünftige Vertragspraxis ablesen lassen. **252**

Praxistipp:

Wenngleich zum jetzigen Zeitpunkt noch keine verbindliche Marschroute bei der Abfassung von Vergütungsklauseln vorgegeben werden kann, sollten folgende Gesichtspunkte berücksichtigt werden: **253**

- Angabe der Grundlagen für die Bemessung der Vergütung und besondere Gründe für deren Berechnung,
- Kopplung der Vergütung an den Bruttoerlös statt den Nettoerlös,[351]
- Regelung der Auswirkung schuldhaft unterlassener Nutzungen auf die Vergütung,
- Vereinbarung von Beteiligungsquoten (Fixquote oder Staffelung),[352]
- Vereinbarung eines Auskunfts- und Rechnungslegungsanspruchs.

2. Anspruch auf weitere Beteiligung, § 32a UrhG

Literatur: *Berger* Grundfragen der „weiteren Beteiligung" des Urhebers nach § 32a UrhG, GRUR 2003, 675; *Grabig* Die Bestimmung einer weiteren angemessenen Beteiligung in gemeinsamen Vergütungsregeln und in Tarifverträgen nach § 32a Abs. 4 UrhG, 2005; *Hilty/Peukert* Das neue deutsche Urhebervertragsrecht im internationalen Kontext, GRUR Int. 2002, 643; *Loschelder/Wolff* Der Anspruch des Urhebers auf „weitere Beteiligung" nach § 32a UrhG bei Schaffung einer Marke, FS Schricker, 2005, S. 425; *Ory* Das neue Urhebervertragsrecht, AfP 2002, 93; *Pleister/Ruttig* Beteiligungsansprüche für ausübende Künstler bei Bestsellern, ZUM 2004, 337; *Reinhardt/Distelkötter* Die Haftung des Dritten bei Bestsellerwerken nach § 32a Abs. 2 UrhG, ZUM 2003, 269; *Schack* Urhebervertragsrecht im Meinungsstreit, GRUR 2002, 853; *Schaub* Der Fairnessausgleich nach § 32a UrhG im System des Zivilrechts, ZUM 2005, 212; s. auch die Nachweise unter 2. Anspruch auf angemessene Vergütung, § 32 UrhG.

§ 32a UrhG, der auch „Fairness-Paragraph" oder „Bestseller-Paragraph" genannt wird, gewährt dem Urheber einen Anspruch auf eine weitere angemessene Beteiligung, wenn sich nachträglich herausstellt, dass die vereinbarte Vergütung in einem auffälligen Missverhältnis zu den Erträgen aus der Nutzung seines Werkes steht. Wie schon bei § 32 Abs. 3 UrhG ist Rechtsfolge eines solchen Missverhältnisses ein Anspruch auf Einwilligung in eine Vertragsänderung, der jedoch auch zusammen mit einer Zahlungsklage geltend gemacht werden kann.[353] **254**

---

347 *Schack* Rn. 967, *Schricker* GRUR 2002, 737, 743.
348 Vgl. BT-Drucks. 14/6433, 11, 12; *Reber* GRUR 2003, 393, 394; *Wandtke/Bullinger/Wandtke/Grunert* § 32 Rn. 38 m.w.N.
349 *Schack* GRUR 2002, 855.
350 Umfassender Überblick über die ergangenen erstinstanzlichen und zweitinstanzlichen Entscheidungen in *v. Becker* ZUM 2007, 249 ff.
351 *LG Berlin* ZUM 2005, 904, 906.
352 *Dreier/Schulze* § 32 Rn. 54 f.
353 *Wandtke/Bullinger/Wandtke/Grunert* § 32a Rn. 24.

255   Bei der Gegenüberstellung von Vergütung und Ertrag sind auf Seiten der Vergütung auch geld-werte Leistungen, wie z.B. freie Kost und Logis, Übernahme von Reisekosten etc. zu berück-sichtigen.[354] Als der Vergütung gegenüber zu stellender Ertrag ist auf den Bruttoerlös abzustel-len,[355] den der Verwerter durch die Nutzungshandlung erzielt.[356] Kosten sollen außer betracht bleiben.[357]

256   Im Gegensatz zum alten Bestsellerparagraph erfordert § 32a UrhG nicht mehr das Vorliegen eines unerwarteten oder unvorhersehbaren Missverhältnisses.[358] Ebenso wenig bedarf es nach der Neufassung des § 32a UrhG noch eines **groben** Mitverhältnisses, ausreichend, aber auch erforderlich ist nur noch ein **auffälliges** Missverhältnis.[359]

257   Nach der Rechtsprechung zum alten Recht[360] liegt ein grobes (und damit jedenfalls auffälliges) Missverhältnis vor, wenn die vereinbarte Vergütung deutlich unter der Angemessenheitsgrenze liegt,[361] was bei 25 – 35 % der angemessenen Beteiligung bejaht wurde.[362]

258   Sind die Erträge und damit das Missverhältnis nicht beim Vertragspartner, sondern bei einem Dritten entstanden, richtet sich der Anspruch auf eine weitere Beteiligung nicht gegen den Ver-tragspartner, sondern ausschließlich gegen den oder die Dritten (§ 32a Abs. 2 UrhG). In einer längeren Kette von Verwertern (z.B. Filmproduzent, Filmlizenzhändler, Filmverleih, Kino) haftet jeder dem Urheber/ausübenden Künstler grundsätzlich nur für die Erträge, die auf der eigenen Stufe angefallen sind.[363] Aufgrund der etwas verunglückten Formulierung des Gesetz-gebers, wonach die vertraglichen Beziehungen in der Lizenzkette zu berücksichtigen sind (§ 32a Abs. 2 S. 1 UrhG) und die Haftung des „anderen" entfällt (§ 32a Abs. 2 S. 2 UrhG), sind Einzelheiten in diesem Zusammenhang noch umstritten.[364] Beispielsweise stellt sich die Frage, ob der Dritte die an einen anderen gezahlten Lizenzgebühren wegen des Erfordernisses der Berücksichtigung der Lizenzkette abziehen darf.[365] Freistellungsklauseln zu Lasten des je-weiligen Lizenzgebers, wonach beispielsweise eine Sendeanstalt eine zusätzliche finanzielle Belastung wegen § 32a UrhG auf den Produzenten abwälzen will, sollen gem. § 138 Abs. 2 BGB nichtig sein.[366]

---

354 Nicht jedoch Marketingberatung, Vermittlung von Kontakten, Vermittlung von Auftritten, so *Wandtke/Bullinger/Wandtke/Grunert* § 32a Rn. 8 f.
355 *BGH* GRUR 2002, 153, 154.
356 *Höckelmann* ZUM 2005, 526, 527.
357 So *Reber* GRUR 2003, 393, 397; *Dreier/Schulze/Dreier* § 32a Rn. 28.
358 *Schack* Rn. 968; *Wandtke/Bullinger/Wandtke/Grunert* § 32a Rn. 15.
359 *Wandtke/Bullinger/Wandtke/Grunert* § 32a Rn. 18.
360 S. aber auch Anm. *Zentek* zur „ersten Entscheidung zum modifizierten Bestsellerparagraf" des *OLG Naumburg*, ZUM 2006, 117 ff.
361 *BGH* GRUR 2002, 153, 155 – Kinderhörspiele.
362 *BGH* GRUR 1991, 901, 903 – Horoskopkalender, GRUR 2002, 602, 604 – Musikfragmente.
363 *Höckelmann* ZUM 2005, 526, 530.
364 *Schack* Rn. 968b.
365 So *Dreier/Schulze* § 32a Rn. 52, *Brauner* ZUM 2004, 100, 104.
366 *Wandtke/Bullinger/Wandtke/Grunert* § 32a Rn. 30 m.w.N.; ggf aber von Bedeutung im Rah-men des Innenausgleichs bei Vorliegen einer Gesamtschuld zwischen mehreren in Anspruch genommenen Lizenznehmern, s. *Schack* Rn. 968b; *Reinhard/Diestelkötter* ZUM 2003, 274 f.

3. Anspruch auf gesonderte Vergütung für später bekannte Nutzungsarten, § 32c UrhG

Um einen angemessenen Schutz des Urhebers auch für den Fall sicherzustellen, dass dieser **259** dem Verwerter Rechte an seinem Werk für noch unbekannte Nutzungsarten eingeräumt hat, sieht der im Zuge des zweiten Korbes geschaffene § 32c UrhG vor, dass der Urheber auch an diesen Nutzungsarten wirtschaftlich angemessen beteiligt wird. Die Norm vermittelt ihm einen Anspruch auf eine gesonderte angemessene Vergütung gegen den Verwerter, wenn dieser eine zum Zeitpunkt des Vertragsschlusses noch unbekannte, aber mittlerweile bekannte Art der Werknutzung i.S.v. § 31a UrhG aufnimmt, ohne dass der Urheber dem widerspricht.

4. Gemeinsame Vergütungsregeln, § 36 UrhG

Literatur: *v. Becker* Juristisches Neuland, ZUM 2005, 303; *Flechsig/Hendricks* Zivilprozessuales Schiedsverfahren zur Schließung urheberrechtlicher Gesamtverträge – zweckmäßige Alternative oder Sackgasse?, ZUM 2000, 721; *Hertin* Urhebervertragsnovelle 2002: Up-Date von Urheberrechtsverträgen, MMR 2003, 16; *Ory* Gesamtverträge als Mittel des kollektiven Urhebervertragsrechts, AfP 2000, 426; *Reber* Das neue Urhebervertragsrecht, ZUM 2000, 729; *ders.* „Gemeinsame Vergütungsregelungen" in den Guild Agreements der Film- und Fernsehbranche in den USA – ein Vorbild für Deutschland (§§ 32, 32a, 36 UrhG)?, GRUR Int. 2006, 9; *Schack* Urhebervertragsrecht im Meinungsstreit, GRUR 2002, 853; *Schmitt* § 36 UrhG – Gemeinsame Vergütungsregelungen europäisch gesehen, GRUR 2003, 294; *Thüsing* Tarifvertragliche Chimären – Verfassungsrechtliche und arbeitsrechtliche Überlegungen zu den gemeinsamen Vergütungsregeln nach § 36 UrhG n.F., GRUR 2002, 203; s. auch die Nachweise unter 2. Anspruch auf angemessene Vergütung, § 32 UrhG.

Vereinigungen von Urhebern können mit Vereinigungen von Werknutzern oder auch mit ein- **260** zelnen Werknutzern gemeinsame Vergütungsregeln aufstellen, deren Angemessenheit im Sinne des § 32 UrhG vermutet wird. Auch § 36 UrhG wurde im Jahr 2002 in das Urheberrechtsgesetz aufgenommen und bezieht sich ausdrücklich auf § 32 UrhG, kann aber wegen der ausdrücklichen Erwähnung in § 32a Abs. 4 UrhG auch die Regelung einer weiteren Beteiligung betreffen.[367]

Das Gesetz definiert darüber hinaus einige Voraussetzungen im Zusammenhang mit der Auf- **261** stellung dieser Vergütungsregeln, § 36 Abs. 2 ff. UrhG. Einzelheiten hinsichtlich der Aktiv- und Passivlegitimation sind umstritten.[368] Können sich die Parteien nicht einigen, oder verweigert die Gegenseite die Aufnahme von Verhandlungen, so kann es zu einem Schlichtungsverfahren vor einer Schlichtungsstelle (§ 36a UrhG) kommen. Streitig ist jedoch auch hier, ob die eine Partei von der anderen Partei gezwungen werden kann, sich einem Schlichtungsverfahren zu unterwerfen.[369] Insgesamt bleibt abzuwarten, ob und in welcher Form sich derartige gemeinsame Vergütungsregeln und insbesondere die in § 36a UrhG vorgesehenen Schiedsverfahren etablieren können.[370]

---

367 *Wandtke/Bullinger/Wandtke/Grunert* § 32a Rn. 23.
368 *Ory* ZUM 2006, 914 ff.
369 *Ory* ZUM 2006, 914 ff.
370 *Schack* Rn. 969.

G. Schutz des ausübenden Künstlers (§§ 73 ff. UrhG)

Literatur: *Beining* Der Schutz ausübender Künstler im internationalen und supranationalen Recht, 2000; *Berger* Grundfragen der „weiteren Beteiligung" des Urhebers nach § 32a UrhG, GRUR 2003, 675; *Dünnwald* Die Neufassung des künstlerischen Leistungsschutzes, ZUM 2004, 161; *Flechsig* Das Leistungsschutzrecht des ausübenden Künstlers in der Informationsgesellschaft, ZUM 2004, 14; *Gounalakis* Rechte und Pflichten privater Konzertveranstalter gegenüber den Massenmedien (Bild-, Ton und Fernsehberichterstattung), AfP 1992, 343; *Katzenberger* Inlandsschutz ausübender Künstler gegen die Verbreitung ausländischer Mitschnitte ihrer Darbietungen, GRUR Int. 1993, 640; *Lucas-Schloetter* Der ausübende Künstler und der Schutz seiner Persönlichkeitsrechte im Urheberrecht Deutschlands, Frankreichs und der Europäischen Union, GUR Int. 2002, 640; *Pleister/Ruttig* Beteiligungsansprüche für ausübende Künstler bei Bestsellern, ZUM 2004, 337; *Reinbothe* Die Umsetzung der EU-Urheberrechtsrichtlinie in deutsches Recht, ZUM 2002, 43; *Schack* Zur Frage der inländischen Verbreitung von unautorisierten, aber im Ausland nach dortigem Recht legal vervielfältigten Konzertmitschnitten, JZ 1994, 43; *ders.* Das Persönlichkeitsrecht der Urheber und ausübenden Künstler nach dem Tode, GRUR 1985, 352; *Wandtke* Zum Bühnentarifvertrag und zu den Leistungsschutzrechten der ausübenden Künstler im Lichte der Urheberrechtsreform 2003, ZUM 2004, 505.

262   Als ausübenden Künstler bezeichnet das Gesetz in § 73 UrhG jeden, der ein fremdes Werk i.S.d. § 2 UrhG selbst aufführt, singt, spielt, auf andere Weise darbietet oder an dessen Darbietung künstlerisch mitwirkt. Da das Eingreifen der §§ 73 ff. UrhG, insbesondere wegen der damit verbundenen Vergütungsansprüche, durchaus von wirtschaftlicher Relevanz für die Betroffenen ist, sind diese an einer weiten Auslegung des Berechtigungskreises interessiert. Demgegenüber sind die Urheber – aus demselben Grund – eher an einer engen Auslegung interessiert, da sich mit zunehmendem Berechtigungskreis auch die Ausschüttung der Pauschalvergütungen reduziert.

263   Schon die Definition des Gesetzes macht deutlich, dass es bei den ausübenden Künstlern im Sinne des § 73 UrhG in erster Linie um Musiker, Sänger, Schauspieler, Tänzer und andere Werkinterpreten geht. Nicht in den Schutzbereich des § 73 UrhG fallen beispielsweise Artisten mit der Begründung, es fehle an einer künstlerischen Mitwirkung bzw. einem urheberrechtsfähigen Werk.[371] Ausreichend ist jedoch bereits ein Minimum an künstlerischer Prägung. Mit dieser Begründung hat der *BGH* in seiner Quizmaster-Entscheidung festgestellt, dass auch die Moderation des Quizmasters Hans Rosenthal der Sendung „Dalli Dalli" im Sinne der genannten „kleine Münze" Urheberrechtsschutz genieße und dementsprechend der Moderator selbst als ausübender Künstler Leistungsschutzrechte gem. § 73 UrhG in Anspruch nehmen könne.[372] Dementsprechend sollen Sprechleistungen nur dann schutzfähig sein, wenn Informationen in gewisser freier Gestaltung übermittelt werden, wie dies ggf. beim Synchronsprecher,[373] nicht aber beim Nachrichtensprecher[374] der Fall sei.

264   Die vorgenannten Differenzierungsversuche zeigen die Schwierigkeit im Zusammenhang mit der Bestimmung des gem. § 73 UrhG geschützten Personenkreises.[375] In der Praxis hat dies zur Folge, dass sich der Verwerter in der Regel von allen an einem urheberrechtsfähigen Werk Beteiligten die notwendigen Nutzungsrechte (vorsichtshalber) übertragen lässt.

---

371   *Schack* Rn. 588; *Wandtke/Bullinger/Büscher* § 73 Rn. 16; *LG München* UFITA 54 (1969), 320 ff.
372   GRUR 1981, 419.
373   *BGH* GRUR 1984, 119, 120.
374   *LG Hamburg* GRUR 1976, 151.
375   Eine Klassifizierung der einzelnen in Betracht kommenden Berufsgruppen findet sich bei *Schack* Rn. 597 ff.; *Wandtke/Bullinger/Büscher* § 73 Rn. 21.

Die Rechte des ausübenden Künstlers sind – im Gegensatz zu den in § 15 UrhG beispielhaft **265**
aufgezählten Verwertungsrechten des Urhebers – in den §§ 74 – 78 UrhG abschließend aufgezählt. Diese unterteilen sich in sogenannte Persönlichkeitsrechte (§§ 74, 75 UrhG) und Vermögensrechte (§§ 77, 78 UrhG). Der Künstler hat nun nicht mehr nur einen Anspruch gegen rufgefährdende Beeinträchtigungen (§ 75 UrhG), sondern auch einen Anspruch auf umfassende Anerkennung und Namensnennung (§ 74 UrhG) erhalten. Gegenstand der Vermögensrechte des Künstlers sind:

- das Recht, die Darbietung auf Tonträger aufzunehmen,
- das Recht, eine aufgenommene Darbietung zu vervielfältigen und zu verbreiten,
- das Recht der öffentlichen Zugänglichmachung,
- das Senderecht,
- das Recht, die Darbietung öffentlich wahrnehmbar zu machen.

Gem. § 79 UrhG kann der ausübende Künstler seine Rechte, nicht nur – wie vorher schon – **266**
translativ übertragen, sondern darüber hinaus ausschließliche oder nicht-ausschließliche Nutzungsrechte einräumen. Wie mittlerweile auch der Urheber kann der Künstler auch über unbekannte Nutzungsarten verfügen.

Gem. § 82 UrhG erlöschen die vermögensrechtlichen Rechte des ausübenden Künstlers fünf- **267**
zig Jahre nach dem Erscheinen oder der ersten öffentlichen Wiedergabe des Bild- oder Tonträgers, auf den seine Darbietung aufgenommen wurde. Die Persönlichkeitsrechte, nämlich das Namensnennungsrecht und das Recht gegen Entstellungen gem. den §§ 74, 75 UrhG erlöschen frühestens mit dem Tod des ausübenden Künstlers, § 76 UrhG.

H. Schutz des Konzert- und Theaterveranstalters (§ 81 UrhG)

Literatur: vgl. die Nachweise vor Rn. 262.

Das Recht des Konzert- und Theaterveranstalters gehört zu den Unternehmensschutzrechten **268**
und belohnt die organisatorische und wirtschaftliche Leistung des Veranstalters. So entschied das OLG München, dass derjenige, der einer Transvestitenshow die Theaterräume bereitstellt und vielfältige und umfangreiche zusätzliche Leistungen für die Aufführung erbringt, also beispielsweise Werbeanzeigen schaltet, Eintrittskarten verkauft und Besuchergarderobe aufbewahrt, Veranstalterrechte gem. § 81 UrhG in Anspruch nehmen kann.[376] Voraussetzung ist, dass eine Live-Darbietung eines ausübenden Künstlers i.S.v. § 73 UrhG veranstaltet wird.[377] Nicht geschützt sind sonstige Veranstaltungen, also beispielsweise Zirkus- oder Sportveranstaltungen. Da Voraussetzung der Veranstaltung allein die Anwesenheit von Publikum ist, sind auch Generalproben oder Vorauffführungen durch § 81 UrhG geschützt.[378]

Der Inhaber des Unternehmens, das die Darbietung des ausübenden Künstlers veranstaltet, **269**
wird Rechteinhaber. Ihm stehen gem. den §§ 77 Abs. 1, Abs. 2 S. 1, 78 Abs. 1 UrhG Rechte bezüglich der Aufnahme, Vervielfältigung und Verbreitung sowie der öffentlichen Wiedergabe der Veranstaltung zu. Gem. § 82 UrhG beträgt die Schutzdauer 25 Jahre, gerechnet ab dem Zeitpunkt des Erscheinens beziehungsweise der erstmaligen öffentlichen Nutzung des

---

376 GRUR 1979, 152.
377 *Schricker/Vogel* § 81 Rn. 16.
378 *Möhring/Nicolini/Kroitzsch* § 81 Rn. 4; *Wandtke/Bullinger/Büscher* § 81 Rn. 7.

Bild- oder Tonträgers, auf den die Veranstaltung aufgezeichnet wurde. Liegt weder ein Erscheinen noch eine erlaubte öffentliche Wiedergabe vor, ist der Zeitpunkt der Darbietung entscheidend.

I. Schutz des Tonträgerherstellers (§§ 85 f. UrhG)

Literatur: *Dierkes* Die Verletzung der Leistungsschutzrechte des Tonträgerherstellers, 2000; *Gampp* Die Beurteilung von „Musik-Tauschbörsen" im Internet nach US-amerikanischem Urheberrecht – Der Präzedenzfall Napster und seine Nachfolger, GRUR Int. 2003, 991; *Häuser* Sound und Sampling, 2002; *Hertin* Die Vermarktung nicht lizenzierter Live-Mitschnitte von Darbietungen ausländischer Künstler nach den höchstrichterlichen Entscheidungen „Bob Dylan" und „Die Zauberflöte", GRUR 1991, 722; *Hoeren* Sounds von der Datenbank – zum Schutz des Tonträgerherstellers gegen Sampling, in Schertz/Omsels FS Hertin, 2000, S. 113; *Jani* Was sind offensichtlich rechtswidrig hergestellte Vorlagen? Erste Überlegungen zur Neuauffassung von § 53 Abs. 1 S. 1 UrhG, ZUM 2003, 842; *Kreutzer* Napster, Gnutella & Co.: Rechtsfragen zu Filesharing-Netzen aus der Sicht des deutschen Urheberrechts de lege lata und de lege ferenda, GRUR 2001, 193, 307; *Nordemann/Dustmann* To peer or not to peer, CR 2004, 380; *Runge* Die Vereinbarkeit einer Content-Flatrate für Musik mit dem Drei-Stufen-Test, GRUR Int. 2007, 130; *Sasse/Waldhausen* Musikverwertung im Internet und deren vertragliche Gestaltung – MP3, Streaming, Webcast, On-Demand-Service etc., ZUM 2000, 837; *Schaefer/Körfer* Tonträgerpiraterie, 1995; *Schulz* Der Bedeutungswandel des Urheberrechts durch Digital Rights Management – Paradigmenwechsel im deutschen Urheberrecht?, GRUR 2006, 470; *Schulze* Urheberrecht und neue Musiktechnologien, ZUM 1994, 15; *Schwarz* Klassische Nutzungsrechte und Lizenzvergabe bzw. Rückbehalt von „Internet-Rechten", ZUM 2000, 816; *Schwenzer* Die Rechte des Tonträgerproduzenten, 2. Aufl. 2001; *ders.* Tonträgerauswertung zwischen Exklusivrecht und Sendeprivileg im Lichte von Internetradio, GRUR Int. 2001, 722; *Spieß* Urheber- und wettbewerbsrechtliche Probleme des Sampling in der Popmusik, ZUM 1991, 524; *Spindler* Europäisches Urheberrecht in der Informationsgesellschaft, GRUR 2002, 105; *Wandtke/Bullinger* Praxiskommentar zum Urheberrecht, 2. Aufl. 2006, §§ 85 ff.; *Zimmermann* Sampling- und Remixverträge in Moser/Scheuermann, Handbuch der Musikwissenschaft, 6. Aufl., 2003, S. 1180.

270 Für seine organisatorisch-technische Leistung erhält der Tonträger-Hersteller gem. den §§ 85, 86 UrhG – unabhängig von den Leistungsschutzrechten des Künstlers – ein selbstständiges Leistungsschutzrecht. Im Gegensatz zu den ausübenden Künstlern erhält der Hersteller eines Tonträgers jedoch nur vermögensrechtliche Befugnisse, ein Anspruch gegen Entstellung oder Kürzung der Tonträger besteht nicht.

271 Nicht erforderlich ist, dass sich der Tonträger auf die Darbietung eines urheberrechtsfähigen Werkes bezieht, ausreichend ist daher z.B. die Aufzeichnung von Vogelstimmen oder Naturgeräuschen.[379]

272 Wichtig ist, dass die Leistungsschutzrechte des Tonträgerherstellers nur in Bezug auf die erstmalige Herstellung des Tonträgers, nicht jedoch allein wegen dessen Vervielfältigung gewährt werden, § 85 Abs. 1 S. 3 UrhG. Tonträgerhersteller im Sinne des Gesetzes ist daher nur derjenige, der die organisatorische Hoheit über die Aufnahme besitzt, insbesondere die Verträge mit den Beteiligten schließt.[380] Nicht Tonträgerhersteller im Sinne des Gesetzes ist daher die Plattenfirma („Label"), wenn diese im Rahmen von sogenannten Bandübernahmeverträgen lediglich den fertigen Tonträger in Empfang nimmt.[381] Ebenfalls keine Tonträgerhersteller sind der

---

379 *Wandtke/Bullinger/Schaefer* § 85 Rn. 3.
380 *OLG Hamburg* ZUM 2005, 749, 750.
381 *Wandtke/Bullinger/Schaefer* § 85 Rn. 9; s. zum Bandübernahmevertrag auch Abschn. 24 Rn. 128 ff. Waldhausen.

kreative Produzent,[382] der Tonmeister,[383] der Fertiger von Tonträgern[384] oder der Musikverleger. Der sog. P-Vermerk begründet auch keine Vermutung für die Rechtsstellung des Tonträgerherstellers.[385]

Verbotsrechte stehen dem Tonträgerhersteller lediglich in Bezug auf das Vervielfältigungs-[386] und Verbreitungsrecht sowie das Recht der öffentlichen Zugänglichmachung zu. Der Tonträgerhersteller kann diese Rechte frei übertragen, § 85 Abs. 2 S. 1 UrhG. Hinsichtlich der sog. Zweitverwertungsrechte wird der Tonträgerhersteller auf die von der GVL wahrgenommenen Vergütungsansprüche verwiesen.   **273**

Die Schutzdauer der Rechte beträgt gem. § 85 Abs. 3 UrhG 50 Jahre nach dem Erscheinen bzw. der ersten erlaubten öffentlichen Wiedergabe oder Herstellung.   **274**

J. Schutz des Sendeunternehmens (§ 87 UrhG)

Literatur: *Bornkamm* Vom Detektorempfänger zum Satellitenrundfunk, GRUR-FS, 1991, S. 1349; *Engel* Der Anspruch privater Kabelbetreiber auf ein Entgelt für die Durchleitung von Rundfunkprogrammen und das Medienrecht, ZUM 1997, 337; *Flechsig* Beteiligungsansprüche von Sendeunternehmen an gesetzlichen Vergütungsansprüchen wegen privater Vervielfältigungshandlung. Zur zwingenden Anpassung des § 87 Abs. 4 UrhG im Lichte der Informationsrichtlinie 2001/29/EG, ZUM 2004, 249; *Götting* Die Regelung der öffentlichen Wiedergabe nach § 87 Abs. 1 Nr. 3 UrhG, ZUM 2005, 185; *Graschitz* Überlegungen zum Umfang der Leistungsschutzrechte, FS Dittrich, 2000, S. 151; *Handig* Urheberrechtliche Aspekte bei der Lizenzierung von Radioprogrammen im Internet, GRUR Int. 2007, 206; *Hillig* Auf dem Weg zu einem WIPO-Abkommen zum Schutz der Sendeunternehmen, GRUR Int. 2007, 122; *Hoeren/Veddern* Voraussetzungen und Grenzen klauselmäßiger Beteiligungen der Sendeunternehmen an den gesetzlichen Vergütungsansprüchen, UFITA 2002, 7; *Katzenberger* Vergütung der Sendeunternehmen für Privatkopien ihrer Livesendungen aus der Sicht der europäischen Urheberrechtsrichtlinien, GRUR Int. 2006, 190; *Loewenheim* Die Beteiligung der Sendeunternehmen an den gesetzlichen Vergütungsansprüchen im Urheberrecht, GRUR 1998, 513; *Mand* Die Kabelweitersendung als urheberrechtlicher Verwertungstatbestand, GRUR 2004, 395; *v. Münchhausen* Der Schutz der Sendeunternehmen nach deutschem, europäischen und internationalem Recht, 2000; *Schack* Rechtsprobleme der Online-Übermittlung, GRUR 2007, 639; *Schwarz* Der 2. Korb aus der Sicht der Filmindustrie, ZUM 2003, 1032; *Stolz* Die Rechte der Sendeunternehmen nach dem Urheberrechtsgesetz und ihre Wahrnehmung, 1987; *Theiselmann* Beteiligung privater Sendeunternehmen an der Geräte- und Leerträgervergütung, MMR 2005, XXIII; *Treyde* Kabelfernsehen in Deutschland im Lichte des Europäischen Gemeinschaftsrechts, 2000; *Weisser/Höppener* Kabelweitersendung und urheberrechtlicher Kontrahierungszwang, ZUM 2003, 597.

Ähnlich dem Tonträgerherstellungsrecht schützt § 87 UrhG die unternehmerische Leistung der Sendeunternehmen und belohnt deren hohen finanziellen und organisatorischen Aufwand.   **275**

Sendeunternehmen im Sinne des § 87 UrhG soll derjenige sein, der für die Sendung verantwortlich ist und ihre Ausstrahlung kontrolliert.[387] Dies sind die zugelassenen privaten Rundfunkanstalten. Hinsichtlich der öffentlich-rechtlichen Rundfunkanstalten ist auf die jeweilige   **276**

---

382 *BGH* ZUM 1998, 405, 408.
383 Zum Tonmeister als Urheber, s. *BGH* GRUR 2002, 961, 962.
384 *Wandtke/Bullinger/Schaefer* § 85 Rn. 9.
385 S.o. Rn. 53; *BGHZ* 153, 69, 80 ff.
386 Umstritten ist hier insbesondere das sog. Sound-Sampling, also die Übernahme von „Klangfetzen" in andere Musikwerke, s. dazu *OLG Hamburg* GRUR Int. 1992, 390, 391; *Hertin* GRUR 1991, 722, 730.
387 *Schricker/v. Ungern-Sternberg* § 87 Rn. 13.

((Landes)-Rundfunkanstalt (z.B. WDR, SWR, BR etc.)) abzustellen, nicht also auf die ARD (Arbeitsgemeinschaft der öffentlich-rechtlichen Rundfunkanstalten der BRD). Wer ausschließlich die technische Einspeisung vornimmt, erhält keine Rechte gem. § 87 UrhG. Zwar kann daher ein Kabelunternehmen grundsätzlich in den Genuss der Leistungsschutzrechte gem. § 87 UrhG kommen, dies gilt jedoch nicht, wenn dessen Leistung sich in der zeitgleichen, unveränderten bloßen Weitersendung erschöpft.[388] Ferner entschied das *OLG Hamburg*, dass ein Musikdienst, der im Internet im sog. Streaming-Verfahren Tonaufnahmen zum Erwerb anbietet, kein Sendeunternehmen i.S.d. § 87 UrhG ist,[389] da der Begriff der Sendung sich dadurch auszeichne, dass die Sendung für den gleichzeitigen Empfang durch die Öffentlichkeit bestimmt sei, was bei dem Musikdienst, bei dem sich jeder Abonnent seine „Sendung" selbst zusammenstelle und zu beliebiger Zeit hören könne, gerade nicht der Fall sei.[390]

277 § 87 Abs. 1 UrhG zählt die dem Sendeunternehmen zustehenden Leistungsschutzrechte abschließend auf. Absicht des Gesetzgebers war es, die Leistungsschutzrechte des Sendeunternehmens auf das Erforderliche zu beschränken,[391] daher partizipieren die Sendeunternehmen beispielsweise nicht an dem lukrativen Topf der Leerträger- und Geräteabgabe, § 87 Abs. 4 UrhG.

278 Gem. § 87 Abs. 3 UrhG endet das Recht des Sendeunternehmens fünfzig Jahre nach der ersten Funksendung.

K. Schutz des Films, des Filmherstellers und Laufbildschutz (§§ 88 ff., 94, 95 UrhG)

Literatur: *Fuhr* Der Anspruch des Sendeunternehmens nach §§ 94, 95 bei Auftragsproduktionen, FS Reichardt, 1990; *Katzenberger* Vom Kinofilm zum Videoprogramm, GRUR-FS, S. 1401; *Klages* Grundzüge des Filmrechts. Grundlagen, Verträge, Rechte, 2004; *Kreile* Der Zweitverwertungsmarkt – ein Weg zur Stärkung der Unabhängigkeit der Produzenten, ZUM 2000, 364; *Kreile/Höflinger* Der Produzent als Urheber, ZUM 2003, 719; *Loewenheim* Die Beteiligung der Sendeunternehmen an den gesetzlichen Vergütungsansprüchen im Urheberrecht, GRUR 1998, 513; *Mand* Der gesetzliche Vergütungsergänzungsanspruch gem. § 20b II UrhG, GRUR 2005, 720; *Osterwalder* Übertragungsrechte an Sportveranstaltungen, 2004; *Poll* Die Harmonisierung des europäischen Filmurheberrechts aus deutscher Sicht, GRUR Int. 2003, 290; *ders.* Urheberschaft und Verwertungsrechte am Filmwerk, ZUM 1999, 29; *Poll/Brauneck* Rechtliche Aspekte des Gaming-Markts, GRUR 2001, 389; *Reden-Lütcken/Thomale* Der Completion Bond – Sicherungsmittel und Gütesiegel für Filmproduktionen, ZUM 2004, 896; *Reupert* Der Film im Urheberrecht, Neue Perspektiven nach hundert Jahren Film, UFITA 134 (1995); *Schricker* Zur urheberrechtlichen Stellung des Filmregisseurs und zur Abgrenzung des Filmwerks vom Laufbild, GRUR 1984, 733; *Schwarz/v. Zitzewitz* Die internationale Koproduktion. Steuerliche Behandlung nach Inkrafttreten des Medienerlasses, ZUM 2001, 958; *Straßer* Die Abgrenzung der Laufbilder vom Filmwerk, 1995; *Ventroni* Das Filmherstellungsrecht, UFITA 186 (2001); *Vogel* Wahrnehmungsrecht und Verwertungsgesellschaften in der Bundesrepublik Deutschland, GRUR 1993, 513.

279 Die §§ 88 ff. UrhG dienen der Investitionssicherung bei der Filmherstellung. Diese soll auf dreierlei Arten sichergestellt werden:

---

388 *Schricker/v. Ungern-Sternberg* § 87 Rn. 24; *Schack* Rn. 630.
389 MMR 2006, 173 – Staytuned.
390 Zum Begriff der Sendung, s. auch oben Rn. 180.
391 *BGHZ* 140. 94, 99 f.; *Schack* Rn. 632.

- Wegen der Vielzahl der an der Filmherstellung beteiligten Personen enthalten die §§ 88, 89, 92 UrhG bestimmte Vermutungen hinsichtlich des Umfangs der Rechtübertragung zugunsten des Filmherstellers.

- Einschränkungen der Urheberpersönlichkeitsrechte und anderen Befugnissen des Urhebers, §§ 90, 93 UrhG.

- Schaffung eines Schutzrechts für Filmhersteller gem. §§ 94, 95 UrhG.

Gem. § 88 UrhG in seiner neuen, im Zuge des zweiten Korbes geänderten Fassung wird im Zweifel vermutet, dass mit dem Recht zur Verfilmung eines Werkes das Recht zur Herstellung und Auswertung eines Filmes auf *alle* Nutzungsarten eingeräumt wird. Damit sind nunmehr auch unbekannte Nutzungsarten erfasst. Dem Urheber der Filmvorlage steht jedoch – anders als dem Urheber anderer Werke – ein Widerrufsrecht hinsichtlich der Einräumung unbekannter Nutzungsrechte nicht zu. Ähnliches regelt § 89 UrhG für die sog. Filmurheber, d.h. diejenigen, die sich zur Mitwirkung bei der Herstellung eines Filmes verpflichtet haben. § 92 UrhG enthält schließlich eine entsprechende Zweifelsregelung für die ausübenden Künstler. Aufgrund der Zweifelsregelung in §§ 88, 89, 92 UrhG ist umstritten, ob und inwieweit vorrangig grundsätzlich eine Auslegung anhand der Grundsätze der Zweckübertragungslehre gem. § 31 Abs. 5 UrhG vorzunehmen ist, und zwar sowohl hinsichtlich der Frage, ob §§ 88, 89, 92 UrhG überhaupt eingreifen, als auch der Rechtsfolgen von §§ 88, 89, 92 UrhG, d.h. hinsichtlich der Art und des Umfangs der übertragenen Rechte.[392] Vor diesem Hintergrund enthalten die Vertragswerke – gerade im Filmbereich – trotz der genannten Vermutungsregelungen besonders ausführliche Regelungen zu Art und Umfang der zu übertragenden Rechte.   **280**

Gleiches gilt in der Praxis im Hinblick auf § 90 UrhG, wonach der Filmhersteller nach Drehbeginn nicht mehr an einer Weiterübertragung/Einräumung von Filmauswertungsrechten gehindert ist, oder durch die Rückrufrechte der §§ 41, 42 UrhG behindert werden soll. Auch wenn es danach – jedenfalls aus der Sicht des Filmherstellers – einer ausdrücklichen Regelung nicht mehr bedarf, enthalten in der Praxis fast alle Verträge im Filmbereich eine Regelung darüber, ob und in welchem Umfang Weiterübertragungen bzw. Rechteeinräumungen zulässig sein sollen.   **281**

Neben den Rechten, deren Übertragung/Einräumung gem. §§ 88, 89, 92 UrhG vermutet wird, erhält der Filmhersteller gem. § 94 UrhG ein originäres eigenes Leistungsschutzrecht. Vorteil dieses originären Leistungsschutzrechtes des Filmherstellers ist es, dass er, selbst wenn er keinen lückenlosen Rechteerwerb nach den §§ 88, 89, 92 UrhG vorweisen kann, die Verwertung seines Filmes von seiner Einwilligung abhängig machen kann.[393]   **282**

Das Leistungsschutzrecht des § 94 UrhG entsteht unabhängig davon, ob der auf dem Filmträger aufgezeichnete Film Werkcharakter hat. So entschied das OLG Frankfurt am Main, dass auch ein 20 Sekunden langer Ausschnitt aus einer Sendung des Hessischen Rundfunks im Rahmen der Sendung „TV Total" das Recht des Filmherstellers als Hersteller von Laufbildern gem. §§ 94, 95 UrhG verletzt.[394] Daher sind auch kleinste Ausschnitte aus einem Film, die für sich gesehen keine Werkqualität besitzen, durch das Recht des § 94 UrhG geschützt. Das Mitschneiden einer reinen Live-Sendung ist mangels der Existenz eines materiellen Filmträ-   **283**

---

392 Für § 88 UrhG wird wohl grundsätzlicher Vorrang von § 31 Abs. 5 UrhG angenommen, s. *BGH* GRUR 1984, 45, 48; 1985, 529, 530. Für § 89 UrhG ist dies umstritten, s. *Wandtke/ Bullinger/Manegold* § 89 Rn. 19 ff.

393 *Schack* Rn. 637.

394 ZUM 2005, 477.

gers dagegen nicht ausreichend, um Leistungsschutz gem. § 94 UrhG beanspruchen zu können.[395]

284 Inhaber des Rechts gem. § 94 UrhG ist der Filmhersteller. Die Definition des Filmherstellers ist umstritten, wenngleich in der Praxis von großer Bedeutung. Bei der Definition wird überwiegend darauf abgestellt, wer die organisatorische und wirtschaftliche Verantwortung trägt und wer die Auswertungsrechte am Film erwirbt.[396] In der Praxis wird in diesem Zusammenhang häufig zwischen der sog. echten und der unechten Auftragsproduktion unterschieden. Bei der echten Auftragsproduktion sei der Auftragnehmer als selbständiger Werkunternehmer Filmhersteller, auch wenn ihm das wirtschaftliche Risiko der Auswertung und der Finanzierung abgenommen werde. Im Unterschied zur unechten Auftragsproduktion treffe der Auftragnehmer bei der echten Auftragsproduktion aber die wichtigen Entscheidungen selbst. Dagegen sei der Auftragnehmer bei der unechten Auftragsproduktion gänzlich weisungsgebunden, so dass der Auftraggeber als Filmhersteller anzusehen sei.[397] In der Praxis sehen die Auftragsproduktionsverträge der Fernsehanstalten daher in der Regel vor, dass es sich bei der in Auftrag gegebenen Produktion um eine unechte Auftragsproduktion handelt.[398] Darüber hinaus ist die Filmherstellereigenschaft bei Filmfonds-Strukturen insbesondere mit Blick auf deren steuerrechtliche Beurteilung umstritten.[399]

285 Da es allein um den Investitionsschutz geht, ist das Recht des Filmherstellers auf den Schutz gegen die Übernahme seiner technisch-organisatorischen Leistung begrenzt. Gegen eine Übernahme des Inhalts ist der Filmhersteller also nicht geschützt. Er kann ausschließlich Schutz gegen Vervielfältigung, Verbreitung und Sendung geltend machen und hat das Recht auf öffentliche Zugänglichmachung. Allerdings reichen die Rechte des Filmherstellers insofern weiter als beispielsweise die des Tonträgerherstellers, da der Filmhersteller auch gegen Entstellungen und Kürzungen geschützt ist. Im Gegensatz zu den Filmurhebern und Mitwirkenden kommt es für den Filmhersteller dabei noch nicht einmal auf eine „gröbliche" Entstellung an, ausreichend ist jede Entstellung, die seine berechtigten Interessen gefährden kann.

286 Das Recht des Filmhersteller ist unbeschränkt übertragbar (§ 94 Abs. 2 UrhG) und erlischt gem. § 94 Abs. 3 UrhG fünfzig Jahre nach dem Erscheinen des Bildträgers bzw. Bild- und Tonträgers, oder, wenn seine erste erlaubte Benutzung zur öffentlichen Wiedergabe früher erfolgt ist, nach dieser. Erscheint der Bild-Tonträger nicht, erlischt das Recht fünfzig Jahre nach der Herstellung.

287 Laufbilder i.S.v. § 95 UrhG sind Filme, die keine Werkhöhe erreichen und daher keine Filmwerke darstellen. Auch für sie genießt der Filmhersteller Schutz nach § 94 UrhG. Darunter fallen vor allem Lichtbilder, bei denen tatsächliche Geschehnisse aufgezeichnet werden, die keine Schöpfungshöhe besitzen, also beispielsweise Dokumentationen, Tierfilme oder Interviews.[400] Auch Videospiele können Laufbilder i.S.v. § 95 UrhG sein.[401]

---

395 *Loewenheim/Schwarz/Reber* § 42 Rn. 13.
396 *Wandtke/Bullinger/Manegold* § 94 Rn. 40 m.w.N.
397 *Pense* ZUM 1999, 121, 124; *Kreile* ZUM 1991, 386.
398 Maßgeblich dürfte jedoch letztlich nicht sein, was die Parteien vereinbaren, sondern wie die Verteilung der Verantwortung und der organisatorischen und wirtschaftlichen Risiken tatsächlich aussieht.
399 *Wandtke/Bullinger/Manegold* § 94 Rn. 48 ff. unter Hinweis auf den Medienerlass des Bundesfinanzministeriums.
400 Weitere Bsp. bei *Schricker/Katzenberger* § 95 Rn. 6 ff.
401 *Wandtke/Bullinger/Manegold* § 95 Rn. 12 ff.

L. Internationales Urheberrecht

Literatur: *Aschenbrenner* Leitlinien aus Europa für die Umsetzung der Privatkopierschranke im Zweiten Korb der Urheberrechtsnovelle, ZUM 2005, 145; *Asmus* Die Harmonisierung des Urheberpersönlichkeitsrechts in Europa, 2004; *Basedow/Drexl/Kur/Metzger* Intellectual Property in the Conflict of Laws, 2005; *Baudenbacher* Erschöpfung der Immaterialgüterrechte in der EFTA und die Rechtslage in der EU, GRUR Int. 2000, 584; *Britz* Die Freiheit der Kunst in der europäischen Kulturpolitik, EuR 2004, 1; *Bodewig* Erschöpfung der gewerblichen Schutzrechte und des Urheberrechts in den USA, GRUR Int. 2000, 597; *Bortloff* Internationale Lizenzierung von Internet-Simulcasts durch die Tonträgerindustrie, GRUR Int. 2003, 669; *Buchner* Rom II und das Internationale Immaterialgüter- und Wettbewerbsrecht, GRUR Int. 2005, 1004; *v. Einem* Grenzüberschreitende Lizenzierung von Musikwerken in Europa – Auswirkungen der Empfehlung der EU-Kommission zur Rechtewahrnehmung auf das System der Gegenseitigkeitsverträge, MMR 2006, 647; *Evert* Anwendbares Urheberrecht im Internet, 2005; *Franz* Die unmittelbare Anwendbarkeit von TRIPS in Argentinien und Brasilien, GRUR Int. 2002, 1001; *Frey/Rudolph* EU-Richtlinie zur Durchsetzung der Rechte des geistigen Eigentums, ZUM 2004, 522; *Gaster* Die Erschöpfungsproblematik aus der Sicht des Gemeinschaftsrechts, GRUR Int. 2000, 571; *Ginsburg* Die Rolle des nationalen Urheberrecht im Zeitalter der internationalen Urheberrechtsnormen, GRUR Int. 2000, 97; *Haupt* Territorialitätsprinzip im Patent- und Gebrauchsmusterrecht bei grenzüberschreitenden Fallgestaltungen, GRUR 2007, 187; *Hilty* Entwicklungsperspektiven des Schutzes Geistigen Eigentums in Europa in Behrens (Hrsg.), Stand und Perspektiven des Schutzes Geistigen Eigentums in Europa, 2004; *Holeweg* Europäischer und internationaler gewerblicher Rechtsschutz und Urheberrecht. Tabellarischer Überblick und aktuelle Entwicklungen, GRUR Int. 2001, 141; *Katzenberger* Die europäische Richtlinie über das Folgerecht, GRUR Int. 2004, 20; *Kellerhals* Die europäischen Wurzeln des Droit Moral, GRUR Int. 2001, 438; *Klass* Das Urheberkollisionsrecht der ersten Inhaberschaft – Plädoyer für einen universalen Ansatz, GRUR Int. 2007, 373; *Kur* Immaterialgüterrechte in einem weltweiten Vollstreckungs- und Gerichtsstandsübereinkommen – Auf der Suche nach dem Ausweg aus der Sackgasse, GRUR Int. 2001, 908; *Lundstedt* Gerichtliche Zuständigkeit und Territorialitätsprinzip im Immaterialgüterrecht – Geht der Pendelschlag zu weit?, GRUR Int. 2001, 103; *Reinbothe* Geistiges Eigentum und die Europäische Gemeinschaft, ZEuP 2000, 5; *Rigamonti* Schutz gegen Umgehung technischer Maßnahmen im Urheberrecht aus internationaler und rechtsvergleichender Perspektive, GRUR Int. 2005, 1; *Röttinger* Vom „Urheberrecht ohne Urheber" zur „Währung des Informationszeitalters": Das Urheberrecht in Rechtspolitik und Rechtssetzung der Europäischen Gemeinschaft, FS Dittrich, 2000, S. 269; *Schack* Europäisches Urheberrecht im Werden, ZEuP 2000, 799; *ders.* Internationale Urheber-, Marken- und Wettbewerbsrechtsverletzungen im Internet – Internationales Privatrecht, MMR 2000, 59; *Spindler* Europäisches Urheberrecht in der Informationsgesellschaft, GRUR 2002, 105; *Süßenberger*/Czychowski: Das „Erscheinen" von Werken ausschließlich über das Internet und ihr urheberrechtlicher Schutz in Deutschland – Einige Argumente Pro und Contra, GRUR 2003, 489; *Thum* Internationalprivatrechtliche Aspekte der Verwertung urheberrechtlich geschützter Werke im Internet – Zugleich Bericht über eine WIPO-Expertensitzung in Genf, GRUR Int. 2001, 9; *Winghardt* Gemeinschaftsrechtliches Diskriminierungsverbot und Inländerbehandlungsgrundsatz unter dem Blickwinkel der kollektiven Wahrnehmung urheberrechtlicher Ansprüche, GRUR Int. 2001, 993.

Nicht nur Musik, sondern auch andere urheberrechtsfähige Werke, wie z.B. Filmwerke oder Computerprogramme entstehen mit Blick auf ein internationales Publikum. Hinzu kommen die technischen Entwicklungen unseres medialen Zeitalters, welche die weltweite Abrufbarkeit urheberrechtsfähiger Werke ermöglichen. Aufgabe des internationalen Urheberrechts ist es, das Urheberrecht vor dem Hintergrund internationaler Sachverhalte einer bestimmten Rechtsordnung zuordnen zu können. In diesem Zusammenhang werden verschiedene Anknüpfungspunkte diskutiert, die es zunächst gilt, auseinander zu halten: **288**

I. Fremdenrecht, Territorialitätsprinzip und Schutzlandprinzip

289   Die §§ 120 – 128 UrhG werden gemeinhin als Fremdenrecht bezeichnet. Sie regeln den persönlichen Anwendungsbereich des UrhG. Gem. § 120 UrhG genießen grundsätzlich nur deutsche Staatsangehörige sowie Personen, die deutschen Staatsangehörigen gleichstehen, Urheberrechtsschutz. Gem. § 120 Abs. 2 Nr. 1 und 2 UrhG stehen solche Personen deutschen Staatsangehörigen gleich, die Deutsche im Sinne des Art. 116 Abs. 1 GG sind sowie EU-Ausländer. Wollen Ausländer aus Drittstaaten in Deutschland Urheberrechtsschutz in Anspruch nehmen, müssen die weiteren Voraussetzungen der §§ 121 ff. UrhG erfüllt sein. Seine Begründung findet das Fremdenrecht darin, dass andere Staaten dazu bewegt werden sollen, sich internationalen Verträgen anzuschließen, um dadurch die Benachteiligung ihrer Staatsbürger im Ausland abzumildern.

290   Während also das Fremdenrecht bestimmt, ob ein Ausländer im Inland Rechtsschutz genießt, beschäftigen sich sowohl das Territorialitätsprinzip als auch das Schutzlandprinzip mit der Frage, welche Rechtsordnung für den Schutz von Ausländern maßgeblich ist. Es handelt sich mithin um Prinzipien des sogenannten Kollisionsrechts. Nur wenn das anwendbare Kollisionsrecht auf das Fremdenrecht der §§ 120 ff. UrhG verweist, können diese zur Anwendung kommen.

291   Die herrschende Meinung unterstellt das Urheberrecht dem Schutzlandprinzip, d.h. dem Land, für dessen Gebiet Schutz beansprucht wird.[402] Gem. dem Schutzlandprinzip beurteilt sich demnach die Frage, ob und in welchem Umfang Urheberrechte entstehen und wer Urheber ist, nach dem Recht des Landes, für dessen Gebiet Schutz beansprucht wird.[403] Soll also zum Beispiel die Ausstrahlung einer Fernsehsendung in Deutschland wegen einer (vermeintlichen) Urheberrechtsverletzung verfolgt werden, wäre nach dem Schutzlandprinzip zunächst auf Deutsches Recht als dem Ort der Eingriffshandlung abzustellen. Streiten zwei Parteien darüber, wer einen bestimmten Film in Luxemburg auswerten darf, so entscheidet allein luxemburgisches Recht über die Frage, wem in welchem Umfang Urheberrechte zustehen und ob diese übertragbar sind. Das Recht des Schutzlandes, in diesem Beispiel also Luxemburg, entscheidet auch darüber, welche Handlungen als Verwertungshandlungen zu bewerten sind.[404]

292   Demgegenüber ist das häufig im Zusammenhang mit dem internationalen Urheberrecht genannte Territorialitätsprinzip tatsächlich nur von eingeschränkter Bedeutung, zumal der Begriff vieldeutig ist und für unterschiedlichste Sachverhalte, so auch für das Schutzlandprinzip als Begründung herangezogen wird. Im Bereich des Immaterialgüterrechts besagt das Territorialitätsprinzip lediglich, dass die Geltung nationalen Rechts jeweils auf das einzelne Staatsgebiet beschränkt ist.[405] Der Urheber kann also nicht auf einen weltweiten und stets gültigen Urheber- beziehungsweise Leistungsschutz vertrauen, sondern hat die nationalen Bestimmungen zu beachten, die teilweise erhebliche Unterschiede im Hinblick auf Umfang und Gehalt der dem Urheber eingeräumten Rechte aufweisen.

293   Im Ergebnis besteht die Prüfung vor Einleitung eines Prozesses wegen einer Urheberrechtsverletzung in Deutschland aus drei Stufen:

• Zunächst muss nach Internationalem Zivilprozessrecht (IZPR) geklärt werden, ob deutsche Gerichte überhaupt zuständig sind.

---

402   *BGH* GRUR 2004 421, 422; *Wandtke/Bullinger/v. Welser* Vor §§ 120 ff. Rn. 4.
403   *BGH* GRUR 1999, 152 – Spielbankaffaire; 1992, 697 – ALF.
404   Vgl. *BGH* GRUR 1999, 152 – Spielbankaffaire.
405   *BGHZ* 126, 252; *Sack* WRP 2000, 269, 270; *Wandtke/Bullinger/v. Welser* vor §§ 120 ff. Rn. 5.

Kuck

- In welchen Fällen deutsches Recht zur Anwendung berufen ist, entscheidet sich nach Internationalem Privatrecht (IPR), mithin nach dem Schutzlandprinzip.
- Ob und inwieweit ein ausländischer Urheber Urheberrechts- oder Leistungsschutz in Deutschland in Anspruch nehmen kann, beurteilt sich nach dem Fremdenrecht gem. §§ 120 ff. UrhG.

II. Staatsverträge

§ 121 Abs. 4 UrhG verweist für den Schutz ausländischer Urheber auf die bestehenden Staatsverträge.[406]   **294**

Herauszuheben sind hier: **295**
- die revidierte Berner Übereinkunft zum Schutz von Werken der Literatur und Kunst (RBÜ)
- das Welturheberrechtsabkommen (WUA)
- der WIPO-Urheberrechtsvertrag (WCT)
- das Übereinkommen über handelsbezogene Aspekte der Rechte des geistigen Eigentums (Agreement on Trade Related Aspects of Intellectual Property Rights, kurz: TRIPS).

1. RBÜ

Die **RBÜ** wurde im Jahr 1886 geschlossen und war die erste internationale mehrseitige Konvention, die Probleme des Urheberrechts auf internationaler Ebene regelte.[407] Die RBÜ ist bisher im Rahmen von sieben so genannten Revisionskonferenzen revidiert worden, zuletzt im Jahre 1971 in Paris. Für die Beziehung zwischen zwei Verbandsstaaten gilt stets die jüngste Version der Übereinkunft, welche von beiden Vertragsstaaten ratifiziert wurde, Art. 32 RBÜ. Zurzeit sind insgesamt 162 Staaten Mitglied der RBÜ, eine genaue Aufstellung der Mitgliedstaaten ist abrufbar auf der Internetseite der WIPO.[408] Die Vorschriften der RBÜ sind in Deutschland unmittelbar anwendbar.[409]   **296**

Wesentlicher Inhalt der RBÜ ist die Inländerbehandlung und die Gewährleistung eines Mindestschutzstandards für ausländische Urheber. Der Grundsatz der Inländerbehandlung sagt aus, dass ausländische Urheber den inländischen Urhebern gleichgestellt werden, jene also dieselben Rechte beanspruchen können, wie sie den inländischen Urhebern in dem betreffenden Land gewährt werden.[410] Als solche Mindestrechte schützt die RBÜ das Urheberpersönlichkeitsrecht, das Übersetzungsrecht, das Vervielfältigungsrecht, das Aufführungsrecht, das Senderecht, das Vortragsrecht, das Bearbeitungsrecht und das Verfilmungsrecht. Diese Rechte sind insbesondere dann von Bedeutung, wenn sie über den Schutzstandard des Schutzlandes hinaus gehen.   **297**

2. WUA

Im Jahr 1952 wurde dann das Welturheberrechtsabkommen (**WUA**) geschlossen. Das WUA hat deutlich geringere Bedeutung als die RBÜ und wird größtenteils von Letztgenannter verdrängt.[411] Die Mitgliedsstaaten finden sich im Internet unter www.unesco.org.   **298**

---

406 *Ginsburg* GRUR Int. 2000, 97, 98 ff.
407 Ausf. *Schricker/Katzenberger* Vor §§ 120 ff. Rn. 41 ff.
408 Www.wipo.int.
409 *Schack* Rn. 849.
410 *Schricker/Katzenberger* Vor §§ 120 ff. Rn. 47.
411 *Schricker/Katzenberger* Vor §§ 120 ff. Rn. 59; *Wandtke/Bullinger/v. Welser* § 121 Rn. 23.

3. WCT

299 Der dritte große mehrseitige internationale Vertrag auf dem Gebiet des Urheberrechts ist der WIPO-Urheberrechtsvertrag (WIPO Copyright Treaty, kurz: **WCT**), der am 20.12.1996 in Genf unterzeichnet wurde und vor allem den Zweck verfolgt, den Anforderungen des digitalen Zeitalters und den urheberrechtlichen Problemen im Zusammenhang mit dem Internet gerecht zu werden.[412] So regelt der Vertrag in Art. 7 ein Vermietrecht für die Urheber von Computerprogrammen, Filmwerken und auf Tonträgern aufgenommenen Werken. Außerdem gewährleistet der WCT dem Urheber beispielsweise das so genannte Onlinerecht, Art. 8 WCT.

4. TRIPS

300 Da die RBÜ einstimmig revidiert werden muss, erweist sie sich als nicht mehr praktikabel. Daher wurden diverse neue Abkommen geschlossen. Herauszuheben ist dabei das Übereinkommen über den Schutz handelsbezogener Aspekte des geistigen Eigentums (**TRIPS**), welches als Anhang zum Welthandelsübereinkommen am 1.1.1995 in Kraft getreten ist.[413] Teile dieses Abkommens beschäftigen sich mit dem Urheberrechtsschutz und der Durchsetzung von Urheberrechten. So enthält das TRIPS-Abkommen eine Streitschlichtungsregelung und die Gewährung bestimmter Schutzstandards, zu deren Einhaltung sich die Vertragsparteien verpflichtet haben. Zu beachten ist, dass sich das TRIPS-Abkommen nicht mit urheberpersönlichkeitsrechtlichen, sondern im Wesentlichen mit handelsbezogenen Aspekten des Urheberrechts auseinandersetzt. Die unmittelbare Anwendbarkeit des TRIPS-Abkommens ist sowohl in der Literatur als auch in der Rechtsprechung umstritten.[414]

301 Die WTO und mit ihr das TRIPS-Abkommen haben zurzeit 149 Mitgliedstaaten. Eine genaue Aufstellung der Mitglieder der WTO kann auf deren Homepage abgerufen werden.[415]

5. Weitere Verträge

302 Neben den internationalen Abkommen zum Urheberrecht existieren weitere Verträge, die Schutzstandards im Hinblick auf verwandte Schutzrechte regeln. 1961 wurde das Internationale Abkommen über den Schutz der ausübenden Künstler, der Hersteller von Tonträgern und der Sendeunternehmen (so genanntes ROM-Abkommen) geschlossen. Die USA, die nach wie vor das Rechtsinstitut der verwandten Schutzrechte nicht anerkennen, sind nicht Mitglied dieses Abkommens. 10 Jahre später wurde dann das Übereinkommen zum Schutz der Hersteller von Tonträgern gegen die unerlaubte Vervielfältigung ihrer Tonträger (so genanntes Genfer Tonträger-Abkommen) geschlossen sowie 1974 das Übereinkommen über die Verbreitung der durch Satelliten übertragenen programmtragenden Signale (so genanntes Brüsseler Satelliten-Abkommen).

---

412 Vgl. *Schricker/Katzenberger* Vor §§ 120 ff. Rn. 50 ff.
413 S. hierzu *Katzenberger* GRUR Int. 1995, 447 ff.
414 S. *Wandtke/Bullinger/v. Welser* § 121 Rn. 15.
415 Www.wto.org.

Kuck

III. Europäisches Urheberrecht

Von Bedeutung für das Urheberrecht ist darüber hinaus nicht nur das primäre Gemeinschafts-   **303**
recht, also der EG-Vertrag, sondern auch das sekundäre Gemeinschaftsrecht, in dem sich
Richtlinien um eine Harmonisierung der nationalen Rechtsordnungen in einzelnen Teilbereichen des Urheberrechts bemühen.

Auf der Ebene des primären Gemeinschaftsrechts ist das Diskriminierungsverbot gem. Art. 12   **304**
Abs. 1 EG-Vertrag schon Gegenstand von einigen Entscheidungen des EuGH zum Urheberrecht gewesen. Erwähnt seien hier nur die Phil-Collins-Entscheidung[416] und die Ricordi-Ent-
scheidung.[417] Beeinflusst wird das Urheberrecht aber auch von der Warenverkehrsfreiheit gem.
Art. 28 EG-Vertrag und dem daraus folgenden Grundsatz der gemeinschaftsweiten Erschöpfung.[418] Darüber hinaus kann ein Konflikt zwischen Urheberrecht und Europäischem Kartellrecht bestehen. So kann z.B. die Verweigerung von Lizenzen den Missbrauch einer marktbeherrschenden Stellung darstellen oder die Vereinbarung einer territorial beschränkten ausschließlichen Lizenz zu einer Abschottung von Märkten und damit zu einer Wettbewerbsbe-
schränkung führen.[419]

Davon unabhängig wurde in einigen Teilbereichen des Urheberrechts durch Richtlinien der   **305**
Europäischen Union bereits erfolgreich eine Harmonisierung der einzelnen nationalen Rechtsordnungen bewirkt, was angesichts der Entwicklung in Wirtschaft und Technologie dringend
erforderlich war und weiterhin ist. Zu nennen sind beispielsweise die Computerprogramm-
Richtlinie, wonach Computerprogramme als literarische Werke geschützt werden müssen, die
Vermiet- und Verleih-Richtlinie aus dem Jahr 1992, durch die das Vermiet- und Verleihrecht
sowie die wichtigsten verwandten Schutzrechte harmonisiert wurden, die Kabel- und Satelli-
ten-Richtlinie, die Schutzdauer-Richtlinie aus dem Jahr 1993, durch die die Schutzdauer der
Urheberrechte in Europa angepasst wurde sowie die Datenbank-Richtlinie, durch die der
Schutz von Datenbanken verstärkt werden soll. Im Jahr 2001 schließlich trat die Richtlinie zur
Informationsgesellschaft in Kraft, die eine der bedeutendsten Quellen des Rechts im Zuge der
Harmonisierung des Urheberrechts in Europa darstellt. Als Reaktion auf die Fortschritte in der
Technologie, insbesondere im Hinblick auf digitale Nutzungsformen werden dort vor allem
Probleme der Vervielfältigung und der technischen Schutzmechanismen geregelt. Die zwin-
genden Vorgaben dieser Richtlinie sind in Deutschland durch den so genannten „Ersten Korb"
der Urheberrechtsnovelle umgesetzt worden.

---

416 *EuGH* GRUR Int. 1994, 53 ff.
417 *EuGH* WRP 2002, 816.
418 S.o. Rn. 147 ff. zu § 17 sowie *Wandtke/Bullinger/v. Welser* vor §§ 120 ff. Rn. 40 ff.
419 *Wandtke/Bullinger/v. Welser* vor §§ 120 ff. Rn. 43 ff.

19. Abschnitt

Urheberrecht und Verlagsrecht

Literatur: *Bappert* Entspricht das gesetzliche Verlagsrecht den modernen Bedürfnissen?, GRUR 1959, 582; *v. Becker* Die angemessene Vergütung – Eine Quadratur des Kreises?, ZUM 2007, 249; *Dreier/Schulze/* Urheberrechtsgesetz, 2. Aufl. 2006; *Franzen/Wallenfels/Russ* Preisbindungsgesetz, 5. Aufl. 2006; *Leiss* Verlagsgesetz, 1973; *Loewenheim,* Handbuch des Urheberrechts, 2003; *Nordemann* Das neue Urhebervertragsrecht, 2002; *Ory* Das neue Urhebervertragsrecht, AfP 2002, 93; *Rehbinder* Urheberrecht, 14. Aufl. 2006; *Schaub* Der „Fairnessausgleich" nach § 32a UrhG im System des Zivilrechts, ZUM 2005, 212; *Schricker* Verlagsrecht, 3. Aufl., 2001; *ders.* Urheberrecht, 3. Aufl., 2006; *Ulmer* Urheber- und Verlagsrecht, 3. Aufl., 1980; *Wandtke/Bullinger* Praxiskommentar zum Urheberrecht, 2. Aufl., 2006; *Wegner/Wallenfels//Kaboth*, Recht im Verlag, 2004.

A. Einleitung

1   Der Begriff „Verlagsrecht" ist mehrdeutig. Man versteht darunter objektiv die gesetzliche Regelung des Verlagsverhältnisses als **Teil des Urhebervertragsrechts**, subjektiv ein urheberrechtliches Nutzungsrecht, das im Rahmen eines Verlagsvertrages regelmäßig als **„Hauptrecht"** bezeichnet wird. Im engeren Sinne ist das Verlagsrecht das aus dem Urheberrecht abgeleitete ausschließliche Recht des Verlegers zur **Vervielfältigung und Verbreitung** des Werkes.[1] Im weiteren Sinne sind verlagsrechtliche Regelungen auch diejenigen, die im Verlagswesen tagtäglich von besonderer Bedeutung sind, wie etwa der im Markengesetz geregelte Titelschutz oder das Recht der Buchpreisbindung.[2]

2   Als Teil des Urhebervertragsrechts findet das Verlagsrecht im objektiven Sinn seine Grundlagen zunächst im **Urheberrecht**, dort insbesondere in den §§ 31 ff. UrhG. Das Urheberrecht ist ein Teil des Privatrechts. Geschützt werden insbesondere die Urheber von Werken der Literatur, Wissenschaft und Kunst (§ 1 UrhG). Geschützt wird der Urheber in seinen geistigen und persönlichen Beziehungen zum Werk (§ 11 UrhG), worunter nicht nur seine materiellen, sondern auch seine ideellen Interessen zu verstehen sind. Im Vordergrund steht damit die Herrschaft des Urhebers über sein Werk als seinem geistigen Eigentum, das dem Schutz des Art. 14 GG unterliegt.[3] Jedes Nutzungsrecht, auch das Verlagsrecht im subjektiven Sinn, muss in lückenloser Kette auf den Urheber zurückgehen, da diesem ein umfassendes und unveräußerliches Verwertungsrecht an seinem Werk zusteht (§§ 15 ff., 29 Abs. 1 S. 1 UrhG).

3   Die entscheidende Rechtsgrundlage im Verhältnis zwischen Verlag und Urheber ist der **Verlagsvertrag**. Die Praxis bedient sich Musterverträgen, etwa dem **Normvertrag für den Abschluss von Verlagsverträgen** zwischen dem Börsenverein und dem Verband deutscher

---

1 *Ulmer,* S. 426, 441.

2 Titelschutz und Preisbindung werden hier nur am Rande behandelt; vgl. weiterführend zum Titelschutz: *Wegner/Wallenfels/Kaboth* 4. Kap. Rn. 10 ff.; zur Preisbindung: *Franzen/Wallenfels/Russ* § 1 Rn. 1 ff.; *Wegner/Wallenfels/Kaboth* 5. Kap., Rn. 1 ff.

3 *BVerfG* GRUR 1972, 481 – Kirchen- und Schulgebrauch; *BVerfG* GRUR 1980, 44 – Kirchenmusik; *BGHZ* 17, 266, 278 – Grundig-Reporter.

Schriftsteller[4] oder den Vertragsnormen für wissenschaftliche Verlagswerke.[5] Ist der Verlagsvertrag lückenhaft, so kommen die Regelungen des Verlagsgesetzes zur Anwendung. Das Verlagsgesetz enthält bis auf die Vorschriften zur Insolvenz des Verlegers (§ 36 VerlG) dispositives Recht.[6]

Das Verlagsrecht war bis Ende des 19. Jahrhunderts landesrechtlich geregelt. Gleichzeitig mit   **4**
dem Literatururhebergesetz (LUG) wurde am 19.6.1901 das Gesetz über das Verlagsrecht erlassen, das mit wenigen Änderungen noch heute in Kraft ist.

B. Regelungsrahmen des Verlagsrechts

I. Verlagsrecht und Urheberrecht

1. Urheberrecht vergeht, Verlagsrecht besteht

Das Verlagsgesetz von 1901 hat alle Reformen des Urheberrechts, auch die des Urheberver-   **5**
tragsrechts, nicht nur unbeschadet, sondern auch – bis auf die Regelung zur Insolvenz – weit-
gehend unverändert überstanden. Während das Urheberrecht zunehmend als rechtspolitische
Daueraufgabe betrachtet wird,[7] erscheint das Verlagsgesetz seit jeher als „der wohlgeratene
Sohn unter den Sorgenkindern."[8] Das Verlagsgesetz hat sich bewährt.[9] Rechtsprechung und
Schrifttum behandeln es wohl aus diesem Grunde als Stiefkind, während dem großen Bruder
UrhG glänzende Aufmerksamkeit zukommt.

Urheberrechtsverträge sind Verträge, die über die Einräumung von Nutzungsrechten an urhe-   **6**
berrechtlich geschützten Werken geschlossen werden. Sie gliedern sich in die Gruppen der
Wahrnehmungsverträge und der Nutzungsverträge. Im Regelfall ist das Verfügungsgeschäft in
das Verpflichtungsgeschäft eingebettet: Die Einigung über die Rechtseinräumung erfolgt im
Rahmen des Vertrages.[10]

Ursprünglich war das Urhebervertragsrecht nur rudimentär kodifiziert: Von den einzelnen Nut-   **7**
zungsverträgen wurde nur für den Verlagsvertrag durch Schaffung des VerlG von 1901 ein gesetzlicher Rahmen geschaffen. Bei Erlass des UrhG von 1965 wurde in Aussicht genommen,
die Neuregelung des Urheberrechts durch ein umfassendes Gesetz über das Urhebervertragsrecht zu ergänzen. Divergierende Interessen einerseits, aber auch die Vielschichtigkeit und
Schwierigkeit der Materie standen einer Verwirklichung über viele Jahre im Wege. Haupt-
streitpunkt war, inwieweit ein Urhebervertragsrecht den Grundsatz der Vertragsfreiheit einschränken dürfe. So wurde die Auffassung vertreten, dass beim Urhebervertrag typischerweise
der Urheber der schwächere, der Verwerter der stärkere Vertragspartner sei.[11] Dies rechtfertige
gesetzliche Eingriffe zwar nicht in das „ob" des Urhebervertrages, jedoch in dessen Ausgestaltung.

---

4 Abgedr. in Beck-Texte im dtv, 10. Aufl. 2003, S. 80 ff.
5 Vereinbarung zwischen dem Börsenverein des Deutschen Buchhandels und dem Deutschen Hochschullehrerverband, Fassung 2002, vollständig abgedr. bei *Schricker* Verlagsrecht, Anh. 2, 776 ff.
6 *Ulmer* S. 427.
7 Entschließungsantrag der FDP zum „2. Korb", BT-Drucks. 16/5939, 52.
8 *Bappert* GRUR 1959, 582.
9 *Schricker* Verlagsrecht, Einl. Rn. 18.
10 *Ulmer* S. 383.
11 *Ulmer* S. 386; *Dietz* FS Schricker, 1995, S. 1, 9.

8   Nach Jahre während und heftigem Ringen trat am 1.7.2002 das Gesetz zum Urhebervertragsrecht in Kraft, durch welches die wenigen urhebervertragsrechtlichen Regelungen des Gesetzes ergänzt und die Position des Urhebers gestärkt wurde.

2. Das Primat des Verlagsrechts

9   Im Verhältnis zwischen UrhG und VerlG gilt der Grundsatz, dass das jüngere Gesetz (UrhG von 1965) das ältere Spezialgesetz (VerlG von 1901) unangetastet lässt.[12] Es gilt also das **Primat des Verlagsrechts**. Dieser Grundsatz gilt jedoch nicht ohne Einschränkungen: Zwingende Regelungen des UrhG – etwa das Recht des Urhebers auf Zahlung einer angemessenen Vergütung, § 32 UrhG – gehen allen anderen Regelungen vor.[13] Sie sind vertraglich nicht einschränkbar und unterliegen auch nicht der **Inhaltskontrolle** gem. § 307 BGB.

10   Das Urhebervertragsrecht gilt zunächst beim ersten, primären Urhebervertrag, dem Vertrag erster Stufe. Das **sekundäre** Urhebervertragsrecht betrifft Nutzungsverträge weiterer Stufen, also zwischen Ersterwerber und Zweiterwerber, Zweiterwerber und Dritterwerber etc. (Lizenzverträge). Grundsätzlich gelten die Vorschriften des Urhebervertragsrechts auch für die Nutzungsverträge zweiter und weiterer Stufen.[14]

3. Für den Verlagsvertrag wichtige Regelungen des UrhG

11   Die den Urhebervertrag und damit auch den Verlagsvertrag betreffenden Regelungen sind im UrhG bunt verstreut, man denke an die Regelungen zur Unübertragbarkeit des Urheberrechts und der Verwertungsrechte (§§ 28 ff. UrhG), zur Einräumung von Nutzungsrechten (§§ 31, 35 UrhG), zur Vergütung (§§ 32, 32a, 36 UrhG), zur Übertragung von Nutzungsrechten (§ 34 UrhG), zu Änderungen und Bearbeitungen (§§ 37 Abs. 1, 39 UrhG), zu Verträgen über künftige Werke (§ 40 UrhG), zum Rückruf wegen Nichtausübung von Nutzungsrechten (§ 41 UrhG) oder wegen gewandelter Überzeugung (§ 42 UrhG), zum Urheber in Arbeits- oder Dienstverhältnissen (§§ 43, 69b UrhG) oder zur Übertragbarkeit der Leistungsschutzrechte bei nachgelassenen Werken (§ 71 Abs. 2 UrhG).

Einige ursprüngliche im VerlG enthaltene Regelungen wurden 1965 aufgehoben und ins UrhG übernommen: § 3 (Beiträge zu Sammelwerken, vgl. heute § 39 UrhG), § 13 (Änderungen surch den Verleger, vgl. heute § 39 UrhG) und § 42 (Beiträge zu periodischen Sammlungen, vgl. heute § 38 UrhG). Mit der Neuregelung des § 34 UrhG im Zuge der Urheberrechtsreform des Jahres 2002 wurde § 28 VerlG (Übertragung des Verlagsrechts) aufgehoben.

3.1 Die Einräumung von Nutzungsrechten

12   § 31 Abs. 1 bis 3 UrhG bestimmen, dass Nutzungsrechte wahlweise einfach oder ausschließlich, also **„exklusiv"** oder **„nicht-exklusiv"** eingeräumt werden können. Das Verlagsrecht ist jedoch per Legaldefinition das ausschließliche Recht zur Vervielfältigung und Verbreitung (§ 8 VerlG). Wird dieses – wie üblich – im Vertrag als „Verlagsrecht" bezeichnet, so ist es per definitionem ein **ausschließliches** Recht, ohne dass es insoweit noch einer ausdrücklichen Regelung bedürfte. § 8 VerlG sieht daher als **dispositive gesetzliche Regel** die ausschließliche Einräumung des Verlagsrechts an den Verleger vor. Nur wenn das Nutzungsrecht ausdrücklich als nicht-ausschließlich bezeichnet wird oder eine Auslegung des Vertrages die Einräumung eines

---

12 *Schricker* Verlagsrecht, Einl. Rn. 19.
13 *Schricker* Verlagsrecht, Einl. Rn. 21.
14 *Dreier/Schulze* vor § 31 Rn. 27 sowie § 31 Rn. 12.

einfachen Nutzungsrechts zwingend erscheinen lässt, ist ausnahmsweise nicht von einem ausschließlichen Recht auszugehen.[15] Da § 8 VerlG dispositiv ist, können die Parteien das Verlagsrecht jedoch auch als einfaches Nutzungsrecht ausgestalten.[16] Der Vertrag selbst verliert dadurch nicht seinen Charakter als Verlagsvertrag.[17] Auch kann das Verlagsrecht inhaltlich aufgespalten sein (etwa hinsichtlich der Nutzungsarten Taschenbuch, Buchclubausgabe etc.).

3.2 Die Zweckübertragungslehre

Die Zweckübertragungslehre besagt, dass der Urheber im Zweifel Rechte nur in dem Umfang   **13** einräumt, der für die **Erreichung des Vertragszwecks** erforderlich ist. Das Urheberrecht hat damit die Tendenz, soweit wie möglich beim Urheber zu verbleiben.[18] Die Zweckübertragungslehre ist seit der Urheberrechtsreform 2002 in § 31 Abs. 5 UrhG nahezu umfassend kodifiziert: Geregelt sind die Bestimmung der Nutzungsarten, die Frage nach dem einfachen oder ausschließlichen Nutzungsrecht und dessen Einschränkungen sowie die Reichweite des Nutzungsrechts und des Verbotsrechts. Darüber hinaus dient die Zweckübertragungslehre in Zweifelsfällen weiterhin als **Auslegungsregel** bei fehlender vertraglicher Vereinbarung zwischen den Parteien[19] und bei Lücken im Gesetz.

Ist ein Vertrag über ein Werk abgeschlossen worden, ohne dass die einzelnen Nutzungsrechte   **14** explizit benannt wurden, so sind gem. § 31 Abs. 5 S.1 UrhG im Zweifelsfall nur diejenigen Rechte eingeräumt, die der Verwerter zur Verwirklichung seines konkreten Vorhabens benötigt. Das ist beim Verlagsvertrag das Recht zur Vervielfältigung und Verbreitung des Werkes.

Einige Regelungen des VerlG sind Ausformungen der Zweckübertragungslehre: § 2 Abs. 2   **15** VerlG bestimmt, dass die Rechte an Übersetzungen, Dramatisierungen, musikalischen Bearbeitungen und Verfilmungen mangels anderweitiger vertraglicher Regelung beim Verfasser verbleiben. Wo diese spezialgesetzlichen Regelungen greifen, ist für die Anwendung der Zweckübertragungslehre kein Bedarf. Ansonsten ist die Zweckübertragungslehre auch im Verlagsrecht **zwingend** zu beachten. Sie hat zur Konsequenz, dass – sofern nichts anderes vereinbart ist – der Verleger lediglich eine einzige Buchauflage von nur 1.000 Exemplaren herstellen darf (§ 5 Abs. 1 S. 1, Abs. 2 S. 1 VerlG, eine nicht mehr ganz zeitgemäße Bestimmung[20]) und deren Verbreitung allein im deutschen Sprachraum gestattet ist. Zudem müsste der Verleger alle weiteren Rechte – wie etwa das der Übersetzung, der Verfilmung oder auch der Produktion einer Taschenbuchausgabe – im Bedarfsfall beim Verfasser nachträglich einholen (und regelmäßig gesondert vergüten!), falls diese Rechte nicht ausdrücklich im Verlagsvertrag mitübertragen wurden. Die Notwendigkeit der exakten Bestimmung der einzuräumenden Nutzungsrechte ist also auch im Verlagsrecht zwingend.

Der Urheber soll durch die Zweckübertragungslehre vor unbedachten Rechtseinräumungen   **16** geschützt werden. Es soll ihm bei Vertragsabschluss genau vor Augen geführt werden, welche Rechte er im einzelnen überträgt. In der Praxis hat dies zur Folge, dass in von Verlagen oder Produktionsfirmen gestellten Verwertungsverträgen standardmäßig jede auch noch so fern liegende Nutzungsart aufgeführt wird, um ja keine Lücke entstehen zu lassen. Dies führt manchmal zu geradezu grotesken Ergebnissen, wenn etwa für ein Kochbuch unter anderem auch das Recht der Vertonung oder Vertanzung eingeräumt wird. Da derartig weitgehende Rechtsein-

---

15 *Loewenheim/J. B. Nordemann* Handbuch der Urheberrechts, § 64 Rn. 42.
16 *Loewenheim/J. B. Nordemann* Handbuch des Urheberrechts, § 64 Rn. 43.
17 *Schricker* Verlagsrecht, § 8 Rn. 17, 40.
18 *Ulmer* S. 364.
19 *Schricker* Verlagsrecht, § 8 Rn. 5c.
20 *Wegner/Wallenfels/Kaboth* 2. Kap. Rn. 51.

räumungen nicht mehr mit dem Zweck eines Verlagsvertrages vereinbar seien, wird vertreten, diese Klauseln seien gem. § 307 BGB unwirksam.[21] Dem ist entgegenzuhalten, dass der Verleger sich regelmäßig für die umfassende Verwertung des Werkes einsetzen wird und hierzu meist besser in der Lage ist als der Verfasser. Auch lässt sich im Zeitpunkt des Vertragsschlusses häufig nicht absehen, welche Verwertungen das Werk erfahren wird. Daher wäre es unbillig, wenn der Verleger um die Früchte seiner Arbeit gebracht würde, wenn er ein Buch zum Erfolg führt, der Verfasser lukrative Verwertungen dann jedoch selbst und unter Umgehung des Verlegers lizenzieren würde. Auch ist zu beachten, dass der Verfasser gem. § 42 UrhG diejenigen Nebenrechte wieder **zurückrufen** kann, die vom Verleger nach Ablauf von zwei Jahren noch nicht genutzt worden sind. Diese Regelung verhindert das „Hamstern" von Nutzungsrechten durch den Verleger, so dass ein Rückgriff auf § 307 BGB weder zwingend noch geboten erscheint.

3.3 Neue Nutzungsarten

17 Eine Nutzungsart ist dann selbständig, wenn sie eine **konkrete technisch und wirtschaftlich eigenständige Verwendungsform** des Werkes darstellt.[22] Eine Nutzungsart gilt dann als „bekannt", wenn die Vertragsparteien sie in ihre Überlegungen miteinbeziehen konnten, ohne hierfür auf Spezialistenwissen angewiesen zu sein (vgl. 18. Abschn. Rn. 218 f.).

3.3.1 Die frühere Regelung

18 Eigentlich eine logische Konsequenz aus der Zweckübertragungslehre war § 31 Abs. 4 UrhG a.F., wonach die Einräumung von solchen Nutzungsrechten unwirksam war, die zum Zeitpunkt des Vertragsabschlusses noch nicht bekannt gewesen sind. Klauseln wie „der Verfasser überträgt die Rechte an allen auch zukünftig entstehenden Nutzungsarten" führten daher regelmäßig gerade nicht zur Einräumung sämtlicher Nutzungsrechte. Der Urheber sollte davor geschützt werden, dass er sich durch vorschnelle pauschale Rechtseinräumungen der Verwertungsmöglichkeiten begab, die zum Zeitpunkt des Vertragsabschlusses noch gar nicht in seiner Vorstellungswelt waren.

19 War seit Abschluss des Verlagsvertrages eine **neue Nutzungsart** entstanden – dies galt etwa in Bezug auf das Internet für alle Verlagsverträge vor 1995 –, stand dem Verleger kein Nutzungsrecht hierfür zu. Der Verfasser war an einer eigenständigen Vergabe dieses Nutzungsrechts nicht gehindert. Zwar traf ihn gem. § 2 Abs. 1 VerlG die Enthaltungspflicht hinsichtlich einer eigenen Vervielfältigung und Verbreitung des Werkes; ausgenommen waren, mithin die typischen Reproduktionsverfahren des Verlages und die Verbreitung der Vervielfältigungsstücke an die Leser. Insoweit war und ist von einem eigenständigen – engeren – verlagsrechtlichen Vervielfältigungs- und Verbreitungsbegriff auszugehen und nicht die weite urheberrechtliche Begrifflichkeit zugrunde zu legen.[23]

3.3.2 Die neue Regelung

20 Im Rahmen des zweiten Gesetzes zur Regelung des Urheberrechts in der Informationsgesellschaft („**2. Korb**") wurde § 31 Abs. 4 UrhG mit Ablauf des 31.12.2007 gestrichen. Die Einräumung erst künftig entstehender Nutzungsrechte ist seit Inkrafttreten des Gesetzes und der Einführung der neuen §§ 31a UrhG („Verträge für unbekannte Nutzungsarten") sowie eines § 32c UrhG („Vergütung über später bekannte Nutzungsarten") seit 1.1.2008 möglich. Die Einräumung künftig entstehender Nutzungsrechte kann nunmehr vertraglich vereinbart wer-

---

21 *Loewenheim/J. B. Nordemann* Handbuch des Urheberrechts, § 64 Rn. 28 ff.
22 *BGH* GRUR 2005, 937, 939 – Der Zauberberg.
23 *Schricker* Verlagsrecht, § 1 Rn. 51, 52; § 2 Rn. 9.

Russ

den, der Vertrag bedarf jedoch der Schriftform. Allerdings kann der Urheber die Einräumung des Nutzungsrechts widerrufen (§ 31a Abs. 1 UrhG). Das **Widerrufsrecht** erlischt nach Ablauf von drei Monaten nachdem der Verwerter dem Urheber eine Mitteilung über die beabsichtigte Nutzung an die letzte ihm bekannte Adresse abgeschickt hat. Auch entfällt das Widerrufsrecht, wenn sich die Parteien nach Bekanntwerden der neuen Nutzungsart auf eine angemessene Vergütung nach § 32c Abs. 1 UrhG geeinigt haben oder eine **gemeinsame Vergütungsregel** gem. § 36 UrhG zur Anwendung kommt (§ 31a Abs. 2 S. 1, 2 UrhG). Das Widerrufsrecht erlischt gänzlich mit dem Tod des Urhebers, kann also von den Erben nicht mehr geltend gemacht werden (§ 31a Abs. 2 S. 3 UrhG). Nach § 32c UrhG hat der Urheber Anspruch auf eine gesonderte angemessene Vergütung, wenn der Vertragspartner eine neue Art der Werknutzung aufnimmt, die im Zeitpunkt des Vertragsschlusses vereinbart, aber noch ungekannt war.

In § 137l Abs. 1 UrhG findet sich – etwas versteckt – eine für die Praxis überaus bedeutsame Übergangsregel: Danach gilt für alle zwischen dem Inkrafttreten des UrhG am 1.1.1965 und dem Inkrafttreten des „2. Korbs" am 1.1.2008 abgeschlossenen Verlagsverträge, dass die bei Vertragsschluss unbekannten Nutzungsrechte nachträglich dem Verleger anwachsen. Dies allerdings unter der Voraussetzung, dass der Verleger seinerzeit **„alle wesentlichen Nutzungsrechte"** ausschließlich sowie räumlich und zeitlich unbegrenzt erworben hat und der Verfasser der Nutzung nicht widerspricht. Allerdings kann der Widerspruch für bereits bekannte Nutzungsrechte nur innerhalb eines Jahres ab Inkrafttreten des „2. Korbs" erfolgen. Im Übrigen erlischt das Widerspruchsrecht nach Ablauf von drei Monaten, nachdem der Verleger die Mitteilung über die beabsichtigte Aufnahme der neuen Art der Werknutzung an den Verfasser unter der ihm zuletzt bekannten Anschrift abgesendet hat. Durch diese Übertragungsfiktion für Rechte an neuen Nutzungsarten sollen die Verwerter in die Lage versetzt werden, die ihnen ohnehin zur Auswertung überlassenen Werke auch auf die neue Nutzungsart zu nutzen, ohne zuvor jeden einzelnen Urheber ausfindig machen zu müssen.[24] **21**

Die Verlage werden sich künftig regelmäßig die Rechte für unbekannte Nutzungsarten bereits im Verlagsvertrag einräumen lassen. Nach Bekanntwerden einer neuen Nutzungsart werden sie den Verfasser über die beabsichtigte Aufnahme der neuen Art der Nutzung informieren und eine Einigung über die Vergütung anstreben. Künftige Streitigkeiten dürften die Fragen betreffen, ob das Widerrufsrecht im Einzelfall durch Mitteilung des Verlegers an eine veraltete Adresse des Verfassers erloschen ist und ob eine bereits im Verlagsvertrag vorgesehene Vergütungsregel, sofern sie für die neue Nutzungsart angemessen ist, das Widerrufsrecht nach Bekanntwerden der neuen Nutzungsart entfallen lässt. Zu klären wird auch die Frage sein, ob ein vor Beginn der Jahresfrist erfolgter Widerspruch oder gescheiterte Vertragsverhandlungen als rechtswirksam eingelegter Widerspruch anzusehen sind. **22**

II. Sonstige relevante Regelungen

Es gilt der Grundsatz der **Vertragsfreiheit**. Im UrhG ist lediglich geregelt, wie über die Nutzungsrechte verfügt werden kann. Für die zugrundeliegenden Verpflichtungsgeschäfte gibt es hingegen keine speziellen Bestimmungen. So wird der Bestellvertrag regelmäßig nach dienstvertraglichen (§§ 611 ff. BGB) oder werkvertraglichen (§§ 631 ff. BGB) Regelungen behandelt. Regelmäßig werden urheberrechtliche Nutzungsverträge jedoch als Verträge sui generis eingestuft, eine Spielart hiervon ist der Verlagsvertrag, der im VerlG seine Ausgestaltung gefunden hat. **23**

---

24 Begr. RegE BT-Drucks. 16/1828 zu § 137l.

24 Zur Anwendung kommen die allgemeinen Regelungen zum Vertrag (z.B. über das Zustandekommen von Verträgen, §§ 145 ff. BGB, die Auslegung von Willenserklärungen, §§ 133, 157 BGB), allgemeine Regelungen zu den Leistungsstörungen (§§ 320 ff. BGB), zu Grenzen der Vertragsfreiheit (z.b. gesetzliche Verbote, § 134 BGB, Verstoß gegen die guten Sitten, §§ 138 BGB), Tarifverträge mit urhebervertragsrechtlichen Regelungen (etwa der Tarifvertrag für arbeitnehmerähnliche freie Journalisten) Normverträge im Status unverbindlicher Empfehlungen (z.b. der Normvertrag für den Abschluss von Verlagsverträgen[25] sowie von Übersetzerverträgen[26] oder die Vereinbarung über Vertragsnormen für wissenschaftliche Verlagswerke vom 23.3.2000[27]), Gemeinsame Vergütungsregeln nach § 36 UrhG. Häufig übersehen, jedoch von erheblicher Relevanz sind die Regelungen über die **Allgemeinen Geschäftsbedingungen** (§§ 305 ff. BGB), insbesondere die **Inhaltskontrolle** nach §§ 307 BGB, die auf die meist formularmäßig verwendeten Verlagsverträge regelmäßig Anwendung finden.

C. Verlagsvertrag und Verlagsgesetz

I. Der Verlagsvertrag

1. Gegenstand und Parteien des Verlagsvertrages

25 Ein **Verlagsvertrag** liegt vor, wenn sich einerseits der Verfasser verpflichtet, dem Verleger ein Werk der Literatur oder Tonkunst für eigene Rechnung zu überlassen, und wenn sich der Verleger verpflichtet, dieses Werk zu vervielfältigen und zu verbreiten. Kein Verlagsvertrag ist der **Bestellvertrag** (§ 47 VerlG), in dessen Rahmen der Verleger vom Verfasser ein Werk herstellen lässt, dessen Inhalt und Art und Weise der Behandlung jedoch genau vorschreibt.[28] Kein Verlagsvertrag ist der **Kommissionsvertrag**, bei welchem der Verleger die Vervielfältigung und Verbreitung gegen Entgelt für Rechnung des Verfassers übernimmt. Hingegen liegt ein Verlagsvertrag vor, wenn der Verleger durch Vereinbarung eines Druckkostenzuschusses das eigene Risiko ausschließt, das Werk jedoch auf eigene Rechnung verlegt.[29]

26 Die Parteien des Verlagsvertrages sind der Verfasser und der Verleger (§ 1 VerlG). Es handelt sich um ein **Dauerschuldverhältnis**. Der Verlagsvertrag bedarf keiner Form. Das Verlagsgesetz ist – mit Ausnahme der Vorschrift über die Insolvenz – ganz überwiegend dispositives Recht, das regelmäßig nur dann zur Anwendung kommt, wenn der Verlagsvertrag selbst keine oder nur unvollständige Regelungen enthält.

27 Gegenstände des Verlagsvertrages sind **Werke der Literatur oder der Tonkunst**. Das Werk muss jedoch „verlagsfähig" sein, indem es durch Druck, Fotokopie, oder sonstwie vervielfältigt und verbreitet werden kann. Seit Einführung des Gesetzes über die Preisbindung für Bücher (BuchPrG) im Jahr 2002 kann zur Bestimmung der möglichen Gegenstände eines Verlagsvertrages auf die in § 2 BuchPrG enthaltene Aufzählung der Verlagserzeugnisse verwiesen werden. Danach sind Bücher, musikalische Werke und kartographische Produkte sowie verlagstypische Reproduktionen und Substitutionen (z.B. CD-ROMs[30]) solcher Produkte mögli-

---

25 Abgedr. in Beck-Texte im dtv, 10. Aufl. 2003, S. 80 ff.
26 *Wegner/Wallenfels/Kaboth* Anh. II Ziff. 3, S. 340 ff.
27 Vereinbarung zwischen dem Börsenverein des Deutschen Buchhandels und dem Deutschen Hochschullehrerverband, Fassung 2002, vollständig abgedr. bei *Schricker* Verlagsrecht, Anh. 2, S. 776 ff.
28 *BGH* GRUR 1984, 528 – Bestellvertrag.
29 *Rehbinder* Rn. 663.
30 *BGH* NJW 1997, 1911, 1914 – NJW auf CD-ROM.

che Gegenstände des Verlagsvertrages.[31] Auch Beiträge zu Verlagserzeugnissen – etwa ein Sammelwerk, ein Beitrag zu einer Monografie – fallen unter § 1 VerlG. Auf Beiträge für Zeitungen, Zeitschriften und sonstige periodische Sammelwerke erklärt § 41 die Bestimmungen des VerlG mit den in §§ 43 – 46 bestimmten Ausnahmen ebenfalls für anwendbar.

Noch nicht abschließend geklärt ist die Einordnung von electronic books (**ebooks**), die zunehmend Verbreitung erfahren. Immer mehr Verlage stellen geeignete Inhalte über Datenbanken zum download zur Verfügung. Im Buchbereich ist die ausschließliche Verbreitung über das Internet noch die Ausnahme, weshalb sich der Verlagsvertrag regelmäßig und problemlos auf die vereinbarte Buchausgabe bezieht. Allerdings existieren bereits Zeitschriften, die ausschließlich über das Internet verbreitet werden, so dass sich die Frage stellt, ob für einen hierfür verfassten Artikel die Regelungen des VerlG Anwendung finden. Gefragt ist damit aber auch, ob generell ebooks und via Internet verbreitete Texte als Verlagserzeugnisse angesehen werden können.[32] Diese Frage wird man zu bejahen haben, nachdem die Rechtsprechung den Begriff des Verlagserzeugnisses dynamisch und offen für technische Entwicklungen ausgestaltet hat (Fn. 30). **28**

Das Verlagsgesetz wird zudem **analog** angewandt auf den **Bühnenverlagsvertrag**, den **Kunst- oder Kunstwerkvertrag** (Edition von Werken der bildenden Kunst) und den **Illustrationsvertrag**. Streitig ist, ob das Verlagsgesetz auch für den Verfilmungsvertrag herangezogen werden kann, was wohl überwiegend abgelehnt wird.[33] **29**

Vertragsgegenstand können vollendete,[34] jedoch auch erst künftig entstehende[35] Werke sein. Hingegen ergibt sich aus einem **Optionsvertrag** im Zweifel nur eine Anbietungspflicht des Verfassers. **30**

Keine Verträge i.S. des VerlG sind die Verträge über Werke der bildenden Künste,[36] Hörbücher,[37] Videos,[38] oder nicht textorientierte Sammelwerke (Multimedia-CD-ROMs, Internet-Angebote). **31**

2. Pflichten des Verfassers

2.1 Hauptpflichten

2.1.1 Verschaffung des Verlagsrechts

Der Verfasser hat dem Verlag das **Verlagsrecht**, also das ausschließliche Recht, das Werk zu vervielfältigen und zu verbreiten, zu verschaffen (§§ 1, 8 VerlagsG). Das Verlagsrecht entsteht mit Ablieferung des Werkes an den Verleger (§ 9 Abs. 1 VerlG). **32**

Das ausschließliche Verlagsrecht ist in eine **positive und eine negative Befugnis** unterteilt: Positiv ist der Verleger berechtigt, das Werk in dem ihm vertraglich gestatteten Umfang zu vervielfältigen und zu verbreiten. Der Begriff der Vervielfältigung ist im Verlagsrecht enger als im Urheberrecht: Die Herstellung eines einzelnen Exemplars reicht nicht aus, es muss sich **33**

---

31 Im Einzelnen hierzu *Franzen/Wallenfels/Russ* § 2 Rn. 1 ff.; *Wegner/Wallenfels/Kaboth* 5. Kap., Rn. 11 ff.

32 Dafür *Franzen/Wallenfels/Russ* § 2 Rn. 9 ff.; *Wegner/Wallenfels/Kaboth* 5. Kap., Rn. 13; dagegen *Loewenheim/Nordemann* Handbuch des Urheberrechts, § 64 Rn. 7; *Rehbinder* Rn. 667.

33 Zum Meinungsstand *Schricker* Verlagsrecht, § 1 Rn. 98 ff.

34 *BGHZ* 9, 240 f. – Gaunerroman; vgl. auch § 11 Abs. 1 VerlG.

35 *Rehbinder* Rn. 665; vgl. auch § 11 Abs. 2 VerlG.

36 *Ulmer* S. 430.

37 *Loewenheim/J. B. Nordemann* Handbuch des Urheberrechts, § 64 Rn. 8.

38 *Loewenheim/J. B. Nordemann* Handbuch des Urheberrechts, § 64 Rn. 8.

vielmehr grundsätzlich um die Herstellung einer Mehrzahl von Vervielfältigungsstücken handeln, die zur Verbreitung bestimmt sind.[39] Im Gegensatz dazu entspricht der Begriff der Verbreitung der urheberrechtlichen Definition, ist also i.S.d. § 17 Abs. 1 UrhG als das Anbieten oder in Verkehr bringen von Vervielfältigungsstücken des Werkes in der Öffentlichkeit zu verstehen. Zum Schutz seiner exklusiven Nutzungsbefugnis hat der Verleger zudem die Möglichkeit, andere von der Nutzung auszuschließen (negatives Verbotsrecht, § 9 Abs. 2 VerlG). Das negative Verbotsrechts reicht nur so weit wie die Nutzungsrechtseinräumung.[40]

34 Aufgrund der Legaldefinition in § 8 VerlG trifft den Verfasser die Pflicht, dem Verleger ein ausschließliches Recht zu verschaffen. § 8 VerlG sieht als dispositive gesetzliche Regel somit die ausschließliche Einräumung des Verlagsrechts an den Verleger vor. Ist nichts anderes vereinbart, erwirbt der Verleger mit Abschluss des Verlagsvertrages das ausschließliche Recht zur Vervielfältigung und Verbreitung.

2.1.2 Ablieferung des vertragsgemäßen Manuskripts

35 Den Verfasser trifft die Pflicht, das Manuskript in **druckreifem und vertragsgemäßem** Zustand abzuliefern (§§ 10, 31 VerlG). Das Werk muss lesbar und abgeschlossen sein. Bei einem Vertrag über ein noch zu verfassendes Werk muss der Verfasser dieses persönlich herstellen, darf jedoch Hilfspersonen im Rahmen des Üblichen hinzuziehen.[41]

36 Das abgelieferte Manuskript muss den vereinbarten Umfang einhalten und muss bereits nach der äußeren Form zur direkten Vervielfältigung geeignet sein. Ein durchschnittlicher Setzer muss anhand des Manuskripts mit der Vervielfältigung beginnen können. Der Verleger ist nicht verpflichtet, sich aus einer Mischung von gedrucktem Text, handschriftlichen Zusätzen, eingeklebten Zetteln etc. eine abdruckfähige Fassung mühsam selbst zu erarbeiten. Ist nichts anderes vereinbart, so schuldet der Verfasser die Ablieferung eines Manuskripts in Maschinenschrift. Viele Verlagsverträge verpflichten den Verfasser zusätzlich zur Ablieferung einer **digitalen Version** mittels Datenträger oder email, häufig wird jedoch bereits ganz auf das maschinengeschriebene Manuskript verzichtet.

37 Das Manuskript muss sich darüber hinaus auch in einem **inhaltlich druckreifen** Zustand befinden, muss also dem vorausgesetzten Zweck dienen. Es muss vollständig sein, wobei der Verfasser zur Anlieferung von Bildmaterial ohne ausdrückliche vertragliche Vereinbarung nicht verpflichtet ist.[42] Auch die Einholung von Abdruckrechten obliegt grundsätzlich dem Verleger als Fachmann hierfür. Fachbücher müssen dem **aktuellen Stand der Wissenschaft** entsprechen.[43] Das Werk darf nicht gegen ein gesetzliches Verbot oder die guten Sitten verstoßen,[44] es darf insbesondere nicht die Rechte Dritter (z.B. Urheberrechte, Markenrechte, Persönlichkeitsrechte) verletzen. Eine Qualitätsüberprüfung ist weder dem Verleger noch dem Richter gestattet.[45] Lediglich eine **vollkommen unbrauchbare Leistung**, die nicht den Mindestanforderungen der wissenschaftlichen, künstlerischen oder literarischen Gütevorstellung entsprechen, braucht der Verleger nicht als vertragsgemäß anzunehmen.[46] In seltenen Fällen wird man darüber hinaus dem Verleger das Recht zugestehen, das Werk wegen mangelnder „Ausgabefähig-

---

39 *Ulmer* S. 430; *Schricker* Verlagsrecht, Einl. Rn. 24. Zu den Besonderheiten bei Internet-Verbreitung (ebooks) s.o. Rn. 28.
40 *BGH* GRUR 1992, 310/311 – Taschenbuchlizenz.
41 *Rehbinder* Rn. 668.
42 *Loewenheim/J. B. Nordemann* Handbuch des Urheberrechts, § 64 Rn. 130.
43 *BGH* GRUR 1960, 644 – Drogistenlexikon.
44 *BGH* GRUR 1979, 396 – Herrn und Knechte.
45 *BGH* GRUR 1960, 644 – Drogistenlexikon; *Schricker* Verlagsrecht, § 31 Rn. 9.
46 *Wegner/Wallenfels/Kaboth* 2. Kap. Rn. 72.

keit" abzulehnen. Dies ist der Fall, wenn das „Verlegerpersönlichkeitsrecht"[47] dadurch verletzt wird, dass sich das Werk erkennbar in Gegensatz zur politischen, gesellschaftlichen oder sozialen Tendenz des Verlages stellt.[48]

Wurde der Vertrag über ein bereits vollendetes Werk abgeschlossen, so hat der Verfasser das **38** Manuskript – falls es dem Verlag nicht ohnehin bereits vorliegt – sofort abzuliefern (§ 11 Abs. 1 VerlG). Geht es um ein noch zu verfassendes Werk, so ist es innerhalb angemessener Frist herzustellen und abzuliefern (§ 11 Abs. 2 VerlG). Häufig wird der Zeitpunkt der Ablieferung des Manuskripts indes vertraglich festgeschrieben.

Hat der Verfasser das Manuskript nicht vertragsgemäß erstellt oder nicht fristgerecht abgelie- **39** fert, greifen die **Mängelvorschriften** der §§ 30 ff. VerlG.

2.2 Nebenpflichten des Verfassers

2.2.1 Enthaltungspflicht, § 2 Abs. 1 VerlG

Den Verfasser trifft die Pflicht, sich während der Dauer des Vertragsverhältnisses jeder Verviel- **40** fältigung und Verbreitung des Werkes zu enthalten, die auch einem Dritten während der Dauer des Urheberrechts versagt ist (§ 2 Abs. 1 VerlG). Diese auf den ersten Blick etwas schwer verständliche Regelung will sagen: Nach Abschluss des Verlagsvertrages darf der Verfasser das Werk nur in dem Umfang vervielfältigen und verbreiten wie es aufgrund urheberrechtlicher (Schranken-)regelungen auch jeder andere darf. Die Erlaubnis beschränkt sich daher im wesentlichen auf die Vervielfältigung zum privaten oder sonstigen eigenen Gebrauch (§ 53 UrhG), auf Zitate (§ 51 UrhG) und die freie Benutzung (§ 24 UrhG). Hingegen verbleibt dem Verfasser – sofern nichts anderes vereinbart ist – die Befugnis zur Vervielfältigung und Verbreitung von Übersetzungen, von Dramatisierungen und von Bearbeitungen eines musikalischen Werkes (§ 2 Abs. 2 VerlG). Hierbei handelt es sich um eine spezialgesetzliche Ausformung der Zweckübertragungslehre für den Verlagsvertrag. Sind nach Ablauf des Jahres, in dem das Werk erschienen ist, zwanzig Jahre verstrichen, so kann es der Verfasser zudem in eine eigene Gesamtaufgabe aufnehmen (§ 2 Abs. 3 VerlG). Die Frage nach der räumlichen Geltung der Enthaltungspflicht ist unter Heranziehung der Zweckübertragungslehre zu beantworten.[49] Zeitlich erstreckt sie sich auf die Dauer des Vertragsverhältnisses.

Viele Verlagsverträge statuieren auch hinsichtlich der in § 2 Abs. 2 u. 3 VerlG genannten Nut- **41** zungsarten Enthaltungspflichten des Verfassers. Darüber hinaus sind häufig **Wettbewerbsverbote** zu finden, die den Verfasser verpflichten, in einem anderen Verlag kein Konkurrenzwerk erscheinen zu lassen. Allerdings dürfen solche Klauseln nicht zu einer unbilligen Beschränkung der künstlerischen oder wissenschaftlichen Schaffungsfreiheit führen, sonst sind sie als sittenwidrig anzusehen.[50] Mangels anderweitiger Vereinbarung trifft den Verfasser keine Enthaltungspflicht für Bearbeitungen seines Werkes (§ 37 Abs. 1 UrhG); ihm stehen sowohl das positive Nutzungsrecht wie auch das negative Verbotsrecht zu.[51]

2.2.2 Zustimmung zur Weiterübertragung oder Einräumung

Aufgrund urheberrechtlicher Regelungen (§§ 34 Abs. 1 S. 1, 35 Abs. 1 S. 1) bedarf die **Wei- 42 terübertragung** oder **Einräumung eines Nutzungsrechts** durch den Verleger der Zustimmung des Verfassers. Diese Zustimmung kann der Verfasser – wie sich aus §§ 34 Abs. 5 S. 2,

---

47 *RGZ* 125, 178.
48 *Schricker* Verlagsrecht, § 31 Rn. 11 f.
49 *Schricker* Verlagsrecht, § 2 Rn. 3.
50 *RGZ* 119, 413; *Rehbinder* Rn. 674.
51 *Schricker* Urheberrecht, § 37 Rn. 6.

35 Abs. 2 UrhG ergibt – bereits vorab im Verlagsvertrag erteilen. Aufgrund dieser ausdrücklichen gesetzlichen Erlaubnis ist die Vorab-Erteilung der Zustimmung auch formularmäßig möglich.[52] Fehlt eine solche Vertragsbestimmung, so trifft den Verfasser die Pflicht zur Zustimmung, falls dem keine sachlich gerechtfertigten Gründe entgegenstehen.

2.2.3 Mitwirkungspflichten

43 Im Rahmen des § 39 Abs. 2 UrhG ist der Verfasser nur zur **Duldung**, nicht aber zur Mitwirkung verpflichtet. Bedarf es jedoch seiner Mitwirkung, weil Änderungen des Werkes vom Verleger allein nicht bewerkstelligt werden können, trifft den Verfasser die Pflicht zur Mitwirkung bei notwendigen Änderungen am Werk. Darüber hinaus trifft den Verfasser die Pflicht zur Durchsicht der Druckfahnen sowie zur Druckfreigabe des Werkes nach Ausführung der Korrekturen (§ 20 Abs. 1 S. 2 VerlG).

3. Pflichten des Verlegers

3.1 Hauptpflichten

3.1.1 Vervielfältigung und Verbreitung des Werkes

44 Der Verlag hat die Pflicht, das Werk zu vervielfältigen und zu verbreiten (§ 1 S. 2 VerlG). Fehlt es an dieser Pflicht, liegt lediglich ein Bestellvertrag nach § 47 VerlG vor. Ist nichts anderes vereinbart, so ist das Werk zudem sofort nach Zugang des vollständigen und vertragsgemäßen Werkes zu vervielfältigen (§ 15 S. 1 VerlG). Bis zur Beendigung der Vervielfältigung darf der Verfasser jedoch Änderungen an dem Werk vornehmen oder durch einen Dritten vornehmen lassen (§ 12 Abs. 1 S. 2 VerlG).

45 Den Verleger trifft die Pflicht, das Werk in einer **zweckentsprechenden und üblichen** Weise zu vervielfältigen. Dabei wird die **Form und Ausstattung** grundsätzlich vom Verleger bestimmt, da er das wirtschaftliche Risiko trägt und den Markt, auf dem sich das Werk behaupten muss, kennt. Der Verleger hat jedoch die im Verlagsbuchhandel herrschende Übung zu beachten und auf Zweck und Inhalt des Werkes Rücksicht zu nehmen (§ 14 VerlG). Zur Ausstattung gehört die Wahl des Papiers, der Drucktypen,[53] des Formats, des Titelblatts, eines Schutzumschlages, des Einbands, der ggf. beizulegenden Prospekte oder der Abdruck von Inseraten im Anhang.[54] Entspricht die Ausstattung nicht der herrschenden Übung, wofür den Verfasser die Beweispflicht trifft, so steht ihm ein Widerspruchsrecht zu.

46 Ist nichts anderes vereinbart, so ist der Verleger zur Herstellung **einer** Auflage mit 1.000 Exemplaren berechtigt (§ 5 Abs. 1, Abs. 2 S. 1 VerlG), gleichzeitig hierzu aber auch verpflichtet (§ 16 Abs. 1 VerlG). Ist die Auflage abverkauft, endet das Vertragsverhältnis. Der Verlag ist nicht zur Veranstaltung weiterer Auflagen berechtigt, sofern sich dies nicht anderweitig aus dem Vertrag oder dem vereinbarten Vertragszweck ergibt.[55]

47 Auch die Verbreitung des Werkes hat in **zweckentsprechender und üblicher** Weise zu erfolgen. Der Verleger muss die Verbreitung mit geeigneten Werbemaßnahmen vorbereiten, das Buch in seinen Katalog aufnehmen und sich für dessen Verfügbarkeit beim Großhandel (Barsortiment) sowie den Verkauf durch das Sortiment und den Versandbuchhandel einsetzen.

---

52 A.A. *Loewenheim/J. B. Nordemann* § 64 Rn. 146; einschränkend *Schricker* Urheberrecht, § 34 Rn. 12.
53 Ein anschauliches Bsp. in eigener Sache bei *Rehbinder* Vorwort zur 14. Aufl.
54 *Schricker* Verlagsrecht, § 14 Rn. 4 ff.
55 *BGH* ZUM 1998, 497, 500 – Comic-Übersetzungen.

Die Vervielfältigungs- und Verbreitungspflicht erstreckt sich allein auf das Hauptrecht, nicht   **48**
hingegen auf mit dem Verlagsvertrag eingeräumte Nebenrechte (Taschenbuch, Sonderausgaben, Übersetzungen etc.).[56] Übt der Verleger die ihm eingeräumten Nebenrechte nicht aus, so
kann der Verfasser diese unter den Voraussetzungen des § 41 UrhG **zurückrufen.**

3.1.2 Honorarzahlung

Das Honorar ist durch den Verlag grundsätzlich bei der **Ablieferung** des Werkes zu entrichten,   **49**
falls nichts anderes vereinbart ist (§ 23 VerlG). Wurde – wie zumeist im Verlagsbuchhandel –
ein Absatzhonorar vereinbart, ist nach Abschluss eines Geschäftsjahres abzurechnen (§ 24 VerlagsG). Im Übrigen gelten die Vorschriften des Urhebervertragsrechts zur angemessenen Vergütung, durch welche die Vertragsfreiheit in diesem Bereich eingeschränkt wird.

3.1.2.1 Die angemessene Vergütung. Seit Inkrafttreten des Gesetzes „zur Stärkung der ver-   **50**
traglichen Stellung von Urhebern und ausübenden Künstlern"[57] am 1.7.2002 regelt § 32 Abs. 1
S. 1 UrhG die Vergütung des Urhebers und damit auch die Vergütung des Verfassers im Rahmen eines Verlagsvertrages. Gem. § 32 Abs. 3 UrhG ist diese Regelung uneingeschränkt auf
alle Verlagsverträge anwendbar, die ab dem 1.7.2002 geschlossen wurden. Auf Verlagsverträge, die vor dem 1.6.2001 geschlossen wurden, ist § 32 UrhG grundsätzlich nicht anwendbar.
Für Verträge aus dem Zeitraum zwischen dem 1.6.2001 und dem 30.6.2002 gilt § 32 n.F., sofern von dem mit diesem Vertrag eingeräumten Nutzungsrecht nach dem 28.3.2002 Gebrauch
gemacht wird.

Der Verfasser hat für die Einräumung von Nutzungsrechten und die Erlaubnis zur Werknut-   **51**
zung zunächst Anspruch auf die **vertraglich vereinbarte** Vergütung (§ 32 Abs. 1 S. 1 UrhG).
Diese Regelung gilt grundsätzlich nicht nur für die Einräumung des Verlagsrechts, sondern für
jede Einräumung eines Nutzungsrechts und die Erlaubnis zur Werknutzung; sie gilt indes nicht
für Wahrnehmungsverträge des Verfassers mit einer Verwertungsgesellschaft und für Nutzungsverträge der Verwertungsgesellschaft mit Dritten[58]. Auch im Rahmen gesetzlicher Nutzungslizenzen (§§ 44a ff. UrhG) scheidet eine Anwendung aus, da zum einen keine vertragliche Rechtseinräumung vorliegt und zudem bei gesetzlichen Lizenzen regelmäßig auf die Tarife
der Verwertungsgesellschaften verwiesen wird.

Anspruchsberechtigt ist zunächst der Verfasser, auch derjenige in Arbeits- oder Dienstver-   **52**
hältnissen.[59] Auch Leistungschutzberechtigte können sich auf § 32 UrhG berufen, soweit auf
diese Vorschrift verwiesen wird, also auch die Verfasser wissenschaftlicher Ausgaben (§ 70
Abs. 1 UrhG). Anspruchsberechtigt sind ferner die Rechtsnachfolger des Urhebers (§ 30
UrhG).[60]

Problematisch ist, dass der Anspruch bereits an die bloße Einräumung von Rechten anknüpft   **53**
und nicht an die tatsächliche Nutzung: Ist also bereits die Einräumung eines Verfilmungsrechts
vergütungspflichtig, obwohl eine Verfilmung noch gar nicht feststeht oder gar sehr unwahr-
scheinlich ist? Ist auch die Einräumung eines Optionsrechts für weitere Werke des Urhebers
vergütungspflichtig? Wie verhält es sich, wenn der Urheber ein Nutzungsrecht einräumt, es jedoch wegen Nichtausübung gem. § 42 UrhG zurückruft? Hier muss die Rechtsprechung die
vom Gesetzgeber aufgeworfenen Fragen beantworten.

---

56 *Schricker* Verlagsrecht, § 1 Rn. 65.
57 BGBl I S. 1155.
58 *Dreier/Schulze* § 32 Rn. 8.
59 *Wandtke/Bullinger* § 43 Rn. 145; *Dreier/Schulze* Rn. 13.
60 *Dreier/Schulze* § 32 Rn. 15.

54 Nur für den Fall, dass keine Vergütung vereinbart wurde, gilt die angemessene Vergütung als vereinbart (§§ 22 Abs. 2 VerlG, der insoweit als Spezialregelung § 32 Abs. 1 S. 2 UrhG verdrängt). Nur für den Fall, dass die früher vereinbarte Vergütung nicht angemessen ist, muss nachträglich vereinbart werden, was angemessen ist (§ 32 Abs. 1 S. 3 UrhG). Soll beurteilt werden, ob eine Vergütung von 10 % vom Verkaufspreis eines Buches angemessen ist, muss regelmäßig der Urheber nachweisen, dass zum Zeitpunkt des Vertragsschlusses üblicherweise und redlicherweise etwas anderes vereinbart wurde. Gelingt dem Urheber dieser Nachweis, ist der Vertrag entsprechend zu ändern. Nur der Urheber kann von seinem Vertragspartner die Änderung des Vertrages verlangen.

55 Bis zum Beweis des Gegenteils gilt die vertraglich vereinbarte Vergütung auch als die angemessene. Die **Änderung des Vertrages** wirkt in die Zukunft und sichert dem Urheber die Basis künftiger Ansprüche. Umstritten ist, ob der Urheber über die Vertragsanpassung hinaus bereits fällige **Vergütungen für die Vergangenheit** verlangen kann, die sich aus der Differenz zwischen der vertraglich vereinbarten und der angemessenen Vergütung ergeben; die wohl überwiegende Auffassung bejaht einen solchen rückwirkenden Anspruch.[61]

56 § 32 Abs. 1 UrhG zwingt indes nicht unbedingt dazu, überhaupt eine Vergütung zu vereinbaren. So kann die angemessene Vergütung etwa bei Dissertationen **gegen Null** gehen oder der Vertrag kann sogar eine Druckkostenbeteiligung des Autors vorsehen. Die Regelung gilt auch nicht für Fälle, in denen der Wunsch des Urhebers, einen Text gedruckt zu sehen, und nicht ein verlegerisches Interesse im Vordergrund stehen und der Urheber deshalb kein Honorar erwartet und billigerweise auch nicht erwarten kann, etwa persönliche Memoiren, private Familiengeschichten, Manuskripte unbekannter Autoren, an denen kaum Interesse der literarischen Öffentlichkeit zu erwarten ist und für die sich zu den allgemein üblichen Konditionen kein Verleger finden lässt.[62]

57 **3.1.2.2 Bestimmung der Angemessenheit, § 32 Abs. 2 UrhG.** Regelmäßig stellt sich bei Vertragsschluss für die Parteien die Frage, was nun die „angemessene" Vergütung ist. Die Intention des „Urhebervergütungsrechts" von 2002 lässt sich nur verstehen, wenn man es von § 32 Abs. 2 Satz 1 UrhG her betrachtet: Angemessen ist stets eine nach einer gemeinsamen Vergütungsregel (§ 36 UrhG) ermittelte Vergütung. Urheber- und Verwerterverbände sollen nach dem Willen des Gesetzgebers gemeinsame Vergütungsregeln aufstellen, die dann in dem betreffenden Bereich – ähnlich wie Tarifverträge – regeln, welche Vergütung die angemessene ist. Diese Tarifverträge können jedoch nicht nur nach Sparten gegliedert sein. Am Beispiel des Bereiches „Buch" (Fachbuch, Belletristik, Kinderbuch...) verdeutlicht sich, wie weit die Unterscheidungen getroffen werden müssen.[63] Die bisherige Erfahrung zeigt, dass sich die Tarifvertragsverhandlungen zwischen Urheber- und Verwerterverbänden zäh gestalten und von viel Streit und wenigen Ergebnissen gekennzeichnet sind.

58 Aus diesem Grunde ist bislang auch nur eine einzige **gemeinsame Vergütungsregel** zustande gekommen: Im Rahmen einer „Mediation" der Bundesjustizministerin einigten sich die in der AG Publikumsverlage zusammengeschlossenen Verleger mit dem Schriftstellerverband in der Gewerkschaft ver.di auf eine Vergütungsregel im Bereich der belletristischen Bücher (hier abgedruckt unter Rn. 115). In allen anderen Bereichen sind die Verhandlungen der Verbände bis-

---

61 Dafür *Dreier/Schulze* § 32 Rn. 25; *Schricker* UrhR, § 32 Rn. 27; *Wandtke/Bullinger* § 32 Rn. 19; a.A. *Jacobs* NJW 2002, 1905, 1907; *Nordemann* § 32, Rn. 57; *Ory* AfP 2002, 93, 97.
62 So auch § 1 der Gemeinsamen Vergütungsregeln Belletristik, hier abgedr. unter Rn. 115.
63 So gelten die Gemeinsamen Vergütungsregeln Belletristik nach deren § 1 nicht in den Bereichen Kinder- und Jugendbuch, Sachbuch, Ratgeber, Lexika und Hörbuch, weil in diesen Bereichen andere Bedingungen gelten.

Russ

lang gescheitert. Können sich die Verbände nicht einigen, kann unter den Voraussetzungen des § 36 Abs. 3 UrhG ein Schlichtungsverfahren stattfinden. Die Schlichtungsstelle (§ 36a Abs. 1 UrhG) unterbreitet den Parteien einen Vorschlag (Schlichterspruch), der aber von den Parteien abgelehnt werden kann.

Existiert für einen Nutungsbereich keine gemeinsame Vergütungsregel, so bestimmt § 32 **59** Abs. 2 S. 2 UrhG, was als „angemessene" Vergütung anzusehen ist. Diese Regelung gibt den Parteien jedoch Steine statt Brot: Denn wer weiß zu sagen, was „unter Berücksichtigung aller Umstände üblicher- und redlicherweise zu leisten ist"? Hinzu kommt, dass die Regelung mit dem Verweis auf Dauer und Zeitpunkt der Nutzung auf Parameter abstellt, die die Vertragsparteien zum Zeitpunkt des Vertragsschlusses ebenso wenig kennen wie „alle Umstände", die aber gleichwohl zu berücksichtigen sind.

Die ersten Urteile zur angemessenen Vergütung sind im Bereich der Übersetzervergütung er- **60** gangen und bieten fast erwartungsgemäß ein **buntes Bild**.[64] Einigkeit besteht darin, dass der Übersetzer in irgendeiner Form am Absatz des Werkes zu beteiligen ist, wobei nach Auflagenhöhe und Format (Hardcover oder Taschenbuch) unterschieden wird. Die Vorschläge für das Hardcover reichen hier von 0,5 %[65] bis 3,2 %.[66] Einigkeit besteht weiter darin, den Übersetzer an den Einnahmen aus der Verwertung von **Nebenrechten** zu beteiligen, wobei indes die Höhe der von den Gerichten zugesprochenen Beteiligung stark divergiert (z.B. LG Hamburg: 5 %,[67] OLG München: 50 %[68]). Gerade die „50%-Entscheidung" des OLG München[69] zeigt, wie problematisch die hinter § 32 UrhG stehende gesetzgeberische Entscheidung ist, die Bestimmung der Höhe der Urhebervergütung nicht den Vertragsparteien, sondern letztlich den Gerichten zu überlassen, welche die Branchenusancen nicht kennen: Wenn – wie üblich – der Verleger bereits den Autor des Werkes mit 50 % der Verlagseinkünfte aus der Verwertung der Nebenrechte beteiligt und nun weitere 50 % an den Übersetzer zahlen muss, bleibt für ihn selbst – nimmt man die Entscheidung wörtlich[70] – schlichtweg nichts mehr übrig. Sieht der Verlagsvertrag – wie häufig – eine 60- oder gar 70%ige Beteiligung des Originalurhebers vor, muss der Verleger für die Vergütung des Übersetzers sogar noch Geld mitbringen – obwohl er allein das wirtschaftliche Risiko trägt, die Kontakte zu Lizenznehmern hat, die Lizenzverhandlungen führt, abrechnet etc. Uneinheitlich ist die Rechtsprechung auch hinsichtlich der Frage, ob ein vom Verleger gezahltes Seitenhonorar auf die Beteiligung anzurechnen ist.[71] Erst der BGH dürfte für Rechtssicherheit in der heftig umkämpften Frage sorgen, welche Vergütung für einen Übersetzer nun die angemessene ist.

---

64 *OLG München* ZUM 2007, 142 ff.; 2007, 308; 2007, 317; ZUM-RD 2007, 182; 2007, 166; *LG München* ZUM 2006, 73 ff.; 2006, 159 ff.; *LG Hamburg* ZUM 2006, 683 ff.; *LG Berlin* ZUM 2005, 901 ff.; *LG Berlin* ZUM 2007, 904. Eine übersichtsartige Zusammenstellung der bisherigen Urteile bei *v. Becker* ZUM 2007, 249 ff.

65 *LG Berlin* ZUM 2005, 901 ff. ab 30.000 verkauften Exemplaren.

66 *OLG München* (29. Senat) ZUM 2007, 142 ff. ab 100.000 verkauften Exemplaren.

67 *LG Hamburg* ZUM 2006, 683 ff.

68 *OLG München* (29. Senat) ZUM 2007, 142 ff.

69 Entscheidung des 26. Senats. Der 6. Senat hält in vier Entscheidungen eine Urheberbeteiligung an den Verlagseinkünften aus der Nebenrechtsverwertung von 10 % für angemessen, vgl. ZUM 2007, 308, 317; ZUM-RD 2007, 182, 166.

70 *V. Becker* interpretiert das Urteil „vernünftigerweise" dahingehend, dass die nach Abzug der Zahlungen an den Originalautor verbleibenden Einkünfte zwischen Verlag und Übersetzer zu teilen sind, ZUM 2007, 249, 253. Der Wortlaut der Entscheidung gibt diese Interpretation indes nicht her.

71 Dafür: *OLG München* ZUM 2007, 142 ff.; 2007, 308; 2007, 317; ZUM–RD 2007, 182; 2007, 166; *LG München* ZUM 2006, 73 ff; *LG Berlin* ZUM 2005, 901 ff.; *LG Berlin* ZUM 2007, 904; dagegen: *LG München* ZUM 2006, 73 ff.; 2006, 159 ff.; *LG Hamburg* ZUM 2006, 683 ff.

61 **3.1.2.3 Die weitere Beteiligung des Urhebers.** Nach § 32a UrhG kann der Urheber von seinem Vertragspartner auch dann eine Änderung des Vertrages verlangen, wenn die vereinbarte – und ursprünglich angemessene – Vergütung in ein auffälliges Missverhältnis zu den mit dem Werk erwirtschafteten Erträgen gerät. „Erträge" sind die Bruttoeinnahmen des Verwerters ohne Abzug von Herstellungskosten, Vertriebskosten und sonstigen Aufwendungen.[72]

62 Von einem solchen Missverhältnis spricht man ausweislich der Gesetzesbegründung dann, wenn sich die Vergütungen um mehr als 100 % unterscheiden, die tatsächliche Vergütung weniger als die Hälfte der nun angemessenen Vergütung beträgt.[73] Auf die Vorhersehbarkeit des Missverhältnisses kommt es – anders als beim alten **Bestsellerparagrafen** – nicht an.

63 Der wesentliche Unterschied zwischen § 32 UrhG und § 32a UrhG liegt im Zeitpunkt der Beurteilung der „Angemessenheit". § 32 UrhG bezieht sich auf die zum Zeitpunkt des Vertragsschlusses angemessene Vergütung, § 32a UrhG auf die heute im Verhältnis zum Werkerfolg angemessene Vergütung. In Fällen, in denen der Urheber prozentual und angemessen i.S.d. § 32 Abs. 1 S. 3 UrhG an den Erträgen des Werkes beteiligt wird, dürfte für eine Anwendung des § 32a UrhG regelmäßig kein Raum sein. Wird jedoch ein **Pauschalhonorar** vereinbart, das ein angemessenes Beteiligungshonorar pro Jahr um mehr als die Hälfte unterschreitet, so liegt ein Missverhältnis vor, das den Urheber zur Vertragsänderung berechtigt. Die dann erfolgende Anpassung muss eine weitere angemessene Vergütung zum Ergebnis haben, darf sich also nicht darin erschöpfen, lediglich das auffällige Missverhältnis zu beseitigen.[74] Das bedeutet, dass über die ursprünglich angemessene (meist pauschale) Vergütung hinaus nun auch eine angemessene Beteiligung am Ertrag zu zahlen ist.[75]

64 Der Anspruch auf Vertragsanpassung steht dem Urheber grundsätzlich nur gegenüber seinem direkten Vertragspartner zu. § 32a Abs. 2 UrhG normiert indes einen gesetzlichen Zahlungsanspruch gegenüber einem Verwerter in der **Lizenzkette**, sofern die Voraussetzungen des Abs. 1 im Verhältnis zu diesem vorliegen.

65 Ob Tarifvertragsrecht dem Urheberrecht „angemessen" ist, bleibt fraglich. Gerade dort, wo es um Kunst geht, um Avantgarde und große Oper, um experimentelle Literatur und Rosamunde Pilcher, um Sachbücher und Peter Handke – überall dort, wo kreative Menschen tätig sind, wird es schwer möglich sein, die Dinge über einen Kamm zu scheren und zu sagen, welche Vergütung jeweils „angemessen" ist. Jedenfalls handelt es sich bei dem neuen Urhebervertragsrecht um einen erheblichen Eingriff in die Vertragsfreiheit, der bislang mehr Fragen aufgeworfen als beantwortet hat.

66 **3.1.2.4 Fälligkeit des Honorars.** Mangels anderweitiger Vereinbarung ist das Honorar bei der **Ablieferung** zu entrichten (§ 23 S. 1 VerlG). Die meisten Verlagsverträge sehen indes eine Beteiligung des Verfassers am Ladenpreis oder Netto-Ladenpreis (gebundener Ladenpreis abzüglich gesetzlicher Mehrwertsteuer) vor. In diesen Fällen hat der Verleger grundsätzlich jährlich Rechnung zu legen sowie Einsicht in seine Geschäftsbücher zu verschaffen, soweit dies für die Überprüfung der Abrechnung erforderlich ist (§ 24 VerlG). Die Honorarbemessung nach dem Umfang der Vervielfältigung, insbesondere nach Zahl der Druckbogen (§ 23 S. 2 VerlG) ist nicht mehr zeitgemäß.

---

72 *Dreier/Schulze* 2. Aufl., § 32a Rn. 28; a.A. *Schaub* ZUM 2005, 212, 218.
73 Begr. BT-Drucks. 14/8085, 45.
74 *BGH* GRUR 2002, 153, 155.
75 *Dreier/Schulze* § 32a Rn. 42.

3.2 Nebenpflichten

3.2.1 Enthaltungspflicht des Verlegers

In § 4 VerlG ist auch für den Verleger – freilich dispositiv – eine Enthaltungspflicht normiert: **67** Er ist nicht berechtigt, das Vertragswerk für eine Gesamtausgabe der Werke des Verfassers oder ein Sammelwerk (§ 4 UrhG) zu verwerten. Auch Teile einer bereits verlegten Gesamtausgabe oder eines bereits verlegten Sammelwerks dürfen nicht ohne Zustimmung des Verfassers im Rahmen einer Sonderausgabe vervielfältigt und verbreitet werden.

3.2.2 Festsetzung des Ladenpreises

Die Bestimmung des Ladenpreises, zu dem das Buch verkauft werden soll, steht für jede Auf- **68** lage gesondert dem Verleger zu (§ 21 Satz 1 VerlG). Diese Bestimmung setzt die seit Ende des 19. Jahrhunderts im Verlagsbuchhandel bestehende Befugnis des Verlegers voraus, den Ladenpreis des Buches festzusetzen. Die Rechtsgrundlage der Buchpreisbindung hat sich mehrmals gewandelt und basierte bis zum Zweiten Weltkrieg auf Verbandsrecht des Börsenvereins des Deutschen Buchhandels, danach auf vertraglichen Vereinbarungen zwischen den Verlegern und Buchhändlern. Diese vertraglichen Regelungen wurden 1966 in ein Sammelreverssystem überführt, das 1990 auch auf das Gebiet der neuen Bundesländer ausgedehnt wurde. Nach jahrelangem Streit mit der EU-Kommission zur Frage der Vereinbarkeit des Sammelrevers mit dem EU-Wettbewerbsrecht erließ der Gesetzgeber mit Wirkung zum 1.10.2002 das Gesetz über die Preisbindung für Bücher (BuchPrG), das den Sammelrevers ablöste, inhaltlich dessen Regelungen jedoch weitgehend übernahm.[76]

Gem. § 5 Abs. 1 BuchPrG trifft den Verleger die **Pflicht**, für jede Ausgabe jedes Buches einen **69** Preis einschließlich Umsatzsteuer („Endpreis") für den Verkauf an Letztabnehmer festzusetzen. Eine Erhöhung des Preises ist nach den Bestimmungen des BuchPrG jederzeit möglich, im Verhältnis zum Verfasser darf eine Erhöhung – falls nichts anderes vereinbart ist – jedoch nur mit dessen Zustimmung erfolgen (§ 21 S. 3 VerlG). Auch eine Ermäßigung des Ladenpreises ist nach BuchPrG unproblematisch, im Verhältnis zum Verfasser dürfen allerdings dessen berechtigte Interessen nicht verletzt werden. So wäre die „Degradierung" eines hochpreisigen Fachbuchs eines bekannten Autors zu einem Billigbuch mit dem Ansehen des Autors kaum vereinbar und könnte dessen berechtigte Interessen verletzen. Auch ist der Verfasser ja regelmäßig am Nettoumsatz des Buches beteiligt, so dass eine Ermäßigung des gebundenen Ladenpreises auch das dem Verfasser zustehende Honorar mindert.

Nach Ablauf von 18 Monaten nach Erscheinen ist der Verleger gem. § 8 Abs. 1 BuchPrG be- **70** rechtigt, die Preisbindung aufzuheben. Dies führt regelmäßig zur „Verramschung" des Buches, also zum Verkauf zu beliebigen – meist überaus niedrigen – Preisen. Auch dies kann für den Verfasser nachteilig sein.[77] Viele Verlagsverträge regeln daher, dass die Verramschung erst erfolgen kann, wenn die Buchabsätze eine bestimmte Menge unterschreiten und sich dadurch herausstellt, dass das Buch zum gebundenen Ladenpreis nicht mehr verkäuflich ist.

3.2.3 Zuschuss- und Freiexemplare

Zuschussexemplare sind Vervielfältigungsstücke, die nach verlegerischer Verkehrssitte über **71** die Zahl der nach Gesetz oder Vertrag zulässigen Abzüge hinaus hergestellt werden, um den Ausfall zu ersetzen, der während der Herstellung beim Druck, Heften oder Binden, bei der Lagerung oder während des Vertriebs entsteht. Sie dienen dazu, die Zahl der zu vervielfältigenden Bücher (einschließlich Vertriebs-, Frei-, Besprechungs-, Werbe- und Pflichtexemplare) zu si-

---

76 Zur Geschichte der Buchpreisbindung: *Franzen/Wallenfels/Russ* § 1 Rn. 10 ff.
77 *Schricker* Verlagsrecht, § 21 Rn. 10.

chern.[78] Die Zahl der Zuschussexemplare wird meist vertraglich begrenzt. Sie dürfen vom Verleger nicht verbreitet, also nicht verkauft werden und sind demgemäß auch nicht vergütungspflichtig.

72   Freiexemplare sind die vom Verleger aufgrund gesetzlicher Vorschrift (§ 25 VerlG) oder vertraglicher Regelung an den Verfasser kostenlos auszuhändigenden Exemplare des Buches zu dessen persönlicher Verwendung. An Freiexemplaren sind dem Verfasser mangels besonderer Vereinbarung bei Werken der Literatur auf je einhundert Abzüge ein Exemplar, jedoch mindestens fünf und höchstens fünfzehn zu liefern (§ 25 Abs. 1 VerlG). Bei Musikwerken ist die jeweils übliche Anzahl von Freiexemplaren geschuldet (§ 25 Abs. 2 VerlG) Weiterhin ist der Verfasser berechtigt, über die Zahl der Freiexemplare hinaus vom Verleger Exemplare des Buches zum günstigsten dem Buchhandel gewährten Abgabepreis zu verkaufen. Das wird regelmäßig der dem Großhandel (auch Zwischenbuchhandel oder Barsortiment genannt) gewährte Preis sein, vgl. § 6 Abs. 3 BuchPrG.

4. Das Eigentum am Manuskript

73   Im Zeitalter der digitalen Erstellung von Manuskripten ist § 27 VerlagsG wohl nur noch für den **Musikverlagsvertrag** von Bedeutung, zumal die originalen Notenhandschriften von Komponisten erhebliche Werte erreichen können. Nach dieser Regelung ist das Manuskript dem Autor nach der Vervielfältigung zurückzugeben ist, sofern sich der Autor vor Beginn der Vervielfältigung die Rückgabe vorbehalten hat. Ist dies nicht der Fall, wird das Manuskript nicht etwa Eigentum des Verlages, der Verlag ist lediglich bis zur Beendigung des Verlagsvertrages zum Besitz berechtigt. Selbst wenn der Verlag vertraglich Eigentümer des Manuskripts geworden ist, kann der Verleger im Falle einer berechtigten fristlosen Kündigung des Verlagsvertrages durch den Autor verpflichtet sein, das Manuskript zurückzugeben.[79]

5. Die Beendigung des Verlagsvertrages

5.1 Vertragsgemäße Beendigung

74   Regelmäßig endet das Vertragsverhältnis zwischen Verleger und Verfasser, wenn die vereinbarten Auflagen oder Abzüge **vergriffen** sind (§ 29 Abs. 1 VerlG) und dem Verleger keine darüber hinaus gehenden Verwertungsrechte mehr zustehen. Wurde der Verlagsvertrag für eine bestimmte Zeit geschlossen, so endet das Vertragsverhältnis mit deren Ablauf (§ 29 Abs. 3 VerlG).

5.2 Die Kündigung des Vertrages

75   § 18 VerlG sieht ein Kündigungsrecht des Verlegers vor, wenn der Zweck, dem das Werk dienen sollte, nach Abschluss des Vertrages wegfällt, wobei der Honoraranspruch des Verfassers unberührt bleibt. Die Kündigung wirkt ex nunc.

5.3 Rücktrittsrechte

76   Im Unterschied zur Kündigung wirkt der Rücktritt vom Verlagsvertrag grundsätzlich ex tunc (Verweis auf die für das Rücktrittsrecht geltenden Vorschriften der §§ 346 bis 351 BGB in § 37 VerlG). Die wirksame Rücktrittserklärung wandelt somit den Verlagsvertrag in ein **Rückgewährschuldverhältnis**, in dessen Rahmen die jeweils erhaltenen Leistungen zurückzugewäh-

---

78 *Schricker* Verlagsrecht, § 6 Rn. 2.
79 *BGH* GRUR 1999, 579, 580.

ren sind. Um – etwa bei lang andauernden Vertragsverhältnissen – nicht zu unbilligen Ergebnissen zu gelangen, mildern §§ 37 und 38 VerlG die Wirkungen des Rücktritts jedoch ab und nähern die sich ergebenden Rechtsfolgen denen einer Kündigung an.[80] Eine Rückgewähr der empfangenen Leistungen, muss danach nur erfolgen, wenn das Werk im Zeitpunkt der Rücktrittserklärung nicht bereits ganz oder teilweise an den Verleger abgeliefert war (§ 38 VerlG). War dies noch nicht der Fall, sind auch wechselseitig erhaltene Leistungen wie Druckkostenzuschuss, Vorschuss, Unterlagen, Materialien etc. wieder herauszugeben. Wird der Rücktritt hingegen erklärt, nachdem das Werk bereits ganz oder in Teilen dem Verleger überlassen wurde, so hängt es von den Umständen des Einzelfalls ab, ob der Vertrag rückabgewickelt werden muss. Nach der **gesetzlichen Vermutungsregel** in § 38 Abs. 2 VerlG werden bei einem Rücktritt nur die zukünftigen Auflagen eines Werkes erfasst, für Vervielfältigungs- und Verbreitungshandlungen der Vergangenheit behält der Verlagsvertrag seine Gültigkeit mit der Folge, dass hierfür keine Leistungen wechselseitig zurückzugewähren sind.[81]

5.3.1 Die Rücktrittsrechte des Verlegers

Ein Rücktrittsrecht des Verlegers besteht, wenn das Werk ganz oder zum Teil nicht rechtzeitig abgeliefert wurde und auch eine **Nachfristsetzung mit Ablehnungsandrohung** erfolglos geblieben ist (§ 30 Abs. 1 S. 1, 3 VerlagsG). Ein sofortiges Rücktrittsrecht ohne Fristsetzung besteht, wenn die rechtzeitige Herstellung des Werkes – etwa wegen einer dauerhaften Erkrankung des Verfassers – unmöglich ist oder vom Verfasser **ernsthaft und endgültig verweigert** wird.[82] Ebenso kann sich der Verleger vom Vertrag lösen, wenn der sofortige Rücktritt durch ein besonderes Interesse an der zeitgerechten Herstellung gerechtfertigt ist, weil etwa das Werk zu einem bestimmten Ereignis erscheinen sollte oder ein Fixgeschäft vorliegt.[83] Der Rücktritt ist jedoch grundsätzlich ausgeschlossen, wenn die nicht rechtzeitige Ablieferung des Werkes für den Verleger nur einen unerheblichen Nachteil mit sich brächte (§ 30 Abs. 3 VerlG).

77

Ein weiteres Rücktrittsrecht steht dem Verleger bei **nicht vertragsgemäßer Beschaffenheit** des vom Verfasser abgelieferten Werkes zu (§ 31 Abs. 1 VerlG). Hier gelten die Regelungen zum Rücktrittsrecht wegen nicht rechtzeitiger Ablieferung des Werkes entsprechend, auch hier bedarf es mithin der Fristsetzung mit Ablehnungsandrohung vor der Rücktrittserklärung. Dem Verfasser muss eine angemessene Nachfrist eingeräumt werden, das Werk in einen vertragsgemäßen Zustand zu versetzen. Einer Nachfrist bedarf es wiederum nicht, wenn einer der in § 30 Abs. 2 VerlG genannten Gründe vorliegt.

78

Ein zusätzliches Rücktrittsrecht des Verfassers gibt es wegen **veränderter Umstände** (Wegfall der Geschäftsgrundlage, § 35 Abs. 1 VerlG). Die Umstände müssen so beschaffen sein, dass der Verfasser, hätte er sie früher gekannt, von der Herausgabe des Werkes Abstand genommen hätte. Die Gründe können objektiver Natur sein, wie etwa im Falle einer einschneidenden Gesetzesänderung, die ein juristisches Fachbuch Makulatur werden lässt.[84] Sie können subjektiver Natur sein, etwa in einer Änderung der religiösen, politischen oder wissenschaftlichen Anschauungen des Verfassers begründet sein. Auch eine unvorhergesehene längere Erkrankung des Verfassers, durch welche er an der Fertigstellung des Werkes dauerhaft gehindert wird, ist

79

---

80 *Wegner/Wallenfels/Kaboth* 2. Kap. Rn. 112.
81 *Loewenheim/J. B.Nordemann* Handbuch des Urheberrechts, § 64 Rn. 168; *Wegner/Wallenfels/Kaboth* 2. Kap. Rn. 112.
82 *Schricker* Verlagsrecht, § 30 Rn. 17 f.
83 *Schricker* Verlagsrecht, § 30 Rn. 20.
84 *Leiss* § 35 Anm. 11.

Russ

ein solcher subjektiver Grund.[85] Die Möglichkeit zum Rücktritt wegen veränderter Umstände steht vice versa auch dem Verleger für Folgeauflagen des Werkes zu (§ 35 Abs. 1 Satz 2 VerlG).

5.3.2 Das Rücktrittsrecht des Verfassers

80 Auch dem Verfasser steht gem. §§ 32, 30 VerlG ein eigenes Rücktrittsrecht zu, wenn der Verleger das Werk **nicht vertragsgemäß** vervielfältigt und verbreitet. Dabei erstreckt sich das Rücktrittsrecht sowohl auf Verstöße des Verlegers gegen das „**ob**" der Verbreitung als auch deren „**wie**". Das Rücktrittsrecht steht dem Verfasser somit zu, wenn der Verleger das Werk gar nicht vervielfältigt und verbreitet, wenn dies nicht in zweckentsprechender und üblicher Weise erfolgt, wenn der Verleger unzulässige Änderungen am Werk vornimmt, eine geringere oder höhere Zahl an Abzügen herstellt als vereinbart oder gesetzlich in §§ 5, 16 VerlG festgeschrieben, wenn das Werk trotz einer entgegenstehenden Verpflichtung des Verlegers vergriffen ist, wenn der Verleger das Manuskript nicht korrigiert (§ 20 Abs. 1 VerlG), wenn der Verleger notwendige Korrekturen des Verfassers nicht ausführt, wenn der Verleger ohne Einverständnis des Verfassers den Ladenpreis herabsetzt oder ohne Beachtung seiner Interessen das Buch verramscht oder makuliert.[86]

81 Auch den Verfasser trifft gem. § 30 Abs. 1, 32 VerlG die Pflicht, dem Verleger eine **Nachfrist mit Ablehnungsandrohung** für die vertragsgemäße Vervielfältigung und Verbreitung zu setzen, sofern eine solche nicht gem. §§ 30 Abs. 2, 32 VerlG ausnahmsweise entbehrlich ist.

5.4 Weitere Beendigungstatbestände

82 Im übrigen endet der Verlagsvertrag durch **Gemeinfreiwerden** des Werkes, also mit Ende der urheberrechtlichen Schutzfrist gem. § 64 UrhG.[87] Als Dauerschuldverhältnis kann der Verlagsvertrag auch durch sofortige Kündigung enden, wenn die Vertrauensgrundlage gestört und es dem Verfasser nicht mehr zuzumuten ist, das Vertragsverhältnis fortzusetzen. Dies ist etwa der Fall, wenn der Verleger wiederholt nicht, verspätet oder falsch abrechnet,[88] das Ansehen des Verfassers schädigt oder auf sonstige Weise seine Vertragspflichten verletzt.[89] Eine Kündigungsmöglichkeit besteht zudem, wenn sich aufgrund fortdauernder erheblicher Vermögensschwierigkeiten des Verlegers der Druck des Werkes verzögert oder dem Verfasser eine Verwirklichung seiner Honoraransprüche nicht möglich ist.[90]

83 Von den Beendigungstatbeständen sind die Rückrufrechte des Verfassers zu unterscheiden, die ihm das Urheberrecht bei Nichtausübung von Nutzungs- bzw. Nebenrechten (§ 41 UrhG) sowie wegen gewandelter Überzeugung (§ 42 UrhG) gewährt.

6. Der Verlagsvertrag in der Insolvenz des Verlegers

84 Ist die Übertragung des Verlagsrechts vertraglich nicht ausgeschlossen worden, werden die Verlagsrechte von einem **Insolvenzverfahren** über das Vermögen des Verlegers erfasst.[91] Für diesen Fall stellt § 36 VerlG einige besondere Bestimmungen auf.

---

85 *Ulmer* S. 472; *Schricker* Verlagsrecht, § 35 Rn. 6.
86 *Schricker* Verlagsrecht, § 32 Rn. 2.
87 *Wegner/Wallenfels/Kaboth* 2. Kap. Rn. 107.
88 *BGH* GRUR 1974, 789 – Hofbräuhaus-Lied; *OLG Schleswig-Holstein* ZUM 1995, 867, 873; *OLG Köln* GRUR 1986, 679 – unpünktliche Honorarzahlung.
89 Bsp. bei *Schricker* Verlagsrecht, § 35 Rn. 24.
90 *RGZ* 79, 160; *LG München* GRUR 1987, 911 – Vertragskündigung.
91 *Rehbinder* Rn. 707.

Nach Stellung des **Insolvenzantrages** über das Vermögen des Verlegers besteht der Verlags- **85** vertrag zunächst grundsätzlich weiter. Ab Antragsstellung gilt jedoch die **Kündigungssperre** des § 112 InsO mit der Folge, dass der Verfasser nicht mehr berechtigt ist, wegen eines Verzugs des Verlegers oder wegen dessen schlechter Vermögensverhältnisse das Vertragsverhältnis zu kündigen.[92] Diese Regel ist **zwingendes Recht** und kann nicht vertraglich abbedungen werden; ebenso wenig kann ein automatischer Rechterückfall für den Fall der Insolvenz vereinbart werden.

Der Verfasser hat ein **Rücktrittsrecht** für den Fall der Insolvenz des Verlegers, sofern mit der **86** Vervielfältigung des Werkes zum Zeitpunkt der Eröffnung des Insolvenzverfahrens noch nicht begonnen wurde (§ 36 Abs. 3 VerlG). Übt er es aus, wird der Verlagsvertrag mit der Folge aufgelöst, dass das Verlagsrecht erlischt (§ 9 Abs. 1 VerlG). Der Verfasser kann in diesem Fall erneut über das Werk verfügen.

Hatte der Verleger bei Eröffnung des Insolvenzverfahrens bereits mit der Vervielfältigung be- **87** gonnen oder übt der Verfasser sein Rücktrittsrecht nicht aus, so hat der Insolvenzverwalter gem. §§ 36 Abs. 1, 103 InsO ein **Wahlrecht**, ob er den Verlagsvertrag erfüllen will oder nicht. Voraussetzung für die Ausübung des Wahlrechts durch den Insolvenzverwalter ist gem. § 103 Abs. 1 InsO, dass der Verlagsvertrag von beiden Teilen nicht oder noch nicht vollständig erfüllt ist. Die Ablieferung des Werkes durch den Verfasser stellt noch keine vollständige Erfüllung dar, wenn der Verfasser noch die Korrektur schuldet.[93] Entschließt sich der Insolvenzverwalter zur Erfüllung des Vertrages, ist er in demselben Umfang wie der Verleger an den Verlagsvertrag gebunden. Die Ansprüche des Verfassers werden zu privilegierten Masseforderungen (§ 55 Abs. 1 Ziff. 2 InsO).

Der Insolvenzverwalter kann die **Verlagsrechte** auch unter Beachtung von § 34 Abs. 1 – 3 **88** UrhG einem Dritten übertragen. Der Dritte tritt in den Verlagsvertrag ein, die Insolvenzmasse haftet jedoch für die Verbindlichkeiten des Dritten aus dem Vertragsverhältnis wie ein selbstschuldnerischer Bürge (§ 36 VerlG). Lehnt der Insolvenzverwalter die Erfüllung des Verlagsvertrages ab, so erlischt das Recht des Insolvenzverwalters auf Vervielfältigung und Verbreitung des Werkes und damit das Verlagsrecht.

Werden gar keine Entscheidungen getroffen, bleibt der Verlagsvertrag bestehen. Altschulden **89** des Verlegers werden zu Masseverbindlichkeiten; der Verfasser hat Anspruch lediglich auf eine quotale Befriedigung. Der Verlagsvertrag wird durch die Eröffnung des Insolvenzverfahrens weder aufgelöst noch verändert, sondern bleibt auch während des Insolvenzverfahrens unberührt und behält seinen ursprünglichen Inhalt. Der Insolvenzverwalter kann sein Wahlrecht bis zur Verfahrensbeendigung ausüben, wenn ihn nicht der Verfasser nach § 103 Abs. 2 S. 2, 3 InsO vorher auffordert, eine Erklärung über das weitere Schicksal des Vertrages abzugeben. Erst mit Abschluss des Insolvenzverfahrens fällt das Verlagsrecht dann an den Verfasser zurück.[94]

---

92 *Wegner/Wallenfels/Kaboth* 7. Kap. Rn. 8.
93 *Rehbinder* Rn. 708.
94 *OLG München* ZUM 1994, 360, 361.

II. Vertragstypen

1. Der Literaturverlagsvertrag

90 Beim Vertrag über ein belletristisches Werk sind für die Vergütung die **gemeinsamen Vergütungsregeln Belletristik** zu beachten (§ 32 Abs. 2 S. 1 UrhG).[95] Fraglich ist in jüngerer Zeit häufiger, ob auch die Vereinbarung eines „**Printing on demand**" als Verlagsvertrag anzusehen ist. Diese Frage ist zu bejahen: Allerdings dürften einige dispositive Regelungen des VerlG – etwa zur Zahl der herzustellenden Abzüge und zur Bevorratung, §§ 15, 16 UrhG – konkludent abbedungen sein.

91 Der Markt für **wissenschaftliche Publikationen** ist von häufig hohen Herstellungskosten und geringen Auflagen gekennzeichnet. Viele Autoren – insbesondere von wissenschaftlichen Zeitschriften – erhalten kein oder nur ein geringes Honorar; häufig sind es Hochschulprofessoren und Dozenten, denen es in erster Linie um die Publikation ihrer Beiträge in einer angesehenen Zeitschrift geht. In diesem Bereich kann die angemessene Vergütung i.S.d. § 32 Abs. 2 S. 2 UrhG gegen Null gehen, mehr noch, der Verfasser kann – wie etwa im Dissertationsverlag üblich – zur Zahlung eines die gesamten Herstellungskosten abdeckenden Druckkostenzuschusses verpflichtet sein. Für den Bereich der wissenschaftlichen Werke wurde bereits im Jahre 1922 ein als „Richtlinien" bezeichneter Mantelvertrag zwischen den Hochschullehrerverbänden und dem Börsenverein des Deutschen Buchhandels geschlossen. Nach dem 2. Weltkrieg erfolgte eine Einigung über Vertragsnormen zwischen dem Deutschein Hochschullehrerverband und dem Börsenverein, deren aktuelle Fassung aus dem Jahre 2000 stammt.[96] Diese Fassung enthält erstmals ausführliche Musterverträge für den Abschluss von Verträgen im Zusammenhang mit wissenschaftlichen Werken.

2. Sammelwerke und Zeitschriften

2.1 Besonderheiten

92 Auch der mit dem **Herausgeber** eines Sammelwerkes (§ 4 UrhG) abgeschlossene Vertrag unterliegt als Verlagsvertrag gem. § 41 VerlG regelmäßig den Regelungen des VerlG, auch wenn darüber hinaus aufgrund der Rechtsnatur des Vertrages Regelungen des Werk- und Dienstvertragsrechts Anwendung finden können.[97] Mit einzelnen Abweichungen (§§ 43 bis 46) gilt das VerlG auch für Beiträge in Zeitschriften und sonstigen periodischen Sammlungen. Der Verleger darf beliebig viele Abzüge vom Sammelwerk herstellen (§ 43 VerlagsG). Er muss dem Verfasser auch keinen Abzug zur Korrektur vorlegen (§ 44 VerlagsG). Im Zweifel erwirbt der Verfasser zwar ein ausschließliches Nutzungsrecht zur Vervielfältigung und Verbreitung des Beitrags. Dennoch darf der Autor den Beitrag nach Ablauf eines Jahres seit Erscheinen anderweitig vervielfältigen und verbreiten lassen, sofern nichts anderes vereinbart ist (§ 38 Abs. 1 UrhG).

2.2 Das Recht am Titel

93 Von erheblicher Bedeutung in der Praxis ist die Frage, wem der **Titel einer Zeitschrift** gehört. Diese Frage sorgt regelmäßig für Streit, wenn Verlag und Herausgeber nicht mehr miteinander können oder wollen und der Verlag die Zeitschrift mit einem anderen Herausgeber oder der Herausgeber die Zeitschrift mit einem anderen Verlag fortführen will. Das VerlG schweigt zu dieser Frage.

---

95 Abgedr. unter Rn. 115.
96 Abgedr. bei *Schricker* Verlagsrecht, Anh. 2, 776 ff.
97 *Schricker* Verlagsrecht, § 1 Rn. 7.

Grundsätzlich ist ohne Bedeutung, wer den Titel geprägt oder erfunden hat, da Titel von **94** Druckschriften regelmäßig keinem urheberrechtlichen Schutz zugänglich sind.[98] Entscheidend ist vielmehr, welche Regelung der Vertrag vorsieht. Daher sollte in jedem Herausgebervertrag geregelt sein, wer den Zeitschriftentitel behält, wenn die Zusammenarbeit endet. Findet sich – wie leider häufig – im Vertrag keine Regelung zur Inhaberschaft am Titel, so richtet sich die Entscheidung danach, wer **„Herr des Unternehmens"** ist. Hatte die Zeitschrift bereits mehrere Herausgeber, so ist dies ein Indiz für eine Inhaberschaft des Verlages. Hat der Herausgeber mehrfach den Verlag gewechselt, ist dies ein Indiz für die Inhaberschaft des Herausgebers. Ist auch dieses Kriterium unergiebig, so wird darauf abgestellt, wer als „Herr des Unternehmens" anzusehen ist, wer den Titel initiiert hat, der Verlag oder der Herausgeber.[99] Ist auch das unklar oder liegt ein gemeinschafliches Projekt vor, so entspricht es der Billigkeit, das Titelrecht dem Verleger zu belassen, der ja auch das wirtschaftliche Risiko trägt.

2.3 Verhältnis des Verlages zum Herausgeber

Das Verhältnis des Herausgebers zum Verleger ist häufig ambivalent: Einerseits ist der Heraus- **95** geber **Urheber** des von ihm gestalteten Sammelwerkes. Andererseits ist er häufig selbst **Autor eines Beitrages** zum Sammelwerk. Der Verlag ist daher gut beraten, beide Rechtsverhältnisse voneinander zu trennen und einen Herausgeber– sowie einen Autorenvertrag abzuschließen. Dabei hat es sich in der Praxis für die Verlage als nachteilig erwiesen, die Verträge zu den Beitragsautoren „über den Herausgeber" abschließen zu lassen: Denn häufig werden solche Verträge nicht schriftlich abgeschlossen, so dass es im Streitfall häufig zu Auseinandersetzungen über den zeitlichen oder inhaltlichen Umfang der eingeräumten Nutzungsrechte kommt. Zwar erfolgt regelmäßig eine ausschließliche Rechtseinräumung (§§ 41, 8 VerlG), im übrigen gilt jedoch die Zweckübertragungslehre. Der Verleger sollte daher einerseits einen Vertrag mit dem Herausgeber abschließen, in welchem auch die Nutzungsrechte am Sammelwerk im benötigten Umfang eingeräumt werden. Darüber hinaus sollte der Verlag mit jedem einzelnen Beitragsautor einen eigenen Verlagsvertrag abschließen. Um die Beitragsautoren nicht zu verschrecken, empfiehlt sich ein möglichst kurz gefasster Revers. Bei mehreren Herausgebern und/oder Beitragsautoren oder bei auf viele Auflagen angelegten Werken ist es zudem wichtig, eine Regelung für den Fall des Ausscheidens der Herausgeber und Beitragsautoren zu treffen. Denn das Werk soll ja regelmäßig auch nach deren Ausscheiden fortgeführt werden. Mangels vertraglicher Regelungen geht dies aufgrund zu beachtender Rechte der Herausgeber am Sammelwerk (§ 4 UrhG) und der Rechte oder Miturheberrechte der Beitragsautoren häufig nur um den Preis der gänzlichen Neuherstellung von Beiträgen oder gar des gesamten Werkes. Der Verleger sollte sich daher stets das Recht sichern, das Werk durch andere Herausgeber und Bearbeiter unter Verwendung sämtlicher Zusammenstellungen und Texte weiter zu betreiben und herausgeben bzw. bearbeiten zu lassen.

3. Der Musikverlagsvertrag

Die Regelungen des Verlagsgesetzes erstrecken sich grundsätzlich auch auf den Musikverlags- **96** vertrag, der sich vom Literaturvertrag jedoch mannigfalt unterscheidet.[100] Parteien des Musikverlagsvertrages können der Verlag, der Komponist und der Textdichter sein.[101] Das VerlG erklärt sich ausweislich § 1 zwar selbst für anwendbar, in der Praxis werden Verlagen wie

---

98 *Wegner/Wallenfels/Kaboth* Kap. 4 Rn. 11 f.
99 *Schricker* Verlagsrecht, § 41 Rn. 15.
100 *Schricker* Verlagsrecht, § 1 Rn. 82.
101 *Loewenheim/Czychowski* Handbuch des Urheberrechts, § 68 Rn. 1.

Komponisten jedoch nur Verträge mit Regelungen gerecht, welche die **Besonderheiten des Musikgeschäfts** berücksichtigen. So erhält der Verleger regelmäßig das Recht zur Bearbeitung des Werkes (Klavierbearbeitung, Bearbeitung für Kammerorchester) sowie zur Veranstaltung von Sonderausgaben von Teilstücken (Orchesterstimmen).[102] Generell können drei unterschiedliche Arten des Musikverlagsvertrages unterschieden werden:

- Vertrag über Bühnenwerke der ernsten Musik, insbes. Opern („großes Recht"),
- Vertrag über sonstige Werke der ernsten Musik („kleines Recht"),
- Vertrag über Werke der Unterhaltungsmusik.

97 Im Bereich der ernsten Musik ist die – regelmäßig kostenintensive – **Herstellung von Notenmaterial** regelmäßige Hauptpflicht des Verlagsvertrages. Allerdings wird gerade bei Opernwerken nur mit sehr geringen Auflagen gearbeitet, da einerseits die Notenmaterialien (Partitur, Orchesterstimmen für die unterschiedlichen Instrumente) sehr umfangreich sind, andererseits die wenigsten Bühnen das Notenmaterial für die aufgeführten Opernwerke käuflich erwerben wollen. In der Praxis werden die „Materialien" genannten Noten von den Musikverlagen regelmäßig vermietet, was einen nicht unerheblichen Teil ihrer Einnahmen ausmacht. Auch haben sie auf diese Weise die Kontrolle, dass bei Aufführungen nicht zur Einsparung der Mietgebühr mit kopierten Noten gearbeitet wird.

98 Auch bei den sonstigen Werken der ernsten Musik (**„kleines Recht"**) liegt das Schwergewicht des Vertrages bei der Herstellung von Noten und der Vermittlung von Aufführungen. Aus diesem Grunde unterhalten E-Musikverlage nicht nur eine Notenherstellung, sondern regelmäßig auch eine Bühnen- und Konzertabteilung. Die Einnahmen aus dem Notenverkauf fallen hier noch deutlich mehr ins Gewicht als im U-Musikverlagsbereich, insbesondere bei Schulwerken (Klavierschulen etc.), Chorwerken und Werken für Kammerorchester. Im Bereich der Werke für großes Orchester werden die Noten wiederum zumeist vermietet.

99 Liegt bei der ernsten Musik noch immer das Schwergewicht der vertraglichen Regelungen auf der Herstellung von Noten, spielt dies im Bereich der **Unterhaltungsmusik** fast keine Rolle.[103] Während verlegerische Hauptpflicht beim „E"-Musikverlagsvertrag nach wie vor die Herstellung und Verbreitung des Werkes in Notenform ist, werden vom „U"-Musikverlag regelmäßig überhaupt keine Noten hergestellt, was jedoch gesondert vereinbart werden muss. In diesen Verträgen geht es dann auch um Fragen wie Exklusivbindungen an Tonträgerhersteller, den Tonträger- und Internet-Vertrieb, TV-Auftritte etc. Im U-Musikbereich findet man den klassischen Musikverlag ohnehin nur noch selten. Im Regelfall handelt es sich um große Medienkonzerne, unter deren Dach sich neben einer Tonträgerfirma ein dieser quasi angeschlossener Musikverlag befindet. Dieser bewegt sich in einem **Geflecht von Vertragsbeziehungen**:[104] Die Künstler sind mit einem Produzenten durch einen Künstlerverlag verbunden, der Produzent wiederum mit einem Tonträgerhersteller durch einen Bandübernahmevertrag. Ebenso schließen die Künstler einen Verlagsvertrag mit einem zum Konzern gehörenden Musikverlag, mal direkt, mal über den Produzenten. Alle Konstellationen sind denkbar, auch mit den bereits angesprochenen Verflechtungen, wenn es sich bei Produzent, Tonträgerhersteller und Musikverlag nur um rechtlich selbständige Abteilungen eines Konzerns handelt.

100 Gegenstand des Musikverlagsvertrages ist die Einräumung des Verlagsrechts, also des Rechts zur Vervielfältigung und Verbreitung des Werkes in grafischer Form. Gemeinsam mit diesem dem Verleger eingeräumten Hauptrecht werden regelmäßig Nebenrechte eingeräumt, die ins-

---

102 *Schricker* Verlagsrecht, § 1 Rn. 83.
103 *Loewenheim/Czychowski* Handbuch des Urheberrechts, § 68 Rn. 21.
104 *Loewenheim/Czychowski* Handbuch des Urheberrechts, § 68 Rn. 23.

besondere danach unterschieden werden, ob sie kollektiv von der GEMA wahrgenommen werden oder vom Verlag selbst. Zumeist werden der GEMA durch den Berechtigungsvertrag die folgenden Rechte exklusiv eingeräumt:

– die Aufführungsrechte am Werk mit oder ohne Text;
– die Rechte der Hörfunk-Sendung;
– die Rechte der Lautsprecherwiedergabe einschließlich der Wiedergabe als dramatisch-musikalisches Werk durch Lautsprecher;
– die Rechte der Fernseh-Sendung;
– die Rechte der Fernseh-Wiedergabe einschließlich der Wiedergabe als dramatisch-musikalisches Werk;
– die Filmvorführungsrechte einschließlich der Rechte als dramatisch-musikalisches Werk;
– die Rechte der Aufführung mittels hergestellter Vorrichtungen;
– die Rechte der Aufnahme auf Tonträger und Bild-Tonträger und die Vervielfältigungs- und Verbreitungsrechte an Tonträgern und Bildtonträgern – bei Bildtonträgern einschließlich der Vergütungsansprüche aus §§ 27 Abs. 1 und 54 Abs. 1, 4, 5 und 6 UrhG. Hinzu kommen die Vergütungsansprüche aus § 27 Abs. 1 UrhG für Musiknoten;
– die Rechte zur Benutzung des Werkes (mit oder ohne Text) zur Herstellung von Filmwerken oder von Aufnahme auf Bildtonträger; diese Rechte werden der GEMA unter einer auflösenden Bedingung übertragen;
– diejenigen Rechte, die durch künftige technische Entwicklung oder durch Änderung der Gesetzgebung entstehen und erwachsen.[105]

Der Umfang der vorstehend aufgeführten Rechte richtet sich jeweils nach dem **Berechtigungsvertrag** der GEMA in der zum Zeitpunkt des Abschlusses des Vertrages gültigen Fassung, allerdings kann der Musikurheber einzelne Rechte streichen.   **101**

Zu den vom Musikverleger wahrgenommenen Nebenrechten zählen daher regelmäßig das der GEMA nur **auflösend bedingt** übertragene Filmherstellungsrecht (auch Filmsynchronisationsrecht genannt) sowie das Recht zur Lizenzierung von Notenausgaben, von Nutzungen des Musikwerkes in der Werbung oder für Handy-Klingeltöne. Dem Urheber verbleibt regelmäßig das Recht zur Bearbeitung.   **102**

Beim U-Musik-Verlagsvertrag spielt der Notendruck und damit das eigentliche Verlagsrecht nur eine untergeordnete Rolle, auch wenn die wirtschaftliche Bedeutung von **Songbooks** bekannter Künstler oder Druckausgaben von deren Werken für Big-Bands oder Tanzorchester nicht unterschätzt werden sollte. Häufig wird jedoch die Pflicht des Verlages zur Herstellung und Verbreitung des Werkes als Notenausgabe vertraglich ausgeschlossen; allerdings lässt sich der Verlag in aller Regel das entsprechende Nutzungsrecht einräumen. Fehlt es an der Pflicht des Verlages zur Notenherstellung, führt dies aber regelmäßig zur Unanwendbarkeit des Verlagsgesetzes.   **103**

4. Der Kunstverlagsvertrag

Das Verlagsgesetz ist problemlos auch auf Verträge über Schriftwerke künstlerischen Inhalts anwendbar (Bildbände, literarische Werke mit kunstwissenschaftlichem oder kunsthistorischem Inhalt), die von Fach- oder Sachbuchverlagen verlegt werden.   **104**

---

105 Eine Regelung, die erst nach Wegfall des § 31 Abs. 4 UrhG a.F. im Zusammenhang mit der Urheberrechtsreform „2. Korb" wirksam ist.

105　Wenn aber vom Kunstverlag gesprochen wird, so ist darunter der **Verlag von Kunstwerken** gemeint, also ein Verlag, welcher die Verbreitung von der Vervielfältigung zugänglichen Werken wie Kunstblätter (Stiche, Drucke, Radierungen, Holz- und Linolschnitte, Lithografien, Siebdrucke) und Plastiken (Bronze, Ton, Gips, Marmor) zum Gegenstand hat. Das Verlagsgesetz ist ausweislich § 1 für Verträge des so definierten Kunstverlages nicht direkt anwendbar. Es wird aufgrund der Sachnähe jedoch überwiegend dort analog angewandt, wo dies sinnvoll ist.

5. Der Bestellvertrag

106　Der Bestellvertrag ist ein **Werkvertrag** i.S.d. §§ 631 ff. BGB. Im Unterschied zum Verlagsvertrag fehlt es beim Bestellvertrag gem. § 47 Abs. 1 VerlagsG an der Verpflichtung des Verlages, das Buch auch zu vervielfältigen und zu verbreiten. Er überträgt einem „Autor" die Herstellung eines Werkes nach einem genauen Plan, mit welchem er dem Autor den Inhalt des Werkes sowie die Art und Weise der Behandlung ganz genau vorschreibt (z.B. Erstellung eines Kochbuchs, Gartenratgebers etc.). Das ist noch nicht der Fall, wenn der Urheber vom Besteller lediglich das Thema, den Stil, das anzusprechende Publikum oder sonstige vage Anhaltspunkte erhält.

6. Sonstige Verträge

107　Grundsätzlich findet das VerlG auch Anwendung auf den **Übersetzervertrag**, sofern kein Bestellvertrag i.S.d. § 47 VerlG vorliegt. Nach § 47 VerlG sind dessen Regelungen auch für Verlagslizenzen, also für Verträge des Verlegers mit Lizenznehmern anwendbar. Für Fotografie- und Illustrationsverträge gilt das nur für Werke der Literatur und der Tonkunst anwendbare VerlG indes nicht direkt, wird jedoch analog angewendet.

D. Wahrnehmungsverträge

108　Im Bereich des Literaturverlages ist die **Verwertungsgesellschaft Wort** (VG Wort) von entscheidender Bedeutung. Sie vertritt insbesondere die Autoren von Werken der Literatur, die Übersetzer dieser Werke und deren Verleger. Die Rechte der Musikurheber (Komponisten und Textdichter) und ihrer Verlage werden hingegen von der GEMA wahrgenommen; die Rechte der bildenden Künstler werden von der Verwertungsgesellschaft Bild-Kunst (**VG Bild-Kunst**) vertreten

109　Die VG Wort ist damit die Interessenvertretung des Verlegers, während er es mit der VG Bild-Kunst zumeist nur als deren Lizenznehmer zu tun bekommt.

110　Bestimmte Rechte (in ihrer Zahl zunehmend) können nur von Verwertungsgesellschaften wahrgenommen werden. Dies betrifft im Verlagsbereich insbesondere den sog. **Bibliotheksgroschen** für das Verleihen von Büchern (§ 27 Abs. 2 UrhG), die Kopieabgabe (§ 54a UrhG), die Abgabe für die Verwendung von Werken in Pressespiegeln (§ 49 Abs. 1 UrhG) sowie die Abgabe für die Öffentliche Zugänglichmachung von Werken zu Zwecken des Unterrichts und der Forschung (§ 52a UrhG). Mit der Umsetzung des „2. Korbs" wurde zudem eine nur über eine Verwertungsgesellschaft einzuziehende Vergütung für die Wiedergabe von Werken an elektronischen Leseplätzen in öffentlichen Bibliotheken, Museen und Archiven eingeführt (§52b UrhG), ebenso eine Vergütung für den Kopienversand auf Bestellung (§ 53a UrhG).

Die Verwertungsgesellschaften werden grundsätzlich nur aufgrund eines mit dem Urheber ab- **111**
geschlossenen Wahrnehmungsvertrages für diesen tätig.

Im Verhältnis zum Nutzer ist zu unterscheiden: Darf der Nutzer das Werk aufgrund **gesetzli-** **112**
cher Lizenz (etwa §§ 46, 52, 52a) vervielfältigen oder verbreiten, bedarf es hierzu keiner Erlaubnis. Da jedoch durch die Nutzung automatisch eine Vergütungspflicht entsteht, ist der Nutzer verpflichtet, die angemessene Vergütung an die Verwertungsgesellschaft zu zahlen, an die
der Urheber seinen Vergütungsanspruch abgetreten hat. Die Verwertungsgesellschaften verwenden zur Bestimmung der angemessenen Vergütung Tarife, die vom Deutschen Marken- und
Patentamt überwacht und auf ihre Angemessenheit hin überprüft werden (§ 18 Abs. 1 UrhWG).

Die Einnahmen der Verwertungsgesellschaften werden – nach Abzug entsprechender Verwal- **113**
tungsgebühren – nach einem satzungsgemäß aufzustellenden Verteilungsplan unter den Mitgliedern verteilt. Nach dem Verteilungsplan der VG Wort erhalten die Autoren 70 %, die Verleger 30 % der Einnahmen aus belletristischen Werken, im übrigen werden die Einnahmen
50:50 geteilt. In den Verlagsverträgen ist vielfach eine Regelung vorgesehen, wonach die über
eine Verwertungsgesellschaft geltend zu machenden Vergütungsansprüche entsprechend dem
Verteilungsplan dem Verlag vorab zur gemeinsamen Einbringung eingeräumt werden.[106]

Für erheblichen Streit hat die missverständliche Regelung des mit der Urheberrechtsreform **114**
2002 eingeführten § 63a Abs. 2 UrhG a.F. gesorgt. Würde man sie wörtlich nehmen, würden
die Verlage nicht mehr an den Einnahmen der VG Wort beteiligt werden können. Da dies unbillig wäre[107] und nicht der Intention des Gesetzgebers entspricht,[108] hält die VG Wort an ihrer
bislang geübten Verteilungspraxis fest. Im Rahmen der Umsetzung des „2. Korbs" ist eine
Klarstellung der Vorschrift dahingehend erfolgt, dass die aufgrund der §§ 44a ff. UrhG geltend
zu machenden Vergütungsansprüche „nur im Voraus an eine Verwertungsgesellschaft oder zusammen mit der Einräumung des Verlagsrechts dem Verleger abgetreten" werden können. Voraussetzung ist, dass der Verleger die Vergütungsansprüche durch eine Verwertungsgesellschaft wahrnehmen lässt, die – wie die VG Wort – Rechte von Verlegern und Urhebern gemeinsam wahrnimmt.

E. Anhang: Gemeinsame Vergütungsregeln Belletristik

Gemeinsame Vergütungsregeln für Autoren belletristischer Werke **115**

in deutscher Sprache

Der Verband deutscher Schriftsteller in der Vereinigten Dienstleistungsgewerkschaft

(ver.di)

und

der Verlag …

stellen gemäß § 36 UrhG folgende gemeinsame Vergütungsregeln für Autoren belletristischer
Werke in deutscher Sprache auf:

Vorbemerkung

Der Urheber hat nach § 32 UrhG Anspruch auf eine angemessene Vergütung für die Einräumung
von Nutzungsrechten und die Erlaubnis zur Werknutzung. Zur Bestimmung der Angemessenheit

---

106 So etwa § 2 Abs. 4 Normvertrag, Beck-Texte im dtv, 10. Aufl., 81 ff.
107 *Dreier/Schulze* § 63a Rn. 13.
108 Begr. des RegE, BT-Drucks. 16/1828 zu § 63a.

von Vergütungen stellen nach § 36 UrhG Vereinigungen von Urhebern mit Vereinigungen von Werknutzern oder einzelnen Werknutzern gemeinsame Vergütungsregeln auf. Die gemeinsamen Vergütungsregeln sollen die Umstände des jeweiligen Regelungsbereichs berücksichtigen, insbesondere die Struktur und die Größe der Verwerter.

Die folgenden Regeln wurden im Rahmen einer Mediation der Bundesministerin der Justiz aufgestellt und folgen in wesentlichen Punkten Kompromissvorschlägen der Moderatorin. Vergütungen, die unterhalb der nachfolgenden Vergütungsregeln liegen, sind keine angemessenen Vergütungen nach § 32 UrhG.

§ 1 Anwendungsbereich

Die nachfolgenden Vergütungsregeln gelten für Verlagsverträge und andere urheber-rechtliche Nutzungsverträge über selbständig zu veröffentlichende belletristische Werke. Sie finden keine Anwendung auf Verlagsverträge aus anderen Bereichen, insbesondere nicht aus den Bereichen Sachbuch, Ratgeber, Lexika, Fachbuch, Kinder- und Jugendbuch, Schul- und Lehrbuch sowie Hörbuch, weil in diesen Bereichen andere Bedingungen gelten.

Diese Regeln gelten auch nicht für Fälle, in denen der Wunsch des Urhebers, einen Text gedruckt zu sehen, und nicht ein verlegerisches Interesse im Vordergrund stehen und der Urheber deshalb kein Honorar erwartet und billigerweise auch nicht erwarten kann (Memoiren, private Familiengeschichten, Manuskripte unbekannter Autoren, an denen kaum Interesse der literarischen Öffentlichkeit zu erwarten ist und für die sich zu den allgemein üblichen Konditionen kein Verleger finden lässt).

§ 2 Angemessene Vergütung

Die Vergütung nach den nachfolgenden Regelungen ist angemessen, wenn der jeweilige Verlagsvertrag den Konditionen des Normvertrags für den Abschluss von Verlagsverträgen in der jeweils gültigen Fassung entspricht, soweit nicht zulässigerweise Abweichungen vereinbart sind. Alle Varianten der Honorarermittlung, die der Normvertrag zulässt und die den hier vereinbarten Regeln wirtschaftlich gleichwertig sind, gelten als angemessene Vergütungen.

§ 3 Honorar für Verlagsausgaben

(1) Der Verlag setzt die Vergütung für Hardcover-Ausgaben im Regelfall als laufende Beteiligung des Autors an den Verwertungseinnahmen fest. Richtwert für den Normalfall ist ein Honorar von 10 Prozent für jedes verkaufte, bezahlte und nicht remittierte Exemplar bezogen auf den um die darin enthaltene Mehrwertsteuer verminderten Ladenverkaufspreis (Nettoladenverkaufspreis). Bei mehr als einem Autor und Mitwirkung anderer Urheber (z.B. Bebilderung) gilt der Richtwert für die Summe der angemessenen Vergütungen.

(2) Der Verlag kann eine Beteiligung von 8 bis 10 Prozent vereinbaren, wenn und soweit im Einzelfall beachtliche Gründe die Abweichung vom Richtwert gerechtfertigt erscheinen lassen. Solche Gründe können insbesondere sein:

1. die in § 36 Abs. 1 UrhG genannte Rücksicht auf Struktur und Größe des Verwerters,
2. die mutmaßlich geringe Verkaufserwartung,
3. das Vorliegen eines Erstlingswerkes,
4. die beschränkte Möglichkeit der Rechteverwertung,
5. der außergewöhnliche Lektoratsaufwand,
6. die Notwendigkeit umfangreicher Lizenzeinholung,
7. der niedrige Endverkaufspreis,
8. genrespezifische Entstehungs- und Marktbedingungen.

(3) Eine Beteiligung unter 8 Prozent kann nur in außergewöhnlichen Ausnahmefällen vereinbart werden, in denen besondere Umstände dies angemessen erscheinen lassen, z.B. bei besonders hohem Aufwand bei der Herstellung oder bei Werbung oder Marketing oder Vertrieb oder bei wissenschaftlichen Gesamtausgaben.

(4) Für Buchverlagsreihen können einheitliche Vergütungen vereinbart werden, soweit für die Buchverlagsreihen die Anforderungen der Abs. 1 bis 3 erfüllt sind.

(5) Für Fälle großen Verkaufserfolgs wird der Vertrag die Ausgangsvergütung mit einer ansteigenden Vergütungsstaffel verknüpfen. Das gilt nicht für Sonderausgaben.

§ 4 Verwertung als Taschenbuch oder Sonderausgabe

(1) Bei vom Verlag selbst veranstalteten Taschenbuchausgaben sind in der Regel folgende Beteiligungen am Nettoladenverkaufspreis angemessen:

1. bis 20.000 Exemplare 5 %,
2. ab 20.000 Exemplaren 6 %,
3. ab 40.000 Exemplaren 7 %,
4. ab 100.000 Exemplaren 8 %.

(2) Bei verlagseigenen Sonderausgaben, deren Verkaufspreis mindestens ein Drittel unter dem Verkaufspreis der Normalausgabe liegt, gilt ein Honorar von 5 % vom Nettoladenpreis als angemessen. Ab einer Auflage von 40.000 Exemplaren gilt ein Honorar von 6 % als angemessen.

§ 5 Verwertung von Nebenrechten

(1) Der aus der Verwertung der Nebenrechte durch Dritte beim Verlag erzielte Erlös wird nach Eingang zwischen Autor und Verlag geteilt, und zwar erhält der Autor, sofern nicht noch weitere Rechtsinhaber zu berücksichtigen sind, einen Anteil von

60 Prozent des Erlöses bei buchfernen Nebenrechten (insbesondere Medien- und Bühnenrechten) und

50 Prozent des Erlöses bei buchnahen Nebenrechten (z.B. Recht der Übersetzung in eine andere Sprache, Hörbuch).

(2) Die Vergütung der Nutzung von Nebenrechten durch den Verlag selbst bleibt einer gesonderten Vergütungsregel vorbehalten.

§ 6 Vorschüsse

(1) Der Autor erhält auf seine Honoraransprüche im Regelfall einen Vorschuss.

(2) Von der Zahlung eines Vorschusses kann abgesehen werden, soweit die Umstände es rechtfertigen; das gilt insbesondere für kleine und mittlere Verlage. Im Übrigen kann § 3 Abs. 2 entsprechend angewendet werden.

§ 7 Abrechnungen

(1) Honorarabrechnung und Zahlung erfolgen jährlich per 31.Dezember innerhalb der auf den Stichtag folgenden drei Monate.

(2) Sofern im jährlichen Turnus abgerechnet wird, ein beachtliches Guthaben aufläuft (2.000 Euro und mehr) und es dem Verlag organisatorisch möglich und zumutbar ist, kann der Autor eine Abschlagzahlung per 30. Juni verlangen.

§ 8 Neue Nutzungsarten

Hat ein Verlag mit dem Autor eine nach diesen gemeinsamen Vergütungsregeln ermittelte Vergütung vereinbart, so ist der Autor verpflichtet, dem Verlag auf dessen Verlangen die Rechte an sämtlichen zukünftig entstehenden neuen Nutzungsarten (§ 31 Abs. 4 UrhG) schriftlich einzuräumen. Der Verlag verpflichtet sich in diesem Fall im Gegenzug, den Autor an den Erlösen aus derartigen Nutzungen angemessen zu beteiligen. Die Beteiligung wird gegebenenfalls der wirtschaftlichen Entwicklung der neuen Nutzung angepasst.

§ 9 Inkrafttreten und Kündigung

Diese Vereinbarung tritt am .... in Kraft. Sie ist auf unbestimmte Zeit ge-schlossen und kann mit einer Frist von sechs Monaten zum Jahresende, erstmals zum 31.12.2006, gekündigt werden.

Für den VerlagFür den Verband deutscher Schriftsteller

20. Abschnitt

Urheberrecht und Software

Literatur: *Basinski u.a.* Patentschutz für computer-software-bezogene Erfindungen, GRUR Int. 2007, 44; *Bayreuther* Zum Verhältnis zwischen Arbeits-, Urheber- und Arbeitnehmererfindungsrecht – Unter besonderer Berücksichtigung der Sondervergütungsansprüche des angestellten Softwareerstellers, GRUR 2003, 570; *Berger* Der Schutz elektronischer Datenbanken nach der EG-Richtlinie vom 11.3.1996, GRUR 1997, 169; *Brandi-Dohrn* Zur Reichweite und Durchsetzung des urheberrechtlichen Softwareschutzes, GRUR 1985, 179; *Czychowski/Bröcker* ASP – Ein Auslaufmodell für das Urheberrecht?, MMR 2002, 81; *Dreier* Verletzung urheberrechtlich geschützter Software nach der Umsetzung der EG-Richtlinie, GRUR 1993, 781; *Grützmacher* Softwarelizenzverträge und CPU-Klauseln, ITRB 2003, 179; *Haberstumpf* Der Schutz der elektronischen Datenbanken nach dem Urheberrechtsgesetz, GRUR 2003, 14; *Hilty* Der Softwarevertrag – ein Blick in die Zukunft – Konsequenzen der trägerlosen Nutzung und des patentrechtlichen Schutzes von Software, MMR 2003, 3; *Karger* Vergütung bei Software-Erstellung, ITRB 2006, 255; *Kilian/Heussen* Computerrechtshandbuch, Loseblatt; *Koch* Der angestellte Programmierer – Zur rechtlichen Zuordnung von in Arbeitsverhältnissen geschaffenen, insbesondere urheberrechtlich geschützten Softwareprodukten, GRUR 1985, 1016; *Leistner* Der neue Rechtsschutz des Datenbankherstellers, GRUR Int. 1999, 819; *Mes* Patentgesetz, Gebrauchsmustergesetz Kommentar, 2. Aufl. 2005; *Metzger/Jaeger* Open Source Software und deutsches Urheberrecht, GRUR Int. 1999, 839; *Möhring/Nicolini* Urheberrechtsgesetz Kommentar, 2. Aufl. 2000; *von Olenhusen* Der Urheber- und Leistungsrechtsschutz von arbeitnehmerähnlichen Personen, GRUR 2002, 11; *Raue/Bensinger* Umsetzung des sui-generis-Rechts an Datenbanken, MMR 1998, 507; *Redeker* IT-Recht in der Praxis, 3. Aufl. 2003; *Rössel* Patentierung von Computerprogrammen, ITRB 2002, 90; *Schack* Urheberrechtliche Gestaltung von Webseiten unter Einsatz von Links und Frames, MMR 2001, 12; *Schneider* Handbuch des EDV-Rechts, 3. Aufl. 2003; *Schneider/von Westphalen* Softwareerstellungsverträge, 2006; *Sendrowski* Zum Schutzrecht „sui generis" an Datenbanken, GRUR 2005, 369; *Wandtke/Bullinger* UrhR Praxiskommentar zum Urheberrecht, 2. Aufl. 2006; *Wiebe/Leupold* Recht der elektronischen Datenbanken, Loseblatt; *Witzel* AGB-Recht und Open Source Lizenzmodelle, ITRB 2003, 175.

A. Einleitung

1 Funktion des Urheberrechts ist der Schutz der geistigen Schöpfung des Urhebers. Materielle Interessen des Urhebers werden geschützt, indem bestimmte Nutzungs- und Verwertungsrechte ausschließlich dem Urheber zugewiesen werden. Die Urheberpersönlichkeitsrechte geben Schutz auf der immateriellen Ebene, z.B. beim Schutz gegen Entstellung des Werkes. Das Urhebergesetz dient hierneben dem Investitionsschutz und dem Innovationsanreiz und gewährt schließlich dem Schöpfer Vergütungsansprüche. Die historische Entwicklung des Urheberrechts wird im 18. Abschn. besprochen.

2 Ursprünglich waren Gegenstand des Urhebergesetzes Werke der Literatur, Wissenschaft und Kunst wie z.B. Schriftwerke, Filme, Musikwerke, pantomimische Werke und Tanzkunst, Fotografien, Kunstwerke sowie Darstellungen wissenschaftlicher oder technischer Art. Das Urheberrecht war und ist jedoch nicht statisch, sondern wurde von Zeit zu Zeit der Entwicklung von neuen Technologien und dem technologischen Fortschritt angepasst. So erhalten seit den Anpassungen des Urhebergesetzes 1993 und 1997 auch neue Werkarten, die auf der Grundlage der fortschreitenden technischen Möglichkeiten entstehen, d.h. Computerprogramme oder elektronische Datenbanken, ausdrücklich gesetzlichen urheberrechtlichen Schutz.

– Die Rechtsprechung zeigte sich in frühen Entscheidungen zum urheberrechtlichen Schutz von **Computerprogrammen** – vor der Novelle 1993 – zurückhaltend und lehnte überwiegend einen Schutz nach dem Urhebergesetz ab.[1] Computerprogramme wurden nach der Rechtsprechung zwar als grundsätzlich nach den § 2 Nr. 1, Nr. 7 UrhG schutzfähig angesehen, regelmäßig scheiterte das Eingreifen des UrhG aber nach Ansicht der Rechtsprechung an dem Erfordernis der persönlichen geistigen Schöpfung des § 2 Abs. 2 UrhG. So lag nach Auffassung der Gerichte das Können eines Durchschnittsprogrammierers, das handwerksmäßige, mechanisch-technische Aneinanderreihen und Zusammenfügen des Materials außerhalb der Schutzfähigkeit.[2] Das Erreichen der unteren Grenze der Schutzfähigkeit wurde erst dann bejaht, wenn ein deutliches Überragen der Gestaltungstätigkeit in Auswahl, Sammlung, Anordnung und Einteilung der Informationen und Anweisungen gegenüber dem Durchschnittskönnen vorlag.[3] Diese Rechtsprechung widersprach den Interessen der Programmierer. Die hohen Anforderungen an das Vorliegen einer persönlich geistigen Schöpfung hatten zur Folge, dass Computerprogramme nur unzureichend geschützt waren. Um einen einheitlichen Rechtsschutz von Computerprogrammen zu gewährleisten, erließ der Rat der Europäischen Gemeinschaften auf Vorschlag der Kommission nach zahlreichen Beratungen am 14.5.1991 die Richtlinie 91/250/EWG über den Rechtsschutz von Computerprogrammen.[4] Diese Richtlinie wurde durch das zweite Gesetz zur Änderung des Urheberrechtsgesetzes[5] am 9.6.1993 in das deutsche Recht durch Aufnahme der §§ 69a ff. UrhG umgesetzt, mit der Folge, dass unter den Voraussetzungen der §§ 69a ff. UrhG auch Computerprogramme urheberrechtlich schutzfähig sind.

– In ähnlicher Weise entwickelte sich auch der Schutz elektronischer und nicht elektronischer **Datenbanken**. Die nationalen Gesetze haben ursprünglich dem Schutz von Datenbanken und Datenbankherstellern nur unzureichend Rechnung getragen, da meist nur Datenbanken mit eigenem schöpferischem Gehalt ein urheberrechtlicher Schutz zugebilligt wurde. Im deutschen Recht konnten vor 1998 Datenbanken, die die erforderliche Schöpfungshöhe nicht erreichten, lediglich über das Wettbewerbsrecht geschützt werden. Zum umfassenden Schutz auch nichtschöpferischer Datenbanken wurde am 11.3.1996 auf europäischer Ebene die sog. Datenbankrichtlinie[6] erlassen. Neben der Intention der Richtlinie, die oben angesprochene Schutzlücke zu schließen, ist ein weiterer Grundgedanke des Datenbankschutzes der Schutz der zur Herstellung der Datenbank erforderlichen menschlichen, technischen und finanziellen Investitionen, insbesondere im Hinblick darauf, dass eine Abfrage und das Kopieren der Datenbank (-inhalte) nur einen Bruchteil der Investitionskosten ausmachen. Gefördert werden sollte weiter das Schaffen eines Investitionsanreizes zur Entwicklung von Informationsmanagement-, Datenspeicher- und Datenverarbeitungssystemen.[7] Die Umsetzung der Datenbankrichtlinie in das deutsche Recht erfolgte im Jahr 1997 mit Wirkung zum 1.1.1998 durch Art. 7 des Informations- und Kommunikati-

---

1 Vgl. bspw. *BGH* GRUR 1985, 1041 – Inkassoprogramm; *OLG Nürnberg* GRUR 1984, 736 – Glasverschnitt-Programm; *OLG Frankfurt* GRUR 1989, 678 – PAM-Cash; *OLG Hamm* GRUR 1990, 185 – Betriebssystemsoftware.
2 *BGH* GRUR 1985, 1041 – Inkassoprogramm; 1991, 449 – Betriebssystem.
3 *BGH* GRUR 1985, 1041 – Inkassoprogramm; GRUR 1991, 449 – Betriebssystem.
4 ABlEG Nr. L 122 v. 17.5.1991, 42.
5 BGBl I 1993 S. 910.
6 Richtlinie 96/9/EG des Europäischen Parlamentes und des Rates v. 11.3.1996 über den rechtlichen Schutz von Datenbanken, ABlEG Nr. L 77 1996, 20.
7 Erwägungsgründe (6) ff. der Datenbankrichtlinie, ABlEG Nr. L 77 1996, 20.

onsdienstegesetzes.[8] Die §§ 87a ff. UrhG enthalten für Datenbanken ein Leistungsschutzrecht „sui generis",[9] Datenbankwerke werden nach § 4 Abs. 2 UrhG geschützt.

B. Rechtsschutz für Software

3 Bei der Durchführung eines IT-Vertrages kann es auf der Anbieterseite zu unterschiedlichen Arbeitsergebnissen kommen, die eines Schutzes durch gewerbliche Schutzrechte oder das Urheberrecht zugänglich sind und zur Absicherung der Beteiligten auch bedürfen.[10]

4 Bei Software ist die Gefahr der unerlaubten Nutzung und insbesondere der Kopie besonders hoch, da Kopien technisch einfach zu erstellen sind. Teilweise werden von dem Anwender oder von Dritten sogar ein (zulässig eingesetzter) technischer Kopierschutz oder sonstige Sicherungsmaßnahmen überwunden. Auch die unberechtigte Nutzung von Software kann oft nicht wirksam kontrolliert werden, weil sich die Benutzungsmaßnahme vielfach „im Inneren" der Software abspielt und nur bei Studium des nicht allgemein zugänglichen Quellcodes mit der erforderlichen Sicherheit nachgewiesen werden kann.[11]

5 Software bedarf demnach als geistiges Gut eines speziellen Schutzes, der primär durch das Urheberrecht gewährt wird. In ähnlicher Weise gilt dies auch für Hardware, wobei hier jedoch in Bezug auf Sachen das Urheberrecht im Grunde außen vor ist und nur im Bereich der hierauf bezogenen Konzepte und/oder Dokumentationen eine Rolle spielen kann.

6 Im Bereich des IT-Rechts gibt es daher kaum Verträge ohne Regelungen zu Rechten an Arbeitsergebnissen, wobei es meist um Nutzungsrechtseinräumungen und -begrenzungen sowie Verwendungsabreden und Geheimhaltungsvereinbarungen, insbesondere Know-how betreffend, geht.

7 Schutzmöglichkeiten für die Arbeitsergebnisse bieten, je nach Fallgestaltung, das Markenrecht (für den Namen des Produkts), das Wettbewerbsrecht (für die Ausstattung bzw. gegen bestimmte wettbewerbswidrige Handlungen) und das Patentrecht (für computerimplementierte technische Erfindungen bzw. für Hardware). Betrachtet werden soll an dieser Stelle aber nur das Urheberrecht.

8 Der Schutz des Urhebergesetzes greift im Hinblick auf Software (nur) ein, wenn es sich bei der Software um ein urheberrechtlich geschütztes Werk handelt. Die einzelnen Arbeitsergebnisse, die im Rahmen der Durchführung eines IT-Vertrages entstehen, beispielsweise ein Computerprogramm mit Entwurfsmaterial und Handbuch, können unterschiedlichen Regelungen des Urhebergesetzes unterliegen. Nach § 2 Abs. 1 Nr. 1 UrhG gehören Computerprogramme zu den urheberrechtlich geschützten Werken. Für Computerprogramme kommt ein Schutz nach den Sonderregeln der §§ 69a ff. UrhG, für Dokumentationen/Handbücher/Entwürfe/Konzepte ein Schutz nach § 2 UrhG und für Datenbankwerke ein Schutz nach § 4 UrhG in Betracht. Hersteller von Datenbanken sind über die Sonderregelungen §§ 87a ff. UrhG geschützt.

---

8 Art. 7 des Gesetzes zur Regelung der Rahmenbedingungen für Informations- und Kommunikationsdienste vom 22.7.1997, BGBl I 1997, 1870.

9 Vgl. Erwägungsgrund (41) der Datenbankrichtlinie, ABlEG Nr. L 77 1996, 20.

10 Eine Übersicht über die verschiedenen Gewerblichen Schutzrechte (mit besonderer Betonung des Markenrechts) findet sich im 21. Abschn.

11 Zum Nachweis der Verletzung vgl. § 809 BGB sowie insbesondere grundlegend *BGH* GRUR 2002, 1046 – Faxkarte.

I. Schutzgegenstand des § 69a UrhG

Wann und in welcher Weise ein Computerprogramm urheberrechtlichen Schutz erlangt, ergibt **9** sich aus §§ 69a ff. UrhG. Die Sonderregelungen der §§ 69a ff. UrhG gelten nur für Computerprogramme im Sinne des § 69a UrhG, nicht aber für Software im Allgemeinen und sind überwiegend im Rahmen der Umsetzung der Computerprogramm-Richtlinie des Rates der EU vom 14.5.1991[12] in das UrhG aufgenommen worden.

Der Begriff **„Computerprogramm"** in § 69a Abs. 1 UrhG ist enger als der Begriff „Soft- **10** ware". Unter Computerprogramm ist nach der von der Rechtsprechung und Literatur den WIPO-Mustervorschriften für den Schutz von Computerprogrammen entnommenen Definition eine

„Folge von Befehlen [zu verstehen], die nach Aufnahme in einen maschinenlesbaren Träger **11** fähig sind zu bewirken, dass eine Maschine mit informationsverarbeitenden Fähigkeiten eine bestimmte Form oder Aufgabe oder ein bestimmtes Ergebnis anzeigt, ausführt oder erzielt".[13]

Dies macht deutlich, dass für ein Computerprogramm Befehle zur Steuerung des Programm- **12** ablaufs erforderlich sind. Es muss sich um eine elektronische Datenverarbeitung handeln,[14] bloße Datenbeschreibungen sind für das Vorliegen eines Computerprogramms nicht ausreichend.[15]

Der Begriff „Software" geht darüber hinaus und besteht jedenfalls aus dem Computerpro- **13** gramm, den Dokumentationen und der Programmbeschreibung.[16] Unter den Begriff der Software fallen auch Texte, Bilder und Daten, bei denen bloße Datenbeschreibungen vorliegen.

Nach § 69a UrhG sind alle Ausdrucksformen eines Computerprogramms geschützt, wobei als **14** Computerprogramm im Sinne des UrhG Programme jeder Gestalt einschließlich des Entwurfs- materials verstanden werden (§ 69a Abs. 1 UrhG). In den Schutzbereich des § 69aUrhG fallen der Maschinen-, Objekt- und Quellcode[17] und das Entwurfsmaterial (jedoch nicht etwaige Handbücher, die über § 2 UrhG gesondert geschützt sein können). Nicht in den Schutzbereich der §§ 69a ff. UrhG fallen hingegen Ideen und Grundsätze, die einem Element des Computerprogramms zugrunde liegen (§ 69a Abs. 2 UrhG). Weitere Voraussetzung für den urheberrechtlichen Schutz ist, dass das Computerprogramm ein individuelles Werk darstellt, das ein Ergebnis einer eigenen geistigen Schöpfung des Urhebers ist (§ 69a Abs. 3 UrhG). Da Computerprogramme in jeder Gestalt geschützt sind, ist es unerheblich, ob das Programm in die Hardware eingebunden, auf einer Festplatte oder auf einem nicht-flüchtigen Trägermedium (CD-ROM, USB-Stick) gespeichert ist.

Bei der Herstellung von Computerprogrammen werden verschiedene Programmierphasen un- **15** terschieden. § 69a UrhG schützt nicht nur fertig gestellte Programme, sondern auch deren Entwicklungsstufen sowie einzelne Programmteile, Unterprogramme und Programmmodule.[18] Auch das Entwurfsmaterial wird in den Schutz der §§ 69a ff. UrhG einbezogen. Unter „Entwurfmaterial" sind solche Vorlagen zu verstehen, die aufgrund ihrer Eigenschaften die spätere Entstehung eines Computerprogramms bewirken können. Dies sind jedenfalls das Grob- und

---

12 ABlEG Nr. L 122/42 v. 17.5.1991.
13 *BAG* NJW 1984, 1579; *BGH* GRUR 1985, 1041 – Inkassoprogramm; 1985, 1055; *OLG Köln* GRUR 2005, 863; *Hoeren* in Möhring/Nicolini, § 69a UrhG Rn. 2.
14 *Karger* in Schneider/von Westphalen, Softwareerstellungsverträge, A Rn. 9.
15 *Grützmacher* in Wandtke/Bullinger, § 69a UrhG Rn. 3.
16 *Harte-Bavendamm/Wiebe* in Kilian/Heussen, Computerrechtshandbuch, Nr. 51 Rn. 6.
17 *Grützmacher* in Wandtke/Bullinger, § 69a UrhG Rn. 10, 11.
18 *Marly* Softwareüberlassungsverträge, Rn. 144.

Feinkonzept sowie Datenfluss- und Programmablaufpläne. Ob das Pflichtenheft als Entwurfs-material zu bewerten ist, ist umstritten.[19] Handbücher und sonstiges Begleitmaterial fallen nicht unter § 69a UrhG, ein Schutz kann sich aber aus § 2 UrhG unter den dort genannten Vo-raussetzungen ergeben.

16 Bloße Displayanzeigen, Bildschirmmasken oder Benutzeroberflächen fallen nach überwiegen-der Auffassung nicht unter den Begriff des Computerprogramms.[20]

17 Streitig ist auch, ob es sich bei Webseiten um Computerprogramme gem. § 69a UrhG handelt. Webseiten werden meist in HTML oder XHTML programmiert. HTML und XHTML sind Sprachen, mit denen Inhalte (etwa Texte, Bilder Grafiken) im WWWW dargestellt werden. Bei der Programmierung mit HTML, XHTML etc. geht es grundsätzlich nur um die technische Umsetzung einer grafischen Darstellung, um das Arbeitsergebnis auf dem Bildschirm sichtbar zu machen. Daher werden auf HTML, XML, WML oder XHTML basierende Webseiten wie auch der HTML-Code überwiegend nicht als Computerprogramme i.S.d. § 69a UrhG angese-hen.[21] Zu berücksichtigen ist aber, dass je nach Art und Aufwand Programmierleistungen er-forderlich sein können, die das Ergebnis einer eigenen schöpferischen Leistung nach § 69a Abs. 3 UrhG sind. So können Webseiten beispielsweise Schutz erlangen,[22] wenn nicht bloß handwerkliche Vorgaben umgesetzt werden.

18 (Beispiele zur Schutzfähigkeit von Benutzeroberflächen, Webseiten, Handylogos und zur Ver-letzung von Urheberrechten durch das Setzen von Hyperlinks finden sich im 18. Abschn. Rn. 71).

19 Eine Einschränkung des Schutzbereiches erfolgt zudem durch § 69a Abs. 2 UrhG, der dem ur-heberrechtlichen Grundsatz der Ideenfreiheit Rechnung trägt. Danach dürfen Ideen, Grund-sätze und Erkenntnisse der Allgemeinheit nicht monopolisiert werden. Die Schutzfähigkeit von Ideen und Grundsätzen, die einem Element des Computerprogramms zugrunde liegen (einschließlich der Schnittstellen zugrundeliegenden Ideen und Grundsätzen) ist also ausge-schlossen. Die Festlegung, ob es sich um eine noch geschützte Ausdrucksform des Computer-programms oder ungeschützte Ideen und Grundsätze handelt, bereitet vielfach Schwierigkei-ten, da die Grenzen zwischen bereits geschützter Ausdruckform und noch ungeschützten Ideen und Grundsätzen verschwimmen. Geschütze Ausdrucksformen sind beispielsweise die innere Struktur und Organisation des Computerprogramms,[23] der Objekt- und Quellcode,[24] sowie das „Gewebe" des Computerprogramms.[25] Unter „Gewebe" des Computerprogramms ist die Sammlung, Auswahl und Gliederung der Befehle, d.h. die individuelle (formale) Programm-struktur zu verstehen, beispielsweise die Aufteilung der Unterprogramme und Arbeitsroutinen, die Anordnung von Befehlsgruppen oder bestimmte Verknüpfungen. Abstrakte Problemstel-lungen und Grundgedanken sind hingegen ungeschützte Ideen.[26] Programmiersprachen blei-

---

19 Bejahend *Redeker* Rn. 4; abl. *Grützmacher* in Wandtke/Bullinger, § 69a UrhG Rn. 9; je nach Ausge-staltung des Pflichtenheftes *Karger* in Schneider/von Westphalen, Softwareerstellungsverträge, A Rn. 19.

20 Vgl. *OLG Frankfurt* ITRB 2006, 7; zum Streitstand *Grützmacher* in Wandtke/Bullinger, § 69a UrhG Rn. 14.

21 *Grützmacher* in Wandtke/Bullinger, § 69a UrhG Rn. 18 m.w.N.

22 *OLG Frankfurt* MMR 2005, 705.

23 *OLG Düsseldorf* MMR 1999, 729.

24 *Grützmacher* in Wandtke/Bullinger, § 69a UrhG Rn. 23.

25 *BGH* NJW 1991, 1231.

26 *Karger* in Schneider/von Westphalen, Softwareerstellungsverträge, A Rn. 27.

Gennen/Schreiner

ben ungeschützt, soweit darin Grundsätze und Ideen zugrunde gelegt sind.[27] Urheberrechtlich ungeschützt bleiben auch Algorithmen.[28] Nicht schutzfähig sind jedenfalls allgemeine Algorithmen, die Teil einer wissenschaftlichen Lehre sind.[29]

§ 69a Abs. 3 UrhG verlangt als weitere Schutzvoraussetzung, dass Computerprogramme individuelle Werke in dem Sinne darstellen, dass sie das Ergebnis einer geistigen Schöpfung ihres Urhebers sind. Ein Computerprogramm ist ein individuelles Werk, wenn es von einem Menschen als eigene geistige Schöpfung programmiert wurde. § 69a UrhG fordert nur das Vorliegen einer eigenen Schöpfung. Nach § 2 Abs. 2 UrhG ist hingegen das Vorliegen einer *persönlichen* geistigen Schöpfung Voraussetzung des urheberrechtlichen Schutzes. § 2 Abs. 2 UrhG findet jedoch auf Computerprogramme keine Anwendung. Dies bedeutet, dass Computerprogramme nach den Grundsätzen der sog. „kleine Münze" geschützt werden. An die nach § 69a Abs. 3 UrhG erforderliche Individualität sind demnach nur geringe Anforderungen zu stellen,[30] die aber in Rechtsprechung und Literatur nicht einheitlich beurteilt werden. Besondere inhaltlich-qualitative oder ästhetische Kriterien sind zur Bestimmung der Schutzfähigkeit nicht heranzuziehen. Nach einer jüngeren Entscheidung des BGH gibt es bei komplexen Computerprogrammen eine tatsächliche Vermutung für die hinreichende Individualität der Programmgestaltung.[31] Teile der Rechtsprechung fordern für die Individualität eine statistische Einmaligkeit.[32] Nach anderer Auffassung muss bei Computerprogrammen, die nicht völlig banal sind, auf individuelle analytisch-konzeptionelle Fähigkeiten, Geschick, Einfallsreichtum und planerisch-konstruktives Denken abgestellt werden.[33] Das Computerprogramm muss Eigenarten aufweisen, die nicht als völlig trivial[34] oder banal[35] einzustufen sind. **20**

II. Urheber/Urheberpersönlichkeitsrechte/Arbeitnehmerurheber/ Freie Mitarbeiter

§§ 69a ff. UrhG enthalten die wesentlichen Regelungen über den urheberrechtlichen Schutz von Computerprogrammen, jedoch sind über die eingeschränkte Rechtsgrundverweisung des § 69a Abs. 4 UrhG die allgemeinen Regelungen des UrhG ergänzend anwendbar Nach § 11 UrhG schützt das Urheberrecht den Urheber in seinen geistigen und persönlichen Beziehungen zum Werk und in der Nutzung des Werkes. Dem Urherber stehen daher grundsätzlich die Urheberpersönlichkeitsrechte (§§ 12 ff. UrhG) sowie Verwertungsrechte (§§ 15 ff. UrhG) zu. **21**

1. Urheber eines Werkes

§§ 7 – 10 UrhG regeln die Urheberschaft. Die Urheberschaft bestimmt über die Urheberpersönlichkeits- und die Nutzungs- bzw. Verwertungsrechte. Nach § 7 UrhG ist Urheber der Schöpfer des Computerprogramms. Bei dem Urheber muss es sich um eine natürliche Person handeln. **22**

---

27 *Dreier* GRUR 1993, 781.
28 *BGH* GRUR 1985, 1041 – Inkassoprogramm; h.M. vgl. zum Streitstand *Grützmacher* in Wandtke/ Bullinger, § 69a UrhG Rn. 28 f.
29 Vgl. *Redeker* Rn. 8.
30 *Harte-Bavendamm/Wiebe* in Kilian/Heussen, Computerrechtshandbuch, Nr. 51 Rn. 3.
31 *BGH* NJW-RR, 2005, 1403 – Fash 2000.
32 Vgl. *OLG Hamburg* CR 1999, 298; *OLG München* CR 1999, 688; a.A. *OLG München* CR 2000, 429.
33 *OLG München* CR 2000, 429; *Grützmacher* in Wandtke/Bullinger, § 69a UrhG Rn. 34.
34 *Schneider* Hdb. des EDV-Rechts, C Rn. 156.
35 *OLG München* CR 2000, 429; CR 1999, 688.

23 Ein Computerprogramm erstellt heutzutage meist nicht ein Programmierer allein, sondern Computerprogramme werden durch die parallele oder sukzessive Zusammenarbeit mehrerer Personen programmiert. Wirken an der Erstellung mehrere mit, so sind diese unter den Voraussetzungen des § 8 UrhG Miturheber. Miturheberschaft liegt vor, wenn mehrere ein Werk gemeinsam geschaffen haben, ohne dass sich ihre Anteile gesondert verwerten lassen, § 8 Abs. 1 UrhG. Diese Voraussetzung ist in der Praxis vielfach erfüllt, da sich die einzelnen Softwaremodule nicht gesondert verwerten lassen. Eine Ausnahme läge z.B. vor, wenn jeder Beteiligte bei einer modular aufgebauten Software einen in sich selbstständig funktionierenden Teil programmiert hätte, der auch ohne die Teile der anderen Beteiligten verwertbar wäre. Folge der Miturheberschaft ist, dass über Verwertung und Veröffentlichung des Werkes gemeinsam entschieden werden muss und bei Änderungen eine Einwilligung aller Miturheber notwendig ist. Nach § 8 Abs. 4 UrhG kann ein Miturheber aber auf seinen Anteil an den Verwertungsrechten (§ 15 UrhG) verzichten mit der Wirkung, dass der Anteil den anderen Miturhebern zuwächst.

2. Urheberpersönlichkeitsrechte

24 Für die Urheberpersönlichkeitsrechte sehen die §§ 69a ff. UrhG keine besonderen Bestimmungen vor, es gelten die allgemeinen Regelungen. Die Urheberpersönlichkeitsrechte ergeben sich aus den §§ 12 ff. UrhG.

25 In der Praxis tritt die Ausübung der Urheberpersönlichkeitsrechte bei Computerprogrammen stark zurück.[36] Erster Grund dafür ist, dass in aller Regel viele verschiedene Personen mit der Erstellung eines einzelnen Computerprogramms beschäftigt sind und daher der persönliche Bezug des Einzelnen zu dem Werk deutlich geringer ist als bei anderen Werkarten, in denen die Werke wie durch einen einzigen Urheber geschaffen werden. Zum anderen handelt es sich bei Computerprogrammen um technisch-wissenschaftliche Werke, bei denen die Ausformungen des Urheberpersönlichkeitsrechts als nicht so bedeutsam angesehen werden.[37] Aufgrund dieser Erwägungen besteht bei Computerprogrammen kein umfassendes Bedürfnis für einen Schutz der Urheberpersönlichkeitsrechte.[38] Nach überwiegender Auffassung sind daher die Vorschriften zum Urheberpersönlichkeitsrecht teleologisch zu reduzieren und lediglich teilweise anzuwenden.[39]

26 Nicht alle Urheberpersönlichkeitsrechte sind zwingend; überwiegend ist ein Verzicht auf das Urheberpersönlichkeitsrecht möglich.

27 Das in § 12 UrhG enthaltene Veröffentlichungsrecht ist in der Praxis von untergeordneter Bedeutung, da die Mehrzahl der Programme in Anstellungsverhältnissen entwickelt werden und auf das **Veröffentlichungsrecht** jedenfalls mit der Übergabe des Werkes konkludent verzichtet wird.[40] Das **Recht auf Anerkennung der Urheberschaft** nach § 13 S. 1 UrhG ist auch für Computerprogramme maßgebend, da ein dahingehender Verzicht nicht möglich ist. Es ist daher für den Hersteller eines Computerprogramms ratsam, sich schuldrechtlich das Recht einräumen zu lassen, neben dem Urheber gegen die Behauptung eines Dritten, Urheber zu sein, vorgehen zu können.[41]

---

36 *Karger* in Schneider, Softwareerstellungsverträge, A. Rn. 63.
37 *Harte-Bavendamm/Wiebe* in Kilian/Heussen, Computerrechtshandbuch, Nr. 51 Rn. 110.
38 *Grützmacher* in Wandtke/Bullinger, § 69a UrhG Rn. 48; *Karger* in Schneider/von Westphalen, Softwareerstellungsverträge, A Rn. 63.
39 *Grützmacher* in Wandtke/Bullinger, § 69a UrhG Rn. 48 m.w.N.
40 *Karger* in Schneider/von Westphalen, Softwareerstellungsverträge, A Rn. 65.
41 *Karger* in Schneider/von Westphalen, Softwareerstellungsverträge, A Rn. 66; *Grützmacher* in Wandtke/Bullinger, § 69a Rn. 51.

Das Recht auf **Urheberbenennung** nach § 13 S. 2 UrhG ist nicht zwingend, d.h. ein darauf be- **28** zogener Verzicht ist möglich. Ein solcher Verzicht kann auch stillschweigend erfolgen. Dazu ist auf die branchenüblichen Gepflogenheiten abzustellen, wonach eine Nennung des Urhebers unüblich sein kann. Im Bereich der Computerprogramme ist eine Nennung der Autoren nicht gängig[42] und stößt auch auf praktische Schwierigkeiten, denn bei der Erstellung eines Computerprogramms durch Programmiererteams wären lange, zu aktualisierende Auflistungen z.B. zu Programmbeginn notwendig. Daher wird es als ausreichend erachtet, dass der Urheber nur im Handbuch, nicht aber zu Beginn des Programmablaufs, auf der Benutzerebene oder sogar im Quellcode genannt wird.[43] In der Praxis empfiehlt sich eine klare Regelung über die Nennung des Urhebers.

Der Schutz vor **Entstellungen** nach § 14 UrhG ist unverzichtbar und unübertragbar. Während **29** nach einer Ansicht wegen Abgrenzungsschwierigkeiten zwischen einer Änderung und einem Entstellen § 14 UrhG nur in Ausnahmefällen zur Anwendung kommen soll,[44] greift nach anderer Auffassung der Schutz des § 14 UrhG auch bei Computerprogrammen ein.[45]

Das **Änderungsverbot** des § 39 Abs. 2 UrhG ist grundsätzlich auch bei Computerprogram- **30** men zu berücksichtigen. Änderungen eines Werkes und seines Titels, zu denen der Urheber seine Einwilligung nach Treu und Glauben nicht versagen kann, sind aber zulässig, § 39 Abs. 2 UrhG. Für Computerprogramme ist diese Regelung nicht sachgerecht, da bereits die Behebung unbeachtlicher Mängel einen Eingriff in den Quellcode einfordern kann. Eine stillschweigende, branchenübliche, oder konkludente Einräumung einer Änderungsbefugnis ist jedoch in den meisten Fällen zu bejahen.

Der Vollständigkeit halber zu nennen sind noch **Rückrufsrecht** (§ 41 UrhG) und **Zugangs-** **31** **recht** (§ 25 UrhG).

3. Arbeitnehmerurheber

Meist werden Programmierarbeiten nicht für den eigenen Bedarf, sondern im Interesse eines **32** Dritten erbracht. Dieser Dritte kann beispielsweise der Arbeitgeber sein. Bei einer Programmierung im Arbeitsverhältnis (§ 69b UrhG) verbleiben die Nutzungsrechte bestimmungsgemäß nicht bei dem Urheber, sondern werden auf den Arbeitgeber übertragen.

3.1 Zuordnung von Rechten an Computerprogrammen

Eine Sonderregelung für Arbeitnehmerurheber über die Übertragung von Rechten trifft § 69b **33** UrhG als lex specialis zu § 43 UrhG. Nach § 7 UrhG gilt das Schöpferprinzip und damit ist der Arbeitnehmer als Urheber anzusehen, obwohl es sich bei dem Computerprogramm primär um ein dem Arbeitgeber zustehendes Arbeitsergebnis handelt. Nach § 69b Abs. 1 UrhG ist jedoch ausschließlich der Arbeitgeber zur Ausübung aller vermögensrechtlichen Befugnisse berechtigt ist; diese Norm trägt dem Umstand Rechnung, dass nach allgemeinen Arbeits- und dienstrechtlichen Grundsätzen (§ 950 BGB analog) dem Arbeitgeber bzw. Dienstgeber das Arbeitsergebnis gebührt. Nach herrschender Auffassung werden dem Arbeitgeber durch § 69b UrhG die Rechte an dem Computerprogramm im Wege einer gesetzlichen Lizenz eingeräumt.[46]

---

42 *Harte-Bavendamm/Wiebe* in Kilian/Heussen, Computerrechtshandbuch, Nr. 51 Rn. 112.
43 *Grützmacher* in Wandtke/Bullinger, § 69a Rn. 51; *Karger* in Schneider/von Westphalen, Softwareerstellungsverträge, A Rn. 67.
44 *Metzger/Jäger* GRUR Int. 1999, 839.
45 *Sack* BB 1991, 2165; *Dreier* GRUR 1993, 781.
46 *BGH* CR 2001, 223 – Wetterführungspläne I; GRUR 2002, 149 – Wetterführungspläne II.

34 Liegen die Voraussetzungen des § 69b UrhG vor, erwirbt der Arbeitgeber/Dienstherr ein ausschließliches Recht zur Ausübung aller vermögensrechtlichen Befugnisse. Er erhält sämtliche Nutzungsrechte unwiderruflich, unbefristet und ausschließlich. Da der Zweckübertragungsgrundsatz bei § 69b UrhG nicht eingreift,[47] erwirbt der Arbeitgeber/Dienstherr die Nutzungsrechte inhaltlich unbeschränkt. Diese Rechte wirken nach Beendigung des Arbeitsverhältnisses fort.[48]

35 Nicht von § 69b UrhG erfasst sind die Urheberpersönlichkeitsrechte. Dies ergibt sich aus der Formulierung „vermögensrechtliche Befugnisse" des § 69b Abs. 1 UrhG. Es besteht aber die Möglichkeit, dass der Arbeitnehmer soweit möglich (auch stillschweigend) auf die Urheberpersönlichkeitsrechte verzichtet.[49]

36 Arbeitnehmer im Sinne des § 69b UrhG ist nach Maßgabe arbeitsrechtlicher Kriterien jeder weisungsgebundene, von dem Arbeitgeber abhängige Beschäftigte. Auch Leiharbeitnehmer und Scheinselbständige sind von § 69b UrhG erfasst.[50] Dienstverpflichtete sind alle in öffentlich-rechtlichen Dienstverhältnissen abhängige Beschäftigte. Für freie Mitarbeiter, arbeitnehmerähnliche Personen,[51] selbständig tätige Personen und sonstige Auftragnehmer wie etwa Subunternehmer gelten die Regelungen des § 69b UrhG nicht.

37 § 69b UrhG setzt voraus, dass das Computerprogramm in Wahrnehmung der Aufgaben nach den Anweisungen des Arbeitgebers geschaffen wurde. Danach muss eine enge Beziehung zwischen der Programmierung und den Pflichten aus dem Arbeitsverhältnis bestehen.[52] Maßgebend für die erforderliche Beziehung ist, in welchem Aufgabenbereich der Arbeitnehmer verpflichtet ist, was sich im Einzelfall aus dem Arbeitsvertrag, einer Betriebsübung, Tarifverträgen, der Branchenüblichkeit, dem jeweiligen Berufsbild oder sonstigen Umständen ergeben kann.

38 Verwendet der Arbeitnehmer hingegen ohne einen inneren Zusammenhang zu seiner Tätigkeit zur Herstellung eines Computerprogramms lediglich die Arbeitsmittel und das Know-how aus dem Betrieb seines Arbeitgebers, findet § 69b UrhG keine Anwendung.[53] Den Arbeitnehmer kann aber ggf. die Pflicht treffen, dem Arbeitgeber das Arbeitsergebnis anzubieten (Andienungspflicht).[54] Ist der Arbeitnehmer nach den Gesamtumständen nicht zur Erstellung der Software verpflichtet, gehen die Rechte an einer durch den Arbeitnehmer entwickelten Software nicht auf den Arbeitgeber über.

39 In zeitlicher Hinsicht ist § 69b UrhG auf Computerprogramme begrenzt, die bereits vor Beginn des Arbeitsverhältnisses erstellt wurden.[55] Bei einem Wechsel der Arbeitsstelle gilt folgendes: Hat der Arbeitgeber das Programm noch nicht fertig gestellt, stehen alle Rechte an den Arbeitsergebnissen, die vor dem Ausscheiden erstellt wurden, dem früheren Arbeitgeber zu.[56] Keine Rolle spielt hingegen, ob der Arbeitnehmer das Programm in der Arbeitszeit oder seiner Freizeit erstellt hat, solange ein Bezug zu den arbeitsvertraglichen Pflichten gegeben ist.

---

47 *BGH* CR 2001, 223 – Wetterführungspläne I.
48 *Karger* in Schneider/von Westphalen, Softwareerstellungsverträge, E. Rn. 45.
49 Weitere Einzelheiten vgl. *Grützmacher* in Wandtke/Bullinger, § 69b UrhG Rn. 38.
50 *Grützmacher* in Wandtke/Bullinger, § 69b UrhG Rn. 2.
51 *Von Olenhusen* GRUR 2002, 11; *Hoeren* in Möhring/Nicolini, § 69b UrhG Rn. 6.
52 *Harte-Bavendamm/Wiebe* in Kilian/Heussen, Computerrechtshandbuch, Nr. 51 Rn. 50.
53 *Grützmacher* in Wandtke/Bullinger, § 69b UrhG Rn. 7; a.A. *Koch* GRUR 1985, 1016.
54 *Grützmacher* in Wandtke/Bullinger, § 69b UrhG Rn. 7; *Redeker* Rn. 27.
55 *Redeker* Rn. 27.
56 *Karger* in Schneider/von Westphalen, Softwareerstellungsverträge, E. Rn. 41; *Grützmacher* in Wandtke/Bullinger, § 69b UrhG Rn. 10; a.A. *Sack* BB 1991, 2165.

Zwischen den Parteien können von § 69b UrhG abweichende Vereinbarungen – auch konkludent – getroffen werden. Eine Vereinbarung kommt als Tarifvertrag,[57] Betriebsvereinbarung, in AGB oder individuell im Arbeitsvertrag in Betracht. Dabei ist darauf zu achten, dass das in § 40 Abs. 1 S. 1 UrhG vorgesehene Schriftformerfordernis für die Einräumung von Nutzungsrechten an künftigen Werken eingehalten wird.   **40**

3.2 Vergütung

Auch hinsichtlich der Vergütung des Arbeitgebers ergeben sich bei Computerprogrammen Besonderheiten. Grundsätzlich erhält der Arbeitnehmer bereits einen Arbeitslohn.   **41**

Um Urheberrecht gibt es jedoch besondere Vergütungsansprüche. Hier kommen insbesondere §§ 32, 32a UrhG in Betracht. Bei § 32 Abs. 1 UrhG handelt es sich um eine Korrekturvorschrift. Besteht eine vertraglich vereinbarte Vergütung, ist die Höhe der Vergütung jedoch nicht bestimmt, so gilt eine angemessene Vergütung als vereinbart. Soweit die vereinbarte Vergütung nicht angemessen ist, kann der Urheber von seinem Vertragspartner die Einwilligung in die Änderung des Vertrages verlangen, durch die dem Urheber die angemessene Vergütung gewährt wird. § 32a UrhG hingegen gewährt dem Urheber im Nachhinein eine zusätzliche Vergütung, wenn diese in einem auffälligen Missverhältnis zu den Erträgen und Vorteilen aus der Nutzung des Werkes steht.   **42**

Umstritten ist, ob und ggf. wie §§ 32, 32a UrhG auf den Arbeitnehmerurheber anzuwenden sind.[58] Alle Ansprüche des Arbeitnehmers/Dienstverpflichteten sind nach überwiegender Auffassung in Rechtsprechung und Literatur grundsätzlich mit der Zahlung des Arbeitslohnes abgegolten (Abgeltungstheorie), eine zusätzliche Vergütung ergibt sich aus § 69b UrhG grundsätzlich nicht.[59] § 36 a.F. UrhG soll neben § 69b UrhG anwendbar sein,[60] so dass nun auch § 32a UrhG oder sogar § 32 UrhG Anwendung finden könnte.[61] Die Literatur geht überwiegend davon aus, dass § 32 UrhG nicht zur Anwendung kommt. Die Anwendbarkeit des § 32a UrhG begegnet hingegen weniger Vorbehalten.[62] Hier bietet sich aus Klarstellungsgründen eine eindeutige vertragliche Regelung zwischen Arbeitgeber und Arbeitnehmer an, allerdings ist auf den zwingenden Gehalt der Vorschriften zu achten.   **43**

4. Freie Mitarbeiter

Ein Unternehmer kann sich zur Erstellung der Software auch der Hilfe (steuerlich und sozialversicherungsrechtlich) freier Mitarbeiter bedienen. Handelt es sich um einen freien Mitarbeiter und nicht um einen Scheinselbständigen, so finden die Grundsätze des § 69b UrhG keine Anwendung. Auch vermeintlich freie Mitarbeiter, die unter den Voraussetzungen des § 7 SGB IV als Scheinselbständige anzusehen sind, sind Arbeitnehmer im Sinne des § 69b UrhG.   **44**

Ist keine Vereinbarung oder zumindest keine Vereinbarung zum Umfang der zu übertragenden Rechte getroffen, richtet sich der Umfang der Rechteeinräumung nach dem Zweckübertragungsgrundsatz (§ 31 Abs. 5 UrhG). Der Zweckübertragungsgrundsatz findet nach allgemeiner Ansicht auch auf Computerprogramme Anwendung;[63] nach diesem Grundsatz ist bei feh-   **45**

---

57 A.A. *Sack* BB 1991, 2165.
58 Weitere Einzelheiten vgl. *Grützmacher* in Wandtke/Bullinger, § 69b UrhG Rn. 38.
59 *BGH* GRUR 2001, 155 – Wetterführungspläne I; NJW 2002, 1352 – Wetterführungspläne II; *Bayreuther* GRUR 2003, 570.
60 *BGH* NJW 2002, 1352 – Wetterführungspläne II.
61 Vgl. zu den einzelnen Argumenten *Grützmacher* in Wandtke/Bullinger, § 69b UrhG Rn. 24.
62 *Karger* ITRB 2006, 255.
63 *BGH* GRUR 1994, 363 – Holzhandelsprogramm.

lender Regelung davon auszugehen, dass dem Dritten diejenigen Nutzungsrechte eingeräumt werden, die dieser zur Erreichung des Vertragszwecks benötigt. Maßgebend ist danach, in welchem Umfang zur Erreichung des nach dem Parteiwillen bestehenden Vertragszwecks eine Übertragung von Nutzungsrechten erforderlich ist.

46   Bei einem freien Mitarbeiter kommt es also immer darauf an, welchen Zweck der jeweilige Vertrag zwischen freiem Mitarbeiter und Unternehmen verfolgt. So macht es einen Unterschied, ob der freie Mitarbeiter die Software (nur) für die Nutzung im Unternehmen des Auftraggebers erstellt oder ob er eine Software erstellt und übergibt, von der er weiß, dass der Auftraggeber diese z.B. mit eigener Software verbinden und weiter vertreiben will. Im letztgenannten Fall sind über die interne Nutzung hinaus gehende Verwertungsrechte im Zweifel mit eingeräumt. Hat der freie Mitarbeiter mit dem Auftraggeber keinen Pflegevertrag über die von ihm erstellte Software geschlossen, sondern muss davon ausgegangen werden, dass der Auftraggeber die Software selbst weiter pflegt, wird wohl auch die Übergabe des Source Codes geschuldet sein, denn nur dieser versetzt den Auftraggeber in die Lage zur Pflege der Software.[64]

III. Verwertungsrechte, Einräumung von Nutzungsrechten, Mindestrechte

47   Eine viel größere Rolle als die Urheberpersönlichkeitsrechte spielen für den Anwender die Nutzungs- und Verwertungsrechte an dem Computerprogramm. Die Vorschriften über Verwertungsrechte (§§ 15 – 27 UrhG) finden nur dann Anwendung, soweit die §§ 69a ff. UrhG keine speziellen Regelungen treffen. Solche speziellen Regelungen finden sich in §§ 69c – e UrhG. Für Computerprogramme sind die Verwertungsrechte ausdrücklich in § 69c UrhG geregelt, der den Regelungen der §§ 16, 17, 23 UrhG bezüglich der Rechte auf Vervielfältigung, Umarbeitung und Verbreitung vorgeht.

48   Dem Rechtsinhaber werden gem. § 69c UrhG ausschließliche Rechte zugestanden. Ihm wird das Recht zur Vervielfältigung, Übersetzung, Bearbeitung, das Recht zum Arrangement und anderen Umarbeitungen, jede Form der Verbreitung des Originals und die öffentliche Wiedergabe und Zugänglichmachung vorbehalten. Rechtsinhaber ist grundsätzlich der Urheber, bei Arbeitnehmern ist dies bezüglich der vermögensrechtlichen Befugnisse der Arbeitgeber.

1. Vervielfältigungsrecht

49   § 69c Nr. 1 UrhG räumt dem Rechteinhaber das Recht zur dauerhaften oder vorübergehenden Vervielfältigung ganz oder teilweise mit jedem Mittel und in jeder Form ein. Eine Vervielfältigung liegt nach überwiegender Auffassung vor, bei einer körperlichen Festlegung des Werkes die dazu geeignet ist, das Werk den menschlichen Sinnen unmittelbar oder mittelbar zugänglich zu machen.[65] Problematisch ist, ob temporäre, hardwarebedingte Zwischenspeicherungen in den Arbeitsspeicher auch als Vervielfältigung anzusehen sind, was ganz überwiegend bejaht wird.[66] Die Gegenauffassung verneint dies mit dem Argument, der Arbeitsspeicher könne den Quellcode nicht wahrnehmbar machen.[67] Keine Vervielfältigung sind das bloße Abspielen des Programms sowie die bloße Anzeige auf einer Benutzeroberfläche.

---

64 *BGH* NJW-RR 2004, 782.
65 *BGH* GRUR 1982, 102 – Masterbänder.
66 *Karger* in Schneider, Softwareerstellungsverträge, A. Rn. 73 m.w.N.
67 *Dohrn* GRUR 1985, 179.

Gennen/Schreiner

2. Umarbeitungsrecht

Nach § 69c Nr. 2 UrhG hat der Rechtsinhaber das ausschließliche Recht zur Übersetzung, Be- **50**
arbeitung und anderen Umarbeitungen. Unter Bearbeitung ist grundsätzlich jede Veränderung
des Quell- und Objektcodes,[68] zu verstehen.

3. Verbreitungsrecht

Über § 69c Nr. 3 UrhG ist jede Form der **Verbreitung** des Originals oder von Vervielfälti- **51**
gungsstücken geschützt. Der Inhalt des Begriffs der Verbreitung ergibt sich aus § 17 UrhG. Das
Verbreitungsrecht ist danach das Recht, das Original oder Vervielfältigungsstücke des Werkes
der Öffentlichkeit anzubieten oder in Verkehr zu bringen. Inverkehrbringen bedeutet die Verbreitung des Computerprogramms aus der internen Sphäre in die Öffentlichkeit[69] Zur Öffentlichkeit gehört jeder, der nicht mit demjenigen, der das Werk verwertet, oder mit den anderen
Personen, denen das Werk in unkörperlicher Form wahrnehmbar oder zugänglich gemacht
wird, durch persönliche Beziehungen verbunden ist (§ 15 Abs. 3 UrhG).

Ob das Bereithalten von Software bzw. die Onlineübermittlung ebenfalls als Verbreitung an- **52**
zusehen ist, ist umstritten. Nach überwiegender Auffassung erfasst § 69c Nr. 3 UrhG nur die
körperliche Verbreitung und ist auf eine unkörperliche Verbreitung nicht analog anwendbar
oder dahingehend weit auszulegen.[70] Nach anderer Auffassung ist auch die Online-Übermittlung erfasst, da wirtschaftlich der Download und die Weitergabe auf einem körperlichen Datenträger als gleichwertig anzusehen sind.[71]

Das Verbreitungsrecht ist durch den **Erschöpfungsgrundsatz** des § 69c Nr. 3 S. 2 UrhG be- **53**
grenzt. Wird ein Vervielfältigungsstück eines Computerprogramms mit Zustimmung des
Rechtsinhabers im Gebiet der EU oder des EWR im Wege der Veräußerung in Verkehr gebracht, erschöpft sich das Verbreitungsrecht in Bezug auf das Vervielfältigungsstück mit Ausnahme des Vermietrechtes. Erschöpfung bedeutet verallgemeinernd, dass ein Werkstück das
mit Zustimmung des Rechteinhabers in Verkehr gebracht wurde, ohne weitere Zustimmung
veräußert werden kann. Eine Veräußerung im Sinne des § 69c Nr. 3 S. 1 UrhG erfordert die
dauerhafte körperliche Überlassung. Dies ist erfüllt bei Kauf, Tausch und Schenkung, nicht
aber bei Vermietung oder Leihe. Streitig ist auch hier, ob § 69c Nr. 3 S. 2 UrhG auf die Online-
Übermittlung Anwendung findet. Überwiegend wird eine analoge Anwendung[72] oder extensive Ausdehnung[73] auf die Online-Übermittlung befürwortet.

4. Recht der öffentlichen Wiedergabe

Der Rechtsinhaber hat nach § 69c Nr. 4 UrhG das ausschließliche Recht, die drahtgebundene **54**
oder drahtlose öffentliche Wiedergabe eines Computerprogramms einschließlich der öffentlichen Zugänglichmachung in der Weise, dass es Mitgliedern der Öffentlichkeit von Orten und
zu Zeiten ihrer Wahl zugänglich ist, vorzunehmen oder zu gestatten. Dadurch wird geregelt,
dass das Recht der öffentlichen Zugänglichmachung und Wiedergabe ausschließlich dem
Rechtsinhaber zustehen soll.

---

68 *Hoeren* in Möhring/Nicolini, § 69c UrhG Rn. 8.
69 *BGH* GRUR 1991, 316 – Einzelangebot.
70 *Grützmacher* in Wandtke/Bullinger, § 69c UrhG Rn. 28 f.
71 *Hoeren* in Möhring/Nicolini, § 69c UrhG Rn. 12; vgl. auch *Redeker* Rn. 51.
72 *Grützmacher* in Wandtke/Bullinger, § 69c UrhG Rn. 31.
73 *Vinck* in Fromm/Nordemann, § 69c Rn. 6.

5. Nutzungsrechte

55 Grundsätzlich finden die Vorschriften über die Einräumung von Nutzungsrechten (§§ 31 ff. UrhG) auch auf Computerprogramme Anwendung, es sei denn, §§ 69a ff. UrhG enthalten spezielle Regelungen. Zu beachten ist insbesondere § 69d UrhG, der einen gewissen Schutz für den Anwender enthält. § 69d UrhG enthält einen „zwingenden Kern von Benutzerbefugnissen", die einer vertraglichen Beschränkung durch den Urheber entgegenstehen. Obwohl nach dem Wortlaut besondere vertragliche Bestimmungen vorrangig zu berücksichtigen sind, kann der zwingende Kern des § 69d Abs. 1 UrhG, dessen Bestimmung der Rechtsprechung überlassen wurde, nicht vertraglich abbedungen werden.

56 Im Übrigen können nach §§ 31, 69c UrhG dem Anwender einfache oder ausschließliche Nutzungsrechte eingeräumt werden, die grundsätzlich inhaltlich, zahlenmäßig, zeitlich und räumlich beschränkt werden können. Auch hier kommt der Rechtseinräumung nur dann dingliche Wirkung zu, wenn es sich um eine eigenständige Nutzungsart handelt. Bei Computerprogrammen liegt eine eigenständige Nutzungsart vor, wenn die abgespaltenen Nutzungsrechte wirtschaftlich-technisch als eigenständige Verwertungsform erscheinen.[74] Unklar ist, ob § 31 Abs. 4 UrhG auf Computerprogramme anwendbar ist.[75] Nach § 31 Abs. 4 UrhG ist derzeit die Einräumung von Nutzungsrechten für noch nicht bekannte Nutzungsarten sowie Verpflichtungen hierzu unwirksam. Eine neue Nutzungsart in diesem Sinne ist gegeben, wenn sie eine konkrete, technisch und wirtschaftlich eigenständige Verwertungsform des Werkes darstellt.[76] Nach § 31a UrhG[77] in der vom Bundestag verabschiedeten, am 1.1.2008 in Kraft tretenden Fassung sollen künftig auch Verträge geschlossen werden können, in denen der Urheber einem Dritten Rechte für im Zeitpunkt des Vertragsschlusses noch unbekannte Nutzungsarten einräumt oder sich dazu verpflichtet (weitere Einzelheiten vgl. 18. Abschn. Rn. 220).

57 Zukünftig neue Nutzungsarten sind im IT-Bereich insbesondere als Nutzungen auf Grund neuer, derzeit noch unbekannter Technologien denkbar.[78] Durch die kontinuierliche Entwicklung der technischen Möglichkeiten im IT-Bereich ist es wahrscheinlich, dass innerhalb eines bestimmten Zeitraums nach Vertragsschluss neue Nutzungsarten entstehen. So ist nahe liegend, dass bei Abschluss eines Softwareerstellungsvertrages den Parteien weitere, erst später entstehende, grundlegend abweichende Einsatzmöglichkeiten der Software noch unbekannt sind.

58 Retrospektiv hat es eine ganze Reihe solcher Fälle gegeben. Als Medium, das neue Nutzungsarten ermöglichte, kann z.B. das Internet angesehen werden,[79] wobei insoweit einzelne Nutzungsarten innerhalb der „Internet-Nutzung" zu unterscheiden sind. Ein weiteres Beispiel ist die CD-ROM genannt werden, die aufgrund der erweiterten Nutzbarkeit (Suchmöglichkeiten, Verlinkungen) gegenüber Druckwerken als eigenständige Nutzungsart anzusehen ist.[80] Als noch vor weniger als 10 Jahren unbekannte Nutzungsart kann die Nutzung von Software in der Form des Application Service Providing (ASP) angesehen werden, die erst mit der Entwicklung einer schnelleren und damit effizienteren Übertragungstechnik (Bandbreite) möglich war. Als erste Stufe zukünftiger Entwicklung ist denkbar, dass Hard- und Software in Bereichen eingesetzt werden, die mit der Übertragung durch Mobilfunktechnik (GPS, UMTS) im Zusam-

---

74 *BGH* WRP 2005, 1542.
75 *Grützmacher* in Wandtke/Bullinger, § 69a UrhG Rn. 58.
76 BGH GRUR 2005, 937, 939 – Der Zauberberg.
77 Vgl. BT-Drucks. 16/5939; BT-Drucks. 16/1828.
78 Vgl. BT-Drucks. 16/1828.
79 Vgl. hierzu seinerzeit *Hoeren* CR 1995, 710, 713.
80 *Wandtke/Grunert* § 31 UrhG Rz. 52.

menhang stehen, etwa im Bereich des sog. Funk-DSL (Übertragung von Internetdaten per Funk), wodurch ggf. weitere Einsatzmöglichkeiten entstehen können – wenngleich diese Nutzungsmöglichkeiten und daraus evtl. ableitbare Nutzungsarten jetzt schon nicht mehr „unbekannt" im Rechtssinne sein dürften.

6. Grenzen/Mindestrechte

Zu beachten sind §§ 69d, e UrhG, die Maßnahmen vorsehen, die nicht der Zustimmung des Rechtsinhabers bedürfen. Dadurch werden die dem Urheber zustehenden umfassenden Rechte eingeschränkt und zugleich dem berechtigten Nutzer bestimmte Mindestrechte eingeräumt. **59**

Nach § 69d Abs. 1 UrhG bedürfen die in § 69c Nr. 1, Nr. 2 UrhG beschriebenen Handlungen keiner Zustimmung des Rechtsinhabers, wenn sie zur bestimmungsgemäßen Benutzung des Computerprogramms notwendig sind. Zu § 69cNr. 3 UrhG trifft § 69d UrhG hingegen keine Regelung. Was zur „bestimmungsgemäßen Nutzung" zählt, wird in der Vorschrift nicht festgelegt, sondern der Rechtsprechung überlassen. Jedenfalls zählt dazu als Benutzungshandlungen das Laden und Ablaufenlassen[81] sowie die Anzeige des Programms, die Speicherung im Arbeitsspeicher und die Fehlerbeseitigung. Fraglich ist aber, ob von § 69d UrhG auch Handlungen erfasst sind, bei denen es sich nicht lediglich um eine reine Benutzung handelt. So stellt sich die Frage, ob die Software auch in einem Netzwerk oder einem Rechenzentrum eingesetzt werden kann. Es dürfte jedoch nicht unter die nach § 69d UrhG zulässigen Handlungen fallen, anstelle der Einzelplatznutzung die Software in einem Rechenzentrum oder z.B. im Rahmen des Application Service Providing einzusetzen.[82] **60**

Nach § 69d Abs. 2 UrhG darf die Anfertigung einer Sicherungskopie nicht untersagt werden, soweit diese erforderlich ist. **61**

§ 69d Abs. 3 UrhG schreibt vor, dass der zur Verwendung eines Vervielfältigungsstücks eines Programms Berechtigte ohne Zustimmung des Rechtsinhabers das Funktionieren dieses Programms beobachten, untersuchen oder testen kann, um die einem Programmelement zugrundeliegenden Ideen und Grundsätze zu ermitteln, wenn dies durch Handlungen zum Laden, Anzeigen, Ablaufen, Übertragen oder Speichern des Programms geschieht, zu denen er berechtigt ist. **62**

Nach § 69g Abs. 2 UrhG sind vertragliche Bestimmungen, die in Widerspruch zu § 69d Abs. 2 und 3 und § 69e UrhG stehen, nichtig. **63**

Ob auch § 69d Abs. 1 UrhG zwingendes Recht ist, ist unklar. Dem Wortlaut nach lässt § 69d Abs. 1 UrhG grundsätzlich die Vereinbarung besonderer vertraglicher Bestimmungen zu. Die in § 69d Abs. 1 UrhG enthaltenen Maßnahmen können im Rahmen der bestimmungsgemäßen Nutzung des Programms grundsätzlich nicht untersagt werden. Jedoch kann die nähere Ausgestaltung der Umstände der Ausübung der Handlung vertraglich geregelt werden.[83] § 69d UrhG enthält aber einen zwingenden Kern, dessen Ausmaß und Bedeutung durch die Rechtsprechung festgesetzt werden soll.[84] Es handelt sich also um Benutzerbefugnisse, die keinesfalls abbedungen werden können. Weitere Schranken einer vertraglichen Vereinbarung können §§ 307 ff. BGB und das Kartellrecht darstellen. **64**

---

81 *Harte-Bavendamm/Wiebe* in Kilian/Heussen, Computerrechtshandbuch, Nr. 51 Rn. 77.
82 *Redeker* Rn. 70; *Grützmacher* in Wandtke/Bullinger, § 69d UrhG Rn. 13.
83 Erwägungsgrund (17) Computerprogrammrichtlinie; BT-Drucks. 12/4022, 12.
84 BT-Drucks. 12/4022, 12.

65   In der Praxis gibt es eine Vielzahl von vertraglichen Bestimmungen und Klauseln. Als Beispiel sollen hier sog. (echte oder unechte) **CPU-Klauseln** genannt werden, die je nach Gestaltung, die Nutzung der Software auf weiteren und/oder leistungsstärkeren Rechnern untersagen (echte) bzw. von der Zahlung eines zusätzlichen Entgeltes abhängig machen (unechte). Diese Klauseln entfalten in der Regel keine urheberrechtlichen, dinglichen Wirkungen, sondern wirken lediglich schuldrechtlich.[85] Aus Herstellersicht sollen solche Beschränkungen den Vorteil bieten, dass für Software, die in Rechenzentren eingesetzt wird, hohe Einzelpreise erzielt werden können, je nachdem, zu welchen Rechnerklassen die Rechner gehören, auf denen die Software eingesetzt werden soll. Ohne eine CPU-Klausel könnte die zu einem bestimmten, geringeren Preis erworbene Software auf Rechnern höherer Klassen und damit aus Kundensicht wirtschaftlicher eingesetzt werden.[86]

66   Die urheberrechtliche Wirksamkeit der CPU-Klauseln ist umstritten. In einem Kaufvertrag dürften viele in der Praxis gebräuchliche CPU-Klauseln nach der überwiegenden Ansicht unzulässig sein,[87] da dadurch der zwingende Kern des § 69d UrhG missachtet wird. In mietrechtlich oder lizenzrechtlich ausgestalteten Verträgen, die eine Softwareüberlassung auf begrenzte Zeit zum Inhalt haben, könnten diese jedenfalls dann wirksam sein, wenn vertraglich eine Nutzung auf einem als Ersatz angeschafftem Rechner nicht ausgeschlossen ist.[88]

67   Auch wenn eine Vereinbarung nicht nach § 69d Abs. 1 UrhG unwirksam ist, kann eine Klausel an den §§ 307 ff. BGB zu messen sein, auch, da CPU-Klauseln keine eigenständige Nutzungsart darstellen. Sie sind regelmäßig in solchen Verträgen wegen eines Verstoßes gegen § 307 BGB unwirksam, in denen es um die dauerhafte Softwareüberlassung geht.[89] Der BGH sah die in einem Softwarelizenzvertrag enthaltene Klausel, die die Verwendung einer auf begrenzte Zeit überlassenen Software auf einem im Vergleich zum vertraglich vereinbarten leistungsstärkeren Rechner oder auf weiteren Rechnern von der Zahlung einer weiteren Vergütung abhängig macht, nicht als unangemessen benachteiligend an.[90] Bei Verträgen, die eine Überlassung der Software auf Zeit vorsehen, kann eine solche Klausel also grundsätzlich in AGB wirksam sein.

68   Eine weitere Beschränkung enthält auch § 69e UrhG. Danach ist die Zustimmung des Rechtsinhabers nicht erforderlich, wenn die Vervielfältigung des Codes oder die Übersetzung der Codeform im Sinne des § 69c Nr. 1 und 2 unerlässlich ist, um die erforderlichen Informationen zur Herstellung der Interoperabilität eines unabhängig geschaffenen Computerprogramms mit anderen Programmen zu erhalten. Um diese Handlungen zulässig durchführen zu dürfen, müssen aber folgende Bedingungen erfüllt sein: Die Handlungen werden von dem Lizenznehmer oder von einer anderen zur Verwendung eines Vervielfältigungsstücks des Programms berechtigten Person oder in deren Namen von einer hierzu ermächtigten Person vorgenommen (Nr. 1); die für die Herstellung der Interoperabilität notwendigen Informationen sind für die in Nummer 1 genannten Personen noch nicht ohne weiteres zugänglich gemacht (Nr. 2); die Handlungen beschränken sich auf die Teile des ursprünglichen Programms, die zur Herstellung der Interoperabilität notwendig sind (Nr. 3). Die Vorschrift erlaubt danach die Rückübersetzung, d.h. die Dekompilierung sowie jede Form der Übersetzung oder Vervielfältigung, die unerlässlich ist, um die Interoperabilität möglich zu machen.

---

85 *Grützmacher* ITRB 2003, 279.
86 Vgl. *Grützmacher* ITRB 2003, 279.
87 *Grützmacher* in Wandtke/Bullinger, § 69d UrhG Rn. 37 m.w.N.
88 Vgl. *BGH* GRUR 2003, 416 – CPU-Klausel.
89 *Grützmacher* in Wandtke/Bullinger, § 69d UrhG Rn. 42 m.w.N.
90 *BGH* GRUR 2003, 416 – CPU-Klausel.

Gennen/Schreiner

7. Besondere Arten von Software im Hinblick auf Nutzungs- und Verwertungsrechte

Besondere urheberrechtliche und mithin lizenzrechtliche Fragen ergeben sich im Zusammen- **69** hang mit **Public-Domain-Software**, **Freeware**, **Open-Source-Software** oder **Shareware**.

Public-Domain-Software ist der Oberbegriff für Software, deren Nutzung, Vervielfältigung, **70** Verbreitung und Bearbeitung unentgeltlich ist.[91] Gegen einen Verzicht auf die Nutzungsrechte des § 69c UrhG durch die Bezeichnung eines Programms als Public-Domain-Software[92]sprechen nach der Literatur die Regelungen der §§ 29 Abs. 1 und 31 Abs. 4 UrhG.[93] Umstritten ist auch, ob der kommerzielle Vertrieb dieser Software durch einen Dritten erlaubt ist.[94] Nach überwiegender Auffassung richtet sich die Frage, ob die Software entgeltlich vertrieben werden darf, nach dem Zweckübertragungsgrundsatz. Public-Domain-Software soll grundsätzlich unentgeltlich verbreitet werden und dient nicht der Erzielung eines Gewinns. Lediglich die Kostendeckung ist zulässig. Daher werden dem Nutzer die Nutzungsrechte auch nur in diesem Umfang eingeräumt. Ein kommerzieller Vertrieb wird in der Regel dadurch nicht gedeckt.[95] Der Nutzer erhält aber ein umfassendes Bearbeitungsrecht.

Freeware darf nicht bearbeitet und verändert und sodann in der geänderten Version weiterge **71** geben oder vermarktet werden. Es handelt sich um eine unentgeltlich nutzbare und vervielfältigbare Software.

Shareware wird vielfach als Testversion mit einer zeitlichen Grenze oder beschränkten Kom **72** ponenten und Anwendungen zur Verfügung gestellt; teilweise sind auch Versionen mit von vornherein vollem Funktionsumfang und unbegrenzter Laufzeit erhältlich. Eine dauerhafte Überlassung erfolgt jedoch in der Regel nur bei Registrierung gegen eine bestimmte Registrierungsgebühr. Der Nutzer hat daher nach Ablauf der zulässigen Nutzungsdauer oder bei dem Wunsch, die volle Funktionsfähigkeit herzustellen, eine Lizenzgebühr zu zahlen. Auch hier wird dem jeweiligen Händler lediglich ein Recht zur Vervielfältigung und Verbreitung eingeräumt.[96] Anders als bei Public-Domain-Software ist aber das zur Nutzung erforderliche Vervielfältigungsrecht zeitlich oder inhaltlich beschränkt eingeräumt und muss nach Ablauf der Nutzungsbefugnis durch Registrierung gegen ein gewisses Entgelt erworben werden.

Open-Source-Software darf in der Regel unentgeltlich genutzt, verbreitet und unter Offenle **73** gung des Quellcodes weiter bearbeitet werden. Allerdings sind an die Verbreitung und Bearbeitung meist weitere Bedingungen geknüpft. Bekannt ist die **GNU General Public License (GPL),** Version 2 oder 3, es gibt aber auch andere Lizenzbedingungen zu Open Source Software, in denen ähnliche Regelungen vorgesehen werden wie in der GNU GPL. In diesen Lizenzbedingungen sind Regelungen enthalten, die Voraussetzung für die Verbreitung und Weiterverarbeitung sind und die der Nutzer einzuhalten hat.

---

91 *OLG Stuttgart* CR 1994, 743.
92 *OLG Stuttgart* CR 1994, 743.
93 *Grützmacher* in Wandtke/Bullinger, § 69c UrhG Rn. 69.
94 Bejahend *OLG Stuttgart* CR 1994, 743.
95 *Marly* Softwareüberlassungsverträge, Rn. 343; *Grützmacher* in Wandtke/Bullinger, § 69c UrhG Rn. 69; *Redeker* Rn. 89;
96 *OLG Düsseldorf* NJW-RR 1996, 555; *OLG Hamburg* NJW-RR 1995, 1324.

IV. Rechtsverletzungen

74   Zu beachten sind Sonderregelungen, die die allgemeinen Vorschriften der §§ 96 ff UrhG verdrängen. In § 69f UrhG wird dem Rechtsinhaber ein Vernichtungsanspruch im Hinblick auf Raubkopien zuerkannt (Abs. 1), der auch auf Mittel zur Umgehung von Kopierschutzmechanismen erstreckt wird (Abs. 2). § 69f Abs. 1 UrhG geht über den durch § 98 UrhG eingeräumten Schutz hinaus, da der Vernichtungsanspruch nicht davon abhängt, dass sich die Kopie im Besitz oder Eigentum des Verletzers befinden muss,[97] und ist lex specialis zu § 98 UrhG.

75   Schadensersatz- und Unterlassungsansprüche sowie die sonstigen Ansprüche können aus den allgemeinen Vorschriften hergeleitet werden (§ 69a UrhG i.V.m. §§ 96 bis 100 UrhG). Dabei geht § 69f Abs. 2 UrhG den §§ 95aff. UrhG vor, da nach § 69a Abs. 5 UrhG die §§ 95a bis d UrhG auf Computerprogramme keine Anwendung finden.

V. Patentierbarkeit computerimplementierter Erfindungen

76   Die Patentfähigkeit von Software als Teil computerimplementierter Erfindungen bzw. ohne unmittelbare Einbeziehung von Hardware in den Erfindungsgegenstand ist z.B. in den USA anerkannt, in Europa umstritten.[98] Die angestrebte Harmonisierung auf europäischer Ebene durch eine beabsichtigte Richtlinie über die Patentierbarkeit computerimplementierter Erfindungen von 2002 ist nach schwierigen und langwierigen Diskussionen 2005 gescheitert.[99] Angesichts der Dauer und der Heftigkeit der Diskussion wird man sich daher mit Wirkung für Deutschland darauf einrichten müssen, dass dieses Thema auf absehbare Zeit nicht weiter verfolgt wird und die Patentfähigkeit von Software weiter nach den bestehenden gesetzlichen Regelungen im Lichte der immer reichhaltiger werdenden Rechtsprechung zu beurteilen ist.

77   Computerimplementierte Erfindungen, die sich in besonderer Weise in Software ausdrücken, können unter bestimmten Voraussetzungen auch patentrechtlichen Schutz erlangen. Durch die in § 1 Abs. 3 Nr. 3, Abs. 4 PatG getroffene Regelung sind (lediglich) Computerprogramme „als solche" nicht patentfähig, da es ihnen an der für eine Erfindung erforderlichen Technizität fehlt. Dies folgt aus dem Zweck des Patentrechts, wonach lediglich technische Erfindungen schutzfähig sind. Patentfähig sein können aber Erfindungen, die ein Computerprogramm enthalten, da der Ausschluss nach § 1 Abs. 3 Nr. 3, Abs. 4 PatG nur für Programme „als solche" gilt.

78   Daher ist zur Beantwortung der Frage, ob ein Computerprogramm patentfähig ist, maßgebend, ob das Programm einen technischen Beitrag (zur Lösung der Aufgabe) leistet oder nicht. Die Rechtsprechung des BGH hinsichtlich der Technizität verfolgte lange Zeit keine einheitliche Linie. Teilweise wurde vertreten, dass der als neu und erfinderisch beanspruchte Teil der Erfindung als sog. „Kern" des Anmeldegegenstandes auf Technizität geprüft werden muss, sog. Kerntheorie. Andererseits wurde die Auffassung vertreten, dass nicht auf den Kern, sondern auf den gesamten Erfindungsgegenstand abzustellen sei.[100] Dazu ist der angemeldete Gegenstand in seiner Gesamtheit, über die neuen und erfinderischen Elemente hinaus, auf seinen technischen Charakter hin zu untersuchen (sog. Gesamtheitsgrundsatz). In jüngeren Entschei-

---

97 *Hoeren* in Möhring/Nicolini, § 69f UrhG Rn. 1.

98 Zusammenfassende Darstellung bei *Benkard/Bacher/Melullis* § 1 PatG Rz. 104 ff. m.w.N.; Einzeldarstellungen aus jüngerer Zeit z.B. *Wiebe/Heidinger* GRUR 2006, 177 ff.; *Laub* GRUR Int. 2006, 629 ff.; *Wimmer-Leonhardt* WRP 2007, 273 ff.

99 S. http://eur-lex.europa.eu/LexUriServ/site/de/com/2005/com2005_0083de01.pdf.

100 *BGH* CR 1992, 600.

dungen betont der BGH, dass die beanspruchte Lehre eine über die Abarbeitung der Programmbefehle hinausgehende technische Eigenheit aufweisen muss. Daher kann nicht jedwede in computergerechte Anweisungen gekleidete Lehre als patentierbar angesehen werden, wenn sie nur – irgendwie – über die Bereitstellung der Mittel hinausgeht, die eine Nutzung als Computerprogramm erlauben, sondern es müssen die prägenden Anweisungen der beanspruchten Lehre insoweit der Lösung eines konkreten technischen Problems dienen.[101] Auch computerimplementierte Erfindungen müssen einen „technischen Charakter" aufweisen.[102] Übereinstimmend wird dies bejaht für Programme, die unmittelbar einen technischen Effekt auslösen. Primär sind also technische Anwendungsprogramme patentierbar, wenn diese Messergebnisse aufarbeiten, den Ablauf technischer Einrichtungen überwachen oder in technische Systeme eingreifen.[103] Nicht patentfähig sollen hingegen Programme sein, die Verwaltungstätigkeiten wie Buchhaltungsvorgänge steuern.[104]

Das Europäische Patentamt steht computerimplementierten Erfindungen insgesamt freundlicher gegenüber als das DPMA und der BGH, was sicherlich auch eine politische Dimension hat. Das EPA erteilt nur dann Patentschutz, wenn es sich um eine softwarebezogene Erfindung handelt, die einen technischen Charakter aufweist und einen technischen Beitrag leistet.[105] Der technische Charakter kann dabei – dies nun unterscheidet sich maßgeblich von dem Ansatz des BGH – in der zugrunde liegenden Aufgabe, den Mitteln (technischen Merkmalen), die die Lösung der Aufgabe bilden, den durch die Lösung erreichten Wirkungen oder darin liegen, dass technische Überlegungen erforderlich sind, um ein Computerprogramm zu realisieren.[106] Im Ergebnis ist also die Hürde, zu einem „Softwarepatent" zu gelangen beim EPA deutlich niedriger. **79**

C. Rechtsschutz für Datenbanken

Datenbanken, insbesondere elektronische Datenbanken, haben in den letzten 2 Jahrzenten zunehmend an Bedeutung gewonnen. Unter einer Datenbank ist im technischen Sinne eine Sammlung von Daten, Informationen und Fakten zu verstehen, die ein bestimmtes Anwendungs- oder Fachgebiet abbilden.[107] Datenbanken zeigen im geschäftlichen und im privaten Bereich zahlreiche Anwendungsgebiete, beispielsweise: **80**

– In Fachdatenbanken werden Inhalte eines bestimmten Fachgebietes gesammelt, aufbereitet und aktualisiert. Durch verschiedene Suchwerkzeuge werden die Informationen dem Nutzer zum Abruf zur Verfügung gestellt.

– Datenbanken werden auch dazu genutzt, Informationen im WWW bereitzuhalten, zu verwalten um die Website schließlich dynamisch auf den individuellen Bedarf des Nutzers zugeschnitten anzuzeigen.

– Datenbanken dienen etwa im Bereich der technischen Berufe der Planung und Ausführung von Produktionsabläufen, sie unterstützen das Projektmanagement durch Berücksichtigung der eingestellten Ressourcen (z.B. Material, Personal).

---

101 *BGH* ITRB 2002, 50 – Suche fehlerhafter Zeichenketten.
102 *Mes* § 1 PatG Rn.83.
103 *Redeker* Rn. 134.
104 *BGH* GRUR 1992 – Chinesische Schriftzeichen; 1986, 531 – Flugkostenminimierung.
105 Vgl. *Rössel* ITRB 2002, 90.
106 Vgl. die zusammenfassende Darstellung bei *Basinski u.a.* GRUR Int. 2007, 44.
107 *Wiebe/Leupold* Recht der elektronischen Datenbanken, Teil I A Rn. 4.

– Logistische Abläufe können datenbankgestützt gesteuert werden.

– Datenbanken werden auch zur Kundenverwaltung und zur Leistungsabrechung eingesetzt.

– Auch Dokumentenmanagementsysteme, Informationsmanagementsysteme oder Systeme zum Knowledge-Management werden datenbankgestützt betrieben.

81   Rechtlichen Schutz für Datenbanken bzw. für Datenbankwerke gewähren §§ 4 Abs. 2, 87a ff. UrhG. § 4 Abs. 2 UrhG hat den Schutz von Datenbankwerken zum Inhalt, die einen Unterfall zu den in § 4 Abs. 1 UrhG genannten Sammelwerke darstellen.[108] §§ 87a ff. UrhG schützen den Datenbankhersteller in Form eines Schutzrechtes sui generis.[109] Die Rechte aus § 4 Abs. 2 UrhG und den §§ 87a UrhG bestehen unabhängig voneinander mit verschiedenem Schutzgegenstand.[110]

I. Rechtsschutz nach §§ 87a ff. UrhG

82   §§ 87a ff. UrhG enthalten abschließende Sonderregelungen zum Schutz einer Datenbank. § 87a UrhG enthält die Definitionen der Begriffe „Datenbank", „Neuheit" der Datenbank und des „Datenbankherstellers". §§ 87b, c UrhG regeln abschließend die dem Datenbankhersteller zustehenden Rechte und dessen Schranken. § 87d UrhG trifft eine Sonderregelung über die Dauer der Rechte, § 87e UrhG regelt den Fall vertraglicher Vereinbarung über die Nutzung einer Datenbank.

1. Begriff der Datenbank

83   Der Begriff der Datenbank in § 87a Abs. 1 UrhG entspricht weitgehend der in § 4 Abs. 2 UrhG enthaltenen Definition. Unter einer Datenbank ist eine Sammlung von Werken, Daten oder anderen unabhängigen Elementen zu verstehen, die systematisch oder methodisch angeordnet und einzeln mit Hilfe elektronischer Mittel oder auf andere Weise zugänglich sind. Über § 4 Abs. 2 UrhG hinaus verlangt § 87a UrhG, dass die Beschaffung, Überprüfung oder Darstellung der Datenbank eine nach Art und Umfang wesentliche Investition erfordert.

84   Der Begriff der Datenbank kann dementsprechend in folgende Merkmale untergliedert werden:

– Sammlung unabhängiger Elemente
– Zugänglichkeit der einzelnen Elemente mit elektronischen Mitteln oder auf andere Weise
– Systematische und methodische Anordnung
– nach Art und Umfang wesentliche Investition

1.1 Sammlung unabhängiger Elemente

85   Nach § 87a Abs. 1 UrhG ist die Sammlung von Werken, Daten und Elementen Voraussetzung für das Vorliegen einer Datenbank. Das als Oberbegriff dienende Merkmal der „Elemente"[111] wird weit ausgelegt.[112] Dazu zählen beispielsweise Sammlungen von literarischen, künstlerischen, musikalischen oder anderen Werken sowie von weiterem Material wie Texte, Zahlen, Töne, Bilder, Fakten und Daten. Keine Rolle spielt, ob es sich um eine elektronische oder

---

108 *Marquardt* in Wandtke/Bullinger, § 4 UrhG Rn. 8.
109 Vgl. dazu *Berger* GRUR 1997, 169.
110 *BGH* GRUR 2007, 68 – Gedichttitelliste I.
111 *Thum* in Wandtke/Bullinger, § 87a UrhG Rn. 6.
112 Erwägungsgrund (17) der Datenbankrichtlinie, ABlEG Nr. L 77 1996, 20.

nicht-elektronische Datenbank und somit um elektronische oder nicht elektronische Elemente handelt, denn nach den Erwägungen zur Datenbankrichtlinie soll der Schutz auch auf nicht-elektronische Datenbanken erstreckt werden.[113]

Der Begriff der Datenbank setzt weiter voraus, dass eine gewisse Anzahl von Elementen zusammengestellt wurde, da andernfalls keine „Sammlung" vorliegt. Eine Mindestzahl ist zwar nicht erforderlich, teilweise wird aber jedenfalls die Erkennbarkeit zweier Strukturen, bestehend aus der Sammlung und ihren einzelnen Kriterien, gefordert.[114] Eine Datenbank kann auch dann vorliegen, wenn die Daten ungeordnet in einen physischen Speicher eingegeben werden, der Datenbestand aber mit einem Abfragesystem verbunden ist, welches das zielgerichtete Suchen nach Einzelelementen ermöglicht.[115] **86**

Schutzgegenstand der Datenbank sind nicht die einzelnen in die Datenbank aufgenommenen Informationen, sondern die Datenbank wird als Gesamtheit des unter wesentlichem Investitionsaufwand gesammelten, geordneten und einzeln zugänglich gemachten Inhalts geschützt.[116] **87**

Der weit auszulegende Begriff der Sammlung wird durch das Erfordernis der „Unabhängigkeit" der Elemente jedoch eingeschränkt. Der Begriff ist weder in der Datenbankrichtlinie noch im UrhG definiert; eine Tendenz zur Auslegung dieses Begriffes ist jedoch in den Erwägungen zur Datenbankrichtlinie vorgegeben. Danach fallen Aufzeichnungen eines audiovisuellen, kinematographischen, literarischen oder musikalischen Werks als solches nicht unter den Anwendungsbereich der Richtlinie.[117] Das Merkmal der Unabhängigkeit ist also unter Berücksichtigung der Richtlinie so zu verstehen, dass dadurch eine Abgrenzung der Datenbank als **Informationssammlung** von einheitlichen Gestaltungs- und Ausdrucksformen bewirkt werden soll.[118] Die Unabhängigkeit der Elemente der Sammlung liegt grundsätzlich vor, wenn sich die Elemente voneinander trennen lassen, ohne dass der Wert ihres informativen, literarischen, künstlerischen, musikalischen oder sonstigen Inhalts dadurch beeinträchtigt wird.[119] Dies bedeutet, dass die einzelnen Elemente weiterhin eigenständige Aussagekraft aufweisen müssen.[120] Zu berücksichtigen ist auch, dass durch die entsprechenden technischen Möglichkeiten einzelne Elemente von elektronischen Medien leicht abtrennbar sind und so das Kriterium der Unabhängigkeit prinzipiell in den überwiegenden Fällen bejaht werden könnte. Aus diesem Grund werden nach den Erwägungen zur Datenbankrichtlinie Lieder oder Filme von dem Datenbankschutz der §§ 87a ff. UrhG ausdrücklich ausgeschlossen. **88**

1.2 Zugänglichkeit der einzelnen Elemente

Die Einzelzugänglichkeit ist grundsätzlich zu bejahen, wenn die Möglichkeit eines getrennten Abrufes eines Elements besteht.[121] Bei elektronischen Datenbanken liegt eine Einzelzugänglichkeit vor, wenn dem Nutzer der Abruf einzelner Elemente der Datenbank ermöglicht **89**

---

113 Erwägungsgrund (14) der Datenbankrichtlinie, ABlEG Nr. L 77 1996, 20.
114 *Thum* in Wandtke/Bullinger, § 87a UrhG Rn. 8; *EuGH* GRUR 2005, 252 – Fixtures Fußballspielpläne I spricht von einer „erheblichen Anzahl".
115 *OLG Köln* MMR 2007, 443 (nicht rechtskräftig).
116 Erwägungsgrund (20) der Datenbankrichtlinie, ABlEG Nr. L 77 1996, 20.
117 Erwägungsgrund (17) der Datenbankrichtlinie, ABlEG Nr. L 77 1996, 20.
118 *Leistner* GRUR Int 1999, 819.
119 *BGH* GRUR 2005, 940 – Marktstudien; 2005, 857 – HIT BILANZ.
120 *Thum* in Wandtke/Bullinger, § 87a UrhG Rn. 9.
121 *Thum* in Wandtke/Bullinger, § 87a UrhG Rn. 11.

wird.[122] Bei gedruckten Datenbanken besteht die Möglichkeit der Einzelzugänglichkeit bereits durch die separate Auffindbarkeit der dort enthaltenen Elemente.[123]

1.3 Systematische oder methodische Anordnung

90   Auch das Kriterium der systematischen oder methodischen Anordnung bewirkt eine weitere Einschränkung des Begriffs der Datenbank; das Erfordernis einer systematischen oder methodischen Anordnung wird auch als de-minimis Kriterium angesehen. Durch dieses Erfordernis soll ausgeschlossen werden, dass unter den Schutzgegenstand der Datenbankrichtlinie und der §§ 87a UrhG auch bloße „Datenhaufen" fallen.[124] Solche wahllosen, ungeordnet angehäuften Daten (die auch nicht mithilfe einer Abfragesprache systematisiert werden) sind keine methodische oder systematische Anhäufung einzelner Elemente.[125]

91   Die Einteilung der Daten muss grundsätzlich nach logischen oder sachlichen Kriterien erfolgen.[126] Streitig ist, ob eine Gliederung auch auf der Basis subjektiver oder emotionaler Kriterien erfolgen kann. Dies wird teilweise mit der Begründung verneint, rein subjektive Kriterien wären dem Nutzer nicht zugänglich, daher fehle es insoweit an einer systematischen oder methodischen Ordnung.[127] Andere Auffassungen verstehen die Begriffe „systematisch" und „methodisch" im Sinne von „durchdacht" oder „geplant" mit der Folge, dass auch subjektive Ordnungskriterien ausreichen können.[128] Die systematische oder methodische Anordnung setzt weiter voraus, dass die Sammlung sich auf einem festen Träger befindet und ein technisches oder anderes Mittel aufweist, welches es ermöglicht, jedes in der Sammlung befindliche Element aufzufinden.[129]

1.4 Wesentliche Investition

92   Die Beschaffung, Überprüfung oder Darstellung der Elemente der Datenbank muss eine nach Art oder Umfang **wesentliche** Investition erfordern. Dieses Kriterium trägt den Erwägungsgründen der Datenbankrichtlinie Rechnung, die den Investitionsschutz und den Investitionsanreiz als ausschlaggebend für die Schutzbedürftigkeit der Datenbank ansieht. Die wirtschaftlichen, personellen und finanziellen Investitionsleistungen sollen über die Möglichkeit des Datenbankschutzes amortisiert werden können. Weder aus der Richtlinie noch aus dem Wortlaut des § 87a UrhG geht aber hervor, in welchen Fällen eine Investition als wesentlich gilt. Die Konkretisierung des Begriffs wird mithin der Rechtsprechung überlassen.

93   Probleme bereitet bereits die Feststellung, welche Investitionen in die Wesentlichkeitsbetrachtung überhaupt einzubeziehen sind. Insbesondere war umstritten, ob auch die Kosten für die Datengenerierung berücksichtigt werden konnten. Der EuGH legte in mehreren Entscheidungen die Grundlagen über die zu berücksichtigenden Faktoren fest:

– Der Begriff der zur **Darstellung des Inhalts einer Datenbank** notwendigen Investitionen ist dahin zu verstehen ist, dass er die Mittel bezeichnet, die der Ermittlung von vorhandenen Elementen und deren Zusammenstellung in der Datenbank gewidmet werden.[130] Jedoch

---

122 *Leistner* GRUR Int. 1999, 819.
123 *Thum* in Wandtke/Bullinger, § 87a UrhG Rn. 12; *Leistner* GRUR Int. 1999, 819.
124 *Sendrowski* GRUR 2005, 369.
125 *Sendrowski* GRUR 2005, 369; *Raue/Bensinger* MMR 1998, 507.
126 *Thum* in Wandtke/Bullinger, § 87a UrhG Rn. 14.
127 *Sendrowski* GRUR 2005, 369.
128 *Thum* in Wandtke/Bullinger, § 87a UrhG Rn. 16 m.w.N.
129 *BGH* GRUR 2005, 940 – Marktstudien.
130 *EuGH* GRUR 2005, 244 – BHB-Pferdewetten; 2005, 252 – Fixtures-Fußballspielpläne I; *BGH* GRUR 2005, 940 – Marktstudien.

Gennen/Schreiner

werden die Mittel, die eingesetzt werden, um die Elemente der Datenbank zu erzeugen, nicht umfasst.[131]

– Weiter hat der EuGH den Begriff der mit der **Überprüfung der Datenbank** verbundenen Investitionen dahingehend verstanden, dass er die Mittel erfasst, die zur Sicherstellung der Verlässlichkeit der in der Datenbank enthaltenen Informationen und der Kontrolle der Richtigkeit der ermittelten Elemente bei der Erstellung der Datenbank sowie während des Zeitraums des Betriebs der Datenbank gewidmet sind.[132] Mittel, die Überprüfungsmaßnahmen im Stadium der Erzeugung der Elemente, die anschließend in der Datenbank gesammelt werden, dienen, können hingegen nicht berücksichtigt werden.[133]

– Soweit es um Investitionen geht, die mit der **Beschaffung des Inhalts** einer Datenbank verbunden sind, können wie auch bei der Darstellung solche Mittel berücksichtigt werden, die der Ermittlung von vorhandenen Elementen und deren Zusammenstellung in dieser Datenbank dienen.[134] Auch hier sind aber Mittel nicht erfasst, die eingesetzt werden, um Elemente der Datenbank zu erzeugen, aus denen ihr Inhalt besteht.

Der EuGH hat sich nicht dazu geäußert, ob nur solche Investitionen berücksichtigt werden dürfen, die „notwendig" oder „erforderlich" sind oder ob eine solche Einschränkung nicht geboten ist. Im Umkehrschluss wird teils daraus gefolgert, dass jedenfalls solche Mittel Berücksichtigung finden können, die mit erkennbarem Ergebnis für das Herstellen der Datenbank erforderlich.[135] Berücksichtigt werden können ferner sowohl finanzielle als auch sonstige wirtschaftliche Mittel. Es spielt also keine Rolle, ob es sich um Materialkosten, Lizenzkosten, Lohnkosten oder Aufwendungen für Zeit, Arbeit oder Energie handelt.[136] **94**

Welche Anforderungen an die „Wesentlichkeit" zu stellen sind wird in der Literatur unterschiedlich beantwortet. Nach einer Auffassung ist die Wesentlichkeit der Investition wiederum ein de-minimis Kriterium, welches Datenbanken, die einen ganz geringen Aufwand erfordern, von dem Schutz der §§ 87a ff. UrhG ausschließen soll. Solche „Allerweltsinvestitionen"[137] erfordern keinen besonderen Schutz durch das Urheberrecht. An das Merkmal der Wesentlichkeit sind nach dieser Auffassung keine besonders hohen Anforderungen zu stellen.[138] Nach der Gegenauffassung sollte das Merkmal der Wesentlichkeit nicht auf die Allerweltsinvestitionen beschränkt werden.[139] **95**

In der Rechtssprechung und Literatur wurden die Voraussetzungen des § 87a Abs. 1 UrhG beispielsweise für Online-Fahrpläne,[140] Online-Kleinanzeigenmärkte[141] oder Webseiten in ihrer **96**

---

131 *EuGH* GRUR 2005, 244 – BHB-Pferdewetten; 2005, 252 – Fixtures-Fußballspielpläne I; *BGH* GRUR 2005, 940 – Marktstudien.

132 *EuGH* GRUR 2005, 244 – BHB-Pferdewetten.

133 *EuGH* GRUR 2005, 244 – BHB-Pferdewetten.

134 *EuGH* GRUR 2005, 254 – Fixtures-Fußballspielpläne II; 2005, 239 – Fixtures Marketing I.

135 *Sendrowski* GRUR 2005, 369.

136 Erwägungsgrund (40) der Datenbankrichtlinie, ABlEG Nr. L 77 1996, 20.

137 Vgl. dazu auch *Thum* in Wandtke/Bullinger, § 87a UrhG Rn. 14 m.w.N.

138 *AG Rostock* MMR 2001, 631; *Thum* in Wandtke/Bullinger, § 87a UrhG Rn. 25; *Leistner* GRUR 1999, 819; die Wesentlichkeit der Investitionen wurde überwiegend bejaht z.B. *OLG Köln* GRUR-RR 2006, 78; *LG München I* GRUR 2006, 225 – Topografische Kartenblätter; anders *OLG Düsseldorf* MMR 1999, 729.

139 *Schack* MMR 2001, 9.

140 *LG Köln* MMR 2002, 689.

141 *LG Berlin* NJW-RR 1999, 1273.

Gesamtheit,[142] ein Telefonbuch,[143] Gedichtsammlungen,[144] Gedichttitellisten,[145] Kataloge, Zeitungs- und Zeitschriftenarchive oder Schlagzeilensammlungen im Internet[146] bejaht.

1.5 Amtliche Datenbanken

97 Nach § 5 Abs. 2 UrhG sind amtliche Werke, die im amtlichen Interesse zur allgemeinen Kenntnisnahme veröffentlicht worden sind, grundsätzlich nicht schutzfähig. Viele amtliche Stellen halten jedoch Datenbanken in Form von Registern oder Karteien vor, so dass fraglich ist, ob die Datenbankrechte durch § 5 UrhG eingeschränkt werden können, obwohl die Datenbankrichtlinie eine solche Einschränkung nicht vorsieht.[147] Dies wird in der Literatur unterschiedlich beurteilt: teilweise wird die analoge Anwendbarkeit des § 5 UrhG auf das Leistungsschutzrecht des § 87a UrhG verneint,[148] andere gehen von der Möglichkeit der analogen Anwendung aus[149] mit der Folge, dass Werke, die die Voraussetzungen des § 5 Abs. 2 UrhG erfüllen nicht schutzfähig sind. Der BGH hat diese Frage zur Klärung dem EuGH vorgelegt.[150]

2. Rechte des Datenbankherstellers und dessen Grenzen

2.1 Begriff des Datenbankherstellers

98 Den Schutz des § 87b UrhG genießen grundsätzlich deutsche Staatsangehörige sowie juristische Personen mit Sitz im Geltungsbereich des UrhG (§ 127a UrhG). **Datenbankhersteller** ist nach § 87a Abs. 2 UrhG derjenige, der die Investition im Sinne des § 87a Abs. 1 UrhG vorgenommen hat. Als Hersteller ist also der unmittelbare „Investor" anzusehen, nicht aber diejenigen Personen, die ohne ein eigenes unmittelbares Investitionsrisiko die gesammelten Daten herstellen und/oder einer systematischen oder methodischen Ordnung zuführen. Dies kann zur Folge haben, dass bei Erfüllung der Voraussetzungen des § 4 Abs. 2 UrhG und § 87a UrhG die Urheberschaft an dem geschützten Datenbankwerk und die Herstellereigenschaft auseinanderfallen. Da unter den Begriff der Investition nicht ausschließlich finanzielle Aufwendungen, sondern auch Zeit, Arbeit und Energie fallen, wird in der Literatur zur Bestimmung der Herstellerschaft folgende Abgrenzung vorgeschlagen:[151] Führt ein Dritter die erforderlichen Tätigkeiten entgeltlich aus, so ist er mangels Übernahme des Investitionsrisikos nicht als Datenbankhersteller anzusehen. Abzugrenzen davon sind die Fälle, in denen ein Dritter etwa durch zeitlichen oder personellen Einsatz ohne eine entsprechende Vergütung oder sonstigen Ausgleich Investitionen tätigt. In solchen Fällen kann auch derjenige, der ein eigenes Investitionsrisiko trägt, als (Mit-) Hersteller angesehen werden.

---

142 *Thum* in Wandtke/Bullinger, § 87a UrhG Rn. 48; vgl. *OLG Frankfurt* MMR 2005, 705 zum Urheberrechtsschutz von Websites und HTML-Dateien.
143 *BGH* MMR 1999, 470 – Tele-Info-CD.
144 Z.B. *LG Mannheim* GRUR 2004, 196.
145 *BGH* GRUR 2007, 685 – Gedichttitelliste I.
146 *LG München* I MMR 2002, 58.
147 Vgl. *BGH* GRUR 2007, 137 – Bodenrichtwertesammlung; 1999, 923 – Tele-Info-CD.
148 *Thum* in Wandtke/Bullinger, § 87a UrhG Rn. 82 m.w.N.
149 *Decker* in Möhring/Nicolini, Vorb. §§ 87a ff. UrhG Rn. 9.
150 *BGH* GRUR 2007, 500.
151 *Thum* in Wandtke/Bullinger, § 87a UrhG Rn. 65.

Gennen/Schreiner

2.2 Schutzdauer

Nach § 87d UrhG erlöschen die Rechte des Datenbankherstellers fünfzehn Jahre nach der Ver- **99**
öffentlichung der Datenbank, jedoch bereits fünfzehn Jahre nach der Herstellung, wenn die
Datenbank innerhalb diese Frist nicht veröffentlicht wurde.

Für geänderte Datenbanken enthält § 87a Abs. 1 S. 2 UrhG eine Neuheitsfiktion. Eine in ihrem **100**
wesentlichen Inhalt geänderte Datenbank gilt nach dieser Regelung als neue Datenbank, sofern
die Änderung eine nach Art oder Umfang wesentliche Investition erfordert, § 87a Abs. 1 S. 2
UrhG. Handelt es sich um eine neue Datenbank, beginnt die Schutzdauer erneut zu laufen. In
Art. 10 Abs. 3 der Datenbankrichtlinie werden Anhäufungen von aufeinanderfolgenden Zusätzen, Löschungen oder Veränderungen als mögliche inhaltliche Änderungen genannt. Denkbar
sind aber auch Ergänzungen, Aktualisierungen oder die Aufnahme neuer Datenfelder. Eine
wesentliche Neuinvestition kann sogar bereits in einer eingehenden Überprüfung der Datenbank zu sehen sein.[152] Ob eine Änderung wesentlich ist, wird für den jeweiligen Einzelfall anhand qualitativer und quantitativer Kriterien zu bestimmen sein.[153]

Streitig ist, ob sich die Verlängerung der Schutzdauer auf die gesamte Datenbank oder nur auf **101**
die veränderten Elemente erstreckt.[154] Tendenziell dürfte erste Auffassung zu sachgerechten
Ergebnissen führen, zum einen, weil Änderungen für die gesamte Datenbank von Vorteil sein
und eine Abgrenzung auf praktische Schwierigkeiten stoßen kann.

2.3 Rechte des Datenbankherstellers

Die dem Datenbankhersteller zustehenden Rechte ergeben sich abschließend aus § 87b UrhG. **102**
Der Datenbankhersteller hat folgende ausschließliche Rechte:
- das Recht, die Datenbank insgesamt oder einen nach Art und Umfang wesentlichen Teil der
  Datenbank zu vervielfältigen, zu verbreiten und öffentlich wiederzugeben,
- der Vervielfältigung, Verbreitung oder öffentlichen Wiedergabe eines nach Art und Umfang
  wesentlichen Teils der Datenbank steht die wiederholte und systematische Vervielfältigung,
  Verbreitung und öffentliche Wiedergabe von nach Art und Umfang unwesentlichen Teilen
  der Datenbank gleich, sofern diese Handlungen einer normalen Auswertung der Datenbank
  zuwiderlaufen oder die berechtigten Interessen des Datenbankherstellers unzumutbar beeinträchtigen.

2.3.1 Schutzrechtsgegenstand

Gegenstand der ausschließlichen Rechte des Datenbankherstellers ist die gesamte Datenbank **103**
oder ein wesentlicher Teil der Datenbank. Die Verwendung von unwesentlichen Teilen ist gemeinfrei und mithin jedem Dritten erlaubt.[155] Dies dient dem Schutz vor der Monopolisierung
von Informationen.

Die Prüfung, ob ein wesentlicher Teil der Datenbank betroffen ist, kann wegen der zahlreichen **104**
Arten und Formen von Datenbanken nur aufgrund der Umstände des Einzelfalls erfolgen.
Rechtsprechung und Literatur haben zur Konkretisierung dieses Begriffs unterschiedliche Kri-
terien aufgestellt.

---

152 Erwägungsgrund (55) der Datenbankrichtlinie, AblEG Nr. L 77 1996, 20.
153 *Thum* in Wandtke/Bullinger, § 87a UrhG Rn. 58; § 87d UrhG Rn. 11.
154 *Leistner* in Wiebe/Leupold, Recht der elektronischen Datenbanken, Teil II B Rn. 40; *Thum* in
    Wandtke/Bullinger, § 87a UrhG, Rn. 60.
155 *Raue/Bensinger* MMR 1998, 507.

105   Bereits aus den Erwägungsgründen zur Datenbankrichtlinie ergibt sich, dass nicht nur die Herstellung eines parasitären Konkurrenzprodukts eine Verletzungshandlung darstellen kann, sondern Schutz vor Handlungen gewährt wird, die einen qualitativ oder quantitativ erheblichen Schaden für die Investition verursachen.[156] Daraus schließt der EuGH, dass bei der Beurteilung, ob in qualitativer und quantitativer Hinsicht ein wesentlicher Teil der Datenbank betroffen ist, auf die mit der Erstellung der Datenbank verbundenen Investitionen und auf die Beeinträchtigung dieser Investition durch die diesen Teil betreffende Verletzungshandlung abzustellen ist.[157] In quantitativer Hinsicht ist nach der Rechtsprechung des EuGH maßgebend, in welchem Verhältnis das entnommene Datenvolumen zu dem Volumen der gesamten Datenbank steht.[158] Zur Beurteilung, ob ein qualitativ wesentlicher Teil betroffen ist, muss geprüft werden, ob im Zusammenhang mit der Beschaffung, Darstellung und Überprüfung der Datenbank eine wesentliche Investition erforderlich ist. Dies ist unabhängig davon, ob der Gegenstand einen quantitativen wesentlichen Teil des allgemeinen Inhalts der geschützten Datenbank darstellt.[159] Der BGH scheint diese Grundsätze des EuGH ebenfalls zu teilen.[160]

106   Die Bestimmung der Wesentlichkeit in quantitativer Hinsicht ausschließlich anhand des Gesamtvolumens der Datenbank, wird in der Literatur kritisiert.[161] Begründet wird dies damit, dass kleine Teile unwesentlich sind, je größer das Gesamtvolumen der Datenbank ist. Damit könne dieses Kriterium zwar bei großen Datenbanken greifen, verfehle seinen Zweck aber bei kleinen Datenbanken, die nur eben die Grenze der wesentlichen Investition überschreiten.[162] Es müsse vielmehr darauf ankommen, ob auch ein kleines Element eine entsprechende qualitative Bedeutung für das Datenbankwerk hat.[163]

107   Jedenfalls liegt ein wesentlicher Teil der Datenbank vor, wenn mindestens 50 % des Datenbankinhalts benutzt werden.[164] Weitere Faktoren für die Beurteilung der Wesentlichkeit – die sich immer am jeweiligen Einzelfall zu orientieren hat – sind etwa der wirtschaftliche Wert des entnommenen Teils bemessen an den Kosten seiner Beschaffung,[165] dessen Bedeutung im Hinblick auf die Qualität der Datenbank[166] und dessen Bedeutung für den Nutzer[167] sowie die Art der Nutzung.[168] Der EuGH hat sich den Kriterien, die auf den wirtschaftlichen Wert der Daten sowie dem Vergleich der Qualität des entnommenen Elements zu der gesamten Datenbank abstellen, nicht angeschlossen.[169]

108   § 87b Abs. 1 S. 2 UrhG enthält einen Schutz vor der **Umgehung der Verbotsrechte**. Ohne diese Vorschrift bestünde die Gefahr, dass ein Dritter ungehindert wiederholt unwesentliche Teile der Datenbank entnimmt. Daher ist auch die wiederholte und systematische Vervielfältigung, Verbreitung oder öffentliche Wiedergabe von unwesentlichen Teilen der Datenbank un-

---

156 Erwägungsgrund (42) der Datenbankrichtlinie, ABlEG Nr. L 77 1996, 20.
157 *EuGH* GRUR 2005, 244 – BHB-Pferdewetten.
158 *EuGH* GRUR 2005, 244 – BHB-Pferdewetten.
159 *EuGH* GRUR 2005, 244 – BHB-Pferdewetten.
160 *BGH* GRUR 2005, 857 – HIT BILANZ.
161 *Thum* in Wandtke/Bullinger, § 87b UrhG Rn. 12 m.w.N.
162 *Sendrowski* GRUR 2005, 369.
163 *Raue/Bensinger* MMR 1998, 507; *Sendrowski* GRUR 2005, 369.
164 *Raue/Bensinger* MMR 1998, 507; *Thum* in Wandtke/Bullinger, § 87b UrhG Rn. 10.
165 *Haberstumpf* GRUR 2003, 14.
166 *Haberstumpf* GRUR 2003, 14.
167 *Thum* in Wandtke/Bullinger, § 87b UrhG Rn. 10.
168 *Thum* in Wandtke/Bullinger, § 87b UrhG Rn. 10.
169 *EuGH* GRUR 2005, 244 – BHB-Pferdewetten.

rechtmäßig, wenn diese Handlungen einer normalen Auswertung der Datenbank zuwiderlaufen oder die berechtigten Interessen des Datenbankinhabers unzumutbar beeinträchtigt werden.

Die Handlungen müssen wiederholt *und* systematisch ausgeführt werden; es bedarf also einer **109** Kumulation.[170] Wiederholte und systematische Handlungen verlangen ein planmäßiges, gezieltes, sachlogisches Vorgehen.[171] Als Nachweise können ein enge zeitliche Beziehung oder die inhaltliche Ergänzbarkeit der einzelnen entnommenen Elemente angesehen werden.[172]

Es ist wiederum eine Frage des Einzelfalls, wann Handlungen einer normalen Auswertung der **110** Datenbank zuwiderlaufen oder die Berechtigten Interessen unzumutbar beeinträchtigen. Grundsätzlich gilt, dass ein konkreter Schaden nicht nachgewiesen sein muss; die Gefahr des Schadenseintritts ist ausreichend.[173] Jedenfalls ist eine normale Auswertung überschritten, wenn dadurch ein Konkurrenzprodukt erstellt werden soll, welches zu wirtschaftlichen Einbußen führen kann.[174] Dies gilt auch dann, wenn ein Markt bedient wird, der von der ursprünglichen Datenbank nicht in Anspruch genommen wurde, da es dem Hersteller vorbehalten bleiben soll, auch an einer neuen Auswertung seiner Datenbank zu partizipieren.[175] Eine Beeinträchtigung liegt hingegen nicht vor, wenn lediglich „splitterhafte Kleinbestandteile" den Nutzern angezeigt werden, um den Inhalt eines Artikels anzudeuten.[176] Streitig ist, ob ein Indiz auch die Ersparnis des Abschlusses eines Lizenzvertrages sein kann.[177] Dagegen wird eingewendet, dass Erfordernis des Abschlusses eines Lizenzvertrages sei allein die Rechtsfolge der Beeinträchtigung der Herstellerinteressen und lasse sich nicht zur Prüfung des Vorliegens einer Beeinträchtigung heranziehen.[178]

Nach § 87b Abs. 2 UrhG sind §§ 17 Abs. 2 und 27 Abs. 2, 3 UrhG entsprechend anzuwenden. **111**

§ 17 Abs. 2 UrhG enthält eine Regelung zu europaweiten **Erschöpfung** des Urheberrechts. **112** Nach § 17 Abs. 2 UrhG ist die Weiterverbreitung mit Ausnahme der Vermietung zulässig, wenn das geschützte Original oder Vervielfältigungsstücke mit Zustimmung des zur Verbreitung Berechtigten im Gebiet der EU oder eines anderen Vertragsstaates des EWR im Wege der Veräußerung in Verkehr gebracht worden sind. Die Erschöpfung bezieht sich nur auf das Verbreitungsrecht des Datenbankherstellers, nicht aber auf das Recht zur Vervielfältigung der Daten.[179] Für den Fall der Online-Datenbanken, die in den Dienstleistungsbereich fallen, spielt die Erschöpfung ebenfalls keine Rolle. Dies gilt auch in Bezug auf ein physisches Vervielfältigungsstück einer solchen Datenbank, das vom Nutzer der betreffenden Dienstleistung mit Zustimmung des Rechtsinhabers hergestellt wurde.[180] Anders als im Fall der CD-ROM, bei denen das geistige Eigentum an ein physisches Trägermedium, d.h. an eine Ware gebunden ist, stellt nämlich jede Online-Leistung eine Handlung dar, die, sofern das Urheberrecht dies vor-

170 *EuGH* GRUR 2005, 244 – BHB-Pferdewetten.
171 *Leistner* GRUR Int 1999, 819; *Thum* in Wandtke/Bullinger, § 87b UrhG Rn. 19.
172 *Leistner* GRUR Int 1999, 819.
173 *Thum* in Wandtke/Bullinger, § 87b UrhG Rn. 21.
174 *Leistner* GRUR Int 1999, 819.
175 Erwägungsgrund (47) der Datenbankrichtlinie, ABlEG Nr. L 77 1996, 20.
176 *BGH* MMR 2003, 719 – Paperboy.
177 So *Leistner* GRUR Int 1999, 819
178 *Thum* in Wandtke/Bullinger, § 87b UrhG Rn. 21.
179 *BGH* GRUR 2005, 940; *EuGH* GRUR 2005, 244 – BHB-Pferdewetten; *BGH* NJW 2000, 3783 – Parfum-Flakon.
180 Erwägungsgrund (33) der Datenbankrichtlinie, ABlEG Nr. L 77 1996, 20.

sieht, genehmigungspflichtig ist.[181] Körperliche Vervielfältigungsstücke, die im Rahmen des Online-Vertriebs erworben wurden, unterliegen dementsprechend nicht der Erschöpfung. Von der Wirkung der Erschöpfung wird auch die Vermietung nicht erfasst.

2.3.2 Die Rechte des Datenbankherstellers und dessen Grenzen

113 Nach § 87b UrhG hat der Datenbankhersteller das ausschließliche Recht, die Datenbank oder einen wesentlichen Teil zu vervielfältigen, zu verbreiten und öffentlich wiederzugeben.

114 Grundsätzlich gilt, dass bereits die Übernahme des Inhalts einer Datenbank zur Verwirklichung einer der in § 87b UrhG genannten Handlungen ausreichend ist, die Datenbank muss nicht in ihrer systematischen oder methodischen Anordnung übernommen werden.[182] Auch eine andersartige Anordnung der entnommenen Daten hat nicht zur Folge, dass die Elemente die Eigenschaft als wesentlicher Teil der Datenbank verlieren.[183] Ein direkter Zugang zu der Datenbank wird nicht vorausgesetzt.[184]

115 Der Begriff des **Vervielfältigens** ist wie in § 16 UrhG zu verstehen. Ergänzend dazu ist auch der in der Datenbankrichtlinie genannte Begriff der „Entnahme" heranzuziehen. Der in der Datenbankrichtlinie verwendete Begriff der „Entnahme" wird dahingehend ausgelegt, dass er sich auf jede Handlung bezieht, die darin besteht, sich ohne Zustimmung der Person, die die Datenbank erstellt hat, die Ergebnisse ihrer Investition anzueignen oder sie öffentlich verfügbar zu machen und ihr damit die Einkünfte zu entziehen, die es ihr ermöglichen sollen, die Kosten dieser Investition zu amortisieren.[185] Hinsichtlich des **Verbreitungsrechts** ist § 17 Abs. 1 UrhG maßgebend. Das Verbreitungsrecht ist danach das Recht, das Original oder Vervielfältigungsstücke des Werkes der Öffentlichkeit anzubieten oder in Verkehr zu bringen.

116 Nach herrschender Auffassung ist aber von dem Verbreitungsrecht des § 87b UrhG das Verleihrecht ausgenommen.[186] Art. 7 Abs. 2b der Datenbankrichtlinie sieht in dem öffentlichen Verleih keine Entnahme oder Weiterverwendung. § 87b UrhG muss also richtlinienkonform dahingehend ausgelegt werden, das auch hier das Verleihrecht nicht als Verbreitung angesehen werden kann. Für das Verleihrecht sieht § 87b Abs. 2 UrhG über den Verweis auf § 27 Abs. 2, 3 UrhG einen Vergütungsanspruch vor. Dies wird teilweise als nicht richtlinienkonform angesehen mit der Folge, dass § 27 UrhG keine Anwendung finden soll.[187]

117 Schließlich hat der Datenbankhersteller auch das **Recht der öffentlichen Wiedergabe**, § 15 Abs. 2 UrhG. Dies umfasst das Vortrags-, Aufführungs-, und Vorführungsrecht (§ 19 UrhG), das Recht der öffentlichen Zugänglichmachung (§ 19a UrhG), das Senderecht (§ 20 UrhG), das Recht der Wiedergabe durch Bild- und Tonträger (§ 21 UrhG), das Recht der Wiedergabe von Funksendungen und von öffentlicher Zugänglichmachung (§ 22 UrhG).

118 Die Grenzen der Rechte des Datenbankherstellers sind in § 87c UrhG abschließend geregelt. In richtlinienkonformer Auslegung des § 87c UrhG sind nach ganz überwiegende Meinung diese Grenzen nur bei **veröffentlichten Datenbanken** zu berücksichtigen.[188] Art. 9 der Datenbankrichtlinie spricht insoweit von einer „ der Öffentlichkeit (...) zur Verfügung gestellten Datenbank". In Art. 9 der Datenbankrichtlinie findet auch lediglich der „rechtmäßige Benutzer"

---

181 Erwägungsgrund (33) der Datenbankrichtlinie, ABlEG Nr. L 77 1996, 20.
182 *EuGH* GRUR 2005, 244 – BHB-Pferdewetten.
183 *BGH* GRUR 2005, 857 – HIT BILANZ.
184 *EuGH* GRUR 2005, 244 – BHB-Pferdewetten
185 *BGH* GRUR 2005, 940 – Marktstudien; 2005, 857 – HIT BILANZ.
186 *Thum* in Wandtke/Bullinger, § 87b UrhG Rn. 42.
187 *Thum* in Wandtke/Bullinger, § 87b UrhG Rn. 45.
188 *Thum* in Wandtke/Bullinger, § 87c UrhG Rn. 5 m.w.N.

Erwähnung, was dazu führt, dass mangels einer ausdrücklichen Erwähnung in § 87c UrhG streitig ist, ob sich nur der rechtmäßige Benutzer vom Anwendungsbereich des § 87c UrhG erfasst ist. Nach überwiegender Auffassung ist § 87c UrhG so zu verstehen, dass die Grenzen grundsätzlich zugunsten jedes Benutzers eingreifen sollen.[189]

Die Vervielfältigung eines nach Art oder Umfang wesentlichen Teils der Datenbank ist nach **119** § 87c Abs. 1 UrhG zulässig:

– zum privaten Gebrauch; dies gilt aber nur für analoge und nicht für elektronische Datenbanken
– zum eigenen wissenschaftlichen Gebrauch, wenn die Vervielfältigung für den wissenschaftlichen Zweck geboten ist und der wissenschaftliche Gebrauch nicht zu gewerblichen Zwecken erfolgt,
– für die Benutzung zur Veranschaulichung des Unterrichts zu nicht-gewerblichen Zwecken.

In den beiden letztgenannten Fällen ist eine deutliche Quellenangabe erforderlich, § 87c Abs. 1 **120** S. 2 UrhG. Die Vervielfältigung, Verbreitung und öffentliche Wiedergabe ist außerdem zulässig zur Verwendung in Verfahren vor einem Gericht, einem Schiedsgericht oder einer Behörde sowie für Zwecke der öffentlichen Sicherheit (§ 87c Abs. 2 UrhG).

Eine Einschränkung bezüglich vertraglicher Vereinbarungen über die Benutzung einer Daten- **121** bank enthält § 87e UrhG. Eine **Vereinbarung**, durch die gegenüber dem Datenbankhersteller die Verpflichtung übernommen wird, die Vervielfältigung, Verbreitung und öffentliche Wiedergabe von nach Art und Umfang **unwesentlichen** Teilen der Datenbank zu unterlassen ist insoweit unwirksam, als diese Handlungen weder einer normalen Auswertung der Datenbank zuwiderlaufen noch die berechtigten Interessen des Datenbankherstellers unzumutbar beeinträchtigen. Dies betrifft Vereinbarungen mit **rechtmäßigen** Benutzern:

– dem Eigentümer eines mit Zustimmung des Datenbankherstellers durch Veräußerung und Verkehr gebrachten Vervielfältigungsstücks der Datenbank,
– mit demjenigen, der in sonstiger Weise zum Gebrauch des Vervielfältigungsstücks Berechtigte
– oder mit demjenigen, dem eine Datenbank aufgrund eines mit dem Datenbankhersteller oder eines mit dessen mit einem Dritten geschlossenen Vertrags zugänglich gemacht wird.

II. Datenbankwerke

Über § 4 Abs. 2 UrhG kann auch **Datenbankwerken** ein urheberrechtlicher Schutz zukom- **122** men. Schutzrechtsgegenstand an einem Datenbankwerk – als einem Unterfall des Sammelwerks – ist die Struktur der Datenbank.[190] Diese Struktur verkörpert ein von den einzelnen Elementen **unabhängiges** Werk.

Datenbankwerke sind Sammelwerke, dessen Elemente systematisch oder methodisch ange- **123** ordnet und einzeln mit Hilfe elektronischer Mittel oder auf andere Weise zugänglich sind, § 4 Abs. 2 S. 1 UrhG. Sammelwerke sind gem. § 4 Abs. 1 UrhG Sammlungen von Werken, Daten oder anderen unabhängigen Elementen, die aufgrund der Auswahl der Elemente eine persönliche geistige Schöpfung darstellen. Datenbankwerke im Sinne des § 4 Abs. 2 UrhG unter-

---

189 Z.B. *Leistner* in Wiebe/Leupold, Recht der elektronischen Datenbanken Teil II B Rn. 100; *Raue/Bensinger* MMR 1998, 507; *Thum* in Wandtke/Bullinger, § 87c UrhG Rn. 11.
190 *BGH* GRUR 2007, 685 – Gedichttitelliste I.

schieden sich von den Datenbanken des § 87a Abs. 1 UrhG dadurch, dass ihnen ein urheberrechtlicher Schutz nur zukommt, wenn die Auswahl der Elemente auf einer geistigen Schöpfung beruht.

124 Das **Merkmal der persönlichen geistigen Schöpfung** im Sinne des § 4 Abs. 2 UrhG ist mit Blick auf die Datenbankrichtlinie zu bestimmen.[191] Danach ist ausreichend, dass die Auswahl oder Anordnung des Inhaltes eine eigene geistige Schöpfung des Urhebers ist. Unter dem Begriff „Auswahl" ist dabei der Vorgang des Sammelns und Aufnehmens und unter dem Begriff der „Anordnung" die Einteilung und Präsentation zu verstehen.[192] Auf andere Kriterien, z.B. die Qualität oder den ästhetischen Wert der Datenbank kommt es nicht an.[193] Insbesondere ist keine bestimmte Gestaltungshöhe erforderlich; ein „bescheidenes Maß an geistiger Leistung" wird als ausreichend angesehen.[194] Dazu genügt es, dass die Sammlung in ihrer Struktur, die durch die Auswahl oder Anordnung des Inhalts der Datenbank getroffen wurde, einen individuellen Charakter aufweist.[195]

125 Eine Einschränkung enthält § 4 Abs. 2 S. 2 UrhG dahingehend, dass ein zur Schaffung des Datenbankwerkes oder zur Ermöglichung des Zugangs zu dessen Elementen verwendetes Computerprogramm (§ 69a UrhG) nicht Bestandteil des Datenbankwerkes ist.

126 Urheber des Datenbankwerkes ist nach § 7 UrhG der Schöpfer. Diesem stehen die Urheberpersönlichkeitsrechte der §§ 11 ff. UrhG sowie die in den §§ 15 ff. UrhG genannten Verwertungsrechte und sonstigen Rechte zu. Schranken des Urheberrechts enthalten die §§ 44a ff. UrhG. Für Datenbankwerke sind in § 55a UrhG Mindestrechte zugunsten rechtmäßiger Benutzer vorgesehen.

---

191 *BGH* GRUR 2007, 685 – Gedichttitelliste I.
192 *LG Köln* MMR 2006, 52.
193 *BGH* GRUR 2007, 685 – Gedichttitelliste I.
194 *BGH* GRUR 2007, 685 – Gedichttitelliste I.
195 *BGH* GRUR 2007, 685 – Gedichttitelliste I; *OLG Frankfurt* GRUR-RR 2005, 299 verneint das Vorliegen der erforderlichen Schöpfungshöhe bei der Umschreibung einer Word-Datei in eine HTML-Datei, da Abfragesystemen, die aus Zweckmäßigkeitserwägungen zusammengestellt wurden, die Individualität fehle; dies gelte auch für die Anwendung herkömmlicher Suchstrategien.

21. Abschnitt

IT-Immaterialgüterrecht, Kennzeichen- und Domainrecht

Literatur: *Bartenbach* Patentlizenz und Know-how-Vertrag, 6. Aufl. 2006, *Beier* Recht der Domainnamen, 2004; *Benkard (Hrsg.)* Patentgesetz/Gebrauchsmustergesetz, 10. Aufl. 2006; *Bettinger* Die WIPO – Vorschläge zum Schutz von Marken und anderen Zeichenrechten im Internet, WRP 2001, 789; *Bettinger/Thum* Territoriales Markenrecht im Global Village – Überlegungen zu internationaler Tatortzuständigkeit, Kollisionsrecht und materiellem Recht bei Kennzeichenkonflikten im Internet, GRUR-Int. 1999, 659; *Boecker* Der Löschungsanspruch in der registerkennzeichenrechtlich motivierten Domainstreitigkeit, GRUR 2007, 370; *Busse/Keukenschrijver* Patentgesetz, 6. Aufl. 2003; *Deutsch/Ellerbrock* Titelschutz – Werktitel und Domainnamen, 2. Aufl. 2004; *Eichmann/v. Falckenstein* Geschmacksmustergesetz, 3. Aufl. 2005; *Eisenführ/Schennen* Gemeinschaftsmarkenverordnung, 2003; *Ernst/Seichter* Die Verwertung von Domains durch Partnerprogramme und Domain-Parking, WRP 2006, 810; *Fammler* Bekanntheitsschutz bei Produktähnlichkeit, MarkenR 2004, 89; *Fezer* Markenrecht, 3. Aufl. 2001; *Gall/Rippe/Weiss* Die europäische Anmeldung und der PCT in Frage und Antwort, 7. Aufl. 2006; *Ingerl/Rohnke* Markengesetz Komm., 2. Aufl. 2003; *Kaufmann* Metatagging – Markenrecht oder reformiertes UWG?, MMR 2005, 348; *Lange* Marken- und Kennzeichenrecht, 2006; *Loewenheim/Vogel/Götting* Handbuch des Urheberrechts, 2003; *Mietzel* Die ersten 200 ADR-Entscheidungen zu .eu-Domains, MMR 2007, 282; *Omsels* Die Kennzeichenrechte im Internet, GRUR 1997, 328; *Piper* Der Schutz der bekannten Marken, GRUR 1996, 429; *Pothmann/Guhn* Erste Analyse der Rechtsprechung zu .eu-Domains in ADR-Verfahren, K&R 2007, 69; *Rössel* Der Dispute-Eintrag – Eine kritische Verfahrensbetrachtung, CR 2007, 376; *Sack* Die Erschöpfung von gewerblichen Schutzrechten und Urheberrechten nach deutschem Recht, WRP 1999, 1088; *Schricker* Urheberrecht, 3. Aufl. 2006; *Schricker/Bastian/Knaak (Hrsg.)* Gemeinschaftsmarke und Recht der EU-Mitgliedsstaaten, 2006; *v. Schultz (Hrsg.)* Markenrecht, 2002; *Singer/Stauder (Hrsg.)* Europäisches Patentübereinkommen, 4. Aufl. 2007; *Spieker* „Haftungsrechtliche Aspekte für Unternehmen und ihre Internet-Werbepartner („Affiliates"), GRUR 2006, 903; *Starck* Markenschutz Bemerkungen zum Schutz gegen Rufausnutzung und Rufbeeinträchtigung, MarkenR 2000, 73; *Ströbele/Hacker* Markengesetz, 8. Aufl. 2006; *Ullmann* Wer sucht, der findet – Kennzeichenverletzung im Internet GRUR 2007, 633.

A. Einführung

Die Bezeichnung **Immaterialgüterrechte** ist ein Sammelbegriff. Er umfasst die **gewerblichen Schutzrechte** und das **Urheberrecht**. Die Immaterialgüterrechte haben im nationalen und internationalen Wirtschaftsverkehr stetig an Bedeutung gewonnen und sind heute in fast allen Branchen von überragender Wichtigkeit. Dies gilt auch für den Bereich der Informationstechnologie und der (neuen) Medien. Das Urheberrecht sowie das mit den gewerblichen Schutzrechten z.T. eng verbundene Wettbewerbsrecht werden an anderer Stelle in diesem Werk behandelt,[1] so dass sich das nachfolgende Kap. auf die gewerblichen Schutzrechte beschränkt. In diesem Rahmen werden zunächst die Grundzüge des Gewerblichen Rechtsschutzes und die einzelnen gewerblichen Schutzrechte sowie ihr Bezugspunkt zum Bereich der Informationstechnologie und der Medien dargestellt. Eine besondere Herausforderung an die gewerblichen Schutzrechte und ihre Durchsetzung stellt hier das Internet dar, das sich aus dem Nichts

1

---

1 18. Abschn.: Urheberrecht und Leistungsschutzrechte, 20. Abschn.: Urheberrecht und Software, 22. Abschn.: Wettbewerbsrecht und Medien.

zu einem weltweit erreichbaren, grenzenlosen „Ort" wirtschaftlicher und nicht-wirtschaftlicher Betätigung entwickelt hat. Im Zusammenhang mit dem Internet sind Kennzeichen die mit Abstand wichtigsten gewerblichen Schutzrechte. Daher erfolgt eine eingehendere Behandlung der diesbezüglichen rechtlichen Grundlagen, bevor in der Praxis wichtige, internetspezifische Probleme des Kennzeichenrechts aufgegriffen und der kennzeichenrechtliche Spezialbereich des Domainrechts behandelt werden.

B. Gewerblicher Rechtsschutz

I. Begriff

2 Das Rechtsgebiet, das sich mit den gewerblichen Schutzrechten befasst, wird „Gewerblicher Rechtsschutz" genannt. Dieser Begriff ist gesetzlich nicht definiert, sondern wurde durch die Rechtslehre entwickelt.[2] Sämtliche gewerblichen Schutzrechte gewähren einen **Sonderrechtsschutz**. Ihr Zweck ist der Schutz gewerblicher geistiger Leistungen bzw. Leistungsergebnisse gegen eine Benutzung durch Dritte. Trotz dieses gemeinsamen Schutzzwecks handelt es sich bei jedem der gewerblichen Schutzrechte und den ihnen zugrunde liegenden gesetzlichen Regelungen um jeweils eigenständige, in sich geschlossene Teilrechtsgebiete. Ebenso wenig existiert ein gesetzlich geregelter „Allgemeiner Teil" des Gewerblichen Rechtsschutzes, der für alle Schutzrechte Geltung beansprucht. Aufgrund des gemeinsamen Schutzzwecks bestehen aber zahlreiche Gemeinsamkeiten zwischen den einzelnen Schutzrechten.

3 Die gewerblichen Schutzrechte können unterteilt werden in **technische und nicht-technische Schutzrechte**:
– Technische Schutzrechte sind das Patent, das Gebrauchsmuster sowie sog. Halbleitertopographien.
– Nicht-technische Schutzrechte sind Kennzeichen, Geschmacksmuster und geschützte Pflanzensorten.[3]

4 Alle diese Schutzrechte haben eine unmittelbare gesetzliche Grundlage in einem nationalen Gesetz oder in einer in den EU-Mitgliedsstaaten unmittelbar wirkenden gemeinschaftsrechtlichen Verordnung. Zu beachten ist, dass ein **Numerus Clausus** der gewerblichen Schutzrechte besteht. Ein Sonderrechtsschutz für gewerbliche geistige Leistungen bzw. Leistungsergebnisse wird daher ausschließlich durch die gesetzlich anerkannten gewerblichen Schutzrechtspositionen gewährt.

5 Das ebenfalls unter den Sammelbegriff der Immaterialgüterrechte zu subsumierende **Urheberrecht** ist von den gewerblichen Schutzrechten abzugrenzen. Es unterscheidet sich von ihnen sowohl hinsichtlich seines Zwecks als auch durch seinen Schutzgegenstand. Bei den gewerblichen Schutzrechten ist die gewerbliche Anwendbarkeit von wesentlicher Bedeutung, während das Urheberrecht eine starke persönlichkeitsrechtliche Komponente aufweist (vgl. §§ 15 ff. UrhG).[4] Allerdings schützt auch das Urheberrecht letztlich das Ergebnis einer individuellen Leistung und ist der Schutz der gewerblichen Interessen des Urhebers wesentlicher

---

2 Das Grundgesetz nimmt allerdings auf den Begriff ausdrücklich Bezug, vgl. Art. 70, 71 und 73 Nr. 9 GG sowie Art. 96 Abs. 1 GG.
3 Zum Schutz von Pflanzensorten nach dem SortenschutzG erfolgen hier keine weitergehenden Ausführungen, da insoweit keine Berührungspunkte zum Medien- und IT-Bereich ersichtlich sind.
4 Vgl. hierzu z.B. *Schricker* Einl. Rn. 32; *Loewenheim/Vogel/Götting* § 3 Rn. 12 ff., jeweils m.w.N.

Schutzgegenstand (vgl. die Verwertungsrechte gem. §§ 15 ff. UrhG). Dogmatisch sind daher die gewerblichen Schutzrechte und das Urheberrecht zwar zu trennen, jedoch können sie aufgrund ihrer unzweifelhaften Nähe zueinander als „verwandte Rechte" bezeichnet werden.[5]

II. Die gewerblichen Schutzrechte

1. Allgemeine Grundlagen

Bereits aus dem Oberbegriff der Immaterialgüterrechte ist herzuleiten, dass durch die gewerblichen Schutzrechte nur **immaterielle** (schöpferische, geistige) **Rechte**, nicht die körperlichen Sachen, in denen sich diese Rechte verwirklichen können, geschützt sind. Somit ist insbesondere streng zu trennen zwischen dem Schutz des sachenrechtlichen Eigentums an einem Gegenstand und dem Schutz des in der Sache verkörperten geistigen Eigentums. Allein letzterer wird durch die gewerblichen Schutzrechte gewährleistet. Gewerbliche Schutzrechte sind aber gleichwohl verkehrsfähige Güter, die übertragen und an denen Nutzungsrechte (Lizenzen) eingeräumt werden können (vgl. z.B. § 27, § 30 MarkenG, § 15 PatentG). **6**

Allen gewerblichen Schutzrechten gemeinsam ist der **Grundsatz der Priorität** als Ordnungsprinzip.[6] Aus dem Prioritätsgrundsatz folgt, dass bei einer Rechtskollision demjenigen Recht der Vorrang zu gewähren ist, welches einen früheren Zeitrang beanspruchen kann. **7**

Die meisten der gewerblichen Schutzrechte sind **Formalrechte**. Zur Schutzgewährung sind für diese Rechte die Durchführung eines formellen Verfahrens sowie die Eintragung des Rechts in ein Register vorgeschrieben. Formalrechte sind z.B. Patente, Geschmacksmuster und eingetragene Marken. Der Vorteil solcher Formalrechte liegt darin, dass bei ihrer Registrierung sowohl der genaue Prioritätszeitpunkt festgelegt wird, als auch der Schutzrechtsinhaber in das Register eingetragen ist. Teilweise erfolgt im Rahmen des Eintragungsverfahrens auch eine Prüfung darauf, ob die materiellen Schutzvoraussetzungen für das angestrebte Schutzrecht gegeben sind (so bei Patenten und eingetragenen Marken). Einige gewerbliche Schutzrechte können aber **ohne formelles Verfahren** entstehen. So besteht kennzeichenrechtlicher Schutz für Unternehmenskennzeichen (z.B. Firmennamen) oder Werktitel (z.B. Zeitschriften- oder Buchtitel) formlos durch eine Benutzung des entspr. Unternehmenskennzeichens bzw. Werktitels.

Die gesetzlichen Regelungen zu gewerblichen Schutzrechten sind z.T. als öffentlich-rechtlich zu qualifizieren (z.B. Anmeldeverfahren bei Formalrechten, Strafnormen). I.Ü. sind die Gesetzesvorschriften des Gewerblichen Rechtsschutzes ihrer Rechtsnatur nach **Sonderprivatrecht**. Ihnen gegenüber sind die allgemeinen Vorschriften des Bürgerlichen Rechts grds. nachrangig.[7] **8**

2. Patente

Das Patent ist das zentrale Schutzrecht für technische Entwicklungen. Patentschutz wird für **Erfindungen** erteilt. Diese müssen neu sein, auf erfinderischer Tätigkeit beruhen und gewerblich anwendbar sein (vgl. § 1 Abs. 1 PatG, Art. 52 Abs. 1 EPÜ). An einer gesetzlichen Definition des Begriffs Erfindung fehlt es. Auch in der Praxis ist es bislang nicht gelungen, eine abschließende Definition zu finden.[8] Nach der grundlegenden Definition der Rechtsprechung kann unter einer Erfindung eine technische Lehre zum planmäßigen Handeln unter Einsatz be- **9**

---

5 *Loewenheim/Götting/Loewenheim* § 3 Rn. 12.; vgl. hierzu auch 18. Abschn. Rn. 25 ff.
6 Vgl. zum Patentrecht *Benkard/Ullmann* Einl. Rn. 51; zum Markenrecht *Ströbele/Hacker* § 6 Rn. 1 ff.
7 Vgl. z.B. *Ingerl/Rohnke* Einl. Rn. 1 ff.; vgl. *Benkard/Bacher/Melullis* § 1 PatG Rn. 2 ff.
8 Vgl. hierzu *Benkard/Bacher/Melullis* § 1 Rn. 42 m.w.N.

herrschbarer Naturkräfte zur Erreichung eines kausal übersehbaren Erfolges verstanden werden.[9] Die nationalen Rechtsvorschriften zum Patent finden sich im PatG. Die Erteilung eines Patents setzt die Einreichung einer ordnungsgemäßen Patentanmeldung (vgl. §§ 34 ff. PatG) und den erfolgreichen Abschluss eines materiellen Prüfungsverfahrens (vgl. §§ 42 ff. PatG) voraus. Der Patentschutz ist zeitlich begrenzt und beträgt maximal 20 Jahre ab Schutzrechtsanmeldung (vgl. § 16 PatG).[10]

10 Nach dem Europäischen Patentübereinkommen (EPÜ) kann auch ein sog. Bündelpatent für die Mitgliedsstaaten des EPÜ angemeldet werden. Eine internationale Erstreckung von Patentrechten ist überdies nach dem Patentzusammenarbeitsvertrag (PCT) in Bezug auf die dortigen Mitgliedsstaaten möglich. Dagegen existiert bis heute kein EU-Gemeinschaftspatent.[11]

11 Im Bereich der Informationstechnologie ist der **Patentierungsausschluss** gem. § 1 Abs. 3 Nr. 3 PatG von besonderer Bedeutung.[12] Dort ist bestimmt, dass „**Programme für Datenverarbeitungsanlagen**" nicht als Erfindung angesehen werden. § 1 Abs. 4 PatG relativiert diesen Ausschließungsgrund jedoch. Er normiert, dass eine Patentfähigkeit nur insoweit nicht gegeben ist, als für diese Programme „**als solche** Schutz begehrt wird". Die Patentfähigkeit von Software ist seit langem in Deutschland und Europa heftig umstritten.[13] Eine europäische Harmonisierung durch eine Richtlinie über die Patentierbarkeit computer-implementierter Erfindungen war 2002 von der Europäischen Kommission angestoßen worden, wurde jedoch – nach langwierigen Diskussionen im europäischen Gesetzgebungsverfahren – durch das Europäische Parlament im Juli 2005 abgelehnt.[14] Äußerst strittig ist, wann eine technische Neuerung „Computerprogramme als solche" betrifft und damit eine Patentierbarkeit ausgeschlossen ist. Allgemeingültige Definitionen konnten insoweit bislang nicht gefunden werden.[15] Nach der neueren Rechtsprechung des BGH verbietet es § 1 Abs. 3 Nr. 3 PatG, jedwede in computergerechte Anweisungen gekleidete Lehre als patentierbar zu erachten, wenn sie nur – irgendwie – über die Bereitstellung der Mittel hinausgeht, welche die Nutzung als Programm für Datenverarbeitungsanlagen erlauben. Die prägenden Anweisungen der beanspruchten Lehre müssen vielmehr insoweit der Lösung eines konkreten technischen Problems dienen.[16] Daraus folgt, dass einerseits kein generelles Patentierungsverbot für Software besteht, dass aber andererseits für die Patentierbarkeit nicht ausreichend ist, dass sich die Technizität der zum Patent angemeldeten Neuerung auf die normale Interaktion zwischen Software und Hardware beschränkt. Nicht ausreichend ist es nach dem BGH auch, wenn sich die gefundene Lösung darin erschöpft, Informationserfassung und -übermittlung mit Hilfe elektronischer Datenverarbeitung vorzunehmen.[17] Demgegenüber ist die Praxis des für europäische Patentanmeldungen nach dem EPÜ zuständigen Europäischen Patentamts (EPA) grds. eher geneigt, die Patentierbarkeit software-

---

9 *BGH* GRUR 1969, 672 – Rote Taube; 1986, 531 – Flugkostenminimierung.

10 Eine zeitliche Ausdehnung ist über die sog. ergänzenden Schutzzertifikate möglich, vgl. § 16a PatG.

11 Zu EPÜ, PCT und Gemeinschaftspatent vgl. z.B. *Singer/Stauder* Europäisches Patentübereinkommen; *Gall/Rippe/Weiss* Die europäische Anmeldung und der PCT in Frage und Antwort; *Tilmann* Community Patent and European Patent Litigation Agreement 27 (2) E.I.P.R. 65-67 (2005).

12 Vgl. zu dieser Problematik auch: 20. Abschn. Rn. 76 ff.

13 Vgl. zuletzt z.B. *Laub* GRUR Int. 2006, 629 ff.; *Wimmer-Leonhardt* WRP 2007, 273 ff.; *Wiebe/Heidinger* GRUR 2006, 177 ff.; vgl. auch die ausf. Darstellung bei *Benkard/Bacher/Melullis* § 1 PatG Rn. 104 ff. m.z.w.N.

14 Der abgelehnte gemeinsame Standpunkt v. Kommission und Rat findet sich unter: http://eur-lex.europa.eu/LexUriServ/site/de/com/2005/com2005_0083de01.pdf.

15 Vgl. *Busse/Keukenschrijver* § 1 Rn. 41 m.w.N.

16 *BGH* GRUR 2002, 143 – Suche fehlerhafter Zeichenketten.

17 Vgl. *BGH* GRUR 2005, 141 – Anbieten interaktiver Hilfe.

bezogener Erfindungen zu bejahen.[18] Obwohl in der juristischen Diskussion die Zahl der Befürworter eines umfassenderen Patentschutzes für softwarebezogene Erfindungen zunimmt, erscheint fraglich, ob sich auf der Grundlage der bestehenden gesetzlichen Vorgaben eine nachhaltig liberalere Patentierungspraxis entwickeln kann. Aufgrund der Tatsache, dass eine EU-weite Harmonisierung zunächst endgültig gescheitert scheint und in Anbetracht der öffentlichen Diskussion, in der eine weitergehende Patentierungsmöglichkeit für Software teilweise heftig bekämpft wird, ist auch zweifelhaft, ob in mittelbarer Zukunft eine Änderung der gesetzlichen Vorgaben erfolgt. Soweit Software bzw. softwarebezogene Neuerungen nicht patentfähig sind, verbleibt für sie der Urheberschutz und die hieraus folgenden Rechte.[19]

3. Gebrauchsmuster

Gebrauchsmuster werden als „**kleine Patente**" bezeichnet.[20] Rechtsquelle ist in Deutschland das Gebrauchsmustergesetz (GebrMG). Auch das Gebrauchsmuster ist ein technisches Schutzrecht, dessen Gegenstand technische Erfindungen sind. Unterschiede zum Patent bestehen hinsichtlich Schutzvoraussetzungen und Schutzfähigkeit; allerdings sind diese in der jüngeren Vergangenheit angeglichen worden.[21] Weiterer wesentlicher Unterschied ist das Fehlen eines materiellen Prüfungsverfahrens beim Gebrauchsmuster. Im Gegensatz zum Patent wird dort nicht geprüft, ob Neuheit und erfinderische Tätigkeit hinsichtlich der angemeldeten Erfindung vorliegen. Aufgrund der rein formellen Prüfung im Eintragungsverfahren hat das Gebrauchsmuster den Vorteil, dass das Schutzrecht zeitnah erteilt wird. Allerdings birgt ein solches ungeprüftes Schutzrecht stets ein erhebliches Risiko, wenn hieraus gegenüber Dritten Rechte geltend gemacht werden. Denn eine Überprüfung der Schutzfähigkeit erfolgt dann ggf. erst im Rahmen eines mit erheblichem Kostenrisiko belasteten Verletzungsverfahrens.   **12**

Die Höchstdauer des Gebrauchsmusterschutzes beträgt zehn Jahre ab dem Hinterlegungsdatum (vgl. § 23 GebrMG).   **13**

Hinsichtlich der Gebrauchsmusterfähigkeit von **softwarebezogenen Erfindungen** ergeben sich die gleichen Problemstellungen, die vorstehend zum Patent angesprochen wurden. In § 1 Abs. 2 Ziff. 3 sowie § 1 Abs. 3 GebrMG finden sich wortgleiche Regelungen zur Patentierbarkeit von „Programmen für Datenverarbeitungsanlagen" wie im Patentgesetz.   **14**

4. Halbleiterschutz

Das Halbleiterschutzgesetz (HalbleiterschutzG) schafft ein eigenes gewerbliches Schutzrecht für dreidimensionale Strukturen von **mikroelektronischen Halbleitererzeugnissen** (Topografien, vgl. § 1 HalbleiterschutzG). Schutzgegenstand ist die dreidimensionale Struktur als Topografie des mikroelektronischen Halbleitererzeugnisses (§ 1 Abs. 1 S. 1 HalbleiterschutzG) als Ganzes.[22] Durch das Gesetz wird eine entspr. europäische Richtlinie umgesetzt.[23] Auch der Halbleiterschutz ist zeitlich begrenzt (§ 5 Abs. 2 HalbleiterschutzG: Schutz endet mit   **15**

---

18 Die in § 1 Abs. 3 Nr. 3 und Abs. 4 PatG niedergelegten Grundsätze zur Patentierbarkeit von Datenverarbeitungsprogrammen finden sich entspr. in Art. 52 Abs. 2 und Abs. 3 EPÜ; zur Praxis des EPA vgl. die Darstellungen bei *Wiebe/Heidinger* GRUR 2006, 177 ff. und *Benkard/Bacher/Melullis* § 1 Rn. 119 ff. jeweils m.z.w.N.
19 Vgl. hierzu 20. Abschn. Rn. 3 ff.
20 Vgl. *Benkard/Göbel* Vorbem. GebrMG Rn. 2 d.
21 Vgl. *Busse/Keukenschrijver* Einl. GebrMG Rn. 4.
22 Vgl. *Busse/Keukenschrijver* § 1 HlschG.
23 Richtlinie 87/54/EWG über den Rechtsschutz der Topografien von Halbleitererzeugnissen v. 16.2. 1986, Blatt 1987, 127.

Ablauf des zehnten Kalenderjahres nach dem Jahr des Schutzbeginns). Die Bedeutung dieses Schutzrechts in der Praxis – insbesondere auch im IT-Bereich – ist bislang gering. So liegt z.B. bis heute keine veröffentlichte Rspr. zum Halbleiterschutzgesetz vor.

5. Geschmacksmuster

16 Ein nicht-technisches Schutzrecht ist das Geschmacksmuster. Als Geschmacksmuster geschützt werden zwei- oder dreidimensionale Erscheinungsformen eines ganzen Erzeugnisses oder eines Teils davon, die sich insbesondere aus den Merkmalen der Linien, Konturen, Farben, der Gestalt, Oberflächenstruktur oder der Werkstoffe des Erzeugnisses selbst oder seiner Verzierung ergeben (vgl. § 1 Nr. 1 GeschmMG). Das Geschmacksmusterrecht ist EU-weit harmonisiert. Das deutsche Geschmacksmustergesetz vom 12.3.2004 setzt eine europäische Richtlinie um.[24]

17 Wie aus der vorstehenden Definition ersichtlich, schützt das Geschmacksmuster im Wesentlichen das **Design** von Erzeugnissen. Schutzvoraussetzungen sind hierbei **Neuheit** und **Eigenart** (§ 2 Abs. 1 GeschmMG i.V.m. § 2 Abs. 2 bzw. § 2 Abs. 3 GeschmMG).

18 Ein Geschmacksmuster ist neu, wenn vor dem Anmeldetag kein identisches Muster offenbart worden ist; identisch sind Muster in diesem Sinne auch dann, wenn sich ihre Merkmale nur in unwesentlichen Einzelheiten unterscheiden (vgl. § 2 Abs. 2 GeschmMG).[25] Eigenart i.S.d. § 2 Abs. 3 GeschmMG hat ein Muster, wenn sich der Gesamteindruck, den es beim informierten Benutzer hervorruft, von dem Gesamteindruck unterscheidet, den ein anderes Muster – das vor dem Anmeldetag offenbart worden ist – bei diesem Benutzer hervorruft.[26]

19 Nach deutschem Recht existiert nur ein eingetragenes Geschmacksmuster als Formalrecht. Wie beim Gebrauchsmuster werden allerdings im Eintragungsverfahren die materiellen Schutzvoraussetzungen nicht geprüft. Der Geschmacksmusterschutz ist zeitlich auf 25 Jahre begrenzt, gerechnet ab dem Anmeldetag (§ 27 Abs. 2 GeschmMG).

20 Darüber hinaus ist durch die EG-Gemeinschaftsgeschmacksmusterverordnung (GGV)[27] ein EU-weit geltendes Geschmacksmuster geschaffen worden. Die Schutzvoraussetzungen für dieses **eingetragene Gemeinschaftsgeschmacksmuster** entsprechen dem deutschen Recht (Neuheit und Eigenart, vgl. Art. 4-6 GGV). Wie das deutsche Geschmacksmuster wird auch das Gemeinschaftsgeschmacksmuster nicht auf seine materiellen Schutzvoraussetzungen hin geprüft. Das zuständige Amt für Anmeldung und Eintragung von Gemeinschaftsgeschmacksmustern ist das Harmonisierungsamt für den Binnenmarkt (HABM) mit Sitz in Alicante.

21 Neben der Schaffung des eingetragenen Gemeinschaftsgeschmacksmusters hat die GGV eine weitere wichtige Neuerung eingeführt, nämlich das **nicht eingetragene Gemeinschaftsgeschmacksmuster**. Dieses ist **kein Formalrecht**. Schutzvoraussetzungen sind ebenfalls Neuheit und Eigenart, jedoch beginnt der Schutz mit der Zugänglichmachung des Musters für die Öffentlichkeit innerhalb der Gemeinschaft (vgl. Art. 11 Abs. 2 GGV). Erhebliche Unterschiede zum eingetragenen Geschmacksmuster ergeben sich weiterhin durch die Schutzdauer

---

24 Richtlinie 98/71/EG über den rechtlichen Schutz von Mustern und Modellen v. 13.10.1998, GRUR Int. 1998, 959.

25 Gem. § 5 GeschmMG ist eine Offenbarung jedoch nicht zu berücksichtigen, wenn diese den in der EU tätigen Fachkreisen des betr. Sektors im normalen Geschäftsverlauf vor dem Anmeldetag nicht bekannt sein konnte.

26 Vgl. hierzu *Bulling* Mitt. der deutschen Patentanwälte 2004, 254 ff.; *Beyerlein* WRP 2004, 676 ff.

27 VO (EG) Nr. 6/2002 des Rates über das Gemeinschaftsgeschmacksmuster v. 12.12.2001, ABlEG Nr. L 3 v. 5.1.2002, 1 ff.

von drei Jahren (Art. 11 GGV) und dadurch, dass das nicht eingetragene Gemeinschaftsgeschmacksmuster keinen absoluten Schutz gegen Verletzungen bieten – wie dies grds. alle gewerblichen Schutzrechte vorsehen –, sondern nur gegen Nachahmung geschützt sind (insoweit besteht eine Parallele zum Urheberrecht).

Ein für das Gebiet der Informationstechnologie wichtiger Schutzausschließungsgrund ist die **22** ausdrückliche gesetzliche Feststellung, dass ein **Computerprogramm** nicht als „Erzeugnis" gilt, das dem Geschmacksmusterschutz im Rahmen der o.g. Definition zugänglich ist (vgl. § 1 Nr. 2 GeschmMG; Art. 3 b) GGV). Diese Vorschrift dient nur der Klarstellung, da das Speichern von elektronischen Steuerungsbefehlen zwar in einem Gegenstand stattfindet, aber die elektronisch abrufbaren Daten keinen solchen bilden.[28] Allerdings steht der Ausschluss von Computerprogramm einem Schutz der durch diese Programme umgesetzten Ergebnisse nicht entgegen, so dass insbesondere Darstellungen auf dem Bildschirm schutzfähig sein können. Hierbei genügt die Sichtbarkeit auf dem Bildschirm für die grds. Musterfähigkeit, so dass insbesondere Icons, Menus und Websites musterfähig sind.[29]

6. Kennzeichen

Kennzeichen sind Marken, Unternehmenskennzeichen und Werktitel sowie geographische **23** Herkunftsangaben. Sämtliche dieser Schutzrechte sind in Deutschland im Markengesetz (MarkenG) v. 25.10.1994 zusammengefasst. Das Kennzeichenrecht – sowie das in seinen wesentlichen Teilen eng hiermit verbundene Domainrecht – wird Gegenstand des nachfolgenden Hauptteils dieses Abschnitts sein. Bereits an dieser Stelle sei aber auf eine Besonderheit der Kennzeichen im Vergleich mit allen anderen gewerblichen Schutzrechten (und auch dem Urheberrecht) hingewiesen, nämlich, dass ein Kennzeichenschutz ohne zeitliche Begrenzung möglich ist, somit eine der wesentlichen Schranken aller anderen Schutzrechte nicht besteht.

III. Schranken der gewerblichen Schutzrechte

Für alle gewerblichen Schutzrechte gilt das sog. **Territorialitätsprinzip**: Ein gewerbliches **24** Schutzrecht kann Schutz nur für den jeweiligen Geltungsbereich der dem Schutzrecht zugrunde liegenden Normen vermitteln. So beansprucht ein deutsches Patent nur Schutz für das Gebiet der Bundesrepublik Deutschland, ein Gemeinschaftsgeschmacksmuster nur Schutz für das Gebiet der Europäischen Union. Handlungen im schutzrechtsfreien Ausland können eine Schutzrechtsverletzung nicht begründen.

Wie bereits erwähnt, gilt grds. für die gewerblichen Schutzrechte und die aus ihnen folgende **25** Monopolstellung eine **zeitliche Begrenzung**. Der Grund hierfür liegt darin, dass die dem Sonderrechtsschutz zugrunde liegende Neuentwicklung nach einem gewissen Zeitraum der Allgemeinheit zur Verfügung stehen soll. Nachfolgende Schöpfer und Erfinder sollen auf den Kenntnissen ihrer Vorgänger aufbauen und dabei deren Schöpfungen und Kenntnisse ausnutzen können.[30]

Sachliche Begrenzung jedes gewerblichen Schutzrechts ist zunächst sein **Schutzbereich**. Nur **26** innerhalb dieses Schutzbereichs kann der Rechtsinhaber Rechte gegen Dritte geltend machen (vgl. § 14 PatG, § 14 MarkenG).

---

28 Vgl. *Eichmann/v. Falckenstein* § 1 Rn. 13.
29 *Eichmann/v. Falckenstein* § 1 Rn. 20; *Kur* GRUR 2002, 661, 663.
30 Vgl. *BVerfG* GRUR 2001, 43 ff. – Klinische Versuche.

27 Außerdem gilt ausnahmslos der **Grundsatz der Erschöpfung**: Hat der Rechtsinhaber einmal durch eine eigene oder eine von ihm gestattete Benutzungshandlung das ihm gesetzlich eingeräumte ausschließliche Verwertungsrecht ausgenutzt, ist dieses verbraucht.[31] Veräußert also z.B. der Schutzrechtsinhaber eine durch sein Geschmacksmuster geschützte und mit seiner Marke versehene Ware an einen Dritten, kann er diesem Dritten die Weiterveräußerung der Ware nicht unter Berufung auf das Geschmacksmuster oder die Marke untersagen. Seine Ausschließlichkeitsrechte erschöpfen sich im erstmaligen Inverkehrbringen der Ware. Der dem Schutz des freien Warenverkehrs dienende Erschöpfungsgrundsatz ist z.T. ausdrücklich in den einzelnen Gesetzen normiert (vgl. z.B. § 24 MarkenG, § 48 GeschmMG). Soweit keine ausdrückliche Normierung erfolgt ist (so z.B. im Patentrecht), ist dieser Grundsatz aber seit langem in Rspr. und Lit. anerkannt.[32] Das Territorialitätsprinzip ist auch im Zusammenhang mit der Erschöpfung zu beachten. In Deutschland ist von einer gemeinschaftsweiten Erschöpfung auszugehen. Hiernach tritt auch durch ein Inverkehrbringen (seitens des Schutzrechtsinhabers oder mit dessen Zustimmung) außerhalb Deutschlands Erschöpfung ein, wenn dieses Inverkehrbringen in einem Staat der EU oder des EWR erfolgt (vgl. Art. 28, 30 EG und Art. 81 EG).[33]

28 Bei Verträgen über gewerbliche Schutzrechte – insbesondere der Lizenzierung – sind **kartellrechtliche Schranken** von besonderer Relevanz.[34]

C. Kennzeichenrecht

29 Kennzeichen sind weltweit im Wirtschaftsverkehr von überragender Bedeutung für den Marktzutritt, das Marketing und den Vertrieb von Produkten aller Art, und zwar sowohl auf den klassischen Märkten und Vertriebswegen, als auch im Hinblick auf die durch die neuen Medien eröffneten Märkte und Geschäftsmodelle sowie den Vertrieb über das Internet.

I. Schutzgegenstand und Schutzerlangung

1. Marken

1.1 Allgemeines

30 Marken sind Zeichen, die dazu geeignet sind, die Waren und Dienstleistungen eines Unternehmens von denjenigen anderer Unternehmen zu unterscheiden (vgl. § 3 MarkenG). In dieser Definition kommt die **Herkunftsfunktion** als Hauptfunktion der Marke zum Ausdruck.[35] Darüber hinaus kommen der Marke aber auch weitere Funktionen zu, insbesondere eine **Werbe- und eine Garantiefunktion**.[36]

---

31 Vgl. z.B. *Busse/Keukenschrijver* § 9 PatG Rn. 142 m.w.N.
32 Vgl. z.B. *BGH* GRUR 2000, 299 – Karate; *Sack* WRP 1999, 1088 ff.
33 Vgl. z.B. *EuGH* GRUR Int. 1990, 960 – HAG II m.w.N.; *BGH* GRUR 2006, 863 – ex works; zur Beweislast: *EuGH* GRUR 2003, 512 – Stüssy.
34 Maßgeblich sind hier §§ 1, 2 GWB und Art. 81 EG sowie die zu Art. 81 EG erlassenen Gruppenfreistellungsverordnungen; vgl. hierzu vertiefend *Bartenbach* Rn. 670 ff.
35 Vgl. *EuGH* GRUR 2003, 55, 57 – Arsenal FC; 2005, 1042, 1043 – THOMSON LIFE; *Ströbele/Hacker* § 3 Rn. 4.
36 Vgl. eingehend hierzu *Fezer* Einl. MarkenG Rn. 30 ff. m.z.w.N.

Dem Markenschutz zugänglich sind nach deutschem Markenrecht zunächst alle Arten und **31** Formen von Zeichen.[37] § 3 Abs. 1 MarkenG zählt hierzu beispielhaft einige mögliche Markenformen auf (z.B. Wörter, Abbildungen, Hörzeichen, dreidimensionale Gestaltungen einschließlich der Form einer Ware etc.). „Klassische" Markenformen sind die Wortmarke, die Bildmarke (Logo) sowie kombinierte Wort-/Bildzeichen. In jüngerer Vergangenheit immer größere praktische Bedeutung gewonnen hat darüber hinaus die dreidimensionale Marke vor allem im Bereich der Verpackungs- und Warenformen.

Schutzvoraussetzung für jede Markenform ist zunächst ihre abstrakte Unterscheidungskraft. **32** Diese ist ohne Bezug zu den Waren oder Dienstleistungen zu prüfen, für die eine Marke Schutz beansprucht, sondern allein danach, ob das Zeichen als solches überhaupt geeignet ist, Waren oder Dienstleistungen eines Unternehmens von denjenigen eines anderen Unternehmens zu unterscheiden.[38] In der Praxis sind Fragen der abstrakten Unterscheidungskraft selten relevant; meistens werden sie im Zusammenhang mit den sog. „neuen Markenformen" diskutiert.[39] Für dreidimensionale Marken (Formmarken) sind in § 3 Abs. 2 MarkenG besondere Schutzhindernisse normiert. Kein Markenschutz kann danach insbesondere gewährt werden für Zeichen, deren Form durch die Ware selbst bedingt ist oder deren Form zur Erreichung einer technischen Wirkung erforderlich ist.[40]

1.2 Registermarke

Die Erlangung von Markenschutz ist zum einen durch Anmeldung und Eintragung im Register **33** möglich (Formalrecht), zum anderen aber auch formlos durch Benutzung.

Die Schutzerlangung für eine eingetragene Marke setzt ein **Anmeldeverfahren** voraus, in dem **34** die Markenanmeldung **formell und materiell** geprüft wird. Die Einreichung des Anmeldeantrags beim Deutschen Patent- und Markenamt (DPMA) ist in § 32 MarkenG geregelt. Voraussetzungen eines ordnungsgemäßen Anmeldeantrages sind nach § 32 Abs. 2 MarkenG insbesondere Angaben, die es erlauben, die Identität des Anmelders festzustellen, eine Wiedergabe der Marke sowie ein Verzeichnis der Waren/Dienstleistungen, für die die Eintragung beantragt wird.

Von erheblicher praktischer Relevanz ist das **Verzeichnis der Waren und Dienstleistungen**. **35** Dieses bestimmt zum einen den Schutzumfang der Marke, zum anderen ist es Grundlage der vom Amt vorzunehmenden Prüfung, ob absolute Schutzhindernisse i.S.d. § 8 Abs. 2 MarkenG vorliegen (hierzu nachstehend Rn. 37 ff.); schließlich sind die von der Marke beanspruchten Waren und Dienstleistungen auch entscheidender Faktor dafür, ob die Marke mit entgegenstehenden Rechten Dritter kollidiert (hierzu nachstehend Rn. 60 ff.).[41]

Die Prüfung der formellen und materiellen Anmeldeerfordernisse ist in den §§ 36, 37 Mar- **36** kenG geregelt. In materieller Hinsicht wird insbesondere geprüft, ob es sich um ein als Marke schutzfähiges Zeichen handelt (§ 3 MarkenG, s.o.) und ob **absolute Schutzhindernisse** i.S.d. § 8 MarkenG einer Eintragung entgegenstehen (vgl. § 37 MarkenG).

---

37 Vgl. zum markenfähigen Zeichen *EuGH* GRUR 2007, 231 – Dyson.
38 Vgl. *BGH* GRUR 2001, 240, 241 – SWISS ARMY; 2000, 321, 322 – Radio von hier.
39 Vgl. hierzu *BGH* GRUR 2007, 148 ff. – Tastmarke.
40 Vgl. hierzu z.B. *BGH* GRUR 2006, 589 ff. – Rasierer mit drei Scherköpfen.
41 Die Waren und Dienstleistungen, für die Schutz beansprucht werden kann, sind in einzelne Klassen eingeteilt. Diese Klassen sind bei der Markenanmeldung anzugeben. Die Klasseneinteilung, das v. DPMA empfohlene Anmeldeformular sowie weitere nützliche Formulare und Hinweise finden sich im Internet unter www.dpma.de/formulare/marke.html.

37 Die in der Praxis wichtigsten absoluten Schutzhindernisse gem. § 8 MarkenG sind die **fehlende Unterscheidungskraft** (§ 8 Abs. 2 Nr. 1 MarkenG) und das sog. **Freihaltebedürfnis** (§ 8 Abs. 2 Nr. 2 MarkenG).

38 Damit der Marke nicht das absolute Schutzhindernis des § 8 Abs. 2 Nr. 1 MarkenG entgegensteht, muss sie **Unterscheidungskraft** aufweisen. Hierunter versteht man die einer Marke innewohnende **konkrete Eignung**, vom Verkehr **als Herkunftsunterscheidungsmittel** für die angemeldeten Waren/Dienstleistungen eines Unternehmens gegenüber solchen anderer Unternehmen aufgefasst zu werden und damit die betriebliche Zuordnung dieser Waren/Dienstleistungen zu ermöglichen.[42] Nicht zulässig ist es, eine analysierende Betrachtungsweise vorzunehmen: Ein der Annahme der Unterscheidungskraft entgegenstehender Aussagegehalt der Marke muss so deutlich und unmissverständlich hervortreten, dass er für den unbefangenen Adressaten ohne weiteres Nachdenken erkennbar ist.[43] Bei Wortmarken besteht nach st. Rspr. des BGH kein tatsächlicher Anhaltspunkt dafür, dass eine Unterscheidungseignung und damit jegliche Unterscheidungskraft fehlt, wenn der Wortmarke kein für die fraglichen Waren oder Dienstleistungen im Vordergrund stehender beschreibender Begriffsinhalt zugeordnet werden kann und es sich auch sonst nicht um ein gebräuchliches Wort der deutschen oder einer bekannten Fremdsprache handelt, das vom Verkehr – etwa auch wegen einer entspr. Verwendung in der Werbung – stets nur als solches und nicht als Unterscheidungsmittel verstanden wird.[44] Insgesamt ist bei der Beurteilung der Unterscheidungskraft grds. von einem großzügigen Maßstab auszugehen, d.h. **jede auch noch so geringe Unterscheidungskraft reicht aus**, um das Schutzhindernis zu überwinden.[45]

39 Im **IT-Bereich** wurden z.B. für nicht unterscheidungskräftig gehalten: „informatica" für Datenverarbeitungsgeräte und Dienstleistungen im Bereich des Internets, „Computerei" für Produkte auf dem Gebiet der Computertechnologie, „PC-Notruf" für Computerpannenhilfe und weitere computerbezogene Dienstleistungen, „SMARTNET" für das Anbieten von Internet-Dienstleistungen.[46]

40 Ein **Freihaltebedürfnis** i.S.d. § 8 Abs. 2 Nr. 2 MarkenG steht einer Marke dann entgegen, wenn sie ausschließlich aus Zeichen oder Angaben besteht, die im Verkehr zur Bezeichnung der Art, der Beschaffenheit, der Menge, der Bestimmung, des Wertes, der geographischen Herkunft, der Zeit der Herstellung der Waren oder der Erbringung der Dienstleistungen oder zur Bezeichnung sonstiger Merkmale der Waren oder Dienstleistungen dienen kann. Dem Freihaltebedürfnis liegt zugrunde, dass **ausschließlich beschreibende Angaben** nicht zugunsten Einzelner monopolisiert werden dürfen; die Allgemeinheit – insbesondere die Wettbewerber – soll in der Verwendung waren- oder dienstleistungsbeschreibender Angaben frei sein.[47] Maßgeblich für ein Freihaltebedürfnis sind immer nur die konkret von der Marke beanspruchten Waren/Dienstleistungen; zudem muss die Marke hierfür **unmittelbar beschreibend** sein.[48]

---

42 Vgl. *Ströbele/Hacker* § 8 Rn. 38; stRspr. des BGH, z.B. *BGH* GRUR 2000, 502, 503 – St. Pauli Girl; 2004, 329 – Käse in Blütenform; 2006, 850 – FUSSBALL WM 2006; vgl. auch *EuGH* GRUR 1999, 723, 727 – Chiemsee.

43 Vgl. *Ströbele/Hacker* § 8 Rn. 90.

44 Vgl. zuletzt *BGH* GRUR 2003, 1050, 1051 – City Service; *BGH* GRUR 2003, 343, 344 – Buchstabe Z.

45 Vgl. *Lange* Rn. 365 m.w.N.; *BGH* GRUR 2003, 343, 344 – Buchstabe Z; 2002, 816, 817 – BONUS II; 2006, 850 – FUSSBALL WM 2006.

46 Sämtlich Beschl. des BatG., zit. bei *Fezer* § 8 48 b) m.w.z. sp. aus der – z.T. unveröffentl. – Praxis des PatG.

47 Vgl. *v. Schultz/v. Schultz* § 8 Rn. 52.; *EuGH* GRUR 1999, 723, 725 – Chiemsee; 2004, 674, 675 – Postkantoor.

48 Vgl. *Ströbele/Hacker* § 8 Rn. 196.

Obwohl sich mangelnde Unterscheidungskraft und Freihaltebedürfnis oft überschneiden, ins- **41** besondere bei Wortmarken, stehen beide Schutzhindernisse selbständig nebeneinander. Ist das eine Schutzhindernis zu verneinen, kann nicht gefolgert, dass auch das andere Schutzhindernis nicht vorliegt.[49]

In Bezug auf Marken für Waren und Dienstleistungen der **Informationstechnologie** stellt sich **42** häufig die Frage nach dem Freihaltebedürfnis für **fremdsprachige Wörter** (vor allem englische Bezeichnungen). Solche fremdsprachigen Angaben sind dann freihaltebedürftig, wenn der inländische Verkehr in ihnen eine waren- bzw. dienstleistungsbeschreibende Aussage erkennt.[50] Bei Worten aus der englischen Sprache (sowie auch Worten der weiteren Welthandelssprachen Französisch, Italienisch, Spanisch) wird i.d.R. davon ausgegangen werden können, dass der inländische Verkehr die Bedeutung der Wörter versteht.[51] Fremdsprachige Wörter, die (auch) Eingang in die deutsche Sprache gefunden haben, insbesondere auf dem betroffenen Produktgebiet (z.B. EDV-Produkte), gelten von vornherein nicht als fremdsprachige Angaben.[52] Ein Freihaltebedürfnis verneint wurde z.B. für RATIONAL SOFTWARE CORPORATION für Computer-Software;[53] „clipmail" für Software[54] und „epages" für Datenverarbeitungsgeräte und Computer sowie Entwicklung von Computersoftwarew.[55] Ein Freihaltebedürfnis wurde dagegen z.B. gesehen für „NetProject" bzgl. Waren und Dienstleistungen aus dem Bereich der Datenverarbeitung[56] sowie „DATA I/O" bzgl. Hardware und Software.[57]

Eine **mangelnde Unterscheidungskraft** oder ein **Freihaltebedürfnis** kann dadurch **über-** **43** **wunden** werden, dass der Anmelder eine **Verkehrsdurchsetzung** der Marke nachweist (vgl. § 8 Abs. 3 MarkenG). Hierzu muss er den Nachweis erbringen, dass die Marke die Eignung erlangt hat, die fragliche Ware oder Dienstleistung als von einem bestimmten Unternehmen stammend zu kennzeichnen und diese Leistung damit von den Leistungen anderer Unternehmen zu unterscheiden.[58] Der BGH verlangt im Regelfall als Mindestgrad für eine Verkehrsdurchsetzung, dass 50% der angesprochenen Verkehrskreise das Zeichen als Unternehmenshinweis auffassen.[59] Feste Prozentsätze für den Einzelfall existieren aber nicht. So hat der BGH festgestellt, das Wort „Kinder" sei glatt beschreibend für die Abnehmerkreise von „Schokolade", so dass eine „nahezu einhellige Verkehrsbekanntheit" verlangt werden müsse, um das bestehende Freihaltebedürfnis (§ 8 Abs. 2 Nr. 2 MarkenG) überwinden zu können.[60]

Erfüllt eine Markenanmeldung die formalen Voraussetzungen und stehen keine absoluten **44** Schutzhindernisse entgegen, wird die Marke vom DPMA eingetragen.[61] Das DPMA prüft nicht, ob der Markeneintragung ggf. **ältere Rechte Dritter** – z.B. prioritätsbessere Marken – entgegenstehen. Diese Rechte müssen von den betroffenen Rechtsinhabern selbst geltend ge-

---

49 Vgl. *BGH* GRUR 2000, 231, 232 – Fünfer; 2006, 850 – FUSSBALL WM 2006.
50 Vgl. *BGH* GRUR 1999, 238 – Tour de culture.
51 Vgl. *Fezer* § 8 Rn. 238.
52 Vgl. z.B. *BGH* GRUR 1993, 746 – Premiere.
53 *BGH* GRUR 2001, 162 – RATIONAL SOFTWARE CORPORATION.
54 *BPatG* v. 25.2.2003, JURIS-Datenbank – clipmail".
55 *BPatG* v. 10.1.2006, JURIS-Datenbank – epages.
56 *BPatG* v. 5.1.2005, JURIS-Datenbank – NetProject.
57 *CR* 1998, 198 – DATA I/O.
58 Vgl. *BGH* GRUR 2006, 760, 762 – Lotto; *EuGH* GRUR 1999, 723 – Chiemsee.
59 Vgl. *BGH* GRUR 2006, 760, 762 – Lotto; 2001, 1042, 1043 – REICH UND SCHOEN m.w.N.
60 *BGH* GRUR 2003, 1040, 1044 – Kinder; vgl. andererseits *BPatG* GRUR 2007, 593 – Ristorante.
61 Vgl. zu weiteren Einzelheiten hinsichtlich der vorstehend dargestellten Schutzhindernisse des § 8 Abs. 2 Nr. 1 und § 8 Abs. 2 Nr. 2 MarkenG, zur Verkehrsdurchsetzung sowie zu den weiteren – aufgrund ihrer geringeren praktischen Bedeutung hier nicht behandelten – absoluten Schutzhindernissen die ausführlichen Darstellungen bei *Fezer, Ströbele/Hacker* sowie *Ingerl/Rohnke*.

macht werden. Nach Eintragung der Marke wird diese vom DPMA veröffentlicht. Der Inhaber einer prioritätsälteren Marke kann innerhalb von drei Monaten nach dem Tag der Veröffentlichung der Eintragung gegen diese **Widerspruch** erheben (§ 42 Abs. 1 MarkenG). Das Widerspruchsverfahren wird als Streitverfahren zwischen den beteiligten Parteien beim DPMA geführt. Die Widerspruchsgründe, auf die sich der Widersprechende stützen kann, sind in § 42 Abs. 2 MarkenG aufgeführt. Die in der Praxis relevantesten Widerspruchsgründe sind die in § 42 Abs. 2 Nr. 1 MarkenG genannten **relativen Schutzhindernisse** des § 9 Abs. 1 Nr. 1 und Nr. 2 MarkenG.

45 Nach § 9 Abs. 1 Nr. 1 MarkenG kann eine Marke gelöscht werden, wenn sie mit einer prioritätsälteren Marke identisch ist und für identische Waren oder Dienstleistungen Schutz beansprucht. Bspw. wäre eine für „Installation und Wartung von Software" eingetragene Marke „Maier" zu löschen, wenn eine prioritätsbessere Marke „Maier" für die identische Dienstleistung besteht.

46 ist eine solche Doppelidentität nicht gegeben – z.B. bei einer Kollision der Marken „Maier" und „Meyer" –, kann aber der Kollisionstatbestand des § 9 Abs. 1 Nr. 2 MarkenG eingreifen. Ein Löschungsgrund nach § 9 Abs. 1 Nr. 2 MarkenG besteht dann, wenn zwischen den beiden kollidierenden Marken **Verwechslungsgefahr** besteht. Die Verwechslungsgefahr ist zentrales Kriterium bei der Beurteilung von Kennzeichenkollisionen sowohl im Widerspruchsverfahren als auch bei sonstigen Kennzeichenverletzungen (hierzu ausführlich nachstehend Rn. 64 ff.).

1.3 Benutzungsmarke

47 Ohne Anmeldung und Eintragung kann Markenschutz durch eine sog. Benutzungsmarke nach § 4 Nr. 2 MarkenG entstehen.[62] Erforderlich ist hierfür, dass die Marke **im geschäftlichen Verkehr benutzt** wird und innerhalb der beteiligten Verkehrskreise **Verkehrsgeltung erworben** hat. Als Benutzungsmarke schutzfähig sind alle markenfähigen Zeichen i.S.d. § 3 MarkenG (s.o. Rn. 30 ff.). Die absoluten Schutzhindernisse des § 8 MarkenG sind auch für die Benutzungsmarke relevant, auch wenn sie nach dem Gesetzeswortlaut nur für die Registermarke gelten.[63] Die erforderliche Verkehrsgeltung muss im Inland vorliegen.[64] Verkehrsgeltung bedeutet, dass ein Zeichen aufgrund seiner Benutzung als Marke innerhalb der angesprochenen Verkehrskreise (regelmäßig die Abnehmer der betroffenen Produkte) als Herkunftshinweis auf ein bestimmtes Unternehmen verstanden wird.[65] Der Grad der Zuordnung, der innerhalb dieser Verkehrskreise erreicht werden muss, um eine Verkehrsgeltung bejahen zu können, ist niedriger als der im Rahmen der Verkehrsdurchsetzung nach § 8 Abs. 3 MarkenG zu verlangende (s.o. Rn. 43).[66] Auch hier kann nicht von starren Prozentsätzen ausgegangen werden, sondern sind stets sämtliche Umstände des Einzelfalles zu berücksichtigen.[67] Als absolute Untergrenze wird man aber wohl einen Zuordnungsgrad von 20% ansehen müssen.[68] Handelt es sich allerdings um ein nicht unterscheidungskräftiges oder freihaltebedürftiges Zeichen, kann eine Verkehrsgeltung erst und dann angenommen werden, wenn die Voraussetzungen einer Verkehrsdurchsetzung entspr. § 8 Abs. 3 MarkenG vorliegen.[69]

---

62 Darüber hinaus existiert auch noch die sog. Notorietätsmarke i.S.d. § 4 Nr. 3 MarkenG, die hier aufgrund ihrer geringen praktischen Bedeutung nicht näher behandelt wird. Vgl. zur Notorietätsmarke z.B. *Ströhle/Hacker* § 4 Rn. 61 ff.
63 Vgl. *Lange* Rn. 298; *von Schultz/von Schultz* § 4 Rn. 4.
64 Vgl. *Ingerl/Rohnke* § 4 Rn. 22.
65 Vgl. *Lange* Rn. 301; *Ströbele/Hacker* § 4 Rn. 17 ff.
66 Vgl. *Ströbele/Hacker* § 4 Rn. 35.
67 Vgl. *Ingerl/Rohnke* § 4 Rn. 19 ff. mit zahlreichen Bsp. aus der Rspr.
68 Vgl. *Ströbele/Hacker* § 4 Rn. 37; *Piper* GRUR 1996, 429, 433; *Fammler* MarkenR 2004, 89, 92.
69 Vgl. *Fezer* § 4 Rn. 100.

Kunzmann

Zu beachten ist, dass – anders als eine eingetragene Marke – eine Benutzungsmarke ggf. nur **48** örtlich begrenzten Schutz beanspruchen kann, nämlich für ein Teilgebiet der Bundesrepublik Deutschland, innerhalb dessen eine Verkehrsgeltung zu bejahen ist.[70]

1.4 Gemeinschaftsmarke

Markenschutz für Deutschland kann darüber hinaus auch durch die Eintragung einer Gemein- **49** schaftsmarke erlangt werden. Die EG-GemeinschaftsmarkenVO (GMV)[71] hat die für die gesamte EU geltende Gemeinschaftsmarke eingeführt. Ebenso wie im Falle des Gemeinschaftsgeschmacksmusters ist für die Anmeldung und Eintragung der Marke das HABM zuständig.

Hinsichtlich der Schutzvoraussetzungen für die Gemeinschaftsmarke gelten aufgrund der Har- **50** monisierung des Markenrechts innerhalb der EU im Wesentlichen die vorstehenden Ausführungen zur deutschen Registermarke. Ein erheblicher Unterschied bei der Schutzerlangung für die Gemeinschaftsmarke besteht allerdings darin, dass die Geltendmachung älterer Rechte Dritter im Rahmen eines Widerspruchsverfahrens vor Eintragung der Marke erfolgt. Die Gemeinschaftsmarke folgt dem „Alles oder nichts"-Prinzip, d.h.: Markenschutz kann nur gewährt werden, wenn in keinem EU-Land absolute oder relative Schutzhindernisse zu bejahen sind. Eine nicht eingetragene Benutzungsgemeinschaftsmarke wurde durch die GMV nicht geschaffen. Insoweit existiert keine Parallele zur deutschen Benutzungsmarke nach § 4 Nr. 2 MarkenG. Aufgrund der im Wesentlichen gleichen Maßstäbe für Schutzerlangung, Schutzwirkungen und Schutzbeendigung wird im Folgenden auf eine vertiefte Darstellung des Gemeinschaftsmarkenrechts verzichtet und allein das deutsche Recht behandelt.[72]

1.5 Erstreckung einer ausländischen Marke

Schließlich kann Markenschutz in Deutschland auch dadurch bewirkt werden, dass eine in ei- **51** nem Mitgliedsstaat des Madrider Markenabkommens (MMA) bzw. in einem Mitgliedsstaat des Protokolls zum MMA (PMMA) bestehende Marke gem. diesen Abkommen auf Deutschland erstreckt wird. Solche, nach Deutschland erstreckten ausländischen Marken werden in gleicher Weise auf absolute Schutzhindernisse geprüft wie in Deutschland angemeldete Marken und können durch einen Widerspruch aufgrund in Deutschland bestehender älterer Markenrechte angegriffen werden (vgl. hierzu §§ 112 ff. MarkenG).[73]

2. Unternehmenskennzeichen

Unternehmenskennzeichen werden als geschäftliche Bezeichnungen ebenfalls nach dem Mar- **52** kenG geschützt (vgl. § 5 Abs. 1 MarkenG). Definiert sind Unternehmenskennzeichen als Zeichen, die im geschäftlichen Verkehr als Name, als Firma oder als besondere Bezeichnung eines Geschäftsbetriebs oder eines Unternehmens benutzt werden (§ 5 Abs. 2 S. 1 MarkenG).[74]

---

70 Vgl. *BGH* GRUR 1979, 470, 471 – RBB/RBT; 1957, 88, 93 – Ihr Funkberater; zweifelnd bzgl. nicht stationär gebundener Leistungsangebote: *OLG Köln* GRUR-RR 2007, 272, 273 – 4DSL.

71 VO (EG) Nr. 4094 des Rates v. 20.12.1993 über die Gemeinschaftsmarke, ABlEG L11 v. 14.1.1994, 1 ff.

72 Vertiefend zur Gemeinschaftsmarke *Eisenführ/Schennen*; *Schricker/Bastian/Knaak*.

73 Vgl. vertiefend hierzu z.B. die Kommentierungen der §§ 112 ff. MarkenG bei *Fezer* und *Ströbele/Hacker*.

74 Gleichgestellt sind den Unternehmenskennzeichen nach § 5 Abs. 2 S. 2 MarkenG die sog. „Geschäftsabzeichen". Diese sind Unterscheidungsmerkmale, die, ohne Namenscharakter zu haben, aufgrund von Verkehrsgeltung Hinweisfunktion gewonnen haben; vgl. *Ingerl/Rohnke* § 5 Rn. 10; Bsp. für Geschäftsabzeichen sind z.B. Logos, vgl. *BGH* GRUR 1964, 71 – personifizierte Kaffeekanne; vgl. hierzu auch *v. Schultz/Gruber* § 5 Rn. 11 m.w. Bsp.

53   Geschützt werden die **Gesamtfirma** eines Unternehmens sowie insbesondere sog. **Firmenschlagwörter**, die entweder Bestandteil der Gesamtfirma sind oder eigenständig gebildet werden.[75] Unternehmenskennzeichen sind keine Formalrechte, d.h., eine Registereintragung ist nicht Schutzvoraussetzung.[76] Der Schutz für ein Unternehmenskennzeichen entsteht mit dessen **Benutzungsaufnahme** im Inland, wenn und soweit es **Kennzeichnungskraft** besitzt. Zur Bejahung der Kennzeichnungskraft muss ihm sowohl hinreichende Unterscheidungskraft als auch von Hause aus seiner Art nach Namensfunktion zukommen.[77] Solche Kennzeichnungskraft kann einem Unternehmenskennzeichen nur zugesprochen werden, wenn es geeignet ist, bei der Verwendung im Verkehr ohne weiteres als Name des Unternehmens zu wirken.[78] Keine Kennzeichnungskraft kommt sprachüblichen Worten beschreibenden Inhalts zu.[79] Maßgeblich ist die in der betreffenden Branche – und ggf. in der betr. örtlichen Umgebung – bestehende Verkehrsauffassung. So ist z.B. die Bezeichnung „Printer-Store" für die Dienstleistung „Handel mit Computer-Druckern" nicht kennzeichnungskräftig.[80] Dagegen wurde Kennzeichnungskraft bejaht bei der Bezeichnung „CompuNet" für „Beschaffung, Installation und Wartung von PC-Netzwerken".[81]

54   Wird die Kennzeichnungskraft verneint, kann kennzeichenrechtlicher Schutz für ein Unternehmenskennzeichen erst mit dem Erwerb von **Verkehrsgeltung** entstehen (vgl. hierzu vorstehend zur Benutzungsmarke Rn. 47 f.). Schutz für Unternehmenskennzeichen kann auch nur **regional begrenzt** bestehen.[82] Die Verwendung im Internet begründet für sich genommen noch keinen bundesweiten Schutz, sondern nur dort, wo ein hinreichender „commercial effect" besteht.[83] So kann z.B. ein Metzger, der nur ein Geschäft an einem bestimmten Ort betreibt, nicht aufgrund der Schaltung einer Internetpräsenz ein bundesweites Unternehmenskennzeichen beanspruchen.

3. Werktitel

55   Nach dem MarkenG geschützt sind überdies Werktitel (§ 5 Abs. 3 MarkenG). Werktitel sind die **Namen oder besonderen Bezeichnungen** von Druckschriften, Filmwerken, Tonwerken, Bühnenwerken oder sonstigen vergleichbaren Werken. Werktitel dienen allein der Unterscheidung eines Werks von anderen Werken und geben regelmäßig keinen Hinweis auf den Hersteller oder den Inhaber des Werks.[84] Als **Werk** i.S.d. § 5 Abs. 3 MarkenG können und müssen alle immateriellen Arbeitsergebnisse – also alle Schrift-, Bild-, Musik- oder Spracherzeugnisse

---

75 Vgl. z.B. „mho" für „Marienhospital Osnabrück", *BGH* GRRU 2005, 430 – mho.de; „soco" als Abk. des Firmenbestandteils „Software + Computersysteme", vgl. *BGH* GRUR 2005, 262 – soco.de.

76 Insoweit ist der kennzeichenrechtliche Schutz nach dem MarkenG auch abzugrenzen vom Firmenrecht nach §§ 17 ff. HGB; er liegt außerhalb dieses Schutzes und ist hiervon unabhängig, vgl. *v. Schultz/Gruber* § 5 Rn. 5.

77 Vgl. *Ströbele/Hacker* § 5 Rn. 27.

78 Vgl. *BGH* GRUR 1996, 68, 69 – COTTON LINE; 1992, 550, 551 – ac-pharma.

79 Vgl. *BGH* GRUR 1996, 68, 69 – COTTON LINE.

80 Vgl. *OLG Köln* GRUR-RR 2001, 266, 267 – printer-store.

81 *BGH* GRUR 2001, 1161 – CompuNet/ComNet.

82 Vgl. z.B. für Hotels *BGH* GRUR 1995, 507, 508 – City Hotel; für Einzelhändler *OLG Saarbrücken* NJWE-WettbR 1998, 62 – Bierstraße.

83 Vgl. *Ströbele/Hacker* § 5 Rn. 51 m.w.N. ; vgl. hierzu auch nachfolgend Rn. 106 ff.

84 Vgl. *von Schultz/Gruber* § 5 Rn. 58; *BGH* GRUR 1999, 236 – Wheels Magazine.

– verstanden werden, die nach der Verkehrsanschauung bezeichnungsfähig sind.[85] Insbesondere ist auch **Computersoftware** als titelschutzfähiges Werk anerkannt.[86]

Die Schutzentstehung setzt voraus, dass der Titel in Gebrauch genommen, d.h. im geschäftlichen Verkehr als Werktitel benutzt wird.[87] Weitere Voraussetzung für eine Schutzentstehung mit Benutzungsaufnahme ist aber auch hier eine ursprüngliche Unterscheidungskraft. In Bezug auf den erforderlichen Grad an Originalität und Kennzeichnungskraft sind aber im Regelfall erheblich geringere Anforderungen zu stellen als bei der Prüfung der Unterscheidungskraft von Marken. Vor allem bei Zeitungen, Zeitschriften und Sachbuchtiteln ist darüber hinaus der Verkehr an wenig unterscheidungskräftige Titel gewöhnt, so dass hier das erforderliche Mindestmaß an Kennzeichnungskraft noch geringer anzusetzen ist.[88] Die Entstehung des Schutzes für unterscheidungskräftige Titel kann durch sog. **Titelschutzanzeigen** vorverlagert werden. Hierbei handelt es sich um eine öffentliche Ankündigung, die zwar selbst noch keine Benutzungshandlung darstellt, aber den Zeitrang des künftig durch Benutzungsaufnahme entstehenden Rechts sichert, wenn das in der Titelschutzanzeige genannte Werk unter dem angegebenen Titel innerhalb angemessener Frist auf den Markt gebracht wird.[89]   **56**

Ist ein Titel nicht unterscheidungskräftig, kann er nur Schutz beanspruchen, wenn er **Verkehrsgeltung** erlangt hat (siehe hierzu vorstehend Rn. 47 f. zur Benutzungsmarke).   **57**

4. Geographische Herkunftsangaben

Schließlich ist im MarkenG auch der Schutz von geographischen Herkunftsangaben geregelt (§§ 126 ff. MarkenG). Dies sind insbesondere die Namen von Orten, Gegenden, Gebieten oder Ländern, die im geschäftlichen Verkehr zur Kennzeichnung der geographischen Herkunft von Waren oder Dienstleistungen benutzt werden (vgl. § 126 MarkenG). Die geographischen Herkunftsangaben sind von den übrigen Schutzgegenständen des MarkenG getrennt zu betrachten. Geographische Herkunftsangaben kennzeichnen nicht die betriebliche Herkunft, sondern ausschließlich die geographische Herkunft von Waren oder Dienstleistungen. Anders als Marken, Unternehmenskennzeichen und Werktitel verkörpern sie **keine Individualrechte**.[90] Die Regelungen zu den geographischen Herkunftsangaben im MarkenG sind als lex specialis eines seiner Natur nach wettbewerblichen Schutzes anzusehen, neben dem die Vorschriften des UWG nur noch ergänzend für Sachverhalte herangezogen werden können, die nicht unter die §§ 126 ff. MarkenG fallen.[91]   **58**

5. Namensrecht (§ 12 BGB)

Der bürgerlich-rechtliche Namensschutz nach § 12 BGB ist ebenfalls ein absolutes Recht. Aufgrund des Vorrangs des Kennzeichenrechts als Sonderprivatrecht geht der Kennzeichenschutz nach dem MarkenG dem allgemeinen Namensrecht vor.[92] Geschützt wird durch § 12 BGB der zum Gebrauch eines Namens Berechtigte vor **Namensleugnung** und **Namensanmaßung**. Namensleugnung ist das Bestreiten des Rechts zum Gebrauch eines Namens, während   **59**

---

85 *Deutsch/Ellerbrock* Rn. 29; *BGH* GRUR 1997, 902, 903 – FTOS; 1998, 155, 156 – Power-Point.
86 Vgl. *BGH* GRUR 1997, 902, 903 – FTOS; *BGH* GRUR 1998, 155, 156 – Power-Point; *BGH* GRUR 1998, 1010, 1011 – WINCAD.
87 Vgl. *Ströbele/Hacker* § 5 Rn. 88; *BGH* GRUR 2005, 959, 960 – Facts II.
88 Vgl. *Ingerl/Rohnke* § 5 Rn. 88 ff. mit zahlreichen Bsp.
89 Vgl. hierzu im Einzelnen *Ströbele/Hacker* § 5 Rn. 91 ff. zu § 5 m.w.N.
90 Vgl. *Ingerl/Rohnke* vor §§ 126-139 Rn. 1; *BGH* GRUR 1999, 252, 253 – Warsteiner II.
91 Vgl. *BGH* GRUR 1999, 252, 253 – Warsteiner II.
92 Vgl. *BGH* GRUR 2002, 622 – shell.de.

Namensanmaßung vorliegt, wenn ein anderer unbefugt den gleichen Namen gebraucht und dadurch ein schutzwürdiges Interesse des Namensträgers verletzt.[93] Die Vorschrift des § 12 BGB spielt in der Offline-Welt eine untergeordnete Rolle, ist jedoch bei Auseinandersetzungen über die Berechtigung an **Domainnamen** von erheblicher Bedeutung (vgl. hierzu nachfolgend Rn. 161 ff.).

II. Schutzwirkungen

1. Marken

1.1 Identitätsschutz

60 Dritten ist es untersagt, ohne Zustimmung des Markeninhabers im geschäftlichen Verkehr ein mit der Marke identisches Zeichen für Waren oder Dienstleistungen zu benutzen, die mit den für die Marke geschützten identisch sind (§ 14 Abs.2 Nr.1 MarkenG). Voraussetzungen des Identitätsschutzes sind also

– Markenmäßige Benutzung eines Zeichens durch einen Dritten ohne Zustimmung des Markeninhabers
– im geschäftlichen Verkehr
– Doppelidentität bzgl. kollidierender Zeichen und kollidierender Waren/Dienstleistungen.

61 Eine **markenmäßige Benutzung** liegt vor, wenn das angegriffene Zeichen als Marke, also in der Weise verwendet wird, dass es im Rahmen des Produktabsatzes die gekennzeichneten Waren oder Leistungen von Waren oder Leistungen anderer Unternehmen unterscheidet.[94] Ob eine Bezeichnung als beschreibend oder als herkunftshinweisend verwendet wird, richtet sich nach dem Verständnis der angesprochenen Verkehrskreise.[95] Wird ein nicht beschreibendes, kennzeichnungskräftiges Zeichen verwendet, wird eine nicht-markenmäßige Benutzung nur in Ausnahmefällen vorliegen.[96]

62 Eine Benutzung **im geschäftlichen Verkehr** ist zu bejahen, wenn die Benutzung im Zusammenhang mit einer auf einen wirtschaftlichen Vorteil gerichteten kommerziellen Tätigkeit und nicht im privaten Bereich erfolgt.[97]

63 Bei Vorliegen der in § 14 Abs.2 Nr.1 MarkenG normierten Doppelidentität besteht absoluter Markenschutz, der nicht von weiteren Voraussetzungen – insbesondere nicht von der Prüfung einer Verwechslungsgefahr – abhängig ist.[98]

1.2 Schutz vor Verwechslungsgefahr

64 Nach § 14 Abs.2 Nr.2 MarkenG ist eine Marke auch vor der Gefahr von Verwechslungen geschützt. Voraussetzungen dieses Kollisionstatbestandes sind

---

93 Vgl. *Palandt/Heinrichs* § 12 Rn. 18 f.
94 *BGH* GRUR 2005, 162 – SodaStream; 2002, 809, 811 – FRÜHSTÜCKS-DRINK I; *EuGH* GRUR Int. 1999, 438 – BMW/Deenik.
95 *BGH* GRUR 2004, 947 – Gazoz; *EuGH* GRUR 2003, 55 – Arsenal.
96 Vgl. *Ströbele/Hacker* § 14 Rn. 71 ff. m.w.z.N.; vgl. eingehend zum markenmäßigen Gebrauch auch *Lange* Rn. 1818 ff.
97 *BGH* GRUR 2004, 241, 242 – GeDIOS; *BGH* GRUR 2007, 708 – Internet-Versteigerung II, LV; *EuGH* GRUR 2003, 55 – Arsenal 708.
98 Vgl. *Lange* Rn. 1888 ff. m.w.N., dort auch zur erforderlichen restriktiven Handhabung der Doppelidentität.

Kunzmann

– Markenmäßige Benutzung eines Zeichens durch einen Dritten ohne Zustimmung des Markeninhabers
– im geschäftlichen Verkehr
– Vorliegen einer Verwechslungsgefahr.

Die Frage, ob eine Verwechslungsgefahr vorliegt oder nicht, ist eine Rechtsfrage, die als solche **65** einer Beweisaufnahme nicht zugänglich ist.[99] Weiterhin ist die Verwechslungsgefahr ein abstrakter Gefährdungsbestand, so dass eine tatsächliche Irreführung des Publikums nicht erforderlich ist.[100]

Bei der Verwechslungsgefahr wird üblicherweise unterschieden zwischen unmittelbarer Verwechslungsgefahr im engeren Sinne und Verwechslungsgefahr durch „Gedankliches miteinander-in-Verbindung-bringen".[101] **66**

Eine **unmittelbare Verwechslungsgefahr** im engeren Sinne liegt vor, wenn die Gefahr besteht, dass der Verkehr irrtümlich ein Kennzeichen für ein anderes hält, weil er Unterschiede nicht hinreichend wahrnehmen kann. **67**

Die Prüfung der Verwechslungsgefahr ist stets konkret unter Berücksichtigung aller maßgeblichen Umstände des jeweiligen Einzelfalles vorzunehmen.[102] Maßgebliche **Kriterien** für diese Einzelfallprüfung sind: **68**
– die Ähnlichkeit der Waren/Dienstleistungen, für die Schutz beansprucht wird
– die Gemeinsamkeiten und Unterschiede der sich gegenüberstehenden Marken
– die Kennzeichnungskraft und damit der Schutzumfang der prioritätsälteren Marke.

Die Verwechslungsgefahr ist umfassend unter Berücksichtigung dieser drei Faktoren zu beurteilen, wobei zwischen den einzelnen Faktoren eine **Wechselwirkung** besteht.[103] So kann z.B. ein geringerer Grad der Ähnlichkeit der beanspruchten Waren und Dienstleistungen durch einen höheren Grad der Ähnlichkeit der Marken ausgeglichen werden und umgekehrt.[104] **69**

Bei der Beurteilung der **Waren-/Dienstleistungsähnlichkeit** sind alle erheblichen Gesichtspunkte zu berücksichtigen, die das Verhältnis zwischen den betroffenen Produkten kennzeichnen; hierzu gehören insbesondere die Art der Waren/Dienstleistungen, ihr Verwendungszweck und ihre Nutzung sowie ihre Eigenart als miteinander konkurrierende oder einander ergänzende Produkte. In die Beurteilung einzubeziehen ist, ob die Produkte regelmäßig von denselben Unternehmen oder unter ihrer Kontrolle hergestellt werden oder ob sie beim Vertrieb Berührungspunkte aufweisen, etwa weil sie in derselben Verkaufsstätte angeboten werden.[105] Nach diesen Kriterien sind z.B. Wasser und Wein als ähnliche Waren anzusehen – ohne dass der Abstand zwischen ihnen besonders groß wäre –, da sie ihrer Funktion nach nah beieinander **70**

99 Vgl. *Ströbele/Hacker* § 9 Rn. 10; *BGH* GRUR 1993, 118, 120 – Corvaton/Corvasal.
100 Vgl. *Fezer* § 14 Rn. 117; *BGH* GRUR 1991, 609, 611 – SL.
101 Vgl. zu den Begrifflichkeiten *Ströbele/Hacker* § 9 Rn. 313 ff.; *Lange* Rn. 2178 ff., jeweils m.w.N.; zum Fall des gedanklichen Inverbindungbringens, nachfolgend Rn. 77 ff.
102 Vgl. *EuGH* GRUR 1998, 387, 389 – Sabèl/Puma; *BGH* GRUR 2002, 1067, 1068 – DKV/OKV; 2002, 167, 169 – Bit/Bud.
103 StRspr. vgl. *BGH* GRUR 2005, 61 – CompuNet/ComNet II ; *BGH* GRUR 2007, 888 – Euro Telekom.
104 Vgl. *EuGH* GRUR 1998, 922, 923 – Canon; *BGH* GRUR 2004, 865, 866 – Mustang; 2005, 326 – il padrone/Il portone.
105 StRspr. *BGH* GRUR 2003, 428, 432 – BIG BERTHA; 2000, 886, 887 – Bayer/BeiChem; 2001, 507, 508 – EVIAN/REVIAN; vgl. auch *EuGH* GRUR 1998, 922, 923 – Canon.

liegen (Lebensmittel, Getränke), sie im Handel nebeneinander präsentiert und teilweise auch nebeneinander beworben werden sowie beim Verbrauch häufig nebeneinander in Erscheinung treten.[106]

71 Sind sich die gegenüberstehenden Waren/Dienstleistungen **absolut unähnlich**, kann eine Verwechslungsgefahr von vornherein nicht in Betracht kommen, auch wenn die Marken identisch oder hochgradig ähnlich sind.[107] Auch in Fällen absoluter Warenunähnlichkeit kann allerdings noch ein Markenschutz nach § 14 Abs. 2 Nr. 3 MarkenG (Schutz der bekannten Marke) Platz greifen (hierzu nachstehend Rn. 81 ff.). Eine Warenähnlichkeit verneint wurde z.B. zwischen Kraftfahrzeugen und deren Ersatzteilen einerseits sowie Lenkrädern und Pedalen zur Steuerung von Computerspielen andererseits.[108]

72 Hinsichtlich der zu überprüfenden Gemeinsamkeiten und Unterschiede der sich gegenüberstehenden Marken (**Markenähnlichkeit**) ist auf den **Gesamteindruck** abzustellen, den die Kollisionszeichen hervorrufen.[109] Denn der angesprochene Verkehr nimmt die Marke regelmäßig als Ganzes wahr und achtet nicht auf die verschiedenen Einzelheiten.[110] Die Markenähnlichkeit ist in klanglicher, (schrift-)bildlicher und begrifflicher Hinsicht zu prüfen.[111] Es reicht aus, wenn eine Verwechslungsgefahr unter einem Gesichtspunkt zu bejahen ist, d.h.: Selbst wenn z.B. eine Verwechslungsgefahr unter phonetischen Gesichtspunkten ausscheidet, kann sie unter visuellen Aspekten zu bejahen sein.

73 Die Maßgeblichkeit des Gesamteindrucks der sich gegenüberstehenden Zeichen schließt es nicht aus, dass **einzelne Bestandteile** innerhalb einer Marke **für den Gesamteindruck prägend** sind.[112] Einem Markenbestandteil kann selbst dann eine innerhalb des Gesamteindrucks noch selbständig kennzeichnende Stellung – die eine Verwechslungsgefahr begründen kann – zukommen, wenn die aus mehreren Bestandteilen zusammengesetzte Marke von einem anderen Bestandteil dominiert oder geprägt wird.[113] Zu berücksichtigen ist ferner, dass die von der Marke angesprochenen Verkehrskreise – deren Auffassung für die Beurteilung der Verwechslungsgefahr und damit auch der Markenähnlichkeit maßgeblich ist[114] – je nach Art der zu beurteilenden Markenähnlichkeit (z.B. phonetisch oder bildlich) und je nach Art der sich gegenüberstehenden Marken (z.B. Wortmarke, Wort-/Bildmarke, dreidimensionale Marke) den Gesamteindruck unterschiedlich wahrnehmen bzw. sich an unterschiedlichen Bestandteilen orientieren können.[115]

74 Eine entscheidende Rolle spielt darüber hinaus auch die **Kennzeichnungskraft** der prioritätsälteren Marke, die im Rahmen der Prüfung der Verwechslungsgefahr stets zu überprüfen ist.[116] Je größer die Kennzeichnungskraft einer Marke ist, umso größer ist der **Schutzbereich**, inner-

---

106 Vgl. *BGH* GRUR 2001, 507, 508 – EVIAN/REVIAN.
107 Vgl. *BGH* GRUR 2004, 594, 596 – Ferrari-Pferd; 2001, 507, 508 – EVIAN/REVIAN.
108 *BGH* GRUR 2004, 594, 596 – Ferrari-Pferd.
109 Vgl. *BGH* GRUR 2007, 235, 237 – Goldhase; *EuGH* GRUR 2006, 237, 238 – PICASSO/PICARO.
110 *BGH* GRUR 2007, 235, 237 – Goldhase; *EuGH* GRUR 2005, 1042 – THOMSON LIFE.
111 Vgl. zuletzt *BGH* GRUR 2007, 235, 237 – Goldhase; m.H.a. *EuGH* GRUR 1998, 387 – Sabèl/Puma.
112 Vgl. *BGH* GRUR 2006, 859 – Malteserkreuz; *EuGH* GRUR 2005, 1042 – THOMSON LIFE; *BGH* GRUR 2006, 60 – coccodrillo; jeweils m.w.N.
113 *BGH* GRUR 2006, 859, 861 – Malteserkreuz; *BGH* GRUR 2007, 888, 889 – Euro Telekom; *EuGH* GRUR 2005, 1042 – THOMSON LIFE.
114 Vgl. hierzu eingehend *Ingerl/Rohnke* § 14 Rn. 280 ff. m.z.w.N.
115 Vgl. z.B. *BGH* GRUR 2001, 1158, 1160 – Dorf Münsterland; 2002, 171, 174 – Marlboro-Dach; 2006, 859, 862 – Malteserkreuz.
116 Vgl. z.B. *BGH* GRUR 1999, 587, 589 – Cefallone; *EuGH* GRUR 1998, 387, 390 – Sabèl/Puma.

Kunzmann

halb dessen eine Verwechslungsgefahr angenommen werden kann. Üblicherweise unterscheidet man zwischen „geringer", „normaler" und „gesteigerter" Kennzeichnungskraft.[117]

Insoweit ist zunächst zu prüfen, welcher Grad an Kennzeichnungskraft der Marke von Hause **75** aus zukommt. Dabei gilt der Grundsatz, dass von normaler Kennzeichnungskraft ausgegangen wird, wenn nicht eine geringe Kennzeichnungskraft festgestellt werden kann.[118] Je geringer die Eigenart und Unterscheidungskraft der Marke für die betroffenen Waren/Dienstleistungen ist, umso geringer ist auch ihre Kennzeichnungskraft. Entspr. sind z.B. Bezeichnungen, die erkennbar an beschreibende Angaben angelehnt sind, nur von geringer Kennzeichnungskraft.[119] Eine geringe Kennzeichnungskraft kann einer Marke auch dann zukommen, wenn sie aufgrund der Existenz zahlreicher ähnlicher (benutzter) Drittmarken geschwächt ist.[120] Eine gesteigerte Kennzeichnungskraft und damit ein erweiterter Schutzumfang kommt einer Marke dagegen nicht allein schon deswegen zu, weil sie eine besondere Eigenart und Einprägsamkeit besitzt.[121] Ein gesteigerter Schutzumfang beruht regelmäßig sowohl auf der besonderen Eigenart und Einprägsamkeit des Zeichens als auch auf einem aufgrund intensiver Benutzung der Marke auf dem Markt erworbenen Bekanntheitsgrad.[122]

Vor dem Hintergrund der vorstehend dargestellten Umstände, die bezgl. der einzelnen Fakto- **76** ren (Waren-/Dienstleistungsähnlichkeit, Zeichenähnlichkeit, Kennzeichnungskraft) zu berücksichtigen sind, sowie in Anbetracht der zudem noch zu berücksichtigenden Wechselwirkung zwischen den einzelnen Faktoren wird deutlich, dass für die Prüfung der Verwechslungsgefahr keinerlei starre Regeln gelten können, sondern stets eine umfassende Würdigung aller Umstände des jeweiligen Einzelfalles notwendig ist.

Neben der Gefahr einer unmittelbaren Verwechslung besteht auch dann eine markenrechtlich **77** relevante Verwechslungsgefahr, wenn die Gefahr besteht, „dass die **Marken gedanklich miteinander in Verbindung gebracht werden**" (vgl. § 9 Abs. 1 Nr. 2 MarkenG/§ 14 Abs. 2 Nr. 2 MarkenG). Im Hinblick auf den Begriff des „gedanklichen Inverbindungbringens" ist klarzustellen, dass dieser keinen eigenen Tatbestand der Markenkollision begründet, sondern nur einen Unterfall der markenrechtlichen Verwechslungsgefahr darstellt.[123] Weiterhin begründet eine rein assoziative gedankliche Verbindung, die der Verkehr etwa über die Übereinstimmung des Sinngehalts zweier Marken zwischen diesen herstellen könnte, für sich genommen keine Verwechslungsgefahr i.S.d. „gedanklichen Inverbindungbringens".[124] Markenrechtlich erheblich ist es nur, wenn die gedankliche Verbindung zu einer mittelbaren Verwechslungsgefahr oder einer sog. Verwechslungsgefahr im weiteren Sinne führt.

Eine **mittelbare Verwechslungsgefahr** kommt in der Praxis insbesondere unter dem Ge- **78** sichtspunkt einer **Serienmarke** in Betracht. Bei einer Serienmarke sieht der Verkehr einen Markenbestandteil als Stamm mehrerer Zeichen eines Unternehmens an und ordnet deshalb nachfolgenden Bezeichnungen, die einen wesensgleichen Stamm aufweisen, den gleichen Zei-

---

117 Vgl. *von Schultz/Schweyer* § 14 Rn. 128; *Ingerl/Rohnke* § 14 Rn. 326.
118 Vgl. z.B. *BGH* GRUR 2000, 1028, 1029 – Ballermann.
119 Vgl. z.B. *BGH* GRUR 1997, 468, 469 – NetCom, Erkennbarkeit von „network" und „communication" im Begriff „NetCom".
120 Vgl. zu den Voraussetzungen einer solchen Schwächung der Kennzeichnungskraft: *Ströbele/Hacker* § 9 Rn. 198 ff. m.z.w.N.
121 Vgl. *Ströbele/Hacker* § 9 Rn. 189 m.H.a. a.A. des *EuG* GRUR Int. 2005, 586, 589 – Hai; *EuG* GRUR Int. 2006, 144 – ARTHUR ET FELICIE.
122 Vgl. *Fezer* § 14 Rn. 286.
123 Vgl. *EuGH* GRUR Int. 1999, 734, 736 – Lloyd. *EuGH* GRUR 1998, 387, 389 – Sabèl/Puma; *BGH* GRUR 1999, 735, 736 – MONOFLAM/POLYFLAM.
124 *EuGH* GRUR 1998, 387, 389 – Sabèl/Puma.

cheninhaber zu.[125] Allerdings sind an das Vorliegen eines Serienzeichens strenge Anforderungen zu stellen, um zu verhindern, dass über diesen Umweg unzulässigerweise Markenelemente geschützt werden und der Gesamteindruck nicht mehr für die Verwechslungsgefahr maßgeblich ist.

79 Eine **Verwechslungsgefahr im weiteren Sinne** kommt in Betracht, wenn der Verkehr die sich gegenüberstehenden Kennzeichen als unterschiedlich erkennt und nicht verwechselt und sie auch als verschiedenen Unternehmen zugehörig auffasst, jedoch unzutreffend davon ausgeht, dass zwischen diesen Unternehmen eine Verbindung geschäftlicher, wirtschaftlicher oder organisatorischer Art besteht.[126] Eine solche Verwechslungsgefahr kommt nur in Betracht, wenn besondere Umstände vorliegen, die nahelegen, dass eine Verbindung zwischen den Unternehmen im o.g. Sinn besteht. Voraussetzung ist hierfür, dass sich die Marke, aus der Ansprüche hergeleitet werden, allgemein zu einem Hinweis auf das Unternehmen des Markeninhabers entwickelt hat.[127]

80 Insgesamt kann festgehalten werden, dass für eine Verwechslungsgefahr unter dem Gesichtspunkt des „gedanklichen Inverbindungbringens" nur ein äußerst beschränkter Anwendungsbereich verbleibt.

1.3 Schutz bekannter Marken

81 Eine „im Inland bekannte" Marke genießt einen über die vorstehend behandelte Verwechslungsgefahr hinausgehenden Schutz. Solche Marken sind nach § 14 Abs.2 Nr. 3 MarkenG auch gegen Ausnutzung und Beeinträchtigung ihrer Unterscheidungskraft und Wertschätzung geschützt, wenn sie ein Dritter im geschäftlichen Verkehr markenmäßig verwendet.[128]

82 Die für den erweiterten Schutz **erforderliche Bekanntheit** ist dann anzunehmen, wenn die Marke einem bedeutenden Teil des inländischen Publikums bekannt ist, das von den durch die Marke erfassten Waren oder Dienstleistungen betroffen ist.[129] Im Rahmen der Prüfung der Bekanntheit sind alle relevanten Umstände des Einzelfalles zu berücksichtigen, insbesondere der Marktanteil der Marke, die Intensität, geographische Ausdehnung und Dauer der Markenbenutzung sowie der Umfang der Investitionen, die das Unternehmen zu ihrer Förderung getätigt hat.[130] Bestimmte Prozentsätze für den zu fordernden Bekanntheitsgrad bei den betroffenen Verkehrskreisen existieren nicht.[131] Die in einzelnen Urteilen genannten Prozentsätze[132] sowie die in der Lit. z.T. diskutierten Mindestprozentsätze[133] sind nicht als Regelsätze anzuwenden, sondern es muss auch ein im jeweiligen Streitfall festgestellter prozentualer Bekanntheitsgrad stets im Lichte sämtlicher Umstände des Einzelfalles betrachtet werden, um die erforderliche Bekanntheit bejahen oder verneinen zu können.[134] Ein Bekanntheitsschutz kann erst ab dem

---

125 *BGH* GRUR 2003, 1040, 1043; 2002, 544, 547 – BANK 24.

126 Vgl. *Ingerl/Rohnke* § 14 Rn. 752; *BGH* GRUR 2006, 60, 63 – coccodrillo.

127 Vgl. *BGH* GRUR 2002, 171, 175 – Marlboro-Dach; 1999, 155, 156 – Dribeck's light.

128 Vgl. zum Schutz der bekannten Marke z.B. *Starck* MarkenR 2000, 73 ff.

129 Vgl. *EuGH* GRUR Int. 2000, 73, 75 – Chevy.

130 *EuGH* GRUR Int. 2000, 73, 75 – Chevy.

131 Vgl. *BGH* GRUR 2003, 428, 432 – BIG BERTHA; 2002, 340, 341 – Fabergé; *EuGH* GRUR Int. 2000, 73, 74 – Chevy.

132 Vgl. z.B. *OLG Hamburg* MarkenR 2003, 401, 406 – VISA, 30% = ausreichend; *LG München I* GRUR-RR 2002, 165 – BIG BROTHER-Ticker, über 20% = ausreichend (für bekannten Werktitel).

133 Vgl. z.B. *Ingerl/Rohnke* § 14 Rn. 810, unterste Grenze bei 20%; *Fezer* § 14 Rn. 420, Mindestgrad von 30% kann ausreichend sein.

134 Vg. *Ströbele/Hacker* § 14 Rn. 162.

Zeitpunkt geltend gemacht werden, in dem die Marke die erforderliche Bekanntheit erreicht, ohne dass insoweit eine Rückwirkung besteht.[135]

Tatbestandsvoraussetzung für einen Anspruch aus der bekannten Marke nach § 14 Abs. 2 Nr. 3 MarkenG ist, dass es sich bei dem angegriffenen Zeichen um ein **mit der bekannten Marke identisches oder ähnliches Zeichen** handelt. Die Beurteilung der Zeichenähnlichkeit entspricht derjenigen, die im Rahmen der Verwechslungsgefahr (s.o. Rn. 72 ff.) anzuwenden ist.[136] Eine Waren-/Dienstleistungsidentität bzw. -ähnlichkeit muss aber beim Bekanntheitsschutz nicht vorliegen. Der Bekanntheitsschutz bezieht sich auf innerhalb und außerhalb des Ähnlichkeitsbereichs liegende Waren und Dienstleistungen, auch wenn der Gesetzeswortlaut des § 14 Abs. 2 Nr. 3 MarkenG nur Waren und Dienstleistungen außerhalb des Ähnlichkeitsbereiches nennt.[137] **83**

Die Vorschrift des § 14 Abs. 2 Nr. 3 MarkenG **schützt** nicht vor einer Gefahr von Verwechslungen, sondern **vor Ausbeutung und Beeinträchtigung der bekannten Marke**. Eine Beeinträchtigung oder Ausbeutung der Unterscheidungskraft und Wertschätzung einer bekannten Marke liegt umso eher vor, umso größer die Unterscheidungskraft und Wertschätzung der bekannten Marke sind.[138] Bei der Ausnutzung der Wertschätzung und Unterscheidungskraft geht es regelmäßig um die **Ausbeutung des guten Rufs** einer Marke bzw. die **Ausbeutung der Aufmerksamkeit**, die eine Marke im Verkehr genießt. Der Verletzer verwendet eine bekannte Marke, um deren besondere Unterscheidungskraft bzw. die Aufmerksamkeit, die sie im Verkehr genießt, auf seine eigenen Produkte zu übertragen oder um den guten Ruf zur Empfehlung der eigenen Ware im Wege des Imagetransfers auszunutzen.[139] Zu beachten ist, dass eine Ausnutzung der Wertschätzung im Wege des Imagetransfers voraussetzt, dass gewisse Berührungspunkte (z.B. gedanklicher oder gefühlsmäßiger Art) zwischen den Produkten des Markeninhabers und denen des Verletzers bestehen.[140] Solche Berührungspunkte wurden in der Rspr. z.B. nicht gesehen zwischen einer bekannten Marke für eine Fernseh-Krimireihe und der Verwendung eines identischen Zeichens bzgl. „Lösungen für das Internet".[141] Dagegen wurden die erforderlichen Berührungspunkte bejaht zwischen einer bekannten Marke für Computer-Prozessoren und einer ähnlichen Marke für das „Erstellen von Gebäuden, Bau- und Konstruktionsplanung, Ingenieurdienstleistungen".[142] **84**

Eine **Beeinträchtigung der Unterscheidungskraft** ist üblicherweise gegeben, wenn eine „Verwässerung" der Marke droht.[143] Eine **Beeinträchtigung der Wertschätzung** erfolgt, wenn der gute Ruf einer bekannten Marke konkret gefährdet wird. Dies ist insbesondere der Fall, wenn eine Benutzung für qualitativ minderwertige Waren oder etwa Scherzartikel erfolgt (Markenverunglimpfung).[144] **85**

---

135 Vgl. *BGH* GRUR 2003, 428, 433 – BIG BERTHA.
136 Vgl. *BGH* GRUR 2004, 595, 596 – Ferrari-Pferd.
137 Vgl. *EuGH* GRUR 2003, 240, 242 – Davidoff/Gofkid; *BGH* GRUR 2004, 235, 238 – Davidoff II; 2005, 163, 165 – Aluminiumräder.
138 Vgl. *EuGH* GRUR Int. 2000, 73, 75 – Chevy; vgl. *Ingerl/Rohnke* § 14 Rn. 840.
139 Vgl. *Lange* Rn. 2254; *BGH* GRUR 1985, 550, 552 – DIMPLE.
140 Vgl. *Ströbele/Hacker* § 14 Rn. 178.
141 *OLG Hamburg* GRUR-RR 2002, 100, 102 – derrick.de.
142 *LG Mannheim* MarkenR 2002, 60, 71 f. – intel inside.
143 Vgl. hierzu eingehend z.B. *v. Schulz/Schweyer* § 14 Rn. 170 ff.; *Ingerl/Rohnke* § 14 Rn. 863 ff., jeweils m.w.N.
144 Vgl. hierzu z.B. *BGH* GRUR 1995, 57, 59 – Markenverunglimpfung II (Benutzung von „NIVEA" im Zusammenhang mit dem Vertrieb von Kondomen); *OLG Hamburg* GRUR 1999, 339 – Yves Roche (Benutzung einer mit der bekannten Kosmetikmarke „Yves Rocher" fast identischen Marke für alkoholisches Billiggetränk); *BGH* GRUR 1999, 161, 164 – MAC Dog (Benutzung einer bekannten Schnellrestaurant-Marke für Tierfutter).

86 Anders als beim Verwechslungsschutz muss allerdings im Rahmen des Bekanntheitsschutzes nach § 14 Abs. 2 Nr. 3 MarkenG als weiteres Tatbestandsmerkmal hinzukommen, dass die Handlung **unlauter** ist und **keine Rechtfertigungsgründe** vorliegen. In der Regel wird eine Unlauterkeit naheliegen, wenn ein mit der bekannten Marke identisches Zeichen verwendet wird oder wenn sich z.B. aus den Umständen der Benutzung die Zielrichtung ergibt, am fremden Ruf zu schmarotzen.[145] Allerdings muss die Unlauterkeit stets geprüft werden und ist zu beachten, dass u.U. auch Rechtfertigungsgründe für die Benutzung des angegriffenen Zeichens bestehen können, so z.B. die Kunstfreiheit (Art. 5 Abs. 3 GG).[146]

2. Unternehmenskennzeichen und Werktitel

87 **Unternehmenskennzeichen** und **Werktitel** genießen gem. § 15 MarkenG ebenfalls absoluten Schutz. Voraussetzung einer Schutzrechtsverletzung ist wiederum ein Handeln im geschäftlichen Verkehr ohne Zustimmung des Inhabers (vgl. § 15 Abs.2 MarkenG).

88 Entsprechend der zu fordernden markenmäßigen Benutzung beim Schutz von Marken, ist weitere Anspruchsvoraussetzung, dass der Dritte das Zeichen **als individualisierendes Unternehmenskennzeichen** (bei Anspruch aus Unternehmenskennzeichen) oder **zur Unterscheidung eines Werkes von einem anderen** (bei Anspruch aus Werktitel) verwendet.[147]

89 Ein absoluter Identitätsschutz wie bei der Marke existiert nicht. Unternehmenskennzeichen und Werktitel sind beide gegen **Verwechslungsgefahr** geschützt. Hinsichtlich der Prüfung des Vorliegens von Verwechslungsgefahr kann zunächst weitgehend von den bei der Marke maßgeblichen Grundsätzen ausgegangen werden (s.o. Rn. 64 ff.). Allerdings bestehen sowohl für Unternehmenskennzeichen, als auch für Werktitel Besonderheiten, die zwingend zu berücksichtigen sind.

90 Da beide Kennzeichen im Gegensatz zur eingetragenen Marke keine Registerrechte sind, kann bei der Beurteilung der **Zeichenähnlichkeit** die Bestimmung des maßgeblichen Gesamteindrucks und ggf. prägender Bestandteile – vor allem bei längeren und zusammengesetzten Zeichen – in der Praxis schwieriger sein und abweichenden Regeln unterliegen, insbesondere, da der Verkehr dazu neigt, längere Bezeichnungen zu verkürzen.[148]

91 Das bei der Marke einschlägige Kriterium der Produktidentität bzw. –ähnlichkeit ist bei Unternehmenskennzeichen und Werktiteln durch die Prüfung der **Branchenidentität/ -ähnlichkeit** bzw. **Werkidentität/ -ähnlichkeit** zu ersetzen.[149]

92 Für **Werktitel** ist zu beachten, dass sie in der Regel nur der Unterscheidung eines Werks von einem anderen dienen, dagegen aber nicht auf den Hersteller oder Inhaber des Werks hinweisen. Aufgrund dieser eingeschränkten Funktion sind Werktitel **grds. nur** gegen eine **unmittelbare Verwechslungsgefahr im engeren Sinne** geschützt, d.h. die Gefahr, dass der angesprochene Verkehr einen Titel für einen anderen hält, weil er Unterschiede nicht hinreichend wahrnehmen kann.[150] **Anders** kann sich dies bei bekannten Werktiteln beurteilen, besonders wenn es sich um Titel von Periodika handelt.[151]

---

145 Vgl. *Ingerl/Rohnke* § 14 Rn. 842; *Ströbele/Hacker* § 14 Rn. 183 m.w.N.
146 Vgl. *BGH* GRUR 2005, 583 ff. – lila Postkarte.
147 Vgl. *Ströbele/Hacker* § 15 Rn. 14 ff.
148 Vgl. *Ingerl/Rohnke* § 15 Rn 46, Rn 109.
149 Vgl. *Lange* Rn. 2542 ff., Rn. 2726 ff.
150 *BGH* GRUR 2000, 71, 72 – SZENE; 2000, 504, 505 – FACTS; 1999, 581, 582 – Wheels Magazine.
151 *BGH* GRUR 2000, 71, 72 – SZENE; 2000, 504, 505 – FACTS; 1999, 581, 582 – Wheels Magazine.

Wie die bekannte Marke genießen auch **bekannte Unternehmenskennzeichen** und **bekannte** **93** **Werktitel** einen **erweiterten Schutz** gegen die Ausnutzung und Beeinträchtigung ihrer Unterscheidungskraft oder Wertschätzung. Insoweit kann auf die vorstehenden Ausführungen zur bekannten Marke verwiesen werden (s.o. Rn. 81 ff.).

3. Besondere Schutzschranken

Das MarkenG normiert in den §§ 22 bis 25 gegenüber dem allgemeinen Zivilrecht besondere **94** Schranken für die Geltendmachung des Kennzeichenschutzes.[152] Besonders hinzuweisen ist hier auf die in der Praxis häufig relevanten Vorschriften des § 24 MarkenG und des § 23 MarkenG.

§ 24 MarkenG regelt die **Erschöpfung** des Kennzeichenrechts für Waren, die unter dem Kenn- **95** zeichen mit Zustimmung des Inhabers in der EU/dem EWR in den Verkehr gebracht worden sind. In Bezug auf diese Waren kann der Kennzeicheninhaber nicht mehr aus dem Kennzeichenrecht vorgehen, und zwar weder hinsichtlich des Weitervertriebs, noch insbesondere hinsichtlich einer Benutzung seines Kennzeichens in der Werbung für diese konkreten Waren.[153]

In § 23 MarkenG finden sich weitere Schutzschranken, die eine Benutzung von **Namen und** **96** **beschreibenden Angaben** und eine Benutzung von Kennzeichen im **Zubehör- oder Ersatzteilgeschäft** sowie als sonstige **notwendige Beschaffenheitsangabe** betreffen. Solche Benutzungshandlungen können vom Kennzeicheninhaber nicht untersagt werden, wenn sie **nicht gegen die guten Sitten verstoßen.** Diese Schutzschranken sind nur relevant, wenn ein kennzeichenmäßiger Gebrauch im Sinne der §§ 14, 15 MarkenG vorliegt, ansonsten liegt schon keine Verletzungshandlung vor. Ob das Handeln als sittenwidrig einzustufen ist, beurteilt sich nach den Umständen des Einzelfalles, wobei zu berücksichtigen ist, dass den Benutzer die Obliegenheit trifft, den berechtigten Interessen des Kennzeicheninhabers nicht in unlauterer Weise zuwiderzuhandeln.[154]

4. Ansprüche des Kennzeicheninhabers

Wird eine Kennzeichenverletzung bejaht, stehen dem Kennzeicheninhaber gegenüber dem **97** Verletzer insbesondere folgende Ansprüche zu:

- **Unterlassungsanspruch** (§ 14 Abs. 5, § 15 Abs. 4 MarkenG)
- **Schadensersatzanspruch** (§ 14 Abs. 6, § 15 Abs. 5 MarkenG); der Schadensersatzanspruch ist von einem Verschulden des Verletzers abhängig. Allerdings ist in der Praxis ein Verschulden des Verletzers selten zu verneinen, da die Rspr. strengste Anforderungen an die vom Verletzer zu beachtenden Sorgfaltspflichten stellt.[155] Bei der Berechnung des Schadensersatzes ist der Verletzte – wie bei allen anderen gewerblichen Schutzrechten auch – nicht darauf angewiesen, den ihm konkret entstandenen Schaden zu berechnen. Vielmehr

---

152 Vgl. vertiefend hierzu die Kommentierung der §§ 22 bis 25 bei *Ströbele/Hacker*; zu den Einwendungen und Einreden des Anspruchsgegners vgl. auch die umfassende Darstellung bei *Lange* Rn. 2898 ff.
153 *EuGH* GRUR Int. 1999, 438, 441 – BMW/Deenik; 2006, 863 – ex works; 2003, 878, 879 – Vier Ringe über Audi; 2003, 340, 341 – Mitsubishi;
154 *Ströbele/Hacker* § 23 Rn. 47.
155 Vgl. hierzu *Ingerl/Rohnke* vor §§ 14-19 Rn. 108 ff. m.w.N.

hat er die Wahl, ob er den Ersatz des konkreten Schadens (§§ 249 ff. BGB), die Herausgabe des Verletzergewinns oder Schadensersatz nach der Lizenzanalogie fordern will.[156]

- Anspruch auf **Auskunft und Rechnungslegung** als Hilfsanspruch zum Schadensersatzanspruch (§ 242 BGB)[157]
- **Vernichtungsanspruch** (§ 18 MarkenG)[158]
- weitergehende Ansprüche auf **Beseitigung** (§ 18 Abs. 3 MarkenG);[159] hierzu gehören insbesondere Ansprüche auf Freigabe von rechtsverletzenden Internetdomains (hierzu nachstehend Rn. 170).
- **bereicherungsrechtlicher Anspruch** (§ 812 Abs. 1 S. 1, 2. Alt. BGB)[160]
- **Löschungsanspruch** gegen rechtsverletzende eingetragene Marke (§§ 51, 55 MarkenG).[161]

III. Beendigung des Kennzeichenschutzes

1. Marken

98   Der kennzeichenrechtliche Schutz ist **zeitlich nicht begrenzt**. Für Marken kann die zunächst 10-jährige Schutzdauer beliebig verlängert werden (§ 47 MarkenG). Eine Nichtverlängerung führt gem. § 47 Abs. 6 MarkenG zum Erlöschen der Marke mit Wirkung ab dem Ablauf der Schutzdauer. Überdies kann der Inhaber der Marke jederzeit für alle oder einen Teil der geschützten Waren/Dienstleistungen auf die Marke verzichten (§ 48 MarkenG). Die Rechtswirkung des Verzichts tritt vom Tag seiner Erklärung an ein, ohne dass er zurückwirkt.[162]

99   Zudem besteht für Marken ein **Benutzungszwang** (vgl. § 26 MarkenG). Um ihre Rechtswirkung zu behalten, muss eine Marke im Inland ernsthaft für die für sie eingetragenen Waren oder Dienstleistungen benutzt werden, es sei denn, der Inhaber kann berechtigte Gründe für eine Nichtbenutzung geltend machen (§ 26 Abs. 1 MarkenG). Es gilt allerdings zunächst eine 5-jährige **Benutzungsschonfrist** ab der Eintragung der Marke bzw. ab der Beendigung eines evtl. Widerspruchsverfahrens gegen die Marke (vgl. § 43 Abs. 1 MarkenG, § 26 Abs. 5 MarkenG). Erfolgt keine ernsthafte Benutzung der Marke im Inland, kann jeder Dritte einen Antrag auf Löschung der Marke wegen Verfalls stellen und ggf. gerichtlich durchsetzen (vgl. §§ 49, 53, 55 MarkenG). Die Nichtbenutzung einer Marke kann auch als Einrede im Widerspruchsverfahren geltend gemacht werden (vgl. § 43 MarkenG). Wird die Marke wegen Verfalls gelöscht, wirkt die Löschung zurück auf den Tag der Erhebung der Löschungsklage (§ 52 Abs. 1 MarkenG).

---

156 StRspr. vgl. z.B. *BGH* GRUR 1995, 349 – objektive Schadensberechnung; 2001, 329 – Gemeinkostenanteil; vgl. eingehend zur dreifachen Schadensberechnung auch *Ströbele/Hacker* § 14 Rn. 263 ff.

157 Vgl. BGH v. 19.7.2007 I ZR 93/04, – Windsor Estate.

158 Vgl. *BGH* GRUR 1996, 271, 275 – gefärbte Jeans; *OLG München* InstGE 1, 201, 207 – fremde Lünette; *BGH* GRUR 1997, 899, 902 – Vernichtungsanspruch.

159 Vgl. hierzu *Ingerl/Rohnke* vor §§ 14 – 19 Rn. 101 ff.

160 Vgl. *BGH* GRUR 2001, 1156, 1158 – DER GRÜNE PUNKT; 1996, 271, 275 – gefärbte Jeans; 1987, 520, 523 – Chanel No. 5 I.

161 Dieser Anspruch besteht unabhängig von einem markenmäßigen oder sonst kennzeichenverletzenden Handeln im geschäftlichen Verkehr und kann unabhängig von einer Verletzungshandlung des Inhabers gegen eine eingetragene Marke geltend gemacht werden.

162 Vgl. *BGH* GRUR 2001, 337 – easypress.

Eine eingetragene Marke kann auch wegen des Bestehens **absoluter Schutzhindernisse** gelöscht werden, insbesondere wenn sie entgegen §§ 3, 7 oder 8 MarkenG eingetragen worden ist (§ 50 Abs. 1MarkenG). Einen entspr. Antrag kann jedermann beim DPMA stellen (§ 54 MarkenG). Es kann auf diese Weise eine zu Unrecht erfolgte Markeneintragung – z.B. aufgrund Nichtberücksichtigung eines bestehenden Freihaltebedürfnisses (§ 8 Abs. 2 Nr. 2 MarkenG) – korrigiert werden. Allerdings gelten hier teilweise zeitliche Ausschlussfristen (vgl. § 50 Abs. 2 S. 2 MarkenG). Schließlich kann eine Markenlöschung auch wegen des **Bestehens älterer Rechte** geltend gemacht werden (§ 51 MarkenG). Es ist also nicht nur möglich, aufgrund einer eigenen eingetragenen Marke einen Widerspruch gegen eine Markeneintragung einzulegen. Vielmehr ist es sämtlichen Inhabern älterer Rechte (vgl. zu den älteren Rechten §§ 9-13 MarkenG) möglich, eine Marke auch nach Ablauf der Widerspruchsfrist aus dem Register zu entfernen (vgl. hierzu §§ 55, 51 MarkenG). Wird eine Marke wegen absoluter Schutzhindernisse nach § 50 MarkenG oder wegen vorrangiger älterer Rechte nach § 51 MarkenG gelöscht, gelten die Wirkungen der Eintragung der Marke als von Anfang nicht eingetreten (§ 52 Abs. 2 MarkenG). Allerdings werden diese Rückwirkungen dadurch abgemildert, dass § 52 Abs. 3 MarkenG z.B. vorsieht, dass rechtskräftig gewordene und vollstreckte Entscheidungen in Verletzungsverfahren sowie vor der Entscheidung über den Antrag auf Löschung geschlossene und erfüllte Verträge von der Rückwirkung nicht betroffen sind. **100**

Die **Benutzungsmarke** verliert ihren Schutz mit Entfall der für ihren Schutz notwendigen Verkehrsgeltung.[163] **101**

2. Unternehmenskennzeichen und Werktitel

Unternehmenskennzeichen verlieren ihren Schutz, wenn ihre **Benutzung** oder der gekennzeichnete **Geschäftsbetrieb endgültig aufgegeben** wird.[164] Der Schutz des Werktitels endet mit der **endgültigen Aufgabe des Gebrauchs für das entsprechende Werk**.[165] Ob eine vorübergehende oder endgültige Aufgabe vorliegt, muss nach den Umständen des Einzelfalles überprüft werden. **102**

Konnte der Schutz eines Unternehmenskennzeichens oder Werktitels nur aufgrund **Verkehrsgeltung** entstehen, entfällt er – unabhängig von der Benutzungsaufgabe – auch dann, wenn die Verkehrsgeltung nicht mehr vorliegt. **103**

IV. Besonderheiten bei Kennzeichenverletzungen im Internet

Die vorstehend dargestellten Grundsätze des Kennzeichenrechts gelten auch dann, wenn Kennzeichen im Internet benutzt werden. Insoweit ist das Internet weder ein rechtsfreier Raum noch eine eigene Welt, in der eigene Rechtsregeln gelten. Allerdings führen die Besonderheiten und Möglichkeiten des Internet zu einigen Spezialproblemen innerhalb des Kennzeichenrechts, die nachfolgend dargestellt werden. **104**

---

163 Vgl. *Ströbele/Hacker* § 4 Rn. 56 ff m.w.N.
164 *BGH* GRUR 2005, 871, 872 – Seicom; 1985, 566 – Hydair.
165 *OLG Köln* GRUR 2000, 1073, 1074 – Blitzgerichte; 1997, 63 – PC-Welt.

1. Territorialitäts- und Schutzlandprinzip

105 Der Schutz von Kennzeichen ist durch das Territorialitätsprinzip begrenzt. So kann eine deutsche Marke oder ein deutscher Werktitel nur Schutz für die Bundesrepublik Deutschland beanspruchen. Die Inhalte des Internets können weltweit erstellt und auch abgerufen werden. Hieraus resultiert die folgende Problematik: Der Kennzeicheninhaber verfügt über ein deutsches Kennzeichenrecht (Marke, Unternehmenskennzeichen, Werktitel). Ein Dritter stellt Inhalte in das Internet, die – aufgrund der Natur des Internets – immer auch in Deutschland abrufbar sind. Im Hinblick auf eine Kennzeichenverletzung in Deutschland beruft sich der Dritte dann aber darauf, seine konkrete Kennzeichennutzung im Internet weise keinerlei Inlandsbezug auf. Vor diesem Hintergrund ist zu fragen, welche Anforderungen an eine Benutzung im Internet zu stellen sind, um in dieser gleichzeitig eine das Kennzeichenrecht verletzende Benutzungshandlung im Inland sehen zu können.

106 Richtigerweise muss davon ausgegangen werden, dass nicht jede Kennzeichenbenutzung im Internet dem Kennzeichenrecht sämtlicher nationaler Rechtsordnungen unterworfen ist. Wollte man dies bejahen, würde die einzelnen nationalen Kennzeichenrechte uferlos (weltweit) ausgedehnt und könnten Kennzeichen im Internet faktisch überhaupt nicht mehr genutzt werden, da stets zu befürchten stünde, dass in irgendeinem Land der Welt ein Dritter aufgrund seiner (prioritätsbesseren) Kennzeichenrechte Ansprüche gegen die Nutzung geltend machen kann.[166] Erforderlich für ein **Eingreifen des nationalen Kennzeichenrechts bei Benutzungshandlungen im Internet** ist vielmehr, dass die beanstandete Handlung einen **hinreichenden wirtschaftlich relevanten Inlandsbezug** hat.[167] Die WIPO bezeichnet diesen zu fordernden Inlandsbezug als „commercial effect".[168] Die Frage, ob ein hinreichender Inlandsbezug vorliegt und ob im Ergebnis eine Kennzeichenverletzung zu bejahen ist, beurteilt sich nach dem Recht des Landes, in dem Kennzeichenschutz besteht (Schutzlandprinzip).[169] Es ist also bei Kennzeichenbenutzungen im Internet zunächst zu prüfen, ob ein hinreichender Bezug zu Deutschland gegeben ist; wird dies bejaht, ist nach den allgemeinen Regeln des deutschen Kennzeichenrechts zu prüfen, ob eine Kennzeichenverletzung vorliegt.

107 Im Rahmen der Prüfung des Inlandsbezugs sind sämtliche relevanten Umstände des Einzelfalles heranzuziehen. Zu diesem gehören **insbesondere folgende Umstände**: die Sprache des Internet-Auftritts sowie ein ausdrückliches Angebot von Produkten an Kunden in Deutschland (z.B. durch Zurverfügungstellung expliziter Bestell- bzw. Buchungsmöglichkeiten für deutsche Kunden);[170] inhaltliche Gestaltung der Website, Zahl der Zugriffe auf die Website durch inländische Internetnutzer, Art der auf der Website angebotenen Produkte sowie Verwendung von Ländercode-Top-Level-Domains (z.B. „.de") oder sonstige, außerhalb des Internets liegende Aktivitäten (z.B. Versand von gedruckten Katalogen nach Deutschland parallel zu einer Internet-Werbung);[171] das Fehlen von inländischen Kontaktadressen und Werbung mit Personen, die im Inland nicht bekannt sind.[172] Berücksichtigt werden können auch sog. „Disclai-

---

166 Vgl. *BGH* GRUR 2005, 431, 432 f. – HOTEL MARITIME; *Fezer* Einl. Rn. 215; *Ingerl/Rohnke* Einl. Rn. 54.
167 Vgl. *BGH* GRUR 2005, 431, 433 – HOTEL MARITIME; *OLG Karlsruhe* MMR 2002, 814, 816; *Bettinger/Thum* GRUR Int. 1999, 659, 673 f.
168 Vgl. hierzu *Bettinger* WRP 2001, 789 ff.; *WIPO* Standing Committee on the Law of Trademarks, Industrial Designs and Geographical Indications WRP 2001, 833-836.
169 *BGH* GRUR 2005, 431, 432 – HOTEL MARITIME; *Ströbele/Hacker* § 14 Rn. 41.
170 Vgl. *BGH* GRUR 2005, 431, 432 – HOTEL MARITIME.
171 Vgl. *Bettinger/Thum* GRUR Int.1999, 659, 672 m.H.a. die Vorschläge der WIPO.
172 Vgl. *LG Köln* MMR 2002, 60 – budweiser.com.

mer", in denen der im Internet Werbende ausdrücklich Kunden in bestimmten Ländern von seinen Angeboten ausnimmt (Disclaimer sind allerdings dann unbeachtlich, wenn sich aus den Gesamtumständen ergibt, dass es sich nur um Scheinerklärungen handelt).[173]

Selbst wenn man jedoch nach Abwägung der relevanten Umstände dazu gelangt, dass ein hinreichender Inlandsbezug gegeben ist, kann eine Kennzeichenverletzung nach deutschem Recht zu verneinen sein, wenn die wirtschaftlichen Auswirkungen einer Werbung oder eines Produktangebots im Internet die wirtschaftliche Tätigkeit des Kennzeicheninhabers im Inland nur **unwesentlich beeinträchtigen**.[174] Dies ist ggf. im Rahmen einer **Interessenabwägung** festzustellen.[175] So hat z.B. der BGH die wirtschaftlichen Auswirkungen eines an deutsche Verkehrskreise gerichteten Angebots eines dänischen Hotels als nur unwesentliche Beeinträchtigung der deutschen Markenrechte eines deutschen Hotelbetreibers angesehen und im Ergebnis angenommen, dass der Schutz der deutschen Kennzeichenrechte im Rahmen einer Gesamtabwägung zurückzutreten habe.[176] **108**

Die Frage eines hinreichenden Inlandsbezugs kann sich i.Ü. nicht nur bei Kennzeichenkollisionen stellen, sondern auch, wenn es um die **rechtserhaltende Benutzung** von Marken im Inland geht (§ 26 MarkenG). Wird eine Marke im Internet benutzt, können diese Benutzungshandlungen nur dann als rechtserhaltend i.S.d. § 26 Abs. 1 MarkenG angesehen werden, wenn sie einen wirtschaftlich relevanten Inlandsbezug haben.[177] Insoweit ist der zu fordernde Inlandsbezug ebenfalls nach den maßgeblichen Gesamtumständen zu beurteilen, wobei die vorstehend angesprochenen Kriterien herangezogen werden können. **109**

2. Metatags und Keyword-Advertising

Internetspezifische Probleme im Kennzeichen stellen sich auch bei der Verwendung von Metatags im Quelltext einer Website als Mittel zur Optimierung der Trefferanzeigen in Suchmaschinen sowie beim sog. Keyword-Advertising im Internet, insbesondere durch Verwendung von sog. „AdWords" (z.B. bei der Suchmaschine „google"). **110**

2.1 Metatags

Metatags sind Bestandteile der Seitenbeschreibungssprache HTML und befinden sich im meist nicht unmittelbar im Internet sichtbaren Bereich einer Website. Die sog. Metatag-Keywords werden vom Betreiber einer Internet-Website als Schlüsselwörter für den Inhalt der Website angegeben. Sie sind allerdings nur im Quelltext der Seite, nicht hingegen bei „normalem" Aufruf der Seite über einen sog. „Internet-Browser" sichtbar. Zudem ist es möglich, über eine sog. Metatag-Description eine Zusammenfassung des Seiteninhalts zu erstellen, die ebenfalls nicht bei Aufruf der Seite erscheint. Allerdings werden diese Angaben oftmals von den seitens des Internetnutzers verwendeten Suchmaschinen (z.B. „google") angezeigt, um die bei Eingabe eines Suchbegriffs erzielten Ergebnisse näher zu beschreiben. **111**

Kennzeichenrechtlich problematisch ist die Verwendung von Metatags dann, wenn der Betreiber einer Website ein **geschütztes Kennzeichen eines Dritten als Metatag** und damit als Suchwort verwendet, um hierdurch die Trefferhäufigkeit seines Internetauftritts zu erhöhen. **112**

---

173 Vgl. *KG* GRUR Int. 2002, 448, 450 – Knoblauchkapseln; *Ingerl/Rohnke* Einl. Rn. 54.
174 Vgl. *BGH* GRUR 2005, 431, 433 – HOTEL MARITIME.
175 Vgl. *BGH* GRUR 2005, 431, 433 – HOTEL MARITIME; *OLG Karlsruhe* MMR 2002, 814, 816 m. zustimmender Anm. *Mankowski*.
176 *BGH* GRUR 2005, 431, 433 – HOTEL MARITIME.
177 Vgl. *Ströbele/Hacker* § 26 Rn. 120; *BPatGE* 43, 77, 81 ff. – VISION.

Die Frage, ob eine solche Benutzung eines fremden Kennzeichens überhaupt eine kollisions-begründende **Kennzeichenbenutzung** i.S.d. MarkenG (z.B. i.S.v. §§ 5 Abs. 2, 15 Abs. 2 u. Abs. 4 MarkenG oder § 14 Abs. 2 Nr. 1 und 2 MarkenG) ist, war in der instanzgerichtlichen Rspr. sowie im Schrifttum lange heftig umstritten.[178] Der BGH hat nunmehr festgestellt, dass in der Verwendung eines fremden Kennzeichens als Metatag eine kennzeichenmäßige Benut-zung liegt.[179] Der BGH hält es insbesondere für irrelevant, dass der durchschnittliche Internet-nutzer den Metatag nicht wahrnimmt. Nach dem BGH ist es unerheblich, dass das Suchwort für den Nutzer auf der entspr. Internetseite nicht sichtbar sei, sondern vielmehr entscheidend, dass mit Hilfe des Suchworts das Ergebnis des Auswahlverfahrens einer Suchmaschine beein-flusst und der Nutzer auf diese Weise zu einer bestimmten Seite geführt werde und das Such-wort somit dazu diene, den Nutzer auf das dort werbende Unternehmen und sein Angebot hin-zuweisen.[180] Entsprechendes nimmt der BGH an für eine Verwendung eines Zeichens in „Weiß-auf-Weiß-Schrift", die nicht für den Internet-Nutzer sondern nur für eine Suchmaschine erkennbar ist.[181]

113 Allerdings bedeutet die Bejahung einer kennzeichenmäßigen Verwendung nicht, dass in jedem Fall auch eine Kennzeichenverletzung vorliegt. Die **weiteren Voraussetzungen** des jeweils in Betracht kommenden **Verletzungstatbestands** sind auch hier immer zu prüfen. Insbesondere muss für eine Kennzeichenverletzung aufgrund Verwechslungsgefahr eine entspr. Produktähn-lichkeit bzw. Branchennähe vorliegen. Im Rahmen dieser Prüfung der Verwechslungsgefahr ist aber zu berücksichtigen, dass der BGH es (bei Branchen- bzw. Produktidentität) für die Ver-wechslungsgefahr ausreichen lässt, dass der Treffer in einer Suchmaschine auf die Internetseite des Metatag-Verwenders hinweist, auf der die gleichen Produkte/Leistungen angeboten wer-den wie die des Kennzeicheninhabers, da die Gefahr bestehe, dass der Internetnutzer dieses Angebot aufgrund der Kurzhinweise mit dem Angebot des Kennzeicheninhabers verwechselt und sich näher mit ihm befasst. Allein dies reicht für die Annahme einer Verwechslungsgefahr aus, ohne dass es nach dem BGH darauf ankommt, ob ein Irrtum bei einer näheren Befassung mit der Internetseite des Metatag-Verwenders ausgeräumt würde.[182] Ebenso ist bei einem bekannten Kennzeichen nicht auf die hier erforderlichen Tatbestandsmerkmale zu verzichten. Allerdings wird bei einer bekannten Marke oder einem bekannten Unternehmenskennzeichen regelmäßig eine Rufausbeutung naheliegen und schwer widerlegbar sein.

114 Mögliche Freistellungen von markenrechtlichen Ansprüchen nach § 23 oder § 24 MarkenG sind im Einzelfall zu prüfen.[183] I.Ü. sind kennzeichenrechtliche Ansprüche aufgrund der Ver-wendung eines Suchworts als Metatag dann nicht gegeben, wenn sich der Kennzeicheninhaber lediglich auf ein Wort-/Bildzeichen stützen kann, dessen – als Metatag verwendeter Wortbe-standteil – nicht schutzfähig ist (z.B. „Urlaub direkt" für die Veranstaltung von Reisen oder „Kinder" für „Schokolade").

---

178 Bejahend z.B.: *OLG München* GRUR-RR 2005, 220 – MEMORY; *OLG Hamburg* GRUR-RR 2005, 118, 119 – AIDOL; *OLG Karlsruhe* WRP 2004, 507, 508; *Fezer* § 3 Rn. 342; *Ingerl/Rohnke* nach § 15 MarkenG Rn. 83; verneinend *OLG Düsseldorf* GRUR-RR 2004, 353 – Kotte & Zeller; *Kaufmann* MMR 2005, 348 ff.
179 *BGH* GRUR 2007, 65 ff. – Impuls; 2007, 784, 785 – AIDOL.
180 *BGH* GRUR 2007, 65, 67 – Impuls; 2007, 784, 785 – AIDOL.
181 *BGH* GRUR 2007, 784, 785 – AIDOL.
182 Vgl. *BGH* GRUR 2007, 65, 67 – Impuls.
183 Vgl. *Ströbele/Hacker* § 14 Rn. 120; ; *BGH* GRUR 2007, 784, 786 – AIDOL; vgl. auch *BGH* GRUR 2007, 65, 67 – Impuls.

Kunzmann

2.2 Keyword-Advertising

Mit dem Begriff „Keyword-Advertising" werden stichwortbezogene Werbeformen bezeichnet. **115**
Auch dieses Marketing-Instrument wird regelmäßig im Bereich der Internet-Suchmaschinen
kennzeichenrechtlich relevant. Diese bieten z.B. an, dass nach Eingabe eines Suchbegriffs
durch den Nutzer zusätzlich zu den angezeigten Treffern der Suchmaschine auf dem Bildschirm Werbeanzeigen erscheinen, die von Anbietern stammen, welche den entspr. Suchbegriff als Keyword gebucht haben.[184]

In Bezug auf das Keyword-Advertising ist – auch nach der oben zit. Entscheidung des BGH zu **116**
den Metatags – umstritten, unter welchen Voraussetzungen eine Kennzeichenverletzung bejaht
werden kann. Das OLG Düsseldorf hat mit Urteil v. 23.1.2007 die Verletzung eines mit einem
AdWord identischen Unternehmenskennzeichens bei gleichzeitigem Angebot identischer Waren verneint.[185] Es hat dabei ausdrücklich offengelassen, ob es sich bei der Benutzung eines
fremden Kennzeichens als AdWord um eine kennzeichenmäßige Benutzung handelt, hat aber
festgestellt, dass diese nicht damit verneint werden könne, dass ein AdWord für den durchschnittlichen Internetnutzer nicht wahrnehmbar ist.[186] Nach dem OLG Düsseldorf scheitert jedoch ein kennzeichenrechtlicher Anspruch daran, dass eine Verwechslungsgefahr dadurch ausgeschlossen sei, dass auf die Internetseite des mittels AdWord werbenden Unternehmens nicht
im Rahmen der normalen Suchergebnisse hingewiesen wird, sondern in einer optisch deutlich
von der Trefferliste getrennten Rubrik unter der Überschrift „Anzeigen". Der durchschnittlich
aufmerksame Internetnutzer sei darauf eingerichtet, zwischen den Treffern in der Liste der Suchergebnisse, die unmittelbar von der Suchmaschine generiert werden, und den – bezahlten –
Anzeigen, über die sich die Suchmaschine finanziert, zu unterscheiden.[187]

Demgegenüber bejahen z.B. das OLG Braunschweig[188] und das OLG Stuttgart[189] im Falle des **117**
Keyword-Advertising eine kennzeichenmäßige Benutzung, da bei AdWords das Gleiche gelte
wie für Metatags. Nach Ansicht des OLG Braunschweig wird durch die Anzeige außerhalb der
eigentlichen Trefferliste die Verwechslungsgefahr nicht ausgeschlossen, da der Internetnutzer
aus der Überschrift „Anzeige" nur entnehme, dass die Anzeige bei Eingabe des Suchworts anders als die Treffer in der eigentlichen Trefferliste deshalb an dieser Stelle erscheine, weil dafür
bezahlt worden ist. Es ergebe sich daher hinsichtlich der inhaltlichen Bezüge zum Suchwort
kein relevanter Unterschied zu den Treffern in der Trefferliste.[190]

Eine pauschale Gleichbehandlung von Metatags und AdWords im Hinblick auf eine kennzei- **118**
chenmäßige Nutzung erscheint nicht zutreffend. Maßgeblich für die Frage, ob eine kennzeichenmäßige Nutzung zu bejahen ist, ist die Sichtweise des angesprochenen Verkehrs. Anders
als im Falle der Metatags handelt es sich bei den AdWords um eine offene Werbung. Der angesprochene Verkehr liest die Werbeanzeige von vornherein als Werbung eines Dritten. Er unterscheidet zwischen dem Suchergebnis der Suchmaschine und dem unabhängig hiervon erscheinenden Werbeangebot. Wird die Marke eines Dritten dazu benutzt, um eine Werbung im
Zusammenhang mit Suchergebnissen zu dieser Marke zu platzieren, nutzt der Werbende – für

---

184 Vgl. z.B. die google-AdWords, http://adwords.google.de oder das Yahoo!-Search-Marketing, http://
www.eintrag-yahoo.de.
185 *OLG Düsseldorf* MMR 2007, 247 ff. mit zust. Anm. *Hüsch*. (Revision ist zugelassen und eingelegt,
BGH I ZR 30/07)
186 *OLG Düsseldorf* MMR 2007, 247, 248 m.H.a. die oben zit. Impuls-Entscheidung des BGH.
187 *OLG Düsseldorf* MMR 2007. 247, 248.
188 *OLG Braunschweig* GRUR-RR 2007, 71 ff.; *OLG Braunschweig* MMR 2007, 110 ff.
189 *OLG Stuttgart* v. 26.7.2007, 2 U 23/07 veröffentlicht in juris-Datenbank.
190 Vgl. *OLG Braunschweig* GRUR 2007, 71, 72 m.H.a. a.A. auch des *LG Hamburg* MMR 2005, 629
sowie NJOZ 2006, 1742.

Kunzmann

den Verkehr regelmäßig erkennbar – die Marke nicht in ihrer Hauptfunktion, nämlich das beworbene Produkt dem Markeninhaber zuzuordnen und führt dies nicht dazu, dass die Marke in ihrer Hauptfunktion beeinträchtigt wird, nämlich gegenüber dem Verkehr die Herkunft des Produkts zu gewährleisten.[191] Für Unternehmenskennzeichen gilt i.d.R. im Ergebnis dasselbe, da dem Verkehr bei der Nutzung eines solchen Kennzeichens als AdWord nicht der Eindruck vermittelt wird, der Werbende sei das Unternehmen des Kennzeicheninhabers oder der Werbende sei mit diesem Unternehmen geschäftlich verbunden.[192]

119   Bejaht man eine markenmäßige Nutzung, ist die Frage der Verwechslungsgefahr im Rahmen der Prüfung einer Markenverletzung, bei der – wie bei AdWords in der Praxis häufig – Doppelidentität bzgl. Kennzeichen und angebotener Waren/Dienstleistungen vorliegt, unerheblich. Dort besteht gem. § 14 Abs. 2 Nr. 1 MarkenG „absoluter" Schutz der älteren Marke, ohne dass es auf eine Prüfung der Verwechslungsgefahr ankommen würde.[193] Im Hinblick auf die übrigen zu prüfenden Voraussetzungen einer Markenverletzung (§§ 23, 24 MarkenG) sowie die Verwendung nicht schutzfähiger Wortbestandteile eines Kennzeichens kann auf die vorstehenden Ausführungen zu Metatags verwiesen werden.[194]

3. Links

120   Eine weitere Besonderheit des Internets ist die Möglichkeit, sog. Links zu setzen, d.h. die eigene Website mit einer anderen dergestalt zu verbinden, dass der Benutzer auf diese andere Website geleitet (verlinkt) wird, z.B. durch Anklicken einer bestimmten Fläche auf der Website (Hyperlink). Benutzt der Inhaber einer Website für einen solchen Hyperlink das Kennzeichen eines Dritten – beschriftet er etwa die anzuklickende Fläche mit der Wortmarke eines Dritten –, stellt sich die Frage nach der kennzeichenrechtlichen Relevanz einer solchen Verlinkung.

121   Diesbezüglich ist von dem Grundsatz auszugehen, dass eine Kennzeichenverletzung ausgeschlossen ist, wenn derjenige, der ein fremdes Kennzeichen zur Verlinkung benutzt, sich hierdurch weder unmittelbar noch mittelbar auf das eigene Produktangebot bezieht, sondern das fremde Kennzeichen lediglich eingesetzt wird, um den Benutzer auf eine Website weiterzuleiten, auf der der Kennzeicheninhaber oder ein sonstiger Berechtigter unter dem Kennzeichen auftritt. In einem solchen Fall liegt keine kennzeichenmäßige Benutzung vor, sondern nur eine – nicht zur Kennzeichenverletzung führende – Markennennung.[195] Kennzeichenrechtlich relevant kann eine Verlinkung aber dann werden, wenn für einen Hyperlink ein fremdes Kennzeichen benutzt wird und der Link gerade nicht auf die Webpräsenz des Kennzeicheninhabers, sondern auf Internetseiten anderer Anbieter führt, die dort eine Kennzeichenverletzung begehen (z.B. durch das Angebot markenverletzender Waren). Hier kann eine kennzeichenmäßige Benutzung und eine eigene Verletzungshandlung desjenigen, der den Link setzt, in Betracht kommen, wenn nach den – im Einzelfall zu beurteilenden – **Umständen** anzunehmen ist, dass er sich die Rechtsverletzungen Dritter zu eigen macht und damit ein eigenes Angebot bzw. eine eigene Werbung des einen Link Setzenden vorliegt.[196] Scheidet eine eigene Kennzeichenver-

---

191 Vgl. *Ullmann* GRUR 2007, 633, 638.
192 Vgl. *Ullmann* GRUR 2007, 633, 638.
193 Vgl. z.B. *EuGH* GRUR Int. 2003, 230, 233 – Arsenal.
194 Vgl. zur Keyword-Werbung mit Gattungsbegriff *LG Berlin* GRUR-RR 2007, 202 ff. – Möbel; *OLG Dresden* MMR 2006, 326 – Plakat 24; vgl. auch *OLG Köln* GRUR-RR 2003, 42, 44 – Anwalt-Suchservice; GRUR 2001, 525, 528 – Online.
195 Vgl. *LG Düsseldorf* GRUR-RR 2006, 54, 56 – PKV-Wechsel; im Ergebnis ebenso: *Fezer* § 3 Rn. 338; *Ströbele/Hacker* § 14 Rn. 122.
196 Vgl. hierzu *OLG München* GRUR-RR 2005, 220 – MEMORY in Abgrenzung zu *OLG Köln* GRUR-RR 2003, 42 – Anwalt-Suchservice.

letzung des Verlinkenden aus, ist aber ggf. noch zu prüfen, ob er als Störer für die Kennzeichenverletzung des Dritten (auf dessen Internetpräsenz er verlinkt) haftet (vgl. im Einzelnen zur Störerhaftung und deren Voraussetzungen nachfolgend Rn. 127).

Eine Kennzeichenverletzung im Zusammenhang mit der Anbringung eines Links, der ein **122** Kennzeichen wiedergibt, ist auch möglich, wenn es sich um ein bekanntes Kennzeichen handelt und die Verlinkung der Rufausbeutung dient (ohne z.B. nach § 23 MarkenG gerechtfertigt zu sein). In diesen Fällen ist regelmäßig aber nicht die technische Funktion der Verlinkung entscheidend, sondern beurteilt sich die Benutzung des fremden Kennzeichens im Ergebnis nicht anders, als wenn sich hinter dem verwendeten Kennzeichen kein Link befände.

Insbesondere bei bekannten Kennzeichen kommt auch eine Kennzeichenverletzung in Be- **123** tracht, wenn sog. **Deep-Links** gesetzt werden, also eine Vernetzung mit Websites des Kennzeicheninhabers erfolgt, hierbei aber (bestimmte) Websites umgangen werden, da darin sowohl eine Rufausbeutung wie auch eine Kennzeichenverwässerung liegen kann.[197] Das sog. **Framing** integriert Internetinhalte anderer Websites in den eigenen Internetauftritt und kann eine Kennzeichenrechtsverletzung darstellen, wenn z.B. der Internetauftritt des Kennzeicheninhabers als Vorspann für den eigenen Internetauftritt verwendet wird.[198]

4. Partnerprogramme im Internet – „Affiliate-Marketing"

Kennzeichenrechtliche Probleme im Zusammenhang mit der Verlinkung von Internetseiten **124** treten auch bei den in der jüngeren Vergangenheit im Internet verbreiteten sog. Partnerprogrammen (Affiliate-Marketing) auf. In den Partnerprogrammen werden in der Regel „Online-Netzwerke" betrieben, an denen ein Werbetreibender („Merchant") und verschiedene „Partner" („Affiliates") beteiligt sind. Die „Affiliates" werben auf ihren Websites für die Angebote des „Merchant", und zwar regelmäßig dadurch, dass ein Banner im Wege des Hyperlinks gesetzt wird, über den man auf die Website des „Merchant" gelangt. Der „Affiliate" vermittelt also den Kontakt zwischen dem Besucher seiner Website und dem „Merchant".[199] Der „Affiliate" erhält für die Verlinkung üblicherweise ein Entgelt, das sich z.B. danach bemisst, wie viele Interessenten oder tatsächliche Geschäftsabschlüsse über die Verlinkung des „Affiliates" vermittelt worden sind.[200] Begehen der „Merchant" und/oder der „Affiliate" auf ihrer jeweils eigenen Website Kennzeichenverletzungen, haften sie hierfür unproblematisch nach den allgemeinen Grundsätzen. Problematisch beurteilt sich allerdings die **Haftung der Beteiligten** in einem „Affiliate-Programm" **für Kennzeichenverletzungen des jeweils anderen**.

Gegenstand einer Reihe von gerichtlichen Entscheidungen und einer kontroversen Diskussion **125** in der Lit. ist die Frage, inwieweit der „Merchant" für Verletzungshandlungen eines „Affiliate" haften muss. Hat der „Merchant" die Schutzrechtsverletzung selbst als Mittäter oder Anstifter (vgl. § 830 Abs. 1, Abs. 2 BGB) veranlasst – z.B. dadurch, dass er seinem „Affiliate" im Rahmen des bestehenden Vertragsverhältnisses die kennzeichenverletzenden Handlungen aufgegeben hat –, kann eine eigene Haftung des „Merchant" grds. unproblematisch bejaht werden.[201]

---

197 Vgl. *Fezer* § 3 Rn. 340; stets ist in solchen Konstellationen auch zu prüfen, ob das entspr. Verhalten nicht gegen wettbewerbsrechtliche Vorschriften verstößt.
198 Vgl. *Fezer* § 3 Rn. 341.
199 Vgl. hierzu *Ernst/Seichter* WRP 2006, 810.
200 Vgl. *Ernst/Seichter* WRP 2006, 810; vgl. auch *Spieker* GRUR 2006, 903, 904.
201 Vgl. zur Haftung von Täter, Mittäter o. Teilnehmer einer Schutzrechtsverletzung: *BGH* GRUR 2002, 618, 619 – Meißner Dekor.

126 Kann jedoch – wie in der Praxis häufig – eine Täterschaft oder Teilnahme des „Merchant" nicht nachgewiesen werden, ist streitig, welche **Zurechnungsgrundsätze** für den „Merchant" anzuwenden sind und unter welchen Voraussetzungen eine Haftung bejaht werden kann. Teilweise wird angenommen, der „Merchant" hafte für die Handlungen seines „Affiliate" nach § 14 Abs. 7 MarkenG bzw. § 15 Abs. 6 MarkenG, da der „Affiliate" als „Beauftragter" i.S.d. Vorschriften anzusehen sei.[202] Begründet wird dies damit, dass der Begriff des „Beauftragten" i.S.d. § 14 Abs. 7 MarkenG weit auszulegen sei, insbesondere auch selbständige Unternehmen als Beauftragte in Betracht kommen: Es sei für das Erfordernis eines bestimmenden und durchsetzbaren Einflusses auf die Tätigkeit des Beauftragten ausreichend, dass sich der „Merchant" einen solchen Einfluss sichern könnte und müsste; die Anwendung der Zurechnungsnormen bzgl. des Handelns von Beauftragten entspreche dem Normzweck des § 14 Abs. 7 MarkenG, da nur so nicht hinnehmbare Schutzlücken geschlossen werden könnten.[203] Zum Teil wird eine Verantwortung des „Merchant" über § 14 Abs. 7 MarkenG im Grundsatz verneint, da der „Affiliate" nicht im Rahmen der vom „Merchant" ausgeübten gewerblichen Tätigkeit handele und der im Rahmen der Zurechnung nach § 14 Abs. 7 MarkenG zu fordernde bestimmende Einfluss nicht vorliege.[204]

127 Verneint man eine Haftung über § 14 Abs. 7 MarkenG, wird weiterhin diskutiert, ob eine Haftung des „Merchant" nach den Grundsätzen der **Störerhaftung** bejaht werden kann. Die Störerhaftung eröffnet die Möglichkeit, auch denjenigen in Anspruch zu nehmen, der – ohne Täter oder Teilnehmer zu sein – in irgendeiner Weise willentlich und adäquat-kausal zur Verletzung eines Schutzrechts beigetragen hat, wobei allerdings die Störerhaftung nur Abwehransprüche – insbesondere einen Unterlassungsanspruch – vermittelt, nicht dagegen einen Schadensersatzanspruch.[205] Um die Störerhaftung nicht über Gebühr auf Dritte zu erstrecken, die nicht selbst eine rechtswidrige Beeinträchtigung vorgenommen haben, setzt sie überdies voraus, dass Prüfungspflichten verletzt worden sind. Der Umfang dieser Prüfungspflichten bestimmt sich danach, ob und inwieweit dem als Störer in Anspruch genommenen nach den Umständen eine Prüfung zuzumuten ist.[206]

128 Eine Störerhaftung bei „Affiliate-Programmen" und insbesondere die für den „Merchant" bestehenden Prüfungspflichten werden in der Rspr. unterschiedlich beurteilt. Zum Teil wird eine generelle Prüfungspflicht verneint, weil es im Rahmen eines Affiliate-Marketing weder technisch möglich noch wirtschaftlich zumutbar sei, ohne konkrete Anhaltspunkte Handlungen der „Affiliates" vorab zu kontrollieren und jede von diesen betriebene Internetseite auf mögliche Verletzungen von Markenrechten zu untersuchen.[207] Zum Teil wird vertreten, dass dem „Merchant" sehr wohl eine Kontrolle hinsichtlich möglicher Markenverletzungen seines „Affiliates" möglich und zumutbar sei.[208] Gesteigerte Prüfungspflichten und damit im Zweifel eine

---

202 So: *Spieker* GRUR 2006, 903, 907; *LG Berlin* MMR 2006, 118 (zum Wettbewerbsrecht, § 8 Abs. 2 UWG).
203 Vgl. *Spieker* GRUR 2006, 904, 906, 907 f.
204 Vgl. *Ernst* jurisPR-ITR 6/2006 Anm. 3 zu *LG Frankfurt* Urt. v. 15.12.2005 2/03 O 537/04; *LG Frankfurt* MMR 2006, 247; *Ernst/Seichter* WRP 2006, 810, 813 f.
205 Vgl. *BGH* GRUR 2002, 618, 619 – Meißner Dekor m.z.w.N.
206 Vgl. *BGH* GRUR 2004, 860, 864 – Internet-Versteigerung; *BGH* GRUR 2001, 1038, 1040 – ambiente.de.
207 So *LG Frankfurt* MMR 2006, 247; mit zust. Anm. *Ernst* jurisPR-ITR 6/2006 Anm. 3; vgl. auch *LG Hamburg* MMR 2006, 120.
208 Vgl. z.B. *LG Köln* MMR 2006, 115, 116.

Bejahung der Störerhaftung des „Merchant" werden aber jedenfalls dann anzunehmen sein, wenn der „Merchant" bereits auf konkrete Schutzrechtsverletzungen seines „Affiliate" aufmerksam gemacht worden ist (z.B. durch eine Abmahnung).[209]

Es bleibt derzeit abzuwarten, wie die ober- bzw. höchstrichterliche Rspr. die dargestellten **129** Streitstände beurteilt. Es spricht aber vieles dafür, den „Merchant" über die Zurechnungsnorm des § 14 Abs. 7 MarkenG für Kennzeichenverletzungen seines „Affiliate" haften zu lassen. Denn er bedient sich des „Affiliate", um für sein eigenes Unternehmen bzw. seine Produkte zu werben und seinen Vertrieb zu fördern. Wenn der „Merchant" seine Werbung auf diese Weise „outsourced", muss er auch die Verantwortung und Haftung für das Handeln des Dritten übernehmen. Die Sachlage beurteilt sich hier nicht wesentlich anders als bei der Einschaltung von für einen Großhändler werbenden Einzelhändlern[210] oder bei der Einschaltung von Werbeagenturen.[211] Die Tatsache, dass sich ein „Merchant" in den mit dem „Affiliate" geschlossenen Verträgen keine ausreichenden Kontrollrechte einräumen lässt, kann der Haftung ebenso wenig entgegenstehen wie der Einwand, das Geschäftsmodell des „Affiliate-Marketing" tauge nicht dazu, solche Kontrollrechte vorzusehen und auszuüben, da dies zu einer unzumutbaren Belastung des „Merchant" führen würde. Wenn ein „Merchant" eine solche Kontrolle für nicht machbar hält, muss er auf dieses Marketinginstrument für seine Produkte verzichten.

Unter welchen Voraussetzungen der „Affiliate" für Kennzeichenverletzungen des „Merchant" **130** haftbar gemacht werden kann, ist bislang nur vereinzelt erörtert worden.[212] Anders als im umgekehrten Fall, kann hier eine Haftung nach § 14 Abs. 7 MarkenG nicht angenommen werden. Soweit der „Affiliate" keine eigene Kennzeichenverletzung begeht, verbleibt es daher bei einer möglichen Störerhaftung nach den oben angesprochenen Grundsätzen. Da zwischen „Affiliate" und „Merchant" eine geschäftliche Beziehung besteht, aus der auch der „Affiliate" wirtschaftliche Vorteile erstrebt bzw. erzielt und er darüber hinaus ohne weiteres Kenntnis davon nehmen kann, wie das Angebot seines „Merchant" auf dessen Website beschaffen ist, wird man ihm nicht nur völlig vernachlässigbare Prüfungs- bzw. Kontrollpflichten auferlegen müssen. Jedoch kann nicht angenommen werden, dass der „Affiliate" schlechthin für jede – noch so fernliegende oder nur aufgrund umfassender Recherche erkennbare – Kennzeichenverletzung des „Merchant" haftet. Diesbezüglich ist zu berücksichtigen, dass der „Affiliate" hier nur als Störer in Anspruch genommen werden kann und die Grenze der Zumutbarkeit zu beachten ist.[213]

5. Haftung von Internet-Auktionshäusern und Internetauktions-Verkäufern

Zu Kennzeichenverletzungen im Zusammenhang mit Internetauktionen existiert inzwischen **131** eine Fülle an Rechtsprechung, wobei zwei Schwerpunktthemen auszumachen sind: zum einen die Haftung des Internet-Auktionshauses als Anbieter für im Rahmen von Auktionen begangenen Kennzeichenverletzungen, zum anderen die Haftung von „privaten" Verkäufern für Kennzeichenverletzungen.

---

209 Vgl. *LG Frankfurt* MMR 2006, 247; *LG Köln* MMR 2006, 115, 116; *Ernst/Seichter* WRP 2006, 810, 814.
210 Vgl. *BGH* GRUR 1964, 263, 266 – Unterkunde.
211 Vgl. *BGH* GRUR 1991, 772, 774 – Anzeigenrubrik I; 1973, 208, 209 – Neues aus der Medizin.
212 Vgl. z.B. *Ernst/Seichter* WRP 2006, 810, 811 f.
213 Vgl. *BGH* GRUR 2004, 860, 864 – Internet-Versteigerung.

5.1 Internet-Auktionshäuser

132   Internet-Auktionshäuser sind als sog. „Host-Provider" nach § 10 TMG anzusehen, da sie fremde Inhalte zur Nutzung bereit halten und speichern, sich diese Inhalte aber nicht zu eigen machen.[214] Daher kommt ihnen das **Haftungsprivileg** des § 10 TMG zugute.[215] Dieses Haftungsprivileg entspricht dem früheren § 11 TDG. Aufgrund dieser Privilegierung entfällt die strafrechtliche Verantwortlichkeit und die Schadensersatzhaftung des Auktionshauses. Allerdings berührt das Haftungsprivileg nicht mögliche Unterlassungsansprüche nach allgemeinen deliktsrechtlichen Maßstäben oder aufgrund einer Störerhaftung.[216] Diese verbleibende Haftung ergibt sich insbesondere aus § 7 Abs. 2 TMG, nach der die Verpflichtung der Diensteanbieter zur Entfernung oder Sperrung der Nutzung von Informationen nach den allgemeinen Gesetzen auch im Falle der Nichtverantwortlichkeit nach den §§ 8-10 TMG unberührt bleibt.[217] Es kommt daher vor allem eine Haftung von Internet-Auktionshäusern unter dem Gesichtspunkt der **Störerhaftung** nach den vorstehend bereits angesprochenen Grundsätzen (Rn. 127) in Betracht. Um die Störerhaftung nicht unverhältnismäßig weit auszudehnen, ist auch hier zu fragen, welche zumutbaren **Prüfungs- und Kontrollpflichten** den Auktionshäusern aufzuerlegen sind. In dieser Hinsicht ist einerseits zu berücksichtigen, dass eine umfassende Untersuchung jedes Auktionsangebotes technisch kaum möglich erscheint, andererseits aber auch das Auktionshaus wirtschaftlich von den dort eingestellten Angeboten profitiert. Letzteres spricht für erhöhte Prüfungspflichten. Der BGH hat vor diesem Hintergrund angenommen, dass ein Internet-Auktionshaus immer dann, wenn es auf eine klare Rechtsverletzung hingewiesen worden ist, nicht nur das konkrete Angebot unverzüglich sperren, sondern vielmehr auch Vorsorge treffen müsse, dass es möglichst nicht zu weiteren derartigen Kennzeichenverletzungen kommt.[218] Sind z.B. in einem Auktionshaus bereits mehrfach Marken-Pirateriewaren gleicher Art angeboten worden, muss das Auktionshaus dafür sorgen, dass diese Waren bzw. die entspr. Warenkategorie besonders geprüft wird, um eine Haftung zu vermeiden.

133   Diese Vorgaben des BGH sind in der obergerichtlichen Rspr. weiter ausgefüllt worden. So ist z.B. eine Störerhaftung des Auktionshauses unter dem Gesichtspunkt einer „klar erkennbaren Markenverletzung" für eine Konstellation bejaht worden, in der ein Markeninhaber vom Auktionshaus Unterlassung in Bezug auf bestimmte Nutzer (unter Nennung von deren konkreten Pseudonymen und nach mehrfacher vorheriger Beanstandung) verlangt hatte, wobei er auch die Kriterien, die eine Markenverletzung darstellen, im einzelnen begründet hatte.[219] Es ist richtigerweise davon auszugehen, dass es dem Auktionshaus ohne weiteres möglich und zumutbar ist, Verfahrensabläufe so zu organisieren/strukturieren, dass eine Warnmeldung generiert wird, wenn ein Angebot unter einem der bekannten Pseudonyme neu eingestellt wird.[220] Wird allerdings vom Schutzrechtsinhaber nicht die Überwachung bzw. Sperrung von Angeboten konkreter Personen/Pseudonyme verlangt, sondern – aufgrund vorangegangener Rechtsverletzungen – eine Überprüfung von bestimmten Waren oder Warenkategorien, kann sich die von dem Internet-Auktionshaus verlangte Überprüfung aufgrund der gegebenen technischen

---

214   Vgl. zu Internet-Auktionen und deren Rechtsnatur *Kurz/Dörr /Schwartmann* Rn. 286.
215   Vgl. im Allgemeinen zur Haftung v. Diensteanbietern: 6. Abschn. Rn 62 ff.
216   Grundlegend zu § 11 TDG: *BGH* GRUR 2004, 860, 862 – Internet-Versteigerung m.w.N. auch zur Gegenansicht; bestätigt für § 10 TMG durch *BGH* GRUR 2007, 708, 710 – Internet-Versteigerung II.
217   Vgl. *BGH* GRUR 2004, 860, 862 – Internet-Versteigerung, zur entspr. Regelung des § 8 Abs. 2 TDG; *BGH* GRUR 2007, 708, 710 – Internet-Versteigerung II.
218   *BGH* GRUR 2004, 860, 864 – Internet-Versteigerung; 2007, 708, 711 – Internet-Versteigerung II.
219   Vgl. *OLG Hamburg* GRUR-RR 2007, 73 – Parfümtester II.
220   Vgl. *OLG Hamburg* GRUR-RR 2007, 73, 78.

Möglichkeiten als unzumutbar erweisen.[221] Existieren keine technischen Möglichkeiten, z.B. durch geeignete Filtersoftware/Bilderkennungssoftware, die es dem Auktionshaus ermöglichen, rechtsverletzende Waren von Originalprodukten bzw. lizenzierten Produkten zu unterscheiden, ohne dass eine „händische Überprüfung" bzw. Kontrolle erfolgen muss, wird man die Forderung nach entspr. Maßnahmen als unzumutbar ansehen müssen, da ein Internet-Auktionshaus von vornherein nur funktionieren kann, wenn sämtliche Prozesses im Wege der elektronischen Datenübermittlung und -verarbeitung erfolgen und überdies die üblicherweise außergewöhnlich hohen Datenmengen in „händischer" Form von vornherein nicht wirksam kontrolliert werden können.[222]

Es kann somit festgehalten werden, dass zwar im rechtlichen Ausgangspunkt eine weitgehende Störerhaftung von Internet-Auktionshäusern besteht, dass aber Unterlassungsansprüche, die über ein konkretes Angebot oder konkrete Anbieter hinausgehen, meist aufgrund (derzeit) nicht vorhandener Möglichkeiten der einfachen elektronischen Umsetzung an der **Zumutbarkeit** für das Auktionshaus scheitern. **134**

Eine markenrechtlich begründete Störerhaftung kommt i.Ü. auch für die Betreiber von **Suchmaschinen** in Betracht, wenn ein Dritter eine Markenverletzung begeht und der Suchmaschinenbetreiber von der Rechtswidrigkeit der Verwendung markenverletzender Zeichen Kenntnis erlangt hat, wobei es ihm technisch möglich und zumutbar sein muss, deren Verwendung zu unterbinden.[223] **135**

5.2 Internetauktions-Verkäufer

Im Hinblick auf das Handeln der Verkäufer bei Internetauktionen und von diesen begangene mögliche Kennzeichenverletzungen war in der hierzu ergangenen umfangreichen Rspr. meist zu beurteilen, ob das **Handeln des Anbieters „im geschäftlichen Verkehr"** erfolgt. Denn nur wenn diese Voraussetzung bejaht wird, ist eine Kennzeichenverletzung nach dem MarkenG zu bejahen. **136**

Richtigerweise muss diese Beurteilung nach den konkreten Umständen des Einzelfalles vorgenommen werden und entzieht sich einer schematischen Betrachtung.[224] Eine Vermutung, dass die im Rahmen einer Internetauktion tätigen Anbieter stets im geschäftlichen Verkehr i.S.d. Markenrechts handeln, besteht nicht.[225] Bei der Prüfung ist aber zu berücksichtigen, dass an den Begriff des „Handels im geschäftlichen Verkehr" keine hohen Anforderungen zu stellen sind und dieser weit auszulegen ist. Es fällt hierunter jede selbständige, wirtschaftlichen Zwecken dienende Tätigkeit, die nicht rein privates, amtliches oder geschäftsinternes Handeln ist, wobei die Verfolgung eines Erwerbszwecks ebenso wenig erforderlich ist wie eine Gewinnerzielungsabsicht.[226] Bei Internetversteigerungen ist unter Zugrundelegung dieses Maßstabes dann ein Handeln im geschäftlichen Verkehr anzunehmen, wenn eine Verkaufstätigkeit vorliegt, die unter Berücksichtigung der **Gesamtumstände** mit der Vornahme lediglich **privater Gelegenheitsverkäufe nicht mehr zu erklären** ist.[227] Zu berücksichtigen sind insoweit ins- **137**

---

221 Vgl. hierzu *OLG München* v. 21.12.2006, 29 U 4407/06 – veröffentlicht in juris-Datenbank.
222 In diesem Sinne *OLG München* v. 21.12.2006, 29 U 4407/06 – veröffentlicht in juris-Datenbank.
223 Vgl. *LG München* MMR 2004, 261; zur umstrittenen Frage, ob Suchmaschinenbetreibern eine Privilegierung nach dem TMG zukommt, vgl. die Nachweise bei *Ullmann* GRUR 2007, 633, 639.
224 Vgl. *OLG Frankfurt* GRUR-RR 2005, 317; 2004, 1042, 1043.
225 So aber *OLG Köln* GRUR-RR 2006, 50, 51 (Revision beim BGH anhängig – I ZR 73/05).
226 Vgl. *OLG Frankfurt* GRUR-RR 2005, 317, 318; 2006, 48, 49; *BGH* GRUR 2004, 860 – Internet-Versteigerung.
227 Vgl. *OLG Frankfurt* GRUR-RR 2005, 317, 318; GRUR 2004, 1043, 1044 – Cartier-Stil.

besondere die Dauer der Verkaufstätigkeit, die Zahl der Verkaufs- bzw. Angebotshandlungen im fraglichen Zeitraum, die Art der zum Verkauf gestellten Waren, deren Herkunft, der Anlass des Verkaufs sowie die Präsentation des Angebots.[228]

138 Ist festgestellt, dass sich das Handeln des Anbieters über einen bestimmten Verkaufs-Account als Handeln im geschäftlichen Verkehr darstellt, kann sich der Verkäufer in Bezug auf einzelne Privatverkäufe, die er unter diesem Account tätigt, nur dann auf ein privates Handeln berufen, wenn diese Besonderheit gegenüber den Kaufinteressenten hinreichend deutlich gemacht wird.[229]

139 Verwendet der Anbieter in seinem Angebot Wortmarken eines Dritten, ist eine markenmäßige Benutzung unter den gleichen Aspekten zu bejahen wie bei Metatags (s. o. Rn. 110 ff.).[230] Dies muss jedenfalls dann gelten, wenn die Eingabe des Begriffs an einer Stelle des Angebots erfolgt, die dazu geeignet ist, das Ergebnis der – regelmäßig auch von Internet-Auktionshäusern verwendeten – Suchmaschine innerhalb des Auktionsangebotes zu beeinflussen, da insoweit durch die Verwendung der Marke das Auswahlverfahren einer Suchmaschine beeinflusst und der Nutzer auf diese Weise zu einem bestimmten Angebot geführt wird.[231] Nutzt der Auktionsanbieter das fremde Kennzeichen für das Angebot von Originalware oder Zubehör-/Ersatzteilen, kann sein Handeln jedoch nach § 24 MarkenG bzw. § 23 Nr. 3 MarkenG gerechtfertigt sein. Dies ist ebenfalls nach den Umständen des Einzelfalles zu prüfen.

140 Für Handlungen eines Dritten, die unter seinem Verkäufer-Account erfolgen, kann der Account-Inhaber als **Störer** haften. Wenn der Account einem Dritten überlassen wird, ist anzunehmen, dass dem Inhaber Prüfungspflichten bzgl. der von dem Dritten getätigten Verkäufe obliegen. Diesen Pflichten genügt er jedenfalls dann nicht, wenn er sich überhaupt nicht darum kümmert, welche Waren in welcher Form unter seinem Account angeboten werden.[232]

D. Domainrecht

I. Rechtsnatur und Funktion von Domains

141 Das Internet ist ein Computernetz, das (über kleinere Netze) Computer miteinander verbindet. Um eine Kommunikation in diesem Netz möglich zu machen, muss jedem Computer eine eigene Adresse zugewiesen werden. Diese Adressen sind rein numerisch. Um die Nutzung des Internets und die Adressierung einzelner Zielcomputer benutzerfreundlicher zu gestalten, wurde bereits 1983 das Domainnamensystem geschaffen. Hierdurch wurde es möglich, statt der rein numerischen Adresse eine grds. frei wählbare Folge von Buchstaben, Zahlen und Zeichen zu wählen, um einen bestimmten Rechner zu erreichen.[233] **Jeder Domainname** kann **da-**

---

228 *OLG Frankfurt* GRUR-RR 2005, 317, 318: 68 Verkäufe in 9 Monaten liegen im „Grenzbereich", der Verkauf von 7 gleichartigen Armbanduhren und vier Akku-Rasierern muss durch besondere Umstände gerechtfertigt sein, um einen Privatverkauf zu begründen; *OLG Frankfurt* GRUR 2004, 1042: 86 Verkäufe in 2 Monaten und „Powerseller"-Eigenschaft bei eBay sprechen für Handeln im geschäftlichen Verkehr.
229 Vgl. *OLG Frankfurt* GRUR-RR 2006, 48, 49; GRUR 2004, 1042, 1043.
230 Insoweit zweifelnd offenbar *KG* MMR 2005, 315, 316; nicht problematisiert in *OLG Frankfurt* GRUR-RR 2006, 48, 49.
231 Vgl. *BGH* GRUR 2007, 65, 67 – Impuls.
232 Vgl. *OLG Frankfurt* GRUR-RR 2005, 309.
233 Vgl. hierzu die eingehende Darstellung bei *Beier* Rn. 5 ff.

bei nur ein einziges Mal vergeben werden. Er besteht immer aus einer sog. **Top-Level-Domain** und einer **Second-Level-Domain**. Weiter hinzugefügt werden kann auch eine sog. Third-Level-Domain (die auch Subdomain genannt wird).[234]

Die Top-Level-Domains befinden sich am Ende des Domainnamens. Hier existieren zum einen sog. generische Top-Level-Domains, z.B. „.com" für kommerzielle Anbieter oder „.org" für Organisationen. Hierzu kommen geographische Top-Level-Domains, z.B. „.de" für Deutschland oder „.ch" für die Schweiz. Im Dezember 2005 wurde die Top-Level-Domain „.eu" für die Europäische Union eingeführt. Unter den jeweiligen Top-Level-Domains werden dann die Second-Level-Domains vergeben. Ein Domainname besteht immer mindestens aus einer Second-Level-Domain und einer Top-Level-Domain, z.B. „bundesgerichtshof.de".[235] Identische Second-Level-Domains unterhalb verschiedener Top-Level-Domains sind ohne weiteres möglich (z.B. „bgh.de" und „bgh.com"). Einmalig ist jeweils nur der aus Top-Level- und Second-Level-Domain zusammengesetzte Domainname. **142**

Die Top-Level-Domains sind vom einzelnen Nutzer nicht erweiterbar. An die Nutzer vergeben werden nur die Second-Level-Domain-Namen. Diese Vergabe und die Verwaltung von Domainnamen erfolgt nicht zentral, sondern durch unterschiedliche Stellen für die jeweiligen Top-Level-Domains.[236] Die einzelnen **Domain-Vergabestellen** operieren grds. nach dem Prinzip „**Wer zuerst kommt, mahlt zuerst**". Insbesondere wird bei der Vergabe von Domainnamen regelmäßig nicht geprüft, ob ein Antragsteller möglicherweise gegenüber einem anderen zu bevorzugen ist[237] oder ob die Registrierung eines Domainnamens für eine Person möglicherweise die Rechte Dritter verletzen könnte. **143**

Aufgrund der Tatsache, dass das Internet sowohl ein bedeutendes Informationsforum als auch ein wichtiger weltweiter Marktplatz ist, kommt den Domainnamen als Adresse und „Visitenkarte" der mit einer eigenen Rechneradresse am Internet partizipierenden Teilnehmer eine **erhebliche Bedeutung** zu. Genau wie im „normalen" Geschäftsverkehr kann eine „gute Adresse" einen geschäftlichen (oder sonstigen Vorteil) bzw. Mehrwert verkörpern. Allerdings ist in der Online-Welt nicht die „Lage" einer Immobilie entscheidend, sondern andere Kriterien, wie z.B. die Kürze und Merkbarkeit eines Domainnamens. Darüber hinaus bietet das Domainnamensystem auch die Möglichkeit, die Bezeichnung, die man offline für sein Unternehmen bzw. seine sonstige Organisation oder für seine Produkte bzw. sonstigen (Informations-)Angebote verwendet, parallel als Adresse im Internet zu verwenden. Vor diesem Hintergrund können Domainnamen genauso begehrt und genauso wertvoll sein wie „gute Adressen" in der Offline-Welt. **144**

---

234 Z.B: curia.europa.eu.

235 Das in der sog. URL (Uniform Resource Locator) angezeigte Übertragungsprotokoll (i.d.R. „http") sowie der Server (z.B. „www") sind nicht Bestandteile des Domainnamens; ebenso wenig die in einer URL hinter der Top-Level-Domain angezeigten Dateien (z.B. „bundesgerichtshof.de/*entscheidungen/entscheidungen.php*").

236 Für „.de" z.B. durch die DENIC eG, (nähere Informationen unter www.denic.de), für „.eu" durch EURid (nähere Informationen unter www.eurid.org); für die generichen Top-Level-Domains durch ICANN (nähere Informationen unter www.icann.org); eine Übersicht über sämtliche länderbezogenen Top-Level-Domains nebst Verlinkung auf die zuständige Vergabestelle findet sich unter www.iana.org/root-whois/index.html.

237 Eine Ausnahme bilden sog. „Sunrise"-Perioden bei der Einf. einer neuen Top-Level-Domain (z.B. „.eu"), innerhalb derer sich meistens Inhaber von Kennzeichenrechten bevorzugt um Domainnamen bewerben können.

145 In Anbetracht ihrer Wichtigkeit und aufgrund des oben skizzierten Systems der Domainnamen besteht gleichzeitig ein erhebliches **Konfliktpotential**. Dieses wird zum einen dadurch begründet, dass ein Domainname nur einmal vergeben werden kann, so dass z.B. ein von einem Unternehmen belegter Domainname nicht mehr von einem anderen Unternehmen mit identischen Namen, aber völlig anderer Branchenzugehörigkeit oder einem Privatmann gleichen Namens benutzt werden kann. Zum anderen drohen Verwechslungen aufgrund einer Benutzung ähnlicher Domainnamen durch unterschiedliche Personen. Schließlich ziehen die Domainnamen – wie jedes andere, potentiell wertvolle Gut – auch diejenigen an, die sich in unterschiedlicher Weise mit Hilfe von Domainnamen rechtswidrig wirtschaftliche oder andere Vorteile (z.B. einen Aufmerksamkeitsvorsprung) verschaffen wollen.

146 Um die relevanten rechtlichen Konflikte im Zusammenhang mit den hier zu untersuchenden Immaterialgüterrechten erörtern zu können, ist zunächst festzustellen, welche **Rechtsnatur** dem Domainnamen zukommt. Nach der Rspr. des BVerfG ist das aus dem Vertragsschluss mit der Domainvergabestelle (z.B. DENIC, ICANN) folgende Nutzungsrecht an einer Domain eine eigentumsfähige Position i.S.d. Art. 14 Abs. 1 S. 1 GG.[238] Jedoch erwirbt der **Domaininhaber weder** das **Eigentum an der Internetadresse** selbst **noch ein sonstiges absolutes Recht an der Domain**, welches ähnlich der Inhaberschaft an einem Immaterialgüterrecht verdinglicht wäre.[239] Diese Ansicht ist eine konsequente und richtige Umsetzung des Grundsatzes vom Numerus Clausus der gewerblichen Schutzrechte. Darüber hinaus existiert auch **kein absolutes**, gegenüber jedermann durchsetzbares **Recht auf Registrierung eines bestimmten Domainnamens**, da es hierfür an jeglicher gesetzlicher Grundlage fehlt.[240]

147 Der Domainname ist zunächst Nutzungsrecht an der Domain. Er ist i.Ü. aber ein Gut, das veräußerlich ist; es kann gehandelt, vermietet und abgetreten werden und stellt damit auch ein pfändbares Vermögensrecht dar.[241] Allerdings ist der Domainname diesbezüglich nicht als ein Recht sui generis anzusehen, sondern sind die schuldrechtlichen Ansprüche, die dem Inhaber einer Internetdomain gegenüber der DENIC oder einer anderen Vergabestelle zustehen, das maßgebliche Vermögensrecht.[242]

148 Andererseits kann nicht ernsthaft bestritten werden, dass einem Domainnamen über eine reine Adressfunktion auch eine Herkunftsfunktion zukommen kann. Damit begründet zwar der Domainname an sich kein Immaterialgüterrecht, jedoch kann er – bei Vorliegen der gesetzlichen Voraussetzungen – ein Kennzeichen sein oder Namensschutz beanspruchen.[243] Ein **Kennzeichenrecht** in Bezug auf einen **Domainnamen** kann somit durch **Benutzung** (einer originär unterscheidungskräftigen Bezeichnung) oder Verkehrsgeltung (einer originär nicht unterscheidungskräftigen Bezeichnung) entstehen. Mithin kann festgehalten werden, dass ein Domainname selbst kein Immaterialgüterrecht begründet, dass aber durch Benutzung eines Domainnamens Immaterialgüterrechte, nämlich Kennzeichenrechte, begründet werden können.

149 Umgekehrt können aber durch die Benutzung eines Domainnamens auch die Kennzeichenrechte (oder Namensrechte) Dritter verletzt werden, wobei auch hier die Rechtsverletzung nicht in dem Domainnamen selbst liegt, sondern in dessen Verwendung (oder Blockierung) durch den Verletzer.

---

238 *BVerfG* GRUR 2005, 261 – ad-acta.de.
239 *BVerfG* GRUR 2005, 261 – ad-acta.de.
240 Vgl. *BGH* GRUR 2002, 622, 624 – shell.de.
241 Vgl. *OLG München* K+R 2004, 496.
242 Vgl. *BGH* GRUR 2005, 969, 970 – Domain-Pfändung.
243 Vgl. *Ingerl/Rohnke* nach § 15 Rn. 56 m.z.w.N.; *Ströbele /Hacker* § 14, 118.

Kunzmann

Im Hinblick auf immaterialgüterrechtliche Aspekte stellt sich damit das Domainrecht als ein **150** Teilgebiet des Kennzeichenrechts** dar.[244] Immaterialgüterrechtliche Ansprüche des Domaininhabers gegen Dritte sowie die Ansprüche Dritter gegen den Domaininhaber oder -nutzer (sowie auch evtl. Ansprüche gegen die Domain-Vergabestelle) richten sich daher nach den allgemeinen Regeln des Kennzeichenrechts, wobei jedoch die Besonderheiten zu berücksichtigen sind, die sich aus dem Domainnamensystem ergeben (insbesondere die Tatsache der nur einmaligen Existenz eines Domainnamens und des hieraus folgenden beschränkten Vorrats an Domainnamen).

II. Entstehung von Kennzeichenrechten an Domainnamen

1. Werktitel

Ein Domainname kann ein Werktitel eines „sonstigen vergleichbaren Werkes" i.S.d. § 5 Abs. 3 **151** MarkenG sein. Voraussetzung ist, dass ein **Werk** vorliegt, **dessen Titel** dann **der Domainname** ist. Es reicht damit weder aus, dass unter dem Domainnamen überhaupt eine Website abrufbar ist, noch, dass diese Website irgendeinen beliebigen Inhalt aufweist.[245] Werktitelschutz für einen Domainnamen kann nur bejaht werden, wenn der unter dem Domainnamen abrufbare Inhalt als solcher – d.h. auch außerhalb des Internet – titelschutzfähig wäre.[246] Der Domainname muss auch tatsächlich als Titel für dieses Werk geführt werden.[247] So kann eine elektronische Zeitung, die unter dem Titel des Domainnamens erscheint, für diesen Titelschutz begründen.[248] Es wird in diesen Fällen aber vielfach nicht allein der Domainname als Titel verwendet, sondern es erfolgt darüber hinaus auch eine Verwendung der entspr. Bezeichnung als Titel für das entspr. Werk auf der Website selbst, so dass (auch) durch letztere Verwendung ein Werktitelschutz begründet wird. Daraus folgt aber umgekehrt, dass der Domainname dann kein Titel ist, wenn das unter ihm abrufbare Werk auf der Website ersichtlich anders betitelt ist. Entspr. den Voraussetzungen für einen Werktitelschutz außerhalb des Internets gilt zudem, dass ein Titel Unterscheidungskraft oder Verkehrsgeltung aufweisen muss. Überdies bedingt das Territorialitätsprinzip, dass die Benutzung einen hinreichenden Inlandsbezug aufweisen muss, so dass die bloße Abrufbarkeit von Deutschland aus nicht ausreicht (siehe hierzu vorstehend Rn. 106 ff.).[249]

2. Unternehmenskennzeichen

Nach wohl allgemeiner Ansicht kann aufgrund der Benutzung eines Domainnamens Schutz als **152** Unternehmenskennzeichen i.S.d. § 5 Abs. 2 MarkenG erworben werden. Streitig ist allerdings, ob Domainnamen Namenscharakter i.S.d. § 5 Abs. 2 S. 1 MarkenG haben oder ob sie nur als Geschäftsabzeichen i.S.d. § 5 Abs. 2 S. 2 MarkenG angesehen werden können, so dass ihnen ein kennzeichenrechtlicher Schutz immer nur bei Erwerb von Verkehrsgeltung zukommt.[250] Richtigerweise ist anzunehmen, dass ein Domainname über eine Namensfunktion verfügen kann. Somit kann durch die Benutzung eines Domainnamens im geschäftlichen Verkehr ein

---

244 Vgl. *Deutsch/Ellerbrock* Rn. 359.
245 Ganz h.A., vgl. *Ströbele/Hacker* § 5 Rn. 77; *Deutsch/Ellerbrock* Rn. 371; *Ingerl/Rohnke* nach § 15 Rn. 124; *Fezer* § 3 Rn. 319 – jeweils m.w.N. auch zur Gegenansicht.
246 Vgl. *Ströbele/Hacker* § 5 Rn. 77 m.w.N.
247 Vgl. *Omsels* GRUR 1997, 328, 332; *Deutsch/Ellerbrock* Rn. 373.
248 Vgl. *OLG Dresden* CR 1999, 102, 103 – dresden-online.de.
249 Vgl. *Beier* Rn. 294; *Omsels* GRUR 1997, 328, 333.
250 Vgl. zum Streitstand im Schrifttum *Ströbele/Hacker* § 5 Rn. 48.

entspr. Unternehmenskennzeichen erworben werden, wenn der Verkehr in der als Domainname gewählten Bezeichnung nichts Beschreibendes, sondern nur **einen Herkunftshinweis erkennen kann**.[251] Wird jedoch ein Domainname, der an sich geeignet ist, auf die betriebliche Herkunft und die Geschäftätigkeit eines Unternehmens hinzuweisen, ausschließlich als Adressbezeichnung verwendet, wird der Verkehr annehmen, es handele sich dabei um eine Angabe, die der Telefonnummer ähnlich ist und allein den Zugang zu dem Adressaten eröffnen soll, ohne ihn in seiner geschäftlichen Tätigkeit zu bezeichnen.[252] Es kommt damit auch hinsichtlich der Entstehung von Unternehmenskennzeichen an einem Domainnamen darauf an, wofür und in welcher Weise der Domainname benutzt wird. Wird er für ein Unternehmen verwendet, für das er kennzeichnungskräftig ist und damit herkunftshinweisend wirken kann, entsteht ein Unternehmenskennzeichen bereits mit der Aufnahme einer entspr. Benutzung, da ihm dann die erforderliche Namensfunktion zukommt. Ist der Domainname für das betreffende Unternehmen von vornherein nicht kennzeichnungskräftig, kann ihm nur dann Schutz als Unternehmenskennzeichen zuerkannt werden, wenn er Verkehrsgeltung erlangt hat. Kein Schutz kommt einem Domainnamen zu, der zwar von Hause aus für das betreffende Unternehmen Kennzeichnungskraft hat, der aber **nicht als Herkunftshinweis benutzt** wird. Dies ist dann anzunehmen, wenn unter dem Domainnamen keinerlei Unternehmensauftritt erfolgt, sondern z.B. der Domainname nur als Bestandteil von E-Mail-Adressen oder zur Weiterleitung von Kunden auf eine andere Internetadresse benutzt wird.[253]

153   Die Entstehung eines Unternehmenskennzeichens durch den Domainnamen setzt nicht voraus, dass der Domainname mit einem offline geführten Unternehmenskennzeichen (teil-)identisch ist (auch wenn dies in der Praxis häufig der Fall ist und deshalb der gesonderte Erwerb eines Unternehmenskennzeichens durch den Domainnamen nicht von großer praktischer Bedeutung ist).[254] I.Ü. ist auch an dieser Stelle auf den notwendigen **Inlandsbezug** einer Benutzung hinzuweisen.

3. Marken

154   Es ist grds. nicht ausgeschlossen, dass ein Domainname als Marke benutzt wird und durch diese Benutzung eine **Benutzungsmarke** gem. § 4 Nr. 2 MarkenG entsteht. Voraussetzung ist allerdings, dass der Domainname im Inland Verkehrsgeltung **als Marke** erworben hat. Dies dürfte in der Praxis selten erfolgen.[255]

155   Nicht verwechselt werden darf die hier angesprochene Frage, ob durch Benutzung eines Domainnamens ein Markenschutz entstehen kann, mit den im **Markenanmeldeverfahren** auftauchenden Fällen, in denen für eine Wortfolge Schutz beansprucht wird, die lediglich wie ein **Domainname** oder eine vollständige Internetadresse gebildet sind, z.B. Marken wie „http://www.cyberlaw.de"[256], „handy.de"[257] oder „beauty24.de".[258] Solche Markenanmeldungen sind

---

251 Vgl. *BGH* GRUR 2005, 262, 263 – soco.de m.H.a. *OLG München* CR 1999, 778 – tnet.de; *BGH* GRUR 2005, 871, 873 – Seicom.

252 *BGH* GRUR 2005, 871, 873 – Seicom.

253 Vgl. *BGH* GRUR 2005, 871, 873 – Seicom.

254 Vgl. *Ingerl/Rohnke* nach § 15 Rn. 121.

255 Vgl. *Ingerl/Rohnke* nach § 15 Rn. 127.

256 Vgl. *BPatG* BlPMZ 2000, 294.

257 *BPatG* Mitt. der dt. Patentanwälte 2003, 569.

258 *BPatG* GRUR 2004, 336.

nach den allgemeinen Grundsätzen zu prüfen, wobei allgemein anerkannt ist, dass Bestandteile wie „www." oder „.de" bzw. „.com" u.Ä. i.d.R. als nicht unterscheidungskräftige Sachangaben aufzufassen sind.[259]

III. Verletzung von Rechten Dritter durch Domainnamen

Die nachfolgende Darstellung beschränkt sich auf kennzeichen- und namensrechtliche Ansprüche, die aufgrund der Registrierung bzw. Benutzung von Domainnamen geltend gemacht werden können. Wie bereits im Zusammenhang mit der Rechtsnatur von Domainnamen angesprochen, beurteilen sich solche Verletzungen im Grundsatz nach den allgemeinen Regeln des Kennzeichenrechts. Allerdings bestehen hier spezifische Problemstellungen, die im Folgenden angesprochen werden sollen. **156**

1. Verletzung von Marken, Unternehmenskennzeichen und Werktiteln

Eine Kennzeichenverletzung nach dem MarkenG setzt eine rechtsverletzende Benutzung im geschäftlichen Verkehr voraus. Gerade bei behaupteten Rechtsverletzungen durch Domainnamen ist oft streitig, ob eine solche Handlung vorliegt. **157**

Nicht selten werden kennzeichenrechtliche Ansprüche gegen einen Domainnamen erhoben, bei dem zum Zeitpunkt der Geltendmachung **nur** eine **Registrierung** erfolgt ist, jedoch unter dieser Adresse noch **kein Inhalt** abrufbar ist. Allein die Registrierung eines Domainnamens bei der zuständigen Vergabestelle kann noch keine kennzeichenrechtlich relevante Benutzungshandlung darstellen.[260] Fraglich ist, ob hierin schon eine **Erstbegehungsgefahr** gesehen werden kann oder ob verlangt werden muss, dass weitere Umstände hinzutreten, die eine solche Gefahr begründen können.[261] Da Domainnamen keineswegs ausschließlich im geschäftlichen Verkehr Verwendung finden, wird man im Ergebnis davon ausgehen müssen, dass es ohne weitere Indizien bei der bloßen Registrierung eines Domainnamens und Schaltung einer „Baustellen-Homepage" an dem erforderlichen Handeln im geschäftlichen Verkehr und auch einer entspr. Erstbegehungsgefahr fehlt.[262] In einem solchen Fall kann der potentiell Verletzte zwar keine kennzeichenrechtlichen Ansprüche geltend machen, ggf. kann er aber auf der Grundlage des Namensrechts nach § 12 BGB vorgehen (hierzu nachstehend, Rn. 161 ff.). **158**

Wird ein Domainname benutzt, ist zu fragen, ob die erkennbar nach außen tretende **Zielrichtung des Handelns** der Förderung der eigenen oder einer fremden erwerbswirtschaftlichen oder sonstigen beruflichen Tätigkeit dient; nur wenn dies der Fall ist, kann ein Handeln im geschäftlichen Verkehr angenommen werden.[263] Solche Benutzungshandlungen müssen nicht unbedingt darin liegen, dass unter dem Domainnamen als geschäftlich zu qualifizierende Inhalte abrufbar sind. Der Domainname kann auch dadurch benutzt werden, dass er selbst als **159**

---

259 Vgl. *Ströbele/Hacker* § 5 Rn. 87 m.w.N.
260 Vgl. *BGH* GRUR 2007, 888 – Euro Telekom; *Ingerl/Rohnke* nach § 15 Rn. 79; *Ströbele/Hacker* § 14 Rn. 119; *OLG Karlsruhe* GRUR-RR 2002, 138, 139 – dino.de; a.A. *OLG Dresden* NJWE-WettbR 1999, 133, 135 – cyberspace.de.
261 Vgl. *OLG Hamburg* GRUR-RR 2002, 226, 229 – berlin location; *Ströbele/Hacker* § 14 Rn. 119; *Ingerl/Rohnke* nach § 15 Rn. 73.
262 Vgl. *OLG Köln* WRP 2002, 245, 257 – lotto-privat.de; a.A. *LG Frankfurt* MMR 1998, 151, 152 – lit.de; *Ströbele/Hacker* § 15 Rn. 106 für von juristischen Personen oder Personenhandelsgesellschaften gehaltene Domains; vgl. auch *Ingerl/Rohnke* nach § 15 Rn. 88.
263 Vgl. *BGH* GRUR 2002, 622, 624 – shell.de.

Handelsgut verwendet wird, indem er Dritten zum Kauf angeboten wird.[264] Diskutiert wird, ob in der Benutzung von beschreibenden Domainnamen (z.B. autovermietung.de, buecher.de) eine markenmäßige Benutzungshandlung liegen kann, da einem solchen Domainnamen nicht zwingend herkunftshinweisende Funktion zukomme.[265] Da allerdings ein reiner Gattungsbegriff oder ein rein beschreibender Begriff als Domainname ohnehin nicht dazu geeignet ist, Kennzeichenrechte Dritter zu verletzen,[266] ist die Entscheidung dieser Frage in der Praxis i.d.R. entbehrlich.[267]

160 In Bezug auf die Prüfung einer Kennzeichenkollision – insbesondere die Prüfung einer Verwechslungsgefahr – gelten die gleichen Grundsätze wie bei sonstigen Nutzungen in der Offline-Welt.[268] Insbesondere sind keine Sondermaßstäbe hinsichtlich der durch das Internet bzw. Domainnamen angesprochenen Verkehrskreise, hinsichtlich besonderer Verhaltensweisen von Internetnutzern oder hinsichtlich der bei der Prüfung der Zeichenähnlichkeit maßgeblichen Kriterien anzulegen.[269] Innerhalb der Prüfung der Verwechslungsgefahr kommt dem Top-Level-Domains oder sonstigen Bestandteilen der Internetadresse (z.B. „www.") grds. keine eigene Bedeutung zu, so dass der Gesamteindruck allein durch die Second-Level-Domain bestimmt wird.[270] Dies kann jedoch anders sein, wenn die Top-Level-Domain einbezogen wird, um aus einer Buchstabenfolge in der Second-Level-Domain ein Wort zu bilden, z.B. „bullypara.de". In diesen Fällen ist bzgl. des Gesamteindrucks nicht zwischen Second-Level- und Top.Level-Domain zu unterscheiden.

2. Namensschutz, § 12 BGB

161 Im Bereich der Kollisionen von Domainnamen mit Rechten Dritter spielt der allgemein-zivilrechtliche Namensschutz eine weitaus größere Rolle als in der Offline-Welt. Der Grund hierfür liegt in der beschränkten Verfügbarkeit von Domainnamen. Ist ein Name als Domainname vergeben, ist er blockiert. Schon aus dieser **Blockade** kann eine **Beeinträchtigung des Namensschutzes** folgen.[271] Ist der Domainname „kunzmann.de" vergeben, kann jemand mit dem Namen „Kunzmann" diesen Domainnamen nicht mehr benutzen.

162 Bei der Prüfung, ob das Namensrecht aus § 12 BGB verletzt sein kann, ist jedoch zu beachten, dass der **kennzeichenrechtliche Schutz** nach dem MarkenG in seinem Anwendungsbereich dem Namensschutz des § 12 BGB **vorgeht**.[272] Der Namensschutz nach § 12 BGB greift damit vor allem dann ein, wenn ein Handeln im geschäftlichen Verkehr nicht vorliegt. Dies ist z.B. der Fall, wenn ein Domainname lediglich von einer Privatperson benutzt wird, etwa für eine

---

264 *Ingerl/Rohnke* nach § 15 Rn. 90; *LG Hamburg* K+R 2000, 613 – audi-lamborghini.net; *LG Hamburg* K+R 1999, 47, 48 – eltern.de; *LG München I* CR 1998, 434 – paulaner.de.

265 Vgl. z.B. *Deutsch/Ellerbrock* Rn. 401; *OLG Hamburg* MMR 2000, 544, 545 – kulturwerbung.de; 2001, 615, 617 – autovermietung.com.

266 Vgl. hierzu *BGH* GRUR 2007, 259, 260 – solingen.info.

267 Allerdings kommt bei der Verwendung generischer Domains ggf. ein wettbewerbsrechtlicher Verstoß in Betracht, wobei vom Grundsatz auszugehen ist, dass die Verwendung eines beschreibenden Begriffs als Domainname nicht generell wettbewerbswidrig ist, vgl. *BGH* GRUR 2001, 1061 – mitwohnzentrale.de.

268 Vgl. *Deutsch/Ellerbrock* Rn. 404; *OLG Hamburg* WRP 2001, 717, 718 – startup.de.

269 Vgl. *Ingerl/Rohnke* nach § 15 Rn. 94 ff.; anders wohl bzgl. der Zeichenähnlichkeit *Deutsch/Ellerbrock* m.H.a. *KG* GRUR-RR 2002, 180, 181 – CHECK In/Checkin.com.

270 Vgl. *BGH* GRUR 2005, 262, 263 – soco.de; *OLG Hamburg* GRUR 2001, 838, 840 – 1001buecher.de.

271 Vgl. *BGH* GRUR 2002, 622, 624 – shell.de, 2005, 430 – mho.de.

272 *BGH* GRUR 2005, 430 – mho.de; 2002, 622, 623 – shell.de; 1999, 161 – MAC dog; 1999, 252 – Warsteiner II.

Familien-Homepage. Eine Verletzung von § 12 BGB verlangt auch keine Benutzung des Domainnamens, so dass eine Rechtsverletzung schon durch die Registrierung eines Zeichens als Domainname vorliegen kann.[273]

Eine Verletzung des Namensrechts durch Domainnamen kommt immer unter dem Gesichtspunkt einer **Namensanmaßung** in Betracht. Eine Namensanmaßung liegt dann vor, wenn ein Nichtberechtigter einen fremden Namen als Domainnamen registriert oder verwendet und dadurch eine Zuordnungsverwirrung auslöst und schutzwürdige Interessen des Namensträgers verletzt.[274] Diese Voraussetzungen sind durch die Registrierung eines fremden Namens als Internetadresse grds. als erfüllt anzusehen.[275]

163

Die Vorschrift des § 12 BGB schützt nicht nur die Träger eines bürgerlichen Nachnamens, sondern auch Künstlernamen[276] und Kennzeichen i.S.d. MarkenG vor der o.g. Zuordnungsverwirrung.[277] Der Namensschutz ermöglicht es also Kennzeicheninhabern, gegen Domainnamen vorzugehen, wenn diese von einem Nichtberechtigten registriert worden sind, ohne dass dieser (schon) im geschäftlichen Verkehr handelt. Der BGH bejaht auch eine Anwendung von § 12 BGB, wenn zwar ein Handeln im geschäftlichen Verkehr vorliegt, die Handlungen aber außerhalb des kennzeichenrechtlichen Schutzbereiches liegen (z.B. weil mangels Branchennähe keine Verwechslungsgefahr vorliegt).[278] Hierdurch wird in Bezug auf Domainnamen der kennzeichenrechtliche Schutz de facto durch den Namensschutz erheblich erweitert. Über den Namensschutz können daher insbesondere auch Fälle des sog. „Domain Grabbings" oftmals wirksam verhindert werden.

164

Jedoch greift der Anspruch nach § 12 BGB grds. nur dann, wenn der Domaininhaber Nichtberechtigter ist. An der Nichtberechtigung fehlt es dann, wenn der Domaininhaber selbst Namensträger ist.

165

Existieren **mehrere Namensträger**, kommen also mehrere Personen als Berechtigte für einen bestimmten Domainnamen in Betracht, gilt für sie hinsichtlich der Registrierung ihres Namens als Internetadresse grds. das Gerechtigkeitsprinzip der Priorität.[279] Führen z.B. mehrere natürliche Personen oder Unternehmen den Namen „Kunzmann", ist derjenige berechtigter Inhaber einer Domain „kunzmann.de", der diese Domain als erster registrieren lässt. Dieser Grundsatz gilt zu recht, da es im Hinblick auf die Fülle von möglichen Konfliktfällen im Allgemeinen mit einer einfach zu handhabenden Grundregel – nämlich dem Prioritätsgrundsatz – sein Bewenden haben muss.[280] Nur unter besonderen Umständen kann das Prioritätsprinzip zurücktreten.[281] Eine solche Ausnahme kann insbesondere dann anzunehmen sein, wenn einer der **Namensträger** über eine **überragende Bekanntheit** im Inland verfügt. Der BGH begründet dies damit, dass erfahrungsgemäß allgemein bekannte Unternehmen häufig unter dem eigenen Namen im Internet präsent sind und – wenn sie auf dem deutschen Markt tätig sind – unter der mit der Top-Level-Domain „.de" gebildeten Internetadresse auf einfache Weise aufgefunden werden können. Zudem suche ein erheblicher Teil des Publikums Informationen im Internet in der Weise, dass in der Adresszeile der Name des gesuchten Unternehmens als Internetadresse

166

---

273 Vgl. *BGH* GRUR 2005, 430, 431 – mho.de.
274 *BGH* GRUR 2002, 622, 624 – shell.de m.H.a. NJW 1993, 918 – Universitätsemblem m.w.N.
275 Vgl. *BGH* GRUR 2005, 430, 431 – mho.de; 2002, 622, 624 – shell.de; 2003, 897, 898 – maxem.de.
276 Vgl. *BGH* GRUR 2007, 168 – kinski-klaus.de m.w.N.
277 Vgl. *Palandt/Heinrichs* § 12 Rn. 22 m.w.N.
278 *BGH* GRUR 2005, 430, 431 – mho.de.
279 Vgl. *BGH* GRUR 2001, 1061 – mitwohnzentrale.de; 2002, 622, 624 – shell.de.
280 Vgl. *BGH* GRUR 2002, 622, 625 – shell.de; vgl. auch 2005, 430 – mho.de.
281 Vgl. *BGH* GRUR 2005, 430 – mho.de; 2002, 622, 625 – shell.de.

eingegeben wird.[282] Aus diesen Gründen wurde etwa dem Mineralölunternehmen „Shell" ein besseres Recht an der dem Domainnamen „shell.de" zugesprochen, obwohl eine Privatperson gleichen Nachnamens diese zuerst für sich hatte registrieren lassen.[283] Es hat also insoweit eine **Interessenabwägung** zwischen den Interessen der betroffenen Gleichnamigen zu erfolgen. Das Interesse eines allgemein bekannten Kennzeicheninhabers ist aber nur dann betroffen, wenn damit im Einzelfall tatsächlich eine erhebliche Beeinträchtigung der namensrechtlichen Befugnisse verbunden ist. Dies ist z.B. verneint worden für den Inhaber eines bekannten Zeitschriftentitels („Die Welt"), der bereits über einen mit dem Titel identischen „.de"-Domainnamen verfügte (welt.de) und aus seinem Namensrecht gegen den Inhaber eines ähnlichen Domainnamens – der einen Gattungsbegriff darstellte – („weltonline.de") vorgehen wollte.[284]

167 U.U. kann bei einem Gleichnamigenkonflikt bzgl. eines Domainnamens den Interessen eines Namensinhabers auch dadurch Rechnung getragen werden, dass der prioritätsbessere Inhaber des Domainnamens auf der ersten Seite seiner Internetpräsenz unter diesem Domainnamen deutlich macht, dass es sich nicht um die Internetpräsenz eines Dritten handelt, der über ein relativ stärkeres Recht verfügt.[285] Ist festzustellen, dass der Domainname eine erhebliche Beeinträchtigung der namensrechtlichen Befugnisse des Namensträgers darstellt und handelt es sich bei dem Domaininhaber um einen Nichtberechtigten, bleibt allerdings für eine weitergehende Interessenabwägung grds. kein Raum.[286] Nur ausnahmsweise kann hier eine weitere Interessenabwägung gerechtfertigt sein, z.B. wenn im Streitfall zunächst nur eine Registrierung des streitigen Domainnamens erfolgt, ohne dass hierunter ein Inhalt zu finden ist, und sich die Registrierung aufgrund weiterer tatsächlicher Umstände als erster Schritt im Zuge einer – für sich genommen rechtlich unbedenklichen – Aufnahme der Benutzung eines der Domain entspr. Unternehmenskennzeichens in einer völlig anderen Branche darstellt. Denn da es vernünftiger kaufmännischer Praxis entspricht, sich bereits vor der Benutzungsaufnahme den entspr. Domainamen zu sichern, kann eine der Benutzungsaufnahme unmittelbar vorausgehende Registrierung nicht als Namensanmaßung und damit als unberechtigter Namensgebrauch anzusehen sein.[287]

168 Hinsichtlich der – oft entscheidenden – Klärung, ob der Domaininhaber Namensrechte beanspruchen kann und damit berechtigter Namensträger ist, muss in der Praxis vielfach über **abgeleitete Berechtigungen** entschieden werden. So kann eine Berechtigung auch dann angenommen werden, wenn der Domaininhaber nicht selbst Namensträger ist, ihm aber hieran ein berechtigtes Interesse zusteht und ihm die Namensführung durch einen berechtigten Namensträger – z.B. Ehegatte oder Kinder – gestattet ist.[288] Ebenso ist eine Holdinggesellschaft, die die Unternehmensbezeichnung einer Tochtergesellschaft mit deren Zustimmung als Domainnamen registrieren lässt, so zu behandeln, als sei sie selbst berechtigt, die fragliche Bezeichnung zu führen.[289] Auch scheidet eine Namensanmaßung aus, wenn der Domainname im Auftrag eines Namensträgers reserviert worden ist, wenn diese Auftragsregistrierung dokumen-

---

282 Vgl. *BGH* GRUR 2002,, 622, 625, 624 – shell.de, m.H.a. 2001, 1061 – mitwohnzentrale.de – zur Suchgewohnheit des Publikums.
283 *BGH* GRUR 2002, 622 – shell.de.
284 *BGH* GRUR 2005, 687, 689 – weltonline.de.
285 Vgl. *BGH* GRUR 2002, 706, 708 – vossius.de; vgl. als Bsp. den unter www.bgh.de erfolgenden Hinweis auf die an anderer Stelle befindliche Internetpräsenz des Bundesgerichtshofs.
286 *BGH* GRUR 2005, 430, 431 – mho.de.
287 *BGH* GRUR 2005, 430, 431 – mho.de.
288 Vgl. *OLG Stuttgart* MMR 2006, 41.
289 *BGH* GRUR 2006, 158 – segnitz.de.

tiert werden kann.[290] Dagegen reicht es für eine Berechtigung nicht aus, dass der Domaininhaber den Domainnamen als Pseudonym führt, wenn dieses Pseudonym noch keine Verkehrsgeltung erlangt hat und damit keinen Namensschutz genießt.[291]

Zu beachten ist selbstverständlich auch bei der Prüfung von Ansprüchen aus § 12 BGB, ob ein **169** hinreichender **Inlandsbezug** gegeben ist. Dieser wird sich bei einer Registrierung unter der Top-Level-Domain „.de" in der Regel bejahen lassen, nicht jedoch ohne weitere Umstände bei anderen Top-Level-Domains, z.B. „.com" oder „.ch".

3. Anspruch auf Übertragung eines Domainnamens

Wie dargestellt, existiert kein absolutes Recht auf Registrierung eines bestimmten Domainna- **170** mens und existiert keine Grundlage dafür, dass der Eintrag eines Domainnamens wie ein absolutes Recht einer bestimmten Person zugewiesen ist.[292] Daher kann derjenige, der aufgrund eines Kennzeichenrechts oder seines Namensrechts gegen einen unberechtigten Domaininhaber vorgeht, auch **keine Umschreibung** des Domainnamens auf sich **verlangen**. Ein solcher Anspruch ergibt sich weder aus einer Gesetzesanalogie,[293] noch unter dem Gesichtspunkt einer angemaßten Eigengeschäftsführung (§§ 687 Abs. 2, 681, 667 BGB) oder unter bereicherungsrechtlichen Aspekten (§ 812 Abs. 1 S. 1, 2. Alt. BGB), noch als Schadensersatzanspruch.[294] Würde man dem Verletzten einen Übertragungsanspruch zuerkennen, müsste man außer Acht lassen, dass u.U. weitere Kennzeicheninhaber oder Namensträger existieren, die ebenfalls ein – evtl. sogar relativ besseres – Recht auf den Domainnamen beanspruchen könnten. Der Anspruchsteller würde damit u.U. bessergestellt, als er ohne das schädigende Ereignis (Registrierung des Domainnamens durch einen Nichtberechtigten) gestanden hätte. Dies kann nicht hingenommen werden.[295] Der Geschädigte kann damit **nur** verlangen, dass der Domaininhaber seine Registrierung **löscht** bzw. hierauf **verzichtet**.[296]

Damit entsteht das Problem, dass der Rechtsinhaber zwar die Registrierung durch den Verlet- **171** zer beseitigen kann, jedoch ein weiteres Hauptziel, selbst den Domainnamen nutzen zu können, gerichtlich nicht erreichen kann. Er ist diesbezüglich darauf angewiesen, seine Rechte bei der Registrierungsstelle geltend zu machen.

Die für „.de" zuständige DENIC bietet hierfür einen sog. „Dispute-Eintrag" an, durch den die **172** Weiterübertragung des Domainnamens für einen gewissen Zeitraum blockiert werden kann, wenn der Antragsteller formell bessere Rechte nachweist. Solange der „Dispute-Eintrag" besteht, kann der Domainname zwar genutzt, nicht jedoch übertragen werden. Der (erste) Dispute-Antragsteller erhält dann den Domainnamen, wenn dieser vom bisherigen Inhaber freigegeben wird.[297] Soweit die betreffende Domain-Vergabestelle – anders als die DENIC – die

---

290 *BGH* GRUR 2007, 811 – grundke.de

291 Vgl. *BGH* GRUR 2003, 897, 898 – maxem.de m.H.a. den diesbzgl. Streitstand im Schrifttum; verfassungsrechtliche Zulässigkeit bestätigt durch *BVerfG* GRUR 2007, 79 – maxem.de.

292 Vgl. *BVerfG* GRUR 2005, 261 – ad-acta.de; 2002, 622, 626 – shell.de.

293 So die Vorinstanz der *BGH*-Entscheidung „shell.de" *OLG München* WRP 1999, 955 – shell.de.

294 Vgl. hierzu *BGH* GRUR 2002, 622, 626 – shell.de m.w.N. zur Gegenauffassung.

295 So zutr. *BGH* GRUR 2002, 622, 626 – shell.de.

296 Vgl. z.B. *OLG Frankfurt* GRUR-RR 2003, 143 – viagratipp.de; *OLG Hamburg* GRUR-RR 2002, 100, 1003 – derrick.de; 2002, 393, 394 – motorradmarkt.de; jüngst zweifelnd bzgl. der verfassungsrechtlichen Zulässigkeit des Löschungsanspruchs *Boecker* GRUR 2007, 370 ff.

297 Vgl. *Beier* Rn. 85 ff.; krit. zum „Dispute-Eintrag"-Verfahren *Rössel* CR 2007, 376 ff.

Möglichkeit eines „Dispute-Eintrags" oder einer ähnlichen Sicherung der Rechte des Kennzeicheninhabers nicht bietet, kann in Betracht kommen, dem Domaininhaber durch Entscheidung eines ordentlichen Gerichts ein Verfügungsverbot bezüglich der Domain aufzuerlegen.[298]

4. Haftung der Domain-Vergabestelle

173 Der durch die unbefugte Registrierung bzw. Benutzung eines Domainnamens Verletzte begehrt – insbesondere weil er keinen Anspruch auf Übertragung des Domainnamens durch den Verletzer hat – nicht selten eine unmittelbare Verpflichtung der Domain-Vergabestelle dahin gehend, dass diese vor Registrierung eines Domainnamens prüft, ob nicht Rechte Dritter dieser Registrierung entgegenstehen, oder dass die Domain-Vergabestelle zumindest dazu verpflichtet ist, nach einmalig erfolgter Rechtsverletzung den Domainnamen für Dritte zu sperren. Für eine Inanspruchnahme der Domain-Vergabestelle kommt grds. nur das bereits erörterte (vgl. hierzu vorstehend Rn. 127, 132 f.) Institut der **Störerhaftung** in Betracht. In diesem Rahmen ist zu berücksichtigen, dass eine Domain-Vergabestelle ihre Aufgabe im Interesse sämtlicher Internetnutzer wahrnimmt, die Erfüllung dieser Aufgabe zugleich im öffentlichen Interesse liegt, die Vergabestelle keine eigenen Zwecke in Bezug auf die vergebenen Domainnamen verfolgt und sie in der Regel ohne Gewinnerzielungsabsicht handelt.[299] Daher sind nur **äußerst eingeschränkte Prüfungs- und Kontrollpflichten** für die Vergabestelle anzunehmen. Daraus folgt, dass die Vergabestellen bei der Erstregistrierung eines Domainnamens grds. keinerlei Prüfungspflichten treffen.[300] Selbst völlig eindeutige, für jedermann erkennbare Verstöße unterfallen in der Phase der Erstregistrierung keiner Prüfungspflicht der Vergabestelle.[301] Auch dann, wenn die Vergabestelle von einem Dritten auf eine Rechtsverletzung hingewiesen wird, bestehen nur eingeschränkte Prüfungspflichten, so dass sie nur dann dazu veranlasst ist, eine bestehende Registrierung zu löschen, wenn eine Rechtsverletzung offenkundig und ohne weiteres feststellbar ist.[302] Nicht zuzumuten ist es der Vergabestelle vor allem, eine kennzeichenrechtliche Verwechslungsgefahr zu prüfen oder festzustellen, ob ein bekanntes Kennzeichen vorliegt, dessen Unterscheidungskraft oder Wertschätzung ohne rechtfertigenden Grund in unlauterer Weise ausgenutzt oder beeinträchtigt wird (vgl. § 14 Abs. 2 Nr. 3 MarkenG).[303] Im Vergleich mit den oben behandelten Internet-Auktionshäusern ergibt sich damit eine sehr viel geringere Pflichtenanspannung für die Domain-Vergabestelle.

174 Ein Anspruch eines Namens- oder Kennzeicheninhabers darauf, dass eine **vollständige Sperrung** eines bestimmten Domainnamens erfolgt, existiert nicht.[304] Ein solcher Anspruch ist unter den gleichen Gesichtspunkten abzulehnen wie der Anspruch des Verletzten auf Übertragung des Domainnamens (vgl. Rn. 170).

5. Schiedsverfahren bei Rechtsverletzungen durch Domainnamen

175 Für die generischen Top-Level-Domains (z.B. „.com", „.info", „.org") existiert die „Uniform-Domain-Name Dispute Resolution Policy" (UDRP). Diesem Schiedsverfahren muss sich der Anmelder eines Domainnamens unter diesen Top-Level-Domains unterwerfen.[305] Es handelt

---

298 So *KG* WRP 2007, 1.
299 So ausdrücklich für die DENIC *BGH* GRUR 2001, 1038, 1040 – ambiente.de.
300 *BGH* GRUR 2004, 619, 620 – kurt-biedenkopf.de; 2001, 1038, 1039 f. – ambiente.de.
301 *BGH* GRUR 2004, 619, 620 – kurt-biedenkopf.de m.w.N. auch zur Gegenansicht.
302 *BGH* GRUR 2001, 1038, 1040 – ambiente.de.
303 *BGH* GRUR 2001, 1038, 1041 – ambiente.de.
304 Vgl. *BGH* GRUR 2004, 619, 621 – kurt-biedenkopf.de.
305 Einzelheiten finden sich unter www.icann.org/udrp/.

sich dabei um ein vereinfachtes, beschleunigtes Verfahren, das neben der Durchsetzung von gerichtlichen Ansprüchen möglich ist, jedoch Ansprüche nur auf der Grundlage stark eingeschränkter Tatbestandsvoraussetzungen gewährt (z.B. „bad faith" des Domaininhabers).[306]

Auch für einige der länderbezogenen Top-Level-Domains existieren außergerichtliche Verfahren.[307] Ebenso ist bei der im Dezember 2005 eingeführten neuen EU-Top-Level-Domain „.eu" für Streitfälle ein alternatives Streitbeilegungsverfahren vorgesehen, das von einem in Prag ansässigen tschechischen Schiedsgericht bereitgestellt wird.[308] **176**

---

306 Vgl. hierzu *Ingerl/Rohnke* nach § 15 Rn. 154 ff.; Bsp. für eine Entscheidung *WIPO* Arbitration and Mediation Center WRP 2003, 115 ff.- germany2006.biz; eingehende Darstellung des UDRP-Verfahrens bei *Beier* Rn. 711 ff. m.z.w.N. zur Spruchpraxis der Schiedsgerichte.

307 Vgl. z.B. für Kanada „.ca" www.cira.ca/en/cat_Dpr.html; für die USA „.us" www.nic.us/policies/docs/usdrp.pdf.

308 Nähere Informationen unter „www.eurid.eu/content/view/22/39/lang.de/" sowie unter „www.adr.eu"; vgl. für eine Analyse der bisherigen Spruchpraxis zu .eu-Domains *Pothmann/Guhn* K&R 2007, 69 ff.; *Mietzel* MMR 2007, 282 ff.

22. Abschnitt

Wettbewerbsrecht und Medien

Literatur: *Berlit* Wettbewerbsrecht, 6. Aufl. 2005; *Boesche* Wettbewerbsrecht, 2. Aufl. 2007; *Eisenmann/Jautz* Grundriss Gewerblicher Rechtsschutz und Urheberrecht, 6. Aufl. 2006; *Ekey/Klippel* Wettbewerbsrecht, 2. Aufl. 2005; *Fezer* Lauterkeitsrecht, Kommmentar zum UWG, 2005; *Götting* Wettbewerbsrecht – Das neue UWG, 2005; *Gloy/Loschelder* Handbuch des Wettbewerbsrechts, 3. Aufl. 2005; *Hefermehl/Köhler/Bornkamm* Wettbewerbsrecht, 25. Aufl. 2007; *Nordemann* Wettbewerbs- und Markenrecht, 10. Aufl. 2004; *Petersen* Medienrecht, 2. Aufl. 2005; *Piper/Ohly* Gesetz gegen den unlauteren Wettbewerb, 4. Aufl. 2006; *Teplitzky* Wettbewerbsrechtliche Ansprüche und Verfahren, 9. Aufl. 2006.

A. Einleitung

1   Der Begriff des Wettbewerbsrechts ist nicht gesetzlich definiert. Teilweise wird er in einem umfassenden Sinne als Klammer für das Recht des geistigen Eigentums (gewerbliche Schutzrechte und Urheberrecht), das Kartell- und das Lauterkeitsrecht verstanden. Teilweise subsumiert man hierunter nur Kartell- und Lauterkeitsrecht. Schließlich wird er – noch enger – als Synonym ausschließlich für das (im wesentlichen im UWG geregelte) Lauterkeitsrecht verstanden. Vorliegend wird letzteres zugrunde gelegt. Demgemäß findet der interessierte Leser die Behandlung des Kartellrechts in Abschnitt 9, das Urheberrecht in Abschnitt 18 bis 20 und einen Überblick zu den gewerblichen Schutzrechten in Abschnitt 21.

2   Das Wettbewerbs- oder Lauterkeitsrecht bestimmt die Grenzen des „wie" im Wettbewerb der Unternehmen. Medienunternehmen stehen in einem – mehr oder weniger – heftigen Wettbewerb. Das gilt nicht nur seit eh und je für die Printmedien, sondern – spätestens seit Zulassung privater Betreiber – auch für die TV- und Rundfunkanbieter.

3   Gerade die privaten Betreiber sind auf die Durchsetzung im Wettbewerb angewiesen. Je größer die Reichweite, desto lukrativer sind Werbeplätze bzw. -zeiten. Die Gewinnung von Werbekunden ist für ihre Finanzierung existenziell. Damit rückt das Werberecht ins Blickfeld. Hier überlagern sich allgemeine zivilrechtliche Restriktionen des UWG und besondere medienrechtliche Schranken, z.B. aufgrund des Rundfunkstaatsvertrags. Der letztere Gesichtspunkt wird in diesem Handbuch im rundfunkrechtlichen Teil besonders behandelt (Abschnitt 4).

4   Im vorliegenden Abschnitt werden sämtliche Regelungen des Lauterkeitsrechts dargestellt, soweit sie eine besondere Relevanz für Medienunternehmen besitzen. Dies umfasst neben ausgesuchten materiellen Verbotstatbeständen auch die möglichen Rechtsfolgen sowie die Spezifika des Wettbewerbsverfahrensrechts.

B. Wettbewerbsrechtliche Grundlagen

I. Allgemeines

Das UWG ist in bedeutenderem Umfang zuletzt mit Wirkung vom 8.7.2004 geändert worden. **5** Vor allem zu nennen sind die Aufhebung des Sonderveranstaltungsverbots (z.B. die Beschränkungen für Saisonschlussverkäufe), die Einführung der sog. Bagatellklausel (s. genauer unten C I 3) und die Möglichkeit der Gewinnabschöpfung (s. genauer D III). Die ZugabeVO und das Rabattgesetz wurden schon im Jahr 2001 aufgehoben (zu den Auswirkungen unten C II 1). Allgemein gilt, dass – anders als bis zum Ende der 90iger Jahre – nicht mehr auf den flüchtigen, sondern den durchschnittlich informierten, „verständigen" Verbraucher als sog. **Verbraucherleitbild** abzustellen ist (s. genauer C I 2).

II. Schutzzweck des UWG

Das UWG schützt die Lauterkeit des Wettbewerbs. Hierbei geht das Gesetz von einem fairen **6** Leistungswettbewerb aus. Der Unternehmer soll mit seiner Leistung im Wettbewerb bestehen. Das Gegenteil von einem **fairen Wettbewerb durch Leistung** ist ein Nichtleistungswettbewerb. Die Lauterkeit des Wettbewerbs ist allgemein durch eine **Abwägung der Interessen der Beteiligten** festzustellen. Wichtigste Rechtsfolgen sind ein Unterlassungsanspruch und der Anspruch auf Schadensersatz (s. genauer D).

Das Gesetz schützt **gleichermaßen** und **gleichrangig** **7**
- Mitbewerber,
- Verbraucher,
- **sonstige Marktteilnehmer.**

Es schützt zugleich das Interesse der **Allgemeinheit an einem unverfälschten Wettbewerb.**[1] **8** Der Schutz weitergehender sonstiger Allgemeininteressen (wie beispielsweise Umweltschutz, Tierschutz usw.) ist grds. nicht die Aufgabe des UWG.[2]

III. Grundbegriffe des UWG

Das deutsche UWG knüpft an die Regelungstechnik im europäischen Recht an und definiert in **9** § 2 zunächst eine Reihe im Folgenden immer wieder benutzter Begriffe.

1. Wettbewerbshandlung (§ 2 Abs. 1 Nr. 1 UWG)

Zentraler Begriff des UWG ist die „Wettbewerbshandlung", die erst die Anwendung des **10** Wettbewerbsrechts eröffnet. Wettbewerbshandlung ist jede Handlung einer Person mit dem Ziel, zu Gunsten des eigenen oder eines fremden Unternehmens den Absatz oder den Bezug von Waren oder die Erbringung von Dienstleistungen zu fördern. Der Begriff des Handelns *im geschäftlichen Verkehr zu Zwecken des Wettbewerbs* im alten Recht ist hierdurch – ohne sachliche Auswirkungen – abgelöst worden.

---

1 S. nur *BGH* NJW 2001, 2089 – Vielfachabmahner m.w.N.
2 Vgl. nur *Köhler* in Hefermehl/Köhler/Bornkamm, § 1 UWG Rn. 36.

11   Der nötige (objektive) Unternehmensbezug für eine Wettbewerbshandlung **fehlt** nur bei **rein privaten Tätigkeiten**[3] oder bei **amtlichen Handlungen** der öffentlichen Hand. Vertreibt die öffentliche Hand mittelbar oder unmittelbar Waren oder Dienstleistungen, so unterfällt auch ihr Handeln dem Wettbewerbsrecht. Die Regeln des UWG gelten daher z.B. ohne weiteres für den **öffentlichen Rundfunk** im Zusammenhang mit Herstellung und Verbreitung der Programme.

12   Neben dem objektiven Unternehmensbezug muss in subjektiver Hinsicht mit dem Ziel der Wettbewerbsförderung agiert werden (früher: Wettbewerbsabsicht). Die insoweit zu stellenden Anforderungen sind nach wie vor gering. Jede Handlung eines Wirtschaftsunternehmens, die objektiv geeignet ist, eigenen oder fremden Wettbewerb zu fördern, begründet eine tatsächliche (widerlegbare) Vermutung für eine entsprechende Absicht. Diese Absicht muss auch nicht die einzige und auch nicht die wesentliche Zielsetzung des Handelns sein. Es genügt, dass sie nicht völlig hinter den anderen Beweggründen zurücktritt.[4]

13   Diese Vermutung greift **nicht** zu Lasten von **Presse, Rundfunk und Telemedien**, wenn ihre Berichterstattung über die Öffentlichkeit interessierende Themen Folgen für den Wettbewerb dritter Unternehmen hat. Diese Privilegierung des publizistischen Kernbereichs folgt aus **Art. 5 GG**. Sie deckt auch polemische Kritik an Unternehmen, so lange nur die Information der Öffentlichkeit im Vordergrund steht und sich nicht eine Wettbewerbsförderungsabsicht positiv feststellen lässt.[5] Keine Sonderbehandlung genießen die Medienunternehmen, soweit sie sich außerhalb des eigentlichen publizistischen Schutzbereichs, z.B. bei der Kundenakquisition (Werbung von Abonnenten oder Anzeigenkunden), bewegen.

14   **Nicht** erforderlich ist für den Begriff der **Wettbewerbs"handlung"** das Vorliegen eines **Wettbewerbs"verhältnisses"**. Auch der Monopolist unterliegt den Vorschriften des UWG, beispielsweise wenn er eine irreführende Werbung zu Lasten des Verbrauchers betreibt.

2. Marktteilnehmer (§ 2 Abs. 1 Nr. 2 UWG)

15   Marktteilnehmer sind alle Personen, die als Anbieter oder Nachfrager von Waren oder Dienstleistungen tätig sind. Der Begriff ist ein Oberbegriff, der eingreift, wenn nicht lediglich Verbraucher geschützt werden sollen (beispielsweise in § 4 Nr. 1 und § 7 Abs. 1 UWG).

3. Mitbewerber (§ 2 Abs. 1 Nr. 3 UWG)

16   Der Begriff des Mitbewerbers wird in zahlreichen Einzelbestimmungen verwendet (§ 4 Nr. 7 bis 10 und § 6 UWG). Erfasst ist sowohl der Mitbewerber auf der Seite des Angebots als auch der Nachfragewettbewerb. Mitbewerber ist dem gem. jeder Unternehmer, der mit einem oder mehreren Unternehmern als Anbieter oder Nachfrager von Waren oder Dienstleistungen in einem **konkreten** Wettbewerbsverhältnis steht. Das setzt keine Tätigkeit in derselben Branche

---

3 Zur Grenzziehung von privater zu unternehmerischer Tätigkeit bei **Verkauf über eBay** vgl. *BGH* NJW 2006, 2250; *OLG Frankfurt* NJW 2005, 1438 – Powerseller; OLGReport 2007, 508 mit Anm. *Müller* EWiR 2007, 477; *Szczesny/Holthusen* NJW 2007, 2586.

4 StRspr., vgl. nur *BGH* ZIP 2007, 1455, 1457 – Irreführender Kontoauszug m.w.N.; in der Literatur wird unter dem neuen UWG z.T. auf ein subjektives Element verzichtet, vgl. *Götting* Wettbewerbsrecht, § 5 Rn. 11 m.w.N.

5 Grundlegend *BGH* GRUR 1986, 812 – Gastrokritiker; diese Regeln gelten auch Waren- und Dienstleistungsvergleiche durch unabhängige Organisationen, z.B. Stiftung Warentest.

oder auf derselben Wirtschaftsstufe voraus.[6] Ein konkretes Wettbewerbsverhältnis kann auch zwischen Unternehmern verschiedener Branchen oder Wirtschaftsstufen bestehen, wenn durch eine Wettbewerbshandlung ein Wettbewerbsverhältnis erst begründet wird.

Beispielhaft ist nach wie vor die Werbung des Kaffeevertreibers ONKO, der mit dem Spruch warb: „ONKO-Kaffee können Sie getrost statt Blumen verschenken."   **17**

Grds. besteht zwar zwischen einem Kaffeevertriebsunternehmen und Blumenhändlern kein Wettbewerbsverhältnis, da sie verschiedenen Branchen angehören. Durch die besondere Art der Werbung wurde jedoch ein Wettbewerbsverhältnis geschaffen, da gerade auf die Substituierbarkeit von Kaffee und Blumen hingewiesen wurde.[7] Gleiches gilt, wenn ein Kosmetikunternehmen als Bezeichnung für eine Herrenkosmetikserie die Marke eines Whisky-Herstellers mit überragendem Ruf („Dimple") verwendet. Hierdurch wird zwischen dem Kosmetikunternehmen und dem Whisky-Hersteller ein konkretes Wettbewerbsverhältnis begründet. Es genügt, dass sich „der Verletzer in irgendeiner Weise in den Wettbewerb zu dem Betroffenen stellt. Das geschieht, wenn man sich an den guten Ruf einer fremden Ware anhängt, um ihn für den Absatz seiner eigenen Ware auszunutzen. Ein Wettbewerbsverhältnis wird durch eine Verletzungshandlung begründet, wenn eine wirtschaftliche Auswertung des Ansehens und des guten Rufes der in Bezug genommen Ware durch den Inhaber dieses Rufes möglich ist".[8]   **18**

4. Nachrichten (§ 2 Abs. 1 Nr. 4 UWG)

Nachricht ist jede Information, die zwischen einer endlichen Zahl von Beteiligten über einen öffentlich zugänglichen elektronischen Kommunikationsdienst ausgetauscht oder weitergeleitet wird. Nicht eingeschlossen sind Informationen, die als Teil eines Rundfunkdienstes über ein elektronisches Kommunikationsnetz an die Öffentlichkeit weitergeleitet werden, soweit die Informationen nicht mit dem identifizierbaren Teilnehmer oder Nutzer, der sie erhält, in Verbindung gebracht werden können (§ 2 Abs. 1 Nr. 4 UWG).   **19**

Diese Definition entspricht dem **Begriffsinhalt** im **europäischen** Recht. Der Begriff des elektronischen Kommunikationsdienstes umfasst Telefonate, Faxgeräte und elektronische Post, einschließlich der SMS (s. auch Abschn. 6 und 8). Der Begriff der Nachrichten erlangt insbesondere im Zusammenhang mit den unzumutbaren Belästigungen in § 7 UWG besondere Bedeutung.   **20**

C. Relevante Unlauterkeitstatbestände für Medienunternehmen

Das UWG stellt in den Mittelpunkt verbotenen unlauteren Wettbewerbs § 3 mit der sog. **Generalklausel**. Danach sind unlautere Wettbewerbshandlungen unzulässig, die geeignet sind, den Wettbewerb zum Nachteil der Mitbewerber, der Verbraucher oder der sonstigen Marktteilnehmer nicht nur unerheblich zu beeinträchtigen.   **21**

Um diese Generalklausel praktisch handhabbar zu machen, hat die Rechtsprechung in der Vergangenheit eine ganze Reihe typischer Fallgruppen entwickelt. Diese Fallgruppen hat der Gesetzgeber mit der UWG-Reform von 2004 in den §§ 4 bis 7 in gesetzliche Regelbeispiele gegossen. Diese Beispielsfälle sind lediglich als Konkretisierungen der „Lauterkeit" zu verste-   **22**

---

6 Begr. RegE UWG, BT-Drucks. 15/1487, 16.
7 *BGH* GRUR 1972, 553 – Statt Blumen Onko-Kaffee; s. auch *BGH* GRUR 2000, 828 – Lottoschein.
8 *BGH* GRUR 1985, 550 – Dimple; weitere Bsp. etwa bei *Boesche*, Wettbewerbsrecht Rn. 41.

hen. Es müssen daher in allen Beispielsfällen stets sämtliche weiteren Voraussetzungen des § 3 UWG erfüllt sein. Außerdem können auch Handlungen, die nicht in den §§ 4 bis 7 erwähnt sind, unmittelbar nach § 3 UWG unlauter sein.

I. Die Generalklausel des § 3 UWG

1. Unlauterkeit

23 Der Begriff „unlauter" im deutschen UWG harmonisiert die Terminologie auf der europäischen Ebene i.S.v. unlauter als unfair. Der alte Begriff der Sittenwidrigkeit im deutschen Gesetz hat heute eine andere Wertigkeit zum Inhalt und ist deshalb aufgegeben worden. Auf eine Definition der „Unlauterkeit" hat der Gesetzgeber bewusst verzichtet. Im Regierungsentwurf der UWG-Novelle von 2004 wird immerhin die Begriffsbestimmung in Art. 10 der Pariser Verbandsübereinkunft zitiert, wonach unlauter alle Handlungen sind, die den anständigen Gepflogenheiten im Handel, Gewerbe und Handwerk oder selbstständiger beruflicher Tätigkeit zuwiderlaufen.

24 Der Bereich der unlauteren Wettbewerbshandlung in § 3 UWG ist in jedem Einzelfall anhand der **Wertungen** des **europäischen Gemeinschaftsrechts,** der **verfassungsrechtlichen Grenzen** des **Grundgesetzes** und des **Schutzzweckes** des **UWG** zu konkretisieren.

25 Für den Begriff der Unlauterkeit einer Handlung ist es fraglich, ob und gegebenenfalls welche Kenntnis des Handelnden von den die Unlauterkeit begründenden Umständen erforderlich ist. Eine ausdrückliche Regelung findet sich im Gesetz nicht. Der Gesetzgeber hat die Beantwortung der Frage nach **subjektiven Elementen der Unlauterkeit** ausdrücklich der Rechtsprechung und der Literatur überlassen.[9] In der Literatur wird die Ansicht vertreten, dass es für die nachteiligen Wirkungen der Wettbewerbshandlung unerheblich ist, ob der Handelnde die die Unlauterkeit begründenden Umstände kannte oder nicht und welche Vorstellungen er im Einzelnen hatte. Subjektive Elemente sind daher nach der h.M. für die Unlauterkeit nicht erforderlich.[10]

2. Das maßgebliche Verbraucherleitbild

26 Maßstab für die Beurteilung der Unlauterkeit ist nicht ein abstrakter, objektiver Maßstab. Es kommt darauf an, wie die maßgebliche Zielgruppe die Angabe versteht. Als Maßstab für die Zielgruppe ist im deutschen Recht des UWG – ebenso wie im europäischen Rechtsbereich (*Europäischer Gerichtshof*)[11] – das **Leitbild des aufgeklärten, umsichtigen, kritisch prüfenden, verständigen Verbrauchers** zugrunde zu legen, der aufgrund ausreichender Information in der Lage ist, seine Entscheidungen auf dem Markt frei zu treffen.

27 Hierin liegt, gemessen an den Grundsätzen der ständigen deutschen Rechtsprechung bis zum Ende des letzten Jahrhunderts, eine deutliche **Liberalisierung** für die Unternehmen. Kam es früher z.B. bei der Beurteilung der Irreführung einer Werbung auf den „nicht unerheblichen Teil der angesprochenen Verkehrskreise" und damit auf den flüchtigen Verbraucher an (relevante Quote: 10 bis 15%), ist heute auf den verständigen, durchschnittlich informierten Ver-

---

9 Begr. RegE UWG, BT-Drucks. 15/1487, 16.

10 So *Köhler* in Hefermehl/Köhler/Bornkamm, § 3 UWG Rn. 41 und die stRspr.

11 *EuGH* WRP 1998, 848 – Gut Springenheide; *EuGH* WRP 1999, 307 – Sektkellerei Kessler.

braucher abzustellen. Von seiner Irreführung kann erst ausgegangen werden, wenn eine deutlich höhere Quote zu Fehlvorstellungen gelangt.[12]

3. Die sog. Bagatellklausel

Die Verfolgung von Bagatellverstößen ist ausgeschlossen. Eine unlautere Wettbewerbshandlung ist nur dann unzulässig, wenn sie geeignet ist, den Wettbewerb *„nicht unerheblich"* zu beeinträchtigen (§ 3 UWG). Das basiert auf der Rechtsprechung des BVerfG: Es muss stets dargelegt werden, inwieweit eine unlautere Handlung geeignet ist, den fairen Leistungswettbewerb zu gefährden.[13] In der Praxis darf diese Bagatellschwelle nach den Vorstellungen des Gesetzgebers jedoch nicht zu hoch angesetzt werden.[14]   **28**

Bei der Konkretisierung der Bagatellschwelle ist eine Abwägung zwischen dem Verstoß gegen die Lauterkeit einerseits und dem Nachteil andererseits vorzunehmen, den Mitbewerber, Verbraucher oder sonstige Marktteilnehmer durch den Wettbewerbsverstoß erleiden. Ob und inwieweit auch Allgemeininteressen in die Bewertung einfließen können oder müssen, ist strittig.[15]   **29**

Die Rechtsprechung ist (zu Recht) zurückhaltend mit der Annahme eines bloßen Bagatellverstoßes. Als „nicht nur unerheblich" ist ein Nachteil bereits dann anzusehen, wenn er nicht so geringfügig ist, dass ein durchschnittlich informierter, aufmerksamer und verständiger Marktteilnehmer ihm keine Bedeutung beimisst.[16]   **30**

II. Einzelne Beispielsfälle

Die gesetzliche Regelung von Beispielstatbeständen ist, wie schon erwähnt, neu. Die §§ 4 bis 7 stehen nicht neben § 3 UWG. Jede der in den §§ 4 bis 7 erfassten Handlungen ist nur dann wettbewerbswidrig, wenn sie die weiteren Erfordernisse des § 3 UWG erfüllt. Erforderlich ist daher z.B. jeweils die Überschreitung der Bagatellgrenze. Die Aufzählung in den §§ 4 bis 7 ist überdies nicht abschließend, wie sich aus „insbesondere" in § 4 UWG ergibt.[17]   **31**

Im folgenden werden aus den insgesamt 27 Regelbeispielen diejenigen besonders herausgegriffen, mit denen Medienunternehmen vor allen Dingen in Berührung kommen können. Verzichtet wird auf die Darstellung von § 4 Nr. 1 UWG und den hier relevanten Fällen. Die Grenzen der Lauterkeit wegen Beeinträchtigung der Entscheidungsfreiheit durch sog. Schockwerbung bzw. durch Werbung mit dem Mitgefühl (umwelt- bzw. tierschutzbezogene Werbung, Werbung mit der Erlösverwendung für einen guten Zweck)[18] sind in Abschn. 4 bei der Be-   **32**

---

12 Eingehend zur Konkretisierung des Verbraucherleitbildes *Köhler* in Hefermehl/Köhler/Bornkamm, § 1 UWG Rn. 26 ff. m.w.N.

13 *BVerfG* NJW 2002, 1187, 1188 – Tier- und Artenschutz; *BVerfG* NJW 2003, 277, 278 – Veröffentlichung von Rechtsanwalts-Ranglisten.

14 Begr. RegE UWG, BT-Drucks. 15/1487, 17.

15 Vgl. *Köhler* in Hefermehl/Köhler/Bornkamm, § 3 UWG Rn. 52.

16 *Köhler* in Hefermehl/Köhler/Bornkamm, § 3 UWG Rn. 54, 57 ff. mit Beispielen.

17 Mit der Richtlinie über unlautere Geschäftspraktiken im binnenmarktinternen Geschäftsverkehr (2005/29/EG; abgedr. in der Vorschriftensammlung *Eckardt/Klett* Wettbewerbsrecht, Gewerblicher Rechtsschutz und Urheberrecht, 2007 unter Nr. 6a), die durch die bevorstehende UWG-Novelle in deutsches Recht umgesetzt werden soll, kommt eine weitere sog. **Black List** mit unlauteren Fallbeispielen (s. auch unten Rn. 197).

18 Vgl. auch *Hartwig* NJW 2006, 1326.

handlung des Rechts der Rundfunkwerbung angesprochen. Gleiches gilt für die Verschleierung von Werbemaßnahmen (§ 4 Nr. 3) durch Schleichwerbung, getarnte Werbung etc. Darauf wird verwiesen.

1. Wertreklame

33   Die Werbung mit der Anlockwirkung einer besonders günstigen Preisgestaltung ist grds. zulässig, ja gewollte Folge und Ausdruck des Leistungswettbewerbs. Nach **Aufhebung des Rabattgesetzes und der ZugabeVO im Jahr 2001** und der Aufhebung des Sonderveranstaltungsverbotes im Jahr 2004 bestehen insoweit zusätzliche Freiheiten bei der Verkaufsförderung (**Sales Promotion**). Möglich ist daher heute grds. die Reduzierung ganzer Sortimente (z.B. Baumarktwerbung: „**20% auf Alles**") und die Durchführung von Saisonschlussverkäufen ohne die früheren Beschränkungen durch § 7 UWG a.F.

34   § 4 Nr. 4 UWG befasst sich mit der Preis- und der sog. Wertreklame nur unter dem Aspekt, dass die klare und eindeutige Angabe der Bedingungen für ihre Inanspruchnahme verlangt wird (sog. **Transparenzgebot**). Insoweit sind Überschneidungen mit dem Verbot irreführender Werbung (§ 5 Abs.4 UWG) möglich (s. unten 7).

35   Heute ist es daher auch grds. unbedenklich, wenn ein Teil eines Angebots unentgeltlich gewährt werden soll. Etwas anderes gilt **ausnahmsweise** nur dann, wenn „von der Vergünstigung eine derart starke Anziehungskraft ausgeht, dass der Kunde davon abgehalten wird, sich mit dem Angebot der Mitbewerber zu befassen. **Von einem übertriebenen, die Wettbewerbswidrigkeit begründenden Anlocken kann in diesem Zusammenhang aber nur ausgegangen werden, wenn auch bei einem verständigen Verbraucher ausnahmsweise die Rationalität der Nachfrageentscheidung vollständig in den Hintergrund tritt.**"[19]

36   Das danach notwendige Maß der Beeinträchtigung der Entscheidungsfreiheit (§ 4 Nr. 1) durch „übertriebenes Anlocken" ist nach den inzwischen vorliegenden gerichtlichen Entscheidungen so hoch, dass ein unlauteres Verhalten nur noch theoretisch möglich sein dürfte. So wurde beispielsweise nicht beanstandet, dass dem für 2,30 € verkauften Heft einer Teenager-Zeitschrift eine kostenlose Sonnenbrille im Wert von 15,00 € beigefügt wurde.[20] Hierbei spielte auch keine Rolle, dass nach § 4 Nr. 2 UWG Jugendliche besonders unter Schutz stehen, da sie durchaus in der Lage seien, in einem derartigen Fall eine rationale Kaufentscheidung zu treffen.

37   Die Gerichte haben im gleichen Zuge die frühere sehr restriktive **Rechtsprechung zu Geld- oder Warengutscheinen deutlich gelockert.** So ist die Werbung eines Fahrschulunternehmens nicht beanstandet worden, dass jeder Fahrschüler zur bestandenen Prüfung einen Gutschein über 500,-- DM für einen Fahrzeugkauf bei einem bestimmten Autohaus erhalte.[21] Weitere Beispiele für **zulässige** Wertreklame:

38   Werbung mit Einkaufsgutscheinen über 10.-- DM aus Anlass eines **Geburtstages** von Kunden;[22] **Wertreklame** mit unentgeltlicher Überlassung von **5 Büchern** für den Fall einer **zweijährigen** Mitgliedschaft;[23] Warengutschein, der auf einer 2,20 € teuren Frauenzeitschrift auf-

---

19 *BGH* NJW 2003, 3632 – Einkaufsgutschein.
20 *BGH* GRUR 2006, 161 – Zeitschrift mit Sonnenbrille.
21 *BGH* WRP 2004, 1359 – 500 DM-Gutschein für Autokauf mit Anm. von *Schabenberger* EWiR 2005, 45.
22 *BGH* NJW 2003, 3632 – Einkaufsgutschein.
23 *BGH* NJW 2003, 3197 – Buchclub-Kopplungsangebot.

geklebt war, und von deren Käufern in bestimmten Kaufhäusern gegen ein Körperpflegemittel im Wert von 9,95 € eingetauscht werden konnte.[24]

Generell unzulässig ist die Wertreklame bei der **Heilmittelwerbung**, wenn die Zuwendung **39** nicht lediglich „geringwertig" ist (§ 7 Abs. 1 HWG). Geringwertig in diesem Sinne ist z.B. die Gewährung einer Packung Papiertaschentücher durch den Apotheker, aber schon nicht mehr die Erstattung der Praxisgebühr von 10 € durch den Augenoptiker beim Erwerb einer vom Augenarzt verordneten Brille.[25] Bei Verstoß liegt ein Vorsprung durch Rechtsbruch nach § 4 Nr. 11 UWG (s.u. 6.) vor.

Die soeben dargestellten Grundsätze für die Wertreklame gelten auch für die Gewährung von **40** Werbeprämien bei „Kunden werben Kunden" (sog. **Laienwerbung**). Die früher bestehenden Restriktionen ergeben sich nicht länger aus der bloßen Gewährung nicht unerheblicher Werbeprämien, sondern setzen das Vorliegen sonstiger (ausnahmsweise) die Unlauterkeit begründender Umstände – wie etwa das besondere heilmittelrechtliche Werbeverbot – voraus.[26]

2. Preisausschreiben und Gewinnspiele

Gewinnspiele und Preisausschreiben sind ein bedeutsames Werbemittel. Man spricht von **ale-** **41** **atorischen Anreizen**. Das sind vom Zufall abhängige Reize, bei denen die Spielleidenschaft ausgenutzt wird.[27] Das Ausnutzen der Spielleidenschaft ist in manchen Fällen nicht nur i.S.d. § 4 UWG wettbewerbswidrig, sondern auch nach §§ 284, 287 StGB strafbar und nach § 138 BGB nichtig.

Preisausschreiben, Preisrätsel oder Gewinnspiele, die nicht unter die §§ 284, 287 StGB fallen, **42** sind grds. zulässig. Im Einzelfall zu beachten ist, dass die Teilnahmebedingungen nach dem in § 4 Nr. 5 UWG zum Ausdruck kommenden **Transparenzgebot** klar und eindeutig angegeben werden müssen, dass keine Koppelung mit dem Warenabsatz erfolgt (s. § 4 Nr. 6 UWG) und dass bei der Ausgestaltung ein psychischer Kaufzwang zu vermeiden ist. Aus bürgerlichrechtlicher Sicht ist zu ergänzen, dass der Unternehmer dem Verbraucher bei einer konkreten Gewinnzusage nach § 661a BGB auf Erfüllung der Zusage haftet.[28]

Von besonderer wettbewerbsrechtlicher Bedeutung ist das **Verbot der Koppelung** des Waren- **43** absatzes mit der Teilnahme an Gewinnspielen und Preisausschreiben. Nach § 4 Nr. 6 UWG ist es regelmäßig unlauter, wenn die Teilnahme an einem Spiel vom Kauf einer Ware abhängt oder der Kunde so beeinflusst wird, dass seine Kaufentscheidung lediglich wegen der Gewinnchance und nicht aus sachlichem Interesse an der Ware getroffen wird.[29] Weiteres Beispiel: Ein Versandhausunternehmen verschickte einen Katalog, in dem es auch die Verlosung eines Pkw („Traumcabrio im Wert von 100.000 DM") ankündigte. Nötig war nur die Rücksendung des „Glücks-Coupons" mit der persönlichen Glücksnummer bzw. deren telefonische Mitteilung, wobei der „Glücks-Coupon" mit der Bestellkarte für die in dem Katalog enthaltenen Artikel verbunden war. Eine derartige einheitliche Gestaltung des Bestellscheins mit dem Teilnahme-Coupon für ein Gewinnspiel ruft bei den angesprochenen Verbrauchern regelmäßig den Eindruck einer Abhängigkeit der Gewinnspielteilnahme oder der Gewinnchance von einer Warenbestellung hervor. Dieser Eindruck kann im Einzelfall nur bei eindeutigen aufklärenden Hin-

---

24 *OLG Köln* Beschl. v. 22.11.2004 – 6 W 115/04.
25 *OLG Stuttgart* NJW 2005, 227.
26 Grundlegend *BGH* NJW 2006, 3203 – Kunden werben Kunden mit Anm. *Möller* EWiR 2006, 733.
27 Vgl. genauer *Köhler* in Hefermehl/Köhler/Bornkamm, § 4 UWG Rn. 1.117 ff.
28 *BGH* NJW 2003, 3620; 2004, 1652.
29 *LG München I* NJW 2003, 3006.

weisen und entsprechender Gestaltung entfallen.[30] Eine Koppelung liegt regelmäßig auch vor, wenn zur Teilnahme oder zur Entgegennahme eines Gewinns ein Geschäftslokal betreten werden muss.[31]

44 Eine wichtige Ausnahme von einer unzulässigen Verkoppelung betrifft die **„naturgemäße" Verbindung** des Gewinnspiels mit der Ware oder Dienstleistung. Der insofern wenig deutliche Wortlaut des § 4 Nr. 6 UWG soll die Fälle erfassen, in denen die Durchführung ohne den Kauf der Ware nicht möglich ist, wie beispielsweise bei einem Preisrätsel in einer Zeitschrift oder der Teilnahme an Gewinnspielen im Radio oder Fernsehen.[32]

3. Ergänzender Leistungsschutz

45 Die Übernahme fremder Leistungen ist in unserer Wettbewerbsordnung im Grundsatz erlaubt – ja, sie ist sogar teilweise geboten. Nur ein Aufbau auf fremden Leistungen gewährleistet den technischen und künstlerischen Fortschritt. Allerdings werden im einzelnen zahlreiche unternehmerische oder allgemein menschliche Leistungen durch Sondergesetze geschützt (MarkenG, PatentG, GebrauchsmusterG, UrhG, GeschmacksmusterG; s. Abschnitte 18 bis 21). Neben diesen besonderen Schutzrechten bietet § 4 Nr. 9 UWG in den – nicht abschließend – aufgeführten Fällen einen zusätzlichen Schutz wettbewerblicher Leistungen gegen Nachahmungen und wird daher auch als **ergänzender wettbewerbsrechtlicher Leistungsschutz** bezeichnet.

46 **Unlauter** handelt, wer Waren oder Dienstleistungen anbietet, die eine **Nachahmung** der Waren oder Dienstleistungen der Mitbewerber sind, wenn er

- eine vermeidbare **Täuschung** der Abnehmer über die **betriebliche Herkunft** herbeiführt (§ 4 Nr. 9 a UWG), *oder*
- die **Wertschätzung** der **nachgeahmten** Ware oder Dienstleistung **unangemessen** ausnutzt oder beeinträchtigt (§ 4 Nr. 9 b UWG) *oder*
- die für die Nachahmung erforderlichen **Kenntnisse** oder Unterlagen **unredlich erlangt** hat (§ 4 Nr. 9 c UWG).

47 Der Schutz gegen Nachahmungen knüpft also nicht schon an das Vorliegen eines mit Mühe und Kosten verbundenen Leistungsergebnisses an, sondern an dessen **unlautere Ausnutzung** durch Wettbewerber in einer der genannten Fallgruppen.

48 Unter den Begriff der Waren und Dienstleistungen fallen auch **TV-Sendeformate** (z.B. „Wer wird Millionär?"). Solche Formate sollen nach der Rechtsprechung zwar in aller Regel mangels Werkcharakters nicht urheberrechtsfähig sein. Die Anwendbarkeit des § 3 UWG bei Nachahmung des Formats einer Fernsehshow u.ä. wird dagegen vom Bundesgerichtshof für möglich gehalten.[33]

49 Ungeschriebene Voraussetzung für den ergänzenden Leistungsschutz ist stets, dass die nachgeahmte Ware oder Dienstleistung **wettbewerbliche Eigenart** besitzt. Eine wettbewerbliche Eigenart besitzen Produkte, wenn sie Merkmale aufweisen, die geeignet sind, auf die betriebliche Herkunft oder auf die Besonderheiten des Produktes hinzuweisen. Sie müssen nicht sonderschutzfähig (z.B. patentfähig) sein, dürfen aber auch nicht bloße „Allerweltserzeugnisse" (Beispiel: Büroklammer) sein und müssen eine „gewisse Bekanntheit" besitzen.[34]

---

30 Vgl. *BGH* NJW 2005, 2085 – Traumcabrio.
31 Vgl. *BGH* ZIP 2000, 1313 —Space Fidelity Peep-Show.
32 BT-Drucks. 15/1487, 18, 41.
33 S. *BGH* NJW 2003, 2828, 2830 – Sendeformat.
34 Vgl. *BGH* WRP 2006, 75 – Jeans.

Bei der Nachahmung unterscheidet man 50

- die unmittelbare Leistungsübernahme,
- die fast identische Leistungsübernahme,
- die nachschaffende Leistungsübernahme.

Bei der **unmittelbaren Leistungsübernahme** wird die fremde Leistung uneingeschränkt und 51
ohne jede Änderung übernommen (z.B. durch Nachdrucken, Einscannen, Kopieren). Bei der
fast identischen Leistungsübernahme lehnt sich der Übernehmer sklavisch an das Original
an; es sind nur geringfügige, für den Gesamteindruck unerhebliche Abweichungen vom Original feststellbar (z.B. leichte Maßabweichungen des sonst identisch nachgebildeten Möbels).
Von der **nachschaffenden Leistungsübernahme** spricht man, wenn die fremde Leistung nicht
unmittelbar oder fast identisch übernommen wird, sondern nur als Vorbild für eine eigene Leistung diente. Maßgeblich ist der **Gesamteindruck** und die Frage: Weist das Produkt wiederer-
kennbar wesentliche Elemente des Originals auf oder setzt es sich deutlich davon ab?

Ist hiernach eine Nachahmung gegeben, müssen grds. noch **besondere Unlauterkeitsmerk-** 52
male, wie § 4 Nr. 9 UWG sie aufzählt, hinzukommen. Allerdings ist auch anerkannt, dass eine
Wechselwirkung mit dem Grad der Nachahmung besteht: Je mehr die Nachahmung dem Original gleichkommt, desto geringere Anforderungen sind an die weiteren wettbewerblichen
Umstände zu stellen.[35] Dies bedeutet etwa einerseits, dass die unmittelbare Leistungsübernahme regelmäßig als unlauter anzusehen ist. Andererseits bedarf es bei einer bloß nachschaffenden Übernahme sorgfältiger Prüfung der Unlauterkeitsmerkmale.

3.1 Täuschung über die betriebliche Herkunft (§ 4 Nr. 9 a UWG)

Eine Herkunftstäuschung ist gegeben, wenn die angesprochenen Verkehrskreise den Eindruck 53
gewinnen können, die Nachahmung stamme vom Hersteller des Originals oder einem mit ihm
verbundenen Unternehmen. Hierbei genügt z.B., dass der Verkehr (fälschlich) eine Zweit-
marke des Originalherstellers annimmt.

Die Herkunftstäuschung muss **vermeidbar** sein. Das ist dann der Fall, wenn sie durch geeig- 54
nete und zumutbare Maßnahmen verhindert werden kann. Dies ist hinsichtlich ästhetischer
Elemente in der Regel durch eine Änderung der Produktgestaltung möglich und zumutbar. Bei
technischen Erzeugnissen darf ein Nachahmer den **Stand der Technik** – soweit er gemeinfrei
ist – übernehmen. Dennoch wird meist bei der Gesamtgestaltung des Produkts ein Spielraum
bestehen, so dass weitgehende Nachahmungen des Originals unlauter erscheinen.[36]

3.2 Ausnutzung oder Beeinträchtigung der Wertschätzung (§ 4 Nr. 9 b UWG)

Diese Fallgruppe wird auch mit **Rufausbeutung / Rufschädigung** umschrieben. Bei der **Ruf-** 55
ausbeutung wird der gute Ruf eines Produktes für das eigene Erzeugnis genutzt. Wird dabei
der Ruf des fremden Produktes beeinträchtigt, liegt **Rufschädigung** vor.

Ein bekanntes Beispiel lieferte Tchibo, als man unter der Bezeichnung „Royal-Calender" Da- 56
men- und Herrenarmbanduhren zum Preis von 39,95 DM anbot, die den Rolex-Modellen, die
4.650,-- und 3250,-- DM kosteten, sehr ähnlich waren. Auf Geschmacksmusterschutz konnte
sich die Fa. Rolex nicht berufen, da diese Sonderschutzrechte abgelaufen waren. Auch eine
Herkunftstäuschung i.S.d. § 4 Nr. 9 a UWG lag sicher nicht vor, da niemand annehmen konnte,
dass Rolex-Uhren von Tchibo – und zudem für einen Bruchteil des Preises – angeboten wur-

---

35 Vgl. *Köhler* in Hefermehl/Köhler/Bornkamm, § 4 UWG Rn. 9.34 m.w.N.
36 *BGH* GRUR 2003, 892 – Alt Luxemburg; NJW 1992, 2700 – Pullovermuster; 1991, 1485 – Finnischer
   Schmuck.

den. Es wurde jedoch der gute Ruf von Rolex als eines Anbieters im Luxussegment durch die Veräußerung von Nachahmungen beeinträchtigt. Der BGH hat Tchibo folglich (zu Recht) den Vertrieb untersagt.[37]

3.3 Nachahmung und unredliche Kenntniserlangung (§ 4 Nr. 9 c UWG)

57 Unlauter ist das Anbieten eines Nachahmungsproduktes auch dann, wenn die erforderlichen Kenntnisse oder Unterlagen unredlich erlangt worden sind. Die Unredlichkeit ist gegeben, wenn ein **strafbares Verhalten** vorliegt. In Betracht kommt sowohl der Verrat von Geheimnissen (§§ 17, 18 UWG) als auch schlicht der Diebstahl entsprechender Unterlagen (§§ 242, 246 Strafgesetzbuch). Hieran wäre zu denken, wenn ein Medienunternehmen ein neuartiges einführungsreifes Sende- oder Zeitungskonzept entwenden lässt.

58 Unredlich ist auch die Nutzung von Unterlagen und Kenntnissen, die unter einem **Vertrauensbruch** erlangt sind. Ein Vertrauensverhältnis wird schon durch die Anbahnung und erst recht die Durchführung eines Vertragsverhältnisses begründet (z.B. Arbeits-, Geschäftsbesorgungs-, Gesellschafts- o. Lizenzvertrag). Umgekehrt liegt **kein Vertrauensbruch** vor, wenn ein ausgeschiedener Mitarbeiter redlich erlangte Kenntnisse im eigenen oder fremden Betrieb verwertet.[38]

3.4 Im Besonderen: Ausbeuten fremder Werbung

59 Das Nachahmen einer fremden Werbung ist grds. zulässig. Etwas anderes gilt dann, wenn die Werbung, u.U. auch ein bloßer **Werbeslogan**, eine wettbewerbliche Eigenart besitzt und besondere Unlauterkeitsmerkmale hinzukommen (beispielsweise eine vermeidbare Herkunftstäuschung oder Rufausbeutung). Diese Auffassung findet ihre wertungsmäßige Bestätigung darin, dass für Werbesprüche auch die Erlangung von Markenschutz in Betracht kommt. Darüber hinaus kann eine Werbung im Einzelfall urheberrechtlich geschützt sein (s. Abschnitt 18 Rn. 37, 41 und 69). Soweit Marken- oder Urheberschutz gegeben ist, findet § 4 UWG freilich als lex generalis keine Anwendung.

4. Geschäftsehrverletzung und Anschwärzung

60 Unlauter handelt nach § 4 Nr. 7 UWG, wer die Kennzeichen, Waren, Dienstleistungen, Tätigkeiten oder persönlichen oder geschäftlichen Verhältnisse eines Mitbewerbers herabsetzt oder verunglimpft. Anders als in § 4 Nr. 8 UWG geht es hier um beleidigende Werturteile und nicht um unwahre Tatsachenbehauptungen.

61 Werturteile stehen grds. unter dem Schutz der Meinungsäußerungsfreiheit des Art. 5 GG. Die Grenze des Zulässigen ist stets überschritten bei einer pauschalen Herabsetzung des Wettbewerbers ohne erkennbaren, sachlich gerechtfertigten Grund (sog. **Schmähkritik**). Ansonsten kann sich die Unzulässigkeit nur auf Grund einer Güter- und Interessenabwägung ergeben.[39] Typische Beispiele für unlauteres herabsetzendes Verhalten sind gegeben, wenn der Wettbewerber als unseriös hingestellt wird oder grundlos über Vorgänge aus seinem Vor- oder Privat-

---

37 *BGH* GRUR 1985, 876 – Tchibo./.Rolex I.
38 Vgl. *Köhler* in Hefermehl/Köhler/Bornkamm, § 4 UWG Rn. 9.62.
39 BT-Drucks. 15/1487, 18; aus der Rspr. *BGH* NJW 2002, 3399 – Die Steinzeit ist vorbei; *BGH* NJW 2005, 2014 – Sparberaterin II.

leben berichtet wird.[40] Gleiches gilt, wenn seine Waren oder Dienstleistungen herabgesetzt werden.

Nach § 4 Nr. 8 UWG handelt unlauter, wer zu Zwecken des Wettbewerbes über das Erwerbs- **62** geschäft eines anderen, über die Person des Inhabers oder Leiters des Geschäfts, über die Waren oder gewerblichen Leistungen eines anderen **Tatsachen** behauptet oder verbreitet, die geeignet sind, den Betrieb des Geschäfts oder den Kredit des Inhabers zu schädigen. Handelt es sich um vertrauliche Mitteilungen und hat der Mitteilende oder der Empfänger der Mitteilung an ihr ein berechtigtes Interesse, so ist der Anspruch auf Unterlassung nur zulässig, wenn die Tatsachen der Wahrheit zuwider behauptet oder verbreitet sind. Der Anspruch auf Schadensersatz kann nur geltend gemacht werden, wenn der Mitteilende die Unrichtigkeit der Tatsachen kannte oder kennen musste. Die Vorschrift des § 8 Abs. 2 UWG findet entsprechende Anwendung.

5. Behinderungswettbewerb

5.1 Allgemeine Gesichtspunkte einer Behinderung

Die Fallgruppe der gezielten Behinderung (§ 4 Nr. 10 UWG) richtet sich primär auf Wettbe- **63** werbsmethoden gegen die Mitbewerber. Das Tatbestandsmerkmal „gezielt" erfordert eine Wettbewerbshandlung – nicht ausreichend ist die bloße Behinderung als Folge des Wettbewerbs. Eine Behinderung i.d.S. liegt dann vor, wenn eine Maßnahme die wettbewerbliche Entfaltung des Mitbewerbers verhindert oder zu vernichten bezweckt. Nötig ist darüber hinaus stets eine Interessenabwägung unter Berücksichtigung des Grundsatzes der Wettbewerbsfreiheit. Ist das Eigeninteresse des Handelnden niedriger zu bewerten als das der übrigen Beteiligten, liegt eine unlautere Behinderung vor. Bei einer Druckausübung auf Lieferanten kann neben § 4 Nr. 10 UWG auch § 4 Nr. 1 UWG eingreifen.

Erfolgt die Behinderung unter missbräuchlicher Ausnutzung einer marktbeherrschenden Stel- **64** lung, findet auch das GWB Anwendung. Das GWB stellt im Verhältnis zu § 4 Nr. 10 UWG kein Spezialgesetz dar. § 4 Nr. 10 UWG ist neben dem GWB anwendbar (s. zu kartellrechtlichen Gesichtspunkten auch Abschnitt 9).

5.2 Ausspannen von Kunden und Mitarbeitern

Das Abwerben von Kunden und Mitarbeitern ist als ein Bestandteil eines funktionierenden **65** Wettbewerbs zu betrachten und daher grds. nicht unlauter. Es ist mithin grds. zulässig, einem vertraglich noch gebundenen Kunden dadurch bei einer *ordentlichen Kündigung* zu helfen, dass ihm ein vorbereitetes Kündigungsschreiben vorgelegt wird, das nach Einfügung des Kündigungstermins nur noch zu unterschreiben ist. Ein solches Verhalten ist ohne Hinzutreten besonderer Umstände weder als unangemessen unsachliche Einflussnahme auf Verbraucher noch als unlautere gezielte Behinderung eines Mitbewerbers zu beurteilen.[41]

Unlauterkeit beim Ausspannen von Kunden liegt nur vor, wenn besondere Umstände hinzu- **66** kommen (z.B. **Verleitung zum Vertragsbruch**). Hierunter fällt auch der Fall, dass von der Konkurrenz versucht wird, in die Exklusivvereinbarung zwischen Medienunternehmen und ei-

---

40 Ein drastisches Bsp. bietet *OLG Hamburg* NJW 1996, 1002: Ein Privatsender verlautbarte über einen Konkurrenten, „die Geschäftsführung eines Schmuddelsenders bedient sich für ihre Schmuddelkampagnen eines Schmuddelblattes."; vgl. ergänzend *Köhler* in Hefermehl/Köhler/Bornkamm, § 4 UWG Rn. 7.26.
41 *BGH* NJW 2005, 2012 – Kündigungshilfe; 2004, 2385 – Verabschiedungsschreiben.

nem „Zeitzeugen" einzugreifen.[42] Ein weiteres illustratives Beispiel stellte die Werbung eines Autovermieters dar, der in einer Zeitungsanzeige mit dem Angebot warb „ein Wochenende umsonst Mercedes C-Klasse Sportcoupé", wenn eine „müde Europcar-Kundenkarte" abgegeben werde. Im Grundsatz ist es zwar nicht zu beanstanden, dass sich der Werbende gezielt an Kunden eines Mitbewerbers wendete, da „der Kampf um Kunden … schlechthin Grundlage jedes Leistungswettbewerbs" ist. Die konkrete Werbung ähnelte aber dem Abfangen von Kunden vor dem Ladengeschäft des Mitbewerbers insoweit, als durch Einziehung fremder Kundenkarten der Versuch unternommen wurde, die Geschäftsbeziehungen des Wettbewerbers zu seinen Kunden dauerhaft und gezielt zu zerstören.[43]

67 Beim Abwerben von Mitarbeitern gelten dieselben Grundsätze. Eine Verleitung zum Vertragsbruch ist stets wettbewerbswidrig. Von der Verleitung ist das bloße **Ausnutzen** eines Vertragsbruchs zu unterscheiden.[44] Das Anrufen von Angestellten am Arbeitsplatz durch Konkurrenten oder **Headhunter** zur Abklärung eines etwaigen Wechselinteresses ist nicht rundweg unzulässig. Es kommt auf die Umstände des Einzelfalls an.[45]

5.3 Preiskampf

68 Der Unternehmer ist in der Preisgestaltung grds. frei. Allein der Umstand, dass ein Wettbewerber durch die Preisgestaltung eines Anderen Einbußen hinnehmen muss, begründet noch keine unlautere Behinderung. Dies hat der Bundesgerichtshof unlängst in einer umstrittenen Entscheidung bekräftigt. Zugrunde lag folgender Fall: Händler B reagierte auf die Eröffnung eines Konkurrenzmarktes in der Nachbarschaft mit dem Werbeversprechen, die – auch im Rahmen eines Eröffnungsangebots – verlangten Preise „örtlich ansässiger Einzelhändler" unter zwei Voraussetzungen um 10% zu unterbieten: Zum einen musste es sich um mit ihrem Sortiment identische Waren handeln, und zum anderen musste der Mitbewerber diese Waren zur selben Zeit günstiger als B anbieten. Von 14 Artikeln, die der Neuankömmling als Eröffnungsangebot bewarb, führte B seinerzeit drei in seinem Sortiment. – Anders als die klagende Zentrale zur Bekämpfung unlauteren Wettbewerbs und beide Vorinstanzen (!) sah der BGH keinen Fall einer gezielten Behinderung eines Mitbewerbers durch systematische Preisunterbietung unterhalb der eigenen Einstandspreise. Eine Preisgestaltung, durch die lediglich die abstrakte Gefahr begründet werde, dass in einzelnen Fällen Waren unter Einstandspreis abgegeben würden, sei keine unter dem Gesichtspunkt der gezielten Behinderung von Mitbewerbern unlautere Wettbewerbshandlung. Sie sei objektiv nicht geeignet, einen oder mehrere Wettbewerber vom Markt zu verdrängen oder den Bestand des Wettbewerbs ernstlich zu gefährden.[46]

69 Marktmächtige Unternehmen haben zu beachten, dass die Preisunterbietung im GWB als Spezialfall der unbilligen Behinderung geregelt ist. Eine unbillige Behinderung nach § 20 Abs. 4 S. 2 GWB liegt „insbesondere vor, wenn ein Unternehmen Waren oder gewerbliche Leistungen nicht nur gelegentlich unter Einstandspreis anbietet, es sei denn, es ist sachlich gerechtfertigt." Das UWG und GWB besitzen unterschiedliche Schutzrichtungen (zum GWB s. Abschn. 9). Es ist daher nicht zwingend notwendig, diese Voraussetzungen der Untergruppe des Preiskampfes des § 3 UWG zu Grunde zu legen. Allerdings sollte eine Behinderung schon dann bejaht werden, wenn die Voraussetzungen des § 20 Abs. 4 S. 2 GWB erfüllt sind.

---

42 Vgl. *OLG Hamburg* ZUM-RD 1998, 116 – **Monika Weimar**; ergänzend *Petersen* Medienrecht, § 8 Rn. 14 m.w.N.

43 *OLG Hamburg* GRUR-RR 2003, 345.

44 *BGH* NJW 2007, 2999 – Außendienstmitarbeiter.

45 Vgl. *BGH* NJW 2004, 2080 – Direktansprache am Arbeitsplatz I; 2006, 1665 – Direktansprache am Arbeitsplatz II.

46 *BGH* NJW 2006, 2120 – 10% billiger mit Anm. *Dittmer* EWiR 2006, 665.

Eckardt

5.4 Betriebsstörung

Bei der Betriebsstörung handelt es sich um unlautere Eingriffe in den Betriebsablauf eines **70** Wettbewerbers (z.B. Einschleusen von Mitarbeitern als Spitzel, Einsatz von Hackern zum Eindringen in fremde Computersysteme, unberechtigtes Entfernen von Kontrollnummern[47]).

5.5 Boykott

Unter Boykott wird die organisierte Absperrung eines Wettbewerbers vom Geschäftsverkehr **71** verstanden. Der Boykott setzt mindestens **drei Beteiligte** voraus:
- den Verrufer (jemand, der den Boykott ausruft),
- den Adressaten (jemand, der den Boykott durchführen soll),
- den Verrufenen (jemand, der boykottiert werden soll).

Wenn z.B. ein Brancheninformationsdienst für den Uhrenfachhandel (Verrufer) die Fachhänd- **72** ler (Adressaten) auffordert, bei „Kaffeeröstern" (Verrufene) gekaufte Uhren nicht zur Reparatur anzunehmen, ist dies der Fall.[48]

Der Tatbestand des Boykotts nach § 3, 4 UWG ist vom Boykotttatbestand des § 21 GWB zu **73** unterscheiden. Der Boykott i.S.d. § 3, 4 UWG muss „zu Zwecken des Wettbewerbs" erfolgen. Ferner genügt eine bloße Anregung nicht. Der Aufruf zum Boykott muss nach § 3, 4 UWG dazu geeignet sein, den freien Willen des Adressaten zu beeinflussen. Ansonsten decken sich die Merkmale des Boykotts nach § 21 GWB mit denen des Boykotts nach § 3, 4 UWG (zum GWB s. Abschn. 9).

5.6 Diskriminierung

Unter Diskriminierung wird die sachlich ungerechtfertigte unterschiedliche Behandlung von **74** Personen verstanden. Das GWB enthält ebenfalls ein Diskriminierungsverbot (§ 20 Abs. 1 GWB). Dieses kartellrechtliche Diskriminierungsverbot stellt allerdings kein allgemeines Verbot dar, da es sich nur an marktbeherrschende und marktstarke Unternehmen richtet (s. ergänzend Abschnitt 9). Soweit kartellrechtlich bewusst auf ein Diskriminierungsverbot verzichtet worden ist, ist eine Herleitung eines Diskriminierungsverbotes aus § 3 UWG nicht erlaubt. Für die Fallgruppe der Diskriminierung i.S.d. § 3, 4 Nr. 10 UWG kommen daher nur wenige Ausnahmefälle in Betracht.

5.7 Behinderung bei Absatz, Bezug und Werbung

Diese Untergruppe der Behinderung stellt eine Art „Grundtatbestand" dar. Sie erfasst alle For- **75** men der Behinderung, die nicht den anderen, bisher behandelten Untergruppen angehören.

Diskutiert wurde ein derartiger Fall letzthin intensiv anhand der **„Fernsehfee"**-Entscheidung **76** des Bundesgerichtshofs.[49] Ein Unternehmer produzierte und vertrieb ein Gerät, mit dem Werbeblöcke aus einem laufenden Fernsehprogramm automatisch ausgeblendet werden können. Ein privates Fernsehunternehmen sah in der „Fernsehfee" eine wettbewerbswidrige Behinderung. Dies hat der Bundesgerichtshof verneint. Ein Verstoß gegen § 4 Nr.10 UWG liegt nicht vor. Das Gerät „Fernsehfee" wirke sich nicht unmittelbar auf das Programm des Fernsehsenders aus, sondern nur mittelbar, insofern als der Kunde die Möglichkeit habe, die Werbung in einer Fernsehsendung durch einen Automaten ausschalten zu lassen. Eine mittelbare Einwir-

---

47 Vgl. eingehend etwa *Boesche* Wettbewerbsrecht Rn. 414 ff.
48 *BGH* NJW 1985, 60 – Kundenboykott; *Petersen* Medienrecht, § 8 Rn. 10 ff. mit weiteren Beispielen.
49 *BGH* NJW 2004, 3032 – Werbeblocker m. Anm. *Hoeren* EWiR 2004, 1193; vgl. auch *LG Berlin* ZUM-RD 2004, 126 – Television Switch System.

kung sei aber nur dann unlauter, wenn die Leistungen des Fernsehsenders auf dem Markt nicht mehr in angemessener Weise zur Geltung gebracht werden könnten und der Fernsehfeevertreiber sich dabei nicht wettbewerbseigener Mittel bediene. Dies sei nicht der Fall. Es würden nur Fernsehzuschauer angesprochen, die sich bewusst gegen Werbung entschieden hätten. Dem ist zuzustimmen. Letztlich steht der Vertrieb der „Fernsehfee" dem – unbedenklichen – Verkauf von Briefkastenaufklebern mit der Aufschrift „Keine Werbung" gleich (s. auch unten 9. zum Belästigungsaspekt).

77   Von dem „Fernsehfee"-Fall zu unterscheiden ist das Angebot sog. „**Piratenkarten**", die es ermöglichen, Pay-TV-Programme, für deren Entschlüsselung an sich die von den Pay-TV-Veranstaltern mitverkauften Decoderkarten benötigt werden, decodiert zu empfangen. Hier wird die „Erschleichung" des Zugangs zu einer entgeltlichen Leistung ermöglicht, was in Anwendung der allgemeinen Grundsätze als unlautere Behinderung anzusehen ist.[50]

78   Nicht zu beanstanden ist demgegenüber das Vorgehen eines **Internet-Suchdienstes**, der vom Berechtigten öffentlich zugänglich gemachte Informationsangebote (insbes. Presseartikel) auswertet, indem er Nutzern unter Angabe von Kurzinformationen über die einzelnen Angebote durch **Deep-Links** den unmittelbaren Zugriff auf die nachgewiesenen Angebote ermöglicht und die Nutzer so an den Startseiten der ausgewerteten Internetauftritte vorbeiführt. Dass dies dem Interesse der Informationsanbieter an der Erzielung von Werbeeinnahmen widerspricht, führt nicht zur Unlauterkeit. Maßgeblich ist, dass die Tätigkeit des Suchdienstes und der Einsatz der Hyperlinks nur öffentlich zugänglich gemachte Informationsangebote und dies ohne Umgehung technischer Schutzmaßnahmen betrifft.[51]

79   Einen Behinderungsaspekt weist auch die sog. **Marktstörung** auf. Hierunter versteht man die Beeinträchtigung der Marktstruktur. Sie liegt vor, wenn eine Wettbewerbsmaßnahme dazu geeignet ist, durch die Beseitigung der Freiheit von Angebot und Nachfrage den Bestand des Wettbewerbs zu gefährden und die Konkurrenten zu verdrängen. Die Fallgruppe der Marktstörung bezieht sich demnach auf Marktwirkungen und nicht direkt auf den Schutz der Wettbewerber. Sie wird daher meist zu Recht unmittelbar aus der Generalklausel des § 3 UWG abgeleitet. Überschneidungen können sich vor allem mit dem § 19 GWB ergeben, wobei § 3 UWG neben § 19 GWB anwendbar ist.

80   Ein in diesem Zusammenhang diskutiertes Beispiel bietet die „**20 Minuten Köln**"-Entscheidung des Bundesgerichtshofs.[52] Ein norwegischer Medienkonzern ließ in Köln eine **unentgeltliche**, ausschließlich aus Anzeigen finanzierte Tageszeitung unter dem Titel „20 Minuten Köln" verteilen. Die Kölner Verlagsgruppe, die den „Kölner Stadt-Anzeiger", „Kölnische Rundschau" und „EXPRESS" herausgibt, sah darin eine **unlautere Marktbehinderung,** denn nach einer **kostenlosen** Lektüre der wichtigsten Tagesereignisse, würden die **kostenpflichtigen Zeitungen** weniger gekauft.

81   Der Bundesgerichtshof ist dieser Auffassung entgegengetreten: Ein Wettbewerbsverstoß gegen das UWG liege nicht vor. Das UWG sei neben dem Kartellgesetz (GWB), das die Offenhaltung der Märkte gewährleiste, anwendbar. Bei Beurteilung der Lauterkeit eines Verhaltens i.S.d. UWG sei die Zielsetzung des GWB zu berücksichtigen, so dass insbesondere zu beachten sei, „dass dem lauterkeitsrechtlichen Verbot nicht die Wirkung zukommt, ohnehin bestehende Marktzutrittsschranken zu erhöhen und damit zu einer Marktabschottung beizutragen". Im Geschäftsleben habe niemand Anspruch auf eine unveränderte Erhaltung seines Kundenkreises.

---

50 Vgl. *OLG Frankfurt* NJW 1996, 264 f.
51 S. *BGH* GRUR 2003, 985 – Paperboy.
52 *BGH* GRUR 2004, 602 – 20 Minuten Köln.

Neuartige und vielleicht besonders wirksame Wettbewerbsmaßnahmen seien nicht schon deshalb als unlauter zu missbilligen, weil sie sich für Mitbewerber wegen ihres Erfolges nachteilig auswirkten. Für die **Gratisverteilung von Anzeigenblättern mit redaktionellem Teil** könne ein Wettbewerbsverstoß nur dann angenommen werden, „wenn der redaktionelle Teil des Anzeigenblattes geeignet ist, für einen nicht unerheblichen Teil des Publikums eine **Tageszeitung zu ersetzen,** und wenn die ernstliche Gefahr besteht, dass deshalb die Tagespresse als Institution in ihrem verfassungsrechtlich garantierten Bestand bedroht wird". Dies war nicht festzustellen. **82**

Auch **Wettbewerb der öffentlichen Hand** ist nicht per se unlauter. Der öffentlichen Hand ist es nicht grds. verwehrt, in Wettbewerb mit privaten Unternehmen zu treten. Sollte die öffentliche Hand marktbeherrschend bzw. marktstark i.S.d. §§ 19, 20 GWB sein, ist sie (selbstverständlich) Adressat des kartellrechtlichen Behinderungsverbots (vgl. auch Abschn. 9).[53] Unterhalb der kartellrechtlichen Marktmachtschwellen können sich Beschränkungen aus dem UWG ergeben. Dies kommt insbesondere in Betracht, wenn spezielle (Zuständigkeits-)Regeln ein Tätigwerden der öffentlichen Hand verbieten bzw. – wie der Programmauftrag des öffentlich-rechtlichen Rundfunks – beschränken.[54] Ergänzend ist allerdings stets zu prüfen, ob das betreffende Verbot eine auf die Lauterkeit des Wettbewerbs bezogene Schutzfunktion hat.[55] **83**

6. Vorsprung durch Rechtsbruch

Die Vorschrift des § 4 Nr. 11 UWG will verhindern, dass sich Wettbewerber, die Gesetze brechen, an die sich ihre Konkurrenten halten, einen Vorsprung durch Rechtsbruch verschaffen. Bei der Bestimmung der hier relevanten Gesetze unterschied man früher sog. wertneutrale und wertbezogene Normen. Dies ist heute nicht mehr relevant, so dass auf die frühere Rechtsprechung nur mit größter Zurückhaltung zurückgegriffen werden kann.[56] Heute ist maßgeblich, ob die fragliche Vorschrift (zumindest) auch dazu bestimmt ist, im Interesse der Marktteilnehmer das **Marktverhalten** zu **regeln.** **84**

6.1 Regelungen ohne Marktbezug

Der Verstoß gegen Regelungen ohne Marktbezug ist nicht unlauter i.S.d. § 4 Nr. 11 UWG. Dabei genügt es auch nicht, dass sich ein Unternehmen durch Verstöße gegen derartige Regelungen u.U. indirekt einen Vorsprung vor seinen gesetzestreuen Mitbewerbern verschaffen kann. Zu diesen Regelungen gehören insbesondere:[57] Vorschriften, die nur die Art und Weise der Produktion regeln (z.B. **Umweltschutzvorschriften**),[58] **Arbeitnehmerschutzvorschriften**, **Steuervorschriften**, Vorschriften zum **Schutz geistigen Eigentums** (Begr.: Der Rechtsinhaber allein kann und muss entscheiden, welche Konsequenzen er aus der Verletzung zieht), Straßen- und Wegerecht[59] sowie die **Verkehrsvorschriften**. **85**

53 S. etwa *BGH* NJW 2003, 2684 – Konkurrenzschutz für Schilderpräger; GRUR 2003, 164 – Altautoverwertung.
54 Vgl. hierzu etwa *OLG Koblenz* MMR 2001, 812 und generell zur rundfunkrechtlichen Sicht oben 1. und 2. Abschn.
55 Vgl. eingehend *BGH* NJW 2002, 2646, 2647 – Elektroarbeiten.
56 So zu Recht etwa *Köhler* in Hefermehl/Köhler/Bornkamm, § 4 UWG Rn. 11.1.
57 *Köhler* in Hefermehl/Köhler/Bornkamm, § 4 UWG Rn. 11.36 ff. m.w.N.
58 Instruktiv *BGH* NJW 2000, 3351 – Abgasemissionen.
59 *BGH* EWiR 2006, 667 – **Kfz-Anhänger mit Werbeschildern**: Dass das Aufstellen eines mit Werbetafeln versehenen Kfz-Anhängers eine Sondernutzung öffentlicher Straßen darstellt und die deshalb erforderliche straßenrechtlich nötige „Sondernutzungserlaubnis" nicht vorliegt, rechtfertigt nicht den Vorwurf wettbewerbswidrigen Verhaltens.

6.2 Marktzutrittsregelungen

86 Von Marktverhaltensregelungen sind reine Marktzutrittsregelungen zu unterscheiden. Von letzteren spricht man bei Vorschriften, die Personen den Marktzutritt aus Gründen verwehren, die nichts mit ihrem Marktverhalten zu tun haben. Dies ist insbesondere der Fall, wenn das Verbot des Marktzutritts dem Schutz der Person oder des Unternehmens, in dem sie (bisher) tätig ist, oder allgemein der Wirtschaftslenkung dient (z.B. handels- und gesellschaftsrechtliche Wettbewerbsverbote für Handlungsgehilfen, Gesellschafter und Geschäftsführer; baurechtliche Vorschriften).[60]

87 Teilweise haben Marktzutrittsregelungen allerdings eine **Doppelfunktion**, indem sie zugleich eine bestimmte Qualität oder Unbedenklichkeit der angebotenen Waren oder Dienstleistungen im Interesse der Marktpartner (meist der Verbraucher) sicherstellen sollen. Soweit aus diesen Gründen eine bestimmte fachliche Qualifikation für den Marktzutritt gesetzlich verlangt wird, sind diese Zulassungsregelungen **zugleich** als **Marktverhaltensregelungen** i.S.d. § 4 Nr. 11 UWG anzusehen (z.B. die Zulassungsregelungen für die freien Berufe der Rechtsanwälte, Ärzte, Apotheker, Steuerberater etc. sowie für das Handwerk und einzelne Gewerbe).[61]

6.3 Beispiele für Marktverhaltensregelungen

88 Die zur Unlauterkeit nach § 4 Nr. 11 UWG führenden gesetzlichen Vorschriften können nicht abschließend, sondern nur beispielhaft aufgezählt werden.[62] Allgemein bezogen auf das **berufliche Tätigwerden** sind etwa zu nennen: Geschäftsmäßige Rechts- und Steuerberatung ohne entsprechende Erlaubnis nach dem RBerG bzw. StBerG; Inverkehrbringen und Bewerben von Arzneimitteln ohne Zulassung nach AMG.[63]

89 Bezogen auf die **Produkte und deren Absatz** sind erwähnenswert: Verstoß gegen das **Schleichwerbungsverbot** in § 7 Rundfunkstaatsvertrag, Verstoß gegen Kennzeichnungsvorschriften nach dem Lebensmittel-, Bedarfsgegenstände- und Futtermittelgesetzbuch (LFGB), dem Gesetz über Einheiten im Messwesen,[64] der KosmetikVO, Verstoß gegen Werbebeschränkungen z.B. nach dem HeilmittelwerbeG,[65] Verstoß gegen die PreisangabenVO, Verstoß gegen die Ladenöffnungsregeln sowie **Verstoß gegen Informationspflichten** (z.B. Impressumsangabe nach TMG;[66] Widerrufsbelehrungen bei Fernabsatz- oder Haustürgeschäften).[67]

90 Liegt danach ein **objektiv** rechtswidriges Verhalten vor, ist das Tatbestandsmerkmal einer unlauteren Zuwiderhandlung gegen die betreffende Marktverhaltensregelung i.S.d. §§ 3, 4 Nr. 11 UWG gegeben. Auf subjektive Vorwerfbarkeit kommt es dann (für den Unterlassungsanspruch) nicht mehr an.[68]

---

60 Genauer *Köhler* in Hefermehl/Köhler/Bornkamm, § 4 UWG Rn. 11.44 ff.
61 Wie vor Rn. 11.49.
62 Umfassende Darstellung bei *Köhler* in Hefermehl/Köhler/Bornkamm, § 4 UWG Rn. 11.59 ff.
63 Vgl. zuletzt *BGH* NJW 2005, 2705 – Atemtest.
64 *BGH* NJW 1993, 1993 – PS-Werbung I.
65 Gleiches gilt für das Verbot der Werbung für Prostitution nach §§ 119 Abs. 1, 120 Abs. 1 Nr. 2 OWiG, vgl. *BGH* NJW 2006, 3490 – Kontaktanzeigen.
66 Vgl. *Hoeren* NJW 2007, 801, 804.
67 Die Regeln über die AGB-Kontrolle nach §§ 305 ff. BGB sind nicht pauschal als Marktverhaltensregeln i.S.d. § 4 Nr. 11 UWG anzusehen, vgl. *OLG Köln*, Urt. v. 30.3.2007 – 6 U 249/06 – Marktverhaltensregeln.
68 Wichtige Klarstellung durch *BGH* NJW 2005, 2705 – Atemtest.

7. Irreführende Werbung

Das Verbot irreführender Werbung in § 5 UWG ist ein Beispieltatbestand für die Generalklausel des § 3 UWG. Es ist kein Spezialtatbestand. Die gesetzgeberische Fassung ist an der Irreführungsrichtlinie der EU orientiert (s. auch unten F.). Die frühere strenge deutsche Rechtslage zum Irreführungsrecht besteht nicht mehr. **91**

Maßstab und **Leitbild** der Zielgruppe ist, wie schon erwähnt (s.o. I 2), nach dem Willen des deutschen Gesetzgebers[69] ebenso wie im europäischen Bereich nach der Rechtsprechung des Europäischen Gerichtshofs[70] und im deutschen Bereich nach der neueren deutschen Rechtsprechung des Bundesgerichtshofs[71] der **aufgeklärte, umsichtige, kritisch prüfende, verständige Verbraucher**, der aufgrund ausreichender Informationen in der Lage ist, seine Entscheidungen auf dem Markt frei zu treffen. Nicht mehr maßgeblich ist der flüchtige, unaufmerksame und unkritische Durchschnittsverbraucher. **92**

7.1 Voraussetzungen einer Irreführung

Irreführung ist das Hervorrufen einer falschen, von der Wirklichkeit abweichenden Vorstellung. Dies ist der Fall sowohl bei Aussagen, die **objektiv falsch** sind, als auch bei Aussagen, die zwar objektiv zutreffend sind, aber bei einer nicht unerheblichen Zahl der beteiligten Verkehrskreise eine **falsche Vorstellung** bewirken. **93**

Bei der Beurteilung einer irreführenden Werbung sind nach § 5 Abs. 2 UWG **alle Bestandteile** zu berücksichtigen, insbesondere in ihr **enthaltene Angaben** über die **Merkmale der Waren** oder Dienstleistungen wie Verfügbarkeit, Art, Ausführung, Zusammensetzung; Verfahren und Zeitpunkt der Herstellung oder Erbringung, die Zwecktauglichkeit, Verwendungsmöglichkeit, Menge, Beschaffenheit, die geographische oder betriebliche Herkunft oder die von der Verwendung zur erwartenden Ergebnisse oder die Ergebnisse und wesentlichen Bestandteile von Tests der Waren oder Dienstleistungen; den **Anlass des Verkaufs** und den Preis oder die Art und Weise, in der er berechnet wird, und die Bedingungen, unter denen die Waren geliefert oder die Dienstleistungen erbracht werden; die **geschäftlichen Verhältnisse**, insbesondere die Art, die Eigenschaften und die Rechte des Werbenden, wie seine Identität und sein Vermögen, seine geistigen Eigentumsrechte, seine Befähigung oder seine Auszeichnungen und Ehrungen. **94**

7.1.1 Irreführung durch „Angaben"

Angabe ist jede Aussage, die ihrem Inhalt nach einem Tatsachenbeweis zugänglich ist. § 5 UWG erfasst lediglich objektiv nachprüfbare Aussagen. Leere Anpreisungen, reine Werturteile, bloße Meinungsäußerungen, suggestive Kaufappelle fallen nicht unter die „Angaben" i.S.d. § 5 UWG (Beispiele: „Den und keinen anderen";[72] „Nur die"; „die schönsten Bilder vom Galeristen X…"). **95**

Soweit wertende Äußerungen jedoch einen **verdeckten nachprüfbaren Tatsachenkern** enthalten, fallen diese Äußerungen unter die „Angaben" des § 5 UWG (Beispiele: „Das optimale Haftetikett";[73] „die ideale Kur zum Abnehmen"[74]). Insbesondere können Tatsachenbehauptun- **96**

---

69 Begr. RegE UWG BT-Drucks. 15/1487, 19.
70 S. etwa *EuGH* WRP 1998, 848 ff. – Gut Springenheide.
71 *BGH* GRUR 2001, 1061 – Mitwohnzentrale.de.
72 Vgl. *BGH* GRUR 1965, 365 – Lavamat II.
73 *OLG Köln* WRP 1983, 515.
74 *OLG München* NJW-RR 1986, 199.

gen in Meinungsäußerungen versteckt werden und unterliegen dann immer den „Angaben". Auch derjenige, der auf Äußerungen Dritter Bezug nimmt, macht sich diese zu eigen, seien es fiktive Dritte,[75] Presseveröffentlichungen, Testberichte oder wissenschaftliche Gutachten.

97 In welcher Form die „**Angaben**" gemacht werden – durch Sprache in Wort oder Schrift, durch bildhafte Darstellungen (s. § 5 Abs. 3 UWG), durch Marken oder sonstige Kennzeichen, selbst durch Tonfolgen – ist unerheblich.[76]

7.1.2 Irreführung durch Unterlassen (§ 5 Abs. 2 S. 2 UWG)

98 Eine irreführende Werbung wird auch durch **Verschweigen einer Tatsache** begangen. Dabei ist „deren Bedeutung für die Entscheidung zum Vertragsschluss nach der Verkehrsanschauung sowie die Eignung des Verschweigens zur Beeinflussung der Entscheidung zu berücksichtigen" (§ 5 Abs. 2 S. 2 UWG).

99 Eine allgemeine Aufklärungspflicht besteht nicht. Der Verkehr erwartet eine derartige allgemeine Offenlegung für alle eventuell weniger vorteilhaften Eigenschaften einer Ware nicht. Eine **Aufklärungspflicht** kann jedoch **im Einzelfall** aufgrund Gesetzes oder vorangegangenem Verhalten oder dann bestehen, wenn die potenziellen Vertragspartner beim Unterlassen eines Hinweises in einem wesentlichen Punkt, der den Kaufabschluss zu beeinflussen geeignet ist, getäuscht würden. Häufig vorkommendes Beispiel ist die Bewerbung von Komsumgütern, ohne darauf hinzuweisen, dass es bereits ein neueres Modell gibt.[77]

100 Auch verbleibt es unter dem neuen UWG bei dem von der Rechtsprechung des Bundesgerichtshofs in den „**Koppelungsangebots**"-Entscheidungen entwickelten **Transparenzgebot**.[78] Bei diesen Fällen handelt es sich um eine Irreführung durch Unterlassen gem. § 5 Abs. 2 S. 2 UWG. Diese Rechtslage ist insoweit Grundlage für ungeschriebene wettbewerbsrechtliche Informationspflichten des Unternehmers gegenüber potenziellen Marktpartnern.

101 Die von Verbraucherschützern bei Verabschiedung der letzten UWG-Novelle erhobene Forderung nach einem allgemeinen Tatbestand der *Verletzung von ungeschriebenen Informationspflichten* hat der Gesetzgeber nicht erhört. Die Verletzung gesetzlich vorgeschriebener Informationspflichten kann jedoch eine Unlauterkeit wegen Rechtsbruchs nach § 4 Nr.11 UWG darstellen (s.o. 6).

7.2 Einzelne Fallgruppen der Irreführung

7.2.1 Allein- oder Spitzenstellungsbehauptung

102 Bei der Alleinstellungswerbung nimmt der Werbende im Verhältnis zum Wettbewerb oder deren Produkten eine Spitzenstellung ein. Sie ist zulässig, wenn der Werbende tatsächlich einen *deutlichen Vorsprung* gegenüber seinen Konkurrenten aufzuweisen hat und dieser Vorsprung eine *Stetigkeit* bietet, d.h. wenn auch in Zukunft von einer Spitzenstellung ausgegangen werden kann.

---

75 Vgl. *OLG Hamburg* WRP 1973, 648 – Tchibo-Mann: In einem TV-Spot erklärt ein „Tchibo-Mann": „Für mich ist er Deutschlands frischester Kaffee".
76 Bsp.: Abbildung des Kölner Doms auf Seifenstück als Hinweis auf Herkunft aus der Domstadt (*LG Köln* GRUR 1954, 210); Hühnergegacker in der Rundfunkwerbung für Teigwaren als Hinweis auf Frischeiverwendung (*BGH* GRUR 1961, 544 – Hühnergegacker).
77 Vgl. *BGH* GRUR 2000, 616 – Auslaufmodell III; s. auch *OLG Hamburg* WRP 1992, 395 – Davidoff.
78 *BGH* NJW 2002, 3403 – Koppelungsangebot I; 2002, 3405 – Koppelungsangebot II; *Puskat* WRP 2004, 282.

Die Spitzenstellung kann durch den Superlativ („der größte"), den Komparativ („besser") oder **103** den Positiv („die Nr.1") in Anspruch genommen werden. Auch die Verwendung eines bestimmten Artikels („Das große deutsche Wörterbuch") kann als die Inanspruchnahme einer Spitzenstellung aufgefasst werden. Weiteres *Beispiel* für eine **zulässige**, nicht irreführende Werbung: „Sport-Bild: Europas größte Sportzeitschrift", wenn die Auflage dieser Zeitschrift wahr und der Vorsprung beachtlich und dauerhaft ist. *Beispiele* für eine **unzulässige**, irreführende Werbung: „Eduscho, eine der größten Kaffeeröstereien von Deutschland", wenn sie einen Marktanteil von 9% hat, während Mitbewerber 16% und 20% haben. Der dritte Platz genügte für diese Werbung nicht.[79] – Die Werbeaussage „Oddset, die Sportwette mit festen Quoten, nur bei Lotto!" erweckt auch bei denjenigen Adressaten der Werbung, die kein spezielles Vorverständnis des Begriffs „Oddset" besitzen, den Eindruck, dass der Lottoblock der einzige Anbieter solcher Wetten sei. Da dies falsch ist, ist die Werbung irreführend.[80]

Die Allein- oder Spitzenstellung muss hinsichtlich der relevanten Kriterien vorliegen. Wenn **104** die Reichweite eines Nachrichtenmagazins mit wöchentlich 5,8 Mio. Lesern zwar über der Reichweite eines Konkurrenzblattes (5,64 Mio. Leser wöchentlich) liegt, dieses Konkurrenzblatt aber eine deutlich höhere verkaufte Auflage hat, darf nicht mit „**Marktführerschaft**" geworben werden. Der verständige Verbraucher macht die Marktführerschaft nicht (allein) an der sog. Reichweite, sondern an der verkauften Auflage fest.[81] Gleiches gilt für die Werbung „**Europas größter Onlinedienst**", wenn der betreffende Provider zwar die meisten Kunden in Europa hat, diese den Dienst aber nicht am umfangreichsten nutzen.[82]

7.2.2 Beschaffenheits- und Qualitätsangaben

Zur Beschaffenheit einer Ware gehört alles, was nach Auffassung des Verkehrs für die Würdi- **105** gung einer Ware von Bedeutung ist. Irreführend ist daher die Verwendung der Bezeichnung „Heilbrunnen" für ein künstliches Mineralwasser; „echtes Leder" für Kunstleder; „Medical" für ein Kosmetikum; „Markenqualität" für anonyme Ware;[83] Werbung mit einem tatsächlich nicht (oder nicht so) verliehenen Testergebnis von Stiftung Warentest. Irreführend sind auch sog. **Mogelpackungen** sowie die **Werbung mit Selbstverständlichkeiten**.

In diesem Zusammenhang können auch sog. **Füllanzeigen** als Irreführung zu werten sein. **106** Denn die unentgeltliche Veröffentlichung von Anzeigen kann bei entsprechendem Umfang zu einer Täuschung potentieller Anzeigenkunden über die Werbewirksamkeit des betreffenden Mediums führen.[84] Gleiches gilt bei unzutreffenden Angaben zum Erscheinungsdatum (z.B. bei einem Reiseführer), zu Auflagenhöhen oder Reichweiten.[85]

7.2.3 Preiswerbung

Mit § 5 Abs. 4 UWG soll die Preistransparenz gefördert werden. Es herrscht der Grundsatz der **107** „Preiswahrheit und -klarheit". **Ergänzende Anforderungen** an die Preiswerbung ergeben sich aus der **PreisangabenVO**. Die Werbung mit Preissenkungen oder Preisgegenüberstellungen

---

79 *BGH* GRUR 1969, 415 – Kaffeerösterei.
80 *BGH* NJW 2005, 150 – Nur bei Lotto mit Anm. *Just* EWiR 2005, 277.
81 *BGH* GRUR 2004, 244 – Marktführerschaft.
82 Vgl. *BGH* GRUR 2004, 786 – Größter Onlinedienst.
83 *BGH* GRUR 1989,754 – Markenqualität.
84 So zu Recht *BGH* 1997, 437 – Füllanzeigen.
85 Umfassend zu irreführenden Angaben im Verlagswesen *Bornkamm* in Hefermehl/Köhler/Bornkamm, § 5 UWG Rn. 4.128 ff.

birgt ein besonders hohes Irreführungspotential. Sie ist nur zulässig, solange sie nicht gegen den **Grundsatz der „Preiswahrheit und -klarheit"** verstößt.[86] Beim Vergleich mit Preisen des Wettbewerbs ist außerdem § 6 Abs. 3 UWG zu beachten.

108 Es wird vermutet, dass die Werbung mit einer Preissenkung irreführend ist, sofern der Ausgangspreis nur für eine unangemessen kurze Zeit gefordert wurde. Diese Regelung ersetzt die alten Regelungen über Sonderveranstaltungen wie die *Saisonschlussverkäufe* oder *Räumungsverkäufe.* Die Regelung betrifft auch die Werbung mit sog. **Mondpreisen.** Bei einer Mondpreiswerbung werden unrealistische Ausgangspreise genannt, um mit scheinbaren attraktiven Preissenkungen werben zu können. Die Werbung mit Mondpreisen soll verhindert werden.

109 Die Frage unter welchen Voraussetzungen der ursprünglich geforderte Preis nicht mehr als Vergleichswert herangezogen werden darf, ist eine Frage der Umstände des Einzelfalles, wie Warenart (langlebige Wirtschaftsgüter oder Waren des täglichen Bedarfs) und Wettbewerbssituation.

110 Die **Durchsetzbarkeit des Anspruchs** soll durch eine **Umkehr** der **Beweislast** erleichtert werden. Den Werbenden trifft die Beweislast, ob und in welchem Zeitraum der erhöhte Preis gefordert worden ist (§ 5 Abs. 4 S. 2 UWG). Diese neue gesetzliche Regelung wird teilweise als praktisch **undurchsetzbar** kritisiert, weil der Mitbewerber nicht wissen kann, wie lange der ursprüngliche Preis gefordert worden ist. Er müsse daher einen Prozess mit Behauptungen „ins Blaue hinein" riskieren.[87]

7.2.4 Verfügbarkeit beworbener Waren (Vorratswerbung)

111 Die Werbung für eine Ware ist irreführend, wenn sie nicht in ausreichender Menge vorrätig ist (§ 5 Abs. 5 UWG). Die erforderliche angemessene Vorratsmenge bemisst sich nach der Art der Ware sowie der Gestaltung und Verbreitung der Werbung zur Befriedigung der zu erwartenden Nachfrage. Eine **erhöhte Nachfrage** je nach Ausmaß der Attraktivität des Angebots ist **von vorneherein mit in Rechnung zu stellen.**[88]

112 Im Regelfall ist ein Vorrat von **2 Tagen** ausreichend (§ 5 Abs. 5 S. 2 UWG), es sei denn, der Werbende weist besondere Umstände nach, die eine geringere Bevorratung rechtfertigen. Nach der Gesetzesbegründung kann eine Unterschreitung der Frist zulässig sein, wenn eine außergewöhnliche nicht zu erwartende hohe Nachfrage vorliegt oder wenn unvorhergesehene Lieferschwierigkeiten auftreten, die der Werbende nicht zu vertreten hat, oder wenn der Werbende das Produkt im Verhältnis zu seiner üblichen Produktpalette nicht gleichermaßen bevorraten konnte.[89]

113 Der Werbende kann eine Irreführung vermeiden, wenn er den verfügbaren Warenvorrat in der Werbung genau nennt. Allgemeine Zusätze wie „**solange der Vorrat reicht**" sind in diesem Zusammenhang in der Regel nicht ausreichend.[90]

114 Die vorstehend erläuterten Grundsätze gelten entsprechend auch für die Werbung eines **Internet-Versandhauses.**[91]

---

86 Vgl. *BGH* GRUR 75, 78 – Preisgegenüberstellung; eingehend *Bornkamm* in Hefermehl/Köhler/Bornkamm, § 5 UWG Rn. 7.1 ff.

87 So *Köhler* NJW 2004, 2125; zur praktischen Handhabbarkeit der Regelung genauer *Bornkamm* in Hefermehl/Köhler/Bornkamm, § 5 UWG Rn. 7.75 ff.

88 Vgl. *BGH* GRUR 1984, 595 – adidas-Sportartikel; *BGH* GRUR 1992, 858 – Clementinen.

89 Begr. RegE UWG BT-Drucks. 15/1487, 20.

90 Vgl. nur *Bornkamm* in Hefermehl/Köhler/Bornkamm, § 5 UWG Rn. 8.6 f.

91 *BGH* NJW 2005, 2229 – Internet-Versandhandel.

7.2.4 Anlass des Verkaufs

Als Irreführung kommen Ankündigungen eines Räumungsverkaufs bei einer tatsächlich nicht vorliegenden Geschäftsaufgabe oder fingierter Schadensereignisse in Betracht (§ 5 Abs. 2 Nr. 2 UWG).[92]

115

7.2.5 Traditionswerbung

Die Werbung mit dem Alter des Unternehmens („existiert seit …") muss wahr sein. Ansonsten liegt eine Irreführung über eine relevante Angabe vor, da das Alter des Unternehmens regelmäßig Auswirkungen auf die Wertschätzung durch den Verkehr hat.

116

8. Vergleichende Werbung

8.1 Grundsatz

Die vergleichende Werbung ist seit dem Jahr 2000 nicht mehr grds. unlauter. Bezugnehmende vergleichende Werbung ist grds. **zulässig**, wenn sie **objektiv nachprüfbar** und **nicht herabsetzend** oder **irreführend** ist. Die Werbeaussagen müssen demnach einen mit einem zumutbaren Aufwand objektiv nachprüfbaren Inhalt haben.

117

Eine vergleichende Werbung liegt begrifflich bei jeder mittelbaren oder unmittelbaren Bezugnahme auf einen Mitbewerber vor. Als vergleichende Werbung ist jede Werbung anzusehen, die unmittelbar oder mittelbar (zumindest) einen Wettbewerber oder die Erzeugnisse oder Dienstleistungen, die von einem Wettbewerber angeboten werden, erkennbar macht. Nicht erforderlich ist, dass der Mitbewerber in der Bezugnahme ausdrücklich genannt wird.[93]

118

8.2 Einzelne unzulässige Vergleiche

8.2.1 Vergleich mit Waren für anderen Bedarf oder Zweck

Eine vergleichende Werbung ist nach § 6 Abs. 2 Nr. 1 UWG unlauter, wenn der Vergleich sich nicht auf Waren oder Dienstleistungen für den gleichen Bedarf oder dieselbe Zweckbestimmung bezieht (Vergleich von „Äpfeln mit Birnen"). Hierbei ist jede Eigenschaft der Ware oder Dienstleistung als relevant anzusehen, die die Kaufentscheidung eines Durchschnittskunden bestimmen kann.[94]

119

8.2.2 Vergleich mit objektiv nicht nachprüfbaren Eigenschaften

Eine vergleichende Werbung ist nach § 6 Abs. 2 Nr. 2 UWG unlauter, wenn der Vergleich nicht objektiv auf eine oder mehrere wesentliche, relevante, nachprüfbare und typische Eigenschaften oder den Preis dieser Waren oder Dienstleistungen bezogen ist (Beispiel: Da man über Geschmack nicht streiten kann, ist ein Hamburger-Vergleich mit „schmeckt besser" nicht zulässig; etwas anderes gilt, wenn mit dem höheren Hackfleischanteil geworben würde).

120

8.2.3 Vergleich mit Verwechslungsgefahr

Eine vergleichende Werbung ist nach § 6 Abs. 2 Nr. 3 UWG unlauter, wenn der Vergleich im geschäftlichen Verkehr zu Verwechslungen zwischen dem Werbenden und einem Mitbewerber oder zwischen den von diesen angebotenen Waren oder Dienstleistungen oder den von ihnen verwendeten Kennzeichen führt.

121

---

92 Begr. RegE UWG BT-Drucks. 15/1487, 14.
93 Grundlegend *BGH* NJW 1987, 437 – Cola-Test.
94 Vgl. *BGH* GRUR 2005, 172 – Streßtest.

8.2.4 Vergleich durch Ausnutzung oder Beeinträchtigung von fremden Kennzeichen

122 Eine vergleichende Werbung ist gem. § 6 Abs. 2 Nr. 4 UWG unlauter, wenn der Vergleich die Wertschätzung des von einem Mitbewerber verwendeten Kennzeichens in unlauterer Weise ausnutzt oder beeinträchtigt.

8.2.5 Vergleich durch Herabsetzung oder Verunglimpfung

123 Eine vergleichende Werbung ist unlauter, wenn der Vergleich die Waren, Dienstleistungen, Tätigkeiten oder persönlichen oder geschäftlichen Verhältnisse eines Mitbewerbers herabsetzt oder verunglimpft (§ 6 Abs. 2 Nr. 5 UWG). Eine solche unzulässige Herabsetzung liegt z.B. dann vor, wenn das Konkurrenzprodukt als minderwertig dargestellt wird.

8.2.6 Vergleich durch Imitation oder Nachahmung

124 Eine vergleichende Werbung ist nach § 6 Abs. 2 Nr. 6 UWG unlauter, wenn der Vergleich eine Ware oder Dienstleistung als Imitation oder Nachahmung einer unter einem geschützten Kennzeichen vertriebenen Ware oder Dienstleistung darstellt.[95]

9. Belästigung

9.1 Grundsatz

125 Unlauter handelt, wer einen Marktteilnehmer in unzumutbarer Weise belästigt. Das Eindringen in den verfassungsrechtlich und zivilrechtlich geschützten **privaten Lebensbereich des Verbrauchers** kann daher unlauter sein und gegen § 7 UWG verstoßen. Der **räumlich-gegenständliche Bereich der Wohnung** inklusive des Briefkastens ist darüber hinaus durch § 1004 BGB (Eigentum) und § 862 BGB (Besitz) geschützt. Das **allgemeine Persönlichkeitsrecht** wird schließlich durch § 1004 BGB und § 823 Abs. 1 BGB sowie § 823 Abs. 2 BGB in Verb. mit Art. 2 Abs. 1 und Art. 1 Abs. 1 GG geschützt.

9.2 Einzelfälle unlauterer Belästigung

126 Die Generalklausel des § 7 Abs. 1 UWG wird in dessen Abs. 2 durch Fallgruppen konkretisiert. Die Aufzählung in § 7 Abs. 2 UWG ist nicht abschließend.

9.2.1 Werbung gegen den erkennbaren Willen

127 Eine Werbung gegen den erkennbaren Willen des Umworbenen ist eine unzumutbare Belästigung und damit unlauter (§ 7 Abs. 2 Nr. 1 UWG). Der Adressat kann seinen entgegenstehenden Willen durch einen **Widerspruch** gegenüber dem Werbenden oder durch Hinweise an seiner **Eingangstür** gegen unerbetene Vertreterbesuche zu Werbezwecken oder durch einen **Sperrvermerk** an seinem **Briefkasten** zum Ausdruck bringen. Die Postzusteller sind verpflichtet, Hinweise auf Briefkästen zu beachten.

128 Auch das Eigentum, der Besitz und das allgemeine Persönlichkeitsrecht sind beeinträchtigt, wenn der Empfänger durch „Keine Werbung"-Aufkleber zu erkennen gegeben hat, dass das Werbematerial unerwünscht ist, und trotzdem Werbung zugestellt worden ist. Der Werbende muss alles Zumutbare getan haben, um die Zustellung unerwünschter Werbung zu verhindern.[96]

---

95 Bsp. *BGH* GRUR 2003, 444 – Ersetzt.
96 *BGH* GRUR 1989, 225 – Handzettel-Wurfsendung.

9.2.2 Telefonwerbung

Das Gesetz hat sich mit § 7 Abs. 2 Nr. 2 UWG für die sog. **Opt-in Lösung** entschieden, nach **129** der eine **vorherige Einwilligung** des Umworbenen für die Zulässigkeit der Telefonwerbung erforderlich ist. Demgegenüber wäre nach der sog. **Opt-out Lösung** eine Telefonwerbung nur dann als eine unzumutbare Belästigung anzusehen, wenn sie gegen den ausdrücklich erklärten Willen des Angerufenen erfolgt.[97]

Es wird im übrigen – wie schon nach dem bisherigen Recht[98] – zwischen Telefonwerbung ge- **130** genüber Verbrauchern und der Telefonwerbung im geschäftlichen Bereich differenziert:

9.2.2.1 Telefonanrufe gegenüber Verbrauchern. Werbemaßnahmen gegenüber Verbrau- **131** chern durch Telefonanrufe ohne deren Einwilligung (sog. „**cold call**") stellen eine unzumutbare Belästigung dar. Angesichts der Vielfältigkeit der Werbemethoden ist es nicht erforderlich, mit Telefonanrufen in den privaten Bereich des Verbrauchers einzudringen. Telefonwerbung gegenüber Privatpersonen ist nur mit einer ausdrücklichen oder konkludenten Einverständniserklärung des Beworbenen zulässig. Eine etwaige nachträgliche Billigung des Anrufs stellt dabei keine Einwilligung i.S.d. Gesetzes dar.

Allein **das Bestehen einer Geschäftsbeziehung** zwischen den Beteiligten reicht für die An- **132** nahme eines konkludenten Einverständnisses nicht aus. Die Mitteilung der Telefonnummer auf Briefbögen kann u.U. ein konkludentes Einverständnis begründen, wenn sie in der Erwartung angegeben worden ist, dass das werbende Unternehmen diese Telefonnummer zur Fortführung des geschäftlichen Kontaktes nutzen wird. Stets ist eine sorgfältige Prüfung nötig.[99]

Von Verbraucherschützerseite wird seit langem gefordert, dass Verträge, die bei ohne Einwil- **133** ligung geführten Telefonaten geschlossen werden, erst nach Bestätigung in schriftlicher Form wirksam werden. Der Referentenentwurf des Bundesjustizministeriums zur Umsetzung der Richtlinie über irreführende Geschäftspraktiken (s. auch Rn. 196) sieht lediglich Bußgelder gegen Betreiber von Call Centern vor, die sich über das Verbot unerwünschter Telefonwerbung hinwegsetzen oder ihre Rufnummer unterdrücken.[100]

9.2.2.2 Telefonanrufe gegenüber sonstigen Marktteilnehmern. Gegenüber anderen Markt- **134** teilnehmern genügt deren zumindest **mutmaßliche Einwilligung** (§ 7 Abs. 2 Nr. 2 UWG). Telefonwerbung im geschäftlichen Bereich ist also bereits dann zulässig, wenn das Einverständnis vermutet werden kann. Bei einer laufenden Geschäftsverbindung dürfte dies regelmäßig anzunehmen sein (Beispiel: Büroartikelhändler weist gewerbliche Kunden telefonisch auf neue Produkte hin). Ansonsten gilt, dass ein mutmaßliches Interesse eines Gewerbetreibenden an einer *telefonischen Kontaktaufnahme durch potentielle Kunden* vermutet werden kann; von einem solchen Interesse kann dagegen nicht ausgegangen werden, wenn die Kontaktaufnahme dazu dient, dass der *Anrufende seine eigene Leistung anpreisen* möchte.[101]

9.2.3 Belästigung durch automatische Anrufmaschinen, Faxgeräte und elektronische Post

9.2.3.1 Grundsätzliche Regelung. Die Werbung unter Verwendung von **automatischen An- 135 rufmaschinen, Faxgeräten** oder von **elektronischer Post** (E-Mail per Internet und SMS per Handy) **ohne** eine **Einwilligung** des Adressaten stellen eine unzumutbare Belästigung dar (§ 7

---

97 Diese Lösung hatte der Bundesrat gefordert, BT-Drucks. 15/1487, 31 f.
98 *BGH* NJW 2000, 2677 – Telefonwerbung VI.
99 Beispiel für Unlauterkeit *OLG Köln* NJW 2005, 2786 – Umstellung auf ISDN-Tarif.
100 Vgl. F.A.Z. v. 1.9.2007, S. 12.
101 *BGH* GRUR 2007, 607 – Telefonwerbung für „Individualverträge".

Abs. 2 Nr. 3 UWG). Unerheblich ist im Gegensatz zur Regelung der Telefonwerbung, ob der Adressat Verbraucher oder Unternehmer ist.[102] Ebenso wenig spielt es eine Rolle, dass Telefaxsendungen immer häufiger auf einen PC geleitet und nicht mit einem herkömmlichen Faxgerät ausgedruckt werden, so dass der ungewollte Papierverbrauch entfällt.[103] Es bleibt die zeitraubende Identifizierung und Löschung der Spam-Nachrichten.[104]

136 **9.2.3.2 Ausnahmemöglichkeiten.** Die Werbung unter Verwendung elektronischer Post stellt nach § 7 Abs. 3 Nr. 1 UWG dann keine unzumutbare Belästigung dar, wenn

- der Unternehmer die elektronische Postadresse von dem Kunden im Zusammenhang mit dem Verkauf einer Ware oder Dienstleistung erhalten hat (§ 7 Abs. 3 Nr. 1 UWG) und
- er diese Adresse zur Direktwerbung für eigene ähnliche Waren oder Dienstleistungen verwendet (§ 7 Abs. 3 Nr. 2 UWG),
- der Kunde der Verwendung nicht widersprochen hat (§ 7 Abs. 3 Nr. 3 UWG) und
- der Kunde bei der Erhebung der Adresse und bei jeder Verwendung jederzeit widersprechen kann, ohne dass hierfür andere als die Übermittlungskosten nach Basistarifen entstehen (§ 7 Abs. 3 Nr. 4 UWG).

137 Diese Ausnahmeregelung dient vorrangig der Nutzung der Postadresse im Rahmen einer **bestehenden Kundenbeziehung.**

9.2.4 Elektronische Nachrichten ohne Identität des Absenders

138 Nachrichten, bei denen die Identität des Absenders nicht ermittelbar ist, sind eine unzumutbare Belästigung. Die Regelung in § 7 Abs. 2 Nr. 4 UWG erfasst jegliche anonym durchgeführten Werbemaßnahmen und erleichtert die Durchsetzung von Ansprüchen und die Durchsetzung der Einstellung derartiger unlauterer Werbepraktiken.

9.2.5 Sonstige Fälle

139 Eine Werbung kann auch aus anderen Gründen eine unzumutbare Belästigung darstellen, ohne dass der Umworbene seinen entgegenstehenden Willen zum Ausdruck gebracht haben muss, wenn dies beispielsweise gar nicht möglich war. Hier sind folgende Fälle erwähnenswert:

140 **9.2.5.1 Ansprache auf öffentlichen Straßen.** Das Ansprechen in der Öffentlichkeit ist jedenfalls dann eine unzumutbare Belästigung, wenn der Werbende für den Angesprochenen nicht als solcher eindeutig erkennbar ist.[105] Hieran hält der Bundesgerichtshof auch mit Blick auf den idealtypischen mündigen Verbraucher fest: „Die Annahme ..., das **gezielte Ansprechen von Personen an öffentlichen Orten** sei **grds. als wettbewerbswidrig zu erachten**, entspricht der bisherigen herrschenden Meinung in Rechtsprechung und Literatur ...". Dies ergibt sich zwar nicht schon aus der Überlegung, „viele Passanten würden durch die persönliche Ansprache in eine subjektive Zwangslage versetzt, der sie sich häufig nur dadurch entziehen zu können glaubten, dass sie auf das beworbene Angebot eingingen". Es ist nämlich zu berücksichtigen, „dass die beteiligten Verkehrskreise heute stärker als früher auf die Wahrung eigener Interessen und weniger auf die Einhaltung bestimmter Umgangsformen bedacht sind. Mit der

---

102 Dagegen hatte der BGH noch vor kurzem nach der alten Rechtslage E-Mail-Werbung gegenüber Gewerbetreibenden nicht als Wettbewerbsverstoß angesehen (*BGH* GRUR 2004, 517 – E-Mail-Werbung). Diese Rspr. ist auf der Grundlage des neuen § 7 UWG korrigiert worden durch *BGH* NJW 2006, 3781 – Telefax-Werbung II.
103 *BGH* NJW 2006, 3781 – Telefaxwerbung II.
104 Einen gewissen Schutz vor unerbetener Faxwerbung schafft die Eintragung auf der sog. Robinson-Liste (www.retarus.de/robinsonliste).
105 *BGH* NJW 2004, 2593 – Ansprechen in der Öffentlichkeit I; 2005, 1050 – Ansprechen in der Öffentlichkeit II.

Eckardt

Gefahr einer Verstrickung oder Überrumpelung des Verbrauchers lässt sich die Unlauterkeit der in Rede stehenden Werbemethode nicht mehr begründen. Für den mündigen Verbraucher besteht in der Regel nicht die Gefahr, dass er sich hierdurch zu einem ihm an sich unerwünschten Vertragsschluss bewegen lässt."[106]

Das den Unterlassungsanspruch dennoch rechtfertigende Unlauterkeitsmoment liegt „in dem **belästigenden Eingriff in die Individualsphäre** des Umworbenen und in dessen Recht, auch im öffentlichen Raum weitest gehend ungestört zu bleiben. Das Gewicht dieses Eingriffs ergibt sich … nicht so sehr aus der einzelnen beanstandeten Werbemaßnahme, sondern aus der Gefahr, dass im Falle ihrer Zulassung zahlreiche Anbieter von dieser Werbemethode Gebrauch machen und dass dann auch solche Mitbewerber, die selbst dieser Art von Werbung nicht zuneigen, sich aus Wettbewerbsgründen zu ihrer Nachahmung gezwungen sehen können … **Selbst wenn die mit einer bestimmten Werbemethode verbundene Belästigung im Einzelfall nur ein geringes Ausmaß erreicht, kann sie doch als wettbewerbswidrig zu verbieten sein, wenn anderenfalls (wie hier) damit gerechnet werden muss, dass weitere Gewerbetreibende in größerer Zahl die gleiche Methode anwenden werden und es durch die Nachahmung zu einer unerträglichen Beeinträchtigung der umworbenen Verbraucher kommen wird** … Bei dem Ansprechen von Passanten auf der Straße kommt noch ein weiterer Umstand hinzu, der eine solche Werbemaßnahme als unlauter erscheinen lässt. Der Werbende, der sich, **ohne als solcher erkennbar zu sein**, einem Passanten nähert, macht sich den Umstand zu Nutze, dass es einem Gebot der Höflichkeit unter zivilisierten Menschen entspricht, einer fremden Person, die sich beispielsweise nach dem Weg erkundigen möchte, nicht von vorneherein abweisend und ablehnend gegenüberzutreten …".[107]

Die Zulässigkeit dieser Werbemethode folgt auch nicht aus der Existenz der gesetzlichen Regelungen zur Widerrufbarkeit von im Bereich öffentlicher Verkehrsflächen nach überraschendem Ansprechen abgeschlossenen Rechtsgeschäften. Denn: „… durch die in § 312 I Nr. 3 BGB vorgesehene Widerrufsmöglichkeit wird die mit der Ansprache von Passanten verbundene Gefahr einer den Interessen der Verbraucher zuwiderlaufenden Belästigung **nicht** ausgeräumt. Der nachträgliche Widerruf der Vertragserklärung beseitigt lediglich die zivilrechtlichen Folgen der (möglichen) Überrumpelung und nicht auch die wettbewerbsrechtliche Unlauterkeit wegen Belästigung, für die andere Kriterien als für die zivilrechtliche Beurteilung eines Rechtsgeschäfts maßgeblich sind … Der Umstand, dass der Gesetzgeber die werbliche Direktansprache nicht als unzulässig angesehen hat, weil er nicht die Unzulässigkeit der Direktansprache als solche, sondern nur die Widerruflichkeit der daraufhin abgeschlossenen Rechtsgeschäfte festgeschrieben hat, lässt … keinen Rückschluss auf die wettbewerbsrechtliche Zulässigkeit der in Rede stehenden Werbeform zu. Denn das Vertragsrecht befasst sich nur mit den Folgen einer Direktansprache, während die Beurteilung der Zulässigkeit der streitgegenständlichen Werbemethode dem Wettbewerbsrecht unter fällt. Der dem Verbraucher mit dem Recht des Widerrufs gewährte vertragsrechtliche Schutz vor den Folgen einer möglicherweise nach überraschender Ansprache unüberlegt abgegebenen rechtsgeschäftlichen Erklärung steht neben dem Schutz seines Rechts, unbelästigt zu bleiben."[108]

Ist es schließlich nicht inkonsequent und gleichheitswidrig, das gezielte und individuelle Ansprechen an öffentlich zugänglichen Orten zu verbieten, wenn **Hausvertreterbesuche** seit jeher als grds. wettbewerbsrechtlich zulässig erachtet werden? Der BGH widerspricht: „Zwar geht auch mit den für zulässig erachteten Haustürgeschäften eine Belästigung des Verbrau-

141

142

143

---

106 *BGH* NJW 2004, 2593 – Ansprechen in der Öffentlichkeit I.
107 *BGH* wie vor.
108 *BGH* wie vor.

chers einher. Das rechtfertigt es jedoch nicht, über diese Beeinträchtigung hinaus eine weiter reichende Störung der Individualsphäre durch unaufgefordertes Ansprechen im öffentlichen Verkehrsraum zuzulassen."[109]

144 **9.2.5.2 Verteilung von Handzetteln.** Die Verteilung von Handzetteln ist der Wertung des § 7 Abs. 2 Nr. 1 UWG folgend demgegenüber zulässig, wenn der Empfänger nicht ausdrücklich zu erkennen gegeben hat, dass er derartiges Werbematerial ablehnt. Die Werbung hilft dem Verbraucher sich einen Überblick über das Leistungsangebot zu verschaffen und dient damit seinem Interesse. Es kann daher nicht von vorneherein davon ausgegangen werden, dass jeder Umworbene diese Art von Werbung nicht wünscht.

145 **9.2.5.3 Zusendung unbestellter Ware.** Die Zusendung unbestellter Ware führt nach dem bürgerlichen Recht nicht zu einem Vertragsschluss (vgl. § 241a BGB). Das Verhalten kann zudem unter dem Belästigungsaspekt unlauter sein.[110]

146 **9.2.5.4 Postwurfsendungen.** Die Zustellung von Werbung mittels Postwurfsendungen ist nicht unlauter i.S.d. §§ 3, 7 UWG. Die Postzusteller sind allerdings verpflichtet, Hinweise auf Briefkästen zu beachten. Unterbleibt dies, ist der Einwurf der Sendung als wettbewerbswidrig anzusehen (s. schon oben Rn. 127).

147 **9.2.5.5 Zeitungsbeilagen.** Zeitungsbeilagen sind zulässig. Der Empfänger hat in die Zustellung der Zeitung eingewilligt und muss daher auch damit rechnen, dass die Zeitung – wie seit eh und je üblich – Beilagenwerbung enthält.

148 **9.2.5.6 Vertreterbesuche.** Vertreterbesuche an der Haustür sind dem Verbraucher als typische Erscheinungsform des Direktvertriebs seit langem bekannt und werden von der ganz überwiegenden Rechtsprechung und Lehre als grds. zulässig angesehen (s. schon Rn. 143). Wie bei Postwurfsendungen ist aber eine „Opt-out" – Erklärung des Adressaten zu beachten (z.B. Schild an der Haustür: „Vertreter und Hausierer unerwünscht").

D. Rechtsfolgen unlauteren Wettbewerbs

149 Typisch für das deutsche Lauterkeitsrecht ist, dass die Verfolgung von Verstößen nahezu ausschließlich mit den Mitteln des Privatrechts erfolgt. Eine behördliche Zuständigkeit im Sinne einer „Lauterkeitspolizei" besteht – anders als teilweise im europäischen Ausland – nicht. Für die Praxis steht im Zentrum des Interesses der Unterlassungsanspruch (s. sogleich I.).

I. Beseitigungs- und Unterlassungsanspruch

1. Grundsatz

150 Wer dem Verbot unlauteren Wettbewerbs zuwiderhandelt, kann auf **Beseitigung eines** fortwirkenden Störungs**zustandes** *und* auf **Unterlassung bei** drohender **Wiederholung**sgefahr in Anspruch genommen werden (§ 8 Abs. 1 S. 1 UWG).

151 Ein **Verschulden** bei der wettbewerbswidrigen unlauteren Handlung ist für den Anspruch auf Beseitigung oder Unterlassung **nicht** erforderlich – im Gegensatz zu dem Anspruch auf Schadensersatz (s. sogleich bei Rn. 161).

---

109 *BGH* wie vor.
110 Eingehend *Köhler* in Hefermehl/Köhler/Bornkamm, § 7 UWG Rn. 132 ff.

2. Kreis der Anspruchsberechtigten (Aktivlegitimation)

Der Kreis der Anspruchsberechtigten ist in § 8 Abs. 3 UWG **abschließend** aufgezählt. Insbesondere stehen dem einzelnen **Verbraucher keine individuellen Ansprüche** bei einem Wettbewerbsverstoß zu. Der Gesetzgeber hat anderslautenden politischen Forderungen nicht stattgegeben.[111] § 8 Abs.3 UWG ist auch kein Schutzgesetz i.S.d. § 823 Abs. 2 BGB. **152**

Demgemäß ist mit der Feststellung eines Wettbewerbsverstoßes gegen die oben C. eingehend dargestellten Regeln nicht automatisch die Frage beantwortet, wer nach dem UWG gegen diesen Verstoß mit Erfolg vorgehen kann. Diese sog. **Aktivlegitimation** steht nur den nachstehend abschließend dargestellten Personen bzw. Organisationen zu. **153**

2.1 Mitbewerber

Anspruchsberechtigt ist nach § 8 Abs. 3 Nr. 1 UWG zunächst der von einer unlauteren Wettbewerbshandlung **unmittelbar** betroffene und verletzte Mitbewerber.[112] Nur abstrakt betroffene Mitbewerber haben keine Klagebefugnis. Es bedarf folglich der Feststellung eines **konkreten** Wettbewerbsverhältnisses (s. § 2 Abs. 1 Nr. 3 UWG und oben B III 3). **154**

2.2 Verbände zur Förderung gewerblicher Interessen

Die Anspruchsberechtigung der Verbände zur Förderung gewerblicher oder selbstständiger beruflicher Interessen rechtfertigt sich aus der Funktion dieser Vereinigungen, die Mitgliederinteressen kollektiv wahrzunehmen. Wie sich aus § 8 Abs. 3 Nr. 2 UWG im Einzelnen ergibt, bedarf es einer genaueren Prüfung, ob tatsächlich Mitgliederinteressen betroffen sind und ob der Verband angemessen ausgestattet ist. Dies ist etwa der Fall für die Zentrale zur Bekämpfung unlauteren Wettbewerbs („Wettbewerbszentrale"), für Branchenverbände (z.B. die Einzelhandelsverbände), für Arbeitgeberverbände, für Verbände der Freiberufler (z.B. Deutscher Anwaltsverein). **155**

2.3 Qualifizierte Einrichtungen zum Schutz von Verbraucherinteressen

Die Anspruchsberechtigung der Verbraucherverbände ist nach Maßgabe des § 8 Abs. 3 Nr. 3 UWG in Verbindung mit dem Unterlassungsklagengesetz gegeben. Zur Verhinderung von früher nicht seltenen Missbräuchen – Stichwort: „Abmahnvereine" – ist heute nötig, dass die Einrichtung (nach Prüfung) in bei dem Bundesverwaltungsamt und der EU-Kommission geführten Verzeichnissen eingetragen ist.[113] Beispiele: Bund der Versicherten e.V.; Bundesverband der Verbraucherzentralen e.V.; Deutscher Mieterbund e.V. **156**

2.4 Industrie- und Handelskammern; Handwerkskammern

Diese öffentlich-rechtlichen Körperschaften, in denen alle Gewerbetreibenden bzw. Handwerksbetriebe zusammengeschlossen sind, verfügen nach § 8 Abs. 3 Nr. 4 UWG über die Anspruchsberechtigung. **157**

---

111 Begr. RegE UWG BT-Drucks. 15/1487, 22.
112 Zur Entstehungsgeschichte genauer *Köhler* in Hefermehl/Köhler/Bornkamm, § 8 UWG Rn. 3.26.
113 Übersicht der eingetragenen Einrichtungen bei *Köhler* in Hefermehl/Köhler/Bornkamm, § 8 UWG Rn. 3.53.

3. Missbrauchstatbestand

158   Mit § 8 Abs. 4 UWG, der § 13 Abs. 5 UWG a.F. entspricht, soll die missbräuchliche Geltendmachung von Ansprüchen verhindert werden. Dies ist insbesondere dann anzunehmen, wenn
es dem Anspruchsteller den Umständen nach nur um den Aufwendungs- bzw. Kostenersatzan-
spruch (§ 12 Abs. 1 S. 2 UWG; dazu näher unten Rn. 183) geht. Beispiel: Mehrere Konzern-
tochtergesellschaften mahnen einen Wettbewerber gleichlautend und vertreten durch denselben Rechtsanwalt wegen ein und desselben Wettbewerbsverstoßes ab. Dieses Verhalten kann
nur einen Sinn haben: Den grds. jedem Verletzten für die Abmahnung zustehenden Kostener-
satzanspruch (hier: Anwaltshonorar) zu generieren.[114]

4. Kreis der Verpflichteten (Passivlegitimation)

159   „Wer" i.S.d. § 8 Abs. 1 UWG und damit als Verletzer für den Unterlassungsanspruch passiv-
legitimiert ist nach der Rechtsprechung jeder, der (als Täter, Teilnehmer oder bloßer sog. **Störer**) in irgendeiner Weise willentlich und adäquat kausal an der Herbeiführung einer rechtswidrigen Beeinträchtigung mitgewirkt hat. Weder ist eine Absicht zur Förderung eigenen oder
fremden Wettbewerbs erforderlich noch bedarf es erst Recht eines Verschuldens.[115]

160   Mitarbeiter von Presseorganen werden bei der **Veröffentlichung von Anzeigen** privilegiert:
Nach ständiger Rechtsprechung ist ein Unterlassungsanspruch gegen sie nur dann gegeben,
wenn die Wettbewerbswidrigkeit der Anzeige **grob und unschwer erkennbar** ist, weil anderenfalls die grds. bestehende Prüfpflicht überstrapaziert würde.[116]

161   Von großer praktischer Bedeutung ist, dass sich ein nach dem bisher Ausgeführten bestehender
Unterlassungsanspruch gem. § 8 Abs. 2 UWG auch gegen den **Unternehmensinhaber** richtet
– d.h. die OHG, die GmbH etc. –, wenn die Zuwiderhandlung von einem Mitarbeiter oder Beauftragten begangen wurde. Hierzu zählen alle Personen, die in die Betriebsorganisation eingebunden sind, z.B. auch Handelsvertreter und Franchise-Nehmer.[117] Gleiches gilt für Kon-
zerngesellschaften im Verhältnis zur Holding.

II. Schadensersatzanspruch

162   Wer dem Verbot des unlauteren Wettbewerbs in § 3 UWG **vorsätzlich** oder **fahrlässig** zuwiderhandelt, ist verletzten Mitbewerbern zum Ersatz des daraus entstehenden Schadens verpflichtet (§ 9 S. 1 UWG).

---

114 Vgl. auch *BGH* GRUR 2002, 357 – missbräuchliche Mehrfachabmahnung.
115 Vgl. jeweils m.w.N. etwa *BGH* NJW-RR 2002, 832 – Meißner Dekor; GRUR 1997, 313 – Architektenwettbewerb; zur Störerhaftung eines Internetauktionshauses jüngst eingehend *BGH* NJW 2007,
2636 – Internet-Versteigerung II; WM 2007, 1812 – jugendgefährdende Medien bei eBay – mit
Anm. *Hoeren* EWiR 2007, 635.
116 Vgl. nur *BGH* GRUR 2002, 360 – H.I.V. POSITIVE II; umfassende Darstellung der Verantwortlichkeit der Presse und weitere Nachweise bei *Köhler* in Hefermehl/Köhler/Bornkamm, § 9 UWG
Rn. 2.1. ff., 2.3.
117 *BGH* GRUR 1995, 605 – Franchise-Nehmer.

Ein weiteres (s.o. Rn. 160) **Presseprivileg**[118] enthält § 9 S. 2 UWG. Danach kann gegen verantwortliche Personen von periodischen Druckschriften[119] ein Schadensersatzanspruch nur bei einer vorsätzlichen Zuwiderhandlung geltend gemacht werden. Hierdurch soll verhindert werden, dass sich z.B. Herausgeber und/oder Redakteure eines Nachrichtenmagazins aus Furcht vor einer möglichen persönlichen Schadensersatzpflicht selbst einen „Maulkorb" umhängen. Die Vergünstigung gilt nicht nur für Fehler im redaktionellen Teil, sondern auch für das bekanntermaßen häufig hektische und fehlerträchtige Anzeigengeschäft.[120] Anzumerken ist, dass dies einen Schadensersatzanspruch gegen die (juristische) Person, die die Druckschrift verlegt, wegen fahrlässig begangener Wettbewerbsverstöße selbstverständlich nicht ausschließt.   **163**

Die Bemessung eines Schadensersatzanspruchs der Höhe nach ist häufig sehr schwierig. Wie will man z.B. ermitteln, welcher Umsatz bzw. Gewinn einem Unternehmen durch die irreführende Werbung eines Konkurrenten entgangen ist? Immerhin steht dem Verletzten zur Vorbereitung der notwendigen Schadensbezifferung nach ständiger Rechtsprechung, die heute zu **Gewohnheitsrecht** erstarkt ist (§ 242 BGB), ein **Auskunftsanspruch** zu.[121] Hierüber lassen sich Art, Zeitpunkt und Umfang des konkreten Verletzungsfalls ermitteln. Die Kausalität zwischen Verletzungsfall und einem Gewinnrückgang z.B. nach einer irreführenden Werbung wird sich auch so freilich regelmäßig nicht nachweisen lassen. Zu viele andere Faktoren können eine Rolle gespielt haben (Saisonaler Einfluss, Modellwechsel etc.).   **164**

Von großer praktischer Relevanz sind vor diesem Hintergrund die Vergünstigungen, die dem Verletzten bei der Schadensberechnung in den Fällen des ergänzenden Leistungsschutzes zugute kommen. Er kann, wie sonst nur bei Verletzung des allgemeinen Persönlichkeits- oder eines gewerblichen Schutzrechts bekannt, den Schaden auf dreifache Weise berechnen:[122]   **165**

• Verlangen des konkret berechneten Schadens,
• Verlangen einer angemessenen (fiktiven) Lizenzgebühr (**Lizenzanalogie**),
• Herausgabe des Verletzergewinns.[123]

III. Gewinnabschöpfungsanspruch

Wer dem Verbot des unlauteren Wettbewerb **vorsätzlich** zuwiderhandelt und hierdurch zu Lasten einer Vielzahl von Abnehmern einen Gewinn erzielt, kann zusätzlich zur Herausgabe dieses Gewinns an den Bundeshaushalt in Anspruch genommen werden (§ 10 UWG).   **166**

Durchsetzungsdefizite des Wettbewerbsrechts bei Fällen mit sog. **Streuschäden**, in denen durch ein wettbewerbswidriges Verhalten eine **Vielzahl von Abnehmern jeweils nur einen geringen Schaden** erleiden, sollen durch diesen Anspruch behoben werden.[124] Der alte Satz *„Unlauterer Wettbewerb lohnt sich immer!"* soll der Vergangenheit angehören.   **167**

---

118 Zu sonstigen Presserechtsfragen, u.a. dem presserechtlichen Gegendarstellungsanspruch, s. eingehend oben Absch. 7.
119 Nach richtiger Auffassung ist die Vorschrift auf sonstige Medien (Rundfunk, Onlinedienste), die periodisch Informationen übermitteln, analog anzuwenden, vgl. *Köhler* in Hefermehl/Köhler/Bornkamm, § 9 UWG Rn. 2.13.
120 S. nur *Petersen* Medienrecht, § 8 Rn. 39.
121 Vgl. genauer *Köhler* in Hefermehl/Köhler/Bornkamm, § 9 UWG Rn. 4.1 ff.
122 Vgl. wiederum zu den Einzelheiten *Köhler* in Hefermehl/Köhler/Bornkamm, § 9 UWG Rn. 1.36 ff.
123 Zu Details *BGH* NJW 2007, 1524 – Steckverbindergehäuse; *Loschelder* NJW 2007, 1503.
124 Begr. RegE UWG BT-Drucks. 15/1487, 23.

168 Die Anspruchsgrundlage des § 10 UWG ist im deutschen Recht und im ausländischen Recht ohne Vorbild. Angesichts der komplizierten Ausgestaltung – insbes. hinsichtlich der Berechnung des herauszugebenden Gewinns (s. Abs. 2) – erscheint fraglich, ob sie über einen Appellcharakter hinauskommt.[125]

IV. Verjährung

169 Die Verjährungsvorschriften des § 11 UWG sind den mit der Schuldrechtsreform im Jahr 2002 geänderten allgemeinen Verjährungsvorschriften in § 199 Abs.1 BGB angeglichen worden.

1. Verjährung der Ansprüche auf Beseitigung und Unterlassung

170 Die Ansprüche nach § 8 UWG verjähren in **sechs Monaten** (§ 11 Abs. 1 UWG). Die Verjährungsfrist beginnt, wenn der Anspruch entstanden ist und der Gläubiger von den den Anspruch begründenden Umständen und der Person des Schuldners Kenntnis erlangt hat oder ohne grobe Fahrlässigkeit erlangen musste (§ 11 Abs. 2 UWG).

2. Verjährung der Aufwendungsersatzansprüche

171 Aufwendungsersatzansprüche nach § 12 Abs. 1 S. 2 UWG verjähren ebenfalls in **sechs Monaten** (§ 11 Abs. 1 UWG). Die Verjährungsfrist beginnt, wenn der Anspruch entstanden ist und der Gläubiger von den den Anspruch begründenden Umständen und der Person des Schuldners Kenntnis erlangt oder ohne grobe Fahrlässigkeit erlangen musste (§ 11 Abs. 2 UWG).

3. Verjährung der Schadensersatzansprüche

172 Auch Schadensersatzansprüche nach § 9 UWG verjähren in **sechs Monaten** (§ 11 Abs. 1 UWG). Die Verjährungsfrist beginnt, wenn der Anspruch entstanden ist und der Gläubiger von den den Anspruch begründenden Umständen und der Person des Schuldners Kenntnis erlangt oder ohne grobe Fahrlässigkeit erlangen musste (§ 11 Abs. 2 UWG). **Schadensersatzansprüche** verjähren ohne Rücksicht auf die Kenntnis oder grob fahrlässige Unkenntnis in **zehn Jahren** von ihrer Entstehung, spätestens in **30 Jahren** von der den Schaden auslösenden Handlung an (§ 11 Abs. 3 UWG).

4. Verjährung anderer Ansprüche

173 Andere Ansprüche, einschließlich des Gewinnabschöpfungsanspruchs, verjähren ohne Rücksicht auf die Kenntnis oder die grob fahrlässige Unkenntnis in **drei Jahren** von ihrer Entstehung an (§ 11 Abs. 4 UWG).

V. Straftatbestände

Das UWG enthält eine Reihe von Straftatbeständen (§§ 16 – 19 UWG).

---

125 Vgl. etwa *Köhler* GRUR 2003, 265.

1. Strafbare irreführende Werbung (§ 16 Abs. 1 UWG)

Wer in der Absicht, den Anschein eines besonders günstigen Angebots hervorzurufen, in öf-   **174**
fentlichen Bekanntmachungen oder in Mitteilungen, die für einen größeren Kreis von Personen bestimmt sind, durch unwahre Angaben irreführend wirbt, macht sich strafbar. Erforderlich ist, dass die Tatsachen unwahr sein müssen. Insofern unterscheidet sich § 16 Abs. 1 UWG
von § 5 UWG. Im Fall des § 16 Abs. 1 UWG ist also die **Wahrheit objektiv** zu prüfen. Während die Irreführung in § 5 UWG auf der **Vorstellung der betroffenen Zielgruppe** beruht. In
subjektiver Hinsicht ist Vorsatz und die Absicht erforderlich, den Anschein zu erwecken, ein
besonders günstiges Angebot zu unterbreiten.

2. Progressive Kundenwerbung (sog. Schneeballsystem, § 16 Abs. 2 UWG)

Wer es im geschäftlichen Verkehr unternimmt, Verbraucher zur Abnahme von Waren, Dienst-   **175**
leistungen oder Rechten durch das Versprechen zu veranlassen, sie würden entweder von dem
Veranstalter selbst oder von einem Dritten besondere Vorteile erlangen, wenn sie andere zum
Abschluss gleichartiger Geschäfte veranlassen, die ihrerseits nach der Art dieser Werbung der-
artige Vorteile für eine entsprechende Werbung weiterer Abnehmer erlangen sollen, wird mit
Freiheitsstrafe bis zu zwei Jahren oder mit Geldstrafe bestraft.

3. Verrat von Geschäfts- und Betriebsgeheimnissen (§ 17 UWG)

Der Verrat von Geschäfts- oder Betriebsgeheimnissen ist in § 17 UWG unter Strafe gestellt.   **176**
Hiervon erfasst ist sowohl der Verrat durch eine bei dem betreffenden Unternehmen angestellte
Person (§ 17 Abs. 1 UWG) als auch das Eindringen durch Dritte (sog. Industriespionage, § 17
Abs. 2 UWG). Werden die Geheimnisse anschließend zur Nachahmung von Waren oder
Dienstleistungen genutzt, liegt zivilrechtlich ein unlauteres Verhalten i.S.d. § 4 Nr. 9 c UWG
vor (s.o. Rn. 31).

4. Verwertung von Vorlagen (§ 18 UWG)

Mit Freiheitsstrafe bis zu zwei Jahren oder mit Geldstrafe wird bestraft, wer die ihm im ge-   **177**
schäftlichen Verkehr anvertrauten Vorlagen oder Vorschriften technischer Art, insbesondere
Zeichnungen, Modelle, Schablonen, Schnitte und Rezepte, zu Zwecken des Wettbewerbes
oder aus Eigennutz unbefugt verwertet oder jemandem mitteilt.

Hierzu gehören u.U. auch **Marketingkonzeptionen**. Man sollte sich daher als Marketingagen-   **178**
tur vor der Präsentation von Konzeptionen immer eine sog. **Vertraulichkeitserklärung** gegen-
zeichnen lassen, in der u.a. auf die Strafbarkeit unautorisierter Verwendung der Vorlage hingewiesen wird.

5. Verleiten und Erbieten zum Verrat (§ 19 UWG)

Die Anstiftung zu einem Vergehen gegen die §§ 17 oder 18 UWG wird nach § 19 UWG be-   **179**
straft.

E. Wettbewerbsverfahrensrecht

I. Abmahnung und Unterlassungsverpflichtungserklärung

180   Für das Wettbewerbsrecht seit eh und je typisch ist es, dass der Verletzte den Verletzer vor der gerichtlichen Geltendmachung eines Unterlassungsanspruchs abmahnt. Es hat seinen Grund darin, dass der Verletzte ansonsten vor Gericht riskiert, bei einem sofortigen Anerkenntnis des Verletzers die Kosten tragen zu müssen (§ 93 ZPO).

181   Mit der **Abmahnung** wird der Verletzer aufgefordert, den Streit durch Abgabe einer mit einer angemessenen Vertragsstrafe bewehrten **Unterlassungsverpflichtungserklärung** (UVE) beizulegen (§ 12 Abs. 1 S. 1 UWG). Kommt der Verletzer diesem Verlangen nach, entfällt die Wiederholungsgefahr (s.o. D I 1) und zugleich das Rechtschutzbedürfnis des Verletzten für ein gerichtliches Verfahren.

182   Die Abfassung der UVE obliegt dem Verletzer. In der Praxis ist es üblich, der Abmahnung die verlangte UVE in Entwurfsform beizulegen. Die korrekte Fassung des zur Unterlassung verlangten Verhaltens ist oft nicht einfach. Nach der Rechtsprechung ist die sog. **konkrete Verletzungsform** in dem Unterlassungsbegehren zum Ausdruck zu bringen.[126]

183   Der Verletzte kann bei einer berechtigten Abmahnung vom Verletzer nach § 12 Abs. 1 S. 2 UWG den „Ersatz der erforderlichen Aufwendungen" verlangen. Hierunter fallen in der Regel vor allem die durch die Beauftragung eines Rechtsanwalts entstandenen Gebühren. An der Erforderlichkeit anwaltlicher Einschaltung kann es in einfach gelagerten Fällen bei Unternehmen mit eigener Rechtsabteilung oder auch bei der Selbstvertretung eines Rechtsanwalts fehlen.[127]

184   Der Verletzer sollte den Entwurf der UVE nie blind unterzeichnen, sondern genau prüfen bzw. prüfen lassen, ob das Unterlassungsverlangen nicht zu weit geht. Ist die UVE erst einmal unterschrieben und von dem Verletzten angenommen, besteht ein Unterlassungsvertrag, der nicht vom Umfang des gesetzlichen Unterlassungsanspruchs abhängig ist. Häufig wird von Verletztenseite in die UVE auch das Anerkenntnis einer Auskunfts- und Schadensersatzverpflichtung sowie zur Tragung der Abmahnkosten in bestimmter – u.U. übersetzter Höhe – aufgenommen. Auch insoweit kann sich unreflektiertes Handeln schnell rächen.

185   Welche Höhe ein angemessenes Vertragsstrafeversprechen haben muss, hängt von der Schwere des Wettbewerbsverstoßes ab. Abstrakt gesprochen muss es so hoch sein, dass angenommen werden kann, der Verletzer werde von weiteren Verstößen absehen. Bei einem „durchschnittlichen" Verstoß kann nach der Praxis der Wettbewerbskammern der Landgerichte ein Vertragsstrafeversprechen von wenigstens 5.001 € verlangt werden. Dies rührt aus der Zeit vor Inkrafttreten der UWG-Novelle, als die Landgerichte noch nicht umfassend gemäß § 13 Abs. 1 S. 1 UWG zuständig waren[128] und man daher nur so die landgerichtliche Zuständigkeit für eine Vertragsstrafenklage sicherstellen konnte. In Fällen, in denen das Ausmaß des Wettbewerbsverstoßes und damit die angemessene Höhe einer Vertragsstrafe (noch) nicht absehbar ist, kommt auch ein Vertragsstrafeversprechen nach dem sog. **„neuen Hamburger Brauch"** in Betracht. Hier wird kein bestimmter Betrag versprochen, sonder dem Gläubiger innerhalb ei-

---

126   Vgl. zur notwendigen Bestimmtheit des Verfügungs- bzw. Klageantrags *Köhler* in Hefermehl/Köhler/Bornkamm, § 12 UWG Rn. 2.35 ff.

127   Vgl. nur *BGH* BB 2007, 351 mit Anm. *Dittmer* EWiR 2007, 355 m.w.N.

128   Str.; wie hier u.a. *Fezer/Bücher* § 13 UWG Rn. 7; *Spätgens* in Gloy/Loschelder § 77 Rn. 3; a.A. *Köhler* in Hefermehl/Köhler/Bornkamm, § 13 UWG Rn. 2.

nes festgelegten Rahmens (z.B. „Vertragsstrafe bis zu 10.000 €") die Bestimmung der konkret angemessenen Strafe überlassen. Missbrauch ist ausgeschlossen, da die Strafhöhe nach § 315 Abs. 3 BGB der gerichtlichen Überprüfung unterliegt.[129]

Die in die Zukunft gerichtete UVE kann von dem Schuldner bei Vorliegen eines wichtigen Grundes gekündigt werden.[130] Als ein derartiger Grund, der dem Schuldner das Festhalten an der Vereinbarung unzumutbar macht, kommt in Betracht insbesondere eine Änderung der Rechtslage. *Beispiel:* Die Abgabe der UVE erfolgte wegen eines Rechtsbruchs (§ 4 Nr. 11 UWG). Die verletzte gesetzliche Vorschrift wird später aufgehoben bzw. es ändert sich die Auslegung durch die höchstrichterliche Rechtsprechung. Der Schuldner kann dann die UVE kündigen. **186**

II. Gerichtliches Verfahren

Wird keine UVE abgegeben, muss der Verletzte sich entscheiden, ob er die Sache auf sich beruhen oder gerichtlich klären lassen will. **187**

Sachlich zuständig für Wettbewerbssachen sind die **Landgerichte** (§ 13 UWG). Örtlich zuständig ist das Landgericht, in dessen Bezirk der Verletzer seine gewerbliche oder berufliche Niederlassung hat, in Ermangelung einer solchen seinen Wohnsitz bzw. inländischen Aufenthaltsort (vgl. § 14 Abs. 1 UWG). Für Rechtsstreitigkeiten zwischen unmittelbaren Wettbewerbern ist nach § 14 Abs. 2 UWG jedes Landgericht zuständig, in dessen Bezirk die Verletzung begangen ist (sog. **Begehungsort**). Bei Druckmedien ist dies das gesamte bestimmungsgemäße Verbreitungsgebiet. Beim Versand von Schreiben, Telefaxsendungen, E-Mails oder SMS ist Begehungsort neben dem Absendeort auch der Empfangsort. Bei Wettbewerbshandlungen, die über **Rundfunk, TV oder Internet** verbreitet werden, ist Empfangsort jeder Ort, an dem die Information Personen bestimmungsgemäß zur Kenntnis gebracht wird. Dies bedeutet im Ergebnis, dass der Verletzte bei einer bundesweiten unlauteren Werbung – z.B. in Presse oder Funk – die Wahl zwischen allen Landgerichten in Deutschland hat (sog. **fliegender Gerichtsstand**). **188**

Noch anzumerken ist in diesem Zusammenhang, dass von der Bestimmung des Gerichtsstands die Frage nach dem anwendbaren materiellen Recht zu unterscheiden ist. Für den Bereich des **elektronischen Geschäftsverkehrs** ordnet § 3 TMG in Umsetzung der Richtlinie über den elektronischen Geschäftsverkehr das sog. **Herkunftslandprinzip** an. Dies bedeutet, dass für deutsche Diensteanbieter[131] auch dann (ausschließlich) deutsches Recht gilt, wenn sie ihre Dienste in anderen Staaten der EU anbieten (§ 3 Abs. 1 TMG). Umgekehrt versucht § 3 Abs. 2 S. 2 i.V.m. Abs. 5 TMG auf den ausländischen Diensteanbieter (auch) deutsches Lauterkeitsrecht zur Anwendung zu bringen. Dies findet wegen des Vorrangs des Gemeinschaftsrechts freilich seine Grenze im Günstigkeitsprinzip.[132] **189**

Für den Wettbewerbsprozess typisch ist, dass der Verletzte versucht, so schnell wie möglich eine **einstweilige Verfügung** des Gerichts zu erhalten (vgl. § 12 Abs. 2 UWG), mit der dem Verletzer sein Verhalten „bei Meidung eines für jeden Fall der Zuwiderhandlung verwirkten **Ordnungsgeldes bis zu 250.000 €** oder der Ordnungshaft bis zu 6 Monaten" (§ 890 ZPO) untersagt wird. **190**

---

129 Eingehend m.w.N. *Bornkamm* in Hefermehl/Köhler/Bornkamm, § 12 UWG Rn. 1.142 f.
130 Vgl. *BGH* NJW 1997, 1702 – Altunterwerfung I; 2005, 2014 – Sparberaterin II.
131 Ausf. zu Telemediendiensten oben Abschn. 6.
132 Vgl. weitergehend *Köhler* in Hefermehl/Köhler/Bornkamm, Einl. UWG Rn. 5.22. m.w.N.

191 Aus § 12 Abs. 2 UWG ergibt sich die sog. **Dringlichkeitsvermutung**, d.h. der – neben dem Verfügungsanspruch – erforderliche Verfügungsgrund der Dringlichkeit wird (widerlegbar) vermutet. Als widerlegt ist diese Vermutung nach der Rechtsprechung anzusehen, wenn der Antragsteller mit der Rechtsverfolgung nach Erlangung positiver Kenntnis zu lange zugewartet hat.[133] Eine in der Praxis gebräuchliche Faustregel sieht als schädlich einen Zeitraum ab 5 Wochen an.[134] Nicht per se dringlichkeitsschädlich ist das sog. „**forum-shopping**". Hiervon spricht man, wenn der Verfügungsantrag bei einem LG zurückgenommen wird, nachdem dieses signalisiert hat, die Verfügung nicht bzw. nicht ohne mündliche Verhandlung erlassen zu wollen, und die anschließende Anrufung eines anderen LG.[135]

192 Befürchtet man (z.B. aufgrund einer Abmahnung), dass ein Wettbewerber eine einstweilige Verfügung beantragen könnte, kommt die Hinterlegung einer sog. **Schutzschrift** bei den für die Antragstellung in Frage kommenden Gerichten in Betracht. In der Rechtsprechung ist anerkannt, dass solche vorbeugenden Schriftsätze vom Gericht zu berücksichtigen sind.[136] Um den Aufwand für alle Beteiligten zu reduzieren, wird derzeit der Aufbau eines elektronischen **Zentralen Schutzschriftregisters** betrieben.[137]

193 Ist eine einstweilige Verfügung erlassen worden und vom Verletzer auch nicht beanstandet worden, so hat der Verletzte zu bedenken, dass, wie der Name schon sagt, die einstweilige Verfügung noch keine dauerhafte Regelung darstellt. Auch die ordnungsgemäß vollzogene[138] einstweilige Verfügung unterbricht nicht die Verjährung. Es besteht daher grds. Anlass und Notwendigkeit für das Nachschieben der ordentlichen (Unterlassungs-)Klage. Diese lässt sich für den Verletzer nur durch das sog. **Abschlussschreiben** vermeiden. Hierin erkennt er die einstweilige Verfügung „als endgültige Regelung" an. Die (anwaltlichen) Kosten des Verletzten für die Aufforderung zur Abgabe der Abschlusserklärung trägt grds. – wie schon bei der UVE kennen gelernt – der Verletzer.[139]

194 Die Darstellung der weiteren Verfahrensbesonderheiten würde den vorliegenden Rahmen sprengen.[140] Unbedingt anzuempfehlen ist erforderlichenfalls die Beauftragung eines entsprechend spezialisierten Anwaltsbüros.

III. Einigungsstellen

195 Eine Alternative zur Anrufung des Gerichts ist die Einschaltung der Einigungsstelle (§ 15 UWG). Diese bei den Industrie- und Handelskammern angesiedelten Einrichtungen bezwecken den gütlichen Ausgleich zwischen den Parteien.

196 Die praktische Bedeutung der Einigungsstellen ist relativ gering, was aus Sicht des Verletzten auf die Eilbedürftigkeit einer Regelung zurückzuführen ist. Die möglichst umgehende Beantragung einer einstweiligen Verfügung ist für ihn meist erste Wahl.

---

133 Zur Frage einer sog. Marktbeobachtungspflicht etwa *Teplitzky*, Kap. 54 Rn. 29.
134 Genauer *Köhler* in Hefermehl/Köhler/Bornkamm, § 12 UWG Rn. 3.15.
135 Vgl. zu Unrecht a.A. *OLG Hamburg* GRUR 2007, 614 mit Anm. *Möller* EWiR 2007, 447.
136 Vgl. BGH NJW 2003, 1257.
137 Vgl. www.schutzschriftenregister.de und *Wolf* NJW 2007/Heft 32, XXII.
138 Zur notwendigen Vollziehung einer einstweiligen Verfügung (§ 929 Abs. 2 i.V.m. § 936 ZPO) s. *Ekey* in Ekey/Klippel, § 12 UWG Rn. 94 ff.
139 Vgl. *BGH* WM 2007, 753 sowie zu Ausnahmen in einfach gelagerten Fällen.
140 Umfassend *Teplitzky* Wettbewerbsrechtliche Ansprüche und Verfahren.

F. Internationale Aspekte

Das deutsche Lauterkeitsrecht ist in den letzten Jahren zunehmend durch das **vorrangige europäische Gemeinschaftsrecht** beeinflusst worden. Neben den Entscheidungen des Europäischen Gerichtshofs haben vor allem mehrere Richtlinien der Europäischen Kommission eine Rolle gespielt. Durch § 5 Abs. 3 und § 6 UWG wurden z.B. die Richtlinien über irreführende und vergleichende Werbung (84/450/EWG und 97/55/EG) in innerstaatliches Recht umgesetzt, durch § 4 Nr. 3 bis 5 UWG und § 3 TMG die Richtlinie über den elektronischen Geschäftsverkehr (2000/31/EG) und durch § 8 Abs. 3 Nr. 3 UWG (und das UnterlassungsklagenG) die Richtlinie über Unterlassungsklagen zum Schutz von Verbraucherinteressen (98/27/EG). In der Umsetzung befindet sich derzeit die **Richtlinie über unlautere Geschäftspraktiken** im binnenmarktinternen Geschäftsverkehr (2005/29/EG). Der Referentenentwurf des Bundesjustizministeriums vom 08.05.2007 sieht geringfügige Anpassungen des UWG sowie die Anfügung einer sog. „**Black List**" mit bestimmten unlauteren und daher verbotenen Geschäftspraktiken vor.

197

Das anwendbare **nationale Wettbewerbsstatut** richtet sich jenseits des Anwendungsbereichs des Gemeinschaftsrechts nach den Kollisionsregeln des deutschen **Internationalen Wettbewerbsrechts**. Da Wettbewerbsverstöße nach deutschem Verständnis als unerlaubte Handlungen zu qualifizieren sind, sind damit die Regeln des Internationalen Deliktsrechts anwendbar (Art. 40, 41 EGBGB). Danach ist regelmäßig deutsches Wettbewerbsrecht anwendbar, wenn die wettbewerblichen Interessen der Parteien (zumindest auch) in Deutschland aufeinander treffen (sog. **Marktortprinzip**).[141] Dies gewährleistet nach wie vor einen weiten Anwendungsbereich für die Bestimmungen des UWG.

198

---

141 Vgl. eingehend *Köhler* in Hefermehl/Köhler/Bornkamm, Einl. UWG Rn. 5.1. ff.

23. Abschnitt

Film- und Fernsehvertragsrecht

Literatur: *Baumbach/Hopt* Handelsgesetzbuch, 32. Aufl. 2006; *Brauneck/Brauner* Optionsverträge über künftige Werke im Filmbereich, ZUM 2006, 513; *Castendyk* Lizenzverträge und AGB-Recht, ZUM 2007, 169; *Dörr/Schwartmann* Medienrecht, 2006; *Dreier/Schulze* Urheberrecht 2004; *Flatau* Neue Verbreitungsformen für Fernsehen und ihre rechtliche Einordnung: IPTV aus technischer Sicht, ZUM 2007, 1; *Grün* Der Ausschluss der Unterlassungsklage und des vorläufigen Rechtsschutzes in urheberrechtlichen Verträgen – Eine prozessuale, urheber- und AGB-rechtliche Untersuchung am Beispiel eines Regievertrages, ZUM 2004, 733; *Heinklein/Fey* GRUR Int. 2004, 378; *Karstens/Schütte* Praxishdb. Fernsehen – Wie TV-Sender arbeiten, 2005; *Kreile/Becker/Riesenhuber* Recht und Praxis der GEMA, 2006; *Ory* Rechtliche Überlegungen aus Anlass des „Handy-TV" nach dem DMB-Standard, ZUM 2007, 7; *Palandt* Bürgerliches Gesetzbuch, 66. Aufl. 2007; *Schiwy/Schütz/Dörr* Medienrecht Lexikon für Praxis und Wissenschaft, 4. Aufl. 2006; *Schricker* Urheberrecht, 3. Aufl. 2006; *v. Hartlieb/Schwarz* Hdb. des Film-, Fernseh- und Videorechts, 4. Aufl. 2004.

1. Einleitung

1 Der folgende Beitrag setzt sich mit einer Auswahl typischer Vereinbarungen des Film- bzw. Fernsehbereichs auseinander. Parteien der Vereinbarungen sind der Produzent bzw. Rechteinhaber/Lizenzgeber auf der einen Seite und der Sender – unabhängig davon ob es sich dabei um eine öffentlich-rechtliche Anstalt oder einen privaten Rundfunkveranstalter[1] handelt – bzw. Verwerter/Lizenznehmer auf der anderen Seite. Auf die Besonderheiten der verschiedenen **Programmsparten bzw. Genres**[2] wird eingegangen, soweit sie für die Vertragsgestaltung von Bedeutung sind.

2 Dazu werden zu Beginn als Grundlage die für die Praxis relevanten Punkte eines **Lizenzvertrags** anhand eines Muster-Beispiels beleuchtet, um dann schwerpunktmäßig den klassischen **Auftragsproduktionsvertrag** zu behandeln. Kurz skizziert wird der **Buchentwicklungsvertrag,** eine Art „Vorstufe" zum Auftragsproduktionsvertrag im Fiction-Bereich. Denn hier wird in der Regel erst ein Drehbuch in Auftrag gegeben und vertraglich geregelt; in einem zweiten Schritt ist dann ggf. die Verfilmung des Drehbuchs Gegenstand eines weiteren Vertrags (Auftragsproduktionsvertrags).

3 Auch Vereinbarungen von Produzenten untereinander, wie z.B. der **Coproduktionsvertrag,** werden am Rande gestreift.

Abschließend werden Vereinbarungen, die Fernsehshowformate zum Gegenstand haben, wie z.B. ein **Optionsvertrag** und ein typisches englischsprachiges „**Deal Memo**" vorgestellt.

---

1 Vgl. *Schiwy/Schütz/Dörr* S. 415 ff. zu den Grundprinzipien der dualen Rundfunkordnung, in der privater und öffentlich-rechtlicher Rundfunk nebeneinander existieren.

2 Programme können zunächst grob in Sparten eingeteilt werden; innerhalb der einzelnen Programmsparten wird dann weiter differenziert. Es gibt jedoch keine einheitliche, allgemein verbindliche Einteilung. Private Sender teilen ihr Programm größtenteils in vier Sparten ein: fiktionale Programme, Information, Unterhaltung und Sport. Fiktionale Programme sind z.B. Spielfilme (Krimi, Thriller, Komödie, Drama etc.), tägliche Serien (Soaps, Telenovelas etc.) oder wöchentliche Serien. Zur Information gehören u.a. Nachrichten und Dokumentationen. Zur Unterhaltung zählen Shows und zur Sparte Sport gehören neben Sportübertragungen z.B. auch Sport-Magazine.

2. Der Lizenzvertrag

2.1 Der Begriff des Lizenzvertrags

Der **Begriff des Lizenzvertrags** wird hier so verstanden, dass darunter alle Verträge fallen, die **4**
die **Einräumung von Nutzungsrechten**[3] zum Gegenstand haben, gleich welcher Stufe.[4]

§ 31 UrhG ist dabei die zentrale Norm des Urhebervertragsrechts, wonach der **Urheber** einem **5**
anderen ein Nutzungsrecht an seinem **Werk**[5] einräumen kann.[6] Nach § 79 UrhG Abs. 2 S. 1
kann auch der **ausübende Künstler** Nutzungsrechte an seiner Darbietung einräumen.[7] An
sonstigen verwandten Schutzrechten können ebenfalls Nutzungsrechte eingeräumt werden,
z.B. am **Schutzrecht des Filmherstellers** § 94 Abs. 2 S. 2.[8]

2.2 Einführung

Im Folgenden wird beispielhaft die vertragliche Einräumung[9] von Nutzungsrechten an einem **6**
bereits fertig gestellten Film behandelt (s. Muster: „**Fernsehlizenzvertrag**"). Dabei ist im Beispielsfall davon auszugehen, dass es sich bei dem vertragsgegenständlichen Film um ein urheberrechtlich geschütztes **Filmwerk**[10] i.S.v. § 2 Abs. 1 Nr. 6 UrhG handelt.[11]

Anders als im Verlagswesen, wo das Verlagsgesetz Regelungen für den Verlagsvertrag vorsieht, **7**
gibt es für Lizenzverträge auf verschiedenen anderen Gebieten des Urheberrechts kein eigenes
Vertragsrecht.[12] Eine analoge Anwendung der Vorschriften des Verlagsrechts z.B. auf den Fernsehlizenzvertrag oder den Filmlizenzvertrag[13] scheidet nach wohl herrschender Meinung aus,[14]

---

3 Vgl. *Schricker* vor §§ 28 ff., Rn. 20 zur terminologischen Abgrenzung zwischen Nutzungsrechten und
   Verwertungsrechten.
4 S. *Dreier/Schulze* vor § 31 Rn. 27 mit der Unterteilung in primäres und sekundäres Urhebervertragsrecht und der Ansicht, häufig würden insbesondere Verträge, mit denen Nutzungsrechte auf der zweiten oder einer weiteren Nutzerstufe übertragen würden, als Lizenzverträge bezeichnet; vgl. auch *Schricker* vor §§ 28 ff. Rn. 43 zur mehrstufigen Rechtseinräumung. Hier wird das Nutzungsrecht als „Toch-
   terrecht" des Urheberrechts als des „Mutterrechts" bezeichnet.
5 Vgl. *Schricker* § 2 Rn. 8 ff. Allgemeines zum Werkbegriff.
6 Vgl. *Schricker* vor §§ 28 ff. Rn. 17, § 29 Rn. 7 zur Unübertragbarkeit des Urheberrechts unter Le-
   benden.
7 § 79 Abs. 2 S. 2 UrhG verweist u.a. auf § 31 UrhG; insofern besteht kein Unterschied mehr zur Einräumung urheberrechtlicher Nutzungsrechte, auch wenn der ausübende Künstler – anders als der Urheber – seine Rechte und Ansprüche aus §§ 77 und 78 grds. frei übertragen kann, vgl. § 79 Abs. 1 S. 1
   UrhG. S. *Dreier/Schulze* § 79 Rn. 2.
8 § 94 Abs. 2 S. 3 UrhG verweist wiederum u.a. auf § 31 UrhG.
9 Vgl. *Schricker* vor §§ 28 ff. Rn. 45 zur Formfreiheit der Einräumung von Nutzungsrechten. Ausnahme: Schriftformerfordernis für Verträge über unbekannte Nutzungsarten gem. § 31a Abs. 1 S. 1
   UrhG und für künftige Werke gem. § 40 Abs. 1 S. 1 UrhG.
10 Vgl. *Schricker* § 2 Rn. 8 ff. Allgemeines zum Werkbegriff; *v. Hartlieb/Schwarz* Kap. 35 Rn. 2 ff. zum
   Filmbegriff, Kap. 36 Rn. 3 zum urheberrechtlichen Schutz bei Spielfilmen; *Schricker* § 95 Rn. 8 ff.
   zur Abgrenzung von Laufbildern zu Filmwerken.
11 Liegen lediglich nicht urheberrechtlich geschützte Laufbilder vor, so verweist § 95 UrhG auf eine entspr. Anwendung von § 94 UrhG.
12 S. *Dreier/Schulze* vor § 31 Rn. 1.
13 Anderes soll etwa für Filmverwertungsverträge gelten, vgl. *Schricker* § 31 Rn. 12 m.N.
14 Vgl. dazu *v. Hartlieb/Schwarz* Kap. 156 Rn. 6, wonach auch eine analoge Anwendung von § 9 VerlG
   auf den Filmlizenzvertrag nicht möglich sei; aber *Schricker* § 31 Rn. 12: „Es ist gleichwohl nicht ausgeschlossen, gelegentlich auf verlagsrechtliche Vorschriften zurückzugreifen, soweit sie allgemeingültige urhebervertragsrechtliche Regelungsgedanken enthalten."

da der Lizenznehmer in der Regel, jedenfalls wenn – wie in der Praxis üblich – eine feste Lizenzvergütung vereinbart ist, nicht zur Nutzung der lizenzierten Rechte verpflichtet ist.[15]

8 Der Lizenzvertrag, als **urheberrechtlicher Nutzungsvertrag sui generis**,[16] kann bspw. Elemente des Kaufvertrags (**Rechtskauf**, § 453 BGB)[17] oder des Pachtvertrags (**Rechtspacht**)[18] beinhalten, die dann eine Anwendung einzelner Vorschriften des Kaufrechts oder der Regelungen für Pachtverträge rechtfertigen.[19] Für den Lizenzvertrag gelten die Regeln des Allgemeinen Teils des BGB (so sind z.B. auflösende Bedingungen möglich), die urheberrechtlichen Vorschriften sowie ergänzend die §§ 398 ff. BGB.[20]

2.3 Praxis-Muster „Fernsehlizenzvertrag"

9 Bei dem folgenden Musterbeispiel ist der **Lizenzgegenstand** ein deutscher Fernsehfilm, in der Praxis häufig auch „TV Movie" genannt. **Lizenzgeber** ist der deutsche Produzent des Films,[21] bei dem **Lizenznehmer** handelt es sich um ein niederländisches Sendeunternehmen.

Muster

Fernsehlizenzvertrag

zwischen

XY Filmproduktion GmbH, vertreten durch den Geschäftsführer (…), Strasse, Hausnummer, Postleitzahl, Ort, Deutschland

– nachfolgend „**Lizenzgeber**" genannt –

und

Antje TV B.V., vertreten durch die Geschäftsführerin (…), Strasse, Hausnummer, Postleitzahl, Ort, Niederlande

– nachfolgend „**Sender**" genannt –

§ 1 Vertragsgegenstand

Lizenzgeber hat im Jahr 2006 den deutschen TV-Spielfilm (Genre: Romantic Comedy) mit dem Arbeitstitel

„**Testbild der Liebe**" (Länge ca. 96 Minuten netto,[22] inklusive Vor- und Abspann)

---

15 Charakteristisch für den Verlagsvertrag ist hingegen gerade die Verpflichtung des Verlegers zur Verwertung des Werks, s. § 1 S. 1 VerlG; dazu *Schricker* § 31 Rn. 12.

16 Vgl. *v. Hartlieb/Schwarz* Kap. 156 Rn. 1 für den Lizenzvertrag zwischen Filmhersteller und Filmverleiher.

17 Ob eine Anwendung von Kaufrecht auf Lizenzverträge möglich ist, ist umstritten. Dafür: *Castendyk* ZUM 2007, 169, 175; *v. Hartlieb/Schwarz* Kap. 156 Rn. 4, Kap. 257 Rn. 1.; vgl. auch *Schricker* § 31 Rn. 14.

18 *Schricker* §31 Rn. 14: „Miet- und pachtrechtliche Vorschriften (§§ 535 ff., 581 ff. BGB) können entspr. auf schuldrechtliche Verträge angewendet werden, die auf eine dauernde Werknutzung abzielen (…)".

19 Vgl. dazu *v. Hartlieb/Schwarz* Kap. 156 Rn. 1, 4; *Schricker* § 31 Rn. 13.

20 S. *Palandt* § 413 Rn. 1; *Schricker* vor §§ 28 Rn. 45 m.N.

21 In der Praxis werden Spielfilme oder andere fiktionale Programme häufig nicht durch den Produzenten selbst, sondern über Zwischenhändler vertrieben.

22 Die Netto-Länge gibt die Länge des Films ohne Einrechnung etwaiger Unterbrechungen, wie z.B. Werbepausen oder Programmhinweisen an. Im Gegensatz dazu wird zur Berechnung der sog. Brutto-Länge eines Programms die gesamte (Sende-)Länge einschließlich der Dauer der Unterbrechungen bis zum Beginn des nächsten Programms berücksichtigt. Vgl. dazu auch *Karstens/Schütte* Kap. 4.3.1 S. 319 ff.

Weibliche Hauptrolle:	Marion Sonnenschein
Männliche Hauptrolle:	Broder Lovely
Regie:	Babette Belle
Kamera:	Thorsten Light
Buch:	Carmen Carrarra
Musik:	Sun Oneleo
Drehort(e):	Deutschland: Dresden
	Spanien: Sevilla

(nachfolgend „**Film**" genannt) hergestellt.

Lizenzgeber ist verfügungsberechtigt über die den Gegenstand dieses Vertrages bildenden Rechte an dem Film.

§ 2 Umfang der Rechteübertragung

(1) Lizenzgeber überträgt Sender die nachfolgend genannten urheberrechtlichen Nutzungs-, Leistungsschutz- und sonstigen Rechte an dem vertragsgegenständlichen Film gem. § 1 in seiner deutschen Sprachfassung für die Lizenzzeit nach Ziff. 7 und exklusiv für das Lizenzgebiet nach Ziff. 8:

1. **Das Senderecht (Free TV)**, d.h. das Recht, den Film im Programm von Sender durch analoge oder digitale Funksendungen, (…) der Öffentlichkeit zugänglich zu machen, unabhängig von dem Übertragungsweg, wie z.B. Ausstrahlung mittels terrestrischer Funkanlagen, Kabelfernsehen unter Einschluss der Kabelweitersendung, Satelliten unter Einschluss von Direktsatelliten (DBS), ohne dass der Empfänger – abgesehen von den üblichen Gebühren für den Empfang über Kabel – eine Gebühr zu leisten hat. (…)

   Das vorgenannte Recht wird Sender für zwei (2) Runs zzgl. jeweils eines Reruns (= unselbständige Wiederholung innerhalb von 24 Stunden nach Ausstrahlung), d.h. für insgesamt vier (4) Ausstrahlungen eingeräumt.

2. **Das Recht zur Zugänglichmachung per Internet** und per **Mobiltelefon**, d.h. das Recht, den Film einem beschränkten oder unbeschränkten Kreis Dritter mittels analoger oder digitaler Übertragungstechnik mit oder ohne Zwischenspeicher, drahtlos oder drahtgebunden (…), **zeitgleich zur Free-TV-Ausstrahlung** derart zur Verfügung zu stellen, dass der Film von Dritten individuell oder gesammelt zur Wiedergabe mittels Endgeräten, wie Computer oder Mobiltelefon, abgerufen werden kann (Internet-TV, Handy-TV).

3. **Das Bearbeitungsrecht**, d.h. das Recht, den Film in niederländischer Sprache zu untertiteln, zu kürzen, zu teilen, zu unterbrechen, um in der Unterbrechung bzw. zeitgleich im Rahmen einer (ggf. animierten) Bildschirmteilung Werbespots oder Programmpromotion oder andere Sendungen auszustrahlen, sowie die Musik auszutauschen bzw. zu ändern. Eingeschlossen ist auch das Recht, am Anfang oder am Ende der Werbeeinschaltung einen Werbetrenner, vor während und nach dem Film Sponsorhinweise sowie in das laufende Programm Corner-Grafiken oder sog. Bauchbinden oder Laufbänder einzublenden.

4. **Das Archivierungsrecht**, d.h. das Recht, den Film und Inhaltsangaben in jeder Form zu archivieren und auf allen bekannten analogen und digitalen Speichermedien, (…) gemeinsam mit anderen Werken oder Werkteilen zu speichern, mit einer Retrieval-Software zu versehen und diese Datenträger in vertragsgemäßer Form zu nutzen.

5. **Das Recht zur Werbung für den Film**, d.h. das Recht, Ausschnitte bis zu einer Dauer von zwei (2) Minuten aus dem Film, z.B. in Programmankündigungen von Sender, in Druckschriften (auch Werbeanzeigen, Poster, Plakate) oder im Internet mit Bezug zum Film zu verwenden.

6. **Das Vervielfältigungsrecht**, d.h. das Recht, den Film im Rahmen der angeführten Nutzungsarten beliebig – auch auf anderen als den ursprünglich verwendeten Bild-/Ton-Datenträgern – zu vervielfältigen.

7. **Lizenzzeit:** Fünf (5) Monate, beginnend acht (8) Wochen nach Erstausstrahlung des Films durch das deutsche Sendeunternehmen ZZ (nachfolgend „ZZ" genannt) in seinem Programm.[23] Das Datum der Erstausstrahlung durch ZZ ist derzeit für den 12.12.2006 vorgesehen, Änderungen wird Lizenzgeber Sender unverzüglich mitteilen.

8. **Lizenzgebiet:** Niederlande

(2) Für den Erwerb bzw. die Abgeltung der Rechte bezüglich der in dem Film verwendeten Musik ist Sender selbst verantwortlich.

(3) Sämtliche vertragsgegenständlichen Rechteübertragungen bzw. -einräumungen nach Abs. 1 erfolgen, soweit die Rechte bereits entstanden sind bzw. erworben wurden, mit der Unterzeichnung dieses Vertrags, im Übrigen in dem Zeitpunkt ihres Entstehens bzw. Erwerbs. Sender nimmt diese Übertragung bzw. Einräumung bereits jetzt an.

§ 3 Garantien

(1) Lizenzgeber garantiert, dass er Sender die gem. diesem Vertrag einzuräumenden Rechte rechtzeitig, einrede-, und lastenfrei beschaffen wird.

(2) Machen Dritte Ansprüche geltend, die mit der Rechtegarantie nach Abs. 1 in Widerspruch stehen bzw. von ihr ausgeschlossen werden, so werden sich die Parteien gegenseitig informieren und notwendige Auskünfte erteilen. Werden solche Ansprüche berechtigterweise gegenüber Sender geltend gemacht, stellt Lizenzgeber Sender frei. Angemessene Rechtskosten, die zu Lasten von Sender in diesem Zusammenhang anfallen, erstattet Lizenzgeber. Sender ist bekannt, dass das Sendesignal von ZZ aus technischen Gründen, die Lizenzgeber nicht beeinflussen kann, auch im Lizenzgebiet von Sender empfangbar ist. Ein solcher Overspill stellt keine Vertragsverletzung dar.

(3) Sender steht dafür ein, dass nur die gem. diesem Vertrag eingeräumten/übertragenen Rechte ausgewertet werden, wobei er zur Auswertung nicht verpflichtet ist. Insbesondere hat Sender durch geeignete technische Vorkehrungen (z.B. durch Verschlüsselung bei der Satellitenausstrahlung oder sog. Geo-Blocking im Internet) sicherzustellen, dass die Rechte ausschließlich in dem lizenzierten Gebiet ausgewertet werden. Der technisch unvermeidbare und übliche Overspill bei der terrestrischen Ausstrahlung ist hiervon ausgenommen.

(4) Bei Verstoß gegen Abs. 3 ist für jeden Fall eine Vertragsstrafe zugunsten des Lizenzgebers in Höhe von 10.000,- € verwirkt. Schadensersatzansprüche von Lizenzgeber bleiben von dieser Vertragsstrafe unberührt.

§ 4 Material

(1) Zur Auswertung der nach diesem Vertrag eingeräumten Rechte stellt Lizenzgeber Sender folgendes Material zur Verfügung:

• 1 Digital Betacam („Sendeband")
• Dialoglisten in deutscher Sprache (zur Ermöglichung der Untertitelung)
• eine detaillierte Aufstellung über die im Film verwendete Musik („Musikliste")

(2) Die Lieferung des Materials erfolgt spätestens bis drei (3) Tage nach der Erstausstrahlung durch ZZ. Die Kosten des Transportes des Materials trägt Sender.

§ 5 Lizenzvergütung

(1) Sender zahlt zur Abgeltung aller mit diesem Vertrag übertragenen Rechte an Lizenzgeber eine Lizenzvergütung in Höhe von

25.000,– € ggf. zuzüglich der gesetzlichen Umsatzsteuer.

(2) Die Fälligkeit wird wie folgt geregelt, ordnungsgemäße Rechnungsstellung durch Lizenzgeber vorausgesetzt:

---

23 Sog. **Window**; dazu s. unten Rn. 22.

12.500,– € bei Vertragsunterzeichnung

12.500,– € bei Lieferung des Materials

(3) Die Lizenzvergütung versteht sich ohne Abzüge, d.h. Sender ist gegenüber Lizenzgeber nicht berechtigt, Steuern, Gebühren oder sonstige Zahlungen zurückzubehalten oder abzuführen. Soweit aufgrund niederländischer Gesetze Steuern und Gebühren oder andere Zahlungen einzubehalten oder abzuführen sind, sind diese Zahlungen allein von Sender zu tragen.

§ 6 Nennungsverpflichtungen

Sender verpflichtet sich, die ihm von Lizenzgeber aufgegebenen Nennungsverpflichtungen zu beachten, insbesondere den Film nur unter Verwendung des unveränderten Vor- und Abspanns auszuwerten.

§ 7 Auskunfts- und Unterstützungspflicht

Lizenzgeber und Sender werden einander bei etwaiger gerichtlicher oder außergerichtlicher Geltendmachung der erworbenen Rechte unterstützen, notwendige Auskünfte erteilen sowie Dokumente und sonstige Unterlagen zur Verfügung stellen.

§ 8 Schlussbestimmungen

(1) Lizenzgeber und Sender erklären, dass Nebenabreden zu diesem Vertrag nicht getroffen worden sind und etwaige Änderungen und Ergänzungen des Vertrages sowie der Verzicht auf die Schriftform nur schriftlich vereinbart werden können.

(2) Sollte irgendeine Bestimmung dieses Vertrages nichtig sein, so wird hierdurch die Rechtsgültigkeit des Vertrages insgesamt nicht berührt.

(3) Dieser Vertrag unterliegt deutschem Recht. Gerichtsstand für Streitigkeiten aus und in Zusammenhang mit diesem Vertrag ist Köln.

_____   _____

Ort, Datum   Ort, Datum

_____   _____

XY Filmproduktion GmbH   Antje TV B.V.

2.4 Die Vertragsparteien

Im Vertrag werden zunächst die **Vertragsparteien** unter Angabe ihrer Firmenbezeichnung sowie der Adressen aufgeführt. Der Sitz der Parteien ist für die steuerliche Behandlung, insbesondere die Frage der Umsatzsteuer auf die Vergütung relevant;[24] die genaue Bezeichnung der Parteien kann auch für den Nachweis der **Rechtekette**[25] von Bedeutung sein. Denn – da es nach allgemeiner Meinung **keinen gutgläubigen Erwerb** gegenständlicher Rechte vom Nichtberechtigten gibt[26] – ist es für den Erwerber von Nutzungsrechten wichtig, in der Lage zu sein, seinen Erwerb und, sofern er nicht direkt eine Vereinbarung mit dem Urheber/Leistungsschutzrechtsinhaber geschlossen hat, die Kette der Vereinbarungen lückenlos bis zurück zum Urheber/Leistungsschutzrechtsinhaber nachzuweisen.   **10**

2.5 Essentialia des Lizenzvertrags

Für den wirksamen Abschluss eines Lizenzvertrags müssen sich die Parteien über alle wesentlichen Punkte geeinigt haben.[27] Zu den **Essentialia**[28] gehören der Lizenzgegenstand, die lizen-   **11**

---

24 Vgl. *v. Hartlieb/Schwarz* Kap. 257 Rn. 22.
25 S.u. Rn. 40.
26 Dazu *Dreier/Schulze* § 31 Rn. 24; *Schricker* vor §§ 28 ff. Rn. 63.
27 Vgl. *Palandt* Einf. v. § 145 Rn. 20.
28 S. *v. Hartlieb/Schwarz* Kap. 155 Rn. 1.

zierten Rechte einschließlich der Lizenzzeit und des Lizenzgebiets sowie die Lizenzvergütung, in der Praxis teilweise auch „Lizenzgebühr" genannt.

2.5.1 Der Lizenzgegenstand

12   Die Vertragsparteien müssen den **Lizenzgegenstand** möglichst genau definieren. Dazu dienen in der Regel:

- Der Titel des Films[29] (z.B. Originaltitel, unter dem der Film etwa im Kino bereits gezeigt wurde), ggf. Folgen-/Episodenbezeichnung („Teil 2")
- Das Produktionsjahr
- Das Herkunftsland
- Die (Netto-)Länge[30] des Films
- Die Sprachfassung des Films
- Die Angabe des Genres (z.B. Komödie, Drama, Actionfilm, Western)
- Die Nennung des Regisseurs, des Drehbuchautors, der Hauptdarsteller, des Kameramanns, des Komponisten der Filmmusik etc.

13   Es kann hilfreich sein, eine kurze Inhaltsbeschreibung des Films in Form einer Synopsis als Anlage zum Vertrag zu nehmen.

14   **2.5.1.1 Das Liefermaterial.** In der Praxis ist es von großer Bedeutung, neben dem Zeitpunkt der Lieferung zu regeln, in welcher Form[31] der Lizenzgegenstand vom Lizenzgeber zur Verfügung zu stellen ist. Denn die Auswertung des Lizenzgegenstands wird dem Lizenznehmer erst dadurch ermöglicht, dass ihm der Lizenzgegenstand in einer bestimmten für ihn verwertbaren Form vorliegt. Das **Liefermaterial** ist daher so genau wie möglich festzulegen, damit zwischen den Parteien nicht später Streit über zusätzliche Kosten für ggf. erforderlich werdendes weiteres Material entsteht oder um Überraschungen technischer Art[32] zu vermeiden.

15   Zum Liefermaterial gehören:

- Der Bild-Ton-Datenträger, auf dem der Film zu liefern ist (derzeitiger Standard: **Digital Betacam**), einschließlich Angaben zur Belegung der Tonspuren.[33] Ein Film könnte aber z.B. auch als Datenpaket/e per Leitung/Internet überspielt werden.
- Datenträger mit zusätzlichen Versionen des Films, z.B. sog. **Clean Feed** -Version (ohne Vor- und Abspann, ohne Unterschriften/Untertitel etc.) um einen anderssprachigen Vor-, Abspann sowie anderssprachige/andere Untertitel herstellen zu können.
- Begleitmaterial, wie z.B.:
  - **Dialoglisten** in einer bestimmten Sprache, um eine andere Sprachfassung herstellen zu können;

---

29 So auch *v. Hartlieb/Schwarz* Kap. 257 Rn. 3 mit dem Hinweis, dass es in den USA einen mit dem deutschen Recht vergleichbaren Titelschutz nicht gebe.

30 Die Netto-Länge gibt die Länge des Films ohne Einrechnung etwaiger Unterbrechungen, wie z.B. Werbepausen oder Programmhinweisen an. Im Gegensatz dazu wird zur Berechnung der sog. Brutto-Länge eines Programms die gesamte (Sende-)Länge einschließlich der Dauer der Unterbrechungen bis zum Beginn des nächsten Programms berücksichtigt. Vgl. dazu auch *Karstens/Schütte* Kap. 4.3.1 S. 319 ff.

31 Z.B. gespeichert auf analogen oder digitalen Bild-/Ton-/Datenträgern in einem bestimmten Format.

32 Etwa: Der Film liegt nur in einer nicht-sendetauglichen technischen Qualität vor; die Tonmischung erlaubt es nicht, die Musiken oder die Sprache auszutauschen;

33 Die Belegung der Tonspuren spielt in der Praxis eine Rolle, um z.B. Musik austauschen oder eine synchronisierte Fassung herstellen zu können.

– Sog. **Credit List**, die Nennungsverpflichtungen angibt; Nennungsverpflichtungen können sich aus § 13 UrhG (Urhebernennungsrecht), vertraglichen Vereinbarungen (z.B. mit ausübenden Künstlern) oder der üblichen Praxis ergeben.[34]

– Sog. **GEMA-Liste** oder **Musikliste**, die die verwendeten Musiken unter Angabe von Musiktitel,[35] Länge, Komponist, Bearbeiter (z.B. Arrangeur), Texter, ausübenden Künstlern (z.B. Musikern, Interpreten), Musikverlag und Tonträger (unter Angabe entweder von **Label Code**[36] sowie der Marke des verwendeten Tonträgers oder des Verlagstonträger-Produzenten bei Verwendung eines Tonträgers von einem Nicht-GVL-Mitglied und unter Angabe der Katalognummer des Tonträgerherstellers) aufführt.

– Pressematerial (z.B. Fotos, Texte)

2.5.2 Die lizenzierten Rechte

Die vom Lizenzgeber an den Lizenznehmer zu lizenzierenden Rechte sind **in Art**[37] **und Umfang** im Vertrag genau festzuschreiben.[38] Soweit dies nicht geschieht, gilt grds. die **Zweckübertragungsregel** des § 31 Abs. 4 UrhG n.F.[39] – neben den urheberrechtlichen Nutzungsrechten auch anwendbar auf verwandte Schutzrechte – ergänzt durch die **allgemeine Zweckübertragungslehre**.[40] **16**

Nutzungsrechte können als **ausschließliche**[41] oder **einfache**[42] Rechte eingeräumt werden und sind **zeitlich, räumlich und inhaltlich beschränkbar** (§ 31 Abs. 1 S. 2 UrhG).[43] Die Einräumung von Nutzungsrechten für noch **nicht bekannte Nutzungsarten** sowie Verpflichtungen hierzu waren bis zum Inkrafttreten der Änderung des Urheberrechtsgesetzes durch das Zweite Gesetz zur Regelung des Urheberrechts in der Informationsgesellschaft („**Zweiter Korb**") gem. § 31 Abs. 4 UrhG a.F. unwirksam. Mit Einführung von § 31a UrhG n.F. ist es nun aus- **17**

---

34 Vgl. *Dreier/Schulze* § 13 Rn. 27 m.N. „Bei Film und Fernsehen sind die Filmurheber sowie die Urheber vorbestehender Werke im Vor- und/oder Nachspann anzugeben."

35 Teilweise fordern Sendeunternehmen eine besondere Kennzeichnung des Musiktitels, soweit die Musik „visualisiert" ist. Unter visualisierter Musik versteht z.B. das ZDF „die zum Tonsignal gehörende Bildausstrahlung des musizierenden Künstlers (…)", unabhängig davon, ob die Musik live oder durch Playback erzeugt worden sei; vgl. ZDF-Merkblatt zur Erstellung von Musikmeldungen.

36 Der Label Code (auch LC-Nummer genannt) ist in der Regel als vier- oder fünfstellige Ziffer auf dem Tonträger oder dessen Cover zu finden.

37 Vgl. *Schricker* vor §§ 28 ff. Rn 51 ff. zum Begriff der Nutzungsart.

38 Vgl. § 94 Abs. 2 UrhG zu den vom Filmhersteller übertragbaren bzw. einräumenden Rechten; § 31 UrhG gilt gem. § 94 Abs. 2 S. 3 UrhG entspr.

39 § 31 Abs. 4 UrhG n.F. entspricht § 31 Abs. 5 UrhG a.F. (vor Inkrafttreten der Änderung des Urheberrechtsgesetzes durch das Zweite Gesetz zur Regelung des Urheberrechts in der Informationsgesellschaft). Vgl. *Schricker* § 31 Rn. 37: Nicht anwendbar sei § 31 Abs. 5 UrhG (a.F.) dagegen auf rein schuldrechtliche Nutzungsverträge; für deren Auslegung gelte jedoch die allgemeine Zweckübertragungslehre.

40 Vgl. *Schricker* § 31 Rn. 36; *Kuck* 18. Abschn. Rn. 227 ff.

41 Vgl. *Schricker* vor §§ 28 ff. Rn. 48 zur gegenständlichen Natur von ausschließlichen Nutzungsrechten.

42 Vgl. *Schricker* vor §§ 28 ff. Rn. 49 zur Diskussion über die gegenständliche oder lediglich schuldrechtlichen Natur von einfachen Nutzungsrechten.

43 Vgl. *Dreier/Schulze* § 31 Rn. 29 zu den Grenzen der Aufspaltung von Nutzungsrechten.

drücklich möglich, Rechte an zum Zeitpunkt des Vertragsschlusses noch **unbekannten Nutzungsarten** einzuräumen.[44]

18 **2.5.2.1 Zeitliche Beschränkung.** Einer **zeitlichen Beschränkung** der Rechtseinräumung wird häufig durch die Angabe von Beginn und Ende der **Lizenzzeit** Rechnung getragen. Es besteht in der Regel eine Konnexität zwischen der Länge der Lizenzzeit und der Zahl der dem Sendeunternehmen eingeräumten Ausstrahlungen.[45]

19 Gebräuchlich sind im Zusammenhang mit der (bloßen) Einräumung des Senderechts und einer bestimmten Anzahl von Ausstrahlungen auch Formulierungen wie:

20 „Die Lizenzzeit beginnt am . . . und endet mit dem Verbrauch der letzten lizenzierten Ausstrahlung,[46] spätestens jedoch nach . . . Jahren."

21 Eine zeitliche Beschränkung kann sich auch daraus ergeben, dass die ordnungsgemäße Ausübung eines vereinbarten **Kündigungsrechts** erfolgt.

22 Im Muster „Fernsehlizenzvertrag"[47] findet sich die Vereinbarung eines sog. **Windows:**[48] Der Beginn der Lizenzzeit ist an die Erstausstrahlung des Films durch einen anderen Lizenznehmer geknüpft, wobei zwischen der Erstausstrahlung durch den Vorlizenznehmer und dem Beginn der Lizenzzeit ein definierter Zeitraum (von im Beispiel acht Wochen) liegt.

23 **2.5.2.2 Räumliche Beschränkung.** Das **Territorium**, für das Nutzungsrechte eingeräumt werden sollen, kann ebenfalls beschränkt sein. Die Definition des **Lizenzgebiets** ist daher in der Praxis ein wichtiger Punkt im Lizenzvertrag. Insbesondere vor dem Hintergrund neuer digitaler Übertragungswege (Handy TV, IPTV) und der Zunahme von Streaming-Angeboten über Internet empfiehlt es sich aus Sicht des Lizenzgebers, sich über die geplanten technischen Maßnahmen (z.B. Verschlüsselung) des Lizenznehmers zur Einhaltung des Lizenzgebiets zu informieren. In der Praxis kann für den Lizenzgeber die Aufnahme einer Garantie des Lizenznehmers einschließlich einer an die Verletzung der Garantie geknüpften Vertragsstrafe Sinn machen.[49] Dies gilt insbesondere dann, wenn der Lizenzgeber sich schon vorher gegenüber einem dritten Lizenznehmer/Vorlizenznehmer verpflichten musste, für dessen Lizenzgebiet intendierte Ausstrahlungen des Films aus einem anderen Land nicht zuzulassen, sog. **Einstrahlungsschutzklausel.**[50]

24 In der Praxis wird versucht, sich der Exklusivität des Territoriums über den Weg der Vereinbarung exklusiver Rechte an einer bestimmten **Sprachfassung** anzunähern.[51] Dies gelingt natürlich dann nicht, wenn in einem Lizenzgebiet gerade die Originalsprachfassung (z.B. mit Untertitelung in der Sprache des Lizenzgebiets) ausgestrahlt werden soll.

---

44 Der Filmhersteller erwirbt nach § 89 Abs. 1 S.1 UrhG n.F. nun im Zweifel das ausschließliche Recht, das Filmwerk sowie Übersetzungen und andere filmische Bearbeitungen oder Umgestaltungen des Filmwerkes auf **alle** Nutzungsarten zu nutzen. § 31a Abs. 1 S. 3 und 4 sowie Abs. 2-4 UrhG finden keine Anwendung, vgl. § 89 Abs. 1 S. 2 UrhG n.F.

45 So z.B. *Karstens/Schütte* Kap. 2.5.7 S. 221, der pro Ausstrahlung 1 Jahr Lizenzzeit als Faustregel angibt.

46 So.g. quantitative Beschränkung, s. *Dreier/Schulze* § 31 Rn. 34.

47 S.o. Rn. 9: § 2 Abs. 1 Nr. 7 des Musters „Fernsehlizenzvertrag".

48 S. *v. Harlieb/Schwarz* Kap. 257 Rn. 11 zum Begriff „Window".

49 S.o. Rn. 9: § 3 Abs. 3 und 4 des Musters „Fernsehlizenzvertrag".

50 V. *Harlieb/Schwarz* Kap. 257 Rn. 10.

51 So auch v. *Harlieb/Schwarz* a.a.O.

Für den Bereich des Internets sind Vereinbarungen üblich, wonach die Auswertung der lizen- **25**
zierten Rechte nur über bestimmte Domains (etwa mit der Endung „de") erfolgen darf. Dabei
muss man sich allerdings darüber im Klaren sein, dass diese natürlich nicht nur von Deutschland aus aufgerufen werden können.

2.5.2.3 Inhaltliche Beschränkung. Die **inhaltliche Beschränkung** der Nutzungsrechte er- **26**
folgt durch Definition der für den Lizenznehmer erlaubten Art und Weise der Nutzung.[52]

2.5.2.3.1 Senderecht. Senderechte[53] werden dabei üblicherweise in **Pay-TV-**[54] und **Free-TV-** **27**
Rechte unterteilt.[55]

Darüber hinaus wird die **Zahl der Ausstrahlungen**, auch „**Runs**" genannt, sowie die Zahl der **28**
unselbständigen Wiederholungen, sog. **Reruns**, vereinbart. Die unselbständigen Wiederholungen sind Ausstrahlungen, die nur innerhalb einer bestimmten Zeitspanne und in Abhängigkeit zum „Run", etwa innerhalb von 24 oder 72 Stunden nach der Ausstrahlung, an die sie geknüpft sind, erfolgen dürfen.

Für den Bereich des Pay-TVs in Deutschland wird derzeit meist auf die Beschränkung der Zahl **29**
der Ausstrahlungen verzichtet, insbesondere wenn die Ausstrahlung des Pay-TV-Programms
in sich häufig wiederholenden Schleifen stattfindet.

2.5.2.3.2 Weitere Rechte. Neben dem Senderecht braucht der Lizenznehmer regelmäßig **wei-** **30**
tere Rechte,[56] ohne die das Senderecht in der Praxis keinen Sinn machen würde. So muss ein
Film vielleicht vor der Ausstrahlung synchronisiert werden. Auch kündigen Sendeunternehmen ihre Programme vor der Ausstrahlung an, brauchen dafür also das Recht, Ausschnitte aus
dem Film zur Programmankündigung (z.B. durch sog. **Trailer**[57]) und zur Bewerbung nutzen
zu dürfen.

Aufgrund der technischen Entwicklung und der wachsenden Bedeutung des Internets wird von **31**
Sendeunternehmen mehr und mehr das Recht gefordert, den lizenzierten Film entweder zeitgleich zur herkömmlichen Ausstrahlung, in zeitlicher Nähe zur Ausstrahlung (z.B. bis 7 Tage
nach Ausstrahlung) oder völlig unabhängig von der Ausstrahlung auch im **Internet** zur Verfügung stellen zu können. Als technisches Verfahren für die Übertragung der Bild-/Tonsignale
kommt speziell für die Nutzung im Internet (aber nicht nur dafür) z.B. **IPTV** in Frage.[58]

Auch das Recht, das lizenzierte Programm über **Handy-TV** verbreiten zu dürfen, wird von Li- **32**
zenznehmern mittlerweile nachgefragt. Die Frage der rechtlichen Einordnung von Handy-TV
ist allerdings noch nicht geklärt.[59]

2.5.3 Von Verwertungsgesellschaften wahrgenommene Rechte

In Fersehlizenzverträgen, wie dem hier als Bsp. behandelten, können grds. Rechte an der im **33**
Film verwendeten **Musik,** soweit sie von Verwertungsgesellschaften wahrgenommen werden,
von der Rechteübertragung nicht erfasst sein und damit erst recht nicht von der vom Lizenzge-

---

52 Vgl. *Schricker* vor §§ 28 ff. Rn 51 ff. zum Begriff der Nutzungsart.
53 Zum Senderecht s. 18. Abschn.
54 Vgl. *Schricker* § 31 Rn. 30a m.N. zur Frage, ob Pay-TV als eigenständige Nutzungsart zu werten ist.
55 Vgl. *Ory* ZUM 2007, 7, 8 zur Frage, ob die Aufspaltung des Senderechts in Nutzungsrechte für TV
und Handy-TV möglich ist.
56 S.o. Rn. 9: Muster „Fernsehlizenzvertrag" § 2 Abs. 1 Nr. 3, 4, 5, 6.
57 Programmhinweise.
58 S. *Flatau* ZUM 2007, 1 ff. zur Einordnung von IPTV aus technischer Sicht, dazu auch 5. Abschn.
Rn. 14, 37 ff.
59 Vgl. dazu *Ory* ZUM 2007, 7 ff. mit dem Ergebnis, bei Handy-TV handle es sich um eine Sendung nach
20 UrhG, soweit das Programm nicht unabhängig von Ort und Zeit individuell konsumierbar sei.

ber abzugebenden **Rechtegarantie**.[60] Denn in Deutschland[61] werden – soweit die Musik Bestandteil des GEMA-Weltrepertoirs[62] ist – bestimmte Rechte[63] bzw. Vergütungsansprüche von den **Verwertungsgesellschaften GEMA**[64] und **GVL**[65] wahrgenommen und von den Sendeunternehmen direkt erworben und/oder vergütet. Dies geschieht in der Regel über sog. **Pauschalverträge**[66] z.B. der GEMA[67] mit den einzelnen öffentlich-rechtlichen Sendeunternehmen (bzw. über einen sog. **Fernseh-Gesamtvertrag**[68] zwischen der GEMA und dem VPRT für die in diesem Verband zusammengeschlossenen, privaten Rundfunkveranstalter). Da die Sender gem. ihren Vereinbarungen verpflichtet sind, den Verwertungsgesellschaften die gesendeten Musiken zu melden, wird der Lizenzgeber im Fernsehlizenzvertrag regelmäßig dazu verpflichtet, dem Sendeunternehmen die sog. **Musikliste**[69] zu übermitteln. Damit wird das Sendeunternehmen in die Lage versetzt, die verwendeten Musiken bei den betreffenden Verwertungsgesellschaften melden zu können (**Musikmeldung**).

34 In Bezug auf Musik ist aber darüber hinaus folgendes zu beachten: Theoretisch besteht für den Lizenzgeber die Möglichkeit, bestimmte vom Lizenznehmer gewünschte Rechte vom Berechtigten zu erwerben. In der Praxis ist dies jedoch oft für Musik, die nicht extra für den betreffenden Film bzw. die betreffende Fernsehproduktion komponiert und produziert wurde, sehr schwierig und kann mit großem zeitlichen und finanziellen Aufwand verbunden sein, der vom Lizenznehmer in der Regel nicht vergütet wird. Ist dies der Fall, so empfiehlt es sich, nicht nur die von den Verwertungsgesellschaften wahrgenommen Rechte, sondern sämtliche Rechte an der verwendeten Musik von der Rechteübertragung auszunehmen. Dies hat dann zur Folge, dass ein Sendeunternehmen, das z.B. beabsichtigt, ein Musikwerk für einen **Trailer zur Programmankündigung bzw. zur Bewerbung** des lizenzierten Films zu verwenden, die dafür benötigte Einwilligung der Berechtigten selbst einholen (und ggf. vergüten) muss, denn diese Rechte werden nicht von der GEMA wahrgenommen.[70]

---

60 Zur Rechtegarantie s.u. Rn. 39.
61 Vgl. *v. Hartlieb/Schwarz* Kap. 97 Rn. 2; *Kreile/Becker/Riesenhuber* Kap. 17 zur Kooperation (über Gegenseitigkeitsverträge) der Verwertungsgesellschaften mit entspr. Gesellschaften im Ausland.
62 Nicht wahrgenommen werden von der GEMA u.a. Rechte an bestehenden dramatisch-musikalischen Werken wie z.B. Opern, Musicals. Vgl. dazu und zu weiteren Ausnahmen von der Rechtewahrnehmung durch die GEMA *v. Hartlieb/Schwarz* Kap. 98 Rn. 4, 8.
63 So räumt die GEMA z.B. das Senderecht ein; vgl. *Kreile/Becker/Riesenhuber* Kap. 15 Rn. 22.
64 Die GEMA (Gesellschaft für musikalische Aufführungs – und mechanische Vervielfältigungsrechte) nimmt als Treuhänderin die Rechte der Komponisten, Textdichter und Musikverlage an Werken der Musik wahr.
65 Die GVL (Gesellschaft zur Verwertung von Leistungsschutzrechten) nimmt als Treuhänderin bestimmte, nicht direkt durch die ausübenden Künstler und Produzenten kontrollierte Rechte und Vergütungsansprüche wahr.
66 Mit einem sog. Pauschalvertrag regeln ein Sendeunternehmen und die betreffende Verwertungsgesellschaft die Höhe eines pauschalen Jahresbetrags, den das Sendeunternehmen – unabhängig vom dem tatsächlichen Umfang der genutzten Rechte – zur Abgeltung der von den Verwertungsgesellschaften pauschal eingeräumten Rechte an Werken des GEMA-Repertoirs (z.B. zur fernsehmäßigen Auswertung) zahlt.
67 Die GEMA zieht dabei auch die Vergütung für die von der GVL wahrgenommenen Leistungsschutzrechte ein.
68 Vgl. § 12 UrhWG; S. *Kreile/Becker/Riesenhuber* Kap. 15 Rn. 29: Die Sendeunternehmen zahlen eine entspr. des Musikanteils variierende prozentuale Beteiligung an ihren programmbezogenen Einnahmen an die GEMA.
69 S.o. Rn. 15.
70 Vgl. dazu *v. Hartlieb/Schwarz* Kap. 98 Rn. 7, 16; *Kreile/Becker/Riesenhuber* Kap. 10 Rn. 286.

Auch die von den übrigen Verwertungsgesellschaften[71] wahrgenommenen Rechte/Vergütungs- **35** ansprüche sollten im Lizenzvertrag regelmäßig von der Übertragung an den Lizenznehmer ausgenommen werden.

2.5.4 Die Lizenzvergütung

2.5.4.1 Festpreis. Die **Lizenzvergütung** wird im Vertrag ausgewiesen. Für Free-TV-Sende- **36** rechte wird in der Regel ein **Festpreis** vereinbart.[72] Für die Frage, welcher Preis erzielt werden kann bzw. gezahlt werden muss, ist nicht nur der Lizenzgegenstand selbst (und seine Eignung etwa als hochwertiges Primetime[73]-Programm oder nur als weniger hochwertiges Vormittagsprogramm) von Bedeutung. Bei der Bemessung der Lizenzvergütung spielen z.B. der „Marktwert" des Lizenzgebiets,[74] die Länge der Lizenzzeit, die Zahl der Ausstrahlungen, der Umfang der weiteren Rechte (neben dem Senderecht) und die Reichweite bzw. der Marktanteil des Sendeunternehmens eine große Rolle.

2.5.4.2 Zahlungsbedingungen. Hinsichtlich der **Zahlungsbedingungen** ist die Festlegung **37** üblich, dass die erste Rate bei Vertragsunterzeichnung zahlbar ist; dies nicht zuletzt deshalb, weil in der Regel die Einräumung der Nutzungsrechte bereits zu diesem Zeitpunkt erfolgt. Meist wird eine weitere Rate an die Lieferung des Sendebandes geknüpft.

Geschickter wäre es aus Sicht des Lizenzgebers – soweit gegenüber dem Lizenznehmer durch- **38** setzbar – die Einräumung der Nutzungsrechte an die vollständige Zahlung der Lizenzsumme zu knüpfen.

2.6 Die Rechtegarantie

Im Filmlizenzvertrag wird regelmäßig eine sog. **Rechtegarantie** des Lizenzgebers zu finden **39** sein. Diese Rechtegarantie schreibt meist fest, dass der Lizenzgeber für den Erwerb und die Inhaberschaft aller zur vertragsgemäßen Auswertung des Films durch den Lizenznehmer erforderlichen Rechte einzustehen hat. Der Lizenzgeber hat darüber hinaus auch zu garantieren, dass durch die vertragsgemäße Auswertung des Films keine Rechte Dritter (insbesondere Persönlichkeitsrechte, Wettbewerbsrechte, Kennzeichenrechte, Namensrechte, Unternehmensrechte, Markenrechte) verletzt werden.

Allerdings kann auch eine solche Rechtegarantie demjenigen, der einen Film ohne rechtsgül- **40** tigen Erwerb der dafür erforderlichen Nutzungsrechte auswertet, nicht darüber hinweghelfen, dass es im Urheberrecht **keinen gutgläubigen Erwerb** vom Nichtberechtigten gibt.[75] Auch vermag sie es in diesem Fall meist nicht, den unberechtigten Auswerter vor dem Vorwurf der Fahrlässigkeit und damit vor Schadensersatzansprüchen des Verletzten[76] schützen. Denn nach der Rechtsprechung[77] trifft den Verwerter die grds. Verpflichtung, den Bestand des Nutzungsrechts und die Verfügungsbefugnis des Übertragenden zu verifizieren, soweit möglich und

---

71 Vgl. *Kreile/Becker/Riesenhuber* Kap. 16 Rn. 4. In der Bundesrepublik Deutschland gibt es derzeit 12 Verwertungsgesellschaften, die Rechte bzw. Vergütungsansprüche für Urheber und Leistungsschutzberechtigte wahrnehmen. Zum Erwerb von Nutzungsrechten von Verwertungsgesellschaften vgl. *v. Hartlieb/Schwarz* Kap. 273.
72 So auch *v. Hartlieb/Schwarz* Kap. 257 Rn. 14.
73 Die sog. Primetime liegt zwischen 20.15 Uhr und 22.30/23.00 Uhr; vgl. dazu *Karstens/Schütte* S. 426.
74 Vgl. dazu *Karstens/Schütte* S. 205 Tabelle über Preise für Fernsehlizenzen im internationalen Vergleich.
75 S.o. Ziff. 2.4; *Dreier/Schulze* § 31 Rn. 24; *Schricker* vor §§ 28 ff. Rn. 63.
76 S. § 97 UrhG.
77 S. *Schricker* § 97 Rn. 52 m.N.

wirtschaftlich zumutbar.[78] Um dieser Verpflichtung nachzukommen, müsste sich der Lizenznehmer daher vom Lizenzgeber die lückenlose **Rechtekette** (z.B. durch Vorlage aller relevanten Verträge) nachweisen lassen. In der Praxis geschieht dies nur teilweise. Häufig wird im Vertrag jedoch eine Regelung getroffen, wonach der Lizenzgeber verpflichtet ist, auf Verlangen des Lizenzgebers diesem die für den Nachweis der Rechtekette erforderlichen Verträge (zumindest auszugsweise) in Kopie vorzulegen.

3. Der klassische Auftragsproduktionsvertrag

3.1 Der Begriff der Auftragsproduktion

41 Die Herstellung einer Fernsehproduktion kann durch ein Sendeunternehmen selbst erfolgen, es handelt sich dann um eine **Eigenproduktion**[79] des Fernsehsenders. Typische Eigenproduktionen von Sendern sind z.B. Nachrichten, Magazinsendungen oder Sportreportagen.

42 Die Praxis in Deutschland hat sich jedoch dahin entwickelt, dass Sendeunternehmen weitgehend – nicht zuletzt auch zur Minderung ihres wirtschaftlichen Risikos – die Herstellung von Fernsehproduktionen durch Dritte (**Fernsehproduzenten**[80]) auf deren wirtschaftliche Verantwortung durchführen lassen. Man spricht dann von **Auftragsproduktionen**. Im Auftrag eines Sendeunternehmens werden z.B. Spielfilme, Serien, Shows, Dokumentationen und diverse Mischformen (z.B. „Doku-Soaps"[81]) produziert.

43 Typisch für eine klassische Auftragsproduktion ist, dass das auftraggebende Sendeunternehmen die Fernsehproduktion vollständig finanziert und im Gegenzug (meist) alle Rechte an der Produktion erhält.[82]

44 Terminologisch werden zwei Arten von Auftragsproduktionen unterschieden: Die sog. **echte Auftragsproduktion** und die **unechte Auftragsproduktion**.[83]

3.1.1 Die unechte Auftragsproduktion

45 Die **unechte Auftragsproduktion** kommt, wirtschaftlich gesehen, der Eigenproduktion des Senders sehr nahe, obwohl der Sender sich eines Produzenten zur Realisierung der Produktion bedient. Denn dabei trägt das auftraggebende Sendeunternehmen das gesamte wirtschaftliche Risiko der Herstellung der Fernsehproduktion, insbesondere auch das **sog. Überschreitungsrisiko.** Wer das Überschreitungsrisiko übernimmt, trägt das Risiko, dass die tatsächlichen Herstellungskosten der Fernsehproduktion die ursprünglich kalkulierten Kosten überschreiten. Der Produzent führt die Herstellung der Produktion als reiner Dienstleister (**Produktionsdienstleister**) in Abhängigkeit vom auftraggebenden Sendeunternehmen und diesem gegenüber weisungsgebunden durch. Urheberrechtliche Nutzungs- und Leistungsschutzrechte der an der Produktion Mitwirkenden erwirbt der Produzent in der Regel im Namen und immer für

---

78 Vgl. dazu *v. Hartlieb/Schwarz* Kap. 257 Rn. 18, Kap. 56 Rn. 11; *Schricker* § 97 Rn. 52 ff., 36a.
79 Vgl. dazu *v. Hartlieb/Schwarz* Kap. 86.
80 Fernsehproduzenten können natürliche oder juristische Personen sein., vgl. *v. Hartlieb/Schwarz* Kapitel 82 Rn. 8 ff. zum Begriff des Produzenten. Zum Begriff des „unabhängigen Produzenten" s. a.a.O. Rn. 12.
81 Der Begriff „Doku-Soap" setzt sich zusammen aus den Begriffen Dokumentation und Soap Opera (Seifenoper).
82 Vgl. *v. Hartlieb/Schwarz* Kap. 82 Rn. 11.
83 S. *v. Hartlieb/Schwarz* Kap. 84 Rn. 1 ff. m.w.N.

Rechnung des Auftraggebers. **Filmhersteller**[84] i.S.d. UrhG ist der Sender,[85] ihm entsteht also das Leistungsschutzrecht des Filmherstellers.

3.1.2 Die echte Auftragsproduktion

Anders ist dies bei der **echten Auftragsproduktion**.[86] Hier ist der Fernsehproduzent Filmhersteller.[87] Denn, auch wenn ihm die Finanzierung der Produktion weitgehend durch den auftraggebenden Sender abgenommen wird, so trägt der Produzent doch das unternehmerische Risiko: Er schuldet ein **Werk**,[88] das der Abnahme des auftraggebenden Sendeunternehmens bedarf. Er ist somit nicht nur für die Organisation der Herstellung verantwortlich, sondern trägt das Risiko der Fertigstellung der Produktion. Er trägt darüber hinaus auch regelmäßig das **Überschreitungsrisiko**,[89] da üblicherweise zwischen Sender und Produzent für die Herstellung der Produktion ein **Festpreis**[90] vereinbart wird. Darüber hinaus ist der Produzent verantwortlich für den Erwerb (im eigenen Namen und auf eigene Rechnung) der für das Filmwerk erforderlichen Rechte, insbesondere der Nutzungs- und Leistungsschutzrechte von den Urhebern von vorbestehenden Werken, den Filmurhebern[91] und den Leistungsschutzberechtigten.[92] Der Produzent bündelt diese Einzelrechte bei sich (einschließlich des ihm entstehenden Leistungsschutzrechts des Filmherstellers aus § 94 UrhG), um dann insgesamt die Rechte am Filmwerk dem auftraggebenden Sender einzuräumen bzw. zu übertragen.

46

3.1.3 Steuerrechtliche Konsequenzen

Die Abgrenzung zwischen echter und unechter Auftragsproduktion ist für die steuerliche Behandlung relevant.[93]

47

Gem. BFH ist das Recht des Filmherstellers nach § 94 UrhG handelsrechtlich als ein immaterieller Vermögensgegenstand und **steuerrechtlich** als ein **immaterielles Wirtschaftsgut** einzuordnen.[94] Nach herrschender Meinung besteht gem. § 5 Abs. 2 EStG ein steuerliches **Aktivierungsgebot**[95] für immaterielle Wirtschaftsgüter des **Anlagevermögens**,[96] wenn sie entgeltlich erworben wurden; anderenfalls besteht ein steuerliches **Aktivierungsverbot**.

48

Bei der **echten Auftragsproduktion** gilt:

49

---

84 Zum Begriff des Filmherstellers s. *Schricker* vor §§ 88 ff. Rn. 31 ff.; *Dreier/Schulze* § 94 Rn. 4 ff.

85 S. *Schricker* vor §§ 88 ff. Rn. 35.

86 Vgl. *Dreier/Schulze* § 94 Rn. 8 m.N. zum Begriff „echte Auftragsproduktion".

87 Vgl. *v. Hartlieb/Schwarz* Kap. 84 Rn. 2 ff.

88 *v. Hartlieb/Schwarz* Kap. 84 Rn. 4 anders als die Formulierung „Auftragsproduktion" vermuten lassen könnte, schließen die Vertragsparteien einen Werkvertrag i.S.d. §§ 631 ff. BGB bzw. Werkliefervertrag i.S.d. § 651 BGB, s. dazu auch unten Rn. 55 ff.

89 Als Überschreitungsrisiko wird das Risiko bezeichnet, dass die Herstellungskosten der Produktion höher werden, als in der dem vereinbarten Festpreis zugrunde liegenden Kalkulation angenommen.

90 Zum Festpreis s.u. Rn. 68.

91 Der Filmhersteller erwirbt gem. § 89 Abs. 1 UrhG n.F. im Zweifel das ausschließliche Recht, das Filmwerk sowie Übersetzungen und andere filmische Bearbeitungen oder Umgestaltungen des Filmwerkes auf alle Nutzungsarten zu nutzen.

92 Vgl. § 92 UrhG.

93 S. *BFH*, BStBl II 1997, 320, 321.

94 *BFH*, BStBl II 1997, 320, 322 m.N.

95 Vgl. *Baumbach/Hopt* § 246 Rn. 6.

96 Gem. § 247 Abs. 2 HGB sind als Anlagevermögen die Vermögensgegenstände auszuweisen, die dazu bestimmt sind, dauernd dem Geschäftsbetrieb zu dienen.

Das auftraggebende Sendeunternehmen erwirbt vom Filmhersteller die Rechte an der Fernsehproduktion entgeltlich. Der Fernsehsender hat daher gem. § 5 Abs. 2 EStG nach dem Erwerb der Rechte diese mit den Anschaffungskosten zu aktivieren, da sie seinem Anlagevermögen zuzurechnen sind.

50 Beim Produzenten (und Filmhersteller) sind die Rechte des Filmherstellers immaterielle Wirtschaftsgüter des **Umlaufvermögens**,[97] wenn der Produzent dem Sender die Rechte an der Fernsehproduktion vollständig und endgültig überträgt.[98] Denn zum Umlaufvermögen gehören „die Wirtschaftsgüter, die in einem einmaligen Akt veräußert oder verbraucht werden sollen".[99] Dabei ist für die Beurteilung, ob eine vollständige und endgültige Übertragung vorliegt, jedoch nicht die streng juristische, sondern die wirtschaftliche[100] Betrachtungsweise ausschlaggebend. Das Bilanzierungsverbot für immaterielle Wirtschaftsgüter des Anlagevermögens (§ 5 Abs. 2 EStG) greift in diesem Fall nicht.[101]

51 Bei der **unechten Auftragsproduktion** gilt:

Der auftraggebende Sender erwirbt die Rechte an der Fernsehproduktion originär: Er ist Filmhersteller i.S.d. UrhG. Die Leistungsschutzrechte eines Filmherstellers sind immaterielle Wirtschaftsgüter des Anlagevermögens. Da es sich allerdings um ein selbst hergestelltes (also nicht um ein entgeltlich erworbenes) immaterielles Wirtschaftsgut des Anlagevermögens handelt, gilt hier das Aktivierungsverbot gem. § 5 Abs. 2 EStG für die steuerliche Gewinnermittlung.[102] Auch der Produzent, der lediglich eine Dienstleistung erbringt, kann die Produktion nicht aktivieren.

52 Das den meisten **Filmproduktionsfonds**[103] zugrunde liegende Modell suchte sich der steuerlichen Vorteile für den Filmhersteller i.S.d. UrhG zu bedienen, die – betreffend die Filmproduktion als selbst hergestelltes immaterielles Wirtschaftsgut des Anlagevermögens – aus dem Aktivierungsverbot gem. § 5 Abs. 2 EStG entwachsen. Ziel war es, die durch die Herstellung der Produktion im Produktionsjahr entstehenden Verluste mit anderweitig erlangten positiven Einkünften zu verrechnen.[104] Die dafür mittlerweile eng gesetzten Grenzen[105] bewirken, dass Fondsmodelle, die hauptsächlich auf diesem Steuervorteil beruhen, nicht mehr rentabel sind.

3.2 Allgemeines zum Auftragsproduktionsvertrag

53 Zwischen den **Parteien**, dem auftraggebenden Sendeunternehmen und dem beauftragten Produzenten, wird der sog. **Auftragsproduktionsvertrag** oder **Produktionsvertrag** abgeschlossen. Dabei bedient sich das Sendeunternehmen fast immer **vorformulierter Vertragsbedingungen**.[106] Individuell angepasst auf den konkreten Sachverhalt werden in aller Regel nur der Vertragsgegenstand, d.h. die vom Produzenten herzustellende TV-Produktion, die Beistellungen des Senders und die Vergütung.

---

97 Die (Negativ-)Definition des Umlaufvermögens ergibt sich § 247 Abs. 2 HGB, der bestimmt, was zum Anlagevermögen gehört. Was nicht Anlagevermögen i.d.S. ist, ist Umlaufvermögen. Vgl. dazu *Baumbach/Hopt* § 247 Rn. 4.
98 *BFH*, BStBl II 1997, 321, 322.
99 *BFH*, BStBl II 1997, 321, 322 m.N.
100 *BFH*, BStBl II 1997, 321, 322.
101 *BFH* BStBl II 1997, 320 ff.
102 Vgl. auch das Bilanzierungsverbot gem. § 248 Abs. 2 HGB.
103 Vgl. dazu ausf. *v. Hartlieb/Schwarz* Kap. 146.
104 S. *v. Hartlieb/Schwarz* Kap. 146 Rn. 14.
105 Vgl. §§ 15a, 15b EStG.
106 Vgl. *Castendyk* ZUM 2007, 169 ff. zur Frage der Anwendbarkeit des AGB-Rechts gem. §§ 305 ff. BGB; s. auch *v. Hartlieb/Schwarz* Kap. 92.

Charakteristisch für den Auftragsproduktionsvertrag ist, dass der Vertragsgegenstand, die **54** Fernsehproduktion, bei Vertragsabschluss zwischen dem auftraggebenden Sendeunternehmen und dem beauftragten Produzenten noch nicht existiert. Die Produktion soll ja erst hergestellt werden. In der Praxis kommt es allerdings (meist zum Leidwesen der Produzenten) häufig vor, dass eine Fernsehproduktion bereits hergestellt und oft sogar auch schon ausgestrahlt ist, bevor die Parteien den Produktionsvertrag unterzeichnen.

3.3 Rechtliche Einordnung des Auftragsproduktionsvertrags

Auch wenn der Begriff „Auftragsproduktion" vielleicht anderes vermuten lassen könnte, so **55** liegt kein Auftragsverhältnis i.S.v. §§ 662 ff BGB vor.

Mit dem Auftragsproduktionsvertrag werden verschiedene Rechtsgebiete bzw. unterschiedli- **56** che Bereiche des Vertragsrechts berührt,[107] z.B. das Urheberrecht, das Kaufrecht, Dienstleistungsrecht, Werkvertragsrecht und Werklieferungsvertragsrecht.

Die Überlassung des Bildtonträgers ist für den Auftraggeber von nicht unwesentlicher Bedeu- **57** tung, denn durch die Fixierung der Produktion auf einem Datenträger „wird dem geschaffenen Werk erst Dauer und Bestand verliehen sowie dem Besteller die Auswertung der Leistung ermöglicht".[108] Stellt man daher auf den zu liefernden Datenträger ab, so handelt es sich dabei um eine bewegliche Sache, die vom Produzenten herzustellen und dem auftraggebenden Sendeunternehmen zu liefern ist. Insoweit liegt also ein **Werklieferungsvertrag**[109] vor. Die Qualifizierung des Auftragsproduktionsvertrags als Werklieferungsvertrag gem. § 651 BGB hat die Anwendung von Kaufrecht zur Folge.

Soweit es um die Herstellung der Produktion geht, weist der Auftragsproduktionsvertrag Ele- **58** mente des **Werkvertrags** gem. § 631 BGB auf.[110]

Der lizenzvertragliche Teil unterliegt dem Urheberrecht. Dabei ist umstritten, ob auf Lizenz- **59** verträge Kaufrecht anwendbar ist, da ein Lizenzvertrag ein Dauerschuldverhältnis darstelle und damit als **Pachtvertrag, nicht als Kaufvertrag** zu qualifizieren sei.[111] Jedenfalls soll aber auf die Lizenzverträge Kaufrecht anwendbar sein, die Festpreisvereinbarungen enthalten.[112] Bei Auftragsproduktionsverträgen, die neben der üblichen Vereinbarung eines Festpreises auch regelmäßig die vollumfängliche Rechteübertragung zum Gegenstand haben, spricht daher viel für die Anwendung von Kaufrecht.

Manche Sendeunternehmen sind dazu übergegangen, in ihren vorformulierten Vertragsbedin- **60** gungen die Regelungen des BGB zum Werklieferungsvertrag einschließlich Verweisungen, jedoch unter **Ausschluss von §§ 377, 381 HGB** (Untersuchungs- und Rügepflicht bei beiderseitigem Handelsgeschäft[113]), ausdrücklich für anwendbar zu erklären.

---

107 *BGH* GRUR 1966, 390: „Der Filmherstellungs- und Verwertungsvertrag ist ein aus verschiedenen Bestandteilen zusammengesetztes Abkommen, das nicht den Vorschriften eines Rechtsgebiets allein unterworfen ist. Vielmehr ist nach den Umständen des Einzelfalls zu prüfen, welche Bestimmungen des mitbetroffenen Vertragsrechts jeweils passen und daher anzuwenden sind."
108 *BGH* GRUR 1966, 390.
109 Vgl. *BGH* GRUR 1966, 390 ff.
110 Vgl. *v. Hartlieb/Schwarz* Kap. 84 Rn. 4.
111 Dazu *Castendyk* ZUM 2007, 169, 175 ff.
112 Dazu *Castendyk* ZUM 2007, 169, 175 ff.
113 § 377 HGB gibt bei beiderseitigem Handelsgeschäft (§§ 343, 344 HGB) dem Käufer einer Ware auf, diese unverzüglich nach ihrer Lieferung zu untersuchen und dem Verkäufer Mängel unverzüglich anzuzeigen; er regelt auch den Fall des Unterlassens dieser Pflichten. Gem. § 381 Abs. 2 HGB findet § 377 HGB auch auf Verträge über noch herzustellende oder zu erzeugende bewegliche Sachen Anwendung (nicht jedoch auf reine Werkverträge; s. dazu *Baumbach/Hopt* § 377 Rn. 2,

3.4 Der Inhalt des Auftragsproduktionsvertrags

3.4.1 Der Vertragsgegenstand

61 Die Vertragsparteien müssen den **Vertragsgegenstand, d.h. die herzustellende Produktion** möglichst genau definieren. Hierauf ist fast noch größere Sorgfalt zu verwenden, als bei der Definition des Lizenzgegenstands im Lizenzvertrag[114] (der immerhin schon existiert und nur identifiziert werden muss), weil sich in der Praxis gerne Streit darüber entzündet, ob die gelieferte Produktion auch der geschuldeten entspricht.

62 Zur Bestimmung der herzustellenden Produktion eignen sich neben der Angabe von Arbeitstitel, Genre, Folgenzahl und Folgenlänge bei **fiktionalen Produktionen** (z.B. Spielfilmen) die Nennung der zu verfilmenden Drehbücher sowie die Bezeichnung von Hauptcast, Regisseuren und Komponisten. Bei **nicht-fiktionalen Produktionen** sollte dem Vertrag ein möglichst detailliertes Konzept einschließlich eines Sendeablaufplans beigefügt werden. Auch sollte festgehalten werden, wer die Hauptmitwirkenden sind (Moderatoren, Regisseure, prominente Gäste, Interviewpartner etc.). Handelt es sich bei der herzustellenden Produktion um eine Live-Sendung, so ist dies ebenfalls im Vertrag festzuschreiben.

63 Soweit der Produktion ein sog. **Pilot**[115] vorausging, so kann es sinnvoll sein, auch darauf Bezug zu nehmen.

64 Bei allen Produktionen und für beide Seiten macht es darüber hinaus Sinn, die **Kalkulation** des Produzenten, auf deren Grundlage der (Fest-)Preis der Produktion zwischen den Parteien in der Regel vereinbart wird, als eine Art Leistungsbeschreibung dem Produktionsvertrag zugrunde zu legen. Aus der Kalkulation ergeben sich alle wichtigen Parameter für die Herstellung der Produktion (z.B. Größe des Studios, Zahl der Mitwirkenden, Zahl der Kameras, Umfang des Lichts).

3.4.2 Technische Richtlinien

65 Hinsichtlich der vom Produzenten einzuhaltenden bzw. zu liefernden technischen Qualität der Produktion verweist der Auftragsproduktionsvertrag in der Regel auf die sog. **technischen Richtlinien** des auftraggebenden Sendeunternehmens. Es empfiehlt sich, ausdrücklich aufzunehmen, wenn mögliche Abweichungen davon zulässig sein sollen (etwa wenn im Rahmen einer Reportage mit versteckter Kamera gefilmt werden muss und sich dies negativ auf die Bild- und Tonqualität des Materials auswirken kann). Im Auftragsproduktionsvertrag selbst wird häufig lediglich das Aufzeichnungsverfahren (etwa mit „Digital Betacam" oder „16 mm Negativfilm") angegeben.

---

§ 381 Rn. 5. Bei einem Vertrag über die Herstellung einer Film-/Fernsehproduktion handelt es sich i.d.R. um einen Vertrag über noch herzustellende oder zu erzeugende bewegliche Sachen i.S.d. § 381 Abs. 2 HGB, weil dem Besteller Bildtonträger zu überlassen sind (s. o. Ziff. 3.3). § 377 HGB ist damit anwendbar. Vgl. dazu *Baumbach/Hopt* § 381 Rn. 6; *BGH* GRUR 1966, 390 ff.

114 S.o. Rn. 12.

115 Bei TV-Produktionen, die auf Serie angelegt sind, geben Fernsehsender, um ihr wirtschaftliches Risiko so gering wie möglich zu halten, häufig zunächst nur einen „Piloten" bzw. eine „Pilotsendung" als eine Art Prototyp in Auftrag, bevor sie dann ggf. in einem zweiten Schritt den Auftrag zur Herstellung einer ganzen Staffel mit zahlreichen Folgen erteilen. Piloten werden häufig zum Zwecke der Marktforschung verwendet, teilweise werden Piloten auch zu Testzwecken oder als erste Folge einer Serie/Staffel ausgestrahlt. S. auch *Karstens/Schütte* S. 426 zur Definition des Begriffs.

3.4.3 Beistellungen

Als **Beistellungen** des Senders werden die Leistungen bezeichnet, die das auftraggebende Sen- **66** deunternehmen dem Produzenten zur Herstellung der Produktion zur Verfügung stellt. Häufige Beistellungen sind z.B. **Versicherungspakete**,[116] **Drehbücher**,[117] Grafikpakete[118] oder etwa Sach- und Geldpreise für Game- oder Quiz-Shows. In einem Versicherungspaket enthalten sind meist eine Negativ-/ Videoversicherung, eine Personenausfallversicherung (für eine bestimmte Anzahl von Personen[119]) und eine Versicherung der Requisiten (Kostüme und Dekoration), eine Technikversicherung (Kamera, Ton, Licht), eine Kassenversicherung sowie eine Versicherung für die zu Produktionszwecken gemieteten Gebäude und Räume.

Vom Sendeunternehmen beigestellt werden können auch Moderatoren (die der Sender z.B. ex- **67** klusiv an sich gebunden hat), Studios, Archivmaterial und vieles mehr, je nach Vereinbarung zwischen Sender und Produzent.

3.4.4 Vergütung

3.4.4.1 Festpreis. Im Auftragsproduktionsvertrag wird die vereinbarte **Vergütung** ausgewie- **68** sen sowie deren Fälligkeit geregelt. Bei der Vergütung handelt es sich in aller Regel um einen **Festpreis**, auf den sich die Parteien im Rahmen eines sog. **Kalkulationsgesprächs** (einer Kalkulationsverhandlung auf Grundlage der vom Produzenten eingereichten Kalkulation) geeinigt haben. Manchmal werden auch Positionen bestimmt, die nicht im Festpreis enthalten sind und die gesondert auf Nachweis abgerechnet werden (z.B. Kosten für Fremdmaterial).

Das **Überschreitungsrisiko**[120] trägt der Produzent. Dies halten die Sendeunternehmen in ihren **69** vorformulierten Vertragsbedingungen in der Regel ausdrücklich fest. Teilweise lassen sie sich darüber hinaus garantieren, dass die Vergütung auf einer sachgerechten und vollständigen Kalkulation der Produktionskosten durch den Produzenten basiert und dass damit die Erfüllung der vom Produzenten zu erbringenden Leistungen gewährleistet ist.

3.4.4.2 Zahlungsbedingungen. Meist wird eine erste Zahlungsrate bei Vertragsunterzeich- **70** nung fällig, allerdings fordert die Mehrzahl der Sendeunternehmen als standardmäßige Voraussetzung der Zahlung vor Lieferung und Abnahme (des Rohschnitts) der geschuldeten Produktion, dass der Produzent zur Absicherung des Senders eine unbefristete selbstschuldnerische **Bürgschaft** eines dem Sendeunternehmen genehmen Bankinstituts stellt.

Die Bankbürgschaft wird in der Regel nach Rohschnittabnahme und Erfüllung aller bis zu die- **71** sem Zeitpunkt zu erfüllenden Verpflichtungen zurückgegeben.

Die Verpflichtung zur Stellung einer (für das Sendeunternehmen kostenfreien) Bürgschaft **72** kann für den Produzenten erheblich Kosten mit sich bringen, ohne dass ihm die Regelung möglicherweise im Gegenzug nennenswerte Vorteile verschafft. Dies ist vor allem dann der Fall, wenn der Prozess der Bürgschaftsstellung längere Zeit in Anspruch nimmt oder der auftraggebende Sender sich erfahrungsgemäß mit Zahlungen ohnehin Zeit lässt, während andererseits der vom Produzenten finanziell zu überbrückende Produktionszeitraum (bis zur Lieferung des

---

116 Anderenfalls sieht der Auftragsproduktionsvertrag i.d.R. vor, dass der Produzent die Produktionsrisiken angemessen zu versichern hat.
117 S.u. Ausführungen zum Buchentwicklungsvertrag Rn. 103 f.
118 Grafik- und Designelemente einer Sendung (wie z.B. Namenseinblendungen, Schriftzüge, Logos, Tabellen, Werbetrenner); s. dazu *Karstens/Schütte* Kap. 2.6 S. 230.
119 Zu den sog. ausfallversicherten Personen gehören regelmäßig Hauptdarsteller, Moderatoren und Regisseure.
120 Als Überschreitungsrisiko wird das Risiko bezeichnet, dass die Herstellungskosten der Produktion höher werden, als in der dem vereinbarten Festpreis zugrunde liegenden Kalkulation angenommen.

Rohschnitts oder der fertigen Produktion) vielleicht nur kurz ist. Es empfiehlt sich daher, genau zu errechnen, ob es nicht Sinn macht, auf die Stellung einer Bürgschaft zu verzichten und die Fälligkeit der Zahlung der Vergütung erst nach Lieferung und Abnahme des Rohschnitts zu vereinbaren.

3.4.5 Rechteübertragung und Rechtegarantie

73 Zu den vorformulierten Vertragsbedingungen im Auftragsproduktionsvertrag gehört meist die Regelung der umfassenden **Rechteeinräumung bzw. -übertragung** vom Produzenten auf das Sendeunternehmen.

74 Die Einräumung von Nutzungsrechten an zum Zeitpunkt des Vertragsschlusses noch **nicht bekannten Nutzungsarten** sowie Verpflichtungen hierzu waren bis zum Inkrafttreten der Änderung des Urheberrechtsgesetzes durch das Zweite Gesetz zur Regelung des Urheberrechts in der Informationsgesellschaft („**Zweiter Korb**") gem. § 31 Abs. 4 UrhG a.F. unwirksam.[121] Mit Einführung von § 31a UrhG n.F. ist es nun jedoch ausdrücklich möglich, auch Rechte an zum Zeitpunkt des Vertragsschlusses noch **unbekannten Nutzungsarten** einzuräumen.[122] Für die neuen Nutzungsarten gilt die Übergangsregelung des § 137l UrhG n.F.[123]

75 Auch wenn er sich sämtliche Rechte einräumen lässt, so stellt der Sender dabei stets klar, dass er zu einer Nutzung der eingeräumten bzw. übertragenen Rechte nicht verpflichtet ist.

76 Außerdem ist im Auftragsproduktionsvertrag regelmäßig eine sehr umfassende vom Produzenten gegenüber dem Sender zu übernehmende **Rechtegarantie**[124] zu finden.

77 Soweit der Produzent nicht alle Rechte vollumfänglich erwerben kann (bzw. der vollumfängliche Erwerb wirtschaftlich nicht sinnvoll oder nicht kalkuliert ist), ist darauf zu achten, dass dies auch entsprechend im Vertrag festgehalten wird. In der Regel ist das der Fall bei der Verwendung von **Fremdmaterial**,[125] auch **Klammermaterial** genannt. Hier einigen sich das auftraggebende Sendeunternehmen und der Produzent vorab – idealerweise unter Beachtung der für den Rechteerwerb kalkulierten Summe – auf einen vom Produzenten zu erwerbenden sachlich, örtlich und zeitlich beschränkten Rechteumfang.

78 Auch die von den **Verwertungsgesellschaften** wahrgenommenen Rechte sind von der Rechteübertragung des Produzenten sowie der Rechtegarantie auszunehmen.[126]

---

121 Dies hielt die Mehrzahl der Sendeunternehmen dennoch nicht davon ab, entspr. Klauseln in ihren Auftragsproduktionsverträgen aufzunehmen.

122 S. auch § 89 UrhG n.F. Der Filmhersteller erwirbt nach § 89 Abs. 1 UrhG n.F. im Zweifel das ausschließliche Recht, das Filmwerk sowie Übersetzungen und andere filmische Bearbeitungen oder Umgestaltungen des Filmwerkes auf **alle** Nutzungsarten zu nutzen. § 31a Abs. 1 S. 3 und 4 sowie Abs. 2-4 UrhG finden keine Anwendung.

123 Danach gelten zwischenzeitlich bekannt gewordene Nutzungsrechte als ebenfalls eingeräumt, wenn ein Urheber zwischen dem 1.1.1966 und dem 1.1.2008 einem anderen alle wesentlichen zum Zeitpunkt des Vertragsschlusses bekannten Nutzungsrechte ausschließlich sowie räumlich und zeitlich unbegrenzt eingeräumt hat. Der Urheber kann der Nutzung jedoch widersprechen, § 137l Abs. 1 UrhG. Gem. § 137l Abs. 2 S. 1 UrhG gilt Absatz 1 für den entspr., dem der Vertragspartner des Urhebers sämtliche ihm ursprünglich eingeräumten Nutzungsrechte weiterübertragen hat.

124 Hinsichtlich der Rechtegarantie kann auf die Ausführungen zum Lizenzvertrag, Rn. 39 ff., verwiesen werden.

125 Als Fremdmaterial bezeichnet wird Material, das nicht der Produzent hergestellt hat, z.B. Ausschnitte aus anderen Filmen oder Fernsehproduktionen.

126 S.o. Rn. 33 ff.

Für den Fall, dass der Produzent für die vertragsgegenständliche Produktion nicht extra neue **79**
Musik komponieren lässt, sondern (vorbestehende) Musiken des GEMA-Repertoirs nutzt,
sollte er darauf achten, dass die Musik von der Rechteübertragung ausgenommen ist.[127]

Die von den Sendeunternehmen regelmäßig sehr einseitig zu ihren Gunsten vorformulierten **80**
Klauseln der Rechteeinräumung bzw. -übertragung und Rechtegarantie enthalten häufig eine
Vielzahl von Regelungen, deren Wirksamkeit zweifelhaft ist. Dies ist insbesondere nach den
Bestimmungen der §§ 305 ff BGB zu beurteilen.[128]

– Seit Einführung der Regelungen des § 32a UrhG (sog. **Bestseller-Paragraf**) haben einige
Sendeunternehmen innerhalb ihrer Rechte- bzw. Rechtegarantie-Klausel eine Regelung[129]
aufgenommen, mit der sie versuchen, dem Produzenten das Risiko für etwaige gegen sie gerichtete Ansprüche auf weitere Beteiligung aus § 32a UrhG aufzuerlegen und sich bei Inanspruchnahme vom Produzenten freistellen zu lassen. Eine solche Regelung verstößt jedoch
gegen den Grundgedanken von § 32a Abs. 2 BGB, so dass viel für ihre Unwirksamkeit nach
§ 307 Abs. 2 Nr. 1 BGB spricht.[130]

– Ebenfalls unwirksam sein dürften die Rechtegarantie-Regelungen, wonach dem Produzenten verschuldensunabhängig eine Schadensersatzpflicht auferlegt wird.[131] Denn sie widersprechen dem gesetzlichen Leitbild einer verschuldensabhängigen Haftung bei Rechtskauf
(§ 453 Abs. 1 BGB).[132]

3.4.6 Eigentumsübertragung Material

Sendeunternehmen versuchen in der Regel, sich neben dem Eigentum an den sog. **Lieferma-** **81**
terialien[133] (z.B. dem Sendeband) zur Sicherung ihrer Ansprüche auch das Eigentum an (den
Datenträgern mit) dem Rohmaterial übertragen lassen.

3.4.7 Jugendschutz

Das deutsche Rundfunkrecht geht davon aus, dass der **Rundfunkveranstalter** die Instanz ist, **82**
die sein Programm steuert.[134] Regelungen insbesondere auch zur Verhinderung von Machtmissbrauch[135] müssen daher beim Rundfunkveranstalter ansetzen.

Die Rundfunkveranstalter haben bei der Gestaltung ihres Programmangebots dafür Sorge zu **83**
tragen, dass ihre Angebote nicht die **Menschenwürde**[136] oder sonstige durch das **Strafgesetz-**
buch[137] geschützte Rechtsgüter verletzen.

---

127 S. diesbezügliche Ausführungen zum Lizenzvertrag, Rn. 33 ff.
128 Dazu *Castendyk* ZUM 2007, 169 ff. (insbesondere auch zur Frage, ob ein Rechte-Buy-Out mittels
   AGB noch möglich ist).
129 Bsp. für eine solche Klausel: „Der Produzent wird in der Vergütung der Urheber bereits berücksichtigen, dass es sich bei der Produktion um einen Bestseller handelt."
130 So im Ergebnis *Castendyk* ZUM 2007, 169, 176 ff.
131 Vgl. dazu ausf. *Castendyk* ZUM 2007, 169, 175 ff. m.N.
132 Zur Frage der Anwendbarkeit der kaufrechtlichen Bestimmungen bei Auftragsproduktionsverträgen
   s. a.a.O.
133 S.o. Rn. 14 f.
134 Zur Veranstalterorientierung des deutschen Rundfunkrechts s. *Schiwy/Schütz/Dörr* S. 414.
135 Vgl. auch *Dörr/Schwartmann* Rn. 203 ff.
136 §§ 3 S. 1, 41 Abs. 1 RStV.
137 S. §§ 131 – 184 ff. StGB, die ein Totalverbot für sozialschädliche Medien statuieren. Die Bestimmungen dienen sowohl dem Jugendschutz als auch dem Schutz von Erwachsenen; dazu *Schiwy/
   Schütz/Dörr* S. 252.

84   Außerdem haben sie für die Einhaltung des **Jugendschutzes**[138] (= Schutz von Kindern und Jugendlichen vor Angeboten, die deren Entwicklung oder Erziehung beeinträchtigen oder gefährden) Sorge zu tragen.

85   Nach der Rechtsprechung des Bundesverfassungsgerichts ist „der Schutz der Jungend nach einer vom Grundgesetz selbst getroffenen Wertung ein Ziel von bedeutsamen Rang und ein wichtiges Gemeinschaftsanliegen".[139] Der Schutz von Kindern und Jugendlichen ist eine Pflichtaufgabe des Staates im Rahmen des Schutzes des Allgemeinen Persönlichkeitsrechts gem. Art. 2 Abs. 1 i.V.m. Art. 1 Abs. 1 GG.[140] Gem. Art. 5 Abs. 2 GG können die Grundrechte der **Rundfunkfreiheit,**[141] der **Pressefreiheit**[142] und der **Informationsfreiheit**[143] durch Bestimmungen zum Schutze der Jungend eingeschränkt werden. Eine Zensur findet dabei nicht statt. Der Jungendschutz kann auch eine Schranke des Grundrechts der **Freiheit der Kunst** gemäß Art. 5 Abs. 3 S. 1 GG darstellen.[144]

86   (Einfach-) Gesetzliche Grundlage des Jugendschutzes ist neben dem **Jugendschutzgesetz**[145] des Bundes, das den Bereich der Trägermedien und den Teilbereich der Indizierung von Telemedien regelt,[146] insbesondere der seit 1.4.2003 geltende **Jugendmedienschutz-Staatsvertrag (JMStV)**, ein Staatsvertrag der Länder über den Schutz der Menschenwürde und den Jugendschutz in Rundfunk und Telemedien.[147]

87   Die Überwachung der Einhaltung der Regelungen des Jugendmedienschutz-Staatsvertrags erfolgt durch die **Landesmedienanstalten,**[148] die sich zur Erfüllung ihrer Aufgaben des Organs der **Kommission für Jugendmedienschutz (KJM)** als zentraler Aufsichtsstelle für den Jugendschutz im privaten Rundfunk und in den Telemedien bedienen.[149] Die KJM arbeitet mit der **Bundesprüfstelle für jugendgefährdende Medien (BPjM)**[150] zusammen.[151]

88   Das Selbstverständnis der KJM geht aber über die Funktion als bloße Aufsichtsinstanz hinaus. Die KJM sieht ihre Aufgabe auch darin, gesellschaftspolitische Prozesse anzustoßen.[152] Die Aufgaben der KJM hinsichtlich des Jugendschutzes im Rundfunk umfassen vor allem die Anerkennung der Selbstkontrolle, die Prüfung und Bewertung möglicher Verstöße gegen den Ju-

---

138   Vgl. zum Jugendschutz im Fernsehen *Dörr/Schwartmann* Rn. 229 ff.
139   *BVerfG* NJW 1991, 1471; vgl. auch *BVerfG* NJW 1988, 1833, 1834.
140   *Schiwy/Schütz/Dörr* S. 250 m.N.
141   Vgl. *Dörr/Schwartmann* Rn. 169 ff., *Schiwy/Schütz/Dörr* S. 413 ff. zur Rundfunkfreiheit.
142   Vgl. *Schiwy/Schütz/Dörr* S. 360 ff. zur Pressefreiheit.
143   Vgl. *Schiwy/Schütz/Dörr* S. 188 ff. zur Informationsfreiheit.
144   *Schiwy/Schütz/Dörr* S. 250 m.N.
145   Einschließlich der Verordnung zur Durchführung des Jugendschutzgesetzes (DVO JuSchG).
146   Dazu *Schiwy/Schütz/Dörr* S. 251 ff.
147   Konkretisiert durch die Gemeinsamen Richtlinien der Landesmedienanstalten zur Gewährleistung des Schutzes der Menschenwürde und des Jugendschutzes (Jugendschutzrichtlinien – JuSchRiL) v. 8./9.3.2005 (in Kraft getreten am 2.6.2005) und die Jugendschutzsatzung (JSS), einer Satzung zur Gewährleistung des Jugendschutzes in digital verbreiteten Fernsehangeboten.
148   § 14 Abs. 1 JMStV.
149   § 14 Abs. 2 JMStV.
150   Die Bundesprüfstelle für jugendgefährdende Medien (BPjM) ist eine selbstständige Bundesoberbehörde, die dem Bundesministerium für Familie, Senioren, Frauen und Jugend (BMFSFJ) nachgeordnet ist. Zur ihren Aufgaben gehören das Indizierungsverfahren bei Trägermedien bzw. bei Telemedien und das Führen der Liste jugendgefährdender Medien. Vgl. *Schiwy/Schütz/Dörr* S. 252; s. dazu auch: www.bundespruefstelle.de.
151   Sie wird im Bereich der Telemedien von jugendschutz.net unterstützt, § 18 JMStV.
152   www.kjm-online.de/public/kjm/.

gendmedienschutz-Staatsvertrag und die Bearbeitung von Anträgen privater Rundfunkveranstalter auf eine Ausnahmegenehmigung für frühere Ausstrahlungszeiten bei Spielfilmen.[153]

Das Prinzip des Jugendmedienschutz-Staatsvertrags ist die Eigenverantwortung des Anbieters **89** im Sinne einer „regulierten Selbstregulierung":[154] Die Anbieter können sich zur Erfüllung ihrer Verantwortung anerkannter Einrichtungen der **Freiwilligen Selbstkontrolle** bedienen. Diese überprüfen dann vorgelegte Angebote und die Einhaltung der Jugendschutzbestimmungen.[155] Eine für den Bereich des Fernsehens anerkannte Einrichtung ist die **Freiwillige Selbstkontrolle Fernsehen e.V. (FSF)**.[156]

Die Sendeunternehmen, die länderübergreifendes Fernsehen veranstalten, haben gem. § 7 **90** Abs. 1 JMStV einen **Jugendschutzbeauftragten** zu bestellen, der die zur Erfüllung seiner Aufgaben erforderliche Fachkunde besitzen muss.[157]

Die materiell-rechtlichen Bestimmungen des JMStV gelten sowohl für den privaten als auch **91** für den öffentlich-rechtlichen Rundfunk. Die Bestimmungen über das Verfahren der Aufsicht, die Aufsicht der KJM und den Vollzug und die Ahndung von Verstößen gelten nur für private Rundfunkveranstalter.

Nach § 15 Abs. 2 JMStV stellen die nach Landesrecht zuständigen Organe der Landesmedien- **92** anstalten beim Erlass ihrer Satzungen und Richtlinien zur Durchführung des JMStV das Benehmen mit den in der ARD zusammengeschlossenen Landesrundfunkanstalten und dem ZDF her und führen mit diesen und der KJM einen gemeinsamen Erfahrungsaustausch in der Anwendung des Jugendmedienschutzes durch. So besteht die Chance, eine möglichst einheitliche „Handhabung" des Jugendschutzes im öffentlich-rechtlichen und im privaten Rundfunk zu erreichen.

Für das ZDF ist der Jugendschutz nach eigener Aussage „Grundelement seiner gesamten Ar- **93** beit und ein Qualitätsmerkmal seiner Programme".[158] Der Fernsehrat des ZDFs hat daher strenge Jugendschutzrichtlinien[159] verabschiedet. Diese **ZDF-Jugendschutzrichtlinien** und die „Kriterien zur Sicherung des Jugendschutzes bei der Beurteilung von Sendungen des ZDF" dienen den für das Programm verantwortlichen Mitarbeitern des ZDF als Arbeitsgrundlage.[160]

---

153 Vgl. § 16 JMStV; www.kjm-online.de/public/kjm/index.php?show_1=55.
154 Dazu *Schiwy/Schütz/Dörr* S. 251; *Dörr/Schwartmann* Rn. 255.
155 Vgl. § 19 JMStV.
156 Vgl. www.fsf.de zu generellen Informationen zur FSF und zu ihren Prüfungsrichtlinien; zum Verhältnis der KJM zur FSF s. *Hopf/Braml* ZUM 2007, 23 ff. Die FSF ist nicht zu verwechseln mit den Einrichtungen der **Freiwilligen Selbstkontrolle der Filmwirtschaft (FSK)** und der **Unterhaltungssoftware Selbstkontrolle (USK)**, die für die nach dem Jugendschutzgesetz zuständige oberste Landesjugendbehörde die Freigabe und Kennzeichnung von entwicklungsbeeinträchtigenden Filmen und Film- bzw. Spielprogrammen übernehmen. Vgl. www.spio.de; *Schiwy/Schütz/Dörr* S. 251 ff.
157 § 7 Abs. 4 JMStV.
158 www.unternehmen.zdf.de/index.php?id=24.
159 Die Richtlinien des Zweiten Deutschen Fernsehens zur Sicherung des Jugendschutzes (ZDF-Jugendschutzrichtlinien) v. 22.9.2000 i.d.F. v. 10.10.2003 sind zu finden unter www.unternehmen.zdf.de/fileadmin/files/Download_Dokumente/DD_Grundlagen/Richtlinien_f3r_den_Jugendschutz.pdf.
160 www.unternehmen.zdf.de/index.php?id=24.

94 Auch für die ARD gibt es ergänzende, zuletzt im Juni 2003 novellierte **ARD-interne Richtlinien** sowie im September 2003 überarbeitete **ARD-Kriterien zur Sicherung des Jugendschutzes**.[161]

95 Sendeunternehmen versuchen einen Teil ihrer oben beschriebenen Verantwortung als Rundfunkveranstalter im Innenverhältnis auf die Produzenten ihrer Programme zu „delegieren".[162] Der Standardproduktionsvertrag enthält daher fast immer auch eine Regelung zum Thema Jugendschutz. Meist lautet die Regelung, dass die jeweilige Produktion so gestaltet sein muss, dass die Ausstrahlung zur vereinbarten Sendezeit nach den geltenden gesetzlichen Bestimmungen zulässig ist. Bei Zweifeln ist der Rat des Jugendschutzbeauftragten des Senders zu suchen. Private Sendeunternehmen lassen sich darüber hinaus regelmäßig vom Produzenten von etwaigen Bußgeldern der Medienaufsichtsbehörden, die wegen einer Verletzung von Jugendschutzvorschriften durch die vom Produzenten hergestellte Produktion verhängt werden, einschließlich der damit verbundenen Kosten der Rechtsverteidigung, freistellen.

3.4.8 Unterlassung von Werbung

96 Für öffentlich-rechtliche und private Rundfunkveranstalter gleichermaßen geltende Regelungen betreffend **Werbung**[163] und **Sponsoring**[164] finden sich im Rundfunkstaatsvertrag[165] in §§ 7 und 8 RStV. Darüber hinaus finden sich dazu Regelungen für private Veranstalter[166] gem. §§ 43 ff RStV und für den öffentlich-rechtlichen Rundfunk[167] nach §§ 15 ff RStV.

97 Es gilt der Grundsatz der Trennung von Werbung und Programm, sog. **Trennungsprinzip**.[168]

98 **Schleichwerbung**[169] ist gem. § 7 Abs. 6 S. 1 RStV verboten. Fälschlicherweise wird häufig, gerne in der Presse, „**Product Placement**" (Erwähnung oder Darstellen von Produkten) als Synonym für Schleichwerbung gebraucht. Product Placement ist dann unzulässig, wenn es sich dabei um Schleichwerbung handelt.[170]

---

161 www.ard.de/intern/organisation/rechtsgrundlagen/jugendschutz/-/id=54424/159f3sk/.

162 Nach außen bleibt das Sendeunternehmen verantwortlich.

163 S. § 2 Abs. 2 Nr. 5 RStV zum Begriff „Werbung".

164 Nach der Legaldefinition gem. § 2 Abs. 2 Nr. 7 RStV ist Sponsoring „jeder Beitrag einer natürlichen oder juristischen Person oder einer Personenvereinigung, die an Rundfunktätigkeiten oder an der Produktion audiovisueller Werke nicht beteiligt ist, zur direkten oder indirekten Finanzierung einer Sendung, um den Namen, die Marke, das Erscheinungsbild der Person oder Personenvereinigung, ihre Tätigkeit oder ihre Leistungen zu fördern".

165 Staatsvertrag für Rundfunk und Telemedien, in Kraft getreten am 1.3.2007, zu den weiteren rechtlichen Grundlagen vgl. *Schiwy/Schütz/Dörr* S. 616 ff.

166 Gem. § 46 S. 1 RStV erlassen die Landesmedienanstalten gemeinsame Richtlinien zur Durchführung der §§ 7, 8, 44, 45, 45a und 45b RStV.

167 Gem. § 16a S. 1 RStV erlassen die in der ARD zusammengeschlossenen Landesrundfunkanstalten und das ZDF Richtlinien zur Durchführung von §§ 7, 8 15 und 16.

168 § 7 Abs. 3 RStV. Vgl. auch *Schiwy/Schütz/Dörr* S. 622.

169 Gem. Legaldefinition des § 2 Abs. 2 Nr. 6 RStV ist Schleichwerbung „die Erwähnung oder Darstellung von Waren, Dienstleistungen, Namen, Marken oder Tätigkeiten eines Herstellers von Waren oder eines Erbringers von Dienstleistungen in Programmen, wenn sie vom Veranstalter absichtlich zu Werbezwecken vorgesehen ist und die Allgemeinheit hinsichtlich des eigentlichen Zwecks dieser Erwähnung oder Darstellung irreführen kann. Eine Erwähnung oder Darstellung gilt insbesondere dann als zu Werbezwecken beabsichtigt, wenn sie gegen Entgelt oder eine ähnliche Gegenleistung erfolgt".

170 Zu zulässigem Product Placement s. z.B. Ziff. 8.3 der ARD-Richtlinien für die Werbung, zur Durchführung der Trennung von Werbung und Programm und für das Sponsoring i.d.F. v. 6.6.2000: „Zulässig ist die Erwähnung oder Darstellung von Produkten, wenn und soweit sie aus journalistischen oder künstlerischen Gründen, insbesondere zur Darstellung der realen Umwelt, zwingend erforderlich ist. Soweit gem. Satz 1 Produkte erwähnt oder dargestellt werden, ist durch die Art der Darstellung nach Möglichkeit die Förderung werblicher Interessen zu vermeiden (. . .)."

Üblicherweise sind im Auftragsproduktionsvertrag vorformulierte Regelungen zum Verbot **99** von Werbung, insbesondere zum **Schleichwerbungsverbot** für den Produzenten zu finden.

Sollten hier für den Fall des Verstoßes des Produzenten gegen das Schleichwerbungsverbot **100** **Schadenspauschalierungen**[171] zugunsten des Sendeunternehmens enthalten sein, die für den Produzenten die Möglichkeit des Nachweises eines geringeren bzw. überhaupt nicht entstandenen Schadens ausdrücklich ausschließen, so bedeutet diese Regelung eine unangemessene Benachteiligung des Produzenten und ist daher unwirksam.[172] Wird der Nachweis jedoch nicht ausdrücklich ausgeschlossen, so ist die Regelung unter Unternehmern zulässig. Die ausdrückliche Gestattung des Nachweises, wie sie § 309 Nr. 5 lit. b BGB für die Wirksamkeit einer Klausel vorsieht, ist unter Unternehmern nicht erforderlich.[173]

3.4.9 Sonstiges

Im Auftragsproduktionsvertrag finden sich über die bereits erwähnten Regelungen hinaus noch **101** je nach Sendeunternehmen eine Vielzahl von weiteren Regelungen, wie z.B. zur Lieferung von Pressematerial, zum Abnahmeprozedere, zu Rücktritts- und Kündigungsmöglichkeiten für das auftraggebende Sendeunternehmen, Optionsregelungen zugunsten des Sendeunternehmens etc.

Auch hier dürften einige der vorformulierten Klauseln einer Überprüfung vor Gericht nicht standhalten.[174]

3.4.10 Besonderheiten der Auftragsproduktionsverträge des ZDF

Das Zweite Deutsche Fernsehen (**ZDF**) gibt dem Produzenten im Produktionsvertrag regelmä- **102** ßig vor, welche Verträge es mit den Urhebern und Mitwirkenden (z.B. Darstellern) abzuschließen hat, insbesondere ob ein **Wiederholungshonorar** zu vereinbaren ist und/oder ob ein **Erlösbeteiligungsanspruch** gegeben sein soll, und verpflichtet den Produzenten, dazu Formulare des ZDFs zu verwenden.[175] Über die Konstruktion des Schuldbeitritts bemühen sich Produzent und ZDF darum, eine Grundlage dafür zu schaffen, dass Wiederholungshonorare und Erlösbeteiligungen direkt vom ZDF an die Berechtigten gezahlt werden.

4. Der Buchentwicklungsvertrag

4.1 Einführung

Der sog. **Buchentwicklungsvertrag** kommt regelmäßig im fiktionalen Bereich vor (z.B. bei **103** Spielfilmen, Serien) und ist eine „Vorstufe" zum **Auftragsproduktionsvertrag**. Der Buchentwicklungsvertrag ist eine Vereinbarung zwischen einem Produzenten und einem Sendeunternehmen über die Herstellung eines **Drehbuchs**.[176] Auch hier bedienen sich die deutschen Sendeunternehmen regelmäßig **vorformulierter Vertragsbedingungen**.

---

171 Voraussetzung für die wirksame Pauschalierung von Schadensersatzansprüchen in AGB ist jedoch, dass dem Grunde nach eine Schadensersatzpflicht besteht; vgl. *Palandt* § 309 R. 24 m.N.
172 Vgl. *Castendyk* ZUM 2007, 169, 172 m.N.
173 Vgl. *Palandt* § 309 R. 32 m.N., auch im Verkehr zwischen Unternehmern ist § 309 Nr. 5 lit. b BGB gem. § 307 Abs. 1 und 2, § 310 Abs. 1 BGB grds. anwendbar, die ausdrückliche Gestattung des Gegenbeweises ist jedoch nicht erforderlich.
174 Z.B. zu Klauseln von Sendeunternehmen, wonach bei Kündigung ohne besonderen Grund durch den Sender nur der erbrachte Leistungen des Produzenten vergütet werden, vgl. *BGH* Urteil v 12.7. 2007- VII ZR 154/06.
175 Die entspr. Formulierung wurde lt. Text des Standard-Produktionsvertrags zwischen dem ZDF und dem Bundesverband Deutscher Fernsehproduzenten e.V. abgestimmt.
176 Zur Rechtsnatur des Buchentwicklungsvertrags s. Ausführungen zum Auftragsproduktionsvertrag, Rn. 55 ff.; vgl. auch *v. Hartlieb/Schwarz* Kap. 93 Rn. 3.

104 Zur Herstellung des Drehbuchs hat der Produzent einen im Vertrag bestimmten Autor zu verpflichten. Meist lässt sich das Sendeunternehmen bereits alle Rechte an dem Drehbuch und für eine künftige Produktion von dem Produzenten übertragen, während es die Zahlung von 50% der Vertragssumme jedoch an die Verfilmung des Drehbuchs knüpft (die im Belieben des Sendeunternehmens steht). Kommt es später zwischen den Parteien zu einem Auftragsproduktionsvertrag über die Herstellung eines Films auf Basis des Drehbuchs, so stellt das Sendeunternehmen das Drehbuch bei.[177] Die Vergütungen aus dem Buchentwicklungsvertrag fließen meist in die Gesamtkalkulation für den Film ein und werden dann mit späteren Zahlungen verrechnet. Bei Verfilmung des Drehbuchs akzeptieren die Sendeunternehmen im Rahmen der (Gesamt)Produktionskostenkalkulation **Handlungsunkosten (HU)** und **Gewinn** nur auf 50% der Vergütung für das Drehbuch. An Reisekosten des Produzenten oder des Autors oder an sonstigen Kosten, die beim Produzenten im Zusammenhang mit der Erstellung des Drehbuchs anfallen, beteiligen sich die auftraggebenden Sender in aller Regel nicht und halten das meist auch ausdrücklich im Buchentwicklungsvertrag fest.

105 Wenn der Produzent bereits im Buchentwicklungsvertrag dem Sender alle (Nutzungs)Rechte an dem herzustellenden Drehbuch einräumt/überträgt, so sollte er wenigstens eine sog. **Produzentenbindung** erhalten, um sicher zu stellen, dass auch er (und nicht ein Dritter) mit der Verfilmung des Buchs beauftragt wird. Die Aufnahme einer Produzentenbindung empfiehlt sich aus Produzentensicht schon deshalb, weil die vom Sendeunternehmen zu zahlende Vergütung für die Herstellung des Drehbuchs sehr häufig dem Honorar entspricht oder sogar hinter dem Honorar zurückbleibt, das der Produzent dem Autor bezahlt. Der Produzent investiert, um später einen Produktionsauftrag zu erhalten. Erhielte nun aber statt des Produzenten ein Dritter den Produktionsauftrag, so ginge die ohnehin schon risikoreiche Rechnung (denn nicht jedes Drehbuch wird verfilmt) des Produzenten nicht auf.

4.2 Filmförderung

106 Im Buchentwicklungsvertrag finden sich manchmal bereits Regelungen dazu, dass sich die Parteien frühzeitig darüber abstimmen müssen, ob und in welchem Umfang bei Institutionen der regionalen, nationalen oder/und europäischen **Filmförderung**[178] Anträge in Zusammenhang mit der Durchführung der Produktion gestellt werden.

4.3 Bankgarantie

107 Häufig regeln die Sendeunternehmen bereits im Entwicklungsvertrag, dass der Produzent im Falle der Verfilmung eine **Bankgarantie** zur Absicherung etwaiger Rückzahlungsansprüche des Senders vorzulegen hat.[179]

4.4 Praxis-Muster „Rechtegarantie"

108 Auch eine **Rechtegarantieklausel** ist im Buchentwicklungsvertrag zu finden.

---

177 Zu **Beistellungen** s.o. Rn. 66.
178 Vgl. dazu 12. Abschn. Rn. 92 ff. *Köstlin.*
179 Zur Bürgschaft s.o. Rn. 70 ff.

Nachfolgend ein Beispiel für die Klausel eines privaten Sendeunternehmens: **109**

Praxis-Muster „Rechtegarantie":

(1) Der Produzent garantiert hiermit

– dass er die für die Bearbeitung, Verfilmung und unbegrenzte Auswertung des Werkes nach diesem Vertrag erforderlichen Rechte erworben hat bzw. mit ihrer Entstehung erwerben wird.

– dass das Werk keinerlei Anspielungen auf Personen, Firmen oder Ereignisse enthält, die der Sender nicht schriftlich genehmigt hat.

– dass an dem Werk und an den Vorarbeiten hierzu ohne das Wissen des Senders kein Dritter mitgearbeitet hat.

– dass auch sonstige Rechte Dritter nicht verletzt werden.

(2) Der Produzent verpflichtet sich, dem Sender zum Nachweis aller Rechte seine Verträge mit den Autoren vorzulegen.

(3) Der Produzent verpflichtet sich, den Sender von allen Ansprüchen auf erste Anforderung freizustellen, die von Dritten im Zusammenhang mit diesem Vertrag aufgrund einer Vertragsverletzung des Produzenten gegen den Sender geltend gemacht werden. Weitergehende Ansprüche des Senders bleiben unberührt.

4.5 Jugendschutz

Sehr häufig wird auch schon im Buchentwicklungsvertrag der **Jugendschutz**[180] thematisiert: **110**
Der Produzent hat zu garantieren, dass das Drehbuch z.B. als Grundlage für ein primetime-fähiges Produkt geeignet ist und eine darauf basierende Produktion im Fall der Vorlage bei der **FSK** bzw. **FSF** die Bescheinigung „FSK 12" erhält. Ob im Falle der Verfilmung die auf einem Drehbuch basierende Filmproduktion im Ergebnis aber tatsächlich die Bescheinigung „FSK 12" erhält, hängt nicht allein vom Inhalt des Drehbuchs ab, sondern wesentlich von der Umsetzung des Drehbuchs. Die Umsetzung erfolgt aber immer nach den Vorgaben des Senders. Daher kann der Produzent, der zu dem Zeitpunkt, zu dem er die Garantie abgeben soll, noch nicht einmal weiß, ob er überhaupt mit der Verfilmung beauftragt wird,[181] eine Garantie für die Erlangung der FSK 12-Bescheinigung regelmäßig nicht geben.

4.6 Sonstiges

Seit kurzem wird der Produzent von einigen privaten Sendeunternehmen dazu verpflichtet, im **111**
Drehbuchvertrag mit dem Autor eine Klausel aufzunehmen, wonach die Durchsetzung von Ansprüchen des Autors im Wege der Unterlassungsklage und des einstweiligen Rechtsschutzes ausgeschlossen ist. Die Geltendmachung von Rechtsschutz gegen **gröbliche Entstellung**[182] und zur Wahrung des Veröffentlichungsrechts soll von einer solchen Regelung jedoch unberührt bleiben.[183] Auch diese Klausel des Entwicklungsvertrags führt jedoch eher zu Missverständnissen als zu einer Erhöhung der Sicherheit für das Sendeunternehmen. Denn, ob ein solcher Klageverzicht mit dem Autor rechtswirksam vereinbart werden kann, darf insbesondere unter dem Gesichtspunkt der Sittenwidrigkeit bezweifelt werden.[184]

---

180 Dazu s.o. Rn. 84 ff.
181 Vielleicht wird ja auch ein Dritter mit der Verfilmung beauftragt.
182 Zum Thema „gröbliche Entstellung" s. *v. Hartlieb/Schwarz* Kap. 93 Rn. 30 ff.
183 Hier scheint der Formulierungsempfehlung von Anselm Grün gefolgt zu werden, *Grün* ZUM 2004, 733, 739.
184 Dabei ist u.a. auch zu berücksichtigen, dass sich Produzenten häufig vorformulierter Vertragsbedingungen für ihre Autorenverträge bedienen.

5. Der Koproduktionsvertrag

112 Die **Koproduktion** zeichnet sich dadurch aus, dass an der Herstellung der Produktion anstelle nur eines Produzenten, mehrere Produzenten beteiligt sind, die das wirtschaftliche Risiko gemeinsam tragen. In der Praxis findet man sog. **intern-deutsche Gemeinschaftsproduktionen** oder **internationale Koproduktionen**[185] bei sehr teuren und/oder internationalen Filmvorhaben, insbesondere auch dann, wenn beabsichtigt ist, in mehreren Ländern **Filmförderung**[186] zu beantragen.

113 Im **Koproduktionsvertrag** regeln die Produzenten ihr Verhältnis zueinander, das Produktionsvorhaben, Gewinn- und Verlustverteilung, Einlagen, Auflösung etc. Von einem der Partner bereits erworbene Nutzungs- und Leistungsschutzrechte (z.B. Buchrechte) sind regelmäßig in die Gemeinschaftsproduktion einzubringen. Typischerweise bestimmen die Koproduktionspartner, dass alle für die Herstellung der Produktion wesentlichen Entscheidungen gemeinsam getroffen und umgesetzt werden müssen[187] und dass ihnen die Nutzungs- und Leistungsschutzrechte an der Produktion sowie das Eigentum am Filmmaterial/-negativ gemeinschaftlich zustehen. Diese Koproduzenten werden **Filmhersteller** in Gesamthandbindung, rechtlich sind sie in der Regel als **Gesellschaft bürgerlichen Rechts** i.S.d. §§ 705 ff BGB zu qualifizieren.[188] Möglich ist auch, dass die Koproduktionspartner zur Herstellung der Produktion eine Personenhandelsgesellschaft (OHG, KG) oder eine Kapitalgesellschaft (z.B. GmbH) gründen.[189]

114 Häufig vereinbaren die Koproduktionspartner, dass einer der Partner als sog. **ausführender** oder **federführender Produzent** zur Geschäftsführung und Vertretung der Koproduktionsgesellschaft berechtigt ist. Für die Zeit nach Fertigstellung der Produktion ist eine Aufteilung der Nutzungsrechte, z.B. nach Nutzungsarten oder nach Gebieten, etwa bei internationalen Koproduktionen nicht ungewöhnlich. Beides ist unschädlich für die Filmherstellereigenschaft der Koproduzenten.[190]

115 Erschöpft sich die Beteiligung eines der Vertragspartner jedoch in einer bloßen finanziellen Unterstützung der Produktion, so ist dieser nicht als (Ko)Produzent zu qualifizieren. Es handelt sich dann nicht um eine Koproduktion, sondern um eine **Co-Finanzierung**.[191] Werden dem cofinanzierenden Vertragspartner Nutzungsrechte eingeräumt, so handelt es sich dabei grds. um einen **Lizenzvertrag**.[192]

---

185 Zu den Begriffen s. *v. Hartlieb/Schwarz* Kap. 83 Rn. 1; zur Abgrenzung zur bloßen **Koproduktionsgemeinschaft** s. a.a.O. Rn. 25.

186 Vgl. *v. Hartlieb/Schwarz* Kap. 113 Rn. zu den Voraussetzungen der Förderung von Auftrags- und intern-deutschen Gemeinschaftsproduktionen; a.a.O. Kap. 114 zur Voraussetzung für eine Förderung internationaler Koproduktionen nach §§ 16 und 16a FFG; für einen Überblick s. auch *Dörr/Schwartmann* Rn. 250.

187 Vgl. *v. Hartlieb/Schwarz* Kap. 83 Rn. 3.

188 Vgl. dazu *Schricker* vor §§ 88 ff. Rn. 36.

189 Dazu *v. Hartlieb/Schwarz* Kap. 83 Rn. 7.

190 Vgl. a.a.O. Kap. 83 Rn. 5, 8.

191 Vgl. *Schiwy/Schütz/Dörr* S. 141.

192 Ggf. mit partialischer Beteiligung, s. *v. Hartlieb/Schwarz* Kap. 83 Rn. 6. Zum Lizenzvertrag s.o. Rn. 4 ff.

6. Vereinbarungen über Fernsehshowformate

6.1 Der Begriff des Fernsehshowformats[193]

Unabhängig von der Frage, ob in Deutschland ein rechtlicher Schutz[194] für sie besteht und ungeachtet ihrer rechtlichen Einordnung,[195] gibt es sowohl in Deutschland als auch außerhalb Deutschlands jedenfalls einen Markt für sog. **Fernsehshowformate**.[196] | **116**

Mit **Format** ist in der Regel das einer seriell angelegten Fernsehshow zugrunde liegende Konzept mit seinen immer wiederkehrenden Gestaltungselementen gemeint, „die Gesamtheit aller charakteristischen Merkmale, die eine Fernsehshow prägen und auch weitere Folgen der Show ungeachtet ihres jeweils unterschiedlichen Inhalts als Teil der Reihe erkennen lassen".[197] Fiktionale Serien werden darunter meist nicht verstanden. Ein Beispiel für ein sehr bekanntes, weltweit erfolgreiches Fernsehshowformat ist die Quizshow „Wer wird Millionär" (Originaltitel „Who wants to be a Millionaire?"). | **117**

Fernsehshowformate sind Gegenstand von **Lizenzverträgen**[198] oder **Optionsverträgen**.[199] Häufig geht es den Lizenznehmern beim Erwerb von Formaten nicht nur um das Fernshowformat an sich und das Recht, einen bestimmten Titel, bestimmte Logos, bestimmte Musik etc. nutzen zu dürfen, sondern auch um den Erwerb von (Produktions-)Know-How und den Zugang zu Informationen, wie z.B. über Marktforschungsergebnisse oder bei Ausstrahlung erreichte Marktanteile. | **118**

6.2 Der Optionsvertrag

Im sog. **Optionsvertrag**[200] regeln die Parteien meist gegen Entgelt[201] (sog. **Optionsgebühr**) die Einräumung einer exklusiven Option für eine bestimmte Zeit und für ein bestimmtes Gebiet auf den Erwerb von bestimmten Nutzungsrechten an dem betreffenden Fernsehshowformat. Dabei kann zwischen der sog. **echten Optionsabrede** oder auch **qualifizierten Option**[202] einerseits und der **unechten Optionsabrede**[203] andererseits unterschieden werden.[204] | **119**

---

193 S. dazu 18. Abschn. Rn. 67 f. *Kuck* .

194 In Betracht kommen ein urheberrechtlicher Schutz nach dem UrhG sowie ergänzend wettbewerbsrechtlicher Leistungsschutz nach dem UWG; s. dazu *Heinklein/Fey* GRUR Int. 2004, 378, 381.

195 Vgl. *BGH* ZUM 2003, 771, 773. Der BGH verneinte die Frage, ob ein Format für eine Fernsehshow ein Werk i.S.d. Urheberrechts sein kann: „Ein solches Sendeformat ist unabhängig von der schöpferischen Leistung, auf der es beruht, nicht urheberrechtlich schutzfähig. (. . .) Ein Werk i.S.d. § 2 UrhG und damit Gegenstand des Urheberrechtsschutzes kann aber nur sein das Ergebnis der schöpferischen Formung eines bestimmten Stoffs. Daran fehlt es bei einer vom Inhalt losgelösten bloßen Anleitung zur Formgestaltung gleichartiger anderer Stoffe, mag diese auch ein individuell erarbeitetes, ins Einzelne gehendes und eigenartiges Leistungsergebnis sein (. . .).

196 Vgl. dazu *Heinklein/Fey* GRUR Int. 2004, 378 ff.

197 *Schricker* § 2 Rn. 182.

198 Zum Lizenzvertrag s.o. Rn. 4 ff.

199 S. Rn. 119 ff.

200 Optionsverträge sind nicht nur im Zusammenhang mit Fernsehshowformaten üblich. Möglich sind Optionsabreden betreffend die Einräumung von Nutzungsrechten an Werken aller Art (z.B. die Option auf Verfilmung eines Romans); vgl. auch *v. Hartlieb/Schwarz* Kap. 91. Rn. 1, Kap. 93 Rn. 39; *Brauneck/Brauner* ZUM 2006, 513.

201 Eine unentgeltliche Option ist möglicherweise unwirksam; vgl. *v. Hartlieb/Schwarz* Kap. 91. Rn. 6.

202 Die echte Optionsabrede wird teilweise auch bezeichnet als „Optionsvertrag im engeren Sinn" oder „absoluter Optionsvertrag", vgl. dazu *Brauneck/Brauner* ZUM 2006, 513, 516.

203 Die unechte Optionsabrede wird auch als „relativer" oder „einfacher Optionsvertrag" oder auch als „Optionsvertrag im weiteren Sinn" bezeichnet, vgl. *Brauneck/Brauner* ZUM 2006, 513, 516 m.N.

204 Vgl. *v. Hartlieb/Schwarz* Kap. 91. Rn. 1, 2, Kap. 93 Rn. 39.

120 Bei der echten Optionsabrede sind die Essentialia des durch Ausübung der Option herbeizuführenden Vertrags bereits festgelegt, so dass bei Ausübung der Option nicht lediglich ein Anspruch auf Vertragsabschluss besteht, sondern durch einseitige Erklärung unmittelbar ein Vertrag zustande kommt.

121 Erfüllt der Optionsvertrag diese Bestimmtheitserfordernisse nicht, so liegt eine unechte Optionsabrede vor. Die Ausübung der unechten Option bezweckt dann, Verhandlungen der Parteien auf Abschluss eines Vertrages bzw. ein Erstanbietungsrecht[205] zugunsten des Optionsnehmers herbeizuführen. Umstritten ist, ob für den Optionsgeber bei Optionsausübung Abschlusszwang (zu angemessenen Bedingungen) besteht. Nach herrschender Meinung ist der Optionsgeber jedoch nicht verpflichtet, mit dem Optionsnehmer einen Vertrag abzuschließen: Er darf mit einem Dritten einen Vertrag schließen, allerdings nur zu für ihn (den Optionsgeber) günstigern Bedingungen.[206]

122 Der Sinn einer Optionsabrede besteht vor allem darin, dem Optionsnehmer eine gegenüber Dritten bevorrechtigte Stellung einzuräumen und sicherzustellen, dass der Optionsgeber während der Optionszeit (die in der Regel zwischen 3 Monaten und 1 Jahr liegt[207]) nicht anderweitig über die vom Optionsnehmer optionierten Rechte verfügt.[208]

123 Häufig werden dem Optionsnehmer aber auch schon für die Dauer der Optionszeit bestimmte Rechte eingeräumt oder Verpflichtungen auferlegt: So erhält der Optionsnehmer, wenn er Produzent ist, z.B. das Recht, das Format innerhalb der Optionszeit bei bestimmten Sendern präsentieren zu können, um einen Produktionsauftrag zu erhalten. Je nach Vereinbarung kann sogar die Herstellung eines **Piloten,**[209] z.B. zu Marktforschungszwecken, zulässig sein. Nicht selten sind darüber hinaus vertragsstrafebewehrte Geheimhaltungsverpflichtungen betreffend das Format, seine Bestandteile sowie etwa überlassene Unterlagen und Informationen, die (gerade) auch über das Ende der Optionszeit hinaus fort gelten.

124 Wird die echte Option innerhalb der Optionsfrist ordnungsgemäß ausgeübt, so erwirbt der Lizenznehmer die im Vertrag definierten Rechte, insbesondere das Recht zur Herstellung und Auswertung von Fernsehproduktionen in einer bestimmten Länge auf Grundlage des vertragsgegenständlichen Fernsehshowformats gegen Zahlung der meist pro Folge festgelegte Lizenzvergütung. Häufig wird zugunsten des Lizenzgebers eine Mindestzahl von vom Lizenznehmer zu produzierenden Folgen vereinbart. Es werden darüber hinaus auch oft Vereinbarungen darüber getroffen, welches Material der Lizenzgeber dem Lizenznehmer zur Verfügung stellt (z.B. eine sog. Produktionsbibel, Marktforschungsergebnisse, Informationen über in anderen Län-

---

205 Zur Rechtsposition des Optionsberechtigten bei der unechten Optionsabrede vgl. *Brauneck/Brauner* ZUM 2006, 513, 516 ff.

206 Vgl. *Schricker* § 40 Rn. 6.

207 Ggf. mit Verlängerungsmöglichkeit.

208 Zur lediglich schuldrechtlichen Wirkung der Option s. *v. Hartlieb/Schwarz* Kap. 91. Rn. 3; a.A. *Brauneck/Brauner* ZUM 2006, 513, 520, die es als gerechtfertigt ansehen, „der qualifizierten Option dingliche Wirkung zuzuerkennen, die mit Ausübung des Optionsrechts zum Vollrecht bzw. urheberrechtlichen Nutzungsrecht erstarkt."

209 Bei TV-Produktionen, die auf Serie angelegt sind, geben Fernsehsender, um ihr wirtschaftliches Risiko so gering wie möglich zu halten, häufig zunächst nur einen „Piloten" bzw. eine „Pilotsendung" als eine Art Prototyp in Auftrag, bevor sie dann ggf. in einem zweiten Schritt den Auftrag zur Herstellung einer ganzen Staffel mit zahlreichen Folgen erteilen. Piloten werden häufig zum Zwecke der Marktforschung verwendet, teilweise werden Piloten auch zu Testzwecken oder als erste Folge einer Serie/Staffel ausgestrahlt, s. auch *Karstens/Schütte* S. 426 zur Definition des Begriffs.

dern erreichte Ausstrahlungsquoten). Geregelt werden u.a. auch Fragen des zu benutzenden Titels und/oder Logos, der Nennungsverpflichtungen und der Genehmigungspflicht bei Änderungen des Fernsehshowformats.

6.3 Das Deal Memo

6.3.1 Einführung

Es ist im internationalen Geschäftsverkehr üblich, sog. **Deal Memos** (Lizenzverträge in Kurz-form) in englischer Sprache, z.B. über die Lizenzierung von Fernsehshowformaten, abzu-schließen.[210] Im Deal Memo müssen die wesentlichen Vertragspunkte enthalten sein, damit ein wirksamer **Lizenzvertrag**[211] zustande kommt. **125**

Wollen die Parteien hingegen lediglich eine unverbindliche Absichterklärung formulieren, so bedienen sie sich nicht nur im internationalen Geschäftsverkehr, sondern immer öfter auch innerhalb Deutschlands eines sog. **Letter of Intent** oder eines **Memorandum of Understanding**. **126**

Ob ein verbindlicher Vertrag vorliegt oder nicht, bestimmt sich nach dem Willen der Parteien. Der Parteiwille ist jedoch nicht allein der Überschrift eines Dokuments zu entnehmen, sondern ergibt sich (ggf. durch Auslegung) aus dessen Inhalt. **127**

6.3.2 Praxis-Muster „Deal Memo"

Das nachfolgende Muster ist zweisprachig (englisch-deutsch) formuliert und zeigt, wie ein Deal Memo aussehen kann. **128**

Muster

DEAL MEMO
(Format Production and Broadcast License Deal Memo)

Date: September 07, 2007

	Parties:	**Parteien:**	
	Licensor	Lizenzgeber/in	Golden Television Formats Ltd., USA
	Licensee	Lizenznehmer/in	Schönbild TV-Produktion GmbH, Deutschland
	Terms and Conditions:	**Vereinbarungen:**	
1.	International Format Title	Internationaler Titel des Formats	„Don't drink and drive"
2.	German Title of Program	Deutscher Titel der TV-Pro-duktion (Sendetitel)	„Nachdenken statt Nachschen-ken"
3.	Producer of Program	Produzent/in	Licensee/Lizenznehmer/in
4.	Series	Staffel	4
5.	Number of Episodes	Folgenzahl	13

---

210 Vgl. dazu *v. Hartlieb/Schwarz* Kap. 91. Rn. 9.
211 Vgl. Ausführungen zum Lizenzvertrag, Rn. 4 ff.

6.	Duration of each episode (net.)	Netto-Folgenlänge	48 minutes/Minuten (max.)
7.	Broadcaster	Sender	RTL
8.	Genre	Genre	Entertainment/Unterhaltung
9.	Territory	Lizenzgebiet	**Exclusive/Ausschließlich:** Germany/Deutschland, Austria/Österreich; **Non-exclusive/Nicht-ausschließlich:** German Speaking Switzerland/deutsch-sprachige Schweiz, Luxembourg/Luxemburg, Liechtenstein, Alto Adige/Südtirol;
10.	License Period	Lizenzzeit	August 1, 2007 – December 31, 2010
11.	Production Period	Produktionszeitraum	September/October 2007
12.	Transmission Period (First run)	Erstausstrahlungszeitraum	Oct., 2007 – Jan., 2008
13.	Rights	Rechte	- The **right to produce** the Program based on the Format within the Production Period/Das Recht zur Herstellung der TV-Produktion auf Grundlage des Formats - The **broadcasting right** (Free TV)/Das Senderecht (FreeTV)
14.	Number of Runs	Zahl der Ausstrahlungen	3 (three) runs including 1 (one) re-run within 72 (seventy-two) hours of each run/3 selbständige Ausstrahlungen sowie jeweils 1 (eine) unselbständige Wiederholung innerhalb von 72 Stunden nach selbständiger Ausstrahlung
15.	TV License Fee per Episode (net.)	Lizenzvergütung (netto) pro Folge	€ 5,000.00 (Euro five thousand) (Euro Fünftausend)
16.	Total TV License Fee (net.)	Gesamtlizenzvergütung (netto)	€ 65,000.00 (Euro sixty-five thousand) (Euro Fünfundsechzigtausend)
17.	Payment Terms of Total TV License Fee	Zahlungsbedingungen	Upon signature of this Deal Memo/Bei Unterzeichnung dieses Deal Memos.
18.	Consultancy	Beratung	---
19.	Consultancy Fee	Beratungsvergütung	---

20.	Credits (in translation and adaptation)	Abspann-Nennung	„Based on an idea by Carla Clear and Golden Television Formats Ltd. Produced by Schönbild TV-Produktion GmbH by order of RTL © 2007" (in German translation). / Nach einer Idee von Carla Clear und Golden Television Formats Ltd. Eine Produktion von Schönbild TV-Produktion GmbH im Auftrag von RTL © 2007" (in deutscher Übersetzung).
21.	Applicable Law	Anwendbares Recht	This Deal Memo shall be governed by the laws of Germany./ Auf dieses Deal Memo findet deutsches Recht Anwendung.
22.	Place of Jurisdiction	Gerichtsstand	Cologne, Germany. (Köln, Deutschland)
23.	Specials/Comments	Sonstiges	Licensee is under no obligation whatsoever to make use of any of the rights granted by Licensor. / Der Lizenznehmer ist nicht zur Nutzung der eingeräumten Rechte verpflichtet.

Signed in twofold on the date set out above by: Unterzeichnet in zweifacher Ausführung zum oben genannten Datum

---

Golden Television Formats Ltd., USA   Schönbild TV-Produktion GmbH, Deutschland

24. Abschnitt
Musikrecht

Literatur: *Andryk* Musikerrecht, 3. Aufl. 1998; *Berger* Das neue Urhebervertragsrecht, 2003; *Dieth* Musikwerk und Musikplagiat im deutschen Urheberrecht, UFITA-Schriftenreihe Nr. 181; *Dreyer/Kotthoff/Meckel* Urheberrecht, 2004; *Dreier/Schulze* Urheberrechtsgesetz, Urheberwahrnehmungsgesetz, Kunsturhebergesetz, 2. Aufl. 2006; *Fischer/Reich (Hrsg.)* Der Künstler und sein Recht, 1992; *Kreile (Hrsg.)* GEMA-Jahrbuch 2006/2007, 2006; *Loewenheim* Hanbuch des Urheberrechts, 2003; *Lyng* Die Praxis im Musikbusiness, 8. Aufl. 2003; *Möhring/Nicolini* Urheberrechtsgesetz Kommentar, 2. Aufl. 2000; *Moser/Scheuermann (Hrsg.)* Handbuch der Musikwirtschaft, 6. Aufl. 2003; *Passman/Herrmann* Musikbusiness, 2004; *Rehbinder* Urheberrecht, 14. Aufl. 2006; *Schack* Urheber- und Urhebervertragsrecht, 2. Aufl. 2001; *Scholz* GEMA, GVL & KSK, 2. Aufl. 2006; *Schricker* Urheberrecht Kommentar, 3. Aufl. 2006; *Schulze* Urheberrecht in der Musik, 5. Aufl. 1981; *Wandtke/Bullinger* Praxiskommentar zum Urheberrecht, 2. Aufl. 2006; *Wenzel/Burkhardt* Urheberrecht für die Praxis, 4. Aufl. 1999.

A. Einleitung

I. Ökonomische Grundlagen des Musikgeschäfts

1   Dass Musik auch etwas mit „Recht" zu tun hat, ist den meisten Musikkonsumenten nicht in ihrem Bewusstsein präsent. Dies ist auch einer der Gründe dafür, dass es kaum ein Unrechtsbewusstsein gibt, wenn Musik genutzt wird, ohne dass dafür eine entsprechende Gegenleistung erbracht, also gezahlt wird. Seit mehreren Jahren ist dies nun ein virulentes Problem all derer, die in der sog. „Musikbranche" tätig sind. Seien es die Kreativen, also die Komponisten, Texter, Produzenten und ausübenden Künstler etc., die kaufmännisch Tätigen, die sog. Musikindustrie, also Tonträgerhersteller, Vertriebe, Konzertveranstalter, Manager, Promoter, Radio- und TV-Veranstalter etc. und, sozusagen am Schluss der wirtschaftlichen Wertschöpfungskette, die Juristen.

2   Der bundesdeutsche Musikmarkt ist allein im Jahr 2003 um ca. 20 %,[1] in den letzten vier Jahren um ca. ein Drittel, also mehr als 30 % geschrumpft. Dieser eminente Abwärtstrend konnte zwar in den letzten beiden Jahren gestoppt werden, es waren sogar leichte Wachstumsansätze vorhanden, im Jahr 2007 fand allerdings bis zum Spätsommer wieder ein leichter Umsatzrückgang statt.

3   Man stelle sich vor, was ein Umsatzrückgang um 1/3 in anderen Branchen, etwa der Automobilindustrie, bedeuten würde. Dieser nahezu desaströse Markteinbruch liegt in erster Linie an der durch die modernen Computer, CD- und DVD-Brenner erheblich erleichterten Möglichkeiten, Musik oder genauer gesagt, Tonaufnahmen, die musikalische Werke enthalten, zu vervielfältigen. Es spielt aber auch eine erhebliche Rolle, dass bei den „Schwarzbrennern" kein Unrechtsbewusstsein besteht. Für die überwiegende Mehrheit stellt es keinen Bruch des eigenen Rechtsempfindens dar, wenn eine CD kopiert und sodann genutzt wird, indem diese wei-

---

1 S. hierzu die ausf. Stellungnahmen, die sich unter www.ifpi.de unter der Rubrik „Wirtschaft" finden, insbesondere den Artikel „Phonowirtschaft büßte 2003 insgesamt 19,8 % Umsatz ein".

tergegeben, teilweise sogar verkauft wird, was jedoch den Rahmen des privaten Gebrauchs gem. § 53 Abs. 6 UrhG überschreitet und somit rechtswidrig ist. Dies ist nicht mehr mit dem früher üblichen Tausch von Musikkassetten auf dem Schulhof zu vergleichen. Die Tatsache, dass seit dem Jahr 2001 mehr unbespielte CD-Rohlinge verkauft werden als bespielte Musik CDs, zeigt,[2] dass sich hier ein enormer „Schattenmarkt" entwickelt hat. Den Umsatzrückgang alleine auf die „Schwarzbrenner" zu schieben, wäre allerdings zu einfach. Hier spielen noch weit mehr Faktoren eine Rolle, z.B. die mangelnde Ausdauer der Tonträgerhersteller, Künstler behutsam aufzubauen und dabei auch „Durststrecken" in Kauf zu nehmen, also Zeiten, in denen Künstler nicht erfolgreich sind und den Tonträgerherstellern Verluste einbringen. Aufgrund der seit mehreren Jahren veränderten wirtschaftlichen Strukturen der Musikindustrie wird dies aber nur noch in den seltensten Fällen praktiziert. Es gibt in Deutschland, aber auch weltweit, die 4 sog. „Majors", die zusammen ca. 80 % des gesamten Marktes abdecken. Dies sind Universal, Warner, Sony/BMG und EMI. Die restlichen 20 % des Marktes teilen sich die sog. „Independents", was eben zum Ausdruck bringen soll, dass diese nicht in Verbindung zu den Majors stehen.

Die Majors sind nun alle Aktiengesellschaften. Diese liefern aufgrund der börsenrechtlichen **4** Bestimmungen, aber auch aufgrund der Usancen nicht nur Jahresabschlussberichte ab, sondern auch Quartalsberichte und sind zudem verpflichtet, Adhocmeldungen zu veröffentlichen, wenn Ereignisse zu Tage treten, die für die Entwicklung und/oder die Erlöse der Aktiengesellschaft von Bedeutung sind. Das Problem ist nun, dass das Musikgeschäft sehr schwankend verläuft, was an der Börse aber nur geschätzt wird, wenn die Kurse steigen. Zeigt die Erlösprognose hingegen nach unten, etwa weil gerade keine Veröffentlichung eines bedeutenden Künstlers ansteht oder aber ein erhoffter Umsatzbringer „floppt", so gibt es erhebliche Probleme mit den Aktionären. Bei einem der Majors hat dies beispielsweise zu Folgendem geführt. Der Major hatte in seine Gewinnprognose für das laufende Geschäftsjahr die Umsätze der neuen CD eines seiner Hauptkünstler einkalkuliert. Das Problem war, dass die Musikgruppe mit ihren eigenen kreativen Ergebnissen nicht zufrieden war und deshalb länger als geplant im Studio an der neuen CD arbeitete. Dies wiederum hatte zur Folge, dass die neue CD nicht mehr in dem Geschäftsjahr veröffentlicht werden konnte, für das die Veröffentlichung geplant war. Die Umsätze konnten deshalb entgegen der Planung auch nicht in diesem Geschäftsjahr erzielt werden. Der Vorstand des Majors war daher gezwungen, eine Gewinnwarnung herauszugeben, woraufhin der Kurs der Aktie massiv nachgab.

Aufgrund der Quartalsberichte und des enormen Gewinndrucks, dem die Majors aufgrund der **5** Börsenerwartungen unterliegen, werden in der Praxis auch die meisten Verträge nicht verlängert, wenn ein Tonträger nicht den erhofften Umsatz erzielt hat. Verträge werden grundsätzlich (Ausnahmen gibt es meistens nur bei sehr bekannten und erfolgreichen Künstlern) in Form von einem Festvertrag über eine LP samt Singles mit optionalen Verlängerungsmöglichkeiten abgeschlossen. Werden viele Tonträger verkauft und fallen die Umsätze für den Tonträgerhersteller somit zufrieden stellend aus, verlängert er den Vertrag, er übt also die Option aus. Blieben die Umsätze hinter den Erwartungen zurück, so wird die Option heutzutage zumeist nicht mehr ausgeübt, da das Risiko einer weiteren „Fehlinvestition" aufgrund der Quartalsberichte und dem Druck der Aktionäre den meisten Tonträgerfirmen zu groß ist. Man kann dieses Verhalten der Mitarbeiter der Majors natürlich nachvollziehen, da diese in erster Linie ihren Eigentümern, also den Gewinn erwartenden Aktionären, verpflichtet sind. Man muss sich aber auch klar machen, dass die Künstler, die heutzutage mit die größten Umsatzträger sind, in früheren Jahren auch lange Zeiten hatten, in denen sie nur geringe Umsätze erzielt und ihren Schallplat-

---

2 S. hierzu die ausf. Stellungnahmen, die sich unter www.ifpi.de unter der Rubrik „Wirtschaft" finden.

tenfirmen somit Verluste beschert haben, da die Investitionen in diesen Phasen nicht amortisiert worden sind. So haben Künstler wie Tina Turner, Joe Cocker oder Herbert Grönemeyer auch Zeiten durchleben müssen, teilweise zu Beginn, teilweise aber auch schon nach mehreren Jahren erfolgreicher Karriere, in denen sie kommerziell nicht erfolgreich waren. Dennoch gab es damals Schallplattenfirmen, die zu solchen Künstlern gehalten und sie gestützt haben. Heute ist dies, von Ausnahmen abgesehen, leider nicht mehr so der Fall. Man darf also gespannt sein, welche Künstler in 10 oder 20 Jahren die Hauptumsatzträger sein werden. Ob es die Künstler der bekannten TV-Castingshows sein werden, die zumeist nach ca. ein bis zwei Jahren aus dem Blickfeld der Öffentlichkeit und auch aus den Charts verschwunden sind, bleibt abzuwarten.

6   Die neuen Vermarktungstechniken wie z.B. Klingeltöne und Downloads wurden von der Musikindustrie bisher nur sehr schleppend umgesetzt. Die kommerzielle Nutzung dieser neuen Techniken kann noch weitaus gesteigert werden. Ob dies ausreicht, bisher verlorene Umsatzgrößen wieder zu erreichen, kann man nur schwerlich prognostizieren.

7   Klar ist aber, dass Musik, in welcher Form auch immer, weiter genutzt werden wird und dass Musik daher auch weiter ein Wirtschaftsgut sein wird. Aufgrund dessen wird es auch weiterhin Bedarf an juristischer Beratung im „Musikbusiness" geben.

II. Beteiligte bei der Schaffung und Vermarktung von Musik

8   Die Rechtsbeziehungen bei der Schaffung und Vermarktung von „Musik" sind relativ komplex. Dies liegt daran, dass in der CD, die wir in unseren CD-Player einlegen und von der dann per Laserstrahl Informationen abgelesen und sodann in für das menschliche Ohr hörbare Töne umgesetzt werden, diverse Rechte von unterschiedlichen Personen gebündelt sind. So ist das Sachenrecht betroffen, sprich die Frage, wer nun Eigentümer der CD als solcher ist. Es können aber vor allem auch die Rechte der Kreativen betroffen sein, also der Komponisten, § 2 Abs. 1 Nr. 2 UrhG, der Texter § 2 Abs. 1 Nr. 1 UrhG, der ausübenden Künstler, § 73 ff. UrhG, künstlerischen Produzenten (diese können sowohl Urheberrechte, § 2 Abs. 1 Nr. 2 UrhG, als auch Leistungsschutzrechte, § 73 ff. UrhG erwerben, was allerdings nur der Fall ist, wenn die Schutzhöhe erreicht ist), aber auch der wirtschaftlich Tätigen, die durch das Urhebergesetz im Rahmen der sog. Leistungsschutzrechte ebenfalls geschützt sind, z.B. der Tonträgerhersteller, §§ 85, 86 UrhG, der Veranstalter, § 81 UrhG, der Sendeunternehmen, § 87 UrhG etc. Schließlich könnten noch die Rechte eines Graphikers betroffen sein, der den Aufdruck auf der CD gestaltet hat, § 2 Abs. 1 Nr. 4 UrhG, eines Fotografen, der das Coverfoto hergestellt hat, § 2 Abs. 1 Nr. 5 UrhG oder § 72 UrhG, von Personen, die auf dem Cover abgebildet sind, § 22 KUG,[3] des Texters, der den Text des Booklets geschaffen hat (und zumeist nicht mit dem Texter des Musikwerkes identisch ist), § 2 Abs. 1 Nr. 1 UrhG, etc. Bei einer DVD wird das Rechtebündel dann noch weiter „gestreut", da noch mehr Beteiligte betroffen sind, die eigene Rechte erwerben können, soweit die jeweiligen Leistungen denn schutzfähig sind, so z.B. der Regisseur, der Bühnenbildner, der Kameramann, alle § 2 UrhG, etc., aber auch diejenigen, deren Bildnisse genutzt werden, § 22 KUG, also in erster Linie die Künstler, aber auch unter gewissen Umständen abgebildete Zuschauer. Voraussetzung ist natürlich jeweils, dass die Schutzvoraussetzungen vorliegen.

---

3 Gesetz betr. das Urheberrecht an Werken der bildenden Künste und der Photographie vom 9.1.1907, auch „Kunsturhebergesetz" oder „KUG" genannt.

Aufgrund der Vielzahl der Beteiligten, die Rechte besitzen, wenn auch an unterschiedlichen Leistungen und in unterschiedlichem Umfang, wird zunächst beispielhaft gezeigt, welche Rechtsträger im Normalfall involviert sind. **9**

In diesem einführenden Kapitel A. erfolgt nur eine kurze Übersicht, die das allgemeine Hintergrundverständnis ermöglichen soll, das unerlässlich ist, um die einzelnen Rechts- und Vertragsbeziehungen verstehen zu wollen. Die Rechte und Vertragsbeziehungen der einzelnen Beteiligten werden dann zusätzlich detailliert in den jeweiligen folgenden Kap. B. bis F. vertieft und erläutert. **10**

1. Die Urheber (Komponist/Texter) und ihre Vertragspartner, die GEMA und die Musikverlage

Ausgangspunkt jedes musikalischen Schaffens sind die Komposition und der Text. Es gibt also einen Komponisten (teilweise auch mehrere), und einen Texter (teilweise auch mehrere). **11**

Komponist und Texter sind nun üblicherweise aber nicht notwendig Mitglied der GEMA (Gesellschaft für musikalische Aufführungs- und mechanische Vervielfältigungsrechte),[4] da die Mitgliedschaft bei der GEMA freiwillig ist. Durch den mit der GEMA geschlossenen Berechtigungsvertrag, den wir im Folgenden noch eingehend erläutern werden,[5] übertragen Komponist und Texter mit Ausnahme von wenigen Rechten, die auf die Musikverlage übertragen werden,[6] ihre sämtlichen Nutzungsrechte ausschließlich auf die GEMA zur treuhänderischen Wahrnehmung. Die Wahrnehmung der Nutzungsrechte durch die GEMA wird auch als „kollektive Wahrnehmung" bezeichnet, da die der GEMA übertragenen Nutzungsrechte eben nicht durch einen einzelnen, den Urheber selbst oder einen Verlag, sondern vielmehr durch die GEMA wahrgenommen werden, die als Verein letztendlich ein Zusammenschluss von Urhebern und Verlagen und somit zwar nicht formaljuristisch aber zumindest „ideell" eine Mehrheit von Berechtigten darstellt. **12**

Daneben übertragen die Komponisten und Texter in einem gesonderten Verlagsvertrag (auch „Autorenexklusivvertrag" oder „Publishing Agreement" genannt) die übrigen Nutzungsrechte, also diejenigen, die nicht auf die GEMA übertragen worden sind und demzufolge nicht von der GEMA wahrgenommen werden, auf den Musikverlag. Diesbezüglich spricht man von der sog. individuellen Wahrnehmung.[7] **13**

Der Sinn dieser Aufspaltung in individuelle Wahrnehmung durch die Verlage und kollektive Wahrnehmung durch die GEMA ist durch die faktischen Probleme bei der Rechtegewährung, dem Inkasso der Lizenzen sowie der Überwachung der Rechtenutzung begründet. So kann ein einzelner Verlag kaum sämtliche TV- und Rundfunksender überprüfen und mit diesen Verträge über die Nutzung der Werke im Wege des Senderechts schließen. Einem einzelnen Verlag ist es bspw. nicht möglich, sämtliche TV-Programme daraufhin zu untersuchen, ob die Musikwerke seiner Urheber gesendet werden und dann auch noch mit den entsprechenden TV-Anstalten die entsprechenden Nutzungsverträge abzuschließen. Das Gleiche gilt beispielsweise für die Wiedergabe- und Aufführungsrechte, bei denen die Verlage ebenfalls nicht mit jedem Restaurant und jeder Kneipe oder sonstigen Orten, an denen Musik dargeboten wird (z.B. Einkaufspassagen, Hotels, Flughäfen etc.), Nutzungsverträge schließen und diese überprüfen kön- **14**

---

4 Ausf. zur GEMA s. Kap. C., darüber hinaus findet man Informationen zur GEMA im GEMA-Jahrbuch, das jährlich aktualisiert von der GEMA herausgegeben wird, sowie unter www.gema.de.
5 S. Rn. 62.
6 S. Rn. 87, 94.
7 S. Rn. 93 Abb. 7.

nen. Der GEMA sind aufgrund ihres umfangreichen und ausgefeilten Verwaltungs-, Inkasso-
und Überwachungsapparates diese Möglichkeiten gegeben. Deshalb nimmt die GEMA diejenigen Nutzungsrechte wahr, die individuell kaum vergeben und überprüft werden könnten.

15 Den Verlagen bleiben daher diejenigen Nutzungsrechte vorbehalten, die besser individuell vergeben werden können und für die die einheitlichen Lizenzen, die laut GEMA-Statut zu zahlen sind, auch nicht angemessen wären. Außerdem sind dies noch diejenigen Nutzungsrechte, bei denen in erster Linie nicht rein wirtschaftliche Interessen, sondern vielmehr die persönlichen Interessen des Urhebers an seinem Werk betroffen sind. Dies sind insbesondere das Bearbeitungs- und das Werberecht, bestimmte Synchronisationsrechte sowie das sog. Große Recht, nämlich die bühnenmäßige Aufführung dramatisch musikalischer Werke.[8]

16 Wichtig bleibt daher festzuhalten, dass der Urheber grds. zwei Vertragspartner hat, einerseits die GEMA, andererseits seinen Verlag:

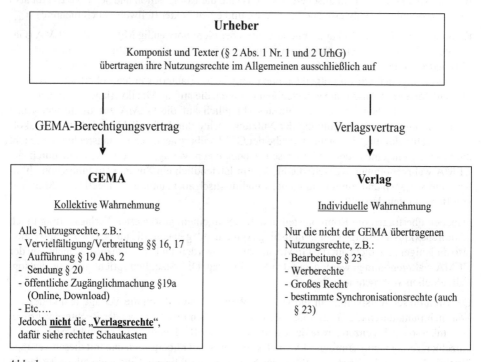

Abb. 1

2. Das Schallplattenunternehmen (Label) und seine Vertragspartner, die ausübenden Künstler, sonstige Berechtigte, GEMA, Verlage

17 Streng gedanklich trennen von dem Musikwerk muss man die Tonaufnahme. Nicht jedes musikalische Werk wird auch in einer Tonaufnahme verkörpert, also heutzutage entweder in einer CD, DVD oder einem anderweitigen Speicher, z.B. einem Computer, Telefon, I Pod etc. Schließlich wird es viele Musikwerke geben, die niemals auf ein derartiges Speichermedium aufgenommen und somit vervielfältigt worden sind.

---

8 *Schricker* § 19 Rn. 29 aber auch Rn. 27, 28; *Möhring/Nicolini* § 19 Rn. 27; *Schulze* Urheberrecht, S. 129, 131

Waldhausen

Den Normal- und wirtschaftlich interessierenden Hauptfall stellen – zumindest noch – die Her- **18**
stellung und der Vertrieb von Tonträgern dar. Um einen solchen Tonträger herzustellen, schließen die „Schallplattenunternehmen" (auch als „Tonträgerfirmen" oder „Label" bezeichnet) auf
der einen Seite die entsprechenden Nutzungsverträge mit den ausübenden Künstlern, also mit
denjenigen die faktisch an der Herstellung der Tonaufnahme beteiligt sind, indem sie ihre
künstlerisch kreative Leistung einbringen. Dies sind üblicherweise: Sänger, Gitarristen, Bas-
sisten, Keyboarder, Schlagzeuger, künstlerische Produzenten (also diejenigen, die die Aufnahme künstlerisch steuern), Dirigenten, Orchestermusiker etc. Die Rechte der ausübenden
Künstler sind in den §§ 73 ff. UrhG geregelt. Die ausübenden Künstler übertragen daher die
ihnen an der Tonaufnahme zustehenden Rechte, die zur Herstellung und dem Vertrieb der Tonträger, aber selbstverständlich auch zur wirtschaftlichen Verwertung der sonstigen Nutzungsrechte dieser Tonaufnahmen notwendig sind, auf das Schallplattenunternehmen. Dies geschieht üblicherweise in der Form von sog. Künstlerexklusivverträgen,[9] dann sorgt das Schallplattenunternehmen für die wirtschaftliche und organisatorische Herstellung der Tonaufnahme, mietet also das Studio an, bezahlt Studiomusiker etc. Die Rechte an der hergestellten
Tonaufnahme, dem sog. „Masterband", das dann die Vorlage für die Herstellung der Vervielfältigungsstücke, also der CDs und DVDs, für den Handel ist, stehen gemäß § 85 UrhG dem
Hersteller dieser Tonaufnahme zu,[10] in dem vorliegenden Beispiel also dem Schallplattenunternehmen.

Eine andere Möglichkeit ist der sog. Bandübernahmevertrag.[11] In dieser Konstellation stellen **19**
die Künstler oder aber auch ein Produzent selber, also durch eigene Organisation und auf eigene Kosten, die Tonaufnahme her. Sie sind in diesem Fall also selber Inhaber des Tonträger-
herstellerrechts des § 85 UrhG. Des weiteren gibt es noch die Möglichkeit, dass die Künstler
bzw. ein Produzent selber das Masterband erstellen und einen reinen Vertriebsvertrag[12] oder
auch einen sog. Press- and Distribution-Vertrag abschließen, der neben dem reinen Vertrieb
auch die Vervielfältigung, also die Herstellung der CDs bzw. DVDs, beinhaltet.

Derjenige, der die Tonaufnahme erstellt, muss über die Rechte der Gruppenmitglieder hinaus **20**
natürlich auch die Nutzungsrechte der übrigen Beteiligten erwerben, um eine wirtschaftliche
Verwertung vornehmen zu können. Dies sind z.B. Studiomusiker, Graphiker, die das Booklet
und das Cover hergestellt haben, Fotografen, aber auch sämtliche abgebildeten Personen etc.

Im Falle eines **Künstlerexklusivvertrages**, der noch der Normalfall ist, ergeben sich daher üb- **21**
licherweise folgende Vertragsbeziehungen:

Diese Rechte stellen aber nur eine „Seite" der notwendigen Nutzungsrechte dar, nämlich die, **22**
die mit der Tonaufnahme und dem Tonträger sowie dem dazugehörigen Cover und Booklet in
Verbindung stehen.

Die andere „Seite" der Nutzungsrechte betrifft die Urheberrechte an dem Musikwerk. Da in **23**
der Tonaufnahme notwendigerweise immer ein Musikwerk verkörpert ist, benötigt der Tonträgerhersteller über die Rechte an der Tonaufnahme hinaus auch die notwendigen Rechte an dem
in der Tonaufnahme verkörperten Musikwerk, (s.o.). Diese Rechte an dem Musikwerk (worunter hier der Einfachheit halber auch die Rechte an dem Text verstanden werden), insbesondere das Vervielfältigungs- und Verbreitungsrecht, das für die Herstellung und den Vertrieb der
CDs notwendig ist, erhält der Tonträgerhersteller gegen Zahlung der in der jeweiligen GEMA-

---

9 Zum Künstlerexklusivvertrag s. Rn. 109.
10 Zu den Rechten des Tonträgerherstellers gem. § 85 s. Rn. 110.
11 Zum Bandübernahmevertrag s. Rn. 128 f.
12 Zum Vertriebsvertrag s. Rn. 131 f.

Satzung festgesetzten Lizenz von der GEMA. Die GEMA hat auch kein Wahlrecht, ob sie die Nutzungsrechte einräumt oder nicht. Aufgrund § 11 des Gesetzes über die Wahrnehmung von Urheberrechten und Verwandten Schutzrechten, auch „Urheberrechtswahrnehmungsgesetz" oder „UrhWG" genannt, ist die GEMA verpflichtet, die entsprechenden Rechte gegen Zahlung der festgesetzten Lizenz einzuräumen.[13]

Schallplattenunternehmen ist bei Künstlerexklusivvertrag auch Tonträger hersteller,

der wirtschaftlich und organisatorisch für die Herstellung der Tonaufnahme, des „Masterbandes", verantwortlich ist.

Das Schallplattenunternehmen ist dann Inhaber der Rechte aus §§ 85, 86.

Künstlerexklusivvertrag · · · · · · · · · · · · · · · Nutzungsvertrag

---

Ausübende Künstler

§§ 73 ff.

(sämtliche Gruppenmitglieder sowie Studiomusiker aber unter Umständen auch künstlerische Produzenten)

Alle Nutzugsrechte an der Tonaufnahme, z.B.:
- Aufnahme § 77 Abs. 1
- Vervielfältigung/Verbre itung § 77 Abs. 2
- Sendung § 78 Abs. 1 Nr. 2
- öffentliche Zugänglichmachung § 78 Abs. 1 Nr. 1 (Online, Download)
- Etc....

Sonstige Berechtigte

Auch die „Nichtmusiker" müssen ihre Rechte übertragen, z.B.:

- Graphiker § 2 I Nr. 4
- Fotografen § 2 I Nr. 4 oder § 72
- Texter des Booklettextes § 2 I Nr. 1
- Jegliche Rechte der in einem Booklet abgebildeten Personen § 22 KUG
- Etc....

Abb. 2

24 Dies betrifft aber lediglich das „reine" Vervielfältigungsrecht. Sollte eine Änderung des Musikwerkes erfolgt sein, also etwa neue Tonfolgen eingefügt oder aber ein neues Arrangement erstellt worden sein, so läge zusätzlich eine Bearbeitung gemäß § 23 UrhG vor,[14] die der Zustimmung des Urhebers bedarf. Da das Bearbeitungsrecht nicht von der GEMA, sondern grundsätzlich von den Verlagen für deren Urheber wahrgenommen wird, müsste das Schallplattenunternehmen dieses Bearbeitungsrecht also bei dem entsprechenden Verlag einholen, der wiederum mit seinem Urheber, der dem Verlag dieses Bearbeitungsrecht zuvor eingeräumt hat, Rücksprache halten wird, was jedoch von der inhaltlichen Ausgestaltung des Autorenexklusivvertrages zwischen dem Urheber und seinem Verlag abhängt.

25 Erfolgt also keine Bearbeitung, so muss das Schallplattenunternehmen „nur" bei der GEMA die entsprechenden Nutzungsrechte einholen, in erster Linie also das Vervielfältigungs- und Verbreitungsrecht, §§ 16, 17 UrhG, aber auch die sonstigen zur wirtschaftlichen Verwertung notwendigen Rechte, wie z.B. das Sende-, § 20 UrhG, das Zugänglichmachungs-, § 19a UrhG, das Aufführungsrecht, § 19 Abs. 1 UrhG, und sonstige Rechte.

---

13 S. Rn. 83.
14 Vgl. zum Begriff der Bearbeitung *Wandtke/Bullinger* § 23 Rn. 3 ff.; *Dreier/Schulze* § 23 Rn. 3-8.

Wird eine Bearbeitung vorgenommen, so muss das Schallplattenunternehmen **zusätzlich** das **26** Bearbeitungsrecht, § 23 UrhG, bei dem entsprechenden Verlag einholen. In diesem Fall muss das Schallplattenunternehmen also sowohl bei der GEMA als auch bei dem Verlag Rechte einholen.

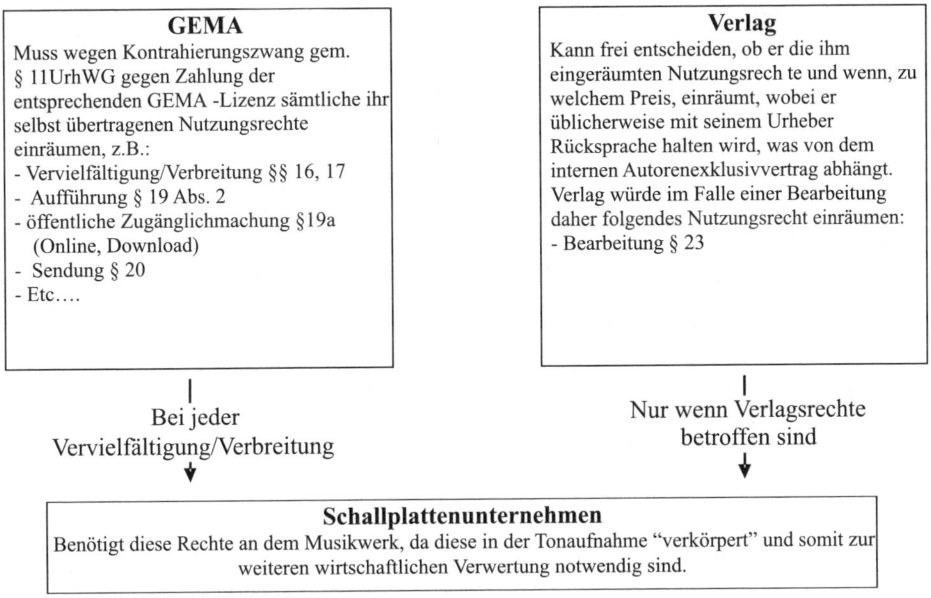

GEMA	**Verlag**
Muss wegen Kontrahierungszwang gem. § 11UrhWG gegen Zahlung der entsprechenden GEMA -Lizenz sämtliche ihr selbst übertragenen Nutzungsrechte einräumen, z.B.: - Vervielfältigung/Verbreitung §§ 16, 17 - Aufführung § 19 Abs. 2 - öffentliche Zugänglichmachung §19a (Online, Download) - Sendung § 20 - Etc….	Kann frei entscheiden, ob er die ihm eingeräumten Nutzungsrech te und wenn, zu welchem Preis, einräumt, wobei er üblicherweise mit seinem Urheber Rücksprache halten wird, was von dem internen Autorenexklusivvertrag abhängt. Verlag würde im Falle einer Bearbeitung daher folgendes Nutzungsrecht einräumen: - Bearbeitung § 23

Bei jeder Vervielfältigung/Verbreitung

Nur wenn Verlagsrechte betroffen sind

Schallplattenunternehmen
Benötigt diese Rechte an dem Musikwerk, da diese in der Tonaufnahme "verkörpert" und somit zur weiteren wirtschaftlichen Verwertung notwendig sind.

Abb. 3

Schließlich muss das Schallplattenunternehmen noch sämtliche übrigen Verträge schließen, **27** die zur Herstellung und dem Vertrieb der Tonträger notwendig sind. So beispielsweise mit dem Hersteller der Vervielfältigungsstücke, also dem Preßwerk, einen Herstellungs- und somit einen Werkvertrag, 631 BGB, soweit ein externer Vertrieb eingeschaltet wird, einen Vertriebsvertrag etc. Der Vollständigkeit halber sei noch erwähnt, dass die ausübenden Künstler oftmals auch die sog. „Merchandisingrechte" auf die Tonträgerunternehmen übertragen, also das Recht, den Namen und das Bildnis der Künstler getrennt von den Tonträgern zu vermarkten, beispielsweise durch den Verkauf von T-Shirts, Mützen, Bettwäsche etc., die jeweils einen Aufdruck mit den Namen und/oder Bildnissen der Künstler haben.

3. Gesamtübersicht der Rechteinhaber und deren Vertragsbeziehungen

Im Normalfall stellen sich die rechtlichen und vertraglichen Beziehungen bei der Vermarktung **28** von Tonträgern im Rahmen eines Künstlerexklusivvertrages daher wie folgt dar:[15]

In den folgenden Kapiteln werden die Rechte der einzelnen Beteiligten und deren diverse Ver- **29** tragsverhältnisse detailliert erläutert.

---

15 Übrige Nutzungsarten und Vermarktungen, wie z.B. das Senderecht, Onlineverwertungen, Klingeltöne und Veranstaltungen werden in den anderen Kap. ausf. behandelt.

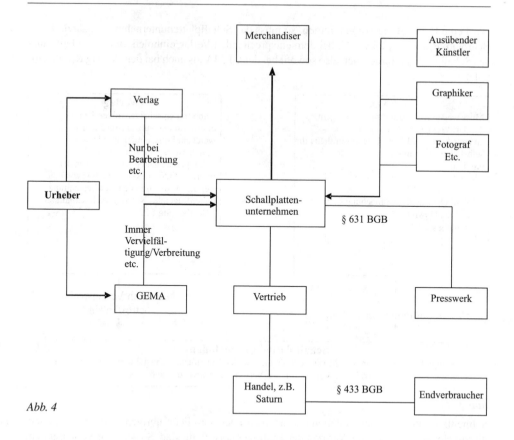

Abb. 4

B. Die Rechte der Urheber

30 Ursprung jeglichen musikalischen Schaffens ist die Komposition des Musikwerkes und, so es sich denn nicht um ein Instrumentalwerk handelt, eines Textes. In Musikerkreisen heißt es denn auch: „Am Anfang war das Werk".

I. Das Musikwerk, § 2 Abs. 1 UrhG

Das Musikwerk ist gemäß § 2 Abs. 1 Nr. 2 UrhG geschützt.

1. „Kleine Münze" – niedrige Anforderungen an Schöpfungshöhe

31 Da gemäß § 2 Abs. 2 UrhG nur „persönliche geistige Schöpfungen" dem urheberrechtlichen Schutz unterfallen und somit Werkcharakter genießen, ist es erforderlich, dass eine „individuelle Schöpfung mit geistiger Schöpfungshöhe" vorliegt.[16] Da diese von der Rechtsprechung geforderten Werkvoraussetzungen rein normative Elemente enthalten und somit nicht klar justiziabel sind, hat sich in der Praxis der Rechtsprechung das Postulat der sog. „kleinen Münze"

---

16 *Schricker* § 2 Rn 119 m.w.N.; *Schack* Rn. 260 ff.; *Loewenheim* § 9 Rn. 69 ff.

durchgesetzt.[17] Die Rechtsprechung[18] fordert für eine Anerkennung einer Tonfolge als Musikwerk und somit einen rechtlichen Schutz nämlich lediglich, dass eine einfache, aber gerade noch ausreichend eigentümliche geistige Schöpfung vorliegt, ohne dass es auf deren künstlerischen Wert ankommt.

Dies bedeutet nun, dass man auch bei einfacheren Strukturen eines Musikwerkes grundsätzlich und somit auch im Zweifel davon ausgeht, dass ein Werkschutz besteht. Ob dies auch daran liegen mag, dass sich die Justiz nicht zum „kreativen Gutachter" in der Frage, ob ein Werk und somit Kunst vorliegt, „aufspielen" will und sich somit der Kritik der Kreativen aussetzen will, sei dahin gestellt. Die ständige Rechtsprechung verfährt jedenfalls nach diesem Grundsatz der „kleinen Münze". Nicht geschützt sind allerdings rein handwerkliche sowie gemeinfreie Elemente, wie etwa die Regeln der Harmonielehre. **32**

Es ist auch nicht erforderlich, dass eine bestimmte Anzahl von Takten oder Tönen vorliegt. So wird Tonfolgen, die nur wenige Töne beinhalten, zwar meist der Werkcharakter fehlen,[19] dies muss aber nicht der Fall sein. So kann schon eine Tonfolge aus wenigen Tönen Werkcharakter besitzen, was man, zumindest meines Erachtens, beispielsweise bei dem berühmten Schicksalsthema aus Beethovens 5. Sinfonie annehmen kann, obschon es hier nur um 8 Töne geht. Dieses Thema besteht lediglich aus zwei kleinen, um einen Ganzton verschobenen Terzen mit der Tonreihenfolge g,g,g,es – f,f,f,d, bei denen es sich jeweils um drei aufeinander folgende Achtelnoten mit einer sich anschließenden halben Note handelt (ob diese Tonfolge tatsächlich Werkcharakter hat, ist allerdings nie entschieden worden, da es zu Beethovens Zeit und auch nach seinem Tode keine anerkannten Urheberrechte gab. Die gemäß des heute geltenden § 64 UrhG geltende Schutzrechtzeit von 70 Jahren post mortem auctoris ist bekanntermaßen auch seit langem abgelaufen, so dass diese Frage wohl auch in Zukunft ungeklärt bleiben wird). **33**

Es gibt auf der anderen Seite längere Tonfolgen, die sich auch über einen ganzen oder mehrere Takte erstrecken können, die nicht schutzrechtsfähig sind, weil Ihnen dann eben doch die notwendige Kreativität fehlt. So z.B. wenn lediglich die Grundregeln der Harmonielehre wiederholt werden oder eine vollkommen triviale Tonfolge dargeboten wird. **34**

In Großbritannien und den USA gelten im übrigen ähnliche Regelungen. So ist in den USA gemäß der Rechtsprechung des Supreme Court zu 104 Copyright Act, der festlegt, dass Musikwerke urheberrechtlichen Schutz genießen, Voraussetzung für einen solchen urheberrechtlichen Schutz, dass Musikwerke „original" sein müssen, was wiederum voraussetzt, dass sie ein „minimal degree of creativity." besitzen,[20] was somit unserer kleinen Münze entspricht. Das vielfach unter Musikern grassierende Gerücht, dass die Frage, ob ein Musikwerk vorliege, davon abhänge, über wie viele Takte sich eine Tonfolge erstreckt, hat mit der Wirklichkeit deshalb nichts zu tun. Es kommt also nicht auf die Länge einer Tonfolge, sondern vielmehr auf deren „Qualität" an, wobei allerdings nur sehr geringe Anforderungen gestellt werden. **35**

Die Frage, ob ein Musikwerk vorliegt, ist im Hinblick auf ein gesamtes Musikwerk in der Praxis auch eher selten. Ob das berühmte und vieldiskutierte Stück „4:33" von John Cage, in dem ein Pianist genau 4 Minuten und 33 Sekunden vor einem Flügel sitzt, ohne einen Ton zu spie- **36**

---

17 *BGH* GRUR 1981, 267, 268 – Dirlada; NJW 1989, 387, 388 – Ein bisschen Frieden; vgl. in der Literatur unter anderen *Schack* Rn. 260-265 m.w.N.; *Dreyer/Kotthoff/Meckel* § 2 UrhG Rn. 53 ff., 210 ff. m.w.N.
18 *BGH* GRUR 1988, 810, 811 – Fantasy; GRUR 1968, 321, 324 – Haselnuß sowie die Fundstellen der vorhergehenden Fn.
19 *LG München* ZUM 2003, 245/247; *Schricker* § 2 Rn. 122 m.w.N.
20 Vgl. z.B. *US Supreme Court* in Feist Publications, Inc. v. Rural Telephone Service Company, Inc. 499 U.S. 340 (1991).

len, oder dessen noch extremeres Stück „0:00", bei dem auf der Bühne gar keine Aktion mehr stattfindet, so dass das Stück somit nur noch in dem Programmheft als Ankündigung erscheint, Werkcharakter besitzen, ist eher von akademischer Bedeutung. Für derartige Vorstellungen gibt es realistischerweise keine Käufer, so dass auch keine merkantile Verwertung stattfindet und somit in der Praxis auch keinerlei juristische Aktivitäten entfaltet werden müssen.

2. Werkcharakter in Plagiatsfällen von Bedeutung

37   In der Praxis ergeben sich Fragen hinsichtlich des Werkcharakters von Tonfolgen eher als Teilaspekte in Plagiatsfällen. Der Vorwurf lautet in solchen Plagiatsfällen üblicherweise, dass Komponist (A) eine Tonfolge von Komponist (B) übernommen und in sein eigenes Werk aufgenommen oder wie es in der Musikbranche auch heißt, „abgekupfert" hat. Dieser Vorwurf erstreckt sich dann jedoch zumeist nicht auf das gesamte Musikwerk, sondern lediglich auf Teile davon, nämlich bestimmte Teile einer Tonfolge. In diesen Fällen muss man dann zunächst herausarbeiten, welche Teile denn ähnlich sind und übernommen worden sein sollen. Hat man diese Teile isoliert, muss man als nächstes prüfen, ob denn das ursprüngliche Stück, dass heißt die Tonfolge, die zuerst von Komponist (B) geschaffen wurde, Werkcharakter hat. Kommt man zu dem Ergebnis, dass dieser isolierte Ursprungsteil, der Ähnlichkeit hat, bereits keinen Werkcharakter besitzt, so endet die Prüfung, da der Ursprungskomponist (B) dann selber keine schutzfähigen Rechte besitzt und somit folgerichtig auch nicht in seinen Rechten verletzt sein kann. Instruktiv zu derartigen Fragen sind mehrere Fälle, die der BGH in der Vergangenheit zu entscheiden hatte.[21] In einer der bekannten „Brown Girl In The Ring"-Entscheidungen stellte der BGH beispielsweise fest, dass weder der Kläger, der behauptete dass er die Melodie geschaffen habe und der Beklagte diese übernommen hätte, noch der Beklagte Rechte an der Melodie als solcher besaßen. Ein Gutachter hatte festgestellt, dass die Melodie aus einem Volkslied aus der Karibik stammte und somit gemeinfrei war.[22] Somit konnte keiner der Kontrahenten Rechte an der Melodie als solcher für sich in Anspruch nehmen. Fortan stritt man sich deshalb um die Rechte an dem Arrangement des Liedes.

38   Sollte der ähnliche Teil allerdings Werkcharakter besitzen, was im Zweifel zumeist durch ein von dem Gericht bestellten Gutachter festgestellt wird, wobei es den Parteien natürlich freisteht, eigene Parteigutachten vorzulegen, so müsste dann festgestellt werden, ob tatsächlich ein Übernahme oder aber eine Bearbeitung stattgefunden hat, was üblicherweise ebenfalls durch Sachverständige geklärt wird. Ist dies der Fall, so hat der Bearbeiter eine Rechtsverletzung begangen, da die Veröffentlichung und Verwertung einer Bearbeitung oder anderen Umgestaltung eines Musikwerkes gemäß § 23 UrhG der Zustimmung des Urhebers des Ursprungswerkes bedarf. Eine sog. „Freie Bearbeitung", also die Schaffung eines Werkes unter freier Benutzung eines anderen Werkes, ist aufgrund § 24 Abs. 2 UrhG im musikalischen Bereich nicht möglich.[23] Insofern kann sich der Bearbeiter nicht darauf berufen, er habe das Ursprungswerk nur „zitieren" wollen. Zwar gewährt § 51 Nr. 3 UrhG das sogenannte „Zitatrecht", dieses greift jedoch nur, wenn einzelne Stellen eines erschienen Werkes der Musik in einem selbständigen Werk der Musik angeführt werden. Möglich ist daher nur eine identische Übernahme eines Teiles eines Musikwerkes, nicht aber eine Bearbeitung.[24]

---

21 *BGH* GRUR 1991, 531 – Brown Girl In The Ring I und GRUR 1991, 533 – Brown Girl In The Ring II.; GRUR, 1981, 267 – Darlida; GRUR 1988, 810 – Fantasy .

22 S. vorangegangene Fn.

23 Vgl. hierzu auch die Kommentierungen in *Schricker* § 24 Rn. 26-30; *Wandke/Bullinger* § 24 Rn. 16.

24 *Dieth* UFITA-Schriftenreihe Nr. 181, S. 192; *Wandtke/Bullinger* § 51 Rn. 18.

Rechtspolitisch ist diese Regelung problematisch. Einerseits gewährt sie dem Ursprungskom **39** ponisten weitgehenden Schutz, was natürlich zu begrüßen ist und ihn davor schützt, dass an dere an seiner Leistung unberechtigt partizipieren, indem sie diese, wenn auch nur teilweise, übernehmen und dabei ändern, also bearbeiten. Andererseits macht diese Regelung es unmög lich, bekannte Themen und Melodien in andere Werke verändernd zu übernehmen, ohne dass eine Zustimmung des Ursprungskomponisten erfolgt. Nach diesem Grundsatz wären in der Vergangenheit, insbesondere in der klassischen Musik, viele berühmte Variationen über The men bereits vorbestehender Werke nicht möglich gewesen, beispielsweise die berühmten Va riationen von Brahms über ein Thema von Haydn, die bekannten Paganini Variationen von Brahms, Rachmaninov, Lentoslovski oder die Mozart Variationen von Reger, um nur einige zu nennen. All diese Variationen stellen nach dem heutzutage geltenden UrhG Bearbeitungen der Originalwerke dar und wären damit genehmigungspflichtig. Diese auch als „starre Melodien schutz" bezeichnete Regelung wird deshalb auch berechtigterweise stark kritisiert.

3. Sog. „Coverversionen"

Festzuhalten bleibt, dass dann, wenn ein Musikwerk im Original, also identisch vervielfältigt **40** wird, keine Zustimmung des Urhebers oder des Verlages vorliegen muss. Eine Beareitung, für welche diese beiden die Zustimmung geben müssten, liegt dann nämlich nicht vor. Betroffen ist in einem solchen Falle alleine das Vervielfältigungsrecht, das die GEMA gegen Zahlung der durch die GEMA-Statuten festgelegten GEMA-Lizenz einräumen muss.

In diesem Bereich spielen in der Praxis immer wieder die sog. „Cover-Versionen" eine wich **41** tige Rolle. Problematisch bei den sog. „Cover-Versionen" ist zunächst, dass dies kein juristi scher Fachbegriff mit einem klar definierten semantischen Gehalt ist, sondern ein Begriff, der der musikalischen Praxis entnommen ist und unterschiedlich verstanden wird. Bei der juristi schen Prüfung einer „Cover-Version" kommt es daher nicht darauf an, ob die Musiker selbst davon ausgehen, dass eine „Cover-Version" vorliegt, da bisher sowieso nicht gerichtlich ge klärt ist, wie dieser Begriff zu verstehen ist. Es ist vielmehr vollkommen unabhängig von dieser Bezeichnung zu prüfen, ob lediglich eine Vervielfältigung vorliegt, dann braucht der Nutzende nur die entsprechende GEMA-Lizenz an die GEMA zu zahlen und erhält das Vervielfälti gungs- und Verbreitungsrecht, oder ob darüber hinaus auch eine Bearbeitung vorliegt, dann muss der Nutzende bei dem entsprechenden Verlag zusätzlich die Zustimmung für eine solche Bearbeitung gemäß § 23 UrhG einholen, mit dem Risiko, dass diese versagt wird.[25]

Wann eine solche Bearbeitung vorliegt, ist in jedem Einzelfall zu prüfen und kann – zum gro **42** ßen Kummer der ausübenden Künstler und Produzenten – nicht schematisch beantwortet wer den. Eine reine Transponierung in eine andere Tonart oder das Auswechseln eines Instrumen tes durch ein ähnlich klingendes Instrument stellen noch keine Bearbeitung dar. Sollten aber Tonfolgen spürbar verändert werden oder aber Melodien, sei es im Vorder- oder Hintergrund, hinzugefügt werden, oder das Werk verkürzt werden oder ein anderer Rhythmus unterlegt wer den, so ist wohl von einer Bearbeitung auszugehen.[26] Für eine derartige „Covervesion" müsste daher die Zustimmung zur Bearbeitung eingeholt werden.

In dem Fall, dass eine unberechtigte Bearbeitung vorliegt, die Zustimmung des Verlages (oder **43** des Urhebers, wenn dieser keinen Verlag hat) also nicht vorliegt, nutzt dem Verwerter auch die Einholung des Vervielfältigungsrechts bei der GEMA und die entsprechende Zahlung der

---

25 Vgl. zur Problematik bei Coverversionen auch *Loewenheim* § 9 Rn. 79 ff.
26 Zu der Frage, in welchen Fällen eine Bearbeitung vorliegt s. *Schricker* § 23 Rn. 7 m.w.N.

GEMA-Lizenz nichts, da diese eben nur das Vervielfältigungsrecht, nicht aber das Bearbeitungsrecht betrifft. Zu einer rechtmäßigen Verwertung benötigt der Verwerter schließlich alle Rechte, die durch seine jeweilige Verwertung genutzt werden.

44 Dem verletzten Urheber bzw. Verlag stehen dann wegen der Verletzung seines Bearbeitungsrechts die Sanktionen der §§ 97 ff. UrhG zu. In der Praxis sind dies in erster Linie der aus § 97 UrhG folgende Anspruch auf Unterlassung und Schadensersatz. Im Regelfall wird der Verletzte zunächst eine einstweilige Verfügung gegen die Verbreitung der Tonträger, auf denen das Musikwerk verkörpert ist, also der CDs und DVDs, sowie jegliche weitere Verwertung, also z.B. Downloads, Klingeltöne, Aufführungen (also Konzerte) etc. beantragen, soweit die besonderen Voraussetzungen des einstweiligen Rechtsschutzes vorliegen, insbesondere die Dringlichkeit (hier ist vor allem darauf zu achten, dass die Gerichte im Rahmen der Dringlichkeit unterschiedliche Zeiträume ansetzen, die zwischen dem Zeitpunkt der Kenntnis der Rechtsverletzung und der Einreichung der Antragsschrift liegen dürfen).

II. Wer ist Urheber? Komponisten und Texter

1. Schöpfungsprinzip, § 7 UrhG, „work made for hire"

45 Urheber ist gemäß § 7 UrhG der Schöpfer des Werkes. Dieses dem deutschen Urheberrecht zugrunde liegende „Schöpfungsprinzip" ist ein Ausfluss des kontinentaleuropäischen droit d'auteur-Systems. Dieses besagt unter anderem, dass nur eine natürliche Person Schöpfer eines Werkes sein kann.[27] Anders ist dies im angloamerikanischen Copyright-System. Danach ist es auch möglich, dass ein sog. „work made for hire" vorliegt. Demnach kann im Gegensatz zum droit d'auteur-System erstens nicht nur der Schöpfer, sondern auch eine andere Person Inhaber des Urheberrechts sein und zweitens kann diese andere Person nicht nur eine natürliche, sondern auch eine juristische Person sein. Der typische Fall ist der eines bei einem Verlag fest angestellten Komponisten. Nach deutschem bzw. kontinentaleuropäischem Recht ist dieser aufgrund des Schöpfungsprinzips immer Urheber. Sein Arbeitgeber, der Verlag, hat lediglich die Möglichkeit, sich sämtliche Nutzungsrechte einräumen zu lassen. Die Urheberschaft verbleibt aber bei dem Angestellten, wenn diese auch wirtschaftlich „ausgehöhlt" ist, da er die Nutzungsrechte auf den Arbeitgeber übertragen hat und nicht mehr darüber verfügen kann. Ihm bleiben aber immerhin noch die persönlichkeitsbezogenen Urheberrechte, die nicht übertragbar sind, etwa das Recht auf Anerkennung einer Urheberschaft gemäß § 13 UrhG, also bspw. durchzusetzen, dass sein Name im Falle der Verwertung genannt wird,[28] etwa durch einen Schriftzug auf der CD oder in einem Booklet, und gemäß § 14 UrhG gegen eine Entstellung des Werkes vorzugehen.

46 Im angloamerikanischen Recht ist dies aufgrund der „work made for hire"-Doktrin anders. Soweit Auftraggeber und Auftragnehmer eine „work made for hire"-Vereinbarung geschlossen haben, hat der Werkschaffende keinerlei Urheberrechte an dem Werk. Das Urheberrecht entsteht vielmehr originär und unmittelbar bei dem Auftraggeber.

---

27 *Dreier/Schulze* § 7 Rn. 1; *Wandtke/Bullinger* § 7 Rn. 6; *Berger* Rn. 15; *Rehbinder* § 19 Rn. 1.
28 Vgl. *Wandtke/Bullinger* § 13 Rn. 19 ff.; *Dreyer/Kotthoff/Meckel* § 13 UrhG Rn. 6 ff.

2. Miturheberschaft, § 8 UrhG

Haben mehrere Urheber ein Werk gemeinsam geschaffen, so sind sie gemäß § 8 UrhG Miturheber. Die Miturheber stellen eine Gesamthandsgemeinschaft dar, § 8 Abs. 2 UrhG. Dies hat zur Folge, dass der einzelne Miturheber in der Nutzung des von ihm mitgeschaffenen Werkes nicht frei ist, sondern der gesamthänderischen Bindung unterliegt und somit für jegliche Verwertungen der Zustimmung seiner Miturheber bedarf.[29] Der einzelne Miturheber kann eine gemeinsame Verwertung aber nicht dadurch blockieren, dass er seine notwendige Zustimmung nicht erteilt, da er diese gemäß § 8 Abs. 2 S. 2 UrhG nicht wider Treu und Glauben verweigern kann. Der einzelne Miturheber kann allerdings selbständig, d.h. ohne Zustimmung der übrigen Miturheber, Ansprüche wegen der Verletzung des Urheberrechtes geltend machen. In diesem Falle kann er jedoch nur Leistung an alle Miturheber verlangen, § 8 Abs. 2 S. 3 UrhG. In der Praxis kommt der Fall der Miturheberschaft sehr häufig vor, da gerade im Bereich der Pop- und Rockmusik viele Komponisten aber auch Texter zusammenarbeiten (was nicht mit der Verbindung eines Musikwerkes mit einem Textwerk zu verwechseln ist, dann liegt keine Miturheberschaft, sondern vielmehr ein verbundenes Werk gemäß § 9 UrhG vor, das aus zwei Werken besteht, dazu ausführlich weiter unten unter Rn. 50).

47

Problematisch ist in solchen Fällen der Miturheberschaft oftmals die „Verteilung" der einzelnen Urheberrechtsanteile. Aufgrund des gemäß § 7 UrhG geltenden Schöpferprinzips (s.o. Rn. 45) müssten die Urheberrechtsanteile formaljuristisch genau nach dem jeweiligen schöpferischen Anteil des einzelnen Urhebers an einem Werk prozentual aufgeteilt werden. In der Praxis ist dies zumeist nicht möglich, da auch die Kriterien hierfür von den Musikschaffenden unterschiedlich bemessen werden. Sollte eine Aufteilung des Anteils an der Urheberschaft nach der jeweils geschaffenen Anzahl der Takte erfolgen oder sind einige wenige Takte in der Melodie so wichtig, da sie dem Hörer im Gedächtnis haften bleiben, die sog. „Hook", dass man diese höher bewerten sollte? In der Praxis treffen die meisten Urheber daher Absprachen über ihre jeweiligen Anteile an einem Werk.

48

Sollte eine Person, die zumindest Teile eines Werkes geschaffen oder mitgeschaffen hat, gar nicht oder nicht in dem ihrem schöpferischen Anteil entsprechenden Umfang als Urheber anerkannt werden, so widerspräche dies dem Schöpfungsprinzip des § 7 UrhG und wäre demgemäß contra legem. Ein solcher „nicht anerkannter" Urheber hätte zunächst einen Anspruch auf Anerkennung seiner Urheberschaft gemäß § 13 UrhG und natürlich auch einen seinem Urheberrechtsanteil entsprechenden Anspruch auf die aus jeglichen Verwertungen des entsprechenden Werkes erzielten Erlöse. Diese formal bestehenden Ansprüche werden in der Praxis häufig nicht durchgesetzt, da die „nicht anerkannten" Urheber häufig in wirtschaftlichen Abhängigkeitsverhältnissen zu prominenten Urhebern stehen, die die Urheberschaft für sich alleine oder in einem nicht ihrem tatsächlichen Anteil entsprechenden Maße in Anspruch nehmen. Den „nicht anerkannten" Urhebern fehlen daher oftmals der Mut aber auch die finanziellen Mittel, ihre gesetzlich bestehenden Rechte und Ansprüche gerichtlich durchzusetzen, da sie dann Gefahr liefen, ansonsten keine Aufträge mehr zu bekommen. Hinzu kommt, dass es häufig nicht möglich ist, ausreichend Beweis zu erbringen. Will der „nicht anerkannte" Urheber seinen Anspruch auf Anerkennung der Urheberschaft sowie Auszahlung der ihm zustehenden Erlöse gerichtlich geltend machen, so muss er als Anspruchsteller und Kläger beweisen, dass er der Urheber ist. Häufig waren aber nur er und der Beklagte, der die Urheberrechtsanteile für sich alleine geltend macht, anwesend, so dass es keine Zeugen gibt. Hinzu kommt, dass die andere Person oftmals bereits auf Vervielfältigungsstücken, also z.B. CDs oder DVDs, als Urheber ge-

49

---

[29] *Rehbinder* 3. Kap. § 20 III. Rn. 259 ff.; *Wenzel/Burkhardt* Rn. 3.6 ff.

nannt ist. Gem. § 10 UrhG wird derjenige, der auf Vervielfältigungsstücken als Urheber bezeichnet ist, solange als Urheber angesehen, bis das Gegenteil bewiesen ist. Insofern trägt der „nicht anerkannte" Urheber bei einer Klage ein nicht unerhebliches Risiko, dass er den notwendigen Beweis nicht erbringen kann, wenn ihm nicht weitere Beweismittel zur Verfügung stehen und seine Klage somit auf Grund von Beweislastregeln und insbesondere der Urhebervermutung des § 10 UrhG abgewiesen wird.

3. Verbundene Werke, § 9 UrhG

50   Zu unterscheiden vom Fall der soeben behandelten Miturheberschaft, die in § 8 UrhG geregelt ist, ist der Fall der verbundenen Werke, § 9 UrhG. Ein verbundenes Werk liegt gemäß § 9 UrhG dann vor, wenn mehrere Urheber ihre Werke zu gemeinsamer Verwertung miteinander verbinden. Dies ist typischerweise der Fall, wenn ein Komponist eine Komposition erstellt hat, ein Texter einen Liedtext, und dann die Musik unter den Liedtext gelegt wird, also der Liedtext zu der Musik gesungen und sodann genutzt, also beispielsweise vervielfältigt wird. In einem solchen Falle kann jeder der beiden Beteiligten von dem Anderen die Zustimmung zur Veröffentlichung, Verwertung und Änderung des verbundenen Werkes verlangen, soweit dies dem Anderen nach Treu und Glauben zuzumuten ist, § 9 UrhG am Ende. Jedem Beteiligten steht es allerdings grundsätzlich frei, sein Werk isoliert, also ohne das andere Werk, weiter zu nutzen. Der Komponist könnte in unserem Beispiel die Musik also auch anderweitig nutzen. Solange dabei nicht der bestehende Text genutzt würde, würde er auch keine Zustimmung des Texters benötigen (wenn der Titel des Musikstücks auch von dem Texter stammen sollte, müsste der Komponist dem Musikwerk zu diesem Zwecke auch einen anderen Werktitel geben).

4. Beispiele für Miturheberschaften und verbundene Werke

51   In der Praxis kommt es häufig zu „Vermischungen", da oftmals mehrere Personen zusammenarbeiten. Eines der bekanntesten Beispiele, in dem ein Komponist über eine lange Zeit höcherfolgreich mit einem Texter zusammengearbeitet hat, ist die künstlerische Zusammenarbeit von Elton John als Komponist mit Bernie Taupin als Texter. Elton John erwarb in diesen Fällen also das Urheberrecht an der Komposition, also an einem Musikwerk gemäß §§ 7, 2 Abs. 2 Nr. 2 UrhG, und Bernie Taupin das Urheberrecht an dem Text, der ein Sprachwerk gemäß §§ 7, 2 Abs. 2 Nr. 1 UrhG ist. Beide haben dann ihre jeweiligen Werke, also das Musikwerk und das Sprachwerk, zu einem gemeinsam Werk verbunden, so dass gemäß § 9 UrhG ein verbundenes Werk entstanden ist.

52   Ebenfalls anschaulich ist das weltberühmte Werk „My Way" (oder auch „I did it my way"), das wohl in der Fassung von Frank Sinatra am bekanntesten dargeboten sein dürfte, darüber hinaus aber von unzähligen weiteren Künstler aus aller Welt interpretiert worden ist, in unterschiedlichen Stilen, z.B. von den Sex Pistols in einer Punk Version, und Sprachen, z.B. von Harald Juhnke als „My Way" mit einem deutschsprachigen Text. Die Musik wurde gemeinschaftlich von zwei Komponisten geschaffen, den Komponisten Jacques Revaux und Claude Francois, die Miturheber gemäß § 8 UrhG sind. Der ursprüngliche Originaltext war in französischer Sprache von Gilles Thibault getextet worden, der Titel lautete „Comme d'Habitude". Das von Jacques Revaux und Claude Francois geschaffene Musikwerk und der von Gilles Thibault gedichtete Text wurden dann verbunden, so dass ein verbundenes Werk gemäß § 9 UrhG entstand. Weltbekannt wurde das Werk aber erst dadurch, dass Paul Anka eine englische Übersetzung fertigte, die dann den Titel „My Way" trug. Anka schuf damit wohlgemerkt keinen vollkommen neuen Text (dann hätte er keiner Zustimmung des ursprünglichen Texters bedurft), sondern lediglich eine Übersetzung und Änderung des ursprünglichen Textes und nahm damit eine zustimmungspflichtige Bearbeitung des Originaltextes gemäß § 23 UrhG vor, die von dem berechtigten Originaltexter Gilles Thibault bzw. dessen Verleger erteilt wurde. Das ursprüngliche Musikwerk wurde dadurch noch nicht angetastet. Da der neue englische Text nun aber wieder mit dem ursprünglichen Musikwerk verbunden werden sollte, musste Paul Anka auch bei den ursprünglichen Komponisten, also Jacques Revaux und Claude Francois, die Zustimmung zur Verbindung dieser Werke einholen, da eine solche Verbindung auch ein Unterfall der Bearbeitung des § 23 UrhG ist. Diese Konstellation ist in der folgenden Abbildung veranschaulicht.

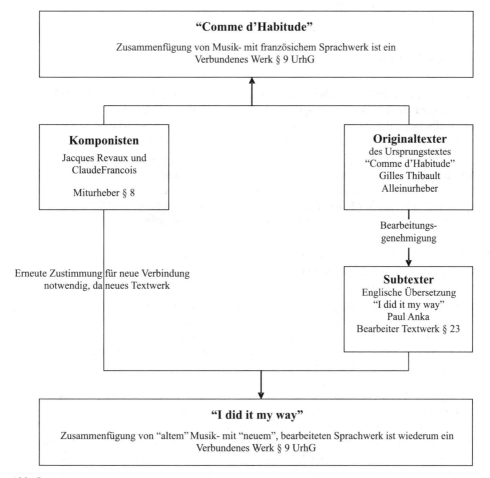

Abb. 5

Die Version der Sex Pistols bedurfte hinsichtlich des ursprünglichen Musikwerkes der Genehmigung, da es sich bei dem Punkstil um eine Bearbeitung des Musikwerkes handelte. Den Text haben die Sex Pistols hingegen nicht verändert, so dass es diesbezüglich keiner Bearbeitungszustimmung bedurfte.[30] Für die deutschsprachige Harald Juhnke-Version gelten die oben dar- **53**

---

30 Ob musikalisch „konservative" Richter darüber hinaus in der Art und Weise der künstlerischen Darbietung der Sex Pistols, die man als durchaus provokant bezeichnen kann, eine Entstellung gem. § 14 UrhG gesehen hätten, die auch das Textwerk umfasst hätte, ist nicht bekannt und wohl auch nicht re-

gestellten Ausführungen entsprechend, d.h. er brauchte, genau wie Paul Anka, die Zustimmung des Originaltexters und der Komponisten. Eine Zustimmung von Paul Anka war hingegen nicht notwendig, da die deutsche Version eine Bearbeitung der französischen Originalversion und nicht der englischsprachigen Übersetzung darstellt.

54 Die Urheber nehmen ihre Rechte zumeist nicht selber wahr. Dies überlassen sie in der überwiegenden Zahl der Fälle der GEMA und, soweit die Rechte nicht auf die GEMA übertragen werden, den Musikverlagen.

55 In den folgenden Kap. werden daher die GEMA unter Rn. 56 und die Musikverlage unter Rn. 87 ff. behandelt.

C. Die GEMA

56 Die GEMA ist die für die Urheber und Musikverlage, im Folgenden auch als „**Verlage**" bezeichnet, zuständige Verwertungsgesellschaft. Der Begriff GEMA steht für: Gesellschaft für musikalische Aufführungs- und mechanische Vervielfältigungsrechte. Die GEMA ist ein wirtschaftlicher Verein, dessen Rechtsfähigkeit gemäß § 22 BGB auf staatlicher Verleihung beruht.

57 Jeder Urheber und Musikverlag kann unter bestimmten formal notwendigen Bedingungen Mitglied der GEMA werden. Wichtig zu betonen ist, dass weder Urheber noch Verlage Mitglied der GEMA werden müssen. Die Mitgliedschaft ist freiwillig. In der Praxis sind aber die weitaus überwiegende Mehrzahl der Urheber und Verlage Mitglieder der GEMA, da dies insgesamt gesehen für diese sinnvoller ist, als sämtliche Rechte selbst wahrzunehmen (was faktisch nicht möglich ist).

58 Informationen über die GEMA findet man einerseits in dem jährlich erscheinenden und von der GEMA herausgegebenen GEMA-Jahrbuch sowie auf der umfassend informierenden Website der GEMA: www.gema.de.

59 Sinn und Zweck der GEMA ist die kollektive Wahrnehmung von Urheberrechten (vgl. hierzu auch A. II. 1.). In bestimmten Bereichen kann eine sinnvolle und wirtschaftliche Rechteerteilung und Überwachung nur durch einen umfassenden und organisatorisch sehr breit aufgestellten Verwaltungsapparat erfolgen. Dies gilt insbesondere für den TV- und Rundfunkbereich. Ein einzelner Urheber oder Verlag wäre gar nicht imstande, die vielfältigen Ausstrahlungen zu lizenzieren und zu überwachen. Gleiches gilt für den Aufführungsbereich oder den Bereich der öffentlichen Wiedergabe. So ist es nicht möglich, sämtliche Restaurants, Kneipen, Hotels, Geschäfte, Flughäfen, Tiefgaragen und so weiter, in denen sämtlich Musik gespielt wird, zu überwachen und mit diesen die entsprechenden Nutzungsverträge zu schließen. Aus diesem Grund werden fast sämtliche Nutzungsrechte im Berechtigungsvertrag ausschließlich zur treuhänderischen Wahrnehmung auf die GEMA übertragen. Nur wenige Rechte, auf die wir im Folgenden, insbesondere im Rn. 95, noch zu sprechen kommen, werden nicht auf die GEMA übertragen, verbleiben also bei den Urhebern und werden von diesen dann üblicherweise in einem Verlagsvertrag auf die Verlage übertragen.[31]

---

levant geworden, da davon auszugehen ist, dass sämtliche notwendigen Zustimmungen, von dem Label im Vorhinein eingeholt worden sind und es somit erst gar nicht zur Klärung einer solchen, für die Sex Pistols damals sicherlich Image- und somit verkaufsfördernden Auseinandersetzung gekommen ist.

33 Zum Verlagsvertrag s. die Ausführungen unter Rn. 87 ff.

Die GEMA nimmt somit eine „Mittlerrolle" zwischen den kreativ Schaffenden, den Urhebern, **60** und den Verwertern, also beispielsweise den TV- und Radiosendern und sämtlichen sonstigen Nutzern ein. Die Urheber räumen der GEMA die entsprechenden Nutzungsrechte im Rahmen des sog. Berechtigungsvertrages zur treuhänderischen Wahrnehmung ausschließlich ein (s.u. Rn. 62), die GEMA räumt dann dem anfragenden Nutzer gegen Zahlung der im GEMA-Statut festgelegten GEMA-Lizenz das jeweilige Recht nicht ausschließlich zur Nutzung ein. Die GEMA schüttet die eingenommenen Lizenzen, dann zu bestimmten, festgelegten Stichtagen nach Abzug eines Verwaltungsaufwandes an die jeweiligen Berechtigten Urheber und, soweit diese verlagsgebunden sind, auch an die Verlage aus:

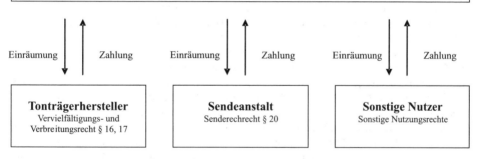

Abb. 6

Die GEMA hatte im Jahr 2006 Erträge in Höhe von 852 Mill. Euro. Nach Abzug einer Kosten- **61** quote von durchschnittlich 14 % schüttete die GEMA insgesamt 731 Mill. Euro aus.[32] An diesen Zahlen wird deutlich, dass die GEMA eine bedeutende Rolle für ihre Mitglieder spielt.

I. Der Berechtigungsvertrag

Entschließt sich eine Urheber dazu, GEMA-Mitglied zu werden, was ihm freisteht, da es keine **62** Verpflichtung zur GEMA-Mitgliedschaft gibt, so schließt er mit der GEMA den sog. Berechtigungsvertrag, dessen aktueller Stand unter Rn. 135 am Ende dieses Beitrages abgedruckt ist, (Stand Juni 2007).[33] In diesem Berechtigungsvertrag überträgt der Urheber, also gleichwohl ob

---

32 GEMA Jahrbuch 2006/2007, S. 60.
33 Mit freundlicher Genehmigung der GEMA.

er Komponist der Musik oder Texter eines Liedtextes ist, sämtliche in dem Berechtigungsvertrag aufgeführten Rechte **ausschließlich auf die GEMA** zur **treuhänderischen Wahrnehmung**.

63   Im Folgenden seien daher die wichtigsten Regelungen des GEMA-Berechtigungsvertrages besprochen, da dieser in kurzer Form einen guten Einblick in die Systematik und den Inhalt urheberrechtlicher Nutzungsverträge im Musikbereich gibt.

1. Ausschließliche Rechteeinräumung – Alles oder Nichts-Prinzip

64   Im Berechtigungsvertrag räumt der Urheber der GEMA gemäß § 1 GEMA-Berechtigungsvertrag „als Treuhänderin“ die genannten Nutzungsrechte ein. Dies geschieht gemäß der Regelung des § 31 Abs. 1 UrhG. Die Einräumung erfolgt ausschließlich und räumlich unbeschränkt. Sie gilt gemäß § 1 GEMA-Berechtigungsvertrag für alle dem Urheber zum Zeitpunkt des Abschlusses des Berechtigungsvertrages zustehenden und während der Vertragsdauer noch zuwachsenden, zufallenden, wieder zufallenden oder sonst wie erworbenen Urheberrechte. Der Urheber muss sich also darüber klar sein, dass er sämtliche vor Abschluss des Berechtigungsvertrages geschaffenen „Altwerke“, den sog. „Backkatalog“, einbringt, soweit die Rechte daran nicht einem Dritten, beispielsweise einer ausländischen Verwertungsgesellschaft oder aber einem Verlag zustehen (der Verlag würde diese Rechte aber üblicherweise freigeben bzw. diese Rechte würden ohne weiteres zur Übertragung auf die GEMA frei, da in den Verlagsverträgen üblicherweise Klauseln enthalten sind, dass der Verlag auf eine Rechteeinräumung verzichtet, soweit die entsprechenden Rechte einer Verwertungsgesellschaft eingeräumt sind oder werden).

65   Die ausschließliche Übertragung hat im übrigen auch zur Folge, dass der Urheber, falls er ein sog. Singer-Songwriter ist und seine eigenen Werke auch selbst als ausübender Künstler aufführt (so. z.B. Hartmut Engler und Ingo Reidl von PUR, Herbert Grönemeyer, James Blunt, Mick Jagger und Keith Richards bei den meisten Werken der Rolling Stones) bei der GEMA die Zustimmung zur Nutzung des Aufführungsrechts § 19 Abs. 2 UrhG für das eigene Werk einholen muss. Darüber hinaus muss dieser Singer-Songwriter an die GEMA auch die in den GEMA-Statuten festgesetzte GEMA-Lizenz zahlen, wohlgemerkt für die Nutzung seines eigenen Werkes. Die GEMA schüttet dem Urheber zwar den entsprechenden Betrag zum nächsten Stichtag wieder aus, behält zum Ärgernis des Urhebers aber einen nicht unerheblichen Teil dieser GEMA-Lizenz als Verwaltungspauschale ein. Außerdem erleidet der Singer-Songwriter dadurch, dass die Auszahlung erst zu dem nächstfolgenden festgesetzten Stichtag erfolgt, der möglicherweise erst ein halbes Jahr oder noch später ist, einen Zinsverlust. Singer-Songwriter würden es daher zumeist lieber vorziehen, der GEMA das Aufführungsrecht für eigene Aufführungen nicht zu übertragen, was die GEMA jedoch nicht akzeptiert (die Erteilung des Aufführungsrechts für Aufführungen anderer Künstler sollte die GEMA aber auch im Interesse der Singer-Songwriter durchführen, da ihm hierdurch nicht der geschilderte Nachteil entsteht).

66   Der Urheber hat nicht die Möglichkeit, Vertragsänderungen im Berechtigungsvertrag durchzusetzen, indem er z.B. bestimmte Rechte aus der Rechteübertragung ausschließt, da er der Meinung ist, dass er diese besser selbst, also individuell, verwerten kann. Insofern gilt bei Abschluss des GEMA-Berechtigungsvertrages das „Alles oder Nichts Prinzip“.

67   Somit bleibt dem Singer-Songwriter nur die Möglichkeit, dem besagten „Alles oder Nichts Prinzip“ folgend dies hinzunehmen oder aber keinen Berechtigungsvertrag abzuschließen und somit gar nicht GEMA-Mitglied zu werden. Letzteres würde ihm aber erhebliche wirtschaftliche Nachteile bei der Verwertung der sonstigen Nutzungsrechte bescheren, da er diese wie be-

schrieben kaum selber wahrnehmen kann und somit in diesen, wirtschaftlich ebenfalls äußerst interessanten Bereichen (insbesondere Sende- und Wiedergaberecht etc., s.o.), keine oder nur geringe Erlöse erzielen würde. Insofern nehmen die Singer-Songwriter die Übertragung des Aufführungsrechts auch für eigene Aufführungen an die GEMA im Berechtigungsvertrag zähneknirschend hin, da sie wirtschaftlich insgesamt gesehen vernünftigerweise keine andere Wahl haben.

Aufgrund der ausschließlichen Rechteeinräumung ist es der GEMA gemäß § 31 Abs. 3 UrhG **68** gestattet, einfache Nutzungsrechte einzuräumen. Dies ist ja auch gerade der Sinn des Berechtigungsvertrages, schließlich soll die GEMA den entsprechenden Verwertern die notwendigen Nutzungsrechte einräumen, selbstverständlich gegen Zahlung der entsprechenden GEMA-Lizenz.

Dass der Urheber der GEMA die Nutzungsrechte gemäß § 1 GEMA-Berechtigungsvertrag **69** „als Treuhänderin" einräumt, liegt daran, dass der Sinn und Zweck dieser Einräumung nicht eine eigene wirtschaftliche Nutzung dieser Rechte durch die GEMA ist, was ja bei den sonstigen Rechteerwerbern der Fall ist. Vielmehr ist der Sinn und Zweck die Weiterübertragung auf die jeweiligen Verwerter. Deshalb ist in § 6 UrhWG auch der sog. „Wahrnehmungszwang" konstituiert, was bedeutet, dass eine Verwertungsgesellschaft, in unserem Fall die GEMA, nicht nur aufgrund des Berechtigungsvertrages, sonder vielmehr auch aufgrund Gesetzes verpflichtet ist, die übertragenen Rechte wahrzunehmen.

2. Dauer des Vertrages und der Rechteeinräumung

Der Berechtigungsvertrag wird zunächst für die Dauer von 6 Jahren geschlossen und verlän- **70** gert sich jeweils um 6 weitere Jahre, wenn er nicht jeweils ein Jahr vor Beendigung gekündigt wird, § 10 GEMA-Berechtigungsvertrag. Mit Beendigung des Berechtigungsvertrages fallen sämtliche der GEMA eingeräumten Rechte ohne weiteres wieder auf den Urheber zurück, § 11 GEMA-Berechtigungsvertrag. Nutzungsrechte, die die GEMA vor der Beendigung des Berechtigungsvertrages Dritten eingeräumt hat, bleiben bestehen, auch wenn diese Rechteeinräumungen über den Beendigungstermin des Berechtigungsvertrages hinaus dauern, § 11 GEMA-Berechtigungsvertrag.

3. Die übertragenen Nutzungsrechte

Die einzelnen eingeräumten Nutzungsrechte ergeben sich aus der ausführlichen Aufzählung **71** des § 1 GEMA-Berechtigungsvertrag. Diese kann man dem am Ende dieses Beitrages als Anlage 1 abgedruckten Muster des Berechtigungsvertrages entnehmen. Deshalb wird auf eine Wiederholung sämtlicher übertragenen Nutzugsrechte an dieser Stelle verzichtet.

Dass die einzelnen zu übertragenden Nutzungsrechte derart dezidiert und einzeln in dem Be- **72** rechtigungsvertrag aufgezählt sind, liegt an der in § 31 Abs. 5 UrhG festgelegten Zweckübertragungstheorie. Danach bestimmen sich die Nutzungsarten, für die die einzelnen Nutzungsrechte übertragen werden, nach dem von den Parteien zugrunde gelegten Vertragszweck, soweit die einzelnen Nutzungsarten nicht einzeln bezeichnet sind. Die ständige höchstrichterliche Rechtsprechung legt die Regelung des § 31 Abs. 5 UrhG daher dahingehend aus, dass die Nutzungsrechte im Zweifel bei dem Urheber verbleiben, falls sie nicht einzeln bezeichnet sind.[34] Dies bedeutet für den Rechteerwerber bei jeglichen urheberrechtlichen Nutzungsverträ-

---

34 Vgl. *BGH* GRUR 1974, 786 – Kassettenfilm zur Zweckübertragungstheorie.

gen,[35] dass er der Spezifizierungslast der Zweckübertragungstheorie genügen muss und daher dafür sorgen sollte, dass sämtliche Nutzungsarten, die er wahrnehmen will oder deren Wahrnehmung er auch nur vage oder etwaig in Erwägung zieht, einzeln in dem Übertragungsvertrag benennen sollte. Ansonsten läuft der Rechteerwerber Gefahr, dass er die Nutzungsrechte für bestimmte Nutzungsarten nicht erwirbt, da diese nicht einzeln benannt sind und somit gemäß § 31 Abs. 5 UrhG bei dem Urheber verbleiben.

73 Aufgrund der ökonomischen Bedeutung und praktischen Relevanz sei jedoch auf folgende Nutzungsrechte, die übertragen werden, hingewiesen.

74 Die größte Bedeutung hatten und haben immer noch das Vervielfältigungs- und Verbreitungsrecht der §§ 16, 17 UrhG, die aufgrund der enormen wirtschaftlichen Bedeutung auch als „Königsrechte" bezeichnet werden. Der Urheber überträgt der GEMA dieses Vervielfältigungs- und Verbreitungsrecht an seinen Werken in § 1h) GEMA-Berechtigungsvertrag.

75 Bei vielen Verwertungen sind mehrere Nutzungsrechte betroffen, die noch dazu von mehreren Nutzern bei der GEMA „eingekauft" werden müssen. Falls ein Song im Radio gespielt wird, muss zunächst das Presswerk, das die CDs körperlich herstellt, die Rechte für die Vervielfältigung und Verbreitung bei der GEMA einholen, natürlich gegen Zahlung der entsprechenden GEMA-Lizenz. Das Presswerk wird dies im Normalfall im Auftrage des Schallplattenunternehmens tun, das die Pressung in Auftrag gegeben hat. Die Sendeanstalt erwirbt nun eine dieser CDs im Handel und strahlt den Titel im Radio aus. Da in diesem Fall die Sendeanstalt die Nutzung vornimmt, muss diese das Senderecht gemäß § 1b) GEMA-Berechtigungsvertrag bei der GEMA erwerben, natürlich wiederum gegen Zahlung. In der Praxis haben die Sendeanstalten Globalverträge mit der GEMA geschlossen, die sämtliche Ausstrahlungen von Musikwerken umfassen, so dass nicht für jedes einzelne Werk eine gesonderte Genehmigung einzuholen ist.

76 Es kommt auch vor, dass nicht nur Nutzungsrechte bei der GEMA, sondern auch bei einem Verlag eingeholt werden müssen. So zum Beispiel bei der wirtschaftlich nicht unbedeutenden Vermarktung von Handy-Klingeltönen. Auf der einen Seite liegt in der Speicherung im Handy eine Vervielfältigung und auch Verbreitung vor. Diese Vervielfältigungs- und Verbreitungsrechte liegen bei der GEMA und müssen daher bei dieser erworben werden. Auf der anderen Seite handelt es sich um eine Kürzung des Musikwerkes und somit um eine genehmigungspflichtige Bearbeitung gemäß § 23 UrhG. Das Bearbeitungsrecht ist der GEMA wegen des urheberpersönlichkeitsbezogenen Charakters nicht übertragen. Dieses verbleibt vielmehr beim Urheber, der es in fast allen Fällen einem Verlag überträgt. Der Klingeltonvermarkter muss daher dieses Bearbeitungsrecht noch bei dem Verlag einholen, was der Verlag sich natürlich vergüten lässt.

4. Abtretungsanzeige bei GEMA-Zession

77 Wirtschaftlich von großer praktischer Bedeutung ist die Regelung des § 4 GEMA-Berechtigungsvertrag, wonach Abtretungen der Ansprüche des Urhebers gegen die GEMA nur nach Vereinbarung mit der GEMA zulässig sind. Die Wirksamkeit eines solchen Zustimmungsvorbehalts ergibt sich aus § 399 BGB[36]

---

35 Die Zweckübertragungstheorie gilt i.Ü. auch für die ausübenden Künstler, da § 79 UrhG ausdrücklich die Anwendung des § 31 Abs. 5 UrhG auch für ausübende Künstler vorschreibt. Daher sind auch in Künstlerverträgen sämtliche Nutzungsarten einzeln und ausf. aufzuführen, s. auch Rn. 111; s. auch *Berger* Rn. 318.
36 *Palandt* § 399 Rn. 8 ff.

Dies ist insbesondere dann wichtig, wenn der Urheber mit einem Verlag einen Verlagsvertrag **78** (auch Autorenexklusivvertrag genannt) abschließt. Üblicherweise erhält der Urheber von dem Verlag dann einen Vorschuss auf seine künftigen Erlöse, der sich in der Höhe nach den voraussichtlichen Erlösen aus der Verwertung seiner Werke bemisst.[37] Diese Vorschüsse sind stets mit sämtlichen Erlösen aus der Verwertung der vertragsgegenständlichen Werke des Autors verrechenbar (also in erster Linie mit den Erlösen, die die GEMA an den Urheber ausschüttet), jedoch nicht rückzahlbar. Um die Verrechenbarkeit mit den Erlösen, die von der GEMA an den Urheber ausgeschüttet werden müssten, zu gewährleisten, vereinbaren der Verlag und der Urheber in dem Verlagsvertrag eine Abtretung der Ansprüche des Urhebers gegen die GEMA an den Verlag in Höhe des ausgezahlten Vorschusses, die sog. „GEMA-Zession". Der Verlag sollte wegen der Regelung des § 4 GEMA-Berechtigungsvertrag tunlichst dafür sorgen, dass diese Abtretung der GEMA angezeigt und von dieser genehmigt wird, da sie ansonsten unwirksam ist und ins Leere läuft. Dies würde bedeuten, dass die GEMA die Erlöse nicht an den Verlag, sondern vielmehr weiter an den Urheber ausschütten würde. Ob der Urheber dann seinem Verlag diese Gelder zur Rückführung des Vorschusses weiterleiten würde, ist aufgrund so mancher Fälle in der Praxis zuweilen fraglich. Der Verlag sollte daher dafür Sorge tragen, dass die GEMA die Abtretung genehmigt und den Vorschuss erst dann auszahlen, wenn diese Genehmigung der GEMA schriftlich vorliegt.

5. Der GEMA-Verteilungsplan, Zahlungstermine

Aufgrund des GEMA-Verteilungsplans, der jährlich auf der GEMA-Hauptversammlung wieder neu beschlossen wird, werden die von der GEMA von den Verwertern eingenommenen Lizenzen an die Urheber und, so sie denn Verlagsverträge geschlossen haben, an die Verlage ausgeschüttet. **79**

Den GEMA-Verteilungsplan kann man dem jährlich erscheinenden GEMA-Jahrbuch, das man über die GEMA beziehen kann, oder aber der GEMA-Website (www.gema.de) entnehmen. **80**

Im sog. mechanischen Recht, also im Falle der Vervielfältigung und Verbreitung und somit dem wirtschaftlich interessantesten Fall der Verwertung, nämlich dem Verkauf von CDs oder DVDs, sieht der GEMA-Verteilungsplan eine Verteilung von 30 % zugunsten des Komponisten, 30 % zugunsten des Texters sowie 40 % zugunsten des Verlages vor. Sollten weniger oder weitere Personen beteiligt sein, etwa weil ein Übersetzer oder sonstiger Bearbeiter mitgewirkt hat oder ein Urheber nicht verlagsgebunden ist, so sieht der Verteilungsplan entsprechend andere Verteilungen unter den Beteiligten vor. Da die möglichen Varianten mannigfaltig sind, kann an dieser Stelle nicht auf alle diese abweichenden Verteilungsschlüssel eingegangen werden, man kann sie aber sehr übersichtlich den genannten Quellen, dem GEMA-Jahrbuch und der GEMA-Website (www.gema.de) entnehmen. **81**

Im Aufführungs- und Senderecht sieht der GEMA-Verteilungsplan eine leicht abgewandelte Grundverteilung vor, nämlich 1/3, also 33,3 %, zugunsten des Komponisten, 1/3, also 33,3 %, zugunsten des Texters sowie 1/3, also 33,3 %, zugunsten des Verlages vor. Sollten weniger oder weitere Personen beteiligt sein, so gelten entsprechend den obigen Ausführungen zum mechanischen Recht an die Anzahl und Leistung dieser Personen angepasste Verteilungsschlüssel. **82**

---

37 S. hierzu detaillierte Ausführungen unter Rn. 93.

II. Kontrahierungszwang

83 Da die GEMA eine Monopolstellung genießt, unterliegt sie den Regelungen des Gesetzes über die Wahrnehmung von Urheberrechten und Verwandten Schutzrechten, auch „Urheberrechts-wahrnehmungsgesetz" oder „UrhWG" genannt. Dieses Gesetz schützt sowohl die Urheber als auch Verlage als auch die jeweiligen Verwerter. So ist die GEMA einerseits verpflichtet, die Rechte der Urheber und Verlage wahrzunehmen, was sich aus § 6 UrhWG ergibt. Andererseits besteht für die GEMA gegenüber den Verwertern der sog. Abschluss- oder auch Kontrahie-rungszwang, das heißt, dass die GEMA gemäß § 11 UrhWG verpflichtet ist, jedem Nutzer, der die entsprechenden GEMA-Lizenzen zahlt, die gewünschten Rechte einzuräumen.

84 Selbst der Urheber, vorausgesetzt er ist GEMA-Mitglied, kann deshalb nicht verhindern, dass ein ihm „verhaßter" Künstler seine Werke darbietet, also in Konzerten spielt und singt, solange keine Bearbeitung vorliegt und die GEMA-Lizenz für die Aufführung gezahlt wird. Ebenso wenig kann der Urheber verhindern, dass ein solcher nicht genehmer Künstler seine Werke auf CDs aufnimmt und verkauft, solange die GEMA-Lizenzen für die Vervielfältigung und die Verbreitung gezahlt werden und das Werk in seiner Originalform, also unbearbeitet, aufge-nommen wird.

III. Ausländische Verwertungsgesellschaften

85 Der Vollständigkeit halber sei erwähnt, dass es auch im Ausland Verwertungsgesellschaften gibt. Im Gegensatz zur GEMA nehmen diese aber nicht immer das mechanische Recht (also das Vervielfältigungs- und Verbreitungsrecht und somit die Herstellung und der Verkauf von CDs) und die übrigen Rechte, also insbesondere das Aufführungs-, Wiedergabe- und Sende-recht etc. wahr.

86 Ein Bsp. hierfür ist Österreich. Das Vervielfältigungs- und Verbreitungsrecht nimmt die Aus-tromechana[38] wahr, das Aufführungs-, Wiedergabe- und Senderecht die AKM.[39] Dort haben die Urheber also die Wahl, nur einer Wahrnehmungsgesellschaft beizutreten und sich somit nur für einen Teil der Nutzungsrechte vertreten zu lassen. Ob dies wirtschaftlich Sinn machen würde, wäre in jedem Einzelfall zu prüfen.

D. Die Musikverlage

87 Die Rolle der Musikverlage hat sich im Laufe der Zeit aufgrund des technischen Fortschritts grundlegend verändert. Vor der technischen Möglichkeit, Musik in Tonaufnahmen zu verkör-pern und diese wieder abzuspielen, fand eine wirtschaftliche Verwertung außerhalb von Auf-führungen, also Konzerten, vornehmlich durch die Herstellung und den Vertrieb von Noten statt.

88 Im Zwanzigsten Jahrhundert rückte diese wirtschaftliche Nutzung spätestens nach dem Zwei-ten Weltkrieg vollkommen in den Hintergrund, da mit der Herstellung und dem Verkauf von Schallplatten, ab den achtziger/neunziger Jahren dann vornehmlich CDs und DVDs, eine im-mense Einnahmequelle entdeckt und genutzt wurde.

---

38 Website der Austromechana: www.austromechana.at/.
39 Website der AKM: www.akm.co.at/.

Die Musikverlage, die damit ihrer ursprünglichen Funktion, der Herstellung und dem Vertrieb **89** von Noten, beraubt waren, mussten sich daher neue Betätigungsfelder suchen. Die Aufgabe eines Musikverlages besteht heutzutage im wesentlichen in zwei Funktionen. Erstens der Förderung der Verbreitung der ihm anvertrauten Musikwerke und zweitens der Zahlung eines Vorschusses an den vertragsgebundenen Urheber, der gegen jegliche Einnahmen aus der Verwertung seiner Werke verrechenbar aber nicht rückzahlbar ist.

Die erwähnte Pflicht des Verlages, sich für die Verbreitung der Werke einzusetzen, ergibt sich **90** einerseits aus § 1 VerlagsG, der gem. S. 1 auch für Werke der „Tonkunst" gilt. In § 1 S. 2 VerlagsG ist festgelegt, dass der Verleger verpflichtet ist, das Werk zu vervielfältigen und zu verbreiten. Darüber hinaus ergibt sich diese Verpflichtung auch aus den branchenüblichen Verlagsverträgen.

In der Praxis ist es häufig leider so, dass die Verlage nicht allzu große Anstrengungen unterneh- **91** men, um die Verbreitung der Werke zu fördern. Faktisch „sitzen" die Verlage oftmals lediglich auf den von ihnen verwalteten Rechten und werden nur tätig, wenn von außen eine Nutzungsanfrage auf sie zukommt. Ob dies der verlegerischen „Förderungspflicht", die sich wohlgemerkt nicht nur aus § 1 VerlG, sondern darüber hinaus auch aus den Verlagsverträgen mit den Urhebern ergibt, genügt, ist wohl durch die Rechtsprechung bisher nicht geklärt worden.

I. Das Verhältnis der Verlage zur GEMA

Die Musikverlage sind von der GEMA unabhängig. Der Urheber hat für seine Werke üblicher- **92** weise zwei Vertragspartner, nämlich auf der einen Seite die GEMA, der er die überwiegende Mehrzahl seiner Nutzungsrechte einräumt,[40] sowie auf der anderen Seite den Musikverlag, dem er üblicherweise die übrigen Nutzungsrechte einräumt, die er also nicht auf die GEMA übertragen hat. Er muss jedoch mit keinem der beiden einen Vertrag schließen, ist also vollkommen frei, seine Werke selbständig und alleine zu verwerten. In der Praxis kommt dies aber höchst selten vor, da dies zumeist wirtschaftlich nicht sinnvoll ist.

II. Der Verlagsvertrag (auch „Autorenexklusivvertrag")

Zunächst einmal ist festzuhalten, dass ein Urheber nicht verpflichtet ist, sich mit einem Verlag **93** zusammenzuschließen, also einen Verlagsvertrag, der auch Autorenexklusivvertrag oder „Publishing Agreement" genannt wird, abzuschließen. Dem Urheber steht es frei, sein Werk vollkommen selbständig zu verwerten. Sollte der Urheber keinen Verlagsvertrag schließen, jedoch GEMA-Mitglied sein, so muss er seine Werke bei der GEMA dementsprechend als „verlagsfrei" und somit als sog. Manuskriptwerke anmelden. Dies klingt auf den ersten Blick verlockend, da der Urheber dann auch die ansonsten laut des GEMA-Verteilungsplans dem Verlag zustehenden Ausschüttungen erhält. Im mechanischen Recht (also Erlöse aus der Vervielfältigung und Verbreitung und somit dem Verkauf der CDs etc.) immerhin 40 %, im Aufführungs- und Senderecht immerhin 33 %. Der verlagsfreie Urheber hätte daher einen enormen Zuwachs seines Einkommens um mehr als 1/3, da diese Beträge eben nicht dem Verlag, sondern ihm selbst zustünden. Auf der anderen Seite ist zu sehen, dass der Verlag für den Autor diverse administratorische Aufgaben übernimmt, beispielsweise sämtliche GEMA-Anmeldungen neuer Werke, die Überprüfung der GEMA Abrechnungen etc. Darüber hinaus gewährt der Verlag üblicherweise einen Vorschuss, worauf der Urheber zumeist aus finanziellen Gründen angewie-

---

40 S. Rn. 62 f.

sen ist. Der Urheber ist nämlich der naturbedingten Problematik ausgesetzt, dass es erstens von dem Moment seiner Leistung an bis zum Eingang der Erlöse eine erhebliche Zeit, teilweise ein Jahr und länger, dauert. So muss sich erst ein ausübender Künstler finden, der das Werk darbietet. Dann muss dieser einen Tonträgerhersteller finden, der das Werk mit ihm veröffentlichen will. Dann muss die CD-Produktion erfolgen, dann müssen die CDs verkauft werden und erst dann kommt nach langer Zeit die Lizenz von der GEMA zu dem im Verteilungsplan festgesetzten Stichtag. Das wirtschaftliche Problem des Urhebers ist nun, dass er in der gesamten Zwischenzeit Ausgaben für seinen Lebensunterhalt bestreiten muss. Um diese finanzieren zu können, wird er zumeist auf die Gewährung eines Vorschusses angewiesen sein. Zweitens ist ungewiss, ob die Verwertung des Werkes überhaupt erfolgreich ist und es somit überhaupt Lizenzen gibt. Die überwiegende Mehrzahl der Urheber schließt deshalb Verlagsverträge.

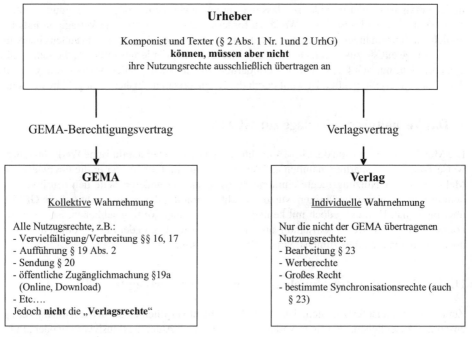

Abb. 7

1. Die übertragenen Nutzungsrechte

94 Problematisch ist hier zunächst, dass fast sämtliche Urheber Mitglied der GEMA sind. Insofern liegen sämtliche auf die GEMA übertragenen Nutzungsrechte bei der GEMA und können nicht mehr auf einen Verlag übertragen werden. Die Rechteübertragung auf die GEMA ist auch ausschließlich, so dass dem Verlag auch keine einfachen Nutzungsrechte eingeräumt werden können (vergleiche § 1 GEMA-Berechtigungsvertrag, angeheftet als Anlage 1 am Ende dieses Beitrages). Ein Verlagsvertrag muss daher immer eine Klausel enthalten, dass die Rechteübertragung für die der GEMA übertragenen Rechte nicht gilt und der Verlag Rechte, die der Urheber vor seinem GEMA-Beitritt auf den Verlag übertragen hat, zur Einbringung in die GEMA freigegeben werden. Der Verlag wird dies schon aus eigenem Interesse tun, da nur die GEMA die vielfältigen Nutzungen überwachen und die entsprechenden Nutzungslizenzen einziehen kann.

Im Grunde werden nur folgende Rechte von dem Verlag wahrgenommen, die nicht auf die **95** GEMA übertragen werden. Das Bearbeitungsrecht, da hier die urherberpersönlichkeitsbezogenen Aspekte berührt werden, die nicht von der GEMA wahrgenommen werden können. Hierunter fallen letztendlich auch die Werbe- und Synchronisationsrechte, also das Recht ein Musikwerk mit einem Filmwerk zu verbinden. Das Synchronisationsrecht wird allerdings nicht einheitlich behandelt. Gem. § 1i) (3) GEMA-Berechtigungsvertrag erteilt die GEMA das Synchronisationsrecht bei Eigen- und Auftragsproduktionen von TV-Sendeanstalten. Sollte also ein unabhängiger TV-Produzent selbständig eine Produktion durchführen, also nicht im Auftrag eines TV-Senders, so wäre das Recht der GEMA nicht betroffen, der TV-Produzent müsste dieses Recht daher bei dem entsprechenden Verlag erwerben. Handelt es sich um eine Auftragsproduktion, müsste er die Rechte bei der GEMA erwerben.

Das sog. „Werberecht", also die Nutzung eines Musikwerkes in einer Werbemaßnahme, sei es **96** im Rahmen eines TV- oder Radiowerbespots, wird ebenfalls nicht von der GEMA wahrgenommen, vergleiche § 1k) GEMA-Berechtigungsvertrag. Grund hierfür ist, dass die GEMA mit festen Tarifen arbeitet. Eine solche „starre Preisregelung" ist den unterschiedlichen Wertigkeiten der Musikwerke im Bereich der Werbung aber nicht angemessen. So ist der Werbeeffekt z.B. eines Beatles-Songs natürlich weitaus größer als der eines unbekannten Musikwerkes eines unbekannten Komponisten. Deshalb wird dieses „Werberecht" ebenfalls von den Verlagen vergeben.

Dasselbe gilt auch für das sog. „Große Recht", also die bühnenmäßige Aufführung dramatisch **97** musikalischer Werke, vgl. § 1a) GEMA-Berechtigungsvertrag. Hier geht es vornehmlich um Werke der „E-Musik". Die Rechte für die bühnenmäßige Aufführung dieser zumeist „klassischen Werke"[41] werden von den sog. Bühnenverlagen wahrgenommen.

2. Der Vorschuss

Verlage zahlen ihren Urhebern grundsätzlich einen Vorschuss. Dies ist meist eine der Hauptmotivationen für Urheber, einen Verlagsvertrag abzuschließen. **98**

Die Höhe des Vorschusses wird anhand der zu erwartenden Nutzungen und damit der erhofften **99** Erlöse kalkuliert. Zur Absicherung des Vorschusses tritt der Urheber dann seine Ansprüche gegen die GEMA an den Verlag ab, die sog. GEMA-Zession (hierzu ausführlich Rn. 77). Der Vorschuss ist gegen jegliche Einnahmen aus der Verwertung der Werke des Autors verrechenbar. Somit insbesondere aus den Rückflüssen, die einerseits von der GEMA kommen, sich andererseits aus den von dem Verlag selbst wahrgenommenen Rechten speisen. Wichtig ist darauf zu achten, dass der Vorschuss nicht rückzahlbar ist. Dies unterscheidet den Vorschuss auch vom herkömmlichen Bankkredit, der stets rückzahlbar ist. Sollte der Vorschuss nicht innerhalb der festgesetzten Frist zurückgeführt worden sein, so verlängert sich zumeist der Verlagsvertrag, was für den Urheber die unangenehme Konsequenz hat, dass sämtliche Werke, die in diese ungewollte „Verlängerungsphase" fallen, ebenfalls unter den Verlagsvertrag fallen und somit nicht einem anderen Verlag angeboten werden können.

---

41 Natürlich nur solcher Werke, bei denen die gesetzliche Schutzfrist von 70 Jahren post mortem auctoris noch nicht abgelaufen ist, § 64 UrhG.

E. Das Schallplattenunternehmen

100 Die Rechte der Tonträgerhersteller sind in den §§ 85 und 86 UrhG festgelegt. Tonträgerhersteller ist derjenige, der die finanzielle und organisatorische Verantwortung bei der Herstellung einer Tonaufnahme trägt.[42] Das ist derjenige, der das Urband, das sog. Masterband, herstellt, das als Vorlage für die Herstellung der späteren Vervielfältigungsstücke, also der CDs und DVDs, dient. Tonträgerhersteller ist daher derjenige, der das Musikstudio anmietet, die Studiomusiker engagiert und bezahlt, die gesamte Organisation durchführt etc. Die Leistung des Tonträgerherstellers besteht dabei im Gegensatz zu den Urhebern und ausübenden Künstlern nicht in einem kreativen Beitrag, etwa der Komposition oder der Darbietung eines Musikwerkes, sondern vielmehr in einer organisatorischen und wirtschaftlichen Leistung. Da diese jedoch Voraussetzung für die Nutzung der kreativen Leistungen der Urheber und ausübenden Künstler ist, hat der Gesetzgeber die Tonträgerhersteller im Urhebergesetz mit eigenen Verwandten Schutzrechten ausgestattet. Der Tonträgerhersteller wird auf den Vervielfältigungsstücken, also beispielsweise den CDs, üblicherweise auch mit dem sog. „P"-Vermerk abgedruckt, einem in einem Kreis befindlichen „P".

101 Im folgenden geht die Darstellung, solange nichts anderes ausgeführt wird, davon aus, dass ein Künstlerexklusivvertrag geschlossen wird, d.h. das Schallplattenunternehmen Tonträgerhersteller gemäß § 85 UrhG ist.

102 Die Bezeichnung „Schallplattenunternehmen" ist sicherlich etwas antiquiert, da es kaum mehr Schallplatten, sondern fast nur noch CDs gibt. Im allgemeinen Sprachgebrauch hat sich dieser Begriff aber eingebürgert und soll deshalb auch hier genutzt werden. Schallplattenunternehmen werden sonst auch als „Tonträgerunternehmen" oder „Label" bezeichnet. Die Bezeichnung als Label ist allerdings etwas ungenau, da darunter auch die unterschiedlichen Marken verstanden werden, unter denen ein Schallplattenunternehmen seine verschiedenen Produkte vertreibt. Diese Marken werden gemeinhin auch als Label bezeichnet. Diese Label sind dann zumeist nach bestimmten musikalischen Stilrichtungen aufgeteilt, den sog. Genres. Deutlich wird dies z.B. an den Labeln, die einer der vier Majors, Universal Music, betreibt. So gibt es für den Popbereich unter anderem das Label „A&M", für den Rockbereich unter anderem „Def Jam", für den Jazzbereich unter anderem „Verve", für den Soulbereich unter anderem „Motown" etc.

I. Vertragspartner der Schallplattenunternehmen: GEMA, Verlage, ausübende Künstler und andere Berechtigte

103 Die Schallplattenunternehmen benötigen zur Vermarktung der von ihnen hergestellten Tonträger und der Vervielfältigungsstücke, also der CDs und DVDs, von sämtlichen Beteiligten, deren Leistungen in dem Tonträger verkörpert sind, die entsprechenden Nutzungsrechte. Hierunter fallen insbesondere die Rechte der Urheber, die, wie bereits beschrieben,[43] von der GEMA (z.B. das Vervielfältigungs- und Verbreitungsrecht etc.) bzw. den Verlagen (z.B. das Bearbeitungs-, Werbe- und Synchronisationsrecht, soweit diese Rechte denn überhaupt betroffen sind, etc.) übertragen werden.

---

42 *Schricker* § 85 Rn. 1; *Nordemann* § 85 Rn. 2
43 S.o. Rn. 56 f., 83 für die GEMA und Rn. 87 f.. für die Verlage.

Insoweit steht das Schallplattenunternehmen quasi in der „Mitte" der Rechteinhaber, da es **104** bildlich gesprochen den Mittelpunkt darstellt, auf den alle übrigen Rechteinhaber ihre Rechte übertragen müssen.

Das Schallplattenunternehmen muss daher sicherstellen, dass es tatsächlich von allen Berech- **105** tigten die notwendigen Rechte erhalten hat. Ansonsten läuft es Gefahr, dass ein Rechteinhaber die Verwertung der Vervielfältigungsstücke stoppt, indem er bspw. eine Einstweilige Verfügung gegen die Verbreitung, also den Verkauf, der entsprechenden CDs durchsetzt und später dann Schadensersatz gemäß den §§ 97 ff. UrhG geltend macht.

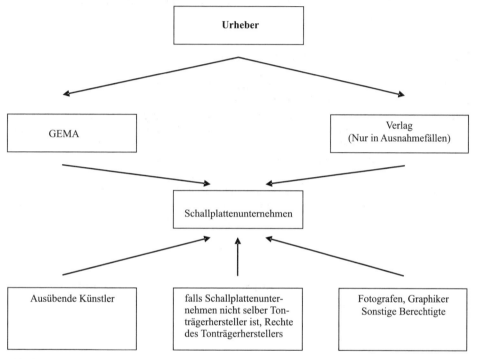

Abb. 8

II. Verträge mit GEMA und Verlagen

Die Vertragsbeziehungen der Schallplattenunternehmen mit der GEMA sind relativ einfach. **106** Die GEMA räumt gemäß ihrer Statuten die nachgefragten Rechte nicht ausschließlich ein. D.h., dass das eingeräumte Nutzungsrecht von dem Rechteerwerber, aber auch von Dritten genutzt werden kann, wenn diese Dritten ebenfalls diese Nutzungsrechte von der GEMA erwerben. Der Rechteerwerb von der GEMA ist also niemals exklusiv, der Erwerber des Nutzungsrechts muss also immer damit rechnen, dass ein Dritter dieses Nutzungsrecht ebenfalls nutzen kann. Dies bedeutet in der Praxis z.B., dass ein Musikwerk gleichzeitig von unterschiedlichen Künstlern aufgenommen und als CD verbreitet werden kann, solange keine Bearbeitung vorliegt (dann müsste wegen § 23 UrhG eine Zustimmung des Verlages eingeholt werden). Unter die von der GEMA eingeräumten Rechte fallen insbesondere das Vervielfältigungs- und Verbreitungsrecht, die gegen Zahlung der entsprechenden in den GEMA-Statuten festgelegten Lizenzen gewährt werden. Die entsprechenden Anmeldeformulare erhält man bei der GEMA oder auf deren Website www.gema.de. In der Praxis wird die Anmeldung häufig von dem Presswerk vorgenommen, das die CDs herstellt.

107 Sollte über die reine Vervielfältigung und Verbreitung hinaus eine Bearbeitung i.S.d. § 23 UrhG oder aber eine Synchronisation oder ein werblicher Charakter vorliegen, so müsste das Schallplattenunternehmen zusätzlich zu den bei der GEMA eingeholten Vervielfältigungs- und Verbreitungsrechten die entsprechenden Rechte bei dem Verlag einholen. Dieser ist aber im Gegensatz zur GEMA wohlgemerkt nicht verpflichtet, diese Rechte einzuräumen. Insofern unterliegt das Schallplattenunternehmen in einem solchem Fall immer dem Risiko, dass der Verlag eine derartige Nutzung untersagt.

III. Verträge mit ausübenden Künstlern

108 Die Vertragsausgestaltungen des Schallplattenunternehmens mit den ausübenden Künstlern hängt davon ab, inwieweit die Herstellung des Masterbandes von dem Schallplattenunternehmen oder aber den ausübenden Künstlern bzw. einem unabhängigen Produzenten (d.h. einem Produzenten, der nicht von dem Schallplattenunternehmen beauftragt worden ist[44]) vorgenommen wird. Hier gibt es üblicherweise drei mögliche Vertragstypen. Ist das Schallplattenunternehmen selber Tonträgerhersteller, so wird es mit den ausübenden Künstlern einen sog. „Künstlerexklusivvertrag" abschließen, s.u. Rn. 109. Stellen die ausübenden Künstler oder aber ein unabhängiger Produzent das Masterband hingegen selber her, so werden sie mit dem Schallplattenunternehmen entweder einen sog. „Bandübernahmevertrag", s.u. Rn. 128, oder aber einen reinen „Vertriebsvertrag" , s.u. Rn. 131, abschließen.

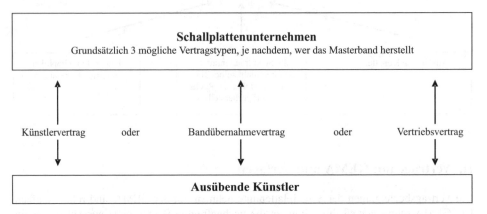

Abb. 9

1. Künstlerexklusivvertrag

109 Der Normalfall in der Praxis ist, dass das Schallplattenunternehmen selber Tonträgerhersteller im Sinne des § 85 UrhG ist und mit den ausübenden Künstlern einen sog. exklusiven Künstlervertrag, auch „Künstlerexklusivvertrag" oder „Artist Agreement" genannt, abschließt.[45]

---

44 Unabhängige Produzenten gibt es in der Praxis insbesondere bei Projekten wie Boy- und Girlgroups.
45 Derartige Vertragsmuster finden sich in mehreren Fachbüchern, z.B. in *Andryk* Musikerrecht, in dem ein komprimiertes, kürzeres Künstlervertragsmuster abgebildet ist, das für das Verständnis beim erst-

Bei einem Künstlerexklusivvertrag ist insbesondere auf folgende Punkte zu achten: **110**

1.1 Genaue Benennung der zu übertragenden Nutzungsarten wegen § 79 Abs. 2 i.V.m. § 31 Abs. 5 UrhG – Zweckübertragungstheorie

Entsprechend den ausführlichen Rechteklauseln im GEMA Berechtigungsvertrag und den Ver- **111**
lagsverträgen, die jede erdenkliche und auch nur eventuell mögliche Nutzungsart ausdrücklich
aufzählen, sollten die Rechteklauseln in exklusiven Künstlerverträgen gestaltet sein. Die
Zweckübertragungstheorie[46] des § 31 Abs. 5 UrhG, der die Rechte der Urheber betrifft, ist gemäß § 79 Abs. 2 UrhG entsprechend auch auf die ausübenden Künstler anwendbar. Diese
Zweckübertragungstheorie besagt nun, dass die Nutzungsrechte für Nutzungsarten, die nicht
ausdrücklich in dem Nutzungsvertrag zwischen dem die Rechte gewährenden Rechteinhaber
und dem Rechteempfänger aufgeführt sind, im Zweifel beim gewährenden Rechteinhaber verbleiben. Der Rechteempfänger läuft daher Gefahr, dass er die Nutzungsrechte für bestimmte
Nutzungsarten nicht erwirbt, wenn er diese nicht ausdrücklich in dem Vertrag benannt hat und
sich diese Nutzungsarten auch nicht zweifelsfrei aus dem Vertragszweck ergeben. Diese Spe-
zifierungslast führt in der Praxis dazu, dass die Rechteübertragungsklauseln aus dem Vertrag
heraus in eine Vertragsanlage „verschoben" werden, die mehrere Seiten umfasst und alle nur
erdenklichen Nutzungsarten benennt, was aus der Sorge heraus geschieht, dass eine Nutzungsart nicht benannt sein könnte und eine spätere Nutzung mangels ausdrücklicher Vereinbarung
deshalb nicht möglich wäre.[47] Wie wichtig derartige detaillierte Regelungen sind, zeigen auch
Entscheidungen höherer Gerichte. So hat das Kammergericht Berlin[48] in einem Urteil festgestellt, dass die Nutzung einer Tonaufnahme auf einer CD gegenüber der ursprünglich zwischen
den ausübenden Künstlern und dem Schallplattenunternehmen geschlossenen Vertragsrege-
lung, in der lediglich die Nutzung auf „Schallplatten" benannt war, eine andere in dem Vertrag
nicht benannte Nutzungsart und daher aufgrund der Zweckübertragungstheorie des § 31
Abs. 5 UrhG nicht vom Vertragszweck erfasst war. Das Kammergericht war deshalb der Auffassung, dass die Nutzungsrechte für die Nutzung auf einer CD nicht übertragen waren. Betroffen war auch die Frage, ob CDs gegenüber Schallplatten eine neue Nutzungsart i.S.v. § 31
Abs. 4 UrhG darstellten. Die Rechtsprechung zu dieser Frage ist insgesamt uneinheitlich, ein

---

46 Ausf. Erläuterungen zur Zweckübertragungstheorie finden sich auch in Rn. 72.
47 Auch in anderen Bereichen führt die Spezifizierungslast des § 31 V UrhG dazu, dass in der Praxis zuweilen Unsicherheiten und Streit darüber entstehen, ob die Nutzungsrechte für eine bestimmte Nutzungsart übertragen worden sind. Dies war z.B. in dem im Jahre 2007 bekannt gewordenen und auch
   in der allgemeinen Presse breit diskutierten Streit zwischen der Telekom und dem TV-Sender Premiere
   der Fall, die darüber stritten, wer die Rechte für eine Ausstrahlung eines ursprünglich in das Internet eingespeisten Bildsignals besaß, das dann wieder in ein Fernsehsignal umgewandelt und über
   die TV-Geräte der Zuschauer dargeboten werden sollte. Premiere behauptete, dass Premiere die ausschließlichen TV-Ausstrahlungsrechte besäße und dass es nicht darauf ankomme, ob das Bildsignal
   ursprünglich durch das Internet transportiert worden sei. Entscheidend sei allein, dass der Zuschauer
   dieses Bildsignal über sein TV-Gerät abrufe. Die Telekom stellte sich auf den entgegengesetzten
   Standpunkt und war der Auffassung, dass die ursprüngliche Beförderung des Bildsignals durch das Internet ihr zustünde und sie dieses Signal nicht nur im Wege der Zugänglichmachung den Nutzern liefern könne, sondern dieses Signal über einen Computer samt der dazugehörigen Bildschirms, sondern auch
   über ein normales TV-Gerät empfangen wollten. Da es dabei um die Rechte der Live-Übertragung der
   Fußballbundesliga ging, erregte diese Streitigkeit, die in der Spezifizierungslast der Zweckübertragungstheorie des § 31 Abs. 5 UrhG wurzelte, auch in der allgemeinen Öffentlichkeit nicht unerhebliche Aufregung. Letztendlich haben die Parteien sich im Wege des Vergleiches geeinigt.
48 maligen Herangehen an einen Künstlerexklusivvertrag durchaus zu empfehlen ist; in *Moser/Scheuer-
   mann* Hdb. der Musikwirtschaft ist ein sehr ausf. Muster abgedruckt.
46 *KG Berlin* ZUM 2000, 164.

ausführlicher Überblick findet sich bei Schricker[49]. Die Problematik der neuen Nutzungsart ist durch die Novelle des Urheberrechts, dem sog. „Zweiten Korb", nunmehr neu geregelt worden. Die Altregelung des § 31 Abs. 4 UrhG, der sagte, dass die Einräumung von Nutzungsrechten für noch nicht bekannte Nutzungsarten sowie Verpflichtungen dazu unwirksam ist, ist gestrichen. Dafür ist nunmehr § 31a UrhG eingefügt worden, der eine Vereinbarung auch hinsichtlich zukünftiger, zum Zeitpunkt des Vertragsschlusses noch unbekannter Nutzungsarten ermöglicht, soweit ein schriftlicher Vertrag geschlossen wird. Der Verwerter muss dann den Urheber über die neue Nutzung unter der zuletzt bekannten Adresse benachrichtigen. Der Urheber hat dann eine Dreimonatsfrist, in der er der Nutzung widersprechen kann. Aufgrund dieser Regelungen ist es für den Rechteerwerber von großer Bedeutung, dass eine detaillierte Aufzählung der einzelnen Nutzungsarten erfolgt.

112 In manchen Fällen mutet dies allerdings auch etwas übertrieben an. So findet sich in englischsprachigen Verträgen nunmehr im Hinblick auf die geographische Ausdehnung der Nutzung oftmals nicht mehr die früher übliche Formulierung, dass die Rechte „worldwide" gewährt würden. Stattdessen wird nun oftmals der Terminus „throughout the universe" verwendet. Auf Nachfrage, warum denn nun diese neue Formulierung gewählt würde, erhält man von dem Verhandlungspartner den Hinweis, dass ja vermehrt Shuttle-Flüge in das Weltall stattfänden, eine ständige Raumstation bereits bestünde und die Besiedelung des Weltraums und damit auch die kommerzielle Nutzung von Musik bevorstünde. Darauf wolle man halt vorbereitet sein. Man darf also gespannt sein, wann im Weltall die ersten nennenswerten und damit merkantil und dann auch die Juristen beschäftigenden Nutzungen stattfinden.

113 Die Aufzählung der einzelnen Nutzungsarten, die in einem Künstlerexklusivvertrag einzeln aufgeführt sein sollten, würde den Rahmen der hiesigen Darstellung sprengen, insofern sei auf die oben erwähnten Musterverträge verwiesen. Wichtig ist aber vor allem, dass die sog. Königsrechte, also das Vervielfältigungs- und Verbreitungsrecht für sämtliche Konfigurationen, also nicht nur CDs und DVDs, sondern beispielsweise auch für Computer- und sonstige Festplatten einschließlich I Pod, jeglichen Mobiltelefonen etc. übertragen werden.

1.2 Gruppenklausel

114 In dem Fall, dass der Künstlervertrag mit einer Musikgruppe oder genauer gesagt, sämtlichen Mitgliedern dieser Gruppe geschlossen wird, empfiehlt es sich für das Schallplattenunternehmen, eine sog. Gruppenklausel zu vereinbaren. Diese besagt üblicherweise, dass auch dann, wenn ein Gruppenmitglied ausscheidet, der Vertrag mit den übrigen verbleibenden Gruppenmitgliedern fortgesetzt wird. Das ausgeschiedene Mitglied sollte an das Schallplattenunternehmen gebunden bleiben, da diese Möglichkeit ansonsten als „Ausstiegstrick" missbraucht werden könnte, z.B. wenn ein anderes Schallplattenunternehmen bessere Lizenzen anbietet. So muss das ausscheidende Mitglied üblicherweise bei Fortsetzung seiner künstlerischen Karriere erneut zu den alten, ursprünglich für die Gruppe vereinbarten Bedingungen, insbesondere im Hinblick auf die Lizenzen und Laufzeit, einen neuen Vertrag abschließen, wenn das Schallplattenunternehmen dies verlangt.

115 Außerdem ist dafür Soge zu tragen, dass der „Künstlername" für die Vertragsdauer bei dem Schallplattenunternehmen verbleibt, was insbesondre dann problematisch ist, wenn der ausscheidende Künstler der Namensgeber ist.

---

49 *Schricker* § 31 Rn. 30a.

1.3 Persönliche und Titelexklusivität

Im Interesse des Schallplattenunternehmens sollte auch geregelt sein, dass der Künstler exklu- **116** siv dem Schallplattenunternehmen für die Herstellung von Tonaufnahmen zur Verfügung steht, sog. „Persönliche Exklusivität". Schließlich hat das Schallplattenunternehmen erhebliche Investitionskosten, deren Amortisation gefährdet wäre, wenn der Künstler zur gleichen Zeit bei einem anderen Schallplattenunternehmen Tonträger veröffentlichen würde.

Aus diesem Grund benötigen Künstler auch in dem Fall, dass sie als Gastkünstler bei der CD **117** eines anderen Künstlers mitwirken, die bei einem anderen Schallplattenunternehmen erscheint, eine Freigabe ihres eigenen Schallplattenunternehmens. Häufig verlangt das die Freigabe erteilende Schallplattenunternehmen dann eine Lizenz, ein sog. „override", von dem anderen Schallplattenunternehmen, von dem es dann natürlich wieder eine Lizenz an seinen eigenen Künstler zahlen muss. Üblicherweise wird auf den entsprechenden Tonträgern auf eine solche Freigabe auch durch folgenden Hinweis aufmerksam gemacht:

„… (Künstlername) … appears courtesy by … (Name des die Freigabe erteilenden Schallplat- **118** tenunternehmens) …"

Daneben und unabhängig davon gibt es noch die sog. „Titelexklusivität". Diese hat zum Inhalt, **119** dass der Künstler diejenigen Titel, die er während der Vertragzeit mit dem Schallplattenunternehmen aufgenommen hat, auch nach Ablauf des Vertrages für eine bestimmte Zeit nicht mit Dritten aufnimmt, damit das Schallplattenunternehmen diese Aufnahmen in diesem Zeitraum weiterhin „ungestört", also ohne Konkurrenz, vermarkten kann. Im allgemeinen beträgt der Zeitraum der Titelexklusivität zwischen 5 bis 10 Jahren nach Vertragsbeendigung.

1.4 Dauer eines Künstlerexklusivvertrages

Die Dauer des Künstlerexklusivvertrages kann zwischen den Parteien frei ausgehandelt wer- **120** den, wie sämtliche übrigen Vertragsbedingungen auch. Üblicherweise schließen die Schallplattenunternehmen einen Vertrag mit einer festen Laufzeit von einem Jahr (sog. „Vertragsperiode"), mit optionalen Verlängerungsmöglichkeiten um weitere Vertragsperioden. In jeder dieser Vertragsperioden muss dann zumeist ein Album und zumindest eine Single hergestellt und veröffentlicht werden. Das Optionsrecht ist einseitig und zugunsten des Schallplattenunternehmens ausgestaltet. Sinn ist, dass das Schallplattenunternehmen den Vertrag nur dann verlängert und dementsprechend seine Option ausübt, wenn die bisherigen Verkaufszahlen zufrieden stellend waren.

1.5 Lizenzen und Abrechnungsbasis

Die üblichen Lizenzen in einem üblichen Künstlervertrag für einen durchschnittlichen Künst- **121** ler liegen bei 6 %-2 % vom sog. Händlerabgabepreis, dem HAP (im englischen auch „PPD" genannt, Price Published To Dealer"), je nachdem wie verhandlungsstark der Künstler ist und wie hoch die Verkaufserwartungen sind.

Diese Lizenz gilt wohlgemerkt für den Künstler, also den Vertragspartner, unabhängig davon, **122** ob es sich dabei um einen einzelnen Künstler, den sog. Solo-Artist, oder eine Mehrzahl von Personen, also eine Gruppe, handelt. Wirtschaftlich betrachtet ist die Lizenz für den einzelnen Künstler umso geringer, je mehr Personen in einer Musikgruppe Mitglieder sind. Beträgt die Lizenz bspw. 10 % und handelt es sich um einen Solo-Artist, dann streicht dieser alleine die 10%-Lizenz ein. Handelt es sich hingegen um eine Musikgruppe mit bspw. 5 Mitgliedern (was nicht unüblich ist: Sänger, Keyboarder, Gitarrist, Bassist und Schlagzeuger), so erhält jeder einzelne bei gleich hoher Lizenz von 10 % lediglich 2 %.

123   Wichtig ist hierbei, die Abrechnungsbasis genau zu definieren, also den Betrag, der als Grundlage für die Berechnung der prozentualen Beteiligung gilt. Dies ist nämlich grds. nicht der erwähnte HAP, sondern ein um diverse Abzüge verminderter HAP. So wird immer eine sog. „Taschenabzug" vorgenommen, das heißt, dass die Kosten für die handwerkliche Herstellung der CD, des Artworks und des Booklets abgezogen werden. Grund hierfür ist, dass die Lizenz der Künstler sich nicht auf die Kosten dieser Leistungen beziehen kann, da diese nichts mit den Leistungen der Künstler zu tun haben. Die Höhe dieses „Taschenabzugs" ist verhandelbar und für die diversen technischen Konfigurationen auch unterschiedlich, für CDs liegt der Taschenabzug üblicherweise zwischen 15 % bis 25 %. Abzüge gibt es auch bei Auslandsverkäufen oder aber, wenn die CDs nicht mehr im High-Price-Bereich, sondern im Mid-Price oder Low-Price-Bereich verkauft werden.

124   Es ist daher darauf zu achten, wie hoch diese Abzüge sind. Insofern sollte man sich von einer hohen Lizenz nicht täuschen lassen, da erst nach Abzug aller Reduktionen feststeht, wieviel der Künstler letztendlich erhält.

1.6 Sonstige Rechte

125   Üblicherweise werden darüber hinaus noch weitere Rechte übertragen. So z.B. das Merchandisingrecht, also das Recht, den Namen oder das Bildnis eines Künstlers kommerziell zu nutzen. Hier sollte darauf geachtet werden, dass die Nutzungen klar begrenzt und definiert sind und sich nur auf die üblichen Nebenprodukte wie T-Shirts, Kappen, Geschirr etc. beschränken.

126   Aufgrund des enormen Umsatzrückgangs versuchen die Schallplattenfirmen nunmehr auch, an weiteren Umsätzen der Künstler zu partizipieren. Haben die Schallplattenunternehmen früher finanzielle Unterstützung für Tourneen der Künstler gewährt, weil sie dies als Werbe- und Promotionmittel für ihre eigenen Produkte ansahen, so versuchen sie heute teilweise eine Beteiligung an Tourneeumsätzen zu erhalten. Teilweise gibt es auch sog. „Verlagsklauseln" in den Verträgen. Dort ist festgelegt, dass die Verlagsrechte für die Musikwerke ebenfalls auf das Schallplattenunternehmen übertragen werden, falls die Künstler selber die Urheber der aufgenommen Werke sind und noch keinen Verlagsvertrag geschlossen haben.

127   Aus Sicht der Künstler sind derartige Klauseln natürlich nicht zu empfehlen.

2. Bandübernahmevertrag

128   Im Falle des Bandübernahmevertrages ist nicht das Schallplattenunternehmen der Tonträgerhersteller. Das Schallplattenunternehmen stellt also nicht selber das Masterband her. Vielmehr wird die Herstellung in einem solchen Fall von dem Künstler selber oder aber von einem unabhängigen Produzenten übernommen. Das fertige Masterband wird dann dem Schallplattenunternehmen angeboten. Das Schallplattenunternehmen ist somit der „erste Lizenznehmer".

129   Da in dieser Konstellation die Kosten der Herstellung des Masterbandes (Anmietung eines Studios, Toningenieur, Studiomusiker etc.) nicht von dem Schallplattenunternehmen, sondern von dem Künstler oder Produzenten getragen werden, sind die Lizenzsätze höher als bei einem Künstlervertrag. In der Regel liegen diese je nach Verkaufserwartung üblicherweise zwischen 18 % bis 254 % des HAP. Für die Berechnungsgrundlagen, also die Abzüge, gelten die obigen Ausführungen zum Künstlerexklusivvertrag entsprechend.

130   Abgesehen von der genannten Besonderheit ähnelt ein Bandübernahmevertrag einem Künstlerexklusivvertrag stark.

3. Vertriebsvertrag, Press and Distribution Vertrag

Sollte ein Künstler bzw. Produzent ein Masterband selbst hergestellt haben, so bleibt ihm ne- **131** ben dem oben genannten Bandübernahmevertrag auch die Möglichkeit, einen reinen Vertriebs- vertrag abzuschließen. In diesem Falle übernimmt das Schallplattenunternehmen lediglich noch den körperlichen Vertrieb und gegebenenfalls auch die Herstellung der CDs, dann liegt ein sog. „Press and Distribution Vertrag" vor.

Wirtschaftlich ist der wesentliche Unterschied zum Bandübernahmevertrag, dass im Falle ei- **132** nes Bandübernahmevertrages zumeist ein Vorschuss geleistet wird, der zwar verrechenbar, aber nicht rückzahlbar ist, was für die Künstler natürlich sehr attraktiv ist. Darüber hinaus wird die Schallplattenfirma bei einem Bandübernahmevertrag auch das Marketing und die Werbung übernehmen, was bei einem reinen Vertriebsvertrag nicht der Fall ist.

Da das Schallplattenunternehmen somit nur eine einzige Dienstleistung vornimmt, nämlich die **133** körperliche Distribution, erhält sie dafür auch nur eine geringe Lizenz, die zumeist zwischen 20 % bis 25 % vom HAP liegt. Wie man sieht, ist die Verteilung der Erlöse gegenüber dem Bandübernahmevertrag (s.o. Rn. 128) somit praktisch umgekehrt (allerdings werden auch dementsprechend wesentlich weniger Leistungen von dem Schallplattenunternehmen er- bracht). Zu achten ist bei derartigen Verträgen insbesondere darauf, was für Retouren berech- net wird. Üblicherweise verlangt ein Vertrieb für eine retournierte CD eine sog. Handlingfee, was darin begründet ist, dass mit der Rücknahme eine weitere Dienstleistung erbracht wird. Ist diese Retouren-Lizenz hoch, so können im Falle von Retouren erhebliche Kosten entstehen, die sogar die Lizenzen aus den Verkäufen übersteigen können.

IV. Verträge mit sonstigen Rechteinhabern

Darüber hinaus muss der Tonträgerhersteller sich für die Verwertung natürlich auch die Nut- **134** zungsrechte der übrigen Rechteinhaber einräumen lassen. Hierunter fallen insbesondere die Rechte der Graphiker des Inlays gemäß § 2 Abs. 1 Nr. 4 UrhG, soweit in dem Inlay ein Foto enthalten ist, die Rechte des Fotografen gem. § 2 Abs. 1 Nr. 5 UrhG, wenn ein Lichtbildwerk vorliegt, oder die Rechte des § 72 UrhG falls lediglich ein Lichtbild vorliegt, weil die für ein Lichtbildwerk notwendige Schöpfungshöhe nicht erreicht ist. Hinzukommen im Falle der Ab- bildung von Personen deren Bildnisrechte aus § 22 KUG.

F. Muster GEMA-Berechtigungsvertrag[50]

GEMA

135

GESELLSCHAFT FÜR MUSIKALISCHE AUFFÜHRUNGSUND MECHANISCHE VERVIELFÄLTIGUNGSRECHTE

Berechtigungsvertrag

(Stand 26. / 27. Juni 2007) zwischen dem unterzeichneten

Urheber

....

......

Musikverleger (Musikverlag)[1]

....

......

Rechtsnachfolger des

....

......

- im folgenden kurz Berechtigter genannt

und

der GEMA Gesellschaft für musikalische Aufführungs-und mechanische Vervielfältigungsrechte, vertreten durch ihren Vorstand in 10787 Berlin, Bayreuther Str. 37,

- im folgenden kurz GEMA genannt -.

§ 1

Der Berechtigte überträgt hiermit der GEMA als Treuhänderin für alle Länder alle ihm gegenwärtig zustehenden und während der Vertragsdauer noch zuwachsenden, zufallenden, wieder zufallenden oder sonst erworbenen Urheberrechte in folgendem Umfang zur Wahrnehmung nach Maßgabe der folgenden Bestimmungen:

a) Die Aufführungsrechte an Werken der Tonkunst mit oder ohne Text, jedoch unter Ausschluss der bühnenmäßigen Aufführung dramatisch-musikalischer Werke, sei es vollständig, als Querschnitt oder in größeren Teilen.

Bühnenmusiken, soweit sie nicht integrierender Bestandteil des Bühnenwerkes sind, Bühnenschauen, Filmbegleitmusik, Einlagen in Revuen, Einlagen in Operetten, Possen und Lustspielen, melodramatische und Kabarettaufführungen sind Gegenstand dieses Vertrages, soweit es sich nicht um die Aufführung von Bestandteilen dramatisch-musikalischer Werke in anderen Bühnenwerken handelt.

b) Die Rechte der Hörfunk-Sendung mit Ausnahme der Sendung dramatisch-musikalischer Werke, sei es vollständig, als Querschnitt oder in größeren Teilen[2]

c) Die Rechte der Lautsprecherwiedergabe einschließlich der Wiedergabe von dramatisch-musikalischen Werken durch Lautsprecher.

d) Die Rechte der Fernseh-Sendung mit Ausnahme von dramatisch-musikalischen Werken, sei es vollständig, als Querschnitt oder in größeren Teilen [2).

e) Die Rechte der Fernseh-Wiedergabe einschließlich der Wiedergabe von dramatisch-musikalischen Werken.

f) Die Filmvorführungsrechte einschließlich der Rechte an dramatisch-musikalischen Werken.

g) Die Rechte der Aufführung und Wahrnehmbarmachung mittels der gemäß Abs. h) hergestellten Vorrichtungen, mit Ausnahme

aa) der bühnenmäßigen Aufführung dramatisch-musikalischer Werke, sei es vollständig, als Querschnitt oder in größeren Teilen;

bb) der Wahrnehmbarmachung dramatisch-musikalischer Werke in Theatern im Sinne von § 19 Abs. 3 UrhG.

---

1 Handelt es sich nicht um eine Einzelperson, so ist die Angabe der Rechtsform des Verlages erforderlich (z. B. Einzelfirma, OHG, KG, GmbH, AG). Der Berechtigungsvertrag muss in solchen Fällen durch die im Handelsregister eingetragenen Vertretungsberechtigten unter Hinzufügung des Firmenstempels unterschrieben werden.

2 Die Rechte zur zeitgleichen, unveränderten und vollständigen Weiterverbreitung dramatisch-musikalischer Werke in Fernseh-und Hörfunkprogrammen im Sinne und im Umfang der EG-Richtlinie 93 / 83 vom 27.9.1993 werden der GEMA von den betroffenen Berechtigten durch gesondertes Mandat übertragen.

---

50 Mit freundlicher Genehmigung der GEMA.

h) Die Rechte der Aufnahme auf Ton-, Bildton-, Multimedia-und andere Datenträger einschließlich z. B. Speichercard, DataPlay Disc,

DVD (Digital Versatile Disc), Twin Disc, Ton-und Bildtonträger mit ROM-part und entsprechende Träger mit Datenlink, sowie die

Vervielfältigungs-und Verbreitungsrechte an diesen Trägern.

Das Recht, Werke der Tonkunst (mit oder ohne Text) in Datenbanken, Dokumentationssysteme oder in Speicher ähnlicher Art einzubringen.

Das Recht, Werke der Tonkunst (mit oder ohne Text), die in Datenbanken, Dokumentationssysteme oder in Speicher ähnlicher Art eingebracht sind, elektronisch oder in ähnlicher Weise zu übermitteln, einschließlich z. B. für mobile Internetnutzung und für Musiktauschsysteme.

Die Rechtsübertragung erfolgt zur Nutzung der Werke der Tonkunst (mit oder ohne Text) auch als Ruftonmelodien und als Freizeichenuntermalungsmelodien.

Die Rechtsübertragung erfolgt jeweils vorbehaltlich der Regelung nach Abs. i).

Die vorgenannten Rechte umfassen nicht die graphischen Rechte, insbesondere nicht das Recht am Notenbild oder Textbild.

Die Vergütungsansprüche aus §§ 27 Abs. 1 und 2, 52 a sowie 54, 54 d Abs. 1, 54 e, 54 f, 54 g und 54 h UrhG; dazu gehören die Vergütungsansprüche aus § 27 Abs. 2 UrhG für Musiknoten.

Für Vervielfältigung dramatisch-musikalischer Werke -vollständig, im Querschnitt oder in größeren Teilen - zum persönlichen oder sonstigen eigenen Gebrauch durch Ton-oder Bildtonträger bleibt dem Berechtigten das Vervielfältigungsrecht vorbehalten, soweit es sich um die Wahrnehmung gegenüber Theatern handelt.

i) (1) Die Rechte zur Benutzung eines Werkes (mit oder ohne Text) zur Herstellung von Filmwerken oder jeder anderen Art von Aufnahmen auf Bildtonträger sowie jeder anderen Verbindung von Werken der Tonkunst (mit oder ohne Text) mit Werken anderer Gattungen auf Multimedia-und andere Datenträger oder in Datenbanken, Dokumentationssystemen oder in Speichern ähnlicher Art, u. a. mit der Möglichkeit interaktiver Nutzung, mit der Maßgabe, dass GEMA und Berechtigter sich gegenseitig von allen bekannt werdenden Fällen benachrichtigen. Der GEMA werden diese Rechte unter einer auflösenden Bedingung übertragen.

Die Bedingung tritt ein, wenn der Berechtigte der GEMA schriftlich mitteilt, dass er die Rechte im eigenen Namen wahrnehmen möchte. Diese Mitteilung muss innerhalb einer Frist von vier Wochen erfolgen; bei subverlegten Werken beträgt die Frist drei Monate. Die Frist wird von dem Zeitpunkt an berechnet, zu dem der Berechtigte im Einzelfall Kenntnis erlangt hat. In der Mitteilung des Berechtigten an die GEMA über einen ihm selbst bekannt gewordenen Einzelfall muss die Erklärung enthalten sein, ob er die Rechte im eigenen Namen wahrnehmen möchte. Der Rückfall tritt nur ein, soweit es sich um die Benutzung zur Herstellung eines bestimmten Filmwerkes oder sonstigen Bildtonträgers oder Multimedia-oder anderen Datenträgers oder die Verbindung mit Werken anderer Gattungen in einer bestimmten Datenbank, einem bestimmten Dokumentationssystem oder einem bestimmten Speicher ähnlicher Art handelt. Bei Filmwerken schließt der Rückfall das Recht zur Vervielfältigung und Verbreitung ein, soweit es sich um Werke handelt, die zur öffentlichen Vorführung in Lichtspieltheatern oder zur Sendung bestimmt sind. Bei sonstigen Aufnahmen auf Bildtonträger beschränkt sich der Rückfall auf die Befugnis, die Zustimmung zur Werkverbindung und zur Herstellung von 50 gesondert zu kennzeichnenden Vervielfältigungsstücken für Einführungszwecke zu erteilen. Unberührt bleiben die Rechte für Fernsehproduktionen im Sinne von Abs. (3).

(2) Gegenüber Wochenschau-Herstellern ist die GEMA selbst zur Vergabe der Filmherstellungsrechte befugt, soweit es sich nicht um Auftragskompositionen und -texte handelt, die von einem Berechtigten einem bestimmten Wochenschau-Unternehmen zur ausschließlichen Benutzung für Wochenschauen gegeben und dementsprechend der GEMA gemeldet worden sind.

Der Berechtigte hat jedoch das Recht, die Wochenschau-Herstellungsrechte an ausländische Wochenschau-Hersteller von sich aus ohne Zustimmung der GEMA zu vergeben.

(3) Bei Fernsehproduktionen vergibt die GEMA die Herstellungsrechte an Fernsehanstalten und deren eigene Werbegesellschaften insoweit, als es sich um Eigen-oder Auftragsproduktionen für eigene Sendezwecke und Übernahmesendungen handelt. Die Einwilligung des Berechtigten ist jedoch erforderlich, wenn Dritte an der Herstellung beteiligt sind oder wenn die Fernseh-Produktionen von Dritten genutzt werden sollen. Das gilt insbesondere für Koproduktionen.

(4) In jedem Falle bleiben jedoch die Rechte bei Fernsehproduktionen und anderen Bildtonträgern bis auf die der GEMA vorbehaltenen Rechte dem Berechtigten selbst vorbehalten, wenn es sich handelt um

aa) vorbestehende dramatisch-musikalische Werke, sei es vollständig, als Querschnitt oder in größeren Teilen;

bb) die Benutzung eines Werkes (mit oder ohne Text) zur Herstellung eines dramatisch-musikalischen Werkes;

cc) die Verwendung von Konzertliedern, Schlagern oder Einlagen aus dramatisch-musikalischen Werken in anderen dramatischmusikalischen oder dramatischen Werken oder in Fernsehproduktionen oder bei anderen Bildtonträgern, die eine Verbindung mehrerer Musiktitel unter einem Leitgedanken und mit einem Handlungsfaden darstellen. Bei Fernsehproduktionen bleibt in allen diesen Fällen dem Berechtigten das Einwilligungsrecht vorbehalten. Die Einwilligung kann jedoch, soweit es sich um Eigen-oder Auftragsproduktionen für eigene Sendezwecke und Übernahmesendungen der Fernsehanstalten und deren eigener Werbegesellschaften handelt, vom Berechtigten nicht von der Zahlung einer Vergütung abhängig gemacht werden. Wird die Einwilligung erteilt, erfolgt Verrechnung nach Maßgabe des Verteilungsplanes.

k) Unberührt bleibt die Befugnis des Berechtigten, die Einwilligung zur Benutzung eines Werkes (mit oder ohne Text) zur Herstellung von Werbespots der Werbung betreibenden Wirtschaft, z. B. im Rundfunk (Hörfunk und Fernsehen) zu erteilen.

Nicht vom Berechtigten werden der GEMA übertragen die Rechte zur Bearbeitung, Umgestaltung und / oder Kürzung eines Werkes der Tonkunst (mit oder ohne Text) zur Verwendung als Ruftonmelodie und / oder Freizeichenuntermalungsmelodie. Die Befugnis des Berechtigten, die Einwilligung in die Verwendung solcher Werkfassungen im Einzelfall zu erteilen, bleibt unberührt. Es bleibt bei der Übertragung der unter Ziff. 1 h) aufgeführten Nutzungsrechte an die GEMA.

l) Diejenigen Rechte, die durch künftige technische Entwicklung oder durch Änderung der Gesetzgebung entstehen und erwachsen, soweit sie den Rechten in den Absätzen a) bis i) entsprechen.

§ 2

Soweit der Berechtigte über die Rechte gegenwärtig nicht verfügen kann, überträgt er sie für den Fall, dass ihm die Verfügungsbefugnis wieder zufällt. Die Übertragung umfasst die vorgenannten Rechte auch insoweit, als der Berechtigte sie durch Rechtsnachfolge erlangt oder erlangt hat.

§ 3

Die GEMA ist berechtigt, die ihr vom Berechtigten übertragenen Rechte im eigenen Namen auszuüben, sie auszuwerten, die zu zahlende Gegenleistung in Empfang zu nehmen und über den Empfang rechtsverbindlich zu quittieren, die ihr übertragenen Rechte an Dritte ganz oder zum Teil weiter zu übertragen oder die Benutzung zu untersagen, alle ihr zustehenden Rechte auch gerichtlich in jeder der GEMA zweckmäßig erscheinenden Weise im eigenen Namen geltend zu machen.

§ 4

Die Ansprüche des Berechtigten gegen die GEMA sind nur nach Vereinbarung mit der GEMA abtretbar. Die GEMA ist berechtigt, für die Bearbeitung von Pfändungen und Abtretungen - mit Ausnahme von Beitragsabtretungen an die Berufsverbände - zu Lasten ihres Berechtigten (Schuldners) eine den Unkosten entsprechende Verwaltungsgebühr zu erheben.

Bei Vorauszahlungen tritt der Berechtigte seine Zahlungsansprüche bis zur Tilgung der Vorauszahlungen unwiderruflich an die GEMA ab.

§ 5

Der Berechtigte verpflichtet sich, der GEMA alle unter diesen Vertrag fallenden Werke auf den von ihr ausgegebenen Formularen, insbesondere unter Angabe des Titels und der Gattung der Werke, der Namen der Komponisten, Textdichter, Verleger und auch eine eventuellen Pseudonyms anzumelden, ein vervielfältigtes Exemplar jedes angemeldeten Werkes zur Registrierung vorzulegen und die Richtigkeit seiner Angaben hinsichtlich seiner Urheberschaft in der von der GEMA vorgeschriebenen Form nachzuweisen.

Für Werke, die der Berechtigte nicht ordnungsgemäß anmeldet, verliert er gegenüber der GEMA den Anspruch auf Verrechnung bis zur ordnungsgemäßen Anmeldung.

Der Berechtigte verpflichtet sich, der GEMA für die Feststellung seiner Rechte jede erforderliche Auskunft zu erteilen.

§ 5 a

Der Berechtigte darf die Tarifpartner der GEMA oder anderer Verwertungsgesellschaften weder direkt noch indirekt an seinem Aufkommen beteiligen, damit diese bei der Nutzung des GEMA-Repertoires bestimmte Werke des Berechtigten in ungerechtfertigter Weise bevorzugen. Im Falle der Zuwiderhandlung ist der Berechtigte verpflichtet, einen Betrag in der Höhe an die Sozialkasse der GEMA abzuführen, in der er den Tarifpartner an seinem Aufkommen beteiligt hat. Übersteigt der an den Tarifpartner abgeführte Betrag die auf den Berechtigten entfallende Vergütung für das betroffene Werk, so ist nur diese Vergütung an die Sozialkasse der GEMA abzuführen.

Die anderen Vorschriften der Satzung über satzungswidriges Verhalten bleiben unberührt.

§ 6

a) Satzung wie Verteilungsplan, auch soweit künftig die Satzung oder der Verteilungsplan geändert werden sollte, bilden einen Bestandteil dieses Vertrages.

Beschließt die Mitgliederversammlung in Zukunft Abänderungen oder Ergänzungen des Berechtigungsvertrages, so gelten auch diese Abänderungen oder Ergänzungen als Bestandteil des Berechtigungsvertrages.

Abänderungen oder Ergänzungen sind dem Berechtigten schriftlich mitzuteilen. Die Zustimmung des Berechtigten zur Änderung oder Ergänzung gilt als erteilt, wenn er nicht binnen zwölf Wochen seit Absendung der schriftlichen Mitteilung ausdrücklich schriftlich widerspricht; auf diese Rechtsfolge ist er in der Mitteilung hinzuweisen. Die schriftliche Mitteilung erfolgt in dem auf die Mitgliederversammlung folgenden, an alle Mitglieder versandten „GEMA Brief".

Der Berechtigte erklärt, Satzung und Verteilungsplan ausgehändigt erhalten zu haben.

b) Der Berechtigte, der seinen Verpflichtungen aus der Satzung, dem Verteilungsplan und dem Berechtigungsvertrag nicht nachkommt, ist verpflichtet, die der GEMA durch seinen Verzug entstandenen Kosten zu erstatten.

§ 7

Der Berechtigte verpflichtet sich, jeden Wechsel des Wohnsitzes und der Staatsangehörigkeit, jede Änderung der Firma, ihrer Inhaber- und Gesellschafterverhältnisse oder in der Zeichnung der Firma, jede Verlegung der Niederlassung sowie jeden Fall der Inverlagnahme oder des Verlagswechsels unverzüglich der GEMA anzuzeigen.

Wird die Anzeige der Adressenänderung vom Berechtigten oder im Todesfall durch seinen Rechtsnachfolger unterlassen und lässt sich die neue Adresse des Berechtigten nicht durch Rückfrage bei der für den letzten Wohnsitz zuständigen Meldebehörde feststellen, so ist die GEMA berechtigt, den Berechtigungsvertrag zum Ende des Geschäftsjahres vorzeitig zu kündigen, in dem die negative Nachricht der Meldebehörde eingegangen ist. Die Kündigung erfolgt in diesem Falle durch eingeschriebenen Brief, der an die letzte der GEMA bekannt gegebene Adresse zu richten ist. Nach Ablauf eines weiteren Geschäftsjahres kann der Aufsichtsrat über die bis zur Beendigung des Vertrages etwa vorhandenen Guthaben nach eigenem Ermessen bestimmen, falls der Berechtigte bis dahin keine eigene Verfügung getroffen hat.

§ 8

1. Der Berechtigte verpflichtet sich, bei erstmaligem Vertragsabschluss einmalig eine vom Aufsichtsrat festzusetzende Aufnahmegebühr an die GEMA zu entrichten.

2. Der Berechtigte verpflichtet sich, einen vom Aufsichtsrat festzusetzenden jährlichen Mitgliedsbeitrag an die GEMA zu entrichten.

   Bei Vertragsabschluss ist der Mitgliedsbeitrag im Voraus zu bezahlen. In den Folgejahren wird der Mitgliedsbeitrag jährlich dem Mitgliedskonto des Berechtigten belastet und gegen die in dem betreffenden Jahr anfallenden Gutschriften verrechnet. Soweit die für den Berechtigten anfallenden Gutschriften die Höhe des Mitgliedsbeitrages nicht erreichen, ist der Berechtigte zur umgehenden Zahlung des Differenzbetrages an die GEMA verpflichtet. Erreichen die für den Berechtigten erfolgenden Gutschriften die Höhe des Mitgliedsbeitrages in drei aufeinander folgenden Jahren, so kann die GEMA den Berechtigungsvertrag zum Ende des darauf folgenden Geschäftsjahres vorzeitig schriftlich kündigen oder die weitere Wahrnehmung seiner Rechte davon abhängig machen, dass der Mitgliedsbeitrag bei Beginn des Geschäftsjahres im Voraus entrichtet wird.

3. Im Gegensatz zu der Regelung über die Verteilung der Erträge aus dem Aufführungsrecht gilt vorbehaltlich anderweitiger Beschlüsse für die Verteilung der Erträge aus dem Vervielfältigungsrecht der Grundsatz, dass der GEMA aus diesen Erträgen eine Kommission in Höhe von bis zu 25 % zusteht.

§ 9

Für die Rechtsnachfolge im Vertragsverhältnis sind die allgemeinen gesetzlichen Bestimmungen maßgebend, soweit nicht die GEMA-Satzung und dieser Vertrag abweichende Bestimmungen enthalten.

Im Falle des Todes des Berechtigten wird der Berechtigungsvertrag mit dessen Rechtsnachfolger bzw. Rechtsnachfolgern in den Urheberrechten fortgesetzt. Die GEMA kann verlangen, dass der Nachweis der Rechtsinhaberschaft durch einen Erbschein, die Vorlage eines Testamentsvollstreckerzeugnisses oder sonstiger vom Nachlassgericht auszustellender Urkunde geführt wird. Bis zum Nachweis der Rechtsinhaberschaft ist die GEMA zu Auszahlungen nicht verpflichtet.

Sind mehrere Rechtsnachfolger vorhanden, müssen diese ihre Rechte gegenüber der GEMA durch einen gemeinsamen Bevollmächtigten ausüben. Die GEMA kann verlangen, dass die Bevollmächtigung durch öffentlich beglaubigte Urkunden nachgewiesen wird. Bis zur Bestellung eines gemeinsamen Bevollmächtigten ist die GEMA zu Auszahlungen nicht verpflichtet.

Jeder Rechtsnachfolger in den Urheberrechten eines verstorbenen Berechtigten ist verpflichtet, den Todesfall innerhalb von 6 Wochen nach Kenntniserhalt der GEMA mitzuteilen. Hinterlässt ein Berechtigter mehrere Rechtsnachfolger und verstirbt einer dieser Rechtsnachfolger, so ist auch der nach Abs. 3 zu bestellende gemeinsame Bevollmächtigte zu dieser Mitteilung verpflichtet.

Kommt ein zur Mitteilung Verpflichteter dieser Pflicht nicht nach und bewirkt die GEMA deshalb rechtsgrundlose Zahlungen, so ist die GEMA berechtigt, diese Zahlungen zurückzufordern, ohne dass von den Zahlungsempfängern ein Wegfall der Bereicherung gem. § 818 Abs. 3 BGB geltend gemacht werden kann.

§ 10

Der Vertrag wird mit Wirkung vom .... zunächst für die Dauer von sechs Jahren geschlossen. Falls der Vertrag nicht ein Jahr vor Ablauf schriftlich gekündigt wird, verlängert er sich jeweils um sechs Jahre.

§ 11

Mit Beendigung des Vertrages fallen die Rechte an den bisherigen Berechtigten zurück, ohne dass es einer besonderen Rückübertragung bedarf. Jedoch soll zur Vermeidung einer Störung der öffentlichen Musikpflege die Auseinandersetzung bezüglich der zurückfallenden Urheberrechte in der Weise erfolgen, dass die Musikverbraucher, deren Verträge vor Beendigung dieses Berechtigungsvertrages für die Nutzung von Werken des ausgeschiedenen Berechtigten abgeschlossen wurden und über den Zeitpunkt des Ablaufs des Berechtigungsvertrages hinaus bestehen, für die ganze Dauer ihrer Verträge zur Nutzung befugt bleiben.

Die Verrechnung der demnach etwa noch auf den ausgeschiedenen Berechtigten entfallenden Erträge erfolgt nach den Bestimmungen des Verteilungsplanes der GEMA.

§ 12

Wird die GEMA aufgelöst, so gilt dieser Vertrag zum Ende desjenigen Vierteljahres als gekündigt, welches auf das Vierteljahr folgt, in dem der Auflösungsbeschluss durch die zuständige Staatsbehörde genehmigt ist.

§ 13

Der Erfüllungsort dieses Vertrages ist der Sitz der GEMA, durch den auch der Gerichtsstand für Streitigkeiten zwischen den Parteien aus diesem Vertrage bestimmt wird.

§ 14

Dieser Vertrag, von dem der Berechtigte eine Ausfertigung erhält, wird von beiden Teilen unterzeichnet. Soweit zwischen den vertragsschließenden Parteien bereits ein Vertragsverhältnis bestanden hat, tritt dieser Vertrag an die Stelle der bisherigen Vereinbarungen.

§ 15

Zu Änderungen des Berechtigungsvertrages bedarf es der für Satzungs-und Verteilungsplan-Änderungen erforderlichen Mehrheit in der Mitgliederversammlung.

§ 16 Besondere Vereinbarungen

Auf den Berechtigungsvertrag finden die Vorschriften des § 3 Ziff. 2 der Satzung der GEMA Anwendung. Die Rechtsübertragung erfolgt demgemäß für drei Jahre, jedoch mindestens bis zum Jahresende nach Ablauf des dritten Jahres, und verlängert sich jeweils um drei Jahre, falls keine Kündigung unter Einhaltung einer Frist von sechs Monaten zum Ende des jeweiligen Drei-Jahres-Zyklus erfolgt. Ausgenommen von der Rechtsübertragung werden folgende Länder -Nutzungsarten -:

Berlin, den .... den ....

....

GEMA   DER BERECHTIGTE

Gesellschaft für musikalische Aufführungs und mechanische Vervielfältigungsrechte
Der Vorstand:

(Handelt es sich nicht um eine Einzelperson, so ist Angabe der Rechtsform des Verlages erforderlich [z. B. Einzelfirma, OHG, KG, GmbH, AG]. Der Berechtigungsvertrag muss in solchen Fällen durch die im Handelsregister eingetragenen Vertretungsberechtigten unter Hinzufügung des Firmenstempels unterschrieben werden.)

Stichwortverzeichnis

Die fettgedruckten Zahlen veweisen auf die Abschnitte,
die mageren Zahlen auf die Randnummern.

Medienrecht
Vorschriftensammlung

Von Prof. Dr. Frank Fechner, Ilmenau, und
Ass. iur. Johannes C. Mayer, Speyer.
2., neu bearbeitete und erweiterte Auflage 2006.
XVI, 586 Seiten. Kartoniert. € 16,50
ISBN 3-8114-7431-6

Die Sammlung bietet eine komprimierte Zusammenfassung der wichtigsten medienrechtlichen Vorschriften. Diese werden zusätzlich in Form von Synopsen landesrechtlicher Vorschriften, systematischen Hinweisen und Querverweisen nutzergerecht aufbereitet.

Inhalt:

C.F. Müller, Verlagsgruppe Hüthig Jehle Rehm GmbH, Im Weiher 10, 69121 Heidelberg
Kundenbetreuung München: Bestell-Tel. 089/54852-8178, Bestell-Fax 089/54852-8137
E-Mail: kundenbetreuung@hjr-verlag.de. Internet: www.cfmueller-campus.de

C.F. Müller
CFM
www.cfmueller-verlag.de

80113031